SV

Amos Oz
Die Romane

Mit einem Nachwort von
Ulla Berkéwicz
und einem Essay von
Martin Ebel

Suhrkamp Verlag

Erste Auflage 2009
© dieser Ausgabe Suhrkamp Verlag Frankfurt am Main 2009
Nachweise am Ende dieses Bandes
Alle Rechte vorbehalten, insbesondere das des
öffentlichen Vortrags sowie der Übertragung
durch Rundfunk und Fernsehen, auch einzelner Teile.
Kein Teil des Werkes darf in irgendeiner Form
(durch Fotografie, Mikrofilm oder andere Verfahren)
ohne schriftliche Genehmigung des Verlages
reproduziert oder unter Verwendung elektronischer Systeme
verarbeitet, vervielfältigt oder verbreitet werden.
Satz: Hümmer GmbH, Waldbüttelbrunn
Druck: CPI – Ebner & Spiegel, Ulm
Printed in Germany
ISBN 978-3-518-42082-9

1 2 3 4 5 6 – 14 13 12 11 10 09

Inhalt

Ein anderer Ort 9
Mein Michael 353
Der perfekte Frieden 567
Black Box 963
Eine Frau erkennen 1219
Der dritte Zustand 1443
Nenn die Nacht nicht Nacht 1729
Eine Geschichte von Liebe und Finsternis 1909

Ulla Berkéwicz
Nachwort 2537
Martin Ebel
»Zwei oder drei Dinge, die wir tun können«. Über Amos Oz 2540
Nachweise 2571

Ein anderer Ort

Aus dem Hebräischen
von Ruth Achlama

Dem Andenken meiner Mutter Fanya

Meint nicht, Mezudat Ram sei ein Tropfen, der das große Meer widerspiegeln will. Seine Einwohner sind nicht von hier. Höchstens möchte es Abbild eines Seereiches sein, das an einem anderen Ort besteht, weit von hie.

Erster Teil:
Gegenüber den Fischern

1. Kapitel:
Ein perfektes und herzerfreuendes Dorf

Vor euch liegt der Kibbuz Mezudat Ram. Die Gebäude sind streng symmetrisch am Ende des grünen Tals angeordnet. Die dichtgekrausten Zierbäume brechen den strengen Grundriß nicht auf, zeichnen die Linien nur weicher und verleihen ihnen Gewicht. Die Häuser sind weiß. Die meisten haben schmucke rote Dächer – leuchtend rote, nicht weinrote. Diese vorherrschende Farbe hat etwas Trotziges gegenüber den östlichen Bergen, an deren Fuß der Kibbuz liegt. Die Gebirgskette riegelt den Horizont im Osten rundum ab. Schroff und zerklüftet sind die Berge, von wilden Schluchten durchschnitten, nackte Felsmassen, deren Schatten dunkel in ihre Falten fallen und im Sonnenlauf langsam abwärts gleiten, als wollten die Berge in ihrer Öde sich mit dem melancholischen Schattenspiel zerstreuen.

Am Saum der Hänge, den unteren Felsabsätzen entlang, verläuft die Grenze zwischen dem Land des Staates und den Ländern seiner Feinde. Diese Grenze, auf Landkarten unübersehbar mit einer dicken grünen Linie markiert, ist im Gelände für das Auge unerkennbar, da sie nicht der natürlichen Trennlinie zwischen dem frischen Grün des Tals und der dürren Ödnis der Berge folgt. Das israelische Gebiet erstreckt sich ja, wie gesagt, über die Talsohle hinaus auf die unteren Hangstufen des kahlen Felsmassivs. Dadurch entsteht eine krasse Diskrepanz zwischen Augenschein und Wissen oder – genauer gesagt – zwischen den geologischen und den geopolitischen Gegebenheiten. Der Kibbuz selbst – sein Name bedeutet Hohe Feste – liegt rund drei Kilometer von der Staatsgrenze entfernt. Präziser können wir die Entfernung nicht angeben, ohne die blutigen Meinungsverschiedenheiten der beiden verfeindeten Staaten über den wahren Grenzverlauf zu erörtern.

Die Landschaft ist also reich an Gegensätzen – solchen zwischen Augenschein und tatsächlichen Gegebenheiten und solchen zwischen Teilbereichen des Augenscheins. So müssen wir notgedrungen erneut das Wort »Trotz« bemühen, denn das von geometrisch angelegten, kultivierten Feldern bedeckte Tal ist dem wilden, einsamen Bergzug gegenüber ja feindselig eingestellt. Auch die architektonische Symmetrie Mezudat Rams wirkt trotzig gegenüber dem Naturchaos, das grimmig und verschlossen von oben auf den Kibbuz herabblickt.

Der Gegensatz zwischen den Landschaftsteilen dient dem örtlichen Poeten von Mezudat Ram naturgemäß als Grundmotiv, gewinnt gelegentlich sogar Symbolwert, wie wir feststellen werden, wenn wir uns mit Ruven Charischs Lyrik befassen. Vorerst jedoch wollen wir dem Dichter seinen Lieblingskontrast entlehnen und ihn auf Dinge ausdehnen, die er selbst nicht in Verse kleidet.

Nehmen wir zum Beispiel den krassen Gegensatz zwischen dem äußeren Erscheinungsbild unseres Dorfes und dem eines Dorfes des Typus, der im Herzen des Großstädters wehmütige Sehnsucht weckt. Sind eure Augen an das Bild alter Dörfer gewöhnt, deren verwinkelte Dächer in vielerlei nördlichen Formen emporragen; verbindet ihr das Wort »Dorf« mit hochgetürmten, pferdegezogenen Heuwagen, in deren Flanken die Forken stecken; sehnt ihr euch nach einer Ansammlung engstehender Hütten, in deren Mitte sich düster ein verwitterter Kirchturm erhebt; halten eure Augen Ausschau nach fröhlichen Bauern in bunten Trachten und breitkrempigen Hüten, nach malerischen Taubenschlägen, einer munter auf dem Misthaufen pickenden Hühnerschar, freilaufenden Rudeln magerer, bösartiger Dorfhunde, mehr noch – erwartet ihr am Dorfrand dichte Waldungen, gewundene Feldwege, umzäunte Weiden, offene Wasserläufe, in denen sich niedrige Wolken spiegeln, sucht ihr eingemummte Wanderer, die einer schützenden Herberge bedürfen – ja seht ihr darin das Wesen der Dörflichkeit, dann wird unser Dorf euch mit seiner krassen Abweichung von diesem Bild wohl verblüffen, einer Diskrepanz, die uns zwingt, hier erneut den »Trotz« heranzuziehen. Denn unser Dorf ist in optimistischem Geist errichtet.

Die Häuser der Einwohner sind eins wie das andere, getreu der Weltanschauung des Kibbuz, die in keinem Dorf der Welt ihresgleichen hat. Ruven Charischs wohlbekannte Zeilen vermitteln die Quintessenz dieses Gedankens:

Ein anderer Ort

> Entgegen einer verderblichen Flut von falschem Glanz,
> Entgegen Sodoms Satzung und Totentanz,
> Entgegen einer wahnsinnigen Welt, die Übel verficht,
> Entgegen trunkenem Wüten und Schreckensgericht –
> Entzünden wir mit unserm Herzblut hier ein Fünkchen Licht.

Die Häuser sind, wie gesagt, von heller Färbung. Sie sind in gleichmäßigen Abständen voneinander aufgereiht. Die Fenster gehen allesamt nach Nordwesten, weil die Baumeister die klimatischen Bedingungen berücksichtigen wollten. Hier gibt es kein über Generationen planlos gewachsenes Häusergewirr, auch keine Gebäudegevierte, die verborgene Höfe umschließen, denn der Kibbuz kennt keinen Familienbesitz. Und gewiß existieren keine getrennten Viertel für verschiedene Handwerkszweige. Weder sind am Dorfrand Armenbehausungen angesiedelt, noch ist die Ortsmitte Kaufleuten und Honoratioren vorbehalten. Klare Linien und saubere Formen sowie die schnurgerade Ausrichtung der Betonwege und Rasenstücke sind Ausflüsse einer festgefügten Weltanschauung. Eben das meinten wir mit unserer Behauptung, daß unser Dorf in optimistischem Geist erbaut sei.

Wer daraus den seichten Schluß ziehen sollte, unser Dorf sei steril und daher weder hübsch noch malerisch, bezeugt damit nur seine Voreingenommenheit. Zu Recht werden wir sein Urteil mit einem Achselzucken abtun und uns von seinem fragwürdigen Geschmack distanzieren. Denn der Kibbuz ist nicht dazu da, die sentimentalen Erwartungen der Großstädter zu erfüllen. Unser Dorf ist sehr wohl hübsch und malerisch, aber seine Schönheit ist von männlich vitalem Charakter, und das Pittoreske birgt hier eine Botschaft. So.

Die Straße, die unseren Kibbuz mit der Landstraße verbindet, ist schmal und holperig, dabei aber pfeilgerade. Wenn ihr uns besucht, müßt ihr bei dem weiß-grünen Wegweiser von der Hauptstraße abbiegen, wegen der Schlaglöcher das Tempo verlangsamen und kurz vor dem Kibbuztor einen hübschen kleinen Hügel hinauffahren. (Man halte diesen grünen Hügel mit seinen bestellten Böden nicht etwa für einen Bergfinger, der wütend zur Talmitte ausgestreckt und dann abgetrennt worden wäre, denn er hat nichts mit den drohenden Bergen gemein.) Halten wir hier einen Moment inne, um uns die herrlich bunte Postkartenlandschaft einzuprägen. Von der Anhöhe können wir erneut den Kibbuz betrachten. Nun, der Anblick ist nicht gerade überwältigend, erfreut aber zweifellos das Auge: breite Eisentore, ein Zaun mit V-förmigem Stacheldrahtaufsatz und ganz vorn – der Maschinenschuppen. Landwirtschaftsgeräte sind stehend und liegend mit einer Lässigkeit in der Gegend verstreut, die Schaffensfreude signalisiert. Die Stallungen für Rinder, Schafe und Geflügel sind nach modernsten Erkenntnissen erbaut. Asphaltierte Wege zweigen nach hier und dort ab, und dichte Zypressenalleen unterstreichen den Grundriß der Anlage.

Ein Stück weiter steht der Speisesaal, umgeben von gepflegten Blumenrabatten, ein ausgesprochen moderner Bau, dessen leichte Linienführung seine Größe überspielt. Ihr werdet euch gleich davon überzeugen können, daß sein Inneres dem Äußeren nicht nachsteht. Es strahlt feine, schlichte Eleganz aus.

Hinter dem Speisesaal teilt sich die Ortschaft in zwei Wohnbereiche, hüben die Alteingesessenen, drüben die jungen Leute. Die Wohnhäuser baden in einer Fülle kühlen Grüns, überschattet von ausladenden Zierbäumen, umrahmt von frischem Rasen und dekorativen Blumenrabatten in allen Farben. Das sanfte Wiegen und Rauschen der Kiefernnadeln erfüllt dort ständig die Luft. Der hohe Getreidespeicher am Südende und das hohe Kulturhaus am Nordende durchbrechen die niedrige Einheitlichkeit und verleihen der Siedlung eine Höhendimension. Vielleicht vermögen sie in gewissem Maß den fehlenden Dorfkirchturm zu ersetzen, der für euch doch zum typischen Dorfbild gehört, ob ihr es nun wahrhaben wollt oder nicht.

Am Ostende, am weitesten von unserem Aussichtspunkt entfernt, hat das Barackenviertel seinen Platz. Es dient der Unterbringung von Praktikantengruppen, Freiwilligen beim Arbeitseinsatz und Militäreinheiten – all jenen, die zu uns kommen, um für eine gewisse Zeit mit anzupacken. Diese Baracken verleihen dem Ganzen einen pionierhaften Anstrich, den Charakter einer bedrohten Grenzsiedlung, jederzeit bereit, der Gefahr beherzt ins Auge zu sehen. Verstärkt wird dieser Eindruck durch den Zaun mit Stacheldrahtaufsatz, der den Kibbuz von allen Seiten umgibt. Wir verharren einen Augenblick an diesem Punkt und erwarten eure gebührende Bewunderung.

Nun wollen wir die Augen heben und die blühenden Felder rings um die Ortschaft betrachten. Das Herz wird einem weit. Leuchtend grüne Futterpflanzen, schattige Obstgärten, sonnengoldene Getreidefelder, tropisch üppig anmutende Bananenplantagen, Weinberge, die sich bis zur Felsgrenze den Hang hinaufziehen, die Reben nicht wild wuchernd, son-

Ein anderer Ort

dern sorgfältig in schnurgeraden Reihen an Stäbe gebunden. Erfreulicherweise unternimmt der Rebgarten einen bescheidenen Vorstoß in die Bergregion. Davon zeugen die leicht aufwärts gekrümmten Reihenenden, die an ein lässig gebeugtes Knie erinnern. Wir wollen jetzt kein weiteres Gedicht von Ruven Charisch rezitieren, verhehlen jedoch nicht unseren bescheidenen Stolz über den scharfen Gegensatz zwischen kultivierter Ebene und dräuendem Berg, fruchtbarem Tal und feindlichem Gebirge, unverbrüchlichem Optimismus und dem, was sich jeder Ordnung entzieht und mit satanisch hochmütiger Fratze von droben auf unser gutes Werk herabblickt.

Knipst jetzt bitte die letzten Fotos. Die Zeit drängt. Wir kehren zum Bus zurück und fahren das letzte Stück Weg zwischen grünen Feldern.

Ach, der Jordan? Den haben wir doch bereits überquert. Ja. Diese flache Brücke. An dieser Stelle ist der Fluß zu dieser Jahreszeit äußerst schmal. Die Füße könnt ihr auf der Rückfahrt hineintauchen, nach dem Rundgang mit Führer durch den Kibbuz. Wir befinden uns auf dem letzten Streckenstück, durchfahren das Tor. Gleich könnt ihr die müden Lebensgeister mit kühlem Wasser erfrischen. Ja, die Luft ist – wie üblich in dieser Gegend – feuchtheiß. Trösten wir uns mit der bekannt herzlichen Gastfreundschaft der Kibbuzbewohner. Willkommen, meine Damen und Herren, herzlich willkommen.

2. Kapitel:
Ein hervorragender Mann

Logischerweise müßte Ruven Charisch Touristen abgrundtief hassen. Ein Tourist hat sein Leben zerrüttet. Das ist einige Jahre her. Noga war zehn und Gai drei, als Eva Mann und Kinder verlassen hat, um einen Touristen zu heiraten, einen Verwandten, ihren Cousin Isaak Hamburger, der drei Sommerwochen bei uns hier in Kibbuz Mezudat Ram zu Gast weilte. Es war eine häßliche Geschichte, sagen wir. Dunkle Triebe krochen aus Höhlen hervor, um zu sengen und zu brennen. Jetzt wohnt Eva mit ihrem neuen Mann in Deutschland. Dort, in München, führen sie einen Nachtklub, gemeinsam mit einem anderen werten Juden namens Sacharja Siegfried Berger, einem cleveren, gewieften Junggesellen. Man möge uns verzeihen, daß wir kaum dazu fähig sind, über dieses Ereignis und seine Beteiligten ohne moralische Entrüstung zu reden.

In der Tat, logischerweise müßte Ruven Charisch Touristen zutiefst hassen. Allein schon ihr Vorhandensein erinnert ihn an sein Unglück. Zu unserer Verblüffung hat Ruven sich jedoch gerade die Touristenbetreuung in unserem Kibbuz zur ständigen Aufgabe gemacht. Zwei-, dreimal pro Woche opfert er einen Teil seiner Freizeit für diesen Zweck. Wir sind es schon gewohnt, seine große, asketische Gestalt an der Spitze eines bunten Touristenschwarms durch den Kibbuz wandern zu sehen. Mit seiner freundlich warmen Stimme legt er den Besuchern die Grundzüge der Kibbuzidee dar. Weder läßt er sich zu Allgemeinplätzen hinreißen, noch übergeht er abstrakte Grundsätze, und niemals würde er die exotischen Erwartungen seiner Zuhörer bedienen. Seine entschiedene Geradlinigkeit duldet keine Kompromisse und keine Ausflüchte. In seiner Jugend war er von glühendem Eifer erfüllt. Im Lauf der Jahre hat dieser einem bedachteren Streben Platz gemacht, das keinerlei Hochmut kennt, dafür aber strenge Askese, wie es sie reiner nicht gibt. Dieser Mann hat Schmerz kennengelernt, hat sich zum Ziel gesetzt, die Welt zu verbessern, und weiß um die Wechselfälle des Lebens, die sich nicht in einfache Formeln pressen lassen.

Es ist löblich, wenn ein leiderprobter Mensch danach strebt, die Gesellschaft zu verbessern und Leiden aus der Welt zu schaffen. Gewiß gibt es Leidgeprüfte, die in ihrem Unglück die Welt hassen, sie tagtäglich mit glühenden Flüchen versengen wollen. Aufgrund unserer Weltanschauung lehnen wir Haß und Fluch ab. Nur ein seelisch verkrümmter Mensch wird das Dunkel dem Licht vorziehen. Und es ist doch sonnenklar, daß seelische Verkrümmung das krasse Gegenteil von Geradlinigkeit ist, ein Gegensatz wie der zwischen Tag und Nacht.

Anfangs wunderte uns Ruven Charischs Entschluß, Touristen zu betreuen. Er mutete seltsam an, widersprach der elementaren Logik. Klatschmäuler versuchten, die geheimen Gedankengänge dahinter zu entschlüsseln, sagten zum Beispiel, manchmal wolle der Mensch sich an die schlechten Dinge erinnern, in seelischen Wunden stochern. Jemand meinte, es gebe Wege, um ein Schuldgefühl zu bemänteln. Ja man hörte sogar die extreme Erklärung, von der wir uns allerdings energisch distanzieren, wonach der Mann eine junge Touristin verführen wolle, um seine Schmach mit Gleichem zu vergelten. Und man redete noch einiges mehr.

Wer Klatsch nicht schätzt, beweist damit nur, wie wenig er unser Kibbuzleben kennt. Klatsch und Tratsch – oh reißt jetzt nicht entsetzt die Augen auf – erfüllen hier eine äußerst wichtige Aufgabe und helfen auf ihre

Weise, die Welt zu verbessern. Um diese These zu untermauern, möchten wir, mit Verlaub, Ruven Charisch selbst zitieren: Das Geheimnis liegt in der Selbstläuterung. Das Geheimnis liegt darin, daß wir einander Tag und Nacht gnadenlos und unbarmherzig richten. Hier ist jeder Mensch Richter und Gerichteter, es gibt keine Schwäche, die lange dem Auge des Gesetzes verborgen bliebe. Es gibt keine verschwiegenen Ecken. Jeden Tag, jede Minute deines Lebens wirst du gerichtet. Deshalb muß jeder hier wohl oder übel gegen seine eigene Natur ankämpfen. Sich läutern. Wir schleifen einander ab, wie der Bach die Kiesel glattschleift. Bekämpfen unsere Natur. Denn was ist die Natur anderes als blinder, egoistischer Instinkt ohne Entscheidungsfreiheit? Und die Entscheidungsfreiheit ist, laut Ruven Charisch, schließlich das, was den Menschen vom Tier unterscheidet.

Ruven hat vom Richten gesprochen. »Klatsch« ist nur ein anderes Wort dafür. Kraft des Klatsches beherrschen wir unsere Triebe, unterjochen wir unsere Natur, werden wir ein klein wenig besser. Die Macht des Klatsches ist bei uns deshalb so groß, weil unser Leben offenliegt wie ein sonnenüberfluteter Hof. In unserer Mitte lebt eine Witwe namens Fruma Rominow, die den Klatsch besonders pflegt. Ihre Urteile sind streng, entspringen aber einem glühenden Herzen. Wenn einige unter uns ihre scharfe Zunge fürchten, müssen sie notgedrungen ihre Schwächen besiegen. Wir wiederum richten auch die Witwe, werfen ihr übermäßige Verbitterung vor und bezweifeln gar ihre Treue zur Kibbuzidee. Deshalb muß Fruma Rominow ihren Trieb unterdrücken und allzu boshafte Sprüche unterlassen. Dies wäre eine Illustration für das Gleichnis von Bach und Bachkiesel. Der Klatsch zählt zu den schlechten Eigenschaften. Bei uns wird jedoch auch dieses Laster in den Dienst der Weltverbesserung gestellt.

Nachdem Eva ihren Cousin Isaak Hamburger geheiratet hatte, zog sie mit ihrem neuen Mann nach München und unterstützte ihn im Vergnügungsgewerbe. Nachrichten, die uns auf Umwegen von dort erreichen, künden von ungeahnten Fähigkeiten, die sie nun entwickle. Dank ihres guten Geschmacks habe sie dem Kabarett von Berger und Hamburger eine außergewöhnliche Note verliehen, erklärt unser zuverlässiger Informant, dessen Identität wir alsbald preisgeben werden. Die Gäste strömten nur so in dieses Etablissement, um ein rares Vergnügen zu erleben, das die Phantasie reize. Aus Gründen der Moral werden wir nicht ins Detail gehen.

Eva hatte seit jeher Talent fürs Praktische, eine sprudelnde Energie und eine überbordende Phantasie, die sich unablässig künstlerisch artikulieren wollte. Derlei Eigenschaften, in einer treuen Gattin vereint, sind ein prikkelnder Genuß für den klugen Ehemann. Außerdem war Eva Hamburger selbst als erwachsene Frau mit zerbrechlicher, gazellenhafter Schönheit gesegnet. Vor langer Zeit schrieb Eva Ruvens frühe Verse mit ihrer schrägen Handschrift ins reine. In einem besonderen Album bewahrte sie die Ausschnitte aus den Presseorganen der Kibbuzbewegung auf, die seine ersten Gedichte abdruckten, und schmückte die Seiten mit feinen Bleistiftzeichnungen. Warme Heiterkeit lag über ihrem ganzen Tun. Trotz ihrer Untreue können wir nicht vergessen, mit wieviel Freude und Geschmack sie die Treffen des kleinen Kreises von Liebhabern klassischer Musik in unserem Kibbuz leitete. Bis der Teufel in sie fuhr.

Ruven Charisch ertrug den Schlag mit bewundernswerter Selbstbeherrschung. Nie hätten wir gedacht, daß diese strikte, verbissene Schicksalsergebenheit in ihm stecke, die er bei seinem Unglück zeigte. Keinen einzigen Tag vernachlässigte er seine Arbeit als Klassenlehrer einer der mittleren Klassen unserer Volksschule. Seine unterdrückte Verzweiflung enthielt keine Spur von Bösartigkeit oder Haß. Die Trauer erhöhte spürbar seine Sensibilität. Hier im Kibbuz Mezudat Ram umgibt ihn eine Aura allgemeiner Sympathie. Seine mutterlosen Kinder betreut Ruven Charisch mit unauffälliger Hingabe. Seht nur, wie er gegen Abend im Kibbuz spazierengeht, ein blaues Hemd zur verwaschenen Khakihose am Leib, Noga und Gai zur Rechten und zur Linken, den Kopf gesenkt und emsig bedacht, kein Wort seiner Kinder zu überhören, selbst wenn deren Geplapper keinen rechten Sinn ergibt. Die Augen des Mädchens sind groß und leuchtend grün wie die ihres Vaters; der Junge hat die warmen, dunklen Augen seiner Mutter geerbt. Beiden Kindern ist ein lebhaftes Empfindungsvermögen eigen. Ruven achtet sorgfältig darauf, ihnen in allem nahezusein, ohne rücksichtslos in ihr Innerstes einzudringen. Er ist ihnen gestrenger Vater und liebevolle Mutter zugleich. Aus Liebe zu seinen Kindern hat Ruven Charisch angefangen, Kinderreime zu schreiben. Seine Gedichte sind nicht die eines albernden Erwachsenen, sondern die eines greisen Kindes. Sie enthalten keine lauten Späße, sehr wohl aber feinen Humor und innige Musikalität. Der Verlag der Kibbuzbewegung hat gut daran getan, einen

Ein anderer Ort

Band mit Kinderliedern unseres Lokaldichters Ruven Charisch in ansprechender Aufmachung herauszubringen. Dem Band sind Zeichnungen von Eva aus früheren Zeiten beigegeben, vor der Sintflut. Zwar sind sie seinerzeit nicht zur Illustration von Kinderreimen entstanden und decken sich nicht mit deren Inhalt, aber es besteht die reinste Harmonie zwischen Bildern und Versen. Auch das ist ein Rätsel, das sich mit elementarer Logik nicht lösen läßt. Natürlich kann man den Einklang damit erklären, daß Eva und Ruven doch trotz allem im Grunde, dem Wesen nach – und so weiter und so fort. Vielleicht gibt es eine andere Erklärung. Oder auch gar keine.

Jedenfalls verfaßt Ruven seine Gedichte nicht in der Absicht, die Kinder mit Clownerien zu unterhalten. Wie seine Erwachsenengedichte wollen sie die Welt auf poetische Weise interpretieren, in schlichten Worten und Bildern, die ins Herz dringen.

Jetzt werden wir ein kleines Geheimnis verraten. Merkwürdigerweise ist eine indirekte Verbindung zwischen Ruven Charisch und seiner geschiedenen Frau, zwischen Eva Hamburger und ihren betrogenen Kindern erhalten geblieben. Isaak Hamburgers Partner steht in Briefkontakt mit einem unserer Genossen, dem Kraftfahrer Esra Berger, und gelegentlich fügt Eva Hamburger in ihrer schrägen Handschrift ein paar Zeilen am Rand hinzu, wie etwa:

Jetzt ist es vier Uhr morgens, und wir sind von einer sehr langen Fahrt durch die Wälder zurück. Die Landschaft hier ist ganz anders als im Jordantal. Auch die Gerüche ähneln sich nicht. Ist die Hitze bei euch sehr drückend? Hier ist es kühl, ein bißchen modrig. Das kommt vom Nordostwind, der gegen Morgen weht. Könnte man zum Beispiel mal ein Deckchen herschicken, das meine Tochter gestickt hat? Bitte. Eva.

Der Klatsch behauptet steif und fest, diese flüchtigen Zeilen seien von warmem Gefühl beseelt. Wir meinen, sie ließen verschiedene Lesarten zu, von Warmherzigkeit bis Unberührtheit. Manche sagen gar, eines Tages würde Eva in den Schoß ihrer Familie und ihres Kibbuz zurückkehren, wofür es schon deutliche Anzeichen gebe. Von Fruma Rominow indes haben wir einmal gehört, es sei sehr, sehr gut, wenn Eva niemals wiederkäme. Früher meinten wir, Fruma sage dies aus Boshaftigkeit. Aber jetzt, nach erneuter Überlegung, sind wir uns dieses Urteils nicht mehr sicher.

Ruven Charisch hat, wie gesagt, seine Kinder nun doppelt lieb. Er ist ihnen Vater und Mutter zugleich. Wenn du sein Zimmer betrittst, siehst du ihn oft mit Holz und Nägeln hantieren, um seinem Sohn Gai etwa einen kleinen Traktor zu basteln, oder damit beschäftigt, für Noga ein hübsches Stickmuster auf ein Stück Stoff vorzuzeichnen.

Auch seinen ideologischen Eifer hat er verdoppelt. Seine wichtigen Gedichte – diejenigen, die nicht für Kinder gedacht sind – beschreiben häufig den Gegensatz zwischen Bergen und besiedeltem Land. Dürften sie auch gewissen strengen Kriterien kaum standhalten, zeugen sie doch vom Glauben an die Fähigkeit des Menschen, sein Schicksal zu bestimmen, und sind nicht einfach Programmsätze in Versform. Wenn wir uns diesen Gedichten vorurteilsfrei nähern, können wir Traurigkeit, Hoffnung und Menschenliebe darin finden. Wer diese Werte belächelt, verrät seine eigene Wertlosigkeit.

> Der trübe Fluß schäumt dem Gestern entgegen:
> Wird der Mensch seine schwachen Schultern regen,
> Wagen, eine Handvoll Feuer der Sonne zu entwenden
> Und das Werk trotz versengter Finger lächelnd beenden?
>
> Hat er Kraft im Herzen, den Damm aufzuschichten,
> Ströme zu brechen, Flüssen Gesetz zu errichten?
> Wird er heil aus fremder Unterdrückung auferstehen,
> Wenn er ausgeht, sein Leben mit grünem Anstrich zu versehen?

Seine Lehrtätigkeit verrichtet Ruven Charisch mit ganzer Kraft und einer Offenheit, die die Herzen der Kinder erobert. Auch seine hingebungsvolle Touristenbetreuung ist letztendlich – wenn wir einmal das Geschnüffel der Klatschmäuler beiseite lassen – nichts anderes als intensiver Ausdruck seines Dienstes an der Idee.

Die genau abgewogene Poesie seiner Sätze, seine gewinnende Stimme, das feine Pathos ohne jeden falschen Ton – all das macht uns Ruven Charisch lieb und teuer. Er ist einer der hervorragenden Menschen in unserer Mitte, ein Mann des Geistes und der Erde, dem der Schmerz zusätzlichen Scharfsinn verliehen hat. Gewiß, er hat auch etwas Naives an sich. Nicht die Naivität der Toren, sondern eine absichtliche Naivität von prinzipieller Bedeutung. Mögen kleingläubige Müßiggänger sich über ihn mokieren –

Ein anderer Ort

wir mokieren uns über sie. Sollen sie ihn nach Herzenslust mit ihrer verdorrten Seele bespötteln. Der Spott, der ihn trifft, fällt auf den Spötter zurück, entlarvt seine Hohlheit und läßt ihn letztendlich einsam und allein in seiner Häme suhlen. Sogar der Tod – über den Ruven heute, nach der Verabschiedung der Touristen, sonderbarerweise viel nachsinnt – wird sie bitterer treffen als ihn, denn sie gehen öd und leer in den Tod, während er seinen Fingerabdruck in der Welt hinterlassen hat.

Wenn nur die Einsamkeit nicht wäre.

Die Einsamkeit quält. Allabendlich nach seiner Rückkehr aus Bronka Bergers Zimmer steht Ruven, jünglingshaft rank und schlank, allein in seinem Zimmer und starrt mißmutig vor sich hin. Sein Zimmer ist leer und still. Bett, Schrank, ein grüner Tisch, ein Stapel Schulhefte, eine gelbe Glühbirne, Gais Spielzeugkiste, blaustichige Bilder aus Evas Hinterlassenschaft, erstarrte Öde. Der Mann zieht sich langsam aus. Brüht Tee auf. Ißt zwei, drei Kekse. Sie schmecken trocken. Wenn die Müdigkeit ihn nicht überwältigt, schält er ein Stück Obst und kaut, ohne den Geschmack wahrzunehmen. Er wäscht das Gesicht. Rubbelt es mit einem rauhen Handtuch, das er wieder nicht in den Schmutzwäschesack gesteckt hat. Geht ins Bett. Hohle Stille. Eine Wandlampe, die nicht richtig festgemacht ist und ihm eines Nachts noch, der Schwerkraft gehorchend, auf den Kopf fallen wird. Die Zeitung. Die letzte Seite. Eine Beilage über Verkehrsfragen. Liebe Bürger. Die Geräusche der Nacht stehlen sich ins Zimmer. Welcher Wochentag ist morgen? Er löscht das Licht. Eine Mücke. Er schaltet das Licht wieder an. Die Mücke ist weg. Er schaltet das Licht aus. Morgen ist Dienstag. Eine Mücke. Endlich feuchter, unruhiger Schlaf. Oft kommen reißerische Träume. Selbst ein lauterer Mensch mit festen Wertvorstellungen ist nicht Herr seiner Alpträume.

Wir haben Ruven Charisch nun in den höchsten Tönen gelobt. Jetzt sollten wir auch seine Fehler erwähnen. Andernfalls würden wir unser Recht auf ein Urteil, ja unsere Pflicht zum Urteilen verletzen, die bekanntlich das Geheimnis dieses Ortes ist. Taktgefühl und Zuneigung gegenüber Ruven Charisch mahnen uns jedoch zur Zurückhaltung. Deshalb werden wir eine bestimmte Affäre nur andeutungsweise mit wenigen Worten streifen.

Ein Mann im vollen Saft und in den besten Jahren kann nicht auf lange

Dauer ohne Frau auskommen. Ruven Charisch ist in vielem außergewöhnlich, nicht jedoch in diesem Punkt.

Schon lange hatte eine platonische Freundschaft zwischen Ruven Charisch und einer Kinderpflegerin namens Bronka Berger bestanden, die wie Ruven im Erziehungssystem des Kibbuz tätig ist. Bronka zählt ebenfalls zu den alteingesessenen Mitgliedern, ist in der Stadt Kowel an der polnisch-russischen Grenze geboren und mit ihren fünfundvierzig Jahren etwas jünger als Ruven. Wüßten wir nicht um ihren guten Charakter, würden wir sie als ausgesprochen häßlich bezeichnen. Lobend seien jedoch ihre Feinfühligkeit und ihre regen geistigen Interessen erwähnt. Wie schade, daß die Freundschaft der beiden Pädagogen nicht lauter geblieben ist. Etwa zehn Monate nach der Sintflut – das heißt nach Evas skandalöser Abreise – berichtete uns der Klatsch, daß Bronka Berger den Weg in Ruven Charischs Bett gefunden habe. Dies betrachten wir als eine verwerfliche Handlung, von der wir uns hier aus moralischen Gründen ausdrücklich distanzieren, weil Bronka Berger verheiratet ist, und zwar mit dem Lastwagenfahrer unseres Kibbuz, Esra Berger, einem Bruder des bekannten Dr. Nechemja Berger aus Jerusalem. Außerdem ist Ruven Charischs Geliebte Mutter zweier Söhne. Der ältere, bereits verheiratet, sieht Vaterfreuden entgegen, der jüngere ist in Nogas Alter. So viel zu Ruven Charischs Schande.

Unversehens haben wir nun die Namen der drei Gebrüder Berger eingeführt. Wir hätten sie gebührender vorstellen sollen. Aber da es nun einmal so geschehen ist, betrachten wir die Vorstellung als erfolgt. Siegfried Sacharja Berger, der jüngste Bruder, führt mit den Eheleuten Hamburger das bewußte Kabarett in München. Esra Berger, um die fünfzig, ist der Vater von Tomer und Oren Geva und betrogener Ehemann einer untreuen Frau. Dr. Nechemja Berger, der älteste und bekannteste der drei, genießt als Gelehrter bescheidene Berühmtheit und lebt in Jerusalem. Wenn unser Gedächtnis uns nicht trügt, beschäftigt er sich mit der Geschichte des jüdischen Sozialismus und hat bereits etliche Aufsätze über dieses Thema veröffentlicht. Eines Tages wird er seine verstreuten Studien sammeln und in einem Buch zusammenfassen, das die gesamte Geschichte des jüdischen Sozialismus behandeln wird – von den biblischen Propheten, die die Welt zu verbessern suchten, bis zur Gründung der Kibbuzim im wiedererstandenen Land Israel.

Die drei Brüder haben also unterschiedliche Wege eingeschlagen und sich dabei weit voneinander und von ihren Vorfahren entfernt. Ja, alle drei mußten viel Kummer und Leid erfahren. Die Frommen, die im Glauben an himmlische Gerechtigkeit ihr Los willig annahmen, wollten uns lehren, daß auch Leiden das gnädige Walten der Vorsehung belegten, denn ohne Leid gebe es ja kein Glück, keine Erlösung und keine Freude. Aber wir, die die Verbesserung der Welt anstreben, sind nicht schicksalsergeben. Wir möchten die Welt von allem Leid befreien und sie mit Liebe und Brüderlichkeit erfüllen.

3. Kapitel:
Stella Maris

Ruven Charisch jagt nicht kaltem Feuerwerk nach. Wen ein eisiger Finger berührte, der wärme seine Seele durch Tun.

Um sechs Uhr morgens wacht er auf, wäscht sich, zieht sich an, nimmt seine Tasche und geht in den Speisesaal. Viele unserer Genossen beginnen den Tag mit säuerlicher, verschlafener Miene. Ruven beginnt ihn mit freundlichem Gesicht. Während er eine Tomate aufschneidet und ein Radieschen würfelt, steht ihm der Sinn nach leichter Unterhaltung unter Freunden. Gutgelaunt plaudert er, redet etwa mit Nina Goldring über die Gründung eines Bezirksorchesters, fragt Jizchak Friedrich, den Schatzmeister, nach den Traubenpreisen oder klärt mit Fruma Rominow, an welchem Abend man den Erziehungsausschuß einberufen könnte. Am Montag ist Mendel Morag weg. Er fährt nach Haifa, um eine Ladung Holz für die Tischlerei abzuholen, und bleibt gewiß über Nacht bei seiner Schwester. Vielleicht Donnerstag. Mundek Sohar wird nichts dagegen haben. Also Donnerstag. Übrigens, wie geht es Zitron? Ich weiß, man wird ihn heute nachmittag im Krankenhaus besuchen. Ich würde sehr gern mitfahren, aber gestern hat sich eine skandinavische Touristengruppe telefonisch für genau die Zeit angemeldet. Hör mal, Grischa, der Friseur kommt heute oder morgen. Oder möchtest du dir etwa eine Künstlermähne wachsen lassen? – Ich kann weiche Tomaten nicht ausstehen. Grischa, sei so gut und schau mal auf dem Tisch hinter dir nach. Liegt dort vielleicht eine feste Tomate?

Um halb acht ist er in der Schule und wartet auf das Klingelzeichen.

Heute werde ich euch die Hefte zurückgeben. Einige Arbeiten habe ich mit Vergnügen gelesen. Andererseits sind einige von euch kaum fähig, ein Komma richtig zu setzen. Das ist im wahrsten Sinne des Wortes unerträglich. Jetzt wollen wir versuchen, das Leitmotiv in David Schimonis Gedicht *Denkmal* herauszuarbeiten. Was wollte Schimoni sagen? Aufopferung. Ja. Aber was bedeutet Aufopferung? Das ist die Frage.

Um zwölf Uhr ist der Unterricht zu Ende. Ein hastiges Mittagessen. Die Touristen kommen um halb zwei. Mein Name ist Ruven. Ruven Charisch. Herzlich willkommen im Kibbuz Mezudat Ram. Ja, wir können ganz offen miteinander reden.

Um Viertel nach zwei sind die Touristen wieder abgezogen. Ohne die seltsamen Worte des alten niederländischen Obersten wäre mir ihr Besuch gar nicht in Erinnerung geblieben. Als dieser Goj mir aber unter großkotzigem Pochen auf seine militärische Erfahrung sagte, der Berg würde irgendwann abrutschen und auf uns prasseln, ist mir keine passende Antwort eingefallen. Kein denkwürdiger Satz, den er seinen Kindern und Enkeln würde erzählen können. Welch dünkelhafte Selbstüberheblichkeit: »als Fachmann«. Ich hätte ihm so antworten sollen: Der Berg wird nicht auf uns niederstürzen, weil Ihre Fachregeln nur an anderen Orten gelten. Wir leben nach einer anderen Schwerkraft, mein Herr. Und was den Tod angeht – natürlich müssen letztendlich alle sterben, aber manche Menschen sind schon im Leben tot. Ein feiner, aber entscheidender Unterschied, mein Herr.

Wie schade, daß Ruven Charisch nicht schlagfertig ist, sondern immer erst später eine passende Antwort findet. Lobend sei aber sein Fleiß erwähnt. Kaum hatte er die Touristen verabschiedet, kehrte er in sein leeres Zimmer zurück, zog sich aus, nahm eine belebende Dusche, schlüpfte in saubere Sachen und machte sich ans Korrigieren. Diese Arbeit verrichtet er nicht lässig nebenbei. Sein Rotstift fährt unbeirrbar über die kindlichen Zeilen, ertappt Schreibfehler, füllt die Ränder mit Anmerkungen (streng, aber auch behutsam, um die junge Seele nicht zu entmutigen). Ruven ist sich nicht zu schade, sich ernsthaft auf die Ansichten seiner Schüler einzulassen. Gerade weil sie noch zart sind, elf oder zwölf Jahre alt, darf man sie nicht autoritär mit fertigen Antworten überfahren. Das Recht, Fehler zu begehen, ist kein Monopol der Erwachsenen, lautet Ruven Charischs Wahlspruch. Niemals macht er einen roten Strich ohne ausführliche Erklärung daneben. Die Arbeit wird also keineswegs mechanisch verrichtet.

Seine Gedanken sind klar wie immer, seine leuchtend grünen Augen nicht minder. Da ist zum Beispiel dieser faszinierende Unterschied zwischen den Aufsätzen der Sprößlinge deutschstämmiger Genossen und denen der kleinen Russen. Das wäre eingehender Überlegung wert. Die ersteren achten auf harmonischen Satzbau und geordnete Darstellung. Die letzteren bersten vor Einfallsreichtum. Die ersteren neigen oft zu einem etwas trockenen Stil. Die letzteren – zu völligem Chaos.

Das sind natürlich grobe Verallgemeinerungen. Wir dürfen daraus keinesfalls zweifelhafte Begriffe wie »russische Seele« ableiten, im Stil Herzl Goldrings, der hier für den Ziergartenbereich zuständig ist. Nein. Schließlich sind diese wie jene Kinder hierzulande geboren. Kleine Kinder werden dir nicht wie Lehm in des Töpfers Hand übergeben. Der wahre Künstler sieht in einem Steinblock die darin verborgene Form, tut dem Material keine Gewalt an, sondern befreit die eingeschlossene Gestalt. Erziehung ist keine Alchemie, sondern subtile Chemie, Gestaltung des Vorhandenen, nicht Schöpfung aus dem Nichts. Wer die Erbanlagen außer acht läßt, wird sich eine Beule holen. Schlimmer noch ist jedoch derjenige, der das Erbgut als das Ein und Alles betrachtet. Er gelangt leicht zu nihilistischen Schlüssen. Jener niederländische Offizier wollte wissen, ob mir nicht der Sinn nach Abenteuern stünde. Gibt es auf der Welt denn ein größeres Abenteuer als das des Pädagogen? Ja sogar das eines einfachen Vaters? Aber er sagte, er habe keine Kinder. Deshalb redete er so vom Tod. Ein verdorrter Baum.

Diese Gedanken sind als Rohfassung für das gedacht, was er heute Abend Bronka sagen wird.

Zwischen halb drei und drei Uhr nachmittags macht Esra Berger seinen Lastwagen startklar für eine lange Tour. Zweimal täglich, um sechs Uhr morgens und um drei Uhr nachmittags, fährt er mit rund zehn Tonnen Traubenkisten nach Tel Aviv. Es sind jetzt die ersten Tage der Frühtraubenlese. Seit Beginn der Erntesaison hat Esra eine doppelte Arbeitslast auf sich genommen, von sechs Uhr morgens bis gegen Mitternacht.

In allen Winkeln der Welt lädt der Mensch sich doppelte Arbeit auf, wenn er Geld braucht. Bei uns liegen die Dinge natürlich anders. Die Frage, warum Esra Berger freiwillig für zwei arbeitet, läßt sich nicht mit materiellen Dingen beantworten. Vertrauen wir unserem Bündnispartner in dieser Geschichte, dem Klatsch, so entspringt Esras Übereifer dem, was zwischen ihm und seiner Frau oder – genauer gesagt – zwischen seiner Frau und dem Dichter und Pädagogen Ruven Charisch vorgeht. Diese Erklärung, die wir von Fruma Rominow gehört haben, ist wohlbegründet, wenn auch naturgemäß etwas vereinfachend formuliert.

Wie dem auch sei, Esra Bergers kräftiger Körper erträgt die Dauerbelastung mit Leichtigkeit. Er ist stämmig und behaart, hat leichten Bauchansatz und massige Glieder. Muskulöse Schultern tragen ohne Vermittlung durch einen Hals den schütteren dunklen Kopf. Das grobschlächtige, gedrungene Gesicht wird zur einen Hälfte von einer grauen Schirmmütze verdeckt, die andere Hälfte guckt mit verschwommenem Blick in die Welt. Dieses Äußere wirkt weder abstoßend noch anziehend. Auffallend ist der Ring, ein dicker Goldring, den Esra am linken kleinen Finger trägt. Schmuckstücke dieser Art sind bei Lastwagenfahrern gang und gäbe, nach unserem Geschmack jedoch unpassend für einen Fahrer, der einem Kibbuz angehört.

Esra Berger gehört nicht zu den großen Denkern in unserem Kibbuz. Er zählt zu den bescheidenen, geradlinigen Menschen der Tat. Daraus ist nun nicht vorschnell zu schließen, der Kibbuz sei einfach in zwei Gruppen unterteilt. Nein. Esra Berger selbst würde solchen Unsinn zurückweisen. Er ist kein Jüngling mehr – sein jüngerer Sohn hat ihn an Größe bereits eingeholt – und noch immer pflegt er seine geistigen Neigungen. Zwar ist er nicht sehr belesen, auch nicht wirklich vertraut mit den Schriften der Väter der Kibbuzbewegung, aber er liebt die Bibel und studiert sie in seiner Freizeit, am Schabbat. Außerdem liest er die Aufsätze seines gelehrten Bruders, auch wenn er wenig damit anzufangen weiß. Daß er sich nicht rege an den anstehenden Debatten beteiligt, wollen wir ihm nicht vorschnell ankreiden. Seine Ansichten, die er seit frühester Jugend klar und bestimmt vertritt, lassen ihn ein unbeschwertes Leben führen. Auch das ist eine Art Vollkommenheit, um die so manche Spötter ihn insgeheim beneiden.

Besonders reizvoll ist Esras Redeweise. Er würzt seine Sätze gern mit Bibelversen und Sprichwörtern, so daß man nie recht weiß, wann er es ernst meint und wann er nur so tut. Er ist ein verschlossener Mensch. Gespielter Ernst trennt ihn von uns. Wir wundern uns über ihn, weil er witzelt, ohne zu lächeln, und weil er in unpassenden Momenten grinst.

Einen Mann wie Esra Berger wirft die Untreue einer Frau nicht um. Gutmütigkeit, mäßige Vorstellungskraft, Kontrolle über die Gefühle – all das bewahrt ihn vermutlich vor Eifersucht. Gewiß, die Sache schmerzt ihn. Aber er hat den Schmerz im Griff. Fruma meint, er sei aus Schwerfälligkeit beherrscht. Wir finden, diese Zurückhaltung hat etwas Nobles an sich, wenn wir das Noble mit Mäßigung und Selbstbeherrschung verbinden.

Zuerst vertaut er ein dickes Seil unten an der Seitenwand des Wagens, wickelt es mit geübter Hand ein paarmal um eine Halterung. Dann tritt er drei Schritte zurück, holt weit aus, wirft die Seilrolle in einer kräftigen Bewegung über die Ladung und geht auf die andere Seite, wo das Seilende auf ihn wartet. Er packt es und zerrt unter Einsatz seines ganzen Körpergewichts daran, bis die Holzwände geknechtet ächzen. Danach zurrt er das gespannte Seil um einen weiteren Eisenhalter und wiederholt die ganze Prozedur noch zweimal, bis die Lasterwände dreifach fest miteinander vertäut sind. Zum Schluß spuckt Esra in die großen Hände, reibt sie aneinander, spuckt in jäher Wut auf den Boden, steckt sich eine Zigarette zwischen die Lippen und zündet sie mit einem goldschimmernden Feuerzeug an, das ihm sein Bruder geschenkt hat (sein Bruder Sacharja Siegfried in München, nicht sein Bruder Nechemja in Jerusalem). Nach ein paar lässigen Zügen setzt der Fahrer einen Fuß auf das Trittbrett des Lasters und benutzt sein Knie als Unterlage zum Ausfüllen der Lieferscheine.

Was jetzt? Jetzt ab in die Küche, um Kaffee und Brot zu holen. Bis nach Mitternacht wird Esra Berger auf Tour sein. Bei uns geht der Spruch: Esra ohne Kaffee ist wie der Leyland ohne Sprit. Eine abgedroschene Phrase zwar, aber zweifellos richtig. Nina Goldring, die Wirtschafterin, füllt ihm heißen Kaffee in die gelbe Thermoskanne, während Esra sich auf seinen dicken Gummisohlen von hinten an sie schleicht, ihr die Hand auf die Schulter legt und mit tiefer Stimme sagt: »Dein Kaffee geht einem wie Balsam in die Haut, Nina.«

Nina Goldring erschrickt vor der harten Hand und dem harten Ton. Ein Tropfen des heißen, schwarzen Naß spritzt ihr auf den Arm. Sie stößt einen lauten Schreckensschrei aus.

»Ich hab dich erschreckt«, stellt Esra fest, er fragt nicht.

»Du ... bist irgendwie merkwürdig aufgetreten, Esra. Aber nicht das wollte ich dir sagen. Ich wollte dir was Wichtiges sagen. Wegen deines Verhaltens hab ich's vergessen. Ja, jetzt fällt's mir ein: Daß du dieser Tage sehr schlecht aussiehst. Das wollte ich dir schon längst mal sagen. Mit solch roten Augen fährst du nachts. Für Autofahrer ist fehlender Schlaf sehr gefährlich und gerade ein Mensch wie du, der ...«

»Ein Mensch wie ich, Nina, schläft nicht am Steuer ein. Nie. Wie es heißt, mit Hilfe dessen, der dem Müden Kraft verleiht. Entweder denke ich über etwas Bestimmtes nach, oder ich trinke deinen Kaffee, oder ich rauche, und der Laster saust heimwärts wie ein Pferd, das den Stall riecht. Das letzte Stück Weg schaff ich auch mit geschlossenen Augen.«

»Merk dir, was ich gesagt habe, Esra. Ich sage, es ist gefährlich und auch ...«

»Wie steht geschrieben? Der Einfältigen Hüter ist der Ewige. Es gibt so einen Psalmvers wirklich. Danach bin ich in jedem Fall gut raus: Wenn ich einfältig bin, wird mir nichts passieren. Passiert mir was, ist das ein schlagender Beweis, daß ich nicht einfältig war. Dann kann man meinen Namen mit auf Ramigolskis Grabstein einmeißeln – du weißt, daß wir Freunde gewesen sind –, und Charismann kann ein Klagelied auf uns dichten und von den Geliebten und den Holden und so weiter singen, wie es weiland von Saul und Jonatan geheißen hat. Was nun? Immer geht meine Uhr nach, ist es schon drei?«

»Drei Uhr«, sagt Nina Goldring, »sogar fünf Minuten nach drei. Da, riech mal den Kaffee. Stark, ha? Verlaß dich nicht zu sehr auf diese Sprüche. Beschwörungen und Verheißungen helfen nichts. Sei vorsichtig.«

»Du bist eine gute Frau, Nina. Es ist sehr schön, an seinen Nächsten zu denken, wie es heißt, aber um mich braucht man sich keine Sorgen zu machen.«

»Muß man, aber sicher. Der Mensch kann nicht leben, wenn keine Seele sich um ihn sorgt.«

Noch beim Aussprechen bedauert die gute Nina ihre Worte. Vielleicht waren sie nicht taktvoll. In seinem Fall könnte man sie sonstwie auslegen.

Esra Berger legt die Thermosflasche, die Butterbrote und die Hartkäseschnitze auf den freien Nebensitz, steckt den Kopf zum Wagenfenster hinaus und manövriert seinen hoch beladenen Lastwagen rückwärts aus der Haltebucht, um der Straße zuzustreben. Eine gute Frau, diese Nina. Nur, sie ist klein und dick wie eine Gans. Ein Festschmaus für Herzl Goldring. Es herrscht doch Ordnung auf der Welt, nach Aussage der Philosophen, es hat seine Logik, daß Klugheit nicht mit Gutherzigkeit einhergeht und Gutherzigkeit und Schönheit nie zusammen auftreten. Sonst wäre ja der eine rundum vollkommen, die Krone der Schöpfung, wie es heißt, und der andere wäre vollends ein armes Schwein. Deshalb ist es vorbestimmt, daß eine schöne Frau sittenlos sei. Die dort zum Beispiel wird mal eine sehr schöne Frau. Aber es gibt auch eine Kehrseite. Daß sie nämlich die Tochter des Dichters ist. – Ja, junge Dame, was kann ich für Sie tun?

Noga Charisch ist ein Mädchen von sechzehn Jahren, hoch aufgeschossen wie ein Junge, die Figur eher knabenhaft als weiblich. Lange, schlanke Beine, schmale Hüften und kindliche Schenkel, über die ein weites Männerhemd fällt. Dickes weiches Haar wallt ihr über die Schultern bis zur Taille hinab. Ihr Körperbau ist eckig, spitz, und gerade deswegen hat jedes der kaum angedeuteten Zeichen von Weiblichkeit etwas eminent Wildes an sich. Ihr auffallend kleines Gesicht verliert sich in den schweren Haarkaskaden. Matt schwarz ist Noga Charischs Haar. Stirn und Wangen umschließt es weich schimmernd, wie der Schattenkranz um eine Kerzenflamme. Ihre Brauen sind fein wie auf alten Madonnenbildern. Nur sind die Augen derart groß, daß sie diese Harmonie stören, groß und mit einem verschwiegenen grünen Blitzen darin: Ruven Charischs Augen in Evas schönem Gesicht. Esra Berger sieht sie von oben aus seinem Kabinenfenster und wiegt den Kopf, als sei ihm eben eine geheime Wahrheit offenbart worden. Einen Moment später wendet er den Blick zur Windschutzscheibe und knurrt ungeduldig: »Nun?«

»Nach Tel Aviv, Esra?«

»Nach Tel Aviv«, antwortet der Fahrer, noch immer, ohne sie anzublicken.

»Kommst du spät zurück?«

»Warum?«

»Würdest du mir einen Gefallen tun?«

Esra stützt die Ellbogen aufs Steuerrad. Senkt das Kinn auf die Schulter. Wirft dem Mädchen einen müden, leicht belustigten Blick zu, der keine Sympathie enthält. Ein warmes, schmeichelndes Lächeln öffnet Noga Charischs schmale Lippen. Sie ist nicht sicher, ob Esra ihre Frage wirklich verstanden hat. Deshalb hüpft sie aufs Trittbrett, drückt ihren Körper an die glühendheiße Blechtür und lächelt dem Mann keck ins Gesicht.

»Tust du mir einen Gefallen?«

»Erlaubt ist, was gefällt. Was willst du eigentlich?«

»Kauf mir in Tel Aviv Stickgarn, sei so gut. Ein Knäuel in Türkis.«

»Was ist Türkis?«

So hatte Esra nicht fragen wollen, aber diesmal war er mit dem Reden schneller als mit dem Denken. Wieder wendet er den Blick ab, um sie nicht anzusehen, wie ein dummer Junge, peinlich geradezu.

»Ein Farbton. Türkis ist eine hübsche Farbe zwischen Blau und Grün. Ich erklär dir, wo du's kaufen kannst. Dort ist bis acht Uhr abends auf. Nimm diesen Faden als Muster. Das ist Türkis.«

Nogas Füße sind in Bewegung. Sie wippen auf dem Trittbrett, einem inneren Rhythmus folgend, ohne sich von der Stelle zu bewegen, wie in verhaltenem Tanz. Esra spürt geradezu ihren Körper, der sich außen an die Kabinentür preßt. Wie oft habe ich dieses Mädchen schon gesehen. Aber was ist jetzt? Noga legt sein Schweigen als Ablehnung aus. Versucht, durch inständiges Bitten seine Zustimmung zu erwirken: »Esra, sei lieb.«

Ihre Stimme geht in Flüstern über. Da Esra Berger Vater zweier Söhne ist, die beide älter als diese Kleine sind, erlaubt er sich, ihr die schwere Hand auf den Kopf zu legen und ihr übers Haar zu streichen. Im allgemeinen mag er keine Mädchen, die sich wie kleine Frauen aufführen. Diesmal verspürt er eine Art Zuneigung. Er nimmt die Hand von ihrem Haar, faßt ihr kleines Kinn mit Daumen und Zeigefinger und verkündet gespielt feierlich: »Geht in Ordnung, junge Dame, so geschehe es, Amen. Türkis also.«

Das Mädchen wiederum legt ihm zwei gebräunte Finger auf die behaarte, schwitzende Hand und erklärt: »Du bist süß.«

Wegen des Altersunterschieds und ihres kindlich bettelnden Tons wollen wir ihr diesen Ausspruch verzeihen. Aber Esra Bergers Verhalten können wir diesmal nicht verstehen: Gab es denn irgendeinen Grund, das Bremspedal so plötzlich loszulassen, daß Noga nur dank ihrer großen Gelenkigkeit noch rechtzeitig von dem anfahrenden Laster springen konnte? Welche Ursache existiert für diese merkwürdige Eile? Schon braust er in einer Staubwolke davon. Gute Fahrt. Vergiß bitte nicht das türkisfarbene Garn. Sicher wird er es nicht vergessen. Geduckt und gedrungen sitzt er in seiner Fahrerkabine, stützt sich aufs Lenkrad und denkt an Frauen. Erst an das Mädchen. Dann an Eva. An Bronka. Zum Schluß ist er wieder bei Noga angelangt. So ein zierliches Kinn, kleine Türkisa, dein Vater würde wahnsinnig, wenn.

Der Kibbuz brütet halb ohnmächtig in der Sonne. Die glutheißen Strahlen prallen auf den Betonpfad, daß der nackte Fuß sich versengt und vom Weg auf den Rasen springt. Es ist ein sanfter Sprung, Schritt eines verhaltenen Tanzes. Winzige Schweißtropfen perlen auf der gebräunten Stirn. Noga summt wort- und tonlos eine zarte Weise vor sich hin, die ihre Au-

gen umflort: Der Granatapfelbaum, er duftete so / vom Toten Meer bis Jericho ...
Im Schatten des knorrigen Johannisbrotbaums hält sie inne, legt versonnen die Hand an die Rinde, beschattet die Augen und blickt auf das Bergmassiv. Feiner Dunst schwebt über den Bergen und mildert deren dräuende Schwere. Die feuchte Hitze bringt den Dunstschleier hervor. Dort schmoren die Felsen lautlos, regungslos. Nur in den gewundenen Schluchten halten sich abgerissene Schattenstreifen, als wollten die Berge sich mit fremdartigem Spiel vergnügen.
Am Rasensaum rotiert tickend ein Sprinkler. Noga rennt aus Spaß zwischen den Wasserstrahlen hindurch. Vielleicht wegen ihres zerbrechlichen Körperbaus, des verkniffenen kleinen Mundes oder des matten Haars weckt der Anblick dieses Mädchens selbst im Übermut noch Trauer. Beklemmende Wehmut überkommt dich, wenn du, wie wir nun, verstohlen dieses große, schlanke Mädchen mit dem schweren Haar beobachtest, das sich allein auf dem abfallenden Rasenstück tummelt. Sie ist jetzt die einzige auf der weiten leeren Fläche, von glutheißer Luft umflirrt. Hin und zurück springt sie, reizt mit ihren langen Beinen die Wasserstrahlen. Ziellos spielt sie, ohne ein Lächeln, in düsterer Konzentration. Verschwommene Geräusche erfüllen die Luft. Wollte man sie zu isolieren suchen, könnte man das Tuckern eines fernen Traktors, das Muhen einer Kuh, Frauengezänk und das Plätschern fallenden Wassers unterscheiden. Aber die Geräusche verschmelzen zu einer dumpfen Kulisse. Und das Mädchen scheint jetzt völlig in sich selbst versunken.

Ich will nicht, daß er seine Späßchen mit mir treibt. Ich wollte von ihm beachtet werden. Wieso wußte er nicht, was Türkis ist? Türkis ist eine Farbe zwischen Blau und Grün. Ein bißchen grell, aber ganz was Besonderes. Immer redet er in Sprüchen statt was Normales. Ich sage ihm, er soll mir einen Gefallen tun, und er sagt, erlaubt ist, was gefällt. Ich bin gar nicht sicher, daß er was damit meint. Er muß einfach was sagen, und so sagt er was, um nichts zu sagen. Ich hatte gedacht, er würde nur mit mir in Sprichwörtern reden, aber nein, er ist ein Mensch, der mit allen Sprüche klopft. So geschehe es, Amen. Das ist was aus der Tora. Aber er hat es nicht ganz im Ernst gesagt. Auch meinen Kopf hat er nicht ganz im Ernst gestreichelt. Wie unabsichtlich ist er mir übers Haar gefahren. Dabei hat er's mit Absicht getan. Frauen irren nicht in diesen Dingen. Er hat was an sich, das mir nun gerade gefällt. Immer scheint er nach außen eines zu sagen und im Innern was anderes. Übrigens war das Garn, um das ich ihn gebeten habe, keineswegs bloß ein Vorwand, um ihn aufzuhalten. Ich brauche es wirklich dringend. Aber ich dachte, vielleicht kommen wir dabei miteinander ins Gespräch. Er ist nicht groß und sieht nicht besonders gut aus, der Mann von Vaters Bronka, aber er ist sehr stark. Das sieht man. Stärker als Vater. Ich häng einen bestimmten Gedanken an ihn. Gut, daß Herzl Goldring mich nicht auf seinem feuchten Rasen herumlaufen sieht. Er schreit nicht, wedelt nur mit der Hand, daß man abhauen soll, aber wie haßerfüllt er jeden fixiert. Schon vier Uhr. Zeit, zu Vater reinzugehen. Manchmal möchte ich sehr krank sein, so daß Vater mich Tag und Nacht pflegen müßte, und manchmal stelle ich mir vor, daß Vater sehr krank ist und ich ihn Tag und Nacht pflege, und dann würde ich weinen, bis alle wüßten, daß ich ihn viel mehr liebe. Trauer kann einem das Herz brechen. Aber ein gebrochenes Herz ist nur ein übertragener Ausdruck. So was gibt's nicht. Wie heiß es jetzt ist.

Noga geht zu ihrem Vater. Auf nackten Zehenspitzen schleicht sie federnd ins Haus und linst vom Vorraum wie ein Spion in sein Zimmer. Ruven Charisch schaut nicht in ihre Richtung. Ruven Charisch blickt auf seine Uhr, räumt die Hefte vom Tisch in seine Tasche und wiegt den Kopf, als diskutiere er mit sich selbst. Sein Vogelgesicht zeigt sich dem Mädchen in spitzem Profil. Er hat sie noch nicht bemerkt. Mit der schwebenden Leichtigkeit eines verängstigten Tieres springt sie ihn von hinten an, hängt sich ihm an den Hals und küßt ihm den Nacken. Er fährt erschrocken herum und packt die Schultern der Angreiferin mit bleichen Fingern. »Du Katze«, murmelt er, »wann wirst du endlich aufhören, dich wie ein Dieb in dieses Haus zu stehlen. Das ist eine häßliche Angewohnheit, Noga, das meine ich ernst.«

»Du hast dich erschrocken«, sagt das Mädchen in warmem Ton, als Feststellung, nicht als Frage.

»Ich bin nicht erschocken. Nur...«

»Leicht. Was hast du gemacht? Ein Gedicht geschrieben? Hab ich die Muse verscheucht? Keine Sorge, Vater, die kommt wieder.«

»Wer, eh...«

»Die Muse, schwupp – ich hab sie an den Zöpfen gepackt. (Eine flinke, bezaubernde Handbewegung, ein Bogenschlagen in der Luft, die Finger schließen sich um eine imaginäre Beute.) Haben Musen Zöpfe, Vater?«

Ein anderer Ort

»Meine Stella«, sagt Ruven Charisch und küßt seine Tochter oben auf die Stirn, knapp unter dem Haaransatz,»meine Liebe.«
Noga löst sich aus dem Griff ihres Vaters und wiegt die Hüften, wie gewohnt, wie in einem inneren Tanz.»Habe ich dir schon von der Aufführung erzählt? Nein? Die Klasse bereitet eine Aufführung zu Schawuot, zum Wochenfest vor. In sechzehn Tagen. Eine Folge von Tänzen verbunden mit einer szenischen Lesung. Ich tanze den Rebstock, eine der sieben Arten, der traditionellen Früchte des Landes, weißt du. Symbolische Bewegungen. Und ...«
»Stella«, wiederholt der Vater und streckt die Hand aus, um ihr übers Haar zu streichen. Die Kleine bemerkt die Geste und schlüpft schulterzuckend weg. Schon setzt sie den Wasserkessel auf.

Stella. Diesen Namen hat Eva früher häufig benutzt. Es ist kein beliebiger Kosename. Evas verstorbene Mutter hieß Stella. Als Noga geboren wurde, wollte Eva sie nach der seligen Großmutter Stella nennen. Ruven hielt dagegen, er sei nicht ins Land Israel gekommen, um seinen Kindern Diasporanamen zu geben, ganz zu schweigen von solchen mit christlicher Prägung. Wie von selbst tauchte der Name Kochava auf, als hebräische Form des großmütterlichen Namens. Dagegen sträubte sich Evas musikalisches Empfinden, denn der Name Kochava Charisch strotze ja vor rauhen Gutturalen. Evas Ablehnung war definitiv, wie in allem, was die sanfte Beharrlichkeit dieser zerbrechlichen, schwarzäugigen Frau weckte, deren Lippen so schmal wie eine gespannte Saite waren. Daraufhin stimmte Ruven dem Namen Noga zu, einer Kompromißlösung, die sowohl Evas sensibles Gehör als auch Ruvens klare Grundsätze berücksichtigte. Noga ist der Name eines Sterns, der Venus, Noga erinnert an den Namen der seligen Großmutter Stella.

Großmutter Stella Hamburger war in einem noblen Kölner Vorort gestorben, wenige Monate nach dem Tod ihres Ehemanns, des Bankiers Richard Hamburger (Evas Vater, Isaaks Onkel), zwei Jahre, nachdem ihre einzige Tochter Eva sich den Pionieren angeschlossen hatte und ohne elterlichen Segen nach Erez Israel gegangen war, wo sie ebenfalls ohne Segen einen einfachen Mann geheiratet hatte, der zwar in Deutschland geboren, aber nur der Sohn eines simplen Schächters aus einem entlegenen podolischen Städtchen war.
Dank eines gnädigen Schicksals war Großmutter Stella noch am Aus-

gang der schönen Zeiten gestorben und hatte nicht lange genug gelebt, um in einem Konzentrationslager umzukommen. Eine Verfügung war eingetroffen, die ihr die Witwenrente von der Kölner Kleinhandelsbank strich. Die Schmach darüber raffte Großmutter Stella hinweg. In Noga Charisch lebt nun auf Umwegen ihr Name und Andenken fort. Wir können nicht frommen Blicks behaupten, das Mädchen schlüge Großmutter Stella nach. Richard Hamburgers Enkelin läuft die meisten Stunden des Tages barfuß herum wie eine einfache Bauerntochter. Andererseits könnte Noga von Eva die nach außen sich zart gebende zähe Willensstärke geerbt haben, die Eva wiederum von Großmutter Stella hatte.

In frohen Stunden nannte Eva ihre Tochter liebevoll Stella, gelegentlich sogar Stella Maris. Dieser Zusatz läßt sich nicht erklären. Fruma Rominow vermutet darin einen Hinweis auf Evas Vorliebe, Seelandschaften in Kohle zu zeichnen: ein einsames weißes Segelboot am dunstigen Horizont, leichtes Wellengekräusel, stille Wasserläufe zwischen dichtgrünen Gestaden, alles in etwas altmodischem, leicht süßlichem Stil. Einige dieser Zeichnungen wurden in Ruven Charischs Kinderreimbuch abgedruckt. Doch wir sind abgeschweift, hatten nur eine seelische Erklärung für den Namen Stella Maris vorschlagen wollen.

Das Wasser im Kessel kocht. Noga bereitet Kaffee für ihren Vater, Tee mit Milch für sich, duftenden Kakao für ihren kleinen Bruder Gai. Wir wollen nicht sagen, sie tue das alles geistesabwesend, aber ihre Augen scheinen den Fingern nicht recht zu folgen. Ihre großen Augen sind jetzt halb geschlossen, als blickten sie nach innen, in die Kopfhöhle hinein. Ich meine, er hat sich extra bemüht, mich nicht anzugucken. Warum und wieso macht dieser Gedanke solche Freude.

Ruven sitzt am Couchtisch, stützt sich mit den Händen auf ihn. Er betrachtet seine Tochter. Ist nicht froh. Sie ist ein kleines Mädchen und doch wieder nicht. Bisher hat sie noch kein einziges Wort über Bronka gesagt. Eigentlich wäre es an mir, vernünftig darüber zu reden. Wenn sie mir zuvorkommt und eines Tages fragt, eine Frage stellt, was soll ich ihr dann antworten. Was soll ich ihr sagen, wenn sie zum Beispiel heute damit anfängt. Jetzt. In diesem Moment. Was tu ich nur.

Gai Charisch kommt herein, ohne zu grüßen. Ruven rügt ihn. Der Junge erklärt: »Okay. Guten Abend. Aber ich will keinen Kakao.«

Sofort legt er sich, wie gewohnt, auf den Teppich und beginnt um-

Ein anderer Ort 33

standslos und ohne Überleitung von etwas zu erzählen, was ihn beunruhigt. Im wesentlichen sagt er Folgendes:»Heute Mittag, nach der Heimatkundestunde, hat Bronka uns was über die Araber erklärt. Was für Vorstellungen die hat! Wie ein kleines Mädchen. Sie würden ohne böse Absicht auf die Juden schießen, oder so was. Und daß sie uns überhaupt nicht hassen, sondern einfach arm dran seien und bloß ihr Sekretariat in Damaskus sie zum Kämpfen zwinge. Und wir sollten sie auch keinesfalls hassen, weil sie Arbeiter und Bauern wie wir seien. Also, wen sollen wir dann wohl hassen, ha? Und auch, daß sie bald mit uns Frieden schließen werden. So'n Quatsch. Nach meiner Meinung ist es sehr unpädagogisch, Drittkläßlern unrichtige Sachen zu erzählen. Tatsache ist, daß wir auf die hier schießen und nicht auf die in Damaskus. Und dann ziehen sie den Schwanz ein und sind ruhig. Stimmt's, Vater, daß es bei uns Ruhe gibt, wenn die keine Syrer mehr haben?«

»Was hast du für ein dreckiges Gesicht«, sagt Noga,»ab ans Waschbekken. Ich wasch dich.«

»Ruhe. Merkst du nicht, daß ich mit Vater rede?«

»Du wirst jetzt mit mir reden und tun, was ich dir sage«, verlangt Noga in scharfem Ton.

»Wenn Männer reden, Noga, sollen Frauen sich nicht einmischen.«

An dem von Noga gedeckten Tisch, vor den dampfenden Tassen, beim Obstschälen und Keksemampfen, versucht Ruven, seinem Sohn etwas über Völkerfreundschaft beizubringen. Seine Worte sind schlicht und zu Herzen gehend. Seine gütige Stimme verstärkt seine Worte. Vielleicht gelingt es ihm kraft seiner väterlichen Autorität, die Lehren seiner Kollegin Bronka Berger zu untermauern. Wir wünschen ihm guten Erfolg.

Gai Charisch ist hübsch, aber auf andere Weise als seine Schwester. Türkisa ist ein dunkler, Gai ein heller Typ. Die blonde Tolle fällt ihm locker in die hohe Stirn, die Kleidung wird von einem breiten Militärkoppel an den schmalen Körper gezurrt, die Gesichtszüge sind markant und spitz wie die seines Vaters, aber die Augen schimmern dunkel und warm. Welch schönes Bild – Vater und Sohn gemeinsam am Schreibtisch sitzend. Während Noga den Tisch abräumt und das Geschirr spült, dabei bewußt wie eine überlastete Hausfrau seufzt, kleben die Männer Briefmarken ein. Das Album ist nach Themen geordnet: Sportmarken, Blumenmarken,

Weltraummotive, Tiere und zu unserem Leidwesen auch Kriegsmotive. Spielerisch vermittelt Ruven seinem Sohn ein Gefühl für Disziplin und Ordnung. Unterdessen hat Noga ihre Pflichten beendet und eine kleine Blockflöte zur Hand genommen. Ihre Finger tanzen über die Löcher und spielen Melodien so zart und lang wie diese Finger selbst. Sie ist tief in den alten Sessel versunken, die Knie bis ans Kinn hochgezogen, der Rükken rund, die Wimpern gesenkt, der Kopf voll lebhafter Phantasien. Frühmorgens vor Sonnenaufgang zum Fischteich hinuntergehen, dort barfuß umherschlendern und gucken. In den alten Stall schleichen, in dessen dikken Mauern es immer noch nach modrigem Heu riecht, obwohl schon seit Jahren keine Pferde mehr drinstehen. Im Stall schreien. Dem Echo lauschen. Hinausgehen. Lieder in den Wind singen. Nicht schlafen während einer winterlichen Sturmnacht, wenn der Regen weint und die Donner ihn verlachen. Mit dem Schiff fahren. An einem fernen Ort Frau sein.

Einmal im Herbst, so um dieselbe Tageszeit wie jetzt, bin ich hier in Vaters Dusche gegangen. Ich zog meine stinkenden Arbeitsklamotten aus (damals melkte ich im Schafstall), drehte den Hahn auf, aber es kam kein Wasser. Also mußte ich zur Gemeinschaftsdusche. Aber ich wollte die verdreckten Sachen nicht wieder anziehen. Im Badezimmerschrank fand ich so ein dünnes blaues Hauskleid, das hinten geknöpft wird. Von Mutter. War irgendwie hängengeblieben. Ich bin reingeschlüpft, hab mir Handtuch, Seife und Haarklammern geschnappt und bin zur Gemeinschaftsdusche gegangen. Hab dort geduscht. Und bin nach Hause gegangen. Plötzlich kam mir auf dem Weg Esra Berger entgegen. Auch damals hat er den Kopf abgewandt und mich nicht angesehen. Aber bevor er das Gesicht wandte, hat er mich angeguckt. Nicht mein Gesicht. Wenn Rami nicht so wäre, würde ich's ihm erzählen. Ich erzähle Rami nie so was. Er würde einen falschen Eindruck von mir kriegen. Er würde es dieser Hexe Fruma weitertratschen. Einmal hat er mir erzählt, seine Mutter habe ihm gesagt, ich sei meiner Mutter ähnlich, weil der Apfel nicht weit vom Stamm falle. Erst dachte ich, ich sollte hingehen und Fruma eine runterhauen. Aber bei weiterem Nachdenken habe ich eingesehen: Wenn ich mich aufrege, ist das ein Zeichen, daß es eine Beleidigung war, und es ist doch gar keine Beleidigung.

Später, wenn leichter Westwind die Wipfel der Zierbäume fächelt und den sonnversengten Ort ein wenig mit seinem Luftzug versöhnt, geht Familie

Ein anderer Ort

Charisch in den Garten, auf den Rasen in der Mitte. Das ist die Stunde, in der Ruven Charisch sich der Zeitungslektüre widmet. Gai begießt eifrig das Rosenbeet. Noga, den Rücken zum Vater, stickt wunderbar fein. Wenn sie plötzlich den Kopf wendete und eine Frage stellte, was könnte Ruven ihr antworten. Sie hat die langen Beine untergeschlagen. Das Haar fällt ihr über die linke Schulter bis auf die Brust. Ihre schönen Finger fliegen nur so über den Stoff. Ein sanftes, ruhiges Bild bietet sich derzeit unseren Augen. Verwahren wir es im Herzen. Kommt Gutes, ist es ein Zeichen, daß die Liebe stärker ist als der Haß. Kommt Schlechtes, können wir dieses friedliche Bild aus der Erinnerung zurückrufen, Trost daraus schöpfen und das boshaft schleichende Gift abdämmen. Vieles ist möglich. Noga Charisch hat einen mädchenhaften Körper und das Gebaren einer Frau. Eine erregende Kombination. Ein gieriges, versteinertes, ödes Auge steht im Begriff, seinen bösen Blick auf unser zauberhaftes Reh zu richten. Es gibt ein Schauermärchen von einem kleinen Mädchen, das einen Korb durch den großen Wald trug. Sogar Gai ist schon reif genug, um dieses deutsche Ammenmärchen verächtlich abzutun. Und Ruven Charisch würde euch sagen, wer Grimms Märchen aufmerksam lese, werde begreifen, wieso dort ein Volk von Mördern und Werwölfen herangewachsen sei. Womit er recht hat. Aber wir blicken jetzt auf Türkisa, auf die zarte Stella Maris, und unser Herz fliegt ihr zu.

4. Kapitel:
Bronka hört vereinzelte Schüsse

Dies Tal, in dem der Jordan singt,
Der Arbeit mächtig Tosen klingt,
Ist der Vision und Schönheit Flamm,
Ist grünes Feuer gegen öden Felsenkamm.

Diese Zeilen aus einem berühmten Gedicht von Ruven Charisch kennt jedes Kind. Sie sind längst anmutig vertont worden und werden viel gesungen. Auf Kongressen der Kibbuzbewegung und bei Versammlungen der Pionierjugend haben wir es oft erlebt, daß man ein oder zwei Zeilen als Tagungsmotto ausgewählt hatte, die Lettern zuweilen aus Zypressenzweigen geflochten oder sogar als Feuerschrift: *Der Vision und Schönheit Flamm* oder *Grünes Feuer gegen öden Felsenkamm*. Das sind keine leeren Floskeln. Das ist hier herzerfrischende Wirklichkeit. Ernten diese Worte ein süffisantes Lächeln, so schießen sie die Pfeile des Spotts umgehend ins Herz der Schützen zurück: Ein schöner Anblick bietet sich unseren Augen jetzt, da die grellweiße Sonnenglut nachläßt und die ersten Anzeichen der Nacht süßes Sehnen in uns wecken. Mittags hat die Sonne erbarmungslos auf das wohlbestellte Tal niedergebrannt. Aber jetzt, gegen Abend, erstrahlt das Bild in seinem wahren Licht.

Kibbuz Mezudat Ram liegt am Ende eines langen, schmalen Tals, an der Jordansenke. Diese ist nur ein winziger Teil des größten Grabenbruchs der Erde. Er beginnt im Norden Syriens, folgt dann Wüstenschluchten, teilt weite, ebene Landstriche, trennt das Libanongebirge vom Antilibanon und gelangt bei der Ortschaft Banias an der syrisch-libanesischen Grenze ins Ayyuntal. Hier fallen sich drei hübsche Bäche in die Arme und bilden den heiligen Jordanfluß. Von nun an verläuft der Graben auf israelischem Gebiet, zuerst mit hübschen kleinen Wasserfällen bestückt, dann durch die nordöstlichen Landesteile, eine unvergleichlich schöne Landschaft voll Kibbuzim, Dörfern und weißen Städtchen. Der Jordan fließt weiter gen Süden, im Westen flankiert von den sanft gerundeten Bergen Galiläas, im Osten von den kahlen Höhenzügen des Hauran, Golan und Bashan. Sein Wasser mündet lieblich in das Galiläische Meer, auch Tiberiassee oder Kinneret genannt, das herrliche blauschimmernde Auge des Landes. An einem dieser Fleckchen haben wir uns niedergelassen und unseren Kibbuz gegründet.

Aus dem Kinneret ausgetreten, netzt der Jordan die Ränder des finsteren Bergmassivs von Moab, bis er schließlich müde in den Schoß des Toten Meeres fällt, um nie wieder daraus hervorzukommen, es sei denn in glühenden Dämpfen. Aber der riesige Grabenbruch endet nicht, sondern stürzt weiter gen Süden, nunmehr ohne Fluß, entlang der Arava-Senke, am Fuß des Edomgebirges, das in tödlichem Zauberbann rötlich schimmert, ja gegen Abend fast lila wirkt. Bei dem neuen Städtchen Elat am Ufer des Roten Meeres nimmt der urzeitliche Grabenriß die Form einer desolaten Meereszunge an. Wüste umschließt sie. Kein Streifen Grün schiebt sich dort zwischen das Wasser und seinen dürren Feind. Dieser Golf ist der gebrochene, schräge Arm des Roten Meeres. Auch das Rote Meer ist nichts als die Fortsetzung des ungeheuren Grabenbruchs, was aus seiner schmalen, länglichen Form erhellt. Weiter verläuft der Riß zum

Abgrund dichter Tropenwälder mitten im östlichen Afrika, ja bis über den Äquator hinaus reichen seine Ausläufer. Als hätte einst eine finstere Macht die Erdkugel mit einem mächtigen Axthieb zweiteilen wollen, sich aber anders besonnen, ehe das Werk vollendet war. Eine krampfgeschüttelte Macht, mitten in der Tat von Melancholie ergriffen, hat diese mit wilder Schönheit begnadete Narbe geschaffen.

In seinem Verlauf wechseln sich in dem riesigen Graben Landschaften und Klimata ab, aber zum größten Teil ist er von Wüstengebirgen flankiert. Deswegen ist er seiner ganzen Länge nach glutheiß und feucht. Wir leben an einem seiner engsten und tiefsten Abschnitte. Aufgrund seiner geologischen Beschaffenheit könnte man unser Tal fast als Canyon bezeichnen. Tausend Jahre lang war dieser Ort völliges Ödland, bis die ersten von uns kamen, ihre Zelte aufschlugen und das Land mit modernsten Agrarmethoden zum Blühen brachten. Gewiß, ein paar arabische Fellachen sind hier vor unserer Ankunft ansässig gewesen oder als Nomaden immer wieder durchgezogen. Aber sie waren arm und rückständig, in dunkle Gewänder gehüllt, leichte Beute für die Wechselfälle des Klimas und verheerende Naturkatastrophen – Sturzfluten, Dürre und grassierender Malaria ausgesetzt. Von ihnen ist nichts geblieben als verstreute Ruinen und dürftige Trümmer, deren Reste immer weiter schwinden, sich von Winter zu Winter mehr mit dem zerklüfteten Boden vereinen, Lehmhütten, die wieder zu Staub zerfallen. Ihre Bewohner sind in die Berge geflohen. Von der Höhe herab schleudern sie ihren grundlosen, sinnlosen Haß auf uns. Wir haben ihnen nichts getan. Wir kamen mit Pflugscharen, doch sie empfingen uns mit Schwertern, die sich umkehrten und ihnen aufs eigene Haupt schlugen.

Im Verlauf einer einzigen Generation haben wir hier zielstrebig eine spektakuläre Umwälzung vollbracht, aber unser Land auch teuer mit Blut bezahlt, das bezeugen schon der Name unseres Kibbuz, Mezudat Ram – Hohe Feste – und das Ehrenmal für Aharon Ramigolski, der seine Familie verließ, aus Kowel an der polnisch-russischen Grenze einwanderte und hierher kam, um an diesem Ort unter den Kugeln hinterhältiger Angreifer zu sterben. Aber das Geheimnis des Erreichten liegt nicht in der heroischen Haltung, die den ersten Siedlern nachgesagt wird. Nein und nochmals nein. Das Geheimnis liegt, wie unser Genosse Ruven Charisch sagt, in der Läuterung. Deswegen möchten wir euch jetzt an den Eingang des hübschen Speisesaals bitten, um gemeinsam mit uns die Gesichter der Männer und Frauen zu betrachten.

Vor kurzem haben sie allen Staub und Schweiß des Tages unter einer kühlen Dusche abgespült, und nun kommen sie grüppchenweise, in einfacher, sauberer Kleidung, zum gemeinsamen Abendessen zusammen. Die meisten älteren Männer kann man nicht gerade als schön bezeichnen. Ihre Gesichter sind sonnengegerbt, flach und runzlig, aber ihr Äußeres zeugt von Körperkraft und blendender Gesundheit. Sie sind braungebrannt. Ihre Züge wirken stark und offen. Einige sind etwas stämmig, wie Esra Berger, andere hager und zäh, wie Ruven Charisch. Einige, wie Mendel Morag, der Tischler, und Israel Zitron, der Bananenpflanzer, haben edel aussehendes graumeliertes Haar. Andere, wie Mundek Sohar, der Kreisratsvorsitzende, oder Podolski, der Mechaniker und Arbeitsverteiler, sind mehr oder weniger kahl. Alle Gesichter drücken Sicherheit und Zufriedenheit aus. Kaum wird man unter ihnen ein typisches Bauerngesicht finden – das heißt von schwerer Arbeit abgestumpfte, verschlossene Züge. Nein, nein. Alle Gesichter zeigen ein gewisses Maß an wachem Intellekt, was sich auch in ihren Gebärden ausdrückt. Hellwach sind diese Männer. Wenn sie jetzt näher kommen, können wir hören, wie sie sich mit kräftigen Stimmen unterhalten, in eine kleine Diskussion vertieft und dabei lebhaft gestikulierend.

Betrachten wir nun ihre Gefährtinnen, die älteren Frauen: Esther Issarow, die wir trotz ihrer sieben Kinder aus alter Gewohnheit weiter bei ihrem Mädchennamen, Esther Krieger, nennen, Chassja Ramigolski, die Frau des Kibbuzsekretärs (Zwi heißt er mit Vornamen, der Bruder des verstorbenen Aharon), Bronka Berger, Gerda Sohar, die Köchin Nina Goldring und all die anderen. Ihr Anblick weckt Trauer, wenn auch nur einen kurzen Moment. Aus ideologischen Gründen untersagt der Kibbuz seinen Genossinnen, ihre Schönheit mit kosmetischen Mitteln zu erhalten. Dieses Verbot hat bei den älteren Frauen seine Spuren hinterlassen. Man sieht hier keine gefärbten Haare, gepuderten Wangen, geschminkten Augen oder nachgezogenen Lippen. Aber so haben die Gesichter der Frauen eine schlichte Natürlichkeit und besitzen keinen falschen Schein. Allerdings wirken diese alten Pionierinnen äußerlich etwas derb. Alles in allem haben sie viel Ähnlichkeit mit den Männern: starke Züge, die Runzeln voll verhaltener Kraft, die Lippen in einem Gewirr energischer Fältchen versunken, sonnengebräunter Teint ohne jede Verfeinerung, graues, weißes oder auch schütteres Haar. Einige sind ein wenig stämmig, andere mager und spitz. Doch ihr Auftreten zeugt, ebenso wie das der älteren Männer, von

Befriedigung und Selbstsicherheit. Wenn du fälschlich annimmst, einige der Gesichter wiesen Anzeichen von Bosheit auf, wie zum Beispiel die Züge der etwas gebückt Gehenden dort, so hältst du irrig für Bosheit, was in Wirklichkeit Askese ist. Denn bei der Frau, auf die du mit dem Kinn gedeutet hast – sie heißt Fruma Rominow, ist Witwe und Tagesmutter im hiesigen Kindergarten –, handelt es sich um die trauernde Mutter eines unserer Jungen, des Offiziers Joasch Rimon, der im Sinaifeldzug den Heldentod gestorben und dessen Name nun für immer auf dem Ram-Ehrenmal eingraviert ist. Hüte dich, Fremder, also künftig vor übereilten Urteilen, die Bosheit diagnostizieren, wo Herzensnot und eiserne Selbstdisziplin vorliegen. Frumas verbliebener Sohn, Rami Rimon, wird in wenigen Wochen einberufen. Gebe Gott, daß er gesund und unversehrt zurückkommt, denn seine schwache Mutter hat außer ihm nichts mehr, was sie auf dieser Welt hielte.

Da kommen auch die jungen Leute. Guck sie dir an. Sind es nicht wunderbare Sprößlinge? Wie großgewachsen sie sind, Mädchen wie Jungen, hübsch anzusehen allesamt, und wenn es eine Ausnahme geben sollte, bestätigt sie nur die Regel. Sie besitzen die handfesten Vorzüge, die wir bei ihren Müttern und Vätern gefunden haben, aber ohne deren Härte. Vollendete Körperbeherrschung spricht aus ihrem Gang. Ihre Bewegungen wirken maßvoll und bestimmt. Von Kindesbeinen an sind sie an körperliche Arbeit gewöhnt, in Sonnenschein und frischer Luft aufgewachsen, durch lange Wanderungen und harte Dauermärsche gekräftigt, durch viel Sport und Spiel gestählt, alle braungebrannt, die meisten mit blonder Tolle oder blondem Zopf. Ihre Hände sind kräftig und wohlgeformt. Gedämpfter Frohsinn klingt aus ihrem Stimmengewirr. Wenn einige von ihnen zu lyrischen Anwandlungen neigen, wissen sie diese doch gebührend zu verbergen. Im Gefolge dieser Gruppe wollen auch wir den Speisesaal betreten, um sie nicht aus den Augen zu lassen. Außerdem fällt es langsam auf, daß wir so lange an der Drehtür stehen und jeden, der zum Abendessen kommt, eingehend mustern. Wenn wir hier noch länger bleiben, wird der Klatsch uns alle möglichen Absichten andichten.

Der Speisesaal ist von weißem Licht überflutet. Die Luft ist feuchtheiß, der Raum lärmerfüllt: Besteckklappern, Stimmengemurmel, Servierwagenquietschen, das Geschepper von Pfannen und Blechen aus den Spülbecken hinter der Durchreiche. Die Resopalbeschichtung der Tische leuchtet in frohen Farben. An den Wänden hängen Landschaftsgemälde, Symbole der Arbeit und Porträts der Gründer der Kibbuz-Bewegung. Auf jedem Tisch befinden sich ein Tablett mit mürbem Schwarzbrot, eine hochgetürmte Schüssel mit kleingeschnittenem Gemüse, bunte Salz- und Pfefferstreuer sowie kleine Gefäße mit Öl, Zitronensaftkonzentrat und Senf, Glasschälchen mit Butter, Käse und hausgemachter gelber Apfelkonfitüre und eine glänzende Edelstahlkanne voll Tee. Etwas abseits stehen eine tiefe, breite Schüssel für Abfälle und daneben ein leeres Sauermilchglas voll Wasser mit hübschen Blumen, von Grün umrahmt.

An unserem Tisch sitzen vorschriftsmäßig sechs Esser. Der guten Ordnung halber darf man keinen neuen Tisch nehmen, ehe die freien Plätze an den vorherigen nicht besetzt sind.

Herbert Segal, ein kleiner, untersetzter Mann, der eine altmodische dünne Nickelbrille mit runden Gläsern trägt, gehört zur deutschen Gruppe. (Zwei Gruppen haben unseren Kibbuz gegründet, die eine aus dem Grenzbereich zwischen Polen und Rußland, der früher unter polnischer Verwaltung stand und heute zu Rußland gehört, die andere aus Deutschland.) Segal ist für die Studienzirkel am Ort zuständig. Diese Aufgabe erledigt er jedoch ausschließlich in seiner Freizeit. Beruflich ist er nun bereits seit siebenundzwanzig Jahren Melker. Segal ist ein außerordentlich weitblickender und begabter Mensch. Abends studiert er Hegel und Marx, Proudhon, Dühring, Lassalle, Saint-Simon und Rosa Luxemburg. Bauern dieses Schlages findet man nur in den Kibbuzim. Wir erinnern uns an so manche Aufsätze, die Herbert Segal in jungen Jahren veröffentlicht hat, bis er eines Tages damit aufhörte. Hätte er sich verlocken lassen, die Funktionärslaufbahn einzuschlagen, wäre sein Stern gewiß kometenhaft am Himmel der Bewegung aufgestiegen. Segal hat diesen Weg nicht beschritten, zum einen weil seine Anschauungen etwas weiter links stehen, als in unserer Kibbuzbewegung üblich, und zum andern weil er ein Mann mit festen Grundsätzen ist, der nicht nach Ruhm und Ehre strebt. Dafür leitet er seit Eva Charischs Weggang den hiesigen Zirkel für Liebhaber der klassischen Musik. Er selbst spielt ein wenig Geige, auf Laien-, nicht Künstlerniveau. Hätte das Schicksal ihn einer passenden Frau begegnen lassen, statt ihm den Stand des Ledigen zuzuweisen, würden wir sagen, er habe das richtige Maß gefunden. Ausgewogenheit charakterisiert jedenfalls seine moderate Eßweise mit ausgesuchten Tischmanieren, die auch jahrelange körperliche Arbeit nicht haben verändern können. Das schüchterne Lächeln, das manchmal über sein Gesicht huscht und gleich wieder verschwindet, nimmt unser Herz für ihn ein. Erwarten uns bittere, beschämende Momente, können wir sicher sein, daß Herbert Segal uns mit wahrer Freundschaft zur Seite steht, still und ohne viel Fragen. Das ist seine besondere Gabe, ein kluges, feines Taktgefühl, das in unserem Kibbuz Legende ist.

Beim Essen widerspricht Herbert seinem Tischnachbarn Grischa Issarow, einem korpulenten Mann, der bei uns für die Fischzucht zuständig ist. Grischa hat sieben Sprößlinge, Söhne und Töchter, die ihrem Alter entsprechend über sämtliche Kinderhäuser verteilt sind. Im Zweiten Weltkrieg hatte Grischa sich freiwillig zur Jüdischen Brigade gemeldet und so einige Heldenstücke in der Westsahara und in Italien vollbracht, von denen wir an anderer Stelle berichten wollen.

Grischa hat derbe Tischmanieren. Außerdem ist die Debatte mit Herbert Segal mittlerweile auf Feinheiten der Saatfolge übergegangen, die unseren Horizont übersteigen. Deshalb wollen wir uns jetzt die jungen Leute angucken: Tomer Geva und seine hübsche Gefährtin Enav.

Tomer Geva ist der ältere Sohn von Bronka und Esra Berger. Die Namensänderung kann uns nicht täuschen, weil Bronkas durchgehende, buschige Augenbrauen auch das Gesicht ihres Ältesten zieren. Tomer ist nicht mit ebenmäßigen Gesichtszügen gesegnet. Er hat eine sehr große Nase und wulstige Lippen, seine breiten Kinnladen wirken markig, und aus Ohrmuscheln und Nasenlöchern sprießen ihm dünne schwarze Haare. Nicht wegen seines Äußeren laufen ihm die Kibbuzmädchen nach, sondern aus einem anderen Grund. Wir lernen ihn ja nur beim Essen kennen. Würden wir ihm bei der Arbeit zuschauen, während er mit nacktem, schweißglänzendem Oberkörper auf den Futteräckern am Werk ist; sähen wir ihn in wirbelndem Reigentanz, wenn seine Füße der Schwerkraft zu spotten scheinen und seine dunklen Augen lebhaft unter den buschigen Brauen funkeln; beobachteten wir, wie er leichtfüßig von einem Ende des Basketballplatzes zum anderen stürmt, seine Gegner mit elastischem Hüftschwung zum Narren hält, blitzartig zwischen den verblüfften Verteidigern hindurchflitzt und mit tödlicher Genauigkeit den Korb trifft – dann würden wir begreifen, was die Mädchen bei seinem Anblick begeistert. Vor einigen Monaten entschied sich Tomer zu unserer Überraschung, eine seiner Verehrerinnen zu heiraten. Enav ist eine hübsche, schweigsame junge Frau, deren Schönheit durch ein leichtes Nachziehen des rechten Beins beeinträchtigt wird. Ihre Figur ist nicht mehr ganz, was sie war, denn ein weiches Bäuchlein stört die schlanke Linie und betont ihr Hinken.

Tomer trägt seine Feierabendkleidung, aber sie ist nicht sauber. Schlammspritzer und Schmiermittelflecke verteilen sich über sein blaues Hemd. Vermutlich war er gerade noch mal auf dem Feld, um Bewässerungshähne auf- oder zuzudrehen oder einen verstopften Sprinkler flottzumachen. Seine Liebenswürdigkeit ist nicht dezent, aber herzlich und augenfällig: Er schneidet Brot für seine Frau, beugt sich hin und wieder weit über den länglichen Tisch, um ihr etwas Leckeres wie ein Stück Salzhering oder Schnittkäse zu angeln, und gelegentlich wirft er Enav verstohlen einen fröhlichen Blick zu. Enav schneidet ihm dafür vergnügt einen äußerst fein geschnippelten, üppigen Salat auf seinem Porzellanteller.

Jetzt werden wir je nach Vorliebe mit einem Schluck heißem Tee oder kaltem Wasser nachspülen, uns mit einem Kopfnicken von unseren Tischnachbarn verabschieden, kurz am Anschlagbrett innehalten, das mit Zetteln und Arbeitsschichtregelungen gespickt ist, über die Schulter des Finanzsekretärs Jizchak Friedrich hinweg die Schlagzeilen der Abendzeitung überfliegen und dann den Speisesaal verlassen, um uns gemütlich auf eine grüne Bank am Rasenrand zu setzen und in Ruhe den Sonnenuntergang zu beobachten.

Die Dämmerung läßt die Szenerie weicher erscheinen und schmeichelt dem Kibbuz-Gelände. Zwischen den Häusern wechseln sich feine Schatten ab, verleihen den Zierbäumen einen Anflug von Schwere, mildern die scharfwinkligen Linien des funktionalen Ortsplans. Die Rasenstücke wirken jetzt weniger viereckig. Sogar die Betonwege erscheinen – kraft des wechselnden Schattenspiels – nicht mehr so linealgerade ausgerichtet. Ringsum liegen Felder und Obstgärten, genießen das frische Lüftchen und erwidern es mit einem Wispern voll schmeichelnder Verlockung.

Heben wir den Blick zu den östlichen Bergen, sehen wir, daß sie noch sonnenüberflutet sind. Das grelle Licht, das von unseren Gefilden vertrieben ist, hat sich der Gipfel bemächtigt und dort verbarrikadiert. Dadurch wirken die Bergspitzen ferner als sonst, als wollten sie wütend neue Höhen erstürmen. Der Himmel hat seine graugelbe Tagesfarbe abgelegt und sich in verblüffend klares Tiefblau gehüllt.

Ein anderer Ort

Die Luft ist von kaum hörbaren Lauten erfüllt. Stille ruht über unserem Dorf, als zöge eben jetzt leise eine vornehme Karawane hindurch, für die wir keinen Namen haben, aber deren Anwesenheit wir in der Kehle spüren, voll Trauer, Erwartung und heimlichem Sehnen.

Wie schade, daß die Dämmerstunde in unseren Breiten kurz ist. Die Sonne sinkt schnell. Schon dunkeln die Höhen im Osten. Die Berge gehen, verlassen uns, verstecken sich hinter düsteren Vorhängen. Noch bewahren ihre Gipfel matte Flimmer gelbgrünen und violetten Scheins, aber auch der verblaßt von Minute zu Minute.

Jetzt gleiten riesige Schattenkloben den Hang hinunter, fallen, stürzen in völliger Stille zu uns herab, fremden Schwerkraftgesetzen folgend. Die Berge wollen uns lebendig begraben unter ihren schweren Schattenlawinen. Letzte Strahlen erhaschen für Momente metallene Gegenstände, ein glänzender Beweis für die bedrohliche Anwesenheit feindlicher Stellungen am Hang des Gebirges. Kleine Lichter, gelblich und grünlich, entflammen in den Stützpunkten des Feindes. Eine böse Nachbarschaft, tückisch und angsterregend. Deshalb erstrahlen in diesem Augenblick blendend weiße Lampen rings am Zaun um unser Dorf. Deshalb geht der starke Suchscheinwerfer hoch auf unserem Wasserturm an und peitscht die Felder mit ersten Lichtschlägen, tastet ohne feste Richtung, reizt die Bergausläufer mit begehrlich flimmerndem Strahl. Drüben blitzt ein Gegenscheinwerfer auf, kriecht mit spitzen gelben Feindesfingern über uns hinweg. Es ist ein feindseliger Dialog, lautlos, argwöhnisch, üble Ränke schmiedend.

Am Ende sterben alle, wissen Sie, die Guten wie die Schlechten. Diejenigen, die Gerechtigkeit üben, die Bösen, die alles zerstören, und auch die unverbesserlichen Hurenböcke. Alle. Sie fallen, atmen nicht mehr, sterben, verwesen, stinken nach drei oder vier Tagen fürchterlich. Nehmen Sie es mir nicht übel, wenn ich so direkt rede. Ich bin Soldat und manchmal sage ich ordinäre Dinge, die mir später leid tun. Ja.

Der niederländische Oberst hat diese Dinge bei der Touristenführung zu Ruven gesagt, und es sind wahre Worte. Unleugbar richtig. Lebenstatsachen. Aber Lebenstatsachen können ungerecht und häßlich sein. Und der Mensch muß Ungerechtigkeit und Häßlichkeit hassen und sein Leben lang bekämpfen.

Ruven Charisch begleitet seinen Sohn Gai zum Kinderhaus. Vor dem Lichtausmachen liest er dem Kind eigene Gedichte vor. Danach führen Vater und Sohn eine lockere Unterhaltung über Touristen und Briefmarken, Agrarmaschinen und Waffen, Sportwettkämpfe und Rosenarten. Dann ein Kuß, ein sanftes Streicheln der starken Hand über den hellen Haarschopf, gute Nacht, gute Nacht.

Noga ist mit ihren eigenen Angelegenheiten beschäftigt. Sie hat ein randvolles Abendprogramm. Um acht Uhr Probe für die Tanzfolge mit eingeschobener Lesung, die am Wochenfest aufgeführt werden soll. Noga tanzt den Weinstock, eine der sieben Fruchtarten. Um neun trifft sich die Redaktion der Jugendzeitung. Noga ist für die Leserbrief-Spalte zuständig.

Danach geht das gesellige Leben im Wohnbereich der jungen Leute noch rege weiter. Einige versammeln sich um das Rundfunkgerät und lauschen der Hitparade. Andere lagern auf dem Rasen, singen Lieder mit verballhornten Refrains. Zu fortgeschrittener Stunde schließlich, zwischen zehn und elf Uhr, steht Noga ein privates Abenteuer bevor. Möge den Klatschsüchtigen das Maul gestopft werden.

Nogas Vater schlendert quer über den Rasen. Herzl Goldring, der Gärtner, beobachtet ihn von seiner Veranda aus und sagt mit gesenkter Stimme zu seiner Frau Nina: »Kein Wunder, daß die Kinder ... Guck dir an, wie ihr Lehrer den Rasen zertrampelt. Barbarei, sage ich dir, ein elementarer Mangel an Kultur. Ist Kultur denn eine Frage gelehrter Wortklauberei? Nein. Kultur ist eine Frage des Alltags, der elementaren Lebensgewohnheiten. Und hier, Nina, herrschen wilde Sitten.«

»Du übertreibst«, sagt Nina Goldring traurig.

»Ich übertreibe nicht«, flüstert Herzl mit unterdrückter Wut.

Ruven bleibt ein wenig im Schatten des dichten Johannisbrotbaums stehen, zieht das lose Hemd über der Hose glatt und springt mit zwei jugendlich federnden Sätzen auf Esra Bergers Veranda. Esra selbst lenkt zu dieser Zeit seinen schweren Laster über kurvige, dunkle Straßen. Vor Mitternacht wird er auf keinen Fall zurück sein. Bronka ist allein in ihrem Zimmer. Ruven sagt ihr mit einem flinken Lächeln guten Abend. Seine volle Stimme ist verhalten wie immer. Bronka lächelt wortlos zurück. Hebt die braunen Augen und wirft ihm einen müden Blick zu. Sie sitzt in einem hellgrauen, ärmellosen Hauskleid im Sessel, hat die Beine untergeschlagen, was die plumpe Derbheit ihrer Schenkel noch betont. Das Zimmer ist, wie bei uns allen, einfach möbliert. Ein Bett auf Rädern ist unter das zweite, höhere geschoben, um Platz zu sparen. Über dem Bett liegt ein hellgrauer Überwurf mit dunkelgrauen Streifen. Am Kopfende steht eine Kommode. Darauf ein ramponiertes Rundfunkgerät. Davor ein brauner Tisch mit blauer Resopalplatte. Ein Philodendron, gestützt von einer Bambussprossenleiter, reicht fast bis zur Zimmerdecke. Ein uralter, abgewetzter grünlicher Teppich. Ein leerer Sessel, Bronkas Sessel und drei Schemel mit ähnlichem Bezug wie die Sessel. Ein Bild von Van Gogh: eine mächtige, geheimnisvolle Zypresse, gewellter Himmel, ein ebener Weg, zwei winzige Gestalten, die auf ihm unterwegs sind. Ein Bord mit Büchern: ein Lexikon, Kunstbände, pädagogische Fachliteratur und Zeitschriften, die Nechemja Bergers Aufsätze enthalten. Ein weiteres Bord beherbergt kleine Topfpflanzen und ein paar billige Ziergegenstände. Kaffeetassen mit verschnörkeltem Golddekor stehen auf dem Tisch bereit. Ebenso ein Teller mit Keksen, die Bronka selbst gebacken hat.

Ruven wirft sich aufs Bett. Ein offenes Buch liegt umgekehrt darauf: *Die geistige Entwicklung des Kleinkindes.*

»Müde, Ruven?«
»Müde.«
»Ich habe dich heute nachmittag mit den Touristen bei der Kleiderkammer gesehen. Wer zwingt dich denn dazu? Mundek oder Zwi Ramigolski können die Führungen übernehmen. Du könntest dich hinlegen und ausruhen, statt in der heißesten Zeit draußen herumzulaufen.«
»Wir haben das schon oft genug durchgekaut, Bronka. Laß. Esra...?«
»Wie immer. Um zwölf, eins.«
»Kaffee?«
»Sofort. Das Wasser kocht schon seit fünf Minuten. Ich war zu faul aufzustehen.«
»Faulpelz.«
»Wie alle Großmütter.«
»Warum mußt du das dauernd sagen, Bronka.«
»Ich bin sicher, Enav bekommt ein Mädchen.«
»Weil du das willst?«
»Weil ich das spüre. Ich nehme solche Vorgefühle ernst.«

»Will Esra auch gern eine Enkelin?«
»Esra. Esra will, daß man ihn in Ruhe läßt. Ewig müde.«
»Hat er ... letzthin was gesagt?«
»Nein. Nichts hat er gesagt. Der? Wieso das denn?«
»Ein komischer Mann.«
»Komisch? Ein anderer Ausdruck wäre angebrachter. Egal. Nun trink, ehe er kalt wird. Zucker ist schon drin. Esra versteht man erst nach einer gewissen Zeit, das ist nicht einfach. Nimm Gebäck dazu.«

Kaffee. Kekse. Ein paar Trauben zum Abschluß. Der Kaffee schmeckt nicht. Zu süß. Diese Angewohnheit von ihr, den Zucker gleich reinzutun, als wäre man ein Kind. Schleppende Unterhaltung. Das beiderseitige Lächeln wirkt etwas gequält. Ungewollt sind sich die Finger um den Keksteller ins Gehege gekommen. Die Radionachrichten. Werden heute nacht Schüsse fallen oder nicht? Sie: Ich meine, die führen wieder was im Schilde. Er: Ich meine, in der nächsten Zeit wird nichts passieren, und zwar aus zwei Gründen. Erstens ...

»Was strickst du? Einen Pullover? Für Oren?«
»Schühchen. Fürs Baby.«
»Enav sollte etwas für ihr Bein tun. Ich habe was von neuen Gymnastikübungen gehört, die ...«
»Weißt du, Tomer hat sich sehr verändert, seit er verheiratet ist.«
»Was Noga betrifft – jetzt fällt mir ein, was ich dir sagen wollte. Sie brütet so verbittert vor sich hin. Sie ist ein Kind und doch kein Kind mehr. So verschlossen. Noch nie ist sie derart schweigsam mir gegenüber gewesen. Eigentlich interessiert sie sich jetzt für gar nichts mehr.«
»Das ist halt so in ihrem Alter. Mit Oren ist das genauso. Er will nicht mehr Berger heißen. Nennt sich Geva. Er soll den Krawall am Sederabend angezettelt haben. Jeden Tag hagelt es neue Vorwürfe gegen ihn.«
»Und Esra?«
»Mischt sich in nichts ein. Fertig. Redet überhaupt sehr wenig.«
»Was gibt's morgen im Musikkreis – Mozart?«
»Bach.«
»Segal liebt Bach. Mich spricht seine Musik nicht an. Zu feierlich. Ich weiß, man sagt so was üblicherweise nicht, aber wahr ist es trotzdem. Mozart ist was anderes. Aber Bach, das heißt ...«
»Übrigens, heute ist ein Brief aus Deutschland eingetroffen. Von Sacharja.«

»Was schreibt er?«
»Nichts Besonderes. Alles wie gehabt. Siegfried Berger und Isaak Hamburger eröffnen ein weiteres Etablissement in Frankfurt und denken auch an Berlin. Das Geschäft scheint zu florieren.«
»Der Teufel soll sie holen.«
»Du haßt sie.«
»Ich hasse schamlose Juden. Sie beschämen sich selbst und uns alle mit. Zeigst du mir den Brief?«
»Nicht jetzt, Ruven. Warum jetzt. Später. Zum Abschied.«
»Hat sie?«
»Ja. Wie üblich. Ein paar Zeilen. Nichtssagend. Übrigens ist heute auch ein Brief von Nechemja eingetroffen.«
»Aus Jerusalem? Heute?«
»Ja. Ein merkwürdiger Zufall. Die Briefe der beiden Brüder kamen am selben Tag.«
»Was schreibt er?«
»Ich zeig dir später auch seinen Brief. Kann sein, daß er uns für ein oder zwei Wochen hier besucht.«
»Wir...«
»Mach dir keine Sorgen, er mischt sich nicht ein. Übrigens glaube ich kaum, daß er kommen wird. Jedes Jahr droht er uns einen längeren Besuch an, und zum Schluß taucht er überhaupt nicht auf, oder er kommt und haut nach zwei Tagen wieder ab. So ist er.«
»Was macht er jetzt?«
»Wie immer. Wissenschaftliche Forschungen. Ich weiß nicht genau.«
»Forschungen?«
»Ja. Möchtest du noch Kaffee?«
»Später, später. Mach das Radio aus. Ist das Strawinsky? Eine wilde, unbändige Musik. Die mag ich nicht.«

Bronka denkt über ihren Körper nach. Ein leichter Widerwille befällt sie dabei. Sie legt das Strickzeug nieder und läßt die Hände auf die Oberschenkel sinken. Durch die Stoffschicht meint sie das Geflecht der Krampfadern, die häßlichen schwarzen Härchen, die kleinen rötlichen Hautunreinheiten zu spüren. Es heißt, das Altern sei am schwersten für Frauen, die einmal schön gewesen sind. Ich war nie schön. Hatte immer einen breiten Körperbau. Hatte nie so eine Figur wie Enav. Aber seit Jahren habe ich nicht viel an meinen Körper gedacht, und jetzt denke ich daran und mag ihn nicht. Als gehöre er einer fremden Frau. Nachts, wenn der Schlaf nicht kommt, bevor Esra zurückkehrt, habe ich manchmal das Gefühl, eine fremde, unschöne Frau läge bei mir im Bett. Ich rieche ihren Geruch. Sie schwitzt. Hat eine schlechte Ausdünstung. Sie ist nicht gesund. Riecht ungesund. Hat irgendwas in sich. Da ist so eine ekelhafte Feuchtigkeit. Es gibt Dinge, über die man mit Esra nicht reden kann. Konnte man nicht mal in den ersten Jahren. Komisch, daß er sich vor mir geschämt hat. Er mochte mich nicht angucken und mochte nicht, daß ich ihn angucke, wenn wir zusammen waren. Er war irgendwie nicht freigebig in diesen Dingen. Als dränge es ihn, aber als sei er nicht Feuer und Flamme. Nein, stimmt nicht. Als wolle er unbedingt, aber nicht konzentriert. Nicht ganz bei der Sache. Ruven ist feinfühlig. Auch bei Körperkontakten ist er behutsam. Als würde er etwas Zerbrechliches anfassen. Eine Frau braucht aber auch das Ungestüme. Der Mann muß auch wild sein. Beide sind nicht wild. Beide nicht ganz. Nicht bis zur letzten Konsequenz. Da ist irgendein Rest, der nicht mitmacht. Und das ist furchtbar beschämend für eine Frau. Vater hatte einen Riesenkörper. Ohne ihn anzufassen, konnte man spüren, daß er sehr stark und sehr temperamentvoll war. Wenn er einen Gutenachtkuß gab, spürte man sein Gewicht. Auch als er schon alt war. Vielleicht, weil sein langer Bart nicht weiß wurde, selbst als er sechzig Jahre alt war, bis die Deutschen ... Fast nie hat er geschlagen, aber immer hatte ich das Gefühl, er würde jeden Augenblick zuhauen. Als würde er einen plattwalzen.

»Ruven.«

»Ja. Ich höre.«

»Mein Vater. Ich hab eben an ihn gedacht. Er war Buchbinder. War immer Kassenwart der Ortsgruppe unserer Bewegung. Er wollte, daß ich hierher gehe, wollte mich aber auch wiederum als Pianistin sehen. So viele Jahre lang nennt ein Mensch seine jüngste Tochter Kätzale – Kätzchen –, und plötzlich ist sie eine alte Frau, ist Mutter, ist Großmutter, wird dick, und ihr Körper ist nicht mehr derselbe, er paßt nicht mehr zu ihr. Sie träumt nachts von Kätzale, und der Körper baut immer mehr ab und vertrocknet. Das ist furchtbar.«

»Bronka, warum fängst du schon wieder damit an, was treibt dich ...«

Ein anderer Ort 49

Mein Kaffee schmeckt immer fad. Ich konnte noch nie guten Kaffee kochen. Er würde es mir nie sagen. Er ist feinfühlig. Aber ich liebe auch ihn nicht sehr, weil ich Dinge auf dem Herzen habe, die man mit ihm nicht besprechen kann, die man nie mit irgendwem wird besprechen können. Aber gerade die sind unendlich wichtig, und gerade die nimmt man in ein paar Jahren mit ins Grab. Bialik hat geschrieben: Sagt man: In der Welt ist Liebe – Was ist Liebe? – Tu's mir kund! Das sind sehr große Worte, aber die Frage muß gestellt werden. Liebe heißt, daß man alles sagen kann. Daß keine Reste bleiben. Daß es keine kleinen rötlichen Hautunreinheiten gibt. Andererseits: mit vierundvierzig eine romantische Närrin. Eigentlich mit fünfundvierzig.

»Der Kaffee war fad, Ruven. Sag es mir doch. Du mußt mir immer die Wahrheit sagen. Deshalb möchtest du keine weitere Tasse mehr, stimmt's?«

»Aber was redest du denn, Bronka, er hätte Tote aufwecken können. Wirklich. Wirklich.«

»Nimm noch Trauben. Sie sind säuerlich, und solche mag ich. Ich mag Obst und Gemüse nicht, wenn es reif und weich ist. Bei einer Banane mit Honigfleck könnte ich kotzen. Was nimmst du jetzt im Unterricht durch?«

»Schimoni. Die Idyllen. Heute habe ich die Aufsätze korrigiert. Einige waren wunderschön. Weißt du, zwischen den Kindern der Russen und den Kindern der Deutschen gibt es einen auffallenden Unterschied. Die einzige Erklärung, die ...«

Oft stellen sich quälende Träume ein. Auch ein lauterer Mensch, der nach festen Grundsätzen lebt, ist nicht Herr seiner Alpträume. Bronka Berger und Ruven Charisch sind erwachsene Menschen. Über Jahre haben sie eine anständige Freundschaft auf solider intellektueller Basis gepflegt. Obwohl Ruven Charisch der Gruppe aus Deutschland angehört, während Bronka aus der Stadt Kowel stammt, haben sie im Hinblick auf Weltanschauung, pädagogische Ansichten und die Liebe zum Menschen und zur Natur sehr viel gemeinsam. Eine solche Freundschaft ist kaum geeignet, urplötzlich in stürmischen Liebestaumel umzuschlagen. Aber wenn hier auch keine glühende, restlose Vereinigung stattfindet, so geben doch auch Jüngere, die in untadeligem Bund zusammenleben, sich einander nicht restlos hin. Die Liebe zwischen Ruven und Bronka ist sparsam und gemäßigt. Das Körperliche steht dabei nicht im Vordergrund.

Einst war Eva bei dieser Freundschaft mit im Bund gewesen. Mit ihrer lebhaften Art und ihrem verhaltenen Lächeln hatte sie wenig (aber scharfsinnig und treffend) zu Bronkas und Ruvens Gesprächen beigetragen, sie jedoch um feine Herzlichkeit bereichert.

Nachdem Eva weggegangen war – zudem noch auf diese Weise –, hatte Bronka sich naturgemäß für Ruven Charischs Wohlergehen verantwortlich gefühlt. In den ersten Tagen blieb sie absichtlich lange Stunden bei ihm im Zimmer, um ihn nicht einsam und allein zu lassen. Außerdem übernahm sie so lästige und zeitaufwendige Kleinigkeiten wie Hemdenbügeln, Sockenstopfen und die Reinschrift seiner Gedichte.

Esra ermunterte sie nicht, tat aber auch nichts, um sie an der Erfüllung dieser mitmenschlichen Pflichten zu hindern. Esra Berger verbarrikadierte sich hinter seiner Schweigsamkeit. Ließ man ihm gegenüber die eine oder andere schadenfrohe Bemerkung fallen, antwortete er mit mehrdeutigen Versen und Sprüchen. Der Klatsch trug ihm auch den Wandel in der Beziehung zwischen den beiden zu. Esra Berger tobte nicht und machte keinen Aufstand wie ein junger Hitzkopf. Esra schuftete das doppelte, arbeitete von nun für zwei. Gutherzigkeit und mangelnde Vorstellungskraft bewahren ihn wohl vor einer Eifersuchtskrise, meinen wir. Nicht, daß er seine Gefühle mit Gewalt verdrängt. Aber der Mensch ist aus Fleisch und Blut, und Fleisch und Blut sind nicht Myrrhe und Weihrauch, sondern »ein übelriechender Tropfen«, wie es in den Sprüchen der Väter heißt.

Etwa zehn Monate nach Evas Abreise ging Bronka daran, Ruven Charischs Hunger zu stillen. Ruven unternahm keinen Versuch, sie zu umwerben und zu verführen. Das wäre unvorstellbar gewesen. Bronka erkannte von selbst seine Not und bedeutete ihm aus freien Stücken, daß sie ihm gefällig sein werde. Nicht aus glühender Leidenschaft fielen sie einander in die Arme, sondern – bitte, laßt eure häßliche Skepsis beiseite – aus Brüderlichkeit. Und das sei nicht etwa zur Rechtfertigung dieses Verhaltens gesagt. Es gibt keine Rechtfertigung für Ehebruch. Das Gesagte soll nur um Nachsicht werben.

Ruven steht vom Sofa auf und setzt sich zu Bronka auf die Sessellehne. Er legt seine Hand auf die ihre und erzählt ihr von dem komischen Oberst.

»Während die anderen Touristen schon wieder in den Bus kletterten, winkte er mich plötzlich zu sich, als wolle er mir ein Geheimnis verraten.

Er war ein alter Mann, kernig, fast athletisch, mit Schnauzbart, Zigarre und elegantem Spazierstock. Das Reklamebild des glücklichen Pensionärs mit Bürgersinn, wenn du verstehst, was ich meine. Ich trat zu ihm. Er fixierte mich mit merkwürdigem Blick und fragte, ob ich Kinder habe. Danach riet er mir, zu flüchten oder wenigstens meine Kinder in Sicherheit zu bringen. Warum? Weil wir aus militärischer Sicht hier keine Überlebenschance hätten. So behauptete er. Der Berg wird auf euch stürzen. Dabei vergaß er nicht, seine Sachkundigkeit, seinen Dienstrang und seine militärische Vergangenheit herauszustreichen. Der Berg würde nach den Regeln der Logistik abstürzen. Nicht mehr und nicht weniger. Ich sagte ihm, wir lebten nach anderen Gravitationsgesetzen. Vielleicht hat er es verstanden, denn er verabschiedete sich übertrieben höflich von mir. Ich erzähle dir das natürlich nicht aus Angabe, sondern damit du verstehst, welche Art Vergnügen mich bei der Beschäftigung mit diesem besonderen Hobby manchmal erwartet.«

»Gut«, sagte Bronka, »du hast eine sehr schöne Antwort gegeben. Aber ich meine, du lädst dir zu viel auf. Du bist nicht gesund. Nicht besonders kräftig. Ich ... Wenn du jeden Tag eine Stunde Mittagsruhe halten würdest ...«

Ruven Charisch lächelte, ohne zu antworten. Nur seine Finger streichelten langsam Bronkas welke Hand. Ein paar Minuten herrschte Schweigen. Die Frau lehnte den Kopf an die Schulter des Mannes. Ruven küßte sie. Aus großer Entfernung hörte man einen einzelnen Schuß. Anhaltende Echowellen rollten ihnen entgegen, verklangen schließlich im Zirpen der Grillen, im Rauschen des Windes in den Wipfeln, in den Geräuschen der Nacht, die sich jeden Augenblick ändern und doch ewig unverändert bleiben.

Wenden wir unsere Augen von dem Liebesakt. Er ist nicht sensationell. Wort- und lautlos läuft er hier ab, ohne wallendes Blut. Sanftes Streicheln, sparsames Vorspiel, angestrengte Stille. Stöhnen. Ruhige Stille.

Die Nacht kennt weder Stille noch Ruhe. Nicht bei uns. Ein ferner Motor, der Motor des kleinen Kühlhauses, erfüllt die Luft mit weichen, rhythmischen Pulsen wie ein klopfendes Herz. Darein mischt sich das vage, trübselige Krackeln aus den Hühnerställen. Gelegentlich erklingt ein schwermütiges Muhen wie ersticktes Stöhnen. Die Grillen zirpen ohne Unterlaß, manche leise und durchgehend mit dumpfer Ausdauer, andere scharf und überraschend, mit jähem Aufschrillen, das im Nu wieder erstirbt. Bei den feindlichen Stellungen im Osten tuckert heiser eine Maschine. Schreie fallen dort, von Menschen oder Nachtvögeln. Ein boshafter Schakal zerreißt die Stille mit schaurigem Lachen, weckt sofort unheimliche Geräusche ringsum, als brande und gischte ein dunkler Ozean auf, uns unbekannte Leiden zu bringen und unsere kleinen Häuser auf seinen Wogen fortzureißen. Bitterkeit, Lust und Häme wetteifern in dem anhaltenden Heulton, einem wehen, wehen Klagen. Ruven tastet zögernd nach Bronkas Gesicht und findet es tränenüberströmt. Seine Hand tastet nach dem Lichtschalter. Bronka läßt ihn das Licht nicht anknipsen. Du machst mir angst. Du verstehst nichts, gar nichts. Wie soll ich was verstehen, wenn du nichts sagst. Du kannst nicht verstehen, was ich nicht sage, das ist ja das Furchtbare. Was ist furchtbar, Bronka, was habe ich denn getan, warum bist du so. Du hast nichts getan, ich möchte bloß eine Enkelin haben, jetzt eine Enkelin, das wünsche ich mir. Ich würde an Vaters Grab fahren, um zu beten, daß es ein Mädchen wird, aber ich hab kein väterliches Grab. Du bist seltsam, Bronka. Wie kann ich dir helfen? Ich kann vielleicht noch, mach mir eine Tochter, ich werd deine Frau, wenn du mir eine Tochter machst, ich will, ich kann noch, ich bin erst ...

Das Scheinwerferlicht fällt ins Zimmer, malt wie im Zauberspiel verzerrte Figuren an die Wände, dreht dann schnell in andere Richtung ab. Die Frau wischt sich lautlos die Tränen vom Gesicht. Der Mann hustet trocken. Er möchte die Dinge wieder in vernünftige Bahnen lenken, weiß aber nicht, wie. Schließlich hüllt Bronka sich in ihren zerknitterten Morgenrock und schaltet Licht an. Ohne Ruven ins Gesicht zu sehen, reicht sie ihm die Briefe, den von Nechemja Berger zuerst.

Nechemja möchte wissen, ob er für einige Tage aus Jerusalem auf Besuch kommen könne, ohne seinen Verwandten zu viel Mühe zu machen. Er sei bei seiner Arbeit in eine Sackgasse geraten. Er betreibe sie nebenher und verdiene sich sein Geld jetzt mit Übersetzungsarbeit. Er übersetze, um zu leben, und lebe, um zu übersetzen, der alte Teufelskreis. Aber ein Ortswechsel könne ja bekanntlich oft Wunder wirken. Deshalb wolle er gern mit einigen Büchern, wissenschaftlicher Art, und seinen wirren Papieren herkommen. Falls es zur Zeit ungelegen sei, solle man ihm ohne Zögern absagen. Und zu guter Letzt, mein lieber Bruder: Wann beabsichtigt Enav, dich und Bronka zu Großeltern zu machen?

Ein anderer Ort 53

Eben diese Frage eröffnet auch den Brief des jüngsten Bruders, Sacharja. Er, Siegfried, verfolge mit Sorge die Nachrichten in der Weltpresse bezüglich der schweren Grenzzwischenfälle in der Gegend von Mezudat Ram. Das jüdische Schicksal sei den Juden anscheinend überall beschieden. Er hoffe, es gehe allen gut. Was ihn betreffe, würden Hamburger und er einen Zweitbetrieb in Frankfurt eröffnen und die Lage in Berlin peilen. Berlin sei zu unserem Glück zwar nicht mehr das, was es zu seiner Glanzzeit einmal war. Die Angst vor der kommunistischen Blockade stehe den Berlinern in ihre dummen, feisten Gesichter geschrieben. Aber jedenfalls gebe es keinen Grund, sich zu beklagen. Der Wirtschaftsaufschwung hier in Deutschland sei wahrhaft verblüffend. Das Würmlein Israel hortet Reichtum, und die Piefkes sehen es und platzen vor Wut. Auf tausenderlei Weise kann man sie jetzt demütigen. Das Gebäude in Frankfurt zum Beispiel haben wir von einem ehemaligen Nazi-Beamten erworben, der nun zu ein paar Jahren Gefängnis verurteilt worden ist. Er mußte es schnell abstoßen, zum halben Preis, und ich habe bei den Verkaufsverhandlungen ihn und seine Frau dermaßen verspottet, daß ihnen die wäßrigen Augen aus den fetten Höhlen quollen. Es ist kein Problem, sie jetzt zu demütigen, und wie ihr wißt, beschert mir das derzeit ein spannendes Leben. Isaak sieht diese Dinge anders. Er begnügt sich damit, schnell reich zu werden, und verspürt wenig Lust, seine Erniedriger zu erniedrigen. Eva zeichnet natürlich viel. Klar, daß Isaak ihr auf dem Dachboden ein elegantes Atelier eingerichtet hat, dessen Fenster auf eine Seenlandschaft blicken, wie sie sie liebt.

Ein Besuch in Israel sei für die nächste Zeit nicht geplant. Aber er, Siegfried, erwäge einen kurzen Geschäftsaufenthalt, um israelische Künstler unter Vertrag zu nehmen und nach Deutschland zu holen. Bestimmte Künstler könnten gerade in Deutschland erfolgreich sein, was seine tieferen Gründe habe.

Ruven überfliegt das Blatt und fixiert dann die zwei, drei Zeilen in winzigen schrägen hebräischen Lettern am Rand. Er würde den Briefbogen am liebsten ganz dicht vor das Gesicht halten und daran riechen, unterdrückt aber sein Verlangen, um Bronka nicht zu kränken.

Ihr Lieben, Bronka und Esra, Tomer, Oren und Enav. Ich denke oft an euch. Ich lebe gut und will mich nicht beklagen. Natürlich fehlen mir meine Kin-

der sehr. Meine kleine Stella Maris ist gewiß schon eine richtige Frau. Würde der gute Ruven mir ein Foto von ihr schicken? Wärt Ihr bereit, ihn darum zu bitten? Bitte. Eure Eva.

Dieser Brief ist an Ruven gerichtet und auch wieder nicht. Nachdenklich faltet er den Bogen zusammen. Gai wird gar nicht erwähnt. Ruven steckt den Brief in den Umschlag. Dann zieht er vorsichtig die Briefmarken ab, für seinen Sohn, läßt sie in seine Hemdtasche gleiten. Danach steht er taten- und gedankenlos da. Schließlich stößt er hervor: »Natürlich werde ich ihr ein Foto schicken. Gar keine Frage.«

Bronka sagt: »Sie wird irgendwann unverhofft zurückkommen.«

Ruven sagt: »Sie kommt nicht zurück. Ich weiß, daß sie nie mehr zurückkommen wird.«

Bronka sieht ihn schräg an. Sagt nichts. Ruven schlägt die Augen nieder und starrt auf seine Fingerspitzen. Murmelt etwas. Verstummt. Bronka holt hörbar Atem, einmal und noch einmal. Ruven schreckt auf und lächelt sie traurig an. Bronka reicht ihm sein Hemd von der Stuhllehne. Ruven schlüpft geistesabwesend hinein und lächelt wie ein Kind, dem man den Kopf getätschelt hat. Er vertut sich mit den Knöpfen. Knöpft sie auf und wieder zu.

Ein ferner Schuß. Drei weitere Schüsse, sehr viel näher, antworten prompt.

Bronka sagt: »Hoffentlich vergeht die Nacht, ohne daß man die Kinder in die Luftschutzräume runterbringen muß.«

»Ja, richtig. Gewiß«, sagt Ruven zerstreut. Und fügt hinzu: »Gleich wird er zurückkommen.«

»Ich muß das Zimmer aufräumen. Es soll ihm ja nicht gerade in die Augen stechen. Er taumelt jedesmal vor Müdigkeit.«

Ruven küßt sie und geht mit Luchsaugen in die Dunkelheit hinaus. Ein dumpfes Stechen fährt ihm durch die Brust. Ein flüchtiger Schmerz flakkert auf und legt sich. Vielleicht ist er nicht körperlich, vielleicht doch. Auf den Feldern heulen Nachttiere, auf ihre Art.

5. Kapitel:
Eine Frau sein

Rami Rimon ist in unserem Kibbuz geboren und aufgewachsen. Deshalb dürfte er fähig sein, eindeutig zwischen Positivem und Negativem zu unterscheiden. Der Tod seines Vaters, der Verlust des im Kampf gefallenen älteren Bruders, die übertriebene Verbitterung seiner Mutter – all das hätte ihn übersensibel machen können. Aber Rami Rimon neigt nicht zu weibischem Gehabe, obwohl seine Mutter behauptet, er sei ein gefühlvoller Junge, der Tiere und Pflanzen liebe. Rami Rimon ist kein Mann der Worte. Worte sind eine klebrige Angelegenheit. Handeln oder nicht handeln, das ist die einzige Frage, die eines Mannes würdig ist. Kompliziert wird es nur in bezug auf Mädchen. Unwillkürlich gerät man in klebrige Situationen, so daß man sich letzten Endes selbst nicht mehr ausstehen kann. Frauen sind keine Männer, lassen die Männer aber auch nicht Männer sein. Das ist ihre Natur. Andererseits kannst du dich nicht von ihnen fernhalten, ohne daß andere – und auch du selbst – hämisch zu grinsen anfangen. Diesen Widerspruch vermag Rami Rimon nicht zu überwinden, kann ihn aber auch nicht umgehen, weil er Noga Charischs Freund ist und weil ein Jüngling von achtzehn Jahren eine feste Freundin haben muß.

Rami steht allein am Rand des Wäldchens, das ans Schwimmbad grenzt. Er wartet im Dunkeln auf Noga. Nie kann man sich in Sachen Pünktlichkeit auf sie verlassen. Vorgestern hatten wir uns um zehn Uhr verabredet, und sie kam um elf. Gestern haben wir halb elf gesagt, und sie war schon um zehn da und beschwerte sich dann, warum ich sie allein im Dunkeln stehen ließe, obwohl ich doch genau wisse, daß sie sich im Dunkeln fürchte. Wie ich wohl wissen oder raten solle, daß sie früher kommen würde? Antwort: Wenn du liebst, mußt du spüren, wann du erwartet wirst. Ich habe sie gefragt, ob sie außer an Telepathie auch noch an Geister und Totengespenster glaube. Antwort: Ja durchaus. Wie sollen wir denn so bloß zusammenpassen.

Nogas Zeit war voll und ganz ausgefüllt: Am selben Abend nahm sie zuerst an einer langen Probe für die Aufführung am Wochenfest teil (wie kraftvoll sie tanzt, knabenhaft, mit ersten weiblichen Formen), dann an der Redaktionssitzung der Jugendzeitung, schaute danach noch mal flüchtig ihre Hausaufgaben durch, bezog ihr Bett, lächelte aus den Augenwinkeln die mollige Dafna Issarow an, die mit ihr das Zimmer im Kinderhaus teilt, und ging schließlich zum Kiefernwäldchen. Dort wartete Rami, das Hemd flott offen, eine Zigarette lässig an die Unterlippe geklebt. Noga sah ihn, bevor er sie bemerken konnte. Sie ist mit guter Nachtsicht gesegnet, einer Eigenschaft böser Vögel. Auf den weichen Sohlen ihrer Sandalen schlich sie ihn von hinten an. In ihrem übergroßen, grünkarierten Hauskleid konnte man ihre kaum merklichen weiblichen Rundungen nicht erkennen. Mit den kalten Händen drückte sie ihm die Augen zu. Er machte erschrocken einen mächtigen Satz nach vorn. Noga wurde dadurch beinah zu Boden geworfen. Sie lachte, so leise sie konnte. Rami packte sie und wollte sie auf die Lippen küssen. Das Mädchen entwand sich seinem Griff, zupfte ihn leicht am Ohrläppchen und flüchtete tiefer ins Wäldchen.

»Wirf die Zigarette weg«, rief sie aus ihrem Versteck, »ich hasse es, wenn du rauchst.«

»Ich mag es, wenn du mich haßt. Komm dort raus.«

»Gaul.«

Diese Bezeichnung läßt Rami vor Wut mit den Zähnen knirschen, weil sie die Wurzel seines Problems trifft: Der verbliebene Sohn der Witwe Fruma Rominow hat tatsächlich ein vorspringendes Profil mit schweren Kinnladen und einer für sein Alter stark gefurchten Mundpartie.

Er streift ein wenig umher, bis er Nogas Versteck gefunden hat, füllt seine Lungen mit Rauch und bläst ihr einen trüben Schwall in die Augen. Noga versetzt ihm kühl eine Rückhand. Rami will sie packen. Aber sie ist geschmeidiger als er. Er setzt ihr nach, wütend und gekränkt: »Nimm dich bloß vor mir in acht, sag ich dir, nimm dich in acht.« Er bemüht sich, so zu tun, als sei sein Ärger nur Scherz.

»Geh Rami, geh zum Militär. Dort wirst du alle Israel-Hasser auf einmal erschrecken.«

Nach diesem Satz läuft sie nicht mehr weiter. Sie liefert sich seinen Händen aus und fügt mit einer Traurigkeit, die nichts mit dem Spiel zu tun hat, hinzu: »Du wirst zum Militär gehen, eine Schönere finden, mich nicht mehr wollen. Aber ich brauche dich nicht. Kein bißchen.«

Tief in dem schwarzen Wäldchen knutschen sie. Seine Lippen ziehen einen feuchtglühenden Streifen über ihre Wange.

»Doch. Dich. Ich will dich. Auch beim Militär werd ich dich wollen. Dort noch mehr.«
»Warum?«
»Weil du hübsch bist.«
»Nenn mir noch mehr Gründe. Der zählt nicht viel.«
»Weil du mich anmachst.«
»Ordinär.«
»Weil du ... so bist.«
»Wie. Sag mir, wie ich bin. Kannst du? Weißt du?«
»So schlank. Wie ein Reh. Ganz schlank.«
»Und das wär's? Das ist alles? Mehr fällt dir nicht ein?«
»Es gibt noch einen Grund.«
»Welchen?«
»Den hast du mir noch nicht gegeben. Gib ihn mir.«
»Gaul.«

Das Kiefernrauschen lockt sie tief ins dunkle Baumgewirr hinein. Dort strecken sie sich auf dem weichen Lager toter Kiefernnadeln aus, leicht versonnen, ohne einander zu berühren.

»Dein Vater.«
»Was ist mit meinem Vater.«
»Ein seltsamer Mann. Meine Mutter sagt, er sei weniger vorbildlich, als er es gern sein möchte. Er habe sehr starke Triebe, obwohl er immer musterhaft sein will.«
»Sag deiner Mutter, sie sei ein Miststück.«
»Du ärgerst dich – Zeichen, daß du unrecht hast. So einen Spruch gibt es.«
»Wenn du beim Militär bist, Rami, renn nicht immer als erster los. Wir haben schon genug Helden erlebt. Wenn dir was passiert, stirbt deine Mutter. Und ich auch ein klein wenig.«
»Meinst du, was mit Joasch passiert ist?«
»Vielleicht meine ich das, aber du bist ein Gaul. Man muß nicht alles sagen, was man meint.«
»Doch. Wir zwei müssen einander alles sagen. Alles.«
»Nein.«
»Doch.«

Und gleich darauf, ohne jeden Zusammenhang, grübelt Noga laut über

ein Rechtschreibproblem nach. »*Arissa* (Wiege) schreibt man mit dem Buchstaben *ssamech*. *Schir Eres*s (Wiegenlied) schreibt man mit dem Buchstaben *ssin*. Warum? Sind das verschiedene Wiegen?«
Aber in Wissensdingen ist Rami Noga meist keine Hilfe. Er schweigt.

Stille. Noch immer rühren sie sich nicht an. Der Junge ist bis zur Schmerzgrenze gespannt. Er hat geküßt und geschmust und gefummelt, verflucht wütend seine schmählichen Ängste und will jetzt vorpreschen. Ha, sensibles Jüngelchen, das Tiere und Pflanzen liebt!, stachelt er sich grimmig an. Noga kitzelt ihn plötzlich mit einer Kiefernnadel tief in der Ohrmuschel. Ihr Lachen klingt tief und warm. Rami legt ihr die Hand auf die Hüfte, die mit sanftem Nachgeben reagiert, wie in einem inneren Tanz. Jetzt möchte er sich an sie schmiegen. Seine Bewegungen sind ungelenk. Sein derber Griff tut weh. Noga wehrt sich nicht gegen seine Umarmung. Sie bricht nur in einen Lachkrampf aus. Und noch lachend faucht sie in fremdartigem Tonfall: »Finger weg, Jungchen. Laß mich in Ruhe.«
»Was ist denn daran komisch. Du sollst nicht lachen, hab ich gesagt. Lach bloß nicht.«
»Es ist nicht komisch. Aber du bist's.«
»Was?«
»Komisch.«
»Du bist keine Frau, Noga. Du weißt noch nicht mal, was das heißt.«
»Ich? Ich will's ja auch nicht wissen, ich hasse das.«
»Was?«
»Eine Frau zu sein.«

Der erste Schuß – derjenige, den wir bereits an anderem Ort gehört haben – treibt die beiden auseinander, noch bevor Rami sie dazu gebracht hat, mit dem Lachen aufzuhören. Die Knöpfe ihres Hauskleids sind groß und die Löcher klein, das reinste Teufelswerk. Er läßt von ihr ab und erklärt fachmännisch: »Es geht los.«
Aber nichts geht los. Der Schuß verhallt, verliert sich in den Geräuschen der Nacht. Die Expertise schlägt fehl. Wäre Rami Rimon mit Herzensweisheit gesegnet, würde er keine Umwege einschlagen. Rami ist nicht damit gesegnet. Das ist nicht abschätzig gemeint. Fleiß, Aufrichtigkeit, schlichter Lebenswandel und aufopfernde Hingabe, wo immer sie gefordert ist – all das sind hervorragende Eigenschaften, die letztlich von seiner Naivität

gespeist werden. Diese gewinnende Naivität veranlaßt ihn nun auch, seine Freundin bei einem Problem zu Rate zu ziehen, das ihn sehr bedrückt.

»Weißt du, Noga, mir scheint, ich habe meine Mutter ein kleines Stück erweichen können.«

»Wegen deiner freiwilligen Meldung? Sie, wirklich?«

»Ja. Zu den Fallschirmjägern. Das Schlimme ist, daß ich dafür ihre Unterschrift brauche. Jetzt bin ich völlig von ihr abhängig, weil Joasch gefallen ist und ich nach den Militärbestimmungen nun als einziger Sohn gelte. Einen einzigen Sohn nehmen sie nicht ohne elterliche Unterschrift in eine Kampfeinheit auf. Einziger Sohn, pah!«

»Und du hast sie überreden können?«

»Ja. Wir haben einen Mordskrach gehabt. Ich habe ihr alles gesagt. Daß ich nicht ihr Baby bin und daß ich nichts dafür kann, daß Joasch was passiert ist, und daß das, was für Joasch paßte, auch für mich paßt, und daß bei den Fallschirmjägern nicht jeder umkommt und ich nicht bereit bin, mein ganzes Leben nach Joaschs Schicksal auszurichten, weil mein Leben nämlich mir gehört. Ohnehin würden alle dauernd Vergleiche zu meinem Nachteil anstellen.«

»Und sie? Was hat sie dazu gesagt?«

»Auf meine Argumente ist sie nicht eingegangen. Konnte sie nicht. Hat nur gesagt, ich sei ein Dummkopf.«

»Und du?«

»Ich hab ihr gesagt, sie sei ein Miststück.«

»Und sie?«

»Sie war völlig stumm. Deshalb meine ich, ich hätte sie weichgekriegt.«

»Hoffentlich nicht. Hoffentlich bleibt sie stur bis zum Schluß und unterschreibt nicht.«

Wäre Rami nicht so naiv, hätte ihn jetzt nicht der Schlag getroffen. Dieser abscheuliche Verrat. Schau bloß, was für eine klebrige Lage, ekelhaft. Nie kann man sich auf die Weiber verlassen.

Sein Zorn trieb ihm ein böses Wort über die Lippen: »Auf dich kann man sich nicht verlassen. Du bist genau wie deine Mutter.«

»Blöder Gaul.«

Von nun wütete ein stürmischer Streit im stillen Forst. Rami schleuderte seine Beleidigungen ohne Hemmungen heraus, wie dicke Erdklumpen. Noga antwortete ihm – sei es aus Streitsucht, sei es wegen der Stimmen ihres Körpers, die mit dumpfer Boshaftigkeit in ihrem Innern pochten – in süßlichem Ton, mit scharfen, kühlen Worten und eisigem Grinsen.

Wie schade, daß die beiden ihre Ohren den mannigfaltigen Klängen der Nacht verschließen. Durch die vielstimmig wispernde Nacht hasten sie nervösen Schritts, umgehen das Schwimmbad und streben wieder den Häusern zu. Mit tausend schönen Stimmen möchte die Nacht ihnen Versöhnung einflüstern. In ihrer Feindseligkeit schotten sie sich ab. Im Licht eines Zaunstrahlers bleibt Rami stehen, die großen Hände in die Hüften gestemmt, im Mund eine neue Zigarette, deren Rauch er seiner Freundin ins Gesicht zu blasen sucht, seine Züge vor lauter Groll noch pferdeähnlicher als sonst. Noga senkt ihr kleines Gesicht. Das Haar fällt ihr über die Wangen und verbirgt dem Jungen die Tränen, die sich in ihren Augenwinkeln sammeln.

In unmittelbarer Nähe, hinter ein paar Ligustersträuchern, reckt Israel Zitron, der Nachtwächter, den Hals, um sich ja kein Wort entgehen zu lassen. Aus Taktgefühl zeigt er sich ihnen nicht. Andererseits hätte ohne ihn der Klatsch keinen Zugriff auf das Paar erlangt. Ohne den Klatsch hätte Fruma wiederum niemals von ihrer kleinen Bündnispartnerin erfahren, die Rami besorgt davon abbringen möchte, sich freiwillig für eine gefährliche Aufgabe zu melden, und Frumas wehes Herz wäre nicht von dieser warmen Welle überflutet worden. Wie wir schon sagten: Der Klatsch hat eine lobenswerte Seite. Man darf ihn nicht voreilig verurteilen.

Traurigkeit? Ja. Das liegt in der Natur der Dinge. Unser Blick begleitet Stella, die sich jetzt, etwas geduckt, ins Kinderhaus schleicht. Das Haus liegt in tiefem Schlummer. Auf Zehenspitzen tappt sie in ihr Zimmer. Macht kein Licht an. Schlüpft zwischen die Laken.

Wie alt ist Noga Charisch? Sechzehn Jahre. Sie wird jetzt weinen. Ihre Lippen werden den Namen der fernen Mutter flüstern. An der Wand prangt ein kaltes Mondlichtgeviert. Vorm Fenster rascheln dunkle Zypressen im Wind. Was wäre wenn. Wie war es vor Jahren, als ich klein war und sie mich umarmt und erschreckt hat. Sie hat mich umarmt hat geweint mir Dinge in einer anderen Sprache gesagt vor Angst hab ich mit geweint keiner hat's gesehen Mutter hör auf ich hab Angst vor dir Stella Maris wärst du nicht geboren Mutter ich geh zu dem Ort an dem du bist ich bin dein ich bin wie du wenn du doch sterben würdest wir beide. *Arissa. Eress.* Wiege. Wiegenlied. Das ist schwarz warum ist es schwarz.

6. Kapitel:
Eine andere Traurigkeit

Esra Berger stützt die Arme auf das Lenkrad. Sein Blick ist starr auf die Straße gerichtet, die vom Scheinwerferlicht erfaßt wird. Die Straße foppt das Scheinwerferlicht mit vermeintlichen Unebenheiten. Esras massiger Nacken ist zwischen die behaarten Schultern gesunken. Müdigkeit verspürt er keine. Das nicht. Aber quälende Gleichgültigkeit verwirrt ihn. Er ist zerstreut. Bronka ist jetzt nicht allein. In meinem Zimmer. In meinem Bett. Großmutter. Breite Hüften. An ihren Körper zu denken. Diese sprießenden Haare. Wie kann man mit so einem Bauch. Dein Bauch ist ein Weizenhügel, singt das Hohelied, ha. Dickleibig. Wie schlank Türkisa ist. Tolle Draufgängerin. Wie sie plötzlich gewagt hat, mir zu sagen: Du bist süß. Wäre sie nicht die Tochter des Dichters, würde ich Oren wünschen, daß er sie kriegt, und er könnte. Wie Tomer Enav gekriegt hat. Er hat sie erobert. In der Bibel steht: erkennen. Adam erkannte Eva, seine Frau; sie wurde schwanger und gebar einen Sohn. Erkannte. Ein weises Wort. Ich meine, die Exegeten deuten es nicht richtig. Ich glaube nicht, daß eine Frau erkennen einfach eine Frau bumsen bedeutet. Es muß ein Unterschied bestehen. Vielleicht paßt erkennen nur, wenn eine Schwangerschaft dabei rauskommt. Wenn es keinen Unterschied gäbe, wäre doch alles ein übelriechender Tropfen. Wie Tomer es mit Enav gemacht hat: Erst rumfummeln, dann schlafen, dabei ist sie schwanger geworden, und danach hat er sie aus Verantwortungsgefühl geheiratet. Allesamt Huren. Bronka. Eva. Enav. Türkisa?

Esra befühlt das Stickgarnpäckchen auf dem abgewetzten Ledersitz neben sich. Jetzt weiß ich was Neues: Türkis ist so eine Farbe zwischen Blau und Grün. Eine sehr lebhafte Farbe. Kühl. Es gibt warme und kalte Farben. Hab ich mal gewußt. Dichterische Feinheiten. Ich erzähl dir eine kleine Geschichte, Türkisa, klein – aber aus dem Leben gegriffen. Eine wahre Geschichte. Vor vielen Jahren lebte einmal eine Prinzessin ... Nein. Ich hab nur Spaß gemacht. Vor vielen Jahren einmal haben Ramigolski und ich hinter dem Hügel gearbeitet. Ramigolski Aharon, der, der umgekommen ist, nicht sein Bruder Ramigolski Zwi, unser Sekretär. Ramigolski hat mit mir über die Freundin des Dichters gesprochen, die, die der Dichter aus Deutschland mitgebracht hatte. Ja, deine Mutter, kleine Türkisa.

Das war in den dreißiger Jahren. Der Dichter hieß noch Charismann, nicht Charisch. Eine Schööönheit, sagte Ramigolski zu mir. Dehnte dieses Wort und schmatzte mit seinen dicken Lippen. Ich kenne Ramigolski. Sein Vater hat bei meinem Vater gebetet. Wir sind in derselben Gasse geboren, vis-à-vis voneinander, in Kowel. Er war ein Angsthase. Er war sehr stark. Ein lustiger Kerl, aber ein Angsthase. Er hatte ein Auge auf die Freundin des Dichters geworfen. So schlank war sie damals. Wie ein Reh, wie du, Türkisa. Die Tochter geht der Mutter nach wie das Seil dem Eimer, sagt das Sprichwort. Aber Ramigolski traute sich nicht. Hatte Angst. Angst vor wem? Vor mir. Vor Mundek Sohar. Vor dem, was Frumke der Bronka und was Bronka der Estherke erzählen würde. Auch fand ich bitterer als den Tod die Frau, verkündete der Prediger, nachdem er die Tatsachen geprüft hatte. Deshalb hat sich Ramigolski nicht getraut. Dabei wollte er deine Mutter haben. Vielleicht hätte er sie Charismann wegschnappen können, wenn er sich nur getraut hätte. Schlank war sie. Wohlerzogen. Zart. Aber eine Hure. Was macht sie jetzt mit ihrem Hamburger in Deutschland? Führt einen Nachtklub. Ein Bordell. Verdammnis über alle Weiber. Hast du das gehört, Türkisa? Notier dir das: Verdammnis über alle Weiber sagte Berger Esra als geflügeltes Wort. Das ist eine Geschichte für dich, direkt aus dem Leben, damit du das Leben kennenlernst. Zum Beispiel hab ich zu Tomer gesagt: Du hast eine in Schwierigkeiten gebracht? Ja? Die Enav? Gut. Jetzt streng dein Hirn mal ein wenig an. Stimmt, du kannst sie heiraten. Mußt aber nicht. Es gibt andere Wege. Und dann ist Tomer hingegangen und hat eine Lahme geheiratet. Ein kluger Sohn erfreut den Vater, aber ein törichter Sohn ist der Gram seiner Mutter, hat der Weise gesagt und dabei eine sehr feine Unterscheidung in diesen Vers eingeführt. Bronka hat Tomer zum gewissenhaften Mann erzogen. Jetzt wird Bronka Großmutter, und Berger Esra wird Großvater. Und dein Vater wird eine Großmutter zur Mätresse haben. Ha. Viel Glück. Alles, wie der traditionelle Segensspruch wünscht: Gebote, Hochzeit und gute Taten. Es ist ein Gebot, allzeit gute Taten zu tun. Aber, wenn jeder Jüngling, der eine gute Tat getan hat, gleich unter den Hochzeitsbaldachin laufen wollte – wo kämen wir da hin. Dahin, wo Bronka und ich gelandet sind. Was ist mit Bronka? Bronka ist eine kultivierte Frau. Gebildet. Man soll nicht in den Brunnen spucken, aus dem man Wasser getrunken hat, wie es heißt. Ich – ich bin vielleicht ein ganz einfacher Mensch, aber auch gebildet. Bloß rede ich nicht. Und das ist die ganze Geschichte: das Reden.

Das Wort schlägt den Fels, das Schweigen läßt Wasser daraus fließen. Aus dir selbst. Vor dreißig Jahren haben wir auf dem Feld gearbeitet, Ramigolski und ich. Hör gut zu, Türkisa. Die Araber haben angefangen, auf uns zu schießen. Wir waren unbewaffnet. Ich bin schnell ins Maisfeld gesprungen. Bin geflohen. Hab mich versteckt. Habe meine Seele vor Todesbitternis errettet, wie mal irgendein Dichter getönt hat. Und Ramigolski? Ramigolski ist stehengeblieben und hat angefangen, auf sie einzureden. Den Bären Moral zu lehren. Er hat sein Fett abgekriegt. Hat geschrien. Ich bin hingekrochen, hab ihn bis in den Kibbuz geschleppt. Ja. Ich. Und ich gehöre nicht gerade zu den Helden Israels. Im Sanitätszelt ist er gestorben. Bis dahin hat er dagelegen und geheult: Mutter, Mutter. Hat keinen einzigen schönen Satz der Belehrung von sich gegeben. Im Gegenteil. Er hat uns alle verflucht samt dem ganzen Land Israel und sogar die zionistische Bewegung. Bis er tot war. Das ist die Wahrheit, Türkisa. Haben sie euch das in der Schule nicht so beigebracht? Nein? Bronka? Der Dichter? Nein. *Achare mot kedoschim emor* – Nach dem Tod Heilige sprich. Verstehst du nicht? Ich erklär dir's. Das ist ein Sprichwort, das sich aus den Namen von drei aufeinanderfolgenden Toraabschnitten zusammensetzt. Es bedeutet: Der Tote ist heilig. Der Lebende – vogelfrei. Einer Schwelle gleich. Was ist der Vorzug der Lebenden vor den Toten. Verstehst du nicht? Ich erklär dir's. Der Lebende wird einer Türschwelle gleichgesetzt, auf die jeder beim Ein- und Ausgehen nach Belieben tritt. Aber wenn einer tot ist, darf man keinen Klatsch über ihn verbreiten. Man darf ihm nicht schaden. Das ist die Heiligung der Türschwelle. Schlußfolgerung? Wisse, woher du kommst und wohin du gehst. Von einem übelriechenden Tropfen bist du gekommen und in eine Grube voll Würmer gehst du hin, wie die Sprüche der Väter besagen. Aber ich bin nicht Nechemja. Ich arbeite nicht mit Prämissen und Schlußfolgerungen. Ich bin auch nicht Sacharja. Ich führe keine Kriege gegen die gesamte Menschheit wegen der Schmach, die man dem Würmlein Israel angetan hat. Ich lebe einfach und friste mein Dasein, Gott dem Schöpfer sei's gedankt. Verstehst du mich, Türkisa? Hast du verstanden? Und wenn du noch einmal wagst, mir zu sagen: Du bist süß – dann werd ich handgreiflich. Wer bin ich denn – ein kleiner Junge?

Tiberias. Jetzt hält er an und trinkt Kaffee bei den Fischern. Nimm einen Fischer, Türkisa, jeder Fischer ist ein ganzer Mann. Schreibt keine Gedichte und denkt nicht in Sprüchen, aber eine Frau, die er einmal in die Hände nimmt, die bleibt für immer in seiner Hand. Wie festgeleimt. Gelobt sei er, der den Leim gutheißt. Wenn du mich noch einmal mit diesen grünen Augen deines Vaters anguckst! Gut, daß du nicht hier bei mir bist und nicht die Gedanken hörst, die ich mir über dich mache, und das ist noch nicht alles. Ich hab noch mehr auf Lager. Nein, deine Augen sind nicht grün. Zwischen Blau und Grün, türkisfarbene Augen. *Kif chalek, ya* Abuschdid, wie geht's, wie steht's, hast du einen Kaffee für Esra Berger? *Ssachteen*, na klar. Beinah wäre ich am Steuer eingeschlafen, aber ich habe eine Methode: Ich denke an Mädchen und werde hellwach. Wie es bei uns heißt: Wer eine Frau gefunden, hat etwas Gutes gefunden – oder man hat ihm einen Bären aufgebunden. Alles Glückssache.

Die Fischer mögen Esra Berger. Jede Nacht unterbricht er in Tiberias die Fahrt, trinkt einen Kaffee mit und wechselt ein paar weise und ein paar derbe Sprüche mit ihnen. Auch hier macht er nicht viele Worte. Aber sein ehrliches Gesicht, seine bedachte Redeweise, die schweren Hände, die das rußige Täßchen umschließen, und seine beachtlich breiten Schultern – all das verschafft ihm hier Respekt. Das soll nicht etwa heißen, daß man bei uns im Kibbuz Esra Berger geringschätzt. Nur ehren wir Esra als tatkräftigen Mann, während man ihn hier wegen seiner herzerfrischenden Derbheit schätzt, die nie billig, ordinär oder ausfallend wird, sondern immer ein wenig Schwermut enthält. Fast möchten wir sagen, daß auch Esras Derbheit etwas Nobles hat. Und so ist es wirklich – wenn wir Mäßigung und Selbstkontrolle als vornehme Eigenschaften betrachten.

Gegen Mitternacht fährt Esra los, um das letzte Wegstück von der Stadt Tiberias zu seinem Haus zurückzulegen. Er verspürt immer noch keine körperliche Müdigkeit. Nicht Müdigkeit, aber eine gewisse Apathie, die sein Nachdenken beeinträchtigt. Auf dieser Strecke fährt Esra schneller. Die Straße verläuft nahe der Grenze. Natürlich ist sie um diese Zeit völlig einsam. Die Scheinwerfer erfassen Feldraine, Wegweiser, vereinzelte Büsche, kleine Nachttiere, die quer über die Fahrbahn flitzen.

Kurz vor dem Kibbuz, an der Weggabel am Fuß des kleinen Hügels, von dem die Touristen einen Überblick über unseren Kibbuz gewinnen, hört Esra Berger ferne Schüsse. Sofort wird er hellwach. Er möchte die Richtung ausmachen. Eine grüne Leuchtkugel, die am östlichen Himmel aufflammt, hilft ihm dabei. Rasch passiert er das Tor. Er parkt seinen Lastwagen vorm Traktorschuppen, in dessen Mitte eine gelbe Lampe brennt. Spuckt in die Hände. Streckt die lahmen Knochen.

Israel Zitron, der Nachtwächter, taucht auf und redet mit ihm ein Weilchen über dies und das: eine Kuh, die zur Unzeit gekalbt hat, einen lautstarken Streit zwischen Frumas Rami und seiner Freundin, der Zitron zufällig zu Ohren gekommen ist, ein paar Schüsse aus nordöstlicher Richtung. Bald werden Unruhen einsetzen. Nein, es wird nichts passieren. Gute Nacht, Isrulik. Gute Nacht, Berger.

Vor seiner Zimmertür hält Esra inne, um langsam seine Schuhe auszuziehen. Auf Zehenspitzen tappt er hinein. Seine Augen versuchen, die Dunkelheit zu durchbohren. Dabei atmet er schnell, krampfhaft bemüht, den fremden Geruch tief einzusaugen. Seine Brust hebt und senkt sich. Der Mund ist leicht geöffnet. Den schweren Kopf hält er schräg, als wolle er angestrengt lauschen. Die Arme hängen am Körper herunter. Seine Hände sind groß.

Bronka liegt in ihre Decke gewickelt. Rührt sich nicht. Esra Berger ist müde. Seine Gedanken sind wirr. Trotzdem spürt und weiß er, daß seine Frau nicht schläft. Bronka weiß, daß er es weiß, und er weiß auch das. Alles ist bekannt. Mit plumpen Bewegungen zieht er sich aus. Sein Bett ist gemacht. Auf dem Schemel erwartet ihn eine Tasse Tee mit Milch, mit einer Untertasse abgedeckt, damit er nicht kalt wird. Alles ist wie gewohnt, alles wie er es seit jeher mag. In seiner verschwitzten Unterwäsche steht der Mann da, starrt auf die Licht- und Schattenspiele des Scheinwerfers, der das Muster der Jalousielamellen auf die schimmernde Wand wirft. Plötzlich beugt sich der Mann vor, legt seine große, schmutzige Hand auf Bronkas Decke und sagt: »Großmutter.«

Die Frau regt sich nicht. Der Mann richtet sich schwerfällig auf. Rollt seine Schulter- und Brusthaare zwischen den Fingern. Kriecht in der Unterwäsche zwischen die schneeweißen Laken. Dreht das Gesicht zur Wand. Möchte seine Gedankengänge wieder aufnehmen, wispert auch langsam: Ja, Türkisa, die Fischer...

Der Schlaf schnappt den Mann mit einem Schlag, wie ein Beil. Wie eine Frau.

7. Kapitel:
Ein schlechter Traum

Ruven Charisch sitzt an seinem Schreibtisch. Ein Uhr nachts. Seine klare, hohe Stirn ist jetzt von mürrischen Falten durchfurcht. Quer darüber verläuft eine schräge Falte, die aus einer Braue wächst und diagonal auf die linke Schläfe zusteuert, unterwegs alle anderen Falten überrennt und wie ein scharfer Messerschnitt aussieht. Seine großen grünen Augen fixieren einen verborgenen Punkt am dunklen Fenster. Das Gedichtheft liegt aufgeschlagen vor ihm. Er beugt sich nicht über die Seiten. Er wirkt angestrengt. Ein schmerzlicher, angewiderter Ausdruck liegt auf seinen Zügen, als sei ihm ein übler Geruch in die Nase gedrungen oder ein säuerlich ätzender Schleimkloß im Hals steckengeblieben.

In Wirklichkeit handelt es sich um nichts anderes als ein fieberhaftes Werben um Worte. Die Wortfügungen sind trügerisch. Du meinst, du hättest eine starke, formvollendete zu fassen gekriegt, und beim näheren Hingucken entpuppt sie sich als entstellte, verbrauchte, abgegriffene Hure. Das Schreiben gleicht dem Steuern eines hochbeladenen Lasters auf schwindelerregend steiler Abwärtsstrecke. Dein Fuß pumpt hart das Bremspedal, deine Zähne sind zusammengebissen, deine Sinne hellwach und messerscharf, deinen Rücken kriecht ab und an häßliche Kälte hinauf, ein hinterhältiges, satanisches Kichern sitzt dir im Nacken. Und dabei zieht dich, völlig schrankenlos, der Abgrund an. Lockt dich, die Bremsen loszulassen. In einem weichen Schoß zu landen. Umgarnt dich mit verborgenen Zaubergespinsten des Sehnens nach dem Wahn. So sieht die Arbeit mit Worten aus. Vielleicht haben wir ihr zu viele Lorbeerkränze gewunden.

Die kühne Antwort, die er dem Niederländer am Nachmittag gegeben hat, möchte jetzt, nach Mitternacht, Reime und Strophen annehmen. Der einsturzbereite Berg. Jenes Tal – liegt naturgemäß niedriger als der Berg. Aber nach anderen Gesetzen übersteigt es alles an Höhe. Ein reißerisches Durcheinander von Bildern, Lauten, Worten. Der arrogante deutsche Oberst ... fachmännisch betrachtet ... als Fachmann ... ein widerlicher Beruf ist das, Oberst Hamburger, Tag und Nacht mit dem Lastwagen herumzukurven wie ein alter Gaul, der den Mühlstein dreht. Warum heulst du, Mensch. Heule nicht. Du bist kein Tier, weder Hyäne noch Schakal,

Ein anderer Ort 67

du sollst reden, nicht heulen. Laß uns wie zwei Männer einen Händedruck wechseln. Nein, halt, Klauen drücke ich nicht. Wir haben von Händen gesprochen, und du hältst mir eine Klaue hin. Du bist sicher ein Traumwesen, Mensch, aber ich bin nicht bereit, dich anzunehmen, denn ich bin jetzt nicht im Reich des Traumes. Das werde ich dir gleich beweisen. Ich sitze auf einem Stuhl am Tisch vorm Fenster und schreibe ein Gedicht. Ich liege nicht im Bett unter der Decke und träume. Ich rede mit dir, und du schießt. Kann man auf diese Weise eine Diskussion führen? Mit Schüssen? Tu das nicht. Das sind keine Argumente. Das sind Schüsse. Schüsse. Und noch mehr Schüsse.

Ruven Charisch schüttelt den Kopf und wacht auf. Schüsse. Zu Gai laufen. Nein. Sie sind weit weg. Sie kommen von Nordost. Wenn ich bloß nicht weiterdöse. Nicht bei uns. Das Gedicht. Karger Berg dort will allein / lebend unser Dorf begraben ... Müde. Unruhiges Dösen. Der Schlaf hat merkwürdige Gesetze. Erschöpft erhebt sich nun dieser trübsinnige Mann, dieser beliebte Mann, und bereitet sich aufs Schlafengehen vor. Hager schlurft er durch sein Zimmer, mit hängendem Kopf, als hätte er sich das Genick gebrochen. Das Zimmer ist leer und still. Bett, Schrank, Tisch, ein Stapel Schulhefte, eine gelbe Glühbirne, Gais Spielzeugkiste, erstarrte Öde. Ein paar Bilder aus Evas Hinterlassenschaft.

Er macht sein Bett. Wäscht sich mechanisch. Kaut einen trockenen Keks. Trocknet sich das Gesicht ab. Dieses Handtuch hätte längst in die Wäsche gehört. Ekelhaft. Er kriecht in die Laken. Die Wandlampe baumelt nur am Stromkabel. Eines Tages wird sie noch runterfallen. Eine Mücke. Manchmal frage ich mich. Wieder Schüsse, weit weg, fast sanft. Vielleicht fallen sie schon im Schlaf. Alpträume beherrschen. Naturgesetz. Naturgesetze – blinde Bosheit. Zum Schluß stirbt man. Alle. Tatsächlich besteht nicht der geringste Unterschied. Wenn sich ein Tod vom andern wenigstens durch ein winziges Detail unterschiede, und sei es nur ein symbolischer. Wieso bin ich denn plötzlich beim Tod angelangt. Vielleicht wegen dieses komischen Kribbelns in der Brust. Als würde sich dort irgendwas reiben. Als wäre dort drinnen was heiser. Der Anfang einer Erkältung, mehr nicht, gewiß nicht. Hören Sie mal, Herr Doktor, warum versteifen Sie sich denn darauf, einen Schmerz zu heilen, den ich nur geträumt habe. Wie eine Mücke. Eine Mücke.

Jetzt steht er in blutverschmierten, eiterfleckigen Khakisachen vor einer Touristengruppe. Stämmigen Menschen. Sein Körper ist leicht, wie von dünnen Stahlfedern durchzogen. Mit gezückter Pistole zwingt er sie, die Hände zu heben und ihm zu folgen. Sie gehorchen schweigend. Die meisten sind dick und schwerfällig. Einige sind von Natur aus kahl, andere haben den Kopf geschoren, was kleine Stoppeln auf den Schädeln verraten. Die Männer unter ihnen tragen schwarze Uniformen mit breiten Lederkoppeln und silbrig glitzernden Abzeichen. Komisch, die meisten sind schmallippig. Auch Brillenträger gibt es unter ihnen. Ihre Brillen sind randlos. Bestehen nur aus Gläsern.

Mir nach. Wenn einer mir hier schlau kommt, komm ich ihm auch schlau, mit der Schläue des Bleis.

Die Frauen der Gruppe sind aufreizend gekleidet: durchsichtige Blusen, Strümpfe mit Naht, durchschimmernde Tüllteile unter den Blusen. Ruven führt sie durch den Kibbuz, späht im Gehen über die Schulter und hält die Augen offen.

Am Eingang zum Speisesaal wartet Großmutter Stella Hamburger, in derselben Kleidung, die sie trug, als Ruven sie das einzige Mal sah: ein schweres schwarzes Kleid mit schicklichem Ausschnitt. An jenem Tag hatte Ruven um Evas Hand angehalten. Großmutter Stella hatte gesagt: Junger Herr, die Ausgangstür dieses Hauses befindet sich bitte schön hier links. Und eine Eingangstür gibt es für Sie nicht. Guten Abend.

Jetzt steht sie am Eingang des Speisesaals, wie sie damals, vor Evas Flucht, an ihrem Toilettentisch gestanden hatte: aufrecht, schwarz gekleidet, auf einen braunen Stock gestützt, den Anflug eines Lächelns um einen Mundwinkel. Eines hat sich an ihr verändert: Jetzt lächelt sie nicht nur mit einem Mundwinkel, sondern mit dem ganzen Mund, der nun zahnlos ist, so daß die Lippen sich nach innen ans Zahnfleisch anlegen, wie bei Affen, wenn sie ihr unflätiges Lachen ausstoßen. Ruven führt Großmutter Stella seine Gefangenen vor. Großmutter Stella nickt bei jedem und blickt Ruven mit begehrlichen Augen an. Sie legt ihm die feuchten kleinen Hände an den Hals. Befühlt seinen Nacken. Murmelt wieder und wieder ein unerklärliches Wort: Wiesbaden, Wiesbaden. Ihr Mund haucht seinem Mund üblen Geruch ein. Eine sehr alte Frau. Ruven löst sich aus ihrem Griff. Die Frauen brechen in vulgäres, schrilles Gelächter aus. Großmutter Stella macht eine obszöne Geste. Die üppigen Leiber der Frauen beben verführerisch unter den dünnen schwarzen Blusen. Eine schlendert auf Ruven zu. Streichelt sein Gesicht. Küßt ihm den Nacken. Er packt die Unverschämte, drückt sie von sich weg und richtet die Pistole auf sie. Plötzlich wird ihr Gesicht – entsetzlich – nein, das bist nicht du, das ist Maskierung, Maskierung. Ich will, daß du mir einen Sohn machst. Nein. Eine Tochter. Laß uns eine Vereinbarung treffen: Du machst mir eine Tochter, ich gebe dir eine Enkelin. Haha. Nimm den Brief. Lies. Oberst Sacharja Siegfried Berger verspricht, seinen Kindern und Kindeskindern Charismanns Gedicht über die andere Gravitation vorzutragen. Er muß sich entschuldigen. Muß seine Worte zurücknehmen. Muß bedauernd mitteilen, daß er gar keine Kinder hat. Ja, er liebe Kinder. Würde Ruven so gut sein, ihm ein Foto von Kindern zu schicken. Bitte.

Jetzt ein riesiger Laster. Stößt dicken, stinkenden Qualm aus. Fährt mitten auf den Rasen. Tutet wie eine Dampflokomotive in der Nacht. Esra springt aus der Kabine. Befiehlt den Gefangenen aufzusteigen. In dunklem Grauen tastet Ruven in seiner Hosentasche nach der Pistole. Findet sie nicht. Nur eine trübe, klebrige Flüssigkeit haftet wie ein glibberiger Keimherd an seiner Hand.

Nun möchte er fliehen. Große Hände stülpen sich über ihn, schwingen ihn hoch, werfen ihn auf die Ladefläche. Ein hartes Gesicht nähert sich dem seinem, bis die große Nase sich an seiner Haut reibt. Esra leiert mit dumpfer Stimme irgendeinen lateinischen Spruch. Wiederholt das Wort Wiesbaden. Lacht laut und trocken. Ruven blickt ihn an. Sucht angestrengt nach Worten. Aber der Fahrer ist plötzlich nicht mehr Esra, sondern Isaak Hamburger, den Mund zu einem lüsternen Lachen aufgerissen, das gelbe, verfaulte Zähne entblößt.

8. Kapitel:
Vor langen Zeiten

Welch herrlichen Anblick bietet unser Dorf in den ersten Morgenstunden! Die Glocke hat uns eben erst mit fröhlichen Wecklauten überflutet, der mächtige Vogelchor ist erwacht, um in den Wipfeln der Zierbäume einen zwitschernden Freudenkrawall zu entfesseln, die Sonne hat noch nicht ihre wütende Höhe erklommen, zierliche Tautropfen glitzern an den Spitzen der Grashalme, die Gipfel sind mit klarem, reinem Azur umkränzt, nur im Dickicht der Gehölze hängen noch die letzten Schwaden Dunkelheit, aber bereits zerfetzt und mit Lichtspeeren durchbohrt. Die Luft ist frisch und strahlend. Kühler Wind empfängt dein Gesicht, wenn du schlaftrunken auf deine Veranda tappst und mit schläfriger Hand nach der Arbeitskleidung tastest.

Bald laufen werktätige Männer und Frauen in khakifarbener oder blaugrauer Kleidung aus allen Enden des Dorfes zusammen und eilen zum Speisesaal, um ihren Morgenkaffee zu trinken.

Schlafgespinste liegen noch auf allen Gesichtern. Alle grüßen einander mit Kopfnicken, ab und an begleitet von einem flüchtigen Wort. Der Traktorschuppen erwacht zu grummelndem Leben. Aus der Küche wehen die Düfte süßen Breis. Der Rasenmäher beginnt seine tägliche Runde, gelenkt von den geübten Händen Herzl Goldrings, des emsigen Ziergärtners. Alles und jedes strotzt vor guter Schaffenskraft.

Betreffs der Schüsse, die uns bei Nacht geängstigt haben, hat Grischa Issarow, eben von seiner nächtlichen Arbeit bei den Fischteichen zurückgekehrt, schon telefonisch mit dem Bezirksstab gesprochen, um verläßliche Auskunft zu erhalten. Am nächsten Frontabschnitt, nördlich von hier, haben feindliche Soldaten aus Nervosität ein paar Schüsse auf einen Traktoristen des Nachbarkibbuz abgegeben. Natürlich haben sie nicht getroffen, und vermutlich wollten sie auch gar nicht treffen, sondern nur Ärger machen. Und ruhten nicht, ehe sie auch noch ein paar farbige Leuchtkugeln in den Himmel geschossen hatten, um das Freudenspektakel zu vervollständigen.

Diese Nachricht löst allgemeine Erleichterung aus. Bei Nacht neigen die Menschen zu übertriebenen und phantastischen Vermutungen. Das liegt in der Natur der Sache. Der Natur der Nacht.

Die Genossen gehen jetzt auseinander, jeder an seine Arbeit, außer Grischa Issarow, der sein Werk bereits in der Nacht verrichtet hat und nun frei ist, in sein Zimmer zu gehen und zu schlafen, solange seine berühmte Schlaflust es verlangt. Grischa trägt prächtige Riesenstiefel, die ihm bis über die Knie reichen. Auf Nachfrage erzählt Grischa dir gern, daß man solche Stiefel beim Hochgebirgskorps des Schahs von Persien findet. Und egal, ob du nun weiterfragst oder nicht, wird Grischa dir die ganze Geschichte dieser Stiefel aufrollen, wie sie von einem Offizier des iranischen Korps in die Hände kurdischer Grenzschmuggler gerieten und von deren Händen an die Füße eines irakischen Brigadiers, und wie Grischa sie diesem irakischen Brigadier eigenhändig von den Füßen gezogen hat, mit diesen Händen, die du hier jetzt mit eigenen Augen siehst, groß und behaart wie Bärentatzen, und dies ist allein schon eine Geschichte, wenn

Ein anderer Ort

auch eine Geschichte in der Geschichte, die sich im Krieg von 1948 bei Tulkarem zugetragen hat.

Grischa Issarow ist ein großer Mann. Sein Herz ist weit, seine Hände sind breit und seine Taten kühn und großartig. Insgeheim beneiden wir ihn, weil er in Abenteuern schwelgt, während wir auf der Stelle treten. Aber Grischa fürchtet unseren Neid nicht. Im Gegenteil, oft legt er uns seine Riesenpranke auf die Schulter und brummt: »Über diesen Krummdolch, der hier bei mir an der Wand hängt, könnte man einen ganzen Roman schreiben, ha?«

Herbert Segal, ein kleinwüchsiger, stämmiger und strenger Mann, verläßt dynamischen Schritts den Speisesaal, in der Hand eine Scheibe Brot mit einem beachtlichen Berg gelber Marmelade. Enav Geva schleppt ihren Bauch zur Näherei, wo sie, ihrem Zustand gemäß, mit leichten Arbeiten beschäftigt wird. Ihr Hinken ist durch die Schwangerschaft schlimmer geworden, aber wir blicken ihr ins Gesicht, und das strahlt von innen her. Ihr Mann Tomer, bis zu den Hüften nackt, ist bereits seit Sonnenaufgang auf den Futteräckern und verlegt lange Bewässerungsleitungen aus Aluminiumrohren. Sonnenflitter blinken auf den Rohren und auf seinem schwitzenden Rücken. Tomers Vater hat, lässig wie immer, einen Fuß auf das Trittbrett seines Lasters gesetzt und füllt die Lieferscheine aus. Seine Schirmmütze beschattet das halbe Gesicht. Gleich wird er von Nina Goldring seine Thermosflasche Kaffee und seine belegten Brote entgegennehmen und seine erste Tagestour antreten. Männer und Frauen, deren Namen wir gehört haben, und andere, die wir noch nicht kennen, eilen ebenfalls zu ihren Arbeitsplätzen. In der prächtigen Morgenluft wirken die Männer etwas weniger hart als sonst. Auch die Frauen erscheinen uns jetzt – womöglich nur wegen unserer eigenen veränderten Stimmungslage – weniger resolut und verhärmt als gestern.

Eine Stunde später, um halb acht, begeben sich die Schullehrer vom Speisesaal in ihre Klassenzimmer. Von dem abschüssigen Hof schallt Kinderlachen. Gai Charisch, frisch gewaschen, das blonde Haar adrett gekämmt, steht in der Mitte eines lebhaften Grüppchens. Aufgeregt und flüssig referiert er über die feindlichen Stellungen, die – wie er wiederholt betont – bald einen saftigen Schlag abbekommen würden. Man merkt Gai an, daß ihm das Wort »saftig« besonders gefällt und er es auf der Zunge zergehen läßt, um es voll und ganz auszukosten. Ruven lächelt ihm von weitem zu. Der Junge lächelt zurück. Wie gewohnt, halten sich Vater und Sohn hier in aller Öffentlichkeit mit Liebesbezeugungen zurück.

Noga trägt knappe Shorts mit Gummizug an den Oberschenkeln und eine helle, bestickte Bluse lose darüber. Wenden wir unsere Augen lieber unverzüglich ab. Auf den Stufen ihres Klassenzimmers sitzt sie ganz allein, ein offenes Buch auf den Knien. Ob sie jetzt wohl die vernachlässigten Hausaufgaben durchgeht? Ihr Haar beschattet die Wangen. Ihre Augen sind nicht zu sehen.

Ruven ist gehobener Stimmung. In einen solch herrlichen, zauberhaften Morgen sollte man die Kinder hinausführen. Wie hell und licht! Vielleicht wäre nur eine Idylle von Schimoni fähig, diesen Morgen in seiner Fülle zu erfassen.

Aber heute, Kinder, heute wollen wir Schimoni beiseite lassen und uns mit etwas anderem beschäftigen. Also dann – auf ins Wäldchen! In die Landschaft! In die Natur!

Ruvens Schüler, älter als Gai und jünger als Noga, antworten ihm mit Jubelgeheul. Aber gleich legt sich der Lärm wieder. In munterem Trupp marschieren Lehrer und Schüler zum Kiefernwäldchen am Schwimmbad. Still und schön ist das Wäldchen. Wir haben es bei Nacht kennengelernt: bedrohlich, heimtückisch, voll giftigen Raunens. Jetzt können wir feststellen, wie sehr sich sein Charakter im Tageslicht verändert hat: Verstummt ist das Zirpen der Grillen, fort sind die bösen Nachtvögel, zartes Kieferngebet erfüllt die reine Luft. Durch die Astreihen schimmern die massigen Bergketten, und genau über ihnen steht jung die Sonne und ergießt ihre glänzende Lichterfülle über Mezudat Rams weite Fluren. Auch die Wasserfläche des Schwimmbads spielt mit ihren Glitzern, mag wohl vom versonnenen Waldgeist träumen. Vogelgesang läßt das Wäldchen erklingen. Die Häuser des Kibbuz präsentieren zu unserer Linken ihren streng geometrischen Plan, und zu unserer Rechten wiegen und wogen die langen Ackergevierte. Man möge uns das Abschweifen verzeihen, das Bild erquickt unser Herz.

Ruven beginnt seinen Vortrag. Ein wenig Geschichte, ein wenig Tagesgeschehen, das können wir schwer genau voneinander trennen, und ist es denn wichtig, Grenzen zu ziehen? Die Schüler lauschen gebannt seiner gütigen Stimme. Die Augen weit aufgerissen, hängen sie an seinen Lippen. Seine Worte sind wie immer schlicht und zu Herzen gehend.

Ein anderer Ort

Die Juden wurden bekanntlich überall verfolgt. Und überall vergoß man ihr Blut. Warum? Du, Ido, wirst selbst die Frage beantworten können: Warum? Ja. Versuch's mal. Antisemitismus? Schön. Aber was war der Grund dafür? Nachdenken. Keine platten Dinge sagen. Bedacht formulieren. Richtig. Ihr habt es schön gesagt. Fremdenhaß. Haß gegen den Andersartigen. Intellektuellenhaß. Unsere Vorfahren krankten an übertriebener Vergeistigung. Ihr Heldentum äußerte sich nicht in Kriegstaten, sondern im Martyrium. Wißt ihr, was Martyrium bedeutet? Ja. So ähnlich. Ich werde es erklären.

Die Schüler beteiligen sich am Unterricht. Zu ihrem Lob sei gesagt, daß sie sich durch die zauberhafte Umgebung nicht ablenken lassen. Nein, nein. Sie bemühen sich, Ruvens Gedankengang zu folgen. Zuweilen gelingt ihnen eine zutreffende Antwort, wenn auch etwas simpel formuliert.

Ruven spricht über den Holocaust. Viele eurer Verwandten – Großeltern, Onkel und Tanten – sind von Unmenschen ermordet worden. Anders als die Judenhasser früherer Generationen haben die Deutschen ihre Taten kaltblütig begangen. Nach detailliertem Plan. Mit wissenschaftlichen Mitteln. Nicht in einem Ausbruch hitziger Triebe, wie wir es in Chaim Nachman Bialiks *In der Stadt des Würgens* oder in Saul Tschernichowskis *Baruch von Mainz* gefunden haben. Gemeinde für Gemeinde gingen sie in die Krematorien, darunter auch (Ruvens volltönende Stimme klingt herzerschütternd) – darunter auch meine Familie, meine Eltern und Schwestern. Aber glaubt nicht, alle Juden hätten sich wie Lämmer zur Schlachtbank führen lassen oder seien kopflos geflohen, hätten sich in Mauselöchern verkrochen. Oh nein. Einige haben zu den Waffen gegriffen, sind in ihrer geringen Zahl der überwältigenden Vielzahl entgegengetreten, als letzte Generation der Knechtschaft und erste der Erlösung, in einem Heldenmut, der in der ganzen Menschheitsgeschichte nicht seinesgleichen hat.

Ruven redet eingehend über den Ghettoaufstand in Warschau, reißt seine Zuhörer mit. Manchen – wie Ido Sohar, einem empfindsamen Jungen – blinken Tränen in den Augen. Die Bilder füllen sich bei den Kindern mit Leben und versetzen sie an einen anderen Ort. Ein Funken Feindschaft entflammt in ihren Pupillen. Ruven macht nebenbei eine verächtliche Bemerkung über geldgierige Juden – ein unwürdiges, verlorenes Volk –, die trotz allem jetzt nach Deutschland auswandern, um sich zu bereichern. Einige Kinder folgen seinem Gedankengang und verstehen, worauf die Bemerkung gemünzt ist. Doch es gab auch andere Juden: eure Väter und Mütter zum Beispiel. Stolze, aufrechte, beherzte Juden, die sehr wohl das Kommende voraussahen. Die – der bitteren Verbannung und finsteren Armut überdrüssig – ihr Schicksal in die Hand nahmen und herkamen, die Erde unseres Landes zu erlösen, das Ödland zu besiedeln und eine jüdische Heimstatt zu errichten. Das ist noch nicht lange her. Vor einer Generation noch war dieses Tal menschenleer, von sumpfigen Wassern bedeckt, die schlimme Krankheiten verbreiteten. Dornen und Disteln wuchsen hier, böse Füchse und Schakale heulten bei Nacht, Steinkäuze riefen klagend in den Ruinen – das furchtbare Jammern der Ödnis. Mit den Fingernägeln krallten sich eure Eltern an dieser Erde fest, bis sie ihnen nachgab. Seht ihr die kahlen Berge dort? Genau so hat das Tal damals ausgesehen. Eure Väter und Mütter sind nicht in kriegerischer Absicht hergekommen, nicht mit drohend geballter Faust. Aber die Wüstenei konnte ihr segensreiches Tun nicht ertragen. Nichtsnutziges Gesindel wollte ihnen übel, will es noch (Ruvens Stimme ist verhalten erregt), bis auf den heutigen Tag. Eine hinterhältige, verheerende Hand streckte sich nach unserem Werk aus. Eine tückische Zerstörerhand. Das Ehrenmal Ram kennt ihr alle. Nach wem ist es benannt? Wißt ihr's? Richtig. Zwis Bruder. Er hieß Aharon. Aharon Ramigolski. Er war der erste, der durch Mörderkugeln fiel. Durch seinen Tod haben wir alle ein Blutsbündnis mit dieser Erde geschlossen. Und wehe dem, der ein Blutsbündnis bricht. Die Augen der Kinder blicken starr. Ruven Charischs Worte flößen ihnen Angst ein, ähnlich der Furcht junger Stammesmitglieder bei einem geheimen Initiationsritus. Ihre kleinen Fäuste sind geballt, ihre Münder stehen ein Stück offen, auf ihren hellen Gesichtern liegt tiefer Ernst. Und Aharon Ramigolski war nicht der letzte. Die schwere Arbeit, die glühende Sonne, ansteckende Krankheiten und die Kugeln der Attentäter forderten weitere Menschenopfer. Da offenbarte sich ein neues jüdisches Heldentum, ein Heldentum mit positivem Ziel, im krassen Gegensatz zum Heldentum der Märtyrer, das von Grund auf unfruchtbar war.

Aber – Ruven senkt die Stimme und gibt ihr eine neue, mitreißende Tonlage – wir hegen keinen Haß im Herzen. Wir dürfen keinen Haß im Herzen führen. Die dort auf dem Berg sind blind. Sie wissen nicht, was sie tun. Man hat ihnen ein von siedendem Blut triefendes Beil in die Hand gedrückt, und sie schwingen es. Aber es wird, es muß der Tag kommen, an dem sie uns die Hand reichen werden. Und wir werden sie annehmen. Mit

Ein anderer Ort

Freuden, ohne Bitterkeit, in vollkommener Brüderlichkeit. Vielleicht ist dieser Tag schon nah. Malt euch in der Phantasie mal die Soldaten aus, die dort oben in ihren befestigten Stellungen sitzen. Morgen für Morgen blicken sie von ihrem kahlen Berg dort droben auf unser blühendes Tal hinab. Sie sehen uns bei der Arbeit, in unserem emsigen Fleiß, beobachten wieder und wieder das Wunder, das sich hier vollzieht. Ich bin sicher, daß ihnen mehr und mehr die Augen aufgehen. Vielleicht schon aufgegangen sind. Die Araber sind doch Menschen wie wir. Hätte jener Mörder, der auf unseren Genossen Aharon Ramigolski schoß, gewußt, welch reine Heldenseele er da auslöschte, hätte sich sein Finger nicht bis zum Abzug gekrümmt. Denn das müßt ihr immer in Erinnerung behalten: Nicht die Araber sind unser Feind, sondern der Haß ist es. Wir müssen alle aufpassen, daß uns kein Haß anhängt.

Die Sonne ist längst hoch über die Bergspitzen emporgeklettert. Die zarten Nebel sind verflogen. Die Luft wird glühend. Auch die Fliegen sind zum Leben erwacht und stören mit teuflischer Boshaftigkeit. Ruven Charisch kennt das Geheimnis der Beschränkung. Schon führt er seine nachdenklichen Schüler ins Klassenzimmer zurück. Stille Befriedigung erfüllt sein Herz. Wir werden deswegen keinen Stein auf ihn werfen.

9. Kapitel:
Altes Weh

Die fernen dreißiger Jahre! Unvergleichliche Jahre, auf die wir ewig stolz sein werden. Mezudat Ram: ein widerborstiges kleines Lager, verloren in den leeren Weiten, bietet den Berghöhen frech die Stirn. Ein hölzerner Turm, ein Stacheldrahtzaun mit V-förmigem Aufsatz, bellende Hunde in Mondnächten. Graue Zelte zwischen Sandwegen, fegende Staubwirbel, vier sonnversengte Baracken, glühendheiße Wellblechdächer, fauliges, rötliches, nach Rost stinkendes Wasser aus den Rohren der Gemeinschaftsdusche. Ein armseliges Häuschen mit ein paar wackligen Eßtischen. Schwache, hitzematte Setzlinge. Grimmige Nächte, von wilden Lauten durchdrungen, von gleißendem Mondlicht überflutet, voll feindlichem Rascheln und Gären. Fremde Stimmen aus dem nahen arabischen Dorf, Rauchgeruch, feuchte Dunstschwaden, unser lauter Jubel die halbe Nacht hindurch, unsere selbstvergessenen Reigentänze, innige Lieder voll Freude, voll Wehmut, voll Sehnen, Lieder zwischen unbändigem Sinnestaumel und verzweifelter Waisenklage.

Eva.

Die Zeit: zwei Jahre, nachdem sie in Ruvens Zelt gezogen war. Rund zwei Jahre nach dem Tod Aharon Ramigulskis, unseres ersten Gefallenen. In jenem Herbst kauften wir einen kleinen Lastwagen. Den ersten. Und am Ende des Chanukkafests fuhren wir zum erstenmal nach Haifa zu einer Vorstellung des Habima-Theaters. Natürlich nicht alle, sondern fünfzehn Genossinnen und Genossen, durch Los ermittelt – mehr gingen nicht auf diesen altertümlichen Laster. Eva und Ruven waren dabei, Fruma und Alter Rominow, Herbert Segal und am Steuer Mundek Sohar, unser erster Fahrer. Unter dem Fahrersitz lagen Waffen versteckt, obwohl die Zeiten ruhig waren.

Es war ein klarer Wintertag. Die Straßen wirkten wie sauber gewaschen. Saftiges Grün säumte die Ränder. Der Himmel strahlte nicht hellblau, sondern in tiefstem Azur. Und da war die Freude über den neuen Wagen. Man sang und scherzte. Selbst ernste Dinge wurden in lustigem Ton gesagt.

Als nach der Vorstellung alle wieder, vor Kälte zitternd, sich im Wagen versammelt hatten, begann Alter Rominow: »Wir bauen hier eine neue Welt, führen ein ganz anderes Leben, aber unser Theater präsentiert uns immer noch Geschichten über das jüdische Schtetl.«

Die Straße war dunkel. Der Himmel hatte sich völlig bewölkt. Sterne waren keine zu sehen.

Es entstand eine kleine Debatte. Herbert Segal vertrat eine ähnliche Ansicht wie Alter, formulierte sie aber natürlich in anderen Begriffen. (Aus Herberts Beitrag zu dieser Diskussion erwuchs sein Aufsatz über Kultur, der den ersten Siedlern wegen des regen Echos, das er seinerzeit auslöste, noch heute bestens in Erinnerung ist.) Ruven widersprach Herberts Meinung. Es bestehe eine notwendige Verbindung zwischen unserem Leben und dem des jüdischen Schtetls.

Eva, die nicht zu den eingeschworenen Diskutanten zählt, mischte sich diesmal in das Gespräch ein. Sie hob den Kopf von Ruvens Schulter und sagte einen einzigen Satz, der sich nur mühsam mit dem Gegenstand der Diskussion in Verbindung bringen läßt: »Man muß die einfachen, großen

Ein anderer Ort

Dinge darstellen, etwa Leidenschaft und Tod.« Sagte es und legte den Kopf wieder auf Ruvens Schulter.

Möglicherweise hätte die Debatte daraufhin eine scharfe Wendung genommen, weil unsere Genossen und Genossinnen, darunter auch Ruven, wohl kaum gewillt waren, Evas Worte schweigend hinzunehmen. So manche Herzen waren seinerzeit von tiefen Gefühlen erfüllt, und Evas warme, sehnsuchtsvolle Stimme vermochte sie zu erregen. Aber aus der Führerkabine drang im richtigen Augenblick ein heiserer Ruf: »Nicht reden, Genossen, nicht reden – singen!«

Zwei oder drei schmetterten los. Der Gesang erstickte die Debatte und erfüllte alle Herzen. Wir waren jung damals, und legten unsere ganze Seele ins Lied. Also sangen wir, und Eva stimmte mit ein.

Bei der Abfahrt ins Tal wurde das Dunkel undurchdringlicher, das Motorgeräusch lauter. Ein heulender Wind peitschte gegen die flatternden Planen. Die Freudenlieder machten traurig-sehnsuchtsvollen Weisen Platz. Bald gerieten wir in einen heftigen Schauer. Ein eisiger Guß nach dem anderen schwallte in den nach hinten offenen Wagen. Die Insassen drängten sich nach vorn enger zusammen. Eva legte Ruven eine blasse Hand aufs Knie. »Wie an einem anderen Ort«, flüsterte sie.

»Eine gruselige Geisterfahrt«, sagte Herbert Segal mehr zu sich als zu seinen Genossen.

Und Alter Rominow trug wie gewohnt einen schwachen Witz bei: »Noahs Arche. Und wir sind die Tiere.« Alter scherzte, aber seine Stimme klang nicht lustig.

Eva flüsterte Ruven zu: »Erinnerst du dich? Weißt du noch?«

Ruven – das hat sich seinem Gedächtnis wie mit Feuer eingebrannt – zuckte die Schultern.

Die Bremsen quietschten verzweifelt. Die Straße ins Tal fiel streckenweise steil ab. Die gelben Scheinwerfer versuchten vergeblich, die dichten Regen- und Nebelvorhänge zu durchdringen.

Eva flüsterte noch: »In einer solchen Nacht möchte ich sterben.«

Ruven zuckte erneut mit den Schultern. Fünfundzwanzig Jahre war er alt, ein junger Mann mit hellen Augen und reinem Herzen. Was sahen seine klaren Augen, wenn sie Eva anschauten? Was konnten sie sehen? Eine junge Frau mit einer Neigung zum Sentimentalen. Und einer Vorliebe für Gespenstergeschichten, süßliche Sagen über schwindsüchtige Helden, die blutjung sterben, wobei ihre Liebe ihr Grab ist, und altdeutsche Schauermärchen über Zauberer, Wälder und junge Mädchen, die ihre Jungfräulichkeit dem wilden Sturm opfern. Blauäugig war er. Wie hätte er wissen sollen.

Alter Rominow sagte: »Freunde, es ist kalt und naß. Wir werden in einer Gondel heimkommen, mit diesem Wagen schaffen wir's nie.« Sagte es und lachte als einziger über seine eigenen Worte.

Podolski sagte: »Der Regen tut gut. Vor zwei Wochen sind wir mit der Aussaat fertig geworden. Was wollt ihr denn. Ist doch gut.«

Herbert Segal murmelte vor sich hin: »Die Zelte werden wegfliegen.«

Fruma, die sich vorher noch nicht geäußert hatte, bemerkte: »Als kleines Mädchen habe ich gedacht, Regen wär das allerschönste auf der Welt. Das stimmt, wenn man ein warmes Haus hat. Aber im Zelt ...«

Ruven Charisch stimmte Tschernikowskis *Lache, lache ob der Träume* an. Alter Rominow sang, in seinem ewigen Bemühen, Freude und Heiterkeit zu stiften, nach derselben Melodie den Refrain von *Möge der Tempel erbaut werden* in aschkenasischer Aussprache. Und diesmal wurde zu Alters Freude tatsächlich gelacht.

Ruven legte Eva seine Strickjacke um die Schultern. Sagte ihr, sie könne sich erkälten, während er nicht so empfindlich sei und keine Angst vor der Nässe habe. Darauf wurde die Frau seltsamerweise traurig, als hätte man sie beleidigt. »Daß ich sterbe. Das möchtest du tief im Innern. Daß ich in diesem harten Land an Lungenentzündung sterbe.«

Ruven war wie vor den Kopf gestoßen und wies die Behauptung vehement zurück.

Eva lachte plötzlich auf und flüsterte in leisem, dumpfem Ton, nur an den Mann gerichtet: »Der Tod kann so schön sein. Der Tod kann feierlich sein. Einmal habe ich geträumt, ich sei gestorben. Scharen schwarzer Vögel flogen in der Luft. Es war die Dämmerstunde. Wie schön war jenes Bild, so voller Schönheit. Glocken läuteten nah und fern und weit, weit weg, bis ans Ende der Welt, und schwarze Vögel segelten dahin, so feierlich. Wunderschön.«

Ruven streichelte ihren Kopf. Flüsterte ihr zu, sie sei ein törichtes kleines Mädchen. Das wird er nie vergessen. Er hat die Worte von damals genau in Erinnerung.

Eva stimmte ihm versöhnlich zu und sagte geradezu fröhlich: »Ich bin Rotkäppchen, ich bin Rotkäppchen, aber du bist kein Wolf, du bist mein Lamm, mein Schäfchen bist du.«

Ruven schwieg. Der Lastwagen heulte wie ein verwundetes Tier. Der Wind pfiff aus Bosheit, vor wilder Schadenfreude. Und da war Traurigkeit. Ruven Charisch erinnert sich an jene Trauer. Jetzt, nach vielen Jahren erscheint ihm jene Fahrt wie ein verblassender Traum. Doch zwischen den Nebelschwaden sieht er etwas Klares, Kristallenes, etwas, das man nicht benennen kann, aber das das Leben eines durchsichtigen Kristalls führt. Ruven betrachtet dieses Etwas und wird von beklemmender Trübsal befallen. Was war das, guter Gott, was war es. In weiter Ferne schimmert es, klar, begleitet von Glockenklang und stechender Wehmut.

10. Kapitel:
Vielleicht an einem anderen Ort

Ein breiter Goldring schmückt Esra Bergers Finger, wie es bei Lastwagenfahrern durchaus üblich ist, nicht jedoch bei solchen, die einem Kibbuz angehören. Esra stellt den Motor ab, schüttelt seine großen Hände, klettert schwerfällig aus der Führerkabine und begibt sich auf die Suche nach einem dicken Seil. Die Spannseile des Lasters sind weg, verschwunden. Sicher von Kindern geklaut. Eine niederträchtige Bande treibt sich im Kibbuz herum und beschädigt aus krankhafter Zerstörungswut Sachen.

Esra umkreist den Maschinenschuppen und hält nach einem dicken Seil Ausschau. Zehn vor drei. Ich müßte mich schon auf den Weg machen. Gestern bin ich zwar um drei losgefahren. Aber gestern hat man mich aufgehalten. Erst Nina Goldring, dann Türkisa. Sie hat sich immer noch nicht ihr Türkis abgeholt. Na, wann hätte sie's auch tun sollen. Ich bin mitten in der Nacht zurückgekehrt, um sechs Uhr morgens wieder aufgebrochen und um ein Uhr nachmittags zurückgekommen. Vermutlich wird sie jetzt kommen. Ich kann nicht ausstehen, wenn sie mit ihrem schmeichelnden »danke, danke« anfängt. Sie hat was Schmeichlerisches an sich. Die Frau wird den Mann umgeben, wie der Prophet sagt. Andererseits, bevor ich kein dickes Seil finde, kann ich nicht losfahren.

Widerlicher Schmierölgeruch liegt in der Luft. Es ist stickig heißer Mittag. Eine glasige Sonne hängt am Himmel und brennt wütend auf die Wellblechdächer der Schuppen. Weit drüben, am Rand der Bananenpflanzung, lädt eine kleine Gestalt mühsam Säcke von einem ramponierten Karren ab. An dem roten Hemd erkennt Esra, daß es Israel Zitron ist. Wer außer diesem Irren würde auch zur heißesten Mittagszeit in einem roten Hemd draußen arbeiten. Zitron. Natürlich gibt's hier kein Seil, verflixt noch mal, wie konnte ich auch nur auf den Gedanken kommen, ich würde hier ein dickes Seil finden. Wenn ich einen von denen zu fassen kriege, mache ich ihn einen Kopf kürzer, wie man sagt. Die Frage ist, was tut man jetzt. Ah, Noga, ich hab mir gedacht, daß du kommen würdest. Und da bist du. Vielleicht holst du mal aus dem Kühlschrank etwas kaltes Wasser für eine müde Seele? Ja. In dieser Blechtasse. Das Garn habe ich dir mitgebracht, welche Frage, was hast du denn gedacht. Nimm's dir, drinnen, auf dem Sitz. Ja. Auf der rechten Seite.

»Ich hol dir kaltes Wasser. Warum nicht. Sag mal, wieso bist du noch nicht weg? Hast du ... auf mich gewartet? Ich dachte, ich wär zu spät dran und du wärst schon weg.«

Esra Berger streitet es ab. Nein, er habe nicht auf sie gewartet. Man habe ihm sein Seil gestohlen, deshalb sei er noch hier. Als er in der Küche war, um sich bei Nina Goldring Kaffee und belegte Brote zu holen, seien Halunken gekommen und hätten es geklaut. Jetzt suche er ein anderes Seil. Noga erklärt mit spitzbübischem Lächeln, das gestohlene Seil sei eventuell ganz in der Nähe zu finden. Esra fragt, ob sie seinen jüngeren Sohn, Oren, meine. Noga antwortet, sie meine vielleicht etwas, drücke aber nicht alles, was sie meine, in Worten aus. Esra sagt, er würde Strafgericht an dem verderbten Geschlecht üben, und sei es auch sein eigener jüngster Sohn, den er liebe. Doch Noga weiß, daß er gar nichts tun wird. Selbst wenn er zornig ist, kann man nicht wissen, wann er es ernst meint und wann er den Ernsthaften nur spielt. Das Stickgarn hat er jedenfalls mitgebracht. Noch am selben Tag. Das ist eine Tatsache. Jetzt werde ich ihm sein kaltes Wasser in der Blechtasse holen. Was soll denn auch dabei sein, daß er mich bittet, ihm kaltes Wasser in der Blechtasse zu holen? Es ist nichts dabei, daß er mich bittet, ihm kaltes Wasser in der Blechtasse zu holen. Es ist heiß jetzt. Sonst nichts.

Heiß. Esra Berger hockt sich im Schatten des Lasters auf die Fersen, nimmt die verbeulte Schirmmütze vom Kopf und wischt sich Gesicht und Nacken ab. Klebriger Schweiß schießt ihm sofort wieder aus allen Poren. Er ist unrasiert. Deshalb wirkt sein Gesicht doppelt knorrig. Er starrt auf die Innenseite seiner alten Mütze und studiert das Plastikschildchen mit Namen und Anschrift der Firma. Kann es sein, daß er dieses Etikett jetzt zum ersten Mal, zum allerersten Mal, wahrnimmt? Noga kommt zurück, den vollen Becher mit beiden Händen von sich gestreckt. So hält man keinen Blechbecher mit Wasser. So trägt man etwas Kostbares, ein Baby oder ein Porzellangefäß oder ein Tablett mit erlesenen Häppchen. Esra schürzt die Lippen und kippt das Wasser in den Mund, ohne den Tassenrand zu berühren. Das Kunststück mißlingt. Das Wasser spritzt ihm aufs Kinn, rinnt ihm den Hals hinunter in den verstaubten offenen Hemdkragen, verliert sich im Gewirr seiner grauen Brusthaare. Noga sieht das Rinnsal. Lächelt, aber so, daß der Mann es nicht sieht. Ihre Züge verraten eine große Aufmerksamkeit. Ihre großen Augen sprühen nur so vor Grün. Esra verzieht das Gesicht. Ja, das Wasser ist angenehm kühl. Aber es schmeckt säuerlich. Er öffnet die Wagentür. Nimmt die gelbe Thermoskanne. Schraubt den Verschluß auf. Trinkt Kaffee. Der Kaffee ist für die Nachtstunden gedacht, aber man darf schon mal einen Schluck nehmen, um den säuerlichen Geschmack loszuwerden. Der Geschmack will nicht weichen. Esra nimmt einen zweiten und dritten Schluck. Wie wir immer sagen: Esra Berger ohne Kaffee ist wie der Leyland ohne Sprit. Und mag es auch ein abgedroschener Spruch sein, so ist er doch unleugbar wahr.

Esra: »Das Wasser schmeckt nicht.«

Noga: »Daran bin ich nicht schuld.«

Esra: »Stimmt. Aber noch haben wir das Problem mit dem dicken Seil nicht gelöst. Ich kann nicht losfahren, ohne die Ladung zu vertäuen. Sonst fällt alles auseinander.«

Noga: »Ich glaube, es gibt ein dickes Seil in dem leeren alten Pferdestall, gegenüber vom Schafspferch. Vielleicht schon verrottet, aber vielleicht auch noch brauchbar. Gehen wir nachsehen?«

»Tun wir.«

»Sag mal, Esra, sind diese langen Fahrten nicht langweilig?«

»Wenn es mir langweilig wird, denke ich nach. Denn nach unseren Gedanken wollen wir wandeln, wie Jeremia sagte, der ein Prophet in seiner Stadt war.«

»Über die Bibel denkst du den ganzen Weg nach.«

»Nicht den ganzen Weg. Nur manchmal.«

»Gib mir ein Beispiel. Eine Kostprobe.«

»Zum Beispiel an unsere Stammutter Rachel und ihre Schwester Lea. Lea gebar viele Söhne, Rachel nur zwei. Alle Söhne – sind Stämme Israels. Alle Stämme Israels sind gleich vor Gott. Aber Rachels Söhne sind anscheinend ein bißchen gleicher, denn Rachel nennen wir ›unsere Mutter Rachel‹ und Lea einfach ›Lea‹. Ohne ›unsere Mutter‹. Und was wundert es, daß ihre Augen matt waren. Lea heißt ja auf Hebräisch auch ›müde‹. Das ist schön, nicht? Ist dieser Pferdestall abgeschlossen?«

»Offen.«

»Ist das das Seil?«

»Das ist das Seil.«

»Ausgezeichnet. Was sagst du dazu, Türkisa: Mir fiel die Meßschnur in anmutiger Gegend. So singt der Psalter bei irgendeiner Gelegenheit. Warte. Moment. Geh nicht weg.«

»Dein Ring da an deinem Finger funkelt in der Dunkelheit, Esra. Und es ist sehr dunkel hier. Laß uns rausgehen.«

Aber Esra Berger bleibt stehen, wickelt langsam das Seil um den Unterarm und starrt konzentriert vor sich hin, wie jemand, dem ein wichtiges Losungswort entfallen ist, oder wie einer, dem sein Körper tückischerweise unvermutet einen schmerzhaften Stich versetzt hat.

Dämmrige Kühle herrscht in dem abgeschotteten Stallraum. Doch sieh mal an, es gibt Mäuse hier. Widerliches Fiepen dringt aus den Gerümpelhaufen. Alte Sättel rotten vor sich hin. Ihr penetranter Geruch verschlägt einem den Atem.

»Also«, sagt Esra.

»Gehn wir jetzt«, sagt Noga.

Esra kehrt zu seinem Laster zurück. Noga begleitet ihn ziellos. Podolski steckt den Kopf aus dem Maschinenschuppen und fragt Esra verwundert, wieso er noch da sei. Zerstreut antwortet Esra, er sei noch da, weil man ihm sein Seil geklaut habe und er ein dickes Seil suche. Podolski wundert sich erst recht, als er ein dickes Seil um Esras Arm gewickelt sieht. Und fragt sich weiter verwundert, was Ruven Charischs Tochter hier wohl verloren hat.

»Möchtest du bis zum Tor mitfahren, Türkisa?«

»Ja.«

»Steig ein.«

»Fahr los.«

»Bis hierher, kleine Frau. Hier mußt du aussteigen.«

»Warum hier, Esra. Vielleicht an einem anderen Ort.«

»Hier mußt du aussteigen.«

»Vielleicht an einem anderen Ort.«

»Hier.«

Ein anderer Ort

»Gute Fahrt«, sagt das Mädchen beim Aussteigen.

»Gute Fahrt«, antwortet fälschlicherweise der Mann zerstreut. Noga Charisch fährt jetzt ja nirgendwohin. Sie bleibt am Tor stehen, ganz allein, kickt mit dem nackten Fuß den Sand und blickt nicht auf den Laster, sondern auf das Traubenbüschel, das sie auf einmal in der Hand hält.

11. Kapitel:
Tiere und Pflanzen

Jetzt wollen wir vom Regen erzählen. Regen am 1. Mai. Außerhalb der Saison kam dieser Regen. Deshalb hatte er etwas Sanftes an sich.

Die Personen, neben dem Erzähler: Ido Sohar, vierzehn Jahre, ein sensibler Junge. Sein Vater Mundek Sohar, Bezirksratsvorsitzender. Seine Mutter Gerda, eine Angehörige der aus Deutschland stammenden Gruppe in unserem Kibbuz, leidet an Krampfadern und hat deshalb ein Bein dick umwickelt. Isja Gurewitsch-Gilead, Mitglied der Kibbuzentrale, ein Mann, der streng nach seiner Überzeugung lebt. Sowie eine etwa vierzigjährige Frau, Chassja Ramigolski mit Namen, Mutter von vier Söhnen und sehr üppig und beleibt.

Am 1. Mai kam der letzte große Regen der Saison.

Wie jeden Maifeiertag hatten wir die große Rasenfläche ringsum mit Fahnen der Nation und der Arbeiterklasse geschmückt, eine kleine Bühne aufgebaut und davor viele Holzbänke aufgestellt. Auf den Holzbänken saßen die Genossinnen und Genossen sowie die hiesige Jugend. Die Bretterbühne war mit rot-weißem Stoff drapiert. An der Rückwand prangte das Motto *Proletarier aller Länder vereinigt euch* in roten Lettern auf grünem Grund, umkränzt von Zypressenzweigen. Es gab auch einen Getränkestand am Rand des Rasens. Die Kibbuzentrale hatte Isja Gurewitsch-Gilead entsandt, um die Grußbotschaft der Bewegung zu übermitteln. Er stand auf der Bühne und hielt eine kurze Rede. Leichter Wind spielte in seinem vollen Silberhaar. Derselbe Wind belebte auch die Flaggen ringsum.

Im Westen hingen dunkle Wolken. Da es die Zeit der Abenddämmerung war, schimmerten sie in schönster Farbenpracht, wie die Sonne sie kurz vor ihrem Untergang gewöhnlich entfacht.

Ja, ein wetterfühliger Mensch hätte voraussehen können, daß Regen im

Anzug war. Eine Woche zuvor hatte uns ein schwerer Chamsin mit seiner schlimmen, knisternd trockenen Wüstenhitze heimgesucht. Aber Anfang dieser Woche kam Bewegung in die Geschichte. Das sehende Auge erblickte Zeichen. Die Luft vibrierte vor nervöser Spannung. Seit Wochenbeginn schickte der westliche Horizont uns versteckte Omen. Am Montagabend empfing er die sinkende Sonne mit einem schwammigen Wolkenbausch. Der Sonnenuntergang schillerte in Lila und Violett. Die Temperaturen fielen ein wenig. Am Dienstagmorgen änderte der Himmel seine Farbe, wenn auch nur geringfügig: Verschiedene Blautöne wechselten einander ab. Weißlich blasses Hellblau machte einem vollen tiefblauen Ton Platz, als habe sich das Meer emporgehoben, um sich umgestülpt über die Dächer unserer kleinen Häuser und weiter bis hin zu den fernen Bergeshöhen auszubreiten.

Am Mittwoch lud die Luft sich immer weiter auf. Die verhaltene Spannung der staubigen Zypressen schien sich zu verdoppeln. Und am Mittwochabend, eine Stunde vor Mitternacht, kam Wind auf. Noch schwach und tastend war er, ein mildes Lüftchen tuschelte verschwörerisch mit den Wipfeln der Zierbäume, die die Kibbuzwege beschatten.

Manche sagten: »Ende der Woche wird es mit einem Schlag regnen.«

Andere sagten: »Jetzt ist doch keine Regenzeit mehr. Nur sehr selten fällt so spät noch Regen.«

Und wieder andere sagten: »Vielleicht der letzte Sturzregen der Saison.«

Donnerstag früh geriet das Himmelsmeer in Bewegung. Kräuselwellen zeichneten sich im fernen Nordwesten ab. Den ganzen Tag zogen Wolkenfetzen eilig gen Osten über uns hinweg.

In der Nacht von Donnerstag auf Freitag zuckten lautlose Blitze im Norden auf. Fernes Wetterleuchten ohne Donner. Nun kam Leben in die Lagerräume, Scheunen und Speisekammern, weil sogar nüchterne Typen Regen befürchteten und deshalb Säcke, Maschinen und Landwirtschaftsgerät in Sicherheit bringen wollten.

Am Freitag, dem 1. Mai, dann wiegte uns der Wind in vermeintlicher Sicherheit, gab sich an jenem Morgen als harmloses Frühlingslüftchen.

Um fünf Uhr nachmittags eröffnete Mundek Sohar die Festversammlung mit den Worten, wir seien hier jetzt alle zusammengekommen, um den Tag der Arbeit zu feiern, eben jenen Tag, der symbolisch für die Brüderlich-

Ein anderer Ort

keit der Arbeiter aller Länder stehe. Dem fügte er noch an, daß er, Mundek, die Stelle unseres Genossen Ruven Charisch vertrete, der an einer leichten Erkältung leide und dem wir hiermit alle baldige gute Besserung wünschen wollten.

Ein untersetztes Mädchen in himmelblauem Rock und weißer Bluse verlas aus der Zeitung die Grußbotschaft des Generalsekretärs der Arbeiterbewegung. Die Versammelten sangen die Internationale: »Wacht auf, Verdammte dieser Erde, die stets man noch zum Hungern zwingt!« sowie die Gewerkschaftshymne »Kraft stärke die Hand unserer Brüder« und das Lied der Arbeit: »Wem sei Dank, wem sei Segen? Allein der Arbeit sei er gegeben«. Danach erhob Mundek sich erneut und verkündete, der Genosse Isja Gurewitsch-Gilead, einer der altgedientesten Genossen der Partei und Bewegung, den wir noch aus gemeinsamen Jugendtagen im landwirtschaftlichen Vorbereitungskurs im Kibbuz Tel Setim in bester Erinnerung hätten, werde das Grußwort der Bewegung übermitteln.

Isja Gurewitsch-Gilead begann mit dem Satz, die Zeiten seien gegenwärtig nicht leicht. Führte kurz aus, wieso und warum die Zeiten jetzt nicht leicht seien. Sprach über die Bedeutung des Tags der Arbeit in eben dieser Zeit. Nun wurde er von Lärm gestört, weil ein Traktor mit Anhänger vorbeirumpelte, um irgendwelche Säcke von hier nach dort zu transportieren.

Der Lärm dauerte nur einen Moment. Der Traktor war weg, und wir lauschten wieder den Worten des Redners.

Isja Gurewitsch-Gilead erklärte: »Immense Veränderungen haben in der Welt stattgefunden seit der Zeit, in der die *Internationale* verfaßt wurde. Und doch ist immer noch ...«

Die Dämmerung wurde stärker. Ein grauer Vorhang schob sich zwischen Sonne und Erde.

Chassja Ramigolski sagte: »Auf einmal ist es kalt geworden.«

Der Junge Ido Sohar, der neben ihr saß, dachte darüber nach und sagte: »Noch ehe die Rede zu Ende ist, wird es regnen.«

Chassja sagte: »Du übertreibst.«

Und Isja Gurewitsch-Gilead fuhr fort: »Es ist sehr leicht, in einer Zeit des Glaubens gläubig zu sein. Der wahre Gläubige, Genossen, offenbart sich jedoch gerade in einem Zeitalter des Unglaubens, wie in unseren Tagen. Alle sind jetzt der Meinung, die Gesellschaft habe alle Probleme gelöst und noch offene Fragen würden sich mit Leichtigkeit ebenfalls lösen lassen, und begreifen dabei gar nicht, daß die größten, die existentiellen Dinge, immer noch eine Herausforderung darstellen, mit der sich jedermann auseinanderzusetzen hat. Wir müssen den Glauben bewahren.«

Ido mustert verstohlen die neben ihm sitzende Frau. Chassjas Leib ist füllig, die Beine sind stämmig und mit feinem schwarzem Flaum bedeckt. Der graue Rock ist versehentlich hochgerutscht. Langsam, klamm und heimlich bewegt der Junge seinen Oberschenkel in Richtung des ihren. Sein Blut brodelt. Starke Bilder stürzen auf ihn ein. Erschrocken zieht er das Bein wieder weg, emsig bemüht, jede noch so leichte Berührung mit seiner Nachbarin zu vermeiden. Aber die Finger zittern ihm. Er wendet die Augen ab und fixiert eine der im Wind spielenden Fahnen. Die Angelegenheit beruhigt sich nicht.

Die Dunkelheit läßt sich nicht mehr verleugnen. Isja Gurewitsch-Gilead ist mit dem Auge fast nicht mehr erkennbar. Nur seine Silhouette ist noch auf der Bühne auszumachen. Ein heftiger Luftzug verursacht Gänsehaut. Tränen der Schmach und Schande sind Ido in die Augen getreten. Entgegen seinem inneren Schwur schielt er erneut nach den bloßen Knien und sieht, wie weiß sie sich sanft biegen, gleich den Rebreihen dort, wo sie den Hang erreichen.

Isja Gurewitsch-Gilead senkt die Stimme und erklärt, Wort für Wort betonend: »Israels Propheten haben der Welt erstmals die Idee der sozialen Gerechtigkeit gegeben.«

Das Licht elektrischer Glühbirnen umgibt nun den Redner. Sein Haarschopf schimmert silbern wie der Helm eines altertümlichen Kriegers. Aber ein Nachtvogel läßt plötzlich sein garstiges Kreischen ertönen, ob dessen der Redner leicht erschauert, weil es sich fast wie der Aufschrei einer entsetzten Frau anhört.

Chassja beugt sich zu Ido hinüber und fragt fürsorglich: »Ist dir nicht kalt?«

Und beantwortet ihre eigene Frage: »Bestimmt ist dir kalt in diesem dünnen Hemd. Möchtest du vielleicht meinen Pullover anziehen? Ich habe darunter eine Flanellbluse. Mir wird nicht kalt. Willst du? Nur keine Scheu.«

Darauf Ido: »Ich ... brauche nichts.«

Er beißt auf seiner Unterlippe herum und fügt einen Moment später hinzu: »Das heißt, ich ...«

»Ja? Möchtest du doch den Pullover? Komm, nimm ihn. Du zitterst ja vor Kälte.«
»Nein, nein. Danke. Nicht notwendig.«
»Aber du hast doch eben gesagt ...«
»Ich? Ich habe gar nichts gesagt. Im Gegenteil. Ich dachte, du hättest was gesagt. Ich nicht.«
Und der Redner: »Die Idee der sozialen Gerechtigkeit kennt keine nationalen Grenzen. Im Gegenteil. Sie ist darauf ausgerichtet, künstliche Grenzen aufzuheben und wahre Grenzen zu ziehen ...«
An diesem Punkt brach der Regen los. Nicht langsam begann der Regen. Er prasselte mit einem Schlag herab. Donner krachte auf uns nieder wie eine Faust im wollenen Handschuh. Die ersten Tropfen, unnatürlich warm und dick, spritzten auf die Staubteppiche. Anfangs meinte der Staub anmaßend, das Wasser schlucken und das Unvermeidliche leugnen zu können. Aber von oben fiel ein dermaßen wütender Wolkenbruch herab, daß der Staub sich ergeben abschwemmen ließ und strudelnd in die Tiefen der Abwasserkanäle flüchtete. Die Baumwipfel wurden mit feuchtem Dunst geschlagen. Trübe Dunstschleier umschlossen die Lampen und unterwarfen deren Licht einem neuen Gesetz. Eine Regenrinne sang blechern ihr Klagelied.

Die Anwesenden sprangen natürlich von ihren Sitzen auf und suchten Hals über Kopf Unterschlupf. In dem Tumult kam es, ohne jeden bösen Vorsatz, zu einer körperlichen Berührung. Der Junge setzte mit hochrotem Kopf der davonstürzenden Frau nach und rief: »Verzeihung, Chassja, es war nicht mit Absicht.«

Die Frau, die gar nichts gespürt hatte und entsprechend überrascht war, rief im Laufen zurück: »Was? Was verzeihen? Was ist denn passiert?«

So überraschend war der Regen gekommen, daß die Leute trotz ihrer Flucht völlig durchnäßt wurden.

Auch auf der Bühne gab es Bewegung: Isja Gurewitsch-Gilead raffte die Blätter seines Redemanuskripts zusammen, steckte sie in die Tasche und sagte, ohne daß noch jemand zugehört hätte: »Ich muß an diesem Punkt enden. Es regnet.«

Mundek Sohar fügte, unter den Wassermassen geduckt, hinzu: »*Force majeure*. Höhere Gewalt.«

Sagte es und hielt dem Redner seinen Arm hin, um ihm von der Bühne zu helfen, denn Isja ist ja kein junger Mann mehr.

Als sie tropfnaß Mundeks kleine Wohnung betraten, sagte Gerda Sohar: »Seht euch das an. Wer hätte das gedacht? Ido, zieh die Schuhe aus, du trägst mir Schlamm rein.«

Mundek Sohar sagte, er lebe nun schon neunundzwanzig Jahre im Land, aber an so etwas könne er sich nicht erinnern, Regen am 1. Mai.

»Na«, sagte Isja, »heute morgen war es völlig klar. Aber plötzlich hat sich der Himmel bewölkt und Regen ist aufgezogen. Eigentlich braucht man sich nicht zu wundern. Ich kann mich erinnern, daß es sogar mal am Wochenfest geregnet hat.«

»Mal den Teufel nicht an die Wand«, sagte Gerda.

Ido sagte gar nichts, tappte nur zum Sofa, legte sich hin und stützte den Kopf in die Hand.

Gerda sagte: »Gleich wird das Wasser für den Tee kochen.«

»Meine Frau stammt aus Deutschland«, sagte Mundek, »aber ich habe ihr beigebracht, wie man richtigen russischen Tee macht.«

»Aufbrühen«, sagte Gerda, »Tee macht man nicht. Tee brüht man auf.«

»Bitte keine Umstände, nicht nötig, wirklich nicht«, sagte Isja.

Gerda öffnete den Wandschrank und nahm drei gebügelte Hemden, drei Paar Khakihosen und zwei Strickjacken heraus.

»Zieht euch um«, sagte sie, »alle drei. Ihr seid ja naß bis auf die Haut.« Isja war verlegen. Lehnte aus Höflichkeit ab. Gerda fragte, ob er krank werden wolle. Isja sagte, er wolle keine Mühe machen. Gerda versicherte energisch, das bereite ihr keinerlei Mühe. Welche Mühe denn? Isja zog sich um. Mundek Sohar erinnerte ihn sehnsuchtsvoll an die verschlissenen Lumpen, die sie damals in Tel Setim getragen hatten. Man tauschte Erinnerungen aus.

Isja sagte: »Euer einziger Sohn ist die Schweigsamkeit in Person.«

»Mal so, mal so«, erwiderte Gerda und lächelte ihrem Sohn zu. Doch Ido lächelte nicht zurück. Vielleicht murmelte er sogar eine mürrische Bemerkung.

Mundek wollte die nostalgischen Erinnerungen beiseite lassen und von Isja hören, was es Neues auf der Welt gebe. Isja sagte, man müsse restlos alle Kräfte für die bevorstehende politische Entscheidung mobilisieren.

Ido hing häßlichen Gedanken nach. Er drückte sich in die Sofaecke, zog die Knie ans Kinn. Vor seinen geschlossenen Augen liefen Bilder ab.

Gerda deckte den Teetisch. Zeigte auf ihr Bein, das vom Knie bis zum

Knöchel dick mit einem weißen Verband gewickelt war, weil sie an Krampfadern litt, und fuhr fort: Das ist das Alter. Das Alter tut das seine. Isja stimmte ihr zu und stellte fest, keiner von uns werde jünger. Auch er habe allerlei Beschwerden. Er spreche nicht gern darüber. Könnte reden denn etwas bewirken? Der Kessel pfiff. Das Wasser kochte. Sie tranken Tee. Von draußen hörte man keinen Laut außer dem fallenden Wasser. Der Regen wurde weder schwächer noch stärker, fiel unverwandt in stetigem Lauf. Gerda hatte alle Fenster zugemacht. Die Tropfen trommelten monoton an die Scheiben. Mundek bot Isja an, über Nacht zu bleiben: Es sei Unsinn, unsere holprige Straße bei solch schlechtem Wetter zu fahren, und dann noch nachts. Auch aus Sicherheitsgründen sei es nicht angeraten, jetzt unterwegs zu sein. Isja lehnte aus Höflichkeit ab. Dann gab er nach, willigte ein und dankte seinen Gastgebern für ihre Freundlichkeit. Gerda sagte, es bestehe kein Grund, sich zu bedanken. Im Gegenteil. Ihr Mundek werde sich über diese Gelegenheit freuen, Erinnerungen aus der Zeit in Tel Setim aufzuwärmen. Sie tranken noch ein Glas Tee (außer Ido, den sein Vater nun als zornigen jungen Mann bezeichnete). Man beschloß, auf das Abendessen zu verzichten. Wer wolle jetzt bei diesem Wolkenbruch bis zum Speisesaal laufen, zumal Gerda in der Speisekammer Kuchen, Süßigkeiten, Obst und – natürlich – russischen Tee, so viel man nur wolle, vorrätig habe.

Sie sprachen über Agrarpreise. Gelangten zu dem Schluß, daß viele einfache Mitglieder hier bei uns nicht verstünden, wie wichtig politische Macht sei.

Nebenbei fragte Mundek seinen Sohn, warum er kein Buch zur Hand nehme und lese. Ido antwortete, er höre dem Gespräch zu. Aber das entsprach nicht der Wahrheit. Ido folgte der Unterhaltung überhaupt nicht, Ido dachte an ein Mädchen, zwei Jahre älter als er, namens Noga Charisch. Noga ist wie ich, aber andersrum. Sie ist viel, viel mehr. Was mehr. Frau. Nein. Wild. Auch nicht. Es gibt ein schönes Wort: Schäumen. Schäumend. Von Wein kann man das sagen. Von einem bösen Tier. Von einem galoppierenden Pferd. Von einem Mädchen? Von Noga. Ich mag ihren Geruch. Chassja hat denselben Geruch, aber zu stark. Übertrieben.

Wie gut wir es haben, wenn es regnet. Der Regen überspült die ganze Erde, und die Erde trinkt durstig den ganzen Regen. Es gibt ein schönes Wort: triefen. Die Erde trieft. Noga hat keine Krampfadern. Wenn sie an ihrer Unterlippe knabbert, ist sie wie ein Wolf. Der Wolf ist furchteinflößend, weil er als äußerst grausames Raubtier gilt. Wenn Regen fällt, rennt der Wolf los und schlüpft in seine Höhle. Die Wolfshöhle ist zu und versteckt, dunkel und sehr warm. Die Luft bei ihm ist von starken Gerüchen erfüllt. Der Wolf legt sich gemütlich hin und schläft und fürchtet sich vor nichts auf der Welt, weil der Wolf ein beängstigendes und kein ängstliches Tier ist. Wölfe leben in Wäldern in Grotten. Das Wort Grotte ist eins der schönsten Dinge beim Wolf. Unter den Felsen in den Hügeln in den Wäldern, in den Urwäldern, denen man den bitteren, herrlichen Namen Dschungel gibt. Kein menschlicher Fuß hat ihn je betreten. Nur die Füße von Wolf und Fuchs und den anderen leisen Tieren. Nicht Fuß. Klaue. Der Wolf hat dickes graues oder braunes Fell. Jetzt, bei Kälte und Regen, drängen sich die Wölfe aneinander, um sich zu wärmen. Und der Wind pfeift in den Wäldern. Kiefern über Kiefern pfeifen im Wind im Dunkeln im Wasser. Nogas Mutter Eva ist wie die Wölfinnen. Zwischen den Kiefern. Das fallende Wasser spült in Fluten, wäscht schäumend auch in die Grotten, und was macht dann die Wölfin? Wohin soll sie gehen? Wohin?

Jetzt war Donnerrollen zu vernehmen. Donnergrollen. Alles hat gebebt. Ich habe gebebt. Noga hat dort gebebt. Chassja. Eva. Alles. Jetzt kommt etwas ganz Weiches. Etwas Schlankes, Geschmeidiges. Wie Fell. Wie eine Wölfin. Wie eine Grotte im Regen, wenn schnelle starke kleine Ströme darin schäumen, Schub auf Schub. In allen Ritzen laufen jetzt Ströme. Und all das in völligem Dunkel. Weich leicht und fließend. Man kann es schlucken. Es schluckt mich. Weich.

Als Gerda zum drittenmal Tee reichte, trank Ido mit. Er erbot sich sogar freiwillig, zum Nachbarn zu gehen, um eine Decke für den Gast auszuleihen. Isja Gurewitsch-Gilead erkundigte sich, was sie jetzt in der Schule durchnähmen. Ido berichtete klar und eingehend. Isja witzelte, bis vor fünf Minuten habe er gemeint, der Junge sei taubstumm. Natürlich habe er das nur im Scherz gemeint. Gerda sagte, in diesem Alter träten oft schnelle Stimmungsschwankungen ohne äußeren Grund ein. Isja sagte, ein Junge, der Ruven Charisch als Klassenlehrer habe, sei gewiß feinsinnig und sensibel. Mundek mißbilligte die Verallgemeinerung, stimmte aber der Grundauffassung zu. Gerda reichte Salzgebäck. Der Gast sagte, draußen breite sich eine wahre Sintflut aus. Mundek sagte, der Regen höre sich an, als wolle er bis in alle Ewigkeit dauern. Gerda sagte, das Prasseln des Regens an den Fensterscheiben habe sie schon als Kind in leichte Melancholie versetzt. Mundek sagte, dem Sommergetreide werde es guttun, aber den Obstpflanzungen werde es schaden. Um halb elf gingen sie schlafen. Nicht ohne zum vierten Mal echten russischen Tee getrunken zu haben.

Aber am nächsten Morgen, Samstag, den 2. Mai, lachte die Sonne. Der Himmel war klar und wolkenlos. Selbst die Berge wirkten weniger schroff und finster. Die Sohars machten mit dem Gast einen schönen Spaziergang um den Kibbuz, weil man so einen herrlichen Frühlingstag nur nach einem Regenschauer zu sehen bekommt und auch, weil Menschen unseres Schlags sehr gut daran tun, eine Verbindung zu Tieren und Pflanzen zu pflegen.

12. Kapitel:
Die segensreiche Routine

Vor einigen Tagen haben wir um die Mittagszeit auf einem hübschen kleinen Hügel gestanden und uns von weitem den Kibbuz Mezudat Ram angesehen. Wir haben den streng symmetrischen Grundriß bewundert, die trotzige Haltung des blühenden Tals gegenüber der finstern Bergkette erkannt, einen kurzen Rundgang durch den Kibbuz gemacht und von Ruven Charisch einen knappen Überblick der Grundsätze gehört, nach denen er und seine Genossen leben.

Ein paar Tage sind vergangen. Der Maifeiertag hat uns unerwartet Regen gebracht, und das Wochenfest steht vor der Tür. Wir lassen uns von den Ereignissen treiben, aber die Ereignisse sind keine Ereignisse. Wir müssen notgedrungen zugeben, daß rein gar nichts passiert ist. Wir haben einige Kibbuzmitglieder kennengelernt, ein Auge auf ein bildhübsches Mädchen geworfen, durch den Klatsch von einem sonderbaren Streit unter Liebenden erfahren. Hier und da sind die Namen der Gebrüder Berger gefallen, des Jerusalemers Nechemja und des Deutschen Sacharja Siegfried. Wir haben die Grundzüge der Kibbuzidee kennengelernt und uns nicht gescheut, einige Verstöße gegen ihre Vorschriften anzusprechen, denn wir reden ja von Menschen. Auch Ido Sohars Not ist uns nicht fremd. Menschen sind nicht Weihrauch und Myrrhe, sondern Fleisch und Blut, um die schlichten Worte des hiesigen Lastwagenfahrers zu zitieren.

Wie dem auch sei, stürmische Ereignisse sind in diesen Tagen nicht eingetreten. Es ist also keinesfalls berechtigt, daß unsere Geschichte weiter träge dahinschleicht. Obwohl wir nicht den trügerischen Verlockungen des Zeitgeists nachjagen, werden wir jetzt krachend einen Gang zulegen, um das Rad der Zeit etwas schneller zu drehen. Dies sei im Rahmen des Vergleichs gesagt, den wir zuvor zwischen der schriftstellerischen Tätigkeit und dem Steuern eines Lastwagens auf stark abschüssiger Strecke gezogen haben.

Das Wochenfest steht bevor. Der Feiertag rückt näher und näher. Jeden Abend trifft sich die Volkstanztruppe zu langen, intensiven Proben, damit die Aufführung auf der Festbühne reibungslos abläuft. Noga Charisch begeistert jedes Auge mit ihrem Tanz der sieben Arten. Eine ranke und liebliche Weinrebe ist Noga. Ihre Arme beben anmutig wie zarte Reiser. Ihre Finger sind windende Ranken. Ihr Körper gleicht reifenden Traubenbüscheln. Man möge uns verzeihen, schließlich sind auch wir nur Fleisch und Blut, nicht Weihrauch und Myrrhe.

Nach den Proben verschwindet Noga zu ihren geheimen Rendezvous ins Wäldchen am Schwimmbad. Dafna Issarow, ihre pummelige Zimmergenossin, sieht es wehen Herzens. Noga meint, Dafna schliefe bei ihrer Rückkehr, doch Dafna zieht sich nur das Laken über den Kopf und bekommt vor Erregung eine Gänsehaut.

Rami Rimon ist noch nicht weitergekommen. Das Mädchen will einfach keine Frau werden. Rami fragt sich, was er falsch macht, und weiß keine Antwort. Er vermutet, er dürfe sich nicht mehr so zurückhalten wie bisher. Bekanntlich wissen Frauen energisches Auftreten zu würdigen. Wenn du zum Weibe gehst, vergiß die Peitsche nicht. So einen Spruch gibt es. Rami verflucht seine Schwäche. Mit Reden würde er gewiß nichts erreichen. Reden sind eine klebrige Sache. Im Reden ist sie stärker. Auch seine Mutter ist darin stärker als er. Er hat sie immer noch nicht überreden können, ihre Unterschrift unter seine freiwillige Meldung zu den Fallschirmjägern zu setzen. Eine klebrige Angelegenheit. Ich bin kein Baby, und ich bin nicht schuld an dem, was Joasch passiert ist, und warum soll mein Leben sich nach seinem Unglück richten, mein Leben gehört mir. Mutter und Noga haben irgendeinen Pakt gegen mich geschlossen. Ich bin sicher, sie reden hinter meinem Rücken und lachen womöglich sogar. Aber wer zuletzt lacht, lacht am besten. Es gibt so ein Sprichwort.

Fruma Rominow und Noga Charisch verständigen sich nicht hinter Ramis Rücken, aber unleugbar ist zwischen den beiden ein Funke übergesprungen. Wir hätten nie gedacht, daß Fruma je eine solch herzliche Zuneigung an den Tag legen könnte. Die Witwe mag Noga Charisch. Einmal gerieten sie im Speisesaal zufällig an denselben Tisch, und Fruma begrüßte Noga nett und sagte sogar: »Du kannst bei den Kartoffeln ruhig zulangen. Brauchst keine Angst zu haben. Im Gegenteil. Du solltest ein klein wenig zunehmen. Dann wärst du noch hübscher.«

Und eines Tages ging Fruma während Dafnas und Nogas Abwesenheit in deren Zimmer und stellte Noga einen Teller Gebäck aufs Bett. Schließlich hatte das Mädchen keine Mutter und niemanden, der sie mit kleinen Dingen verwöhnte.

Die Witwe ist zu Recht für ihre Kekse berühmt. Keine Spur ihrer Verbitterung ist aus ihrem Gebäck herauszuschmecken. Dafna Issarow verputzte zwar den Großteil davon, aber nicht die Kekse waren ja die Hauptsache, sondern die Geste. Und über Frumas Absicht herrscht kein Zweifel. Isrulik Zitron hatte Chassja Ramigolski von einem gewissen Streit erzählt, der eines Nachts während seines Wachdienstes abgelaufen war, und Chassja hatte Fruma Rominow die gute Kunde umgehend weitergetragen.

Jeden Mittwoch treffen sich die Liebhaber klassischer Musik bei Herbert Segal. Eine gediegene, kultivierte Atmosphäre herrscht bei den Zusammenkünften dieses Musikkreises. Segals Zimmer steht voll mit überladenen Bücherregalen: philosophische und wirtschaftswissenschaftliche Werke in Deutsch, Hebräisch und sogar Französisch, Kunstbände, verschiedene Zeitschriften und – natürlich – Fachliteratur auf dem Gebiet der Milchwirtschaft und Rinderzucht. Zum weiteren Inventar zählen ein gepolsterter Schaukelstuhl und ein vollautomatischer Plattenspieler, der dem Kulturausschuß gehört und seit der skandalösen Abreise der vorigen Leiterin dieses Kreises seinen festen Platz in Herbert Segals Zimmer gefunden hat.

Der Raum ist verqualmt. Genossinnen und Genossen sitzen auf den Stühlen, dem einsamen Bett, dem orientalischen Sitzkissen und der hellen Strohmatte.

Segal beginnt mit wenigen, wohldurchdachten Einführungsworten: Biographie des Komponisten, Ursprung der Motive, Aufbau des betreffenden Werkes, Ansatz des ausführenden Orchesters und die besondere Interpretation des jeweiligen Dirigenten.

Im Nu wird die Platte auf den grauen Samtteller gelegt, die Nadel landet behutsam in der richtigen Rille, die ersten feierlichen Klänge ertönen. Brüderlichkeit schwebt über allen Versammelten. Einige Genossinnen halten Stickzeug in Händen, aber das Sticken lenkt sie keineswegs von der Musik ab, sondern hilft ihnen, sich zu entspannen und ganz in den feinen Wellenschlag der Melodie einzutauchen. Einige Genossen wippen im Takt mit den Sohlen auf dem Teppich. Vor konzentriertem Lauschen entgeht ihnen Herbert Segals mißbilligender Blick: Der Rhythmus ist das Grundelement eines Werkes. Wer seine Glieder im Takt bewegt, verrät seine äußerst oberflächliche Wahrnehmung. Musik ist vielschichtig, und manche Menschen können nur in die oberste Schicht eindringen. Seltsamerweise zeichnet sich gerade auf den Gesichtern dieser Zeitgenossen alsbald ein behäbiger Ausdruck ab, der körperliches Wohlgefühl signalisiert. Vielleicht, weil diese Leute so körperbetont sind, überlegt Herbert Segal im stillen. Er zieht die Schultern in Richtung Kopf, krümmt den Rücken, öffnet den Mund einen Spalt, legt in völliger Hingabe die Finger an die Schläfen und wird im Geist an einen anderen Ort getragen.

Die älteren Genossen, noch in Deutschland oder in Rußland geboren, sehen jetzt die fernen Straßen ihrer Kindheit vor sich, vielleicht peitscht gerade ein düsterer Schauer auf sie herab, oder trübe Nebelschwaden schürfen das Pflaster. Die Jüngeren, die bereits hier geboren sind, werden gleichfalls von Fernweh ergriffen, sie sehnen sich nach anderen Orten, die zwar unbestimmt sind, aber fern, so fern, daß auch sie Wehmut packt. Geheime Trauer liegt auf allen Gesichtern. Menschen sind hier zusammengekommen, müde Ackerbauern, mit geschlossenen Augen sitzen sie da. Kummer umgreift ihr Herz. Und auch unsere Liebe, der wir allerdings Kühle verordnet haben.

In der Pause zwischen zwei Werken reichen Nina Goldring und Bronka Berger allen Anwesenden Tee. Herbert Segal, dem Junggesellen, kann man die Pflicht der Bewirtung nicht auferlegen. Zumal er jetzt beschäftigt ist, nämlich auf die glänzende Schallplatte pustet, um ein Staubkörnchen zu entfernen.

Drei- oder viermal pro Woche wird Ruven Charisch auf den Vorplatz des Speisesaals gerufen, um Touristen zu empfangen. Stets begrüßt er sie in freundlich warmem Ton. Referiert kurz über den Kibbuzgedanken. Hebt den symbolischen Gegensatz zwischen dem Tal und den Bergen hervor.

Neuerdings verspürt Ruven ein rätselhaftes Druckgefühl in der Brust. Dieser Druck tritt ein- oder zweimal am Tag auf, muß aber nicht unbedingt körperliche Ursachen haben. Eher sind wohl Überarbeitung und vielleicht auch seelische Anspannung der Grund. Eine bestimmte Vorstellung tut sich seit einiger Zeit schwer, Reim- und Strophenform anzunehmen. Der Mann läuft herum, als beuge er sich unter einer schweren Last. Vermutlich deswegen ist letzthin eine feine Veränderung in seiner Beziehung zu Bronka eingetreten. Eines Abends sagte Ruven ihr, er fühle sich müde und unwohl, und wollte auch früher als sonst gehen. Bronka hielt ihn nicht auf. Vielleicht hat die Last, die ihn niederdrückt, diesen leichten Wandel in Bronkas Verhalten bewirkt. Oder womöglich ist Bronka die Verursacherin dieses Gefühls der Schwere. Dazu kommen Nogas Blicke. Ruven ist ein guter Beobachter. Er merkt, daß Noga ihn seltsam ansieht, als sei sie einerseits schadenfroh, andererseits besorgt um ihn.

Am Samstagabend hatte sie mit ihm auf dem Rasen gesessen und ihn so intensiv beobachtet, daß er nicht umhin konnte zu fragen: »Warum guckst du mich so an? Willst du mir was sagen?«

»Wie bitte?«

»Ich habe gefragt, ob du mir was sagen willst.«

»Nein, im Gegenteil, Vater, ich dachte, du hättest was gesagt.«

»Nein, ich hab nichts gesagt«, antwortete Ruven verwundert.

»Komisch«, sagte Noga knapp, ohne zu erklären, was sie denn komisch fände.

Gegen Abend strömt alles zum Speisesaal, Alt und Jung, Männer und Frauen in leichter Feierabendkleidung. Enav zählt die Monate ihrer Schwangerschaft. Bemüht sich nicht mehr, ihr Hinken zu überspielen. Ihr Mann Tomer überhäuft sie in aller Öffentlichkeit mit eindeutigen Liebesbeweisen. Wie seinem leiblichen Vater lugen auch ihm schwarze Haarbüschel aus den Ohrmuscheln. Seine gebräunte Haut hat einen matten Kupferton.

Nachts geben die Soldaten des Feindes nervöse Schüsse ins Dunkel ab. Hin und wieder erhellen sie das Tal mit einer farbigen Leuchtkugel. Auch tagsüber lassen sie uns nicht in Ruhe. Im nächsten Frontabschnitt, nördlich von uns, wurde ein Mann, der im Obstgarten arbeitete, am hellichten Tag von einem Streifschuß an der Schulter getroffen. Auch bei uns ist etwas passiert: Gegen Abend wurde ein Schuß in Grischa Issarows Richtung abgefeuert, als er die Netze in einem grenznahen Fischteich auslegte, traf ihn aber nicht. Dieser Vorfall ist allerdings nicht ganz astrein: Grischa Issarow hat sich die seltsame Gewohnheit zugelegt, mit seiner mächtigen Stimme arabische Schimpfworte gegen die feindlichen Stellungen zu schleudern. Dieser Spaß zeugt nicht von Vernunft. Grischa ist kein Kind mehr. Wir fordern ihn auf, seine Abenteuerlust zu zügeln.

Grischa ist kein Kind mehr, handelt aber leichtsinnig. Kein Wunder also, daß Gai Charisch, der ja noch ein Kind ist, unter seinen Freunden eine häßliche Gewohnheit wieder eingeführt hat: Kriegsspiele. Jeden Nachmittag erbeben die Kibbuzwege unter dem Kampfgebrüll von Gai und seinen Gefährten. Mit dicken Prügeln bewaffnet, treten sie auf Befehl ihres kindlichen Feldherrn an und veranstalten unter Israels Feinden ein großes Wüten und Gemetzel. Selbstredend sind viele von uns über diese neue Mode aufgebracht und üben herbe Kritik an den Erziehern, die der Sache nicht Einhalt gebieten. Ruven weiß nicht, was er machen soll. Von Drohungen hält er nichts. Er plädiert für Langmut. Das Recht, Fehler zu begehen, ist kein Privileg der Erwachsenen, lautet Ruven Charischs Devise. Dieser Tage hat er Bronka ein Foto seiner beiden Kinder gegeben, damit Bronka es ihrem Schwager nach München schicken kann.

Zugunsten des kleinen Gai sei gesagt, daß er und seine Gefährten nur großen Lärm veranstalten. Weit betrüblicher ist die Geschichte von Oren Geva, der nicht mehr Oren Berger heißen will. Dieser Heranwachsende hat sich an die Spitze einer ganzen Bande von Nichtsnutzen gestellt, die zu jeder Schandtat bereit sind. Sie entwenden einfach Sachen und machen sie kaputt, verwüsten Gartenstücke und reagieren auf Herzl Goldrings empörte Proteste mit derbem Spott, brechen in Speisekammern ein und klauen gute Dinge, die für Kleinkinder bestimmt waren, starten Traktoren und karriolen im ganzen Tal herum, pöbeln Mädchen ihres Alters und sogar erwachsene Frauen an und verprügeln wahllos kleinere Kinder. Du gehst gegen Abend zur Wäscherei, um deine Kleidung abzuholen, und da sitzen sie um ein Feuerchen zusammengerottet, von dem der Geruch gegrillten Fleisches aufsteigt. Du kommst gegen Mitternacht von einer Filmvorführung im Speisesaal zurück, und aus dem dichten Gebüsch schlagen dir tuschelnde Stimmen und fieses Kichern entgegen. Am hellen Mittag hebst du den Blick zum Wasserturm und siehst den Kadaver einer erdrosselten Katze am obersten Geländer baumeln – an einem dicken, langen Lasterseil. Der Fall von Oren und seinen Kumpanen ist bereits in den Ausschüssen zur Sprache gekommen. Nach Herbert Segals Ansicht weht ein übler Wind von den Großstädten her und verdirbt unsere Jugend. Nach Bronka Bergers Anschauung hat die Sache psychische Hintergründe. Die Jungen haben Pornohefte in den Hosentaschen stecken und riechen nach gestohlenen Zigaretten. Dieser Tage ereifert sich der Kibbuz über einen besonders schlimmen Streich: Eines Morgens entdeckte Herzl Goldring zwischen den Ziersträuchern eine leere Minenkiste mit dem Zeichen der syrischen Armee. Einige nehmen an, Orens Kumpane hätten sich mitten in der Nacht im Niemandsland herumgetrieben und Beute gemacht. Ein reines Wunder, daß dabei kein schreckliches Unglück passiert ist.

Bronka verzehrt sich schier vor Trauer und Schmach. Esra Berger schweigt. Kommt man ihm mit Fragen, zuckt er die Achseln und lächelt trocken. Dringt man weiter in ihn, erwidert er: »Ich werde Strafgericht an dem verderbten Geschlecht üben, und sei es auch mein jüngster Sohn, den ich liebe, wie man sagt.«

Drängt man ihn, etwas zu unternehmen, macht er ein wütendes Gesicht und erklärt: »Er hat Zeit. Ihn wird auch noch irgendeine Lahme abschleppen, um einen Kleiderständer aus ihm zu machen. Was der Verstand nicht bewirkt, bewirkt die Zeit, wie der Weise sagte.«

Es gibt im Kibbuz Mezudat Ram also einige Dinge, die nicht ihren geregelten Gang gehen. Aber lassen wir die Ausnahmen beiseite und betrachten die Regel, werden wir zur Kenntnis nehmen, daß unser Leben langsam in den Bahnen der guten Routine verläuft und gemächlich dem bevorstehenden Wochenfest zuströmt. Morgens suchen die Genossen wie seit eh und je ihre Arbeitsplätze auf. Mittags kehren sie zum Speisesaal zurück, der sie mit Kannen voll kühlem Zitronenwasser empfängt. Nach kurzer Ruhepause gehen alle wieder aufs Feld, um ihr Tagewerk zu vollenden.

Um siebzehn Uhr endet der Werktag. Aus jeder Wohnung im Viertel der Alteingesessenen dringt Duschwasserplätschern, vermischt mit schmetterndem Gesang. Kaffeeduft weht von den Veranden im Schatten der Sträucher und Kletterpflanzen. Alsbald ist der Rasen mit feierabendlichen Grüppchen übersät. Liegestühle sind je nach Lust und Laune aufgestellt. Entspannte Menschen blättern gemächlich in der Morgenzeitung oder halten ein kurzes Nickerchen. Manche machen sich jetzt in ihren Privatgärtchen zu schaffen, gießen, hacken, schneiden und mähen. Andere wenden sich ihren Hobbys zu: Briefmarken- oder Münzsammler, Laienphotographen, Katzen- oder Hundenarren, Tennisspieler und Aquariumsbesitzer. Der eine verfolgt sein Steckenpferd allein, der andere beteiligt die ganze Familie an seinem Privatvergnügen.

Herbert Segal zum Beispiel geht mit Ruven Charisch den Betonweg auf und ab. Sie unterhalten sich über Fragen der jungen Literatur. Herbert meint, diese jungen Schriftsteller seien blind. Sie seien Zeugen einer nationalen, sozialen und eschatologischen Revolution, die in der ganzen Menschheitsgeschichte nicht ihresgleichen habe. Und was sähen ihre Augen? Nichts. Phantasiegebilde. Keinerlei Botschaft, keine positive, ja nicht einmal eine negative. Ruven meint, dieses Phänomen erklären zu können.

Herbert sagt: »Da bin ich ja gespannt, sehr gut, laß hören.«

Ruven sagt: »Es ist eine Frage der Optik. Diese Literatengeneration ist unser Augapfel. Und der Augapfel ist ja, wie die Biologie lehrt, blind.«

Selbst alltägliche Dinge nehmen zu dieser Zeit eine andere Note an.

Jizchak Friedrich, der Schatzmeister, sitzt mit Zwi Ramigolski, dem Kibbuzsekretär, auf der Bank unter einem dichten Fikusbaum und geht mit ihm einen Stapel Rechnungen durch. Spitzt man die Ohren, hört man etwas von Zinsen, Wucherzinsen, Wechselumlauf, Krediten, Bürgschaften, und doch wirken die beiden entspannt. Nicht, weil die Finanzschwierigkeiten sie nicht persönlich berühren, sondern weil Ort und Zeit auch sie mit ihrer Ruhe anstecken.

Später bringt jemand zwei oder drei Abendzeitungen. Die Lebhaften unter uns scharen sich zusammen, um gemeinsam, über die Schulter des anderen, einen Blick auf die Überschriften zu werfen. Dann werden die Zeitungen auseinandergenommen, blattweise verteilt und darauf gehen sie friedlich von Hand zu Hand. Ergibt sich mal eine kleine Diskussion, wird sie doch nie unmäßig laut und stürmisch, da wir in wichtigen Dingen alle ein und derselben Überzeugung sind.

Die Hitze läßt nach. Herbert Segals Geige erklingt. Gegenüber antwortet ihr Herzl Goldrings Akkordeon.

Vom Rand des Basketballfelds ertönt lautes Geschrei. Die Mannschaft von Mezudat Ram, das beste Team im Tal, teilt sich in zwei vermeintlich gegnerische Gruppen und trainiert für Pflichtspiele. Ein paar Neugierige stehen am Rand des Platzes. Gelungene Spielzüge werden von begeisterten

Ein anderer Ort

Anfeuerungsrufen begleitet. Zwischen den Beifallsrufen hört man nur das seidige Schlittern der Gummisohlen auf dem Betonbelag. Tomer Geva wippt leicht mit den Hüften. Sein Gegenspieler, der ihn bewachen soll, läßt sich durch die Finte irreführen und bemerkt nicht die Richtung, in die Tomer Geva sich bewegen will. Diese Körperdrehung geschieht völlig lautlos. Schon ist der Ball bei Rami Rimon. Rami zögert keinen Augenblick. Paßt ihn sofort zu Tomer zurück. Der schlängelt sich gewandt zwischen den Verteidigern hindurch, schielt zur Täuschung nach links, um dann rechts vorbeizuziehen, stößt sich mit den behaarten Beinen vom Boden ab und fädelt in einem großartigen Sprung den Ball durch den Ring. Eine Grimasse, die kein Grinsen ist, huscht sekundenlang über sein Gesicht. Der Mund ist geöffnet. Schweißperlen stehen ihm im Gesicht. Wortlos, mit schneidigem Wink, versammelt er seine Leute und ordnet sie schnell zur Verteidigung gegen den gegnerischen Angriff. Seine Teamkameraden folgen ihm, wie ein Orchester dem leisesten Wink des Dirigenten gehorcht. Nicht Reden entscheiden an diesem Ort. Nicht Worte, das müssen wir kleinlaut zugeben. Schwellende Muskeln, Lungenstärke und messerscharfe Taktik sind schicksalsentscheidend an diesem Ort. Schimmernde Leiber setzen wendig und elegant zum Durchbruch an. Scharfe Sinne entwickeln ungeheure Vitalität. Blitzgeschwinde Reaktion entscheidet an diesem Ort. Absolute Körperbeherrschung bis in die letzte Faser. Wir lieben diesen Ort nicht. Unser Herz gehört den Worten. Unsere Reaktionen sind sehr langsam.

Zuweilen erhebt sich gegen Abend ein dichter Staubwirbel, fegt zwischen den Häusern hindurch, wütet trübe, sobald er sich im Gewirr der Zweige verfängt. Alsbald werden die Winde jedoch des Widerstreits müde. Ein leichter Westwind fächelt uns erneut ins Gesicht und erfüllt uns mit seinem Sehnen.

Am Ende des Spiels nimmt Rami sein Hemd, wischt sich damit den Schweiß vom Körper und eilt in Frumas Zimmer. Um diese Zeit läuft nicht einmal Fruma mürrisch herum. Sie sitzt auf ihrer Veranda, eine geblümte Schürze umgebunden, und preßt Trauben in einen Porzellankrug aus. Rami bleibt eine Viertel oder halbe Stunde bei ihr. Probiert ihre Kekse. Löscht seinen Durst mit Traubensaft. Hilft seiner Mutter, ihr Gärtchen zu hacken und ihre Sträucher zu beschneiden. Fruma bemüht sich, nicht an seine bevorstehende Einberufung zu denken. Gelegentlich seufzt sie. Rami hört ihre Seufzer und schürzt die Lippen.

Gegenüber, am anderen Ende des Rasens, lagert die Familie Charisch. Der Vater blättert in einem Buch. Die Tochter ist in eine hübsche Stickerei vertieft. Selbst der verlorene Sohn Gai hat sich Zeit genommen, um ein wenig im trauten Familienkreis zu sitzen. Trüge er nicht diesen komischen Blechhelm, würden wir keinen Makel an ihm finden.

Auf dem Sandweg gehen Bronka Berger und ihre Schwiegertochter Enav Geva spazieren. Sie unterhalten sich über Frauenangelegenheiten: Dinge, die eine Schwangere nicht tun darf, Zeichen, die das Geschlecht des Ungeborenen erraten lassen, schädliche und gesunde Ernährung. Bronka möchte eine Enkelin, Enav einen Sohn. Deshalb sind sie sich über die Vorzeichen nicht einig. Doch gegenseitige Zuneigung leuchtet aus ihren Gesichtern. Ihr Spaziergang verläuft – wie alles jetzt um uns her – friedlich und ruhig. Oh, könnten wir doch den turbulenten Zeitenlauf anhalten, dieses Bild so belassen, wie es ist, und unsere Geschichte achselzuckend mit dem Satz beenden: So stehen die Dinge seither bis zu diesem Tage, und wer verschlungene Handlungen erwartet hat, verrät nur sein eigenes krummes Wesen. Aber die Zeit verrinnt unverwandt in ihrem unsichtbaren Lauf. Die Sonne steht vor dem Untergang. Glanzlichter entflammen auf dem Bergmassiv jenseits der Grenze. Die Genossen und Genossinnen klappen gemächlich die Liegestühle zusammen und bereiten sich auf das gemeinsame Abendessen vor. Herzl Goldring fragt Nina, ob es schon sieben Uhr sei. Nina bejaht. Herzl sagt, er müsse vor dem Essen noch den Sprinkler hinter der Waffenkammer abstellen. Nina bittet ihn, gleich wiederzukommen. Er verspricht es und hält sein Wort.

An einem Freitagabend, nach dem festlichen Mahl, das mit dem Entzünden der Schabbatkerzen und dem Klagen der Waldkäuze beginnt, geht Rami Rimon allein zum Wasserturm. Er klettert hastig hinauf. Seine breiten, rauhen Hände umklammern die kühlen Sprossen. Sein Rücken gleitet von Stufe zu Stufe höher, bis er die Höhe des Turms erreicht hat, seinen Körper an das Eisengeländer drückt und auf die Aussichtsplattform übersetzt. Auch ein Junge ohne poetische Neigungen kann, so meinen wir, gelegentlich von Trauer befallen werden und dann die Einsamkeit suchen. Eine dunstige, fremdartige Landschaft bietet sich dem Auge von seinem hohen Aussichtspunkt. Der Himmel hat sich grau bezogen. Hinter dem grauen Vorhang schwelgt die untergehende Sonne im Wechselspiel ihrer ersterbenden Farben, einem trunkenen Gemisch aus Lila, Gelbgrün, Gelb und Purpur.

Ein anderer Ort

In den feindlichen Stellungen tut sich was. Seit drei oder vier Tagen verstärken sie dort ihre Truppen. Rami kneift die Augen zusammen, besonders das linke, um den Blick zu schärfen. Militärfahrzeuge mit sechs Doppelachsen bewegen sich kriechend voran. Daneben sind dunkle menschliche Gestalten auszumachen. Joasch hat immer gesagt: Die da verstehen nur eine Sprache, die Sprache der geballten Faust. Zurückhaltung werten sie als Feigheit. Und das zu Recht. Unsere Alten können das nicht verstehen, weil sie auch hier in Asien Europäer geblieben sind, und wegen der altüberkommenen jüdischen Friedfertigkeit. Aber eines Tages werden die dort uns derart zusetzen, daß man hier nicht mehr leben kann, dann wird man uns erlauben, ihnen den Garaus zu machen, und danach wird Erez Israel auf der Landkarte nicht mehr wie eine krumme Wurst aussehen. Ich war damals ein kleiner Junge. Kapierte den Gedankengang noch nicht. Was hat mich seinerzeit beeindruckt? Äußerlichkeiten. Joaschs Uniform, sein grüner Kampfanzug mit den Tarnflecken, das rote Barett, die Abzeichen. Aber jetzt verstehe ich den Grundgedanken. Vater hat immer gesagt: Erez Israel muß das Gegenteil vom Ghetto sein. Wenn wir hier ein Ghetto errichten wollen, wären wir besser in Europa geblieben, denn da gibt es wenigstens nicht diesen trockenen, heißen Wüstenwind, diesen Chamsin. Er war kleingewachsen, so ein typischer Jude, kränklich blaß, summte dauernd eine chassidische Weise vor sich hin, aber im Herzen war er kein typischer Jude, sondern ein ganzer Mann. Deshalb sind Joasch und ich Männer geworden. Wenn ich umkomme, wird Mutter eine Heilige. Auf Zehenspitzen werden sie um sie herumschleichen, alle. Und Noga wird ihren Fehler erkennen. Sie wird sich verfluchen wegen ihres Lachens. Und auch wegen dem, was ich von ihr nicht bekommen habe, bevor ich gefallen bin.

Rami schürzt angestrengt die Lippen. Jetzt ist keiner da, der über sein Pferdegebiß spotten könnte. Und selbst wenn jemand da wäre, würde er ihn jetzt nicht auslachen, weil Rami so erregt ist. Er malt sich das harte Soldatenleben aus, bei dem der eine wahre Mann unter einer Horde verwöhnter Schwätzer alsbald auffällt. Seine Lungen weiten sich. Phantastische Heldentaten schwirren ihm durch den Kopf. Ihr werdet sehen. Ihr werdet euch noch umgucken. Joasch. Alle. Ihr alle.

Eindringlicher und getragener Gesang dringt an sein Ohr. Unser Kibbuz empfängt den Schabbat mit traditionellen Liedern in langsamen und feierlichen Weisen. Die Entfernung dämpft ihre Melodien und verleiht ihnen einen kultisch-traurigen Unterton: »Auf mein Freund, der Braut entgegen, den Schabbat wollen wir empfangen«, »Schabbat senkt sich über das Tal von Ginossar« und andere Lieder, bei denen Rami sich nicht auf die Worte konzentriert, sondern aus ihren Tönen Faden für Faden ein Gespinst sehnsuchtsvoller Träume webt.

Er denkt an Frauen. Erst kürzlich hat er irgendwo gelesen, Frauenherzen gäben Rätsel auf, die ein Mann nicht zu lösen vermöge. Frauen leben eigentlich in einer anderen Welt. Einer bunteren Welt. Auch wenn sie mit dir zusammen sind, sind sie in Wirklichkeit nicht richtig mit dir zusammen. Aber daran bist du selber schuld. Du hast sie die Spielregeln bestimmen lassen. Es gibt so einen Ausdruck: eine Frau erobern. Wie eine befestigte Stellung. Wie eine Festung. Wenn du selbst wie eine Frau bist, wird sich dir keine Frau hingeben.

Rami wirft den Kopf in den Nacken. Hört das Blut in den Schläfen pochen. Seine Trauer verfestigt sich zu kühner Entschlossenheit. Schluß mit all dem. Fertig aus.

Entschlossen klettert er vom Wasserturm herunter und nimmt geradewegs Kurs auf Nogas Zimmer.

Ohne Umschweife. Direkt drauf los. Einfach und gerade.

13. Kapitel:
Eine derbe Hand

An diesem Abend versuchte Rami Rimon, sich einen neuen Weg zum Herzen seiner Freundin zu bahnen, einfach und gerade. Ohne Furcht vor bösen Zungen betrat er Nogas Zimmer, wobei er Dafna Issarow einen leisen Überraschungslaut entlockte.

Noga war tatsächlich da – bäuchlings hingestreckt, das schmale Kinn in die Hände gestützt, duftend frisch nach der schabbattäglichen Dusche, das hübsche Haar noch feuchtschwer, und sie selbst in den Gedichtband einer jungen Lyrikerin vertieft.

Mit einer Kopfbewegung bedeutete Rami der pummeligen Dafna, sie möge bitte so gut sein. Dafna wurde feuerrot, wie auf frischer Tat ertappt, und floh aus dem Zimmer, ohne sich umzublicken. Rami ging auf Noga zu. Setzte sich auf deren Bettkante. Legte ihr die Hand auf die Schulter: »Leg das Buch weg.«

Noga fragte, ob das ein Befehl sei.
»Vielleicht. Ich will mit dir reden.«
»Ich dachte, du wolltest mich überfallen.«
»Ich will reden.«
Mit weichem, trägem Schwung wechselte das Mädchen seine Position. Bisher hatte sie auf dem Bauch gelegen, jetzt lag sie auf der Seite. Blitzte Rami mit ihren grünen Augen an. »Ich höre.«
»Ich habe nachgedacht und mich entschieden. Das wollte ich dir sagen.«
»Das ist alles?«
»Ich habe eine Entscheidung gefällt. Ich werde mich nicht freiwillig zu den Fallschirmjägern melden. Ich geh zur Infantrie. Nicht genau wie mein Bruder. Ich werde den schweren Weg einschlagen. In einer grauen Kampfeinheit. Wohin sie mich schicken.«
»Warum? Willst du nicht ...«
»Ist mir egal«, unterbrach Rami, sein Adamsapfel bebte heftig. »Ich will den schwersten Weg einschlagen. Aber ihr beide werdet euch noch umgukken. Zur Infantrie. Dann zum Gruppenführerlehrgang. Später zum Offizierskurs. Und danach komme ich in diese Gegend.«
»Um in meiner Nähe zu sein?«
»Um hier zu kämpfen.«
»Kindskopf.«
Rami packte Noga mit beiden Händen an den Rippen und drückte, bis sie vor Schmerz aufschrie. Draußen hinter der Tür erklang ein erstickter Laut. Vermutlich hatte die lauschende Dafna sich vor Lachen nicht mehr halten können. Rami schimpfte laut. Die Spionin flüchtete. Jetzt drückte er Noga die breiten Hände auf die Brüste, bis sie ein leises Ächzen ausstieß.
»Was hast du denn, du Irrer.«
»Wie gesagt: Ich habe eine Entscheidung gefällt.«
»Du Irrer, Wilder, laß mich los, du Irrer, das tut weh, du hast von nichts eine Ahnung, du bist einfach ein Irrer.«
Grausamkeit entstellte die Züge des Jungen. Die Augen quollen ihm hervor. Sein Gesicht war verzerrt. Noga verabscheute ihn. Er ist häßlich. Wieso hab ich nicht bemerkt, daß er häßlich ist.
Abrupt hielt sie inne, ließ alle Muskeln erschlaffen und sagte in eiskaltem Ton: »Ich bitte dich, laß mich in Ruhe. Geh jetzt. Verschwinde.«
Der Junge erstarrte, musterte ihr Gesicht mit trübem Blick, als würde er

sie nicht kennen, drückte wieder seinen harten Körper an sie. Nicht Begehren ist es, das ihn um den Verstand bringt. Es ist die Schmach. Nogas Kehle entfährt ein jäher Schluchzer. Mit Mühe unterdrückt sie das Verlangen ihres Körpers, der ihr ein Schnippchen zu schlagen droht. Rami atmet schwer. Lassen wir seine Augen nicht außer acht. Sie sind, kaum zu glauben, tränenerfüllt.

Esra Berger war es, der im richtigen Moment auf den Plan trat und das Mädchen aus dem schmählichen Gerangel befreite. Mitten im Ringen hörten die beiden, wie Schritte auf die Tür zukamen und eine derbe Hand anklopfte. Rami wich, knallrot im Gesicht, auf Dafna Issarows Bett zurück. Noga zog ihr Hauskleid glatt, drehte sich auf den Bauch und sagte: »Herein.«

Was hat Esra Berger am Freitagabend nach dem Abendessen in Türkisas Zimmer zu suchen? Esra Berger bringt Noga ein Knäuel Stickgarn. In den letzten Wochen nützt das Mädchen die Gutmütigkeit des Fahrers öfter aus und läßt ihn Einkäufe für sie erledigen. Anfangs hat sie ihm das Geld von ihren geringen Ersparnissen zurückbezahlt. Seit kurzem bezahlt er das Garn aus eigener Tasche. Dafür hat Türkisa ihm einen kleinen Beutel für seine belegten Brote genäht und einen Bären darauf gestickt. Um die Mittagszeit, zwischen Esra Bergers erster und zweiter Tagesfahrt, kommt sie zum Maschinenschuppen und verbringt ein Viertelstündchen mit ihm. Sie haben so schon einige gute Gespräche miteinander geführt. Selbstverständlich nicht über ernste Themen, geschweige denn über die Affäre, die beiden weh tut, sondern über lustige Dinge. Esra unterhält seine Freundin mit Parabeln und Sprüchen, so weit er es in seiner herzlichen Derbheit vermag, und Noga antwortet ihm in kindlich schmeichelndem Ton, wie immer, wenn sie mit erheblich älteren Menschen spricht. Daraus ist nicht zu schließen, daß sie sich den Mann angeln möchte. Nein. Nur, daß sie mit sehr viel Älteren immer so redet. Es gibt an diesen Treffen nichts auszusetzen, finden wir, abgesehen von einem Punkt, der uns nicht einwandfrei erscheint, nämlich der Gewohnheit des Fahrers, Türkisa unwillkürlich die Hand auf den Kopf zu legen und ihr väterlich übers Haar zu streichen, ja sie sogar leicht im Nacken zu kitzeln. Noga Charisch ist kein Kind mehr. Ist es möglich, daß Esra Berger das geflissentlich übersieht?

»Einen guten Schabbat, junge Dame, hier hast du das Deinige«, sagt Esra beim Eintreten und hält ihr unbeholfen das Stickgarn hin. Noga lächelt und streckt ihm beide Hände entgegen. Esra bemerkt Rami, der bedrückt dasitzt und die Wand anstarrt.

»Ach, mein lieber Romeo, Rominow junior, du bist da? Haben sie dich bei der Armee rausgeschmissen? Was? Du bist noch gar nicht eingezogen? Glanz und Gloria. Vorerst sitzt du also da und bewachst das Bett deiner Partnerin, wie es geschrieben steht: Siehe, es ist sein, Salomos Ruhebett; sechzig Helden rings darum von den Helden Israels.«

»Einen guten Schabbat, Esra«, erwidert Rami trocken.

»Und warum bist du nicht bei Mutter? Nicht schön, gar nicht schön, Mutter am Schabbatabend allein zu lassen. Mädchen umwerben kannst du auch an anderen Abenden. Und wenn du den Rat eines alten Mannes annimmst, dann umwirb sie gar nicht. Warte, bis sie von selbst angelaufen kommen. Die Frau wird den Mann umgeben, hat der Prophet gesagt, und er ist ja nicht umsonst Prophet gewesen. Übrigens, weißt du, warum sechzig Helden Salomos Ruhebett umgaben? Hätten zwei, drei Helden nicht auch genügt? In dem Vers selbst liegt die Antwort verborgen: Diese sechzig Helden sind von den Helden Israels ... Siehst du, die Bibel darf man nicht überheblich lesen. Die Bibel muß man mit Verstand lesen. Dann kann man so eine hintergründige Stimme heraushören, sagen wir, eine feine Selbstironie. Schön, ha?«

Rami zuckt die Achseln. Der hat sich die richtige Zeit ausgesucht, einem auf den Wecker zu fallen, dieser alte Störenfried. Soll er doch abhauen. Nie gehen die Dinge nach Plan. Verdammt noch mal.

»Also, Rominow, wann wirst du ausziehen, dir zu guter Stunde einen Namen unter den Helden zu machen?«

»Ich werde in zehn Tagen eingezogen«, sagt Rami und zuckt erneut die Achseln.

»Und läßt hier ein gebrochenes Herz zurück, ha? Habt ihr mal die jüdische Legende von fand und gefunden gehört? Nein? Ich erzähl sie euch. In alten Zeiten stellte man dem Bräutigam nach der Hochzeitsnacht eine einzige simple Frage: Fand oder gefunden? Sagt er: ›Gefunden‹, dann ist es gut. Und sagt er: ›Fand‹, dann ist es schlecht, sehr schlecht. Warum? ›Gefunden‹ verweist auf den Vers: Wer eine Frau gefunden, hat etwas Gutes gefunden. Doch ›fand‹ verweist auf den Vers: Auch fand ich bitterer als den Tod die Frau. Scharfsinnig, ha? Ja. Sie waren sehr weise, unsere Altvorderen. Jedes Wort barg zehn weitere Worte in sich. Du, Rominow, wirst mir nicht böse sein, weil du ein kluger Bursche bist und begreifst, daß ich zehn Worte sage, um nicht ein Wort zu sagen. So halten es die Spaßmacher, Rominow, und die Spaßmacher sind keine lustigen Menschen. Manchmal spricht etwas sehr Häßliches aus ihrer Kehle. Sie können sich schwer beherrschen, aber sie müssen es, denn wie sollte man sie sonst von den einfachen Bösewichten unterscheiden. Aber warum stehe ich denn da und langweile euch. Es hat schon ein Weiser verkündet: Ich habe für den Körper nichts besseres als Schweigen gefunden. Aber was hat der Weise vergessen hinzuzufügen? Er hat vergessen zu sagen, daß nicht alles, was für den Körper gut ist, dem Menschen guttut. Gute Nacht. Du wirst mir verzeihen, Rominow. Hast mir schon verziehen. Du bist ja eine lautere Seele.«

»Gute Nacht«, antwortet Rami mürrisch. Doch Noga macht Rami listig einen Strich durch die Rechnung und sagt mit verführerischem Lächeln: »Geh noch nicht, Esra. Setz dich ein wenig zu uns. Heute redest du so schön.«

Und Esra Berger?

Auf keinen Menschen ist Verlaß. Wir hätten von Esra erwartet, daß er schweigen und weggehen würde. Aber weder schwieg er, noch ging er. Vielmehr blickte er Noga lange amüsiert an. Danach setzte er sich breit auf den einzigen Stuhl, zwischen die beiden Betten, wandte Rami sein grobflächiges Gesicht zu und rollte wie ein Clown mit den Augen.

Rami zündet sich eine Zigarette an und stößt ungeduldig eine dichte Rauchwolke aus. Im Licht des Streichholzes kann man etwas feststellen, das wir bisher nicht gesehen haben: Rami Rimon hat einen Schnurrbart. In der Tat sehr fein und spärlich, farblos, kaum mehr als ein vager Schatten auf der Oberlippe. Aber immerhin.

Esra zieht ein goldschimmerndes Feuerzeug aus der Tasche, zündet sich ebenfalls eine Zigarette an, kneift ein Auge zu, reißt das andere weit auf und blickt konzentriert auf den Goldring, der seinen linken kleinen Finger ziert. Dann hebt er die Augen, mustert den jungen Mann gründlich von Kopf bis Fuß und wieder von der Sohle bis zum Scheitel und stellt belustigt fest: »Sein Haupt feinstes Gold, wie das Hohelied singt. Wie schade, Rominow, daß du uns hier mit starker Hand entführt wirst, wie man sagt, um ein Landsknecht zu werden und im Sold des Königs zu stehen, wie es heißt.«

Rami erwidert nichts. Rami wirft seinem älteren Gesprächspartner einen trüben, haßerfüllten Blick zu.

Einen Moment zuckt Esras Gesicht zusammen, als habe er eine Ohrfeige bekommen, aber gleich darauf strahlt es wieder heiteres Mitgefühl aus.

»Es gibt keine andere Wahl, Rominow, man muß den Waffenrock anlegen, muß über die Berge springen und über die Hügel hüpfen, wie das Hohelied singt. Aber zuweilen, mein Sohn, zuweilen am Schabbattag ...« Esra schließt die Augen und schnalzt genüßlich mit den Lippen, »... am Schabbat wird der Geliebte einen kurzen Urlaub erhalten, und dann ... dann wird mein Geliebter in seinen Garten kommen und seine köstliche Frucht genießen. *Ssachteen.*«

Und Türkisa? Türkisa lacht aus vollem Hals, glockenhell. Ihr grün kariertes Hauskleid, halb zugeknöpft und übergroß, umspielt ihre Figur, der Saum ist bis über die Knie hochgerutscht. Keinen Augenblick wendet sie ihren sprühend grünen Blick von dem Jungen.

»Esra, um Himmels willen, hör auf. Laß ihn in Ruhe. Guck doch, er ist knallrot geworden. Warum mußt du ihn ärgern, Esra, er ist doch kleiner als du.«

In schmeichelnd gedehntem Ton sagt sie diese Worte. Bosheit beseelt sie, aber auch in ihrer Bosheit – man möge uns vergeben – ist sie dunkel und zart, unser Herz schlägt für sie. Zumal sie die Wahrheit gesprochen hat: Rami Rimon ist rot im Gesicht geworden, starrt zu Boden und hat seine Lippen ungemein pferdemäßig geschürzt. Nimmt es da wunder, daß Noga nun doppelt lacht und frech ein Knäuel Stickgarn nach ihm wirft?

»Kopf hoch, Rami, laß dich nicht unterkriegen, kämpfe, ich will dich kämpfen sehen.«

Diese Bemerkung stürzt Esra in eine Trübsal, die nicht zu seinen Worten paßt. Er faßt Nogas nacktes Knie, läßt seine Hand einen Moment darauf ruhen, führt seine Finger an die Augen, als wolle er prüfen, ob etwas daran haften geblieben sei, und wendet sich dann in anderem Ton wieder an Rami: »Siehst du, mein Sohn, siehst du, was ich gemeint habe? Jetzt werden wir ein neues Spiel spielen. Jetzt werden wir Brüder sein, wie man sagt.«

Der Junge blickt wie ein geschlagener Gaul drein, steht auf, beugt sich über Noga und flüstert: »Eine Schlange bist du, wie deine Mutter, eine böse Schlange.«

Sagt es und verläßt das Zimmer. Draußen wäre er beinahe mit Dafna zusammengeprallt, die sich wieder zum Lauschen an die Tür geschlichen hatte. In seiner überschäumenden Wut versetzt er ihr eine Ohrfeige. Ihr Aufheulen bringt ihn zu Verstand. Seine Augen röten sich.

Im Zimmer ist unterdessen nichts geschehen. Esra sitzt weiterhin schweigend auf dem einzigen Stuhl, hat nur seinen Zigarettenstummel auf den Boden geworfen und mit dem Fuß ausgetreten und dann die Hand über die Augen gelegt. Er wählt seine Worte mit Bedacht: »Hab keine Angst. Der kommt wieder. Jetzt wird er nett sein. Manchmal muß man sie zurechtkneten. Der Mensch muß wissen, woher er kommt und wohin er geht, wie es irgendwo heißt.«

Beim Sprechen fährt er seiner kleinen Freundin mit den Fingerspitzen übers Haar und verfällt in stummes Grübeln. Wenn sie mich jetzt haßt, wird sie sein Mädchen, und es ist gut für beide. Wenn sie mich jetzt nicht haßt, ist es ein Zeichen, daß wirklich. Ein Zeichen, daß es so sein soll. Daß es so bestimmt ist. Das Geschick der Menschenkinder ist wie das Geschick des Viehes, sagt der Prediger. Und weh dem Einzelnen, wenn er fällt und kein Zweiter da ist, ihn aufzuheben, steht dort geschrieben. Und weiter heißt es: Ihr Lieben und ihr Hassen und ihr Eifern ist längst dahin. Ich wollte es wissen. Wollte eine Konfrontation herbeiführen. Jetzt. Jetzt auf der Stelle.

»Ich gehe jetzt auch, Türkisa.«
»Bleib.«
»Nein. Du mußt jetzt allein sein.«
»Du bist nicht nett, Esra. Du bist nicht...«
»Natürlich bin ich nicht nett. Gute Nacht, Türkisa. Ich bin nicht nett, aber...«
»Was aber?«
»Nichts, Türkisa. Gute Nacht.«

Rami kehrte weder in jener Nacht noch am nächsten Morgen oder in den folgenden Tagen in Nogas Zimmer zurück. Drei Tage vor dem Wochenfest nahm Rami Abschied von seiner verwitweten Mutter, um sich einen Namen unter den Helden zu machen. Oh, wie schmerzlich sind die letzten Stunden für Fruma Rominows wehes Herz! Mit aller Kraft bemüht sie sich, nicht in Tränen zu zerfließen, aber ihre Kräfte sind gering. Ihre ganze Liebe packt sie in den Seesack ihres verbliebenen Sohnes, als sei es der Seesack, der der Gefahr entgegenginge. Mit großer Sorgfalt bügelt sie Ramis

Unterwäsche, seine Taschentücher, ja sogar seine Socken, obwohl das keinerlei Sinn ergibt. Sie verstaut eine Dose Gebäck in den Tiefen des Sacks und nagelneues Rasierzeug in einem Beutel, den sie eigenhändig mit Blumen bestickt hat. Obwohl sie Zigaretten haßt, packt sie zehn Päckchen von der besten Sorte ein, nicht die billigen, die der Kibbuz verteilt, sondern solche, die der Schatzmeister Jizchak Friedrich auf ihre heimliche Bitte eigens für sie besorgt hat. Sie achtet auch auf Kleinigkeiten wie Schnürsenkel, Verbandszeug, Pflaster, dreierlei Tabletten, Talkumpuder, legt das letzte Bild von Alter Rominow, das letzte Bild von Joasch in seiner schneidigen Offiziersuniform und auch ein Jugendfoto von sich dazu, daneben Briefpapier, Umschläge und Briefmarken. Zum Abschluß ihres Werks holt sie alles wieder heraus und bügelt mit harter Hand den Seesack.

Rami erweist seiner Mutter dafür keine Gegenliebe. Er handelt kaltblütig. Mit einem Griff stülpt er den Seesack um, schüttet den gesamten Inhalt heraus und sortiert Überflüssiges aus. Besonders mokiert er sich über die Briefmarken, denn jedes Kind wisse ja, daß Militärpost portofrei ist. Zu seinem Lob sei angefügt, daß er sich auf langes Bitten, begleitet von Tränen und erstickten Seufzern – wenn auch widerwillig –, bereit findet, die Keksdose mitzunehmen. Völlig indiskutabel ist für ihn indes die Tüte Trauben. Sie würden sowieso nur zerquetschen und den ganzen Sackinhalt verdrecken. Außerdem sei es beschämend, wie ein Kindergartenkind ausstaffiert im Aufnahmelager anzukommen. Es fehle nur noch, daß seine Mutter ihm das Haar naß mache und ein niedliches Löckchen drehe. Die Witwe überhäuft ihren Sohn mit Ratschlägen und Warnungen. Rami nickt und setzt ein dumpfes, verschlossenes Lächeln auf. Die Mutter nimmt ihren Sohn in die Arme und küßt ihn ab. Der Junge läßt es sich gefallen, ohne die Liebeszeichen zu erwidern. Fruma möchte ihn bereden, seine Freundin Noga aufzusuchen und sich von ihr zu verabschieden. Warum sollte er sich vor seiner Abfahrt nicht mit ihr versöhnen? Der Streit sei sicher wegen etwas völlig Nebensächlichem ausgebrochen. Zweifellos wolle sie sein Bestes. Der Junge schürzt die Lippen und schimpft. Niemals werde er zu ihr gehen, und wenn sie auf allen vieren vor ihm angekrochen käme. Die Witwe beißt sich auf die Lippen.

Zum Schluß wird Rami Rimon weich und zwingt sich, seiner Mutter einen Kuß zu geben. Damit ist es um ihre Beherrschung geschehen. Die Witwe bricht in Tränen aus. Wie herzzerreißend sie beim Weinen aussieht, wie ein Greisenbaby. Ihr häßlicher Tränenausbruch bestürzt uns. Beinah möchten wir Rami nötigen, ihr mitleidig um den Hals zu fallen. Auf Wiedersehen, Mutter, ich werde dir Briefe schreiben. Wie schön mein Kind ist, seht ihn euch an, ihr Verfluchten, ihr Bösewichte, seht, wie hübsch er ist, ein sensibler Junge, daß ihr's nur wißt, sein Herz ist voller Liebe für Tiere und Pflanzen, bloß verschlossen ist er, unzugänglich und verschlossen, aber ich weiß, er hat eine Dichterseele, mein guter Junge.

Rami schultert den Seesack und macht sich auf den Weg. Dabei biegt er zum Rinderstall ab. Hier hat er das letzte Jahr gearbeitet, er muß sich von den Leuten dort verabschieden. Doch die Arbeiter, wie konnte ich das nur vergessen, sind um diese Zeit nicht im Stall. Allein der Bulle glotzt Rami Rimon mit blutunterlaufenen Augen an. Rami steckt die Hand durch die Gitterstäbe und klopft dem Bullen auf die Backe. Der Bulle erwidert mit feuchtwarmem Schnauben. Du bist ein Riesenbulle, Titan, laß dich nicht von ihnen schlachten. Leg ihnen eine Corrida hin, wenn sie kommen, um dich abzuschlachten. Olé, Olé!

Rami steckt erneut die Hand hinein und befühlt den eisernen Nasenring des Bullen. Der Bulle reagiert mit dumpfem Aufmuhen. Auf Wiedersehen, Titan, mach's gut. Rami mag dich wirklich und wahrhaftig, denn Rami ist mitfühlend.

14. Kapitel:
Auf drei Wegen

Rabbi Naftali Hirsch Berger, der Vater der drei Brüder, war seinerzeit Kantor in einer Synagoge von Kleinhändlern und Kutschern am Stadtrand Kowels. Ein kleiner, untersetzter Mann von plumper Gestalt und unnatürlichen Proportionen: kurze, stämmige Beine, Kugelbauch, außerordentlich kräftige, breite Schultern, die mangels eines Halses einen dunklen Quadratschädel trugen, dessen Gesicht verschlafene Strenge ausstrahlte. Diese festen, gedrungenen Züge haben ihr Abbild im Gesicht des jungen Oren Berger gefunden. Aber das Aussehen des Mannes überraschte den Betrachter auch damit, daß das Gesicht kaum Augen hatte: Wie zwei winzige Schlitze saßen sie in einem dichten Gewirr tiefer Falten, sprühten jedoch beide verblüffend scharfe blaue Funken. Eine weitere Überraschung lauerte in der starken, klaren Tenorstimme, die unvermittelt der schwellenden Brust entströmen und aus den Tiefen des dicht gekrausten schwarzen Vollbarts hervorbrechen konnte. Der Mann war imstande, zwei, drei Stunden untätig auf dem gepflasterten Vorortplatz zu stehen, ohne eine andere Bewegung als das rhythmische Mahlen der großen Kiefer beim Tabakkauen und das gelegentliche Ausspeien eines gelben Saftstrahls. Es hieß, man habe ihn nie im Leben fröhlich oder traurig gesehen, sondern immer nur so, wie er war, mit seinen Angelegenheiten beschäftigt, aber mit den Gedanken permanent bei anderen Dingen. Seine Angelegenheiten hingen mit seinem Amt als Kantor zusammen und auch ein wenig mit dem des Schatzmeisters in der Synagoge. Beide Aufgaben versah er ohne Begeisterung, aber auch ohne Herablassung. Seine Gedanken streuten in andere Richtungen aus oder konzentrierten sich auf anderes, aber offenbar nie auf das, wo er gerade stand. Es hat dort im Schtetl auch solche Menschen gegeben. Wir wußten, woher ihr Einkommen kam, aber nicht, woher ihre Vitalität stammte und wonach sie strebten. Sein ganzes Leben lang wirkte er verschlafen. Ob er dabei nun Träumen nachhing oder nicht, das wußten nicht einmal seine drei Söhne, sein eigen Fleisch und Blut. Die Deutschen kamen, verschleppten ihn und verbrannten ihn in den Krematorien von Sobibor. Das geschah viele Jahre, nachdem seine Frau gestorben war und seine Söhne sich einer nach dem andern von seinem Stamm gelöst hatten, um weite Wege einzuschlagen. Zuweilen besinnt sich der eine oder andere von ihnen auf jene sprühenden blauen Fünkchen, die sich in den Spalten seines zerklüfteten Gesichts verloren.

Manchmal, wenn die erregte Menge begeistert Tomer Gevas schwebende Geschmeidigkeit auf dem Basketballplatz von Mezudat Ram bejubelt, oder wenn Oren vor unseren Augen mit einem anderen Jungen kämpft und ihn mit kalter Wut unter sich auf den Boden drückt, erwachen auch bei uns Gedanken, die wir für uns behalten und keinem Fremden mitzuteilen gewillt sind.

Als erster setzte sich der älteste Bruder, Nechemja, ab. Es gab in Kowel einen schielenden Talmudstudenten, der ein bißchen Gemeindefunktionär, ein bißchen Schürzenjäger, ein bißchen Philosoph war. Und dieser Bursche überredete Nechemja, sein Vaterhaus zu verlassen und nach Lemberg zu türmen, um sich dort den Weg zur Universität zu bahnen.

Esra ließ sich, wie viele andere Jungen und Mädchen, von der Jugendbewegung mitreißen. Er und sein Freund Aharon Ramigolski wanderten gemeinsam nach Erez Israel ein und dürfen sich bekanntlich zu den Gründern unseres Kibbuz zählen.

Und Sacharja wurde wegen der Hunde verstoßen.

Er war noch ein Schuljunge im Cheder, der jüdischen Volksschule. Das Ganze ereignete sich in der Pessachwoche. Zigeuner waren nach Kowel gekommen und hatten ihre Zelte auf freiem Feld östlich des Vororts aufgeschlagen. Nacht für Nacht ertönten schwermütige Lieder und laute, unbändige Lachsalven. Die Zigeuner hatten Hunde, wilde, hungrige Köter, die zu wütender Grausamkeit neigten, aber auch schwanzwedelnde Unterwürfigkeit an den Tag legen konnten. Sacharja näherte sich ihnen und gewann ihre Zutraulichkeit mit Essensresten, die er ihnen ausstreute. Aus perverser Lust wälzte sich der Junge mit den wütenden Hunden und überhäufte sie mit Streicheln und Zuneigung.

Ein paarmal sah er ihnen bei der Paarung zu. In den folgenden Nächten flackerte ein fremdes Feuer in ihm auf. Sacharja war ein Einzelgänger. Von Kindheit an strahlte sein ganzes Verhalten verschlossenen Stolz aus.

Einmal wurde er auf frischer Tat ertappt. Sein Vater fand ihn, als er es mit den Hunden trieb. Vielleicht hatte ein Junge des Viertels ihn verpfiffen, einer der vielen Feinde, die er sich als Kind gemacht hatte. Dann geschah etwas Ungeheuerliches: Der Vater verprügelte seinen Sohn mit harter Hand, und der Sohn – am ganzen Leib von Schluchzen geschüttelt – wußte nicht, was er tat, und hetzte dem Vater seine Verbündeten, die Hunde, auf den Hals. Die Zigeunerhunde konnten grausam sein. Das ganze Viertel stürmte vor Entrüstung. Die beiden großen Söhne des Kantors hatten ihren Vater schon im Stich gelassen, jetzt geriet der jüngste auf die schiefe Bahn.

Sacharja verließ sein Elternhaus unter einem Fluch und wurde ein verbitterter Mensch. Zuerst ging er nach Rowno und verdingte sich bei einem polnischen Bauern, der ihn gut gelaunt auf seinem Hof anstellte, einen Monat später jedoch aus Angst wieder entließ, weil ihn sein Verhalten an einen Vorfall erinnerte, der sich viele Jahre zuvor in Rowno ereignet hatte: Ein verrückter junger Pole hatte seinerzeit aus politischer Überzeugung angefangen, Heuschober in Brand zu stecken. Sacharjas Augen blitzten manchmal so finster.

Von Rowno ging Sacharja nach Warschau, wo er Druckerlehrling bei einer bekannten jüdischen Zeitung wurde. Damals hatte er eine nichtjüdische Freundin, ein hübsches, hysterisches Mädchen, das in seinem Zimmer wohnte. Später kamen die Deutschen und sperrten ihn ins Ghetto. Sacharja flüchtete und begab sich auf Wanderschaft, war in Rußland, vielleicht auch in Schweden, erlebte das Kriegsende in einem Auffanglager in Italien, gelangte von Italien zusammen mit einer verwitweten Frau nach Atlit, wurde von Atlit in ein britisches Internierungslager in Zypern deportiert, aus dem er 1949 nach Atlit zurückkehrte. Von Atlit ging er, ohne die Frau, nach Ramla und von Ramla nach Jaffa. In Jaffa fand er einen Partner und betrieb ein Jahr lang eine Handelsfirma. Nach Ablauf dieses Jahres verabschiedete er sich von seinen beiden Brüdern und kehrte nach Europa zurück, um in Kowel ein Gebet zu sprechen. In Kowel kam er jedoch nie an, denn er machte einen Umweg über Deutschland, bemühte sich hier und dort und erhielt finanzielle Entschädigung. In München fand er Isaak Hamburger, und die Partnerschaft wurde ins Leben gerufen.

Was Nechemja betrifft, so waren all seine Wege strohtrocken. Nechemja beendete sein Universitätsstudium in Lemberg in furchtbarer Armut, wirkte als Geschichtslehrer am jüdischen Gymnasium, wanderte wenige Wochen vor Kriegsausbruch nach Erez Israel ein und kam in den Kibbuz Mezudat Ram. Esra und Bronka bemühten sich sehr um ihn, aber der körperlichen Arbeit war er nicht gewachsen. Wie Nechemja selbst gern sagt, ging es ihm wie Jecheskel Chefetz und Jizchak Kummer in den Romanen von Chaim Brenner und Samuel J. Agnon. Das sei auch vorauszusehen gewesen, fügt er mit mattem Lächeln hinzu, denn seine Biographie decke sich ja in erstaunlichem Maß mit den trübseligen Lebenswegen der Romanhelden in der hebräischen Literatur der vorigen Generation.

Esra Berger ist also etwas Besonderes unter seinen Brüdern. Esra Berger hat geheiratet und Kinder gezeugt und zählt zu den Gründern von Kibbuz Mezudat Ram. Sein Leben ist nicht zur Unfruchtbarkeit verurteilt. Diese Worte enthalten auch eine Lehre: Unfruchtbarkeit, Ödnis und Fluch haben nicht unbegrenzt Herrschaft über den Menschen. Mit Willenskraft kann der Mensch sich einen Weg bahnen und den Fluch umgehen.

15. Kapitel:
Blendung

Schließlich, nach leidvollem Ringen, Ruven Charischs Gedicht:

> Eisige Nacht mit Eisenarmen
> Nimmt die Gärten in Beschlag.
> Wind weht über weite Felder,
> Übles Schwarz wohl dräuen mag.
>
> Doch nicht herrschen wird die Nacht,
> Licht entflammt in den Laternen,
> Licht kreuzt über Stacheldraht,
> Böse Vögel sich entfernen.
>
> Schlaf nur Dorf trotz Feindeslauer,
> Wächter halten Wacht im Tal.
> Ans Schwert gewöhnt sind ihre Hände,
> Ihr Ohr – sehr wohl an den Schakal.
>
> Karger Berg dort will allein
> Lebend unser Dorf begraben.
> Doch stärker noch als Felsgestein
> Sind des Lichtes helle Gaben.

Einen Tag fuhr Ruven nach Tel Aviv zum Verlag der Kibbuzbewegung, um mit dessen Leiter die Veröffentlichung eines neuen Gedichtbands zu besprechen. Er machte sich früh auf den Weg, war um halb zehn schon in Tel Aviv und hatte um zehn Uhr bereits alles erledigt, denn mit dem Verlagsleiter verbindet ihn eine langjährige Freundschaft. Sie einigten sich mühelos über alle Einzelheiten des Drucks, besiegelten den Vertrag mit Handschlag und plauderten in gutem Einvernehmen bei Grapefruitsaft mit Eiswürfeln. Viertel nach zehn überlegte Ruven, ob er nach Jerusalem hinauffahren sollte, um einige Freunde dort wiederzusehen. Aber als er am Busbahnhof angekommen war, passierte etwas Eigenartiges, das seine Pläne durchkreuzte. Nie verlaufen die Dinge wie geplant.

Ein anderer Ort

Der Busbahnhof wimmelt von Menschen. Ein wahrer Stimmenkrawall herrscht dort. Die Händler überschreien sich gegenseitig, weil sie auf Gewinn aus sind und auf der Welt nichts anderes haben als die Gewinnsucht.

Ruven schlendert gemächlich durch die Sträßchen, die den Busbahnhof umgeben, wirft einen Blick auf die Abfahrtssteige und kehrt wieder in die lauten Straßen zurück. Er ist Herr seiner Zeit und genießt seinen versonnenen Spaziergang. Die nervöse Hast um ihn herum geht ihn nichts an, das Fieberhafte berührt ihn nicht im geringsten. Ruven Charischs klare, hohe Stirn zeugt von höchster Wachheit. Seine grünen Augen schweifen über die bunten Stände, mustern die Gesichter der Passanten, beobachten das Verkehrsgedränge in den engen Straßen und die Wagen, die dort um die Ecken preschen. Sein Gang ist ruhig und langsam.

Ruven trägt ein gebügeltes weißes Hemd über der blauen Hose und hält eine schwarze Ledertasche in der Hand, die ihn jedoch keineswegs beschwert, denn sie enthält nur wenige Gedichtseiten sowie die Morgenzeitung und zwei belegte, in braunes Papier eingeschlagene Brote. Sein Gesicht ist hager, die Stirn hoch, die Augen strahlen echte Wißbegier aus. Hier und da hält er auf seinem Weg inne, überfliegt einen Stand voll bunter Pornohefte oder betrachtet einen Bauchhändler, der billigen Nippes feilbietet. Gelegentlich bleiben seine Augen an einer eleganten Frau hängen, die auf spitzen Absätzen dahintrommelt. Zum Schluß sterben alle, hatte der verrückte Niederländer gesagt.

»Richtig«, sagt Ruven plötzlich laut, so daß ein Schuhputzer von seinem Schemel aufblickt und fragt: »Bitte?«

»Nein«, antwortet Ruven zerstreut, »nicht nötig. Danke.« Gleich darauf fällt sein Blick auf ein weinendes Kind. Ein kleiner Junge von fünf oder sechs Jahren steht zwischen den Ständen, die frisch gepreßten Orangen- und Grapefruitsaft anbieten, und weint wie ein Waisenkind. Kein Mensch achtet auf ihn. Ruven überquert eilig die Straße und stürzt auf den Jungen zu. Es gibt kein abscheulicheres Unrecht auf der Welt, als ein kleines Kind einfach zu verlassen.

»Was hast du, Junge?«

Der Kleine heult noch lauter und gibt keine Antwort.

»Wie heißt du denn?«

Der Junge öffnet einen Moment die rotgeweinten Augen, klappt sie wieder zu und stößt ein schwaches Winseln aus, wie ein geprügeltes Hündchen.

»Du brauchst keine Angst vor mir zu haben, guter Junge. Hast du Mutter verloren? Oder Vater? Sag, ich möchte dir helfen. Nur keine Angst.«

Im Nu überwindet Ruven eine häßliche Hemmschwelle und streckt die Hand aus, um dem Jungen übers Haar zu streichen. Der bleckt die Zähne wie ein Wolfsjunges, tritt Ruven gegen das Schienbein und will davonflüchten. Sein Gesicht ist verzerrt. Ruven packt sein mageres Ärmchen und hält ihn auf.

Vielleicht kann er gar nicht sprechen, sagt sich Ruven, vielleicht ist er stumm oder debil.

Der letztere Gedanke erschreckt ihn zutiefst. Er faßt den Jungen an der Schulter. Der Kleine bemüht sich mit aller Kraft loszukommen. Ruven blinzelt und packt fester zu. Wenn ich ihn jetzt loslasse, rennt er geradewegs unter die Räder eines Autos. Andererseits, was kann man jetzt tun? Vielleicht ein Polizist. Ich werde bei ihm bleiben, bis seine Eltern gefunden sind.

Ruven zieht den Jungen an sich und hebt ihn hoch. Das Bürschchen brüllt wie am Spieß. Tritt nach ihm mit aller Kraft. Verdreckt Ruvens weißes Hemd. Ruven drückt ihn mit Macht an die Brust. Kleine Raubtierzähne beißen ihm in die Wange, es tut höllisch weh. Unwillkürlich stöhnt er auf und zieht den Bengel an den Haaren, damit er die Zähne aus seinem Fleisch nimmt. Der Junge entwindet sich seinem Griff, stürzt auf den Gehsteig und stößt einen schrillen Schrei aus. Urplötzlich spürt der Dichter eine harte Hand im Nacken und einen Faustschlag in den Rippen.

»Bist du verrückt, du verdammter Kerl, laß mein Kind in Ruhe!«

»Wer ... wer bist du, Genosse? Du bist der ...«

»Ich schlag diesem Kerl da sämtliche Knochen zu Mus. Du Irrer. Guck, guck dir an, was du mit meinem Sohn gemacht hast«, schreit der Safthändler, sein dicker Schnauzbart zittert vor Wut. Ein weiterer harter Faustschlag trifft Ruven Charisch in die Rippen. Boshaft grinsende Gaffer sammeln sich neugierig um das Geschehen und bilden schnell einen engen Ring.

»Dieser Irre hat mein Kind geschnappt und auf den Boden geschmissen. Dabei hat der Junge ihm nix getan, gar nix. Beinah hätte er ihn umgebracht, dieser Irre da.«

»Genosse«, stammelt Ruven, »Genosse, der Junge war wie ... Ich hab einfach gedacht ...«

»Du hast gedacht, keiner würd es sehen, wie, du Dreckskerl? Du hast gedacht, hier wär alles erlaubt, nicht?«

»Nein, hab ich nicht ... Ich sah einen kleinen Jungen ohne jede ...«, versucht Ruven die Sympathie der hämischen Menge zu gewinnen, »ich wollte ...«
»Kümmere dich das nächstes Mal um deine eigenen Angelegenheiten. Steck deine Nase bei deiner Frau rein, damit man sie dir nicht platt schlägt. Nicht weinen, Zion, nicht weinen, mein Liebling, meine Seele, Vater bringt diesen Bastard auf der Stelle um, wenn du dir das kleinste Knöchelchen gebrochen hast.«
Schnell tastet der Händler den Körper seines Sohnes ab, drückt und knuddelt und tut dem Kleinen weh, der jedoch keinen Mucks von sich zu geben wagt, sondern seinen Körper ergeben seinem Erzeuger überläßt und Ruven Charisch einen ruhigen, leicht neugierigen, fast freundschaftlichen Blick zuwendet.
»Du hast ein Mordsglück, du Hund, daß der Junge nichts gebrochen hat«, erklärt der Standbesitzer nach Abschluß seiner hastigen Untersuchung, »sonst hätte ich dich nämlich in kleine Stücke gerissen, so wahr ich Alphons heiße, hätt ich dich zu Brei geschlagen. Sag pfui zu diesem Kerl, Zion, mein Zuckerstück, mach pfui auf ihn.«

Ruven Charisch schleppt sich zu einem der dämmrigen Imbisse im Umkreis des Busbahnhofs. Schlurft zu dem dreckigen Waschbecken in der Ecke. Befeuchtet sein Taschentuch. Versucht, die Schmutzflecke von seinem zerdrückten Hemd abzuwischen. Danach setzt er sich müde an einen Wandtisch. Verbirgt das Gesicht hinter seiner Zeitung. Bestellt türkischen Kaffee ohne Zucker, sagt sich: Abschaum. Beißt sich auf die Lippe. Wiederholt gedehnt: Abschaum der Menschheit. Der schwarze Kaffee tut ihm gut. Man sieht ihm an, daß er aufgewühlt ist. Sein Gesicht ist totenbleich. Seine Finger, die er um die Tasse klammert, zittern. Was mußt du. Du mußt es gelassen nehmen. Völlig ruhig. Ruhig. Lach über diesen Menschen, mein Zuckerstück, meine Seele, lach diesen geschlagenen, gebissenen Menschen aus. Es tut weh. Hier. Und hier.
Der Mann legt die Linke an die Brust. Versucht, den Schmerz zu lindern. Wilde Stiche zucken im Brustkasten. Sie haben weder Ordnung noch Rhythmus. Keinen festen Ort. Eine üble Orgie tobt in seinem Körper. Seine Fingerspitzen werden schwer und taub. Die Finger gehorchen ihm nur auf Zwang. Widerwillig lassen sie sich zur Faust ballen, strecken und erneut ballen. Am linken Bein, am Knöchel, ist ein leichtes, rasches

Pochen zu spüren, als wollte der Knöchel sagen: Noch spring ich dich nicht an. Aber denk dran, daß ich lebe und dir auch feindlich gesinnt bin.

Beklemmender Nebel vor den Augen. Die Kehle wie zugeschnürt. Der ganze Körper bäumt sich gegen seinen Besitzer auf und schleudert ihm seinen niedrigen Haß entgegen, den Haß der Verräter.

Ruven fährt mit der Zunge über die Lippen, beide fühlen sich wie fremdes Fleisch an. Unwillkürlich wischt er sich mit dem Taschentuch über die Augen. Der Schleier geht nicht weg. Jetzt fällt ihm der Dreck an dem Taschentuch ein. Bestimmt klebt der ihm nun im Gesicht. Ihm wird übel im Magen. Ein ekelhafter Kloß steigt die Speiseröhre hoch und bleibt dort hängen. Schließlich stößt er sauer auf. Der Mund füllt sich mit widerlichem Geschmack. Der Schmerz wütet weiter. Aber fern ist er, so fern, als läge er hinter einem dunklen Vorhang. Der Kopf sackt ab und knallt auf den Tisch. Die Finger drücken auf beide Schläfen.

Eine untersetzte Kellnerin mit sommersprossigem Gesicht eilt zu Ruven und fragt ihn, ob ihm schlecht sei. Ruven hebt langsam den Kopf, starrt sie an wie ein Kind, das nachts aus dem Schlaf erwacht und ein fremdes Gesicht an Stelle der Mutter sieht, und sagt erstaunlich sanft: »Bitte, Genossin, noch einen Kaffee.«

Die Kellnerin nickt, geht aber nicht weg, sondern blickt ihn weiter an, als erwarte sie, daß er noch etwas sage.

Ruven sagt: »Nein. Entschuldigung, keinen Kaffee. Bitte, Wasser. Nicht aus dem Kühlschrank. Einfaches Leitungswasser. Ja. Mir geht es gut. Ich hab nichts. Vielen Dank.«

Der Schmerz hat tatsächlich nachgelassen. Geblieben ist die Übelkeit. Ungeheure Dankbarkeit durchflutet auf einmal alle Fasern seines Körpers, wie eine warme Welle. Die Fürsorge der Kellnerin rührt ihn zu Tränen, die er nur mit Mühe zurückhalten kann. Nicht unter Wölfen. Ein ihn wie ein messerscharfer Drang, auf die Knie zu fallen, einen Segen zu sprechen, etwas Feierliches zu tun. Auch wenn es übertrieben ist.

Was? Was ist denn mit mir los? Nein, nein, man darf nicht an den Schmerz denken, ihn nicht bei diesem Namen nennen. Diesem furchtbaren. Es ist nur eine starke physische Reaktion. Nicht mehr. Auf keinen Fall.

Als die Kellnerin das Wasserglas bringt, dessen Rand noch Lippenstiftspuren aufweist, wendet Ruven Charisch sich ihr zu und sagt mühsam lächelnd: »Ganz wunderbar von dir. Vielen Dank. Wirklich.«

Ein anderer Ort

Etwas dösen. Menschen treten ein. Gehen hinaus. Leben auf ihre Weise. Zum Schluß fahren sie weg. Ein schönes Land. Deiche, Kanäle, viele Blumen, Windmühlen auf dem Schokoladenpapier, Wolken, Regen, weiße Häubchen, Fahrräder. Fahren. *Gott im Himmel*, was bin ich müde. Furchtbar. Ein wahrer Mann hätte nicht so gehandelt. Ganz anders. Hätte diesem dreckigen Hamburger die Fresse eingeschlagen. Mit der Faust. Mit dem Messer. In einer engen Straße. Bei Nacht. Alphons. Jetzt wird Stella Maris mich fragen, warum. Meine Tochter. Warum ist dein Vater nicht wie ein Messer. Nicht Alphons. Stella Maris, weil ich nicht so bin. Bronka wegen Stella. Esra wegen Bronka. Es gibt irgendeine Formel, eine Gleichung. Sehr nahe. Hinter einer dünnen Wand steht sie geschrieben. Lehne dich dagegen. Ramm sie mit dem Rücken ein. Wie ein Kinoheld. Alles kommt irgendwo ins Lot. Versuchen wir's noch mal. Von Eva über Bronka. Und dann Noga. Bronka Esra. Wie ein schlechter Traum, guter Gott, Noga Eva, Esra was. Wo bin ich. Hier. *Mein Gott*, was ist denn mit mir, daß ich so ruhig bin, das war doch das Herz. Warum lügen. *Aber was*, Unsinn.

Eine tiefe Stimme, rauh und sehr bekannt von einem anderen Ort, unterbricht Ruven Charischs Träumereien. Er? Ja, er.

»Nicht zu glauben. Aber wahr. Charismann in Person, nicht nur im Geist. Was sucht der Prophet in der Löwengrube?«

Ruven steht auf, eine unsinnige Geste, Benimm aus einer anderen Welt. Begrüßt Esra auch überenthusiastisch, als sei er – kaum vorstellbar – der Ober dieses Lokals: »Schaut her! Unser Esra. Oh, wie klein ist doch die Welt. Welch ein Zusammentreffen...« Er zögert einen Moment und fährt dann fort: »Das ist ein Zusammentreffen, wirklich.«

»Wunder über Wunder«, sagt der Fahrer, »vor einer Woche bin ich hier ungefähr um diese Zeit reingekommen, und wen sah ich da? Jizchak Friedrich. Dort, an jenem Tisch. Und heute komm ich rein und sehe im Wachen, nicht im Traum: Charismann.«

»Guten Tag, Charismann«, sagt Esra plötzlich in anderem Ton, als wolle er damit alles zuvor Gesagte wegwischen und eine neue Begegnung eröffnen.

Ruven wundert sich nicht darüber, sondern akzeptiert diese Wende und antwortet schlicht: »Guten Tag, Esra. Freut mich, dich zu sehen.«

»Möchtest du was trinken, Charismann?«

»Vielleicht ... du ...«
»Worte des lebendigen Gottes. Wir wollen tun und gehorchen. Frau Kellnerin, hier sitzen zwei durstige Bauern. Saft. Aber kalt.«
»Esra.«
»Dein Knecht hört.«
»Fährst du jetzt nach Hause?«
»Doch niemand nahm sie mit nach Hause, steht im Buch der Richter. Aber dich, Charismann, nimmt Berger nach Hause mit. Mein Wagen sei dein Wagen. Ich habe immer noch nicht entdeckt, was ein sauberer Mann hier in diesem Sündenbabel tut.«
Die beiden Männer sitzen sich gegenüber, der schlanke in schmutziger Festtagskleidung, der massige in einem verstaubten Arbeitsoverall von vermutlich grauer Farbe. Esra ist zufällig hier hereingeraten, um etwas Kaltes zu trinken, und wegen des überraschenden Treffens ein wenig belustigt. Ruven freut sich über Esra und versucht nicht, sich den Grund seiner Freude zu erklären. Es ist den Augen des Fahrers nicht entgangen, daß seinem Gesprächspartner etwas zugestoßen sein muß. Seine Wange weist häßliche Wundmale auf, und im übrigen ist er ganz verschmutzt. Esra wird wohl kaum fragen, was geschehen ist. Das Gespräch schläft ein. Jeder sitzt stumm vor seinem Glas. Ein blaues Äderchen tritt auf Ruven Charischs Handrücken hervor und pocht in raschem, ungesundem Takt. Esra befingert eine Zigarette, die halb geraucht ausgegangen ist. Macht sich nicht die Mühe, sie neu anzuzünden. Komisch. Charismann und ich, und doch bin ich nicht. Dem Mann ist was passiert. Ich werde ihn nicht angucken. Wenn ich ihn angucke, wird er schweigen. Aber er möchte erzählen. Und ich möchte, daß er erzählt.
»Esra«, sagt Ruven und verstummt, ohne seinen Satz zu beenden.
»Ich höre. Sprich.«
»Ich ... Hast du's eilig?«
Esra schüttelt stumm den Kopf. Sein Gesicht gibt ein bestimmtes Mitgefühl zu erkennen, obwohl die amüsierten Fältchen um die Augen nicht verschwunden sind. Ruven heftet den Blick auf sein leeres Glas und redet mit monotoner Stimme. Logischerweise müßte er mir gegenüber Schadenfreude empfinden. Aber nein. Er hört zu und ist nicht schadenfroh. Was ist das bloß für ein Mann.
»Man hat mich herabgesetzt«, schließt Ruven seine Geschichte, »man hat mich auf furchtbare Weise herabgesetzt. Ich wäre imstande gewesen,

bis heute nacht hier so dazusitzen. Wenn du nicht gekommen wärst. Du meinst, ich übertreibe, nicht wahr? Ja. Du meinst, man müßte so was mit Humor nehmen. Aber ...«

»Weißt du, was, Charismann?«

Ruven hebt den Blick und sieht dem Fahrer zum erstenmal in die Augen.

»Komm, wir klettern in den Wagen und fahren nach Hause. Mein Tag ist heute sowieso krumm gelaufen. Die Benzinleitung war verstopft. Ich habe Zeit in der Werkstatt vergeudet. Unterdessen hat die Batterie ihren Geist aufgegeben. Vom Regen in die Traufe, wie man sagt. Egal. Heute fahre ich keine zweite Tour. Der Laster wird auf dieses Vergnügen verzichten müssen.«

»Wir haben uns daran gewöhnt, nachts zu laufen, ha?« sagt Esra zu seinem Lastwagen, als er den Fuß aufs Trittbrett setzt und seinem Gast die Tür öffnet. »Mach's Fenster auf, Charismann, warum sollst du in der Hitze braten. He, Mensch, nicht mit diesem Griff, das ist der Türgriff. Willst du einen Salto mortale hinlegen? Mit dem zweiten Griff. Ja. Sie ist nicht mehr jung, diese Maschine. Früher mal war jeder Griff beschriftet, da wußte man, welcher welcher ist, konnte sich nicht irren. Im Lauf der Jahre hat es sich abgerieben. Paß nächstes Mal auf.«

»Verzeihung«, sagt Ruven mit schwachem Lächeln, »entschuldige. Ich bin müde. Hab's nicht gewollt.«

Der Fahrer löst die Handbremse und manövriert den Wagen aus der engen Straße heraus. Ruven starrt mit verschwommenem Blick vor sich hin. Mühsam kurvt der Laster von einem lauten Sträßchen ins nächste. Wird gelegentlich von roten Ampeln gestoppt. Die beiden Männer schweigen. Der eine ist in seine Arbeit vertieft, der andere drückt den schmalen Leib an die Tür und läßt den Arm aus dem Wagenfenster baumeln. Schmieriger, stickiger Mief herrscht in der Kabine. Gelegentlich kommt ein wohltuender Hauch kühler Meeresbrise. Verweht aber gleich wieder. Offenbar hat Esra den Kopf hinausgesteckt und einen anderen Fahrer beschimpft. Ruven ist der Fluch vor Müdigkeit entgangen. Einmal quietschen die Bremsen besonders schrill. Der Kopf des Beifahrers prallt an die Scheibe des schmalen Rückfensters. Ein unterdrücktes Ächzen entweicht seinem Mund. Esra sieht nicht nach ihm, weil das Fahren durch die verstopften Stadtrandstraßen sehr schwierig ist. Schließlich kommt der Laster frei und fährt mit gedämpftem Brummen auf breiter, ebener Strecke dahin. Esra eröffnet das Gespräch, das muß man zu seinen Gunsten sagen.

»Hör mal, Charismann, vielleicht möchtest du Kaffee trinken? In der gelben Thermosflasche ist Kaffee. Auf der linken Seite, deiner linken, nicht meiner, dort ist eine Thermosflasche in Zeitung gewickelt. Trink. Trink, dann fühlst du dich besser. Übrigens, genau vor einer Woche bin ich zufällig in dasselbe Lokal gegangen, und wen treff ich dort – hörst du zu? –, den Friedrich. Komisch, ha? Nimm, nimm Kaffee. Von Nina Goldring. Aufgezeichneter Kaffee. Nimm dir.«

Ruven lehnt mit einem Achselzucken ab, was Esra natürlich nicht mitkriegt. Wer selber keine Erfahrung als Fahrer hat, begeht leicht den Fehler, seinem Gesprächspartner am Steuer mit Gesten zu antworten.

»Bist du eingeschlafen, Charismann?«

»Nein, nein, ich bin völlig wach. Danke. Ich möchte nichts trinken. Vielen Dank.«

Wegen des Motorgeräuschs hat der Fahrer die Worte falsch verstanden und erwidert deshalb: »Wenn du nicht ins Schweigen sinken willst, kannst du reden. Ich hör zu.«

»Was? Äh, nein, nicht sinken, trinken, trinken habe ich gesagt.«

»Bitteschön, trink, warum denn nicht.«

»Entschuldigung, es ist ein Mißverständnis, ich habe gesagt, daß ich nichts trinken möchte. Danke.«

Esra schielt zu ihm hinüber und erklärt höchst verwundert: »Wenn du nicht willst, dann trink eben nicht. Wer zwingt dich denn?«

Darauf hat Ruven Charisch keine Antwort. Er verstummt. Versucht, seine Zeitung zu lesen. Das Holpern des Wagens hindert ihn daran. Wieder wird ihm übel. Er blickt auf den beleibten Fahrer. Eine Welle der Trauer wallt in ihm auf und macht gleich darauf einem anderen Gefühl Platz, einer schüchternen Zuneigung der Art, wie Geistesmenschen sie gelegentlich in Gesellschaft von Tatmenschen empfinden. Ein Bedürfnis, Zuneigung zu gewinnen, wenn wir präzise sind.

Am Fenster ziehen die friedlichen Landschaften der Scharonebene vorbei. Sorgsam bestellte Felder, neue Dörfer mit roten Dächern, umzäunte Weideflächen, schattenspendende Alleebäume, Wassertürme auf den Hügeln, gepflegte Zitrushaine, weiß schimmernde Beete mit ihrem Netz metallisch glänzender Bewässerungsrohre. Eigentlich ein versöhnliches Bild für den Betrachter, sollte man meinen. Aber die grelle Sonne, das glasklare Azur, das starke Licht des frühen Nachmittags, der Anblick der schnurgeraden schwarzen Straße, die wie ein Kratzer im Fleisch der grünen Felder

Ein anderer Ort

wirkt – all das deprimiert diesmal Ruven Charisch. Wer im sanften Licht nördlicher Länder geboren ist, wird sich nie mit dem messerscharf gleißenden Azur dieser Luft versöhnen. Selbst die innigen Zionslieder verraten nichts als das sehnliche Verlangen des Sängers, sich mit diesem furchtbaren Licht anzufreunden.

Etwa eine halbe Stunde lang bricht keiner das Schweigen. Esra Bergers behaarte Arme ruhen auf dem Lenkrad. Sein Körper drückt stumm auf den abgescheuerten Ledersitz, als hätte er gar kein Leben in sich. Er riecht nach Schweiß. Die Schirmmütze ist ihm über das halbe Gesicht gerutscht, nur die knorrigen, gerundeten Kinnladen bieten sich den Blicken seines Mitfahrers, der ihn aus den Augenwinkeln mustert. Wie eine Steinfigur, die der Bildhauer halb fertig aufgegeben hat, wirkt Esra Bergers Gesicht. Sein Mund steht ein Stück offen. Kurz vor der Natania-Kreuzung zieht Esra zwei Zigaretten aus der Tasche seines Overalls, steckt sich eine zwischen die Lippen und hält die andere seinem Nachbarn hin.

»Nein, nein, danke, ich rauche nicht«, sagt Ruven überlaut, aus Angst, seine Worte könnten wieder falsch verstanden werden und neue Peinlichkeiten auslösen.

Esra grinst. Einen Moment später wirft er die Zigarette aus dem Fenster und sagt: »Du hast recht. Es ist nicht gut, beim Fahren zu rauchen. Schmeckt bloß komisch und macht kein Vergnügen. Und warum rauchen, wenn es kein Vergnügen macht, hätte der Weise sicher gesagt, wenn es zu seiner Zeit Zigaretten gegeben hätte.«

Ruven hat zwar nichts dergleichen gesagt, läßt die Sache aber auf sich beruhen. Er fürchtet immer noch, wegen des Motorlärms mißverstanden zu werden. Erst in der Gegend von Chadera erwacht bei ihm wieder jene schüchterne Zuneigung oder der schüchterne Wunsch, Zuneigung zu erlangen. Nun möchte er eine normale Unterhaltung in Gang setzen.

»Esra.«

»Ja, ich höre.«

»Wird es nicht langweilig, immer so auf der Landstraße? Man könnte doch ...«

»Nein. Überhaupt nicht. Beim Fahren denke ich nach. Nach unseren Gedanken wollen wir wandeln, wie es an heiliger Stelle geschrieben steht. Beim Gedankenwälzen, Charismann, gibt es keinen Unterschied zwischen Dichtern und Nichtdichtern.«

»Ja, das Innenleben«, erwidert Ruven lebhaft, »wer ein reges Innenleben hat, sage ich, der ist wahrlich reich.«

»In allem. Der Weise hat seine Augen im Kopf, sagt der Prediger. Ich bin kein großer Weiser, aber denken kann ich. Wenn ein Mensch denselben Gedanken hundertmal überdenkt, wird dieser Gedanke fein ausgefeilt. Sehr fein.«

»Dabei kann man auf dem Weg in die Melancholie geraten«, sagt Ruven leichthin.

»Man kann auf alle möglichen Wege geraten. Aber wenn du systematisch denkst, gelangst du immer an denselben Ort.«

Ruven wirft Esra einen besorgten Blick zu. Worauf will er jetzt hinaus? Nicht darauf. Schweigen. Nicht dorthin.

»Nur an einen Ort, ein und denselben: Dahin, daß wir nicht mehr jung sind, Charismann, du und ich und die anderen. Der größte Teil des Weges liegt schon hinter uns. Du verstehst, wovon ich rede. Davon, daß wir mal sterben müssen. Als junge Leute haben wir gedacht, man stirbt nur einmal, deshalb sollte man es glorreich tun. Jetzt sind wir in die Jahre gekommen. Erinnerst du dich, wie Ramigolski gegangen ist? Er war ein guter Freund von mir, aber ich finde, wir haben ihn künstlich zum Helden stilisiert. Zwar heißt es bei uns, nach dem Tod heilig und so, aber wir haben seinen Tod wie einen Karneval gefeiert, als sei es gut gewesen, daß gleich zu Anfang jemand gestorben ist. Gut in pädagogischer Hinsicht sozusagen, verstehst du? – Bist du eingeschlafen? Nein? – Jetzt, in unserem Alter, müssen wir zu einem sehr einfachen Schluß gelangen: Man sollte nicht unbedingt glorreich sterben, sondern spät. In zehn, zwanzig Jahren. Als mein Vater so alt war wie ich, war er schon tot. Was folgt daraus? Es folgt, daß ich was gewonnen habe. Besser ist mein Tod als mein Leben. Wäre ich doch an deiner Stelle gestorben. Ich meine, diese Bibelverse sind vielleicht symbolisch gemeint oder so was Ähnliches, auf dem Gebiet bin ich nicht bewandert, aber sie sind nicht wahr. Stimmt's, Charismann? Ich hab doch recht, nein?«

»Ich werde dir was erklären«, sagt Ruven, verstummt aber, ohne seinen Satz zu beenden, weil Esra Berger ihm seine schwere Hand aufs Knie legt und sagt: »Warte. Ich bin mit diesem Gedanken noch nicht zu Ende. Gestern zum Beispiel habe ich an der Abzweigung nach Megiddo einen schrecklichen Unfall gesehen. Unterwegs auf den Straßen sieht man so was tagtäglich.«

Ruven beißt sich auf die Lippen und sagt nichts.

»Bist du müde? Möchtest du schlafen? Ja? Warte. Ich werd's dir erzählen. Auf dem abschüssigen Straßenstück vor der Abzweigung nach Megiddo stand ein langer Laster, mit Baustahl beladen. Das sind diese runden Stahlstangen, die sie in den Beton stecken. Der Fahrer saß auf seinem Sitz, ruhte sich wohl aus. Dann kam von hinten ein riesiger Sattelschlepper, fuhr auf ihn drauf, schob die Stahlstangen durchs Rückfenster der Kabine und spießte den Fahrer auf wie Grillbraten. Er ist aufrecht gestorben. Nicht mal umfallen konnte er. Die Stange hat ihm den Hals durchbohrt. Selbst wenn du gar keinen Fehler begangen hast, kannst du so umkommen. Es macht dich völlig kaputt, wenn du plötzlich siehst, wie zerbrechlich der Mensch ist. Furchtbar.«

»Furchtbar«, wiederholt Ruven echohaft.

Eine merkwürdige, fieberhafte Gesprächigkeit hat sich Esras bemächtigt: »Jetzt hör mal. Nachts kommt dir manchmal ein Wagen entgegen und blendet dich. Du fährst instinktiv weiter, rein nach Gefühl. Siehst gar nichts. Es flimmert vor deinen Augen. Du bist völlig auf dein Gefühl angewiesen. Und jetzt denk bitte mal nach, was ist Gefühl? Was ist das überhaupt? Das ist was Launisches, Irrationales, völlig Mysteriöses. Vergiß nicht: Die Augen sehen gar nichts. Sind geblendet. Bist du eingeschlafen, Charismann? Nein? Hörst du noch zu? Schlage doch dieses Volk mit Blindheit, wie es bei uns geschrieben steht. Ein paar Sekunden lang bist du auf das Gefühl angewiesen. Wenn es dich im Stich läßt, stirbst du geblendet. Und hinterher weißt du, wie zerbrechlich du bist. Es ist, wie das falsche Los ziehen. Wie ... wie Papier zerreißen. Wie Wasser.«

»Sag, Esra, glaubst du, daß ...«

»Aber nicht nur, wenn du geblendet wirst, und nicht nur, wenn du einen tödlichen Unfall auf der Straße siehst. Auch einfach so, auch ohne jeden äußeren Anlaß kommt dir solch ein Gedanke. Wenn sie dir zum Beispiel im Film ein hohles weißes Skelett zeigen, erschrickst du. Nicht wahr? Ja. Aber so ein Gerippe, haargenau so eines, geht doch überall mit dir hin. Vielleicht machst du dir die Thermosflasche auf und trinkst Kaffee? Nein? Wenn du ißt, wenn du schreibst, wenn du lachst, sogar, wenn du schläfst – immer ist so ein weißer Knochenmann bei dir, mit weißen Rippen, Totenschädel, Zähnen und großen, leeren Augenhöhlen, wie auf all den Bildern. Wenn du eine Frau bumst, zum Beispiel, reiben sich eigentlich nur zwei Skelette aneinander. Und wenn man das furchtbare Geräusch nicht hört, das den ganzen Akt in einen Schauerwitz verwandeln würde, wenn man dieses Schaben nicht hört, dann nur deshalb, weil noch eine weiche Zwischenschicht da ist. Aber die ist vergänglich, Charismann, nicht beständig, die ist aus feuchtem Material, das leicht verwest, eine sehr zerbrechliche Hülle, wie du siehst. Du schläfst gewiß schon, was? Ich will damit sagen, daß sie sehr fragil ist. Erstaunlich fragil. Wenn wenigstens ... wenigstens ... Aber was ist denn mit mir los, du bist müde und ich rede und rede. All diese Dinge stehen sicher schon längst in Büchern. Ich hab dich bestimmt sehr ermüdet. Ich habe für den Körper nichts Besseres als Schweigen gefunden, hat der Weise gesagt. Aber was hat der Weise vergessen hinzuzufügen? Er hat vergessen hinzuzufügen, daß nicht alles, was für den Körper gut ist, auch dem Menschen guttut. Nun schlaf. Wir haben noch eineinhalb Stunden zu fahren. Du bist sehr müde. Du bist ausgepumpt. Ich möchte, daß du schläfst. Schlaf. Du bist lange Fahrten nicht gewöhnt. Schlaf. Ich verspreche dir, daß ich den Laster nicht ins Wadi kippe. Schlaf ruhig. Und runde Stahlstangen hab ich diesmal nicht geladen. Schlaf in Frieden, wie es heißt. Ja.«

16. Kapitel:
Dunkle Triebe

In den letzten Tagen vor dem Wochenfest kam der örtliche Klatsch so richtig in Schwung: Wenn die Anzeichen nicht trügen, ist in unserem Kibbuz etwas sehr Seltsames und Befremdendes eingetreten. Eines Nachts hörte Israel Zitron, auf Wachdienst, einen Streit mit an. Wir erfuhren von ihm, daß zwischen Noga und ihrem Freund Rami, dem Sohn der Witwe, etwas schiefgelaufen ist. Hinzu kam Dafna Issarows Aussage – eine aufregende Geschichte, deren Wahrheitsgehalt allerdings in manchen Punkten von dem einen oder anderen Zuhörer angezweifelt wird. Dafna erzählte, eines Abends, an einem Freitag, sei Rami Rimon in das Zimmer gestürmt, das sie gemeinsam mit Noga bewohnt, und habe Noga überfallen. Später sei Esra Berger hereingekommen und habe einen heftigen Wortwechsel mit Rami gehabt. Der sei in Handgreiflichkeiten ausgeartet. Zum Schluß sei Rami aus dem Zimmer gestürmt und habe sehr seltsam ausgesehen. So weit Dafnas Darstellung. Es hat sich tatsächlich eine merkwürdige Freundschaft zwischen Ruven Charischs Tochter und Bronkas Mann entwickelt – das kann die Witwe Fruma Rominow bezeugen.

Ein anderer Ort

Ja. Jetzt, da uns diese Dinge zu Ohren kommen, verbinden wir sie mit dem, was wir mit eigenen Augen gesehen haben, ohne uns viel dabei zu denken. Schon seit Tagen sehen wir den Mann und das Mädchen zur Mittagszeit am Maschinenschuppen miteinander reden. Bisher hatten wir nichts Anstößiges dabei gefunden. Falls die Gerüchte zutreffen, sind wir naiv gewesen.

Manche sagen, Esra Berger kaufe seiner Freundin Stickgarn über die feste Zuteilung hinaus und bezahle es aus eigener Tasche. Dafür habe ihm das Mädchen einen Brotbeutel genäht und bestickt. Nina Goldring habe diesen Beutel mit eigenen Augen gesehen, denn sie händige dem Fahrer ja die belegten Brote aus. Ein Bär sei darauf gestickt.

Gehört es sich denn, daß diese beiden am hellen Mittag mitten auf dem Hof im Schatten des großen Lastwagens stehen, der Alte das Kinn des Mädchens festhält und ihr seine abgedroschenen Sprüche direkt in den Mund murmelt? Schickt es sich, daß sie seine Sprüche mit glockenhellem Lachen erwidert und ihm sogar mit der Hand auf die behaarte Schulter klopft? Nein, das ist ungehörig, unschicklich, hat einen anrüchigen Beigeschmack.

Wenn wir Dafna weiter Glauben schenken, sind die Dinge schon weit gediehen. Noga steht neuerdings um Mitternacht auf, um sich zu dem Verschlag hinter der Wäscherei zu schleichen und den Fahrer bei seiner Rückkehr von der Nachttour zu begrüßen. Zugestanden, Dafna Issarow ist der Übertreibung verdächtig. Das liegt in der Natur der Dinge. Aber es läßt sich nicht leugnen, daß die Dinge aus dem Rahmen fallen. Daß etwas dahintersteckt. Wir sind vorsichtig in unserem Urteil. Unsere Worte fußen nicht auf den Aussagen Dafnas, der wir kein volles Vertrauen schenken, sondern auf dem Zeugnis des peniblen Mundek Sohar, das wir für ausschlaggebend halten und daher hier alsbald seinem Inhalt nach wiedergeben werden. Manche sagten Noga Charisch nach, das heiße Blut ihrer Mutter Eva fließe in ihren Adern. Von Esra Berger sagte Herzl Goldring: Es ist nicht weiter verwunderlich, daß sein Oren ein Übeltäter ist. Der Apfel fällt nicht weit vom Stamm. Es hieß auch (Fruma Rominow war wohl die Urheberin dieses sensationellen Gedankens): Das wird Esra Bergers Rache sein. Und man sagte noch einiges mehr.

Jedenfalls blicken wir seit einigen Tagen Bronka und Ruven ins Gesicht, auf der Suche nach Zeichen. »Wer Wind sät, wird Sturm ernten«, sagte Grischa Issarow, wobei er zum Spaß die Redeweise des hiesigen Lastwagenfahrers nachahmte.

Enav, die verschämt ihre Schwangerschaftsmonate zählt, sagte eines Abends zu ihrem Mann Tomer: »Er ist zum Thema geworden, dein Vater.«
Tomer zuckte die Achseln und schwieg.
»Ich meine, du müßtest eingreifen. Es ist schließlich deine Familie. Oder?«
Aber Tomer, ein kräftiger junger Mann, der schwerste Feldarbeit wie kein anderer wegstemmt, warf seiner Frau nur einen spöttischen Blick zu, breitete seine mächtigen Arme aus und antwortete: »Ich? Was bin ich denn – sein Vater? Wenn der Alte sich zum Narren machen will, soll er's doch tun. Wohl bekomm's. *Ssachteen*. Mutter ist auch nicht besser.«

Ja, Bronka ist nicht besser als ihr Mann. Sie hat als erste gefehlt. Aber diese Tatsache mindert nicht ihre Schwermut. Oft dreht sie beim intimen Beisammensein das Gesicht zur Wand und weint. Ruven beißt sich auf die Lippen und fragt sie nicht. Was sollte er auch sagen. Aus Brüderlichkeit streichelt er Bronkas Wange und schweigt. Das Herz ist ihm schwer. Gewiß, er geht weiterhin wie gewohnt jeden Abend schräg über den Rasen zu Bronka und bleibt bis kurz vor Esras Rückkehr bei ihr. Aber seit einigen Tagen verhält er sich wie damals, als noch eine rein platonische Freundschaft zwischen ihnen bestand. Er begnügt sich damit, bei ihr zu sitzen, Kaffee zu trinken, säuerliche Trauben abzuzupfen und mühsam ein Gespräch in Gang zu halten, zum Beispiel über Kunst – bis Bronka das Gesicht in den Händen birgt und unvermutet in Schluchzen ausbricht, das ihre Schultern lange beben läßt.
Ist ein Brief von Sacharja Siegfried aus München angekommen, gibt Bronka ihn Ruven zum Lesen, damit er die wenigen Zeilen seiner Ex-Frau sieht. Danach sitzen sie beide auf dem Sofa, ihre Finger in seiner Hand, er schweigt wie ein Junge, den zum erstenmal die Liebe gepackt hat. Bronka nimmt schließlich ihr Strickzeug auf, ein Mützchen für ihre künftige Enkelin, und schweigt ebenfalls. Manchmal bringt er ein Buch mit und sie lesen es gemeinsam, wie in fernen Tagen. Einmal heftete Bronka den Blick an Ruvens Lippen und fragte: »Was soll werden, sag, sprich.«
»Es wird schlimm werden«, sagte Ruven und biß sich auf die Unterlippe, als habe er versehentlich ein strenges Geheimnis gelüftet.

Das Allerschlimmste ist noch nicht eingetreten. Zwar ist Noga ein paarmal mitten in der Nacht aufgewacht und hat sich heimlich hinter den Zier-

Ein anderer Ort

sträuchern entlanggeschlichen, um den Mann bei seiner Rückkehr abzupassen. Aber Esra hat in unbeholfener Zuneigung ihren Kopf an seine verschwitzte Brust gedrückt und das Mädchen mit einem beruhigenden Streicheln wieder ins Bett geschickt. Einmal hat er sie sogar geküßt – das ist der penible Mundek zu beschwören bereit, denn er hatte in jener Nacht Wachdienst und hat es mit eigenen Augen gesehen. Aber wegen der tiefen Dunkelheit konnte der gute Wächter nicht die heißen Tränen des Mädchens sehen und irrte sich daher in der Natur jenes Kusses. Es war ein väterlicher, warmherziger Kuß. Gibt es auf der Welt denn etwas Reineres als das?

Unterdessen sind weit wichtigere Dinge geschehen. Die Feststimmung ist auf dem Höhepunkt angelangt. Schon feiern wir – hach! – das Wochenfest, das Fest der Erstlingsfrüchte, das Fest der Ackerbauern. Die Feier wird nicht im Kultursaal, sondern draußen in der freien Natur stattfinden, wie es sich für dieses Fest gehört.

Spätnachmittag. Die Bühne ist mit Grün geschmückt. Genossen und Genossinnen in Festtagskleidung nehmen ihre Plätze auf dem sanft geneigten Rasenstück vor der Bühne ein. An deren Rückwand prangt eine Inschrift aus Zweigen: *Der Vision und Schönheit Flamm.* Ein Kinderorchester musiziert mit Zimbeln, Trommeln, Akkordeon und Blockflöten unter Herbert Segals schwungvoller Leitung. Jauchzende Gören probieren mit munteren Sprüngen die Bühnenbretter aus.

Wellen anerkennenden Gemurmels durchlaufen das Publikum. Nina Goldring, Fruma, Bronka, Enav, Gerda Sohar, Esther Klieger-Issarow, Chassja sowie andere ältere und jüngere Genossinnen, deren Namen wir noch nicht kennen, alle in weißen Schürzen, gehen die Reihen ab und verteilen kühle Getränke. Allenthalben herrscht Hochstimmung. Dabei ist zu erwähnen, daß viele Gäste – Freunde und Verwandte aus allen Landesteilen – gekommen sind, um mit uns zu feiern.

Da schreitet auch schon der Dichter Ruven Charisch, im sauberen weißen Hemd, auf die Bühne zu. Ernst und aufrecht, ein Blatt Papier in der Hand, schickt er sich an, das Programm mit einigen kurzen Einführungsworten zu eröffnen. Alle gebieten einander Schweigen. Ruven springt auf die Bühne, wirft einen letzten Blick auf den Zettel in seiner Hand, fährt sich mit den Fingern über die hohe Stirn, wartet, bis völlige Stille eingetreten ist, und beginnt seine Rede.

Ruven Charisch spricht von der Erde. Von dem gewaltigen Kreislauf der Natur, der keine Abweichung kenne, vielmehr ehernen Gesetzen unterliege, dem Kreislauf der Erde: Wachsen, Blühen, Welken, Wachsen, Blühen. Und vom Menschen, der je nach seiner Fähigkeit und Hingabe Segen aus diesem großen Kreislauf ziehen oder aber den Fluch der Ödnis und Unfruchtbarkeit auf sich lenken könne. Die alte jüdische Tradition der Darbringung der Erstlingsfrüchte sei ein Symbol für den Zusammenhang zwischen Segen und Hingabe. Die Opferung der ersten Erntefrüchte für Gott bezeichne die Hingabe, die das Geheimnis des Segens sei. So sei das blühende Tal Zeichen der Hingabe, die Segen gebracht habe, während das öde Gebirge für den Fluch der Feindlichkeit stehe.

Ruven Charischs Sätze sind kurz und kühn. Verse von Bialik und Fichmann, Tschernichowski und Lamdan fließen ein, dazu auch einige emphatische Zeilen aus eigener Feder. Der Dichter macht dabei eine gute Figur mit seiner schlanken Gestalt und den vergeistigten Zügen. Zuweilen bricht ihm ergreifend die Stimme.

Es bleibt jedoch nicht lange ernst: Nun sind die Einführungsworte zu Ende, das Kinderorchester setzt auf Herbert Segals Zeichen ein und spielt die Festweisen: »Aus allen Ecken des Landes sind wir gekommen«, »Das Wochenfest sollst du feiern«, »Erde, meine Erde« und andere mehr.

Die Kindergartenkinder ziehen, ganz andächtig und aufgeregt, als erste auf die Bühne. Ihre kleinen Hände halten Obstkörbchen und Traubenkiepen. Des Weinstocks erste Kraft steckt in den prallen Büscheln. Da die meisten Obstsorten zu dieser Jahreszeit noch nicht reif sind, haben die Kleinen wohlbedacht auch einige künstliche Früchte in den Körbchen. Die kleinsten Schulkinder folgen ihnen mit fröhlichem Gesang hinauf, in den Händen riesige grüne Bananenblätter. Und schon zerren Gais Klassenkameraden – wie herrlich! – ein muhendes Kälbchen auf die Bühne, kaum einen Tag alt, mit weichem Fell, auf dem Kopf einen Frühlingsblumenkranz. Eine andere Klasse führt zwei schneeweiße Lämmer an einem Strick. Ruven Charischs Schüler bereichern das Bild alsbald um einen Korb, in dem eine Glucke mit ihren niedlichen gelben Küken sitzt.

Nun ist die Zeit der Wirtschaftsleiter gekommen. Herbert Segal verläßt einen Augenblick das Orchester und schleppt eine Milchkanne mit einem aufgemalten Diagramm der Milcherträge auf die Bühne hoch. Seine altmodische runde Nickelbrille wirkt dabei irgendwie fehl am Platz. Herzl Goldring geht schier in die Knie unter der Last eines riesigen Kranzes

Ein anderer Ort

aus Rosen, des Stolzes der Ziergartenabteilung. Israel Zitron schwingt ein Büschel grüner Bananen in die Höhe. Tomer hat zu Ehren des Anlasses emsig gesucht und tatsächlich eine Futterrübe von monströsen Ausmaßen gefunden, die das Publikum vor Verblüffung tief Atem holen läßt. Andere Genossen bringen ebenfalls etwas von den Früchten ihrer Arbeit. Grischa stapft in seinen iranischen Riesenstiefeln heran, über der Schulter ein randvolles Fischernetz, das er unter stürmischem Jubel mit einem mächtigen Schwung in die auf der Bühne bereitstehende Wassertonne entleert.

Die Darbringung der Erstlingsfrüchte ist beendet. Der Schatzmeister des Kibbuz, Jizchak Friedrich, wird auf die Bühne gerufen, um seinen Part bei der Veranstaltung zu übernehmen. Er verkündet die Auslösung der Erstlingsfrüchte gegen den stattlichen Betrag von zweihundertfünfzig Pfund als Spende an den Israelischen Nationalfonds. Das Orchester spielt einen lauten Tusch. Kurze Pause. Die Tänzerinnen und Tänzer bereiten sich auf das Hauptereignis vor.

Sieben Jungen und sieben Mädchen besteigen die Bühne zu den Klängen der Musik unter Herbert Segals Leitung. Die Jungen tragen enganliegende schwarze Trikots. Die helle Tolle fällt ihnen in die Stirn und bildet einen reizvollen Kontrast zum Schwarz ihrer Kleidung. Die Mädchen strahlen in schneeweißen Kleidern. Lediglich der Saum über den bloßen Knien und der Ausschnittrand sind bunt bestickt. Tänzer und Tänzerinnen sind barfuß. Alle hübsch und einheitlich, von herrlich großem schlankem Wuchs. Ein Sprecher liest die ersten Verse der Festliturgie. Eine Sprecherin gegenüber antwortet ihm.

Die Jungen nehmen in gerader Reihe an der Bühnenrückwand Aufstellung, verharren reglos. Die Mädchen halten Halme oder Zweige der sieben Arten des Landes in Händen: Weizen, Gerste, Granatapfel und so weiter. Unsere Augen folgen nicht dem Zweig des Feigenbaums, obwohl Dafna Issarow nett aussieht mit ihrem weißen Kleid und dem runden Gesicht. Unsere Augen umschmeicheln den Weinstock. Rank und schlank ist die Rebe, üppiges, langes Haar fällt ihr über die Schulter, wallt weich hinab, ihre Hüften sind knabenhaft schmal, ihr Gesicht klein und sonnengebräunt. Sie lächelt nicht. Großer Ernst liegt auf ihren Zügen. In den Fingern hält sie ein zartes Reis. Sachte, sachte hebt die Rebe das Reis mit beiden Händen hoch über den Kopf. Ihre Hände runden sich. Formen gleichsam einen Strahlenkranz über ihrem Haupt. Langsam, langsam schwingen ihre

Hüften, langsam, wie in innerem Reigentanz. Einen Moment später wirbeln die Hände, füllen sich die Hüften mit schäumendem Verlangen, lösen sich die langen Beine vom Fleck und trommeln sehnsuchtsvoll über die Planken, voll schwebender Leichtigkeit, liebkosender Bewegung, als trügen ihre Füße den Körper einer Frau nicht aus Fleisch und Blut, sondern aus anderem Stoff, aus luftiger Materie, immateriell.

Schon hat der Freudentaumel sie erfaßt. Ihr Körper gerät in Ekstase. Ihr Haar spielt wild. Die Augen blicken empor. In ihren Fingern tanzt das Rebreis einen glühenden Reigen. Sie fällt auf die Knie, wie vom Blitz getroffen, springt wieder empor, wie vom Seil gezogen, reckt sich auf die Zehenspitzen, als wolle sie zu anderen Höhen abheben, ihre Arme winden sich, scheinbar wutentbrannt.

Nun stürmen die sieben Jungen zur Bühnenmitte vor. Ihr Spurt löst einen dumpfen Knall aus dem Hohlraum unter den Bühnenbrettern aus. Mit wildem Sprung stürzen sie auf die Mädchen zu. Ihren Kehlen entfährt zeitgleich ein tiefer Schrei. Hand auf Hüfte, Hand auf Hüfte, Rücken gebeugt, Fessel schlägt. Hand auf Schulter, Hand auf Schulter, Kopf genickt, stark in die Knie.

Zum Schluß singen sie. Bisher haben sie lautlos getanzt. Die Orchesterklänge bestimmten den Takt ihrer Bewegungen. Jetzt singen sie, beide Gruppen, eine glockenreine Weise. Sündigen wir, wenn wir den Worten keine Beachtung schenken und den jungen Leuten still ein wenig zuschauen, die Weinrebe in völliger Stille betrachten, in sehnlichem Verlangen, wie ein Schakal, der aus dunkler Ödnis zu den Lichtern des Zaunes blickt, sich aber zu den Lichtern des Zaunes nicht traut, Stella, Türkisa, Stella Maris.

Der Skandal ereignete sich eine Stunde später. Am Ende der Feier verließen die Zuschauer den Festplatz. Familie nach Familie strebte mit ihren Gästen nach Hause, um begeistert Eindrücke auszutauschen und das Erlebnis mit Kaffee und Keksen in den eigenen vier Wänden ausklingen zu lassen.

Auf der verlassenen Bühne blieben die Erstlingsgaben zurück, darunter das Kälbchen und die Lämmer, die Glucke mit ihren Küken, all unserer Ernte Pracht. Alles war rechtmäßig ausgelöst durch Jizchak Friedrich, alles harrte des Hofverwalters, der vor Einbruch der Dunkelheit kommen wollte, um jedes für sich wieder an Ort und Stelle zu bringen.

Ein anderer Ort

Diesen Zeitpunkt paßten Oren Geva und seine Kumpane ab. Sie schlüpften leise aus ihren Verstecken im dunklen Dickicht der Myrtensträucher und blickten sich vorsichtig um. Oren hatte das Zeichen zur Eröffnung des bösen Spiels gegeben. Mit wiegendem Schritt, in geckenhaft übler Manier, schlich der Bursche das Kälbchen von hinten an, packte es am Kopf und schnitt ihm mit einem Streich die Kehle durch. Gleich darauf griffen viele kleine Hände lüstern zu, um das Massaker zu vollenden. Der Kopf der Glucke endete unter dem Tritt eines harten Schuhs. Ihre Küken landeten schonungslos in der Wassertonne. Die Lämmer wurden zum Tod durch den Strang verurteilt. Man zog ihnen den Strick um die Kehle so fest zu, daß sie alsbald wankten und taumelnd zusammenbrachen. Auf einen Fußtritt kippte die Wassertonne um. Verzweifelte Fische zappelten wie in einem gräßlichen Veitstanz, wälzten sich im Staub, bis die Erde ihnen die glasigen Augen verklebte und nur die ausgedorrten Kiemen noch panisch zitterten.

Nun kamen die Gegenstände an die Reihe. Die geschmückten Körbe wurden zu Boden geschleudert, die Früchte wütend zu Brei zerstampft. Um den bunten Haufen Tanzgewänder nahm die Bande im Kreis Aufstellung, um ihr Wasser darauf zu lassen.

Völlig still verlief die Tat, unter stummer Befolgung von Orens Winken. Ein fremdartiges Licht glüht in den Augen des Jungen. Kalter Zorn bemächtigt sich seines klobigen Leibs. Einige der Jungen verrichten ihre Taten mit schiefem Lächeln. Bronkas Sohn hat kein Lächeln auf den Lippen. Klare Strenge liegt auf seinen Zügen. Eine kalte Wut, die Wut dunkler Triebe, funkelt in seinen Augen. Welcher Art ist diese Wut, fragen wir. Wir haben es hier doch nicht mit vernachlässigten Armeleutekindern zu tun, sondern mit liebevoll umsorgten Pioniersöhnen. Dunkle Triebe sind hier am Werk, sagen wir, und das Herz bricht uns vor Trauer.

Kaum haben die Löwen das Schlachtfeld verlassen, treten die Füchse auf den Plan. Gai Charischs Lausebengel metzeln und zerstören nicht, sind aber auf Plünderung und Beute aus. In den Trümmern spähen sie nach kleinen Dingen von Wert, bringen Schimpf und Schande über sich.

Aber das Glück ist ihnen nicht hold. Man hört einen Traktor den Hang heraufrumpeln. Die Lausebengel suchen mit affenartiger Geschwindigkeit das Weite. Der Hofverwalter kommt, die Erstlingsfrüchte an ihren jeweiligen Ort zurückzubringen. Er stoppt den Traktor und verdreht entsetzt die Augen.

Innnerhalb weniger Stunden verwandelte sich Mezudat Ram in einen Hexenkessel. Schmach und Wut erfüllte alle Herzen. Sogar Herbert Segal, sonst ein gemäßigter Typ mit klugem Taktempfinden, geriet diesmal aus dem Häuschen und stimmte Fruma Rominow darin zu, daß etwas faul sei im Staate Dänemark alias Kibbuz Mezudat Ram. Sagte es und preßte die Lippen zusammen.

Mangels schlagender Beweise beschloß man noch am selben Abend, allen Schulklassen sämtliche Ausflüge zu streichen.

Um zehn Uhr nachts, als die Sitzung des Erziehungsausschusses beendet war, überquerte Ruven Charisch wie üblich den Rasen zwischen seinem und Bronkas Haus. Und wie üblich beobachtete ihn auch an diesem Tag Herzl Goldring von seiner dunklen Veranda, auf der er jeden Abend mit seiner Frau Nina sitzt. Aber anders als üblich stand Herzl Goldring diesmal von seinem Stuhl auf, steckte den Kopf über die Brüstung und verfluchte Ruven Charisch zweimal nacheinander.

17. Kapitel:
Frau

Ende der Woche kam die Hitzewelle.

Von der Bergkette im Osten wehte gräßliche Trockenheit zu uns hinab. Der Himmel wurde grau, als hätte die Wüste sich erhoben und über unsere kleinen Dächer gestülpt. Mit üblen Krallen rüttelte sie an unserer Lebenskraft, verbreitete Schwermut, peinigte den Leib und bedrückte die Seele. Die Hühner verendeten trotz moderner Kühlanlagen zu Dutzenden im Stall. Die Kühe entwickelten bösen Rebellengeist. Mit der Peitsche mußte der gute Herbert Segal sie in die Melkboxen treiben, um ihrer Herr zu werden. Die Zierbäume ergrauten. Ihre Wipfel raschelten trocken. Gelb versengte Kahlstellen bildeten sich auf den Rasenflächen. Zwischen den Kibbuzmitgliedern brachen Konflikte aus, erbitterte Streitigkeiten aus nichtigem Anlaß. Aus Gründen des Anstands wollen wir verschweigen, was Fruma Rominow an einem dieser schlimmen Tage Bronka Berger an den Kopf geworfen hat. Nur so viel sei gesagt, daß die schockierte Bronka am hellen Nachmittag in Ruven Charischs Zimmer platzte, ihm winkte, mit ihr herauszugehen, damit die Kinder es nicht hörten, und ihm mit gequetschter Stimme erklärte, mehr könne sie nun wirklich nicht ertragen,

Ein anderer Ort

und er solle in Gottes Namen tun, was noch der allerletzte, primitivste Vater längst getan hätte.

Fruma Rominows Urteil also gab, wenn auch indirekt, den Anstoß zu jenem Gespräch zwischen Vater und Tochter, das Ruven Charisch bisher zu umgehen versucht hatte.

Vater und Tochter gehen vor der Sekretariatsbaracke auf und ab. Acht Uhr abends. Die Luft ist dunkel und glühend heiß. Ihre Stimmen sind gedämpft.

»Ich wollte dich fragen, meine Tochter, ob du denkst.«

»Was ist das denn für eine Frage, Vater, ich verstehe nicht, was du meinst.«

»Ob du denkst. Ob du in den letzten Wochen überhaupt noch irgendeinen klaren Moment hattest oder das Denken womöglich ganz aufgegeben hast.«

»Ich bin nicht deine Touristen, Vater, ich bitte dich, red nicht um den heißen Brei herum. Sprich gerade heraus mit mir.«

»Das werde ich, Noga. Tu ich, gleich. Ohne Umschweife. Und ich möchte, daß auch du so mit mir sprichst: offen und ehrlich.«

»Wie immer.«

»Vielleicht. Sag mir, Tochter, weißt du, was und wie man hier an diesem Ort in den letzten Tagen über dich redet?«

»Was und wie redet man in den letzten Tagen hier an diesem Ort über mich, Vater?«

»Du weißt es doch. Du weißt es genau. Es wird über dich geklatscht. Sehr schlecht geklatscht.«

»Wer sich schlecht fühlt, führt schlechte Reden.«

»Ich ... ich möchte, Noga, daß wir einander richtig verstehen. Zwing mich nicht, auch schlecht zu reden.«

»Fühlst du dich schlecht?«

»Du hast etwas gegen mich, Noga, das tut mir weh. Ich möchte nicht, daß wir kämpfen. Ich möchte dein Bestes.«

»Es ist heiß jetzt, Vater. Mir ist heiß. Uns allen ist heiß. Es ist Chamsin. Warum kommst du jetzt mit schlechtem Klatsch an. Warum meinst du, das ganze Leben bestehe aus Reden. Es gibt auch Dinge. Nicht nur Worte. Nicht alles besteht aus Worten. Warum willst du immer alles regeln? Warum muß alles immer geregelt werden? Der Himmel fällt nicht runter, wenn mal was offenbleibt.«

»Es gibt Dinge ...«

»Ja. Ich weiß, ich weiß. Es gibt Dinge. Fruma hat Bronka was Schlechtes zugerufen. Ich weiß. Dafna hat es gehört und mir erzählt. Ich hasse Worte. Wegen diesem Gerede fängst du jetzt damit an, wo allen so heiß ist. Laß uns aufhören. Es reicht.«

»Was soll das mit Fruma und Bronka. Ich möchte mit dir reden, Tochter. Mit dir. Über dich.«

»Du möchtest reden, redest die ganze Zeit, sagst aber nichts.«

»Ich rede. Ich spreche über die ... deine neue Freundschaft, um die Dinge beim Namen zu nennen. Ich möchte nur eines wissen: Ob du überhaupt weißt, was du tust.«

»Freundschaft?«

»Ja.«

»Esra?«

»Ich ... Ja. Esra.«

»Sag mal, scheust du vor irgend etwas zurück? Fällt es dir schwer, mich schlicht und einfach um etwas zu bitten? Ich solle mich von Esra fernhalten, weil Bronka ... Oh, ist das einfach, Vater, so einfach, und du schleichst auf Zehenspitzen herum und redest, als sei ich aus Glas. Ich bin nicht aus Glas. Ich begreife sehr wohl. Es ist einfach. Entweder du und Bronka oder ich und Esra, und du warst der erste, hast also das Vorrecht. Ganz einfach, Vater, wirklich.«

»Noga ... Stella, hör mal ... Warum ... Warum mußt du's so ausdrücken ... Hör mir einen Moment zu.«

»Ich höre zu, Vater, ich höre alles. Die ganze Zeit. Du brauchst mich nicht extra darum zu bitten. Ich höre sehr gut zu.«

Ruven Charisch ist tatsächlich etwas verlegen. Aus Verlegenheit fummelt er an seiner Oberlippe, sucht nach passenden Worten. Die Hitze benebelt ihn. Die schweißnasse Hand befeuchtet ihm das Gesicht, und der Schweiß im Gesicht klebt ihm an der Hand. Er verspürt ein seltsames Stechen in der Brust, das vergeht, ehe es weh tut. Stella, das böse Reh, kehrt ihm indes den Rücken und stampft mit dem Fuß auf den Boden, die Lippen zu einem Beinahlächeln verzogen. Ruven streckt die Hand aus, um ihr den Nacken zu streicheln. Sie wendet den Kopf ab.

»Ich möchte es anders ausdrücken, Noga, mal so sagen. Du bist kein Kind mehr. Richtig? Richtig. Ich habe nicht die Absicht, mich in dein Leben einzumischen. Aber ich möchte auch nicht, daß du dein Leben kaputtmachst. Das ist alles. Nur davon rede ich.«

»Du bist süß, Vater«, sagt Noga plötzlich, »du bist einfach süß.«

Im Dunkeln macht sie ein strahlendes Gesicht. Nur ihre Zähne klappern seltsamerweise, als sei sie krank. Er quält sich. Er quält sich und wird jetzt gleich von Mutter anfangen. Mein lieber, naiver Vater, wenn du wüßtest, daß ich zu dir halte und es nur nicht sagen kann, weil ...

Ruven quält sich. So hat er das Gespräch im Geist nicht geplant. Sie weicht aus. Ich spreche, und sie tanzt. Was mag in ihr vorgehen. Nie weiß man, was in den Frauen vor sich geht. Sie tanzen. Du redest, und sie tanzen. Alle beide. Sie und Eva. Nach außen hin die Ruhe selbst, doch tief drinnen tobt der Teufel. Aber sie nicht. Sie werde ich nicht lassen. Sie ist mein.

Freundlich, fast scherzhaft, fragt Ruven: »Kurz gesagt, Stella, welcher Teufel hat dich gepackt?«

Freundlich, fast scherzhaft, antwortet Noga: »Ein wunderbarer Teufel, Vater. Ein trauriger, kluger, liebevoller Teufel. Manchmal macht er Angst, aber er ist ein feinfühliger Teufel. Ein müder Teufel.«

»Jetzt werde ich dir was erzählen«, sagt Ruven spürbar bedrückt, »etwas von deiner Mutter.«

»Nein«, sagt Noga. »Das – nicht. Da schalte ich ab.«

»Doch. Du wirst zuhören. Du mußt zuhören«, sagt Ruven Charisch, als habe er einen unerwarteten Vorteil ergattert, den er nun voll auszureizen versuche.

»Nein. Ich muß nicht. Ich werde nicht zuhören. Auf keinen Fall.«

»Als dieser Halunke, Hamburger, ankam, hat Mutter ihn verabscheut. Ich übertreibe nicht: Richtiggehend verabscheut hat sie ihn. Sie hat ihn zwar höflich behandelt, er ist ja ein Verwandter, sie sind gemeinsam im selben Haus aufgewachsen, aber der Krieg hatte ihn offenbar verdorben. Das war Mutters Meinung. Sie sagte, er sei nicht mehr derselbe. Nicht der Junge, mit dem sie als kleines Mädchen verlobt gewesen war. Ein anderer. Ein Clown, der die Gesten und den Tonfall des toten Jünglings übertrieben nachäffe. So. In Wirklichkeit hat er die Kriegszeit in der Schweiz verbracht und sein Geld als Spekulant gemacht. Einmal werde ich dir auch davon erzählen. Mutter sagte, sie hoffe nur, er fahre schnell wieder weg. Morgen schon. Am liebsten jetzt gleich. Ich, ich habe sie angefleht, ihn höflich zu behandeln. Schließlich habe er Schweres durchgemacht. Viel gelitten.

Aber deine Mutter verabscheute ihn. Er war raffiniert. Hat zum Beispiel ›dressierter Fasan‹ zu ihr gesagt und dann so feucht gelacht wie ... wie modrig. Mutter hat ihn gebeten, den Mund zu halten, um Gottes willen ruhig zu sein. Aber er war nicht ruhig. Er hat zum Beispiel zwinkernd gesagt: *Gold und Silber* oder: *Raus, raus, Dichter.* Das waren Dinge, die deine Mutter sehr verletzt haben. Übrigens hat er sehr viel über Frauen geredet.«

»Ich habe auf Durchzug geschaltet.«

»Ich habe mich die meiste Zeit um ihn gekümmert, weil Mutter nicht mit ihm zusammen sein wollte. Ich bin mit diesem fiesen Kerl nach Jerusalem, nach Sodom, nach Elat gefahren. Jeder Ort, jeder Ausblick, jeder Name hat ihn an irgendeine Zote oder einen billigen Witz erinnert. Er hat sich bemüht, viel Geld für mich rauszuschmeißen, mich mit seinem Pferdegebiß anzulächeln, um gut Freund mit mir zu werden. Scheußliche Zähne hatte er, erschreckend groß. Er hat ständig von Frauen erzählt. Und gezwinkert.«

»Ich hör nicht zu.«

»Einmal – wir kamen gerade zu dritt aus dem Speisesaal, er, deine Mutter und ich – hat dieser Fiesling doch zwinkernd gefragt, ob es stimme, daß hier freie Liebe üblich sei. Und hat dabei sämtliche Zähne gezeigt. Deine Mutter ist aus lauter Ekel vor ihm geflüchtet. Als sie zurückkam, hat er ihr irgendein deutsches Kinderlied vorgesungen, über Franzi, den Gärtner, der in den Keller lugte, und sah, daß die Fürstenkinder ihre Zeit im Gebet verbrachten. Mach, daß er schnell wegfährt, hat deine Mutter in jener Nacht gesagt, daß er sofort abreist. Morgen. Er war nicht lange bei uns. Vielleicht zwei Wochen, bis plötzlich...«

»Ich verstehe kein Wort. Du redst in den Wind. Kein einziges Wort.«

»Bis ich eines Tages nach Tel Aviv fuhr, meine Stella, eines schlechten Tages, und als ich am nächsten Tag zurückkehrte, war nichts mehr da. Ein Wahn hatte deine Mutter befallen. Ein irrer Wahn. Sie war diesem Drecksterl gefolgt. Aber im Herzen, Noga, tief im Innern weint sie schon über alles. Die Triebe haben sie zerstört. Mich. Uns. Nach einem Monat hat sie mir einen langen Brief aus Europa geschrieben, mir ihr Herz ausgeschüttet. Ihr Isaak sei mal ein Engel gewesen. Als Kinder hätten sie vierhändig Klavier gespielt, Gedichte gelesen, geschrieben, gemalt. Aber das Leid habe ihn zerrüttet, und sie, sie persönlich, sei verantwortlich für ihn und verpflichtet, ihn zu läutern. So haben wir deine Mutter verloren. Du warst noch ein zartes, kleines Küken.«

Ein anderer Ort

»Vater, rede nicht weiter. Sei so gut, ich bitte dich, schweig, Vater.«
»Die Triebe haben alles zerstört. Ich spreche jetzt sehr offen, Noga. Direkt zu dir.«
»Du hast jemand anderem dasselbe angetan. Du.«
»Aber nein. Nein! Wie kannst du das vergleichen. Bronka und ich ...«
»Du und Bronka. Ich und Esra. So ist die Welt. Nicht aus Worten erbaut. Häßlich. Ich will, daß du aufhörst. Nicht mehr redest.«

Nun geschah etwas Unerklärliches. Das Mädchen zog ihren Vater in den Schatten des dichten Fikusbaums und küßte ihn ins Gesicht, wobei sie einen Schluchzer ausstieß, der wie ersticktes Lachen klang, das Winseln eines Welpen. Ruven setzte an zu reden, ließ es aber dann, strich seiner Tochter sanft übers Haar, murmelte Stella, Stella und flüsterte ihr zu, sie solle auf sich aufpassen, worauf Noga – ihre Stimme so sanft und leise wie die einer anderen Frau – ihrem Vater sagte, sie werde ihn jetzt und immer lieben. Und auf allem lastete der schlimme Chamsin, der nicht einmal vor den stärksten Gefühlen dahinschmilzt.

Noga ging zu dem verlassenen Pferdestall, in der Absicht, dort drinnen auf Esras Rückkehr zu warten. Die Dunkelheit und der uralte Spreugeruch machten ihr diesmal angst. Deshalb blieb sie an der Tür, setzte sich auf ein morsches schwarzes Brett und grübelte: Das Leid hat ihn kaputtgemacht, und sie – sie persönlich – ist für ihn verantwortlich, muß ihn läutern. Hier haben wir einmal ein dickes Seil gefunden, als wir ein dickes Seil suchten. Das ist noch nicht lange her. Sehr lange ist es her, daß hier Pferde drin waren. Jetzt braucht man keine Pferde mehr. Ihre Zeit ist vorbei. Das Pferd ist ein herrliches Tier. Das Pferd ist ein sehr starkes Tier. Das Pferd hat etwas Widersprüchliches an sich. Es kann wild sein und über die Steppen fegen. Wenn das Pferd schwitzt, riecht es wild. Mir wird schwindlig, wenn ich an Pferdegeruch denke. Er hatte solche animalischen Zähne, sagt Vater, wie ein Pferdegebiß. Ein galoppierendes Pferd ist das schönste Tier der Welt. Während des Krieges war er in der Schweiz und ist mit Spekulationen reich geworden. Spekulation ist was Schlechtes. Franzi, der Gärtner – was hat Gärtner Franzi gesehen, was haben die Fürstenkinder in dem schwarzen Kellerloch gemacht. Und was ist ein dressierter Fasan. Wie massig er wirkte, als er Wasser trank, ohne mit den Lippen die Blechtasse zu berühren, die ich ihm gebracht hatte, und das Wasser ihm über

Kinn und Hals runterlief und zwischen den Haaren auf seiner Brust verschwand. Wie stark. Beim Fahren denkt er über die Bibel nach, über Rachel und Lea mit ihren Söhnen zum Beispiel. Lea bedeutet auf Hebräisch auch müde. Das ist schön, aber traurig. Er hat noch nicht mal gewußt, was Türkis ist, aber ich habe es ihm beigebracht, weil ich verantwortlich für ihn bin. Was heißt: *Raus, raus, Dichter.* Wenn ich das nur wüßte. Draußen ist es heiß im Stall schön kühl hab Angst reinzugehen mußt keine Angst haben Gärtner Franzi ist ein guter Mann wird die kleine Prinzessin nicht verraten. Mutter war sogar noch hübscher als ich. Ihr dünnes zartblaues Hauskleid das ich mal trug als er mir auf dem Weg entgegenkam und *Gold und Silber* sagte und mich anguckte und zwar nicht ins Gesicht ehe er das Gesicht abwandte und woandershin blickte. Vater ist sicher daß sie im Herzen schon über alles weint. Aber man weint nicht im Herzen. Nur in der Literatur redet man so. Er hat gefragt ob hier freie Liebe üblich sei. Mutter wollte daß er wegfuhr. Aber ich bin auch Vaters Tochter. Grüne Augen. Richtig. Jetzt hör mal gut zu, Esra: Eines mußt du dir merken. Ich liebe ein Pferd weil es wild ist und ich muß läutern weil ich verantwortlich bin. Jetzt ist es fast Mitternacht. Bald du. Franzi der alte Gärtner wehe seinen Augen daß sie solches schauen müssen. Und du weißt, Türkis ist eine widersprüchliche Farbe blau und grün wie ein Pferd das wild oder mild sein kann.

Esra blieb diesmal länger bei seinen Freunden, den Fischern, in Tiberias sitzen. Im Kibbuz traf er um ein Uhr nachts ein. Noga hüpfte aufs Trittbrett, ehe der Lastwagen noch ganz zum Stehen gekommen war, steckte den Kopf in die Kabine und lächelte zähneklappernd. Sie ist ja krank, glüht vor Fieber, geh ins Bett, mein Kind, du zitterst ja am ganzen Leib, bist du verrückt geworden. Ja, Esra, ja, ja. Du bist krank, meine Kleine, ab mit dir, Türkisa, Marsch – ins Bett, hast du gehört, Kleines, keine Widerrede jetzt. Nein, ich höre nicht zu, Esra, ich höre kein Wort. Du fieberst ja, Dummerchen. Krank, krank ist unser Bär, es liegt ihm was im Magen schwer. Red du mal nicht, Esra, ich will nicht, daß du über Dinge redest, ich will, daß du mich jetzt in die Arme nimmst und mir schnell erzählst, was ein dressierter Fasan ist und noch zwei Dinge, die ich vergessen habe. Nein, du bist ja ganz durcheinander, Türkisa, du weißt nicht, was du tust. Doch. Ich weiß, was ich will. Ich will, daß du mich in den Arm nimmst und jetzt keine Dinge erwähnst und keine Sprichwörter zitierst. Und nicht redest.

Ein anderer Ort

Esra faßt ihren schlanken Arm und will sie auf ihr Zimmer bringen. Noga läßt ihn nicht. Dunkle Triebe wallen in ihren Adern. Sie kämpft. Bleibt wie festgenagelt stehen. Esra will sie nicht mit Gewalt in ihr Zimmer schleppen. Unschlüssig hält er inne und blickt sie an, furchtbar müde. Die Nachtluft ist immer noch trübe und stickig. Ferne Hunde bellen wild. Von gegenüber erwidern ihnen Schakale. Dumpfe Wut erfüllt die Nacht. Mit ihrem ganzen zitternden Körper schmiegt Noga sich an den Leib des Mannes. Er versucht sie wegzudrängen. Sie hat sich mit den Nägeln an seiner Kleidung festgekrallt. Er fühlt ihre lustvollen Küsse auf seiner schweißverkrusteten, behaarten Brust. Schrittchen für Schrittchen drängt sie ihn nach hinten, tief ins dunkle Dickicht der Myrtensträucher. Wer hat ihre Zunge gelehrt, so zärtlich über seinen salzigen Hals zu lecken. Woher die Weisheit ihrer Finger in seinem Nacken. Fassungslos fällt er, seine schweren Hände auf ihren Schultern, die Stimme versagt ihm, bildet keine Worte mehr, nur noch heisere Ächzer. Noga erschrickt und will weg. Flüchten. Sich seinem Griff entwinden. Sein Griff ist hart und schrecklich. Ihre Augen flimmern, erlöschen. Ihr Körper erwacht, wird von süßen Strömen durchpulst. Warme Schauer wallen von einem verschwiegenen Ort zum andern. Ihr Atem geht stoßweise, der Mund steht einen Spalt offen, ihre kleinen Zähne beißen wieder und wieder blind ins Fleisch. Die Erde dreht sich unter ihr. Löst lauter Wellenkreise aus, in deren Mitte ihr Körper schwimmt. Wogen branden über sie hinweg, gischten aus vergessenen Höhlen herauf, mächtig und reißend. Welle auf Welle auf Welle auf Welle. Das Chaos fügt sich zu einem Kreislauf, einem glühenden Rhythmus. Glühende Wasser rütteln ihren Leib. Siedendes Öl ist es. Siedendes Gift. Süß brodelndes Gift dringt ins Knochenmark. Verhaltener Schmerz, Funken über Funken stieben auf und werden ins Wasser gerissen, die Wogen sind nicht schwarz, sondern glänzen, blendende Flimmer tanzen auf den Wassern, ein mächtiger Schwall schwemmt ihren kranken Leib in schäumende Wellentäler, schwere Brecher mißhandeln ihr Fleisch, Wogen bäumen sich auf, Wellen heulen mit vielen Stimmen, roten, hohlen, frohlockenden, ein Blitzschlag, Staunen, Staunen.

Zwei oder drei Stunden später. Morgenstrahlen umschlingen die Jalousielamellen. Sie wälzt sich in den Laken. Am ganzen Körper empfindet sie sich übel. Ihr Leib ist krampfhaft zusammengekrümmt. Die Knie stoßen fast ans Kinn, sind fest an die Brust gezogen, ihre Finger streichen über ihre Haut. Tropfen für Tropfen träufelt ein Lied in sie ein, wie Regenwasser in eine Blechrinne:

> Der Granatapfelbaum, er duftet so
> Vom Toten Meer bis Jericho,
> Deine Augen sind der Tauben zwei'n,
> Deine Stimme klingt gar glockenrein.

Sie hört sie mit der Haut. Sie hört Glocken klingen.

18. Kapitel:
Haß

Sechs Tage lang plagte der Chamsin uns unbarmherzig weiter. Faßte man an eine Bank, eine Wand, ein Bewässerungsrohr, ein Treppengeländer, brachten einem die unbelebten Gegenstände glühenden Haß entgegen. Ruven Charisch goß seine Hitzepein in poetische Form und fand darin – mögen die Kleingläubigen nach Herzenslust zweifeln – ein wenig Erleichterung.

> Hitze.
> Hitze fällt auf Skorpionssitze,
> Hitze gelb wie Schildkröt- und Schlangenlitze,
> Hitze grob wie Schleuderschwanzblitze,
> Hitze weht Schwefel über Wüstenbesitze,
> Hitze gießt Blei über Gebirgesspitze,
> Hitze bläst, daß der Sandwirbel flitze,
> Hitze steigt tief aus arabischer Wüstenritze,
> Wütend bestrebt, daß alles schwitze,
> Schickt sie ihre glühenden Blitze,
> Treibt ihr Wüten auf die Spitze,
> Auf daß sie hier für immer sitze.

Dieser Tage haben auch die Provokationen des Feindes zugenommen. Häufig schießen feindliche Soldaten, bei Tag und Nacht, auf unser Gebiet. Allerdings sind ihre Schüsse nicht tödlich. Sie hüten sich davor, das Faß

Ein anderer Ort

zum Überlaufen zu bringen. Lassen es bei zermürbenden Heckenschüssen bewenden, als wollten sie sagen: Noch sind wir da, und noch wollen wir euch übel.

Ende der Woche nun hat sich eine kleine Armeeeinheit am Rand des Weingartens eingegraben und die Maschinengewehrläufe auf die festen Feindstellungen auf halbem Hang ausgerichtet, eben jenes umstrittene Stück Land, um das immer wieder blutige Auseinandersetzungen zwischen den beiden feindlichen Staaten aufgeflackert sind. Die Einheit hat Befehl, den Feind nicht zu provozieren. Sollte der Feind ernsthafte Kriegsaktionen unternehmen, womöglich einen einzelnen Traktor durch Ringfeuer einkesseln, ist sie gehalten, das Fahrzeug zu decken und aus der Falle herauszuholen. Aber gelegentliches Streufeuer ist nicht zu erwidern, um die explosive Nervosität nicht zu verstärken. Die Soldaten hatten Order, einige Schutzgruben auszuheben und mit Laufgräben zu verbinden. Sollten vereinzelte Arbeiter auf abgelegenen Feldern angegriffen werden, könnten sie darin Deckung suchen. Schanzarbeit mitten im schwersten Chamsin ist selbst nachts keine angenehme Sache. Doch siehe, welch Wunder, unsere Soldaten bekamen Unterstützung von unerwarteter Seite: Oren Geva und seine Kumpane tauchten eines Nachmittags auf und boten ihre Hilfe an. Ehe der Befehlshaber der Einheit die Störenfriede noch anraunzen und davonjagen konnte, waren schon zwei oder drei Gruben einwandfrei ausgehoben. Der Offizier zuckte die Achseln und zeigte ihnen, wie und wo.

Unter den Kibbuzpädagogen waren die Meinungen in dieser Frage geteilt. Militaristische Anwandlungen würden hier unterstützt, abgesehen von der relativ großen Gefahr, die mit dem Aufenthalt der Kinder an derart grenznahem Ort verbunden sei, erklärte Herbert Segal. Doch Ruven Charischs entschiedene Haltung gab den Ausschlag für die letztendlich positive Bewertung: Erstens, wer könne sie davon abhalten. Zweitens, sei dies eine Möglichkeit, sie ihre aufgestauten Energien auf konstruktive Weise abreagieren zu lassen. Man wisse ja, wovon die Rede sei.

Ein paar Tage lang widmeten sich die Burschen also einer nützlichen Tätigkeit. Zu ihrem Lob sei gesagt, daß sie gute Arbeit leisteten. Außerdem ernteten sie schönen Lohn: ein Schulterklopfen des leitenden Offiziers für Oren Geva; das erregende Gefühl, sich in einer vorgeschobenen Stellung aufzuhalten; Erlernen des Soldatenslangs; die stillschweigende Erlaubnis, begierig die schimmernden Waffen zu betasten; und sogar – möge dies nicht feindseligen Ohren zugetragen werden – die halboffizielle Erlaubnis, ein Maschinengewehr zu säubern und zu ölen.

Im Speisesaal finden sich nach dem Abendessen einzelne diskussionslustige Grüppchen zusammen. Einige deuten, bewerten und erwägen die Zeichen. Andere meinen, der Feind wolle nur seine Anwesenheit demonstrieren. Wieder andere behaupten, wir hätten das Vorspiel einer großen Affäre vor uns, wie wir sie vor drei Wochen erlebt haben, als die dort drüben damit anfingen, einem Traktor aufzulauern, und tückischerweise damit endeten, den Kibbuz selbst unter schweren Beschuß zu nehmen.

Ein weiteres Diskussionsthema ist die Frage der Vergeltungsmaßnahmen. Die meisten älteren Genossen und Genossinnen meinen, wir sollten lieber nicht selbst Öl ins Feuer gießen. Solange der Feind kein wirkliches Scharmützel anfange, meint Mundek Sohar, der Bezirksratsvorsitzende, täten wir gut daran, unsere Verachtung durch vornehme Zurückhaltung zu demonstrieren. Podolski hebt den Kopf von seinen Arbeitsverteilungslisten und pflichtet Mundek Sohar bei: Wir sollten uns nicht von ihnen verleiten lassen, genau das zu tun, was ihnen entgegenkomme.

Die jungen Leute sind anderer Ansicht. Das liegt in der Natur der Sache. Tomer Geva, der für die Futtermittelabteilung verantwortlich zeichnet, legt dem mageren Podolski seine große Hand auf die Schulter und sagt: Podolski, Podolski, schweren Herzens muß ich dir mitteilen, daß die werten Araber weder Beer Borochow noch Berl Kazenelson gelesen haben und vermutlich auch in Nachman Sirkins Schriften und denen der anderen Theoretiker der zionistischen Arbeiterbewegung nicht sonderlich bewandert sind. Andererseits gibt es eine Sprache, die sie vorzüglich verstehen. Ohne einen schweren Schlag, einen saftigen Schlag, wie man sagt, wird die düstere Frechheit dieser düsteren Störenfriede kein düsteres Ende nehmen.

Grischa Issarow ist zwar dem Alter nach kein junger Mann mehr, hat aber ein jugendliches Temperament. Deshalb stimmt er Tomer zu und stellt fest: Man muß dem Schlag zuvorkommen, Mundek, ehe wir unseren hehren Idealismus mit Menschenleben bezahlen. Und du, Podolski, hast nichts zu befürchten. Die sind große Helden dort, wo sie Schwäche spüren, und Schwächlinge dort, wo sie eine Faust sehen. Ich kenne sie schon seit dreißig Jahren, und die haben sich nicht geändert und werden sich nie ändern. Einmal, '46 war das, habe ich einer Bande einen Hinterhalt gelegt. Und zwar keinen einfachen Hinterhalt, sondern . . .

Ein anderer Ort

Die Militärstellen wiederum geizen mit Aussagen. Am Freitagabend hat uns eine Abordnung hoher Offiziere zur Ortsbesichtigung aufgesucht. Anfangs hielten sie sich ein wenig im Speisesaal auf, wo wir sie mit Obst und kühlen Getränken bewirteten. Alle unsere Fragen quittierten sie lächelnd mit stummem Kopfschütteln. Danach machten sie zwanzig Minuten lang einen Rundgang durch den Kibbuz, wobei sie nur wenige leise Worte wechselten, während ein rühriger, untersetzter Hauptmann vor ihnen herlief, um Landkarten auszubreiten und wieder aufzurollen und schaulustige Gören mit Fingerzeig auf Distanz zu halten. Gai Charischs Bande beobachtete die Gäste aus ehrfürchtigem Abstand, die Münder ein Stückchen offen, die Köpfe schief gelegt, helle Haarsträhnen in die Stirn gefallen, die Augen brennend vor Staunen.

Grischa Issarows Ansehen stieg an jenem Tag außerordentlich: Unter den hohen Offizieren erkannte er einen alten Freund aus seiner Dienstzeit in der Jüdischen Brigade. Vor den Augen der verblüfften Kinderbande fielen die beiden sich um den Hals und verharrten eine Weile in dieser Bärenumarmung. Grischa durfte sogar den letzten Minuten der geheimen Beratung beiwohnen, nur brachte er es leider nicht fertig, seine Stimme dem gedämpften Ton der Offiziere anzupassen, sondern tat seine Meinung lauthals kund. Alle sieben Issarow-Sprößlinge, einschließlich Dafna, waren an jenem Schabbat von einem Glorienschein umgeben.

Am nächsten Tag kam erneut ein kleiner Trupp Offiziere, allerdings von niedrigerem Rang. Sie inspizierten die Schutzräume, prüften die Schützengräben rings um die Ortschaft, untersuchten etwas besorgt die Telefonleitung, die aus dem Sekretariatszimmer kommt und sich dann auf kruden Holzmasten über die Rasenfläche spannt. Einer scherte aus der Gruppe aus, um einen Blick in die Krankenstation zu werfen, und kramte dort in den Schubladen der Sanitäterin. Zum Schluß betraten auch sie den Speisesaal, setzten sich für eine halbe Stunde an einen abseits stehenden Tisch, wohlbestückt mit Saftkrügen und Obstkörben, und riefen Zwi Ramigolski, den Kibbuzsekretär, zu sich. Auch Grischa Issarow mit seinen Stiefeln und dem krausen Schnauzbart gesellte sich zu ihnen sowie noch zwei oder drei junge Leute, wie Tomer Geva, die beim Militär Offiziersrang erlangt hatten.

Wie schade, daß sie uns hochmütig den Inhalt jenes fesselnden Gesprächs vorenthalten. Fragst du sie, was es Neues gibt, schütteln sie heimlichtuerisch den Kopf. Bedrängst du sie weiter und gelobst Diskretion, lassen sie sich herab, dich mit einem halben Satz abzuspeisen, wie etwa: »Es wird heiß werden.«

Auch Orens Bande ist bereit, dich auf ihre gewohnt schlaue Weise zu belehren: »Es wird eine große Affäre geben.«

Die Kleineren, Gais Trupp, haben die Andeutungen indes schon in Taten umgesetzt: Am Montagabend waren im Kibbuzgelände Lärm und Geschrei, leichtfüßiges Getrappel und heftiges Schußgeballer vernehmbar. Und bei Eintritt der Dunkelheit wurde der kleine Hügel im Westen vor dem Kibbuztor im Sturm erobert und die israelische Flagge mit großem Zeremoniell auf der Kuppe gehißt.

Jedenfalls spürt auch jemand, der – wie wir – militärischen Dingen fernsteht, sehr wohl, daß sich Neues in der drückenden Chamsinluft zusammenbraut. Grischa Issarow, der in unserem Kibbuz für Sicherheitsfragen verantwortlich ist, hat sich schon einige Stunden von der Arbeit in der Fischzucht freigemacht und auch zwei, drei weitere Genossen hinzugezogen, um die Schutzräume und Laufgräben einer gründlichen Überholung und Reinigung zu unterziehen.

Grischa Issarow, ein Mann um die vierzig, zählt nicht zu den Gründern des Kibbuz. Er ist zwei Jahre vor dem Ausbruch des Weltkriegs eingetreten. Während des Krieges diente er freiwillig in der Jüdischen Brigade und brachte es zum Oberfeldwebel in der Armee Seiner Majestät. Bei Kriegsende kehrte er – wohlbeleibt und mit mächtigem Schnauzbart – in den Kibbuz zurück und sprudelte nur so vor abenteuerlichen Geschichten. Was Wunder also, daß Esther Klieger, die Kindergärtnerin, die sich großartig darauf versteht, abstrakte Figuren aus Baumstümpfen zu schnitzen, Grischas Charme verfiel. Doch Grischa konnte nicht lange ruhig zu Hause sitzen. Innerhalb drei oder vier Monate nach seiner Rückkehr von den Gefechten in Italien hatte er Esther Krieger geschwängert und geheiratet und sich der Untergrundarmee angeschlossen. Von seinen Großtaten als Kompanieführer im Unabhängigkeitskrieg erzählt Grischa euch mit Freuden bis spät in die Nacht, und wenn er mal nachts bei den Fischteichen zu tun hat, könnt ihr die Geschichten auch von der molligen Dafna oder einem seiner übrigen sechs Sprößlinge hören – allesamt stark gebaut wie ihr Vater und allesamt, Jungen wie Mädchen, mit einem feinen Flaumstreifen auf der Oberlippe versehen, den Grischa scherzhaft als Kennmarke seiner Truppe bezeichnet.

Ein anderer Ort

Hätte es da nicht eine dubiose Affäre gegeben, wäre Grischa vielleicht auf der militärischen Stufenleiter hoch aufgestiegen und hätte mit vollem Recht, nicht aus Gefälligkeit unter der Gruppe hoher Offiziere gestanden, die uns am Freitagabend aufsuchten. Man weiß nicht genau, welcher Art die Verfehlung war, die Grischa Issarows Militärlaufbahn frühzeitig beendete. Folgt man dem Klatsch, unserem Bündnispartner in dieser Geschichte, ging es um einen seiner Soldaten, der etwas ausgefressen hatte und dafür in einer Weise bestraft worden war, die den Rahmen der Militärbestimmungen überschritt. Folgt man Grischa selbst, mag die heutige Armee für Zinnsoldaten taugen, nicht jedoch für gestandene Kämpfer. Ein Mann seines Kalibers werde seine Tage und Gaben nicht in einem hergelaufenen Haufen von Söldnern und Schokoladensoldaten unter der Leitung von Operettengenerälen vergeuden.

Wie dem auch sei, zwei Jahre nach Ende des Unabhängigkeitskriegs kehrte Grischa endgültig nach Mezudat Ram zurück und lud sich die Schwerarbeit der Fischzucht auf die breiten Schultern. Durch seine rauhen Sitten überträgt er männliche Heiterkeit auf seine Umgebung. Auch seine große Kinderzahl gibt Anlaß zu gutmütigen Scherzen. Und die örtlichen Sicherheitsaufgaben versieht Grischa Issarow mit fröhlichem Elan, wenn man ihn in gewissen Momenten auch des Leichtsinns bezichtigen könnte: Manchmal richtet er seinen mächtigen Körper auf, läßt die Fischernetze sein und schleudert starke arabische Flüche gegen die feindlichen Stellungen. Gelegentlich schwenkt er die Hüften wie eine überdimensionale Bauchtänzerin und brüllt mit furchtbarer Stimme zu ihnen hinüber. Aber niemals würde ein Mann wie Grischa Kleinigkeiten außer acht lassen, etwa die Ausbesserung einer schadhaften Tragbahre, das Ausfüllen der Formulare über die Munitionsbestände oder dieser Tage sein Einsatz für die Reinigung und Instandsetzung der Schutzräume und Laufgräben.

Es sind schwere Tage für Herzl Goldring. Er kommt kaum dazu, sein Akkordeon zur Hand zu nehmen. Wegen der Hitzewelle müssen die Zierpflanzen doppelt und dreifach so stark gesprengt werden wie sonst, und selbst das hilft nicht viel. Die Gummischläuche reichen dafür nicht aus. Oft schon ist er Jizchak Friedrich, den Schatzmeister, mit der Bitte angegangen, ihm einen kleinen Betrag für die Anschaffung von Plastikschläuchen zu bewilligen, doch Friedrich der Große hat ihn immer wieder abgewiesen – mal, weil der Monat gerade erst angefangen hatte und man nicht wissen konnte, ob das Geld bis zu seinem Ende reiche, mal, weil der Monat gleich zu Ende war, und wer gebe am Monatsende schon Geld aus. Hätte er eine große Summe verlangt, wäre er längst positiv beschieden worden. Aber wer einen kleinen Betrag für eine wichtige Ausgabe erbittet, wird ein ums andere Mal vertröstet. Auch das ist wieder mal symptomatisch. So sagt Herzl Goldring gern zu seiner Frau Nina, wenn sie sich abends auf ihrer kleinen Veranda ausruhen, ohne Licht zu machen.

Wo man im Kibbuz auch geht und steht, sieht man kümmerliche, schlappe, vor Sonne halb ohnmächtige Pflanzen. Kaum hat man den Schlauch am einen Ende installiert, lassen sie am anderen Ende die Köpfe hängen. Und Herzl Goldring ist ein Mensch, der beim Anblick einer sterbenden Blume physischen Schmerz empfindet, denn er liebt seine Arbeit.

Die Hingabe, mit der Herzl Goldring sich der Gärtnerei widmet, ist in unserem Kibbuz Legende. Er gehört zu der aus Deutschland stammenden Gruppe und hat sich tief im Innern bis heute nicht mit den Sitten der Russen abgefunden. Sie sind so unbeständig. Entweder überschütten sie dich mit lautstarken Sympathiebekundungen und reißen sich darum, dir am Feierabend beim Rasensäen oder der Beseitigung von Gartenabfällen zu helfen, oder sie ignorieren all deine Bitten und Vorhaltungen und kippen eine ganze Wagenladung Bauschutt haargenau auf das Rasenstück, bei dessen Anpflanzung sie enthusiastisch ihre Hilfe angeboten hatten. Gewiß, Herzls Frau ist auch eine Russin. Aber Nina unterscheidet sich durch ihr zurückhaltendes Wesen von all ihren Koweler Gefährtinnen. Seit Jahren versieht sie das schwere Amt der Wirtschafterin und verbreitet allenthalben einen Geist der Sparsamkeit, Reinlichkeit und Aufgeschlossenheit. Ebenso wie ihr Mann besitzt sie einen guten, unaufdringlichen Geschmack und feines Stilgefühl. Das Zimmer der beiden strahlt vor Sauberkeit und ist geschmackvoll in westlichem Stil möbliert. Zwar sind die Teppiche, die Kommode und die schönen Regale im Goldringschen Haus mit Reparationsgeldern angeschafft worden, die Herzl als Entschädigung für verlorene Vermögenswerte seiner Familie von der Bundesrepublik Deutschland erhalten hat, aber das sollte man ihm nicht zum Vorwurf machen. Lobend sei vielmehr erwähnt, daß er fast den gesamten Betrag Jizchak Friedrich ausgehändigt hat. Die kleine Summe, die er dabei zur Verschönerung seiner Wohnung und zur Anschaffung des Akkordeons abzweigte, wollen wir ihm nicht ankreiden. Was bleibt ihm denn sonst noch im Leben. Die einzige Tochter der beiden ist als kleines Mädchen an Diphtherie gestorben. Da war es nur natürlich, daß sie ihr einsames Heim in eine hübsche kleine Oase verwandeln wollten. Das ist eine verzeihliche menschliche Schwäche.

Dem Klatsch zufolge führen die Goldrings kein besonders lustiges Leben. Jeden Abend sitzen sie still auf ihren Liegestühlen, die sie auf ihre dunkle Veranda schleppen, und tun gar nichts. Manchmal geht Herzl um zehn Uhr abends weg, um einen Sprinkler abzustellen, verspricht Nina, in ein paar Minuten wiederzukommen, und hält sein Wort. In ihrem Haus ist es still. Nur gedämpfte Radioklänge hört man dort abends oder auch das Akkordeon mit Wanderliedern, die uns immer wieder in Erstaunen versetzen, daß sie den Fingern dieses Mannes entstammen. Die Goldrings gehen abends früh in den Speisesaal und beenden ihr Mahl, ehe es voll wird. Beide sind gewohnt, jedem Menschen, auch Fremden, einen guten Abend zu wünschen. Aber ein geselliges Gespräch kannst du mit ihnen nicht führen. Herzl stimmt dir in allem zu, was du sagst, und das mit ausdrucksloser Miene, als wolle er dich loswerden. Nina wiederum umsorgt dich übertrieben, als wolle sie dir klar beweisen, daß sie sich wirklich für dich interessiere, während sie eigentlich nur daran interessiert ist, dich glauben zu machen, daß sie sich für dich interessiert.

Herzl nimmt an Kibbuzversammlungen nur dann teil, wenn er eine Anfrage hinsichtlich der Verwüstung von Grünflächen vorzubringen hat. In diesen Fällen wird er rot im Gesicht, rümpft die Nase und erklärt in gleichgültigem Ton, wenn man seinen Rücktritt wolle, trete er hiermit zurück und fertig. Werden all seine Anträge angenommen, sagt er, er warte nun auf Taten, da er Worten nicht glaube, und verläßt augenblicklich die Versammlung, weil ihn die folgenden Punkte nicht interessieren. Werden nicht alle seine Anträge angenommen, verkündet er, sein Rücktritt werde hiermit gültig, und verläßt die Versammlung augenblicklich aus demselben Grund. Doch am nächsten Morgen um sechs Uhr früh lärmt er wieder wie sonst mit seinem Rasenmäher im Kibbuz herum, ohne von seinen Drohungen zu reden. Manchmal gerät er ein, zwei Tage später wegen irgendeines trivialen Anlasses aus dem Häuschen und giftet einen Genossen an: »Der Tod soll dich holen«, wird aber gleich wieder höflich. Vielleicht wegen des unangenehmen Surrens seines Rasenmähers, vielleicht auch aus anderem Grund hat Herzl Goldring bei einigen unserer jungen Leute den Spitznamen »der Zahnarzt«. Aber diese Bezeichnung ist nicht scharfsinnig und erscheint uns unpassend.

Jedenfalls ist er ein großartiger Gärtner. Mit Fleiß, Einfallsreichtum und Geschmack hat Herzl Goldring unseren Kibbuz in einen Lustgarten verwandelt. Ihm ist es zu verdanken, daß es auf unserem Gelände, bis zum Rand hin, keine Schutthalden, Gestrüppecken und Abfallhaufen gibt, wie man sie bei einigen anderen Kibbuzim findet. Ohne die Eskapaden der Russen wäre unser Hof noch schöner. Man könnte wahrlich Vollkommenheit erreichen, wenn die Russen nicht wären. Das ist schon seit Jahren Herzl Goldrings Ansicht. Die befolgen nicht einmal die elementarsten Kulturregeln. Ist Kultur denn eine Frage des Buchwissens und der Benutzung gelehrter Begriffe? Nein, keineswegs, Ruven Charisch, Kultur ist eine Frage des tagtäglichen Benehmens, der Selbstbeherrschung auch in kleinen Dingen, der allgemeinen Geschmacksbildung. Und diese Menschen laufen quer über den Rasen, wodurch häßliche Kahlstreifen entstehen, werfen Abfall ins Gebüsch, trampeln zarte Keimlinge nieder, und all das – um einer kleinen Abkürzung willen oder auch nur aus Zerstreutheit und Ignoranz. Wie bedauerlich, daß unsere Kinder, auch die der Deutschen, dieser falschen Pseudokultur nacheifern. Unsere Lage verschlimmert sich ständig. Die Verwilderung ist wie Hundszahngras. Wenn du es nicht mit Stumpf und Stiel ausreißt, vertilgt es alles.

Herzl Goldrings Augen sehen dich durch die dunkle Sonnenbrille an, die er immer auf der Nase hat. Sein Blick ist verschämt, nicht beschämend, und doch schlägst du verlegen die Augen nieder, stammelst eine Entschuldigung und versprichst Herzl Goldring, nicht wieder Myrtenzweige abzuschneiden, um dein Zimmer damit zu schmücken. Aber vermutlich wirst du dein Versprechen brechen. Warum, zum Teufel, muß der Mensch sich im eigenen Heim auf Schritt und Tritt schämen? Ist es ein Wunder, daß Herzl Goldring dich insgeheim in tiefster Seele bitter haßt?

Jeden Nachmittag um halb fünf Uhr kommt das rote Mobilpostauto und kündigt sich mit dumpfem Hupen an, das wie das Brüllen eines Bullen klingt. Zwi Ramigolski erhebt sich von seinem Schreibtisch, über dem ein Bild seines toten Bruders Aharon Ramigolski hängt. Geistesabwesend murmelt er: Gleich auf der Stelle, gleich bin ich da, als könnte jemand ihn hören und das erneute Hupen deswegen unterlassen. Er hastet auf den verstaubten Platz vor der Baracke. Auf halbem Weg schlägt er sich an die Stirn und macht wieder kehrt, um die ausgehenden Briefe zu holen,

Ein anderer Ort

die er vor lauter Eile vergessen hat. Ungeduldige belagern das Schalterfenster des Wagens. Zwi drängt sich dazwischen, übergibt ein Bündel, erhält ein Bündel und ruft laut die Namen derer aus, die Post bekommen haben. Gai Charisch zupft die Glücklichen am Ärmel und bettelt um die Briefmarken. Oren Geva linst indes von der Seite her nach der silbrigen Kühlerfigur des Wagens und versinkt in Gedanken, deren Inhalt wir nicht zu erraten versuchen wollen. Herbert Segal wiederum nimmt ehrfürchtig eine neue Schallplatte in Empfang und studiert eingehend die Aufschrift auf der Hülle. Auch Mendel Morag ist da, er schickt seinen Verwandten ein Paket mit Gebäck.

Wir leben in einem kleinen, fernen Land, in einem seiner nordöstlichen Regionen, in einem kleinen Dorf, das keine Großstädte in der Nähe hat. Deshalb lieben wir Briefe, wie die Einwohner abgelegener Orte zu allen Zeiten und in allen Ländern. Gehen wir jetzt einmal davon aus, wir seien berechtigt, einen Blick in Briefe zu werfen, die nicht für uns bestimmt sind, wie jemand, dem sich ein Fensterchen zu einem großen Abenteuer auftut.

Hier ist zum Beispiel der Brief, den Rami Rimon aus dem Rekrutenlager an seine frühere Freundin geschickt hat. Der Brief enthält weder einen Vorwurf noch versöhnliche Worte und ist äußerst knapp gehalten: die obligatorische Eingangsformel, eine trockene, völlig allgemein gehaltene Darstellung der Übungen. Gibt es was Neues daheim? Ich halte durch, und es hat auch einige Erfolge gegeben, von denen ich bei anderer Gelegenheit berichten werde. Das Essen ist nicht schlecht. Der Schlaf reicht nicht. Aber man kann sich an alles gewöhnen. Man vergißt manches und lernt manches Neue dazu. Ich hoffe, die Lage an unserer Grenze erhitzt sich nicht, ehe ich in die Gegend komme, denn bei dieser Affäre möchte ich mitmachen. Mehr habe ich nicht zu erzählen. Wenn es dir nicht schwerfällt, sag meiner Mutter ab und zu ein gutes Wort. Es geht ihr sicher schlecht. Wenn du magst, schreib mir manchmal.

Auch die Witwe Fruma hat einen Brief von ihrem Sohn bekommen. Ramis Brief an seine Mutter ist noch kürzer als der an Noga. Er erzählt ihr nicht einmal in der allgemeinsten Form von den Übungen und erwähnt nichts von Schlafmangel. Er teilt nur mit, daß es ihm gutgehe. Danach erklärt er, seine Zeltkameraden seien allesamt nette Burschen, obwohl es verschiedene Typen gebe. Gesundheitlich fühle er sich bestens. Er hoffe, Mutter jammere nicht Tag und Nacht um ihn. Bald werde er auf Urlaub kommen. Und zum Schluß bemerkt er, wie in einem Nachsatz: Die Kekse waren großartig, Mutter, es wäre schön, wenn du noch mehr schicken könntest.

Fruma wird selbstverständlich gleich welche backen und abschicken. Schade nur, daß all ihre Beziehungen zu den Mitmenschen jetzt von verbitterter Streitsucht durchdrungen sind.

Dr. Nechemja Berger schreibt aus Jerusalem an seinen Bruder und die Schwägerin. Dankt ihnen für ihre Bereitschaft, ihn gastlich aufzunehmen. Er werde sich schnellstens auf den Weg machen. Nein, er habe keine Bedenken wegen der Lage an den Grenzen. Im Gegenteil, Jerusalem werde ihm manchmal entsetzlich langweilig. Vor Langeweile sei er außerstande, sich auf seine wissenschaftliche Tätigkeit zu konzentrieren, und verbringe seine Tage mit lächerlichen Übersetzungen, um ein Einkommen zu haben. Es sei ein tragikomisches Paradox, daß der Mensch mit mechanischer Übersetzungsarbeit fünfmal mehr verdiene, als ihm seine Erkundung wissenschaftlichen Neulands einbringe. Auch die Hitze dort im Tal schrecke ihn nicht: Die Temperaturen hier in Jerusalem lägen zwar etwas unter denen in unserer Gegend, aber die Trockenheit sei es, die ihn krank mache und ihm den Geistessaft aussauge, ohne den der Mensch keine schöpferische Leistung erbringen könne. Darüber hinaus gebe er zu, daß die Sehnsucht nach seinen Angehörigen ihn verzehre. Wen und was habe ich denn in meinem Privatleben? Weder Frau noch Kinder, sondern nur schwierige wissenschaftliche Arbeit, und wer weiß, ob es mir vergönnt sein wird, sie noch in meinem Irdenleben zu beenden. Zuweilen sage ich mir: Nechemja, die Geschichte des jüdischen Sozialismus steckt voller Wunder, und wer bist du, daß du diesem Mysterium auf den Grund kämest? Eines weiß ich unverbrüchlich: Wer behauptet, die sozialistische Idee sei ein fremdes Gewächs in unserem Garten, weiß nicht, was er redet. Nie hat man bei uns nationale Messiassehnsucht und soziale Erlösungshoffnung voneinander getrennt, und der, der Jerusalem erbaut, ist auch der Bedürftigen Helfer. Aber um diese Wahrheit unter Beweis zu stellen, muß man jahrtausendealte Wege erkunden und Bruchstücke von hier und von dort auflesen, ohne sich in Details zu verlieren oder die Grundthese aus den Augen zu lassen. Kann der Mensch dabei nicht mutlos werden? Und wem sollte ich mich anvertrauen, wenn nicht euch, ihr Lieben, Esra und Bronka, die ihr mir auf der Welt am nächsten steht, ihr und eure geliebten

Ein anderer Ort

Kinder. Und apropos, wie geht es Enat? Eure Enat steht bestimmt kurz vor der Niederkunft. Möge sie die Geburt wohlbehalten überstehen. Unser Bruder Sacharja hat mir eine Ansichtskarte geschickt. Vielleicht kommt er mal kurz ins Land, aber er teilt nichts Genaues mit. Schreibt er euch regelmäßig? Bitte grüßt eure Kinder Oren und den kleinen Tomer – gewiß hat er seinem Namen schon Ehre gemacht und ist wie eine Palme gewachsen – und auch Enat. An einem der nächsten Tage werde ich mich auf den Weg machen. Seid gegrüßt. Euer euch liebender Bruder Nechemja.

Und was hat Siegfried zu erzählen? Siegfrieds Brief ist ein wenig seltsam, von einem skurrilen Humor durchdrungen: Ist in eurem Land endlich Ruhe eingekehrt? Fluch über die Hasser Israels, die uns unsere Erlösung nicht in Frieden bewerkstelligen lassen. Nehmt euch bitte sehr in acht. Vielleicht sollte unsere liebe Tochter Enav bis nach der Niederkunft ins Landesinnere fahren? Schließlich haben wir einen Bruder in der Landeshauptstadt, und er wäre bereit, sie aufzunehmen. Erwägt bitte ernsthaft meinen liebevollen Rat. Bei mir verläuft alles in ruhigen Bahnen, wie unser seliger Vater zu sagen pflegte. Ich gehe meinen Geschäften nach und gieße meinen Zorn über die Gojim aus, wie es in unserer Pessach-Haggada heißt. Ich habe einen Türsteher engagiert, einen, der ein hohes Tier bei der Gestapo gewesen ist. Wenn ihr sehen könntet, wie er vor mir kuscht und katzbuckelt, würdet ihr euch mit mir freuen. Selig, wer wie ich sein Mütchen an seinem Feinde kühlen darf. Rache ist süß, süßer denn Honig. Mir ist das Silber und mir ist das Gold, und sie umschwänzeln mich mit *jawohl, Herr Berger, bitte, Herr Berger, danke, Herr Berger, wunderbar, Herr Berger.* Wenn ich in einer der folgenden Wochen zu euch komme, werde ich Genaueres von ihm erzählen, und wir können uns alle an der Schmach unserer Hasser freuen, der Schmach unseres wütenden Feindes. Es gibt Recht und Gericht auf dieser Welt, sage ich – wenn nicht erst später, nachdem ich verdorben auf Erden, mein Recht soll mir werden, wie unser Nationaldichter singt. Dem Sohn eines polnisch-jüdischen Kantors, der in den Krematorien Sobibors verbrannte, ist es vergönnt, den Sohn, Enkel und Urenkel eines preußischen Junkers zu schinden, des Teufels Sohn höchstpersönlich. Und der ist mir noch dankbar, daß ich ihm zwei Groschen mehr zahle, als Türsteher in anderen Klubs bekommen. Wunder über Wunder, sage ich. Zeichen und Wunder, mit starker Hand und ausgestrecktem Arm. Übrigens hat unser Hamburger noch ein Auto gekauft und besitzt nun zwei – eines für sich und eines für seine Frau. Schade, daß der Mammon ihm die Augen blendet und er diese Zeichen und Wunder nicht sieht. Auch einen Chauffeur in Livree hat er eingestellt. Wie es Eva geht, schreibt Eva, ich lasse ihr Platz am Ende des Briefes.

Eva dankt für das hübsche Foto. Hier, in München, herrscht meistens trübes Wetter. Der Regen hört nicht auf. Er hat seine eigene Schönheit, aber es fällt schwer, sich an das Klima in unserem Tal zu erinnern. Ihr Leben hier verliefe ruhig und angenehm. Aber es gebe kein Leben ohne Traurigkeit. Und auch allerlei seltsame Gedanken. Euch alles Gute. Schreibt, was Stella in der Schule macht. Würde der gute Ruven ihr eine Locke abschneiden und sie mir durch euch zuschicken? Würdet ihr ihn darum bitten? Bitte. Ich hoffe inständig, meine Tochter wird mich nicht hassen. Eure Eva.

Esra Berger liest die Briefe seiner beiden Brüder, des Deutschen und des Jerusalemers, und denkt bei einer der längeren Schweigepausen, die seine kleine Freundin und er einlegen, darüber nach. Wundersame Dinge geschehen auf der Welt. Wunder über Wunder, wie Sacharja sagt. Unser seliger Vater hat uns gesagt: Liebt die Arbeit, haßt das Herrschen, und verrichtet jede Aufgabe, die euch in die Hände fällt, mit Leib und Seele. Aber man kann nicht sagen, daß Vater, seligen Angedenkens, mit Leib und Seele Kantor gewesen wäre. Möge er in perfektem Frieden unter den Fittichen der göttlichen Gegenwart ruhen. Als Nechemja nach Lemberg an die Universität flüchtete, hat Vater Kaddisch gesagt, als wäre er gestorben. Als Esra zur Jugendbewegung ging und ins Land Israel zog, sagte Vater: Das ist eine Prüfung, und der Mensch muß seine Prüfung bestehen. Als Sacharja wegging und Siegfried wurde, sagte Vater: Eine schwere Prüfung ist mir auferlegt, schwerer als schwer. Doppelt hält besser als einfach, kleine Noga, aber auf den dreifachen Faden verlaß dich nicht. Das ist eine große Regel. Gieße deinen Zorn aus über die Gojim, hat Sacharja gesagt, als er '48 hier ankam, das sei die ganze Tora auf den Punkt gebracht. So hat er geredet. Ich erinnere mich an einen furchtbaren Streit zwischen ihm und Nechemja. Ich werde dorthin fahren und ein Saujude sein, hat er gesagt. Ein *Juuude*. Ein dreckiger *Jidd*. So hat er gesprochen. Ich habe ihm gesagt, ja, richtig, Menschen sind nicht aus Weihrauch und Myrrhe, aber du bist mein Bruder und nicht dazu geboren, ein Halunke zu werden. Nechemja hatte ein anderes Argument: Bleib in Israel, zeuge viele Kinder, das ist unsere Rache. Sacharja lachte und redete im Singsang, einen alten Spruch ab-

Ein anderer Ort

wandelnd: Auf drei Dingen steht deren Welt: auf Mord, Hurerei und Geld. Das sind drei Beine. Ein oder zwei davon möchte ich ihnen schnellstens abbrechen, genau wie sie mich gebrochen haben. *Korrekt?* Genau wie unser toter Vater gesagt hat: Hasse das Herrschen, hasse die Arbeit, hasse deine Hasser – dann wirst du wie gutes Öl auf der Kloake schwimmen. Und auch das hat unser Bruder Sacharja an jenem Tag gesagt: Ein wahrer Jude, meine Herrschaften, muß die Finsternis durchbrechen und die morschen Festen der Erde vertilgen, wie es bei Bialik steht. Sie werden uns den Kopf zermalmen, und wir werden sie in die Ferse stechen, und ihre Fersen sind Mord, Habgier und Unzucht. Mord ist von der Tora aus verboten, aber selbst der Teufel kann mir nicht verbieten, sie zu prostituieren und ihnen ihr Geld auszusaugen. So ging Sacharja nach München, und Nechemja sitzt in Jerusalem. Besser ist mein Tod als mein Leben, wäre ich doch an deiner Stelle gestorben – das sind vielleicht symbolische Verse oder was, aber sie sind nicht wahr. So denke ich, Türkisa. Ich sitze unter meinem Weinstock und unter meinem Feigenbaum, wie es bei uns heißt, und meine Frau ist ein fruchtbarer Weinstock im Innern meines Hauses, wie es bei uns geschrieben steht, und wo steht Ramigolski heute? Ramigolski ist ein weißes Gerippe ohne jede Hülle. Ja, hier, Türkisa, hier ist Berger Esra ein besseres Erbe zuteil geworden als dem Berger Sacharja und dem Berger Nechemja und auch besser als meinem Freund Ramigolski. Mir fiel die Meßschnur in anmutiger Gegend, sage ich. Aber egal, nichts weiter. Ich habe einem Gedanken nachgehangen und unwillkürlich laut gesprochen, wie der Mensch im Traum manchmal aufschreit. Hör zu, Türkisa, mein Bruder, der in Deutschland lebt, kann Träume deuten. Ja. Wir haben ihn nicht in eine Grube geworfen und unserem Vater kein gestreiftes Gewand gebracht. Verstehst du nicht? Ich erklär's dir. Erstens, wer trägt heute noch gestreifte Gewänder? Nur die Araber. Zweitens, unser Vater ist verbrannt worden. Drittens, unser Bruder, der Träume deutet, versorgt die Gojim nicht mit Getreide, sondern gießt seinen Zorn über sie aus. Viertens, Schlußfolgerung – es gibt keine Schlußfolgerung. Der Schluß ist, daß das Gleichnis hinten und vorne hinkt und lieber in Frieden beiseite gelassen werden sollte, weil der dreifache Faden nur scheinbar stark ist und weil ich müde bin und weil wir jetzt eine halbe Stunde nach Mitternacht haben.

Zwischen Esra und Bronka herrscht Schweigen.

Da ihre Wohnung klein ist, berühren sie sich manchmal ungewollt, streifen sich mit den Schultern oder stoßen mit dem Ellbogen an den Arm des anderen. Dann blicken sie sich an. Bronka erblaßt. Esra murmelt: »Verzeihung.«

Bronka fragt nicht. Esra erwartet nicht, daß sie fragt. Wenn sie fragt, dann so was wie: »Hast du deinen Brüdern schon brieflich geantwortet?«

Worauf Esra erst lange überlegt, ehe er erwidert: »Wann denn? Vielleicht habe ich am Schabbat Muße. Mal sehen.«

Die meiste Zeit sitzt Esra im Führerhaus des Lasters. Seine wenige Freizeit verbringt er teils bei seinen Freunden, den Fischern, in Tiberias, teils mit seiner Freundin im Wäldchen beim Schwimmbad. Deshalb ist es erstaunlich, daß Esra Berger Bronkas Geburtstag nicht vergessen hat. Bei einer Fahrt hat er eine hübsche Vase gekauft, die er ihr dann stumm auf den Nachtschrank stellte. Und Bronka wies das Geschenk nicht zurück. Als sie in aller Frühe, mit dem Rücken zu ihm, ihren Morgenrock zuknöpfte, sagte sie: »Danke. Das war nett.«

Esra antwortete trocken: »Ja.«

Bronka sagte: »Vielleicht nimmst du auch die Gardinen ab? Sie sind ganz verstaubt. Müssen gewaschen werden.«

Darauf Esra: »Warum nicht. Darf ich mich auf diesen Stuhl stellen, oder soll ich eine Leiter aus dem Lagerraum holen?«

Jeden Sonntag legt Bronka ihrem Mann eine Arbeitshose und ein Arbeitshemd sauber und ordentlich gefaltet auf die Bettkante. Jeden Freitag nimmt sie die schmutzige Arbeitskleidung, stülpt die Taschen um und stopft alles in den Wäschesack. Und jede Nacht, wenn Esra von der Fahrt zurückkommt, findet er auf dem Schemel eine Tasse Tee mit Milch, mit der Untertasse zugedeckt, damit er nicht kalt wird – alles nach alter Gewohnheit. Alle drei oder vier Tage kommt Tomer, um den elterlichen Vorgarten zu pflegen. Oren bringt alle drei Tage die Mülleimer weg, sofern Bronka nicht vergißt, ihn an diese Pflicht zu erinnern, und sofern er nicht in eine seiner düsteren Launen verfällt, die ihn ohne äußeren Anlaß heimsuchen. Enav wiederum holt Bronka das Abendessen, mit einer weißen Serviette abgedeckt, aus dem Speisesaal, wenn Bronka sich unwohl fühlt. Kürzlich war Bronka drei Tage lang krank. Esra verzichtete nicht auf seine zweite Tagestour, kaufte aber in Tel Aviv das Buch *Die Grundlagen der symphonischen Musik* und brachte es seiner Frau mit, um sie von der Krankheit und von ihren Grübeleien abzulenken.

Jetzt werden wir von einer Heldentat erzählen.

An einem Samstagabend, als die Mitglieder von Mezudat Ram sich zur Generalversammlung im Speisesaal einfanden, startete Tomer Geva einen grauen Traktor, schaltete die Scheinwerfer ein und fuhr los, um die Bewässerungshähne auf den ferner gelegenen Feldern abzustellen. Unterwegs grübelte er über verschiedene Dinge nach, wie etwa über seinen Vater, der immer noch höchst vital war, und über die geheimnisvolle Macht der Körperkraft, die Arabern und Frauen imponiert und ohne die du nicht leben kannst, ohne die du nichts bist. Dabei hätte er beinah einen dunklen Schakal überfahren, der sich – im Scheinwerferlicht gefangen – nur dank seines Instinkts retten konnte. Das Tier flüchtete und wurde von dem großen Dunkel verschluckt, rannte verschreckt in Zickzacklinie quer über die Felder bis ans äußerste Ende der Finsternis, und dort ruhte, heulte, lachte es, und der Irrsinn klang aus seinem Lachen und Heulen.

Die Hitze lastete drückend. Die Hunde bellten, wie sie es in einer Chamsinnacht tun. Das Klicken der Sprinkler kollidierte mit dem Zirpen der Grillen. Doch am schrillsten und häßlichsten von allem zischte eine jaulende Schußsalve haarscharf an Tomers Ohr vorbei. Tomer zögerte nur den Bruchteil einer Sekunde. Er bestimmte die Richtung, aus der die Schüsse kamen. Schaltete im Nu die Scheinwerfer ab. Hechtete von seinem Sitz und landete links im Acker. Das Fahrzeug fuhr im selben Tempo weiter, schwenkte nur ein wenig nach links auf den Abhang zu. Das gesamte Feuer richtete sich auf den Traktor, der junge Mann war gerettet, wenn auch wohl leicht am Arm verletzt. Fahrerlos glitt der Traktor den Abhang hinab. Das Feuer durchlöcherte ihn mit wilder Mordlust. Es folgte ein lauter Knall, grelle Funken zerrissen die Luft, dann ein dumpfer Schlag, ein kehliger Schrei, Stille.

Wer außer diesen elenden Kerlen wäre fähig, einen Hinterhalt in einem Wadi zu legen und dann bei Nacht aus hundert Meter Abstand als erste das Feuer zu eröffnen? Der Traktor rumpelte ihnen geradewegs auf die Nase zu. Und sie, in Panik, als wär's ein Panzerwagen, warfen eine Handgranate rein und flüchteten.

Am folgenden Nachmittag, nachdem man Tomer operativ zwei Kugeln aus dem Arm entfernt hatte, umringten Freunde und Verwandte sein Krankenhausbett. Der Verwundete wurde mit freudigen, erklärenden und witzigen Reden überschüttet. Warmherzigkeit umgab ihn, und selbst Enavs Weinen konnte die allgemeine Hochstimmung nicht beeinträchtigen. Wir werden hier Orens Worte wiedergeben. Erstens, der Traktor ist hin. Abgeknallt. Die Granate hat ihn zerfetzt. Nur ein paar Motorteile sind vielleicht noch brauchbar. Zweitens hat es eine Untersuchung gegeben. Es war ein Spurensucher mit Spürhunden da. Du hättest die Hunde sehen sollen, Tomer. Sie sind durch den Weingarten getürmt. Das ganze Tal redet von dir. Ein unbewaffneter Junge hat allein einen Hinterhalt hochgehen lassen. Drittens hat man am Ausgang des Wadis Blutspuren gefunden. Die haben sich mit ihrer eigenen Handgranate zerfleischt. Hat der Bursche doch den Traktor genommen und ihnen auf die Birne gerollt. Viertens, Tomer, gibt es Truppenkonzentrationen. Sowohl bei ihnen als bei uns. Man wärmt sich die Finger. Wenn die noch einen Mucks von sich geben – hat man den dunklen Typen verkündet –, geht deren ganze Stellung in die Luft, von unten bis oben. Jetzt muß man nur zusehen, daß sie sich mucksen. Damit man sie erledigen kann. Wenn du umgekommen wärst, hätte man es heute nacht schon getan. Sie Knochen für Knochen zu Brei gemacht. Aufgerieben. Bis nichts mehr von ihnen übrig ist.

Orens dunkle Augen sprühen vor Begeisterung. Unterdrückter Haß liegt auf seinen Kinnbacken und verhärtet seine Lippen. Sein Mund zeigt kein Lächeln. Nur kalte Wut. Tomer setzt sich im Bett auf und gibt seinem Bruder mit dem heilen Arm einen leichten Kinnhaken. Dabei lächelt er Oren flüchtig zu. Aber sein etwas gezwungenes Lächeln wird nicht erwidert. Oren neigt nicht dazu, Gemütsregungen mit ernsten Dingen zu vermengen. Wir mustern sein Gesicht. Wenn die Zeichen nicht trügen, kommt dem Jungen jetzt ein zündender Gedanke. Trotz seiner starken Selbstbeherrschung kaut er an der Unterlippe. Anscheinend ist er aufgeregt.

19. Kapitel:
Am Schabbat

Der Schabbat soll körperlicher Erholung und geistiger Erhebung dienen. Wenn es Dr. Nechemja Berger künftig einmal gelingt, seine verstreuten Schriften zu sammeln und sein Buch über die Entwicklung des jüdischen Sozialismus zu veröffentlichen, wird er dem Werk einen Essay über die soziale Bedeutung des Schabbatgedankens voranstellen. Und damit hat er recht.

Auch bei uns wird am Schabbat nicht gearbeitet. Ausnahmen bilden die Genossen, die in der Tierhaltung arbeiten – bei den Fischteichen, im Kuhstall, im Hühnerhaus und im Schafspferch. Doch auch dort werden am Schabbat nur die nötigsten Arbeiten erledigt, das heißt Futter geben, melken, Eier einsammeln. Auch rund zwanzig Genossinnen müssen ihren Schabbat zum Werktag machen, um unerläßliche Dienstleistungen aufrechtzuerhalten: Küche, Speisesaal, Kinderhäuser, Krankenstation. Aber der wertvolle Ruhetag ist ihnen damit nicht genommen, denn sie alle ruhen dafür an einem der nächsten Werktage. Außerdem arbeiten einige Traktoristen, wenn dringende saisonbedingte Tätigkeiten anstehen, ein Fahrer, falls die Basketballspieler zu einem Wettkampf in einen Nachbarkibbuz gefahren werden müssen, und der Bademeister, der für die Sicherheit im überfüllten Schwimmbad verantwortlich ist.

Das sind die Ausnahmen, die die Regel bestätigen. Und die heißt Ruhe und Erholung am Schabbat. Um neun Uhr morgens erscheinen die ersten Frühstückshungrigen im Speisesaal, in Schabbatkleidung und mit ausgeschlafenen Gesichtern. Kinderscharen überfluten die Rasenflächen. Drei oder vier ältere Genossen mit dem naturliebenden Herbert Segal an der Spitze brechen jeden Schabbat zu einem längeren Ausflug in die Umgebung auf – Sonnenbrille auf der Nase, Wanderstock in der Hand, eine blaue oder gelbe Mütze auf dem Kopf und eine kleine Tasche über der Schulter. Um zehn Uhr wird das Schwimmbad aufgemacht. Aus allen Ekken des Dorfes strömen Männer und Frauen, Jung und Alt herbei, alle sonnengebräunt, doch nicht alle mit einem ansehnlichen Äußeren gesegnet, bei manchen haben die Jahre und die Arbeit deutliche Spuren hinterlassen. Aber das Wasser tut allen gut, und fröhliche Heiterkeit herrscht allentalben. Herzl Goldring, fein im weißen Hemd, stellt einen Sprinkler mitten auf die zentrale Rasenfläche. Zwar muß der Rasen jetzt nicht dringend gesprengt werden, aber der Sprinkler wird ihn vor vielen trampelnden Füßen bewahren und die Russen davon abhalten, wie gewohnt einfach quer darüber zu laufen.

Wie schade, daß Herzl Goldrings Rechnung nicht aufgeht: Kaum ist er weg, hopst schon eine Schar der Kleinsten zwischen den Wasserstrahlen herum. Und um halb elf kommen Gai und Genossen, tragen den Sprinkler weg, stellen je zwei Paar Schuhe links und rechts an den Rand und spielen Fußball auf dem grünen Rasen. Die Schuhe markieren die Torfosten.

Auch Oren und seine Leute bleiben nicht untätig. Im Maschinenschuppen ist diese Woche ein neues Gerät eingetroffen, eine Art Kran, der schwere Strohballen vom Feld auf den Anhänger heben und dort automatisch richtig plazieren kann. Solch ein Apparat ist einer gründlichen Prüfung wert. Sie hat ergeben, daß er zwei Jungen anheben und auf den Wagen hieven kann. Diese Entdeckung fasziniert die Forscher, die nun einen kleinen Hund schnappen wollen, um ihm eben dieses Erlebnis zu verschaffen.

Ruven Charisch hat einen Klapptisch im Freien aufgestellt, sitzt jetzt dort, den Rücken an die Hauswand gelehnt, und blättert in einer Literaturzeitschrift. Noch vor dem Mittagessen möchte er einen Brief an den Herausgeber schreiben, um ein paar Einwände vorzubringen. Jenseits der Wand, im Haus, liegt Noga auf der Strohmatte und schläft, ein Glas Limonade zur Rechten und daneben ein aufgeklappter Gedichtband mit dem Rücken nach oben. Ihr Gesicht ist auf die Matte gedrückt, ihr Atem geht ruhig und gleichmäßig.

Mundek Sohar, der Bezirksratsvorsitzende, sucht Zwi Ramigolski, den Kibbuzsekretär, und findet ihn im Liegestuhl auf seiner Veranda, barfuß, in blauem Trägerhemd und akkurat gebügelten Shorts. Er wünscht seinem Gastgeber einen schönen Schabbat und fragt, ob er störe. Zwi versichert, er störe nicht. Mundek Sohar entschuldigt sich, daß er mit Alltagskram ankomme. Zwi Ramigolski sagt, das mache nichts, wirklich nichts, kein Grund, sich zu entschuldigen. Mundek setzt sich auf die kühlen Fliesen und sagt, nach seiner Meinung seien die Kibbuzim nicht verpflichtet, eine Straße auszubessern, die das Militär mit Raupenfahrzeugen und anderem schweren Gerät kaputtgefahren habe. Zwi Ramigolski stimmt ihm zu und ruft laut ins Zimmer hinein: »Chassja, bring uns was zu trinken, wenn es dir keine Mühe macht.«

Chassja antwortet, sie werde Orangensaft auspressen. Einen Moment noch, ein Momentchen. Mundek sagt, es frage sich nur, wie man die Sache überzeugend vorbringe, ob man sich direkt an die Militärbehörden wenden oder lieber das Sekretariat der Kibbuzbewegung einbeziehen solle. Zwi Ramigolski sieht das genauso. Zuallererst müsse man Jizchak Friedrich fragen, wie hoch der Gesamtschaden sei, um eine konkrete Forderung vorbringen zu können. Fruma Rominow kommt und sagt: Ich möchte nicht stören. Ihr seid sicher mit Busineß beschäftigt. Ich möchte zu Chassja. Chassja, kann ich bei dir vielleicht für ein Viertelstündchen das Bügeleisen ausleihen? Ja, einen guten Schabbat, habe ich vergessen zu sagen. Geht es? Brauchst du's nicht? Meines macht dauernd Kurzschluß, weißt du, und bis sie's reparieren, kannst du alt und tatterig werden. Du kennst sie ja. Nein, mach dir keine Umstände. Ich mag keinen Orangensaft. Aber na ja, wenn du sowieso welchen machst, gut, ja. Vielen Dank.

Von zwölf bis vier liegt Friedhofsruhe über dem Kibbuz, das charakteristische Merkmal für Schabbatnachmittage bei uns am Ort. Die Genossen haben ihre zweite Tagesmahlzeit eingenommen, den Speisesaal geräumt und sich – wohlgesättigt, schläfrig und gut gelaunt – in ihre Gemächer zurückgezogen. Bis gegen eins kann man noch Radioklänge aus den abgedunkelten Zimmern hören, danach kommt kein Laut mehr, außer dem Rauschen des Windes, so einer weht.

Durch die verlassenen Gärten streift jeden Schabbat von zwei bis drei ein Schüler der Mittelstufe namens Ido Sohar. Dieser Junge ist poetisch veranlagt. Die öden Schabbatnachmittagsstunden gefallen ihm gerade für seine Streifzüge. Er hat nichts mit unserer Geschichte zu tun, aber unsere Augen ruhen auch auf ihm. Seine Traurigkeit ist uns teuer aus einem Grund, der nicht zum Kern der Sache gehört. Lassen wir ihn sein.

Noch eine genießt jetzt nicht die Schabbatruhe. Nein, es ist nicht Noga. Dafna Issarow schwimmt nun unbeholfen im leeren Becken hin und her. Ihre Bewegungen sind plump und reizlos. Wegen ihrer Füllligkeit traut sie sich zu den belebten Zeiten nicht ins Schwimmbad. Aber jetzt erquickt sie ihren verhaßten Körper wohlig im warmen Wasser. Gelegentlich hebt sie den Kopf und blickt auf die Baumwipfel des nahen Wäldchens. Ihre Träume sind nicht poetisch. Ihre Träume wimmeln von eleganten Kleidern, die im Kibbuz verboten sind. Aber das ist ja das Schlimme, daß nur solche Kleider ihre mollige Figur überspielen und ihr die ersehnte

Anmut verleihen könnten. Dergestalt sind die Träume Dafna Issarows am Schabbatnachmittag im Schwimmbad.

Um vier Uhr nachmittags machen sich Lebenszeichen bemerkbar. Esra Berger, wegen der Hitze bis zur Taille nackt, stützt die Ellbogen auf den Tisch und verfaßt im Stehen Briefe an seine beiden Brüder, Sacharja in München und Nechemja in Jerusalem. Die zwei Briefe unterscheiden sich nicht voneinander. Beiden Brüdern teilt er mit, er und die ganze Familie seien gesund und lebten ihr normales Kibbuzleben. Bronka geht ihrer pädagogischen Arbeit nach, Tomer baut Viehfutter an, Oren geht in die Schule, Enav zählt die Tage, und ich fahre den Lastwagen des Kibbuz. Wenn wir deinen Besuch erwarten dürfen, freuen wir uns auf dich und heißen dich herzlich willkommen unter unserem Dach. Bleib gesund und munter. Und auf Wiedersehen. (In den für Sacharja Siegfried bestimmten Umschlag wird Bronka später ein Zellophantütchen mit einer Haarlocke von Noga Charisch einschmuggeln, wie ihre Mutter es erbeten hatte.)

Um fünf Uhr kommen Tomer und Enav, um mit ihren Eltern Kaffee zu trinken, wobei sich das Gespräch um politische Dinge dreht. Tomer sagt, die Regierung zögere unnötig. Bronka sagt, Vergeltungsschläge lösten kein einziges Problem. Enav fragt, was der Begriff »Status quo« bedeute. Esra erläutert ihr das Wesentlichste und Bronka fügt hinzu: Wenn nur alles gutgeht. Tomer sagt: Das hängt von uns ab. Enav sagt: Das finde ich auch, genau. Esra sagt: Wer den Bären will Moral und Sitten lehren, wird letztendlich nicht Weisheit, sondern Schmerzen mehren. Enav lacht schallend. Tomer sagt: Vaters Philosophie läßt sich immer auf zweierlei Weise auslegen. Bronka fragt, wer noch eine Tasse Kaffee möchte. Tomer trommelt sich mit den Fingern auf die Brust und sagt: Ich, ich. Esra fragt: Wie spät ist es? Bronka antwortet: Fünf vor sechs. Tomer sagt: Fünf nach sechs. Enav lacht laut auf und sagt: Mein Vater hat immer gesagt, die Uhr zeigt das Temperament ihres Eigentümers an. Bronka erzählt daraufhin von ihrem Vater, einem außerordentlichen Mann, der schon vor der Balfour-Erklärung ein glühender Zionist gewesen sei. Esra sagt: Der Schabbat ist zu Ende.

Tomer und Enav gehen zum Basketballplatz, Bronka spült Geschirr, und Esra erbietet sich freiwillig, das Zimmer zu kehren. Fruma guckt ihnen von ihrem Fenster aus zu und sagt zu Herbert Segal und einem anderen Genossen, der auf dem Rasen hingestreckt liegt, die Bergers spielten wieder mal heile Familie, obwohl doch alle wüßten, daß sie einander nicht ausstehen könnten. Als sie das sagte, waren wir überzeugt, Fruma rede so aus Boshaftigkeit. Aber jetzt, nach reiflicher Überlegung, sind wir uns unseres Urteils nicht mehr sicher. Nach dem Abendessen findet, wie jeden Samstagabend, die Generalversammlung statt. Deshalb müssen schnell noch die letzten Regelungen für die Arbeitseinteilung am nächsten Tag getroffen werden, und ohnehin ist jetzt eindeutig nicht die Zeit für theoretische Erwägungen.

»Guten Abend, Herzl. Eine gute Woche wünsche ich dir.«
»Hm ... was? Ach, ja, gewiß doch. Richtig. Ja. Eine gute Woche.«
»Eine gute Woche.«

20. Kapitel:
Zwei Frauen

Ruven Charisch liebt und schätzt Geschichten, die das Gute im Menschen in den Vordergrund rücken, wie zum Beispiel die von dem dicken, genußfreudigen Kaufmann, der – im entscheidenden Moment von heiligem Feuer beseelt – sein Leben und Vermögen fortan in den Dienst der Nation stellt, oder wie die Geschichte von einem harten, verschlossenen Mann, der am Tag der Prüfung plötzlich ein Fünkchen Milde und Menschlichkeit zeigt. Solche Geschichten passen gut zu seiner festen Überzeugung, daß das Leben vielgestaltig ist und daher einfache Formeln sprengt.

Schade, daß Fruma Rominow uns nicht den Gefallen tut, überraschend Anzeichen von Nächstenliebe an den Tag zu legen. Fruma Rominow liebt das Kibbuzleben nicht. Selbst ihr Gesichtsausdruck läßt erkennen, daß sie eine tiefe Kränkung mit sich herumschleppt. Ihre Mundwinkel sind herabgezogen wie bei einem schmollenden kleinen Mädchen, ihre farblosen kleinen Augen mustern dein Gesicht, als wollten sie sich über deine Schwächen mokieren. Ihr Haar ist grau und strohig, ihr Körper sehr mager, und ihre spitzen, knochigen Gelenke stechen unter dem blauen Kleid hervor. Im wesentlichen stimmen wir mit Ruven Charischs negativem Bild von Fruma Rominow überein. Aber eine lobenswerte Seite hat sie, und die wollen wir bei unserem Urteil nicht übergehen. Fruma Rominow schätzt das Kibbuzleben nicht, hält sich aber trotzdem strengstens an seine Prinzipien, denn solange diese nicht durch Beschluß geändert seien, müßten auch deren Gegner sie strikt befolgen. Von Kompromissen hält sie nichts. Wann immer sie Falschheit und Heuchelei entdeckt, nennt sie die Dinge beim Namen. Das ist das Löbliche an Fruma.

Die Hitzewelle war nach neun Tagen zu Ende. Westwind kam auf, fiel mit spielerisch leichten Wirbeln ins Tal und trieb den Chamsin nach Osten zu den kahlen Bergzügen und darüber hinweg, in die östlichen Wüstenebenen. Milde Luft umwehte die unbelebten Gegenstände und linderte deren wütende Weißglut. Unsere Brust weitete sich. Ja, die lastende Hitze hatte uns die Knochen verdorrt. Jetzt können wir freundlicher miteinander umgehen. Wir geben unsere Richtertätigkeit zwar nicht auf, denn sie ist ja unser Geheiminstrument zur Verbesserung der Welt, wollen aber von nun an mehr Milde walten lassen.

Selbstverständlich gilt das nicht für Fruma Rominow. Fruma nimmt an dem allgemeinen Aufatmen nicht teil. Es ist Abend. Fruma müht sich am glühenden Schlund des großen Backofens hinten in der Großküche. Fruma backt Kekse. Zweimal in der Woche steht der Ofen den Genossinnen für private Backvorhaben zur Verfügung. Fruma Rominow backt Kekse für ihren Soldatensohn. Einige Wochen ist es her, daß Fruma so weit ging, sich in Noga Charischs Zimmer zu schleichen und ihr einen Teller Gebäck aufs Bett zu stellen. Fruma hatte irriger Weise angenommen, Noga Charisch werde die Mutter ihrer Enkel. Doch inzwischen sind schlimme Dinge passiert. Dieses Flittchen hat das Blut ihrer niederträchtigen Mutter in den Adern. Wie konnte sie Rami in schweren Tagen so was antun. Und ich weiß, daß der Junge sie geliebt hat. Sie ist es nicht wert, daß er sie auch nur mit den Fingerspitzen anfaßt. Manchmal meine ich, im Kibbuz herrscht mehr Unmoral als anderswo. Und nicht von ungefähr. Wenn Joasch ... Joasch hätte seinen Weg im Leben gefunden. Joasch hätte alles gemeistert. Joasch hätte sich im Leben zurechtgefunden und wäre was geworden. Er war besonnen. Er hätte auf alle spucken können. Er hätte ein wichtiger Mann werden können. Ja. Aber auch Rami wird Fuß fassen. Nach dem Wehrdienst wird man ihm eine gute Stelle verschaffen, und in seiner Wohnung gibt es dann vielleicht auch ein Zimmerchen für mich. Vielleicht in Haifa. Auf dem Karmel oben. Ich brauche Höhenluft, weil ich nicht mehr ganz gesund bin. Ich werde dort ein Zimmer haben und auf die Enkel aufpassen, wenn ihr ins Kino geht. In dieser Hinsicht ist es gerade gut, daß er jetzt Abstand von dem Flittchen gewinnt. Die Enkel

Ein anderer Ort

werde ich zu höflichen Menschen erziehen. Nicht zu kleinen Wilden. Und dem Flittchen brauchst du nicht nachzutrauern. Du wirst eine Bessere finden, die auch noch hübscher ist. Denn du siehst gut aus. Hier ist nicht der richtige Ort für einen Jungen wie dich. Das hier ist ein Ort für Invaliden. Aber du bist stark. Du bist viel hübscher als sie. Du bist so hübsch wie Joasch. Du steckst sie noch mal alle in die Tasche. Mit deinem Aussehen kannst du Mädchen verrückt machen. Das sage ich, und ich weiß, wovon ich rede. Ja.

Mit einem gedämpften Seufzer bückt Fruma sich zur Ofentür, verengt die Augen wegen des Dunstes, der liebliche Düfte mitbringt, prüft das Gebäck und erklärt: »Noch ein paar Minuten.«

Enav Geva, die neben Fruma backt, sagt: »Ich hole die Sachen nie rechtzeitig heraus. Entweder zu früh oder zu spät. Ich habe nicht deine Gabe, Fruma, genau den richtigen Zeitpunkt abzupassen.«

»Macht nichts«, erwidert Fruma, »mit dem Alter kommt die Erfahrung. So ist das im Leben.«

Und wie sie hinkt. Tomer Berger – so ein raffinierter Casanova und zum Schluß hat er eine Lahme erwischt. Oder sie hat ihn erwischt. Rami, du wirst eine Partie machen, daß denen die Augen aus dem Kopf fallen. Nur achte auf dich. Weil du gut aussiehst. Richtig, du bist vielleicht kein brillanter Kopf. Kein Meister der großen Worte. Aber du bist ehrlich. Wie ich. Manchmal bedaure ich das: Ehrliche Menschen haben im Leben viel zu leiden. Wer klug ist, sagt nicht alles, was er denkt. Nur du, Kind, sagst alles, was du denkst. Immer. Jedem. Das ist unklug, Rami, das ist nicht immer geschickt. Aber du wirst dich entwickeln. Du bist aufgeschlossen. Du wirst aus Erfahrung lernen. Wirst nicht ewig so ein gutmütiges Schaf bleiben, das von allen ausgenützt wird. Werden Freiwillige gesucht, um eine Fuhre Dünger sechs Uhr abends abzuladen? Rami. Wird jemand gebraucht, der eine tote Katze aus der Vorratskammer wegschafft? Rami. Rami, Rami, immer Rami. Bleib nicht so ein Dummkopf, so ein Naivling. Jetzt lachen sie, weil deine Freundin dir weggelaufen ist und mit einem alten Fiesling angebändelt hat. Sie begreifen nicht, daß du kein Trottel bist. Du hast dich mit ihr amüsiert und ihr dann den Laufpaß gegeben, weil sie hübsch ist, aber als Mensch nichts taugt. So ist das gelaufen. Du hast sie verlassen, weil du kein Trottel bist. So war's. Ja, genau so, du Dussel. Man muß nicht in allem ganz genau sein. Sei nicht naiv, damit sie dich nicht kaputtmachen. Sie sind es nicht wert, dich in ihrer Mitte zu haben, weil du anständig bis in die Fingerspitzen bist, wie deine Mutter. Jetzt, genau jetzt, muß man sie aus dem Ofen nehmen. Ja. Als Schwangere hinkt sie doppelt stark. Was für ein furchtbares Hinkebein.

Fruma zieht das heiße Blech aus dem Ofen, faßt es mit einem alten Lappen an, um sich nicht die Finger zu verbrennen, und hält es Enav unter die Nase: »Riech mal. Riech. Lieblicher Duft, ha?«

Enav erwidert mit einem schüchternen Lächeln: »Mit dir kann man nicht mithalten, Fruma.«

»Du darfst mal probieren. Zergeht auf der Zunge, ha? Nimm noch eins, für deinen Mann. Soll er sich's schmecken lassen. Er gilt ja als richtiger Genießer. Übrigens, wann ist es denn soweit? Du hast es doch bestimmt ausgerechnet.«

»Nächsten Monat wohl.«

»Fein. Freut mich wirklich. Die erste Geburt muß nicht unbedingt schwer sein. Laß dich von deinen Freundinnen nicht einschüchtern. Wie willst du das Kind nennen?«

»Ich, wir dachten ...«

»Vielleicht Ruven? Ruven Berger. Deine Schwiegermutter würde sich sehr freuen. Übrigens, es heißt, sie sei in letzter Zeit nicht so glücklich.«

»Meinst du, daß ...«

»Nein, ich habe nichts Bestimmtes gemeint. Einfach so. Du weißt ja, daß ich ... Daß ich nicht heuchle. Aber ich wollte dir was sagen, was Persönliches. Bezüglich deines Beins. Es gibt jetzt in Jerusalem, im Hadassa-Krankenhaus, einen Arzt, einen Neueinwanderer aus Polen, der in orthopädischen Fällen wahre Wunder wirkt. Vielleicht hast du's auch gelesen: Es hat ein interessanter Aufsatz darüber in der Zeitung gestanden. Gleich beim Lesen habe ich an dich gedacht. So ist das immer bei mir, ich denke viel an andere. Aber ich mache nicht viel Aufhebens davon. Vielleicht solltest du nach Jerusalem fahren, damit dieser Arzt sich die Sache mal anschaut? Hilft es nichts, dann schadet es nichts. Man weiß im Leben nie, was unser Schicksal verändern kann. Stimmt's? In der letzten Zeit ist diese Sache mit dem Bein nämlich schlimmer geworden. Nicht wahr? Verzeihst du mir, daß ich darüber rede? Ich habe letzthin wirklich an dich gedacht. Du bist noch jung, und da solltest du doch so hübsch wie möglich sein. Männer können sehr gemein werden, wenn das Äußere einer Frau ihnen nicht zusagt. So ist das im Leben.«

Ein anderer Ort

Enav möchte das Thema wechseln. Das liegt in der Natur der Sache. »Zur Zeit ist es mir egal, ob ich hübsch bin oder nicht. Derzeit bin ich unfähig, an Schönheit zu denken. Was schreibt Rami, Fruma?«

Wie durch ein Wunder verändern sich Frumas Züge. Die angespannten Falten um die Augen glätten sich. Ihre verbissene Kinnpartie entspannt sich ein wenig, und die Mundwinkel gehen nach unten, wie bei einem verwöhnten Mädchen, das gleich losheulen will, weil man es gekränkt und gescholten hat.

»Rami? Mein Rami? Rami schreibt wunderbare Briefe. Er hat große Erfolge beim Militär. Rami ist mir sehr ähnlich: Er ist so ehrlich, offen und einsatzfreudig, daß er überall geschätzt wird. Das ist eine sehr rare Eigenschaft. Übrigens, nach meiner Ansicht treibt es dein Schwiegervater nur deshalb mit Ruven Charischs Tochter, weil mein Rami, wie sagt man, ihm den Boden bereitet hat. Aber mein Rami hat gleich gesehen, daß sie ein faules Früchtchen ist. Deshalb hat er mal angebissen, etwas genascht und sofort die Finger davon gelassen.« (Fruma rümpft die Nase und flattert entrüstet mit den Lidern. Ihre Stimme wird giftig. Ein boshafter, schadenfroher Ausdruck breitet sich über ihrem Gesicht aus.) »Was mein Rami weggeworfen hat, hebt dein Schwiegervater auf, um daran herumzuschmatzen. Ekelhaft. Überhaupt geht's in eurer Familie zur Zeit ja lustig zu. Ich an deiner Stelle würde jetzt auf meinen Mann aufpassen. Verzeihst du mir, daß ich darüber rede? Ich möchte wirklich dein Bestes. Schließlich habe ich Lebenserfahrung und möchte dir mit Rat und Tat zur Seite stehen. Jetzt, da dein Mann verwundet ist, muß man mit Argusaugen auf ihn aufpassen. So was verleiht ihnen besonderen Reiz. Angeblich soll die kleine Dafna ein Auge auf Tomer geworfen haben. Derlei ist bei unseren Mädchen jetzt in Mode gekommen, wie hier jedermann weiß, außer den Pädagogen. So ist das im Leben.«

Enav starrt auf den ausgewellten Teig vor sich und sticht Kekse aus, ohne Fruma anzublicken. Sie möchte nicht zur Zielscheibe der Gehässigkeit werden, vermag sie aber nicht klar zu erkennen. Frumas Anwesenheit ist ihr jedenfalls unangenehm.

Fruma legt ihre Kekse ohne Eile vom Blech in die Dose, steckt sich ohne Eile eine Zigarette an und wirft einen mißbilligenden Blick auf Nina Goldring, die Wirtschafterin, die allein einen Zuckersack schleppt. Das ist doch nun wieder mal symptomatisch. Ich meine, so ist das im Kibbuz. Genau so. Eine Genossin rackert sich ab und kein Mensch hilft ihr. »Nina, soll ich dir helfen?« Nina verneint, hier soll er hin. Fertig. Nicht mehr nötig. Sie dankt Fruma für den guten Willen und ihre Aufmerksamkeit. Enav sagt: »Was meinst du, Fruma? Kommt die Hitze wieder? Ich möchte nicht gerade mitten im Chamsin zur Geburtsklinik fahren.« »Richtig, mein Kind. Da hast du ein wahres Wort gesprochen. Der Chamsin macht die Männer verrückt. Du fährst zur Niederkunft, und er sucht sich hinter deinem Rücken eine leckere Beute. Probier mal, Enav, probier von dieser Sorte. Hier habe ich einen Schuß Wein an den Teig gegeben. Schmeckt paradiesisch, nicht wahr? Ja, bäckt Bronka manchmal für euch? Nein? Na, ist ja kein Wunder. Es heißt, sie sei sehr beschäftigt. Pädagogik. Interessant übrigens, gerade letzte Woche habe ich einen schönen Roman über eine Schauspielerin gelesen, die nacheinander neun Ehemänner hatte, und als sie dann schon mehrfache Großmutter war, hat sie als zehnten einen jungen Maler genommen. Von diesen hast du noch nicht gekostet, Enav, von den salzigen. Sie sind hervorragend. Nimm, nimm dir, schlag einer alten Witwe doch nichts ab. Nun, ja. Wovon haben wir gesprochen? Ja. Stell dir vor, deine Schwiegermutter würde plötzlich schwanger von Ruven Charisch. Hältst du das für unmöglich? Du wirst dich wundern, aber solche Dinge passieren im Leben. Ja. Es gibt auch einen Roman über einen alten Mann, der eine blutjunge Geliebte hatte. Ich lese zur Zeit sehr viel, bin ja jetzt ganz allein. Es müßte mal jemand einen Roman über unseren Kibbuz schreiben. Hier gibt's viel interessanten Stoff. Auch viel Symptomatisches. Ja.«

Enav fragt Fruma, wann ihr Rami auf Urlaub komme. Fruma blickt Enav an und begreift im ersten Moment nicht, wie diese Frage mit dem zuvor Gesagten zusammenhängt. Aber ihre Verlegenheit währt nicht lange. Ein flaues, säuerliches Lächeln huscht über ihr Gesicht und ist sofort wieder verflogen.

»Später mal werde ich dir die Briefe von meinem Rami zeigen. Er schreibt wunderbar. Ich bin sicher, er hat schriftstellerische Begabung. Wenn unsere Pädagogen die bloß gefördert hätten. Aber nein. Das haben sie nicht getan und werden sie nie tun. Sie sind nicht daran interessiert, Begabungen zu entdecken. Im Gegenteil, sie wollen einfache Menschen heranziehen. Bloß einfache Menschen, die den ganzen Tag auf dem Feld ar-

Ein anderer Ort

beiten, bei Nacht Kinder machen und im Notfall zur Waffe greifen, losrennen und heldenhaft im Krieg sterben. Kon-struk-ti-ve Menschen. Schau mal bei mir rein, Enav, dann gebe ich dir die Anschrift von diesem Polen, dem Jerusalemer. Ja. Dein Gebäck hätte gut werden können. Es ist nur ein bißchen angebrannt. Macht nichts. Mit dem Alter kommt die Erfahrung.«

Fruma Rominow ist eine magere, runzelige Frau. Sie hält sich kerzengerade, ihre Nase wirkt schmal und spitz wie ein Vogelschnabel, ihr strohiges Haar ist von undefinierbarer Farbe, die Augen sind blau. Ja, blau, doch manchmal wallt Schadenfreude in ihnen auf und trübt sie. Mit ihrem zierlichen Körper bewegt sie sich zupackend und lebhaft. Ihr Mund ist anders. Er verzieht sich manchmal zu einem beleidigten Schmollen. Du darfst Fruma Rominows Züge nicht abschließend beurteilen, ehe du nicht ihre ständig weinerlich herabgezogenen Mundwinkel beachtet hast. Ihre Gesten sind, wie gesagt, sehr zupackend und lebhaft und erregen nervöses Mißtrauen bei dir. Als hättest du etwas zu befürchten. Sie hat einen seltsamen asketischen Zug an sich.

Früher, als Alter Rominow noch am Leben war, milderte sein gutgelauntes Lachen die Verbitterung seiner Frau. Er war von ebenso zierlicher Gestalt wie sie, und man wundert sich, wie diese Lenden zwei Söhne so groß und stark wie Zedern hervorbringen konnten. Alter Rominow hat seinen beiden Söhnen – dem toten und dem lebenden – jedenfalls nicht die geduckte Erscheinung des Diasporajuden vererbt, ja, abgesehen von dem vorspringenden Pferdegebiss auch sonst keine Erkennungsmerkmale. Zu Recht haben beide ihren Familiennamen hebraisiert und in Rimon umgeändert.

Wir haben ihren verstorbenen Vater wegen seiner enormen Gutmütigkeit geliebt. Stets war er gut gelaunt. Sein ganzes Leben lang wollte er andere erheitern. Da er nicht mit scharfem Humor begabt war, fielen seine Scherze unweigerlich harmlos aus, so bleichgesichtig wie ihr Erzähler. Es waren Witze ohne Biß, die einem weder Bewunderer noch Feinde einbringen. Meistens nahm er sich selbst auf den Arm. Er sagte: Gebt mir kein Gewehr, wenn ich auf Wache gehe. Einer wie ich kann Dieben auch ohne Waffe Angst einjagen. Und wir verstanden ihn und übergingen aus milder Sympathie seinen Namen, wenn wir die Wachdienste verteilten.

Alter Rominow ist unter der physischen Arbeit zusammengebrochen.

Die meisten Kibbuzgründer gingen gestählt und abgehärtet aus der schweren Plackerei hervor. Stärke pulste durch die Adern der ersten Mitglieder. Die harte Arbeit und das böse Klima weckten verborgene Körperkräfte in ihnen und verliehen ihnen asketische Ausdauer, wie Ruven Charisch, Esra Berger und – natürlich – Menschen wie Grischa Issarow sie jeweils auf ihre eigene Weise besitzen. Aber Alter Rominow wurde immer kümmerlicher, schrumpfte gewissermaßen von Sommer zu Sommer mehr zusammen. Erschöpft und gequält lief er im Lager herum, bemüht, seine Schwäche mit dürftigen Witzen zu bemänteln.

Er sagte etwa: »Daran sieht man, daß ich durch und durch Europäer bin. Du bist ein echter Asiate geworden, aber ich bin Europäer. Die Chamsine machen mich kaputt. Ich brauche, sagen wir, einen kolonialen Tropenhelm und einen weißen Anzug.«

Und wenn man ihm freundschaftlich auf die Schulter klopfte und ihn fragte, wie es ihm ginge, antwortete er feierlich: »Mir geht es wie einem Talmudgelehrten, der in die Armee des Zaren verschleppt worden ist, hahaha.«

Ausgemergelt war er, und immer stand ein helles, schüchternes und – wenn man will – sogar rührendes Staunen in seinen Augen. Aber er besaß auch einen hartnäckigen Stolz. Aus Stolz widersetzte er sich energisch den Bitten seiner Frau, den Kibbuz zu verlassen und wie ein normaler Mensch zu leben. Bei jeder Kleinigkeit hörte er auf sie, nur nicht in dieser Sache.

Zu seinen Söhnen sagte er: »Erez Israel muß das Gegenteil des Ghettos sein. Wenn wir hier ein Ghetto einrichten wollen, wären wir besser dort geblieben, dort gibt's wenigstens keinen Chamsin.«

Und an einem Chamsintag brach er zusammen und starb. Nicht wie sein Sohn Joasch und nicht wie sein Freund und Landsmann Aharon Ramigolski, sondern wie ein Diasporajude starb Alter Rominow: In seinen letzten Lebensjahren arbeitete er in der Wäscherei. Einmal bat man ihn, Israel Zitron ein paar Tage bei dringenden Arbeiten in der Bananenpflanzung zur Hand zu gehen. Alter setzte einen komischen Hut auf und sagte: »Der Heimat wegen ins Feld begeben.«

Drei oder vier Stunden verlegte er Bewässerungsleitungen. Als die Sonne höher stieg und ihm auf den Kopf stach, mußte er sich übergeben. Man sagte ihm, er solle sich hinsetzen und ausruhen. Er setzte sein schüchternes Lächeln auf und sagte: »So mag ich denn zusammen mit den Philistern – will sagen Röhren – sterben.« Zehn Minuten später übergab er sich tatsäch-

Ein anderer Ort

lich zum zweiten Mal, kippte um und murmelte teilnahmslos: »Wie heiß mir ist.«

Israel Zitron ging ihm ein Glas Wasser holen. Als er zurückkam, saß Rominow an eine mächtige Bananenstaude gelehnt, als ruhe er ein wenig, aber er war tot. Fruma behauptet, im Grunde hätten wir ihn umgebracht. Wir streiten es kleinlaut ab und bemühen uns, das Thema zu wechseln. Ruven Charisch hat zu seinem Andenken ein Gedicht geschrieben, das in der Ortszeitung abgedruckt wurde. Der selige Alter liebte besonders chassidische Weisen. Und am liebsten summte er in aschkenasischem Tonfall das Lied: »Möge der Tempel wiedererrichtet werden.« Dieses Lied klingt in Ruven Charischs Gedenkversen für unseren Genossen Alter an.

Zwei Jahre später fiel Joasch Rimon als Führer eines Fallschirmjägerkommandos im Sinaifeldzug. Die schnell aufeinander folgenden Schicksalsschläge konnten Frumas Lebensgeist nicht brechen. Sie bewies Stärke. Zu unserem Lob sei gesagt, daß wir ihre Härte nicht mit gewohnter Strenge richten. Wie schade, daß Fruma ihrerseits unsere Taten mit doppelter Strenge richtet. Fruma Rominow hat die Leitung des Kindergartens übernommen. Diese Arbeit verrichtet sie souverän und mit kluger Redlichkeit. Die Kinder lieben sie, weil sie keines bevorzugt und ihnen die Wahrheit sagt, auch bei Angelegenheiten, in denen man sie kleinen Kindern sonst kaum zumutet. Die Eltern achten sie. Im Erziehungsausschuß tritt sie mit ihren konsequenten, kompromißlosen Ansichten hervor. So manches Mal hat sie uns davor bewahrt, leichte Auswege zu nehmen.

Bei einer Sitzung sagte sie: »Ich lehne einige Aspekte der Kibbuzideologie ab. Da sie jedoch existieren, muß man sich auch daran halten. Heuchelei ist keine Lösung. Es ist sehr leicht, Dinge zu verfälschen. Aber eine Fälschung zieht die nächste nach sich. So ist das im Leben. Deshalb ...«

Sätze, die dazu angetan sind, sich dem Gedächtnis einzuprägen, und wir haben sie tatsächlich im Gedächtnis bewahrt.

Fruma Rominow sammelt ihre Sachen zusammen – Backformen, Gewürzgläschen und Schüsseln voll Gebäck –, deckt alles mit einem weißen Handtuch ab und verläßt mit kleinen Schritten die Küche. Vor dem Hinausgehen fragt sie, ob sie Enav noch etwas helfen könne. Enav dankt ihr und erklärt, sie komme allein zurecht. Fruma sagt ihr, sie sei ein wunderbares Mädchen, und geht in die Nacht hinaus. Die Nacht stülpt sich förmlich über sie und weht ihr geheime Düfte zu.

21. Kapitel:
Heimtücke

Die Nacht stülpt sich über dich und weht dir Gerüche zu.

Säuerlich dumpfer Hauch wird von den Hühnerhäusern herangetragen. Der Kuhstall entsendet stickigen Dunst. Modergeruch kommt von den Lagerräumen. Dahinter driften andere Aromen. Die Felder atmen wilden Duft. Wohlgerüche steigen von den Rosenbeeten auf, durchwabern die Dunkelheit. Bei all dem schwingt ständig eine Spur scharfer, turbulenter Bergluft mit. Die Hunde, von den intensiven Duftschwaden erregt, bellen wütend. Unterschwelliges Gären verwirrt ihnen die Sinne. Ihr lautes Kläffen gleitet in ängstliches Winseln ab.

Der Mond harrt in seinem Versteck. Deine Augen suchen seinen bleichen Schein und finden nichts als Sterne, die sich mit bläulichem Flimmern verständigen. Der mächtige mondlose Himmel ist weder mit dir noch mit deinen Hassern im Bund, die dich stumm umringen.

Ein Ring umgibt unser Dorf. Hinter den Zäunen brodelt es. Könnte man nur den Strom der Zeichen entschlüsseln. Finstere Heimtücke umkreist den Zaun, möchte sich einschleichen und die gute Ordnung mit blitzschnellem Biß erledigen. Schon regt sich niederer Verrat an den Rändern des Lagers. Die Gegenstände machen den Anfang. In der hechelnden Dunkelheit wechseln sie langsam ihre Form. Nehmen andere Gestalt an. Du blickst sie an, und da haben sie ein fremdes Gesicht, ihre Ecken und Kanten sind nun weich gerundet. Du siehst die harmlose Bank, die wie immer zwischen den Ziersträuchern verborgen steht, und da haben sich all ihre Konturen verändert. Du möchtest den Blick schärfen und die Untreue unterbinden, doch sie intensiviert sich wie aus schändlichem Hohn: Jetzt gibt es überhaupt keine Konturen mehr. Nur noch Klumpen über Klumpen siehst du, unverbundene Massen, schwarz in schwärzestem Schwarz. Du möchtest deine Augen an eine hübsche Weinlaube heften, aber sie sehen dort eine winzige Regung. Schau zum gewaltigen Himmel empor. Dort stehen die Dinge unverwandt. Nein. Auch in der Höhe geschieht etwas: Von der Spitze des Wasserturms blinzelt dir gespenstisch ein bläuliches Licht entgegen. Ein Krampf hat die Gegenstände befallen. Sie erheben sich gegen die gute Ordnung. Selbst der Scheinwerfer erschauert und wirft besorgte Lichtstrahlen vor sich hin. Unbändige Schatten erwidern ihm und verfallen in einen liederlichen Tanz.

Nun die Grillen. Die Grillen tauschen Geheimzeichen aus. In ihr Zirpen mischt sich verstohlen das Motorgeräusch des fernen Kühlhauses. Das Klicken der Sprinkler hintergeht dich und fällt in das Lager der Grillen ein. Die Grillen dechiffrieren dich, funken mit Tonsignalen deine Angst an ihre lauschenden Genossen auf den feindlichen Feldern.

Und was ist mit dem Hundegeheul? Dunkles Grauen liegt im Heulen der Hunde. Auf Hunde ist kein Verlaß. Das Heulen der Hunde hurt mit den Berghöhen.

Die Berge sind nicht zu sehen, aber ihre Gegenwart lastet über dem Tal. Die Berge existieren. Schroffe Schluchten stürzen bis hier herab. Dunkle Felsbrocken hängen am seidenen Faden hoch an den Bergwänden, verdächtig lose. Ein dumpfes Rascheln, ein verhaltenes, geduldiges Grummeln rumort dahinter. Die Berge existieren. In völliger Stille existieren sie. Mit verkrümmten Klippen stehen sie da, als hätte sich zwischen den Naturgewalten eine schändliche Orgie abgespielt und mitten im Gerangel wäre alles erstarrt und versteinert.

In massigen Kloben ziehen sich die Berge hin. Schweigen dich aus den Tiefen erstarrter Gesteinslawinen an. Spalten zerklüften die Berge. Die Kämme sind in der Dunkelheit nicht zu sehen, aber die Sternenfelder verraten ihren Ort. Am östlichen Horizont sind die Sternenfelder wie abgehackt, und jenseits erstreckt sich ein tiefschwarzer See. Ein riesiger Vorhang begrenzt die Sternenfelder. Dort, dort sind die Berge. Dort warten sie stumm, das Ende zu schauen. Bald wird es sich entscheiden. Die Nacht ist schon voll.

22. Kapitel:
Der Klöppel der Weltglocke

Lassen wir die nächtlichen Alpträume sein. Man wird ihrer nicht Herr. Wenn wir sie nicht beiseite lassen, verhelfen wir zwielichtigen Gestalten zum Durchbruch, wie Isaak Hamburger oder seinem Kompagnon im Zuhältergewerbe, Sacharja Siegfried Berger, vergifteten Menschen, die die Gesellschaft vergiften.

Also weiter: Im Norden des Landes, in einem mit blühenden Dörfern gesprenkelten grünen Tal, liegt ein Kibbuz namens Mezudat Ram. Darin leben Menschen, die eifrig die Welt verbessern wollen und die menschlichen Schwächen dadurch bekämpfen, daß die Gemeinde als ganze gegen ihre Schwächen vorgeht und jeder Einzelne gegen die leichten Anfechtungen seiner eigenen Seele zu Felde zieht. Gegen seine Triebe, um einen drastischeren Ausdruck zu gebrauchen.

Man kann nicht behaupten, daß dieser Krieg einem siegreichen Ende nahe wäre. Aber man kann auch nicht sagen, daß hier eine Niederlage erlitten sei, wie die Gegner der Kibbuzidee nachzuweisen suchen, diejenigen, von denen Herbert Segal zu Recht annimmt, daß nagende Schuldgefühle ihr Urteil trübten. Solch ein Krieg kann niemals beendet sein. Der Krieg zwischen Licht und Finsternis, Ödnis und Ackerland, Berg und Tal ist ein ewiger Kampf, sagt Ruven Charisch. Aber daraus saugen die Geschichten ihre Lebenskraft. Und der Klatsch desgleichen. Denn Klatsch und Geschichten ranken sich doch um Verstrickungen von Liebe, Haß, Eifersucht, Ehrgeiz, Einsamkeit, Furcht und ähnlichem mehr. In moralischer Hinsicht haben Klatsch und Geschichten eine bedenkliche Seite, wie wir beschämt zugeben müssen. Herbert Segal ist der festen Überzeugung, daß eine Geschichte, die keine Botschaft enthält, lieber nicht so hätte geschrieben werden sollen. Ruven Charisch blickt uns mit kühlem Blick an und sagt uns sogar, wir hätten eine perverse Vorliebe für Häßlichkeit, schöpften sie aus trüben Quellen, die nicht dieser Erde hier entsprängen. Die Verteidigungsrede fällt – da abstrakt formuliert – naturgemäß vage aus. Wegen ihrer Kürze kann man sie im Nu überfliegen.

Auch wir haben nachts manchmal das Gefühl, die Zeit sei aus den Fugen geraten. Aber ist unseresgleichen würdig, sie wieder ins Lot zu bringen? Wir schleichen nur am Rand des Lagers dahin und lauern den Versagern auf. Gleich und gleich gesellt sich gern, und wir stöbern defekten Menschen nach. Zuweilen werden die Figuren sich aufraffen, uns zu widerlegen. Dadurch entsteht eine Bewegung wie ein Fingerschnippen, das ein zufällig am Mantelsaum haftengebliebenes Stäubchen entfernt. Das ist doch eine positive Leistung. Aber der Wahrheit zuliebe wollen wir eingestehen, daß nicht diese Berufung jene überzogene Selbstgefälligkeit nährt, die uns veranlaßt, uns für den Klöppel der Weltglocke zu halten. Bis hierher und nicht weiter.

Vor einigen Tagen ist an höchster Stelle die Entscheidung gefallen: Unser Kibbuz soll ein kleines Stück Land, ganze dreiundzwanzig Dunam, am Hang bestellen. Dieses Gelände ist Gegenstand eines blutigen Konflikts zwischen den beiden feindlichen Staaten. Juristisch betrachtet gehört es uns, das belegen die Landkarten. Doch die tatsächliche Lage sieht anders aus: Seit Jahren wird dieser Bodenstreifen von Fellachen genutzt, die unter feindlicher Truppendeckung vom Berg herunterkommen. Nun war man nach sorgfältigen Erwägungen zu dem Schluß gelangt, es sei an der Zeit, die tatsächliche Lage der Rechtslage anzugleichen und unseren Eigentumsanspruch durchzusetzen. Die Verantwortung für den Schutz der Aktion liegt selbstverständlich beim Militär.

Zwi Ramigolski, der Kibbuzsekretär, sagt: »Wir müssen auf das Schlimmste gefaßt sein und das Beste hoffen.«

Nina Goldring sagt: »Wenn es nur gut abgeht.«

Ruven Charisch sagt: »Das Stückchen Land hat zwar rein symbolische Bedeutung, aber nur ungebildete Menschen begreifen nicht, daß das Leben aus Symbolen besteht.«

Und Grischa Issarow, begleitet von einem Chor enthusiastischer junger Leute: »Endlich.«

Wir erhielten Order, einen mit Stahlplatten gepanzerten Traktor in der Werkstatt bereitzuhalten, die Namen der Einsatzfähigen aufzuführen und auf das Signal zu warten, das ab sofort bis zum Winter jeden Augenblick eintreffen könne. Geschlagene zwanzig Wochen warteten wir auf das Zeichen. Erst zu Herbstbeginn ging es los. Unterdessen geschahen andere Dinge, rein interner Natur.

Noga Charisch betritt ihr Zimmer und macht Licht.

Es ist spät. Zehn Uhr. Wo ist Dafna? Dafna ist zum Basketballplatz gegangen, um sich den Wettkampf anzugucken und Tomers halbnackten Körper zu bewundern. Das Spiel ist längst vorbei. Man hört keine Stimmen mehr, das Flutlicht auf dem Sportplatz ist abgeschaltet. Dafna hat, wie immer, die Spieler begleitet, um ihnen den Sieg mit schmeichelnden Komplimenten zu versüßen. Bestimmt hat sich der ganze Trupp, Wettkämpfer und Fans, auf dem Platz vor dem Speisesaal versammelt und feiert dort den großartigen Sieg bei etlichen Flaschen Saft.

Still ist es in Nogas Zimmer. In der Stille schwingt ein ferner Widerhall. Noga liegt auf ihrem Bett, blättert in dem Gedichtband einer jungen Dichterin. Sie liest nicht. Ihre Hände schlagen nur die Seiten um, ihre Augen starren an die Decke.

Das Zimmer ist einfach eingerichtet. Gelbes Licht fällt auf die Gegenstände. Ein plumper Tisch, darauf eine Decke, mit Wald- und Hügelmotiven bestickt, und eine graue Tonvase. Zwei quadratische Schemel, zwei gleiche Betten: Nogas neben dem Tisch, Dafnas unter dem einzigen Fenster, gegenüber der abblätternden Tür. Die Gardinen haben ein rotes Blumenmuster. Auch die Bettüberwürfe sind geblümt, aber in Orange. Außerdem enthält das Zimmer noch einen türlosen Kleiderschrank, dessen Innenleben durch einen Vorhang verdeckt wird – ebenfalls geblümt, doch weder rot noch orange, sondern zur Abwechslung grün. An den Wänden, einander gegenüber, hängen zwei Bleistiftzeichnungen, die Seen- und Flußlandschaften darstellen. Eva hat sie vor langer Zeit gemalt. Auf dem kleinen Wandbord aus Schilfrohr neben Dafnas Bett stehen winzige Ziergegenstände und drei dickleibige Schmöker, Übersetzungen jener Gattung, die einem das Herz bricht. Auf Noga Charischs Bord prangt einsam das goldschimmernde Feuerzeug, das Esra Berger von seinem Bruder Siegfried geschenkt bekommen hat. Daneben stapeln sich wirr Lyrikbändchen. Eines davon hält Noga jetzt in der Hand. Sie blättert, ohne zu lesen. Blickt auf das Feuerzeug. (Esra hat es bei seinem einzigen Besuch hier im Zimmer vergessen, damals, als er Rami Rimon kränkte.) Noga meint, sie müsse es seinem Besitzer zurückgeben, weil ihr Vater es sehen und deshalb traurig werden könnte. Das möchte Noga nicht, denn Töchter lieben ihre Väter. Schnell gerät ihr das Ding jedoch aus den Augen und aus dem Sinn. Ihr Blick schweift über die Zimmerdecke, und ihre Gedanken zerstreuen sich. Was ist Vater in Tel Aviv passiert. Was Schlimmes. Esra weiß davon und will es mir nicht verraten. Danach sind die beiden gemeinsam ohne Zeugen den langen Weg bis hierher in Esras Laster gefahren. Schade, daß ich nicht dabei war. Worüber haben sie geredet. Worüber können sie reden. Esra hat einen Spruch gesagt, Vater hat über Kibbuzangelegenheiten gesprochen, und beide haben höllisch aufgepaßt, damit sie einander ja nicht versehentlich berührten.

Beide lieben mich, und auch ich liebe mich und liebe, daß sie mich lieben, denn ich liebe es, geliebt zu werden.

Um selbst die geringste Berührung an Arm oder Schulter zu vermeiden, hat jeder sich die ganze Fahrt über an seine Tür gedrückt. Vater ist hellblau. Esra ist dunkelbraun. Ich bin Türkisa. Jeder hat seine Farbe. Dafna ist rosa. Rami meint, er sei hellgrau, aber er ist hellgrün. Meine Mutter ist orange. Onkel Isaak lila. Ich bin Türkisa.

Türkisa denkt sich nicht Dinge, sondern Formen aus. Sie denkt an leich-

Ein anderer Ort

te Stoffe, mit feinen Mustern bestickt, so fein, wie sie in Wirklichkeit gar nicht machbar sind. Noga mag die konkrete Wirklichkeit nicht, weil sie derb ist. Auch wenn du sie nicht gut kennst, siehst du ihr an, daß sie Träume hat. Sprichst du mit ihr, antwortet sie dir mit einer Sanftheit, die nicht dir gilt, sondern den Träumen. Du stellst ihr eine einfache Frage, und ihre Hüften wiegen sich wie in einem inneren Tanz. In der Mittagshitze vergnügt sie sich allein auf dem leeren Rasen, springt anmutig über die Wasserstrahler, spielt ohne Lächeln, mit stillem, verschlossenem Ernst ein geschmeidiges Spiel. Esra kennt ihren Körper und kennt ihn doch nicht. Selbst bei ihrer Hingabe wiegt sie sich in stummen Schwüngen, die nicht Esra gelten, sondern den Träumen, dem inneren Tanz. Sie liebt den uralten Geruch des verlassenen Pferdestalls. Liebt Flötenklang. Liebt es, vor Sonnenaufgang zu den Fischteichen zu gehen und dort barfuß umherzuschlendern. Lieder im Wind zu singen. Muster zu sticken. In einer Winternacht nicht zu schlafen, wenn der Regen weint und der Wind ihn auslacht. Per Schiff an einen anderen Ort zu fahren, zu fremden Menschen hin. Sie liebt ihren Namen, Noga, weil Noga eines der schönsten Worte der Welt ist, und weil man es auch weicher aussprechen kann, »Nuga«, und es dann nicht mehr »Venus«, sondern »Wehmütige« heißt. Auch Inbal, Klöppel, ist ein hübscher Name. Sie malt sich gern aus, zum Klöppel einer Glocke erwählt worden zu sein. Dauernd offenbaren sich ihr neue Anklänge an das Bild von Glocke und Klöppel, aber immer ist sie der Klöppel der Weltglocke. Wäre ihr Vater nicht, hätte sie das Gedicht aufgeschrieben, das sich ihr eines Nachts im Geist zusammenfügte und in dem sich *Inbal* auf *Gal* und *Schoval* – Welle und Schleppe – reimte. Schön und dunkel bin ich, Inbal, hoch droben auf fernem schauerlichem Fels, den Helden erklimmen, von Zaubersehnen betört, doch der Fels in seiner Eifersucht schleudert sie in den Abgrund hinab, und die Adler schreien.

Sie läßt das Buch sein und drückt je zwei Finger auf die Lider. Der Druck auf die Augäpfel löst einen Farbentaumel aus, dunkle Kringel laufen über weinroten Hintergrund, grelle Türkisflimmer blinken auf, grüngoldene Schlangen verknäulen sich wütend. Die Finger pressen stärker, fremde Gebilde huschen über den Augengrund, toben in üppiger Farbenpracht, die in der einfachen, derben Wirklichkeit nicht ihresgleichen hat. Ein lila Schleier dämpft die Farben und setzt schnelle Wirbel in Bewegung, Sonnenuntergangslila, das Lila winterlicher Zypressen, schmerzliches Lila,

Ameisenduftlila, lustvolles Lila, Höhlenlila, Bergschluchten, ein einzelner Adler, ein einsamer Schrei, tobende Leiber, das Messer eines Wilden, ein heiserer Hilferuf, sprunghafter Schmerz, Entspannung, wieder Farbflekken, große Mattigkeit.

Das Mädchen nimmt die Finger von den Lidern. Kommt zu sich. Atmet schwer. Dieses Spiel heißt: Agonie der Geliebten. Druck auf die Augäpfel löst Agonie aus. Jetzt tut ihr das Licht weh, und in den Ohren pocht das Blut.

Großmutter Stella, Mutters Mutter, war eine sehr energische Frau. Onkel Isaak ist ein Cousin meiner Mutter, der ihr schon als Kind versprochen war, wie bei den Königen und Prinzessinnen im Mittelalter. Dann kam Vater und hat alles kaputtgemacht. Die Prinzessin ist mit dem schüchternen Flötenspieler durchgebrannt. Und das Königreich geriet in heillose Verwirrung. Onkel Isaak war Pianist. Ist er noch. Als er hier war, hat er mich auf den Schoß genommen, dick war er, und wollte mir Klavierspielen beibringen, auf dem Klavier im Kulturhaus. Dauernd hat er mich geküßt. Ich kann mich an seinen Geruch erinnern. Es war ein starker Geruch, derb, aber sehr warm und irgendwie beängstigend. Er war sehr höflich. Hat mir Puppen und Puppenkleider mitgebracht und für Gai Spielzeug zum Aufziehen. Vater hat uns nicht erlaubt, die Sachen anzunehmen, weil wir Kibbuzkinder sind und sie in Deutschland, dem Land der Mörder, hergestellt waren. Was ist ein Land von Mördern? Ich würde gern mal ins Land der Mörder fahren und nachsehen. Mutter hat gesagt, das Leid habe Onkel Isaak kaputtgemacht und sie sei für ihn verantwortlich und müsse ihn läutern. Wie läutert man einen Mann? Was ist Leid, das kaputtmacht? Was macht es kaputt? Am Schluß des Märchens ist die Prinzessin zum Thronprinzen zurückgekehrt, wie von Großmutter Fee bestimmt. Zwar hatte ein junger Bauer sie entführt, aber sie ist ins Schloß zurückgegangen, und seither leben sie glücklich und in Frieden. Jetzt eine Frage. Wo bin ich. Ich komme in dem Märchen nicht vor. Ich suche eine Lücke im Märchen, um reinzuschlüpfen. Ich bin die schöne Tochter des Bauern, die die Prinzessin ... Nein. Ich bin die Tochter der Prinzessin und des ... Nein. Ich bin die kleine Frau, die Paltiel, dem Sohn Lajischs, blieb, nachdem Michal in den Palast Davids, des alten Harfenspielers, zurückgekehrt war. Ich bin Großmutter Stella ähnlich. Er ist ihr den ganzen Weg weinend nachgegangen. Er hat starke, behaarte Schultern, ein wenig gebeugt, als seien sie müde. Das Blut ihrer Mutter fließt in ihren Adern. In ein oder zwei Stun-

Ein anderer Ort

den kommt er. Darum verläßt der Mann alles und bindet sich an seine Frau, und sie werden ein Fleisch. Ich habe zu ihm gesagt: Esra, das ist nur Gerede. So kann es nicht sein. Ein Fleisch gibt es nur in Gedichten. In Wirklichkeit sind's zwei. Immer zwei. Wo bin ich in dem Märchen. Die kleine Irre. Nur eine kleine Irre wirft nachts Steine ins Wasser, ins Schwimmbad, um das Spiegelbild des Mondes zu zerschlagen, damit der Mond eine zitternde weiße Pfütze in einer schwarzen Pfütze wird. Einmal, in hundert, in tausend Jahren, nimmst du mich in deinem Wagen mit und wir fahren an einen anderen Ort. Vielleicht zu deinen Fischern nach Tiberias. Sie sind deine Freunde. Du bist ein Fischer. Ich werde ein Goldfisch sein. Dann fahren wir nach Tibet. Oder nach Deutschland zu den Mördern, um Mörder zu sehen. Meine Mutter hat das Wasser geliebt. Die Bäche, Flüsse und Seen. Ich gehöre den Bergen. Als ich klein war, hat Vater uns in der Schule das Gedicht »Geier, Geier über deinen Bergen« beigebracht, und ich war der Geier. Du schweigst ja schon wieder, mein großer Bär. Immer schweigst du. Du findest für den Körper nichts Besseres als das Schweigen, haben unsere Weisen gesagt. Aber du selbst hast hinzugefügt, daß nicht alles, was für den Körper gut ist, auch für den Menschen gut ist. Hast du das gesagt? Hast du. Das war ein Spruch. Jetzt sag du mir mal, was für den Menschen gut ist. Der Körper hat es gut. Den kann man bereits mit wenigem befriedigen. Hier, faß mir hierhin, so, auch dahin, schon siehst du, der Körper braucht sehr wenig. Schon fühlt er sich wohl. Schon gerät er in Ekstase. Aber jetzt nicht zum Körper. Jetzt zum Menschen. Was gut für den Menschen ist. Zitier mir nicht den Prediger. Das hast du schon alles gesagt. Ich kenne es zur Genüge. Es gibt nichts Neues unter der Sonne. Krummes kann nicht gerade werden. Die Erde bleibt ewiglich, daß ich es lassen soll einem Menschen, der nach mir sein wird. Es ist nichts Gutes am Menschen. Ich hab's gehört, mein Bär, hab alles gehört. Na und? Welchen Gewinn hat nun der Geschäftige. Auch das ist alles eitel und Haschen nach Wind. Du bist müde und riechst nach Schweiß. Das Geschick der Menschenkinder ist wie das Geschick des Viehes. Gut. Weh dem Einzelnen, wenn er fällt und kein Zweiter da ist, ihn aufzuheben. Stimmt nicht. Und wie soll dem Einzelnen warm werden? Und wie zweien, mein Esra? All seine Lebenstage im Finstern. Daß er sie hinbringe wie der Schatten, denn wer soll sagen. Du sollst sagen. Du. So ihre Liebe, wie ihr Haß, wie ihr Eifer ist längst geschwunden. Zu jeder Zeit seien deine Kleider weiß. Meine Mutter mochte grüne, zu jeder Zeit waren ihre Kleider grün. Ich bin Türkisa. Ich war eine Prinzessin und war ein Klöppel. Tief, tief, wer will es finden? Du bist ein simpler Weiser, mein großer Teddy, du bist ein Philosoph für Fischer, du. Aber du bist groß und warm und hast einen Geruch. Immer sind deine Hände warm. Nimm, nimm meine, eisig, was? Mal sehen, sag schnell – ohne nachzudenken – einen Spruch über meine Hände. Nein. Sag nicht. Komm, wir fahren weit, weit weg mit deinem großen grünen Wagen. Morgens fährt er weg, abends wieder her – mein Teddy ist ein verliebter Bär. Wir fahren weit weg. Kommen an einen Marktplatz. Dort stellen wir uns hin, ich spiele Flöte und du tanzt dazu. Eine schwarzhaarige Zigeunerin und ein kluger Bär, eine dunkle, geheimnisvolle Schöne und ein furchtbarer Bär, der aber dressiert und gut ist. Jetzt hör dir mal einen schönen Gedanken an: Wenn du mein Vater wärst, wäre ich deine Tochter. Schon elf. Die Zeit will nicht vergehen, und du wirst nicht kommen, um Vater zu werden. Meine Großmutter hieß Stella, Mutters neuer Mann ist ihr sehr, sehr ähnlich. Du meinst bloß, du wüßtest, wer ich bin. Ich bin Türkisa Hamburger. Nichts weißt du. Du bist ein einfacher Fahrer. Ich bin die verlorene Tochter der Königin. Die kleine Tochter, deren große Schwester sie in die Wüste mitgenommen und dort verlassen hat, um allein in den Palast zurückzukehren. Aber ich gehe. Ich werde in den Palast kommen. Die Mörder werden mir nichts antun. Ich kenne ein geheimes Losungswort. Die Mörder werden meine Sänfte mit starken Armen tragen. Ich werde den Palast betreten, und sie wird schreien vor Angst. Sie wird mir zu Füßen fallen, und ich werde sie begnadigen. Vielleicht. Danach steht mir ein schwieriger Prozeß bevor: Ein Mann hat die Frau eines anderen genommen, und ich werde sie beide streng bestrafen. Derjenige, der das Lamm des armen Mannes nahm, hat vor mir gesündigt, und der andere wird bestraft, weil er geschwiegen hat, statt zu schreien und zu kämpfen. Warum hast du verzichtet, mein Bär. Du bist stark. Die Königin weiß, daß du stark bist. Schließlich ist die Königin ja in Wirklichkeit deine Tochter. Das ist ein großes Geheimnis. Warum hast du denn dann geschwiegen? Du schweigst nicht. Du redest. Aber du sagst dabei nichts. Mein Vater ist nicht Weihrauch und Myrrhe, und du bist nicht Weihrauch und Myrrhe, aber ich ja. So arglos sind meine Väter, meine Lieben. Wie nennen die beiden sie? Beide nennen sie Türkisa-Stella, aber keiner ist ihr ähnlich.

Du bist handfest, Esra. Das liebe ich an dir: Daß du handfest bist. Du bist groß, aber einfach. Ich werde dich auf ein Deckchen sticken, weil

Ein anderer Ort

ich dich liebe. Red nicht. Ein Pferd ist ein herrliches Tier. Sag jetzt keine Sprüche auf. Ein Pferd ist stark, alles Muskeln. Zitier jetzt keine Bibelverse. Ein Pferd kann armselig und gehorsam sein wie ein Esel oder Maultier. Aber es trägt einen Widerspruch in sich. Es kann auch wild sein und über die Steppen sausen. Wenn ein Pferd schwitzt, riecht es nach Liebe. Mir wird ganz schwindlig, wenn ich an Pferdegeruch denke. Red jetzt nicht. Laß uns an einen anderen Ort fahren. Eine Zigeunerin und ein Bär. Red nicht. Ein galoppierendes Pferd ist das vollblütigste Tier der Welt. Es rennt davon in die Weite, und wir hören sein Hufgetrappel wie einen Klöppel, wie ein Herz, wie ferne Trommeln im Königspalast, wenn die Zigeuner kommen und plötzlich entdecken, daß die Tanzmeisterin des Bären in Wahrheit die Prinzessin ist, der Klöppel der Glocke.

23. Kapitel:
Wenn es Gerechtigkeit gibt

Rami Rimon ist auf Wochenendurlaub gekommen.

Sein Gesicht ist schmaler, die Haut straffer geworden. Die Kieferpartie springt deutlicher vor. Einige Linien zeichnen sich nun schärfer ab. Die Züge seiner Mutter scheinen kurz vor dem Durchbruch zu stehen. Feine Risse umgeben die Mundwinkel. Sonnenfältchen umspielen die Augen. Von der Nase bis zum Kinnansatz haben sich zwei Furchen eingegraben.

Er trägt eine enganliegende grüne Uniform, die Mütze ragt ihm aus der Hosentasche, die Füße stecken in derben Stiefeln, an Spitze und Ferse mit Eisen beschlagen, die aufgekrempelten Hemdsärmel lassen behaarte Unterarme frei, die Hände sind mit kleinen Schrammen übersät. Er ist männlicher geworden.

Er spürt es und durchquert den Kibbuz in langsamem, betont derbem Schritt, gibt sich gleichgültig. Männer und Frauen, die ihm begegnen, überschütten ihn mit Sympathiebekundungen. Er erwidert mit knappem Kopfnicken und heimst die Zuneigung wie nebenbei ein. Verkrustete Waffenölreste bilden schwarze Ränder unter seinen Fingernägeln. Und am linken Ellbogen trägt er einen nicht sonderlich sauberen Verband.

Nach der ersten Rührung und den fieberhaften Küssen und Umarmungen, die Rami mit vagem Lächeln übersteht, sagt Fruma: »Na, du wirst mir's kaum glauben, aber just diesen Moment habe ich an dich gedacht, und da kommst du auch. Das ist das Mutterherz.«

Rami meint, das sei kein Wunder. Schließlich habe er ihr geschrieben, daß er Freitagmittag komme, und wann der Bus eintreffe, wisse sie ja. Dabei läßt er seinen abgewetzten Seesack zu Boden gleiten, zieht das Hemd aus der Hose, zündet sich eine Zigarette an und legt Fruma schwer die Hand auf die Schulter.

»Gut, dich zu sehen, Mutter. Ich meine, ich bin wirklich froh, dich wiederzusehen.«

Fruma mustert seine staubigen Stiefel und sagt: »Du bist schmal geworden.«

Rami inhaliert den Rauch und erkundigt sich nach ihrem Befinden.

Fruma erwidert: »Geh gleich duschen. Vor allem anderen. Du bist ja völlig verschwitzt. Doch nein. Zuerst was Kaltes trinken? Nein. Besser was Warmes. Wart mal, vielleicht geh ich lieber zuallererst mit dir zur Krankenstation. Ich möchte, daß die Sanitäterin sich die Wunde am Ellbogen anguckt.«

Rami beginnt ihr die Geschichte der Wunde zu erzählen, von einer Bajonettübung und dem Gruppenführer, der ein ausgemachter Pechvogel sei, und gerade er ... Aber Fruma läßt ihn seine Geschichte nicht zu Ende bringen.

»Wieder verstreust du Asche auf dem Boden. Ich habe ihn extra für dich aufgewischt. Es gibt vier Aschenbecher im Haus und du ...«

Rami wirft sich in seiner verdreckten Uniform auf die weiße Bettdecke, streift den einen klobigen Stiefel ab und läßt ihn hart zu Boden plumpsen.

Fruma holt ihm eilig die Hausschuhe, die ausgetretenen des verstorbenen Alter. Ihre Augen sind trocken. Trotzdem bemüht sie sich, das Gesicht von ihrem Sohn abzuwenden, damit er nicht die Miene sieht, die er nicht mag. Und Rami tut tatsächlich so, als bemerke er nicht diese verkrampften Muskeln, die aussehen, als werde der Damm gleich brechen. In voller Kleidung legt er sich lang aufs Bett, starrt an die Decke, zieht den Aschenbecher heran, den Fruma ihm in die Hand gedrückt hat, stößt Rauch aus und erzählt: »Vorgestern haben wir einen Fluß auf einer Seilbrücke überquert. Zwei übereinander gespannte Seile, das obere für die Hände, das untere für die Füße. Mit voller Ausrüstung auf dem Rücken – Spaten, Decken, Gewehr, Munition, alles. Nun stell dir mal vor: Ausgerechnet unser Gruppenführer hat das Gleichgewicht verloren und ist ins Wasser gefallen. Und wir ...«

Fruma blickt ihren Sohn an und stellt kopfschüttelnd fest: »Fünf Kilogramm. Du hast fünf Kilo abgenommen. Hast du heute zu Mittag gegessen? Ja? Dann sag mir mal, wo du gegessen hast. Du hast nicht gegessen. Ich lauf schnell zum Speisesaal und hol dir ein paar leichte Sachen. Richtiges Essen mache ich dir, wenn du ausgeschlafen hast. Möchtest du zum Beispiel rohe Karotten? Die sind sehr gesund. Nein? Nein. Zwingen kann ich dich nicht mehr. Geh duschen und leg dich schlafen. Wenn du aufwachst, gibt's Essen. Aber vielleicht geh ich doch erstmal mit dir zur Krankenstation. Moment. Ich hol Orangensaft. Keine Widerrede. Trink.«

Rami fährt fort: »Ich bin ins Wasser gesprungen und hab ihn rausgeholt. Dann bin ich wieder rein und wieder untergetaucht, um das Gewehr des Ärmsten zu suchen. Es war urkomisch. Und das war nicht das erste Ungeschick von ihm. Bei der Geländeübung zum Beispiel ...«

»Du brauchst Socken. Alle zerschlissen. Völlig hin«, bemerkt Fruma, während sie schmutzige Kleidungs- und Wäschestücke aus dem Seesack des Soldaten zieht.

»Bei der Geländeübung ist versehentlich eine Salve aus seiner MP losgegangen. Beinah hätte er den Kompaniechef umgelegt. Zwei linke Hände hat dieser Gruppenführer. Du brauchst bloß seinen Namen zu hören, um den Typen vor dir zu sehen. Salman Sulman heißt er. Stammt aus irgendeinem Moschaw in Galiläa. So ein kleiner Mickriger. Ich habe ein Lied auf ihn gedichtet, und das singen wir den ganzen Tag. Hier, hör mal ...«

»Aber ihr kriegt da ja nichts zu essen. Und du hast auch nicht alle zwei Tage geschrieben, wie du versprochen hattest. Aber in der Briefablage habe ich gesehen, daß du Noga Charisch einen Brief geschrieben hast. So ist das im Leben. Mutter opfert sich ihr Leben lang auf, und dann kommt irgend so ein junger Fratz und sammelt den Honig ein. Egal jetzt. Ich muß eines wissen: Hat sie dir geantwortet? Nein? Hab ich mir gedacht. Du weißt gar nicht, was das für eine ist. Gut, daß du sie zum Teufel gejagt hast. Die ganze Welt weiß, wer und was sie ist. Die Geliebte eines alten Knackers, der ihr Großvater sein könnte. Eine schamlose Affäre. Unzüchtig. Reichen dir die Rasierklingen dort? Schamlos, sage ich.«

»Mutter, stimmt es, daß man anfängt, den Kamelbuckel zu bestellen? Das gibt einen Zusammenstoß. Das wird ein toller Tanz werden. Vorausgesetzt natürlich, unsere großen Geister da oben kriegen nicht im letzten Augenblick einen Anfall von jüdischer Barmherzigkeit und Seelenduselei. Bei uns sagt man immer, daß ...«

»Geh duschen. Das Wasser ist jetzt genau richtig. Ja, natürlich höre ich jedes Wort. Ich bin gewohnt, zuzuhören und gleichzeitig Wäsche zu falten. Ich habe alles mitbekommen. Du kannst mich prüfen. Jüdische Seelenduselei. Das hast du über die Regierung gesagt. Ich kenne nicht viele junge Burschen in deinem Alter, die derart selbständig denken. Danach geh schlafen. Und ich bitte unterdessen die Sanitäterin, hier vorbeizuschauen. Deine Wunde ist sehr häßlich. So was darf man nicht auf die leichte Schulter nehmen.«

»Übrigens, Mutter, du hast vorhin gesagt, daß sie ...«

»Ja, Sohn?«

»Gut. Nichts weiter. Egal.«

»Sag, sag mir, was du brauchst, ich bin nicht müde, ich bin bereit, alles zu tun.«

»Nein, ich brauche nichts. Ich wollte bloß was sagen, aber egal. Gehört nicht zur Sache. Hab's schon vergessen. Hör auf, dauernd herumzurennen. Ich kann das nicht mit ansehen. Wir reden heute abend. Jetzt brauchst du auch deine Ruhe.«

»Ich? Ruhen kann ich im Grab. Ich brauche keine Ruhe. Ich bin nicht müde. Als Baby hast du oft was mit den Ohren gehabt. Irgendeine chronische Entzündung. Und damals gab's noch keine Antibiotika auf der Welt. Nacht für Nacht hast du geweint, die ganze Nacht. Hast Schmerzen gehabt. Und du warst immer ein sensibles Kind. Die ganze Nacht habe ich deine Wiege geschaukelt, die ganze Nacht, Nacht für Nacht, und hab dir Lieder vorgesungen. Kindern gibt man alles. Ohne Berechnung. Du sollst es nicht mir zurückzahlen. Du sollst es deinen Kindern weitergeben. Ich werde es nicht mehr erleben, aber du wirst mal ein großartiger Vater, weil du sensibel bist. Wenn es um Kinder geht, denkt man nicht an Ruhe. Wie alt warst du damals? Du hast es längst vergessen. Joasch kam gerade in die Schule. Das heißt, du warst anderthalb. Du warst ein schwächliches Kind. Ich rede und rede, und du mußt schlafen. Geh schlafen.«

»Übrigens, Mutter, ehe ich's vergesse, wenn du sowieso zur Krankenstation gehst, bring mir Hühneraugensalbe mit. Kannst du das behalten?«

Um fünf Uhr nachmittags wachte Rami auf, zog ein weißes Hemd und graue Schabbathosen an, aß schweigend und ging zum Basketballplatz. Enav lief ihm über den Weg, schleppte furchtbar hinkend ihren unförmigen Leib dahin. Sie fragte ihn, wie es ihm ginge. Er antwortete, gut. Sie fragte, ob es hart für ihn sei. Er antwortete, er sei auf alle Härten gefaßt gewesen. Sie fragte, ob seine Mutter sich über ihn freue. Und beantwortete selbst ihre Frage mit den Worten: »Was denn, natürlich ist Fruma froh über dich. Du bist schön braungebrannt.«

Die Flutlichtbeleuchtung des Sportplatzes war eingeschaltet, aber man sah es nicht, weil noch helles Abendlicht über allem lag. Keine Menschenseele war dort, außer Orens Bande. Rami steckte die Hände in die Hosentaschen und stand eine Weile wort- und tatenlos da. Der Schabbat würde vergehen. Leer. Ohne alles. Mit Mutter. Klebrig. Was brauche ich. Eine Zigarette. Der magere Junge, der da in der Ecke allein mit sich selbst Steinchen spielt, heißt Ido Sohar. Einmal habe ich ihn nachts im Klubraum erwischt, als er dasaß und ein Gedicht schrieb. Also, was hatte ich gesagt. Eine Zigarette. Ja.

Rami steckte die Zigarette in den Mund. Zwei Flugzeuge donnerten vorüber. Ihr wütendes Geheul zerriß die ruhige Schabbatluft. Dämmerschein tarnte ihr schneidiges Witschen. Die Strahlen der untergehenden Sonne warfen Feuerglimmer auf die silbrigen Metallkörper. Das Metall funkelte blendend. Im Nu erkannte Rami, daß es nicht unsere Flugzeuge waren. Die Hoheitszeichen des Feindes prangten auf den Tragflächen. Ramis Kehle entrang sich ein erregter Schrei: »Ihre!«

Unwillkürlich zog er den Kopf ein, hörte noch Orens verwirrten Aufschrei, und als er den Blick wieder hob, war das Schauspiel fast vorüber. Die feindlichen Flugzeuge hatten abgedreht, auf der Flucht vor zwei anderen Maschinen, die in kühner Diagonale aus südwestlicher Richtung auf sie zuschossen, offensichtlich bemüht, ihnen den Fluchtweg abzuschneiden. In diesem Moment flogen dunkle Gegenstände durch die Luft und schlugen im Norden bei den Obstgärten auf. Die Flugzeuge beider Seiten hatten die unter den Tragflächen angebrachten Zusatztanks abgeworfen, um besser beschleunigen zu können. Rami ballte die Fäuste und zischte durch die Zähne: »Gebt's ihnen!« Und tatsächlich gaben ihm mitten im Ruf rasch aufeinanderfolgende Feuerstöße die Antwort. Die Luft blitzte. Dumpfe Donnerlaute grollten mit scheinbar langer Verzögerung. Im Bruchteil einer Sekunde war der Kampf entschieden. Die feindlichen Flugzeuge verschwanden hinter den Bergketten, das eine blieb etwas hinter dem anderen zurück und zog eine weiße Rauchschleppe in einer grauen Rauchschleppe nach sich. Die Verfolger blieben indes noch über dem Tal, kreisten wie zornige Jagdhunde zweimal über unsere Ländereien, saugten Luftströme an und stießen sie mit schrillem Pfeifen wieder aus, bis sie sich in den Tiefen der dunkelnden Riesenkuppel verloren.

Oren jubelte: »Wir haben einen Jäger von ihnen abgeknallt! Einen runtergeholt! Einen ruiniert!«

Worauf Rami Rimon – eher kindlich denn soldatisch – Oren Geva in die Arme schloß und heiser krächzte: »Verbrennen sollen sie! Bei lebendigem Leib!«

Triumphierend rammte er Oren die Faust in die Rippen, daß der Junge sich vor Schmerz krümmte und aufstöhnte. Wilde Freude erfüllte Rami in diesem Augenblick.

Seine Freude brachte Rami mit in den Speisesaal, in dem reges Stimmengewirr herrschte. Er steuerte zwischen den Tischen quer durch den Saal auf Noga Charisch zu, die im Schabbatkleid vor der Anschlagtafel stand, legte ihr die Hände um die Schultern, schob die Lippen an ihr Ohr und flüsterte: »Na, dumme Frau, hast du's gesehen oder nicht?«

Noga wandte sich mit einem mitleidig distanzierten Lächeln zu ihm um: »Einen guten Schabbat, Rami, du bist braungebrannt. Das steht dir gut. Du siehst glücklich aus.«

»Ich ... Ich hab alles gesehen. Von Anfang bis Ende. Ich war auf dem Basketballplatz. Plötzlich hörte ich Lärm von Osten her und sofort begriff ich, daß ...«

»Du bist wie mein kleiner Bruder. Du bist lieb. Du bist froh.«

Diese Worte machten Rami beträchtlichen Mut. Er sagte kühn: »Gehen wir raus? Kommst du mit mir ins Freie?«

Noga überlegte einen Moment. Dann trat ein Lächeln auf ihr Gesicht, ein Lächeln der Augen, bei dem die Lippen nicht mitmachten, und sagte: »Warum nicht?«

»Komm«, sagte Rami und faßte sie über dem Ellbogen an, ließ die Hand aber sofort wieder sinken.

Als sie draußen auf dem Vorplatz waren, sagte Noga: »Wo möchtest du hingehen?«

Seltsam, in diesem Moment fiel Noga etwas längst Vergessenes ein: Ramis voller Name war Avraham. Avraham Rominow.

Rami sagte: »Mir ist egal, wohin. Gehen wir.«

Noga schlug vor, sich gleich hier auf die gelbe Bank zu setzen, gegenüber dem Eingang zum Speisesaal. Rami bemerkte verlegen, man könne sie hier sehen. Alle würden hingucken. Und reden.

Noga lächelte wieder und fragte in ruhigem Ton erneut: »Warum nicht?«

Darauf wußte Rami Rimon keine Antwort. Er schlug die Beine übereinander, fischte eine Zigarette aus der Tasche seines weißen Hemdes, klopfte sie dreimal auf die Streichholzschachtel, steckte sie in den Mundwinkel, machte Feuer und hielt schützend beide Hände darum, obwohl kein Lüftchen wehte, nahm mit halb geschlossenen Augen und gekräuselten Lippen einen tiefen Zug, stieß eine schräge Rauchfahne aus und schlug am Ende der ganzen Prozedur wieder die Augen nieder. Zum Schluß blickte er das Mädchen von der Seite an und begann: »Na? Was sagst du jetzt?«

Noga erwiderte, sie habe nichts sagen wollen. Im Gegenteil. Sie habe gedacht, er wolle reden.

»Nein, nichts Besonderes. Einfach so. Nur ... Was dachtest du eigentlich?« sprudelte er plötzlich wütend los. »Daß ich hier den ganzen Abend, den ganzen Schabbat, den ganzen Urlaub bei meiner Mutter rumhocke, wie ein elendes Muttersöhnchen?«

»Warum nicht? Sie hat große Sehnsucht nach dir gehabt.«

»Warum nicht? Weil ... Gut. Ich sehe, ich langweile dich. Denk bloß nicht, ich könnte nicht ohne dich sein. Ich kann auch ohne dich leben. Glaubst du das etwa nicht?«

Noga erklärte, sie sei sicher, er komme auch ohne sie aus.

Sie schwiegen.

Chassja Ramigolski und Esther Klieger-Issarow schlenderten heran, unterhielten sich auf Jiddisch und kicherten dabei. Als sie Noga und Rami bemerkten, stockte ihr Gespräch wie abgehackt.

Chassja sagte, ohne stehenzubleiben, gedehnt: »Guten Aaabend. Schabbat Schalooom.«

Rami knurrte etwas, aber Noga machte ein freundliches Gesicht und sagte sanft: »Einen schönen guten Abend, Genossinnen.«

Rami schwieg. Nach einer Weile brummte er: »Na?«

Darauf Noga: »Ich bin ganz Ohr.«

Rami sagte: »Ich habe gehört, sie wollen auf den Kamelbuckel. Das gibt einen großen Krawall.«

»Und einen überflüssigen obendrein.«

Rami wechselte sofort das Thema. Erzählte von seinem Gruppenführer, der ins Wasser gefallen war, als er vorführen wollte, wie man auf einer Seilbrücke einen Fluß überquert. Und weiter erzählte Rami, daß dies nicht das erste Pech dieses Ärmsten gewesen sei: An einem Tag der Geländeübung habe er versehentlich eine Salve aus seiner MP abgegeben und beinah den Kompaniechef umgelegt. Dieser Typ heiße Salman Sulman. Nicht mehr und nicht weniger. Man brauche bloß den Namen zu hören, und schon könnte man sich denken, wie der Typ aussehe. Ich habe einen Reim auf ihn verfaßt:

> Salman Sulman, dieser Held,
> Schießt gern einfach in die Welt.
> Salman Sulman, armer Mann,
> Fällt ins Wasser dann und wann.
> Salman Sulman, der ...

»Wart mal einen Moment. Vielleicht spielt er irgendein Instrument?«
»Wer?«
»Salman. Der, von dem du erzählt hast. Was für eine Wunde hast du da am Ellbogen?«
Rami war verlegen und fragte eingeschnappt: »Spielt das denn jetzt eine Rolle?«
»Welche Rolle?«
»Bei dem, wovon wir gerade geredet haben.«
»Du hast mir doch von einem Salman erzählt. Ich habe gefragt, ob er ein Instrument spielt; darauf hast du noch nicht geantwortet.«
»Aber ich versteh nicht, was ...«
»Du bist richtig braungebrannt. Steht dir, diese Bräune. Sehr gut sogar.«
»Kein Wunder – wenn man den ganzen Tag in der Sonne Übungen absolviert, wird man braun. Stell dir vor: Wir haben einen Gepäckmarsch von siebzig Kilometern gemacht, mit voller Ausrüstung – Gewehr, Rucksack, Spaten, und den ganzen Weg im Laufschritt. In meiner Gruppe waren nicht weniger als acht Mann, die ...«
»Frisch hier. Merkst du das nicht?«
»... die unterwegs schlappgemacht haben. Und wir mußten sie auf Tragen mitschleppen. Ich ...«
»Mir ist kalt. Vielleicht kannst du die Geschichte morgen zu Ende erzählen? Du bist mir doch nicht böse?«
»Was ist los«, fragte Rami gefaßt, mit tiefer Stimme, »was ist, wartet jemand auf dich? Hast du es eilig, zu einer ... einer Verabredung zu kommen?«

Ein anderer Ort

»Ja. Ich muß meinem Vater das Abendessen ins Haus bringen. Er ist krank.«

»Schon wieder krank?« fragte Rami geistesabwesend.

Noga erzählte, ihr Vater empfinde einen Druck in der Brust. Der Arzt habe ihm Bettruhe verordnet, und in der kommenden Woche werde er zur Untersuchung fahren. Sie stand auf. »So. Sollen wir uns morgen nachmittag wieder hier an dieser Stelle treffen?«

Rami gab keine Antwort, stand auf, zündete sich eine neue Zigarette an, warf das brennende Streichholz hinter die Bank. Noga verabschiedete sich und ging. Einen Moment später blieb sie stehen, wandte das Gesicht und sagte: »Rauch nicht so viel.«

In diesem Augenblick standen die beiden fünf Schritte voneinander entfernt. Rami fragte in trübem Ton, was es sie angehe, ob er viel oder wenig rauche. Noga überging seine Frage und sagte: »Du bist braungebrannt. Die Bräune steht dir. Gute Nacht.«

Rami erwiderte den Gruß nicht. Rami setzte sich wieder und blieb allein auf der Bank, bis auf dem nebengelegenen Platz, wie jeden Freitag, um neun Uhr abends die Volkstänze begannen.

Nach dem Tanzen, kurz vor Mitternacht, machte sich Rami zum Haus seiner Mutter auf, änderte jedoch unterwegs die Richtung, weil er Dafna Issarow begegnete, die sich erkundigte, ob er schon schlafen ginge, und er einen spöttischen Unterton aus ihrer Stimme herauszuhören meinte. Deshalb schlug er einen Seitenweg ein. Seine Füße trugen ihn zum Kuhstall. Hier hatte er vor seiner Einberufung gearbeitet.

Im Gehen sagte er sich folgendes: So was wäre Joasch nie passiert. Mir ist es passiert. Eine Frau versteht nur eines – rohe Gewalt. Und ich bin, wie Mutter sagt, ein sanftes Kind. Mist. Jetzt lachen sie. Jeder hofft, daß es dem anderen schlecht ergeht, damit es für ihn selbst interessanter wird. So ist die Welt, und so ist der Kibbuz, und so ist sogar die Armee. Du bist ein Kind ein Kind ein Kind. Du bist wie mein kleiner Bruder. Vielleicht steht mir die Sonnenbräune tatsächlich, aber das hat mir nicht viel geholfen. Sie hat diesmal nichts Beleidigendes gesagt. Nicht mal Gaul hat sie mich genannt. Also, was hat sie mir dann heute getan, wie hat sie mich heute verspottet, wo hat der Spott heute gesessen. Mein Rami ist ein sanfter und sensibler Junge. Ich wünschte, ich würde sterben – dann hätten sie's. Diesen Sprinkler hier biege ich glatt mit zwei Händen krumm, weil ich starke Hände habe, die Eisen verbiegen können, um Theodor Herzl

Goldring verrückt zu machen. Ich habe mehr Kraft in meinen Händen als Joasch. Wäre er nicht gestorben, würde ich ihn beim Armdrücken besiegen. Wo gehe ich hin. Laufe hier herum wie ein Salomo, der seine Sulamit sucht und dabei über Berge springt und durch Täler hüpft, wie der fiese alte Lustmolch sagen würde. Solche Leute muß man zusammenschlagen. Wie Araber. Du haust ihm die Faust in die Fresse, er hebt beide Hände zur Abwehr, du versetzt ihm einen Schlag in den Bauch und einen Fußtritt gleich dazu. Aus. Da ist schon der Kuhstall. He, Titan, guter Bulle. Du bist wach? Schläfst nicht? Nein. Bullen schlafen im Stehen, weil es gefährlich ist, sich hinzulegen, weil da ein Nasenring ist. Ha, wenn sie kommen, um dich zu schlachten, Titan, laß sie nicht. Gib nicht nach. Sei kein Diasporabulle. Leg ihnen eine Corrida hin. Wir dürfen nicht nachgeben. Man muß leicht und stark sein, wendig und wild wie ein Kampfflugzeug. Anbrausen, hochreißen, abdrehen, aufsteigen, messerscharf durch die Luft preschen, kraftvoll wie ein Jagdbomber im Kampf. Ein Jagdflieger ist was ungeheuer Kraftvolles. Ich hätte Pilot werden können. Aber Mutter.

Seltsam, daß der Mond scheint. Der Mond tut seltsame Dinge. Verändert Dinge. Ändert die Farben der Dinge. Silber. Mein Rami ist ein sanfter und sensibler Junge schreibt Gedichte wie Ido Sohar liebt die Landschaft Mist liebt Tiere und Pflanzen sollen sie bei lebendigem Leib verbrennen. Ihr Vater hat einen Druck in der Brust. Empfindet. Ein gelecktes Wort: empfinden. Das ist wegen des alten Berger. Alter Schmutzfink. Wir haben mal so eine Definition gelernt. Ihr Vater hat mit uns mal ein Bialik-Gedicht durchgenommen, »Über das Schlachten«, in dem es heißt, es gebe keine Gerechtigkeit auf der Welt. Und das stimmt. Es ist ein Diasporagedicht, aber sehr richtig. Er hat sein Leben schon gelebt, hat erwachsene Söhne, hat seinen Platz, warum hat er mich verdrängt? Was hab ich ihm denn getan? Dabei hat sie mir selbst gesagt, ich sei schön braungebrannt. Wenn ich schön und braungebrannt bin und er alt und dick ist, warum dann?

Wenn ich sterbe, wird sie's wissen. Sie wird daran zerbrechen. Der Mond färbt alles weiß, silbrig. Hör mal, Noga, hör zu, auch ich habe einen Druck in der Brust, auch ich empfinde, also warum machst du mit mir nicht. Wie ich Salman Sulman verspotte, so spottet sie, so spotten alle über mich. Das beweist, daß es auf der Welt keine Gerechtigkeit gibt, nur Schlächterei, Titan, wie sie nicht mal der Satan erschaffen hat. Auch das stammt aus demselben Gedicht. Wer geschlachtet wird, fängt an, über Gerechtigkeit nachzudenken. Der Schlächter denkt nur an Gewalt. Mein Fehler war, daß ich keine Gewalt bei ihr angewandt habe. Warum, Titan, warum habe ich keine Gewalt angewandt? Weißt du das? Weißt du's? Ich werd's dir verraten. Weil mein Rami ein sanftes Kind ist Fluch den Weibern liebt daß sie verbrennen die Tiere ihr Huren und die Pflanzen ihr Schlampen. Dieser Lärm kommt von Flugzeugen. Schon nach Mitternacht. Ich liebe diese Flugzeuge, die ohne Lichter brummen. Es wird einen großen Krieg geben. Ich werde sterben. Sie werden's wissen.

Die Teiche. Licht in Grischas Baracke. Eine Karbidlampe. Ich höre Grischas Stimme. Im Boot. Er schreit zu seinen Fischern rüber. Drei Kriege, und alle hat er überlebt.

Vielleicht Dafna, seine Tochter. Quatsch. Man würde lachen. Was ist in diesem dreckigen Schuppen. Fässer. Säcke mit Fischfutter. Das Nachtessen der Fischer. Wenn sie mich hier finden. Grischas Gürtel. Da eine Pistole. Ein Trommelrevolver ist das. Wie kann man einen Revolver einfach so in einem leeren Schuppen herumliegen lassen. Gleich werden sie zum Essen kommen. Werden lachen, lachen. Werden sagen, ich würde wohl spazierengehen, um Inspiration zu suchen. Den kenne ich. Er hat eine Drehtrommel mit Kammern für sechs Patronen. In jede Kammer steckt man eine Patrone. Nach dem Schuß dreht sich die Trommel selbsttätig und bringt die nächste Kammer hinter den Lauf. So funktioniert der Trommelrevolver. Jetzt sehen wir mal, wie Rami Rimon funktioniert. Eine Prüfung. Ohne Richter. Ich bin der Richter. Ich fange an.

Rami nimmt eine Patrone aus der Lederhülle, eine goldgelbe Metallhülse, die ein winziges Projektil aus braunem Metall enthält. Zuerst steckt er die Patrone in den Mund. Schmeckt salzig-säuerlich, nach Metall. Nun schiebt er sie in eine der Kammern. Dreht die Trommel, ohne hinzugucken, weil das Schicksal blind sein muß. Drückt den Revolver an die Schläfe. Meine Unglückschance steht eins zu fünf. Er drückt ab. Ein trockenes Klicken. Rami legt eine zweite Patrone ein. Dreht die blinde Trommel. Zwei zu vier. An die Schläfe. Abzug. Trockenes Klicken. Vielleicht bin ich blöd. Gleich werden wir's wissen, Herr Richter, alles wird sich gleich klären. Ich habe nicht vor, mich umzubringen. Will ich nicht. Es ist nur eine Probe. Bis fünf. Ein sanftes und sensibles Kind brächte das nicht fertig. Dritte Patrone. Blindes Drehen. Feuchtkalte Hand. Ich habe was Feuchtes angefaßt. Wer das fertigbringt, ist kein sanftes, sensibles Kind. Bis fünf. An die Schläfe. Abdrücken. Trockenes Klicken. Den größten Teil des Weges habe ich hinter mir. Noch zwei Versuche. Vierte. Jetzt stehen die meisten Chancen gegen mich. Jetzt kommt die Prüfung. Herr Richter, sehen Sie gut hin. Drehen. Langsam. Die Trommel. Langsam. Nicht hingucken. Langsam. An die Schläfe. Du bist wahnsinnig. Aber kein Feigling. Langsam. Abdrücken. Kalt hier.

Jetzt die fünfte. Die letzte. Wie eine Spritze. Warum zittert der sanfte und sensible Junge. Es wird nichts passieren, weil bisher nichts passiert ist, obwohl ich nach der Wahrscheinlichkeitsrechnung, die wir mal durchgenommen haben, beim vierten Schuß hätte sterben müssen. Nicht zittern, liebes schwächliches Jüngelchen, das wegen jedes Ohrenwehs nächtelang flennt, nicht zittern, schau, Grischa Issarow hat drei Kriege mitgemacht und ist am Leben geblieben. Joasch hätte nicht gezittert, weil er Joasch war. Diasporajunge, wir geben dir eine kleine Schirmmütze, ein graues Mäntelchen und Schläfenlocken. Ich will wissen, wie viel ich. Keinen Selbstmord begehen. Vier. Genug. Wahnsinn, weiterzumachen. Nein, wir haben fünf gesagt – sollen's auch fünf sein. Mach jetzt keinen Rückzieher, elender Feigling, lüg nicht, du hast nicht vier gesagt, du hast fünf gesagt. Dann werden's auch fünf. An die Schläfe. Jetzt abdrücken, du Gaul, drück schon, du bist ein Diasporatyp, du bist ein Kind, du bist mein kleiner Bruder, drück. Moment. Ich darf vorher mal überlegen. Nehmen wir an, ich sterbe hier. Sie wird es erfahren. Sie wird wissen, daß ich keine Spielchen gespielt habe. Aber man wird sagen enttäuschte Liebe wird sagen gebrochenes Herz wird sagen seelische Krise, süßlicher Klebkram, Mist. Drück ab. Du wirst nicht mal was spüren. Eine Kugel in die Schläfe bedeutet das sofortige Ende. Keine Zeit für Schmerz. Was danach. Wie in den Himmel eintauchen. Ein Kampfflugzeug sein, das man nicht sieht. Tut nicht weh. Vielleicht hab ich schon abgedrückt und bin schon hinüber und vielleicht ändert sich gar nichts wenn man stirbt. Andere sehen die Leiche Blut Knochen und du machst normal weiter und alles ist wie zuvor. Ich kann es noch mal versuchen. Wenn ich drücke, ist es ein Zeichen, daß ich noch lebe. Danach wird alles warm und schwarz sein. Wenn man stirbt, ist es warm, obwohl der Körper kalt wird. Warm und zu wie unter der Decke im Winter. Und still. Drück. Du hast eine Chance. Wie früher als wir klein waren und Würfel gespielt haben und es ein paarmal passiert ist daß ich ganz ganz doll wollte daß eine Sechs fällt und wirklich eine Sechs herauskam. Jetzt will ich ganz stark ganz doll den Abzug drücken, aber der Finger gehorcht nicht. Zittert. Paß auf daß du nicht unabsichtlich drückst,

Ein anderer Ort

vor lauter Zittern. Alles wird seltsam wenn der Mond gelb färbt. Man hört Grischa fluchen nächste Woche gehen wir auf Schießübung wird interessant sein ich werde um den ersten Platz kämpfen bin ein ausgezeichneter Schütze jetzt bis drei zählen und treffen. Mit offenen Augen. Nein. Mit geschlossenen. Nein. Eins, zwei, drrr... Nein. Bis zehn. Eins, zwei, drei, vier, fünf, sechs, sieben, acht, neun, zzz...

Doch Rami Rimon stellte sein Glück nicht zum fünften Mal auf die Probe. Rami Rimon legte den Revolver aus der Hand und schlenderte eine Weile über die Feldwege, bis seine Füße ihn wieder in den Kibbuz führten, zurück zum Kuhstall. Grischa wird nichts merken. Und wenn er's merkt, wird er erschrecken. Das Wichtigste habe ich vergessen zu prüfen. Ich habe nicht die Trommel aufgemacht, um nachzusehen, was passiert wäre, wenn ich zum fünften Mal abgedrückt hätte. Besser so. Daß ich es nicht weiß. Es gibt Dinge, die man nicht darf.

Rami kam ein neuer Gedanke, so tröstlich wie ein Streicheln: Nicht alle Menschen sind zu Helden geboren. Ich bin vielleicht nicht zum Helden geboren. Aber jeder Mensch hat Besonderheiten an sich, etwas, das andere Menschen nicht haben. In meinem Wesen liegt zum Beispiel eine gewisse Sensibilität. Ein Empfinden für Schmerz und Leid. Vielleicht bin ich zum Künstler geboren oder sogar dazu, Arzt zu werden. Manche Frauen schwärmen für Helden, manche für Künstler. Nicht alle Menschen sind nach demselben Muster gestrickt. Stimmt, ich bin nicht Joasch. Aber Joasch war nicht ich. Ich habe etwas in mir, das er nicht hatte. Vielleicht steckt ein Maler in mir, zum Beispiel.

Bald wird es Morgen. Man hört Flugzeuge am Himmel. Traurig. Salman Sulman, dieser Held, schießt gern einfach in die Welt. Salman Sulman, armer Mann, fällt ins Wasser dann und wann. Salman Sulman, der Hurenbock, sucht das Recht im Latrinenblock. Salman Sulman, kleine Maus, geh nach Haus und schlaf dich aus.

Ich habe dieses Lied verfaßt. Ich lösche es aus. Es gilt nicht mehr.

24. Kapitel:
Gedichte lesen

Es ist Hochsommer.

Die Schule ist geschlossen. Die Kinder helfen bei der Feldarbeit. Traktoren rattern hierhin und dorthin und stoßen ihre stinkenden Abgase in die glühende Luft aus. Jeder ist aufgerufen, sich an dringenden Saisonarbeiten zu beteiligen. Auch wir werden daran teilnehmen. Wartet ein wenig.

Mit Ruven Charisch wollen wir nicht streng sein. Wir wissen, daß er schwere Tage durchmacht. Nicht von seinen familiären Verwicklungen ist die Rede, sondern von seiner angegriffenen Gesundheit. Bei körperlicher Schwäche sind wir großzügig, da sind wir zu einem mildem Urteil bereit. Vorbei sind die Zeiten, in denen wir von einem Mann wie Alter Rominow verlangten, draußen bei der Feldarbeit auszuhelfen. Die meisten von uns sind nicht mehr jung, und wir kennen die Angst vor undefinierbaren Beschwerden.

Ruven Charisch empfindet einen Druck. Der Arzt am Ort hat ihm einige Tage Bettruhe verordnet. Die beiden Frauen versorgen ihn während seines Krankseins mit Essen. Bronka bringt ihm Frühstück und Mittagessen auf einem Tablett ins Zimmer, Noga holt das Abendessen. Noga kümmert sich auch um Gai, soweit der durchtriebene Junge sich im Haus seines Vaters zeigt. Selbstverständlich gehen die beiden Frauen kühl miteinander um.

Bronka kann zum Beispiel sagen: »Das Bett muß neu bezogen werden.« Noga blickt sie schief an, zögert peinlich lange mit der Antwort und antwortet kurz angebunden: »Ja.«

Bronka fragt: »Schläft er nachts gut? Sonst habe ich ausgezeichnete Tabletten.«

Noga sagt: »Ich weiß es nicht. Ich frage nicht danach, wie er nachts schläft.«

Bronka sagt: »Neben der Küche stehen Kisten voll Trauben zum Mitnehmen für die Genossen. Ich hole welche.«

Noga sagt: »Danke.«

Bronka sagt: »Du brauchst mir nicht zu danken.«

Noga fragt mit ruhigem, exakt bemessenem Lächeln: »Warum nicht?«

Nach einigen Tagen fuhr Ruven zur Untersuchung ins Krankenhaus. Am Ende der Woche trafen die Ergebnisse per Post ein. Die Diagnose lautete, Ruven leide nicht an einer bösartigen Erkrankung. Die Befunde sprächen für eine leichte Gefäßerweiterung, die in Zusammenwirken mit der Labilität und den häufigen Schwankungen des Blutdrucks Anlaß zur Sorge gebe. Sorge, nicht Panik, betonte der hiesige Arzt gegenüber dem Patienten. Gefahr bestehe keine. Die Folgerungen verstünden sich von selbst: Keine Aufregung, viel Ruhe, diese und jene Speisen meiden, regelmäßig leichte körperliche Arbeit, aber ohne zu übertreiben, Gartenarbeit eigne sich dafür besonders gut. Und vor allem nicht der Schwermut anheimfallen. Heute seien sich die Experten einig, daß seelische Nöte unmittelbaren Einfluß auf die körperliche Verfassung haben, und die Blutgefäße seien der eklatanteste Beleg für diese Theorie. Es bestehe keine Gefahr, kein Gebrechen, keinesfalls Grund zur Panik, nur eine vorübergehende Unpäßlichkeit, die ein gewisses Maß an Vorsicht und Beschränkung geboten sein lasse.

Eines Abends ging Bronka bei Ruven Charisch vorbei, um ihn zu fragen, ob er zum Treffen des Musikkreises komme. Nach ihrer Ansicht sollte er hingehen. Das werde ihn von trüben Gedanken ablenken. Ruven sagte, die Musik könne ihm weh tun, weil er in diesen Tagen zu sonderbarer Schwermut neige. Bronka sagte, seine Abkapselung leiste allerlei üblen Spekulationen Vorschub. Ruven sagte, er fühle sich nicht über das Urteil seiner Genossen erhaben. Und überhaupt, fügte er mit einem unbestimmten Wink seines dünnen Arms in Richtung Fenster hinzu, überhaupt müßten alternde Menschen die Augen offenhalten. Bronka sagte, sie verstehe nicht genau, was er meine und was er sagen wolle. Ruven schwieg. Im Zimmer wurde es langsam dunkler. Vor dem Fenster ging eine Laterne an und warf schwache Strahlen herein. Ruven seufzte. Bronka fragte besorgt, ob ihm schlecht sei. Ruven überging die Frage und sagte: »Bronka, bald wirst du Großmutter einer süßen Enkelin. Ich habe mir gedacht, vielleicht ... vielleicht solltest du Esra sagen ...«

Ehe er den Satz beendet hatte, stand Bronka von ihrem Stuhl auf, setzte sich zu ihm auf die Bettkante, schlug die Decke hoch und legte ihm ihre runzelige, gütige Hand auf die Brust. »Ruven«, sagte sie bewegt.

»Ja.«

»Ich bitte dich, daß ...«

»Ja ...«

»Daß du aufstehst. Daß wir gemeinsam Musik hören gehen.«
»Weißt du, Bronka, ich habe niemals an Esra selbst gedacht.«
»Ich versteh nicht. Was willst du damit sagen?«
»Ich hatte mir kein Urteil über ihn gebildet, wenn man so sagen darf. Bis zu dem Tag, an dem wir gemeinsam von Tel Aviv nach Mezudat Ram gefahren sind. Nach der Sache am Busbahnhof. Ich war kaputt. Er hat keine Schadenfreude empfunden. Nein. Mir sind auf jener Fahrt gewissermaßen die Augen aufgegangen. Ich sah ihn. Sah, daß er ... daß er lebt. Weißt du, worüber er während der ganzen Fahrt mit mir gesprochen hat?«
»Über die Bibel? Über die Fischer? Über seine beiden Brüder?«
»Nein. Über den Tod. Er hat gesagt, es sei unwichtig, ob man auf ehrenhafte Weise sterbe oder nicht. Wichtig für ihn sei – so spät wie möglich zu sterben. Erinnerst du dich an den niederländischen Oberst? Ja. Ich hatte dir von ihm erzählt. Wie die Dinge sich im Geist verbinden, wenn der Mensch krank ist. Ich habe die Verbindung gezogen. Auch er ...«
»Sprich nicht davon.«
»Bronka, wir – du, ich, Esra –, wir haben den größten Teil des Weges hinter uns. Wir sind dem Ende der Reise näher als ihrem Anfang. Ich muß umkehren. Habe an der vorigen Station etwas vergessen. Egal. Das war eine Zeile aus einem Gedicht, das ich nicht schreiben werde. Das ist traurig. Es muß noch etwas gesagt werden: Nach all ... all dem, denkt man ... habe ich gedacht, daß all das mildern könnte. Aber nein. Es gibt keine mildernden Umstände. Keine Privilegien. Auch nicht für den, der ... Egal. Ich finde nicht, daß das System gerecht ist. Aber das ist nicht die Hauptsache. Die Hauptsache ist«, fuhr Ruven nach einer Pause fort, wobei seine warme, gedämpfte Stimme den Raum, die Dämmerung erfüllte, »die Hauptsache liegt darin, daß wir Kinder in die Welt gesetzt haben und unsere Kinder über uns richten, aber nicht fair sind, sondern das Recht beugen werden. Es ist dunkel draußen, Bronka, und draußen im Dunkeln führt meine Tochter ein wildes Leben. Wer bin ich in ihren Augen. Ein lästiger Prediger. Ein Nachgeber. Einer, der nicht die Kraft hatte, ihr die Mutter zu retten. Ein Besiegter. Eine Schmach, Bronka, einen schmählichen Typen sieht sie. Sie führt draußen im Dunkeln ein wildes Leben, sie haßt Worte, Bronka, was bin ich in ihren Augen. Sie ist jetzt draußen. Ich bin eifersüchtig auf sie. Ich bin eifersüchtig um sie. Sie ist nicht mein. Sie wird an einen anderen Ort gehen.«
»Ruven.«

Ein anderer Ort

»Aber ich schäme mich nicht. Ich bin kein Sieger, aber ...«
»Ruven, ich bleibe hier. Ich geh nicht zum Musikabend. Ich werde den Kessel aufsetzen. Wir trinken Tee.«
»Ich bin kein Sieger, aber ich schäme mich keines Augenblicks. Keiner Tat. Keines Gedichts. Auch nicht meiner Kinder. Selbst, wenn sie weggehen. Selbst, wenn sie spotten. Selbst, wenn sie anders werden. Ich schäme mich wegen nichts in meinem Leben. Bronka ...«
»Ja.«
»Was machst du, wenn Enav nun einen Jungen zur Welt bringt und kein Mädchen?«
»Komische Frage. Was ich mache? Was kann ich schon machen? Seltsame Frage.«
»Egal. Bronka ...«
»Ja.«
»Ich hab's mir anders überlegt.«
»In welcher Hinsicht?«
»Bezüglich der Musik. Ich zieh mich an. Wir gehen.«
»Wir gehen?«
»Ja. Wir gehen.«
»Warte. Das Wasser kocht. Trink erst einen Tee.«
»Kaffee. Ich möchte Kaffee.«
»Aber ...«
»Und danach gehen wir. Gemeinsam.«

Am Schabbatmorgen dann, als Ruven auf dem Liegestuhl in seinem kleinen Garten liegt, Noga sich zu seiner Linken auf dem Rasen räkelt und fragt, ob er nicht besser ins Haus ginge, weil es draußen sehr heiß werde, antwortet Ruven seiner Tochter mit einer Gegenfrage: »Stella, früher hast du viel Lyrik gelesen. Hast du auch jetzt noch Zeit und Lust, Gedichte zu lesen?«
»Warum fragst du?«
»Ich habe gedacht, wir, du und ich ... daß es schön wäre, wenn wir uns einen Abend in der Woche gemeinsam hinsetzen und Gedichte lesen würden.«
»Wenn du möchtest, habe ich nichts ...«
»Nein. Du mußt nicht. Nein.«
»Ich habe nicht gesagt, daß ich nicht will, nur daß ...«

»In Natan Altermans ›Armenfreude‹ heißt es: ›Was unvermeidlich kommen wird, mit Namen benannt und unbeirrt ...‹ Oh, einzelne Zeilen weiß ich noch. Ich konnte mal ganze Gedichte vortragen. Die ganze Sammlung. Ich werde vergeßlich, werde alt. Deine Mutter hat einmal vor vielen Jahren, noch ehe du geboren warst, gesagt, ich würde feierlich leben. Ich habe es damals nicht verstanden. Jetzt bin ich ...«

»Sprich nicht von ihr. Ich habe mir das verbeten. Ich möchte nicht, daß du von ihr sprichst.«

»Ich spreche nicht von ihr, Stella Maris, mein Kind, ich spreche von mir. Von dir. Von uns. Du achtest mich jetzt sicher nicht. Du ... Du bist jetzt an einem anderen Ort.«

»Aber ich achte dich doch. Immer. Du bist eine lautere Seele.«

»Ich warne dich. Jetzt werde ich feierlich: ›Noch wird wolkengleich am Tag des Gerichts des Vaters Gedenken sich über dich senken, daran zu erinnern, daß sein liebendes Herz, seines Fleisches Schmerz sind die letzten auf Erden, die Untreue begingen.‹ Auch das sind Zeilen daraus. Aus ›Armenfreude‹. Ich habe selbst solche Zeilen im Kopf. Nie werde ich sie schreiben.«

»Vater«, sagte Noga, »da ist etwas, das ich dir immer sagen will, aber nie weiß, wie, und zwar, daß Menschen ... daß Menschen nun mal Menschen sind. Du zum Beispiel. Sei du selbst. Zwing dich nicht, Worte zu sein. Man kann nie und nimmer Worte sein. Und du ... du mußt nicht immer und ewig etwas beweisen. Du bist kein Beweis. Du ... Du bist ein Mensch. Bestimmt hab ich's nicht gut ausgedrückt. Du hast es nicht verstanden. Ich kann's nicht erklären. Ich muß ... muß dir's sagen. Ich weiß nicht, wie.«

»Also nein. Du möchtest nicht, daß wir uns einen Abend pro Woche hinsetzen und gemeinsam Lyrik lesen. Du mußt nicht. Ich hatte mir gedacht, vielleicht ... vielleicht könnten wir anfangen mit ...«

25. Kapitel:
Mehr von der segensreichen Routine

Mit Argusaugen beobachten wir einander, und auf hunderterlei Wegen eilt das Urteil, seine Mission zu erfüllen.

Nehmen wir zum Beispiel die gemeinschaftliche Kleiderkammer, die in einer uralten Baracke untergebracht ist. Die Stunden schleppen sich dort

Ein anderer Ort

in der Hitze dahin, öde Stunden des Bügelns, Flickens und Sortierens von sauberer Wäsche. Die Schränke sind in Fächer unterteilt, für jede Familie eines, wie eine Bienenwabe.

Enav Geva erzählt Nina Goldring, was sie von Dafna Issarow erfahren hat. Nina Goldring erzählt Enav Geva, was sie von Jizchak Friedrich, dem Schatzmeister, hörte. Fruma Rominow erzählt Chassja Ramigolski, unter Berufung auf Gerda Sohar, die es von Bronka Berger, also wahrlich aus erster Quelle, weiß: Ruven Charisch ist angeschlagen und erschöpft. Zum einen die Krankheit, zum anderen das Desaster mit seiner Tochter. Manche sagen diesbezüglich, Esra Berger habe einen Brief an seinen Bruder in Deutschland geschrieben, den Bruder, der Sacharja heiße, sich aber Siegfried nenne, und ihm auf seine sprücheverbrämte Weise die neue Verwicklung angedeutet.

»Und Siegfried?«

»Dieser Siegfried und Evas neuer Mann haben geschäftlich miteinander zu tun. Daher wird auch Eva von der Sache erfahren. Und was wird Eva tun? Wenn du mich fragst, liegt es irgendwie in der Luft, daß Eva zu uns zurückkehren wird. Und dann werden wir ja sehen.«

»Es heißt, ihr Mann habe einen Wagen gekauft und einen Chauffeur angestellt und sie lebe wie eine Dame der höheren Gesellschaft.«

»Trotzdem meine ich, sie wird wiederkommen. Ich glaube nicht, daß sie dort glücklich ist. Was glaubst du denn – sind Reichtum und Komfort denn alles? Nein, nein, Geld macht nicht glücklich, nie und nimmer«, verkündet Chassja eine Lebensweisheit, der Gerda Sohar sofort beipflichtet.

»Als erster wird Siegfried hier auftauchen. Bronka hat erzählt, er komme für ein paar Tage ins Land, um hiesige Artisten für sein Kabarett zu engagieren. Jedenfalls wird Eva vom Tun ihrer Tochter erfahren. Meines Erachtens wird ihr das zwangsläufig zu denken geben.«

»Stürmisches Blut. Der Apfel fällt nicht weit vom Stamm, wie das Sprichwort sagt. Ha.«

»Es gibt einen berühmten Roman über einen Alten, der jungen Mädchen nachjagt.«

»Meinst du, hier bei uns finde sich nicht ausreichend Stoff für einen Roman?«

»Jetzt sicher, wo die Dinge diese Wende genommen haben ...«

»Wenn man danach geht, was zwischen Bronka und Ruven läuft, könnte man Bronka direkt als Nogas Stiefmutter deklarieren. In diesem Fall wäre Esra der Mann ihrer Mutter, das heißt ihr Vater. Geht man andererseits danach, was zwischen Esra und Noga abläuft, müßte man sagen, Esra sei Ruvens Schwiegersohn. Dann wiederum wären Ruven und Bronka ... Du kommst nicht mit? Ich erklär's noch mal. Ganz langsam. Also ...«

»Mich verwundern diese Kinder nicht. Nicht die von Esra und nicht die von Ruven. Man muß keine große Psychologin sein, um zu begreifen, daß ...«

»Ich wundere mich über Ruven, daß er seiner Tochter nicht Einhalt gebietet. Ein richtiger Vater hätte ...«

»Ja, aber vergiß nicht seine Lage. Er hat gegenüber seiner Tochter nicht gerade einen leichten Stand, denn ...«

»Oh, nein. Überhaupt nicht. Ganz und gar keinen leichten.«

Kaum hat Fruma den Raum verlassen, erklärt Enav genüßlich: »Ich will euch mal sagen, daß Fruma wahnsinnig wütend sein soll: Noga Charisch hat ihrem jungen Genie den Laufpaß gegeben. Das wird Fruma ihr nie verzeihen.«

Chassja Ramigolski verwahrt sich mit mißbilligendem Ton und drohend erhobenem Zeigefinger: »Das klingt, als ob du schadenfroh bist, Enav. Schadenfreude mag ich in keinem Fall. Nein.«

»Gott behüte. Ich bin nicht froh. Ganz im Gegenteil. Ich stelle einfach eine Tatsache fest. Fruma wird nicht verzeihen. Sie kann einfach nicht nett sein. Einmal haben wir einen Abend zusammen am Backofen gearbeitet. Frag nicht, was ich mir da anhören mußte. Frag bloß nicht. Sie triefte förmlich vor Bosheit. Zum Beispiel hat sie mir scheinbar aus Freundschaft gesagt, daß ...«

»Nein, du bist noch jung, Enav. Dir fehlt es noch an Menschenkenntnis. Fruma ist nicht boshaft. Fruma ist eine schicksalsgeprüfte Frau, die man verstehen kann. Und wer einen solchen Menschen nicht versteht, nicht verstehen kann, zeigt damit nur, daß ...«

»Du hast recht, Chassja, vollkommen recht«, zuckt Enav zurück, um dem Hinterhalt zu entgehen, der ihr den Rückzugsweg abzuschneiden droht. »Ich widerspreche dir nicht, ich sage nur, daß da kein Widerspruch vorliegt: Eine Frau kann bedauernswert und schicksalsgeprüft sein, aber gleichzeitig auch – boshaft.«

Chassja ignoriert das Bemühen um einen Waffenstillstand. Sie möchte noch mit einem Schlag die Verteidigungsposition schwächen, um damit der Gegnerin erheblich höhere Bedingungen für eine Kapitulation aufzuzwingen: »Nichts, absolut gar nichts verstehst du, meine Liebe. Aber warte ein Weilchen. Bald wirst du Mutter. Ich wünsche dir, daß du nicht erfahren mußt, was Leid bedeutet. Aber falls doch, wirst du ein paar Grundwahrheiten verstehen. Zum Beispiel wirst du plötzlich entdecken, daß Fruma eine bewundernswert aufrichtige Frau ist. Jetzt kannst du das noch nicht erkennen. Ein Mensch, der das durchgemacht hat, was Fruma Rominow durchmachen mußte, wird nur in den seltensten Fällen . . .«

Enav kämpft mit dem Mut der Verzweiflung. Ihre Stimme wird jetzt äußerst melodisch, als wollte sie Chassja etwas beibringen, das man nie vergessen dürfe und daher lieber im einprägsamen Singsang vorbringen sollte: »Ich behaupte, Chassja, daß Fruma Rominow auch ohne ihre Schicksalsschläge boshaft wäre. Das ist eine Frage des Charakters. Ich habe gehört, was für ein Mensch sie vor ihren berühmten Schicksalsschlägen gewesen ist. Hab ich alles gehört. So ist sie nun mal. Sein Wesen kann man nicht ändern. Schade um die Worte. Übrigens, Chassja, dein Zwi trägt ein blaues Hemd, das ganz außergewöhn . . .«

Nein, Chassja wird auf einen derart simplen, alten Trick nicht hereinfallen. Was glaubt sie denn, wen sie vor sich hat. Chassja ist jetzt Zwis Hemd gleichgültig. Chassja möchte ein für allemal die oberflächliche, hochmütige Arroganz dieser jungen Leute beseitigen, die sich anmaßen, in seelischen Angelegenheiten mitreden zu können.

»Nein, meine Liebe. Über Fruma Rominows Jugend weiß ich genau Bescheid. Sicher, Fruma ist ein harter Typ. Aber grundehrlich. Gerade aus dieser Verbindung von Härte und Aufrichtigkeit können die positivsten Menschen hervorgehen. Du, meine liebe Enav, müßtest erst ein wenig von Psychologie verstehen, ehe du dich über Menschen ausläßt. Einfach so ins Blaue reden – das ist, Entschuldigung, ein Zeichen, daß du noch ein ausgesprochener Kindskopf bist. Aber ich verstehe dich. Ich kann verstehen, was dich auf solche Gedanken bringt. Mir ist ganz klar, warum du nicht objektiv sein kannst. Jetzt werde ich dir's nicht erklären. Vielleicht in ein paar Jahren. Wenn du dich dann an dieses Gespräch erinnerst, werde ich dir erzählen, wie du mal warst, und wir werden beide schmunzeln. Weißt du, wenn jemand seine Meinung über andere sagt, stellt er sich unversehens selber bloß. Dann kann man erkennen, wer er wirklich ist. Ja.«

Enav liegt in den letzten Zügen: »Ich wollte nicht sagen, daß Fruma völlig negativ sei. Man muß kein großer Psychologe sein, um zu wissen, daß kein Mensch auf der Welt gänzlich negativ ist. Jeder Mensch, auch Fruma, hat verschiedene Seiten. Ich wollte nur ...«

»Jetzt redest du schon anders. Hättest du zuerst nachgedacht und dann geredet, Enav, wären dir keine Dinge rausgerutscht, die du nachher zu bereuen hast. Diese Hose gehört gleich in den Müll. Dieser Grischa verschleißt Arbeitskleidung wie sonst nur ein zwanzigjähriger Rowdy. Macht alles kaputt.«

Dankbar für die Siegerjovialität sondiert Enav vorsichtig: »Hast du gehört, was seit kurzem geredet wird, Chassja? Über Grischa, meine ich.«

»Ich habe was läuten hören, aber nicht über ihn, sondern über eine seiner Töchter. Paß auf, Enav, es heißt, dein Mann freunde sich mit einer der kleinen Issarowas an. Ich habe gehört, letzte Woche habe sie sich nach dem Basketball hingestellt und deinem Mann mit einem Handtuch den Rücken abgerubbelt. Und was ihn, deinen Liebsten, betrifft, würde ich an deiner Stelle ihm mal ein Wörtchen sagen, ehe es die Spatzen von allen Dächern pfeifen. Diese Naht mußt du immer von links nähen. So ist sie haltbarer und auch viel weniger häßlich. Ja, ja, trenn sie auf, sei nicht schon in deinem Alter faul, trenn auf und näh sie von links.«

Soweit die Kleiderkammer.

Ähnlich geht es im Speisesaal zu. Um drei Uhr nachmittags, wenn Fruma Rominow die Behälter mit dem Abendessen für die Kindergartenkinder abholt, kommt auch Herbert Segal und bringt aus dem Kuhstall zwei Kannen Milch für die Gemeinschaftsküche. Er schiebt seinen quietschenden Handwagen wacker bis mitten in die Küche, lädt die schweren Kannen ab und stöhnt. Sein kompakter, untersetzter Körper glänzt vor Schweiß. Die altmodische Nickelbrille beschlägt. Er putzt die Gläser mit dem Hemdzipfel. Fruma stürzt auf ihn zu. Dichte Dunstschwaden hängen in der Küche. Überall lärmt und klappert es. Stickige Luft füllt den Raum. Fruma erklärt Herbert Segal, Familie Charisch verwandle den Kibbuz – man möge ihr den scharfen Ausdruck verzeihen – in ... Gut. Sie werde es hier nicht aussprechen, obwohl sie schmutzige Taten nicht gern mit schönen Worten bemäntele. Diese Menschen besudelten den Ort. Verdürben die Herzen der Kinder. Sie habe persönlich gehört, wie eins der Kindergartenkinder – stell dir das mal vor, Herbert, Kindergartenkinder! – zu einem anderen sagte, Esras Bronka sei auch Ruvens Frau, weil sie ihm Essen bringe, wenn er krank sei. Ist dir die Bedeutung dieser Worte klar?

Ein anderer Ort

Begreifst du? Hier wachsen Kinder heran, die alles mit ansehen und den ganzen Dreck schlucken. Was sie selbst anginge, sei sie über eines froh: Daß ihr Rami sich klugerweise schleunigst von dieser kleinen Zigeunerin abgesetzt habe. Ein faules Früchtchen, was solle man da noch viele Worte verlieren. Und die laufen hier im Kibbuz herum, als wär's ihr Privatbesitz. Sei ja auch kein Wunder. Menschen erlauben sich Dinge, die noch vor fünf, sechs Jahren keiner von uns auch nur in seinen schwärzesten Träumen vorhergesehen hat. Manchmal frage ich mich, ob es nicht eine Gnade für den seligen Alter war, daß er gestorben ist, ohne den Niedergang des Kibbuz mit ansehen zu müssen. Er hat dieses Leben geliebt. Er wäre zusammengebrochen angesichts dieses moralischen Tiefstands. Ich spreche jetzt zum Beispiel von den Goldrings. Und das ist nur *ein* Beispiel. Jizchak Friedrich hat erzählt, die Goldrings hätten ein wenig *Gold* auf der Bank. Die Wiedergutmachungsgelder fließen nämlich weiter, und er liefert dem Kibbuz ab, was er will, und schafft auf die Seite, was er will, ohne daß jemand sich einzumischen wagt. Schon haben wir hier eine Wohnung, die mit Perserteppichen prunkt, genau wie unsere Gegner behaupten, daß nämlich im Kibbuz alle gleich sind, aber die Privilegierten noch etwas gleicher. Ich weiß, ich weiß, die Goldrings sind ein Sonderfall, sie haben ihre einzige Tochter verloren, alles bekannt, aber seit wann erlaubt der Kibbuz materielle Entschädigung für seelisches Leid? Und wenn ja – was steht denn dann mir zu, die ich eindeutig drei- oder viermal mehr gelitten habe als die Goldrings? Doch die Kibbuzleiter gucken weg. Sie werden keinen Finger rühren. Wer sind die Kibbuzleiter? Sag mir, Herbert: Wer sind sie? Ruven Charisch, der Ehebrecher im Gewand des Ortsheiligen? Jizchak Friedrich? Zwi Ramigolski, der Kibbuzsekretär, der in allem an seinen Bruder, dieses Schwein, erinnert, mit allem Respekt für die Ehre des Toten? Das sind nun die Größen hier. Hör zu, Herbert, hör dir an, was Fruma dir sagt, weil Fruma nämlich ein Mensch ist, der den Dreck, den er sieht – das heißt, den ich sehe – nicht mit Worten bemäntelt: Mit der Laterne mußt du hier einen ehrlichen Menschen suchen. Ich sage immer zu meinem Rami: Rami, werd du mir mal nicht einer der legendären 36 Gerechten wie dein Vater. Du bist ein sanfter und sensibler Junge, aber du mußt die Augen aufmachen und die Tatsachen des Lebens so sehen, wie sie sind. Damit man dich nicht an der Nase herumführt. Aber mein Rami bringt es nicht fertig, so wie die andern zu handeln. In ganz Mezudat Ram gab und gibt es nicht noch so einen wie meinen Rami, außer Alter, er ruhe in Frieden, einen, der bereitwillig und hingebungsvoll jede niedere Arbeit übernimmt. Der den Kuhstall ausmistet, während andere junge Leute niemals auch nur von ihrem Traktor herunterklettern. Und Rami tut es unverdrossen ohne jede Berechnung, weil er ein echter Idealist ist. Mit dir, Herbert, kann ich offen reden, weil du keine Hintergedanken hast. Nein, sag jetzt nichts, nicht nötig, ich weiß, du bist bescheiden und willst nicht gelobt werden, aber ich sage nun mal immer die Wahrheit, im Guten wie im Bösen. Du mußt was unternehmen, Herbert. Wenn wir warten, bis Charismann, Friedrich, Ramigolski, Mundek Sohar und Podolski endlich aufwachen und für die Aufrechterhaltung der Werte kämpfen, werden wir erleben, wie dieser Ort bis in die Wurzeln hinein verrottet. In moralischer Hinsicht, meine ich. Ich erwarte von dir, daß du in den Sozialausschuß gehst und eine offene Debatte auslöst. Direkt und brutal. Ja, von brutaler Offenheit. Sonst werden die Dinge ein schlimmes und bitteres Ende nehmen. Ich werde ja nicht mehr lange leben, aber du sollst dir merken, was Fruma prophezeit hat.

Zu Herbert Segals Lob sei gesagt, daß er die Witwe zu beschwichtigen und ihren Zorn zu mildern sucht. Er besitzt Taktgefühl. Obwohl er in Eile ist, ihm die Schweißperlen im Gesicht stehen und sein kleiner Handwagen die Küchenarbeit behindert, zeigt er keine Spur von Ungeduld. Er blickt Fruma mit ruhigen, klugen Augen hinter den runden Brillengläsern an und bemüht sich, den zweifellos richtigen Kern in Frumas Rede von dem grimmigen Unterton zu trennen. Dieser Grimm ist nicht sachlich, sondern seelisch begründet und dient keinem positiven Zweck, zumal der gute Herbert Segal überzeugt ist, daß Frumas Worte aus brodelndem Herzen kommen.

Mögen Herbert Segals redliche Worte ihren Weg in Frumas Herz finden und dort ihre Wirkung tun. Denn seine wohlüberlegte Logik kommt ja einem ausgewogenen Urteil sehr nahe. Wir schätzen Herbert Segal, weil wir – auch wir, und grinst jetzt bitte nicht so boshaft – daran mitwirken wollen, ein ausgewogenes Urteil zu finden.

Wenn ihr meint, der ganze Kibbuz ersticke fast vor Klatsch, verratet ihr damit nur euer mangelndes Urteilsvermögen. Wir werden die Dinge wieder zurechtrücken. Werden nicht auf die Nörgler achten, von denen Herbert Segal zu Recht meint, nagende Schuldgefühle trübten ihre Sicht. Zwar

Ein anderer Ort

können wir aus naheliegenden Gründen, die keiner Erklärung bedürfen, nicht Herbert Segals anderer Meinung zustimmen, die besagt, eine Geschichte, die keine Botschaft enthalte, wäre besser nicht so geschrieben worden. Da halten wir uns lieber an Ruven Charisch und seinen Ausspruch über die komplexen Dinge, die jede einfache Formel sprengen. Der Kibbuz ist fleißig am Werk, bewegt sich langsam in den Bahnen segensreicher Routine, arbeitet im Schweiße seines Angesichts und gewinnt dem Boden reiche Ernte ab. Lassen wir also unsere Wahngedanken, die gern fiebrigen Dingen nachhängen. Wenden wir unsere Augen von den Bergen, die unverwandt auf uns nieder blicken, von den zerklüfteten Höhenzügen, deren Gestalt sich jeder Ordnung entzieht. Überheblich und dräuend schauen sie von oben auf uns herab. Aber wir werden sie nicht beachten.

Jeden Morgen zieht ein Trupp Traubenleser und -leserinnen in den Weingarten, in die Sonne, in die Weite.
Kurz nach dem Läuten der Weckglocke füllt sich der Speisesaal mit morgendlichen Kaffeetrinkern. Noch tappen die Leute verschlafen herein, wirken mürrisch und verschlossen. Aber die schlechte Laune ist nicht von Dauer. Der dampfende Kaffee geht ihnen wie Balsam in die müden Knochen und erfüllt sie mit fröhlicher, strotzender Schaffenskraft.
Um diese Zeit kehrt Grischa Issarow von seiner nächtlichen Arbeit bei den Fischteichen zurück. Beim Eintreten donnert er ein derart gewaltiges »Gute Nacht« in den Saal, daß die Porzellantassen auf den farbigen Resopaltischen scheppern. Die Weinleser antworten ihm mit Freudengeheul. Unweigerlich findet sich auch der ersehnte Dussel, der prompt verblüfft fragt: »Nacht? Wieso ist bei dir Nacht, Grischa?«
»Meine Nacht! Meine Nacht!« jubelt Grischa. »Ich bin fertig! Ich geh jetzt von euch träumen!«
Gleich anschließend läßt Grischa einen mächtigen Schnarcher los. Der Weinlesertrupp bricht in heiteres Gelächter aus. Herzl Goldring, dessen Eintreten wir gar nicht bemerkt haben, verzieht sich an einen abgelegenen Tisch. Schenkt sich Kaffee ein. Süßt ihn mit drei Teelöffeln Zucker. Rührt langsam und versonnen oder schläfrig um. Grischa schleicht sich von hinten an, schnappt dem Gärtner die Tasse aus der Hand, schüttet den Kaffee in einem Zug hinunter und sagt: »Bei dieser Gelegenheit schenk dir man jetzt auch selber ein, Herzl.«

Die Anwesenden brüllen vor Lachen. Herzl Goldring läuft feuerrot an, rümpft die Nase und murmelt: »Das war ja lustig, sehr lustig, Grischa, das kann ich dir sagen.«

»Wenn du mir sagen willst ...«, erklärt Grischa gedehnt, als spüre er dem Kern der Worte nach, »wenn du willst ... ist es kein Märchen, hat Theodor Herzl Goldring gesagt. Hat er oder hat nicht? Hat er gesagt, ha? Jetzt reich mal die Hand. Bist nicht böse? Nein. Prima. Wo käme ich denn hin, wenn du böse wärst, ha?«

Grischas dröhnende Stimme geht im stürmischen Jubel ringsum unter. Wann werden wir eine günstige Zeit finden, uns mit Grischa Issarow hinzusetzen, um seine Abenteuergeschichten von ihm zu hören? An einem Winterabend hat er uns einmal eine wunderbare Begebenheit erzählt, wie er einst dem Feldherrn Rommel begegnete, als er, Grischa, in der Westsahara in Gefangenschaft geraten war und Rommel die angetretenen Gefangen abschritt, dabei Grischa auf die Schulter klopfte und mit jovialem Lächeln zu ihm sagte: »*Well, you British, you still intend to defeat us?*« Und wie unser Grischa sich dadurch nicht ins Bockshorn jagen ließ, sondern dem Feldherrn, ohne mit der Wimper zu zucken, erwiderte: »*I am not British, Sir, I am a Jewish fighter from Palestine*«, und wie der Generalfeldmarschall daraufhin erbleicht war, das Blut wich ihm aus dem Gesicht, und wie Grischa seinen Bewachern ein Schnippchen schlug und aus der Gefangenschaft floh, zusammen mit neun englischen Offizieren, die einen höheren Rang als er hatten, aber seinem natürlichen Führungstalent vertrauten. Ihr Vielschreiber habt in euren aufgeblähten Mappen nicht einen einzigen Krümel von dem, was mein linker kleiner Zehennagel euch erzählen könnte. Aber mein linker kleiner Zehennagel kann keinen Stift halten, und das ist sein gebündelter Kummer und euer großes Glück.

Diese Morgenstunde eignet sich nicht für Grischa Issarows Geschichten. Er wendet sich ab und stapft schwerfällig aus dem Speisesaal. Unterwegs beugt er sich zu Herzl Goldring nieder und flüstert ihm ins Ohr: »Ich hab dich nicht kränken wollen. Wirklich nicht.«

Worauf Herzl Goldring ihm bedrückt und verwundert antwortet: »Sicher nicht. Ich weiß. Ich hab's ja keinen Moment gemeint. Natürlich.«

Auch Jizchak Friedrich und Mundek Sohar trinken hastig aus, um nicht den Bus nach Tel Aviv zu verpassen. Die Weinleser eilen zu dem Traktor mit Anhänger. Schade, daß diese schöne morgendliche Kaffeestunde so kurz bemessen ist.

Ein anderer Ort

Der Speisesaal hat sich geleert. Es bleibt noch eine Stunde, um die Tische fürs Frühstück zu decken. Chassja Ramigolski und Gerda Sohar arbeiten gemeinsam mit einigen anderen Frauen. Zuerst müssen alle Stühle umgekehrt, mit den Beinen zur Decke, auf die Tische gestellt werden. Gerda fegt, Chassja schleift einen Schlauch heran, sprengt Wasser auf die großen weißen Fliesen und zieht es mit einem Gummischieber ab, Gerda wischt mit einem trockenen Lappen nach.

Nun stürmt eine ganze Flotte flinker kleiner Wägelchen aus der Küche herein, und die Männer und Frauen vom Dienst stellen das Geschirr auf die Tische. Die Arbeit geht zügig voran, aber die Eile fällt nicht auf, weil die Bewegungen routiniert sind und schweigend verlaufen. Nur das klakkende Aufsetzen der Porzellantassen auf den Resopalplatten schwirrt durch die Luft. Jedes Geschirrteil hat seinen festen Platz. Was hat dieser letzte Satz, den wir eben niedergeschrieben haben, an sich, daß er unser Herz erfreut? Teller, Tassen, Milch-, Tee- und Kaffeekannen, kleine Väschen mit Blumen, leicht angewelkt, weil sie den Speisesaal bereits seit dem Schabbat zieren, sowie formschöne kleine Gefäße mit Öl, Salz, Zitronensaft, schwarzem Pfeffer, Oliven und Fischeiern. Gerda Sohar stellt an das eine Ende jeden Tisches eine Schüssel voll Trauben. An das andere Ende plaziert Chassja unterdessen Tabletts mit frisch geschnittenem, warmem Brot, dessen Duft über allem schwebt.

Bald ist das Werk beendet. Wie schön sieht der Saal zu dieser Stunde aus: eine heitere Harmonie wohl abgestimmter Farben und Formen, die alle einer schönen Ordnung untergeordnet sind. Beinahe tut es uns leid, daß bald scharenweise hungrige Esser in ihren grauen oder blauen Overalls hier einfallen, begierig wüten und die segensreiche Ordnung zerstören werden, um nach einigen Minuten stapelweise fettiges Geschirr, schmutzige Tische und trübe Lachen mit darin schwimmenden Essensresten zurückzulassen. Wer ein Gleichnis oder Symbol für Ruven Charischs Auffassung sucht, daß der Krieg zwischen Ordnung und Chaos das Gesetz des Lebens sei, kann jetzt mit uns das Geschehen hier beobachten. Aber wer außer uns kann es sich schon erlauben, mitten in der Arbeitszeit untätig herumzustehen. Schmach und Schande über uns.

Grischa Issarow hat längst in seinem Zimmer die Jalousien geschlossen und ist in schweren Schlaf versunken. Aus einem Rosenbeet mustert uns Herzl Goldring, macht seinem Groll durch deutsches Gemurmel Luft.

Vielleicht verflucht er uns. Aber wir werden nicht auf ihn achten. Wir werden zur Traubenlese ausziehen. Wenn man uns belächelt und mit spöttischer Verwunderung fragt, warum wir denn gekommen seien – um Eindrücke zu sammeln oder Trauben zu lesen –, werden wir freundlich zurücklächeln, ohne auf unsere Ehre zu achten.

Die Weinlese ist in vollem Gang. Jeden Tag schicken wir erhebliche Mengen an Trauben auf den Markt, säuerliche Frühtrauben, die der Saison voraus sind und Jizchak Friedrichs Kasse erfreulich bereichern. Doch die Traubenleser denken nicht an die Einnahmen. Zu früher Stunde denken sie gar nichts. Fröhlicher Gesang erklingt zwischen den gepflegten Rebreihen. In die Lieder mischen sich Gesprächsfetzen, die die Melodien mit emsiger Geschäftigkeit anreichern. Die Kiepen füllen sich schnell, wie nebenbei, als sei die Arbeit nur Beiwerk des lebhaften Gesprächs. Der Klatsch ist nicht spitz in den ersten Stunden. Noch will er nicht richten, sondern kleine Indizien erörtern. Man schneidet ein Traubenbüschel und erfährt dabei, wann Enav Geva, die sich in den letzten Tagen ihrer Schwangerschaft befindet, niederkommen soll. Man wechselt die Kiepe und interpretiert nach allen vier Regeln biblischer Exegese die erstaunliche, schon drei Wochen andauernde Feuerpause des Feindes. Man sucht sich eine neue Rebreihe, mustert die bereits abgeerntete und stellt dabei Vermutungen darüber an, was uns wohl blüht, wenn das Signal zur Bearbeitung des Kamelbuckels gegeben wird. Die Älteren meinen, es sei die Ruhe nach dem Sturm, und gründen ihre Ansicht auf den Fall mit Tomer, der sich wie durch ein Wunder aus dem feindlichen Hinterhalt gerettet hatte. Die Jüngeren widersprechen dem und benutzen Tomers Fall als Beweis für das genaue Gegenteil. Wie dem auch sei, alle strecken jetzt den Rücken, schütteln die müden Glieder und suchen mit den Augen den kargen Höhenzug ab. Die Arbeitslust ist ein wenig erschlafft.

Nach dem Frühstück brennt die Sonne wütender. Die stickig heiße Luft läßt die Arbeitenden in Schweigen verfallen. Die müßigen Gespräche sind erstorben. Hier und da beurteilt einer nebenher seinen Nachbarn. Das Urteil neigt zur Strenge. Verzerrte, schwitzende Gesichter blicken einen leidvoll an. Die Anstrengung ist nicht mehr leicht und lustig, sondern wütend und von unterdrückten Flüchen begleitet. Wer sich schwertut, beißt die Zähne zusammen. Manche verfluchen innerlich die dürre Erde, einige murren leise über ihre Nachbarn, die jede Brüderlichkeit vermissen lassen

Ein anderer Ort

und ihnen einen dummen, sinnlosen Wettlauf aufzwingen. Warum zum Teufel müssen diese Narren so schnell machen. Aus berechneter Boshaftigkeit wollen sie sich über uns stellen und ihre Mitmenschen beschämen. Herzlosigkeit beseelt die jungen Leute, die ihren natürlichen Vorteil ausnutzen. Aber die werden auch mal älter.

Unversehens greift die Hand in ein verfaultes Traubenbüschel. Ekelhafter Schmier verbittert das Herz und verzerrt den Mund. Törichte Hoffnungen keimen auf: Wenn doch die Kisten ausgingen. Oder wenn die Feuerglocke im Kibbuz läuten und einen Brand anzeigen würde. Oder, naheliegender, wenn die dort drüben doch mitten zu dieser verflixten Stunde losballern würden, damit wir uns auf die glühende Erde werfen, ein wenig ausruhen und unsere schmerzenden Knochen schonen könnten.

Aber der Gebirgszug liegt stumm, die Berge sind weit, matter Dunst schwebt über ihren Schluchten. Die Augen verschleiern sich von der grellen Sonne und dem Salz des Schweißes, der uns vom Schädel rinnt. Ein übler, dumpfer Schmerz kommt auf, den Leib zu quälen, an den gespannten Sehnen zu zerren, den gepeinigten Muskeln zuzusetzen, in den Knochen zu rumoren und in der staubigen Kehle zu würgen. Die Trauben riechen widerlich süß. Die Rebreihen sind unbarmherzig lang und wollen kein Ende nehmen. Auch die Uhr hat sich gegen uns verschworen, ihre Zeiger stehen schadenfroh erst auf halb zehn. Wie gut wäre es, wenn wir jetzt unverzüglich ins klare, kühle Wasser des Schwimmbads springen könnten, das uns sanft umkoste wie eine Frauenhand.

Hätten wir wenigstens das Amt des Schatzmeisters ergattert. Der tätigt zu dieser verfluchten Stunde zweifellos einen gewieften Geschäftsabschluß am Kaffeehaustisch, vor sich ein Glas Saft mit Eiswürfeln, die mit zartem Kling-Kling-Klong an die Wände klirren. Soll ihn der Teufel holen. Ach.

Auf dem Kibbuzgelände befinden sich um diese Zeit Frauen, die Dienstleistungen erbringen, und Männer, die keine Feldarbeit verrichten.

Zum Beispiel ein Gast aus der Stadt Natania. Vermutlich ist er hier bei Verwandten zu Besuch. Sie arbeiten, und er ruht sich aus, schlendert durch den Kibbuz und saugt Misthauch und Heuduft ein. Die Hände hält er auf dem Rücken verschränkt, sein Atem geht ruhig, sein Geist ist gelassen, ein Schweißtropfen perlt ihm auf der Stirn, aber er tupft ihn rasch mit dem Taschentuch ab und staunt über die Bilder, die sich ihm bieten. Seit drei Tagen ist er hier. Schon fühlt er sich sehr in seiner vorgefaßten Meinung bestärkt, daß der Kibbuz kein Ort für Idealisten sei. Nicht in der heutigen Zeit. Das war einmal – und ist nicht mehr. Jetzt herrscht hier ein angenehmer Lebensstandard, jede Wohnung ist nett eingerichtet, keinerlei Zukunftssorgen bedrücken die Einwohner – gibt es einen besseren Ort für einen normalen Menschen, der nicht höher hinaus, sondern nur ein ruhiges, gemütliches Leben führen möchte? Natürlich ist nicht von mir die Rede. Ein wahrer Individualist kann hier nicht leben. Aber kleine Leute – die werden hier ihr kleines Glück finden.

An diesem Punkt werden die eindringlichen Überlegungen unseres Gastes durch seine linke Sandale unterbrochen, deren Riemen gerissen ist. Jetzt muß er herausfinden, wo hier die Schuhmacherwerkstatt ist. Er muß seinen Gastgebern Umstände bereiten und den Genossen Schuhmacher um Hilfe bei einer dringenden Reparatur angehen. Er bittet um Entschuldigung. Solche Dinge könnten nun mal passieren. Selbstverständlich sei er bereit, für die Auslagen aufzukommen. Nicht nötig? Natürlich, er habe sich gleich gedacht, daß sie keine Bezahlung annehmen werden. Aber aus Höflichkeit habe er es anbieten müssen. Er sei äußerst dankbar. Wo finde er hier einen Hahn mit kühlem Trinkwasser?

Die Schuhmacherei ist in einer häßlichen Baracke untergebracht, so lang wie ein Eisenbahnwagen und mit einem Blechdach versehen, das glühende Hitze ins Innere abstrahlt. In dieser Baracke befinden sich neben der Schuhmacherei auch die Bäckerei, die Schreinerei, die Elektrowerkstatt, die ehemalige Zahnklinik, die jetzt verrammelt ist, und das Kibbuzsekretariat. Schiefe, morsche Holzwände trennen die einzelnen Einrichtungen voneinander. Daher ist es nur töricht, wenn die Feldarbeiter die im Haus Tätigen beneiden. Über allem lastet die drückende Hitze, die durch das Blechdach noch verdoppelt wird. Sogar die Zypressenallee, die zwischen der langen Baracke und den Kuhställen angelegt wurde, ist in Staub gehüllt. Die Bäume sehen aus, als bestünden sie aus grauem Schiefer. Auf dem Telefondraht, der aus dem Sekretariat kommt und auf geteerten Holzmasten weiterläuft, sitzt ein einsamer Vogel, reglos, scheinbar leblos. Du wirfst einen Stein nach ihm. Daneben. Wirfst einen zweiten Stein. Noch mal daneben. Aber diesmal landet der Stein mit gellendem Scheppern auf dem Barackendach. Nimm die Beine in die Hand, ehe Zwi Ramigolski und Mundek Sohar herauskommen und erst dich, dann einander und wieder dich konsterniert anblicken.

Ein anderer Ort

Die schwarzen Wurzeln eines verkohlten Baumstamms.

Hinter der langen Baracke verstecken sich drei kleine Betonhäuschen mit gewölbten Dächern. Solche Gebäude wurden von der englischen Armee als Soldatenunterkünfte gebaut. Sperrholzwände unterteilen jedes Häuschen in zwei Einheiten. So konnten wir hier sechs alte Männer und Frauen unterbringen. Es sind Eltern von Kibbuzgründern, die überlebt haben und hierher gekommen sind, um unter den Fittichen ihrer Söhne und Töchter Unterschlupf zu finden. Wir verschönen ihnen das Alter und versorgen sie auf unsere Kosten.

Die alten Eltern nehmen hier bei uns im Kibbuz Mezudat Ram eine Sonderstellung ein. Sie sind keine Vollmitglieder, genießen aber die meisten Rechte von Mitgliedern und sind von allen Pflichten befreit. Ohne jeden Zwang, aus völlig freien Stücken, haben sie einige Aufgaben übernommen, wie etwa Stricken und Strümpfestopfen.

Nun ist es zwar unleugbar etwas peinlich und lächerlich, weißhaarige Männer über einen zerschlissenen Socken gebeugt zu sehen, den sie unter Aufbietung aller Sinne stopfen. Aber wer hat sie denn gezwungen, diese Arbeit zu verrichten? Wir nicht. Sie haben es freiwillig übernommen.

Den ganzen Morgen über sieht man sie als dunkles Häuflein dicht gedrängt im Schatten einer alten Sykomore sitzen, die vor ihren kleinen Häuschen wächst. In Liegestühle versunken, einen Morgenrock am mageren Leib, sitzen sie da, die Häkelnadel schwankt in ihren zittrigen Händen, die Köpfe sind vornüber gebeugt, als wollten sie Geister heraufbeschwören.

Manchmal scharen sich braungebrannte Gören dort zusammen, bleiben in einiger Entfernung stehen, deuten mit rosigen Fingern auf sie und johlen: »Alte Leute, alte Leute, Tanz ist heute, tanzt, alte Leute.« Aber dies ist ein häßlicher Scherz. Wir werden es den frechen Gören wieder einmal sagen.

Wir haben die alten Leute als mager bezeichnet, was diesmal keine falsche Verallgemeinerung ist. Ja, erstaunlicherweise ist unter den drei alten Männern und drei alten Frauen, die bei uns leben, kein korpulenter Typ, sondern alle sind mager. Der Energischste unter ihnen, der bei uns Gospodin Podolski heißt, der Vater des Podolski, der die Arbeitsverteilung regelt, ist von hoher, schlanker Gestalt. Aber an seiner rechten Schulter wölbt sich ein spitzer Buckel. Die beiden anderen alten Männer sind klein und feingliedrig. Wir haben ihnen Spitznamen gegeben. Der eine, der uns in unserer Kindheit immer fettige, ranzige Bonbons schenkte, hat den Namen »Zähkleber« weg, während sein Genosse – sei es kontrasthalber, sei es wegen seiner schlaffen Bewegungen – bei uns »Dünnleim« heißt. Zähklebers Schädel, Wangen, Kinn und Hals sind massenweise mit winzigen schneeweißen Stoppeln übersät. Dünnleim ist völlig kahl. Sein Gesicht strahlt rosig wie das eines jungen Mädchens. Wegen der Falten wäre es allerdings richtiger, sein Gesicht mit dem einer schluchzenden Maid zu vergleichen. Dieser Mann bewegt sich erstaunlich zart und vorsichtig, als wandle er sein Leben lang in einer Welt aus Kristall oder als sei er selbst aus feinem, zerbrechlichem Material.

Unter den alten Frauen ist eine dürr wie ein Krummstab, hat ein langes Gesicht mit scharfen Zügen, und durch das wenige, schüttere Haar blitzt hier und da die Kopfhaut durch. Die Zweite ist krumm wie ein Baby, und ihr Kopf sitzt halslos zwischen den Schultern, als habe ihr jemand mit einem mächtigen Schlag den Schädel in die Brust gerammt. Aber ihre klaren Augen leuchten von innen her. Die Dritte hat ein verhutzeltes Gesicht und trägt immer elegante schwarze Kleider, eine Glasperlenkette und einen Kneifer am roten Band. Das ist die Mutter von Esther Klieger, Grischa Issarows Frau und Mutter seiner sieben Sprößlinge.

Gegen zehn Uhr morgens nicken sie ein. Stopf-, Strick- und Häkelnadeln erstarren in ihren schlaffen Händen, und der runzelige Kopf sinkt auf die Brust (außer bei der halslosen Alten, die den Kopf im Schlummer zurücksinken läßt, als starre sie tief in das verblassende Firmament). Schnarchlaute entringen sich ihren Kehlen. Manchmal dösen sie mit offenen Augen, oder vielleicht schlafen sie gar nicht, sondern segeln im Niemandsland zwischen Wachtraum und Sinnen. Dann wirken sie wie dunkle Statuen. Selbst in diesen glutheißen Stunden sind die meisten in Strickjakken, Pullover oder Tücher gehüllt, und die mit dem langen, scharfgeschnittenen Gesicht wickelt sich sogar eine Wolldecke um die Beine. Eng zusammengedrängt sitzen die Männer und Frauen im Schatten der Sykomore, wie eine verängstigte Abordnung beim Kampieren in wildem Terrain. Sagen wir vielleicht, wie die Botschaftsangehörigen einer besiegten Macht, die längst zu existieren aufgehört hat, während ihre verschrobenen Repräsentanten aus sturem Ehrgefühl immer noch in der fremden, feindlichen Hauptstadt ausharren.

Sie sprechen nicht viel. Milde Sonnenstrahlen filtern durch das Laub der Sykomore und tun ihnen gut. Sagt einer von ihnen doch einmal etwas, folgt nur selten eine Erwiderung. Sie sprechen Jiddisch, durchsetzt mit russischen, polnischen und hebräischen Brocken. Es ist kein Gespräch. Abgerissene Sätze folgen in langen Abständen, verlieren sich.

Zum Beispiel kann Frau Klieger sagen: »Es ist zum Verrücktwerden. Früher konnte ich eine Nadel mit geschlossenen Augen einfädeln.«

Oder: »Gestern haben sie Rote-Bete-Suppe gekocht. Sie hatte nicht mal entfernte Ähnlichkeit mit Borschtsch.«

Oder: »Mein Blumentopf ist zerbrochen, da habe ich die rote Geranie in einen Blechkanister umgepflanzt.«

Oder: »Bei mir schlägt Novidrin nicht mehr an.«

Und Gospodin Podolski, nach längerem Nachdenken: »Nu, nu.«

Oder auch: »Heute nacht war wieder die Maus da. Ich habe Spuren gefunden. Sie hat einen Keks gefressen.«

Gelegentlich kann Zähkleber mit geschlossenen Augen etwa folgenden Ausspruch tun: »Bei uns hat's mal einen Goj gegeben. Trochim. Er hatte Waldbesitz. War ein großer Schuft und Antisemit. Und gerade der hat in den schlechten Zeiten eine Jüdin versteckt. Zwei Jüdinnen. Zwei.«

Und eine der alten Frauen, die mit dem schütteren Haar, bei dem die Kopfhaut durchschimmert: »All die Lumpen hinter der Treppe müßten verbrannt werden.«

Ihre Worte werden sich wohl kaum auf die ihres Vorgängers bezogen haben, aber Zähkleber hält augenblicklich dagegen: »Eine salzlose Diät raubt einem alle Kräfte. Restlos al-le.«

Darauf stößt Gospodin Podolski ein wütendes Grunzen aus und schüttelt ablehnend den Kopf. Seine Augen mustern das Publikum. Er legt Dünnleim energisch die Hand auf den Arm, eine unübliche Geste hier, nur außergewöhnlichen Momenten vorbehalten. Dünnleim erbebt. Gospodin Podolski erklärt bestimmt: »Jetzt darf man dort schon eine kleine Landwirtschaft führen. Nicht wie zu Stalins Zeiten.«

Die Halslose erwidert: »Die Ukrainer waren immer die Schlimmsten. Sollen ihr Name und ihr Andenken ausgetilgt sein. Und die Litauer desgleichen.«

Frau Klieger möchte das mit einer Geschichte veranschaulichen: »Neben uns in Rowno gab es einen Juden. Der war wirklich ein reicher Mann. Er hatte eine Getreidemühle. Und was macht er jetzt? Jetzt ist er Kutscher

in der Haifaer Bucht. Aber ich habe ihn gekannt. Er war ein gerechter Mann. Ein großer Gerechter. Ist er auch jetzt noch. Solche Menschen gibt's sonst kaum. Er hatte drei Töchter. Eine war ...«
Aber Frau Klieger wird von Müdigkeit überwältigt. Ihre Geschichte schmilzt dahin und verliert sich in der stickigen Luft. Oder vielleicht hat sie ihre Geschichte abgebrochen, weil die Halslose ihr ins Wort gefallen ist, um zu verkünden: »Bald kommt der Tee. Der Tee.«

Die Alten widersprechen einander kaum. Deshalb bleiben ihre Bemerkungen unverbunden. Sicher, zuweilen entflammt zwischen ihnen ein erbitterter, hartnäckiger Streit aus wer weiß welchem Grund, aber niemals artet er in einen rüden Wortwechsel aus. Einer trifft eine Feststellung, die anderen hören ihm ernsthaft zu, bedenken und erwägen das Gesagte lange stumm, oder womöglich hört auch keiner zu. So oder so sagt ein anderer Alter ein Weilchen später etwas anderes zu einem anderen Thema. So reden sie, wie eine verschrobene Abordnung, die eine tote Staatsmacht vertritt.

Nur ihre Münder ruhen nicht. Auch wenn keiner von ihnen spricht, ruhen ihre Münder nicht. Es ist ein ständiges unterschwelliges Kauen, dumpfes Zungenschnalzen, emsiges Lippenschürzen und gieriges Schmatzen. Gewiß, sie sind nicht völlig frei von Zanksucht. Doch es ist eine wohlkontrollierte Zänkischkeit, die sich mit schrägen Blicken, verzerrten Lippen und strengem Brillenfunkeln begnügt.

Die Alten stammen alle aus Kowel und Umgebung. Die Eltern der deutschstämmigen Gründer sind nicht mehr am Leben, sind schon ins Jenseits eingegangen, die einen friedlich, wie Großmutter Stella Hamburger, die anderen grauenvoll, wie Ruven Charischs Eltern und Schwestern.

Vor langen Jahren, als die zukünftigen Gründer unseres Kibbuz in Kowel sich von ihrer stürmischen Begeisterung für die Jugendbewegung hinreißen ließen, traten die Eltern ihnen entgegen, manche wütend, andere verächtlich und wieder andere mit klaren, logischen Argumenten. Aber das Blatt wendete sich. Bald gerieten sie dort unter die Räder. Während der schlimmen Jahre siedelten die ersten von uns hier auf dem Boden im Tal, brachten die Ödnis trotz feindlicher Übergriffe zum Blühen und setzten ihre Lebenskraft für die eigene Erde ein. Bis es ihnen vergönnt war, ein perfektes und herzerfreuendes Dorf aufzubauen. Am Rand ihres Dorfes stellten sie drei kleine Häuschen für ihre Eltern bereit, die das Grauen überlebt hatten. Und die Eltern überwanden ihren Stolz und willigten

ein, vom Tisch ihrer verstoßenen Kinder zu essen. Was hätten sie denn auch mit ihren knochigen, geäderten Händen noch anfangen können?
Auf Umwegen sind die Alten bei ihren Söhnen und Töchtern gelandet. Mit knapper Not waren sie davongekommen. Natürlich nur wenige von ihnen. Einem Mann wie Selig Margulis, dem Vater von Bronka Berger, der schon vor der Balfour-Erklärung politischer Zionist war und die Liebe zum Land Israel sein Leben lang im Herzen trug, war es nicht vergönnt. Seine nüchterne Vernunft konnte ihn nicht retten. Wie gut, daß die Söhne und Töchter den elterlichen Rat in den Wind schlugen. Sie sahen das Kommende voraus, setzten sich über die elterliche Autorität hinweg und errichteten ihnen, den Überlebenden, eine warme Zufluchtsstätte. Deshalb begegnen die Alten ihren Söhnen und Töchtern und sogar ihren Enkeln mit großer Höflichkeit, ja fast ehrfürchtigem Respekt. Sie drängen ihnen gewöhnlich keine Ratschläge auf, wie es andere Alte anderswo gern tun. Nein, nein. Anstandslos akzeptieren sie alle Regeln des Kibbuz. Ihre Verwunderung behalten sie vorsichtshalber für sich. Unterschwellige Angst scheint all ihren Umgang mit den Kibbuzeinrichtungen zu begleiten. Du bringst ihnen ein Tablett mit Teegläsern zu ihrem Eckchen hinunter – sie erheben sich prompt zu einer Verbeugung, und Gospodin Podolski dankt im Namen der ganzen Gemeinschaft. Sie halten es offenbar mit dem scharfsinnigen Spruch: Gebranntes Kind scheut das Feuer. Vor dem Sekretär, dem Schatzmeister und dem Gesundheitsbeauftragten nehmen sie Haltung an wie vor den strengen Behörden eines fremden Staates. Jeden Abend schlurfen sie kleinlaut zu den Wohnungen ihrer Kinder, um im Schoß der Familie Kaffee zu trinken und ihre Enkel anzuschauen – nicht mehr. Nie würden sie es wagen, die Kleinen mit Liebe zu überschütten oder ihnen Märchen zu erzählen, aus Angst, gegen die unergründlichen hiesigen Erziehungsgrundsätze zu verstoßen. Wenn der boshafte Chor sich vor sie hinstellt und »alte Leute, alte Leute, Tanz ist heute« grölt, ducken sie sich und schlagen die Kragen hoch wie gegen eine steife Brise. Hat man ihnen nicht längst taktvoll, aber energisch eingeschärft, daß man ein modernes Kind keinesfalls schlagen oder schelten dürfe, um seine zarte Seele nicht zu schädigen?
Scheinbar genießen sie einen vor Not und Schmach geschützten Lebensabend. Doch sie kapseln sich in ihrem Eckchen ab, bemüht, sich klein zu machen und ja nicht zu stören. Trauer umhüllt sie. Wie ließe die sich auch beheben? Wer seine besten Jahre an einem fernen Ort verbracht hat, von

seinen Kindern besiegt worden ist und bereits den Knochenfinger auf sich spürt, der ist zur Trauer verurteilt. Selbst die leuchtend grünen Kiefern geben – so nur ein Windhauch an ihre Zweige rührt – sogleich ein leises Wimmern ab.

Lassen wir ihr Eckchen und kehren ins Kibbuzzentrum zurück. Um zwölf Uhr mittags füllt sich der Speisesaal. Alle stillen ihren Hunger und Durst. Gegen eins leert sich der Saal. Die Tagesdienstler räumen ab, wienern die Tische und decken sie erneut fürs Abendessen. Ihre Bewegungen sind routiniert. Die Arbeit verläuft mechanisch und beschwert nicht den Geist. Der Geist ist frei für andere Dinge. Allerdings darf man es nicht übertreiben. Zerstreutheit kann leicht die gute Arbeitsordnung stören.

Um zwei Uhr unterzeichnet Esra Berger die Frachtpapiere, holt sich bei Nina Goldring seine Thermosflasche Kaffee und belegte Brote, soviel sein Beutel faßt, und tritt seine zweite Tour an.

Kurz darauf erscheint Fruma Rominow in der Küchentür, um ihre Schüsseln mit dem Abendessen für die Kindergartenkinder zu füllen. Zur selben Zeit lädt Herbert Segal schnaufend die Milchkannen von seinem Wägelchen ab. Wer jetzt das Gelände überquert, wird Ruven Charisch begegnen, der mit leicht hängenden Schultern eine Touristengruppe führt, seine Gäste mit gemäßigten, besonnenen Worten eher an seinen inneren Konflikten teilhaben läßt, als sie mit absoluten Wahrheiten zu traktieren. Stellenweise redet er sich in solch mitreißende Begeisterung hinein, daß seine melodische Stimme ins Beben gerät, als unterdrücke er eine Woge innerer Erregung. Seine Zuhörer äußern naturgemäß Sätze wie: »Das ist ja ein wahrhaft religiöses Erlebnis.« Oder: »Eine biblische Gestalt. Wahrlich eine biblische Gestalt.«

Danach, um vier Uhr nachmittags, wie seit eh und je: der Rasen, Liegestühle, das Rascheln des Windes in den Kiefern, Rosen- und Kaffeeduft, Stricknadelklappern, Abendzeitung, Lesebrille, einsetzende Dämmerung, Widerschein auf den Spitzen der östlichen Bergketten, Herzl Goldrings Akkordeon, Herbert Segals Geige, sprühende Sprinkler. Selbst wenn dein Auge Oren Geva und seine Kumpane vorbeihuschen und zu düsterem Treiben den Wasserturm erklimmen sieht, bist du noch ruhigen Herzens.

Ein anderer Ort

Jeden Samstagabend ist Kibbuzversammlung. Zwi Ramigolski setzt die Brille auf, haut mit der Hand auf die Tischplatte, raunzt die Strickerinnen an, spricht flehend zu den tauben Ohren derjenigen, die sich noch um die Arbeitsliste scharen, und spult seine Tagesordnungspunkte ab.

Gelegentlich entsteht eine Debatte. Aber nie herrscht hier ein übler Geist. Die Praktiker verlangen praktikable Lösungen, und die Geistesmenschen greifen diese vehement an, um auf vielfältigen Wegen zu beweisen, daß das, was kurzfristig gut erscheint, sich langfristig rächen werde. Zwi Ramigolski lenkt die Diskussion mit sicherer Hand auf einen guten Kompromiß zu, beschreitet den erprobten goldenen Mittelweg zwischen ideologischen Postulaten und realen Gegebenheiten.

Fruma Rominow erhebt sich, um für den Erziehungsausschuß zu sprechen. Eigentlich habe sie eine Anfrage an den Ausschuß erwartet. Da eine solche jedoch nicht erfolgt sei, halte sie es für geboten, auf Beschwerden einzugehen, die im Kibbuz gewissermaßen in der Luft hingen.

»Also, Genossen, ich werde wie immer kein Blatt vor den Mund nehmen«, sagt Fruma und blickt Herbert Segal direkt ins Gesicht, »man kann die pädagogischen Fehlschläge der letzten Zeit nicht länger bemänteln. Wir Ausschußmitglieder stecken den Kopf nicht in den Sand. Jedenfalls stecke ich den Kopf nicht in den Sand. Andererseits braucht man auch keine Hysterie zu entfachen. Wir haben eine eingehende Klärung durchgeführt. Ich würde sagen: eine schonungslose Klärung. Irgend etwas ist mit unseren Kindern passiert, und es geschieht ja nichts auf der Welt ohne Grund. Und ich erkläre euch mit allem Nachdruck, Genossen, daß wir auch zu Schlüssen gelangt sind. Selbstverständlich kann man diese nicht allgemein publik machen. Sie sind der Natur der Sache nach diskret zu behandeln.«

Einige widersprechen Frumas letzten Worten und verlangen eine umfassende Klärung.

Zwi Ramigolski plädiert für Aufschub. Zu gegebener Zeit werden wir eine umfassende Klärung durchführen. Geben wir dem Erziehungsausschuß vorerst Gelegenheit, nach eigenem Gutdünken zu handeln.

Grischa Issarow erstattet Bericht über Sicherheitsfragen. Seine Formulierungen sind etwas ungelenk, aber er bringt gute Kunde: Die düsteren Prophezeiungen haben sich nicht bewahrheitet. Es gibt Ruhe. Keine Zwischenfälle. Zwar kann keiner wissen, was morgen sein wird. Oder sogar heute nacht. Ich bin kein Prophet. Und erst recht nicht, wenn Anweisung ergeht, zum Kamelbuckel hinaufzugehen. Vorerst ist es, wie gesagt, völlig ruhig. Allerdings hat es auch vor den Unruhen von 1936 eine Ruhepause gegeben. Und ich weiß noch, einmal, im Winter, ich war damals in Beer Tuvia ... ja. Noch eines muß ich jetzt sagen, Genossen: Es gibt hier bei uns eine ganze Gerüchteküche. Und das ist schlecht. Sehr schlecht sogar. Wie die Geschichte von dem Hirten, der immer grundlos »Wolf, Wolf« schrie, und als dann wirklich der Wolf kam – das Ende kennt ihr ja alle, Genossen. Ich denke, es ist jedem klar, was ich meine. Also lieber weniger reden. Das wäre alles.

Jeden Donnerstag tagen die verschiedenen Ausschüsse. Die Atmosphäre dort reizt nicht zu theoretischen Erörterungen. Praktische Detailfragen stehen im Mittelpunkt. Im Finanzausschuß verhandelt Mundek Sohar mit Jizchak Friedrich über die Errichtung eines festen Gebäudes für den Bezirksrat, der seit Jahren in einer baufälligen kleinen Baracke residieren muß. Mundek meint, es sei nun wirklich an der Zeit, ein bescheidenes Haus zu errichten. Jizchak Friedrich findet, die Zeit sei noch nicht reif. Das heißt, reif sei sie schon, aber in einem so schweren Jahr wie diesem fehlten uns die Mittel.

Im Kulturausschuß: Es ist bekannt geworden, daß Dr. Nechemja Berger, ein Bruder unseres Genossen Esra, in Kürze zu Besuch kommen wird. Eine seltene Gelegenheit, eine Vortragsreihe über die Geschichte des Sozialismus zu veranstalten. Man sollte Kontakt aufnehmen.

Im Erziehungsausschuß: Fruma hat nicht übertrieben. Es gibt eine schonungslose und eindringliche Debatte, gefolgt von einer weitreichenden Entscheidung: Oren Geva wird nach Tel Aviv geschickt, um dort mit dem Psychologen der Kibbuzbewegung zu sprechen. Dieser Beschluß ist streng geheimzuhalten.

In der Nacht von Donnerstag auf Freitag, eine Stunde vor Mitternacht, setzten bei Enav Geva die Wehen sehr heftig ein, wie häufig bei Erstgebärenden. Tomer Geva, verwirrt und irgendwie gereizt, fuhr seine Frau ins Krankenhaus, bemüht, den verstaubten Kleinlaster behutsam zu lenken und den Unebenheiten der holperigen Straße möglichst auszuweichen, um Enav zusätzliche Schmerzen zu ersparen.

Gegen ein Uhr nachts wurde Enav in den Kreißsaal verlegt. Tomer blieb einige Stunden dort, rauchte acht oder neun Zigaretten, schäkerte ein biß-

Ein anderer Ort

chen mit einer dunkelhäutigen, gertenschlanken Krankenschwester und bat um fünf Uhr früh die Diensthabenden, sie möchten der Gebärenden ausrichten, er habe nach Hause fahren müssen und käme erst in den Mittagsstunden wieder, weil heute Grünfutter für die Rinderställe gemäht werde und er unbedingt dabei sein müsse, weil sie sonst mit dem falschen Feld anfingen. Sagte es und wandte sich zum Gehen. Doch die Stimme der Nachtschwester stoppte ihn mitten im Schritt: »Herzlichen Glückwunsch, ein Junge.«

Tomer starrte sie verwirrt an: »Was, sie ... sie hat schon entbunden?«

Darauf die Schwester, in irgendwelche Papiere auf ihrem Schreibtisch vertieft, trocken: »Herzlichen Glückwunsch, ein Junge.«

Tomer erbleichte. Stürzte zum Tisch der Schwester, packte sie am Ellbogen und fragte schüchtern: »Verzeihung, Junge oder Mädchen? Was ist es geworden?«

»Herzlichen Glückwunsch, ein Junge. Hab's Ihnen ja schon fünfmal gesagt.«

Tomer kramte in der Tasche, fischte eine Zigarette heraus, steckte sie in den Mund, vergaß sie anzuzünden und fragte: »Wann darf man es sehen?«

Auf die Antwort, er solle besser in den Nachmittagsstunden kommen, breitete er die kräftigen Arme aus und sagte: »Richten Sie ihr herzlichen Glückwunsch von mir aus und daß ich mittags wiederkomme, weil man nicht früher zu ihr darf und außerdem auch, weil heute Grünfutter für die Kuhställe gemäht wird, und sagen Sie ihr, ich müßte dabei sein, denn sonst gehen die mir in die sieben Dunam neben den Bananen und ... egal. Sagen Sie ihr, ich käme in ein paar Stunden wieder. Ein Junge. Also ein Junge, sagen Sie. Das ist sehr gut.«

Und noch etwas geschieht in derselben Nacht, der Nacht von Donnerstag auf Freitag.

Türkisa geht wie immer aus, um auf ihren alten Freund zu warten. Durch die Gitterstäbe fixiert sie der Bulle Titan. Titan schnaubt einmal schwer, sein Atem ist feucht und warm. Das Mädchen sieht den Bullen. Verzieht das Gesicht. Titans Augen sind trüb und blutunterlaufen.

Hinter dem Kuhstall zeichnen sich die dunklen Umrisse des Maschinenschuppens ab. Es ist kalt. Leichtes Frösteln sträubt ihr den Nacken. Wegen der Kühle und aus Langeweile wippt sie leicht auf den Zehen. Und das ist der Augenblick.

Um fünfundzwanzig Minuten nach elf in der Nacht von Donnerstag auf Freitag, beim leichten Wippen auf den Zehenspitzen, wallt ein Schmerz in Noga Charischs Körper auf, ein häßlicher Schmerz. Ein Schmerz im Unterleib.

Sie hört auf zu wippen und legt zitternd die Hand dorthin. Das Blut weicht ihr aus den Wangen. Ihre Lippen öffnen sich einen Spalt. Ihr wird eiskalt ums Herz. Frühere Zeichen, sonderbare Zeichen verbinden sich blitzartig mit dem jetzigen häßlichen Schmerz. Nnnein. Ja. Ja.

Mut-ter, flüstert sie mit weit aufgerissenen Augen. Das Frösteln verwandelt sich in heftigen Schüttelfrost. Das Blut, das ihr aus dem Gesicht gewichen war, durchwallt jetzt ihre Haut. Ihr wird glühend heiß. Was. Was jetzt. Ich. Was. Oh. Mutter. Mut-ter.

Plötzlich ist etwas Seltsames geschehen. Der gleißende Scheinwerferstrahl von der Spitze des Wasserturms hat flüchtig ein anderes Licht gestreift. Einen gelben Strahl, der von einem Scheinwerfer des Feindes kam.

Die beiden Scheinwerfer richten ihre Strahlen wendig aufeinander aus, einer geradewegs ins Auge des anderen, als wollten sie sich gegenseitig zu Tode blenden.

Gegenüber schweben die Gebirgsumrisse unverbunden. Losgelöste Formen leuchten in gespenstischem Glanz zwischen Lila und Dunkelrot.

Noch immer umklammern die beiden Lichtgarben einander wütend, Strahl in Strahl verkrallt, einer sticht dem anderen das Auge aus, in erbitterter, wahnsinniger Verbissenheit, in mörderischem Messerschwung oder wollüstig taumelnder Umschlingung.

26. Kapitel:
Einfache Leute, Fischer

Sie hebt die Augen. Sternenfelder. Die alte Königin Stella. Die Prinzessin. Inbal. Glockenklöppel. Zigeuner. Er.

»Fahr nach Tiberias. Zu deinen Fischern. Mit mir. Jetzt.«

»Hast du den Verstand verloren, Türkisa? Geh runter. Warum bist du eingestiegen? Gleich ist die Nacht zu Ende.«

»Wenn du doch bloß sterben würdest, Esra. Ich will, daß du auf der Stelle stirbst. Jetzt.«

Esra nimmt die Mütze ab. Sein Gesicht ist zu einer verblüfften Grimasse verzerrt. Seine Mundpartie wird hart. Noch weiß er nichts. Der Sohn seines Sohns zappelt jetzt danach, geboren zu werden. Er weiß nichts davon. Auch Noga weiß nicht, was mit ihr los ist. Unwillkürlich wiederholt sie klar: »Ich hab gesagt, du sollst den Motor anmachen. Ich hab gesagt, fahr nach Tiberias. Jetzt. Sofort.«

Und einen Moment später: »Ich wünschte, ich wäre tot. Nichts nichts nichts verstehst du. Was für ein dickes Fell du hast, du Bär. Was du mir angetan hast. Du scherst dich um nichts, nichts kümmert dich, du grober, schwitzender Zottelbär, was hast du nur getan.«

Er blickt sie an. Müde. Hebt die Hand, um ihre Wange zu berühren. Überlegt es sich anders. Startet den Laster. Wendet, um wieder auf die tote Straße einzubiegen. Sein Blick ist hohl. Benommen und gequält schielt er zu ihr hinüber und fragt: »Du meinst...? Du meinst...?«

Noga gibt keine Antwort. Esra schüttelt ein paarmal den Kopf und sagt mit unterdrückter Wut: »Nein.«

Und wieder, nach kurzem Schweigen und krachendem Gangwechsel: »Was ich dir angetan habe.«

Türkisa verfällt plötzlich in trübes Lachen, in dem etwas mitschwingt, das kein Lachen ist: »Was nun? Heiraten wir? In solch einem Fall heiratet man? Richtig? Ja.«

Der Mann gibt keine Antwort. Statt dessen läßt er den Unterkiefer sinken. Das sieht aus wie ein breites Gähnen, ist aber keins. Im Dunkeln nimmt sein Gesicht den Ausdruck eines gequälten Hundes an. Noga guckt. Sieht. Stößt – immer noch in diesem Ton, der an derbes Lachen erinnert – hervor: »Du Dummkopf. Du Blödian. Du bist schlecht. Mein Vater wird dich umbringen. Mein Rami wird dich umbringen.«

Plötzlich tritt er auf die Bremse, stellt den Laster am Straßenrand ab, nimmt die Hände vom Steuerrad los, packt sie wild an den Schultern, übersät ihr Gesicht mit harten Küssen. Läßt sie los. Zündet eine Zigarette an. Startet wieder. Fährt langsam, wie voll beladen. Zieht den Kopf ein. Zwingt sich, den Blick nicht von der Windschutzscheibe zu nehmen.

Gegen zwei Uhr früh, bei der Einfahrt in die schlafende Stadt, bekommt Noga einen Brechanfall. Sie steckt den Kopf aus dem Kabinenfenster. Übergibt sich stoßweise.

Im Lokal hängt Backfisch- und Rauchgeruch. Die Fischer begrüßen Esra und sein Mädchen mit Kopfnicken. Zeigen keine Überraschung. Tauschen keine schmunzelnden Blicke. Abuschdid höchstpersönlich kommt mit seiner fleckigen Schürze an den Tisch, um sich zu erkundigen, welcher Kaffee es sein solle. Esra antwortet, das Mädchen trinke denselben Kaffee wie er, mit Kardamom.

Man schweigt. Man raucht. Asis sagt, nicht unbedingt an Esra Berger gerichtet, wegen eines krummen Ruders seien zwei Karbidlampen zu Bruch gegangen. Cabilio sagt, zwei Karbidlampen kosteten heutzutage gut und gern sechzig Pfund. Asis meint, nicht mehr als vierzig. Allerhöchstens vierzig. Esra fragt, ob Babadschani schon entlassen sei. Abuschdid sagt freudig ja, ja, Babadschani sei schon frei. Er habe wirklich Pech gehabt. Jetzt sei er raus. Der Mensch könne nie wissen, was auf ihn zukäme. Das Pech verstecke sich – verstecke sich und springe einen dann plötzlich an.

Esra möchte wissen, wo Babadschani jetzt sei. Asis sagt, er sei jetzt auf dem Wasser. Vielleicht komme er bald her zu uns. Oder er ginge nach Hause. Der Mensch folge seinem Gefühl.

Noga fragt mit leiser, sanfter Stimme, warum die Fischer hier mit Ruderbooten, nicht mit Motorbooten arbeiteten. Gerschon Sarragosti lächelt ein wenig, hört auf zu lächeln und antwortet: »Wir, Zuckerpuppe, wir sind einfache Leute.«

Der Kaffee ist scharf gebrannt und stark und duftet nach einem berauschenden Gewürz. Abuschdid erklärt Noga, der Duft komme vom Kardamom.

Der See schickt eine östliche Brise herüber, in der ein voller, schwarzer Dufthauch mitschwingt. Ein Nachtvogel kreischt. Gerschon Sarragosti raucht eine starke ausländische Zigarette. Esra bittet ihn um eine. Sarragosti entschuldigt sich, daß er keine angeboten hatte. Vor Müdigkeit sei er ganz durcheinander. Überhaupt leidet Sarragosti in den letzten Tagen unter allerlei Schmerzen. Bei Gott, das ist kein Leben. Ohne Gesundheit ist das Leben nichts wert. Du weißt doch bestimmt, was die Bibel dazu sagt, Esra. Nicht mehr jung, nicht mehr froh. Steht doch so ähnlich in der Bibel, oder nicht? Nimm, nimm eine Zigarette. Nimm auch eine für deine Tochter. Oder läßt du sie noch nicht rauchen? Noch zu klein? Nimm für dich selbst. Steht es nun geschrieben?

Esra: »Am Brot verspürt sein Leben Ekel und seine Seele an der Lieblingsspeise. Es schwindet sein Fleisch, man sieht's nicht mehr. Abgemagert bis auf die Knochen, die man sonst nicht sieht. Dem Grabe nähert sich seine Seele, sein Leib den Todesboten. Das steht im Buch Hiob, und dort am Schluß folgt eine wichtige Lehre. Hör zu, Cabilio, hör du auch her, dort steht, daß der Mensch nicht klagen darf, was ist denn mit uns: Nehmen wir das Gute an, sollen wir dann nicht auch das Böse annehmen? Das, Sarragosti, sage ich euch nicht als religiöser oder frommer Mensch, sondern ganz schlicht und einfach. Bei mir ist es auch so: Mal schlecke ich Honig, mal schlucke ich eine Zwiebel, wie man sagt.«

»Du hast recht, Esra, so wahr die Tora recht hat, hast du recht. Der Mensch hat seine Sorgen. Viele. Ist das deine Tochter, Esra? Die Tochter sieht dem Vater nicht ähnlich. Sie muß eine sehr schöne Mutter haben, meine ich.«

Noga sagt, ihre Mutter sei wirklich schön, sehr schön. Worauf der Fischer, in seine derbe Jacke gehüllt und die Wangen von Bartstoppeln übersät, wissen will, warum ihr Vater sich bei einer so schönen Mutter ruhelos in der Welt herumtreibe.

»Mein Vater«, sagt Noga mit einem raschen Seitenblick auf Esras Gesicht, »mein Vater ist ein besonderer Typ.«

»Wahrlich ein besonderer Typ, so wahr ich lebe, so wahr die Tora ist«, sagt Abuschdid, »ein einfacher Mann, nicht gelehrt, aber kennt sich mit der Tora und mit dem Leben aus. Ein weiser Mensch.«

»Der Weise hat seine Augen im Kopf«, zitiert Esra Berger gedehnt, »und ich? Wo habe ich meine Augen? Beim Teufel sind sie, Abuschdid, da sind sie hingegangen.«

»Warum sagst du so harte Worte, Esra, warum machst du dich vor deiner Tochter verächtlich? Tu das nicht. Das kann, Gott behüte, Unglück bringen.«

»Meine Tochter weiß es. Meine Tochter ist nicht mehr klein. Sie kann sehen. Der Tor sieht, was vor den Augen ist, der Weise aber sieht ins Herz. Richtig, Türkisa, richtig?«

»Alles, was du sagst, ist richtig, Vater, immer.«

Esra fragt Noga, ob es ihr hier gefalle. Noga sagt: Aber sicher. Noch nie sei sie an solch einem Ort gewesen. Esra fragt, ob sie sich besser fühle. Noga sagt, jetzt fühle sie gar nichts. Gerschon Sarragosti lächelt sie an und sagt zum zweiten Mal: »Wir sind einfache Leute.« Und lächelt erneut. Dieser Mann hat ein Gesicht, das zum Lächeln geschaffen ist.

Schweigen.

Asis fängt in seiner Ecke an zu erzählen, wie zu Beginn dieser Nacht die beiden Karbidlampen zu Bruch gegangen waren, die fast wie neu gewesen seien. Cabilio hilft ihm, wo nötig, durch Einfügung vergessener Einzelheiten. Abudschid döst an seiner Theke. Auch Gerschon Sarragosti ist an einem hinteren Tisch zusammengesunken und eingeschlafen. Türkisa legt den Kopf auf die Schulter ihres Vaters. Esra meint, sie schlummere. Noga ist wach. Ihre Tränen kommen und benetzen seine Schulter durch das staubige Hemd hindurch.

Durch die Kneipentür gegenüber blinkt eine Wasserfläche. Der See. Schwarz und kühl.

Abuschdid wacht auf. Schaltet das Radio ein. Spielt ein wenig mit dem Senderknopf. Findet einen Sender, der ferne Tanzweisen ausstrahlt. Ein scharfes Auge kann jenseits des dunklen Sees die Konturen des Gebirges ausmachen. Dort ist das Dunkel mit gelben Blinklichtern gesprenkelt, deren sonderbares Schweben zwischen Wasser und Sternen nicht zu enträtseln ist, es sei denn, man weiß von dem Gebirgszug dort, der sich im schwarzen Wasser spiegelt. Drei Uhr früh.

Sarragosti und Asis erheben sich zum Gehen.

»Babadschani ist nicht gekommen«, sagt Cabilio.

»Wir werden nicht bis zum Morgen auf ihn warten«, sagt Gerschon Sarragosti.

»Soll ich ihm was ausrichten?« fragt Cabilio.

»Nichts. Nur, daß er das schwarze Pech fliehen soll«, antwortet Asis.

Und Abuschdid sagt: »Haltet ihr euch mal immer an das reine Glück.«

Das Säuseln der östlichen Brise. Feines Wellengekräusel auf dem Wasser. Der Fuß des Gebirges ruht auf dem Grund des Wassers. Keine Trennlinie. Der Mond ist untergegangen. In der stummen Tiefe leben die Fische. Atmen durch Kiemen. Manche schwimmen in Schwärmen, andere ziehen die Einsamkeit vor. Weite schwarze Wasserflächen liegen ihnen offen. Es steht ihnen frei, völlig willkürlich ihre Bahn zu ziehen. Modergeruch hängt in der Luft. Ein platschender Schlag. Noga fragt, was dieser merkwürdige Laut gewesen sei. Esra blickt ihr ins Gesicht, als könne er sie kaum erkennen. Er wartet lange, als habe er die Frage vergessen, als werde er niemals antworten. Aber nach dem Schweigen klingt seine Stimme dumpf: »Ruderschlag. Asis und Sarragosti sind aufs Wasser hinausgefahren.«

Noga flüstert: »Jetzt.«

Zweiter Teil:
Inbal – Glockenklöppel

1. Kapitel:
Eine negative Gestalt

Sechs Wochen später erstarben die letzten Anzeichen des Frühlings. Die Getreidefelder wurden grau. Grellweißes Licht ließ sie vertrocknen. Das saftige Grün machte vereinzelten Dornbüschen und dürren Pflanzengerippen Platz. Als wäre eine tödliche Druckwelle von den Bergen in die Ebene abgefallen. Es kamen lange, glühende Tage, von blendendem Gleißen erfüllt. Aber es waren auch drei Tage vermeintlichen Herbstes darunter.

Gelegentlich kennt der Sommer in unserer Gegend solche herbstlich anmutenden Einlagen. Morgens weht dann wohltuende Kühle von Westen her. Ein grauer Wolkenballen kommt, einer Wandertheatertruppe gleich, um zwischen uns und dem furchtbaren Licht Aufstellung zu nehmen. Ein sanftes Lüftchen säuselt im Laub des Fikus und in den Kiefernnadeln, feuchtkühler Dunst signalisiert die Herrschaft eines anderen Gesetzes. Die Brust wird einem weit. Auch die Muskeln der verkniffenen Augenlider entspannen sich ein wenig, vom unerbittlichen Gleißen befreit. Überraschtes Aufatmen herrscht allenthalben, alles trinkt begierig die mildtätig linde herbstliche Luft.

Aber diese niedrigen Wolken sind flüchtige Gaukler, durchtriebene Vagabunden, die von Treue nichts halten. Morgens schmeicheln sie, mittags legen sie die Maske vermeintlicher Barmherzigkeit ab und zeigen ihr grimmiges Gesicht. Der Atem erstickt einem wieder. Drückende Feuchtigkeit lastet über allem, und der Himmel bezieht sich erneut mit abweisendem Bleigrau. Bald kehrt auch das gleißend weiße Licht zurück, wolkenlos klar und schrecklich.

Am Morgen eines dieser vermeintlichen Herbsttage, zur Frühstückszeit, traf ein langes gelbes Taxi ein und hielt auf dem Platz vor dem Speisesaal. Ein schwarzgekleideter Mann mit lila Krawatte stieg aus, einen kleinen blauen Koffer in der Linken. Einen Moment blickte der Mann ringsum, ein Auge zusammengekniffen, das andere aufgerissen, und schürzte dabei versonnen die Unterlippe, so daß ihre rosa Innenseite zu sehen war. Gleich darauf trat ein Ausdruck auf sein Gesicht, der an ein bemühtes Lächeln erinnerte. Er stellte den Koffer ab, zog ein grünes Taschentuch aus der Tasche, wischte sich sorgfältig Stirn, Kinn und beide Hände ab. Danach zündete er eine Zigarette an und gab dem Fahrer, der ihn durchs Fenster anblickte, einen lässigen Wink, worauf dieser den Motor abstellte und sich auf dem grünlichen Ledersitz zurücklehnte, eingestellt auf einen längeren Aufenthalt.

Der Mann legte keine Eile an den Tag. Er blieb wie angewurzelt auf dem Fleck stehen und musterte seine Umgebung. Genossinnen und Genossen kamen auf dem Pfad seitlich des Speisesaals an ihm vorbei und warfen ihm freundlich fragende Blicke zu. Der Gast erwiderte die Blicke mit höflich zurückhaltendem Kopfnicken, sprach aber niemanden mit einer Frage an. Nach einer kurzen Weile entdeckte er eine zwischen den Büschen versteckte grüne Bank in der Mitte des Rasens, nahm seinen Koffer und ging darauf zu. Seine Schritte waren leicht und federnd, woraus sich schließen ließ, daß auch sein Koffer nicht schwer war. Er setzte sich in aller Ruhe und rauchte mit verschlossener Miene, als wolle er den Eigengeschmack eines jeden Zuges auskosten. Ein oder zwei Mal hob er die Linke, die die Zigarette hielt, und sträubte mit dem Daumen die Augenbrauen, eine faszinierende Geste, die keine Spur Verlegenheit, sondern Zerstreutheit oder Konzentration signalisierte und auch ein gewisses Spannungsmoment enthielt, da die brennende Zigarette einen winzigen Augenblick der schwarzen Haartolle des Mannes sehr nahe kam.

Sein Gesicht war voller Runzeln und kleiner Hängefalten, als habe er einen Überschuß an Haut und diese Haut sei nicht über seine Schädelknochen gespannt, sondern verschwenderisch lose darüber drapiert. Auf der Oberlippe saß ein formloses, schmales Bärtchen, das seltsamerweise leicht zuckte, als pulse darunter verborgenes Leben und die Nase, in ständigem Schnüffeln befangen, lasse die ganze Umgebung vibrieren.

Schließlich drückte er den Zigarettenstummel so kräftig aus, daß der Tabak herauskrümelte, stand auf, nahm seinen Koffer und ging zur Tür des Speisesaals. Dabei hielt er sich etwas vornüber gebeugt, als gehe er gegen starke Böen an.

Es war wohl Podolski, der für die Arbeitsverteilung Zuständige, der den Gast begrüßte und fragte, wie man ihm behilflich sein könne. Der Fremde erkundigte sich daraufhin in gedämpft singendem Hebräisch mit etwas be-

Ein anderer Ort

legter Baßstimme, wo er um diese Zeit wohl den Genossen Berger finden könne. Podolski fragte, ob er Esra Berger oder seinen Sohn Tomer meine. Der Gast setzte ein Lächeln der Art auf, das beim Betrachter heftiges Unbehagen auslöst. Er suche den Genossen Esra Berger, den Genossen Berger senior.

Podolski schüttelte den Kopf und sagte: »Esra? Der ist jetzt auf Tour. Er startet um sechs Uhr früh. Aber Tomer ist im Speisesaal. Ich rufe ihn sofort.«

Der Fremde entschuldigte sich, daß er Umstände bereite, aber wenn es keine besondere Mühe mache, würde er es vorziehen, zunächst die Genossin Berger zu treffen, die Genossin Bronka Berger.

Podolski schlug dem Gast vor, in den Speisesaal zu gehen und etwas zu sich zu nehmen, während er, Podolski, Bronka suchen werde. Der Mann sagte, er bewundere die bekannte großzügige Gastfreundschaft der Kibbuzim, beabsichtige aber, dort auf jener Bank zu warten. Es bestehe kein Grund zur Eile. Er habe Zeit, sei kein sehr beschäftigter Mann. Noch eines würde er gern wissen – er zog die lila Krawatte zurecht, obwohl sie gar nicht verrutscht war –, noch eines ... ja, wie solle er sagen ... ob ... ob es bei den Bergers etwas Neues gebe. Das heißt, will sagen, er wisse natürlich von der Geburt des lieben kleinen Dani, aber ... er beabsichtige zu fragen – wie es mit der Familie stehe, mit der ... familiären Situation, denn er selbst sei ein Familienangehöriger und ... es sei ihm angenehmer, wenn er die Tatsachen kenne, ehe er Bronka begegne. Obwohl sein Gesprächspartner natürlich nicht verpflichtet sei, ihm Auskunft zu erteilen.

Podolski überlegte einen Augenblick und sagte dann: »Anscheinend gibt's bei ihnen nach wie vor Probleme. Entschuldigen Sie mich, ich werde Bronka aufsuchen und sie von Ihrem Eintreffen informieren.«

Damit wandte er sich ab und ging.

Nach zehn Minuten kam Bronka, eine weiße Schürze über die Arbeitshose gebunden. Sacharja umarmte seine Schwägerin und küßte sie auf beide Wangen. Bronka, deren Gesicht vor Freude aus allen Falten leuchtete, wollte wissen, wann er im Land und wann in Mezudat Ram angekommen sei, welchen Weg er genommen habe, ob die Hitze ihm zusetze, warum er kein Telegramm geschickt habe, wie sein Programm aussehe und wie es ihm gesundheitlich ginge. Und vor allem sei es schade, jammerschade, daß Esra nicht gewußt habe, daß gerade diesen Morgen ... Beim Reden ergriff sie den Koffer des Gastes und wollte ihn zu ihrem Haus geleiten. Ich ermüde dich mit meinem Gerede, und du bist doch sicher müde und abgespannt von der Reise und hungrig und durstig obendrein.

Sacharja nahm seiner Schwägerin den Koffer ab und legte ihr mit ruhiger Bestimmtheit den Arm um die Taille. »Entschuldige, Bronka«, sagte er, »es sind noch mehr Koffer im Taxi. Ich muß den Fahrer entlohnen und wegschicken. Es sind auch Geschenke für die ganze Familie dabei.«

Wie sich herausstellte, war Sacharja in aller Frühe mit einer Maschine der Skandinavischen Fluggesellschaft eingetroffen und hatte bereits einige Telefonkontakte mit Tel Aviv aufgenommen. Ursprünglich habe er zunächst ein bis zwei Tage in Tel Aviv verbringen wollen, um dringende geschäftliche Angelegenheiten zu erledigen. Aber schon bei der Zollkontrolle habe er derart heftige Sehnsucht bekommen, daß er alles habe sausenlassen, um hierher zu seiner geliebten Familie zu eilen. Gibt es denn etwas Wichtigeres auf der Welt als die Familie, meine hübsche Bronka? Nein, nein, keinesfalls, es gibt auf der Welt nichts Wertvolleres als die Familie. Nie und nimmer. Und nun sei er hier und seine Seele wolle jubeln: Ich bin Josef, euer Bruder. Bronka werde ihm sicher diesen Gefühlsausbruch verzeihen. So sei es nun mal mit den Gefühlen, sie schwemmten alles hinweg, haha, ja, das sei ihre Natur.

Als sie das abgedunkelte Zimmer betraten, öffnete Sacharja eilig einige seiner Gepäckstücke. Ehe er das Glas Saft anrührte, das Bronka ihm vorsetzte, wollte er unbedingt die Geschenke zeigen.

»Hier, dieser Stoff, Bronka. Schau dir den an, nimm ihn zwischen die Finger. Ist das nicht grandios? Ja, ja, Bronka, für dich ist er, du kannst dir ein elegantes Kleid daraus nähen, der Schönste aller Stoffe für die Schönste aller Frauen. Und hier in diesem Metallkasten ist ein Tonbandgerät für das junge Paar und da eine Garnitur Strampelanzüge für den lieben kleinen Dani, wie sehne ich mich danach, ihn zu herzen und zu küssen und mit Tränen zu überschütten, und der elektrische Rasierapparat ist für meinen Bruder, mein eigen Fleisch und Blut, den lieben Esra, und auch unseren jungen Freund Oren habe ich nicht vergessen – er wird sich gewiß über diese Modelleisenbahn freuen, schau bitte, Bronka, sie funktioniert nach dem Prinzip des geschlossenen Stromkreises, genau wie das vielgerühmte europäische Eisenbahnnetz. Nein, nein, ich habe die Prinzipien nicht vergessen. Ich? Ich bin ein Mann von Prinzipien und achte ebenso die Prinzipien meiner Mitmenschen, auch das Genossenschaftssystem

Ein anderer Ort

des Kibbuz. Selbstverständlich, gar keine Frage. Aber ist es mir deshalb untersagt, meine Lieben mit kleinen symbolischen Gaben zu erfreuen? Bitte, Bronka, ich bin nicht bereit, ein einziges Wort darüber zu hören. Nein, auf gar keinen Fall. Wenn ihr meine Geschenke nicht haben wollt, ist das ein Zeichen, daß ihr mich nicht haben wollt. Dann mache ich mich auf der Stelle davon. Ihr werdet doch euren guten Bruder nicht kränken wollen. Genug, genug, Bronka, ich habe schon all deine Vorhaltungen gehört, du erzählst mir nichts Neues. Guck, guck dir bitte mal dieses Tonbandgerät an: das allerneuste Modell, drei Spuren, vier Geschwindigkeiten, Sondervorrichtung für komplizierte Musikaufnahmen, hochempfindliches Mikrofon. Diese Deutschen, ausgelöscht sei ihr Name, verstehen was von Produktion. Dies ist die berühmteste Marke der Welt. Ach, liebe Bronka, ihre Technik, ihre Technik.«

Während Sacharja auf seine Schwägerin einredet und sie nicht zu Wort kommen läßt, flattern seine dünnen, behaarten Finger nur so über die Gegenstände, die er aus ihren Verpackungen zieht. Seine Gesten sind flink und geübt wie die eines Handelsvertreters, und auch seine singende Stimme plätschert mit dem freundlichen Nachdruck von Handlungsreisenden, die sich auf einen potentiellen Kunden stürzen und ihn so lange bereden, bis er, total überrumpelt, etwas kauft.

Bronka reicht kühlen Traubensaft. Sacharja spitzt die Lippen und trinkt grazil. Seine Augen füllen sich mit forcierter Freude. Er wischt sich die Lippen mit seinem grünen Taschentuch ab und steckt es mit taschenspielerhaft flinker Bewegung wieder ein.

»Kalt«, sagt er, »kalt und belebend für die müde Seele.«

Bronka fragt, ob er duschen wolle.

Sacharja verneint mit einem Schwall höflicher Reden: Nein, nein, keinesfalls, zweifellos störe er, Bronka müsse zu ihrer Arbeit zurück. Sie könne ihn hier im Zimmer allein lassen und ihren Aufgaben nachgehen, er werde nichts klauen und nichts kaputtmachen, da könne sie seinem Wort vertrauen.

Bronka kichert. Nein, sie müsse nicht zur Arbeit zurück. Gleich gingen sie zusammen zum Säuglingshaus, um Dani anzugucken, und unterwegs könne sie eine Nachricht an ihrem Arbeitsplatz hinterlassen. Diesen Morgen werde sie nicht mehr arbeiten. Schneit einem denn ein Gast wie du alle Tage ins Haus? So viele lange Jahre haben wir uns nicht gesehen. Ja,

1948 bist du als Flüchtling ins Land gekommen, und nach einem Jahr hast du uns wieder verlassen. Aber jetzt wollen wir nicht von der Vergangenheit reden. Esra wird es natürlich sehr bedauern, daß er dich nicht willkommen heißen konnte. Aber das ist nicht Esras Schuld, sondern deine, Sacharja, weil du überraschend eingetroffen bist.

»Ich bin schuld, nicht Esra«, sagte Sacharja und fuhr sich dabei mit dem Daumen langsam durch Brauen und Bart. Dann, leicht verspätet, lächelte er pflichtschuldig.

Bronka mochte sein Lächeln nicht. Bei seinem breiten Lächeln entblößte er sämtliche Zähne, oben wie unten, und der Anblick war kein Augenschmaus, ja sogar etwas abstoßend.

Bald darauf legte der Gast das schwarze Jackett ab, stopfte das Hemd in die Hose, lockerte den Krawattenknoten und machte sich mit Bronka auf einen ersten Rundgang durch den Kibbuz.

Beim Gehen holte er eine Zigarette heraus und zündete sie mit einem goldschimmernden Feuerzeug an. Dabei erwähnte er, daß er ein solches Feuerzeug, haargenau das gleiche, vor vielen Jahren seinem Bruder Esra geschenkt habe. Überhaupt könne er sagen, daß er sich trotz der geographischen Entfernung seinen beiden Brüdern in tiefster Seele sehr nahe fühle. Ihre Leiden schmerzten ihn, als seien es seine eigenen. Ja, ja, so sei das Gefühl, es überbrücke jede Entfernung.

Bronka beschloß, das Thema zu wechseln. Sie deutete auf ein weißes Gebäude und sagte, das sei das Säuglingshaus und gleich würden sie hineingehen, um den lieben kleinen Dani anzugucken. Dani schlief, ein rosiger Schädel, mit schwarzem Flaum bedeckt, ein winziges geballtes Fäustchen in die zarte Wange gedrückt.

Plötzlich verkrampfte sich Sacharjas Gesicht, sah aus wie das eines schluchzenden Greises. Aber vielleicht hatte nur der krasse Übergang vom hellen Tageslicht zum dämmrigen Hausinnern seine Miene verzerrt.

Sie gingen hinaus.

Sacharja Siegfried Berger sagte: »Der erste Urenkel unseres seligen Vaters. Ohne ein Wort über die hier üblichen Gebräuche sagen zu wollen – man hätte ihn vielleicht Naftali-Hirsch oder Naftali oder wenigstens Zwi nennen sollen. Aber natürlich, natürlich, jede Generation hat ihre eigenen Sitten. Die Alten blicken zurück, die Jungen blicken vorwärts. So ist es und nicht umgekehrt.«

Bronka sagte: »Hier gegenüber ist der Pferdestall.«

Sacharja schürzte die Unterlippe. Einen Moment entstand bei Bronka der vage Eindruck eines Reptils, eines Frosches. Aber das Bild verschwand sofort wieder in der Versenkung, weil Sacharja vor Freude aufjauchzte: »Pferde! Pferde sind wunderschön. Ich wußte nicht, daß man hier in den Kibbuzim noch Pferde benutzt. Ich liebe Pferde. Pferde erfreuen mich.«

Bronka erwiderte nichts. Wie nebenbei überhäufte der Gast sie mit galanten Gesten: Er trat beiseite, um ihr den Vortritt zu lassen, neigte gelegentlich den Kopf zu einer leichten Verbeugung, legte ihr die Hand auf den Handrücken, ergriff bei jeder Stufe oder Unebenheit ihren Ellbogen. Bronka war geschmeichelt, aber auch eine Spur verlegen: Waren das einfach nur fremde Umgangsformen? Gewiß, gewiß, was sollte es denn anderes sein als höfliche Manieren.

Sie gingen noch etwa eine halbe Stunde im Kibbuz umher, Bronka in blauer Arbeitshose und weißer Schürze, Sacharja mit Hemd und Krawatte, ohne Jackett. Am Spielplatz lächelte der Mann, fiel seiner Gastgeberin ins Wort und jubelte: »Schaukeln! Reifenschaukeln! Das ist ja zauberhaft!«

Bronka sagte: »Die Kinder verbringen hier viele Stunden ohne Aufsicht Erwachsener und ihr soziales Verhalten ...«

Darauf Sacharja: »Bronka, setz dich bitte, setz dich dahin, gegenüber.«

Bronka: »Was? Ich ... ich verstehe nicht.«

Sacharja: »Hier, hier in diese Reifenschaukel, ich setz mich gegenüber, und wir drehen uns gemeinsam, laß uns ausziehen und sorglos wandeln, wie der Dichter singt. Verzeih mir, Bronka, bitte entschuldige mich, heitere Dorflust verwirrt mir die Sinne, ich bin fröhlich wie ein Kind.«

Bronka ignorierte den seltsamen Wunsch. Sie gingen weiter, gelangten zum Kulturhaus, sahen es sich von außen und innen an. Bronka beschrieb das kulturelle Leben am Ort.

Sacharja sagte: »Ich soll Grüße und kleine Geschenke von Eva für ihre frühere Familie überbringen.«

Bronka: »Ist sie glücklich dort?«

Sacharja: »Glücklich? Oh, Bronka, lassen wir die blumigen Reden. Glücklich? Wie das? Ist die Welt denn zum Glücklichsein geschaffen? Aber lassen wir die abstrakten Erörterungen. Ich kann dir sagen, daß Isaak Hamburger für alle Bedürfnisse eurer ehemaligen Genossin aufkommt, die körperlichen wie die seelischen. Steht dieser hohe Zaun unter Strom? Nein? Ich dachte, vielleicht zur Sicherheit ... Entschuldige bitte die Unkenntnis eines Fremden.«

Bronka erzählte in wenigen Worten von Tomers Verwundung. Sacharja rang die Hände und stöhnte übertrieben laut auf, als wolle er eine entsetzte Frau nachäffen: »Oh, Herr der Welt, ein himmlisches Wunder ist dem Jüngling widerfahren, ausgelöscht sei der Name von Israels Hassern, die uns nicht in Ruhe leben lassen.«

Sie gingen weiter.

Schließlich kehrten sie ins Haus zurück. Bronka schlug dem Gast vor, sich bis zum Mittagessen hinzulegen und auszuruhen. Esra werde um halb zwei zurück sein und selbstverständlich werde er heute nicht zu seiner zweiten Tour aufbrechen. Dabei stellte sich das etwas heikle Problem, wie man Sacharja erklären sollte, warum sein Bruder aus freien Stücken für zwei arbeitete, also sein Arbeitspensum schlicht verdoppelt hatte.

Bronka nahm an, daß schon etwas zu ihrem Schwager durchgesickert war und er daher lieber den richtigen Eindruck gewinnen sollte. Deshalb spickte sie ihren Bericht mit allerlei Andeutungen.

Sacharja zog die Schuhe aus, legte sich aufs Sofa und zündete eine Zigarette an. Das züngelnde Flämmchen des Feuerzeugs löschte er mit dem Finger. Bronka stieß einen leisen Überraschungslaut aus. Sacharja entblößte die Zähne und sagte, das sei eine Gewohnheit: Sobald er sich gegen seinen Willen vom Schlaf übermannt fühle, berühre er das Feuer und werde hellwach.

Bronkas Augen weiteten sich, aber sie behielt ihre Stimme unter Kontrolle und bemerkte ruhig: »Aber ... warum denn? Du kannst doch ein Nickerchen halten. Solltest dich wirklich ausruhen. Esra kommt erst um halb zwei.«

Sacharja antwortete: »Einnicken möchte ich nicht, aber wenn du nichts dagegen hast, werde ich schweigen. Ich möchte jetzt über den lieben kleinen Dani nachdenken.«

Sie schwiegen.

Bronka rückte Gebäck, Obst und Kaffee in seine Reichweite. Sacharja kniff ein Auge zu, weitete das andere und blickte sie an, als sehe er sie zum ersten Mal. Zum Schluß sagte er: »Ich fühle mich hier bei dir wirklich wie zu Hause, geliebte Bronka.«

Sie schwiegen erneut.

Bronka sagte sich: Ich weiß immer noch nicht, wer dieser Mann ist. Einerseits haben er und Esra etwas gemeinsam. Aber was? Esra ist ein schweigsamer Typ, Sacharja hat eine glatte Zunge. Vielleicht ähneln sie sich in einer bemühten, falschen Fröhlichkeit. Andererseits sind sie einander auch unähnlich. Diesen Mann kann ich nicht gern haben. Er ist sehr höflich. Stimmt. Aber bei all seiner Höflichkeit sehe ich eine versteckte Grobheit durchschimmern. Was Ruven wohl über ihn sagen wird.

Ein Vogel hatte die Kunde verbreitet, oder vielleicht war es Podolski gewesen: Ein Gast aus Deutschland ist eingetroffen, Esra Bergers Bruder ist da, mit vielen Koffern, als wolle er lange hier bei uns bleiben. So redete man um diese Zeit in der gemeinschaftlichen Kleiderkammer, in der Großküche und in der Dienstleistungsbaracke. Die einen sagten, jetzt müsse das Familienchaos ein Ende finden. Andere meinten: Ganz im Gegenteil, jetzt geht die Sache erst richtig los.

Kaum hatte Esra den Motor seines Lastwagens abgestellt und den Kopf aus der Führerkabine gesteckt, teilte ihm auch schon jemand mit, daß sein Bruder eingetroffen sei, nicht der Jerusalemer, sondern der deutsche. Heute morgen, zur Frühstückszeit, sei plötzlich ein gelbes Taxi vorgefahren, Podolski habe Bronka geholt, und der Gast habe auch viele Koffer mitgebracht.

Esra nahm die verstaubte Schirmmütze vom Kopf, klopfte sie mit zwei heftigen Schlägen aufs Knie aus und eilte nach Hause. Komisch, von allen Empfindungen der Welt überkam ihn nun ausgerechnet Zerstreutheit.

Als seine schweren Schuhe auf den Verandastufen hallten, fuhr Sacharja mit einer Geschmeidigkeit, die kaum zu seinem Stand und Alter paßte, vom Sofa hoch und blieb mit vorgestrecktem Kopf stehen. Die Tür ging auf, und die Brüder erblickten einander. Sacharja sah schwarze Schmierölflecken auf der Kleidung seines Bruders, des Berufsfahrers. Esra bemerkte den Lippenbart, den sein jüngster Bruder früher nicht gehabt hatte. Und, kaum glaublich, im selben Moment erkannte Esra auch das Vibrieren dieses Bärtchens, das nervöse Zucken der Oberlippe.

Die Blicke dauerten nur wenige Augenblicke. Gleich darauf fielen sich die beiden Brüder in die Arme, klopften einander auf die Schulter, murmelten etwas auf jiddisch, ließen voneinander ab und umarmten sich erneut tapsig wie zwei Bären.

Bronka ließ sie zwei, drei Minuten gewähren und wählte sorgfältig den richtigen Moment. Als die Umarmungen zu Ende waren und sich Verlegenheit auf Esras knorrigen Zügen abzeichnete, drückte Bronka ihm saubere Kleidung in die Hand, die sie unterdessen aus dem Schrank geholt hatte, und schlug ihm vor, erstmal zu duschen, denn er sei doch von der Fahrt verdreckt. Esra war ihr dankbar. Er entschuldigte sich bei dem Gast und ging zur Dusche. In einer Viertelstunde werde er sicherlich im Zimmer zurück sein. Aber inzwischen konnte er seine Gedanken ordnen. Bronkas gesunder Menschenverstand hatte Esra Berger wieder einmal weitergeholfen. Das sollte er anerkennen.

Nachmittags gingen alle auf den Rasen hinaus.

Bronka füllte immer wieder Obstkorb und Keksteller nach. Esra schleppte einen weiteren Liegestuhl von seinem Nachbarn Mundek Sohar an. Und das Gespräch sprudelte mühelos. Sie redeten zum Beispiel über die Weltpolitik. Bronka sagte, die Lage hierzulande hinge von den Beziehungen der Großmächte untereinander ab. Esra meinte, ein umfassender Krieg sei jetzt im modernen Zeitalter praktisch nicht mehr möglich. Nicht, weil sich das Prophetenwort »und es wohnt der Wolf mit dem Lamme« bewahrheitet habe – Esra wolle nicht für naiv gehalten werden –, sondern, weil es keine Lämmer mehr auf der Welt gebe. Alle Lämmer seien aufgefressen worden. So sei die Vision »und es wohnt der Wolf mit dem Wolfe« wahr geworden, fand Esra, wobei er es nicht etwa sarkastisch meinte. Es werde gerade deswegen nicht mehr Volk gegen Volk das Schwert erheben, weil alle kriegserfahren seien und auch fürder den Krieg lernen würden, um mit Jesaja zu sprechen.

Bronka sagte, ein einziger Verrückter könnte der ganzen Menschheit den Tod bringen.

Sacharja pflichtete ihr sofort mit seltsamer Bewunderung bei und fügte munter hinzu, der künftige Krieg werde ein unvergleichlich irres und grandioses Spektakel abgeben. Aber es ist zweifelhaft, ob der Gast diese Worte ernst meinte.

Weiter unterhielt man sich über die Grundsätze des Kibbuz. Bronka meinte vorwurfsvoll, die mitgebrachten Geschenke brächten sie in große Verlegenheit. Sacharja erklärte erneut feierlich, daß er die hier geltenden Prinzipien achte, da er selbst ein Mann von Prinzipien sei. Aber er dürfe verlangen, daß seine eigenen Prinzipien ebenfalls respektiert werden, und sein Recht, mit kleinen Gaben das Herz seiner Verwandten zu erfreuen, habe für ihn prinzipiellen Charakter. Man könne schon sagen, er sei jetzt ein reicher Mann. Und ein reicher Mann habe die moralische Verpflichtung, seine Güter mit seinen Verwandten zu teilen, denn Familienbande seien heilig. Außerdem könne er sich noch sehr wohl erinnern, wie er 1948 abgerissen und völlig mittellos zum ersten Mal in Erez Israel angekommen sei und seine teuren Brüder Nechemja und Esra seinerzeit keinen Augenblick gezögert hätten, alles, was sie hatten, mit ihm zu teilen.

Danach erzählte der Gast von den Lebensumständen im neuen Deutschland. Die besten Köpfe des Landes seien jetzt tagein, tagaus mit Selbstbeschuldigungen beschäftigt. Salbungsvoller Humanismus quelle ihnen aus allen Poren. Selbst wenn wir annähmen, daß Germania sich wie eine alte Hure aufführe, die die schöne Jungfrau mime, könnten wir uns an ihrer Verlegenheit belustigen und über ihre drolligen, plumpen Verrenkungen lachen.

Gegen fünf Uhr abends kamen Enav und Tomer mit Dani. Sacharja hielt Wort und spielte viel mit dem Baby, überhäufte auch Enav mit Sympathiebeweisen und erklärte immer aufs neue, wie hübsch sie und ihr Kind doch seien. Dani habe von seiner Mutter ein wunderschönes, klares Gesicht geerbt, stellte Onkel Sacharja fest. Welch ein Glück für das Kind, die Schönste aller Frauen zur Mutter zu haben. Das Lächeln des Kleinen sei das genaue Abbild von Enavs bezauberndem Lächeln. Und er, Siegfried, könne von sich bezeugen, daß er sich mit schönen Frauen auskenne, man möge ihm diese unbescheidene Bemerkung verzeihen.

Tomer wurde sehr verlegen, weil sein Onkel ihm eine seltsame Frage stellte und ihn dabei mit einem abgründigen, verschlagenen Blick seiner schwarzen Augen fixierte, das linke verkniffen, das rechte geweitet: Ob Tomer an die Unsterblichkeit der Seele, an ein Leben nach dem Tod glaube?

Ehe Tomer die Fassung wiedergewinnen konnte, traf Oren ein. Der Junge wurde dem lieben Onkel vorgestellt und bekam bald darauf dieselbe Frage gestellt: Ob er an das Weiterleben der Seele nach dem Tod glaube?

Oren machte ein grimmiges Gesicht, starrte auf den Boden und sagte, die Seele sei nichts als ein literarischer Begriff und er, Oren, hasse Literatur. Sacharja lächelte ihn an, wobei die rosa Innenseite seiner Unterlippe sichtbar wurde. Danach überreichte der Gast seinen jungen Verwandten Tomer, Enav und Oren ihre Geschenke und sagte, diese seien Ausdruck der starken Gefühle, die er im Herzen hege.

Bronka sagte: »Damit sind wir noch nicht fertig. In dieser Angelegenheit werden wir uns noch sprechen.«

Sie tranken Kaffee. Sacharja beschwerte sich, daß man ihn mit Essen und Trinken mäste. Bronka sagte, der Gast sei sicher Erlesenes gewöhnt. Sacharja bemerkte, wichtig sei das Gefühl. Seien denn Delikatessen die Quelle des Genusses? Nein, nein, nicht die Delikatessen, sondern das Gefühl. Er selbst habe zuerst nach Tel Aviv gehen wollen, aber heute morgen am Flughafen habe ihn das Gefühl überwältigt und er habe vor lauter Sehnsucht seine Geschäfte aufgeschoben. Aber morgen oder spätestens übermorgen müsse er nach Tel Aviv fahren. *Force majeure*. Er brauche hiesige Künstler. Die Kabarettbesucher verlangten lauthals neue Attraktionen. Pikante neue Attraktionen. Die Deutschen seien ganz wild auf israelische Lieder, neugierig auf pikante Kostproben aus dem neuen Israel. Es liege eine starke Faszination in Männern mit Brüsten, singenden Fischen, weißen Negern und israelischen Juden – Juden, die keine Juden seien.

Zwischen Sacharja und Bronka entflammte eine Diskussion über das neue Israel. Sacharja vertrat die Ansicht, die neuen Juden seien das genaue Gegenteil der alten Juden, was sogar die arischen Trottel wahrnähmen. Bronka sagte, es bestehe tatsächlich ein Unterschied zwischen den Juden in der Diaspora und denen in Israel, aber das neue Israel sei eine notwendige, gewissermaßen geometrische Folge der jüdischen Geschichte. Sacharja sagte, mit Geometrie habe das nichts zu tun, denn geometrische Formen seien weder lebendig noch tot.

Tomer griff mit einer treffenden Bemerkung in die Diskussion ein: »Dank der israelischen Stärke können jetzt sogar die Diasporajuden aufrechten Hauptes gehen.«

Sacharja wandte sich Tomer zu, näherte sein schlaffes Gesicht dem breiten, sonnengebräunten Gesicht des jungen Mannes und zuckte mit Nase und Bart, als wolle er Tomers Fleisch beschnuppern: »Erhobenen Hauptes gehen? Wer erhobenen Hauptes geht, ist kein Jude mehr.«

Enav sagte: »Was für eine merkwürdige Auffassung. Darin stimme ich dir überhaupt nicht zu.«

Tomer sagte: »Ein Jude ist ein Mensch, und ein Mensch ist einer, der den Kopf hoch trägt. Wenn einer sich im Leben nicht duckt, dann ist es ein stolzer jüdischer Mensch.«

Sacharja sagte: »Wer sich nicht duckt, der ist kein Mensch mehr. Wer sich nicht duckt, ist ein Übermensch. Ein Held. Wie du, Tomer, mein Neffe, der mir so lieb ist wie ein eigener Sohn. Ich habe schon mit atemloser Bewunderung gehört, wie du Israels Hasser geschlagen hast, einer ge-

Ein anderer Ort

gen viele, und obwohl du verwundet warst, sind die Angreifer vor dir erschrocken – von Beben ergriffen, wie es bei uns geschrieben steht. Aber alles, was ich gesagt habe, gilt nur für einfache jüdische Menschen. Helden unterliegen einem anderen Gesetz.«

Tomer verstummte, den Mund leicht geöffnet, wie immer, wenn er angestrengt nachdachte. Schließlich wurden ihm die Dinge klar, und er sagte nachdrücklich: »Du redest so, als ob Jude und Held Gegensätze seien. Aber das stimmt nicht. Held sein und Jude sein ist kein Widerspruch in sich.«

Enav sagte: »Genau, genau.«

Siegfried fuhr sich mit dem Daumen durch die buschigen Augenbrauen und sagte: »Wir wollen es nicht zum Streit kommen lassen. Ihr seid viele, und ich bin nur einer, und wenn wir streiten, könnt ihr mich leicht überwältigen und massakrieren. Was kann der Wurm Jakobs gegen den edlen Hirsch Israel ausrichten? Und dabei bin ich doch euer Gast.«

Sie lachten aus Höflichkeit.

Enav nahm Dani hoch und hielt ihn über seinen Wagen: »Dani sagt gute Nacht. Dani geht essen und schlafen.«

Bronka und Esra verabschiedeten sich von ihrem Enkel, Tomer flüsterte Enav etwas ins Ohr, der Gast durfte dem lieben kleinen Dani einen Abschiedskuß geben und küßte auch Enav auf Stirn und Wangen. Tomer sah zu und sagte sich, es wäre gut, wenn dieser Mann hier schnellstens wieder verschwände. So ein Mensch sei zu allem fähig.

Eine Viertelstunde später machte sich auch Oren davon, ohne ein Wort zu sagen. Der Gast hatte ihn auf einen Gedanken gebracht. Oren wollte diesem Gedanken eine halbe oder ganze Stunde widmen, an einem anderen Ort.

Tomer wiederum ging jeden Abend um diese Zeit ins Schwimmbad. Man möge ihn entschuldigen. Wir sehen uns. Wir sehen uns noch. Vielleicht sehen wir uns noch. Vielleicht nach dem Abendessen.

Siegfried überraschte seine Gastgeber. Er hielt Tomer mit einer Frage auf: Dürfe er sich anschließen? Er ginge gern ins Wasser, obwohl er kein erstklassiger Schwimmer sei. Wenn Tomer bereit sei, fünf Minuten auf ihn zu warten, werde er schnell die Badehose aus dem Gepäck holen und seinen Neffen begleiten.

Tomer war verlegen. Trotzdem lächelte er zögernd und sagte: »Warum nicht, warum nicht. Gerne. Danach bringe ich dich hierher zurück.«

Sacharja nickte zu seinem Bruder hinüber und zwinkerte seiner Schwägerin zu. Bronka erschrak einen Moment: Das war doch ein eindeutiger Wink mit den Augen. Was ist mit diesem Mann? Quatsch. Da war nichts. Gar nichts war da.

Auf dem Weg zum Schwimmbad gab Tomer aus Höflichkeit ein paar sachliche Erklärungen über die Gebäude, an denen sie vorüberkamen. Sacharja bedankte sich für jede Bemerkung einzeln und rieb sich vor Freude die Hände, als offenbare sich ihm durch Tomers abgehackte Sätze eine große, neue Wahrheit. Tatsächlich redete Tomer nur aus Sorge, es könnte völlige Stille eintreten oder der Gast könnte peinliche Dinge sagen.

»Das ist die Krankenstation, eins der ersten Gebäude, das hier gebaut worden ist, vor dreißig Jahren etwa.«

»Dreißig Jahre? Das ist ja lange her. Sehr lange.«

»Und dort hat man einen Schutzraum gegraben, gegen Artilleriebeschuß oder Luftangriffe.«

»Oh!«

»Die Skulptur dort heißt Ram-Ehrenmal. Zum Gedenken an Aharon Ramigolski, einen der Gründer. Er ist mitten bei der Arbeit gefallen. Und auch zum Andenken an die übrigen Gefallenen.«

»Danke, vielen Dank für deine Mühe, lieber Tomer.«

Aber Tomers Anstrengungen verfehlten ihren Zweck. Der Gast sagte doch etwas Peinliches. Siegfried nutzte eine Redepause, um mit der Frage zu beginnen: »Sag mal, Tomer, mein guter Neffe, wie löst ihr – wie löst du das Frauenproblem?«

»Was?!«

»Das Frauenproblem. Ich möchte sagen, welche Abwechslung, welches Abenteuer – das heißt, verstehst du, ich meine – du bist doch ein gesunder junger Mann. Also? Gehst du manchmal in die Stadt? Oder vielleicht findest du hier am Ort kleine Vergnügungen? Entschuldige meine Neugier, aber ich rede mit dir ja von Mann zu Mann. Du kennst doch sicher den alten biblischen Spruch, daß verbotenes Wasser süß ist.«

Tomer: »Hier ... hier herrschen andere Sitten. Wir ...«

Siegfried: »Die Sitten sind anders, aber ein Mann bleibt ein Mann, egal wo. Du wirst mir doch nicht weismachen wollen, daß deine Altersgenossen hier im Kibbuz, alles kräftige Burschen, untätig die Hände in den

Schoß legen, um es vornehm auszudrücken? Nein, nein, das kann ich nicht glauben. Sollte hier jeder morgens, mittags und abends seines Nächsten Frau angucken, ohne daß was vorkommt? Unglaublich, nicht zu glauben. Ich bitte dich. Ich kann's nicht glauben, kann's mir nicht vorstellen. Wir sind doch moderne Menschen.«

Tomer: »Es gibt vielleicht Einzelfälle. Aber im allgemeinen...«

Siegfried: »Und du?«

Tomer: »Ich... ich nicht.«

Und Siegfried: »Macht nichts, macht nichts, du bist mir keine Rechenschaft schuldig. Ich wollte nur mal frei heraus fragen, auf männliche Art. Aber natürlich brauchst du mir keine Antwort zu geben. Zigarette?«

Tomer beeilte sich zu nicken. Sie rauchten. Kamen zum Schwimmbad und zogen sich um. Es war Abend. Die Kiefern des Wäldchens spiegelten sich im Wasser. Das Wasser verzerrte sie. Leichte Kräuselwellen liefen über die Wasserfläche. Die Bilder brachen und zerflossen. Tomer erklärte, das Wasser sei klar, weil es alle drei Tage gewechselt werde, denn das Schwimmbad sei mit dem Bewässerungssystem für die Felder verbunden. Sacharja äußerte überschwengliche Bewunderung, als handle es sich um eine sensationelle technische Neuheit.

Sie schwiegen. Um diese Zeit badeten nur wenige. Hoch über ihnen kündigte sich bereits die Dämmerung an, und im Westen entfachte die untergehende Sonne ein farbenprächtiges Feuerwerk. Weiche Lichter tanzten auf dem Wasser. Ein paar junge Mädchen vergnügten sich gegenüber. Sprangen vom hohen Sprungbrett und bespritzten einander. Die Wasserspritzer fingen das Licht der untergehenden Sonne ein, glitzerten wie eine in der Luft zerspringende Perlenkette, deren bunt schimmernde Perlen im Raum zerstäuben, oder wie die stiebenden Funken eines fröhliches Feuerwerks, die emporschießen und wieder ins Wasser rieseln. Der Gast barg das Gesicht in den Händen und seufzte.

Tomer fragte: »Wir sollten ins Wasser gehen. Bald wird es dunkel.«

»Wie schön es hier ist. Solch eine reine Stille. Unwillkürlich bin ich verlockt, zu segnen und Amen zu sagen.«

»Ja. Richtig. Schön hier.«

»Beinah, beinah würde ich vergessen, wer ich bin. Ich, mein Sohn, bin ein Spion im Auftrag einer feindlichen Macht. Das heißt, verstehst du, das ist nur bildhaft gesprochen. Aber die Schönheit hat ihn um den Verstand gebracht, und er ist in Versuchung, seinen Auftraggebern untreu zu werden. Solche Dinge kommen in einigen Märchen vor. Ja, ja, du hast recht. Auf ins Wasser. Hin-ein ins Wasser!«

Die beiden Männer traten an das Betongeländer und sprangen ins Wasser. Ehrlich gesagt, hatte Tomer seine Bedenken. Konnte dieser alte Knabe überhaupt schwimmen oder war er nur ein Aufschneider und Betrüger? Man mußte ein Auge auf ihn haben.

Sacharja Siegfried zerstreute schnell die Bedenken seines lieben Neffen. Sacharja Siegfried pflügte mit sparsamen und präzisen Schlägen durch das Wasser. Sein weißer, schwarz behaarter Körper zog eine pfeilgerade Furche durch die leichten Wellen. Tomer durchquerte das Becken der Breite nach, tauchte unter, kam in der Gegenecke wieder zum Vorschein und beobachtete seinen Onkel aus den Augenwinkeln, sei es, um vorsorglich nach ihm zu sehen, sei es, um seine Bewunderung zu ernten. Indes drehte Sacharja sich auf den Rücken, breitete die Arme aus und blieb fast reglos liegen, hielt sich allein durch schnelles, präzises Paddeln mit den Füßen über Wasser.

Tomer sagte kopfschüttelnd: »Du bist ja ein erstklassiger Schwimmer.«

Sacharja murmelte, ohne den Kopf zu wenden, den Blick auf das dunkelnde Firmament gerichtet: »Dein Onkel möchte dir einmal eine Geschichte von Zigeunern und einem Hund erzählen. Nicht jetzt. Jetzt wird geschwommen. Ein andermal. Du siehst deinem Vater nicht ähnlich. Du bist Israeli. Du bist aus hartem Holz geschnitzt. Wovon haben wir gesprochen? Ja. Zigeuner und Hund. Ein andermal werde ich dir davon erzählen. Wir werden uns noch wie zwei richtige Männer anfreunden, mein Sohn.«

Ein paar Minuten später fuhr er fort: »Das Wasser ist wunderbar. Warm und kosend wie eine Frau. Schwimmen in solchem Wasser ist wie ein Streicheln. Es hilft sehr, die Leidenschaft anzuregen.«

Tomer schwieg. Aus Abscheu ging er auf Distanz, kraulte zum gegenüberliegenden Rand und kletterte aus dem Becken. Logischerweise hätte Sacharja ihm folgen müssen. Aber Sacharja folgte weder der Logik noch Tomers Wink. Sacharjas paddelnde Füße erschlafften. Einen Moment lag er reglos auf dem Wasser, ohne zu atmen, wie ein toter Mann. Gleich darauf begann er abzusacken. Tomer sah, wie das Wasser die Züge des sonderbaren Kopfes verwischte, ohne daß die Augen zugingen. Anfangs meinte er, der Gast mache sich einen Spaß. Aber der reglose Körper sank weiter und weiter hinunter, bis er in der dunklen Tiefe verschwand. Dem jungen

Ein anderer Ort

Mann wurde unheimlich. Er hatte sich von Anfang an gedacht, daß dieser Fremde Unheil bringen werde. Jetzt klopfte ihm das Herz wie wahnsinnig. Er spannte alle Muskeln, holte tief Luft, sprang ins Wasser und tauchte, so tief sein Atem reichte. In der dunklen Tiefe griff er suchend um sich, fand aber nichts Festes. Er schwamm wieder nach oben. Panische Angst verwirrte ihm die Sinne. Selbst in der Nacht seiner Verwundung war er nicht derart erschrocken. Er füllte erneut seine Lungen, um ein zweites Mal unterzutauchen. Wie ein dunkler Pfeil schoß in diesem Moment am anderen Beckenende der Mann aus dem Wasser hoch, wedelte mit der Hand, schnaufte und zeigte Tomer sein häßliches Lächeln, das die Innenseite der Unterlippe entblößte.

»Du hast mich sehr erschreckt«, sagte Tomer.

»Ich bitte um Verzeihung. Tausendmal«, erwiderte Sacharja.

»Zeit heimzukehren. Gehen wir«, sagte Tomer.

»Noch ein bißchen, noch ein bißchen«, bat Sacharja.

In seiner Stimme schwang ein schmeichlerisch bettelnder Unterton mit, wie bei einer Frau oder einem widerspenstigen Kind.

Sie blieben noch ein Weilchen.

Sacharja wiederholte sein Tun nicht. Langsam, langsam, als koste er jede Bewegung einzeln aus, kraulte er mit regelmäßigen Zügen. Ließ das Wasser über sein Gesicht waschen und hob den Kopf wieder. Hob den Kopf und spreizte die Beine. Wie zwei mächtige, leise Kolben gingen seine Beine auf und ab. Sein Rücken zeigte geschmeidiges Muskelspiel unter der weißen Haut. Tomer war überrascht: Solange dieser Körper mit Kleidern bedeckt war, ließ er nichts von seiner Beschaffenheit ahnen.

Plötzlich schnellte Sacharja in der Beckenmitte hoch und vollführte – den Rücken bogenförmig gespannt, die Arme gestreckt – im Schwimmen einen Überschlag von faszinierender Leichtigkeit.

Und in diesem Moment, mitten im Zauberwerk, als die untergehende Sonne die Konturen weicher zeichnete und das Massige der Landschaft betonte, sah Noga Charisch Sacharja Siegfried Berger zum ersten Mal.

Sie stand am Rand des Kiefernwäldchens, das an das Schwimmbad grenzt. Bei einem versonnenen Abendspaziergang hatten ihre Füße sie an diesen Ort getragen. Vom Eintreffen des Berger-Bruders hatte sie durch den Klatsch Wind bekommen. Aber auf den ersten Blick hielt sie ihn irrtümlich für jemand anders. Sie sah Sacharja Siegfried, und ihre Gedanken verwirrten sich. Gerieten derart durcheinander, daß sie den Bruchteil einer

Sekunde nahe daran war, zum Beckenrand zu rennen, um zu sehen und gesehen zu werden. Aber der Drang verebbte gleich wieder. Das Mädchen blieb reglos stehen und beobachtete den Mann. Als der Gast dann endlich Tomers flehentlichen Andeutungen Folge leistete, aus dem Wasser stieg und sich mit einem Handtuch abtrocknete, machte Noga Charisch kehrt und verschwand wieder im Gehölz. Heimwärts ging sie einen anderen Weg.

Tomer und sein Onkel kehrten zum Bergerschen Haus zurück. Es war schon Nacht geworden. Erste Grillen zirpten wehmütig und anhaltend. Der Wind fächelte die Kiefernwipfel, deren Zweige wie immer zart und traurig wisperten.

»Wenn wir uns nicht beeilen, verpassen wir das Abendessen. Normalerweise steige ich nach zehn Minuten aus dem Wasser.«

Aber natürlich, selbstverständlich, Sacharja hatte nicht die Ordnung stören wollen. Tomer möge bitte entschuldigen, es tue ihm von Herzen leid, daß er eine Verzögerung herbeigeführt habe. Wer kenne besser als er die Bedeutung der Zeit. Jede einzelne Minute könne schicksalhaft sein. Übrigens, als ich aus dem Wasser kam, stand gegenüber ein wunderhübsches Mädchen und sah mich an. Ich spüre immer, wenn eine schöne Frau mich anblickt. Instinktiv. Wer ist sie? Hast du sie nicht gesehen? Schade. Eine echte Schönheit. Eine echt orientalische Schönheit. Ich finde, Tomer, mein Freund, daß hierzulande atemberaubende Schönheiten heranwachsen. Sie sind nicht blond, schwer und blaßäugig wie die nordischen Frauen. Aber das ist natürlich Geschmacksache. Was meinst du?

Tomers Meinung stand fest. Er hielt nichts von seinem Onkel. Seine Meinung über Sacharja Siegfried Berger war negativ.

2. Kapitel:
Eine der Unseren bist du

Um die folgenden Dinge richtig zu beleuchten, wollen wir uns flüchtig Chassja Ramigolski zuwenden. Wir hätten auch Esther Klieger, alias Esther Issarow, Nina Goldring oder Gerda Sohar nehmen können oder Männer wie Israel Zitron beziehungsweise Mendel Morag, alles arbeitende Menschen, die im Schweiße ihres Angesichts ihr Brot verdienen und mit sich und anderen streng sind. Wir haben jetzt Chassja Ramigolski gewählt, nicht weil sie die Frau des Kibbuzsekretärs ist – das tut hier nichts zur Sache –, sondern weil wir sie gerade getroffen und einiges von ihr gehört haben. Worte übrigens, die jede Genossin und jeder Genosse im Kibbuz Mezudat Ram derzeit sagen würde.

Chassja ist kein dummes junges Ding mehr. Harte Jahre haben Spuren in ihrem Gesicht und Herzen hinterlassen. Durch Lebenserfahrung hat sie ein paar simple, feststehende Wahrheiten gelernt, zum Beispiel, daß es keine Regel ohne Ausnahme gibt. Ja, praktisch verläuft das Leben überhaupt nicht nach festen Regeln. Das Leben besteht aus vielen kleinen Taten, und an diesen kleinen Taten werden auch große Menschen gemessen. Ebenso weiß Chassja, daß die Stunden der Trauer, der Mühsal und der Alltagsroutine zahlreicher sind als die der Lust und Heiterkeit, obwohl das Leben wiederum nicht nur Bitternis enthält, sondern auch Freude und Erfüllung.

Zugegebenermaßen würde Chassja ihre Ansichten nicht so formulieren. Chassja selbst formuliert überhaupt keine Wahrheiten und Denksätze, die ihren unmittelbaren Lebensbereich überschreiten. Aber dazu sind wir ja da. Dazu schindet Chassja ihren welkenden Leib mit zermürbender Arbeit, während wir – zu unserer Schande – den Kopf in die Hand und den Ellbogen auf die Schreibtischplatte stützen, ihr untätig durchs Fenster zugucken und mit unserem Stift in der Luft herumkritzeln. Zum Formulieren sind wir da. Wir haben uns nicht vor unserer Aufgabe gedrückt. Haben für Chassja das formuliert, was sie selbst nicht in prägnante Sätze faßt. Aber unser Herz ist bitter. Wir sind müde geworden. Lassen wir sie diesmal unredigiert, in ihren eigenen Worten, reden.

So ungefähr sagt Chassja zu einer anderen Genossin: »Der Mensch muß sich stets bemühen, rundum in Ordnung zu sein. Das ist nicht immer möglich, aber es gibt solche, die sich bemühen, und solche, die sich nicht bemühen. Je schwerer es ist, desto mehr sieht man, was für ein Mensch er ist und ob er überhaupt menschlich ist oder nicht. Wer wenigstens versucht, in Ordnung zu sein, der ist ein Mensch. Und wer sich wie ein Schwein benimmt, der ist ein Schwein. Persönliches Vorbild, meine Liebe, das ist das Entscheidende. Jedenfalls bei mir. Nimm Ruven Charisch – vor dieser Affäre war er wirklich eine Persönlichkeit. Nicht, daß er keine Fehler gehabt hätte. Oh nein, oh nein. Ich kenne ihn schon viele Jahre lang von allen Seiten und verstehe all seine Probleme. Er ist kein einfacher Typ. Hat auch viel im Leben durchgemacht. Aber eine Persönlichkeit war er. Pädagogisch vorbildlich. Zumindest hat er sich immer bemüht, in Ordnung zu sein. Zum Beispiel, als Eva davongelaufen ist. Aber jetzt? Jetzt löffelt er aus, was er sich eingebrockt hat. Das ganze Durcheinander hat seinetwegen angefangen. Ich sag ja nichts, solche Fälle wie der mit ihm und Bronka, die gibt's im Leben. Ein Mann in seinem Alter ist auch ein Mensch. Aber das geht nicht, wenn eine heranwachsende Tochter da ist. Das ist ein sehr schwieriges Alter. Und er als Pädagoge hätte das begreifen müssen. Na, so ist das. Wenn der Kopf mal verdreht ist, ist er verdreht, und die Leute verlieren alle Hemmungen, egal, ob gebildet oder nicht. Und noch eins – man muß immer wissen, mit wem man sich einläßt. Esra kennen wir ja nicht erst seit gestern oder vorgestern als etwas merkwürdigen Typ. Was hatten die sich denn gedacht? Daß er nichts weiß? Daß es ihm egal sei? Ist er denn kein lebendiger Mann, und ein komplizierter obendrein? Ob du's mir glaubst oder nicht, ich habe schon letzten Winter, als Noga noch gar nicht damit angefangen hatte, zu meinem Zwi gesagt, daß Esra noch mal was tut, was uns allen einen Schock versetzen wird. Nicht, daß er fähig wäre, zu töten oder Selbstmord zu begehen. Nein. Er ist kein aggressiver Typ, obwohl er äußerlich ziemlich massiv wirkt. Aber mit der Tochter anbandeln – das ist seine Rache. Man hätte es ahnen können. Noch im Winter hat mein Herz mir Schlimmes prophezeit. Erinnerst du dich an den Film, der hier vor ein, zwei Monaten gelaufen ist? Dieser französische mit Françoise Arnoul – weißt du noch? Auch da war genau so was, mit diesem General, der es mit der Frau seines Adjutanten trieb, worauf der Adjutant sich mittels der Tochter des Generals rächte. Genau das gleiche. Menschen sind überall Menschen. Am nächsten Tag, nach dem Film, habe ich das in der Küche auch Nina gesagt, du kannst sie fragen, obwohl sie nicht meiner Meinung war und gesagt hat, es sei nicht das gleiche. Natürlich nicht genau, ich sage ja nicht, daß sich die Dinge im Leben haargenau wiederholen. Aber die Gefühle sind zu allen Zeiten und an allen Orten ähnlich. Doch das ist nicht die Hauptsache. Ich wollte dir was ganz anderes sagen. Auch in vielen Romanen kommt so ein Dreieck vor. Und besonders in einem Fall wie diesem, bei einem Mädchen wie ihr, mit Evas Veranlagung. Du weißt, was ich meine. Nach meiner Ansicht ist die Veranlagung ausschlaggebend. Die kann man nicht ändern: So bist du geboren – so bist du. Gut. Bis hierher verstehe ich noch alles. Selbst daß sie von Esra schwanger ist, überrascht mich nicht. Absolut nicht. Ich hab schon an Schawuot – weißt du noch, als der große Krawall mit diesen

Ein anderer Ort

Jungs war – zu meinem Zwi gesagt, daß Esra sie schwanger machen würde. Sie hat keine Ahnung, niemand hat sie aufgeklärt. Das muß sich bei uns übrigens auch mal ändern: Sexuelle Aufklärung ist sehr wichtig in der Pubertät, weil das ein schwieriges Alter ist. Und Esra ist nicht gerade der Typ, der aufpaßt, damit nichts passiert. Na. Was geschehen ist, ist geschehen. Solche Dinge sind schon in anderen Kibbuzim vorgekommen und auch bei uns. Es ist schließlich noch gar nicht so lange her, daß Enav im vierten Monat geheiratet hat. Trotzdem ist das natürlich nicht gleichzusetzen: ein anderes Alter und eine völlig andere Konstellation. Aber dennoch passieren solche Dinge im Leben. Doch nicht davon wollte ich mit dir reden. Bis hierher kann man alles verstehen. Nicht rechtfertigen natürlich, aber verstehen schon. Also was dann? Es gibt eine Sache, die ich trotz allem absolut nicht kapiere, die mir einfach nicht in den Kopf will: Daß es heißt, die Kleine weigere sich mit allem Nachdruck, eine Abtreibung vornehmen zu lassen. Vorstellungen hat die. Wegen aller möglichen romantischen Ideen. Und wie sie sich weigert! Ruven ist ganz kaputt, völlig aufgelöst, aber das schert sie gar nicht. Esra – na, keine Frage, der schleicht wie ein Schatten seiner selbst herum, redet bloß noch in Versen aus dem Buch Hiob und dem Prediger wie... ich beneide ihn jetzt nicht. Sogar Bronka – überleg mal – ist hingegangen und hat die kleine Irre angefleht, den Eingriff machen zu lassen. Aber nichts hilft. Ihr Entschluß ist gefaßt. Sie sagt, es sei ihr Kind, und läßt sich davon nicht abbringen. Aus der Schule hat man sie rausgeschmissen, obwohl gerade Herbert Segal dagegen war und gesagt hat, man dürfe sie nicht unter Druck setzen. Ich muß mich wirklich über Herbert wundern. Normalerweise ist er viel prinzipieller und weit weniger sentimental. Gut. Nicht davon rede ich jetzt. Zu Ruven, nach Hause, geht sie nicht. Vor Esra versteckt sie sich – oder er vor ihr. Also, wer bleibt ihr dann noch? Du wirst es kaum erraten – der Tourist. Esras Bruder, der sich schon zwei oder drei Wochen hier herumtreibt. Natürlich hat er die Nase längst tief in diesen Sumpf gesteckt. Ich habe den Eindruck, er gehört zu diesen Typen, die den Sumpf lieben, weißt du, ein Nihilist oder Existentialist, so eine Art Beatnik, und der ist jetzt der geistige Vater von Noga Charisch. Stell dir bloß vor, wieweit die Dinge gediehen sind. Und weißt du, was man noch von ihm erzählt? Man sagt, er würde sie gerade umgekehrt beeinflussen. Daß sie es nicht machen lassen soll. Das heißt, daß sie das Kind nun gerade behalten solle. Verstehst du, was hier vor sich geht? Kapierst du? Ich an Bronkas Stelle würde ihn hier in hohem Bogen rauswerfen, soll er doch anderswo für Unheil und Sensationen sorgen. Überhaupt, diese jüdischen Typen, die nach dem Krieg nach Deutschland zurückgegangen sind, um schmutzige Geschäfte zu machen. Alle möglichen Unterweltexistenzen. Du kannst dir gewiß ein Bild machen. Kurz, wenn ein Mensch erst mal anfängt, auf die schiefe Bahn zu geraten, sich nicht mehr bemüht, redlich und in Ordnung zu sein, dann kann man nie wissen, wohin das noch führt. Was denn, hätte Ruven sich je träumen lassen, daß seine Affäre mit Bronka mal so enden würde? Und glaub mir, wenn dieses Kind hier in diesem Kibbuz zur Welt kommt – dann arbeite ich keinen einzigen Tag weiter im Säuglingshaus. Auch ich bin nur ein Mensch. Du weißt, daß ich mich immer, immer bemühe, in Ordnung zu sein. Aber wenn man diesen Touristen hier nicht rauswirft, obwohl er Esras Bruder und Gast der Bergers ist, wenn der hier nicht bald rausfliegt, dann weiß ich wirklich nicht mehr, wo ich eigentlich lebe. Alles muß seine Grenzen haben. Er hat einen verheerenden Einfluß auf das Mädchen. Er stiftet sie zu dieser Tollheit, diesem Wahnsinn an. Ich würde mich nicht wundern – merk dir, was ich jetzt sage –, ich würde mich nicht wundern, wenn das alles noch mit einem furchtbaren Unglück enden würde, Gott behüte. Hoffentlich irre ich mich. Und glaub mir, daß es mir weh tut.«

Stimmt. Die Sache tut weh. Traurig entziehen wir Chassja das Wort und ergreifen es selbst wieder. Wir können nur kopfschüttelnd Chassjas Hauptpunkte bestätigen. Bei aller feinen Formulierungskunst, die uns zu Gebote steht, vermögen wir nichts hinzuzufügen. Abgesehen von unserem eigenen Schmerz. Noga, Türkisa, Stella Maris, Noga, Türkisa. Du weißt, mit wie vielen Masken der Nüchternheit, Herzenskühle und hochmütigen Raffinesse wir unseren Aufschrei verbrämt haben. Wieviel Kälte wir unserer schreibenden Hand aufzwingen, damit sie nicht zittere, nichts preisgebe. Aber jetzt, Türkisa, jetzt, da dieses Wundersame, dieses Furchtbare dich ergriffen hat – jetzt flehen wir um eine russische Seele. Wäre uns eine russische Seele gegeben, würden wir uns mit harten Fäusten wild an die Brust schlagen, würden jammern und schreien, denn das Herz, das Herz möchte schier zerspringen. Jetzt, Türkisa, jetzt, jetzt, da es dich schon in seiner Schreckenshand hält: Was ist es? Das Gebirge, nächtliche Heimtücke, die List der Finsternisse, die wir erstickten, das wilde Heulen der Schakale, ihr boshaftes, garstiges, verzweifeltes Gelächter? Was ist es, Türkisa, was ist es, das uns mit kalten, harten Fingern an die Gurgel greift, uns urplötzlich, zur Nachtzeit, mit gespenstischen, grünlichen Lachsalven entsetzt.

Genug. Zähneknirschend und verbissen werden wir nun an uns halten und uns geduckt in unsere Höhle verkriechen.

Also: Zehn Tage nach ihrer nächtlichen Fahrt zu den Fischern in Tiberias informierte Noga ihren Vater über ihren neuen Zustand. Ruven vermochte sich nicht zu beherrschen und weinte in ihrem Beisein. Auch Noga weinte. Danach sagte Ruven unter Aufbietung seiner letzten Kräfte, man müsse etwas unternehmen. Noga brachte ihn so weit, daß er sich taumelnd an der Stuhllehne festhalten mußte, um nicht umzukippen, als sie ihm kühl antwortete, sie sei keineswegs gewillt, »etwas zu unternehmen«. Nie würde sie dem zustimmen. Sie würde dieses Kind zur Welt bringen. Nur aus Rache und Zerstörungsdrang? Nur, weil sie Strafe und Verantwortung auf sich nehmen müsse, unbedingt. Sie müsse leiden. Das Leid werde sie läutern. Kleines Dummerchen, das ist nur Gerede, das Gerede eines verträumten jungen Mädchens. Guter Vater, du bist ein naiver Junge, und ich bin eine Frau. Du verstehst nichts, Vater. Du bist wie ... wie ein gutes Kind. Wie Gai. Du meinst immer, die Welt bestünde aus Worten. Du willst immer immer immer, daß immer alles gut wird. Warum sollte es gut sein? Warum? Warum sollte es nicht schlecht sein? Warum? Ja. Schlecht. Schlechter ist es echter. Lebendiger, sage ich dir. Aber das kannst du nicht hören, mein lieber guter Vater, du bist naiv und gut. Weine nicht, großer Gai, mußt nicht weinen. Guck mich an. Ich weine ja auch nicht. Wir wollen nicht weinen. Einverstanden? Fang nicht an, mir zu erklären, daß ich ein elendes, verfluchtes Geschöpf auf die Welt bringe, auch darüber habe ich nachgedacht. Ja. Staunst du? Staune nicht, Vater. Wer nicht leidet, lebt nicht. Wer nicht elend und verflucht ist, ist dürr. Ist ... ist hohl. Dich meine ich nicht. Du leidest jetzt. Mein trauriges Kind, mein Mädchen, du kannst nicht wissen, was sein wird ... es wird furchtbar, Noga, furchtbar, furchtbar ...

Noga Charisch blieb störrisch. Der Kibbuz war in heller Aufregung. Mit Ausnahme von Herbert Segal, der – die Augen hinter seinen funkelnden runden Brillengläsern verborgen – im Erziehungsausschuß ein ums andere Mal sagte: Wir dürfen ihren Willen nicht brechen. Aber vorerst fand sich niemand unter uns, der seinen Worten auf den Grund gekommen wäre.

Ruven Charisch ging – kaum glaublich – zu Esra Berger. Suchte und fand ihn zu merkwürdiger Stunde in der Kraftfahrzeugwerkstatt: am

Schabbatmorgen um sechs Uhr. Sie standen sich gegenüber, ohne einander anzublicken.

Ruven murmelte: »Zufällig ... bin ich spazierengegangen und hier vorbeigekommen ...«

Esra stammelte: »Die Benzinleitung war verstopft. Das heißt, ich dachte, sie wär, hab die Motorhaube aufgemacht und ...«

Ruven nahm plötzlich Haltung an und sagte mit finsterer Miene und fremd klingender Stimme: »Was soll werden. Sag bitte. Was soll werden.«

Darauf Esra mit schreckensbleichem Gesicht: »Ich ... ich hab sie angefleht. Gefleht hab ich. Was kann ich mehr ...«

Ruven fragte merkwürdig sanft: »Wie ... wie ist das möglich ... Wie konnte es bloß sein ...«

Esra schwieg. Und plötzlich, als hätten sie nicht miteinander gesprochen, hätten einander gar nicht gesehen, machte Esra einen Satz, rollte sich unter den Bauch des Lasters und begann, dort wütend herumzufummeln und zu schaben, verschmierte sich in einem fieberhaften Verzweiflungsanfall die Hände mit schwarzem Öl, als sei Ruven Charisch gar nicht da. Als wäre er nie gewesen.

Ruven ging.

Bronka suchte Noga in ihrem Zimmer auf. Sprach lange. Sagte, sie rede mit ihr so, wie sie mit ihrer eigenen Tochter reden würde, wenn sie eine hätte. Immer hätte sie davon geträumt, eine Tochter zu haben. Wenn Noga nur wolle, könnten sie beide von nun an Mutter und Tochter sein. Die Zeit werde alles heilen. Viel Zeit und viel Liebe. Alles sei dann wie nie gewesen. Von nun an werde sich alles ändern. Auch zwischen Ruven und ihr werde alles anders werden. »Du bist nicht schuld, Noga, mein Kind. Wie sehr du leidest, wie sehr du gelitten hast, und ich habe nichts davon gewußt. An allem, allem bin ich schuld. Aber jetzt wird alles anders. Wenn du nur einsiehst, daß ...«

Darauf Noga, sehr müde nach all den Worten: »Hör zu, Bronka, ich bitte dich, irgendeine erwachsene Frau wird mir helfen müssen, wenn es so weit ist. Weißt du, was ich meine? Ich meine, du könntest diese Frau sein. Ich meine, ich möchte, daß du diese Frau bist. Wärst du bereit, mir zu helfen in ... in ein paar Monaten?«

»Aber, Noga, meine Liebe ...«

»Bist du bereit? Bist du's?«

Ein anderer Ort

Sacharja Siegfried war in Tel Aviv gewesen, um seinen Geschäften nachzugehen, und hatte auch seinen Bruder Nechemja in Jerusalem besucht. Doch hatte er sich nicht lange aufgehalten, sondern war ins Tal, nach Mezudat Ram, zurückgeeilt, denn sein Bruder, sein eigen Fleisch und Blut, war ja in schwere Bedrängnis geraten. Was hätte er da anderes tun können, als seinem Bruder schnell zu Hilfe zu eilen? Aber, lieber Esra, wenn du meine bescheidene Meinung annehmen möchtest – es ist besser, du mischst dich gar nicht ein. Das heißt, wir sollten sie lieber nach eigenem Gutdünken handeln lassen. Objektiv betrachtet, ist es ja keine Katastrophe: Ein Dorfmädchen bringt einen Bastard zur Welt und fertig. So was ist abertausend Mädchen in abertausend Dörfern passiert. Und subjektiv betrachtet, mein geliebter Bruder, subjektiv gesehen, heimsen wir einen klaren Vorteil ein: Die Gemeinschaft wird die Ehebrecherin ausstoßen, und sie wird die Beine in die Hand nehmen und hier für immer verschwinden, mitsamt ihrem Balg. Vielleicht wird ihr Vater ihr folgen. Die finanzielle Seite übernimmt natürlich dein Bruder Sacharja. Für mich ist das ein läppischer Betrag. Aber ich rede nicht von ihr, sondern von uns. Wir werden die Sorge los und heilen den Bruch in unserer Familie. Der Mensch muß alles für seine Familie hingeben. Und meine Familie, guter Bruder, meine Familie – das sind du und Bronka und Tomer mit Enav und dem lieben kleinen Dani und Oren und auch unser Bruder Nechemja. Ich bin ein alleinstehender Mann, Esra. Ich habe niemanden auf der Welt außer meiner Familie. Ich strebe nach Glück. Und unser Glück wird kommen, wenn die Ehebrecherin und ihr Bastard von hier vertrieben sind. Dann werden wir, Esra, mein Bruder, wieder ruhige Menschen sein. Eine heile Familie. Du und Bronka mit euren Kindern und Kindeskindern wie Ölbaumsprößlinge rings um euren Tisch, wie der Psalter singt. Ja.

Mit Noga Charisch sprach Siegfried ganz anders. Du, mein kluges Mädchen, mußt bis zum Schluß stur bleiben. Dein Stolz ehrt dich. Laß dich nicht vom Gerede der engstirnigen Herde leiten. Die Stimme des Blutes sei dir Leitung. Du sollst keine jüdische Seele morden, denn jedem, der eine Seele aus dem Volk Israel mordet, wird es von der Schrift angerechnet, als habe er eine ganze Welt vernichtet, und sei es auch die Seele eines ungeborenen Kindes. Du mußt das Leben, das jetzt in deinem Körper keimt, zur Welt bringen, weil es nichts Schöneres auf der Welt gibt als Mutterfreuden. Ja mehr noch, das stolze Beharren gegenüber der feindlichen Menge ist die nobelste und bewundernswerteste Haltung überhaupt. Das ist übrigens auch die Einstellung deiner Mutter. Ich habe deiner Mutter geschrieben und sie gefragt, was das Herz ihr rät. Ihr Herz ist mit deinem einig. Deine Mutter liebt dich innig und bittet dich tagtäglich, du mögest sie nicht hassen. Du kannst dich auf meine Worte verlassen, denn ich bin häufiger Gast in ihrem neuen Heim und ihr Vertrauter. Aber nicht das ist die Hauptsache. Die Hauptsache, mein zauberhaftes Mädchen, ist etwas anderes. Die Hauptsache ist, daß du mit mir fährst, ja, mit dem lieben Onkel Sacharja, zu deiner Mutter. Zu deiner Mutter nach Hause. Dort gibt es Wälder und Seen, goldenes Herbstlaub, niedrige dunkle Wolken, verträumte grüne Hügel. Dort lebt der stille Tod, und wir sind in seinem Schoß. Dort wird dein Kind zur Welt kommen. Dort bist du am richtigen Ort. Du, meine Süße, gehörst nicht hierher. Du wirst mit mir zu deiner Mutter fahren. Du bist nicht von hier. Du bist eine von uns. Eine der unseren bist du.

3. Kapitel:
Ein Wintermensch

Alle geschäftlichen Dinge von Sacharja Siegfried Berger in Tel Aviv sind erledigt. Innerhalb von drei oder vier Tagen hat er eine Truppe engagiert, die biblische Tänze, Hirtentänze und Pioniertänze aufführt, sowie eine Dichterin gewonnen, die in der Sprache der Zukunft schreibt, einem kühnen Gemisch aus Brocken verschiedener Sprachen, angereichert mit Worten aus ihrem eigenen Sprachschatz, bei denen mehr der Klang denn ihre Bedeutung im Vordergrund steht. Diese Lyrikerin ist die Verpflichtung eingegangen, ihre ausgefallenen Gedichte in Siegfrieds Kabarett zu lesen oder, genauer gesagt, zu inszenieren.

Außerdem hat er drei Schönheiten gesucht und gefunden, die weder Sängerinnen noch Schauspielerinnen sind, dafür aber blondhaarig, helläugig und von kräftigem, muskulösem Körperbau. Laut Vertrag müssen sie in Khakiuniform auf der Bühne seines Münchner Kabaretts auftreten, um dort, mit Maschinenpistolen bewaffnet, Bilder aus dem Leben israelischer Kampfsoldatinnen darzustellen, zum Beispiel die Eroberung eines Stützpunkts oder das Verhör eines gefangenen arabischen Offiziers.

Wer in der Vergnügungsbranche reüssieren will, sagt Sacharja zu Noga

Ein anderer Ort

Charisch, die auf seinen schmalen Lippenbart starrt, wer sich im Schaugeschäft durchsetzen will, der muß die geheimen Wünsche und verborgenen Gelüste kennen. Um im harten Wettbewerb zu bestehen und die Leute in meine Höhle zu locken, muß ich in die Tiefen vordringen. Bei Jongleuren, Akrobaten und Stripteasetänzerinnen bin ich in München nicht unschlagbar. Aber ich verleihe dem Ganzen einen subtilen Reiz. Und so kann ich München schlagen. Der Sohn eines ermordeten jüdischen Kantors schlägt München, Noga, mein Augapfel, du kannst gar nicht ermessen, welche metaphysische Gerechtigkeit sich darin verbirgt. Stell dir vor: Ein Mädchen, ein jüdisches Mädchen, ein kräftiges jüdisches Mädchen, schön anzusehen und gut gebaut, steht auf der suggestiv beleuchteten Bühne, eine Maschinenpistole in der Hand, und tritt auf einen Feind in abgerissener Uniform ein, der sich vor ihr krümmt und windet und der Jüdin die Füße küßt. Ein abgründiges Prickeln verschaffe ich ihnen. Sie geraten in fieberhafte Ekstase angesichts der rabiaten Jüdin. Einen Reiz, der sie bis auf den Grund ihrer Seele aufwühlt, verkaufe ich ihnen. Und sie geben mir ihr Geld, ja geben mir mehr in die Hand als ihr Geld, mit ihren innersten Empfindungen sind sie mir ausgeliefert, und das ist meiner Mühe Lohn. Fürchtete ich nicht den schmerzlichen Vergleich, Noga, meine Heilige, würde ich hinzufügen, daß auch viele, viele unserer jüdischen Brüder angesichts des bewaffneten Mädchens in Wallung geraten würden, genau wie unsere Hasser. Und scheute ich nicht die Verallgemeinerung, würde ich dir ein erschütterndes Geheimnis anvertrauen, würde dir verraten, daß es tiefe Gründe für diese Gemeinsamkeit gibt. Der Ermordete und sein Mörder sind nicht wie Feuer und Holz, nicht wie Gurgel und Schächtmesser. Es gibt ein verborgenes Band, das den Menschen und seinen erbittertsten Hasser, seinen Feind, für alle Ewigkeit aneinander fesselt. Es ist wie das Band zwischen Mann und Frau, deren Paarung Frucht getragen und sie miteinander gekreuzt hat. Das Kind ist die bleibende Kreuzung der beiden, auch wenn sie bis ans Ende der Welt und der Zeit voreinander fliehen. So weit das Gleichnis. Und seine Bedeutung, schöne Noga, wird dir sehr häßlich vorkommen. Gemeint ist der Tod. Wenn die Paarung zwischen dem Ermordeten und seinem Mörder nicht unterbrochen wird, sind sie im Tod für immer und ewig verkreuzt, ein willfähriger Mörder und sein Opfer, das sich nach seinem Mörder sehnt, mit einem Verlangen, mächtiger als der Tod.

Sacharja hatte all seine Geschäfte in Tel Aviv erledigt und fand die Zeit, unsere altehrwürdige, heilige Hauptstadt und unseren gelehrten und geliebten Bruder Nechemja zu besuchen. Der Besuch verlief unerquicklich. Zuerst versuchten die Brüder, gemeinsame Erinnerungen aufzuwärmen. Die Erinnerungen betrübten sie. So wandten sie sich nationalen und epochalen Problemen zu und gerieten in Streit. Nechemja verdächtigte den Gast, er lobe den jüdischen Sozialismus mit leicht spöttischem Unterton. In seinem Ärger sprach er den Verdacht laut aus. Sacharja war zutiefst gekränkt und dementierte erbittert: »Ich liebe den Sozialismus und ich liebe das Judentum und ich halte mich in meiner sozialen Einstellung für einen fanatischen Humanisten. Ja. Aber wenn ein Bruder dem anderen nicht mehr glaubt, dann fällt die ganze Welt wieder zurück ins Chaos. Das beweist die Geschichte von Kain und Abel.«

Nechemja sagte, die Welt stürze wegen des Nihilismus ins Chaos zurück. Sagte es und lächelte, als wolle er zu verstehen geben: Das war ein Wink mit dem Zaunpfahl.

Sacharja stimmte den letzten Worten seines Bruders sofort bei. Zur Bekräftigung wiederholte er sie sogar. Dann sprachen sie über Esra und überdachten gemeinsam den Familienschlamassel. Dabei gelangten sie übereinstimmend zu dem Resultat, daß die Reinheit der Familie das Wichtigste im Leben des Einzelnen und der Gesellschaft sei. Sacharja erzählte, daß er das Mädchen überreden wolle, mit ihm zur Mutter nach Deutschland zu fahren. Sie habe beschlossen, das Kind auszutragen. Die gesellschaftliche Stellung dieses Kindes sei äußerst prekär. Mezudat Ram sei nicht der richtige Ort für das Kind. In Deutschland herrsche natürlich eine ganz andere Atmosphäre. Alle nötigen Formalitäten werde er, Sacharja, selbst erledigen, um dem Glück unseres lieben Bruders Esra zu dienen.

Der Gastgeber schlug eine kurze Stadtbesichtigung vor. Sacharja stimmte zu. Doch die brüderliche Eintracht wurde erneut gestört, weil Sacharja auf seine Kosten ein Taxi nahm und seinen Bruder unaufhörlich zu teuren Vergnügen nötigte. Nechemja war verstimmt, aber unfähig, die sachte Bevormundung durch seinen Bruder abzuschütteln. Nach der Rundfahrt erklärte Siegfried, unsere Hauptstadt Jerusalem atme Vergeistigung und Poesie und besitze äußerst malerische Viertel.

Nechemja lud seinen Bruder ein, bei ihm zu übernachten. Zur beiderseitigen Erleichterung war der Tourist geschäftehalber gezwungen, noch am selben Tag nach Tel Aviv zurückzukehren. Und von Tel Aviv wolle er nach

Ein anderer Ort

Mezudat Ram eilen. Er sei fest entschlossen, dort zu bleiben, bis es ihm gelinge, das Problem einer ehrbaren Lösung zuzuführen und seinen Bruder Esra zu retten. Die Brüder umarmten sich zum Abschied, küßten einander auf beide Wangen. Nechemja bat seinen Bruder, alles ehrlich und anständig zu regeln, und wünschte ihm guten Erfolg. Selbstverständlich war ihm das Herz schwer.

Sacharja hatte alle seine Vorhaben in Tel Aviv zu Ende gebracht und seinem ältesten Bruder Nechemja seinen Pflichtbesuch abgestattet. Schließlich kehrte er nach Mezudat Ram zurück. Wir waren über seine Wiederkehr nicht erfreut. Dieser Mann führt etwas im Schilde. Seine Absichten sind uns suspekt. Er kommt uns nicht vertrauenswürdig vor. Er ist nicht offen. Manche vermuteten, er sei nicht in eigener Sache, sondern im Auftrag unserer ehemaligen Genossin Eva hier. Fruma Rominow gab die allgemeine Meinung wieder, als sie in ihrer typischen prägnanten Art sagte: »Dieser Mann sieht aus wie ein Zuhälter.«

Esra Berger hat sich wieder seine doppelte Arbeitslast aufgeladen. Rund zwölf Stunden pro Tag sitzt er in der Führerkabine des Lasters. Weitere Stunden verbringt er bei den Fischern in Tiberias. Noga trifft er nicht mehr. Vielleicht geht er ihr aus dem Weg, vielleicht sie ihm. Womöglich hat Herbert Segal recht mit seiner Meinung, gegenseitige Schuldgefühle hielten sie voneinander fern.

Noga arbeitet täglich fünf Stunden, wie für Jugendliche ihres Alters in den Ferien vorgeschrieben. Sie hilft Herzl Goldring beim Gärtnern. Herzl Goldring ist ein verbitterter, zu Jähzorn neigender Mann. Aber bei Noga Charisch läßt er erstaunliche Milde walten. Er achtet nicht einmal auf die Einhaltung der Arbeitsstunden. Ist sie zu spät erschienen oder vorzeitig gegangen, hat er nichts gehört und nichts gesehen. Beugen sie sich gemeinsam über einen Strauch, der zurückgeschnitten werden muß, bemüht er sich, sie mit Geschichten aus ihrer Kindheit zu unterhalten: Herzls Tochter, die als Kleinkind an Diphtherie gestorben ist, war Nogas Altersgenossin. Herzl erinnert sich an zwei kleine Mädchen von einem Jahr, die in einem hölzernen Laufstall sitzen und mit bunten Bauklötzen spielen. Er erinnert sich völlig ruhig an diese Szene, als sehe er sie vor sich und als sei seither nichts geschehen. Herzls Art, Bilder im Gedächtnis aufleben zu lassen, geht Noga zu Herzen. Er weiß noch die Farbe der Klötzchen. Er hatte sie selbst angemalt. Ein blondes und ein dunkles Köpfchen steckten zusammen, Löckchen an Löckchen, zwei hübsche kleine Mädchen, Noga, zwei ganz besondere Kinder. Aber wie sollst du dich an Osnat erinnern. Du hast sie vergessen.

An einem Hochsommertag hielt Fruma Rominow Noga Charisch vor der Kleiderkammer an und sagte: »Man sieht bei dir schon Bauch. In welchem Monat bist du? Im dritten? Im vierten?«

Noga verzog das Gesicht und wollte weitergehen.

»Warte, wart einen Moment. Ich muß dir was sagen.«

»Nicht jetzt, Fruma, ich bitte dich.«

»Geduld. Bleib mal einen Moment. Zu deinem Vater kannst du jetzt ja nicht gehen. Nein? Nein. Natürlich nicht. Wo ißt du denn dann die Vieruhrmahlzeit? Du ißt gar nichts? Das geht nicht. Du mußt jetzt sehr auf dich acht geben. Viel Obst, viel Gemüse, viele Milchprodukte. Magst du weißen Käse? Käse. Kalzium ist sehr wichtig in diesem Zustand. Ja. Weißt du, warum ich dich aufhalte? Ich hab mir gedacht, ich wollte dir vorschlagen, daß du zur Nachmittagsmahlzeit vielleicht immer zu mir kommst. Ich bin immer allein. Ich könnte dir jeden Tag was Leichtes richten, Dinge, die du jetzt dringend brauchst. Zum Beispiel kann ich Malzbier besorgen. Ich erklär dir bei anderer Gelegenheit, warum dieses Bier in deinem Zustand so gut ist. Auch Radio kannst du bei mir hören, sogar Blockflöte spielen. Ich bin nicht musikalisch, aber gegen ein paar Klänge habe ich noch nie was einzuwenden gehabt. Die Blockflöte darfst du nicht vernachlässigen. Menschen können untreu sein, Dinge bleiben einem immer treu. So ist das im Leben. Komm so gegen fünf. Wenn du möchtest, kannst du mir beim Bügeln helfen. Damit du ein gutes Gefühl hast, nicht meinetwegen.«

Noga lehnte dankend ab. Sie schliefe lieber den ganzen Nachmittag. Sie sei dieser Tage sehr müde. Vielleicht wegen der Hitze. Jedenfalls werde sie sich Frumas Worte merken. Sagte es und wandte sich schnell um, weil ihr die Augen vor Tränen überquollen. Immer hatte man ihr beigebracht, Warmherzigkeit und eine empfindsame Seele seien das Gegenteil von Bosheit – Gegensätze wie Tag und Nacht. Und nun Fruma.

Herbert Segal setzte sich mit Nogas Klassenkameraden zu einer Unterredung zusammen. Ich möchte mit euch wie mit lebenserfahrenen Menschen sprechen. Ich bin nicht hier, um eine Rede zu halten, sondern um

Meinungen auszutauschen. Ihr müßt wissen, daß ich diese Aussprache aus eigenem Entschluß angeregt habe, ohne den Erziehungsausschuß zu Rate zu ziehen. Dieses Gespräch bleibt unter uns. Ihr werdet mich nicht in Verlegenheit bringen. Ich zähle auf euch. Ich wußte, daß diese Andeutung genügen würde. Schön. Ich werde beginnen. Ich meine das Problem eurer Genossin Noga. Nein, unrichtig. Es ist euer Problem. Unseres. Unser aller Problem.

Um sagen zu können, was er auf dem Herzen hatte, mußte Herbert vorab zwei Begriffe klären. Er erläuterte den Kindern, was eine Tragödie und was Taktgefühl ist. Mit Hilfe dieser Begriffe brachte er ein zögerndes, tastendes Gespräch in Gang. Die Schlußfolgerung stammte von den Kindern. Herbert akzeptierte sie. Man darf Noga nicht verletzen. Darf sich nicht wie schadenfroher Pöbel benehmen. Das bedeutet keineswegs, nun gekünstelte Freundlichkeit an den Tag zu legen. Freundlichtun kränkt mehr als offene Beleidigung. Aber man darf sie nicht verletzen. Vielleicht ist sie an ihrem Schicksal schuld, vielleicht auch nicht, aber jedenfalls leidet sie. Wir müssen das Leid mitempfinden. Müssen, in Herberts Worten, Takt walten lassen. Übrigens besagt Herberts private Meinung, daß die Frage der Schuld im allgemeinen keine einfache ist. Es ist eine philosophische Frage.

Herbert Segal ist ein hervorragender Mann. Seine Worte sind zu Herzen gegangen. Niemand stichelt oder spottet mehr. Möglicherweise haben auch Orens strenge Anweisungen die allgemeine Zurückhaltung mitbewirkt. Dafna Issarow behandelt Noga, als wäre sie krank, schleicht auf Zehenspitzen durch das Zimmer. Nicht jede hat schließlich eine Zimmergenossin, die in einem sehr traurigen Roman vorkommen könnte. Dafna spürt die Last der Verantwortung, die Herbert der Gruppe und vor allem natürlich ihr aufgetragen hat.

Oren wiederum hat einen älteren Jungen, der bereits Wehrdienst leistet, erbittert mit Fäusten traktiert, weil der sich die scherzhafte Bemerkung erlaubt hatte, Familie Berger werde ja bald ein freudiges Ereignis feiern, die Geburt eines neuen Onkels des kleinen Dani. Wenn Oren sich prügelt, geht es ihm nicht um raffinierte Schaueffekte. Er neigt nicht dazu, sich durch listige Taktiken hervorzutun. Nie würde er mit der einen Hand zum Schein ausholen, um dann mit der anderen ungestört dreinzuschlagen. Oren kämpft nüchtern. Zur Enttäuschung seiner Anhänger und Gegner zugleich versetzt er ohne Umschweife einen vernichtenden Tritt in die empfindlichste Stelle.

Er haßt Noga keinesfalls. Wir werden uns nicht an Erklärungen versuchen. Einmal hat er Noga einen achtfach gefalteten kleinen Zettel in die Hand gedrückt, auf dem geschrieben stand: »Noga du hast recht wenn du so fühlst dann mußt du auch so handeln denn man muß nach dem Gefühl gehen und nicht nach dem Gefühl anderer in Freundschaft O. G.«

Sei es aus einem Impuls heraus, sei es kraft dunkler Triebe: Oren ertränkte Mendel Morags geliebten Kater. Er zog ihm mit einem Fallschirmjägerbajonett das Fell ab, salzte und trocknete es, setzte ihm grüne Murmeln als Augen ein und verarbeitete ihn zu einem weichen, haarigen Bettvorleger für Noga. Es versteht sich von selbst, daß Noga sein Geschenk zurückwies. Erwähnenswert ist jedoch, daß Oren ihr deswegen nicht böse war.

Und wieder sitzen gegen Abend auf einer Gartenbank das Mädchen im himmelblauen Rock und heller Bluse und der Gast im weißen Hemd mit orangefarbener Krawatte, auf der das Konterfei einer bekannten Schauspielerin prangt.

Vorbeikommende tun so, als sähen sie die beiden nicht, weil die Urteilskraft gewissermaßen ihren Sättigungspunkt erreicht hat oder weil die Allgemeinheit nach einem komplizierten, subtilen Prozeß zu endgültigen Schlüssen gelangt ist.

Über Ruven Charisch wurde folgendes gesagt:

»Er ist ganz eingefallen.«

»Sie geht nie zu ihm.«

»Er ist kein Typ, der auf einmal zusammenbricht. Aber er verkrümmt gewissermaßen, wird immer gebeugter. Das ist schrecklich.«

Über Esra Berger:

»Langsam, langsam wird er zu Bronka zurückfinden. Sie werden zusammenkommen. Es wird eine melancholische Zeit geben, und er wird zurückkehren. Muß einfach.«

»Die Zeit. Nur die Zeit. Mit der Zeit werden die Wunden heilen. Der Winter wird kommen. Er wird nicht mehr Tag und Nacht fahren. Es wird nicht mehr Tag und Nacht etwas zu befördern geben. Die Nächte werden länger. Und er wird zu Bronka zurückkehren. Am letzten Schabbat zum Beispiel hat er mit dem Enkel auf dem Rasen gespielt. Zweimal hat er laut

Ein anderer Ort

gelacht. Und am Samstagabend hat man ihn auf Grischas Veranda gesehen. Er spielte mit Grischa Schach. Nein, die Dinge bleiben nicht statisch. Esra muß nur seinen Gast loswerden. Der hat keinen guten Einfluß auf ihn.«

Der Mann starrt konzentriert auf die Zigarette in seiner Hand. Das Mädchen sitzt in sich gekehrt ein Stück entfernt am Ende der Bank. Ihr kleiner Bauch offenbart dem, der sie minutenlang betrachtet, welch lange Beine sie hat. (Aber der Betrachter läßt den Blick nicht lange ruhen, sondern wendet ihn wie geblendet ab.)

Das Laub raschelt. Stare kreisen in der Luft, beschreiben wilde, hysterische Bahnen, landen auf Stromdrähten, heben mit weichem Flügelschlag wieder ab, flitzen auf den Wasserturm zu, machen wie auf heimlichen Kollektivbeschluß allesamt auf halbem Weg kehrt und nehmen scharfen Kurs auf die Blechdächer der Kuhställe.

Sacharja raucht.

Ein vorwitziger Zweig des Strauches hinter Noga kitzelt sie an der Schulter. Sie spielt mit ihm, stößt ihn zurück, worauf der Zweig vorfedert und ihr erneut auf die Schulter klopft.

Sacharja bemerkt ihr Spiel und grinst.

Noga sagt: »Das ist kein Lächeln. Das ist eine Grimasse. Du kannst nicht lächeln.«

Sacharja erzählt ihr von einer schicksalsgeschlagenen Frau, die ihm vor vielen Jahren etwas Ähnliches gesagt habe.

Noga erkundigt sich nach dem Schicksal dieser Frau.

Sacharja kneift ein Auge zusammen, weitet das andere und sagt müde: »Sicher schon gestorben, was sonst.«

Noga meint, Sacharja habe in seinem Leben viel gesehen.

Sacharja beginnt, Eva Hamburgers jetzige Lebensumstände zu schildern. Noga fragt nicht nach Einzelheiten, stoppt ihn aber auch nicht. Er verstummt. Drückt die Zigarette aus. Zündet eine neue an. Ein Zittern durchläuft seine Bartspitzen. Er möchte Noga eine interessante Idee vortragen. (Noga vergnügt sich weiter mit dem Zweig. Blickt ihn nicht an.) Ein deutscher Gelehrter hat die Todesvorstellung den alten Ägyptern zugeschrieben. Sein Name wird dir unbekannt sein, er hieß Oswald Spengler. Die Kunst des Einbalsamierens ist im alten Ägypten bis zur Vollendung entwickelt worden, und das nicht zufällig. Jede Kultur basiert auf einer eigenen Grundidee, mein trauriges Kind, und der Tod ist ägyptisch. Die Ägypter haben ihn einem anderen Volk vererbt. Die Vision von der Erlösung des Menschen ist jüdischen Ursprungs, und der lebendige Tod war anfangs ägyptisch. (Noga läßt von ihrem Spiel ab. Schließt die Augen. Sehr entspannt.) Manche sagen, er sei weiblich. Manche sagen, der Tod sei symbolisch betrachtet das weibliche Prinzip. Und umgekehrt sei das Leben das männliche Prinzip. Ist das nicht ein amüsanter Gedanke? Nach dieser Lehre, die übrigens auch von einem deutschen Gelehrten stammt, ist die Bezwingung der Frau durch den Mann eine Bezwingung des Todes, aber auch ein Wiedereindringen in den Mutterleib, in den Urschlaf, in den kosigen Embryonalzustand, ins schwarze Innere des weiblichen Symbols, in den Tod. Das ist das Geheimnis der zwiefachen Anziehungskraft. Diese Lehre ist nicht neu, meine Tochter. (Noga öffnet die Lippen, als bemühe sie sich, eine ferne Stimme einzufangen, sie aus vielen anderen stärkeren Stimmen herauszuhören, die sie völlig zu übertönen drohen.) Sie ist nicht neu, mein Mädchen. Das deutsche Genie Goethe deutet im wundersamen zweiten Teil des göttlichen ›Faust‹ darauf hin. Und die Wurzeln dringen unter den Fels, in die Tiefen der germanischen Mythologie, zu den finsteren Balladen, den Schauermärchen unwissender Bauern, zu verhutzelten Zauberern, den Dienern der Hölle und ihrer Bewohner. Schwarzes Feuer ist in ihren schwarzen Knochen eingeschlossen. Sie haben das Geheimnis des Todes als Urquell, Ziel und Symbol ererbt. All ihr Genius im Denken und Dichten saugt Todessäfte wie schwarzes Mark aus den Grotten der alten Märchen. Zwar hat es große Wissenschaftler gegeben, die verborgene Wahrheiten in den Überlieferungen der Ägypter, Griechen und Perser entschlüsselten, aber diese Gelehrten – du wirst es leicht erraten – waren ausnahmslos Deutsche. (Noga schlägt die Augen auf. Läßt den Blick langsam über die Berghänge schweifen. Der Bergzug hüllt sich in Dämmerung. Sie lächelt vor sich hin. Berührt mit dem Finger die Lider und schließt die Augen wieder.)

Sacharja sagt: »Du willst mir noch keine Antwort geben. Ich dränge dich nicht. Ich weiß, wer du bist. Du bist eine von uns.«

»Es wird dunkel. Gehen wir zum Essen in den Speisesaal. Wenn wir zu spät kommen ...«, sagt Noga, ohne ihren Satz zu beenden. Sie scheint nicht bei der Sache zu sein.

Sacharja erhebt sich und bietet dem Mädchen den Arm. Noga übersieht das Angebot, sucht keine Anlehnung. Sie geht neben dem Mann her, ohne ihn auch nur leicht zu berühren.

Ein anderer Ort

Sacharja nennt Namen deutscher Gelehrter. Noga hat den Geruch alter Lederbände in der Nase. Der Doppelname Wilamowitz-Moellendorff klingt ihr reizvoll wild und abenteuerlich. Schelling, Fichte, Schopenhauer – ein Trupp fröhlicher, hochgewachsener, breitnackiger Jäger mit Dreispitzen – singen mit rauhen Stimmen. Schlegel ist ein braves Adelskind im niedlichen Matrosenanzug. Naturgemäß verliert Noga den Faden des Vortrags. Hatte sie ihn denn je erfaßt? Aber die dunkle Stimme schmeichelt ihren Ohren und verleiht ihr ein undefinierbares Wohlgefühl.

Nach dem Abendessen geht Noga auf ihr Zimmer. Legt sich schlafen. Zwölf bis vierzehn Stunden gibt sie sich täglich dem Schlummer hin, ständig von großer Müdigkeit befallen. Sie verspürt eine nie gekannte Süße, ein neues, starkes Gefühl.

Sacharja sitzt im Haus seines Bruders. Bronka drängt ihn nicht einmal andeutungsweise zur Abreise, obwohl sie ihn loswerden möchte. Sie bewirtet ihn Glas auf Glas mit kühlen Getränken, weil er nicht an das Klima gewöhnt ist. Immer ist seine Kehle trocken. Mehrmals hat Bronka ihm gesagt, er solle sich wie zu Hause fühlen und sich so viel zu trinken holen, wie er wolle. Doch Sacharja behauptete, das süße Naß erfreue den Gaumen mehr, wenn die guten Hände seiner Schwägerin es kredenzten. Manchmal erzählt er Bronka so allerlei. Sie lauscht seinen Geschichten, weil er ihr Gast und der Bruder ihres Mannes ist, hält sich aber mit Erwiderungen zurück, weil sie diesen Kerl nicht schätzt.

Siegfried erzählt zum Beispiel von seinen ersten Tagen in Deutschland. Ende 1949, Anfang 1950 war das. Er war dorthin gegangen, um ihnen Wiedergutmachungsgelder abzupressen, hatte aber bis zur Klärung seines Anspruchs keinen Pfennig. Deshalb suchte er Arbeit, egal welche. Es waren schwere Zeiten. Noch vieles lag in Trümmern. Er fand eine etwas seltsame Stelle, aber damals durfte man nicht wählerisch sein. Er wurde Zeitarbeiter beim städtischen Gesundheitsamt Hamburg. Er arbeitete nachts, in einem Trupp armseliger Emigranten und Flüchtlinge, die herrenlose Hunde einfangen sollten. Bezahlt wurde nach der Zahl der geschnappten Köter. Seinerzeit gab es viele streunende Hunde draußen, deren Zahl ständig wuchs. Einige zeigten noch Spuren von Rasse, das Ergebnis generationenlanger sorgfältiger Züchtung. Während des Krieges hatten sie sich mit dem Plebs der Promenadenmischungen eingelassen und waren zu Straßenkötern verkommen. Wir führten die Behörde an der Nase herum. Wir fingen Hunde ein, präsentierten sie dem Vorgesetzten, bekamen für jeden Hund eine abgestempelte Bescheinigung, alles nach gut deutscher Ordnung, und brachten sie dann zur städtischen Mülldeponie, um sie mit Arsen zu vergiften. Du wirst dir denken können, gescheite Bronka, daß hier der Hund begraben und die Pointe der Geschichte liegt: Wir haben sie nicht vergiftet. Wir haben sie laufen lassen. Ein oder zwei Stunden später tauchten die Köter wieder im Stadtgebiet auf. Und wir schnappten sie in der folgenden Nacht pflichtgemäß aufs neue und kassierten wieder gutes Geld für jeden einzelnen Hund. Manche Hunde haben wir zwanzig bis dreißig Mal gefaßt und wieder freigelassen. Die Beamten waren entsetzt über ihre Zahl und Vermehrungsrate. Je mehr man sie unter Druck setzte, um so stärker vermehrten sie sich und breiteten sie sich aus, um einen biblischen Ausdruck zu verwenden. Und wir – wir freundeten uns mit unseren struppigen, schlappschwänzigen Brötchengebern an, gaben ihnen sogar Namen: Heinz, Fritz, Franz und Heinrich. Sie liefen uns freiwillig zu, weil ihnen der Spaziergang zur städtischen Mülldeponie lieb geworden war. Manchmal fanden sie dort reiche Nahrung. Das Leben eines Straßenköters ist ja sehr traurig, in ökonomischer und – vor allem – in seelischer Hinsicht. Ein Hund braucht Liebe. Braucht einen Namen. Braucht Umgang. Wir haben sie gestreichelt und hinter den Ohren gekrault und jeden bei seinem Namen und Kosenamen gerufen, Freddy, Hansi, Rudi-Rudolfi-Rudolfini. Es waren doch herrenlose Hunde. Ein Hund ist bereit, sich für eine einzige Liebesbezeugung aufzuopfern. Ein Hund muß Anschluß haben. Du wirst verstehen, meine liebe Bronka, daß wir keine tollen Hunde leben ließen. Wir waren schließlich keine Verbrecher, auch wir empfanden moralische Verantwortung. Stellten wir bei einem Hund Krankheitssymptome fest, gaben wir ihm Arsen. Wie du weißt, wurden meine finanziellen Ansprüche letzten Endes behördlich anerkannt. Und da, liebste Schwägerin, taten sich ganz andere Horizonte auf. Aber offenbar gelingt es mir nicht, dich mit meinen Geschichten zu erheitern. Bei Thomas Mann, im *Zauberberg*, kommt ein penetranter Typ vor, der seine ganze Umgebung mit banalen Moralgeschichten malträtiert. Aber der hatte Tuberkulose, war schwindsüchtig. Du mußt mir nicht zuhören. Ich liebe dich, teure Bronka, auch wenn du mich angewidert oder gelangweilt anblickst, denn wir gehören doch ein und derselben Familie an, und meine Familie liebe ich, unabhängig davon, wie man mich behandelt. Ein Mensch wie ich würde für ein Liebeszeichen bis ans Ende der Welt fahren. Die Familie

Ein anderer Ort

ist keine Handelspartnerschaft. Familie ist Schicksal. Jeder Mensch muß sein Schicksal lieben, weil er keine Wahl hat. Würdest du so gut sein, mir noch ein Glas Saft einzuschenken? Die Kehle, die Kehle ist ausgedorrt. Ich höre nicht auf zu reden. Und bin auch nicht an das asiatische Klima gewöhnt. Ich bin ein Mensch, wie soll ich sagen, nein, kein Europäer, ich bin – drücken wir es mal so aus – ein Wintermensch.

4. Kapitel:
Glockenklang und ein Anflug von Wehmut

Ruven Charisch sitzt zu Hause. Dieser Tage ist er vom Unterrichten befreit, denn es sind Sommerferien. Er müßte einige Kapitel aus den biblischen Büchern der Richter, Samuels und der Könige sowie die Werke der neueren hebräischen Dichter Bialik, Tschernichowski, Fichmann und Schimoni durchgehen, um seinen Stunden im kommenden Schuljahr neuen Pfiff zu geben. Tatsächlich bemüht er sich auch, aber die Buchstaben tanzen ihm vor den Augen. Er setzt sich an den Tisch und schlägt ein Buch auf. Die Worte fügen sich nicht zu Sätzen. Er öffnet ein anderes Buch. Der Kopf sinkt ihm auf den Tisch. Er steht auf, wäscht das Gesicht mit kaltem Wasser, trinkt Kaffee, setzt sich an den Tisch, doch wieder schiebt seine Hand selbsttätig das Buch fort, und der Blick irrt umher. Mit Kaffee versorgen ihn Nina Goldrings gütige Hände. Feinfühlig hat Nina es übernommen, sich um Ruven Charisch zu kümmern. Das ist das Gute an unserem Leben: Man läßt den Menschen nicht vereinsamen. Jetzt, da Bronka und Noga seine Schwelle nicht mehr betreten, erfüllt Nina diese menschliche Pflicht. Ruven ist nicht gesund. Seine starken Schultern hängen, der Kopf duckt sich förmlich dazwischen. Das spitze Vogelgesicht wirkt noch hagerer als zuvor. Sogar seine scharfen grünen Augen werden zuweilen matt und verschwommen. Er sieht todmüde aus, als mangele es ihm an Schlaf. Dieses Bild täuscht. Ruven Charisch versinkt oft in langen schweren und traumlosen Schlaf. Wie seine Tochter. Beide geben sich dem bunten Zauber des Schlummers hin. Ohne jeden ersichtlichen Grund tritt ihm manchmal glühender Schweiß aufs Gesicht, und dann übermannt ihn ein Schwindel, der ihn ans Bett fesselt. An schweren Tagen meidet er, auf Anraten des hiesigen Arztes, jegliche Anstrengung. Dann verdrückt er sich auf den Liegestuhl in seiner Verandaecke und zupft

Trauben von einem großen Büschel, bis er mitten am hellen Morgen einnickt und viele Stunden schläft. Nina Goldring tappt auf Zehenspitzen die Stufen hinauf und stellt ihm ein abgedecktes Tablett mit einer leichten Mahlzeit auf den Tisch: Butterbrot, Trauben, Birnen, Pflaumen, Magerkäse, Milchkaffee.

Manchmal erinnert er sich – was das Gedächtnis so alles miteinander verbindet – an eine nächtliche Fahrt in einem verbeulten Auto durch eisig peitschenden Sturzregen. In seiner Vision hört Ruven eine Stimme, und es ist ihm, als sinke eine bleiche Hand mit langen, zerbrechlichen Fingern sanft auf sein Knie. Mit der Hand kommen Bilder. Große Vögel, Abenddämmerung, ferne Kirchenglocken. Das verschleierte Bild verbirgt etwas Klares, Kristallenes, das sich nicht benennen läßt, aber das Leben reiner Kristalle lebt. Ruven sinnt darüber nach und wird niedergeschlagen. Was ist es, guter Gott, was ist es. Aus großer Ferne schimmert es blaß, im Regen, erfüllt von Glockenklang, spürbar als ein Anflug von Wehmut.

Große Freude bereitet uns dieser Tage der junge Gai Charisch. Gai hat sich zu seinem Vorteil verändert. Wir sind in der Erziehungsarbeit erfahren und wissen, daß keine Wunder geschehen. Aber dieser Junge ist innerlich zur Ruhe gekommen. All sein Tun ist von Ernst erfüllt. Sogar sein Benehmen hat sich gebessert. Wir rechnen es dem bescheidenen Herbert Segal hoch an, daß er einmal mit dem Jungen gesprochen und ihm geradeheraus erklärt hat, was eine Tragödie ist und wozu Taktgefühl dient.

Gai hatte Herbert mit seinen warmen, dunklen Augen angeschaut und wissen wollen, ob das Baby zur Familie Berger oder zur Familie Charisch gehören würde. Herbert hatte seufzend geantwortet, dieses Kind habe keine Chance, glücklich zu werden, weil es keine richtige Familie bekomme. Weder die Bergers noch die Charischs könnten ihm ein liebevolles Heim bieten.

Gai dachte schweigend darüber nach. Schließlich erklärte er, er denke, daß er so ein Baby liebhaben könne, denn gerade solch ein Kind müsse man doch besonders lieben.

Herbert zwinkerte mit seinen kurzsichtigen Augen. Rieb die Finger aneinander, als taste er die Worte des Jungen ab. Gai fügte hinzu, daß auch seine Mutter sich in einen Fremden verliebt habe und Noga und er daher ohne Mutter aufwüchsen. Er, Gai, sei seiner Mutter nicht böse. Aber er habe schon jetzt fest beschlossen, sich nie im Leben zu verlieben. Wenn man sich verliebe, passierten die schlimmsten Dinge.

Herbert sah ganz gegen seine Gewohnheit zu Boden, sorgfältig bedacht, dem Blick des Jungen nicht zu begegnen. Etwas zögernd erklärte Herbert, das stimme nicht, nicht immer, es gebe auch Liebe, die dem Menschen Glück schenke. Gai stimmte ihm zu, soweit es sich um Liebe unter Männern handle, so wie er seinen Vater liebe und so wie Tomer für Oren empfinde. Aber man dürfe nicht heiraten. Sich auch nicht in eine Frau verlieben. Man muß so wie du leben, Herbert. Ohne Frau. Denn du bist ein kluger Mann.

Herbert Segal schwieg.

Gai wollte wissen, wer seiner Meinung nach an allem schuld sei: Vater oder Mutter, Noga oder Esra.

Herbert erklärte schlicht, es gebe komplizierte Situationen im Leben, bei denen sich nicht sagen ließe, dieser sei der Schuldige und jener das Opfer. Zu Herbert Segals größtem Erstaunen erwiderte Gai, auch zwischen Juden und Arabern zum Beispiel sei die Lage nach seiner Ansicht so, daß man es nicht sagen könne. Beide Seiten behaupteten, ihre Vorväter hätten im Lande gelebt, und beide hätten damit völlig recht. Und was folgt daraus? Etwas ganz Einfaches. Es folgt daraus, daß Stärke das Entscheidende im Leben ist.

Herbert zögerte ein wenig mit der Antwort, suchte nach einem einfachen, schlagenden Argument, um Gais merkwürdigen Schluß zu entkräften. Gerade noch rechtzeitig fiel ihm jedoch ein, daß es darum ging, die Freundschaft des Jungen zu gewinnen, nicht ihn zu besiegen. Deshalb verzichtete er auf sein Recht, das letzte Wort zu behalten. Vor dem Abschiednehmen, an der Haustür, blickte Gai Herbert fest in die grauen Augen und gab ihm zwei feierliche Versprechen. Erstens, daß er weder mit seinem Vater noch mit Noga oder irgendeinem anderen Menschen über das sprechen werde, was in der Familie vor sich ging. Zweitens, daß er ab und an Herbert in seinem Zimmer besuchen werde, um zu reden und zu diskutieren. Außerdem bat Herbert ihn, manchmal bei der Musik zuzuhören, die er ihm vorspielen werde, weil Musik die Gefühle beschwichtige und zu Gedanken anrege, die unser wahrer Reichtum im Leben seien. Gai antwortete nicht sofort, überlegte einen Moment und sagte schließlich, daß er nachts vor dem Einschlafen manchmal Gedanken wälze. Aber tagsüber? Bei Tag denkt Gai nur das Nötigste. Er verabschiedete sich mit Handschlag.

Draußen überlegte Gai, daß er von nun an auf Vater achtgeben müsse, weil es Vater schlechtging. Dieser Gedanke versetzte ihn in starke Erregung. Herbert dachte an die warmen dunklen Augen des Jungen. Kam zu dem Schluß, daß er für sein Alter sehr reif war und es wunderbar war, ihm jetzt ein geistiger Vater zu sein. Herbert Segal hatte Gai Charisch ins Herz geschlossen.

Der Sommer hatte etwas an Jugendkraft eingebüßt. Das aufmerksame Auge erkannte die Zeichen. Die Gluthitze plagte uns zwar immer noch mit der Hartnäckigkeit alternder Menschen, die ihren Verfall mit häufigen Jähzornausbrüchen zu überspielen suchen. Doch die Tage waren deutlich kürzer geworden. Die gütigen Stunden der Dunkelheit nahmen zu. Das weißglühende Licht verlor etwas an Herrschaft. Der Dämmerschein wurde satter. So häuften sich auch die Stunden sanfter Melancholie, die Stunden vermeintlichen Herbstes.

Tag und Nacht, in drei Schichten, wendeten die Traktoren die Erde für die Wintersaat. Gelbliche Flächen gaben der Pflugschar nach, änderten ihr Gesicht und offenbarten ihr dunkles Inneres. In den Obstgärten war die Ernte in vollem Gang. Die Grünfutteräcker mußten immer häufiger bewässert werden. Müde, erschöpfte Menschen füllten abends den Speisesaal. In den Zimmern war es die Nacht über meist drückend heiß. Es wuchs die Zahl der Abenteurer, die lieber auf ihrer Veranda oder auf dem Rasen schliefen, bis über den Kopf in weiße Laken eingewickelt, um sich vor der Wut der Mücken zu schützen. Gegen Morgen kann man ein ausgebreitetes Gespensterlager sehen, lauter verstreute Gestalten, in weiße Leichentücher gehüllt. Aber das Bild täuscht. Mit leichtem Stups wecken die Wächter die Schlafenden beim ersten Morgenlicht. Aus den Leichentüchern kommen lebendige Menschen zum Vorschein, müde, mürrische Typen, die manchmal dem Klatsch huldigen oder giftige kleine Streitereien ausfechten. Wir werden nicht streng über sie urteilen. Zu dieser Jahreszeit müssen alle mühsame Schwerarbeit in der Hitze leisten und wir – was tun wir denn schon? Andererseits kann nur der, dessen verwöhntes Auge die Flugbewegungen der Zugvögel und die winzigen Veränderungen in der Färbung der Wildpflanzen wahrnimmt, jetzt Trost finden. Feine Zeichen, geheimen Signalen gleich, künden vom Nahen anderer Mächte.

Sacharja Siegfried Berger hat seinen Aufenthalt in Mezudat Ram verlängert. Nicht ohne Jizchak Friedrich, dem Schatzmeister, eine monatliche

Bezahlung dafür aufzunötigen. Weder Esras entrüstete Proteste noch Bronkas sarkastisches Lachen konnten etwas dagegen ausrichten. Ich bin ein reicher Mann, und es ist eine fromme Tat, dem Reichen in die Taschen zu greifen. Wenn man mich nicht zahlen läßt, reise ich sofort beleidigt ab. Wollt ihr mich denn vertreiben?

Im stillen wünscht Bronka tatsächlich seine Abreise herbei. Und desgleichen viele andere Genossen und Genossinnen im Kibbuz. Aber Esra hat seinen Bruder gern um sich, ebenso auch eins unserer jungen Mädchen, das wegen eines beschämenden Vorfalls derzeit völlig isoliert ist.

Sacharjas Beschluß, seinen Aufenthalt zu verlängern, läßt verschiedene Deutungen zu. Folgt man seiner eigenen Aussage, ist ihm die Gesellschaft seiner Familie lieber als jede andere menschliche Gesellschaft der Welt, und er ist gern in unserem Ort, weil er hier den Aufbau unseres altneuen Landes beobachten kann.

Anderen zufolge heckt er einen finsteren Plan aus, mit wer weiß welchem Ziel. Vielleicht möchte er Evas Auftrag erfüllen und Noga Charisch verleiten, mit ihm nach Deutschland zu fahren, wie Bronka meint. Vielleicht begehrt er sie und möchte sie selbst erobern, wie Tomers simple Erklärung lautet. Die schlimmste Vermutung äußert Fruma Rominow: Es sei die Tücke verbrecherischer Zuhälter, blutjunge Mädchen in Nöten unter ihre Fittiche zu nehmen, ihnen behilflich zu sein, ihren Balg zur Welt zu bringen, und die Ärmsten dadurch körperlich und seelisch völlig in ihre Gewalt zu bringen.

Sacharja Siegfried könnte einem auf den ersten Blick tatsächlich wie ein Schuft vorkommen, kennte man seine Vergangenheit, seine Auffassungen und seinen Familiensinn nicht. Aus Liebe übernehme ich die unangenehme Aufgabe, dieses kleine Flittchen zum Mitkommen zu überreden und sie nach Europa zu bringen, sagt er zu Esra. Aber ich handle auch aus Prinzip: Sie gehört zur Mutter. Sie ist zart und verwöhnt, Europa wird ihrer Entwicklung förderlicher sein als dieser Frontort hier. Und wenn wir die Sache einmal aus Evas Sicht betrachten – wie schön wird es sein, wenn Mutter und Tochter das Baby zu ihrer beider Freude gemeinsam großziehen. Eva wird Halt und Sinn im Leben finden. Was meinen brüderlichen Freund Isaak Hamburger angeht, bin ich sicher, daß er auf Grund der künstlerischen Seite seines Charakters starke Liebesbande zu seiner neuen Tochter und dem künftigen Enkelkind knüpfen wird. Außerdem kann ich dir verraten, lieber Esra, daß meine Freunde in ihrem letzten Brief meinen Plan sehr begrüßen.

Begegnet man Sacharja Siegfrieds Worten nicht mißtrauisch, muß man zugeben, daß sie Hand und Fuß haben, wenn sich sein Denksystem auch erst auf den zweiten Blick offenbart.

Auch Sacharjas Handeln hat System. Er sucht Noga Charischs Nähe, vermag manchmal sogar ihre Neugier zu erregen. Meist lauscht sie seiner Stimme, ohne seine Worte zu verstehen. Seine Stimme wirkt beruhigend auf sie. Solange er bei ihr ist, ist sie gelassen, ihr Körper entspannt. Ihr Schweigen weckt vorsichtige Hoffnungen bei ihm. Fast meint er, das Mädchen schon unter seinen Fittichen zu haben. Er ahnt nicht, daß in Wirklichkeit nur wohlige Trägheit sie daran hindert, auf Distanz zu gehen. Aber auch das ist eine Täuschung.

Auch um Gai bemüht sich Sacharja, wie es sich bei einem Freund der Familie gehört. Gai versteift sich jedoch und reagiert nicht auf seine Signale. Wir müssen noch abwarten und sehen, was ein Fahrrad Marke Schweigermann ausrichten wird, das derzeit von München nach Mezudat Ram unterwegs ist, auf Bestellung von Herrn Berger Siegfried für seinen Freund, den Prachtjungen Gai Charisch.

Natürlich läßt Sacharja keinen Augenblick den Vater außer acht. Das Haupthindernis ist der Vater. Das Mädchen wird es nicht mit ansehen können, wenn er zusammenbricht. Ein oder zwei Tränen, und dein ganzes Gebäude schmilzt dahin wie ein Zuckerschloß. Die Angelegenheit verlangt Fingerspitzengefühl. Ruven Charisch ist eine befestigte Stadt, du kannst seine Sympathie nicht mit einer schmalen deutschen Ausgabe ausgewählter Gedichte von Ruven Charisch erkaufen. Mit banalen Methoden kommt man hier nicht zum Ziel. Hier steht Prinzip gegen Prinzip, wie Eisen gegen Eisen – oder wie Berg gegen Tal, um die Lieblingsmetapher dieses wackeren Pioniers zu verwenden. Es besteht natürlich der Weg schrittweiser Annäherung, die Möglichkeit des Einschmeichelns. Aber diese Methode würde langwierige Anstrengungen mit zweifelhaftem Ausgang erfordern. Andererseits leidet dieser Charismann an einer inneren Erkrankung, deren Symptome man umsichtig eruieren sollte. Bestimmte Krankheiten können unter außergewöhnlich widrigen Umständen einen Menschen im Nu erledigen. Im Unglücksfall unterläge die Kleine laut Gesetz der Vormundschaft der Mutter, und mit der Rumschleicherei wäre Schluß. Außerdem gibt es weitere mögliche Vorgehensweisen. Man könnte das Gesetz auf unsere Seite bringen. Das ist angebracht bei braven Bür-

Ein anderer Ort 267

gern, die Recht und Ordnung hochhalten. Vielleicht mit Hilfe eines klugen Anwalts. Prüfen wir doch einmal sorgfältig die Tatsachen: Die früheren Ehepartner haben zwei Nachkommen. Die Eheleute haben sich vor wenigen Jahren getrennt. Beide sind im Vollbesitz ihrer geistigen Kräfte. In finanzieller Hinsicht sind beide in der Lage, für den Unterhalt ihrer Kinder aufzukommen. In solchen Fällen tendiert die Rechtsprechung dahin, daß der Sohn beim Vater und die Tochter bei der Mutter bleibt. Das ist Gerechtigkeit im wahrsten Sinne des Wortes. Die Tatsache, daß die Mutter bis heute keine Schritte zur Wahrnehmung ihres Rechtsanspruches eingeleitet hat, beeinträchtigt natürlich nicht die Gültigkeit ihres Anspruchs. Vor allem, Hohes Gericht, vor allem, weil der Vater durch sein eigenes Handeln das moralische und gesetzliche Anrecht auf seine Kinder verwirkt hat: Zu unserem Leidwesen müssen wir hier die Tatsache publik machen, daß der Vater sich in eine skandalöse Liebesbeziehung verstrickt hat, deren Einzelheiten meine Mandantin ohne Schwierigkeiten beweisen kann und deren verheerende Wirkung auf die Seele der Kinder der psychologische Gutachter darlegen wird, der unsererseits zu diesem Zweck bestellt worden ist. Indes lebt die Mutter in zweiter Ehe unbescholten, ohne die geringste sittliche Verfehlung. Auch dafür können wir stichhaltige Beweise erbringen. Daraus, Hohes Gericht, ergibt sich mit zwingender, geradezu geometrischer Notwendigkeit die Folge: Nicht der Vater, sondern die Mutter ist gesetzlich und moralisch für die Kinder sorgeberechtigt. Aber, Hohes Gericht, meine Mandantin will seltene Großzügigkeit walten lassen: Sie will den bedauernswerten Vater nicht mit der ganzen Strenge des Gesetzes treffen, sondern ist bereit, sich mit einem ehrenhaften Vergleich zu begnügen, unter völliger Hintanstellung des Verhaltens und der Lebensweise des Vaters. Unser Angebot ist höchst einfach und von beispielloser Generosität: der Sohn dem Vater, die Tochter der Mutter. Vor diesen Schranken möchte meine Mandantin den Vater jedoch warnen: Sollte er es wagen, sich diesem gütlichen und entgegenkommenden Angebot zu widersetzen, werden wir auch das Sorgerecht für den Sohn geltend machen, so daß er beide Kinder verlieren würde.

Schlicht und einfach. Aber diese Bahn wird nur als letzter Ausweg gewählt. Wir wollen ein unversehrtes, kein verkrüppeltes Reh. Im Netz gefangen, nicht mit der derben Schrotflinte gejagt. Ich bin nicht hergekommen, um ein gebrochenes und verstörtes Mädchen an den Haaren davonzuzerren. Ich brauche Charismanns Segen. Und den werde ich bekommen. Der Mann läßt sich von Idealen leiten. Über diese Ideale werde ich mich in seine Feste einschleichen. Er wird mir seinen Segen geben, und ich werde seine Tochter annehmen, als täte ich ihm damit einen großen Gefallen. Wegen meiner Menschenliebe werde ich sie annehmen. Mit eigenen Händen wird er sie mir zu Füßen legen.

Selbstverständlich verrät das Äußere des Gastes nichts von seinen Gedanken. Es ist stets gepflegt, gut gekleidet, duftet nach teurem Rasierwasser. Seine Stunden verbringt er teils im Haus seines Bruders, teils mit kleinen Vorträgen für Nogas Ohren, teils bei dem lieben kleinen Dani, mit dem er viel spielt, und teils im hiesigen Schwimmbad, dessen Fluten, dank seiner häufigen Besuche, bereits mit den kraftvollen Zügen seiner verborgenen Muskeln vertraut sind. Einmal pro Woche fährt er nach Tel Aviv oder Haifa, kehrt aber am nächsten Tag nach Mezudat Ram zurück. Bronka und Esra kennen weder das Ziel dieser Reisen noch den genauen Zweck seines weiteren Aufenthalts.

Dem jugendlichen Tomer hatte Siegfried jedoch freimütig erklärt: »Ich fahre dorthin, um mich zu amüsieren. Bei einem Mal in der Woche kann keiner mir einen ausschweifenden Lebenswandel nachsagen. Man kann schließlich nicht von mir verlangen, die ganze Zeit ohne Frau auszukommen. Sobald du dich entschließt mitzukommen, wackerer Tomer, bin ich gern bereit, dir reichlich Möglichkeiten zum Genuß zu verschaffen.

Noga horcht in sich hinein. Nie zuvor hat sie das Eigenleben ihrer Muskeln und die Wärme ihres Fleisches so deutlich gespürt. Mit geschlossenen Augen liegt sie auf dem Rücken und lauscht den Stimmen ihres Körpers: dem feinen Pulsen des Blutes, das von und zum Herzen fließt und sanft an Schläfen und Handgelenken pocht, dem Strom der Magensäfte, die manchmal ein dumpfes Grummeln auslösen, dem Atemrhythmus, der dem Rhythmus ihrer Gedanken folgt, den zarten Stichen im Unterleib, der süß lastenden Trägheit in den Kniegelenken, den merkwürdigen Zukkungen in der Brust, die bitterherbe Lust bereiten, den Kapriolen des Blikkes, der plötzlich trüb und dann wieder doppelt klar wird, dem widerlichen Brechreiz, der krampfartig die Kehle zuschnürt und gelegentlich in würgendem Erbrechen endet. Wie stimmreich der Körper jetzt ist. Wie viele Gespräche ich wohl noch mit ihm führen muß, ehe ich seine Geheimnisse kenne.

Ein anderer Ort

Früher hat Noga ihren Körper nicht geliebt. Die konkrete Wirklichkeit war ihr wegen ihrer Derbheit verhaßt. Leicht konnte man den Beengungen des Körpers entfliehen und in eine Traumwelt bunter körperloser Gestalten entschweben. Du brauchtest nur mit zwei Fingern immer fester auf die Augäpfel zu drücken, und schon trugen dich wirbelnde, schlängelnde Farbkringel in eine andere Welt, eine Welt voller Glocken, eine Welt, deren Glockenklöppel du warst. Jetzt sind die Genüsse anderer Art. Jetzt heißt es, hinein in den Körper, nicht hinaus. Hinein in dich selbst. Ein verrückter Traum kehrt jede Nacht wieder: ein Embryo im eigenen Leib zu sein, sich ins warme Innere zu verkriechen.

Die dieser Stimmung angepaßte Körperhaltung sieht so aus: vor dem Bett auf dem Boden sitzen, Knie angezogen, Kopf zwischen den Knien, Arme darum geschlungen. Andere Möglichkeit: auf dem Rücken liegen und mit fliegenden Fingern ganz leicht und langsam über eine Brust streichen.

Herzl Goldring drängt Noga nicht. Macht sie sich vor Ende der Arbeitszeit davon, tut er so, als habe er nichts gesehen. Meint er, ein Stöhnen zu hören oder ein Zucken von Brechreiz auf ihrem Gesicht zu entdecken, bittet er sie, die Hacke wegzulegen und auf ihr Zimmer zu gehen.

Einmal begann Herzl unvermittelt in säuerlichem Ton: »Hör mal, bitte, dieses Baby brauchst du nicht.«

Noga fragte überrascht und ein wenig belustigt: »Woher willst du denn wissen, daß ich es nicht brauche?«

»Das ist auch Ninas Meinung. Und die anderer Leute. Vieler anderer Leute.«

»Soll ich etwa die Kibbuzversammlung darüber abstimmen lassen?«

»Oh nein, Gott behüte, natürlich ist das reine Privatsache, eine ganz persönliche, intime Angelegenheit, über die kein anderer entscheiden darf.«

»Du hast recht, Herzl, völlig recht. Und wenn du recht hast, kann man unmöglich mit dir streiten.«

»Streiten? Aber Gott bewahre, völlig falsch, ich wollte nicht streiten und ... mir scheint, jetzt muß ich auf der Stelle um Entschuldigung bitten.«

»Du? Dich bei mir entschuldigen? Warum? Was hast du denn getan?«

Nun geriet Herzl ins Stammeln und schloß die Angelegenheit mit den Worten: »Ach, tut mir leid, tut mir wirklich sehr leid, Noga, sehr.«

Es versteht sich von selbst, daß Herzl Goldring seinen Fehler nicht noch einmal beging und nicht mehr auf diese Angelegenheit zu sprechen kam.

Gute Menschen wie Herbert Segal bemühten sich redlich, die allgemeine Stimmung diskret zu beeinflussen und Noga eine Atmosphäre freundlicher Toleranz zu verschaffen. Nicht, weil Herbert Nogas Verhalten gebilligt hätte, sondern weil Denken und Fühlen bei ihm diesmal Hand in Hand gingen: Das Mädchen ist der schweren Versuchung ausgesetzt, den Kibbuz und das Land zu verlassen und zu ihrer treulosen Mutter überzusiedeln. Wer diesen Weg beschreitet, der kehrt nicht zurück. Außerdem schätzen wir alle Ruven Charisch. Seine Leiden sind unsere Leiden. Wir können uns vorstellen, was Ruven Charisch durchmachen müßte, wenn seine Tochter der Mutter folgte. Zu gegebener Zeit werden einige von uns sich zusammensetzen müssen, um zu entscheiden, was mit dem Baby werden soll. Aber wir wollen das Mädchen nicht kaputtmachen. Wollen uns mit dem Urteil zurückhalten und Milde walten lassen. Herbert Segal war frühzeitig zu dieser Erkenntnis gelangt und tat viel, sie seinen Mitmenschen nahezubringen. Die Formulierungen variieren, gehen aber alle auf eine Wurzel zurück. Der allgemeine Tenor lautet:

»Sie trägt keine Schuld. Schließlich ist sie in einer zerrütteten Familie aufgewachsen.«

»Daß sie sich auf das Baby versteift, spricht geradezu von Charakterstärke.«

»Sie vertreiben? Und was ist mit Ruven?«

»Man darf nicht emotional reagieren. Man muß genau überlegen.«

Die öffentliche Willensbildung hier bei uns zu beeinflussen ist ein äußerst heikles Unterfangen. Man kann sich nicht einfach hinstellen und Erwachsenen mit eindeutigem Standpunkt Moral predigen. Man muß mit Einzelnen sprechen. Seine Gesprächspartner mit Bedacht auswählen. Diese subtile Aufgabe hat der bescheidene Herbert Segal selbst übernommen. Als erstes hat er Nogas Klassenkameraden versammelt und sie zur Einsicht geführt, ohne ihnen etwas zu oktroyieren. Oren Geva stand ihm dabei nicht im Wege. Danach hat er sich an Gai Charisch gewandt und ein Geheimbündnis mit ihm geschlossen. Nun spricht er vorsichtig die mütterlichen Gefühle unserer älteren Genossinnen an. Nicht mit hehren Gemeinplätzen. In beiläufigen Gesprächen, mit leisen Andeutungen weckt er ihre

Ein anderer Ort

Sympathie. Dämpft ihre glühende moralische Empörung: Nichts ist leichter, als einen Menschen auszugrenzen und fortzujagen, um Frieden zu haben und unser Lager reinzuhalten. Aber was geschieht danach? Könnten wir uns als Gesellschaft, als Gemeinschaft noch ehrlich in die Augen sehen? Einfache Lösungen sind ein Zeichen von Schwäche. Sollen wir der Schwäche eines bedauernswerten, verwirrten Mädchens unser aller Schwäche entgegensetzen? Nein, wir werden uns nicht von unserer Schwäche leiten lassen, sonst verlieren wir unsere moralische Überlegenheit und unser Recht, über das Mädchen zu urteilen. Sie ist elend dran, ebenso wie ihr Vater, das dürfen wir keinen Augenblick vergessen, weil wir für das Elend Einzelner in unserer Mitte Verantwortung tragen und weil Ruven einer von uns und auch Noga eine der unseren ist. Auch im Unglück, auch mit ihren Fehlern gehört sie zu uns. Wir dürfen sie nicht als negatives Beispiel oder gefährliche Erscheinung behandeln. Diese Begriffe sind uns fremd. Sie ist kein Beispiel. Sie ist keine Erscheinung. Sie ist ein Mädchen von sechzehn Jahren. Sie ist unsere Tochter, die schweren seelischen Belastungen nicht standhalten konnte. Wir werden nicht wie ein Dorf voll eifernder, abergläubischer Ignoranten handeln. Nicht anprangern. Sondern kämpfen. Um sie und gegen sie. Damit wir sie nicht verlieren. Stell dir nur vor, dieses Mädchen landet in der Gosse. Du bist doch Mutter. Würdest du diese schreckliche Verantwortung auf dich nehmen wollen?

Die Genossen und Genossinnen mögen Noga Charisch nicht. Wir fürchten den wilden Geist, den sie in unser Leben hineingetragen hat. Im Innern wünschen wir, daß sie von hier wegginge. Daß wir sie nicht mehr sähen. Daß sie für ihren Stolz bestraft würde. Nicht ihre Schwangerschaft empört uns. Ihre Sturheit und Arroganz sind uns fremd. Die verächtliche Geringschätzung unserer Logik. Nicht wegen einer anderen Logik, sondern wegen blinder Instinkte. Am liebsten wäre uns, sie verschwindet. Aber Herbert Segal hütet sich, mit Begnadigungsgesuchen unsere Grundsätze zu verletzen, setzt ihnen vielmehr andere Grundsätze entgegen. Gegen und um das Mädchen kämpfen. Das sind Worte so recht nach unserem Herzen. Unser Stolz klammert sich daran. Einen so strengen, ehrlichen Typ wie Herbert Segal findet man sogar in unserer Mitte nicht häufig. Wenn Herbert bei all seiner Aufrichtigkeit und Strenge uns nun mahnt, Zurückhaltung zu üben und die Barmherzigkeit zum Prinzip zu erheben, dann dürfen wir uns wohl erweichen lassen. Und, geben wir's zu, wir freuen uns jetzt darüber. Herzliches, warmes Erbarmen hat zappelnd ins Freie gedrängt. Da kam Herbert und löste den Riegel.

Eine Flut des Mitgefühls durchwogte unseren Kibbuz im Spätsommer. Gute Frauen überboten einander an Fürsorge für das verirrte Schäfchen. Überschwengliche Zuneigung wurde ihr von allen Seiten entgegengebracht. Man lud sie ein, auf Besuch zu kommen, sich auszusprechen, ihr Herz auszuschütten. Du bist doch so allein, warum kommst du nicht zum Nachmittagskaffee, komm zum Ausruhen, zum Duschen, komm einen neuen Kunstband angucken, komm zum Erzählen, damit es dir leichter ums Herz wird, es gibt nichts Tröstlicheres auf der Welt, als sein Leid einem geneigten Ohr zu offenbaren. Komm jederzeit vorbei, wir freuen uns über deinen Besuch.

Die Frauen, die in der Näherei arbeiteten, gaben sich besondere Mühe: Nach komplizierten Berechnungen gelang es ihnen, Nogas derzeitige Körpermaße festzustellen, ohne sie zu peinlichem Maßnehmen einzuladen. Daraufhin nähten sie ihr Umstandskleidung, und Enav Geva stahl sich in Nogas Abwesenheit in ihr Zimmer und hängte die neuen Sachen in den Schrank.

Esther Klieger überreichte Noga ein in Glanzpapier eingeschlagenes Buch mit den Worten: »Für dich. Lies. Du brauchst es nicht zurückzugeben. Behalt's ruhig. Nur paß möglichst auf, daß meine Dafna es nicht in die Finger bekommt.«

»Aber ... was ist das? Warum?«

»Guck selbst. Ein sehr nützliches Buch. Du ... Fühlst du dich wohl, meine Süße? Ja? Du kannst dich immer, immer an mich wenden. Sogar mitten in der Nacht. Brauchst dich nie zu scheuen. Als wärst du meine Dafna. Überhaupt, auch von Grischa soll ich dir ausrichten, daß du für uns Dafnas Schwester bist. Ja. Paß auf dich auf, mein Schatz. Und vergiß nicht, vorbeizukommen.«

Noga packte das Buch aus. Ein Ratgeber für die schwangere Frau. Leicht errötend bedankte sie sich bei Esther Klieger. Esther war zufrieden.

Innerhalb der nächsten paar Tage wurden folgende Bücher gesammelt und ihrer Bestimmung übergeben: *Die schmerzlose Geburt, Die Grundlagen des Geschlechtslebens, Säuglings- und Kinderpflege* sowie gleich zweimal – von Chassja Ramigolski und Gerda Sohar – *Das Buch der glücklichen Mutter.*

Die Serviererinnen im Speisesaal wiederum begannen, Noga mit Lekkerbissen zu päppeln: Hühnerleber, leichte Milchspeisen, Möhrenrohkost, Malzbier, Süßigkeiten, die normalerweise nur für Babys und Kleinkinder vorgesehen waren.

Eine sturer Kopf. Wieviel sie in ihrem kurzen Leben schon gelitten haben muß, daß sie sich derart gegen die herzliche Zuneigung der Kibbuzfrauen abschottet und lieber mit einem unbeliebten Touristen tuschelt, der sich derzeit in unserem Kibbuz aufhält. Außerdem schläft sie viel, weit über das gesunde Maß hinaus.

Fruma Rominow hat dem Gesundheitsausschuß vorgeschlagen, Noga Charisch für die nächsten Monate in eine bekannte Privatpension in Haifa zu schicken. Erstens brauche sie seelisch gesehen einen Tapetenwechsel. Zweitens gebe es körperliche Gründe: Das Mädchen verliert an Gewicht. Ihre Lenden sind sehr schmal. Sie muß sich vor der Geburt erstmal erholen. Die Entbindung kann schwer werden. Drittens – vielleicht hätte ich diesen Punkt an erster, nicht letzter Stelle vorbringen sollen – müssen wir sie von einem gewissen schädlichen Einfluß fernhalten. Frumas Antrag wurde abgelehnt. Annahme fanden die Argumente der Ausschußvorsitzenden, Gerda Sohar: Das Mädchen bleibt hier, weil sie ständiger Aufsicht bedarf, nicht medizinischer, sondern pädagogischer und sozialer Art.

Jeden Donnerstag kommen die Genossinnen in die Wäscherei, um ihre Handwäsche aufzuhängen, die nicht in der Maschine gewaschen wird. Einmal kam Fruma Rominow besonders früh und hängte Nogas Sachen auf. Dabei ist Fruma wohlgemerkt seit einigen Tagen nicht ganz gesund. Sie klagt über starken Schwindel und ständige Schwäche. Zwar hat der Arzt keinen physischen Grund für ihre Krankheit gefunden, aber Fruma ist trotzdem der Arbeit ferngeblieben, was sie sonst noch nie getan hat. Seit drei Wochen hat sie ihr Zimmer nicht verlassen. Sogar die Mahlzeiten werden ihr von einer Vertreterin des Gesundheitsausschusses auf einem Tablett gebracht. Fruma behauptet, der Arzt habe sich denen angeschlossen, die ihren Tod wünschten. Er sei nicht schuld. Man habe ihn dazu verleitet. Sie vertraue ihrer Intuition, die noch nie getrogen habe. Ihr ganzes Leben habe sie in diesen Ort investiert. Sie habe ihren Mann geopfert. Ihren Sohn geopfert. Würde auch sich selber opfern. Das sei schließlich noch das geringste Opfer. Wenn wenigstens einer der Kibbuzleiter sich die Mühe machen würde, Ramis Freistellung vom Wehrdienst zu erwirken, damit er seiner Mutter in ihren letzten Tagen beistehen könne. Aber nein. Wer sollte das wohl für sie tun. Die Pogrolskis und die Ramidolskis? Ha. Fruma erklärt jedem, ihr Tod sei nahe. Sie habe kürzlich sogar zweimal vom Tod geträumt. Solche Träume dürfe man nicht leichthin abtun. Schließlich hat auch der selige Alter vier Tage, bevor man ihn in die Bananenpflanzung zerrte und um die Ecke brachte, von seiner Beerdigung geträumt. Aber ich schweige. Mein ganzes Leben lang habe ich geschwiegen, dann werde ich es auch die letzten Tage tun. Noch einen Monat, zwei Monate. Nach der Beerdigung können die Golskis und Dolskis genau das tun, wozu sie fähig sind, weil es keinen mehr in diesem Kibbuz geben wird, vor dem man sich schämen müßte. Noga? Noga ist kein Beispiel. Ich verstehe sie. Kein Mensch kann sie besser verstehen als ich. Nur wer gelitten hat, kann Leidende verstehen. Man könnte das, was ihr geschehen ist, als Strafe für ihr Handeln auffassen: Wenn mein Rami nicht so zartfühlend wäre, hätte er schlimme Dinge von ihr erzählen können. Aber ich bin nicht schadenfroh. Ich spüre, wenn andere wirklich leiden. Es gibt einen Spruch: Lache nicht über des Feindes Niederlage. Mein Rami ist eine verständnisvolle Seele. Und er hat gelitten, oh, was hat er in seinem Leben gelitten. Nebenbei bemerkt, ich rede ja nicht gern über meine Taten, aber ich kann sagen, daß ich auch etwas für sie getan habe. Ich meine nicht jetzt, wo alle ihr mit Küssen und Kosen nachlaufen, weil die Mode sich geändert hat. Nein. Es war vor ein paar Wochen. Als sie hier wie eine räudige Hündin herumgelaufen ist. Niedergeschmettert. Verhaßt. Einsam. Fruma war es, die zu ihr hingegangen ist und gesagt hat: Mein Kind, mein Haus steht dir offen. Ich erzähle so was keinem Menschen. Nur dir, Herbert, weil du ... Egal jetzt. Du wirst im Namen des Kibbuz den Nachruf auf Fruma Rominow halten. Keine Dolskis und Golskis. Du. Und du kannst dich schon langsam vorbereiten. Ich werde euch nicht mehr lange aufhalten.

Einen Samstagabend machte Ruven Charisch seinen gewohnten Spaziergang. Seine Füße trugen ihn zu dem Feldweg, der oberhalb des Kuhstalls beginnt und zu den Fischteichen führt. Bei der Wasserpumpe blieb er stehen. Atmete tief. Sah Vögel. Hörte Wind. Erinnerte sich an eine lange Fahrt in Esra Bergers Lastwagen. An Rundeisen. Kleine Steine im Sand. Er bückte sich. Hob welche auf. Warf sie nach einer rostigen Deichsel. Verfehlte sie. Holte wieder tief Luft. Plötzlich beschloß er, zu seiner Tochter zu gehen. Sieben Wochen hatte er sie nicht gesehen. Auf ihr Zimmer zu gehen. Noga Maris.

Was soll ich ihr sagen. Jetzt ist sie nicht mehr mein. Ich werde sagen, ich

Ein anderer Ort

wollte mich etwas zu ihr setzen. Wir müßten nicht reden. Wir könnten dasitzen und schweigen. Macht es dir nichts aus? Du darfst auch nein sagen. Dann geh ich. Ich wollte einfach da sein. Anwesend. Ich bin nicht zum Reden gekommen. Darf ich?

Noga sagte ja. Setz dich. Ich bleibe im Bett, weil ich müde bin. Nein, ich wollte nicht schlafen. Setz dich. Setz dich hin. Ich … Ich bin froh, daß du gekommen bist.

»Ja?«

»Ja.«

Schweigen.

Fernes Lachen. Liederklänge. Im Wäldchen. Eine fremdartige Melodie. Die Luft ist warm. Das elektrische Licht schimmert sehr gelb. Ein Vogel kreischt ganz nah. Außen am Fliegengitter flattert ein Nachtfalter, strebt trunken zum Licht. Wieder und wieder prallt er in sturer Verzweiflung ans Drahtgeflecht. Auch die Mondstrahlen möchten sich hineinstehlen. Machen nicht am Gitter halt. Sickern mühelos hindurch. Sie sind körperlos. Besitzen nicht das geringste Gewicht. Sie sind hier, drinnen, unter uns. Nur wegen des elektrischen Lichts sieht man sie nicht. Sie sind da. Ein vertrauter Geruch. Er versetzt einen Stich. Vaters Körpergeruch. Die Augen verschleiern sich. Vielleicht schnürt sich auch die Kehle zu. Geliebter. Kind. Du bist wie Gai, Vater. Du bist der große Gai. Du könntest mein kleiner Bruder sein. Sei nicht traurig, Vater. Ich tu's nicht wieder. Nie mehr. Das versprech ich. Mußt nicht traurig sein. Alles wird gut werden. Sei ganz ruhig, Vater. Nicht traurig. Sei wie immer. Sei unbesorgt. Ich kann dich nicht traurig sehen. Genug. Ich versprech's dir. Hab dir's versprochen.

»Vater.«

»Ja.«

»Warst du eingenickt?«

»Nein.«

»Ich auch nicht.«

»Ich weiß.«

»Vater.«

»Ja.«

»Laß uns wegfahren.«

»Wohin?«

»Laß uns morgen fahren, mit Gai.«

»Wohin?«
»An einen fernen Ort, ans Ende der Welt.«
»Wohin?«
»Auf dem Weg halten wir einfach an. Nehmen auch sie mit. Ohne sie nicht. Wir vier.«
»Wohin?«
»An einen anderen Ort. Einen stillen, geschlossenen Ort. Nur für uns.«
»Du tust mir weh, Stella.«
Schweigen.
Dafna Issarow macht vorsichtig die Tür auf, sieht Ruven, murmelt etwas, macht wieder zu und geht.
»Vater.«
»Ja.«
»Woran denkst du jetzt?«
»An nichts Besonderes.«
»Woran?«
»An Wiesbaden.«
»Was?«
»Wiesbaden. Ein Ortsname. Eine Stadt. In Deutschland.«
»Was gibt es dort?«
»Thermalquellen. Als ich ein kleiner Junge war, habe ich gesehen ... Egal.«
»Was hast du gesehen?«
»Egal. Ich bin nicht zum Reden hergekommen.«
»Doch, red weiter. Sag's. Ich möchte es.«
»Heiße Quellen. Dampf schießt aus der Erde.«
»Warum ist dir das eingefallen?«
»Man hat mich dorthin gebracht. Ich war vier. Vielleicht fünf. Mein Vater, seligen Angedenkens, hatte dort Arbeit bekommen. In der Stadt. In Wiesbaden.«
»Ein schöner Ort?«
»Ich kann mich nicht erinnern.«
»Warum hast du jetzt an ... an jenen Ort gedacht?«
»Wiesbaden. Wegen der Geysire. Der heißen Quellen.«
»Was?«
»Ich hatte Angst. Wahnsinnige Angst. Ich weiß noch. Dampf springt mit schrecklichem Zischen aus der Erde. Ich war ein Kind. Alles bebte. Vielleicht habe nur ich gebebt. Nein. Die Erde bebte. Alles.«

»Wie bei einem Erdbeben?«
»Weißt du, Stella, viele, viele Jahre lang habe ich schreckliche Träume von Wiesbaden gehabt. Jetzt ... jetzt wieder.«
»Wann?«
»Jetzt. Gestern, vielleicht vorgestern. Mehrmals. Ein Alptraum. Der reinste Alptraum.«
»Was hast du geträumt? Erzähl.«
»Ich habe geträumt, daß es springt. Unter meinen Füßen. Haargenau an dem Ort, an dem ich stehe. Etwas bewegt sich plötzlich unter meinen Sohlen, ein kleiner Riß in der Erde wie bei einer trockenen Scholle, weißer Qualm quillt hervor, ein größerer Riß, eine Spalte, ich renne, es wird breiter, kochender Dampf und Dunstschwaden, es läuft mir nach, es ... brennt. Ich schreie. Es ist schwarz. Glühend. Wie siedendes Öl. Im Traum ist es nicht immer in Wiesbaden. An allen möglichen Orten. Sogar im Kibbuz Tel Setim. Wo immer ich stehe. Urplötzlich.«
»Ich ... Vater, ich werde dorthin fahren. Ich werde diesen Ort aufsuchen, von dem du erzählt hast. Ist es sehr weit von ... Egal. Ich will. Ich werde dort sein.«
»Stella, guck mich jetzt nicht so an. Ich bin nicht ... Ich habe gewußt, daß du fahren würdest. Fahr.«
»Du auch?«
»Nein.«
»Nie?«
»Niemals.«
»Und kannst du so, ohne ... ohne jede Frau?«
»Nein. Ich glaube nicht.«
»Vater, was ist das für ein Land?«
»Welches?«
»Dort. Deutschland.«
»Ich bin ja dort geboren.«
»Ja.«
»Schön. Ein schönes Land. Berge, Wälder, Wind, Seen, Flüsse, alte Städte, Wirtshäuser, schweigsame Bauern, starkes Bier, Burgen. Und auch Wiesbaden.«
»Und die Menschen?«
»Ich weiß nicht. Alle Menschen, die ich gekannt habe, sie alle, alle haben oder sind getötet. Aber es weht dort ein starker Wind. Geblähte Segel.

Auf den Seen gibt es Boote, die kannst du mieten, um übers Wasser zu fahren, wie deine Mutter. Das Sonnenlicht ist auch nicht so stark. Vielleicht trügt die Erinnerung. Es ist fast immer wie eine lange Dämmerung. Weniger ermüdend für die Augen. Weniger Licht.«

»Du wirst mich hassen.«

»Nein. Das werde ich nicht.«

»Doch.«

»Nein. Ich ... Ich hasse mein Leben lang den Haß. Ich hasse nur ... Ich weiß nicht, wie ich es sagen soll. Nur ... nur Wiesbaden.«

»Du wirst leben.«

»Ja.«

»Wie?«

»Ich werde Kinder unterrichten. Ich werde Bücher lesen. Ich werde Gai großziehen. Wenn Gai sich für mich entscheidet.«

»Furchtbar.«

»Vielleicht nicht. Vielleicht nicht furchtbar. Vielleicht wie ... wie zum Beispiel Herbert. In einer langen ausgefahrenen Spur leben. Schnurgerade. Im ruhigen Trott. Mit zusammengepreßten Lippen. Auf strohtrockene Weise leben. Einfach. Dürr. Fahr. Ich wußte, daß du fahren würdest. Fahr in Frieden.«

»Was hast du noch in Erinnerung? Erzähl mir viel von dort. Erzähl ganz viel. Alles.«

»Ich kann mich nicht an alles erinnern. Ich versuche zu vergessen. Wiesbaden vergesse ich nicht. Ich habe Angst. Ich habe wenig behalten. Ich erinnere mich zum Beispiel an Glocken.«

»Glocken? Hast du Glocken gesagt?«

»Glocken. Jeden Sonntag. Abends. In der Dämmerung. Endlose Weiten, dunkle Ebenen, am Ende schwarze Berge. Große Täler. Wälder. Kleine Städte zwischen den Wäldern. Alles dröhnt, alles ist voller Glockenklang. Kein Mensch ist zu sehen, kein Wind weht, kein Vogel fliegt, nur Glocken. Als wäre alles tot und nur die Glocken lebten und sängen, sängen und lebten, Bimbambum schlaf darum, Bimbambaus alles aus, Bimbambum still ringsum, Bimbambaus aus aus schlimm Bimm. Ich habe Angst, meine Tochter, ich habe Angst in den Nächten. Auch jetzt.«

5. Kapitel:
Ein goldener Dolch

Esra Berger hörte auf, für zwei zu arbeiten.

Eines Abends ging er zu Podolski, der die Arbeitsverteilung regelt, und sagte: »Podolski, morgen fahre ich nur einmal. Und das wird dann auch so bleiben.«

»Ist was passiert?«

»Nichts ist passiert. Ich bin müde. Ist meine Kraft denn Felsenkraft?« fügte er scherzhaft einen Hiobsvers an, unterließ es aber, seinen Witz durch ein Lächeln zu betonen. Vielleicht hatte Erschöpfung ihn zu seiner Entscheidung bewegt, vielleicht war sie Sacharja Siegfrieds segensreichem Einfluß zuzuschreiben. Sacharja führte lange Gespräche mit seinem Bruder. Sein Ziel war offenbar, die Bande zwischen Esra und Bronka zu erneuern. Natürlich ging er dabei indirekt vor. Esra merkte möglicherweise gar nicht, worauf sein Bruder insgeheim hinauswollte.

Bronka behandelte Esra mit feiner, zurückhaltender Aufmerksamkeit, umsorgte ihren Mann wie jemanden, der gerade erst aus einem fernen Ort eingetroffen ist. Eines Morgens nahmen die beiden wortlos die längst abgebrochenen geschlechtlichen Beziehungen wieder auf.

Jetzt, da die Affären des Mannes und seiner Frau mit der Tochter und deren Vater beendet waren, wurde deutlich, daß Esra weder nachtragend noch rachsüchtig war. Wie bei einem Baumstamm über eine Axtnarbe unversehens ein rauher Astknoten wächst, lebten im Hause Berger die alten Gewohnheiten wieder auf, die sich langsam zu einem gemeinsamen Tagesablauf fügten, wie das zweisame Teetrinken vor dem Schlafengehen oder Bronkas Manier, geduldig Esras steifes rechtes Knie zu massieren.

Nach dem Nachmittagskaffee beispielsweise fährt Sacharja das Baby im Kinderwagen spazieren, während Tomer und Enav ins Schwimmbad oder zum Basketballplatz gehen und Esra und Bronka wie ein junges Paar allein lassen.

Jeden Tag kommt Esra gegen zwei Uhr nachmittags von seiner Fahrt zurück, duscht und legt sich zur Mittagsruhe aufs Ohr, alles wie in früheren Zeiten. Einmal sagte Bronka, sie würde nach den Feiertagen gern mit ihm in Urlaub fahren, aber wenn Esra keine Lust habe, könne er ruhig nein sagen, sie würde ihn nicht drängen. Esra willigte schläfrig ein.

Zuweilen kommt es im Speisesaal oder auf einem der Rasen zu einer zufälligen Begegnung. Dann nicken die beiden einander zu und wenden den Blick ab. Fremdheit. Weder Verlegenheit noch Groll, sondern Fremdheit. Kaum zu glauben, daß Noga, die so häufig auf ihren Körper lauscht und verfolgt, was dort im Entstehen ist, ihre Leibesfrucht überhaupt nicht mit Esra Berger verbindet. Esra ist aus ihrem Denken verschwunden. Wenn Noga den stämmigen Fahrer mit den derben Gesichtszügen anblickt, hat sie das Gefühl – gibt es einen richtigen Ausdruck für diese Empfindung – als ob er ... als ob sie diesen Mann von einem anderen Ort her kennen würde. Es ist gewissermaßen ein blinder Fleck in ihrer Seele entstanden. Noga hat die Tatsachen nicht vergessen. Aber deren Zusammenhänge sind irgendwie abgerissen.

Bei Esra ist es ähnlich. Manchmal sitzt er abends am Tisch, liest laut und monoton aus der Bibel, erschauert plötzlich vor irrsinnigem Schakalgeheul, fragt sich, was habe ich getan, wann war ich, vor langer Zeit war ich, ich. Versucht aber, dem Thema auszuweichen. Sich nicht darauf einzulassen. Zu den Versen zurückzukehren. Manchmal zwingt er sein Gedächtnis zu einer längeren, peinlich genauen Folter. Zu seiner Verwunderung merkt er, daß Erinnerungen nicht schmerzen, sondern ermüden. Sie zerkrümeln zu losen Wortansammlungen, die nicht leben, die ... keinerlei Verbindung besitzen.

Ja, es ist schwierig zu erklären. Wir hatten gedacht, es habe sich hier um eine große, rebellische Liebe gehandelt. Doch nein. Vielleicht haben sie einander nur benutzt. Vielleicht – es fällt schwer, es auszusprechen –, vielleicht haben Noga und Esra einander gepackt, wie man ein Werkzeug, eine Waffe packt. Jetzt, da der Zweck erreicht ist, entgleitet das Werkzeug der müden Hand, und es bleibt allein der Wunsch, sich auszuruhen. Vielleicht ist das die richtige Erklärung, vielleicht gab es einen anderen Grund, vielleicht auch gar keinen.

Langsam, wie nach totaler Erschöpfung, findet Esra wieder zu sich. Bronka hat zuweilen von einer aufregenden Entwicklung geträumt. Sie hat diese Phantasien unterdrückt. Hat sich zurückgehalten. Offenbar enthielten die Worte, die Esra zu Podolski sagte, eine tiefe Wahrheit: Müde. Keine Felsenkraft. Müde.

Bronka hat ihren Weg nicht aus Müdigkeit gewählt. Es gibt noch Stunden, in denen sie Ruven nachweint. Mit einem Schlag hat sie dieses Band durchtrennt. Ihr sind die Augen aufgegangen. Sie hat gesehen, was war. Sie ist eine starke Frau.

Die Narben sind erst rosa, dann grau geworden und schließlich verblaßt. Vielleicht, weil Esra und Bronka einander nie gehaßt haben. Auch in den bittersten Tagen bestand immer eine vage, wispernde Zuneigung. Sie waren nur Verstoßene. Beide. Jetzt halten sie sich wieder aneinander, weil das dringende Bedürfnis nach Anlehnung besteht. Und so lehnen sie sich an.

Eines Tages kniff Siegfried Enav in die Wange und flüsterte ihr fröhlich wie ein erfolgreicher Heiratsvermittler ins Ohr: »Guck dir das an, meine Liebe, guck dir diese beiden Alten an: Er liest ihr aus der Bibel vor, sie hat die Brille abgenommen, hängt an seinen Lippen, beide sind entspannt, die reinsten Flitterwochen, sage ich dir. Sie hat ihn unter ihren Schwingen geborgen, um ihm Mutter und Schwester zu sein, wie unser Nationaldichter singt. Ha?«

An den Worten des Gastes war etwas Wahres, wenn sie auch übertrieben klangen und Kupplerjubel in ihnen mitschwang. Einen Honigmond gab es nicht. Aber es gab – zögernd benutzen wir diesen Ausdruck –, es gab Brüderlichkeit. Noch immer liegen lange Stunden öden grauen Schweigens zwischen Momenten der Brüderlichkeit. Vermutlich wird es bis in alle Ewigkeit solche Stunden geben. Man wird die große, klobige Uhr ticken hören. Wenn der Wasserhahn nicht fest zugedreht ist, werden auch die Tropfen hörbar fallen.

Sacharja hatte einen guten Einfall: Er würde die Familie zu einem netten Abend an einem schönen Ort, einem anderen Ort einladen. Gemütliches Beisammensein in anderer Atmosphäre sei ein probates Mittel gegen verödete Gefühle. In selbstgefälligen Momenten betrachtet Sacharja sich als guten Engel, als beliebten, bescheidenen Hausarzt alter Schule, aus der Zeit, da Ärzte sich noch für ihre Patienten aufopferten. Dabei hat er seine Hauptaufgabe keineswegs vergessen. Jeden Tag macht er einen Spaziergang mit Stella. (Er hat sich erlaubt, ebenfalls ihren Kosenamen zu benutzen. Und sie hat nichts dagegen eingewendet.) Sie schlendern am Rand des Kibbuz auf und ab, unterhalten sich über Dichtung und weltanschauliche Fragen, er redet viel, während sie oft den Faden verliert und sich von seiner warmen Stimme fesseln läßt. Das lag nicht gerade im Sinn der guten Frauen, die Noga mit Zuneigung umgaben, aber die Wege des

Geistes verlaufen nicht geradlinig, und das Leben neigt dazu, simple Formeln zu sprengen, wie unser Ruven sagt. Noch hat sie sich nicht entschlossen, ihrem neuen Freund zu sagen: Komm, wir fahren. Wenn sie ihren Vater besucht, erfüllt sie seinen alten Wunsch, setzt sich zu ihm, beider Gesichter im Lichtkegel der Tischlampe, und liest Gedichte.

Ein seltsamer, wilder Gedanke: Wenn ich nur zwei sein, mich verdoppeln könnte. Eine führe und eine bliebe. Dort und hier sein.

Sacharja bestellte ein Taxi aus Tiberias für acht Uhr abends nach Mezudat Ram. Nach dem Abendessen und nachdem man den kleinen Dani im Säuglingshaus schlafen gelegt hatte, fuhren sie also los, eine ganze Taxiladung voll: das alte Paar Berger, das junge Paar Berger, der Gast, der für diesen Abend die Rolle des Gastgebers übernahm, und auf Esras Wunsch noch Grischa Issarow. Grischa und Esra sind einander dieser Tage nähergekommen. Drei oder vier Abende pro Woche sitzen die beiden in Grischas Zimmer und spielen Domino oder Schach. Grischa schwelgt in seinen phantastischen Geschichten, und Esra erklärt ihre Moral in Bibelversen, die er aus ihrem heiligen Kontext löst.

Sacharja trug einen eleganten schwarzen Anzug mit einer Blume am Revers. Esra und Tomer waren in weißen Hemden gekommen. Grischa trug zur Abwechslung kurze Hosen, die seine behaarten Riesenbeine frei ließen. Und Enav hatte ihr ausgeschnittenes Kleid angezogen, das speziell fürs Ausgehen außerhalb des Kibbuz vorgesehen war.

Zuerst verbrachten sie einige Stunden in der Bar eines großen Hotels am See Genezareth. Eine fröhliche kleine Band spielte. Grischa zwirbelte seinen Schnauzbart und brüllte dem Ober seine Befehle so laut ins Ohr, daß der verdattert und eingeschüchtert antwortete: Jawoll, Herr Kommandant. Grischa amüsierte sich köstlich.

Sacharja forderte Enav mit einer Verbeugung zum Tanz auf und führte sie auf die blaßblau erleuchtete Tanzfläche. Das Saxophon lachte und weinte. Enav lehnte sich an die Schulter des Gastes, und der Gast gab ihr das Empfinden, eine andere Frau zu sein. Sie tanzten lange, zu Tomers und Bronkas Leidwesen. Der gemeinsame Mißmut von Mutter und Sohn beruhte zwar auf verschiedenen Gründen, aber beider Miene verdüsterte sich. Sacharja lenkte staunende Blicke auf sich. Seine Bewegungen waren völlig mühelos. Er tanzte wie geistesabwesend. Trotzdem saß jede Figur, jedes Lächeln, jede Verbeugung wie geschliffen. Die Geschmeidigkeit sei-

Ein anderer Ort

nes Körpers und die Exaktheit seiner Schritte verbanden sich mit der gespielten Geistesabwesenheit zu einer erregenden Verbindung. Ein paar aufgedonnerte Touristinnen hofften, ihn mit einem Lächeln zu angeln. Aber Siegfried hielt seiner lieben Enav, der Schönsten aller Frauen, die Treue. Enavs Gesicht leuchtete. Ihr Lahmen war wie weggeblasen. Ihre Augen blitzten vor Wonne. Ihre Bewegungen paßten sich seinen völlig an.

Esra und Grischa veranstalteten gut gelaunt ein Wetttrinken. Sacharja besiegte alle zwei in den kurzen Tanzpausen, kippte ein Gläschen gegen jedes der beiden und machte seine Witze über sie. Natürlich überschritten seine Scherze nie die Grenzen der Höflichkeit und Freundschaft. Der Alkohol stieg ihm nicht zu Kopf. Er witzelte wie nebenbei, als entspanne er sich einen Augenblick von einer ernsthaften Tätigkeit.

Bei Esra und Grischa jedoch wallte die Freude über den Ortswechsel und den guten Wein mächtig auf. Gegen Mitternacht schmetterten die beiden mit dröhnenden Baßstimmen beliebte alte Lieder: »Dort im Land, das den Vätern so kostbar«, »Unser Vater, unser König«, »Bringt uns Trank«, »Als der Rabbi Elimelech«, »Eilt, Brüder, eilt«, »Dort am Ort der Zedern« und was der herzergreifenden Weisen mehr sind. Damit lenkten sie die heiteren Blicke aller anderen Bargäste auf sich.

Tomer, der weder trinkfest ist noch die alten Lieder mag, saß schweigend dabei und starrte wütend auf die Beine seiner Frau. Bronka bemerkte seinen Blick und erklärte, sie sei müde. Widerstrebend gab man ihr nach und erhob sich zum Gehen. Die Rechnung beglich selbstverständlich der Reichste von der Partie.

Sie gingen am Seeufer spazieren. An der Spitze marschierten Grischa und Esra, eingehakt und heiser gesungen. Ihnen folgten Sacharja und Enav, seine Hand um ihre Taille gelegt. Bronka und ihr Sohn machten mißmutig den Schluß.

Die Nacht war warm und klar, eine Vollmondnacht. Der See funkelte und reflektierte den weißen Schein. Gegenüber hoben sich die Umrisse der Berge ab. Die Lichter der Stadt schimmerten gelblich. Wind wehte. Grischa und Esra tauschten Erinnerungen aus. Verglichen die alten Zeiten von Tel Setim mit den heutigen Tagen und gelangten zum selben Schluß. Bronka trug einige Sätze zu ihrem Gespräch bei. Sacharja beschrieb Enav die aktuelle europäische Damenmode. Zwischen Enav und Tomer lag Streit in der Luft, doch sie hielten an sich, um den schönen Abend nicht zu verderben. Sacharja und Grischa begannen eine Debatte über eine mysteriöse Episode des Kampfes in der Westsahara während des Zweiten Weltkriegs. Sacharjas Sicht wirkte logischer, aber Grischa führte ein schlagendes Argument ins Feld: Ich war dabei und habe es mit eigenen Augen gesehen.

Sacharja gab seufzend nach: »Ultima ratio. Du hast gewonnen.«

Grischa war selig.

Schließlich steuerten sie den Hauptplatz der Stadt an, um ein Taxi zu suchen. Eine überraschte Stimme fiel ihnen in den Rücken: »*Eesch, ya* Esra, wie, was ist denn mit dir los, daß du hier bist und nicht bei uns reinschaust?«

»Gerschon Sarragosti, Gerschon Sarragosti«, rief Esra erfreut.

Nun mußten alle noch zu Abuschdid. Esra stellte den Freunden seine Angehörigen und den Angehörigen seine Freunde vor, und alle bekamen den türkischen Kaffee, der in ganz Tiberias nicht seinesgleichen hat. Ein Kaffee so schwarz wie die Nacht und so stark wie Eisen, sprach Josef Babadschani.

Cabilio sagte verwundert: »Was ist denn das, *ya* Esra, wo ist deine Tochter, warum hast du sie nicht mitgebracht? Wie schön sie ist, so schön, deine Tochter, wo ist sie jetzt, warum ist sie nicht mit dabei? Sie wird doch, Gott behüte, nicht krank sein?«

Esra packte das Handgelenk des Mannes und flüsterte ihm ins Ohr: »Sei still, Cabilio, schweig, sag jetzt nichts mehr.«

Cabilio riß die Augen auf und starrte Esra verständnislos an, kapierte dann aber sofort. Seine Miene veränderte sich, er atmete tief, zwinkerte Esra zu und flüsterte grinsend: »In Ordnung. In Ordnung. Verstehe. Jetzt versteh ich. Ich werde schweigen. Die Frau ist eine Sache, und die kleine Süße, von der du gesagt hast, sie wär deine Tochter, ist eine andere. Sicher bin ich still. Wie ein Fisch werd ich schweigen. *Ssachteen.*«

Sie saßen etwa eine halbe Stunde bei den Fischern.

Grischa Issarow, der ja auch Fischer war, hatte kraft seiner überbordenden Gutmütigkeit in fünf Minuten alle Herzen erobert. Schon gab es zwischen ihm und Babadschani eine Wette um eine Flasche Arrak, wobei man Gegenstand und Grund dieser Wette keinem Laien erklären kann.

Gerschon Sarragosti war hingerissen von Enavs Schönheit. Er drückte seine Gefühle in Worten aus. Enav errötete, lächelte und ließ das Lächeln schleunigst wieder bleiben. Tomer geriet in Rage und murmelte dem Fischer zu: »Sei bloß still oder ...« Siegfried erfaßte die Situation und sprang mit einer Reihe Bonmots über weibliche Schönheit ein. Ein allgemeiner Lachsturm brach aus. Siegfried behauptete, Frauenverkoster von Beruf zu sein, genau wie jede Weinkellerei ihren speziellen Weinverkoster beschäftige. Wieder brauste allgemeines Gelächter auf, außer bei Bronka, die inzwischen vom Schlaf überwältigt worden war. Enav haute mit ihrer kleinen Hand auf den Tisch und kreischte: Ordinär! Ihr seid alle ordinär! Das war ordinär! Aber Tomer lachte jetzt mit. Esra sagte: Es gibt zwei Sorten Frauen auf der Welt ... Sacharja fiel ihm ins Wort und flüsterte: Es gibt drei Sorten. Die beiden, an die du eben gedacht hast, und noch eine dritte. Siegfried definierte die dritte Sorte. Das Gelächter nahm flutartige Ausmaße an. Enav errötete erneut und bemerkte traurig: »Das war kein schöner Witz.«

Esra grinste: »Ich werde einen anderen erzählen, einen schönen.«

Und tat es. Natürlich wollte kein Fischer hintanstehen, Grischa eingeschlossen. Sogar Tomer gab trocken eine Geschichte von einer Frau im Schnellzug zum besten. Esra war heiter. Wir haben ihn bisher noch nie heiter gesehen. Doch auch in seiner Heiterkeit wird er nie laut oder ausfallend. Esra ist ein einfacher Lastwagenfahrer, aber er weiß etwas, das sein Bruder nie lernen wird: Er kennt die Grenzen und weiß das richtige Maß zu wahren.

Zum Schluß erzählte Grischa eine erstaunliche Begebenheit aus dem Zweiten Weltkrieg. Wir werden halten, was wir Grischa versprochen haben, und die Geschichte in seinen Worten bringen, wenn auch mit einigen verständlichen Auslassungen:

»Ich hatte einmal einen vergoldeten Dolch, auf dem in gotischen Lettern der Name Ludendorff eingraviert stand, und darunter in Blockbuchstaben: VON ADOLF HITLER MIT MILITÄRISCHEM GRUSS AN MARSCHALL GRAZIANI. Seht ihr diese Hand hier? Ja? Faßt diese Hand an. Sie hat den bewußten Dolch gehalten. Einen historischen Dolch. Ich nehme an, Ludendorff hat ihn als Brieföffner benutzt, und zur Nazizeit hat man ihn aus dem Museum geholt und Hitler übergeben, und Hitler hat ihn als symbolisches Geschenk dem faschistischen italienischen Marschall Graziani überreicht. Es gibt zwei phantastische Geschichten über diesen Dolch. Erstens – wie er in meine Hände gekommen ist. Zweitens, wie man ihn mir wieder abgenommen hat.

Nach der Kapitulation Italiens hatte ich meine Einheit verloren. Ganz einfach, ich war auf eine kleine *after-duty* weggegangen, und als ich wiederkam, hatte man sie schon nach Norden verlegt. Ehrlich gesagt, ich habe es nicht bedauert. Es waren damals aufregende Zeiten in Rom, und ich wollte dort bleiben. Wie ich gelebt habe? Ein bißchen bei den Engländern, ein bißchen bei den Amerikanern und vor allem bei den Italienerinnen. Oh, die Italienerinnen, die Italienerinnen. Einmal bin ich mit so einer außerhalb der Stadt spazierengegangen. Wir schlenderten so durch die Gegend. Kamen an eine prächtige Villa, die von amerikanischen Soldaten bewacht wurde. Ich trug palästinensische Uniform. War Oberfeldwebel. Heute bin ich schon Hauptmann, das heißt – bin Hauptmann gewesen. Bei uns. Aber jetzt haben wir ja keine Armee mehr, wir haben einen Haufen Schokoladensoldaten, deshalb erwähne ich nie meinen Rang. Gut. Also, wir sahen eine bewachte Villa. Ich habe mit den Wachen gescherzt. Natürlich allesamt besoffen. Habe gesagt, ich sei vom *Secret Department of the British Intelligence* und dienstlich hier. Sie verrieten mir, daß hier jetzt die Versorgungsabteilung für zwei Divisionen untergebracht sei. Ich deutete auf das Rangabzeichen an meinem Ärmel und erklärte, ich sei vom *Jewish Corps of the Top Secret Service, searching for all kinds of war criminals*. Sie sagten mir, dies sei mal die Villa von Graziani gewesen. So betrunken und baff sie auch waren – ohne Papiere ließen sie uns nicht passieren. Ich zeigte ihnen meinen Gewerkschaftsausweis, rein auf Hebräisch. Sie holten ihren Offizier. Wenn sie betrunken waren, dann war ihr schwarzer Offizier stockbesoffen. Er kroch beinah auf allen vieren in seiner Pyjamahose. Ob ihr's glaubt oder nicht, er ließ sich überzeugen. Er befühlte den Ausweis, beschnupperte Ben Gurions Unterschrift, sperrte ein wenig den Mund auf, streckte vor lauter Eifer die Zungenspitze heraus, beguckte sich die Schöne, die ich dabei hatte, und sagte: Ich salutiere. Und versuchte sogar einen Salut.

Wir traten ein, meine Süße und ich, schlenderten ein, zwei Stunden durch den herrlichen Garten der Villa, sahen, daß Gefangene sich um die phantastischen Blumen kümmerten. Ich schrie sie an, sie sollten nicht faul herumlungern, aber sie ließen sich nicht groß beeindrucken, sondern lächelten nur wie brave Kinder und sagten: *si signore, si signore*. Danach durchsuchten wir das Haus nach *war criminals*. Welch ein Haus. Unbeschreiblich. Wir fanden Grazianis Schlafzimmer. Ganz in schimmerndem Blau. Traumhaft. Wir schlossen uns dort ein und begingen ein kleines *war crime*. Und da – im Schlafzimmer – sah ich plötzlich diesen hübschen

Dolch seelenruhig auf dem Bord liegen. Ich nahm ihn, guckte, trat näher ans Licht, drehte ihn hin und her, sah *Ludendorff, Hitler, Graziani*. Sagte mir: Grischa, Grischa, den nimmst du mit, um ihn mal den Enkeln zu zeigen, damit sie wissen, wer ihr Großvater war. Und nahm ihn.

Jetzt erzähle ich euch die noch phantastischere Geschichte, wie ich ihn wieder verloren habe.

Ich habe den Dolch 1947 in Rumänien verloren, wo man mich in Sachen illegale Einwanderung hingeschickt hatte. Das heißt, wie ihr selbst erraten könnt, habe ich ihn nicht verloren. Er wurde gestohlen. Aber wie? Das würdet ihr nie erraten. Es war ein Meisterstück. Man hatte mir ein Treffen mit einem Mitglied der kommunistischen Regierung Rumäniens in Bukarest verschafft. Ja. Ich war damals Hauptvertreter der Hagana in Osteuropa. Das heißt, einer der Hauptvertreter. Gut. Ich wurde ins Haus des bewußten Ministers gebeten. Eine einfache Wohnung in einem Arbeiterwohnungsprojekt. Auch dort hat's mal Zeiten gegeben. Ja. Wir hatten von dem Dolch geredet. Ich sprach mit dem Minister. Es stellte sich heraus, daß er im Untergrund gegen die Nazis agiert hatte. Jedenfalls hat er mir erzählt, er habe gegen Antonescu gekämpft. Nach den Geschichten zu urteilen, war ganz Europa im Untergrund, und es ist völlig unbegreiflich, wie Hitler sich auch nur einen einzigen Tag an der Macht hat halten können. Wir freundeten uns an. Ich habe an die vier Stunden bei ihm gesessen. Hab ihm vom Volk Israel erzählt, dachte, da hätte ich einen neuen Freund gewonnen. Er konnte die dreckigsten Witze erzählen, die ich je gehört habe. Minister oder sinister. Gut. Irgendwie habe ich den Dolch aus der Mappe gezogen. (Ich schleppte ihn ständig mit mir herum. Ich war damals – wie soll man sagen? – jung.) Ich habe ihn dem Minister gezeigt. Der staunte. Sagte, er müsse ihn unbedingt seiner Frau zeigen, die sei auch Partisanin gewesen, habe gegen die Nazis, gegen Antonescu gekämpft und so weiter. Gut, bitte schön, warum nicht. Ich gab ihm den Dolch. Er ging ins Nebenzimmer. Kam ein paar Minuten später wieder und gab ihn mir zurück. Ich steckte ihn ein. Schön. Ich komm in mein Hotel, beguck ihn mir, und was seh ich? Plötzlich sehe ich, daß es nicht derselbe ist. Der Halunke hatte ihn im Handumdrehen vertauscht. Was konnte ich schon machen? Einen Skandal? Unmöglich. Vergeßt nicht, daß wir bestimmte Interessen hatten. Übrigens habe ich den Dolch des Rumänen aufgehoben. Ich zeige ihn euch mal, damit ihr seht, daß Grischa die Wahrheit spricht. Aber was ist er schon wert. Ein paar Groschen. Wenn ich ihn den Enkeln zeige, werden sie sagen: Was für ein Dussel Großvater sogar schon in jungen Jahren gewesen ist. Aber hat man denn umsonst all diese Witze über die klauenden Rumänen erfunden? Da fällt mir übrigens gerade einer ein ...«

Sacharja Siegfried Berger murmelte mit zusammengekniffenen Augen wie in Trance: »Wenn er nur mir in die Hände gefallen wäre, wenn ich den zu fassen bekommen hätte, oh, *Gott im Himmel* ...«

»Wen, den Minister oder den Dolch?«

»Oh, Gott im Himmel, wenn er mir in die Hände gefallen wäre, hätte ich eine Großtat vollbracht.«

Dabei machte der Mann ein äußerst seltsames Gesicht. Noch nie hatten wir ihn so verträumt gesehen, mit diesem Ausdruck eines Liebeskranken. Doch sofort verstummte er und seine Miene veränderte sich.

Man tauschte Witze über Diebstähle und Diebe aus. Esra brachte die beiden lehrreichen Bibelverse von wegen »fand« und »gefunden« und die Scherzfrage, warum sechzig Helden Salomos Bett umstanden. Es wurde viel gelacht.

Gegen drei Uhr morgens weckten sie Bronka, nahmen ein Taxi und fuhren nach Hause. Den ganzen Weg über herrschte sprudelnde Heiterkeit. Esra, Sacharja, Tomer, Grischa und der beleibte Fahrer wieherten vor Lachen. Nur Bronka und Enav wurden ihrer Müdigkeit nicht Herr und nickten Schulter an Schulter ein.

Sacharja blickte seinen Bruder an und sagte sich im stillen etwa so: Gut. Schön. Sehr gut.

Grischa Issarow und Esra Berger legten ihre großen Hände aneinander, um zu sehen, wer die stärkeren Finger habe. Zuweilen brummten sie wie zwei spielende Bären. Tomer störte sie, steckte dauernd seine Finger dazwischen, bis sie in schallendes Gelächter ausbrachen. Er trug auch Enav nichts nach. Er kitzelte sie hinter dem Ohr, so daß sie erschrocken aus dem Schlaf hochfuhr. Und wieder lachten alle.

Außer Sacharja. Sacharja saß entspannt im Sitz zurückgelehnt. Stille Zufriedenheit erfüllte sein Herz. Wir werden keinen Stein auf ihn werfen.

6. Kapitel:
Ein flüchtiger Gast

Am nächsten Schabbat kam ein lieber Gast: Unser Bruder Nechemja aus Jerusalem hielt sein Versprechen mit Verspätung ein.

Es ist schwer zu sagen, welchem seiner beiden Brüder Nechemja mehr ähnlich sieht. Nach eingehender Betrachtung könnte man etwa zu folgendem merkwürdigen Urteil gelangen: Er sieht aus wie die Zuckergußversion der beiden anderen.

Seine Gesichtszüge sind zweifellos angenehmer als die seiner Brüder. Das gilt besonders für die Augen, deren Blick eine schüchterne Wärme ausstrahlt, die dem harten Blick seiner Brüder fehlt. Wenn Sacharja die Augen zukneift, weiß man nicht, ist er geistesabwesend oder äußerst konzentriert. Bei Nechemja gibt es keinen Zweifel, er hat ständig einen zerstreuten Gesichtsausdruck, als wäre er bei einer komplizierten Rechenaufgabe unterbrochen worden und bemühte sich nun, zu den Zahlen zurückzukehren, ohne den Störer zu verärgern. Nechemjas Gesicht ist nicht tiefbraun wie Esras, sondern blaß. Andererseits fehlt ihm der verhaltene, nervöse Schalk, der Sacharja im Gesicht sitzt. Nechemjas Profil scheint wie mit zagem Messer geschnitzt. Er hat etwas schlaffe Züge. In einem Punkt wird man uns sofort zustimmen: Der älteste und gelehrteste der drei Brüder wirkt neben den beiden anderen eindeutig am jüngsten. Träfen wir sie als Fremde einträchtig auf einer Parkbank sitzend und wollten die Uhrzeit wissen, würden wir sicher Dr. Nechemja Berger fragen. Es ist nicht Liebenswürdigkeit, vielmehr dieser Ausdruck ständigen Sympathieheischens. Seine Augen blicken dich schüchtern an, als bettelten sie um deine Zuneigung. (Ist der Vergleich des Äußeren wirklich gründliches Nachdenken wert? Lassen wir die Sache.)

Im Frühjahr hatte Nechemja seinem Bruder Esra geschrieben, daß er vorhabe, für einige Zeit in unseren Kibbuz auf Besuch zu kommen. Nun hatte er seinen Besuch auf ein einziges Wochenende beschränkt, vielleicht um Bronka nicht tagelang zwei Gäste aufzubürden, vielleicht aus anderen Gründen.

Der Besuch unseres Bruders Nechemja stand unter keinem guten Stern. Eine Stunde nach seiner Ankunft klagte er über Übelkeit und Augenschwäche. Man vermutete, die lange Fahrt in der Sommerhitze habe ihn erschöpft. Deshalb ließ man ihn duschen und dann ins Bett gehen, schloß alle Läden und erklärte ihm, er solle ein paar Stunden schlafen, um danach frisch und ausgeruht wieder aufzustehen. Doch sein Gesicht wirkte weiterhin gequält. Seine trübe Miene schien Schuldgefühl oder Reue auszudrücken. Man brachte ihm etwas Kaltes zu trinken. Stellte ihm den kleinen Dani vor. (»Enav? Oh, ich dachte, du hießest Enat, oh ich fauler Trottel.«) Bemühte sich redlich, Dani zum Lächeln zu bringen. Nechemja holte bescheidene Mitbringsel hervor und überreichte sie der Familie seines Bruders und der Familie seines Neffen: dünne Sonderdrucke seiner Übersetzungen, die in wissenschaftlichen und politischen Zeitschriften erschienen waren. Danach sprach er lange über den Mangel an Fachausdrücken in der hebräischen Sprache und über die Unzulänglichkeit vorhandener Begriffe. Führte Beispiele aus mehreren europäischen Sprachen an. Plötzlich merkte er, daß er seine Zuhörer ermüdete, verstummte mitten im Satz und blickte seine Verwandten flehentlich an, als wolle er sie um Verzeihung bitten.

Bronka schlug einen kleinen Familienspaziergang durch den Kibbuz vor, Freitagnachmittag sei für sie die schönste Zeit der Woche. Nechemja meinte, sie sollten ohne ihn gehen. Er sei, wie solle er es erklären ... ja, ein wenig müde. Aber sie sollten bitte keine Rücksicht auf ihn nehmen, sondern getrost ihren Rundgang machen. Er werde hier auf sie warten.

Sie nahmen Rücksicht auf ihn und verzichteten auf den Spaziergang. Versuchten sich zu unterhalten. Die Unterhaltung verlief mühsam, weil der liebe kleine Dani übler Laune war und unaufhörlich mir schrillem Stimmchen dazwischenschrie. Immerhin sprach man über den Klimaunterschied zwischen Jerusalem und Mezudat Ram. Sacharja mußte unbedingt erzählen, wie sehr er seinen flüchtigen Besuch vor ein paar Wochen in Jerusalem genossen hatte, und betonte, daß er die inspirierende Atmosphäre der Heiligen Stadt außerordentlich schätze.

Nechemja klagte, daß er seine Tage mit trivialen Dingen vergeude, da er läppische Übersetzungen anfertigen müsse, um seinen Lebensunterhalt zu verdienen. Ob es ihm wohl je vergönnt sein werde, sein großes Vorhaben zu vollenden, nämlich die Geschichte des jüdischen Sozialismus von der Zeit der Propheten bis zur Gründung der Kibbuzbewegung zu schreiben? Das sei nicht absehbar. Er sei niedergeschlagen.

Es kam zu einer schweren Mißstimmung, weil Sacharja die Worte seines ältesten Bruders auf sich bezog und Nechemja anbot, ihm eine bescheidene monatliche Unterstützung zu gewähren, damit er keine Übersetzungsaufträge mehr anzunehmen brauche und sich finanziell abgesichert seiner wissenschaftlichen Arbeit widmen könne.

Vielleicht wegen seines körperlichen Unwohlseins antwortete Nechemja mit einem heftigen Wutausbruch, wie er gerade bei introvertierten Menschen vorkommt, wenn sie denn einmal in Rage geraten: Erstens hasse er den widerlichen Ausdruck »finanziell abgesichert«. Zweitens wolle er kein Gnadenbrot. Er werde seine Prinzipien nicht für ein Linsengericht verkaufen. Drittens: Sei denn jemand verbohrt genug zu glauben, man könne die Geschichte des jüdischen Sozialismus mit dem Geld eines Mannes schreiben, der sowohl den Sozialismus als auch das Judentum verleugne? Wird Sacharja mir verzeihen, daß ich das Kind beim Namen nenne?

Bronka wollte hastig beschwichtigen. Siegfried schnitt ihr das Wort ab und sagte in hartem Ton: »Den Sozialismus verleugnen? Das Judentum verleugnen? Ich nicht. Ihr verleugnet das Judentum. Das Judentum hat sich selbst verleugnet. Das Judentum hat sich prostituiert. Wahres Judentum kann nur eines bedeuten – völlige Unterwerfung unter den Willen des Höchsten.«

Nechemja schrie, rot vor Zorn: »Reines Lippenbekenntnis! Falsches Geschwätz! Du glaubst an gar nichts!«

Siegfried erwiderte lächelnd: »Sogar den bösen Sohn in der Pessach-Haggada hat man ausreden lassen, ehe man ihm die Zähne stumpf machte. Ohne Unterwerfung gibt es kein Judentum, habe ich gesagt. Alles, was der Allbarmherzige tut, tut er zum Guten. Nehmen wir das Gute an, sollen wir dann nicht auch das Böse annehmen? Das ist das ganze Judentum, Nechemja. Juden, die ihr Schicksal in die Hand nehmen wie Kinohelden, sind keine Juden mehr. Ein Jude soll sein Leben mit der Waffe verteidigen? Sünde, furchtbare Sünde, Hochmut, schlimmste Ketzerei. (Siegfrieds Züge nahmen einen überaus erschrockenen Ausdruck an, als habe er ein verbotenes Wort ausgesprochen.) Ein Jude, der zur Waffe greift, ist kein Jude. Er, das heißt ihr, wollt das Ende beschleunigen. Darauf steht Hölle und Untergang. Ein Jude wartet ehrfürchtig auf den Messias, ohne Pflugschar und Schwert, wie der Dichter sagt. Und wenn der Feind kommt und die Verstreuten einsammelt, wie der Dichter sagt, und sie aus allen Enden der Erde zur Vernichtung heimführt, dann sollen sie aufstehen und ihren Nacken dem guten Schlachtmesser darbieten. Was ist denn das Schlachtmesser? Die Rute seines Zorns und der Stock in seiner grimmigen Hand, spricht der Prophet. Sterben sollen sie. Sterben bis zum letzten Mann. In

Frieden sterben. Zu sühnen ihre Sünden und die Sünden ihrer Väter. Das ist das ganze Judentum. Und ihr seid Lug und Trug. Die wahren Juden sind die toten Juden.«

Nach einer versonnenen Pause schloß Sacharja mit dem äußerst seltsam und unpassend scheinenden Zusatz: »Wie die wahren Deutschen. Diese und jene sind tot. Die Lebenden sind Bastarde. Allesamt. Alle.«

Als erster fand Esra die Fassung wieder. Er lächelte und sagte: »Originelle Worte. Wirklich originell.«

Bronka stieß erbost aus: »Man kann alles ad absurdum führen. Das war sehr unterhaltsam, Sacharja, aber absurd. Das weißt du genauso gut wie ich.«

Tomer erklärte: »Deine Anschauungen sind völlig der Diaspora verhaftet.«

Enav meinte lächelnd: »Sehr richtig. Diasporaverhaftet.«

Und Nechemja schloß mit bemühtem Grimm, dem das heftige Augenblinzeln jede Wirkung nahm: »Das ist eine nihilistische Interpretation des jüdischen Gedankenguts. Das ist vielleicht irgendein fatalistischer Buddhismus. Ganz sicher kein Judentum. Aber du hast ja auch einen Scherz machen wollen. Es war ein geschmackloser Scherz. Ich glaube dir nicht. Nach deinem System waren König David, Judas Makkabäus und Bar Kochba auch keine wahren Juden. Sie haben schließlich zur Waffe gegriffen.«

Sacharja bejahte seelenruhig: »Richtig, richtig, sie waren keine echten Juden, sondern falsche.«

Nechemja sprang auf. Seine Stimme klang schrill und überlaut: »Du, Siegfried, sprich nicht im Namen des Judentums. Wir alle wissen, wer du bist. Lob du deine nihilistische Philosophie oder den Totenkult, obwohl du bestens zu leben verstehst. Weder dem Glück noch dem Vergnügen bist du abhold. Schäm dich, wirklich. Verzeih meine Offenheit. Ich bin dein Bruder, und in gewissen Momenten schäme ich mich wirklich für . . .«

Sacharja: »Ultima ratio. Ich ergebe mich. Außerdem bin ich nur einer, und ihr seid viele. Wenn ich nicht kapituliere, könnt ihr mich mühelos um die Ecke bringen.«

Die anderen zögerten einen Augenblick. Dann lachten sie und ließen den Streit auf sich beruhen.

Esra beschloß ihn mit den Worten: »Unser Bruder liebt den schwarzen Humor. Und wir Dussel sind darauf reingefallen.«

Man lachte erneut gekünstelt.

Ein anderer Ort

Bronka opferte ein Kompottglas. Die Brüder löffelten es aus und lobten die Hausfrau.

Nechemja wollte Versöhnung stiften. Deshalb sagte er: »Es ist viele Jahre her, daß wir drei zusammen waren. Mit etwas mehr Glück wären wir alle hier in Mezudat Ram geblieben und könnten stolz auf unser Leben sein. Aber...«

Enav hob Dani aus seinem Wagen. Ließ ihn von Hand zu Hand gehen. Alle freuten sich über ihn.

Esra sagte: »Er hat unsere Stirn, die Bergersche.«

Nechemja fügte betont liebenswürdig hinzu: »Ein gesundes Baby. Kerngesund.«

Sacharja steuerte eine feine Beobachtung bei: »Er hat das Lächeln seiner Mutter. Das heißt, der Kleine hat Geschmack. So ein bezauberndes Lächeln.«

Enav errötete. Einen Moment später erklärte sie: »Dani sagt gute Nacht. Dani geht essen und schlafen.« Dann ging sie leicht hinkend davon, schob den Kinderwagen vor sich her und schmatzte mit den Lippen, um ihren Sohn und sich zu vergnügen.

Herbert Segal erschien. Er habe erfahren, daß der Genosse Nechemja aus Jerusalem eingetroffen sei. Im Namen des Kulturausschusses wolle er fragen, ob der Genosse Nechemja bereit sei, den Genossen am Samstagabend nach dem Abendessen im Kultursaal einen Vortrag zu halten.

Nechemja entschuldigte sich: Er fühle sich nicht wohl. Vielleicht ein andermal. Die Fahrt habe ihn anscheinend viel Kraft gekostet. Man möge ihn entschuldigen.

Herbert Segal sagte: »Macht nichts. Dann eben ein andermal. Aber in anderer Sache werde ich nicht verzichten: Ich bestehe darauf, daß ihr nach dem Abendessen alle zu mir kommt. Dann unterhalten wir uns.«

Nach dem festlichen Schabbatessen mit weißen Tischdecken und gemeinsamem Singen gingen die Bergers mit ihren Gästen zu Herbert Segal. Herbert, der zu Nechemjas Bewunderern und treuen Lesern zählt, obwohl er in einigen Grundsatzfragen nicht mit ihm übereinstimmt, hatte sie eingeladen, mit ihm Musik zu hören. Tomer und Enav hatten sich mit der zutreffenden Begründung gedrückt, es finde ein Basketballspiel statt, doch Esra, Bronka und die beiden Gäste freuten sich über die Einladung. Es ist ortsbekannt, daß Herbert Segal gern allein ist. Wenn er diesmal entgegen seiner sonstigen Gewohnheit außerhalb des festen Abends mit den

Freunden klassischer Musik Gäste zu sich gebeten hatte, dann war das ein klares Zeichen besonderer Wertschätzung.

Bronka brachte einen Obstkorb und einen Teller Kekse mit, wofür Herbert ihr trotz seiner Proteste dankbar war.

Man hörte Schallplatten mit Werken von Beethoven und Mozart. Herbert Segal und Sacharja Siegfried kamen ins Gespräch, wobei sich überraschend herausstellte, daß Sacharja ein feines Ohr für Musik besaß. Nechemja und Esra ging diese Fähigkeit ab. Nechemja, der ewige Nörgler, bemerkte bissig, es sei schade, daß der selige Vater seinem Jüngsten keine anderen, wichtigeren Eigenschaften vererbt habe. Daraufhin zündete Siegfried eine Zigarette an und beugte sich so weit zu ihm hinüber, daß Nechemja vor dem Rauch oder dem zitternden Bart zurückwich. Schwache Menschen befürchten eben bei jeder forschen Bewegung Gewalt.

»Zum Beispiel? Was denn beispielsweise? Welche Eigenschaft hatte Vater, die ich nicht habe?«

»Zum Beispiel«, begann Nechemja ängstlich, aber dreist, »zum Beispiel Wahrhaftigkeit. Vaters Worte standen immer in Einklang mit seinen Taten.«

»Mein lieber Bruder«, sagte Sacharja sanft und gedehnt, als beschwichtige er ein bockiges Kind, »mein lieber Bruder, wie viele Stunden oder Tage hast du persönlich hier im Kibbuz Mezudat Ram, der Hochburg des jüdischen Sozialismus, zugebracht, ehe du dich auf und davon gemacht hast, wenn wir schon vom Verhältnis zwischen Wort und Tat sprechen? Wie viele?«

Nechemja klagte, man beleidige ihn durch persönliche Angriffe. Auch Bronka meinte, Sacharjas letzte Worte seien ungerecht gewesen.

Sacharja entschuldigte sich sofort. Er bitte um Verzeihung und Vergebung. Um Himmels willen, er habe seinen Bruder doch nicht der Heuchelei bezichtigen wollen. Im Gegenteil. Seine Worte seien falsch verstanden worden. Nicht Heuchelei liege hier vor, sondern tiefe Tragik. Er wisse, wie hart und aufreibend die Lebensbedingungen in der Frühzeit des Kibbuz gewesen seien. Wer und was sei er denn, daß er über seinen Bruder richte, weil er den Belastungen nicht gewachsen gewesen war und seinen Wohnsitz nach Jerusalem verlegt hatte. Überhaupt sei er, Sacharja, der Ansicht, daß die erste Generation der Kibbuzgründer einen natürlichen Selektionsprozeß im darwinistischen Sinne durchgemacht habe. Nur die körperlich und seelisch Widerstandsfähigsten hätten standzuhalten vermocht.

Ein anderer Ort

Die anderen seien zusammengebrochen und hätten aufgegeben. Hätten den Kibbuz, das Land oder auch die Lebensgefilde verlassen. Das heißt, sie seien an Malaria und anderen Krankheiten gestorben. Viele hätten Hand an sich gelegt. Nur die Stärksten und Zähesten seien übriggeblieben. Ob diese Erklärung Nechemja versöhnte, sei dahingestellt. Jedenfalls brachte sie Bronka auf. Nur Esra lächelte und bemerkte seelenruhig: »Noch ein origineller Gedanke.«

Da man nicht recht wußte, ob Esra diesen Ausspruch ernsthaft oder scherzhaft gemeint hatte, ignorierte man ihn. Aber die anderen – Bronka, Nechemja und Herbert Segal – stürzten sich auf Siegfrieds Ansicht und widerlegten sie bis ins Detail, in theoretischer wie in faktischer Hinsicht. Nechemja hielt diese darwinistische Theorie für gemein oder boshaft, weil sie mit einem Streich die Angehörigen der Gründergeneration, die weiterhin im Kibbuz lebten, wie die Fortgegangenen diskreditiere. Selbst die Ehre der Toten werde aufs häßlichste verletzt. Nach Siegfrieds seltsamem Denkmodell seien alle Kibbuzgründer entweder hart und gefühllos oder schlapp und schwächlich gewesen. Eine solche Auffassung zeuge von starken, verkappten Schuldgefühlen, urteilte darauf Herbert Segal ohne einen Anflug von Bitterkeit.

Verblüffenderweise stimmte Sacharja Siegfried Herbert auf der Stelle zu und gab mit offenherzigem Lächeln und geschürzter Unterlippe zu, daß er wirklich und wahrhaftig prall voll schrecklicher Schuldgefühle stecke.

Die Debatte war abrupt beendet.

Danach hörte man Dvořák. Nechemja, den die Aufregung und der Streit noch weiter geschwächt hatten, klagte über Müdigkeit und starke Schwindelgefühle. Sie verabschiedeten sich von Herbert. Gingen schlafen. Am nächsten Morgen stand Nechemja in aller Frühe auf und verkündete, er wolle sofort nach Jerusalem zurückfahren. Er fühle sich schlecht und wolle bei sich zu Hause sein. Alle Überredungsversuche Bronkas nützten nichts. Nechemja zeigte sich stur und verbissen, wie häufig bei moderaten Menschen, wenn sie doch einmal ihre Haltung durchsetzen wollen.

Man ließ ein Taxi aus Tiberias kommen. Die Kosten für die Sonderfahrt von Mezudat Ram nach Jerusalem beglich Sacharja. Nechemja verließ erbittert den Ort. Und wir machen energisch Gebrauch von unserem Urteilsrecht und bürden Siegfried die volle Verantwortung auf. Siegfried hat seinen älteren Bruder rüde behandelt. Gewiß hat Nechemja ihn einige Male provoziert, aber Nechemja fühlte sich nicht wohl. Siegfried klopft unablässig hochtrabende Sprüche über seine Anhänglichkeit an die Familie und seine Bereitschaft, alles für sie zu opfern. Diesmal hat er seine Grundsätze nicht befolgt. Bronka hat es ihm vorgehalten und auch sein Benehmen bemängelt.

Sacharja erklärte daraufhin lächelnd: »Du hast recht, meine liebe Bronka, auch diesmal hast du das Recht auf deiner Seite.«

7. Kapitel:
Herbert Segal erweist sich als ebenbürtiger Gegner

Der Sommer erlitt einen Einbruch.

Drei Wochen vor Rosch Haschanah, dem Neujahrsfest, kamen fünf herbstliche Tage nacheinander. Es gab einen Temperatursturz. Der Himmel wurde grau. Wind rauschte in den Wipfeln. Fünf milde Tage. Am fünften starb Fruma Rominow. Um sieben Uhr morgens. Sie hatte den Kindergarten verlassen, um den Hygienewart zu suchen und ihm von einem Wurmbefall der Kiefern zu berichten. Der aufgetretene Wurm konnte bei den Kleinen Augenreizungen und Hautentzündungen auslösen. Man mußte die Bäume spritzen, aber mit einem Mittel, das den kleinen Kindern nicht schadete, nur den Würmern.

Der Hygienewart versprach, sich der Sache noch diesen Vormittag anzunehmen. Fruma erwiderte, das wolle sie mit eigenen Augen sehen.

Danach ging sie zum Kindergarten zurück. Unterwegs sah sie ein gelbliches Kätzchen auf dem Rasen mit einem Ball spielen. Sie blieb stehen. Guckte zu. Empfand leise Trauer. Ein Lebewesen, das sich so geschmeidig, weich fließend und leicht bewegte. Der Anblick faszinierte Fruma. Sie lächelte bitter vor sich hin. Aber der Ball, wieso habe ich das nicht gleich bemerkt, der Ball gehört ja den Kindergartenkindern.

Fruma bückte sich, um den Ball aufzuheben. Dabei hörte sie in beiden Ohren ein schrilles Pfeifen. Sie wandte den Kopf, um zu sehen, woher das Geräusch kam. Mit dem Kopf drehte sich der Körper. Sie brach auf dem Rasen zusammen, das Gesicht schweißüberströmt. Sie wollte den Schweiß mit der Schürze abwischen. Die Hand zitterte und sackte ab. Unter Aufbietung aller Kräfte versuchte Fruma aufzustehen, weil ihre Augen verschwommen eine menschliche Gestalt auf sie zukommen sahen und sie sich schämte, daß man sie um diese Tageszeit untätig auf dem Rasen lie-

Ein anderer Ort

gen sähe. Ihrer Kehle entrang sich ein hohles Röcheln. Ihr Körper schlug lang auf den Boden. Ido Sohar eilte zu ihr und fragte, ob ihr schlecht sei. Frumas Gesicht war wütend und zerknittert. Ihre Augen wurden feucht. Ido glaubte, er störe. Wandte sich zum Gehen. Nach fünf Schritten machte er kehrt und versuchte sie aufzurichten. Frumas Körper war schwer. Ido schämte sich, daß er Fruma unter die Achseln greifen mußte. Er schrie auf. Fruma bewegte die Lippen. Jetzt rannen ihr die Augen. Dicke Tränen liefen über ihre knochigen Wangen. Ihr Atem ging rasch und stoßweise. Plötzlich öffneten sich die Lippen. All ihre Zähne leuchteten weiß. Ido erschrak und schrie zum zweitenmal. Man hörte Laufschritte. Dafna Issarow kam zitternd näher und fragte, was los sei. Ido hauchte: Arzt. Einen Arzt. Dafna wurde rot. Fruma blickte Ido mit kalten, grauen Augen durchdringend an. Ido überlegte und fragte, ob er Wasser holen solle. Fruma schwieg. Der Blick, der sich an Idos Gesicht heftete, war leblos.

Nach einer Weile kamen wie aus grauem Nebel Herzl Goldring und Mendel Morag an und hoben Fruma auf, legten sich ihre mageren Arme um die Schultern. Gewissermaßen armumschlungen mit den zwei Männern wurde Fruma in die Krankenstation gebracht. Der Arzt versuchte es mit einer Spritze in den Herzmuskel und anhaltender künstlicher Beatmung. Er sagte zu Herzl Goldring: »Noch nicht aufgeben. Hol einen Wagen. Schnell. Ins Krankenhaus.«

Die emsigen Bemühungen schienen etwas zu nützen: Ein leichtes Beben lief über Frumas Gesicht, die Kinnmuskeln erschlafften, ihr Mund ging auf, und die Finger krümmten sich langsam. Der Arzt prüfte eingehend ihren Puls. Schließlich schüttelte er zweimal den Kopf und sagte mit matter Stimme: »Nur ein motorischer Reflex.«

Herzl Goldring stürmte herein, um mitzuteilen, daß der Wagen vor der Tür stehe. Der Arzt sagte, er sei nicht mehr nötig, und fügte seltsamerweise hinzu: Vielen Dank, Herzl.

Um zwei Uhr mittags traf Rami ein. Herbert Segal zog ihn in sein Zimmer und ließ ihn auf dem Sessel Platz nehmen.

Rami sagte: »Einfach so, haben sie plötzlich mitgeteilt ... plötzlich mitgeteilt, plötzlich ...«

Herbert bedeckte die runde Brille mit seiner kleinen Hand und sagte: »Was kann man machen.«

Rami starrte Herbert müde an. Einen Moment später murmelte er: »Was für ein Unglück. So plötzlich.«

Herbert faßte Rami an der Schulter: »Sei stark, Junge.«

Der Satz war ermutigend gemeint, schwemmte aber nun alle Dämme hinweg. Rami ließ den Kopf sinken, schlug mit der Stirn auf die Tischplatte und brach in Schluchzen aus. Es klang seltsam hoch, fast wie ein ersticktes Lachen. Herbert stellte ihm ein Glas kaltes Wasser hin. Rami schlug die Augen auf und starrte Herbert Segal an, als würde er ihn nicht kennen. Seine Augen waren trocken. Er griff nach dem Glas und trank einen Schluck. Dann schob er es mit einem Ruck von sich. Herbert stand auf und machte im ganzen Haus die Läden zu. Rami fragte stockend, ob er sie ... sehen dürfe.

Herbert verneinte energisch: Nein. Jetzt nicht.

Sie schwiegen.

Herbert brach das Schweigen und fragte, welche Verwandten benachrichtigt werden müßten. Im ersten Augenblick konnte Rami sich kaum richtig erinnern. Schließlich sagte er, da seien Mutters Schwester in Kirjat Chaim und die Familie von Vaters Neffen in Rischon Lezion. Die haben wir seit der letzten Beerdigung nicht mehr gesehen. Seit der von Joasch. Und einen Moment später fügte er hinzu: »Die mag Mutter nicht. Sie sind sehr egoistisch. Immer denken sie nur an sich.«

Herbert sagte: »Das ist jetzt unwichtig.«

Rami wurde sich plötzlich seiner Aufmachung bewußt und schluchzte: »Ich ... ich bin direkt von einer Übung gekommen. Guck doch, Herbert, guck bloß, wie dreckig meine Sachen sind. Das ist doch ... unmöglich, so plötzlich ...«

Herbert sagte erneut: »Das ist unwichtig. Das ist jetzt egal, die Kleidung.«

Rami fragte hastig, als erinnere er sich einer unerläßlichen Formel, wie es denn ... passiert sei. Wann. An welchem Ort. Herbert beantwortete alle Fragen sehr knapp. Offenbar hörte Rami nicht richtig zu. Rami lehnte sich mit vollem Gewicht im Sessel zurück. Schloß die Augen. Schlug die Beine übereinander. Streckte sie wieder aus.

Herbert ging für einige Augenblicke hinaus, um das Dringendste zu regeln. Bei seiner Rückkehr fand er den Jungen seltsam ruhig vor, als habe er unterdessen lange geschlafen. Ebenso seltsam ruhig sagte Rami: »Bald ist der Sommer vorbei. Mich wird man in einen Gruppenführerlehrgang stecken, und Noga Charisch wird einen Sohn zur Welt bringen.«

Herbert blickte ihn lange forschend an. In diesem Moment kam ihm ein elektrisierender Einfall. Und wie immer in solchen Fällen preßte Herbert die Lippen schmal und schnurgerade zusammen.

Trauer senkte sich über Mezudat Ram. Keiner außer Herbert Segal legte die Arbeit nieder, denn Trauer dispensiert nicht von Arbeit. Aber überall wurde sie schweigend, fast grimmig verrichtet. Zwi Ramigolski nahm Mundek Sohar mit, um gemeinsam das Grab zu schaufeln. Vorher hatte Zwi noch telefonisch Traueranzeigen in die Zeitung der Bewegung setzen lassen. Dann suchte er sich einen Spaten und ging mit Mundek zum Friedhof. Abgesehen von der Pflege seines Gartens hatte Zwi schon lange keine körperliche Arbeit mehr verrichtet. Deshalb bildeten sich schnell Blasen an den Händen, und sein Atem ging hechelnd. Er war korpulent und hatte etwas hängende Schultern. Die Erde war trocken und knüppelhart. Die Spaten klirrten. Der Friedhof lag am Rand des Wäldchens, ständig vom traurigen Wispern der Kiefern erfüllt.

Sollte man Fruma neben Alter, sein Andenken sei gesegnet, bestatten oder lieber gegenüber, neben Joasch, möge der Ewige sein Blut rächen? Mundek Sohar wollte sich dazu nicht äußern. Zwi überlegte mit geschlossenen Augen. Schließlich sagte er: »Aber natürlich neben Alter, gewiß doch. Mann und Frau. – Ich hasse den Tod«, setzte er plötzlich wild aufbrausend hinzu, ganz gegen seine sonstige bedachte Art.

Die Erde war, wie gesagt, hart. Die Spaten gaben einen metallischen Klang ab. Die Steine einen steinernen.

Am Abend wurde der Türrahmen des Speisesaals schwarz drapiert. Ohne vorherige Absprache versammelten sich nach dem Abendessen alle Genossinnen und Genossen auf dem dunklen Vorplatz. (Man hatte keine Beleuchtung angeschaltet.) Es wurde wenig gesprochen. Die Gesichter waren düster. Um sieben Uhr abends brach ein kleiner Trupp, darunter Ruven und Bronka, Gerda und Mundek, zu Herbert Segals Zimmer und dem verwaisten Jungen auf. Rami saß immer noch im selben Sessel, hatte nur die Beine auf einen kleinen Schemel gelegt, den der gute Herbert ihm untergeschoben hatte. Sie setzten sich.

Ruven Charisch sagte seufzend: »Denk immer daran, daß du nicht allein bist, Rami. Daß du ein Zuhause hast.«

Rami nickte schweigend.

Gerda sagte: »Hast du was gegessen?«

Da der junge Mann nicht antwortete, ja sie nicht einmal anblickte, richtete sie die Frage an Herbert Segal: »Hat er was gegessen?«

Herbert winkte ab.

Zwi Ramigolski begann zögernd: »Der Winter naht. Bald wird sich das Schicksal des Kamelbuckels entscheiden. Es wird eine schwere Zeit werden.«

Nach kurzem Schweigen äußerte Rami: »Diese zwanzig, dreißig Dunam sind den ganzen Aufruhr nicht wert.«

Herbert warf Zwi Ramigolski einen ermunternden Blick zu, als wolle er sagen: Schön, der Junge bricht sein Schweigen. Nur so weiter. Mach weiter.

Zwi Ramigolski verstand den Wink und fuhr fort: »Auf Land darf man nicht verzichten. Grund und Boden ist das Wichtigste auf der Welt.«

Rami bat um eine Zigarette. Mundek Sohar bot ihm umgehend eine an. Der Junge sog daran, schob die Kieferpartie vor, hielt den Rauch ein wenig in den Lungen und schloß die Augen. Dann sagte er, ohne sie zu öffnen: »Früher habe ich das auch gedacht. Jetzt meine ich, daß es wichtigere Dinge auf der Welt gibt als Land.«

Herbert zog die Augenbrauen hoch und merkte sich diese Worte. Die anderen waren ein wenig verlegen. War es angebracht, jetzt eine Diskussion zu entfachen? Doch warum eigentlich nicht? Man mußte ihn ablenken.

Ruven Hirsch erwiderte: »Stimmt, du hast recht, es gibt wichtigere Dinge auf der Welt als Land. Aber ohne Land haben sie keinen Bestand.«

Rami fragte überraschend, ohne jeden Zusammenhang, ob man dafür gesorgt habe, daß jemand bei seiner Mutter sitze. Sie dürfe nicht die ganze Nacht unbeobachtet liegen. Er erschauerte.

Herbert blickte ihn durch seine runde Nickelbrille kühl an und sagte kurz angebunden: »Das geht in Ordnung. Deswegen mußt du dir keine Sorgen machen.«

Rami, der seine Frage offenbar schon vergessen hatte, wollte von Ruven Charisch wissen, wie Noga sich fühle. Ginge es ihr gut? Ruven bejahte matt und senkte den Blick. Rami sagte, daß er Noga wegen ihrer Entscheidung jetzt größte Hochachtung zolle. Nach seiner Meinung tue sie etwas ganz Besonderes und Außergewöhnliches.

Auch diese Äußerung prägte Herbert sich ein, während die anderen – Ruven und Bronka – dem verwaisten Jungen nicht zu widersprechen wagten.

Ein anderer Ort

Drei oder vier junge Genossen kamen herein, darunter Tomer und Enav. Die Ankömmlinge sahen blaß aus. Es hatte sie vor dem Eintreten überrascht, Gesprächsfetzen aus dem Zimmer zu hören. Rami empfing sie, als sei er der Gastgeber: »Setzt euch, setzt euch.«
 Herbert fügte hinzu: »Setzt euch bitte hierher.«
 Enav sagte: »Rami, es tut mir ja so leid.«
 Danach begannen die junge Leute, auf Herbert Segals Wink, von der Wintersaat zu reden. Sie sagten, der Feldplan sei undurchdacht, da er die von den Naturgesetzen gebotene Fruchtfolge in gefährlicher Weise mißachte. Bronka und Gerda gingen in den kleinen Vorraum und brühten Tee auf. Herbert flüsterte ihnen zu, sie sollten Rami nicht bedrängen, ihn nicht zum Trinken nötigen. Doch Rami fiel ihm ins Wort und bat Bronka: »Für mich bitte ohne Zitrone. Ich hasse Zitronen.«

Herbert Segal war innerlich hellwach. Eine neue Verantwortung beseelte ihn. Seit einigen Stunden beobachtet er nun den Jungen. Er hat sich verändert. Und das nicht wegen des Tods seiner Mutter. Dieses Unglück hat noch gar nicht in die Tiefe vordringen können. Nicht daher rührt die Veränderung. Seine ganze Gemütsverfassung hat eine Verwandlung durchgemacht. Als der Junge seinen Wehrdienst antrat, stand er vor glühendem Ehrgeiz unter Hochspannung. Jetzt sehe ich ein anderes Kennzeichen bei ihm: verminderte Triebhaftigkeit, ein Besinnen auf sich selbst. Jetzt sehe ich – vielleicht läßt es sich in etwa so definieren – eine feinfühlige Aufnahmebereitschaft. Eine ernsthafte Persönlichkeit zeichnet sich ab. Natürlich ist all das noch unausgereift, aber eine lenkende Hand kann hier viel ausrichten. Ich hatte gedacht, aus ihm würde mal ein arroganter, hitziger Dummkopf. Ich habe mich geirrt. Er könnte sich als ernsthafter Mann entpuppen. Vielleicht hat Fruma recht gehabt, als sie immer stur behauptete, er liebe Tiere und Pflanzen. Fruma war eine kluge Frau. Allerdings konnten nur Kluge ihre Klugheit erkennen.
 Herbert Segal war mit allen Sinnen bei der Sache. Das neue Verantwortungsgefühl pulste in seinen Adern. Er warf Rami Rimon einen freundlichen Blick zu.

Am nächsten Morgen gaben wir Fruma das letzte Geleit.
 Rami Rominow folgte, auf Herberts Arm gestützt, dem Sarg. Gelegentlich sah es aus, als werde Herbert von Rami gestützt: der Eindruck ent-

stand wegen der unterschiedlichen Körpergröße. Der ganze Kibbuz schritt stumm hinter ihnen her, Männer, Frauen und Jugendliche. Und wir erinnern uns noch, daß während der ganzen Beerdigung drei Düsenjäger am Himmel über dem Tal kreisten und die Stille zerrissen. Die Bomber zogen hoch, beschrieben eine Schleife und setzten wieder zum Sturzflug an. Ihr Donnern erschütterte die Luft derart, daß sie wie lebendig schrie und heulte.

Am offenen Grab sagte Herbert Segal: »Genossen, Fruma weilt nicht mehr unter uns, und das Herz will es nicht glauben. Vielleicht habe ich Fruma etwas nähergestanden als andere. Doch ihr wißt alle so gut wie ich, daß sie kein leichtes Leben gehabt hat. Nein, ihr Leben ist nicht leicht gewesen. Vielleicht hätte sie sich das Leben leichter machen können, aber sie gehörte nicht zu denen, die einem leichten Leben nachjagen. Vor wenigen Jahren hat das Schicksal sie doppelt geschlagen. Erst verlor sie Alter, bald darauf Joasch. Und ich frage mich, wer außer ihr diese Schicksalsschläge hätte einstecken können, ohne daran zu zerbrechen. Fruma ist nicht zerbrochen, Genossen. Sie besaß enorme seelische Kräfte. Sie konnte dem Schicksal geradewegs ins Auge sehen, ohne den Blick zu senken. Das ist eine harte Aufgabe. Nur starke, äußerst starke Menschen sind fähig, dem Schicksal geradewegs in seine furchtbaren Augen zu sehen, ohne zusammenzubrechen. Denn der Wahnsinn lauert uns ja allen auf. Der Irrsinn hat es auf uns abgesehen. Und die Trennwand ist derart dünn. Fruma ist ein starker Mensch gewesen. Sie besaß diese glühende Hartnäckigkeit, die Helden auszeichnet. Nein, Fruma war keine Heldin. Nicht im üblichen Sinne des Wortes. Sie strebte nicht nach Größe. Ihr Leben meistern – das war ihr Heldentum. Ihre Fähigkeit, klaren Verstand zu bewahren. Ihr Wille, weiterzumachen. Ihre Strenge uns gegenüber, und ihre doppelte Strenge gegen sich selbst. Für sie gilt wahrlich das herrliche Dichterwort:

> Einsam erstirbt euer Schritt ohne Echo und Spur,
> Doch euer Leben – eurer Visionen heller Schein –
> Ist schlicht euer Sein.

Ich möchte nicht sagen, Fruma sei ein verborgener Gerechter gewesen. Sie war ein sehr starker Mensch. Man darf nicht vergessen, wie sie dem seligen Alter in den schwersten Jahren beigestanden hat. Seine Kraft beruhte auf ihrer. Fruma besaß eine unverrückbare, kompromißlose Ehrlichkeit. Ich erinnere mich an eine Sitzung des Erziehungsausschusses, Genossen, in der Fruma in ihrer gewohnten stupenden Offenheit sagte, sie lehne gewisse Aspekte der Kibbuzideologie ab. Und sogleich unumwunden hinzufügte: Aber solange der Grundsatz gelte, müßten wir uns daran halten. Nein, Genossen, Fruma war kein Mensch der Kompromisse. Sie machte keine Zugeständnisse an ihre Umgebung – und vor allem nicht an sich selbst. Das, Genossen, ist wahre Seelengröße.«

Herbert hielt einen Augenblick inne, um den Lärm der vorbeizischenden Düsenjäger verebben zu lassen, senkte den Blick auf den Sarg im offenen Grab, nahm plötzlich die Brille ab und zeigte feine, unschuldige Züge, die die Linsen uns viele Jahre verborgen hatten. Mit geschlossenen Augen und erstickter Stimme sagte er: »Wir alle sind eine Familie. Im Alltag vergißt man das. Vielleicht muß man zuweilen ... damit ... weil die Bande zwischen uns zutage treten, wenn ... und sie sind stärker als Blutsbande. Uns verbinden Schicksalsbande. Ich ... ich muß noch etwas über das Schicksal sagen. Rami, mein Kind, dein Vater, deine Mutter und dein Bruder ruhen in dieser Erde. Für sie haben sie ihr Leben hingegeben. Alle drei. Ich heilige keinen Erdenstaub, aber etwas, für das jemand sein Leben hingegeben hat, ist heilig, so es auf dieser harten Welt überhaupt noch Heiligkeit gibt. Dein Vater, deine Mutter und dein Bruder haben an eine gerechte Welt geglaubt. Jetzt, an diesem Ort, da der Tod uns umgibt und das Schicksal seine grausamen, üblen, dummdreisten Triumphe feiert, müssen wir schwören, nicht schwarzen Mächten nachzugeben. Schwarzen Mächten in unserer Seele. Nicht der Tod ist Daseinsgesetz. Das Dasein ist Daseinsgesetz. Fruma weilt nicht mehr unter uns, aber sie hat ihre Spuren hinterlassen, die weder Tod noch Schicksal je löschen können. Das blühende Tal, dieses Heim, das wir mit unserem Herzblut errichtet haben – sie werden nach uns bestehen, sie sind unsere unauslöschlichen Fingerabdrücke.«

»Fruma«, sagte Herbert nun mit brüchiger Stimme, die in unterdrücktes Schluchzen überging, »unsere Genossin, du hast nicht viel Freude gekannt. Hast viel gelitten. Immer gelitten. Und auch wir haben nicht immer ... haben nicht immer gesehen ... was Genossen sollten ... Verzeih uns. Wir sind nur Menschen. Wir werden dich alle vermissen. Auch ... ich ...«

Wieder zerriß ein mörderisches Heulen die Luft. Die Bomber brausten heran, stießen nieder, drehten ab und entfernten sich. Herbert wartete, bis sie weg waren. Als Stille eingetreten war, zögerte er, seine Lippen zitterten. Plötzlich trat er zwei Schritte zurück, versteckte sein Gesicht hinter der Brille und verschwand zwischen den Zuhörern, ohne seine Rede zu beenden.

Erde wurde auf den Sarg geschaufelt. Rami schloß die Augen. Die Sargbretter hallten dumpf. Eine Fliege landete auf Ramis Stirn. Er verscheuchte sie nicht, sondern ließ den Kopf auf Nina Goldrings Schulter sinken, stampfte wie ein bockiges Kind mit den Füßen und weinte. (Dort stand auch ein Schuljunge, Ido Sohar mit Namen, der die Tränen ebenfalls nicht unterdrücken konnte, weil er für Trauer empfänglich war. Aber sein Weinen gehört nicht zu unserer Geschichte.)

Zwei Stunden nach der Beerdigung ging Herbert Segal zu Noga Charisch, um sie zu fragen, ob sie bereit sei, zu ihm zu kommen und bei Rami zu sitzen. Noga fragte Herbert, ob er meine, daß das ... gut sei. Herbert antwortete, er habe lange darüber nachgedacht. Du mußt zu ihm gehen. Er hat zweimal nach dir gefragt.

Noga fixierte Herbert Segal mit ihren grünen Augen. Herbert senkte den Blick nicht, sondern starrte mit seinen klugen, grauen Augen unverwandt zurück. Dann bewegten beide gleichzeitig die Lippen. Ein leises Lächeln huschte über beider Gesichter.

Noga sagte: »Ja, ich komme.«

Herbert erwiderte: »Ich habe keinen Moment daran gezweifelt. War völlig sicher.«

Rami Rimon lag auf Herbert Segals Bett. Jemand hatte ihm eine Zeitung in die Hand gedrückt. Die Zeitung erschien ihm merkwürdig fesselnd, als enthalte jede Überschrift einen verborgenen Fingerzeig ganz für ihn allein. Aber die Zusammenhänge entgingen ihm. Als er Noga eintreten sah, sprang er sofort auf, blieb an den Tisch gelehnt stehen und starrte auf ihren Bauch, ohne den Blick zu heben und ihr ins Gesicht zu schauen.

Noga fing seinen Blick auf und fragte: »Habe ich mich sehr verändert?«

Rami sagte matt: »Du bist nicht von selbst gekommen. Es war Herbert. Herbert hat dich geschickt. Ich weiß.«

»Setz dich, Rami, Stehen ist nicht gut, du bist müde.«

Rami gehorchte.
»Jetzt hör auf, mich so anzustarren. Das ist mir unangenehm.«
»Ich ... hab's nicht so gemeint. Verzeih, Noga, verzeih mir. Ich ...«
»Wart einen Moment. Ich mach Kaffee. Wir trinken Kaffee. Herbert wird mir sicher nicht böse sein, wenn ich sein Geschirr benutze.«
»Nein, Noga, in so einem Augenblick braucht man keinen Kaffee. In so einem Zeitpunkt trinkt man nichts.«
»Doch. Du trinkst jetzt Kaffee. Ich habe ihn schon gemacht. Debattier nicht mit mir.«

Nach wohlberechneter Abwesenheit kehrte Herbert Segal in sein Zimmer zurück und fand die beiden jungen Leute in eine Diskussion über Sterne verwickelt: Rami behauptete, Noga bedeute Venus und sei der Planet mit der erdnächsten Umlaufbahn. Das Mädchen vertrat beharrlich die Sicht, Noga bedeute Mars, und der sei der Erde viel näher, denn dort lebten vernunftbegabte Wesen, die Kanäle grüben. Beide führten schlagende Argumente ins Feld, von dem, was sie noch aus der Schule behalten hatten. Jeder bezichtigte den anderen, er habe alles vergessen und bringe die Tatsachen durcheinander. Rami berührte mit dem Ellbogen versehentlich ihren Bauch und wurde feuerrot im Gesicht. Die Diskussion verlief nicht erbittert, eher freundlich. Wären nicht Zeit und Ort, könnte man meinen, hier herrsche Brüderlichkeit, dachte Herbert im stillen. Er vergaß keinen Augenblick die Lage der beiden, Ramis und die des Mädchens. In diesem Moment spürte Herbert die Last seiner Einsamkeit. Er wollte Musik hören. Er war durstig nach den Klängen wie ein Trunkenbold nach Wein. Hielt sich zurück. Jetzt, da sich ein äußerst gelungener Anfang abzeichnete, hätte Herbert eigentlich Befriedigung empfinden müssen. Aber nein. Herbert starrte eher schwermütig vor sich hin. Er sah Fruma vor sich und sagte zu ihr: Fruma. Biß sich auf die Lippen und zog sie schnurgerade. Befahl sich, klar zu bleiben. Gehorchte dem Befehl. Verfuhr streng mit seinen Phantasiegebilden und verscheuchte sie.
Rami sagte: »Dieses kleine Mädchen tut so, als kennte sie alles auf der Welt.«
Noga sagte: »Gib ruhig zu, daß du dich geirrt hast. Das ist keine Schande. Irren ist menschlich.«
Herbert erklärte bedächtig, Noga bedeute Venus und die sei der Erde normalerweise näher, obwohl auch ganz selten Konstellationen einträten,

bei denen der Mars ihr näher rücke. Andererseits herrschten auf dem Mars erdähnlichere Bedingungen als auf der Venus. Noga und Rami gaben daraufhin ihre Standpunkte auf. Sie waren nicht siegeshungrig. Herbert erzählte, was er von den benachbarten Planeten wußte und was noch unbekannt war und die Vorstellungskraft weiterhin beschäftigte. Außerdem erläuterte er den Unterschied zwischen Astronomie und Astrologie, Sternkunde und Sterndeutekunst, der wiederum den Gegensatz zwischen den beiden mächtigen Strömungen menschlicher Kultur symbolisiere – dem Mythos und dem Logos.

Das Gespräch zog sich in die Länge. Herbert vermochte seine Zuhörer erstaunlich zu fesseln. Gegen Abend kam Nina Goldring mit einem Essenstablett herein. Die Unterhaltung war so interessant, daß Noga und Rami Nina nicht einmal eines Blickes würdigten. Nina zog baß erstaunt wieder ab. Sie wollte ihr Staunen jemandem mitteilen. Chassja oder Esther lief ihr über den Weg. Und ein Vöglein trug das Gesagte weiter.

Zwischen den drei im Zimmer Verbliebenen entspannen sich unterdessen fast greifbare neue Freundschaftsbande.

8. Kapitel:
Eine positive Seite

Während der sieben Trauertage wohnte Rami Rominow in Herbert Segals Zimmer. Herbert ging wieder seiner Arbeit bei den Kühen nach, saß in seiner Freizeit aber bei Rami und unterhielt sich mit ihm über Musik. Wäre es nicht gegen die Trauersitten gewesen, hätte Herbert dem Jungen das eine oder andere zur Veranschaulichung vorgespielt. Dank Herberts klaren Ausführungen meinte Rami die Klänge der angesprochenen Werke aber tatsächlich zu hören. Keiner konnte Abstraktes so anschaulich darstellen wie Herbert Segal. Seine Worte waren bildreich und lebendig.

Auch in den Stunden, die Herbert bei der Arbeit verbrachte, wurde Rami nicht einfach sich selbst überlassen. Noga saß bei ihm. Am dritten Tag schlug sie ihm vor, ihm einige ihrer Lieblingsgedichte vorzulesen. Rami meinte, das tue man während der Trauerwoche nicht. Noga erwiderte, Trauer sei eine seelische Angelegenheit, keine Frage äußerlicher Regeln. Rami hörte auf sie. Sie lasen in Gedichtbänden und staunten über die bewundernswerte Fähigkeit, die alltäglichsten Dinge mit anderen Augen, in ganz neuer Perspektive zu betrachten. Nach Nogas Meinung lag darin das Geheimnis der Poesie.

Am Ende des dritten Tages waren die Dinge so weit gediehen, daß Rami Noga fragte, wann mit der Geburt zu rechnen sei. Noga blickte durchs Fenster auf die Berghänge, legte sanft einen Finger auf den Bauch und antwortete verträumt, sie werde Ende des Winters niederkommen. Sie sehne sich nach dem Winter. Der Sommer sei leer und flach, der Winter dunkel, tief und lebendig.

Rami fragte behutsam weiter, was sie zu tun beabsichtige, das heißt, was ... mit ihr werden würde. Noga erklärte, wenn ihr Vater nicht wäre, hätte sie sich schon längst entschieden, zu ihrer Mutter zu fahren, um an einem fernen Ort zu gebären, dort ein paar Jahre zu verbringen, ein anderes Leben kennenzulernen. Aber es sei schwierig zu beurteilen, was für ihren Vater besser sei: daß sie wegfahre oder daß sie dabliebe. Das sei doch Wahnsinn. Allerdings erklärte Noga nicht, welche der beiden Möglichkeiten ihr als Wahnsinnstat erschien.

Rami sagte: »Am Anfang hat meine Mutter gehofft, wir würden heiraten. Und ich auch. Dann hat sie dich sehr gehaßt, und ich auch. Vor allem an jenem Freitag – erinnerst du dich? –, als ich zum ersten Mal auf Urlaub kam und es einen Luftkampf gab und du mich beleidigt hast. Beinah ... beinah wäre ich in jener Nacht fähig gewesen, etwas Furchtbares zu tun. Ich werde dir irgendwann mal alles erzählen. Dort bei den Fischteichen, bei Grischa, hab ich gestanden und ... war sehr deprimiert. Deinetwegen, Noga. Du warst schuld. Aber jetzt bin ich nicht ... Das heißt, ich will, wollte dir sagen, daß ... daß ich jetzt achte, was du getan hast. ›Achten‹ ist vielleicht nicht das passende Wort, aber ... ich achte es sehr. Sehr hoch. Daß du dich entschieden hast, das Kind zu wollen. Sehr.«

Noga schien sich über Ramis Worte zu freuen. Sie legte ihm ganz leicht einen Finger an die Wange und zog ihn sofort wieder zurück. Sie lächelte nicht.

Rami erzählte ihr von dem Gruppenführerlehrgang, der bald beginnen werde. Die Vorbereitungsübungen seien sehr schwer. »Früher habe ich gedacht, ich würde mal ein großer Soldat. Jetzt meine ich, ich hätte zuviel davon geträumt, ein zweiter Joasch zu werden. Jetzt denke ich, daß sich nicht alle Menschen ähneln, nicht alle genau gleich sind. Das heißt, daß es verschiedene Menschen gibt. Daß es solche und solche Typen gibt. Lach nicht. Hast du gelächelt? Ich ... du wirst mir nicht glauben, Noga, stimmt's? Ich zum Beispiel habe in der letzten Zeit zufällig ein paar Schriften gelesen über... über Kunst. Du lachst mich doch nicht aus? Doch. Du hast gelächelt.«

Noga hatte Rami natürlich nicht ausgelacht.

Rami schien sich schnell zu erholen. Sogar Nina Goldring bemerkte es. Und natürlich hatte Herbert Segal ein wachsames Auge auf ihn. Herbert war ein wenig stolz, behielt dieses Gefühl aber natürlich strikt für sich.

Einmal kam Gai Charisch ins Zimmer und brachte ein Körbchen voll Gartenbeeren von Ruven, aus eigener Ernte. Wer bearbeitete jetzt den Garten? Gai selbst. Gai ließ sich von seiner Schwester nicht bewegen, auch nur kurz bei ihr und Rami zu bleiben. Er müsse zu Vater zurück. Er habe versprochen, den Verandatisch blau zu streichen, und er sei gewohnt, Versprechen zu halten.

Noga gab ihm einen Kuß auf sein spitzes Kinn.

Am fünften Tag verfiel Rami erneut in Trübsinn. Er wollte zum Friedhof gehen. Noga begleitete ihn unaufgefordert. An dem frischen Grabhügel mit der provisorischen Holztafel am Kopfende stand der Junge ein paar Minuten, die Lippen traurig verzogen. Seine Züge strahlten Verwunderung aus, als habe er vergessen, warum er hergekommen sei.

Auf dem Rückweg durchquerten sie das Wäldchen am Schwimmbad. Die toten Kiefernnadeln, die unter ihren Sohlen knisterten, weckten Erinnerungen.

Rami sagte: »Als wäre es Jahre her.«

Noga stimmte ihm zu.

Nach Ablauf der Trauerwoche fuhr Rami in sein Militärlager zurück. Zwei Tage später erhielt Noga einen langen, gefühlvollen Brief von ihm. Am nächsten Tag bekam auch Herbert Segal einen Brief seines Schützlings mit einem wahrheitsgetreuen Bericht über all seine Tätigkeiten, mit Ausnahme der Dinge, deren briefliche Weitergabe an Zivilisten verboten ist. Rami schrieb Noga auch weiterhin fast jeden Tag. An Herbert Segal schrieb er regelmäßig zweimal die Woche. Auf Ramis speziellen Wunsch ließ Herbert eine monatlich erscheinende Kulturzeitschrift an Ramis Adresse schicken. Im nächsten Brief bat er Rami, ihm seine Eindrücke von den Texten und Bildern zu schildern. Rami erfüllte seinen Wunsch.

Es versteht sich von selbst, daß die Vorgänge unseren aufmerksamen Augen nicht entgingen. Unsere Meinungen waren geteilt.

Ein anderer Ort

Einige sagten: »Das ist eine Rücksichtslosigkeit, Fruma dreht sich sicher im Grabe um. Wie kann er nur, ehe auch nur eine Woche vergangen ist... Und mit wem? Mit einem Mädchen in dieser Lage...«

Andere sagten: »Herbert hat die Fäden in der Hand. Er verfolgt seine eigenen Absichten.«

Und wieder andere sagten: »Endlich, sie sind ja beide arm dran. Er wie sie. Deshalb haben sie jetzt eine gemeinsame Sprache. Und eigentlich, recht besehen, ist das vielleicht gerade gut. Was soll denn schlecht daran sein?«

In den Stunden, die Noga mit Rami in Herberts Zimmer verbrachte, konnte sie nicht mit Sacharja Siegfried Berger reden. Der Genauigkeit halber wollen wir berichten, daß Noga den Gast gar nicht mehr traf. Freilich können wir nicht leugnen, daß Noga sich danach sehnte, ihn zu sehen und seine Worte, vor allem aber den Klang seiner Stimme zu hören. Sacharja Siegfried hatte ihr einmal mit merkwürdigem Lächeln gesagt, er sei als Botschafter oder Spion einer fernen Macht hier. Noga hatte den Mann faszinierend gefunden, weil er sonderbar war und voller Überraschungen steckte. Nun, beim erneuten Nachdenken, entdeckte sie eine ergreifende poetische Erklärung für Siegfrieds Äußerung.

Nachts fährt sie manchmal aus dem Schlaf hoch, das Herz von fieberhafter Reiselust erfüllt. Sie setzt sich im Bett auf, streckt tänzerisch beide Arme aus und flüstert wie im Traum: Nimm mich mit, grauer Onkel, nimm Türkisa mit zu anderen Orten, weit, weit weg, zu ihrer Mutter, ins Dunkel, in deine schwarzen Wälder.

Als sie eines Morgens aufstand und ihre Kleider anzog, spürte sie ein zartes Regen im Leib. Erschrocken legte sie eine Hand auf den Bauch. Das Regen hörte auf und kam lange Tage nicht wieder. An jenem Morgen hatte sie Sacharja aufsuchen wollen. Wegen des Geschehens in ihrem Innern änderte sie jedoch augenblicklich ihren Entschluß und nahm sich vor, nicht zu ihm zu gehen. Zwar vermochte sie sich nicht zu erklären, wie Ursache und Wirkung zusammenhingen, aber sie dachte auch nicht viel darüber nach. Statt dessen ging sie zum Zimmer ihres Vaters.

Sie fand Ruven, von Medikamenten umgeben, im Bett liegen und ein altes deutsches Buch lesen. An die zwei Stunden blieb Noga bei ihrem Vater sitzen. Sie bat ihn, ihr von Fruma Rominow als junger Frau zu erzählen. Ruven tat es bereitwillig, doch seine Stimme klang müde.

Der selige Alter hat immer unter allerlei Beschwerden gelitten, sich aber stets geweigert, ärztliche Hilfe in Anspruch zu nehmen. Oft sahen wir Fruma schnellen Schritts neben dem Arzt hergehen und ihn mit Fragen und Klagen überhäufen. Fruma und Alter hingen trotz ihrer Unterschiedlichkeit sehr aneinander. Allerdings gab Alter ihr fast in allem nach. Fruma war ein resoluter Mensch.

Sacharja übersah keineswegs die Verwandlung, die bei Noga eingetreten war. Einmal beteiligte er Tomer an seinen Gedanken, so wie man manchmal scherzhaft mit einem Kind in einer fremden Sprache spricht. Sacharja sagte folgendes: »Wir zwei Männer können schwer verstehen, was mit ihr vor sich geht. Ich hatte gehofft, sie würde mit mir an den Ort fahren, an den sie gehört. Manchmal benutzen fromme Missionare und verschlagene Zuhälter sehr ähnliche Überredungskünste. Aber es ist eine rein oberflächliche Ähnlichkeit. Die katholischen Jesuiten sahen diese Ähnlichkeit sehr wohl, kannten aber auch ihre Grenzen. Nur ein Narr würde einen Jesuiten für einen verführerischen Zuhälter halten. Übrigens wäre es auch für deinen Vater besser. Du, Tomer, wirst auch ohne lange Reden verstehen, daß das Baby deinen Vater vor eine sehr schwierige Wahl stellen würde. Doch nun auf einmal – siehst du, mein Freund, eine Frau ist kein Mann, das ist eine große Lebensweisheit. Nebenbei bemerkt, besitze ich ein besonderes Gespür für diese sonderbaren Wesen. Egal jetzt. Übrigens, auch du, wenn du dich mal um ein wenig vielfältigere Erfahrungen bemühen würdest... Gut. Davon hatten wir nicht geredet. Ich habe von vornherein gewußt, daß sie lange zaudern und zappeln würde, ehe man die Sache zum Abschluß bringen könnte. An ihren Vater habe ich gedacht. Aber klar. Übrigens, rein juristisch betrachtet... Gut. Darum geht es jetzt nicht. Siehst du, Tomer, mein lieber Neffe, eine lautere Jugendliebe ist neu entflammt, eine Liebe voll Erbarmen für den zarten, einsamen Waisenknaben. Naivität, Züchtigkeit und progressive Erziehung haben plötzlich ein Rezidiv ausgelöst. Weißt du, was ein Rezidiv ist, mein Sohn? Nein? Ich werd's dir erklären. Eigentlich nicht nötig. Nicht da liegt der Hund begraben, sondern an einem anderen Ort. An welchem? Im Herzen eines Mannes namens Segal. Tritt doch da ein deus ex machina auf und will allen Ernstes das ganze feine Gespinst gefährden, das der liebe Onkel Sacharja hingebungsvoll mit eigenen Händen gesponnen hat, das heißt – das heißt, ich persönlich. Weißt du, was der Ausdruck deus ex machina bedeutet?

Ein anderer Ort

Nein? Warte. Ich werde es dir erklären. Allerdings ist auch diese Erklärung überflüssig. Ich kann ein Bild aus einem anderen Bereich verwenden: eine ungedeckte Flanke. Weißt du, mein lieber junger Freund, was eine ungedeckte Flanke ist? Weißt du. Natürlich weißt du das. Du bekleidest ja den Rang eines wahrhaften Offiziers in unserer neuen jüdischen Streitmacht. Selbstverständlich. Gefällt mir, dieser Blick, mit dem du mich fixierst, als wäre ich ein Irrer oder ein Spaßvogel. Daraus ersehe ich, daß du dich vor mir fürchtest. Und damit, mein Sohn, bereitest du mir ein besonderes Vergnügen, dessen siebzigerlei Geschmack, jeder süßer denn Honig, du nie wirst kosten können, wegen... wegen des Unterschieds zwischen uns, mein Liebling. Ja. So. Egal. Nicht darüber hatten wir gesprochen. Wir sprachen von Segal. Also, Segal ex machina. Ich spinne ein Netz, er spinnt ein anderes Netz. Ich löse eine Verbindung, er bahnt kupplerisch eine andere an – wenn ich in dieser Sache eine Metapher aus dem Leben anführen darf. Ja, mein Hammer hat einen Amboß gefunden, wie unser Dichter sagt. Eine Spinne schlägt die andere, oder sollten wir lieber beim schönen Bild bleiben und uns zwei Engel ausmalen, die über eine unschuldige Seele streiten. Der gute Engel ist Segal und der böse Engel ist dein spaßiger Onkel Siegfried, das heißt – ich bin's. Engel des Himmels gegen Erdenbewohner. Der gute Engel erscheint ex machina neben mir und meint, ich läge ihm schon gefesselt zu Füßen. Verzeih, daß ich dich mit Reden langweile, manchmal bin ich ganz vernarrt in meinen eigenen Scharfsinn und schätze ihn sehr. Also, eines weiß Segal nicht, und zwar, daß sein bescheidener Gegner schon Größere als ihn bezwungen hat. Das heißt, sein Gegner weiß etwas, was Herr Herbert vermutlich nie erfassen wird, weil er in einer Scheinwelt lebt. Sein Gegner weiß, daß die machina bereits in ihre Bestandteile zerfallen und nicht mehr verläßlich ist. Übrigens ist ›machina‹ ein griechisches Wort, aus dem die heilige Sprache ihren Begriff *mechona* für ›Maschine‹ gebildet hat, was alles das gleiche bedeutet. Gut. Nicht davon hatten wir gesprochen. Hast du Zweifel, auf wen du setzen solltest? Oh, halte es nicht mit den Kleingläubigen. Vertraue deinem liebreichen Onkel. Er wird das Mädchen gewinnen. Und das nicht mit Gewalt. Herbert Segal wird sich gründlich verrechnen, weil er ein Mann mit positiven Idealen ist. Ich werde sie mit Zeichen und Wundern erlangen. Aber nicht mit Gewalt. Ich hasse Gewalt, Tomer-Schatz, weil Gewalt grob ist und wir nadelspitz sein müssen.«

Sacharja unterbrach seinen Redefluß, zündete eine Zigarette an, beschnupperte kurz die Flamme des Feuerzeugs, blies sie hörbar aus. Sein Gesicht bebte, die Haut hing ihm in schwabbelnden Falten von den Knochen. Seine Züge wirkten lächerlich – ängstlich und angsterregend.

Tomer benutzte die Pause, um völlig verwirrt zu fragen: »Herbert Segal? Was hat denn Herbert Segal mit alldem zu tun?«

Siegfried zog eine Grimasse, die ein Lächeln hätte werden sollen, und stellte nachdenklich fest: »Gewalt ist etwas sehr Starkes. Ozean. Kosmos. Gesetz. Wie ... Egal jetzt. Möchtest du, lieber Tomer, mein Sohn, heute nacht mit mir nach Haifa fahren? Ja? Komm, mein Lieber, komm, wir gukken uns mal das Leben an. Ich komme für all deine Bedürfnisse auf und werde dich mit Lust überhäufen. Tu den Mund auf, und ich werde ihn füllen. Komm, du Anmutigster unter den Söhnen, ziehen wir der Braut entgegen. Willst du?«

Tomer verneinte.

Tomer war von seinem Onkel angewidert. Allerdings wurde ihm eines langsam klar: Sacharja wollte bei seiner Abreise Noga Charisch mitnehmen. Das hatte eine durchaus positive Seite. Deshalb lohnte es sich womöglich sogar, diesen lästigen Halunken mit seinen Diasporaallüren noch eine Weile zu ertragen. Aus der ganzen Rede hatte Tomer nur einen sicheren Schluß gezogen: Heute abend haut dieser fiese Kerl nach Haifa ab. Wenn er heute abend nach Haifa abhaut, ist klar, daß er heute abend nicht hier sein wird. Und auch das, grübelte Tomer erleichtert, auch das hat eine positive Seite. Jede Medaille hat zwei Seiten.

9. Kapitel:
Siegfrieds Geheimnisse: Ein dürrer Baum

Dürfen wir die kleine Modelleisenbahn, die nach dem Prinzip des geschlossenen Stromkreises funktioniert, stillschweigend übergehen? Nein, das dürfen wir nicht. Diese faszinierende, herzerfreuende Spielzeugbahn ist eine maßstabgetreue Nachbildung des europäischen Eisenbahnsystems. Sacharja Siegfried hat sie vor rund zwei Monaten seinem jüngeren Neffen Oren mitgebracht. Offenbar hat der Überbringer nicht weniger Freude daran als der Empfänger: Oren und sein Onkel vergnügen sich stundenlang gemeinsam damit. Anfangs wollte der Junge das Geschenk zwar nicht anrühren. Aber Sacharja verlockte seinen Neffen. Er verlegte das Schienen-

Ein anderer Ort

netz in Esras und Bronkas Zimmer auf dem Fußboden, stellte die Signale auf, installierte das Steuerpult und spielte allein mit Lokomotiven und Wagen, während Oren danebenstand, Bonbons kaute und seinem Onkel verächtlich lächelnd zuguckte. Schließlich überlistete Siegfried den Jungen mit einem Trick: Er löste unbemerkt zwei Räder einer Lokomotive und tat so, als habe er keine Ahnung, wie sich der Schaden beheben ließe. Oren nahm schweigend die Lok und setzte die Räder mit zwei Handgriffen wieder ein. Dabei machte er eine Miene, als würde ihm gleich übel. Sacharja lobte ihn überschwenglich und erklärte, bei Oren exzellente technische Fähigkeiten entdeckt zu haben. Oren ignorierte die Schmeichelei, beugte sich nur finster über das Steuerpult und fummelte versonnen daran herum. Fünf Minuten später ließen die beiden die Züge um die Wette fahren. Das Spiel lief reibungslos und zeigte alle Varianten, die in ihm steckten.

Sacharja und Oren hatten im Sommer viel Freizeit. Deshalb eroberten sich der Alte und der Junge den verborgenen Raum zwischen den Stützpfeilern des Hauses auf dem modrigen Grund unter der Bergerschen Wohnung und Veranda. Siegfried verlegte dort ein kompliziertes Schienennetz, dessen Stränge sich über Berge und Täler, durch Tunnels und über Brücken wanden. Dazu gab es Kreuzungen und Bahnhöfe, kühne Steilhänge und irre Verzweigungen, dem Geist stürmischer Phantasie entwachsen.

Oren ist nicht groß, aber stämmig und robust, sein breites Gesicht wirkt plattgedrückt, das kurzgeschorene, dunkle Haar bedeckt in borstigen Stoppeln seinen dicken Schädel.

Siegfried Berger sagt oft: »Das ist ein Mann. Ein männlicher Typ. So einem fallen die zartesten und zerbrechlichsten Frauen zu Füßen, die Mädchen mit durchsichtiger Haut und gertenschlanker Figur. Sie werden dich lieben. Du bist hart.«

Oren sieht dann ein ganz leichtes schmieriges Grinsen unter den buschigen Brauen des Onkels vorbeihuschen, wobei sich ein Auge weitet und das andere schließt, sei es aus Zerstreutheit oder dessen Gegenteil. Diese Grimasse löst bei Oren prickelnde Erregung aus, die man seinem Gesicht nicht anmerkt. Seine Miene wirkt stets verschlossen und erschöpft.

Kühler Halbdämmer hält sich in dem Raum zwischen den Stützpfeilern. Dieses Versteck ist allen Blicken verborgen. Die Gartenpflanzen schirmen es gegen den Pfad ab, der zu den Verandastufen führt. Zwar können weder Siegfried noch Oren hier aufrecht stehen, aber das wollen sie auch nicht. Sie kauern über ihrem funkelnden Spielzeug, hantieren mit den Hebeln, Schaltern und Knöpfen, die Köpfe vorgeschoben, die Oberkörper gebeugt. Sie sprechen kaum miteinander. Sogar Siegfried unterdrückt hier seinen sonst ständig munter sprudelnden Redestrom. Gelegentlich raucht er, ohne vom Spiel abzulassen. Einmal traute sich Oren, ihn in gleichgültigem Ton, wie nebenbei, um eine Zigarette zu bitten.

Der Mann grinste erfreut und bemerkte: »Nein, das geht nicht. Ich darf dich nicht rauchen lassen. Du bist noch zu klein.«

Oren stimmte voller Ernst zu: »Ja. Weil das ein negatives Verhalten wäre.«

Sacharja schob die Unterlippe vor und entblößte deren rosige Innenseite: »Negativ. Unpädagogisch. Nicht positiv.«

Oren sagte: »Gegen die geltenden Vorstellungen.«

Siegfried sagte: »Grenzt an Verkommenheit.«

Oren sagte: »Und ist auch sehr häßlich.«

Siegfried sagte: »Verletzt die schöne Unschuld der Jugend. Dabei gibt es auf der Welt doch nichts Schöneres als jugendliche Unschuld.«

Oren sagte: »Haargenau.«

Siegfried stieß einen leisen, scharfen Lacher aus. Oren lachte nicht mit. Sie rauchten beide schweigend.

Lassen wir den Mann und seinen Jungen die Lokomotiven weiter so vehement aufeinander hetzen, daß sie von der Wucht des Zusammenpralls einen trockenen Knall abgeben und die Schienen gelbliche Funken stieben. Auf diese Weise werden sie das fesselnde Spielzeug bald kaputtmachen. Wäre es in unsere Hände gelangt, hätten wir es in ein Versteck mitgenommen und dort unbeobachtet ein ganz anderes Spiel damit gespielt. Wir wären nicht dem Zerstörungsdrang verfallen. Wir lieben die gute Ordnung.

Zuerst das Steuerpult: eine Tafel voll bunter Schalter, rot, grün und schwarz. Von hier aus kann man mit zwei Fingern alle Teile der verzweigten Anlage kontrollieren. Man kann Weichen stellen. Man kann Schranken heben und senken. Man kann einen Zug auf offener Strecke beschleunigen oder bei voller Fahrt bremsen. Man kann sogar einen verborgenen Stromschub zu einem der winzigen Bahnhöfe entsenden, um eine Rangierlok in Gang zu setzen und sie einen Waggon von einem Zug ab- und an einen anderen ankoppeln zu lassen. Ja mehr noch: Mittels einer komplizierten Uhrentafel kann man die ganze Anlage samt allen Schienen und

Ein anderer Ort

Kreuzungen so einstellen, daß sie selbsttätig funktioniert. Eine präzise Zeitschaltung koordiniert dann alle Abläufe. Aber damit brächte man sich um das Hauptvergnügen.

Wie formschön die Lokomotiven gestaltet sind, in strenger Quaderform, die verhaltene Kraft ausstrahlt, völlig schnörkellos, ohne eine einzige geschwungene Zierlinie. Durch die Lokfenster sieht man im Innern winzige Stromspiralen und die Gesichter der bemützten Lokführer und schnauzbärtigen Heizer. Aus den roten Personenwagen mit deutscher Aufschrift lugen klitzekleine Fahrgäste – vornehme Herren in Hut und Anzug, Geschäftsleute in grauen Regenmänteln, Damen in Reisekleidung, ja sogar Koffer und Taschen hat man nicht vergessen. Sie ruhen ordnungsgemäß im Gepäcknetz.

Gibt es denn auf der Welt ein Vergnügen, das sich mit der Lust völliger Herrschaft vergleichen ließe, wenn die Finger flink über die Kontrolltafel gleiten und mit federleichtem Druck viele Schicksale entscheiden. Aber ach, unser Blick muß erkennen, daß auch dieses noble Vergnügen verderbliche Formen annehmen kann, auf Grund jener unersättlichen Gelüste, die ständig raren Erlebnissen, sensationellen Neuheiten, unerhörten Reizen nachjagen.

Siegfried und Oren lassen die Züge frontal aufeinanderprallen und haben ihr Vergnügen am Krachen und Funkenstieben.

Zuweilen legt Siegfried dem Jungen seinen Arm auf die Schultern und sagt liebevoll: »Mein Waisenjunge, du bist stark und zäh. Gib ihnen nicht nach.«

Worauf Oren, mit einem fremdartigen Glimmen in den Augen, erwidert: »Ich gebe nicht. Ich nehme. Schade, daß du wegfährst. Wir zwei können gut miteinander. Gestern habe ich im Wäldchen eine Handgranate explodieren lassen. Ich habe sie ins Feuer geworfen. Sie hat das Feuer zerrissen.«

Sacharja: »Lösch das Feuerzeug. Jetzt. Nicht mit Pusten. Nein. So wie ich, mit dem Finger. Das ist das Zeichen.«

»Ich will von dir wissen, warum du hergekommen bist. Du lügst. Du bist böse.«

»Nein, mein Sohn, du kannst sicher sein. Ich werde nicht abfahren, ehe ich fertig bin. Ich lasse die Agenten nicht im Stich.«

»Ich kann den Draht an die Eisenstäbe der Veranda anschließen, so daß sie einen Stromschlag kriegen.«

»Nein, nicht nötig, nicht nötig, das darf man nicht. Es könnte ja jemand zu Schaden kommen.«

»Angenommen, du fährst weg und ich bleibe?«

»Mein Waisenjunge. Du schaffst es allein. Du bist sehr zäh. Zarte Frauen lieben zähe Waisenjungen.«

Einige Minuten später, nachdem Oren einen grauen Güterwagen quer über die Schienen gestellt hatte, um einen Zug in vollem Schwung entgleisen zu lassen: »Du, Onkel, was hast du? Bist du ein Clown? Bist du krank?«

Siegfried höchst ernst: »Still. Ich bin krank. Ich bin todkrank. Krebs. Bald werde ich zum zweiten Mal sterben. Ich bin eigentlich hergekommen, um im Heiligen Land zu sterben. Unser armer Bruder Sacharja – seligen Angedenkens, möge seine Seele in den Bund des Lebens eingebunden sein – war ein eigenartiger Mensch, aber interessant und originell. Friede seiner Asche, sprach Herbert Segal.«

Oren mit zusammengekniffenen Augen und vorgeschobenem Unterkiefer: »Wann? Wie lange hast du noch?«

»Oh, mein dummer Waisenjunge, ich habe dich jetzt auf den Arm genommen. Ich bin kein kranker Mann. Ich lebe noch. Ich werde nicht hier sterben. Ich werde in den Wäldern sterben. Mit den Philistern. Ich bin hergekommen, um deinen Vater und deine Mutter zu ehren.«

»Du bist wie mein Vater, bloß viel mehr.«

»Du auch, mein Sohn. Wir beide. Ich bin nicht meines Bruders Bruder und du bist nicht deines Bruders Bruder. Kain und Abel. Du bist ein fauler Apfel. Du wirst vom schönen Stamm fallen.«

»Nein. Ich werde sie alle anstecken. Allesamt.«

»Außen fest und sauber, innen süßer als die gesunden. Saftiger. Süßes Gären, das Wesen der Fäulnis.«

»Du bist verrückt, Siegfried. So hat meine Mutter gesagt.«

»Deine Mutter besitzt große Menschenkenntnis.«

Zuweilen treiben die Wellen ein morsches, zerfressenes Brett an den Strand. Hin und her rollen die Wellen das schwarze Ding, werfen es auf den Sand und reißen es wieder mit im melancholischen Rhythmus des Hebens und Senkens, Wallens und Brechens. Schon meinst du, das Brett werde ewig so schaukeln, auf und ab, vor und zurück. Aber die Fluten trügen. Plötzlich setzen sie ihren Balg aus, nehmen ihn beim Rückfluten nicht mehr mit. Von nun an gehört er dem öden Sand, der brennen-

Ein anderer Ort

den Sonne, die wütend Rache übt, ein einsamer schwarzer Fleck, ausgestoßen.

Wir sprechen von Oren. Zugestanden, das Gleichnis paßt nicht ganz. Das Bild ist einfach, aber die Bedeutung schillernd. Wir tun uns schwer, wenn wir von Esras und Bronkas Sohn Oren reden. Wir sind vernünftige Zusammenhänge gewöhnt. Woran orientiert sich Oren. Als Sohn zionistischer Pioniere hat er von Geburt an die progressivste Erziehung genossen, mit dem Ziel, einen körperlich und geistig gesunden Menschen aus ihm zu machen. Woran orientiert sich Oren. Was fehlt ihm, fragen wir. Und reden uns vor Verlegenheit wieder mit unserem Spruch über dunkle Triebe heraus.

Wir haben den Jungen auf Beschluß des hiesigen Erziehungsausschusses schon diskret zu einem Gespräch mit dem Psychologen der Kibbuzbewegung geschickt. Von diesem Gespräch ist Oren seltsam fröhlich und amüsiert zurückgekehrt.

Der Psychologe hatte dem Begleitschreiben den familiären Hintergrund entnommen. Er begann mit der Frage, ob Oren unter Alpträumen leide. Oren sagte, er träume manchmal vom Meer. Der Experte rieb sich die Hände und wollte wissen, ob Oren das Meer liebe oder hasse. Oren weigerte sich zu begreifen, wie man das Meer lieben oder hassen könne. Löse der Gedanke an das Meer bei ihm, sagen wir, Unbehagen aus? Seelische Bedrängnis? Nein, keinerlei Bedrängnis, und überhaupt ist Seele ein literarisches Wort, und für Literatur hat Oren nichts übrig. Warum? Durch die goldgerahmte Brille blickten ihn verwunderte Augen an: Du bist doch überdurchschnittlich vernünftig und intelligent für dein Alter, wie kann es dann sein, daß dir Geschichten und Lieder nicht gefallen? Aber ich bitte dich, Genosse, denk doch selbst mal nach: Wie können jemandem überhaupt gereimte Worte gefallen? Wie kann man überhaupt an so etwas Banalem wie Wörtern Gefallen finden?

Schön. Eine andere Frage. Versuchen wir ein kleines Spielchen zu zweit. Ich sage ein Wort und du sagst sofort, ohne nachzudenken, ein anderes Wort, das dir gerade einfällt. Einverstanden? Haha. Ein hübsches kleines Spiel.

»Wasser?«
»Feuer.«
»Frau?«
»Haare.«

»Vater?«
»Auto.«
»Mutter?«
»Traubensaft.«

Der Vertrauenspsychologe der Kibbuzbewegung gab Oren einen verschlossenen Brief an den Erziehungsausschuß mit, in dem er schrieb, Oren befinde sich im kritischen Pubertätsalter, das wegen seiner außergewöhnlichen familiären Situation besonders ausgeprägt verlaufe. Aber der Junge sei geistig normal, und die Zeit werde das Ihre tun.

Wir lasen den Brief mit Bedacht. Der scharfsinnige Befund machte uns nicht viel schlauer, weil wir nicht wußten, wie wir dem groben Unfug des Jungen Einhalt gebieten sollten. Seine Streiche waren seltsam, völlig sinnlos. Nie brach er, wie andere, in die Vorratskammern ein, um Leckerbissen zu klauen. Einmal dort eingestiegen, begnügte er sich damit, Salzkörner in die Zuckerbehälter zu streuen, ganz zu schweigen von den Katzen- und Hundekadavern, die er in verborgene Löcher steckte, so daß sie alsbald zum Himmel stanken und die ganze Umgebung verpesteten. Was war der Zweck des Treibens? Es ist üble Zerstörungswut, haben wir längst gesagt, und in dieser Meinung fühlen wir uns bestätigt.

Besonders die nahe Grenze reizte Oren. Er stiftete seine Kumpane an, nachts mit ihm an die Linien zu robben und eine kleine Verheerung unter den Markierungsfähnchen anzurichten. Einmal fanden wir auf dem großen Rasenplatz mitten im Kibbuz eine leere Minenkiste mit dem Emblem der syrischen Armee. Selbstverständlich haben wir nach besten Kräften, mit Milde und mit Strenge, versucht, die Energien dieser Jungen in positive Bahnen zu lenken. Aber unsere Bemühungen weckten bei Oren nur kalte Wut. Seine Gemeinheiten wurden noch schlimmer. Da war die Sache mit einem weichlichen Schuljungen namens Ido Sohar, dem Oren gewaltsam die Hosen herunterzog und dessen Männlichkeit er mit Mennige beschmierte, die gemeinhin als Rostschutzfarbe dient. Dieser Schabernack erscheint uns um so abscheulicher, als Oren ihn überhaupt nicht leugnete, sondern zu seiner Verteidigung nur vorbrachte, man habe dem Trottel endlich mal beibringen müssen, daß er keine komischen Liebesgedichte mehr in der Zeitung der hiesigen Jugendgesellschaft veröffentlichen solle. Sogar ein gänzlich Fremder, der zufällig bei Orens Eltern im Haus zu Gast weilt und dessen moralische Einstellung uns sonst aus verschiedenen Gründen

Ein anderer Ort

durchaus verdächtig ist, hat dem Sohn seiner Gastgeber auf diese Untat hin ein paar harte Worte gesagt. Allerdings klang seine Stimme dabei ungebührlich belustigt: »Das war wüst, mein lieber Oren. Ein anständiger Jugendlicher hätte das nicht getan. Es war ein widerlicher Streich.«

Jetzt werden wir zum Kontrast eine erfreuliche Tatsache vermelden. Bei dem zehnjährigen Gai Charisch, den wir bereits verdächtigten, er wolle Oren Geva nacheifern, ist in den letzten Wochen eine Wende eingetreten. Wir sind überzeugt, daß dieser Junge mehr und mehr seinem Vater nachschlägt. Sicherlich, noch unlängst haben wir über die lärmenden Kriegsspiele geklagt, die seine Altersgenossen unter seiner Ägide unternahmen. Trotzdem glauben wir fest, daß in Gai Charisch eigentlich immer ein gesunder Kern gesteckt hat. Niemals ist bei ihm dummdreiste Bosheit ohne Sinn und Zweck zutage getreten. Man braucht nur kurz sein klares Gesicht zu mustern – diese Mischung aus kindlicher Strenge und naivem Staunen, den stets leicht geöffneten Mund und die liebenswert wißbegierige Miene –, um sich davon zu überzeugen. Jetzt hat der gesunde Kern die zeitweilige Verbildung überwunden. Sogar Herzl Goldring, der nicht im örtlichen Erziehungsbereich tätig ist, würde von Gai sagen: »Er ist ein guter Junge. Manchmal etwas unbändig, aber immer sympathisch. Als Sohn russischer Eltern fehlt ihm freilich die Beständigkeit. Mal so, mal so. Aber jetzt ist er in Ordnung. Durchaus. Mehr als sein Vater. Er hat entschieden Achtung für die Arbeit anderer Menschen. Das ist ein gutes Zeichen.«

Möglicherweise hat die Krankheit des Vaters diese erfreuliche Veränderung des Sohnes ausgelöst. Wenn wir die beiden auf ihrer Veranda oder auf dem Rasen hinter ihrem Haus beobachten, während sie ein Buch lesen oder sich der wohlgeordneten Briefmarkensammlung widmen, fällt uns sofort die faszinierende Ähnlichkeit der beiden scharf geschnittenen Blondköpfe auf. Auch die aufgeweckt dreinblickenden Augen der beiden zeigen ein und dieselbe Prägung.

Unser Freund Gai vergeudet seine Ferientage nicht. Er liest Bücher und pflegt den Garten. Seine Schwester Noga und seinen Vater behandelt er so, als seien sie seiner Obhut anvertraut, als sei er für ihr Wohl verantwortlich. In gewisser Hinsicht entspricht das ja auch den Gegebenheiten, wenn wir des Vaters und der Schwester Kummer bedenken und Herbert Segals intensiven, diskreten Einfluß in Erinnerung behalten.

Wer von Oren Gevas Anblick deprimiert, von den dunklen Trieben verschreckt ist, sollte seinen Blick Gai – Herbert Segals kleinem Verbündeten, Ruvens kleinem Ebenbild – zuwenden und seine übereilte Trübsal aufgeben.

Wir heben unseren Stift und kritzeln in die Luft. So schreibt man keine Geschichte. Die Erzählung verlangt ein anderes Tempo. Wären wir mit wirklicher Begabung gesegnet, würden wir den Traktormotor anlassen und energisch Furche neben Furche ziehen. Ein Ereignis würde auf das andere folgen, wie der Tennisball einen hübschen, leichten Bogen von einem Schläger zum anderen beschreibt, wenn Tomer mit seiner Frau spielt. Sehen wir den beiden aus unserer vergitterten Zelle zu, spüren wir unsere eigene bedrückende Schwerfälligkeit. Harmonischer Schwung basiert auf präzisem Rhythmus. Doch wir ringen erbittert und fieberhaft nach den Worten. Die funkensprühende Könnerschaft entzieht sich uns wie eine junge Schöne, die einen verachtenswerten, hustenden Alten narrt. Unablässig mühen wir uns, die Zusammenhänge zu beschreiben, halten in unserem Eifer inne, um zu urteilen, auf etwas hinzuweisen, eingehend Stellung zu beziehen. Würden wir dem brodelnden Strom erlauben, die Dämme aus Kälte hinwegzuschwemmen, dann vielleicht ... Doch nein. Der Ehrlichkeit halber müssen wir, wenn auch frustriert, zugeben: Wollten wir unsere russische Seele durch die Eisschichten hervorbrechen lassen, dann würde die Hand uns nicht mehr treu folgen, sondern die Seiten zu Hunderten mit den Lettern eines einzigen Namens füllen. Dadurch würden wir uns der ersehnten Könnerschaft noch mehr entfernen. Schließen wir also lieber die Luke.

Also dann, wieder früher Nachmittag. Wieder neigt sich der Rasen sanft zu uns, von Zierbäumen umgeben. Durch das Laub dringen wieder schräge Sonnenstrahlen, um das Grün über und über mit nervösen Lichtflecken zu sprenkeln.

Enav und Tomer spielen Tennis. Beide tragen leichte, weiße Kleidung. Enav ist ein heller Typ mit breitem Gesicht und weich geschnittener Figur. Tomer ist dunkel, seine Arme sind kräftig und behaart, seine Bewegungen sparsam. Der Ball fliegt in abgezirkeltem Bogen von Schläger zu Schläger. Da die Spieler geübt sind, gehen ihre Körperbewegungen ineinander über. Ein angedeuteter Hüftschwung, ein kurzes, scharfes Ausholen des Armes, ein leichtes Heben des Blickes, der dem Ball folgt.

Ein anderer Ort

Zwei, drei Kinder gucken dem Spiel des Paares zu, tuscheln und kichern gelegentlich. Fern im Westen tuckert emsig ein Motor. Die Entfernung dämpft sein Geräusch. Starker Kaffeeduft hängt in der Luft. Herzl Goldring pflegt jetzt seinen Privatgarten. Sein Rasenstück ist in exaktem Geviert gemäht. Von der Veranda guckt seine Frau Nina ihm zu, eine Lesebrille auf der Nase, in der Absicht, einen Brief oder vielleicht einen Artikel für die Kibbuzzeitung zu schreiben. Ruven Charisch tritt seinen Abendspaziergang an. In zwanzig Minuten wird er zurück sein, wie jeden Abend.

Grischa Issarow und Esra Berger, beide nackt bis zur Taille, beide beleibt, beugen sich über das Schachbrett, das auf einer umgedrehten Kiste liegt. Daneben steht Mendel Morag und überhäuft sie mit gutgemeinten Ratschlägen. Esra raucht eine Zigarette, und Grischa kaut an seiner ausgegangenen Pfeife, einem kühn geschwungenen und fein geschnitzten Prachtexemplar.

In Fruma Rominows Zimmer sind die Fenster ausgehängt und die Möbel ausgeräumt. Durch die offenstehende Tür sieht man eine Anstreicherleiter. Bald wird hier das junge Paar einziehen, das zuoberst auf der Warteliste steht.

Unsere Stella Maris kommt zwischen den Büschen hervor und wirft sich auf eine grüne Bank im Schatten der Fikusbäume. Sie hat eine kleine Ledertasche in der Hand, legt sie auf ihre Knie und trommelt mit den Fingern darauf. Esra hebt den Blick vom Schachbrett und mustert sie, als komme sie ihm bekannt vor. Noga bemerkt seinen Blick. Befühlt ihre Oberlippe. Schließt die Augen. Grischa Issarow schlägt mit der flachen Hand auf die Kiste. Esra fährt zusammen, atmet tief durch und blickt wieder aufs Spielbrett. Mit drei forschen Laufschritten holt Tomer den Ball ein, der den abschüssigen Rasen hinabrollt. Enav wischt sich mit dem Blusenzipfel den Schweiß vom Gesicht. Das Hinken verleiht ihr zusätzlichen Charme. Wir finden, sie ist hübsch anzusehen. Nina Goldring ruft Herzl zum Kaffeetrinken herauf. Der Kaffee sei fertig. Wenn er nicht schnell mache, werde er kalt. Herzl legt die Gartenschere weg, reibt sich die Hände ab, geht auf die Veranda hinauf. Noga öffnet die Ledertasche und entnimmt ihr ein gefaltetes Stück Papier und einen roten Bleistift. Sie glättet den Bogen, hält den Bleistift aber zwischen den Zähnen. Sie schließt erneut die Augen. Grischa hat gewiß etwas Lustiges gesagt. Esra lacht dröhnend. Herzl Goldring wirft ihm einen verächtlichen Blick zu. Vom Kulturhaus her erscheint Bronka, schiebt den Wagen vor sich her, in dem Dani mit Armen und Beinen strampelt. Sie fragt, ob Enav und Tomer weiterspielen wollen. Sie sollten ruhig weitermachen, keine Sorge, dann hätte sie noch länger was von Dani. Dani und sie vergnügten sich bestens, hätten schon einen langen Spaziergang hinter sich und seien bereit, noch einen zu machen.

Aus dem versteckten Raum unter dem Bergerschen Haus kommt ein hagerer Mann mit spärlichem schwarzem Lippenbart hervor. Er schleicht Noga von hinten an und wirft seinen Schatten auf das vor ihr liegende Blatt Papier. Nogas Augen sind geschlossen. Der Mann hebt die Hand und streichelt die Luft knapp über ihrem Haar, das jetzt im Nacken zusammengebunden ist. Sein Schatten gehorcht ihm und bewegt sich über das Papier.

Ohne Anzeichen von Überraschung schlägt das Mädchen die Augen auf und dreht dem Mann langsam und beherrscht das Gesicht zu. Sacharja setzt sein Lächeln auf. Noga deutet mit der Hand auf ihre linke Seite und sagt: »Setz dich, setz dich, bleib nicht hinter mir stehen, setz dich. Ich kann es nicht haben, wenn jemand hinter mir steht.«

Sacharja läßt sich betont schwerfällig nieder und sagt: »Ich danke dir, meine kleine Geliebte. Du bist zuvorkommend zu einem alten Mann. Der alte Mann ist gerührt und erregt ob deiner Zuvorkommenheit.«

»Wart mal. Sei jetzt still. Sag mir, welche Länder auf dem Weg liegen.«

»Oh, da hat man die Auswahl, meine Schöne, man kann eine aufregende Route wählen. Alle Grenzen sind offen. Alles ist möglich. Was möchtest du gern sehen – Italien? Die Schweiz? Frankreich? Skandinavien?«

»Noch habe ich gar nicht ja gesagt. Noch bin ich hier.«

»Und genau so hat mir deine wunderbare Mutter geschrieben. Gestern hat mich ihr Brief erreicht. Du kannst dir nicht vorstellen, wie glücklich du sie mit deiner Entscheidung gemacht hast. Und doch, trotz ihrer starken Sehnsucht, empfiehlt auch sie uns, nicht auf dem kürzesten Weg zu kommen. Nein, ihr solltet eine Tour machen, hat mir die großartige Eva geschrieben. Zeig ihr schöne Orte. Nehmt euch ruhig Zeit. Ich werde mich noch zwei, drei Wochen gedulden, bis ich meine Tochter in die Arme schließe, obwohl mein Herz ihr zufliegt. Ich kann nachts vor Sehnsucht nicht schlafen. Unserer Stella Maris haben wir ein wunderhübsches Zimmer im Dachgeschoß hergerichtet, Fenster in drei Himmelsrichtungen, München wie auf dem Präsentierteller. Offene Landschaft, der See, der Wald, der große Park. Ulrich, der Gärtner, hat sogar schon den Auftrag erhalten, für unsere Liebste eine Hängematte unten im Garten zwischen den ewig wispernden Tannen anzubringen. Isaak ist auch schon ganz aus dem Häuschen, kann es kaum noch erwarten. Ganze Tage lang sitzen wir da und schmieden Pläne. Aber wir werden warten. Du wirst unser Kind auf eine große Reise mitnehmen. Du wirst ihr die Welt zeigen. Und im Winter, nach dem freudigen Ereignis, werden wir das Baby bei Martha, der alten Kinderfrau, lassen, die schon mich und auch meinen Vetter Isaak betreut hat, und alle nach Spanien fliegen. Für den Frühling haben wir Zimmer auf Mallorca bestellt. Erzähl bitte meiner Tochter von der Insel Mallorca. Küsse sie für mich auf die Stirn und auf ihr süßes Kinn.«

»Ich habe noch gar nicht ja gesagt. Noch bin ich nicht euer«, sagte Noga in flachem Ton.

»Oh, weißt du, mein Kind, es gibt eine Wortverbindung, die mir immer ein genußvolles Kribbeln verursacht: ›der gewählte Präsident‹. Überleg dir das einmal, mein Prachtmädel: Noch hält er die Insignien der Herrschaft nicht in Händen, aber an einem bestimmten, feststehenden, allseits bekannten Datum werden sie auf ihn übergehen. Vorerst befingert er sie mit Vergnügen im Geist. Sie müssen ihm ausgehändigt werden. Er weiß es. Alle wissen es. Wie ein Praliné, das du ganz langsam aus seiner Hülle schälst. Wie eine Flasche, die du noch nicht entkorkst. Aber sie ist dein. Sogar mehr noch als in dem Moment, in dem dir ihr Inhalt durch die Kehle rinnt. Wie beim Liebesakt, wenn du sein Ende hinauszögerst. Dieser wundersüße Aufschub. Wie das große Feuer, das noch im Streichholzkopf steckt, während du das Hölzchen zwischen Daumen und Zeigefinger drehst. Übrigens, erlaubst du?«

»Was soll ich erlauben?«

»Den Auftrag deiner Mutter zu erfüllen.«

Ehe Noga noch etwas sagen konnte, beugte Siegfried sich vor, küßte sie auf Stirn und Kinn, wie es in Evas Brief stand, und fuhr ihr sanft durchs Haar. Noga hob den Finger und legte ihn unwillkürlich an die Stellen, an denen die Lippen des Mannes sie berührt hatten, als hätte sie sich dort die Haut verbrannt. Dann flüsterte sie: »Laß mich jetzt allein. Ich habe dir nicht zugesagt.«

»Nein, du hast nicht zugesagt, meine zarte Heilige, aber das Herz hat gesprochen, und ich habe es vernommen. Ich habe es gehört, kleine Stella, ein Herz hat auf das andere gelauscht.«

»Geh. Geh jetzt. Geh weg.«

»Ich gehe. Sofort. Ich wollte mit dir über die Kleidung sprechen, aber ich komm ein andermal wieder. Jetzt bist du zerstreut. Jetzt träumst du von ihm.«

»Welche Kleidung? Von wem?«

»Neue Kleider. Besondere Kleider für unsere große Reise, Sommer- und Winterkleidung. Aber jetzt bist du mit den Gedanken nicht bei der Sache. Jetzt träumst du von dem jungen Ritter mit dem Pferdegebiß. Habe ich richtig geraten? Ja? Ja. Sicher. Mühe führt zum Ziel. Herbert Segal hat den kleinen Soldaten deiner Obhut anvertraut, und du hast gehorsam die Verantwortung übernommen. Du hast Mitleid mit ihm. Hör mal gut zu. Du hast Mitleid mit dem Soldaten, aber es ist schwierig, das den ganzen Tag zu zeigen. Deshalb mußt du alle Augenblick daran denken, wie bedauernswert das kleine Fohlen ist.«

»Geh, Siegfried. Geh jetzt weg.«

»Eine große Seele steckt in dir, mein Kind. Eine barmherzige, hingebungsvolle Seele. Sogar in schweren Zeiten denkst du an deinen Nächsten. Welche Seelengröße, meine Tochter, du bist einsam, geächtet, verhaßt und von den Herberts verfolgt, und doch bist du deiner Leiden Herr und zwingst dich, an deinen Nächsten zu denken. Für deinen Nächsten zu leben. Ihm sein Los zu erleichtern. Ihm zu dienen. Dich und deinen Willen und dein Glück für deinen Vater zu opfern, der keinen Augenblick an dich gedacht hat, als er sich eine Geliebte suchte. Deine Zukunft für einen verwirrten, abstoßenden Waisenknaben aufzugeben, der dich gestern getreten hat und dich auch morgen treten wird, weil er nicht so verrückt ist, ein Mädchen in deinem Zustand zu heiraten. Du bist eine Heilige, mein Kind, du willst dich für Menschen aufopfern, die dich nicht lieben, du bist mehr als heilig.«

An diesem Punkt fiel Siegfried in befremdlicher, übertriebener Geste vor seiner Liebsten auf die Knie, wobei ihm zwei dünne Tränenbäche über die Wangen rannen.

Bestürzt und erschrocken starrten unsere Leute – Tomer, Enav und die Goldrings – ihn an. Nina Goldring sagte zu Herzl: »Was für ein Clown.«

Tomer sagte zu Enav: »Der ist verrückt. Geisteskrank.«

Enav sagte: »Genau. Genau, was ich sagen wollte. Das ist haargenau der richtige Ausdruck für ihn.«

Noga stand auf und ging mit schnellen, kleinen Schritten weg, ohne den Blick zu wenden. Sacharja federte hoch, verbeugte sich höflich vor den Zuschauern wie ein Kaffeehauskünstler, kraulte sich mit einem Finger den Schnurrbart und zuckte die Achseln.

Grischa Issarow und Mendel Morag tauschten einen raschen Blick. Grischa legte Esra die Hand auf den Arm und sagte sanft: »Spiel weiter. Du bist am Zug.«

Esra blickte glasig vor sich hin, fuhr sich langsam mit der Hand über die Stirn und murmelte schließlich: »Was? Was? Ja. Richtig. Sicher. Du hast recht. Ich bin dran. Ja.«

Unterdessen war Siegfried verschwunden. Die Szene beruhigte sich. Ruhige Gelassenheit zog wieder ein.

Bronka beschloß, ein offenes Wort mit Sacharja zu reden. Noch am selben Abend suchte sie sein Zimmer auf. (Man hatte Sacharja ein Zimmer am Rand des Barackenviertels zugewiesen, weshalb er Jizchak Friedrich genötigt hatte, einen weiteren Scheck für »Unterkunft, Verpflegung und Schäden« anzunehmen, wie er sich ausdrückte.)

Sacharja empfing seine Schwägerin auf einem Feldbett liegend, ein Unterhemd aus Kunstfaser am Leib. Sein eckiger, kräftiger Körper glänzte vor Schweiß, weil es in der Baracke sehr heiß war. Bronka setzte zum ersten Mal einen Fuß in sein Zimmer. Allerdings schaute Esra manchmal rein, um Domino zu spielen und philosophische Gespräche zu führen. Und zu anderen Zeiten hielt Oren sich zu undurchsichtigen Zwecken hier auf.

Sacharja sagte: »Welch ein Gast, welch eine Ehre. Setz dich bitte, tut mir leid, daß ich dich nicht gebührend bewirten kann. Ich habe nichts im Haus als trockene Kekse und ein paar deutsche Zeitungen.«

Bronka ignorierte seine Einladung und setzte sich nicht aufs Bett. (Einen Stuhl gab es in dieser schäbigen Behausung nicht.) Bronkas Miene war streng und entschlossen. Sie blieb stocksteif am Eingang stehen, die Beine eng zusammen, die Arme an den Körper gelegt.

»Ich wollte dir sagen, daß du heute die Grenze des Erträglichen bei weitem überschritten hast.«

Sacharja nickte freundlich. Verständnisvolle Besorgnis leuchtete in seinen Augen auf. Zu Bronkas größter Verlegenheit antwortete Sacharja nur mit diesem verbindlichen Nicken.

»Ich meine die Szene, die du heute nachmittag auf dem Rasen hingelegt hast.«

Sacharja nickte erneut zustimmend, als warte er auf das Folgende, als sei das bisher Gesagte noch kein ausreichender Grund für Bronkas überraschenden Besuch. Bronkas Selbstsicherheit erlitt durch das Schweigen einen Knacks. Sie hielt inne. Suchte angestrengt nach einem Satz, der Sacharja aus der Reserve locken könnte.

»Das war ... das war wirklich unmöglich.«

Plötzlich, mit einem Schlag, wich die geduldige Freundlichkeit aus Siegfrieds Gesicht und machte einem schiefen, schadenfrohen Grinsen Platz: »Also?« sagte er, beide Silben scharf betonend.

»Ich verlange von dir, daß du mir endlich offen erklärst, was du hier bei uns suchst.«

Völlig übergangslos wechselte Sacharjas Miene erneut, als habe er eine groteske Maske abgezogen und sie mit flinker Zauberhand durch eine andere groteske Maske ersetzt. Bestürzung trat auf sein Gesicht. Seine Stimme klang zutiefst beleidigt: »A-ber Bron-ka ... *Gott im Himmel*, was für eine seltsame Frage, selt-sam ... Ich bin doch hier, um mit meiner lieben Familie zusammenzusein, denn was bleibt mir sonst noch auf der Welt? Was?! Ich bin ein einsamer Mann, Bronka, ich bin aus der Kälte gekommen, um mich ein wenig an eurer Sonne zu wärmen, aber wenn ich störe, werde ich natürlich ... Gar keine Frage, auf der Stelle, morgen früh, sogar heute nacht noch. Keine Frage. Sofort.«

Sagte es, sprang hastig auf, als sei er drauf und dran, seine Sachen zu packen.

Bronka entschuldigte sich. Gott behüte, sie habe ihn nicht verletzen wollen. Sacharja störe keineswegs. Im Gegenteil, sie freuten sich über seinen Besuch, hätten das auch schon oft gesagt. Sie frage nur in einem bestimmten Punkt, bezüglich seiner ... seiner merkwürdigen Beziehung zu der jungen Noga Charisch.

»Ah, aha, du bist also wegen dieser Sache gekommen«, sagte Sacharja und seufzte ungeheuer erleichtert auf, als sei ihm jetzt endlich Bronkas wahre Absicht aufgegangen und dadurch ein schwerer Stein vom Herzen gefallen.

»Du hast ... heute ... auf dem Rasen ... Das heißt, ich hätte gern gewußt, was du mit ihr vorhast. Verstehst du? Entschuldige, ich frage dich als ... als Gastgeberin, wenn du es so sehen möchtest.«

»Aber natürlich, selbstverständlich, Bronka, ist doch keine Frage, natürlich schulde ich dir eine Erklärung. Und die ist ganz einfach, liebe Bronka. Ich habe keine Geheimnisse, die ich vor dir zu verbergen bräuchte. Nein,

Ein anderer Ort

nein. Laß uns also alles besprechen. Reden wir frei heraus. Sind wir soweit einer Meinung?«

»Einverstanden«, erwiderte Bronka, ohne sich über die Offenheit zu wundern, die Sacharja von ihr verlangte. Welche Eröffnungen mochte er im Gegenzug von ihr verlangen?

»Ja, sind wir.«

»Schön«, sagte Sacharja und lehnte sich an die Wand, als nähme er Anlauf zu einem längeren Vortrag. »Also, Punkt eins: Bei meiner Arbeit in der Diaspora bin ich einer wunderbaren Frau begegnet, der Gattin meines langjährigen Freundes. Ich meine natürlich Eva Hamburger. Diese Freundin hat mich gebeten, anläßlich meines Verwandtenbesuchs in Israel mit ihrer Tochter in Kontakt zu treten, die zufällig im selben Kibbuz wie meine Familie lebt, und ihr liebe Grüße von der Mutter auszurichten. Außerdem wurde ich gebeten, der Mutter wahrheitsgemäß über den Zustand ihrer Tochter zu berichten. Ich bin ihrem Wunsch nachgekommen, habe die Tochter getroffen und der Mutter über ihre prekäre Lage geschrieben. Ist daran etwas auszusetzen?«

Bronka schüttelte mechanisch den Kopf.

»Punkt zwei: Postwendend bat die Mutter mich nun, der Tochter ihre, der Mutter, Sorge sowie ihre Schuld- und Reuegefühle zu übermitteln. Ich habe auch diesen Auftrag erfüllt, so gut es in meinen bescheidenen Kräften stand. Ferner sollte ich die Tochter im Namen ihrer Mutter inständig bitten, mit mir zu ihrer Mutter und ihrem Stiefvater, Herrn Isaak Hamburger, zu fahren. Dort wird sie voller Liebe erwartet. Beide Partner sind der klaren Auffassung, daß der Tochter angesichts ihrer schwierigen Lage ein Wechsel des Wohnorts und der Lebensumstände guttue. Zumal diese Regelung, vom gesellschaftlichen wie vom ökonomischen Standpunkt her betrachtet, der gegenwärtigen Situation des Mädchens vorzuziehen wäre, die man ohne unzulässige Übertreibung als unerträglich bezeichnen darf. Richtig? Siehst du, meine liebe Bronka, ich lege dir ehrlich alle meine Geheimnisse offen und erwarte nun, daß du dich entsprechend revanchierst.«

Sobald Bronka sich von dem Redeschwall erholt hatte, fragte sie streng: »Aber warum ist denn hier Vermittlung nötig, kannst du mir das vielleicht erklären? Warum kann Eva nicht selbst an Noga schreiben? Und warum mußte man Ruven Charisch umgehen und seine Tochter hinter seinem Rücken verlocken, obwohl er schließlich ihr Vater ist und man ihn moralisch gesehen an einer solchen Entscheidung beteiligen muß?«

Sacharja lächelte erfreut, als kämen Bronkas Fragen ihm zu Hilfe: »Du hast drei gewichtige Fragen gestellt, teure Bronka, und alle drei treffen haargenau den Kern der Sache. Die Vermittlung ist nötig, weil ... Also, weißt du, die menschliche Seele ist kompliziert. Nicht einfach. Unsere Eva empfindet ihrer Tochter gegenüber Schuld- und Reuegefühle, wie ich wohl schon schonungslos offen gesagt habe. Sie fürchtet, die Tochter könnte ihr die überstürzte Abreise von damals nachtragen. Da ist es nur natürlich, daß die Mutter die Reise eines guten Freundes der Familie nutzt, in dessen pädagogische Begabung sie viel, möglicherweise zu viel, Vertrauen setzt. Was den Vater betrifft«, sagte Siegfried, das Lächeln mit einem Schlag verflogen, »die Sache mit dem Vater gehört schon zu Punkt drei.«

»Red weiter. Ich höre zu.«

»Ich werde jetzt, auf Grund unseres Abkommens über beiderseitige vollständige Offenherzigkeit, einige unangenehme Dinge sagen müssen. Nogas Vater hat sich in eine – wie sollen wir es nennen? –, eine späte Liebe zu einer verheirateten Frau verstrickt. Jeder hat das Recht, sein eigenes Leben nach Herzenslust zu verkomplizieren. Aber dieser Egoist hat auch seine Kinder in Schwierigkeiten gebracht. Und seine Kinder sind Evas Kinder. Sicherlich, Eva hat ihm auch nicht die Treue gehalten, aber sie hat ihr Haus aufgegeben, ist ins Exil gegangen und hat auf die Nähe ihrer Kinder verzichtet – alles, damit die Kinder es nicht mit ansehen und keinen Schaden an ihren zarten Seelen nehmen sollten. Nicht so der Vater. Alle beide, er und die Frau, die ihrem Mann untreu wurde, um seinen und ihren Trieb zu befriedigen, haben ihre Kinder ignoriert. Sie haben sich um ihre fleischlichen Gelüste, nicht aber um ihre Kinder, ihr eigen Fleisch und Blut, gekümmert. Wir, Familie Hamburger und meine Wenigkeit, sind der festen Überzeugung, daß hier ein himmelschreiendes Unrecht begangen wurde. Und am schlimmsten betroffen war die Seele der heranwachsenden Tochter, die in ihrer Verzweiflung ihr Leben fast unwiederbringlich ruiniert hat. Eva, ihr jetziger Mann und der Freund der Familie meinen – wenn auch betrübten Herzens –, daß der Vater das moralische und juristische Recht verwirkt hat, das Schicksal seiner Tochter zu bestimmen. Hätte der Vater sich anders verhalten, wäre die Tochter nicht dort gelandet, wo sie jetzt steht. Das ist leicht zu beweisen, weil der Mann, den die Tochter sich dazu ausgesucht hat, um ihr Leben zu ruinieren, der Geliebten ihres Vaters nahesteht. Verzeih mir, Bronka, daß ich die Tatsachen kühl schildere.«

Bronka mußte unwillkürlich lachen und sagte: »Du verblüffst mich. An dir ist ein großer Anwalt verlorengegangen. Du hast keinerlei Schwierigkeiten, Schwarz in Weiß zu verwandeln.«

»Ich bin farbenblind, meine Liebe, die Farben der Dinge flimmern mir nur vor den Augen und richten Chaos darin an.«

»Du drückst dich entschieden taktvoll aus, und doch verbirgt sich dahinter eine furchtbare innere Roheit, als ... als würdest du einen amtlichen Fragebogen ausfüllen.«

Sacharja überhörte die kritische Bemerkung. Er beugte sich zu Bronka vor und wählte seine Worte sorgfältig: »Und jetzt zum vierten Punkt. Im Hinblick auf die vorangegangenen Punkte – die Aufträge, die mir die Mutter erteilte, und den negativen Einfluß des Vaters – bin ich nur Abgesandter. Ein reisender Botschafter. Aber der vierte Punkt berührt meine eigene Seele. Und nun vergib mir bitte die feierliche Einleitung, jetzt werde ich den offiziellen Stil aufgeben und mein Innerstes offenlegen.«

Bronka starrte ihn an und murmelte: »Ja. Ja.«

Sacharja seufzte, schloß die Augen, öffnete eines wieder und sagte: »Mein Innerstes. Ich bin bekanntlich ein alleinstehender Mann. Kein Heim, keine Frau, keine Kinder. Ein paar Erinnerungen aus dem Vaterhaus, ein paar Narben, die die Leiden des Lebens bei mir hinterlassen haben – das ist mein ganzer Besitz. Wen oder was habe ich denn auf der Welt außer meinem Bruder und seiner Familie? Ich bin zu euch gekommen, um ... um ein paar Brosamen vom Tische eures Glückes aufzulesen, von dem Glück, das mir nie zuteil werden wird. (Sacharjas Augen füllten sich – zum zweiten Mal an diesem Tag – mit Tränen.) Ich bin gekommen, um ... um mich zu wärmen. Ein wenig melancholische Befriedigung aus der Verwurzelung meines guten Bruders Esra zu schöpfen. Deshalb bin ich nicht zu Nechemja gegangen, meine liebe Bronka, Nechemja ist wie ich, ein dürrer Baum. Also, ich bin hergekommen, um ein paar Krümel Glück aufzulesen. Ich gehöre zu den Kletterpflanzen, zu denen, die sich an den Eichen des Waldes emporranken. In mir steckt nur das, was all unsere Hasser mir nachgesagt haben. Doch was fand ich zu meinem Entsetzen bei der Ankunft vor? Eine Tragödie. Eine herzerschütternde Tragödie im Hause meines Bruders. Mein letzter Hoffnungsanker, der letzte feste Halt in meinem zerbröckelnden Leben, hatte sich gelöst und war ins Schlingern und Wanken geraten. Mein guter Bruder war mit einer untreuen Frau geschlagen, von einem liederlichen Mädchen verführt, von seiner Familie verstoßen.

Mußte mich das nicht erschüttern? Ist mein Herz denn aus Stein? Ich habe mir gesagt, wenn du, der nie ein Heim gehabt hat und nie eines haben wird, es fertigbringst, ein anderes Heim aus seinen Trümmern aufzurichten, dann kannst du dir am Tag deines Todes sagen: Ich habe nicht umsonst gelebt. Ich bin ein morscher Baum gewesen, aber meine Fäule hat anderes Leben wachsen lassen. Das heißt – verzeih mir die hochgestochenen Worte, die Erregung schnürt mir die Kehle zu –, das heißt, ich habe es, ohne eure Einwilligung einzuholen, auf mich genommen, aus Liebe alles für euch zu tun, was ich vermag. Nächtelang habe ich über die Dinge nachgedacht. Ich meinte, wenn es mir gelänge, diese frustrierte Motte dazu zu bewegen, aus dem Leben meines Bruders zu verschwinden, hier für immer abzuschwirren, könnte der Mann vielleicht wieder seiner Frau zugetan sein und die Frau ihrem Mann. Und dann – erst dann – würde Onkel Sacharja seine Sachen packen und hier einen schönen Erfolg zurücklassen. Er würde weder Dank noch Anerkennung fordern, sondern sich aufmachen, um in das Dunkel seiner Leiden zurückzukehren. Nur in seinem Herzen trüge er geheimen Stolz, und der wäre all seiner Mühen Lohn. Liegt darin eine Sünde? Habe ich gesündigt, gute Bronka? Ich wollte euch etwas Gutes tun. Euch von diesem Flittchen befreien. Diese Eiterbeule mitnehmen, die euer Leben und Glück vergiftet. Auch der untreuen Ehefrau eine Lektion erteilen, damit sie gezwungen ist, meinem Bruder die Treue zu halten. Und auch – ich will es nicht leugnen – meinen bescheidenen Stolz zu befriedigen. Habe ich gesündigt?«

Dabei fiel Sacharja vor Bronka auf die Knie, genau wie er einige Stunden früher vor Noga niedergekniet war, das Gesicht tränenüberströmt.

Bronka flüsterte: »Ich verstehe gar nichts. Ich habe Angst vor dir. Du bist seltsam. Du bist verschlagen.«

Siegfried stöhnte verzweifelt: »Dann versteh es eben nicht, Bronka, brauchst nicht zu verstehen, nicht Verständnis ist hier wichtig, Herz brauchen wir. Ein Herz aus Fleisch und Blut. Ein Herz wird auf das andere lauschen. Du hast recht. Ich muß hier weggehen. Aber nicht allein. Ich werde mit der kleinen Eva gehen. Um deinetwillen, Bronka. Um meines Bruders willen. Um Orens willen. Um Nogas willen. Um Evas willen. Um des Guten willen, Bronka, aus der Tiefe schreien wir nach dem Guten.«

Plötzlich fügte er in fieberhafter, vehementer Erregung hinzu: »Hilfst du mir? Wirst du mir helfen?«

Ohne ihre Antwort abzuwarten, ging er neben ihr, die Hände krampfhaft wedelnd, zur Tür, verbeugte sich kellnerhaft, kicherte, schluchzte, erklärte, diesmal nun wirklich sein Herz ausgeschüttet und alle Geheimnisse preisgegeben zu haben, flehte erneut um Bronkas Mitgefühl und knallte die Tür hinter ihr zu.

Bronka ging schwermütig in die Nacht hinaus. Sie bemühte sich, die Fassung zu bewahren und ihre Gedanken zu ordnen. Sie hielt den Mann immer noch für einen Halunken und Clown. Trotz dieses Schlusses hatte Bronka jedoch das Gefühl, daß sie ihm mit diesem Urteil irgendwie unrecht tat. Auch dieses Gefühl war, wie derzeit all ihre Gefühle, höchst intensiv.

Sacharja warf sich aufs Bett, zog unter der Matratze eine kleine Flasche hervor und nahm vier, fünf Schluck daraus. Dann nieste er zweimal. Danach blätterte er langsam in einer deutschen Zeitschrift. Und noch später – so unglaublich es auch klingen mag – weinte der Mann lange. Vor lauter Mitleid weinte er.

10. Kapitel:
Wir fahren, sei bereit

Aus Ruven Charischs letztem Gedicht:

Wenn die Sonne lebendig im fernen Westen verbrennt,
Wenn die Nacht vom Berg herabstürzt, siegesvehement,
Wenn das müde Herz nicht mehr bitten mag: nicht jetzt, es hat Zeit,
Dann wispert eisblaue Kälte: Wir fahren, sei bereit.

11. Kapitel:
Dumpf, dumpf in der Nacht

Dumpf, dumpf in der Nacht klingt das Singen der feindlichen Soldaten drüben am Hang. Außerhalb ihrer befestigten Stellungen zünden sie kleine Feuer an. Ihr Gesang schallt unverständlich und lang wimmernd herüber und dringt durch unsere Fenster herein.

Leises Sehnen erfüllt die dunkle Luft. Das Herz sehnt sich mit. Die Feuerinseln scheinen hoch im Raum zu schweben, weil der Bergzug im Dunkeln unsichtbar ist. Vielleicht singen sie aus Freude, doch die Nacht verzerrt die Töne und füllt sie mit schwelender Trauer.

Was haben sie vor. Der Herbst ist nah. Jeden Morgen sammeln sich dort hellgewandete Arbeiter, um emsig Gräben zu vertiefen und Betonfesten zu erhöhen. Ein Offizier steht dabei, hat offenbar einen dünnen Stab in der Hand. Wortfetzen seiner lauten Befehle verirren sich zu uns. Tiefe Gräben werden am Rand des Kamelbuckels ausgehoben. Lockere Erdhügel türmen sich noch und noch. Spitzhacken prallen auf Stein. Eine Kolonne flacher Sechsachser kriecht schwerfällig dahin, ein wendiger Jeep kurvt arrogant zwischen ihnen herum. Soldaten in Stahlhelmen beobachten uns zu allen Tagesstunden, studieren all unsere Bewegungen. Die untersetzten Fellachen, die den Kamelbuckel sonst bestellten, lassen sich nicht mehr blicken. Grischa Issarows saftige Schimpfworte bleiben unerwidert. Die Soldaten dort unterstehen jetzt offenbar neuen, strikteren Befehlen. Gelegentlich brausen ihre schnittigen Flugzeuge im Tiefflug über das Gebirge heran. In den Luftraum über dem Tal wagen sie sich nicht. Hoch droben über unseren kleinen Dächern schimmern silbrig unsere Jäger, die immer paarweise kommen.

Acht Tage vor dem Neujahrsfest fuhr eine Militärpatrouille in der Abenddämmerung einen der verlassenen Wege in unmittelbarer Nähe der feindlichen Stellungen ab. Wir können nicht leugnen, daß hier die durchsichtige Absicht vorlag, die da drüben zu einem vorzeitigen Waffengang zu provozieren. Zu unseren Gunsten sei erwähnt, daß die Patrouille die umstrittenen Linien nicht verletzte. Man hatte die Dämmerstunde gewählt, damit die niedrig stehende Sonne den westwärts Spähenden direkt in die Augen schien und sie blendete. Vor Beginn der Operation wurden wir angewiesen, die Kinder in den Schutzraum hinunterzubringen. Aber die Sache ging friedlich ab. Die dort drüben beobachteten die Patrouille, nur einen Steinwurf entfernt, ohne zu den Waffen zu greifen. Was haben sie vor. Wir indes – man möge uns verzeihen – hegen süße Erwartung. Es ist etwas im Anzug. Unser Leben wird ein anderes Tempo annehmen.

Gewiß, auch bei uns gibt es einzelne, die die Trauer nicht losläßt. Ido Sohar zum Beispiel. Ido Sohar erklimmt allein den Wasserturm, dessen Spitze als Ausguck dient. Dort liegt eine verdreckte Matratze, aus der die Füllung quillt. Der Junge legt sich auf den Rücken und blickt in die leichten Spätsommerwolken. Manchmal spricht er sie an. Er hat eine Frage.

Werden Spätsommerwolken denn wegen eines in sich gekehrten Jungen anhalten. Die Wolken blicken ihn an und ziehen schweigend ihres Weges. Scheinbar kommen sie nicht vom Fleck, weil kein Wind weht. Aufmerksame Beobachtung offenbart jedoch ihr Geheimnis. Ihre Ruhe täuscht. Vermeintlich rasten sie, aber in Wirklichkeit treiben auch sie langsam, langsam ostwärts und andere kommen an ihrer Stelle. Auch sie sind starken Kräften unterworfen. Ihre Formen verändern sich. Sind es die Geister schauerlicher Urtiere. Wer war listig vor allem Erdengetier. In wessen Namen spricht der einziehende Herbst. Welchen Auftrag haben die Vögel.

Drei Tage vor dem Neujahrsfest versammelte sich der Kibbuz zur Neuwahl seiner Gremien. In einigen Fällen mußten Widerstrebende durch den Druck der Allgemeinheit genötigt werden, Ausschüssen beizutreten oder sonstige Ämter zu übernehmen. Der Gemeinschaft stehen weder handfeste Druckmittel noch materielle Anreize zu Gebote. Kraft unserer Ordnung sind wir einzig und allein auf moralische Autorität angewiesen. Nach zwei Vollversammlungen waren jedoch alle Gremien und Ämter besetzt. Dabei haben die Amtsträger keinerlei materielle Vorteile zu erwarten, sondern sehen im Gegenteil schweren Stunden der Mühe und Sorge entgegen. Trotzdem fanden sich passende Leute.

Herbert Segal wurde zum Kibbuzsekretär gewählt. Zwar haben wir nichts gegen Zwi Ramigolski einzuwenden, er hat seine Aufgabe nach besten Kräften erfüllt. Aber wir freuen uns doch über Herberts Wahl. Die Menschen gleichen einander nicht wie Münzen aus einer Prägung, und auf Grund unserer langen Bekanntschaft mit beiden können wir konstatieren, daß Herbert Segals beste Kräfte Zwi Ramigolskis beste Kräfte übersteigen. Übrigens ist auch Zwi nicht die Bürde tätiger Verantwortung losgeworden: Er wird an Podolskis Stelle die Arbeitsverteilung regeln, damit Podolski Jizchak Friedrich als Schatzmeister ablösen kann. Mundek Sohar bleibt natürlich weiterhin Bezirksratsvorsitzender. Offen ist lediglich noch die Frage, wer den Erziehungsausschuß leiten soll, der zwei seiner führenden Mitglieder verloren hat: Herbert Segal, nunmehr Kibbuzsekretär, und Fruma Rominow, seligen Angedenkens. Diese Frage wird nach den Feiertagen ihre Lösung finden. Viele befürworten Bronka Bergers Kandidatur. Uns wäre, aus Gründen, die wir für uns behalten, Jizchak Friedrich, der ehemalige Schatzmeister, lieber.

Wir müssen auch noch Grischa Issarows Fall entscheiden. Man hatte Grischa angeboten, für zwei Jahre allein in einen der jungen afrikanischen Staaten zu fahren, um dort beim Aufbau eigener Streitkräfte zu helfen. Grischa kann seine überschäumende Begeisterung kaum verbergen. Unter seinen Gegnern halten einige ihn jedoch für unfähig, fünf Jahre nacheinander ruhig an ein und demselben Ort auszuharren. Wenn man ihn nur ließe, könnte er womöglich Luft unter die Flügel bekommen und von Abenteuer zu Abenteuer flitzen. Andere lehnen den Vorschlag ab, weil Grischa keinen Nachfolger im Fischereibereich hat. Unsere Opposition wiederum beruht auf einer anderen Erwägung: Esther Kliegers Leben würde zur Hölle, wenn sie sich fortan allein um die sieben schwierigen Kinder kümmern müßte. Und der Mensch muß seine Familie immer in den Mittelpunkt stellen.

Am Vorabend des Feiertags kam Rami Rominow auf Kurzurlaub. Die anstrengenden Übungen hatten seine Haut ledern und sein Gesicht hager werden lassen. Dadurch hatte sich seine Ähnlichkeit mit einem gewissen Vierbeiner verstärkt. Da sie sich jetzt in ihrer ausgeprägten Form jedoch nicht länger selbst verleugnete, wirkte sie nicht mehr lächerlich.

Von seinem mageren Wehrsold hatte Rami für Herbert Segal das Buch *Die israelische Gesellschaft auf dem Prüfstand der Zeit* und für Noga einen kleinen Malkasten gekauft.

Rami ließ sein Gepäck in Herberts Zimmer und ging zum Speisesaal. Auf dem Weg dorthin machte er einen Bogen um die Wohnung seiner Mutter. Kurz zuvor war ein junges Paar dort eingezogen. Rami wollte die Veränderungen nicht sehen, da er die Trauer fürchtete. Doch die Trauer beschlich ihn auf andere Weise. Die Essensausteilerinnen im Speisesaal verwöhnten den Waisenjungen mit Leckerbissen. Sie wollten ihm eine Freude bereiten. Ihr Tun machte ihm natürlich keine Freude. Er erkannte ihre Absicht, und das gab ihm einen Stich ins Herz.

Gegen Abend, vor dem Festessen, machten Rami und Noga einen kurzen Spaziergang. Noga sagte zu Rami, in dieser Kleidung sei er hübscher als in Uniform. Rami stimmte ihr zu. Er redete nicht vom Soldatenleben. Er fing nicht an zu erzählen, und sie fragte nicht nach. Das Gespräch drehte sich um ein anderes Thema: Ist der Charakter eines Menschen veränderbar? Rami leugnet nicht die erbliche Veranlagung, glaubt aber an die Macht der Erziehung und vor allem – an die Macht des persönlichen Willens. Noga gibt dem Dichter, dessen Name sie vergessen hat, recht, der schrieb, daß der Mensch nur Abbild der Landschaft seiner Heimat sei. Die Worte »Landschaft seiner Heimat« legt Noga weit aus, das heißt, als ererbte Eigenschaften. Die Heimat liege im Blut, sei nicht nur ein geographischer Ort.

Rami war drauf und dran, ihr zu widersprechen, überlegte es sich aber anders und sagte, sie sei ein außergewöhnliches Mädchen. Noga lächelte ihn dankbar an. Ihr Lächeln ließ Rami zutiefst erbeben, was Noga merkte. Ein Anflug von Stolz durchzuckte sie. Sie beugte sich zu dem neben ihr Gehenden hinüber und gab ihm einen Kuß, als sei er ihr Bruder Gai. Rami wurde kreidebleich. Er packte sie so plump und künstlich an der Schulter, als habe er die Geste vorher im Geist einstudiert. Plötzlich fragte er sie mit heiserer Stimme, ob sie bereit sei, seine Frau zu werden. Noga zog ihren Rock gerade, der ein wenig verrutscht war. Dabei senkten beide die Blicke auf ein und dieselbe Stelle. Noga hob die Augen zuerst und sagte: »Warum?«

Rami schürzte die Lippen und murmelte: »Was heißt ›warum‹? Ich ... Das ist doch keine Antwort. Nein. Ich hab dich im Ernst gefragt.«

»Du hättest nicht fragen sollen.«

»Doch. Ich mußte.«

Noga sagte: »Du bist lieb, Avraham Rominow.«

Dabei lag wieder dieser schon vergessene Unterton in ihrer Stimme, mit dem sie als kleines Mädchen erheblich ältere Menschen angesprochen hatte.

Der Speisesaal leuchtet. Die Tische sind weiß gedeckt. Plastikgeschirr in frohen Farben steht darauf. Ein hübsches, großes Spruchband verkündet: Vorbei ein Jahr mit seinen Plagen, das neue wird uns Segen tragen. Das Konterfei von Aharon Ramigolski, möge Gott sein Blut rächen, blickt uns an: ein wuschelköpfiger Jüngling mit kühn geöffnetem Hemd und Ansätzen eines Schnurrbarts. Seine Gesichtszüge ähneln denen von Zwi, sind nur weicher. Aharons Gesicht ist das von Zwi ohne die Spuren der harten Jahre. Woran denkt er, während er uns anlächelt. Wir lehren unsere Kinder, sie müßten sich seines Andenkens würdig erweisen. Das sagen wir uns auch selbst. Wir blicken ihn an. Er blickt ohne jeden Groll zurück. Die Versammelten stimmen ein Lied an. Die Nachzügler gehen auf Zehenspitzen. Keiner mustert sie vorwurfsvoll. Ihre Nachbarn wünschen ihnen ein gutes neues Jahr und sie erwidern: ein gutes, gesegnetes neues Jahr. Ein scharfes Ohr kann aus dem Gemeinschaftsgesang vertraute Stimmen heraushören: Grischas Dröhnen, Enavs glockenhellen Sopran und die schrillen Mißtöne unseres Gastes Siegfried. Äußerlich betrachtet, gehört er schon zu uns: Er hat längst Jackett und Krawatte weggelassen und trägt die Ärmel seines weißen Hemdes bis über die Ellbogen aufgekrempelt. Man sieht ihm an, daß er froh ist, denn warum würde er sonst seine leere Plastiktasse im Takt auf den Tisch schlagen. Dem Singen folgen, wie bei uns üblich, Lesungen. Einige sind dem traditionellen Schrifttum, andere unserem neuen Leben entnommen. Herbert Segal, der Kibbuzsekretär liest: »Gib uns Tau und Regen zu seiner Zeit.«

Esra lehnt sich zu seinem Bruder hinüber und flüstert: »Unsere Vorfahren waren kluge Bauern. Überleg mal: Sie haben nicht um eine Menge Regen gebetet. Sie wünschten sich Regen zu seiner Zeit, in der richtigen Jahreszeit, denn das ist das Wichtigste.«

Sacharja lächelt fröhlich, als sei ihm tatsächlich eine atemberaubend neue Schriftdeutung zu Ohren gekommen, und erwidert: »Ja, ja, genau.«

Jetzt stehen, wie üblich, die Leiter der einzelnen Wirtschaftszweige auf, um kurz über die Agrarerträge des vergangenen Jahres zu berichten.

Dafna Issarow liest mit fester Stimme Bialiks Gedicht »Im Felde«. Rami schielt zum Tisch der Charischs hinüber. Noga sitzt zwischen Vater und Bruder. Herbert Segal, Ramis Tischnachbar, fängt die Blicke des Jungen auf und räumt ihnen einen Platz in seinen schmallippigen Grübeleien ein. Möglicherweise blickt jetzt ein anderes Auge auf Herbert, der Rami anblickt. Nein. Wahrscheinlich läßt sein Gegner derzeit die Fehde ruhen und gibt sich mit ganzem Herzen der Festfreude hin.

Grischa donnert, von einem Zettel ablesend: »Wir begrüßen das neue Jahr. Wir grüßen die Werktätigen allerorten. Wir sprechen den Segen um Fülle, Freude und Frieden. Lechaim, Genossen, auf das Leben, zum Wohl!«

Alle entkorken die Flaschen und gießen sich roten Tafelwein in die Teetassen.

Fröhliches Tafeln.

Herzl Goldring und seine Frau Nina treten mit großer Verspätung ein und suchen zwei freie Plätze. Gerda Sohar, in schwarzem Rock und weißer Schürze, führt sie freundlich an den letzten Tisch.

Herzl stammelt: »Ja, richtig, richtig, ein gutes neues Jahr, gut Neujahr.«

Ein anderer Ort

Draußen Stille.

Die Zimmer der Genossen und die Kinderhäuser sind dunkel. Gelbes Licht fällt von den Laternen und bildet diffuse Pfützen.

Tomer, den das Pech erwischt hat, ausgerechnet am Feiertagsabend Nachtwache schieben zu müssen, steht, auf sein Gewehr gestützt, und kratzt sich. Man kann nicht sagen, daß er nachdenklich, wohl aber, daß er wütend ist. Vor seinem Posten liegt der abfallende Hang. Am Ende des Hangs das Schwimmbad. Daneben stehen die Kiefern. Dahinter kommen Gräber. Hinter den Gräbern Felder. Am Ende der Felder Berge. Wenn die Berge Augen haben, sind wir samt unserem neuen Jahr und unseren alten Jahren sicherlich wie Heuschrecken in ihrer Sicht. Aber hoch droben über den Bergen wimmeln Sterne und funkeln verächtlich über ihren Hochmut. Was sind all diese Berge in den Augen der Sterne. Häuflein wehenden Staubes. Im Nu erhoben, im Nu verflogen, zu feinem Staub zermahlen. Die Sterne stehen in großer Gefahr, stolz zu werden. Wenn wir sie anschauen, sehen wir allerdings keinen Stolz. Wir sehen Ruhe. Vielleicht ein leicht spöttisches Blinken. Vielleicht Schlummer mit offenen Augen. Vielleicht ein anderes Wesen. Man hat uns das rechte Maß genommen. Müdigkeit überwältigt uns. Unsere Hand sinkt nieder. Wir sinken ihr nach. Unser Leben brandet von Rinne zu Rinne und versickert vergleichbar einem flüchtigen Kitzeln im Unterleib wie Wasser im Sand. Hätten wir doch die Schwere der harten Berge, den ruhigen Stolz der Sterne, die Gelassenheit erstarrter Kräfte, den Zauberschlüssel, in fremde Obstgärten einzudringen, außerhalb der Ströme von Fluch und Segen, Zorn und Hoffnung. Fleisch und Blut haben uns grausame Schmach auferlegt. Können wir die Zeichen unserer Schmach auch nicht tilgen, steht es uns doch frei, sie zu beklagen. Gewiß, die Berge werden die Klage abweisen. Aber sie sind Berge, und was sind wir. Wären wir doch kühler Staub, Ebene, Schlucht und karger Fels, graues Schiefergestein im Mondlicht, bizarre Grotte und schrundiges Massiv, eine Höhle, ein Hang, ein Buckel, ein windschiefer Grat. Wären wir doch aus Stein.

Wir wuseln am Fuß der Berge herum. Was liegt hinter diesen Bergen. Hinter den Bergen liegen riesige Wüstenflächen, zerklüftet, verweht, glühenden Winden ausgesetzt, hitzegepeinigte dürre Weiten. Tadmor Antilibanon Hauran Golan Bachan Gilead Moab Arnon Edom, eine lange, abweisende Gebirgsmauer, hinter der sich nicht die legendären Obstgärten befinden. Hinter ihnen liegen die Gefilde von Viper Otter Agame und

Fuchs. Dahinter kommen andere Berge, dräuender als unsere, erstrecken sich gen Osten, dem Aufgang der Sonne entgegen. Jenseits davon wälzt sich beinweiße Öde einsam in Sandstürmen, dem Grauen wandernder Dünen ausgesetzt. Dahinter das Zweistromtal, bergumklammert. Danach neue Gebirgszüge, grenzenlos weit, die Gipfel von ewigem Schnee bedeckt, durch messerscharf eingeschnittene Schluchten getrennt. Dort rupfen schwarze Ziegen wütend am Gestrüpp, bewacht von Hirten, so schwarz wie sie. Und über allem gleißt böse die weiße Mondsichel. Wir sind nicht von hier. Wir gehören in linde, dämmrige, luftdurchfächelte Obstgärten. Wir werden dorthin zurückkehren. Auf welchem Wege. Durch welche unterirdischen Gänge. Auf wessen Schwingen. Wären wir doch aus Stein.

»Schönes Fest, Charismann«, sagte Esra Berger nach Ende des Festessens, als die jungen Leute enthusiastisch große Tanzkreise bildeten und die Älteren sich an den Fenstern verschanzten.

»Gutes neues Jahr, Esra«, sagte Ruven mit mattem Lächeln.

»Wie geht's dir denn, Charismann, wie steht es um die Gesundheit?« fragte Esra weiter und machte ein fröhliches Gesicht.

»Es geht so«, antwortete Ruven unter Kopfwiegen. Plötzlich fauchte er wütend: »Lieber nicht fragen. Wir sind alt. Da braucht man gar nicht erst zu fragen.«

»Bleib gesund«, schloß Esra Berger, »paß auf dich auf, Charismann. Sei vorsichtig.«

»Wir sind alt«, murmelte Ruven erneut, seltsam beharrlich.

Esra sah sich nach seiner Frau und dem Gast um. Er war der festen Überzeugung, mit seinen Worten etwas verdorben zu haben. Jetzt wollte er unter Menschen sein. Plötzlich fielen ihm seine nächtlichen Fahrten ein, und er genoß die Erinnerungen an die in weiße Dunstschwaden gehüllten Straßen.

Ruven schlurfte in sein Zimmer. Wusch sich. Trank Tee. Blätterte in der Festtagszeitung. Hörte Volkstanzklänge. Hörte das Zirpen der Grillen. Rappelte sich auf und machte das Radio an. Fieberhaftes Gerede in einer merkwürdigen fremden Sprache erklang. Nein, das ist noch kein Niederländisch, Herr Oberst, es ist noch nicht Ihre Sprache.

Er schaltete das Gerät aus. Schluckte eine Tablette und spülte mit dem Teerest nach. Wälzte sich von einer Seite auf die andere. Kickte die Decke weg. Rollte sich ganz und gar ins Bettlaken ein. Wieder kamen Stimmen. Er seufzte. Dachte an irgendein fernes Wasser. Spürte ein böses Stechen in der Schulter. Schließlich verfiel er in Schlaf. Träumte von einer Steppe voll wilder Pferde. Es gab dort hochgewachsene, kräftige Männer und auch Frauen. Der Ort und seine Bewohner waren fremd. Im Traum versuchte er etwas zu formulieren. Ein ferner Schrei zerriß Bilder und Worte. Dumpf, dumpf in der Nacht klingt das Singen der feindlichen Soldaten am Berghang. Die Laute dringen durch Ruven Charischs Fenster und fallen in seine Träume ein. Jemand weinte an einem fernen Ort. In Ruven floß ein schwarzer Strom, verlassene Boote mit gebrochenen Masten wurden von seinen Fluten fortgeschwemmt. Ein Vogel kreischte. Verstummte dann. Es kam ein neuer Traum, erfüllt von einem bleichen Finger, der zu keinem Körper gehörte, erfüllt von Trommelschlag in dumpfem, dumpfem Takt.

12. Kapitel:
Meines Bruders Hüter?

Ruven Charisch erwachte aus dem Schlaf. Die Trommeln waren nicht verstummt. Ihr matter Schlag hatte sich verstärkt. Ein Summen lag in der Luft. Er öffnete die Läden und sah mit aufgerissenen Augen den wahnwitzigen Feuertanz. Es hatte begonnen.

Seit einigen Wochen hatten die Fellachen den Kamelbuckel aufgegeben, waren nicht mehr in ihren dunklen Gewändern zu ihm hinabgestiegen. Unsere Patrouillen hatten seine Ränder abends abgefahren, als die untergehende Sonne ihre Strahlen durch die Sehschlitze der feindlichen Befestigungen warf. Die Soldaten drinnen hatten kein Feuer eröffnet. Beide Lager schienen tief durchzuatmen. Hätte der erste Herbstregen ein paar Tage früher eingesetzt, wäre der Kamelbuckel unbestellt geblieben. Im Frühjahr wäre er von Dornen, Disteln und grellfarbigen Wildblumen übersät gewesen. Und vielleicht wären auch die Toten noch. Doch der Herbstregen zog es vor, erst einzusetzen, als die Sache vorbei war.

An jenem Morgen ging die Sache los.

An Ruven Charischs Fenster stürmte Grischas imposante Gestalt vorbei, in olivfarbener Uniform und den besagten Stiefeln, um die Hüfte ein Koppel, an dem eine schwere schwarze Pistole baumelte. »Geh in den Schutzraum«, rief Grischa, »sofort. Schnell. Jetzt ist nicht die Zeit der Musen.«

Um fünf Uhr morgens, als die Berggipfel einen zauberhaften lila Strahlenkranz anlegten, hatte man den mit Stahlplatten gepanzerten Traktor angelassen. Er zog einen großen Pflug. Die Pflugscharen funkelten silbern. Der Motor ratterte und tuckerte heiser.

Zwanzig Minuten bevor die Sonne hinter den Bergen aufstieg, überquerte der Traktor die unsichtbare Linie, walzte ein Markierungsfähnchen nieder und schlug seine Fänge in die Ackerscholle. Bei Sonnenaufgang tasteten wütende Maschinengewehre seine Panzerplatten ab, als wollten sie ihn an den Rippen kitzeln.

Ruven beugte den Oberkörper aus dem Fenster und sagte zu dem Myrtenstrauch gegenüber: »Herzlich willkommen, Herr Oberst, ich habe gewußt, daß Sie wiederkommen würden. Und da sind Sie.«

Er war schlaftrunken. Vorerst.

Glasklare Bläue erfüllte die Luft. Die Wasserbecken empfingen Licht und schmolzen es nach Wasserart zu hellen Glitzerreflexen.

Der Traktor machte auf seinen Panzertatzen kehrt und begann eine zweite Furche eng neben die erste zu setzen. Das ihn prüfende Maschinengewehrfeuer rührte ihn nicht. Er ließ sich in seiner Gewichtigkeit nicht herab, derart banale Stiche zu beachten. Würdig und gelassen zog er seine schnurgerade Bahn. Ruven stand weiter am Fenster. Schlug die Zähne in einen Apfel. Verzog das Gesicht. Wieder rief ihm jemand zu, er solle in den Schutzraum gehen. Ruven fragte, warum. Mundek schrie ihn an, alle seien im Schutzraum, die Kinder und diejenigen Genossinnen und Genossen, die keine Aufgabe hätten. Dann fügte er hinzu: »Worauf wartest du denn?«

Ruven fragte sich ebenfalls, worauf er denn warte, fand aber keine bestimmte Antwort. Deshalb lachte er laut und warf den Apfelrest in das Myrtengestrüpp.

Elegant und geschniegelt, mit Hut, gepunkteter Krawatte und Spazierstock, stand der Tourist, Herr Berger, vor der Sekretariatsbaracke und musterte seine Umgebung.

Nacheinander sahen die beiden, Ruven von seinem Fenster und Siegfried von seinem Beobachtungspunkt, zwei gleißende Feuerbälle über dem Kamelbuckel. Der eine schlug dicht vor der Nase des gleichgültigen

Ein anderer Ort

Untiers ein, der andere sauste vorbei und explodierte fernab an der Grenze des Weingartens. Sofort zerriß eine tosende Druckwelle die Luft. Weiße Lichter blitzten an den Berghängen auf. Jetzt entlud sich unser angestauter Zorn über sie. Zwischen ihren Gräben stieg eine dichte, dunkle Rauchsäule auf, neigte sich sanft nach Nordost und gab damit die Windrichtung preis.

Scheinbar versonnen, abgelenkt, in ein abstraktes Problem vertieft, zog der Traktor weiter seine Bahn, weder schneller noch langsamer, sondern würdevoll und unverwandt in gleichbleibender Geschwindigkeit.

Das Feuer wurde rascher und heftiger. Rings um das gepanzerte Reptil platzten blendende Lichtblasen, sprühten Wolken von Staub, Rauch und Steinen. War denn ein verborgener Zauberkreis um diese hochmütige Maschine gezogen?

Ruven verspürte glühende Begierde in sich aufsteigen, die Sache zur Entscheidung kommen zu sehen. Die Fehltreffer des Feindes gingen ihm unter die Haut. Der vornehme Hochmut, der die Hasser schlicht ignorierte, weckte bei Ruven schadenfrohe Erwartung.

Jetzt stand die Welt Kopf und verwandelte sich in ein einziges Wehklagen. Eine Granate schlug in einen Fischteich ein und wühlte eine trübe Fontäne auf. Eine andere Granate suchte sich das Kiefernwäldchen aus, krachte in die Wipfel und entfachte einen Brand in Rot-schwarz-gelb-orange. Ein drittes Monstrum, schauderhaft nah, riß das Dach des Maschinenschuppens ab. Widerlich ätzender Geruch stieg Ruven Charisch in die Nase. Er beugte sich weit über das Fensterbrett, faßte sich an die Stirn und erbrach in die Myrtenzweige. Noch immer steckte Fröhlichkeit in ihm, dieses fieberhafte, starke Hochgefühl, das schwachen Menschen die Kehle zuschnürt, wenn sie zufällig Zeuge einer gewaltsamen Auseinandersetzung werden. Soll die Schlägerei doch ihr Ziel endlich und mit einem Mal erreichen.

Pack sie. Drück ihnen die Kehle zu. Schlag sie zusammen. Zerquetsche sie. Spieß sie auf. Zerstückel sie. Hügel wie junge Schafe. Mach einen Trümmerhaufen aus ihnen. Zerschmettere deine Widersacher. Berge wie Widder. Ein Brei aus Blut und Hirn. Zermalm sie. Laß all deine Bedenken fahren. Entflamme in Wahnsinnswut, wie ein brünstiger Hengst. Sollen deine glühenden Augen blutunterlaufen werden. Schluchze. Schreie. Stöhne. Fletsch die Zähne. Schlag deine Zähne in zuckendes Fleisch. Wetz deine Krallen. Dringe in ihre Weichteile ein. Ziele auf ihren Bauch. Zerfleische sie wie ein weißglühendes Messer in der Hand eines trunkenen Messerstechers. Bezwinge die Berghöhen. Mache sie zur Wüste und Öde. Liefere ans Schwert. Rotte aus, wer des Weges geht. Fülle seine Berge mit seinen Erschlagenen, seine Hügel, seine Täler und all seine Schluchten mit vom Schwerte Getöteten. Mach sie zur ewigen Wüste in deiner Zornesflut. Eine Wüste sei der Berg Seir und Edom ein ewiger Fluch, damit alle wissen. Zu Schande, Hohn und Schmach. Du sprichst: Ich will heranziehen über das offene Land, will kommen über die Sorglosen, ruhig Wohnenden, alle wohnen sie ohne Mauern und haben keine Riegel und keine Türen. Beute zu machen und zu rauben. Du und viele Völker mit dir, alle reitend auf Pferden, eine große Schar und ein mächtiges Heer. Da wird der Groll in mir aufsteigen. In meinem leidenschaftlichen Eifer, im Feuer meines Zorns habe ich geredet, daß an jenem Tag ein großes Erdbeben sein soll. Dann zittern die Fische des Meeres und die Vögel des Himmels und das Getier des Feldes und alles Gewürm, das sich regt auf Erden, und alle Menschen auf Erden, und es werden Berge niedergerissen. Pest und Blut, Regenfluten und Hagelsteine, Feuer und Schwefel über ihn und seine Truppen und auf die vielen Völker, die mit ihm sind. Auf den Bergen sollst du fallen. Den Raubvögeln, allem, was Flügel hat, und dem Getier des Feldes gebe ich dich zum Fraß. Feuer sende ich und Brand, den niemand löscht, und er wird die Berge und ihre Bewohner vertilgen. Und sie werden berauben ihre Räuber und plündern ihre Plünderer, ein großes Schlachtmahl auf den Bergen, freßt euch satt am Fleisch und berauscht euch am Blut auf einem sehr hohen Berg. Mit den Augen des Fleisches. Ein widerlicher Schwall kam Ruven hoch und drängte hinaus.

Er stand am Fenster, den Mund weit geöffnet zum Schreien oder Singen. Aber seine Eingeweide rebellierten, und er mußte sich wieder und wieder übergeben. Herr Berger hörte sein Würgen, kam heran und blieb hinter den Myrtensträuchern stehen. Fragte, höflich und kühl, ob er behilflich sein könne. Ein Geschütz übertönte das Heulen des Windes. Grauen herrschte hier und im Lager des Hassers. Das Kiefernwäldchen stand in Flammen, und Feuer loderte auch in den Stellungen des Hassers. Ein anderes Feuer tobte im Maschinenschuppen. Es stank nach verbranntem Gummi. Eine verwundete Kuh brüllte markerschütternd.

Ruven Charisch: »Kommen Sie zu mir, mein Herr. Ich hatte Sie erwartet.«

Siegfried, immer noch höflich kühl: »Ich komme, bin unterwegs, geh ja schon, bin gleich da.«

Staubsäulen stiegen an den unteren Berghängen auf. Schwarze Gestalten stürzten aus einem Schützengraben, liefen mit erhobenen Händen hin und her, wie Marionetten, deren Fäden gerissen waren.
Es gab einen Laut, als sei tief in der Ohrmuschel eine straffe Saite gerissen und habe ein feindseliges Jaulen ausgelöst. Die Granate durchschlug Frumas Hauswand, die Wand des Hauses, das früher mal ihres war. Das Dach verrutschte, zögerte, klammerte sich verbissen an die Sparren, gab schließlich nach, schlitterte, kippte, stürzte mit dumpfem Ächzen ab und wirbelte einen Staubpilz auf.

Nun aus einem anderen Blickwinkel: Das Feuer, der Rauch, das Jaulen, die Wut und das Getöse sind nichts als Augenwischerei. Eine Täuschung trügerischer Sinne. Was soll das ganze Gerenne der springenden kleinen Gestalten. Was ist ihr dunkles Grauen. Die Berge sind wie immer.

Ja, ein panzerbrechendes Geschoß hat den Traktor getroffen und seinen ganzen Stolz hinweggerafft. Ein verschwommenes Männchen springt entsetzt heraus und rennt in irrem Zickzack über den Acker, fällt und kommt wieder hoch, hält sich den Bauch, schlägt sich mit der Faust an die Brust, als leiste es einen glühenden Schwur, hüpft und rudert in der Luft, als sei die Wirkung der Schwerkraft verlangsamt, vertritt sich den Fuß, stolpert an einem Loch und wird zu Boden geschleudert, strampelt weiter mit beiden Beinen in der Luft, als wolle das ganze Weltall ihm übel, erfaßt jedoch schnell die Sinnlosigkeit seiner Tritte in den leeren Raum und streckt die Beine, entspannt, versöhnt, ruhig.

Ein Zwiegespräch der Geschütze herrscht hier. Seine Ergebnisse sind nichts als fiebrige Sinnestäuschung. Es ist nur Selbstzweck. Eine erstaunlich gemäßigte Debatte, einem strengen Rhythmus unterworfen, die höchste Befriedigung aus ihren eigenen Stimmen schöpft. Mehr noch: In geringer Entfernung von hier, gen West, Ost, Nord und Süd, vergeht ein braver, stiller blauer Tag. Ein warmer Herbsttag. Sonne, Himmel, Erde, düstere Wolken. Schicht eines vielschichtigen Gesichts. Das hier ist nur ein flüchtiger Kitzel. Der Atem der Weiten ist leer und furchtbar. Wie seit jeher. Wie immer.

Ruven sitzt seinem Gast gegenüber. Eine Schale mit rotwangigen Äpfeln steht in der Mitte. Leichte Unordnung herrscht im Zimmer. Bücher gehören nicht auf den Fußboden. Die Tablettenpackung hätte in einer verschlossenen Schublade verschwinden sollen. Der säuerliche Geruch von Erbrochenem verschlägt einem den Atem.

Siegfried: »Ich bin gekommen.«
Ruven: »Sicher. Offensichtlich.«
Siegfried: »Sie sind schon krank.«
Ruven (warum?): »Danke.«
Siegfried: »Sie sind nicht froh.«
Ruven: »Ich bin bereit.«
Pause. Sogar ein flüchtiges Lächeln.

Ruven vorsichtig, als sondiere er einen tückischen Sumpfpfad: »Irgendwer muß die verwundeten Kühe schlachten. Dieses entsetzliche Brüllen ist unerträglich.«

»Warum? Aus Mitleid schlachten, Charismann?«

»Ja, aus Mitleid, mein Herr.«

»Woher wissen Sie das? Verraten Sie mir, woher Sie das wissen. Ich werde sofort kapitulieren. Verraten Sie's. Ich warte.«

Ihn jetzt auf die Probe stellen. Mich. Uns. Ruven preßt die Lippen zusammen. Blickt Siegfried in die Augen. Siegfrieds Augen sind einander nicht gleich. Keiner senkt den Blick. Auge in Auge.

Ruven sehr leise: »Ich weiß es im Herzen. Das Herz weiß es. Sind Sie taub? Hören Sie sie nicht brüllen?«

»Das war erbärmlich, Charismann. Erbärmlich. Eine abgeschlachtete Kuh brüllt zwar nicht. Aber was macht sie, wenn sie nicht brüllt. Wen bemitleiden Sie eigentlich? Ihre feinsinnigen Ohren. Stille soll eintreten. Kein Gebrüll mehr. Alles sauber. Verraten Sie mir, wo sie hingeht, nachdem man sie vor lauter Mitleid mit Ihren Ohren geschlachtet hat. Verraten Sie's mir, und ich kapituliere sofort. Was? Ja, ich habe aus Scherz gefragt. Wer liebt sie? Keiner. Vielleicht ist es besser, wenn sie hier brüllt statt dort zu schweigen. Verraten Sie's mir. Wer sind Sie überhaupt, kleiner Engel. Wer hat's Ihnen verraten. Was wissen Sie. Wie gut sind Sie.«

Ruven, in leicht verächtlichem Ton, der jedoch nicht recht gelingt: »Mein Herr, versuchen Sie mir etwas Neues zu eröffnen. Diese Weisheit da riecht schon angemodert. Es gibt keinen Gott – alles erlaubt. Alles erlaubt – es gibt keinen Gott. Das haben wir schon gehört. Modergeruch. Sagen Sie was Neues, Herr Berger. Sie lieben uns nicht. Man kennt Sie. Verzeihen Sie mir bitte. Sie spielen einen Opernhenker. Sie sind ein Hingerichteter. Ich habe keine Angst vor Ihnen.«

»Sie sind scharfsinnig, Charismann. Sie sind tiefgründig. Sie verstehen es, eine Vogelscheuche Vogelscheuche zu nennen und einen Popanz Popanz. Ein Opernhenker. Scharfsinnig. Übrigens eine kleine Ungenauigkeit: Ich bin gläubig. Ich leugne ihn nicht. Es gibt ihn.«

»Sie sind ein Papierteufel, Herr Berger, ein Teufel aus Pappmaché.«

»Das kommt Ihnen seltsam vor, Charismann, was? Ich glaube an ihn. Wie Sie. Er ist da. Ich leugne es nicht. Ha, schauen Sie da, jetzt haben sie sie in den weichen Bauch getroffen. Sehen Sie sich deren Geschützbatterie an. Natürlich gibt es ihn. Achten Sie auf den Rauch. Wo Rauch ist, ist Feuer. Petitio principii, wie die Philosophen sagen. Jetzt wird man sie vernichten. Er ist da. Man kann sogar zu ihm beten. Wer bin ich in Ihren Augen, mein Bruder Charismann? Wir müssen uns beeilen, sonst stürzt die Kulisse ein, ehe wir unseren Dialog beendet haben. Ich weiß. Ich glaube. Aber ich habe – mit Verlaub gesagt – ernste Beschwerden vorzubringen. Er und ich haben eine bittere Rechnung zu begleichen.«

»Ein altes Lied, Herr Oberst. Sie sind heute nicht in Form. Schälen Sie sich einen Apfel. Diese Äpfel sind gut.«

»Er ist nicht logisch. Er ist hysterisch. Er ist ein Tyrann. Ein scheinheiliger Heuchler. Ein närrischer König. Ein korrupter Herrscher. Äpfel mag ich nicht. Danke. Manchmal sind sie faul, widerlich süß.«

»Herr Berger, Sie? Da geht ja die Welt unter. Sie predigen doch Welterneuerung. Erneuern Sie lieber erstmal Ihre Schminke. Man durchschaut Sie jetzt. Seien Sie vorsichtig.«

»Ich will mit ihm wetteifern. Er soll herauskommen. Soll mit mir reden. Soll mich anhören. Sonst...«

»Sonst was?«

»Sonst imitiere ich ihn. Handle wie er. Nach seiner Methode. Werde sein Schatten. Sein Mönch. Sein Affe. Wie er.«

»In meiner Noga?«

»In allen.«

»Sie lachen, Herr Berger. Hier wird nicht gelacht. Sie haben sich vertan. Haben an der falschen Stelle gelacht. Warum haben Sie gelacht. Studieren Sie Ihre Rolle besser ein. Hier wird nicht gelacht.«

»Aus Zuneigung, Genosse Menschenfreund, aus Zuneigung habe ich jetzt gelacht. Mir schien, Sie hätten einen vertrauten Namen erwähnt. Sie haben sich geirrt und verloren, Charismann. Das Spiel ist entschieden. Zu Ihren Ungunsten. Sie sind verzweifelt. Sie ist mein. Sie haben sich selbst ein Bein gestellt. Sie ist nicht Ihre. Ist nie Ihre gewesen. Sie ist nicht Sie. Sie ist unser. Sie sind unfruchtbar. Tote Lenden. Ich habe sie gewonnen. Sie wird es einsehen. Sie wird gehen. Sie wird nicht zurückkehren. Unfruchtbar. Verdorrt.«

»Sie lügen. Jetzt habe ich Sie ertappt. Sie sind ein kleiner Halunke, mein Herr. Ich werde Sie vernichten.«

»Ich lüge, aber Sie brüllen, Charismann. Sie sind nicht zum Brüllen geboren. Sie sind geboren, ehrenhaft zu verlieren. Fair zu sein. Sie sind dürr. Tot.«

»Verschwinden Sie. Verlassen Sie uns. Gehen Sie. Ich ... Mir tun Menschen wie Sie leid. Sie sind erbärmlich. Vielleicht haben Sie gewonnen, aber Sie sind verloren. Weinen Sie, mein Herr. Sie sind verloren, mein Herr.«

»Charismann, genug. Sie haben keine Kraft. Gar keine. Gucken Sie sich doch an. Sie erröten. Sie erbleichen. Nein, schauen Sie jetzt nicht hinaus. Sie haben kein Alibi. Sie sind rot und blaß geworden. Die Hand zittert. Sie ducken sich in den Sessel. Sie haben sie verloren. Sie schämen sich zu weinen. Sie halten an sich. Sie haben sich auf die Lippen gebissen. Streiten Sie's nicht ab. Auch die Zähne haben Sie zusammengebissen. Sie brauchen sich nicht vor mir zu schämen. Weinen Sie. Weinen löst. Sie ist mein. Sie sind mein. Sie spielen Vabanque nach einem Bankrott. Unschön, werter Pionier, unschön. Das tut ein ehrlicher Mensch nicht. Jetzt möchten Sie, daß ich verschwinde. Daß ich ein böser Traum bin. Ein Alptraum. Bitteschön, Sie können mich anfassen. Strecken Sie Ihre Hand aus. Ich bin kein Gespenst. Ich bin hier, bei Ihnen. In Ihnen. Real. Ich stehe Ihnen untertänigst zu Diensten. Ich bitte um die Hand Ihrer Tochter. Ich bin Ihr Bruder. Ihr letzter Freund. Küssen Sie mir die Hand, Charismann. Bitten Sie um Begnadigung. Sie sind mein.«

»Gehen Sie, gehen Sie weg, mein Herr. Fort. Bleiben Sie nicht hier.«

»Ich werde auf sie aufpassen. Werde sanft sein. Sie auch in Ihrem Namen lieben«

»Mein Herr, ich bitte Sie, sie ist schön, nicht wahr? Schön, ruhig, verträumt, nicht wahr? Sie ... Sie ist ein wahres Wunder, mein Herr. Stimmt's?«

»Oh, wir lieben sie, Charismann. In ihr sind wir ein Fleisch. Menschenbrüder. Warum sind Sie aufgestanden? Setzen Sie sich. Setzen!«

Ein anderer Ort

Ruven ist verändert. Seine Augen sind starr. Er zittert am ganzen Leib. Klappert mit den Zähnen. Seine Schritte sind irr. Er bricht zusammen.

»In Wiesbaden. Was haben Sie gesagt, mein Herr? Nein. Nein! Nicht im Regen. Im Regen niiicht! Es fällt mir schwer. Warum bei Nacht. Gehen Sie weg. Es fällt mir schwer. Ich bin müde. Sie haben mich ermüdet, mein Herr. Ich liebe Sie nicht, mein Herr. Genug. Schluß. Aus. Hauen Sie ab. Sie sind schwarz. Verzeihen Sie mir. Gehen Sie jetzt.«

»Setzen Sie sich, Charismann. Setzen Sie sich auf Ihren Platz. Sie atmen schwer. Ihr Atem geht wild. Bitte beruhigen Sie sich. Sie könnten fallen. Bitteschön, fallen Sie. Fallen Sie.«

– ...

»Bleiben Sie liegen, Charismann. Rühren Sie sich nicht. Bewegung kann jetzt tödlich sein. Bleiben Sie auf dem Boden. Versuchen Sie nicht aufzustehen. Es wäre lebensgefährlich. Nicht bewegen. Ruhig. Ganz ruhig. Beruhigen Sie sich, habe ich gesagt. Ich hole Wasser. Hier sind auch Ihre Tabletten. Nein. Sie dürfen sich nicht so winden. Entspannen Sie sich. Spannen Sie die Muskeln nicht an. Seien Sie unbesorgt. Das geht vorüber. Der Arzt ist jetzt mit den Verwundeten beschäftigt. Aber wenn alles vorbei ist, kommt er zu Ihnen. Ich bin bei Ihnen. Sie sind nicht verlassen. Sie sind in treuen Händen. Nein, verziehen Sie nicht das Gesicht. Machen Sie die Augen zu. Sie sind ein hübscher Mann. Klare, hohe Stirn. Haben Sie keine Angst. Hier ist ein guter Freund. Können Sie mich hören? Ein Freund ist bei Ihnen. Nicht bewegen. Öffnen Sie die Faust. Beißen Sie sich nicht auf die Lippen, Sie Starrkopf. Seien Sie vorsichtig. Seien Sie klug. Nicht anstrengen. Das Herz ist müde und abgeschlafft. Hören Sie auf, so zu röcheln. Ich sitze ja hier neben Ihnen. Auf dem Fußboden. Geben Sie mir bitte Ihre Hand. Der Puls geht zu schnell. Vielleicht sollte ich Sie streicheln. Ein deutsches Lied singen, wenn Sie möchten. Ein schönes, trauriges Kinderlied. Ich werde auch ein altes Märchen erzählen. Vielleicht schlafen Sie dann ein. Denken an Wasser. An einen kleinen Bergquell. Ein munteres Bächlein im Wald. Ein unschuldiges Mädchen begegnete einem Wolf. Eine junge Maid ging zur Quelle hinab. Ein Bach plätschert durch die Au. Die Hirten spielen. Jetzt ein breiter, dunkler Fluß, die Fluten sind kalt, strömen so ebenmäßig ins Meer. Das Meer. Kleine Wellen. Eine dunkle Mole. Weiße Gischt. Ein Mann und sein Mädchen fahren weit übers Meer. Süßer Strom. Weiche, warme Schaumkronen. Jetzt eine Hängematte im Herbstwind und leichte Wolken. Fahre, lauterer

Mann, fahre in Ruhe dahin, fahre in Frieden. Denk nicht an Opernhenker. Denk nicht an Finsternis. Die Finsternis ist ein Tunnel von Licht zu Licht. Der Übergang ist nicht schwer. Fahre an einen anderen Ort. Fahre über Berg und Tal. Sieh die Wege, die mir verwehrt sind. Wer bist du jetzt, lauterer Mann. Jetzt bist du ich, als ich noch lebte. Ich liebe dich. Ich liebe dich in deiner Tochter. Jetzt bist du fern. Ich bin fern. Ich bin warm. Du bist kalt. Ich liebe. Du fluchst nicht. Wir waren Brüder. Ich habe dich sehr geliebt.«

Einen Tag nach dem Neujahrsfest begann ein gepanzerter Traktor aus dem Kibbuz Mezudat Ram in aller Frühe mit der Bearbeitung eines Ackers, der bisher unrechtmäßig vom Feind bestellt worden war. Bei Tagesanbruch eröffnete der Feind das Maschinengewehrfeuer. Die Arbeit wurde fortgesetzt, das Feuer jedoch nicht erwidert. Der Feind setzte nun rückstoßfreie Geschütze ein, um das Zentrum des zivilen Siedlungsbereichs gezielt unter Beschuß zu nehmen, in der böswilligen Absicht, wahllos möglichst viel Schaden anzurichten. Die Einwohner hielten sich in den Schutzräumen auf. Unsere Streitkräfte erwiderten den Angriff mit schwerem Artilleriebeschuß. Nachdem etwa ein Drittel des umstrittenen Ackers umgepflügt war, wurde der Traktor direkt getroffen und der Fahrer getötet. Das Gefecht dauerte rund achtzig Minuten. Das Feuer wurde erst eingestellt, nachdem die feindlichen Stellungen durch eine Reihe von Volltreffern gänzlich zerstört waren. Unsere Truppen hatten keine Verluste, mit Ausnahme des Traktorfahrers. Ein Mitglied des Kibbuz Mezudat Ram, der vierundvierzigjährige Mischa Issarsohn, erlitt eine Armverletzung infolge eines Granatsplitters. Er wurde an Ort und Stelle behandelt und versah weiter seine Aufgabe als Sicherheitsbeauftragter des Kibbuz. Wie verlautete, starb während des Angriffs ein Kibbuzmitglied in seinem Zimmer. Der Verstorbene war bekanntermaßen bereits vorher krank gewesen. An Wohnhäusern, Wirtschaftsbauten und landwirtschaftlichem Gerät entstand schwerer Sachschaden. Ferner mußten einige Kühe geschlachtet werden, die bei dem wüsten Beschuß verwundet worden waren.

Nach der Ermittlung und vor der Beerdigung beschlossen Esra und Bronka im Einvernehmen mit Herbert Segal und anderen, Siegfried zum Verlassen des Ortes aufzufordern. Niemand verdächtigt oder beschuldigt ihn, aber wir haben keine klare Auskunft über die Umstände seines Aufenthalts bei Ruven Charisch zur Unglückszeit erhalten. Den Ausschlag gab die ruhige, aber bestimmte Bitte der Tochter des Verstorbenen. Sie hatte den Kibbuzsekretär aufgefordert, für die sofortige Entfernung des Mannes zu sorgen.

Die Ortsverweisung erfolgte mit Nachdruck, aber ohne Grobheiten. Siegfried Berger legte eine an Demut grenzende Ergebenheit an den Tag. Aus pädagogischen und anderen Gründen erlaubte Herbert Segal ihm nicht, mit der Verwaisten zusammenzutreffen. Der Mann erklärte, er könne Herbert verstehen und akzeptiere seine Gründe. Er offerierte Herbert Segal sogar eine erkleckliche Summe zur Einrichtung einer Bibliothek, die nach dem Verstorbenen benannt werden sollte. Als Herbert ablehnte, brach der Mann in Tränen aus. Auch weinte er beim Abschied von seinem Bruder und dessen Familie.

Er verließ das Land mit einem Nachtflug. Vom Flughafen hatte er zuvor ein Telegramm an das Sekretariat von Kibbuz Mezudat Ram aufgegeben, um seinen Dank und seine Sympathie auszudrücken.

Siegfried ging und der erste Regen kam. Harte Tropfen. Unterdrücktes Murren. Stöhnende Regenrinnen. Trockener Staub verwandelte sich in schweren Morast. Modrig feuchter Wind rüttelte an geschlossenen Läden. Geplagte Wipfel heulten langgezogen.

An einem neblig trüben Morgen wurden Ruven Charisch und der Traktorfahrer, Mordechai Gelber, zu Grabe getragen. Wegen des heftigen Regens faßte man sich bei den Grabreden kurz. Wie jeder feinfühlige Mensch verstehen wird, bestand eine symbolische Verbindung zwischen den beiden Todesfällen. Herbert erkannte ihn und machte ihn zum Gegenstand seiner wenigen Worte am Grab. Ruven Charisch war ein lauterer Mensch. Wir haben ihn beweint.

Letztes Bild

Drei Monate sind vergangen.

Noga Charisch war in den letzten Wochen ihrer Schwangerschaft, als wir sie an einem stürmischen Tag mitten im Winter mit Avraham Rominow verheirateten. Es gab keine Feier. Herbert Segal küßte die beiden Waisen. Rami küßte Noga. Chassja, Nina oder Gerda, oder vielleicht auch alle drei schluchzten unterdrückt. Oren Geva ritzte mit den Fingernägeln Schlangenlinien in den Wandputz. Ido Sohar flüchtete in den leeren, öden Kulturklub und schrieb ein Gedicht. Bronka nähte Gardinen für das Zimmer des Paares. Grischa hob dort unter dem Fenster einen Abflußgraben aus, um Pfützenbildung zu verhindern.

Vor zwei Wochen war Gai Charisch erkältet. Gute Frauen kümmerten sich um ihn. Abends wurde der Patient aus dem Kinderhaus zu den Bergers verlegt. Bronka gab ihm Tee mit Honig zu trinken. Noga und Rami setzten sich zu ihm. Bronka strich dem Mädchen übers Haar. Rami spielte mit dem kranken Gai Dame auf der Bettdecke. Danach spielte Rami mit Esra Schach. Später gingen die jungen Leute. Bronka löschte das Licht. Nachts stieg Gais Temperatur, morgens fiel sie wieder.

Durch den Klatsch haben wir erfahren, daß Enav zum zweiten Mal schwanger ist. Dani krabbelt auf allen vieren. Spielt mit Bauklötzen. Manchmal wirft Tomer seinen Sohn in die Luft und fängt ihn mit seinen starken Armen wieder auf. Dani jubelt. Enav kreischt vor Angst.

Esra braucht eine Brille. Abends liest er mit brüchiger Stimme laut aus der Bibel vor. Bronka sitzt ihm gegenüber, strickt, hört zu oder auch nicht.

Herbert Segal legt in seinem Zimmer eine Schallplatte auf und lauscht allein den Klängen des Orchesters und dem Klang von Regen und Sturm. Manchmal brüht er Tee auf und grummelt laut vor sich hin, wie so manche alleinstehende Menschen es tun. Zuweilen nimmt er seine Geige und spielt zwei, drei einfache Melodien.

Was machen Israel Zitron, Herzl Goldring, Mendel Morag, Zwi Ramigolski, Jizchak Friedrich und deren Frauen sowie die übrigen Genossen? Jetzt im Winter, da es kaum etwas zu tun gibt, arbeiten sie wenig und schlafen viel. Manche lesen Bücher und erweitern auf diese Weise ihre Bildung. Andere beteiligen sich an Studiengruppen, die der Kulturausschuß veranstaltet. Wieder andere leben einfach in den Tag hinein. Das tun auch wir in Gnadenmomenten, wenn es weder an uns nagt noch uns kühl anödet.

Regengüsse gehen nieder und hören auf. Dunkle Wolken ziehen über uns hinweg und werfen sich an die Gebirgswand. Reißen sie aber nicht ein. An den Hängen sprießen Wildgräser. Trübes Wasser stürzt die Talrinnen herab. Die Fischer haben ihre Netze aus den wogenden Fluten eingeholt. Ich bin der Tarnung müde. Ich werde mein Gesicht zeigen. Vielleicht gehe auch ich zu Abuschdid und verziehe mich dort in die hinterste Ecke. Trinke Kaffee und starre auf die schimmligen Wände.

Am Neujahrsfest der Bäume hat Noga ihre Tochter Inbal zur Welt gebracht. Inbal wurde mit Untergewicht geboren. Ihr Kopf ist durch die schwere Geburt ein wenig plattgedrückt. Schauen wir uns mal ihr Gesichtchen an, ob es wirklich Züge all der anderen enthält, etwas von Großmutter Stella, Eva, Noga, Siegfried, Rami, Esra, Ruven. Aber ihre Gesichtszüge sind noch verschwommen, die Linien erst schwach ausgeprägt. Jedenfalls hat sie blaue Augen. Aber diese Farbe kann sich in wenigen Wochen noch ändern.

Die Berge sind wie eh und je. Ich werde meine Augen von ihnen wenden. Werde am Freitagabend im Haus der Bergers Abschied nehmen. Draußen wird es stürmen und regnen. Das Haus ist wie eine Glocke. Ihre Insassen sind der Klöppel. Esra sitzt da mit seiner Brille, die ihn alt und resigniert wirken läßt. Bronka und Noga tuscheln in der Kochecke. Herzliche Wärme verbindet sie. Stella Maris. Der Petroleumofen brennt mit blauer Flamme. Auf der Matte, wie immer, die beiden Babys. Dan und Inbal. Tomer und Rami unterhalten sich ruhig über Tagesfragen, des einen Hand auf des anderen Knie. Herbert Segal, ein flüchtiger Gast, trinkt schweigend Tee. Behält seine Gedanken für sich. Enav wird einschlafen, die Zeitung über dem Gesicht. Auch Gai und Oren werden da sein. Werden vor Esras Schreibtisch stehen, Kopf an Kopf, helles Haar an dunklem, die gemeinsame Briefmarkensammlung vor sich.

Auf den weggerückten Sessel wird ein Lichtkegel fallen. Kein Mensch sitzt darin. Sieh dort keine Männer und Frauen, die an einen anderen Ort gehören. Du mußt den Regen an die Fenster klatschen hören. Mußt nur die anblicken, die hier im warmen Zimmer zusammen sind. Mußt jeden störenden Schleier von den Augen wischen. Mußt klar sein. Laß die einzelnen Stimmen dieser großen Familie in dein Innerstes eindringen. Du mußt dich sammeln. Mußt Kräfte sammeln. Entspannt durchatmen. Vielleicht die Augen schließen.

Dann gib diesem letzten Bild den Namen Liebe.

Mein Michael

Aus dem Englischen übersetzt
von Gisela Podlech-Reisse

I

Ich schreibe dies nieder, weil Menschen, die ich geliebt habe, gestorben sind. Ich schreibe dies nieder, weil ich als junges Mädchen erfüllt war von der Kraft der Liebe und diese Kraft der Liebe nun stirbt. Ich will nicht sterben.

Ich bin 30 Jahre alt und eine verheiratete Frau. Mein Mann, der Geologe Dr. Michael Gonen, ist ein gutmütiger Mensch. Ich liebte ihn. Wir lernten uns vor zehn Jahren im Terra-Sancta-College kennen. Ich studierte damals im ersten Studienjahr an der Hebräischen Universität, als die Vorlesungen noch im Terra-Sancta-College stattfanden.

Und so lernten wir uns kennen:

An einem Wintertag um neun Uhr morgens rutschte ich beim Hinuntergehen auf der Treppe aus. Ein junger Unbekannter packte meinen Ellenbogen und fing mich auf. Seine Hand war kraftvoll und beherrscht. Ich sah kurze Finger mit flachen Nägeln. Blasse Finger mit weichem schwarzem Flaum auf den Knöcheln. Er machte einen Satz, um meinen Sturz zu verhindern; ich stützte mich auf seinen Arm, bis der Schmerz verging. Ich war hilflos, denn es ist irritierend, Fremden plötzlich vor die Füße zu fallen: forschende, neugierige Blicke und boshaftes Lächeln. Und ich war verlegen, weil die Hand des jungen Fremden breit und warm war. Während er mich hielt, konnte ich die Wärme seiner Finger durch den Ärmel des blauen Wollkleides spüren, das meine Mutter mir gestrickt hatte. Es war Winter in Jerusalem.

Er fragte, ob ich mich verletzt hätte.

Ich sagte, ich hätte mir wahrscheinlich den Knöchel verstaucht. Er sagte, das Wort »Knöchel« habe ihm schon immer gefallen. Er lächelte. Ein verlegenes Lächeln, das verlegen machte. Ich wurde rot. Ich lehnte auch nicht ab, als er mich bat, ihn in die Cafeteria im Parterre zu begleiten. Mein Bein schmerzte. Das Terra-Sancta-College ist ein christliches Kloster, das man nach dem 1948er Krieg leihweise der Hebräischen Universität überlassen hatte, nachdem die Gebäude auf dem Skopusberg nicht mehr zugänglich waren. Es ist ein kaltes Gebäude mit hohen, breiten Korridoren. Verwirrt folgte ich diesem jungen Fremden, der mich immer noch festhielt. Glücklich ging ich auf seine Worte ein. Ich brachte es nicht fertig, ihn direkt anzusehen und mir sein Gesicht näher anzuschauen. Ich ahnte mehr als ich sah, daß sein Gesicht länglich war und mager und dunkel.

»Setzen wir uns doch«, sagte er.

Wir setzten uns, wir sahen einander nicht an. Ohne zu fragen, was ich haben wolle, bestellte er zwei Tassen Kaffee. Ich liebte meinen verstorbenen Vater mehr als jeden anderen Mann auf der Welt. Als mein neuer Bekannter sich umsah, fiel mir auf, daß er kurzgeschorene Haare hatte und schlecht rasiert war. Er hatte dunkle Stoppeln, besonders unterm Kinn. Ich weiß nicht, warum mir dieses Detail wichtig schien, mich sogar für ihn einnahm. Ich mochte sein Lächeln und seine Finger, die mit einem Teelöffel spielten, als hätten sie ein Eigenleben. Und dem Löffel gefiel es, von ihnen gehalten zu werden. Ich spürte in meinen eigenen Fingern den leisen Wunsch, sein Kinn zu berühren, da, wo er schlecht rasiert war und wo die Stoppeln sprossen.

Er hieß Michael Gonen.

Er studierte Geologie im dritten Studienjahr. Er war in Holon geboren und aufgewachsen. »Es ist kalt in deinem Jerusalem.« »Meinem Jerusalem? Woher weißt du, daß ich aus Jerusalem bin?« Es tue ihm leid, sagte er, wenn er sich dieses eine Mal geirrt haben sollte, er glaube allerdings nicht, daß er sich irre. Er habe mittlerweile gelernt, die Einwohner Jerusalems auf den ersten Blick zu erkennen. Während er redete, sah er mir zum ersten Mal in die Augen. Seine Augen waren grau. Ich bemerkte ein amüsiertes Funkeln in ihnen, aber kein fröhliches Funkeln. Ich sagte ihm, er habe richtig geraten. Ich sei tatsächlich aus Jerusalem.

»Geraten? Keine Spur.«

Er bemühte sich, beleidigt auszusehen, doch seine Mundwinkel lächelten: nein, er habe nicht geraten. Er könne mir ansehen, daß ich aus Jerusalem sei. »Ansehen?« Lerne er das etwa in seinem Geologiekurs? Nein, natürlich nicht. Eigentlich habe er das von den Katzen gelernt. Von den Katzen? Ja, es mache ihm Spaß, Katzen zu beobachten. Eine Katze würde niemals mit jemandem Freundschaft schließen, der nichts für sie übrig habe. Katzen irrten sich nie in einem Menschen.

»Du scheinst ein glücklicher Mensch zu sein«, sagte ich übermütig. Ich lachte, und mein Lachen verriet mich.

Anschließend lud Michael Gonen mich ein, ihn in den dritten Stock des Terra-Sancta-College zu begleiten, wo ein paar Lehrfilme über das Tote Meer und die Arava-Senke gezeigt werden sollten.

Als wir auf dem Weg nach oben an der Stelle vorbeikamen, wo ich ausgerutscht war, griff Michael erneut nach meinem Ärmel. Als drohe Gefahr, daß ich noch einmal auf dieser Stufe ausrutschte. Durch die blaue Wolle hindurch konnte ich jeden einzelnen seiner fünf Finger spüren. Er hustete trocken, und ich schaute ihn an. Als er merkte, daß ich ihn ansah, wurde sein Gesicht purpurrot. Sogar seine Ohren liefen rot an. Der Regen klatschte gegen die Fensterscheiben.

»Was für ein Wolkenbruch!«, sagte Michael.

»Ja, ein Wolkenbruch«, stimmte ich begeistert zu, als hätte ich plötzlich entdeckt, daß wir verwandt seien.

Michael zögerte. Dann fügte er hinzu:

»Ich habe heute früh den Nebel gesehen, und es war sehr windig.«

»Winter ist Winter in meinem Jerusalem«, erwiderte ich fröhlich, wobei ich »meinem Jerusalem« besonders betonte, um ihn an seine ersten Worte zu erinnern. Ich wollte, daß er weitersprach, doch ihm fiel keine Antwort darauf ein. Er ist nicht witzig. Also lächelte er wieder. An einem Regentag in Jerusalem im Terra-Sancta-College auf der Treppe zwischen dem ersten und dem zweiten Stockwerk. Ich habe es nicht vergessen.

In dem Film sahen wir, wie man Wasser zum Verdunsten bringt, bis das reine Salz erscheint: weiße Kristalle leuchten auf grauem Schlamm. Und die Minerale in den Kristallen wie feine Adern, sehr zart und spröde. Der graue Schlamm teilte sich langsam vor unseren Augen, denn dieser Lehrfilm zeigte die natürlichen Abläufe im Zeitraffer. Es war ein Stummfilm. Die Rouleaus waren heruntergezogen, um das Tageslicht abzuschirmen. Das Licht draußen war ohnehin nur schwach und trübe. Ein alter Dozent gab gelegentlich mit schleppender, klingender Stimme Kommentare und Erklärungen ab, die ich nicht verstand. Mir fiel die angenehme Stimme Dr. Rosenthals ein, der mich mit neun Jahren von einer Diphterie geheilt hatte. Hin und wieder hob der Dozent mit Hilfe eines Zeigestocks die wichtigeren Details der Bilder hervor, um zu verhindern, daß die Gedanken seiner Studenten abirrten. Nur ich konnte es mir leisten, Einzelheiten ohne jeden pädagogischen Wert zu entdecken, wie die kläglichen, aber entschlossenen Wüstenpflanzen, die immer wieder rund um die Pottasche erzeugenden Maschinen auf der Leinwand auftauchten. Beim matten Glanz der Laterna magica hatte ich außerdem Zeit, mir Gesicht, Arm und Zeigestock des altehrwürdigen Dozenten genau anzusehen. Er hatte Ähnlichkeit mit einem Bild aus einem der alten Bücher, die ich so liebte. Ich dachte dabei an die dunklen Holzschnitte in *Moby Dick*. Draußen donnerte es einige Male schwer und dröhnend. Der Regen schlug wütend gegen die verdunkelten Fenster, als fordere er uns auf, aufmerksam einer wichtigen Botschaft zu lauschen, deren Überbringer er war.

II

Mein verstorbener Vater pflegte oft zu sagen: Starke Menschen können fast alles tun, was sie wollen, aber selbst die stärksten können sich nicht aussuchen, was sie tun wollen. Ich bin nicht besonders stark.

Michael und ich verabredeten uns noch am selben Abend im Café Atara in der Ben-Yehuda-Straße. Draußen tobte ein wahrer Sturm, der wild gegen die steinernen Mauern Jerusalems schlug.

Die Notstandsgesetze waren noch in Kraft. Man brachte uns Ersatzkaffee und winzige Papiertütchen mit Zucker. Michael machte einen Scherz darüber, aber sein Scherz war nicht komisch. Er ist kein witziger Mann – und vielleicht konnte er ihn auch nicht richtig erzählen. Ich freute mich, daß er sich so anstrengte. Ich war froh, daß er sich mir zuliebe ein bißchen Mühe gab. Meinetwegen schlüpfte er aus seinem Kokon und versuchte, heiter und amüsant zu sein. Noch mit neun Jahren hatte ich den Wunsch, ein Mann zu werden statt einer Frau. Als Kind spielte ich lieber mit Jungen und las nur Jungenbücher. Ich balgte mich herum, teilte Fußtritte aus und machte Klettertouren. Wir lebten in Qiryat Shemuel, am Rande eines Vororts, der Katamon heißt. Dort gab es ein herrenloses Stück Land an einer Böschung, das von Felsbrocken, Disteln und Schrott bedeckt war, und am Fuße der Böschung stand das Haus der Zwillinge. Die Zwillinge waren Araber, Halil und Aziz, Rashid Shahadas Söhne. Ich war eine Prinzessin und sie meine Leibwächter, ich war ein Eroberer und sie meine Gefolgsleute, ich war ein Entdecker und sie meine Eingeborenenträger, ein Kapitän und sie meine Mannschaft, ein Meisterspion und sie meine Zuträger. Gemeinsam erforschten wir abgelegene Straßen, durchstreiften hungrig und atemlos die Wälder, hänselten orthodoxe Kinder, drangen heimlich in den Wald um das St.-Symeon-Kloster ein, beschimpften die britischen Polizisten. Jagten und flüchteten, versteckten uns und tauchten wieder auf. Ich herrschte über die Zwillinge. Es war ein kaltes Vergnügen, schon so fern.

Michael sagte:
»Du bist ein verschlossenes Mädchen, nicht?«

Nachdem wir unseren Kaffee ausgetrunken hatten, holte Michael eine Pfeife aus seiner Manteltasche und legte sie zwischen uns auf den Tisch. Ich trug braune Kordhosen und einen dicken, roten Pullover, wie ihn Studentinnen damals zu tragen pflegten, um lässig auszusehen. Michael bemerkte schüchtern, ich hätte morgens in dem blauen Wollkleid viel weiblicher gewirkt. Auf ihn zumindest.

»Du hast heute morgen auch anders ausgesehen«, sagte ich.

Michael trug einen grauen Mantel. Er behielt ihn die ganze Zeit über an, die wir im Café Atara saßen. Seine Wangen glühten von der bitteren Kälte draußen. Sein Körper war mager und eckig. Er griff nach seiner kalten Pfeife und zeichnete mit ihr Figuren auf das Tischtuch. Seine Finger, die mit der Pfeife spielten, stimmten mich friedlich. Vielleicht bereute er plötzlich seine Bemerkung über meine Kleidung. Als wolle er einen Fehler wiedergutmachen, sagte Michael, er fände, ich sei ein hübsches Mädchen. Während er das sagte, blickte er starr auf seine Pfeife. Ich bin nicht besonders stark, aber stärker als dieser junge Mann.

»Erzähl etwas von dir«, sagte ich.

Michael sagte:
»Ich habe nicht in der *Palmach** gekämpft. Ich war bei der Nachrichtentruppe. Ich war Funker bei der Carmeli-Brigade.«

Dann begann er, von seinem Vater zu sprechen. Michaels Vater war Witwer. Er arbeitete bei den Wasserwerken der Stadtverwaltung Holon.

Rashid Shahada, der Vater der Zwillinge, war unter den Briten in der technischen Abteilung der Stadtverwaltung Jerusalems beschäftigt. Er war ein gebildeter Araber, der sich Fremden gegenüber wie ein Kellner benahm.

Michael erzählte mir, daß sein Vater den größten Teil seines Gehalts in seine Ausbildung stecke. Michael war ein Einzelkind, und sein Vater setzte

---

* Palmach: Kampftruppe der jüdischen Verteidigungsorganisation Hagana, gegründet während der britischen Mandatszeit und später aufgelöst.

große Hoffnungen in ihn. Er wollte nicht einsehen, daß sein Sohn ein gewöhnlicher junger Mann war. Er pflegte zum Beispiel voller Ehrfurcht die Aufsätze zu lesen, die Michael für sein Geologiestudium anfertigte, um sie dann in wohlgesetzter Rede mit Sätzen wie »Das ist sehr wissenschaftlich. Sehr gründlich« zu kommentieren. Seines Vaters größter Wunsch war es, daß Michael einmal Professor in Jerusalem würde, denn sein Großvater väterlicherseits hatte Naturwissenschaften am hebräischen Lehrerseminar in Grodno gelehrt. Er war sehr angesehen gewesen. Es wäre schön, dachte Michaels Vater, wenn sich diese Tradition von einer Generation zur anderen fortsetzen ließe.

»Eine Familie ist kein Staffellauf, in dem ein Beruf wie ein Staffelholz weitergegeben wird«, sagte ich.

»Meinem Vater kann ich das aber nicht sagen«, erwiderte Michael. »Er ist ein sentimentaler Mensch, der hebräische Ausdrücke benutzt wie zerbrechliche Teile eines kostbaren Porzellanservices. Erzähl' mir jetzt was über deine Familie.«

Ich erzählte ihm, daß mein Vater 1943 gestorben sei. Er war ein schweigsamer Mensch. Er pflegte mit Leuten zu reden, als gelte es, sie zu beruhigen und eine Zuneigung zu verdienen, die er eigentlich nicht verdiente. Er hatte einen Laden, in dem er Rundfunkgeräte und elektrische Artikel verkaufte und reparierte. Seit seinem Tod lebte meine Mutter mit meinem älteren Bruder Emanuel in Kibbuz Nof Harim. »Abends sitzt sie mit Emanuel und seiner Frau Rina zusammen beim Tee und versucht, deren kleinem Sohn Manieren beizubringen, denn seine Eltern gehören einer Generation an, die gute Manieren verabscheut. Tagsüber schließt sie sich in einem kleinen Zimmer am Rande des Kibbuz ein und liest Turgenjew und Gorki auf russisch, schreibt mir Briefe in gebrochenem Hebräisch, strickt und hört Radio. Das blaue Kleid, das dir heute morgen so gut gefiel – meine Mutter hat es gestrickt.«

Michael lächelte.

»Deine Mutter und mein Vater würden sich vielleicht gern kennenlernen. Sie hätten sich bestimmt viel zu erzählen. Nicht so wie wir, Hannah – wir sitzen hier und reden über unsere Eltern. Langweilst du dich?«, fragte er besorgt, und während er fragte, zuckte er zusammen, als hätte er sich mit dieser Frage verletzt.

»Nein«, sagte ich. »Nein, ich langweile mich nicht. Mir gefällt es hier.«

Michael fragte, ob ich das nicht nur aus Höflichkeit gesagt habe. Ich bestand darauf. Ich bat ihn, mehr über seinen Vater zu erzählen. Ich sagte, mir gefiele die Art, wie er redete.

Michaels Vater war ein einfacher, bescheidener Mann. Seine Abende verbrachte er aus freien Stücken damit, den Holoner Arbeiterklub zu leiten. Zu leiten? Er stelle nur Bänke auf, lege Schriftstücke ab, vervielfältige Informationen, sammle nach den Sitzungen die Zigarettenkippen auf. Unsere Eltern würden sich vielleicht gern kennenlernen ... Oh, das hatte er bereits gesagt. Er bat um Verzeihung, daß er sich wiederhole und mich langweile. Welches Fach hatte ich an der Universität belegt? Archäologie?

Ich erzählte ihm, daß ich in einem Zimmer bei einer orthodoxen Familie in Achvah wohnte. Vormittags arbeite ich als Erzieherin in Sarah Zeldins Kindergarten in Kerem Avraham. Nachmittags besuche ich Vorlesungen über hebräische Literatur. Aber ich sei erst im ersten Studienjahr.

»Studentenmädchen, kluges Mädchen.« Bemüht, witzig zu sein, und ängstlich darauf bedacht, Gesprächspausen zu vermeiden, suchte Michael bei einem Wortspiel Zuflucht. Doch die Pointe blieb unklar, und er suchte nach einem besseren Ausdruck. Unvermittelt hörte er auf zu reden und machte einen neuen wütenden Versuch, seine störrische Pfeife in Brand zu setzen. Seine Verlegenheit machte mir Spaß. Damals fühlte ich mich noch abgestoßen vom Anblick jener rauhen Männer, die meine Freundinnen damals anzubeten pflegten: bärenstarke *Palmach*-Männer, die sich mit einem Sturzbach trügerischer Freundlichkeiten auf einen stürzten; grobschlächtige Traktorfahrer, die staubbedeckt aus dem Negev kamen wie Mordbrenner, die die Frauen einer gefallenen Stadt mit sich schleppten. Ich liebte die Verlegenheit des Studenten Michael Gonen an dem Winterabend im Café Atara.

Ein berühmter Wissenschaftler betrat das Café in Begleitung zweier Frauen. Michael beugte sich vor und flüsterte mir seinen Namen ins Ohr. Fast hätten seine Lippen mein Haar gestreift. Ich sagte:

»Ich durchschaue dich. Ich kann deine Gedanken lesen. Du fragst dich: ›Was wird als nächstes passieren? Wie wird es weitergehen?‹ Hab ich recht?«

Michael errötete plötzlich wie ein Kind, das man beim Stehlen von Süßigkeiten erwischt.

»Ich habe noch nie eine feste Freundin gehabt.«

»Noch nie?«

Gedankenverloren schob Michael seine leere Tasse weg. Er sah mich an. Tief verborgen unter seiner Schüchternheit lauerte versteckter Spott in seinen Augen.

»Bis jetzt!«

Eine Viertelstunde später verließ der berühmte Wissenschaftler mit einer der beiden Frauen das Café. Ihre Freundin setzte sich an einen Tisch in einer Ecke und zündete sich eine Zigarette an. Ihr Gesichtsausdruck war bitter.

Michael meinte:
»Die Frau ist eifersüchtig.«
»Auf uns?«
»Auf dich vielleicht.« Das war ein Rückzugsversuch. Er fühlte sich unbehaglich, weil er sich zu sehr anstrengte. Wenn ich ihm nur sagen könnte, daß ich ihm seine Anstrengungen hoch anrechnete. Daß ich seine Finger faszinierend fand. Ich konnte nicht sprechen, hatte aber Angst davor, zu schweigen. Ich sagte Michael, daß es mir Spaß mache, die Berühmtheiten Jerusalems, die Schriftsteller und Gelehrten kennenzulernen. Das Interesse an ihnen hatte ich von meinem Vater. Als ich klein war, pflegte er sie mir auf der Straße zu zeigen. Mein Vater war vernarrt in den Ausdruck »weltberühmt«. Aufgeregt flüsterte er mir zu, daß irgendein Professor, der gerade in einem Blumengeschäft verschwand, weltberühmt sei oder daß ein mit Einkäufen beschäftigter Mann internationales Ansehen genösse. Und ich sah dann einen winzigkleinen, alten Mann, der sich wie ein Wanderer in einer fremden Stadt vorsichtig seinen Weg ertastete. Als wir in der Schule das Buch der Propheten lasen, stellte ich mir die Propheten wie die Schriftsteller und Gelehrten vor, die mir mein Vater gezeigt hatte: Männer mit feingeschnittenen Gesichtern, Brillen auf den Nasen, mit sorgfältig gestutzten, weißen Bärten, der Gang ängstlich und zögernd, als hätten sie den steilen Hang eines Gletschers zu bewältigen. Und wenn ich mir auszumalen versuchte, wie diese gebrechlichen alten Männer über die Sünden der Menschheit zu Gericht saßen, mußte ich lächeln. Ich stellte mir vor, daß ihre Stimmen auf dem Höhepunkt ihrer Empörung versagen müßten und sie nur noch einen schrillen Schrei ausstoßen würden. Wenn ein Schriftsteller oder Universitätsprofessor seinen Laden in der Yafo-Straße betrat, kam mein Vater nach Hause, als hätte er eine Vision gehabt. Er wie-

derholte feierlich beiläufige Bemerkungen, die sie hatten fallenlassen, und nahm jede ihrer Äußerungen unter die Lupe, als seien es seltene Münzen. Er vermutete stets eine versteckte Bedeutung hinter ihren Worten, denn er betrachtete das Leben als eine Lektion, aus der man seine Lehren ziehen mußte. Er war ein aufmerksamer Mann. Einmal nahm mein Vater mich und meinen Bruder Emanuel an einem Samstagvormittag mit ins Tel-Or-Kino, wo Martin Buber und Hugo Bergmann auf einer pazifistischen Veranstaltung sprechen sollten. Ich erinnere mich noch gut an einen eigenartigen Zwischenfall. Als wir den Saal verließen, blieb Professor Bergmann vor meinem Vater stehen und sagte: »Ich habe wirklich nicht damit gerechnet, Sie heute in unserer Mitte anzutreffen, verehrter Dr. Liebermann. Ich bitte um Entschuldigung – Sie sind nicht Professor Liebermann? Aber ich bin sicher, daß wir uns kennen. Ihr Gesicht, mein Herr, ist mir sehr vertraut.« Vater stotterte. Er erbleichte, als sei er einer schweren Tat verdächtigt worden. Auch der Professor war verwirrt und entschuldigte sich für seinen Irrtum. Vielleicht war es seiner Verlegenheit zuzuschreiben, daß der Wissenschaftler meine Schulter berührte und sagte: »Wie dem auch sei, verehrter Herr, Ihre Tochter – Ihre Tochter? – ist ein sehr hübsches Mädchen.« Und unter seinem Schnurrbärtchen breitete sich ein sanftes Lächeln aus. Mein Vater vergaß diesen Zwischenfall bis zu seinem Tode nicht. Er pflegte ihn immer voller Aufregung und Freude zu erzählen. Selbst wenn er, in einen Morgenmantel gehüllt, die Brille hoch in die Stirn geschoben und mit müde herabhängenden Mundwinkeln in seinem Sessel saß, erweckte mein Vater den Eindruck, als lausche er stumm der Stimme einer geheimen Macht. »Und weißt du, Michael, auch heute noch denke ich manchmal, daß ich einmal einen jungen Gelehrten heiraten werde, dem es bestimmt ist, weltberühmt zu werden. Beim Licht seiner Leselampe wird das Gesicht meines Mannes über Stapeln von alten deutschen Folianten schweben. Ich schleiche auf Zehenspitzen herein, stelle eine Tasse Tee auf den Schreibtisch, leere den Aschenbecher und schließe leise die Fensterläden, dann gehe ich wieder, ohne daß er mich bemerkt hätte. Jetzt lachst du mich sicher aus.«

III

Zehn Uhr.
Wie es unter Studenten üblich ist, zahlten Michael und ich getrennt und gingen hinaus in die Nacht. Der scharfe Frost schnitt in unsere Gesichter. Ich atmete aus und beobachtete, wie mein Atem sich mit seinem mischte. Der Stoff seines Mantels war grob, schwer und angenehm anzufühlen. Ich hatte keine Handschuhe, und Michael bestand darauf, daß ich seine anzog. Es waren rauhe, abgetragene Lederhandschuhe. Ströme von Wasser flossen im Rinnstein zum Zionsplatz hinunter, als gäbe es im Stadtzentrum etwas Sensationelles zu sehen. Ein warm verpacktes Pärchen ging, die Arme umeinander geschlungen, an uns vorüber. Das Mädchen sagte:
»Das ist nicht möglich. Ich kann's nicht glauben.«
Und ihr Partner lachte:
»Du bist sehr naiv.«
Wir standen einen Augenblick, ohne zu wissen, was wir tun sollten. Wir wußten nur, daß wir uns nicht trennen wollten. Der Regen hörte auf, und die Luft wurde kälter. Ich fand die Kälte unerträglich. Ich zitterte. Wir beobachteten das Wasser, das den Rinnstein hinunterlief. Die Straße glänzte. Der Asphalt reflektierte das gebrochene gelbe Licht der Autoscheinwerfer. Wirre Gedanken schossen mir durch den Kopf – wie konnte ich Michael noch eine Weile festhalten.
Michael sagte:
»Ich habe Böses im Sinn, Hannah.«
Ich sagte:
»Vorsicht. Du könntest dich in deiner eigenen Falle wiederfinden.«
»Ich hecke finstere Pläne aus, Hannah.«
Seine zitternden Lippen verrieten ihn. Einen Augenblick lang ähnelte er einem großen traurigen Kind, einem Kind, das man fast kahlgeschoren hatte. Ich hätte ihm gern einen Hut gekauft. Ich hätte ihn gern berührt.
Plötzlich hob Michael den Arm. Ein Taxi hielt mit quietschenden Bremsen in der Nässe. Dann saßen wir zusammen in seinem warmen Inneren. Michael sagte dem Fahrer, er solle fahren, wohin er wolle, es sei ihm egal. Der Fahrer warf mir einen verstohlenen, schmutzig-vergnügten Blick zu. Die Armaturenbeleuchtung warf einen düsteren roten Glanz auf sein Ge-

sicht, als hätte man ihn gehäutet und das rote Fleisch bloßgelegt. Dieser Taxifahrer hatte das Gesicht eines spöttischen Satyrs. Ich habe es nicht vergessen. Wir fuhren ungefähr 20 Minuten, ohne zu wissen, wo wir uns befanden. Unser warmer Atem beschlug die Fensterscheiben. Michael sprach über Geologie. In Texas grabe man nach Wasser, und plötzlich sprudle statt dessen eine Ölquelle hervor. Vielleicht gebe es auch in Israel noch unentdeckte Ölvorräte. Michael sagte »Lithosphäre«. Er sagte »Sandstein«, »Kreidebett«. Er sagte »präkambrisches«, »kambrisches«, »metamorphes Gestein«, »Eruptivgestein«, »Tektonik«. Damals empfand ich zum erstenmal jene innere Anspannung, die ich immer spüre, wenn ich meinen Mann seine seltsame Sprache sprechen höre. Diese Worte beziehen sich auf Tatsachen, die eine Bedeutung für mich haben, für mich allein, wie eine verschlüsselte Botschaft. Unter der Erdoberfläche sind ständig sich bekämpfende endogene und exogene Kräfte am Werk. Unter dem gewaltigen Druck ist das dünne Sedimentgestein einem kontinuierlichen Zerfallsprozeß ausgesetzt. Die Lithosphäre ist eine Kruste aus hartem Gestein. Unter der harten Gesteinskruste wütet der lodernde Kern, die Siderosphäre. Ich bin mir nicht ganz sicher, ob Michael während unserer Taxifahrt nachts in Jerusalem im Winter 1950 genau diese Wörter benutzte. Aber einige davon hörte ich in jener Nacht zum ersten Mal aus seinem Mund, und sie ergriffen Besitz von mir. Wie eine fremdartige, unheilvolle Botschaft, die ich nicht entziffern konnte. Wie ein erfolgloser Versuch, einen Alptraum zu rekonstruieren, den das Gedächtnis verloren hat. Unfaßbar wie ein Traum. Michael sprach diese Wörter mit tiefer, beherrschter Stimme aus. Die Lichter am Armaturenbrett glühten rot in der Dunkelheit. Michael sprach wie ein Mann, auf dem eine schwere Verantwortung lastet, als sei Genauigkeit in diesem Augenblick von größter Bedeutung. Hätte er meine Hand genommen und sie gedrückt, ich hätte sie nicht zurückgezogen. Doch der Mann, den ich liebte, überließ sich ganz einer Welle kontrollierter Begeisterung. Ich hatte mich getäuscht. Er konnte sehr stark sein, wenn er wollte. Viel stärker als ich. Ich akzeptierte ihn. Seine Worte versetzten mich in jene Stimmung ruhiger Gelassenheit, wie sie mich nach einer Siesta überkommt. Die Gelassenheit, mit der man die Abenddämmerung erwartet, wenn einem die Zeit weich erscheint, und ich sanft bin und alles um mich sanft ist.

Das Taxi fuhr durch überschwemmte Straßen, die wir nicht identifizieren konnten, weil die Fenster beschlagen waren. Die Scheibenwischer liebkosten die Windschutzscheibe. Sie bewegten sich paarweise in stetigem Rhythmus, als gehorchten sie einem unverletzlichen Gesetz. Nachdem wir 20 Minuten gefahren waren, bat Michael den Fahrer anzuhalten, denn er war nicht reich, und unser Ausflug hatte ihn bereits soviel gekostet wie fünf Mittagessen im Studentenlokal am Ende der Mamillah-Straße.

Wir stiegen in einer Gegend aus, die uns unbekannt war: eine steile, enge, mit behauenen Steinen gepflasterte Gasse. Der Regen prasselte auf die Pflastersteine, denn unterdessen hatte es wieder angefangen zu regnen. Ein heftiger Wind schlug uns entgegen. Wir gingen langsam. Wir waren bis auf die Haut durchnäßt. Aus Michaels Haaren tropfte das Wasser. Sein Gesicht war lustig anzusehen: Er sah aus wie ein weinendes Kind. Einmal streckte er einen Finger aus und wischte einen Regentropfen weg, der an der Spitze seines Kinns hing. Plötzlich waren wir auf dem Platz vor dem Generali-Gebäude. Ein geflügelter Löwe, ein triefender, kältestarrer Löwe blickte von oben auf uns herab. Michael wollte schwören, daß der Löwe leise lachte.

»Hörst du ihn nicht, Hannah? Er lacht! Er schaut uns an und lacht. Und ich für meinen Teil möchte ihm fast recht geben.«

Ich sagte:

»Vielleicht ist es schade, daß Jerusalem so eine kleine Stadt ist; man kann sich nicht einmal in ihr verlaufen.«

Michael begleitete mich die Melisander-Straße, die Straße der Propheten und die Strauß-Straße hinunter, wo sich das Ärztezentrum befindet. Wir begegneten keinem Menschen. Als hätten alle Bewohner die Stadt geräumt und sie uns beiden überlassen. Wir waren die Herren der Stadt. Als Kind pflegte ich ein Spiel zu spielen, das ich »Die Prinzessin der Stadt« nannte. Die Zwillinge stellten darin unterwürfige Untertanen dar. Gelegentlich ließ ich sie rebellische Untertanen spielen, dann demütigte ich sie unbarmherzig. Es war ein köstliches, aufregendes Gefühl. In Winternächten sehen die Gebäude Jerusalems wie graue, vor einer schwarzen Leinwand erstarrte Formen aus. Eine Landschaft, gesättigt mit unterdrückter Gewalt. Jerusalem kann zuweilen eine abstrakte Stadt sein: Steine, Kiefern und rostendes Eisen.

Steifschwänzige Katzen überquerten die verlassenen Straßen. Die Häuserwände warfen ein verzerrtes Echo unserer Schritte zurück, machten sie schwerfällig und langsam. Wir standen ungefähr fünf Minuten vor meiner Haustür. Ich sagte:

»Michael, ich kann dich nicht auf eine Tasse heißen Tee mit nach oben in mein Zimmer bitten, mein Hauswirt und seine Frau sind religiöse Leute. Als ich das Zimmer nahm, versprach ich ihnen, keinen Männerbesuch zu empfangen. Und es ist schon halb zwölf.«

Als ich »Männerbesuch« sagte, lächelten wir beide.

»Ich habe nicht damit gerechnet, daß du mich jetzt mit auf dein Zimmer nimmst«, sagte Michael.

Ich sagte:

»Michael Gonen, du bist ein vollkommener Gentleman, und ich danke dir für diesen Abend. Von Anfang bis Ende. Falls du mich noch einmal zu einem solchen Abend einladen solltest, glaube ich kaum, daß ich ablehnen würde.«

Er beugte sich über mich. Ungestüm packte er meine linke Hand mit seiner rechten. Dann küßte er meine Hand. Die Bewegung war abrupt und heftig, als habe er sie den ganzen Weg über geprobt, als habe er im Geiste bis drei gezählt, ehe er sich herabbeugte, um mich zu küssen. Durch das Leder des Handschuhs, den er mir beim Verlassen des Cafés geliehen hatte, spürte ich Kraft und Wärme. Eine feuchte Brise bewegte leicht die Baumkronen und legte sich wieder. Wie ein Herzog in einem englischen Film küßte Michael meine Hand durch seinen Handschuh hindurch, nur war Michael klatschnaß und vergaß zu lächeln, und der Handschuh war nicht weiß.

Ich zog beide Handschuhe aus und gab sie ihm. Er zog sie hastig über, solange sie noch warm waren von der Hitze meines Körpers. Ein Kranker hustete erbärmlich hinter den geschlossenen Läden im ersten Stock.

»Wie seltsam du heute bist«, lächelte ich.

Als hätte ich ihn auch an anderen Tagen gekannt.

IV

Mit neun Jahren hatte ich eine Diphtherie, an die ich mich gern erinnere. Es war Winter. Ich lag einige Wochen in meinem Bett gegenüber dem Südfenster. Durch das Fenster konnte ich ein düsteres Stück Stadt in Nebel und Regen sehen: Süd-Jerusalem, die Schatten der Hügel von Bethlehem,

Emek Refaim, die reichen arabischen Vororte im Tal. Es war eine Winterwelt ohne Details, eine Welt der Umrisse auf einer Fläche, deren Farbskala von hell- bis dunkelgrau reichte. Ich konnte auch die Züge sehen und die Schienen entlang Emek Refaim vom rußgeschwärzten Bahnhof bis hin zu den Kurven am Fuß des arabischen Dorfes Bet Safafa mit den Augen verfolgen. Ich war ein General im Zug. Mir treu ergebene Truppen beherrschten die Bergkuppen. Ich war ein Kaiser, der sich verborgen hielt. Ein Kaiser, dessen Autorität weder Entfernung noch Isolation geschmälert hatten. In meinen Träumen verwandelten sich die südlichen Vororte in die St.-Pierre- und Miquelon-Inseln, auf die ich in meines Bruders Briefmarkenalbum gestoßen war. Ihre Namen waren mir aufgefallen. Ich pflegte meine Träume in die Welt des Wachseins hinüberzutragen. Tag und Nacht gingen nahtlos ineinander über. Mein hohes Fieber trug dazu bei. Es waren schwindelerregende, farbige Wochen. Ich war eine Königin. Man forderte meine besonnene Herrschaft durch offene Rebellion heraus. Ich wurde vom Pöbel festgenommen, eingekerkert, erniedrigt, gepeinigt. Doch eine Handvoll treuer Anhänger schmiedete heimlich Rettungspläne. Ich vertraute ihnen. Ich genoß meine grausamen Leiden, weil aus ihnen Stolz erwuchs. Meine wiederkehrende Autorität. Ich wollte nicht gesund werden. Laut meinem Arzt, Dr. Rosenthal, gibt es Kinder, die lieber krank sind, die sich weigern, gesund zu werden, weil die Krankheit ihnen eine Art Freiheit bietet. Als ich gegen Ende des Winters genas, empfand ich ein Gefühl des Ausgestoßenseins. Ich hatte meine alchimistischen Kräfte verloren, die Fähigkeit, mich von meinen Träumen über die Grenze tragen zu lassen, die den Schlaf vom Wachen trennt. Noch heute spüre ich Enttäuschung, wenn ich aufwache. Ich mache mich über meine vage Sehnsucht, schwer krank zu werden, lustig.

Nachdem ich Michael gute Nacht gesagt hatte, ging ich hinauf in mein Zimmer. Ich machte mir Tee. Eine Viertelstunde lang stand ich vor meinem Petroleumofen, wärmte mich auf und dachte an nichts Besonderes. Ich schälte einen Apfel, den mir mein Bruder Emanuel aus seinem Kibbuz Nof Harim geschickt hatte. Ich mußte daran denken, wie Michael drei- oder viermal vergeblich versucht hatte, seine Pfeife anzuzünden. Texas ist ein faszinierendes Land: Ein Mann gräbt ein Loch in seinen Garten, um einen Obstbaum zu pflanzen, und plötzlich schießt ein Ölstrahl aus dem Boden. Das war eine Dimension, die ich noch nie bedacht hatte, jene verborgenen Welten, die unter jedem Stück Erde liegen, auf das ich meinen Fuß setze. Minerale und Quarze und Dolomiten und alles.

Dann schrieb ich einen kurzen Brief an meine Mutter, meinen Bruder und dessen Familie. Ich berichtete ihnen, daß es mir gutginge. Morgen früh mußte ich daran denken, eine Briefmarke zu kaufen. In der Literatur der hebräischen Aufklärung finden sich zahlreiche Hinweise auf den Konflikt zwischen Licht und Dunkel. Der Autor ist dem endgültigen Triumph des Lichts verpflichtet. Ich muß sagen, daß ich die Dunkelheit vorziehe. Besonders im Sommer. Das weiße Licht terrorisiert Jerusalem. Es beschämt die Stadt. Aber in meinem Herzen gibt es keinen Konflikt zwischen Dunkelheit und Licht. Ich mußte daran denken, wie ich diesen Morgen im Terra-Sancta-College auf der Treppe ausgerutscht war. Es war ein demütigender Augenblick. Einer der Gründe, weshalb ich so gern schlafe, ist meine Abneigung, Entscheidungen zu treffen. Mitunter geschehen peinliche Dinge in Träumen, aber irgendeine Macht ist immer am Werk, die einem die Entscheidung abnimmt, und man ist frei wie in dem Lied das Schiff, dessen Mannschaft schläft, und man läßt sich treiben, wohin der Traum einen trägt. Die weiche Hängematte, die Möwen und die Weite des Wassers, das eine sanft wogende Fläche ist, aber auch ein Malstrom von unergründlicher Tiefe. Ich weiß, daß man die Tiefe für einen kalten Ort hält. Aber das ist nicht immer so und ganz so. Ich habe einmal in einem Buch über warme Meeresströme und unterseeische Vulkane gelesen. Irgendwo weit unter den eisigen Ozeantiefen versteckt sich mitunter eine warme Höhle. Als ich klein war, las ich immer wieder meines Bruders Ausgabe von Jules Vernes *20 000 Meilen unter dem Meer*. Manchmal erlebte ich köstliche Nächte, in denen ich zwischen grünen, feuchtkalten Meerestieren einen geheimen Weg durch die Wassertiefen und die Dunkelheit entdecke und schließlich an die Tür einer warmen Höhle poche. Das ist mein Zuhause. Dort wartet, umgeben von Büchern und Pfeifen und Seekarten, ein schattenhafter Kapitän auf mich. Sein Bart ist schwarz, seine Augen glänzen hungrig. Wie ein Wilder reißt er mich an sich, und ich besänftige seinen tobenden Haß. Winzige Fische schwimmen durch uns hindurch, als wären wir beide aus Wasser. Während sie uns durchqueren, durchzucken uns kleine Wellen brennender Lust. Ich las zwei Kapitel aus Mapus *Liebe zu Zion* für das Seminar am nächsten Tag. Wenn ich Tamar wäre, würde ich Amnon sieben Nächte lang auf den Knien zu mir kriechen lassen. Gestände er schließlich die Qualen seiner Liebe in biblischer Sprache, würde ich ihm befehlen, mich in einem Segelschiff zu den Inseln des Archipels zu bringen, jenem fernen Ort, wo Indianer sich in köstliche Meeresgeschöpfe mit silbernen Flecken und elektrischen Funken verwandeln und Seemöwen in der blauen Luft schweben.

Nachts sehe ich mitunter eine öde russische Steppe. Gefrorene Ebenen, bedeckt von bläulich schimmerndem Frost, der das flackernde Licht eines wilden Mondes spiegelt. Da ist ein Schlitten und eine Decke aus Bärenfell und der schwarze Rücken eines vermummten Fahrers und wild galoppierende Pferde, und in der Dunkelheit ringsum glühende Wolfsaugen, und ein einsamer toter Baum steht an einem weißen Hügel, und es ist Nacht in der Nacht der Steppe, und die Sterne halten unheimlich Wacht. Plötzlich wendet mir der Fahrer sein grobes, wie von einem betrunkenen Bildhauer gemeißeltes Gesicht zu. Eiszapfen hängen an den Enden seines wirren Schnurrbarts. Sein Mund ist leicht geöffnet, als erzeuge er das Heulen des schneidenden Windes. Der tote Baum, der einsam am Hügel in der Steppe steht, ist nicht zufällig dort, er hat einen Sinn, den ich beim Erwachen nicht benennen kann. Aber selbst, als ich erwacht bin, erinnere ich mich, daß er einen Sinn hat. Und so kehre ich nicht mit ganz leeren Händen zurück.

Morgens ging ich eine Briefmarke kaufen. Ich steckte den Brief nach Nof Harim in den Kasten. Ich aß ein Brötchen und Yoghurt und trank ein Glas Tee. Frau Tarnopoler, meine Wirtin, kam in mein Zimmer und bat mich, auf dem Heimweg eine Kanne Petroleum mitzubringen. Während ich meinen Tee trank, gelang es mir, ein weiteres Kapitel von Mapu zu lesen. In Sarah Zeldins Kindergarten sagte eines der Mädchen:

»Hannah, du bist heute glücklich wie ein kleines Mädchen!«

Ich zog das blaue Wollkleid an und band mir ein rotes Seidentuch um den Hals. Als ich in den Spiegel schaute, stellte ich voller Freude fest, daß ich mit dem Halstuch aussah wie ein verwegenes Ding, das drauf und dran ist, den Kopf zu verlieren.

Michael erwartete mich gegen Mittag am Eingang von Terra Sancta, bei den schweren Eisentoren mit den dunklen Metallornamenten. Er hielt einen Kasten voll geologischer Gesteinsproben in den Armen. Selbst wenn ich auf die Idee gekommen wäre, ihm die Hand zu schütteln, es wäre nicht möglich gewesen.

»Ach, du bist's!« sagte ich. »Auf wen wartest du eigentlich? Hat dir jemand gesagt, daß du hier warten sollst?«

»Es regnet gerade nicht, und du bist nicht naß«, sagte Michael.
»Wenn du naß bist, bist du lange nicht so unverschämt.«
Dann lenkte Michael meine Aufmerksamkeit auf das hinterhältige, lüsterne Lächeln der bronzenen Jungfrau hoch oben auf dem Gebäude. Sie streckte ihre Arme aus, als versuche sie, die ganze Stadt zu umarmen.
Ich ging hinunter in die Bibliothek im Souterrain. In einem engen, finsteren Gang, an dessen Wänden dunkle, verschlossene Kästen aufgereiht waren, traf ich den freundlichen Bibliothekar, ein kleiner Mann, der ein Samtkäppchen trug. Wir grüßten uns gewöhnlich und scherzten miteinander. Auch er fragte, als hätte er etwas entdeckt:
»Was ist heute los mit Ihnen, junge Frau? Gute Nachrichten? Wenn ich es so ausdrücken darf, ›helle Freude erleuchtet Hannah in höchst erstaunlicher Weise‹.«
Im Mapu-Seminar erzählte der Dozent eine typische Anekdote, eine Geschichte über eine fanatisch orthodoxe jüdische Sekte, die behauptete, die Zahl der Bordellbesucher habe seit der Veröffentlichung von Abraham Mapus *Liebe zu Zion* beträchtlich zugenommen, dem Himmel sei's geklagt.
Was ist heute nur los mit den Leuten? Haben sie sich abgesprochen.
Frau Tarnopoler, meine Wirtin, hatte einen neuen Ofen gekauft.
Sie strahlte mich liebevoll an.

V

An jenem Abend hellte sich der Himmel etwas auf. Blaue Inseln trieben ostwärts. Die Luft war feucht.
Michael und ich wollten uns vor dem Edison-Kino treffen. Wer von uns zuerst eintraf, sollte zwei Karten für den Film kaufen, in dem Greta Garbo die Hauptrolle spielte. Die Heldin des Films stirbt an unerwiderter Liebe, nachdem sie Körper und Seele einem nichtswürdigen Mann geopfert hat. Den ganzen Film hindurch unterdrückte ich den übermächtigen Wunsch, loszulachen.
Ihre Leiden und seine Unwürdigkeit erschienen mir wie zwei Glieder einer einfachen mathematischen Gleichung. Ich hatte keine Lust, sie zu lösen. Ich glaubte, überfließen zu müssen, so erfüllt fühlte ich mich. Ich lehnte meinen Kopf an Michaels Schulter und beobachtete die Leinwand

aus diesem Blickwinkel, bis sich die Bilder in eine hüpfende Folge verschiedener, zwischen schwarz und weiß abgestufter Schattierungen verwandelte, hauptsächlich unterschiedliche Grautöne.

Als wir hinausgingen, sagte Michael:
»Wenn die Leute zufrieden sind und nichs zu tun haben, wuchern Gefühle wie bösartige Tumore.«
»Was für eine banale Bemerkung«, sagte ich.
Michael sagte:
»Schau, Hannah, Kunst ist nicht meine Sache. Ich bin nur ein bescheidener Wissenschaftler, wie es so schön heißt.«
Ich gab nicht nach:
»Das ist genauso banal.«
Michael lächelte:
»Und?«
Wenn er keine Antwort weiß, lächelt er immer, wie ein Kind, das Erwachsene etwas Lächerliches tun sieht – ein verlegenes, verlegen machendes Lächeln.
Wir bummelten die Yeshayahn-Straße hinunter in Richtung Geula-Straße. Helle Sterne funkelten am Himmel von Jerusalem. Viele Straßenlaternen aus der britischen Mandatszeit waren während des Unabhängigkeitskrieges vom Granatfeuer zerstört worden, 1950 waren die meisten davon noch zerstört. Schattenhafte Hügel zeigten sich in der Ferne am Ende der Straßenleuchten.
»Das ist keine Stadt«, sagte ich, »das ist eine Illusion. Wir sind auf allen Seiten von Hügeln eingezwängt – Castel, Skopusberg, Augusta Victoria, Nabi Samwil, Miß Carey. Die Stadt kommt mir auf einmal sehr unwirklich vor.«

Michael sagte:
»Wenn es geregnet hat, macht einen Jerusalem traurig. Eigentlich macht Jerusalem immer traurig, aber es ist zu jeder Stunde des Tages und zu jeder Zeit des Jahres eine andere Traurigkeit.«
Ich fühlte Michaels Arm um meine Schulter. Einmal nahm ich eine Hand aus der Tasche und berührte ihn unter dem Kinn. Heute war er glattrasiert, nicht wie im Terra Sancta, als wir uns zum ersten Mal trafen. Ich sagte, er müsse sich eigens mir zuliebe rasiert haben.

Michael war verlegen. Zufällig habe er sich gerade heute, log er, einen neuen Rasierapparat gekauft. Ich lachte. Er zögerte einen Moment und entschied sich dann, mitzulachen.

In der Geula-Straße sahen wir, wie eine religiöse Frau mit einem weißen Tuch auf dem Kopf ein Fenster im zweiten Stock öffnete und ihren halben Körper herausquetschte, als wollte sie sich im nächsten Moment auf die Straße stürzen. Doch sie schloß nur die schweren, eisernen Fensterläden. Die Scharniere ächzten wie verzweifelt.

Als wir am Spielplatz von Sarah Zeldins Kindergarten vorbeikamen, erzählte ich Michael, daß ich da arbeitete. Ob ich eine strenge Erzieherin sei? Er könne sich das gut vorstellen. Wie er darauf komme? Er wußte nicht, was er antworten sollte. Genau wie ein Kind, sagte ich, einen Satz anfangen und nicht wissen, wie man ihn zu Ende bringen soll. Eine Meinung äußern und nicht den Mut aufbringen, dafür einzustehen. Ein Kind. Michael lächelte.

In einem der Höfe an der Ecke der Malakhi-Straße schrien Katzen. Es war ein lauter, hysterischer Schrei, gefolgt von zwei erstickten Klagetönen, und schließlich ein leises Schluchzen, schwach und schicksalsergeben, als sei alles sinnlos, hoffnungslos.

Michael sagte:

»Sie schreien vor Liebe. Hast du gewußt, daß der Trieb der Katzen an den kältesten Wintertagen am stärksten ist? Wenn ich verheiratet bin, werde ich eine Katze halten. Ich wollte schon immer eine haben, aber mein Vater hat es nicht erlaubt. Ich bin ein Einzelkind. Katzen schreien vor Liebe, weil sie weder Zwängen noch Konventionen unterworfen sind. Ich glaube, eine brünstige Katze fühlt sich, als habe ein Fremder sie gepackt und drücke sie zu Tode. Der Schmerz ist physisch. Brennend. Nein, das habe ich nicht im Geologiekurs gelernt. Ich hatte schon vorher Angst, du würdest dich über mich lustig machen, wenn ich so rede. Laß uns gehen.«

Ich sagte:

»Du mußt ein sehr verwöhntes Kind gewesen sein.«

»Ich war die Hoffnung der Familie«, sagte Michael. »Und ich bin es immer noch. Mein Vater und seine vier Schwestern setzen auf mich, als sei ich ihr Rennpferd und meine Universitätsausbildung ein Hindernisrennen. Was machst du morgens in deinem Kindergarten, Hannah?«

»Komische Frage. Ich mache genau das, was alle anderen Kindergärtnerinnen auch machen. Letzten Monat zum Chanukafest* habe ich Papierkreisel zusammengeklebt und Makkabäusse aus Pappe ausgeschnitten. Manchmal kehre ich auf den Wegen im Hof die abgefallenen Blätter zusammen. Manchmal klimpere ich auf dem Klavier. Und häufig erzähle ich den Kindern Geschichten aus dem Gedächtnis, über Indianer, Inseln, Reisen, U-Boote. Als Kind liebte ich die Bücher von Jules Verne und Fenimore Cooper, die meinem Bruder gehörten, über alles. Ich glaubte, wenn ich mich herumbalgte, auf Bäume kletterte und Jungenbücher las, würde ich schon irgendwann ein Junge werden. Ich haßte es, ein Mädchen zu sein. Ich betrachtete erwachsene Frauen mit Abscheu und Ekel. Auch heute noch sehne ich mich mitunter danach, einen Mann wie Michael Strogoff kennenzulernen. Groß und stark, aber gleichzeitig ruhig und zurückhaltend. Er muß verschwiegen, loyal, beherrscht sein, aber die Flut der in ihm verborgenen Kräfte nur mit Mühe bändigen können. Was willst du damit sagen – natürlich vergleiche ich dich nicht mit Michael Strogoff. Warum um Himmels willen sollte ich das tun? Natürlich nicht.«

Michael sagte:

»Wenn wir uns als Kinder gekannt hätten, wäre ich von dir verprügelt worden. In den unteren Klassen bin ich immer von den kräftigeren Mädchen grün und blau geschlagen worden. Ich war das, was man einen lieben Jungen nennt: ein bißchen verschlafen, aber fleißig, verantwortungsbewußt, reinlich und sehr aufrichtig. Aber heute bin ich überhaupt nicht mehr verschlafen.«

Ich erzählte Michael von den Zwillingen. Ich pflegte mich mit ihnen zu raufen. Später, als ich zwölf war, verliebte ich mich in beide. Ich nannte sie Halziz – Halil und Aziz. Sie waren bildschön. Zwei starke, gehorsame Seeleute aus Kapitän Nemos Besatzung. Sie redeten kaum etwas. Sie schwiegen oder gaben kehlige Laute von sich. Sie liebten die Wörter nicht. Zwei graubraune Wölfe. Wachsam mit weißen Reißzähnen. Wild und düster. Piraten. Was weißt du schon davon, kleiner Michael?

Dann erzählte mir Michael von seiner Mutter:

»Meine Mutter starb, als ich drei Jahre alt war. Ich erinnere mich an ihre weißen Hände, aber an ihr Gesicht erinnere ich mich nicht. Es gibt ein

---

* Chanukafest: »Lichterfest«, fällt zeitlich etwa mit Weihnachten zusammen. Das Fest wird zum Andenken an den Sieg der Makkabäer über den hellenistischen Herrscher Antiochus IV. Epiphanias gefeiert.

paar Fotos, aber es ist sehr mühsam, sie ausfindig zu machen. Ich wuchs bei meinem Vater auf. Mein Vater erzog mich zu einem kleinen jüdischen Sozialisten mit Geschichten über hasmonäische Kinder, Ghettokinder, Kinder illegaler Einwanderer, Kibbuzkinder, Geschichten über hungernde Kinder in Indien und im Rußland der Oktoberrevolution. D'Amicis' *Das Herz*. Verwundete Kinder, die ihre Städte retten. Kinder, die ihre letzte Brotkruste miteinander teilen. Ausgebeutete Kinder, kämpfende Kinder. Meine vier Tanten, Schwestern meines Vaters, waren ganz anders. Ein kleiner Junge mußte reinlich sein, hart arbeiten, fleißig studieren und weiterkommen in der Welt. Ein junger Arzt, der seinem Land hilft und sich einen Namen macht. Ein junger Rechtsanwalt, der seine Sache mutig vor britischen Richtern vertritt und dessen Namen in allen Zeitungen steht. Am Tage der Unabhängigkeitserklärung änderte mein Vater seinen Namen Ganz in Gonen um. Ich bin Michael Ganz. Meine Freunde in Holon nennen mich immer noch Ganz. Aber nenn' du mich nicht Ganz, Hannah. Du mußt mich weiterhin Michael nennen.«

Wir kamen an der Mauer der Schneller-Kaserne vorüber. Vor vielen Jahren war hier das Syrische Waisenhaus gewesen. Der Name rief eine uralte Traurigkeit in mir wach, an deren Ursache ich mich nicht erinnern kann. Im Osten hörte man eine ferne Glocke läuten. Ich wollte ihre Schläge nicht zählen. Michael und ich hatten die Arme umeinandergelegt. Meine Hand war eiskalt. Michaels war warm. Michael sagte scherzend:
»Kalte Hände, warmes Herz.«
Ich sagte:
»Mein Vater hatte warme Hände und ein warmes Herz. Er handelte mit Rundfunkgeräten und elektrischen Artikeln, aber er war ein schlechter Geschäftsmann. Ich sehe ihn vor mir, wie er in Mutters Schürze das Geschirr abwäscht. Abstaubt. Bettdecken ausschüttelt. Fachmännisch Omeletts zubereitet. Geistesabwesend die Chanukalichter segnet. Die Sprüche jedes hergelaufenen Taugenichts ernst nimmt. Immer gefallen will. Als müsse er sich dem Urteil der anderen stellen und als sei er in seiner Erschöpfung für immer gezwungen, sich in einer endlosen Prüfung zu bewähren, um einen längst vergessenen Fehler wiedergutzumachen.«
Michael sagte:
»Der Mann, den du einmal heiratest, wird sehr stark sein müssen.«

Es begann leicht zu nieseln, und ein dichter, grauer Nebel breitete sich aus. Die Gebäude wirkten gewichtslos. Im Meqor-Barukh-Viertel wirbelte ein vorbeifahrendes Motorrad Tropfenschauer auf. Michael war tief in Gedanken. Vor dem Eingang meines Hauses stellte ich mich auf die Zehenspitzen und küßte ihn auf die Wange. Er glättete und trocknete mir die Stirn. Zaghaft berührten seine Lippen meine Haut. Er nannte mich »kaltes, schönes Mädchen aus Jerusalem«. Ich sagte ihm, daß ich ihn gern hätte. Wenn ich seine Frau wäre, würde ich ihn nicht so dünn sein lassen. In der Dunkelheit wirkte er zerbrechlich. Michael lächelte. Wenn ich seine Frau wäre, sagte ich, würde ich ihm beibringen zu antworten, wenn man mit ihm spricht, statt nur zu lächeln, als gäbe es keine Worte. Michael schluckte seinen Ärger hinunter, starrte das Geländer der zerfallenen Treppe an und sagte:

»Ich will dich heiraten. Bitte antworte nicht sofort.«

Tropfen eiskalten Regens begannen wieder zu fallen. Ich zitterte. Einen Augenblick lang war ich froh, daß ich nicht wußte, wie alt Michael war. Dennoch, es war seine Schuld, daß ich jetzt zitterte. Natürlich konnte ich ihn nicht mit in mein Zimmer nehmen, aber warum machte er nicht den Vorschlag, zu ihm zu gehen? Seit wir das Kino verlassen hatten, hatte Michael zweimal versucht, etwas zu sagen, und ich hatte ihm mit meinem »das ist doch banal« das Wort abgeschnitten. Was Michael versucht hatte, zu sagen, wußte ich nicht mehr. Natürlich würde er eine Katze halten können. Was für ein Gefühl des Friedens er mir gibt. Warum wird der Mann, den ich einmal heirate, sehr stark sein müssen?

VI

Eine Woche später machten wir einen Besuch in dem in den Hügeln um Jerusalem gelegenen Kibbuz Tirat Yaar.

Michael hatte eine Schulfreundin in Tirat Yaar, eine Klassenkameradin, die einen Jungen aus dem Kibbuz geheiratet hatte. Er bat mich, ihn zu begleiten. Es bedeute ihm viel, sagte er, mich seiner alten Freundin vorzustellen.

Michaels Freundin war groß und mager und bitter. Mit ihren grauen Haaren und den zusammengezogenen Lippen sah sie aus wie ein weiser alter Mann. Zwei Kinder unbestimmbaren Alters kauerten in einer Ecke des

Zimmers. Irgend etwas in meinem Gesicht oder an meinem Kleid ließ die beiden immer wieder in ersticktes Lachen ausbrechen. Ich war verwirrt. Zwei Stunden lang unterhielt sich Michael angeregt mit seiner Freundin und deren Mann. Ich war nach den ersten drei oder vier höflichen Sätzen vergessen. Man bewirtete mich mit lauwarmem Tee und trockenen Biskuits. Zwei Stunden lang saß ich da und starrte vor mich hin, öffnete und schloß den Schnapper an Michaels Aktentasche. Wozu hatte er mich hierher geschleppt? Wieso hatte ich mich dazu überreden lassen, mitzukommen? Mit was für einem Mann hatte ich mich da eingelassen? Fleißig, verantwortungsbewußt, aufrichtig, ordentlich – und total langweilig. Und seine pathetischen Witze. Ein so geistloser Mann sollte nicht auch noch ständig versuchen, amüsant zu sein. Aber Michael tat alles, was er konnte, um witzig und heiter zu wirken. Sie erzählten sich langweilige Geschichten über langweilige Lehrer. Das Privatleben eines Sportlehrers namens Yehiam Peled entlockte Michael und seiner Freundin ein wahres Geheul von boshaftem Schülerlachen. Dann folgte eine hitzige Diskussion über eine Zusammenkunft zwischen König Abdullah von Transjordanien und Golda Meir am Vorabend des Unabhängigkeitskrieges. Der Mann von Michaels Freundin schlug mit der Faust auf den Tisch, und selbst Michael wurde laut. Wenn er schrie, hatte er eine gebrochene, bebende Stimme. Es war das erste Mal, daß ich ihn in Gesellschaft anderer Leute erlebte. Ich hatte mich in ihm getäuscht.

Später gingen wir im Dunkeln zur Hauptstraße. Ein mit Zypressen bestandener Weg verband Tirat Yaar mit der Hauptstraße nach Jerusalem. Ein grausamer Wind biß sich durch meine Kleidung. Im verblassenden Abendrot sahen die Hügel von Jerusalem bedrohlich aus. Michael ging stumm neben mir her. Ihm fiel buchstäblich nichts ein, was er hätte sagen können. Wir waren Fremde füreinander, er und ich. Ich erinnere mich, daß ich einen seltsamen Augenblick lang das deutliche Gefühl hatte, nicht wach zu sein oder mich nicht in der Gegenwart zu befinden. Ich hatte dies alles schon einmal erlebt. Oder jemand hatte mich vor Jahren davor gewarnt, im Dunkeln diesen schwarzen Weg mit einem bösen Mann zu gehen. Die Zeit floß nicht mehr glatt und gleichmäßig dahin. Sie hatte sich in eine Folge abrupter Ereignisse verwandelt. Es könnte in meiner Kindheit gewesen sein. Oder in einem Traum, in einer schrecklichen Geschichte. Auf einmal jagte mir die undeutliche Figur, die so stumm an meiner Seite ging, Angst ein. Sein Mantelkragen war hochgeschlagen und verbarg die untere Hälfte seines Gesichts. Sein Körper war schmal wie ein Schatten. Die andere Gesichtshälfte war unter einem schwarzen ledernen Studentenhut verborgen, den er tief in die Stirn gezogen hatte. Wer ist er? Was weißt du über ihn? Er ist nicht dein Bruder, kein Verwandter, nicht einmal ein alter Freund, sondern ein seltsamer Schatten, weit weg von jeder menschlichen Siedlung, im Dunkeln, spät in der Nacht. Vielleicht will er dich vergewaltigen. Vielleicht ist er krank. Du weißt nichts über ihn aus zuverlässiger Quelle. Warum spricht er nicht mit mir? Warum ist er ganz in seine Gedanken vertieft? Warum hat er mich hierhergebracht? Was hat er vor? Es ist Nacht. Auf dem Land. Ich bin allein. Er ist allein. Und wenn alles, was er mir erzählt hat, wohlüberlegte Lüge war? Er ist kein Student. Er heißt nicht Michael Gonen. Er ist aus einer Anstalt geflohen. Er ist gefährlich. Wann ist mir das alles schon einmal passiert? Irgend jemand warnte mich vor langer Zeit, daß es geschehen würde. Was sind das für langgezogene Töne in den dunklen Feldern? Man kann nicht einmal das Licht der Sterne durch die Zypressen sehen. Da ist jemand in den Obstgärten. Wenn ich schreie und schreie, wer wird mich hören? Neben mir ein Fremder, der mit raschen, schweren Schritten vorwärtsgeht, ohne an meine langsameren Schritte zu denken. Ich bleibe absichtlich etwas zurück. Er bemerkt es nicht. Meine Zähne klappern vor Kälte und Angst. Der Winterwind heult und beißt. Diese Silhouette gehört nicht zu mir. Er ist weit weg, verschlossen, als wäre ich ein Produkt seiner Phantasie ohne eigene Realität. Ich bin wirklich, Michael. Mir ist kalt. Er hat mich nicht gehört. Vielleicht habe ich nicht laut gesprochen.

»Mir ist kalt und ich kann nicht so schnell laufen,« rief ich so laut ich konnte.

Wie aus tiefen Gedanken gerissen, gab er brüsk zurück:

»Es ist nicht mehr weit. Wir sind fast an der Bushaltestelle. Hab' Geduld.«

Dann versank er wieder in den Tiefen seines großen Mantels. Ich hatte einen Kloß im Hals, und meine Augen füllten sich mit Tränen. Ich fühlte mich beleidigt. Erniedrigt. Verängstigt. Ich wollte seine Hand halten. Ich kannte ja nur seine Hand. Ich kannte ihn nicht. Überhaupt nicht.

Der kalte Wind sprach zu den Zypressen in einer geheimen, feindseligen Sprache. Es gab kein Glück auf der Welt. Nicht unter den Zypressen, nicht auf dem holprigen Weg, nicht in den dunklen Hügeln ringsum.

»Michael«, sagte ich verzweifelt. »Michael, letzte Woche sagtest du, dir gefalle das Wort ›Knöchel‹. Sag mir um Himmels willen: ist dir klar, daß meine Schuhe voller Wasser sind und meine Knöchel schmerzen, als liefe ich barfuß über ein Dornenfeld? Sag mir, wer ist schuld daran?«

Michael wandte sich so plötzlich um, daß ich erschrak. Er starrte mich verwirrt an. Dann legte er seine nasse Wange an mein Gesicht und preßte seine warmen Lippen an meinen Hals wie ein säugendes Kind. Auf der Haut meines Halses konnte ich jede einzelne Bartstoppel seiner Wange spüren. Der rauhe Stoff seines Mantels fühlte sich angenehm an. Der Stoff war ein warmer, stiller Seufzer. Er knöpfte seinen Mantel auf und zog mich hinein. Wir waren zusammen. Ich atmete seinen Geruch ein. Er fühlte sich sehr wirklich an. Genau wie ich. Ich war kein Produkt seiner Phantasie, er war nicht eine Angstvorstellung in mir. Wir waren wirklich. Ich spürte seine verhaltene Panik. Ich schwelgte in ihr. Du gehörst mir, flüsterte ich. Sei nie wieder so fern, flüsterte ich. Meine Lippen berührten seine Stirn und seine Finger fanden meinen Nacken. Seine Berührung war zart und empfindsam. Unvermittelt mußte ich an den Löffel in der Cafeteria von Terra Sancta denken und wie wohl der sich zwischen seinen Fingern gefühlt hatte. Wenn Michael böse wäre, hätten auch seine Finger böse sein müssen.

VII

Ungefähr vierzehn Tage vor der Hochzeit besuchten Michael und ich seinen Vater und seine Tanten in Holon und meine Mutter und meines Bruders Familie im Kibbuz Nof Harim.

Michaels Vater lebte in einer vollgestopften, düsteren Zweizimmerwohnung in einer »Arbeitersiedlung«. Unser Besuch fiel mit einem Stromausfall zusammen. Yehezkel Gonen stellte sich mir beim Licht einer rußigen Petroleumlampe vor. Er war erkältet und weigerte sich, mich zu küssen, um mich nicht noch vor meiner Hochzeit anzustecken. Er trug einen warmen Morgenrock, und sein Gesicht war blaß. Er sagte, er vertraue mir eine kostbare Last an – seinen Michael. Dann wurde er verlegen und bereute, was er gesagt hatte. Er versuchte, es als Scherz abzutun. Besorgt und scheu zählte der alte Mann alle Krankheiten auf, die Michael als Kind gehabt hatte. Nur über ein sehr schlimmes Fieber, das den zehnjährigen Michael fast das Leben gekostet hätte, ließ er sich etwas länger aus. Abschließend betonte er, daß Michael seit seinem vierzehnten Lebensjahr nicht mehr krank gewesen sei. Trotz alledem sei unser Michael, wenn auch nicht der Stärksten einer, ein fraglos gesunder, junger Mann.

Ich mußte daran denken, daß mein Vater, wenn er ein gebrauchtes Rundfunkgerät verkaufte, in der gleichen Art mit dem Kunden zu reden pflegte: offen, fair, reserviert vertraulich, voll ruhigen Eifers, gefallen zu wollen.

Während Yehezkel Gonen in diesem Ton höflichen Beistands mit mir redete, wechselte er mit seinem Sohn kaum ein Wort. Er sagte lediglich, sein Brief mit den Neuigkeiten habe ihn erstaunt. Er bedauerte, uns keinen Tee oder Kaffee machen zu können, da der Strom ausgefallen sei und er keinen Petroleumofen, nicht einmal einen Gaskocher besitze. Als Tova, Gott hab sie selig, noch lebte – Tova war Michaels Mutter –, wenn sie nur bei uns sein könnte zu diesem Anlaß, alles wäre viel festlicher. Tova war eine bemerkenswerte Frau. Er wolle jetzt nicht über sie sprechen, weil er Kummer und Freude nicht gern vermengte. Eines Tages würde er mir eine sehr traurige Geschichte erzählen.

»Was kann ich euch statt dessen anbieten? Ah, ein Praliné.« Fieberhaft, als hätte man ihn der Pflichtverletzung beschuldigt, wühlte er in seiner Kommode und fand schließlich eine uralte, noch im ursprünglichen Geschenkpapier verpackte Pralinenschachtel. »Da haben wir sie, meine Lieben, greift zu.«

»Entschuldige, ich habe nicht ganz verstanden, was du an der Universität studierst. Ach ja, natürlich, hebräische Literatur. Ich werde es mir für die Zukunft merken. Bei Professor Klausner? Ja, Klausner ist ein bedeutender Mann, auch wenn er gegen die Arbeiterbewegung ist. Irgendwo habe ich einen der Bände seiner *Geschichte des Zweiten Tempels*. Ich suche ihn, und zeige ihn dir. Eigentlich möchte ich dir das Buch schenken. Es wird dir mehr nützen als mir: du hast das Leben noch vor dir, meines liegt jetzt hinter mir. Es wird nicht leicht zu finden sein bei dem Stromausfall, aber für meine Schwiegertochter ist mir keine Mühe zu groß.«

Während Yehezkel Gonen sich keuchend bückte, um das Buch auf dem untersten Brett des Bücherregals zu suchen, trafen drei der vier Tanten ein. Man hatte auch sie eingeladen, um mich kennenzulernen. In dem Durcheinander, das der Stromausfall verursachte, hatten sie sich verspätet, und es war ihnen nicht mehr gelungen, Tante Gitta ausfindig zu machen und mitzubringen. Deshalb waren sie nur zu dritt gekommen. Mir zu Ehren und zur Ehre des Anlasses hatten sie für die ganze Strecke von Tel Aviv nach Holon ein Taxi genommen, um rechtzeitig da zu sein. Es war die ganze Fahrt über stockfinster gewesen.

Die Tanten begegneten mir mit leicht übertriebener Zuneigung, als durchschauten sie alle meine Ränke, hätten sich jedoch darauf geeinigt, Nachsicht zu üben. Sie waren entzückt, meine Bekanntschaft zu machen. Michael habe in seinem Brief so nette Dinge über mich geschrieben. Wie froh sie waren, jetzt selber feststellen zu können, daß er nicht übertrieben hatte. Tante Leah hatte einen Freund in Jerusalem, einen Herrn Kadischmann, ein gebildeter und einflußreicher Mann, und auf Tante Leahs Bitte hin hatte er bereits Erkundigungen über meine Familie eingeholt. So wußten alle vier Tanten, daß ich aus gutem Hause war. Tante Jenia fragte, ob sie mich einmal kurz unter vier Augen sprechen könne. »Entschuldige. Ich weiß, es ist nicht sehr schön, in Gesellschaft zu flüstern, aber im Familienkreis ist es nicht nötig, auf peinliche Höflichkeit zu achten, und ich vermute, du gehörst fortan zur Familie.«

Wir gingen in das andere Zimmer hinüber und setzten uns im Dunkeln auf Yehezkel Gonens hartes Bett. Tante Jenia knipste eine elektrische Taschenlampe an, als befänden wir uns nachts allein im Freien. Mit jeder Bewegung führten unsere Schatten einen wilden Tanz auf der Wand auf und die Taschenlampe zitterte in ihrer Hand. Mir kam der groteske Gedanke, Tante Jenia würde verlangen, daß ich mich auszöge. Vielleicht weil Michael mir erzählt hatte, sie sei Kinderärztin.

Sie begann in einem Tonfall resoluter Zuneigung: »Yehezkeles – ich meine, die finanzielle Lage von Michaels Vater ist nicht besonders gut. Eigentlich überhaupt nicht gut. Yehezkele ist ein kleiner Angestellter. Es ist nötig, einem klugen Mädchen wie dir zu erklären, was ein kleiner Angestellter ist. Der größte Teil seines Gehalts geht für Michaels Ausbildung drauf. Was das für eine Belastung ist, brauche ich dir nicht zu erklären. Und Michael wird sein Studium nicht aufgeben. Die Familie wird auf gar keinen Fall dulden, daß er sein Studium aufgibt, das muß ich dir ganz klar und deutlich sagen. Das kommt überhaupt nicht in Frage.

Wir haben die Angelegenheit unterwegs im Taxi besprochen, meine Schwestern und ich. Wir beabsichtigen uns sehr anzustrengen und jede von uns wird euch, sagen wir, fünfhundert Pfund geben. Vielleicht auch ein bißchen mehr oder ein bißchen weniger. Tante Gitta wird sicher mitmachen, auch wenn sie es nicht geschafft hat, heute abend herzukommen. Nein, du brauchst dich nicht zu bedanken. Wir sind eine sehr familienverbundene Familie, wenn man das so sagen kann. Sehr. Wenn Michael erst Professor ist, könnt ihr uns das Geld ja zurückzahlen, ha, ha.

Ist auch egal. Der springende Punkt ist, daß selbst diese Summe nicht ausreichen wird, euch jetzt schon eine Wohnung einzurichten. Ich finde die monströsen Preissteigerungen in letzter Zeit einfach haarsträubend. Das Geld verliert tagtäglich an Wert. Was ich damit sagen will ist, seid ihr fest entschlossen, im März zu heiraten? Könntet ihr nicht noch eine Weile warten damit? Laß es mich anders sagen, ganz offen, unter Familienangehörigen: ist irgend etwas passiert, was einer Verschiebung des Hochzeitstermins widerspräche? Nein? Wozu dann die Eile? Weißt du eigentlich, daß ich sechs Jahre verlobt war, in Kovno, ehe ich meinen ersten Mann heiratete? Sechs Jahre! Mir ist natürlich klar, daß in diesen modernen Zeiten eine lange Verlobungszeit nicht mehr gefragt ist, von sechs Jahren ganz zu schweigen. Aber wie wär's mit, sagen wir, einem Jahr? Nein? Na gut. Ich glaube allerdings kaum, daß du dir mit deinem bißchen Kindergartenarbeit sehr viel zurücklegen kannst? Ihr werdet Auslagen haben für den Haushalt und für das Studium. Du mußt dir über eines klar sein, finanzielle Schwierigkeiten gleich zu Anfang können eine Ehe schnell zerstören. Da spreche ich aus Erfahrung. Eines Tages werde ich dir eine schreckliche Geschichte erzählen. Erlaube mir, ganz offen zu sprechen, als Ärztin. Ich gebe ja zu, daß das Sexualleben einen, zwei oder auch sechs Monate lang alle anderen Probleme in den Hintergrund drängt. Aber was wird dann? Du bist ein kluges Mädchen, und ich bitte dich, über diese Frage einmal in aller Ruhe nachzudenken. Ich habe gehört, daß deine Familie in einem Kibbuz lebt? Was sagst du da? Du erbst an deinem Hochzeitstag dreitausend Pfund von deinem Vater? Das sind gute Neuigkeiten. Sehr gute Neuigkeiten. Siehst du, Hannele, das hat Michael vergessen zu schreiben. Im großen und ganzen schwebt unser Michael noch immer in den Wolken. Er mag ja ein naturwissenschaftliches Genie sein, aber wenn es um das wirkliche Leben geht, ist er einfach noch ein Kind. Na gut, ihr habt euch also für März entschieden? Dann eben im März. Es ist falsch, wenn die ältere Generation der jüngeren ihre Vorstellungen aufzwingt. Ihr habt das Leben noch vor euch, wir haben es hinter uns. Jede Generation muß aus ihren eigenen Fehlern lernen. Viel Glück. Noch etwas. Wenn du Hilfe oder Rat brauchen solltest, komm zu mir. Ich habe mehr Erfahrung als zehn andere Frauen zusammen. Laß uns jetzt zu den anderen zurückgehen. Mazel Tov, Yehezkele, Mazel Tov, Micha. Ich wünsche euch Gesundheit und Glück.«

Im Kibbuz Nof Harim in Galiläa hieß mein Bruder Emanuel Michael mit einer bärenstarken Umarmung und herzlichem Schulterklopfen willkommen, als habe er einen lange verloren geglaubten Bruder wiedergefunden. Auf einer zwanzigminütigen Gewalttour zeigte er ihm den ganzen Kibbuz.
»Warst du in der *Palmach*? Nein? Wozu auch. Mach dir nichts draus. Auch die anderen haben eine Menge wichtige Arbeit geleistet.«
Halb ernsthaft drängte uns Emanuel, nach Nof Harim zu kommen und dort zu leben. Was habt ihr dagegen? Ein intelligenter Bursche kann sich immer nützlich machen und hier genauso zufrieden leben wie in Jerusalem. »Das seh ich auf den ersten Blick, daß du kein wilder Löwe bist. Das heißt, vom körperlichen Standpunkt. Aber was soll's? Wir sind keine Fußballmannschaft, weißt du. Du könntest im Hühnerstall arbeiten oder sogar im Büro. Rinele, Rinele, hol doch mal rasch die Flasche Kognak, die wir beim Purimfest* in der Tombola gewonnen haben. Beeil dich, unser großartiger neuer Schwager wartet. Und was ist mit dir, Hannutschka – warum so still? Das Mädchen will heiraten und schaut in die Welt, als sei sie gerade Witwe geworden. Michael, alter Knabe, hast du gehört, warum man die *Palmach* aufgelöst hat? Nein, zerbrich dir nicht den Kopf – ich wollte nur wissen, ob du den Witz kennst. Nein? Ihr seid ja total hinterm Mond in Jerusalem. Dann paß auf, ich erzähl' ihn dir.«

Und schließlich Mutter.
Meine Mutter weinte, als sie mit Michael sprach. Sie erzählte ihm in gebrochenem Hebräisch vom Tod meines Vaters, und ihre Worte verloren sich in ihren Tränen. Sie fragte, ob sie Michael Maß nehmen könne. Maß nehmen? Ja, Maß nehmen. Sie wolle ihm einen weißen Pullover stricken. Sie wolle alles daransetzen, damit er noch rechtzeitig zur Hochzeit fertig würde. Hatte er einen dunklen Anzug? Möchte er den Anzug des armen lieben Yosef für den Festakt haben? Sie könne ihn leicht ändern, damit er paßte. Es wäre nicht viel Arbeit. Er sei nicht viel zu groß und auch nicht

---

* Purimfest: Freudenfest zu Ehren der Jüdin Esther, das im März/April mit Geschenken und maskierten Umzügen gefeiert wird.

viel zu klein. Sie bitte ihn darum. Aus Sentimentalität. Es sei das einzige Geschenk, das sie ihm machen könne.

Und mit ihrem starken russischen Akzent wiederholte meine Mutter immer wieder, als ringe sie verzweifelt um seine Zustimmung: »Hannele ist ein feiner Kerl. Ein sehr feiner Kerl. Sie hat viel Schmerz. Das solltest du auch wissen. Und auch – wie sagt man noch, ach, ich weiß es nicht, ... sie ist ein sehr feiner Kerl. Das solltest du auch wissen.«

VIII

Mein verstorbener Vater pflegte gelegentlich zu sagen: Es ist normalen Menschen unmöglich, eine perfekte Lüge zu erzählen. Betrug verrät sich immer selbst. Es ist wie eine zu kurz geratene Decke: Versuchst du, deine Füße zuzudecken, bleibt dein Kopf frei, und deckst du deinen Kopf zu, gucken die Füße heraus. Ein Mensch denkt sich eine raffinierte Ausrede aus, um etwas zu verheimlichen und ist sich nicht im klaren darüber, daß die Ausrede selbst eine unangenehme Wahrheit enthüllt. Reine Wahrheit hingegen ist von Grund auf zerstörerisch und führt zu nichts. Was können normale Menschen also tun? Alles, was wir tun können, ist stumm dastehen und große Augen machen. Das ist alles, was wir tun können. Stumm dastehen und große Augen machen.

Zehn Tage vor unserer Hochzeit mieteten wir eine Zweizimmer-Altbauwohnung in dem Meqor Barukh genannten Viertel im Nordwesten Jerusalems. 1950 lebten in dieser Gegend neben den religiösen Familien vor allem kleine Angestellte im Dienst der Regierung oder der Jewish Agency, Textilhändler und Kassierer, die in Kinos oder bei der Anglo-Palestine Bank beschäftigt waren. Es war bereits ein sterbendes Viertel. Das moderne Jerusalem breitete sich nach Süden und Südwesten hin aus. Unsere Wohnung war recht düster, und die sanitären Anlagen waren veraltet, aber sie hatte hohe Räume, was mir gut gefiel. Wir machten Pläne, die Wände in leuchtenden Farben zu streichen und Topfpflanzen zu züchten. Damals wußten wir noch nicht, daß Topfpflanzen in Jerusalem nicht gedeihen, vielleicht wegen der hohen Mengen an Rost und chemischen Reinigungsmitteln im Leitungswasser.

Unsere Freizeit verbrachten wir damit, in Jerusalem herumzulaufen und das Nötigste einzukaufen: die wichtigsten Möbelstücke, ein paar Bürsten und Besen und Küchenutensilien, einige Kleidungsstücke. Überrascht stellte ich fest, daß Michael feilschen konnte, ohne an Würde zu verlieren. Er wurde kein einziges Mal heftig dabei. Ich war stolz auf ihn. Meine beste Freundin Hadassah, die kürzlich einen vielversprechenden jungen Wirtschaftswissenschaftler geheiratet hatte, drückte ihre Meinung über Michael so aus:

»Ein bescheidener und intelligenter Junge. Vielleicht nicht gerade brillant, aber zuverlässig.«

Alte Freunde der Familie, alteingesessene Bürger Jerusalems, meinten: »Er macht einen guten Eindruck.«

Wir liefen Arm in Arm herum. Ich bemühte mich, in den Gesichtern meiner Bekannten, die uns begegneten, deren Urteil über Michael abzulesen. Michael sprach wenig. Seine Augen waren wachsam. In Gesellschaft war er angenehm und zurückhaltend. Die Leute sagten: »Geologe? Das ist erstaunlich. Man würde ihn eher bei den Geisteswissenschaftlern vermuten.«

Abends ging ich in Michaels Zimmer in Mousrara, wo wir fürs erste unsere Einkäufe lagerten. Den größten Teil des Abends verbrachte ich damit, Blumen auf Kissenbezüge zu sticken. Und auf die Wäsche stickte ich unseren Namen, Gonen. Ich konnte gut sticken.

Ich lehnte mich in den Sessel zurück, den wir für den Balkon unserer Wohnung gekauft hatten. Michael setzte sich an seinen Schreibtisch und arbeitete an einem Referat über Geomorphologie. Er wollte diese Arbeit unbedingt noch vor unserer Hochzeit zu Ende bringen und abgeben. Das hatte er sich selbst versprochen. Beim Licht seiner Leselampe sah ich sein längliches, mageres, dunkles Gesicht, sein kurzgeschorenes Haar. Mitunter kam mir der Gedanke, er sähe aus wie der Schüler eines religiösen Internats oder wie einer der Jungen vom Diskin-Waisenhaus, die ich als Kind zu beobachten pflegte, wenn sie auf dem Weg zum Bahnhof unsere Straße überquerten. Sie hatten geschorene Köpfe und gingen paarweise Hand in Hand. Sie waren traurig und schicksalsergeben. Doch hinter dieser Schicksalsergebenheit spürte ich unterdrückte Gewalt.

Michael fing wieder an, sich nur gelegentlich zu rasieren. Dunkle Stoppeln sprossen unter seinem Kinn. Hatte er seinen neuen Rasierapparat verloren? Nein, er gestand, daß er mich angelogen habe an unserem zweiten gemeinsamen Abend. Er habe keinen neuen Rasierapparat gekauft. Er habe sich besonders sorgfältig rasiert, um mir zu gefallen. Warum hatte er gelogen? Weil ich ihn in Verlegenheit gebracht hatte.

Warum rasierte er sich jetzt wieder nur jeden zweiten Tag? Weil er sich jetzt nicht mehr unbehaglich in meiner Gegenwart fühle. »Ich hasse es, mich zu rasieren. Wenn ich nur Künstler wäre statt Geologe, dann könnte ich mir einen Bart wachsen lassen.«

Ich versuchte, mir das bildlich vorzustellen, und brach in Lachen aus. Michael warf mir einen erstaunten Blick zu.

»Was ist so komisch?«

»Bist du gekränkt?«

»Nein, ich bin nicht gekränkt. Nicht die Spur.«

»Warum siehst du mich dann so an?«

»Weil ich es endlich geschafft habe, dich zum Lachen zu bringen. Immer wieder habe ich versucht, dich zum Lachen zu bringen und habe dich nie lachen sehen. Jetzt ist es mir gelungen, ohne daß ich es versucht habe. Das macht mich glücklich.«

Michaels Augen waren grau. Als er lächelte, zitterten seine Mundwinkel. Er war grau und sehr beherrscht, mein Michael.

Alle zwei Stunden machte ich ihm ein Glas Tee mit Zitrone, wie er es gern hatte. Wir sprachen kaum, weil ich ihn bei seiner Arbeit nicht stören wollte. Das Wort »Geomorphologie« gefiel mir. Einmal stand ich leise auf, schlich barfuß auf Zehenspitzen zu ihm hinüber und stellte mich, während er über seine Arbeit gebeugt dasaß, hinter ihn. Michael wußte nicht, daß ich dort stand. Ich konnte über seine Schulter hinweg ein paar Sätze lesen. Er hatte eine ordentliche, wohlgerundete Handschrift wie die eines braven Schulmädchens. Aber die Wörter ließen mich schaudern: Abbau der Minerallager. Vulkanische Kräfte preßten nach oben. Erstarrte Lava. Basalt. Konsequente und subsequente Ströme. Ein morphotektonischer Prozeß, der vor Jahrtausenden begann und noch immer anhält. Allmählicher Zerfall, plötzlicher Zerfall. Seismische Störungen so geringen Grades, daß nur Instrumente von höchster Empfindlichkeit sie registrieren können.

Wieder einmal erschreckten mich diese Wörter. Ich empfing eine verschlüsselte Botschaft. Mein Leben hing von ihr ab. Doch mir fehlte der Schlüssel.

Dann ging ich zurück zu meinem Sessel und nahm meine Strickarbeit wieder auf.
Michael hob den Kopf und sagte:
»Einer Frau wie dir bin ich noch nie begegnet.«
Und dann fügte er hastig, um mir zuvorzukommen, hinzu:
»Wie banal.«

Ich möchte hier feststellen, daß ich bis zu unserer Hochzeitsnacht nicht mit Michael schlief.
Wenige Monate vor seinem Tod rief mich mein Vater in sein Zimmer und schloß die Tür hinter uns ab. Die Krankheit hatte sein Gesicht bereits entstellt. Die Wangen waren eingesunken, und seine Haut war trocken und fahl. Er schaute nicht mich an, sondern den Teppich vor ihm auf dem Boden, als lese er die Worte, die er mir sagen wollte, von ihm. Vater erzählte mir von schlechten Männern, die Frauen mit süßen Worten verführen und sie dann ihrem Schicksal überlassen. Ich war damals ungefähr 13. Alles, was er mir erzählte, hatte ich bereits von kichernden Mädchen und pickligen Jungen gehört. Doch mein Vater sprach diese Worte nicht scherzhaft aus, sondern mit einem Unterton stiller Trauer. Er trug seine Ansichten vor, als sei schon die reine Existenz zweier verschiedener Geschlechter eine Unordnung, die das Leid in der Welt vermehre, ein Übel, dessen Folgen man mit aller Kraft mildern mußte. Er schloß mit den Worten, daß ich mir eine falsche Entscheidung ersparen könne, wenn ich in schwierigen Situationen an ihn denken würde.
Ich glaube nicht, daß dies der wahre Grund dafür war, warum ich bis zu unserer Hochzeitsnacht Michael meinen Körper vorenthielt. Den wahren Grund möchte ich hier nicht nennen. Man sollte mit dem Gebrauch des Wortes »Grund« sehr vorsichtig sein. Wer hatte das noch gesagt? Michael selbst natürlich. Wenn er seine Arme um meine Schultern legte, war Michael stark und beherrscht. Vielleicht war er schüchtern wie ich. Er bat nicht mit Worten. Seine Finger flehten, beharrten aber nie. Er ließ seine Finger langsam meinen Rücken hinuntergleiten. Dann zog er seine Hand zurück und betrachtete zuerst seine Finger, dann mich, mich und seine Finger, als vergliche er vorsichtig eine Sache mit der anderen. Mein Michael.

Eines Abends, ehe ich mich von Michael verabschiedete, um mein Zimmer aufzusuchen (es war nicht mehr ganz eine Woche, die ich noch bei der Familie Tarnopoler in Ahva bleiben würde), sagte ich:

»Michael, es wird dich überraschen zu hören, daß ich etwas über konsequente und subsequente Ströme weiß, das sogar dir vielleicht unbekannt ist. Wenn du ein braver Junge bist, werde ich dir eines Tages sagen, was ich weiß.«

Dann zerzauste ich ihm die Haare mit meiner Hand: ein richtiger Igel! Was ich mir eigentlich dabei dachte, weiß ich nicht.

In einer der letzten Nächte, zwei Tage vor unserer Hochzeit, hatte ich einen gräßlichen Traum. Michael und ich waren in Jericho. Wir kauften auf dem Markt zwischen Reihen niedriger Lehmhütten ein. (Mein Vater, mein Bruder und ich hatten 1938 zusammen einen Ausflug nach Jericho gemacht. Es war während des Laubhüttenfestes*. Wir fuhren mit einem arabischen Bus. Ich war acht. Ich habe es nicht vergessen. Mein Geburtstag fällt in die Zeit des Laubhüttenfestes.)

Michael und ich kauften einen Teppich, ein paar Sitzkissen, ein reich verziertes Sofa. Michael wollte diese Sachen nicht kaufen. Ich wählte sie aus, und er bezahlte schweigend. Der Souk in Jericho war laut und farbenfroh. Die Leute schrien wild durcheinander. Ich ging ruhig durch die Menge, mit einem bequemen Rock bekleidet. Am Himmel glühte eine schreckliche, wilde Sonne, wie ich sie auf Bildern von van Gogh gesehen habe. Dann hielt ein Armeejeep neben uns. Ein schneidiger, kleiner britischer Offizier sprang heraus und tippte Michael auf die Schulter. Michael machte eine plötzliche Kehrtwendung und rannte wie ein Besessener davon. Im Laufen warf er Verkaufsstände um, bis er von der Menge verschluckt wurde. Ich war allein. Frauen kreischten. Zwei Männer tauchten auf und trugen mich weg. Sie waren in ihren wehenden Gewändern nicht zu erkennen. Nur ihre funkelnden Augen konnte man sehen. Ihr Griff war rauh und schmerzhaft. Sie zerrten mich gewundene Straßen hinunter bis zu den Randgebieten der Stadt. Die Gegend ähnelte den steilen Gassen hinter der Straße der Abessinier im Osten Neu-Jerusalems. Ich wurde viele Treppen hinunter in einen von einer schmutzigen Petroleumlampe erleuchteten Keller gestoßen. Der Keller war schwarz. Man warf mich auf den Bo-

---

* Laubhüttenfest: wird im September/Oktober gefeiert. Erinnert an die Wanderung der Juden durch die Wüste, als sie nur in provisorischen Hütten lebten.

den. Ich konnte die Feuchtigkeit spüren. Es stank. Von draußen hörte ich ein ersticktes, irres Bellen. Plötzlich warfen die Zwillinge ihre Gewänder ab. Wir waren alle drei gleich alt. Ihr Haus stand unserem gegenüber, jenseits eines unbenutzten Grundstücks, zwischen Katamon und Qiryat Shemuel. Sie hatten einen Hof, der von allen Seiten abgeschlossen war. Das Haus war um den Hof herum gebaut. Weinreben rankten sich um die Mauern der Villa.

Die Mauern bestanden aus jenen rötlichen Steinen, die unter den wohlhabenden Arabern in den südlichen Vororten Jerusalems so beliebt waren.

Ich fürchtete mich vor den Zwillingen. Sie machten sich über mich lustig. Ihre Zähne waren sehr weiß. Sie waren dunkel und geschmeidig. Ein Paar starker grauer Wölfe. »Michael, Michael,« schrie ich, aber die Stimme versagte mir. Ich war stumm. Dunkelheit überspülte mich. Es war, als wollte etwas in der Dunkelheit, daß Michael erst am Ende der Schmerzen und der Freuden zu meiner Rettung herbeieilte. Die Zwillinge gaben nicht zu erkennen, ob sie sich an unsere Kindheit erinnerten. Allenfalls mit ihrem Lachen. Sie hüpften auf dem Kellerboden auf und ab, als frören sie sich zu Tode. Aber es war nicht kalt. Sie hüpften und sprangen voll überschäumender Energie. Sie kochten. Ich konnte mein nervöses, häßliches Lachen nicht unterdrücken. Aziz war ein bißchen größer als sein Bruder und eine Spur dunkler. Er lief an mir vorbei und öffnete eine Tür, die ich nicht bemerkt hatte. Er zeigte auf die Tür und verbeugte sich wie ein Kellner. Ich war frei. Ich konnte gehen. Es war ein schrecklicher Augenblick. Ich hätte gehen können, tat es aber nicht. Dann stieß Halil einen tiefen, zitternden Seufzer aus und schloß und verriegelte die Tür. Aziz zog aus den Falten seines Gewands ein langes, glänzendes Messer hervor. Seine Augen leuchteten. Er ließ sich auf allen vieren nieder. Seine Augen glühten. Das Weiße seiner Augen war schmutzig und blutunterlaufen. Ich wich zurück und preßte meinen Rücken gegen die Kellerwand. Die Wand war schmutzig. Eine klebrige, faulige Feuchtigkeit drang durch meine Kleider und berührte meine Haut. Mit letzter Kraft schrie ich auf.

Morgens kam Frau Tarnopoler, meine Wirtin, in mein Zimmer und erzählte mir, daß ich im Schlaf geschrien hätte. Wenn Fräulein Grynbaum zwei Nächte vor ihrer Hochzeit im Schlaf aufschreit, dann ist das gewiß ein Zeichen für großen Kummer. In unseren Träumen erfahren wir, was wir tun und was wir lassen müssen. In unseren Träumen zahlen wir den

Preis für all unsere Missetaten, sagte Frau Tarnopoler. Wenn sie meine Mutter wäre, das mußte sie mir sagen, selbst wenn ich ihr deshalb böse sei, hätte sie mir nicht erlaubt, plötzlich einen Mann zu heiraten, den ich zufällig auf der Straße kennengelernt hatte. Genausogut hätte ich einen ganz anderen Mann kennenlernen können oder überhaupt keinen! Wo würde das hinführen? In eine Katastrophe. »Ihr jungen Leute dreht eine Flasche und heiratet den, auf den sie zeigt, wie im Purim-Spiel. Mich hat ein *shadchan* verheiratet, der wußte, wie man das, was im Himmel geschrieben steht, herbeiführt, denn er kannte beide Familien gut und hatte sorgfältig geprüft, wer der Bräutigam und wer die Braut war. Schließlich ist jeder Mensch das, was seine Familie ist. Eltern, Großeltern, Tanten und Onkel, Brüder und Schwestern. So wie der Brunnen das Wasser ist. Heute abend mache ich Ihnen vor dem Schlafengehen eine Tasse Pfefferminztee. Das ist ein gutes Heilmittel für eine bekümmerte Seele. Ihre schlimmsten Feinde sollten solche Träume vor der Hochzeitsnacht haben. Das ist Ihnen alles nur passiert, Fräulein Grynbaum, weil ihr jungen Leute heiratet wie die Götzendiener in der Bibel: Ein unberührtes Mädchen lernt einen fremden Mann kennen, ohne zu wissen, wer er ist, bespricht die Einzelheiten mit ihm und setzt den Termin für die Hochzeit fest, als wäre man allein auf der Welt.«

Als Frau Tarnopoler das Wort »unberührt« aussprach, lächelte sie ein abgetragenes Lächeln. Ich sagte nichts.

IX

Michael und ich heirateten Mitte März. Die Zeremonie fand auf der Dachterrasse des alten Rabbinatsgebäudes in der Yafo-Straße statt, gegenüber Steimatzkys internationaler Buchhandlung, unter einem Himmel voller Wolken, dunkelgrauen, Gebilde, aufgetürmt gegen einen hellen, grauen Hintergrund.

Michael und sein Vater trugen beide dunkelgraue Anzüge und hatten sich weiße Taschentücher in die Brusttaschen gesteckt. Sie sahen einander so ähnlich, daß ich sie zweimal miteinander verwechselte. Ich redete meinen Mann Michael mit Yehezkel an.

Michael zerbrach das traditionelle Glas mit einem harten Schlag. Das Glas zersprang mit einem trockenen Klirren. Ein leises Rascheln ging durch die Schar der Hochzeitsgäste. Tante Leah weinte. Auch meine Mutter weinte.

Mein Bruder Emanuel hatte vergessen, eine Kopfbedeckung mitzubringen. Er breitete ein kariertes Taschentuch über sein widerspenstiges Haar. Meine Schwägerin Rina hielt mich fest, als könne ich plötzlich in Ohnmacht fallen. Ich habe nichts vergessen.

Abends fand eine Party in einem der Unterrichtsräume im Ratisbone-Gebäude statt. Vor zehn Jahren, als wir heirateten, waren die meisten Fachbereiche in Seitenflügeln christlicher Klöster untergebracht. Die Universitätsgebäude auf dem Skopusberg waren infolge des Unabhängigkeitskriegs von der Stadt abgeschnitten. Alteingesessene Jerusalemer glaubten noch immer, dies sei eine vorübergehende Maßnahme. Politische Spekulationen grassierten. Die Unsicherheit war noch sehr groß.

Der Raum im Ratisbone-Kloster, in dem die Party stattfand, war hoch und alt, und die Decke war rußig. Sie war mit verblichenen Gemälden verziert, von denen die Farbe abblätterte. Mit großer Mühe erkannte ich verschiedene Szenen aus dem Leben Christi von der Geburt bis zur Kreuzigung. Ich wandte den Blick von der Decke ab.

Meine Mutter trug ein schwarzes Kleid. Es war das Kleid, das sie sich 1943 nach meines Vaters Tod genäht hatte. Zum heutigen Anlaß hatte sie eine Kupferbrosche auf das Kleid gesteckt, um den Unterschied zwischen Kummer und Freude deutlich zu machen. Die schwere Halskette, die sie trug, leuchtete im Licht der uralten Lampen.

Auf der Party waren ungefähr 30 oder 40 Studenten. In der Mehrzahl waren es Geologen, aber es waren auch einige Literaturstudenten darunter. Meine beste Freundin Hadassah kam mit ihrem jungen Ehemann und schenkte mir die Reproduktion eines bekannten Gemäldes, auf dem eine alte jemenitische Frau abgebildet war. Ein paar alte Freunde meines Vaters überreichten uns gemeinsam einen Scheck. Mein Bruder Emanuel brachte sieben junge Freunde aus seinem Kibbuz mit. Sie schenkten uns eine vergoldete Vase. Emanuel und seine Freunde gaben sich große Mühe, Mittelpunkt der Party zu sein, doch die Anwesenheit der Studenten irritierte sie.

Zwei der jungen Geologen erhoben sich und lasen einen sehr langen und ermüdenden Dialog vor, dessen Wirkung auf den sexuellen Nebenbedeutungen geologischer Schichten beruhte. Das Stück strotzte von unzüchtigen Anspielungen und Zweideutigkeiten. Sie wollten zu unserer Erheiterung beitragen.

Sarah Zeldin vom Kindergarten, uralt und voller Falten, überreichte uns ein Teeservice. Jedes Stück hatte einen goldenen Rand und war mit der Abbildung eines blaugekleideten Liebespaares geschmückt. Sie umarmte meine Mutter, und die beiden Frauen küßten einander. Sie unterhielten sich auf jiddisch und nickten dabei unaufhörlich mit den Köpfen.

Michaels vier Tanten, die Schwestern seines Vaters, standen um einen mit belegten Broten beladenen Tisch herum und plauderten geschäftig über mich. Sie machten sich nicht die Mühe, ihre Stimmen zu senken. Sie mochten mich nicht. All diese Jahre war Michael ein verantwortungsbewußter, ordentlicher Junge gewesen, und nun heiratete er mit einer Hast, die den gemeinen Klatsch einfach herausfordern mußte. Sechs Jahre war Tante Jenia in Kovno verlobt gewesen, sechs Jahre, bis sie schließlich ihren ersten Mann heiratete. Einzelheiten des vulgären Klatsches, den unsere Hast hervorrufen mußte, besprachen die vier Tanten auf polnisch.

Mein Bruder und seine Kibbuzfreunde tranken zuviel. Sie lärmten herum. Sie sangen rohe Variationen eines bekannten Trinkliedes. Sie scherzten mit den Mädchen, bis deren Lachen in Geschrei und Gekicher überging. Ein Mädchen vom geologischen Fachbereich, Yardena, das helle, blonde Haare hatte und ein mit Goldpailletten übersätes Kleid trug, schleuderte die Schuhe von sich und begann, allein einen wilden spanischen Tanz zu tanzen. Die übrigen Gäste begleiteten sie mit rhythmischem Händeklatschen. Mein Bruder Emanuel zertrümmerte ihr zu Ehren eine Flasche Orangensaft. Dann stieg Yardena auf einen Stuhl und sang mit einem vollen Likörglas in der Hand einen populären amerikanischen Schlager über enttäuschte Liebe.

Noch ein anderes Ereignis muß ich hier festhalten: Gegen Ende der Party versuchte mein Mann, mir einen Überraschungskuß auf den Nacken zu geben. Er schlich sich von hinten an mich heran. Vielleicht hatten ihn seine Kommilitonen auf diese Idee gebracht. Ich hielt zu diesem Zeitpunkt gerade ein Glas Wein in der Hand, das mir mein Bruder aufgedrängt hatte. Als Michaels Lippen meinen Nacken berührten, machte ich einen Satz, und der Wein ergoß sich auf mein weißes Hochzeitskleid. Ein paar Tropfen spritzten auch auf Tante Jenias braunes Kostüm. Was ist so wichtig an diesem Vorfall? Seit jenem Morgen, an dem meine Wirtin, Frau Tarnopoler, mit mir über meine nächtlichen Schreie gesprochen hatte, witterte ich überall Vorzeichen und Hinweise. Genau wie mein Vater. Mein Vater war ein aufmerksamer Mann. Er ging durchs Leben, als wäre es ein Vorbereitungskurs, in dem man seine Lektion lernt und Erfahrungen sammelt.

X

Am Ende der Woche trat mein Professor an mich heran, um mir zu gratulieren. Es war im Foyer des Terra-Sancta-College, während der Pause, die er immer in der Mitte seiner wöchentlichen Mapu-Vorlesung einlegte. »Frau ... ah ja, Frau Gonen, ich habe gerade die gute Nachricht gehört und möchte Ihnen rasch zu Ihrer, ja, Vermählung gratulieren. Ich hoffe von ganzem Herzen, daß Ihr Heim zugleich wahrhaft jüdisch und wahrhaft, na ja, aufgeklärt sein möge. Mit diesen Worten habe ich Ihnen, glaube ich, alles erdenkliche Glück gewünscht. Darf ich fragen, welcher Fachrichtung Ihr dreimal glücklicher Bräutigam angehört? Ah, Geologie! Welch höchst symbolische Verbindung von Studienfächern. Die Geologie einerseits wie auch das Studium der Literatur auf der anderen Seite tauchen sozusagen in die Tiefen auf der Suche nach begrabenen Schätzen. Darf ich fragen, Frau Gonen, ob Sie beabsichtigen, Ihre gegenwärtigen Studien fortzusetzen? Gut, ich bin entzückt. Wie Sie wissen, hege ich ein fast väterliches Interesse am Schicksal meiner Schüler.«

Mein Mann kaufte ein großes Bücherregal. Er besaß noch nicht viele Bücher, etwa 20 oder 30 Bände, aber mit der Zeit würden es mehr werden. Michael sah im Geiste eine ganze mit Büchern bedeckte Wand vor sich. In der Zwischenzeit war das Bücherregal fast leer. Ich brachte vom Kindergarten ein paar Figuren mit, die ich aus geflochtenem Draht und buntem Bast gemacht hatte, damit die leeren Borde weniger kahl wirkten. Fürs erste.

Die Warmwasserversorgung versagte. Michael versuchte, den Schaden selbst zu reparieren. Als Junge, sagte er, habe er häufig Wasserhähne für seinen Vater oder seine Tanten in Ordnung gebracht. Diesmal klappte es nicht. Wahrscheinlich hatte er die Sache sogar verschlimmert. Wir schickten nach dem Klempner. Er war ein gutaussehender Nordafrikaner, der den Schaden auf Anhieb behob. Michael schämte sich für sein Versagen. Er schmollte wie ein Kind. Sein Unbehagen machte mir Spaß.

»Was für ein reizendes junges Paar«, sagte der Klempner. »Ich mache Ihnen einen guten Preis.«

Die ersten Nächte konnte ich nur mit Hilfe von Schlaftabletten einschlafen. Als ich acht war, bekam mein Bruder ein eigenes Zimmer, und seit jener Zeit hatte ich immer allein geschlafen. Es kam mir seltsam vor, wie Michael die Augen schloß und einschlief. Bis zu unserer Heirat hatte ich ihn nie schlafend gesehen. Er zog sich die Decke über den Kopf und verschwand. Zuweilen mußte ich mir ins Gedächtnis rufen, daß der rhythmische Zischlaut lediglich sein Atem war und daß es von nun an keinen Mann auf Erden geben würde, der mir näherstand als er. Ich wälzte mich bis zum Morgengrauen in dem gebrauchten Doppelbett herum, das wir für wenig Geld von den Vormietern der Wohnung gekauft hatten. Das Bett war reich verziert mit Arabesken, leuchtend braun gebeizten Schnitzereien. Wie die meisten alten Möbel war es viel zu breit. Es war so breit, daß ich einmal aufwachte und dachte, Michael sei bereits aufgestanden und weggegangen. Er war weit weg, eingesponnen in seinen Kokon. Fast greifbar kamen sie im Morgengrauen zu mir. Kamen sinnlich und gewalttätig. Sie erschienen dunkel und geschmeidig und stumm.

Ich hatte mir nie einen aufregenden Mann gewünscht. Womit hatte ich diese Enttäuschung verdient? Als kleines Mädchen malte ich mir immer aus, daß ich einmal einen jungen Gelehrten heiraten würde, dem es bestimmt war, weltberühmt zu werden. Auf Zehenspitzen würde ich in sein karg möbliertes Arbeitszimmer schleichen, ein Glas Tee auf einen der schweren deutschen, auf seinem Schreibtisch herumliegenden Wälzer stellen, den Aschenbecher leeren und lautlos die Fensterläden schließen, um mich auf Zehenspitzen wieder davonzuschleichen, ohne daß er mich bemerkt hätte. Wenn mein Mann über mich hergefallen wäre wie ein Verdurstender, hätte ich mich vor mir selbst geschämt. Warum war ich dann so aufgebracht, wenn Michael sich mir näherte, als sei ich ein empfindliches Instrument, oder wie ein Wissenschaftler, der mit einem Reagenzglas umgeht? Nachts dachte ich an den warmen, groben Mantel, den er in jener Nacht getragen hatte, als wir von Tirat Yaar zur Bushaltestelle an der Jerusalemer Landstraße liefen. Und an den Löffel, mit dem seine Finger in der Cafeteria von Terra Sancta gespielt hatten, erinnerte ich mich in jenen ersten Nächten.

Die Kaffeetasse zitterte in meiner Hand, als ich meinen Mann an einem jener Vormittage mit starr auf eine zerbrochene Bodenkachel gerichtetem Blick fragte, ob ich eine gute Frau sei. Er dachte einen Augenblick nach und antwortete dann auf recht gelehrsame Weise, daß er das nicht beurteilen könne, da er nie eine andere Frau gekannt habe. Seine Antwort war aufrichtig. Warum zitterten meine Hände immer noch, so daß der Kaffee auf die neue Tischdecke spritzte?

Jeden Morgen briet ich ein doppeltes Omelett. Machte Kaffee für uns beide. Michael schnitt das Brot.

Es machte mir Spaß, eine blaue Schürze umzubinden und Gefäße und Utensilien an ihrem neuen Platz in meiner Küche unterzubringen. Die Tage waren ruhig. Um acht Uhr ging Michael mit einer neuen Aktentasche in der Hand, einer großen, schweren Aktentasche, die ihm sein Vater zur Hochzeit geschenkt hatte, zu seinen Vorlesungen. Ich verabschiedete mich von ihm an der Straßenecke und begab mich in Sarah Zeldins Kindergarten. Ich hatte mir ein neues Frühjahrskleid aus leichtem Baumwollstoff mit gelben Blumen gekauft. Doch der Frühling ließ auf sich warten, und der Winter wollte kein Ende nehmen. 1950 hatten wir einen langen und harten Winter in Jerusalem. Dank der Schlaftabletten träumte ich den ganzen Tag vor mich hin. Die alte Sarah Zeldin musterte mich wissend durch ihre goldgeränderte Brille. Vielleicht malte sie sich wilde Nächte aus. Ich wollte sie aufklären, doch mir fehlten die Worte. Unsere Nächte waren ruhig. Mitunter glaubte ich zu spüren, wie mir eine unbestimmte Erwartung den Rücken heraufkroch. Als hätte ein entscheidendes Ereignis noch nicht stattgefunden. Als wäre dies alles ein Vorspiel, eine Probe, eine Einleitung. Ich war dabei, eine schwierige Rolle einzustudieren, die ich bald würde spielen müssen. Ein wichtiges Ereignis würde bald stattfinden.

Ich möchte über eine seltsame Erfahrung mit Perez Smolenskin berichten.

Der Professor hatte seine Vorlesungsreihe über Abraham Mapu abgeschlossen und sich einer Besprechung von Smolenskins *Der Wanderer auf den Pfaden des Lebens* zugewandt. Er ging ausführlich auf die Reisen des Autors und seine emotionalen Schwierigkeiten ein. Damals glaubten die Gelehrten noch, der Autor selbst stehe in enger Beziehung zu seinem Buch.

Ich erinnere mich an Angenblicke, in denen ich das deutliche Gefühl hatte, Perez Smolenskin persönlich zu kennen. Wahrscheinlich hatte das in seinen Büchern abgebildete Porträt Ähnlichkeit mit jemandem, den ich kannte. Aber ich glaube nicht, daß dies der wahre Grund war. Ich meinte, schon als Kind Dinge über ihn gehört zu haben, die mein Leben berührten, und daß ich ihn bald wiedersehen würde. Ich mußte mir unbedingt die richtigen Fragen überlegen, damit ich wußte, was ich Perez Smolenskin fragen wollte. Eigentlich sollte ich nur Dickens' Einfluß auf Smolenskins Erzählungen untersuchen.

Jeden Nachmittag saß ich an meinem gewohnten Schreibtisch im Lesesaal von Terra Sancta und las David Copperfield in einer alten englischen Ausgabe. Dickens' Waisenkind David ähnelte Joseph, dem Waisenjungen aus der Stadt Madmena in Smolenskins Erzählung. Beide machten viel Schweres durch. Beide Autoren hatten, da sie Mitleid mit den Waisen hatten, kein Mitleid mit der Gesellschaft. Ich saß zwei oder drei Stunden lang friedlich da und las über Leid und Grausamkeit, als ginge es um längst ausgestorbene Dinosaurier. Oder als hätte ich es mit bedeutungslosen Fabeln zu tun, deren Moral unwichtig war. Es war eine sehr distanzierte Bekanntschaft.

Damals arbeitete im Souterrain von Terra Sancta ein ältlicher, kleiner Bibliothekar, der ein Käppchen trug und sowohl meinen Mädchennamen wie auch meinen Namen als verheiratete Frau kannte. Er ist sicher schon lange tot. Ich freute mich, als er mir sagte: »Fräulein Hannah Grynbaum-Gonen, Ihre Initialen ergeben das hebräische Wort für ›Fest‹; ich bete darum, daß alle Ihre Tage festlich sein mögen.«

Der März war zu Ende. Der halbe April ging vorbei. 1950 war der Winter lang und kalt in Jerusalem. Bei Einbruch der Dunkelheit stand ich am Fenster und wartete auf die Rückkehr meines Mannes. Ich hauchte das Glas an und zeichnete ein von einem Pfeil durchbohrtes Herz, ineinanderverschlungene Hände, die Buchstaben HG und MG und HM. Gelegentlich auch andere Figuren. Wenn Michaels Gestalt am Ende der Straße auftauchte, wischte ich sie hastig mit der Hand weg. Aus der Entfernung glaubte Michael, ich winke ihm zu, und winkte zurück. Wenn er heimkam, war meine Hand naß und eiskalt vom Abwischen der Fensterscheibe. Michael sagte dann gern: »Kalte Hände, warmes Herz.«

Vom Kibbuz Nof Harim traf ein Paket mit zwei Pullovern ein, die meine Mutter gestrickt hatte. Einen weißen für Michael und einen aus blaugrauer Wolle für mich, wie die Farbe seiner ruhigen Augen.

XI

Eines blauen Samstags brach ein plötzlicher Frühling über die Hügel herein, und wir machten eine Wanderung von Jerusalem nach Tirat Yaar. Wir brachen um sieben Uhr auf und wanderten die Straße nach Kfar Lifta entlang. Unsere Finger hatten wir ineinander verhakt. Es war in ein Blau getauchter Morgen. Die Umrisse der Hügel waren mit einem feinen Pinsel gegen den blauen Himmel gemalt. In den Felsspalten wuchsen wilde Alpenveilchen. Anemonen leuchteten auf den Hängen der Hügel. Die Erde war feucht. In den Felshöhlungen gab es noch Regenwasser, und die Kiefern waren sauber gewaschen. Eine einsame Zypresse stand verzückt atmend unterhalb der Ruinen des verlassenen arabischen Dorfes Colonia.

Michael blieb mehrfach stehen, um auf geologische Erscheinungsformen hinzuweisen und mir zu sagen, wie man sie nannte. Wußte ich eigentlich, daß einst, vor hunderttausenden von Jahren, das Meer diese Hügel bedeckte?

»Am Ende aller Zeiten wird das Meer wieder Jerusalem bedecken«, sagte ich voll Überzeugung.

Michael lachte.

»Ist Hannah auch eine Prophetin?«

Er war lebhaft und fröhlich. Von Zeit zu Zeit hob er einen Stein auf und sprach ihn streng, mißbilligend an. Als wir den Castelberg hinaufkletterten, sahen wir einen riesigen Vogel, einen Adler oder Geier, hoch über unseren Köpfen kreisen.

»Noch sind wir nicht tot«, rief ich glücklich.

Die Felsen waren noch schlüpfrig. Ich rutschte absichtlich aus, in Erinnerung an die Treppen an Terra Sancta. Ich erzählte Michael auch, was Tarnopoler am Morgen vor unserer Hochzeit zu mir gesagt hatte, daß Leute wie wir heiraten wie die Götzendiener in der Bibel, wie in einem Purim-Spiel. Ein Mädchen werfe ein Auge auf einen Mann, den sie zufällig kennengelernt habe, wenn sie genausogut einen ganz anderen hätte kennenlernen können.

Dann pflückte ich ein Alpenveilchen und steckte es in Michaels Knopfloch. Er nahm meine Hand. Meine Hand war kalt zwischen seinen warmen Fingern.

»Mir fällt da eine banale Bemerkung ein«, sagte Michael lachend. Ich habe nichts vergessen. Vergessen heißt sterben. Ich will nicht sterben.

Liora, die Freundin meines Mannes, hatte Samstagsdienst und konnte sich nicht um uns kümmern. Sie fragte nur, ob es uns gutginge, und verschwand wieder in der Küche. Wir aßen im Speisesaal zu Mittag. Anschließend streckten wir uns auf dem Rasen aus, der Kopf meines Mannes ruhte in meinem Schoß. Um ein Haar hätte ich Michael von meinem Schmerz erzählt, von den Zwillingen. Eine nagende Angst hielt mich zurück. Ich sagte nichts.

Später gingen wir zur Aqua-Bella-Quelle. In unserer Nähe, am Rande des kleinen Wäldchens, saß eine Gruppe Jugendlicher, die mit dem Fahrrad von Jerusalem gekommen war. Ein Junge reparierte einen platten Reifen. Gesprächsfetzen klangen zu uns herüber.

»Aufrichtigkeit ist die beste Politik«, sagte der Junge mit dem platten Reifen. »Gestern erzählte ich meinem Vater, ich ginge in den Klub und sah mir statt dessen *Samson und Delilah* im Zion-Kino an. Wer, glaubt ihr wohl, saß auf dem Sitz hinter mir? Mein Vater in Person!«

Kurze Zeit später hörten wir zufällig ein Gespräch zwischen zwei Mädchen.

»Meine Schwester Esther hat wegen Geld geheiratet. Ich werde nur aus Liebe heiraten. Das Leben ist kein Spiel.«

»Ich gebe ja gerne zu, daß ich ein bißchen freie Liebe nicht von vornherein ablehne. Wie willst du sonst mit 20 wissen, ob deine Liebe hält, bis du 30 bist? Ich habe einmal einen der Jugendleiter reden hören, und er sagte, daß Liebe zwischen modernen Menschen etwas ganz Einfaches und Natürliches sein sollte, wie wenn man ein Glas Wasser trinkt. Aber ich glaube, man sollte nicht übertreiben. Mäßigung in allen Dingen. Nicht wie Rivkele, die jede Woche die Jungs wechselt. Aber auch nicht wie Dalia. Wenn nur ein Mann auf sie zugeht, um nach der Zeit zu fragen, wird sie schon knallrot und läuft davon, als wollten alle sie vergewaltigen. Man sollte den Mittelweg wählen im Leben und beide Extreme vermeiden. Wer zügellos lebt, stirbt jung – das sagt Stefan Zweig in einem seiner Bücher.«

Am Ende des Sabbats fuhren wir mit dem ersten Bus nach Jerusalem zurück. Wir hatten starken Nordwestwind an diesem Abend. Der Himmel bewölkte sich. Der morgendliche Frühling war falscher Alarm gewesen. Es war noch immer Winter in Jerusalem. Wir ließen unseren Plan, in die Stadt zu gehen und uns im Zion-Kino *Samson und Delilah* anzusehen, fallen. Wir gingen statt dessen früh zu Bett. Michael las die Wochenendbeilage der Zeitung. Ich las Perez Smolenskins *Begräbnis eines Esels* für das Seminar am nächsten Tag. Unser Haus war sehr ruhig. Die Läden waren geschlossen. Die Nachttischlampe warf Schatten, die ich mir lieber nicht ansah. Ich konnte Wasser aus dem Hahn in die Spüle tropfen hören. Ich ließ den Rhythmus auf mich einwirken.

Später kam auf dem Heimweg von einem religiösen Jugendklub eine Gruppe junger Leute vorbei. Als sie an unserem Haus vorbeigingen, sangen die Jungen:
>Mädchen sind alle Teufelsgezücht,
>bis auf eine mag ich sie überhaupt nicht.

Und die Mädchen stießen schrille Schreie aus.

Michael legte seine Zeitung beiseite. Er fragte, ob er mich einen Augenblick unterbrechen dürfe. Er wolle mich etwas fragen. »Wenn wir Geld hätten, könnten wir ein Radio kaufen und zu Hause Konzerte hören. Aber unsere Schulden machen ein kleines Vermögen aus, so daß wir uns in diesem Jahr kein Radio leisten können. Vielleicht gibt dir die geizige, alte Sarah Zeldin im nächsten Monat eine Gehaltserhöhung. Übrigens, der Klempner, der die Warmwasserversorgung repariert hat, war sehr nett und charmant, aber sie ist schon wieder kaputt.«

Michael machte das Licht aus. Seine Hand tastete im Dunkeln nach meiner. Aber seine Augen hatten sich noch nicht an das kärgliche Licht gewöhnt, das durch die Fensterläden drang, und sein Arm prallte so heftig gegen mein Kinn, daß ich einen Schmerzensschrei ausstieß. Er entschuldigte sich. Er strich mir übers Haar. Ich fühlte mich müde und leer. Er legte seine Wange an meine. Wir hatten heute eine so schöne, lange Wanderung gemacht, und deshalb hatte er keine Zeit gefunden, sich zu rasieren. Die Stoppeln zerkratzten mein Kinn. Einen unangenehmen Augenblick lang kam ich mir wie die Braut in einem ordinären Witz vor, eine altmodische Braut, die die Annäherungsversuche ihres Mannes völlig mißversteht. War das Doppelbett nicht breit genug für uns beide? Es war ein demütigender Augenblick.

In dieser Nacht träumte ich von Frau Tarnopoler. Wir waren in einer Stadt an der Küste, vielleicht Holon, vielleicht in der Wohnung meines Schwiegervaters. Frau Tarnopoler machte mir ein Glas Pfefferminztee. Er schmeckte bitter und ekelerregend. Mir wurde schlecht, und ich verdarb mir mein weißes Hochzeitskleid. Frau Tarnopoler lachte heiser. »Ich habe Sie gewarnt«, prahlte sie. »Ich habe Sie rechtzeitig gewarnt. Aber Sie haben ja alle meine Andeutungen ignoriert.« Ein böser Vogel stieß mit scharfen, gekrümmten Klauen herab. Klauen zerkratzten meine Augenlider. Ich wachte in panischer Angst auf und stieß Michaels Arm beiseite. Er machte eine irritierte Bewegung und murmelte: »Du hast den Verstand verloren. Laß mich in Ruhe. Ich muß schlafen. Ich habe einen harten Tag vor mir.« Ich schluckte eine Tablette. Eine Stunde später nahm ich noch eine. Schließlich fiel ich in einen betäubenden Schlaf. Am nächsten Morgen hatte ich leichtes Fieber. Ich ging nicht zur Arbeit. Beim Mittagessen stritt ich mich mit Michael und schleuderte ihm Beschimpfungen ins Gesicht. Michael hielt seine Gefühle zurück und blieb ruhig. Abends versöhnten wir uns wieder. Jeder von uns beschuldigte sich, mit dem Streit begonnen zu haben. Meine Freundin Hadassah und ihr Mann kamen vorbei. Hadassahs Mann war Wirtschaftswissenschaftler. Das Gespräch wandte sich der Notstandspolitik zu. Hadassahs Mann zufolge beruhte die Aktion der Regierung auf lächerlichen Voraussetzungen – als ob ganz Israel eine einzige große Jugendbewegung wäre. Hadassah sagte, die Regierungsbeamten würden nur an ihre eigenen Familien denken, und sie führte einen erschreckenden Fall von Korruption an, der in Jerusalem die Runde machte. Michael dachte eine Weile nach und äußerte die Ansicht, daß es ein Fehler sei, zuviel vom Leben zu fordern. Ich war nicht sicher, ob er die Regierung verteidigte oder unseren Gästen zustimmte. Ich fragte ihn, was er meinte. Michael lächelte mich an, als sei dieses Lächeln die einzige Antwort, die ich von ihm erwartete. Ich ging in die Küche, um Tee und Kaffee zu machen und ein bißchen Gebäck zu holen. Durch die geöffneten Türen konnte ich meine Freundin Hadassah reden hören. Sie sang meinem Mann mein Loblied. Sie erzählte ihm, ich sei die beste Schülerin meiner Klasse gewesen. Dann wandte sich das Gespräch der hebräischen Universität zu. Eine so junge Universität, die dennoch derart konservativ geleitet wurde.

XII

Im Juni, drei Monate nach der Hochzeit, stellte ich fest, daß ich schwanger war.
 Michael war nicht gerade erfreut, als ich es ihm erzählte. Er fragte mich zweimal, ob ich sicher sei. Vor unserer Heirat habe er einmal in einem medizinischen Handbuch gelesen, daß man sich sehr leicht täuschen könne, besonders beim ersten Mal. Womöglich hatte ich die Symptome mißverstanden?
 An diesem Punkt stand ich auf und verließ das Zimmer. Er blieb, wo er war, vor dem Spiegel, und führte den Rasierapparat über die empfindliche Haut zwischen Unterlippe und Kinn. Vielleicht hatte ich den falschen Moment gewählt, um mit ihm zu reden, als er gerade beim Rasieren war.

Am nächsten Tag traf Tante Jenia, die Kinderärztin, aus Tel Aviv ein. Michael hatte sie morgens angerufen, und sie hatte alles stehen- und liegenlassen und war herbeigeeilt.
 Tante Jenia sprach streng mit mir. Sie warf mir Verantwortungslosigkeit vor. Ich würde Michaels Bemühungen, vorwärtszukommen und etwas zu erreichen im Leben, zunichte machen. War mir denn nicht klar, daß Michaels Fortkommen mein eigenes Schicksal war? Und auch noch genau vor seinem Abschlußexamen!
 »Wie ein Kind«, sagte sie. »Genau wie ein Kind.«
 Sie weigerte sich, über Nacht zu bleiben. Sie hatte alles stehen- und liegenlassen und war nach Jerusalem gehetzt wie eine Närrin. Sie bedauerte, gekommen zu sein. Sie bedauerte eine Menge Dinge. »Die ganze Sache ist mit einem kleinen Eingriff von zwanzig Minuten Dauer behoben, nicht schlimmer als sich die Mandeln herausnehmen zu lassen. Aber es gibt ein paar komplizierte Frauen, die die einfachsten Dinge nicht begreifen wollen. Und du, Micha, sitzt da wie eine Kleiderpuppe, als ginge dich das ganze überhaupt nichts an. Manchmal glaube ich, es hat wenig Sinn, wenn sich die ältere Generation für die jüngere aufopfert. Ich bin besser still jetzt und behalte den Rest für mich. Guten Tag euch beiden.«
 Tante Jenia schnappte ihren braunen Hut und stürmte davon. Michael saß sprachlos da, den Mund halb geöffnet wie ein Kind, dem man gerade eine Gruselgeschichte erzählt hat. Ich ging in die Küche, schloß die Tür

hinter mir ab und weinte. Ich stand bei der Anrichte, rieb eine Karotte, streute Zucker darauf, tat etwas Zitronensaft hinzu und weinte. Sollte mein Mann an die Tür geklopft haben, ich antwortete ihm nicht. Aber ich bin jetzt fast sicher, daß er nicht geklopft hat.

Unser Sohn Yair kam am Ende unseres ersten Ehejahres, im März 1951, nach einer komplizierten Schwangerschaft zur Welt. Im Sommer, zu Beginn meiner Schwangerschaft, verlor ich unterwegs zwei Lebensmittelkarten. Michaels und meine. Ohne sie war es unmöglich, wichtige Nahrungsmittel zu kaufen. Wochenlang litt ich unter Vitaminmangel. Michael weigerte sich, auch nur ein Salzkorn auf dem schwarzen Markt zu kaufen. Er hatte diese Prinzipientreue von seinem Vater geerbt, eine grimmige, stolze Loyalität gegenüber den Gesetzen unseres Staates. Auch als wir die neuen Lebensmittelkarten bekamen, hatte ich noch unter verschiedenen Beschwerden zu leiden. Einmal wurde mir schwindlig, und ich brach auf dem Spielplatz von Sarah Zeldins Kindergarten zusammen. Der Arzt verbot mir, weiterhin zu arbeiten. Das war eine schwere Entscheidung für uns, denn unsere finanzielle Lage war kritisch. Der Arzt verschrieb mir außerdem Leberextraktinjektionen und Kalziumtabletten. Ich hatte ständig Kopfschmerzen. Ich fühlte mich, als stieße man mir einen Splitter aus eiskaltem Metall in die rechte Schläfe. Meine Träume wurden quälend. Ich wachte schreiend auf. Michael schrieb seiner Familie und berichtete, daß ich aufhören müsse zu arbeiten. Er erwähnte auch meinen seelischen Zustand. Dank der Hilfe des Mannes meiner besten Freundin Hadassah erhielt Michael ein bescheidenes Darlehen aus dem Studentischen Hilfsfonds.

Ende August traf ein eingeschriebener Brief von Tante Jenia ein. Sie hatte es nicht für richtig gehalten, uns auch nur eine Zeile zu schreiben, aber in dem Umschlag fanden wir einen zusammengefalteten Scheck über 300 Pfund. Michael sagte, wenn mein Stolz mich dazu zwänge, das Geld zurückzuschicken, sei er bereit, sein Studium aufzugeben und sich einen Job zu suchen, und daß ich volle Freiheit habe, Tante Jenias Geld zurückzugeben. Ich sagte, das Wort »Stolz« gefiele mir nicht und daß ich das Geld dankbar annähme. In diesem Fall bat Michael mich, stets daran zu denken, daß er bereit gewesen sei, sein Studium aufzugeben und sich einen Job zu suchen.

»Ich werde daran denken, Michael. Du kennst mich. Ich kann nicht vergessen.«

Ich besuchte keine Vorlesungen mehr. Ich würde nie wieder hebräische Literatur studieren. Ich vermerkte in meinem Kollegheft, daß die Werke der Dichter der hebräischen Renaissance von einer Art Trostlosigkeit durchdrungen sind. Woher diese Trostlosigkeit kam, worin sie bestand, würde ich nie erfahren. Auch die Hausarbeit blieb liegen. Ich saß den größten Teil des Vormittags allein auf unserem kleinen Balkon und blickte auf einen verlassenen Hinterhof. Ich lag im Liegestuhl und warf den Katzen Brotkrumen zu. Es machte mir Spaß, die Nachbarskinder zu beobachten, wie sie im Hof spielten. Mein Vater gebrauchte gelegentlich den Ausdruck »stumm dastehen und große Augen machen«. Ich stehe stumm da und mache große Augen, aber das hat wenig mit dem zu tun, was mein Vater vermutlich meinte. Was haben die Kinder im Hof von ihrem eifrigen, atemlosen Wettstreit? Das Spiel ist ermüdend, und der Sieg ist hohl. Was bringt der Sieg schon ein? Die Nacht wird hereinbrechen. Der Winter wird wiederkehren. Regen wird fallen und alles auslöschen. Starke Winde werden wieder in Jerusalem wehen. Vielleicht gibt es Krieg. Das Versteckspiel ist auf absurde Weise fruchtlos. Von meinem Balkon aus kann ich sie alle sehen. Wer kann sich wirklich verstecken? Wer versucht es? Was für eine seltsame Sache die Aufregung ist. Langsam, ihr müden Kinder. Der Winter ist noch weit, doch er sammelt bereits seine Kräfte. Und die Entfernung täuscht. Nach dem Mittagessen fiel ich erschöpft auf mein Bett. Ich konnte nicht einmal die Zeitung lesen. Michael ging um acht Uhr morgens aus dem Haus und kam abends um sechs zurück. Es war Sommer. Ich konnte nicht auf die Fensterscheibe hauchen und Figuren auf das Glas malen. Um mich zu entlasten, aß er mit seinen Freunden in dem Studentenlokal am Ende der Mamillah-Straße zu Mittag.

Der Dezember war der sechste Monat meiner Schwangerschaft. Michael machte seine erste Prüfung. Er bestand mit gut. Sein Erfolg berührte mich nicht. Sollte er doch allein feiern und mich in Ruhe lassen. Mein Mann hatte bereits im Oktober mit den Vorbereitungen für seine zweite Prüfung begonnen. Abends, wenn er müde nach Hause kam, erklärte er sich noch bereit, zum Lebensmittelhändler, zum Gemüsehändler, zum Drogisten zu gehen. Einmal blieb er mir zuliebe einem wichtigen Experiment fern, weil ich ihn gebeten hatte, in der Klinik ein Testergebnis für mich abzuholen.

An jenem Abend brach Michael sein im Geiste abgelegtes Schweigegelübde. Er versuchte, mir zu erklären, daß auch sein Leben zur Zeit nicht einfach sei. Ich solle mir nicht einbilden, er sei sozusagen auf Rosen gebettet.

»Das habe ich mir nie eingebildet, Michael.«

Warum sorgte ich dann dafür, daß er sich schuldig fühlte?

Sorgte ich dafür, daß er sich schuldig fühlte?

Er müsse doch einsehen, daß ich mich unter diesen Umständen alles andere als romantisch fühlte. Ich besitze nicht einmal ein Umstandskleid. Tagtäglich zog ich meine normalen Kleider an, die nicht mehr paßten und unbequem waren. Wie solle ich also hübsch und attraktiv aussehen?

Nein, das war es nicht, was er von mir wolle. Nicht meine Schönheit vermisse er. Er wolle mich nur bitten, nur anflehen, nicht mehr so starr und so hysterisch zu sein.

In der Tat schlossen wir während dieser Zeit eine Art unbehaglichen Kompromiß miteinander. Wir waren wie zwei Reisegefährten, die das Schicksal während einer langen Eisenbahnfahrt auf die gleiche Sitzbank gesetzt hatte. Gezwungen, aufeinander Rücksicht zu nehmen, Höflichkeitsregeln zu beachten, sich dem anderen nicht aufzudrängen und ihm nicht zur Last zu fallen, die Bekanntschaft nicht auszunutzen. Höflich und rücksichtsvoll zu sein. Einander hin und wieder vielleicht mit angenehmem, oberflächlichem Geplauder zu unterhalten. Keine Forderungen zu stellen. Gelegentlich sogar gedämpfte Zuneigung füreinander zu zeigen. Doch draußen vor dem Abteilfenster erstreckt sich eine flache, düstere Landschaft. Eine ausgedörrte Ebene. Niedriges Gestrüpp.

Wenn ich ihn bitte, ein Fenster zu schließen, tut er mir sehr gern den Gefallen.

Es war eine Art winterliches Gleichgewicht. Vorsichtig und mühselig, als ginge man eine vom Regen schlüpfrige Treppe hinunter. Ach, wenn man nur ausruhen könnte, ausruhen.

Ich gebe zu: Häufig war ich es, die das Gleichgewicht störte. Ohne Michaels festen Zugriff wäre ich ausgerutscht und gestürzt. Ich saß absichtlich ganze Abende schweigend da, als sei ich allein im Haus. Wenn Michael fragte, wie ich mich fühle, erwiderte ich:

»Was interessiert es dich schon?«

Wenn er gekränkt war und mich am nächsten Morgen nicht fragte, wie es mir gehe, warf ich ihm vor, er würde nicht fragen, weil es ihm egal sei.

Ein- oder zweimal zu Beginn des Winters brachte ich meinen Mann mit meinen Tränen in Verlegenheit. Ich nannte ihn ein Scheusal. Ich beschuldigte ihn der Gefühllosigkeit und Gleichgültigkeit. Michael wies beide Vorwürfe in mildem Ton zurück. Er sprach ruhig und geduldig, als sei er derjenige, der die Beleidigung ausgesprochen habe und mich besänftigen müsse. Ich wehrte mich wie ein rebellisches Kind. Ich haßte ihn, bis ich einen Kloß im Hals spürte. Ich wollte ihn mit aller Gewalt aus der Ruhe bringen.

Ungerührt und gründlich putzte Michael den Boden, wrang den Lappen aus und wischte noch zweimal nach. Dann fragte er, ob ich mich besser fühle. Er machte mir etwas Milch warm und entfernte die Haut, die ich haßte. Er entschuldigte sich, mich in meinem besonderen Zustand geärgert zu haben. Er bat mich, ihm zu erklären, worüber ich mich eigentlich so geärgert habe, damit er den gleichen Fehler nicht noch einmal mache. Dann ging er eine Kanne Petroleum holen.

In den letzten Monaten meiner Schwangerschaft fühlte ich mich häßlich. Ich wagte nicht, in den Spiegel zu schauen; mein Gesicht war von dunklen Flecken entstellt. Ich mußte wegen meiner Krampfadern elastische Strümpfe tragen. Vielleicht sah ich jetzt wie Frau Tarnopoler oder die alte Sarah Zeldin aus.

»Findest du mich häßlich, Michael?«

»Du bedeutest mir sehr viel, Hannah.«

»Wenn du mich nicht häßlich findest, warum umarmst du mich dann nicht?«

»Weil du, wenn ich es tue, in Tränen ausbrichst und behauptest, daß ich dir etwas vorspiele. Du hast schon vergessen, was du mir heute morgen gesagt hast. Du sagtest, ich solle dich nicht anrühren. Und daran habe ich mich gehalten.«

Wenn Michael aus dem Haus war, überkam mich wieder meine alte Kindheitssehnsucht, sehr krank zu sein.

XIII

Michaels Vater verfaßte einen Brief in Versen, um seinem Sohn zum erfolgreichen Examen zu gratulieren. Er reimte »donnernden Erfolgs« auf »Glück euch bringen soll's« und »Hannahs ganzer Stolz«. Michael las mir den Brief laut vor und gestand mir dann, daß er sich eigentlich auch von mir ein kleines Geschenk erhofft habe, eine neue Pfeife vielleicht als Anerkennung für seinen Erfolg in der ersten Prüfung. Er sagte das mit einem verlegenen, verlegen machenden Lächeln. Ich ärgerte mich über das, was er gesagt hatte, und auch sein Lächeln ärgerte mich. Hatte ich ihm nicht tausendmal erzählt, daß mein Kopf schmerzte, als werde er von eiskaltem Stahl durchbohrt? Warum dachte er immer nur an sich und nie an mich?

Dreimal sagte Michael mir zuliebe wichtige geologische Expeditionen ab, an denen all seine Kommilitonen teilnahmen. Eine führte zum Menara-Berg, wo man Eisenerzlager entdeckt hatte, eine andere in den Negev und die dritte zu den Pottaschwerken in Sodom. Sogar seine verheirateten Freunde nahmen an diesen Expeditionen teil. Ich dankte Michael nicht für sein Opfer. Aber eines Abends fielen mir zufällig zwei halbvergessene Zeilen aus einem bekannten Kinderreim über einen Jungen namens Michael ein:

Fünf Jahre tanzt' Klein Michael, dann heißt es Abschied nehmen,
die Schule ruft, Lebewohl sagt er der Taube unter Tränen.

Ich brach in Lachen aus.

Michael sah mich mit einem Ausdruck milden Erstaunens an. Es komme nicht oft vor, sagte er, daß er mich glücklich sehe. Er wüßte sehr gern, worüber ich so unversehens gelacht habe.

Ich blickte in seine erstaunten Augen und lachte noch lauter. Michael versank eine Weile tief in Gedanken. Dann begann er, einen politischen Witz zu erzählen, den er an jenem Tag in der Mensa gehört hatte.

Meine Mutter traf aus dem Kibbuz Nof Harim in Obergaliläa ein, um bis zur Geburt bei uns zu bleiben und sich um die Hausarbeit zu kümmern. Seit meine Mutter 1943 nach meines Vaters Tod nach Nof Harim gezogen war, hatte sie keine Gelegenheit mehr gehabt, einen Haushalt zu führen. Sie machte sich mit einer unheilvollen Begeisterung und Tüchtigkeit an die Arbeit. Nach dem ersten Mittagessen, das sie gleich nach ihrer Ankunft gekocht hatte, sagte sie zu Michael, sie wüßte ja, daß er Auberginen nicht möge, doch er habe gerade drei aus Auberginen zubereitete Gerichte gegessen, ohne es zu merken. Herrlich, was man in der Küche an Wundern vollbringen könne. War ihm der Auberginengeschmack wirklich nicht aufgefallen? Kein bißchen? Michael antwortete höflich. Nein, er habe überhaupt nichts bemerkt. Ja, herrlich, was man in der Küche an Wundern vollbringen könne. Meine Mutter ließ Michael einen Botengang nach dem anderen erledigen. Sie machte ihm das Leben schwer, indem sie nachdrücklich auf strengste Hygiene bestand. Er müsse immer seine Hände waschen. Nie Geld auf den Tisch legen, wenn Leute essen. Nimm die Fliegenfenster aus den Rahmen, damit sie richtig sauber werden.»Was machst du denn da? Nicht auf dem Balkon, wenn es dir recht ist – der Staub fliegt sonst gleich wieder ins Zimmer zurück. Nicht auf dem Balkon, unten, auf dem Hof. Ja, so ist's richtig, so ist's schon besser.«

Sie wußte, daß Michael als Halbwaise ohne Mutter aufgewachsen war, und wurde deshalb nicht böse mit ihm. Aber sie verstand ihn einfach nicht: Gebildet, aufgeklärt, an der Universität – war ihm denn nicht klar, daß die Welt voller Bakterien war?

Michael unterwarf sich gehorsam wie ein gutgezogenes Kind. Kann ich dir irgendwie behilflich sein? Du erlaubst doch? Bin ich dir im Weg? Nein, ich geh' schon und hole es. Natürlich frage ich den Gemüsehändler. Gut, ich werde versuchen, früh zurück zu sein. Ich nehme den Einkaufskorb gleich mit. Nein, ich denke daran: Schau, ich habe mir schon eine Liste gemacht. Er erklärte sich bereit, seinen Plan aufzugeben und die ersten Bände der neuen *Encyclopaedia Hebraica* nicht zu kaufen. Es war nicht wesentlich. Er wußte jetzt, daß wir beide jeden Pfennig sparen mußten.

Abends half Michael stundenweise dem Bibliothekar in der Fakultätsbibliothek, was noch ein bißchen Geld einbrachte.»Nunmehr beehren mich Eure Exzellenz nicht einmal mehr abends mit Ihrer Anwesenheit«, brummte ich. Michael gewöhnte sich sogar ab, zu Hause seine Pfeife zu rauchen, weil meine Mutter den Tabakgeruch nicht ertragen konnte und auch überzeugt davon war, daß der Rauch dem Baby schaden würde.

Wenn er sich nicht länger beherrschen konnte, ging mein Mann auf die Straße hinunter und stand eine Viertelstunde lang rauchend unter einer

Laterne wie ein Dichter auf der Suche nach Inspiration. Einmal stand ich am Fenster und beobachtete ihn eine Weile. Im Licht der Straßenlaterne konnte ich das kurzgeschorene Haar auf seinem Hinterkopf sehen. Rauchwolken umkringelten ihn wie einen Geist, den man aus dem Totenreich geholt hatte. Mir fielen Worte ein, die Michael vor langer Zeit gesagt hatte: Katzen irren sich nie in einem Menschen. Das Wort »Knöchel« habe ihm schon immer gefallen. Ich sei ein kaltes, schönes Mädchen aus Jerusalem. Er sei ein ganz gewöhnlicher junger Mann, seiner Ansicht nach. Er habe nie eine feste Freundin gehabt, bevor er mich kennenlernte. Im Regen lacht der Steinlöwe auf dem Generali-Gebäude leise. Gefühle werden zu einem bösartigen Tumor, wenn die Leute zufrieden sind und nichts zu tun haben. Jerusalem macht einen traurig, doch es ist zu jeder Stunde des Tages und zu jeder Zeit des Jahres eine andere Traurigkeit. Das war alles sehr lange her. Michael mußte es längst vergessen haben. Nur ich war nicht bereit, den eisigen Klauen der Zeit auch nur eine Krume zu überlassen. Ich frage mich, was das für eine magische Verwandlung ist, die die Zeit an trivialen Worten vornimmt? In den Dingen ist eine Art Alchimie, die die innere Melodie meines Lebens ist. Der Jugendleiter, der den Mädchen bei Aqua Bella erzählte, die Liebe müsse heutzutage so einfach sein wie Wasser trinken, irrte sich. Michael hatte ganz recht, als er mir an jenem Abend in der Geula-Straße sagte, mein Mann müsse sehr stark sein. In jenem Augenblick dachte ich, wenn er auch wie ein in Ungnade gefallenes Kind rauchend unter der Laterne stehen mußte, so hatte er doch kein Recht, mich für seine Leiden verantwortlich zu machen, denn ich würde bald sterben und brauchte deshalb keine Rücksicht auf ihn zu nehmen. Michael klopfte seine Pfeife aus und machte sich auf den Rückweg. Ich legte mich schnell aufs Bett und drehte mein Gesicht zur Wand. Meine Mutter bat ihn, eine Dose für sie zu öffnen. Michael erwiderte, es sei ihm ein Vergnügen. Ein Martinshorn erklang in der Ferne.

Eines Nachts, nachdem wir schweigend das Licht ausgemacht hatten, flüsterte Michael mir zu, daß er mitunter das Gefühl habe, ich liebte ihn nicht mehr. Er sagte es ruhig, als spreche er den Namen eines Minerals aus.
»Ich bin deprimiert«, sagte ich, »das ist alles.«
Michael war verständnisvoll. Mein Zustand. Meine schlechte Gesundheit. Schwierige Umstände. Er hätte auch die Worte »psychophysisch«, »psychosomatisch« benutzen können. Den ganzen Winter über bewegt

der Wind die Kiefernwipfel in Jerusalem, und wenn er sich legt, hinterläßt er keine Spur auf den Kiefern. Du bist ein Fremder, Michael. Du liegst nachts neben mir und bist ein Fremder.

XIV

Unser Sohn Yair wurde im März 1951 geboren.

Der Sohn meines Bruders Emanuel trug den Namen meines verstorbenen Vaters, Yosef. Mein Sohn bekam zwei Namen, Yair und Salman, zum Gedenken an Michaels Großvater, Salman Ganz.

Yehezkel Gonen traf einen Tag nach der Geburt in Jerusalem ein. Michael brachte ihn zu mir in die Entbindungsstation des Shaare-Zedek-Krankenhauses, einem dunklen, deprimierenden Gebäude aus dem letzten Jahrhundert. Der Verputz an der meinem Bett gegenüberliegenden Wand bröckelte ab, und wenn ich auf die Wand starrte, entdeckte ich unheimliche Figuren, eine gezackte Gebirgskette oder dunkle, in hysterischen Konvulsionen erstarrte Frauen.

Auch Yehezkel Gonen war dunkel und deprimierend. Er saß lange Zeit an meinem Bett, hielt Michaels Hand und berichtete weitschweifig über sein Pech: wie er von Holon nach Jerusalem gekommen sei, wie er von der Busstation aus versehentlich nach Mea Shearim statt nach Meqor Barukh gelaufen sei. In Mea Shearim mit seinen gewundenen Treppen und tief durchhängenden Wäscheleinen gab es Winkel, die ihn an die Armenviertel von Radom in Polen erinnert hatten. Wir könnten uns gar nicht vorstellen, sagte er, wie groß sein Schmerz, seine Sehnsucht sei, wie tief seine Traurigkeit. Also, er kam nach Mea Shearim und fragte nach dem Weg, und man gab ihm Auskunft, und er fragte wieder, und man schickte ihn wieder in die falsche Richtung – er hätte ja nie gedacht, daß orthodoxe Kinder zu so dummen Streichen fähig seien, vielleicht lag es aber auch an den trügerischen Jerusalemer Seitenstraßen. Müde und erschöpft war es ihm schließlich gelungen, das Haus zu finden, und selbst das war eher Zufall gewesen. Immerhin, Ende gut, alles gut, wie man so sagt. »Das ist nicht wichtig. Wichtig ist, daß ich deine Stirn küssen möchte – so –, um dir alles Gute zu wünschen, auch von Michaels Tanten, und dir diesen Umschlag auszuhändigen – es sind 147 Pfund darin, der Rest meiner Ersparnisse –, Blumen habe ich leider vergessen, mitzubringen, und ich bitte und flehe dich an, meinen Enkel Salman zu nennen.«

Nachdem er zu Ende gesprochen hatte, fächerte er sich mit seinem zerbeulten Hut Luft zu, um sein müdes Gesicht zu erfrischen, und seufzte vor Erleichterung darüber, den großen Stein endlich vom Brunnen weggerollt zu haben.

»Ich möchte dir kurz in ein paar Worten erklären, weshalb ich mir den Namen Salman wünsche. Ich habe sentimentale Gründe dafür. Ermüdet dich das Gerede, meine Liebe? Gut also, ich habe sentimentale Gründe. Salman war der Name meines Vaters, unseres lieben Michaels Großvater. Salman Ganz war auf seine Art ein bemerkenswerter Mensch. Es ist deine Pflicht, sein Andenken zu ehren, wie gute Juden es tun sollten. Salman Ganz war Lehrer und ein wirklich sehr guter Lehrer. Einer der Besten. Er lehrte Naturwissenschaften am hebräischen Lehrerseminar in Grodno. Von ihm hat Michael seine naturwissenschaftliche Begabung. Na gut, um zur Sache zu kommen. Ich bitte euch darum. Ich habe euch noch nie um etwas gebeten. Übrigens, wann kann ich das Baby sehen? Also. Ich habe euch noch nie um etwas gebeten. Ich habe euch immer alles gegeben, was ich zu bieten hatte. Und jetzt, meine lieben Kinder, bitte ich euch um einen Gefallen, einen besonderen Gefallen. Es bedeutet sehr viel für mich ... würdet ihr bitte meinen Enkel Salman nennen?«

Yehezkel stand auf und ging aus dem Zimmer, damit Michael und ich die Sache besprechen konnten. Er war ein rücksichtsvoller, alter Mann. Ich wußte nicht, ob ich lachen oder schreien sollte. »Salman« – was für ein Name!

Michael schlug sehr vorsichtig vor, in die Geburtsurkunde den Doppelnamen »Yair-Salman« eintragen zu lassen. Er machte den Vorschlag, bestand aber nicht darauf. Die endgültige Entscheidung lag bei mir. Bis das Kind groß war, meinte Michael, sollten wir den Zweitnamen geheimhalten, um unserem Sohn nicht das Leben schwerzumachen.

Wie klug du bist, mein Michael. Wie überaus klug.

Mein Mann strich mir über die Wange. Er fragte, was er auf dem Heimweg Besonderes kaufen solle. Dann verabschiedete er sich und ging hinaus, um seinem Vater den Kompromiß zu verkünden. Ich denke mir, daß mein Mann mich seinem Vater gegenüber lobte, weil ich bereitwillig einem Arrangement zugestimmt habe, das jede andere Frau ... und so weiter.

An der Beschneidungszeremonie nahm ich nicht teil. Die Ärzte stellten eine leichte Komplikation in meinem Befinden fest und verordneten mir

Bettruhe. Nachmittags bekam ich Besuch von Tante Jenia, Dr. Jenia Ganz-Crispin. Sie fegte durch die Station wie ein Hurrikan und stürzte in das Ärztezimmer. Sie brüllte auf deutsch und polnisch. Sie drohte, mich in einem privaten Krankenwagen in das Krankenhaus in Tel Aviv zu bringen, wo sie die Position einer Ersten Assistenzärztin auf der Kinderstation innehabe. Sie griff den für meinen Fall zuständigen Arzt heftig an. In Gegenwart der anderen Ärzte und der Krankenschwestern beschuldigte sie ihn sträflicher Vernachlässigung. »Es ist ungeheuerlich«, schrie sie. »Wie in einem asiatischen Hospital, Gott bewahre.«

Ich habe keine Ahnung, worüber sich Tante Jenia mit dem Arzt herumstritt oder warum sie so wütend war. Sie verbrachte nur einen Augenblick an meinem Bett. Sie strich mit ihren Lippen und dem flaumigen Bärtchen über meine Wange und ordnete an, ich solle mir keine Sorgen machen. »Sorgen mache ich mir. Ich werde nicht davor zurückschrecken, an höchster Stelle eine Szene zu machen, wenn es nötig sein sollte. Wenn du mich fragst, unser Michael lebt in einem Elfenbeinturm. Genau wie sein Vater, derselbe *chuchem*.«

Während Tante Jenia redete, legte sie ihre Hand auf meine weiße Decke. Ich sah eine kurzfingrige, maskuline Hand. Tante Jenias Finger waren angespannt, als hielte sie mit Gewalt die Tränen zurück, während ihre Hand auf meinem Bett ruhte.

Tante Jenia hatte in ihrer Jugend viel durchgemacht. Michael hatte mir einen Teil ihrer Lebensgeschichte erzählt. Ihr erster Mann war ein Gynäkologe namens Lipa Freud gewesen. Dieser Freud hatte Tante Jenia 1934 verlassen und war einer tschechischen Athletin nach Kairo hinterhergelaufen. Er hatte sich in einem Zimmer des Shepheard-Hotels, damals das erste Hotel im Nahen Osten, erhängt. Während des zweiten Weltkriegs hatte Tante Jenia einen Schauspieler namens Albert Crispin geheiratet. Dieser Ehemann erlitt einen Nervenzusammenbruch und verfiel nach seiner Genesung in völlige und totale Apathie. Die letzten zehn Jahre hatte er in einer Pension in Nahariya verbracht, wo er nichts anderes tat als essen, schlafen und vor sich hinstarren. Tante Jenia kam für die Unkosten auf.

Ich frage mich, warum einem die Leiden anderer Leute wie eine Operettenhandlung vorkommen. Womöglich gerade deshalb, weil es die Leiden anderer Leute sind? Mein Vater pflegte gelegentlich zu sagen, daß selbst die stärksten Menschen sich nicht aussuchen können, was sie möchten. Beim Abschied sagte Tante Jenia: »Du wirst sehen, Hannah, dieser Arzt wird den Tag verfluchen, an dem er mir begegnete. So ein Schuft. Wo man auch hinsieht heutzutage, trifft man auf Gauner und Schwachköpfe. Paß gut auf dich auf, Hannah.«

»Du auch, Tante Jenia. Ich bin dir sehr dankbar. Du hast keine Mühe gescheut, und alles mir zuliebe.«

»Keine Spur davon. Red' nicht solchen Unsinn, Hannah. Wir sollten uns wie menschliche Wesen benehmen, nicht wie wilde Tiere. Laß dir keine Medikamente geben außer Kalziumtabletten. Sag ihnen, ich hätte das angeordnet.«

XV

In jener Nacht weinte auf der Entbindungsstation eine orientalische Frau hilflos vor sich hin. Die Nachtschwester und der diensthabende Arzt redeten tröstend auf sie ein und versuchten, sie zu beruhigen. Sie baten sie, ihnen zu sagen, was los sei, damit sie ihr helfen könnten. Die orientalische Frau weinte rhythmisch und monoton vor sich hin, als gäbe es keine Worte und keine Menschen auf der Welt.

Die Ärzte und Schwestern sprachen mit ihr, als fragten sie eine gerissene Kriminelle. Einmal redeten sie grob, einmal freundlich. Abwechselnd bedrohten sie sie und versicherten ihr dann wieder, daß alles gut werden würde.

Die Orientalin reagierte nicht auf ihre Worte. Vielleicht hinderte sie ihr trotziger Stolz daran. Beim schwachen Licht der Nachtlampe konnte ich ihr Gesicht erkennen. Man sah ihm nicht an, daß sie weinte. Ihr Gesicht war glatt und faltenlos. Aber ihre Stimme war schrill, und ihre Tränen rollten ihr langsam über die Wangen.

Um Mitternacht hielt das Personal eine Beratung ab. Die Schwester brachte der weinenden Frau ihr Baby, obwohl es nicht die vorgeschriebene Zeit war. Unter ihrer Decke zog die Frau eine Hand hervor, die wie die Pfote eines kleinen Tieres wirkte. Sie berührte den Kopf des Babys, zog dann aber die Hand sofort wieder zurück, als hätte sie ein glühendheißes Eisen angefaßt. Sie legten das Baby zu ihr ins Bett. Die Frau weinte noch immer. Auch als sie das Baby wieder wegnahmen, veränderte sich nichts. Schließlich griff die Schwester nach ihrem dünnen Arm und stieß eine Spritze hinein. Die orientalische Frau nickte langsam und benommen mit dem Kopf, als wundere sie sich über diese klugen Leute, die sich ständig um sie bemühten. War ihnen denn nicht klar, daß nichts mehr auf der Welt wichtig für sie war?

Die ganze Nacht hindurch hielt ihre schrille Klage an. Ich verlor die schäbige Station und das schwache Nachtlicht allmählich aus den Augen. Ich sah ein Erdbeben in Jerusalem.

Ein alter Mann ging die Zefanya-Straße hinunter. Er war schwerfällig und grimmig und trug einen großen Sack. Der Mann blieb an der Ecke Amos-Straße stehen. Er fing an zu rufen, »*pri-mus, pri-mus*«. Die Straßen waren menschenleer. Kein Windhauch rührte sich. Die Vögel waren verschwunden. Dann tauchten Katzen mit steif erhobenen Schwänzen aus den Höfen auf. Sie waren mager, machten Buckel, glitten ausweichend umher. Sie sprangen auf die Stämme der Bäume, die man entlang des Bürgersteigs gepflanzt hatte, und kletterten bis in die höchsten Äste hinauf. Von dort spähten sie mit gesträubtem Fell und boshaftem Fauchen nach unten, als striche ein bösartiger Hund durch das Kerem-Avraham-Viertel. Der alte Mann stellte seinen Sack mitten auf der Fahrbahn ab. Nichts rührte sich auf den Straßen, denn die britische Armee hatte strengstes Ausgehverbot verhängt. Der Mann kratzte sich im Nacken, und die Geste verriet Zorn. In seiner Hand hielt er einen rostigen Nagel, den er in den Asphalt schlug. Es bildete sich ein kleiner Spalt. Der Spalt erweiterte sich rasch und breitete sich aus wie ein Eisenbahnnetz in einem Lehrfilm, der die Vorgänge im Zeitraffer zeigt. Ich biß mir in die Faust, um nicht entsetzt aufzuschreien. In der Zefanya-Straße in Richtung Bucharisches Viertel hörte man das Geräusch prasselnder Kieselsteine. Die Kieselsteine taten nicht weh, als ich von ihnen getroffen wurde. Wie winzige Wollbällchen. Doch in der Luft war ein nervöses Zittern, wie eine Katze zittert und das Fell sträubt, ehe sie springt. Langsam rutschte der riesige Felsblock den Skopusberg hinunter, wälzte sich durch das Bet-Yisrael-Viertel, als seien die Häuser Dominosteine, und rollte die Yehezkel-Straße hinauf. Ich sagte mir, daß ein riesiger Felsblock eigentlich kein Recht hatte, bergauf zu rollen, daß er hangabwärts stürzen müßte – alles andere wäre unfair. Ich hatte Angst, daß mir meine neue Kette vom Hals gerissen würde und verlorenginge und daß ich dafür bestraft würde. Ich fing an zu rennen, doch der alte Mann breitete seinen Sack quer über die Straße und stellte sich auf ihn, und ich konnte den Sack nicht bewegen, weil der Mann schwer war. Ich preßte mich gegen einen Zaun, obgleich ich wußte, daß ich mir dabei mein Lieblingskleid schmutzig machen würde, und dann bedeckte mich der riesige Felsblock, und der riesige Felsblock war gleichfalls wie Wolle und überhaupt nicht hart. Gebäude schwankten und stürzten reihenweise ein, drehten sich langsam und fielen zusammen wie edle Helden in einer Oper, kunstvoll erschlagen. Die Trümmer taten nicht weh. Sie bedeckten mich wie warme Eiderdaunen, wie ein Federnberg. Es war eine sanfte, halbherzige Umarmung. Zerlumpte Frauen erhoben sich aus den Ruinen. Eine von ihnen war Frau Tarnopoler. Sie sangen wehklagend eine orientalische Melodie wie die gemieteten Klagesänger, die ich bei der Beerdigung meines Vaters vor der Totenhalle des Bikur-Holim-Hospitals gesehen hatte. Hunderttausende von Jungen, orthodoxe Jungen, dünne Jungen mit Schläfenlocken und schwarzen Kaftanen strömten in Scharen schweigend aus Ahva, Geula, Sanhedriya, Bet Yisrael, Mea Shearim, Tel Arza herbei. Sie ließen sich auf den Ruinen nieder und kritzelten, kritzelten hinterhältig, voll glühenden Eifers. Es war schwer, sie anzusehen und nicht einer von ihnen zu sein. Ich war einer von ihnen. Ein als Polizist verkleideter Junge thronte auf einem zerbröckelnden Balkon hoch oben auf einer freistehenden Fassade. Der Junge lachte laut auf vor Freude, als er mich so auf der Straße liegen sah. Es war ein ordinärer Junge. Auf der Straße ausgestreckt, bemerkte ich einen olivgrünen britischen Panzer, der sich langsam vorwärts bewegte. Aus seinem Lautsprecher im Panzerturm sprach eine hebräische Stimme. Die Stimme war ruhig und männlich und jagte mir einen angenehmen Schauder bis in die Fußspitzen. Sie verkündete die Regeln des Ausgehverbots. Alle, die sich im Freien aufhielten, würden ohne Vorwarnung erschossen. Ärzte standen um mich herum, weil ich auf der Straße zusammengebrochen war und nicht mehr aufstehen konnte. Die Ärzte sprachen polnisch. »Seuchengefahr«, sagten sie. Ihr Polnisch war hebräisch, aber nicht unser Hebräisch. Die schottischen Rotmützen warteten auf blutrot bemützte Verstärkung von den beiden britischen Zerstörern *Dragon* und *Tigress*. Plötzlich segelte der Junge in den Polizistenkleidern kopfüber von dem Balkon herunter, segelte langsam auf das Pflaster zu, als hätte der Hochkommissar für Palästina, General Cunningham, alle Schwerkraftgesetze außer Kraft gesetzt, segelte langsam auf das zerstörte Pflaster zu, segelte herab, und ich konnte nicht schreien.

Kurz vor zwei Uhr weckte mich die Nachtschwester. In einem quietschenden Wagen brachte man mir meinen Sohn zum Stillen. Der Alptraum war immer noch da, und ich weinte und weinte, heftiger sogar als die orientalische Frau, die immer noch schluchzte. Unter Tränen bat ich die Schwester, mir zu erklären, wieso das Baby noch lebte, wie mein Baby das Unglück überlebt hatte.

XVI

Zeit und Gedächtnis begünstigen triviale Worte. Sie sind ihnen besonders zugetan. Sie umgeben sie mit dem sanften Glanz des Zwielichts.

Ich klammere mich an mein Gedächtnis und an Worte, wie man sich in großer Höhe an ein Geländer klammert.

Zum Beispiel die Worte eines alten Kinderreims, an die mein Gedächtnis sich unnachgiebig klammert:
  Kleiner Clown, kleiner Clown, willst du mit mir tanzen?
  Der hübsche kleine Clown tanzt mit jedermann.
Ich möchte auf folgendes hinweisen: Die zweite Hälfte des Reims gibt eine Antwort auf die im ersten Teil gestellte Frage, aber die Antwort ist enttäuschend.

Zehn Tage nach der Geburt erlaubten mir die Ärzte, das Krankenhaus zu verlassen, ich sollte aber noch im Bett bleiben und jede Anstrengung vermeiden. Michael war geduldig und unermüdlich. Als ich mit meinem Baby in einem Taxi nach Hause kam, gab es einen heftigen Streit zwischen meiner Mutter und Tante Jenia. Tante Jenia hatte sich einen weiteren Tag von ihrem Krankenhaus beurlauben lassen, um nach Jerusalem zu fahren und Michael und mir Anweisungen zu geben. Sie wollte mich dazu bringen, vernünftig zu sein.

Tante Jenia wies Michael an, die Wiege des Babys an die südliche Zimmerwand zu stellen, damit man die Fensterläden öffnen konnte, ohne daß die Sonne auf das Baby fiele. Meine Mutter wies Michael an, die Wiege neben mein Bett zu stellen. Sie wolle nicht mit Ärzten über Medizin streiten, bestimmt nicht. Aber Menschen haben auch Seelen, nicht nur Körper, sagte meine Mutter, und nur eine Mutter kann die Seele einer Mutter verstehen. Eine Mutter und ihr Baby müssen sich nahe sein. Um einander zu fühlen. Ein Heim ist kein Krankenhaus. Dies sei eine Frage des Gefühls, nicht der Medizin. Meine Mutter sagte diese Worte in gebrochenem Hebräisch. Tante Jenia würdigte sie keines Blickes. Sie sah zu Michael hinüber und sagte: »Man kann ja Frau Grynbaums Gefühle verstehen, aber wir beide zumindest sollten doch vernünftig sein.«

Es folgte eine giftige, dabei aber erstaunlich höfliche Auseinandersetzung, in deren Verlauf beide Frauen ihre Einwände zurücknahmen und darauf bestanden, daß die Sache den Streit nicht wert sei, sich jedoch weigerten, die Kapitulation der anderen anzunehmen.

Michael stand stumm in seinem grauen Anzug da. Das Baby schlief in seinen Armen. Michaels Augen flehten die beiden Frauen an, ihm das Baby abzunehmen. Er sah aus wie ein Mann, der verzweifelt versucht, ein Niesen zu unterdrücken. Ich lächelte ihm zu.

Die beiden Frauen faßten sich gegenseitig am Arm und bedrängten sich sanft, wobei sie sich mit »Pani Grynbaum« und »Pani Doktor« anredeten. Der Streit ging in ein genuscheltes Polnisch über.

Michael stammelte: »Es ist sinnlos, es ist sinnlos«, erläuterte jedoch nicht näher, welcher der beiden Standpunkte seiner Ansicht nach sinnlos war.

Schließlich schlug Tante Jenia, als sei ihr die Erleuchtung gekommen, vor, die Eltern sollten selbst entscheiden.

Michael sagte: »Hannah?«

Ich war müde. Ich stimmte Tante Jenias Vorschlag zu, weil sie mir morgens gleich nach ihrer Ankunft in Jerusalem einen blauen Flanellmorgenrock gekauft hatte. Ich konnte ihre Gefühle nicht verletzen, während ich den hübschen Morgenrock trug, den sie mir gekauft hatte.

Tante Jenia strahlte übers ganze Gesicht. Sie klopfte Michael auf die Schulter, wie eine feine Dame dem jungen Jockey gratuliert, der gerade ihrem Pferd zum Sieg verholfen hat. Meine Mutter sagte mit schwacher Stimme: »Gut, gut. Azoy wie Hannele will. Jo.«

Doch abends, kurz nach Tante Jenias Abreise, entschloß sich auch meine Mutter, am nächsten Tag nach Nof Harim zurückzufahren. Es gebe nichts mehr für sie zu tun hier. Sie wolle nicht im Weg sein. Und man brauche sie dringend dort oben. Es würde schon alles gut werden. Als Hannele ein Baby war, sah alles viel schlimmer aus. Es würde schon alles gut werden.

Nachdem die beiden Frauen abgereist waren, wurde mir klar, daß mein Mann inzwischen gelernt hatte, eine Flasche Milch in einem Topf mit kochendem Wasser zu wärmen, sein Kind zu füttern und es ab und zu hochzunehmen, damit es aufstößt und die Luft entweichen kann.

Der Arzt hatte mir verboten, das Baby zu stillen, weil sich eine Komplikation eingestellt hatte. Die neue Komplikation war nicht besonders schwerwiegend; sie bereitete mir gelegentlich Schmerzen und ein gewisses Unbehagen.

Wenn das Baby aufwachte, öffnete es seine Augenlider, und man sah Inseln reinen Blaus. Ich glaubte, daß dies seine innere Farbe sei, daß die Gucklöcher seiner Augen nur Tropfen des strahlenden Blaus zeigten, das den Körper des Babys unter seiner Haut ausfüllte. Wenn mein Sohn mich anschaute, mußte ich daran denken, daß er noch nicht sehen konnte. Der Gedanke ängstigte mich. Ich hatte kein Vertrauen, daß die Natur die festgelegte Ereignisfolge erfolgreich wiederholen würde. Ich wußte nichts über die natürlichen körperlichen Abläufe. Michael war keine große Hilfe. »Allgemein gesprochen«, sagte er, »wird die physische Welt von festen Gesetzen beherrscht. Ich bin kein Biologe, aber als Naturwissenschaftler sehe ich keinen Sinn in deiner hartnäckigen Frage nach der Natur Kausalität. Der Begriff ›Kausalität‹ führt nur zu Schwierigkeiten und Mißverständnissen.«

Ich liebte meinen Mann, wenn er eine weiße Serviette über seine graue Jacke breitete, sich die Hände wusch und seinen Sohn vorsichtig in die Höhe hob.

»Du bist ein harter Arbeiter, Michael«, lachte ich schwach.

»Du brauchst dich nicht über mich lustig zu machen«, sagte Michael mit ruhiger Stimme.

Als ich ein Kind war, pflegte meine Mutter mir öfters das hübsche Lied von einem braven Jungen namens David vorzusingen:

        Klein David war so nett,
            stets sauber, stets adrett.

Ich weiß nicht mehr, wie es weitergeht. Wenn ich mich besser gefühlt hätte, wäre ich in die Stadt gegangen und hätte Michael ein Geschenk gekauft: eine neue Pfeife. Eine leuchtendbunte Toilettengarnitur. Ich träume.

Michael stand um fünf Uhr morgens auf, machte Wasser heiß und wusch die Windeln des Babys aus. Später öffnete ich meine Augen und sah, wie er sich still und ergeben über mich beugte. Er reichte mir eine Tasse warmer Milch mit Honig. Ich war schläfrig. Mitunter streckte ich nicht einmal die

Hand aus, um ihm die Tasse abzunehmen, weil ich glaubte, daß ich Michael nur träumte, daß er nicht wirklich war.

Es gab Nächte, in denen Michael sich nicht einmal auszog. Er saß bis in den Morgen hinein an seinem Schreibtisch und las seine Bücher. Er kaute auf dem Mundstück seiner leeren Pfeife herum. Ich habe dieses leicht klopfende Geräusch nicht vergessen. Manchmal döste er im Sitzen eine halbe oder ganze Stunde ein, dann lag sein Arm auf dem Tisch ausgestreckt, und sein Kopf ruhte auf seinem Arm.

Wenn das Baby nachts schrie, nahm Michael es hoch und trug es im Zimmer hin und her, vom Fenster zur Tür und wieder zurück, wobei er ihm Fakten ins Ohr flüsterte, die er auswendig lernen mußte. Zwischen Wachen und Schlaf hörte ich nachts die düsteren Schlagworte »Devon«, »Perm«, »Trias«, »Lithosphäre«, »Siderosphäre«. In einem meiner Träume bewunderte der Professor für Hebräisch die linguistische Synthese des Schriftstellers Mendele und erwähnte zufällig einige dieser Wörter. »Fräulein Grynbaum«, sagte er zu mir, »wären Sie so nett, uns die inhärente Zweideutigkeit der Situation kurz zu beschreiben?« Wie dieser alte Professor mir im Traum zulächelte. Sein Lächeln war sanft und freundlich, wie eine Liebkosung.

Michael schrieb in diesen Nächten einen langen Essay, der den alten Konflikt zwischen neptunischen und plutonischen Theorien über den Ursprung der Erde behandelte. Dieser Disput ging der Laplaceschen Nebulartheorie voraus.

Das Wort »Nebulartheorie« übte eine gewisse Faszination auf mich aus. »Wie ist die Erde wirklich entstanden, Michael?«, fragte ich meinen Mann.

Michael lächelte nur, als sei dies die einzige Antwort, die ich von ihm erwartete. Eigentlich hatte ich keine Antwort erwartet. Ich hatte mich in mich zurückgezogen. Ich war krank.

Während dieser Sommertage im Jahr 1951 erzählte mir Michael, daß er davon träume, seinen Essay auszubauen und ihn in einigen Jahren als kurzen, selbständigen Forschungsaufsatz zu veröffentlichen. Ob ich mir vorstellen könne, fragte er, wie froh sein alter Vater darüber sein würde? Ich war nicht in der Lage, ihm ein einziges ermutigendes Wort zu sagen. Ich war zusammengeschrumpft, in mich selbst zurückgezogen, als hätte ich einen winzigen Edelstein auf dem Meeresgrund verloren. Ich irrte endlose

Stunden im seegrünen Zwielicht herum. Schmerzen, Depressionen und Angstträume verfolgten mich Tag und Nacht. Ich bemerkte kaum die dunklen Ringe, die sich unter Michaels Augen bildeten. Er war todmüde. Er mußte stundenlang mit meiner Lebensmittelkarte in der Hand Schlange stehen, um kostenlose Lebensmittel für stillende Mütter zu kriegen. Er beklagte sich nicht ein einziges Mal. Er scherzte nur in der ihm eigenen, trockenen Art und meinte, daß eigentlich er die Zuteilung verdiente, da er das Baby füttere.

XVII

Klein Yair sah mehr und mehr meinem Bruder Emanuel ähnlich mit einem breiten, gesunden Gesicht, einer fleischigen Nase und hohen Backenknochen. Diese Ähnlichkeit gefiel mir nicht. Yair war ein gefräßiges und lebhaftes Baby. Er grunzte beim Trinken, und wenn er schlief, gab er zufriedene Glückslaute von sich. Seine Haut war rosig. Die Inseln reinen Blaus wurden zu kleinen, neugierigen grauen Augen. Er neigte zu unerklärlichen Ausbrüchen wütenden Zorns, wobei er mit geballten Fäusten in die Luft zu schlagen pflegte. Mir kam der Gedanke, daß es gefährlich sein müßte, in seine Nähe zu kommen, wenn seine Fäustchen nicht so winzig wären. Bei solchen Gelegenheiten nannte ich meinen Sohn *Die Maus, die brüllte* nach dem bekannten Film. Michael zog den Spitznamen »Bärenbaby« vor. Im Alter von drei Monaten hatte unser Sohn schon mehr Haare als die meisten anderen Babys.

Manchmal, wenn das Baby schrie und Michael nicht da war, stand ich mit bloßen Füßen auf und schaukelte die Wiege heftig, wobei ich mein Baby in ekstatischem Schmerz »Salman-Yair«, »Yair-Salman« nannte. Als hätte mein Sohn mir Unrecht getan. Ich war eine gleichgültige Mutter während der ersten Monate im Leben meines Sohnes. Ich dachte an Tante Jenias unangenehmen Besuch zu Beginn meiner Schwangerschaft, und zuweilen hing ich der perversen Idee nach, daß ich es war, die das Baby hatte loswerden wollen, und Tante Jenia, die mich davon abgehalten hatte. Auch hatte ich das Gefühl, daß ich bald sterben würde und deshalb keinem etwas schuldig war, auch nicht diesem rosigen, gesunden, bösen Kind. Ja, Yair war böse. Oft schrie er in meinen Armen, und sein Gesicht lief dabei so rot an wie das eines wütenden, betrunkenen Bauern in einem russischen

Film. Nur wenn Michael ihn mir aus den Armen nahm und ihm leise vorsang, war Yair bereit, den Mund zu halten. Ich nahm ihm das übel. Es war, als beschäme mich ein Fremder mit gemeiner Undankbarkeit.

Ich erinnere mich. Ich habe es nicht vergessen. Wenn Michael mit dem Kind in den Armen hin und her vom Fenster zur Tür und wieder zurück durchs Zimmer marschierte und ihm seltsame Worte ins Ohr flüsterte, erkannte ich plötzlich in beiden, in uns dreien, eine Eigenschaft, die ich nur als Melancholie bezeichnen kann. Ich weiß kein anderes Wort dafür.

Ich war krank. Auch als Dr. Urbach verkündete, er sei zufrieden, daß die Komplikation nun beseitigt sei und ich in jeder Hinsicht wieder ein normales Leben führen könne, selbst dann war ich noch krank. Ich entschloß mich jedoch, Michaels Feldbett aus dem Zimmer, in dem die Wiege stand, zu entfernen. Von nun an übernahm ich selbst die Pflege des Babys. Mein Mann sollte im Wohnzimmer schlafen, damit wir ihn nicht länger von seinen Studien abhielten. Er hätte so Gelegenheit, die Arbeit nachzuholen, die er während der vorangegangenen Monate nicht hatte machen können.

Um acht Uhr abends fütterte ich das Kind, legte es ins Bett, verschloß die Tür von innen und streckte mich auf dem breiten Doppelbett aus. Mitunter klopfte Michael um halb zehn oder zehn leise an die Tür. Wenn ich öffnete, sagte er:

»Ich sah das Licht unter der Tür und wußte, daß du nicht schläfst. Deshalb habe ich geklopft.«

Während er sprach, schaute er mich mit seinen grauen Augen an wie ein rücksichtsvoller, älterer Sohn. Kühl und zurückhaltend erwiderte ich:

»Ich bin krank, Michael. Du weißt, daß ich mich nicht wohl fühle.«

Er preßte seine Hand um die leere Pfeife, bis die Knöchel rot wurden. »Ich wollte nur fragen, ob ... ob ich dich nicht störe ... ob ich irgend etwas für dich tun kann, oder – brauchst du mich? Jetzt nicht? Du weißt, Hannah, ich bin gleich nebenan, wenn du was brauchst ... ich mache nichts Wichtiges, lese gerade Goldschmidt zum dritten Mal durch, und ...«

Vor langer Zeit hatte mir Michael Gonen gesagt, daß Katzen sich nie in einem Menschen irrten. Eine Katze würde nie mit jemandem Freundschaft schließen, der sie nicht mochte. Nun, dann.

Ich pflegte aufzuwachen, bevor es hell wurde. Jerusalem ist eine abgeschiedene Stadt, selbst wenn man dort lebt, wenn man dort geboren ist.

Ich wache auf und höre den Wind in den engen Straßen von Meqor Barukh. In den Hinterhöfen und auf alten Balkonen stehen Wellblechverschläge. Der Wind spielt auf ihnen. Wäsche schlägt auf Wäscheleinen, die über die Straße gespannt sind. Müllmänner ziehen Mülltonnen über das Pflaster. Einer von ihnen flucht immer heiser. In einem der Hinterhöfe kräht wütend ein Hahn. Ferne Stimmen von allen Seiten. Eine stille, fiebrige Spannung liegt in der Luft. Das Geheul von Katzen, die verrückt sind vor Begierde. Ein einsamer Schuß in der fernen Dunkelheit im Norden. Ein in der Ferne aufheulender Motor. Eine stöhnende Frau in einer anderen Wohnung. Glocken, die weitab im Osten läuten, vielleicht in den Kirchen der alten Stadt. Ein frischer Wind bewegt die Baumspitzen. Jerusalem ist eine Stadt der Kiefern. Gespannte Zuneigung herrscht zwischen den Kiefern und dem Wind. Uralte Kiefern in Talppyiot, in Katamon, in Bet Hakerem und hinter dem dunklen Schneller-Wald. In dem tief gelegenen Dorf En Kerem sind die weißen Morgennebel Boten eines Reiches, in dem andere Farben herrschen. Die Klöster sind von hohen Mauern umgeben in dem tief gelegenen Dorf En Kerem. Selbst innerhalb der Mauern gibt es flüsternde Kiefern. Finstere Pläne werden beim blinden Licht der Morgendämmerung geschmiedet. Werden geschmiedet, als wäre ich nicht hier und könnte alles hören. Als wäre ich nicht hier. Singende Reifen. Das Fahrrad des Milchmanns. Seine leichten Schritte auf dem Treppenabsatz. Sein gedämpftes Husten. Hunde, die in den Höfen bellen. Draußen auf dem Hof ist etwas Schreckliches. Die Hunde können es sehen und ich nicht. Ein Fensterladen ächzt. Sie wissen, daß ich hier wach liege und zittere. Sie konspirieren, als wäre ich nicht hier. Ihr Ziel bin ich.

Jeden Morgen, nachdem ich eingekauft und die Wohnung aufgeräumt habe, fahre ich Yair in seinem Kinderwagen spazieren. Es ist Sommer in Jerusalem. Ein friedlicher, blauer Himmel. Wir gehen zum Mahane-Yehuda-Markt, um eine billige Pfanne oder einen Filter zu kaufen. Als Kind betrachtete ich gern die nackten, braunen Rücken der Träger auf dem Markt. Der Geruch ihres Schweißes gab mir ein gutes Gefühl. Auch heute noch wirken die vermischten Gerüche des Mahane-Yehuda-Marktes beruhigend auf mich. Mitunter setze ich mich der religiösen Jungenschule Taschkemoni gegenüber auf eine Bank, den Kinderwagen an meiner Seite, und beobachte die Jungen, wie sie sich in den Pausen zwischen den Unterrichtsstunden auf dem Spielplatz balgen.

Häufig gingen wir bis zum Schneller-Wald. Für diesen Ausflug nahm ich eine Flasche Tee mit Zitrone, Kekse, mein Strickzeug, eine graue Decke und ein paar Spielsachen mit. Wir hielten uns etwa eine Stunde im Wald auf. Es war ein kleiner, auf einem steilen Hügel gelegener Wald, dessen Boden von einem Teppich toter Kiefernnadeln bedeckt war. Seit meiner Kindheit habe ich diesen Wald den »Forst« genannt.

Ich breite die Decke aus, lege Yair darauf und lasse ihn mit seinen Bauklötzen spielen. Ich setze mich mit drei oder vier anderen Hausfrauen auf einen kalten Stein. Diese Frauen sind freundlich: Glücklich reden sie über sich und ihre Familien, ohne auch nur die leiseste Andeutung zu machen, daß auch ich meine Geheimnisse preisgeben solle. Um nicht überheblich oder herablassend zu wirken, erörtere ich mit ihnen die Vorteile verschiedener Stricknadelarten. Ich erzähle ihnen von hübschen Blusen aus leichten Stoffen, die es in der Maayan-Stub oder bei Schwarz zu kaufen gibt. Eine der Frauen brachte mir bei, wie man ein erkältetes Baby mit Inhalationen behandelt. Hin und wieder versuche ich sie mit einem politischen Witz zu erheitern, den Michael nach Hause gebracht hatte, über Dov Yosef, den »Minister der Lebensmittelrationierung«, oder über einen Neueinwanderer, der dies oder jenes zu Ben Gurion gesagt hatte. Doch sobald ich den Kopf wende, fällt mein Blick auf das jenseits der Grenze dösende, in blaues Licht getauchte arabische Dorf Shaafat. Seine Dachziegel leuchten rot in der Ferne, und in den nahen Baumwipfeln singen Vögel morgens Lieder in einer Sprache, die ich nicht verstehe.

Ich werde schnell müde. Ich gehe nach Hause, füttere mein Kind, lege es in seine Wiege und falle erschöpft auf mein Bett. In der Küche waren Ameisen aufgetaucht. Vielleicht hatten sie plötzlich gemerkt, wie überaus schwach ich war.

Mitte Mai erlaubte ich Michael, in der Wohnung Pfeife zu rauchen mit Ausnahme des Zimmers, in dem das Baby und ich schliefen. Was sollte bloß aus uns werden, wenn Michael auch nur die harmloseste Krankheit bekäme? Seit seinem vierzehnten Lebensjahr war er nicht einen Tag krank gewesen. Könnte er nicht ein paar Tage Urlaub nehmen? In zweieinhalb Jahren ungefähr, wenn er seine zweite Prüfung hinter sich habe, könne er es ein bißchen langsamer angehen lassen, und dann könnten wir alle zusammen einen schönen Urlaub verbringen. Gab es irgend etwas, was er gern hätte? Sollte ich ihm etwas zum Anziehen kaufen? Eigentlich spare er immer noch für die Bände der großen *Encyclopaedia Hebraica*, die er sich jeweils bei Erscheinen kaufen wolle; aus diesem Grund gehe er viermal die Woche zu Fuß von der Universität nach Hause, statt den Bus zu nehmen, und habe so bereits ungefähr 25 Pfund gespart.

Anfang Juni gab es die ersten Anzeichen dafür, daß das Baby seinen Vater erkannte. Michael näherte sich ihm von der Tür, und das Kind gluckste vor Vergnügen. Dann versuchte Michael, sich ihm von der anderen Seite zu nähern, und wieder jauchzte Yair vor Freude. Mir mißfiel das Aussehen des Kindes, wenn es nicht mehr aus noch ein wußte vor Freude. Ich sagte Michael, daß ich befürchte, unser Sohn werde nicht allzu intelligent werden. Michaels Unterkiefer klappte erschrocken nach unten. Er wollte etwas sagen, zögerte, überlegte es sich anders und schwieg. Später schrieb er eine Postkarte an seinen Vater und seine Tanten, auf der er berichtete, daß sein Sohn ihn erkannte. Mein Mann war überzeugt davon, daß er und sein Sohn einmal Freunde werden würden.

»Du mußt ein verwöhntes Kind gewesen sein«, sagte ich.

XVIII

Im Juli war das akademische Jahr zu Ende. Michael erhielt ein bescheidenes Stipendium als Zeichen der Anerkennung und Ermutigung. In einer privaten Unterredung sprach sein Professor über seine Zukunftsaussichten. Einen gesunden, tüchtigen jungen Mann würde man nicht übersehen. Er würde sicher einmal wissenschaftlicher Assistent werden. Eines Abends lud Michael ein paar seiner Kommilitonen zu uns ein, um auf seinen Erfolg zu trinken. Er plante eine kleine Überraschungsparty. Wir bekamen sehr selten Besuch. Alle drei Monate kam die eine oder andere der Tanten vorbei und verbrachte einen halben Tag bei uns. Die alte Sarah Zeldin vom Kindergarten schaute für zehn Minuten herein und gab uns fachmännische Ratschläge zu Babyfragen. Der Mann von Michaels Freundin Liora brachte uns eine Kiste Äpfel vom Kibbuz Tirat Yaar. Einmal platzte mein Bruder Emanuel um Mitternacht herein. »Hier, nehmt schon das verdammte Huhn. Schnell. Lebt ihr denn noch? Hier, ich habe euch einen Vogel mitgebracht – er lebt auch noch. Na, dann alles Gute. Kennt ihr den über die drei Flieger? Na gut, grüßt mir das Baby. Unser Laster wartet unten, und sie werden gleich nach mir hupen.«

Samstags kam gelegentlich meine beste Freundin Hadassah mit ihrem Mann oder allein vorbei. Sie versuchte, mich hartnäckig zu überreden, mein Studium wiederaufzunehmen. Tante Leahs Freund, der alte Herr Kadischmann, hatte sich angewöhnt, uns hin und wieder zu besuchen, um nach dem Rechten zu sehen und eine Partie Schach mit Michael zu spielen.

Am Abend der Überraschungsparty kamen neun Studenten und Studentinnen. Eine von ihnen war ein blondes Mädchen, das auf den ersten Blick hinreißend aussah, später jedoch eher derb wirkte. Offensichtlich war sie das Mädchen, das auf unserer Hochzeitsparty den wilden spanischen Tanz getanzt hatte. Sie nannte mich »Süße«, und zu Michael sagte sie »Genie«.

Mein Mann schenkte Wein ein und reichte Kekse herum. Dann stellte er sich auf den Tisch und begann, seine Dozenten nachzuahmen. Seine Freunde lachten höflich. Nur das blonde Mädchen, Yardena, war wirklich begeistert. »Micha«, applaudierte sie, »Micha, du bist der Größte.«

Ich schämte mich für meinen Mann, weil er nicht amüsant war. Seine Fröhlichkeit war überspannt und verkrampft. Selbst als er eine lustige Geschichte erzählte, konnte ich nicht lachen, weil er sie erzählte, als diktiere er Notizen für eine Vorlesung.

Nach zwei Stunden verabschiedeten sich die Gäste.

Mein Mann sammelte die Gläser ein und trug sie in die Küche. Dann leerte er die Aschenbecher. Er kehrte das Zimmer. Er band sich eine Schürze um und ging wieder zum Spülbecken. Auf seinem Weg durch den Flur blieb er stehen und sah mich an wie ein gescholtener Schuljunge. Er schlug mir vor, schlafen zu gehen, und versprach, keinen Lärm zu machen. Er vermute, ich sei erschöpft nach all der Aufregung. Er habe einen Fehler gemacht. Er könne jetzt sehen, was er für einen Fehler gemacht habe. Er hätte keine Fremden einladen dürfen. Meine Nerven waren noch überreizt, und ich ermüdete schnell. Er wundere sich über sich selbst, daß er nicht früher daran gedacht habe. Übrigens finde er dieses Mädchen Yardena schrecklich vulgär. Ob ich ihm diesen Abend je verzeihen könne?

Während Michael mich bat, ihm die kleine Party zu verzeihen, die er gegeben hatte, mußte ich daran denken, wie verloren ich mich an jenem Abend gefühlt hatte, als wir von unserem ersten Ausflug nach Tirat Yaar zurückkehrten, und wie wir zwischen den zwei Reihen dunkler Zypressen standen, wie der kalte Regen mir ins Gesicht schlug und Michael plötzlich seinen groben Mantel aufknöpfte und mich in ihn hineinzog.

Jetzt stand er über den Spülstein gebeugt, als hätte er sich das Genick gebrochen, und hantierte mit sehr müden Bewegungen. Er reinigte die Gläser in heißem Wasser und spülte sie dann kalt ab. Ich schlich mich barfuß von hinten an ihn heran. Ich küßte seinen kurzgeschorenen Kopf, schlang beide Arme um seine Schultern und griff nach seiner festen, flaumigen Hand. Ich war froh, daß er meine Brüste gegen seinen Rücken fühlen konnte, denn seit Beginn meiner Schwangerschaft waren mein Mann und ich uns ferngeblieben. Michaels Hand war naß vom Spülen der Gläser. Er hatte einen schmutzigen Verband um einen seiner Finger. Vielleicht hatte er sich geschnitten und sich nicht die Mühe gemacht, es mir zu erzählen. Auch der Verband war naß. Er wandte mir sein längliches, schmales Gesicht zu, das noch magerer wirkte als an dem Tag, an dem wir uns in Terra Sancta kennengelernt hatten. Mir fiel auf, daß sein ganzer Körper abgemagert war. Seine Backenknochen standen vor. Eine feine Linie begann sich am rechten Nasenflügel abzuzeichnen. Ich berührte seine Wange. Er schien nicht überrascht. Als hätte er die ganze Zeit darauf gewartet. Als hätte er im voraus gewußt, daß sich an diesem Abend alles ändern würde.

Es war einmal ein kleines Mädchen namens Hannah, das für den Sabbat ein neues Kleid bekam, weiß wie Schnee. Sie besaß auch ein hübsches Paar Schuhe aus echtem Ziegenleder, und ihre Locken wurden von einem hübschen Seidentuch zusammengehalten, denn Klein-Hannah hatte wunderschönes, lockiges Haar. Nun ging Hannah auf die Straße und erblickte einen unter dem Gewicht seines schwarzen Sackes gebeugten alten Kohlenhändler. Der Sabbat stand vor der Tür. Hannah half dem Kohlenhändler rasch den Kohlensack tragen, denn Klein-Hannah hatte ein mitfühlendes Herz. Ihr weißes Kleid war voller Kohlenstaub, und ihre Ziegenlederschuhe waren schmutzig. Hannah fing bitterlich an zu weinen, denn Klein-Hannah war ein braves Mädchen, das immer sauber und ordentlich aussah. Der freundliche Mond am Himmel hörte ihr Weinen und schickte seine Strahlen herunter, damit sie sanft auf ihr spielten und jeden Fleck in eine goldene Blume und jede Dreckspur in einen silbernen Stern verwandelten. Denn es gibt keine Traurigkeit auf der Welt, die nicht in große Freude verwandelt werden könnte.

Ich wiegte das Baby in den Schlaf und ging in einem langen, durchsichtigen Nachthemd, das mir bis zu den Knöcheln reichte, in das Zimmer meines Mannes. Michael legte ein Lesezeichen in sein Buch, klappte es zu, legte die Pfeife weg und knipste die Tischlampe aus. Dann stand er auf und legte beide Arme um meine Taille. Er sprach kein Wort. Nachher sagte ich ihm die vertrauten Worte, die mir einfielen: »Sag, Michael. Warum hast du einmal behauptet, dir gefiele das Wort ›Knöchel‹? Ich mag dich dafür, daß dir das Wort ›Knöchel‹ gefällt. Vielleicht ist es noch nicht zu spät, dir zu sagen, daß du sanft und sensibel bist. Du bist eine Ausnahme, Michael. Du wirst dein Referat schreiben, Michael, und ich tippe es dir ins reine. Dein Referat wird sehr gründlich sein, und Yair und ich werden sehr stolz auf dich sein. Auch dein Vater wird glücklich darüber sein. Alles wird anders werden. Wir werden uns befreit fühlen. Ich liebe dich. Ich liebte dich, als wir uns in Terra Sancta kennenlernten. Vielleicht ist es noch nicht zu spät, dir zu sagen, daß mich deine Finger faszinieren. Ich weiß nicht, mit welchen Worten ich dir sagen soll, wie sehr ich deine Frau sein möchte. Wie sehr ich mir das wünsche.«

Michael schlief. Konnte ich es ihm verdenken? Ich hatte mit sanfter Stimme gesprochen, und er war so furchtbar müde. Nacht für Nacht hatte er bis zwei oder drei Uhr früh über seine Arbeit gebeugt am Schreibtisch gesessen und an seiner leeren Pfeife gekaut. Meinetwegen hatte er den Job angenommen, Aufsätze der ersten Semester zu korrigieren und sogar technische Artikel aus dem Englischen zu übersetzen. Mit dem verdienten Geld hatte er mir einen elektrischen Heizofen gekauft und einen teuren Kinderwagen für Yair mit Federung und einem bunten Dach. Er war so müde. Meine Stimme war so sanft. Er war eingeschlafen.

Ich flüsterte meinem abwesenden Mann die zärtlichsten Dinge zu, die in mir waren. Über die Zwillinge. Und über das verschlossene Mädchen, das die Königin der Zwillinge war. Ich verbarg nichts. Die ganze Nacht hindurch spielte ich im Dunkeln mit den Fingern seiner linken Hand, und er vergrub seinen Kopf im Bettzeug und spürte nichts. Ich schlief wieder an der Seite meines Mannes. Morgens war Michael ganz der alte, zurückhaltend und tüchtig. Letzthin begann sich eine feine Linie unter seinem linken Nasenflügel abzuzeichnen. Noch war sie kaum sichtbar, aber wenn sich erst tiefere Falten über sein Gesicht auszubreiten begännen, würde mein Michael mehr und mehr seinem Vater ähneln.

XIX

Ich habe Ruhe gefunden. Ereignisse können mich nicht mehr berühren. Dies ist mein Platz. Hier bin ich. So wie ich bin. Die Tage gleichen sich. In mir bleibt alles gleich. Selbst in meinem neuen Sommerkleid mit der hohen Taille bin ich noch immer die gleiche. Man hat mich sorgfältig zurechtgemacht und schön verpackt, mit einem hübschen, roten Band verschnürt und ausgestellt, gekauft und ausgepackt, benutzt und beiseite gelegt. Die Tage gleichen sich auf trübselige Weise. Besonders, wenn es Sommer ist in Jerusalem. Was ich gerade geschrieben habe, ist eine müde Lüge. Es gab zum Beispiel Ende Juli 1953 einen Tag, einen leuchtend blauen Tag voller Klänge und Beobachtungen. Unser gutaussehender Gemüsehändler frühmorgens, unser persischer Gemüsehändler Elijah Mossiah, und seine hübsche Tochter Levana. Herr Guttmann, der Elektriker aus der David-Yelin-Straße, wollte das Bügeleisen in zwei Tagen reparieren und versprach, Wort zu halten. Er wollte mir auch eine gelbe Glühbirne verkaufen, um nachts die Moskitos vom Balkon fernzuhalten. Yair war zwei Jahre und drei Monate alt. Er fiel die Treppe hinunter und schlug deshalb mit seinen winzigen Fäusten auf sie ein. Seine Knie waren blutig. Ich verband die Wunde, ohne das Kind dabei anzusehen. Am Abend zuvor hatten wir im Edison-Kino einen modernen italienischen Film gesehen, *Fahrraddiebe*. Beim Mittagessen spendete Michael zurückhaltendes Lob. Er hatte eine Abendzeitung in der Stadt gekauft, in der über Südkorea berichtet wurde und über Banden von Eindringlingen im Negev. Zwei religiöse Frauen stritten sich in unserer Straße. Ein Martinshorn ertönte in der Rashi-Straße oder einer der anderen nahegelegenen Straßen. Eine Nachbarin beklagte sich bei mir über den hohen Preis und die schlechte Qualität von Fisch. Michael trug eine Brille, weil seine Augen schmerzten. Es war nur eine Lesebrille. Ich kaufte im Café Allenby in der King-George-Straße für Yair und mich ein Eis. Das Eis tropfte auf den Ärmel meiner grünen Bluse. Die Familie Kamnitzer über uns hatte einen Sohn namens Yoram, ein verträumter, blondhaariger Junge von 14 Jahren. Yoram war ein Dichter. In seinen Gedichten ging es um die Einsamkeit. Er gab mir seine Manuskripte zu lesen, weil er gehört hatte, daß ich als junges Mädchen Literatur studiert hatte. Ich beurteilte seine Werke. Seine Stimme zitterte, seine Lippen bebten, und ein grünes Flimmern leuchtete in seinen Augen. Yoram brachte mir ein neues Gedicht, das er der Erinnerung an die Dichterin Rachel gewidmet hatte. Yorams Gedicht verglich ein Leben ohne Liebe mit einer öden Wildnis. Ein einsamer Wanderer sucht einen Brunnen in der Wüste, wird aber von trügerischen Visionen in die Irre geführt. Neben dem wirklichen Brunnen bricht er schließlich zusammen und stirbt.

»So ein gutzerzogener, frommer, orthodoxer Junge wie du schreibt Liebesgedichte«, lachte ich.

Yoram brachte einen Moment lang die Kraft auf, in mein Gelächter einzustimmen, doch er hielt bereits die Armlehnen seines Stuhls fest umklammert, und seine Finger waren blaß wie die eines Mädchens. Er lachte mit mir, doch plötzlich füllten sich seine Augen mit Tränen. Er griff hastig nach dem Blatt Papier mit dem Gedicht und zerknüllte es in seiner zusammengepreßten Hand.

Plötzlich drehte er sich um und stürzte aus der Wohnung. An der Tür blieb er stehen.

»Es tut mir leid, Frau Gonen«, flüsterte er. »Auf Wiedersehen.« Bedauern.

An jenem Abend besuchte uns Tante Leahs Freund, der alte Herr Abraham Kadischmann. Wir tranken Kaffee, und er kritisierte die linke Regierung. Glichen sich die Tage noch immer? Die Tage vergingen, ohne eine Spur zu hinterlassen. Ich bin mir selbst feierlich verpflichtet, in diesem Bericht jeden Tag und jede Stunde, die verstreichen, festzuhalten, denn meine Tage gehören mir, und ich habe Ruhe gefunden, und die Tage sausen vorüber wie die Hügel, wenn man im Zug sitzt nach Jerusalem. Ich werde sterben, Michael wird sterben, der persische Gemüsehändler Elijah Mossiah wird sterben, Levana wird sterben, Yoram wird sterben, Kadischmann wird sterben, alle Nachbarn, alle Leute werden sterben, ganz Jerusalem wird sterben, und dann wird es einen seltsamen Zug voll seltsamer Leute geben, und sie werden wie wir am Fenster stehen und seltsame Hügel vorbeisausen sehen. Ich kann noch nicht einmal eine Ameise auf dem Küchenfußboden töten, ohne an mich selbst zu denken. Und ich denke auch an empfindliche Dinge tief in meinem Körper. Empfindliche Dinge, die mir gehören, ganz und gar mir, wie mein Herz und meine Nerven und mein Leib. Sie gehören mir, sie sind ich, aber ich werde sie nie sehen oder berühren können, weil alles auf der Welt Distanz ist.

Könnte ich nur die Lokomotive in meine Gewalt bringen und die Prinzessin des Zuges sein, mit einem geschmeidigen Zwillingspaar umgehen, als handle es sich um einen Teil meiner selbst, meine linke und rechte Hand.

Oder würde es nur Wirklichkeit, daß am 17. August 1953 um sechs Uhr früh ein bucharischer Taxifahrer namens Rahamin Rahaminov, endlich einträte, lachend und von mächtiger Gestalt, auf meiner Schwelle stünde, an die Tür klopfte und höflich fragte, ob Fräulein Yvonne Azulai bereit sei, aufzubrechen. Ich wäre mit ganzer Seele bereit, mit ihm zum Flughafen Lydda zu fahren und mit Olympic zu den schneebedeckten russischen Steppen zu fliegen, nachts auf einem Schlitten in Bärenfelle gehüllt, die Silhouette des gewaltigen Schädels des Fahrers, und auf der endlosen, eisigen Fläche glühen die Augen magerer Wölfe. Die Strahlen des Mondes fallen auf den Nacken eines einsamen Baums. Halt, Fahrer, halt eine Sekunde an, dreh dich um und laß mich dein Gesicht sehen. Sein Gesicht ist ein Holzschnitt, grobkörnig in dem weichen, weißen Licht. Eiszapfen hängen an den Spitzen seines wirren Schnurrbarts.

Und das Unterseeboot *Nautilus* gab es wirklich und gibt es noch immer. Es gleitet durch die Tiefen des Meeres, riesengroß, strahlend hell und geräuschlos in einem grauen Ozean, kreuzt warme Strömungen und seetangumschlungene Unterwasserhöhlen am Fuß der Korallenriffe des Archipels, gleitet tiefer und tiefer mit mächtigen Stößen, es weiß, wo es hinfährt und warum und gönnt sich keine Ruhe, anders als ein Stein, anders als eine erschöpfte Frau.

Und unter dem Nordlicht vor der Küste Neufundlands patrouilliert Wache haltend der britische Zerstörer *Dragon*, und seine Mannschaft findet keine Ruhe aus Angst vor Moby Dick, dem edlen weißen Wal. Im September wird *Dragon* von Neufundland nach Neukaledonien fahren, um der Garnison dort Proviant zu bringen. Bitte, *Dragon*, vergiß den Hafen von Haifa nicht und Palästina und Hannah in weiter Ferne.

All diese Jahre trug sich Michael mit der Hoffnung, unsere Wohnung in Meqor Barukh gegen eine in Rehavia oder Bet Hakerem gelegene einzutauschen. Er wohnt nicht gerne hier. Auch seine Tanten fragen sich beharrlich, warum Michael mitten unter religiösen Leuten lebt, statt in einer zivilisierten Nachbarschaft. Ein Wissenschaftler braucht Ruhe und Frieden, behaupten die Tanten, und die Nachbarn hier sind laut.

Es war meine Schuld, daß wir es immer noch nicht geschafft hatten, auch nur genügend Geld für die Anzahlung auf eine neue Wohnung zusammenzusparen. Michael war so rücksichtsvoll, diese Tatsache seinen

Tanten gegenüber zu verschweigen. Jedes Jahr, wenn wieder Frühling ist, überkommt mich ein Einkaufsrausch. Elektroartikel, ein leuchtend grauer Vorhang für eine ganze Wand, Unmengen neuer Kleider. Vor meiner Heirat kaufte ich selten Kleider. Als Studentin pflegte ich den ganzen Winter hindurch dieselben Kleidungsstücke zu tragen, ein blaues Wollkleid, das meine Mutter gestrickt hatte, oder eine braune Kordhose und einen dicken, roten Pullover, wie ihn Mädchen an der Universität damals zu tragen pflegten, um möglichst lässig zu wirken. Jetzt hatte ich neue Kleider nach wenigen Wochen satt. Jedes Frühjahr überkam mich das Verlangen, einzukaufen. Ich stürzte aufgeregt von Geschäft zu Geschäft, als warte irgendwo, doch immer irgendwo anders, der große Preis auf mich.

Michael wunderte sich, warum ich das Kleid mit der hohen Taille nicht mehr trug. Es habe mir doch so gut gefallen, als ich es vor nicht ganz sechs Wochen kaufte. Er unterdrückte seine Verwunderung und nickte schweigend mit dem Kopf, als habe er volles Verständnis dafür. Das machte mich wahnsinnig. Vielleicht war das der Grund, weshalb ich mit dem festen Vorsatz in die Stadt ging, ihn mit meiner Verschwendungssucht zu schockieren. Ich liebte seine Selbstbeherrschung. Ich wollte sie zerstören.

Träume.
Harte Gegenstände verschwören sich jede Nacht gegen mich. In den Schluchten der Wüste Juda südöstlich von Jericho üben die Zwillinge im Morgengrauen das Werfen von Handgranaten. Ihre Zwillingskörper bewegen sich im Gleichklang. Maschinenpistolen über den Schultern. Zerschlissene, ölverschmierte Felduniformen. Eine blaue Ader zeichnet sich auf Halils Stirn ab. Aziz duckt sich, schnellt seinen Körper nach vorn. Halil senkt den Kopf. Aziz streckt sich und wirft. Das trockene Blitzen der Explosion. Das Echo hallt von den Hügeln wider, und hinter ihnen glüht das Tote Meer bleich wie ein See voll brennenden Öls.

XX

Alte Hausierer durchstreifen Jerusalem. Sie haben nichts mit dem armen Kohlenhändler in der Geschichte von Klein-Hannahs Kleid zu tun. Ihre Gesichter leuchten nicht von innen heraus. Sie sind von eiskaltem Haß gezeichnet. Alte Hausierer. Unheimliche Händler, die die Stadt durchstreifen. Sie sind unheimlich. Ich kenne sie seit Jahren, sie und ihre lauten Rufe. Schon mit fünf oder sechs Jahren fürchtete ich mich vor ihnen. Ich werde auch sie beschreiben – vielleicht hören sie dann auf, mich nachts zu ängstigen. Ich versuche, ihre Wege, ihre Bezirke zu erkunden, im voraus zu wissen, an welchem Tag jeder einzelne von ihnen seine Waren in unseren Straßen ausrufen wird. Sicher richten auch sie sich nach einem Schema oder einem festen Plan. »*Glaser, Gla-ser*« – seine Stimme ist heiser und starr. Er hat keine Werkzeuge bei sich, keine Glasscheiben, als habe er sich damit abgefunden, nie eine Antwort auf sein Rufen zu erhalten. »*Alte Sachen, alte Schuh'*«, mit einem Riesensack über den Schultern wie der Einbrecher auf der Illustration zu einer Kindergeschichte. »*Pri-mus, primus*«, ein schwerer Mann mit einem riesigen, knochigen Schädel wie das Urbild des Schmieds. »*Matratzen, Matratzen*«, das Wort kommt mit einer fast unmoralischen Zweideutigkeit aus seiner Kehle. Der Messerschleifer schleppt ein hölzernes, mit einem Pedal betriebenes Rad mit sich herum. Er hat keine Zähne und behaarte, abstehende Ohren. Wie eine Fledermaus. Alte Handwerker, unheimliche Hausierer wandern unberührt von der Zeit jahraus, jahrein durch die Straßen Jerusalems. Als wäre Jerusalem ein nordisches Spukschloß und sie die auf der Lauer liegenden, rächenden Geister.

Ich kam 1930 während des Laubhüttenfests in Qiryat Shemuel zur Welt, am Rande von Katamon. Manchmal habe ich das seltsame Gefühl, daß eine öde Wüste das Haus meiner Eltern von dem meines Mannes trennt. Ich habe die Straße, in der ich geboren bin, nie wieder aufgesucht. An einem Sabbatmorgen machten Michael, Yair und ich einen Spaziergang bis zum Rand von Talbiyeh. Ich weigerte mich, weiterzugehen. Wie ein verwöhntes Kind stampfte ich mit dem Fuß auf. Nein, nein. Mein Mann und mein Kind lachten mich aus, gaben aber nach.

In Mea Shearim, in Bet Yisrael, Sanhedriya, Kerem Avraham, Ahva, Zichron Moshe, Nahalat Shiva leben religiöse Leute. Aschkenasim mit Pelzmützen und Sephardim mit gestreiften Gewändern. Alte Frauen kauern schweigend auf niedrigen Hockern, als breite sich vor ihnen nicht eine kleine Stadt, sondern weites Land aus, dessen fernste Horizonte sie täglich mit Falkenaugen absuchen müssen.

Jerusalem ist nie zu Ende. Talppiyot, ein vergessener Kontinent im Süden, verborgen unter seinen stets flüsternden Kiefern. Bläulicher Dunst zieht von der Wüste Juda herüber, die im Osten an Talppiyot grenzt. Der

Dunst berührt die kleinen Villen und selbst die von Kiefern beschatteten Gärten. Bet Hakerem, ein einsames, jenseits der windigen Ebene gelegenes Dörfchen, das von steinigen Feldern umrahmt wird. Bayit Wegan, eine isolierte Bergfeste, wo eine Violine hinter tagsüber verschlossenen Fensterläden spielt und nachts die Schakale gen Süden heulen. Angespannte Stille lastet nach Sonnenuntergang auf Rehavya, auf der Saadya-Gaon-Straße. An einem erleuchteten Fenster sitzt ein grauhaariger Gelehrter bei der Arbeit, seine Finger auf den Tasten seiner Schreibmaschine. Wer käme auf die Idee, daß am anderen Ende dieser Straße das Shaare-Hesed-Viertel liegt, voller barfüßiger Frauen, die nachts zwischen bunten, im Winde flatternden Bettüchern herumwandern, und voller heimtückischer, von Hof zu Hof schleichender Katzen? Ist es möglich, daß der alte Mann, der Melodien auf seiner deutschen Schreibmaschine spielt, nichts davon ahnt? Wer käme auf die Idee, daß sich unter seinem westlichen Balkon das Tal des Kreuzes erstreckt, ein uralter Hain, der den Hang hinaufkriecht und nach den am Rande von Rehavya gelegenen Häusern greift, als wolle er sie mit seiner üppigen Vegetation einhüllen und ersticken? Kleine Feuer flackern im Tal, und langgezogene, gedämpfte Lieder erklingen aus den Wäldern und dringen bis hin zu den Fensterscheiben. In der Dämmerung machen sich unzählige Knirpse mit weißen Zähnen aus den Randgebieten der Stadt nach Rehavya auf und zerschmettern die prunkvollen Laternen mit kleinen, scharfen Steinchen. Noch sind die Straßen ruhig: Kimhi, Maimonides, Nachmanides, Alharizi, Abrabanel, Ibn Ezra, Ibn Gevirol, Saadya Gaon. Aber auch die Decks des britischen Zerstörers *Dragon* werden ruhig sein, wenn die Meuterei unten langsam auszubrechen beginnt. Gegen Abend erblickt man plötzlich in Jerusalem bedrohliche Hügel über den Straßenschluchten, die darauf warten, daß die Dunkelheit über die verriegelte Stadt hereinbricht.

In Tel Arza im Norden Jerusalems lebt eine ältere Pianistin. Sie übt pausenlos und unermüdlich. Sie bereitet sich auf einen neuen Vortrag von Schubert- und Chopin-Stücken vor. Der einsame Turm von Nebi Samwil steht auf einer Hügelkuppe im Norden, steht bewegungslos jenseits der Grenze und beobachtet Tag und Nacht die ältliche Pianistin, die unschuldig an ihrem Klavier sitzt, den steifen Rücken gegen das offene Fenster gekehrt. Nachts kichert der Turm, der hohe, schlanke Turm kichert, als flüstere er sich selber »Chopin und Schubert« zu.

An einem Augusttag machten Michael und ich einen langen Spaziergang. Wir ließen Yair bei meiner besten Freundin Hadassah in der Bezalel-Straße. Es war Sommer in Jerusalem. Die Straßen hatten ein neues Licht. Ich denke an die Zeit zwischen halb sechs und halb sieben, an das letzte Licht des Tages. Es war wohltuend kühl. In der engen Gasse, die Pri-Hadash-Straße heißt, gab es einen mit Steinen gepflasterten Hof, den ein heruntergekommener Zaun von der Straße abgrenzte. Ein alter Baum erzwang sich seinen Weg zwischen den grob behauenen Pflastersteinen. Ich weiß nicht, was für ein Baum das war. Als ich im Winter diesen Weg allein gegangen war, hatte ich fälschlicherweise angenommen, der Baum sei tot. Jetzt waren neue Triebe aus dem Stamm gebrochen, die mit spitzen Krallen in die Luft griffen.

Von der Pri-Hadash-Straße wandten wir uns nach links zur Josephus-Straße. Ein großer, dunkler, in einen Mantel gehüllter Mann mit einer grauen Kappe auf dem Kopf starrte mich durch das erleuchtete Fenster einer Fischhandlung an. Bin ich verrückt, oder beobachtet mich mein wirklicher Mann, in einen Mantel gehüllt und mit einer grauen Kappe auf dem Kopf, wütend und vorwurfsvoll durch das erleuchtete Fenster einer Fischhandlung?

Frauen hatten vieles aus ihren Wohnungen auf die Balkone geschleppt: Rosafarbenes und Weißes, Bettücher und Decken. In der Hashmonaim-Straße stand ein geradegewachsenes, schlankes Mädchen auf einem der Balkone. Sie hatte die Ärmel hochgekrempelt und das Haar unter einem Tuch zusammengebunden. Sie schlug mit einem Schlagholz wütend auf ein Federbett ein, ohne von uns Notiz zu nehmen. Auf einer der Mauern stand in roten Buchstaben ein verblichener Slogan aus den Zeiten des Untergrunds: *Judäa fiel in Blut und Feuer, in Blut und Feuer wird Judäa auferstehn.* Die Begeisterung war mir fremd, aber die Musik in den Worten berührte mich.

Michael und ich machten einen langen Spaziergang an jenem Abend. Wir durchquerten das Bucharische Viertel und gingen die Shemuel-Hanavi-Straße hinunter bis zum Mandelbaum-Tor. Von hier aus nahmen wir den Weg, der im Bogen durch die Ungarischen Gebäude zum Abessinischen Viertel, nach Mousrara und schließlich das letzte Stück der Yafo-Straße entlang bis zum Notre-Dame-Platz führt. Jerusalem ist eine brennende Stadt. Ganze Viertel scheinen in der Luft zu hängen. Doch genaueres Hinsehen offenbart unermeßliche Schwere. Die überwältigende Willkür der sich windenden Gassen. Ein Labyrinth provisorischer Unterkünfte, Hütten und Schuppen, die sich in schwelender Wut gegen den einmal blau und dann wieder rötlich schimmernden grauen Stein lehnen. Rostende Dachrinnen. Zerfallene Mauern. Ein harter, stummer Kampf zwischen Mauerwerk und störrischer Vegetation. Ödland voller Schutt und Disteln. Und schließlich die übermütigen Tricks des Lichts: Drängt sich eine wandernde Wolke einen Augenblick lang zwischen Dämmerung und Stadt, sieht Jerusalem gleich anders aus.

Und die Mauern.

Jedes Viertel, jeder Vorort hat einen versteckten, von hohen Mauern umschlossenen Kern. Feindliche Festen, die dem Passanten verschlossen sind. Kann man sich jemals zu Hause fühlen in Jerusalem, frage ich mich, selbst wenn man 100 Jahre hier gelebt hat? Stadt der Innenhöfe, deren Seele sich hinter düsteren, von Glassplittern gekrönten Mauern verbirgt. Es gibt kein Jerusalem. Ein paar Krumen wurden in der Absicht gestreut, unschuldige Menschen in die Irre zu führen. Eine Hülle birgt die nächste, und der Kern ist verboten. Ich habe geschrieben: »Ich bin in Jerusalem geboren«; »Jerusalem ist meine Stadt« kann ich nicht schreiben. Ich kann nicht wissen, welche Gefahren in den Tiefen des russischen Bezirks, hinter den Mauern der Schneller-Kaserne, in den klösterlichen Gehegen von En Kerem oder in der Enklave des auf dem Berg des Bösen Rates gelegenen Palastes des Hochkommissars auf mich lauern. Dies ist eine brütende Stadt.

In der Melisanda-Straße stürzte sich, als die Laternen angegangen waren, ein großer, würdevoller Mann auf Michael, faßte ihn wie einen alten Bekannten bei den Mantelknöpfen und sagte: »Verflucht seist du, o Störenfried Israels. Mögest du zugrunde gehen.«

Michael, der die Verrückten Jerusalems nicht kannte, war überrascht und erbleichte. Der Fremde lachte freundlich und fügte ruhig hinzu:

»Wie alle Feinde des Herrn zugrunde gehen mögen. Amen Selah.«

Michael wollte dem Fremden vielleicht gerade erklären, daß er ihn mit seinem schlimmsten Feind verwechselt haben müsse, doch der Mann setzte der Diskussion ein Ende, indem er auf Michaels Schuhe zielte:

»Ich spucke auf dich und all deine Nachkommen in Ewigkeit, Amen.«

Dörfer und Vororte drängen sich in engem Kreis um Jerusalem wie neugierige Passanten um eine verwundete, auf der Straße liegende Frau: Nebi Samwil, Shaafat, Sheikh Jarrah, Isawiya, Augusta Victoria, Wadi Al Joz,

Silwan, Sur Bahir, Bet Safafa. Wenn sie ihre Fäuste ballten, würde die Stadt zerschmettert. Unglaublicherweise kommen abends gebrechliche, alte Gelehrte heraus, um frische Luft zu schnappen. Sie tappen mit ihren Stöcken auf das Pflaster wie blinde Wanderer in einer verschneiten Steppe. An jenem Abend begegneten uns zwei von ihnen in der Lunz-Straße, hinter dem Sansur-Haus. Sie gingen Arm in Arm, als wollten sie sich in einer feindlichen Umwelt gegenseitig Halt geben. Ich lächelte und grüßte sie heiter. Beide führten hastig die Hand zum Kopf. Einer schwenkte eifrig seinen Hut als Entgegnung auf meinen Gruß; des anderen Kopf war unbedeckt, und er winkte mir mit einer symbolischen oder geistesabwesenden Geste zu.

XXI

In jenem Herbst erhielt Michael eine Assistentenstelle im geologischen Fachbereich. Diesmal gab er keine Party, nahm sich jedoch zu diesem Anlaß zwei Tage frei. Wir fuhren mit Yair nach Tel Aviv, wo wir bei Tante Leah wohnten. Die flache, schimmernde Stadt, die leuchtendbunten Autobusse, der Anblick des Meeres und der Geschmack der salzigen Brise, die säuberlich beschnittenen Bäume, die die Straßen säumten, dies alles rief eine brennende Sehnsucht in mir wach, wonach und warum wußte ich nicht. Alles war ruhig und voll unbestimmter Erwartung. Wir besuchten drei Schulfreunde Michaels und sahen uns zwei Vorstellungen im Habima-Theater an. Wir mieteten ein Boot und ruderten den Yarkon hinauf nach Seven Mills. Weitausladende Eukalyptusbäume spiegelten sich zitternd im Wasser. Es war ein sehr friedlicher Augenblick.

In jenem Herbst begann ich auch wieder, fünf Stunden täglich im Kindergarten der alten Sarah Zeldin zu arbeiten. Wir fingen an, das Geld, das wir uns nach der Hochzeit geliehen hatten, zurückzuzahlen. Wir zahlten sogar einen Teil des Geldes, das wir von Michaels Tanten erhalten hatten, zurück. Es gelang uns allerdings nicht, etwas für die Anzahlung auf eine neue Wohnung zu sparen, denn am Vorabend des Passahfestes* ging ich ohne Michaels Wissen los und kaufte bei Zuzovskys ein teures, modernes Sofa und drei dazu passende Sessel.

* *Passahfest:* Frühlingsfest zum Gedächtnis an den Auszug aus Ägypten.

Sobald Michael die Genehmigung der Stadtverwaltung erhielt, mauerten wir den Balkon zu. Das neue Zimmer nannten wir das Studio. Hier stellte Michael seinen Schreibtisch auf, und auch die Bücherregale wanderten hinüber. Ich schenkte Michael zu unserem vierten Hochzeitstag den ersten Band der *Encyclopaedia Hebraica*. Michael kaufte mir einen in Israel hergestellten Radioapparat.

Michael arbeitete bis spät in die Nacht. Eine Glastür trennte das neue Studio von meinem Schlafzimmer. Durch die Glastür warf die Leselampe riesige Schatten auf die meinem Bett gegenüberliegende Wand. Nachts drang Michaels Schatten in meine Träume ein. Wenn er eine Schublade öffnete oder ein Buch wegschob, seine Brille aufsetzte oder die Pfeife anzündete, huschten dunkle Schatten über die Wand. Die Schatten fielen in absoluter Stille. Mitunter nahmen sie Formen an. Ich schloß fest die Augen, aber die Formen lockerten nicht ihren Griff. Wenn ich die Augen öffnete, schien der ganze Raum mit jeder Bewegung, die mein Mann nachts an seinem Schreibtisch machte, zusammenzustürzen. Ich bedauerte, daß Michael Geologe war und kein Architekt. Wenn er nur nachts über Plänen für Gebäude, Straßen, Festungen oder einen Hafen brüten könnte, in dem der britische Zerstörer *Dragon* einen Ankerplatz fände.

Michael hatte eine feingliedrige, sichere Hand. Was für zierliche Diagramme er zeichnete. Er zeichnet einen geologischen Plan auf dünnes Pauspapier und preßt dabei die Lippen fest zusammen. Er kommt mir wie ein General oder Staatsmann vor, der mit eiskalter Ruhe eine schicksalsschwere Entscheidung trifft. Wäre Michael ein Architekt, dann könnte ich vielleicht den Schatten akzeptieren, den er nachts auf meine Schlafzimmerwand wirft. Seltsam und erschreckend ist nachts der Gedanke, daß Michael unbekannte Schichten in den Tiefen der Erde erforscht. Als entweihe und provoziere er nachts eine unversöhnliche Welt.

Schließlich stand ich auf und machte mir ein Glas Pfefferminztee, wie ich es von Frau Tarnopoler, meiner ehemaligen Vermieterin, gelernt hatte. Oder ich machte das Licht an und las bis zwölf oder eins. Dann legte mein Mann sich still neben mich, sagte gute Nacht, küßte mich auf den Mund und zog sich die Bettdecke über den Kopf.

Die Bücher, die ich nachts las, erinnerten in nichts mehr daran, daß ich einmal Literatur studiert hatte: Somerset Maugham oder Daphne du Maurier auf englisch, in Paperbackausgaben mit glänzenden Umschlägen, Stefan Zweig, Romain Rolland. Mein Geschmack war sentimental geworden.

Ich weinte, als ich André Maurois' *Claire oder das Land der Verheißung* in einer billigen Übersetzung las. Ich weinte wie ein Schulmädchen. Ich hatte die Erwartungen meines Professors nicht erfüllt. Ich hatte mich der Hoffnungen, die er kurz nach meiner Hochzeit in mich setzte, nie würdig erwiesen.

Wenn ich am Spülstein stand, konnte ich in den Garten hinuntersehen. Unser Garten war ungepflegt, schlammbedeckt im Winter und voller Staub und Disteln im Sommer. Zerbrochenes Geschirr lag im Garten herum. Yoram Kamnitzer und seine Freunde hatten steinerne Festungen errichtet, deren Ruinen geblieben waren. Am Ende des Gartens lag ein kaputter Wasserhahn. Es gibt die russische Steppe, es gibt Neufundland, es gibt die Inseln des Archipels, und ich bin hier im Exil. Doch mitunter öffnen sich mir die Augen, und ich kann die Zeit sehen. Die Zeit ist wie ein Polizeifahrzeug, das nachts die Straßen abfährt und dessen Rotlicht so schnell aufblinkt, daß die Bewegung der Räder dagegen langsam scheint. Die Räder drehen sich leicht. Bewegen sich vorsichtig. Langsam. Drohend. Schleichend.

Ich wollte mir einreden, daß leblose Objekte einem anderen Rhythmus gehorchen, weil sie nicht denken können.

Zum Beispiel hing an einem Zweig des Feigenbaums, der in unserem Garten stand, seit Jahren eine rostige Schüssel. Vielleicht hatte ein längst verstorbener Nachbar sie einst aus dem Fenster der Wohnung über uns geworfen, und sie war in den Zweigen hängengeblieben. Sie hing bereits rostbedeckt vor unserem Küchenfenster, als wir einzogen. Vier, fünf Jahre lang. Selbst die wütenden Winterstürme hatten sie nicht heruntergeholt. Am Neujahrstag indessen stand ich am Spülbecken und sah mit eigenen Augen, wie die Schüssel vom Baum fiel. Kein Windhauch regte sich, keine Katze und kein Vogel bewegten die Zweige. Aber starke Kräfte kamen in diesem Moment zum Zuge. Das rostige Metall zerfiel, und die Schüssel schlug scheppernd zu Boden. Ich will damit sagen, daß ich all diese Jahre völligen Stillstand in einem Gegenstand gesehen hatte, in dem die ganze Zeit über ein verborgener Prozeß ablief.

XXII

Unsere Nachbarn sind in der Mehrzahl religiöse Leute mit vielen Kindern. Im Alter von vier Jahren stellt Yair manchmal Fragen, die ich nicht beantworten kann. Ich schicke ihn mit seinen Fragen zu seinem Vater. Und Michael, der mitunter mit mir redet wie mit einem widerspenstigen kleinen Mädchen, spricht mit seinem Sohn von Mann zu Mann. Ich kann ihre Unterhaltung in der Küche mithören. Sie fallen sich nie gegenseitig ins Wort. Michael hat Yair beigebracht, alles, was er zu sagen hat, mit dem Wort »Ende« abzuschließen. Michael gebraucht diesen Ausdruck manchmal selber, wenn er mit einer seiner Antworten zu Ende ist. Mit dieser Methode wollte mein Mann seinen Sohn lehren, anderen Leuten nicht ins Wort zu fallen.

Yair fragte zum Beispiel: »Warum denkt jeder Mensch etwas anderes?« Und Michael erwiderte: »Alle Menschen sind verschieden.« Yair fragte dann: »Warum sind nicht zwei Erwachsene oder zwei Kinder gleich?« Michael gab zu, daß er die Antwort nicht wußte. Das Kind verstummte eine Weile, dachte lange nach und sagte etwa:

»Ich glaube, Mami weiß alles, denn Mami sagt nie, ich weiß es nicht. Mami sagt, ich weiß es, aber ich kann es nicht erklären. Ich meine, wenn man etwas nicht erklären kann, wie kann man dann sagen, daß man es weiß? Ende.«

Michael versuchte dann vielleicht mit einem leichten Lächeln, seinem Sohn den Unterschied zwischen Denken und Formulieren klarzumachen.

Wenn ich einer dieser Unterhaltungen folgte, mußte ich jedesmal unwillkürlich an meinen verstorbenen Vater denken, der ein aufmerksamer Mann war und jede Äußerung, die er hörte, und kam sie auch von einem Kind, auf Zeichen oder Andeutungen einer Wahrheit hin untersuchte, die ihm verwehrt war und an deren Schwelle er ein Leben lang demütig knien mußte.

Als Vier- und Fünfjähriger war Yair ein kräftiges, stilles Kind. Mitunter zeigte er Neigungen zu außergewöhnlicher Gewalttätigkeit. Vielleicht hatte er herausgefunden, wie ängstlich die Nachbarskinder waren. Er konnte selbst ältere Kinder mit seinen Drohgebärden in Angst und Schrecken versetzen. Gelegentlich bezog er von den Eltern anderer Kinder Prügel. Doch meistens weigerte er sich, zu sagen, wer für seine Wunden verantwortlich war. Wenn Michael ihn bedrängte, erwiderte er häufig:

»Es geschieht mir ganz recht, weil ich angefangen habe. Ich habe mit der Prügelei angefangen, und dann haben sie zurückgeschlagen. Ende.«
»Warum hast du angefangen?«
»Sie haben mich gereizt.«
»Womit haben sie dich gereizt?«
»Mit allem möglichen.«
»Zum Beispiel?«
»Weiß ich nicht. Sachen nicht sagen – nicht tun.«
»Was für Sachen?«
»Sachen.«

Ich bemerkte eine trotzige Ungezogenheit in meinem Sohn. Ein konzentriertes Interesse am Essen. An Gegenständen. Elektrischen Instrumenten. Der Uhr. Langanhaltendes Schweigen, als sei er ständig mit komplizierten Gedankengängen beschäftigt.

Michael erhob nie die Hand gegen das Kind, aus Prinzip nicht und weil er selber mit viel Verständnis aufgezogen und als Kind nie geschlagen worden war. Von mir kann ich das nicht sagen. Ich schlug Yair, sobald er seine trotzige Ungezogenheit hervorkehrte. Ohne in seine ruhigen, grauen Augen zu sehen, drosch ich auf ihn ein, bis es mir keuchend gelang, die Schluchzer aus seiner Kehle zu pressen. Seine Willenskraft war so stark, daß es mich manchmal schauderte, und wenn sein Stolz endlich gebrochen war, stieß er ein groteskes Winseln aus, das mehr wie die Imitation eines weinendes Kindes klang.

Über uns im zweiten Stock, der Kamnitzerschen Wohnung gegenüber, lebte ein kinderloses, älteres Ehepaar. Ihr Name war Glick. Er war ein frommer, kleiner Kurzwarenhändler, und sie litt unter hysterischen Anfällen. Nachts weckte mich anhaltendes, leises Schluchzen auf wie das eines jungen Hundes. Mitunter hörte man vor Morgengrauen einen grellen Schrei, dem nach einer Pause ein zweiter, gedämpfter folgte, als würde er unter Wasser ausgestoßen. Ich sprang aus dem Bett und rannte im Nachthemd ins Kinderzimmer. Manchmal glaubte ich, Yair würde schreien, meinem Sohn würde etwas Schreckliches zustoßen.

Ich haßte die Nächte.

Das Meqor-Barukh-Viertel ist aus Stein und Eisen erbaut. Eiserne Geländer an Treppenfluchten, die an den Außenwänden alter Häuser emporklettern. Schmutzige Eisentore, auf denen das Datum der Errichtung und die Namen des Stifters und seiner Eltern stehen. Verkommene, in verzerrten Posen erstarrte Zäune. Rostige, in einem einzigen Scharnier hängende Fensterläden, die jederzeit auf die Straße zu stürzen drohen. Und auf einer Mauer unweit unseres Hauses, von der der Verputz abbröckelt, in roter Farbe der Slogan »*Judäa fiel in Blut und Feuer, in Blut und Feuer wird Judäa auferstehn*«. Nicht die Aussage dieses Slogans spricht mich an, sondern eine gewisse Symmetrie. Eine Art strenges Gleichgewicht, das ich nicht erklären kann, das aber auch nachts gegenwärtig ist, wenn die Laternen den Schatten der Fensterbalken auf die Wand mir gegenüber prägen und alles sich zu verdoppeln scheint.

Wenn der Wind bläst, rüttelt er an den Wellblechverschlägen, die die Leute auf ihren Balkonen und Dächern errichten. Auch dieses Geräusch trägt zu meiner ständig wiederkehrenden Niedergeschlagenheit bei. Gegen Ende der Nacht schweben die beiden still über unserem Viertel. Nackt bis zur Taille, barfuß und leicht gleiten sie draußen vorüber. Magere Fäuste hämmern auf das Wellblech, denn sie haben den Auftrag, die Hunde zur Raserei zu bringen. Gegen Morgen geht das Bellen der Hunde in ein verwirrendes Heulen über. Draußen gleiten die Zwillinge weiter. Ich kann es fühlen. Ich kann das Tappen ihrer bloßen Füße hören. Sie lachen sich lautlos zu. Einer stellt sich dem anderen auf die Schultern. Sie klettern über den Feigenbaum, der in unserem Garten wächst, hinauf zu mir. Sie haben Anweisung, mit einem Zweig gegen meinen Fensterladen zu klopfen. Nicht fest. Leise. Einmal hörte ich Fingernägel, die sich an den Läden festklammerten. Einmal entschlossen sie sich, mit Tannenzapfen zu werfen. Sie haben den Auftrag, mich zu wecken. Irgendwer bildet sich ein, ich würde schlafen. Als junges Mädchen war ich erfüllt von der Kraft zu lieben, und nun stirbt diese Kraft. Ich will nicht sterben.

Im Laufe dieser Jahre stellte ich mir gelegentlich ähnliche Fragen, wie sie mir in jener Nacht drei Wochen vor unserer Hochzeit durch den Kopf gegangen waren, als wir zu Fuß von Tirat Yaar zurückliefen. Was findest du an diesem Mann, und was weißt du über ihn? Wenn nun ein anderer Mann nach deinem Arm gegriffen hätte, als du auf der Treppe von Terra Sancta ausrutschtest? Sind da Kräfte am Werk, Kräfte, die man vielleicht nicht benennen kann, oder hatte Frau Tarnopoler recht mit dem, was sie mir zwei Tage vor der Hochzeit sagte?

Was mein Mann denkt, versuche ich nicht herauszufinden. Sein Gesicht strahlt Ruhe aus, als hätte man ihm seinen Wunsch erfüllt und als warte er nun, müßig und zufrieden, auf den Bus, der ihn nach einem genußreichen Zoobesuch nach Hause fährt, wo er essen, sich ausziehen und zu Bett gehen wird. Wenn wir in der Grundschule einen Ausflug beschrieben, pflegten wir unsere Gefühle am Ende mit den Worten »müde, aber glücklich« zusammenzufassen. Das ist genau der Ausdruck, den Michaels Gesicht meist zeigt. Michael wechselt jeden Morgen einmal den Bus, um zur Universität zu kommen. Die Aktentasche, die sein Vater ihm zur Hochzeit geschenkt hatte, ein Überbleibsel aus den Notstandsjahren und aus synthetischem Material, war längst abgenutzt, aber ich durfte ihm keine neue kaufen. Er hänge sehr an der alten, sagte er.

Mit fester, sicherer Hand nutzt die Zeit leblose Gegenstände ab. Alle Dinge sind ihr ausgeliefert.

In seiner Aktentasche hat Michael seine Vorlesungsnotizen, die er mit römischen Zahlen numeriert, statt mit den gewöhnlichen arabischen. Er trägt außerdem sommers wie winters einen von meiner Mutter gestrickten Wollschal in seiner Aktentasche herum. Und ein paar Tabletten gegen Sodbrennen. Letzthin litt Michael unter leichtem Sodbrennen, besonders kurz vor dem Mittagessen.

Im Winter trägt mein Mann einen bläulich-grauen Regenmantel, der zu der Farbe seiner Augen paßt. Und er trägt einen Plastikschutz über seinem Hut. Im Sommer trägt er ein loses Maschenhemd ohne Krawatte. Sein magerer, behaarter Körper schimmert durch das Hemd. Er besteht noch immer darauf, das Haar kurzgeschoren zu tragen, so daß er wie ein Sportler oder Offizier aussieht. Hatte Michael je den Wunsch, ein Sportler oder Offizier zu sein? Wie wenig man doch über einen anderen Menschen erfährt. Selbst wenn man sehr aufmerksam ist. Selbst wenn man nie etwas vergißt.

Wir reden nicht viel an einem gewöhnlichen Nachmittag: reichst du mir bitte, hältst du mal, beeil dich, mach nicht so ein Durcheinander, wo ist Yair, das Abendessen ist fertig, würdest du bitte das Licht im Flur ausmachen.

Abends nach den Neun-Uhr-Nachrichten sitzen wir uns in unseren Sesseln gegenüber und schälen und essen Obst. Chruschtschow wird Gomulka schon fertigmachen; Eisenhower wird nicht wagen. Beabsichtigt die Regierung wirklich? Der König von Irak ist eine Marionette in den

Händen junger Offiziere. Die Wahlen werden keine großen Veränderungen bringen.

Dann setzt sich Michael an seinen Schreibtisch und setzt die Lesebrille auf. Ich stelle das Radio leise an und höre Musik. Kein Konzert, sondern Tanzmusik von einem weit entfernten ausländischen Sender. Um elf gehe ich schlafen. In einer der Wände ist ein Wasserrohr. Das Geräusch verborgenen Wasserziehens. Das Husten. Der Wind.

Jeden Dienstag geht Michael auf dem Heimweg von der Universität durch die Innenstadt und kauft bei der Kahana-Agentur zwei Kinokarten. Wir ziehen uns um acht Uhr um und verlassen um Viertel nach acht das Haus. Der blasse Junge Yoram Kamnitzer paßt auf Yair auf, während Michael und ich im Kino sind. Als Gegenleistung helfe ich ihm bei den Vorbereitungen auf seine Prüfung in hebräischer Literatur. Ihm habe ich es zu verdanken, daß ich nicht alles, was ich als Studentin lernte, vergessen habe. Wir setzen uns zusammen und lesen die Essays von Ahad Haam, vergleichen Priester und Prophet, Fleisch und Geist, Sklaverei und Freiheit. Alle Ideen sind in symmetrisch kontrastierenden Paaren ausgedrückt. Mir gefallen solche Systeme. Auch Yoram meint, Prophetentum, Freiheit und Geist verlangten von uns, daß wir uns von den Fesseln der Sklaverei und des Fleisches befreien. Wenn ich eines seiner Gedichte bewundere, ist ein grünes Leuchten in seinen Augen. Yorams Gedichte sind mit Leidenschaft geschrieben. Er benutzt ungewöhnliche Wörter und Sätze. Einmal fragte ich ihn nach der Bedeutung des Ausdrucks »asketische Liebe«, der in einem seiner Gedichte vorkam. Yoram erklärte, nicht jede Liebe sei ein Grund zur Freude. Ich wiederholte eine Bemerkung, die ich vor langer Zeit von meinem Mann gehört hatte, daß sich Gefühle wie ein bösartiger Tumor ausbreiten, wenn die Leute zufrieden sind und nichts zu tun haben.

Yoram sagte »Frau Gonen«, und seine Stimme brach plötzlich, so daß die letzte Silbe wie ein Quietscher klang, denn er war in dem Alter, in dem es für Jungen schwierig ist, ihre Stimme zu beherrschen.

Wenn Michael den Raum betrat, in dem ich mit Yoram saß, schien der Junge innerlich zu schrumpfen. Er machte einen Buckel und starrte auf unangenehme Weise den Boden an, als habe er etwas auf den Teppich geschüttet oder eine Vase umgeworfen. Yoram Kamnitzer würde die Oberschule abschließen, die Universität besuchen und dann in Jerusalem Hebräisch und Bibelkunde lehren. Zum neuen Jahr würde er uns eine hübsche Glückwunschkarte schicken, und auch von uns bekäme er eine. Die Zeit wäre noch immer da, groß und durchsichtig, Yoram und mir feindlich gesinnt, nichts Gutes verheißend.

Eines Tages im Herbst 1954 kam Michael abends mit einem grauweißen Kätzchen im Arm nach Hause. Er hatte es in der David-Yelin-Straße gefunden, bei der Mauer der religiösen Mädchenschule.
»Ist es nicht süß? Faß mal an. Schau, wie es seine winzige Pfote hebt und uns bedroht, als wäre es zumindest ein Leopard oder ein Panther. Wo ist Yairs Tierbuch? Hol doch bitte mal das Buch, Mami, und laß uns Yair zeigen, daß Katzen und Leoparden Vettern sind.«
Als Michael die Hand meines Sohnes nahm und ihn das Kätzchen streicheln ließ, zuckten die Mundwinkel des Kindes, als sei das Kätzchen zerbrechlich oder das Streicheln mit Gefahr verbunden.
»Schau, Mami, es sieht mich an. Was will es denn?«
»Es will essen, Liebling. Und schlafen. Geh und mach ihm einen Schlafplatz auf dem Küchenboden. Nein, Dummes, Katzen brauchen keine Decken.«
»Warum nicht?«
»Weil sie nicht wie Menschen sind. Sie sind anders.«
»Warum sind sie anders?«
»Sie sind nun mal anders. Ich kann es nicht erklären.«
»Vati, warum brauchen Katzen keine Decken wie wir?«
»Weil Katzen ein warmes Fell haben, das sie auch ohne Decken warm hält.«

Michael und Yair spielten den ganzen Abend mit dem Kätzchen. Sie nannten es »Schneeball«. Es war erst ein paar Wochen alt und in seinen Bewegungen noch rührend unbeholfen. Es versuchte mit aller Kraft, eine Motte zu fangen, die dicht unter der Küchendecke herumflatterte. Seine Sprünge waren lächerlich, denn es fehlte ihm jeder Sinn für Höhe oder Entfernung. Es sprang einfach ein paar Zentimeter in die Höhe und öffnete und schloß dabei seine kleinen Krallen, als hätte es die Motte bereits erwischt. Wir mußten lachen. Das Kätzchen hielt in der Bewegung inne, als wir lachten, und gab einen Zischlaut von sich, der markerschütternd sein sollte.
»Schneeball wird groß werden«, sagte Yair, »und die stärkste Katze im Viertel sein. Wir werden ihn lehren, das Haus zu bewachen und Diebe und Eindringlinge zu fangen. Schneeball wird unsere Wachkatze sein.«

»Es braucht etwas zu essen«, sagte Michael. »Und es braucht Zuneigung. Jedes Lebewesen braucht Liebe. Wir werden Schneeball also liebhaben, und Schneeball wird uns liebhaben. Du brauchst ihn deshalb nicht zu küssen, Yair. Mami wird böse mit dir sein.«

Ich steuerte ein grünes Plastikschüsselchen, Milch und Käse bei. Michael mußte Schneeballs Nase in die Milch stecken, da das Kätzchen noch nicht gelernt hatte, aus einer Schüssel zu trinken. Das Tier erschrak. Es spuckte und schüttelte wild den nassen Kopf. Weiße Tropfen flogen herum. Schließlich kehrte es uns ein feuchtes, klägliches, besiegtes Gesicht zu. Schneeballs Farbe war nicht schneeweiß, sondern grau-weiß. Eine gewöhnliche Katze.

In der Nacht entdeckte das Kätzchen eine schmale Öffnung am Küchenfenster. Es schlüpfte über den Balkon ins Schlafzimmer und fand unser Bett. Obwohl Michael es aufgelesen und den ganzen Abend mit ihm gespielt hatte, rollte es sich zu meinen Füßen zusammen. Es war ein undankbares Kätzchen. Es ignorierte die Person, die gut zu ihm gewesen war, und schmeichelte sich statt dessen bei derjenigen ein, die sich abweisend verhalten hatte. Vor ein paar Jahren hatte Michael Gonen mir gesagt: »Eine Katze freundet sich niemals mit den falschen Leuten an.« Jetzt wurde mir klar, daß dies lediglich eine Metapher gewesen war, die man nicht wörtlich nehmen durfte, und daß Michael diesen Satz gesagt hatte, um originell zu erscheinen. Das Kätzchen lag zusammengerollt zu meinen Füßen und gab schnurrende Laute von sich, die friedlich waren und beruhigend. Gegen Morgen kratzte das Kätzchen an der Tür. Ich stand auf und ließ es hinaus. Kaum war es draußen, begann es, vor der Tür zu miauen und wollte eingelassen werden. War es im Zimmer, stolzierte es zur Balkontür, gähnte, streckte sich, knurrte, miaute und wollte wieder hinaus. Schneeball war ein launisches Kätzchen, vielleicht auch einfach sehr unentschlossen.

Nach fünf Tagen verließ unser neues Kätzchen die Wohnung und kam nicht mehr zurück. Mein Mann und mein Sohn suchten den ganzen Abend die Straße, die Nachbarschaft und auch die Mauer der religiösen Mädchenschule ab, wo Michael es in der vergangenen Woche gefunden hatte. Yair meinte, wir hätten Schneeball beleidigt. Michael wiederum deutete an, daß es zu seiner Mutter zurückgekehrt sei. Mein Gewissen war rein. Ich erwähne das, weil man mich verdächtigte, das Kätzchen beseitigt zu haben. Glaubte Michael wirklich, ich könnte ein Kätzchen vergiften?

»Ich sehe ja ein«, sagte er, »daß es nicht richtig von mir war, eine Katze ins Haus zu bringen, ohne dich zu fragen, als lebte ich allein. Bitte versuche mich zu verstehen: Ich wollte nur dem Jungen eine Freude machen. Als ich ein Kind war, wünschte ich mir so sehr eine Katze, aber mein Vater hat es nicht erlaubt.«

»Ich habe sie nicht angerührt, Michael. Du mußt mir glauben. Ich werde auch keinen Einspruch erheben, wenn du ein anderes Kätzchen mitbringst. Ich habe sie nicht angerührt.«

»Vermutlich ist sie in einem Feuerwagen gen Himmel gefahren.« Michael lächelte ein trockenes Lächeln. »Reden wir nicht mehr davon. Mir tut nur der Junge leid. Er hing sehr an Schneeball. Aber lassen wir das Thema. Müssen wir uns über ein kleines Kätzchen streiten?«

»Wir haben keinen Streit«, sagte ich.

»Keinen Streit und kein Kätzchen.« Wieder lächelte Michael sein trockenes Lächeln.

XXIII

Um diese Zeit herum bekamen unsere Nächte eine neue Intensität. Dank geduldiger und sorgfältiger Beobachtung hatte Michael gelernt, meinen Körper zu erfreuen. Seine Finger waren zuversichtlich und erfahren. Sie gaben nie auf, ehe sie mich nicht zu einem tiefen Seufzer gezwungen hatten. Michael brachte viel Geduld und Einfühlungsvermögen auf, um mir diesen Seufzer zu entlocken. Er lernte, seine Lippen auf eine bestimmte Stelle meines Halses zu pressen und dort ungestüm zu verweilen. Mit seiner warmen, festen Hand meinen Rücken hinauf bis in den Nacken zu klettern, bis zu den Haarwurzeln, und auf einem anderen Weg wieder hinunterzugleiten. Beim dürftigen Licht der durch die Rippen der Fensterläden scheinenden Straßenlaterne sah Michael auf meinem Gesicht einen Ausdruck, der dem eines scharfen Schmerzes ähnelte. Die Anstrengung, mich zu konzentrieren, war so groß, daß ich die Augen stets geschlossen hielt. Ich weiß, daß Michaels Augen nicht geschlossen waren, denn er war konzentriert und klar. Klar und zuverlässig war jetzt seine Berührung. Jede Bewegung seiner Hand war darauf abgestellt, mir Freude zu bereiten. Wenn ich gegen Morgen erwachte, wollte ich ihn wieder. Wilde Visionen stellten sich ein, ohne daß ich es wollte. Ein in Felle gehüllter Einsiedler nimmt mich mit in den Schneller-Wald, beißt mich in die Schulter und schreit. Ein verrückter Arbeiter von der neuen Fabrik im Westen von Meqor Barukh schnappt mich und stürzt davon in die Hügel. Er trägt mich leicht auf seinen ölverschmierten Armen. Und die Dunklen: Ihre Hände sind weich, aber fest, ihre Beine behaart und bronzefarben. Sie lachen nicht.

Oder der Krieg ist ausgebrochen in Jerusalem, und ich stürze in einem dünnen Nachthemd aus dem Haus und renne wie wahnsinnig eine dunkle, schmale Straße entlang. Glänzende Fackeln erhellen plötzlich die Zypressenallee: Mein Kind ist weg. Ernste, fremde Männer suchen nach ihm in den Tälern. Ein Fährtensucher. Polizisten. Erschöpfte Freiwillige aus den umliegenden Dörfern. Das Mitgefühl leuchtet ihnen aus den Augen, aber sie sind sehr beschäftigt. Höflich, aber bestimmt betonen sie, ich solle mir keine Sorgen machen. Die Chancen seien gut. Nach Sonnenaufgang werde die Suche verstärkt fortgesetzt. Ich wanderte durch die düsteren Gassen hinter der Straße der Abessinier. Ich rief »Yair, Yair« in einer Straße, auf der das Pflaster übersät war mit toten Katzen. Aus einem der Höfe trat der ehrwürdige Professor, der mich hebräische Literatur gelehrt hatte. Er trug einen schäbigen Anzug. Sein Lächeln war das Lächeln eines sehr müden Mannes. »Auch Sie sind kinderlos, junge Frau«, sagte er höflich, »deshalb werden Sie mir erlauben, Sie hereinzubitten.« Wer ist jenes fremde Mädchen im grünen Kleid, das ein Stück weiter die Straße hinunter die Arme um die Taille meines Mannes gelegt hat, als wäre ich nicht hier? Ich war unsichtbar. Mein Mann sagte: »Ein glückliches Gefühl. Ein trauriges Gefühl.« Er sagte: »Sie wollen einen sehr tiefen Hafen in Ashod bauen.«

Es war Herbst. Die Bäume waren nicht richtig in der Erde verankert. Wiegten sich argwöhnisch. Obszön. Auf einem hohen Balkon sah ich Kapitän Nemo. Sein Gesicht war bleich, und seine Augen glänzten. Sein schwarzer Bart war gestutzt. Ich wußte, daß es mein Fehler war, mein Fehler, daß sie nicht rechtzeitig in See stechen konnten. Die Zeit eilt dahin. Ich schäme mich, Kapitän. Sehen Sie mich nicht so stumm an.

Mit sechs oder sieben Jahren saß ich einmal in meines Vaters Geschäft in der Yafo-Straße, als der Dichter Saul Tschernichowsky hereinkam, um eine Tischlampe zu kaufen. »Ist dieses reizende Mädchen auch zu haben?«, fragte der Dichter lachend meinen Vater. Plötzlich hob er mich mit seinen starken Armen hoch, und sein silbriger Schnurrbart kitzelte meine Wange. Sein Körper roch warm und stark. Sein Lachen war spitzbübisch wie das eines stolzen Jungen, dem es gelungen ist, die Erwachsenen zu provozieren. Als er gegangen war, zitterte mein Vater vor Aufregung. »Unser großer Dichter sprach mit uns und benahm sich wie ein gewöhnlicher Kunde. Aber sicher wollte der Dichter etwas damit sagen«, fuhr mein Vater in nachdenklichem Tonfall fort, »als er Hannah mit seinen Armen hochhob und dieses gewaltige Lachen lachte.« Ich habe es nicht vergessen. Im Frühwinter 1954 träumte ich von dem Dichter. Und von der Stadt Danzig. Und von einer großen Prozession.

Michael hatte begonnen, Briefmarken zu sammeln. Als Erklärung gab er an, er sammle sie um des Kindes willen, aber Yair hatte bislang nicht das geringste Interesse an Briefmarken gezeigt. Eines Abends zeigte mir Michael eine seltene Marke von Danzig. Woher hatte er sie? An jenem Morgen habe er in der Solel-Straße ein ausländisches Buch aus zweiter Hand gekauft. Das Buch heiße *Die Seismographie der Tiefwasserseen,* und zwischen den Seiten habe er diese seltene Marke von Danzig gefunden. Michael versuchte, mir den hohen Wert von Briefmarken aus nicht mehr existierenden Staaten zu erklären: Lettland, Litauen, Estland, die Freie Stadt Danzig, Schleswig-Holstein, Böhmen und Mähren, Serbien, Kroatien. Ich verliebte mich in die Namen, die Michael aussprach.

Die seltene Marke sah nicht sehr aufregend aus: dunkle Farben, ein stilisiertes Kreuz mit einer Krone darüber und in gotischer Schrift »Freie Stadt«. Es war kein Bild auf der Briefmarke. Wie sollte ich wissen, wie die Stadt aussah? Breite Alleen oder von hohen Mauern umgebene Gebäude? Steil abfallend und die Füße ins Wasser des Hafens tauchend wie Haifa oder sich flach über eine morastige Ebene erstreckend? Eine Stadt der Türme, umgeben von Wäldern, oder vielleicht eine Stadt der Banken und Fabriken, erbaut nach einem quadratischen Plan? Die Briefmarke gab keinen Hinweis.

Ich fragte Michael, wie die Stadt Danzig aussehe.

Michael antwortete mit einem Lächeln, als sei dieses Lächeln die einzige Antwort, die ich von ihm erwartete.

Ich wiederholte meine Frage. Weil ich zweimal gefragt hatte, war er gezwungen, zuzugeben, daß ihn meine Frage erstaunte. »Warum zum Teufel willst du wissen, wie Danzig aussieht? Und wie kommst du darauf, daß ich es wüßte? Nach dem Essen schlage ich es für dich in der *Encyclopaedia Hebraica* nach – nein, das kann ich nicht, weil sie noch nicht bis ›D‹ gekommen sind. Übrigens, wenn dir daran liegt, einmal ins Ausland zu reisen, rate ich dir, ein bißchen sparsamer zu sein und deine neuen Kleider nicht gleich nach ein paar Wochen wieder wegzuwerfen. Was ist eigentlich aus dem grauen Rock geworden, den wir am Laubhüttenfest zusammen in der Maayan-Stub gekauft haben?«

Von Michael konnte ich also nichts über die Stadt Danzig erfahren. Beim Geschirrabtrocknen nach dem Essen machte ich mich über ihn lustig. Ich sagte, er täte nur so, als sammle er Briefmarken für das Kind, das Kind sei vielmehr nur eine Ausrede für seinen eigenen infantilen Wunsch, wie ein Baby mit Briefmarken zu spielen. Ich wollte auch einmal recht behalten.

Michael verweigerte mir selbst diese magere Genugtuung. Er ist nicht leicht beleidigt: Er unterbrach den Strom meiner Anschuldigungen nicht, denn es ist nicht richtig, jemandem, der redet, ins Wort zu fallen. Er fuhr fort, den Porzellanteller, den er in der Hand hielt, sorgfältig abzutrocknen. Er stellte sich auf die Zehenspitzen, um den sauberen Teller zurück auf seinen Platz im Schrank über dem Spülbecken zu stellen. Dann sagte er, ohne den Kopf zu wenden, daß ich nichts Neues gesagt habe. Man brauche nicht viel von Psychologie zu verstehen, um zu wissen, daß auch Erwachsene gelegentlich gern spielen. Er sammle Briefmarken für Yair, so wie ich Papierfiguren aus Zeitschriften für ihn ausschneide, obwohl sich das Kind nicht im geringsten dafür interessiere. Warum machte ich mich also über seine Lust am Briefmarkensammeln lustig?

Nachdem wir die Teller weggeräumt hatten, setzte sich Michael in einen Sessel und hörte Nachrichten. Ich saß ihm gegenüber und schwieg. Wir schälten Obst. Wir reichten einander das geschälte Obst. Michael sagte:

»Die Stromrechnung ist enorm hoch diesen Monat.«

Ich sagte:

»Alles wird teurer. Der Milchpreis ist auch wieder gestiegen.«

In jener Nacht träumte ich von Danzig.

Ich war eine Prinzessin. Vom Turm meines Schlosses aus blickte ich über die Stadt. Scharen von Untertanen hatten sich am Fuß des Turmes versammelt. Ich streckte meine Arme aus und grüßte sie. Die Geste erinnerte an die Haltung der bronzenen Jungfrau auf dem Terra-Sancta-Kloster.

Ich sah unzählige, düstere Dächer. Im Südosten verdunkelte sich der Himmel über den alten Teilen der Stadt. Schwarze Wolken jagten von Norden heran. Es wird Sturm geben. Am Fuß des Hügels konnte ich die Silhouetten gigantischer Ladekräne im Hafen erkennen, schwarze, eiserne Schafotte. An der Spitze jedes Ladekrans flackerte ein rotes Warnlicht. Das Tageslicht ging allmählich in Grau über. Ich hörte die Sirene eines Schiffes, das den Hafen verließ. Im Süden konnte ich das Getöse fahrender Züge hören, doch die Züge selbst waren unsichtbar. Ich konnte einen Park mit belaubtem Gebüsch sehen. In der Mitte des Parks war ein länglicher See. Mitten im See war eine kleine, langgestreckte Insel. Auf ihr stand die Statue einer Prinzessin. Meine Statue.

Das Hafenwasser war schmierig vom schwarzen Öl der Schiffe. Die Straßenlaternen gingen an und warfen Streifen kalten Lichts auf meine Stadt. Die kühle Helle prallte gegen das Dach aus Nebel. Wolken und Rauch. Sie sammelte sich wie ein düsterer Heiligenschein am Himmel über den Vororten.

Tosender Lärm stieg vom Platz auf. Ich, die Prinzessin der Stadt, stand auf dem Turm des Palastes und sollte zu den auf dem Platz wartenden Menschen sprechen. Ich mußte ihnen sagen, daß ich sie liebte, daß ich ihnen verzieh, daß ich jedoch lange schwer krank gewesen sei. Ich konnte nicht sprechen. Ich war immer noch krank. Der Dichter Saul, den ich zum Großkämmerer ernannt hatte, kam und stellte sich zu meiner Rechten auf. Er redete besänftigend in einer Sprache, die ich nicht verstehen konnte, auf die Leute ein. Die Menge jubelte ihm zu. Plötzlich glaubte ich unter den Jubelrufen ein undeutliches, zorniges Gemurmel zu hören. Der Dichter sprach vier sich reimende Wörte, einen Slogan oder Leitsatz in einer anderen Sprache, und die Menge brach in ansteckendes Gelächter aus. Eine Frau fing an zu rufen. Ein Kind kletterte auf eine Säule und schnitt Grimassen. Ein Mann in einem Mantel machte eine boshafte Bemerkung. Die lauten Jubelrufe übertönten alles andere. Dann legte mir der Dichter einen warmen Mantel um die Schultern. Ich berührte sein feines, silbriges Haar mit meinen Fingerspitzen. Die Geste versetzte die Menge in glühende Erregung, der Lärm schwoll an, bis er zum Tumult wurde. Ein Ausbruch der Liebe oder des Zorns.

Ein Flugzeug flog über die Stadt. Ich befahl ihm, grün und rot zu blinken. Für einen Augenblick schien das Flugzeug mitten unter den Sternen zu fliegen und die schwächeren von ihnen hinter sich herzuziehen. Dann drängte sich eine Armee-Einheit über den Zionsplatz. Die Männer sangen eine feurige Hymne zu Ehren der Prinzessin. Ich wurde in einem von vier grauen Pferden gezogenen Wagen durch die Straßen gefahren. Mit müder Hand streute ich Küsse unter mein Volk. Meine Untertanen drängten sich zu Tausenden in der Geula-Straße, in Mahane Yehuda, in der Ussishkin-Straße und der Keren-Kayemet-Straße. Jede Hand hielt eine Fahne oder eine Blume. Es war ein Festzug. Ich stützte mich auf die Arme meiner beiden Leibwächter. Sie waren beherrscht, grazil und dunkel. Ich war müde. Meine Untertanen warfen mir Chrysanthemenkränze zu. Chrysanthemen sind meine Lieblingsblumen. Es war ein Festtag. Beim Terra-Sancta-College streckte mir Michael seinen Arm entgegen und half mir aus dem Wagen. Wie gewöhnlich war er ruhig und gefaßt. Die Prinzessin wußte, daß dies ein entscheidender Moment war. Sie spürte, daß sie königlich sein mußte. Ein kleiner Bibliothekar mit einem schwarzen Käppchen auf dem Kopf erschien. Seine Haltung war unterwürfig. Es war Yehezkel, Michaels Vater. »Eure Hoheit.« Der Zeremonienmeister verbeugte sich untertänigst. »Mit der gütigen Erlaubnis Eurer Hoheit.« Hinter der Unterwürfigkeit glaubte ich unbestimmten Spott zu spüren. Ich hatte das trockene Lachen der alten Sarah Zeldin noch nie gemocht. Sie hat kein Recht, dort auf dem Treppenabsatz zu stehen und mich auszulachen. Ich war im Souterrain der Bibliothek. Im Zwielicht konnte ich die Gestalten magerer Frauen ausmachen. Die mageren Frauen lagen mit unzüchtig gespreizten Beinen auf dem Boden, in dem engen Gang zwischen den Bücherborden. Der Boden war schleimig. Die mageren Frauen sahen alle gleich aus mit ihren gefärbten Haaren und den obszön zur Schau gestellten Brüsten. Nicht eine von ihnen lächelte oder zollte mir Respekt. Auf ihren Gesichtern lag gefrorenes Leid. Sie waren vulgär. Diese Frauen, die mich haßten, berührten mich und berührten mich doch nicht. Ihre Finger waren spitz und drohend. Es waren liederliche Frauenzimmer aus dem Hafenviertel. Sie spotteten laut über mich. Sie rülpsten. Sie waren betrunken. Ein widerlicher Gestank entstieg ihren Körpern. »Ich bin die Prinzessin von Danzig«, versuchte ich zu rufen, aber die Stimme versagte mir. Ich war eine dieser Frauen. Mir kam der Gedanke: »Sie sind alle Prinzessinnen von Danzig.« Ich erinnerte mich, daß ich eine wichtige Abordnung von Bürgern und Kaufleuten wegen irgendwelcher Privilegien empfangen sollte. Ich weiß nicht, was Privilegien sind. Ich bin müde. Ich bin eine jener harten Frauen. Aus dem Nebel, von den fernen Schiffswerften herüber, klang das Heulen eines Schiffes, wie von einer Schlachtszene. Ich war eine Gefangene im Souterrain der Bibliothek. Ich wurde einer Horde widerwärtiger Frauen auf dem schleimigen Boden ausgeliefert. Ich vergaß nicht, daß es einen britischen Zerstörer namens *Dragon* gab, der mich kannte und dem es gelingen würde, mich unter all den anderen ausfindig zu machen, der kommen und mein Leben retten würde. Doch das Meer würde erst in der neuen Eiszeit an die freie Stadt zurückkehren. Bis dahin war *Dragon* weit, weit weg und patrouillierte Tag und Nacht vor der Küste von Mozambique. Kein Schiff konnte die Stadt erreichen, die es schon lange nicht mehr gab. Ich war verloren.

XXIV

Mein Mann Michael Gonen widmete mir seinen ersten Artikel in einer wissenschaftlichen Zeitschrift. Der Titel lautete: »Erosionsprozesse in den Schluchten der Paran-Wüste.« Dieses Thema war ihm auch für seine Dissertation zugeteilt worden. Die Widmung stand in Kursivschrift unter dem Titel:

Der Autor möchte diese Arbeit Hannah, seiner verständnisvollen Frau, widmen.

Ich las den Artikel und gratulierte Michael: Mir gefiele die Art, wie er den Gebrauch von Adjektiven und Adverbien vermeide und sich statt dessen auf Substantive und Verben konzentriere. Mir gefiele außerdem, daß er komplizierte Satzkonstruktionen vermeide. Er habe sich durchweg in kurzen, prägnanten Sätzen ausgedrückt. Ich bewundere seinen trockenen, sachlichen Stil.

Michael griff das Wort »trocken« auf. Wie die meisten Leute, die sich nicht für Sprache interessieren und Wörter benutzen wie Luft oder Wasser, dachte Michael, ich hätte das Wort abwertend gebraucht. Er bedaure, sagte er, daß er kein Dichter sei, daß er mir kein Gedicht widmen könne anstelle einer trockenen Forschungsarbeit. Jeder tue, was er kann. »Ich weiß – was für eine banale Gefühlsduselei.«

»Michael, glaubst du etwa, ich sei dir nicht dankbar für die Widmung oder wüßte den Artikel nicht zu schätzen?«

»Ich mache dir ja keine Vorwürfe. Der Artikel ist für Fachleute auf dem Gebiet der Geologie und der ihr verwandten Fächer gedacht. Geologie ist nicht Geschichte. Es ist möglich, hochgebildet und kultiviert zu sein, ohne die Grundbegriffe der Geologie zu kennen.«

Michaels Worte schmerzten mich, denn ich hatte nach einem Weg gesucht, seine Freude zu teilen und hatte ihn ungewollt verletzt.

»Kannst du mir in einfachen Worten erklären, warum es bei der Geomorphologie geht?«

Michael streckte nachdenklich die Hand aus, nahm seine Brille vom Tisch und betrachtete sie mit seinem geheimnisvollen Lächeln. Dann legte er sie wieder weg.

»Ja, ich bin bereit, es dir zu erklären, vorausgesetzt, daß du es wirklich wissen willst und nicht nur fragst, um mir einen Gefallen zu tun.

Nein, leg dein Strickzeug nicht weg. Ich sitze dir gern gegenüber und rede, während du strickst. Ich sehe dich gern entspannt. Du brauchst mich nicht anzusehen. Ich weiß, daß du mir zuhörst. Wir verhören uns ja nicht gegenseitig. Die Geomorphologie ist eine Wissenschaft an der Grenze zwischen Geologie und Geographie. Sie befaßt sich mit den Prozessen, die die Charakteristika der Erdoberfläche bestimmen. Die meisten Leute sind der irrigen Meinung, daß die Erde vor vielen Millionen Jahren ein für allemal geformt und erschaffen wurde. In Wirklichkeit bildet sich die Erdoberfläche ständig. Wenn wir einmal den beliebten Begriff ›Schöpfung‹ anwenden, dann können wir sagen, daß die Erde ständig erschaffen wird. Selbst während wir hier sitzen und reden. Unterschiedliche und sogar entgegengesetzte Faktoren arbeiten zusammen und formen und verändern die sichtbaren Konturen, aber auch die unterirdischen Merkmale, die wir nicht sehen können. Einige der Faktoren sind geologischen Ursprungs und auf die Aktivität des flüssigen Kerns im Erdinnern, auf seine allmähliche, ungleichmäßige Abkühlung zurückzuführen. Andere Faktoren sind atmosphärischer Natur, wie der Wind, Überschwemmungen und der Gegensatz von Hitze und Kälte, die sich in einem festgelegten Zyklus ablösen. Auch bestimmte physikalische Faktoren beeinflussen geomorphologische Prozesse. Gerade diese einfache Tatsache wird häufig von Wissenschaftlern übersehen, vielleicht wegen ihrer großen Einfachheit. Die physikalischen Faktoren sind so offensichtlich, daß selbst einige der hervorragendsten Experten gelegentlich dazu neigen, sie zu ignorieren. Die Schwerkraft zum Beispiel und die Sonnenaktivität. Man hat einige komplizierte und ausführliche Erklärungen für Phänomene vorgeschlagen, die sich auf die einfachsten Naturgesetze zurückführen lassen.

Neben den geologischen, atmosphärischen und physikalischen Faktoren müssen auch bestimmte Begriffe aus der Chemie berücksichtigt werden. Das Schmelzen zum Beispiel und die Fusion. Abschließend kann man sagen, daß die Geomorphologie der Treffpunkt verschiedener wissenschaftlicher Disziplinen ist. Nebenbei gesagt, wurde diese Methode bereits in der antiken griechischen Mythologie vorweggenommen, die die Entstehung der Welt einem fortwährenden Konflikt zuzuschreiben scheint. Dieses Prinzip wurde von der modernen Wissenschaft übernommen, die allerdings keinen Versuch unternimmt, den Ursprung der verschiedenen Faktoren zu erklären. In gewisser Weise beschränken wir uns auf eine Frage, die viel enger gefaßt ist, als es in der antiken Mythologie der Fall war. Nicht ›warum?‹, sondern ›wie?‹ – das ist die einzige Frage, mit der wir uns beschäftigen. Doch einige moderne Wissenschaftler können mitunter der Versuchung nicht widerstehen, eine alles umfassende Erklärung zu finden. Besonders die sowjetische Schule macht, soweit man ihren Publikationen folgen kann, gelegentlich Gebrauch von Begriffen, die der klassischen Philologie entliehen sind. Es ist eine große Versuchung für jeden Naturwissenschaftler, sich von Metaphern fortreißen zu lassen und der weitverbreiteten Illusion zu erliegen, daß eine Metapher eine wissenschaftliche Definition ersetzen könne. Ich persönlich vermeide bewußt jene Schlagworte, die bei gewissen Schulen gebräuchlich sind. Ich meine damit so vage Begriffe wie ›Anziehung‹, ›Abstoßung‹, ›Rhythmus‹ und so weiter. Die Trennungslinie zwischen einer wissenschaftlichen Beschreibung und einem Märchen ist sehr fein. Viel feiner, als man gemeinhin glaubt. Ich gebe mir große Mühe, diese Linie nicht zu überschreiten. Vielleicht ist das der Grund, warum mein Artikel ziemlich trocken wirkt.«

»Michael«, sagte ich, »ich sollte versuchen, ein Mißverständnis aufzuklären. Als ich das Wort ›trocken‹ gebrauchte, habe ich es im lobenden Sinn benutzt.«

»Deine Worte machen mich sehr glücklich, wenn ich mir auch schlecht vorstellen kann, daß wir beide dasselbe meinen, wenn wir das Wort ›trocken‹ benutzen. Dazu unterscheiden wir uns zu sehr voneinander. Wenn du einmal ein paar Stunden Zeit für mich hast, zeige ich dir gern mein Labor. Du kannst auch eine meiner Vorlesungen hören. Dann wäre es viel einfacher, dir alles zu erklären, und vielleicht auch weniger trocken.«

»Morgen«, sagte ich. Und während ich das Wort aussprach, versuchte ich, mein hübschestes Lächeln aufzusetzen.
»Mit dem größten Vergnügen«, sagte Michael.

Am nächsten Morgen schickten wir Yair mit einem Entschuldigungsbrief an Sarah Zeldin in den Kindergarten: Aus dringenden persönlichen Gründen müsse ich mir einen Tag freinehmen.

Michael und ich fuhren mit den beiden Buslinien zum geologischen Labor. Als wir ankamen, bat Michael die Reinmachefrau, zwei Tassen Kaffee zu machen und sie hinauf in sein Zimmer zu bringen.

»Zwei Tassen heute, nicht eine«, sagte er gutgelaunt und fügte hastig hinzu: »Matilda, das ist Frau Gonen. Meine Frau.«

Dann gingen wir hinauf in Michaels Büro im zweiten Stock. Es war ein winziger Verschlag am Ende des Korridors, den man mittels einer Sperrholzwand von diesem abgetrennt hatte. In dem Raum standen ein Schreibtisch, der seinen Weg hierher aus einem Büro der britischen Verwaltung gefunden hatte, zwei Korbstühle und ein leeres Bücherbord, das mit einer als Blumenvase dienenden großen Geschoßhülse geschmückt war. Unter der Glasplatte des Schreibtisches waren ich an unserem Hochzeitstag, Yair in einem Phantasiekostüm und zwei weiße, aus einer farbigen Illustrierten ausgeschnittene Kätzchen zu sehen.

Michael setzte sich mit dem Rücken zum Fenster hin, streckte die Beine aus, stützte die Ellenbogen auf den Schreibtisch und versuchte, eine förmliche Pose einzunehmen. »Nehmen Sie doch bitte Platz, gnädige Frau«, sagte er. »Was kann ich für Sie tun?«

In diesem Augenblick öffnete sich die Tür, und Matilda kam mit einem Tablett herein, auf dem zwei Tassen Kaffee standen. Vermutlich hatte sie Michaels letzte Worte gehört. In seiner Verlegenheit wiederholte mein Mann:

»Matilda, das ist Frau Gonen. Meine Frau.«

Matilda verließ den Raum. Michael bat mich, ihn zu entschuldigen, während er sich ein paar Minuten seinen Notizen widmete. Ich schlürfte meinen Kaffee und betrachtete ihn, denn ich vermutete, daß er das wollte. Er bemerkte, daß ich ihn anschaute, und strahlte mich ruhig und zufrieden an. Wie wenig man tun muß, um einen anderen Menschen glücklich zu machen.

Nach ein paar Minuten stand Michael auf. Ich erhob mich ebenfalls. Er entschuldigte sich für die leichte Verzögerung. »Ich mußte nur rasch meine Papiere ordnen, wie man so sagt. Laß uns jetzt ins Labor hinuntergehen. Ich hoffe, du findest es interessant. Wenn du Fragen hast, werde ich sie dir alle beantworten.« Mein Mann war klar und höflich, während er mich durch die geologischen Labors führte. Ich stellte ihm Fragen, um ihm Gelegenheit zu geben, etwas zu erklären. Er fragte wiederholt, ob ich mich müde oder gelangweilt fühle. Diesmal war ich sehr vorsichtig in der Wahl meiner Worte.

»Nein, Michael«, sagte ich. »Ich bin nicht müde oder gelangweilt. Ich möchte noch viel mehr sehen. Es macht mir Spaß, deinen Erklärungen zuzuhören. Du hast eine natürliche Begabung dafür, komplizierte Dinge sehr klar und präzise zu erklären. Ich finde alles, was du sagst, neu und faszinierend.«

Als ich das sagte, nahm Michael meine Hand in die seine und hielt sie einen Augenblick fest, genauso, wie er es damals getan hatte, als wir aus dem Café Atara auf die verregnete Straße traten.

Wie viele Studenten der Geisteswissenschaften hatte ich mir immer vorgestellt, daß jeder akademische Forschungsgegenstand ein System aufeinanderbezogener Wörter und Ideen sei. Nun entdeckte ich, daß Michael und seine Kollegen sich nicht nur mit Wörtern befaßten, sondern auch nach verborgenen Schätzen im Erdinnern suchten: Wasser, Öl, Salz, Minerale, Bausteine und industrielle Rohstoffe und sogar Edelsteine für den Schmuck der Frauen.

Als wir das Labor verließen, sagte ich:

»Ich wünschte, ich könnte dich davon überzeugen, daß ich das Wort ›trocken‹ zu Hause positiv gemeint habe. Wenn du mich zu deiner Vorlesung einlädst, werde ich mich ganz hinten hinsetzen und sehr stolz sein.«

Das war noch nicht alles. Ich sehnte mich danach, mit ihm nach Hause zu gehen, um sein Haar wieder und wieder streicheln zu können. Ich zerbrach mir den Kopf nach einem glühenden Kompliment, das das zurückhaltende Leuchten, das zufriedene Strahlen zurück in seine Augen bringen würde.

Ich fand einen freien Platz in der vorletzten Reihe. Mein Mann stand mit aufgestützten Ellbogen am Katheder. Sein Körper war mager. Seine Pose war entspannt. Hin und wieder drehte er sich um und deutete mit einem Zeigestock auf eines der Diagramme, die er vor der Vorlesung an die Tafel gezeichnet hatte. Die Linien, die er mit Kreide auf die Tafel malte, waren fein und präzise. Ich dachte an seinen Körper unter den Kleidern. Die Studenten der ersten Semester saßen über ihre Notizhefte gebeugt da. Einmal hob ein Student die Hand und stellte eine Frage. Michael sah den Studenten eine Sekunde fest an, als wolle er ergründen, warum er diese Frage stellte, ehe er sie beantwortete. Dann beantwortete er sie so, als habe der Student den Kernpunkt des Problems berührt. Er war ruhig und beherrscht. Selbst wenn er eine kleine Pause zwischen seinen Sätzen machte, schien er das nicht zu tun, weil er nicht weiter wußte, sondern weil er aus einem Gefühl der Verantwortung heraus seine Worte sorgfältig wählte. Ich mußte auf einmal an den alten Geologiedozenten im Terra-Sancta-College denken, in jenem Februar vor fünf Jahren. Er hatte auch einen Zeigestock benutzt, um auf wichtige Einzelheiten des Lehrfilms aufmerksam zu machen. Seine Stimme war schleppend und klingend gewesen. Auch mein Mann hatte eine angenehme Stimme. Frühmorgens beim Rasieren im Badezimmer, wenn er meinte, ich schliefe noch fest, pflegte er leise vor sich hinzusummen. Jetzt, während er seine Vorlesung hielt, wählte Michael ein Wort aus jedem Satz und betonte es mit sanftem Nachdruck, als wolle er vorsichtig etwas andeuten, was nur für seine intelligentesten Schüler gedacht war. Gesichtszüge, Arm und Zeigestock des alten Dozenten vom Terra-Sancta-College hatten mich beim Licht der Laterna magica an die Holzschnitte in den Büchern erinnert, die ich als Kind geliebt hatte, an *Moby Dick* und die Geschichten von Jules Verne. Ich kann nichts vergessen. Wo werde ich sein, was werde ich sein an dem Tag, an dem Michael den Schatten des alten Dozenten vom Terra Sancta einholt?

Nach der Vorlesung aßen wir zusammen in der Mensa zu Mittag. »Ich möchte dir gern meine Frau vorstellen«, sagte Michael stolz zu einem zufällig vorbeikommenden Bekannten. Mein Mann war wie ein Schuljunge, der dem Direktor seinen berühmten Vater vorstellt.

Wir tranken Kaffee. Michael bestellte mir einen türkischen Kaffee. Er selbst bevorzugte Kaffee mit Milch.

Danach zündete Michael seine Pfeife an. »Ich kann mir überhaupt nicht vorstellen«, sagte er, »daß du meine Vorlesung irgendwie interessant fandest. Ich war aber ziemlich aufgeregt, obwohl die Studenten keine Ahnung davon hatten, daß meine Frau anwesend war. Ich war wirklich so aufgeregt, daß ich zweimal beinahe den Faden verloren hätte, weil ich an dich dachte und dich anschaute. Ich habe nur bedauert, daß ich nicht über ein literarisches Thema sprach. Ich hätte sehr gern dein Interesse gefesselt, statt dich mit einer so trockenen Sache zu langweilen.«

Michael hatte gerade mit der Niederschrift seiner Doktorarbeit begonnen. Er freue sich auf den Tag, sagte er, wenn sein alter Vater seinen wöchentlichen Brief an »Dr. und Frau M. Gonen« richten könne. Das sei natürlich reine Sentimentalität, aber jeder hege schließlich irgendwo sentimentale Gefühle. Andererseits sollte man eine Dissertation nicht überstürzen. Er müsse sich mit einem sehr schwierigen Thema befassen.

Als mein Mann die Worte »schwieriges Thema« aussprach, ging ein plötzliches Zucken über sein Gesicht, und einen Augenblick lang konnte ich sehen, wie die winzigen Linien, die sich in letzter Zeit um seine Mundwinkel gebildet hatten, in Zukunft verlaufen würden.

XXV

Im Sommer 1955 fuhren wir mit unserem Sohn eine Woche nach Holon, um uns auszuruhen und im Meer zu schwimmen. Im Bus neben uns saß ein erschreckend aussehender Mann, ein Kriegsverletzter vielleicht oder ein Flüchtling aus Europa. Sein Gesicht war entstellt und eine seiner Augenhöhlen leer. Am schrecklichsten sah sein Mund aus: Er hatte keine Lippen mehr, so daß die Zähne völlig freilagen, als grinse er von einem Ohr zum anderen oder als sei er ein Totenschädel. Als unser unglücklicher Mitreisender unseren Sohn anschaute, vergrub Yair sein Gesicht an meiner Brust, schielte aber immer wieder nach diesen entstellten Zügen, als wolle er seiner Angst stets neue Nahrung geben. Die Schultern des Kindes zuckten, und sein Gesicht war weiß vor Furcht.

Der Fremde spielte dieses Spiel begeistert mit. Er wandte weder sein Gesicht ab noch ließ er mit seinem einzigen Auge von unserem Sohn. Als wolle er jede Variante des Schreckens aus dem Jungen herausholen, begann er jetzt Fratzen zu schneiden und seine Zähne zu entblößen, bis sogar mich das Entsetzen packte. Begierig lauerte er auf die verstohlenen Blicke des Kindes und versuchte, ein Gesicht zu ziehen, sobald Yair die Augen aufschlug. Yair ließ sich auf das schaurige Spiel ein. Er setzte sich auf, starrte den Fremden eine Weile an und wartete geduldig, bis dieser eine neue Fratze schnitt. Dann vergrub er seine Schultern erneut an meiner Brust und zitterte heftig. Sein ganzer Körper zuckte. Das Spiel ging lautlos vor sich. Yair schluchzte mit seinen Muskeln, mit seinen Lungen, aber nicht mit seiner Stimme.

Wir konnten nichts tun. In dem Bus gab es keine freien Plätze mehr. Der Mann und der Junge ließen nicht einmal zu, daß Michael seinen Körper zwischen sie schob, was er zu tun versuchte. Sie schielten und spähten nacheinander hinter seinem Rücken oder unter seinen Armen hindurch.

Als wir am Hauptbahnhof von Tel Aviv aus dem Bus stiegen, kam der Fremde auf uns zu und bot Yair einen Keks an. Er trug Handschuhe, obwohl es Sommer war. Yair nahm den Keks und steckte ihn schweigend in die Tasche.

Der Mann berührte mit seinem Finger das Gesicht des Kindes und sagte: »Was für ein reizendes Kind. Was für ein süßer, kleiner Junge.« Yair zitterte wie im Fieber, sagte jedoch kein Wort. Als wir im Bus nach Holon saßen, holte das Kind den Keks aus der Tasche, hielt ihn voller Schrecken in die Höhe und sagte einen einzigen Satz:

»Wer sterben möchte, kann ihn essen.«

»Du solltest von Fremden keine Geschenke annehmen«, erwiderte ich.

Yair verstummte. Er wollte etwas sagen, überlegte es sich anders und erklärte schließlich mit fester Stimme: »Dieser Mann war sehr schlecht. Überhaupt kein Jude.«

Michael fühlte sich verpflichtet, zu widersprechen: »Er ist vermutlich im Krieg sehr schwer verwundet worden. Vielleicht war er ein Held.«

Yair wiederholte trotzig: »Kein Held. Nicht die Spur von einem Juden. Schlechter Mensch.«

»Hör auf mit dem Geschwätz, Yair«, fuhr Michael scharf dazwischen.

Das Kind führte den Keks zum Mund und zitterte erneut am ganzen Körper. »Ich werd' sterben«, murmelte er. »Ich ess' das jetzt.« Ich wollte gerade erwidern: »Du wirst niemals sterben«, ein Satz, der mir eine wunderschöne Passage von Gershom Shoffman ins Gedächtnis rief, aber Michael, »vor dem es keine Freude und keinen Frohsinn gibt«, kam mir zuvor und sprach die wohlüberlegten Worte:

»Du wirst sterben, wenn du 120 bist. Jetzt hör bitte auf mit dem Unsinn. Ende.«

Yair gehorchte. Eine Weile hielt er seine Lippen fest zusammengepreßt. Schließlich sagte er zögernd, als habe er gerade höchst komplizierte Überlegungen angestellt:

»Wenn wir bei Opa Yehezkel sind, ess' ich überhaupt nichts. Überhaupt nichts.«

Wir blieben sechs Tage bei Opa Yehezkel. Morgens gingen wir mit unserem Sohn zum Strand von Bat Yam. Es waren friedliche Tage. Yehezkel Gonen hatte seine Stellung bei den städtischen Wasserwerken aufgegeben. Seit Anfang des Jahres lebte er von einer bescheidenen Pension. Er vernachlässigte jedoch keineswegs seine Pflichten bei der Ortsgruppe der Arbeiterpartei. Noch immer ging er jeden Abend mit dem Schlüsselbund in der Tasche zum Klub. In einem kleinen Notizbuch schrieb er sich auf, daß er die Vorhänge in die Reinigung geben, eine Flasche Obstsaft für den Redner besorgen, die Belege aufbewahren und nach dem Datum geordnet ablegen mußte.

Die Vormittage verbrachte er damit, sich mit Hilfe eines vom Institut für Öffentliche Erziehung veranstalteten Fernkurses geologische Grundkenntnisse anzueignen, damit er eine einfache wissenschaftliche Unterhaltung mit seinem Sohn führen konnte.

»Ich finde, ich habe jetzt genug Freizeit«, sagte er. »Ein Mann sollte niemals behaupten, er sei zu alt, um noch vom Lernen zu profitieren.«

»Bitte fühlt euch in dieser Wohnung ganz zu Hause«, sagte er zu uns. »Tut so, als sei ich nicht vorhanden. Wenn ihr immer an mich denkt, verderbt ihr euch nur die Ferien. Wenn ihr übrigens die Möbel umstellen oder eure Betten ungemacht liegenlassen wollt, dann laßt euch unter keinen Umständen aus Gründen der Höflichkeit davon abhalten. Ich möchte, daß ihr euch richtig ausruht.«

»Ihr beide kommt mir sehr jung vor, meine Lieben. So jung, daß ich in Selbstmitleid versinken müßte, wenn ich mich nicht so freuen würde, euch zu sehen.«

Yehezkel wiederholte diesen Satz bei verschiedenen Gelegenheiten. Alles, was er sagte, klang ungeheuer gewichtig, weil er einmal dazu neigte, seine Worte so auszusprechen, als richte er sie an eine kleine Versammlung, und zum anderen Ausdrücke benutzte, die man eigentlich nur bei feierlichen Anlässen gebrauchte. Ich mußte an die Bemerkung denken, die Michael während unserer Unterhaltung im Café Atara gemacht hatte, daß sein Vater mit hebräischen Wendungen umginge wie andere Leute mit zerbrechlichem Porzellan. Mir wurde jetzt klar, daß Michael damals ganz zufällig eine sehr genaue Beobachtung gemacht hatte.

Vom ersten Tag an entwickelte sich eine enge Freundschaft zwischen Großvater und Enkel. Sie standen beide um sechs Uhr morgens auf, gaben sich Mühe, Michael und mich nicht zu wecken, zogen sich an und nahmen ein leichtes Frühstück zu sich. Dann streunten sie gemeinsam durch die menschenleeren Straßen. Yehezkel machte es Spaß, seinen Enkel in die Geheimnisse der städtischen Dienstleistungen einzuweihen: die Verzweigungen der Stromleitungen vom Haupttransformator aus, der Kreislauf der Wasserversorgung, das Hauptquartier der Feuerwehr und die an verschiedenen Stellen der Stadt angebrachten Sirenen und Hydranten, die Vorrichtungen des Stadtreinigungsamtes für die Müllabfuhr und das Netz der Omnibuslinien. Es war eine ganz neue Welt mit einer eigenen, faszinierenden Logik.

Eine weitere amüsante Neuheit war der Name, den Großpapa dem Kind gab.

»Deine Eltern können dich ruhig Yair nennen, ich nenne dich jedenfalls Salman, denn Salman ist dein richtiger Name.«

Das Kind wehrte sich nicht gegen den neuen Namen, aber nach einem nur ihm bekannten Kodex ausgleichender Gerechtigkeit begann er den alten Mann mit demselben Namen, Salman, anzureden. Um halb neun kamen sie von ihrem Spaziergang zurück und Yair verkündete:

»Salman und Salman sind wieder da.«

Ich lachte, bis mir die Augen tränten. Selbst Michael konnte ein Lächeln nicht unterdrücken.

Wenn Michael und ich aufstanden, fanden wir das Frühstück fertig auf dem Küchentisch vor – Salat, Kaffee und mit Butter bestrichene Weißbrotschnitten.

»Salman hat euch mit eigenen Händen das Frühstück gemacht, der kluge Junge«, erklärte Yehezkel stolz. Und um die Tatsachen nicht allzusehr zu verfälschen, fügte er hinzu: »Ich habe ihm lediglich ein paar gute Ratschläge gegeben.«

Anschließend begleitete Yehezkel uns zur Bushaltestelle, wobei er uns vor Strömungen und Sonnenbrand warnte. Einmal wagte er die Bemerkung: »Ich würde mich ja anschließen, aber ich möchte euch nicht zur Last fallen.«

Mittags, wenn wir vom Strand zurückkehrten, machte Yehezkel uns ein vegetarisches Mittagessen: gebratene Eier, Gemüse, Toast und Obst. Irgendein Grundsatz, den er aus Furcht, uns zu langweilen, nicht näher erläuterte, verhinderte, daß jemals Fleisch auf den Tisch kam. Während der Mahlzeit gab er sich große Mühe, uns mit Anekdoten aus Michaels Kindheit zu unterhalten. So erzählte er uns, was Michael einmal dem Zionistenführer Moshe Shertok gesagt hatte, als dieser seine Grundschule besuchte und wie Moshe Shertok vorgeschlagen hatte, Michaels Bemerkung in einer Kinderzeitschrift zu veröffentlichen.

Yehezkel erzählte seinem Enkel beim Essen Geschichten über böse Araber und gute Araber, jüdische Wachtposten und bewaffnete arabische Banden, heroische jüdische Kinder und britische Offiziere, die Kinder illegaler Einwanderer mißhandelten.

Yair entpuppte sich als aufmerksamer und hingebungsvoller Schüler. Er merkte sich jedes Wort und vergaß nicht das kleinste Detail. Als fänden sich Michaels Wissensdurst und meine deprimierende Fähigkeit, alles zu behalten, in ihm vereint. Man konnte das Kind nach allem, was es von »Großpapa Salman« gelernt hatte, fragen: Die Stromleitungen sind alle mit der Station Reading verbunden; Hassan Salames Bande beschoß vom Hügel Tel Arish aus Holon; das Wasser kommt aus der Quelle in Rosh Haayin. Bevin war ein böser Engländer, Wingate hingegen ein guter.

Großpapa kaufte kleine Geschenke für uns alle. Fünf Krawatten in einer Schachtel für Michael, für mich Professor Shirmans *Hebräische Dichtung in Spanien und der Provence* und für seinen Enkel ein rotes Feuerwehrauto zum Aufziehen mit einer Sirene, die wirklich aufheulte.

Die Tage verliefen ruhig.

Draußen auf dem Gelände der Arbeitersiedlung pflanzte man Zierbäume um zierliche, quadratische Rasenflächen herum. Vögel zwitscherten von früh bis spät. Die Stadt war hell und sonnendurchtränkt. Gegen Abend kam eine Brise vom Meer auf, und Yehezkel sperrte Fensterläden und Küchentür weit auf.

»Es weht ein erfrischender Wind«, sagte er. »Seeluft ist der Atem des Lebens.«

Um zehn Uhr, wenn er aus dem Klub nach Hause kam, beugte der alte Mann sich über das Bett und küßte seinen schlafenden Enkel. Dann leistete er uns auf dem Balkon Gesellschaft, und wir saßen zusammen auf den abgewetzten Liegestühlen. Er erzählte nie von der Partei, da er glaubte, wir interessierten uns sicher nicht für Dinge, die ihn interessierten. Er wollte uns nicht langweilen während unseres kurzen Urlaubs. Statt dessen lenkte er die Unterhaltung auf Themen, die uns, wie er meinte, näherlagen. Er sprach über Josef Hyyim Brenner, der vor 34 Jahren nicht weit von hier getötet worden war. Brenner war seiner Ansicht nach ein großer Schriftsteller und ein großer Sozialist gewesen, wenn auch die Jerusalemer Professoren auf ihn herabsahen, weil er sich zu sehr politisch engagiert und zu wenig Interesse an der Literatur um ihrer selbst willen gezeigt hatte. »Denkt an meine Worte«, sagte er, »früher oder später wird Brenners Größe auch in Jerusalem wieder anerkannt werden.«

Ich wagte nicht, ihm zu widersprechen.

Mein Schweigen gefiel Yehezkel, der es als weiteren Beweis meines guten Geschmacks deutete. Wie Michael war auch er der Meinung, daß ich eine empfindsame Seele hätte. »Bitte entschuldige meine Sentimentalität, wenn ich sage, daß du mir teuer bist wie eine Tochter.«

Mit Michael sprach er über die Bodenschätze des Landes. »Der Tag nicht mehr fern, an dem man in unserem Land Öl finden wird. Daran zweifle ich keine Sekunde. Ich weiß noch gut, wieviel Skepsis die sogenannten Experten dem Vers aus dem Fünften Buch Moses ›Ein Land, des Steine Eisen sind, da du Erz aus den Bergen hauest‹ entgegenbrachten. Und heute haben wir den Manara-Berg, und wir haben Timna: Eisen und Kupfer. Ich bin überzeugt davon, daß wir bald auch Öl finden werden. Seine Existenz ist ausdrücklich in der Tosefta erwähnt, und die alten Rabbiner waren durch und durch praktische und realistische Männer. Was sie schrieben, gründete sich auf Gelehrsamkeit, nicht auf Gefühle. Ich glaube, mein Sohn, du bist kein phantasieloser Geologe wie tausend andere; deine Bestimmung ist es, Neues zu suchen und zu finden, davon bin ich überzeugt.«

»Aber jetzt habe ich euch lange genug mit meinem Gerede ermüdet. Ihr sollt euch schließlich erholen, und ich törichter, alter Mann schwatze über Dinge, die Teil deiner Arbeit sind.

Als ob dich in Jerusalem nicht genug anstrengende Geistesarbeit erwartet. Was bin ich doch für ein lästiger, alter Langweiler. Warum geht ihr zwei jetzt nicht schlafen und wacht morgen früh frisch und munter wieder auf. Gute Nacht, ihr Lieben. Schlaft gut und hört nicht auf das weitschweifige Gerede eines alten Mannes, der allein lebt und selten Gelegenheit hat, mit jemandem zu reden.«

Es waren ruhige Tage.

Nachmittags schlenderten wir zum Stadtpark hinunter, wo wir alte Freunde und Nachbarn trafen, die alle Michael eine große Zukunft vorausgesagt hatten und jetzt froh waren, an seinem großartigen Erfolg teilzuhaben. Sie waren stolz darauf, seiner Frau die Hand zu schütteln und seinem

Sohn in die Wange zu kneifen, und erzählten lustige Geschichten aus der Zeit, als Michael noch ein Baby war.

Michael kaufte mir jeden Tag eine Abendzeitung. Er kaufte mir auch illustrierte Zeitschriften. Die Sonne bräunte uns. Unsere Haut roch nach Meer. Die Stadt war klein, mit weißgekalkten Häusern.

»Holon ist eine neue Stadt«, sagte Yehezkel Gonen. »Sie wurde nicht wieder zu altem Glanz erweckt, sondern wuchs sauber und ordentlich aus dem Sand. Und ich, der ich mich noch an ihre allerersten Tage erinnere, freue mich täglich aufs neue an ihr – wenngleich wir natürlich nicht einen Bruchteil dessen hier haben, was ihr in eurem Jerusalem habt.«

Am letzten Abend kamen die vier Tanten aus Tel Aviv zu Besuch. Sie brachten Geschenke für Yair mit. Sie umarmten ihn stürmisch und küßten ihn forsch. Ausnahmsweise waren sie alle nett; sogar Tante Jenia verschonte uns mit ihren üblichen Klagen.

Tante Leah führte das Wort:

»Stellvertretend für uns alle kann ich, glaube ich, sagen, daß du die Hoffnungen, die wir in dich gesetzt haben, nicht enttäuscht hast, Micha. Hannah, du solltest strahlen vor Stolz über seinen Erfolg. Ich weiß noch, wie sich Michas Freunde nach dem Unabhängigkeitstag über ihn lustig machten, weil er nicht wie ein Vollidiot mit ihnen in irgendeinen Kibbuz im Negev zog. Statt dessen faßte er den vernünftigen Entschluß, in Jerusalem zu studieren und seinem Volk und Land mit seinem Verstand und seiner Begabung zu dienen und nicht mit seinen Muskeln wie ein Lasttier. Und jetzt, da unser Michael fast ein Doktor ist, kommen die gleichen Freunde, die sich über ihn lustig machten, zu ihm und bitten ihn um Hilfe bei ihren ersten Gehversuchen an der Universität. Die besten Jahre ihres Lebens haben sie wie Schwachköpfe vertan, und mittlerweile hängt ihnen ihr Kibbuz im Negev zum Hals heraus, während unser Micha, der sich von Anfang an so klug verhielt, diese Prahlhänse jetzt für den Umzug in die neue Wohnung, die ihr bestimmt bald haben werdet, als Möbelträger anheuern könnte, wenn er Lust dazu hat.«

Als sie »Kibbuz im Negev« sagte, verzog Tante Leah ihr Gesicht. Sie sprach das Wort »Negev« fast wie ein Fluch aus. Ihre letzte Bemerkung ließ alle vier Tanten in schrilles Gelächter ausbrechen.

»Du sollst deine Mitmenschen nicht verspotten«, sagte der alte Yehezkel.

Michael überlegte einen Moment und gab dann seinem Vater recht, wobei er hinzufügte, daß seiner Ansicht nach Bildung den Wert eines Menschen nicht verändere.

Dieser Kommentar gefiel Tante Jenia. Sie wies darauf hin, daß Michaels Erfolg ihm weder zu Kopf gestiegen sei noch seiner Bescheidenheit Abbruch getan habe.

»Bescheidenheit ist eine sehr nützliche Eigenschaft. Ich habe immer behauptet, daß es die Pflicht einer Ehefrau ist, ihrem Mann auf seinem Weg zum Erfolg Mut zuzusprechen. Nur wenn der Mann nichts taugt, ist seine Frau gezwungen, den grausamen Weg zu gehen und einen Männerkampf in einer Männerwelt zu kämpfen. Das war mein Los. Ich bin froh, daß Micha seiner Frau ein ähnliches Schicksal erspart hat. Und auch du, meine liebe Hannah, auch du solltest froh sein, denn in diesem Leben gibt es keine größere Befriedigung als entschiedenes Bemühen, das von Erfolg gekrönt ist und dem in Zukunft ganz sicher noch größere Erfolge beschieden sein werden. Von Kindheit an habe ich daran geglaubt. Und all der Kummer, den ich ertragen mußte, hat diesen Glauben nicht erschüttern können. Im Gegenteil, er hat ihn nur bestärkt.«

Am Morgen unserer Rückkehr nach Jerusalem tat Yehezkel etwas, das ich nie vergessen werde. Er stieg auf eine Leiter und holte aus einem hohen Schrank eine Riesenschachtel, der er eine alte, verblaßte und zerknautschte Miliziniform entnahm. Dann fischte er aus der Kommode die dazugehörige Kopfbedeckung, den »*kolpak*« und setzte ihn seinem Enkel auf. Er war so groß, daß er dem Kind fast über die Augen rutschte. Großpapa selber zog die Uniform über den Pyjama, den er trug.

Den ganzen Vormittag stürmten die beiden durch die Wohnung und inszenierten Schlachten und Manöver, bis es Zeit für uns war, aufzubrechen. Sie beschossen einander mit Stöcken aus gesicherten Stellungen hinter den Möbeln hervor. Sie schreien sich gegenseitig »Salman« zu. Yairs Gesicht strahlte vor wilder Freude, als er zum ersten Mal die Wonnen der Macht entdeckte, und der alte Soldat gehorchte ergeben und unerschütterlich jedem Befehl. Yehezkel war ein glücklicher, alter Mann an diesem letzten Vormittag unseres letzten Besuchs in Holon. Einen einzigen brennenden Augenblick lang kam mir die Szene vertraut vor, als hätte ich sie bereits vor unendlich langer Zeit erlebt. Es war wie eine unscharfe Kopie eines viel schärferen, klareren Originals. An Zeit und Ort konnte ich mich nicht erinnern. Ein kalter Schauer lief mir über den Rücken, und ich hatte das deutliche Gefühl, etwas in Worte fassen, meinen Sohn und meinen Schwiegervater vielleicht vor der Gefahr eines Feuers oder der Hinrichtung auf dem elektrischen Stuhl warnen zu müssen. Aber in ihrem Spiel war nicht die leiseste Spur einer dieser Bedrohungen. Es drängte mich, Michael vorzuschlagen, daß wir sofort, auf der Stelle, aufbrechen sollten, doch ich war unfähig, die Worte auszusprechen. Es hätte töricht und groß geklungen. Warum fühlte ich mich nur so unbehaglich? Einige Kampfflugzeuge hatten an diesem Morgen Holon im Tiefflug überquert. Ich glaube nicht, daß dies der Grund für mein Gefühl des Unbehagens war. Ich glaube nicht, daß »Grund« in diesem Zusammenhang das richtige Wort ist. Die Flugzeugmotoren dröhnten. Die Fensterscheiben klirrten. Ich hatte das Gefühl, daß es auf gar keinen Fall das erste Mal war.

Bevor wir gingen, küßte mich mein Schwiegervater Yehezkel auf beide Wangen. Dabei fiel mir auf, daß seine Augen verändert schienen, als hätten die trüben Pupillen sich über das Weiß ausgebreitet, um es völlig zu bedecken. Auch sein Gesicht war grau, seine Wangen welk und hohl, und die Lippen, die meine Stirn berührten, hatten keine Wärme. Dagegen schien sein Händedruck erstaunlich warm. Er war fest, fast wild, als versuche der alte Mann, mir seine Finger zum Geschenk zu machen. Vier Tage nach unserer Rückkehr nach Jerusalem, als gegen Abend Tante Jenia mit der Nachricht eintraf, Yehezkel sei bei der Bushaltestelle gegenüber seiner Wohnung zusammengebrochen, schoß mir das alles wieder durch den Kopf.

»Gestern abend noch, gerade gestern abend erst war der arme Yehezkel bei uns zu Besuch«, plapperte sie entschuldigend, fast als wolle sie einen häßlichen Verdacht zerstreuen. »Gestern abend noch war er bei uns zu Besuch und klagte über keinerlei Beschwerden. Im Gegenteil. Er erzählte mir von einem neuen Medikament gegen Kinderlähmung, das man gerade in Amerika entdeckt hat. Er war ... normal. Ganz normal. Und dann plötzlich heute morgen, direkt vor den Augen der Globermanns von nebenan, fiel er bei der Bushaltestelle auf den Boden.« Plötzlich schluchzte sie. »Micha eine Waise!« Beim Schluchzen warf sie wie ein ältliches, gescholtenes Kind die Lippen auf. Sie preßte Michaels Hand an ihre welke Brust, strich ihm über die Stirn und hielt dann inne.

»Micha, wie ist das möglich, daß ein Mann plötzlich, einfach so, ohne Grund, auf das Pflaster, so wie man eine Tasche oder ein Paket aus der Hand fallen läßt, einfach so auf das Pflaster, und ... es ist schrecklich. Es ist ... es ist nicht richtig. Es ist abscheulich. Als ob der arme Yehezkel eine Tasche oder ein Paket wäre, das hinfällt und aufplatzt ... Es ist ... denk nur, wie das aussieht, Micha ... die Schande ... mit den Globermanns von nebenan, die wie in einer Opernloge bequem zurückgelehnt von ihrer Veranda aus alles beobachten, und völlig fremden Leuten, die vorbeikommen und ihn an Armen und Beinen packen und aus dem Weg räumen, damit er nicht den Verkehr blockiert, und dann seinen Hut und seine Brille aufheben und die Bücher, die über die ganze Straße verstreut liegen ... Und wißt ihr, wo er eigentlich hin wollte?« Tante Jenia erhob ihre Stimme zu einer schrillen, empörten Klage. »Er wollte nur eben mal schnell in die Bibliothek gehen und ein paar Bücher zurückbringen, und er wollte nicht einmal den Bus nehmen, es war reiner Zufall, daß er genau an der Bushaltestelle hinfiel, gegenüber den Globermanns. So ein gütiger Mann, so ein lieber ... so ein gütiger Mann, und plötzlich ... genau wie im Zirkus, sag ich euch, wie in einem Kinofilm, ein Mann geht friedlich mitten auf der Straße, und plötzlich kommt einer von hinten und schlägt ihm mit einem Stock auf den Kopf, und er klappt zusammen und fällt, als wäre er eine Stoffpuppe oder so was. Ich sag dir, Micha, das Leben ist nichts als ein stinkender Abfallhaufen. Laßt das Kind bei den Nachbarn oder sonstwo, schnell, und kommt mit nach Tel Aviv. Leahle ist ganz allein dort, Leahle mit ihren zwei linken Händen, um alles zu erledigen. Und tausend Formalitäten. Ein Mann stirbt, und man glaubt, er führe zumindest ins Ausland bei all den Formalitäten. Nehmt eure Mäntel mit und kommt. Ich gehe gerade mal rüber in die Drogerie inzwischen und rufe ein Taxi, und ... ja, Micha, bitte einen dunklen Anzug oder wenigstens eine Jacke, und beeilt euch beide, bitte. Micha, was für ein Unglück, oh, was für ein schreckliches Unglück, Micha.«

Tante Jenia ging. Ich konnte ihre aufgeregten Schritte auf der Treppe und unten auf dem Pflaster im Hof hören. Ich blieb in der Stellung, die ich bei ihrem Eintritt innegehabt hatte, an das Bügelbrett gelehnt, mit dem heißen Bügeleisen in der Hand. Michael rannte im Kreis herum und stürzte zum Balkon, als wolle er hinter ihr herschreien: »Tante Jenia, Tante Jenia.«

Kurz darauf kam er wieder herein. Er schloß die Fensterläden, machte schweigend die Fenster zu und ging dann hinaus, um die Küchentür abzuschließen. Auf dem Flur gab er einen schwachen Laut von sich. Vielleicht hatte er plötzlich sein Gesicht im Spiegel bei den Garderobehaken gesehen. Er öffnete den Schrank, nahm seinen dunklen Anzug heraus und wechselte den Gürtel aus. »Mein Vater ist gestorben«, sagte er, ohne mich anzusehen. Als sei ich nicht dabeigewesen, als seine Tante alles erzählte.

Ich stellte das Bügeleisen auf den Boden unter dem Schrank, trug das Bügelbrett ins Badezimmer und ging in Yairs Zimmer. Ich unterbrach sein Spiel, schrieb ein paar Worte auf einen Zettel und schickte ihn damit zu den Kamnitzers. »Großpapa Yehezkel ist sehr krank«, erzählte ich ihm, ehe er ging. Ein verzerrtes Echo meiner Worte tönte von der Treppe herüber, als Yair allen Kindern des Hauses aufgeregt berichtete: »Mein Großvater Salman ist sehr krank, und meine Eltern fahren hin, damit es ihm bald bessergeht.«

Michael steckte seine Brieftasche in die Brusttasche und knöpfte die Jacke des dunklen Anzugs zu, der einst meinem verstorbenen Vater gehörte und den meine Mutter Malka für ihn geändert hatte. Zweimal knöpfte er sie falsch zu. Er setzte seinen Hut auf. Versehentlich griff er nach seiner abgenutzten schwarzen Aktentasche, legte sie aber dann mit einer gereizten Bewegung wieder weg.

»Ich bin fertig«, sagte er. »Einiges von dem, was sie sagte, war vielleicht fehl am Platz, aber sie hat ganz recht. Es hätte nicht so passieren dürfen. Es ist nicht richtig. Einen ehrlichen, aufrechten, alten Mann, der weder sehr stark noch besonders gesund ist, plötzlich mitten in der Stadt am hellichten Tag wie einen gefährlichen Verbrecher auf das Pflaster stürzen zu lassen. Es gehört sich nicht, sag ich dir, Hannah, es ist grausam, es ist ... grausam. Ungehörig.«

Während Michael die Worte »grausam, ungehörig« aussprach, zitterte er am ganzen Körper. Wie ein Kind, das in einer Winternacht aufwacht und statt der Mutter ein fremdes Gesicht erblickt, das es aus der Dunkelheit anstarrt.

XXVI

In der Woche, die dem Begräbnis folgte, gab Michael das Rasieren auf. Ich glaube nicht, daß er das aus Respekt vor der religiösen Tradition oder aus Achtung vor den Wünschen seines Vaters tat (Yehezkel pflegte sich als praktizierenden Atheisten auszugeben). Wahrscheinlich hätte er es entwürdigend gefunden, sich während seiner Trauerwoche zu rasieren. Wenn wir von Kummer umgeben sind, finden wir manchmal triviale Dinge ungeheuer entwürdigend. Michael hatte das Rasieren immer gehaßt. Dunkle Stoppeln bedeckten seine Kinnbacken und gaben ihm ein wildes Aussehen. Mit seinen Bartstoppeln kam mir Michael wie ein neuer Mann vor. Mitunter hatte ich das Gefühl, sein Körper sei kräftiger, als er eigentlich war. Sein Nacken war mager geworden. Fältchen hatten sich um seinen Mund herum gebildet und deuteten eine kalte Ironie an, die Michael fremd war. Seine Augen blickten müde, als sei er erschöpft von harter, körperlicher Arbeit. In den Tagen seiner Trauer sah mein Mann wie ein schmutziger Arbeiter in einer der kleinen Werkstätten in der Agrippas-Straße aus. Den größten Teil des Tages saß Michael, mit gefütterten Hausschuhen und einem leichten, grauen Morgenmantel mit dunkelgrauen Karos, in einem Sessel. Wenn ich die Tageszeitung in seinen Schoß legte, beugte er sich vor, um sie zu lesen. Fiel die Zeitung auf den Boden, machte er keine Anstalten, sie aufzuheben. Ich vermochte nicht zu sagen, ob er nachdachte oder ausdruckslos vor sich hinstarrte. Einmal bat er mich, ihm ein Glas Kognak einzugießen. Ich tat es, aber er schien seine Bitte schon wieder vergessen zu haben. Er sah überrascht auf und rührte das Getränk nicht an. Und einmal bemerkte er nach den Nachrichten kurz: »Wie seltsam.« Weiter sagte er nichts. Ich fragte nicht. Das elektrische Licht leuchtete gelb. An den Tagen nach seines Vaters Tod war Michael sehr still. Auch unser Haus war still. Manchmal schien es, als warteten wir alle auf eine Nachricht. Wenn Michael etwas zu mir oder seinem Sohn sagte, sprach er leise, als sei ich die Trauernde. Nachts begehrte ich ihn sehr. Das Gefühl war schmerzhaft. In all den Jahren unserer Ehe hatte ich nie empfunden, wie entwürdigend diese Abhängigkeit sein konnte.

Eines Abends setzte mein Mann seine Brille auf und stellte sich vornübergebeugt mit aufgestützten Händen vor seinen Schreibtisch. Sein Kopf hing herab, sein Rücken war gekrümmt. Ich betrat das Arbeitszimmer und sah Yehezkel Gonen in meinem Mann. Ich schauderte. Mit seinem vornübergeneigten Kopf, den abfallenden Schultern, der unsicheren Haltung schien Michael seinen Vater nachzuahmen. Mir fiel unser Hochzeitstag ein, die Zeremonie auf der Dachterrasse des alten Rabbinatsgebäudes gegenüber Steinmatzkys Buchhandlung. Auch damals hatte Michael so sehr seinem Vater geglichen, daß ich die beiden verwechselt hatte. Ich habe es nicht vergessen.

Michael verbrachte seine Vormittage auf dem Balkon, von wo aus er die Possen der Katzen unten im Hof mit seinen Blicken verfolgte. Er war ruhig. Es war das erste Mal, daß ich Michael in einem Zustand der Ruhe erlebte. Immer hatte er es eilig gehabt, seine Arbeit rechtzeitig fertigzustellen. Fromme Nachbarn kamen vorbei und sprachen ihr Beileid aus. Michael empfing sie mit kalter Höflichkeit. Er musterte die Familie Kamnitzer und Herrn Glick durch seine Brille, wie ein strenger Lehrer einen Schüler anstarrt, der ihn enttäuscht hat, bis ihnen ihre Beileidsbezeugungen im Hals steckenblieben.

Frau Zeldin kam zögernd herein. Sie wollte uns den Vorschlag machen, Yair solle bei ihr bleiben, bis die Trauerzeit vorüber war. Ein finsteres Lächeln spielte um Michaels Lippen.

»Warum?«, sagte er. »Nicht ich bin gestorben.«

»Gott behüte, was für ein Gedanke«, sagte seine Besucherin erschrokken. »Ich dachte nur, vielleicht ...«

»Vielleicht was?« unterbrach Michael streng.

Die alte Erzieherin war verstört. Sie verabschiedete sich überstürzt. Im Gehen begriffen, bat sie um Entschuldigung, als hätte sie uns beleidigt.

Herr Kadischmann stellte sich mit weihevollem Gesichtsausdruck in einem schwarzen Sergeanzug ein. Er verkündete, daß er durch Fräulein Leah Ganz den Verstorbenen flüchtig gekannt habe. Trotz gewisser Differenzen in ihren politischen Ansichten habe er immer größte Hochachtung vor dem Verstorbenen empfunden. Der Verstorbene sei einer der wenigen, aufrechten Männer der Arbeiterbewegung gewesen. Keiner von den Heuchlern, sondern ein Fehlgeleiteter. »Er ist nicht verloren, sondern vorausgegangen«, fügte er hinzu.

»Gewiß ist er nicht verloren«, stimmte Michael frostig zu. Ich unterdrückte ein Lächeln.

Der Mann von Michaels Freundin aus Tirat Yaar stand in der Tür. Aus einem natürlichen Feingefühl heraus wollte er nicht hereinkommen. Er wünsche, uns sein Mitgefühl auszusprechen. Er bat mich, Michael zu sagen, daß er vorbeigeschaut habe. Auch in Lioras Namen natürlich.

Am vierten Abend besuchten uns der Geologieprofessor und zwei Assistenten. Sie nahmen auf dem Sofa im Wohnzimmer Platz, das Michaels Sessel gegenüberstand. Sie saßen mit steifen Rücken und zusammengepreßten Knien da, denn sie fanden es unschicklich, sich anzulehnen. Ich saß auf einem Stuhl bei der Tür. Michael bat mich, Kaffee für unsere drei Gäste zu machen und ein Glas Tee für ihn, ohne Zitrone, wegen seines Sodbrennens. Er erkundigte sich nach Probebohrungen in Nahal Arugot im Negev. Als einer der jungen Männer zu reden begann, wandte er sein Gesicht mit einer plötzlichen, heftigen Bewegung zum Fenster hin, als sei eine Feder in ihm zersprungen. Seine Schultern zuckten. Ich erschrak, denn ich hatte das Gefühl, daß er von Lachkrämpfen geschüttelt wurde, die er nicht länger unterdrücken konnte. Dann wandte er sich wieder seinen Gästen zu. Sein Gesicht war müde und ausdruckslos. Er entschuldigte sich und bat darum, mit dem Thema fortzufahren. »Bitte, lassen Sie nichts aus. Ich möchte alles hören.« Der junge Mann, der geredet hatte, nahm seine Erläuterungen an der Stelle wieder auf, wo er sie abgebrochen hatte. Michael warf mir einen grauen Blick zu, als verwundere ihn irgend etwas an meiner Erscheinung, das ihm zum ersten Mal auffiel. Der Nachtwind schlug den Fensterladen gegen die Hauswand. Die Zeit schien sichtbare Züge anzunehmen. Das elektrische Licht. Die Bilder. Die Möbel. Die Schatten, die die Möbel warfen. Die schwankende Linie zwischen den Lichtflecken und den Schatten.

Der Professor erwachte unvermittelt zum Leben und unterbrach die Erläuterungen seines Assistenten:

»Das Exposé, das Sie Anfang des Monats für uns gemacht haben, hat sich keinesfalls als enttäuschend erwiesen, Gonen. Die Fakten stimmen mit Ihrer Hypothese überein. Daher unsere gemischten Gefühle: Wir sind enttäuscht von den Ergebnissen der Bohrung, aber gleichzeitig beeindruckt von Ihrer gründlichen Arbeit.«

Dann folgte eine komplizierte Abhandlung über die Undankbarkeit praktischer gegenüber theoretischer Forschungsarbeit. Er betonte die Bedeutung kreativer Intuition für beide Forschungsarbeiten.

Michael bemerkte trocken:

»Der Winter steht vor der Tür. Die Nächte werden länger. Länger und kälter.«

Die beiden Assistenten sahen sich an und warfen dann dem Professor einen Blick aus den Augenwinkeln zu. Der alte Mann nickte energisch, um zu zeigen, daß er den Wink verstanden hatte. Er erhob sich und sagte feierlich:

»Wir alle nehmen Anteil an Ihrem Kummer, Gonen, und wir freuen uns auf Ihre Rückkehr. Versuchen Sie, stark zu sein, und ... seien Sie stark, Gonen.«

Die Besucher verabschiedeten sich. Michael begleitete sie hinaus in den Flur. Als er vorauseilte, um dem Professor in seinen schweren Mantel zu helfen, machte er eine ungeschickte Bewegung und mußte sich mit einem zaghaften Lächeln entschuldigen. Von Beginn des Abends an bis zu diesem Augenblick hatte er mich sehr beeindruckt, sein zaghaftes Lächeln schmerzte mich daher. Seine Höflichkeit war Unterwerfung, nicht Sympathie. Er begleitete seine Besucher zur Tür. Als sie gegangen waren, ging er in sein Arbeitszimmer zurück. Er schwieg. Sein Gesicht war dem dunklen Fenster zugewandt, sein Rücken mir. Am Rande des Schweigens ertönte seine Stimme; er wandte sich nicht um. Er sagte:

»Noch ein Glas Tee bitte, Hannah, und würdest du bitte das Deckenlicht ausmachen. Als Vater uns darum bat, dem Kind einen recht altmodischen Namen zu geben, hätten wir seinen Wunsch erfüllen sollen. Als ich zehn Jahre alt war, hatte ich ein sehr schlimmes Fieber. Die ganze Nacht hindurch, nächtelang saß Vater an meinem Bett. Er legte mir frische, feuchte Tücher auf die Stirn und sang immerzu das einzige Wiegenlied, das er kannte. Er sang es falsch und mit einer schwachen Stimme. Das Lied ging so: *Schlafenszeit, der Tag verklang. Schon längst die Sonne im Meer versank. Am Himmel leuchten die Sternlein fein, schlaf ein, mein Kind, schlaf ein.*

Hab' ich dir erzählt, Hannah, daß Tante Jenia mit allen Mitteln versuchte, eine zweite Frau für Vater zu finden? Sie kam nur selten zu Besuch, ohne irgendeine Freundin oder Bekannte mitzubringen. Alternde Krankenschwestern, polnische Immigrantinnen, dürre Geschiedene. Die Frauen stürzten sich zunächst einmal mit Küssen und Umarmungen, Süßigkeiten und zärtlichem Getue auf mich. Vater tat immer so, als entginge ihm Tante Jenias Absicht. Er war höflich. Er begann, über die neuesten Anordnungen des Hochkommissars oder so was zu reden.

Als ich das Fieber hatte, war meine Temperatur sehr hoch, und ich schwitzte die ganze Nacht hindurch. Die Bettwäsche war klatschnaß. Vater wechselte alle zwei Stunden vorsichtig die Laken. Er gab sich Mühe, mich nicht zu hart anzufassen, aber er übertrieb seine Vorsicht jedesmal. Ich wachte auf und weinte. Noch vor Morgengrauen wusch Vater alle Laken im Bad und ging dann hinaus in die Dunkelheit, um sie auf der Wäscheleine vor unserem Häuserblock aufzuhängen. Ich wollte den Tee ohne Zitrone haben, weil mein Sodbrennen sehr schlimm ist, Hannah. Als das Fieber herunterging, kaufte mir Vater im Geschäft unseres Nachbarn Globermann, wo er Rabatt bekam, ein verbilligtes Damespiel. Er versuchte, jedes Spiel, das wir spielten, zu verlieren. Um mir Freude zu machen, stöhnte er auf und stützte den Kopf in die Hände, wobei er mich ›kleines Genie, kleiner Professor, kleiner Großpapa Salman‹ nannte. Einmal erzählte er mir die Geschichte der Familie Mendelssohn und verglich sich scherzend mit dem mittleren Mendelssohn, der der Sohn des einen und der Vater des anderen großen Mendelssohn war. Er sagte mir eine große Zukunft voraus. Er machte mir unzählige Tassen warmer Milch mit Honig, ohne Haut. Wenn ich eigensinnig war und mich weigerte zu trinken, versuchte er, mich mit Lockungen und Versprechungen dazu zu bewegen. Er schmeichelte meinem Verstand. So wurde ich wieder gesund. Würde es dir etwas ausmachen, Hannah, mir meine Pfeife zu bringen? Nein, nicht diese, die englische. Die kleinste. Ja, das ist sie. Danke schön! Ich wurde gesund, und Vater steckte sich bei mir an und wurde sehr krank. Er lag drei Wochen lang in dem Krankenhaus, in dem Tante Jenia arbeitete. Tante Leah erklärte sich bereit, nach mir zu sehen, solange er krank war. Nach zwei Monaten sagten sie mir, er habe es nur seinem Glück oder einem Wunder zu verdanken, daß er überhaupt mit dem Leben davonkam. Vater selbst machte viele Scherze darüber. Er zitierte ein Sprichwort, in dem es heißt, daß große Männer jung sterben, und meinte dazu, daß er zum Glück nur ein ganz gewöhnlicher Mann sei. Ich schwor vor Herzls Bild im Wohnzimmer, daß, wenn Vater plötzlich stürbe, auch ich einen Weg finden würde zu sterben, ehe ich in ein Waisenhaus oder zu Tante Leah ginge. Nächste Woche, Hannah, kaufen wir Yair eine elektrische Eisenbahn. Eine große. Wie die, die er im Schaufenster von Freimann & Beins Schuhgeschäft in der Yafo-Straße gesehen hat. Yair hat eine große Vorliebe für mechanische Dinge. Ich werde ihm den Wecker geben, der nicht mehr funktioniert. Ich zeige ihm, wie man ihn auseinandernimmt und wieder zusammensetzt. Vielleicht wird aus Yair einmal ein Ingenieur. Ist dir aufgefallen, wie fasziniert der Junge von Motoren und Federn und Maschinen ist? Hast du jemals von einem viereinhalbjährigen Kind gehört, das in der Lage ist, zu folgen, wenn man ihm erklärt, wie ein Radio funktioniert? Ich habe mich nie für übermäßig intelligent gehalten. Das weißt du. Ich bin kein Genie oder was auch immer mein Vater vermutete oder zu vermuten vorgab. Ich bin nichts Besonderes, Hannah, aber du mußt mit aller Kraft versuchen, Yair zu lieben. Es ist auch besser für dich, wenn du das tust. Nein, ich unterstelle dir nicht, daß du das Kind vernachlässigst. Unsinn. Aber ich habe das Gefühl, daß du nicht gerade vernarrt in ihn bist. Man muß aber vernarrt sein, Hannah. Mitunter muß man sogar jeden

Maßstab verlieren. Was ich sagen will, ist, ich möchte, daß du anfängst ... ich weiß nicht recht, wie ich diese Art Gefühl erklären soll. Reden wir nicht mehr davon. Vor vielen Jahren saßen wir beide in einem Café, und ich sah dich an, und ich sah mich an, und ich sagte mir, ich bin nicht dafür geschaffen, ein Traumprinz oder ein Ritter auf einem Pferd zu sein, wie man so sagt. Du bist hübsch, Hannah. Du bist sehr hübsch. Habe ich dir erzählt, was Vater letzte Woche in Holon zu mir sagte? Er sagte, du wirktest wie eine Dichterin, obwohl du keine Gedichte schreibst. Schau, Hannah, ich weiß nicht, warum ich dir das alles jetzt erzähle. Du sagst gar nichts. Einer von uns hört immer zu und sagt nichts. Warum ich dir das alles erzählt habe? Sicher nicht, um dich zu kränken oder zu verletzen. Schau, wir hätten nicht auf dem Namen Yair bestehen sollen. Schließlich hätte der Name unsere Beziehung zu dem Kind nicht berührt. Und wir traten ein sehr kostbares Gefühl mit Füßen. Eines Tages, Hannah, muß ich dich fragen, warum du ausgerechnet mich unter all den interessanten Männern, die du gekannt haben mußt, ausgewählt hast. Doch jetzt ist es spät, und ich rede zuviel, und das überrascht dich sicher. Machst du allmählich die Betten zurecht, Hannah? Ich komme gleich und helfe dir. Laß uns schlafen gehen, Hannah. Vater ist tot. Ich bin selbst Vater. All dies ... all diese Aktivitäten kommen mir plötzlich wie ein idiotisches Kinderspiel vor. Ich erinnere mich, daß wir einmal am Rande unseres Grundstücks auf einem unbebauten Stück Land, in dessen Nähe schon der Sand begann, spielten: Wir stellten uns in einer langen Reihe auf, und der erste warf den Ball und rannte zum Ende der Reihe, bis der erste der letzte war und der letzte wieder der erste, immer wieder von vorn. Ich weiß nicht mehr, worin der Sinn des Spiels bestand. Ich weiß nicht mehr, wie man das Spiel gewann. Ich weiß nicht einmal mehr, ob es irgendwelche Regeln gab oder ob der Wahnsinn Methode hatte. Du hast das Licht in der Küche brennen lassen.«

XXVII

Die Trauertage waren vorüber. Mein Mann und ich saßen uns wieder beim Frühstück am Küchentisch gegenüber, so ruhig und freundlich, daß ein Fremder der irrigen Meinung sein mußte, wir hätten unseren Frieden miteinander gemacht. Ich halte die Kaffeekanne. Michael reicht mir zwei Tassen. Ich gieße den Kaffee ein. Michael schneidet das Brot. Ich gebe Zucker in die zwei Tassen Kaffee und rühre und rühre, bis seine Stimme mich unterbricht: »Es ist genug, Hannah. Er hat sich aufgelöst. Du bohrst schließlich keinen Brunnen.«

Ich trinke meinen Kaffee schwarz. Michael nimmt lieber ein bißchen Milch. Ich zähle vier, fünf, sechs Tropfen Milch in seine Tasse.

So sitzen wir da: Ich habe meinen Rücken gegen die Seitenwand des Kühlschranks gelehnt und sehe auf das strahlend blaue Rechteck des Küchenfensters. Michaels Rücken ist gegen das Fenster gekehrt, und seine Augen betrachten die leeren Flaschen auf dem Kühlschrank, die Küchentür, einen Teil des Flurs und die Badezimmertür.

Dann umgibt uns das Radio mit leichter Morgenmusik, hebräischen Liedern, die mir meine Kindheit ins Gedächtnis rufen und Michael daran erinnern, daß es spät wird. Er erhebt sich wortlos, geht zum Spülstein und wäscht seine Tasse und seinen Teller ab. Er verläßt die Küche. Im Flur zieht er seine Hausschuhe aus und die Straßenschuhe an. Zieht ein graues Jackett an. Nimmt seinen Hut vom Haken. Mit dem Hut auf dem Kopf und seiner alten, schwarzen Aktentasche unter dem Arm kommt er in die Küche zurück, um mich auf die Stirn zu küssen und auf Wiedersehen zu sagen. Ich solle nicht vergessen, mittags Petroleum zu kaufen: wir hätten fast nichts mehr. Er selber schreibt sich in sein Notizbuch, daß er zu den Wasserwerken gehen muß, um die Wasserrechnung zu bezahlen und einen Irrtum aufzuklären.

Michael verläßt das Haus, und Tränen schnüren mir die Kehle zu. Ich frage mich, woher diese Traurigkeit kommt. Aus welchem verfluchten Nest sie gekrochen kommt, um mir meinen ruhigen, blauen Morgen zu verderben. Wie ein Büroangestellter, der Ablage macht, sortiere ich einen Haufen bruchstückhafter Erinnerungen aus. Überprüfe jede Ziffer in einer langen Zahlenreihe. Irgendwo hat sich ein schwerwiegender Fehler eingeschlichen. Ist es eine Illusion? Irgendwo glaubte ich, einen schlimmen Fehler entdeckt zu haben. Das Radio spielt keine Lieder mehr. Es redet auf einmal über den Ausbruch von Unruhen in den Dörfern. Ich breche auf: acht Uhr. Die Zeit steht niemals still und läßt einen niemals stillstehen. Ich schnappe meine Handtasche. Dränge unnötigerweise Yair, der vor mir fertig ist. Hand in Hand laufen wir zu Sarah Zeldins Kindergarten.

In den Straßen Jerusalems liegt ein strahlender Morgen. Freudige Stimmen. Ein alter Kutscher räkelt sich auf dem Bock und singt, so laut er kann. Die Jungen der religiösen Taschkemoni-Schule tragen Baskenmützen schräg auf dem Kopf. Sie haben sich auf dem Bürgersteig auf der anderen Straßenseite aufgestellt und hänseln und provozieren den alten Kutscher. Der Kutscher winkt mit der Hand, als wolle er einen Gruß erwidern, lacht und fährt fort, laut zu singen. Mein Sohn beginnt mir zu erklären, daß auf der 3B-Busstrecke zwei Autotypen gefahren werden, Ford und Fargo. Der Ford habe einen viel stärkeren Motor, der Fargo sei schwach und langsam. Plötzlich kommt dem Jungen der Verdacht, daß ich seinen Erklärungen nicht mehr folge. Er testet mich. Ich bin vorbereitet. Ich habe jedes Wort gehört, Yair. Du bist ein sehr kluger Junge. Ich höre zu.

Ein klarer, blauer Morgen beherrscht Jerusalem. Sogar die grauen Steinmauern der Schneller-Kaserne geben sich alle Mühe, nicht so schwer auszusehen. Und auf den brachliegenden Grundstücken dichte, kräftige Vegetation: Dornengestrüpp, Winden, Spritzgurken und eine Unmenge anderer wild wachsender Pflanzen, deren Namen ich nicht kenne und die man gewöhnlich als Unkraut bezeichnet. Plötzlich bleibe ich schrekkensbleich stehen: »Habe ich die Küchentür abgeschlossen, ehe wir das Haus verließen, Yair?«

»Vati hat die Tür gestern abend abgeschlossen. Und heute hat sie noch keiner aufgemacht. Was ist heute los mit dir, Mami?«

Wir gehen an den schweren Eisentoren der Schneller-Kaserne vorüber. Ich habe noch nie einen Fuß hinter diese düsteren Mauern gesetzt. Als ich ein Kind war, war die britische Armee hier untergebracht, und Maschinengewehre ragten aus den Schießscharten. Vor vielen Jahren nannte man diese Festung das Syrische Waisenhaus, ein seltsamer Name, der mich auf seine Weise bedroht.

Ein blonder Posten steht vor den Toren und haucht seine Finger an, um sie zu wärmen. Als wir vorübergehen, schaut der junge Soldat auf meine Beine, auf die freie Stelle zwischen meinem Rock und den kurzen, weißen Socken. Ich entschließe mich, ihm zuzulächeln. Er wirft mir einen fiebernden Blick zu, eine Mischung aus Scham, Verlangen, Sehnsucht und Entschuldigung. Ich schaue auf die Uhr: Viertel nach acht. Viertel nach acht Uhr morgens, ein klarer, blauer Tag, und ich bin schon wieder müde. Ich möchte schlafen. Aber nur unter der Bedingung, daß mir Träume erspart bleiben.

Jeden Dienstag macht Michael auf dem Heimweg von der Universität in der Innenstadt halt, um bei der Agentur Kahana Karten für die zweite Kinovorstellung zu bestellen. Während wir weg sind, achtet Yoram, der Sohn von Kamnitzers über uns, auf das Kind. Einmal fand ich bei der Rückkehr vom Kino ein Blatt Papier in dem Roman, der auf meinem Nachttisch lag. Yoram hatte mir sein neuestes Gedicht dagelassen und wollte meine Meinung dazu hören. Yorams Gedicht beschrieb einen Jungen und ein Mädchen, die in der Dämmerung durch einen Obstgarten gehen. Plötzlich reitet ein seltsamer Reiter vorüber, ein schwarzer Reiter auf einem schwarzen Hengst, mit einer Lanze aus schwarzem Feuer in der Hand. Während er vorbeigaloppiert, breitet sich ein dunkler Schleier über das Land und über die Liebenden. Am Fuß der Seite erklärte Yoram in Klammern, daß mit dem schwarzen Reiter die Nacht gemeint sei. Yoram traute mir nicht.

Als ich am nächsten Tag Yoram Kamnitzer auf der Treppe traf, sagte ich ihm, daß mir sein Gedicht gut gefallen habe und daß er es vielleicht an eine der Jugendzeitschriften senden solle. Yoram umklammerte das Treppengeländer. Im ersten Moment warf er mir einen angsterfüllten Blick zu, dann lachte er leise und gequält.

»Es ist alles gelogen, Frau Gonen«, murmelte er.

»Jetzt lügst du aber«, lächelte ich.

Er wandte sich um und stürzte die Treppe hinauf. Plötzlich hielt er an, schaute zurück und flüsterte eine erschrockene Entschuldigung, als habe er mich auf seinem Weg nach oben zur Seite gestoßen.

Sabbatabend. Abend in Jerusalem. Auf der Kuppe des Romema-Hügels gleißt der hohe Wasserturm im Sonnenuntergang. Nadeln aus Licht sickern durch die Blätter der Bäume, als stünde die Stadt in Flammen. Bodennebel breitet sich langsam nach Osten aus, gleitet mit blassen Fingern über Steinmauern und Eisengeländer. Seine Aufgabe ist es, zu besänftigen. Ringsum löst sich alles lautlos auf. Eine unstillbare Sehnsucht breitet sich unmerklich über die Stadt. Riesige Felsbrocken geben ihre Hitze frei und unterwerfen sich den kalten Fingern des Nebels. Eine leichte Brise weht durch die Höfe. Sie bewegt raschelnd die Papierfetzen, läßt wieder ab von ihnen, da sie kein Vergnügen daran findet. Nachbarn in Sabbatkleidung auf ihrem Weg zum Gebet. Die Liebkosung eines fernen Motors fällt purpurn auf die flüsternden Kiefern. Halt, Fahrer, halt nur einen Augenblick an. Dreh dich um und laß mich dein Gesicht sehen.

Auf unserem Tisch ein weißes Tischtuch. Ein Strauß gelber Ringelblumen in einer Vase. Eine Flasche Rotwein. Michael schneidet das Sabbatbrot. Yair singt drei Sabbatlieder, die er im Kindergarten gelernt hat. Ich trage gebackenen Fisch auf. Wir zünden keine Sabbatlichter an, denn Michael würde es für Heuchelei halten, wenn Leute, die sich gegen die Religion entschieden haben, so etwas täten.

Michael erzählt Yair eine Geschichte über die Unruhen von 1936. Yairs Haltung verrät gespannte Aufmerksamkeit. Auch ich höre die Stimme meines Mannes. Ein hübsches, kleines Mädchen in einem blauen Mantel ist ebenfalls da, und das Mädchen versucht, mir durch das geschlossene Fenster etwas zuzurufen und hämmert deshalb mit schwachen Fäusten gegen die Scheibe. Ihr Gesicht ist angstvoll. Sie ist der Verzweiflung nahe. Ihre Lippen sagen etwas und wiederholen es, und ich kann es nicht verstehen, und sie hat aufgehört zu reden, und ihr Gesicht ist immer noch hinter der Scheibe. Mein verstorbener Vater segnete jeden Freitagabend Wein und Brot. Auch die Sabbatlichter wurden immer angezündet. Mein Vater wußte nicht, wieviel Wahrheit in den religiösen Vorschriften steckte. Also hielt er sich an sie. Erst als mein Bruder Emanuel sich einer sozialistischen Jugendbewegung anschloß, wurden die Sabbatbräuche eingestellt. Unser Respekt vor der Tradition stand auf schwachen Füßen. Vater war ein unentschlossener Mann.

Am Fuß der Böschung in der deutschen Kolonie in Süd-Jerusalem klettert ein müder Zug den Berg hinauf. Die Lokomotive heult und keucht. Sie bricht in den Armen verlassener Bahnsteige zusammen. Die letzte Dampfwolke entweicht mit einem hilflosen Schnaufen. Ein letztes Mal heult die Lokomotive gegen die Stille an. Aber die Stille ist zu gewaltig. Die Lokomotive gibt auf, unterwirft sich, wird kalt. Sabbatabend. Eine unbestimmte Erwartung. Sogar die Vögel sind stumm. Seine Füße stehen vielleicht vor den Toren Jerusalems. In den Obstgärten von Siloam oder jenseits des Berges des Bösen Rats. Die Stadt wird dunkel.

»*Shabbath Shalom*. Einen guten Sabbat«, sage ich.

Mein Sohn und mein Mann lachen. Michael sagt:

»Wie festlich du heute abend aussiehst, Hannah. Und wie gut dir das neue grüne Kleid steht.«

Anfang September brachte man unsere hysterische Nachbarin, Frau Glick, in eine Anstalt. Ihre Anfälle waren immer häufiger geworden. Zwischen den Anfällen pflegte sie mit leerem Gesichtsausdruck im Hof und auf der Straße herumzuwandern. Sie war eine beleibte Frau von jener reifen, üppigen Schönheit, wie man sie mitunter bei kinderlosen Frauen in den späten Dreißigern findet. Ihre Kleider standen auf lässige Art offen, als sei sie gerade aufgestanden. Einmal griff sie Yoram, diesen sanften Jungen, im Hinterhof an, schlug ihm ins Gesicht, zerriß sein Hemd und nannte ihn einen Wüstling, Voyeur, Schlüssellochgucker. An einem Sabbatabend Anfang September schnappte sich Frau Glick die beiden Leuchter mit den brennenden Sabbatlichtern und warf sie ihrem Mann ins Gesicht. Herr Glick flüchtete sich in unsere Wohnung. Er ließ sich keuchend in einen Sessel fallen. Michael legte seine Pfeife weg, machte das Radio aus und ging zum Drogisten hinüber, um die Behörden zu verständigen. Nach einer Stunde trafen die weißgekleideten Wärter ein. Sie hielten die Patientin an beiden Seiten fest und dirigierten sie sanft zum Krankenwagen. Sie ging die Treppe hinunter, als läge sie in den Armen ihrer Liebhaber, und summte die ganze Zeit über ein fröhliches jiddisches Lied. Die übrigen Mieter verfolgten alles schweigend von ihren Wohnungstüren aus. Yoram Kamnitzer kam herunter und stellte sich neben mich. »Frau Gonen, Frau Gonen«, flüsterte er, und sein Gesicht war totenbleich. Ich wollte nach seinem Arm greifen, unterließ es aber auf halbem Wege und zog meine Hand zurück.

»Es ist Sabbat heute, es ist Sabbat heute«, kreischte Frau Glick, als sie den Krankenwagen erreicht hatte. Ihr Mann stand vor ihr und sagte mit gebrochener Stimme:

»Mach dir keine Sorgen, Duba, es ist nichts, es geht vorüber, es ist nur eine Laune, Duba, es wird schon wieder gut werden.«

Herr Glick trug einen zerknautschten Sabbatanzug an seinem kleinen Körper. Sein dünner Schnurrbart zitterte, als hätte er ein eigenes Leben.

Ehe der Krankenwagen abfuhr, bat man Herrn Glick, eine Erklärung zu unterschreiben. Es war ein umständliches, ausführliches Formular. Im Scheinwerferlicht des Krankenwagens las Michael Punkt für Punkt vor. Er unterschrieb sogar an zwei Stellen für Herrn Glick, damit dieser den Sabbat nicht zu entweihen brauchte. Michael stand ihm bei, bis die Straße geräumt war, und brachte ihn dann auf eine Tasse Kaffee in unsere Wohnung mit.

So kam es, daß Herr Glick einer unserer ständigen Besucher wurde.

»Ich höre von unseren Nachbarn, Dr. Gonen, daß sie Briefmarken sammeln. Durch einen glücklichen Zufall habe ich oben eine ganze Schachtel voll Briefmarken, die ich nicht brauche, und ich würde mich sehr freuen, sie Ihnen zum Geschenk machen zu dürfen. Ich bitte um Entschuldigung, Sie sind kein Doktor? Und wenn schon. Alle Israelis sind gleich vor den Augen des Allmächtigen, mit Ausnahme derer, die seinen Unwillen erregt haben. Doktor, Korporal, Künstler – wir alle haben vieles gemeinsam und unterscheiden uns nur geringfügig. Um auf den Ausgangspunkt zurückzukommen: Meine arme Frau Duba hat einen Bruder und eine Schwester, der eine in Antwerpen, die andere in Johannesburg, die viele Briefe schreiben und sie mit hübschen Marken bekleben. Gott hat es nicht für richtig gehalten, mich mit Kindern zu segnen, so daß die Briefmarken für mich wertlos sind. Ich würde mich freuen, sie Ihnen zum Geschenk machen zu dürfen, Dr. Gonen. Als Gegenleistung möchte ich Sie ganz bescheiden um Ihre Erlaubnis bitten, hin und wieder Ihre Wohnung aufsuchen zu dürfen, um einen Blick in die *Encyclopaedia Hebraica* zu werfen. Lassen Sie mich erklären. Ich bin zur Zeit dabei, mir Wissen anzueignen, und ich habe die Absicht, die *Encyclopaedia Hebraica* durchzulesen. Nicht auf einmal natürlich. Jedesmal ein paar Seiten. Was mich betrifft, so gebe ich Ihnen mein Wort, daß ich Ihnen nicht zur Last fallen oder sie stören werde und daß ich keinen Schmutz ins Haus trage. Ich werde meine Schuhe gründlich abputzen, ehe ich hereinkomme.«

So wurde unser Nachbar einer unserer häufigsten Besucher. Außer den Briefmarken brachte er Michael die Wochenendbeilagen der religiösen Zeitung *Hatsofeh* mit, weil sie eine wissenschaftliche Spalte enthielten. Fortan kam ich in den Genuß eines Sonderrabatts in Glicks Kurzwarengeschäft in der David-Yelin-Straße. Reißverschlüsse, Gardinenhaken, Knöpfe, Schnallen und Stickgarn, das alles machte Herr Glick mir zum Geschenk. Und ich brachte es nicht fertig, seine Geschenke zurückzuweisen.

»All diese Jahre habe ich die Gebote unseres Glaubens in aller Strenge befolgt. Und jetzt, seit dem Unglück mit meiner armen Frau Duba befallen mich Zweifel. Ernsthafte Zweifel. Ich beabsichtige, mich weiterzubilden und die Enzyklopädie zu studieren. Ich bin bereits bei dem mit ›Atlas‹ überschriebenen Abschnitt angelangt und habe festgestellt, daß dieses Wort nicht nur ein Buch mit Landkarten bezeichnet, sondern auch der Name eines griechischen Titanen ist, der die ganze Welt auf seinen Schultern trägt. Ich habe in letzter Zeit eine Menge neuer Entdeckungen gemacht, und wem verdanke ich das alles? Der großzügigen Familie Gonen, die so nett zu mir war. Ich würde gern Freundlichkeit mit Freundlichkeit vergelten, und ich wüßte nicht, wie ich meine Dankbarkeit anders zum Ausdruck bringen sollte, wenn Sie dieses Riesen-Tierlotto nicht annehmen, das ich für Ihren Sohn Yair gekauft habe.«

Wir nahmen es an.

Dies waren unsere Freunde, die uns regelmäßig besuchten:

Meine beste Freundin Hadassah und ihr Mann Abba. Abba war ein Beamter im Ministerium für Handel und Industrie und der kommende Mann dort. Hadassah arbeitete als Telefonistin im gleichen Ministerium. Sie hatten vor, genügend Geld für den Kauf einer Wohnung in Rehavya anzusparen und erst dann ein Kind auf die Welt zu bringen. Von ihnen erfuhr Michael Bruchstücke politischer Informationen, die in den Zeitungen nicht veröffentlicht wurden. Hadassah und ich tauschten Erinnerungen an unsere Schulzeit und die britische Mandatszeit aus.

Höfliche Assistenten vom Fachbereich Geologie kamen vorbei und scherzten eine Weile mit Michael über die Unmöglichkeit, an der Universität voranzukommen, ohne daß einer der Alten starb. Man sollte Richtlinien festlegen, die faire Chancen für junge Akademiker garantierten.

Hin und wieder besuchte uns Liora vom Kibbuz Tirat Yaar allein oder mit Mann und Töchtern. Sie kamen zum Einkaufen oder Eis essen nach Jerusalem und schauten herein, um zu sehen, ob wir noch lebten. Was für hübsche Vorhänge, was für eine blitzsaubere Küche. Ob sie wohl gerade mal einen Blick ins Badezimmer werfen könnten? Sie wollten neue Wohnungen in ihrem Kibbuz bauen und suchten nach Ideen und Vergleichsmöglichkeiten. Im Namen des Kulturkomitees luden sie Michael zu einem Freitagabendvortrag über die geologische Struktur der Berge von Judäa ein. Sie bewunderten das Leben des Gelehrten. »Das akademische Leben ist so frei von lästiger Routine«, sagte Liora. »Ich erinnere mich noch an Michael, früher in der Jugendbewegung. Er war ein ernsthafter, zuverlässiger Bursche. Jetzt wird es nicht mehr lange dauern, und er ist der Stolz unserer Klasse. Wenn er den Vortrag in Tirat Yaar hält«, fügte sie hinzu, »müßt ihr alle kommen. Es war eine Einladung an alle. Wie viele gemeinsame Erinnerungen wir doch haben.«

Alle zehn Tage besuchte uns Herr Avraham Kadischmann. Er gehörte einer alten Jerusalemer Familie an, besaß eine bekannte Schuhfirma und war ein langjähriger Freund Tante Leahs. Er hatte vor unserer Heirat meine Familienverhältnisse überprüft und die Tanten noch vor unserem ersten Zusammentreffen davon in Kenntnis gesetzt, daß ich aus gutem Hause war.

Wenn er bei uns eintraf, legte er im Flur seinen Mantel ab und lächelte Michael an, als bringe er den Atem der großen Welt in unser Heim und als hätten wir seit seinem letzten Besuch nur dagesessen und darauf gewartet, daß er wiederkäme. Am liebsten trank er Kakao. Seine Unterhaltung mit Michael kreiste um die Regierung. Herr Kadischmann war aktives Mitglied der rechtsgerichteten Nationalen Partei in Jerusalem. Er und Michael stritten sich ständig über irgend etwas: den ermordeten Sozialistenführer Arlozoroff, die Zersplitterung in der antibritischen Untergrundbewegung, die Versenkung der *Altalena* auf Befehl der Regierung. Ich weiß nicht, was Michael an Herrn Kadischmanns Gesellschaft so schätzte. Vielleicht war es die gemeinsame Liebe zur Pfeife oder zum Schachspiel, oder Michael wehrte sich einfach dagegen, einen hoffnungslos einsamen, alten Mann im Stich zu lassen. Herr Kadischmann machte kleine Verse über unseren Sohn Yair wie:

    Yair Gonen, der heut' noch so klein,
    wird einmal ein Vorbild der Menschheit sein.
    Möge er viele Jahre leben
    und seinem Volk die Freiheit geben.

Oder:

    Unser lieber Yair ist jetzt noch so klein,
    eines Tages wird er die Klagemauer befrein.

Ich machte Tee, Kaffee und Kakao. Schob den Teewagen von der Küche ins Wohnzimmer. Das Wohnzimmer war vom Tabakgeruch vernebelt. Herr Glick, mein Mann und Herr Kadischmann saßen um den Tisch herum wie Kinder auf einer Geburtstagsparty. Herr Glick sah mich aus den Augenwinkeln an und wandte den Blick dann rasch wieder ab, als fürchte er, von mir eine Beleidigung zu hören. Die beiden anderen beugten sich über das Schachbrett. Ich schneide einen Kuchen auf und lege ein Stück auf jeden Teller. Die Gäste loben die Hausfrau. Auf meinem Gesicht liegt ein höfliches Lächeln, an dem ich keinen Anteil habe. Die Unterhaltung verläuft ungefähr so:

»Früher hieß es, wenn die Briten gehen, wird der Messias kommen«, beginnt Herr Glick zögernd. »Na gut, die Briten sind gegangen, und die Erlösung läßt noch auf sich warten.«
Herr Kadischmann:
»Weil das Land von kleinen Geistern regiert wird. Ihr Alterman sagt an einer Stelle, daß Don Quijote tapfer kämpft, aber es ist immer Sancho, der gewinnt.«
Mein Mann:
»Es hat keinen Sinn, alles auf Helden und Bösewichter zu reduzieren. In der Politik gibt es objektive Faktoren und objektive Trends.«
Herr Glick:
»Statt den Nationen ein Licht zu sein, sind wir nur eine unter den Nationen geworden, und wer vermag zu sagen, ob das gut ist oder schlecht?«
Herr Kadischmann:
»Weil das Dritte Königreich Israel von engstirnigen Parteikulis regiert wird. Statt König Messias haben wir kleine Kibbuz-Kassenwarte. Vielleicht gelingt es der Generation unseres feinen, jungen Freundes Yair Gonen, wenn sie erst einmal herangewachsen ist, unserem Volk zur Selbstachtung zu verhelfen.«
Was mich angeht, so schiebe ich die Zuckerdose von einem Gast zum anderen und lasse geistesabwesend Bemerkungen wie diese fallen:
»Wo sollen all diese neumodischen Ideen nur hinführen?«
Oder hin und wieder:
»Man muß mit der Zeit gehen.«
Oder:
»Jedes Problem hat zwei Seiten.«
Ich sage diese Dinge, um nicht den ganzen Abend schweigend dazusitzen und unhöflich zu erscheinen. Der plötzliche Schmerz: Warum hat man mich hier ausgesetzt? Nautilus. Dragon, Inseln des Archipels. Komm, o komm doch, Rahamin Rahamimov, mein hübscher bucharischer Taxifahrer. Drück einmal fest auf die Hupe. Fräulein Yvonne Azulai ist reisefertig. Ist fertig und wartet. Muß sich nicht einmal umziehen. Kann auf der Stelle abfahren. Jetzt.

XXVIII

Die trübsinnige Monotonie der Tage. Ich kann nichts vergessen. Ich weigere mich, auch nur eine Krume den Fingern der kalten Zeit zu überlassen. Ich hasse es. Wie das Sofa, die Sessel und die Vorhänge sind auch die Tage zarte Variationen eines einfarbigen Themas. Ein hübsches, kluges kleines Mädchen in einem blauen Mantel, eine schäbige Kindergärtnerin mit Krampfadern und zwischen den beiden eine Glasscheibe, die trotz eifrigen Putzens immer trüber wird. Yvonne Azulai ist auf der Strecke geblieben. Sie wurde von einem gemeinen Betrüger in die Irre geführt. Meine beste Freundin Hadassah erzählte mir einmal, was geschah, als unser Rektor erfuhr, daß er krebskrank war. Als der Arzt ihm die Nachricht überbrachte, protestierte der Mann wütend: »Ich habe immer pünktlich meine Krankenkassenbeiträge gezahlt, und während des Krieges habe ich mich trotz meines Alters freiwillig zum Sanitätsdienst gemeldet. Und was ist mit der Gymnastik, die ich all die Jahre getrieben habe? Und der Diät? Mein Leben lang habe ich keine Zigarette angerührt. Und mein Buch über die Elemente der hebräischen Grammatik?«

Pathetische Klagen. Doch der Betrug ist nun einmal pathetisch und häßlich zugleich. Ich stelle keine übertriebenen Forderungen. Nur das Glas sollte durchsichtig bleiben. Das ist alles.

Yair wächst heran. Nächstes Jahr werden wir ihn zur Schule schicken. Yair ist ein Kind, das nie über Langeweile klagt. Michael sagt, er genüge sich in jeder Hinsicht selber.

Im Sandkasten im Garten spielen Yair und ich Tunnel bauen. Meine Hand buddelt sich seiner winzigen Hand entgegen, bis wir unter dem Sand zusammenstoßen. Dann hebt er seinen intelligenten Kopf und sagt leise: »Wir sind zusammengestoßen.«

Einmal stellte mir Yair eine Frage:

»Mami, stell dir einmal vor, ich wäre Aron und Aron wäre ich. Woher wüßtest du dann, welchen Jungen du lieb hast?«

Yair konnte ein bis zwei Stunden lang in seinem Zimmer spielen, ohne ein Geräusch zu machen. So daß mich plötzlich die Stille erschreckt. Ich stürze in panischer Angst in sein Zimmer. Ein Unfall. Elektrizität. Und er schaut ruhig und voll vorsichtiger Überraschung zu mir auf: »Was ist los, Mami?«

Ein sauberes und achtsames Kind; ein ausgeglichenes Kind. Zuweilen kommt er wund und zerschlagen nach Hause. Weigert sich, zu erklären. Schwarze Augen. Schließlich gibt er den Bitten und Drohungen nach und sagt:
»Es gab eine Schlägerei. Sie zankten sich. Ich auch. Es macht mir nichts aus, es tut nicht weh. Manchmal gibt es Streit, das ist nun mal so.«
Äußerlich ähnelt mein Sohn meinem Bruder Emanuel mit seinen starken Schultern, dem riesigen Kopf und den starren Bewegungen. Aber er hat nichts von meines Bruders offener, stürmischer Begeisterung. Wenn ich ihn küsse, zuckt er zurück, als habe er sich dazu erzogen, stumm zu leiden. Wenn ich etwas sage, das ihn zum Lachen bringen soll, mustert er mich mit einem forschenden, schrägen Blick, wachsam, wissend, ernsthaft. Als überlege er, warum ich mir gerade diesen besonderen Scherz ausgedacht habe. Er findet Gegenstände viel interessanter als Menschen oder Wörter. Federn, Hähne, Schrauben, Stöpsel, Schlüssel.

Die Monotonie der Tage. Michael geht zur Arbeit und kommt um drei Uhr zurück. Tante Jenia hat ihm eine neue Aktentasche gekauft, weil die alte, die ihm sein Vater zur Hochzeit schenkte, kaputtgegangen ist. Fältchen breiten sich über seine untere Gesichtshälfte aus. Sie geben ihm einen Ausdruck kühler, bitterer Ironie, die Michael fremd ist. Seine Doktorarbeit macht langsame, aber sichere Fortschritte. Jeden Abend widmet Michael die zwei Stunden zwischen den Neun- und Elf-Uhr-Nachrichten dieser Arbeit. Wenn wir keinen Besuch haben und es nichts Interessantes im Radio gibt, bitte ich Michael, mir ein paar Seiten daraus vorzulesen. Die Friedlichkeit seiner gleichförmigen Stimme. Seine Tischlampe. Seine Brille. Die entspannte Haltung seines Körpers im Sessel, während er über vulkanische Eruptionen, über die Abkühlung der kristallinen Kruste spricht. Diese Wörter kommen aus den Träumen, die ich träume, und in diese Träume sollen sie zurückkehren. Mein Mann ist ausgeglichen und beherrscht. Zuweilen fällt mir ein kleines, grauweißes Kätzchen ein, das wir Schneeball nannten. Die unbeholfenen Sprünge des Kätzchens, als es eine Motte unter der Decke fangen wollte.

Wir beginnen beide, unter verschiedenen kleinen Beschwerden zu leiden. Michael war seit seinem 14. Lebensjahr nicht einen Tag krank gewesen, und ich hatte allenfalls einmal eine leichte Erkältung. Doch jetzt wird

Michael häufig von Sodbrennen geplagt, und Dr. Urbach hat ihm verboten, Gebratenes zu essen. Ich leide unter schmerzhaften Verkrampfungen der Kehle. Mehrfach ist mir schon für einige Stunden die Stimme weggeblieben.

Gelegentlich flammt ein kleiner Streit zwischen uns auf. Ihm folgt stiller Frieden. Eine Weile machen wir uns gegenseitig Vorwürfe, dann suchen wir plötzlich die Schuld bei uns selbst. Lächeln wie zwei Fremde, die sich zufällig auf einer schlecht beleuchteten Treppe begegnen; verlegen, aber sehr höflich. Wir haben einen Gasherd gekauft. Nächsten Sommer werden wir eine Waschmaschine haben. Der Vertrag ist bereits unterschrieben und die erste Rate gezahlt. Dank Herrn Kadischmann kommen wir in den Genuß eines beträchtlichen Rabatts. Wir haben Yairs Zimmer blau gestrichen. Michael hat noch mehr Bücherregale in seinem Arbeitszimmer, dem umgewandelten Balkon, untergebracht. Wir haben auch zwei Bücherregale in Yairs Zimmer aufgestellt.

Tante Jenia verbrachte das Neujahrsfest mit uns. Sie war vier Tage lang unser Gast, denn auf den Feiertag folgte direkt der Sabbat. Sie war älter geworden und härter. Ihr Gesicht hatte ständig einen Ausdruck wie nach einem häßlichen Schluchzen. Sie rauchte viel trotz heftiger Herzschmerzen. Das Los einer Ärztin ist hart in einem heißen, ruhelosen Land.

Michael und ich gingen mit Tante Jenia auf dem Herzlberg und dem Zionsberg spazieren. Wir besuchten auch den Hügel, auf dem die neue Universität entstehen sollte. Tante Jenia hatte aus Tel Aviv einen polnischen Roman mit einem braunen Umschlag mitgebracht, den sie nachts im Bett las.

»Warum schläfst du nicht, Tante Jenia? Du solltest das Beste aus deinem Urlaub machen und dir einen guten, gesunden Schlaf gönnen.«

»Du schläfst ja auch nicht, Hanka. In meinem Alter kann man sich das erlauben, in deinem nicht.«

»Ich könnte dir Pfefferminztee machen. Das entspannt, dann kannst du besser einschlafen.«

»Aber Schlaf bedeutet keine Entspannung für mich, Hanka. Trotzdem, vielen Dank.«

Als die Feiertage vorüber waren, fragte Tante Jenia:

»Wenn ihr euch schon entschlossen habt, in dieser abscheulichen Wohnung zu bleiben, warum bekommt ihr dann nicht noch ein Kind?«

Michael dachte einen Augenblick nach und lächelte:
»Wir dachten vielleicht, wenn ich meine Dissertation fertig habe ...«
Ich sagte:
»Nein. Wir haben es uns nicht anders überlegt. Wir werden eine wunderschöne, neue Wohnung haben. Und wir werden auch ins Ausland fahren.«
Und Tante Jenia voll bitterer Trauer:
»Die Zeit fliegt, wißt ihr, die Zeit fliegt. Ihr beide lebt euer Leben, als stünde die Zeit still und wartete auf euch. Glaubt mir, die Zeit steht nicht still. Die Zeit wartet auf niemanden.«

14 Tage später, während des Laubhüttenfestes, feierte ich meinen 25. Geburtstag. Ich bin vier Jahre jünger als mein Mann. Wenn Michael 70 ist, werde ich 66 sein. Mein Mann kaufte mir ein Grammophon zum Geburtstag und drei klassische Platten – Bach, Beethoven, Schubert. Es sollte der Anfang einer Plattensammlung sein. Es würde mir guttun, sagte Michael, Schallplatten zu sammeln. Er habe irgendwo gelesen, daß Musik entspanne. Und das Sammeln selbst entspanne ebenfalls. Schließlich sammle auch er Pfeifen und Briefmarken für Yair. Brauche er auch Entspannung, wollte ich fragen. Aber ich wollte sein Lächeln nicht sehen. Deshalb fragte ich nicht.

Yoram Kamnitzer hörte von Yair, daß ich Geburtstag hatte. Er kam herunter, um das Bügelbrett für seine Mutter auszuleihen. Plötzlich streckte er unbeholfen die Hand aus und übergab mir ein in braunes Papier gewickeltes Päckchen. Ich öffnete es: ein Gedichtband von Jacob Fichmann. Ehe ich noch danke schön sagen konnte, war Yoram wieder auf dem Weg nach oben. Das Bügelbrett brachte am nächsten Tag seine kleine Schwester zurück.

Einen Tag vor dem Feiertag ging ich zum Friseur und ließ mir die Haare ganz kurz schneiden, wie die eines Jungen. Michael sagte: »Was ist nur in dich gefahren, Hannah? Ich verstehe nicht, was in dich gefahren ist.«

Meine Mutter schickte mir aus Nof Harim ein Geburtstagspaket. Es enthielt zwei grüne Tischdecken, die sie mit malvenfarbenen Alpenveilchen bestickt hatte. Es war eine sehr zarte Stickerei.

In der Woche des Laubhüttenfestes besuchten wir den Biblischen Zoo. Von unserem Haus bis zum Biblischen Zoo waren es nur zehn Minuten, doch man fühlte sich auf einem anderen Kontinent. Der Zoo ist in einem

Wald am Hang eines felsigen Hügels angelegt. Am Fuß des Hügels ist Ödland. Rauhe Wadis, die sich ziellos dahinschlängeln. Der Wind strich durch die Kiefernspitzen. Ich sah dunkle Vögel in eine Wildnis aus Blau emporfliegen. Ich verfolgte sie mit den Augen. Einen Augenblick lang geriet ich völlig durcheinander. Ich bildete mir ein, daß nicht die Vögel hochflögen, sondern daß ich tiefer und tiefer fiele. Ein älterer Aufseher tippte mir besorgt auf die Schulter: hier entlang, meine Dame, hier entlang.

Michael erklärte seinem Sohn die Gewohnheiten der Nachttiere. Er gebrauchte einfache Wörter und vermied Adjektive. Yair stellte eine Frage. Michael antwortete. Mir entgingen zwar die Wörter, aber ich hörte die Geräusche, das Geräusch des Windes und das Kreischen der Affen in den Käfigen. In dem blendend hellen Tageslicht waren die Affen in ihre lüsternen Spiele vertieft. Ihr Anblick ließ mich nicht unberührt. Eine ungehörige Freude stieg in mir auf, wie das Gefühl, das ich mitunter empfinde, wenn mich Fremde in meinen Träumen mißbrauchen. Ein alter Mann in einem grauen Mantel mit hochgeschlagenem Kragen stand vor den Affenkäfigen. Seine knochigen Hände ruhten auf einem geschnitzten Gehstock. Jung und aufrecht in meinem Sommerkleid gehe ich mit Absicht zwischen ihm und den Käfigen hindurch. Der Mann starrt mich an, als sei ich durchsichtig, und die Paarung der Affen setzt sich durch mein Fleisch hindurch fort. Was starren Sie mich so an, mein Herr? Warum fragen Sie, junge Frau? Sie beleidigen mich, mein Herr. Sie sind zu empfindlich, junge Frau. Sie gehen schon, mein Herr? Ich gehe nach Hause, junge Frau. Wo ist zu Hause, mein Herr? Warum fragen Sie? Sie haben kein Recht zu fragen. Ich habe meinen Platz, Sie haben ihren. Stimmt etwas nicht? Wofür halten Sie mich? Verzeihen Sie, mein Herr, ich habe Sie zu Unrecht verdächtigt. Meine liebe, müde junge Dame, Sie scheinen Selbstgespräche zu führen. Ich kann nicht verstehen, was Sie sagen. Sie scheinen sich nicht wohl zu fühlen. Ich höre ferne Musik, mein Herr. Ist es eine Kapelle, die in weiter Ferne spielt? Was jenseits der Bäume ist, junge Frau, vermag ich nicht zu sagen. Es ist nicht leicht, einer fremden, jungen Frau, die sich nicht wohl fühlt, Vertrauen zu schenken. Ich höre eine Melodie, mein Herr. Sie täuschen sich, mein Kind; es ist nur das verzückte Kreischen der Affen, unschickliche Geräusche. Nein, mein Herr, ich weigere mich, Ihnen zu glauben. Sie belügen mich. Ein Festzug marschiert jenseits des Waldes und der Häuser vorbei, in der Straße der Könige von Israel. Dort marschiert und singt unsere Jugend, dort sind stämmige Polizisten auf tänzelnden Pferden, eine Militärkapelle in leuchtendweißen Uniformen mit goldenen Tressen. Sie belügen mich, mein Herr. Sie wollen mich isolieren, bis ich leer bin. Ich gehöre noch nicht dazu und bin schon nicht mehr dieselbe. Ich werde Ihnen nicht erlauben, mein guter Herr, mich mit leisen Worten zu verführen. Und wenn magere, graue Wölfe leichtfüßig auf weichen Pfoten in ihren Käfigen Kreise ziehen, mit offenen Mäulern und feuchten Schnauzen, das Fell von Schmutz und Speichel verfilzt, dann sind bestimmt wir es, die sie bedrohen, wir sind das Ziel ihrer ganzen Wut, jetzt, ja, jetzt.

XXIX

Die trübsinnige Monotonie der Tage. Der Herbst steht vor der Tür. Nachmittags scheint die Sonne durch das westliche Fenster und zeichnet Muster aus Licht auf den Teppich und die Sesselbezüge. Mit jedem Rauschen der Baumspitzen draußen beginnen die Muster aus Licht sanft zu schwingen. Eine unruhige, komplexe Bewegung. Die obersten Zweige des Feigenbaumes stehen jeden Abend erneut in Flammen. Die Stimmen der draußen spielenden Kinder lassen eine ferne Wildheit ahnen. Der Herbst steht vor der Tür. Ich muß daran denken, daß mein Vater, als ich noch klein war, einmal sagte, die Menschen wirkten ruhiger und weiser im Herbst.

Ruhig und weise zu sein: wie langweilig.

Eines Abends besuchte uns Yardena, Michaels Freundin aus Studententagen. Sie brachte eine überwältigende Fröhlichkeit mit. Sie und Michael hatten um die gleiche Zeit angefangen zu studieren, und nun habe der fleißige Michael schon soviel erreicht, und sie, wie sie zu ihrer Schande gestehen müsse, schlage sich noch immer mit einem elenden Referat herum.

Yardena war groß und breithüftig und trug einen kurzen, engen Rock. Ihre Augen waren grün, und ihr Haar war blond und dicht. Sie wolle Michael um Hilfe bitten. Sie habe Schwierigkeiten mit ihrem Referat. Sie habe schon immer gewußt, wie klug Michael sei, vom ersten Tag ihrer Bekanntschaft an. Er müsse sie retten. Yardena nannte Yair liebevoll »kleines Biest«, und mich redete sie mit »Süße« an.

»Süße, du hast doch nichts dagegen, wenn ich dir deinen Mann für eine halbe Stunde oder so entführe? Wenn er mir nicht auf der Stelle diesen Davis erklärt, springe ich vom Dach, das schwör' ich. Es macht mich verrückt.«

Während sie sprach, strich sie ihm über den Kopf, als gehöre er ihr. Mit einer großen, blassen Hand strich sie ihm über den Kopf, mit scharfkralligen Fingern, die mit zwei riesengroßen Ringen geschmückt waren. Mein Gesicht verdüsterte sich. Im gleichen Augenblick schämte ich mich. Ich versuchte Yardena in ihrer eigenen Sprache zu antworten. Ich sagte:

»Nimm ihn dir. Er gehört mit Haut und Haaren dir. Und dein Davis auch.«

»Süße«, sagte Yardena, und ein grausames Lächeln huschte über ihr Gesicht, »Süße, sprich nicht so, oder es wird dir später leid tun. Du siehst mir nicht aus wie eine dieser kühnen Frauen, die du zu sein vorgibst.«

Michael entschloß sich zu lächeln, und als er lächelte, zitterten seine Mundwinkel. Er zündete seine Pfeife an und führte Yardena in sein Arbeitszimmer. Eine halbe oder ganze Stunde lang saß er mit ihr an seinem Schreibtisch. Seine Stimme war tief und ernst. Ihre Stimme erstickte unaufhörlich Kicherlaute. Ihre Köpfe, der eine blond, der andere gräulich, schienen auf Rauchwolken zu schweben, als ich den Teewagen hereinschob und ihnen Kaffee und Kuchen servierte.

»Süße«, sagte Yardena, »du scheinst es ja kein bißchen aufregend zu finden, daß du dir da ein kleines Genie geangelt hast. Wenn ich an deiner Stelle wäre, würde ich ihn mit Haut und Haaren auffressen. Aber du, Süße, scheinst mir nicht gerade gefräßig zu sein. Nein, hab keine Angst vor mir. Ich bin vielleicht ein Luder, aber Hunde, die bellen, beißen nicht. Wenn du uns jetzt entschuldigen würdest und uns mit der Lektion fortfahren ließest, damit wir dir dieses kluge, fleckenlose Lamm zurückgeben können. Das kleine Biest, euer Kind da – es steht einfach stumm in der Ecke und starrt mich an wie ein kleiner Mann. Es hat denselben Blick wie sein Vater, schüchtern, aber scharf. Nimm dieses Kind aus meinem Blickfeld, bevor es mich wahnsinnig macht.«

Ich ging in die Küche. Am Fenster hingen blaue Vorhänge. Blumen waren auf die Vorhänge gedruckt. Auf dem Küchenbalkon hing ein großer Kupferkessel. In diesem Kupferkessel wusch ich unsere Wäsche, bis wir eine Waschmaschine haben würden. Nächsten Sommer. Auf der Brüstung standen eine welke Topfpflanze und eine rußige Petroleumlampe. In Jerusalem fällt oft der Strom aus. Warum habe ich mir nur die Haare kurz schneiden lassen, murmele ich. Yardena ist groß und aufregend, ihre Stimme ist warm und laut. Zeit für das Abendessen.

Ich stürzte zum Gemüsehändler. Der persische Gemüsehändler Elijah Mossiah wollte seinen Laden gerade schließen. Wäre ich zwei Minuten später gekommen, sagte er fröhlich, er wäre auf und davon gewesen. Ich kaufte ein paar Tomaten. Gurken. Petersilie. Grüne und rote Paprikaschoten. Der Gemüsehändler wollte sich totlachen über die hoffnungslose Fahrigkeit meiner Bewegungen. Ich nahm den Korb mit beiden Händen und rannte nach Hause. Plötzlich durchfuhr mich ein eisiger Schreck: kein Schlüssel.

Ich hatte vergessen, den Schlüssel mitzunehmen.

Aber wozu auch? Michael und sein Gast sind zu Hause. Die Tür ist nicht abgeschlossen. Und außerdem haben wir für Notfälle einen Ersatzschlüssel für die Wohnung bei Kamnitzers im nächsten Stock hinterlegt.

Meine Eile war überflüssig gewesen. Yardena stand bereits auf der Treppe und verabschiedete sich immer wieder von meinem Mann. Sie hatte ein wohlgeformtes Bein gegen die Stäbe des Treppengeländers gelehnt. Ein verwirrender Geruch von Schweiß und Parfüm erfüllte das Treppenhaus. Ich war außer Atem vom Laufen und von meiner Angst wegen des Schlüssels. Yardena sagte:

»Dein schüchterner Ehemann hat in einer halben Stunde ein Problem gelöst, mit dem ich mich ein halbes Jahr herumgeschlagen habe. Ich weiß nicht, wie ich – euch beiden – danken soll.« Während sie sprach, streckte sie plötzlich zwei sorgsam maniküre Finger aus, um mir eine Hautschuppe oder ein Haar vom Kinn zu picken.

Michael nahm seine Lesebrille ab. Er lächelte still. Unvermittelt griff ich nach meines Mannes Arm und lehnte mich an ihn. Yardena lachte und verschwand. Wir gingen hinein. Michael drehte das Radio an. Ich machte einen Salat.

Der Regen ließ auf sich warten. Eine beißende Kälte überfiel die Stadt. Der elektrische Heizofen brannte den ganzen Tag in unserer Wohnung. Wieder einmal verschwand die Sonne hinter feuchtem Nebel. Mein Sohn zeichnete mit dem Finger Figuren auf die Fensterscheibe. Manchmal stelle ich mich hinter ihn und schaue zu, kann aber nichts erkennen.

Am Sabbatabend nahm Michael die Leiter und holte unsere Wintersachen herunter. Er räumte die Sommerkleider weg. Ich haßte meine Kleider vom letzten Jahr. Das Kleid mit der hohen Taille schien mir nun wie das einer alten Frau.

Nach dem Sabbat ging ich in die Stadt einkaufen. Hysterisch kaufte ich immer mehr Sachen. An einem einzigen Vormittag gab ich ein ganzes Monatsgehalt aus. Ich kaufte mir einen grünen Mantel, ein Paar pelzgefütterte Stiefel, Nappalederschuhe, drei Kleider mit langen Ärmeln und eine sportliche, orangefarbene Wolljacke mit Reißverschluß. Für Yair kaufte ich einen warmen Matrosenanzug aus Shetlandwolle.

Als ich anschließend die Yafo-Straße in westlicher Richtung hinunterlief, kam ich an dem Elektrogeschäft vorbei, das vor Jahren meinem Vater gehört hatte. Im Laden legte ich meine Pakete ab. Ich stand blind vor einem fremden Mann. Der Mann fragte, was ich wünsche. Seine Stimme war geduldig, und ich war ihm dafür von Herzen dankbar. Auch als er sich gezwungen sah, seine Frage zu wiederholen, hob der Mann nicht die Stimme. In den dunklen Tiefen des Ladens konnte ich den Eingang zu dem niedrigen Hinterzimmer erkennen, zu dem zwei Stufen hinabführten. In diesem Zimmer machte mein Vater einfache Reparaturarbeiten. Dort saß ich und las Kinderbücher, die für Jungen gedacht waren, wenn ich meinen Vater im Geschäft besuchte. In diesem Zimmer machte sich mein Vater zweimal täglich eine Tasse Tee, um zehn Uhr morgens und um fünf Uhr nachmittags. 19 Jahre lang hatte mein Vater dort zweimal täglich seinen Tee zubereitet, um zehn und um fünf, sommers wie winters.

Ein häßliches, kleines Mädchen mit einer kahlköpfigen Puppe in der Hand kam aus dem Hinterzimmer. Seine Augen waren rot vom Weinen.

»Was kann ich für Sie tun?« fragte der fremde Mann zum dritten Mal. In seiner Stimme war keine Überraschung. Was ich möchte, ist ein guter elektrischer Rasierapparat, um meinem Mann die Schrecken des Rasierens zu ersparen. Mein Mann rasiert sich wie ein junger Bursche; er bearbeitet seine Haut mit dem Rasiermesser, bis das Blut fließt, läßt aber unter dem Kinn Stoppeln stehen. Der beste und teuerste elektrische Rasierapparat, der zu haben ist. Ich möchte ihm eine Riesenüberraschung bereiten.

Als ich das Geld zählte, das mir noch geblieben war, leuchtete das Gesicht des häßlichen Mädchens plötzlich auf: es glaubte, mich erkannt zu haben. War ich nicht Dr. Koppermann von der Klinik in Katamon? Nein, mein Schatz, du hast dich geirrt. Mein Name ist Fräulein Azulai, und ich spiele in der Tennismannschaft. Vielen Dank und guten Tag euch beiden. Ihr solltet Feuer anmachen. Es ist kalt hier drin. Der Laden ist feucht.

Michael war schockiert über die vielen Pakete, die ich mitgebracht hatte.
»Was ist nur in dich gefahren, Hannah? Ich verstehe nicht, was in dich gefahren ist.«
Ich sagte:
»Sicher erinnerst du dich an die Geschichte vom Aschenbrödel. Der Prinz wählte sie aus, weil sie die winzigsten Füße im Königreich hatte, und sie wollte ihn haben, um ihre Stiefmutter und die häßlichen Schwestern zu ärgern. Meinst du nicht auch, daß die Entscheidung des Prinzen und des Aschenbrödels, zusammen zu leben, eitle und kindische Gründe hatte? Winzige Füße. Ich sage dir, Michael, dieser Prinz war ein Narr und Aschenbrödel muß den Verstand verloren haben. Vielleicht ist der Grund dafür, daß sie so gut zueinander paßten und glücklich waren bis an ihr Lebensende.«
»Das ist zu tiefschürfend für mich«, beklagte sich Michael mit einem trockenen Lächeln. »Sie ist zu tiefschürfend für mich, deine Parabel. Literatur ist nicht mein Fach. Ich bin nicht gut im Interpretieren von Symbolen. Bitte wiederhole noch einmal, was du sagen wolltest, aber sage es in einfachen Worten. Falls es wirklich wichtig ist.«
»Nein, mein lieber Michael, es war nicht wirklich wichtig. Ich bin nicht ganz sicher, was ich eigentlich zu erklären versuchte. Ich bin nicht sicher. Ich kaufte diese neuen Kleider, um glücklich zu sein und sie zu genießen, und ich kaufte einen elektrischen Rasierapparat für dich, um dich glücklich zu machen.«
»Wer sagt, daß ich nicht glücklich bin?« fragte Michael.
»Und was ist mit dir, Hannah, bist du nicht glücklich? Was ist nur in dich gefahren, Hannah? Ich verstehe nicht, was in dich gefahren ist.«
»Es gibt einen hübschen Kinderreim«, sagte ich, »in dem ein Mädchen fragt: ›Kleiner Clown, kleiner Clown, willst du mit mir tanzen?‹ und jemand erwidert: ›Der hübsche kleine Clown tanzt mit jedermann.‹ Findest du, daß dies eine gute Antwort auf die Frage des Mädchens ist, Michael?«
Michael wollte etwas sagen. Überlegte es sich anders. Schwieg. Er packte die Pakete aus. Legte jedes Ding an seinen Platz. Er ging hinüber in sein Arbeitszimmer, kam kurz darauf wieder zögernd zurück. Meinetwegen, sagte er, müsse er jetzt einen seiner Freunde, Kadischmann vielleicht, um ein Darlehen bitten, damit wir über den Monat kämen. Und wozu, das versuche er zu verstehen. Aus welchem Grund? Es müsse doch irgendwo zwischen Himmel und Erde einen Grund geben.

»Mit dem Wort ›Grund‹ sollte man sehr vorsichtig umgehen. Hast du mir das vor knapp sechs Jahren nicht selber gesagt, Michael?«

XXX

Herbst in Jerusalem. Der Regen läßt auf sich warten. Die Farbe des Himmels ist tiefblau, ähnlich den Farben der ruhigen See. Eine trockene Kälte beißt ins Fleisch. Wandernde Wolken jagen ostwärts. Frühmorgens kommen die Wolken herunter und ziehen durch die Straßen wie ein stummer Reiterzug. Sie bersten und verdunkeln die eiskalten steinernen Torbögen. Am frühen Nachmittag läßt sich der Nebel über der Stadt nieder. Um fünf oder Viertel nach fünf herrscht Dunkelheit. Es gibt nicht viele Straßenlaternen in Jerusalem. Ihr Licht ist gelb und schwach. In den Gassen und Höfen tanzen welke Blätter. Ein Nachruf in blumiger Prosa klebt in unserer Straße: »Nahum Hanun, Vater der bucharischen Gemeinde, ist in der Fülle seiner Jahre in die Ewigkeit eingegangen.« Ich fand mich in Gedanken mit dem Namen Nahum Hanun beschäftigt. Mit der Fülle der Jahre. Und dem Tod.

Herr Kadischmann erschien, dunkel, aufgeregt und in einen russischen Pelzmantel gehüllt. Er sagte:

»Es wird zum Krieg kommen. Diesmal werden wir Jerusalem, Hebron, Bethlehem und Nablus erobern. Der Allmächtige handelte gerecht, indem er zwar unseren sogenannten Führern den gesunden Menschenverstand verweigerte, dafür aber den Verstand unserer Feinde verwirrte. Was er sozusagen mit der einen Hand nimmt, gleicht er mit der anderen wieder aus. Die Torheit der Araber wird bewirken, was die Weisheit der Juden nicht zuwege brachte. Ein großer Krieg wird stattfinden, und die Heiligen Stätten werden wieder uns gehören.«

»Seit dem Tag der Tempelzerstörung«, wiederholte Michael einen Lieblingsausspruch seines Vaters, »seit dem Tag der Tempelzerstörung wurde Männern wie Ihnen oder mir die Gabe der Prophetie verliehen. Wenn Sie meine Meinung hören wollen, in dem Krieg, den wir führen werden, wird es nicht um Hebron oder Nablus gehen, sondern um Gaza und Rafah.«

Ich lachte und sagte:

»Meine Herren, Sie haben beide den Verstand verloren.«

Steinübersäte Höfe sind mit einem Teppich toter Kiefernnadeln bedeckt. Der Herbst ist hartnäckig und zäh. Der Wind kehrt welke Blätter von einem verlassenen Hof zum anderen. Im Meqor-Barukh-Viertel spielt das verrostete Wellblech auf den Balkonen im Morgengrauen eine Melodie. Die Bewegung abstrakter Zeit ähnelt einer in einem Reagenzglas siedenden Substanz: rein, glänzend und tödlich. In der Nacht zum 10. Oktober hörte ich gegen Morgen in der Ferne das Dröhnen schwerer Motoren. Es war ein leises Donnern, das gewaltsam eine erwachende Kraft zu ersticken schien. Panzer sprangen hinter den Mauern der nahegelegenen Schneller-Kaserne an. Ihre Ketten rasselten dumpf. Ich stellte sie mir als dreckige, wütende Jagdhunde vor, die wild an ihren Leinen zerren, die sie zurückhalten.

Auch der Wind spielt mit. Der Wind nimmt Abfall auf, wirbelt ihn herum und schleudert ihn gegen die alten Fensterläden. Er greift Fetzen gelblichen Zeitungspapiers auf und formt geisterhafte Gebilde in der Dunkelheit. Er zieht an den Straßenlaternen und läßt bleiche Schatten tanzen. Passanten laufen vornübergebeugt gegen die rauhe Bö. Hin und wieder fängt sich der Wind in einer verlassenen Tür und schlägt sie auf und zu, bis in der Ferne splitterndes Glas klirrt. Unser Heizofen brennt den ganzen Tag. Sogar nachts lassen wir ihn an. Die Stimmen der Rundfunksprecher sind ernst und feierlich. Eine bittere, anhaltende Zurückhaltung, die jederzeit in rasende Wut umschlagen kann.

Mitte Oktober wurde unser persischer Gemüsehändler, Herr Elijah Mossiah, eingezogen. Seine Tochter Levana übernahm das Geschäft während seiner Abwesenheit. Ihr Gesicht war blaß und ihre Stimme sehr sanft. Levana war ein scheues Mädchen. Ihre schüchternen Bemühungen, zu gefallen, gefielen mir. Sie war so nervös, daß sie an ihren blonden Zöpfen kaute. Eine rührende Geste. Nachts träumte ich von Michael Strogoff. Er stand vor kahlgeschorenen Tatarenführern, auf deren Gesichtern ein Ausdruck brutaler Grausamkeit lag. Er ertrug stumm seine Foltern und gab sein Geheimnis nicht preis. Sein Mund war fest geschlossen und wunderbar. Bläulicher Stahl leuchtete in seinen Augen.

Beim Mittagessen kommentierte Michael die Rundfunknachrichten: es gebe eine bekannte Regel, die – wenn ihn sein Gedächtnis nicht trüge – der deutsche Eiserne Kanzler Bismarck aufgestellt habe. Dieser Regel zufolge solle man, wenn einem verbündete feindliche Truppen gegenüberstehen, sich zuerst gegen den stärksten Feind wenden und ihn schlagen. So würde es diesmal sein, erklärte mein Mann voller Überzeugung. Zunächst würden wir Jordanien und den Irak zu Tode erschrecken, dann plötzlich kehrtmachen und Ägypten vernichtend schlagen.

Ich starrte meinen Mann an, als habe er plötzlich begonnen, Sanskrit zu sprechen.

XXXI

Herbst in Jerusalem.

Jeden Morgen kehre ich die toten Blätter vom Küchenbalkon.

Neue Blätter fallen und nehmen ihren Platz ein. Sie fallen zu Staub zwischen meinen Fingern. Sie knistern trocken.

Der Regen ließ auf sich warten. Ein- oder zweimal glaubte ich, die ersten Tropfen würden fallen. Ich stürzte hinunter, um die Wäsche von der Leine zu nehmen. Aber kein Regen kam. Nur ein feuchter Wind, der mir über die Haut strich. Ich war erkältet und hatte Halsschmerzen. Morgens waren die Schmerzen am schlimmsten. Eine gewisse Spannung machte sich in der Stadt bemerkbar. Eine neue Stille umgab vertraute Dinge.

Hausfrauen in den Geschäften erzählten, daß die Arabische Legion um Jerusalem herum Artillerie aufstelle. Konserven, Kerzen und Petroleumlampen verschwanden aus den Geschäften. Ich kaufte ein Riesenpaket Biskuits.

Im Sanhedriya-Viertel schossen nachts die Wachen. Artillerieeinheiten wurden im Tel-Arza-Wald stationiert. Ich beobachtete Reservisten, die auf einem Feld hinter dem Biblischen Zoo Tarnnetze spannten. Meine beste Freundin Hadassah kam vorbei und berichtete, daß ihrem Mann zufolge das Kabinett bis in den Morgen hinein getagt habe und die Minister erregt schienen, als sie aus dem Konferenzsaal kamen. Nachts trafen Züge voller Soldaten in Jerusalem ein. Im Café Allenby in der King-George-Straße sah ich vier hübsche französische Offiziere. Sie trugen Schirmmützen, und auf ihren Achselstücken leuchteten purpurrote Streifen. Ich hatte so etwas bisher nur in Filmen gesehen.

Als ich meine Einkäufe nach Hause schleppte, kam ich in der David-Yelin-Straße an drei Fallschirmjägern in gesprenkelten Kampfanzügen vorbei. Über ihren Schultern hingen Maschinenpistolen. Sie warteten an der

Haltestelle des fünfzehner Busses. Einer von ihnen, dunkel und mager, rief »Schatz« hinter mir her. Seine Kameraden stimmten in sein Lachen ein. Ich berauschte mich an ihrem Gelächter.

In den frühen Morgenstunden des Mittwoch fegte eine eisige Brise durch das Haus, die kälteste, die wir in jenem Winter erlebt hatten. Ich stand barfuß auf und deckte Yair zu. Ich genoß die beißende Kälte unter meinen Fußsohlen. Michael seufzte schwer im Schlaf. Tisch und Sessel waren Schattenblöcke. Ich stand am Fenster. Ich dachte sehnsüchtig an die Diphterie, die ich mit neun Jahren gehabt hatte. Die Macht, mich von meinen Träumen über die Grenze tragen zu lassen, die Schlafen vom Wachen trennt. Die kühle Meisterschaft. Das Spiel der Formen auf einer Fläche, deren Farbskala von hell- bis dunkelgrau reicht.

Ich stand zitternd vor Freude und Erwartung am Fenster. Durch die Läden hindurch beobachtete ich die in rötliche Wolken getauchte Sonne, die die feine Schicht hellen Nebels zu durchdringen versuchte. Kurz darauf brach die Sonne durch. Sie entflammte die Baumspitzen und tauchte die auf den rückwärtigen Balkons hängenden Zinnwannen in rote Glut. Ich war hingerissen. Barfuß stand ich im Nachthemd da und preßte die Stirn gegen das Glas. Eisblumen blühten auf der Fensterscheibe. Eine Frau in einem Morgenrock leerte ihren Abfalleimer aus. Ihr Haar war wie meines ungekämmt.

Der Wecker rasselte.

Michael warf die Decke zurück. Seine Augenlider waren verklebt. Sein Gesicht sah zerknittert aus. Er sprach mit rauher Stimme zu sich selbst.

»Es ist kalt. Was für ein abscheulicher Tag.«

Dann, als sich seine Augen öffneten, fiel sein Blick voller Verwunderung auf mich.

»Hast du den Verstand verloren, Hannah?«

Ich wandte mich um, konnte aber nicht sprechen. Ich hatte wieder die Stimme verloren. Ich versuchte, ihm das zu sagen, doch aus meiner Kehle drang nur quälender Schmerz. Michael griff nach meinem Arm und zog mich mit Gewalt auf das Bett.

»Du hast den Verstand verloren, Hannah«, wiederholte er entsetzt. »Du bist krank.«

Seine Lippen berührten sanft meine Stirn, und er fügte hinzu: »Deine Hände sind wie Eis, und deine Stirn brennt. Du bist krank, Hannah.«

Unter der Decke zitterte ich weiterhin heftig. Doch gleichzeitig glühte ich auch vor brennender Erregung, wie ich sie seit meiner Kindheit nicht mehr empfunden hatte. Ein Fieber der Freude hatte mich ergriffen. Ich lachte und lachte, ohne einen Laut hervorzubringen.

Michael zog sich an. Er band seine karierte Krawatte um und befestigte sie mit einer kleinen Nadel. Er ging in die Küche und wärmte mir eine Tasse Milch. Er süßte sie mit zwei Löffeln Honig. Ich konnte nicht schlucken. Meine Kehle brannte. Der Schmerz war neu. Ich kostete den neuen Schmerz aus, während er stärker wurde.

Michael stellte die Milch auf einen Stuhl neben mein Bett. Meine Lippen lächelten ihn an. Ich kam mir vor wie ein Eichhörnchen, das einem schmutzigen Bären Tannenzapfen zuwirft. Der neue Schmerz gehörte mir, und ich probierte ihn aus.

Michael rasierte sich. Er stellte das Radio lauter, damit er trotz des summenden Rasierapparats die Nachrichten hören konnte. Dann blies er in den Rasierapparat, um ihn zu säubern, und drehte das Radio aus. Er ging zur Drogerie hinüber, um unseren Arzt anzurufen, Dr. Urbach aus der Alfandari-Straße. Wieder zurückgekehrt, zog er rasch Yair an und schickte ihn in den Kindergarten. Seine Bewegungen waren präzise wie die eines gutgedrillten Soldaten. Er sagte:

»Es ist schrecklich kalt draußen. Bitte steh nicht auf. Ich habe auch Hadassah angerufen. Sie versprach, ihre Putzhilfe herüberzuschicken, sie soll nach dir sehen und das Essen kochen. Dr. Urbach versprach, um neun oder halb zehn vorbeizukommen. Hannah, bitte versuche noch einmal, deine Milch zu trinken, ehe sie kalt wird.«

Mein Mann stand steif wie ein junger Kellner vor mir und hielt die Tasse fest in der Hand. Ich schob die Tasse weg und ergriff Michaels andere Hand. Ich küßte seine Finger. Ich wollte nicht aufhören, innerlich zu lachen. Michael schlug mir vor, ein Aspirin zu nehmen. Ich schüttelte den Kopf. Er zuckte mit den Achseln – eine einstudierte Bewegung. Jetzt war er in Hut und Mantel. Im Hinausgehen sagte er:

»Vergiß nicht, Hannah, du sollst im Bett bleiben, bis Dr. Urbach kommt. Ich versuche, früh zu Hause zu sein. Du darfst nicht reden. Du hast dich erkältet, Hannah, das ist alles. Es ist kalt in diesem Haus. Ich stelle den Heizofen näher ans Bett.«

Kaum war die Tür hinter meinem Mann ins Schloß gefallen, sprang ich barfuß aus dem Bett und stürzte wieder ans Fenster. Ich war ein wildes, ungehorsames Kind. Ich strapazierte meine Stimmbänder singend und schreiend wie ein Trunkenbold. Schmerz und Vergnügen entzündeten sich aneinander. Der Schmerz war köstlich und berauschend. Ich füllte meine Lungen mit Luft. Ich brüllte, ich heulte, ich ahmte Vögel und Tiere nach, wie Emanuel und ich es als Kinder so gern getan hatten. Aber noch immer war kein Ton zu hören. Es war reine Zauberei. Ich wurde einfach davongetragen von den heftigen Strömen der Freude und des Schmerzes. Mir war kalt, aber meine Stirn brannte. Barfuß und nackt stand ich im Bad wie ein Kind an einem drückendheißen Tag. Ich drehte den Wasserhahn voll auf. Ich suhlte mich in dem eisigen Wasser. Ich spritzte das Wasser überall hin, auf die Wandkacheln, an die Decke, auf die Handtücher und auf Michaels Bademantel, der an einem Haken an der Rückseite der Tür hing. Ich füllte meinen Mund bis zum Rand mit Wasser und sprühte Strahl auf Strahl auf mein im Spiegel reflektiertes Gesicht. Ich lief blau an vor Kälte. Der warme Schmerz breitete sich über meinen Rücken aus, kroch die Wirbelsäule hinunter. Meine Brustwarzen wurden steif. Meine Zehen wurden zu Stein. Nur mein Kopf brannte, und ich hörte nicht auf zu singen, ohne einen Ton herauszubringen. Eine heftige Sehnsucht breitete sich tief in den Höhlungen meines Körpers aus, in meinen empfindsamsten Gelenken und Vertiefungen, die mir gehörten, auch wenn ich sie niemals zu Gesicht bekomme bis zum Tag meines Todes. Ich hatte einen Körper, und er gehörte mir, und er zuckte und bebte und war lebendig. Wie eine Verrückte wanderte ich von Zimmer zu Zimmer, zur Küche, zum Flur, und das Wasser rann unaufhörlich zu Boden. Nackt und naß fiel ich aufs Bett und umarmte die Kissen und Decken mit meinen Armen und Knien. Unzählige freundliche Menschen streckten mir sanft die Hände entgegen und wollten mich anfassen. Als ihre Finger meine Haut berührten, versank ich in einem Flammenmeer. Stumm faßten die Zwillinge nach meinen Armen und banden sie hinter meinem Rücken zusammen. Der Dichter Saul beugte sich über mich und betörte mich mit seinem Schnurrbart und seinem warmen Duft. Auch Rahamin Rahamimov, der schöne Taxifahrer, kam und packte mich stürmisch um die Taille. In der Ekstase des Tanzes hob er meinen Körper hoch in die Luft. Die ferne Musik lärmte und brüllte, Hände drückten meinen Körper. Kneteten. Hämmerten. Sondierten. Ich lachte und schrie mit ganzer Kraft. Tonlos. Die Soldaten drängten sich zusammen und schlossen einen Kreis um mich in ihren gesprenkelten Kampfanzügen. Ein wilder, männlicher Geruch ging in Wellen von ihnen aus. Ich gehörte ganz ihnen. Ich war Yvonne Azulai. Yvonne Azulai, das Gegenteil von Hannah Gonen. Ich war kalt, überflutet. Menschen sind fürs Wasser geboren, sie sind dazu geboren, kalt und ungestüm in den Tiefen, auf den Ebenen, auf verschneiten, endlosen Steppen und unter den Sternen zu treiben. Menschen sind für den Schnee geboren. Zu sein und nicht zu ruhen, zu rufen und nicht zu flüstern, zu berühren und nicht zu beobachten, zu treiben und nicht sich zu sehnen. Ich bestehe aus Eis, meine Stadt ist aus Eis, und auch meine Untertanen sollen aus Eis sein. Alle. Die Prinzessin hat gesprochen. Ein Hagelsturm wird über Danzig niedergehen und die ganze Stadt vernichten, gewaltsam, kristallen und hell. Nieder, rebellische Untertanen, nieder, reibt eure Nasen im Schnee. Ihr sollt alle hell sein, ihr sollt alle weiß sein, denn ich bin eine weiße Prinzessin. Wir müssen alle weiß und hell und kalt sein, sonst droht uns Zerfall. Die ganze Stadt wird zu Kristall werden. Kein Blatt soll fallen, kein Vogel aufsteigen, keine Frau zittern. Ich habe gesprochen.

Es war Nacht in Danzig. Tel Arza und seine Wälder standen im Schnee. Eine riesige Steppe erstreckte sich über Mahane Yehuda, Agrippa, Sheikh Bader, Rehavya, Bet Hakerem, Qiryat Shemuel, Talppiyot, Givat Shaul bis zu den Hängen von Kfar Lifta. Steppennebel und Dunkelheit. Das war mein Danzig. Ein Inselchen wuchs mitten in dem kleinen See am Ende der Mamillah-Straße. Auf ihm stand die Statue der Prinzessin. Im Stein war ich.

Hinter den Mauern der Schneller-Kaserne indessen wurde eine Verschwörung ausgebrütet. Unterdrückte Rebellion lag in der Luft. Die beiden dunklen Zerstörer *Dragon* und *Tigress* lichteten die Anker. Ihre edlen Buge schnitten durch die Eiskruste. Ein eingemummter Matrose stand im Korb hoch oben auf dem schwingenden Mast. Sein Körper war aus Schnee wie der Hochkommissar, den Halil, Hannah und Aziz im kalten Winter 1941 aus Schnee gemacht hatten.

Panzer rollten schwer in der Dunkelheit den eisigen Hang der Geula-Straße zum Mea-Shearim-Viertel hinunter. Vor den Toren der Schneller-Kaserne verschwor sich flüsternd eine Gruppe Offiziere in rauhen Anoraks. Nicht ich hatte diese Aktivitäten angeordnet. Meine Befehle lauteten, zu Eis zu erstarren. Dies war eine Verschwörung. Dringende Befehle wurden in gespanntem Flüsterton weitergegeben. Leichte Schneeflocken trieben in der schwarzen Luft. Das kurze, scharfe Knallen von Artilleriefeuer ertönte. Und an den Spitzen buschiger Schnurrbärte funkelten Eiszapfen. Massiv und wirkungsvoll drangen die Panzer in die Randgebiete meiner schlafenden Stadt vor. Ich war allein. Für die Zwillinge war der Augenblick gekommen, sich in den russischen Bezirk zu schleichen. Sie kamen barfuß und stumm. Geräuschlos krochen sie das letzte Stück Weg. Um den Posten, den ich zur Bewachung des Gefängnisses aufgestellt hatte, von hinten zu erstechen. Der ganze Abschaum der Stadt war unterwegs, und ein gewaltiger Schrei kroch aus ihren Kehlen. Fluten ergossen sich in die engen Straßen. Das schwere Atmen drohenden Unheils.

Unterdessen waren auch die letzten Widerstandsnester ausgehoben. Schlüsselstellungen erobert. Mein treuer Strogoff war festgenommen. Aber in den weiter draußen liegenden Vororten war die Disziplin der Aufständischen weniger straff. Stämmige, betrunkene Soldaten, loyal und aufrührerisch, drangen in die Wohnungen von Bürgern und Kaufleuten ein. Ihre Augen waren blutunterlaufen. Hände in Lederhandschuhen vergewaltigten und plünderten. Böse Mächte überrannten die Stadt. Den Dichter Saul kerkerte man im Keller des Funkhauses in der Melisanda-Straße ein. Er wurde vom Pöbel beschimpft. Ich konnte es nicht ertragen. Ich weinte.

Geschütz-Lafetten rollten auf leisen Gummirädern jenseits der höhergelegenen Vororte. Ich sah einen barhäuptigen Rebell hinaufklettern und stumm die Fahne auf dem Terra-Sancta-Gebäude auswechseln. Seine Locken waren zerzaust. Er war ein hübscher, triumphierender Rebell.

Die befreiten Gefangenen lachten ein gellendes Lachen. Sie zerstreuten sich in ihren Gefängnisuniformen in der Stadt. Messer wurden gezogen. Sie verteilten sich in die Vororte, um eine grausame Rechnung zu begleichen. An ihrer Stelle sperrte man bedeutende Gelehrte ein. Noch halb im Schlaf, verwirrt und empört, protestierten sie in meinem Namen. Erwähnten ihre guten Verbindungen. Bestanden auf ihrer Würde. Schon krochen einige von ihnen zu Kreuze und beteuerten, daß sie mich seit langem haßten. Gewehrkolben in ihren Rücken trieben sie voran oder brachten sie zum Schweigen. Eine neue, nichtswürdige Macht regierte die Stadt.

Die Panzer umzingeln den Palast der Prinzessin nach einem heimlich vorbereiteten Plan. Sie schnitten tiefe Narben in den weichen Schnee. Die Prinzessin stand am Fenster und rief mit aller Kraft nach Strogoff und Kapitän Nemo, aber ihre Stimme versagte, und nur ihre Lippen bewegten sich mechanisch, als versuche sie, die jubelnden Truppen zu unterhalten. Was in den Offizieren meiner Leibwache vorging, konnte ich nicht erraten. Vielleicht gehörten auch sie der Verschwörung an. Sie schauten immerzu auf ihre Uhren. Warteten sie einen vorher vereinbarten Zeitpunkt ab?

Dragon und *Tigress* lagen vor den Toren des Palastes. Ihre Geschütze drehten sich langsam in den schweren Halterungen. Wie die Finger eines Ungeheuers zeigten die Rohre auf mein Fenster. Auf mich. Ich fühle mich nicht wohl, versuchte die Prinzessin zu flüstern. Im Osten, jenseits des Zionsbergs, in Richtung der Wüste Juda, bemerkte sie ein rötliches Flakkern. Die ersten Funken einer Feier, die nicht ihr zu Ehren stattfand. Eifrig beugten sich die beiden Mörder über sie. Die Prinzessin sah Mitleid, Verlangen und Spott in ihren Augen. Sie waren beide so jung. Dunkelhäutig und gefährlich schön. Stolz und stumm versuchte ich, ihnen aufrecht ins Gesicht zu sehen, aber auch mein Körper ließ mich im Stich. In ihrem dünnen Nachthemd lag die Prinzessin auf den eisigen Fliesen. Sie war ihren heißen Blicken ausgesetzt. Zwilling lachte Zwilling zu. Ihre Zähne leuchteten weiß. Ein Schauder, der nichts Gutes verhieß, rann durch ihre Körper. Wie das gequälte Lächeln Halbwüchsiger, die beobachten, wie der Wind sich im Rock einer Frau verfängt.

In den Randgebieten der Stadt patrouillierte ein gepanzerter Wagen mit Lautsprecher. Eine klare, ruhige Stimme verlas eine Zusammenfassung der Befehle des neuen Regimes. Sie drohten mit Schnellverfahren und gnadenlosen Hinrichtungen. Wer Widerstand leiste, werde wie ein Hund abgeknallt. Die Herrschaft der wahnsinnigen Eisprinzessin sei ein für allemal vorbei. Nicht einmal der weiße Wal würde entkommen. Eine neue Ära habe in der Stadt begonnen.

Ich höre nur halb hin. Die Hände der Mörder greifen bereits nach mir. Beide stöhnen heiser auf wie gefesselte Tiere. Ihre Augen blitzen vor Lust. Der Schauer des Schmerzes zittert, strömt, siedet meinen Rücken hinunter bis in die Zehenspitzen und jagt mir sengende Funken und wollüstige Schauer über den Rücken, zum Hals, zu den Schultern, überall hin. Der Schrei entlädt sich stumm nach innen. Meines Mannes Finger berühren halb mein Gesicht. Er möchte, daß ich die Augen öffne. Sieht er denn nicht, wie weit offen sie sind? Er möchte, daß ich ihm zuhöre. Wer könnte aufmerksamer sein als ich? Er schüttelt immer wieder meine Schultern. Berührt meine Stirn mit den Lippen. Ich gehöre noch immer dem Eis, doch eine fremde Macht greift bereits nach mir.

XXXII

Unser Hausarzt Dr. Urbach aus der Alfandari-Straße war winzig und feingliedrig wie eine Porzellanfigur. Er hatte hohe Backenknochen und einen traurigen, sympathischen Ausdruck in den Augen. Während seiner Untersuchungen pflegte er eine kleine Rede zu halten.

»In einer Woche werden wir wieder in Ordnung sein. Völlig in Ordnung. Wir haben uns bloß erkältet und getan, was wir nicht hätten tun sollen. Der Körper versucht, gesund zu werden, der Geist verzögert die Heilung vielleicht. Die Beziehung zwischen Geist und Körper ist nicht wie der Fahrer im Automobil, sondern eher wie die Vitamine in der Nahrung sozusagen. Meine liebe Frau Gonen, denken Sie daran, daß Sie Mutter sind. Bitte auch das kleine Kind zu berücksichtigen. Herr Gonen, wir brauchen absolute Ruhe für den Körper und auch für die Nerven und den Geist. Das ist das Wichtigste. Wir können außerdem dreimal täglich ein Aspirin nehmen. Für den Hals ist Honig gut. Und das Zimmer, in dem wir schlafen, warm halten. Und keine Diskussion mit der Dame. Nur ja, ja und noch einmal ja sagen. Wir brauchen Ruhe. Entspannung. Reden verursacht nur Komplikationen und seelischen Kummer. Bitte sowenig wie möglich reden. Nur neutrale und einfache Wörter benutzen. Wir sind nicht ruhig, überhaupt nicht ruhig. Sie können mich sofort anrufen, wenn es Komplikationen gibt. Sollten sich jedoch Anzeichen von Hysterie zeigen, müssen wir unbedingt ruhig bleiben und in Geduld abwarten. Nicht das Drama vergrößern. Ein passives Publikum tötet das Drama wie Antibiotika den Virus töten. Wir brauchen absolute Ruhe, innere Ruhe. Ich wünsche Ihnen gute Besserung. Bitte.«

Gegen Abend fühlte ich mich besser. Michael brachte Yair ins Zimmer, um mir von weitem gute Nacht zu sagen. Ich zwang mich, »gute Nacht euch beiden« zu flüstern. Michael legte seinen Finger auf die Lippen: »Du darfst nicht reden. Streng' deine Stimme nicht an.«

Er gab Yair sein Abendessen und brachte ihn ins Bett. Dann kam er in unser Zimmer zurück. Er machte das Radio an. Ein aufgeregter Nachrichtensprecher sprach von einem Ultimatum, das der Präsident der Vereinigten Staaten gestellt habe. Der Präsident habe alle Parteien aufgerufen, sich zurückzuhalten und Zwischenfälle zu vermeiden. Unbestätigte Meldungen über irakische Truppen, die in Jordanien einmarschierten. Ein politischer Kommentator ist skeptisch. Die Regierung bittet um Wachsamkeit und Ruhe. Militärexperten hüllen sich in Schweigen. Guy Mollets Kabinett berief zwei Sondersitzungen ein. Eine bekannte Schauspielerin beging Selbstmord. Für Jerusalem ist erneut mit Frost zu rechnen.

Michael sagte:

»Simcha, Hadassahs Putzhilfe, kommt morgen wieder vorbei. Und ich werde mir den Tag freinehmen. Ich will mit dir reden, Hannah, aber antworte mir nicht, du darfst nicht reden.«

»Es fällt mir nicht schwer, Michael. Es tut nicht weh«, flüsterte ich.

Michael erhob sich aus dem Sessel und setzte sich ans Fußende meines Betts. Er schlug den Zipfel des Bettbezugs sorgfältig zurück und setzte sich auf die Matratze. Er nickte einige Male bedächtig vor sich hin, als sei es ihm endlich gelungen, im Kopf eine schwierige Gliederung zu lösen, deren Richtigkeit er nun überprüfen müsse. Er sah mich eine Weile an. Dann begrub er sein Gesicht in den Händen. Schließlich sagte er mehr zu sich selbst als zu mir:

»Ich bin furchtbar erschrocken, Hannah, als ich heute mittag heimkam und dich so vorfand.«

Michael zuckte, als er das sagte, als habe er sich mit seinen Worten verletzt. Er erhob sich, zog die Decken glatt, knipste meine Nachttischlampe an und machte das Deckenlicht aus. Er nahm meine Hand in die seine. Er stellte meine Armbanduhr, die morgens stehengeblieben war. Er zog die Uhr auf. Seine Finger waren warm, die Nägel flach. Im Inneren seiner Finger gab es Sehnen, Fleisch, Nerven, Muskeln, Knochen und Adern. Als ich Literatur studierte, mußte ich ein Gedicht von Ibn Gabirol auswendig lernen, in dem es heißt, daß wir aus verfaulten Säften bestehen. Wie rein ist im Vergleich dazu chemisches Gift: helle, weiße Kristalle. Die Erde ist nur eine grüne Kruste, die einen unterdrückten Vulkan bedeckt. Ich hielt die Finger meines Mannes zwischen meinen Händen. Die Geste erzeugte ein Lächeln auf Michaels Gesicht, als habe er meine Vergebung erfleht und erhalten. Ich brach in Tränen aus. Michael streichelte meine Wangen. Biß sich auf die Lippen. Beschloß, nichts zu sagen. Er streichelte mich genauso, wie er häufig Yairs Kopf streichelte. Der Vergleich machte mich traurig, ohne daß ich den Grund dafür nennen könnte, vielleicht ohne jeden Grund.

»Wenn es dir bessergeht, fahren wir irgendwohin, weit weg«, sagte Michael. »Vielleicht ins Kibbuz Nof Harim. Wir könnten den Jungen dort bei deiner Mutter und deinem Bruder lassen und zusammen in ein Sanatorium gehen. Nach Eilat vielleicht. Oder Nahariya. Gute Nacht, Hannah. Ich mache das Licht aus und stelle den Heizofen auf den Flur. Ich scheine irgendeinen Fehler gemacht zu haben. Und ich weiß nicht, welchen. Ich meine, was hätte ich tun sollen, um dies zu verhindern, oder was hätte ich nicht tun sollen, um zu vermeiden, daß du in diesen Zustand gerätst? In der Schule in Holon habe ich einen Turnlehrer namens Yehiam Peled, der immer ›Blöder Ganz‹ zu mir sagte, weil ich so langsam reagierte. Ich war sehr gut in Englisch und Mathe, aber im Turnen war ich der blöde Ganz. Jeder hat seine starken und seine schwachen Seiten. Wie banal! Und außerdem gehört es nicht zur Sache. Was ich sagen wollte, Hannah, ist, daß ich für meinen Teil froh bin, mit dir verheiratet zu sein und nicht mit einer anderen. Und ich versuche alles zu tun, was ich kann, um deinen Bedürfnissen gerecht zu werden. Bitte, Hannah, jag mir nie wieder solche Angst ein wie heute mittag, als ich nach Hause kam und dich so vorfand. Bitte, Hannah. Schließlich bin ich nicht aus Eisen. Da, ich bin schon wieder banal. Gute Nacht. Morgen bringe ich die Wäsche in die Wäscherei. Wenn du in der Nacht etwas brauchst, ruf nicht, denk' an deinen Hals. Du kannst an die Wand klopfen. Ich sitze im Arbeitszimmer und bin sofort da. Ich habe dir eine Thermosflasche mit heißem Tee hier auf den Stuhl gestellt. Und hier ist eine Schlaftablette. Nimm sie nicht, wenn du irgendwie ohne sie einschlafen kannst. Es ist viel besser für dich, ohne Tablette zu schlafen. Bitte, Hannah, ich flehe dich an. Es kommt nicht oft vor, daß ich dich um etwas bitte. Zum dritten Mal also – was bin ich doch auf einmal für ein alter Langweiler – gute Nacht, Hannah.«

Am nächsten Morgen fragte Yair:

»Mami, wär' ich wirklich ein Herzog, wenn Vati König wäre?«

Ich lachte und flüsterte heiser:

»Hätt' Großmama Flügel und könnte fliegen, wär' sie ein Adler hoch oben am Himmel.«

Yair verstummte. Vielleicht versuchte er, sich den Effekt des Verses vorzustellen. Indem er ihn in die Bildersprache übertrug. Die Vorstellung von sich wies. Schließlich erklärte er ruhig:

»Nein. Großmama mit Flügeln ist Großmama, kein Adler. Du sagst einfach Sachen, ohne darüber nachzudenken. Wie du neulich über Rotkäppchen gesagt hast, daß sie die Großmutter aus dem Bauch des Wolfs holten. Ein Wolfsbauch ist kein Lagerraum. Und Wölfe kauen, wenn sie essen. Für dich ist alles möglich. Vati paßt auf, was er sagt. Er redet nicht, was ihm gerade einfällt. Er redet nur mit dem Verstand.«

Michael, durch das Pfeifen des auf dem Gasherd brodelnden Wasserkessels hindurch:

»Yair, sofort in die Küche mit dir, bitte. Setz dich hin und fang an zu essen. Mami geht es nicht gut. Laß sie bitte in Ruhe. Ich habe dich gewarnt.«

Hadassahs Hilfe Simcha hängt das Bettzeug zum Lüften aus dem Fenster. Ich saß im Sessel. Mein Haar war ungekämmt. Michael ging mit einer Einkaufsliste, die ich ihm gemacht hatte, zum Lebensmittelhändler: Brot, Käse, Oliven, saure Sahne. Er hatte sich einen Tag freigenommen. Yair stand im Flur vor dem Spiegel, zerzauste sein Haar, kämmte es und zerzauste es wieder. Schließlich schnitt er sich selber im Spiegel Gesichter.

Simcha klopft die Matratze aus. Ich schaue hin und sehe einen Strom goldener Staubteilchen einen Sonnenstrahl hinauf zur Fensterecke hin tanzen. Eine köstliche Schlaffheit hat sich meines Körpers bemächtigt. Kein Leiden, kein Verlangen. Ein träger, verschwommener Gedanke: bald einen wunderschönen, großen Perserteppich kaufen.

Es läutet an der Tür. Yair macht auf. Der Postbote weigert sich, ihm den eingeschriebenen Brief auszuhändigen, weil er eine Unterschrift braucht. Unterdessen kommt Michael mit dem Einkaufskorb in der Hand die Treppe herauf. Er nimmt den Einberufungsbescheid von dem Postboten entgegen und unterschreibt die Empfangsbestätigung. Sein Gesicht ist ernst und feierlich, als er das Zimmer betritt.

Wann verliert dieser Mann endlich einmal seine Selbstbeherrschung? Wenn er nur einmal in Panik geriete. Vor Freude schreien, den Kopf verlieren würde.

Michael erklärte kurz und bündig, daß ein Krieg wohl kaum länger als drei Wochen dauern würde. »Natürlich handelt es sich um einen begrenzten, lokalen Krieg. Die Zeiten haben sich geändert. Es wird kein zweites 1948 geben. Das Gleichgewicht zwischen den Großmächten ist sehr unbeständig. Da sich Amerika zur Zeit mitten im Wahlkampf befindet und die Russen in Ungarn zu tun haben, ist das eine günstige Gelegenheit. Nein, dieser Krieg wird sich nicht hinziehen, bestimmt nicht. Übrigens bin ich bei der Nachrichtentruppe. Ich bin kein Pilot und kein Fallschirmjäger. Warum weinst du also? Ich bin in ein paar Tagen wieder zurück, und ich bringe dir eine echte, arabische Kaffeekanne mit. Das war ein Scherz – warum weinst du denn? Wenn ich zurück bin, machen wir Ferien, wie versprochen. Wir fahren nach Obergaliläa. Oder nach Eilat. Was machst du denn, trauerst du schon um mich. Ich bin wieder zurück, noch ehe ich richtig gegangen bin. Vielleicht habe ich mich überhaupt geirrt. Es kann sich genausogut um allgemeine Manöver handeln, keine Spur von einem Krieg. Wenn es möglich ist, schreibe ich dir unterwegs einen Brief. Ich möchte dich aber nicht enttäuschen: Ich warne dich lieber im voraus, daß ich kein großer Briefschreiber bin. Jetzt ziehe ich rasch meine Uniform an und packe meinen Rucksack. Soll ich Nof Harim anrufen und deine Mutter bitten, herzukommen und auf dich aufzupassen, solange ich weg bin?

Ich fühle mich so seltsam in Khaki. Ich habe kein bißchen zugenommen in all den Jahren. Weißt du noch, Hannah, wie mein Vater aussah, als er seine Miliziuniform über den Pyjama zog und mit Yair spielte? Oh, es tut mir wirklich leid. Es war dumm von mir, gerade jetzt davon anzufangen. Jetzt habe ich uns beide verletzt. Wir sollten nicht in jedem einzelnen Wort nach Vorbedeutungen suchen. Wörter sind nur Wörter, nichts weiter. Hier, ich lege dir 100 Pfund in die Schublade. Und ich habe dir meine Armeenummer und die Nummer meiner Einheit aufgeschrieben.

Ich habe den Zettel unter die Vase gelegt. Die Wasser-, Strom- und Gasrechnung habe ich Anfang des Monats bezahlt. Der Krieg wird überhaupt nicht lange dauern. Das ist zumindest meine begründete Meinung. Siehst du, die Amerikaner ... ist ja egal. Hannah, schau mich nicht so an. Du machst es nur noch schlimmer für dich. Und für mich. Hadassahs Simcha wird hier aushelfen, bis ich zurück bin. Ich rufe Hadassah an. Ich rufe auch Sarah Zeldin an. Jetzt siehst du mich schon wieder so an. Es ist nicht meine Schuld, Hannah. Denk daran, ich bin kein Pilot und kein Fallschirmjäger. Was hast du mit meinem Pullover gemacht? Danke. Ach ja, ich glaube, ich nehme auch einen Schal mit. Es kann kalt werden nachts. Sag mir ehrlich, Hannah, wie sehe ich aus in Uniform? Sehe ich nicht wie ein kostümierter Professor aus? Korporal Blöder Ganz, Nachrichtencorps. Ich scherze nur, Hannah. Du solltest lachen, nicht wieder weinen.

Hör auf, so zu weinen. Ich fahre nicht in Urlaub, weißt du. Weine nicht. Es hilft nichts. Ich ... ich werde an dich denken. Ich schreibe dir, vorausgesetzt, die Feldpost funktioniert. Ich passe auf mich auf. Du auch ... Nein, Hannah, das ist nicht der richtige Augenblick, um über Gefühle zu reden. Beteuerungen helfen uns nicht weiter. Gefühle tun nur weh. Und ich ... ich bin weder Pilot noch Fallschirmjäger. Das hab ich schon ein paarmal gesagt. Wenn ich wiederkomme, hoffe ich dich wohlauf und glücklich vorzufinden. Ich möchte hoffen, daß du nicht schlecht über mich denkst, während ich weit weg bin. Ich werde zärtlich an dich denken. Auf diese Weise sind wir nicht ganz und gar getrennt voneinander. Und ... na ja.«

Als existierte ich nur in seiner Vorstellung. Wie kann jemand erwarten, mehr als nur ein Stück Vorstellung eines anderen zu sein? Ich bin wirklich, Michael. Ich bin nicht nur ein Produkt deiner Vorstellung.

XXXIII

Hadassahs Simcha spült in der Küche Geschirr. Sie summt Shoshana-Damari-Lieder vor sich hin: *Ich bin eine liebende Hündin, ein zärtliches Reh. Ein Stern am Himmel prangt, Schakale heulen im Wald, komm zurück, Hephzibah wartet auf dich.*

Ich liege mit einem Roman von John Steinbeck, den mir meine beste Freundin Hadassah gestern abend mitgebracht hat, im Bett. Ich lese nicht. Meine eisigen Füße schmiegen sich gegen eine Wärmflasche. Ich bin ruhig und hellwach. Yair ist in den Kindergarten gegangen. Von Michael habe ich keine Nachricht, es ist auch noch zu früh. Der Petroleumhändler zieht mit seinem Karren die Straße hinunter und läutet mit seiner Glocke. Jerusalem ist wach. Eine Fliege stürzt sich gegen die Fensterscheibe. Eine Fliege, kein Zeichen und kein Omen. Nur eine Fliege. Ich habe keinen Durst. Mir fällt auf, daß das Buch in meiner Hand zerlesen ist. Sein Einband wird von Tesafilm zusammengehalten. Die Vase steht an ihrem üblichen Platz. Unter ihr liegt das Blatt Papier, auf das Michael seine Armeenummer und die Nummer seiner Einheit geschrieben hat. Nautilus liegt ruhig tief unter der Eiskruste der Beringstraße. Herr Glick sitzt in seinem Laden und liest eine religiöse Zeitung. Ein kalter Herbstwind bläst durch die Stadt. Ruhe.

Um neun Uhr gab der Rundfunk bekannt:

»Gestern abend drangen die israelischen Verteidigungskräfte in den Sinai ein, eroberten Kuntilla und Ras-en-Naqeb und besetzten Stellungen in der Nähe von Nahel, 60 Kilometer östlich vom Suezkanal. Ein Kriegsberichterstatter erklärt. Während man vom politischen Standpunkt ... Wiederholte Provokationen. Flagrante Verletzungen der Freiheit der Schiffahrt. Die moralische Rechtfertigung. Terrorismus und Sabotage. Wehrlose Frauen und Kinder. Wachsende Spannung. Unschuldige Bürger. Aufgeklärte öffentliche Meinung zu Hause und im Ausland. Im wesentlichen eine defensive Kampfhandlung. Bewahren Sie Ruhe. Bleiben Sie zu Hause. Verdunkelung. Keine Hamsterkäufe. Leisten Sie den Anweisungen Folge. Die Öffentlichkeit wird gebeten. Keine Panik. Das ganze Land ist die Front. Die ganze Nation ist eine Armee. Sobald Sie die Vorwarnung hören. Bisher ist alles wie geplant verlaufen.«

Um Viertel nach neun:

»Das Waffenstillstandsabkommen ist tot und begraben und wird nie wieder aufleben. Unsere Truppen überrennen. Feindlicher Widerstand gibt nach.«

Bis halb elf spielte das Radio Marschlieder aus meiner Jugend: *Von Dan bis Beersheba vergessen wir nie. Glaube mir, der Tag wird kommen.*

Warum sollte ich dir glauben? Und wenn ihr nie vergeßt, wen interessiert das schon?

Um halb elf:

»Die Wüste Sinai, historische Wiege der israelitischen Nation.«

Im Gegensatz zu Jerusalem. Ich gebe mir alle Mühe, stolz und interessiert zu sein. Ich frage mich, ob Michael daran gedacht hat, seine Tabletten gegen Sodbrennen mitzunehmen. Stets sauber, stets adrett. Na gut, er hatte seine fünf Jahre vertanzt; jetzt wird er »seinem Täubchen Lebewohl sagen müssen«.

Eine menschenleere Gasse in Neu Beit Yisrael am Rande Jerusalems hat jetzt eine neue Atmosphäre. Die Gasse ist mit Steinen gepflastert. Die Pflastersteine haben Sprünge, sind aber glatt poliert. Schwere Torbögen stehen zwischen der Gasse und den tiefen Wolken. Die Gasse ist eine Sackgasse. Die Zeit verdichtet sich und sammelt sich in den Höhlungen der Steine. Ein schläfriger Wachtposten, ein älterer Bürger, den man zur zivilen Verteidigung eingezogen hat, steht gegen eine Mauer gelehnt. Verdunkelte Häuser. Das gedämpfte Läuten einer fernen Glocke. Von den Hügeln kommt der Wind herüber. Er teilt sich und strömt durch die gewundene Gasse und rührt auf seinem Weg an den mit rostigen Riegeln gesicherten eisernen Fensterläden und Türen. Ein religiöser Junge steht an einem Fenster, seine Schläfenlocken fließen die blassen Wangen hinab. Er hält einen Apfel in der Hand. Er starrt die Vögel auf den Espenzweigen im Hof an. Der Junge rührt sich nicht. Der alte Wachtposten versucht, durch das Glas hindurch seinen Blick zu erhaschen. In seiner tiefen Einsamkeit lächelt er dem Jungen zu. Nichts rührt sich. Der Junge gehört mir. Blaugraues Licht fängt sich im gerollten Blattwerk der Espe. Die Hügel weit draußen und hier tiefe, ruhige, verwehte Glockenklänge. Die Stille hat sich auf Vögeln und streunenden Katzen niedergelassen. Große Wagen werden kommen, werden vorüberrollen, werden weit wegfahren. Wäre ich doch aus Stein. Hart und ruhig. Kalt und gegenwärtig.

Vielleicht hat sich auch der britische Hochkommissar geirrt. Im Palast des Hochkommissars auf dem Berg des Bösen Rats im Südosten Jerusalems zieht sich eine geheime Sitzung bis in die Morgenstunden hin. Der blasse Tag erwacht in den Fenstern, aber die Lichter brennen noch immer. Stenographen arbeiten im Zweistundenwechsel. Die Wachen sind müde und unruhig.

Michael Strogoff, die geheime Botschaft fest ins Gedächtnis eingeprägt, eilt entschlossen und einsam in des Hochkommissars Diensten durch die Nacht. Der kalte, starke Michael Strogoff, umgeben von grausamen Wilden. Das grelle Aufblitzen der Dolche. Ein plötzliches Lachen. Wortlos. Wie Aziz und Yehuda Gottlieb aus der Ussishkin-Straße, als sie auf dem leeren Baugelände miteinander kämpften. Ich bin der Schiedsrichter. Ich bin der Preis. Die Gesichter der beiden sind verzerrt. Ihre Augen sind erfüllt von dumpfem Haß. Sie zielen auf den Bauch, weil er am weichesten ist. Sie schlagen wild aufeinander ein. Sie treten. Sie beißen. Einer von ihnen dreht sich um und läuft davon. Mitten im Laufen macht er kehrt und verfolgt den anderen. Hebt einen schweren Stein auf, wirft und verfehlt ihn knapp. Sein Gegner spuckt voll leidenschaftlicher Wut. Auf einer dornigen Rolle rostigen Stacheldrahts wälzen sich die beiden ineinanderverhakt und knirschen mit den Zähnen. Zerkratzen sich gegenseitig. Bluten. Versuchen die Kehle oder die Geschlechtsteile des anderen zu packen. Fluchen zwischen zusammengepreßten Lippen. Wie auf Kommando brechen beide plötzlich erschöpft zusammen. Einen Augenblick lang liegen die Feinde sich gegenseitig in den Armen wie ein Liebespaar. Wie ein keuchendes Liebespaar liegen Aziz und Yehuda Gottlieb da und schnappen nach Luft. Im nächsten Moment durchströmt sie schon wieder dunkle Energie. Schädel schlägt gegen Schädel. Klaue in die Augen. Faust gegen Kinn. Knie in die Leistengegend. Die Rücken aufgerissen von den Stacheln des rostigen Drahts. Die Lippen fest zusammengepreßt. Tonlos. Kein Schrei, kein Seufzer ist zu hören. Friedlich und ruhig. Doch beide weinen lautlos. Weinen im Gleichklang. Ihre Wangen sind naß. Ich bin der Schiedsrichter, und ich bin der Preis. Ich lache böse. Ich durste danach, Blut zu sehen, wilde Schreie zu hören. In Emek Refaim wird ein Güterzug pfeifen. Der Sturm und die Wut werden stumm verschmelzen. Und die Tränen.

Der Regen wird sehr spät kommen. Ein Regen, der nicht aus Wörtern besteht, wird auf die britischen Panzerspähwagen prasseln. Im Zwielicht stehlen sich Terroristen durch die Gasse, schlüpfen in Mousrara unter dem Torbogen hindurch. Schlüpfen hindurch und pressen sich in der Dunkelheit eng an die Steinmauer, bringen die einsame Laterne zum Schweigen, befestigen eine Zündschnur am Sprengkörper, und der Sprengkörper ist noch kaltes Eisen, ein elektrischer Funke wird überspringen, und der Vulkan ist tief unter der Oberfläche von Staub und Schiefer und Granit verborgen. Es ist kalt.

Der Regen wird kommen.

Sanfte Nebel werden durch das bewaldete Tal des Kreuzes ziehen. Auf dem Skopusberg wird ein Vogel schreien. Ein stürmischer Wind wird die Kiefernspitzen beugen. Die Erde wird nicht schweigen, die Erde wird aufbegehren. Im Osten ist die Wüste. Vom Rande von Talppiyot aus kann man Orte sehen, die der Regen nie erreicht, die Berge von Moab und jenseits von ihnen das Tote Meer. Sturzbäche von Regen werden sich auf Arnona gegenüber dem grauen Dorf Sur Baher ergießen. Wilde Ströme werden die Minarette bedrohen. Und in Bethlehem schließen sich die Spieler in das Kaffeehaus ein, Backgammonbretter werden aufgeklappt, und aus allen Ecken tönt die klagende Musik von Radio Amman. Eingeschlossen und stumm sitzen die Männer beim Spiel. Wüstengewänder und buschige Schnurrbärte. Siedendheißer Kaffee. Rauch. Zwillinge in Kommandouniform, bewaffnet mit Maschinenpistolen.

Nach dem Regen heller Hagel. Feine, scharfe Kristalle. Die alten Trödler in Mahane Yehuda drängen sich zitternd im Schutz der überhängenden Balkone zusammen. In den Hügeln von Abu Ghosh, in Kiryat Yearim, in

Neve Ilan, in Tirat Yaar, dichte Wälder, verschlungene Kiefern, in weißen Nebel gehüllt. Dort suchen die vor dem Gesetz Flüchtigen Zuflucht. Schweigend stampfen bittere Deserteure sumpfige Wege entlang, ziehen weiter durch den Regen.

Tief hängt der Himmel über der Nordsee, *Dragon* und *Tigress* patrouillierten Seite an Seite inmitten gewaltiger Eisberge und suchen das Seeungeheuer Moby Dick oder Nautilus auf dem Radarschirm. Ahoi, ahoi, schreit der eingemummte Matrose von der Mastspitze. Ahoi, Kapitän, unidentifiziertes Objekt im Nebel gesichtet, sechs Meilen Ost, vier Knoten, zwei Grad vom Hafen des Nordlichts gibt der Funker metallisch an das alliierte Hauptquartier im weit entfernten Unterwasserversteck weiter. Auch Palästina wird dunkel werden, denn Regen und Nebel breiten sich über den Bergen von Hebron aus bis nach Talppiyot, nach Augusta Victoria, zum Rand der Wüste, den der Regen nie überschreitet, zum Palast des Hochkommissars.

Allein an dem dunkelnden Fenster steht groß und gebrechlich der britische Hochkommissar, ein hagerer Mann, die Hände hinter dem Rücken verschränkt, eine Pfeife zwischen den Zähnen, die Augen blau und trübe. In zwei Kelche gießt er einen klaren, scharfen Trank, ein Glas für sich und das andere für den kleingewachsenen, untersetzten Michael Strogoff, der seinen Weg in der Dunkelheit erkämpfen soll durch Feindesland, das Barbarenarmeen blockieren, bis zur Küste dann über das Weltmeer zu der geheimnisumwobenen Insel, wo mit Adleraugen den Horizont absuchend Ingenieur Cyrus Smith auf ihn wartet mit einem starken Fernrohr in der Hand und immer entschlossen und zuversichtlich. Wir hatten geglaubt, wir seien allein hier auf der Wüsteninsel. Unsere Sinne haben uns getäuscht. Wir sind nicht allein auf der Insel. Böse Menschen lauern in den Tiefen des Berges. Wir haben die ganze Insel gründlich und systematisch durchsucht und konnten nicht feststellen, wer es ist, der uns in der Dunkelheit beobachtet mit bleichem Lachen im Gesicht, eine lautlose Anwesenheit, die uns unmerklich hinter unseren Rücken beobachtet und nur ihre Fußstapfen in der Morgendämmerung auf dem schwammigen Pfad hinterläßt. Lauernd und im Hinterhalt liegend, im dunklen Schatten, im Nebel, im Regen, im Sturm, im dunklen Wald, unter der Erdoberfläche lauernd, sich sprungbereit hinter den Klostermauern verbergend, im Dorf En Kerem ein fremder Mann, erbarmungslos lauernd im Hinterhalt liegend. Laßt ihn lebendig werden und mich zähnefletschend zu Boden werfen und sich in meinen Körper drängen, er wird murren und ich kreischen; als Antwort in der Verzückung des Entsetzens und der Magie, des Entsetzens und Schauderns werde ich schreien, brennen und saugen wie ein Vampir; ein wahnsinnig herumwirbelndes, betrunkenes Schiff in der Nacht werde ich sein, wenn er mich nimmt, singend und sprudelnd und gleitend; ich werde überflutet sein, ich werde eine schaumbetupfte, im Regen durch die Nacht gleitende Stute sein, die herabstürzenden Regengüsse werden Jerusalem überfluten, der Himmel wird sich senken, Wolken die Erde berühren, und der wilde Wind wird die Stadt verwüsten.

XXXIV

»Guten Morgen, Frau Gonen.«

»Guten Morgen, Dr. Urbach.«

»Fühlen wir uns immer noch so elend, Frau Gonen?«

»Das Fieber ist weg, Doktor. Ich hoffe, daß ich mich in ein paar Tagen wieder normal fühle.«

»Normal, Frau Gonen, ist ein relativer Begriff sozusagen. Ist Herr Gonen nicht zu Hause?«

»Mein Mann ist eingezogen worden, Doktor. Mein Mann ist anscheinend im Sinai. Ich habe noch keine Nachricht von meinem Mann.«

»Dies sind bedeutsame Tage, Frau Gonen, schicksalsschwere Tage. In Zeiten wie diesen fällt es schwer, die Gedanken nicht auf die Heilige Schrift zu lenken. Ist unser Hals noch entzündet? Schauen wir hinein und sehen nach. Es war schlimm, sehr schlimm, liebe Dame, was Sie da getan haben, als Sie mitten im Winter kaltes Wasser über sich gossen. Als könne die Seele Frieden finden, indem man dem Körper Leid zufügt. Entschuldigen Sie bitte, welches Fach hat Dr. Gonen noch gewählt? Biologie? Ah, Geologie. Entschuldigen Sie, bitte. Wir haben uns geirrt. Na ja, heute sind die Nachrichten über den Krieg optimistisch. Die Engländer und auch die Franzosen werden mit uns gegen die Moslems kämpfen. Im Radio heute morgen war sogar von ›den Alliierten‹ die Rede. Fast wie in Europa. Nichtsdestoweniger, Frau Gonen, dieser Krieg hat auch etwas von Faust. Sehen Sie, das kleine Gretchen war näher an der Wahrheit als irgend jemand sonst. Und wie treu Gretchen war und kein bißchen naiv, wie sie gewöhnlich dargestellt wird. Bitte, Frau Gonen, geben Sie mir jetzt Ihren

Arm, ich muß Ihren Blutdruck messen. Eine einfache Untersuchung. Kein bißchen schmerzhaft. Manche Juden leiden unter einem schweren Intelligenzfehler; wir sind nicht in der Lage, diejenigen zu hassen, die uns hassen. Irgendeine geistige Störung. Na ja, gestern erklomm die israelische Armee mit Panzern den Sinaiberg. Fast apokalytisch, würde ich sagen, aber nur fast. Jetzt muß ich Sie wirklich sehr um Entschuldigung bitten, aber ich muß Ihnen eine recht intime Frage stellen. Haben Sie in letzter Zeit irgendwelche Unregelmäßigkeiten bei Ihrer Monatsregel beobachtet, Frau Gonen? Nein? Das ist ein gutes Zeichen. Ein sehr gutes Zeichen. Es ist ein Zeichen dafür, daß der Körper noch nicht begonnen hat, an dem Drama teilzunehmen. Ihr Mann ist also Geologe, kein Anthropologe. Wir haben uns ein wenig geirrt. Jetzt müssen wir noch ein paar Tage stilliegen. Und gründlich ausruhen. Uns nicht mit unnötigen Gedanken an den Rand der Erschöpfung bringen. Schlaf ist das beste Heilmittel. Schlaf ist gewissermaßen der natürliche Zustand des Menschen. Und das Kopfweh darf uns nicht erschrecken. Gegen die Migräne werden wir uns mit Aspirin wappnen. Migräne ist keine selbständige Krankheit. Und die Menschen sterben übrigens nicht so leicht, wie wir es uns in extremen Augenblicken vorstellen mögen. Ich wünschen Ihnen gute Besserung.«

Dr. Urbach ging, und Simcha, Hadassahs Hilfe, kam. Sie zog ihren Mantel aus und wärmte sich die Hände am Feuer. Sie fragte: »Wie geht es Ihnen heute, gnädige Frau?« Ich fragte: »Was gibt es Neues bei meiner Freundin Hadassah?« Simcha hatte morgens in der Zeitung gelesen, daß die Araber geschlagen und wir siegreich seien. »Gut«, sagte sie, »das haben sie wirklich verdient; man kann sich nicht alles schweigend gefallen lassen.«

Simcha ging in die Küche. Sie wärmte mir etwas Milch auf. Dann öffnete sie ein Fenster im Arbeitszimmer, um frische Luft hereinzulassen. Beißendkalte Luft strömte herein. Simcha polierte die Fenster mit altem Zeitungspapier. Sie staubte die Möbel ab. Sie ging einkaufen. Als sie zurückkam, hatte sie Neuigkeiten über ein arabisches Kriegsschiff zu berichten, das lichterloh im Meer bei Haifa brannte. Sollte sie mit dem Bügeln beginnen?

Mein ganzer Körper fühlte sich gut heute. Ich war krank. Ich brauche mich nicht zu konzentrieren. Lichterloh im Meer brennen – das alles ist vor langer Zeit schon einmal geschehen. Dies war nicht das erste Mal.

»Ihr Gesicht ist sehr blaß heute, gnädige Frau«, bemerkte Simcha besorgt. »Der Herr sagte, ehe er wegging, ich solle nicht soviel reden mit der gnädigen Frau wegen ihrer Gesundheit.«

»Reden Sie nur mit mir, Simcha«, bat ich sie. »Erzählen Sie mir von sich. Reden Sie weiter. Hören Sie nicht auf.«

»Ich bin noch nicht verheiratet, gnädige Frau, aber ich bin verlobt. Wenn mein Verlobter Bechor von der Armee zurückkommt, kaufen wir uns eine dieser neuen Wohnungen in Bet Mazmil. Wir werden im Frühjahr heiraten. Mein Verlobter Bechor hat einen Haufen Geld zurückgelegt. Er arbeitet als Taxifahrer bei den ›Kesher‹-Taxis. Er ist ein bißchen schüchtern, aber gebildet. Mir ist etwas aufgefallen, daß nämlich die meisten meiner Freundinnen Männer wie ihre Pas heiraten. Bechor ist auch wie mein Pa. Es ist wie eine Regel, in der Zeitschrift ›Die Frau‹ habe ich einmal was darüber gelesen: der Ehemann ist immer wie der Vater. Ich glaube, wenn man jemanden liebt, möchte man, daß er wenigstens ein bißchen Ähnlichkeit mit jemandem hat, den man schon vorher geliebt hat. Das ist ja lustig, ich warte und warte, daß das Eisen heiß wird, und habe glatt vergessen, daß der Strom gesperrt ist in Jerusalem.«

Ich dachte für mich:

In einer Geschichte von Somerset Maugham oder Stefan Zweig spielt ein junger Mann aus einer Kleinstadt Roulette in einem internationalen Kasino. Seit Beginn des Abends hat er zwei Drittel seines Geldes verloren. Die Summe, die er nach sorgfältiger Berechnung noch übrig hat, würde gerade für die Hotelrechnung und eine Eisenbahnkarte reichen, so daß er die Stadt in allen Ehren verlassen könnte. Es ist zwei Uhr morgens. Kann der junge Mann jetzt aufstehen und gehen? Das hell erleuchtete Roulette dreht sich noch immer, und die Kronleuchter funkeln. Vielleicht wartet der entscheidende Gewinn gerade nach der nächsten Umdrehung auf ihn? Der Sohn des Scheichs von Hadramaut auf der anderen Seite des Spieltischs hat gerade glatte 10 000 auf einen Schlag kassiert. Nein, er kann jetzt nicht aufstehen und gehen. Um so weniger, als die ältliche englische Lady, die ihn den ganzen Abend über eulenäugig durch ihren Kneifer musterte, ihm sicherlich einen Blick voll kalter Ironie zuwerfen würde. Und draußen in der Dunkelheit fällt Schnee so weit das Auge reicht. Und das undeutliche Geräusch der stürmischen See draußen. Nein, der junge Mann kann nicht aufstehen und gehen. Er kauft für sein letztes Geld Chips. Schließt fest die Augen und öffnet sie wieder. Öffnet sie und blinzelt unvermittelt, als blende ihn das Licht. Und draußen in der Dunkelheit das dumpfe Brausen der See und der leise fallende Schnee.

Wir sind nun über sechs Jahre verheiratet. Wenn du aus beruflichen Gründen nach Tel Aviv mußt, kommst du jedesmal am gleichen Abend wieder. Seit unserem Hochzeitstag waren wir nie länger als zwei Nächte getrennt. Seit sechs Jahren sind wir verheiratet und leben in dieser Wohnung, und ich habe immer noch nicht gelernt, wie man die Fensterläden am Balkon öffnet und schließt, weil du das immer machst. Seit man dich eingezogen hat, stehen die Läden Tag und Nacht offen. Ich habe über dich nachgedacht. Du wußtest im voraus, daß du für einen Krieg eingezogen wurdest und nicht für ein Manöver. Daß der Krieg in Ägypten stattfinden würde und nicht im Osten. Daß der Krieg kurz sein würde. All diese Schlußfolgerungen hast du aufgrund eines wohlgeordneten inneren Mechanismus gezogen, mit dessen Hilfe du ständig überaus vernünftige Ideen produzierst. Ich muß dir eine Gleichung aufgeben, von deren Lösung ich abhänge wie ein Mensch, der am Rande eines Abgrunds steht, von der Stärke des Geländers abhängt.

Heute morgen saß ich im Sessel und änderte die Knöpfe auf den Ärmelaufschlägen deines dunklen Anzugs, um ihn modischer zu machen. Beim Nähen fragte ich mich, was das für eine undurchdringliche Glasglocke ist, die sich über uns gestülpt hat und unser Leben von Gegenständen, Orten, Leuten, Meinungen trennt? Sicher, Michael, wir haben Freunde, Gäste, Kollegen, Nachbarn, Verwandte. Aber wenn sie in unserem Wohnzimmer sitzen und mit uns reden, sind ihre Worte wegen des Glases, das nicht einmal durchsichtig ist, immer undeutlich. Nur ihr Gesichtsausdruck verrät mir etwas von dem, was sie sagen wollen. Mitunter lösen sich ihre Gestalten auf: vage Massen ohne Konturen. Gegenstände, Orte, Leute, Meinungen, ich brauche sie und kann nicht leben ohne sie. Was ist mit dir, Michael, bist du zufrieden oder nicht? Wie kann ich das herausfinden? Manchmal scheinst du traurig zu sein. Bist du zufrieden oder nicht? Was ist, wenn ich sterben sollte? Was ist, wenn du sterben solltest? Ich taste mich nur durch eine Einleitung, ein Vorspiel, lerne und probe noch immer eine schwierige Rolle, die ich künftig spielen muß. Packen. Vorbereiten. Üben. Wann beginnt die Reise, Michael? Ich habe das ewige Warten satt. Du ruhst deine Arme auf dem Steuerrad aus. Döst du oder denkst du nach? Ich weiß es nicht. Du bist immer so ruhig und beherrscht. Brich auf, Michael, fahr los; ich warte seit Jahren darauf.

XXXV

Simcha holte Yair vom Kindergarten ab. Seine Finger waren blau vor Kälte. Unterwegs waren sie dem Postboten begegnet, der ihnen eine Militärpostkarte aus dem Sinai überreicht hatte: Mein Bruder Emanuel schreibt, daß es ihm gutgehe und daß er große Wunder tue und sehe. Er werde uns eine weitere Karte aus Kairo schicken, der Hauptstadt Ägyptens. Er hoffe, daß alles in Ordnung sei bei uns in Jerusalem. Er habe Michael nicht getroffen: die Wüste sei unvorstellbar groß. Unser Negev komme einem dagegen wie eine winzige Sandkuhle vor. Ob ich mich noch an den Ausflug erinnerte, den wir mit Vater nach Jericho machten, als wir klein waren? Das nächste Mal würden wir bis zum Jordan vorstoßen, und dann könnten wir hinunter nach Jericho fahren und Binsenmatten kaufen. »Gib Yair einen Kuß von mir«, schloß er. »Ich hoffe, er wird ein Mann, der tüchtig kämpfen kann. Ein Gruß und Kuß noch schnell von Eurem Emanuel.«

Von Michael keine Zeile.

Eine Vorstellung:

Beim Schein des Funksprechgeräts verraten seine starren Züge müde Verantwortung. Seine Schultern sind gebeugt. Die Lippen fest zusammengepreßt. Er kauert über dem Gerät. Gebückt. Den Rücken zweifellos dem Halbmond zugewandt, der bleich und schmal hinter ihm aufgeht.

An jenem Abend kamen zwei Besucher, um sich nach meinem Befinden zu erkundigen.

Nachmittags waren sich Herr Kadischmann und Herr Glick in der Haturim-Straße begegnet. Herr Kadischmann hatte von Herrn Glick erfahren, daß Frau Gonen krank war und man Herrn Gonen eingezogen hatte. Sofort hatten beide beschlossen, vorbeizuschauen und ihre Hilfe anzubieten. Also hatten sie mich aufgesucht: Wenn ein Mann alleine gekommen wäre, hätte dies nur Anlaß zu unwillkommenem Klatsch gegeben.

Herr Glick sagte:

»Es muß sehr schwer für Sie sein, Frau Gonen. Schlimme Zeiten sind das, das Wetter ist kalt, und Sie sind ganz allein.«

Herr Kadischmann hatte unterdessen mit seinen langen, fleischigen Fingern die Tasse Tee neben meinem Bett befühlt.

»Kalt«, verkündete er düster, »eiskalt. Erlauben Sie mir bitte, gnädige

Frau, in Ihre Küche einzudringen, eindringen in Anführungszeichen natürlich, und Ihnen eine frische Tasse Tee zu machen?«
»Auf gar keinen Fall«, sagte ich. »Ich darf aufstehen. Ich ziehe rasch meinen Morgenrock über und mache Ihnen beide eine Tasse Kaffee oder Kakao.«
»Gott behüte. Frau Gonen, Gott behüte!« Herr Glick war bestürzt und blinzelte, als hätte ich sein Gefühl für Anstand beleidigt. Sein Mund zuckte nervös. Wie ein Hase bei einem ungewohnten Geräusch zuckt.
Herr Kadischmann zeigte sich interessiert:
»Was schreibt unser Freund von der Front?«
»Ich habe noch keine Post von ihm«, sagte ich lächelnd.
»Die Kampfhandlungen sind vorüber«, warf Herr Kadischmann hastig ein und strahlte vor Glück. »Die Kampfhandlungen sind vorüber, und nicht ein Feind mehr ist übrig in der Wüste Horeb.«
»Wären Sie so nett, das Licht anzuschalten?« fragte ich. »Dort zu Ihrer Linken. Warum sollen wir hier im Dunkeln sitzen?«
Herr Glick rollte seine Unterlippe zwischen Daumen und Zeigefinger. Seine Augen schienen den Weg des elektrischen Stroms vom Schalter bis zur Glühbirne an der Decke zu verfolgen. Vielleicht kam er sich überflüssig vor. Er fragte:
»Kann ich Ihnen irgendwie behilflich sein?«
»Vielen herzlichen Dank, mein lieber Herr Glick, aber ich brauche keine Hilfe.«
Plötzlich kam mir die Idee, hinzuzufügen:
»Sie haben es auch nicht einfach, Herr Glick, ohne Ihre Frau und ... so ganz allein.«
Herr Kadischmann blieb eine Weile neben dem Lichtschalter stehen, als habe er am Ergebnis seiner Tätigkeit gezweifelt und wolle nicht an den vollen Erfolg glauben. Dann kam er zurück und setzte sich. Er wirkte dabei schwerfällig wie jene prähistorischen Lebewesen mit den riesenhaften Körpern und winzigen Schädeln. Ich bemerkte etwas Mongolisches in Herrn Kadischmanns Gesicht: breite, flache Backenknochen, die Züge grob und zugleich erstaunlich feingeschnitten. Ein Tatarengesicht. Michael Strogoffs raffinierter Widersacher. Ich lächelte ihm zu.
»Frau Gonen«, begann Herr Kadischmann, nachdem er sich schwerfällig hingesetzt hatte. »Frau Gonen, in diesen historischen Tagen habe ich mir ausgiebig Gedanken darüber gemacht, warum die Lehren Vladimir

Jabotinskys soviel Erfolg haben, obgleich seine Schüler völlig in Vergessenheit geraten sind. Ihr Erfolg ist wirklich außerordentlich.«

Er schien mit einer heimlichen, inneren Erleichterung zu sprechen. Mir gefiel, was er sagte: Es gibt Rückschläge und Leid, aber nach langem Leid folgt der verdiente Lohn. So übersetzte ich es im Geiste aus seiner Tatarensprache in meine eigene. Um ihn nicht mit meiner Schweigsamkeit zu kränken, sagte ich:

»Die Zeit wird es lehren.«

»Das tut sie bereits«, sagte Herr Kadischmann mit einem triumphierenden Ausdruck auf seinem fremdländischen Gesicht. »Die Botschaft dieser historischen Tage ist klar und unzweideutig.« Inzwischen war es Herrn Glick gelungen, die Antwort auf eine Frage zu formulieren, die ich, die Fragestellerin, schon längst wieder vergessen hatte:

»Meine arme, liebe Duba, sie wird mit Elektroschocks behandelt. Sie sagen, es bestehe noch Hoffnung. Man dürfe nicht verzweifeln, sagen sie. Wenn Gott will...«

Seine großen Hände zerdrückten und kneteten einen zerbeulten Hut. Sein dünner Schnurrbart zitterte wie ein winziges lebendes Tier. Seine Stimme war besorgt und bat um eine Nachsicht, die er nicht verdiente. Verzweiflung ist eine Todsünde.

»Es wird schon wieder gut werden«, sagte ich.

Herr Glick:

»Amen. Amen selah. Ach, was ein Elend. Und wofür das alles?«

Herr Kadischmann:

»Von nun an wird der Staat Israel sich verändern. Diesmal gehört die Hand, die die Axt schwingt, in Bialiks Worten, uns. Jetzt ist die heidnische Welt an der Reihe, loszuheulen und zu fragen, ob es Gerechtigkeit gibt auf der Welt, und wenn ja, wann sie sich zeigen wird. Israel ist kein ›verlorenes Schaf‹ mehr; wir sind kein Mutterschaf mehr unter 70 Wölfen und kein Lamm, das zur Schlachtbank geführt wird. Wir haben genug durchgemacht. ›Unter Wölfen sei ein Wolf‹. Es ist alles so eingetroffen, wie Jabotinsky es in seinem prophetischen Roman *Präludium für Delilah* vorausgesagt hat. Haben Sie Jabotinskys *Präludium für Delilah* gelesen, Frau Gonen? Er ist es wert, gelesen zu werden. Besonders jetzt, da unsere Armee die aufgeriebenen Truppen Pharaos verfolgt und sich das Meer nicht teilt für die flüchtenden Ägypter.«

»Aber warum sitzen Sie denn beide in Ihren Mänteln da? Ich werde aufstehen und den Heizofen anmachen. Ich mache etwas zu trinken. Bitte ziehen Sie doch Ihre Mäntel aus.«

Herr Glick erhob sich hastig, als sei ihm ein Verweis erteilt worden: »Nein, bitte, Frau Gonen, stehen Sie nicht auf. Es ist überhaupt nicht nötig. Wir haben einfach vorbeigeschaut, um zu sehen, wie es Ihnen geht. Wir müssen gleich wieder weg. Bitte, stehen Sie nicht auf. Sie brauchen nicht zu heizen.«

Herr Kadischmann:

»Auch ich muß mich verabschieden. Ich habe nur schnell auf dem Weg zu einer Ausschußsitzung hereingeschaut, um zu sehen, ob ich Ihnen irgendwie helfen kann.«

»Helfen, Herr Kadischmann?«

»Falls Sie etwas brauchen. Vielleicht ist etwas Geschäftliches zu erledigen, oder...«

»Danke für Ihre guten Absichten, Herr Kadischmann. Sie gehören der aussterbenden Rasse der wahren Gentlemen an.«

Seine Saurierzüge hellten sich auf. »Ich komme morgen oder übermorgen wieder vorbei, um zu hören, was unser teurer Freund in seinem Brief zu sagen hat«, versprach er.

»Bitte tun Sie das, Herr Kadischmann«, sagte ich spöttisch. Das waren Michaels Freunde. Seine Wahl war wirklich erstaunlich.

Herr Kadischmann nickte begeistert. »Da Sie eben so freundlich waren, mich ausdrücklich einzuladen, komme ich ganz bestimmt vorbei.«

»Ich wünsche Ihnen eine rasche und völlige Genesung«, sagte Herr Glick. »Und wenn ich irgend etwas für Sie tun kann, einkaufen oder andere Gänge erledigen... brauchen Sie vielleicht irgend etwas?«

»Das ist sehr freundlich von Ihnen, Herr Glick«, erwiderte ich. Er starrte angespannt auf seinen zerbeulten Hut. Kein Wort fiel. Die beiden älteren Herren standen jetzt am anderen Ende des Raumes und bewegten sich langsam auf die Tür zu, wobei sie sich bemühten, einen möglichst großen Abstand zwischen sich und meinem Bett herzustellen. Herr Glick erspähte einen weißen Faden auf dem Rücken von Herrn Kadischmanns Mantel und entfernte ihn. Draußen erhob sich eine Brise und erstarb wieder. Aus der Küche kam das Geräusch des Kühlschrankmotors, der plötzlich wieder ins Leben zurückgekehrt zu sein schien. Und wieder durchströmte mich dieses ruhige, klare Gefühl, daß ich bald tot sein würde. Was für ein düsterer Gedanke. Eine ausgeglichene Frau steht dem Gedanken an den Tod nicht gleichgültig gegenüber. Der Tod und ich sind uns gleichgültig. Nahe und doch fern. Entfernte Bekannte, die sich kaum zunicken. Ich hatte das Gefühl, auf der Stelle etwas sagen zu müssen. Ich hatte das Gefühl, daß ich mich nicht von meinen Freunden verabschieden und sie jetzt gehen lassen sollte. Vielleicht würde heute nacht der erste Regen fallen. Gewiß war ich noch keine alte Frau. Ich konnte immer noch attraktiv sein. Ich muß sofort aufstehen. Meinen Morgenmantel anziehen. Ich muß Kaffee und Kakao kochen, Kuchen servieren, Konservation machen, mich interessiert zeigen, interessiert sein; auch ich bin gebildet, auch ich habe Ansichten und Ideen; irgend etwas drückt mir die Kehle zu.

»Sind Sie sehr in Eile?« fragte ich.

»Ich muß mich leider verabschieden«, sagte Herr Kadischmann.

»Herrn Glick steht es frei, zu bleiben, wenn er es wünscht.«

Herr Glick wickelte einen dicken Schal um seinen Hals.

Geht noch nicht, alte Freunde. Sie darf nicht allein gelassen werden. Setzt euch in die Sessel. Zieht eure Mäntel aus. Macht es euch gemütlich. Wir werden über Politik und Philosophie diskutieren. Wir werden Ansichten über Religion und Rechtschaffenheit austauschen. Wir werden gewandt und freundlich sprechen. Wir werden zusammen trinken. Geht nicht. Sie fürchtet sich davor, allein im Haus zurückzubleiben. Bleibt. Geht nicht.

»Ich wünsche Ihnen rasche Genesung, Frau Gonen, und eine sehr gute Nacht.«

»Sie gehen so schnell wieder. Sie finden mich sicher langweilig.«

»Gütiger Himmel. Das dürfen Sie nicht denken.« Ihre aufgeregten Stimmen vermischten sich.

Beide Männer, einsam und nicht mehr jung, hatten nur schwache Ausdrucksmöglichkeiten, und keiner von beiden war es gewohnt, Krankenbesuche zu machen.

»Die Straße ist menschenleer«, sagte ich.

»Ich wünsche Ihnen gute Besserung«, erwiderte Herr Kadischmann.

Er drückte seinen Hut in die Stirn, als klappe er unvermittelt ein Dachfenster zu.

Herr Glick sagte im Gehen:

»Bitte machen Sie sich keine Gedanken, Frau Gonen. Es hat keinen Sinn, sich Sorgen zu machen. Alles wird wieder gut. Alles, wirklich alles wird sich zum Besten kehren, wie man so sagt. Ja. Sie lächeln; wie schön, Sie lächeln zu sehen.«

Die Gäste gingen.

Sofort schaltete ich das Radio ein. Zog das Bettzeug glatt. Ob ich eine ansteckende Krankheit habe? Warum vergaßen die beiden alten Freunde, mir die Hand zu geben, als sie kamen, und dann wieder, als sie gingen? Das Radio verkündete, daß die Eroberung der Halbinsel nunmehr abgeschlossen sei. Der Verteidigungsminister erklärte, daß die Insel Jotbath, allgemein als Tiran bekannt, in den Besitz des Dritten Königreichs Israel zurückgekehrt sei. Hannah Gonen wird zu Yvonne Azulai zurückkehren. Doch unser Ziel sei der Frieden, erklärte der Minister in seinem einzigartigen rhetorischen Stil. Wenn nur die nationalen Elemente im arabischen Lager die finsteren Rachegelüste überwinden würden, wäre der lang ersehnte Frieden da.

Meine Zwillinge, zum Beispiel.

Im Vorort Sanhedriya beugten sich die Zypressen und richteten sich wieder auf, sie richteten sich auf und beugten sich vor der Brise. Es ist meine bescheidene Meinung, daß alle Flexibilität Hexerei ist. Sie fließt, ist aber gleichzeitig kalt und ruhig. Vor ein paar Jahren, an einem Wintertag im Terra-Sancta-College, notierte ich mir ein paar Bemerkungen des Professors für hebräische Literatur, die voller Trauer waren: Von Abraham Mapu bis Perez Smolenskin machte die Bewegung der hebräischen Aufklärung eine schmerzhafte Veränderung durch. Eine Krise der Enttäuschung und Desillusionierung. Wenn sich Träume zerschlagen, beugen sich sensible Menschen nicht, sondern zerbrechen daran.»Deine Zerstörer und diejenigen, die dich verwüstet haben, sollen aus dir hervorgehen.« Der Sinn dieses Jesaja-Verses ist ein doppelter, sagte der Professor: Zunächst einmal nährte die Bewegung der hebräischen Aufklärung an ihrem eigenen Busen jene Ideen, die in der Folge zu ihrer Zerstörung führten. Später »gingen« viele gute Männer »aus ihr hervor«, die sich dann von der Bewegung abwandten. Der Kritiker Abraham Uri Kovner war eine tragische Figur. Er war wie der Skorpion, der sich, wenn die Flammen ihn umzingeln, mit seinem Stachel in den eigenen Rücken sticht. In den siebziger und achtziger Jahren des vorigen Jahrhunderts hatte man das bedrückende Gefühl, sich in einem Teufelskreis zu bewegen. Hätte es nicht ein paar Träumer und Kämpfer gegeben, Realisten, die gegen die Realität rebellierten, wir hätten keine Renaissance erlebt und wären praktisch dem Untergang geweiht gewesen. Doch es sind immer die Träumer, die Großes erreichen, schloß der Professor. Ich habe es nicht vergessen. Was für eine ungeheure Mühsal des

Übersetzens mir bevorsteht! Auch das muß ich in meine eigene Sprache übersetzen. Ich will nicht sterben. Frau Hannah Grynbaum-Gonen: die Initialen HG bedeuten auf hebräisch »Fest«; wenn nur ihr ganzes Leben ein einziges langes Fest sein könnte. Mein Freund, der nette Bibliothekar vom Terra Sancta, der ein Samtkäppchen zu tragen pflegte und Grüße und Scherze mit mir tauschte, ist schon lange tot. Nur die Worte sind geblieben. Ich habe die Worte satt. Was für ein billiger Zauber.

XXXVI

Am nächsten Morgen verkündete das Radio, daß die Neunte Brigade die Küstenartillerie bei Sharm esh-Sheikh erobert habe. Die lang anhaltende Blockade unserer Schiffahrt sei zerschlagen. Neue Horizonte würden sich fortan für uns öffnen.

Auch Dr. Urbach hatte an diesem Morgen eine Ankündigung zu machen. Er lächelte sein trauriges, sympathisches Lächeln und schüttelte seine winzigen Schultern, als wolle er seiner Verachtung dessen, was er zu sagen hatte, Ausdruck verleihen:

»Wir dürfen jetzt ein bißchen laufen und ein bißchen arbeiten. Vorausgesetzt, wir vermeiden jede geistige Anstrengung und schonen unsere Kehle. Und vorausgesetzt, wir kommen mit der objektiven Wirklichkeit zu Rande. Ich wünsche Ihnen rasche Genesung.«

Zum ersten Mal seit Michaels Abreise stand ich auf und verließ das Haus. Es war eine Veränderung. Als sei ein schriller, durchdringender Ton plötzlich verstummt. Als sei ein Motor, der den ganzen Tag über draußen geheult hatte, gegen Abend plötzlich abgestellt worden. Der Ton war tagsüber nicht aufgefallen. Erst als er verstummte, machte er sich bemerkbar. Eine plötzliche Stille. Er hatte existiert und war nun verstummt. Er war verstummt, also hatte er existiert.

Ich entließ die Hilfe. Ich schrieb einen beruhigenden Brief an meine Mutter und Schwägerin in Nof Harim. Ich buk einen Käsekuchen. Um die Mittagszeit rief ich das militärische Auskunftsbüro von Jerusalem an. Ich fragte, wo Michaels Einheit zur Zeit stationiert sei. Die Antwort war höflich entschuldigend: der größte Teil der Armee sei immer noch unterwegs. Die Feldpost sei unzuverlässig. Es gebe keinen Grund zur Beunruhigung. Der Name Michael Gonen tauche auf keiner ihrer Listen auf.

Meine Mühe war überflüssig gewesen. Als ich vom Drogisten zurückkam, lag ein Brief von Michael im Kasten. Der Datumsstempel zeigte, daß die Auslieferung des Briefes sich verzögert hatte. Michael erkundigte sich zunächst besorgt nach meiner Gesundheit, nach dem Kind und dem Haus. Dann berichtete er, daß es ihm gutgehe, abgesehen von dem Sodbrennen, das sich aufgrund des schlechten Essens verschlimmert habe, und abgesehen davon, daß er gleich am ersten Tag seine Lesebrille zerbrochen habe. Michael hielt sich an die Bestimmungen der Militärzensur und verschwieg den Standort seiner Einheit, doch brachte er geschickt den indirekten Hinweis unter, daß seine Einheit nicht an den Kämpfen beteiligt, sondern im Landesinnern mit Sicherheitsaufgaben betraut sei. Schließlich erinnerte er mich daran, daß Yair diesen Donnerstag einen Termin beim Zahnarzt habe. Donnerstag, das war morgen.

Am nächsten Tag brachte ich Yair zum Strauss-Ärztezentrum, wo sich die ärztliche Zahnklinik befand. Yoram Kamnitzer, der Sohn unserer Nachbarn, begleitete uns ein Stück, da sein Jugendclub in der Nähe der Klinik lag. Yoram erklärte unbeholfen, es habe ihm sehr leid getan, von meiner Krankheit zu hören, und er sei froh, mich wieder wohlauf zu sehen.

Wir blieben an einem Stand stehen, der heiße Maiskolben feilbot, und ich fragte Yair und Yoram, ob ich welche kaufen solle. Yoram fand es richtig, abzulehnen. Seine Ablehnung war schwach und kaum hörbar. Ich war unfreundlich zu ihm. Ich fragte ihn, warum er heute so verträumt und geistesabwesend sei. Hatte er sich etwa in eine seiner Klassenkameradinnen verliebt?

Meine Frage brachte große Schweißperlen auf Yorams Stirn. Er wollte sich das Gesicht abwischen, konnte aber nicht, weil seine Hände von dem Mais, den ich gekauft hatte, schmutzig und klebrig waren. Ich sah ihn fest an, um ihn noch tiefer in Verlegenheit zu stürzen. Demütigung und Verzweiflung brachten einen Ausbruch nervöser Kühnheit hervor. Er wandte mir ein düsteres, gequältes Gesicht zu und murmelte:

»Ich habe mit meinen Klassenkameradinnen nichts zu tun, Frau Gonen, auch mit keinem anderen Mädchen. Es tut mir leid. Ich möchte nicht unhöflich sein, aber Sie hätten mir diese Frage wirklich nicht stellen sollen. Ich frage ja auch nicht. Liebe und so was ist ... privat.«

Es war Spätherbst in Jerusalem. Der Himmel war nicht bewölkt, aber auch nicht klar. Seine Farbe war herbstlich: blaugrau wie die Straße und die alten steinernen Gebäude. Der Farbton paßte gut. Wieder einmal überkam mich das Gefühl, als sei dies keineswegs das erste Mal. Als sei ich schon einmal hier gewesen.

Ich sagte:

»Es tut mir leid, Yoram. Ich habe nicht daran gedacht, daß du auf eine religiöse Schule gehst. Ich war neugierig. Es gibt keinen Grund, weshalb du deine Geheimnisse mit mir teilen sollst. Du bist 17 und ich bin 27. Ich komme dir natürlich wie eine alte Hexe vor.«

Der Junge durchlitt jetzt noch schlimmere Qualen als vorher. Und das war beabsichtigt. Er sah weg. In seiner Aufregung stieß er gegen Yair und rannte ihn beinahe um. Er wollte etwas sagen, fand nicht die richtigen Worte und gab den Versuch schließlich auf.

»Alt – Sie? Im Gegenteil, Frau Gonen, im Gegenteil ... Was ich sagen wollte ist ... Sie interessieren sich für mein Problem, und ... mit Ihnen kann ich manchmal ... Nein. Wenn ich versuche, es in Worte zu fassen, kommt alles verkehrt heraus. Was ich meinte ist ...«

»Beruhige dich, Yoram. Du mußt es nicht sagen.«

Er gehörte mir. Ganz und gar mir. Er war in meiner Gewalt. Ich konnte jeden beliebigen Ausdruck auf sein Gesicht malen. Wie auf ein Blatt Papier. Es war Jahre her, daß ich zum letzten Mal Gefallen an diesem grausamen Spiel gefunden hatte. Ich zog die Schraube fester an und genoß in vorsichtigen Zügen das Lachen, das in mir hochstieg.

»Nein, Yoram, du mußt es nicht sagen. Du kannst mir einen Brief schreiben. Außerdem hast du schon fast alles gesagt. Hat dir übrigens schon mal jemand gesagt, daß du wunderschöne Augen hast? Wenn du mehr Selbstvertrauen hättest, wärst du ein richtiger Herzensbrecher. Wenn ich keine alte Hexe wäre, sondern so jung wie du, ich wüßte nicht, wie ich dir widerstehen sollte. Du bist ein reizender Junge.«

Nicht einen Moment wandte ich meine kalten Augen von seinem Gesicht ab. Ich saugte das Erstaunen, das Verlangen, das Leiden, die wahnwitzige Hoffnung auf. Ich war berauscht.

Yoram stammelte:

»Bitte, Frau Gonen ...«

»Hannah. Du kannst mich Hannah nennen.«

»Ich ... ich empfinde Respekt für Sie und ... nein, Respekt ist nicht das richtige Wort ... Achtung und ... Interesse.«

»Warum entschuldigst du dich, Yoram? Ich mag dich. Es ist keine Sünde, wenn einen jemand mag.«

»Ich werde es bereuen, Frau Gonen, Hannah ... ich sage nichts mehr oder ich werde es später bereuen. Es tut mir leid, Frau Gonen.«
»Sprich weiter, Yoram. Ich bin nicht so sicher, daß du es bereuen wirst.«
In diesem Augenblick griff Yair ein. Den Mund bis zum Rand mit Mais vollgestopft, rief er:
»Bereuen – das tun die Briten. Im Unabhängigkeitskrieg waren sie auf der arabischen Seite, und jetzt bereuen sie es schon.«
Yoram sagte:
»Hier muß ich abbiegen, Frau Gonen. Ich nehme alles, was ich gerade gesagt habe, zurück und bitte Sie um Verzeihung.«
»Warte einen Moment, Yoram. Ich möchte dich um etwas bitten.«
Yair:
»Als wir in Holon waren, als Großpapa Salman noch lebte, erzählte er mir, die Briten seien kaltblütig wie Schlangen.«
»Ja, Frau Gonen. Was kann ich für Sie tun?«
»Mami, was bedeutet das, Schlangen sind kaltblütig?«
»Es bedeutet, daß ihr Blut nicht warm ist. Worum ich dich bitten wollte ...«
»Aber warum ist Schlangenblut nicht warm? Und warum haben Menschen warmes Blut, außer den Briten?«
»Sagen Sie, daß Sie mir nicht böse sind, Frau Gonen. Vielleicht habe ich etwas Dummes gesagt.«
»In einigen Tieren pumpt das Herz das Blut und wärmt es. Ich kann es nicht genau erklären. Quäl dich nicht, Yoram. Als ich so alt war wie du, hatte ich viel Kraft zu lieben. Ich möchte mich wieder einmal mit dir unterhalten. Heute oder morgen. Sei mal einen Moment still, Yair, hör auf zu nörgeln. Wie oft hat dir dein Vater gesagt, du sollst nicht dazwischenreden, wenn Leute sich unterhalten? Heute oder morgen. Darum wollte ich dich bitten. Ich möchte mich mit dir unterhalten. Ich möchte dir einen Rat geben.«
»Ich habe nicht dazwischengeredet. Vielleicht nur, nachdem Yoram mich unterbrochen hatte, als ich gerade geredet hatte.«
»Quäl dich nicht unnötig bis dahin. Auf Wiedersehen, Yoram. Ich bin dir nicht böse, und ärgere dich nicht über dich selbst. Yair, ich habe deine Frage beantwortet. Es ist nun einmal so. Ich kann nicht alles auf der Welt erklären. Wie, warum, wo, wann. ›Hätt' Großmama Flügel und könnte

fliegen, wär sie ein Adler hoch oben am Himmel‹. Wenn dein Vater zurückkommt, wird er dir alles erklären, denn er ist klüger als ich und weiß alles.«

»Vati weiß nicht alles, aber wenn Vati etwas nicht weiß, sagt er, daß er es nicht weiß. Er sagt nicht, er weiß es, kann es aber nicht erklären. Das ist unmöglich. Wenn man etwas weiß, kann man es auch erklären. Ende.«

»Gott sei Dank, Yair.«

Yair warf den zerkauten Maiskolben weg. Wischte seine Hände sorgfältig an seinem Taschentuch ab. Er sah davon ab, beleidigt zu sein. Er sagte nichts. Selbst als ich ihn in plötzlicher Panik fragte, ob wir das Gas abgestellt hätten, ehe wir das Haus verließen, sagte er kein Wort. Ich haßte seinen eigensinnigen Stolz. Als wir die Klinik erreichten, setzte ich ihn gewaltsam in den Stuhl des Zahnarztes, obwohl er nicht versucht hatte, Widerstand zu leisten. Seit Michael ihm erklärt hatte, wie die Fäulnis die Zahnwurzeln angreift, hatte er sich immer verständnisvoll und überaus kooperativ gezeigt. Die Zahnärzte wunderten sich jedesmal über ihn. Überdies erweckten der Bohrer und die anderen zahnärztlichen Instrumente eine lebhafte Neugier in dem Kind, die ich abstoßend fand: Ein fünfjähriges Kind, das von der Zahnfäule fasziniert war, mußte einmal eine abscheuliche Person werden. Ich haßte mich selbst für diesen Gedanken, konnte mich aber nicht dagegen wehren.

Während sich der Zahnarzt mit Yairs Zähnen beschäftigte, saß ich auf einem niedrigen Stuhl im Flur und dachte darüber nach, was ich Yoram Kamnitzer sagen wollte.

Zunächst einmal würde ich ihm das Geständnis entreißen, das an ihm zehrte. Ich wußte, das würde mir nicht schwerfallen, und so würde ich mich endlich wieder an den Kräften berauschen, die ich noch nicht ganz verloren hatte, wenn auch die Zeit sie mit bleichen, präzisen Fingern angriff, verwüstete, verdarb und zerstörte.

Dann, wenn ich die ersehnte Herrschaft über ihn errungen hätte, wollte ich Yoram dazu bringen, ein Leben am Abgrund zu führen. Ihn vielleicht dazu ermutigen, Dichter zu werden statt Bibellehrer. Ihn auf die andere Seite schleudern. Einen letzten Michael Strogoff zum letzten Mal dem Willen, der Mission einer entthronten Prinzessin unterwerfen.

Ich wollte ihm lediglich ein paar freundliche, allgemein gefaßte Worte sagen, denn er war ein sanfter Junge, in dem ich weder die magische Kraft der Flexibilität noch den Strom einer tief verborgenen Energie gefunden hatte.

Aus meinen Plänen wurde nichts. Der Junge hielt sein gequältes Versprechen nicht, mich zu besuchen. Ich muß eine Panik in ihm hervorgerufen haben, die stärker war als er.

Am Ende jenes Monats veröffentlichte ein obskures Magazin ein Liebesgedicht von Yoram. Im Gegensatz zu seinen früheren Gedichten wagte er es diesmal, Teile eines Frauenkörpers zu benennen. Die Frau war Potiphars Weib, und sie stellte Teile ihres Körpers zur Schau, um den rechtschaffenen Joseph zu umgarnen.

Herr und Frau Kamnitzer wurden sofort zu einer Besprechung mit dem Direktor der religiösen Oberschule gerufen. Man beschloß, nicht viel Aufhebens zu machen, wenn Yoram sein Abschlußjahr an der Bildungsanstalt eines religiösen Kibbuz im Süden beenden würde. Ich fand die Einzelheiten erst später heraus. Auch das gewagte Gedicht über die Heimsuchung des rechtschaffenen Joseph las ich erst später. Ich erhielt es mit der Post, in einem einfachen Umschlag, auf dem mein Name in Großbuchstaben stand. Es war ein blumiges, schwülstiges Gedicht: der Aufschrei eines gequälten Körpers durch den Schleier der Mutlosigkeit.

Ich gestand meine Niederlage ein. Yoram würde also die Universität besuchen. Er würde schließlich Bibelkunde und Hebräisch unterrichten. Er würde kein Dichter werden. Er verstünde sich vielleicht darauf, pedantische Gelegenheitsverse zu machen, auf den bunten Grußkarten zum Beispiel, die er uns alljährlich zum Neujahrsfest schicken würde. Wir, die Familie Gonen, würden mit einer Neujahrskarte an Yoram und seine junge Familie antworten. Die Zeit wäre allgegenwärtig; eine hohe, kalte, transparente Gegenwart, die Yoram und mir feindlich gesinnt war, nichts Gutes verheißend.

Eigentlich hatte Frau Glick bereits all alles entschieden, unsere hysterische Nachbarin, die Yoram kurz vor ihrer Einlieferung im Hof angegriffen hatte. Sie hatte sein Hemd zerrissen, ihm ins Gesicht geschlagen und ihn einen Wüstling, Voyeur, Schlüssellochgucker genannt.

Doch es war meine Niederlage. Dies war mein letzter Versuch. Die bedrohliche Gegenwart war stärker als ich. Fortan würde ich mich flußabwärts treiben lassen, von der Strömung getragen, in passiver Ruhe.

XXXVII

Am darauffolgenden Abend, als ich gerade Yair badete und ihm die Haare wusch, stand eine hohlwangige, staubige Figur im Türrahmen. Wegen des laufenden Wassers und Yairs Gerede hatte ich ihn nicht kommen hören. Er stand in Strümpfen in der Badezimmertür. Vielleicht hatte er bereits einige Minuten dort gestanden und mich stumm angestarrt, ehe ich ihn bemerkte und erschreckt und überrascht einen leisen Schrei ausstieß. Er hatte seine Schuhe im Flur ausgezogen, um keinen Schmutz in die Wohnung zu tragen.

»Michael«, wollte ich mit einem zärtlichen Lächeln sagen. Doch der Name schoß mir mit einem Schluchzer aus der Kehle.

»Yair. Hannah. Guten Abend euch beiden. Es ist schön, euch wohlauf zu sehen. Ich bin wieder da.«

»Vati, hast du Araber getötet?«

»Nein, mein Junge. Im Gegenteil. Die jüdische Armee hat mich fast getötet. Ich erzähl dir alles später. Hannah, trockne lieber den Jungen ab und zieh ihm was an, ehe er sich den Tod holt. Das Wasser ist eiskalt.«

Das Reservebataillon, in dem Michael diente, war noch nicht aufgelöst worden, doch man hatte Michael vorzeitig entlassen, weil man versehentlich zwei Funker zuviel eingezogen hatte, weil seine zerbrochene Brille ihn für das Funkgerät untauglich machte, weil ohnehin das ganze Bataillon in ein paar Tagen aufgelöst werden sollte und auch, weil er ein bißchen krank war. »Du und krank.« Ich hob die Stimme, als wolle ich ihm Vorwürfe machen.

»Ich sagte, ein bißchen. Du brauchst nicht zu schreien, Hannah. Du siehst, daß ich herumlaufe, rede und atme. Nur ein bißchen krank. Irgendeine Magenverstimmung offensichtlich.« »Es war nur der Schreck, Michael. Ich höre sofort auf. Ich habe bereits aufgehört. Da. Keine Tränen. Es ist vorbei. Ich habe dich vermißt. Als du gingst, war ich krank und schlecht gelaunt. Ich bin jetzt nicht krank, und ich werde versuchen, netter zu dir zu sein. Ich will dich. Wasch dich, und ich bringe inzwischen Yair ins Bett. Ich mache dir ein königliches Abendessen. Mit einer weißen Tischdecke. Einer Flasche Wein. Und das ist nur der Anfang. Da, wie dumm von mir, ich habe die Überraschung verdorben.«

»Ich glaube nicht, daß ich heute abend Wein trinken sollte«, sagte

Michael entschuldigend, und ein ruhiges Lächeln breitete sich in seinem Gesicht aus. »Ich fühle mich nicht so gut.«

Nachdem er sich gewaschen hatte, packte Michael seinen Rucksack aus, warf seine schmutzige Wäsche in den Wäschekorb, räumte alles auf seinen Platz. Er wickelte sich in eine dicke Decke ein. Seine Zähne klapperten. Er bat mich, ihm zu verzeihen, daß er mir gleich den ersten Abend zu Hause mit seinen Beschwerden verdarb.

Sein Gesicht sah fremd aus. Ohne seine Brille bereitete es ihm Schwierigkeiten, die Zeitung zu lesen. Er machte das Licht aus und drehte das Gesicht zur Wand. Nachts wachte ich mehrmals auf, weil ich glaubte, Michael stöhnen, vielleicht auch nur aufstoßen zu hören. Ich fragte ihn, ob ich ihm ein Glas Tee machen solle. Er bedankte sich und lehnte ab. Ich stand auf und machte Tee. Ich sagte ihm, er solle trinken. Er gehorchte und stürzte ihn hinunter. Wieder stieß er einen Laut aus, der weder Stöhnen noch Aufstoßen war. Er schien unter starker Übelkeit zu leiden.

»Tut es weh, Michael?«

»Nein, es tut nicht weh. Geh schlafen, Hannah. Wir reden morgen darüber.«

Am nächsten Morgen schickte ich Yair in den Kindergarten und bestellte Dr. Urbach. Der Arzt kam auf Zehenspitzen herein, lächelte nachdenklich und erklärte, wir müßten zu einer dringenden Untersuchung ins Krankenhaus. Er schloß mit seiner üblichen Versicherung:

»Menschen sterben nicht so leicht, wie wir vielleicht in extremen Augenblicken annehmen möchten. Ich wünsche Ihnen gute Besserung.« Im Taxi auf dem Weg zum Shaare-Zedek-Krankenhaus versuchte Michael, meine Angst mit einem Scherz zu vertreiben:

»Ich fühle mich wie ein Kriegsheld in einem sowjetischen Film. Beinahe.«

Dann, nach einer Pause, bat er mich, seine Tante Jenia in Tel Aviv anzurufen, falls sich sein Zustand verschlechtere, und ihr zu sagen, daß er krank sei.

Ich erinnere mich noch genau. Als ich 13 war, bekam mein Vater, Yosef Grynbaum, seine letzte Krankheit. Er starb an einem bösartigen Tumor. In den Wochen vor seinem Tod verfielen seine Züge zusehends. Die Haut wurde runzelig und fahl, die Wangen hohl, die Haare fielen büschelweise aus, die Zähne verfaulten; Stunde um Stunde schien er mehr zusammenzuschrumpfen. Am erschreckendsten war es, mitanzusehen, wie sein Mund nach innen sank, was den Eindruck eines fortwährenden, schlauen Lächelns hervorrief. Als sei seine Krankheit ein alltäglicher Scherz, der gut angekommen ist. Tatsächlich klammerte sich mein Vater während seiner letzten Tage an eine Art forcierte Heiterkeit. Er erzählte uns, daß das Problem eines Lebens nach dem Tod schon seine Neugier geweckt habe, als er noch ein junger Mann in Krakau war. Einmal habe er sogar einen Brief in deutscher Sprache an Professor Martin Buber geschrieben und ihn um Auskunft gebeten. Und einmal habe er eine Entgegnung zu diesem Thema in der Rubrik Leserbriefe einer führenden Zeitung veröffentlicht. Aber nun würde er ja in wenigen Tagen Gelegenheit haben, das Geheimnis eines Lebens nach dem Tod auf zuverlässige und maßgebliche Weise zu entschlüsseln. Vater besaß eine handschriftliche, auf deutsch geschriebene Antwort Professor Bubers, in der es hieße, wir lebten in unseren Kindern fort und in unseren Werken. »Ich kann mich nicht irgendwelcher Werke rühmen«, grinste sein eingesunkener Mund, »aber ich habe Kinder. Hannah, fühlst du dich als Fortführung meiner Seele oder meines Körpers?«

Und sogleich fügte er hinzu:

»Das war nur ein Scherz. Deine persönlichen Gefühle sind deine Sache. Schon die Alten vor langer Zeit mußten eingestehen, daß sie auf Fragen wie diese keine Antwort wußten.«

Vater starb zu Hause. Die Ärzte fanden es nicht richtig, ihn in ein Krankenhaus zu bringen, weil es keine Hoffnung mehr gab und er das wußte, und sie wußten, daß er es wußte. Die Ärzte gaben ihm Medikamente, um seine Schmerzen zu lindern, und wunderten sich über die Gelassenheit, die er an seinen letzten Tagen zur Schau trug. Vater hatte sich sein ganzes Leben lang auf den Tag seines Todes vorbereitet. Er verbrachte seinen letzten Vormittag, in seinem braunen Morgenrock im Sessel sitzend, mit der Lösung des Preisrätsels in der englischsprachigen Zeitung *Palestine Post*. Mittags ging er zum Briefkasten, um die fertige Lösung einzuschicken. Als er wiederkam, zog er sich in sein Zimmer zurück und machte die Tür hinter sich zu, ließ sie aber unverschlossen. Er wandte dem Zimmer den Rücken zu, stützte sich auf die Fensterbank und starb. Es war seine Absicht, seinen Lieben diesen unangenehmen Anblick zu ersparen. Mein Bruder Emanuel war damals bereits Mitglied einer Untergrundgruppe in einem weit von Jerusalem entfernten Kibbuz. Mutter und ich waren beim Frisör. An jenem Morgen waren von der Front unbestätigte Meldungen über eine dramatische Wende im Kriegsablauf eingetroffen, die Schlacht von Stalingrad. In seinem Testament hinterließ mir Vater 3000 Pfund für meinen Hochzeitstag. Die Hälfte der Summe sollte ich Emanuel geben, falls er das Kibbuzleben aufgäbe. Vater war ein sparsamer Mann gewesen. Er hinterließ auch eine Akte mit etwa einem Dutzend Briefen bedeutender Männer, die geruht hatten, seine Fragen zu einer Anzahl theoretischer Probleme zu beantworten. Zwei oder drei davon waren Originalhandschriften weltberühmter Persönlichkeiten. Vater hinterließ außerdem ein vollgeschriebenes Notizbuch. Zunächst vermutete ich, daß er die Gewohnheit hatte, seine Gedanken und Beobachtungen heimlich aufzuschreiben. Später wurde mir klar, daß dies Bemerkungen waren, die er im Laufe der Jahre von bedeutenden Männern gehört hatte. Einmal hatte er sich zum Beispiel mit dem berühmten Menahem Ussischkin unterhalten, mit dem er im Zug von Jerusalem nach Tel Aviv im gleichen Abteil saß, und hatte ihn sagen hören: »Obwohl man bei jeder Handlung Zweifel hegen muß, sollte man dennoch handeln, als gäbe es keine Zweifel.« Ich fand diese Worte in Vaters Notizbuch vermerkt, Quelle, Datum und nähere Umstände waren in Klammern hinzugefügt. Vater war ein aufmerksamer Mann, der Hinweise und Vorzeichen stets gierig aufnahm. Er hielt es nicht für unter seiner Würde, sich sein Leben lang vor starken Mächten zu beugen, deren Natur ihm verborgen blieb. Ich liebte ihn mehr als irgend jemanden sonst auf der Welt.

Michael blieb drei Tage im Shaare-Zedek-Krankenhaus. Man stellte Anfangssymptome einer Magenerkrankung fest. Dank Dr. Urbachs Wachsamkeit wurde die Krankheit bereits im Frühstadium erkannt. Fortan würde er bestimmte Nahrungsmittel nicht mehr essen dürfen. In einer Woche würde er wieder seiner gewohnten Arbeit nachgehen können.

Bei einem unserer Besuche im Krankenhaus löste Michael sein Versprechen ein und erzählte Yair vom Krieg. Er sprach von Patrouillen, Hinterhalten und Alarmeinsätzen. Nein, Fragen über die eigentlichen Kämpfe könne er nicht beantworten: »Leider hat Vati nicht den ägyptischen Zerstörer in der Bucht von Haifa erbeutet und auch nicht Gaza besucht. Er ist auch nicht in der Nähe des Suezkanals mit dem Fallschirm abgesprungen. Vati ist kein Pilot und auch kein Fallschirmjäger.«

Yair zeigte sich verständnisvoll:
»Du warst nicht ganz fit. Deshalb haben sie dich zurückgelassen.«
»Wer, glaubst du denn, ist fit für den Krieg, Yair?«
»Ich.«
»Du?«
»Wenn ich groß bin. Ich werde ein großer, starker Soldat sein. Ich bin stärker als viele größere Jungen auf dem Spielplatz. Es ist nicht gut, wenn man schwach ist. Genau wie auf unserem Spielplatz. Ende.«
Michael sagte:
»Du mußt vernünftig sein, Yair.«
Yair dachte schweigend über diese Feststellung nach. Verglich, unterschied, stellte Verbindungen her. Er war ernst. Nachdenklich. Schließlich verkündete er das Urteil:
»Vernünftig ist nicht das Gegenteil von stark.«
Ich sagte:
»Starke, vernünftige Männer habe ich am liebsten. Ich möchte einmal einen starken, vernünftigen Mann kennenlernen.«
Michael antwortete natürlich mit einem Lächeln. Und Schweigen.

Unsere Freunde scheuten keine Mühe. Wir hatten häufig Besuch. Herrn Glick. Herrn Kadischmann. Die Geologen. Meine beste Freundin Hadassah und ihr Mann Abba. Und schließlich Yardena, Michaels blonde Freundin. Sie brachte einen Offizier der UN-Hilfstruppen mit. Er war ein kanadischer Riese, von dem ich die Augen nicht lassen konnte, obwohl mich Yardena dabei erwischte, wie ich ihn anstarrte, und mir zweimal zulächelte. Sie beugte sich übers Bett, küßte Michaels magere Hand, als läge er im Sterben, und sagte:
»Reiß dich zusammen, Micha. Es paßt nicht zu dir, dieses ganze Kranksein. Du überraschst mich. Ob du es glaubst oder nicht, ich habe mein Referat bereits abgegeben und mich sogar für das Abschlußexamen angemeldet. Langsam, aber sicher, so bin ich. Du bist doch ein Engel, Micha, und hilfst mir ein bißchen bei der Arbeit fürs Examen?«
»Aber sicher«, erwiderte Michael lachend. »Natürlich mache ich das. Ich freue mich für dich, Yardena.«
Yardena sagte:
»Micha, du bist großartig. Ich kenne niemanden, der so klug und süß ist wie du. Werd' jetzt wieder gesund, sei ein guter Junge.«

Michael wurde gesund und nahm seine Arbeit wieder auf. Nach langer Pause arbeitete er auch wieder an seiner Dissertation. Erneut bewegt sich die Silhouette nachts hinter der Milchglasscheibe, die sein Arbeitszimmer von dem Raum, in dem ich schlafe, trennt. Um zehn Uhr mache ich ihm ein Glas Tee ohne Zitrone. Um elf unterbricht er kurz seine Arbeit, um die Spätnachrichten zu hören. Danach tanzende, sich windende Schatten auf der Wand mit jeder seiner nächtlichen Bewegungen: er öffnet eine Schublade. Blättert eine Seite um. Legt den Kopf auf die Arme. Greift nach einem Buch.

Michaels Brille kam von der Reparatur zurück. Seine Tante Leah schickte ihm eine neue Pfeife. Mein Bruder Emanuel schickte eine Kiste Äpfel aus Nof Harim. Meine Mutter strickte mir einen dicken, roten Schal. Und unser persischer Gemüsehändler, Herr Elijah Mossiah, kam aus der Armee zurück.

Mitte November fiel endlich der langerwartete Regen. Wegen des Krieges kam er spät dieses Jahr. Er fiel ungestüm und heftig. Die Stadt schloß die Fensterläden. Alles triefte vor Nässe. In den Abflußrohren gurgelte es düster. Unser Hinterhof war naß und verlassen. Heftiger Wind rüttelte nachts an den Fensterläden. Der uralte Feigenbaum stand kahl und nackt vor unserem Küchenbalkon. Die Kiefern hingegen wurden frisch und grün. Sie flüsterten genüßlich. Ließen mich keinen Augenblick allein. Jedes Auto, das auf der Straße vorbeifuhr, zischte langgezogen über den überschwemmten Asphalt.

Zweimal die Woche besuche ich Englischkurse für Fortgeschrittene, die vom Verband Arbeitender Mütter veranstaltet werden. In der Pause zwischen den Regenschauern läßt Yair Kriegsschiffe und Zerstörer auf der Pfütze vor unserem Haus schwimmen. Er hat jetzt ein seltsames Verlangen nach der See. Wenn der Regen uns zwingt, zu Hause zu bleiben, dienen Teppich und Sessel als Ozean und Hafen. Die Dominosteine sind seine Flotte. Große Seeschlachten werden in unserem Wohnzimmer geschlagen. Ein ägyptischer Zerstörer geht auf dem Meer in Flammen auf. Kanonen speien Feuer. Ein Kapitän trifft eine Entscheidung.

Mitunter, wenn ich mit den Vorbereitungen für das Abendessen früh genug fertig bin, spiele ich mit. Meine Puderdose ist ein U-Boot. Ich bin ein Feind. Einmal drückte ich Yair plötzlich in einer liebevollen Umarmung an mich. Ich bedeckte seinen Kopf mit rauhen Küssen, denn für einen Augenblick erschien mir Yair wie ein richtiger Seekapitän. Die Folge war, daß ich sofort aus dem Spiel und dem Raum verbannt wurde. Wieder einmal zeigte mein Sohn seinen eigensinnigen Stolz: Ich konnte nur solange an seinem Spiel teilhaben, wie ich mich zurückhaltend und sachlich verhielt.

Vielleicht irrte ich mich. Yair zeigt Anzeichen einer kalten Autorität. Das hat er nicht von Michael. Auch nicht von mir. Die Leistungsfähigkeit seines Gedächtnisses versetzt mich immer wieder in Erstaunen. Er erinnert sich noch an Hassan Salames Bande und deren Überfall auf Holon von Tel Arish aus, so wie er es vor anderthalb Jahren von seinem Großvater gehört hatte, als Yehezel noch lebte.

In wenigen Monaten wird Yair vom Kindergarten in die Schule überwechseln. Michael und ich haben beschlossen, ihn in die Bet-Hakerem-Schule zu schicken und nicht in die religiöse Jungenschule Taschkemoni, die in unserer Nähe liegt. Michael ist fest entschlossen, seinen Sohn fortschrittlich zu erziehen.

Unsere Nachbarn vom dritten Stock, die Kamnitzers, behandeln mich mit höflicher Feindseligkeit. Sie lassen sich zwar noch dazu herab, meinen Gruß zu erwidern, schicken aber ihre kleine Tochter nicht mehr herunter, um das Bügeleisen oder eine Backform auszuleihen.

Herr Glick besucht uns regelmäßig alle fünf Tage. Seine Studien der *Encyclopaedia Hebraica* sind bis zu dem Abschnitt über Belgien fortgeschritten. Der Bruder seiner armen Frau Duba ist Diamantenhändler in Antwerpen. Frau Glick selbst geht es gut. Die Ärzte haben versprochen, sie im April oder Mai nach Hause zu schicken. Die Dankbarkeit unseres Nachbarn kennt keine Grenzen. Außer den Wochenendbeilagen der religiösen Zeitung *Hatsofeh* schenkt er uns kleine Päckchen mit Nadeln, Büroklammern, Etiketten, ausländischen Briefmarken.

Michael ist es endlich gelungen, in Yair ein aktives Interesse am Briefmarkensammeln zu wecken. Jeden Samstag vormittag widmen sie sich der Sammlung. Yair weicht die Marken in Wasser ein, schält sie sorgfältig vom Papier ab, legt sie zum Trocknen auf ein großes Stück Löschpapier, das Herr Glick ihm geschenkt hat. Michael sortiert die trockenen Marken und klebt sie in das Album. Unterdessen lege ich eine Platte auf, mache es mir mit untergeschlagenen, müden Füßen in einem Sessel bequem, stricke und höre Musik. Entspanne mich. Durch das Fenster kann ich eine Nachbarin dabei beobachten, wie sie das Bettzeug zum Lüften über die Balkonbrüstung hängt. Ich denke nichts und fühle nichts. Die Zeit ist auf machtvolle Art gegenwärtig. Ich ignoriere sie absichtlich, um sie zu verwirren.

Ich behandle sie so, wie ich als junges Mädchen auf unverschämte Blicke zudringlicher Männer reagierte: Ich wende die Augen nicht ab und drehe mich nicht um. Ich lächle voll kalter Verachtung. Vermeide es, in Panik oder in Verlegenheit zu geraten. Als sagte ich: »Na und?«

Ich weiß, ich gebe es zu: Das ist eine erbärmliche Verteidigung. Aber auch der Betrug ist erbärmlich und häßlich. Ich stelle keine übertriebenen Forderungen: nur das Glas sollte durchsichtig bleiben. Ein kluges, hübsches kleines Mädchen in einem blauen Mantel. Eine runzlige Kindergärtnerin mit Krampfadern auf den Schenkeln. Dazwischen treibt Yvonne Azulai auf einem Meer ohne Küsten. Das Glas sollte durchsichtig bleiben. Nichts weiter.

XXXVIII

Im Winter gibt es in Jerusalem helle, sonnengetränkte Sonnabende, an denen der Himmel eine Färbung annimmt, die nicht himmelblau ist, sondern von einem tiefen, dunklen, konzentrierten Blau, als sei das Meer in die Höhe gestiegen und habe sich umgekehrt über die Stadt gestülpt. Es ist eine helle, strahlende Reinheit, mit Schwärmen sorgenfreier Vögel betupft, in Licht getränkt. Ferne Gegenstände, Hügel, Gebäude, Wälder scheinen unaufhörlich zu flimmern. Das Phänomen werde von verdampfender Feuchtigkeit verursacht, erklärte mir Michael. An solchen Samstagen frühstücken wir in der Regel zeitig und machen einen langen Spaziergang. Wir lassen die religiöse Nachbarschaft hinter uns und wandern weit hinaus bis nach Talppiyot, En Kerem oder Malha, bis nach Givat Shaul. Um die Mittagszeit lassen wir uns in einem der Wälder nieder und picknicken. Bei Einbruch der Dunkelheit fahren wir mit dem ersten Bus nach dem Sabbat nach Hause. Solche Tage sind friedlich. Mitunter stelle ich mir vor, Jerusalem liege offen vor mir und all seine verborgenen Plätze seien hell erleuchtet. Ich vergesse nicht, daß das blaue Licht eine flüchtige Version ist. Daß die Vögel wegfliegen werden. Aber ich habe inzwischen gelernt, es zu ignorieren. Mich treiben zu lassen. Keinen Widerstand zu leisten.

Bei einem unserer Sabbatausflüge begegneten wir zufällig dem alten Professor, bei dem ich hebräische Literatur studiert hatte, als ich noch jün-

ger war. Unter rührenden Anstrengungen gelang es dem Gelehrten, sich an mich zu erinnern und den richtigen Namen zu meinem Gesicht zu finden. Er fragte:
»Welch heimliche Überraschung planen Sie für uns, gnädige Frau? Einen Gedichtband?«
Ich bestritt diese Annahme.
Der Professor überlegte einen Augenblick, lächelte dann freundlich und bemerkte:
»Was ist unser Jerusalem doch für eine wundervolle Stadt! Nicht ohne Grund war es das Ziel der Sehnsucht zahlloser Generationen in den dunklen Tiefen der Diaspora.«
Ich stimmte ihm zu. Wir trennten uns mit einem Händedruck. Michael wünschte dem alten Mann alles Gute. Der Professor verbeugte sich leicht und schwenkte seinen Hut in der Luft. Die Begegnung machte mich glücklich.

Wir pflückten Sträuße wilder Blumen: Hahnenfuß, Narzissen, Alpenveilchen, Anemonen. Auf unserem Weg durchqueren wir verlassenes Land. Rasten im Schatten eines feuchten, grauen Felsens. Schauen weit in die Küstenebene hinunter, zu den Bergen von Hebron hinüber, zur Wüste Juda. Mitunter spielen wir Verstecken oder Fangen. Rutschen aus und lachen. Michael ist heiter und unbeschwert. Gelegentlich zeigt er sogar Begeisterung. Er sagt zum Beispiel:
»Jerusalem ist die größte Stadt der Welt. Sobald man zwei oder drei Straßen überquert, befindet man sich auf einem anderen Kontinent, in einer anderen Generation, sogar in einer anderen Klimazone.«
Oder:
»Wie schön das ist, Hannah, und wie schön du hier bist, mein trauriges Mädchen aus Jerusalem.«

Yair interessiert sich besonders für zwei Themen: die Kampfhandlungen im Unabhängigkeitskrieg und das Netz der öffentlichen Buslinien. Michael ist eine Fundgrube an Wissen, was das erste Thema anbetrifft. Er deutet mit der Hand, identifiziert bestimmte Stellen in der Landschaft, zeichnet Pläne in den Staub, demonstriert mit Hilfe von Zweigen und Steinen: die Araber standen hier, wir hier. Sie versuchten, hier durchzubrechen. Wir fielen ihnen dort in den Rücken.

Michael hält es auch für richtig, dem Jungen falsche Lageeinschätzungen, strategische Irrtümer, Fehlschläge zu erklären. Auch ich höre zu und lerne. Wie wenig ich doch über die Schlacht um Jerusalem wußte. Die Villa, die Rashid Shahada, dem Vater der Zwillinge, gehörte, überließ man der Gesundheitsorganisation, die sie in eine Klinik für prä- und postnatale Diagnostik umwandelte. Auf dem leeren Grundstück wurden Wohnungen gebaut. Die Deutschen und die Griechen verließen die deutsche und die griechische Kolonie. Neue Leute zogen an ihrer Stelle ein. Neue Männer, Frauen und Kinder zogen nach Jerusalem. Das würde nicht die letzte Schlacht um Jerusalem sein. So hörte ich unseren Freund Herrn Kadischmann sagen. Auch ich spüre geheime Kräfte, die rastlos Pläne schmieden, anschwellen und emporsteigen und durch die Oberfläche brechen.

Ich staune über Michaels Fähigkeit, Yair komplizierte Dinge in einer sehr einfachen Sprache zu erklären, fast ohne Adjektive zu benutzen. Ich staune ebenfalls über die ernsten, intelligenten Fragen, die Yair mitunter stellt.

Yair stellt sich den Krieg als ein außerordentlich komplexes Spiel vor, das eine ganze faszinierende Welt von Systemen und logischen Zusammenhängen offenbart. Mein Mann und mein Sohn sehen die Zeit als eine Folge gleichartiger Quadrate auf einem Blatt Millimeterpapier, die die Struktur für Linien und Formen hergeben.

Es war nie nötig gewesen, Yair die widerstreitenden Motive des Krieges zu erklären. Sie verstanden sich von selbst: Eroberung und Vorherrschaft. Die Fragen des Jungen kreisten lediglich um die Ereignisfolge: Araber, Juden, Hügel, Tal, Ruinen, Schützengräben, Panzer, Bewegung, Überraschung.

Auch das Netz der Autobusgesellschaft faszinierte unseren Sohn wegen der komplexen Wechselbeziehungen der Linien, die verschiedene Zielorte miteinander verbinden. Das Geflecht der Routen verschaffte ihm ein kaltblütiges Vergnügen: die Entfernungen zwischen den Haltestellen, das sich Überschneiden der zahlreichen Linien, das Zusammenlaufen im Stadtzentrum, die Zersplitterung in den Außenbezirken.

Über dieses Thema konnte Yair uns beide belehren. Michael sagte ihm eine große Zukunft bei der Streckenplanung der Autobusgesellschaft voraus. Er beeilte sich zu betonen, daß er natürlich nur scherze.

Yair kannte die Typen der auf den einzelnen Strecken verkehrenden Autobusse. Es machte ihm Spaß, zu erklären, aus welchen Gründen die verschiedenen Marken eingesetzt wurden: hier ein steiler Hügel, dort eine scharfe Kurve oder eine schlechte Fahrbahn. Der Stil, den das Kind bei seinen Erläuterungen benutzte, war dem seines Vaters sehr ähnlich. Beide gebrauchten häufig Wörter wie »also«, »während«, »abschließend« und auch »entfernte Möglichkeit«.

Ich gab mir Mühe, beiden ruhig und aufmerksam zuzuhören.

Eine Vision:

Mein Sohn und mein Mann hocken über einer riesigen, auf einem großen Schreibtisch ausgebreiteten Karte. Verschiedene, über die Karte verstreute Markierungen. Bunte Nadeln nach einem Plan gesteckt, den die beiden untereinander abgesprochen haben und der mir wie das totale Chaos erscheint. Sie diskutieren höflich in deutscher Sprache. Sie tragen beide graue Anzüge und nüchterne, von Silbernadeln gehaltene Krawatten. Ich stehe dabei in einem durchsichtigen, schäbigen Nachthemd. Sie sind ganz in ihre Aufgabe vertieft. In weißes Licht getaucht, aber keine Schatten werfend. Ihre Haltung verrät Konzentration und vorsichtige Verantwortung. Ich unterbreche sie mit einer Bemerkung oder Bitte. Sie sind beide freundlich und leutselig, nicht irritiert. Sie stehen mir zu Diensten. Sind mir nur zu gern behilflich. Ob ich vielleicht fünf Minuten warten könne?

Mitunter sehen unsere Samstagsausflüge auch ganz anders aus. Wir laufen durch die elegantesten Viertel der Stadt, Rehavya oder Bet Hakerem. Wir suchen uns ein Haus aus. Besichtigen halbfertige Gebäude. Diskutieren Vor- und Nachteile verschiedener Wohnungstypen. Teilen die Räume unter uns auf. Bestimmen, wo wir alles unterbringen: Yairs Spielsachen kommen hierhin. Das wird das Arbeitszimmer. Das Sofa hier. Die Bücherregale. Die Sessel. Der Teppich.

Michael sagt:

»Wir sollten anfangen zu sparen, Hannah. Wir können nicht immer von der Hand in den Mund leben.«

Yair schlägt vor:

»Wir könnten ein bißchen Geld für den Plattenspieler und die Schallplatten bekommen. Das Radio macht genug Musik. Und außerdem habe ich die Nase voll davon.«

Ich:

»Ich möchte nach Europa fahren. Ein Telefon haben. Ein kleines Auto kaufen, damit wir an den Wochenenden ans Meer fahren können. Als ich ein Kind war, hatten wir einen arabischen Nachbarn namens Rashid Shahada. Er war ein sehr reicher Araber. Wahrscheinlich leben sie jetzt in einem Flüchtlingslager. Sie hatten ein Haus in Katamon. Es war eine Villa, die um einen Innenhof herum gebaut war. Das Haus umschloß den Hof von allen Seiten. Man konnte draußen sitzen und sich dennoch allein und abgeschieden fühlen. Ich möchte so ein Haus haben. In einem Viertel mit Felsen und Kiefern. Warte einen Moment, Michael, ich bin noch nicht fertig mit meiner Liste. Ich möchte auch eine Haushaltshilfe haben. Und einen großen Garten.«

»Und einen livrierten Chauffeur«, lächelte Michael.

»Und ein privates Unterseeboot.« Yair trottete mit kurzen, loyalen Schritten hinter ihm her.

»Und einen Prinz-Dichter-Boxer-Pilot-Ehemann«, fügte Michael hinzu.

Yairs Stirn legte sich in Falten wie die seines Vaters, wenn er sich komplizierte Dinge ausdachte. Er schwieg einen Augenblick und schrie dann:

»Und ich möchte einen kleinen Bruder. Aron ist genauso alt wie ich und hat schon zwei Brüder. Ich habe einen Bruder verdient.«

Michael sagte:

»Eine Wohnung hier in Rehavya oder in Bet Hakerem kostet heutzutage ein kleines Vermögen. Aber wenn wir systematisch sparen würden, könnten wir uns etwas von Tante Jenia leihen, etwas vom Hilfsfonds der Universität, etwas von Herrn Kadischmann. Es ist nicht ganz in den Wolken.«

»Nein«, sagte ich, »es ist nicht ganz in den Wolken. Aber was ist mit uns?«

»Was mit uns ist?«

»Wir sind in den Wolken, Michael. Nicht nur ich. Auch du. Du bist nicht nur in den Wolken, du bist im Weltraum. Alle, außer Yair, unserem kleinen Realisten.«

»Hannah, du bist pessimistisch.«

»Ich bin müde, Michael. Laß uns heimgehen. Mir ist gerade die Bügelwäsche eingefallen. Ich habe Berge davon, die gebügelt sein wollen. Und morgen kommen die Anstreicher.«

»Vati, was ist ein Realist?«

»Das ist ein Wort mit vielen Bedeutungen, mein Junge. Mami meint jemanden, der sich immer vernünftig verhält und nicht in einer Traumwelt lebt.«

»Aber ich habe auch Träume nachts.«
Ich fragte leise lachend:
»Was für Träume hast du denn, Yair?«
»Träume.«
»Was für welche?«
»Irgendwelche.«
»Zum Beispiel?«
»Eben Träume.«

Abends bügelte ich die Wäsche. Am nächsten Tag wurde die ganze Wohnung gestrichen. Meine beste Freundin Hadassah überließ mir wieder für ein paar Tage ihre Hilfe Simcha. In der Mitte der Woche fing es erneut an zu regnen. Die Abflußrohre rumorten. Ihre Musik war traurig und böse. Der Strom fiel häufig für längere Zeit aus. Die Straße war schlammig.

Nachdem die Wohnung gestrichen und geputzt war, nahm ich 45 Pfund aus Michaels Brieftasche. Ich ging zwischen zwei Wolkenbrüchen in die Stadt. Ich kaufte Kristalleuchter für alle Lampen. Jetzt würde ich glitzerndes geschliffenes Glas in meinem Wohnzimmer haben. Kristall. Mir gefiel das Wort »Kristall«. Und mir gefiel das Kristall.

XXXIX

Die Tage gleichen sich, und ich gleiche mir. Es gibt etwas, das nicht gleich ist. Ich weiß seinen Namen nicht. Mein Mann und ich sind wie zwei Fremde, die sich zufällig beim Verlassen einer Klinik treffen, in der sie sich einer körperlich unangenehmen Behandlung unterziehen mußten. Beide verlegen, des anderen Gedanken erratend, sich einer unbehaglich, befremdlichen Intimität bewußt, erschöpft auf der Suche nach dem richtigen Ton, in dem man sich jetzt anreden könnte.

Michaels Doktorarbeit näherte sich den Schlußkapiteln. Im nächsten Jahr rechnete er fest damit, auf der akademischen Stufenleiter ein Stück vorzurücken. Im Frühsommer 1957 verbrachte er zehn Tage im Negev, wo er Beobachtungen und Experimente durchführte, die für seine Arbeit wichtig waren. Er brachte uns eine mit verschiedenfarbigen Sandarten gefüllte Flasche mit. Von einem Kollegen Michaels erfuhr ich, daß mein Mann sich nach Ablieferung seiner Dissertation um ein Stipendium bewerben wolle, das ihm für längere Zeit fortgeschrittene Studien in theoretischer Geologie an einer amerikanischen Universität ermöglichen würde. Michael selbst hatte es vorgezogen, mir nichts von seiner Absicht zu erzählen, denn er kannte meine Schwächen. Er wollte keine neuen Träume in mir wecken. Träume können sich zerschlagen. Enttäuschung könnte die Folge sein.

Im Laufe der Jahre wurden in Meqor Barukh schrittweise Veränderungen vorgenommen. Im Westen waren neue Wohnblocks entstanden. Straßen wurden gepflastert. Auf Gebäude aus der türkischen Zeit setzte man moderne Obergeschosse. Die Stadtverwaltung stellte grüne Bänke und Papierkörbe in den Seitenstraßen auf. Ein kleiner Park wurde eröffnet. Werkstätten und Druckereien entstanden auf unbenutzten Grundstücken, die zuvor von Unkraut überwuchert gewesen waren.

Die älteren Bewohner verließen nach und nach das Viertel. Die Beamten und Angestellten der Jewish-Agency zogen nach Rehavya oder Qiryat Shmuel. Kleine Angestellte und Kassierer kauften sich billige Wohnungen in den von der Regierung errichteten Wohnblocks im Süden der Stadt. Die Textil- und Modewarenhändler zogen nach Romema. Wir blieben zur Bewachung sterbender Straßen zurück. Es war ein anhaltender, unspürbarer Zerfall. Fensterläden und Eisengeländer verrosteten allmählich. Ein religiöser Bauunternehmer hob unserem Haus gegenüber Fundamente aus, lud Berge von Sand und Kies ab und gab dann das Projekt von einem Tag auf den anderen wieder auf. Vielleicht hatte er es sich anders überlegt, vielleicht war er gestorben. Die Familie Kamnitzer verließ unser Haus und Jerusalem und zog in einen Vorort von Tel Aviv. Yoram erhielt Sonderurlaub von seiner Armee-Einheit, um beim Packen zu helfen. Er winkte mir von weitem zu. Er sah braungebrannt und tauglich aus in seiner Uniform. Ich konnte nicht mit ihm reden, weil sein Vater ihm nicht von der Seite wich. Und was hätte ich Yoram auch zu sagen gehabt – jetzt?

Religiöse Familien zogen in die zahlreichen leerstehenden Wohnungen in der Nachbarschaft ein. Auch Neueinwanderer, die gerade etwas Boden unter den Füßen hatten, in der Hauptsache aus dem Irak und Rumänien. Es war ein langsamer Prozeß. Immer mehr Wäscheleinen spannten sich von Balkon zu Balkon über die Straße. nachts konnte ich Rufe in einer kehligen Sprache hören. Unser persischer Gemüsehändler, Herr Elijah

Mossiah, verkaufte sein Geschäft an ein stets schlechtgelauntes Brüderpaar. Selbst die Jungen der religiösen Schule Taschkemoni erschienen mir wilder und gewalttätiger als früher.

Ende Mai starb unser Freund Herr Kadischmann an einem Nierenleiden. Er hinterließ der Jerusalemer Ortsgruppe der Nationalen Partei eine kleine Summe. Michael und mir vermachte er all seine Bücher: die Werke Herzls, Nordaus, Jabotinskys und Klausners. In seinem Testament bat er seinen Anwalt, uns aufzusuchen und uns für die Wärme zu danken, mit der wir den Verstorbenen aufgenommen hatten. Herr Kadischmann war ein einsamer Mann gewesen.

Im gleichen Sommer 1957 starb auch die alte Kindergärtnerin Sarah Zeldin, nachdem sie von einem Armeelastwagen in der Malakhi-Straße angefahren worden war. Der Kindergarten wurde geschlossen. Ich fand eine Halbtagsbeschäftigung als Büroangestellte im Ministerium für Handel und Industrie. Abba, der Mann meiner besten Freundin Hadassah, hatte mir die Stellung besorgt. Und im Herbst starben auch drei in Jerusalem ansässige, enge Freunde meiner Eltern aus der Zeit meiner Kindheit. Ich habe sie bislang nicht erwähnt, weil sich in diesem Fall doch die Vergeßlichkeit eingeschlichen hat. Dagegen hilft auch der größte Widerstand nichts. Ich wollte alles aufschreiben. Es ist unmöglich, alles aufzuschreiben. Die meisten Dinge entschlüpfen einem, um stumm zu sterben.

Im September kam unser Sohn Yair in die Grundschule von Bet Hakerem. Michael kaufte ihm eine braune Schultasche. Ich kaufte ihm ein Bleistiftetui, einen Bleistiftspitzer, Bleistifte und ein Lineal. Tante Leah schickte einen Kasten Wasserfarben. Aus Nof Harim kam d'Amicis' *Das Herz*, wunderschön gebunden. Im Oktober wurde unsere Nachbarin Frau Glick aus der Anstalt entlassen. Sie war still und resigniert, wirkte jetzt ruhiger und friedfertiger. Sie war auch gealtert und hatte beträchtlich zugenommen. Sie hatte jene üppige, reife Schönheit, mit der sie für ihre Kinderlosigkeit entschädigt worden war, verloren. Ihre hysterischen Ausbrüche und verzweifelten Schreie hörten wir nie wieder. Frau Glick kehrte apathisch und ergeben von der langwierigen Behandlung zurück. Sie saß endlose Stunden an der niedrigen Mauer bei unserem Hauseingang und blickte auf die Straße. Sie schaute und lachte tonlos, als hätte sich unsere Straße in einen glücklichen, amüsanten Ort verwandelt.

Michael verglich Frau Glick mit dem Schauspieler Albert Crispin, Tante Jenias zweitem Mann. Auch er hatte einen Nervenzusammenbruch gehabt und verfiel nach seiner Genesung in völlige Apathie. Seit 16 Jahren lebte er in einer Pension in Nahariya, wo er den ganzen Tag über nur schlief, aß und ins Leere starrte. Tante Jenia kommt noch immer für seinen Unterhalt auf.

Tante Jenia gab ihre Stellung auf der Kinderstation des Allgemeinen Krankenhauses nach einer heftigen Auseinandersetzung auf. Nach einigen Versuchen gelang es ihr, eine andere Stellung zu finden, als Ärztin in einer Privatklinik in Ramat Gan, wo alte Leute mit chronischen Leiden behandelt wurden.

Als sie uns zum Laubhüttenfest besuchte, jagte sie mir Angst ein. Ihre Stimme war vom starken Rauchen heiserer und tiefer geworden. Jedesmal, wenn sie sich eine Zigarette ansteckte, verfluchte sie sich auf polnisch. Wenn sie einen bösen Hustenanfall hatte, murmelte sie mit spitzem Mund vor sich hin: »Halt's Maul, Idiotin, *Cholera*.« Ihr Haar war dünn und grau geworden. Ihr Gesicht ähnelte dem eines schlechtgelaunten alten Mannes. Oft fiel ihr ein hebräisches Wort nicht ein. Sie zündete sich hektisch eine neue Zigarette an, spuckte das Streichholz eher aus, als daß sie es ausblies, murmelte etwas auf jiddisch, verfluchte sich in zischendem Polnisch. Sie warf mir vor, meine Art, mich zu kleiden, sei Michaels Position im Leben nicht angemessen. Beschuldigte Michael, mir in allem nachzugeben, sich wie ein Waschlappen zu benehmen und nicht wie ein Mann. Yair war ihrer Ansicht nach unhöflich, unverschämt und dumm. Nach ihrer Abreise träumte ich von ihr, und ihr Bild verschmolz mit den Figuren jener uralten Jerusalemer Phantome, den umherziehenden Handwerkern und Trödlern, modrig vor Alter. Ich fürchtete mich vor ihr. Ich fürchtete mich davor, jung zu sterben, und ich fürchtete mich, alt zu sterben.

Dr. Urbach äußerte Besorgnis über meine Stimmbänder. Wiederholt verlor ich für einige Stunden die Stimme. Der Arzt verordnete mir eine langwierige Behandlung, die ich in manchen Punkten als körperlich demütigend empfand.

Noch immer pflegte ich vor Tagesanbruch aufzuwachen, den bösen Stimmen und dem immer wiederkehrenden Alptraum in fortschreitenden, unerschöpflichen Varianten wehrlos ausgeliefert. Manchmal ein Krieg. Einmal eine Überschwemmung. Ein Zugunglück. Ein verlorener Weg. Immer wurde ich von starken Männern gerettet, die mich nur in Sicherheit brachten, um mich zu verführen und zu mißbrauchen. Ich weckte meinen Mann aus dem Schlaf. Verkroch mich unter seine Decke. Klammerte mich mit aller Kraft an seinen Körper. Preßte die Selbstbeherrschung, nach der ich mich sehnte, aus seinem Körper. Unsere Nächte wurden wilder denn je. Ich versetzte Michael in Staunen über meinen Körper und seinen. Zeigte ihm phantasievolle Seitenwege, über die ich in Romanen gelesen hatte. Gewundene Pfade, halb gelernt aus Filmen. Alles was ich in jugendlichem Alter kichernde Schulmädchen flüstern gehört hatte. Alles was ich wußte und erriet über eines Mannes wildeste und quälendste Träume. Alles was mich meine eigenen Träume gelehrt hatten. Das Aufflammen bebender Ekstase. Endlose, flammende Zuckungen in den Tiefen eines eiskalten Tümpels. Köstlich sanfte Ermattung.

Und doch entzog ich mich ihm. Ich trat nur zu seinem Körper in Beziehung: Muskeln, Glieder, Haare. In meinem Herzen wußte ich, daß ich ihn wieder und wieder betrog. Mit seinem eigenen Körper. Es war ein blindes Eintauchen in die Tiefen eines warmen Abgrunds. Mir blieb kein anderer Ausweg. Bald würde auch dieser versperrt sein.

Michael konnte diese fiebrige, stürmische Fülle, die sich vor Morgengrauen über ihn ergoß, nicht verkraften. Er gab gewöhnlich nach und erschlaffte bereits mit meinen ersten Bewegungen. Konnte Michael jenseits der Flut stürmischer Empfindungen die Erniedrigung spüren, die ich ihm zufügte? Einmal wagte er flüsternd zu fragen, ob ich mich wieder in ihn verliebt habe. Er fragte mit soviel offensichtlicher Angst, daß wir beide wußten, es war alles gesagt zwischen uns.

Morgens ließ sich Michael nichts anmerken. Wie üblich zeigte er zurückhaltende Freundlichkeit. Nicht wie ein Mann, der nachts erniedrigt worden war, sondern eher wie ein blutjunger Bursche, der zum ersten Mal einem stolzen, erfahrenen Mädchen den Hof macht. Werden wir sterben, Michael, du und ich, ohne uns auch nur einmal berührt zu haben? Berühren. Uns vereinigen. Du verstehst nicht. Uns aneinander verlieren. Zerfließen. Verschmelzen. Miteinander verwachsen. Hilflos Einswerden. Ich kann es nicht erklären. Selbst Worte sind gegen mich. Was für ein Betrug, Michael. Was für eine scheußliche Falle. Ich bin erschöpft. Ach, schlafen, nur schlafen.

Einmal schlug ich ein Spiel vor: Jeder von uns sollte alles über seine erste Liebe erzählen.

Michael weigerte sich zu verstehen: Ich sei seine erste und letzte Liebe. Ich versuchte zu erklären: Du mußt einmal ein Kind gewesen sein. Ein junger Mann. Du hast Romane gelesen. Es gab Mädchen in deiner Klasse. Sprich. Erzähl mir. Hast du dein Gedächtnis verloren und all deine Gefühle? Rede. Sag etwas. Du sagst nie etwas. Hör auf zu schweigen, hör auf, Tag für Tag wie ein Wecker zu ticken, und hör auf, mich wahnsinnig zu machen. Schließlich dämmerte ein erzwungenes Verstehen in Michaels Augen.

Er begann in sorgfältig gewählten Worten, ohne Adjektive zu benutzen, ein lang vergessenes Sommerferienlager im Kibbuz En Harod zu schildern. Seine Freundin Liora, die jetzt im Kibbuz Tirat Yaar lebte. Ein Spiel, in dem er in einem Prozeß den Ankläger darstellte und Liora die Angeklagte. Eine versteckte Beleidigung. Ein alter Turnlehrer namens Yehiam Peled, der Michael seiner langsamen Reflexe wegen »Blöder Ganz« nannte. Ein Brief. Eine persönliche Erklärung dem Jugendleiter gegenüber. Wieder Liora. Eine Entschuldigung. Und so weiter.

Es war eine erbärmliche Geschichte. Wenn ich Vorlesungen in Geologie halten müßte, würde ich nicht so durcheinandergeraten. Wie die meisten Optimisten betrachtete Michael die Gegenwart als eine weiche, formlose Substanz, aus der man mittels verantwortungsvoller, harter Arbeit die Zukunft formen muß. Der Vergangenheit stand er mit Argwohn gegenüber. Ein Alpdruck. Irgendwie überflüssig. Die Vergangenheit erschien Michael wie ein Häufchen Orangenschalen, das beseitigt werden muß, nicht indem man sie auf dem Weg verstreut, denn das wäre unordentlich; man muß sie einsammeln und vernichten. Um frei und unbelastet zu sein. Um nur für die Aufgaben verantwortlich zu sein, die die Zukunft einem stellte.

»Sag mir eines, Michael«, sagte ich und bemühte mich nicht, meinen Widerwillen zu verbergen. »Was glaubst du eigentlich, wofür du lebst?«

Michael antwortete nicht gleich. Er bedachte die Frage. In der Zwischenzeit sammelte er ein paar Krümel auf dem Tisch zusammen und häufte sie vor sich auf. Schließlich erklärte er:

»Deine Frage ist sinnlos. Die Menschen leben nicht für irgend etwas. Sie leben, Punkt.«

»Micha Ganz, du wirst sterben wie du geboren wurdest, ein absolutes Nichts. Punkt.«

»Jeder hat seine starken und schwachen Seiten. Du würdest das vermutlich eine banale Bemerkung nennen. Du hättest recht. Aber banal ist nicht

das Gegenteil von wahr. ›Zwei mal zwei ist vier‹ ist eine banale Bemerkung, und dennoch ...«
»Dennoch, Michael, banal *ist* das Gegenteil von wahr, und demnächst werde ich wahnsinnig wie Duba Glick, und du bist schuld daran, Doktor Blöder Ganz.«
»Beruhige dich, Hannah«, sagte Michael.

Abends vertrugen wir uns wieder. Jeder gab sich die Schuld an dem Streit. Wir sagten beide, daß es uns leid täte, und gingen zusammen Abba und Hadassah in ihrer neuen Wohnung in Rehavya besuchen.

Ich muß auch folgendes berichten: Michael und ich gehen in den Hof hinunter, um die Tagesdecke auszuschütteln. Nach einer Weile gelingt es uns, unsere Bewegungen so zu koordinieren, daß wir sie gemeinsam ausschütteln können. Wir wirbeln Staub auf.

Dann falten wir die Decke zusammen: Michael kommt mit ausgestreckten Armen auf mich zu, als habe er plötzlich beschlossen, mich zu umarmen. Er hält mir seine zwei Zipfel entgegen. Er geht zurück, greift nach den neuen Zipfeln. Streckt seine Arme aus. Kommt auf mich zu. Hält mir entgegen. Geht zurück. Greift. Kommt auf mich zu. Hält mir entgegen.

»Das reicht, Michael. Wir sind fertig.«
»Ja, Hannah.«
»Danke, Michael.«
»Du brauchst dich nicht zu bedanken, Hannah. Die Tagesdecke gehört uns beiden.«

Dunkelheit senkt sich auf den Hof. Abend. Die ersten Sterne. Ein vages, fernes Heulen – Schreie einer Frau oder eine Melodie im Radio. Es ist kalt.

XL

Meine neue Arbeit im Ministerium für Handel und Industrie gefällt mir viel besser als mein früherer Job in Sarah Zeldins Kindergarten. Ich sitze von neun bis eins in dem Gebäude, in dem früher das Palace-Hotel war. Zu der Zeit war mein Büro der Umkleideraum der Zimmermädchen. Auf meinem Schreibtisch treffen Berichte über verschiedene über das ganze Land verstreute Projekte ein. Meine Aufgabe besteht darin, bestimmte Informationen aus diesen Berichten herauszuziehen, sie mit anderen Informationen zu vergleichen, die ich in den Akten in einem Regal neben meinem Platz entnehme, die Ergebnisse des Vergleichs festzuhalten, die Randbemerkungen in den Berichten auf ein besonderes Formular zu übertragen und meine Arbeit schließlich an eine andere Abteilung weiterzuleiten.

Die Arbeit macht mir Spaß, besonders wegen der endlosen Faszination, die Begriffe wie »technisches Versuchsprojekt«, »chemisches Konglomerat«, »Schiffswerft«, »Schwermetall-Werkstätten«, »Stahlkonstruktionskonsortium« auf mich ausüben.

Diese Begriffe bezeugen mir die Existenz einer festen Realität. Ich kenne diese fernen Unternehmungen nicht und möchte sie auch nicht kennen. Ich bin zufrieden in der sicheren Gewißheit, daß sie irgendwo in weiter Ferne existieren. Sie existieren. Sie funktionieren. Machen Veränderungen durch. Kalkulationen. Rohstoffe. Gewinnträchtigkeit. Planung. Ein mächtiger Strom von Objekten, Orten, Menschen, Meinungen.

Sehr weit weg, ich weiß. Aber nicht jenseits des Regenbogens. Nicht verloren in einer Traumwelt.

Im Januar 1958 wurde ein Telefon in unserer Wohnung angeschlossen. Als Hochschullehrer hatte Michael Vorrang. Auch unsere Beziehung zu Abba war nützlich. Abba half uns auch sehr bei der Suche nach einer neuen Wohnung. Er sorgte dafür, daß wir für eines der Wohnungsbauprojekte der Regierung ganz oben auf die Warteliste kamen. Wir würden in einem neuen Vorort wohnen, der auf einem Hügel hinter Bayit Vagan gebaut werden sollte, mit Blick auf die Hügel von Bethlehem und auf den Ortsrand von Emek Refaim. Wir hinterlegten eine Anzahlung und vereinbarten, den Rest in Raten abzuzahlen. Vertragsgemäß sollten uns die Schlüssel zu unserer neuen Wohnung 1961 übergeben werden.

An diesem Abend brachte Michael eine Flasche Rotwein mit. Zur Feier des Tages überreichte er mir außerdem einen Riesenstrauß Chrysanthemen. Er füllte zwei Gläser zur Hälfte mit Wein und sagte:

»Auf uns, Hannah. Die neue Umgebung wird sich bestimmt beruhigend auf dich auswirken. Meqor Barukh ist eine trostlose Gegend.«

»Ja, Michael«, sagte ich.

»All diese Jahre haben wir davon geträumt, in eine neue Wohnung zu

ziehen. Wir werden drei ganze Räume haben und ein kleines Studio. Ich hatte eigentlich erwartet, daß du glücklich sein würdest heute abend.«
»Ich bin glücklich, Michael«, sagte ich. »Wir werden eine neue Wohnung haben mit drei ganzen Räumen. Wir haben immer davon geträumt, umzuziehen. Meqor Barukh ist eine trostlose Gegend.« »Aber das ist ja genau das, was ich gerade gesagt habe«, rief Michael erstaunt aus.
»Das ist genau das, was du gerade gesagt hast«, lächelte ich.
»Nach acht Jahren Eheleben denkt man zwangsläufig das gleiche.«
»Die Zeit und harte Arbeit werden uns alles ermöglichen, Hannah. Du wirst sehen. Mit der Zeit könnten wir uns erlauben, nach Europa zu fahren oder sogar noch weiter. Mit der Zeit könnten wir uns ein kleines Auto leisten. Mit der Zeit wirst du dich besser fühlen.«
»Mit der Zeit und mit harter Arbeit wird alles besser werden, Michael. Ist dir aufgefallen, daß eben dein Vater gesprochen hat und nicht du?«
»Nein«, sagte Michael, »eigentlich nicht. Aber es ist nicht unmöglich. Eigentlich ist es nur natürlich. Schließlich bin ich meines Vaters Sohn.«
»Aber ja. Nicht unmöglich. Nur natürlich. Du bist sein Sohn. Es ist schrecklich, Michael, schrecklich.«
»Was ist so schrecklich daran, Hannah?«, fragte Michael traurig.
»Es ist nicht richtig von dir, dich über meinen Vater lustig zu machen. Er war eine reine Seele. Du hast kein Recht, so zu sprechen. Das hättest du nicht tun sollen.«
»Du hast mich mißverstanden, Michael. Nicht die Tatsache, daß du deines Vaters Sohn bist, ist schrecklich, sondern daß du angefangen hast zu reden wie dein Vater. Und dein Großvater Salman. Und mein Großvater. Und mein Vater. Und meine Mutter. Und nach uns Yair. Wir alle. Als ob ein Mensch nach dem anderen nur Ausschuß wäre. Man macht einen neuen Entwurf nach dem anderen, und alle werden verworfen und zerknüllt und in den Papierkorb geworfen, um von einer neuen, leicht verbesserten Version ersetzt zu werden. Wie sinnlos das alles erscheint. Wie stumpfsinnig. Ein schlechter Scherz.«
Michael ließ sich diesen Gedanken eine Weile schweigend durch den Kopf gehen.
Geistesabwesend nahm er eine Papierserviette aus dem Halter. Faltete sie peinlich genau zu einem kleinen Boot, untersuchte es aufmerksam und setzte es sehr sanft auf den Tisch. Schließlich meinte er, ich hätte reichlich phantasievolle Ansichten. Sein Vater habe ihm einst gesagt,

Hannah wirke auf ihn wie eine Dichterin, wenn sie auch keine Gedichte schreibe.

Dann zeigte mir Michael den Plan der neuen Wohnung, den man ihm an jenem Morgen, als wir den Vertrag unterschrieben, ausgehändigt hatte. Er erklärte ihn mir in seiner üblichen klaren, sachlichen Art. Ich bat ihn, mir ein Detail näher zu erläutern. Michael wiederholte seine Erklärungen. Einen Augenblick lang erfaßte mich wieder dieses mächtige Gefühl, daß dies keineswegs das erste Mal war. Ich hatte diesen Augenblick und diesen Ort schon vor langer Zeit gekannt. All diese Worte waren bereits in ferner Vergangenheit gefallen. Sogar das Papierboot war nicht neu. Oder der Tabakrauch, der zur Glühbirne emporstieg. Das Summen des Kühlschranks. Michael. Ich. Alles. Es war alles weit weg und doch kristallklar.

Im Frühjahr 1958 stellten wir eine Haushaltshilfe ein. Von da an würde eine andere Frau sich um meine Küche kümmern. Wenn ich jetzt müde vom Büro heimkam, würde es nicht mehr nötig sein, mich hektisch an die Arbeit zu stürzen, Büchsen zu öffnen und Gemüse zu schaben und mich dabei auf Michaels und Yairs Gutmütigkeit zu verlassen, die sie davon abhielt, sich über die Monotonie der Mahlzeiten zu beklagen.

Jeden Morgen gab ich Fortuna eine Liste mit Instruktionen. Sie strich jede einzelne durch, wenn sie sie ausgeführt hatte. Ich war mit ihr zufrieden: fleißig, ehrlich, beschränkt.

Doch ein- oder zweimal bemerkte ich einen neuen Ausdruck im Gesicht meines Mannes, den ich all die Jahre unserer Ehe hindurch nie an ihm beobachtet hatte. Wenn Michael die Figur des Mädchens betrachtete, war auf seinem Gesicht eine Art verlegener Spannung zu lesen. Sein Mund öffnete sich leicht, sein Kopf neigte sich in einem Winkel, sein Messer und seine Gabel erstarrten für einen Augenblick in seinen Händen. Es war ein Ausdruck totalen Stumpfsinns, völliger Leere, wie bei einem Kind, das glaubt, man habe es in einer Prüfung beim Mogeln erwischt. Daraufhin ließ ich Fortuna nicht mehr mit uns zu Mittag essen. Ich beschäftigte sie mit Arbeiten wie bügeln, Staub wischen oder Wäsche zusammenfalten. Sie aß allein zu Mittag, wenn wir fertig waren.

Michael meinte:

»Ich sehe mit Bedauern, Hannah, daß du Fortuna behandelst, wie Damen früher ihre Dienstmädchen zu behandeln pflegten. Fortuna ist kein Dienstmädchen. Sie gehört nicht uns. Sie ist eine berufstätige Frau. Genau wie du.«

Ich machte mich über ihn lustig.
»Jawohl, mein Herr. *Molodiez*, Genosse Ganz.«
Michael sagte:
»Jetzt bist du unvernünftig.«
Ich sagte:
»Fortuna ist kein Dienstmädchen, und sie gehört nicht uns. Sie ist eine berufstätige Frau. Es ist unvernünftig von dir, hier vor mir und dem Kind zu sitzen und deine hervorquellenden Kalbsaugen an ihrem Körper zu weiden. Es ist unvernünftig, und es ist ausgesprochen idiotisch.«
Michael war überrascht. Er erbleichte. Wollte etwas sagen. Überlegte es sich anders. Sagte nichts. Er öffnete eine Flasche Mineralwasser und füllte sorgfältig drei Gläser.

Als ich eines Tages aus der Klinik zurückkam, wo ich meine Kehle und meine Stimmbänder seit langem behandeln ließ, kam mir Michael ein Stück auf der Straße entgegen. Wir trafen uns vor dem Geschäft, das einst Herrn Elijah Mossiah gehört hatte und jetzt von den beiden schlechtgelaunten Brüdern geführt wurde. Sein Gesichtsausdruck ließ auf schlechte Nachrichten schließen. Es sei ein kleines Unglück passiert, sagte er.
»Unglück, Michael?«
»Ein kleines Unglück.«
Offensichtlich hatte er gerade die letzte Nummer der von der Königlich Geologischen Gesellschaft Großbritanniens herausgegebenen Zeitschrift durchgeblättert und darin den Artikel eines bekannten Professors aus Cambridge gelesen, der eine neue und ziemlich überraschende Theorie über Erosion vorlegte. Bestimmte Voraussetzungen, die grundlegend für Michaels Arbeit waren, wurden auf glänzende Weise widerlegt.
»Das ist ja herrlich«, sagte ich. »Das ist deine Chance, Michael Gonen. Zeig diesem Engländer, was eine Harke ist. Mach ihn fertig. Gib nicht nach.«
»Das kann ich nicht«, sagte Michael einfältig. »Das ist ausgeschlossen. Er hat recht. Er hat mich überzeugt.«

Wie viele Studenten der Geistesgeschichte hatte ich mir immer vorgestellt, daß man alle Fakten auf verschiedene Weise interpretieren und daß ein scharfsinniger und entschlossener Interpret sie jederzeit übernehmen und nach seinem Willen formen könne. Vorausgesetzt, er geht mit genügend Schwung und Aggressivität vor. Ich sagte:

»Du gibst also kampflos auf, Michael. Mir wäre es lieber gewesen, dich kämpfen und gewinnen zu sehen. Ich wäre sehr stolz auf dich gewesen.«
Michael lächelte. Er antwortete nicht. Wäre ich Yair, hätte er sich die Mühe gemacht, mir zu antworten. Ich war verletzt und machte mich über ihn lustig:
»Armer alter Michael. Jetzt kannst du deine ganze Arbeit zerreißen und wieder von vorn anfangen.«
»Offen gesagt, das ist leicht übertrieben. Die Lage ist nicht so hoffnungslos, wie du sie darstellst. Ich habe mich heute morgen mit meinem Professor unterhalten. Ich werde die ersten Kapitel neu schreiben und drei Stellen im Hauptteil der Arbeit abändern müssen. Der Schlußteil ist ohnehin noch nicht fertig, und ich kann die neue Theorie darin berücksichtigen, wenn ich ihn schreibe. Die beschreibenden Kapitel sind nicht betroffen, sie bleiben so, wie sie sind. Ich brauche ein Jahr länger, vielleicht sogar weniger. Mein Professor stimmte sofort zu, mir Verlängerung zu gewähren.«

Ich dachte für mich: Als Strogoff in die Hände der grausamen Tataren fiel, wollten sie ihn mit rotglühenden Eisen blenden. Strogoff war ein harter Mann, doch er war auch voller Liebe. Dank seiner Liebe füllten sich seine Augen mit Tränen. Diese Tränen der Liebe retteten ihn, denn sie kühlten das rotglühende Eisen. Willenskraft und List versetzten ihn in die Lage, den blinden Mann zu spielen, bis die schwere Mission, die ihm der Zar in St. Petersburg anvertraut hatte, erfüllt war. Die Mission und ihr Bote wurden durch Liebe und Kraft gerettet.

Und vielleicht konnte er in der Ferne das schwache Echo einer langgezogenen Melodie hören. Die unbestimmten Klänge waren nur mit äußerster Konzentration auszumachen. Ein fernes Orchester spielte und spielte, jenseits der Wälder, jenseits der Hügel, jenseits der Wiese. Junge Leute marschierten und sangen. Kräftige Polizisten auf starken, disziplinierten Pferden. Eine Militärkapelle in weißen Uniformen mit Goldtressen. Eine Prinzessin. Eine Zeremonie. Weit weg.

Im Mai ging ich in die Schule von Bet Hakerem, um mit Yairs Lehrerin zu sprechen. Sie war jung, blondhaarig, blauäugig und attraktiv wie eine Prinzessin in einem Bilderbuch. Sie war Studentin. Jerusalem war plötzlich voll von hübschen Mädchen. Natürlich hatte ich während meiner Studentenzeit vor zehn Jahren ein paar hübsche Mädchen gekannt. Ich war eines von ihnen. Aber diese neue Generation war anders, sie hatte etwas Schwebendes, eine leichte, mühelose Schönheit. Ich mochte sie nicht. Und ich mochte die kindischen Kleider nicht, die die Mädchen trugen.

Von Yairs Klassenlehrerin erfuhr ich, daß der junge Gonen einen scharfen, methodischen Verstand und ein gutes Erinnerungs- und Konzentrationsvermögen habe, daß es ihm jedoch an Sensibilität mangele. Zum Beispiel hatten sie in der Klasse den Auszug aus Ägypten und die zehn Plagen besprochen. Die anderen Kinder waren entsetzt über die Grausamkeit der Ägypter und die Leiden der Hebräer. Gonen hingegen hatte den biblischen Bericht über die Teilung des Roten Meeres angezweifelt. Er hatte sie mit dem Wechsel von Ebbe und Flut erklärt. Als interessierten ihn die Ägypter und Hebräer überhaupt nicht.

Die junge Lehrerin verbreitete eine frische, leichte Fröhlichkeit um sich. Als sie Klein Salman beschrieb, lächelte sie. Und als sie lächelte, leuchtete ihr Gesicht auf, alles in ihrem Gesicht nahm teil an diesem Lächeln. Ich verabscheute plötzlich das braune Kleid, das ich trug.

Später, auf der Straße, gingen zwei Mädchen an mir vorbei. Es waren Studentinnen. Sie lachten fröhlich, und beide waren auf eine berauschende, überwältigende Weise schön. Sie trugen Röcke mit tiefen, seitlichen Schlitzen und hielten Strohtaschen in der Hand. Ich fand ihr anschwellendes Gelächter vulgär. Als gehörte ihnen ganz Jerusalem. Als sie vorbeigingen, sagte die eine:

»Sie sind wahnsinnig. Sie machen mich verrückt.«

Ihre Freundin lachte:

»Dies ist ein freies Land. Sie können tun, was sie wollen. Von mir aus können sie ins Wasser springen.«

Jerusalem wächst und dehnt sich aus. Straßen. Moderne Kanalisation. Öffentliche Gebäude. Es gibt sogar ein paar Stellen, die für kurze Zeit den Eindruck einer gewöhnlichen Stadt vermitteln, öffentliche Bänke an geraden Asphaltstraßen. Doch der Eindruck täuscht. Wendet man den Kopf, erblickt man unter all den hektischen Baustellen ein steiniges Feld. Olivenbäume. Eine öde Wildnis. Dicht bewachsene Täler. Sich kreuzende Pfade, vom Tritt unzähliger Füße ausgetreten. Herden grasen um das neuerbaute Büro des Premierministers herum. Schafe weiden friedlich. Ein alter Hirte steht starr auf dem Felsen gegenüber. Und ringsum die Hügel. Die Ruinen. Der Wind in den Kiefern. Die Bewohner.

In der Herzl-Straße sah ich einen dunkelhäutigen Straßenarbeiter mit nacktem Oberkörper, der mit einem schweren Preßluftbohrer eine Furche quer über die Straße grub. Er war schweißgebadet. Seine Haut leuchtete wie Kupfer. Und seine Schultern bebten mit den Erschütterungen des schweren Bohrers, als könne er die in ihm hochdrängende Energie nicht länger zurückhalten und müsse plötzlich schreiend in die Luft springen.

Eine Todesanzeige, die an die Mauer des Altersheims am Ende der Yafo-Straße geheftet war, unterrichtete mich vom Tod der frommen Frau Tarnopoler, die vor meiner Heirat meine Vermieterin gewesen war. Frau Tarnopoler hatte mich gelehrt, als Balsam für eine gequälte Seele Pfefferminztee zu brauen. Ich bedauerte, daß sie gestorben war. Bedauerte mich selbst. Und alle wirklich gequälten Seelen.

Vor dem Schlafengehen erzählte ich Yair eine Geschichte, die ich in den fernen Tagen meiner Kindheit auswendig gelernt hatte. Es war die reizende Geschichte vom kleinen David, der »stets sauber, stets adrett« war. Ich liebte diese Geschichte. Ich wollte, daß auch mein Sohn sie liebte.

Im Sommer fuhren wir alle nach Tel Aviv, um Urlaub am Meer zu machen. Wir wohnten wieder bei Tante Leah, in ihrer Wohnung in einem alten Haus an der Rothschild-Allee. Fünf Tage. Jeden Morgen gingen wir zum Strand bei Bat Yam südlich von Tel Aviv. Nachmittags drängten wir uns in den Zoo, auf den Rummelplatz, ins Kino. An einem Abend schleppte uns Tante Leah in die Oper. Sie war voll von ältlichen, über und über mit Gold behängten polnischen Damen. Sie segelten majestätisch durch die Räume wie mächtige Kriegsschiffe.

Michael und ich stahlen uns in einer Pause davon. Wir gingen zum Meer hinunter. Wir wanderten den Strand entlang nach Norden, bis wir die Hafenmauer erreichten. Plötzlich durchströmte es mich. Wie ein Schmerz. Wie ein Schauder. Michael weigerte sich und wollte erklären. Ich hörte nicht auf ihn. Mit einer Kraft, die mich selbst überraschte, riß ich ihm das Hemd vom Leib. Warf ihn in den Sand. Da war ein Biß. Ein Schluchzer. Ich drückte ihn mit jedem Teil meines Körpers zu Boden, als sei ich viel schwerer als er. So rang ein Mädchen in einem blauen Mantel vor vielen Jahren in den Schulpausen mit Jungen, die viel stärker waren als sie. Kalt und glühend. Weinend und spottend.

Das Meer nahm teil. Und der Sand. Leichte Peitschenhiebe ungestümer Lust, durchdringend und verbrennend. Michael war entsetzt. Er kenne mich nicht wieder, murmelte er, wieder einmal sei ich ihm fremd, und ich gefiele ihm nicht. Ich war froh, daß ich ihm fremd war. Ich wollte ihm nicht gefallen. Als wir um Mitternacht in Tante Leahs Wohnung zurückkehrten, mußte Michael seiner besorgten Tante mit rotem Kopf erklären, warum sein Hemd zerrissen und sein Gesicht zerkratzt war. »Wir gingen spazieren, und ... ein paar Rowdies fielen über uns her ... es war ziemlich unangenehm.«

Tante Leah sagte:

»Du mußt immer an deine Stellung im Leben denken, Micha. Ein Mann wie du darf nie in einen Skandal verwickelt werden.«

Ich brach in Lachen aus. Ich lachte lautlos weiter bis in die Morgenstunden hinein.

Am nächsten Tag gingen wir mit Yair in den Zirkus von Ramat Gan. Am Ende der Woche fuhren wir nach Hause. Michael erfuhr, daß seine Freundin Liora vom Kibbuz Tirat Yaar ihren Mann verlassen hatte. Sie hatte die Kinder mitgenommen und lebte als geschiedene Frau in einem neuen Kibbuz im Negev, dem Kibbuz, das ihre und Michaels Schulfreunde nach dem Unabhängigkeitskrieg gegründet hatten. Diese Neuigkeit beeindruckte Michael zutiefst. Schlecht unterdrückte Angst zeigte sich in seinem Gesicht. Er war bedrückt und schweigsam. Schweigsamer als gewöhnlich. Am Samstagnachmittag, als er frisches Wasser in eine Vase tat, zögerte er plötzlich. Einer langsamen Bewegung folgte eine zu schnelle. Ich sprang auf und fing die Vase auf. Am Tag darauf ging ich in die Stadt, um ihm den teuersten Füllfederhalter zu kaufen, den ich finden konnte.

XLI

Im Frühjahr 1959, drei Wochen vor dem Passahfest, war Michaels Doktorarbeit fertig.

Es war eine gründliche Untersuchung über die Auswirkungen der Erosion in den Schluchten der Paran-Wüste. Die Arbeit stimmte mit den neuesten Erosionstheorien von Wissenschaftlern aus aller Welt überein. Die morphotektonische Struktur dieser Gegend war in allen Einzelheiten überprüft. Die Schichtstufen, die exogenen und endogenen Elemente, die Klimaeinwirkungen und die tektonischen Faktoren waren analysiert. Die abschließenden Kapitel gaben sogar Hinweise, wie die Ergebnisse praktisch anzuwenden seien. Die Arbeit hatte Hand und Fuß. Michael hatte ein sehr komplexes Thema in den Griff bekommen. Er hatte seinen Forschungsarbeiten vier Jahre gewidmet. Die Dissertation war mit Verantwortungsgefühl geschrieben. Verzögerungen und Widerstände sowohl fachlicher wie persönlicher Art waren ihm nicht erspart geblieben.

Nach dem Passahfest wollte Michael sein Manuskript einer Schreibkraft geben, die es ins reine tippen würde. Dann wollte er seine Arbeit führenden Geologen zur Überprüfung vorlegen. Er würde seine Schlußfolgerungen vor dem üblichen wissenschaftlichen Forum verteidigen müssen. Er hatte vor, die Dissertation dem geliebten Andenken des verstorbenen Yehezkel Gonen zu widmen, eines ernsthaften und aufrechten Mannes, in Erinnerung an seine Hoffnungen, seine Liebe und Hingabe.

Um diese Zeit herum verabschiedeten wir uns auch von meiner besten Freundin Hadassah und ihrem Mann Abba. Abba wurde als Wirtschaftsattaché für zwei Jahre in die Schweiz versetzt. Er gestand uns, daß er sich tief in seinem Herzen auf den Tag freue, an dem man ihm eine geeignete offizielle Position, die ihm erlauben würde, ständig in Jerusalem zu leben, anböte, statt wie ein Botenjunge in ausländische Hauptstädte zu rennen. Er habe jedoch seinen Plan nicht aufgegeben, den Staatsdienst zu verlassen und seinen Weg in der großen Finanzwelt zu machen.

Hadassah sagte:

»Auch ihr werdet eines Tages glücklich werden, Hannah. Davon bin ich überzeugt. Eines Tages werdet ihr euer Ziel erreichen. Michael ist ein fleißiger Junge, und du warst schon immer ein kluges Mädchen.«

Hadassahs Abreise und ihre Abschiedsworte rührten mich. Ich weinte, als ich sie sagen hörte, daß auch wir eines Tages unser Ziel erreichen würden. War es denn möglich, daß alle außer mir sich mit der Zeit, mit Engagement, Ausdauer, Anstrengung, Ehrgeiz und Erfolg arrangiert hatten? Ich gebrauche nicht die Begriffe Einsamkeit, Verzweiflung. Ich fühle mich depremiert. Erniedrigt. Man hatte mich betrogen. Als ich 13 war, warnte mich mein verstorbener Vater vor schlechten Männern, die Frauen mit süßen Worten verführen und sie dann ihrem Schicksal überlassen. Er drückte sich so aus, als sei schon die bloße Existenz zweier verschiedener Geschlechter eine Unordnung, die das Leid auf der Welt vermehre, eine Unordnung, deren Folgen Männer und Frauen mit allen ihnen zur Verfügung stehenden Kräften mildern mußten. Mich hat kein schamloser Flegel von einem Mann verführt. Ich habe auch nichts gegen die Existenz zweier verschiedener Geschlechter. Aber ich bin betrogen worden, und es ist erniedrigend. Lebewohl, Hadassah. Schreib oft nach Jerusalem an Hannah im fernen Palästina. Klebe hübsche Marken auf die Umschläge für meinen Mann und meinen Sohn. Schreibe und erzähle mir alles über die Berge und den Schnee. Über Gasthöfe, weit übers Tal verstreute Hütten, uralte Hütten, deren Türen der Wind peitscht, bis die Scharniere kreischen. Ich habe nichts dagegen, Hadassah. Es gibt kein Meer in der Schweiz. *Dragon* und *Tigress* liegen im Trockendock in einem Hafen der St.-Pierre- und Miquelon-Inseln. Ihre Besatzungen durchstreifen die Täler auf der Suche nach Mädchen. Ich bin nicht eifersüchtig. Ich bin nicht betroffen. Ich habe Ruhe gefunden. Mitte März. In Jerusalem nieselt es noch immer.

Unser Nachbar Herr Glick starb zehn Tage vor dem Passahfest. Er starb an einer inneren Blutung. Michael und ich nahmen am Begräbnis teil. Religiöse Händler aus der David-Yelin-Straße diskutierten in wütendem Jiddisch die Eröffnung einer nicht koscheren Metzgerei in Jerusalem. Ein magerer, gemieteter Kantor in einem schwarzen Gehrock hielt den Gottesdienst am offenen Grab, und der Himmel antwortete mit einem heftigen Schauer. Frau Duba Glick fand die Verbindung von Gebet und Regen irdendwie erheiternd. Sie brach in heiseres Lachen aus. Herr Glick und seine Frau Duba hatten keine Familie. Michael schuldete ihnen nichts. Aber er schuldete den Prinzipien und dem Charakter seines toten Vaters Yehezkel Loyalität. Also übernahm er die Verantwortung für die Beerdigung. Und dank Tante Jenias Einfluß gelang es ihm, Frau Glick in einem Heim für chronisch kranke, ältere Mitbürger unterzubringen. Es war dasselbe Heim, in dem Tante Jenia jetzt arbeitete.

Wir fuhren über die Festtage nach Galiläa.

Wir waren eingeladen, das Passahfest im Kibbuz Nof Harim mit meiner Mutter und der Familie meines Bruders zu feiern. Weg von Jerusalem. Weit weg von den Seitenstraßen. Weit weg von den älteren religiösen Frauen, die auf niedrigen Stühlen in der Sonne schrumpelten wie böse Vögel und mit ihren Augen den Horizont absuchten, als breite sich vor ihnen eine endlos weite Fläche aus statt eines beengten Stadtteils.

Es war Frühling auf dem Land. Wilde Blumen blühten am Straßenrand. Schwärme von Zugvögeln glitten durch die blaue Weite. Es gab steife Zypressen und dickbelaubte Eukalyptusbäume, die friedlich die Straße beschatteten. Es gab weißgekalkte Dörfer. Es gab rote Dächer. Keine düsteren Steinmauernn mehr und zerbröckelnde, von rostigen Eisengeländern umrahmte Balkone. Es war eine weiße Welt. Grün. Rot. Die Straßen waren überfüllt. Tausende von Menschen fuhren über Land. Die Fahrgäste in unserem Bus sangen ein Lied nach dem anderen. Es war eine Gruppe junger Leute, die einer Jugendorganisation angehörten. Sie lachten und sangen aus dem Russischen übersetzte Lieder über Liebe und weite Felder. Der Fahrer hielt das Steuerrad mit einer Hand. Mit der anderen umklammerte er die Lochzange und trommelte damit den Takt auf dem Armaturenbrett. Es war ein fröhlicher Rhythmus. Hin und wieder zwirbelte er seinen Schnurrbart und schaltete den Lautsprecher ein. Er erzählte uns witzige Geschichten. Er hatte eine lebhafte Stimme.

Während der ganzen Fahrt überflutete uns warmes Sonnenlicht. Die Sonnenstrahlen ließen jeden Metallsplitter aufleuchten, jede Glasscherbe aufblitzen. Grüne und himmelblaue Schattierungen verschmolzen am Rande der weiten Ebene. An jeder Haltestelle stiegen Leute ein und aus, die Koffer, Rucksäcke, Schrotflinten, Sträuße von Alpenveilchen und Anemonen, Butterblumen, Ringelblumen, Orchideen in den Händen hielten. Als wir in Ramla ankamen, kaufte Michael für jeden von uns ein Zitroneneis am Stiel. An der Kreuzung von Bet Lod kauften wir Limonade und Erdnüsse. Auf beiden Straßenseiten erstreckten sich kreuz und quer von Bewässerungsrohren durchzogene Felder. Das warme Sonnenlicht leuchtete auf den Rohren und verwandelte sie alle in grellflimmernde Streifen.

Die Hügel waren sehr weit weg, blau getönt, in schimmernden Dunst gehüllt. Die Luft war warm und feucht. Michael und sein Sohn unterhielten sich während der ganzen Fahrt über im Unabhängigkeitskrieg geschlagene Schlachten und von der Regierung geplante Bewässerungsanlagen. Ich setzte mein freundlichstes Lächeln auf. Ich war voller Zuversicht, daß die Regierung all die großen Bewässerungsprojekte, die sie plante, verwirklichen würde. Ich schälte eine Orange nach der anderen für meinen Mann und meinen Sohn, teilte die Stücke, entfernte die weiße Haut, wischte Yairs Mund mit einem Taschentuch ab.

In den Döfern des Wadi Ara standen die Einwohner an der Straße und winkten uns zu. Ich nahm mein grünseidenes Kopftuch ab und winkte zurück, bis die Leute verschwunden waren, und selbst dann hörte ich nicht auf zu winken.

In Afula wurde ein bedeutender Jahrestag gefeiert. Die Stadt war mit blauen und weißen Fahnen geschmückt. Bunte Glühbirnen reihten sich quer über die Straßen. An der westlichen Stadteinfahrt hatte man einen geschmückten, eisernen Torbogen aufgestellt, und ein begeisterter Willkommensgruß wehte in der Brise. Auch meine Haare wehten.

Michael kaufte die Passahausgabe der Zeitung. Es gab ein paar erfreuliche politische Nachrichten. Michael erklärte. Ich legte meinen Arm um seine Schultern und blies in seine kurzgeschorenen Haare. Zwischen Afula und Tiberias schlief Yair auf unseren Schößen ein. Ich betrachtete den eckigen Kopf meines Sohnes, sein festes Kinn und seine hohe, blasse Stirn. Einen Augenblick lang wußte ich durch die Wellen blauen Lichts hindurch, daß mein Sohn einmal ein gutaussehender, kräftiger Mann werden würde. Seine Offiziersuniform würde wie angegossen sitzen. Gelber Flaum würde auf seinen Unterarmen sprießen. Auf der Straße würde ich mich auf seinen Arm stützen, und in ganz Jerusalem gäbe es keine stolzere Mutter als mich. Warum Jerusalem? Wir würden in Ashkelon leben. In Natanya. An der Küste mit Blick auf die schaumgekrönten Wellen. Wir würden in einem kleinen, weißen Bungalow mit einem roten Ziegeldach und vier gleichen Fenstern wohnen. Michael würde Mechaniker sein. Vor unserem Haus gäbe es ein Blumenbeet. Jeden Morgen würden wir zum Muscheln sammeln an den Strand gehen. Die Salzbrise würde den ganzen Tag über ins Fenster wehen. Wir würden immer salzig und sonnengebräunt sein. Die heiße Sonne würde täglich auf uns herabbrennen. Und Radiomusik würde pausenlos durch alle Räume tönen.

In Tiberias sagte der Fahrer eine halbstündige Pause an. Yair wachte auf. Wir aßen ein *falafel* und gingen zum Seeufer hinunter. Wir zogen alle drei unsere Schuhe aus und planschten im Wasser. Das Wasser war warm. Der See schimmerte und funkelte. Wir sahen Fischschwärme ruhig im tiefen Wasser schwimmen. Fischer lehnten müßig am Pier. Es waren rauhe Männer mit starken, behaarten Armen. Ich winkte ihnen mit meinem grünseidenen Kopftuch zu, und nicht vergebens. Einer von ihnen bemerkte mich und rief mir »Liebling« zu.

Unser nächster Reiseabschnitt führte uns durch grüne, von steilen Hügeln eingerahmte Täler. Auf der rechten Straßenseite glänzten die Fischteiche wie blaugrau leuchtende Quadrate. Die großen Hügel spiegelten sich zitternd im Wasser. Es war ein sanftes, unterdrücktes Zittern wie das sich liebender Körper. Schwarze Basaltblöcke lagen verstreut herum. Alte Siedlungen strahlten graue Ruhe aus: Migdal, Rosh Pinah, Yisud Hamaalah,

Mahanayim. Das ganze Land taumelte und schwankte wie im Rausch, als flöße es über von einem strotzenden, inneren Wahnsinn.

Kurz hinter Qiryat Shmoneh stieg ein älterer Fahrkartenkontrolleur ein, der wie ein Pionier aus den dreißiger Jahren aussah. Der Fahrer war offensichtlich ein alter Freund von ihm. Sie unterhielten sich fröhlich über eine Rotwildjagd in den Bergen von Naphtali, die für die Mitte des bevorstehenden Festes geplant war. Alle Fahrer aus der alten Clique seien dazu eingeladen. Alle aus der alten Clique, mit denen noch etwas los sei: Chita, Abu Masri, Moskowitsch, Zambezi. Frauen seien nicht zugelassen. Drei Tage und drei Nächte. Und ein berühmter Pfadfinder von den Fallschirmjägern würde dabei sein. Eine Jagd, wie sie die Welt noch nicht gesehen habe. Von Manarah über Baram bis Hanita und Rosh Hanikrah. Drei großartige Tage. Keine Frauen und keine Schreihälse. Nur die alte Clique. Die Gewehre und amerikanische Biwakzelte lägen bereit. Wer würde da nicht mitmachen. All die alten Wölfe und Löwen, die noch Kraft in den Lenden hatten. Wie in den guten, alten Tagen.»Alle werden da sein, aber auch alle. Bis auf den letzten Mann. Wir werden laufen und über die guten, alten Hügel springen, daß die Funken sprühen.«

Ab Qiryat Shmoneh begann der Bus in die Berge von Naphtali hochzuklettern. Die Straße war schmal und uneben. In die Felswände hatte man scharfe Kurven gehauen. Es war ein wilder, schwindelerregender Strudel. Der Bus war erfüllt von Angst- und Freudenschreien. Der Fahrer verstärkte die Aufregung, indem er das Steuerrad scharf herumriß und den Bus am äußersten Rand des Abgrunds entlangführte. Dann tat er so, als sausten wir gegen eine Bergwand. Auch ich schrie vor Angst und Freude. Wir trafen im letzten Tageslicht in Nof Harim ein. Sauber gekleidete Menschen kamen aus den Duschräumen, mit nassen, gekämmten Haaren. Ein Handtuch über dem Arm. Blonde Kinder tollten auf dem Rasen. Es roch nach frischgemähtem Gras. Rasensprenger versprühten Tropfenschauer. Die Glut der Abenddämmerung funkelte in den Tropfen wie eine Fontäne regenbogenfarbener Perlen. Der Kibbuz Nof Harim war im Scherz oft »Adlerhorst« genannt. Die Gebäude klammern sich an den schroffen Hügelkamm, als schwebten sie in der Luft. Am Fuß des Hügels breitet sich das weite, in quadratische Parzellen aufgeteilte Tal aus. Die Aussicht jagte mir einen Schauer über den Rücken. Ich konnte ferne, zwischen Wäldern und Fischteichen halb verborgene Dörfer sehen. Feste Blöcke üppiger

Obstplantagen. Schmale, von Zypressen flankierte Wege. Weiße Wassertürme. Und die fernen, tiefblauen Hügel.

Die Kibbuzmitglieder, Altersgenossen meines Bruders, waren in der Mehrzahl Mitte 30. Sie waren voller Übermut und verbargen Anzeichen ernsthafter Verantwortlichkeit hinter einer fröhlichen Fassade. Ich stellte fest, daß sie zuverlässig und diszipliniert waren. Als müßten sie sich, einem verbissenen Entschluß gehorchend, ständig amüsieren und unterhalten. Ich mochte sie. Ich mochte den hochgelegenen Ort. Dann Emanuels kleines Haus, das die Kibbuzmauer, die zugleich die libanesische Grenze war, überragte. Eine kalte Dusche. Orangensaft und Kuchen, den meine Mutter gebacken hatte. Ein Sommerkleid. Eine kurze Ruhepause. Die lächelnden Gefälligkeiten meiner Schwägerin Rina. Emanuel, der meinem Sohn Yair zuliebe Bären imitierte. Es war die gleiche tolpatschige Imitation, die Emanuel bereits während unserer Kindheit so gut beherrschte, daß wir beide Tränen lachten. Selbst jetzt hörten wir nicht auf zu lachen.

Mein Neffe Yosi bot sich an, Yair zu unterhalten. Sie sahen sich Hand in Hand die Kühe und Schafe an. Es war die Zeit der langen Schatten und des matten Lichts. Wir legten uns auf die Wiese. Als es dunkel wurde, holte Emanuel eine elektrische Lampe an einer langen Schnur und hängte sie an den Zweig eines Baumes. Es gab eine kleine, harmlose Meinungsverschiedenheit zwischen meinem Bruder und meinem Mann, die bald in fast völliger Übereinstimmung beigelegt wurde.

Später das tränenreiche Glück meiner Mutter Malka. Ihre Küsse. Ihre Fragen. Das gebrochene Hebräisch, in dem sie Michael zum Abschluß seiner Doktorarbeit gratulierte.

Meine Mutter hatte seit kurzem unter schweren Kreislaufstörungen zu leiden gehabt. Sie schien mit einem Bein im Grab zu stehen. Wie wenig Raum meine Mutter in meinen Gedanken einnahm. Sie war Vaters Frau. Das war alles. Die wenigen Male, die sie ihre Stimme gegen Vater erhoben hatte, hatte ich sie gehaßt. Davon abgesehen, hatte ich ihr keinen Platz in meinem Herzen eingeräumt. Tief in meinem Inneren wußte ich, daß ich einmal mit ihr über mich reden mußte. Über sie. Über Vaters Jugend. Und ich wußte, daß ich das Thema diesmal nicht anschneiden würde. Und ich wußte auch, daß es vielleicht keine andere Gelegenheit mehr geben würde, weil meine Mutter bereits mit einem Bein im Grab zu stehen schien. Doch diese Gedanken beeinträchtigten mein Glücksgefühl nicht. Mein Glücksgefühl durchströmte mich, als existiere es unabhängig von mir.

Ich habe nichts vergessen. Die Feier am Vorabend des Passahfestes. Die Bogenlampen. Der Wein. Der Kibbuzchor. Das zeremonielle Schwenken der Weizengarben. Das Grillen am Lagerfeuer in den frühen Morgenstunden. Die Tänze. Ich machte jeden einzelnen Tanz mit. Ich sang. Ich wirbelte gewichtige Tänzer im Kreis herum. Ich zerrte sogar den erschrockenen Michael in die Mitte des Rings. Jerusalem war weit weg und konnte mich hier nicht verfolgen. Vielleicht war die Stadt unterdessen vom Feind, der sie auf drei Seiten umschloß, erobert worden. Vielleicht war sie endlich zu Staub zerfallen. Wie sie es verdiente. Ich liebte Jerusalem nicht aus der Ferne. Die Stadt wollte mir übel. Ich wollte ihr übel. Ich verbrachte eine wilde, aufregende Nacht im Kibbuz Nof Harim. Der Speisesaal war erfüllt vom Geruch nach Rauch, Schweiß und Tabak. Die Mundharmonika hörte nicht auf zu spielen. Ich genoß es. Ich ließ mich mitreißen. Ich gehörte dazu.

Doch gegen Morgen ging ich allein auf den Balkon von Emanuels kleinem Haus hinaus. Ich sah Stacheldrahtrollen. Ich sah dunkle Büsche. Der Himmel hellte sich auf. Ich schaute nach Norden. Ich konnte die Silhouette einer gebirgigen Landschaft erkennen: die libanesische Grenze. Müde Lichter leuchteten gelb in den uralten, steinernen Dörfern. Unzugängliche Täler. Ferne, schneebedeckte Gipfel. Einsame Gebäude auf den Hügelkuppen, Klöster oder Festungen. Eine mit Felsblöcken übersäte, von tiefen Wadis durchfurchte Weite. Eine kühle Brise wehte. Ich fröstelte. Ich sehnte mich danach, wegzufahren. Wie stark dieses Verlangen war!

Kurz vor fünf Uhr ging die Sonne auf. Sie stieg in dichtem Nebel gehüllt auf. Niedriges Gestrüpp lag dunstig über der Erdoberfläche. Auf dem gegenüberliegenden Hang stand ein von wütend kauenden, grauen Ziegen umgebener junger arabischer Schafhirte. Ich konnte ferne Glockenschläge hören, die die Luft bewegten. Als sei das andere Jerusalem heraufgekommen und einem melancholischen Traum entstiegen. Es war eine dunkle, erschreckende Spiegelung. Jerusalem verfolgte mich. Die Scheinwerfer eines Autos leuchteten auf einer Straße auf, die ich nicht sehen konnte. Große, einsame, alte Bäume wuchsen kraftvoll. Verirrte Nebelfetzen zogen durch die verlassenen Täler. Ein kalter, trüber Anblick. Ein fremdes Land war in kaltes Licht getaucht.

XLII

Irgendwo auf diesen Seiten habe ich geschrieben: »Es gibt eine Alchimie der Dinge, die auch die innere Melodie meines Lebens ist.« Ich neige jetzt dazu, diese Behauptung zu verwerfen, weil sie zu hochtrabend ist. »Alchimie«. »Innere Melodie«. Im Mai 1959 geschah schließlich doch etwas, aber es geschah auf billige Art. Es war eine gemeine, groteske Travestie.

Anfang Mai wurde ich schwanger. Wegen der leichten Komplikationen, unter denen ich während meiner ersten Schwangerschaft zu leiden hatte, war eine ärztliche Untersuchung erforderlich. Die Untersuchung wurde von Dr. Lombrozo durchgeführt, denn unser Hausarzt Dr. Urbach war Anfang letzten Winters an einem Herzschlag gestorben. Der neue Arzt konnte keinen Grund zur Besorgnis finden. Nichtsdestoweniger, sagte er, eine Frau von 30 ist nicht ganz dasselbe wie ein Mädchen von 20. Ich solle außergewöhnliche Belastungen, stark gewürzte Speisen und körperliche Beziehungen zu meinem Mann von nun an bis zum Ende meiner Schwangerschaft meiden. Die Adern in meinen Beinen begannen erneut anzuschwellen. Dunkle Ringe bildeten sich wieder unter meinen Augen. Und die Übelkeit. Die ständige Müdigkeit. Im Laufe des Monats Mai vergaß ich wiederholt, wo ich einen Gegenstand oder ein Kleidungsstück hingelegt hatte. Ich sah darin ein Zeichen. Nie zuvor hatte ich jemals irgend etwas vergessen.

Unterdessen hatte sich Yardena bereit erklärt, Michaels Doktorarbeit abzutippen. Michael wollte ihr dafür bei der Vorbereitung auf ihr Schlußexamen helfen, das sie bereits bis zum letztmöglichen Termin hinausgeschoben hatte. Also machte sich Michael jeden Abend sauber und adrett auf den Weg zu Yardenas Zimmer am Rande des Universitätsgeländes.

Ich gebe es zu: Das Ganze grenzte an Lächerlichkeit. Und insgeheim hatte ich schon lange damit gerechnet. Ich war nicht beunruhigt. Beim Abendessen schien mir Michael unruhig und zerstreut. Er spielte nervös an seiner Krawatte herum, seiner nüchternen, mit einer Silbernadel befestigten Krawatte. Sein Lächeln war ausweichend und schuldbewußt. Seine Pfeife wollte nicht brennen. Er sprang ständig aufgeregt um mich herum und bot seine Hilfe an: wollte etwas tragen, ausschütten, saubermachen, servieren. Ich hatte kein Bedürfnis mehr, mich mit dem Aufspüren von Anzeichen zu quälen.

Ich will ganz offen sein: Ich glaube nicht, daß sich bei Michael mehr abspielte als scheue Gedanken und Spekulationen. Ich sehe keinen Grund, warum Yardena sich ihm hingegeben haben sollte. Andererseits sehe ich keinen Grund, warum sie ihn abgewiesen haben sollte. Aber das Wort »Grund« ist bedeutungslos für mich. Ich weiß nichts und ich will nichts wissen. Das Lachen ist mir näher als die Eifersucht. Michael benimmt sich allenfalls wie unser Kätzchen Schneeball, das einmal mit pathetischen Sprüngen versuchte, eine unter der Decke flatternde Motte einzufangen. Vor zehn Jahren sahen Michael und ich im Edison-Kino einen Greta-Garbo-Film. Die Heldin des Films opferte einem unwürdigen Mann Körper und Seele. Ich erinnere mich, daß ihre Leiden und seine Unwürdigkeit mir wie zwei Glieder einer einfachen mathematischen Gleichung schienen, und ich erinnere mich auch, daß ich mir nicht die Mühe machte, diese Gleichung zu lösen. Ich beobachtete die Leinwand von der Seite, bis sich die Bilder in eine hüpfende Folge verschiedener, zwischen schwarz und weiß abgestufter Farbtöne, in der Hauptsache jedoch unterschiedlicher Grautöne verwandelte. Auch jetzt gebe ich mir keine Mühe, des Rätsels Lösung zu finden. Ich beobachte von der Seite. Nur bin ich viel müder jetzt. Und es hat sich etwas geändert nach all diesen trostlosen Jahren.

Jahrelang hat Michael jetzt mit den Armen auf dem Steuerrad gelegen, hat nachgedacht oder vor sich hingedöst. Ich sage ihm Lebewohl. Ich habe nichts damit zu tun. Ich habe aufgegeben. Mit acht Jahren glaubte ich, daß einmal ein Mann aus mir würde statt einer Frau, wenn ich mich genau wie ein Junge benähme. Welch sinnlose Mühe. Ich muß mich nicht wie eine Verrückte abhetzen. Meine Augen sind offen. Lebewohl, Michael. Ich werde am Fenster stehen und mit meinen Finger Figuren auf die beschlagene Scheibe malen. Du darfst gerne glauben, daß ich dir zuwinke. Ich werde dir die Illusion nicht nehmen. Ich bin nicht bei dir. Wir sind zwei Personen, nicht eine. Du kannst nicht für immer mein rücksichtsvoller, älterer Sohn sein. Lebewohl. Vielleicht ist es noch nicht zu spät, dir zu sagen, daß nichts von dir abhing. Oder von mir. Hast du vergessen, Michael, wie du mir vor vielen Jahren einmal sagtest, es wäre schön, wenn unsere Eltern sich kennenlernen könnten. Versuche es dir jetzt vorzustellen. Unsere toten Eltern. Yosef. Yehezkel. Bitte, Michael, hör einmal auf zu lächeln. Gib dir Mühe. Konzentriere dich. Versuche dir das Bild vorzustellen: du und ich als Bruder und Schwester. Es gibt so viele mögliche Beziehungen. Eine Mutter und ihr Sohn. Ein Hügel und Wälder. Ein Stein und Wasser. Ein See und ein Boot. Bewegung und Schatten. Kiefer und Wind.

Aber es bleibt mir mehr als bloße Worte. Ich bin noch imstande, ein schweres Vorhängeschloß zu öffnen. Die Eisentore aufzumachen. Zwei Zwillingsbrüder freizusetzen, die in die weite Nacht hinausschlüpfen und tun, was ich verlange. Ich werde sie antreiben. In der Dämmerung werden sie sich auf den Boden kauern und ihre Ausrüstung vorbereiten. Verblichene Armeerucksäcke. Eine Kiste Sprengstoff. Sprengkapseln. Zündschnüre. Munition. Handgranaten. Blinkende Messer. In der verfallenen Hütte herrscht dichte Dunkelheit. Halil und Aziz, das schöne Paar, das ich Halziz nannte. Sie werden keine Worte haben. Kehlige Laute werden ertönen. Ihre Bewegungen sind beherrscht. Ihre Finger biegsam und stark. Ihre Körper sind wie einer: Er richtet sich fest und sanft wie eine Palme auf. Eine Maschinenpistole hängt über der Schulter. Die Schulter ist eckig und braun. Sie bewegen sich auf Gummisohlen. Dunkles Khaki, das eng den Körper umschließt. Ihre Köpfe unbedeckt dem Wind ausgesetzt. Im letzten Schein der Dämmerung erheben sie sich wie ein Mann. Von der Hütte aus gleiten sie den steilen Abhang hinunter. Ihre Sohlen treten eine Spur aus, die das Auge nicht sehen kann. Sie benutzen eine einfache Zeichensprache: leichte Berührungen, leises Flüstern, wie ein Mann und eine Frau bei der Liebe. Ein Finger an der Schulter. Eine Hand im Nacken. Ein Vogelruf. Ein heimlicher Pfiff. Hohe Disteln in der Schlucht. Der Schatten uralter Olivenbäume. Stumm ergibt sich die Erde. Mager und erschreckend hohlwangig schleichen sie das gewundene Wadi hinunter. Die Spannung lauert bohrend in ihrem Innern. Sie krümmen und biegen sich wie junge Schößlinge im Wind. Die Nacht wird sie packen und einhüllen und in ihren Falten verschlucken. Das Zirpen der Zikaden. Das Bellen eines Fuchses in der Ferne.

Eine Straße wird in einem geduckten Sprung überquert. Ihre Bewegungen ähneln einem schwerelosen Gleiten. Das Rauschen schattiger Haine. Eine Metallschere durchtrennt brutal den Stacheldraht. Die Sterne sind ihre Komplizen. Sie blinken Instruktionen. In der Ferne die Berge wie dunkelnde Wolkenmassen. Dörfer schimmern unten in der Ebene. Das Rauschen des Wassers in Serpentinenrohren. Wassersprenger plätschern. Sie spüren Geräusche unter ihrer Haut, in ihren Sohlen und Handflächen, in ihren Haarwurzeln. Geräuschlos umgehen sie einen in den Windungen der Schlucht verborgenen Hinterhalt. Seitwärts bahnen sie sich einen Weg durch stockfinstere Obstplantagen. Ein kleiner Stein fällt. Ein Zeichen. Aziz schnellt vor. Halil duckt sich hinter eine niedrige Steinmauer. Ein

Schakal heult gellend auf, verstummt wieder. Die Maschinenpistolen sind geladen, entsichert und im Anschlag. Ein teuflischer Dolch blitzt auf. Ein ersticktes Stöhnen. Aufatmen. Die Kühle salzigen Schweißes. Geräuschloses Vorwärtsgleiten.

Aus einem erleuchteten Fenster beugt sich eine müde Frau, schließt es und verschwindet. Ein schläfriger Wachtposten hustet heiser. Sie kriechen und winden sich unter stachligen Sträuchern hindurch. Die weißen Zähne sind entblößt, um die Handgranate scharf zu machen. Der heisere Wachtposten spuckt aus. Dreht sich um. Geht weg.

Der riesige Wasserturm ruht schwer auf seinen Betonstützen. Die Kanten wirken weicher in der Dunkelheit, runden sich im Schatten. Vier geschmeidige Arme strecken sich aus. Harmonieren wie im Tanz. Wie bei der Liebe. Als entstammten alle vier einem einzigen Körper. Kabel. Steuergerät. Zündschnur. Sprengkapsel. Zünder. Körper winden sich mit weichen Schritten den Hügel hinunter und verschwinden. Und am Hang unter dem Horizont ein verstohlenes Laufen, eine sehnsüchtige Liebkosung. Das Unterholz legt sich und erhebt sich wieder, während sie es streifen. Wie ein leichtes Boot durch stille, ruhige Wasser gleitet. Der felsige Grund. Die Mündung des Wadi. Sie umgehen den lauernden Hinterhalt. Zitternde, schwarze Zypressen. Die Obstplantagen. Der gewundene Pfad. Sie klammern sich geschickt an den Klippen fest. Mit geblähten, witternden Nasenflügeln. Fingern, die nach einem Halt tasten. In weiter Ferne wehmütige Zikaden. Die Feuchtigkeit des Taus und des Windes. Dann plötzlich, und doch nicht plötzlich, das düstere Donnern der Explosion. Ein Blitzstrahl zuckt am westlichen Horizont empor. Fetzen dunkler Echos hallen in den Berghöhlen wider.

Danach ein kurzes Auflachen. Wild und kehlig und erstickt. Ein rascher Händedruck. Der Schatten eines einsamen Johannisbrotbaums auf dem Hügel. Die Hütte. Eine rußige Lampe. Die ersten Worte. Ein Freudenschrei. Dann Schlaf. Die Nacht draußen ist blutrot. In allen Tälern fällt dichter Tau. Ein Stern. Die mächtige Bergkette.

Ich sandte sie aus. Zu mir werden sie in den frühen Morgenstunden zurückkehren. Zerschlagen und erhitzt zurückkommen. Sie riechen nach Schweiß und Schaum.

Eine friedliche Brise streift die Kiefern, bewegt sie. Der ferne Himmel wird langsam hell. Und ruhige, kalte Stille senkt sich über die endlose Weite.

Der perfekte Frieden

Aus dem Hebräischen
von Ruth Achlama

Erster Teil
Winter

1.

Es kann vorkommen, daß ein Mensch sich einfach aufmacht und von einem Ort an einen anderen zieht. Was er zurückläßt, bleibt hinter ihm und blickt nur noch auf seine Kehrseite. Im Winter 1965 beschloß Jonatan Lifschitz, seine Frau und den Kibbuz zu verlassen, in dem er geboren und aufgewachsen war. Sein Entschluß stand fest: Er würde weggehen, um ein neues Leben zu beginnen.

In seiner Kinder- und Jugendzeit und auch während des Wehrdiensts war ständig ein enger Kreis von Männern und Frauen um ihn gewesen, die sich unablässig in alles, was er tat, einmischten. Dadurch hatte er immer mehr das Gefühl gewonnen, daß diese Menschen ihm etwas vorenthielten, auf das er nicht länger verzichten wollte. Wenn sie öfter auf ihre gewohnte Weise von »positiven Entwicklungen« oder »negativen Erscheinungen« sprachen, begriff er kaum noch, was diese Worte eigentlich bedeuteten. Und wenn er am Ende des Tages allein am Fenster stand und die Vögel in die Abenddämmerung hineinfliegen sah, begriff er mit gelassener Gewißheit, daß diese Vögel letzten Endes alle sterben würden. Wenn der Nachrichtensprecher im Radio von »besorgniserregenden Anzeichen« sprach, sagte Jonatan bei sich: Was macht das schon. Und wenn er nachmittags allein bei den versengten Zypressen am Rand des Kibbuz herumstrich und dort auf einen anderen Genossen stieß, der ihn fragte, was er denn da mache, antwortete Jonatan lustlos: »Ich geh nur so ein bißchen spazieren.« Aber im Inneren stellte er sich dann sofort verwundert die Frage: »Ja, was machst du denn eigentlich hier?«

»Prima Kerl«, sagten sie über ihn im Kibbuz, »aber so verschlossen, halt eine empfindsame Seele.«

Jetzt, mit 26 Jahren und seiner eher verhaltenen, vielmehr nachdenklichen Wesensart, war endlich der Wille in ihm erwacht, allein zu sein, ohne die anderen um ihn herum, und mal selbst zu prüfen, was es denn noch so gab; manchmal überkam ihn nämlich das Gefühl, als liefe sein Leben in einem geschlossenen, verrauchten Zimmer ab, in dem sich unter lautstarkem Stimmengewirr eine endlose Debatte über ein völlig abstruses Thema hinschleppte. Er hatte keine Ahnung, um was es dabei eigentlich ging, und wollte sich auch gar nicht einmischen, sondern nur weggehen an einen anderen Ort, an dem man vielleicht auf ihn wartete, aber nicht auf ewig – und wenn er zu spät käme, dann würde es eben zu spät sein. Wo dieser Ort lag, wußte Jonatan Lifschitz nicht, aber er spürte, daß er nicht länger zögern durfte.

Benja Trotzky, den Jonatan noch nie, nicht mal auf einem Foto, gesehen hatte, dieser Benja Trotzky also, der sich 1939 – sechs Wochen vor Jonatans Geburt – aus Kibbuz und Land abgesetzt hatte, war ein junger Theoretiker gewesen, ein von glühender Begeisterung beseelter Student aus Charkow, der aus innerer Überzeugung eine Arbeit als Steinhauer im Oberen Galiläa angenommen hatte. Er lebte einige Zeit in unserem Kibbuz, und entgegen seinen Grundsätzen verliebte er sich in Chawa, Jonatans Mutter. Er liebte sie auf beste russische Weise: mit Tränen, Schwüren und feurigen Geständnissen. Aber er tat es zu spät, nachdem sie schon von Jolek, Jonatans Vater, schwanger war und auch bereits in seinem Zimmer in der letzten Baracke wohnte. Dieser Skandal ereignete sich Ende des Winters 1939 und ging schlimm aus: Nach diversen Komplikationen, Briefen und einer Selbstmorddrohung, nach nächtlichen Schreien hinter der Scheune, wiederholten Schlichtungsversuchen und der Einschaltung der Kibbuzgremien, die sich bemühten, die Gemüter zu beruhigen und eine vernünftige Lösung zu finden, sowie nach heftigen Gemütsaufwallungen und diskreter ärztlicher Behandlung war eines Nachts schließlich besagter Trotzky für den Wachdienst im Kibbuz eingeteilt worden. Zu diesem Zweck erhielt er die uralte Parabellum-Pistole der Siedlung ausgehändigt und schob auch brav die ganze Nacht über Wache. Erst gegen Morgen fiel er wohl auf einmal völliger Verzweiflung anheim; er lauerte nämlich seiner Chawa neben der Wäschereibaracke auf, stürzte dann urplötzlich zwischen den Büschen hervor und schoß aus nächster Nähe auf seine schwangere Geliebte. Dann begann er – laut winselnd wie ein angeschossener Hund – blindlings auf den Kuhstall zuzurennen, wo er zwei Schüsse auf Jonatans Vater Jolek abgab, der gerade mit der morgendlichen Melkrunde fertig war, und zu guter Letzt feuerte er auch noch auf unseren einzigen Stier namens Stachanow. Als die verblüfften Genossen endlich dem Geschoßlärm entgegeneilten und die Verfolgung aufnahmen, sprang der Ärmste hinter den Misthaufen, um eine letzte Kugel in seine eigene Stirn zu jagen. Alle Schüsse aber hatten ihr Ziel verfehlt, kein einziger Tropfen Blut war geflossen, und trotzdem floh der tragische Liebhaber aus Kibbuz und Land und brachte es schließlich – nach einigen Irrwegen – zu einer Art Hotelkönig im Ferienort Miami an der amerikanischen Ostküste. Einmal überwies er eine großzügige Spende aus seinem Vermögen für die Einrichtung eines Musikzimmers im Kibbuz und ein andermal schrieb er einen Brief in sonderbarem Hebräisch, in dem er drohte oder sich brüstete oder vielleicht auch nur einfach freiwillig anbot, Jonatan Lifschitz' wirklicher Vater zu sein. In seinem Elternhaus, auf dem Bücherregal, verborgen zwischen den Seiten eines alten hebräischen Romans mit dem Titel »Der Skopusberg« von Israel Sarchi, fand Jonatan als Junge einmal ein vergilbtes Blatt mit einem biblisch anmutenden Liebesgedicht, das offenbar aus der Feder von Benjamin Trotzky stammte. In dem Gedicht hießen der Liebhaber Elasar aus Marescha und seine Geliebte Asuwa, Tochter des Schilchi, und überschrieben war es mit dem Titel »Aber der beiden Herz war nicht recht«. Am unteren Rand des Blattes waren noch einige Worte in etwas anderer, ausgewogen runder Handschrift angefügt, aber die konnte Jonatan nicht entziffern, denn es waren kyrillische Buchstaben. Die ganzen Jahre über bewahrten seine Eltern völliges Schweigen über diese Geschichte von der Liebe und Flucht des Benjamin T.; nur ein einziges Mal, während einer heftigen Auseinandersetzung, benutzte Jolek die Worte »Twoj komediant«, worauf Chawa ihm ebenfalls auf polnisch zischelnd antwortete: »Ty zboju. Ty morderco.« – »Du Verbrecher. Du Mörder.«

Die alteingesessenen Kibbuzmitglieder pflegten manchmal zu sagen: »Das ist ja unglaublich. Aus einem Abstand von höchstens eineinhalb Metern hat dieser Clown doch tatsächlich einen ausgewachsenen Stier verfehlt – eineinhalb Meter! Das war einer.«

Jonatan suchte in Gedanken einen anderen, für ihn passenden Platz, der es ihm erlaubte, nach eigenem Belieben zu arbeiten und sich auszuruhen – ohne eingekreist zu sein.

Sein Plan war, möglichst weit weg an einen Ort zu fahren, der keine Ähnlichkeit hätte mit dem Kibbuz und den Jugendlagern, den Militärstützpunkten und Wüstencamps oder mit diesen Anhalterstationen an den vom glühenden Wüstenwind heimgesuchten Kreuzungen mit ihrem immerwährenden Geruch nach Disteln, Schweiß und Staub und dem säuerlichen Gestank getrockneten Urins. Ja, er mußte eine ganz andere Umgebung suchen, vielleicht eine wirklich große und fremde Stadt, von einem Fluß durchzogen, mit Brücken, Türmen, Tunnels und wasserspeienden Ungeheuern an Brunnen, in denen Nacht für Nacht grün schimmerndes elektrisches Licht aus den Tiefen des Wassers scheint und an denen manchmal eine einsame fremde Frau steht, das Gesicht dem leuchtenden Wasser, den Rücken dem mit behauenem Stein gepflasterten Platz zugewandt – also einen dieser fernen Orte, an denen alles möglich ist, alles geschehen kann: plötzlicher Erfolg, Liebe, Gefahr, eigenartige Begegnungen.

In Gedanken sah er sich leichtfüßig wie ein junges Raubtier durch die teppichbedeckten Korridore eines kalten, hohen Gebäudes streichen, an Türstehern vorbei in Aufzüge treten, von deren Decke runde Lichtaugen strahlten, mitlaufen in einem Strom fremder Menschen, die unterschiedlichen Tätigkeiten nachgingen, jeder nach seinem Belieben, und sein Gesicht würde so unergründlich sein wie alle Gesichter hier.

So kam es ihm in den Sinn, sich aufzumachen nach Übersee, dort für die Aufnahme in die Universität zu lernen und von jedem Gelegenheitsjob zu leben, der sich gerade anbieten würde: von nächtlichem Wachdienst oder irgendeiner Hausmeistertätigkeit oder vielleicht von Kurierdiensten für eine Privatfirma, wie er es in einer Kleinanzeige einer Tageszeitung unter »Stellenangebote« gesehen hatte. Ohne die geringste Ahnung, was unter privater Kurierarbeit eigentlich zu verstehen war, hatte er die innere Gewißheit: Das ist was für dich, mein Lieber. Dabei stellte er sich vor, wie er über eine Vielzahl modernster Geräte regieren würde, eine Welt voller Schalttafeln und aufblitzender Kontrollämpchen, umgeben von selbstsicheren Männern und cleveren Karrierefrauen. Endlich würde er allein für sich wohnen, in einem gemieteten Zimmer ganz oben in einem hohen Haus in einer fremden Stadt, und zwar in Amerika, im Mittleren Westen, wie er ihn aus Filmen kannte. Dort würde er nachts für die Prüfungen büffeln und dann in die Universität aufgenommen werden. Er würde sich einen Beruf aussuchen, um damit geradewegs auf den Ort zuzusteuern, an dem man auf ihn wartete, aber nicht auf ewig – und wenn er zu spät käme, dann würde es eben zu spät sein. Noch fünf oder sechs Jahre, dachte Jonatan, und sein Studium wäre beendet, sei's in Amerika oder anderswo,

Der perfekte Frieden

er erreichte sein Ziel und wäre endlich ein freier Mensch, der sein eigenes Leben lebt.

Am Ende des Herbstes hatte Jonatan genügend Mut gesammelt, um seinem Vater Jolek, dem Kibbuzsekretär, gewisse Andeutungen hinsichtlich seiner Pläne zu machen.

Allerdings war es Jolek, und nicht Jonatan, der das Gespräch eröffnete. Eines Abends zog Jolek seinen Sohn beiseite in einen niedrigen Winkel zu Füßen der steinernen Freitreppe vor dem Kulturhaus und forderte ihn eindringlich auf, die Leitung des Landmaschinenparks zu übernehmen.

Jolek war ein stämmiger, aber nicht besonders gesunder Mann, dessen Körper von den Schultern abwärts in geraden, groben Linien verlief, was ihm ein kantiges Aussehen verlieh, aber sein graues Gesicht hing voller schwammiger Hautfalten, so daß man ihn eher für einen ältlichen Lebemann denn für einen überzeugten Altsozialisten gehalten hätte.

Er brachte sein Anliegen mit gedämpfter Stimme vor, als handele es sich um eine Verschwörung. Der große, schlanke und ein wenig zerstreute Jonatan sprach ebenfalls leise. Über beiden wehte ein feuchter Wind. Das Abendlicht war von Wolken durchzogen, es leuchtete zwischen Regenschauern. Die beiden redeten im Stehen neben einer mit Wasser vollgesogenen Bank, die mit den feuchten Blättern eines Nußbaums übersät war. Dieses Laub hatte bereits einen kaputten Wassersprinkler und einen Stapel nasser Säcke unter sich begraben. Jonatan starrte stur auf die Blätterhaufen, da er seinem Vater nicht ins Gesicht sehen wollte. Aber die Bank, die Säcke und der kaputte Sprinkler schienen ihm irgendeinen dumpfen Vorwurf zu machen, bis er schließlich in einen leisen, schnellen Redefluß ausbrach, wie es stillen Menschen eigen ist: Nein, nein, das käme überhaupt nicht in Frage, den Maschinenpark würde er nicht übernehmen, denn er arbeite schließlich in den Zitrusplantagen, und jetzt sei man doch mitten in der Grapefruiternte, das heißt, solange es nicht gerade regne. »Heute konnten wir natürlich nichts runtermachen, aber sobald es etwas trockner ist, gehen wir wieder raus. Und wieso denn überhaupt Maschinenwartung? Was hab ich denn mit Traktoren zu tun?«

»Das ist ja was ganz Neues«, gab Jolek zur Antwort, »jetzt will sich plötzlich keiner mehr um die Maschinen kümmern. Herzlichen Glückwunsch! Vor ein paar Jahren haben sich die Leute beinah gekloppt, weil jeder nur Mechaniker und nichts anderes sein wollte, und nun ist sich jeder zu fein für solche Arbeit. Skythen! Hunnen! Tataren! Damit bist nicht du persönlich gemeint. Ich sprech nur ganz allgemein. Guck dir doch die Jugendlichen von der Arbeiterpartei an, oder unsere jungen Literaten. Aber das ist ja egal. Dich möchte ich nur bitten, den Maschinenpark wenigstens so lange zu verwalten, bis sich eine dauerhafte Lösung finden läßt. Von dir kann man doch zumindest verlangen, daß du auf eine solche Bitte mit vernünftigen Argumenten reagierst und nicht mit dummen Ausreden.«

»Schau mal«, sagte Jonatan, »weißt du, ich hab bloß einfach das Gefühl, ich würd mich dafür nicht eignen. Das ist alles.«

»Nicht eignen! Gefühl! Fühlt sich geeignet, fühlt sich nicht geeignet«, platzte Jolek heraus. »Ja, was sind wir denn hier, eine Theatertruppe?! Reden wir hier denn davon, welcher Schauspieler sich am besten für die Rolle des Boris Godunow eignet? Würdest du vielleicht die Güte haben, mir ein für allemal zu erklären, was das bei euch heißen soll: Eignung, Selbstverwirklichung, Gemütsverfassung und all dieses verweichlichte Geschwätz. Ist die Arbeit mit den Maschinen denn ein Kleidungsstück oder ein Parfüm? Kölnisch Wasser? Was heißt denn da ›paßt nicht‹, wenn wir von 'nem Arbeitsplatz reden, hä?«

In diesen Spätherbsttagen litten Vater und Sohn an irgendeiner leichten Allergie: Jolek war heiser und kurzatmig, während Jonatans gerötete Augen dauernd tränten. »Schau mal«, sagte Jonatan, »ich sag dir doch, das ist nichts für mich. Was regst du dich denn groß auf. Erstens bin ich nicht für diese Arbeit im Maschinenschuppen geschaffen. Zweitens habe ich zur Zeit gewisse Zweifel, was meine Zukunft betrifft. Und du stehst hier und diskutierst mit mir über die Parteijugend und all das und merkst überhaupt nicht, wie's auf uns runterplatscht. Siehst du, der Regen hat wieder angefangen.«

Jolek hatte etwas anderes gehört, oder vielleicht hatte er auch richtig gehört, er dachte nur, es sei jetzt besser einzulenken. Also sagte er: »Ja gut. In Ordnung. Überleg dir's ein paar Tage und gib mir dann Bescheid. Ich hab ja nicht verlangt, daß du mir auf der Stelle antworten sollst. Bei Gelegenheit werden wir noch mal auf die ganze Sache zu sprechen kommen, wenn du in besserer Stimmung bist. Was halten wir hier denn den ganzen Abend für Stehdebatten und merken gar nicht, wie's uns geradewegs auf den Kopf regnet. Auf Wiedersehen. Hör mal, es wär besser, du würdst dir mal die Haare schneiden lassen: Wie siehst du denn aus. Das ist auch so was Neumodisches.«

An einem Samstag, als Jonatans jüngerer Bruder Amos auf Kurzurlaub vom Militär kam, sagte Jonatan zu ihm: »Was redst du denn bloß so viel vom nächsten Jahr. Du kannst doch jetzt überhaupt noch nicht wissen, wo du nächstes Jahr sein wirst. Und ich auch nicht.«

Zu seiner Frau Rimona sagte er: »Meinst du, ich muß mir die Haare schneiden lassen?«

Rimona blickte ihn an, setzte dann mit geringer Verzögerung ein etwas verlegenes Lächeln auf, als habe man ihr eine heikle oder sogar leicht gefährliche Fangfrage gestellt, und antwortete schließlich: »Langes Haar steht dir gut. Aber wenn es dich stört, ist das was anderes.«

»Nö, wieso denn«, sagte Jonatan und verstummte.

Es tat ihm leid, sich von den Düften, Stimmen und Farben trennen zu müssen, die ihn seit seiner Kindheit begleitet hatten. Er liebte den Geruch des Abends, der sich in den letzten Tagen des Sommers langsam auf die frisch gemähten Wiesen senkt: Bei den Oleanderbüschen balgen sich drei Promenadenmischungen um die Reste eines zerfetzten Schuhs. Ein alter Pionier mit Schirmmütze steht mitten auf dem Fußweg und liest die Zeitung, wobei sich seine Lippen wie im Gebet bewegen. Eine greise Genossin, einen blauen Eimer, randvoll mit Gemüse, Eiern und frischem Brot, in der Hand, geht an ihm vorüber, ohne ihn auch nur mit einem Kopfnicken zu grüßen – Folge einer uralten Auseinandersetzung. »Jonatan«, sagt sie mit weicher Stimme, »schau nur die Margeriten in dem Beet dort am Ende der Wiese, sie sind so weiß und sauber wie der Schnee, der bei uns in Laputyn im Winter gefallen ist.« Flötenklänge dringen aus den Kinderhäusern zwischen dem vielstimmigen Geschrei der Vögel herüber, und fern im Westen, hinter den Zitrushainen, in Richtung der untergehenden Sonne, fährt ein Güterzug vorbei, dessen Lokomotive zweimal tutet. Leid tat es Jonatan um seine Eltern. Um die Vorabende der Sabbate und Feiertage, an denen sich Männer, Frauen und Kinder im Kulturhaus versammeln – fast alle in weißen, frisch gebügelten Sabbathemden – und die alten Lieder singen. Leid tat es ihm auch um den Blechverschlag inmitten des Zitrushains, in den er sich manchmal zwanzig Minuten lang auf Kosten der Arbeitszeit zurückzog, um dort in Ruhe die Sportzeitung zu lesen. Leid tat es ihm um Rimona. Um den Anblick der aufgehenden Sonne, die im Sommer um fünf Uhr morgens so blutrot über den östlichen Felshängen zwischen den Ruinen des verlassenen arabischen Dorfs Scheich-Dahr heraufsteigt. Um all die Sabbatausflüge zu ebendiesen Hängen und Ruinen: er mit Rimona, er und Rimona mit Udi und Anat, oder manchmal auch er ganz alleine.

Bei all diesem Leid fand Jonatan noch Grund, sich zu ärgern oder sogar verbittert zu sein, als würde man ihn immer wieder unter Druck setzen und ihm Verzichtleistungen ohne Ende abverlangen, als würden sich seine eigenen Gefühle mit all den anderen Kräften verbünden, die ihm unaufhörlich unrecht taten. Mein ganzes Leben lang tue ich die ganze Zeit über nichts anderes, als immer nur zu verzichten. Schon als ich noch ganz klein war, haben sie mir als erstes beigebracht, nachzugeben, Verzicht zu leisten: in der Klasse, beim Spielen. Nachgeben sollte ich und Rücksicht nehmen und einen Schritt auf den anderen zugehen – beim Militär, im Kibbuz, zu Hause und auf dem Sportplatz –, immer zuvorkommend sein und ein guter Kerl, kein Egoist, keine Umstände machen, nicht stören, nicht stur sein, sondern achtgeben, in Betracht ziehen, etwas geben für den Nächsten und für die Gesellschaft, mit anpacken, sich ganz der Aufgabe stellen, ohne kleinlich berechnend zu sein. Und was hat mir all das gebracht? Daß sie über mich sagen: Jonatan, der ist soweit in Ordnung, ein ernsthafter Bursche, mit dem sich reden läßt. Wend dich an ihn, du wirst schon mit ihm zurechtkommen, ein anständiger Kerl ist das, zuverlässig und nett. Genug damit. Schluß mit dem ewigen Verzichten. Jetzt fängt ein neues Kapitel an.

Nachts im Bett konnte Jonatan nicht einschlafen. Er stellte sich beklommen vor, daß jemand auf ihn warte und sich wundere, wo er denn bliebe, und wenn er sich nicht beeilte, würde alles auseinanderlaufen und nicht mehr länger warten. Als er dann frühmorgens die Augen aufschlug und barfuß in Unterhemd und Unterhose auf die Veranda hinausging, um seine Arbeitskleidung und die lehmverkrusteten Arbeitsschuhe anzuziehen, von denen einer einige Tage zuvor sein von rostigen Nägeln strotzendes Maul aufgerissen hatte, hörte Jonatan über das Geschrei der frierenden Vögel hinweg, daß jemand nach ihm rief: Er solle sich doch aufmachen und gehen, nicht in den Zitrushain, sondern an einen ganz anderen Ort, den rechten, an seinen Ort. Es waren dies höchst ernstgemeinte Rufe – und wenn er zu spät käme, dann würde es eben zu spät sein.

Fast jeden Tag erlosch irgend etwas in ihm; er wußte nicht, was es war:

vielleicht eine Krankheit oder die Schlaflosigkeit? Und nur seine Lippen sagten ihm manchmal ganz ohne sein Zutun: Genug. Aus. Fertig.

Alle Anschauungen und Denkweisen, die man ihm seit seiner Kindheit anerzogen hatte, wurden nicht etwa durch andere ersetzt, sondern schrumpften in sich zusammen und verblaßten. Wenn sie in der Kibbuzversammlung von immer wieder auftretenden Verstößen gegen den Gleichheitsgrundsatz sprachen, von der übergeordneten Autorität der Gesellschaft, von Gemeinschaftssinn oder barer Anständigkeit, pflegte Jonatan schweigend abseits zu sitzen, hinter der hintersten Säule am Rand des Speisesaals, und einen Zerstörer nach dem anderen auf Papierservietten zu malen. Zog die Debatte sich länger hin, ging er schließlich zu Flugzeugträgern über, wie er sie bisher nur in Filmen oder Illustrierten gesehen hatte. Wenn er in der Zeitung von wachsenden Kriegsdrohungen las, sagte er zu Rimona: »Was soll bloß dieses endlose Gerede, diese Schwätzer, diese« – und wandte sich dem Sportteil zu.

Kurz vor den Hohen Feiertagen legte Jonatan seine Mitgliedschaft im Jugendausschuß nieder. Alle Meinungen und Ideen verblaßten, und an ihrer Stelle kam Trauer auf – eine Traurigkeit, die an- und abschwoll wie eine Kriegssirene. Aber selbst wenn sie etwas abgeklungen war – etwa während der Arbeitszeit oder beim Schachspielen –, bohrte sie wie ein Fremdkörper in ihm herum, in Bauch, Hals und Brust, genauso wie damals: Ich war klein und hatte was angestellt, war aber nicht erwischt worden und hatte keine Strafe erhalten, so daß also nur ich wußte, was gewesen war, und trotzdem den ganzen Tag und noch spätnachts im Bett zitternd dachte: Was wird nur werden, was hast du denn gemacht, du Irrer.

Jonatan sehnte sich danach, dieser Trauer möglichst schnell weit zu entkommen, wie er es in Büchern über jene reichen Europäer gelesen hatte, die vor der Sommerhitze in verschneite Gegenden fliehen und während des Winters milde Regionen aufsuchen. Einmal, als sie gerade zu zweit dabei waren, Säcke mit Kunstdünger von einem Lastwagen abzuladen und in den Verschlag im Zitrushain zu schleppen, sagte Jonatan zu seinem Freund Udi: »Hör zu, Udi, hast du schon mal darüber nachgedacht, was der größte Betrug auf der Welt ist?«

»Die Frikadellen, die Fejge uns dreimal in der Woche zum Mittagessen brät: nichts als altes Brot mit ein bißchen Fleischgeruch.«

»Nein, ich mein's doch im Ernst«, beharrte Jonatan, »wirklich der allergemeinste Betrug.«

»Also gut«, sagte Udi lustlos, »meines Erachtens ist das die Religion oder der Kommunismus oder auch beides zusammen. Warum fragst du denn?«

»Nein«, antwortete Jonatan, »nicht das. Ich mein, die Geschichten, die sie uns erzählt haben, als wir noch ganz klein waren.«

»Die Geschichten?« gab Udi verwundert zurück. »Was hast du denn plötzlich damit?«

»Haargenau das Gegenteil vom wirklichen Leben waren diese Geschichten. Hast du mal Streichhölzer? Wie zum Beispiel damals bei der Kommandoaktion gegen die Syrer in Nukeib. Weißt du noch, wie wir da einen toten syrischen Soldaten, dem's den ganzen Unterleib weggerissen hatte, in den Jeep gesetzt haben, mit seinen Händen am Steuerrad, und ihm eine brennende Zigarette in den Mund gesteckt haben und dann abgehauen sind, kannst du dich daran noch erinnern?«

Diesmal beeilte sich Udi nicht mit der Antwort, sondern zerrte einen Sack aus der äußersten Ecke des Lastwagens, stellte ihn sehr sorgfältig auf den Boden, um ihn als Grundlage für einen neuen Säckestapel zu benutzen, drehte sich dann schnaufend und unter heftigem Kopfkratzen um und blickte etwas schräg auf Jonatan, der an den Laster gelehnt dastand, seine Zigarette rauchte und wohl tatsächlich auf eine Antwort wartete. Udi lachte: »Was philosophierst du mir denn da mitten bei der Arbeit? Soll das eine Art Meditationsübung sein, oder was?«

»Nix dergleichen«, sagte Jonatan, »mir ist bloß plötzlich so ein unanständiges Heftchen eingefallen, das ich mal auf englisch gelesen hab. Da haben sie beschrieben, was diese Zwerge nun wirklich die ganze Zeit gemacht haben, als Schneewittchen bei ihnen lag und geschlafen hat wegen dem Apfel. Es war alles Betrug, Udi, das mit Schneewittchen und Hänsel und Gretel und Rotkäppchen und des Königs neuen Kleidern und all diesen niedlichen Geschichtchen, in denen zum Schluß nur noch Glück und Wohlgefallen herrscht, ›und wenn sie nicht gestorben sind, dann leben sie noch heute‹. Alles Betrug, sag ich dir. Auch die Ideen von denen.«

»Schon gut«, sagte Udi, »hast du dich beruhigt? Können wir jetzt weitermachen? Und wenn wir schon von Betrug reden, würdest du dann mal bitte als erstes meine Streichhölzer wieder aus deiner Tasche ziehen und sie mir freundlicherweise zurückgeben? Ah, so ist's recht. Und nun laß uns mal die restlichen dreißig Säcke abladen, bevor Etan R. kommt. Ja, genau so. Hol mal richtig Luft, reg dich ab, tief durchatmen, und jetzt pack hier mit an. So. Geht's wieder? Dann man los. Ich weiß gar nicht, warum du in letzter Zeit immer mit so 'nem sauren Gesicht rumläufst.«

Jonatan atmete tief und beruhigte sich.

Er war fast überrascht, wie leicht ihm die Entscheidung fiel. Die Hindernisse schienen unbedeutend. Beim Rasieren vor dem Spiegel sagte er sich zuweilen einfach mit tonlosen Lippen und in der dritten Person: »Er machte sich auf und ging.«

Manchmal wunderte er sich über seine gleichaltrigen Kameraden im Kibbuz. Warum machten sie es nicht wie er und gingen? Worauf warteten sie denn eigentlich? Die Jahre vergehen doch – und wer zu spät kommt, kommt zu spät.

Im letzten Sommer, einige Monate bevor Jonatan Lifschitz beschlossen hatte, alles zurückzulassen und sich auf den Weg zu machen, war im Leben seiner Frau ein trauriges Ereignis eingetreten. Allerdings betrachtete Jonatan diesen Vorfall nicht als Auslöser für seinen Entschluß. In seinen Gedankengängen kamen die Worte »Ursache« und »Wirkung« gar nicht erst vor. Gleich dem Durchflug der Zugvögel, den Rimona jeden Herbst und Frühling so gern beobachtete, sah Jonatan seinen Abschied als eine Sache an, deren Zeit nach langem Warten gekommen war. Es sind einige Jahre vergangen, dachte er, und nun ist es eben soweit.

Geschehen war folgendes: Rimona litt an irgendeinem Frauenleiden. Schon vor zwei Jahren war sie schwanger geworden und hatte das Kind verloren. Dann wurde sie wieder schwanger. Und am Ende des letzten Sommers brachte sie ein kleines Mädchen tot zur Welt.

Die Ärzte rieten, vorerst auf einen erneuten Versuch zu verzichten. Jonatan wollte jedoch gar keinen neuen Versuch unternehmen. Er wollte nur auf und davon.

Rund drei Monate waren seit diesem Vorfall vergangen. Rimona hatte angefangen, alle möglichen Bücher über Schwarzafrika in der Bibliothek auszuleihen. Jeden Abend saß sie nun im weichen, warmen Licht der Tischlampe mit ihrem bräunlichen Strohschirm und notierte auf kleinen Karteikarten den genauen Ablauf einzelner Stammesriten: Jagd- und Regenkulte, Fruchtbarkeitsriten und Geisterbeschwörungen. In ihrer regelmäßigen Handschrift hielt sie auf ihren Kärtchen die Trommelrhythmen namibischer Dörfer fest, skizzierte die Masken der Zauberer aus dem Stamm der Kikuju, beschrieb den Ahnenkult unter den Zulus und die Beschwörungen und Amulette, mit denen man im Lande Ubangi-Schari die Kranken heilte. Hier und da zeigten sich helle Flecke auf Rimonas Haut. Sie mußte regelmäßig zweimal die Woche eine Spritze bekommen und rasierte sich auch neuerdings die Achselhöhlen.

All das überging Jonatan mit Schweigen. Inzwischen hatte man die Strohballen von den Feldern in die Scheunen gebracht. Das ganze Land war mit schweren Pflügen hinter großen Raupenschleppern umgepflügt worden. Die weißblaue Sommerglut hatte fahlgrauem Licht Platz gemacht. Der Herbst kam und ging vorüber. Die Tage wurden kürzer und grauer, die Nächte länger. Jonatan Lifschitz überwachte mit gedämpfter Stimme die Zitrusernte, überließ seinem Freund Udi die Aufsicht über die Transporte und wartete.

Einmal schlug Udi vor, sich einen Abend zu zweit bei einer Tasse Kaffee zusammenzusetzen, um die Ladepapiere durchzusehen und eine Zwischenbilanz zu machen. Jonatan meinte, es habe keinerlei Eile damit, die Saison habe ja erst angefangen, was sei da schon groß zu bilanzieren. »Na, entschuldige mal«, sagte Udi, »du hast ja keine Ahnung, was um dich herum vorgeht.«

Aber Jonatan blieb stur: »Es ist noch genug Zeit. Nur keine unnötige Eile.«

Udi, dessen Augen ständig wie von Weinen oder Schlafmangel gerötet waren, schlug vor, er werde sich eben selbst um Bilanz und Buchprüfung kümmern, wenn Jonatan keine Geduld für so was hätte. Jonatan schaute Udi aus seinen allergiegeplagten, sonderbar triefenden Augen an und erwiderte: »Gut, in Ordnung.«

»Und mach dir keine Sorgen, Joni, ich werd dich auf dem laufenden halten.«

»Nicht nötig.«

»Was soll das heißen – nicht nötig?«

Worauf Jonatan Lifschitz antwortete: »Hör mal, Udi, wenn du hier der Boß sein willst, bitte sehr. Mir jedenfalls eilt gar nichts.«

Danach verfiel er wieder in Schweigen. Schweigend wartete Jonatan auf irgendeine Wende, ein Ereignis, das ganz von selbst zu einer Trennung des ehelichen Zusammenlebens führen würde. Aber die grau verhangenen Tage und Nächte glichen einander, und auch Rimona blieb sich immer gleich. Nur hatte sie in einem Laden auf dem Karmel eine neue Schallplatte erworben, auf deren Hülle ein nackter schwarzer Krieger abgebildet war, der gerade einen Büffel mit einem Speer durchbohrte. Darüber stand in schwarzer englischer Flammenschrift »Die Magie des Tschad«.

So begriff Jonatan langsam, daß sein Weggehen nur von ihm allein abhing. Er mußte die passenden Worte finden, um Rimona zu sagen: »Ich habe beschlossen, den Kibbuz zu verlassen – und dich auch.«

Allerdings mochte er keine Worte und vertraute ihnen auch nicht. Deshalb bereitete er sich sehr sorgfältig und ruhig auf dieses Gespräch vor, zog Tränen, Vorwürfe, Bitten und Anschuldigungen in Betracht. Er versuchte, verschiedene Begründungen zu formulieren, aber so sehr er sich diesbezüglich auch anstrengen mochte – Beweggründe fand er keine, nicht einen einzigen, noch so kleinen.

Schließlich blieb ihm nur eine Möglichkeit: Er mußte Rimona die schlichte Wahrheit sagen, auf irgendwelche zusätzlichen Erklärungen verzichten, was das Gespräch auch einfacher und kürzer machen würde. Diese simple Wahrheit ließe sich vielleicht mit einem einzigen Satz verkünden, wie etwa: »Ich kann nicht immer und ewig verzichten« oder »Ich bin schon spät dran«.

Aber Rimona würde dann sicher fragen: »Wozu bist du spät dran?« oder »Worauf kannst du nicht verzichten?«, und was sollte er auf solche Fragen antworten? Vielleicht würde sie auch in Tränen ausbrechen und schreien: »Joni, du bist ja plötzlich verrückt geworden!« Dann könnte er nur murmeln: »Es ist eben jetzt Schluß« oder »Tut mir außerordentlich leid«, und sie würde ihre Eltern und sämtliche Kibbuzgremien gegen ihn aufhetzen.

Rimona, schau mal, das kann man nicht so in Worte fassen. Vielleicht ist das wie bei deiner Magie des Tschad zum Beispiel. Ich meine – nicht Tschad, auch nicht Magie in dem Sinn. Ich meine, einfach so ... mir bleibt wirklich keine Wahl mehr, ich steh schon mit dem Rücken zur Wand, wie man so sagt. Sieh mal, ich geh. Ich hab keine andere Wahl.

Schließlich setzte er mehrere Tage im voraus einen Abend fest, an dem er mit Rimona sprechen würde. Falls sie mit Beschuldigungen oder flehenden Bitten anfinge, schwiege er einfach wie die Helden im Kino, dachte er sich und wiederholte nun mehrmals täglich im stillen die Worte, die er benutzen wollte.

In der Zwischenzeit achtete Jonatan – wie ein Untergrundkämpfer kurz vor dem Aufstand – sorgfältig auf die Erfüllung all seiner regulären Pflichten, damit seine Gefühle nicht entdeckt würden.

Beim ersten Tageslicht stand er auf, trat in Unterhemd und Unterhose auf die Veranda, zog seine Arbeitskleidung an, führte einen müden Kampf mit den Schnürsenkeln, wobei er besonders den grinsenden Schuh haßte, schlüpfte in eine alte, geflickte Uniformjacke und ging zum Maschinenschuppen. Wenn es stark regnete, bedeckte er Kopf und Schultern mit einem Sack und rannte fluchend bis zum Schuppen, auf dessen schmutzigem Betonboden er zwei Minuten lang auf der Stelle trat, bevor er den grauen Ferguson-Traktor startklar machte. Nachdem er Kraftstoff, Öl und Wasser geprüft hatte, ließ er den zuerst tuckernden und fauchenden Motor an, um Udi und seine Schar jugendlicher Erntehelferinnen in den Zitrushain zu fahren. Die Mädchen, die sich zu Beginn der Arbeit um den Blechverschlag im Hain drängten, an dem er ihnen die Erntescheren aushändigte, erinnerten Jonatan an irgendeine fast vergessene Geschichte über neun leichtfertige Nönnchen, eine einsame Hütte im tiefen Wald und den Wächter dieser Hütte. Aber da es ein feuchtkalter Morgen war, erstarb die Geschichte in seinem Gedächtnis, bevor sie noch richtig Fuß fassen konnte. Statt dessen begannen die Mädchen, die Früchte zu pflücken und in großen Behältern zu sammeln.

Die Stunden im Zitrushain verbrachte Jonatan meist völlig schweigsam. Nur einmal, als er Udi die Sportzeitung gab, sagte er: »Gut, in Ordnung, du kümmerst dich dieses Jahr um alle Versandrechnungen, aber halt mich trotzdem auf dem laufenden.«

Nach der Arbeit kehrte Jonatan in seine kleine Wohnung zurück, duschte, zog trockene, warme Feierabendkleidung an, setzte den Petroleumofen in Gang und ließ sich mit der Zeitung im Sessel nieder. Schon um vier oder Viertel nach vier versank das winterliche Licht hinter den schwärzlichen Wolken. Abendlicher Wind und Dämmerschein schlugen ans Fenster, wenn dann auch Rimona von ihrer Arbeit in der Wäscherei zurückkehrte und Kaffee nebst Keksen auf den Tisch stellte. Mal antwortete er auf Fragen von ihr, mal hörte er sich müde ihre Antworten auf seine Fragen an, wechselte wenn nötig auch mal eine ausgebrannte Glühbirne oder reparierte einen tropfenden Wasserhahn in der Duschecke. Zuweilen nahm er sich vor, sofort nach dem Kaffeetrinken aufzustehen, um die Teller und Tassen abzuspülen.

Eines Tages sprach Rabbiner Nachtigall vor den Nachrichten im Rundfunk über mögliche Wege zur religiösen Erneuerung und benutzte unter

Der perfekte Frieden

anderem die Worte »eine öde Wüste, ein Ödland«. Den ganzen Abend über und noch den folgenden Morgen bis gegen Mittag wiederholte Jonatan unwillkürlich immer aufs neue diese Worte, als hätten sie etwas Beruhigendes für ihn: Magie des Ödlands. Wüste des Tschad. Ödland des Tschad. Zauber der Wüste. Atme nur tief durch, sagte er sich in den Worten seines Freundes Udi, hol ordentlich Luft und beruhig dich ein bißchen. Bis Mittwochabend eilt gar nichts.

Jonatan besaß eine graubraune Schäferhündin namens Tia. In der Winterzeit döste Tia den ganzen Tag über vor dem Ofen. Ihre Jugend war längst vorbei, und jeden Winter schien sie unter Gliederschmerzen zu leiden. Ihr Fell war schütter geworden und wies an zwei Stellen sogar kahle Flecken auf wie ein alter abgetretener Teppich. Manchmal kam es vor, daß Tia plötzlich beide Augen öffnete und Jonatan Lifschitz so sanft und seltsam zweifelnd anguckte, daß ihm die Lider zitterten. Dann fuhr sie mit den Zähnen wild auf eines ihrer Beine oder auf eine Pfote los, um irgendeinen winzigen Schmarotzer auszurotten, kratzte sich wütend und schüttelte sich schließlich derart anhaltend, daß ihr Fellkleid bald zu groß für ihren Körper geraten schien. Danach legte sie die Ohren an, durchquerte einmal das Zimmer, ließ sich wieder müde vor dem Ofen nieder, schloß mit einem Seufzer das erste Auge, und nur ihr Schwanz wedelte noch einen kurzen Augenblick, bis auch er zur Ruhe kam, das zweite Auge ebenfalls zufiel und es zumindest aussah, als schliefe sie.

Wegen Tia war Jonatan gezwungen, seine Unterredung mit Rimona zu vertagen. Hinter den Ohren der Hündin waren nämlich wunde Stellen aufgetreten, die sich zwei Tage später mit Eiter füllten. Man mußte also den Tierarzt konsultieren, der etwa alle zwei Wochen im Kibbuz erschien, um die Kühe und Schafe zu untersuchen. Jonatan, der Tia sehr gern hatte, verspürte keinerlei Lust, sein Leben zu verändern, ehe die Hündin nicht völlig genesen war. Der Arzt empfahl eine Salbe sowie ein weißes Pulver, das man, mit Milch vermischt, Tia eingeben sollte. Sie ließ sich nur schwer bewegen, diese Mixtur zu trinken – also gab es wieder einen Aufschub. Ab und zu rief Jonatan sich die eigens vorbereiteten Worte ins Gedächtnis zurück, um sie nicht zu vergessen. Aber welche Worte waren das denn? Ödland des Tschad? Machte sich auf und ging?

Inzwischen war es richtig Winter geworden. Jolek erkrankte an Grippe und litt zudem unter heftigen Rückenschmerzen. Jonatan ging eines

Abends zu seinen Eltern, wobei Jolek ihm vorhielt, daß er nicht öfter kam und daß er nicht bereit war, die Leitung des Maschinenparks zu übernehmen, der mangels eines verantwortlichen Menschen langsam verrotte, und daß die israelische Jugend überhaupt destruktive Verfallstendenzen aufweise. Jonatans Mutter Chawa sagte demgegenüber: »Du siehst müde und traurig aus. Vielleicht solltest du dich ein, zwei Tage ausruhen. Auch Rimona hat Urlaub verdient. Warum fahrt ihr nicht mal nach Haifa, übernachtet einen Abend bei Onkel Pessach, geht zusammen ins Café und ins Kino? Was ist da schon dabei?«

Worauf Jolek hinzufügte: »Und laß dir bei dieser feierlichen Gelegenheit auch gleich mal ein bißchen die Haare schneiden. Guck doch, wie du aussiehst.«

Jonatan schwieg.

Nachts im Traum kamen Etan R. und Udi zu ihm, um ihm mitzuteilen, daß die Polizei endlich die Leiche seines Vaters auf dem Grund des Wadi gefunden habe. Jonatan solle rasch einen Anhänger an den Traktor koppeln und augenblicklich, bewaffnet und mit einer Bahre versehen, zu Hilfe kommen. Aber als sie in die Waffenkammer traten, fanden sie dort nur den Kadaver einer Katze. Jonatan wachte auf, stand lange in der Dunkelheit am Fenster und hörte das Heulen des Windes, durchsetzt mit einem Bellen, das aus weiter Ferne herüberklang, vielleicht von den Trümmern des verlassenen arabischen Dorfs Scheich-Dahr. »Schlafen, Tia«, sagte er leise und schlich ins Bett zurück, ohne Rimona zu wecken.

Es regnete und regnete. Die Erntearbeit mußte vorläufig eingestellt werden, die Erde verwandelte sich in klebrigen Morast. Das Licht des Tages war fahlblaß, das Licht der Nacht verschwand hinter schwarzen Wolken. Dumpfes Donnergrollen zog Nacht für Nacht in matten Wellen von Ost nach West. Feuchter Wind wehte gegen die Fenster des Hauses. Und einmal bebte es sogar: Auf einem hohen Regal schepperte plötzlich eine Vase.

Du wirst dein Leben von Grund auf verändern, wirst ein neues Kapitel beginnen, wirst frei sein. All die Dinge, die du zurückgelassen hast, werden alleine, ohne dich bleiben. Sie können dir nichts anhaben: ein Haufen persönlicher Gegenstände, die du am neuen Ort nicht brauchst. Nahestehende Menschen, die dich immer so behandelt haben, als seist du einer der Ihren und nur ein Werkzeug in ihrer Hand, ein bloßes Instrument zur Verwirklichung eines hehren Plans, dessen Zweck du nicht einsiehst.

Verschiedene Gerüche, die dir lieb geworden sind. Die Sportzeitung, die du immer von vorn bis hinten durchgelesen hast. Aber genug. Du wirst sie alle verlassen, und alle werden sie verlassen sein. Genug. Wie lange kann man noch nachgeben? Du mußt dich endlich aufmachen und dein eigener Herr sein, weil du nur dir selbst gehörst und nicht ihnen. Auch wenn dein Zimmer eigentümlich sein wird ohne dich. Leer und fremd werden die Regale an der Wand hängen, die du über dem Kopfende deines Betts angebracht hast. Einsam und verstaubt wird der Schachtisch dastehen, den du den letzten Winter über mit so viel Überlegung und Sorgfalt aus einem Olivenstamm herausgeschnitten hast. Sonderbar wird die Eisenstange im Garten aussehen, um die du eine Weinlaube hochziehen wolltest. Fürchte dich nicht: Mit der unaufhörlich verrinnenden Zeit werden all diese Dinge schließlich nicht mehr eigentümlich sein, sondern nur noch verlassen. Die Vorhänge werden verbleichen. Unten im Bücherbord wird dein Zeitschriftenstapel langsam vergilben. Hundszahn, Kletterwinde und Brennesseln, die du die ganzen Jahre über bekämpft hast, werden erneut die Herrschaft im Garten hinter dem Haus übernehmen. Und wieder werden sich die Schimmelpilze auf dem Spülbecken ausbreiten, das du ausgebessert hast. Hier und da wird sicher der Putz abbröckeln. Im Laufe der Jahre werden die Gitterstangen der Veranda Rost ansetzen. Deine Frau wird einige Zeit auf dich warten, bis sie endlich einsieht, daß Warten keinen Sinn mehr hat. Hartnäckig werden deine Eltern sie, einer den anderen, den Zeitgeist, die allgemeine Atmosphäre, dich, die neuen Auffassungen beschuldigen, bis schließlich auch sie sich fügen. »Mea culpa«, wird dein Vater in seinem polnisch gefärbten Lateinisch sagen. Deine Schlafanzüge, die Windjacke, Arbeitskleidung, Fallschirmjägerstiefel und die abgetragene Winterjacke wird man allesamt einem Mann schenken, der deine Größe trägt. Nicht Udi. Vielleicht diesem italienischen Mörder, der als Lohnarbeiter in der Schlosserei angestellt ist. Andere persönliche Gegenstände wird man in einen Koffer packen und auf dem kleinen Hängeboden über der Dusche verfrachten. Eine neue Routine wird sich durchsetzen, das häusliche Leben wird wieder in geordnete Bahnen zurückfinden. Rimona wird man auf einen der Kibbuzlehrgänge für angewandte Kunst schicken und ihr dann die Ausschmückung des Speisesaals für Partys und Feste übertragen. Dein Bruder Amos wird aus dem aktiven Militärdienst entlassen werden und seine Freundin Rachel heiraten. Vielleicht wird er's schaffen, in die Schwimmnationalmannschaft zu kommen. Fürchte dich nicht. Inzwischen wirst du dein ersehntes Ziel erreicht und dort gesehen haben, wie anders und richtig und neu alles ist: keine Trauer und Erniedrigung mehr, sondern Begeisterung und Kraft. Und wenn dir eines Tages die Erinnerung an einen altvertrauten Duft oder an ein aus weiter Ferne herüberdringendes Hundegebell kommen sollte oder an prasselnden Regen, der am frühen Morgen in Hagel übergeht, und du auf einmal um nichts in der Welt begreifen kannst, was du getan hast, was nur in dich gefahren ist, welche bösen Geister dich aus deinem Hause bis ans Ende der Welt gelockt haben, dann mußt du solche Gedanken mit aller Gewalt zurückdrängen, damit du nicht plötzlich schwankst wie ein Mensch, dem man aus der Dunkelheit von hinten her über die Schulter blickt. Du mußtest doch gehen. Du konntest doch nicht dein ganzes Leben lang sitzen bleiben und warten, ohne zu wissen, worauf und warum. Es gibt also nichts zu bereuen. Was war, ist gewesen.

In den Zitrushain konnte Jonatan dieser Tage nicht fahren; wegen des aufgeweichten Bodens waren die Erntearbeiten zum Stillstand gekommen. Die fröhlichen jungen Helferinnen wurden in Küche und Kleiderlager geschickt. Der rotäugige Udi erklärte sich freiwillig bereit, die vom Sturm beschädigten Blechdächer der Kuh- und Schafställe zu reparieren, bis der Himmel wieder aufklaren würde und man die Ernte fortsetzen konnte. So kam es, daß Jonatan Lifschitz widerstrebend einwilligte, vorübergehend und völlig unverbindlich die Leitung des Maschinenparks zu übernehmen, worum ihn sein Vater Jolek einige Wochen vorher gebeten hatte.

»Du mußt wissen, daß das keine Dauerlösung ist«, sagte Jonatan. »Es ist nur mal fürs erste.«

Jolek erwiderte: »Ah? So. Gut, in Ordnung. Du kniest dich da erst mal rein, fängst an, ein bißchen Ordnung zu schaffen, und im Laufe der Zeit beruhigen wir uns vielleicht etwas. Wer weiß? Womöglich entdeckst du auf einmal im Maschinenpark verschüttete Quellen der wahren Selbsterfüllung, oder die Mode ändert sich eines schönen Morgens und diese Arbeit steht wieder hoch im Kurs? Warten wir's ab und lassen uns überraschen.«

Jonatan antwortete mit allem Nachdruck, den er aufzubieten vermochte: »Du mußt nur daran denken, daß ich dir meinerseits absolut nichts versprochen habe.«

Der perfekte Frieden

An die sechs Stunden täglich arbeitete Jonatan nun also im Maschinenschuppen, übernahm jedoch nur die übliche Wartung der Traktoren sowie die nötigsten leichten Reparaturen. Die meisten Landmaschinen standen ja sowieso starr und stumm, tief in ihren Winterschlaf versunken, unter dem windgerüttelten Blechdach. Bei der leichtesten Berührung fuhr einem die metallische Kälte stechend in die Finger. Die Schmiermittel wurden schwarz und verkrusteten. Die Armaturenbretter waren beschlagen. Hier und da hatte man den müden Versuch unternommen, irgendein empfindliches Teil mit dreckigen, verstaubten Sackfetzen abzudecken. Nur ein Verrückter hätte auf die Idee kommen können, diese Ungeheuer aus ihrem düsteren Schlaf zu wecken und sich an ihnen zu schaffen zu machen. Mögen sie in Frieden ruhen, dachte Jonatan, ich bin hier nur wegen der Kälte und des Regens. Bald ...

Um zehn Uhr morgens pflegte er sich dann seinen Weg vom Schuppen zur Schlosserei zu bahnen, wo er in Gesellschaft des lahmenden Bolognesi Kaffee trank und die Sportzeitung las.

Bolognesi war nicht etwa ein Italiener, sondern ein tripolitanischer Lohnarbeiter mit einem zerfetzten Ohr, das an eine langsam vor sich hinfaulende Birne denken ließ, die jeden Augenblick abfallen und aufplatzen mußte. Er war ein großer, gebeugter Mann um die fünfundfünfzig, mit dunklem stoppligem Gesicht, aus dessen Mund ständig ein leichter Arrakgeruch wehte. Er lebte allein in einer Baracke, deren eine Hälfte früher mal eine Schuhmacherei beherbergt hatte, während die andere nach wie vor einmal im Monat als Friseursalon diente. Fünfzehn Jahre hatte er im Gefängnis gesessen, weil er der Verlobten seines Bruders mit einer Axt den Kopf abgeschlagen hatte. Es war dies eine sonderbare Geschichte, deren Einzelheiten niemand im Kibbuz kannte, obwohl natürlich verschiedene, teils höchst schreckliche Versionen von ihr kursierten. Stets lag ein verkniffener Zug auf Bolognesis Gesicht, wie bei jemandem, der gerade einen verdorbenen Bissen in den Mund gesteckt hat, den er auf keinen Fall hinunterschlucken kann, aber vor lauter Schreck und Höflichkeit auch nicht auszuspucken wagt. Sei es, weil dieser Bolognesi während seiner Haftzeit begonnen hatte, die religiösen Gebote peinlich genau einzuhalten, oder auch aus einem anderen Grund hatte Staatspräsident Ben Zwi beschlossen, ihm die übrigen Jahre seiner lebenslänglichen Gefängnisstrafe auf dem Gnadenweg zu erlassen. Das Komitee für die Betreuung bekehrter Häftlinge hatte sich für ihn und seine ruhige Wesensart in einem Empfehlungsschreiben an das Kibbuzsekretariat verbürgt, und so hatte man ihn für die Arbeit in der Schlosserei eingestellt und ihm auch ein Zimmer in der windschiefen, mit Teerpappe verkleideten Baracke überlassen.

Im Kibbuz redeten einige so und andere anders über Bolognesi. Die Einhaltung der religiösen Gebote jedenfalls hatte er nach seiner Ankunft hier wieder aufgegeben. Dafür wandte er sich in seiner Freizeit feinen Strickarbeiten zu, deren Anfertigung er während seiner Haft erlernt hatte. Tatsächlich machte er wunderbare Pullover für die Kibbuzkinder und strickte sogar komplizierte Kreationen nach der letzten Mode für die jungen Genossinnen. Von seinem Lohn kaufte er sich die neuesten Strickhefte, denen er ständig modische Muster entnahm. Er sprach nur wenig, und dies mit weiblicher Stimme, als sei er stets darauf bedacht, äußerst vorsichtig auf Fragen zu antworten, die ihn in Schwierigkeiten verwickeln oder den Fragenden selbst in Verlegenheit bringen könnten. Einmal, als sie wieder an einem grauen Regentag in der Schlosserei beim Kaffee saßen, fragte Jonatan ihn, ohne die Augen von der Sportzeitung zu heben: »Sag mal, Bolognesi, warum guckst du mich die ganze Zeit so an?«

»Sieh deinen Schuh«, antwortete der Italiener, sich vorsichtig zurückhaltend, fast ohne die Lippen zu öffnen. »Dein Schuh ist offen, und das Wasser kommt drinnen. Auf der Stelle remicht ich dir dein Schuh, bitte?«

»Macht nix«, sagte Jonatan, »nicht weiter wichtig. Danke.« Und damit wandte er sich wieder der Debatte zweier Kommentatoren über den überraschenden Ausgang des Halbfinales um den Landespokal zu. Zwei, drei Minuten später blätterte er weiter und las über einen aus Südamerika eingewanderten Orthopäden, der gleichzeitig ein vielgerühmter Fußballspieler war und sich nun dem Sportclub Betar-Jerusalem angeschlossen hatte. Auf einmal begann Bolognesi wieder mit zarter Stimme: »Ich nix gemerichtet, du nicht sagen danke«, worauf der Mann in seiner melancholischen Logik flehend fortfuhr: »Wie sagen danke einfach so? Für nix?«

»Für den Kaffee«, antwortete Jonatan.

»Ich noch eingemießen?«

»Nein danke.«

»Hier, bitteschön, was ist das? Wieder du sagst danke für nix? Warum sagst du? Ich nicht eingemießen, du nicht danke. Und auch nicht bemöse werden auf Freund.«

»Gut, is ja schon gut«, sagte Jonatan, »wer wird denn hier böse? Vielleicht bist du mal ein bißchen ruhig, Bolognesi, und läßt einen in Ruhe die Zeitung lesen?«

Und in seinem Innern fügte er hinzu: nicht nachgeben diesmal, bloß nicht nachgeben. Man kann doch nicht immer endlos verzichten und schweigen. Heute abend. Heute abend noch. Oder allerspätestens morgen abend.

Nachmittags, wenn Jonatan von der Arbeit mit den Traktoren nach Hause zurückkehrte, setzte er den Petroleumofen in Gang, wusch sich Hände und Gesicht und setzte sich in den Sessel, um auf Rimona zu warten, die Beine mit einer braunen Wolldecke gegen die Kälte geschützt. Dann schlug er die Morgenzeitung auf, bei deren Lektüre er von Zeit zu Zeit in erhebliches Staunen geriet: Der syrische Staatspräsident Dr. Nur ad-Din al-Atassi, ein ehemaliger Gynäkologe, und sein Außenminister, der Augenarzt Dr. Yussuf Zu'ein, hatten vor einer großen, frenetisch jubelnden Volksmenge in der Stadt Palmyra gesprochen und dabei aufgerufen, den Staat Israel endgültig von der Landkarte verschwinden zu lassen. Der Augenarzt schwor in seinem und der Versammelten Namen, daß er auch den letzten Blutstropfen nicht schonen werde, denn nur mit Blut könne die Schande abgewaschen werden, und der heilige Pfad zur Morgenröte der Gerechtigkeit setze unweigerlich ein Blutbad voraus. In Haifa wiederum hatte sich ein arabischer Jugendlicher vor Gericht verantworten müssen, weil er in unzüchtiger Weise durch ein Fenster im Stadtteil Hadar-Hakarmel gelugt und einer Frau beim Ausziehen zugeschaut hatte. Zu seiner Verteidigung brachte der Junge in fließendem Hebräisch vor, schon König David habe seinerzeit Batschewa beim Bade erblickt. Der Richter Nakdimon Zlelichin hatte, nach Darstellung des Blattes, sein Vergnügen über das stichhaltige Argument nicht verbergen können und den jungen Araber für diesmal mit einem ernsten Tadel und einer Verwarnung laufenlassen. Versteckt in einer der Innenseiten wurde von einem Versuch im Zürcher Zoo berichtet, bei dem man zur Unzeit Licht und Wärme ins Bärenhaus geleitet hatte, um die Tiefe des Winterschlafs zu testen. Ein Bär war davon aufgewacht und hatte den Verstand verloren.

Doch schon bald ließ Jonatan die Zeitung sinken und nickte im Sessel ein, weil der Regen so stetig und monoton in die Dachrinne tropfte. Jonatan übermannte ein leichter, unruhiger Schlaf, der zuweilen mit mattem Grübeln begann und schließlich in wilde Alpträume überging. Dr. Schillinger, der stotternde Gynäkologe aus Haifa, der Rimonas Frauenleiden behandelt und von einem wiederholten Versuch abgeraten hatte, war ein verschlagener syrischer Agent. Jolek drängte Udi, Jonatan und Etan R., sich freiwillig im Auftrag des Geheimdiensts auf eine gefährliche Reise in ein nordisches Land zu begeben, um die Schlange in ihrem Nest mit einem Beilhieb von hinten zu erledigen, aber alle sechs Kugeln, die Jonatan in seiner Pistole hatte, vermochten die Haut des Opfers nicht zu durchdringen, weil sie nur aus nassen Wollknäulen bestanden, worauf der Mann grinsend seine verstümmelten Zähne fletschte und Jonatan »Ty zboju!« zuzischelte. Da schlug er die Augen auf und sah Rimona vor sich. »Viertel nach vier«, sagte sie, »und es ist fast schon dunkel draußen. Schlaf noch ein bißchen weiter, bis ich geduscht habe und uns Kaffee mache.«

»Ich hab gar nicht geschlafen«, erwiderte er, »sondern bloß darüber nachgedacht, was in der Zeitung steht. Hast du gewußt, daß der Diktator von Syrien auch Frauenarzt ist?«

»Du hast geschlafen, als ich gekommen bin«, sagte Rimona, »und ich hab dich geweckt. Gleich trinken wir Kaffee.«

Sie duschte und wechselte die Kleidung, während das Wasser im Elektrokessel zu sieden begann. Schlank, wohlproportioniert und sauber kam sie aus der Dusche, trug Kaffee und Gebäck auf. Mit ihrem roten Pullover, den blauen Kordhosen und ihren langen blonden, frisch gewaschenen Haaren wirkte Rimona, umgeben von dem leicht bitteren Geruch nach Mandelseife und Shampoo, wie ein schüchternes Schulmädchen. Nun saßen sie sich in den beiden Sesseln gegenüber, und Rundfunkklänge füllten die Stille aus. Danach kam Musik von einer ihrer Schallplatten, eine sinnlich erotische Melodie aus den afrikanischen Urwäldern.

Rimona und Jonatan redeten wenig miteinander, nur das Nötigste, denn für einen Streit gab es keinen Grund, und sonstige Gesprächsthemen hatten sie kaum. Rimona war wie immer in Gedanken versunken. Auch ihre Sitzweise symbolisierte die in sich gekehrte Haltung: die Beine untergeschlagen, die Hände wegen der Kälte tief in den Ärmeln des roten Pullovers – wie ein frierendes kleines Mädchen, allein auf einer winterlichen Parkbank.

»Wenn der Regen einen Moment aufhört, gehe ich raus und hole Petroleum«, sagte sie. »Der Ofen ist fast leer.«

Und Jonatan antwortete, indem er seinen Zigarettenstummel vehement am Rand eines kupfernen Aschenbechers ausdrückte: »Geh nicht raus. Ich werde neues Petroleum holen. Ich hab sowieso noch was mit Schimon zu besprechen.«

Der perfekte Frieden

»Dann gib mir inzwischen deine Jacke, damit ich die Knöpfe nachnähen kann.«
»Aber du hast dich doch erst vor einer Woche einen ganzen Abend lang mit meiner Jacke abgemüht. Was gibt's denn jetzt schon wieder?«
»Letzte Woche war es deine neue Jacke; jetzt bring mir die alte braune.«
»Tu mir einen Gefallen, Rimona, und laß dieses alte Ding in Frieden. Es platzt schon aus allen Nähten. Entweder muß man's endlich wegwerfen oder dem Italiener schenken. Jeden Morgen macht er mir Kaffee in der Schlosserei und bedankt sich auch noch dafür.«
»Joni, du gibst die braune Jacke nicht weg, ich kann sie ausbessern. Ich brauch sie nur an den Schultern etwas rauszulassen, und schon kannst du sie wieder tragen, damit du's bei der Arbeit warm hast.«

Jonatan schwieg. Er verstreute den Inhalt einer Streichholzschachtel auf dem Tisch, versuchte sich an einer einfachen geometrischen Figur, fegte alles wieder in seine hohle Hand, legte jetzt ein komplizierteres Muster, verwarf auch dieses, schloß einen Moment die Augen und sammelte schließlich alle Streichhölzer fein säuberlich wieder in die Schachtel ein. Dabei sprach er kein Wort. In seinem Inneren schnarrte jedoch eine uralte, gebrochene Stimme, die wie aus trockenen Knochen höhnisch kicherte: So ein Clown. Noch nicht mal einen Stier konnte er treffen, aus einer Entfernung von eineinhalb Metern. Aber ihr Herz, erinnerte Jonatan die einzig mögliche Antwort auf diese grausam schrillenden Worte, aber der beiden Herz war nicht recht.

»Ich werde sie heilmachen«, begann Rimona erneut, »und wenigstens zur Arbeit wirst du sie noch gerne tragen.«
»Sicher«, erwiderte Jonatan sarkastisch, »das wäre mal was Neues. Ich geh im Sportjackett zur Arbeit, vielleicht auch noch mit Schlips und weißem Einstecktuch wie ein Geheimagent im Kino, und mit kurzem Haarschnitt, versteht sich, wie's mein Vater dauernd haben will. Hör mal, Rimona, wie der Wind draußen plötzlich zugenommen hat.«
»Der Wind ist stärker geworden, aber es hat aufgehört zu regnen.«
»Ich geh jetzt mit Schimon reden und Petroleum holen. Man müßte sich auch mal mit Udi zusammensetzen und die Versandrechnungen durchsehen. Was?«
»Nichts, ich hab nichts gesagt, Joni.«
»Gut, auf Wiedersehn.«
»Moment, wart mal. Geh jetzt nicht mit der neuen Jacke. Zieh die alte braune an, und wenn du zurückkommst, werd ich sie weiter flicken.«

»Wenn ich zurückkomm, wirst du gar nichts flicken, denn dann ist sie pudelnaß.«

»Wir haben doch gesagt, daß der Regen aufgehört hat, Joni.«

»Haben wir! Wunderbar, daß wir's gesagt haben. Und was bedeutet das? Bis ich wieder zurück bin, hat's längst wieder angefangen. Da, es geht schon los. Und wie, ein Wolkenbruch.«

»Geh nicht mitten im Regen. Wart's ab. Setz dich inzwischen hin. Ich schenk uns noch eine Tasse Kaffee ein, und wenn du deinem Italiener unbedingt etwas schenken willst, dann gib ihm die Dose Pulverkaffee, die wir nie benutzen werden, weil ich uns lieber richtigen starken Kaffee mache.«

»Hör mal, Rimona, dieser Italiener da. Weißt du, wie er sagt, ›ich gieß dir ein‹? – ›Ich dir eingemießen‹. Und wie er ›Wolkenbruch‹ sagt? – ›Volkenbroch‹. Nein, du hörst nicht zu. Warum? Vielleicht sagst du mir einmal, wie es kommt, daß du nie zuhörst, wenn ich rede, keine Antwort gibst, überhaupt nicht da bist, sondern ganz woanders, weiß der Teufel, wo. Was hat das zu bedeuten?«

»Sei nicht böse, Joni.«

»Jetzt auch du noch. Was habt ihr denn heute bloß? Schon vom frühen Morgen an sagen mir alle, sei nicht böse, reg dich nicht auf, wo ich überhaupt nicht böse bin. Und wenn ich mich nun gerade aufregen möchte, was ist dann? Darf ich's etwa nicht? Ist was dabei? Jeder kümmert sich um mein Seelenheil, fängt den ganzen Tag Debatten mit mir an. Du und Udi und dieser Italiener und mein Vater und Etan R. und alle zusammen. Man wird ja verrückt! Morgens will dieser übergeschnappte Italiener unbedingt meinen Schuh reparieren, und am Abend kommst du mit dieser lumpigen Jacke da, und hinterher wird mein Vater mir wieder Aufgaben zuteilen und meinen Charakter verbessern. Guck doch selber, ich bitte dich. Schau in die heutige Zeitung, da oben steht's, wie diese Syrer in ihren Versammlungen über uns reden, während mein Vater mit ihnen Frieden und Völkerfreundschaft schließen will, eine ganze Verbrüderungsfeier, dabei wollen sie nur eines, nämlich uns abschlachten und unser Blut saufen. Schon wieder träumst du und hörst kein einziges Wort, das ich mit dir rede.«

»Doch, Joni. Was hast du denn, ich bin nicht dein Vater.«

»Du solltest lieber hinhören, was für ein Platschregen jetzt draußen runtergeht. Und du willst mir einreden, es hätte aufgehört zu regnen, und

Der perfekte Frieden

sagst, ich soll dir Petroleum holen. Bitte schön: Geh ans Fenster, du hast doch Augen im Kopf, und schau selbst nach, was draußen los ist.«

Später, als Rimona und Jonatan noch immer einander gegenübersaßen und wortlos den zweiten Kaffee tranken, wurde es draußen noch dunkler, der schwarze Himmel schien die Erde zu berühren, die Baumkronen rauschten, als ginge im Regen eine Axt zwischen ihnen um, und durch den Sturm hörte man das dumpfe Muhen der Kühe, ein zu Tode erschrockenes Klagen, das selbst das Heulen des Windes übertönte. Ohne ersichtlichen Grund tauchte das verlassene arabische Dorf Scheich-Dahr in Jonatans Gedanken auf: wie der strömende Regen in der Nacht die Reste der Lehmhütten zerstörte, Staub zu Staub werden ließ, und wie die Trümmer der niederen Steinhäuser langsam nachgaben. Kein Mensch, ja nicht mal ein winziger Lichtschein war dort, wenn plötzlich ein loser Stein, der bis zu dieser Nacht noch hartnäckig an anderen Steinen festgehalten hatte, in die Tiefe stürzte; zwanzig Jahre hatte er so dagehangen, und nun mußte er endlich aufgeben und rollte in der Dunkelheit zu Boden. Keine Menschenseele ist auf der Anhöhe von Scheich-Dahr in einer Sturmnacht wie dieser, kein streunender Hund verirrt sich dorthin, kein Vogel; nur Menschenmörder wie Bolognesi, wie ich, wie Benjamin Trotzky können dort Unterschlupf finden. Keine lebende Seele gibt es, nur schweigende Finsternis und diese Winterstürme, und das abgeschnittene Minarett der Moschee steht da wie ein krummer Baumstumpf. Ein Mördernest, hat man uns in der Kindheit erzählt, in dem blutdürstige Banden hausten. Endlich können wir beruhigt aufatmen, hieß es, als Scheich-Dahr zerstört war. Nur Ruinen, Dunkelheit und tiefer, klebriger Morast sind jetzt von Scheich-Dahr übriggeblieben, und auf den öden Felshängen gibt es keine Mörder und keine Banden mehr. Das Minarett, von dem aus Scharfschützen in den Kibbuz hineingeschossen hatten, war auf halber Höhe von einem gezielten Granatwerfergeschoß abgerissen worden, das – wie es bei uns heißt – der Oberbefehlshaber der Palmach höchstpersönlich abgefeuert hatte. Auf all das strömt jetzt dieser schwarze Regen hinab.

Als ich noch klein war, bin ich einmal alleine nach Scheich-Dahr gegangen, um nach dem Schatz von Goldmünzen zu suchen, der angeblich unter dem Haus des Scheichs vergraben sein sollte. Ich begann, die grün bemalten Bodenfliesen herauszureißen und darunter immer tiefer zu graben, da ich ja die Geheimstufen suchte, die in das Versteck hinunterführten. Ich grub angstschlotternd wegen des Uhus und der Fledermäuse und der Geister der Toten: wegen all der Dorfältesten aus den Geschichten, die sie uns Kindern erzählt haben, und all der Gespenster, die da nachts umherirren und einem von hinten lauernd ihre knochigen Finger um den Hals schlingen sollten. Aber ich grub weiter und fand doch nichts außer eigenartigem Staub, der wie Asche nach einem Brand aussah, und in diesem Staub steckte ein breites, verfaultes Holzbrett, das ich aushob, und darunter befanden sich alte Deichseln und ein Dreschschlitten und zerbrochene Teile eines Holzpflugs und, noch tiefer dann, schwarzer Staub. Ich wollte nicht aufgeben, sondern schürfte immer weiter, bis mit einem Mal der Abend hereinbrach und ein schrecklicher großer Vogel mich ankrähte, so daß ich alles hinwarf und floh. Ich lief den Abhang hinunter, verfehlte aber in der Dunkelheit die richtige Abzweigung des Wadi und lief nun zwischen den verfallenden Hütten hindurch in die dornenüberwucherten Felder hinaus und weiter zwischen die verlassenen Olivenbäume, deren Früchte schrumplig waren, wie in dem Spruch: »Die Oliven werden schrumplig mit dem Alter«, wie man's andernorts von den Eicheln sagt. Ich rannte bis zu einem ehemaligen Steinbruch, und von ferne heulten die Schakale und plötzlich auch von nahe, und ich war noch ein Junge, und die toten Alten waren blutdürstig, lechzten nach einem Blutbad wie dieser syrische Arzt, und ich war völlig außer Atem – und was hatte ich aus Scheich-Dahr mitgebracht? Nichts hatte ich dort gefunden, außer einem wilden Stechen in der Brust und dieser fürchterlichen Angst und Traurigkeit, die an dir nagt und dich bestürmt, dich noch in diesem Moment aufzumachen und zu gehen, um ein Lebenszeichen hinter dem Ödland zu suchen, hinter dem Regen, der nicht aufhört zu fallen dort draußen in der Dunkelheit und auch morgen nicht aufhören wird und übermorgen auch nicht. Und das ist mein Leben, ein zweites hab ich nicht. Das ist mein Leben, das da unaufhörlich vorüberzieht und mich in diesem Augenblick aufruft, mich aufzumachen und zu gehen, denn wer gibt mir meine Zeit zurück? Und wer zu spät kommt, kommt zu spät.

Jonatan stand auf. Im Dämmerlicht des Zimmers fingerte er mit seiner behaarten, von der Sonne des letzten Sommers noch gebräunten Hand nach dem elektrischen Schalter. Als er ihn endlich gefunden hatte, knipste er das Licht an und blinzelte einen Moment lang in die Birne, wie erschrocken oder verwundert über diesen eigenartigen Zusammenhang zwischen seinem Willen, seinem Finger, dem weißen Knopf an der Wand und dem gelben Licht an der Decke. Dann setzte er sich wieder in den Sessel und sagte zu Rimona: »Du schläfst gleich ein.«

»Ich sticke«, sagte Rimona, »und im Frühling werden wir eine schöne neue Tischdecke haben.«

»Warum hast du das Licht nicht angemacht?«

»Ich sah, daß du in Gedanken versunken warst, und wollte dich nicht stören.«

»Viertel vor fünf«, sagte Jonatan, »und schon muß man Licht machen. Wie in Skandinavien. Wie in der Taiga oder Tundra, die wir in der Schule durchgenommen haben. Erinnerst du dich? An die Taiga, die Tundra?«

»Ist das in Rußland?« fragte Rimona vorsichtig.

»Unsinn«, erwiderte Jonatan. »Das ist um den ganzen Polarkreis herum. In Sibirien, Skandinavien, sogar in Kanada. Hast du in der Wochenendzeitung gelesen, daß die Wale am Aussterben sind?«

»Du hast es mir schon erzählt. Ich hab's nicht gelesen, denn wenn du's mir schilderst, kommt es viel schöner raus.«

»Sieh nur den Ofen«, sagte Jonatan verärgert, »gleich geht er aus. Ob es jetzt regnet oder nicht, ich hol Petroleum, bevor er noch zu rußen anfängt.«

Rimona saß im Sessel, den Rücken sanft gebeugt, und hob die Augen nicht von ihrer Stickerei. Sie sah wie ein eifriges Schulmädchen bei den Hausaufgaben aus: »Nimm wenigstens eine Taschenlampe mit.«

Jonatan nahm die Lampe und ging schweigend hinaus. Nach seiner Rückkehr füllte er den Petroleumbehälter des Ofens auf und wusch sich die Hände mit Seife, aber um seine Fingernägel herum klebten noch immer schwärzliche Maschinenölreste von seiner morgendlichen Arbeit in der Werkstatt.

»Du bist naß geworden«, sagte Rimona sanft.

»Macht nichts«, erwiderte Jonatan, »ist schon gut. Und ich hab die alte braune Jacke angezogen, wie du mir gesagt hast. Mach dir bloß nicht so viel Sorgen um mich.«

Er breitete die Zeitschrift »Schachwelt« auf dem Tisch aus und begann, eine knifflige Aufgabe zu lösen. Dabei vertiefte er sich so sehr ins Nachdenken, daß er vergaß, an seiner Zigarette zu ziehen, deren Asche sich nun überallhin verstreute. Zu seinen Füßen schlummerte Tia. Als er die inzwischen ausgegangene Zigarette erneut ansteckte, überlief plötzlich ein kurzer Schauer vom Nacken bis zum äußersten Schwanzende das Rückenfell der Hündin. Für einen Augenblick spitzten sich ihre Ohren, um gleich wieder niederzusinken. Jonatan wußte, daß Tia damit auf Töne oder Gerüche reagierte, die er selbst nicht wahrnehmen konnte, weil sie zu schwach oder zu weit entfernt waren. Auf dem Regal, das er über dem Kopfende seines Bettes im Schlafzimmer angebracht hatte, tickte ein unförmiger Blechwecker vor sich hin, und manchmal kam es vor, daß ein Ohr dieses Ticken hörte – derart zerbrechlich war die Stille zwischen ihnen im Raum, nein, still war es nicht, unaufhaltsam strömte ja das Regenwasser ums Haus.

Rimona war eine schlanke, nicht sehr große Frau mit schmalen Hüften und kleinen festen Brüsten. Von hinten wirkte sie wie ein junges Mädchen, das gerade erst in die Pubertät eingetreten ist. Ihr Körper fiel durch eine zarte, klare Linienführung auf, und ihre Finger und Hände waren lang und schmal. Irgendwie glich sie einem wohlerzogenen Backfisch aus vergangenen Zeiten, dem man irgendwann mal beigebracht hatte, stets aufrecht zu stehen, beim Gehen niemals den Po zu schwenken und im Sitzen den Rücken gerade und die Beine zusammenzuhalten, und nun befolgte sie eben gehorsam all das, was sie einmal gelernt hatte.

Zwar sah, aus der Nähe betrachtet, die Haut an ihrem Hals, unterhalb der Ohren, schon ein bißchen schlaff aus, aber ihre Nackenpartie war hoch und straff, und eine Fülle von blonden offenen Haaren fiel auf ihre Schultern. Ihre asiatisch schrägstehenden Augen schienen ständig in Halbschlaf versunken und standen weit auseinander wie die eines kleinen Tieres, was ihnen einen eigenartigen, starken Zauber gab.

Manchmal staunte Jonatan darüber, wie andere Menschen, vor allem Männer, sie anschauten, wie unerbittlich sie ihre traurige Schönheit zu durchdringen suchten, sei es durch freche Witzchen, sei es durch väterliches Gehabe, als wolle man ihr eine starke Lehne bieten, oder durch deutliche Anzüglichkeiten – wobei diese Männer sich offenbar bemühten, ihr mit geheimnisvoll gedämpftem Ton ein Zeichen zu geben. Dann waren da noch die Burschen, die sich etwas hilflos an sie wandten, als würden sie Rimona um Vergebung und Barmherzigkeit anflehen, oder diejenigen, die zu wispern begannen, als wüßten sie irgendeine verborgene Regel, die sicher auch ihr, ihrer guten Erziehung zum Trotz, wohlbekannt war. Auf verschiedenen Wegen suchten diese fremden Männer nach einer Überein-

Der perfekte Frieden

kunft mit ihr, die keiner Worte oder Taten bedarf, sondern nur eines bewußten inneren Anklangs.

Einmal, an einem glühendheißen Sommertag, erklärte sich einer der Nachbarn bereit, einen Wasserschlauch auszurollen und Rimonas nackte Füße abzuspritzen, die von der Gartenerde schmutzig geworden waren. Mit dieser Handlung hatte er gewissermaßen seinen Teil in dem uralten Abkommen getan, obgleich Rimona ihrerseits, wie ein verzogenes Kind, so zu tun versuchte, als habe sie noch nie von dessen Bestehen gehört. Aber gerade mit dieser Verleugnung erfüllte sie sehr wohl ihren Teil des Vertrags, mit schöner Großzügigkeit sogar, und zwar soweit, daß ein leichter Schreck sowohl den Mann überkam, der ihr da die Füße abspritzte, als auch Jonatan, der in einiger Entfernung zwischen den Myrtensträuchern am Abhang des Gartens stand und mit verbissenem Lächeln zuschaute. Doch er tröstete sich im stillen: Was immer auch kommen mag, sie kann diesen und all die anderen nur täuschen, denn sie hat ja gar nichts; sie kennt kein Spiel, kein neckisches Entschlüpfen und keine Verstellung – nichts. Das ist das Wesen der Einfalt. Das ist das Wesen von Taiga oder Tundra: wunderhübscher Schnee in glühender Sommerhitze. Ohne ihr Wissen oder Wollen zieht sie einen blassen, kühlen Kreis höflicher Verleugnung um sich: Ich verstehe nichts von dieser Sprache der Andeutungen. Entschuldige. Da kann und will ich nicht mitmachen. Irrtum. Tut mir leid.

Gelegentlich steckte Rimona ihr Haar hoch, so daß der helle Flaum auf ihrem Nacken sichtbar wurde. Jonatan geriet dann jedesmal in helle Aufregung und bat sie inständig, den Knoten wieder zu lösen und das Haar fallen zu lassen, weil beim Anblick des Flaums Rimona ihm derart nackt erschien, daß er sich schämte.

Ihre länglichen, schwarzen, ziemlich weit auseinanderstehenden Augen wirkten meist halb verschleiert, und auch die unverwandte Ruhe auf ihren Lippen verlieh ihr einen Ausdruck von schattiger Kühle. Selbst wenn sie sprach, ja sogar wenn sie lächelte, wich dieser kühle Schatten nicht von ihrem Gesicht. Aber Rimona lächelte ohnehin nur sehr selten, wobei das Lächeln nie auf den Lippen, sondern um sie herum begann und sich von dort langsam und zögernd bis zu den Augenwinkeln ausbreitete; dann war Rimona wie ein kleines Mädchen, dem man etwas gezeigt hat, was kleine Mädchen eigentlich nicht sehen dürfen.

Jonatan glaubte, daß Rimona von den meisten Dingen, die sie sah und hörte, kaum berührt wurde. Nichts geht sie etwas an, dachte Jonatan aufgebracht, als würde ich mit einem teuren Gemälde leben, als hätte ich eine Gouvernante, deren Aufgabe darin besteht, mich durch ihr gutes Vorbild zu erziehen, bis auch ich ruhig und zufrieden bin.

Derlei Gedanken versuchte Jonatan mit Hilfe des Ausdrucks »meine Frau« zu unterdrücken. Das ist meine Frau, pflegte er sich tonlos zuzuflüstern. Das ist Rimona, meine Frau. Das ist meine Frau, Rimona. Aber die Bezeichnung »meine Frau« paßte in seinen Augen für reife Familien, für den Film, für Häuser, in denen Kinder lebten, wo es Kinderzimmer, eine Küche und eine Putzfrau gab. Aber dies war Rimona, die sich für nichts interessierte, außer – vielleicht – für die Amulettformen der Stämme im fernen Swaziland, aber selbst das so verschlafen und ohne inneren Drang, weil es für sie eigentlich keinen richtigen Unterschied zwischen den Dingen gab.

Meine Frau. Wieder hat sie sich über meine alte braune Jacke hergemacht, und dabei ist die nun auch noch naß. Einmal im Leben muß man doch schließlich den Mund aufmachen und die schlichte Wahrheit sagen. Wenigstens mir selber will ich sie eingestehen. »Hör mal, Rimona, vielleicht ist's nun endlich genug?«

»Ja. Ich bin fast fertig. Auch die Schultern hab ich dir etwas rausgelassen. Probierst du mal?«

»Unter keinen Umständen, Rimona. Dieses Ding da ziehe ich nicht mehr an. Ich hab dir schon tausendmal gesagt, daß man's in den Mülleimer werfen muß – oder dem Italiener geben.«

»Gut.«

»Was ist gut?«

»Gib's dem Italiener.«

»Und warum mußtest du dann den ganzen Abend daran arbeiten?«

»Ich hab's ausgebessert.«

»Aber warum, zum Teufel, mußtest du's denn ausbessern, da ich dir gesagt hab, daß ich's nie mehr tragen werde?«

»Du hast es doch selbst gesehen: Es war an zwei Stellen ausgerissen.«

Nach den Zehn-Uhr-Nachrichten pflegte Jonatan sich etwas überzuziehen und auf die kleine Veranda hinauszutreten, um allein eine letzte Zigarette zu rauchen. In ihrem winzigen Feuerschein konnte er sehen, wie der

Der perfekte Frieden

Regen niederging: fein und stechend, leicht – und doch stur und geduldig. Jonatan liebte es, schweigend die Kälte auf seiner Haut zu spüren und den Geruch des nächtlichen Windes tief in die Lungen einzuatmen, diesen feuchten Duft, der von der satten Erde aufstieg. Die Erde selbst konnte er bei der Dunkelheit nicht sehen. So stand er da und wartete, ohne zu wissen, worauf und warum. Es tat ihm leid um seinen Bruder Amos, der noch beim Militär war und in einer furchtbaren Nacht wie dieser womöglich mit seinen Kameraden zwischen den Dornbüschen am Eingang eines Wadis nahe der Grenze lag und reglos feindlichen Eindringlingen auflauerte. Leid tat es ihm auch um das Baby, das Rimona Ende des letzten Sommers tot zur Welt gebracht hatte. Niemand hatte ihnen je erzählt, was mit dem Leichnam geschehen war. Irgendwo in dieser Dunkelheit, in diesem dikken Morast, befand sich ein kleiner Körper, dessen sonderbare Bewegungen er noch vor fünf Monaten unter seiner aufgelegten Hand tief im Mutterleib hatte spüren können. Doch da: erneutes Hundegekläff, tief im Herzen der Nacht, und wenn nicht aus den Trümmern von Scheich-Dahr, woher trug dann der Wind dieses dumpfe Bellen herüber? Mit einem Mal begriff Jonatan, was passiert war: Der Zigarettenstummel war ihm unbemerkt aus der Hand gefallen und glühte nun auf dem Fußboden weiter. »Zauber des Tschad«, sagte Jonatan laut und verwundert. Er beugte sich nieder, hob die brennende Kippe auf, warf sie in den Regen, holte tief Luft angesichts des winzigen Lichtscheins, der augenblicklich im dunklen Wasser verlosch, murmelte, »gut, schon gut«, und kehrte ins Innere des Hauses zurück.

Rimona schloß die Verandatür hinter ihm ab, zog die Vorhänge vor und blieb dann zwischen Couch und Bücherregal stehen, wie eine Aufziehpuppe, deren Feder abgelaufen ist.

»Wär's das?« fragte sie, um gleich darauf mit einem halben Lächeln hinzuzufügen: »Ja. Gut.«

Jonatan erwiderte: »Schön. Gehn wir schlafen.«

»Schon.«

Er wußte nicht, ob sie ihm mit diesem Wort etwas versprechen oder aber eine Frage, Verwunderung oder auch ihre Zustimmung ausdrücken wollte. »Am Ende hab ich heute nicht mit Schimon gesprochen und bin auch nicht zu Udi gegangen, um die Rechnungen durchzusehen und die Versandpapiere zu prüfen.«

»Also bist du nicht gegangen«, antwortete Rimona, »macht nichts. Dann gehst du eben morgen. Bis morgen klärt es sich vielleicht draußen auf und regnet nicht mehr.«

Im Doppelbett, jeder in eine dicke Winterdecke eingewickelt, Rimona an der Wand und Jonatan näher zum Fenster hin, lauschten sie beide der Spätmusik aus dem Radio über ihren Köpfen, um nicht das immer stärker werdende Heulen des Sturms draußen zu hören. Dabei unterhielten sie sich flüsternd: »Denk dran, am Donnerstag bist du beim Zahnarzt angemeldet. Vergiß es nicht, Joni.«

»Ja.«

»Morgen wird es aufklaren. Schon drei Tage regnet und stürmt es fast ununterbrochen.«

»Ja.«

»Hör mal, Joni.«

»Was?«

»Hör mal, wie's jetzt zu donnern anfängt. Und der Wind geht so stark. Die Scheiben beben.«

»Ja. Du brauchst keine Angst zu haben.«

»Ich hab keine Angst. Nur, wenn noch Vögel am Leben geblieben sind, dann können sie einem leid tun. Soll ich das Radio ausmachen?«

»Ja. Dreh's aus. Und schlaf. Es ist schon fast elf Uhr, und morgen muß ich um halb sieben aufstehen.«

»Ich hab keine Angst.«

»Schlaf, Rimona. Wir sind doch nicht draußen.«

»Nein. Wir sind drinnen im Haus.«

»Dann versuch jetzt einzuschlafen. Ich bin müde. Gute Nacht.«

»Aber ich kann nicht einschlafen. Du schläfst immer gleich, aber ich kann nicht.«

»Was hast du denn, Rimona?«

»Angst.«

»Brauchst du doch nicht. Genug jetzt. Schlaf. Gute Nacht.«

Beide lagen sie in der Dunkelheit, ohne eine Bewegung, ohne einen Laut, mit offenen Augen nebeneinander, ohne sich auch nur zufällig zu berühren, und sahen zu, wie tiefdunkle Flecken zwischen die Schatten ihrer Möbel krochen. Sie wußte, daß er nicht schlief. Er wußte, daß sie es wußte. Beide wußten es und schwiegen. Lagen stumm da und warteten. Draußen trieben niedrige Wolken auf die Berge im Osten zu. Diese Berge standen

da in Frieden, starr und massig, nur sich selbst gehörend und auch sich selber fremd.
 Zwei Wochen später war Tia wieder gesund, alle Wunden waren verheilt. Wieder döste sie die meiste Zeit vor dem brennenden Ofen. Eines Abends erschrak Jonatan jedoch, weil sie im Schlaf zu atmen aufgehört hatte und es einen Augenblick so aussah, als sei sie eben gestorben. Aber der Schreck war unbegründet. Und Jonatan beschloß in seinem Inneren: Morgen abend.

2.

An ebendiesem Abend traf ein fremder junger Mann im Kibbuz ein. Er war allein zu Fuß die sechs Kilometer von der Hauptstraße gelaufen und hatte das Kibbuzgelände auf einem schlammbedeckten, sonst von Traktoren benutzten Nebenweg betreten, der an den Stallungen und Lagerhäusern vorbeiführt. Da es bereits Abend war und zu dieser Stunde kaum jemand zwischen den Wirtschaftsgebäuden herumlief, mußte er lange weiterwandern, ehe er auf eine menschliche Seele stieß. Nur penetrante Gerüche begrüßten ihn: säuerlicher Dunst aus den Hühnerställen, Schafsgestank, der modrige Geruch nassen Heus, stinkender Kuhmist in grünlichen Wasserpfützen um den verstopften Jaucheabfluß neben den Rinderställen, ätzender Gärduft von langsam vor sich hinschimmelnden Orangenschalen.
 Der erste, dem der Gast begegnete, war Etan R. Er war gerade dabei, Grünfutter auf die Krippen der Kuhställe zu verteilen, als er im fahlen Licht der Dämmerung plötzlich ein schwerfälliges Rumoren wahrnahm, ein mühseliges Sichvorwärtsbahnen durch das dichte Gebüsch hinter dem Düngemittelschuppen. Schon wieder ist ein Kalb aus seinem Pferch ausgebrochen, dachte Etan wütend, weil der Riegel wieder kaputt ist und Stutschnik wieder vergessen hat, ihn zu reparieren, und ich vergessen habe, ihn mit Draht festzumachen. Aber diesmal denke ich nicht im Traum daran, mich damit abzugeben, sondern ich gehe jetzt augenblicklich und mit dem größten Vergnügen los und hole diesen Stutschnik aus dem Kulturraum, mitten aus dem Treffen seiner Studiengruppe über jüdische Philosophie, damit er sich in seiner Feierabendkleidung hierher begibt und selber die Suppe auslöffelt, die er sich da eingebrockt hat. Ist mir völlig schnuppe. Das ist das zweite Kalb, das uns diese Woche durch-

gebrannt ist, und ich gehe jetzt aus Prinzip und hole den lieben Stutschnik da raus, damit er nicht immer nur über die anderen redet, die alles falsch machen, und über die Jugend, die vor lauter Überfluß degeneriert. Aber das ist ja gar kein Kalb! Das ist irgendein Mensch, der mir da herumläuft, und ich sehe schon, daß es hier gleich Unannehmlichkeiten gibt.

Aus dem Gebüsch tauchte nun fuchtelnd und springend der fremde Jüngling auf, erst sein staunendes Gesicht, dann Schultern und Hände, die das feuchte Laub zur Seite drückten, und schließlich keuchend und prustend der ganze Körper, gekleidet in Kordhosen und eine helle Jacke. Er rannte schnell – oder versuchte womöglich im Gegenteil, den Schwung seiner Sprünge aus dem dichten Gebüsch heraus zu bremsen –, so daß Etan R. für einen winzigen Augenblick versucht war, ihm ein Bein zu stellen und über ihn herzufallen. Aber schon stand der Gast sehr naß und bebend vor ihm. Offenbar hatte er einen weiten Fußweg hinter sich gehabt, bevor er sich in dieses Dickicht verirrt hatte. Wegen des Wassers, das ihm aus den unbedeckten Haaren über beide Wangen floß, machte er eine äußerst armselige Figur. Über einer Schulter sah Etan eine dünne, schlaffe Militärtasche hängen, und in der Hand trug der junge Mann einen großen Gitarrenkasten.

Etan musterte den Gast mißtrauisch: ein mageres Bürschchen mit schmalen, stark abfallenden Schultern und so unsicher auf den Beinen, daß man ihn mit einem mittelprächtigen Stoß ohne weiteres hätte umwerfen können. Die anfängliche Besorgnis verschwand also und machte einer leichten Ungeduld Platz. Etan R. war ein breitgebauter, stark behaarter Mann mit blondem Schopf, einer kindlich wirkenden Stupsnase und markigem Kinn. Er nahm seine in schweren Arbeitsstiefeln steckenden Füße etwas auseinander, um einen besseren Stand zu haben, und blickte weiter prüfend geradeaus, bis er schließlich sagte: »Guten Abend?«

Diese Worte betonte Etan fragend und nicht grüßend, denn der fremde Jüngling erschien ihm höchst befremdlich.

Der Gast lächelte plötzlich übertrieben breit, hörte genauso plötzlich wieder damit auf, erwiderte einen erschrockenen Gutenabendgruß, der einen leichten Akzent erkennen ließ, und fragte, wo er jetzt wohl den Leiter des Kibbuz finden könne.

Etan R. beeilte sich nicht mit der Antwort, sondern erwog sie erst ein bißchen, wobei er immer noch mit dem verlockenden Gedanken spielte, im Kulturraum zu erscheinen, um Stutschnik vor aller Augen aus seiner

Philosophiestunde herauszuholen. Aber er widerstand dieser Versuchung und stellte in seinem behäbigen Tonfall ruhig fest: »Du meinst den Sekretär. Unser Sekretär ist krank.«

»Selbstverständlich«, erwiderte der Gast mit gebührendem Nachdruck, als hätte er von vornherein wissen müssen, was doch jedem Kind hinreichend bekannt ist: daß sämtliche Kibbuzsekretäre von Natur aus eindeutig kranke Leute sind. Es tat ihm in der Seele weh, eine derart beschämende Frage gestellt zu haben, aber trotzdem, vielleicht blieb ihm doch noch ein klein wenig Raum, um auf seinem Anliegen zu beharren: »Sicher«, wiederholte er, »ich verstehe sehr wohl und wünsche natürlich völlige Genesung, aber im Kibbuz herrscht doch Kollektivverantwortung; gibt es bei euch vielleicht einen Stellvertreter oder einen turnusmäßig Verantwortlichen?«

Belustigt schaute Etan erneut auf den Gast und schüttelte sein schweres Haupt einige Male. Beinahe hätte er sogar gutmütig gelächelt, wenn er nicht für einen Augenblick im Schein der blassen Lampe unter dem Blechdach den Blick des Neuankömmlings aufgeschnappt hätte; es war ein scharfer grüner Blick, der gleichermaßen an Fröhlichkeit wie an Verzweiflung grenzte, und um die Lider herum spielte ein nervöses Zucken. Die ganze Haltung des jungen Mannes hatte etwas Unruhiges, ängstlich Angespanntes, sich Anbiederndes an sich, eine Art verschlagener Unterwürfigkeit.

Etan R. war nun gar nicht mehr belustigt: Der vor ihm Stehende sah unaufrichtig aus. Statt eines Lächelns wählte Etan einen militärisch knappen Ton: »Gut, womit kann ich behilflich sein.« Und diesmal endete der Satz nicht mit einem Fragezeichen.

Der fremde Bursche antwortete nicht sofort. Es schien, als habe er mit einem Schlag Etans Überlegenheitstaktik durchschaut und sie sich selbst zu eigen gemacht: nämlich die Antwort für einige Sekunden aufzuschieben.

Er zögerte, ließ den Gitarrenkasten von der rechten in die linke Hand wandern und streckte dann mit einer entschiedenen Bewegung seine frei gewordene Rechte aus: »Schalom. Sehr angenehm. Mein Name ist Asarja Gitlin. Ich ... ich bin daran interessiert hierzubleiben, das heißt, bei euch zu wohnen. Nur im Kibbuz gibt's noch Gerechtigkeit. Nirgendwo sonst findet man sie heute. Ich möchte gern hier leben.«

Etan war also gezwungen, seinen Arm auszustrecken und die angebotene Hand mit den Fingerspitzen zu ergreifen. Es erschien ihm sonderbar, hier zwischen den Büschen hinter dem Düngemittelschuppen einen Händedruck mit dieser merkwürdigen Gestalt auszutauschen.

Asarja Gitlin ließ nicht ab von seinen eindringlichen Erläuterungen: »Schau, Genosse, damit du mich nicht schon von Anfang an falsch verstehst. Ich bin keineswegs einer von denen, die aus allen möglichen persönlichen Gründen in den Kibbuz kommen und dort wer weiß was suchen. Im Kibbuz sind die Menschen einander doch noch verbunden, während man jetzt in der ganzen Welt nur Haß, Neid und Roheit sieht. Deshalb bin ich hergekommen, mich euch anzuschließen und meinem Leben eine bessere Wendung zu geben. Eine innere Verbindung zum Nächsten aufzubauen bedeutet meines Erachtens, eine Verbindung zur eigenen Seele zu schaffen. Nun möchte ich bitte mit dem verantwortlichen Menschen sprechen.«

Ein fremder Akzent. Etan gelang es nicht, diesen Akzent einzuordnen, was ihn ungeduldig machte. Die Stelle, an der die beiden am sanft abfallenden Rand der Siedlung standen, war verlassen. Dreißig Meter weiter verlief der Sicherheitszaun, zwischen dessen rostigen Stacheldrahtwindungen eine schwache Glühlampe leuchtete. Der Betonpfad zu ihren Füßen lag unter einer dicken Schlammschicht. Jeder Schritt in diesem klebrigen Morast war von einem platschenden Gurgeln begleitet, das an das faulige Blubbern fermentierenden Düngers erinnerte. Etan R. fiel ein, daß Stutschnik einmal etwas von einem Studenten erzählt hatte, der vor dreißig Jahren im Kibbuz gelebt hatte, in wildem Amoklauf hierhergerannt war und mit der Pistole auf jeden geschossen hatte, der sich ihm zu nähern versuchte. Es wehte ein Wind. Auch die Luft war feucht. Oben auf der Anhöhe hatten sich die von Kälte heimgesuchten Wiesenflächen noch nicht völlig in Dunkelheit gehüllt. Die winterlichen Laubbäume trauerten um ihre Blätter. Im letzten Dämmerlicht erschienen die nahegelegenen Häuser weit voneinander entfernt. Dünne Nebelschwaden zogen zwischen den Gebäuden hindurch. Von unten, aus den Rinnsalen, stieg Dunst auf. In der Ferne lachte ein Mädchen. Dann wurde es wieder still.

Der Gast ließ den Gitarrenkasten von der linken in die rechte Hand zurückgleiten. Ein Geruch von Schweiß, saurer Milch und Dung drang aus Etans Arbeitskleidung, als er sich jetzt vorbeugte und vergeblich versuchte, den Zeigerstand auf seiner Armbanduhr zu erkennen.

»Gut«, sagte Etan, »in Ordnung.«

»Es geht in Ordnung? Ich darf hier bei euch bleiben? Gleich morgen bin ich bereit, mit der Arbeit anzufangen. Mit jeder Arbeit. Ich hab auch Zeugnisse und einen Brief, und ich ...«

»Sieh mal«, erwiderte Etan R., »wart einen Moment. Schau her. Geh geradeaus diesen Weg entlang, bis du an die Bäckerei kommst. An der Bäckerei steht dran: Bäckerei. Danach weißt du, daß du an der Bäckerei angekommen bist. Hinter der Bäckerei ist eine kleine Weggabel. Du hältst dich links und läufst zwischen den Zypressen weiter. Wenn die Zypressenallee aufhört, siehst du zwei Häuser. Bis hierhin alles klar?«

»Bis hierher prima.«

»Wart einen Moment. Lauf nicht weg. Ich bin noch nicht fertig. Wenn du an die beiden Häuser kommst, geh mitten zwischen ihnen durch. Dann siehst du ein langes Gebäude auf Pfeilern: vier Balkons. Dahinter liegt noch ein Gebäude, ebenfalls auf Pfeilern, und auch da gibt's vier Balkons. Bei der vorletzten Tür klopfst du an. Da wohnt Jolek. Jolek ist der Sekretär. Du mußt mit ihm reden. Er ist der Leiter des Kibbuz, den du anscheinend suchst.«

»Und das ist der Genosse, von dem du gesagt hast, er sei schwer krank?«

»Krank. Nicht weiter schlimm. Wenn er dich sieht, wird er auf der Stelle gesund. Da kannst du dich in Ruhe aussprechen, und man wird dir auch sagen, was du tun sollst.«

»Ich möchte doch sehr um Verzeihung bitten, daß ich zu dieser Tageszeit gekommen bin, wie soll ich's definieren: zu ungewöhnlicher Stunde. Eigentlich hatte ich vorgehabt, mit dem Halb-drei-Uhr-Bus bei euch einzutreffen, aber aus einem persönlichen Grund habe ich mich verspätet und wollte versuchen, mit dem Bus um vier zu kommen, aber wieder hat man mich in irgendeine heikle Aufgabe verwickelt, so daß ich auch den verpassen mußte. Wie in dem Spruch über den verwirrten Fuchs, vielleicht kennst du ihn schon, und wenn ja, dann zögere nicht, mich zu unterbrechen: ›Ein verwirrter Fuchs fragte überall flugs, bis nach viel Gesugs er in die Grube fiel ohne Mucks.‹ Und so bin ich schließlich mit dem falschen Autobus gefahren und an der Kreuzung ausgestiegen und hab mich von da aus zu Fuß auf den Weg gemacht, aber zu meinem Glück laufen ja bei solchem Wetter keine Fedajin in der Gegend rum, so daß ich heil angekommen bin. Verzeihung, womöglich bist du in Eile? Halte ich dich etwa auf?«

»Macht nichts. Das kommt vor«, bemerkte Etan trocken. »Die Hauptsache: Du hast alles behalten? Ich wiederhol noch mal: Bäckerei, links, Zypressen, zwei Häuser, langes Gebäude, vorletzte Tür. Dort kannst du reden, soviel du willst, und kriegst auch Antwort. Bist du sicher, daß du dich nicht verläufst?«

»Gott behüte!« erwiderte Asarja mit bleichem Schreck, als hätte man ihn gerade gefragt, ob man sich auch darauf verlassen könne, daß er nicht im Schutz der Dunkelheit etwas stehlen würde. »In der Armee war ich Anwärter für einen Spähtrupp, einen Spezialkurs für militärische Aufklärung. Es war mir eine Freude, dich kennenzulernen. ›Ein lächelndes Gesicht vergißt man nicht‹, heißt es doch. Mein Name ist Asarja. Du ... Darf ich mich bei dir bedanken?«

Etan R. wandte sich wieder seiner Arbeit im Kuhstall zu. Zweimal zuckte er mit den Achseln: Er fragte sich, ob tatsächlich eine Gitarre in dem großen Kasten war, und dachte zugleich, daß es im Lande Israel ja von allen möglichen Typen wimmelte. In dem Kasten konnte eine Gitarre sein, aber möglicherweise auch was ganz anderes. Wie sollte man das wissen. Etan war ziemlich unruhig, vielleicht weil der Fremde selbst so einen ruhelosen Eindruck gemacht hatte. Auch Stutschniks Nachlässigkeit erweckte seinen Zorn: Bloß reden können sie. Wenn jemand sich verstecken will, gibt es keinen besseren Ort als einen Kibbuz, dachte er. Bei uns ist alles offen, keiner gibt sich damit ab, etwas nachzuprüfen oder Fragen zu stellen. Nirgends findet man heute Gerechtigkeit, nur im Kibbuz ist etwas davon übriggeblieben. Ein komischer Vogel, dieser Typ. Aber wir haben ja schon den Bolognesi, der sich hinsetzt und Kleider strickt. Da können wir gut noch einen verkraften, der hinter der Gerechtigkeit her ist. Wird schon recht sein.

Sicherheitshalber sollte man nach dem abendlichen Melken und der darauf folgenden Dusche hier und da mal rumfragen, sagte sich Etan. Und vielleicht wär's überhaupt besser gewesen, den Mann bis an Joleks Wohnungstür zu begleiten, damit es keine bösen Überraschungen gibt. Wer weiß schon.

Aber später, nachdem er seine Karrenladung Grünfutter auf die Krippen verteilt hatte und sich daranmachte, die Schläuche der Melkmaschine anzuschließen, wobei das uralte Radio, das auf einer mit Spinnweben überzogenen Kiste in der Stallecke stand, mit voller Lautstärke die neuesten Nachrichten ausposaunte, hatte Etan diesen Asarja längst vergessen. Erst am nächsten Mittag fiel er ihm wieder ein.

Inzwischen verblaßte das letzte Licht der Dämmerung. Die Laubteppiche auf den freien Flächen ringsum färbten sich schwarz. Wispernd unterhielt sich der Wind mit den toten Blättern. Ein Geruch von nasser Fäulnis und stehendem Wasser lag in der Luft. Und es war kalt. Entlang des schlammbedeckten Weges verbreiteten die Lampen einen dubiosen Lichtschein, der einer kränklich gelben Masse glich. Auch durch die Fenster der Häuser schimmerte elektrisches Licht. Wer von draußen hineinschaute, sah nichts als eine wehende Gardine oder die vorüberhuschende Silhouette eines Menschen, denn die Scheiben waren mit Dunst überzogen. Asarja hörte den Schrei eines Kindes, hörte Lachen und Schimpfen, hin und wieder drangen Rundfunkmelodien nach draußen. Wie durch einen bösen Zauber veränderten sich diese fröhlichen Weisen, sobald sie Fenster oder Wände passiert hatten: Hier im Regen nahmen sie einen melancholischen Grundton an. Doch inmitten dieser Trauerstimmung, inmitten von Kälte und Dunkelheit, die noch nicht das Dunkel der Nacht, sondern das Dunkel eines gerade erst angebrochenen wolkenverhangenen Winterabends war, inmitten dieser erstarrten Trübsal konnte er sich im Geiste vorstellen, wie hinter jeder Wand, hinter den beschlagenen Scheiben sich das wahre, warme Leben abspielte: glückliche Familien, Babymatten voller Spielzeug, der Duft frisch gewaschener Kinder, Musik, das bläuliche Feuer der brennenden Petroleumöfen und Frauen in wollenen Morgenröcken – dort drinnen lief gemächlich das wahre Leben ab, das er bisher vergeblich gesucht hatte. Bis ins Innerste seiner Seele sehnte er sich danach, dieses Leben zu erfassen und von ihm erfaßt zu werden, teilzuhaben und nicht mehr fremd und als Sonderling draußen zu stehen in der Dunkelheit, sondern augenblicklich mittels eines Zauberstabs zum Mitglied, Einwohner, Partner und Bruder zu werden, den sie bald kennen und lieben lernten, bis keinerlei Unterschied zwischen ihm und all den andern mehr spürbar wäre.

Wie also konnte er jetzt mit einem Schwung eintreten oder eindringen, hinein in die Gerüche, ins Innere des Hauses, unter die Worte, die dort gesprochen wurden, aber nicht ihm galten, zwischen die Teppiche und Strohmatten, in die Melodien, das Flüstern und Lachen, auf die richtige Stelle der in der Winternacht geschlossenen Vorhänge, wie konnte er zu der angenehmen Berührung mit warmer Wolle gelangen, wie zum Duft von Kaffee, Keksen und feuchtem, mit feinem Shampoo gewaschenem Frauenhaar, wie zu dem Rascheln von Zeitungspapier, dem leisen Scheppern von Geschirr, das im Spülstein abgewaschen wird, wie zu dem Knistern schneeweißer Laken, die mit vier Händen über das weiche, breite Doppelbett im Schlafzimmer gespannt werden beim Licht der Nachttischlämpchen und dem Klang des Regens, der von draußen gegen die geschlossenen Läden trommelt.

Am Fuße des Weges sah Asarja drei Greise im Freien stehen, die wohl zwischen zwei Regenschauern ein wenig Luft schnappen wollten, alle drei auf ihre Stöcke gelehnt und einander zugeneigt, um Geheimnisse auszutauschen oder sich gegen die Kälte zu schützen. Aber als er sich ihnen näherte, merkte er, daß es nur drei feuchte, vom Wind gerüttelte Büsche waren. Der Wind hatte jetzt sehr zugenommen, und die feuchte Kälte war beißend geworden.

Im Speisesaal auf der Anhöhe hinter der Zypressenallee deckte der Küchendienst die Tische fürs Abendessen. Ein kleiner Mann kam von dort angerannt und rief: »Zurück, Amigo, komm zurück, du hast einen Anruf, geh nicht weg.« Und eine Stimme antwortete irgendwo aus dem Dunkeln: »Ich kann dich nicht verstehen.«

Hinter all den geschlossenen Fenstern brach plötzlich die Radiomusik ab, und an ihrer Stelle folgte der tiefe Tonfall des Nachrichtensprechers: Seine Stimme klang ernst, bestimmt und patriotisch, aber die Worte selbst trug der Wind davon. Die ausladenden Baumwipfel hoch über dem Kopf des nassen Fremdlings wurden immer finsterer. Mit aller Macht bemühte er sich, nur ja nicht die Wegbeschreibung zu vergessen, die Etan R. ihm gegeben hatte. Er wollte sich nicht verlaufen und womöglich jemandem zur Last fallen. Bäckerei und Zypressen standen am richtigen Ort, aber die langen Gebäude täuschten ihn, denn es waren nicht zwei, sondern fünf oder sechs, eines hinter dem andern, wie hell erleuchtete Zerstörer in einem neblig dunklen Hafen. Der Weg selber brach plötzlich ab, so daß der Fußgänger auf einmal in Blumenbeeten herumstapfte, bis ein niedriger Zweig ihm einen kräftigen Schlag ins Gesicht versetzte und ihn dabei mit nadelscharfen Tropfen überschüttete. Diese Demütigung löste eine derart beleidigte Wut in ihm aus, daß er im Handumdrehen die Stufen zu einer der Veranden hinaufstürmte, wo er eine Weile zitternd stehenblieb. Dann faßte er sich schließlich ein Herz und klopfte leise an.

Im Dunkel vor der Wohnungstür des Kibbuzsekretärs waren nun endlich die Worte des Nachrichtensprechers zu verstehen: »Infolge dieser Entwicklungen hat der Armeesprecher vor einer knappen Stunde bekanntgegeben, daß unsere Streitkräfte für alle Eventualitäten gerüstet sind. Die nötigen Schritte sind in begrenztem Umfang eingeleitet worden. Israel bleibt weiterhin bestrebt, die Spannungen auf friedlichem Wege zu entschärfen. Der Ministerpräsident und Verteidigungsminister hat heute abend seinen Urlaub abgebrochen und unterhält gegenwärtig in seinem Tel Aviver Büro eine Reihe von Beratungen mit politischen und militärischen Persönlichkeiten. Unter anderem wurden die Botschafter der vier Mächte aufgefordert ...«

Asarja Gitlin mühte sich mit aller Kraft, die dicke Lehmschicht von seinen Schuhsohlen abzukratzen, bis er die Sache aufgab und statt dessen beide Schuhe auszog, so daß er nun in seinen nassen Socken dastand, ehe er höflich ein zweites und, nach kurzem Abwarten, ein drittes Mal an die Tür klopfte. Wegen des Radios werden sie es nicht hören, dachte er sich. Er konnte nicht wissen, daß Jolek ein bißchen schwerhörig war.

Die folgenden Ereignisse lösten beiderseits Verlegenheit und einen leichten Schrecken aus: Jolek, im Schlafanzug und darüber einen Hausmantel aus dunkelblauem Wollstoff, öffnete die Tür, um ein Tablett mit den Resten des Abendbrots hinauszustellen, das man ihm wegen seiner Krankheit aus dem Speisesaal gebracht hatte. Auf der Schwelle sah er plötzlich eine dünne, nasse und verängstigte Gestalt in Strümpfen vor seiner Nase stehen. Ein erschrocken funkelndes Augenpaar starrte ihm geradewegs ins Gesicht. Jolek stieß einen leisen Laut der Verblüffung aus, rang sich aber sofort zu einem Lächeln durch und fragte: »Srulik?«

Asarja Gitlin, verwirrt, triefend naß und vor Kälte mit den Zähnen klappernd, während seine Haut unter der Kleidung schweißüberströmt war, konnte gerade noch flüstern: »Verzeihung, Genosse; ich bin nicht Srulik. Ich wollte nur ...«

Aber Jolek konnte dieses verzweifelte Wispern nicht hören, weil im selben Augenblick wieder laute Musik aus dem Radio im Zimmer hinter ihm dröhnte. So streckte er einfach seine Arme vor sich in die Dunkelheit aus, umfaßte die Schultern des Gastes und zog ihn unter scherzhaften Vorhaltungen in die Wohnung hinein: »Komm rein, Srulik, nur hereinspaziert. Steh doch nicht draußen in der Kälte rum. Es würde grade noch fehlen, daß du uns auch noch krank wirst ...«

Dabei hob er seine Augen und siehe – er hatte einen Fremden vor sich. Schnell nahm er seinen Arm von den mageren Schultern, murmelte »Was ist denn hier los?«, faßte sich aber sofort wieder und sagte in seinem liebenswürdigsten und bestmöglichen Tonfall: »Ah. Du wirst mir gütigst verzeihen. Und komm trotzdem herein. Ja. Ich hatte dich aus Versehen für jemand anderen gehalten. Du wolltest zu mir?«

Ohne eine Antwort abzuwarten, fügte er dann mit größter Bestimmtheit, unterstrichen von einer achtunggebietenden Geste, hinzu: »Nimm bitte Platz. Gleich hier.«

Seit etwa zehn Tagen war Jolek krank: Jeden Winter setzten ihm Rückenschmerzen zu, und nun hatte sich eine lästige Grippe hinzugesellt. Und da Jolek jeder Unpäßlichkeit mit großem Mißtrauen begegnete, war er auch noch deprimiert. Es war ein massiger Mann mit starker physischer Ausstrahlung und üppig sprießendem Körperhaar, das ihm sogar aus den Ohren wuchs. Sein graues, faltiges Gesicht wies eine energische Mundpartie auf, über der eine üppige, fast schon unanständig große Nase thronte, die Joleks Zügen den Ausdruck grober Begierde gab, einen Ausdruck, den der lüsterne Jude immer wieder in antisemitischen Karikaturen hat. Auch wenn Jolek seine Gedanken von den praktischen Dingen abwandte, ja selbst wenn er über Begebenheiten aus der Jugendzeit, über den Tod oder über seinen ältesten Sohn nachgrübelte, der sich immer mehr vor ihm verschloß, lag auf seinem Gesicht doch weder Trauer noch Vergeistigung, sondern eine Mischung aus Lust und beherrschter, geduldig abwartender Schläue, die gelassen auf die Stunde des Vergnügens zu lauern schien. Häufig huschte ihm völlig ungewollt ein kleines, schnelles Lächeln über die Lippen, als sei er in diesem Augenblick irgendeiner verwerflichen Absicht seiner Gesprächspartner auf die Schliche gekommen, die sie dummerweise vor seinem prüfenden Blick zu verbergen gehofft hatten. Er war daran gewöhnt, viel und äußerst scharfsinnig zu reden, sei es bei öffentlichen Ansprachen auf Versammlungen und Kongressen oder während Ausschußsitzungen und Beratungen im engeren Kreis, und es bereitete ihm Freude, seine Worte meisterhaft zusammenzufügen. Mal kleidete er den Kern seiner Gedanken in eine witzige oder paradoxe Bemerkung, mal nahm er Fabeln oder anschauliche Beispiele zu Hilfe. Sechs Jahre lang hatte er seine Kibbuzbewegung in der Knesset vertreten, und sechs Monate war er Minister in einer der ersten Regierungen Ben Gurions gewesen. Unter seinen Kameraden in Partei und Bewegung galt Jolek als nüchtern denkender, weitsichtiger und kluger Geist. »Ein starker Mann«, sagten sie über ihn, »voller Umsicht und Scharfsinn – und dabei von Grund auf fair und ehrlich, von tiefstem Herzen der Idee verschrieben. In jedem Fall lohnt es sich, in den Kibbuz Granot zu fahren, um für ein, zwei Stunden Joleks Rat einzuholen, ehe man eine Entscheidung fällt«, hieß es allgemein.

»Verzeihung«, begann Asarja Gitlin, »ich ... trage ein bißchen Feuchtigkeit herein. Es regnet.«

Worauf Jolek erwiderte: »Ich hab dich doch gebeten, Platz zu nehmen. Setz dich bitte. Warum stehst du denn? Du hast, wenn ich mich nicht irre, mehrmals an die Tür geklopft und keine Antwort erhalten. War es so? Na, so hatte ich's mir auch gedacht. Nun setz dich doch hin, mein Junge. Warum stehst du denn immer noch? Setz dich. Nicht hierher, sondern dort, neben den Ofen. Du bist doch völlig durchnäßt. Draußen gießt es ja.«

Asarja Gitlin stellte den Gitarrenkasten neben den Stuhl, den Jolek ihm angewiesen hatte, und setzte sich höflich mit steifem Kreuz, ohne die Rückenlehne des Stuhls zu berühren, um bloß nicht ungehobelt zu wirken. Plötzlich schien er sich an etwas zu erinnern, sprang, am ganzen Körper bebend, von seinem Platz auf, ließ die Tasche von seiner Schulter gleiten und legte sie mit enormer Behutsamkeit auf den Gitarrenkasten, als befinde sich etwas Zerbrechliches in Tasche, Kasten oder beidem. Dann setzte er sich wieder auf die Stuhlkante, lächelte gequält angesichts der kleinen Wasserpfütze, die sich langsam um seine Füße herum auf dem Boden bildete, und ergriff das Wort: »Verzeihung, bist du der Genosse Jolek? Darf ich dir, wie man so sagt, einige Minuten stehlen? Oder störe ich?«

Jolek beeilte sich nicht mit seiner Antwort. Vorsichtig und behutsam lehnte er seinen schmerzenden Rücken in den gepolsterten Sessel zurück, hob die ausgestreckten Beine äußerst bedächtig auf einen vor ihm stehenden Schemel und schloß den obersten Knopf seiner Pyjamajacke. Dann streckte er die Hand nach einer rechts auf dem Beistelltisch liegenden Zigarettenschachtel aus, entnahm ihr eine Zigarette, betrachtete sie prüfend und legte sie dann, mit einem leichten Augenzwinkern, auf die Schachtel, ohne sie anzuzünden. Erst dann, nach all diesen umfangreichen Vorbereitungen, beugte er sich ein wenig vor, richtete das linke Ohr auf den Gast aus und sagte: »Ja.«

»Ich störe jetzt wirklich nicht? Darf ich, wie man so sagt, jetzt ins einzelne gehen?«

»Bitte schön.«

»Also dann möchte ich mich erst mal für mein unvermitteltes Kommen entschuldigen, für meinen Überfall, würde ich sagen. Zwar ist ja bekannt, daß in den Kibbuzim die formalen Höflichkeitsregeln aufgehoben sind, und dies mit Recht, aber trotzdem muß man um Verzeihung bitten. Ich bin zu Fuß gekommen.«

»Ja«, sagte Jolek.

»Von der Kreuzung aus bin ich zu Fuß gelaufen, und es ist ein Glück, daß in Nächten wie dieser nicht mal die Fedajin über die Grenze vordringen.«

»Ja, ja«, erwiderte Jolek, »und dann bist du also endlich der junge Mann vom zentralen Packhaus. Kirsch hat dich zu mir geschickt.«

»Nicht direkt. Ich bin nur ...«

»Ah?«

»Ich ... das heißt, ich bin jemand anderer; ich bin gekommen, um beizutreten und ...«

»Was, du bist nicht Kirschs Mitarbeiter?«

Asarja Gitlin senkte die Augen: schuldig, ungehörig, gemeiner als Unkraut.

»Ich verstehe«, sagte Jolek, »du bist doch jemand anderer. Entschuldige.«

In der kurzen Stille danach betrachtete Jolek die durchnäßte, erbärmliche Gestalt, die da in Strümpfen vor ihm saß, während ihr das Wasser wie Schweiß an einem glutheißen Sommertag herunterlief. Ihm fielen die sensiblen, mädchenhaft zarten Finger auf, schwächliche Schultern, ein längliches Gesicht mit ruhelosem Ausdruck und grünen Augen, die etwas Verängstigtes, Verzweifeltes an sich hatten. Jolek langte erneut nach seiner Zigarette, verglich mißtrauisch ihre beiden Enden, begann, mit den Fingern auf ihr herumzudrücken, um sie behutsam weich zu kneten, und schob mit der freien Hand die Schachtel dem Gast hin.

Asarja Gitlin griff sich eine Zigarette, steckte sie in den Mund, bedankte sich mit großer Erregung und dankte sofort noch einmal extra für das ihm angebotene Streichholz. Dann begann er, in schnellem Fluß zu reden, verschluckte Endungen, hörte mitten im Satz auf, um sich augenblicklich in einen neuen zu verwickeln, nahm unaufhörlich die Hände zu Hilfe und unterbrach seinen Redefluß nicht einmal, um Rauch einzuziehen. Er stamme aus Tel Aviv, sei Sozialist aus Überzeugung, gesellig, lebe in geordneten Verhältnissen, sei fleißig. Sein Name, vielleicht habe er's schon gesagt, sei Asarja Gitlin. Und jetzt vor wenigen Wochen – drei, dreivier-

Der perfekte Frieden

tel Wochen –, also vor ungefähr 23 Tagen sei er aus dem Militär entlassen worden. Ja. Das heißt, er habe seine Pflichtzeit heil absolviert. Darüber habe er ein Zeugnis der Armee. In schriftlicher Form. Nein, bisher sei er noch nie in einem Kibbuz gewesen, auch nicht auf Besuch, außer einem Mal, als er sich zufällig etwa zwei Stunden im Kibbuz Bet-Alfa aufgehalten habe. »Aber was sind schon zwei Stunden an einem Ort? Das trägt die Katze auf dem Schwanze fort, wie man sagt.« Auch einen guten Freund habe er beim Militär gehabt, und zwar aus dem Kibbuz Ginegar, der sich einmal zu Purim im Versorgungslager habe umbringen wollen, aber er, Asarja, habe sein Leben in letzter Minute gerettet. Übrigens sei das nicht die Hauptsache: alles sozusagen zweitrangige Einzelheiten. Wichtig sei vielmehr, daß er sich sehr für die Geschichte der Kibbuzbewegung interessiert, viel gehört, Gespräche geführt und auch nicht wenig gelesen habe, Aufsätze zum Beispiel, Streitschriften, sogar einen Roman, und natürlich die Broschüre »Der Zukunft entgegen« aus der Feder des Genossen Lifschitz, so daß er also kein völlig Fremder sei und sehr wohl wisse, mit wem er die Ehre habe. Ob er wirklich nicht störe? Absolut zuwider seien ihm nämlich Menschen, die zu den Wohnungen bekannter Persönlichkeiten pilgern, um ihnen ihre kostbare Zeit zu stehlen. Aber er verfolge ja ein prinzipielles und praktisches Ziel mit seinem Besuch: das Leben in der Großstadt zu fliehen – die Einsamkeit, den grausamen Konkurrenzkampf, dazu Materialismus und Heuchelei, da werde doch der Mensch des Menschen Feind: »Lämmchen und Knäbelein, geht nicht zusammen in den Wald hinein, wie ein bekanntes russisches Sprichwort sagt.« All dies sei dem Genossen Jolek sicher sattsam bekannt, warum also solle er, Asarja, lange Worte machen. Was, letzten Endes, sei denn der Mensch? Ein irrender Stern am fernen Himmel, ein verwehtes Herbstblatt, ein Sandkorn unter wandernden Dünen. Familie? Nein, Familie habe er nicht. Das heißt, keine Brüder und Schwestern und gegenwärtig auch weder Frau noch Kinder. Wann hätte er dafür schon Zeit gehabt? Es gäbe da nur irgendwelche entfernten Verwandten, Flüchtlinge, die sogar ... Nein. Ganz sicher nicht. Es seien Menschen, über die man besser nicht spräche, weder im Guten noch im Schlechten, wie man so sage. »Der gerade Weg ist der kürzeste«, und »viele Worte schaden nur«. Von jetzt an – also direkt zum Kern der Sache: Er wolle gern hier in den Kibbuz Granot aufgenommen werden, sich niederlassen, Wurzeln schlagen. Es sei seine Absicht, am Aufbauwerk der Kibbuzbewegung mitzuarbeiten. Und übrigens habe er sich bereits einen

Tag nach seinem Abschied vom Militär als Parteimitglied einschreiben lassen. Ja: an Ideen mangele es nicht, belesen sei er und habe auch selbst schon ein wenig geschrieben. Nicht weiter wichtig. Gedichte, ja. Etwas Prosa. Auch mal was Theoretisches. Nein, er habe sich nicht um Veröffentlichung bemüht: Erstens seien es ja schwere Zeiten jetzt, in denen niemand zuhören wolle. Die ganze Jugend befinde sich in einer schweren Krise. Zweitens – und grundsätzlich – müsse er seine Ideen erst am eigenen Leib vorleben, bevor er anderen predigen könne. Das sei doch, ethisch gesehen, die richtige Reihenfolge. Und warum gerade hier im Kibbuz Granot? »Dieses, Genosse Jolek, ist eine schwere, aber treffende Frage.« Einfach und ehrlich könne er diese Frage nicht beantworten. Überhaupt diese spezifischen Antworten ganz allgemein ... Wahlfreiheit des Menschen undsoweiter ... Die größten Philosophen hätten da ja bekanntlich zwei Seiten gesehen, wie es heißt. Und im Russischen sage man: »Der Fuhrmann mit aller Macht nach vorne drängt, doch das Schicksal ihn leicht wieder rückwärts zwängt.« Das sei keine genaue Übersetzung, aber den Reim habe er gerettet. Ja, er habe einmal eine Broschüre über die heldenhafte Standfestigkeit des Kibbuz Granot während der Unruhen von 1936 gelesen. Aber vor allem habe er gestern abend, nach Mitternacht, ganz allein bei einer Tasse Kaffee am Tisch gesessen und mit geschlossenen Augen seinen Finger über eine Liste mit den Namen sämtlicher Kibbuzim Israels gleiten lassen. Beim Halt des Fingers habe auch er angehalten und sich entschieden: hier. »Das Schicksal regiert, und das Pferd galoppiert.« Spinoza beispielsweise habe schon vor tausend Jahren sehr weise geschrieben, daß die Menschen zwar alle ohne Wissen um die Ursachen der Dinge auf die Welt kämen, daß aber doch in jedem einzelnen von Geburt an der Trieb vorhanden sei, das für ihn Gute zu tun. Und deshalb sei er heute abend gerade hierher gekommen, in den Kibbuz Granot. Allerdings tue es ihm leid, daß er jetzt Umstände mache. Er habe zu sehr viel früherer Stunde eintreffen wollen, aber die Auskunft in der Buszentrale hätte ihn falsch informiert. Der Genosse Jolek mit seiner reichen ideologischen wie auch politisch-praktischen Erfahrung habe doch sicher schon öfter ein Zusammentreffen verschiedener Ereignisse erlebt, das auf den ersten Blick rein zufällig wirke, bei philosophischer Betrachtung jedoch als unvermeidlich erkannt werden müsse. Auch das sei ein Gedanke Spinozas. Müsse er sich dafür entschuldigen, daß er ausgerechnet diesen Philosophen zitiere, der aus der Gemeinde Israels ausgestoßen worden sei? »Aber verzeih mir

Der perfekte Frieden

bitte, Genosse Jolek, wenn ich dir sage, daß der über Spinoza verhängte Bann ein himmelschreiendes Unrecht war, wie man sagt, wo der Kibbuz doch bekanntlich deshalb gegründet worden ist, dem Unrecht an sich ein Ende zu setzen.« Beruf? Ja, da müsse er ehrlich eingestehen, daß er noch keinen bestimmten Beruf habe. Wie auch? Erst vor 23 Tagen sei er ja aus dem Militärdienst entlassen worden. Sehr, sehr gern würde er hier einen landwirtschaftlichen Beruf erlernen, Bauer oder Winzer werden, um der Gesellschaft Nutzen zu bringen: »Auch eine kaputte Uhr geht zweimal am Tag richtig.« Seine Aufgabe beim Militär? Also, er habe als technischer Unteroffizier fungiert, als Fachmann für Schützenpanzerwagen. Um es genau zu nehmen, sei er nicht eigentlich Feldwebel gewesen, sondern habe nur den entsprechenden Aufgabenbereich ausgefüllt. Nicht weiter wichtig. Übrigens stelle er keinerlei Forderungen: Ein Dach über dem Kopf, ein Bett und ausreichend Nahrung genügten. Und vielleicht auch etwas Taschengeld nach den Gepflogenheiten des Kibbuz. Nein, er hätte keinerlei Bekannte hier, außer einem Genossen – wirklich ein wunderbarer Mann –, der ihm bei seiner Ankunft im Kibbuz begegnet sei und so geduldig den Weg zu Joleks Haus erklärt habe. An den Namen des Mannes könne er sich momentan nicht erinnern. Tatsächlich habe er seinen Namen gar nicht genannt. Ja natürlich wisse er sehr wohl, daß der Kibbuz kein Ferienlager sei. Allerdings habe er auch noch nie an einem Ferienlager teilgenommen. Doch es heiße ja sehr richtig: »Der Hammerschlag bricht das Glas, aber schmiedet und härtet den Stahl.« Daher möge man ihm erlauben, ganz offen und ehrlich zu sagen, daß er bestens an härteste Lebensbedingungen und sogar an schwere physische Arbeit gewöhnt sei. Schließlich habe er doch gerade erst seinen Militärdienst beendet. Und als Kind habe er in Europa unter den Stiefeln Hitlers gelebt. Keine Arbeit, davon sei er überzeugt, könne dort als schwer empfunden werden, wo alle freudig in Freundschaft und Freiheit an ihre Aufgaben gingen, und das sei doch, soweit er es verstehe, der ideologische Grundgedanke des Kibbuz. Kurz gesagt, er würde bereitwillig jede Arbeit übernehmen. Er sei weder wählerisch noch verwöhnt. Im Gegenteil lasse sich über ihn sagen, er sei hart und gestählt. Während des Krieges habe Stalin dem russischen Volk ganz einfach gesagt: »Wer mit anpackt in der Not, kriegt dafür auch reichlich Brot. Poschaluista.«

»Ja, Genosse Jolek, natürlich weiß ich, daß man anfangs eine Probezeit absolvieren muß. Auch der Militärdienst beginnt immer mit der Grundausbildung. Obwohl: ›Ein Vergleich ohne Grund verbrennt einem den Mund‹, wie man sagt. Oh, entschuldige, es tut mir leid, völlig ungewollt habe ich ein wenig Asche auf den Fußboden fallen lassen. Sofort werde ich sie wegmachen. Nein, ich bitte dich, Genosse Jolek, wenn ich sie verstreut habe, muß ich's auch wieder saubermachen. Und auch das Wasser aufwischen, das von meiner feuchten Kleidung abgetropft ist. Verzeih, vielleicht hast du's eilig? Ich weiß, daß ich sehr viel geredet habe und von jetzt an besser schweigen werde, weil ich sonst in einem falschen Licht erscheinen könnte. Im Grunde bin ich doch eher ein stiller, etwas in sich gekehrter Mensch. Es steht dir natürlich frei, Genosse Jolek, mich wegzuschicken. Vor tausend Jahren hat Spinoza schon geschrieben – nach der Übersetzung Klatzkins: ›Nur mit Großmut und Liebe läßt sich das Herz des Nächsten gewinnen.‹ Und jetzt hat der Regen draußen völlig aufgehört. Vielleicht schlägst du vor, daß ich mich jetzt auf die Socken mache und mein Glück in einem ganz anderen Kibbuz versuche, wie man so sagt?«

Jolek rutschte ab und zu auf seinem Sessel hin und her, um eine möglichst bequeme Stellung wegen seines schmerzenden Rückens zu finden. Taktvoll und geduldig lauschte er jedem Wort des Gastes, ohne dabei seinen leicht verschmitzten Gesichtsausdruck zu verlieren, und warf nur alle paar Sätze mal eine kurze, wohldurchdachte Frage in den Monolog ein. Wann immer es ihm schwerfiel, dem begeisterten Redefluß zu folgen, schob Jolek den Kopf mit einer energischen Bewegung nach vorn, stellte ihn etwas schräg, um besser zu hören, und sagte laut: »Äh?«

Worauf der Gast eilig seine vorherigen Worte wiederholte oder sie auf andere Weise zusammenwürfelte. Jolek wiegte den Kopf bei jedem geflügelten Wort oder Spruch, und von Zeit zu Zeit huschte ihm ein kaum sichtbares Lächeln über die Lippen. Unaufhörlich zog er seine Schlüsse, denen er alle paar Augenblicke neue hinzufügte. Unter anderem gelangte er zu der festen Überzeugung, daß dieser Bursche kurzsichtig sein mußte, und es fragte sich nur, ob er diesen Mangel vor allen verbergen wollte oder nur jetzt bei seiner Ankunft die Brille abgenommen hatte. Keinesfalls, entschied Jolek, durfte man ihm eine Waffe in die Hand geben. Andererseits sagte er sich aber auch, wie immer, daß man keine voreiligen Verallgemeinerungen über das Menschenmaterial treffen dürfe, das heutzutage an die Türen der Kibbuzbewegung klopft: Jeder Fall ist anders und jeder Mensch eine Welt für sich. Insgesamt fand er diesen Musikanten eigentlich recht nett und amüsant – und so grundverschieden von diesen schwerleibigen, wortkargen, verschlossenen Hunnen, Skythen und Tataren, die da im Kibbuz heranwachsen und aussehen, als seien sie die geborenen Bauern aus generationenalten Bauernfamilien, bis sie eines schönen Tages plötzlich bei dir auftauchen und Geld aus der Kasse fordern, damit sie sich auf- und davonmachen und in das versenken können, was sie mit dem häßlichen Wort »Selbstverwirklichung« bezeichnen. Dieser Typ hier jedenfalls versuchte mit Händen und Füßen, in den Kibbuz hineinzukommen, und ähnelte ein bißchen jenen leidgeprüften Einwanderern aus den osteuropäischen Stetls, die – unbeirrt durch Hitze und Malaria – alles aus dem Nichts geschaffen haben. Schwer zu sagen, wer oder was er ist, dachte Jolek, aber eines scheint klar: Ein Schurke ist er nicht.

Als der junge Mann endlich in Schweigen verfiel, nachdem er eben noch angeboten hatte, sich sofort zu trollen und sein Glück in einem anderen Kibbuz zu versuchen, sagte Jolek gütig: »Nun, gut.«

Das Gesicht des Gastes leuchtete auf. Er lachte etwas übertrieben: »Du ... Was, ich hab dich überzeugt?«

»Einen Augenblick«, erwiderte Jolek, »erst mal trinkst du jetzt ein Glas heißen Tee. Danach reden wir weiter.«

»Danke, äh ...«

»Äh?«

»Danke. Ich habe danke gesagt.«

»Danke ja? Danke nein?«

»Jetzt nicht. Danke, nein.«

»Du trinkst keinen Tee«, sagte Jolek überrascht und enttäuscht. »Schade. Wie du möchtest. Naja. Mit Gewalt wirst du hier nicht zum Trinken gezwungen.«

»Danke«, erwiderte Asarja Gitlin.

»Allerdings muß ich dir zur Vermeidung von Mißverständnissen von vornherein sagen, daß du hier nicht ohne ein Glas heißen Tee wegkommst, und wenn du ihn jetzt nicht willst, wirst du ihn ein Weilchen später trinken, wenn meine Kameradin Chawa zurückkommt.«

»Danke«, murmelte der Gast.

»Und jetzt«, fuhr Jolek fort, »jetzt werden wir mal kurz die Rollen tauschen: Ich erklär dir was, und du hörst mir geduldig zu.«

Joleks Stimme strahlte freundliche Zuneigung aus; diesen Tonfall benutzte er gewöhnlich dann, wenn er auf Partei- oder Kibbuzversammlungen einen besonders verbissenen Gegner umstimmen, seinen Zorn beschwichtigen und ihn auf eine Art Seelenverwandtschaft festlegen wollte, die über jeden Tagesstreit erhaben war. Demgegenüber begann Asarja nun seinen Kopf auf und ab zu wiegen, womit er während der ganzen Rede Joleks nicht aufhörte. Auch rutschte er nun noch weiter auf die Stuhlkante und beugte sich zudem so angestrengt vor, als habe er in diesem Augenblick Joleks Schwerhörigkeit voll erkannt und befürchtete nun aufgrund einer verschnörkelten Logik, daß es auch ihm schwerfallen könnte, die an ihn gerichteten Worte zu verstehen.

Jolek erklärte dem jungen Mann, wie die Wintersaison in einem landwirtschaftlichen Betrieb aussieht: »Die Erde ist mit Wasser vollgesogen. Auf den Äckern gibt's fast nichts zu tun. Die Traktorfahrer schlafen den ganzen Tag. Die Feldarbeiter werden auf Studientage geschickt, wo man sie mit Judaistik, Marxismus, Psychologie und moderner Lyrik füttert. Sogar die Zitrusernte hat man wegen der winterlichen Witterung vorerst einstellen müssen.« Dazu komme die schwierige Wohnungslage: »Es gibt bei uns jungverheiratete Paare, die sich mit einem einzigen Zimmer ohne eigene Dusche und Toilette zufriedengeben müssen, bis das Neubauprojekt abgeschlossen ist, das momentan ebenfalls ruht.« Zu solch einem Zeitpunkt könne man keine neuen Leute aufnehmen: Es sei keine Arbeit da, keine Unterkunft und auch niemand, der dem Neuling bei der Eingewöhnung helfen könne. Andererseits könne er, Jolek, vielleicht empfehlen, den jungen Mann für eine Probezeit aufzunehmen, obwohl er persönlich nicht viel von dieser Einrichtung halte: »Aus welchem Stoff ein Mensch gemacht ist, erkennt das prüfende Auge bereits bei der ersten Begegnung, und wenn ihm dies nicht gelingt, ist das ein Zeichen dafür, daß man einen sehr verschlossenen Zeitgenossen vor sich hat, aus dem man auch nach zehn Jahren noch nicht schlau wird. Nun gibt es natürlich auch Ausnahmen«, bemerkte Jolek mit dem verschmitzten Lächeln eines gutmütigen Alten, »aber Sonderfälle halten den Kibbuzalltag nicht auf Dauer aus. Dies alles natürlich nur auf ganz allgemeiner Ebene gesprochen. Wenn wir nun zur gegenwärtigen Frage zurückkehren, muß ich dir zu meinem größten Bedauern mitteilen, daß wir jetzt kein neues Mitglied aufnehmen können. Wenn du versuchen könntest, Anfang des Sommers wiederzukommen, in der Hochsaison, wo es viel Unkraut zu jäten gibt und die Bäume geschnitten werden müssen, oder auch mitten im Sommer, während der Erntezeit und zu Beginn der Traubenlese, würde ich meinerseits die Möglichkeiten neu überprüfen. Vielleicht wird bis dahin Wohnraum frei. Vielleicht verlassen uns irgendwelche Zeitarbeiter. Und vielleicht hast du inzwischen einen anderen Kibbuz gefunden oder dir die Sache ganz anders überlegt. Die Dinge ändern sich und wir mit ihnen«, sagte Jolek jovial. »Und beim nächsten Mal, wenn es überhaupt dazu kommt, wäre es besser, du würdest dich vorher schriftlich an uns wenden. Ja. Jetzt ist es schon halb acht, und mir fällt das viele Sprechen schwer: Grippe und auch noch irgendeine Allergie. Bald kommt meine Kameradin Chawa. Die wird dich in den Speisesaal mitnehmen, damit du was zu Abend ißt und nicht mit leerem Magen weggehst; wir wollen dir schließlich nicht deine Begeisterung für den Kibbuzgedanken vergällen. Chawa wird dich auch in den Lieferwagen setzen, der heute abend zu einer Theateraufführung nach Tel Aviv fährt. Nun, und ein Glas heißen Tee trinkst du auf keinen Fall? Nein? Nein. Bitte schön. Wie heißt es doch: ›Der freie Wille ehrt den Menschen‹. Bei uns wird keiner zum Trinken gezwungen. Allerdings mußt du eines wissen, junger Freund: Es gibt Menschen, die ihre Willensausübung ehrt, und andere, bei denen das weniger der Fall ist. Spinoza, ist dir der noch aus der Schulzeit hängengeblieben? Oder hast du ihn aus eigenem Antrieb entdeckt? Darf ich dich da ein klein wenig korrigieren? Also, es sind keine tausend Jahre. Du hattest gesagt: tausend Jahre. Aber Spinoza ist vor rund 300 Jahren in Amsterdam gestorben. Allerdings ist auch das schon eine lange Zeit. Aber trotzdem. Ah? Zu Fuß? Wieso zu Fuß bis zur Kreuzung bei diesem Wetter, und noch dazu im Dunkeln? Ich hab doch schon gesagt, daß der Lieferwagen von hier zum Kameri-Theater nach Tel Aviv fährt, also was nun? Willst du uns irgendwie bestrafen? Mach bitte keinen Unfug. Hier, gleich fängt's wieder an mit dem Regen. Aber was soll das, du wirst doch nicht erwarten, daß wir dich mit Gewalt zurückhalten. Also, wie du willst: Zieh in Frieden. Falls du deine Meinung ändern solltest, findest du den Lieferwagen auf dem Platz vor dem Speisesaal. Übrigens haben unser Maimonides und Ibn-Esra Spinoza nicht weniger beeinflußt als Aristoteles und Platon und all die anderen. Hör mal: Sei kein Dickkopf. Geh bitte zum Speisesaal, iß irgendwas, fahr mit dem Lieferwagen, dann können wir dich im Sommer vielleicht für eine Probezeit aufnehmen. Schalom und alles Gute.«

Asarja Gitlin war von seinem Sitz aufgestanden, noch bevor Jolek fertig gesprochen hatte. Seine nassen Socken hinterließen feuchte Abdrücke im ganzen Zimmer. Er nahm den Gitarrenkasten in die rechte Hand, schwang sich die Tasche über die linke Schulter und zwang sich noch immer zu einem höflichen, verschüchterten Lächeln, aber seine Augen waren angstvoll, ja verzweifelt, wie die eines auf frischer Tat ertappten Kindes.

Jolek neigte den Kopf ein wenig zur Seite und warf Asarja von seinem Sessel aus einen schrägen Blick zu, als sei ihm gerade in diesem Augenblick etwas aufgegangen, das seine vorherigen Annahmen über jeden Zweifel hinaus bestätigte. Und wie immer bereitete es ihm insgeheim größtes Vergnügen, daß er mal wieder recht behalten hatte.

Der Gast stolperte zum Ausgang, ergriff mit voller Kraft die Klinke und versuchte wütend, die Tür nach innen aufzureißen, die sich jedoch nur nach außen öffnen ließ. Diese Sperre verblüffte Asarja; er murmelte etwas, das Jolek nicht hören konnte, zögerte, setzte den Gitarrenkasten ab, enträtselte endlich das Geheimnis der Tür, blickte – am Ende des beleuchteten Terrains angekommen – noch einmal tieftraurig zurück und sagte zweimal: »Schalom, Schalom. Verzeihung.«

»Einen Moment«, rief Jolek, »wart mal einen Augenblick.«

Der Gast fuhr erschrocken herum. Seine Schulter knallte gegen die Tür. Wilde Angst funkelte in seinen grünen Augen, als sei er im allerletzten Moment doch noch in die Grube gefallen, die er schon sicher umgangen zu haben glaubte.

»Ja bitte.«

»Hattest du Schützenpanzerwagen gesagt?«

»Wie bitte?«

»Was war noch mal deine Aufgabe beim Militär?«

»Nichts weiter. Ich war nur technischer Unteroffizier. Ich hab ein schriftliches Zeugnis. Kein Feldwebel: Gefreiter auf dem Posten eines Feldwebels.«

»Was ist eigentlich ein technischer Unteroffizier?«

»Zum Militär geh ich nicht zurück, unter keinen Umständen«, rief Asarja herausfordernd und ähnelte dabei einem sich sträubenden Kätzchen, das, in eine ausweglose Ecke gedrängt, nun fauchend die Zähne zeigt. »Das mach ich nicht, und keiner kann mich zwingen. Ich bin vor dreieinviertel Wochen entlassen worden.«

»Langsam, junger Freund, wart einen Moment. Vielleicht bist du so gut und erklärst mir das mal: Was macht denn ein technischer Unteroffizier genau? Ist das womöglich so eine Art Maschinenschlosser?«

Mit einem Schlag gingen alle Lichter auf dem Gesicht des Gastes wieder an, als habe man ihn, nach einem Augenblick der Verzweiflung, von allen Punkten der Anklage freigesprochen und seine vollständige Unschuld ans Tageslicht gebracht. Jolek, der Asarja weiterhin schräg von der Seite musterte, fühlte eine gewisse Neugier in sich aufsteigen: Irgend etwas weckte plötzlich Mißtrauen und Bewunderung zugleich in ihm.

Asarja Gitlin redete in einem Atemzug ohne Punkt und Komma: »Ja, Genosse Jolek, ja sicher, auch Maschinenschlosser, und noch viel mehr, Bewaffnung, Kampfausrüstung, Motorenprüfung, alles, Mechanik, Elektrotechnik, Wartung, Reparaturen, sogar Ballistik und ein bißchen Metallurgie, alles.«

»Äh?«

»Kampfausrüstung und Bewaffnung hab ich gesagt, und auch ...«

»Gut, schon gut, sehr schön. Aber Motoren reparieren – das kannst du, oder nicht? Kannst du? Ah. Dann wird hier ja schon eine ganz andere Oper gespielt. Hast du meine Anzeige in der ›Jediot Acharonot‹ gesehen? Nein? Wirklich nicht? Auch recht, beschwören brauchst du's nicht. Ich glaub dir, daß du sie nicht gesehen hast. Ich glaub jedem Menschen bis zur ersten Lüge. Wir haben da nur so eine einzigartige Koinzidenz. Nun komm mal als erstes wieder rein ins Haus. Was stehst du denn draußen rum? Ich hab dir doch gesagt, daß ich erkältet bin. Komm rein. Mach bitte die Tür zu. So ist's recht. Und nun folgt das Beste vom Ganzen, die Rosine gewissermaßen: Ich such schon sechs Wochen mit der Laterne nach einem Lohnarbeiter für unseren Landmaschinenpark. Setz dich. Du hättest mir doch gleich von Anfang an sagen können, was du da jetzt erzählst, statt vor mir Spinoza auszubreiten, obwohl ich keine Minute unseres Gesprächs bereue, und auf jeden Fall bist nicht du schuld. Bei uns sind mit einem Schlag zwei Leute aus der Werkstatt weggegangen und haben uns nur noch verbrannte Erde hinterlassen. Der eine, Izik, hat plötzlich ein Mädchen aus dem Kibbuz Misra geheiratet und bringt nun dort den Maschinenpark durcheinander, und Peiko – wirklich ein hervorragender Bursche – hat man uns weggeschnappt, damit er im Hauptbüro der Bewegung arbeitet. Komm, setz dich mal näher an den Ofen. Du zitterst ja. Allerdings, was die im Hauptsekretariat in den letzten ein, zwei Jahren verbrochen haben, kriegt auch ein Mann wie Peiko nicht wieder hin: Da geht alles zum Teufel. Und hier bei unseren Landmaschinen ist es auch bald soweit. Was ist das denn? Wirst du uns etwa krank? Hast du dich erkältet? Du bist ja naß wie ein Küken, das ins Wasser gefallen ist. Und auch deine

Augen glänzen so fiebrig. Aber ich hab hier eine Geheimwaffe im Versteck; die wird mit der Krankheit fertig, noch ehe sie richtig zum Ausbruch kommt: Gleich werden wir mal 'nen Kleinen heben, 'nen ganz winzigen – auf den alten Spinoza und auf die Kibbuzidee. Das heißt, wenn du's bei 'nem bißchen Kognak nicht gleich mit der Angst kriegst. Wie heißt du doch noch?«

Asarja Gitlin wiederholte seinen Namen, erst den Familien- und dann den Rufnamen.

»Inzwischen ist auch der heiße Tee da«, fuhr Jolek fort, »und sag mir bloß nicht nein, weil ich ihn schon eingeschenkt hab. Du mußt mich nicht ärgern. Hier hast du Zucker, und hier ist Zitrone. Und von diesem scharfen Bruder hier schütt dir was in den Tee oder trink ein Gläschen nebenher. Und jetzt rühr bitte um. Hast du deinen Personalausweis da? Und deinen Entlassungsschein vom Militär? Nicht gleich springen, junger Mann, ich hab ja nicht drum gebeten, deine Papiere auf der Stelle zu prüfen. Wollte nur fragen, ob du sie bei dir hast. Trink! Sonst wird der Tee kalt, und der Kognak verdunstet. Bei mir sind wir nicht auf der Polizeiwache. Morgen, im Büro, wird man deine Ausweise anschauen und alles Nötige aufschreiben. Nein, im Kibbuz gibt's keine formellen Mitgliedsausweise. Da kommt ja auch Chawa. Darf ich vorstellen: Chawa, das ist Asarja Gitlin. Da fällt mir so ein junger Freiwilliger vom Himmel runter, der vielleicht die Lage im Maschinenschuppen retten kann, und ich bin natürlich mal wieder so schlau und jag ihn von Haus und Hof. Du, Chawa, gib ihm mal bitte ein Paar Socken aus der Schublade. Er ist völlig durchnäßt und wird uns bald noch krank. Nach dem Abendessen werden wir ihn wieder zu uns einladen, ein weiteres Glas Tee zu trinken und mit uns über Himmel und Erde und all ihre Heerscharen zu reden. Das hier ist nämlich ein außergewöhnlicher Vertreter der jüngeren Generation: ein intelligenter Redner, der sich, wie er sagt, auch noch auf die Maschinenschlosserei versteht. Heute muß man doch so einen jungen Menschen, der kein völliger Tatar ist, mit der Laterne suchen.«

»Genosse Jolek, ich ...«, begann Asarja, als wollte er eine stürmische Erklärung abgeben, brach aber sofort wieder ab und schwieg, weil nun auch Chawa das Wort ergriff: »Du spielst Gitarre?«

»Ich ... äh ... ja. Ein bißchen. Das heißt, ich spiele viel. Vielleicht soll ich euch kurz was vorspielen?«

»Vielleicht später«, schlug Jolek weise lächelnd vor, »nach dem Abendessen. Oder nein. Verschieben wir doch Symposion nebst Musik und Gesang lieber auf einen anderen Tag, und heute abend macht Chawa dich – nach dem Essen natürlich – mit Jonatan bekannt. Damit ihr euch kennenlernt. Dann könnt ihr euch über die Werkstatt unterhalten und vielleicht auch über andere Dinge. In der dritten Schublade, Chawa, liegt der Schlüssel für die Friseurbaracke. Ja. Für das Zimmer, in dem der Friseur arbeitet. Neben dem Italiener. Dort gibt's ein Klappbett und auch Decken und einen Petroleumofen. Der Friseur kommt leider nur einmal alle sechs Wochen zu uns. Und du, mein Junge, kannst auch noch so ein bißchen Pioniergeist mitkriegen, bis wir eine dauerhafte Lösung für dich gefunden haben. Äh? Wolltest du was fragen? Frag nur, junger Mann, frei von der Leber weg, nur keine falsche Scham. Nein? Vielleicht hab ich mich wieder mal geirrt. Mir war so, als wolltest du gerade eine Frage stellen. Womöglich hatte ich was fragen wollen und hab's nun schon wieder ganz vergessen. Macht nichts. Falls wir uns heute abend nicht mehr sehen, treffen wir uns morgen früh im Büro. Du wirst uns doch nicht mitten in der Nacht weglaufen? Äh? Na, du brauchst mir nicht zu antworten, ich mach nur so ein altmodisches Scherzchen, und schon fängst du an, dich lauthals zu verteidigen. Nicht nötig. Laß man. Ja, jetzt fällt's mir wieder ein: Nimm dir noch ein paar Zigaretten mit, für den Weg, für nach dem Essen und den Rest des Abends: Bei dir, sehe ich, sind die Zigaretten vom Regen naß geworden. Übrigens, was hast du da drin? Eine Geige? Nein? Eine Gitarre? Wir bringen dich demnächst mal zu Srulik. Der ist bei uns hier der Obermusikant. Und morgen früh vergiß nicht, bei mir im Sekretärsbüro zu erscheinen. Nein, nicht wegen der Musik, sondern wegen der formellen Dinge. Vorläufig hat unser ältester Sohn, Jonatan, die Werkstatt unter sich. Der erklärt dir alles, wenn es dir nur gelingt, ihn zum Sprechen zu bringen. Und jetzt, Marsch ihr beiden – geht was zu Abend essen.«

»Gut«, sagte Chawa ruhig, aber mit leicht feindseligem Unterton, »gehn wir.«

Sanftmut und Verwunderung gleichermaßen ließen Jolek Lifschitz auf einmal lächeln, wobei er geistesabwesend sagte: »Asarja.«

»Ja, Genosse Jolek.«

»Ich hoffe, du wirst dich bei uns wohl fühlen.«

»Vielen Dank.«

»Und herzlich willkommen.«

»Vielen Dank, Genosse Jolek. Ich, das heißt, ich meine, ich werde euch niemals enttäuschen. Nie.«

Chawa machte sich zum Gehen auf, gefolgt von Asarja mit seiner Umhängetasche, seinem Gitarrenkasten und seiner feuchten, abgetragenen Uniformjacke. Sie war eine kleine, energische Frau mit männlich kurzgeschorenen graublonden Haaren und fest zusammengepreßten Lippen. Auf ihrem Gesicht lag ein Ausdruck strenger, kompromißloser Gutherzigkeit, nach dem Motto: Das Leben an sich ist eine rauhe, beleidigende und undankbare Angelegenheit. Schurken und Schweine, wo man nur hinblickt. Aber trotzdem bleibe ich auf meinem Posten und tue meine Pflicht ohne Abstriche, in Hingabe an die Ideen, die Gesellschaft und den Nächsten, obwohl keiner seine Mitmenschen besser kennt als ich. Ich weiß haargenau, mit was für einem Wespennest man es zu tun hat, und über die Ideen soll mir keiner etwas erzählen wollen, weil ich davon nämlich schon genug gesehen und gehört und mit der eigenen Nase gerochen habe. Aber, laß man, schon gut.»Und du heißt Asarja, sagst du? Was ist das für ein Name? Was bist du denn, Neueinwanderer, oder was? Eltern hast du? Nein? Wer hat dich denn großgezogen? Vorsicht, hier ist so'n ekliges Rinnsal, also schau, wo du hintrittst. Geh hierherum. So. Bist du auch noch ein junger Dichter? Nein? Philosoph? Macht nichts. Die eigentliche Frage lautet, ob du ein aufrichtiger Mensch bist. Alles andere interessiert mich nicht. Wir haben hier Gott sei Dank alle möglichen Typen. Als junges Mädchen hab ich mal irgendwo bei Dostojewski gelesen, daß ein wirklich anständiger Mensch vor seinem 40. Geburtstag sterben müsse. Darüber seien sie alle Schurken. Andererseits heißt es aber, Dostojewski sei selber ein Schwein gewesen, dauernd besoffen, egoistisch und kleinlich. Hier kann man sich die Hände waschen. Warmes Wasser gibt's nicht: Der Hahn ist kaputt. Wie üblich. Wie bist du, wenn man fragen darf, bist du ein ehrlicher Mensch? Egal. Wissen kann man's ja sowieso nicht. Und jetzt sieh her: Hier nimmt man sich ein Tablett, hier Geschirr und Besteck, und dort gibt's Tassen. Ei? Ja, sehr schön, aber danach hatte ich nicht gefragt. Ich hab gefragt, ob du ein hartes oder weiches Ei möchtest. Nun setz dich her und iß. Du brauchst dich vor niemandem zu schämen. Hier ist kein einziger was Besseres als du. Ich komm in ein paar Minuten zurück. Wart nicht auf mich, sondern fang inzwischen an zu essen. Übrigens, all das, was dir Jolek gesagt hat, ist schön und gut, aber ich persönlich würde dir raten, erst mal nicht zu begeistert zu sein: Jolek steckt immer voller Ideen am Abend, aber Entscheidungen fällt er nur morgens. Hör mal, du hast nicht zufällig ein bißchen Fieber? Ich hab zwar noch nie was von Aspirin gehalten, aber ich bring dir eins, und du kannst damit machen, was du willst. Iß in Ruhe, du hast keinerlei Grund zur Eile. Heute nacht fährst du nirgends mehr hin.«

Chawa erinnerte sich in ihrem Herzen an das Weinen und Flehen des Burschen, der sie in ihrer Jugendzeit geliebt hatte. In den Sommernächten pflegten sie sich auf der Tenne zu versammeln und unter dem Sternenhimmel zu singen, während die Schakale in der Ferne heulten. »Hell wie das Nordlicht strahlten ihre Augen, und wie der Wüstenwind glühte ihr Herz«, hatten damals die Jungs geschmettert. Und jener da führte im Dunkeln ihre Hand an seine Wange, um ihr zu beweisen, daß sein Gesicht tränenüberströmt war. Ich hätte ihn nicht fragen dürfen, ob er ein ehrlicher Mensch ist. Was ist das denn überhaupt für eine Frage. Und was für eine außerordentliche Dummheit, Dostojewski vor den Ohren eines jungen Mannes, den du überhaupt nicht kennst, schlechtzumachen.

Jolek wartete an seinem Platz, bis die Schritte der beiden draußen verhallt waren. Dann setzte er sich erneut im Sessel zurecht. Er spürte, wie sich der Schmerz über den oberen Teil des Rückens ausdehnte und sich von dort, noch gar nicht heftig, auf Schultern und Nacken vortastete – wie ein Spähtrupp vor dem großen Schlag.

Er beschloß, sich diesmal auf die Worte des Nachrichtensprechers im Rundfunk zu konzentrieren, der eine an diesem Abend schon mehrmals gesendete Meldung über Truppenkonzentrationen an der Nordgrenze verlas, aber wie üblich fiel es ihm schwer, die Hintergründe zu begreifen. Es tat ihm leid um Ministerpräsident Eschkol, der jetzt in einem geschlossenen, verrauchten Raum voller Menschen saß und sich dazu zwang, Müdigkeit und Sorgen abzustreifen, um unbewiesene Fakten und nebulöse Gerüchte abzuwägen. Und er tat sich selber leid, weil er jetzt mit seinen verschiedenen Schmerzen dahockte und sich mit allerhand trivialen Dingen aufrieb, statt mit in jenem geschlossenen Raum zu sitzen und an Eschkols Überlegungen teilzunehmen, ihm dabei zu helfen, voreilige Schritte zu vermeiden und einen gemäßigten Kurs zu steuern. Von allen Seiten umgaben ihn doch hitzköpfige Tataren, Hunnen und Skythen, die zu melodramatischen Handlungen drängten. Diese Schmerzen, dachte Jolek, sind vielleicht gar keine üblichen Rückenschmerzen, sondern ein Warnsignal.

Irgendein Gedanke, eine unklare Besorgnis hatte sich zu dem langsam stärker werdenden körperlichen Schmerz gesellt. Er hatte das dumpfe Gefühl, daß eine äußerst wichtige und sogar dringende Angelegenheit aus seinem Gedächtnis verschwunden war und er sich wieder an sie erinnern mußte, ehe zu großer Schaden entstand. Worum es sich handelte und warum die Sache so eilte, wollte Jolek absolut nicht einfallen. Auf ihm lag die drückende Last vernachlässigter Pflicht, und sein Rücken setzte ihm mehr und mehr zu. Nagend, saugend, bösartig strahlte der Schmerz von den Halswirbeln auf die Schultern aus. Draußen ließen die Hunde ein seltsam fremdes Bellen ertönen. Vielleicht stand irgendwo eine Tür offen, oder der elektrische Wasserkessel war versehentlich noch ans Stromnetz angeschlossen? Aber der Kessel war ausgeschaltet, und alle Türen und Fenster waren fest geschlossen. Nur die Hunde kläfften und jaulten weiter in der Dunkelheit. Jolek setzte sich wieder und begann zu rauchen: mit geschlossenen Augen und unter Schmerzen bot er alle ihm verbliebenen Geisteskräfte auf, wach und besorgt. Und draußen regnete es immer heftiger.

3.

Jonatan dachte an die Formulierung »in selbstloser Todesverachtung«, die die Soldatenzeitung »Bamachane« gewählt hatte, um seine, Jonatans, ausgezeichnete Führung im Nachtangriff auf Hirbet-Tawfik zu beschreiben. Er erinnerte sich an den schnellen Rückzug vom Ziel, wie er auf seinem Rücken einen ihm unbekannten Kameraden geschleppt hatte, verwundet und blutüberströmt, abwärts über die vom Gefechtshagel erschütterten Hänge, unter dem grausigen Schein syrischen Leuchtfeuers, und wie der schmächtige Verwundete stur und ununterbrochen seine furchterregende Klage gehechelt hatte: Das ist mein Ende, das ist mein Ende, das ist mein Ende, wobei er manchmal das letzte Wort in die Länge zog: Das ist mein Eeendeee, bis es in ein leises Winseln auslief.

Und in einem wirren Augenblick beschloß ich plötzlich, daß – genug – ich ihn unmöglich auch nur einen einzigen Meter mehr weiterschleppen konnte, da alle längst wieder im Lager waren und nur wir zwei hier noch in den Bergen herumirrten und die Syrer hinter uns her waren und mich gleich fassen würden; aber wenn ich ihn jetzt hier einfach auf der Stelle ablegte, diesen armseligen Kerl, damit er hier mit dem Tod ringen und schließlich seinen Geist aufgeben und in Ruhe sterben könnte zwischen zwei Felsblöcken, statt auf meinem Rücken, dann könnte ich mich vielleicht wenigstens selber retten, und kein Mensch würde je erfahren, was ich da getan hatte, weil es keinen gab, der mich anzeigen konnte, und ich würde am Leben bleiben und hier nicht auch noch einfach so verrekken. Und wie, ich erinnere mich, ich vor diesem Gedanken erschrak: Du bist ja verrückt geworden, du Irrer, du, bist wohl völlig übergeschnappt. Und wie ich in diesem Augenblick losgerannt bin wie der Teufel, mit dem sterbenden Soldaten auf dem Buckel, zwischen all den explodierenden Geschossen, zwischen den Leuchtraketen und den Granaten, die sie aus dem anderen, aus dem höher gelegenen Tawfik auf uns abfeuerten, das, von uns nicht erobert, in den Händen der Syrer geblieben war. Und dieser Schwerverwundete da, geradewegs in mein Ohr, in meinen Kopf hinein blutete er wie ein aufgeplatzter Gartenschlauch; und klagte dauernd: Das ist mein Eeendeee, und sein Atem stockte und setzte aus, und ich hatte keine Luft mehr und rannte, die Lungen voll Brandgeruch: verbranntes Benzin, verbranntes Gummi, verbrannte Dornen, und dieser Blutgeruch obendrein, und wenn ich eine Hand frei gehabt hätte, hätte ich mein Seitengewehr aus dem Gürtel gezogen und ihm die Kehle durchgeschnitten, damit er endlich aufhört zu hecheln und zu jammern, damit er schweigt. Und ich renn und heul wie ein kleines Kind, und nur durch ein Wunder kommen wir heil durch das Minenfeld vor dem Kibbuz Tel-Kazir. Da fang auch ich an zu jammern: Mami, hilf mir, Mami, komm mich retten, ich will nicht sterben, Mami, das ist mein Eeendeee. Soll dieser Hund doch ruhig krepieren, aber bloß nicht auf mir, ehe wir den Zaun von Tel-Kazir erreichen, daß er's nur nicht wagt, mich hier allein zu lassen. Und da kommt plötzlich irgend so eine verrückte Granate angeflogen und explodiert vielleicht zwanzig Meter vor meiner Nase, um mir also beizubringen, nicht wie ein Irrer zu rennen, sondern langsamer. Mami, ist der schwer, ich kann nicht mehr, und da seh ich, daß ich zwischen den Stacheldrahtverhauen von Tel-Kazir stecke: ein Geschoß vor mir, ein Geschoß hinter mir und Schüsse, und ich fang an zu schreien: Nicht schießen, nicht schießen, Achtung, Sterbender, Achtung, Sterbender, bis sie's begriffen und uns zum Sammelplatz in ihrem Luftschutzkeller brachten und ihn endlich von mir abnahmen. Er klebte an mir mit Blut und Speichel und Schweiß und Urin, mit all unseren Körperflüssigkeiten, wie zwei kleine Hundchen waren wir, die eben erst geboren sind und immer noch blind und verschmiert zusammenkleben – als hätte man uns aneinandergeschweißt. Als sie ihn von mir runterschälten, steckten seine Fingernägel noch wie Stahlklammern tief in meiner Brust und in meinem Rücken, so daß sie ihn mit Gewalt von mir abziehen mußten, mit kleinen Stückchen von meinem Fleisch, und sofort sank ich wie ein leerer Sack auf dem Boden zusammen. Und dann stellte sich in dem schwachen Licht da im Bunker plötzlich raus, daß ich völlig durchgedreht und alles ein Irrtum war: All sein Blut, das den ganzen Weg über wie aus einem zerrissenen Schlauch auf mich geströmt war, all sein Blut, das mir die Kleidung und die Unterwäsche durchnäßt hatte und mir in Hosen und Socken reingelaufen war, all das Blut stammte nicht von diesem Verwundeten, der gar nicht verletzt war, sondern nur einen Schock oder so was hatte, all das Blut stammte von mir, von einem Granatsplitter, der mir in die Schulter eingedrungen war, was ich gar nicht gemerkt hatte, vielleicht vier Zentimeter über dem Herzen, und sie verbanden mich und jagten mir 'ne Spritze rein und sagten zu mir wie zu einem kleinen Kind: Beruhig dich doch, Joni, schön ruhig, Joni. Aber ich konnte mich um nichts in der Welt beruhigen, konnte einfach nicht aufhören zu lachen, bis der Arzt oder der Sanitäter sagten: Hört mal, dieser Soldat hat auch einen Schock abbekommen, gebt ihm zehn Kubik, damit er sich ein bißchen beruhigt. Und selbst im Lazarettwagen, auf dem Weg zum Krankenhaus, als sie mich ernsthaft baten, ich sollte mich beruhigen, sollte mich doch zusammennehmen und ihnen sagen, wo es genau schmerzen würde, lag ich ihnen auf der Bahre rum, und statt zu antworten, brüllte und lachte ich ihnen ins Gesicht, lachte und brüllte stoßweise, lachte und hechelte, lachte, bis ich fast erstickte: Guckt ihn euch an, das ist sein Ende – den ganzen Weg bis zum Krankenhaus Puria in Tiberias, bis zur Narkose für die Operation. Und über diese Geschichte schrieben sie in der Zeitschrift »Bamachane« nicht mehr und nicht weniger als: »Ein Verwundeter rettete einen anderen Verwundeten in selbstloser Todesverachtung«.

So ein Clown, sagen die Altmitglieder bei uns, wenn sie an ihn denken: eineinhalb Meter! Aus einer Entfernung von höchstens eineinhalb Metern hat der's doch wahrlich fertiggebracht, einen Stier zu verfehlen. Einen ausgewachsenen Stier! Und ein Stier ist keine Streichholzschachtel! Das ist eine riesige Zielscheibe! Aber er hat's fertiggebracht, ihn nicht zu treffen, und ob ihr's glauben wollt oder nicht, heute ist der Typ Alleineigentümer und Direktor der Hotelkette Esplanada in Miami Beach, Florida, und lebt dort wie ein Fürst.

Nach dem Abendessen kehrten Rimona und Jonatan aus dem Speisesaal in ihr Zimmer zurück. Was seine Mutter Chawa von ihm gewollt hatte, als sie gegen Ende der Mahlzeit an den Tisch gekommen war, vermochte Jonatan nicht mehr zu rekonstruieren. Aber er erinnerte sich sehr wohl, daß er ihr mutig geantwortet hatte, heute abend käme gar nicht in Frage.

Als sie wieder im Haus waren, stellten sie sich beide einige Minuten vor den Ofen, um das Stechen der Kälte zu lindern. Sie standen so nahe beieinander, daß Rimonas Schulter Jonatans Arm streifte.

Jonatan war größer und stärker als sie. Wenn er wirklich gewollt hätte, hätte er von oben auf ihr regennasses Haar blicken können, das weich auf ihre Schultern fiel, auf die linke mehr als auf die rechte. Er hätte mit seinen Händen ihre Schultern oder ihren Kopf berühren können. Aber Jonatan beugte sich nach vorn, um die Ofenflamme wegen der Kälte etwas höher zu stellen.

Alles war still, und die Wohnung war, wie immer, in das braunrot gedämpfte Licht der Lampe getaucht. Alle Gegenstände standen ordentlich an ihrem Platz, als hätten die Hausbewohner bereits die Wohnung verlassen, vor dem Weggehen noch alles schön aufgeräumt und hinter sich sämtliche Fenster und Türen verschlossen. Sogar die Zeitung hatte Rimona vor dem Essen fein säuberlich zusammengefaltet und an ihren Ort auf dem untersten Bord gelegt. Ein zarter, sauberer Duft ging von den Fliesen aus. Vor dem Ofen döste Tia. Welche Ruhe – nur aus den Nachbarräumen erklang das Weinen eines Kindes.

»Diese Wände«, sagte Rimona.

»Was hast du bloß«, erwiderte Jonatan.

»Dünn. Als wären sie aus Papier.«

Es war ein leises, einsichtiges Weinen, nicht bockig, nicht trotzig, sondern stumm, als sei dem Kind jenseits der Wände ein geliebtes Spielzeug in den eigenen Händen zerbrochen und als wisse das Kind, daß nur es allein die Schuld daran trägt, so daß es sich bei niemandem beklagen kann. Eine Frau redete bittend und tröstend auf das Kind ein, aber nur der Tonfall ihrer Stimme drang in Rimonas und Jonatans Zimmer; die Worte blieben unverständlich.

Jonatan wartete schweigend, bis das Weinen aufhörte. Auch nachdem das Kind sich beruhigt hatte, ließ die Stimme der Nachbarin auf der anderen Seite der Wand nicht davon ab, liebevoll Trost zu spenden. In dieser Abendstunde, dachte Jonatan bei sich, beginnen echte Menschen, ihr Nachtleben zu leben. In den Großstädten wechselt das Licht der Ampeln, deren Farben sich auf dem nassen Asphalt spiegeln, und bunte Leuchtreklamen blinken. Mit rasantem Start und Reifenzischen überwinden moderne Wagen die Straßenabschnitte von einer Ampel zur nächsten, gesteuert von wahren Menschen auf dem Weg zu jenen Orten, an denen sich das Leben abspielt. Der Wissenschaftler, der Staatsmann, der Schwindler, der Dichter, der Großkapitalist, der Geheimagent – solche Leute sitzen jetzt sicher in völliger Einsamkeit an dunklen, schweren Schreibtischen in ihren hochgelegenen Wohnungen. Vor den Fenstern liegen die Lichter der Stadt im Regen, beleuchtete Häuserzeilen in nebligem Glanz. Auf den Schreibplatten überquellende Ordner, verschiedene aufgeschlagene Bücher davor, Karteikarten in mehreren Farben, vielleicht ein Glas Whisky zwischen den Papieren, Skizzen und diversen Zettelchen: all das verstreut im Schein einer stilvollen Schreibtischlampe, die einen gemütlich warmen, verschwiegenen Lichtkreis auf die Platte zeichnet, während aus den Zimmerecken, aus vollgestopften Regalen heraus, angenehme Begleitmusik ertönt. Ein solcher Mensch sitzt über seinen Schreibtisch gebeugt, streckt, wann immer er will, eine Hand nach dem Glas vor sich aus, um einen Schluck Whisky zu trinken, stopft sich vielleicht ein Pfeifchen und füllt dabei mit lebendigem, stürmischem Herzen Seite auf Seite, schreibt, streicht aus, begeistert sich, verwirft, zerknüllt das nicht gelungene Blatt und wirft's hinter seinen Rücken, versucht's von neuem. Ein ferner Sirenenton oder das Läuten mächtiger Glocken dringt dumpf von draußen herein. Dann endlich kommt die innere Erleuchtung, gepaart mit unbändiger Freude, und der Mensch erreicht sein Ziel. Nun räkelt er sich, erleichtert seufzend, wohlig müde, mit geschlossenen Augen auf seinem guten Stuhl. Nur ein klein wenig erhebt er die Stimme, und schon eilt eine Frau in Morgenmantel oder Kimono ins Zimmer. Das sind die einfachen und starken Dinge, die man in Gang setzen muß: Ohne sie gleicht das Leben einer öden Wüste.

Jonatan fragte Rimona, ob sie jetzt etwas tun müsse. Rimona wollte wissen, warum er denn frage, ob er ihr vielleicht irgendeine Schachpartie zeigen oder erklären wolle? Sie spielte nie Schach mit ihm, aber wenn er sie darum bat, willigte sie stets ein, sich eine halbe Stunde oder länger ihm gegenüber zu setzen, auf die vor ihr aufgestellten Figuren zu gucken und seinen Erklärungen über verschiedene Stile zu lauschen: offensive Eröffnung, defensive Eröffnung, Frontal- oder Flankenangriff, Taktik des wohlkalkulierten Risikos, Opferung der einen oder anderen Figur aufgrund einer vorausschauenden Strategie. Diese Erklärungen gefielen Rimona. Wenn er schon einmal die Figuren aufstellen wolle, werde sie inzwischen Kaffee einschenken und ihr Stickzeug holen, sagte sie.

Jonatan gab keine Antwort, und Rimona ging Kaffee machen. Da fuhr er auf einmal mit wildem Schwung herum, wie ein im Kreuzfeuer eingekesselter Krieger, lief von dem Ofen weg und blieb schließlich mit dem Rücken zum Zimmer vor dem Regal mit Büchern, Zeitschriften und Nippes stehen. Im gleichen Moment fiel sein Blick auf ein altes Bild, das Rimona einmal eingerahmt und zwischen den Büchern aufgestellt hatte: Es war ein verstaubtes Foto von einem Ausflug in die judäische Wüste. Erstaunt stellte Jonatan plötzlich fest, daß er und Rimona darauf nicht allein waren. Hinter Rimona, in der einen Bildecke, zeigte sich ein fremdes, klobiges, behaartes Bein in kurzen Hosen und Fallschirmspringerstiefeln. Aber er hatte doch gerade etwas Wichtiges und sogar Dringendes sagen oder tun wollen. Mit aller Macht versuchte Jonatan sich zu konzentrieren. Dann endlich setzte er an und sagte: »Die Zigaretten. Vielleicht hast du irgendwo meine Zigaretten gesehen?«

Rimona kehrte eben mit einem Tablett zurück, auf dem zwei Tassen Kaffee, Kekse und ein Milchkännchen in bucharischem Stil mit bläulichen Verzierungen standen. »Setz dich nur ruhig hin«, meinte sie. »Vielleicht gießt du uns inzwischen Milch in den Kaffee, und ich hol dir eine neue Zigarettenschachtel aus der Schublade. Und werd nicht böse.«

»Nicht nötig«, sagte Jonatan, worauf er verächtlich hinzufügte: »Wieso denn eine neue Schachtel? Da sind ja meine Zigaretten. Guck mal: genau vor deiner Nase. Auf dem Radio. Was hattest du gesagt?«

»Du hast geredet, Joni. Ich hab gar nichts gesagt.«

»Ich dachte, du hättst was gesagt. Vielleicht hast du wieder was geredet und dir's dann anders überlegt. Oder vielleicht hast du nur vorgehabt, was zu sagen. Also, ›ich gemieß uns Milch in den Kaffee‹. Bolognesi sagt immer so: ›eingemießen‹. Mir ist dauernd, als würd ich dich unterbrechen. Sogar wenn du schweigst.«

»Sonderbar«, bemerkte Rimona, aber es lag keinerlei Verwunderung in ihrer Stimme.

»Vielleicht hörst du mal auf, mir das ganze Leben lang ›sonderbar, sonderbar‹ zu sagen? Alles findest du sonderbar. Hier gibt's doch gar nichts Sonderbares. Und überhaupt, kannst du dich denn nicht endlich mal setzen, statt die ganze Zeit rumzurennen? Nun sitz schon!«

Als sie ihm gegenüber Platz genommen hatte, blieben Jonatans Augen an ihrer geöffneten Bluse hängen und ergänzten unwillkürlich, was er nicht sehen konnte: diese Brüste einer Zwölfjährigen, den Schnitt ihres kalten, zarten Körpers unter der Kleidung, ihren Nabel, der einem zum Schlafen geschlossenen Auge glich, ihre Scham, die als Vorlage für eine prüde Zeichnung in einem Schulbuch für Heranwachsende hätte dienen können. Aber nichts wird ihr helfen, dachte Jonatan boshaft, gar nichts: weder der hübsche rote Strickpulli noch ihre langen blonden Haare oder das verschämte Lächeln, das dem eines süßen kleinen Mädchens ähnelte, das etwas angestellt hat, aber ganz sicher ist, daß man ihr sofort vergibt, weil man sie liebhat. Aber da irrt sich Rimona. Man wird ihr nicht vergeben, und es wird nicht gut ausgehen. Diesmal ist alles verloren und steuert auf ein schlechtes Ende zu. Man sieht doch schon eindeutig die schlaffe Haut an ihrem Hals, hinter den kleinen Ohren und ein bißchen auch unter dem niedlichen Kinn. Dort überall werden ihre Falten verlaufen. Das sind die Stellen, an denen die Haut austrocknet und rissig wird wie abblätternde Farbe, wie ein alter Schuh. So beginnt das Altern; da gibt's keinen Ausweg, keine Rettung. Unwiderruflich dahin ist der Zauber von Sansibar. Fertig, aus. Ich für meinen Teil hab überhaupt kein Mitleid mit dir, weil niemand auf der ganzen Welt Mitleid mit mir empfindet. Nur um die vergeudete Zeit ist's mir leid, Rimona, das Herz klagt trauernd um die Zeit, die war und vorbei ist, und niemand wird dir und mir das Leben zurückgeben, das hätte sein können und nicht gewesen ist.

»Hast du's vergessen?« fragte Rimona lächelnd.

»Was hab ich vergessen?«

»Ich sitz da und warte.«

»Du wartest?« wunderte sich Jonatan. Er wurde von leichter Panik befallen: Was meint sie denn? Worauf wartet sie? Weiß sie womöglich schon alles? Aber sie kann's doch gar nicht wissen.

»Ich versteh nicht«, sagte er, »worauf wartest du?«

»Ich wart darauf, daß du die Schachfiguren aufstellst, wie wir vereinbart hatten, Joni. Und ich schalt uns jetzt das Radio ein, weil sie eine Fuge von Bach senden. Hier, das Stickzeug hab ich schon da. Und du hast vorhin ge-

Der perfekte Frieden

sagt, du würdest aufstehen und dir die Zigaretten holen, die Schachtel auf dem Radio. Du wolltest nicht, daß ich sie dir bringe, aber nun hast du es vergessen und dich wieder hingesetzt. Steh nicht auf: Ich hol sie dir.« Sie saßen sich in den beiden Sesseln gegenüber. Das Radio begann zu spielen. Wegen der Blitz- und Donnerschläge draußen gab es hier und da Tonstörungen, ein heiseres Krächzen, das die Musik unterbrach. Rimona umklammerte wie immer mit beiden Händen die Kaffeetasse, um sich zu wärmen. Jonatan wiederholte im stillen zum letzten Mal die Worte, die er sich längst zurechtgelegt hatte.

»Meinetwegen können wir anfangen«, sagte Rimona.

Einmal, bei einem nächtlichen Patrouillengang auf jordanischem Gebiet in der Nähe des Dorfes Tarkumiyye, hatte Jonatan eine unerklärliche Todesangst befallen. Urplötzlich schien sich die Nacht mit leuchtenden Augenpaaren gefüllt zu haben, und aus dem Dunkel zwischen den düsteren Felsen drangen erstickte, boshafte Lacher: Sie warten auf uns. Auf geheimnisvollem Wege haben sie erfahren, daß wir hier heute nacht durchs Wadi kommen, und nun liegen sie da im Hinterhalt, um uns aufzulauern. Man sieht sie nicht, aber sie sehen dich und lachen sich leise ins Fäustchen, denn die Falle ist schon zugeschnappt.

Jonatan dachte an leere, sonnendurchglühte Weiten voll weißen Sandes im wilden Mittagslicht der Wüste Zin nahe einem ausgedörrten Ort, der auf der Karte als En-Orchot, Karawanenquelle, eingezeichnet war. Bei dieser Erinnerung wurde er von einem nie gekannten Schmerz durchströmt. Überwältigt von der Schärfe dieses Schmerzes, schloß er die Augen und dachte an den Beginn der Liebe zwischen ihm und Rimona. An die Wochen vor ihrer Hochzeit. An die lange Fahrt mit dem Jeep durch die Berge bis ins graue Tal. An den Geruch verglühenden Reisigfeuers in der Nacht. An Rimonas kindliche Brüste, die er wie zwei warme Küken in seinen schweren Händen hielt, als sie im Schlafsack hinter dem Jeep in der nächtlichen Wüste lagen, umgeben vom leichten Rauch des Lagerfeuers. Und an ihre Tränen, als sie ihm leise zuwisperte: Achte nicht drauf, Joni, es ist nicht wegen dir. Mach du nur weiter und achte nicht drauf. Und auch an das Ende ihrer Liebe erinnerte er sich; es war in einer Winternacht vor drei Jahren, als sie ihm sagte: Schau, Joni, das ist bei vielen Frauen so, achte nicht drauf.

Er dachte an ihre erste Schwangerschaft. Und an ihre letzte. An das tote

Baby, das er damals im Krankenhaus nicht hatte sehen wollen. Und wieder kam ihm der Gedanke an ihren schönen Körper, an diesen kalten, erlesenen Marmorblock. An seine letzten, demütigenden Versuche, Leben in diesem blassen, edlen Stein zu wecken, und sei es auch nur Schmerz oder Schmach oder Wut. Wie viele Tage und Nächte und Abende und Nächte und Tage. Und diese Entfernungen: ihre Leiden, die er nur ahnen konnte – und nicht einmal das. Seine Einsamkeit. Um drei Uhr morgens auf einem breiten, öden Laken unter einer weißen, öden Zimmerdecke, und alles funkelte wie ein Skelett im Licht des toten Vollmonds vorm Fenster; hellwach war er gewesen und doch wie gefangen in einem Alptraum. Inmitten der öden Polarwüste, auf den Schneefeldern im Herzen der Tundra bleibst du auf ewig allein mit einer Leiche. Und die Schmach der Worte. Die Lügen. Die Öde der unterdrückten Wahrheit. Der Schlaf. Das Wachen. Die Blässe ihrer Fingerkuppen. Das Weiß ihrer Zähne. Der Anblick ihres nackten Körpers im kalten Wasser einer Dusche, zerbrechlich, keusch und lieb. Die Empfindung ihres Schweigens. Seines Schweigens. Der ewig tote Raum zwischen ihrem und seinem. Ihre täuschende, hohle Schönheit. Diese scheinbare Zartheit, die selbst in Augenblicken höchsten Verlangens nicht berührt werden darf. Das Reiben ihrer kleinen, festen Brüste gegen die Haut seines Gesichts, die Muskeln seines Bauchs, die Haare seiner Brust. Das bittere, geduldige Anklopfen, das immer verzweifeltere Suchen nach irgendeiner nicht vorhandenen Öffnung, streichelnd, küssend, schmeichelnd, ruhig oder brutal, im Dunkeln, im Dämmerlicht, im warmen Licht, zu glutheißer Mittagszeit, am frühen Morgen, im Bett, mit oder ohne die Schallplatte von der Magie des Tschad, im Wald, im Auto, im Sand, mit Härte, mit Liebe oder Barmherzigkeit, mit seinen Lippen und mit seiner Zunge, liebevoll, väterlich, haßerfüllt, wie ein Junge, wie ein Wilder, wie ein Affe, verzweifelt und spielerisch und flehend und unflätig und gewaltsam und unterwürfig – egal, umsonst. Das jämmerliche Keuchen seiner Lungen in den Augenblicken einsamer, häßlicher Befriedigung, weit, weit weg von ihr, von ihm selbst, von der Liebe, von all den möglichen Worten – und immer wieder am Ende all seiner Bemühungen ihre erstarrte Stille, ihre stummen Lippen, nicht verwundert, nicht beleidigt, Mutter alles Lebenden, öde Wüste: Mach du nur weiter, Joni, achte nicht drauf. Es ist nicht deine Schuld. Tu mit mir einfach, was du möchtest. Achte nicht drauf. Und ihr Leib ist fast eine Leiche. Oder das Rascheln des kalten, giftigen Lakens zwischen ihnen, das leise Knistern zerpflügter Seide. Vergeblich bewegen sich ihre Lippen über seine behaarte Brust, umsonst wandert ihre feuchte Zunge seine Leiste hinunter, bis er sie urplötzlich mit beiden Händen packt und sie wild schüttelt, ihre Schultern, ihren Rücken, ihren ganzen Körper – wie eine stehengebliebene Uhr. Und einmal hatte er's sogar mit heftigen Ohrfeigen versucht, dann auch mit der Faust. Umsonst. Immer wieder dieser schleichend fortschreitende Tod, dieses Verlangen und dieses Grauen, die Reue und die Schmach, die Tricks und die Aufwallungen unterdrückten Gifts. Sein langsam in der Tiefe versinkender Schrei, ein Schrei wie unter Wasser. Und später dann, nach alldem, seine Frage. Ihr Schweigen. Ihre Frage. Sein Schweigen. Und unmittelbar danach, stets und unweigerlich, ihre Wasch- und Reinigungswut, als müsse sie einen ansteckenden Schmutz von ihrem Fleisch abschrubben und mit heißer Dusche und Seifenschaum noch den letzten Rest des ihr und ihm eigenen Geruchs vernichten, ehe sie – in dieser verhaßten kindlichen Mandelseifenwolke und von Kopf bis Fuß rosig und frisch gewaschen wie ein Baby oder ein Engelchen auf einem bunten Kitschbild – in das gemeinsame Bett zurückkehrt, um fast auf der Stelle einzuschlafen. Sie schlummert, und von jenseits der Wand schallt Nacht für Nacht das Lachen einer anderen Frau herüber, oder durch die geöffneten Fenster dringt das Flüstern der jungen Paare auf dem sommerlichen Rasen ein. Vielleicht sollte er einmal nur aufstehen und das Brotmesser packen, um ihre zarte Haut zu durchstoßen, hinein in das Gewebe ihres Fleisches zu dringen, hinein in die Blutbahnen und weiter, um alles aufzumachen, hindurch zwischen die dunklen Drüsen und das Fett und den Knorpel in die Tiefe ihrer Höhlungen und Spalten bis ans Mark, bis an die Knochen, in ihr herumzuschneiden, damit sie einmal aus vollem Hals schreit und brüllt, denn so geht es nicht mehr weiter: Winter wie Sommer, Werktag wie Feiertag, Tag und Nacht, morgens und abends immer nur ein Gegenüber – auf Distanz.

So kam es, daß Jonatan die für das Gespräch dieses Abends zurechtgelegten Worte zwar nicht vergessen hatte, aber ihrer und auch anderer und überhaupt aller Worte plötzlich überdrüssig war. Wenn er nur das, was er hatte sagen wollen, in einer Zeichnung ausdrücken oder auf einem Instrument vorspielen oder in die einfachen, klaren Symbole einer mathematischen Gleichung kleiden könnte!

»Es tut mir leid«, sagte er, »ich habe den Kaffee, den du mir gemacht hast, vergessen zu trinken, und nun ist er ganz kalt.«

»Es steht noch heißer Kaffee auf kleiner Flamme in der Küche. Auch ich habe meinen nicht getrunken, weil ich beim Sticken an was anderes gedacht hab. Ich hol uns beiden neuen Kaffee.«

»Woran hast du gedacht, Rimona?« Jonatan blickte auf die blaue Feuerblume hinter dem verchromten Eisengitter des Ofens. Dabei bemerkte er, wie schnelle, nervöse Zuckungen über Tias Fell liefen, die mit ausgestreckten Gliedern vor dem Ofen lag.

»Ich hab gedacht«, sagte Rimona, »morgen würden sie vielleicht endlich den Dampfboiler in der Wäscherei reparieren. All die Tage, an denen der Boiler kaputt war, haben wir's ein bißchen schwer gehabt.«

»Es wird ja nun auch wirklich langsam Zeit.«

»Auf der anderen Seite«, fuhr Rimona fort, »kann man niemandem die Schuld geben. Lipa war krank. Auch dein Vater ist noch nicht wieder gesund.«

»Mein Vater sagt mir andauernd, ich müßte mir endlich die Haare schneiden lassen. Meinst du, ich müßte es wirklich?«

»Du mußt nicht, aber wenn du's gerne möchtest, tu's ruhig.«

»Ich bin den ganzen Winter über noch nicht krank gewesen. Außer meiner Allergie, derentwegen man manchmal meint, ich würde weinen. ›Gelobt sei der Name des Herrn, der die Tränen des Elenden trocknet‹, sagt Bolognesi, wenn sich meine Augen plötzlich mit Tränen füllen. Schau mich bitte an, Rimona.«

»Der Winter ist noch nicht vorüber, Joni, und du läufst den ganzen Tag ohne Mütze und mit zerrissenen Schuhen zwischen Werkstatt und Schlosserei herum.«

»Stimmt nicht. Nur ein Schuh ist aufgerissen, nicht beide. Und der Italiener hat mir versprochen, die Sohle zu reparieren. Überhaupt ist diese ganze Werkstatt nichts für mich.«

»Aber früher hast du so gerne Motoren repariert.«

»Und wenn schon?!« platzte Jonatan heraus. »Was ist, wenn ich's früher gemocht hab und jetzt nicht? Was versuchst du mir denn überhaupt die ganze Zeit zu sagen und tust's nicht wirklich? Du fängst an und hörst mitten im Satz auf. Genug damit. Sag offen heraus, was du sagen willst, und hör auf, Katz und Maus zu spielen. Bitte schön: nur raus mit der Sprache. Ich werde dich nicht unterbrechen. Ich werde schweigen wie ein Schoßhündchen und geduldig jedes Wort verfolgen. Schieß los.«

»Gar nichts«, sagte Rimona, »werd nur nicht böse, Joni.«

»Ich?« antwortete Jonatan müde. »Ich bin nicht böse. Ich hab nur ganz einfach eine Frage gestellt und möchte gern einmal im Leben eine klare Antwort von dir bekommen. Das ist alles.«

»Dann frag«, gab Rimona verwundert zurück. »Du ärgerst dich über mich, weil ich dir nicht antworte, aber du hast doch gar nichts gefragt.«

»Gut. Also du sagst mir jetzt einmal haargenau, was du vor drei Jahren, vor dreieinhalb Jahren, gedacht hast, als du plötzlich am Samstag abend beschlossen hast, daß wir beide heiraten.«

»Aber es war doch nicht ganz so«, sagte Rimona weich, »und außerdem sag mir mal, warum du fragst.«

»Ich frag – um eine Antwort zu bekommen.«

»Aber warum fragst du jetzt. Du hast mich das noch nie gefragt.«

»Weil mir manchmal scheint... Wolltest du was sagen?«

»Nein. Ich hör zu.«

»Also dann hör doch nicht dein ganzes Leben nur zu, verdammt noch mal. Mach den Mund auf. Sag's mir. Was ist denn bloß los, daß du nicht fähig bist, eine einfache Antwort herauszubringen. Du wirst mir jetzt antworten, warum du mich überhaupt geheiratet hast, was du von mir gewollt hast, was in deinem Kopf vorgegangen ist.«

»Das kann ich machen, warum nicht«, sagte Rimona nach einer kleinen Pause. Verhalten lächelnd saß sie in ihrem Sessel, alle zehn Finger um die Tasse mit dem neuen Kaffee, der ebenfalls längst abgekühlt war. Ihre Augen schienen in der Luft die Formen der Musik nachzuzeichnen, die aus dem Radio durchs Zimmer strömte. »Das kann ich dir sagen. Es war so: Als du und ich zu heiraten beschlossen haben, warst du mein erster, und ich war deine erste. Du hast mir gesagt, wir würden unser ganzes Leben lang erste sein, nichts von Fremden lernen, sondern alles – unser Haus und unseren Garten und noch andere Dinge – so einrichten, als ob wir die ersten wären und niemand vor uns gelebt hätte. So hast du gesagt. Wir würden wie zwei Kinder im Wald sein, uns fest an der Hand halten und keine Furcht haben. Du hast mir gesagt, ich wäre schön und du gut, und von jetzt an würdest du dich nicht mehr schämen, gut zu sein, denn als du klein warst, hättest du dich geschämt, daß alle dich ein gutes Kind genannt haben. Du hast gesagt, du würdest mich lehren, die Wüste zu lieben, und mich auf Wüstenfahrten mitnehmen, und ich habe tatsächlich gelernt. Von mir würdest du lernen, immer ruhig zu sein und die klassische Musik zu lieben und insbesondere Bach, hast du gesagt. Und auch du hast gelernt. Wir haben gedacht, wir würden zusammenpassen, sogar ohne den ganzen Tag zu reden, ohne ein einziges Wort zu sagen. Und wir, du und ich, haben gemeint, es wäre gut für uns und auch für deine Eltern, wenn wir gemeinsam wohnen würden, zusammenlebten und uns nicht mehr draußen an allen möglichen komischen Orten zu treffen brauchten. Außerdem ging damals der Sommer schon zu Ende, du wirst dich erinnern, Joni, und es begann der Herbst, und wir wußten, daß auf den Herbst der Winter folgt und wir uns im Winter nicht mehr draußen an unseren gewohnten Plätzen würden treffen können, und deswegen haben wir beschlossen zu heiraten, bevor die Regenzeit einsetzte. Weine nicht, Joni, sei nicht traurig.«

»Wer weint denn?« brauste Jonatan auf. »Das ist nur meine beschissene Allergie; mir brennen die Augen. Tausendmal hab ich dir schon gesagt, daß es mir in den Augen sticht und du aufhören sollst, deine Vasen mit Kiefernzweigen vollzustopfen.«

»Verzeihung, Joni. Nur, es ist jetzt eben Winter, und ich hab keine Blumen.«

»Und tausendmal hab ich dir schon gesagt, du sollst nicht den ganzen Tag ›Verzeihung, Verzeihung‹ sagen wie ein Servierfräulein oder Zimmermädchen aus einem Filmhotel. Statt dessen sag lieber, was jetzt ist.«

»Was ist jetzt, Joni?«

»Was ist jetzt noch geblieben, frage ich. Übrigens wär ich dir äußerst dankbar, wenn du mich nicht ständig zurückfragen würdest, sondern so freundlich wärst, dich ein klein wenig anzustrengen und auf die gestellten Fragen zu antworten.«

»Aber was jetzt ist, weißt du doch. Jetzt sind wir schon mehrere Jahre Mann und Frau, du und ich. Was gibt's da zu fragen?«

»Weiß nicht. Ich frag eben, basta. Möchte endlich eine Antwort. Was ist denn? Willst du mich absichtlich verrückt machen, damit ich anfange zu toben? Willst du nicht ein einziges Mal in unserem Leben auf eine Frage antworten? Willst du mich unser ganzes Leben lang wie einen kleinen Idioten ansprechen?«

Für einen Augenblick hob Rimona den Blick von ihrer Stickerei und schaute ihn an. Doch schon einen Moment später suchten ihre Augen in der Luft wieder die Formen der Musik. Tatsächlich schien die Musik jetzt über die Ufer zu treten, flutend gegen starke Mauern zu branden. Aber sofort flaute sie ab, die Melodie beruhigte sich, als habe sie es aufgegeben,

Dämme zu überfluten, und sinke nun willfährig ab, um tief unter deren Grundfeste zu spülen. Der Strom des Leitmotivs teilte sich in mehrere schmale Wasserläufe, die scheinbar beliebig dahinsickerten, um dann wieder auf ihr gemeinsames Grundelement zurückzukommen und von dort aus die innere Leidenschaft für ein neues Hochschäumen zu sammeln.

»Joni, hör mal«, sagte Rimona.

»Ja«, antwortete Jonatan, dessen Ärger sich im selben Augenblick legte, in dem sein Herz ängstlich wurde. »Was?«

»Hör mal, Joni. Das ist so. Du und ich, wir sind zusammen. Wir allein. Einander nah, wie du gemeint hast. Du bist gut, und ich bemüh mich, schön zu sein, wie du mir mal gesagt hast, und nicht von Fremden zu lernen, sondern die ersten zu sein. Fast immer haben wir Frieden miteinander. Wenn manchmal was nicht gut ist oder einen ärgert, wie vor einer Minute, als ich zu dir gesagt hab, du sollst nicht weinen, und du dann böse warst, dann macht das gar nichts. Ich weiß, daß du dich danach wieder beruhigst und es wieder gut ist, daß wir zusammen sind. Vielleicht meinst du, es müßten dauernd neue Dinge passieren, aber das stimmt nicht. Ich sag dir nicht, du sollst andere Menschen anschauen, aber wenn du's doch tust, dann wirst du sehen, daß bei ihnen nicht jeden Tag was Neues geschieht. Was soll denn geschehen, Joni? Du bist ein erwachsener Mann. Ich bin deine Frau. Dies ist unser Heim. Das sind wir. Und jetzt ist es mitten im Winter.«

»Nicht das, Rimona«, sagte Jonatan leise.

»Ich weiß: auf einmal bist du traurig.« Rimona streichelte mit einem Finger die Tischplatte. Dann sprang sie ruckartig mit einer kraftvollen, ihr sonst nicht eigenen, fast rebellischen Bewegung auf und stellte sich vor ihn hin.

»Bist du völlig verrückt geworden? Was ziehst du dich denn plötzlich aus?«

Und schon war die Rebellion zu Ende. Rimona ließ beide Arme sinken und wurde blaß im Gesicht: »Ich dachte nur«, sagte sie zitternd.

»Zieh deinen Pullover wieder an. Kein Mensch hat gesagt, daß du dich ausziehen sollst. Ich brauch das nicht.«

»Ich hab nur gedacht«, wisperte sie.

»Schon gut«, sagte Jonatan, »macht nichts. Du bist in Ordnung.« Dabei nickte er mehrmals, als sei er völlig mit sich zufrieden und guten Gewissens. Er redete nicht weiter, und auch sie sagte nichts mehr, sondern setzte sich nur wieder auf ihren Platz – ihm gegenüber. Die Radiomelodie strebte sanft und gelassen ihrem Abschluß zu. Rimona angelte nach der Zigarettenschachtel, entnahm ihr eine Zigarette, zündete sie mit einem Streichholz an und begann zu husten, bis ihr die Tränen kamen, denn sie konnte nicht rauchen. Dann steckte sie ihm die brennende Zigarette mit weicher, vorsichtiger Handbewegung zwischen die Lippen.

»So ist das«, sagte Jonatan.

»Was, Joni?«

»Alles. Du. Ich. Alles. Hast du was gesagt? Nein. Ich weiß, du hast nicht. Dann red doch, verdammt noch mal, sag was, sprich oder schrei's raus, was du denkst, wenn du überhaupt etwas denkst. Was soll weiter werden? Was wird mit dir? Mit mir? Was schwirrt dir überhaupt die ganze Zeit im Kopf rum?«

»Der Winter wird vorübergehen«, sagte Rimona, »und danach kommt der Frühling und der Sommer. Wir fahren in Urlaub. Vielleicht ins obere Galiläa oder ans Meer. Gegen Abend setzen wir uns auf die Veranda und sehen zu, wie die Sterne aufleuchten und wie der volle Mond aufgeht, von dem du mal gesagt hast, er hätte eine dunkle Seite, wohin die Toten gingen. Aber du sollst mir nicht einfach so angst machen, denn ich glaub dir alles, was du sagst, und lass' nicht davon ab, eh ich nicht ausdrücklich von dir höre, daß es nicht ernst gemeint war. Dann werden sie dich, wie an jedem Sommerende, zum Reservedienst einberufen, und wenn du zurückkommst, ruhst du dich zwei Tage aus und erzählst mir von neuen Menschen und von den Geräten, die sie gebracht haben. Nach dem Arbeitstag kannst du im Sommer bei Anat und Udi auf dem Rasen sitzen und über Politik diskutieren. Und abends kommen sie zu uns zum Kaffeetrinken und Schachspielen.«

»Und danach?«

»Danach ist wieder Herbst. Du fährst zur Schachmeisterschaft der Kibbuzim und erringst vielleicht wieder einen der ersten Plätze. Wenn du zurück bist, werden sie die Felder für die Wintersaat umpflügen. Dein Bruder Amos wird vom Militär entlassen und heiratet im Herbst vielleicht seine Rachel. Die Zitronen- und Grapefruiternte beginnt und etwas später auch die Apfelsinenlese. Du und Udi werden von morgens bis abends damit beschäftigt sein, daß die Ladungen pünktlich rausgehen. Aber ich werde dich trotzdem bitten und du wirst schließlich zustimmen, die Erde im Garten hinter dem Haus durchzuhacken, und ich werde wieder Chrysanthemen und andere Winterblumen anpflanzen. Und der Winter wird erneut kommen, der Ofen wird im Zimmer brennen, und wir werden zusammen drinnen sitzen, während es draußen regnen kann, wie es will: Wir werden nicht naß.«

»Und danach?«

»Sag mal, Joni, was hast du denn?«

Er sprang von seinem Platz auf und drückte mit wilden Bewegungen die Zigarette auf dem Aschenbecher aus, die Rimona ihm gerade erst angesteckt hatte. Dann spannte er den Hals und schob den Kopf schräg nach vorn mit einer Bewegung, die der Joleks glich, wenn er etwas genau hören wollte. Dabei fiel Jonatan eine breite Haarsträhne über die Augen, die er heftig wieder zurückstrich. Seine Stimme klang erstickt und überlaut, fast panikartig: »Aber ich kann nicht mehr. Ich halt's hier nicht länger aus.«

Rimona blickte langsam zu ihm auf, als habe er nicht mehr gesagt, als daß sie doch bitte das Radio ausschalten möchte, und sagte mit ihrer ruhigen Stimme: »Du willst weggehen von hier.«

»Ja.«

»Mit mir oder ohne mich?«

»Allein.«

»Wann?«

»Bald. In ein paar Tagen.«

»Und ich soll hierbleiben?«

»Wie du willst.«

»Gehst du für lange Zeit weg?«

»Ich weiß nicht. Ja. Für lange Zeit.«

»Und danach, was wird dann mit uns?«

»Ich weiß nicht, was mit uns sein wird. Was heißt: mit uns? Was soll schon mit uns sein? Was bin ich denn? Dein Papa, oder was? Schau: Hier kann ich nicht weitermachen. Fertig.«

»Aber zum Schluß kommst du zurück.«

»Soll das eine Frage sein, oder verfügst du einfach über mich?«

»Ich hoffe.«

»Dann hoff nicht. Genug. Es ist nicht nötig.«

»Wohin gehst du?«

»Irgendwohin. Weiß nicht. Mal sehen. Kann dir doch egal sein, oder?«

»Willst du studieren?«

»Vielleicht.«

»Und danach?«

»Ich weiß es nicht. Was fragst du denn so viel? Ich weiß jetzt gar nichts. Wozu also die ganze Fragerei? Du verhörst mich ja wie einen Verbrecher.«

»Manchmal kommst du aber.«

»Willst du?«

»Wenn du manchmal kommen willst, dann komm zu mir, und wenn du wieder weg willst, dann gehst du. Wann immer du willst. Ich werde hier im Haus nichts verändern und mir auch nicht die Haare kürzer schneiden lassen, wie ich's fürs Frühjahr vorgehabt habe. Manchmal wirst du zu mir kommen wollen, und ich werde für dich dasein.«

»Nein. Ich möcht die ganze Zeit weit weg sein. Ohne Unterbrechung. Vielleicht fahr ich überhaupt ins Ausland, nach Amerika oder sonstwohin.«

»Du willst weit weg von mir sein.«

»Ich will weit weg von hier sein.«

»Weit von mir.«

»Ja. Gut. Weit von dir.«

»Und weit weg von deinen Eltern, von deinem Bruder Amos und von all deinen Freunden.«

»Ja. Genau. Weit weg von hier.«

Rimona ließ die Schultern hängen. Bedächtig legte sie eine Fingerspitze an ihre Oberlippe wie eine langsame Schülerin beim Lösen einer Rechenaufgabe. Unwillkürlich beugte Jonatan sich vor, um ihre Tränen zu sehen. Aber es gab keine Tränen. Völlig konzentriert und in sich gekehrt saß sie da – vielleicht hörte sie ihm gar nicht mehr zu, sondern folgte in Gedanken längst wieder der Melodie aus dem Radio. Das Radio, dachte Jonatan, das Radio und diese Musik sind schuld daran, daß sie nicht begreift, was ihr geschieht. Ganz heimlich, still und leise verliert sie den Verstand. Womöglich ist sie lange schon völlig verblödet, war's immer schon, und ich hab's nur nicht gemerkt. Noch nie hat sie begreifen können, was man mit ihr redet, und jetzt kapiert sie nichts, will nichts kapieren und hört auch gar nicht erst zu, sondern lauscht nur der Musik, und all mein Gerede rauscht im Hintergrund an ihr vorbei wie das Ticken einer Uhr, wie der Regen, der durch die Dachrinne fließt.

»Mach das Radio aus. Ich sprech mit dir.«

Rimona schaltete das Radio aus. Als sei es damit nicht genug, riß Jonatan noch den Stecker aus der Steckdose. Nun war es still. Der Regen hatte aufgehört. Aus der Nachbarwohnung erklang ein kurzes, dumpfes Poltern, als sei ein hoher Turm aus Bausteinen auf der Matte umgekippt. Gleich darauf hörte man ein zweistimmiges Lachen.

»Hör mal«, sagte Jonatan.

»Ja.«

»Hör zu, Rimona. Jetzt müßte ich dir eigentlich alles erklären: Wieso und warum und weshalb, aber das fällt mir schwer.«

»Du brauchst nichts zu erklären.«

»Nein? Hältst du dich für dermaßen klug, daß du alles ohne Erläuterungen verstehst?«

»Jonatan. Schau. Ich versteh nicht, was du hast. Und ich will nicht, daß du anfängst zu erklären. Die Leute reden dauernd von Erklären und Verstehen, als bestünde das ganze Leben nur aus Erklärungen und Lösungen. Als mein Vater sterbenskrank mit Leberkrebs im Beilinson-Krankenhaus lag und ich neben ihm saß und ihm nur schweigend die Hand gehalten hab, ist der Stationsarzt gekommen und hat gesagt: ›Junge Frau, wenn Sie mal einen Augenblick mit mir ins Büro kommen möchten, erkläre ich Ihnen, wie die Dinge liegen.‹ Darauf hab ich ihm geantwortet: ›Danke, Herr Doktor, ist nicht nötig.‹ Der muß gedacht haben, ich sei roh oder minderbemittelt. Und als Efrat geboren war und sie uns gesagt haben, es sei eine Totgeburt, und Dr. Schillinger uns in Haifa alles erklären wollte, hast du, Joni, zu ihm gesagt: ›Was gibt's denn hier zu erklären: Sie ist tot.‹«

»Rimona, ich bitte dich, fang nicht schon wieder damit an.«

»Tu ich ja gar nicht.«

»Du bist in Ordnung«, sagte Jonatan zögernd, wobei eine leicht flüchtige Zuneigung in seiner Stimme mitschwang, »nur daß du eben eine sonderbare Frau bist.«

»Das ist es doch nicht«, erwiderte Rimona. Ihr Gesicht wirkte ruhig und abwesend, als würde die Musik noch immer den gesamten Raum erfüllen, bis sie plötzlich das Ende eines verschwommenen, komplizierten Gedankens entdeckt zu haben schien. Sie schaute Jonatan an und fügte hinzu: »Es fällt dir schwer.«

Jonatan schwieg. Er legte seine breite, häßliche Hand vor sich auf den Tisch, ganz nah an Rimonas dünne Finger, hütete sich aber vor der leichtesten Berührung. Er verglich ihre blassen Nägel mit seinen groben Fingern, den behaarten Knöcheln und den von Maschinenöl geschwärzten

Nagelrändern. Dieser Gegensatz gefiel ihm, schien ihn zu erleichtern. Auf geheimnisvolle Weise gewann Jonatan das Gefühl, als sei dies ein berechtigter, wohldurchdachter, sinnvoller und sogar tröstlicher Gegensatz.

»Wann meinst du, daß du damit anfangen willst?« fragte Rimona.

»Weiß nicht. In zwei Wochen, einem Monat. Wir werden sehen.«

»Du wirst mit deinen Eltern reden müssen. Es wird eine Sekretariatssitzung geben. Alle werden sie reden. Sie werden eine Menge Worte machen.«

»Soll'n sie reden. Ist mir egal.«

»Aber du wirst auch reden müssen.«

»Ich hab ihnen nichts zu sagen.«

»Und außerdem gibt's allerhand Dinge, die ich für deine Abreise vorbereiten muß.«

»Ich bitte dich, Rimona, tu mir einen Gefallen und bereite nichts vor. Was muß denn vorbereitet werden? Gar nichts. Ich nehm meinen Rucksack, werf meine Sachen rein und zieh los. Mach mich auf und geh. Das ist alles.«

»Wenn du willst, bereite ich nichts vor.«

»Genau. Was ich mir von dir wünsche, ist, daß du die ganze Zeit über ruhig bei mir bist. Mehr möchte ich nicht. Und wenn's geht, versuch, mich nicht zu sehr zu hassen.«

»Ich hasse dich nicht. Du bist mein. Nimmst du Tia mit?«

»Weiß nicht. An Tia hab ich nicht gedacht. Vielleicht. Ja.«

»Möchtest du, daß wir noch weiter reden? Nein. Du willst, daß wir jetzt aufhören zu sprechen.«

»Stimmt.«

Sie blickte auf ihre Uhr und schwieg erneut. Nein, sie war nicht ruhig, sondern saß verzagt da und lauschte, als würde man jetzt, da die Rederei aufgehört hatte, endlich ungestört und konzentriert zuhören können. Nach einigen Minuten ergriff sie mit beiden Händen Jonatans linkes Handgelenk, sah auf seine Uhr, ließ seine Hand wieder los und sagte: »Sieh mal, es ist schon fast elf Uhr. Wenn du möchtest, hören wir jetzt die Nachrichten und gehen dann schlafen. Du und ich müssen morgen früh zur Arbeit aufstehen.«

Jonatan fühlte ihre Finger um sein Handgelenk und einen Moment später auf seiner Schulter, denn er hatte nicht auf ihre letzten Worte reagiert, und deswegen berührte sie seinen Arm und sagte ihm: Hör mal, Jonatan, was ich sagen wollte, ist, daß wir jetzt fast elf Uhr haben und du die Nachrichten im Radio verpaßt, und außerdem bist du so müde, und ich bin's auch. Wir gehn jetzt schlafen, und du wirst sehen, daß du's morgen vielleicht vergessen hast oder was anderes denken wirst, und auch ich werd dir morgen was zu sagen haben, was ich heute nicht hab, denn du mußt wissen, daß Dinge übrig sind, die wir noch nie in unserem Leben haben sagen können und auch nicht haben sagen wollen, weil es nicht nötig war. Sie sprach zu ihm mit ihrer innersten Stimme, und er war müde und auch traurig und wußte nicht, ob es immer noch ihre Stimme war oder ihre Stimme in seinen Gedanken, denn er hatte die Augen geschlossen, und die Stimme ließ nicht ab und sprach unverändert weiter: Vielleicht wird es in der Nacht noch aufklaren und morgen plötzlich so ein blauer Tag anbrechen, du weißt schon, einer dieser strahlend blauen Wintertage, an denen die Pfützen aufblitzen vor lauter Licht und die Bäume im grünsten Grün der Welt dastehen und die Hausmütter all die Kleinsten aus dem Kinderhaus holen, um sie in die großen Wäschekarren zu setzen und – in mollige Wollsachen verpackt – über die sonnigen Wege zu rollen, einer der Tage, an denen der ganze Kibbuz alle Fenster aufreißt und man die Decken zum Lüften raushängt und die Vögel außer Rand und Band geraten mit ihrem ohrenbetäubenden Lärm und die Menschen sich nach und nach aus ihren Kleiderschichten schälen, die Ärmel aufkrempeln, die beiden obersten Hemdknöpfe öffnen und fast jeder, der dir draußen begegnet, sich im Gehen ein Liedchen singt. Kannst du dich an solche Tage erinnern, Joni? Und du wirst sehen, daß du plötzlich ganz andere Gedanken hast, denn ich weiß, wie das ist bei dir: ganz, ganz langsam wirst du traurig und leid auf alles, weil du meinst, es sei alles nur Zeitvergeudung, wo man doch die Welt umkrempeln und zum Beispiel eine Untergrundbewegung aufbauen oder Schachweltmeister werden oder den Himalaja besteigen könnte. Ich weiß, aber hör mal, Joni, das ist nur so ein Gefühl und ein vorübergehendes dazu, wie die Wolken vorbeiziehen und das Laub wechselt und die Jahreszeiten einander folgen wie Sonne und Sterne. Wie ich da gelesen hab vom Kikuju-Stamm in Kenia: Wenn eine Mondnacht kommt, schöpfen sie Wasser und füllen Eimer und Schüsseln, um so das Mondlicht im Wasser einzufangen, damit sie's in den dunklen Nächten haben, und hinterher heilen sie Kranke mit diesem Wasser. Die Gefühle kommen und gehen, Joni, wie einmal, erinnerst du dich noch, als du so ein starkes

Gefühl hattest: Sie hatten dich um vier Uhr morgens plötzlich zum Reservedienst einberufen, da war dir's so, damals vor dem Sturm gegen die Syrer östlich vom Kinneret, daß du diesmal umkommen würdest. Erinnerst du dich an jenes Gefühl, Joni, und wie du da geredet hast, deinetwegen könnte ich nach einem Jahr jemand anderen heiraten, und wenn ein Kind käme, sollten wir's auf keinen Fall nach dir benennen, erinnerst du dich, und du bist nicht umgekommen, Joni, und das Gefühl ist vorübergegangen, du bist lebendig zurückgekehrt und warst froh mit diesem Granatsplitter, den sie dir aus der Schulter geholt haben. In der Zeitung »Bamachane« haben sie über dich geschrieben, und du hast ein ganz neues Gefühl gehabt und gelacht und das schlechte Gefühl vergessen, denn Gefühle wechseln. Jetzt haben wir wegen mir, weil ich so geredet hab, die Nachrichten verpaßt, aber wenn du willst, kriegst du vielleicht gerade »Noch einmal das Wichtigste in Schlagzeilen« mit.

Rimonas Finger lagen noch immer ruhig auf Jonatans linker Schulter. Er tastete mit seiner rechten Hand nach der leeren Tasse, fand sie schließlich, führte sie an die Lippen, doch sie war leer. Ende des letzten Sommers war Jonatan, nachdem er von der Geburt des Babys erfahren hatte, in seiner Arbeitskleidung direkt vom Zitrushain ins Krankenhaus gefahren. Dort saß er auf einer harten Bank am Eingang der Entbindungsstation den ganzen Nachmittag und den ganzen Abend, und als es Nacht wurde, sagten sie zu ihm: Gehen Sie schlafen, guter Mann, und kommen Sie morgen früh wieder. Aber er weigerte sich zu gehen und saß da mit einer alten Zeitschrift auf den Knien, mit einem Kreuzworträtsel, das sich absolut nicht lösen ließ, weil offenbar beim Druck alle Zahlen für die waagrechten und die senkrechten Begriffe heillos durcheinandergeraten waren. Oder vielleicht gehörten sie ja auch zu einem ganz anderen Rätsel. Gegen Mitternacht kam eine häßliche Schwester mit breiter, plattgedrückter Nase und einem schwarzen, haarigen Muttermal, das wie ein blindes drittes Auge neben ihrem linken Auge prangte, aus der Abteilung heraus, und Jonatan fragte sie: »Verzeihung, Schwester, vielleicht kann ich erfahren, was da vor sich geht«, worauf sie ihm mit einer von Rauch und Kummer verdorbenen Stimme antwortete: »Sie sind der Ehemann, da wissen Sie ja, daß Ihre Frau kein leichter Fall ist. Wir tun unser Möglichstes, aber Ihre Frau ist kein leichter Fall. Wenn Sie schon mal hiergeblieben sind, habe ich nichts dagegen, daß Sie in die Schwesternküche gehen und sich inzwischen eine Tasse Kaffee machen. Im Kessel ist immer kochendes Wasser.

Nur daß Sie uns da keine Unordnung hinterlassen.« Um drei Uhr früh erschien erneut diese trostlos aussehende Schwester und sagte ihm, er, Lifschitz, müsse jetzt stark sein. Es hätte durchaus schon glückliche Geburten nach zwei Fehlschlägen gegeben, sogar nach dreien. »Vor zwei Stunden«, fuhr sie fort, »haben wir beschlossen, Professor Schillinger aus dem Bett zu holen. Er ist von seinem Haus ganz oben auf dem Karmel extra runtergefahren und gerade noch rechtzeitig eingetroffen, um Ihrer Frau buchstäblich das Leben zu retten. Jetzt behandelt er sie noch, und wenn er rauskommt, werden wir sehen. Vielleicht wird er sich einige Minuten Zeit nehmen und ein paar Worte mit Ihnen reden, etwas erklären, aber ich möchte Sie doch sehr bitten, ihn nicht lange aufzuhalten, denn morgen – heute – hat er einen schweren Tag, mit Operationen und so weiter, und er ist nicht mehr der Jüngste. Sie können sich einstweilen noch eine Tasse Kaffee aus der Teeküche holen, aber machen Sie bitte keine Unordnung.« Jonatan schrie: »Was habt Ihr ihr denn angetan?!« Doch die ältliche Schwester sagte: »Nun schreien Sie mir mal nicht herum, guter Freund. Was ist denn in Sie gefahren, wirklich. Hier wird nicht geschrien. Hören Sie doch auf, sich wie ein Primitivling zu benehmen. Denken Sie mal logisch nach«, sagte sie, »dann werden Sie verstehen: Die Hauptsache ist schließlich, daß Ihre Frau gerettet ist. Professor Schillinger hat sie Ihnen buchstäblich ins Leben zurückgeholt, und Sie begreifen gar nicht, was für ein Geschenk das ist, und schreien uns noch an. Sie wird wieder gesund werden, und ihr beiden seid noch jung.« Draußen vor dem Krankenhausportal wartete der klapprige, verstaubte Jeep der Ackerbauabteilung auf ihn. Er hatte völlig vergessen, daß die Feldarbeiter diesen Jeep schon gegen vier, halb fünf Uhr morgens brauchten. Nun ließ er den Motor an und fuhr sofort nach Süden, bis ihm gut dreißig Kilometer nach Beer-Scheva das Benzin ausging. Ein vom glühend heißen Wüstenwind durchwehter, mit gelblich verdrecktem Himmel überwölbter Morgen brach an, und die ganze Wüste sah grau aus, eine alte, abgenützte Öde. Alle Anhöhen glichen Abfallhügeln, und die mächtigen Bergketten zogen sich wie riesige Schrotthaufen am Horizont hin. Er verließ den Jeep, ging zwanzig, dreißig Schritte weiter, pinkelte an die fünf Minuten, legte sich nieder und schlief auf der Stelle ein. Zwischen den Dünen, nicht weit von der Straße, schlief er einen schweren, tiefen Schlaf, bis ihn drei Fallschirmjäger weckten, die die Straße entlanggefahren kamen. »Steh auf, du Irrer«, sagten sie zu ihm, »wir dachten schon, du hättest dich umgebracht, oder die Beduinen hätten dich abgeschlachtet.« Jonatan dankte im stillen seinem Schicksal, denn er hatte tatsächlich an diesem Morgen die beiden Möglichkeiten in Gedanken vor sich gesehen. Dann sah er den Dreck der Wanderdünen, die die Luft dieses Sturmtages mit Treibsand erfüllten, und sah die häßlichen Bergkämme in der Ferne und sagte »Scheißdreck« und danach nichts mehr, obwohl die drei jungen Fallschirmjäger nicht aufhören wollten, ihn zu verhören, vor wem er denn geflohen sei, warum er das getan habe und wohin er habe fahren wollen.

Jonatan schaltete das Radio an, aber aus dem Empfänger drang nur der nächtliche Pfeifton. Er machte das Gerät aus, holte Laken und Decken aus dem Bettkasten und ging sich waschen und die Zähne putzen. Als er aus dem Bad kam, sah er, daß Rimona bereits ihr Doppelbett aufgedeckt und den Zeiger des Radios auf die Zwölf-Uhr-Nachrichten des Armeesenders eingestellt hatte. Jemand äußerte ernste Sorgen in bezug auf die Ergebnisse der Zusammenkunft arabischer Armeeführer, die morgen in Kairo stattfinden würde. Es hieß, man erwartete weitere Entwicklungen, die Situation würde sich rapide verschlechtern. Jonatan erklärte, er wolle auf der Veranda noch eine letzte Zigarette rauchen, vergaß es dann aber. Rimona zog sich, wie immer, in der Duschkabine aus und kehrte in einem dicken braunen Flanellnachthemd zurück, das wie ein Wintermantel aussah. Sie weckte die zu Füßen des Tisches schlummernde Tia. Das Tier krümmte den Rücken, streckte und schüttelte sich, brach in Gähnen aus, das in einem dünnen Winseln endete, und trollte sich zum Eingang, um hinausgelassen zu werden. Nach zwei, drei Minuten kratzte sie von außen an der Tür und wollte wieder rein. Als sie im Haus war, wurde das Licht im Zimmer gelöscht.

4.

Nachts, im Dunkel der Friseurbaracke am Ende des Kibbuzgeländes, verzückt dem Ächzen der alten, sturmgepeitschten Eukalyptusbäume und dem wie mit Fäusten aufs Blechdach trommelnden Regen lauschend, lag Asarja mit offenen Augen da und machte sich fieberhaft Gedanken über sich selbst, seine geheime Mission und die Liebe sämtlicher Kibbuzmitglieder, die er verdiente und auch gewinnen würde, sobald sein wahres Ich erst mal entdeckt war.

Er erinnerte sich an die Männer- und Frauengestalten, deren Blicke ihm gefolgt waren, nachdem er den Speisesaal betreten hatte: diese greisen, sehnigen Pioniere, deren Gesichtshaut auch mitten im Winter die tiefe Bräune edlen Mahagonis aufwies. Und im Gegensatz dazu die stämmigen, etwas schwerfälligen jungen Männer, von denen einige wie verschlafene Ringer wirkten. Dann die jungen Mädchen, die ihn bei seinem Einzug angeblickt und sicher auch miteinander geflüstert hatten: prall-goldene, stets zum Lachen aufgelegte Evastöchter, die trotz ihrer einfachen Kleidung eine fröhlich kecke Weiblichkeit um sich verbreiteten, wohlbewandert in Dingen, die ein junger Mann noch nicht mal im Traum gesehen hat.

Asarja sehnte sich danach, all diese Seelen möglichst schnell und ohne jeden Aufschub für sich zu gewinnen: Reden wollte er und erklären und fesseln, starke Gefühle in ihnen erwecken, in ihre Mitte eindringen und das Leben aller berühren mit ganzer Kraft. Wenn man doch nur diese peinlichen ersten Tage überspringen und mit einem Satz in das Geschehen hineinplatzen könnte, um augenblicklich und mit gebührendem Nachdruck allen Kibbuzmitgliedern zu verkünden, daß er jetzt unter ihnen weilte und die Dinge nicht mehr so sein würden, wie sie vorher gewesen waren. Vielleicht sollte er der ganzen Gesellschaft etwas vorspielen, an einem der nächsten Abende eine Art Konzert im Speisesaal veranstalten, denn die Klänge seiner Gitarre müßten auch das verzagteste Herz wieder aufrütteln. Anschließend könnte er seine ureigensten Gedanken referieren, die er unter großen Leiden in den Jahren seiner Einsamkeit erarbeitet hatte: neue Ideen über Gerechtigkeit und Politik, Liebe, Kunst und den Sinn des Lebens. Eng um sich scharen wollte er jene jungen Menschen, deren Feuer sich im Einerlei des Alltags und der schweren körperlichen Arbeit abgekühlt hatte. Er würde eine Vortragsreihe halten und in allen neue Begeisterung wecken. Einen Arbeitskreis gründen. Artikel für die Kibbuzzeitung schreiben. Ja, er würde Jolek selbst in verblüfftes Staunen versetzen, schließlich hatte er, Asarja, neue Einsichten in die Regierungszeit Ben Gurions. Debattieren würde er und unwiderlegbare Beweise führen. Schon bald müßte es sich herumsprechen, daß eine außergewöhnliche Seele sich hier niedergelassen hatte. Man würde sich mit Fragen an ihn wenden und ihn um seine Meinung bitten. Flüsternd, im Dunkel der Schlafzimmer, wenn draußen der Regen fiel, würden sie pausenlos über ihn tuscheln. »Ein wunderbarer Bursche«, würden sie sagen, und die jungen Mädchen würden hinzufügen: »Welche Einsamkeit aus seinen Augen spricht.« Kraft seines inneren Feuers wollte er ihre Zuneigung und Bewunderung erwerben. Er würde gewählt werden und sie nach außen vertreten, in ihrem Namen auf Treffen der Kibbuzbewegung erscheinen. Ganz neue Wege würde er weisen, veraltete Konventionen über den Haufen werfen, sie alle mitreißen im Strudel seiner revolutionären Idee. Mauern würden unter der Wucht seiner Worte in sich zusammenstürzen. Fremde Menschen würden an hundert verschiedenen Orten gleichzeitig über ihn reden. Anfangs würde es heißen: »Dieser junge Mann da, dieser Neue, der beim letzten Landestreffen aufgestanden ist und in nicht mal vier Minuten so brillant gesprochen hat, der hat's ihnen aber endlich ein für allemal gegeben. Das hatten sie schon lange verdient.« Später würde man sagen: »Asarja, diese Neuentdeckung, das ist die aufsteigende Nachwuchskraft, den wird man sich merken müssen.« Und noch später: »Es gibt verknöcherte Leute, die wehren sich doch tatsächlich immer noch gegen die neuen Grundsätze, die Gitlin festgelegt hat.« Die Führer der Bewegung, etwas zurückhaltend noch, aber doch bereits von Zweifel und Neugier zerfressen, würden meinen: »Alles schön und gut. Soll er doch mal reinschauen zu einem ernsthaften Grundsatzgespräch. Warum nicht. Im Gegenteil: Sehen wir ihn uns mal aus der Nähe an und hören, was er zu sagen hat.« Und nach seinem Auftritt würden sie feststellen: »Ja, was gibt's da noch zu reden; der hat uns doch allesamt erobert. Ein echtes Genie.« Schließlich würde auch die Presse hellhörig werden. Und der Rundfunk. Man würde sich für ihn interessieren, im Kibbuzsekretariat um ein paar persönliche Daten nachsuchen und dabei verblüfft erfahren, welch rätselhaftes Geheimnis seine Herkunft und Lebensgeschichte umgab. Wie wenig konnte man von einem Menschen wissen: Aus dem Dunkel kam er in einer Winternacht.

In den Wochenendmagazinen der Tageszeitungen würden die Erzkonservativen mit ihm polemisieren und in langatmigen Aufsätzen vergebens das Feuerwerk seiner Ideen zu löschen suchen. Er würde ihnen in vier, fünf Zeilen eine scharfe, vernichtende Antwort geben – eleganter Ausdruck seines erbarmungslos treffsicheren Intellekts –, doch zum Abschluß diesen Alten auch mit zwei, drei Worten ein wenig auf die Schultern klopfen, wie etwa: »Keineswegs übersehen darf man jedoch den prägenden Einfluß, den meine Gegner seinerzeit auf das Denken ihrer Generation ausgeübt haben.«

Junge Mädchen würden Briefe an die Redaktionen schreiben, um seinen guten Namen zu verteidigen. Langsam müßte sich eine allgemeine Debatte um die neue Richtung entwickeln, deren hervorragender Vertreter Asarja Gitlin war, und bald würde sich auch ein Kräftepotential um ihn gesammelt haben. Hier und da würde man von seiner »Botschaft« oder »Mission« sprechen.

Er selbst wollte stur in dieser Friseurbaracke ausharren und zum Erstaunen aller jedes von der Kibbuzleitung angebotene Zimmer ausschlagen. Von Zeit zu Zeit würden hier in dieser baufälligen Hütte kleine Grüppchen von jugendlichen Aktivisten aus sämtlichen Teilen der Bewegung zusammenkommen und höchst verblüfft feststellen, daß Asarja Gitlin nichts besaß außer einem Eisenbett, einem wackligen Tisch, einer schäbigen Truhe und einem einzigen Stuhl. Aber die langen Bücherregale an jeder Wand und die schräg an sie gelehnte Gitarre würden schweigend Zeugnis ablegen für die in tiefen Gedanken durchwachten Nächte und die Strenge seiner asketischen Einsamkeit. Der schroffe Mensch, der ihm bei seiner Ankunft im Kibbuz zuerst begegnet war – gerade der hatte sich später aus freien Stücken erboten, eines Morgens die Bücherregale an allen Wänden der Baracke anzubringen. Auf dem Boden würden seine Gäste sitzen müssen, um begierig jedem seiner Worte zu lauschen, und nur selten würde einer von ihnen seinen Redefluß unterbrechen, um eine klärende Frage zu stellen. »Was sie auch versucht haben«, würden die hübschen Mädchen einander zuflüstern, »sie haben ihn nicht rumgekriegt, in eine Wohnung oder ein besseres Zimmer umzuziehen. Hier haben sie ihn die erste Nacht reingesteckt, als er aus der Dunkelheit kam, und hier will er unbedingt bleiben: Er hat überhaupt keine materiellen Bedürfnisse. Und manchmal, wenn wir ganz frühmorgens aufwachen, hören wir die Klänge seiner Gitarre wie im Traum von hier herüberschallen.« In einer Pause würde eines der barfüßigen Mädchen aufstehen und sich erbieten, einen Kessel und Gläser von weit her zu holen, um Kaffee für Gastgeber und Gäste zu machen, und er würde ihr mit einem Lächeln danken. Wenn die einen gegangen waren, würden neue kommen, manche auch aus großer Entfernung: um Inspiration zu erhalten, Rat einzuholen, Mut zu tanken. Er seinerseits würde ihnen nahelegen, sich auf ein langes Ringen gefaßt zu machen und die Kräfte entsprechend einzuteilen, denn unter keinen Umständen würde er taktischen Spielchen und abenteuerlichen Winkelzügen zustimmen.

Sicher würde er sich verbissene Feinde machen, mit denen er sich in der

Presse auseinandersetzen wollte – zuvorkommend und mit nachsichtiger Ironie, je nach Bedarf Spinoza oder andere für sich zitierend. Generell würde er einen versöhnlichen Ton anschlagen: Diese wütenden alten Hüter alles Gestrigen sind in Wirklichkeit ja jugendliche Heißsporne, um die und deren verletzten Stolz es ihm derart leid tut, daß er lieber weich mit ihnen umgeht, als Salz auf ihre Wunden zu streuen.

Unterdessen würden Studentinnen versuchen, durch persönliche Briefe in Kontakt mit ihm zu treten, junge Dichterinnen seine Bekanntschaft machen wollen, und eine von ihnen würde ihm auch ein Gedicht mit dem Titel »Adlerssehnen« widmen. Prominente Gäste, einflußreiche Denker, Vertreter der Auslandspresse würden ihn aufsuchen, um sich einen Eindruck zu verschaffen oder Gedanken auszutauschen, da man in ihm so etwas wie den geistigen Vertreter und berufenen Sprecher der neuen Generation sehen durfte.

Zu gegebener Zeit, vielleicht schon im kommenden Sommer, würde Ministerpräsident Eschkol seine engsten Berater fragen, wer denn dieses achte Weltwunder sei, von dem alles redete. »Warum holt ihr ihn nicht mal her zu mir, damit wir aus der Nähe prüfen können, wen wir da vor uns haben?« Für seine nun unvermeidliche Einladung ins Präsidium würde die Sekretärin ihm zehn Minuten Besuchszeit zubilligen. Doch nach einer halben Stunde würde Eschkol Anweisung geben, alle Telefonleitungen zu blockieren. Erregt würde er in seinem Sessel sitzen, um wortlos und staunend Asarjas tiefgründigen Lagebeurteilungen und einfachen Folgerungen zu lauschen. Von Zeit zu Zeit würde der Ministerpräsident und Verteidigungsminister eine Frage vorbringen und die Antwort sorgfältig mit einem Bleistift auf kleinen Zetteln notieren. So würden viele Stunden vergehen, bis sich der Abend über die Amtsfenster senkte, aber Eschkol würde nicht mal das elektrische Licht einschalten. Im matten Dämmerschein würde Asarja nun also ein für allemal das zum Ausdruck bringen, was er sich in den Jahren seiner Einsamkeit gedanklich erarbeitet hatte. Schließlich würde Eschkol – noch völlig im Bann des Gehörten – sich von seinem Platz erheben, seine beiden Hände auf Asarjas Schultern legen und sagen: »Jingale, du bleibst mir natürlich ab heute hier. Ab morgen früh um sieben Uhr wirst du hier neben mir sitzen. Dort drüben gibt es ein Zimmer, in das man nur durch mein Büro reinkommt. So kann ich dich bei jeder Frage zu Rate ziehen. Und nun sag mir bitte, was du über Nassers wahre Absichten denkst und auf welchem Wege wir deines Erachtens unsere Jugend wieder einig hinter uns bringen können.«

Der perfekte Frieden

Wenn er danach zu später Abendstunde aus dem Zimmer des Regierungschefs käme, würde ein Wispern durch die Reihen all der wohlgeformten Sekretärinnen gehen, während er nachdenklich und mit leicht hängenden Schultern zwischen ihnen hindurchliefe, nicht mit dem Ausdruck triumphierenden Stolzes, sondern mit jener verschlossenen Trauer, die Verantwortung mit sich bringt.

Eines Tages würde Jolek Lifschitz, der Sekretär des Kibbuz Granot, zu seiner Frau Chawa sagen: »Nun? Und wer hat unseren Asarja entdeckt? Ich war's, auch wenn ich ihn in meiner Dummheit fast von Haus und Hof gejagt hätte; mein Leben lang werde ich nicht vergessen, wie uns in einer Winternacht so ein dubioser Bursche zugelaufen ist, triefnaß wie eine ins Wasser gefallene Katze, und jetzt sieh doch mal einer an, was aus dem geworden ist.«

An die Arbeit, die ihn früh am nächsten Morgen in der Werkstatt erwartete, dachte Asarja überhaupt nicht. Er hatte keinen Schalter gefunden, mit dem er das funzlige elektrische Licht hätte löschen können, das von einer nackten, staubigen Birne an der Decke herabschien. Nebel legte sich über seine Gedanken, und es gelang ihm nicht, unter den dünnen Wolldecken warm zu werden; er zitterte vor Kälte. Auf der anderen Seite der trennenden Sperrholzwand setzte irgendwann nach Mitternacht ein monotoner Singsang ein, ein leises Gebet oder eine Beschwörung, vorgetragen mit trauriger, gedehnter Stimme, die einem schwachen Winseln glich, in einer Sprache, die nicht hebräisch, aber auch nichts anderes war und die in den gutturalen Tönen der Wüste aus den Tiefen eines üblen Schlafs zu kommen schien: »Warum tomoben die Heiden und mulurren die Völker so vergeblich wider den Heee-rren und seinen Gesalibten ... Und er war so verlachtet, deshalb habn wir ihn für nix gelachtet ... Und unter den dreißig geehhh-ret, und an die drei kam er nicht heran ... Gering und verlachtet, und unter die Völker milische dich niiicht ... Und König David semetzte ihn über seine Leibwache ... Asahel, der Bruder Joaaabs ... Und Elhanan ben-Dodo ... Helez, der Peletiter, und Ira ibn-Ikkesch aus Tetikoa und Zalmon, der Ahoachiter ... Und er war verlachtet und hatte keine Gestalalt und Hooheiiit, und ihn ...«

Asarja Gitlin stand auf und schlich barfuß an die Trennwand. Durch eine Ritze in den Brettern sah er einen großen dürren Mann auf einem niedrigen Schemel sitzen, bis über den Kopf fest in eine Decke eingewikkelt, in den Händen ein Paar Stahlstricknadeln und auf den Knien ein rotes Wollknäuel, mit dem er eifrig strickte, während er seine rätselhaften Worte murmelte.

Asarja legte sich wieder hin und versuchte, sich in die Decken einzuhüllen. Durch die Ritzen in den Barackenwänden drang pfeifend die kalte Luft von draußen herein. Es war eine langweilige, verhangene Winternacht, und die rauhen Wolldecken kratzten auf der Gänsehaut, während ein feuchter, stechender Windhauch unaufhaltsam seinen Weg ins Innere der Hütte fand. Mit aller Kraft versuchte Asarja, sich an seinen mächtigen Worten festzukrallen, und so lag er halbwach fast bis zum Tagesanbruch da, sehnsüchtig nach der Nähe von Frauen, die kommen würden, ihn lieben und zu trösten und ihn voller Bewunderung mit Leib und Seele zu verwöhnen: zwei junge, pralle Frauen, die alles wußten und nicht weiter zaudern würden, wo er doch ihren Fingern so völlig ausgeliefert war, als er da mit geschlossenen Augen und pochendem Herzen auf dem Rücken lag.

Der Morgen war trüb und kalt. Nebel erfüllte die Luft. Der Himmel hing bis zwischen die Häuser hinab und verdreckte alles mit dichten grauen Wattebäuschen. Die Kälte schnitt einem ins Gesicht.

Um halb sieben Uhr morgens erschien Jonatan Lifschitz aufgrund des schriftlichen Auftrags, den er auf einem Zettel unter seiner Tür gefunden hatte, um den neuen Mechaniker zur Arbeit abzuholen. Er fand ihn bereits wach bei leichten Spring- und Dehnübungen »zur Vorbereitung auf die kommenden Anstrengungen«. Zuerst einmal tranken die beiden Kaffee mit Fettaugen in einer Ecke des Speisesaals, in dem wegen des schummrigen Tageslichts immer noch die Neonlampen brannten. Der Jüngling begann vom ersten Augenblick an ununterbrochen zu reden. Jonatan begriff fast kein Wort. Dafür fand er es reichlich komisch, daß der kleine Mechaniker in sauberer, gepflegter Kleidung und leichten Straßenschuhen zur Arbeit erschien. Auch die Fragen, die er Jonatan beim Kaffeetrinken stellte, waren höchst sonderbar: Wann und wie ist der Kibbuz Granot gegründet worden, und warum hat man ihn unten am Hang gebaut und nicht oben auf der Anhöhe oder mitten in der Ebene? Und überhaupt: Ist es möglich, die schriftlichen Zeugnisse aus den alten Pioniertagen einzusehen? Hat es Sinn, die damaligen Kibbuzgründer zum Sprechen zu bringen und ihre Erinnerungen aufzuschreiben? Werden sie die Wahrheit sagen oder eher ihr gemeinsames Werk verherrlichen wollen? Und die Opfer: sind viele der Gründer den Kugeln der Aufständischen zum Opfer gefallen oder den Leiden von Malaria, glühender Hitze und Schwerarbeit erlegen? Auf fast alle Fragen antwortete der fremde Jüngling gleich selber, stellte Scharfsinn und wohl auch Sachkenntnis zur Schau und formulierte irgendeinen Leitsatz oder Sinnspruch über den ewig tragischen Zusammenprall von erhabenem Ideal mit der grauen Wirklichkeit, von revolutionärem Gesellschaftsdenken mit altbekannten menschlichen Leidenschaften. In diesem Redestrom schnappte Jonatan etwas von »hellen, klaren Begriffen der Seele« auf, und bei diesen Worten regte sich in seinem Herzen die müde Sehnsucht nach einem hellen Ort, irgendeiner abgelegenen, sonnenüberfluteten Wiese an den Ufern eines breiten Flusses, vielleicht in Afrika, aber fast augenblicklich verblaßte dieses Bild in ihm wieder. Statt dessen erwachte nun der Wunsch herauszufinden, was dieser fremde Jüngling denn hatte, was ihn schon am frühen Morgen juckte. Aber auch dieses Verlangen verging rasch. Die feuchte Kälte und seine Müdigkeit ließen Jonatan unter der Kleidung in sich zusammensinken. Der zerrissene Schuh sog das Wasser auf, das seine Zehenspitzen in starre Eisklumpen verwandelte. Warum eigentlich konnte man jetzt nicht aufstehen und auf der Stelle nach Hause zurückkehren, sich ins warme Bett unter der Decke verkriechen und sich krank melden wie sein Vater und der halbe Kibbuz? Einen Tag wie diesen hätte man gesetzlich zum Bett-Tag zu erklären. Aber nein, man muß diesen pausenlos quasselnden Mechaniker in die Arbeit einführen.

»Gehen wir«, sagte Jonatan angewidert und schob mit dem Handrücken die Tasse mit dem Kaffeesatz von sich weg. »Komm, auf in die Werkstatt. Hast du fertig getrunken?«

Asarja Gitlin schnellte von seinem Sitz hoch und entschuldigte sich nervös: »Ich bin schon längst fertig. Stehe voll zu deinen Diensten.«

Dann nannte er Jonatan seinen Zu- und Vornamen, verkündete, daß er schon gestern von Jolek, dem Kibbuzsekretär, erfahren habe, daß Jonatan Jonatan heiße und daß Chawa und Jolek seine Eltern seien, und zitierte zum Abschluß noch ein kleines Sprichwort.

»Hier längs«, sagte Jonatan, »und paß auf, daß du nicht fällst. Diese Stufen sind sehr glitschig.«

»Der Natur der Sache nach«, bemerkte Asarja, »gibt es keinerlei Zufall, kann's keinen geben. Alles beruht auf Notwendigkeit und festen Gesetzen. Sogar ein Ausrutscher oder Sturz.«

Jonatan schwieg. Er liebte Worte nicht und traute ihnen nicht. Aber innerlich wußte er seit jeher, daß die meisten Menschen mehr Liebe brauchen, als sie bekommen, und daraus alle möglichen sonderbaren oder sogar lächerlichen Bemühungen entstehen, mit Hilfe vieler Worte Kontakt zu wildfremden Leuten zu finden und näher an sie heranzukommen. Wie so ein kleiner, verlassener Köter, dachte Jonatan, so ein nasses Hündchen, das nicht nur mit dem Schwanz, sondern mit dem ganzen Hinterteil wedelt, um dir zu gefallen und gestreichelt zu werden. Von wegen: ich und streicheln! Da bist du an den Falschen geraten, mein Lieber, brauchst dich gar nicht erst anzustrengen!

Dieser Gedanke streifte Jonatans Herz jedoch nur flüchtig, denn sein Kopf war schwer. Noch hatte er nicht ganz die Idee aufgegeben, den Burschen in die Werkstatt einzulassen und sich dann wieder krank ins Bett zu legen.

Auf dem Weg kamen die beiden an Lagerhäusern und offenen Schuppen vorbei, setzten über Pfützen und stapften durch Schlamm. Der Jüngling redete unentwegt. Demgegenüber hüllte sich Jonatan in Schweigen, das er nur ein einziges Mal brach, um dem anderen zwei Fragen zu stellen: ob er in Israel geboren sei und ob er irgendwann schon mal die Gelegenheit gehabt habe, den Motor eines Caterpillar D-6 zu reparieren oder wenigstens aus der Nähe zu begucken.

Beide Fragen verneinte der andere: Nein, er sei in der Diaspora geboren (Jonatan war leicht überrascht, daß Asarja das Wort Diaspora benutzte, anstatt Ausland zu sagen oder einfach das betreffende Geburtsland zu nennen); auch der Caterpillar sei ihm nicht bekannt. Aber was mache das schon? Aufgrund seiner Meinung und Erfahrung seien alle Motoren der Welt – und seien sie noch so verschieden voneinander – nichts als Angehörige derselben Familie. Wem es gelungen sei, einen von ihnen ganz zu enträtseln, könne mühelos alle anderen verstehen. »Mensch oder Wurm, was auch immer, das Schicksal wickelt's um den Finger.« So antwortete Asarja Gitlin mit einem Sprichwort, und Jonatan konnte sich nicht erklären, wo sein Vater diese sonderbare Gestalt aufgegabelt hatte.

Die Kälte drang in alle Kleiderschichten. Die Blechwände des Maschinenschuppens verschlimmerten die Sache noch. Jede Berührung mit dem Blech oder einem anderen Metall verursachte einen beißenden Schmerz in den Fingern. Der Fußboden war mit verkrustetem Öl bedeckt. Schimmel, Staub und Dreck breiteten sich in allen Ecken aus, und eine ganze

Der perfekte Frieden 657

Sippe von Spinnen hatte ihre umgekehrten Kathedralen in Winkeln, an den Deckenbalken, zwischen den Kisten und Kästen und sogar unter den Maschinen gesponnen. Werkzeuge waren um einen abgewirtschafteten gelben Traktor verstreut, dessen Eingeweide offenlagen. Der Motor war mit Schlamm und schwarzem Öl verschmiert. Hier und da – auf dem zerfetzten Fahrersitz, zwischen den Ketten, in den Ritzen der zur Seite geworfenen Motorhaube – rollten Schraubenschlüssel verschiedener Größe, Zangen und Schraubenzieher, Muttern und Eisenstangen umher, und auf dem Boden stand eine halbvolle Bierflasche mit einer schimmligen Flüssigkeit, daneben Gummiringe, Sackfetzen und verrostete Zahnräder. Über allem schwebten beißende chemische Düfte von Schmiermitteln, verkohltem Gummi, Diesel und Petroleum: eine einzige Schlamperei. Jonatan, dessen Stimmung jedesmal auf den Nullpunkt absackte, wenn er morgens die Werkstatt betrat, blieb stur und verbittert stehen und starrte mit geröteten Augen auf die Maschine und auf den neuen Mann, der wie eine Art Grashüpfer in seiner sauberen Kleidung herumhopste, bis er schließlich neben dem Traktorkühler stoppte, sich wie für ein Ehrenfoto in Pose setzte und begeistert verkündete: »Eine neue Zeit, ein neuer Ort, und ich bin hier ein neuer Arbeiter. Jeder Anfang hat etwas von einer Neugeburt an sich, während ein Abschluß, jeder Abschluß, stets vom Geruch des Todes erfüllt ist. Alles müssen wir gelassen und leichten Herzens annehmen, weil das Schicksal mit all seinen Gesichtern unweigerlich auf ewiger Vorbestimmung beruht, gerade so, wie es im Wesen des Dreiecks liegt, daß seine drei Winkel zusammengenommen immer 180 Grad ergeben. Wenn du einen Augenblick über diesen Gedanken nachsinnst, Jonatan, wirst du zu deiner Überraschung feststellen, daß er nicht nur wahr ist, sondern uns auch eine wunderbare innere Gelassenheit verspricht: alles annehmen, alles entschlüsseln und sich mit Seelenruhe fügen. Allerdings möchte ich dir nicht verbergen, daß ich diesen Gedanken aus der Lehre des Philosophen Spinoza weiterentwickelt habe, der selbst übrigens Diamantschleifer von Beruf war. Damit hab ich dir also kurz meine Weltanschauung dargestellt. Und du, Jonatan, wie siehst du die Dinge?«

»Ich«, erwiderte Jonatan zerstreut, indem er gedankenlos gegen eine leere Maschinenöldose trat, »ich bin halb erfroren und werd gleich krank. Wenn es nach mir geht, schütten wir jetzt ein bißchen Benzin unter ein Dieselfaß, werfen ein brennendes Streichholz drauf, veranstalten ein großes Lagerfeuer und verbrennen ein für allemal diesen ganzen Scheiß hier,

Werkstatt und Traktoren und den ganzen Dreck zusammen, damit einem endlich warm in den Knochen wird. Schau her: unser Patient. Mit ein bißchen gutem Willen kriegt man ihn in Gang, aber nach ein, zwei Minuten geht er wieder aus. Frag mich nicht, warum; ich weiß nicht, warum. Vielleicht weißt du's? Mir haben sie heute nacht einen Zettel unter der Tür durchgeschoben, auf dem stand, ich solle in der Früh den neuen Mechaniker abholen, der beim Friseur neben Bolognesi wohnt. Wenn du einer bist, guckst du dir vielleicht mal an, was der Patient hat, und ich setz mich inzwischen hierhin und ruh mich aus.«

Asarja Gitlin willigte begeistert ein. Mit spitzen Fingern ergriff er seine Hosenbeine und krempelte sie mit einer derart graziösen Bewegung auf, daß Jonatan an die ihre Rocksäume schürzenden Mannequins in den Kinowochenschauen erinnert wurde. Dann kletterte der Bursche äußerst vorsichtig auf die Raupenkette, um von diesem Aussichtspunkt höchst interessiert in das Motorinnere zu blicken. Ohne seine Augen Jonatan zuzuwenden, stellte er zwei, drei einfache Fragen, die der zu beantworten wußte. Schließlich fügte er noch eine weitere an, auf die Jonatan von seinem Platz auf einer umgestülpten Kiste aus bemerkte: »Wenn ich das wüßte, bräuchte ich dich hier gar nicht erst.«

Asarja Gitlin war nicht gekränkt, sondern nickte drei-, viermal mit dem Kopf, als habe er freundliches Verständnis für die Konflikte seines Gesprächspartners. Darauf machte er eine nebulöse Bemerkung über die Wichtigkeit schöpferischer Interaktion auch in ausgesprochen technischen Bereichen und hauchte sich geduldig in seine zarten Musikerhände.

»Na, was ist?« fragte Jonatan gleichgültig. Doch da bemerkte er auf einmal zu seiner Verblüffung, wie sich ein Ausdruck freundlicher, herzlicher Zuneigung auf dem Gesicht des fremden Burschen ausbreitete. Wem diese Zuneigung gelten sollte – ihm oder dem kaputten Traktor oder Asarja selbst –, das wußte Jonatan nicht zu entscheiden.

»Ich hab eine große Bitte«, sagte Asarja fröhlich.

»Ja.«

»Wenn es dir keine Mühe macht, laß ihn bitte mal an. Ich muß ihn hören – die Ohren spitzen und mir die Sache angucken. Hinterher werden wir sehen, ob wir zu irgendwelchen Schlüssen kommen können.«

Jonatans anfängliche Zweifel hatten bereits zugenommen und sich jetzt zu einem handfesten Verdacht ausgeweitet. Trotzdem kletterte er bedächtig auf den Fahrersitz und versuchte, den Motor zu starten. Wegen der grimmigen Kälte mußte er seine Anstrengungen vier-, fünfmal wiederholen. Endlich machte das abgehackte »Trrtrr« einem fortlaufend heiseren, ohrenbetäubenden Geknatter Platz. Die schwere Maschine begann, sich im Stand so zu rütteln und zu schütteln, als unterdrücke sie mit Gewalt irgendeine dunkle Begierde.

Mit größter Vorsicht, um sich nur ja nicht die Kleidung zu beschmutzen, stieg Asarja von seinem Ausguck auf der Kette herunter und entfernte sich etwas von dem Traktor. Wie ein Künstler, der bis an die Wand seines Ateliers zurücktritt, um einen besseren Überblick zu gewinnen, hatte Asarja sich die äußerste Ecke der Werkstatt ausgesucht: neben den Öl- und Dieselkanistern, flankiert von schmutzigen Reisigbesen und einem Haufen gebrauchter Federn. Hier blieb er stehen, schloß die Augen, setzte eine höchst konzentrierte Miene auf und lauschte dem Brummen des Motors, als trüge ein Chor in der Ferne ihm ein Madrigal vor und als sei es nun seine Aufgabe, unter den zahllosen Stimmen den einen falschen Ton herauszuhören.

Lächerlich und absurd wirkte dieses Schauspiel in den Augen Jonatans, der es von seinem Sitz auf der mit einem Sack überdeckten Kiste betrachtete, aber es ging ihm auch ein wenig zu Herzen, da der fremde Bursche ihm in diesem Augenblick wirklich höchst fremdartig erschien.

Durch das Brummen hindurch ließ der Motor nun auch einen scharfen, hohen Pfeifton vernehmen. Und wie ein Redner, der seine Kehle überanstrengt hat, brach die Maschine in ein heiseres Husten aus, das immer würgender wurde, unterbrochen von kurzen Augenblicken der Stille. Zum Schluß knallte es fünf- oder sechsmal, und der Motor war aus. Nun hörte man plötzlich von draußen das bittere, laut durchdringende Gezeter der Vögel im kalten Wind. Asarja Gitlin öffnete die Augen.

»Das war's?« fragte er lächelnd.

»Das war's«, antwortete Jonatan, »immer das gleiche.«

»Hast du mal versucht, zu starten und sofort den Gang einzulegen?«

»Na sicher«, sagte Jonatan.

»Und? Gleich wieder ausgegangen?«

»Na sicher.«

»Hör mal«, faßte Asarja zusammen, »das ist aber sehr komisch.«

»Und mehr hast du mir nicht zu erzählen?« fragte Jonatan trocken. Jetzt zweifelte er nicht mehr daran, daß dieser Bursche nicht nur ein Sonderling, sondern dazu noch ein Blender war.

»Hast und Eile«, erwiderte Asarja Gitlin sanft, »Hast und Eile haben schon mehr als einen Bären umgebracht. Das kann ich dir in diesem Augenblick erzählen.«

Jonatan schwieg. Zwischen den Strebepfeilern, die das Blechdach trugen, entdeckte er verlassene Vogelnester. Ihr Anblick ärgerte ihn; außerdem haßte er seinen Schuh, der schon seit mehreren Tagen das Maul aufgerissen hatte, so daß ihm jetzt bald die Zehen abfroren.

»Und von diesem Augenblick an«, fuhr Asarja Gitlin fort, »muß ich nachdenken. Laß mir mal bitte ein bißchen Zeit zum Denken.«

»Denken«, grinste Jonatan, »warum nicht? Denk ruhig.« Er stand auf, hob einen zerfetzten, ölverschmierten Sack hoch, setzte sich in seiner klobigen Arbeitskleidung wieder auf die Kiste, umwickelte die offene Schuhspitze mit den Sackfetzen, zündete sich eine Zigarette an und sagte: »Gut. Denk nach. Wenn du fertig gedacht hast, sag: Ich bin fertig.«

Noch bevor er seine Zigarette zu Ende geraucht hatte, hörte Jonatan – nicht wenig überrascht – die höfliche Stimme des Burschen: »Ja. Ich bin fertig.«

»Womit denn?«

»Mit Denken.«

»Und was hast du gedacht?«

»Ich dachte«, begann Asarja zögernd, »ich hab gedacht, wenn du in Ruhe deine Zigarette geraucht hast, könnten wir vielleicht anfangen, an diesem Traktor zu arbeiten.«

Die Reparaturarbeit nahm etwa zwanzig Minuten in Anspruch und wurde von Jonatan alleine ausgeführt, während Asarja Gitlin sauber, aufmerksam und blaß danebenstand und Jonatan ununterbrochen sagte, was er zu tun hatte – als würde er seine Anweisungen aus einem Buch ablesen. Er leitete die Operation gewissermaßen aus der Ferne, wie die gefeierten Schachmeister, über die Jonatan in seinen Zeitschriften gelesen hatte, daß sie »blind«, ohne Schachbrett und Figuren, spielen konnten. Nur einmal während der Arbeit erklomm Asarja vorsichtig die eine Kettenraupe, lugte von dort in die Eingeweide der Maschine und drückte mit der leichten Hand eines Uhrmachers seine Schraubenzieherspitze kurz auf einen der Kontakte, ehe er wieder, auf die Sauberkeit seiner guten Kleidung bedacht, behutsam herunterstieg.

Der Traktor wurde gestartet und ließ ein gleichmäßiges, leises Brummen ertönen, wie das Schnurren eines zufriedenen Katers. Die Gänge funktionierten einwandfrei. Zehn Minuten lang lief der Motor ohne jede Störung. Danach stellte Jonatan die Maschine ab und sagte, ganz laut in der plötzlichen Stille: »Ja. Das war's.«

Er konnte sich nicht recht entscheiden, ob dieser Neuankömmling ein Zauberkünstler und begnadeter Mechaniker war oder ob der ganze Defekt so simpel gewesen war, wie es jetzt, nach der Reparatur, aussah, ob er also die Maschine ohne jede Schwierigkeit aus eigenen Kräften hätte reparieren können, wenn er in den letzten Tagen nicht so müde, zerstreut und verfroren gewesen wäre.

Asarja Gitlin feierte dagegen seinen kleinen Triumph mit überschwenglicher Freude: Immer wieder schlug er Jonatan auf die Schulter, bis dieser es gründlich leid wurde. Dann brach er in einen ganzen Schwall begeisterten Eigenlobs aus, in das er alle möglichen bekannten oder erdachten Spruchweisheiten und geflügelte Worte einflocht. Zuerst erzählte er ausführlich von früheren Fällen, in denen er wahre Wunder vollbracht und alle seine Feinde vor den Kopf gestoßen hatte. Insbesondere ging es dabei um einen böswilligen Major namens Slotschin oder Slotschnikow, um einen weiblichen Soldaten mit widersprüchlichen Gefühlen in der militärischen Bezirkswerkstatt, um einen diplomierten Maschinenbauingenieur vom Technion, den man eigens aus Haifa geholt hatte, der dann ebenfalls nur hilflos herumstand, und natürlich um ihn, Asarja selbst, um seine Geistesblitze, die urplötzlich aus der Tiefe seines Gehirns aufleuchteten. Danach kam er auf das menschliche Hirn im allgemeinen zu sprechen, auf die Nachstellungen, denen er von seiten jenes neidischen Majors Slotkin oder Slotnik ausgesetzt war, der auch nicht vor Lug und Trug zurückschreckte, auf die Verführungskünste jenes bereits erwähnten weiblichen Soldaten sowie auf die revolutionäre technische Lösung, die Asarja gefunden und dann aufgrund eines hinterhältigen Betrugs wieder verloren hatte, wodurch Major Slotschkins Schwager zum Millionär geworden war und sich von diesem Geld eine kleine runde Insel in der östlichen Ägäis gekauft hatte, von wo aus er Asarja Gitlin weiterhin bewundernde und drohende Briefe zugleich schrieb und ihm Geschäftsverbindungen und Beteiligungen anbot. Dem ganzen Gesprudel hörte Jonatan Lifschitz nur mit halbem Ohr zu, während er selbst schwieg, bis endlich auch Asarja verstummte und mit einem Lappen an dem bläulichen Ölfleck herumzuwischen begann, der ihm auf die Schuhspitze gespritzt war.

»Gut«, sagte Jonatan schließlich. »Viertel nach acht. Komm, gehen wir frühstücken. Hinterher kommen wir zurück und schauen, was sich hier heute noch machen läßt.«

Auf dem Weg zum Speisesaal, schwer atmend und wieder von überschwenglicher Redewut getrieben, erzählte Asarja Gitlin zwei Witze über zwei Juden, die in Polen mit der Eisenbahn fuhren, der eine in Gesellschaft eines antisemitischen Priesters und der andere in Begleitung eines vierschrötigen Generals, wobei jedesmal der Scharfsinn der Juden über die Schlechtigkeit und Körperkraft der Gojim siegte. Er lachte allein über seine Witze und machte sich dann nervös über die uralten Späßchen lustig, über die sich nur ihre Erzähler freuen.

Jetzt erst stellte Jonatan mit einiger Verspätung fest, daß der Neue mit leichtem Akzent sprach, der allerdings so gut getarnt war, daß man ihn kaum erkennen konnte: das L etwas weich, das R langgezogen, und das Ch hauchte er manchmal so aus dem Gaumen, als habe er etwas Übelschmeckendes verschluckt. Auch merkte man deutlich, daß Asarja sich sehr darum bemühte, seinen Akzent zu verbergen. Vielleicht vor lauter Anstrengung oder aber wegen seiner Wortfülle verwickelte sich seine Rede zuweilen, erstickte förmlich, worauf er jeweils in der Satzmitte abbrach, jedoch keineswegs verstummte, sondern sich augenblicklich wieder in den Kampf mit den Worten stürzte.

Jonatan dachte: Unmöglich kann man zwei Arten von Einsamkeit miteinander vergleichen. Wenn sich wirklich ehrliche, untrügliche Vergleiche zwischen den Menschen anstellen ließen, könnte man sich wohl auch ein wenig näherkommen. Dieser Typ da bemüht sich nun mit aller Kraft, mich zu unterhalten oder fröhlich zu stimmen, und dabei ist er selbst so unglücklich. Ein krummes Gewächs ist der: feinfühlig und arrogant, heuchlerisch und devot in einem. Manchmal kommen fremdartige Typen in den Kibbuz, die bis zum Schluß fremd bleiben. Einige stecken so voll lärmender Begeisterung und versuchen, sich übertrieben an den Kibbuz anzupassen, Kontakte zu schließen und in der Gemeinschaft aufzugehen, aber nach einigen Wochen oder zwei, drei Monaten wird's ihnen zuviel, und plötzlich sind sie weg, so daß wir sie ganz vergessen oder uns nur mal ab und zu an irgendein lächerliches Ereignis erinnern, das mit ihnen zusammenhängt. Wie etwa bei dieser vollschlanken Geschiedenen, die vor zwei Jahren bei uns war und sich ausgerechnet den alten Stutschnik zum Helden eines Liebesabenteuers auserkor, bis Rachel Stutschnik die beiden im Kulturraum überraschte, wo sie gemeinsam einem Stück von Brahms lauschten, während der Alte auf ihrem Schoß saß. Die einen gehen, andere kommen und machen sich schließlich ebenfalls wieder aus dem Staub. Vielleicht meint er, ich sei der Bevollmächtigte des ganzen Kibbuz und als Sohn des Sekretärs beauftragt, ihn auf Herz und Nieren zu prüfen, und er gibt sich alle Mühe, mir zu gefallen, damit ich ihn auf den ersten Blick liebe. Aber wer kann schon so ein armseliges Geschöpf mögen. Ich schon gar nicht, und erst recht nicht jetzt, wo ich mich selbst kaum leiden kann. Zu anderen Zeiten hätte ich vielleicht versucht, mich mit ihm anzufreunden, und ihm womöglich auch geraten, ein bißchen ruhiger zu werden. Der wird hier noch die Wände hochgehen, bis er müde wird und abhaut. Reg dich ab, Junge, ruhig Blut. Und laut sagte Jonatan: »Du mußt in die Kleiderkammer gehen und die Zuständigen bitten, dir Arbeitskleidung zu geben. In der Kiste hinter den Dieselkanistern stehen Peikos Stiefel. Peiko ist der, der hier die ganzen Jahre über in der Werkstatt gearbeitet hat. Wenn wir vom Frühstück zurück sind, nimmst du sie dir.«

Draußen fiel ein leichter, nadelfeiner Regen. Der Wind schärfte die eiskalten Nadeltropfen und trieb sie wirbelnd in alle Richtungen. Sie tanzten auf den Stromleitungen, die eine sonderbare Melodie summten.

Als sie beide sich an den Wasserhähnen im Eingang zum Speisesaal die Hände wuschen, bemerkte Jonatan, daß Asarja zarte, lange, traurige Finger hatte. Dieser Anblick erinnerte ihn wieder an Rimona. Und im selben Moment entdeckte er sie auch: Sie saß mit ihren Freundinnen an einem Tisch am Ende des Speisesaals – beide Hände hielten sich mit allen zehn Fingern an der Teetasse fest. Er wußte, daß ihre Tasse noch voll war und daß sie sich daran ihre ewig eiskalten Hände wärmte. Einen Augenblick lang fragte sich Jonatan, was sie heute wohl dachte nach der vergangenen Nacht. Aber gleichzeitig tadelte er sich schon selbst: Was scheren mich ihre Gedanken. Ich will sie nicht wissen, ich will nur weit weg von hier, das ist alles.

Während der ganzen Frühstückspause war Asarja Gitlin emsig darum bemüht, Freundschaften zu schließen. Vor allem redete er nahezu pausenlos auf Jonatan und die anderen zwei Genossen ein, die sich mit an ihren Tisch gesetzt hatten: Jaschek und der kleine Schimon aus dem Schafstall. Nachdem er ihnen mitgeteilt hatte, wie er hieß, fragte er, ob auch sie ihm ihre Namen verraten würden. Dann erzählte er ausführlich und mit sonderbarer Freude von der schlaflosen Nacht, die er in der Friseursbaracke verbracht hatte. Wie im Horrorfilm habe sich dort genau um Mitternacht eine heisere gebrochene Stimme erhoben, und – wach oder im Traum, das wisse er immer noch nicht – habe er ein Gespenst gesehen, das sich in einer Art verzerrtem Sprechgesang geübt und alle möglichen Beschwörungen und Bibelzitate in einer uralten toten Sprache gemurmelt habe, vielleicht auf chaldäisch oder hethitisch. Im weiteren kam Asarja auf die gelungene Reparatur zu sprechen, wobei er versuchte, Jonatan Komplimente abzuringen, damit Schimon und Jaschek ebenfalls in bewunderndes Staunen ausbrechen konnten. Erst gestern sei er nämlich im Kibbuz angekommen, und erst nach langem Zögern habe Jolek, der Sekretär, schließlich zugestimmt, daß er für eine Probezeit bleiben dürfe. Obgleich sowohl Jolek als auch Chawa ihn bedrängt hätten, sich doch erst mal ein, zwei Tage auszuruhen, um sich vor dem Arbeitsbeginn ein wenig zu akklimatisieren, sei er seinem sechsten Sinn gefolgt, der ihm gesagt habe, daß er sich nicht aufhalten dürfe, denn jede Stunde könne kritisch sein. Deshalb sei er dann schon heute früh zur Werkstatt gerannt, wo es ihm bereits im ersten Anlauf gelungen sei, wie solle man sagen: zu beweisen, nun, nicht beweisen, zu demonstrieren, nein, auch nicht demonstrieren, es müsse wohl heißen: die Rechtfertigung dafür zu liefern, daß er des in ihn gesetzten Vertrauens würdig sei und alle Hoffnungen erfülle. Das Lob gebühre allerdings eher seiner Intuition denn seiner Intelligenz oder Begabung. Dem Geräusch des Motors lauschend, sei ihm plötzlich ein Geistesblitz gekommen: »Nicht mit Macht, sondern mit List zog Iwan den Wagen aus dem Mist«, wie man so sage. Damit ging er zur lebhaften Schilderung früherer Geistesblitze über, die ihm an verschiedenen Orten gekommen seien, und zwar nicht nur im technischen, sondern auch im politischen und weltanschaulichen Bereich sowie in der Musik.

Wenn einer seiner Tischgenossen mal zerstreut lächelnd auf all diese Reden reagierte, setzte auch Asarja ein breites Lächeln auf und erneuerte seine Bemühungen. Als Jonatan zwei Tassen Kaffee einschenkte und eine davon Asarja gab, bedankte sich dieser erregt und wandte sich Jaschek und Schimon zu: »Eine unsichtbare Hand hat uns vom ersten Augenblick an geleitet, den Genossen Jonatan und mich, damit wir zusammen ein einiges Team werden. Mit welcher Herzlichkeit, welcher Geduld und mit welcher ... Ja, er hat mich wirklich am neuen Arbeitsplatz willkommen geheißen. Und das feine Taktgefühl dieses Mannes, der niemals über sich selber spricht ...«

»Laß man schon«, sagte Jonatan

»Warum?« mischte sich Jaschek ein. »Laß doch mal jemanden zur Abwechslung ein gutes Wort über dich sagen.«

Danach zog der kleine Schimon eine zerknitterte Morgenzeitung aus der Tasche, in der er die Sportseite suchte und fand. Die Headline auf der ersten Seite berichtete von einem kurzen, scharfen Gefecht zwischen israelischen und syrischen Panzertruppen im Abschnitt Dardara an der Nordgrenze. Mindestens drei feindliche Panzer waren getroffen worden und in Brand geraten. Auch einige Bagger, die man eingesetzt hatte, um einen Ableitungsgraben auszuheben und Israel das Jordanwasser zu entziehen, waren in Flammen aufgegangen. Auf dem Bild unter den schwarzen Lettern sah man den lächelnden Befehlshaber des Nordbezirks inmitten lächelnder Soldaten im Kampfanzug.

Jaschek bemerkte nur, daß die Sache kein Ende habe. Der kleine Schimon, noch immer hinter seiner Sportseite verschanzt, verkündete mit rauher, leicht angewiderter Stimme, wenn man ihm nur erst die Russen vom Hals nähme, würde er mit den Arabern schon fertig werden: ein, zwei gute Tritte in den Hintern, fertig.

Jaschek erwiderte, die ganze Sache habe schon begonnen, bevor die Russen auf der Bildfläche erschienen seien, und werde sicher auch weitergehen, wenn die Russen morgen ihre Sachen packten und plötzlich nach Hause gingen. Und Jonatan meinte, mehr zu sich selbst als zu den anderen Gesprächspartnern, mit seiner leisen Stimme: »Bei uns glaubt man, es hinge alles nur von uns ab. Das stimmt nicht. Eschkol ist nicht gerade Napoleon. Und überhaupt, nicht alles hängt von was ab.«

Da aber fiel Asarja stürmisch in die Unterhaltung ein, türmte einen Gedanken auf den anderen, sagte Entwicklungen voraus, warnte vor allgemeiner Kurzsichtigkeit, griff Kommentatoren und Staatsmänner an, distanzierte sich von Ben Gurions Politik einerseits und von Eschkols Richtung andererseits, skizzierte in knappen Linien die finstere Logik der Russen, zitierte Iwan Karamasow und Swidrigailow, bewies, daß die Slawen von Natur aus keine moralischen Skrupel hätten, und stellte das jüdische Schicksal in neuem Licht dar. Dann hob er seine Stimme, nach wie vor bemüht, Jascheks Aufmerksamkeit zu gewinnen, und achtete gar nicht auf die Blicke, die ihm von den Nachbartischen zugeworfen wurden, als er sich jetzt in eine komplizierte Unterscheidung zwischen Strategie, Tagespolitik und nationalem Gedanken stürzte, der ja jeder Zivilisation zugrunde liege. Er prophezeite einen unmittelbar bevorstehenden Krieg, beklagte die allgemeine Blindheit, zeigte mögliche, höchst ernste Komplikationen auf, empfahl scharfsinnige Auswege und stellte schließlich aufgrund des Gesagten zwei grundlegende Fragen, die er umgehend selbst beantwortete. Es lag ein leidenschaftliches, mitreißendes Feuer, gepaart mit nervöser Vorstellungskraft, in seinen Worten, so daß sie trotz ihrer wunderlichen Fremdheit die Aufmerksamkeit seiner Tischgenossen weckten und Jaschek einmal seinen Kopf schüttelte und zweimal sagte: richtig, richtig. Damit regte er Asarja wiederum zu einem wahren Gedankensturm an – diesmal über das Bedürfnis der Vernunft, stets nach der Notwendigkeit und den festen Gesetzen hinter den zahllosen Erscheinungen zu suchen, die man irrtümlich als Zufälle bezeichnete. Plötzlich entdeckte Asarja jedoch, daß alle anderen längst ihre Mahlzeit beendet hatten und nur auf eine kurze Pause in seinem Vortrag warteten, um aufstehen und ihrer Wege gehen zu können. Genau in diesem Augenblick verwickelte er sich aber hoffnungslos in einen längeren Satz, unterstrich noch einmal eine bestimmte Wortverbindung, um sich gleich darauf zu berichtigen, diesen Ausdruck zu verwerfen und danach wieder eine neue Formulierung zu versuchen, ehe er mit einem Schlag verstummte und sich hastig auf sein Essen stürzte, um die anderen nicht auch noch aufzuhalten. Er begann, alles ohne zu kauen herunterzuwürgen, verschluckte sich und mußte die Zinken seiner Gabel mindestens dreimal in jede Tomatenscheibe hauen, weil sie ihm wie aus lauter Boshaftigkeit immer wieder wegflutschten.

Jonatan schaute Asarja dabei zu, sah, daß er beschämt und innerlich aufgewühlt war, und empfand ein wenig Mitleid mit ihm. Daher lächelte er ihn an und sagte ruhig: »Iß du nur in Ruhe. Die beiden da haben's eilig, weil sie bisher noch nicht mal das Salz in ihrem Salat verdient haben, aber wir haben den Caterpillar schön wieder zugemacht und haben jetzt Zeit. Iß in aller Ruhe und ohne Hast.«

Draußen fiel der graue Regen weiter auf die Beete und die überschwemmten Rasenflächen: nicht mit Macht, nicht in wilden Sturzbächen, sondern mit zäher Dauerhaftigkeit, eisern und stur wie in erstarrtem Wahn.

Gegen Abend – die Winternächte kommen früh und schnell, fast ohne Dämmerung – klopfte Asarja Gitlin an Rimonas und Jonatans Wohnungstür. Frisch gewaschen und rasiert, den gelockten Haarschopf sorgfältig mit Wasser gebändigt, stand er, die Gitarre in der Hand, auf der Schwelle. Beim Eintreten bat er vielmals um Entschuldigung, daß er gekommen sei, ohne eine Einladung abzuwarten. In einem Buch habe er gelesen, daß der Kibbuz – völlig zu Recht – die äußerlichen Formen der Höflichkeit abgeschafft hätte. Zudem habe ihm der Sekretär, Jonatans Vater, schon gestern vorgeschlagen, sich gleich einmal zum Kennenlernen hierher zu begeben. Und dann habe sich auch noch herausgestellt, daß die elektrische Birne in seinem Zimmer – also in jenem Raum, dem man ihm in der Friseursbaracke zugewiesen habe – sehr schwach sei, so daß er nicht einmal eine Zeitung oder ein Buch lesen, geschweige denn sich dem Schreiben widmen könne. Jenseits der hölzernen Trennwand wandere ein eigenartiger Mensch unablässig hin und her, aus dessen Schritten zu entnehmen sei, daß dies ein vom Schicksal geschlagener Mann sein müsse. Dazu murmele er abgehackte Bibelverse und alle möglichen Liedfetzen in einem Hebräisch, das kein richtiges Hebräisch sei. Eigentlich habe er vorgehabt, an dessen Tür zu klopfen, um zu sehen, womit er ihm behilflich sein könne, denn seinen Grundsätzen zufolge biete er stets anderen seine Hilfe an, aber diesmal habe er das nicht tun wollen, ohne sich vorher mit seinem Freund Jonatan zu beraten. Inzwischen habe sich dann sein, Asarjas, Zimmer mit Schatten gefüllt, die ihn, es lasse sich nicht leugnen, traurig stimmten. So habe er schließlich den Entschluß gefaßt, sein Glück zu versuchen und hierher zu kommen. Ja, danke, er würde gern eine Tasse Kaffee trinken. Ein altes russisches Sprichwort sage in etwa folgendes: »Wenn der Mensch sitzt nur allein, stellt sich bald der Teufel ein.« Das sei zwar keine ganz wörtliche Übersetzung, aber den Reim habe er jedenfalls gerettet. Ob er wirklich nicht störe? Also, dann möchte man's ihm nicht übelnehmen: Er mache keine Umstände und bleibe auch nicht zu lange. Versprochen. Seine Gitarre habe er mitgebracht, da Jonatan und seine Kameradin sich womöglich als Musikliebhaber entpuppen könnten, weshalb er ihnen gern zwei, drei einfache Weisen vorspielen würde, und wenn die richtige Stimmung aufkäme, könnte man auch ein wenig zu dritt singen. Wie nett das Zimmer von Jonatan und seiner Kameradin doch sei – er sage Kameradin und nicht Frau oder Ehepartnerin, weil er gestern von dem Genossen Jolek gehört habe, daß das der hier im Kibbuz gebräuchliche Ausdruck sei, der ihm auch durchaus passend vorkomme. Die Möbel seien einfach und bequem, ohne überflüssige Schnörkel, und genau nach dem richtigen Geschmack angeordnet. Und diese Wärme sei ja so angenehm für das müde Herz. Das müßten sie nämlich wissen: Sein Herz sei müde vor lauter Einsamkeit. Er, wie solle er es ausdrücken, besitze keine Freunde, nicht einen einzigen auf der ganzen Welt. Und daran sei nur er selber schuld: Bisher habe er nicht gewußt und auch nicht herauszufinden versucht, wie man Freunde gewinnt. Aber von jetzt ab sollten die Karten offen auf dem Tisch liegen, wie man so sagt, jetzt fange ein neues Kapitel in seinem Leben an. Verzeihung, daß er so viele Worte mache. Jonatan und seine Kameradin könnten ja meinen, er sei ein großer Schwätzer, aber dies sei irrig: Von Natur aus sei er eher schweigsam und introvertiert. Aber von dem Augenblick an, in dem er seinen Fuß auf den Boden des Kibbuz gesetzt habe, habe er gespürt, daß er sich nun unter Brüdern im Geiste befinde, und sein Herz habe sich weit aufgetan. Überall in der Welt sei eine tiefe Kluft zwischen den Menschen, hier dagegen – Wärme, Großmut und auch Freundschaft ... Hier in der Tasche habe er seinen Personalausweis. Nicht um sich vor ihnen auszuweisen, sondern weil sich zwischen den Seiten, noch aus den Tagen des letzten Winters, ein getrocknetes Alpenveilchen befinde. Dieses Blümchen wolle er nun der Kameradin seines Freundes Jonatan überreichen. Bitte. Man möge ihm's doch nicht verweigern. Es sei ja nur eine kleine, symbolische Gabe.

Rimona schaltete den Kessel ein. Jonatan stellte das Milchkännchen mit dem bucharischen Muster und einen Teller Kekse auf den Tisch. Rimona brachte Apfelsinen. Das Zimmer lag ruhig im weichen Licht der braunen Wandlampe und im Glanz der blauen Flamme, die im Ofen brannte. Tia schlenderte zu dem Gast, berührte mit der Nasenspitze sein Knie, schnüffelte, seufzte und verkroch sich unters Sofa. Nur ihr haariger Schwanz schaute noch hervor und schlug mehrere Male auf den länglichen grauen Teppich unter dem Couchtisch. Auf dem Regal standen vier gleichmäßig und ordentlich ausgerichtete Bücherreihen. Schwere braune Vorhänge verdeckten Fenster und Verandatür. Couch und Sessel waren mit dem gleichen, unauffälligen Stoff bezogen. Der ganze Raum strömte Frieden aus. Auch das einzige Bild an der Wand war beschaulich: Es zeigte einen dunklen Vogel, der auf einem Gatter aus roten Ziegelsteinen ausruhte, während aus dem schattigen Dunst im Hintergrund schamlos ein schräger Sonnenstrahl hervorstieß, um gleich einem goldenen Speer Dunst und Schatten zu durchqueren und eine blendende Lichtblume auf einem verblüfften Stein am Ende des Gatters in der unteren Ecke des Bildes zu entfachen, fern von dem müden Vogel, dessen Schnabel – wie Asarja auf den zweiten Blick feststellte – wie dürstend ein wenig aufstand, während die Augen geschlossen waren.

Der elektrische Kessel pfiff, das Wasser kochte. Rimona brachte Kaffee, Jonatan fragte, wieviel Milch er dem Gast einschenken solle. Asarja bat, seinen Kaffee, falls es gestattet sei, ohne einen einzigen Tropfen Milch trinken zu dürfen. Von draußen hörte man ununterbrochen das Heulen des feuchten Windes in den nassen Baumkronen, aber der Regen hatte schon seit einigen Stunden aufgehört.

Rimona hatte von Jonatan bereits von der gelungenen Reparatur des Traktors gehört und wollte Asarja Gitlin ein gutes Wort sagen: »Offenbar gefällt dir die Arbeit. Jonatan hat mir erzählt, daß du deine Sache fein gemacht hast.«

Asarja – sorgfältig bemüht, ihrem Blick auszuweichen – ließ sie wissen, wie froh er sei, daß er in Jonatan seinen ersten Freund im Kibbuz gefunden habe. Einfach wunderbar sei dessen ruhige Freundlichkeit. Dabei sei es doch bekannt, daß die erste Begegnung an einem neuen Ort schicksalhaft werden könne: Menschenkinder und Bergeshöhen würden sich einander nur nähern, wenn die Erde bebe. Übrigens habe er einmal einen fesselnden Aufsatz über die Frauenfrage im Kibbuz gelesen. Dabei habe er jedoch nicht dem Geschriebenen zustimmen können, sondern sich vielmehr eine eigene Meinung gebildet. Wie denke Rimona darüber? Er seinerseits habe das Gefühl, daß die Frage noch offen sei.

»Schade«, sagte Rimona, »daß du gerade mitten im Winter zu uns gekommen bist und nicht zu Anfang des Sommers. Im Winter sieht doch alles eher traurig und verschlossen aus. Aber im Sommer blühen die Blumen in den Beeten, der Rasen ist grün, die Nächte sind viel kürzer und weniger dunkel und die Tage so lang und voll, daß jeder Tag manchmal wie eine ganze Woche erscheint, und von der Veranda aus kann man auch den Sonnenuntergang sehen.«

Jonatan sagte dazu: »Aber bis zum Sommer hätten wir jemand anderen für die Werkstatt gefunden, und dann hätten sie ihn vielleicht nicht bei uns aufgenommen. Du bist zufällig genau im richtigen Zeitpunkt angekommen. Und zufällig hast du ein Gefühl für Maschinen, während ich wie ein Vollidiot schon drei Tage lang dasteh und guck und mit eigenen Augen eine verstopfte Benzinleitung vor mir seh und nicht begreif, daß es weiter nichts ist als so ein einfaches Pfröpfchen. Zufällig bist du gerade rechtzeitig eingetroffen.«

»Und ich möchte«, begann Asarja Gitlin, »mit eurer Erlaubnis eine völlig gegenteilige Meinung äußern. Ich persönlich glaube nämlich nicht an Zufälle und Zufälligkeit. Hinter jedem Zufall stehen bestimmte Kräfte, die uns unbekannt sind. ›Der Fuhrmann mit aller Macht nach vorne drängt, doch das Schicksal ihn leicht wieder rückwärts zwängt.‹ Hierzu ein Beispiel: Ein harmloser Bürger, von dem wir einmal annehmen wollen, daß er Jehoschafat Kantor heißt, Mathematiklehrer, ledig, Briefmarkensammler und Mitglied des Gebäuderats in seinem Wohnhaus, tritt gegen Abend auf die Straße, um zehn Minuten frische Luft zu schnappen, wobei er jedoch augenblicklich von einer irrenden Kugel getroffen wird, die sich, sagen wir, aus der Pistole eines Privatdetektivs gelöst hat, der gerade auf seinem Hinterbalkon saß, um seine Waffe zu reinigen und zu ölen, und diese Kugel zerfetzt nun den Kopf dieses besagten Kantor. Ich persönlich sage euch, ohne zu zögern: Sämtliche Natur-, Sozial-, Geistes- und Seelenwissenschaften zusammengenommen wären außerstande, das Zusammentreffen Hunderter, Tausender oder Abertausender von Einzelereignissen zu rekonstruieren, die mit höchster Präzision zusammengewirkt haben, um einen solchen Unfall zu verursachen. Wir haben hier doch einen ungeheuer komplizierten Geschehensablauf vor uns, bei dem es um Tausendstelsekunden und Tausendstelmillimeter ging, bei dem unzählige Faktoren von Zeit, Entfernung und Willen im Spiel waren, dazu Irrtümer, Umstände, Entscheidungen, Meteorologie, Optik, Ballistik, Alltagsgewohnheiten, Erziehung, Genetik, kleine und große Willensentschlüsse, Störungen, Bräuche, die Länge der Nachrichtensendung, Streckenführung und Fahrzeiten eines vorbeikommenden Busses, der Sprung einer Katze zwischen den Mülleimern, ein Kind, das seine Mutter in einer der naheliegenden Gassen geärgert hat und so weiter und so fort, ohne Ende. Und jedes einzelne dieser Ereignisse besitzt wieder seine eigene, vielfach verzweigte Ursachenkette. Es hätte schon ausgereicht, daß ein einziger dieser Millionen Faktoren um Haaresbreite von diesem Zusammenspiel abgewichen wäre – und die Kugel wäre an der Nase unseres erdachten Helden Jehoschafat Kantor vorbeigeflogen oder durch seinen Ärmel oder zwischen seinen Haaren hindurch, und womöglich hätte sie den Kopf von ganz jemand anderem zerfetzt: meinen zum Beispiel oder einen von euren, Gott behüte.

Der perfekte Frieden

Oder sie hätte eine Fensterscheibe zerschmettert und sich damit begnügt. Jede dieser und noch anderer Möglichkeiten, deren Zahl schier astronomisch ist, hätte wiederum eine Kette neuer Ereignisse in Gang gesetzt und völlig andere Ergebnisse gezeitigt, deren Ausgang gar nicht abzusehen ist. Bis ins Endlose nämlich. Aber was machen wir in unserer großen Weisheit? Vor lauter Unwissenheit, Verwunderung und Furcht oder vielleicht auch aus lauter Faulheit und Arroganz sagen wir: Durch einen tragischen Zufall ist das und das geschehen. Mit dieser dummen Lüge, dieser krassen Entstellung setzen wir die ganze Sache von der Tagesordnung ab, wie man so sagt. Ich habe schon lange nicht mehr einen derart starken, anregenden Kaffee getrunken, und wenn ich etwas zuviel geredet habe, mag das mit auf diesen Kaffee zurückzuführen sein. Außerdem habe ich mehrere Jahre fast völlig geschwiegen, weil ich niemanden hatte, mit dem ich mich hätte unterhalten können. Der Bibellehrer, auf dem ich meine Theorie aufgebaut habe, den gibt's zwar nicht und hat es nie gegeben, aber das Herz füllt sich doch, wie man so sagt, mit Trauer über den Tod eines ehrlichen, engagierten Menschen, der in seinen Bibelstunden vielleicht nicht gerade Berge versetzt, aber auch sein Leben lang niemandem geschadet hat: der Gesellschaft nicht, dem Staat nicht – und seinen Mitmenschen nicht. Die Kekse sind wirklich wunderbar. Hast du sie selber gebacken, Genossin Rimona?«

»Das sind ganz gewöhnliche aus der Packung«, erwiderte Rimona.

Und Jonatan bemerkte: »Schon heute morgen habe ich festgestellt, daß er leicht über alles in Begeisterung gerät.«

»Es tut mir um den Lehrer aus deiner Geschichte leid«, sagte Rimona.

Asarja setzte von neuem an: »Jonatan hat einen scharfen Blick, wie man so sagt. Es läßt sich wirklich vor euch nicht verbergen, daß ich oft in Staunen und Bewunderung gerate. Aber häufig bereue ich meine Begeisterungsausbrüche, und für meine Voreiligkeit muß ich büßen. Man kann leicht einen falschen Eindruck von mir bekommen. Aber diesmal nehme ich nichts zurück: Solche süßen Kekse hat mir meine Kinderfrau gebakken, als ich noch klein war. Ich werde euch jetzt nicht mit der Geschichte von meiner Kinderfrau aufhalten, aber wenn eure Kinder kommen, werd ich ihnen noch und noch erzählen, da werdet ihr sehen, wie gern mir die Kleinen überall zuhören. Sie werden mich nicht gehen lassen, ehe der Abend vorüber ist. Kleine Kinder haben mich schrecklich gern. Es gibt eine alte Sage über einen jüdischen Hausierer, der allein in ein Dorf von Judenmördern geriet, mit dem Zauber seines Flötenspiels alle Kinder anlockte und sie im Fluß ertränkte. Kleine Kinder folgen mir durch dick und dünn, denn ich erzähle ihnen süße Geschichten und auch ein wenig angsterregende.«

»Zufällig«, begann Jonatan mit langsamer, verschlafener Stimme, »haben wir keine Kinder.«

Asarja hob die Augen und sah, wie ein tiefgründiges, bitteres Lächeln Rimonas Mund umspielte, ohne die Lippen zu erreichen, während es sich für einen Augenblick bis zu ihren schrägen Augen ausbreitete, um dann wieder zu verschwinden. Ohne Asarja oder Jonatan anzublicken, sagte sie: »Schau: wir hatten ein kleines Mädchen und haben's verloren.« Und einen Moment später fügte sie hinzu: »Ob zufällig oder unzufällig, wie du meinst, weiß ich nicht, aber ich wüßte gern, warum es so gekommen ist.«

Nach diesen Worten war es wieder still. Jonatan stand auf, sammelte die leeren Kaffeetassen ein und wandte sich – groß und schlank – der Küche zu, um sie dort in den Ausguß zu stellen. Als Jonatan wegging, hob Asarja den Blick, sah Rimonas helle Haare über ihren Rücken und mehr auf die linke Schulter denn auf die rechte fallen, sah ihren gertenschlanken Hals, die Linien ihrer Stirn und ihres Kinns. Sie war schön in seinen Augen, und Jonatan war schön in seinen Augen, und er liebte sie beide wie aus innerster Tiefe und beneidete sie auch beide, und sein Herz verkrampfte sich, weil er in ihrer Gegenwart Kinder erwähnt und ihnen sicher damit weh getan hatte, und im selben Augenblick schämte er sich auch über sich selbst, weil er sich fast gefreut hatte zu hören, daß die beiden keine Kinder hatten. Ich muß ihnen Freude machen, jetzt und immer, dachte er, muß ihnen so nahe kommen, daß sie nicht mehr ohne mich sein können. Wie schmerzlich ist doch Rimonas blasse christliche Schönheit. Nie darf sie entdecken, wie gemein ich bin.

Matt begann Asarja Gitlin zu hoffen, daß diese Frau ihn verletzen, beleidigen, ihm irgendein himmelschreiendes Unrecht antun möge, da sie dann verpflichtet wäre, ihn mit all ihrer Sanftheit zu versöhnen. Doch wie?

Jonatan kehrte ins Zimmer zurück, und Asarja senkte die Augen. Jonatan klappte das Buch »Zauberer und Zaubermedizin« zu, das offen auf der Couchecke gelegen hatte, und stellte es an seinen Ort auf dem mittleren Regal.

»Darf man hier rauchen?« fragte Asarja höflich.

Jonatan zog die teure amerikanische Zigarettenschachtel aus der Brusttasche, die Asarja selbst ihm am Nachmittag, nach dem Arbeitstag in der Werkstatt, geschenkt hatte, und hielt sie ihm hin.

»Im antiken Griechenland«, begann Asarja, »hat es Philosophen gegeben, die meinten, die Seele würde im Leib wohnen wie der Schiffer auf seinem Schiff. Diese faszinierende Vorstellung muß unbesehen zurückgewiesen werden, wie man so sagt. Ein anderer Grieche, ebenfalls ein Philosoph, hat einmal geschrieben, die Seele säße im Körper wie die Spinne in ihrem Netz, und nach meiner bescheidenen Ansicht ist dieses Bild weit treffender. Mit dem sicheren Blick, den ich in den Jahren meiner leidvollen Wanderschaft entwickeln konnte, habe ich schon vor einer guten Viertelstunde festgestellt, daß man bei euch das Schachspiel schätzt, und wenn ich mal raten dürfte, würde ich dich und nicht deine Kameradin für den Schachliebhaber halten.«

Rimona fragte erst Asarja, ob er gerne mit Jonatan, und dann Jonatan, ob er jetzt gerne mit Asarja spielen wolle. Jonatan holte das Schachbrett und stellte die Figuren auf, während Asarja etwas vor sich hinmurmelte, was an Angeberei grenzte. Sofort nahm er jedoch alles zurück, distanzierte und entschuldigte sich: Nicht der schnellste Mann in Griechenland sei Sieger der Olympischen Spiele, habe ein großer Philosoph gesagt, sondern der schnellste der Teilnehmer.

Inzwischen hatte Rimona ihre Stickmappe geholt und sich ans Radio gesetzt, die ungeöffnete Mappe auf den Knien. Schweigend, in sich versunken und vollkommen gelassen schien sie so aufs Zuhören konzentriert, als spielte man ihr aus weiter Ferne, was morgen und was in den folgenden Tagen sein würde – und in ihrem Lauschen war weder Trauer noch Freude, noch Überraschung.

Jonatan Lifschitz und Asarja Gitlin rauchten und spielten wortlos. In Jonatans Augen standen Tränen, die er aber nicht wegwischte. Er hatte keine Lust, sich vor dem Gast mit Erklärungen über seine Allergie und Rimonas Kiefernzweige zu rechtfertigen, die trotz allem noch in der Vase standen, weil sie andere Blumen im ganzen Kibbuz nicht gefunden hatte.

Nach sechs oder sieben Zügen machte Asarja einen groben Fehler. Er lächelte angestrengt und verkündete, nun sei das Spiel schon beinahe beendet, bevor es richtig angefangen habe, aber für ihn sei es ja auch nichts weiter als ein erster Versuch gewesen.

Jonatan schlug vor, von vorne zu beginnen. Aber Asarja versteifte sich plötzlich, war fast beleidigt, schob den Grund seiner augenblicklichen

Konzentrationsschwäche auf das Gewitter draußen und forderte, wie höflich verärgert, das Spiel bis zum bitteren Ende fortzusetzen: »Wer nie wurd mit demütigender Niederlage beladen, ist auch nicht wert der Erlösung Gnaden.« Als er das sagte, drückte Rimona ihre Stickmappe an sich und blickte auf den jugendlichen Gast. Sie sah die unzähligen winzigen Fältchen, die unruhig um seine Augen spielten, und die Augen selbst, die vor Angst flackerten und flackerten, weil sie Rimonas Blick wahrgenommen hatten. Längst hatte der Gast mutterseelenallein sämtliche Kekse auf dem großen Teller weggefuttert, bis auf einen einzigen Überlebenden, einen letzten Anstandskeks, den er immer wieder zerstreut nahm und zurücklegte, einmal sogar bis an die Lippen führte, um ihn dann, erschrocken über seine Nichtswürdigkeit, mit leicht zitternder Hand erneut auf dem Teller zu plazieren. Rimona öffnete die Mappe und begann zu sticken. Dabei sagte sie: »Der Mann, von dem du erzählt hast, er hätte eine Kugel in den Kopf gekriegt – der war auf der Stelle tot und hatte nicht mehr zu leiden? Hat er nicht Jehoschafat geheißen?«

»Sicher«, erwiderte Asarja lebhaft, »ich fürchte, ich hab nur Spott ausgelöst. Immer red ich das Gegenteil von dem, was mir nützen könnte.«

»Du bist dran«, sagte Jonatan.

Asarja schob plötzlich vehement seinen verbliebenen Läufer in einer langen Diagonale fast von einem Ende des Brettes zum anderen.

»Nicht schlecht«, meinte Jonatan.

»Paß auf«, strahlte Asarja, »jetzt geht's erst richtig los.« Und tatsächlich: Nach einigen Zügen, bewundernswerter Risikobereitschaft und der Opferung eines Springers und zweier Bauern hatte der Gast sich offenbar aus einer schier hoffnungslosen Situation befreit und bedrohte jetzt sogar Jonatans König.

»Habt ihr das gesehen?« fragte er siegestrunken. Damit aber schien seine Inspiration auch verpufft zu sein. Unachtsam verlor er einen weiteren Bauern und ließ Jonatan in seine Angriffsposition zurückkehren. Jonatan agierte geduldig, umsichtig, äußerst präzise und wohldurchdacht. Demgegenüber verspielte Asarja immer wieder seinen eben noch genial gewonnenen Vorteil, weil er nach jedem Geistesblitz vor Übermut oder Ungeduld strotzte und Fehler beging, die selbst einem Anfänger die Schamröte ins Gesicht getrieben hätten.

Rimona stand auf, um das Fenster zu öffnen und die von Zigarettenrauch verpestete Luft rauszulassen. Auch Tia erhob sich, krümmte ihren

Rücken und ließ sich dann nahe am Tisch nieder. Mit weit geöffnetem Maul, aus dem ihre rosa Zunge heraushing, atmete sie schnell und kurz, ohne die Augen von Jonatan zu lassen. Beide Ohren hatte sie steif nach vorne gerichtet, um nur ja keinen Laut zu verpassen. Dadurch wirkte sie wie eine verständige, ordentliche Schülerin, die sich mit ganzer Kraft bemüht, aufmerksam zu sein und einen guten Eindruck zu machen. Asarja brach in ein kurzes Lachen aus: »Im Laufe der Zeit«, sagte er, »werd ich euerm Hund das Schachspielen beibringen. Es gibt solche Hunde, die ganz verblüffende Dinge lernen – als wir damals im Übergangslager lebten, hab ich der Ziege eines Jemeniten beigebracht, ›Hawa nagila‹ zu tanzen.«

Rimona schloß das Fenster, kehrte auf ihren Sofaplatz zurück und sagte, er sei doch sicher traurig, so viele Stunden in der Friseursbaracke verbringen zu müssen. Im Unterschrank, meinte sie, befinde sich noch ein kleiner Elektrokessel, den sie fast nie benutzen würde. Ihn könnte man Asarja gerne leihen. Auch etwas Kaffee und Zucker würde sie ihm mitgeben, bevor er ginge, und etwas von den Keksen, die ihm so gut geschmeckt hätten.

»Schach«, sagte Asarja mit kalter, boshafter Stimme.

»Wozu das denn?« gab Jonatan verwundert zurück. »Ich kann doch hierhin und dahin ziehen, und auch dorthin.«

»Um nicht den Angriffsschwung zu verlieren«, erklärte Asarja. Er lachte nervös und fügte hinzu: »Vielen Dank, Rimona. Aber wie kann ich gerade jetzt, wo du mich so großzügig und freundlich behandelst, nun Jonatan weh tun und ihm, wie man so sagt, eine Niederlage beibringen?«

»Du bist dran«, bemerkte Jonatan.

»Ich schlage zum Zeichen der Freundschaft vor, daß wir die Partie jetzt unentschieden enden lassen.«

»Einen Moment mal«, sagte Jonatan. »Vielleicht guckst du vorher mal genauer hin, was mit deinem Turm passiert. Du sitzt in der Klemme.«

»Ich«, sagte Asarja in merkwürdigem Singsang, »habe schon vor zehn Minuten jegliches Interesse an diesem banalen, sich ewig wiederholenden und – mit Verlaub – langweiligen Spiel verloren.«

»Du«, sagte Jonatan, »hast verloren.«

»Na, wenn schon«, erwiderte Asarja, krampfhaft bemüht, eine gutmütig lachende Miene aufzusetzen.

»Und ich habe gewonnen.«

»Ist recht«, gab Asarja zurück. »Ich bitte euch, schließlich bin ich erst gestern hier angekommen. Und damit ihr es wißt: Ich hab die ganze letzte Nacht nicht geschlafen vor lauter Nachdenken und Aufregung.«

»Da«, sagte Rimona, »das Wasser kocht schon wieder.«

Sie tranken erneut Kaffee, und Asarja verputzte einen weiteren Teller Kekse. Und dann beschloß er, sein erstes Versprechen einzulösen, obwohl Rimona und Jonatan nicht danach gefragt hatten und sich vielleicht gar nicht erinnerten: Er zog eine abgegriffene Gitarre aus ihrer schäbigen Hülle, entfernte sich vom Tisch, von Jonatan und Rimona und fand schließlich einen Platz auf dem braunen Schemel neben der Verandatür. Tia folgte ihm und beschnupperte erneut seine Schuhe. Zuerst zupfte er zwei, drei einfache, wohlbekannte Weisen und summte leise mit. Dann überkam ihn jedoch plötzlich ein Gedanke: Er krümmte sich auf seinem Hocker und begann eine melancholische, leicht eintönige Melodie zu spielen, die Rimona und Jonatan unbekannt war.

»Das ist ein trauriges Stück«, sagte Rimona.

Asarja erschrak: »Hat es euch nicht gefallen? Ich kann alle möglichen Sachen spielen. Ihr müßt mir nur sagen, was.«

»Es war schön«, sagte Rimona.

Jonatan sammelte nachdenklich und langsam die Figuren ein, die noch auf dem Brett vor ihm standen, ordnete die Überlebenden, schwarz und weiß, in zwei parallelen Reihen auf dem Tisch an und sagte: »Es war in Ordnung. Ich kenn mich in der Musik nicht aus, aber ich hab gesehen, daß du dieses Stück mit besonderer Vorsicht spielst, als bestünde die Gefahr, in Ekstase zu geraten und die Saiten kaputtzumachen. Als du gespielt hast, mußte ich daran denken, wie du heute morgen auf Anhieb begriffen hast, daß an dem Caterpillar nichts weiter kaputt war als eine verstopfte Benzinleitung. Wenn du willst, werde ich Srulik von dir erzählen; der ist bei uns für die musikalischen Aktivitäten verantwortlich. Aber jetzt sollten wir uns vielleicht lieber in Richtung Speisesaal begeben, zum Abendessen.«

Asarja sagte: »Auch dein Vater, der Genosse Jolek, hat gestern von diesem Srulik gesprochen. Und was noch interessanter ist: Als ich reinkam, hat er sich geirrt und mich Srulik genannt. Meines Erachtens kann es auf der Welt einfach keine Zufälle geben. Alles hat seine Ordnung.«

Bevor sie zum Speisesaal aufbrachen, gab Rimona Asarja Gitlin den Elektrokessel und dazu einen Beutel Zucker, eine Dose Kaffee und eine Pakkung Kekse. Jonatan fand in einer der Schubladen eine neue Glühbirne, damit Asarja die matte Funzel in seinem Zimmer auswechseln konnte. Aber es stellte sich dann heraus, daß diese Birne nicht stärker war als die in der Baracke.

Beim Abendessen im Speisesaal hielt Asarja seinen Gastgebern wieder einen Vortrag über die internationale Lage. Seine komplizierten Erwägungen führten ihn zu dem notwendigen Schluß, daß bald ein großer Krieg zwischen Israel und Syrien ausbrechen werde. Alle syrischen Provokationen, die sich jetzt fast täglich abspielten, seien nichts als eine Falle: »Wenn Eschkol sich dadurch zu einem Sturm auf die Golanhöhen, den Hauran und den Dschebel-Drus verleiten läßt, schnappt die Falle zu, und wir liefern den Russen eigenhändig einen wunderbaren Vorwand, uns ihre Streitkräfte auf den Hals zu schicken und uns vernichtend zu schlagen. Darauf muß man Eschkol unbedingt aufmerksam machen. Man legt einen Köder vor uns aus, damit wir Machmud nachjagen, bis uns am Ende der Gasse, um die Ecke, Iwan mit seinem Hackebeil überfällt.« Asarja zufolge mußte man eine Art Denkschrift in dieser Sache verfassen und sie dem Genossen Jolek Lifschitz übergeben; der könne dann ja völlig frei entscheiden, ob er das Dokument an den Regierungschef weiterleiten oder aber die – wie alle anderen Verantwortlichen – Gefahren übersehen wolle.

All dieses Gerede erschien Jonatan längst widerlegt und einigermaßen ermüdend. So kaute er stumm an seiner Brotscheibe und verdrückte einen Berg Salat nebst einem doppelten Rührei. Rimona lauschte jedoch andächtig jedem Wort und einmal fragte sie auch, was Asarja denn jetzt tun würde, damit es nicht zu einer Katastrophe käme. Damit war Asarjas Begeisterung derart entfacht, daß er das rohe Gemüse vergaß, das Rimona ihm auf den Teller gelegt hatte, und statt dessen auf der Stelle einen listenreichen Plan entwickelte, dem zufolge die Großmächte aufeinander losgelassen werden sollten, so daß Israel sich dann selbst still und unbeschadet aus der Affäre ziehen und dabei noch erhebliche Vorteile einheimsen konnte.

Etan R. blieb einen Augenblick an ihrem Tisch stehen und sagte lachend zu Asarja: »Na, ich sehe, daß du zum Schluß doch noch gut angekommen bist. Ich wohne im letzten Zimmer neben dem Schwimmbad, und falls du zufällig die Gerechtigkeit finden solltest – dann melde dich augenblicklich bei mir, damit wir sie beseitigen können, solange sie noch klein ist.«

Auch Chawa, Jonatans Mutter, winkte ihnen von ferne zu, und der kleine Schimon gesellte sich mit einer Tasse in der Hand zu ihnen und fragte, ob Jonatan ihm den neuen Mann nicht für ein oder zwei Tage ausleihen wollte, damit er auch im Schafstall mal ein paar Zeichen und Wunder vollbringen könnte.

Jonatan rauchte eine amerikanische Zigarette und bot auch Asarja eine an.

Beim Verlassen des Speisesaals lud Rimona Asarja ein, doch auch an anderen Abenden zu ihnen zu kommen; man könne sich unterhalten, ein wenig musizieren und Schach spielen. Dabei berührte sie fast unmerklich seinen Ellbogen. Dann verabschiedeten sie sich und gingen ihre getrennten Wege.

Auf dem Weg zu seiner Wohnbaracke dachte Asarja an das Bild, das in Jonatans und Rimonas Zimmer an der Wand hing: ein dunkler, dürstender Vogel, auf Ziegelsteinen hockend, Dunst und Schatten, schräger Dolch aus Sonnenlicht und eine flammende Wunde in einem der Steine in der Ecke des Bildes. Ich bin eingeladen, an einem anderen Tag wiederzukommen, zum Musizieren, Unterhalten und Schachspielen. Sie wird mich mit all ihrer Kraft versöhnen müssen, damit ich ihr vergebe. Ein kleines Mädchen hat sie geboren, das ihr gestorben ist, und nun hat sie nichts mehr.

Bevor er sich der Behausung von Anat und Udi zuwandte, um die Versandrechnungen durchzugehen, sagte Jonatan zu Rimona: »Er ist ein großer Schwätzer, ein Betrüger und Aufschneider und ein eingebildeter Schmeichler obendrein, aber sieh nur, wie es ihm trotz alledem gelingt, eine gewisse Sympathie zu wecken. Ich geh jetzt mit Udi über den Obstversand reden. Ich bleib nicht lange weg.«

Draußen war es undurchdringlich dunkel. Es regnete nicht, aber die Luft war kalt und naß, und der beißende Wind wollte sich nicht legen. Das ist komisch, sagte sich Rimona und lächelte sich in der Dunkelheit zu.

In den folgenden Tagen reparierte Asarja Gitlin verschiedene landwirtschaftliche Geräte, wichtige und unwichtige. Seine Energie kannte keine Grenzen. Er ölte, bastelte, festigte, nahm auseinander und setzte wieder zusammen, tauschte verbrauchte Batterien aus, zog Keilriemen fest, schmier-

Der perfekte Frieden   679

te und putzte. Für all diese Anstrengungen küßte Rimona ihn in seinen nächtlichen Träumen auf die Stirn. Außerdem leitete er eine allgemeine Reinigungs- und Aufräumaktion in dem verwahrlosten Maschinenschuppen ein: Er arrangierte die Werkzeuge nach logischen Prinzipien, brachte eine breite Holztafel an, an der er, nach Größe geordnet, die Schraubenzieher, Schlüssel und Zangen aufhängte, etikettierte jede Schublade und jedes Bord, schrubbte mit starken Reinigungsmitteln den verdreckten Fußboden, veranlaßte Jonatan Lifschitz, nach oben zu klettern, um die Vogelnester und Spinnweben zwischen dem nackten Gestänge und dem Blechdach zu entfernen, legte eine Art Ersatzteilverzeichnis an und nahm das ganze Inventar auf. Zum Schluß schnitt er aus einer illustrierten Wochenschrift das große Konterfei des Wohlfahrtsministers aus und hängte es in der Werkstatt an die Wand. Ab jenem Morgen blickte nun Dr. Burgs rundes, joviales Gesicht mit sattem Lächeln auf alles herab, was Jonatan und Asarja so taten.

Allmorgendlich stand Asarja schon früh als erster vor der Werkstatt und wartete auf Jonatan mit den Schlüsseln – in seiner neuen, sauberen, dunkelblauen Arbeitskluft, die ein bißchen zu groß für ihn war. Wenn Jonatan dann verschlafen, unwirsch und manchmal auch mit allergisch tränenden Augen ankam, gab Asarja sich alle Mühe, ihn aufzumuntern und seine Stimmung zu heben, indem er ihm die Lebensgeschichten der berühmten Schachgenies vergangener Generationen, wie etwa Alechin, Lasker und Capablanca, erzählte, gegenüber denen Botwinnik oder Petrosian gewissermaßen bloße Epigonen seien, über die man besser nicht viele Worte verlieren solle. All diese Kenntnisse erwarb Asarja aus den von Jonatan ausgeliehenen Zeitschriften, die er nachts im Bett bis ins Detail studierte.

Eines Abends tauchte Asarja in Joleks und Chawas Wohnung auf. Von acht Uhr bis kurz vor Mitternacht überschüttete er sie mit seinen Gedanken über die zyklisch zwischen Zerstörung, Erlösung und erneuter Zerstörung verlaufende Geschichte des jüdischen Volkes. In all diesen Fragen besaß er seine ureigenste Theorie, hielt es jedoch für richtig, aus den alten Aufsätzen von Jolek Lifschitz selbst zu zitieren, die Asarja in den Bänden der Parteizeitung im Kulturraum aufgestöbert hatte. Auch hinsichtlich der Stellung des schöpferischen Individuums im Rahmen der Kibbuzgesellschaft hatte Asarja Gitlin seine persönliche Theorie entwickelt, die er nun enthusiastisch seinen Gastgebern vortrug. Obwohl er dabei zwar große Begeisterung, aber nur wenig Sachkenntnis an den Tag legte, gelang es ihm doch hier und da, einen originellen oder sogar verblüffenden Satz zu formulieren. Nachdem er gegangen war, sagte Jolek zu Chawa: »Hör auf mich, Chawa, in diesen Dingen täusche ich mich höchst selten, und ich sage dir mit Sicherheit, daß dieser Junge einen Funken in sich hat. Wenn der ein vernünftiges Mädchen findet, wird vielleicht noch mal was aus ihm.«

Worauf Chawa erwiderte: »Sonderbar und sehr traurig. Meines Erachtens wird das nicht gut enden. Du mit deinen Entdeckungen.«

Asarja verlor die letzten beiden Schachteln amerikanischer Zigaretten, die er eigentlich mitgebracht hatte, um sie den neuen Freunden im Kibbuz zu schenken. Er landete nämlich eines Tages in Etan R.s Zimmer, dem letzten vor dem Schwimmbad, stellte sich Etan noch einmal vor, lernte die beiden Mädchen kennen, die seit Anfang des Winters mit in dessen Zimmer lebten, redete über Zitrusfrüchte, behauptete, die Grapefruit sei im Grunde nichts weiter als eine Kreuzung zwischen Apfelsine und Zitrone, bot eine Wette an, ernannte die beiden Mädchen zu Schiedsrichterinnen, beugte sich bedingungslos deren Urteilsspruch und legte die beiden Packungen auf den Tisch. Vor dem Weggehen versprach er, nächstes Mal den einschlägigen Band der »Encyclopaedia Britannica« mitzubringen, um schwarz auf weiß zu beweisen, daß es tatsächlich eine Zitrusfrucht gebe – wenn auch vielleicht nicht gerade die Grapefruit –, die auf einer Kreuzung beruhe: die Klementine vielleicht oder die Mandarine. Dann ging er weiter zur Wohnung von Srulik, dem Musikanten, wo er an die zehn Minuten auf seiner Gitarre spielte. Mit seinem glühenden Gesicht, dem ewigen Lächeln und den ständig zwinkernden Augen wirkte er wie ein kleines Kätzchen, das zu gerne gestreichelt werden möchte. Und tatsächlich wurde er zur Probe in das Kibbuzquintett aufgenommen.

Zwischen zwei Regenschauern machte sich Asarja erfolgreich auf die Suche nach den Unterkünften der Schulmädchen. Er stellte sich als Musiker und Mechaniker vor, den man damit beauftragt habe, den Niedergang im Maschinenpark aufzuhalten. Ferner sei er persönlich mit dem Kibbuzsekretär, dessen Sohn Jonatan und dem Genossen Etan R. befreundet. Die Mädchen scharten sich um ihn und wollten mit eigenen Augen sehen, ob er es wohl fertigbringen würde, ein kaputtes Radio wieder zum Leben zu erwecken. Asarja willigte ein, forderte absolute Ruhe und hielt einen kurzen Vortrag über die Wissenschaft der Telekinetik und die geheimnisvolle Kunst der Beherrschung unbelebter Gegenstände durch die Ausstrahlungskraft des menschlichen Geistes. Langsam hörten die Mädchen zu kichern auf und begannen zu staunen, doch dann brach Asarja plötzlich in Lachen aus und gestand, daß er sie prima gefoppt hätte, denn die Reparatur könne er nicht durch Willenskraft, sondern nur in einer Vollmondnacht ausführen. Statt dessen bat er um Spielkarten und verblüffte sie mit einigen mathematischen Tricks im Kombinationenraten. Bis zu später Stunde hielt er sich bei ihnen auf, trank den angebotenen Kaffee, beschrieb wortgewaltig die Gottvorstellung des Philosophen Spinoza und erweckte Neugier, gemischt mit spöttischer Nachsicht und etwas Zuneigung, welch letztere er voll für sich in Anspruch nahm und auch reichlich aufbauschte, als er Jonatan Lifschitz am folgenden Morgen in der Werkstatt alles erzählte.

Am Donnerstag kam er wieder zu Rimona und Jonatan, gab dankend einen Teil des Zuckers und Kaffees zurück, den er von ihnen erhalten hatte, und sagte, daß ihm diese Gebrauchsgüter nun direkt aus dem Verpflegungslager des Kibbuz zugeteilt würden – auf Anweisung des Sekretärs. Rimona überreichte er einen selbstgeflochtenen Korbschirm zur Verschönerung der Tischlampe. Dies sei, so sagte er, nur eine symbolische Gabe.

Am Freitagabend besuchte den Kibbuz ein Wanderredner im Auftrag der Gewerkschaftsleitung, der im Speisesaal über das unglückliche Schicksal der Juden in der Sowjetunion referierte. In seiner Mappe hatte er haufenweise alte, zerfledderte Briefe mitgebracht, die ihn auf Umwegen durch den Eisernen Vorhang erreicht hatten und aus denen er nun seinem Publikum – nur die alten Mitglieder saßen da, die jüngeren waren anderweitig beschäftigt – herzzerreißende Passagen vorlas. Srulik, der Musikant, wußte später zu erzählen, der neue Bursche habe neben ihm gesessen und während des Vorlesens geweint. Danach habe Asarja sich offenbar entweder zusammengenommen oder sei in andere Stimmung verfallen, da er dem Redner eine Frage gestellt und sich dann nicht mit der Antwort begnügt, sondern mit einer weiteren Frage eine ganze Diskussion ausgelöst habe. Wer es nicht mit eigenen Augen gesehen hatte, wollte Srulik, dem Musikanten, seine Geschichte einfach nicht abnehmen.

Wie dem auch sei – Asarja Gitlin machte einen sonderbaren Eindruck auf die meisten Genossen und Genossinnen, die ihn kennengelernt oder von anderen über ihn gehört hatten. »Joleks Spinoza« nannten sie ihn hinter seinem Rücken, und die Schuljugend überbot das noch und sagte »Schimpanosa«. Etan R. wiederum gelang es wunderbar, Asarjas Gestik und Akzent nachzuahmen, wie er da so knietief im Matsch versunken war und – am ganzen Körper triefend – große Reden über die Gerechtigkeit geschwungen hatte, die sich heutzutage nur noch im Kibbuz finden ließe, dessen »Leiter« er dringend zu sprechen wünschte. Trotzdem stimmte Etan R. mit einem Achselzucken dem kleinen Schimon zu, der behauptete, der Bursche sei imstande, eine geschlagene Stunde so über Politik zu reden, als sei es ein Krimi oder spannende Science-fiction, weshalb es einem nie langweilig würde, ihm zuzuhören, vorausgesetzt, man hätte eine Menge Zeit.

Abgesehen von mäßiger Neugierde und einem Grinsen hier und da, fiel es niemandem ein, Asarja Gitlin zu kränken: Schließlich können einander nicht alle gleich sein. Es gibt solche und solche. Wenn im Kibbuz ein sonderbarer Vogel auftaucht, ein armer Schwätzer und Philosoph, was schadet das? Fleißig war er doch, ging brav seiner Arbeit nach und verstand – nach Aussage mancher – sogar ein wenig von Mechanik. Außerdem sah man doch sofort, daß er Schweres durchgemacht hatte. Es gibt im Kibbuz andere – Überlebende aus den Lagern –, die alle möglichen Greuel erlebt haben und hart geworden sind. Aber der neue Jüngling war nicht hart. Man gewöhnte sich an seine Anwesenheit. In Ausschußsitzungen wurde Jolek allerdings hin und wieder während einer Debatte milde verspottet, indem er hören mußte: »Paß auf, Jolek, du redest schon ein bißchen wie dein Spinoza da.«

Insgesamt galt das allgemeine Interesse jedoch weder Asarja Gitlin noch den Pressemeldungen, sondern den Überschwemmungen, die die schweren Regenfälle auf den niedriger gelegenen Feldern angerichtet hatten. Es bestand erhebliche Gefahr für die Wintersaat, die vor lauter Feuchtigkeit zu verfaulen drohte. So hoffte man eben, daß der Regen bald aufhören würde.

Jonatan aber verfiel wieder in Schweigen. Auch Rimona kam nicht mehr auf ihr Gespräch zurück. Sie beschäftigte sich nun mit einem indischen Büchlein in englischer Sprache, das die Tiefe des Leidens und die Höhen der Reinheit beschrieb. Asarja hatte es ihr geliehen und an den Rändern speziell für sie mit Bleistiftnotizen in seiner aufgeregten Handschrift versehen. Jeden Abend setzte sie sich hin und las. Der Ofen brannte weiterhin

Abend für Abend mit seiner bläulichen Flamme, und das Radio spielte ruhige Weisen. Stille war zwischen Rimona und Jonatan.

5.

Und auch im Land war es still. Alle Felder hatten sich mit Regenwasser vollgesogen, und wenn die Wintersonne zwischen zwei Schauern hervorkam, stieg Dunst von der Erde auf. Frühmorgens, als der Genosse Jolek den ersten Autobus bestieg, um zu einer Sitzung der Parteileitung nach Tel Aviv zu fahren, sah er sauber gewaschene Kiefern, die im Winde wisperten und ringsum einen Hauch von Ruhe und Frieden verbreiteten. Auf dem Weg durch die Küstenebene säumten weiße Wohnviertel mit roten Ziegeldächern die Landstraße. Sie waren geradlinig, mit gleichen Abständen zwischen den Häusern nach einem logischen Plan angelegt – wie auf der Zeichnung eines klugen Kindes. Und zwischen diesen Häusern hatten die Siedler Wäscheleinen gespannt, Schuppen und Lagerräume errichtet, Zäune hochgezogen, Bäume und Sträucher gepflanzt, Rasen angesät, Gemüse- und Blumenbeete abgesteckt.

Das sind doch genau die Dinge, die wir uns in der Jugend vorgenommen hatten, dachte Jolek. Nur benutzten wir damals hochfliegende theoretische Ausdrücke dafür, um uns nicht untereinander lächerlich vorzukommen: Wir waren angetreten, »das Land aus seiner tausendjährigen Verödung zu erlösen, seine Weiten zu kultivieren und es zu versöhnen, damit es uns eine Heimstätte sei«. Und nun hat das Werk seine theoretische Verbrämung gesprengt und sich in Baumwipfel und Ziegeldächer umgesetzt. Dummes Herz, wie lange willst du dich deiner poetischen Gefühle noch schämen? Wir müßten uns doch alle noch heute geschlossen in der Scharonebene oder im Jesreeltal versammeln: nicht um eine Sitzung oder Beratung abzuhalten, sondern um einen schmetternden Gesang anzustimmen – als großer Chor der alten Pioniere, so wie wir sind: mit unsern brüchigen Stimmen, unserer faltigen Haut, den gebeugten Schultern. Und wenn wir uns damit lächerlich machen, machen wir uns eben lächerlich und lachen selber herzhaft mit, und wenn die Tränen kommen, sollen sie ruhig rollen. Wir haben getan, was wir versprachen: Da liegt es vor unseren Augen. Warum so kühl, du altes Herz?

Am Abend zuvor hatte Ministerpräsident Eschkol in einer Rundfunkansprache allen Bürgern versichert, daß die Lage sich bessern werde. Er sprach im Futur, sah Fortschritt und Aufschwung voraus, ließ eine humorvolle Bemerkung fallen, der zufolge sich große Anstrengungen am Ende auszahlten, warnte vor Ungeduld, forderte statt dessen Weitsicht, verschwieg auch nicht die Gefahren, die immer noch lauerten, kehrte dann aber zu seinem optimistischen Grundton zurück und endete mit einem Bialikzitat: »Laßt nicht sinken euren Mut.« Nach der Ansprache sendete der Rundfunk ein Programm über die wieder zu alter Fruchtbarkeit erweckte Ta'nach-Region, dem altbekannte hebräische Lieder zu russischen Weisen folgten. Ein paar Stunden danach gingen schwere Regenfälle im Norden des Landes nieder und breiteten sich langsam nach Süden aus.

Am Morgen hatte es aufgehört zu regnen, aber der kalte Wind vom Meer her wurde stärker. An jeder Haltestelle nahm der Bus immer mehr Menschen in dicker Arbeitskleidung auf. Von Zeit zu Zeit blinzelte die Sonne durch die schweren Wolken, worauf die Berge und Täler ringsum sich augenblicklich enorm veränderten: Sobald das Licht auf einen der Hänge fiel, erstrahlte alles in tiefem, fast schon unverschämt lebendigem Grün. Auf einem neuen Zaun in einem neuen Dorf stand ein nasser Vogel, während zu seinen Füßen zwischen den Mülleimern, deren Deckel der Wind fortgetragen hatte, eine Katze umherstrich und so tat, als sähe sie nichts. Viele Kinder waren unterwegs zur Schule, billige Kunstlederranzen auf den Rücken. Für den Besuch einer fabelhaften Riesenparty warb ein blaurotes Plakat von einer am Busfenster vorbeifliegenden Anzeigentafel. Mitte der sechziger Jahre, faßte Jolek seine Gedanken zusammen, und wir haben einen langen, regenreichen Winter zwischen den Kriegen. Die Einwohner füllen ihre Lungen prall mit den Düften der feuchten Zitrushaine und dem süßen Aroma ihrer Früchte. Sie kümmern sich um Haus und Hof, und mir obliegt es, mich über unser Geschick zu freuen und alle Menschen mit dieser Freude anzustecken. Sei nicht müde, mein dummes Herz, sondern heiter und froh. 1965, Zwischenkriegswinter: All die Alpträume, die Erinnerungen an die vergangenen Leiden, die seelischen Wunden – sie alle müssen verheilen, damit Freude aufkommen kann. Aber dies ist ein neues Blatt unserer Geschichte. Vom »Ufer der Verheißung« pflegten wir in unserer Jugend zu sprechen.

Sogar das Wüten des Windes hatte sich jetzt gelegt; nur noch sanft wehte er von West nach Ost, als wolle er ein Glas Tee abkühlen. Jolek öffnete das Fenster einen kleinen Spalt, weil das Innere des Busses von Zigaretten verqualmt war. Nun atmete er die frische Luft ein und bestürmte wieder sein Herz, nicht müde zu werden. Ga'asch, Rischpon, Schefajim und das ältere Städtchen Ra'anana – all diese Siedlungspunkte entlang dem Weg erschienen ihm wie unwiderlegbare, letzten Endes gültige Argumente in der Debatte, die er in Gedanken mit seinen alten Gegnern führte.

Fieberhaft, als komme es auf jede Minute an, gruben sich die neuen Siedler in den ebenen Boden des Küstenstreifens, in die Dünen, zwischen die Felsvorsprünge der Berge ein. Mit Hilfe schwerer Maschinen trugen sie Schutthügel ab, ebneten das Gelände und gossen Fundamente aus Beton. Andere brannten Dornen ab, bauten Straßen, um ihre neuen Dörfer miteinander zu verbinden, oder setzten jeden Morgen starke Motoren in Gang, um hinauszutuckern und welliges Gelände zu begradigen. In den Werkstätten schmolzen sie Eisen und schütteten es in Gußformen. Viele Menschen fuhren tagtäglich von einem Ort zum anderen, um zu kaufen und zu verkaufen, den Ort zu wechseln und gleichzeitig ihr Glück zu wenden. Den Pulsschlag des Handels, neue Möglichkeiten wollten sie spüren. Unablässig tauschten sie eine Wohnung gegen eine andere, nutzten die Gunst der Stunde, ließen sich etwas einfallen, griffen die Gelegenheit beim Schopfe. Viele Zeitungen lasen sie, hebräisch und in fremden Sprachen. Sogar der Busfahrer war wohl ein junger Iraki, der es schon ganz schön weit gebracht hatte. All diese verängstigten Flüchtlinge, dachte Jolek. Wir haben sie gesammelt und hergebracht aus allen Enden der Welt und jetzt müssen wir einen Weg finden, sie für die große Idee zu gewinnen, sie vielleicht sogar mitzureißen mit ihrem Klang. Laß nur jetzt das müde Herz nicht kühl werden in dieser guten Zeit, die wir in schlechten Jahren herbeigesehnt haben. Schiffe auf hoher See legen vollgeladen an und laufen vollgeladen wieder aus. Neue Dörfer entstehen an den Grenzen. Brachland öffnet sich erstmals dem Pflug. Eschkol hat gut daran getan, gestern im Radio von der Ta'nach-Region zu sprechen. Hier in den Küstenstädten gehen Grundstücke von Hand zu Hand. Der Staat Israel selbst scheint förmlich überzuschäumen vor Aktivität. Warum also soll nicht auch das müde Herz in Überschwang geraten? Wir haben das letzte Wort noch nicht gesprochen. Mit diesem Satz werde ich meine Rede auf der heutigen Parteisitzung beginnen. Ohne Gefahren zu verleugnen und ohne schwere Mängel zu vertuschen, werde ich die Partei auffordern, doch die Augen aufzumachen, um sich zu blicken und sich ein für allemal zu freuen. Schluß mit Griesgram und Gejammer.

Aber in diesen Winternächten kommt es manchmal vor, daß die stürmischen Winde sich in den Wadis und Bergspalten austoben und man sie vom Zimmer aus urplötzlich in verzweifelter Klage heranstürzen hört, als wären sie von den Schneefeldern der Ukraine bis hierher getrieben worden und hätten auch hier keine Ruhe gefunden. Dann legt der Regen zu, an einigen Stellen treten die Bäche über die Ufer, und schon reißen sie die Ufersäume ein und schwemmen niedrig gelegene Teile weg auf ihrem Weg zurück ins graue Meer. Eine knappe Stunde vor Sonnenaufgang durchkreuzt manchmal ein Düsenjägergeschwader gleich einem Rudel grimmiger Hunde in wilder Geschwindigkeit das niedrige Himmelszelt.

In der Tel Aviver Buszentrale sah Jolek die alten Zores, die uns immer noch nicht verlassen, sondern weiter ihre Unbilden mit uns haben: Ein ungarischer Einwanderer war auf der Abfahrtstation der ins Jesreeltal fahrenden Busse offenbar bei einem kleinen Diebstahl erwischt worden. Als er des näherkommenden Polizisten gewahr wurde, begann er mit fürchterlicher Stimme zu brüllen wie ein Ochse, der zur Schlachtbank geführt wird, und schrie auf jiddisch: Gewalt, Gewalt, ihr Jidden, Gewalt.

Verärgert kaufte Jolek eine Abendzeitung und setzte sich in ein kleines Café unweit der Zentralstation. Die Überschriften berichteten von der Zusammenkunft arabischer Generalstabschefs in der ägyptischen Hauptstadt Kairo, bei der eine Reihe geheimer Beschlüsse gefaßt worden war. Eine Zusammenfassung der Rede des Ministerpräsidenten stand auf der letzten Seite, wo in einem anderen Artikel auch von einer Massenschlägerei unter Neueinwanderern in einem Außenbezirk des Städtchens Nes Ziona die Rede war. Jolek sah dieses Handgemenge im Geiste vor sich, eine tätliche Auseinandersetzung zwischen nicht mehr jungen, geschwächten Männern, die an Asthma, Magengeschwüren oder hohem Blutdruck litten – eine mickrige, schlaffe Gewalt, kraftlose Schläge im Taumel wachsender Hysterie.

In der Kleinstadt Bet-Lid hatte man mit schweren Stricken zwei Einwohner mittleren Alters fesseln müssen, die mit Beil und Hacke aufeinander losgegangen waren. Der Hackenschwinger war ein Bäcker aus Bulgarien und der gegnerische Beilbesitzer ein Goldschmied aus Tunis. Ferner

Der perfekte Frieden

wußte die Abendzeitung von einem Siedler in der Lachisch-Region zu berichten, der Haus und Familie verlassen hatte – zwei Frauen und neun Kinder, darunter auch zwei Zwillingspärchen –, um, wie er in seinem Abschiedsbrief schrieb, die verlorenen zehn Stämme ausfindig zu machen. Bisher fehlte von ihm jede Spur. Dagegen war ein persischer Magier aus dem Moschaw Ge'ulim angeklagt, er habe unfruchtbaren Frauen in betrügerischer Absicht Amulette verkauft, ihnen dann ein Rauschmittel eingeflößt und sich während der Wirkungszeit der Drogen an den Frauen vergangen.

Jolek dankte der Kellnerin, bezahlte den Kaffee und ging seiner Wege. Schön war die Stadt Tel Aviv in seinen Augen nicht, aber wunderbar in grundsätzlicher Hinsicht. Hier versuchte man, den erst jetzt erbauten Straßen eine Dimension historischer Tiefe zu geben. Sogar grüne Bänke hatte man hier und da aufgestellt, als sei man in Krakau oder Lodz. Er ließ sich für ein Weilchen auf einer dieser Bänke nieder, weil er leichte Schmerzen hatte und die Sitzungen der Parteileitung doch nie zur festgesetzten Zeit begannen. Ein Passant erinnerte sich an Joleks Gesicht, vielleicht von einer längst zurückliegenden Versammlung her oder von einem Zeitungsbild aus den Tagen, in denen Jolek als Vertreter seiner Bewegung dem Kabinett angehört hatte. Er wünschte Jolek einen guten Morgen und leitete zögernd ein kleines Gespräch ein: »Na, Genosse Lifschitz, sind Sie nicht besorgt in diesen Tagen?«

»Besorgt worüber?« wunderte sich Jolek.

»Allgemein. Wegen der Lage, wie man so sagt. Sie ... unterstützen all diese Dinge?«

Jolek antwortete fröhlich und schlau mit einer Gegenfrage, wie er es gerne machte: »Und wann ist es den Juden besser gegangen?«

Daraufhin entschuldigte sich der alte Mann eilig und änderte flugs ein klein wenig seine Meinung: »Ich meine ... Ja, ja doch, nur daß es um Himmels willen nicht schlimm ausgeht.« Nachdem er noch ein paar höfliche Worte angefügt hatte, verabschiedete er sich und ging weiter.

Auf dem Innenblatt der Abendzeitung fand Jolek eine Notiz über einen Mann, den er vor Jahren oberflächlich gekannt hatte, nämlich einen Ingenieur namens Schaltiel Hapalti, der Anfang der zwanziger Jahre zu Beginn der dritten Einwanderungswelle aus dem Städtchen Nowosibkow ins Land gekommen war. Dieser Hapalti behauptete nun, es sei ihm – in groben Umrissen und in prinzipieller Hinsicht vorläufig – gelungen, eine Art geheime Riesenrakete zu erfinden, die Israel ein für allemal vor jedem feindlichen Angriff schützen könne. Nachdem all seine Briefe und Memoranden an verschiedene Regierungsstellen unbeantwortet geblieben waren, war der Mann dieser Tage mit einer alten italienischen Pistole in der Hand in den Geschäftsräumen des Jüdischen Nationalfonds erschienen, wo er in wütendem Zorn eine junge Schreibkraft leicht verletzte und sich beinahe in dem im Kellergeschoß gelegenen Vervielfältigungsraum umgebracht hätte.

Ein bunt zusammengewürfelter Haufen unterschiedlichster Charaktere, die sich bemühen, den Anschein eines Volkes zu erwecken, schloß Jolek. Sie sind bestrebt, dieselben Ausdrücke zu verwenden, tauschen unablässig alte Lieder gegen neuere ein, tragen schriftlich und mündlich alle möglichen Hoffnungen, Klagen und Sehnsüchte vor, als könne bloße Redseligkeit die leise innere Stimme zum Schweigen bringen: Warum nur, warum ist es so kühl, das erschöpfte Herz.

Leute nehmen mit großem Bedacht Briefkontakt zu entfernten Verwandten in Übersee auf, sparen und wechseln ihr Geld – legal oder illegal – in Devisen um, legen sich Reserven im Ausland an. Die Keller der neuen Gebäude bauen sie so, daß sie als Luftschutzräume gegen Bombenbeschuß dienen können. Die militärische Führung verstärkt die Schlagkraft der Armee. Vielleicht hat man sich nicht böswillig über die Einfälle des Ingenieurs Schaltiel Hapalti hinweggesetzt, sondern im Gegenteil deswegen, weil man längst insgeheim eine ähnliche Rakete gebaut hat. Ben Gurion hat sich immer begeistert für wissenschaftliche Ideen dieser Art interessiert, und auch Eschkol zeigt sich nicht knauserig, wenn es darum geht, große Summen für Forschungs- und Verbesserungsprojekte auf militärischem Gebiet bereitzustellen. Wer weiß, welche Berechnungen da im Dunkel der Nacht angestellt werden, welche Lagebewertungen, welche schwindelerregenden Möglichkeiten die Feldherren und die Experten flüsternd diskutieren, ebenso wie es Mann und Frau im nächtlichen Schlafzimmer tun: Was wird werden? Was ist, wenn sich, Gott behüte, das Blatt wendet, wenn doch alles noch einen schlechten Ausgang nimmt? Sogar zwischen die Klänge der fröhlichen Melodie, die in diesem Augenblick aus allen Radiogeräten, aus den Fenstern und von den Balkons herunterschallte, hatte sich irgendein trauriger Ton eingeschlichen.

Alles liegt im Bereich des Möglichen. Alles läßt sich verschieden auslegen. Der Aufschrei und das Lachen, die Flüche und Zwiste, die Alpträume und die furchtbaren Erinnerungen und auch die Kriegsdrohungen aus Kairo – alles ist unterschiedlich interpretierbar. Auch darüber sollte ich ein paar Bemerkungen fallenlassen, sobald auf der Parteiversammlung das Wort an mich kommt. Eschkol für seinen Teil hat gestern dem ganzen Jischuw versprochen, daß unsere Träume in Erfüllung gehen, wenn auch nur langsam und schrittweise. Demgegenüber bombardieren uns einige unserer gelehrten Flüchtlinge mit ihren historisch tiefschürfenden Zeitungsartikeln über das sich zyklisch wiederholende jüdische Schicksal und all das. Offenbar scheint es nur so, als dämmere das Land im Winterschlaf, während sich in Wirklichkeit die Bürger unter ihrer winterlichen Decke von einer Seite auf die andere wälzen und sich den Kopf zerbrechen, debattieren, die uns bedrängenden Alptraummassen abwehren, Berechnung über Berechnung durchdenken. Da sagt dann ein Mann leise zu seiner Frau: »Besser, man ist vorbereitet. Wer weiß. Sicher ist sicher. Für alle Fälle.« Junge Menschen, Jonatan und seine Kameraden etwa, benutzen vielleicht Ausdrücke wie: »Solange es noch möglich ist«, »wer weiß, was kommen wird.«

Auf der Chen-Allee hinter dem Nationaltheater kam Jolek an einem Grüppchen alter, verhärmter Juden vorbei, die mit ihrem ewigen Ausdruck von Abscheu, Verzweiflung und bitterem Hohn fast ein wenig der Schablone antisemitischer Karikaturen glichen. Gewiß müde von einer langen Diskussion, drängten sie sich auf einer Bank zusammen, kauten ihren Tabak und starrten schweigend vor sich hin, als sähen sie das Kommende voraus und beugten sich seinem Urteil.

Ein frommer Mann namens Awraham Jizchak Hacohen Jetom hatte seine kleine Waschmaschinenvertretung geschlossen, seine Handelsgeschäfte im Stich gelassen und war vor dem Eingang der Stadtverwaltung in Hungerstreik getreten. Auch davon hatte Jolek in der Zeitung gelesen. Der Mann drohte, bis zum Tode zu fasten, wenn nicht ein für allemal der grausame Bann aufgehoben würde, der seinerzeit – völlig zu Unrecht – über den verstorbenen Philosophen Baruch Spinoza verhängt worden war. Auf Veranlassung des Oberbürgermeisters hatte sich ein Beamter hinunterbegeben, um mit dem Demonstranten zu verhandeln, bis der einsetzende Wolkenbruch beide ins Innere des Gebäudes trieb.

Weit draußen, östlich von hier, dehnt sich still und gelassen die große Wüste aus. Gen Osten, gen Süden und auch gen Südosten. Stumm geht ihr Atem. Und aus der Ferne blicken die Berge wie zu uralter Zeit.

Nachts versuchen die Wachen in den Grenzsiedlungen, mit den Augen das Schwarz der Dunkelheit zu durchdringen, aber hinter der nahen Finsternis sieht man nichts als fernes Dunkel. Wenn sich die Wachen zwischen aufgetürmten Sandsäcken im Schatten des Blechverschlags hinsetzen, um gemeinsam den nächtlichen Tee zu trinken, kann es sein, daß sich mit leisen Stimmen in etwa folgendes Gespräch ergibt: »Diese Stille. Wer hätte das geglaubt.«
»Vielleicht wär's das endlich.«
»Wer weiß.«
»Vorläufig ist alles ruhig. Warten wir ab, wie's weitergeht.«

Die Sitzung der Parteiführung eröffnete Ministerpräsident Eschkol mit folgenden Worten: »Wir, liebe Genossen, sind vielleicht die verrücktesten Abenteurer der gesamten jüdischen Geschichte. Aber gerade deswegen müssen wir mit ganzer Kraft vorwärtspreschen – und doch sehr, sehr langsam und mit größter Vorsicht.«

Mit größter Vorsicht, dachte Jolek Lifschitz. Darum ist ja das Herz so kühl und wird nur immer noch kälter werden, bis wir bald alle sterben, jeder für sich in seiner Ecke, ohne daß einer von uns sehen und erleben wird, wie alles ausgeht.

Als er an der Reihe war, sprach Jolek Lifschitz über den Zusammenhang zwischen der äußeren und inneren Lage, flocht einen feinen Seitenhieb auf die Jugend ein, bekundete seine Zuversicht, daß jede innenpolitische Krise erfolgreich gemeistert und auch jede Bedrohung von außen letztendlich abgewehrt werden könnte, meldete aber tiefe Besorgnis im Falle einer möglichen Situation an, in der eine interne Krise gleichzeitig mit einer externen Zwangslage über Israel hereinbrechen sollte. Dann schloß er mit dem Aufruf zu Wachsamkeit und nüchternem Weitblick, wobei er von den jungen Mitgliedern und der Jugend überhaupt forderte, daß sie lernen müsse, die aktuellen Geschehnisse aus historischer Sicht zu betrachten: Hinter eurem Rücken stehen die Jahrtausende jüdischer Geschichte mit ihren Leiden, Sehnsüchten und Tränen und blicken euch an.

Warum nur, überlegte Jolek erschrocken, als er den Saal wieder in Richtung Busbahnhof verließ, warum breitet sich die Herzenskühle erbarmungslos weiter aus, bis sie alles umfaßt? Nicht bloß, daß wir bald sterben, sondern mehr noch: So ist es gut für uns, denn unsere Zeit ist ja vorüber.

Er hatte es von vornherein gewußt: Diese Sitzung würde lediglich mit

Der perfekte Frieden

dem Beschluß enden, einen engeren Ausschuß zur erneuten Überprüfung einer Reihe von Themen zu bilden, aber weder eine Wende einleiten noch irgendwelche Entscheidungen bringen.

Aber er traf eine eigene höchstpersönliche Entscheidung: nämlich erstens mit dem Autobus um 19 Uhr zurückzufahren und bis dahin, sollte es nicht wieder regnen, durch die Straßen Tel Avivs zu schlendern und die Meerluft einzuatmen, und zweitens morgen die ganze Geschichte mit diesem fremden Burschen, diesem Gitlin, den man ohne ausreichende Nachforschung für die Arbeit in der Werkstatt aufgenommen hatte, noch einmal richtig unter die Lupe zu nehmen. Schließlich ließ sich ein militärisches Entlassungszeugnis ja auch fälschen, solche Fälle hatte es schon hier und da gegeben.

Jolek ging langsam nach Nordwesten, in Richtung Meer, wobei seine Füße ihn an einen ihm unbekannten Ort trugen. Vor einem Jahr, im Winter 1964, war hier ein neues Wohnviertel eingeweiht worden: Menschen hatten ihre gesamten Ersparnisse investiert, gegen Zinsen Geld geliehen, Hypotheken aufgenommen, komplizierte Berechnungen angestellt, und nun saßen sie endlich in hohen, weißen Häusern, in modernen, vielleicht sogar luxuriösen Wohnungen. Sollte der reiche Geldsack aus dem Stetl sich doch im Grabe rumdrehen, der sie damals vor dreißig Jahren wegen ihres spinnerten Idealismus verspottet hatte, als sie alles stehen- und liegenließen, um sich praktisch mittellos nach Erez-Israel aufzumachen. Vergebens, dachte Jolek einsichtsvoll, ist der langwierige Versuch gewesen, ein neues Leben auf ganz anderer Grundlage zu beginnen: vergebens die kooperativen Speisegaststätten, die Zelte, die Hochschätzung körperlicher Arbeit, verblaßt das Bild vom barfüßigen, sonnenverbrannten Idealisten in weiten Lumpen, umsonst die Hirtenlieder, die nächtelangen Grundsatzdiskussionen. Hier kehrt alles zum alten zurück: Ehemalige Pioniere legen einen Groschen auf den anderen, sparen und leihen, und nun haben sie sich eben ein eigenes Heim gekauft und darin ein repräsentatives Wohnzimmer eingerichtet, in dem auch eine Anrichte steht, und in dieser Anrichte hinter den Glastüren sicher auch ein gutes Service – um zu zeigen, daß man es zu etwas gebracht hat, wie Eschkol heute in seiner Ansprache sagte.

In der Erde, die man von weit her auf Lastwagen herangekarrt hat, um die Sanddünen damit abzudecken, stecken ein paar bläßliche Setzlinge. Der Bürgermeister hat sicher ein Band durchschnitten und mit hochtrabenden Worten eine leuchtende Zukunft entworfen. Da oben fährt ein kleiner Junge mit seinem Fahrrad am Ende eines neuen Sträßchens, und der Wind weht ihm wie mir den Geruch von Kalk und frischer Farbe zu. Gegen vier oder kurz danach setzt langsam der Abend ein, der Tel Aviv so etwas wie eine Atempause gönnt. An der Jarkonmündung zu Füßen des Reading-Kraftwerks legen drei Angler ein Netz aus. Eine alte Frau, die allein den Kiosk an der Endstation des Autobusses betreibt, sieht sich mißtrauisch nach rechts und links um, und wenn es niemand sieht, genehmigt sie sich ein Glas Sprudel aus dem Zapfhahn. Zwischen den Feuer- und Blutwolken beginnt sich die Sonne nach Westen zurückzuziehen, während über dem Meer am westlichen Horizont dicke Wolkengebilde in Form von Krokodilen, Drachen, Leviathanen, Schlangen bei lebendigem Leibe verglühen, und vielleicht sollte man sich auch selber dorthin aufmachen, solange die Zeit noch nicht abgelaufen ist.

Aber nur Kindergeschrei dringt aus den fernen Häuserzeilen. Im kühlen Wind erzittern die Hecken, und die Hibiskussträucher geben Tropfen ab, die sich seit dem letzten Regen in ihnen versteckt haben. Bald wird der Mond aufziehen und bald die rechteckigen Dächer verzerren, komplizierte weiße Schemen schaffen, die Laken auf den Wäscheleinen entlang der Straße silbern färben. Dann werden sich die im mittleren Alter stehenden Überlebenden aufmachen, um in Hut und Mantel, einen Schal um den Hals gewickelt, auf der Allee spazierenzugehen: mit den unsicheren Schritten eines Kosmonauten, der sich auf einem Stern mit unbeständiger Gravitation bewegt, und mit Gesichtern wie im Traum. Fällt der Blick dieser Flüchtlinge auf ein modernes Bürohaus, sehen sie es einstürzen. Fährt ein Auto vorbei, hören sie Bomben. Aus dem Radio erklingt Musik, und schon erstarrt ihnen das Blut in den Adern. Sie sehen einen Baum, da steht er in Flammen.

Tel Aviv an einem Winterabend zwischen den Kriegen: gezwungene Fröhlichkeit bis in die letzten Vororte der Stadt. Es gibt da einen fleißigen Schreiner, Munja Liberson aus Krakau, der bis zu später Stunde beim Licht der Neonlampe arbeitet. Die Brille achtlos auf der Nasenspitze, er selbst ganz ins sorgfältige Nachmessen oder die Berechnung der Regalabstände vertieft, spricht er manchmal leise mit sich selbst: Das Aufblühen bildhübscher jüdischer Mädchen draußen vor seinem Fenster erscheint dem Schreiner Munja Liberson als eine äußerst ernste Sache, die nicht gut ausgehen wird. Und diese Musik, der allabendliche Lärm in dieser Stadt, mit dem die äußere Stille erstickt wird: Wohin soll all das nur führen? Und warum stehen diese riesigen Hotelkästen an der ganzen Strandlinie? Sie sind wie eine Art Befestigungsmauer zwischen der Stadt und dem großen Wasser, damit nichts Schlechtes über sie kommt. Hinter dieser Westmauer kauert sich die ganze Stadt, zusammengeduckt aus Furcht vor der offenen Weite. Genauso kehrt ein Mensch seinen Rücken gegen den starken Wind, duckt sich, krümmt den Buckel, zieht den Kopf so weit er kann zwischen die Schultern ein und wartet auf den bevorstehenden Hieb.

6.

Dann hörten die Winterregen auf. Der Nebel trieb über Nacht in Richtung Osten ab, und mit dem Morgen brach ein blauer Samstag an. Die überlebenden Vögel begannen schon mit dem ersten Licht, noch bevor die Sonne über den Trümmern von Scheich-Dahr aufgegangen war, mit ungeheurer Aufregung die neue Lage zu diskutieren, und als die Sonne dann ganz auf der Bildfläche erschien, schrien und zwitscherten sie, als hätte sich ihr Geist verwirrt.

Das Sabbatlicht war kristallklar und warm. Jede Pfütze, jedes Stückchen Metall, jede Fensterscheibe blendete die Augen. Die glänzende Luft füllte sich mit Summen und floß so träge dahin, als sei sie aus Honig. In jeder Ecke des Kibbuz standen die Maulbeer-, Feigen-, Granatäpfel- und Olivenbäume in winterlicher Blöße neben den blätterlosen Weinlauben – und Vögel, Vögel über allem. Dazu wehte den ganzen Morgen über ein frischer Wind vom Meer, der sogar den Geruch der See mitbrachte.

Die Kindergartenkinder ließen einen einzigen Drachen steigen, der beharrlich immer mehr Höhe gewann, bis er weit oben wie ein fliegender Seraph oder eine sich windende Schlange in der blauen Luft stand. Glaub nicht daran, das ist eine Falle, dachte Jonatan Lifschitz, als er auf die Veranda hinaustrat, nachdem er sich angezogen und den Kessel mit Kaffeewasser eingeschaltet hatte. Wieder versuchen sie, deinen Tod mit Liebesfarben zu verzieren, und wenn du nicht abhaust wie ein läufiges Tier, werden sie dich mit Listen aufhalten, bis du dich beruhigt hast und dein Leben vergißt; »wer vergißt, gleich dem Mörder ist«, so zitiert doch dieser arme Kerl eines seiner russischen Sprichwörter. Rimona schlief, auf dem

Rücken liegend, die Haare über das Kissen verstreut. Auf ihrer Stirn leuchtete ein heller Sonnenfleck, der durch die Ritzen der Jalousie drang, und ihre schlummernde Schönheit wirkte abwehrend wie das Glas eines gerahmten Bildes. Als das Wasser pfeifend kochte, sagte Jonatan zu ihr: »Steh auf und sieh, was für ein Tag draußen ist – genau wie du's mir vorausgesagt hast, du Zauberin. Steh auf, Kaffee trinken, heut machen wir einen Ausflug.«

Sie wachte ohne einen Mucks auf, saß wie ein Baby im Bett, rieb sich mit ihren kleinen Fäusten lange die Augen und sagte überrascht: »Joni, du bist's. Ich hab geträumt, ich hätte eine Schildkröte gefunden, die die Wand hochklettern kann, und lange Zeit hab ich ihr erklärt, das könnte doch nicht sein, und dann bist du gekommen und hast gesagt, ich und die Schildkröte würden beide Unsinn daherreden, und du würdest uns was Neues zeigen, und da hast du mich aufgeweckt. In dem Plastikbeutel neben dem Kaffee ist frisches Sabbatbrot von gestern.«

Alles, was Rimona Jonatan vorausgesagt hatte, trat jetzt ein: Schon um neun Uhr morgens standen sämtliche Fenster des Kibbuz weit offen. Federbetten, Kissen und Decken waren zum Lüften über die Fensterbänke gebreitet, und das fließende Licht vertiefte die Farben von blauen Bettbezügen und rosa Nachthemden so sehr, daß es aussah, als loderten sie in hellen Flammen.

Leuchtend weiß standen die kleinen Häuschen in diesem blauen Lichtsturm, und von den jetzt so tiefroten Ziegeldächern stieg feiner Dunst auf. Fern im Osten schienen die Berge schwebend mit dem Glanz zu verschmelzen, als seien sie nur noch Schatten.

»Schau nur«, sagte Asarja Gitlin zu seinem Nachbarn, dem Lohnarbeiter mit dem zerrissenen Ohr, »sieh – guten Morgen hab ich vergessen zu wünschen –, was für einen totalen Sieg der Frühling mit einem einzigen betäubenden Schlag errungen hat.«

Und Bolognesi, der alles Gesagte lange abwägte, um sich vor ausgelegten Fangnetzen zu hüten, blickte Asarja angestrengt an, als versuche er, ihm hinter seine listenreichen Schliche zu kommen, und antwortete schließlich in demütigem Ton: »Gelobt sei der Herr.«

Schon hatten die Hausmütter den Kleinsten Hemdchen und Turnhosen angezogen und sie jeweils zu viert in die breiten Wäschekarren gesetzt, um sie so durch den Kibbuz spazierenzufahren. Von seinem Fenster aus blickte Jolek – noch in dickem Schlafanzug und warmen Filzpantoffeln – auf die

Der perfekte Frieden

vor Menschen wimmelnden Rasenflächen hinaus und bemerkte: »Ein richtiger Karneval.« Worauf seine Frau Chawa durch die Klotür hindurch erwiderte: »Wieder hab ich die ganze Nacht nicht geschlafen, und um fünf Uhr früh mußten mich doch diese Vögel in einer Weise wecken, daß ich dachte, es sei Fliegeralarm. Jedesmal was Neues.«

Männer und Frauen schälten sich aus einem Kleidungsstück nach dem anderen, krempelten die Ärmel hoch, öffneten ein oder zwei Hemdknöpfe, und einige gingen sogar soweit, halbnackt aus dem Haus zu treten, mit dichtem Haar, goldenem Flaum oder auch einem ergrauten Lockenteppich auf der Brust. Das honigartige Licht verwöhnte die winterlichen Schultern und die mit Wasser vollgesogenen Gartenflecken, brach sich tausendfach an den blechernen Regenrinnen, streichelte die in den Frostnächten verblaßten Rasenflächen, tauchte in das Dunkel der großen Zypressen.

Es war wie ein Wunder: In welchen Unterschlüpfen hatten sich die stürmisch herumsummenden Fliegen und Bienen den ganzen Winter über vor Kälte und Wind versteckt? Und woher waren diese weißen Schmetterlinge da zwischen den hellen Glanzlichtern heruntergeflattert, wenn nicht von den Schneekuppen, die sich vor vier Nächten in feinen Flocken über die östlichen Berggipfel gelegt hatten? Wie die Bienen, die Vögel und die Schmetterlinge hatte auch die Haushunde ein stürmischer Geist erfaßt: Sie rannten jetzt in wilden Kreisen über den Rasen, als wollten sie einem flüchtigen Sonnenstrahl nachjagen. Sonnenflecken sprenkelten Wiesen und Fliederbüsche, die gleißenden Bougainvilleas und die Hibiskussträucher, und der leichte Seewind wiegelte diese Lichtblasen noch zusätzlich auf, nun alles zu versuchen. Sie sausten von Pfützen über Fensterscheiben zu Abflußrohren, tanzten und verloschen, nur um darauf neu zu erstehen, flossen auseinander und wieder zusammen oder zersprangen in funkelnde Scherben. Jeder, der einem auf den Fußwegen entgegenkam, sang sich ein Lied. Der allgegenwärtige Duft der regensatten Erde, vermischt mit dem Seegeruch des Windes, weckte in jedem ein dringendes Bedürfnis, noch in diesem Augenblick etwas zu tun, sofort etwas zu verändern: ein verrostetes Geländer zu streichen, mit der Hacke einem Büschel Unkraut zu Leibe zu rücken, eine Hecke zu stutzen, ein Rinnsal abzuleiten, am Abflußrohr aufs Dach hinaufzuklettern, um einen zerbrochenen Ziegel auszuwechseln, ein kreischendes Baby in die Luft zu werfen, oder umgekehrt: auf alles zu verzichten und sich augenblicklich auf die Erde fallen zu lassen, um dort reglos liegenzubleiben wie eine Eidechse in der Sonne. Du warst mir sehr lieb, mein Bruder Jonatan, sagte Asarja sich im stillen und sprang über eine Pfütze auf dem Weg zu Jonatans und Rimonas Haus, wo er ihnen mit allem Nachdruck einen großen Sabbatausflug anempfehlen wollte. Wenn Joni müde wäre, würde vielleicht Rimona einwilligen, die ihm nachts im Wald seine Wunden verbunden hatte. Da war sein Traum so unwahrscheinlich süß geworden, daß ihm die Ohren aufgingen – indes nur um die murmelnden Lippen seines Nachbarn zu hören, der seine – vielleicht chaldäischen – Sätze oder Beschwörungen herunterbetete.

»Stell dir mal vor, so was geschieht, zum Beispiel, im Kino«, sagte Jonatan. »Die Frau schläft, der Ehemann weckt sie morgens auf, und was sind ihre ersten Worte? ›Du bist's, Joni?‹ fragt sie ihn. Ja, wen hattest du denn erwartet? Marlon Brando etwa?«

»Jonatan«, sagte Rimona sanft, »wenn du mit dem Kaffee fertig bist und nicht mehr trinken möchtest, dann laß uns jetzt nach draußen gehen.«

Jolek Lifschitz, Sekretär des Kibbuz Granot, ein weder junger noch gesunder Mann, bückte sich seufzend und zog aus dem kleinen Lagerraum zwischen den Tragepfeilern seines Hauses einen Liegestuhl hervor. Vorsichtig staubte er ihn ab, schleppte ihn zu dem gepflasterten Quadrat am Ende seines Vorgartens, klappte ihn in sorgfältigem Bemühen auf, sich nicht etwa die Finger dabei einzuklemmen, prüfte mit leichtem Mißtrauen die Festigkeit der Stoffbahn, setzte sich hinein und streckte seine nackten Füße aus, über die sich ein Netz böser Venen und blaugeschwollener Krampfadern zog. Die dicke Freitagszeitung legte er aus der Hand, ohne auch nur eine einzige Zeile gelesen zu haben, weil seine Brille in der Tasche des Hemdes geblieben war, das er zu Ehren des neuen Lichts noch vor Verlassen des Zimmers ausgezogen hatte. So schloß er die Augen und versuchte, seine Gedanken auf zwei, drei Themen zu konzentrieren, die er zum Abschluß bringen wollte: Die Zeit war knapp. Nachts im Traum hatte Eschkol ihn beauftragt, mit den Syrern zu reden, ihnen die Überschwemmungsschäden zu erklären, aber nur nicht zu begierig zu erscheinen, sondern den Eindruck zu vermitteln, daß es bei uns gar nicht so schlimm wäre und wir noch viel aushalten könnten. Uns brenne nichts an. »Aber ganz unter uns gesagt, Jolek, darfst du nie vergessen – es brennt. Und wie!« Als er aus Eschkols Zelt heraustrat, stürzte, von einem arabischen Brunnen her, mit rotem, furchtbarem Gesicht Ben Gurion auf ihn zu und schrie ihn wütend mit der schrillen Stimme einer irrsinnigen Frau an: »Das gibt es nicht und kann es nicht geben, und wenn getötet werden muß, wirst du töten und schweigen, sogar mit dem Griff einer Hacke wirst du zuschlagen, wie König Saul seinen eigenen Sohn getötet hat.«

Das Geschrei der Vögel und das Streicheln der blauen Sonne lenkten Jolek von seinen Gedanken ab. Überrascht stellte er fest, daß Vögel nicht jubilierten, wie Bialik geschrieben hatte, sondern geradezu brüllten. Insbesondere staunte Jolek über das Gezeter der Tauben zwischen seinen Dachbalken: Lautstarke Auseinandersetzungen wurden da ausgetragen, mit sich überschlagenden Baßstimmen, in glühendem Pathos und mit rasender Wut.

»Scha, scha«, rief Jolek ihnen auf jiddisch zu, »was ist denn, warum toben die Völker. Nichts ist passiert. Ben Gurion spielt Theater wie üblich, aber wir werden uns deswegen nicht aufregen.« Damit zerstreuten sich seine Gedanken, und er nickte ein. Seine beiden schweren Hände ruhten auf dem Bauch, der Mund stand leicht offen. Um die Glatze herum sträubte sich das graue Halbrund seines Haares im Wind, das in diesem Zauberlicht einem Heiligenschein glich. Die Tauben hörten nicht auf, ihre Reden zu schwingen. Aber aus Joleks häßlichem, schlauem Gesicht, aus diesen Zügen eines ebenso scharfsinnigen wie traurigen Gemeindevorstehers oder Hofjuden in der Diaspora, den man nicht an der Nase herumführen konnte, schwand endlich der Ausdruck mißtrauischer Ironie, gemischt mit der Vorsicht seiner uralten Rasse: Jolek schlummerte friedlich.

»Schläft wie ein Bär, unser Jolek«, lachte Srulik, der Musikant, der in sorgfältig gebügelten Khakihosen und himmelblauem Sabbathemd mit dem Ball der Nachbarskinder in der Hand des Weges kam. Chawa mochte weder seinen öligen deutschen Akzent noch sein Lächeln, das ihr unberechtigt intim erschien. Jetzt reißen die auch schon ihr lautes Mundwerk auf. Man könnt grad meinen, dachte sie bei sich.

»Laßt ihn doch schlafen«, fuhr sie ihn bösartig an, »wenigstens am Sabbat laßt ihn mal in Ruhe schlummern. Sogar der Wächter im Irrenhaus kriegt ab und zu ein bißchen Freizeit. Ganze Nächte durch kann er nicht schlafen wegen euch. Warum darf er sich denn jetzt nicht mal ein wenig ausruhen?«

»Soll er gern, mög's ihm wohl bekommen«, lachte Srulik in seiner gutmütigen Art, »möge er ruhig schlafen, der Wächter Israels.«

»Sehr lustig«, stieß Chawa zwischen den Zähnen hervor, während sie auf der Wäscheleine Flanellschlafanzüge, Bettwäsche, einen Morgenrock und dicke Pullover aufreihte. »Ihr sollt wissen, daß ihr ihm das Leben verkürzt, und hinterher bringt ihr dann einen Gedenkband heraus und schreibt, Jolek hätte nie Müdigkeit gekannt. Egal. Ich mach niemandem Vorwürfe. Das hab ich schon längst aufgegeben. Nur daß ihr dann wißt, was ihr getan habt.«

»Aber wirklich«, erwiderte Srulik geduldig und gutmütig, »es ist eine Sünde, an solch einem schönen Morgen böse zu sein, Chawake. Was für ein Licht! Und dieser Duft überall! Fast würd ich's wagen, dir ein Blümchen zu pflücken!«

»Sehr komisch«, gab Chawa zurück.

Srulik warf die Arme in die Höhe, als wollte er ihr den Ball zuwerfen. Wieder lächelte er und hätte ihr fast zugezwinkert, besann sich jedoch eines besseren und ging davon. Chawa warf ihm einen bitterbösen Blick nach, wobei ihre Augen etwas von einer Eule hatten, die von einem scharfen Scheinwerfer geblendet wird. »Schoin, gut«, sagte sie abschließend zu sich selbst.

Allnächtlich im Bett neben diesem langsam fetter werdenden Mann: die Gerüche seiner Krankheit, der verhaßte Zigarettengestank, sein Schnarchen, die blassen Umrisse der überladenen Bücherregale an der Wand gegenüber im Schein der Klolampe, die nicht ausgeschaltet werden darf, seine Souvenirs auf der Kommode, an der Wand, am Kopfende des Bettes – wie ein großes Plakat beispielsweise: Ich bin eine landesweit bekannte Persönlichkeit, ich war Minister. Ja, du warst Minister, bist eine landesweit bekannte Persönlichkeit, und ich war dein Putzlumpen, mein Herr, deine alten Socken, die du unter den langen Unterhosen trägst, und auch deine langen Unterhosen war ich, mein Lieber. Bleib uns gesund, tu Großes. Sollen sie dich in die Regierung zurückholen, meinetwegen sogar zum Präsidenten machen, doch ich wünschte, ich wäre damals unter Binis Kugeln gestorben! Mit einer Pistole zielen konnte er nicht, aber die Flöte wußte er zu spielen auf der Weide, wenn er mit der Herde allein an den Rand des Wadi wanderte, damals in unserem Herbst, und sich auf einen Felsen stellte in seinem schwarzen Russenkittel, mit tiefschwarzem Haar, aufrecht und traurig, und die Flöte spielte er auf ukrainisch, bis zu den Bergen, bis zum Himmel hinauf, bis ich ihn anflehte, damit aufzuhören, weil ich sonst hätte weinen müssen, und er hat aufgehört. Aus Liebe hat er nicht weitergespielt, und ich hab dennoch angefangen zu weinen. Und später dann, an jenem Abend, als ich ihn durch eine Ritze in der Trennwand auf seiner verschwitzten Matratze liegen sah – nackt lag er da auf dem Rücken und spielte mit denselben Fingern, mit denen er vorher gelötet hatte, nun mit seinem Dingsda und weinte, und neben mir schnarchte der Minister. Aber ich hab ihn geweckt und ihn flüsternd gezwungen, ebenfalls durch die Ritze zu gucken und zuzusehen, wie Bini sich da drehte und wand, bis es ihm kam. Hinterher hat der Minister einen Ausschuß einberufen, um die Sache diskret zu beraten. Die Zeit sollte die Wunden heilen, und ich war in anderen Umständen, und seitdem die Schüsse gefallen sind, bin ich dein Haushund, ty zboju, ty morderco! Mich hast du im stillen ermordet, ihn hast du im stillen ermordet, und jetzt ermordest du ganz still und leise deinen ältesten Sohn, von dem ich dich niemals wissen lassen werde, ob er dein Sohn ist oder nicht. Wie dieser aufdringliche Musikant gesagt hat: Möge er in Ruhe schlafen, der Wächter Israels. Macht nichts, Chawake, macht gar nichts, mußt dir nichts daraus machen, sagte sie tonlos zu sich selbst, als wollte sie ein Kind in sich trösten.

»Chawa«, meinte Jolek, »du wirst es nicht glauben: Mir scheint, ich bin ein wenig eingenickt.«

»Schlaf dich ruhig gesund. Ich glaube, Srulik hat dich gesucht.«

»Äh?«

»Srulik. Ich hab gesagt, Srulik ist dagewesen.«

»Stimmt«, sagte Jolek, »du hast recht: Der Frühling ist wirklich da.«

»Wohl bekomm's«, knirschte sie zwischen den Zähnen hervor und ging ihm ein Glas Tee machen.

Wegen des tiefen Schlamms konnten sie nicht den kurzen Weg nehmen, den der Regen in einen grundlosen Sumpf verwandelt hatte. So mußten sie weit nach Norden ausholen, über das schmale Asphaltband der sonst unbenutzten, noch von den Briten erbauten Straße, die den Hügel in zwei weiten Kreisen umspannt, ehe sie in die Ruinen von Scheich-Dahr einmündet. Von Winter zu Winter bröckelte der ausgedörrte Asphalt weiter ab, so daß wildwuchernde Pflanzen wie Brennesseln, Prosopsis und dornige Pimpinellen sich bereits Risse und Spalten geschaffen hatten und das trockene Gerippe mit einem stacheligen Dickicht durchlöcherten. Die wolkenbruchartigen Fluten hatten die Bankettsteine umgestürzt; einige Straßenabschnitte waren eingebrochen und völlig weggeschwemmt worden. Einschlaglöcher von Minen und Granaten aus dem Befreiungskrieg klafften düster zwischen dem üppig sprießenden Pflanzenwuchs an den Stellen, an denen Blut geflossen war, und in einer der Kehren ragten die Überreste eines ausgebrannten Kleinlasters empor, aus dessen leeren Schweinwerferhöhlen starke Farne wuchsen. Asarja mußte unwillkürlich an den Begriff vom Fluche Gottes denken.

Um zehn Uhr morgens, nach dem Kaffeetrinken, waren Anat und Udi mit Jonatan, Rimona und Asarja zu einem Spaziergang in das zerstörte Dorf aufgebrochen. Udi hatte nämlich mit Sicherheit angenommen, daß die letzten Sturzregen uralte behauene Steine freigelegt hätten, die zu den Überresten einer jüdischen Siedlung aus biblischer Zeit gehörten und von den Arabern im 8. Jahrhundert zum Bau ihres Dorfes wiederverwendet worden waren. Es drängte ihn, solche Steine in seinem Vorgarten zu sammeln, und zwar einmal wegen ihrer antiken Schönheit und zum anderen, weil Udi das Gefühl ausgleichender Gerechtigkeit, späten Sieges oder biblischer Erfüllung empfand, wenn er sie sammelte oder »befreite«, wie er zu sagen pflegte. Sobald der Feldweg abgetrocknet wäre, wollte er einen Karren hinter den Traktor spannen, um die Funde »heimzuführen«. »Heute«, schlug er vor, »werden wir sie ausfindig machen. Und wenn uns irgend so ein malerischer arabischer Trödel aus Holz oder Metall in die Hände fällt, nehmen wir den mit nach Hause, füllen ihn mit Erde und pflanzen was rein, das ihn schnell überwuchert.«

Anat wiederum hatte vermutet, daß an den felsigen Hängen, zu Füßen der vom Jüdischen Nationalfond angepflanzten Kiefern, Pilze in Massen wachsen müßten.

Asarja Gitlin hatte sich bereit erklärt, für die Verpflegung des Trupps zu sorgen. Frühmorgens hatte er sich in der Kibbuzküche gebratene Hähnchenkeulen und Reis von den Resten des Freitagabendmenüs geben lassen und alles schön eingewickelt. Dazu hatte er rohe Kartoffeln, Gemüse für den Salat, Apfelsinen, Käsebrötchen und gekochte Eier eingepackt. Zu Ehren des erwachenden Frühlings hatte Asarja seine besten Sachen angezogen: ein blaurot gestreiftes Hemd und dazu eine Gabardinehose mit scharfer Bügelfalte. Die Hose war ein wenig zu kurz, so daß ein Stückchen seiner dünnen weißen Beine zwischen Bügelfalte und grünen Wollsocken hervorblitzte. Dazu trug er seine dandyhaften Stadtschuhe mit modisch schmalen Spitzen, während die Absätze schon etwas schiefgelaufen waren. In ebendiesen Schuhen war Asarja an seinem ersten Arbeitstag in der Kibbuzwerkstatt erschienen, wo es ihm gelungen war, ein kleines Wunder zu vollbringen, einen verloren geglaubten Traktor zu retten – und dadurch etwas von seinen begnadeten Kräften zu zeigen. Nach längerer sorgfältiger Überlegung hatte er beschlossen, diesmal die Gitarre nicht mitzunehmen: »Wer ständig nur nach Ruhm begehrt, nimmt auch dem Teuren seinen Wert.« Dafür hängte er sich die Feldflasche an den Gürtel, die Etan R. ihm geliehen hatte. Fröhlich und energiegeladen beharrte er auf seinem Vorsatz, von heute an alle Attribute der verschlafenen Überlegenheit einzusetzen, die er Etan R. abgeguckt hatte. Nie mehr würde er als empfindsamer, ängstlicher Jüngling auftreten, sondern so, wie er wirklich war: als gestandener Mann, der viel gesehen, große Leiden durchgemacht und alle Mühsal schweigend zu ertragen gelernt hat. Im Handumdrehen hatte sich Asarja auch Udi Schneors Gangart angewöhnt: Mit weit ausholenden, lässigen Schritten, die Daumen in den Gürtel geklemmt, schlenderte er dahin. Er hatte sich fest vorgenommen, der kleinen Ausflugsgesellschaft so hilfreich und nützlich wie möglich sein zu wollen: Wenn unterwegs eine unvorhergesehene Situation eintreten sollte, wenn Gefahr drohte und die anderen gewissermaßen außer Fassung gerieten, würde er nicht zögern und keinen Augenblick an seine eigene Sicherheit denken.

Gerade beobachtete er scharf die Bewegungen der Hündin Tia, die ab und zu von der löchrigen Straße abwich, um sich einen nicht sichtbaren Weg durch das Dickicht der Gräser, Dornen und wildwachsenden Oleandersträucher zu bahnen und tief in das feuchte Herz des dunklen Gestrüpps einzudringen. Dem Auge entschwunden, raschelte sie mal hier, mal dort auf dem verdeckten Erdboden herum, witterte vielleicht etwas, scharrte mit den Pfoten, jagte einer unsichtbaren Beute nach, ließ ein ängstliches Bellen vernehmen, das sich gleich darauf in Wolfsgeheul verwandelte, wich mit wütendem Schreck zurück, umrundete irgendein Tier oder schnitt ihm den Fluchtweg ab – einer Feldmaus vielleicht oder auch nur einer Schildkröte oder einem Igel – und brach dann auf einmal wieder wie neugeboren aus dem modrigen Blätterschoß hervor, das Fell gespickt mit Farnrispen und Dornen, um sich sofort wieder in diese Tiefen zu stürzen, dort raschelnd und stampfend herumzurumoren und erneut ihr kurzes Bellen abzugeben, das in erschrockenem Winseln endete.

»Ich sage euch, sie hat was entdeckt«, warnte Asarja. »Ich sage euch, daß sie irgendwelche Spuren gefunden hat und uns aufmerksam machen will. Und wir haben nicht mal eine Waffe bei uns.«

»Schon gut«, grinste Udi, »beruhig dich. Das sind nur Indianer, die uns skalpieren wollen.«

»Schon um acht Uhr morgens hab ich Bolognesi zum hinteren Tor laufen und von dort allein in Richtung Brunnen gehen sehen«, stellte Asarja fest, worauf Rimona sagte: »Bolognesi ist ein guter Mensch. Und auch du bist gut, Asarja. Und dieser Samstag ist für einen Ausflug wie geschaffen.«

»Dies«, fügte Udi Schneor mit seiner rauhen, abgehackten Stimme hinzu, »ist ein echt schöner Sabbat. Was Recht ist, muß Recht bleiben. Und dieser Winter hat's nun wirklich schon ein bißchen zu toll getrieben.«

»Ich weiß nicht recht«, bemerkte Rimona.

»Was?«

»Ob der Winter schon vorbei ist.«

»Uff, hört doch endlich auf, vom Winter zu reden«, mischte sich Anat ein. »Dann sprecht doch lieber über die skalpierenden Indianer.«

Danach wanderten sie eine Weile schweigend weiter, bis Tia wieder hechelnd und schnaubend zwischen den Sträuchern hervorstürmte und Jonatan mit beiden Vordertatzen ansprang, wohl um ihn aufzuhalten oder seinen Schritt zu verlangsamen. Sowieso gingen sie nur gemächlich. Aus der Ferne schallten drei weiche Schüsse herüber, als seien sie unter einer dicken Steppdecke abgefeuert worden, und ein Vogelschwarm schwang sich in rundem Bogen zu neuen Höhen auf.

»Wenn so ein strahlend blauer Samstag nach wochenlangem Wind und Regen daherkommt«, sagte Rimona, »möchte man am liebsten die Hand ausstrecken und was Lebendiges pflücken, nichts Getrocknetes. Wenn's dann wieder anfängt zu regnen, hat man doch wenigstens eine Erinnerung – vielleicht Zweige wie die da von dem Olivenbaum, wo die Blätter auf der einen Seite ganz dunkelgrün sind und auf der andern mattsilbern, denn gegen Kiefernzweige ist Joni allergisch, da laufen ihm die Tränen runter, und das ärgert ihn. Aber wie kann man heute Ölbaumzweige pflücken, die doch noch voll mit Regentropfen sind, und wenn man sie nur mal anfaßt, kriegt man gleich eine kalte Dusche in den Ausschnitt und in die Ärmel von all dem Wasser, das noch auf ihnen sitzt.«

Sie hatte noch nicht ausgesprochen, da war Asarja bereits mit einem Satz von der Straße die lose Böschung hinunter, bahnte sich unten einen Weg durch den Morast, zwängte sich zwischen niedrigen Terebinthen hindurch, tauchte einen Augenblick später wieder auf und überreichte ihr einen Strauß feuchter Ölzweige, wobei er bescheiden lächelnd versprach: »Ich kann noch mehr pflücken, so viel du möchtest.«

»Aber du bist ja ganz naß«, stellte Rimona bewundernd fest, wobei ihre Mundwinkel ihm zulächelten. Sie fuhr sich über die Wange, als sei sie selber naß geworden, und wischte ihm dann mit dem Handrücken das Wasser von der Stirn, ehe sie mit beiden Händen die Zweige nahm: »Danke, du bist gut.«

»Das war noch gar nichts«, rechtfertigte sich Asarja.

»Und auch unterm Kragen bist du naß geworden«, sagte sie. »Gib mir ein Tuch, ich reib dich ab.«

Wegen der Berührung und dem Klang ihrer Stimme begann Asarja, fieberhaft in seinen Taschen herumzuwühlen. Dabei fand er ein Taschenmesser, aber kein Taschentuch und auch keine Zigaretten, bis Joni schließlich begriff, was er wollte, und ihm eine anbot, worauf er sich selbst eine anzündete. Sämtliche Knochen werd ich dir brechen, du kleiner Grashüpfer, dachte Jonatan, aber dann besann er sich und dachte: Macht nichts, morgen geh ich und lass' sie hier zurück. Nimm sie, wenn du willst. Sie hat ja sowieso nichts, du dämlicher Grashüpfer, das ist doch nur eine Schaumgummipuppe, und ich bin sowieso schon gar nicht mehr hier.

»Von morgens an haben sie im Radio so russische Lieder gesendet«, sagte Anat, »wie ›Wanja, mein teurer Sohn‹ und ›Schon schlagen aus die Birnen und die Äpfel‹. Aber ihr mit euren Zigaretten verpaßt all die herrlichen Düfte der Natur.«

»Das«, sagte Asarja, indem er seine Stimme rauher zu machen versuchte, »ist ein echt guter Vorschlag. Ich drück sie auf der Stelle aus. Und das ist auch eine echt schöne Gegend.«

»Schau einer her«, wandte Udi sich an Jonatan, »schon in aller Frühe sagen einem die Weiber, was man zu tun und zu lassen hat: Rauchen und Spucken verboten. Aber sieh mal her, Joni, was das Wasser da unten im Wadi für eine Kraft gehabt hat. Die arabischen Terrassen sind abgeschwemmt. Nur die unterste Steinbrüstung, die unsere Urväter zur Zeit des Zweiten Tempels, wenn nicht noch vorher, erbaut haben, hält immer noch. Der kann keine Überschwemmung was anhaben.«

»Einmal haben sie bei uns über einen kleinen Staudamm am Eingang des Wadi gesprochen«, erwiderte Jonatan. »Das war eine Idee von Jaschek, und mein Vater hat ihm ins Gesicht gelacht. Wir sind hier nicht in der Schweiz, hat er gesagt, und haben kein Geld für fantastische Träume von majestätisch ihre Bahn ziehenden Schwänen und mandolinespielenden jungen Mädchen an den Ufern wie auf einer Pralinenschachtel. Nach zwei, drei Tagen hat mein Vater natürlich wie immer angefangen, die Sache ernsthaft zu überdenken: vielleicht war doch was dran. Er hat sogar mich und den kleinen Schimon gebeten, als Prüfungsausschuß zu fungieren, als Ad-hoc-Komitee, wie er so was nennt. Etan R. hat das gleich als Lach-dich-tot-Komitee verulkt. Dabei hat sich rausgestellt, daß das Wasser jedes Jahr höchstens bis Ende April oder Anfang Mai stehenbleiben würde, weil der Boden porös ist. Jaschek hat zugegeben, daß alles nur ein Hirngespinst war. Aber nun mußte sich ausgerechnet mein Vater auf die Sache versteifen; er meinte, im Prinzip könnte man durchaus 6000-8000 Quadratmeter Boden mit einer Plastikplane abdichten, und wir würden unseren See hier kriegen. Jetzt korrespondiert er mit einem Professor vom Weizmann-Institut, der seiner Meinung ist, und mit einem Professor aus Jerusalem, der genau das Gegenteil behauptet. Aber nun hör zu, Udi, nach zwei- bis dreihundert Metern beginnt jetzt der Plattenweg, wo Abu-Hanis Obstgarten gewesen ist; erinnerst du dich an diesen Pfad? Wo früher dieser Rhinozeros-Baum gestanden hat? Wenn wir den finden, können wir gerade auf Scheich-Dahr zulaufen, ohne im Schlamm zu versinken, und genau dort hast du eine gute Chance, biblische Überreste zu finden: vielleicht den Stein, mit dem Kain Abel erschlagen hat, oder die Knochen eines zermalmten Propheten. Pssst, Tia. Dummes Vieh. Komm her. Guck doch, wie dreckig du dich gemacht hast. Geh mir bloß vom Leib!«

Die ganze Zeit über sind die so ein Vierergespann, dachte Asarja, und ich bin das fünfte Rad am Wagen, das keiner braucht, außer daß ich mich da im Gebüsch zerkratzen und wie ein Hund im Schlamm tummeln kann, um Rimona einen Strauß Olivenzweige zu holen. Sie hat mich berührt, hat mir die Tropfen abgewischt, so wie ein menschliches Wesen ein anderes berührt, nicht als Frau, aber er ist eifersüchtig geworden, so sehr, daß er sich eine Zigarette angezündet und das Streichholz weggeschleudert hat, als würde er mich ohrfeigen wollen. Er ist mein Freund, der einzige Freund, den ich auf der ganzen Welt und im ganzen Kibbuz hab. Seine Allergie läßt ihn Tränen vergießen, die ihn ärgern, aber mir hat sie mit der Hand die Tropfen aus dem Gesicht gewischt. Noch nie hab ich gesehen, daß sie ihn berührt hat, aber diese Anat faßt ihren Udi schon an, kitzelt ihn unter dem Hemd. Mit Rimona ist das nicht so wie bei einem menschlichen Wesen, mehr wie bei einer Mutter, obwohl sie nicht Mutter ist, im Gegenteil: Die hatten so eine winzige Tochter, und die ist ihnen gestorben, vielleicht an einer Krankheit – Herz, Nieren, Leber. In einer neunstündi-

Der perfekte Frieden 705

gen Operation kann man heute innere Organe vom Spender auf den Kranken übertragen und ihn retten. Ich hätt ihnen unaufgefordert ihr Baby gerettet, aber sie hätten's nicht haben wollen aus meinem Körper mit seiner dreckigen Begierde, und überhaupt, was bin ich denn für sie: weder Bruder noch Freund, vielleicht der Hofnarr. Die haben mich auf ihren Ausflug mitgenommen, damit ich sie zum Lachen bringe, und das werd ich auch tun, ich und ihr altes Hundevieh. Wer hat mich eigentlich gebeten, mit ihnen diesen Spaziergang zu machen? Wozu müssen all diese Geliebten und Gefragten die Knochen eines zermalmten Propheten hinter sich herschleppen? Tausendmal hab ich mir schon gesagt, daß die Zeit meiner Offenbarung noch nicht gekommen ist; es muß noch viele Jahre gelitten und geschwiegen werden. Bolognesi hat sein Morgengebet gesprochen, hat ›Gelobt sei der Herr‹ gesagt und ist allein losgezogen. Mit dem hätt ich gehen sollen oder auch nicht mit ihm, sondern allein für mich bis zur Grenze, bis zur Waffenstillstandslinie, hätte übers Niemandsland hinblicken und den ganzen Weg über die Erde lieben sollen. Oder vielleicht in Richtung Obstgärten, und vielleicht sag ich ihnen jetzt in diesem Augenblick: Ihr müßt mich entschuldigen, Schalom. Sie werden warten, bis ich mich ein bißchen entfernt habe, und dann ›Gelobt sei der Herr‹ sagen. Und ich werd jetzt schweigen, bis mir endlich ein neuer Gedanke kommt, ein Gefühl, eine ganz besondere Stimme von weit her, die nur erschallen will, wenn ich allein bin, ohne Menschen, ohne die bösen Begierden, ohne meine Manie, dauernd Eindruck zu schinden, zu fesseln und zu verblüffen, Wind zu machen. Es ist doch schon das Wunder geschehen, als ich still war, als ich mich beruhigt hatte und gesagt hab, mein Gott, was bin ich denn überhaupt, wozu hast du mich am Leben gelassen, wozu werd ich denn gebraucht, daß sich dann in so einem Augenblick eine einfache Antwort ergibt – aus der Stille des Lichts und des Erdbodens, von den Bergen her und aus dem Wind, und die Antwort ist: Hab keine Angst, Kind, hab keine Angst. Nur ein Hund läuft ständig bettelnd dem Applaus der Menge und der Gnade der Gesellschaft hinterher, denn aus den Begierden entsteht die Reue, und von der Reue kommt die Sorge, und aus der Sorge folgen die Leiden, hat Spinoza gesagt, und damit hat er recht gehabt. Die Juden haben ihn weggejagt, und die Frauen haben ihn angewidert verhöhnt, so daß er allein geblieben ist mit den Sternen und den Winden und den Diamanten, die er im Kerzenschein geschliffen hat, und mit der Antwort: Hab keine Angst, nur keine Angst, Kind. Bald, wenn wir da angekommen sind, wo wir hingehen, und uns zum Essen und Trinken auf den Stein setzen, mit dem Kain Abel getötet hat, werd ich ihnen russische Lieder beibringen, die sie noch nicht mal vom Radio her kennen, die sie im ganzen Leben nicht gehört haben. Was bin ich nur für ein blöder Dummkopf, daß ich meine Gitarre nicht mitgebracht hab. Aus lauter Rücksichtnahme und vor lauter Scham. Nur aus reiner Angst, daß andere Menschen uns auslachen könnten, tun wir doch das Gegenteil von dem, was wir machen sollten, und deshalb würde das Weltall selber uns auslachen, wenn es nur Zeit und Muße für unsere nichtigen Dummheiten hätte. Wie dieser Joni, der nur aus lauter Scham und Rücksichtnahme und so weiter nicht von hier abhaut. Rimona hält ihn doch gar nicht stärker zurück, als der Erdboden diesen Stein festhält, damit er nicht wegfliegt. Du fliehst mit aller Kraft vor dem Lug, und um die Ecke rum erwartet dich der Trug. Da kletterst du, wie von bösen Tieren verfolgt, auf einen Baum, wo dir der Schwindel entgegengrinst. Also schwingst du dich wie wahnsinnig aus den Höhen herab, doch schon mitten im Sprung packt dich der Bluff. Dieser Udi zum Beispiel – wenn der mal alle Karten offen auf den Tisch legen würde, müßte er zu mir sagen: Hör mal, Fremdling, eh du getötet hast mit einer Handgranate, mit einer Maschinenpistole aus eineinhalb Metern Entfernung oder mit dem Seitengewehr in den Bauch von so einer Arabuschit rein, weißt du nicht, was das Leben ist, spürst du nicht diese Lust im Bauch, für die wir geboren sind. Oder Rimona – wenn die sagen würde, was sie doch so gut wie die Erde selber weiß, müßte sie zu Anat sagen: Hör mal, Anat, wir, du oder ich, müssen ihn einmal richtig ficken lassen. Dazu braucht er nur einen kleinen Moment, dann wird er sich beruhigen, aus seiner Armseligkeit rauskommen und plötzlich ein guter Mensch werden, besser als alle anderen. Aber Rimona hat sich noch nicht bereitgefunden, Frau zu sein, während diese Anat ohne weiteres, wenn nicht die Gesellschaft und all das wär, hier mitten auf dem Feld am hellichten Tag mit uns allen dreien bumsen würde – einer hübsch nach dem anderen oder auch alle auf einmal, sogar mit mir, wo ich doch nur so ein kleiner Stinker bin, wie Major Slotkin gesagt hat und Etan R., und wie es die Deutschen gesagt haben. Nur daß ich besser verlieren kann als sie alle und leiden und weil ich besser auf den Tod vorbereitet bin als sie und ihnen am besten zu übersetzen weiß, was sie wirklich von uns wollen – der Himmel und die Erde und die ganzen Heerscharen, wie es heißt, denn hier ist doch alles Heer und Militär, das ganze Volk Armee, das ganze Land die Front. Ich bin hier der einzige Zivilist unter denen, ich und Eschkol, und deswegen begreifen wir zwei als einzige, wie ernst die Lage wirklich ist, nur daß er noch nicht weiß, daß ich so bin wie er und ihm helfen könnte. Das sind die Dinge, über die man reden müßte, statt tote Worte daherzuquatschen: »ein echt schöner Sabbat«. Was heißt das denn überhaupt? Tote Worte über reißende Überschwemmungen, die am Eingang des Wadi gewesen oder nicht gewesen sind – und wenn schon? Wo schwemmt denn nichts weg? Unser ganzes Leben ist doch nur so ein reißender Strom, und dieser Augenblick, der nicht wiederkehrt, schwimmt auch auf und davon. Na und? Gleich werden Udi und Jonatan ein bißchen weggehen, um ihren biblischen Nippes zwischen den Trümmern zu suchen, und ich bleib mit den Frauen zurück, und da werd ich – so wahr ich lebe – versuchen, einmal im Leben kein gelogenes Zeug daherzureden.

»Warum schweigt ihr denn alle?« fragte Asarja.

Und Udi sagte: »Da sieht man das verstunkene Dorf aus der Nähe.«

Auf dem Gipfel der Anhöhe, aufragend zwischen blauen Wolken, erheben sich die Ruinen von Scheich-Dahr: zertrümmerte, rußgeschwärzte, verlassene Wände – durch das leere Bogenfenster bohrt sich das Licht wie ein Bauch und Rücken durchdringendes Schwert, während sich zu Füßen der Wände der Schutt des eingestürzten Daches häuft. Hier und da hat sich ein unnachgiebiger, verwilderter Weinstock verzweifelt an einer ausgebrannten Mauer festgekrallt. Und ganz oben reckt sich schlank das abgeschnittene Minarett in den Himmel, das – wie man sich erzählt – der Oberbefehlshaber der Palmach im Befreiungskrieg eigenhändig mit einem wohlgezielten Granatwerferschuß umgelegt hat. Über das eingefallene Haus des Scheichs vor der Moschee rankt sich eine flammende Bougainvillea, als loderte noch immer das Feuer in diesem Mördernest, das – Jolek Lifschitz' Worten zufolge – einen so grausamen Blutzoll von uns gefordert hat.

Jonatan erinnerte sich an das Wort Blutzoll, aber kein Laut drang von Scheich-Dahr herüber, nicht mal das Bellen eines Hundes; nur tiefe Stille stieg von der Erde auf, während eine andere, gedämpftere von den Bergen herunterwehte: die Stille der Tat, die nicht mehr rückgängig, und des Unrechts, das nicht mehr gutzumachen ist. Auch diese Worte mußte er von seinem Vater gehört haben, oder hatte er sie aus einer Zeitschrift? Die Ausflügler verfielen in Schweigen. Sogar Asarja hielt seine Zunge im Zaum.

Das Geräusch ihrer Schritte hallte von dem abgesunkenen Steinpfad wider, und in dem morastigen Feld stöberte die Hündin herum, als suchte sie Anzeichen geheimen Lebens. Feuchte Oliven- und Johannisbrotbäume hörten nicht auf zu wispern, als sei das letzte Wort noch nicht gesprochen, nach dem sie all die Jahre gesucht hatten, und drei Raben auf einem Zweig schienen darauf zu warten, welches Ergebnis dieses erstickte Flüstern zeitigen werde. Fern am Himmel schwebte ein Raubvogel – ob Falke, Habicht oder Geier, konnte Jonatan nicht erkennen. So ging er schweigend weiter, und auch die anderen redeten nicht, bis Udi mit seinem scharfen Späherblick einen guten Speisepilz unter den jungen Kiefern entdeckte und Anat ausrief: »Da ist noch einer, und da gibt's ganz viele«, worauf Udi in einem Ton, als sei er sein eigener Befehlshaber, meinte, das seien natürlich Steinpilze und nun habe man wohl das Ziel erreicht. Fertig.

Er hielt an, ohne die anderen zu Rate zu ziehen. Zwischen zwei grau glänzenden Steinen breitete er eine weißrote, von der Arabischen Legion erbeutete Kefiyah aus. Die beiden Frauen nahmen Asarja Gitlin den Picknickkorb ab. Jonatan befahl Tia, sich neben ihn auf den Boden zu legen. »Asarja?« sagte Rimona, und schon war der Angesprochene auf und davon, um Reisig fürs Lagerfeuer zu suchen, auf dem sie Kartoffeln rösten wollten. Sein Taschenmesser hatte sich bereits Anat angeeignet, um Gemüse für den Salat zu schneiden.

Anat war eine rundliche, kräftige Frau mit auffallenden Brüsten und stets bedeutungsvoll lächelnden Augen, als hätte man ihr gerade eben einen pikanten Witz erzählt, den sie ohne weiteres auf der Stelle mit einem noch viel pikanteren hätte kontern können, wenn sie nicht daran dächte, ihn noch etwas aufzusparen, um so das Vergnügen zu steigern. Der Seewind bauschte ihre braunen Haare auf; als derselbe Wind sich auch am Saum ihres blumenbedruckten Rocks zu schaffen machte, hatte es Anat nicht gerade eilig, den Stoff mit der Hand wieder auf die Schenkel zu drücken, obwohl Asarja einen ganz starren Blick bekam. Dafür sagte sie zu ihrem Mann Udi: »Komm her, du mußt mir unbedingt den Rücken kratzen, da und da, es juckt fürchterlich, oisch, da doch nicht, du Dussel, hier und dort. So ist's gut.«

Nun machten sie sich daran, ihr Ausflugsessen zuzubereiten. Wegen der Feuchtigkeit gelang es ihnen zunächst nicht, das Feuer in Gang zu bringen. Jonatan stellte das von Asarja gesammelte Reisig vorsichtig zu einem lockeren Gebilde auf, das an einen Indianerwigwam erinnerte, errichtete darin ein Dreigestell aus Streichhölzern, zündete es an und hielt mit dem eigenen Körper den Wind ab – vergebens. Nun trat Udi auf den Plan:»Laß mal, du mit deinen Spielchen.« Er knüllte ein Stück Zeitungspapier zusammen, zündete es wieder und wieder unter saftigen arabischen Flüchen an, bis kein einziges Zündholz mehr in der Schachtel war. Alles umsonst. Und weil Asarja Gitlin ihm so läppisch und schadenfroh vorkam, der eben eines seiner platten russischen Sprichwörter über einen Iwan zum besten gab, der den Karren nicht mit Macht, sondern mit List aus dem Mist gezogen hatte, brüllte Udi ihn verärgert an:»Vielleicht hältst du endlich mal die Klappe, du Schimpanosa. Wir kommen auch ohne Feuer aus. Ist ja alles patschnaß hier. Und wer hat denn überhaupt Lust auf Kartoffeln. Ist doch bloß Scheiß.«

Daraufhin sprang Asarja Gitlin auf, schlug über dem nächstbesten Stein den Kopf einer Sprudelflasche ab, beugte sich, mit dem Rücken zu den anderen, über das verlorengegebene Feuer und fummelte zwei, drei Minuten sehr konzentriert mit einer kleinen Glasscherbe herum, die er schließlich so ausrichtete, daß er die Sonnenstrahlen gebündelt und mit voller Wucht auf die Zeitungsfetzen richten konnte. Erst stieg feiner Rauch auf, dann züngelten kleine Flammen hoch, und schließlich brannte das Feuer. Zu Udi gewandt, sagte Asarja:»Du hast mir Unrecht getan.«

»Wir bitten um Verzeihung«, sagte Rimona sanft.

»Keine Ursache«, erwiderte Asarja.

Als ich ein Junge von sechs oder sieben Jahren war, kam einmal der Dorfscheich zu uns – Haj Abu-Zuheir hieß er –, und mit ihm drei Dorfälteste. Ich kann mich noch an sein weißes Gewand und an die graugestreiften Gewänder der drei anderen erinnern, wie sie da in Vaters Einzimmerwohnung auf weiß gestrichenen Stühlen um den weißen Tisch saßen, auf dem Chrysanthemen in einem Joghurtgläschen wuchsen.»Hada ibnak?« (Ist das dein Sohn?), lächelte der Scheich mit seinen maisgelben Zähnen, und Vater antwortete ihm:»Hada waladi wa'illi kamaan waahad, zeghir.« (Das ist mein Junge, und ich habe auch noch einen jüngeren.) Der Scheich strich mir mit seiner wie Erde gefurchten Hand über die Wange, ich spürte seinen Mundgeruch, und sein von Tabak verwüsteter Schnurrbart berührte fast meine Stirn. Vater bat mich, meinen Namen zu sagen. Abu-Zuheir ließ seine müden Augen von mir zum Bücherbord und von dort zu Vater wandern, der der Mukhtar des Kibbuz war, und sagte dann behutsam, als spiele er seine bescheidene Rolle bei einer würdigen Zeremonie: »Allah karim, ya Abu-Joni.« (Allah ist groß, o Vater des Joni.) Dann wurde ich aus dem Zimmer geschickt, wo irgendwelche Verhandlungen geführt wurden, bei denen der kleine Schimon übersetzte, denn Vaters arabischer Wortschatz war sehr begrenzt. Aus der Küche brachten sie eine große Kanne Kaffee und auch Matzen: das Ganze muß wohl in der Pessachwoche stattgefunden haben. Nicht einmal ein Hund ist in Scheich-Dahr übriggeblieben, und all die Felder, auch die umstrittenen und die, die ihnen gehört haben, ihre Hirse- und Gerstenäcker gegenüber unserem Luzerneanbau, all das ist jetzt in unserer Hand, und von den Arabern sind nur noch diese ausgebrannten Mauern oben auf der Anhöhe – und vielleicht auch ein schwebender Fluch.

Jonatan ging allein zu den Olivenbäumen hinüber, stellte sich mit dem Rücken zu den anderen und pinkelte, wobei er den Kopf schräg und den Mund leicht geöffnet hielt, als würde er gerade ein kniffliges Schachproblem zu lösen haben. Seine Augen wanderten um Scheich-Dahr herum zu den Bergen im Osten, die im fließenden Honiglicht gewissermaßen in Rufweite lagen. Von mattem Stahlblau waren diese Berge, blau wie das Meer an einem Herbsttag, und wäßrige Gebilde türmten sich da gleich mächtigen Wogen im Osten auf, die jeden Augenblick sich gen Westen zu brechen drohten, so daß Jonatan von dem starken, rätselhaften Verlangen gepackt wurde, ihnen auf der Stelle entgegenzulaufen, um sich mit gebeugtem Kopf wie ein beharrlicher Schwimmer in die Brandung zu stürzen. Tatsächlich begann er plötzlich mit aller Kraft wild in gerader Richtung loszurennen, hinter ihm seine alte Hündin wie eine kranke Wölfin: mit entblößten Zähnen, hechelnder Zunge und triefendem Speichel. An die dreihundert Schritte rannte er, bis seine Schuhe tief im schlammigen Morast versanken und das Wasser ihm gurgelnd in die Strümpfe drang, so daß er seinen Lauf verlangsamen mußte. Mit Mühe bekam er seine Füße frei, sank aufs neue ein, kletterte von Stein zu Stein, wobei seine Sohlen enorme Lehmklumpen mitschleppten. Während er so im Elefantengang aus dem Schlamm herausstapfte, begann er sich innerlich selbst zu verspotten – mit den Worten des alten biblischen Liedes »Aber ihr Herz war nicht«.

»Nimm ein Messer«, sagte Rimona, »und kratz dir den Schlamm von den Schuhen ab, wenn du mit Rennen fertig bist.«

Er sah sie einen Augenblick lang müde lächelnd an, sah ihre ruhige

Treuherzigkeit und setzte sich dann gehorsam auf einen Stein, um sich zu säubern. Dabei beobachtete er, wie die zwei Frauen sich mit dem Tranchieren der Hühnerteile abmühten und wie der neue Mann in seinen guten Hosen und dem Streifenhemd sich über das kümmerliche Feuer beugte, das er hatte entzünden können, nachdem alle Hoffnung bereits geschwunden war. »Ich bin gerannt wie ein Idiot«, sagte Jonatan. »Hallo, Asarja, ich red mit dir. Ich wollt mal sehen, ob ich's noch nicht verlernt hab vor lauter Winter. Kannst du rennen?«

»Ich«, sagte Asarja überrascht und etwas wichtigtuerisch, »bin schon genug gerannt. Schließlich bin ich hierhergekommen, um mit dem Rumrennen aufzuhören.«

»Komm, wir laufen um die Wette«, schlug Joni vor und staunte im gleichen Moment über das, was ihm da rausgerutscht war, »dann können wir mal sehen, ob du darin genauso gut bist wie im Schachspielen.«

»Bei dem rennt nur die Zunge«, bemerkte Udi bissig.

Asarja sagte ruhig: »Ich hass' das Rennen. Bin schon fertig damit. Und ohne mich habt ihr auch bald kein Lagerfeuer mehr und kriegt keine Kartoffeln.« Damit begann er umsichtig, die Kartoffeln dorthin zu rollen, wo die Zweige bereits verkohlt und zu glühender Asche geworden waren. Währenddessen schaute er auf Anat, um nicht in Rimonas Augen blicken zu müssen, die er von dem Moment an auf seinem Gesicht ruhen spürte, in dem Joni ihm das Wettrennen angeboten hatte. Er wußte, daß sie konzentriert, von Wimpern beschattet, offen und ohne jeden Zweifel waren, auch wenn sein Fleisch unter diesem Blick brannte, denn Rimona sah ihn nicht so an, wie eine Frau einen Mann oder überhaupt ein Mensch einen anderen anschaut, sondern wie eine Frau, die einen leblosen Gegenstand betrachtet – oder sogar so, als ob einen plötzlich der Gegenstand selber anblickt.

Rimona trug Kordhosen, die, ohne etwas zu betonen oder zu vertuschen, die Linien ihres kindlich schlanken Körpers zur Geltung brachten, eines Körpers, der einem gerade erst in die Pubertät eingetretenen Mädchens zu gehören schien. Die Bluse hatte sie zu einem neckischen Knoten über dem Nabel gebunden, so daß man ein Stück ihres flachen Bauchs und ihrer schmalen Hüften sehen konnte. Sie lügt auf diese Weise, dachte Jonatan, der jedoch umgehend seinem Gedächtnis auf die Sprünge half: Aber was interessiert das denn.

Die erste, die sich an Asarja heranmachte, war die Hündin Tia. Er streichelte sie überschwenglich mit beiden Händen, und tröstliche Gelassenheit senkte sich über ihn. Nachsicht und Vergebung erbat er innerlich von Etan R., von Anat, von Udi: Mit welchem Recht stelle ich mich denn über sie, ich dreckiger Kerl und ausgemachter Schwindler obendrein. Sie haben mir alles gegeben – Heim, Freundschaft und Vertrauen –, und ich besudel ihnen ihre Frauen jede Nacht und schon morgens früh, als allererstes, fang ich an zu lügen und hör den ganzen Tag nicht wieder auf; sogar wenn ich schweige, hintergeh ich sie. Wir sind Menschenbrüder, hätte Asarja gerne laut verkündet, riß sich aber zusammen und schwieg, um sich bei ihnen nicht lächerlich zu machen.

Jonatan kamen die Finger des Jünglings in Tias Fell so dünn vor, daß es aussah, als würde das Licht sie durchdringen und sogar aus ihnen herausscheinen. Mit solchen Fingern kann er musizieren und vielleicht eine Frau verwöhnen, und es ist schön, sie mit Ölzweigen zu berühren. Kleiner Grashüpfer. Ist den ganzen Tag bemüht, sich beliebt zu machen. Streng dich nicht so an, denn obwohl ich keine Lust hab und weder Geduld für dich noch für jemand anderen aufbring und obwohl ich noch nicht mal imstande bin, mich selbst gern zu haben – dich mag ich ein bißchen, insbesondere weil ich weiß, daß die Indianer dich eines Tages skalpieren werden, du armer kleiner Grashüpfer. Und so griff die Stille des Ortes auch auf Jonatan über, der sich, von seinem Lauf erholt, die Schuhe fertig abgekratzt hatte und nun fragte, womit er helfen könne.

»Ruh dich aus«, sagte Anat, »das Essen ist gleich fertig.«

In den Lichtbündeln zwischen dem Dunkel der Olivenbäume schwirrten Schmetterlinge; sie umkreisen auch die jungen Kiefern, und unter den weißen Faltern war ein ganz weißer, runder, der unbeweglich auf der Stelle stand wie ein Schneeflöckchen, wie eine Zitrusblüte im fließenden, blaßblauen Licht, denn an jenem Sabbat hatte der Mond vergessen, sich in sein nächtliches Versteck zurückzuziehen, dieser volle Mond des Monats Schwat, dessen Gespinst sich im Astwerk des Ölbaums verfangen hatte wie Absaloms Haar in der Terebinthe. Es war ein Tagesmond, staunend und ängstlich, fast kränklich wirkend – umstellt und eingeschlossen von den rauhen Ölzweigen wie ein blasser jüdischer Fiedler, gefangen in einem Kreis roher Bauern in einem Land der Diaspora.

»Von abends bis morgens der Hund nur bellt, während der Mond schweigend das Firmament erhellt«, brachte Asarja plötzlich einen seiner Sprüche an, obwohl Tia den Mond überhaupt nicht anbellte, sondern still auf der Seite lag und sich ausruhte.

Der perfekte Frieden

»Gleich wird gegessen«, sagte Anat.

Das Schweigen der Felder und das Honiglicht umgaben die schöne Rimona und Jonatan, ihren Ehemann, der wie ein alter Beduine neben ihr auf den Fersen kauerte und beim Zwiebelschneiden half. Anat spielte wieder mit ihrem Kleid, das mal mehr, mal weniger ihre festen Schenkel freigab. Und Asarja bemerkte: »Die ganze Zeit hab ich das Gefühl, es ist jemand in der Umgebung und sieht uns zu. Vielleicht sollte einer die Wache übernehmen.«

»Ich«, sagte Udi, »sterbe bald vor Hunger.«

»In Asarjas Feldflasche ist Limonade«, sagte Anat, »ihr könnt schon einschenken. Und gleich geht's los mit dem Essen.«

Sie tranken aus der Verschlußkappe der Feldflasche, die von Hand zu Hand kreiste, und aßen Huhn, guten, feingeschnittenen Salat, geröstete Kartoffeln und Käsebrötchen und schälten Apfelsinen zum Nachtisch.

Das Gespräch drehte sich darum, was vor dem Befreiungskrieg in Scheich-Dahr gewesen war: die Verschlagenheit des alten Haj, das, was die Araber uns anzutun imstande gewesen wären, und das, was man nach Udis Vorstellungen im nächsten Krieg mit ihnen machen sollte. Jonatan beteiligte sich nicht an der Diskussion zwischen Asarja und Udi. Ihm fiel plötzlich ein Bild ein, das er einmal in einem von Rimonas Alben gesehen hatte: Ausflügler bei der Mahlzeit auf einer schattengesprenkelten Lichtung im dichten, farnbewachsenen Eichenwald. Alle Männer auf dem Bild waren bekleidet, und unter ihnen saß eine Frau, nackt wie am Tag ihrer Geburt. Ihr hatte er insgeheim den Namen Asuwa, Tochter des Schilchi, gegeben. So ein Clown, pflegten die Alten im Kibbuz grinsend zu sagen, aus einer Entfernung von höchstens eineinhalb Metern ... Und ein Stier ist keine Streichholzschachtel, das ist schon ein Mordsding!

Jonatan malte sich in Gedanken einen nächtlichen Anruf seines zweiten Vaters, des großen Hotelmanagers in Ostamerika, aus, ein Gespräch, das ihm sofort einen Haufen neuer Aussichten an neuen Orten eröffnen würde, an denen alles möglich, alles wahrscheinlich war: Katastrophen, überwältigender Erfolg, plötzliche Liebe, erstaunliche Begegnungen, Einsamkeit, Todesgefahr – weit weg von all den Orten hier, von den Ruinen des bösen Dorfes mit den wilden Alpenveilchen zwischen den Felsen und dem vorsintflutlichen Ziegenkot. Paß, Flugkarte und Geld liegen in einem Umschlag im Büro des Flughafendirektors für dich bereit. Du, lieber Johnny, brauchst nur zu sagen, daß du Benjamins Boy bist; sie haben schon ihre

Anweisungen. Es wartet auch ein passender Herrenanzug auf dich, in dessen rechter Innentasche du die nötigen Informationen findest.

Auf dem Bergkamm wuchs eine einsame Palme, und daneben stand ein winterlich nackter Birnbaum, krumm und krank wie ein blinder Alter, der ins feindliche Lager geraten ist. Die Traurigkeit, dachte Jonatan, die von dort ausgeht – was kann sie anderes sein als eine verschlüsselte Botschaft von den Toten, die einmal auf diesem schlammigen Boden gelebt haben und nicht nachlassen in ihrem unaufhörlichen Sehnen? Auch jetzt hauchen sie uns still und unsichtbar an, wie Asarja gesagt hat, und bestehen beharrlich darauf, an allem teilzunehmen, und wenn du nicht jetzt in diesem Augenblick losgehst, kommst du nie an den Ort, an dem man vielleicht auf dich wartet, aber nicht endlos warten wird – und wer zu spät kommt, kommt zu spät.

Laut sagte Jonatan: »Laß mal einen Augenblick die Arabuschim nebst deiner Bibel beiseite. Erinnerst du dich, Udi, wie damals, als wir noch ganz klein waren, der Wind aus Scheich-Dahr den Rauchgeruch von ihren Öfen ins Kinderhaus geweht hat, wenn wir allein in der Dunkelheit waren nach dem Zubettbringen, nachdem die Eltern schon gegangen und die Lichter gelöscht waren, und wir wach unter unseren Decken lagen und uns gefürchtet haben, einander zu sagen, wie sehr wir uns fürchteten? Durchs Ostfenster kam dieser Rauchgeruch, wenn die Dorfbewohner Reisig mit getrocknetem Ziegenmist verfeuerten. Dazu das Gebell ihrer Hunde aus der Ferne, und manchmal hat der Muezzin von der Spitze des Minaretts herunter zu jammern begonnen.«

»Auch jetzt«, sagte Rimona zögernd.

»Was ist jetzt?«

»Stimmt«, sagte Asarja, »auch jetzt hört man aus der Ferne eine Art Jammern. Vielleicht hat sich dort jemand versteckt. Und wir sind ohne Waffe losgezogen.«

»Die Indianer!« wieherte Anat.

»Es geht ein bißchen Wind«, sagte Rimona, »und der Rauchgeruch stammt, glaube ich fast sicher, von dem Lagerfeuer, das du uns gemacht hast, Asarja.«

»Es ist noch Huhn übrig«, fiel Anat ein. »Vielleicht möchte es jemand. Und es gibt auch noch zwei Apfelsinen. Joni, Udi, Asarja? Wer will, soll essen, und wer satt und müde ist, kann seinen Kopf auf unsere Knie legen. Wir haben Zeit genug.«

Der perfekte Frieden

Udi kehrte nicht mit leeren Händen von seiner Suche auf dem Hügel zurück: Er hatte eine rostige Wagendeichsel zwischen den Felsen gefunden, dazu Reste eines ledernen Zaumzeugs und einen Pferdeschädel, der seine gelben Zähne zu einem boshaften Grinsen zu fletschen schien. Die Funde sollten seinen Garten bereichern, ihm eine Eigenschaft verleihen, die Udi gern als »Charakter« bezeichnete. Außerdem hatte er sich in den Kopf gesetzt, einmal – nicht heute, sondern erst, wenn man mit dem Traktor herfahren könnte – auf dem verlassenen Friedhof ein ganzes Gerippe auszugraben, das Skelett von einem Arabusch, das er, mit Draht verstärkt, im Vorgarten aufstellen wollte, damit es dort als Vogelscheuche diente und dazu noch den ganzen Kibbuz ärgerte.

Joni fiel sein nächtlicher Traum wieder ein. Als Rimona ihm am Morgen erzählt hatte, sie hätte von einer Schildkröte geträumt, die die Wand hochklettern konnte, hatte er ihr sagen wollen: Rimona, ich hab was noch Eigenartigeres geträumt. Doch hatte er sich nur noch daran erinnern können, daß ein toter Araber vorgekommen war. Erst jetzt, als Udi von seiner Vogelscheuche redete und Asarja warnte, gib acht, Udi, daß einer der Vögel, den deine Vogelscheuche vertreibt, nicht die Seele des toten Arabers ist und dir ein Auge aushackt, erst da kehrte der Traum in sein Gedächtnis zurück. Joni wußte, was geschehen war: Ich bin in einem ringförmigen Beobachtungsposten am Hang, in einer bequemen Mulde zwischen dem Basaltgestein, mit weitem Blick über den Obstgarten, die ebenen Flächen mit den gegenüberliegenden Anhöhen und den Eingang des Wadi. Der klare Befehl lautet, das Feuer auf die syrischen Kommandos zu eröffnen, die sich noch im Gelände aufhalten. Ein leichter Geruch von verkohltem Gestrüpp und altem Kot liegt in der heißen, staubigen Luft. Mit dem Feldstecher in der Hand suche ich gründlich die Gegend ab: erst die Hügel, dann den Eingang des Wadi, den Obstgarten und wieder den Eingang des Wadi, den ich besonders in Verdacht habe. Aber alles ist still und verlassen. Nur die grünen Fliegen setzen mir grausam zu, bis ich den Kopf schütteln und meine Haltung ändern muß. Ich blicke mich um, und das Blut erstarrt mir in den Adern: Genau hinter mir, im Abstand von vier, fünf Schritten, nicht mehr, steht seelenruhig ein syrischer Kämpfer und lächelt mich verschmitzt und naiv an, als wollte er mir sagen: Siehst du, jetzt hab ich dich doch reingelegt. Nein, Mann, du hast mich nicht reingelegt, quetsche ich, vor Wut schäumend, zwischen den Zähnen hervor, deine erhobenen Hände sind geballt. Wer weiß, was du darin verbirgst und was du im Schilde führst. Außerdem hab ich völlig eindeutige Befehle erhalten. Tut mir leid.

Hinterher muß ich zu der durchlöcherten Leiche gehen, sie mit der Schuhspitze umdrehen, irgendein Souvenir suchen, vielleicht einen Ausweis oder ein Foto, damit sie mir glauben, daß ich dich umgelegt habe, und auch damit ich dich über die Jahre nicht vergesse. Aber eigentlich ist das gar nicht nötig, ich kann dich ohnehin nie vergessen: das wilde Haar, die hohe Stirn mit dem harten Kinn und die vielen winzigen Fältchen in den Augenwinkeln – Jonatan Lifschitz, den ich vom Rasieren aus dem Duschraumspiegel kenne. Ich muß jetzt in meine Grube zurückkehren und den Eingang des Wadi beobachten. Vielleicht laufen da immer noch welche rum, die ich zu töten habe. Ich bedecke deinen Kopf mit einem alten Sackfetzen. Dein Schuh ist an der rechten Sohle eingerissen und streckt mir so ein nagelbestücktes Maul entgegen, als würde er mich auslachen.

Ich stehe verstört auf, über und über von kaltem Schweiß bedeckt. Es ist drei Uhr morgens. Draußen hat der Regen aufgehört. Barfuß und verwirrt steige ich aus dem Bett, gehe ans Fenster. Ich mache kein Licht an, damit Rimona nicht aufwacht. Ich blicke aus dem Fenster in die große Dunkelheit und lausche, auch mit meiner Haut. Berge im Mondlicht. Tatsächlich haben sich die Wolken verzogen, es ist klar. Zypressen werfen Schatten im Garten. Frösche, Grillen und ein leichter Wind. In der Ferne das gleichmäßige Geräusch der Dampfpumpe. Die Scheinwerfer am Sicherheitszaun leuchten fahl wie der Tod. Alles wie immer. Es gibt absolut nichts Neues. Noch bin ich hier, habe mich nicht aufgemacht, bin nicht gegangen. Nichts Neues. Mein Vater ist seiner Gewohnheit nach offenbar zu genau dem gleichen Schluß gekommen. Danach bin ich wieder ins Bett und hab geschlafen wie ein Toter bis zum Morgen, und da war es sonnig, und wir beschlossen, einen Ausflug zu machen.

Noch gut ein halbes Stündchen blieben sie so sitzen. Udi und dann auch Asarja zogen Hemd und Unterhemd aus, um Sonne zu tanken, während Jonatan sich in Schweigen hüllte. Als drei Düsenflugzeuge von Nord nach Süd über sie hinwegdonnerten, erhob sich eine kleine Debatte darüber, ob das Supermystères oder nur einfache Mystères seien. Joni brach sein Schweigen und erzählte, sein Vater habe im Kabinett einmal gegen diese ganze Verbrüderung mit Frankreich gestimmt – oder sich vielleicht auch nur der Stimme enthalten. Jetzt gäbe er jedoch zu, daß er sich geirrt habe und Ben Gurion im Recht gewesen sei.

»Wie immer: ihr ganzes Leben lang haben sie von morgens bis abends nur recht, unsere Alten. Mein Vater schafft es doch bei jedem Thema, selbst wenn er gestehen muß, daß er sich geirrt und Ben Gurion recht behalten hat, daß es zum Schluß so aussieht, als ob seine Auffassung richtig und deine falsch sei, weil du noch jung bist. Sie haben eine eiserne Logik und unfehlbare Sinne und all das, während du in ihren Augen unsicher und verwöhnt bist, zu langsam oder zu oberflächlich im Denken. Du kannst ruhig dreißig Jahre alt sein – sie reden mit dir trotzdem so, wie ein geduldiger Erwachsener mit einem Kind sprechen muß, das er aus pädagogischen Gründen behandelt, als sei es ebenfalls schon erwachsen, damit es sich akzeptiert fühlt und so weiter. Wenn du sie – nehmen wir mal an – nach der Uhrzeit fragst, antworten sie dir ausführlich mit guten Argumenten, nach Absätzen gegliedert, erstens, zweitens, drittens, viertens, und erinnern dich daran, daß jede Medaille zwei Seiten hat und daß man die Lehren aus der Vergangenheit einbeziehen müsse. Dann, als so ein didaktisches Zugeständnis, fragen sie dich, was deine Meinung dazu sei, aber ehe du noch den Mund aufmachst, beantworten sie auch diese Frage selber, schön gegliedert und alles, und erklären dir, daß deine Auffassung nicht fundiert sei, weil deine Generation oberflächlich sei und so weiter. Keinen Stein auf dem anderen lassen sie bei dir, und all das, ohne daß sie dich ein einziges Wort hätten reden lassen. Sie setzen dich schachmatt, nachdem sie selber auf beiden Seiten des Bretts gespielt haben, auch mit deinen Figuren, denn du hast gar keine, du hast nur heikle psychologische Probleme. Und zum Schluß sagen sie dir, daß du noch einiges lernen mußt und noch nicht reif bist.«

»Du«, sagte Rimona, »hast kein Mitleid mit ihnen.«

»Ich«, sagte Joni, »hasse Mitleid.«

»Aber ein bißchen Selbstmitleid hast du schon.«

»Hör auf damit«, brauste Jonatan auf.

»Gut«, sagte Rimona.

Udi kam einem neuen Schweigen zuvor, indem er wieder von Flugzeugen anfing. Er begeisterte sich für die modernen Mirages, die sie bei der Luftwaffe jetzt gerade in Betrieb nähmen. Das sei die richtige Antwort auf die Migs, die Rußland den Ägyptern und Syrern liefere. Udi versah im Reservedienst die und die Aufgabe und wußte zu berichten, daß es einen phantastischen Plan gäbe, den Schwarzen einen saftigen Präventivschlag reinzuhauen, wenn sie es nur wagten, ihre schwarzen Köpfe zu heben. Das brachte ihm den scherzhaften Verweis seiner Ehefrau Anat ein, hier keine militärischen Geheimnisse auszuplaudern, wobei sie erneut mit einer großzügigen Geste den Rock hochwarf, um ihre Knie zu bedecken. Da zeigte sich Asarja auf einmal beleidigt und begann höflich, aber bestimmt darauf hinzuweisen, daß man in seiner Gegenwart durchaus über militärische Einsatzpläne sprechen dürfe. Schließlich sei er kein Agent, sondern habe in der Armee ebenfalls die Aufgaben eines technischen Unteroffiziers erfüllt und sich mit streng vertraulichen Themen beschäftigt. Wenn man schon über Geheimnisse rede, sei auch er bereit, ein fesselndes Beispiel aus dem technischen Bereich beizusteuern – und was man ihm da erst über das revolutionäre Konzept von General Tal mitgeteilt habe ... Übrigens hätten gerade diese Alten, über die Joni sich so ärgerte, mehr Verstand im kleinen Zeh als all diese arroganten Alleswisser von der Palmach oder die Absolventen der elitären Kaduri-Schule im Kopf, weil die Alten nämlich die Leiden der Diaspora durchgemacht hätten, während wir hier, wie rohe Eier in Watte gepackt, aufgewachsen seien, ohne jemals den Kopf in den Wind zu strecken. Allerhöchstens hätten wir vielleicht mal nachts den Ofenrauch aus den arabischen Dörfern geschnuppert oder hier und da einzelnen Gegner umgebracht. Daher kämen unser beschränkter Horizont und diese Wehleidigkeit. Damit wolle er um Himmels willen nicht etwas über einen der Anwesenden gesagt haben. Er rede höchstens von sich selbst. Aber das Thema sei sozusagen allgemein. Und jetzt sähe er es als seine Pflicht an, sich zu entschuldigen, vor allem bei Joni, den er ungewollt vielleicht gekränkt hätte. Übrigens sei der Ausdruck »Leiden der Diaspora« unglücklich; er nähme ihn zurück und verspräche, einen besseren zu suchen.

Im selben Augenblick geriet er erneut in Verwirrung wegen Rimonas Augen, die mit stummer Sehnsucht auf ihm ruhten. Ihre Mundwinkel lächelten ihn an oder taten es jedenfalls in seiner Phantasie, als wollten sie ihm sagen, genug, Kind, ist ja genug, bis Asarja mit seiner Rede durcheinandergeriet, sie mit einer scherzhaften Bemerkung zu beenden suchte, sich dabei nur noch mehr verhaspelte, um sich schließlich mit letzter Kraft zu rechtfertigen: »Das war kein Witz, sondern ... im Gegenteil, das heißt ... Ganz im Ernst hab ich gemeint, wie soll ich sagen ... Ich wollte niemanden kränken, nur die Situation ist eben, wie sagt man ... ein bißchen traurig, nein, nicht traurig, sondern ... nicht gut.«

»Dann versuchst du vielleicht, uns einen anderen Witz zu erzählen«, grinste Udi, der unentwegt kleine Steinchen gegen einen der krummen Baumstämme warf.

»Asarja«, sagte Rimona, »wenn du reden möchtest, dann rede, und wir werden zuhören. Aber du mußt nicht.«

»Natürlich, warum nicht«, murmelte Asarja, »wenn, das heißt, falls es euch langweilt und ihr lieber wollt, daß ich euch aufheitere – ich kann auch Leute zum Lachen bringen sozusagen. Und es macht mir auch nichts aus.«

»Schieß nur los«, drängte Udi, wobei er Jonatan zuzwinkerte, der aber das Blinzeln nicht erwiderte, sondern damit beschäftigt war, mit flinken Fingern Dornen und Lehmklümpchen aus Tias Fell zu picken.

»Also dann nehmt mal zum Beispiel ein Baby«, begann Asarja, indem er die Hände ausbreitete, als würde er die Größe eines Säuglings abmessen, »ja, stellt euch ein Baby vor, das heißt, noch bevor es geboren ist, im Mutterschoß, wie man so sagt. Einmal hab ich so eine Idee gehabt, daß alle toten Familienangehörigen, Tanten, Großväter und Großmütter, Cousins und sogar die entfernten Vorfahren, sich bei dem Baby versammeln, wie man sich am Bahnsteig von jemandem verabschiedet, der – sagen wir mal – von einem Kontinent zum anderen reist. Und jeder möchte nun, daß das Baby was mit auf den Weg nimmt, wie etwa Augen, Haar, Ohrform, Fuß, Muttermal, Stirn, Kinn, Finger, etwas von den Verstorbenen, weil jeder Tote dem Baby ein Geschenk oder ein Souvenir oder ein kleines Zeichen der Erinnerung und Verbundenheit für die noch lebenden Verwandten mitgeben will. Das Baby ist also ein Tourist oder ein glücklicher Auswanderer, der nicht einfach nur von einem Land ins andere fährt, sondern einen eisernen Vorhang durchqueren darf, während die Verwandten genau wissen, daß sie selbst nie die Ausreisegenehmigung erhalten werden. Deshalb laden sie dem Baby soviel wie möglich auf, damit sie dort in jenem glücklichen Land wissen, daß es uns noch gibt und daß wir, wie soll man sagen, voller Sehnsucht und Zartgefühl sind und niemanden vergessen. Nur muß sich das Baby so was wie strengen Gepäckbeschränkungen unterwerfen; es darf nur das Nötigste mitschleppen – ihr müßt bedenken, daß es noch so klein ist: höchstens einen Gesichtszug des Onkels, eine Falte der Großmutter, jemandes Augenfarbe oder allenfalls einen besonders dicken Daumen kann es mitbringen. Am Ende seiner Reise, bei seiner Geburt also, warten hier bei der Ankunft, im Hafen gewissermaßen, all die Angehörigen, die es auf dieser Seite gibt. Sie herzen und küssen das Baby, sind ganz aufgeregt und fangen gleich an zu debattieren, wer wem was geschickt hat. Das Kinn beispielsweise sei eindeutig von Opa Alter, und die kleinen, fest am Kopf angeklebten Ohren seien von den zwei Zwillingstanten, die seinerzeit im Ponarwald ermordet wurden, die Finger aber stammten von Vaters Cousin, der im Budapest der zwanziger Jahre ein berühmter Pianist gewesen war. Das ist natürlich alles nur ein Beispiel, versteht sich, ich hätte euch auch eine ganz andere Kombination schildern können, nach dem Baukastensystem, wie man so sagt. Meine Hauptthese geht jedenfalls dahin, daß es Zufälle weder gibt noch geben kann. Das Wort Zufall ist der typische Ausdruck von, pardon, Vollidioten. Bei jeder Sache sind ganz genaue Gesetze am Werk. Vielleicht müßte ich jetzt erklären, daß mein Beispiel mit dem Baby sozusagen ein Witz war. Aber die Schlußfolgerung ist es nicht. Das heißt ... Am Ende sollte es schon nicht mehr zum Lachen sein. Im Ernst.«

»Das war sicher ein rumänischer Witz«, spottete Udi, »lang und kein bißchen lustig.«

»Laß ihn doch in Ruhe«, sagte Jonatan, »ruhig Tia. Nur noch hinter den Ohren und fertig. Ruhe.«

»In Ordnung«, erwiderte Udi, »soll er bis übermorgen so weiterreden. Und das wird er auch. Ich beispielsweise geh jetzt gleich in das Scheißdorf da rauf.«

»Ich«, meinte Rimona, »glaub ihm wirklich, daß er einmal zwei Zwillingstanten gehabt hat, die jetzt tot sind. Und wenn man seine Finger anschaut, sieht man, daß er auch, was den Pianisten aus den zwanziger Jahren betrifft, die Wahrheit sagt. Aber du, Asarja, red jetzt nicht mehr über dein Leben. Nicht jetzt. Jetzt wollen wir noch fünf Minuten still dasitzen und lauschen, was man hört, wenn man schweigt. Wer will, kann hinterher ins Dorf raufgehen, und wer sich ausruhen möchte, kann ruhen.«

Was hört man, wenn man schweigt? Viele Vögel ringsum – die nicht singen. Sie tauschen vielmehr kurze, scharfe Laute unter sich aus: keine Freude, keine ruhige Gelassenheit, sondern ein fieberhaft lebendiges Vibrieren wie zur Warnung vor einer stummen, jeden Augenblick bevorstehenden Gefahr. Etwas Panikartiges liegt in diesem Vogellärm: Als würden diese Vögel ihr letztes Wort sprechen und wissen, daß sie sich beeilen müs-

Der perfekte Frieden

sen, weil ihre Zeit abgelaufen ist. Hinter dem Vogelgeschrei flüstert der Wind wie ein Verschwörer mit den bläulichen Wipfeln. Und hinter dem Wind sind die Klänge von Erde und Stein, das Gären der schwarzen Tiefe, ein mattes, kaum wahrnehmbares Tönen, und etwas weht von den Ruinen des Dorfes herüber, von den östlichen Bergen, leicht wie die Finger des Mörders am Hals vor dem Ersticken. Heimlich wie das Rascheln von Seide betäubt ein Todesgerücht das Mark des Lebens. Still, Kind, nur still, sag kein Wort. Wenn du schläfst, kannst du hören, und wenn du hörst, wirst du ewig schlafen. Wer sich ausruht, wird ruhen, und wer laut ist, versäumt's.

Joni spürte eine zunehmende Veränderung am westlichen Horizont, zog es aber vor zu schweigen. Auch Asarja erkannte, was vor sich ging, und wußte, daß in drei, vier Stunden der Honig wieder ödem Winter Platz machen mußte. Doch er beschloß bei sich, die anderen diesmal nicht zu warnen, weil sie es nicht verdienten.

Einmal, in seiner Kindheit, als sie sich im schwarzen Keller eines verlassenen Bauernhofs versteckt hatten – irgendwo am Anfang, noch vor dem großen Treck nach Usbekistan, vielleicht nachdem sie aus der Stadt Kiew geflohen waren –, kochten und aßen sie eines Nachts eine kleine gelbe Katze. Wassily ben-Abraham, der Konvertit, hatte das Kätzchen mit einem Schlag auf den Kopf getötet, als es sich an sein Bein schmiegte, um gestreichelt zu werden. Wegen der Schneefälle draußen und der modrigen Luft im Keller ging das Feuer mittendrin aus, und so aßen sie die Katze halbroh. Sorsi, der Heulfritze, wollte nicht essen, obwohl er hungrig war, und als Wassily zu ihm sagte: »Wenn du nicht ißt, wirst du nie groß und kräftig sein wie Wassily«, weinte das Kind so sehr, daß Wassily ihm mit seiner roten, sommersprossigen Hand den Mund zuhielt und ihn leise anknurrte: »Wenn du nicht ruhig bist, mach ich dir buuuumm wie der Katze. Warum? Weil wir so hungrig sind, darum.«

Von plötzlicher Abscheu vor all seinen kleinen und großen Lügen gepackt, gestand Asarja sich ein, daß er schließlich ebenfalls von dem Fleisch der Katze gegessen hatte. Infolge dieser Erinnerung oder vielleicht infolge dessen, was Rimona über die Zwillingstanten Annette und Laurette gesagt hatte, steigerte Asarja Gitlin sich in eine neue Predigt hinein: »Ein Bursche wie du, Udi, sollte zum Beispiel nicht die ganze Zeit nach biblischen Zeichen zwischen den Dörfern suchen. Wenn ihr bloß in den Spiegel schaut, seht ihr die Bibel so etwa von Josua bis 2. Könige vor euch. Aber die Propheten und Schriftwerke, Psalter, Hiob und all das oder der Prediger, die werden hierzulande erst in 100 bis 200 Jahren ankommen. Das ist nicht das Gegenteil von dem, was ich vorher gesagt habe, obwohl vielleicht doch ein bißchen, weil sich die Geschichte bei uns sowohl kreisförmig vorwärts bewegt als auch, wie soll man sagen, im Zickzackkurs, wie sie uns das beim Militär beigebracht haben: Wenn du im Zickzack läufst, und sie schießen auf dich im Zick, bist du schon im Zack, und umgekehrt. In der Diaspora und noch davor haben die Juden nämlich angefangen, die ganze Nachbarschaft und die ganze Welt zu belästigen, weil sie der gesamten Umgebung beibringen wollten, wie man zu leben hat, was erlaubt und was verboten ist, was als gut und was als Sünde gilt, und damit sind wir allen auf die Nerven gegangen. Wie mein Onkel Manuel zum Beispiel, der Musiker, von dem ich euch erzählt hab. Der gehörte dem Königlichen Orchester an und war auch Professor und zudem noch ein guter Freund von König Carol, bis der König sich nicht mehr zurückhalten konnte und ihm eine goldene Medaille verliehen hat. Da mußte dieser Manuel doch mitten in der Feierstunde den Mund aufmachen und losdonnern wie ein zorniger Prophet gegen Luxus und Korruption und darüber, daß sie Jesus jeden Tag neu kreuzigen und sich dann noch Christen nennen. Deswegen hatten und haben die Gojim in allen Ländern der Diaspora einen tödlichen Haß auf uns, damit wir endlich aufhören, ihnen Moral zu predigen und sie mit all unseren Reinheitsgeboten und Erlösungen verrückt zu machen, wie man so sagt. Uns selber haben wir doch auch schon verrückt gemacht, und hassen tun wir uns ebenfalls. Jeder redet über den anderen und über sich selbst wie Hitler, nur haben wir nicht aufgehört, uns ständig selber zu bemitleiden, was für arme Schlucker wir doch sind, und was das überhaupt für eine Welt ist, und wo denn die Gerechtigkeit bleibt – entweder soll sie sofort auftauchen oder aber spurlos verbrennen, und das hat nicht irgendein Psychopath geschrieben, sondern Bialik höchstpersönlich. Heulfritzen waren wir, und Heulfritzen sind wir geblieben, sogar hier in Erez-Israel: ›Du kannst Sergej ruhig in einen neuen Anzug kleiden, zwischen Ehre und Schande wird er trotzdem nicht unterscheiden‹, sagt man auf russisch. Nur in den Kibbuzim sieht man jetzt schon mal ruhigere, wie soll ich sagen, ein bißchen langsame Typen ich möcht euch natürlich um Gottes willen nicht kränken –, solche, die anfangen, das Geheimnis des pflanzlichen Lebens und die Kunst der seelischen Ruhe zu erlernen. Und wenn sie was Grobes an sich haben, so gibt es das doch auch, sagen wir mal, in diesen

Olivenbäumen hier. Daraus folgt, daß man leben soll und wenig reden – und wenn schon reden, dann wie Udi, der uns einfach gesagt hat, das sei ein echt schöner Sabbat. Sehr gut, Udi. Ohne Moralpredigten und Heilsversprechen. Einfach leben und seine Pflicht tun. Hart arbeiten. Der Natur näherkommen. Sich dem, wie soll man sagen, Pulsschlag des Kosmos anpassen. Nehmt euch ein Beispiel an diesen Olivenbäumen. Laßt euch jede Sache Vorbild sein: die Anhöhe, die Felder, Berge und Meer, die Wadis, die Sterne am Himmel. Nicht ich, sondern bereits Spinoza hat uns diesen Vorschlag gemacht, in einem Wort – zur Ruhe kommen.«

»Dann beruhig dich doch«, lachte Anat los, als hätte man sie an der richtigen Stelle gekitzelt.

»Ich«, rechtfertigte sich Asarja mit einem schwachen Lächeln, »fange erst an zu lernen, wie man zur Ruhe kommt. Aber wenn du meinst, ich soll aufhören, euch zu langweilen, dann bin ich schon still. Oder soll ich euch jetzt vielleicht zum Lachen bringen?«

»Nein, Asarja«, sagte Rimona, »jetzt ruh dich aus.«

Woraufhin Udi genüßlich und wohlgezielt ein kleines Steinchen schleuderte, damit aus sechs, sieben Metern Entfernung die leere Feldflasche umwarf und dazu bemerkte: »Gut. Gehn wir.«

Tia hatte bereits die Hühnerreste aufgeknabbert. So vergruben sie nun die Abfälle in der Erde, schüttelten das Legionärstuch, das ihnen als Tisch und Decke gedient hatte, sorgfältig aus, um es dann zusammenzulegen, und die beiden Frauen pickten sich gegenseitig trockene Blätter und Grasstoppeln vom Rücken.

»Wer weint hier?« erregte sich Jonatan auf einmal, obwohl keiner etwas zu ihm gesagt hatte. »Das ist wieder meine verdammte Allergie, die jedesmal anfängt, wenn irgendwas ein bißchen zu wachsen beginnt. Ich müßte mich am besten in die Wüste verziehen, wie Asarja es empfohlen hat.«

»Ich hab so was nicht empfohlen, entschuldige mal.«

»Also dann wie dein Onkel gemeint hat, dieser Manuel, oder wie er sonst geheißen hat.«

»Gehn wir«, sagte Asarja knapp und äußerst sachlich. »Mein Onkel Manuel ist umgekommen, und heute veranstalten wir eine Wanderung und keine Heiligengedenkfeier. Gehn wir und fertig.«

Die Wanderer teilten sich in zwei Gruppen auf: Anat und Rimona wandten sich dem Wäldchen zu, um Steinpilze zu sammeln, während die Männer mit Tia den Hügel hinaufkletterten, um zwischen den Trümmern des Dorfes herumzusuchen. Innerhalb kürzester Zeit hatte Udi einen verzierten Tonring entdeckt, der einmal den Hals eines großen arabischen Kruges gebildet hatte. Diesen Fund schenkte er Asarja zur Versöhnung, aber unter der ausdrücklichen Bedingung, daß er keine neue Rede schwingen werde. »Du kannst ihn mit Erde füllen«, sagte Udi, »ihn auf einen Glasteller stellen und einen Kaktus hineinpflanzen, den ich dir geben werde.« Asarja überreichte Udi als Gegengabe einen Schleifstein, und Joni stieß auf ein Mühlsteinfragment, das man vorerst an Ort und Stelle belassen mußte, bis die Wege trocken genug sein würden, um es mit Traktor und Wagen abzuholen. Die Ruinen von Scheich-Dahr zeigten auch siebzehn Jahre nach dem Tod des Dorfes noch Anzeichen von Leben und schenkten, gleich einem verlassenen Obstgarten, alles dem, der zu nehmen bereit war. Doch Asarja erschrak auf einmal und packte Udi am Hemd: »Vorsicht«, flüsterte er, »Gefahr! Hier ist jemand. Man spürt Rauchgeruch.«

Nach kurzer Stille sagte Jonatan leise: »Er hat recht. Irgendwo gibt's hier Rauch, ich glaub, er kommt aus der Moschee.«

»Seid vorsichtig«, riet Asarja, »es könnte mein Nachbar sein, Bolognesi. Ich hab ihn heut morgen alleine weggehen sehen.«

»Sei einen Augenblick ruhig.«

»Oder irgendein Wandersmann, so ein Naturfreund oder ein Archäologe – oder jemand, der die Einsamkeit sucht.«

»Sei ruhig, hab ich gesagt. Laß einen doch mal hören.«

Aber es waren nur die Geräusche des Kibbuz, die der Wind aus weiter Ferne herübertrug. Die ganze Freude über das Licht war ihnen unterwegs abhanden gekommen, so daß diese Laute hier sonderbar traurig ankamen, als würde ein Grab unter den Bäumen des Friedhofs gegraben: rhythmisches Pochen, mattes Blöken, dumpfes metallisches Klopfen, das heisere Tuckern eines Motors.

»Gut«, sagte Udi mit tiefer Bauchstimme, »paßt auf. Man kann nicht wissen, wer sich hier rumtreibt, und wir sind unbewaffnet. Vielleicht ist er gefährlich.«

»Wer?«

»Der da, vor dem sie uns gewarnt haben, weil er vor einer Woche aus dem Gefängnis entflohen ist. Der Würger.«

»Bolognesi?«

»Red doch jetzt keinen Quatsch. Joni, hör mal. Statt mit eingezogenem Schwanz das Weite zu suchen, sollten wir ihn vielleicht lieber fangen!«

»Laß doch«, knurrte Joni, »hör auf, Räuber und Gendarm zu spielen. Wir holen jetzt unsere Frauen da unten ab und gehen zusammen nach Hause. Genug für heute.«

»Wart mal einen Augenblick. Warum nicht? Du mußt bedenken, daß wir zwei, drei sind, und er ist allein. Ohne weiteres kriegen wir den, wenn wir's nur gescheit anstellen. Hauptsache, wir nutzen den Überraschungsmoment. Ich wette, dieser Dreckskerl liegt in dieser verfallenen Moschee und pennt.«

»Ich schlage vor...«

»Du schlägst gar nichts vor. Du beruhigst dich jetzt, oder ich schick dich zu den Frauen runter. Na, Joni: Action?«

»Meinetwegen«, sagte Joni achselzuckend, als würde er einem fußstampfenden Kind nachgeben. Und Asarja schloß sich an mit den Worten: »Ich meld mich freiwillig, als erster reinzustürmen.«

»Hier wird nicht gestürmt«, befahl Udi ruhig. »Wir haben keine Waffe. Er vielleicht schon. Aber unser Vorteil besteht darin, daß er nicht weiß, ob wir welche haben und wie viele wir sind. Womöglich schläft er überhaupt. Asarja, hör gut zu. Du bleibst hier. Rühr dich nicht vom Fleck. Heb mit beiden Armen einen anständigen Stein hoch – da, den da – und warte an der Ecke hinter der Wand. Ohne Bewegung und ohne einen Laut. Wenn er zufällig hier längs rennt, läßt du ihn vorbeilaufen und gibst ihm eins von hinten drauf. Auf den Kopf. Bis hierher alles klar?«

»Bis hierher prima.«

»Joni, geh mit deiner Hündin dort runter und schneid ihm den Weg von dieser Seite ab. Aber in aller Stille. Ich schleich mich allein zum Eingang vor, geh in Deckung und brüll ihn an, er solle mal schön artig mit erhobenen Händen rauskommen. Ihr paßt auf: In dem Augenblick, in dem ich schreie, macht ihr einen Mordskrach, als wären hier ganze Heerscharen aufgezogen, und die Hündin soll mitbellen, damit er denkt, da hätten mindestens zwei Kompanien Aufstellung genommen.«

»Fabelhaft«, kicherte Asarja in leiser Bewunderung.

»Also folgendermaßen: Wenn er schießend herausstürmt, fallen wir alle flach auf den Bauch und lassen ihn ungehindert entfliehen. Aber wenn seine Hände leer sind, hau ich ihn um, und ihr kommt mir zur Hilfe gerannt. Fertig? Los.«

Wir sind Menschenbrüder, schoß es Asarja mit wilder Freude durch den Kopf, Brüder mit Leib und Seele, und wenn wir uns gleich in unserem

Blute winden, macht es nichts, gar nichts. Wunderbarer, viel wunderbarer auf deinen Höhen, das ist die Liebe, das ist das Leben, und wenn wir sterben, sei's drum. Und Joni murmelte lautlos vor sich hin: Meinetwegen. Sicher. Was macht das schon.

Fern von der Anhöhe herunter hörten Anat und Rimona, wie ein langgezogener, gräßlicher Schrei die Honigstille zerriß. Eine lebende Seele fand sich nicht in der zerstörten Moschee. Kalt, dunkel und feucht war der Innenraum. Nur rauchende Aschenreste bemoosten Reisigs gab es dort, es stank säuerlich nach Urin, und einige ziemlich neu aussehende Zigarettenkippen lagen herum. Udi entdeckte beim Herumstöbern ein von grünen Fliegen umwimmeltes Kothäufchen. Der Vogel war ausgeflogen. Gleich würde der Todeszauber nachlassen; ein schales, fades Gefühl breitete sich im Herzen aus. Nichts. Weg war er. Alles still. Wieder ergriff Jonatan ein mattes Sehnen. Er legte Asarja die Hand auf die Schulter, sagte nachdenklich: »Das wär's«, und fügte auch noch hinzu, »mein Freund.« Aber Udi Schneor trieb sie an, schnell nach Hause zurückzukehren, um Etan R., der für die Sicherheit des Kibbuz verantwortlich zeichnete, unverzüglich mitzuteilen, was sie in Scheich-Dahr entdeckt hatten. Trotzdem vergaßen die Ausflügler nicht, die gesammelten Pilze, die anderen Kostbarkeiten und auch eine kleine Schildkröte mit nach Hause zu nehmen, die Asarja Gitlin bei der Erstürmung des Gebäudes gefunden und aus lauter Liebe mit dem Namen Klein-Jonatan belegt hatte, was er aber keinem Menschen anvertraute.

Etan R. rief die Polizei an, die wiederum das Bezirkskommando der Streitkräfte und die Grenzschutztruppen verständigte. Der Samstagstumult begann. Bei Abendanbruch durchkämmten Sicherheitskräfte das Dorf und seine Umgebung, die Obstgärten des Kibbuz und die drei Wadis. Wegen des schlammigen Bodens kam die Suchaktion nur schleppend voran, und bis zum Einsetzen der Dunkelheit hatte man keine weiteren Anhaltspunkte gefunden. Selbst die Spürhunde konnten nicht viel ausrichten. Etan schlug vor, die Aktion auch während der Nacht fortzusetzen und dabei Leuchtraketen abzuschießen. Auf Udis Rat wurde die Wache verdoppelt und der große Suchscheinwerfer auf dem Wasserturm in Betrieb gesetzt. Vor Einbruch der Dämmerung hatte man sogar von einem leichten Aufklärungsflugzeug gesprochen, das das Gelände von oben überprüfen sollte.

»Ich«, sagte Asarja, »bin auf diese Spuren gestoßen. Und bedenkt, daß ich euch schon gleich beim Abmarsch gewarnt hab.«

»Mit ein bißchen Glück hätten wir den ohne weiteres fangen können«, sagte Udi.

»Gut, erledigt«, sagte Jonatan.

Und Rimona fügte hinzu: »Jetzt seid ihr müde. Jetzt werden wir uns ausruhen.«

Um drei Uhr nachmittags, noch bevor die ersten grünlichen Jeeps eingetroffen waren, saßen die Ausflügler in der Wohnung von Anat und Udi zum Kaffeetrinken vor dem samstäglichen Mittagsschlaf. Wortführer war Udi: Er rekapitulierte seinen Einsatzplan, dessen zügige Verwirklichung – das Ganze hatte seiner Ansicht nach weniger als vierzig Sekunden gedauert – und stellte Vermutungen darüber an, was alles hätte passieren können. Rimona lauschte, als verfolge sie einen anderen Gedankenfaden, nicht den aktiven Handelns jedenfalls, und so ließ ihre Aufmerksamkeit nach und kehrte sich nach innen. Schweigend und in sich versunken, saß sie mit gekreuzten Beinen auf der Matte, mit den Oberschenkeln an Jonatan und mit den Schultern an Asarja gelehnt, der insgeheim bemüht war, sich ihren langsamen Atemzügen anzupassen. Anat kümmerte sich um die Bewirtung.

Aus Geschoßkapseln sprossen hier mächtige Dorngewächse, das von Kugeln durchlöcherte Fell einer Hyäne war zum Schmuck über eine Wand gespannt, arabische Kaffeekannen in groß und klein, flach und bauchig, aus versilbertem oder verrußtem Kupfer, standen auf verschiedenen Regalen herum, eine altehrwürdige Wasserpfeife zierte den Kaffeetisch, und in einem verkohlten Stahlhelm wuchs eine verästelte Tradeskantie, im Volksmund auch »Wandernder Jude« genannt. An der Rückwand der Tür waren orientalische Krummsäbel angenagelt. Von der Zimmerdecke baumelte am Patronengürtel eines Maschinengewehrs ein Leuchter mit drei Glühbirnen, deren Fassungen in drei Handgranaten steckten. Die Möbel waren aus geflochtenem Korb: niedrige Hocker, eine Matte, dazu ein Kupfertablett mit eingravierten arabischen Buchstaben, das, auf eine Munitionskiste gestellt, als Tisch diente. Der Kaffee in den schwarzen Tontäßchen verströmte den Geruch von Kardamom. Udi hatte die Absicht, sich gleich an der Treibjagd zu beteiligen, die jetzt in der ganzen Gegend einsetzen würde. Allerdings sah er Schwierigkeiten voraus und hegte Zweifel, was den erfolgreichen Ausgang betraf. Wenn es der entflohene Häftling gewesen war, hatte der sicher längst die Landstraße erreicht und war von dort nach Haifa getrampt. Und wenn es sich um Fedajin gehandelt hatte, waren die sicher noch vor Tagesanbruch zurück über die Grenze geschlüpft, um sich dort wieder in ihre schwarzen Löcher zu verkriechen. »Und da verlaßt euch man auf diesen Nebbich, diesen Eschkol, daß ihnen dort absolut nichts passiert und sie jetzt dasitzen und uns auslachen mit ihrer schwarzen Lache.« Danach sprach er über die Einkünfte aus der letztjährigen Baumwollernte und über den Kuhstall, der ständig Verluste machte, aber bloß wegen des alten Stutschniks nicht abgeschafft werden durfte. Vielleicht wisse Asarja ein Sprichwort für diesen Irrsinn. Nein?

Statt dessen erbot sich Asarja plötzlich, die Stimmung durch ein Zauberkunststück zu heben, wobei er einen Teelöffel tief in den Mund schob, um ihn dann, verschämt lächelnd, wieder aus den Krempen seiner guten Gabardinehose zu ziehen, die im Schlamm schmutzig geworden war.

»Er hat eins«, sagte Rimona.

»Was?« fragte Anat.

»Er hat ein passendes Sprichwort«, erwiderte Rimona, woraufsie leise und ohne den Blick zu heben deklamierte: »Wer nie wurd mit demütigender Niederlage beladen, ist auch nicht wert der Erlösung Gnaden.«

»Genug jetzt mit diesem Zauber des Tschad«, sagte Joni. »Wir legen uns ein bißchen schlafen. Asarja kann mit zu uns kommen, statt wieder bis zu seiner Baracke zu traben. Soll er sich bei uns ausruhen. Auf der Couch. Rimona wird sicher nichts dagegen haben. Gehn wir.«

»In Ordnung«, sagte Rimona, »ihr habt's beide gewollt.« Sie machten sich vor vier Uhr auf den Weg, doch schon hatte sich das warme hellblaue Licht verzogen; schmutziges Grau legte sich drückend über die Dächer der weißen, symmetrisch angeordneten Häuser. Wind kam in kurzen, scharfen Böen von Nordwesten her auf. Alle Fensterläden waren bereits fest geschlossen, die Bettwäsche war eilig von den Leinen eingeholt worden. Weder Mann noch Frau, noch Kind zeigten sich im Dorf, als um Viertel vor vier der Himmel mit fernem Donner zu grollen begann. Irgend etwas Dünnes, Durchsichtiges lastete über allem. Wieder hallte ein Donner wie ein böser Vorbote durch die Luft, dann zuckte mit wildem Feuerschein ein glühender Blitz von Horizont zu Horizont, und der letzte Rest Stille erstickte im Donnerhagel. Die ersten Tropfen fielen; gleich darauf prasselten Wassergüsse nieder, als sollte die Erde gepeitscht werden. Schwer atmend und triefend naß stürzten sie ins Haus. Joni drückte die Tür auf, warf sie hinter ihnen zu und sagte: »Wir haben's geschafft.«

»Ich hab's euch ja gesagt«, prahlte Asarja. »Macht nichts. Soll's eben. Seid nicht weiter traurig, denn ich hab euch ein Geschenk mitgebracht: eine kleine Schildkröte. Da, nehmt sie.«

»Jonatan, der kleine Mann, hat offengelassen die Türe, und nun brummt der Kopf dem armen Tropf, als ob ihm Schnupfen gebühre«, zitierte Rimona lächelnd ein Kinderlied.

»Tia, kusch dich«, rief Jonatan. »Daß du die Schildkröte nicht anrührst. Auf der Veranda habe ich einen leeren Karton für sie, Rimona. Jetzt wollen wir uns ausruhen.«

»Starker Regen draußen«, sagte Rimona. Die Läden schlugen gegen die Fensterkanten, und das Wasser spritzte über die Scheiben. Ich, dachte Jonatan Lifschitz bei sich, könnte jetzt unterwegs sein. Vielleicht in einer Sturmbucht der Biskaya. Und im selben Augenblick beschloß er: Die Hündin bleibt bei ihnen.

Das Abendbrot aßen die drei im Haus, denn der Regen wollte nicht aufhören. Rimona stellte Joghurt, Rühreier und Salat auf den Tisch. Durch die nassen Scheiben sah man bis über den Kopf in Regenmäntel gewickelte Menschen, die, Kinderbündel im Arm, gebückt im trüben Licht vorbeirannten. Von all den morgendlichen Vögeln lärmte nur noch einer mit lautem, schnellem Tschirpen, als würde irgendwo ein automatisches Signal Notalarm geben. Asarja wollte jetzt keine Minute länger die Last der Lüge tragen: Noch in diesem Augenblick mußte er alles eingestehen, und wenn sie ihn dann verachteten, mußten sie es tun, und wenn sie ihn aus dem Haus warfen, waren sie völlig im Recht, und er würde dahin zurückkehren, wo er hingehörte – zu Bolognesi, in die heruntergekommene Baracke. Ja, er hatte sie angelogen heute morgen. In bezug auf die Katze. Welche Katze? Von der er ihnen erzählt hatte – aus seiner Kindheit im russischen Winter, auf einem verlassenen Bauernhof – von seiner Katze, die Wassily, der Konvertit, Abram ben-Abram, gekocht hatte und die alle außer ihm gegessen hatten. Nur Schwindel. Es stimmte schon, daß er damals geweint hatte wie niemals sonst in seinem Leben und daß Wassily ihm gedroht hatte, ihn umzubringen, daß sie alle hungrig gewesen waren und er auch, so daß sie das Moos von den Kellerwänden abgekratzt und gekaut hatten, bis ihnen der Speichel aus dem Mund troff; auch hatte Asarja von dem

Katzenfleisch unter Heulen und Würgen nur drei oder vier Bissen gegessen, aber was er heute morgen gesagt hatte, war eine infame Lüge gewesen, denn er hatte wie alle gegessen.

»Stimmt nicht«, sagte Rimona, »du hast uns nicht von dieser Katze erzählt.«

»Vielleicht hab ich's nur erzählen wollen und dann Angst gekriegt. Das ist noch abscheulicher.«

»Er weint«, sagte Jonatan, blaß geworden, und fügte einen Augenblick später hinzu: »Du mußt nicht weinen, Asarja. Wir können ja ein bißchen Schach spielen.«

Rimona beugte sich plötzlich mit einer flinken, wohlberechneten Bewegung zu Asarja, wobei ihre kühlen Lippen leicht die Mitte seiner Stirn streiften. Da nahm er den Salatrest und das Rührei vom Teller, stürzte damit in den Regen hinaus, rannte lautlos wimmernd davon, taumelte und fing sich wieder, setzte über Pfützen, trat Büsche nieder, versank im Matsch und befreite sich erneut, bis er in seine Baracke kam und dort Bolognesi laut schnarchend unter den rauhen Armeewolldecken vorfand. Er stellte den mit Regenwasser getränkten Teller ab, schlich sich auf Zehenspitzen wieder hinaus, rannte den ganzen Weg zurück, zog an der Tür seine dreckverschmierten Schuhe aus und verkündete mit Siegermiene: »Ich hab euch die Gitarre mitgebracht. Jetzt können wir spielen und singen, wenn ihr möchtet.«

»Bleib hier«, sagte Jonatan Lifschitz, »draußen gießt es.«

Und Rimona sagte: »Ja, du kannst spielen.«

Draußen wütete den ganzen Abend über der Sturm, und von Zeit zu Zeit zog wieder ein Gewitter auf, bis schließlich der Strom ausfiel. Die Sicherheitskräfte mußten ihre Suchaktion einstellen und kehrten durchnäßt in ihre Stützpunkte zurück. Asarja spielte, bis die Lichter ausgingen, und auch noch später im Dunkeln – unermüdlich.

»Und unsere Schildkröte«, sagte Jonatan mit Nachdruck, »werden wir morgen früh in die Freiheit entlassen.«

In derselben Nacht, gegen ein Uhr morgens, nachdem er endgültig die Hoffnung aufgegeben hate, doch noch Schlaf zu finden, und spürte, daß es sein Bett war, das ihm diese stummen Todesahnungen eingab, stand Jolek, der Kibbuzsekretär, auf, hüllte sich in seinen Flanellmorgenrock und schlüpfte ächzend in die Hausschuhe. Wut erfüllte sein Herz, weil

Chawa das Nachtlicht in der Toilette gelöscht hatte. Als er merkte, daß der Strom wegen des Gewittersturms ausgefallen war, legte sich sein Zorn durchaus nicht, sondern er häufte nun leise, polnische Worte des Hohns über sich und sein Leben. Unter erheblichen Anstrengungen gelang es ihm, die Petroleumlampe zu finden und anzuzünden, ohne seine Frau dabei zu wecken. Nun setzte er sich an den Schreibtisch, stellte den Docht höher und dann wieder niedriger, ärgerte sich über den Ruß und die Notwendigkeit, das Rauchen zu lassen, setzte die Brille auf und verfaßte bis drei Uhr morgens in stürmischer Stimmung einen langen Brief an Levi Eschkol, den Ministerpräsidenten und Verteidigungsminister.

7.

Mein lieber Eschkol,

Du wirst Dich sicher über diesen Brief wundern und erst recht über einige Punkte seines Inhalts. Vielleicht wirst Du sogar böse auf mich werden. Aber ich bitte Dich: Tu's nicht. Öfter hast Du bei Auseinandersetzungen zwischen uns – wenn Dir die sachlichen Argumente ausgegangen waren – die alte Spruchweisheit zur Verteidigung herangezogen: »Beurteile deinen Nächsten nicht, bis du an seine Stelle gekommen bist.« Heute möchte ich, mit Deiner Erlaubnis, dieses Argument einmal selbst für mich in Anspruch nehmen. Bitte hab Nachsicht mit mir.

Diese Zeilen schreibe ich unter Schmerzen. Und Du, der Du stets ein offenes Ohr für die Sorgen eines Genossen hast, wirst vielleicht etwas überrascht, aber doch nicht ungehalten sein. Erst vor einigen Tagen, auf der Parteitagung in Tel Aviv, hast Du Dich plötzlich auf einem leeren Stuhl zu meiner Rechten in der sechsten oder siebten Reihe niedergelassen und mir etwa folgende Worte ins Ohr geflüstert: »Hör mal, Jolek, du alter Renegat, du fehlst mir jetzt nach Strich und Faden.« Und ich in meinem Starrsinn habe Dir ungefähr so geantwortet: »Aber sicher – ich hätt dir jetzt gerade noch gefehlt«, worauf ich flüsternd hinzufügte: »Unter uns gesagt, Eschkol, wenn ich zu solchen Zeiten in die Dinge eingeweiht wäre, würde ich mal ordentlich dreinhauen auf diese Halunken, die um dich herumschwirren und dir nur Unheil bringen.« »Nu?!« hast Du schmunzelnd bemerkt und dann seufzend, mehr zu Dir als zu mir gewandt, angefügt: »Nu, nu.«

So ein Ton herrscht zwischen uns nach über dreißig Jahren. Sechsunddreißig, beinahe siebenunddreißig sind es schon. Übrigens, ich hab's nicht vergessen: Im Oktober oder November 1928 bin ich in meiner Verzweiflung zu Dir gekommen – da haben wir uns das erste Mal getroffen. Du warst damals Schatzmeister des Kibbuzverbands Chewer Hakwuzot, und ich hab Dich buchstäblich angefleht um eine kleine Spende für unsere Siedlergruppe, die gerade aus Polen eingewandert war und nun einsam und mittellos irgendwo in Galiläa saß. »Keinen Piaster kriegt ihr von mir«, hast Du gebrüllt und Dich gleich darauf mit dem Satz gerechtfertigt: »Die Armen deiner eigenen Stadt gehen vor.« Damit hast Du mich zum Siedlungsbeauftragten Harzfeld geschickt. Naja. Harzfeld hat mich natürlich sofort zu Dir zurückgeschickt. Du hast Dich schließlich erweichen lassen und uns was geliehen, was Du scherzhaft als »Schweigegeld« bezeichnet hast. Ich habe es nicht vergessen. Und auch Du – spiel bitte nicht den Unschuldigen – hast es nicht vergessen. Kurz gesagt, das ist immer schon der Ton zwischen uns gewesen. Siebenunddreißig Jahre. Übrigens: Viel Zeit bleibt uns nicht mehr. Die Rechnung ist fast beglichen. Dabei schulden wir einander noch manches für Sünden, die wir hier und da begangen haben – »mit verleumderischer Zunge und beschämender Rede«. Naja. Verzeih und vergib mir alles. Denn auch ich hab Dir vergeben (abgesehen von der Pardes-Chana-Affäre, die ich Dir nicht einmal im Jenseits verzeihen werde). Mir wird weh ums Herz. Unsere Zeit ist vorüber, Eschkol, und – möge meine Zunge nicht sündigen – unser Opfer ist umsonst gewesen. Da ist nichts mehr zu retten. Was nach uns kommt, versetzt mich in Zittern und Beben, um nicht zu sagen, in Angst und Schrecken: Skythen, sag ich Dir, Hunnen, in der Partei, in der Verwaltung, beim Militär, im Siedlungswesen; von allen Seiten rücken die Tataren vor. Und dann erst diese simplen Halunken, die sich bei uns so erschreckend vermehrt haben. Kurz: Wer weiß besser als Du, welch böser Wind im ganzen Lande weht. Und Du? Du trägst das Joch der Verantwortung, knirschst sicher auch mal insgeheim mit den Zähnen – und schweigst. Oder seufzst höchstens mal in Deinen Ärmel rein. Dabei könnten wir mit unserer letzten Kraft vielleicht noch etwas tun, könnten uns mit unseren alten Rücken standhaft der Flut entgegenstemmen. Naja, dieser Brief soll ja keine Polemik eröffnen. Wir sind schon alt, mein teurer Freund und Gegner, leben sozusagen vom noch vorhandenen Rest des Kapitals, sind – pardon – so langsam am Verlöschen. Ich brauche nur einen Blick auf Dein Gesicht zu werfen, um

Der perfekte Frieden

zu sehen, wie Dich dieser üble Wind da martert und verfolgt. Auch mir macht er eine Gänsehaut. Übrigens vergib mir, wenn ich mit der Bibel sage, daß Du in letzter Zeit auch wirklich erschreckend dick und fett geworden bist, in körperlicher Hinsicht, meine ich. Paß auf Dich auf! Bedenk doch, daß nach uns, wie die Franzosen sagen, nur noch die Sintflut kommt.

Na. Ich bin ein bißchen abgeschweift. Hör zu. Von jetzt ab werde ich mich äußerst kurz fassen. Ich muß endlich zum Kern der Sache kommen. Aber was, in Gottes Namen, ist der Kern der Sache? Gerade darüber zermartere ich mir den Kopf. Es ist Nacht jetzt, Winter, nach Mitternacht, und draußen peitscht der Regen und richtet die Winterernte zugrunde, die sowieso schon auf dem Halm verfault vor lauter überschüssigem Segen. Zu allem Ärger ist der Strom bei uns ausgefallen. Ich schreibe Dir beim Licht der rußenden Petroleumlampe. Und diese Lampe bringt unwillkürlich verschiedene Erinnerungen ins Rollen, die mich – zugegebenermaßen – in Deine Nähe versetzen. Ich hab Dich doch schlicht und einfach geliebt damals. Und was war daran schon Besonderes: Wer hat Dich nicht geliebt in jenen Tagen? Du warst, mit Verlaub, einmal ein sehr schöner Bursche. So ein großer, dunkler, kräftiger Typ – der einzig Große in einer ganzen Sippschaft von kleinen Untersetzten – halb feuriger Zigeuner, halb stämmiger Ukrainer, ein Herzensbrecher und dazu noch ein begnadeter Tenor. Unter uns gesagt, ich will nicht leugnen, daß wir Dich damals sehr beneidet haben. Einen erotischen Typ nannten Dich unsere Mädchen mit schmachtendem Blick. Und Harzfeld pflegte Dich hinter Deinem Rücken als Kosaken zu betiteln. Ich selbst, warum sollte ich es verhehlen, bin nie ein Valentino gewesen. Schon seinerzeit hatte ich eben diese Visage eines bösartigen Intelligenzlers. Wie hat mich das wütend gemacht.

Aber jetzt hat der Himmel uns Gerechtigkeit widerfahren lassen. Du bist, mit Verlaub, ein beleibter, glatzköpfiger alter Sünder und ich desgleichen: fett und mit schütterem Haar. Wie zwei wohlhabende, greise Spießbürger, einer wie der andere bebrillt. Noch sind wir ein wenig sonnenverbrannt, aber die Krankheiten zehren uns rapide aus. Kein Knochen wird bei uns auf dem anderen bleiben. Wir liegen in den letzten Zügen, und an unserer Stelle kommen die Skythen. »Visage eines bösartigen Intelligenzlers« ist übrigens ein Ausspruch meiner Kameradin Chawa. Eine harte, äußerst gewiefte Frau ist sie, aber auch hingebungsvoll bis zum letzten. Ihr Herz – ich weiß nicht, ob wir darüber mal gesprochen haben – galt in ihrer Jugend irgendeinem kriminellen Schwachkopf. Aber ihr klarer Verstand hat sie aus seinen Klauen gerettet, während ihr starker Ehrgeiz sie zu mir führte. Ich habe ihr, wie es meine Art ist, alles verziehen. Nur ist sie sozusagen bis auf den heutigen Tag nicht fähig, mir meine Vergebung zu verzeihen. Warum soll ich es vor Dir verbergen: Ich bin ein schlechter Mensch. Von Grund auf schlecht bis ins Mark meiner alten Knochen. Dabei aber vielleicht einer jener sechsunddreißig völlig Schlechten, auf denen unsere Welt beruht: Einer von denen, die ihre Seele hingegeben, sie ganz wörtlich und real auf dem Altar der Idee geopfert haben, der wir in unserer frühen Jugend verfallen sind. Einer von denen, die ihre Schlechtigkeit dazu geführt hat, »an unserer Lehre und unserem Dienst und auch an unseren guten Taten« festzuhalten, wie es schon weiland Schimon der Gerechte in den »Sprüchen der Väter« gefordert hat. Hör auf mich, mein lieber Eschkol, wir haben doch in unserer Schlechtigkeit so manche guten Taten vollbracht, die uns selbst der Teufel nicht mehr nehmen kann. Nur daß die Schlechtigkeit auch stets mitgemischt hat – in Form unserer Durchtriebenheit, die unsere verrückten Hasser jetzt als verschlungene Altmännerlist bezeichnen. All unsere arglistigen Ränke und Pläne haben wir schließlich nicht etwa zur Jagd nach materiellem Gewinn und nach den Freuden des Fleisches geschmiedet, sondern für gute Taten. Allerdings haben wir, um ehrlich zu sein, Amt und Ehren nie gescheut, weder damals noch heute. Aber insgesamt betrachtet, waren wir, wenn man so will, »Schlechte im Namen des Himmels«, deren Schlechtigkeit geradezu religiöse Prägung besaß. Wir haben der Sache sozusagen mit unserem schlechten und guten Trieb gleichzeitig gedient. Damit ist unsere Schlechtigkeit Welten von der Gemeinheit dieser neuen Schufte entfernt, die sich jetzt in Deinem und meinem Umkreis vermehrt haben, wohin man nur blickt. Naja. Alles fertig, Ende. Du bist, mit Verlaub, ein alter, aufgeschwemmter Fettwanst, schlimmer, verzeih mir, als auf den häßlichsten Karikaturen, und ich bin ein krummbuckliger, mürrischer Tattergreis, der auch ein bißchen schwerhörig ist. Und sehr krank noch dazu.

Aber auch das ist nicht die Hauptsache. Diesmal schreibe ich nicht etwa, um mit Dir zu streiten. Das haben wir schon mehr als genug getan, Du und ich. Im Gegenteil sollten wir uns lieber ein bißchen aussöhnen, wir beiden, von unseren Wüsteneien der Einsamkeit aus. Deswegen will ich mit Dir nicht noch einmal die Lavon-Affäre mit ihrem ganzen Drum und Dran abhandeln. Alles, was ich darüber zu sagen hatte, habe ich be-

Der perfekte Frieden

reits gesagt – sowohl in Deiner Gegenwart als auch in der Presse. Und tief im Innern weißt Du sehr wohl, daß sie Dich wegen Deiner hübschen Taten in dieser Affäre noch schön langsam auf kleiner Flamme in der Hölle braten lassen. Machen wir also einen Schlußpunkt. Der Kern der Sache liegt darin, daß wir besiegt worden sind, mein lieber Eschkol, ein für allemal besiegt. Die Hand weigert sich, dies niederzuschreiben, aber die Wahrheit hat den Vorrang. Aus und vorbei ist unser schwieriges Kapitel, mein Lieber. Und jetzt ist es schon ein Uhr morgens. Morgen ist der 15. Schwat, Neujahrsfest der Bäume, Frühlingsanfang – eigentlich schon heute, nicht erst morgen –, und der Regen fällt und fällt wie ein Fluch. Umsonst war also unsere Hingabe, umsonst haben wir geträumt, vergebens all unsere jahrelang mit feiner List gesponnenen Komplotte, das Volk Israel – na unsere Jidden eben – aus ihren eigenen und der Gojim Klauen zu befreien. Alles für die Katz. Der üble Wind reißt jetzt das Ganze wieder raus. Mit Stumpf und Stiel. Ein Herzensopfer, sag ich Dir: in Stadt und Land, in den Kibbuzim und besonders natürlich in der Jugend. Der Teufel hat seinen Spaß mit uns getrieben. Wie ruhende Krankheitserreger haben wir die Keime der Diaspora mit uns hier eingeschleppt, und vor unseren Augen wächst nun eine neue Diaspora heran. Aus dem Regen in die Traufe, sag ich Dir. Du mußt entschuldigen. Donner und Blitz wüten hier vor meinem Fenster, und der Strom ist, wie gesagt, ausgefallen. Schluß und vorbei. Die Augen brennen mir, aber das Herz drängt mich beharrlich zum Weiterschreiben. Übrigens hab ich's sehr schwer. All diese Zigaretten rauben mir das letzte bißchen Atem, und ohne sie verlier ich beinahe den Verstand. Aber ein Gläschen Kognak, so ein klitzekleines auf das Wohl des Teufels, werd ich jetzt trinken, da kannst Du sicher sein. Lechajim!

Mein lieber Eschkol, hört man auch bei Dir, in Jerusalem, aus der Tiefe, aus dem Bauch von Sturm und Unwetter das Heulen eines Güterzugs in der Dunkelheit? Nein? Vielleicht doch? Dann würdest Du nämlich besser die Stimmung verstehen, aus der heraus diese armseligen Zeilen geschrieben werden. Ich, teurer Freund, erinnere mich plötzlich an die Verse Rachels, die Du einmal in Schmerz und Erregung zu deklamieren wußtest: »Und vielleicht hat es die Dinge nie gegeben. Warst du, oder hab ich nur geträumt einen Traum.«

Na. Und wie es Dinge gegeben hat: Träume, loderndes Feuer in der Brust, selbstlose Hingabe und auch Listen, Alter und bittere Enttäuschung. Ja, das hat es gegeben. Und jetzt ist es für uns an der Zeit zu sterben, oder wir sind bereits – Gogol möge mir vergeben – tote Seelen. Du bitte verzeih mir, daß ich all diesen Kummer bei Dir ausschütte. Und was, wenn ich fragen darf, machen Deine Töchter? Naja. Ich hab nicht gefragt, und Du brauchst nicht zu antworten. Mit Söhnen wie den meinigen kann man keine Dynastie begründen. Im Gegenteil. Der eine ist ein Phlegmatiker und der andere ein Melancholtschik. Flausen hat er im Kopf: Selbstverwirklichung, Nabelschau, nervöses Getue, weichliche Anwandlungen, die große Welt, verbaute Chancen, der Teufel weiß, was noch. Übrigens wirst ja auch Du das kennen. Und diese langen Haare: alles Künstler sozusagen. Eine ganze Generation von Künstlern. Alle immer so halb im Schlaf. Und ohne jeden Widerspruch dazu auch sportversessen: Wer den Ball gekickt hat, wer ihn verfehlt hat und so weiter und so fort. A groisse Sach. Ben Gurion hat einmal in einem seiner überschwenglichen Momente gesagt, uns sei es gewissermaßen gelungen, menschliche Spreu in ein Volk zu verwandeln; das Würmlein Jakobs hätten wir zum herrlichen Gazellenbock Israels gemacht. Demzufolge sind wir also die Spreu und das Würmlein, während die da mit ihrem langen Haar und beschränkten Verstand das ersehnte Bild des herrlichen Gazellenbocks verkörpern. Wie hat Altermann doch geschrieben? »So wundersam wie die Geburt des Schmetterlings aus dem niederen Wurme.« Wer das hört, muß sich einfach krank lachen, sag ich Dir. Hier haben wir doch ein Amerika der armen Leute vor uns: klein, stickig, häßlich und von schwächlicher Banalität zerfressen.

Übrigens bist auch Du schuld daran. Da hilft Dir nichts. Wenn ich jetzt an Deiner Stelle wäre, würd ich mit eiserner Hand all dies Gejaule im Radio zum Schweigen bringen – einschließlich der Reklameliedchen. Von morgens bis abends wird das Land doch von so einer Negersexmusik überflutet, zur Abstumpfung der Sinne mit absolut mörderischen Untertönen: Trommelwirbel aus dem Dschungel, Jazz und Rock 'n Roll, als ob wir alle in dieses Land gekommen wären, um die Wälder Afrikas hierher zu verpflanzen und uns endlich in Kannibalen zu verwandeln. Als ob es Chmjelnizki une Petljura und Hitler und Bevin und Abd el-Nasser nie gegeben hätte. Als ob die verbliebenen Reste des jüdischen Volkes sich nur dazu aus den vier Enden der Erde hier versammelt hätten, um nun mal eine richtige Orgie zu veranstalten.

Naja. Wir wollen jetzt nicht abrechnen. Auch Du bist es schon müde geworden, gegen den üblen Wind anzukämpfen. Da kommt doch mein älte-

Der perfekte Frieden

rer Sohn dieser Tage und teilt mir mit, die Werkstatt sei nichts für ihn. Und der Kibbuz auch nicht. Und Erez-Israel sei ja nun, bei aller Achtung, nur ein abgelegenes Eckchen in dieser großen weiten Welt. In diese weite Welt müsse er hinausziehen, um etwas zu erleben und Erfahrungen zu sammeln, ehe er sich entscheiden könne, wie er seinen Lebensweg zu gestalten habe. Philosophische Erleuchtung ist ihm da plötzlich aus den Höhen zuteil geworden, und so hat er die weltbewegende Entdeckung gemacht, daß man nur einmal lebt. Und daß das Leben kurz ist. Nicht mehr und nicht weniger. Und sein Leben würde nur ihm selber gehören, nicht dem Staat, nicht dem Kibbuz, nicht der Bewegung und nicht den Eltern. Na. »A guten Schabbes wünsch ich, mein kluger Sohn«, hab ich zu ihm gesagt. »Wo hast du dich denn soweit philosophisch gebildet? Aus der Leichten Welle? Aus der Sportpresse? Im Kino?« Na. Da hat er mit den Achseln gezuckt und sich ausgeschwiegen wie ein Holzklotz.

Ich will mich übrigens nicht selber von Schuld reinwaschen. Mea culpa. Ich habe sehr wohl gesündigt an ihm und seinem jüngeren Bruder Amos. Während ihrer ganzen Kindheit war ich mit großen Dingen beschäftigt, habe Welten im Reich von Partei und Bewegung versetzt und die beiden dabei der Kollektiverziehung im Kibbuz überlassen. Aber Du brauchst nicht zu lachen: Bei Dir ist ja offenbar auch nicht alles bestens. Wir haben Wind gesät und ernten nun Sturm, wie es geschrieben steht. Der wahre Schuldige ist aber trotz allem Ben Gurion und kein anderer: Er mit seinem kanaanitischen Stich, daß uns hier eine Generation von Nimrods, Gideons und Jiftachs heranwachsen würde, ein Rudel von starken Steppenwölfen statt schwächlichen Talmudschülern. Kein Marx, Freud oder Einstein mehr, kein Yehudi Menuhin und kein Jascha Heifetz, auch kein Gordon und kein Borochov, von nun an sollten es nur noch sonnenverbrannte, einfache, ungebildete Kriegsmänner sein, wie Joab und Abisai, Söhne des Zeruja, Ehud, Sohn Geras, und Abner, Sohn des Ner. Und was ist bei diesem Hokuspokus herausgekommen? Nabal der Karmeliter, sag ich Dir, mit all den anderen Pißbrüdern. Du bist doch jetzt selber von solchen Rowdies umringt, wilden Kulaken, die Ben Gurion aus dem Boden der Moschawim gestampft hat, löwenstarken Neandertalern, Steinzeithelden, jüdischen Holzköppen, beschnittenen Kosaken gewissermaßen, beduinischen Reiterknaben direkt aus der Bibel, Tataren mosaischen Glaubens. Um nicht von den Halunken aller Art zu sprechen, von diesen diplombehangenen jungen Spitzbuben mit ihrem geschniegelten Auftreten und ihrer arroganten amerikanischen Eleganz, in Schlips und Anzug mit silberner Krawattennadel: mondäne Schurken angelsächsischen Zuschnitts. Wie weit sind die doch entfernt von den provinziellen Schelmen, den sendungsbewußten jüdischen Gaunern, den in die Ideen verliebten Traumwandlern, die Du und ich einmal gewesen sind. Na. So ein Ton zwischen uns. Aber werd nicht böse: Ich schreibe Dir mit brodelndem Herzen. Doch habe ich nicht die Absicht, einen Streit mit Dir anzufangen. Wir haben uns schon mehr als genug gestritten. Obwohl ich, warum sollte ich's verhehlen, Dich nicht etwa beneide. Zwar wäre es der Sache vielleicht dienlicher, wenn ich an Deiner Stelle säße: Du bist nachgiebig und versöhnlich, während ich dank der mir innewohnenden Schlechtigkeit jetzt erbarmungslos diesem ganzen wilden Zirkus ein Ende machen würde. Aber ich beneide Dich nicht. Im Gegenteil: mein Herz fühlt mit Dir. Ich kann mich glücklich preisen, daß ich von diesen undankbaren Geschäften befreit bin und jetzt sozusagen unter meinem Weinstock und meinem Feigenbaum sitze, wie es geschrieben steht. Nur sagen mir meine Sinne, daß auch bei Dir in irgendeinem privaten Eckchen das kranke Herz noch weint beim Gedenken an die alten Lieder vom Kinneret. Das Herz weiß es und will es nur nicht dem Mund verraten, daß wir eine vollständige Niederlage erlebt haben, unwiderruflich und für alle Zeiten. Alles ist verloren, Eschkol. Aus und vorbei.

Doch nun Schluß mit dem Rumgerede. Ich muß endlich zum Kern der Sache kommen, die mich bedrückt: mein Sohn.

Hör zu: Du weißt doch wie kein anderer, daß Jolek Lifschitz Dich niemals in all diesen Jahren um einen Gefallen gebeten hat. Ganz im Gegenteil habe ich Dich nicht selten mit bitteren Kräutern gefüttert und Dir Essig zu trinken gegeben. Zu Zeiten der großen Spaltung habe ich einen Artikel gegen Dich verfaßt, in dem das harte Wort »Jongleur« auftauchte. Und jetzt während der Lavon-Affäre habe ich geschrieben, daß Du, Levi Eschkol, Deine Seele verkauft hättest. Auch werde ich, beim Heil meiner Seele, nichts davon zurücknehmen. Möge der, von dem es weder Leichtsinn noch Spott gibt, uns vergeben, mein lieber Eschkol, denn wir sind doch wirklich alle Jongleure gewesen! Haben offen und ehrlich unsere Seelen verkauft! Allerdings ganz sicher nicht für schnöden Gewinn oder weichliche Freuden und Genüsse. Wir haben, wenn ich das mal so ausdrücken darf, unsere Seelen zum Wohl des Himmels verkauft. Wie ich schon gesagt hatte: Wir waren die sechsunddreißig vollkommen

Schlechten, auf denen die Welt beruht. Na. Jetzt bin ich doch wieder abgeschweift.

Laß uns also, mit Deiner Erlaubnis, zu meinem Sohn zurückkehren. Das heißt, zu dem älteren: Jonatan. Und Du wirst mir gestatten, eine sehr lange Geschichte kurz zu machen: Da ist doch dieser Bursche hier herangewachsen im Kibbuz Granot, hat brav seine Vitamine gefuttert und genug Sonnenschein getankt und ist doch so ein sensibler, scheuer Typ geworden, ein Feinschmecker, wie er im Buch steht. Alles übrige kannst Du Dir selber denken: Der Vater ein politischer Funktionär mit Prinzipien und so weiter, und die Mutter – nu, Chawa. Eine gebrochene Seele mit einem ganzen Hornissennest drinnen. Übrigens werden wir für das, was wir unseren Kameradinnen angetan haben, sicher noch alle schön langsam auf niedriger Flamme in der Hölle brutzeln müssen. Auf ihrem Rücken haben wir nämlich all unsere Revolutionen und Erlösungstheorien ausgetobt, und sie haben mit ihrem Schweiß und Blut für das Höllenfeuerchen bezahlt.

Zu allem Unglück hat der Bursche sich auf einmal in so ein eigenartig apathisches Mädchen verliebt, das – und hier möchte ich Dich um äußerste Diskretion bitten – vielleicht auch ein bißchen geistig zurückgeblieben ist. Sie haben also eine Familie gegründet. Nun versteh ich ja absolut nichts von moderner Liebe heutzutage. Hinterher haben sie dann eine gynäkologische Tragödie erlebt. Lassen wir die Einzelheiten weg: Was könnten wir in diesen Dingen auch helfen?

Kurz gesagt: Kinder gibt's keine, die große Liebe ist es nicht, und besonders glücklich sind sie offenbar auch nicht miteinander. Und jetzt sucht der Junge, wie soll man sagen, irgendein Lebensziel. Das heißt, er möchte wohl in die weite Ferne reisen, um »sich selbst zu finden« oder »sich selbst zu verwirklichen«, oder was auch immer. Begreif's der Teufel. Ich war ganz außer mir: Der Junge ist verloren, auch der noch. Du wirst Dir selber denken können, daß ich nicht so schnell aufgab. Ich hab viel mit ihm diskutiert, hab es mit harten und sanften Worten versucht, mich mit meinen letzten Kräften an ihn geklammert. Und unsere Kräfte, Eschkol, sind doch fast schon aufgebraucht. Du weißt es selbst und kannst es bezeugen. Was sind wir denn in ihren Augen: rebellische Greise, alte Knacker, die ins Grab gehören, machtversessene Despoten. Um es kurz zu machen: Der Junge beharrt auf seinem Standpunkt. Er ist felsenfest entschlossen, sein Leben von Grund auf zu ändern.

Du wirst fragen, aus welchem Holz der Junge geschnitzt ist. Und ich werde Dir darauf eine ganz einfache Antwort geben: Er hat ein gutes Herz, einen gescheiten Kopf und eine feine Seele – nur der Funke fehlt. Bitte lächle an diesem Punkt nicht Dein übliches, listig fröhliches Lächeln, als wolltest Du sagen: »Nu. Zeugnis eines direkt Betroffenen. Der Vater erbarmt sich seiner Söhne« und so weiter. Ich bin fähig, unparteiisch über meinen Sohn zu schreiben. So viel mußt Du mir schon noch zutrauen. Und verzeih mir auch, denn ich schreibe all dies mit blutendem Herzen. Ja. Das hatte ich noch vergessen zu sagen: Schachspielen kann er auch und hat es dabei sogar zu einiger Meisterschaft gebracht. Das heißt, dumm ist er nicht. Nicht irgend so ein grober Klotz.

Mein teurer Eschkol. Du bist doch ein weiser Mensch. Bitte verachte mich jetzt nicht. Meine Hand bringt dies nur zitternd zu Papier. Es ist furchtbar für mich, nach all diesen Jahren bei Dir angelaufen zu kommen, um Dich um einen persönlichen Gefallen anzugehen. Dich sozusagen am Ärmel zu zupfen und flehentlich zu bitten: Gedenke, was über den geschrieben steht, der eine einzige Seele rettet und so weiter. Ich gebe meinen Erstgeborenen in Deine Hand. Das und das ist sein familiärer Hintergrund. Das und das sind die Verdienste seiner Väter. Und nun sei Du bitte so gut und verschaff ihm irgendein passendes Amt.

Tief beschämt stehe ich vor Dir. Wie eine leere Hülle. Wir sind doch alte Leute, sind schon reichlich mit Schande und Speichel eingedeckt worden, haben gesündigt und gefrevelt, aber er – das heißt Jonatan, mein Sohn – ist kein Halunke. Das garantiere ich Dir. Mit der Hand auf der Bibel, wenn Du möchtest. Nein, er ist kein Schuft. Ganz im Gegenteil. Er wird Dich nicht enttäuschen. Wird Dich weder hinters Licht führen noch hinter Deinem Rücken untreu werden. Du hast doch selbst einmal zu mir gesagt: »Der Mensch ist doch nur ein Mensch und auch das – nur selten.« Also, nimm Dich des Jungen an, er wird uns keine Schande bereiten. Womöglich wird noch was aus ihm – ein Mensch, meine ich. Ihn hat nicht ganz der üble Wind davongetragen, der seine Generation sonst so zugerichtet hat. Also – ich bitte Dich.

Es ist Nacht jetzt, mein teurer Freund und alter Rivale, Sturm und Wind toben draußen. Die Naturgewalten selber scheinen aufgewühlt, uns die schwere Nachricht zu überbringen. Der Tod lauert schon hinter der Wand. Wir haben Welten in Bewegung gesetzt, und nun sagt man uns hier: scha, still. Er kommt näher und näher, tippt uns bereits auf die

Schulter, der gestrenge Ordner, und wird uns allem Anschein nach höflich und bestimmt auffordern, uns unauffällig von unseren Plätzen zu erheben und auf Zehenspitzen den Saal zu verlassen. Also werden wir gehen. Aber nicht auf Zehenspitzen. Im Gegenteil. Aufrecht und mit festen Schritten werden wir abtreten, soweit Dein massiger und mein zerschundener Leib es erlauben. Und nicht in Schmach und Schande: Wir haben in unserem Leben zwei, drei anständige Dinge getan, die unsere Väter sich nicht hätten träumen lassen. Du weißt es.

Übrigens schäme ich mich nicht zuzugeben, wie schwer mir das Herz wird bei dem Gedanken, daß Ben Gurion offenbar noch nach uns leben wird. Vergib mir bitte diese Schlechtigkeit: Ganz unter uns gefragt – womit hat er es denn verdient? Er war doch der Urauslöser dieses üblen Windes. Egal. Wir wollen uns nicht wieder streiten. Ich weiß, daß Du Dich standhaft weigerst, mir in diesem Punkt zuzustimmen. Wir seien bloße Grashüpfer im Vergleich zu ihm und so weiter. Wie Du meinst. Ich habe in meiner letzten Broschüre (»Der Zukunft entgegen«, Verlag des Exekutivausschusses, 1959) geschrieben, daß Ben Gurion Israel seinen unverkennbaren Stempel aufgedrückt hat, zum Guten und zum Bösen. Und Du hast mich dafür öffentlich getadelt: »Zieh deine Schuhe von deinen Füßen, Jolek, denn der Ort, wo du stehst, ist heiliger Boden.« Lassen wir die alte Auseinandersetzung. Inzwischen hast auch Du seinen Stachel zu spüren bekommen. Es tat mir leid um Dich, aber insgeheim, warum sollte ich es leugnen, genoß ich auch süße Schadenfreude. Laß uns über Ben Gurion nicht mehr streiten. Du alter Gauner bist doch irgendwo tief in Deinem Innersten derselben Ansicht wie ich.

Ich will Dir was Kurioses erzählen. Vor einigen Wochen taucht da so ein sonderbarer Jüngling bei mir auf, ein zartbesaiteter Typ, Musikant, Philosoph, und möchte gern im Kibbuz arbeiten. Ich habe ein wenig gezögert: Fehlt es mir denn an Sonderlingen? Aber auf den zweiten Blick beschloß ich, das Risiko einzugehen und ihn bei uns aufzunehmen. Solches Menschenmaterial findet man sonst gar nicht mehr hierzulande: ein ausgesprochener Träumer und Ideologe ist er, dabei ein bißchen durcheinander, wie einer von uns, der sich in eine andere Generation verirrt hat. »Lämmchen und Knäbelein, geht nicht zusammen in den Wald hinein«, deklamiert er mir und zitiert unablässig aus Spinozas Werken. Doch auf einmal verkündet er mir mittendrin, Ben Gurion hätte den Verstand verloren. Nicht mehr und nicht weniger. Ich brauche Dir wohl kaum zu sagen, daß ich ihn gehörig abgekanzelt habe. Aber innerlich hab ich mir doch – mit Deinen Worten – gedacht: »nu, nu«. Übrigens, um von einem Thema aufs andere überzugehen und doch beim Thema zu bleiben: Vor einigen Tagen fand ich eine eigenartige Zeitungsmeldung, in der es hieß, der Ingenieur Schaltiel Hapalti hätte Euch eine Denkschrift über irgendeine revolutionäre Militärrakete zukommen lassen, die er offenbar erfunden hat. Vielleicht solltest Du wissen, daß dieser Schaltiel Hapalti kein anderer als unser alter Bekannter Schunja Plotkin ist, der einmal Hilfspolizist in Nes Ziona war. Auch einer der allerletzten von der alten Garde. Und sicher ist sein Herz schon krank und müde wie Deins und meins. Bitte, antworte Du ihm wenigstens mit freundlichen Worten. Wer weiß? Womöglich ist doch was dran an seinen Phantastereien? Vielleicht sollte man die Sache mal prüfen? Antworte mir nun nicht mit der Frage: »Ja, fehlt es mir denn an Verrückten?« Mit Deiner Erlaubnis, ich möchte Dir sagen, was mich die Erfahrung gelehrt hat: Entweder ist jemand ein bißchen verrückt oder – ein ausgemachter Halunke. So oder so. Und an Halunken mangelt es uns ja nicht. Es ist jetzt Zeit, mit kameradschaftlichem Gruß zu schließen. Ägyptische Finsternis und Sturm draußen, und bei mir flackert und rußt die Petroleumlampe. Als würde unser Tod mit den Fäusten gegen die Fensterscheibe trommeln und weder Hinhaltetaktiken noch Aufschub mehr dulden. Ich werde jetzt ein kleines Gläschen Kognak auf das Wohl des Teufels trinken und dann, mit Deiner Erlaubnis, ins Bett zurückkehren. Schreib mir bitte bald im Hinblick auf meinen Sohn. Ohne weiteres wirst Du etwas für ihn finden, sei es nun »von der Tenne oder von der Kelter«, wie es heißt. Ich verlass' mich drauf. Übrigens: Alles, was ich auf der Parteiversammlung in Tel Aviv gesagt habe, mußt Du bitte nicht persönlich nehmen. Du bist mir lieb und wert. Und das gilt erst recht, wo über Deine Schultern bereits diese Tataren lugen.

Ja. Noch etwas. Ob nun wegen des Kognaks oder wegen des Lampenrauchs, der mir die Sinne verwirrt – es ist mir noch eine Idee gekommen. Ein Vorschlag. Auch bei Dir in Jerusalem herrscht doch bestimmt so eine grausige Nacht. Auch Du findest jetzt sicher keinen Schlaf. Und deswegen hör bitte zu: Wenn irgendwas Wahres dran ist an dieser Geschichte mit der kommenden Welt, über die unsere Vorväter gesagt haben, sie sei vollkommen gut, möchtest Du dann vielleicht dort mit mir zusammenwohnen? Ich meine, wenn Du damit einverstanden bist, könnten wir beide um ein gemeinsames Zelt bitten. Jeden Morgen machen wir uns dann in aller

Frühe an die Arbeit. Wir werden die Erlaubnis erhalten, ein Stück felsiges Brachland von Steinen zu befreien, Brunnenlöcher zu graben, Reben zu pflanzen, Wasserrinnen auszuheben, gemeinsam hinter einem Esel herzuziehen, um Wasser in Blechkanistern zur Bewässerung herbeizuschleppen. Und wir werden uns nicht mehr streiten, Du und ich. Im Gegenteil: Abend für Abend können wir dann in unserem Zelt ein oder zwei Kerzen anzünden und von Mensch zu Mensch miteinander reden. Wenn sich dabei eine Meinungsverschiedenheit ergibt, werden wir sie geduldig ausdiskutieren, und wenn wir davon genug haben, spielst Du Deine Garmoschka, und ich setz mich im Unterhemd hin und verfasse ein politisches Konzept. Sicher werde ich Dich von Zeit zu Zeit zu Rate ziehen, und wenn ich nicht all Deinen Empfehlungen folge, wirst Du das mit guter Miene akzeptieren. Vielleicht gibt's dort auch so eine Art Aussichtsterrasse, von der man gegen Abend auf die Erde runterschauen kann. Da werden wir dann beide barfüßig im Abendwind stehen und sorgfältig die Schritte unserer Kinder überwachen. Wer weiß, vielleicht gelingt es uns auch, irgend etwas auszurichten durch geschicktes Antichambrieren, schlaue Manipulationen oder sanftmütiges Auftreten. Einen Strafaufschub werden wir zu erwirken versuchen, eine gewisse Abmilderung des Urteils, einen gnädigen Richterspruch. Denn der Urteilsspruch wird fürchterlich sein – möge meine Zunge nicht sündigen. Die Hand weigert sich, dies niederzuschreiben, aber Du, Eschkol, Du weißt es ja so gut wie ich. Oder womöglich hat sich mein Geist verwirrt. Die körperlichen Leiden machen mich kaputt, und auch Du scheinst Dich nicht gerade guter Gesundheit zu erfreuen. Paß gut auf Dich auf, sei tapfer und stark. Zögernd und schmerzlich

Dein Jolek

Er legte die Feder zur Seite und blieb in Gedanken versunken sitzen. Die Furchen, die Ironie und Güte, Leiden und Zorn, List und Schläue in sein Gesicht gegraben hatten, rangen auf seinen alten Zügen miteinander im Schein der schwächer werdenden Lampe.

Doch auf einmal hatte er sich's anders überlegt. Er riß vorsichtig die Seiten seines Briefes aus dem Block, versah sie mit einer Büroklammer und schob sie ans äußerste Ende seiner Schreibplatte. Dann griff er wieder zur Feder und formulierte alles neu.

Lieber Eschkol,
ich muß Dich in einer ausgesprochenen Privatangelegenheit um Deine Hilfe bitten. Es geht um meinen Sohn. Könnte ich in nächster Zeit mit Dir zusammenkommen, um die Sache unter vier Augen zu besprechen?
Mit kameradschaftlichem Gruß
Dein Jisrael Jolek Lifschitz

Mit schmerzlichem Stöhnen erhob er sich von seinem Stuhl, schlurfte zur Regalwand und öffnete ein kleines Türchen zwischen den Buchreihen. Den Text seines ersten Briefes schob er da mit bebender Hand in einen dicken braunen Umschlag mit der Aufschrift »Privatdokumente/Nachlaßmaterial«. Die berichtigte Fassung faltete er zusammen, steckte sie in einen einfachen Briefumschlag, den er zuklebte und dann mit der Adresse versah: An den Ministerpräsidenten und Verteidigungsminister, den Genossen Levi Eschkol, Regierungsviertel, Jerusalem.

Danach löschte er die in den letzten Zügen liegende Lampe, kehrte in sein Bett zurück und lag wach und kummervoll da. Und der Regen fiel weiter ohne Unterlaß.

8.

Jetzt schlafen sie beide. Das ist sogar lustig. Einer ist nämlich auf der Couch im großen Zimmer eingenickt, hat den Kopf tief ins Kissen vergraben, damit er da eine Höhle hat, und der zweite gerade umgekehrt. Der schlummert im Schlafzimmer auf dem breiten Bett. Noch nicht einmal die Tagesdecke hat er runtergenommen. Da liegt er auf dem Bauch – Arme und Beine in alle vier Richtungen gestreckt. Wach zu sein und andere schlafen zu sehen, das weckt Barmherzigkeit. Wer einschläft, wird nämlich dem Kind ähnlich, das er einmal gewesen ist. In dem Buch über Menschenopfer im Kongo steht: Der Schlaf wird uns von einem Ort her geschickt, an dem wir vor unserer Geburt gewohnt haben und an den wir zurückkehren, wenn wir zu leben aufhören.

Beide Türen stehen offen. Das Haus ist still, und wir sind still. Ich kann die zwei liegen sehen. Der eine dünn und lang und der andere dünn und klein. Jetzt sind sie beide in derselben Stille. Gewinnen nichts und verlieren nichts. Noch nicht mal beim Schach. Die Stille kommt von mir. Auch

Der perfekte Frieden

Efrat hab ich schon schlafen gelegt, und nun bin ich ganz allein. Tief dunkel ist es draußen vorm Fenster und ein bißchen dunkel in den beiden Zimmern, in denen sie schlafen: ohne Eifersucht, ohne Lüge, ohne Bewegung. Das schwache Licht bekommen sie von mir, aus der Kochnische. Ich stehe jetzt an der Marmorplatte in der Küchenecke und presse Grapefruits aus. Ein bißchen von meinem Licht rieselt durch die offenen Türen über die zwei. Und sie sind schwach und gut, denn jeder, der einschläft, ist schwach und ist gut.

Ich habe meinen Flanellmorgenrock an. Den braunen. Und es ist jetzt Winter draußen. Auf der Plattenhülle von »Magie des Tschad« ist ein schwarzer Krieger abgebildet, der einen Büffel mit dem Speer erlegt. Jeder, der kämpft, erlegt nur sich selber. Der tote Büffel wird noch laufen wie der Wind bei Nacht; zu seiner Weidestelle, in den Wald wird er rennen, bis er nach Hause kommt. Denn wir haben ein Zuhause.

Da steh ich an der Marmorplatte und presse Grapefruitsaft. Ich hab geduscht und mir die Haare gewaschen, um schön für sie zu sein. Mein Haar ist feucht und offen. Wer aufwacht, kriegt Saft zu trinken, denn beide sind krank von vorgestern, haben hohes Fieber und Husten, und der Kopf tut ihnen weh. Seit Winteranfang wohnt Etan in seinem Zimmer, dem letzten vor dem Schwimmbad, mit zwei Mädchen. Ich wohne seit vorgestern nacht mit Joni und dem Jungen.

Nicht nur ich bin hier wach. Auch Tia am Ende des Teppichs in dem Zimmer, in dem Asarja liegt. Sie schnappt still nach dem, was sie in ihrem Fell sticht. Schnappt zu, aber kriegt es nicht, weil sie nicht hinkommen kann. Gibt aber auch nicht auf. Einen Augenblick hat Efrat in der Ferne geweint und ist gleich wieder eingeschlafen. Jetzt hat sich die Stille noch verstärkt, denn der Motor des Kühlschranks hat zu brummen aufgehört und schweigt.

Ich werde aufhören in der Küche und mich in den Sessel setzen zum Sticken.

Bei den Nachbarn kommen aus dem Radio schon wieder Nachrichten. Durch die dünne Wand hört man, daß Damaskus droht. Das sind die Worte, die die beiden gern hören. Ernste Entwicklung. Lageverschlechterung. Daß die Spannung gestiegen ist. Wenn es solche Meldungen gibt, gehen bei Joni die Augen ein bißchen zu und werden dunkler, und die Zähne preßt er zusammen. Und Saro – bei dem fangen die Augen an zu funkeln, er wird erst blaß und dann rot, und es kommt ihm ein Haufen Worte ohne

Punkt und Komma. Bloß von dem Gerücht oder dem Geruch von Krieg werden beide augenblicklich gefährlicher und schöner für mich, einfach leidenschaftlicher und lebendiger. Als würde die Begierde in ihnen erwachen und danach die Scham. Wenn Joni es nicht mehr halten kann und sich zu ergießen beginnt, schlägt er mit der Faust aufs Laken und beißt mich in die Schulter. Sein Brüllen dröhnt in so einem heiseren Baß wie das Echo aus einem verlassenen Haus. Bei Saro kommt ein kurzes, scharfes Jaulen wie bei einem verwundeten Hund. Spucke fließt ihm aus dem Mund und Schleim aus der Nase – und hinterher Tränen. Ich akzeptiere sie beide, sie sind mein. Von mir haben sie jetzt ihren Schlaf. Der Büffel schläft, der Speer schlummert, und der schwarze Krieger ist eingeschlafen. Wer schläft, ist schwach und ist gut. Und wenn ich so meine blauen Kordhosen und meinen roten Pulli trage und meine Haare blond und gewaschen sind und ich den Duft von Mandelseife und Shampoo an mir hab ...

Was Damaskus genau droht, kann man aus dem Radio der Nachbarn nicht hören, weil ihr Assaf jetzt anfängt, auf seinem Kinderxylophon zu spielen: tin-tin. Pause. Tin-tin-tin. Pause. Und wieder. Kälte, Wind und Regen gibt's auch in Damaskus heute abend.

Und ich? Ich hab hier ein Insekt mit Flügeln, das fliegt. Es kann ein Nachtfalter sein. Immer um die Lampe an der Decke rum. Er stößt an und flieht, will oder muß jedoch unbedingt weitermachen. Da kommt er wieder und – bumm. Er will, was er nicht hat und auch nicht braucht. Sein Schatten flattert die ganze Zeit über die Marmorplatte, über den Kühlschrank, über das Geschirrfach und über mich. Lieber Falter, dicht am Licht, hör auf mich und ruh dich aus.

Die Grapefruits, die ich mit dem Messer durchschneide und auspresse, brennen auf dem Kratzer an meinem Finger. Ich steck ihn in den Mund, damit es nicht brennt. Spucke desinfiziert und heilt Wunden. In einem Buch steht, weiße Forscher in Mosambik hätten von Ärzten in den Dschungeldörfern gelernt, Wunden mit Speichel zu heilen. Einmal hab ich Jonis Mutter am Ende eines blauen Sommertags allein auf der Veranda sitzen und an ihrem Daumen lutschen sehen. Wie Efrat. Schlaf nur, Efrat. Mami ist da und wacht.

Im Schlaf sagt er in seiner Höhle, die er sich unter dem Kissen gemacht hat, irgend etwas, in dem rrrrr vorkommt. Tia antwortet ihm rrrrr. Still, Tia. Es ist nichts.

Und das ist witzig, denn eben hat auch die Schildkröte Jonatan in dem Karton auf der Veranda angefangen, mit den Krallen an der Schachtel zu scharren und zu kratzen. Vielleicht hat sie die Gurke aufgefressen, die ich heute morgen reingelegt habe, und möchte jetzt gehen. Hab keine Angst, kleiner Schildkrötenmann: »Hast's doch warm und gut, nun sei frohgemut.« Und du auch, kleine Efrat. Denn auch mir ist warm und gut. Es weht Wind draußen, es regnet nicht. Man soll gehorchen. Also gehorchen wir willig und haben unsere Ruhe. Kalt und naß draußen. Gut, daß wir alle drinnen sind. Nur die Zypressen im Garten kann man nicht reinholen, so daß sie ganz krumm werden im Wind. Wenn sie sich gerade mit Mühe aufgerichtet haben, krümmt der Wind ihnen mit Macht wieder den Rücken. Und das ist der verwundete Büffel. Der nicht aufgibt, weil er noch nicht zu Hause angelangt ist.

Im Winter müssen alle drinnen eingeschlossen sein. Dann kommt wieder der Sommer, und wer will, kann auf der Wiese liegen; und wer lieber schwimmen will, geht ins Schwimmbecken. Joni wird zur Schachmeisterschaft der Kibbuzim fahren, und sie werden ihn auch zum Militär einberufen, und wenn er wiederkommt, erzählt er lauter neue Dinge. Saro wird mir ein Lied dichten und sich auch in die Politik stürzen und berühmt und wichtig werden. Es ist kalt und traurig, ein junger Mann zu sein, besonders im Winter. Sie haben irgend so was, das ständig hungrig und durstig ist, sie von innen her aussaugt und krank macht. Das ist nicht nur ihre Begierde, sondern was anderes, das schwerer und einsamer ist. Mit der Begierde ist es einfach: Die ist vorbei, wenn der Same sich ergossen hat. Sie ist wie eine Wunde, die sich mit ein bißchen Spucke heilen läßt. Aber dieses zweite ist grausam. Das läßt sie fast nie los. Höchstens, wenn sie eingeschlafen sind. Und auch, wenn das Gerede von einer ernsthaften Entwicklung anfängt und Kriegsgeruch in der Luft liegt. Der Geruch von Tod verschafft ihnen so was wie eine Entschädigung oder eine Art Genuß. Aber was ist das bei ihnen, das immer hungrig und durstig ist, das jedesmal einen Büffel mit dem Speer erlegen muß, als hätte man ihnen etwas versprochen und nicht eingehalten? Das ist das Versprechen eines bösen Zauberers, das nicht erfüllt wird und nicht erfüllt werden kann. Das sind nicht nur Saro und Udi und Joni, sondern auch Jolek und mein Vater, bis er gestorben ist, und Ben Gurion, der im Radio schreit, und das ist sogar Bach, dessen Tränen in der Musik ich gern habe. Schlecht und traurig fühlt sich Bach, weil man ihm das Versprechen nicht erfüllt hat. Ich hör, sagen wir, die 106., worin Bach ein Kind in einem dunklen, verlassenen Haus ist, das nicht ihm gehört, ohne Mama, im Wald, in einem leeren Land, wie es in der Taiga und Tundra ist – nach Joni. Einen Augenblick lang fleht er: Komm zurück zu mir, warum habt ihr mich hier allein gelassen. Hinterher schämt er sich, daß er gebettelt hat, und prahlt auf einmal: Was macht's mir schon. Ich werd allein fertig. Ich bin groß und stark, werd einen Büffel mit dem Speer erlegen. Und am Ende gibt's eine Stelle, wo Bach sich wie ganz schwach selbst berührt und wispert: Weine nicht, nur nicht weinen, nichts ist umsonst. Gleich ist Papa da und erklärt, gleich kommt unsere Mama zurück.

Ich hab Petroleum geholt. Hab den Ofen angemacht. Jetzt brennt er hübsch blau in dem Zimmer, in dem Saro schläft. Er hat auch wirklich so ein angenehmes Knistern, genau wie man es uns in der Reklame versprochen hat, dies wär der »wispernde Ofen«.

Asarja wühlt mit den Händen in der Höhle, die er sich gegraben hat. Er hat es gern, wenn man ihn Saro nennt. Im Schlafzimmer, wo Joni schläft, gibt es keinen Ofen. Zu ihm kommt viel weniger Wärme hin. Ich werd eine Decke über ihn legen und leicht seine Stirn berühren. Warm. Trokken. Auch Saro hat einen dicken Schnupfen. Mir ist ein bißchen kalt. Ich hab so die Angewohnheit, beide Hände in die Ärmel reinzuziehen, damit sie nicht kalt werden. Wenn Efrat ihr Fläschchen verliert und es im Schlaf sucht, kommt eine schwarze Zauberin und steckt es ihr ganz, ganz sanft wieder in den Mund. Meine kleine Efrat wird schlafen.

Den Saft gieß ich in zwei hohe Gläser, deck jedes mit einem Glastellerchen ab und schneide den Hefekuchen auf, den ich gestern gebacken habe. Wer aufsteht, kann essen und trinken. Wenn er will. Denn es ist genug da.

Und morgen wird's auch genug geben. Ich hol eine Glasschüssel. Schütt eine Tasse Zucker rein. Leise, um niemand aufzuwecken. Öffne vier Eier und verrühr sie mit dem Zucker in der Schüssel. Gieß langsam eine halbe Tasse Öl dazu und hör nicht auf zu rühren, dann eine halbe Tasse Sauermilch aus dem Kühlschrank und hör nicht auf zu rühren. Nun reib ich die Schale einer Zitrone rein und hör nicht auf zu rühren und vor mich hinzuwispern, ohne einen Laut. Jetzt, nicht auf einmal, zweieinhalb Gläser aus der Mehltüte und rühr weiter und ein Beutel Backpulver, daß mir dieser Teig aufgeht, und rühr kräftig und leise, bis keine Klümpchen mehr da sind, und jetzt schütt ich es langsam und ohne Spritzer in die Backhaube, die ich mit Margarine eingefettet hab, und steck den Stecker in die Steckdose und stell auf mittlere Hitze. Und jetzt vierzig Minuten, bis es braun wird.

Ich hab Joni die braune Jacke ausgebessert, und Joni hat mir von Taiga und Tundra erzählt und sich dann von mir verabschiedet, ist dann aber gar nicht weggefahren. Joni, hab ich zu ihm gesagt, ich hör zu und sticke, und im Radio senden sie ein Konzert. Und ich hab beiden aus dem Buch erzählt, wie sie im Stamm der Kikuju, wenn nachts der Mond scheint, sein Spiegelbild in einem Wasserkrug einfangen und aufheben, damit sie's haben, wenn schwarze Nächte kommen.

Inzwischen hab ich das Geschirr gespült und abgetrocknet und in den Schrank eingeordnet. In den neuen Kuchen hab ich ein Streichholz reingesteckt, aber es ist nicht trocken gewesen, als ich es rauszog. Also wart ich noch und geh inzwischen nachschauen, wen man zudecken muß. Das ist gut, das haben sie verdient, daß sie jetzt krank mit Fieber sind. Und daß sie liegen müssen. Und diese Stille akzeptieren. Wie in dem Lied: »Jonatan, der kleine Mann, hat offengelassen die Türe«. Denn vorgestern, am Samstag, als wir mit Anat und Udi spazierengegangen sind, haben sie das Dorf angegriffen oben auf dem Berg. Die kaputte Moschee haben sie erobert, aber keine Räuber gefaßt. Da haben sie alle die Grippe gekriegt. Jetzt ist der Kuchen fertig. Anat hat mir erzählt, daß Udi auch krank ist. Ich setz mich hin zum Sticken. Leg eine leise Platte auf, damit sie nicht aufwachen, und wenn sie's doch tun, ist Saft und Kuchen da, und wer will, kann essen und trinken. Vielleicht Albinoni. Nein, nicht Albinoni. Vielleicht Vivaldis »Vier Jahreszeiten«. Oder noch mal Bach.

Gestern war Neujahrstag der Bäume. Chawa, die Mutter von Joni, ist vorbeigekommen und hat sich abreagiert: Was das denn wär, nicht einmal hätten wir reingeschaut, um zu fragen, wie es Jolek ginge, wo der doch unter so starken Schmerzen litte. Zwei Spritzen hätt er vom Arzt gekriegt. Eine wär leicht gewesen, aber die andere, sagt Chawa, hätte ihn völlig umgehauen. Als sie Asarja sah, hat sie sich aufgeregt, was denn die Leute sagen würden. Er ist krank, hab ich ihr gesagt, genau wie Joni. Und wenn sie im Kibbuz reden – das tun sie doch auch über dich, wegen Dingen, die passiert sind, bevor wir auf der Welt waren, als du eine Liebe mit tragischem Ausgang gehabt hast. Du bist nicht ganz bei Trost, Rimona. Entschuldige mal, Chawa. Meinst du, wir leben hier im Dschungel? Entschuldige, Chawa. Sieh mal. In seiner Baracke ist es kalt und feucht, und er hat keinen, der sich um ihn kümmert. Und es heißt, nach Tu-beschwat kommt der Friseur, der, solange er da ist, dort in der Baracke im Zimmer neben Bolognesi wohnt. Und es regnet draußen. Joni hat Asarja eingeladen, weil Asarja ihm eine kleine Schildkröte geschenkt hat. Du bist nicht ganz normal, Rimona. Dann hat sie die Tür zugeknallt und ist gegangen. Und die Schildkröte kratzt wieder an der Schachtel und will, will, will.

Ich nehm Schrubber und Lappen und putz den Boden, wisch den Staub vom Regal und koch mir Kaffee. Beide schlafen tief, sind schwach und gut. Ohne Büffel und Speer. Das ist komisch, daß ich die zwei am liebsten zusammen ins Doppelbett im Schlafzimmer packen würde, um hier allein im Zimmer auf der Couch zu sein. Oder nachts zwischen ihnen zu liegen und sie beide zu berühren.

Das war ein Tu-beschwat ohne irgendwelche Feiern. Man hat auch keine neuen Bäumchen gepflanzt. Bloß Regen ist den ganzen Tag gefallen, und von den Bergen kam der Wind, der die Zypressen im Garten niederdrückte, und die haben solche langen Klagen ausgestoßen, als wären sie durstig und wollten reinkommen.

Wenn sie nachts weint, werd ich sie beruhigen, damit sie die beiden nicht aufweckt. Ich nehm sie und leg sie zusammen mit dem Milchfläschchen auf meinen Bauch. Irgendwo hab ich mal gelesen, die Herzschläge der Mutter beruhigen Babys und bringen sie zum Einschlafen. Denn das haben sie noch von der Gebärmutter in Erinnerung, diesen Herzrhythmus. So werden sie auch zum Rhythmus von Trommeln in Namibia geboren. Und ihr Körper kriegt Wärme von meinem. Mein Zicklein ist matt, und sein Name ist Efrat, nun schlaf, mein Kleines, ruhig und satt, ich und du auf einer Statt.

Zehn oder zwanzig Kinder hat Bach gehabt, hab ich mal gelesen. Alle wohnten in einem kleinen roten Backsteinhaus in Deutschland. Vielleicht hat Frau Bach zu ihm gesagt: Sei nicht traurig, es wird schon alles in Ordnung werden. Darauf hat er ihr ja, ja geantwortet, aber es nicht geglaubt. Oder nur selten. Und hat ihr geholfen, Kohlen zu schleppen, das Herdfeuer zu hüten und Windeln zu waschen, und er hat ein krankes Baby in den Schlaf gesungen und gewiegt. Büffel und Speer haben ihm zugesetzt, wenn er nachts allein wach lag und der deutsche Regen fiel. Er wollte eine Umarmung oder wenigstens eine Berührung oder ein gutes Wort, was alles Frau Bach ihm nicht geben konnte, auch wenn sie es versucht hätte. Seine Mama wollte er wiederhaben – sie sollte zu ihm zurückkehren und ihn vom Kreuz abnehmen und seine Nagelwunden waschen. Und was ist gekommen? Wie immer: Krieg. Krankheit.

Jetzt kocht das Wasser wieder. In die große Thermosflasche und auch in die kleine tu ich ihnen heißen Tee mit Zitrone und Honig, damit sie beide was für die Nacht haben, wenn ihnen die Kehle brennt. Schwarzer Regen die ganze Zeit im schwarzen Fenster. Hurra, hurra, Tu-beschwat ist da, und Tu-beschwat ist schon vorüber. Als ich klein war, hab ich am Tu-beschwat Bäumchen gepflanzt und einmal auch einen kleinen schwarzen Gummiball. Der Ball hat nie ausgeschlagen, aber auch die Bäumchen sind vertrocknet. Ich bin Rimona Lifschitz, ich bin Rimona Vogel, mein Baby heißt Efrat, der Ehemann Joni und der Freund Saro.

Wegen meiner Patienten bin ich viel früher von der Arbeit nach Hause zurückgekehrt, weil Lipa uns den Dampfboiler in der Wäscherei repariert hat, der kaputtgegangen ist, als Lipa krank war. Jetzt ist er gesund und der Boiler heil. Er hat mir einen Witz erzählt, auf jiddisch. Hinterher in der Dusche hab ich mein Haar hoch aufgesteckt, damit man meinen langen Nacken sieht. Aber dann hab ich wieder gedacht, lang und offen ist es besser.

Nein, sie wachen nicht auf. Der eine aufgerollt wie ein Embryo auf einem Bild in »Gesunde Schwangerschaft«, und der andere hat sich seufzend rumgeworfen und schläft jetzt auf dem Rücken, wie der gekreuzigte Bach, der auf der Plattenhülle von der »Matthäuspassion« abgebildet ist. Die Arme seitlich ausgestreckt, die Fäuste fest geschlossen. Ein Büffel, der von mir wegfahren will in die Taiga, in die Tundra, um Walfische zu fangen, von denen es in der Zeitung heißt, sie seien am Aussterben. Und zurücklassen will er mir Efrat und Asarja, der mir ein gepreßtes Alpenveilchen geschenkt hat. Und Tia. Daß wir alle auf ihn warten.

Deshalb werd ich statt des Morgenrocks ein Kleid anziehen. Ein einfarbiges blaues. Ich werde schön sein.

Wer aufwacht, kriegt Saft zu trinken und Kuchen zu essen, und saure Sahne und Brot sind auch da. Und die Temperatur messen muß er. Und ein Aspirin nehmen. Wenn sie wollen, spielt Saro uns was vor, oder wir machen zu dritt ein Spielchen.

Das ist das Spiel mit Joni: Wir sagen, er wär jemand anders, der heldenhaft über die Südsee segelt, um Wale zu jagen oder ein Wüsteneiland zu finden. Ich muß zu Hause auf ihn warten und ihm vertrauen. Bis er mit einer Schußwunde in der Schulter zurückkommt und sie in der Zeitung wieder über ihn schreiben. Er wird zurückkehren und gleich wild mit mir schlafen wollen. Und ich sag dann: komm.

Mit Saro ist das wie bei Mutter und Kind. Und weil er sich schämt, muß ich ihm helfen, ohne daß er spürt, daß man ihm hilft. Vom ersten Streicheln an bis zum Jaulen am Ende bring ich ihm bei, daß man sich nicht wie so ein kleiner Strauchdieb beeilen muß, weil das kein Diebstahl ist und man keine Angst zu haben braucht.

Was ich heute für Asarja getan hab, ist, daß ich ihm seine Gabardinehose und sein Hemd schön gewaschen und gebügelt habe, nachdem vom Sabbatausflug alles dreckig vor Schlamm war. Und was ich für Joni getan hab, ist, daß ich seinen Schuh, der so weit offen klaffte, zur Schuhmacherei getragen und Jaschek gebeten hab, er soll ihn heil machen, und Jaschek hat das getan, und nun wird dieser Schuh Joni schon nicht mehr auslachen und ärgern.

Efrat spielt mit runden Kieselsteinchen auf einer Matte mit anderen Kindern an dem Ort, wo man eine Waldlichtung am Ufer des blauen Flusses sieht, wie's in »Der blaue Nil« steht. Dort krabbelt sie auf allen vieren, und der goldene Sand streichelt sie warm und sauber. Das Mondlicht webt ihr eine silberne Windel. Dort dringt auch leise Musik aus der leeren Weite. Und da gibt's Negerfrauen in schlohweißen Kleidern, die den Kindern Lieder ohne Worte in einer Sprache vorsingen, die Amharisch heißt. Und sie schneiden hohles Schilfrohr an einer seichten Stelle im blauen Nil. Mitten unter den schwarzen Frauen, auch er in weißen Kleidern, steht der Lehrer Jehoschafat, den eine Kugel in den Kopf getroffen hat, und schlägt eine Art Trommel mit ganz, ganz sanfter Bewegung. Das ist der Rhythmus des Herzens: ruh, nur ruh. Im Fluß schwimmt träumend ein Tier namens Gnu. Ruh, nur ruh, mein Kindelein, schlafe süß, schlaf ein. Papi ist zur Arbeit gegangen, weg, weg, weg. Kommt zurück, wenn der Mond am Himmel schwimmt, bringt dir was Hübsches mit bestimmt. Schlaf nur dein Schläfchen. Schäfchen, Rehlein, Löwen und Straußen, schlaft nur schön draußen, schlaf ein, schlaf ein. Nicht traurig sein, sagt der Lehrer Jehoschafat, denn das ist ein Rechenfehler, den ganzen Tag zu fordern, es sollen neue Dinge passieren: noch ein Büffel, noch ein Speer, ein neuer Krieg, weitere Wanderungen. Wer müde ist – der ruhe. Und wer schon geruht hat – der lausche. Wer lauscht, der weiß, wie Nacht draußen ist und Wind. Unter dem Regen wohnt die Stille der feuchten Erde und darunter die Ruhe starker, schlummernder Felsen. Auf die nie ein

Lichtstrahl fällt, für immer und ewig. Und es gibt eine andere Stille oben hinter Wolken und Luft. Stille zwischen Stern und Stern. Und am Ende der Sterne eine andere letzte Stille. Was will man von uns? Daß wir nicht stören, nicht lärmen, daß auch wir still sind, denn wenn wir's sind, werden wir überhaupt nicht leiden.

Ohne böse Absicht hat Wassily, der Konvertit, Abram Ben Abram die Pistole gereinigt und geölt, die den Lehrer Jehoschafat getroffen hat. Jetzt ist er gekommen, um Liebe und Vergebung zu erbitten, weil er nichts Schlechtes im Sinn gehabt hat. Ein Alpenveilchen hat er mir gegeben, das getrocknet zwischen den Seiten seines Personalausweises lag. Und ein kleines Buch hat er mir gebracht, auf englisch, ein indisches Büchlein über die Tiefe des Leidens und die Höhe des Lichts.

Beide schlafen jetzt. Ich akzeptiere sie. Daß der eine nur wenig redet, weil er traurig darüber ist, wie alle zu sein, und der zweite immerzu redet, weil er traurig ist, ein bißchen anders zu sein. Ja, ich akzeptiere sie.

Den ganzen Abend über, als der Strom ausgefallen war nach dem Ausflug, hat er für uns gesungen und gespielt, gespielt und gesungen, hat nicht gewagt, auch nur einen Augenblick innezuhalten. Denn er hat Angst gehabt, sobald er aufhörte, würden wir ihm sofort danke und auf Wiedersehen sagen, gute Nacht. Fast geweint hat er beim Spielen. Bis ich zu ihm gesagt hab: Saro, jetzt werden wir uns ausruhen; morgen können wir weitermachen. Und Joni hat gesagt: Er kann hier auf der Couch schlafen. Macht nichts. Joni, Saro, jetzt wird geschlafen, hab ich gesagt. Und wegen des Stromausfalls hab ich eine Kerze in der Küchenecke und noch eine neben dem Radio angezündet. Joni ist gleich in voller Kleidung aufs große Bett gefallen und eingeschlafen, und ich bin mit dem Jungen zurückgeblieben. Entschuldige, hab ich gesagt, jetzt werde ich mich zum Schlafen ausziehen. Da ist er erschrocken und hat mich flüsternd um Verzeihung angefleht und sich selbst als Dreck bezeichnet. Bist du doch nicht, hab ich zu ihm gesagt, du bist gut, sagte ich, mußt nicht traurig sein.

Er hat sich zur Wand umgedreht und schlaflos dagelegen bis zum Morgen, auf der Couch hier im Zimmer, und sich selbst gehaßt wegen etwas, an dem er nicht schuld ist. Auch ich wollte nicht schlafen. Dann, plötzlich gegen Morgen, ist Joni vor lauter Blitz- und Donnerschlägen aufgewacht, weil Tia rauswollte. Er ist aufgestanden und hat gesehen, wie ich im Nachthemd wach auf dem Stuhl gesessen und nachgedacht hab. Du bist ja verrückt, hat er gesagt. Tia kratzte an der Tür, weil sie wieder reinwollte, und Joni hat ihr aufgemacht, und Saro lag reglos da und hat kaum geatmet vor lauter Scham und Furcht. Da hat Joni mich an beiden Schultern gepackt und mich wie einen Sack aufs Bett geworfen und es ganz plump und falsch mit mir gemacht, richtig boshaft, daß es schmerzhaft war. Leise hab ich ihm gesagt: Joni, hör doch auf, er ist wach und hört es und leidet darunter. Aber Joni hat flüsternd geantwortet: Na und, soll er ruhig leiden. Das ist sowieso das Ende, denn morgen mach ich mich auf und fahr weg von hier. Wie kannst du wegfahren, du bist doch krank, sieh nur, wie du glühst vor lauter Fieber. Morgen mach ich mich auf und fahr. Du bist eine verrückte Frau. Wenn du willst, kannst du meinetwegen deinen Spaß mit diesem Verrückten da haben. Mir langt's. Joni, du begreifst nicht, daß du ihn schon ein bißchen gern hast. Aber ich schlaf doch, Rimona, ich bin überhaupt nicht wach. Steh auf und geh zu ihm rüber, noch naß von meinem Samen. Mir ist das egal. Ich hab genug und fertig. Also bin ich zu ihm rübergegangen, noch naß von Jonis Samen, hab mich neben ihn auf den Boden gesetzt und gesagt, ich wär gekommen, ihm ein Lied zu singen. Und ich hab mit der Hand seine Wange berührt: er glühte auch schon vor Fieber. Red jetzt nicht, Kind, gib mir die Hand und sieh, was ist, aber red jetzt kein Wort. Bis so ein schmutziges Licht durch die Ritzen der Läden gedrungen ist und Tu-beschwat angefangen hat. Ich hab heiß geduscht und mich langsam in der Duschecke angezogen und bin zur Arbeit in die Wäscherei gegangen. Als ich absichtlich früh zurückgekommen bin, haben sie beide schon krank, vor hohem Fieber glühend, dagelegen. Ich hab ihnen Aspirin und Tee mit Zitrone und Honig gegeben und sie zum Schlafen zugedeckt. Schwarze Frauen in Weiß auf amharisch werden Efrats Windeln wechseln.

Jetzt wachen sie bald auf. Der eine windet sich, und der zweite dreht sich von einer Seite auf die andere. Genug mit dem Sticken, denn es ist schon Nacht. Gute Nacht, Efrat, gute Nacht, Herr Bach, Frau Bach und Herr Lehrer Jehoschafat. Von mir, Rimona Vogel, die da sagt: Habt keine Angst, alles wird gut ausgehen. Jeder, der traurig ist, wird Freude erfahren. Es gibt noch Barmherzigkeit hinter all diesem Regen. Und der Kühlschrank brummt jetzt, weil der Strom wieder da ist. Wir werden gut sein.

Der perfekte Frieden

9.

Im Winter 1965 hatte Jonatan Lifschitz beschlossen, seine Frau und den Kibbuz zu verlassen, in dem er geboren und aufgewachsen war. Seine Entscheidung stand fest: Er würde weggehen und ein neues Leben beginnen. Bisher hatte ihn stets ein enger Kreis von Männern und Frauen umgeben, die nicht aufhörten, ihn zu beobachten, zu beraten und zu belehren. In all den Jahren seiner Kindheit und Jugend, während seiner Militärdienstzeit und auch noch in seiner Ehe und bei der Geburt des toten Babys hatte man ihm unablässig gesagt: dies darfst du und das nicht. Dabei war er stets mit dem Gefühl herumgelaufen, daß diese Leute eine geheimnisvolle und vielleicht sogar wunderbare Landschaft vor ihm verbargen und er nicht endlos weiter verzichten durfte.

Sie redeten dauernd wie üblich von negativen Erscheinungen, besorgniserregenden Entwicklungen, drohenden Gefahren, doch Joni begriff kaum mehr den Sinn dieser Worte. Wenn er gelegentlich gegen Ende des Tages in der Abenddämmerung allein am Fenster stand und zusah, wie die Sonne versank und die bittere, tiefe Nacht sich über die Felder breitete, um die Erde unheilvoll bis zum Rand der östlichen Berge einzuhüllen, pflegte sein Herz gelassen zuzustimmen – diese Nacht hatte recht.

Wenn sein Vater Jolek streng oder sanft auf ihn einredete: über den Ernst der Stunde im allgemeinen und im besonderen, über die historische Bedeutung, über die vergangenen und noch folgenden Generationen und über die Verpflichtung der Jugend, duckte Joni sich wie vor einer drohenden Ohrfeige zusammen, wußte aber nichts zu antworten. Er war ein stiller Mensch. Worte mochte er nicht und schenkte ihnen auch kein Vertrauen.

Was wollen sie denn von mir? Sie denken, ich gehöre ihnen. Bezeichnen mich als menschlichen Faktor oder Arbeitskraft oder als Phänomen. Ich bin keine Arbeitskraft. Ich bin nicht ihre Munition. Und ihr ganzes feierliches Gehabe berührt mich überhaupt nicht. Ich muß mich jetzt nur aufmachen und gehen. Irgendwohin. Völlig egal. Rio. Ohio. Bangkok. An irgendeinen anderen Ort, an dem man allein sein kann, an dem Dinge ohne Plan geschehen, Dinge, die kein Glied in irgendwelcher Kette sind – und auch kein positives oder negatives oder ernstes Stadium. Und da ein freier Mensch sein.

Er hatte auch eines Nachts seiner Frau Rimona erzählt, daß er beschlossen habe, sich auf- und davonzumachen. Und in seiner Aufrichtigkeit setzte er hinzu, sie hätte keinen Grund, auf ihn zu warten: Das Leben muß, wie man so sagt, weitergehen.

Erstmal wartete Jonatan auf eine Pause in den Regenfällen, ein Nachlassen der militärischen Spannungen, ein Abflauen der Gewitterstürme, eine Ablösung in der Werkstatt, also auf irgendeine klare Veränderung, die es ihm endlich ermöglichen würde, Abschied zu nehmen und sich auf den Weg zu machen an einen fernen Ort, an dem man auf ihn wartete und wartete, aber endlos nicht warten würde.

So war das Jahr 1965 vergangen, und 1966 hatte begonnen. Ein langer, schwerer Winter herrschte im Land. In scharfem, dünnem Strahl peitschte der Regen schräg auf die sumpfige Erde, während die Stürme prüfend an den Jalousien rüttelten, in den Baumkronen lärmten und die Stromleitungen in Unruhe versetzten, so daß die ihrerseits eine öde Melodie der Einsamkeit erklingen ließen. Nachts wurden die Wachen wegen der immer wieder über die Waffenstillstandslinie eindringenden Fedayin verstärkt. Im Rundfunk sprach man von Kriegsgefahr und von den Drohungen, die in den arabischen Hauptstädten zu hören waren.

Jolek Lifschitz hatte bereits in der Generalversammlung des Kibbuz verkündet, daß er demnächst von seinem Sekretärsamt zurücktreten werde und man sich daher tunlichst nach einem Nachfolger umschauen solle. Beispielsweise könne man mal bei Srulik, dem Musikanten, vorfühlen. Böse Zungen wollten wissen, daß Jolek wieder eine gewichtige Position in der Bewegung, in der Knesset und im Kabinett anstrebe. Manche nahmen sogar an, er hätte gewisse Hintergedanken in Erwartung einer Krise, eines Diadochenkampfes, einer tiefen politischen Kluft, bei der sein Name als möglicher Kompromißkandidat auftauchen müßte, so daß man ihn – wie einst König David – von seiner Herde wegriefe, damit er die Situation retten und die drohende Spaltung verhindern könnte. Stutschnik hielt Jonatan Lifschitz einmal auf dem Pfad zwischen Werkstatt und Schlosserei auf und fragte ihn mit durchtriebener Liebenswürdigkeit umständlich aus, ob Joni vielleicht wüßte, worauf es sein Vater jetzt eigentlich abgesehen hätte. Joni erwiderte nur achselzuckend: »Laß doch, um Gottes willen. Enkelkinder möchte er haben, der Alte. Damit er eine Dynastie hat oder was.« Aber das legten dann Stutschnik und mit ihm einige andere prompt als Bestätigung ihrer heimlichen Vermutungen aus.

Der perfekte Frieden

Amos, Jonatans jüngerer Bruder, ein kräftiger Bursche mit Krauskopf, der voller Schalk und Humor steckte und dazu noch ein erfolgreicher Sportschwimmer war, hatte an einer Vergeltungsaktion teilgenommen und dafür eine Tapferkeitsauszeichnung vom Oberkommandierenden der Fallschirmjägertruppe erhalten, weil er in einem Schützengraben zwei jordanische Legionäre im Nahkampf mit dem Seitengewehr erstochen hatte. In jenem Winter kam man nämlich nicht darum herum, alle zwei, drei Wochen eine Kommandoaktion auf feindliches Gebiet zu starten, um Vergeltungsschläge für die Untaten der mörderischen Fedayin auszuführen, die fast allnächtlich über die Grenze drangen. Joni dagegen wartete schweigend weiter auf irgendeine Wende, eine Veränderung oder ein Zeichen, daß von nun an eine neue Zeit anbreche. Aber die Tage vergingen in regnerischem Einerlei, und auch Rimona blieb sich gleich. Fast täglich verging etwas in Jonatan und erlosch, ohne daß er gewußt hätte, was es war – eine Krankheit vielleicht oder Schlaflosigkeit –, und nur seine Lippen sagten ihm manchmal: Das wär's. Jetzt ist Schluß und aus.

Inzwischen war eines Nachts ein sonderbarer Bursche im Kibbuz aufgetaucht, den man mit Joni zur Arbeit in die Werkstatt geschickt hatte, wo er eine kleine Revolution veranstaltete und mit Begeisterung neue Gewohnheiten einzuführen suchte. Alles hatte er aufgeräumt und geputzt und an die Wand noch das farbige Konterfei des Wohlfahrtsministers gehängt, das er aus einer Zeitschrift ausgeschnitten hatte. Dr. Burg blickte nun mit seinem runden gutmütigen Gesicht und stillvergnügtem Blick auf alles herab. Dann fing der neue Bursche an, fast jeden Abend in Jonis Haus zu kommen, bis er sich schließlich angewöhnte, auf der Couch im großen Zimmer zu übernachten – aber Jonatan dachte nur: Na, wenn schon. Was schert es mich. Ich bin sowieso nicht mehr hier. Rimona ist ja keine ganz richtige Frau. Und er ist nur ein Waisenjunge, der niemanden auf der Welt hat. Meinetwegen. Außerdem kann er ein bißchen Schach, wobei er meistens verliert, und spielt Gitarre. Und manchmal kümmert er sich um Tia. Jeden Donnerstag hilft er Rimona, das Haus sauberzumachen, und das ganze Geschirr spült er auch an meiner Stelle. Egal. Wenn der Winter vorüber ist und ich wieder gesund bin, kann man ihm immer noch ohne weiteres an die Gurgel gehen oder ihm ein paar Knochen brechen. Soll er einstweilen hier sein. Auch ich bin ja nur einstweilen hier. Weil ich noch müde bin.

Aber sein Herz setzte ihm zu: Warum hältst du dich noch auf? Du mußt dich aufmachen und gehen. Es gibt Gebirgszüge auf der Landkarte, Pyrenäen, Apenninen, Appalachen, Karpaten, dazu große Städte an Flüssen mit Plätzen und Brücken und dichte Wälder und kühne, fremde Frauen, und zwischen alldem gibt es irgendeinen Zielpunkt, an dem man in dieser Minute auf dich wartet und dich aus der Ferne beim Namen ruft, mit großem Ernst, und wenn du zu spät kommst – ist es zu spät. Wie heißt doch dieses russische Sprichwort, das unser armseliger Knabe zitiert? »Auch eine kaputte Uhr geht zweimal am Tag richtig.« Und: »Wer vergißt – gleich dem Mörder ist.«

Jonatan Lifschitz fing beinahe an, diesen Burschen zu mögen, weil er die Gitarre zu spielen wußte, bis diese ewige, wie eine Kriegssirene auf- und abschwellende Traurigkeit etwas nachließ. Doch auch dann, wenn beispielsweise der Rundfunk ein Fußballspiel direkt übertrug, legte sich die Traurigkeit nicht ganz, sondern war eher wie Regen, der schwächer wird und in schmuddeliges Nieseln übergeht.

Manchmal setzte sich das Gitarrenspiel im Haus von Rimona, Joni und Asarja bis tief in die Nacht fort. Von draußen drangen das Ächzen des Windes und das dumpfe Muhen der Kühe herein, und im Haus brannte das Feuer wie eine blaue Blume im Ofen. Rimona saß dann auf dem Sessel, aufgerollt mit untergeschlagenen Beinen, die Hände in den Ärmeln ihres Morgenrocks. Jonatan pflegte mit geschlossenen Augen zu rauchen oder legte und zerstörte Streichholzfiguren auf dem Tisch. Und der Junge saß krumm vornübergebeugt am äußersten Ende der Couch, auf der er nachts schlief, und spielte und spielte und sang manchmal leise dazu. Als gäb's hier einen Wald, dachte Jonatan. Ich hatte ihr ein Kind versprochen, und ein Kind hab ich ihr gebracht; nun kann ich gehen. Etan hat zwei junge Mädchen, Semadar und Brigitte, bei sich im Zimmer, und was im Kibbuz geredet wird, schert ihn kein bißchen. Udi bringt im Frühjahr aus dem Friedhof von Scheich-Dahr das Skelett von einem Arabusch und verstärkt es mit Draht, damit er eine Vogelscheuche im Vorgarten hat; soll'n sie doch explodieren vor Wut – was geht's ihn an. Und wir drei Freunde hier haben bei klarem Verstand beschlossen, eine Kommune in der Kommune zu gründen. Na und? Wo steht denn, das so was verboten ist? Soll sie doch spotten, soviel sie will, diese uralte Stimme da, dieser Clown, der noch nicht einmal einen Stier treffen konnte. Aber unsere Herzen sind jetzt im Recht, und alles übrige interessiert uns nicht. Mich sieht man bald sowieso nicht mehr, und wer sich dann beschweren will, muß mich hunderttausend Kilometer weit suchen. Wie dieser Bursche sagt: »Von morgens bis abends der Hund nur bellt, während der Mond schweigend das Firmament erhellt.« Und: »Du kannst Sergej ruhig in einen neuen Anzug kleiden, zwischen Ehre und Schande wird er trotzdem nicht unterscheiden.«

Solche Sprüche, die der Junge mitgebracht hatte, benutzte Joni nun fast unwillkürlich, wenn er mit sich selber sprach, oder auch im Umgang mit Udi, Jaschek und dem kleinen Schimon aus dem Schafstall.

Infolge der Regenfälle und des tiefen Schlamms ging man kaum noch zur Arbeit auf die Felder. Alle Wege waren versumpft. Die niedrig gelegenen Äcker standen unter Wasser. Die Winterernte drohte zu verfaulen. Viele junge Männer waren vom Kibbuzsekretariat zu verschiedenen Fortbildungsseminaren geschickt worden: über Judentum, Zionismus, Sozialismus, modernen Gesang, Agrartechnik, fortschrittliche Rinderzucht und sonstige Themen. Andere wurden in den Dienstleistungssektor versetzt, in Kinderhäuser oder Küche, damit auch die jungen Frauen zu Studientagen fahren konnten. Die Kibbuzkinder blieben den ganzen Tag über in ihren gut geheizten Kinderhäusern eingesperrt und kamen erst gegen Abend in die Häuser ihrer Eltern. Von Zeit zu Zeit fiel die Stromzufuhr aus, so daß man zuweilen den ganzen Abend bei Kerzenlicht oder dem Schein der Petroleumlampe in den Wohnungen saß. Dann gleicht der Kibbuz einem Dorf in einem anderen Land: Niedrige Hütten scheinen zwischen windgetriebenen Nebelfetzen zu schwimmen, fahle Lichter flackern hinter kleinen Fenstern, dichte Wipfel tropfen vor Wasser. Kein Mensch, nur starres Schweigen im leeren Rund, kein Mensch, nur wispernde Stille über nahem und fernem Ackergrund. Nichts regt sich, nichts bewegt sich zu Füßen der Berge. Winteröde im Friedhofshain, Grabsteine sinken ein, von Farn überwuchert. Teppiche toten Laubes rascheln zwischen den Obstbäumen, ohne daß ein Fuß sie betritt. Fäulnis, Rost und Schimmel zerfressen die Gerippe der im Krieg ausgebrannten Panzerwagen. Niedrige Wolken segeln zwischen den Ruinen des verlassenen Dorfs Scheich-Dahr dahin, das einst darauf sann, ein Blutbad im Kibbuz anzurichten, doch jetzt ist es verwüstet und voller Trümmer, mit einstürzenden Wänden und wild wuchernden Reben und üppig sprießender Vegetation, die sich kraftvoll zwischen die Steinritzen zwängt. Von Scheich-Dahr scheint jeden Morgen eine unsichtbar hinter Nebel- und Wolkenwänden verborgene Sonne mit müdem, schmutzigem Licht um sieben Uhr früh.

In den kleinen, von winterstarren Gärtchen umgebenen Häusern läutet dann der Wecker. Man muß aufstehen, sich lustlos murrend aus den warmen Decken schälen, muß die Arbeitskleidung anlegen und alte battle dresses oder verblichene Jacken anziehen, die für nichts anderes mehr taugen als für die Arbeit.

Zwischen sieben und halb acht Uhr laufen die Bewohner des Kibbuz müde und gereizt durch die Regenvorhänge und kommen ziemlich außer Atem im Speisesaal an, um dicke Brotscheiben mit Marmelade oder Quark zu essen und fettigen Kaffee zu trinken. Dann geht jeder an seinen Arbeitsplatz: Der kleine Schimon zum Schafstall, Lipa zur Elektrobaracke, Jolek Lifschitz in sein schäbiges Büro, in dem man sogar während der Morgenstunden das elektrische Licht einschalten muß. Rimona ins Wäschereigebäude. Anat Schneor ins Babyhaus, um Milchfläschchen zu wärmen, Windeln zu wechseln und feucht gewordene Bettwäsche abzuziehen. Joni und Saro zum Maschinenschuppen, wo sie den selbstgefälligen Blicken des Wohlfahrtsministers hoch über dem Ersatzteilregal ausgesetzt sind. Etan R. und der alte Stutschnik, die bereits zweieinhalb Stunden früher zum morgendlichen Melken der Kühe aufgestanden sind, trotten wieder nach Hause – umgeben von säuerlichem Schweiß- und Dunggeruch, beide mit unwirschem Ausdruck auf den von schwarzen Bartstoppeln übersäten Gesichtern. Bolognesi verbirgt sich in der Schlosserei hinter der grauen Metallmaske mit dem gläsernen Guckfenster und lötet eine Röhre an eine Eisenstange. Im Kleiderlager macht Chawa die drei Petroleumöfen an und sortiert Kleiderstapel zum Bügeln und Zusammenfalten. Die Speisesaalleute räumen die Frühstücksreste von den klebrigen Tischen, wischen jeden einzelnen erst mit einem feuchten, dann mit einem trockenen Lappen ab und stellen die Stühle mit den Beinen nach oben auf die Tischplatten, damit der Boden geputzt werden kann. »Erlöst das Land« empfiehlt ein Pappschild, das noch von Tubeschwat da hängt.

An einem solchen Wintermorgen benutzt man kaum Worte, außer den allernotwendigsten: Komm her. Was ist? Wo hast du's hingetan? Hab ich vergessen. Dann geh suchen. Na, mach schon.

Schweigen und schläfrige Trübsal in allen Ecken des Kibbuz. Und das Kreischen der Vögel in der Kälte. Und Hunde mit ödem Gebell. Jeder Mensch ist seinem Mitmenschen eine Last. Es hat ferne Zeiten gegeben, in denen hier alles mit ungeheurer Willenskraft, Zielstrebigkeit und zuweilen sogar Selbstaufopferung getan wurde. Jahre sind vergangen, kühne

Der perfekte Frieden

Träume wurden verwirklicht, felsiges Ödland verwandelte sich in ein gepflegtes, aufstrebendes Dorf. Aus den Zelten schwärmerischer Pioniere hat sich der freie hebräische Staat entwickelt. Die zweite und dritte Generation ist sonnenverbrannt und mit Maschine wie Waffe wohlvertraut aufgewachsen. Warum also ist die Welt verblaßt, sind die Träume so sonderbar verblichen? Warum erkaltet das müde Herz? Winterliches Schweigen im ganzen Kibbuz: als harrten hier Exilanten im Land der Verbannung oder erschöpfte Häftlinge in einem Zwangsarbeitslager. Kommt schon mal ein Gespräch zustande, so dreht es sich meist um Klatsch oder hämische Schadenfreude.

Gegen Abend, im Schatten eines tränenden Paternosterbaums, auf dem Weg zur Studiengruppe über jüdische Philosophie im Kulturhaus, sagte Stutschnik kummervoll: »Alles ist in Auflösung begriffen, mein Freund. Mach bitte die Augen auf und sieh, was um dich herum vorgeht. Du wirst doch nun bald Kibbuzsekretär sein und dann versuchen müssen, dich mit diesem fortschreitenden Ruin auseinanderzusetzen. Nicht wie Jolek, der außer schönen Reden hier überhaupt nichts getan, nicht einen Nagel versetzt hat. Alles geht vor unseren Augen den Bach runter. Der Staat. Der Kibbuz. Und die Jugend. Es heißt, Tausende junger Menschen machen sich einfach auf und verlassen das Land. Die Korruption wütet sogar unter unseren eigenen Leuten. Und die Kleinbürgerlichkeit vernichtet alles Gute mit Stumpf und Stiel, wie man so sagt. Familien brechen auseinander. Die Anarchie feiert fröhliche Urständ. Auch hier, bei uns, vor unserer Nase. Und keiner krümmt deswegen einen Finger. Eschkol ist mit Intrigen beschäftigt, Ben Gurion verbreitet Haß, die Revisionisten hetzen den Mob auf, die Araber wetzen die Säbel – und die Jugend ist eine öde Wüste. Und dann: Zügellosigkeit in Reinkultur. Ohne jetzt mit gemeinem Klatsch anzufangen, den ich mein ganzes Leben wie die Pest gemieden hab: Guck dir doch bloß mal an, was mit dem Sohn des großen Mannes da passiert. »Denn etwas Neues erschafft der Herr im Land: Die Frau wird zwei Männer umgeben«, wie es frei nach der Bibel heißt. Totale Anarchie. Und sieh, was unter den Lehrern vorgeht oder was sich in unserem eigenen Lenkungsrat zusammenbraut. Sieh dir unsere Regierung an. Die Situation wird von Tag zu Tag schlimmer, Srulik. Waren die Fundamente von Anfang an irgendwie verrottet, oder kommen jetzt einfach all die inneren Widersprüche wieder hoch, die wir die ganzen Jahre über, wie soll man sagen, unter den Teppich gekehrt haben? Du schweigst, mein Guter. Sicher. Das ist der einfachste und bequemste Weg. Bald werde auch ich schweigen. Ein Herzinfarkt hat mir gelangt. Absolut. Um nicht noch den Rheumatismus zu erwähnen oder überhaupt diesen deprimierenden Winter. Hör auf mich, Srulik, ich sag dir, Hand aufs Herz: »Wo man nur hinschaut, sieht man nichts als abgrundtiefen Greuel.«

Srulik nickte immer wieder freundlich mit dem Kopf. Von Zeit zu Zeit lächelte er, und als schließlich eine kleine Pause eintrat, sagte er: »Du übertreibst gern ein bißchen. Siehst, wie man so sagt, alles durch die schwarze Brille. Gottlob haben wir schon sehr viel schlimmere Zeiten erlebt und sind doch noch hier. Es gibt keinen Grund zu verzweifeln. Krisen hat es immer gegeben und wird es weiter geben, aber das heißt nicht, daß wir am Ende sind, Gott behüte.«

»Na, du ausgemachte Heiligennatur. Red mir jetzt bloß nicht so, wie du zu den kleinen Kindern auf der Schulfeier gesprochen hast. Ich brauch keine Propaganda. Im Gegenteil. Ich halt die Augen offen, und das solltest du künftig auch lieber tun. Was ist denn überhaupt mit dir los, bist du verrückt geworden? Hast du keine Mütze? Wer läuft denn mitten im Winter so durch die Gegend?«

»Ich lauf nicht durch die Gegend, alter Kumpel, ich bin unterwegs zum Gruppentreffen. Und vergiß nicht, daß in unserer Anfangszeit hier auch nicht alles so rosig ausgesehen hat, wie du jetzt meinst. Es hat Fehlschläge gegeben, unrühmliche Affären, sogar Skandale. Gehn wir. Was stehn wir denn hier im kalten Wind, wir erkälten uns ja noch. Laß uns lieber nachsehen, ob sie nicht etwa vergessen haben, den Heizofen anzumachen, und ob der Vortragende schon da ist. Heute soll, glaube ich, über Martin Buber gesprochen werden. Also komm. Schau nur, wie dunkel es um halb fünf schon ist. Wie in Sibirien.«

Abend für Abend treffen sich etliche Bewohner des Kibbuz in verschiedenen Studiengruppen. Andere nehmen an Sitzungen teil, wo sie Fragen der Finanzen, Erziehung, Einwandereraufnahme, Gesundheitspflege und Wohnungsvergabe diskutieren. Dabei suchen sie gemäßigte Wege, um langsame Veränderungen einzuleiten und nicht irgendwelche Erschütterungen auszulösen. Wieder andere beschäftigen sich abends mit ihren verschiedenen Hobbys: Briefmarkensammeln, Malen oder Sticken. Manche besuchen ihre Nachbarn, bekommen dort Kaffee und Kekse angeboten und reden über Klatsch und Politik.

Der perfekte Frieden

Um zehn Uhr abends gehen eines nach dem anderen die Lichter in den Fenstern der kleinen Häuser aus, und die feuchte, niedrige Nacht senkt sich über das Dorf. Hoch auf dem Wasserturm dreht sich der Suchscheinwerfer. Die Lampen am Sicherheitszaun verbreiten ihren dunstigen Strahlenkreis, in dem sich die schrägen Fäden des Regens verfangen, wie um im Glanz des bläulichen Lichts ihren Reigen zu tanzen. Die in Jacken und Regenmäntel gewickelten Wächter drehen – mit alten Maschinenpistolen bewaffnet – ihre Runden, die Schlauchmützen aus Wolle tief über die Ohren gezogen. Schafe schmiegen sich wärmesuchend aneinander. Die Hunde beginnen wie gewöhnlich mit wütendem Bellen, das in ein durchdringendes Winseln mündet. Fern am westlichen Horizont flammen stumme Blitze in gedämpftem orangenem Schein wie Signale auf.

In den Zimmern der Ledigen und in den Wohnungen der jungverheirateten Paare bleiben dagegen manche noch länger auf, lassen eine Flasche kreisen, spielen Karten oder Backgammon und erzählen sich Zoten, die mit Kriegserinnerungen durchsetzt sind. Bei einer solchen Gelegenheit sagte Udi zu Etan R.: »Nur zu. Soll'n sie doch ruhig. Warum nicht? Sogar die Bibel ist doch voll von solchen Geschichten. Und unsere Alten erst: Als die noch die Sümpfe bewässerten und die Wüste trockenlegten und all das, da haben sie nackt geduscht, Männlein und Weiblein bunt durcheinander unter derselben Brause, ehe sie so ungeheuer positiv und pädagogisch geworden sind. Das Leben besteht nun mal nicht aus Kindergartengeschichten. Joni hat mir selbst mal gesagt, der allergemeinste Betrug auf der Welt, das wär Schneewittchen mit den sieben Zwergen – und sie haben uns nach Strich und Faden belogen, als wir noch klein waren, was diese Zwerge nun wirklich mit Schneewittchen gemacht haben. Also, was wollen sie denn von Rimona, die gerade eben erst zu zwei Zwergen gekommen ist? Soll'n sie doch ihren Spaß haben. Vielleicht bringst du, Etan, mal einen Abend deinen privaten Harem zu ihnen mit, ich und Anat schließen uns der Feier an, und wir toben uns bis in den frühen Morgen mal richtig aus?«

Etan antwortete: »Ich hab schon vom ersten Augenblick an, als er gerade angekommen war und ich ihn da nachts beim Kuhstall geschnappt hab, das Gefühl nicht loswerden können, daß die Sache nicht gut enden kann. Der ist doch kein normaler Typ. Und auch Rimona nicht so ganz. Wer mir leid tut, ist Joni Lifschitz. Der war mal so ein echt guter Bursche und nun wird er selbst so ein kleiner Schimpanosa und läuft den ganzen Tag herum, als hätt er eins mit dem Holzhammer über den Kopf gekriegt. Gib noch mal den Arrak rüber. In der zweiten Flasche ist noch ein Schluck. Und halt die Klappe, denn die Brigitte versteht schon so 'n bißchen Hebräisch. Also wechseln wir das Thema. Wenn Eschkol ein richtiger Mann wär und nicht so 'ne alte Jente, würden wir mal die Gelegenheit ergreifen, wo Abd el-Nasser sich da im Jemen verwickelt hat, und würden diese Schurken frisch in die Pfanne hauen, diese Syrer, mein ich. Damit hätten wir auch ein für allemal unser Wasserproblem gelöst. Eine halbe Stunde lang hat dieser Asarja mir gestern das Hirn vollgequatscht über Eschkol und Chruschtschow und Nasser, alles natürlich mit Sprüchen und Philosophien vollgestopft, aber im Prinzip gibt's keinen Zweifel, daß der Junge eigentlich recht hat. Überhaupt hat der einigen Verstand im Kopf, nur ist eine Schraube bei ihm locker. Ein kluger König hört immer zu, was ihm der Hofnarr sagt, und das ist eben Joleks Narr, von dem Stutschnik behauptet, daß sie ihn vielleicht nach Eschkol zum König ausrufen. Nur, daß Eschkol selber ein Narr ist, das ist unser Unglück. Hör bloß mal, was für ein Scheiß da draußen los ist.«

Mit trockenen Augen und trockener Stimme wandte sich Chawa eines Abends zu dem inzwischen weitgehend genesenen Jolek: »Warum schweigst du bloß, warum? Tu was. Misch dich ein. Fahr mal laut dazwischen. Oder liebst du diesen Hanswurst schon mehr als deinen Sohn? Oder war ich es etwa, die ihm alle Türen geöffnet hat, damit er sich wie ein böses Tier in dieser ganzen Irrenanstalt austoben kann? Wart einen Moment. Hol nicht schon zu deiner Antwort aus. Ich bin noch nicht fertig. Warum mußt du mich jedesmal unterbrechen, heh? Warum stopfst du jedem das Maul? Warum hast du augenblicklich schon deine ganzen vernünftigen Antworten parat, fix und fertig mit allen ausgewogenen Argumenten und so weiter, bevor du auch nur den Anfang von dem gehört hast, was man dir sagen will? Selbst wenn du deine tolerante Politikermiene aufsetzt und aufmerksam den Worten deiner Gegner zu lauschen scheinst, hörst du in Wirklichkeit überhaupt nicht erst hin, sondern legst dir im Kopf bereits die passenden Stichworte für deine vernichtende Antwort zurecht, mit erstens, zweitens, drittens, und gespickt mit schlagfertigen Sprüchen und Zitaten. Einmal in deinem Leben halt nun mal den Mund und hör zu, denn ich red mit dir über Leben und Tod von Joni und nicht über die Zukunft der Histadrut. Und sag mir jetzt nichts darauf. Ich kenn deine Antwort schon auswendig, die du jetzt für mich fertigmachst, ich kenn dein ganzes

Repertoire und wär ohne weiteres fähig, dir Wort für Wort deinen gesamten Text runterzubeten, einschließlich der Pausen für den Applaus und den abgenützten Witzen, wenn das nicht so ungeheuer erbärmlich und abstoßend wäre. Diesmal verzichtest du besser auf deine geheiligte Redeerlaubnis und sagst kein einziges Wort, weil alles nämlich schon deutlich auf deinem Gesicht zu lesen ist, das ganze Plädoyer des abgefeimten Advokaten. Darin bist du König. Was heißt König – der liebe Gott höchstpersönlich. Aber daß Jonis Leben vor deinen Augen zugrunde geht, das ist dir egal, mein lieber Göttergatte, das hat dich noch nie interessiert und wird dich auch nie interessieren. Im Gegenteil. Du hast das so geplant. Kaltblütig. Joni ist ein Fleck auf deiner weißen Weste: ein bißchen durcheinander, wortkarg und ein Nihilist obendrein. Aber dieser Harlekin, den du in sein Leben reingebracht hast, das ist ein einfallsreiches, geistvolles Genie, das du langsam ›aufbauen‹ wirst, wie man bei euch sagt, bis du ihn für deine Zwecke benutzen kannst. Und Joni würdest du bei dieser Gelegenheit auch gleich noch los. Ja, selbst wenn Joni und ich und Amos schon in unseren Gräbern liegen sollten, würdest du dich im Handumdrehen mit bewundernswertem Mut wieder erholen, um das Joch der öffentlichen Verantwortung erneut auf dich zu nehmen. Sogar einen erschütternden Aufsatz für die Zeitung würdest du vielleicht über uns schreiben, um damit politische Pluspunkte aus dem Unglück herauszuschlagen, das dich ereilt hat. Schließlich könnte keiner so frech sein, einen vom Schicksal gezeichneten Mann anzugreifen, der Frau und Kinder verloren hat. Im Trauerglanz wärst du noch heiliger als vorher – und außerdem könntest du diesen kleinen Mistkäfer auch noch regelrecht adoptieren. Hauptsache, es ist alles deiner Ehre förderlich und den aufgeblähten, hochtrabenden Ideen und deinem Platz in der Geschichte des zionistischen Aufbauwerks und den schönen Worten, mit denen du begeisterst und trauerst und attackierst. Ein durch und durch schlechter Mann, der zusieht, wie man seinen Sohn ermordet, und noch nicht einmal auf die Idee kommt ...«

»Chawa, worauf willst du eigentlich hinaus?«

»Schweig einen Moment und laß mich wenigstens einmal in unserem Leben einen einzigen Satz ganz zu Ende bringen, bevor du zu einer abendfüllenden Rede ausholst. Du hast schon genug Reden geschwungen in unserem Leben. Wir haben dich mehr als genug gehört. Und die Geschichte ebenfalls. Fünfzig Jahre lang redest du nun ununterbrochen auf sie ein, und auch ihr hast du nie gestattet, mal den Mund aufzumachen, hast nie auch nur einen Moment zugehört, was sie wirklich will. Aber mir wirst du diesmal zuhören, wie es sich gehört. Markier jetzt bloß nicht den Tauben, ich weiß, daß du nicht zuhören willst. Und komm mir auch nicht mit den Nachbarn. Die sind mir völlig egal. Im Gegenteil. Sollen sie's ruhig hören, die Nachbarn und dieser ganze verrottete Kibbuz nebst Knesset, Partei, Regierung, Histadrut und der ganzen Uno. Ist mir ganz wurscht, wenn sie's hören. Du bist doch schon so taub wie der Herrgott persönlich, da muß ich ja laut sprechen, aber ich schreie nicht, und wenn ich's täte, könntest du mich auch nicht dran hindern. Ich werd schreien, bis die Leute kommen und mit Gewalt die Tür aufbrechen, um nachzusehen, wie du mich hier ermordest. So schreien werde ich, wenn du jetzt nicht ruhig bist und mich einmal im Leben ausreden läßt.«

»Chawa, bitte schön, red. Ich werde dich nicht stören.«

»Schon wieder unterbrichst du mich, wo ich dich anflehe, mich doch wenigstens dieses eine Mal ausreden zu lassen, bis ich einen Satz fertig habe, denn es geht hier um Leben und Tod, und wenn du mir noch einmal mittendrin ins Wort fällst, schütt ich im selben Augenblick Benzin aus und halt ein Zündholz dran und brenn das ganze Haus nieder, einschließlich der Briefe, die du von Ben Gurion und Berl und Erlander und Richard Crossman und wer weiß wem gekriegt hast. Also schweig jetzt und hör sorgfältig und genau zu, denn das ist mein letztes Wort. Ich verkünde dir, daß du bis morgen mittag Zeit hast, den Kibbuz und Jonis Leben ein für allemal von diesem abartigen Psychopathen zu befreien, den du kaltblütig und in vorgefaßter Absicht hier reingebracht hast, damit er das Leben deines Sohnes kaputtmachen soll. Und dem Aufnahmeausschuß hast du ihn auch noch empfohlen, und in mein Haus hast du ihn eingeladen, um über Gerechtigkeit und Ideologie zu reden und dir Lieder vorzuspielen. Bis morgen mittag hast du ihn entweder hochkant von Haus und Hof gejagt, oder ich tu dir so eine schwarze Sache an, daß du es noch bitter bereuen wirst. Du wirst es bereuen, wie du noch nie in deinem aufgeblasenen Leben etwas bereut hast – mehr noch als deinen glorreichen Rücktritt damals, über den du dich heute noch vor Gram verzehrst und hoffentlich auch weiter verzehren wirst, bis nur noch die Knochen von dir übrigbleiben, ty zboju, ty morderco!«

»Chawa, das ist etwas, das man nicht einfach so mir nichts dir nichts tun kann. Das weißt du doch selbst.«

»Nein?«

»Man muß einen Ausschuß einberufen. Eine Sitzung abhalten. Nachforschungen anstellen. Es geht schließlich um ein menschliches Wesen.«

»Aha. Natürlich, ein menschliches Wesen. Du begreifst doch noch nicht einmal den Sinn dieser Worte, hast ihn noch nie verstanden. Ein menschliches Wesen. Dreck ist das.«

»Entschuldige mal, Chawa. In deiner Wut widersprichst du dir selbst und merkst es gar nicht. Schließlich hast du mir bis auf den heutigen Tag nicht verziehen, daß ich damals deinen Komödianten hier rausgeschmissen habe, der vor dreißig Jahren mit der Pistole um sich geschossen hat und den halben Kibbuz umbringen wollte, darunter auch dich und mich.«

»Schweig, du Mörder! Gut, daß du wenigstens endlich zugibst, daß du ihn seinerzeit rausgeschmissen hast.«

»Das hab ich nicht gesagt, Chawa. Im Gegenteil. Du wirst dich sicherlich erinnern, mit wieviel Geduld, Nachsicht und Toleranzbereitschaft ich versucht habe, ihm beizustehen und ihm soziale und psychologische Hilfe zu verschaffen, vor seinem Anfall und sogar noch danach. Und wer weiß besser als du, daß er selbst wie ein Wilder davongerast ist nach jener Nacht der Schüsse. Ich habe damals meinen ganzen direkten und indirekten Einfluß geltend gemacht und unter keinen Umständen zugelassen, daß man die britische Polizei in die Sache eingeschaltet hat. Auch vor einem internen Disziplinarverfahren der Haganah wegen Mißbrauch von Verteidigungswaffen hab ich ihn bewahrt und ihm zusätzlich noch die Demütigung und Schande erspart, die ihn in der Generalversammlung des Kibbuz erwartet hätte, wo ohne jeden Zweifel einstimmig seine unehrenhafte Ausweisung beschlossen worden wäre, wenn man ihn nicht sogar dem Gesetz oder einer Nervenheilanstalt ausgeliefert hätte. Und danach habe ich ihm sogar noch geholfen, insgeheim das Land zu verlassen.«

»Du?«

»Ich und kein anderer, Chawa. Jetzt ist der Zeitpunkt gekommen, dir das zu verraten, was ich die ganzen Jahre über tief in meinem Herzen bewahrt habe, trotz all der Kränkungen, die ich von dir einstecken mußte. Ja, ich habe diesem bedauernswerten Wirrkopf geholfen, das Land unbehelligt zu verlassen. Es hat Mitglieder gegeben, die unbedingt die Polizei einschalten wollten: ›Sollen wir denn jedem Tobsüchtigen das Privileg einräumen, in aller Ruhe auf jeden mit der Pistole zu schießen, der ihm in die Quere kommt?‹ Und ich, Chawa, ich und kein anderer, habe mit tausend

Listen Ausschußsitzung, Generalversammlung und die Haganahleute hingehalten, bis es mir gelungen war, ihm durch Beziehungen und unzählige Interventionen einen Platz nach Italien auf einem unserer Schiffe zu verschaffen. Habe ich denn für all das Mißgunst verdient? Nachdem dieser Mann es geschafft oder versucht hat, meine Frau zu verführen? Der beinahe sie und mich und dein liebes Söhnchen ermordet hätte, das damals noch in deinem Leib war? Und du, die du bis auf den heutigen Tag einen so giftigen Groll gegen mich hegst, weil dieser Irrsinnige nicht hiergeblieben ist, kommst mir nun plötzlich mit der Forderung, ich soll einen jungen Burschen wie einen Hund aus dem Kibbuz verjagen, der überhaupt nicht ...«

»Du?! Du hast Bini rausgeschmissen? Aus diesem Kibbuz? Und aus dem Land?«

»Das hab ich nicht gesagt, Chawa. Du weißt so gut wie ich, daß er die Beine in die Hand genommen und schnellstens Reißaus genommen hat.«

»Du? Durch Beziehungen? Durch Interventionen?«

»Chawa. Mir wirfst du vor, ich könnte nicht zuhören, während du selbst stets genau das Gegenteil von dem hörst, was ich sage.«

»Du armer Irrer. Du armseliger Idiot. Sag bloß mal, was mit dir los ist: Hast du jetzt vollständig den Verstand verloren? Kapierst du, daß das auch sein Kind sein kann? Hast du daran ein einziges Mal gedacht in deinem ganzen verlogenen Leben? Ist dir mal aufgefallen, wie Joni aussieht und Amos und du selber? Wie kann ein Ideologe und Minister bloß derart dumm sein? Schweig. Das hab ich nicht gesagt. Leg mir bloß keine Worte in den Mund und unterbrich mich nicht schon wieder, denn du hast heute bereits genug gequatscht, mehr als genug sogar. Laß mich endlich auch mal ein Wort sagen, du mit deinen tausend Listen und Beziehungen und Interventionen. Ich hab nicht gesagt, daß Joni der Sohn von irgend jemand ist; das hast du dir selbst längst in den Kopf gesetzt, damit du einen Vorwand hast, auch ihn zu ermorden. Gesagt hab ich nur eines: daß du nämlich bis morgen mittag diesen Spinner hier in hohem Bogen rausfliegen läßt. Debattier jetzt nicht mit mir und überrenn mich nicht das ganze Leben lang wie ein Bulldozer mit deiner berühmten Rhetorik. Ich bin weder dein Ben Gurion noch dein Eschkol und auch nicht die Kumpels von der Bewegung oder deine Bewunderer und Verehrer. Ich bin überhaupt niemand, eine Null, eine schwer Geisteskranke, ein psychischer Mühlstein an deinem teuren staatsmännischen Hals. Mehr bin ich nicht. Noch nicht einmal ein menschliches Wesen, sondern nur ein altes, böses Scheusal, das zufällig genau, aber haargenau bis in alle Einzelheiten weiß, wer du wirklich bist. Und ich warne dich: Wag bloß nicht, mir jetzt zu antworten. Das laß dir gesagt sein: Wenn ich einmal den Mund aufmache und nur zwei Bruchteilchen von dem auspacke, was ich über dich weiß und was wir beide über dich wissen und was du, lieber Göttergatte, sogar selber nicht weißt, wenn ich das alles mal erzähle, dann ist das ganze Land entsetzt, und du gehst ein vor Schande. Was heißt entsetzt – vor Lachen biegen werden sich die Leute, bis sie sich vor Ekel übergeben: Das also ist der teure, hochverehrte Lifschitz? Die Zierde unserer Häupter? So sieht er aus? Und ich, mein Herr, das solltest du nicht vergessen, bin schon ein altes Scheusal, ein toter Kadaver, ich hab nichts mehr zu verlieren – und ich werd dir den Garaus machen. Bloß werd ich dabei Erbarmen walten lassen und es mit einem Schlag tun, nicht wie du, der mir ein ganz langsames Ende bereitet hat, Tag für Tag, Nacht für Nacht. Dreißig Jahre lang hast du mich ermordet, in aller Stille. Und nun hast du auch für deinen Sohn, von dem du niemals wissen wirst, ob er überhaupt dein Sohn ist, so einen kleinen Mörder rangeholt, der ihn stückchenweise um die Ecke bringt. Ganz langsam, still und leise, wie du mich umgebracht hast und Bini, mit deinen Listen, Interventionen und guten Beziehungen. Und immer ohne Skandale, ohne Lackschäden an deiner vielbewunderten Fassade, du lebendiges Gewissen der Arbeiterbewegung – rein wie ein Babypopo. Nein, mein Herr, ich weine nicht. Du wirst nie im Leben in den Genuß kommen, Chawa weinen zu sehen. Das Vergnügen werde ich dir nicht bereiten, wie du es damals ausgekostet hast, als Bini vor deinen Augen geweint und gefleht und deine Füße mit seinen Tränen gewaschen hat, bis du ...«

»Chawa. Bitte! Laß endlich die Sache mit Benja Trotzky ruhen. Wer weiß besser als du, daß du seine Liebe damals gar nicht erwidert, sondern dich aus freien Stücken entschieden hast ...«

»Das ist eine infame Lüge, Jolek Lifschitz. Gleich wirst du noch anfangen, dich damit zu brüsten, wie du mir damals vergeben und verziehen hast vor lauter Edelmut. Guck doch einmal im Leben in den Spiegel und sieh, was für ein Geschöpf du bist, und versuch dich ehrlich daran zu erinnern, wer Bini war, den du mit tausend Listen um die Ecke gebracht hast. Das waren deine eigenen Worte: tausend Listen. Erst vor ein paar Minuten hast du das gesagt, streite es nun bloß nicht ab. Genau wie du mich umgebracht hast und Joni, von dem du die ganze Zeit lieber nicht reden willst; immer wieder weichst du absichtlich auf das Thema Bini aus, um mich verrückt zu machen, aber das wird dir nicht gelingen, das lass' ich nicht zu. Du wirst jetzt gefälligst über Joni sprechen, statt historische Abhandlungen von dir zu geben. Wir sind hier weder auf einem Kibbuzseminar noch auf einer Parteiversammlung. Hier wirst du mir nicht den Heiligen spielen. Ich kenn dich und deine Heiligkeit mit all ihrer salbungsvollen Weihe aus erster Hand; ich spucke auf deine moralische Standfestigkeit und auf deinen historischen Beitrag, genauso wie du all diese Jahre mein Grab bespuckt und zertrampelt hast. Gib mir jetzt keine Antwort. In deinem eigenen Interesse – versuch's nicht. Entweder hast du bis morgen mittag diesen Dreckskerl hier rausgeschmissen, oder dir wird was passieren, an dem die gesamte Landespresse und der Rundfunk obendrein ihre helle Freude haben werden: Wer hätte gedacht, daß ausgerechnet die Frau des Genossen Lifschitz sich selbst in Brand stecken oder – umgekehrt – unsere nationale Symbolfigur verbrennen würde. Und ich sage dir, Jolek, das ist das Ende. Nicht meines, denn mein Ende ist schon längst gewesen, sondern deines. Das ganze Land wird sich vor Lachen ausschütten, und alle werden sie sagen: Was, das war dieses große Vorbild, dieser Ausbund an Tugend? Der moralische Wegweiser? Ein kaltblütiger Mörder, weiter nichts? Und ich warne dich: Danach wird deine Partei dich nicht einmal mehr aus der Ferne sehen wollen, um sich ja nicht an dir zu infizieren, denn du wirst zum Himmel stinken, dafür sorge ich eigenhändig, du Mörder. Dann kannst du bis ans Ende deiner Tage hier rumsitzen und Strümpfe stricken wie der italienische Mörder, bis du genauso jämmerlich krepierst wie ich. Wie ein räudiger Hund wirst du bei mir eingehen, wie ich bei dir schon längst gestorben bin, noch bevor du hier und da angefangen hast, mit allen möglichen Flittchen auf Konferenzen und Kongressen zusammenzuleben. Ich will keine Namen nennen, aber du sollst nicht denken, man hätte mir nicht eilfertig zugetragen, mit wem Seine Heiligkeit zwei Wochen verbracht haben, mit wem zwei Nächte und mit wem eine halbe Stunde, wie ein Tier zwischen Beratung und Abstimmung. Ich brauch weiter nichts als ein bißchen Säure für deine berühmte Visage oder – umgekehrt – ich trink sie selbst oder futter einfach Schlaftabletten. Daß du es nicht wagst, mir zu sagen: Chawa, schrei nicht. Wenn du das nämlich noch einmal sagst, werd ich schreien. Oder vielleicht auch nicht; ich geb einfach in aller Ruhe ein Interview, zum Beispiel diesem linken

Boulevardblatt ›Haolam Hase‹, etwa unter der Überschrift ›Genosse Lifschitz in Pantoffeln‹ oder ›Das Gewissen der Arbeiterbewegung mal ganz privat‹. Du hast Zeit zum Entscheiden und Handeln bis morgen. Punkt zwölf. Denk dran, ich habe dich gewarnt. Und versuch jetzt nicht, mir zu antworten, denn ich hab momentan keine Zeit, Vorträge bis zum frühen Morgen anzuhören. Wegen dir komm ich jetzt schon zu spät zur Sitzung des Erziehungsausschusses. Also, statt jetzt eine Antwort zu formulieren, tust du besser daran, Jolek, dich heute abend in aller Ruhe hinzusetzen und sehr gründlich nachzudenken, wie du das so ausgezeichnet kannst, wenn du meinst, du hättest dich in eine politische Sackgasse manövriert. Im Kühlschrank in der blauen Flasche ist deine Medizin. Vergiß nicht, um halb elf zwei Teelöffel einzunehmen, aber daß die Löffel auch voll sind – und nicht nur so halb. Im Arzneischrank in der Duschecke findest du Optalgin gegen Schmerzen und auch Perkudantabletten, falls es noch schlimmer werden sollte. Und denk dran, du mußt viel Tee trinken. Ich bin um halb, allerspätestens Viertel vor zwölf zurück. Du brauchst nicht auf mich zu warten. Leg dich einfach ins Bett und lies die Zeitung, bis du einschläfst. Nur denk vorher ordentlich nach, nicht wie du mir antworten sollst – ich weiß, ich hab vielleicht ein bißchen übertrieben –, sondern wie du das ausführen kannst, was ein richtiger Vater, der ein Herz für das Leid seines Sohnes hat, schon längst getan hätte. Ich bin sicher, du machst das wie üblich mit Umsicht, Entschiedenheit und Takt – in einer Weise, die keinerlei Unannehmlichkeiten mit sich bringt. Gute Nacht, ich bin jetzt aber wirklich spät dran. Und daß du es nicht wagst, an die Kognakflasche zu gehen. Denk, was der Arzt dir gesagt hat – keinen Tropfen. Und daß du es weißt: Ich hab den Pegelstand außen an der Flasche markiert. Am besten, du legst dich mit der Zeitung ins Bett. Schade, daß du so viel geraucht hast. Auf Wiedersehen. Ich lass' das Licht in der Dusche an.«

Sowie Chawa weg war, stand Jolek etwas umständlich auf, schlurfte in Hausschuhen zum Bücherregal und griff vorsichtig und sanft nach der Kognakflasche. Einen Augenblick lang untersuchte er das Etikett mit scharfem, verschmitztem Blick, dachte einen weiteren Moment mit geschlossenen Augen nach und setzte dann ein ganz leises traurig-spöttisches Lächeln auf. Er füllte ein Glas bis zum Rand, setzte es auf dem Schreibtisch ab und nahm dann die Flasche mit in die Küche, wo er sie bis zu Chawas Bleistiftstrich mit Leitungswasser auffüllte. An den Schreibtisch zurückgekehrt, beugte er sich über seinen Kalender und notierte: »Die Sache Gitlin klären. Satzung bezüglich Zeitarbeitern prüfen: Entschädigung? Versicherung?« Weiter fügte er hinzu: »Udi S. – vorerst in die Werkstatt?« Danach zündete er sich eine Zigarette an, nahm einen tiefen Zug und atmete wieder aus. Dann nippte er ein wenig an seinem Glas, um gleich darauf zwei kräftige Schlucke folgen zu lassen, und setzte mit sicherer Hand einige Zeilen auf einen Briefbogen, dessen rechte obere Ecke den bescheidenen Aufdruck trug: »Jisrael Lifschitz, Kibbuz Granot«.

An Herrn B. Trotzky, Miami, Florida, USA
Schalom Benjamin,
was Deinen bereits mehrere Wochen zurückliegenden Brief betrifft, möchtest Du bitte verzeihen, daß sich die Antwort verzögert hat. Ich bin hier mit einigen Schwierigkeiten – öffentlicher und anderer Art – konfrontiert worden: daher der Aufschub. Hinsichtlich Deines Vorschlags, eine bestimmte Summe für die Errichtung eines Gemeinschaftsgebäudes im Kibbuz Granot zu spenden, möchte ich Dir erstens in meinem und der anderen Mitglieder Namen für das großzügige Angebot an sich sowie für die gute Absicht danken, die sich dahinter verbirgt. Zweitens möchte ich Dir, mit Deiner Erlaubnis, unumwunden eingestehen, daß diese Idee das eine oder andere Problem mit sich bringt, darunter auch einige grundsätzlicher Art. Sicher wirst Du Dir vorstellen können, daß es da noch so gewisse Erinnerungen, Empfindlichkeiten und Zweifel gibt, die sowohl auf Deiner jetzigen Stellung als auch auf jenen alten Affären beruhen, die natürlich der fernen Vergangenheit angehören und besser mit dem Mantel des Vergessens zugedeckt bleiben sollten. »Und dem Weisen genügt die Andeutung«, wie es ja heißt. Die Sache ist die, Benjamin, daß es unter uns einige hartnäckige Naturen gibt, die – Du wirst mir verzeihen, wenn ich das sage – immer wieder Vergessenes aufwärmen oder in alten Wunden bohren müssen. Darüber hinaus, warum sollte ich Dir die Wahrheit verbergen, bin ich auch selbst noch ein wenig uneins mit mir, auf meinem Buckel ist die Sache ja ausgetragen worden. Angesichts dessen sollte man das Ganze vielleicht noch einmal neu überdenken.

Hör zu, Benja. Lassen wir, mit Deiner Erlaubnis, diese Sache einen Augenblick beiseite und versuchen, ehrlich miteinander zu reden. Sei doch bitte so gut und sag mir – in zwei, drei Zeilen, auf einer Postkarte, eventuell sogar per Telegramm: Hab ich mich an Dir versündigt, ja oder nein?

Der perfekte Frieden

Mein Gott, was hab ich Dir denn Schlechtes angetan? Auf welche Art und Weise hab ich Dich sozusagen hintergangen? Welche Intrigen hab ich gegen Dich angezettelt? Sicher ohne jede böse Absicht hattest Du Dich ein bißchen in meine Kameradin verliebt. Und wer kann schließlich die Launen und Wallungen des Herzens ergründen oder gar beherrschen? Und sie, das will ich nicht bestreiten, hat bittere Leiden ausgestanden, bis sie ihre Entscheidung getroffen hat. So ist es gewesen. Ich habe sie nicht mit Gewalt festgehalten. Ja, wäre ich denn überhaupt imstande gewesen, sie an mich zu binden, wenn sie Dir den Vorzug gegeben hätte? Hand aufs Herz, Benja: Bin wirklich ich der Schurke, während Du und sie sozusagen die gefolterten Heiligen und Märtyrer seid? Was, um Gottes willen, habe ich verbrochen? Und dieser wilde Haß, womit hab ich den verdient? War ich denn gewissermaßen der böse Kosak – und Ihr die unschuldig Verfolgten? Und wer von uns zweien, wenn ich mal so fragen darf, hat sich der Pistole als letztem Argument bedient? Ich etwa? War ich der Mörder? War ich es etwa, der sie aus Deinen Armen gerissen und Eure Liebe zerstört hat? Bin ich hier im Sturm erschienen, mit Hirtenflöte und gesticktem Russenkittel und flammender Leidenschaft und wildem Haarschopf und erotischer Baßstimme? Warum werde gerade ich mit Flüchen und Beleidigungen überschüttet? Wofür werde ich mein Leben lang bestraft? Wofür mißhandelt Ihr mich unablässig – sie und Du und der Junge? Dafür, daß ich mich bemüht habe, anständig und vernünftig zu handeln? Dafür, daß nicht auch ich Messer und Pistole gezückt habe? Daß ich andere daran hinderte, Dich der britischen Polizei auszuliefern? Oder vielleicht für die sechs Palästinapfund, die ich Dir im letzten Augenblick in Deinen auseinanderbrechenden Koffer gesteckt hab, den ich Dir mit einem Tau verschnürt habe, bevor Du Dich auf den Weg machtest? Wofür also? Vielleicht einfach wegen meines Gesichts, diese Visage eines bösartigen Intelligenzlers, die mir das Schicksal nun mal verpaßt hat?

Benja, hör zu. Leb mir wohl, wo immer Du bist. Ich will keine Abrechnung mit Dir halten. Nur laß mich, in Gottes Namen, in Ruhe. Laß uns in Ruhe. Ein für allemal. Und vor allem – streck Deine Hand nicht nach dem Jungen aus. Wenn Gott noch einen Platz in Deinem Herzen hat, dann sende mir sofort ein Telegramm mit nur einem einzigen Wort: »Dein« oder »mein«. Damit ich nicht noch bis zum Tode unter diesem schrecklichen Zweifel leiden muß. Aber eigentlich nützt auch das nichts, denn als poetischer Lügner und erfahrener Herzensbrecher bist Du ja von Geburt an unübertroffen. Sollte aber doch irgend etwas Wahres an dem sein, was unsere Vorväter über die kommende, durch und durch gute Welt gesagt haben, Benja, dann gibt es dort sicher auch eine Auskunftsstelle, wo man mir auf meine Anfrage mit absoluter Wahrheit antworten wird, wer von uns beiden der Vater ist. Aber in Wirklichkeit ist auch das alles nur nichtiges Geschwätz, denn wenn es gerecht zugeht, gehört Joni ausschließlich mir, und Du hast keinerlei Anspruch auf ihn, denn was, zum Teufel, liegt schon dran, wer den stinkenden Tropfen abgegeben hat – ein schmieriges bißchen Samenfeuchtigkeit macht nicht den ganzen Menschen aus. Und falls doch, dann ist wirklich alles nur nichtiger Wahn.

Benja, hör jetzt gut zu. Der Junge ist mein Sohn, und wenn Du Dich inzwischen nicht in einen Unmenschen verwandelt hast, mußt Du das klar sagen. Ja, per Telegramm.

Übrigens, alles in allem betrachtet, ist es praktisch egal.»Mein ist dein, und dein ist mein«, wie wir hier einmal zu deklamieren pflegten. Was für ein schrecklicher Unfug. Was für ein blödsinniger Witz. Er gehört nicht wirklich mir und schon gar nicht Dir und auch nicht der armen Chawa, ja zur Zeit noch nicht mal sich selbst so richtig. Nur solltest Du eines wissen: Wenn es Dir zufällig, nach vorheriger Absprache mit der vom Dybuk besessenen Chawa, in den Sinn kommt, meinen Sohn nach Amerika zu locken, ihm da alle möglichen Glicken zu versprechen und ihn so zu korrumpieren, daß er zu einem geldgierigen Itzig wird, dann wißt, daß ich diesmal mit allen Mitteln kämpfen werde, bis Euer Spinnennetz restlos zerfetzt ist; ich kann Euch versichern, daß ich den einen oder anderen Kniff in meinem Leben gelernt habe. Falls Du eine Andeutung brauchst, werd ich Dir eine geben, damit Du Dich in Deinen Berechnungen nicht irrst: Chawa ist keineswegs gegen eine ärztliche Untersuchung gefeit, der zufolge ein schriftliches Attest ihre wahre psychische Verfassung bescheinigen würde. Und Du selbst brauchst Dich auch nicht in der vermeintlichen Sicherheit zu wiegen, Dein Amerika befinde sich gewissermaßen hinter den dunklen Bergen: Wir werden uns die Mühe machen, ein bißchen in Deinen Geschäftspraktiken herumzustochern, um herauszubekommen, wie Du Deine Goldberge zusammengerafft hast, und dann finden wir vielleicht auch ein geneigtes Ohr, dem wir eine nette kleine Episode aus Deiner stürmischen Jugendzeit zuflüstern können. Und dem Weisen genügt ... Du weißt schon. Ich werde es nicht zulassen, daß mein Sohn sich aufmacht und zu Dir fährt – selbst wenn Du ein goldenes Flugzeug herschickst, denn es heißt ja, Du würdest in Geld schwimmen. Sicher besitzt Du doch auch einen Spiegel. Wenn Du da mal einen Augenblick reinschauen möchtest, siehst Du darin ein abscheuliches Geschmeiß, einen menschlichen Abschaum, wie er im Buche steht. Du Blutsauger und Blutvergießer, möge Gottes Fluch auf Dich niedergehen. Du und Deinesgleichen – Ihr habt doch hier alles verdreckt und besudelt. Wir haben mit dürstender Seele unser Herzblut darangesetzt, die Erde des Landes zu bewässern, sie zu bestellen und zu bewahren, Israel und die jüdische Seele aus den Trümmern zu erheben, und was habt Ihr getan? Ihr habt herumgespielt mit Clownerien, leichten Flirts. Mal habt Ihr mit Plechanow, Lenin und der Oktoberrevolution geliebäugelt, dann mit dem zionistischen Gedanken, gefolgt von einer kleinen Liebelei mit Erez-Israel und einem bißchen Pionierleben aus jugendlichem Abenteuerdrang, und schon habt Ihr allem wieder den Rücken gekehrt, um Euch erneut dem Goldenen Kalb zuzuwenden. Nicht Hitler oder Nasser, sondern Du und Deinesgleichen, Ihr seid es, die jetzt ganz real die Zerstörung des Dritten und letzten Tempels über uns bringen. Es gibt weder Sühne noch Vergebung für jenes törichte Mitleid, das mich davon abgehalten hat, Dir schon seinerzeit ein schwarzes Ende zu bereiten, als Du noch nichts weiter als ein kleiner, schwächlicher, von Leidenschaften und bittern Tränen überströmter Sandwurm warst. Ihr niedrigen Geschöpfe seid die bösartige Krankheit, die das jüdische Volk über Generationen vergiftet hat. Ihr seid der Fluch der Diaspora. Euretwegen haßten und hassen uns die Völker mit ewigem, abgrundtiefem Abscheu. Ihr mit Eurer Geldgier, Eurem Goldenen Kalb, Eurer geifernden Wollust, Ihr, die Ihr es so vorzüglich versteht, ahnungslose Gojim und unschuldige Frauen mit Eurer glatten Zunge zu verführen, jede erdenkliche Untreue zu begehen und Euch auf Euren ekligen Dukaten zu wälzen. Wie ein verseuchter Bazillus rollt Ihr von Land zu Land, von Diaspora zu Diaspora, von Handel zu Handel – entwurzelt, ohne Heimat und Gewissen –, bis Ihr uns zum Schandfleck und Gespött aller Völker gemacht habt. Und jetzt streckt Ihr Eure klebrigen Pfoten aus, um – wie voher unsere Frauen – jetzt auch unsere Söhne zu verführen, sie mit süßen Verlockungen in den Dreck hinunterzuziehen, damit sie so verkommen wie Ihr.

Aber warum soll ich es leugnen, Benja? Die Schuld liegt bei mir. Mea culpa. Ich bin an allem schuld, weil ich nicht so gehandelt habe wie jeder anständige ukrainische Goi; der seine Frau mit so einem jiddischen Hausierer auf der Tenne überrascht und der mit einem gezielten Axthieb die Affäre aus der Welt schafft. Ich bin schuld, weil ich vergessen habe, was schon unsere Vorväter schrieben: »Wer barmherzig gegen Grausame ist, wird schließlich grausam gegen Barmherzige sein.« Ich hab Dich geschont, Benja, hab mich wie ein beschwipstes Kalb benommen – als der gute, mitfühlende Tolstojaner, der ich damals war. Wirklich und wahrhaftig das Leben gerettet hab ich Dir, Dir noch mit knapper Not die Flucht ermöglicht, und jetzt betitelt Chawa mich als Mörder. Und das bin ich auch tatsächlich, denn Du mit Deinem Eifer und sie mit ihrem Spinnengift, Ihr versucht jetzt, meinen armen Sohn zu hypnotisieren, damit er zu Dir nach Florida fährt. Du schickst ihm sicher ein Ticket und einen Sack Dollars und holst ihn in Dein Business rein, damit er Geschäfte macht wie Du. Und danach wirst Du Dich kugeln vor Lachen, wie Du aus Joleks Sohn einen biederen Geldsack gemacht hast, genau wie es Chawas Vater im Stetl gewesen ist, ein reicher Hausbesitzer, seine zwei Daumen links und rechts vom Schmierbauch im Hosenbund vergraben. Und das ist dann mein Joni, von dem ich mir die Erfüllung meiner Träume erhoffte, der eine neue Generation von Juden begründen sollte, die dann Enkel und Urenkel hervorbringen und dem krankmachenden Exil ein Ende bereiten würden. Doch nun kommt das Exil in der Gestalt des reichen Onkels zurück. Du Verräter Israels, Du. Ausgelöscht sei Dein Name, Trotzky, möge der Fluch Gottes auf Dich niedergehen. Und was Deine Spende anbetrifft, lautet die Antwort: nicht nötig. Vielen Dank. Schmutziges Geld fassen wir nicht an.

Diesen Brief zerriß Jolek in winzige Fetzen, die er in die Kloschüssel warf, um darauf zweimal sorgfältig die Spülung zu betätigen. Übrigens, dachte er sich, pflegten sie schon im alten Rom zu sagen, daß Geld nicht stinkt. Wenn er spenden will, soll er doch. Gelder zum Aufbau des Landes haben wir von allen möglichen und unmöglichen Leuten angenommen, ohne große Nachforschungen anzustellen. Auch von den Nazis haben wir schließlich Wiedergutmachungsleistungen akzeptiert. Jolek zog seinen Wintermantel an und setzte eine Schirmmütze auf den Kopf. So ging er zwischen zwei Regenschauern hinaus, um seine Seele bei einem Spaziergang abzukühlen.

Auf halbem Weg beschloß er dann plötzlich, sofort zu Jonatans und Rimonas Wohnung hinüberzugehen. Doch fast im selben Moment fiel ihm Asarja ein, der bei ihnen ja übernachtete, und so wandte er sich achselzukkend wieder ab. Statt dessen schlug er nun den abschüssigen Pfad ein, der zu den Hühner- und Kuhställen führte. Diese Gegend war still und leer, wie es nur Dorfausläufer in Winternächten sein können. Der Regen hatte aufgehört, der Wind war abgeflaut.

Zwischen Wolkenfetzen blinzelten drei, vier kühl funkelnde Sterne hervor. Für einen Augenblick erschien es Jolek, als seien die Sterne nichts weiter als winzige Mottenlöcher in einem schweren Samtvorhang. Und als breite sich jenseits des schweren Samtvorhangs jetzt ein riesiger, furchtbarer Glanz aus, ein Strom blendender Glut – und die Sterne seien nur eine winzige Andeutung des Lichtsturms, der hinter dem Paravent tobte. Jolek fand Trost in diesem Bild. Er ging langsam und nachdenklich, atmete kräftig durch. Die Luft war frisch und scharf. Tief sog er die Gerüche des Hofes ein: Die mit schwerer Sinnlichkeit erfüllten Gerüche der Landwirtschaft berührten ihn wie mit streichelnder Hand. Wann hatte er ein Streicheln gespürt? Lange Jahre waren seitdem vergangen, wenn man einmal von gewissen Verehrerinnen absah, verwitweten oder geschiedenen Parteiaktivistinnen, die ihn mit Bestimmtheit oder fast schon sanfter Gewalt zu sich geholt hatten. Selbst das war schon einige Zeit her. Die Natur selber nimmt sich sozusagen jeder Menschenseele an und schenkt ihr ein paar Jahre Mutterliebe, auch einem bösartigen Intelligenzler. Das alles ist eigenartig und sogar ein wenig deprimierend, sagte sich Jolek im stillen, als er an seine Mutter dachte. Seitdem hatte es kein Streicheln mehr gegeben. Das Sternenlicht in einer Winternacht ist sicher ein gutes Zeichen, aber die Lage ist von Grund auf beschissen.

Schwerer, säuerlicher Dunst drang aus dem Hühnerstall. Die Schafe rochen nach warmem Dung. Und von Dunkelheit zu Dunkelheit rann der faulige Ausfluß naßgewordenen Heus. Habe ich mich denn auch an meinem Sohn versündigt? Leidet er etwa meinetwegen? Welcher Dybuk hat dem Jungen ausgerechnet Rimona zugeführt? Wollte er vielleicht jemanden bestrafen? Sich selber? Seine Mutter? Oder mich? Gut, soll es so sein, dachte Jolek, jeder wird seine Strafe abbüßen. So ist das nun mal. Und was das Streicheln betrifft, das ist doch lächerlich bei einem Mann von meinem Alter und Stand. Aber trotzdem: Ohne dieses Unglück damals könnte ich jetzt Großvater sein. Jeden Nachmittag um halb vier würd ich mich am Kleinkinderhaus einfinden, um dort den Eltern zuvorzukommen und ihnen den Jungen wegzuschnappen. Ich würde ihn mir auf die Schultern setzen. Ihn zu den Schaukeln tragen. Aufs Feld. In den Obstgarten. Auf die Wiesen. Zu den Hühnern, Schafen und Kühen im Stall. Zum Pfauengehege am Schwimmbad. Süßigkeiten würd ich ihm von allen Seiten zustecken, um ihn richtiggehend zu bestechen, und ihn mit Schweigegeld überhäufen, trotz aller Prinzipien. Ohne die geringste Scham würde ich ihm vor aller Augen die kleinen Füße küssen, einen Zeh nach dem anderen. Und wie ein Jüngling sommertags mit ihm über alle Wiesen tollen. Wasser aus dem Gartenschlauch würd ich über ihn spritzen und dafür das Doppelte an Vergeltung von ihm einstecken. Und ihm lustige Grimassen schneiden, wie ich es nie bei meinen beiden Söhnen getan habe, wegen der Prinzipien damals. Muhen und miauen und bellen würd ich für ihn – und all das nur um den Lohn eines Streichelns von seiner kleinen Hand. Opa. Geschichten würde ich unermüdlich für ihn erfinden, über Tiere, Geister und Gespenster, Bäume und Steine. Und nachts, wenn seine Eltern bereits schliefen, würd ich mich wie ein Dieb ins Kleinkinderhaus schleichen, um ihn auf den Kopf zu küssen. So könnte ich Tag für Tag meine schlechten Taten sühnen. Ja, auch vor der Schlechtigkeit müßte sich irgendein Tor öffnen. Wie bei diesem Menschen Bolognesi, der ein grausamer Mörder gewesen ist und nun Buße tut, indem er dasitzt und Pullover strickt.»Schwarzgelockt und vernünftig«, wie es in einem von Rachels Liedern heißt. Ein kleines Kind. Mein Enkel.

Aus weiter Ferne blinkten die Lichter von den Bergen jenseits der Grenze. Jolek Lifschitz betrachtete sie, schlug den Mantelkragen hoch gegen die Kälte und zog die Mütze tiefer ins Gesicht. An die zehn Minuten blieb er so stehen, entleert von all den alten Leidenschaften und den starken Grundsätzen, die ihn das ganze Leben lang geleitet hatten. Kühl, stumm und still dehnte sich die Nacht vor ihm aus, Himmel und Erde umfassend. Jolek stand da und wartete. Bis eine Sternschnuppe fiel. Da bat er um Barmherzigkeit.

Im selben Augenblick grinste er sich eins und trat den Rückweg an. Klar und selbstverständlich reifte die Entscheidung in seinem Herzen: Der Bursche Asarja Gitlin bleibt hier. Er wird auf keinen Fall weggeschickt, solange er nichts Schlechtes verbrochen hat. Das ist meine endgültige Entscheidung, zu der ich stehen werde, was immer auch kommen mag.

Aus dem Kühlschrank holte er das Fläschchen und schluckte seine Medizin. Zwei volle Teelöffel. Dann nahm er eine Tablette gegen heftige Schmerzen, obwohl ihm überhaupt nichts weh tat. Bevor er sich auszog und ins Bett kletterte, strich Jolek auf einem der Briefbogen den Aufdruck

»Jisrael Lifschitz, Kibbuz Granot« aus und schrieb mit schräger, bestimmter Handschrift: »Chawa, ich muß um Verzeihung bitten. Bitte, vergib mir. Das Wasser im Kessel hat bereits gekocht. Du kannst Dir ein Glas Tee einschenken. Die Wärmflasche habe ich eben gefüllt und unter Deine Decke gepackt. Es tut mir leid, was gewesen ist. Gute Nacht.«

10.

An der Wand über dem leeren Sofa hängt ein Bild: Auf einem Gatter aus roten Ziegelsteinen ruht ein dunkler Vogel. Dunst und Schatten erfüllen das Bild: nicht Dämmerstimmung, eher eine Art feuchter Schleier. Doch ein schräger Sonnenstrahl durchbricht wie ein Speer Dunst und Schatten. Und entfacht einen glänzenden, fast blendenden Kringel auf irgendeinem verblüfften Backstein am Ende des Gatters im unteren Teil des Bildes, weit weg von dem müden Vogel, dessen Schnabel, wie Joni plötzlich entdeckte, dürstend geöffnet war. Aber die Augen hatte er geschlossen.

Tia liegt, lang hingestreckt, unter dem Sofa. Nur ihr haariger Schwanz schlägt von Zeit zu Zeit auf den Teppich. Vier Reihen Bücher, gleichmäßig und wohlgeordnet, stehen auf den Regalen. Rimona ist nicht im Zimmer. Die schweren braunen Vorhänge verdecken Fenster und Verandatür. Alles ist ruhig. Der Ofen brennt, die Leselampe über der Couch leuchtet.

»Asarja, sag mal: Was ist das für ein Buch, das du jetzt schon den ganzen Abend liest?«

»Die Briefe. In englisch. Das ist ein Philosophiebuch.«

»Briefe? An wen?«

»An alle möglichen Leute. Briefe, die Spinoza geschrieben hat.«

»Fein. Lies weiter. Ich wollte dich nicht stören.«

»Du störst nicht, Joni. Im Gegenteil. Ich dachte, du wärst eingenickt.«

»Ich? Wieso das denn? Nur während der Arbeitszeit, wenn du dein Zeichen und Wunder in der Werkstatt vollführst – da mach ich schon mal ein Nickerchen. Jetzt hab ich gerade an den Springer gedacht und eine einfache Lösung gefunden.«

»Was für ein Springer?«

»Na, deiner eben. Aus der Partie, die du gestern verloren hast, nachdem du einen Turm mehr als ich hattest. Bald kommt sie zurück.«

»Ist sie auf eine Sitzung gegangen? Oder zur Chorprobe?«

»Sie hat heute Dienst im Klub. Serviert denen vom jüdischen Philosophiekurs Kaffee und Kuchen. Stutschnik und Srulik und Jaschek und all denen. Was steht da in deinem Buch?«

»Philosophie. Ideen. Anschauungen. Briefe, die Spinoza geschrieben hat. Joni?«

»Was?«

»Flasche. So haben sie mich beim Militär genannt. Meinst du, ich bin eine Flasche? Oder ein Betrüger? Oder ein bißchen zurückgeblieben?«

»Sag mal, Asarja, hast du noch nie Lust gekriegt, dich einfach aufzumachen und ins Ausland zu fahren – und ganz allein in einer fremden Großstadt rumzulaufen, wie Rio de Janeiro zum Beispiel oder Shanghai, wo in der ganzen Stadt keinen einzigen kennst und völlig fremd und ungebunden bist? Tagelang nur schweigend durch die Straßen zu bummeln, ohne irgendeinen Plan und sogar ohne Uhr?«

»Darüber sagt man auf russisch: ›Wenn der Mensch sitzt nur allein, stellt sich bald der Teufel ein.‹ Sieh mal, Joni. Ich bin schon genug schweigend und allein rumgelaufen. Erst in der Diaspora und dann hier. Und immer wollten sie mich umbringen. Nicht bloß Hitler. Sogar hier am Anfang, im Übergangslager, und auch die, die mich beim Militär gehaßt haben. Man kann nie wissen. Du möchtest mich vielleicht auch töten, obwohl du, wie man auf russisch sagt, mein großer Bruder bist und ich für dich ohne Zögern durchs Feuer gehen würde.«

»Was hast du nur für ein Feuer im Kopf? Hör mal, wie draußen der Regen runterprasselt. Würdest du nicht in diesem Augenblick rausgehen wollen und, sagen wir, nach Manila fahren wollen? Oder Bangkok, falls du überhaupt von der Stadt je gehört hast?«

»Ich? Auf keinen Fall. Bloß friedlich an einem Ort sitzen, wo man mich nicht dauernd umbringen will. Selbst wenn wir Abd el-Nasser ein paar Konzessionen machen müssen. Egal. Nur das ganze Leben lang bei guten Freunden sein. Unter Juden. Unter Brüdern. Und Gitarre spielen, damit wir uns alle wohl fühlen. Und Gedanken und Anschauungen aufschreiben, die Trost oder Nutzen bringen können. In Ordnung sein. Damit man mich endlich ausstehen kann, mich nicht für eine Flasche hält. Und daß ich niemanden störe, denn solange ich das tue, bin ich ein Schuft geblieben, und auch das Kibbuzleben kann meine Seele nicht heilen. Dann wär's besser, ich würd sofort verschwinden und ganz allein in irgendeiner Hütte in den Bergen leben, mich von Pilzen und Wurzeln ernähren und

Wasser aus dem Bach oder geschmolzenen Schnee trinken. Ach – obwohl ich Angst hab zu fragen, sagt Rimona mir jedesmal: Saro, bleib hier, du störst überhaupt nicht, weder mich noch Joni.«

»Das stimmt. Zumindest, was mich anbetrifft. Im Gegenteil: Es ist mir ein Genuß, wie meine lieben Eltern beinah zerplatzen wegen dieser Geschichte. Sie und der ganze Kibbuz. Udis Anat beispielsweise hielt mich doch vorgestern an und fragte mit süßer Stimme, ob ich nicht ein bißchen eifersüchtig wär. ›Danke, worauf sollte ich?‹ hab ich ihr geantwortet. Auch so eine Dämliche. Meinetwegen kannst du hierbleiben, bis du Moos ansetzt. Mich störst du nicht.«

»Danke, Joni. Vielleicht erlaubst du, daß ich dir auch mal eine, wie man sagt, persönliche Frage stelle. Nur eine einzige. Du brauchst nicht zu antworten. Es gibt da so einen Kinderreim: ›Ein verwirrter Fuchs fragte überall flugs, bis nach viel Gesugs er in die Grube fiel ohne Mucks.‹ Ach, ich schweig besser. All mein Gequatsche richtet immer bloß Schaden an.«

»Nun frag schon und hör auf zu faseln.«

»Joni, sag mal, du ... bist schon mein Freund, so ein bißchen?«

»Weiß nicht. Vielleicht. Hab noch nicht drüber nachgedacht. Eigentlich schon. Ja. Warum nicht. Bloß nützt dir das nichts, weil ich schon längst nicht mehr im Lande bin. Und außerdem krieg ich manchmal Lust, dich und Rimona gleichzeitig zu erwürgen. Einfach so, mit bloßen Händen, langsam und gründlich. Oder euch mit dem Seitengewehr aufzuspießen, wie es mein Bruder mit den zwei Legionären gemacht hat. Aber gut, wir sind Freunde. Und nicht nur so gerade eben: Ich zum Beispiel lass' dir meine meisten Klamotten hier, außer denen, die in einen kleinen Koffer reingehen. Nicht Koffer. In einen Rucksack. Und das Schachspiel mit allen Zeitschriften. Und meine Eltern kriegst du obendrein geschenkt. Und die Schraubenzieher, den Hammer, die Kneifzange und Rechen und Hacke, damit du Rimona im Sommer ein Blumenbeet im Garten anlegen kannst, wie sie's gerne hat. Wohl bekomm's. Keine Ursache. Und sogar Tia. Und vielleicht auch mein Rasierzeug, weil ich Lust hab, mir einen Bart wachsen zu lassen. Was möchtest du noch von mir? Du brauchst es nur zu sagen. Meine Zahnbürste vielleicht?«

»Danke.«

»Und denk an das Sprichwort, daß du mir selber tausendmal gesagt hast: Wer vergißt, gleich dem Mörder ist.«

»Joni, hör mal. Ich ... das heißt ... du mußt ganz im Ernst wissen, daß ich euch nie enttäuschen werde. Niemals.«

»Laß man, Philosoph. Hör auf, mir hier einen Holocaustgedenktag zu veranstalten. Geh lieber zum Kessel und mach uns ein Glas Tee. Quatsch. Wieso denn Tee. Steh auf, geh zum dritten Bord, lang hinter die Bücher und schenk uns ein bißchen Whisky aus der Flasche ein, die Rimona bei der Verlosung auf der Chanukkaparty gewonnen hat. Wir heben jetzt einen, bevor sie zurückkommt. Liebst du sie?«

»Schau, Joni, das ist so: Ich ... das heißt, wir ...«

»Laß man. Ich hab keine Antwort von dir verlangt. Überhaupt wird's langsam Zeit, daß du mal ein bißchen die Klappe hältst, Asarja. Von morgens bis abends redest du ununterbrochen. Um sechs Uhr früh hast du schon in der Werkstatt angefangen, über Gerechtigkeit zu referieren: Wo es sie noch gibt, was Gerechtigkeit ist und was alle möglichen Philosophen darüber geschrieben haben. Genug damit. Ich werd dir ein für allemal sagen, wo die Gerechtigkeit sitzt: Sie ist von der Regierung zurückgetreten und aus der Knesset ausgezogen, und jetzt legt sie auch ihr Amt als Kibbuzsekretär nieder. Und verzehrt sich Tag und Nacht. Was zwischen dir und ihr ist, weißt du, das ist schon nicht mehr meine Angelegenheit. Ich zieh morgen los. Du hast richtig gehört. Mach mich auf und fahr. Fertig. Was steht da in deinem Buch?«

»Hab ich dir doch schon gesagt, Joni. Es sind Briefe. Gedanken. Anschauungen. Theorie. Dinge, die du nicht ausstehen kannst. Zum Beispiel über Gott und sein wahres Ziel. Und über die Fehler, die Menschen wegen ihrer Affekte begehen. Also wegen ihrer Triebe und Gefühle. Solche Sachen.«

»Auch Bolognesi redet jetzt manchmal so, wenn ich in die Schlosserei komm, um was in Ordnung zu bringen, über ›den Herrn, gemelobt sei sein Name, der die Tränen des Elenden trocknet‹. Und mein Vater hält mir endlose Vorträge über Lebensziel und all so was. Und Uri sagt, es komme allein auf Macht und Stärke an. Und ich? Soll ich dir mal was sagen? Ich hör mir alles in Ruhe an und verstehe nichts. Rein gar nichts. Hör mal, wie die Schildkröte, die du uns mitgebracht hast, draußen auf der Veranda in ihrem Karton rumkratzt. Und Tia spitzt die Ohren. Nichts begreif ich. Sogar eine simple Blockade in der Benzinleitung krieg ich nicht mehr auf die Reihe, so daß sie einen Hungerknochen wie dich ranschaffen müssen, der erkennt, daß das nur so ein einfaches Pfröpfchen in der Leitung ist. Ich verblöde ja zusehends. Im ganzen Hirn. Gieß ein, und wir trinken Lechajim: die Flasche und der Depp. Prost. Jetzt lies mir ein Stück vor, damit man mal 'nen Eindruck kriegt.«

»Aber es ist englisch, Joni.«

»Dann übersetz es mir. Das ist doch kein Problem für dich.«

»Nur, das ist jetzt so aus dem Zusammenhang gerissen. Der Brief bezieht sich nämlich auf eine Debatte, die er mit irgendeinem Gelehrten gehabt hat, und es ist schwer zu verstehen, worum es überhaupt geht, wenn man nicht weiß, was er unter Lemmata und Axiomen versteht und auch ...«

»Nun lies schon und hör auf zu quatschen.«

»In Ordnung. Werd aber nicht böse auf mich, Joni. Denk dran, daß alles nur nach deinem Willen geschieht und daß ich ohne Zögern auf ein einziges Wort von dir ...«

»Lies endlich, hab ich gesagt.«

»Ja. Gut. Also dann: ›An den hochverehrten Herrn Hugo Buxhall. Wie schwierig ist es doch für zwei von ganz verschiedenen Grundsätzen ausgehende Männer, sich zu einigen und ihre Auffassungen auch dann miteinander zu vergleichen, wenn sie von zahlreichen anderen Dingen abhängig sind ...‹«

»Nu. Red schon. Ohne große Einleitung.«

»Ich rede ja, Joni. Es dauert ein bißchen, bis man's übersetzt hat. Hör weiter: ›Sagt mir nun bitte, hochverehrter Herr Buxhall, wenn es Euch genehm ist, ob Ihr einmal Philosophen gehört oder gesehen habt, die der Auffassung sind, daß die Welt aufgrund eines Zufalls entstanden ist, wie Ihr dafürhaltet, das heißt, daß Gott, als er die Welt erschuf, sich zunächst ein klares, festes Ziel setzte und es dann trotzdem verfehlte, dieses prädestinierte Ziel?‹«

»Begreif ich nicht. Was will er denn überhaupt sagen? Erklär mal.«

»Daß es auf der Welt eine notwendige, festgefügte Ordnung gibt und daß diese Ordnung ...«

»Ein Scheißdurcheinander, Asarja. Was habt ihr denn für eine Ordnung im Kopf. Wo Ordnung. Was Ordnung. Einmal, bei einer Kommandoaktion östlich des Kinneret, haben wir ein paar syrische Soldaten umgelegt. An einer unübersichtlichen Stelle haben wir ihnen eine Sperre gebaut, und da sind sie mit ihren Jeeps und Panzerwagen uns wie die Fliegen auf den Leim gegangen. Hinterher haben wir dort einen toten Syrer – der nicht einfach nur tot war, sondern dem die ganze untere Hälfte weggesprengt war – auf dem Fahrersitz im Jeep gelassen, seine Hände aufs Lenkrad gelegt und ihm eine brennende Zigarette in den Mund gesteckt und das alles noch als Witz bezeichnet. Bis heute gilt das hier als gelungener Gag, über den man jedesmal lacht, wenn man daran nur denkt. Was hätte beispielsweise dein Spinoza dazu gesagt? Daß wir Dreck sind? Wilde Bestien? Mörder? Der Abschaum der Menschheit?«

»Du wirst dich wundern, Joni: Ich nehme an, daß er in aller Ruhe bemerkt hätte, daß ihr so gehandelt habt, weil ihr in Wirklichkeit gar keine andere Wahl hattet. Und die Syrer übrigens auch nicht.«

»Natürlich! Was denn sonst? Das ist doch haargenau das, was sie uns seit ewigen Zeiten vorbeten, von null Jahren an: die Lehrer und die Hausmütter und der Kibbuz und der Staat und das Militär und die Presse und Bialik und Herzl, alle in schöner Eintracht. Sie schreien immerzu, daß wir keine Wahl, sondern zu kämpfen und das Land aufzubauen hätten, weil wir nämlich mit dem Rücken schon gegen die Wand gedrückt wären, wie sie sich ausdrücken. Und jetzt auch noch du und Spinoza. Guten Morgen, wünsche, wohl geruht zu haben. Besser, du teilst noch etwas Whisky aus. So. Gemieß mal ein. Danke. Das langt mir erst mal. Also, was schlagt ihr vor?«

»Wie bitte?«

»Ich hab gefragt, was ihr zwei vorschlagt. Du und dein Spinoza. Wenn keiner eine Wahl hat und der Rücken immer gegen die Wand steht, was wollt ihr denn dann empfehlen? Wozu hat er sich überhaupt hingesetzt, um sein Buch zu schreiben, und wozu sitzt du jetzt da und büffelst wie ein Esel, wenn doch alles vergebens ist?«

»Schau, Joni. Nicht vergebens. Das sagt Spinoza nicht. Im Gegenteil. Bei ihm taucht durchaus der Gedanke der Freiheit auf. Wir besitzen die Freiheit, die Notwendigkeit zu erkennen, sie mit Gelassenheit akzeptieren zu lernen und sogar die mächtigen, stummen Gesetze zu lieben, die sich hinter dem Unvermeidlichen verbergen.«

»Sag mal, Asarja.«

»Was?«

»Liebst du Rimona tatsächlich?«

»Schau, Joni: Ich ...«

»Ja oder nein?«

»Gut, in Ordnung. Ja. Und dich auch. Obwohl ich eine Flasche bin.«

»Und du liebst den ganzen Kibbuz?«

»Ja, den ganzen Kibbuz.«

»Und den Staat?«

Der perfekte Frieden

»Ja.«

»Und dieses beschissene Leben? Und diesen Gammelregen, der schon ein halbes Jahr auf uns niederprasselt wie Allahs Pisse?«

»Joni, entschuldige. Sei nicht böse, daß ich dich darauf aufmerksam mache, aber bald kommt sie zurück, und deshalb bitte ich dich – oder schlage vor, wie man so sagt –, daß du jetzt mit dem Whisky aufhörst, weil du nämlich nicht ans Trinken gewöhnt bist.«

»Willst du mal was hören, Asarja-Schätzchen? Ich sag dir was.«

»Aber werd nicht böse, Joni.«

»Wer ist denn böse, zum Teufel noch mal. Alle Welt sagt mir dauernd, sei nicht böse, wo ich nicht im Traum daran denke, böse zu werden, und wenn ich's doch mal tun wollte, würd ich keinen um Erlaubnis fragen. Auch bei deinem Spinoza steht doch: Es lebe die Freiheit. Hör zu. Meiner bescheidenen Meinung nach bin nicht nur ich ein Depp, sondern du nicht minder. Du und Spinoza und sie – ihr seid alle drei total verdreht. Komm her, rück ein Stück näher, mach schon, so, noch ein bißchen, laß mich mal eine ordentliche Gerade in deine armselige Fresse haun. Glaub mir, uns beiden täte das enorm gut, und außerdem wär's ein Mordsspaß. Komm.«

»Entschuldige, Joni, ich hab dich schon für alles um Vergebung gebeten. Jetzt nehm ich meine Sachen hier und verschwinde noch in diesem Augenblick aus dem Haus und dem Kibbuz. Sie werfen mich hier ja sowieso bald raus. Wie immer. Weil ich so ein kleiner Stinker bin, den man erledigen muß, wie sie mir beim Militär gesagt haben und wie sie sicher auch hier hinter meinem Rücken reden. Sie ist ja mehrere Jahre älter als ich und schön und heilig und hat so 'ne Art christliche Schönheit, und ich weiß, daß ich selber völlig besudelt bin. Bloß daß ich wirklich von ganzem Herzen glaube, daß es Gerechtigkeit gibt und daß man gut sein kann und muß, daß der Kibbuz etwas Wunderbares ist, ein Wunder, das den Juden nach allen Leiden und Verfolgungen widerfahren ist, und daß es ein Wunder ist, daß es den Staat gibt und das Militär und alles. Nur müssen wir uns versöhnen, Joni, nur langsam versöhnen mit diesem guten Land und den Bäumen und Bergen und Wiesen und mit den Arabern und mit jeder Eidechse und sogar mit der Wüste und überhaupt – uns versöhnen. Auch einer mit dem anderen. Wir alle, Joni, bitte, schlag mich nicht.«

»Nein, Habibi. Nur keine Angst. Ich bin ja nicht so ein Nazi. Obwohl man's nicht wissen kann. Ist mir bloß plötzlich auf den Wecker gefallen, daß ihr jetzt auch noch anfangt, mir Moralpredigten zu halten, ich hätte keine Wahl und so. Ich beispielsweise werde es jetzt euch allen zeigen, daß ich sehr wohl eine Wahl habe und daß mein Rücken noch nicht an der Wand steht. Und dein Spinoza kann mich kreuzweise. Jetzt aber genug, Philosoph, hör auf so zu zittern, hier haben sie dich nicht zu ermorden versucht. Du brauchst keine Angst vor mir zu haben. Gib die Hand, Philosoph: Freunde? Prima. So. Dann gieß uns noch einen Tropfen ein. Und trink mit, wenn du ein wirklicher Freund bist. Lechajim. Jetzt bist du noch Philosoph, aber wenn du erst erwachsen bist, wirst du auch Minister und verbesserst uns das Land und die Gerechtigkeit und schließt Frieden mit allen, damit der Wolf mit dem Lamm zusammenwohnt wie wir hier, du und ich. Nur tu mir jetzt einen Gefallen: red nicht mehr. Auf die Dauer gehst du ein bißchen auf die Nerven. Vielleicht spielen wir statt dessen Armdrücken? Oder ein kleiner Boxkampf gefällig? Am besten vielleicht, du holst uns aus der Küchenecke zwei gute Messer, und wir sehn mal, was für ein Mann du bist.«

»Alles, was du sagst, Joni. Aber trink keinen Whisky mehr. Du weißt, daß ich dich sehr lieb hab und dich innigst um Vergebung für all das Unrecht bitte, das ich dir angetan hab. Und wenn du gern hättest, daß ich auf die Knie falle, guck: schon bin ich auf den Knien. Und wenn du mich gern schlagen möchtest – dann schwör ich dir, es macht mir nichts aus. Ich bin sowieso schon daran gewöhnt, was abzukriegen.«

»Auf, Jesus, stell dich wieder auf die Füße. Du Clown, du. Und hol mir 'ne Zigarette. Schau nur, wie du Tia nervös gemacht hast mit deinem Theater. Steh auf wie ein normaler Mensch und setz mal deine Psychopathenmiene wieder ab und hör mit den Tränen auf, denn es hat dich ja kein Mensch berührt. Was spielst du also den ganzen Tag so begeistert das elende Opfer und erinnerst mich, daß wir Brüder sind und all das, und flennst wie ein Kind. Geh, wasch dir schön die Visage ab, damit man nicht sieht, daß du geheult hast. Und bei der Gelegenheit kannst du auch gleich unsere Gläser abspülen. Tausendmal hab ich dir schon gesagt, daß das bei mir keine Tränen sind – das ist nur meine blöde Allergie. Da kommt sie. Ruhe. Tia, was ist denn, was hast du bloß, das ist doch nur Rimona.«

Asarja schwieg. Rimona brachte Kuchen und Tee, öffnete für einige Minuten Fenster und Tür, um den Zigarettenqualm rauszulassen, und machte die Betten zum Schlafen fertig.

Der perfekte Frieden

Kerzengerade auf seinem Bett sitzt Bolognesi, der Metallarbeiter. Eines seiner Ohren ist gespalten, und seine Lippen bewegen sich wie im Gebet. Zwanzig Jahre ist es nun schon her, daß er der Verlobten seines Bruders mit dem Beil den Kopf abgeschlagen hat. Niemand im Kibbuz kennt die Einzelheiten der Tat. Es gibt nur verschiedene Vermutungen, die einander widersprechende und teils recht grausige Versionen enthalten. Aber Bolognesi ist ein ruhiger, höflicher und nützlicher Mensch. Nicht einmal einer Fliege hat er etwas zuleide getan seit dem Tag seiner Ankunft hier. All seine Pflichten erfüllt er still und beflissen. Nur sein Gesichtsausdruck ängstigt Frauen und Kinder wegen der fest zusammengepreßten Kinnladen – wie bei einem Menschen, der irrtümlich in einen verdorbenen Essensbrocken gebissen hat, den er nicht schlucken kann, aber vor lauter Schreck und gutem Benehmen auch nicht auszuspucken wagt. Im Gefängnis hatte Bolognesi die religiösen Gebote einzuhalten begonnen, weshalb der Staatspräsident Ben Zwi ihm den Rest seiner lebenslänglichen Haftstrafe erließ. Das Hilfskomitee für gebesserte Häftlinge übergab Bolognesi ein Empfehlungsschreiben und verbürgte sich auch dem Kibbuzsekretariat dafür, daß er ein ruhiger, verträglicher Mann sei. Und so wurde er bei uns aufgenommen. Inzwischen hat er die Religion wieder aufgegeben und widmet sich nun feinen Strickarbeiten, einer Tätigkeit, die man ihm offenbar während seiner Haftjahre beigebracht hat. Bolognesi strickt wunderbare Pullover für die Kibbuzkinder und komplizierte Kreationen für die jungen weiblichen Mitglieder aufgrund von Vorlagen in Zeitschriften. Noch nie hat er um einen Tag Urlaub gebeten. Noch nie ist er krank gewesen. Sondervergütungen weigert er sich anzunehmen. An klaren Tagen schlendert er allein durch die Felder. Kein Mensch von außerhalb hat ihn jemals hier besucht, und niemand von uns begibt sich ohne offiziellen Grund in sein Zimmer oder wechselt mehr als drei, vier Höflichkeitsformeln mit ihm: »Guten Abend, wie geht's, was machst du so, vielen Dank für den Schal – er ist wirklich wunderbar geworden.« Worauf Bolognesi mit seinem eigenartigen Blick eine Art Schriftvers oder Beschwörung erwidert, wie etwa: »Ströme gemingen über unsere Seelele, hoch über uns hinweg, fast verschlämengen sie uns lebendig; warum sagen danke, wenn nicht meine Seelele still und ruhig geworden ist?« Jeder zuckt darauf mit den Achseln und geht seiner Wege. In den Winternächten jetzt sitzt er allein in seinem Zimmer in der halb abgesunkenen Baracke, deren Wände mit Teerpappe verkleidet sind. Und der Regen prasselt aufs Dach. Man hat ihn schon gebeten und bestürmt, doch in ein kleines Junggesellenzimmer umzuziehen, aber er lehnt stets murmelnd ab. Also hat ihm der Ausschuß für die Betreuung Alleinstehender einen Petroleumofen, ein uraltes Radiogerät und ein gebrauchtes Bild von van Gogh zugesprochen: in der Sonne lodernde Sonnenblumen. Dazu einen Elektrokessel nebst einem Beutel Kaffee und einer schwarzen Plastiktasse. Bolognesi sitzt da und strickt eine leuchtendrote Stola in spanischem Stil für Udis Anat. Die Stricknadeln fliegen ihm nur so durch die Finger. Das Radio schweigt. Wie immer. Und der Petroleumofen wispert vor sich hin. Bolognesis Lippen psalmodieren in leisem, monotonem Singsang: »Wie ich so ruhelos klage und heulele ... überfielilen mich die Schrecken des Todes ... Es erbebeten Berge und Hügel, Furcht und Zittern ist über mich gekomommen ... und Grauen hat mich überfallalen, wie Wasser das Meer bedecket, Sela ... Die Blutgierigen und Falschen werden ihr Leben nicht bis zur Hälfte brimingen ... Arglistige und Heimtükkische bis zum Halse im Blute stemehen ... Und ob ich schon wamanderte im finstern Tal, fürchte ich kein Unglück ...«

Und dann öffnen sich erneut die Schleusen des Himmels. Die Regenmassen prasseln auf das Blechdach nieder und peitschen gegen die ächzenden Holzwände. Ein Donner jagt den nächsten, als seien in einer anderen Welt ungeheure Panzerschlachten im Gange, deren Echo durch die dicke Wolkendecke zu uns hinuntergrollt.

Bolognesi erhebt sich von seinem Sitz, geht mit zarten Porzellanschritten ans Fenster und trommelt mit den Fäusten ganz, ganz vorsichtig und verzweifelt gegen die Scheibe.

11.

Frühmorgens, zehn nach zwei, erwachte Jonatan aus einem nervösen Schlaf voller Demütigungen und Schrecken. Auf einer bluttriefenden Militärbahre hatte man ihm eine gesichtslose, zerfetzte Leiche an seinen Arbeitsplatz im Maschinenschuppen gebracht, wobei der Bezirkskommandant ihn sanft an der Schulter gefaßt und erklärt hatte: »Das ist dein Vater, Habibi, mit dem Dolch erstochen von menschlichen Bestien.« »Aber mein Vater ist ein alter, kranker Mann«, versuchte Jonatan sich rauszureden oder heil den Rückzug anzutreten. »Dein Vater ist mit blutiger biblischer Grausamkeit ermordet worden«, fauchte der Kommandant, »und statt hier herumzuquatschen, ergreif lieber einmal in deinem Leben die Initiative: Nimm ein Werkzeug in die Hand und sieh zu, daß du ihn wieder zusammenflickst.«

Die Worte »biblische Grausamkeit« wurden Jonatan mit brodelndem Zorn entgegengeschleudert, so daß Jonatan erschrocken in sich zusammensank, »in Ordnung, in Ordnung« murmelte und: »Nur werd nicht böse auf mich, Vater, du weißt, ich tue, was ich kann.« Aber Jolek hörte gar nicht erst auf dieses Flehen, sondern ließ seine Prophetenstimme wie einen Gong erdröhnen: »Böser Same seid ihr, verdorbene Tatarensöhne, sündenbeladene Generation. Augenblicklich und ohne Rücksicht auf Verluste werdet ihr jetzt zum Gegenangriff ausrücken und Scheich-Dahr von neuem erobern – aber richtig. Und bringt ein für allemal in euren Dickschädel rein, daß dies ein Krieg auf Leben und Tod ist: Wenn sie uns besiegen, werdet nicht nur ihr wie die Hunde krepieren, sondern das ganze Volk Israel wird sterben. Und ihr Burschen müßt dafür sorgen, daß dann diese ganze schlechte Welt mit untergeht, denn unsere Augen sind auf euch gerichtet.« Jonatan entgegnete: »Vater, entschuldige, daß ich so rede: Aber du bist doch tot.« Worauf der blutüberströmte, gesichtslose Leichnam Joleks plötzlich von der Bahre hochschoß und mit ausgebreiteten Armen auf ihn zuging.

Verwirrt stand Jonatan – in Unterhose und grauem Arbeitsunterhemd – von seinem Lager auf der Couch im großen Zimmer auf. Er war müde und benommen, der Kopf wog wie Blei, und der Atem war noch halb erstickt von den vielen Zigaretten. Einmal hatte er im Kino gesehen, wie man zum Tode Verurteilte frühmorgens aus ihren Zellen in die Hinrichtungskammer führt, und jetzt – kaum wach, erstarrt vor Kälte und tief verstört – spürte Jonatan, daß sein Tag gekommen war.

Er ging barfuß ins Bad, stellte sich zum Pinkeln hin, spritzte aber daneben, so daß er nicht nur den Rand der Kloschüssel, sondern auch noch den Fußboden beschmutzte. Idiot, sagte er sich, wie bist du bloß auf die Idee gekommen, so viel Whisky zu saufen und so dummes Zeug zu quatschen, und warum hast du wie ein Toter auf der Couch gepennt.

Im Schein des elektrischen Lichts, das er in der Duschecke eingeschaltet hatte, sah Jonatan durch die geöffnete Schlafzimmertür seine Frau auf dem Rücken schlafen, während der jugendliche Gast auf dem Boden zu ihren Füßen schlummerte – auf dem Läufer wie ein Fötus in der Gebärmutter, den Kopf tief unter einem Kissen vergraben. Hurensohn, verdammtes Hurenhaus, fluchte er leise, während er sich hastig abmühte, eine khakifarbene Militärhose und ein graues Flanellhemd anzuziehen. Benommen und wütend zugleich wühlte er sich in seinen geflickten Arbeitspullover hinein, verhedderte sich mit den Ärmeln, fuchtelte einen Augenblick, bis er wieder draußen war, und schlüpfte mit verhaltenem Grimm erneut in den Pullover.

Immer noch barfuß und verwirrt trat er auf die Veranda hinaus, um die saubere Nachtluft einzuatmen. Tia folgte ihm. Regen fiel nicht, Sterne waren auch keine zu sehen. Feuchte, schwarze Stille lag über dem Kibbuz. Er begann, eine letzte Zigarette in der Dunkelheit zu rauchen.

Rund um die brennenden Lampen des mit dem Gelände langsam abfallenden Sicherheitszauns sammelten sich zitternde Dunstkreise von sonderbar kränklichem Glanz. Ein Frosch quakte in einer der Wasserlachen. Und hörte wieder auf. Hoch, kühl und dürr fuhr der Seewind in die Kiefernwipfel. Jonatan Lifschitz spürte in seinem Herzen die Tiefe der ihn erwartenden Nacht, das Grauen der ungeheuren Weite: die Einsamkeit nackter Obstbaumreihen, die Einsamkeit des verlassenen Dorfes, die Einsamkeit der Stellungen, Gräben, Unterstände, Bunker, Minenfelder, verrußten Panzer, aufgegebenen Polizeistationen und des brachliegenden Niemandslands in dieser Winternacht.

Die Erde faltet sich drohend erst in sanften Hügeln, dann in rundgewellten Buckeln, gefolgt von höher aufragenden Bergen und zu kühnen Spitzen hochstrebenden Gipfeln, Bergketten, urweltlichen Kammlinien, wilden Felstürmen, Wadis, Schluchten, von Dunkelheit überfluteten Erdrissen. Und dahinter die erste Wüste und die lang hingestreckte Jordansenke und dann wieder Täler und Gipfel: Edom und Moab, Ammon und Gilead, Haran und Golan und Basan. Von da aus weiter überzieht eine Hochwüste nach der anderen die dürren Tafelberge mit ihrer Wildnis von Sand und Steinen. Und über allem wölbt sich die Finsternis der großen Stille: Ein einsamer Felsbrocken liegt dort und noch einer und noch einer – seit Erschaffung der Welt bis zum Weltende unberührt, verlassenes Ödland in den Klauen heulender Winde. Es folgen Berge mit verschneiten, ewig sturmgepeitschten Gipfeln, die keine menschliche Seele je gesehen hat, verborgene Felsspalten, unberührt von Menschenhand, von tosendem Wasser ausgewaschene Klamms, Ungeheuer aus schwarzem Basalt, Granitformationen, unendliche Steppen – und nirgendwo ein Mensch. Gewaltige

Der perfekte Frieden

Ströme wälzen sich schweigend durch die Dunkelheit, fressen ihre Ufer wie mit Zähnen an, gesäumt von dichten Urwäldern, in denen Lianen die üppigen Kronen mächtiger Bäume verbinden, dann kommen wieder weite Senken – aber kein Mensch. Tiefe, weite Nacht liegt über der ganzen Erde. Lodernder biblischer Zorn ergoß sich einst vor langen Zeiten wie ein glühender Lavastrom über die Welt und alles, was in ihr ist, doch längst hat sich dieser Zorn gelegt, die Bibel ist aus und vorbei, und nur brütende Stille breitet sich über die ganze Erde, die sich schweigend sträubt wie ein riesiges Tier. Da räkelt sich also die große Erde, und nichts kümmert sie: wir, unsere Häuser, unsere Frauen, die Kriege auf Leben und Tod, die wir unaufhörlich anzetteln, all unsere Worte – nichts kümmert dieses gleichgültige Erdentier, diesen schweigend vor sich hindösenden Planeten, diese erstarrte Erdenleiche, die weder haßt noch liebt, der unsere Leiden völlig fremd sind, auf immer und ewig. Nur ein Depp kann sich da aufmachen, um am Ende all der stummen Weiten vergebens nach einem Lebenszeichen, nach Nähe und Wärme oder gar der Magie des Tschad zu suchen. Alles ist umsonst. Kalt ist es auf der Welt. Und leer. Und falls es andere Welten geben sollte, so liegt sicher auch in ihnen nur der Tod abwartend auf der Lauer. Ende dieser Zigarette. Tia, rein. Es wird Zeit, die Sachen zu packen und loszuziehen.

Jonatan schleuderte die glühende Kippe zwischen die feuchten Büsche, stieß ein arabisches Schimpfwort aus, drehte sich wild auf der Stelle um, als wäre er in ein Kreuzfeuer geraten, und ging ins Zimmer zurück.

Mit vorsichtigen Bewegungen, um die Schlummernden nicht zu wecken, kletterte er auf einen Schemel und holte aus dem Wandschränkchen über der Duschecke ein Paar ausgetretene Fallschirmspringerstiefel mit dicker Gummisohle. Dann begann er, immer noch halb verschlafen, grob durcheinander ein Päckchen Unterwäsche, Taschentücher und Socken, ein Lederetui mit Landkarten im Maßstab 1:100 000 und einige noch detailliertere Blätter in seinen Armeerucksack zu packen. Wütend stopfte er zwei olivgrüne Uniformhemden, eine starke Feldlampe, Erkennungsmarken und einen Kompaß obenauf und steckte schließlich noch ein Verbandspäckchen ein, das er von einer lange zurückliegenden Reserveübung übrigbehalten hatte.

Dann ging er in die Dusche und fegte mit einer weit ausholenden Handbewegung sein Rasierzeug und die Allergietabletten zusammen, wobei er achtgab, nicht etwa Asarjas Rasiersachen oder Rimonas Zitronenshampoo anzurühren. Plötzlich fuhr er jedoch erschrocken vor der Mörderfratze zurück, die ihn aus dem Spiegel anstarrte: ein finsteres, knochiges Gesicht, übersät mit Bartstoppeln, graue Schatten unter den geröteten, verkniffenen Augen, deren verzweifeltes Flackern von gelegentlichem Aufblitzen verborgener Gewalttätigkeit unterbrochen wurde, und alles gekrönt von einem wild wachsenden Haarschopf, der wie ein angriffslustiges Horn nach vorne stieß.

Beim Verlassen der Duschecke murmelte er wieder einen arabischen Fluch, worauf er im Garderobenschrank zu stöbern begann. Zähneknirschend, aber geduldig suchte und suchte er, bis er endlich seine Windjacke mit den aufgeplatzten Ärmelrändern gefunden hatte, die er grob vom Bügel zerrte. In die Jackentaschen stopfte er ein Paar Lederhandschuhe, eine sonderbare Wollmütze, ein zusammengelegtes Klappmesser, eine Rolle Flanellband zum Waffenreinigen und ein Päckchen Toilettenpapier. Aus einer kleinen Schublade zog er die Plastikbrieftasche, die Rimona ihm im Herbst gekauft hatte, und kehrte in die Duschecke zurück, um dort unter der Glühlampe den Inhalt der Brieftasche zu prüfen. Er fand seinen zerfledderten Personalausweis, seinen Truppenausweis als Reserveoffizier, ein Foto von seinem Bruder Amos und ihm, beide klein und sorgfältig gekämmt, in Ausfahrkleidern-zu-den-Verwandten-in-der-Stadt: kurze Latzhosen, weiße gebügelte Hemden. Dann fiel ihm noch ein undeutliches Foto in die Hände, das Jonatan im Kampfanzug zeigte; es war aus einem vergilbten Blatt der Soldatenzeitung »Bamachane« ausgeschnitten. Im Geldfach fand er neben einigen Münzen sechzig Pfund in Zehnerscheinen, auf die ein bebrillter Chemiker zwischen Reagenzgläsern im Labor aufgedruckt war, und einige Einpfundnoten mit dem Abbild eines bärtigen jemenitischen Fischers mit Netzen über der Schulter vor dem Hintergrund der Wasser des Kinneret. Jonatan steckte die Brieftasche in seine Gesäßtasche.

Zu guter Letzt bückte er sich, um den verschlossenen Metallkasten unter dem Schrank zu öffnen. Er entnahm ihm das bei einem Kommandounternehmen erbeutete Sturmgewehr Marke Kalaschnikow, drei Magazine und ein Seitengewehr und legte alles auf den Rucksack neben der Badezimmertür. Schwer atmend und müde hielt er inne, goß sich ein Glas Wasser mit Himbeersirup ein, schüttelte den Trank hinunter und wischte sich mit dem Handrücken über die Lippen.

Noch einmal blickte er auf und sah die beiden im fahlen Licht schlafen.

Der perfekte Frieden

Der Bursche auf der Matte zu ihren Füßen. Der Strahlenkranz ihrer blonden Haare wie goldener Wellenschlag auf dem Kissen. Der kleine Kerl völlig zusammengerollt, unter dem Kissen vergraben wie ein nasses Hündchen. Jonatan zitterte plötzlich und bekam eine Gänsehaut, während er mit ganzer Kraft versuchte, die Erinnerung an das zu ersticken, was er ihr auf dem breiten Bett vor zwei, drei Stunden angetan hatte. Der Schweiß, die Scheußlichkeit, die Wut, der Same, der aus tiefster Brust kommende Schrei, das kindliche Schluchzen, die sanften Faustschläge, das Schweigen der ergebenen Frau – wie die Erde in Erwartung des Pfluges.

Eine Woge brennenden Abscheus, des Ekels vor biblischer Unreinheit und die Stimme seines Vaters Jolek wallten plötzlich in ihm auf und blieben ihm in der Kehle stecken, als er darum rang, diese Erinnerung weit weg zu verbannen. Jolek und all die toten Vorväter waren ausgezogen, Jonatan von innen her mit einem Hagel schwerer Brocken zu steinigen.

Eigentlich bräuchte ich nur eine klitzekleine Salve – tak-tak-tak – aus der Kalaschnikow abzugeben, um die beiden da von unten bis oben aufzuschlitzen, und dann mich selber und diesen ganzen Scheißdreck.

Zu Tia gewandt sagte er leise: »Genug. Gehn wir. Fertig.« Dabei beugte er sich zu der Hündin hinunter, streichelte sie rauh und sonderbar, gegen den Strich, und patschte ihr danach zweimal auf den Rücken. Wenn schon keine Salve, dann müßte ich ihnen wenigstens einen Zettel mit ein paar Worten zurücklassen.

Aber welche Worte sind denn möglich?

Gut. Nehmen wir lieber an, ich sei plötzlich umgekommen.

Er bückte sich, lud Rucksack und Gewehr auf, rückte die Riemen zurecht und sagte hastig wispernd, fast sanft: »Das wär's. Auf geht's. Tia, du nicht. Du bleibst hier.«

Schalom, Asuwa, Tochter des Schilchi. Schalom, Flaschenbaby. Jonatan macht sich jetzt auf und fährt. Sein Leben beginnt. Was er am meisten braucht, ist Ernst. Von jetzt ab wird er ernst sein.

Draußen setzte fahl die Morgendämmerung ein, als dunstiger Schein kam sie aus Richtung der östlichen Berge am Horizont. Die kleinen Häuser, die Gärtchen, die winterlich schmutzigen Rasenstücke, die ihrer Blätter beraubten Bäume, die Ziegeldächer, die Chrysanthemenbeete und die Steingärten mit ihren verschiedenen Kaktusarten, die geschlossenen Jalousien, die Veranden, Wäscheleinen, Buschgruppen – alles überzog sich von Augenblick zu Augenblick mehr mit einem blaßblauen versöhnlichen Glanz. Eine kühle Welle guter, harter Wintermorgenluft durchspülte Jonatans Lungen. Er atmete tief durch. Was war, ist gewesen, und jetzt fängt das Leben an.

Er durchquerte das südliche Wohngebiet mit langen, schweren Schritten, ein wenig gebeugt unter seiner drückenden Last, die eine Schulter leicht gekrümmt. Den vollgestopften Rucksack trug er über der rechten Schulter, über der auch das Gewehr an seinem abgewetzten Gurt baumelte.

Als er am Haus seiner Eltern vorbeikam, blieb er stehen, fuhr sich mit der freien Hand in die wuchernde Haarpracht und begann sich heftig zu kratzen. Ein Vogel ließ kurz und scharf seine Stimme in der Morgendämmerung hören, und dieses Zwitschern drang in die Tiefe der Dunkelheit und löste sie langsam auf. Irgendein Hund knurrte in der Nähe, zu Füßen einer Veranda, überlegte sich's jedoch anders und verzichtete auf sein Gebell. Matt klang die Beschwerde der Kühe mit dem Rattern der Melkmaschine von den Stallungen herüber. Vater und Mutter, Schalom. Für immer. Ich werde nie eure guten Absichten vergessen. Furchtbar und gut seid ihr zu mir gewesen, seit ich ein Baby war. Ihr habt Lumpen getragen, habt Oliven mit trockenem Brot gegessen und vom Morgengrauen bis in die Nacht hinein geschuftet wie Sklaven, um dann ekstatisch eure Lieder in den Nachthimmel hineinzuschmettern. Aber mir habt ihr ein blütenweißes Zimmer gegeben, mit einer Hausmutter in reinweißer Schürze, habt mich mit weißem Rahm gefüttert, damit ich ein sauberer, fleißiger, ehrlicher Junge werde, aber auch zäh und eisern. Ihr armseligen Helden, Erlöser des Landes, Eroberer der Wüste, Bezwinger der schrecklichen Triebe, Erretter Israels, meschuggene Irre, besessene Wirrköpfe, redewütige Tyrannen, eure Seele ist in mir eingebrannt wie ein Mal, aber ich gehöre nicht euch. Mir habt ihr alles gegeben, aber das Doppelte genommen – wie Zinswucherer. Also gut, ich bin ein Lump, Verräter, Deserteur. Was ihr auch sagt, ihr habt die Gerechtigkeit auf eurer Seite, denn ihr habt sie erobert und gepachtet, und nun ist sie euer auf ewig. Möget ihr nicht länger leiden, ihr wunderbaren Menschen, ihr Erlösungsungeheuer, aber laßt mich ganz still und leise zum Teufel gehen. Haltet mich nicht zurück, stellt mir nicht wie heilige Totengeister bis ans Ende der Welt nach. Was kümmert's euch, wenn hier ein Dreckskerl oder Schandfleck weniger ist? Der euch liebt, aber mit den Kräften am Ende ist. Schalom.

Der perfekte Frieden

Jonatan.
Wer ist da. Was ist los.
Dein Vater. Komm sofort her.
Was ist denn.
Komm her, hab ich dir gesagt. Wie siehst du bloß aus. Auch so was Neues. Wohin geht's, wenn ich fragen darf?
Weg.
Was ist denn jetzt passiert? Was soll das nun schon wieder?
Meine persönliche Angelegenheit.
Ah?
Rein privat. Betrifft meine persönliche Intimsphäre.
Und das heißt?
Ich mach mich auf und geh.
A gut Schabbes, mein genialer Sohn, ist es dir nicht mehr gut genug hier?
Vater, hör mal. Alles ist hier schön und gut. Ich hab nichts zu beanstanden. Alle Achtung, sag ich euch. Ihr seid die Krönung der Menschheit. Mit zehn leeren Fingern habt ihr das Land aufgebaut und das jüdische Volk gerettet. Da gibt's gar keine Diskussion. Bloß, daß ich ...
Du? Du wirst arbeiten und den Mund halten. Wo kämen wir denn, mit Verlaub gesagt, hin, wenn jeder verdrehte Jüngling sich hier seinen Schabbes machen würde, wann er will?
Geh weg, Vater. Ganz schnell. Eh ich ein Magazin reinschiebe und durchziehe und anfange, genau das zu tun, was ihr mich gelehrt habt. Ihr braucht mir bloß einen Befehl zu geben, und schon renn ich los wie ein Golem, wie eine Marionette, und zerstör euch noch mal ganz Scheich-Dahr oder greif mir eine Hacke und stürz mich damit auf jede Wicke, jedes Hundszahngras, jede Brennessel von Elat bis Metulla, bis kein Unkräutchen mehr übrig ist. Sterbt mir nur alle in Frieden, und schon saus ich wie ein Besessener auf irgendein Stück Ödland zu, das ihr mir aus pädagogischen Gründen mitten in der Wüste Paran übriggelassen habt, und ich pflanz Setzlinge an, soviel ihr nur wollt, heirate Neueinwanderinnen, damit Juden aller Länder zu einem einig Volk verschmelzen, mach euch zwanzig eisenharte Enkel, nehme euch Felsen oder Meer untern Pflug, wie ihr nur wollt, bloß sterbt mir endlich weg und guckt, wie ich augenblicklich den Befehl übernehme. Wie mitten im Gefecht, wenn alle Befehlshaber umgekommen sind und irgendein armseliger Feldwebel plötz-

lich die Führung übernimmt und die ganze Schlacht rettet. Verlaßt euch drauf, daß alles ausgezeichnet und haargenau nach euren Plänen laufen wird, auf meine Garantie, bloß seid so gut und sterbt und laßt mich endlich leben.

Er kehrte der dunklen Wohnung den Rücken zu, bückte sich, um vorsichtig einen Wollstrumpf seines Vaters aufzuheben, hängte ihn auf die Wäscheleine, rückte sein Gepäck zurecht und ging. An der Bäckerei beschloß Jonatan, sich nach links zu wenden, um den schlammigen Abkürzungsweg zum Kibbuztor einzuschlagen.

Als er die überdachte Busstation an der Straße draußen erreichte, fiel ihm plötzlich ein, daß er vergessen hatte, Zigaretten einzustecken. Ach, wer braucht schon Zigaretten. Von jetzt ab rauche ich nicht mehr. Fertig. Ohne jede Reue.

An die zwanzig Minuten stand Jonatan wartend am Straßenrand. Vielleicht würde ein frühes Auto, ein Lastwagen, ein Armeefahrzeug oder Jeep vorbeikommen. Er blickte um sich und entdeckte erste Anzeichen des Sonnenaufgangs hinter der Anhöhe von Scheich-Dahr. In kindlichem Übermut hob er das Gewehr gen Osten, um die Sonne mit einer langen, schönen Salve niederzumähen, sobald sie nur ihre rote Nase zwischen den Ruinen des Dorfes herausstrecken würde. Hinter ihm brach ein Hahnenchor in begeistertes Krähen aus, wußte sich gar nicht zu retten vor überschäumender Freude über den neuen Tag, neuen Tag, neuen Tag. Ruhig, ihr da, rief Joni laut und lachte auch für einen Moment, seid still, liebe Freunde, euch haben wir schon mehr als genug gehört. Die Nacht ist vorüber, der Morgen ist da, und wer ein braves Kind ist, kriegt jetzt nach dem Pipimachen und Händewaschen ein Glas Kakao. Und wer fehlt hier, Kinder? Der kleine Jonatan. »Jonatan klein, was fällt dem ein, läuft schon morgens in den Garten rein, klettert schnell auf den Baum, ist ganz aus dem Zaum.«

Die Sonne stieg feuerrot wie auf einer Kinderzeichnung hinter den Hügeln auf, aber Jonatan schoß nicht auf sie, sondern verneigte sich mit spöttischer Ehrerbietung tief vor ihr und fragte höflich, womit man ihr zu Diensten sein könnte.

Da war die Nacht vorüber, und es brach ein klarer, schöner Wintertag an, ein Tag voll Milch und Honig. Die Eule, der Steinkauz, der Uhu und die Fledermaus beendeten nun ihre Arbeit in Scheich-Dahr, und die

Füchse in dieser Gegend oder jenseits der Waffenstillstandslinie schlichen jetzt ebenfalls zu ihren Felsritzen, Höhlen oder verlassenen Schützenständen, um ihren wohlverdienten Schlaf zu halten. All die Toten, die nachts in Scheich-Dahr regieren, hatten bereits die Anweisung erhalten, hastig den Rückzug anzutreten, zusammen mit den letzten Nebelfetzen, die noch im kalten, süßen Wind dahintrieben. Gute Nacht, ihr Füchse, gute Nacht, ihr Toten und ihr Käuze, Jonatan fährt jetzt los, um sich endlich ein schönes Leben zu machen.

Jonatan schaute vorsichtshalber nicht mehr zurück. Ein unbestimmtes Gefühl hinderte ihn daran, seine Augen noch einmal auf den Ort zu richten, in dem er geboren und aufgewachsen war, auf dieses Dorf, das seine Eltern auf einem verfluchten Felsenbuckel errichtet hatten und das nun ein kleines grünes Paradies unter schattigen Bäumen geworden war. Immer noch schlafen dort fast alle. Sollen sie noch ein bißchen weiterschlafen. Und es schlummern teure Genossen in allen Kibbuzim der Umgebung, traute Hausmütter, glatzköpfige, gutmütige Funktionäre, Feldarbeiter im besten Alter, Geflügelzüchter, Gärtner, Hirten, Menschen, die hier aus hundert armseligen Stetls zusammengekommen sind, um dieses Fleckchen Himmel und Erde umzustülpen und ihre eigene Haut erst recht. Und weiter entfernt von hier schlafen Menschen in allen Ecken und Winkeln des Landes, das ich sozusagen mit eigener Hand verteidigt und bestellt habe. Sie sind so sanft, wenn sie schlafen. Wie die, die meine Frau gewesen ist. Die ist immer sanft, weil sie nie wach ist.

Das Schöne am Schlaf ist, daß jeder endlich für sich allein ist. Jeder befindet sich auf einem kleinen Stern, in seine Träume versunken, eine Million Kilometer entfernt von allen anderen, sogar von dem, der neben ihm im Doppelbett schläft. Im Schlaf gibt es keine Ausschüsse und keine Aufgaben, keine ernste Lage und keinen Befehl der Stunde und keine Gefahr, die es kühn zu meistern gilt. Und auch kein Gesetz, dem zufolge man im Schlaf Rücksicht auf den lieben Mitmenschen zu nehmen hat. Jeder ist für sich allein. Jeder ist auf sich selbst gestellt. Wem eine Reise bevorsteht, der fährt im Schlaf an den Ort, an dem man auf ihn wartet – nach Hause oder umgekehrt. Wer Liebe verdient hat, bekommt sie im Traum, und wer eher Einsamkeit – der kriegt Einsamkeit. Wem Angst, Reue und Strafe gebühren, der wird bestraft und wälzt sich seufzend im Schlaf. Selbst die Alten, die schon ein oder zwei Infarkte hinter sich haben und voller Rheumatismus und Hämorrhoiden stecken, sind im Schlaf plötzlich wieder junge

Burschen, »Kavaliere«, wie es bei ihnen heißt, und sogar die lieben Kinder ihrer Mama. Wer auf Genuß aus ist, der nimmt sich mit vollen Händen, und wer Leiden braucht, kriegt sie genau nach Maß. Alles ist gratis und in Fülle vorhanden. Wer gern in vergangene Tage zurückversetzt werden möchte, der lebt – schwupp – wieder in der Vergangenheit. Wer sich nach Orten sehnt, die er längst verlassen hat, oder in eine Gegend möchte, die sein Fuß noch nie betrat, wird postwendend, per Expreß und kostenlos, an sein ersehntes Ziel befördert. Wer sich vor dem Tod fürchtet, kriegt eine kleine Portion Furcht ab, damit er gefeit ist und keine Angst mehr hat, und wer gern einen Krieg haben will, der kriegt ihn, de luxe mit Feuerwerk. Auch die Toten braucht man nur zu rufen, und schon sind sie im Schlaf gegenwärtig.

In diesem Augenblick müßte ich eigentlich zurückgehen, Asarja aufwecken und ihm sagen: Habibi, das ist die Antwort, nach der dein Spinoza und Herr Hugo Buxhall und all diese Schildbürgergelehrten vergeblich gesucht haben – all die, die dauernd fragen, ob denn noch ein bißchen Gerechtigkeit in der Welt übriggeblieben ist, und wenn ja – wo? Guten Morgen, Asarja, wach auf, und auch du, Rimona, geh Wasser aufsetzen. Ich bin weggegangen und wiedergekommen und hab entdeckt, wo es Gerechtigkeit gibt: nur im Traum. Gerechtigkeit für alle in Hülle und Fülle, für jeden Menschen nach seinem Vermögen und seinen Bedürfnissen, denn dort gibt es den wahren Kibbuz, wie er sein soll. Nicht einmal der Generalstabschef kann dir im Traum befehlen, was du zu tun und zu lassen hast, denn er ist auch nicht Herr über sich selbst, sondern schläft wie ein Kater ohne Uniform, ohne Rangabzeichen und ohne alles. Geht schlafen, Freunde, die Gerechtigkeit erwartet euch alle.

Und nur ich alleine werd wach sein. Ich will nicht schlafen, ich will einen draufmachen. Ich such keine Gerechtigkeit, ich such Leben. Was – so mehr oder weniger – das Gegenteil von Gerechtigkeit bedeutet. Ich hab schon genug geschlafen, und von nun an werd ich wach sein wie der Teufel. Endlich bin ich den Händen dieser verrückten Greise entschlüpft, ihrer Besessenheit, bin ein für allemal lebendig ihrem Traum entstiegen, denn ich gehöre nicht ihnen. Ich hab ihre kindische Manie hinter mir gelassen und die Gerechtigkeit sowieso. Sollen sie mir gesund bleiben. Sollen sie bis morgen weiterschlafen. Ich jedenfalls bin allein und hellwach, und gleich geht die Fahrt los.

Bei diesen Gedanken wandte Jonatan den Kopf und blickte zu seinem

Haus hinüber. Die Lampen am Zaun waren bereits ausgeschaltet. Der ganze Kibbuz schien in milchgrauem Dunst zu schweben. Der von grünem Efeu umrankte Wasserturm. Die Scheune. Die Kuhställe. Die Unterkünfte der Jugendlichen und der Block mit den Kinderhäusern. Die spitzen Zypressen um den weißen Speisesaal. Die kleinen Häuser mit ihren geschlossenen Jalousien und den roten Dächern. Die Kronen der hohen Bäume. Die abfallenden Wiesen um das Schwimmbecken. Der Basketballplatz. Der Schafstall. Das alte Wächterhaus. Die Handwerksbaracken. Hüte dein Herz vor den sanften Kräften der Sehnsucht, damit du nicht schon wieder hängenbleibst.

Jonatan kniff die geröteten Augen zusammen und empfand eine Art ängstliche Abwehr, wie ein kleines Tier, das die Schritte der Jäger nahen hört. Paß auf dein Herz auf. Das ist eine Falle. Listig aufgestellte Netze, fein wie ein Spinnennetz. Aber hier habe ich nachts auf der Wiese gesungen, Rücken an Rücken mit einem Freund oder einem der Mädchen. Hier haben sie mich, in Trikothemd und Trainingshose verpackt, im Herbst spazierengeführt und dabei von den heldenhaften Verteidigern des Kibbuz erzählt, von der ersten Herde, die Räubern zum Opfer fiel, von der Fruchtfolge und davon, wie das Obst reif wird. Hier haben sie einen geliebt und geküßt und getadelt und gelehrt, wie man mit Kühen und Traktoren umgeht. Und hier leben gute Menschen, die, falls mir etwas zustoßen sollte, sofort einen Ausschuß bilden werden, der mir aus der Patsche hilft. Wenn ich stehle oder morde oder beide Beine verliere, bestimmen sie einen turnusmäßigen Besuchsdienst, der zu mir ins Gefängnis oder Krankenhaus kommt und mich vor allem Bösen beschützt. Hüte deine Seele, mein Freund, da stellen sie dir schon nach, noch ehe sie gemerkt haben, daß du abgehauen bist.

Zehn Minuten sind schon vorbei, und ich hab immer noch Hoffnung. Was passiert, wenn sie mich sehen? Komisch ist dieses Licht über den Hügeln: bläulich, rosa und grau auf einmal. Ein sauberes, richtiges Licht. Und da kommt ein Güterzug, der jetzt nach Süden fährt, und seine Lokomotive kreischt um ihr Leben, als wollte man sie ersticken. Die Kibbuzhunde bellen durch den Zaun. Denken, ich wär der Feind. Bin ich ja auch. Eine Salve, tak-tak-tak, und fertig.

Aber irgendwas fährt da doch auf der Straße. Ein Laster. Dodge. Alt. Er hält an. Reue gibt's keine.

»Steig ein, mein Junge. Wo geht's denn hin?«

Der Fahrer ist ein dicklicher, bärtiger Mann mit rot glühenden Wangen und freundlich funkelnden Brillengläsern.
»Egal. Wo du hinfährst, ist's recht.«
»Aber wohin willst du denn fahren?«
»So südliche Richtung.«
»Fein. Nur schlag die Tür richtig zu. Mit 'nem ordentlichen Knall. Und drück den Knopf neben dir runter. Sag mal, du ... Was ist, haben sie dir 'n bißchen Reserve aufgebrummt?«
»So ähnlich.«
»Gut, gut, nur keine Geheimnisse preisgeben. Fallschirmjäger?«
»So ungefähr. Spähtrupp.«
»Und bereiten sie da mal 'ne anständige Aktion vor?«
»Weiß nicht. Vielleicht. Warum nicht.«
»Hattest du südliche Richtung gesagt?«
»So ungefähr.«
»Gut. Verrat mir nichts. Ist besser so. Obwohl du mir glauben darfst, daß ich schon zwanzig Jahre in der Mapai bin und zwei Jahre Bezirkskommandant bei der Haganah war. Schweigen kann ich wie ein Fisch, und Geheimnisse kenn ich, die du noch nicht mal im Traum gesehen hast. Na, egal. Hauptsache – die Gesundheit. Nur keine Sorge. Nach Süden, hast du gesagt?«
»Wenn's geht.«
»Und was, wenn ich fragen darf, ist das Ziel?«
»Keine Ahnung.«
»Hör mal, mein Junge, mit Konspiration und so weiter, alles schön und gut. Zu Haganahzeiten ist bei uns so 'ne Anekdote über Schaul Awigur umgelaufen, der damals 'n großer Kommandant und außerordentlicher Konspirator gewesen ist. Einmal, als sein Fahrer aus dem Untergrund gekommen ist, um ihn abzuholen – wisch doch mal bitte da über die Windschutzscheibe, so, danke –, da hat Awigur zu ihm gesagt: Fahr, so schnell du kannst. Wir haben keine Zeit. Wohin? fragt der Fahrer. Das ist streng geheim, antwortet Awigur und hüllt sich in Schweigen. Vielleicht hast du den Witz schon mal gehört? Macht nichts. Die Hauptsache, ihr gebt ihnen eins aufs Haupt, wie sie's verdient haben, und vielleicht noch etwas mehr, bis auf die Knochen, und kommt uns heil und gesund zurück. Warum sollte ich leugnen, daß einem ganz warm ums Herz wird, wenn wir euch so sehen und uns dran erinnern, was früher war und wie weit

Der perfekte Frieden

wir's jetzt gebracht haben. Was wir mit riesigen Anstrengungen und endlosen Debatten erreicht haben, das schafft ihr heute leicht und in aller Stille, mit dem kleinen Finger. Moische Dajan hat das ganz richtig ausgedrückt, als er sagte, alle Großtaten des ›Haschomer‹ aus den Zwanzigern könnte ein einziger Zug unserer heutigen Armee über Nacht erledigen. Daß ihr uns nur gesund bleibt. Aber vielleicht sagst du mir wenigstens, wo ich dich absetzen soll?«

»So weit südlich wie möglich.«

»In Elat? In Äthiopien? In Kapstadt? Egal. Das war nur ein Scherz. Noch nicht mal so ins Ohr flüstern würdst du mir, wo ihr's ihnen heute nacht gebt? Ich versprech auch, es auf der Stelle wieder zu vergessen.«

Jonatan lächelte und schwieg. Von Augenblick zu Augenblick vertiefte sich das Blau des Himmels. Niedrige Hügel erstrahlten in hellem Grün. Das zarte Licht der Felder mit ihren prallen Ähren. Das geheimnisvolle Leuchten der Zitrushaine. Die Helligkeit der noch nackten Obstbäume. Schafherden mit Hirten in Khaki, die Schirmmütze auf dem Kopf. Schön und still zeigte sich ihm das Land. Hübsch mit weißen Dörfern gesprenkelt, von Feldwegen durchzogen, im Schatten der östlichen Berge, vom Seewind gekühlt, voll Schönheit und Verlangen, von Füßen betreten zu werden. Man muß lieben und vergeben, sagte Jonatan bei sich, man muß gut sein. Und wenn man es verläßt, muß man es tun, ohne zu vergessen und ohne Furcht vor den Netzen der Sehnsucht. Zum Teufel noch mal, wohin denn nur, wohin flieh ich bloß im Namen sämtlicher Geister und Gespenster? Was hab ich getan?

»Na, Junge, bist du ein bißchen eingenickt?«

»Ganz im Gegenteil, wach wie der Teufel.«

»Bist du aus Kibbuz Granot?«

»Und wie.«

»Wie ist es da?«

»Wunderbar. Großartig. Magie des Tschad.«

»Wie bitte?«

»Nichts. Nichts weiter. Mir ist bloß gerade so eine schöne Bibelstelle eingefallen.«

»In der Mitte, auf dem Sitz zwischen uns, steht 'ne Thermosflasche. Die nimm mal und mach sie auf und trink ein bißchen guten, heißen Kaffee. Wenn du willst, kannst du mir unterwegs die ganze Bibel aufsagen. Gehörst du zufällig zu dieser Gruppe von denen, die gern in der Natur rumlaufen oder so was?«

»Ich? Vielleicht schon. Warum nicht. Und vielen Dank: Der Kaffee ist wirklich ausgezeichnet.«

Im selben Augenblick breitete sich wie ein lautloses Feuer eine starke, bohrende Freude in Jonatan aus, wie er sie seit seiner Verwundung an der Schulter im Kampf am Ostufer des Kinneret nicht mehr gekannt hatte: eine wilde, süße, kaum noch zu bändigende Freude, die wie starker Wein von Sekunde zu Sekunde weiter in jede Zelle seines Körpers bis in die feinsten Nervenenden vordrang, ein angenehmes Zittern in den Knien, ein warmer Kloß in der Kehle, ein scharfes Strömen in der Brust, bis sich seine Augen wegen der Allergie mit Tränen füllten – eine vor Glück überquellende, durchdringende Freude, denn er hatte in diesem Augenblick begriffen, wohin er jetzt ging, wo man schon längst auf ihn wartete, welcher Ort ihm da bevorstand und warum er Feldausrüstung und Waffe mitgenommen hatte, warum es gen Süden ging, jenseits von Bergen und Wüsten, von denen alte Legenden berichten, es gebe dort einen Ort, von dem noch kein Mensch lebend zurückgekehrt sei, aber er würde es tun, würde lebendig und begeistert, trunken vor Siegestaumel wiederkommen, um sich auf Adlersflügeln übers Meer zu schwingen nach seiner Rückkehr von dieser Expedition, die sein mußte, die ihn aus den Tiefen seiner Seele rief. Ja, schon längst hätte er sich allein aufmachen, die Grenze überqueren, die feindlichen Horchposten umgehen, den blutdürstigen Beduinen geschickt ausweichen müssen, um nach Petra zu gelangen und den roten Felsen zu sehen.

Und hinterher würde er in die weite Welt hinausziehen und sich ausländische Städte erobern.

»Schau bloß, wie schön«, sagte Jonatan zu dem Fahrer, »sieh nur, wie schön das ist. Alles.«

Zweiter Teil
Frühling

1.

Mittwoch, 2. März 1966, 22.15 Uhr
Kein Regen heute. Und kein Wind. Ein klarer, schöner Wintertag. Dabei ist es sehr kalt draußen. Obwohl das Zimmer fest verrammelt ist und der elektrische Heizofen brennt, dringt der Geruch des Winters herein: nasses Laub, feuchte Erde, Moder. Das sind die Gerüche meiner Kindheit. Trotz der sechsunddreißig Jahre, die ich nun schon im Kibbuz lebe, bin ich im Grunde Europäer geblieben. Zwar bin ich jetzt sonnengebräunt, habe die kränkliche Hautfarbe meines Vaters abgelegt, der ein mittlerer Bankbeamter in Leipzig gewesen ist, aber immer noch leide ich sehr unter dem hiesigen Sommer und fühle mich nur während der regnerischen Zeit einigermaßen wohl. Auch die ständige unmittelbare Nähe zu Männern und Frauen von recht impulsivem Temperament stört mich nach wie vor erheblich, worüber ich nicht wenig beschämt bin.
Aber ich bereue nichts. Das nicht. Fast alles, was ich in meinem Leben getan habe, geschah mit reinem Gewissen. Also was ist es dann? So ein Anflug von Fremdheit. Sehnsucht. Eine Art Kummer, der keine Adresse hat. Als wäre auch das hier Diaspora. Ohne Wald und Fluß, ohne Glockenklang. Aber trotzdem besitze ich die innere Fähigkeit, eine kalte, präzise Rechnung aufzumachen – in historischer, ideeller und auch persönlicher Sicht. Alles führt zu demselben Ergebnis: Es liegt kein Irrtum vor. Wir dürfen ein gewisses Maß an bescheidenem Stolz für das empfinden, was wir hier erreicht haben. Nach zähem Ringen haben wir ein schönes neues Dorf aus dem Nichts geschaffen. Wie verständige Kinder nach einem Baukastenmodell. Und immer sind wir bemüht gewesen, das Gesellschaftssystem auf unblutige Weise und fast ohne Einschränkung der Freiheit des einzelnen zu verbessern. All das gefällt mir noch heute sehr gut, selbst dann, wenn ich es mir isoliert und aus innerer Distanz betrachte. Wir haben keine schlechte Arbeit geleistet. Und wenigstens bis zu einem bestimmten Grad haben wir das Herz der Menschen verbessert.

Aber was wissen wir denn überhaupt von Herzensdingen? Gar nichts. Absolut nichts verstehe ich davon. Und jetzt, an der Schwelle zum Alter, noch weniger als in meiner Jugendzeit. Darüber hinaus scheint mir, daß kein Mensch etwas davon versteht: die Philosophen nicht, die Wissenschaftler nicht und auch nicht die Führer der Kibbuzbewegung. Über das Menschenherz wissen wir noch weniger als die Gelehrten über die Geheimnisse der Materie, die Erschaffung der Welt oder die Quellen des Lebens. Rein gar nichts. Einmal hatte ich samstags beim Mittagessen Dienst im Speisesaal. Ich teilte die Getränkekannen aus, und Rimona Lifschitz servierte das Essen. Höflich wie ich bin fragte ich sie, ob es nicht zu schwer für sie sei und ob sie vielleicht Hilfe bräuchte. Worauf sie mit einem schönen, rätselhaften Lächeln erwiderte, man müsse nicht traurig sein, denn alles würde sich zum Guten wenden. Diese Worte haben mich beinahe wie ein Streicheln berührt. Manche bei uns sagen, sie sei ein außergewöhnlicher Typ, andere halten sie für phlegmatisch. Und wieder andere benutzen noch schlimmere Begriffe. Ich jedenfalls habe mir seit jenem Sabbat insgeheim vorgenommen, jedesmal ein kleines Lächeln mit ihr auszutauschen, wenn wir zufällig aneinander vorbeilaufen. Und nun ist heute früh ihr Jonatan verschwunden, ohne eine Nachricht zu hinterlassen. Und es ist meine Pflicht zu klären, was mit ihm passiert und was zu unternehmen ist. Wo und wie soll man ihn suchen? Womit anfangen? Doch was versteht ein Mann wie ich – als überzeugter neunundfünfzigjähriger Junggeselle mit festen Gewohnheiten, dem alle hier ein gewisses Maß an Vertrauen und vielleicht auch Achtung entgegenbringen –, was also verstehe ich von Herzensfragen?

Nichts, rein gar nichts, ich bin völlig unbeleckt von jeglichem Verständnis.

Auch was die Probleme der Jugend betrifft: Gelegentlich betrachte ich mir (von ferne) diese jungen Menschen, Männer, die Kriege geführt und geschossen und getötet und dazu noch zahllose Hektar Ackerland umgepflügt haben, aber eher wie tief in Gedanken versunkene Ringkämpfer wirken. Schweigsam sind sie. Zucken mit den Achseln. Sagen »ja«, »nein«, »schon möglich« und »ist doch egal«. Wortkarge Bauern? Stahlharte Krieger? Tumbe Erdklumpen? Nicht unbedingt: Wenn man spätnachts an einer der Rasenflächen vorbeikommt, kann es sein, daß man dort vier bis fünf von ihnen singen hört wie ein Rudel Wölfe, das den Mond anheult. Wozu? Oder es zieht sich einer in den Kulturraum zurück und häm-

Der perfekte Frieden

mert wild auf dem Klavier herum. Die Melodie ist zwar einfach und ein bißchen schwerfällig, aber man hört ein sehnsüchtiges Verlangen heraus. Sehnsucht nach wem oder was? Nach den regnerischen Ländern des Nordens, aus denen ihre Eltern stammen? Nach fremden Städten? Nach dem Meer? Ich weiß es nicht. Neun Jahre lang bin ich der Buchhalter des Kibbuz gewesen (nachdem ich auf ärztliche Anordnung hin die Arbeit im Hühnerstall aufgegeben hatte). Und nun fällt mir ganz plötzlich eine neue Aufgabe zu, vor der ich mich ein wenig fürchte. Warum habe ich dann zugestimmt? Eine gute Frage. Ich werde mich nicht um die Antwort drücken, aber ich brauche einige Zeit, um sie einer Lösung zuzuführen.

»Lösung« habe ich geschrieben: sonderbar, dieses abgedroschene Wort. Unser ganzes Leben lang beschäftigen wir uns damit, eine Lösung nach der anderen zu finden: für das Problem der Jugend, der Araber, der Diaspora, der alten Leute, für das Boden- und Wasserproblem, das Bewachungsproblem, das Problem der Erotik, das Wohnungsproblem – und was nicht noch alles. Als müßten wir uns unaufhörlich damit abmühen, kluge, treffende Schlagwörter zu formulieren, um sie dann in den Wind zu schreiben. Oder als müßten wir emsig danach streben, die Sterne des Himmels in Dreierkolonnen auszurichten.

Jetzt werde ich die Ereignisse des Tages notieren. Es wird langsam spät, und morgen steht ein schwerer Tag bevor. Die Musizierstunde unseres Quintetts, die für heute abend vorgesehen war, habe ich eigenmächtig und ohne Angabe von Gründen mittels eines Zettels abgesagt, den ich um halb acht ans Schwarze Brett am Eingang zum Speisesaal gehängt habe. Mir scheint nämlich, daß keiner von uns heute abend fähig gewesen wäre, sich auf die Musik zu konzentrieren. Der ganze Kibbuz steht kopf. In diesem Augenblick, während ich hier schreibe, gehen die Mundwerke im Klubraum, in den Wohnungen, in den Zimmern der Ledigen, und alle hecheln das Ereignis durch. Jeder gibt seinen Senf dazu. Und alle erwarten von mir, daß ich das Nötige in die Wege leite. Aber was ist zu tun? Wenn ich das nur wüßte.

So oder so wird die Musik auf einen anderen, ruhigeren Abend warten müssen. Jetzt ist doch jeder mit seinen Gedanken beschäftigt.

Berichtigung: Ich persönlich bräuchte jetzt Musik; aber für mich alleine. Und zwar Brahms. Meine Zimmertür ist schon fest verriegelt. Über meinen Schlafanzug habe ich den alten Pullover gezogen, den mir Bolognesi vor sechs oder sieben Jahren gestrickt hat. Ich habe mir ein Glas

Tee mit Zitrone aufgegossen, und nun will ich wie üblich einige Seiten in meinem privaten Tagebuch füllen. Danach werde ich mich ins Bett legen und einzuschlafen versuchen. Ich muß hier die wichtigsten Tagesereignisse und auch einen oder zwei Gedanken notieren: wie in einem schriftlichen Rechenschaftsbericht. Vor sechzehn Jahren ungefähr habe ich mir vorgenommen, jeden Abend einen vollständigen Bericht abzulegen, obwohl ich nicht die geringste Ahnung habe, wer im Kibbuz, im Staat, in der Welt, in den nachfolgenden Generationen, in anderen Welten einen Rechenschaftsbericht von mir erwartet. Ich weiß es wirklich nicht.

Formell ist Jolek Lifschitz übrigens immer noch Sekretär des Kibbuz – nicht ich. Meine Amtszeit beginnt offiziell erst nach der Abstimmung, die am Samstagabend in der Generalversammlung stattfindet. Aber praktisch fungiere ich schon seit mehreren Tagen als eine Art Stellvertreter auf Verlangen der Allgemeinheit und vielleicht auch auf Geheiß irgendeines inneren Gefühls, dem ich Folge leiste, ohne ihm genau auf den Grund zu gehen. Nichts und wieder nichts verstehe ich von dem Bereich der inneren Gefühle, gleich ob es sich um meine eigenen oder die meiner Mitmenschen handelt: Sie sind mir ein Rätsel. Zeichen und Wunder. Obwohl ich viel gelesen habe in meinen einsamen Jahren, hat all das, was ich in der wissenschaftlichen wie in der schöngeistigen Literatur fand, doch nur neue Rätsel aufgegeben und das Mysterium vertieft. So und so, sagt Freud. Schön. Jung kontert mit dem und dem. Ebenfalls höchst einleuchtend. Und dann kommt Dostojewski, um uns wiederum diese und jene Abgründe aufzuzeigen. Alle Achtung: nur so weiter. Ergo? Ich persönlich bin nicht sicher. Nicht im Hinblick auf den oder jenen oder all die anderen. Woher sollte ich es auch wissen? Und woher sie? Ich für meinen Teil zweifle fast an allem. Wer von ihnen kann mir denn zum Beispiel verraten, wo in dieser großen Finsternis sich in diesem Augenblick Jonatan Lifschitz aufhält, der heute morgen das Haus verlassen hat, ohne eine Nachricht zu hinterlassen. Schläft er jetzt in irgendeinem Haus, einer Baracke? Oder einer Ruine? In einer der großen Städte? Auf der Matratze in einer verlassenen Wachhütte? In einer entlegenen Anhalterstation? Im Zelt eines Armeelagers? Oder fährt er, hellwach und verzweifelt, in einem Fahrzeug dahin: Auto? Flugzeug? Panzerwagen? Oder überquert er müde zu Fuß schlammige, dunkle Felder in menschenleeren Gegenden? Übernachtet in einer Höhle in einem Wadi? Sucht nach einem Straßenmädchen in den Gassen Süd-Tel Avivs? Schlägt sich allein, mit Hilfe der Sterne, in der judäischen Wüste durch? Oder im Negev? Schlendert ziellos durch die Außenbezirke einer Kleinstadt? Verbirgt sich zwischen den Trümmern von Scheich-Dahr, unweit von hier? Redet pausenlos auf sich ein oder schweigt bereits das Schweigen einer Winternacht – nach allem, was gewesen ist? Ist er durcheinander? Oder meint er es ernst? Will er jemanden zum Narren halten? Rache üben? Ist er verzweifelt? Oder bloß ein verwöhnter Junge? Ist er ein Dummkopf? Oder ein frecher Kerl? Sucht er etwas? Oder hat er wild die Flucht ergriffen? Wovor?

Mir fällt jetzt die Verantwortung zu. Aller Augen sind auf mich gerichtet. Es ist meine Aufgabe, zu entscheiden und zu handeln: Polizei? Abwarten? Diskretion wahren? Nachbarsiedlungen einschalten? Ist höchste Sorge angebracht? Oder Kaltblütigkeit?

Nichts verstehe ich von alledem, absolut nichts. Wer sind diese jungen Leute, was geht in ihnen vor? In der landwirtschaftlichen Arbeit kennen sie sich bestens aus. Dinge, die wir unter physischer und intellektueller Anstrengung und großen Leiden mit zusammengebissenen Zähnen zuwege gebracht haben, schütteln unsere Söhne nur so aus dem Ärmel. Auch auf dem Schlachtfeld erweisen sie sich als erstaunlich mutige und gewandte Krieger. Aber immer sind sie von einer sonderbaren Traurigkeit umgeben. Wie die Abkömmlinge eines anderen Stammes, eines fremden Volkes. Weder Asiaten noch Europäer. Weder Gojim noch Juden. Keine Weltverbesserer, aber auch keine raffgierigen Karrieristen. Wie sieht das Leben für sie aus, die in dieser Sturmzeit der Geschichte herangewachsen sind? An einem Ort, der erst einer werden sollte, in einem Dorf, das kein Dorf im herkömmlichen Sinn war, in einem neuen Land auf dem Reißbrett, ohne Opa und Oma, ohne altmodisches Elternhaus mit rissigen Wänden und dem Duft vergangener Generationen. Ohne Religion und ohne Revolution und ohne Wanderjahre. Vielleicht überhaupt ohne Sehnsucht. Ohne einen ererbten Gegenstand: mit keinem Medaillon, keiner Truhe, keinem Kleidungsstück und keinem alten Buch. Nichts. Ihre Kindheit war vom Geruch frischer Farbe geprägt, von künstlichen Wiegenliedern und modernen Volksmärchen. Weder im Dorf noch in der Stadt sind sie aufgewachsen, sondern in dem, was wir damals »Hof« genannt haben oder »Siedlungspunkt«. An einem Ort, der wesentlich erst aus feurigen Proklamationen und atemloser Hoffnung bestand, überströmt von einer Flut guten Willens, in allen Lebensbereichen ein neues Kapitel anzufangen. Keinen Baum gab es, sondern nur bläßliche neue Setzlinge, kein Haus, sondern nichts als Zelte und Baracken nebst zwei, drei weiß übertünchten Betongebäuden. Auch alte Menschen gab es nicht unter all den jungen begeisterten Pionieren, die schwitzten und den Kopf voller Parolen hatten. Sicherheitszäune, Suchscheinwerfer und allnächtlich heulende Schakale gehörten dazu. Und Schüsse in der Ferne. Aber weder in einem Keller noch in einem Dachboden hätte man sich verstecken können. Was hast du, Jonatan, was ist los mit dir? Was ist passiert?

Gott, wenn ich das nur wüßte.

Auf mir lastet jetzt die Verantwortung. Mehrere Tage versehe ich hier praktisch schon das Amt des Sekretärs. Wie wenig ich doch heute tun konnte. Und auch das nur wie im Nebel. Vielleicht habe ich ein wenig die Gemüter besänftigt. Hier und da jemanden getröstet. Beruhigend gewirkt. Ein paar Schritte eingeleitet, die ich meiner bescheidenen Meinung nach für geboten hielt. Alles habe ich nun ganz allein auf dem Hals, nach eigenem Ermessen, denn es gibt keinen, mit dem ich mich beraten könnte. Stutschnik beispielsweise ist für mich ein wertvoller Mensch. Mehr oder weniger auch ein Freund. Zugänglich, warmherzig, manchmal fast zartfühlend. Aber dafür übertreibt er dauernd mit Zornesausbrüchen, kindischen Freudestürmen, lautstarkem Pathos, jähzornigen Anfällen und überschwenglichen Gefühlen. Wie ein unreifer Jüngling, der er früher, zu Zeiten der Jugendbewegung, war. Er hat sich seitdem absolut nicht geändert. Sicher, sein Gesicht ist faltig geworden, seine Hände zittern etwas, aber er redet immer noch wie vor vierzig Jahren: »'s is gurnischt« oder »'s is a grauslich Sach« oder höchstens noch »'s wär vielleicht besser, man tät sich endlich mal bemühn, a bissel praktisch zu sein«. Aber das schlimmste ist seine Rechthaberei – und daß er nicht zuhören kann. Vielleicht lauscht er auch seinen eigenen Worten längst nicht mehr. Nie hat er ein einziges Mal einen Irrtum zugegeben. Keinen, und sei es den winzigsten. Sechs Monate lang hat er einmal nicht mit mir gesprochen, weder im Guten noch im Bösen, weil ich ihm anhand der Enzyklopädie bewiesen hatte, daß Dänemark nicht zu den Benelux-Staaten gehört. Nach Ablauf der sechs Monate hat er mir dann ein Zettelchen geschickt, auf dem er unverfroren mitteilte, daß mein Atlas ja nun »wirklich längst überholt« sei. Aber trotzdem hat er sich mit mir ausgesöhnt und mir ein Lammfell als Bettvorleger geschenkt.

Was den guten Jolek betrifft, ist es nicht an mir, seinen Beitrag zur Partei- und Landespolitik und so weiter zu beurteilen. Das muß ich größeren

Der perfekte Frieden

Geistern überlassen. Die Meinungen gehen darüber ja auseinander. Seine Feinde behaupten gehässig: Er redet wie ein zorniger Prophet und handelt wie ein kleinlicher Politiker. Worauf seine Anhänger erwidern: Listig und mit allen Wassern gewaschen ist er schon, aber auch ein Mann voller Dynamik und Vision.

Dazu möchte ich hier folgendes notieren: Was nützt mir Dynamik oder Vision. Mein ganzes Leben ist wie unter begeisterter Marschmusik an mir vorbeigezogen. Als gäbe es weder Berge noch Meer, noch Sterne am Himmel. Als habe man den Tod abgeschafft, das Alter mit seinen Gebrechen ein für allemal von der Erde vertilgt und Leiden und Einsamkeit endgültig in Schimpf und Schande zum Kibbuztor hinausgejagt, so daß das gesamte Universum nun ein einziger großer Schauplatz ideologischer Auseinandersetzungen zwischen den einzelnen Splittergruppen, Strömungen und Fraktionen der Arbeiterbewegung ist. Was soll ich also mit Dynamik und Vision anfangen, wo ich es schon längst aufgegeben habe, Jolek und seine alten Streitgenossen zu Barmherzigkeit zu bewegen. Denn von allen Märschen ist mir nur das geblieben: Barmherzigkeit. Allerdings nicht endlos. Nur bis zu einer bestimmten Grenze. Aber eben doch – Barmherzigkeit. Die wir alle brauchen und in deren Abwesenheit Dynamik und Vision den Menschen aufzufressen beginnen.

Deshalb habe ich beschlossen, jetzt, in meinem neuen Amt als Kibbuzsekretär, dem Grundsatz der Barmherzigkeit zu folgen. Ich möchte keinesfalls zusätzliche Schmerzen bereiten. Von all den vielen Geboten, die in der Bibel verzeichnet sind, und all den anderen alten und modernen Verhaltensregeln, einschließlich der von Staat und Kibbuzidee diktierten, ist mir nur ein einziges verblieben: Es gibt mehr als genug Schmerz um uns herum, und man darf keinen weiteren hinzufügen. Lieber sollte man, wo immer möglich, ihn zu verringern suchen. Nicht noch Salz auf offene Wunden streuen. Kurz gesagt: »Du sollst keinen Schmerz bereiten« (übrigens auch nicht dir selber, wenn es geht).

Soweit zu diesem Thema.

Und nun zu den Geschehnissen des Tages, zum eigentlichen Rechenschaftsbericht.

Nach der anhaltenden Regenperiode, die bereits ernste Befürchtungen wegen möglicher Fäulnis der Wintersaat auf den niedrig gelegenen Feldern heraufbeschworen hatte, ist heute ein klarer Morgen aufgezogen. Sehr kalt, aber strahlend blau. Soweit ich mich auch zurückbesinne –

selbst bis in meine Jugendzeit in Europa –, ich kenne keinen herzerfrischenderen Anblick als unsere glasklaren Wintertage in Israel. Selbst ein Mann meines Alters fühlt sich dann leicht beschwipst vor purer Lebensfreude. Das geht so weit, daß sich heute, als ich die Schlagzeile der Morgenzeitung über die Truppenkonzentration an der Nordgrenze las, doch tatsächlich so ein kindliches Phantasiebild in mir geregt hat, eine Art Verlockung, einfach aufzustehen und mich noch heute morgen dorthin zu begeben – nach Damaskus, meine ich – und ihnen da gut zuzureden, endlich diesen ganzen Humbug zu lassen. Lieber könnten wir uns doch alle zusammen in ein nahegelegenes Wäldchen aufmachen, dort gemütlich lagern und gemeinsam alle Streitigkeiten für immer aus der Welt schaffen.

Statt dessen bestand meine Aufgabe darin, in die Buchhaltung zu gehen, die Lampe anzuknipsen (um halb sieben Uhr morgens gibt es dort sonst noch nicht genug Licht!) und die verworrenen Ladepapiere durchzusehen, die Udi Schneor mir gestern abend in den Briefkasten gestopft hatte. Von sieben bis neun Uhr habe ich also versucht, ein wenig Ordnung in die Geschichte zu bringen und zu enträtseln, was da in den Zitrushainen schiefgelaufen ist. Danach wollte ich mich mit einigen Briefen befassen, die seit dem Beginn von Joleks Erkrankung auf seinem Schreibtisch liegen. Aber nur mit den dringendsten: Ich empfinde nämlich keinesfalls das seelische Bedürfnis, mich augenblicklich in Sachen hineinzuknien, die einen Aufschub vertragen. Sollen sie ruhig warten. Vielleicht werden sie dann gegenstandslos oder regeln sich von selbst. Außerdem bin ich ja, formell gesehen, noch nicht der Sekretär des Kibbuz. Ich habe also Zeit.

Um neun Uhr etwa kam Chawa Lifschitz grußlos ins Zimmer gestürzt – mit zusammengepreßten Lippen, giftigem Blick, offensichtlich nur mühsam zurückgehaltener Wut, im blauen Arbeitskleid, ihre ergrauenden Zöpfe nach Art der frühen Jahre zu einem Kranz um den Kopf gelegt, so daß sie ihre hohe Stirn umkrönten. Mit feindseliger, didaktisch leiser Stimme schleuderte sie mir vier Worte entgegen: »Schämst du dich nicht« (ohne Fragezeichen am Ende).

Ich legte den Bleistift auf den Tisch, schob die Lesebrille hoch, wünschte ihr »guten Morgen« und bat sie, sich doch an meiner Stelle auf meinen Stuhl zu setzen. (Jemand hatte mir ein, zwei Tage vorher den zweiten Stuhl aus meinem Büro weggeholt und nicht wieder zurückgebracht.)

Chawa weigerte sich. Es sei ihr kaum begreiflich, sagte sie, wie eine derartige Herzlosigkeit überhaupt möglich sei. Obwohl sie eigentlich schon gar nichts mehr überraschen könnte. Sie forderte von mir, ich sollte unverzüglich handeln oder »mich ins Bild setzen«, wie sie sich ausdrückte, »und zwar ein bißchen plötzlich.«

»Entschuldige mal«, sagte ich, »aber was ist denn dieses Bild, in das ich mich augenblicklich versetzen soll?«

»Srulik«, zischte sie zwischen ihren Zähnen hervor, als sei mein Name ein grobes Schimpfwort. »Srulik, sag mal, bist du wirklich ein Idiot oder tust du nur so? Oder ist das vielleicht dein kranker Humor?«

»Möglich«, sagte ich, »kann alles sein. Aber das kann ich dir erst beantworten, wenn ich weiß, was du meinst. Deswegen würde ich vorschlagen, daß du dich jetzt doch erst mal setzt.«

»Willst du damit sagen, daß du gar keine Ahnung hast? Nichts gehört und nichts gesehen? Der ganze Kibbuz redet seit dem frühen Morgen nichts anderes mehr, und nur Seine Majestät sitzt noch hinterm Mond?«

(Majestät oder nicht: Ich war natürlich aufgestanden, obwohl Chawa sich partout nicht setzen wollte, sondern mit feindseliger Nervosität vor mir stehenblieb und mühsam ein Zittern unterdrückte. So standen wir uns, diesseits und jenseits des Tisches, in eigenartig peinlicher Pose gegenüber, bis ich ein wenig lächeln mußte.)

»Ein Unglück ist geschehen«, sagte Chawa – immer noch mit unterdrückter Bosheit, aber nun in anderem Ton.

Ich bat sofort um Verzeihung, wobei ich Chawa erklärte, wirklich und wahrhaftig keinen Schimmer einer Ahnung zu haben. Es tue mir leid. Ich müsse ihr gestehen, daß ich schon seit einigen Jahren auf das Frühstück im Speisesaal verzichte und mich bis zum Mittagessen hier im Büro mit Tee, Keksen und Dickmilch begnüge. Ja, aus einem bestimmten Pflichtgefühl heraus. Deswegen wisse ich wirklich nicht, was denn dieses Ereignis, dieses Unglück sei, von dem der ganze Kibbuz schon seit heute früh rede. Sei etwa, Gott behüte, Jolek etwas zugestoßen?

»Das kommt erst noch«, sprudelte Chawa giftig, »ein Unglück kommt selten allein. Aber diesmal ist es Joni.«

»Chawa«, sagte ich, »meine Besorgnis wächst von Minute zu Minute, aber ich habe kein großes Talent, Dinge aus dem Zusammenhang heraus zu erraten. Also bitte erklär mir endlich, was genau geschehen ist.«

Mit einem jähen scharfen Ruck, als wollte sie sämtliche Papiere vom Tisch fegen oder mir eine Ohrfeige versetzen, stürzte sie zu dem von mir geräumten Stuhl und ließ sich auf ihn fallen. Mit einer Hand bedeckte sie ihre Augen. »Ich versteh's einfach nicht«, flüsterte sie wie ein zu Unrecht getadeltes Kind, »man muß doch eine Mördernatur sein, um plötzlich so etwas zu tun.«

Ich vermochte ihren Worten nicht zu entnehmen, wer nun der Mörder war: ihr Sohn, ihr Mann oder ich selber. Auch begreife ich nicht, was mich dazu veranlaßt hat, ihr die Hand auf die Schulter zu legen und sanft ihren Namen zu nennen.

»Srulik«, sagte sie mit trockenen Augen und schmollenden Lippen, »du wirst helfen.«

»Natürlich«, erwiderte ich. Und obwohl mir schon seit Jahren (aus persönlichen Gründen) jede körperliche Annäherung schwerfällt, nahm ich meine Hand nicht von ihrer Schulter und berührte – möglicherweise – für einen Augenblick sogar ihr Haar. Dessen bin ich nicht sicher. Aber ich meine doch, es berührt zu haben.

Mitten in der Nacht, erzählte sie nun, hätte Joni das Haus verlassen. Ganz plötzlich. Offenbar unter Mitnahme einer Waffe. Nein, er hätte vorher mit niemandem gesprochen. Nein, auch keinen Zettel hinterlassen. Aber seiner schwachsinnigen Ehefrau sei jetzt eingefallen, daß er ihr vor längerer Zeit mal was von einer geplanten Reise nach Übersee erzählt habe. Aber in den letzten Wochen habe er nicht mehr davon gesprochen. »Wer weiß besser als ich, daß man sich auf kein einziges Wort verlassen kann, das dieses beschränkte Mädchen über die Lippen bringt. Und was ist das auch für ein Quatsch: Wenn es wirklich um eine Reise geht, wer fährt denn ohne Papiere und alles, aber dafür uniformiert und bewaffnet ins Ausland? Srulik. Du weißt ja, daß ich hier mit keinem reden kann. Außer mit dir. Du bist der einzige. Alle anderen sind nichts weiter als kleinliche, engstirnige Egoisten, die sich insgeheim ins Fäustchen lachen, weil sie wissen, daß das Jolek den Rest geben wird, dem sie schon lange den Tod wünschen. Ich komme zu dir, weil du vielleicht kein großer Geist bist, aber ein aufrechter Mensch. Ein Mensch, kein Unmensch. Da hat der doch wahrlich ein Mittel gesucht und gefunden, wie er seinen Vater umbringen kann. Denn Jolek hält das nicht durch. Schon jetzt liegt er mit Druck auf der Brust und Atemnöten im Zimmer und gibt sich selbst die Schuld an allem. Und diese dumme Ziege, Rimona, die einen kleinen Mörder ins Haus gebracht hat, damit er Joni fertigmacht, sagt mir doch mit der Gelassenheit einer kaltblütigen Verbrecherin: ›Er ist gefahren, weil er unglücklich war. Er hat gesagt, er würde wegfahren, und nun ist er eben gefahren. Man kann nicht wissen, wohin. Vielleicht kommt er zurück, wenn ihm besser ist.‹ Zwei Ohrfeigen hätt ich ihr auf der Stelle verpassen sollen. Mit dem Mistkäfer habe ich gar nicht erst gesprochen. Sicher weiß er alles, dieser dreckige Mephisto. Der ist bestens informiert und lacht sich innerlich über uns kaputt, ohne daß er was sagen würde. Du, Srulik, wirst noch in diesem Augenblick zu ihm gehen und aus ihm herausholen, wo Joni jetzt steckt. Bevor es zu spät ist. Mit allen Mitteln wirst du das tun. Und wenn du die Pistole nehmen mußt. Ist mir ganz egal. Nun geh schon. In Gottes Namen, Srulik, begreif doch, was man dir sagt. Ich brauch jetzt weder ein Glas Kaffee noch schöne Worte von dir. Du weißt, ich bin ein äußerst widerstandsfähiger Mensch. Nur eines brauch ich von dir: daß du jetzt gehst und augenblicklich anpackst, was getan werden muß. Ja. Laß mich ruhig hier. Allein. Mir wird nicht schlecht. Los, geh endlich.«

Aber inzwischen kochte das Wasser im Kessel. Ich goß Chawa ein Glas mit schwarzem Kaffee auf, entschuldigte mich und bat sie, vorerst hier im Büro zu bleiben, auf meinem Stuhl, um ein klein wenig zur Ruhe zu kommen.

Ich warf mich also in Mantel und Mütze und lief los, um Rimona zu suchen, wobei ich allerdings erst bei der Krankenstation haltmachte und Schwester Rachel auf Joleks Zimmer schickte, um nachzuschauen, wie es ihm ging, und – falls nötig – so lange bei ihm zu bleiben, bis auch ich dort sein würde. Verschiedene Leute versuchten, mich unterwegs aufzuhalten, um mir entweder Geschichten zu erzählen und entsprechende Ratschläge zu geben oder von mir die neuesten Nachrichten zu erfahren. Allen sagte ich, es täte mir leid, aber ich hätte es jetzt eilig. Außer Paula Lewin, die ich bat, doch bitte auf mein Zimmer in der Buchhaltung zu gehen und zu schauen, ob Chawa etwas fehlte.

Mit aller Macht versuchte ich, mich zu konzentrieren, meine Gedanken zusammenzuhalten. Nur, wo sollte ich anfangen? Selbstverständlich hatte ich manches von dem gehört, was hier in den letzten Wochen über diesen Jüngling Asarja geredet wurde, der bei Rimona und Joni eingezogen war: alle möglichen sonderbaren Andeutungen, Gerüchte, bedeutungsvolles Gekicher, Dinge, die fast an Obszönität grenzten. Bisher hatte ich keinerlei Veranlassung gesehen, dazu Stellung zu nehmen.

Eine aufgeklärte, geordnete Gesellschaft, die sich bemüht, nach gerechten Grundsätzen zu leben, muß – meiner bescheidenen Meinung nach – an der Schwelle des Gefühlslebens haltmachen und darf diese auf keinen

Fall überschreiten. Was zwischen Mann und Frau, Mann und Freund, Frau und Freundin vor sich geht – all das ist, meine ich, Teil des Privatbereichs; Eintritt verboten. Ich, der ich in den Jahren meiner Einsamkeit nicht weniges an theoretischer und schöngeistiger Literatur gelesen habe, weiß, daß ich keine Ahnung habe: Sexualbeziehungen, Gefühlsbeziehungen und die Querverbindungen zwischen diesen beiden Bereichen – all das ist und bleibt mir ein Rätsel, völliges Neuland. Herzensdinge, Triebe, der Weg des Mannes bei der Maid, nichts begreif ich davon. Da bin ich absoluter Ignorant. Als Jüngling, in Leipzig, bin ich mal einige Zeit in eine verträumte Gymnasiastin verliebt gewesen, die mir allerdings irgendeinen Tennisstar vorzog, der zu den Bewunderern Hitlers gehörte – so einen Typ, den man als »blonde Bestie« bezeichnete. Also habe ich einige Zeit gelitten und dann aufgegeben. Genau in jenen Tagen ist es mir auch passiert, daß das Dienstmädchen mal um fünf Uhr morgens hereingekommen ist – in mein Zimmer und in mein Bett. Wenig später schloß ich mich einer zionistischen Pioniergruppe in Polen an, mit der ich dann ins Land kam. Hier war ich schließlich, vor fünfundzwanzig Jahren, in P. verliebt; und auf meine Weise bin ich's vielleicht noch heute. Ohne daß ich sie das je hätte wissen lassen. Sie hat jetzt vier Enkelkinder. Und ich bin ein überzeugter Junggeselle. Abgesehen davon hat es gelegentlich erniedrigende, unangenehme Geschlechtsbeziehungen mit verschiedenen Frauen gegeben: traurige, höchst unästhetische Affären, die ich nur bereuen konnte. Bei all diesen Dingen steht, meiner Erfahrung zufolge, ein ganzer Berg von Schmerz und menschlicher Entwürdigung einigen wenigen Augenblicken – zugegebenermaßen sehr heftigen – Genusses gegenüber, der aber zu kurz und bedeutungslos ist, als daß er sich auszahlen würde. Freilich muß ich hier notieren, daß meine Erfahrung doch recht begrenzt ist, so daß sich daraus nur schwer verallgemeinern läßt. Trotzdem erlaube ich mir, hier eine grundsätzliche Bemerkung anzufügen. In erotischen Dingen gibt es eine tiefe, feststehende Ungerechtigkeit auf der Welt, die sich nicht beheben läßt, sondern statt dessen all unsere zähen Bemühungen um eine Verbesserung unserer Gesellschaft mit Hohn und Spott zunichte macht. Allerdings müssen wir, meiner bescheidenen Ansicht nach, diesen Spott übersehen und dürfen nicht von unserem Streben ablassen. Nur dürfen wir dabei nicht selbstgefällig vorgehen, sondern müssen im Gegenteil höchst bescheiden handeln. Demütig und behutsam. Jetzt werde ich die Platte umdrehen, weil Brahms mir heute abend guttut.

Weiter.

Rimona wußte zu berichten, daß sie gestern Dienst im Klubraum gehabt hatte, wo sie den Teilnehmern am Arbeitskreis für jüdische Philosophie Erfrischungen servierte. (»Um welche Zeit bist du zurückgekommen?« – »Spät.« – »Wann?« – »Etwa nach dreiviertel von dem Regen, der runtergegangen ist.«) Nach ihrer Rückkehr hatte sie die beiden noch wach gefunden. Ein bißchen müde. Und richtig nett zueinander, »wie zwei Buben, die sich gestritten und dann wieder ausgesöhnt haben«. Und waren auch nett zu ihr später, und noch später sind sie eingeschlafen. Auch sie ist eingeschlafen. (Ich bin nicht weiter in sie gedrungen hinsichtlich der Nettigkeit, die sie zwischen den beiden festgestellt hat, und habe auch keine diesbezüglichen Vermutungen angestellt. All dies ist für mich, wie ich bereits schrieb, ein absolut rätselhafter Bereich.)

»Und wann ist Joni weggegangen?«

»In der Nacht.«

Ihren Worten zufolge war Asarja morgens aufgewacht und hatte gesagt, es würde geschossen. (Oft würde er so aufwachen und meinen, es schieße jemand, so daß es ihr schon manchmal vorkäme, als fielen tatsächlich Schüsse.) Dann bemerkten sie, daß Joni weg war. »Er ist gleich überall hingerannt.«

»Wer?«

»Saro. Nicht Joni. Joni geht ziemlich langsam. Joni rennt nie.«

»Woher weißt du das?«

»Joni ist müde.«

Asarja ist dann offenbar tatsächlich rumgerannt und hat in der Werkstatt, im Speisesaal und überall sonst gesucht: Doch Joni war nicht da.

Und was tat Rimona, während Asarja »überall hingerannt« ist? Sie sah nach, was Joni mitgenommen und was er zu Hause gelassen hatte. Dabei dachte sie, alles sei so, wie wenn sie mitten in der Nacht kämen, um ihn zu seiner Einheit einzuberufen, zum Spähtrupp, wenn es eine Aktion gibt.

Und woher wußte sie, daß sie ihn nicht auch heute nacht zum Militär einberufen haben?

Darauf hatte sie keine klare Antwort. »Diesmal ist das was anderes.«

Und dann hat sie sich gesetzt und gewartet. Sich angezogen. Bett und Zimmer aufgeräumt. Zur Arbeit in die Wäscherei ist sie nicht gegangen, sondern hat dagesessen und gewartet. Hat Tia, seiner Hündin, ihr Frühstück gegeben. Und hat weiter gewartet. Gewartet? Worauf denn eigentlich genau? Daß es Viertel nach sieben wird. Weil das die Zeit ist, zu der Jolek und Chawa jeden Morgen aufstehen. Und dann ist sie gegangen, es ihnen zu sagen. Daß Joni in der Nacht weggefahren ist. Und daß sie sich nicht aufregen sollen.

Und was ist dann geschehen?

Nichts. Wie? Nichts. Chawa hat angefangen, wütend auf Rimona einzureden. Und sie? Sie hat Chawa angeguckt und sich dabei wieder einmal gewundert, wie sehr sich Chawa und Joni doch ähnlich sehen, wenn sie sich plötzlich ärgern. Denn so, ohne Ärger, würden sie sich überhaupt nicht ähneln.

Was hat Jolek gesagt? Und was hat er getan? Er hat, still im Sessel sitzend, nur beide Hände vor sein Gesicht geschlagen. Und Chawa ist schweigend dagestanden und hat zum Fenster rausgeschaut. Und da ist auch Rimona still weggegangen, um nach Saro zu sehen.

»Rimona«, sagte ich, »ich möcht dich was fragen. Und versuch bitte, dich zu konzentrieren und mir eine genaue Antwort zu geben, denn das ist jetzt eine wichtige Frage. Hast du irgendeine Vorstellung oder eine Ahnung oder eine Vermutung, wo Joni in diesem Augenblick ist?«

»Weggefahren.«

»Ja. Sicher. Aber wohin ist er deines Erachtens gefahren?«

»Irgendwas suchen.«

»Suchen?«

Kurze Pause. Dann lächelte sie mich plötzlich an. Mit einem herbstlichen, ruhigen Lächeln, als wollte sie sagen, wir beide wüßten, was die ganze Welt sich nicht träumen läßt. Seit einigen Monaten pflegen sie und ich bei jeder zufälligen Begegnung ein Lächeln auszutauschen. Auch diesmal erwiderte ich ihr Lächeln: »Rimona. Ich bitte dich. Nimm es ernst.«

»Ich denke nach«, gab sie zur Antwort und schien ein wenig zu grübeln, ohne dann jedoch weiterzureden.

»Was denkst du?«

»Daß er weggefahren ist, weil er mir schon längst mal was von einer Fahrt gesagt hat.«

»Was für eine Fahrt? Wohin?«

»Rumwandern«, sagte sie und fügte dann hinzu: »Vielleicht.«

Anfang der vierziger Jahre war der Kibbuz eine feste Verbindung mit einem aus Lodz stammenden Zahnarztehepaar eingegangen. Beide, Mann und Frau, behandelten unsere Mitglieder für eine Gebühr, die viel niedriger war als die der Gewerkschaftskrankenkasse. Wenn nötig, fuhren wir in die ärmliche Praxis in der nahegelegenen Stadt. Dr. Vogel und Dr. Vogel: Hebräisch haben sie nie richtig gelernt. Dann ist die Ärtzin bei irgendeinem Stromunfall umgekommen, und der Arzt hat sich eine tödliche Krankheit zugezogen. Daraufhin haben wir ihre einzige Tochter gegen Bezahlung als Auswärtige in unsere Kindergesellschaft aufgenommen: eine niedliche, ziemlich in sich gekehrte Kleine, äußerst sauber und ordentlich, aber langsam und in dauerndes Schweigen gehüllt. Als sie zum Militär einberufen werden sollte, hat Jonatan Lifschitz sie geheiratet. Sämtliche Staatsminister und Parteigrößen sowie zahlreiche Knessetabgeordnete waren bei dieser Hochzeit zugegen. Danach hat sie angefangen, in der Wäscherei zu arbeiten. Dann ist sie schwanger geworden. Es hat da, scheint mir, Schwierigkeiten gegeben. Hier und da wurde über sie gesprochen. Ich habe nicht hingehört: Was hab ich mit diesem Geklatsche zu tun. Oder mit hübschen Mädchen. Oder mit Seelenforschung.

»Rimona«, sagte ich, »noch eine Frage. Und diesmal bist du nicht verpflichtet, mir zu antworten, denn es geht um etwas Persönliches. Hat Joni gelitten, sich beschwert, ist er, wie man bei uns sagt, verletzt gewesen wegen der... wegen dieser Verbindung, die da zwischen dir und Asarja Gitlin entstanden ist? Du brauchst mir nicht unbedingt zu antworten.«

»Aber sie lieben doch.«

»Was?!«

»Das Leid.«

»Entschuldige, das hab ich nicht begriffen. Wer leidet gern?«

»Diese Menschen. Nicht alle. Aber es gibt solche. Wie Jäger, die einen Büffel mit dem Speer töten.«

»Ich versteh immer weniger. Wer sind die, die gern leiden?«

»Joni. Und Saro. Mein Vater war einer von denen. Oder Bach. Und auch Jolek – ein bißchen. Es gibt noch viele.« Nach einigem Nachdenken kam wieder ihr langsames, leises, seltsam unbewußtes Lächeln, und sie fügte hinzu: »Du nicht.«

»Fein. Lassen wir das. Nun wüßte ich gern, was wir jetzt deiner Meinung nach unternehmen sollen. Wo sollen wir anfangen zu suchen? Was sollen wir tun?«

»Alles Nötige.«

»Also was?«

Darauf hatte sie keine Antwort.
»Warten?«
»Warten.«
»Oder anfangen, ihn zu suchen?«
»Suchen. Weil Joni manchmal gern in Gefahr ist.«
»Rimona, ich brauche eine klare Antwort: Warten oder suchen?«
»Suchen und auch warten.«
»Na gut: Und wo gehst du jetzt hin?«
»Nachschauen, ob Saro schon gefrühstückt hat. Und darauf achten, daß er ißt. Weil er nämlich die ganze Zeit rumrennt und sucht, immerzu. Jetzt ist er gerade nach Scheich-Dahr gelaufen. Gleich kommt er zurück. Wohin ich dann gehe, weiß ich nicht. Vielleicht zur Wäscherei. Oder lieber nicht.«

Asarja fand ich schließlich nach vielem Rumfragen ganz alleine im Kulturraum. Er erschrak ein wenig vor mir: Man möge ihm verzeihen, aber er sei heute einfach nicht imstande, zur Arbeit in die Werkstatt zu gehen. Doch darauf gebe er sein Ehrenwort, daß er morgen und übermorgen Extrastunden einlegen und das Versäumte restlos nachholen werde. Inzwischen hatte er schon alle Ecken und Enden des Kibbuz abgesucht, war durch den Obstgarten bis zu den Trümmern von Scheich-Dahr gelaufen, ohne irgendwelche Spuren zu finden. Jetzt, so sagte er, wolle er sterben, weil er an allem schuld sei. Und dazu wußte er auch ein aus dem Russischen übersetztes Sprichwort. »Srulik, vielleicht holst du den kleinen Schimon her? Denn der ist hier doch für die Beseitigung räudiger Hunde verantwortlich, und das sollte man jetzt mit mir machen. Aber laßt mich ihn erst finden. Das kann nur ich und kein anderer. Und noch vieles andere zum Wohle der Gesellschaft. Wenn ihr mir nur, wie man sagt, eine zweite Chance gebt, werd ich hier noch viel Gutes leisten.«

Ein vom Schreck geweiteter Grünschimmer glühte in seinen Augen, die den meinen auswichen, und angsterfüllte, ruhelose Fältchen spielten um seine Mundwinkel: ein schmaler, nervöser Bursche, der sich bis an den Rand seiner Kräfte bemüht, Anklang und ein bißchen Gefallen zu finden. Joni würde noch heute abend zurückkehren. Spätestens morgen oder übermorgen oder bald danach. Das würde Asarja seine Intuition sagen, die ihn noch niemals enttäuscht hätte. Jonatan würden nämlich nur zwei Dinge fehlen. Erstens: Liebe. Zweitens: Irgendeine Idee. So ein jüdischer Funke,

Der perfekte Frieden

wenn man heute noch so reden dürfe. Etwas sei in seiner Seele erloschen, und deshalb sei es Jonatan nun kalt im Leben. Demgegenüber habe er, Asarja, beschlossen, sein Leben dem Kibbuz, der Bewegung und auch dem Staat ganz allgemein zu widmen.

»Asarja«, sagte ich, »hör mal zu. Wenn du wirklich ein bißchen helfen möchtest, habe ich eine Bitte an dich: Erstens, beruhige dich. Versuche, soweit wie möglich, derartige Reden zu vermeiden. Das führt jetzt zu nichts. Und zweitens möchte ich dich bitten, daß du so gut bist, ins Telefonzimmer zu gehen und dort den Morgen über sitzen zu bleiben. Deine Aufgabe besteht darin, jedem, der zum Telefonieren kommt oder einen Anruf erwartet, in meinem Namen auszurichten, daß er sich doch bitte kurz fassen oder – wenn möglich – ganz verzichten möchte. Damit die Leitung weitgehend frei bleibt: Vielleicht läuft eine Nachricht ein.«

»Srulik, verzeih, daß ich dir das sage. Vielleicht sollte ich dir lieber nicht verraten, daß ich ... dich sehr schätze. Nicht schätze. Schätzen ist ein lächerliches Wort. Im Gegenteil: Ich hab große Achtung vor dir und wünschte, ich wär wie du. Zurückhaltend und seelisch beherrscht. Obwohl ich nämlich seit jeher mit Spinoza fast in allem übereinstimme, ist es mir nie so richtig gelungen, seinen Anforderungen gerecht zu werden. Immer wieder ertappe ich mich bei einer häßlichen Lüge, nicht häßlich, vielmehr: überflüssig, und niedrig dazu, bei so einer Lüge, mit der ich auf alle einen guten Eindruck machen will. Und dabei kommt immer ein schlechter raus – kein schöner, wenn man so sagen kann, und schon gar kein israelischer. Aber du sollst wissen, daß ich an mir arbeite. Nach und nach ändere ich mich. Das wirst du noch sehen. Und wenn Joni zurückkommt ...«

»Asarja, bitte. Erlaub, daß wir darüber ein andermal sprechen. Ich muß mich jetzt beeilen.«

»Ja. Natürlich. Verzeihung. Du mußt wissen, daß ich, wie soll man sagen, völlig zu deiner Verfügung stehe. Und zu der des Kibbuz. Tag und Nacht. Nur ein Wort – und schon mach ich's. Alles. Sogar vom Dach runterspringen. Vielleicht bin ich eine Flasche. Ja, sicher bin ich das. Aber kein Parasit und kein Blutegel. Und ich werd sie heiraten.«

»Was?!«

»Denn das will Joni, glaub mir. Und wenn das auch Jolek guttut, der wie ein Vater zu mir ist, und Chawa und dir, und wenn es für den ganzen Kibbuz gut ist, vom gesellschaftlichen Standpunkt aus gesehen, dann heirate

ich sie. Und jetzt werd ich das Telefon hüten, wie du gesagt hast, damit die Leitung Tag und Nacht frei bleibt. Um jeden Preis sogar. Srulik?«
»Ja. Was nun noch?«
»Du bist ein wahrer Mensch. Wenn man so sagen darf.«
Dies sagte Asarja mit dem Rücken zu mir und rannte dann los.

Ich habe bereits über Joni, Udi, Etan und diese ganze Clique geschrieben, daß sie mir wie ein fremder, sonderbarer Stamm vorkommt. Diesem Burschen wird es nie gelingen, sich da völlig zu assimilieren. Und in meinen Augen wirkt er überhaupt nicht sonderbar, sondern vertraut, ja fast ein bißchen verwandt mit mir. Er hat gar keine Chance, sich zu assimilieren. Noch nie habe ich wirklich geglaubt, daß ein Jude sich restlos zu assimilieren vermag. Deswegen bin ich Zionist.

Danach kehrte ich ins Büro zurück, um (unter großen Schwierigkeiten) Jonatans Militäreinheit anzurufen: Nein, man habe ihn in dieser Nacht nicht abgeholt. Und es habe auch sonst keine Einberufungen gegeben. Was sei denn eigentlich los – seit wann würden solche Dinge am Telefon erörtert? Nur als besonderes Entgegenkommen und völlig außer der Reihe sei man bereit, mir zu versichern, daß Jonatan Lifschitz sich nicht im Stützpunkt aufhalte. Ja. Die junge Soldatin am anderen Ende der Leitung war »hundertzwanzigprozentig sicher«. Sie seien alle wie eine kleine Familie, in der man sehr wohl wisse, wer wann eintreffe. Ich dankte, ließ aber nicht ab: ob ich mit einem Soldaten beziehungsweise einem Offizier namens Tschupke sprechen könne? (Rimona erinnerte sich, daß dies der Name von Jonis Befehlshaber im Spähtrupp war.) Ich solle bitte einen Augenblick warten. Dann war die Leitung plötzlich unterbrochen. Beharrlich nahm ich erneut den Kampf mit der Wählscheibe auf, rang mit all den Teufelchen zwischen den verschiedenen Schaltstellen und kam schließlich wieder durch. Nun berichtete mir die Soldatin unwirsch, daß dieser Tschupke den Stützpunkt schon morgens verlassen habe. Wohin? Warten Sie einen Moment. Klick – Leitung weg. Ich stürzte mich ein drittes Mal ins Gefecht, mit der Geduld, die ich von klein auf beim Flötenspiel gelernt habe. Wieder kriegte ich dieselbe Dame dran, der die Sache nun langsam zu bunt oder verdächtig oder lästig wurde: »Wer sind Sie denn überhaupt, mein Herr? Mit welcher Befugnis stellen Sie solche Fragen?« Worauf ich ihr, ohne mit der Wimper zu zucken, drei Lügen auf einmal hinknallte: Daß ich Jonatans Vater sei. Daß mein Name Jisrael Lifschitz laute. Und daß Lifschitz immer noch Knessetmitglied sei. »Ja, junges Fräulein, hier spricht der Knessetabgeordnete J. Lifschitz. Würden Sie bitte so gut sein, mir zu verraten, wo besagter Tschupke hingefahren ist?« Aus Achtung für Joni oder die Würde des Parlaments willigte sie ein, mir nun auch dieses militärische Geheimnis anzuvertrauen: Er sei auf dem Weg nach Akko, in Akko, oder auf der Rückfahrt von Akko. Dort sei er nämlich hingefahren, um an der Beschneidungsfeier für den Sohn eines unserer Soldaten teilzunehmen.

Also setzte ich mich sofort mit Großmann in Akko in Verbindung (einem alten Freund noch aus der Leipziger Zeit, der bei der Elektrizitätsgesellschaft arbeitet). Auf meine Bitte hin teilte mir Großmann nach einstündigen Nachforschungen mit, daß besagter Tschupke »sich ein wenig aufs Ohr gelegt hätte, vermutlich im Haus seiner Schwester im Kibbuz En-Hamifraz«.

Inzwischen hatte ich mit diesen Telefonscharmützeln knapp zweieinhalb Stunden zugebracht und dabei auch das Mittagessen im Speisesaal verpaßt. Aber Stutschniks Frau Rachel muß mich in positiver Erinnerung gehabt haben, denn sie brachte mir aus eigenem Antrieb einen Teller mit Frikadellen, Zucchinis und Reis ins Büro.

Um Viertel vor zwei gelang es mir – nach langen Mühen –, das Sekretariat von En-Hamifraz an den Apparat zu bekommen. Jemand dort versprach mir, sein Bestes zu versuchen (auch diesmal stellte ich mich als Jolek vor, um meine Chancen zu steigern). Kurz vor vier Uhr hatte ich dann endlich Tschupke am Wickel, der mir auf meine Frage hin antwortete, er hätte keine Ahnung, wo unser Jonatan sei. Am besten, ich würde im Stützpunkt nachfragen. Und falls sich herausstellen sollte, »daß es da 'n echtes Problem mit Joni« gäbe, könnte ich mich darauf verlassen, daß er und die anderen Kumpels »die Sache voll in die Hand nehmen« würden. Der Spähtrupp fände mir den verlorenen Sohn am »Bab-Allah«. Mag sein, daß ich ihn zum Grinsen gebracht habe, als ich ihn fragte, wo dieser Ort liege. Außerdem wollte ich von ihm wissen, ob Jonatan seiner Meinung nach fähig wäre, irgendeine, wie soll man sagen, Dummheit zu begehen? »Muß mal das Gehirn einschalten«, erwiderte er mit heiserer, abgespannter Stimme, um dann festzustellen: »Wie soll ich das wissen? Jeder kann plötzlich was Dummes anstellen.« (Übrigens hat er damit meines Erachtens recht.) Wir einigten uns also, miteinander in Verbindung zu bleiben. Ich bat ihn, vorerst Diskretion zu wahren.

All diese Stunden über, die ich mit telefonischer Detektivarbeit zubrachte, durchkämmten Udi Schneor und Etan – auf meine Veranlassung hin – das umliegende Gelände, soweit der tiefe Morast ein Fortkommen mit dem Jeep erlaubte. Sie fanden keine Zeichen. Wiederum auf mein Anraten führte Etan R. die Schäferhündin Tia an der Leine durch die Gegend, um Spuren ihres Herrchens zu suchen.

Vergebens.

Ich konnte mich nicht entscheiden, die Polizei einzuschalten. Die Argumente dafür lagen klar auf der Hand. Das Gegenargument lautete folgendermaßen: Wenn der Junge heute nacht, morgen oder übermorgen wieder auftaucht und sich herausstellt, daß alles nur eine vorübergehende Laune war, wird er sicher gekränkt und ärgerlich über uns sein, die Polizei in die Sache reingezogen und alle Welt in Bewegung gesetzt zu haben.

Um siebzehn Uhr kam ich endlich zu der Überzeugung, daß mir kein Stein aus der Krone fallen würde, wenn ich mich mit Jolek selbst beriet. Aus irgendeinem Grund hatte ich den Besuch bei ihm von Stunde zu Stunde aufgeschoben. Vorher noch empfahl ich jedoch Chawa, alle Bekannten und Verwandten anzurufen, bei denen Jonatan vielleicht Unterschlupf gefunden haben könnte – auch die, bei denen sie das für unwahrscheinlich hielt. Ich verließ mich darauf, daß Chawa es schon verstehen würde, auf unverfängliche Weise und mit dem nötigen Takt zu handeln, um nirgends Verdacht oder Sorge zu wecken.

Chawa willigte ein, wobei ihre Miene allerdings unterdrückten Abscheu verriet (mir gegenüber? Oder wegen der Verwandten und Bekannten?). Ohne es ausdrücklich zu sagen, gab sie mir das Gefühl, daß das zwar alles törichte Schritte seien, wie man es schließlich von einem derart Unbedarften wie mir nicht anders erwarten könne, sie sich aber eben aufgrund ihrer strengen Grundsätze doch an die Anweisungen halten würde. Nur forderte sie mich nachdrücklich auf, noch heute ein Transatlantikgespräch mit Benja Trotzky in Miami anzumelden: Vielleicht wüßte der etwas. Obwohl ich keinerlei Sinn in ihrem Anliegen sah, beschloß ich, ihm auf der Stelle zu folgen, ohne sie meinen Vorbehalt heraushören zu lassen. Wenn sie wollte, daß ich anrief, würde ich eben anrufen. Mit Vergnügen. Keine Ursache.

Neununddreißig Jahre bereits sind seit dem Tag vergangen, an dem ich Jolek das erste Mal getroffen habe. Schon damals hatte er etwas an sich,

Der perfekte Frieden　　　　　　　　　　　　　　　　　　　　823

das mich unweigerlich niederschmetterte und mir ein Gefühl der Unterlegenheit einflößte. Er war ein untersetzter, vorsichtiger und scharfsinniger Mann ohne jede Jugendlichkeit, selbst damals in unseren jungen Jahren; als sei er schon fix und fertig erwachsen auf die Welt gekommen. Bis heute bin ich in seiner Gegenwart bedrückt und niedergeschlagen. Übrigens ist er derjenige, der mir mal beigebracht hat, wie man ein Pferd anschirrt.

Ich hatte eigentlich gedacht, daß Jolek mit seinem »mea culpa« anfangen würde, was so eine Art Dauerspruch bei ihm ist, aber diesmal verzichtete er darauf. Statt dessen dankte er mir für meine Bemühungen, während er aufrecht und bestimmt in dem großen Sessel saß, offenbar ganz aufs Rauchen konzentriert und den Blick auf einen Punkt hoch an der Wand gerichtet. Sein Gesichtsausdruck erinnerte mich lebhaft an die Zeit wichtiger staatspolitischer Entscheidungen: Wie schon damals signalisierte seine mächtig vorspringende Nase mit den leicht bebenden Flügeln abgrundtiefe Verachtung und Ironie. Er sprach nur wenig, und das höchst trocken. Als habe er bereits einen kühnen, unumstößlichen Schritt beschlossen, nur aber sei die Zeit noch nicht reif, ihn seiner nächsten Umgebung mitzuteilen. Hochmütige Einsamkeit, die ihn gewissermaßen über das einfache Volk zu heben schien, trennte ihn momentan von den übrigen Sterblichen, die vorerst noch in falschen Illusionen befangen waren, ja nicht die geringste Ahnung von den enormen Veränderungen besaßen, die ausbrechen würden, sobald nur er, Jolek, den Augenblick für gekommen hielt, das bisher noch tief in seinem Herzen Verborgene in die Tat umzusetzen. Und dieses verborgene Wissen nun überströmte seine Züge mit der Trauer des bereits verrauchten Zorns – er glich einem Feldherrn oder Staatschef, der eben den letzten Geheimbefehl gegeben und damit eine schicksalsschwere Linie überschritten hat. Noch darf niemand in seiner Umgebung ein Sterbenswörtchen davon wissen. Noch dreht sich kein Rad, fällt kein Schuß, heult keine Sirene auf, aber das Kommando ist bereits unwiderruflich von ihm ausgegangen. Und nun sitzt er da und wartet, strahlt fast so etwas wie Gelassenheit aus, wenn er nur nicht ununterbrochen qualmen und dabei mit seinen kleinen, harten Augen die Rauchkringel in der Luft aufspießen würde, als wolle er irgendeine innere Ordnung oder Richtung entdecken.

»Jolek«, sagte ich, »du sollst wissen, daß wir mit euch sind. Der ganze Kibbuz.«

»Das ist gut«, erwiderte Jolek, »danke. Ich spüre das sehr wohl.«

»Und daß wir tun, was wir können.«
»Natürlich. Daran habe ich nie gezweifelt.«
»Wir haben die gesamte nähere Umgebung durchgekämmt. Haben auch beim Militär nachgeforscht. Und jetzt prüfen wir auf diskrete Weise bei den Verwandten und Bekannten. Bisher alles ohne Ergebnisse.«
»Du machst das völlig richtig. Und gut, daß du vorläufig noch mit der Polizei wartest. Srulik?«
»Ja.«
»Ein Glas Tee? Oder ein Gläschen was Scharfes?«
»Danke, nein.«
»Hör mal. Man muß sich um ihn kümmern, damit er keine Dummheit begeht. Seine Lage ist nicht so gut.«
»Wer?«
»Asarja. Mit Luchsaugen müssen wir hinter ihm her sein. Das ist ein wertvoller Jüngling, der vielleicht noch zu Großem bestimmt ist. Auch nachts muß man auf ihn aufpassen. Weil er sich selber beschuldigt und die Gefahr besteht, daß er sich etwas antut. Was Chawa betrifft, kannst du nach deinem Gutdünken handeln. Dazu werde ich keine Meinung äußern.«
»Und das heißt?«
»Sie wird dir einen Skandal machen, wird dich auffordern, Asarja mindestens wieder in seine Baracke zu verbannen. Vermutlich wird sie ihn überhaupt aus dem Kibbuz rauswerfen wollen.«
»Und was soll ich ihr darauf antworten? Was meinst denn du?«
»Daß du ein ausgezeichneter Bursche bist, Srulik, und dazu ein begnadeter Buchhalter. Ein Weiser würde nicht fragen. Du solltest lieber mal ein bißchen nachdenken. Übrigens, Joni ist ein Dussel, so leid es mir tut, aber kein Schuft. Nicht irgend so ein hergelaufener Grobian.«

Ich bat sofort um Verzeihung. Jolek winkte müde ab und versicherte, daß er nichts gegen mich hätte: Ich machte sicher, was ich könnte. Wie alle. Nebenbei, auch er war der Ansicht, daß man sich mit Trotzky in Verbindung setzen und einmal nachprüfen sollte, welche Rolle er bei dieser Sache spielte und was er eigentlich wollte. Dies, so meinte Jolek, müßte vorsichtig und möglichst auf indirektem Wege geschehen: Schließlich habe man es ja mit einem ausgesprochenen Lügenbold, weltbekanntem Gauner und skrupellosen Betrüger zu tun. Vielleicht wäre es möglich, einen unserer eigenen Dunkelmänner einzuschalten, um zu klären, inwieweit Trotzky wirklich seine Pfoten im Spiel hätte. Andererseits hätte auch eine direkte, offene Anfrage ihre Vorteile.

Ich mußte gestehen: »Das begreif ich nicht.«

Doch Jolek verzog nur das Gesicht, als sei meine Begriffsstutzigkeit eine schwere Qual für ihn. Dann fügte er eine sonderbare Betrachtung über die Bibel an und zitierte einen Ausspruch unserer Weisen bezüglich des Fluches, der über allen künftigen Erbauern Jerichos laste – siehe Josua und so weiter.

Ich schwieg. Schließlich stand ich auf, um zu gehen. Es ist nicht leicht für mich mit diesem Mann.

Als ich Jolek bereits den Rücken gekehrt und die Hand auf der Türklinke hatte, holte mich erneut seine gebrochene, gebieterische Stimme ein, die einen förmlich zum Gehorsam zwingt. Er sei eher froh, daß heute ein klarer Tag sei. Es wäre doch schrecklich, sich ausmalen zu müssen, wie Joni in menschenleerem Gelände herumirrte, womöglich an der Grenze, und das mitten in Gewitterstürmen, Regengüssen und Hagelschlag. »So ein Dussel. Vermutlich hockt er in diesem Augenblick an irgendeinem verwahrlosten Ort rum, in einer Ruine oder einer kleinen Tankstelle; wie damals, als er noch ein kleiner Junge war: wälzt sicher wirre Gedanken, ist böse auf die ganze Welt, der Teufel weiß was, und bemitleidet sich aus tiefstem Herzen. Vorausgesetzt, er sitzt nicht im Flugzeug nach Amerika. Wenn er plötzlich zurückkommen sollte, müssen wir die Sache wieder stillschweigend übergehen, viel Takt beweisen und so, um ja nicht die zarte Seele zu verletzen. Eine böse Angelegenheit. Wie dem auch sei, Tankstelle oder Amerika, der Junge wird zurückkommen, und das vielleicht schon morgen oder übermorgen. Danach werden wir ihn jedenfalls ein wenig aus dem Haus rausholen müssen. Für ein, zwei Jahre etwa. Man könnte ihn im Außendienst der Bewegung einsetzen, zur Fortbildung schicken oder ihm einen kleinen Job zum Zwecke der glorreichen Selbstverwirklichung verschaffen. Wenn es ausgerechnet in Übersee sein muß, organisieren wir ihm auch was in Übersee. Man kann bloß hoffen, daß der Zug noch nicht abgefahren ist. Ein verwöhnter Dummkopf ist das, der nichts als Flausen im Kopf hat. Diese lahmen Seelen. Alles Künstler gewissermaßen, mit dem Kopf hoch in den Wolken. Es muß irgendeine genetische Degeneration bei ihnen eingetreten sein. Dabei habe ich – wenn du mir versprichst, das für dich zu behalten – bereits vorgehabt, ihm ein bißchen entgegenzukommen, etwas für ihn zu unternehmen, denn ich hab ja gesehen, wie miserabel es ihm ging. Sogar an Eschkol hab ich geschrieben. Das muß bitte unter uns bleiben. Was die für Kinkerlitzchen im Kopf haben: Sport, ferne Länder, primitive Sexmusik. Was haben wir bloß falsch gemacht, Srulik? Warum ist so ein armseliger Haufen bei uns herangewachsen?«

Innerlich ergänzte ich Joleks Worte um den bekannten Kehrreim: Skythen, Tataren und so weiter. Dann verabschiedete ich mich mit dem Versprechen, ihn baldmöglichst wieder zu besuchen.

Liebt er seinen Sohn? Verabscheut er ihn? Oder beides? Betrachtet er ihn als Lehm in der Hand des Töpfers? Versteht Jolek sich als König mit mißratenem Thronfolger? Als Rabbi, der von einer Dynastie träumt? Als Despoten, der jede Rebellion von vornherein verhindert?

Nichts begreife ich davon. Wie ich schon schrieb: absolut nichts.

Bialik fragt in einem seiner Gedichte, was Liebe ist. Wenn er's nicht weiß – wie soll ich's dann wissen?

Wieder will ich hier eine mehr oder weniger religiös gefärbte Anmerkung notieren: über Vater und Sohn, jeden Vater und jeden Sohn. König David mit Absalom. Abraham und Isaak. Jakob mit Josef und seinen Brüdern. Jeder von ihnen versucht, so etwas wie ein furchtbar wütender biblischer Zornesgott zu sein. Da grollen die Donner und zucken die Blitze. Rache und Vergeltung, Feuer und Schwefel entladen sich, und die Steine hageln nur so von den Höhen herunter. Zudem habe ich auch keine Ahnung, wer dieser Jonatan ist. Aber jetzt, wo ich dies schreibe, habe ich plötzlich Angst um ihn. Daß er völlig am Ende seiner Kräfte sein könnte. Daß er jetzt mutterseelenallein irgendwo umherirrt und es ihm denkbar schlecht geht.

Vielleicht ist es ihm sehr ernst mit allem. Gott behüte. Vielleicht ist es ein Wahnsinn von mir, daß ich nicht sofort, noch um neun Uhr morgens, die Polizei hinzugezogen habe. Vielleicht geht es ja um Leben und Tod.

Umgekehrt: Man muß schweigend abwarten. Der junge Mann wünscht sich eine Bedenkpause in der Einsamkeit. Es ist sein gutes Recht, für einige Zeit allein zu sein, ohne daß wir uns gleich beeilen, unseren langen, harten Arm nach ihm auszustrecken. Vielleicht muß man ihn in Ruhe lassen. Schließlich ist er kein kleines Kind mehr. Oder doch? Womöglich macht er sich einen Spaß auf unser aller Kosten.

Ich weiß es nicht.

Ganz ehrlich möchte ich hier eines festhalten: Oft in meinem Leben,

Der perfekte Frieden

in einsamen Stunden, wenn ich Eier im Hühnerstall einsammelte und sie dann stundenlang in Eierhürden sortierte oder wenn ich an Sommerabenden allein auf meiner kleinen Veranda saß (und die fröhlichen Familien da draußen auf dem Rasen schwatzen hörte) oder bis morgens wach in meinem einsamen, knarrenden Bett lag (und die Schakale in Scheich-Dahr heulten), während der Mond plötzlich wie ein pausbäckiger, besoffener Nazi in mein Fenster glotzte oder draußen der Regen niederpeitschte, da habe auch ich mir mehr als einmal so eine Utopie ausgemalt, ganz schnell aufzustehen und meiner Wege zu gehen. Schlicht und einfach, ohne Erklärungen oder Rechtfertigungen. Auf und weg, an irgendeinen anderen Ort. Ein ganz neues Leben anzufangen, allein oder mit P., die ich vor fünfundzwanzig Jahren geliebt habe und eigentlich immer noch liebe. Alles hinter sich zurückzulassen. Auf Nimmerwiedersehen.

Warum machen mir jetzt Gewissensbisse zu schaffen? Warum ist das Herz so schwer? Aus welchem moralischen Grund obliegt es mir jetzt, Jonatan Lifschitz die Polizei und seine Spähtruppkameraden auf den Hals zu hetzen? Gerade umgekehrt: Wenn er unbedingt gehen mußte, soll er doch in Frieden seiner Wege gehen. Schließlich ist er sein eigener Herr. Hoffen wir, daß morgen oder übermorgen ein Brief, eine Karte oder ein Anruf von ihm kommt, und danach muß – zumindest von meiner Seite aus – die Angelegenheit beendet sein. Übrigens finde ich die Idee gar nicht so schlecht, daß Asarja sie heiratet. Warum eigentlich nicht? Nur wegen der tödlichen Wut einer bösen, harten Frau? Oder wegen des öffentlichen Ansehens eines greisen Tyrannen? Soll ich wegen dieser beiden eine Menschenjagd inszenieren? Um gewissermaßen den entflogenen Vogel zurück in seinen Leidenskäfig zu holen?

Ich weiß absolut nichts. Nichts und wieder nichts weiß ich. Keine Ahnung. Ich schrieb es bereits.

Übrigens ist es nicht an mir, hier als Kibbuzsekretär zu wirken: Ich bin einfach nicht aus dem richtigen Holz geschnitzt. Sollen sie sich doch gefälligst an den guten Stutschnik wenden. Oder an Jaschek. Oder ihren Einfluß auf Jolek geltend machen und ihn einfach verpflichten, das Joch der Verantwortung weiterhin auf sich zu nehmen und hier stolz zu gebieten. Ich bin nicht der passende Typ. Da liegt zweifellos ein Irrtum vor.

Um sieben Uhr abends richtete ich einen Nachtdienst am Telefon ein – falls eine Nachricht einlaufen sollte. Etan, Asarja, Jaschek und Udi werden je drei Stunden lang am Apparat sitzen bis morgen früh um sieben, wenn ich selbst wieder ins Büro komme, um zu sehen, was es Neues gibt und was sich noch unternehmen läßt.

Vielleicht kommt er ja noch heute nacht zurück.

Im Speisesaal hängte ich einen Zettel auf, mit dem ich lakonisch und ohne weitere Erklärung die Musikprobe absagte. Um 20.30 Uhr kehrte ich in mein Zimmer zurück, duschte und nahm ein Medikament ein. Um 21.15 Uhr wurde ich dringend ins Büro gerufen: Miami war endlich am Apparat.

»Yes. His personal assistant is speaking.« Mister Trotzky sei auf Reisen und leider derzeit unerreichbar. Aber man könnte ihm eine Nachricht hinterlassen.

Ich formulierte also sehr sorgfältig: Dies ist ein Anruf aus Israel. Von dem amtierenden Sekretär des Kibbuz Granot. Ein junger Mann namens Jonatan Lifschitz (»bitte buchstabieren« – »gern«) hat sich möglicherweise mit Herrn Trotzky in Verbindung gesetzt oder wird dies noch tun. Er ist der Sohn alter Freunde. Befindet sich auf Reisen. Falls er sich meldet, kann Herr Trotzky vielleicht so freundlich sein, uns das so bald wie möglich mitzuteilen? Danke. Wir sind sehr verbunden.

Noch später, in meinem Zimmer, erwartete mich wie eine treue Freundin die altbekannte Einsamkeit: Setz dich ein bißchen, Srulik. Du hast keinen leichten Tag hinter dir. Laß uns mal den Elektroofen anschalten, Wasser heiß machen, Tee trinken. Jetzt werden wir den guten alten Pullover über die Pyjamajacke ziehen. Und Brahms wird uns was vorspielen. Dann knipsen wir die Schreibtischlampe an. Das Zimmer ist fest verschlossen, und doch dringt Geruch von draußen rein: nasses Laub, Wintererde, Moder. Kindheitserinnerungen. Reste eines dumpfen Schmerzes: mein Verzicht auf P., andere Verzichte. Hunde bellen in der Ferne. Ein Vogel der Dunkelheit flößt uns Angst ein. Statt uns selbst zu bemitleiden, haben wir hier einen Rechenschaftsbericht erstellt. Und da ist es schon nach Mitternacht. Was ist mit dir passiert, Joni? Wo wirst du heute nacht schlafen? Bitte, gib uns ein Zeichen. Wir werden nicht hinter dir herjagen.

Diese Eintragung hat sich lange hingezogen. Es ist schon sehr spät, und morgen wird auch kein leichter Tag sein. Ich werd die Nachttischlampe anschalten und die auf dem Schreibtisch ausmachen. Dann geh ich mich waschen und leg mich ins Bett und lese, bis der Schlaf kommt. Seit Monaten studiere ich ornithologische Bücher: Auf deutsch, englisch und hebräisch lerne ich, was die Vögel tun, und warum. Gute Nacht. Übrigens verstehe ich auch von diesem Gebiet nichts. Mal sehen, was morgen wird.

Donnerstag, 3. März 1966, 16 Uhr
Nichts Neues. Das Kind ist nicht da.
Die Nacht über haben die Jungs einen Telefondienst aufrechterhalten. Vom Militär hat der Offizier namens Tschupke angerufen, um nach Neuigkeiten zu fragen. Er würde sich bemühen, noch im Laufe des Tages bei uns vorbeizuschauen, meinte er.
Heute morgen ging es Jolek schlechter. Der Arzt eilte zu ihm ins Zimmer, gab ihm eine Spritze und empfahl, Jolek sollte ins Krankenhaus kommen. Wenigstens für einige Stunden, für eine gründliche Untersuchung. Aber Jolek donnerte los, schlug mit der Faust auf den Tisch und jagte alle aus dem Zimmer.
Mein Amt hat mich mutig gemacht, und so ging ich wieder zu Jolek hinein, nachdem alle geflohen waren. Er lag nicht im Bett, sondern saß – haargenau wie gestern – majestätisch auf seinem Sessel. Zwischen den Fingern hielt er eine kalte Zigarette, die er mißtrauisch betrachtete, während er ihre Enden befühlte, als würde er sie genau prüfen.
»Srulik«, sagte er, »das ist nicht gut.«
»Rauch nicht«, sagte ich. »Und meines Erachtens solltest du besser tun, was dir der Arzt rät.«
»Das kommt überhaupt nicht in Frage«, sagte Jolek ruhig, »ich rühr mich nicht von hier weg, ehe eine Nachricht eintrifft.«
»Vielleicht irren wir uns ein bißchen?« fragte ich zögernd. »Vielleicht sollten wir uns doch lieber an die Polizei wenden?«
Jolek beeilte sich nicht zu antworten. Für den Bruchteil einer Sekunde huschte wieder sein hintergründiges Lächeln übers Gesicht.
»Polizei«, sagte er schließlich, indem er die linke Augenbraue hochzog, »Polizei bedeutet auch Presse, und da haben wir schon eine Sensation. Und der Junge hat seinen Stolz. Wenn wir den verletzen, schneiden wir ihm doch quasi eigenhändig den Rückzug ab. Dann flieht er noch weiter weg oder taucht noch tiefer unter. Oder schlimmstenfalls kommt er hier im Unfallwagen an. Nein. Das ist nicht gut. Wir warten. Srulik?«
»Ja.«
»Was meinst du?«
»Sie einbeziehen. Und zwar sofort.«

»Eh?«

»Ich habe gesagt, wir sollten die Polizei einbeziehen und nicht mehr länger warten.«

»Das heißt, deiner Meinung nach stellt er schon was an?«

»Das hab ich nicht gesagt, Jolek. Gott bewahre. Nachdem du mich nach meiner Meinung gefragt hast, hab ich gesagt, daß wir's melden sollten. Heute noch.«

»Bitte schön«, sagte Jolek, worauf er lange an seiner kalten Zigarette zog, »bitte schön. Du bist der Sekretär. Tu, was du für richtig hältst. Du hast ein Recht, auch Fehler zu machen. Was hast du Chawa geantwortet?«

»In welcher Angelegenheit?«

»Asarja. Übrigens, wie geht's ihm? Warum kommt er mich nicht besuchen?«

»Soviel ich weiß, ist er die ganze Nacht wach gewesen, und jetzt haben sie ihn schlafen gelegt. Chawa hat mich überhaupt nicht auf Asarja angesprochen. Und Rimona auch nicht. Soweit ich informiert bin, ist Rimona heute wie üblich zur Arbeit in die Wäscherei gegangen.«

»Srulik, hör mal.«

»Ja.«

»Morgen ist Freitag, nicht?«

»Morgen ist Freitag.«

»Du solltest dich doch an die Polizei wenden. Aber nicht heute. Morgen. Nach Ablauf von achtundvierzig Stunden. Ich meine, es gibt da sogar eine feststehende Prozedur für Vermißtmeldungen: Üblicherweise wartet man etwa achtundvierzig Stunden lang. Von Trotzky nichts?«

»Bisher nicht, soviel ich weiß.«

»Natürlich. Ich hab's auch gar nicht anders vermutet. Hör zu, Srulik, ganz unter uns: Ich hab da einen Verdacht, ja mehr noch – fast völlige Gewißheit. Unter der Bedingung, daß du wie ein Grab zu schweigen versprichst. Einverstanden?«

Ich schweig.

»Chawa.«

Ich schweig weiter.

»Sie hat das ausgeheckt. Im Verein mit ihrem Trotzky. Ich will nicht in Einzelheiten gehen. Auf diese Weise rächt sie sich an mir.«

»Jolek«, sagte ich, »glaub mir: Von Herzensdingen verstehe ich absolut gar nichts und tue auch nicht so, als ob. Aber diese Annahme scheint mir doch unmöglich zu sein.«

»Naja, Srulik. Ein geistiges Genie bist du nie gewesen, aber einen aufrichtigeren Menschen als dich kann man sich kaum vorstellen. Vergiß also einfach alles, was ich gesagt habe. Vergiß es, fertig. Ein Glas Tee? Oder ein Gläschen Kognak? Nein?«

Ich lehnte dankend ab und drängte Jolek aufs neue, den Anweisungen des Arztes zu folgen und ins Krankenhaus zu gehen, wenigstens für ein paar Stunden.

Schlau und boshaft wie ein ältlicher, grundverdorbener Lebemann zwinkerte mir Jolek plötzlich, sündhaft lächelnd, zu: »Am Sonntag«, sagte er, »wenn Joni bis dahin nicht wieder aufgetaucht ist. Am Sonntag fahre ich.«

»Aber der Doktor...«

»Zum Teufel mit dem Doktor. Srulik, hör mal her. Unter dem Siegel absoluter Verschwiegenheit. In Gottes Namen. Zwischen dir und mir und diesen vier Wänden hier gesagt: Am Sonntag geht's los. Ich hab schon provisorisch die Karte gebucht. Ich werd hinfliegen und ihn zurückholen. Der Anarchie muß Einhalt geboten werden. Übrigens habe ich im Laufe meines langen Lebens auch schon den einen oder anderen Kniff mitgekriegt. Ich weigere mich ganz einfach, auf den Jungen zu verzichten. Schluß, aus. Du brauchst gar nicht erst mit mir zu diskutieren.«

»Ich versteh nicht«, sagte ich. »Wohin willst du am Sonntag fliegen?«

»Du bist ein Schlaumeier! Hör gut zu und red mit keinem Menschen darüber. Allein und ohne ihr Wissen. Nach dort, nach Amerika. Um das Kind nach Hause zurückzuholen.«

»Aber Jolek, du...«

»Eh?«

»Hast du im Ernst vor...«

»Ja. Ich mein es immer ernst. Ich wäge lange ab, bevor ich wichtige Entscheidungen treffe, aber wenn ich erst mal zu einem Entschluß gekommen bin, ist er fest und unverrückbar. Mein Gesundheitszustand, Srulik, ist kein angenehmes Gesprächsthema. Also debattier nicht mit mir. Es hat auch keinen Sinn. Geh jetzt bitte in Frieden, Srulik. Und denk daran, daß du mir Stillschweigen geschworen hast.«

Ich entschuldigte mich also und ging.

Nach dem Mittagessen ging ich in mein Zimmer zurück. Zu all dem Kummer scheint bei mir auch eine Grippe im Anzug zu sein: Ich spüre so eine

Müdigkeit in den Knien, ein Kratzen im Hals, und die Augen tränen ein bißchen. Übrigens ist mir aufgefallen, daß Jolek und Joni beide gelegentlich unter Allergie leiden.

Ich legte mich also in meiner Winterunterwäsche aufs Bett und lauschte einer Bachfuge. Schrieb einige Zeilen in dieses Tagebuch. Samstagabend wird mich die Kibbuzversammlung zum Sekretär wählen, es sei denn, mir käme bis dahin der Mut zu verkünden, ich hätte mir die Sache anders überlegt. Worauf ich dann mit Nachdruck bestehen müßte. Aber Hartnäckigkeit liegt mir fern. Die Leute würden schlecht über mich reden. Wir werden's abwarten. Jetzt bin ich ganz erschrocken wegen des häßlichen, arroganten Gedankens, daß niemand außer mir hier richtig bei Sinnen ist. Kein einziger. Der Vater und der Sohn, die Mutter und meine liebe Rimona und Asarja, von Stutschnik gar nicht erst zu reden – sie alle sind eigenartige Menschen. Allerdings bin ich, wie sie sagen, noch nie ein großes Licht gewesen. Das stimmt tatsächlich: Zweimal habe ich heute morgen im Büro den Hörer abgehoben, und einmal habe ich sogar die Nummer der Polizeistation gewählt, aber jedesmal gleich wieder aufgelegt. Ich werde doch bis morgen warten.

Inzwischen habe ich etwas Aufschlußreiches in Donald Griffins Buch über den Vogelzug gelesen: ich werde hier einige Zeilen daraus abschreiben: »Viele Vogelarten beginnen ihren Frühlingsflug, wenn das Klima völlig anders ist als jenes, das in ihrem Nistbereich herrscht. Arten, die beispielsweise auf tropischen Inseln zu überwintern pflegen, auf denen die klimatischen Bedingungen äußerst stabil sind, müssen diese Landstriche zu einem bestimmten Datum verlassen, wenn sie noch rechtzeitig zu Beginn des kurzen Sommers in den fernen Norden gelangen wollen.«

Und an anderer Stelle:

»Was zeigt dem Vogel im tropischen Regenwald Südamerikas an, daß es Zeit ist, gen Norden zu fliegen, um genau zur Schneeschmelze in der kanadischen Tundra anzukommen?«

Ich habe dies mit innerem Grinsen in mein Tagebuch übertragen: Wenn ein großer Mann wie Jolek sich in phantastische Hypothesen versteigen darf, warum kann dann nicht auch ich einmal meine bescheidenen Fähigkeiten im Zukunftraten erproben, und sei das Ergebnis noch so weit hergeholt?

Der perfekte Frieden

Vor etwa eineinhalb Stunden, gegen 14.30 Uhr etwa, als ich gerade im Bett lag und Griffin las, klopfte es plötzlich. Noch ehe ich antworten konnte, flog die Tür auf: Chawa. Energisch, verbittert und kühl.

Sie muß ernsthaft mit mir reden. Auf der Stelle. Ohne Aufschub.

Als sie hereinkam, fand sie mich wie ein böses Gespenst verkleidet vor: lange weiße Unterhosen, langärmliges Unterhemd, einen ausgeblichenen Schal um den Hals gewickelt. Doch zeigte sie weder die geringste Verlegenheit, noch bat sie mich um Verzeihung, sondern durchquerte einfach voller Zorn das Zimmer, um sich dann auf mein zerwühltes Bett zu setzen.

Ich flüchtete also in die Dusche und schloß sogar die Tür hinter mir ab. Eilig angezogen kehrte ich zurück.

Sie muß mit mir sprechen. Jetzt. Ohne Aufschub.

Eine alternde, dürre Frau, die Haare in einem Kranz um den Kopf gewunden, von polnischer Strenge eingehüllt, mit einem dünnen Schnurrbärtchen über den ständig verkniffenen Lippen, rechtschaffen bis in die Fingerspitzen, aber aus Prinzip nachsichtig, zumal sie weiß, daß sie die häßlichen Schwächen ihrer Mitmenschen notgedrungen ertragen muß.

Und womit kann ich ihr behilflich sein?

Ja, also auch diesmal wolle sie versuchen, die Form zu wahren. Nicht einen Bruchteil dessen, was sie auf dem Herzen habe, werde sie mir heute sagen. Wenn alles vorüber sei, würden wir zwei beiden vielleicht einmal richtig abrechnen. Aber nicht jetzt. Jetzt fordere sie von mir, »zu handeln – und zwar sofort«. Wenn ich nicht bis ans Ende meiner Tage von der Schuld an dem verfolgt sein wollte, was Jolek zustoßen würde, dessen Zustand äußerst schlecht sei, dann müßte ich unbedingt noch heute diesen Urheber das ganzen Unglücks, diesen Mistkäfer da aus dem Kibbuz entfernen. Jede Stunde, die er noch hier lebe, sei ein Messerstich in ihren Rücken und in Joleks krankes Herz. Und nicht nur wegen der Öffentlichkeit – schon morgen könnten sie über uns herfallen, diese Aasgeier von der Presse, die wohl ein feines Süppchen aus der ganzen Affäre zusammenbrauen würden –, sondern auch und vor allem Jonis wegen, der bei seiner Rückkehr auf keinen Fall dieses armselige Geschöpf hier vorfinden dürfe. Ob ich denn überhaupt alle Vorgänge hier begreifen würde? Sei ich ein Schuft oder nur ein Dummkopf wie all die anderen? »Dieser Drecksskerl, entschuldige mal, lebt hier immer noch fröhlich in Jonis Zimmer – genau dort! – und schläft in seinem Bett. Wo gibt es denn das auf der Welt, daß die Gesellschaft so einen krankhaften Zustand schweigend hinnimmt? Das gibt's doch noch nicht mal bei den Kannibalen im Urwald.« Und ich sei doch nun angeblich der Sekretär. Nicht mehr und nicht weniger. Dazu würde man auf gut hebräisch sagen: Der Sklave schwingt sich zum König auf. Aber das mache auch nichts. Alles würde in Ordnung kommen, und ich würde schon noch bezahlen dafür. Mit Zins und Zinseszins. Für das Leid, das ich Joni verursacht hätte, und für das, was Jolek zustoßen würde. Dieser Mord würde mich noch bis an mein Lebensende verfolgen. Sie warne mich: Sie überginge das nicht mit Schweigen. Es sei denn, ich machte wenigstens einen kleinen Teil von dem wieder gut, was ich bereits verbrochen hätte, und jagte den Kerl wie einen Hund raus auf die Straße. Heute noch. Übrigens fürchte der Arzt ernstlich, daß es bei Jolek diesmal das Herz sei. Aber einem finsteren Typen wie mir sei ja sowieso alles gleichgültig, ich würde mir im Gegenteil sicher noch insgeheim ins Fäustchen lachen. Aber ich solle wenigstens wissen, daß sie mich völlig durchschaue und ganz klar all meine bösen Ränke erkennen könne. Deshalb sollte ich nun wenigstens endlich aufhören, mich zu verstellen und hier den Dorfheiligen zu spielen. Denn sie, Chawa, irre sich bei Menschen nie und wisse stets haargenau, mit wem sie es zu tun habe. Nebenbei gesagt, glaube sie mir auch nicht, wirklich alles getan zu haben, um Verbindung mit Amerika zu bekommen. Schließlich kenne sie mich ja nun in- und auswendig und wisse, daß mich absolut nichts kratzen könne: wie ein Unmensch, wie ein reicher Gutsbesitzer auf dem Bett sich zu räkeln und selige Mittagsruhe zu halten. Das sei ja wieder äußerst typisch.

Mit diesen Worten stand sie auf und blieb vor mir stehen – nervös und außer Atem, eine energische kleine Frau, die in ihrem Innern alte, lange zurückliegende Demütigungen erstickt, von denen ich keine Ahnung habe, und gewissermaßen zähneknirschend auf ihr Recht verzichtet, den Feind zu schlagen, weil der Feind wie auch das Schlagen weit unter ihrer Würde sind.

»Chawa«, sagte ich, »du tust mir unrecht.«

»Schmeiß ihn raus«, zischte sie mit funkelnden Augen, »geh jetzt, in diesem Moment.«

Sagt's und wendet sich mit einer hochmütig-beleidigten Geste der Tür zu, wie eine vornehme Dame, die irrtümlich an einen unpassenden Ort geraten ist.

»Es tut mir leid«, sagte ich, »aber du mußt mir Zeit lassen, über die Sache nachzudenken. Mindestens einen oder zwei Tage. Ich muß mich auch mit anderen beraten. Andererseits nehme ich es auf mich, mit Rimona und dem jungen Mann zu sprechen. Ich glaube, ich werde ihn ohne Schwierigkeiten dazu überreden können, wieder in seine Baracke zu ziehen, wenigstens für einige Zeit. Aber vorrangig müssen wir uns auf Joni konzentrieren. Hoffen wir, daß er bald zurückkehrt. Und ich sehe durchaus Grund zur Hoffnung. Ich gebe dir mein Ehrenwort, daß ich, sobald er heil zurück ist, den Familienausschuß einberufen werde, und wenn sich dann herausstellt, daß etwas unternommen werden muß, werden wir nicht zögern. Chawa, bitte.«

»Ich möchte steeerbeeen«, heulte sie plötzlich mit häßlicher, durchdringender Stimme, wie ein verzogenes Kind, das man tief gedemütigt hat, »Srulik, ich will sterben.«

»Chawa«, sagte ich, »versuch doch bitte, dich zu beruhigen. Du weißt, daß wir alle euch zur Seite stehen. Der ganze Kibbuz. Auch ich. Obwohl ich tatsächlich kein großes Licht bin. Aber glaub mir, daß ich getan habe und weiterhin tue, was in meinen Kräften steht.«

»Ich weiß«, schluchzte sie, das Gesicht hinter einem weißen Taschentuch verborgen, »ich weiß, daß du ein wertvoller Mensch bist. Dabei bin ich nichts weiter als eine alte Schauerhexe, die jetzt völlig den Verstand verliert. Du mußt mir nicht verzeihen, Srulik, denn ich hab gar kein Recht, um Vergebung zu bitten, nachdem ich dich ohne jede Berechtigung beleidigt habe. Du sollst wissen, daß ich mich schäme und sterben möchte. Gib mir bitte ein Glas Wasser.«

Und etwas später: »Srulik, sag mir die volle Wahrheit. Ich bin stark wie ein Felsen und kann alles hören, ohne zusammenzuklappen. Sag mir, was du weißt und was du denkst: Lebt Jonatan? Ja oder nein?«

»Ja«, sagte ich ruhig, mit einer mir sonst nicht eigenen Bestimmtheit, als spräche ein fremder, starker Mann plötzlich mit meiner Zunge, »er ist heil und gesund. Er war unglücklich zuletzt und hat sich einfach aufgemacht, um einige Zeit mit sich alleine zu sein. Im Geist habe auch ich des öfteren einen ähnlichen Schritt unternommen. Und du auch. Jeder von uns.«

»In dieser ganzen Irrenanstalt hier«, begann sie, indem sie mir ihr tränenüberströmtes Gesicht zuwandte, »bist du der einzige, der sich sein Menschenantlitz bewahrt hat. Du sollst wissen, daß ich das nie vergessen werde. Daß unter all diesen Mördern eine wahre Menschenseele gewesen ist und ich wie ein böses Tier mit Schimpfworten über sie hergefallen bin.«

»Chawa«, sagte ich, »wenn du nicht böse mit mir wirst, möchte ich dir bitte vorschlagen, dich möglichst etwas auszuruhen. Du hast dich aufgeregt. Übrigens habe auch ich versucht, etwas zu ruhen. Es hat keinen Sinn, sich noch mehr Schmerzen zu bereiten. Auch ohne uns gibt es schon Schmerzen genug auf der Welt. Bemühen wir uns also, soweit wie möglich die Ruhe zu bewahren.«

»Von jetzt an«, erwiderte sie wie ein versöhntes altes Baby, »von jetzt an schwöre ich dir, daß ich alles genau so machen werde, wie du's mir sagst. Alles. Siehst du, ich geh mich jetzt ausruhen. Sofort. Aber trotzdem, Srulik«, sie zögerte, »aber trotzdem ist es meines Erachtens ... na, laß man. Ich werd auf dich hören. Du bist wie ein Engel Gottes.«

»Was wolltest du mir sagen, Chawa?«

»Daß er vielleicht doch nicht bei Joni im Haus wohnen muß. Und in seinem Bett schlafen. Das ist doch häßlich.«

»Damit hast du vielleicht recht«, sagte ich. »Ja, so scheint es mir. Und ich habe schon gesagt, daß ich wohl sicher sein kann, daß er sich nicht weigern wird, in seine Baracke zurückzukehren, wenn ich ihn darum bitte. Danach werden wir weitersehen. Chawa?«

»Ja.«

»Bitte gib mir sofort Bescheid, sogar mitten in der Nacht, wenn es Jolek nicht gutgeht. Und versuch ihn mit aller Macht dazu zu bewegen, daß er den Rat des Arztes annimmt.«

»Von jetzt an red ich kein Wort mehr mit ihm. Er ist doch ein Mörder, Srulik. Willst du von mir verlangen, daß ich geradewegs zu diesem Mörder zurückkehre?«

Chawa ging, und ich zwang mich, mit dem Teelöffel ein halbes Glas Dickmilch zu essen, worauf ich eine Aspirintablette schluckte. Danach zog ich den Mantel an, setzte meine Mütze auf und verließ das Haus, um mit Asarja Gitlin zu sprechen.

Kaum zwei Stunden lang hatte er Schlaf gefunden, bevor Kummer und Schmerz ihn aufgeweckt und dazu getrieben hatten, zu seinem Posten zurückzukehren. Posten? Ja, da ich ihm gestern befohlen hätte, sich neben das Telefon zu setzen und aufzupassen, daß die Leitung möglichst frei bliebe.

Verängstigt, als erwartete er eine verspätete Ohrfeige, war der Junge vor mir zusammengezuckt. Er beeilte sich, mir eine Zigarette anzubieten, um gleich darauf zu sagen, ich sollte gleich die ganze Schachtel nehmen, er hätte noch eine andere in der Tasche. Ich erinnerte ihn daran, daß ich nicht rauche.

»Verzeihung, Genosse Srulik, ich wollte dir nicht weh tun. Um Himmels willen. Zigaretten sind Gift und Galle. Entschuldige bitte. ›Stepan gab Aljoscha ein goldenes Säckel, doch Aljoscha wurde bös und haute ihm eins auf den Deckel.‹ Auf russisch heißt es eigentlich, daß Stepan Aljoscha einen silbernen Löffel gibt. Nur wegen des Reims hab ich ›goldenes Säckel‹ gesagt. Ich schäme mich, Genosse Srulik, wegen all dem Schlechten, das ich euch hier eingebrockt habe, nachdem ihr mir ein Zuhause und Wärme und einen neuen Sinn im Leben gegeben habt. Jonatan ist der einzige Freund, den ich je gehabt habe. Mitten durchs Feuer wär ich für ihn gegangen. Und das werd ich auch tun. Aber daß er weggegangen ist, auf Fahrt, auf Reisen vielmehr – daran bin ich nicht schuld. Das bestreite ich! Alles, was ihr hier denkt, ist das genaue Gegenteil der Wahrheit. Du mußt wissen, Genosse Srulik, daß Joni mich selber – wie man sagt – hereingeholt hat. Schlicht und einfach. Das kannst du allen Genossen sagen, sogar mit lauter Stimme auf der Versammlung. Was wahr ist, bleibt wahr und ist keine Schande. Joni wollte, daß ich im Haus bin. Er wollte kein leeres Haus zurücklassen. Das ist die ganze Wahrheit. Sogar das Handwerkszeug und die Gartengeräte hat er mir genau gezeigt, damit ich ihn ablösen kann. So wie du jetzt Jolek ablöst, der wirklich wie ein Vater für mich ist. Obwohl es so ein Sprichwort gibt: ›Ein Vergleich ohne Grund verbrennt einem den Mund.‹ Vielleicht red ich wie ein Idiot. Ich sag nicht, daß das nicht stimmt. Aber im Hinblick auf Joni ist der ganze Kibbuz im Irrtum, und ich und Joni sind im Recht. Ihr macht da einen Fehler, den Spinoza als Verwechslung von Ursache und Wirkung bezeichnet. Joni hat, wenn man so sagen darf, mich an seine Stelle gesetzt, weil er beschlossen hatte zu fahren. Und nicht, wie hier geredet wird, daß er sich entschieden hat wegzufahren, weil ich mich an seine Stelle gedrängt hätte. Das ist ein klassisches Beispiel für die Verwechslung von Ursache und Wirkung. Stehst du, Genosse Srulik, Spinoza positiv gegenüber?«

»Ja«, sagte ich, »sicher. Aber wenn du gestattest, wollen wir Spinoza auf etwas leichtere Zeiten verschieben. Nun möchte ich dich erst mal was fragen, etwas Wichtiges, und vielleicht auch eine Bitte vorbringen.«

»Selbstverständlich, Genosse Srulik. Alles. Ich hab nichts zu verbergen, und jede Bitte von dir ist mir Befehl.«

»Asarja. Und wenn es nur ist, um gewissen Menschen Kummer und

Schmerzen zu ersparen: Wärst du bereit, wieder in die Firseurbaracke neben Bolognesi zu ziehen, bis sich die Lage geklärt hat?«

Ein böswillig-verschlagener Funke blitzte in seinen Augen auf und verlosch wieder. Er glich einem kleinen Tier, das plötzlich zu beißen wagt: »Aber sie ist doch schon meine Frau. Nicht seine. Im Prinzip, meine ich.«

»Asarja. Hör mal zu. Dies ist eine Bitte. Und nur vorübergehend. Du kennst doch sicher Joleks Zustand.«

»Das heißt, du gibst mir auch daran noch die Schuld?«

»Nein. Nicht ganz. Vielleicht nur zu einem gewissen Grad.«

»Jolek?« platzte Asarja mit dreister Siegesfreude los – wie ein Häftling, dem es gelungen ist, seinen Wärter zu hintergehen und ihn in Handschellen zu legen. »Hör mal, Genosse Srulik, hör gut zu, denn ich hab Neuigkeiten für dich: Jolek selber hat mir ausrichten lassen, daß ich ihn heute abend besuchen kommen soll, um über dies und das zu reden. Ja. Und auch auf der Gitarre soll ich ihm was vorspielen. Vor zehn Minuten war das. Jaschek ist zu mir gekommen und hat gesagt, Jolek würde mich einladen. Und auch ein Gläschen Kognak hätte er zugesagt. Außerdem bist du nach allen Regeln des Anstands, wenn man mal so sagen darf, verpflichtet, Joni selber zu fragen, ob ich aus dem Haus soll, das mal seines gewesen ist. Und wenn nicht Joni, dann Rimona. Da wirst du eine Überraschung erleben. Meiner Ansicht nach habt ihr das volle Recht, mich aus dem Kibbuz zu jagen. Wann immer du willst. Bitte schön. Aber nicht von meiner Frau weg: Das verstößt gegen das Gesetz.«

Ich möchte hier wieder einmal notieren, was ich schon gestern und vorgestern geschrieben habe und sicher auch morgen schreiben werde: Nichts begreife ich. Ein großes Licht bin ich nie gewesen. Es ist mir alles schleierhaft.

Jetzt ist es 22 Uhr. Etan R. ist mit dem Telefondienst dran. Asarja und Rimona sind Jolek besuchen gegangen. Vielleicht spielt Asarja dort auf der Gitarre. Alles ist möglich auf der Welt. Von Joni haben wir immer noch kein Zeichen. Morgen werden wir uns an die Polizei wenden. Morgen bitten wir auch Tschupke und seine Kameraden, sich auf die Suche nach unserem verlorenen Sohn zu machen.

Chawa Lifschitz sitzt bei mir. Sie hat für uns beide Tee aufgebrüht, hat mir Honig gebracht, weil meine Kehle brennt. Nun sitzt sie auf meinem

Bett. Wir hören Musik. Wieder Brahms. Es ist Jahre her, daß sich eine Frau zu solcher Stunde in meinem Zimmer aufgehalten hat. Ich werde hier eine weitere Stelle aus dem Vogelbuch anführen: »Auf langen Flugstrecken werden daher enorme Mengen an Körperfett verbraucht, genau wie in sehr kalten Winternächten, in denen ein kleiner Vogel oft den größten Teil seines Fettgewebes aufzehrt, um seine Körperwärme bis zum Morgen zu erhalten.«
Und das heißt?
Genug für heute abend. Ich werde hier schließen.

Freitag, 4. März 1966
Es ist Abend. Der Regen hat wieder eingesetzt. Im Speisesaal haben sich offenbar nur wenige Zuhörer eingefunden, um den Gastreferenten über jemenitische Folklore reden zu hören. Von Jonatan gibt's keine Nachricht. Bei der Polizei haben sie mich heute morgen ordentlich abgekanzelt, weil ich erst so spät Meldung gemacht habe. Ich hätte eine schwere Verantwortung auf mich geladen, sagten sie. Sie seien schon in Aktion getreten, aber bisher noch ohne Erfolg. Auch Tschupke war heute hier, hörte sich aufmerksam an, was ich zu sagen hatte, trank zwei Tassen schwarzen Kaffee bei Udi Schneor, ließ nicht mehr als neun, zehn Worte verlauten, machte auch keine Versprechungen und fuhr wieder ab. Am Nachmittag traf ein Telegramm aus Miami ein: Trotzky teilt mit, er habe die Absicht, bald zu uns zu kommen, vielleicht schon in der nächsten Woche.

Ich habe heute ein merkwürdiges Gespräch mit Rimona geführt. Was sie meinen würde: Wenn Joni gesund und munter zurückkehrte, wie wir alle hofften, dann wäre es, wie soll man sagen, vielleicht doch besser, daß Asarja in seinem eigenen Raum wohnte? »Aber ich hab doch Raum für beide. Und beide lieben sie, und ich auch. Beide.« Ob sie wüßte, welche Folgen das möglicherweise haben könnte? Sie lächelte. Und drehte meine Frage um: »Was sind die Folgen?«

Ich bin verlegen und auch ein bißchen durcheinander. Vielleicht wegen ihrer Schönheit. Oder vielleicht bin ich nicht der richtige Mann für dieses Amt.

Zum Beispiel habe ich nicht die seelische Kraft gefunden, Jolek zu besuchen. Heute war ich nicht bei ihm. Es heißt, der Arzt hätte eine Besserung festgestellt. Man erzählt mir, daß Asarja Jolek wieder Gesellschaft leistet: Er musiziert, philosophiert, diskutiert die politische Lage mit ihm, ich weiß nicht, was. Ist es denn meine Aufgabe, alles zu wissen?

Außerdem bin ich krank. Hohes Fieber, Schüttelfrost, Husten, starke Ohrenschmerzen, verschwommene Sicht. Chawa paßt auf mich auf: Ich darf auf keinen Fall draußen rumrennen. Diesem Nichtsnutz da, Stutschnik, würde es gar nicht schaden, sich mal ein, zwei Tage an meiner Stelle abzumühen. Und am Sonntag kommt ja Trotzky. Oder Montag. Oder Dienstag. Oder überhaupt nicht.

Aus eigenem Antrieb habe ich mich heute abend entschieden, Levi Eschkol davon in Kenntnis zu setzen, daß Joleks Sohn weggefahren ist, ohne eine Nachricht zu hinterlassen, und wir uns alle Sorgen um ihn machen. Ich werde mich kurz fassen mit meinen Notizen, weil ich krank bin. Sogar ein bißchen betäubt. Schreckensvisionen überfallen mich, sobald ich nur die Augen schließe: Jonatan ist vielleicht in Not, und wir haben fast nichts getan.

Samstagabend, 12 Uhr, Mitternacht

Joni hat uns keinerlei Zeichen gegeben. Auch nicht die Polizei oder jener allseits gerühmte Tschupke. Der Ministerpräsident hat gegen Abend angerufen und sich mit Jolek am Telefon unterhalten. Er versprach jede nur mögliche Hilfe. Eventuell kommt er sogar in ein, zwei Tagen auf einen kurzen Besuch zu uns.

Den ganzen Tag habe ich mit vierzig Grad Fieber und allerlei sonstigen Beschwerden im Bett gelegen. Heute abend hat mich die Generalversammlung des Kibbuz in meiner Abwesenheit zum Sekretär gewählt. Stutschnik machte großes Aufhebens darum und erzählte mir, wie gut man auf der Versammlung von mir geredet hätte. In den Himmel gelobt hätte man mich. Und die Wahl sei fast einstimmig erfolgt.

Chawa schweigt die meiste Zeit. Sie weiß von dem Telegramm aus Miami. Auch Jolek weiß es. Aber sie reden nicht darüber. Mir scheint, sie sprechen seit gestern nicht mehr miteinander. Der gute Stutschnik berichtet mir, daß Rimona und der junge Mann sich nett um Jolek kümmern. Dagegen bleibt Chawa bis zu sehr später Stunde bei mir, um mich gesund zu pflegen. Ich bin völlig umnebelt, verfolge immer nur in Gedanken Joni, wie er da umherwandert in den Feldern, am Rand der Haifaer Unterstadt, in der Wüste, an der Buszentrale, vielleicht schon in Übersee. Mein Herz sagt mir, daß kein Unglück geschehen ist. Und das versichere ich Chawa ohne Zögern. Warum? Ich weiß es nicht. Auch weiß ich nicht, warum ich eben die Feder abgesetzt und Chawa gesagt habe, daß Rimona vielleicht schwanger sei und einer der beiden der Vater. Hat sich denn auch mein Geist verwirrt? Als Sekretär des Kibbuz. Das ist doch ein fürchterlicher Fehltritt. Mein Fieber ist wieder sehr hoch. Vielleicht ist es nicht richtig, heute abend noch weiter am Rechenschaftsbericht zu arbeiten. Ich habe kein Selbstvertrauen. Alles ist sonderbar und kompliziert. Nichts begreife ich. Aber das schreibe ich nicht zum ersten Mal.

2.

Aber was ist denn nun schließlich und endlich die Magie des Tschad? Vielleicht dies: einige Stunden eines klaren, schönen Wintertags in einem Straßencafé in Beer-Schewa zu sitzen und an nichts zu denken. Eine Flasche Soda zu bestellen. Ein belegtes Brötchen mit Ei und eines mit Käse. Danach türkischen Kaffee. Und noch eine Flasche Soda. Allein zu sein. In aller Ruhe. Zu deinen Füßen, unter dem Tisch, ist das Gepäck: der verblichene Rucksack und das Gewehr. Die eben im Armeeladen gekaufte Feldflasche und der Schlafsack, den du ohne Zögern von einem verstaubten Stapel neben dem Armeelaster an der Ecke der Hauptstraße hast mitgehen lassen. Unter dem Schutz des allgemeinen Soldatengewimmels dort hast du ihn dir geschnappt und bist seelenruhig davongegangen. Was macht das schon, ein Schlafsack mehr oder weniger? Sie werden auch so zurechtkommen. Denn alles geht seinen Gang.

Du sitzt mit ausgestreckten Beinen da, siehst zu, wie Männer und Frauen durch die Tür, die fast nie stillsteht, ein und aus gehen. Sie essen, trinken, reden lautstark miteinander und gehen. Andere kommen. Ohne Gedanken. Ruhig wie Tia. Untätig und gelassen. Kein Mensch kennt dich hier, und auch du kennst niemanden. Trotzdem bist du allen ähnlich: den erschöpften Männern in Wüstenkleidung und Militärstiefeln, in Kampfausrüstung, das Gesicht voller Bartstoppeln, zu ihren Füßen abgewetzte Bündel. Den Soldaten in Khaki. Bauern in Khaki. Steinhauern, Straßenarbeitern, Landvermessern, Ausflüglern. In abgetragenen battle-dresses. Mit vor Staub geröteten Augen. Eine mehlig-graue Staubschicht auf Gesicht und Haaren. Und fast alle sind sie bewaffnet. Alle – und du unter ihnen – gehören ganz offensichtlich zu ein und demselben besonderen Stamm, der ausnahmslos unter ständigem Schlafmangel zu leiden scheint.

Was für eine Erleichterung: Noch nie in deinem ganzen Leben ist es dir passiert, daß du aus dem Gesichtskreis bist – ein völlig Fremder, endlich ihrem Radarschirm entschlüpft, weil es auf der ganzen Welt niemanden gibt, der wüßte, wo du in diesem Augenblick steckst. Vom Tag deiner Geburt bis heute morgen haben sie in jeder Minute deines Lebens immer und ewig gewußt, wo du dich gerade aufhältst. Als wärst du nichts weiter als ein kleines Fähnchen auf ihrer Generalstabskarte.

Aber jetzt ist Schluß damit. Es gibt keinen Zeitplan. Es gibt keine Stunde Null. Und keinen Sammelpunkt.

Leicht. Losgelöst. Ein bißchen schläfrig.

Endlich bist du allein.

Wüstenträgheit dringt wie Wein, wie eine Droge in jede Zelle deines Körpers ein. Und ein inneres Lächeln überkommt dich hin und wieder: Ich bin ihnen entschwunden, fertig. Keiner kann mir jetzt sagen, was ich tun und lassen soll. Weil keiner was weiß. Wenn ich Lust hab aufzustehen, steh ich auf. Wenn ich lieber sitzen bleiben möchte, bleib ich sitzen. Wenn ich gern schießen will, mäh ich hier alle mit einer schönen langen Salve nieder und verschwinde für immer in der Wüste. Die genau dreihundert Meter von hier beginnt. Es gibt keine Probleme, keine Anweisungen. Magie des Tschad. Und das ist bloß der Anfang. Jetzt geht das Leben los.

Ein Beduine trat ein und stellte sich an die Theke: ein schlanker, sehniger, dunkler Mann im gestreiften Wüstengewand, über dem er ein abgewetztes Herrenjackett trug. Seine langen, dunklen, lebendigen Finger mit ihren bleichen Nägeln erinnerten an flinke Geckos. In seidenweichem Hebräisch bat er um ein Päckchen Zigaretten von der billigsten Sorte. Der Wirt, ein nervöser Rumäne in weißem, zerknittertem Hemd und mit karierter Frauenschürze, kannte ihn offenbar. Die beiden trennte der Tresen mit seiner klebrigen, von Fliegen übersäten Marmorplatte. Der Wirt streckte dem Gast die Zigaretten hin und legte eine Schachtel Streichhölzer dazu: »Nimm, nimm ruhig. Schon gut«, drängte er lächelnd, wobei ein einsamer Goldzahn in seinem Mund aufblitzte: »Nu, wus hert sich, ya Ouda, kif il-hal? Wie geht's jetzt bei euch da unten?«

Der Beduine beeilte sich nicht mit der Antwort, sondern wägte erst bedächtig die Frage ab, als sei er peinlich darauf bedacht, weder der Wahrheit noch den Regeln des Anstands Abbruch zu tun, bis er schließlich die bescheidene Formulierung wählte: »Keine Probleme. Gott sei Dank.«

»Und eure Hirse? Alles in Ordnung mit ihr?« forschte der Gastwirt, als sei er enttäuscht über das Gehörte. »Eure Hirse, die sie beschlagnahmt haben, kriegt ihr die letzten Endes wieder?«

Der Beduine war beschäftigt: Er riß ein kleines Rechteck exakt aus der Schachteloberseite, gerade groß genug, damit eine einzelne Zigarette entnommen werden konnte, klopfte einmal taschenspielerartig mit steifem Finger von unten dagegen – und schon ragte wie ein ausgefahrenes Kanonenrohr eine Zigarette vor der Nase des Wirtes. »Die Hirse kann sein, kann auch nicht sein. Nehmt bitte, Adon Gotthelf; tfaddal, trinkt eine Zigarette.«

Anfangs wehrte der Wirt mit einer typisch jüdischen Handbewegung ab, als wollte er sagen: »Was, eine von denen?!« Doch einen Moment später ließ er sich mit einer anderen jüdischen Geste, die etwa »naja, auch recht« bedeutete, dazu herab, die Gabe anzunehmen. Er dankte, steckte sich die Zigarette hinters Ohr, zog den Hebel der Espressomaschine herunter und schob dem Beduinen eine kleine Plastiktasse über den Tresen, wobei er einen trägen Fliegenschwarm aufscheuchte. »Efschar tischrab, ya Ouda? Efschar, wir setzen uns für zwei Minuten zusammen? Un ar verzeilt mir die ganze Meisse mit eurer Hirse, damit ich bei Gelegenheit vielleicht mal ein gutes Wort bei Major Elbas für euch einleg?«

So setzten sie sich brüderlich paffend an den nächststehenden Tisch. Der Rumäne senkte seine Stimme und flüsterte, während der Beduine schweigend zuhörte. Jonatan hatte inzwischen eine glatte Serviette zu einem winzigen Boot gefaltet, das er nun mit Wucht anschnippte, so daß es bis zum Tischende sauste und dabei haargenau den Salzstreuer traf. Gott sei Dank, murmelte Jonatan tonlos vor sich hin, keine Probleme.

Dann quoll eine laute Touristengruppe in das Lokal. Obwohl es überwiegend ältere Herrschaften waren, benahmen sie sich wie Schulkinder, die der Lehrer einen Augenblick allein gelassen hat. Die meisten unter ihnen, Männlein wie Weiblein, trugen nagelneue blaue Kibbuzhüte mit den in Hebräisch und Englisch aufgedruckten Worten: »Zehnter Jahrestag Israels, der Heimstatt aller Juden«. Erst stürzten sie auf den Tresen zu, wo sie den Wirt mit geistvollem jiddischem Palaver überschütteten. Sie bräuchten dringend was Kaltes zu trinken. Und Toiletten. Dann bahnten sie sich ihren Weg zwischen den Tischen durch, um ein Plätzchen zwischen den bereits Anwesenden zu ergattern, zwischen den jungen Mädchen und verschlampten Soldaten, den Minenarbeitern und Beduinen, den Bauern in Arbeitskleidung und den Lastwagenfahrern – also unter dieser ganzen einheimischen Sippe, die damit beschäftigt war, Pommes in Fladenbrot, Lammspieße, Hühnerkeulen oder Sesampaste zu essen und alles mit Pepsi oder Limo runterzuspülen. Von Zeit zu Zeit schlug jemand mit dem Salzstreuer auf den Tisch, um verstopfte Löcher freizukriegen. Dann wieder erschallte wieherndes Gelächter aus einer Ecke, als sei gerade jemand das Opfer eines rohen Scherzes geworden.

Jonatan blickte mit Augen wie Schießscharten um sich. Dabei stellte er fest, daß der mit dem Gastwirt bekannte Beduine Sandalen aus Reifenfetzen und derber Schnur an den Füßen trug. Seine schwarzen Hände waren von feinem Wüstenstaub bedeckt. An einem Finger steckte ein funkelnder Goldring. Der Schnurrbart war sorgfältig gestutzt und der Kopf unbedeckt, so daß man das schüttere, fettige Haar sah, das mit billigem Küchenfett oder möglicherweise Kamelurin gewaschen sein mochte. Er stand jetzt mit dem Rücken an den Tresen gelehnt, während seine Knopfaugen den Eingang beobachteten, um zu prüfen, wer da noch eintreten mochte. An seinem Ledergürtel hing ein kurzer Krummdolch in einer reich verzierten Silberscheide. Dürr und knochig war der Mann wie ein schwarzes Gerippe. Seine fahle Gesichtshaut spannte sich über starke Wangenknochen, die aus Feuerstein gemeißelt zu sein schienen. Nimm dich in acht, ya Habibi, vor meinem Freund Udi, der dich als Vogelscheuche in seinen Garten stellen will, damit du ihm die Vögel fernhältst und den ganzen Kibbuz verrückt machst. Und deine Hirse kannst du auch vergessen. Jonatan bekam plötzlich Lust auf eine Zigarette, suchte vergebens alle Taschen ab, stand schließlich auf und trat an den Tresen. Dabei kratzte er sich heftig – wie immer, wenn er in Verlegenheit geriet –, ohne jedoch seinen Gepäckstapel unter dem Tisch auch nur einen Moment lang aus den Augen zu lassen, denn hier bekommt alles, was unbeaufsichtigt bleibt, sehr schnell Beine.

»Ja, Kamerad, was soll's denn noch sein?«

Herr Gotthelf war zu beschäftigt, um die Augen zu heben, da er gerade Münzen auf dem klebrigen Tresen stapelte. In dem Wandregal hinter seinem Rücken, zwischen gedrängt stehenden Glasbehältern mit diversen Süßigkeiten, sauren Gurken und Oliven, sah Jonatan ein Trauerfoto. Es zeigte eine dicke, klobige Frau in einem geschmacklos ausgeschnittenen Kleid, um den Hals eine Kette aus tränenförmigen Perlen, deren unteres Ende zwischen ihren stattlichen Brüsten verschwand. Auf ihren Knien ein kleines, sorgfältig gekämmtes Kind mit Poposcheitel, Brille und einem richtigen kleinen Anzug mit Schlips und Kavaliertaschentuch. Schräg über eine Ecke des in einen Muschelrahmen vom Typ »Souvenir aus Elat« gefaßten Bildes verlief ein schwarzes Trauerband. Warum nur erscheint uns

Der perfekte Frieden 845

das Unglück anderer wie einem billigen Rührstück entnommen, während wir unseren eigenen Kümmernissen so riesengroße Bedeutung beimessen? Warum verspottet man uns ständig, und warum gibt es Kummer und Leid, wo man nur hinschaut? Vielleicht, dachte Jonatan bei sich, vielleicht muß man endlich etwas Grundlegendes im Hinblick auf das Leid unternehmen. Vielleicht ist es häßlich, so einfach die Flucht zu ergreifen. Vielleicht hat mein Vater recht und sein ganzer Greisenchor ebenfalls. Vielleicht mach ich mich auf und kehr noch heute nach Hause zurück und stürz mich auf alle Aufgaben und fang an, mein Leben dem Krieg gegen das Leid zu widmen.

»Ja, Kamerad, was soll's noch sein?«

Jonatan zögerte. »Gut, gib irgend 'n Kaugummi rüber oder was«, sagte er mit seiner leisen Stimme, worauf er sich innerlich wieder vorbetete: Fertig. Reue gibt's keine. Von jetzt an rauche ich nicht mehr. Und zum Wirt gewandt fügte er hinzu: »Gieß mir man auch noch 'ne Tasse Espresso ein.«

Darauf kehrte er an seinen Tisch zurück, um sich auszuruhen. Als hätte der Sprung an den Tresen seine letzten Kräfte aufgezehrt. Macht nichts. Sogar sehr gut so. Sollen sie ruhig suchen. Sollen sie im Schlamm rumrennen. Udi. Etan. Alle. Sollen sie jeden Sack und jeden Stein umdrehen. Die Polizei mit ihren Hunden und den Grenzschutz einschalten wie damals an jenem Samstag, als wir in Scheich-Dahr Spuren von Fedajin oder von diesem Mörder gefunden hatten, der aus dem Gefängnis geflohen war. Nehmen wir mal an, ich wär umgekommen. Sollen sie alle Wadis durchkämmen. Warum nicht? Sollen sie eine Leiche suchen. Was tut's? Ich bin schon so weit weg von ihnen. Die finden mich nicht mehr. Fertig. Von nun an bezeichnen alle, die vor mir, hinter mir und neben mir stehen, den Standplatz. Denn ich bin unterwegs zu den Orten, die längst auf mich warten: über die Berge und durch die Wüste zum roten Felsen von Petra, zur Sturmbucht der Biskaya, zu Alpen, Anden, Karpaten, Apenninen, Pyrenäen, Appalachen und Himalaya. Er ist fertig mit Warten. Sein Leben hat begonnen. Eine Stimme hat ihn gerufen, und er hat sich aufgemacht und ist gegangen. Fast wäre er zu spät gekommen, aber nein, jetzt ist er schon bis hierher gelangt.

Zwei Offiziere treten ein und setzen sich an den Nebentisch. Kenne ich die? Vielleicht ja, vielleicht auch nicht. Wer kann sich jedes Gesicht aus dieser ganzen Armee merken. Oder von der Schachmeisterschaft her? Aus dem Agrartechnikkurs? Jeder sieht hier wie der andere aus. Am sichersten, den Kopf senken und schweigen. Den Espresso austrinken und abhauen. Bloß hab ich völlig vergessen, sie daheim vor der gesprungenen Steckdose neben der Verandatür zu warnen, die manchmal unter Strom steht. Noch nicht mal einen Zettel hab ich hinterlassen.

Einer der beiden Offiziere mußte ein Kibbuz-Baby sein: Ein weiblich-schöner Typ mit feiner Nase, weichen blauen Augen und einer gesunden, gut gebräunten Gesichtshaut. Er trug einen geflickten battle-dress und dazu Turnschuhe ohne Socken. Beim Lachen zeigte er seine milchweißen Zähne, als weidete er sich an seiner eigenen Schönheit. Jetzt wandte er sich an den zweiten Offizier: »Die hau'n mich glatt um, die beiden, dieser Schiko und Awigail. Wie sie ihm gesagt hat, sie würd ihn verlassen, und ihm erzählt hat, was wirklich zwischen ihr und mir ist, und das sicher noch so um zwei Uhr nachts, nachdem sie eben von mir zurückgekommen ist und es draußen hundekalt und so neblig war, daß man seine eigene Nasenspitze nicht gesehen hat, da ist der doch aufgestanden, ohne ein Wort zu sagen, und ist aus ihrer Baracke raus direkt ins Wadi reingelaufen. Offenbar hat er gerade noch gehört, daß da ein Wolkenbruch im Anzug war...«

»Haben wir schon gehört, Ran, von Anfang bis Ende«, unterbrach ihn der andere Offizier, wobei er ihm seine derbe, haarige, rot und braun gesprenkelte Hand auf die Schulter legte. »Wir kennen die ganze Geschichte. Und das müßte dich jetzt nur – vielleicht zum hundertsten Mal – lehren...«

Was hat jener Schiko nachts im Wadi getan, nachdem er erfahren hatte, daß Awigail ihn verlassen wollte? Und warum hat sie mit ihm Schluß gemacht? Was ist bei dem Wolkenbruch passiert? Und was soll das – vielleicht zum hundertsten Mal – lehren? Jonatan war müde und verzichtete auf die Fortsetzung seiner Gedanken. Außerdem störte der Krach beim Zuhören. Auf der Straße lärmte nämlich jetzt ein vielrädriger, furchteinflößender Riesenlaster, mit einer beachtlichen Ladung Mineralien oder vielleicht Kunstdünger unter der großen Nylonplane, bei dem mit zischenden Bremsen und ausgeklügelten Manövern unternommenen Versuch, in die enge Seitenstraße einzubiegen.

Doch die Kurve war zu scharf. Die Bordsteinkante war bereits unter den mächtigen Rädern zerbröckelt, und nun wurde auch ein städtischer Papierkorb zerquetscht, der an einer grünen Metallstange gehangen hatte. Wieder zischten die Bremsen. Menschen sammelten sich an. Schreie erschallten. Der Fahrer in seiner luftigen Höhe kümmerte sich nicht weiter

Der perfekte Frieden

um die Ratschläge, Beschimpfungen, Sticheleien und abfällige Bemerkungen. Grimmig drängte der Laster in das Gäßchen hinein. Stoßend wie ein wutschnaubender Stier, riß er ein Verkehrsschild um und streifte eine Hauswand. Der angekratzte Sandstein rieselte körnig auf die Straße. Jetzt begann der Fahrer offenbar seine Rückzugsmöglichkeiten abzuwägen. Er kämpfte mit dem Schaltknüppel, traktierte das Steuerrad mit der gesamten Kraft seiner beiden Arme, als zerrte er am Zaum eines widerspenstigen Tieres. Das Ungetüm machte einen Satz nach hinten, und die Menge begann zu brüllen: Um Haaresbreite wäre das Hinterende im Schaufenster des Süßwarenladens auf der anderen Straßenseite gelandet. Wieder umklammerte der Fahrer das Steuer, zwängte und drehte mit schnaufendem Atem, bis er es ganz herum hatte, hielt es eisern fest, damit es nicht wieder zurückspringen konnte, schaltete mit verhaltener Wut, kam schließlich los, versuchte einen neuen Vorstoß und saß nun endgültig fest – Rücken und Nase des Lasters gegen je eine Wand.

Die stetig wachsende Menschenmenge hatte sich schon lärmend hergedrängt. Da wurden fachmännische Gutachten abgegeben, Präzedenzfälle angeführt, Schimpfkanonaden losgelassen oder Fußtritte gegen die Reifen ausgeteilt. Manche schnalzten mit der Zunge, andere hatten Geistesblitze, praktische Ideen, kühne Einfälle oder Zauberformeln anzubieten – je nach persönlichem Naturell. Und da war auch einer, der plötzlich von irgendwoher vorsprang und sofort, ohne Zögern oder Widerrede, das Kommando übernahm. Weiter hinten in der Straße begann sich nämlich der aufgestaute Verkehr mit einem himmelschreienden Hupkonzert bemerkbar zu machen. Der neue Held war offenbar jener Offizier, der vorher mit seinem schönen Kameraden zusammengesessen und ihm zum hundertsten Mal irgendeine Lehre erteilt hatte: ein rotverbrannter, kräftiger Bauerntyp mit derben Händen und rauher Stimme, der Viehzüchter aus einem der alteingesessenen Moschawim sein konnte. Er erklomm jetzt entschlossen das Trittbrett, rüttelte an der Tür, schwang sich ins Fahrerhaus und eroberte das Steuer, nachdem der Fahrer sich bis ans andere Sitzende in Sicherheit gebracht hatte. Mit ruhigen, ausgreifenden Bewegungen streckte der Offizier nun Kopf und Nacken aus dem Fenster und prüfte die Lage. Er sieht fast wie ein Wasserbüffel aus den Hulesümpfen aus, lachte Jonatan in sich hinein, während er der Szene reglos zuschaute. Ihn kümmerte das alles nicht. Im Gegenteil: irgendwas an diesem Geschehen freute ihn sogar im stillen.

Und wie spät war es? Schwer zu sagen, denn die Uhr war stehengeblieben. Gestern und heute nicht aufgezogen. Egal. Nach dem Licht zu urteilen, mußte es gegen Mittag sein. Eine große, schöne, wohlgerundete, sonnengebräunte Frau trat ein und nahm an einem kleinen Seitentisch Platz. Allein. Mit kräftigen, üppig beringten Fingern steckte sie sich eine Zigarette an. Da kam auch schon der rumänische Wirt mit seiner Karoschürze angerannt, um ihr mit großer Geste ein Glas Tee, eine Zuckerdose und ein Tellerchen mit Zitronenschnitzen zu servieren. »Ja, Herr Gotthelf«, lachte die Frau mit leiser, aber voller Stimme, »was haben Sie denn? Sie sehen ja halb tot aus. Sie werden mir doch, Gott behüte, nicht krank sein?«

»Das Leben ist die Krankheit, an der wir alle sterben werden. Das kann ich Ihnen hundertprozentig versichern«, ulkte der Wirt. »Möchten Sie was essen, Jacqueline?«

Die Frau schüttelte ablehnend den Kopf. Ihre Aufmerksamkeit wich von Herrn Gotthelf, weil sie inzwischen Jonatans Blick aufgefangen hatte. Sie erwiderte ihn mit einem schrägen, spöttisch herausfordernden Blinzeln nach dem Motto: Na, Habibi, dann zeig mal, was du kannst. Du bist am Zug. Schieß los.

Jonatan senkte die Augen. Vor der Glasfront des Lokals ächzte das Ungetüm, ruckte einen halben Meter hierhin und dorthin, erstickte wieder mit pfeifenden Bremsen wie ein verwundeter Stier in der Arena. Auf allen Tischen tanzten die Tassen und klirrten die Gläser.

Inzwischen kamen und gingen die verschiedensten Menschen: Berufsfahrer, Angestellte, Beduinen, Bergleute aus den Kupferminen, Arbeiter der Pottaschewerke – sonnverbrannt, windgegerbt. Sie tranken und aßen und tranken wieder und redeten dabei mit lauten, heiseren Stimmen. Wie gut, hier alleine, ohne eine lebende Seele zu sein. Und gut, daß die Uhr stehengeblieben ist und ich ein bißchen müde bin. Ob es schon eins ist? Oder zwei? Halb drei? Von jetzt ab ist das egal. Unwichtig.

Draußen war eine Gefechtspause eingetreten: Die Zugmaschine stand jetzt im rechten Winkel zum Anhänger. Ein schwitzender Polizist sprang wie ein Grashüpfer umher und bemühte sich, den Verkehr in eine andere Gasse umzuleiten, während Hauptmann Wasserbüffel und der Fahrer einträchtig wie zwei besiegte Waffenbrüder rauchend neben der abgestellten Maschine standen. Offenbar beschuldigten sie nicht einer den anderen, sondern in treuer Einmütigkeit eine bösartige höhere Gewalt. Nichts zu machen. Warten wir eben. Es heißt ja sowieso, daß hier mal eine Autobahn

Der perfekte Frieden

gebaut werden soll und all die türkischen Bauten hier zu beiden Seiten der Gasse nach Gaza verfrachtet werden. Bis dahin brennt absolut nichts an. Jonatan stand auf, zahlte, murmelte etwas vor sich hin. Mit ihm sonst nicht eigener Kühnheit rief er der schönen Frau »Schalom, Puppe« zu und lächelte dazu leicht mit gesenktem Blick, bevor er sich bückte, um sein Gepäck aufzuladen.

Er konnte sich nicht beschweren: Alles genau nach Plan. Die Wüste wartet geflissentlich. Nur keine Eile. Seinen Rucksack, das Gewehr, den adoptierten Schlafsack, die Feldflasche, die Magazine, die Windjacke, all das hängt er sich jetzt über und geht mit bleiernen Schritten nach draußen. Müde? Ein bißchen. Nicht weiter schlimm. Eigentlich eher wie nach zwanzig Stunden Schlaf ohne Unterbrechung – lässig und benommen. Schließlich hat er doch Tage und Nächte, Wochen, Monate und Jahre verpennt. Während seiner Kindheit, Jugend und Jungmännerzeit hat er dauernd geschlafen wie ein Sack, und nun ist er wach wie der Teufel, und jetzt macht er sich auf und geht. Sicher gibt's im Russischen auch dafür ein passendes Sprichwort. Was kümmert's mich? Mea nix culpa. Schalom. Das Leben fängt an.

In der überdachten Anhalterstation für Soldaten an der Ausfahrt aus der Stadt erwarteten ihn die Gerüche von Schweiß, Rauch, Waffenöl und der säuerliche Hauch getrockneten Urins. Jemand hatte eine grobe Pornoskizze in die Asbestwand der Haltestelle geritzt: ein Paar fette, weit gespreizte Schenkel und dazwischen – kurz und dick wie ein Granatwerferrohr – ein Pimmel von imponierenden Ausmaßen in Wartestellung, geziert von einem einzelnen Auge, aus dem Tränen der Lust troffen. Die Künstlerhand hatte ein bekanntes Schlagwort über der Zeichnung eingeritzt, das allerdings gewöhnlich zum Wassersparen aufruft: SCHADE UM JEDEN DROPPEN!

Jonatan, der als einziger und ohne jede Eile hier wartete, beschloß nach einiger Zeit, die Inschrift verbessern zu sollen, wobei ihm die Ecke des Magazins als Meißel dienen könnte. Auf das Glied müßte er FICK schreiben und über die ganze Zeichnung MEA CULPA oder vielleicht ES LEBE DIE GERECHTIGKEIT. Doch dann verzichtete er plötzlich auf diese Berichtigung. Statt dessen strich er die letzten drei Worte sowie das A und das E des ersten durch und machte schließlich aus dem C ein E, aus dem H ein I und aus dem D ein L. Gleich darauf hielt ein klappriger Befehlswagen mit zwei verlotterten Reservisten an, beide mit Windschutzbrillen auf der Nase, der eine in eine große, dicke Armeejacke gehüllt und der andere mit einer grauen Wolldecke um Kopf und Schultern – wie ein Araber oder wie ein Jude mit Gebetsschal. Ohne ein Wort zu verlieren, kletterte Jonatan von hinten auf, warf seine Sachen auf einen Haufen ähnlicher Bündel, rollte sich enger in seine Windjacke ein und machte es sich auf einem Stapel eingeölter Planen bequem. Gleich darauf schoß die Freude an der Geschwindigkeit durch all seine Venen. Er schloß die Augen und ließ den Windstoß tief in seine Brust eindringen: eine scharfe, kalte, trockene Luft. Winzige Staubkörnchen prickelten ihm im Gesicht, und seine Hände hielten die ganze Fahrt über das Magazin umklammert, das er vorher zur Verbesserung der vulgären Inschrift in der Anhalterstation benutzt hatte.

Noch eine gute Stunde nach Beer-Schewa grünte die Wüste in ausgedehnten, menschenleeren Kornfeldern, die wie mit zartem Pinsel auf die sanften Hügel gemalt schienen, so weit die vom staubigen Fahrtwind tränenden Augen nur blicken konnten. Es war ein tiefes, sattes Grün, das sich hier und da wellig im Windhauch wiegte, hin und wieder aus funkelnden Pfützen aufblitzte, um schließlich in der Ferne zu verblassen, wo es das lichte Blau des Himmels zu berühren trachtete, als ob dort irgendwo tatsächlich ein Kompromiß zwischen der Farbe des Himmels und der Farbe der Ähren erreicht worden sei. Und Versöhnung. Es gibt Liebe auf der Welt, weit, weit von hier, an dem Ort, an dem der Horizont sanft auf den Ackerboden aufsetzt. Dort endet alles vollkommen gut, in perfektem Frieden.

Von hier bis an jenen Ort heben und senken sich die Ähren in lautlosen Wogen über riesige Weiten. Kein Haus. Kein Baum. Kein Mensch. Felder über Felder, sich selbst überlassen. Sehnsüchtiges Verlangen schwingt mit in dem leisen Hauch, der weder Stimme noch Antwort herüberweht, nur das Brummen des Motors. Ebenes Land, von sanftgewellten Hügeln eingefaßt, mit glitzernden Lichtpunkten bestückt bis ans Ende der Erde, nur von der Straße wie von einem schwarzen Pfeil durchbrochen. Das ist das Leben. Das ist die Welt. Das bin ich. So sieht die Liebe aus. Leg dich nur hin, und schon wirst du erhalten, ruh dich aus, und es wird dir gegeben werden. Alles wartet, alles steht offen, alles ist möglich. Da kommt sie, die Magie.

Hier und da nahmen seine blinzelnden Augen Zeichen eines primitiven Lebens wahr: ein Ziegenfellzelt, das wie ein dunkler Fleck auf eine glänzende Leinwand getupft zu sein schien. Ein einsamer, zerbröckelnder Reifen im weiten Nichts. Oder ein verlassener, von Kugeln durchlöcherter Kanister, der friedlich in der Flut winterlichen Lichts vor sich hin rostete. Auch durchsetzte sich der Windhauch mal für Augenblicke mit dem Gestank eines Kamelkadavers oder eines verwesenden Esels oder mit dem Geruch von Rauch, verbranntem Öl und Benzin. Aber wieder und wieder gewann er seine klare Reinheit zurück: trockener Negevwind, prickelnde Staubkörner, hohes, kristallklares Licht.

Ab und zu fanden sich Spuren des in der Gegend verstreuten Militärs: eine einzelne Antenne, die auf dem Gipfel einer fernen Anhöhe aufragte. Das Gerippe eines Kleinlasters am Straßenrand. Drei, nein vier Jeeps, die, aus dem tiefen Süden kommend, vorbeifuhren, ihre Maschinengewehre in Halterungen auf der Motorhaube aufgepflanzt. Jonatans Lippen wurden immer trockener, und auch seine Kehle war ausgedörrt. Die Augen tränten und tränten. Er fühlte sich bestens. Als die Sonne sich am Horizont der Erde zuzuneigen begann, bekam auch die Ebene ihre Risse. Die Wüste fiel langsam zur großen Talsenke ab. Das Korn wurde immer spärlicher, bis nur noch schwächliche Ähren auf vereinzelten, von großen Kahlstellen durchsetzten Gerstenäckern zwischen trockenem Gestrüpp und Ödland übrigblieben. Graubraune Geröllfelder verdunkelten die scharf nach Osten abbrechenden Hänge. In einer steilen Kurve erblickten seine triefenden Augen die in einen bläulichen Dunstschleier gehüllten Bergketten von Edom – ein Rudel von Riesen, die sich von einem anderen Stern hierher verirrt hatten.

Irgendwann in der Urzeit haben diese Berge sich auf die Wanderschaft gemacht, haben endlose Weiten überwunden, bis sie schließlich hier müde niedergesunken sind angesichts des gleißenden, messerscharfen Funkelns, das auf den Wassern des Toten Meeres tanzt. In der Nacht werden diese Kämme sich aus ihrem Schlaf erheben, um sich zu voller Höhe aufzurichten und die Sternennebel des Himmels zu berühren. Jonatan lächelte den Bergen ganz, ganz leise zu, winkte dazu leicht mit der Hand und hätte ihnen beinahe auch zugezwinkert: Bald komme ich. Seht ihr, auch ich schließe mich an. Wartet ihr nur in aller Ruhe. Ich gehöre schon euch.

Er erinnerte sich an den tiefen Haß, den sein Vater der Wüste entgegenbrachte. Stets pflegte Jolek das Gesicht zu verziehen, sobald er nur das

Wort »Wüste« hörte, als hätte man etwas Schmähliches gesagt. Gelegentlich schwang er daraufhin eine begeisterte Rede über die »Eroberung der Wüste«. Die Wüstenflächen waren seiner Ansicht nach Schandflecke auf der Landkarte Israels, Sündmale, Zeichen der Schmach, eine böse, gefährliche Erscheinung, ein Erzfeind, gegen den man mit Traktoren, Wasserrohren und Dünger zu Felde ziehen müsse, bis auch die letzte dräuende Felsspitze Früchte trüge: »Die Wüste und das trockene Land sollen sich freuen, die Steppe soll jubeln und blühen. Denn in der Wüste brechen Quellen hervor, und Bäche fließen in der Steppe.« Der hebräische Pflug würde die Wüste fruchtbar machen und der trockenen Steppe Wasser entlocken. »Wir werden der tobenden Wildnis ein Ende setzen und das Land wieder entzünden mit sattgrünem Licht.«

Nieder mit dem Ödland. Und ich hab schon fast einen ganzen Tag nicht mehr geraucht, nicht eine einzige Zigarette. Einen Bart lass' ich mir auch wachsen. Und es kann mir schon keiner mehr sagen, was ich zu tun und zu lassen hab.

Der Soldat neben dem Fahrer brüllte plötzlich aus den Tiefen seiner Wolldecke: »Heh, Habibi, wohin?«

»Nach Süden runter.«

»Bis En-Hussub ist recht?«

»Recht.«

Dann wieder schweigende Fahrt durch das sonderbare Abendlicht. Pfeifender Wind. Und Schweigen.

Schalom Wüste. Ahalan u-Sahalan. Ich kenn dich schon gut. Deine roten Felsen und deine schwarzen Felsen. Deine Geröllhänge und die Öffnungen deiner Wadis. Die Felsvorsprünge und die Steilwände und das Geheimnis der im Spaltengewirr verborgenen Wassertümpel. Als ich noch ein kleiner Junge war, haben sie mir alle gesagt, ich sei gut. Mein ganzes Leben lang hab ich mich geschämt, ein »Guter« zu sein, so ein Naivling. Was heißt das denn überhaupt: gut sein? Das bedeutet doch einfach, daß man als niedliches weißes Lämmchen am Ende seiner Herde hinzottelt. Aber jetzt wird das anders. Von jetzt an bin ich wirklich gut. Meiner Frau beispielsweise hab ich ein Jüngelchen geschenkt, einen Neueinwanderer. Damit er seinen gesunden Spaß mit ihr hat und nicht mehr leidet. Dann hab ich mit einem Schlag ein zwanzig Jahre altes Problem meiner Eltern gelöst: Sie sind morgens aufgewacht, und das Problem war verschwunden. Sollen sie mir gesund und munter bleiben. Fertig. Und Rimona kriegt von mir einen nagelneuen Mann, der zudem noch ein kleiner Junge ist, den man verwöhnen und großziehen kann. Tia habe ich ihnen dagelassen. Mein Bett gehört ihnen. Sogar den Schachtisch, den ich so schön aus Olivenholz geschnitzt hatte, hab ich ihnen geschenkt. So gut bin ich nämlich. Immer gewesen. Denn wir alle müssen uns bemühen, gut zu sein, damit die Leiden aufhören. Die Syrer, die ich umgebracht hab, hab ich ohne Haß und ohne irgendwelche persönlichen Erwägungen getötet: Sie sind gekommen, um uns abzumurksen, und wir waren eben schneller. Mußten es sein. Srulik, der Musikant, hat einmal gesagt, es gäbe genug Schmerzen auf der Welt, und wir hätten die Aufgabe, diese Schmerzen zu verringern und nicht noch zu vermehren. Hör doch auf mit diesem ganzen zionistischen Gelabere, hab ich zu ihm gesagt. Aber das war Quatsch. Denn das ist Zionismus, der aus dem Herzen kommt. Eschkol und mein Papa nebst Srulik und Ben Gurion sind die wunderbarsten Juden auf der Welt. Noch nicht mal in der Bibel hat's solche gegeben. Selbst die Propheten waren, bei aller Hochachtung, nichts weiter als Menschen, die sehr schöne Worte gesprochen, aber nichts getan haben. Doch unsere Alten, die haben vor fünfzig Jahren auf einmal begriffen, daß das Ende der Juden naht und eine große Katastrophe bevorsteht. Da haben sie ihr Leben in beide Hände genommen und sind alle zusammen losgelaufen – auf Leben und Tod und prall gegen die Wand. Und tatsächlich haben sie die Wand kleingekriegt und dafür gesorgt, daß wir ein Land haben, und dafür sag ich ihnen alle Achtung. Sogar laut heraus. Schrei's in die Gegend. Damit ihr es ein für allemal hört, ihr Berge und Hammadas und Wadis: alle Achtung für Jolek Lifschitz und Stutschnik und Srulik. Hoch lebe Ben Gurion und Eschkol. Ein Hoch auf den Staat Israel. Der kleine Finger von Berl Katznelson und all denen ist mehr wert als dieser ganze Scheißkerl Udi und mehr als ich mit Etan, Tschupke und Mosche Dajan. Wir sind kleine Stinker, und sie sind die Retter Israels. Auf der ganzen Welt gibt's heute keine so großen Menschen. Auch nicht in Amerika. Nimm nur mal einen Burschen wie diesen Saro, diese armselige Flasche: Die ganze Welt läuft doch mit dem Messer in der Hand hinter ihm her, seitdem er auf die Welt gekommen ist, und alle haben sie ihn umbringen wollen und hätten's beinahe auch getan – die Deutschen, die Russen, die Araber, die Polen, die Rumänen und wer nicht noch alles, Griechen, Römer, Pharaonen. Alle fallen sie wie Bestien über ihn her, um diesen feinfühligen Jungen abzuschlachten, der ein begnadeter Gitarrist ist und so schöne, gefühlvolle Gedanken hat.

Wenn mein Vater und Berl und Srulik und Gordon und all die nicht gewesen wären, wohin hätte Saro denn jetzt fliehen können? Wo auf dieser ganzen dreckigen Welt hätten sie ihn so aufgenommen, ohne viel zu fragen, und hätten ihm gleich Arbeit und ein Zimmer und ein warmes Herz und eine hübsche Frau und Achtung und ein neues Leben gegeben? Ein Hoch auf Ben Gurion und Eschkol, es lebe der Kibbuz, und alle Achtung für den Staat Israel. Ich wünschte, ich wär ein Mensch, wie es sich gehört, und nicht bloß so 'n verwöhnter Scheißer, so 'n Skythen-Tatare, und wär fähig, nicht einfach abzuhauen, sondern heute abend zu meinem Vater zu gehen und ihm schlicht zu sagen: zu Befehl. Bitte schön. Fang an, mir Aufgaben zuzuweisen. Wenn's die Werkstatt sein soll, dann eben die Werkstatt. Oder wenn ihr wollt, daß ich Berufssoldat werde oder einen nagelneuen Kibbuz aufbaue, zum Beispiel gleich hier mitten in der Arava, in dieser Salzsteppe, oder daß ich mich ganz allein bis Damaskus durchschlage und dort den Gynäkologen mit dem Zahnarzt zusammen beseitige – dann bitte schön: zu Befehl, Herr Kommandant. Ich führe alles haargenau nach euren Anweisungen aus. Stehe voll zu euren Diensten. Aber das einzige, was ich jetzt noch mit mir anfangen kann, nachdem ich ihnen alles gegeben habe, was ich hatte, ist, daß ich heute oder morgen nacht nach Petra geh und zum Wohl der Sache sterbe. Genau wie es dieser beschissene Sohn von König Saul in der Bibel gemacht hat, der nicht für das Königtum getaugt hat und auch sonst für nichts, außer im Kampf zu sterben und durch seinen Tod die Fackel des Lebens an einen anderen weiterzureichen, der wirklich gut war und was leisten konnte für den Staat und auch noch höchst Wichtiges zur Bibel beigetragen hat. Alle Achtung, alter Jonatan, der du auf seinen Höhen erschlagen liegst. Und alle Achtung, David, der einen Trauergesang frisch vom Herzen runtergeschrieben und das Volk Israel gerettet hat. Verzeiht mir, Professor Spinoza, daß ich erst nach einiger Zeit kapiert hab, wie weise Ihr gesprochen habt, als Ihr sagtet, daß jeder seine Aufgabe im Leben hat und ihm gar keine Wahl bleibt, außer der, die Aufgabe zu begreifen. Und daß man alles mit Sanftmut hinnehmen soll. Sanft wie der Negevwind mit all seinen Staubkörnern. Und diese Abenddämmerung, in der Berg und Hügel und Wadi, Felswand und schroffer Grat plötzlich wie in kaltem, dunklem Feuer erglühen und alles so still und erhaben ist, alles schweigt und auch dich still sein läßt, damit du endlich verstehst, daß das Leben nicht alles ist. Daß es noch andere Welten gibt. Welten von schwarzem Gestein, von Asphalt-Bitumen, von giftig-weißem Salz, das wie glühender Schnee ist, und von dunkelbraunem Feuerstein und von einem hellbraunen Stein, von dem ich nicht weiß, wie er heißt. Und daß es einen Purpurhimmel gibt am frühen Morgen, der am Abend violett und zitronenfarben ist und gedämpft rot auf den großen Bergkämmen im Osten. Daß es Geröllhänge gibt und Krater und spitz gezackte Felsblöcke, die im Licht der sinkenden Sonne wie schlummernde Urzeitbestien aussehen, und dann noch wild verzweigte leere Wadis und schwarze Menschen in kleinen Zelten auf den Dünen, umgeben von den Aschehäufchen ihrer Reisigfeuer und den Kotkügelchen der Esel und Kamele. Und daß alles, alles auf der Welt mit Verstand eingerichtet ist. Hervorragend gemacht. Sogar dieser Windgeruch muß dich doch lehren, dich nicht mehr wie ein verwöhnter Balg aufzuführen, sondern ein anständiger Mensch zu werden, der den sich schwarz verfärbenden Himmel ehrt und die Erscheinungen der Wüste und Vater und Mutter achtet und endlich auch gut ist, wie Asarja sagt und wie's bei Spinoza steht, wie du selbst sein wolltest, aber zu sein dich immer geschämt hast vor lauter Dummheit und lauter sinnlosen Sehnsüchten. Denn alle Sehnsüchte sind Gift. Da kommt schon gleich En-Hussub. Von da gehn wir mal ein bißchen zu Fuß. Bis wir sehen, was es gibt.

Im letzten Tageslicht gelangte Jonatan nach En-Hussub. Er dankte seinen beiden Fahrtgenossen, die sofort zwischen nur verschwommen erkennbaren Gebäuden verschwanden, lud sein Gepäck auf die Schulter und schickte sich an, Wasser und etwas Eßbares zu suchen. Die Lampen am Sicherheitszaun brannten bereits. Der Lärm des Generators vertrieb das Schweigen der Wüste. Der Ort war eine Art Zwischending zwischen Militärlager und verlotterter Grenzsiedlung. Eine Druseneinheit von Armee oder Grenzschutz benutzte ihn als Ausgangspunkt für ihre Patrouillen in der Arava-Senke. Außerdem hauste hier noch ein buntes Gemisch von Pflicht- und Reservesoldaten der verschiedensten Einheiten, Bergleute auf dem Weg von und nach Timna, alle möglichen Naturfans, Jugendgruppenmitglieder auf großer Fahrt, Beduinen, die in der einen oder anderen Form für die Sicherheitskräfte arbeiteten. Und auch ein hochgewachsener Pioniertyp, braungebrannt wie ein Araber, mit klaren blauen Augen und einem Tolstoibart, der auf die weißhaarige nackte Brust herabwallte, ging an Jonatan vorbei, während er so dastand und um sich blickte. »Ich wart auf meine Leute«, war das Motto, das er benutzen wollte, falls man ihn fragen würde, was er denn hier suche. Aber es fragte ihn kein Mensch, und auch Jonatan sprach niemanden an. Statt dessen warf er seinen Kram wieder auf den Boden, kratzte sich ausgiebig und guckte. Es eilte ja gar nichts. Heiseres Hundegebell. Irgendwo tief in der Dunkelheit singende Mädchen. Der Schatten der hohen Berge grenzte das Mondlicht ein. Die Gerüche von Lagerfeuern breiteten sich zwischen Zelten und Baracken aus. Mit hektischem Tuckern, hin und wieder durch den kleinen Knall einer Fehlzündung unterbrochen, arbeitete der Generator vor sich hin. Jonatan kannte En-Hussub von seinen Wüstentouren her: Von hier aus waren sie einmal paarweise zu einer nächtlichen Orientierungsübung ausgeschwärmt. Hierher waren sie vor zwei Jahren von einer nächtlichen Kommandoaktion zurückgekehrt, auf der sie bei As-Safi, südlich des Toten Meeres, tief auf jordanisches Gebiet vorgedrungen waren.

Sicherheitshalber, um auf keinen Fall erkannt zu werden, setzte Jonatan seine alte Wollmütze auf, die er bis über die Augenbrauen runterzog, und stellte den Kragen der Windjacke bis fast an die Ohren hoch. Nun hätte man ihn wahlweise für einen Soldaten, einen Nomaden oder einen ermatteten Boheme-fighter halten können. Er blieb noch einige Minuten neben einem übelriechenden Graben stehen, den man zwischen zwei Baracken ausgehoben hatte. Dunkel war's. Gelbe Lampen brannten. Jonatan machte sich einen Zeitplan. Erstens: essen und die Feldflasche auffüllen. Zweitens: sich hier in einen Graben oder zwischen die Bäume verziehen und in den Schlafsack kriechen. Vielleicht mußte man auch zwei bis drei Wolldecken abstauben, weil es hier nachts sehr kalt ist. Und morgen: die Morgenstunden verbummeln. Außerdem mußte man sich auch hinsetzen und die Karte gründlich studieren, um sich ein genaues Bild von den möglichen Routen zu machen.

Am besten, ich mach mich hier so gegen 2 Uhr nachmittags auf, schnapp mir eine Mitfahrgelegenheit gen Süden, bis Bir-Maliha ungefähr, um von dort nach Osten ins Wadi-Mussa reinzufinden, Richtung Dschabel-Harun. Sicher fliegt hier irgendein Heftchen oder was rum, daß man mal sehen kann, was Petra eigentlich ist und wie man da heil rein- und wieder rauskommt. Außerdem sollte ich das Gewehr ölen. Heute nacht wird hier 'ne Hundekälte sein. Und hungrig wie ein Wolf bin ich auch. Morgen hab ich schon einen Bart. Und zweiundzwanzig Stunden lang hab ich keine einzige Zigarette geraucht. Daraus folgt, daß alles in bester Ordnung ist, genau nach Plan. Jetzt also was zu essen suchen und noch 'n paar Wolldecken. Auf geht's.

»Hallo, Puppe?«
»Ja, Schätzchen.«
»Bist du zufällig von hier?«
»Ich bin zufällig aus Haifa.«
»Bist du hier stationiert?«
»Wer genau fragt denn eigentlich?«
»Das ist unwichtig. Wichtig ist, daß ich bald sterbe vor Hunger.«
»Ja, Herr Kommandant. Aber vielleicht sagst du mir trotzdem, zu wem du gehörst?«
»Das ist eine philosophische Frage. Da muß man mal bei Spinoza nachsehen. Wenn du wirklich möchtest, und unter der Bedingung, daß du mir vorher ein bißchen was zu essen gibst, biete ich mich freiwillig an, dir einen Kurzlehrgang über die Gerechtigkeit und die grundsätzliche Zugehörigkeit des Menschen zu erteilen. Einverstanden?«
»Sag, hat man dir mal verraten, daß deine Stimme ziemlich sexy ist? Bloß sieht man in der Dunkelheit nicht, wie du sonst ausschaust. Geh bei Dschamil nachfragen, ob noch kalte Kartoffeln übrig sind. Wenn du auch noch Kaffee haben willst, bist du eher schlecht dran. Wiedersehn.«
»Wart einen Moment. Was haust du denn gleich ab. Heißt du Ruthi? Oder Etti? Ich heiß zufällig Udi. Und zu deiner Kenntnis: Offizier im Spähtrupp. Ein Meter achtundsiebzig. Gut in Schach, Philosophie und Maschinentechnik, und heute nacht hier mutterseelenallein gestrandet, mindestens bis morgen. Also Ruthi oder Etti?«
»Michal. Du bist doch sicher Kibbuznik?«
»Gewesen. Jetzt bin ich eine Art Wanderphilosoph, der nach Lebenszeichen in der Wüste sucht. Und hungrig wie ein armer Köter. Michal?«
»Zu Befehl, Kommandant.«
»Weißt du, daß du eine vorzügliche Gastgeberin bist?«
»Ich begreif nicht, wo da der Haken steckt. Und außerdem ist mir kalt.«
»Gib mir was zu essen, und schon kriegst du Wärme. Schau, ich bin ganz allein hier und hab einen halben Zentner Ausrüstung auf 'm Buckel. Hast du denn kein bißchen Mitleid im Herzen?«
»Ich hab dir doch gesagt: Geh rauf zu Dschamil, vielleicht hat er noch ein paar kalte Fritten.«
»Welch überwältigende Gastfreundschaft! Du bist ein Schatz. Wie schön von dir, einen wildfremden Menschen mitten in der Wüste freiwillig bis in die Küche zu führen und ihm da Delikatessen vorzusetzen und hei-

ßen Kaffee zu kochen. Ich hab nämlich keine Ahnung, wo das ist, und ich kenn auch keinen Dschamil. Gehn wir? Gib mir die Hand, so, und nun führ mich mal schön zum Futter hin.«
»Was ist das denn hier? Vergewaltigung?«
»Bisher nur Unzucht. Aber wenn du mir gefällst, treiben wir's vielleicht ein bißchen weiter. Auf vollen Magen. Hast du mir nun gesagt, ich sei ungeheuer sexy, oder nicht?«
»Udi heißt du? Also hör mal, Udi. Ich nehm dich jetzt in die Küche mit und ich besorg dir auch Kaffee unter der Bedingung, daß du deine Pfote von mir runternimmst. Und zwar auf der Stelle. Und wenn du sonst noch Ideen hast, kannst du die lieber gleich vergessen.«
»Sag mal, du bist ein Rotschopf?«
»Woher weißt du das?«
»Steht alles bei Spinoza. Das ist ein Philosoph ersten Ranges. Wenn du mich gefüttert hast und mir noch heißen Kaffee hinstellst, kannst du bei mir einen Schnellkurs kriegen. Und wenn du noch andere Ideen hast, dann vergiß sie lieber nicht. Hier herrscht nämlich 'ne Hundekälte.«

Es war ein Liebesspiel, wie Jonatan es noch nie erlebt hatte. Weder demütigend noch beschämend, sondern wild und zart zugleich und von einer ausgeklügelten Präzision – die ganze Nacht hindurch bis zum frühen Morgen. Als besäße er eine Zwillingsschwester, deren Körper man zusammen mit seinem in einem Guß geformt hatte.

Nach dem Büchsenfleisch, den kalten Pommes frites und dem rußigen, ekelhaft süßen und sandigen Kaffee waren die beiden Arm in Arm zu ihrem Barackenzimmer neben dem Funkraum gegangen. Dort fand sich eine überflüssige Yvonne, der Michal, ohne mit der Wimper zu zucken, nahelegte, doch gefälligst bei Joram zu übernachten, »weil nämlich in diesem Zimmer jetzt die Liebe an der Reihe ist, und das wär sicher nicht gut für dich«. Dann war da ein schmales, hartes Feldbett. Und Hundebellen, die ganze Nacht. Und ein sonderbarer Wüstenmond ging vor dem nackten Fenster auf und wieder unter. Eine alte, erstickte Wut wallte in Jonatan auf, gefolgt von Zartheit und fieberhafter Hingabe: Was mag diesem armen Schiko passiert sein, der nachts ins Wadi rausgelaufen ist und gerade noch den Wolkenbruch gehört hat. Ich bin am Leben, und wie, noch nie bin ich so quicklebendig gewesen. Und ich halt eine Frau in den Armen.

Wegen der Kälte zogen sie sich nicht aus, sondern schlüpften lachend in

Der perfekte Frieden 859

voller Bekleidung zwischen die kratzigen Wolldecken. Er stützte sich auf die Ellbogen, um ihr Gesicht im Schein des aufgehenden Mondes zu betrachten, beugte sich nieder und küßte ihre offenen Augen, stemmte sich wieder hoch, senkte den Kopf und schaute sie lange an, wobei er sie sagen hörte: Du bist schön und traurig. Und ein großer Lügenbold obendrein. Mit der Fingerspitze zog er die Linien ihrer Lippen und ihres Kinns nach, langsam, bis sie seine beiden Hände nahm und ihm in jede Handfläche eine Brust drückte. Jonatan genoß schweigend Schritt für Schritt, bedächtig und aufmerksam, als müßte er sich mitten in der Nacht vorsichtig durch unbekanntes Wüstengelände vortasten. Bis Michal unter den Schichten von Decken und Uniformstücken sein Glied gefunden hatte. Sie küßte es im Mondlicht und rief lachend mit Worten, die er ihr vorher gesagt hatte: Du überspannter Wanderphilosoph, suchst wohl nach Lebenszeichen in der Wüste. Seine Finger wühlten sich bis zu ihrer Scham vor und spielten da ein besinnlich verhaltenes Andante, bis sie anfing, sich ihm entgegenzuwölben und zu krümmen, und er ihr lachend sagte: Was ist? Hast du keine Zeit? Sie antwortete mit Beißen und Kratzen. Und Jonatan erwiderte ganz leise: Dein Name ist Frau, und meiner – Mann. Dann knöpfte er ihre und seine grobe Uniform auf, streichelte ihren Bauch und ihre Schenkel und dann, mit beiden Händen, erst die eine, dann die andere Brust. Zart und doch heftig verband er Sanftheit mit Kraft in einem so ausgewogenen Verhältnis, daß sie ihn anflehte: nun komm doch, komm, du Irrer, du, ich kann schon nicht mehr, komm. Und er: still, wo brennt's dir denn, wobei sein Glied wie der Stock eines wütenden Blinden in kreisförmigen Bewegungen auf ihr herumfuchtelte, sich wie eine Schlange vorwärts unter die Schichten ihrer Kleidung wand, gegen ihren Bauch und ihren Venushügel schlug, bis es plötzlich gefangen war und mit einem Schwupp nach Hause glitt. Jetzt hielt Jonatan leicht entspannt inne, bis das Beben kam. Da begann seine Braut unter ihm zu wogen, biß ihm ins Ohr und kratzte ihm kreuz und quer über den Rücken und stöhnte: komm schnell, ich sterbe. Da entflammte Jonatan und stieß wieder und wieder zu und stöhnte und schlug und peitschte und warf um sich, als müßte er starke Wände zertrümmern, und stürmte und überwältigte sie derart, daß er ihr ein Schluchzen entlockte und dann noch eines, bis auf einmal auch er wie ein angeschossener Hund aufschrie und zu winseln begann, als ob sich all seine Wunden geöffnet hätten und sein Blut in alle Richtungen verströmte. In seinem ganzen Leben hatte er sich noch nie so geöffnet.

Süße Lust erfaßte die Wurzel seines Glieds und breitete sich rasch über Bauch und Rücken aus, um von da über die Wirbelsäule bis in den Nakken, bis an den Haaransatz zu klettern und zugleich die Füße erzittern zu lassen. Und sie sagte zu ihm, du weinst mir ja Tränen, mein Kleiner, hast eine Gänsehaut und guck mal, sogar die Haare stehn dir zu Berge. Sie küßte ihn auf Mund und Gesicht, und er sagte ihr schnaubend und prustend, wir sind noch nicht fertig, ich hab noch mehr. Du bist ja verrückt, sagte sie, total durchgedreht, aber er verschloß ihr die Lippen mit seinem Mund und machte es ein zweites Mal und ein drittes. Meschuggener, ich hab nicht genug Puste für dich. Frau, antwortete er ihr, Frau, ich hab in meinem Leben noch nicht gewußt, daß sich so eine Frau anfühlt. Und sie lagen umschlungen da und schauten zu, wie sich der Mond davonmachte.

»Morgen segelst du wieder ab, Udi, zurück zu deiner Einheit?« – »Ich hab keine Einheit, und ich heiß auch nicht Udi. Aber ich hab morgen eine Aufgabe, die ich erledigen muß.« – »Und hinterher kommst du zu mir zurück?« – »Schau mal, Frau, diese Frage hasse ich zufällig außerordentlich.« – »Aber du hast eine Anschrift, ein Zuhause irgendwo?« – »Gehabt. Jetzt nicht mehr. Vielleicht im Himalaya oder in Bangkok oder auf Bali.« – »Ich würd mit dir dahin gehen; würdest du mich mitnehmen?« – »Weiß nicht. Vielleicht. Warum nicht. Michal, hör zu.« – »Was, Kindchen?« – »Du wirst mich nicht Kindchen nennen. Ich hab mal Joni geheißen, und jetzt hab ich keinen Namen. Ich hab gar nichts.« – »Genug, red jetzt nicht. Wenn du still bist, kriegst du einen Kuß.«

Danach kuschelten sie sich in die Decken, weil es noch kälter geworden war, und vielleicht schliefen sie auch ein bißchen, bis sie ihn vor Tagesanbruch weckte und ihm lachend zuflüsterte: Komm, wir schaun mal, ob du immer noch so ein Held bist. Da machte er es ihr diesmal nicht mit wütendem Bohren wie der Pflug in der Ackerkrume, sondern sehnsuchtsvoll still wie ein Kahn im spiegelnden Wasser.

Um vier oder fünf Uhr, noch bevor sich das erste blasse Licht im Fenster zeigte, stand Michal auf, brachte ihre Uniform in Ordnung und sagte: Schalom, Udi-Joni-Liebling, ich muß den Jeep schnappen, der nach Schivta rausfährt. Falls du noch da bist, wenn ich heute abend zurückkomme, versuchen wir vielleicht, ein bißchen miteinander zu reden. Er brummte oder stöhnte im Schlaf und pennte weiter, nachdem sie längst gegangen war, bis ihn die Lichtfinger im Fenster und das hartnäckige Kläffen eines Hundes weckten. Er machte Licht, zog sich an und kochte einen arabischen Kaffee. Dann befingerte er freudig seinen wachsenden Bart, brachte hastig das Bett in Ordnung und fischte aus dem Wandschränkchen eine Militärbroschüre mit dem Titel »Besondere Stätten in Wüste und Arava«. Von dem zweiten Bett nahm er ohne Skrupel eine graue Armeedecke. Nun riß er die Tür weit auf, stellte sich auf die Schwelle und pinkelte ausdauernd ins Freie, mit schräggestelltem Kopf und zusammengepreßten Lippen, als würde er immer noch schlafen und träumen.

Die morgendliche Kälte war stechend, aber angenehm. Jonatan wickelte sich in seine Jacke, legte sich die mitgenommene graue Decke wie einen Gebetsschal um, stand mit dem Gesicht gen Osten und blickte zu den Bergen auf. Dünn und matt wie antikes Glas füllte sich die Luft mit Erwartung. Die Lampen am Zaun brannten noch. Vermummte Gestalten kreuzten im Laufschritt von Baracke zu Baracke, von Zelt zu Zelt. Dahinter breiteten sich tief und gelassen die großen Wüstenflächen aus und warteten auf das Ende der Nacht. Jonatan blinzelte in den Ostwind, zog die Mütze tiefer und schlug den Jackenkragen hoch. Seine Nüstern weiteten sich wie bei einem von Fernweh ergriffenen Tier, während sein ganzer Körper von der geheimen Begierde durchströmt wurde, jetzt sofort loszulaufen, loszurennen, mitten hinein in den Schoß der Berge, hinein zwischen die Wadis und Schluchten, hinauf zu den glatten Steilwänden, wo Steinbock und Gazelle hausen und die Wildkatze sich versteckt hält, und weiter hinauf zu den mächtigen Zinnen, an denen vielleicht Geier, Greife und Adler nisten und Vipern und Ottern sich schlängeln. Einen sonderbaren, feuchtkalten Zauber übte plötzlich die Wüste auf ihn aus – all diese Namen, die ihm vom Kartenstudium oder vorausgegangenen Wanderungen und Militärübungen bekannt waren: die Berge Ardon, Gasron und Loz. Der Hainberg, auf dem es keinen Hain gibt. Der Arif-Berg und das Zichor-Massiv. Das Meschar-Becken. Und das Schisafon-Plateau, auf dem er und Rimona vor tausend Jahren mal vier, fünf verlassene Kamele schemenhaft am Horizont entlangirren sahen. Das Je'elon-Becken und all jene in der glühenden Sonne röstenden Senken, ohne Baum und Strauch und ohne einen Menschen, der auch nur einen Schatten auf sie werfen könnte. Die Uvda- und die Späher-Senke. Die weiten Hammadas. Irgendwo nördlich des Ramon-Kraters zogen sich die einsamen Weiten eines anderen abflußlosen Beckens dahin, das den Namen Meschar-Haruchot trägt – Bekken der Winde oder der Geister oder vielleicht auch der Windgeister. Was war denn mein Leben all die vielen Jahre: zwischen Zitrushain und Speisesaal, zwischen dem toten Doppelbett und diesem Ausschuß oder jener Beratung. Hier bin ich zu Hause, denn hier gehöre ich nicht ihnen. Preis und Dank für diese Schönheit. Für Michal. Für jeden Atemzug. Für den Sonnenaufgang. Eigentlich müßte ich in diesem Augenblick begeistert in die Hände klatschen. Oder so – mich tief verneigen.

Die allerersten Lichtflecken der aufgehenden Sonne tanzten bereits auf den westlichen Bergspitzen hinter Jonatans Rücken. Und da stieg der feurige Glorienschein auch schon über das Gebirge von Edom, während gleich darauf mit gelbgrün und violett glühender Flammenschrift, mit sonderbar überirdischem Funkensprühen in mattem, furchtbarem Gold eine Zackenspitze entbrannte, der Himmel wie eine Wunde aufriß und eine blutrote Sonne hervorbrach. Das ist mein letzter Tag, morgen bei Sonnenaufgang bin ich bereits tot, und das ist sehr gut und recht für mich, weil ich mein ganzes Leben lang gewartet habe – und nun bekomm ich's. Mir ist jetzt richtig kalt in den Knochen. Vielleicht ist diese Kälte schon der Anfang des Todes: was für eine ungeheure Ehre sie mir im Himmel und in den Bergen und auf der Erde erweisen! Während der nächsten Stunde muß ich erst mal diesen Dschamil finden und etwas essen, mir den Bauch vollschlagen. Außerdem muß ich das Gewehr reinigen und ölen und auch ein bis zwei Stunden ganz still dasitzen, um mir die Karte einzuprägen und mit Verstand die beste Route auszuwählen. Es wär richtig gut, jetzt eine Zigarette zu rauchen, aber ich rauch ja nicht mehr. Oder dieser Michal ein Briefchen zu schreiben und es ihr aufs Bett zu legen. Nur, ich hab ihr ja nichts zu sagen – und auch sonst keinem Mann und keiner Frau auf der ganzen Welt. Hab ich eigentlich auch nie gehabt. Außer vielen Dank. Und das ist doch dumm. Soll Asarja das Sagen für mich übernehmen, weil das seine Aufgabe ist. Und die Aufgabe meines Vaters und Eschkols und Sruliks und so weiter. Derer, die reden können. Und auch sehr gern reden.

Ich jedenfalls hätte aus einer Entfernung von eineinhalb Metern ohne weiteres getroffen, wenn ich wirklich gewollt hätte. Aber der beiden Herz war nicht recht. Ein Bravo für den guten Benja, der keinen Tropfen Blut vergossen hat. Mein Herz ist jetzt recht. Und zwar sehr. Das Licht blendet nun schon ein bißchen. Verherrlicht? Und geheiligt? Werde sein großer Name? Sagt man so am offenen Grab? Weiter kann ich mich nicht entsinnen. Brauch ich auch nicht: mich finden sie sowieso nie. Auch keine Leiche. Nicht mal einen Schnürsenkel. Ich hab mich hier lange genug rumgetrieben, um zu sehen, daß das nichts für mich ist. Was ich nur angefaßt habe, ist falsch gelaufen. Aber diese Schönheit nehm ich mit Freuden an und sag immer wieder, wenn man so sagen darf: vielen Dank für alles. Jetzt was zu essen suchen. Dann anfangen, die Sache in Gang zu setzen. Inzwischen ist es nämlich schon sechs oder sieben, genau weiß ich's nicht. Meine Uhr ist stehengeblieben, weil ich sie vergessen hab aufzuziehen.

3.

»Ein Glas Tee? Oder einen kleinen Kognak?« fragte Jolek. »Und du mußt wissen, daß das nur wieder meine alte Allergie ist. Sonst hab ich seit dem Tag, an dem es passiert ist, keine Träne vergossen. Auch will ich nicht verhehlen, daß mich – als die Tür plötzlich aufging und du reinkamst, mich umarmtest und mir diese Worte eben sagtest – für einen kleinen Augenblick so ein starkes inneres Gefühl übermannt hat. Aber jetzt hab ich mich schon wieder in der Hand. Fertig. An Chawa wirst du dich noch erinnern. Und hier zu meiner Linken, das ist Srulik, mein Nachfolger, der neue Sekretär von Kibbuz Granot. Das ist ein wahrer – verborgener – Heiliger. Wenn ich nur zehn Leute wie ihn hätte, würde ich Welten in Bewegung setzen.«

»Ein herzliches Schalom, Srulik. Bleiben Sie nur sitzen. ›Ich war jung und bin alt geworden‹, wie das Gebet sagt, und kann mich doch nicht entsinnen, aus Jolek Lifschitz' Mund jemals ein gutes Wort über irgend jemand anderen gehört zu haben. Und was dich anbetrifft, Chawa, da stockt mir die Rede: Ich umarme dich in Gedanken und bewundere deinen Heldenmut.«

»Chawa. Wenn es dir nicht zu schwerfällt: Könntest du bitte ein Glas starken Tee für Eschkol aufbrühen, ohne ihn erst groß zu fragen, und aus demselben Kessel gleich auch noch für deinen teuren Srulik und für Rimona und Asarja? Mir brauchst du nichts zu bringen; Rimonka wird so gut sein, mir einen klitzekleinen Kognak einzuschenken, und damit ist es genug.«

»Hört zu, meine lieben Freunde«, begann der Ministerpräsident, der zwar ziemlich zerknittert zwischen den Lehnen des schmalen Kibbuzstuhls saß, aber doch seine ganze Umgebung beherrschte: ein wahrer Berg von einem Mann, groß, breit und klobig, von Erosionsfurchen durchzogen, mit eigenartigen Ausbuchtungen, Speckwülsten und Hautsäcken bewachsen – ein von Felsstürzen heimgesuchter Bergkegel. »Ihr sollt wissen, daß ich schon zwei Tage lang nicht den Gedanken an das verdrängen kann, was ihr jetzt durchmacht. Das Herz krampft sich zusammen, und das Hirn ist wie von bösen Skorpionen gemartert, seit man mir von eurem Kummer berichtet hat. Und die Furcht, wie soll ich sagen, nagt an einem.«

»Danke«, rief Chawa aus der mit dem Zimmer verbundenen Kochnische, wo sie Festtagstassen auf ein Tablett stellte, Rimona eine weiße Tischdecke in die Hand drückte, Apfelsinen schälte, die Schnitze mit viel Überlegung auf einer mit einem Chrysanthemenmotiv geschmückten Platte verteilte und schließlich auch die Papierservietten nicht vergaß: »Schön von dir, daß du dir die Mühe gemacht hast, uns aufzusuchen.«

»Was heißt danke, Chawa, was gibt es denn da zu danken? Ich wünschte, ich könnte heute als Überbringer guter Nachrichten auftreten und nicht als Tröster in der Not. Vielleicht wäre es am besten, ihr würdet mir alles der Reihe nach erzählen? Wollt ihr etwa sagen, daß der Bursche sich auf und davon gemacht hat, ohne euch auch nur ein Zettelchen zu hinterlassen? Na, das ist ja eine schöne Geschichte. Im Jiddischen sagt man: Kleine Kinder – kleine Sorgen, große Kinder – große Sorgen. Bitte, Chawa, ohne Tee und großen Aufwand. Ihr habt also bis zum heutigen Tag noch keinerlei Nachricht von ihm erhalten. Na. So ein Draufgänger. Und ob unser Jolek mir nun verzeihen wird oder nicht, möchte ich hinzufügen: der draufgängerische Sohn eines Draufgängers. Gott weiß, welche Leiden ihn zu seinem Weggang getrieben haben. Aber nun erzählt mir möglichst alles von Anfang an.«

»Mein Sohn«, sagte Jolek, indem er die Zähne zusammenbiß wie jemand, der eine Eisenstange mit bloßen Händen krumm biegen möchte, »mein Sohn ist in die Irre gegangen. Durch meine Schuld.«

»Jolek, bitte«, mischte Srulik sich vorsichtig ein, »es hat doch keinen Sinn, so zu reden und damit die Schmerzen nur noch zu vermehren.«

»Recht hat er«, sagte Eschkol, »es hat keinen Sinn, Quatsch daherzureden. Auch mit solchem Dostojewski-Gehabe tust du uns keinen guten Dienst, Jolek. Ihr habt sicher schon alles getan, was getan werden konnte und mußte. Warten wir also einige Tage ab und sehen zu, wie sich die Dinge entwickeln. Auch ich habe mich sofort an zwei, drei Vertraute in entsprechender Position gewandt und sie inständig gebeten, die Sache so zu behandeln, als würde es sich um meinen eigenen Sohn handeln. Oder um ihren. Auch den Banditen von der Presse bin ich zu Füßen gefallen und hab sie angefleht, sich zurückzuhalten und uns da keinen Zimmes zu kochen. Vielleicht erbarmen sie sich unser und halten wenigstens für einige Tage dicht, bis der Junge – wie heißt er doch noch? – heil wieder zurück ist und alles sein gutes Ende hat.«

»Hab Dank«, sagte Jolek, und Chawa fügte hinzu: »Er heißt Jonatan. Und du warst immer schon ein guter Mensch; nicht so wie die anderen.«

»Das«, scherzte Eschkol, »würd ich gern schriftlich von dir haben.«

Chawa trug das Tablett herein, und Rimona half ihr, den einfachen viereckigen Tisch zu decken, dem man ansah, daß er noch aus den Notstandszeiten stammte. Dann bot Chawa zur Wahl Tee und Kaffee, Zucker oder Saccharin, Zitrone oder frische Milch, Kekse, Grapefruit- und Orangenschnitze, hausgemachte Cremetorte und erfrischende Mandarinen. Srulik unterdrückte ein leises Lächeln, weil Chawas eifrige Bemühungen einen unausgesprochenen, aber nichtsdestoweniger entschiedenen Verdacht in ihm stärkten, den er schon lange hegte. Gegen die Fensterscheibe bumste verzweifelt eine dicke grüne Fliege. Draußen strahlte ein kristallgrüner Sonnentag, durchweht von einem kühlen Meereslüftchen. Ein altmodisches braunes Rundfunkgerät von erheblichen Ausmaßen stand diagonal auf einem niedrigen Bord in Reichweite von Joleks Sessel. Jolek schlug vor, die Nachrichten anzuhören, doch bis sich das Gerät warmgelaufen hatte, war der Sprecher schon beinahe am Ende. Abd el-Nasser hatte in Assuan den Größenwahn des zionistischen Zwerges verspottet. Oppositionsführer Begin warf der Regierung servile Gettomentalität vor und forderte sie auf, unverzüglich einer entschlossenen Nationalen Front Platz zu machen. Das Wetter würde sich weiter aufklaren. In Galiläa könnte es noch vereinzelt zu leichten Regenschauern kommen.

»Alles wie gehabt«, seufzte Eschkol, »die Araber verhöhnen den jüdischen Überlebenskampf, und die Juden beschimpfen mich. Egal. Wohl bekomm's ihnen. Sollen sie sich doch nach Herzenslust austoben. Unter uns gesagt, kann ich jedoch nicht verhehlen, daß ich heute ein sehr, sehr müder Mann bin.«

»Dann ruh dich aus«, sagte Rimona, ohne die Augen zu heben.

Die schöne Rimona trug braune Kordhosen und einen weinroten Pulli.

Als wollte sie gleich ihren eigenen Rat befolgen, ließ sie ihren Kopf auf Asarjas Schulter sinken, während sie einträchtig nebeneinander auf der Couch saßen. »Genug«, meinte Chawa, »mach das Radio aus.«

In langen Reihen standen Joleks Bücher auf dem Regal und dazwischen hier und da Bilder: Amos und Jonatan. Josef Bussel, einer der Urväter des Kibbuzgedankens, mit Jolek. Jolek in Gesellschaft von Arbeiterführern aus aller Welt. Und aus einer großen Porzellanvase sprossen fünf Disteln in unsterblicher Blüte. Aufgerieben, gequält und doch ungeheuer eindrucksvoll kamen Asarja diese beiden alten Politiker vor, die die ganze Zeit über bedacht waren, sich ja nicht in die Augen zu sehen. Sie thronten einander gegenüber wie die Ruinen zweier uralter Festungen, in deren mächtigem, halb eingestürztem Gemäuer über dunklen Verliesen noch immer geheimnisvolles Leben nistet – durchweht vom Atem längst vergangener Kriege, von Hexerei, Greueltaten und ausgeklügelter Folterqual, umschwirrt von Fledermaus, Eule und Kauz. Zwischen diesen beiden Trutzburgen spannte sich vermeintliche Ruhe, dem Ysop gleich, der sich über geborstenes Mauerwerk rankt. Die Gegenwart schlummernder Macht erfüllte den Raum mit der Aura glanzvoller Majestät, und so etwas wie ein geheimnisvoller, verschlungener und schwer faßbarer Strom floß gelegentlich zwischen den beiden hin und her, wenn sie redeten, aber auch wenn sie schwiegen: die Animosität einer alten Liebe – wie fernes Donnergrollen – und die matten Überreste gewaltiger Stärke, die Asarjas ganzes Ziel war. Mit aller Macht wollte er die beiden berühren, dann wieder von ihnen berührt werden und mit List und Tücke in ihren unsichtbaren Bannkreis eindringen, um sie endlich aus ihrer Ruhestellung aufzuscheuchen.

Er kniff seine grünen Augen zusammen und begann, den Ministerpräsidenten mit einem langen, stechenden Blick zu fixieren. Irgendwann hatte er nämlich einmal in einem indischen Buch gelesen, ein solcher Blick könnte den anderen zwingen, einem die Augen zuzuwenden. Er sehnte sich danach, Eschkol diesmal so in seinen Bann zu ziehen, daß er ihn anblickte, ihn ansprach, ihm eine alltägliche Frage stellte, um dann eine derart bemerkenswerte Antwort zu erhalten, daß er mehr und immer mehr würde hören wollen. Die Greifbarkeit seiner ermüdeten Autorität, die fesselnde Häßlichkeit dieses Mannes, den Asarja bisher nur von wohlwollenden Zeitungsaufnahmen und bissigen Karikaturen her gekannt hatte, seine feisten, von braunen Altersflecken übersäten, schlaff auf der Stuhllehne ruhenden Hände, die große goldschimmernde Uhr, die an einem ausgeleierten Riemen am Handgelenk baumelte, die aufgeschwemmten Leichenfinger, die schrumplige Eidechsenhaut – all das weckte in Asarja eine fieberhafte Erregung, die fast an körperliche Lust grenzte: eine drängende, wahnsinnige Sehnsucht, sich in diesem Augenblick auf den Staatschef zu stürzen und sich stürmisch an ihn zu schmiegen, sich ganz fest in diese unförmigen Arme zu drücken, um dann den glühenden Kopf ohne jede Scham auf die alten Knie zu legen und alles restlos zu beichten, aber auch seinerseits ein Sündenbekenntnis zu verlangen. Mit Gewalt wollte er die Sanftmut und Barmherzigkeit spüren, die doch sicher in einem Kellergewölbe dieser zerbröckelnden Festung verborgen lagen. Erlöst werden und auch erlösen wollte er. Plötzlich ließ er jedoch erschrocken und angewidert von seinen magischen Versuchen ab und schwor sich insgeheim, diesmal auf jeden Fall zu schweigen, um sich nicht wieder lächerlich zu machen. Jolek. Papa. Srulik. Papa. Eure Leiden. Ich auch. Eure Einsamkeit. Ich gehör auch mit dazu. Eure Liebe, die zu Schutt und Asche geworden ist. Meine innige Liebe zu euch. Wenn ich doch nur drei, vier einfache Worte finden könnte, um euch Liebe zu spenden. Euch einfach zu sagen, nicht zu sagen – zu versprechen, euch mein Ehrenwort darauf zu geben, daß noch nicht alles verloren ist. Ich bin euer Knappe, euer Diener und Gehilfe, der sich im Staub eurer Füße badet. Ich bitte euch: Zieht auch mich in Betracht. Auch ich bin euer Kind, nur ich bin's, und ihr – auch wenn ihr's nicht wißt: um dieses Kind habt ihr gebetet. Bitte, verachtet mich nicht. Ich flehe euch an. Laßt mich Wasser über eure häßlichen Hände gießen. Wenn ich Gefallen in euren Augen gefunden habe, dann prüft mich und überzeugt euch selbst. Ich melde mich freiwillig, Jonis Stelle einzunehmen. Und ich bin auch gern bereit, eines Tages euch abzulösen. Wenn ihr wollt. Gebt den Befehl – und ich spring ins Feuer. ›Feuer‹ hab ich nicht aus Witz gesagt, denn es ist tatsächlich ein Brand im Anzug, und ich bin der Dorfnarr, der als erster schreit: Ihr Jidden, 's brennt. Da ist das Feuer, und da ist das Holz, und dort blitzt das Messer, und ich werde – wenn ihr wollt – das Lamm fürs Brandopfer anstelle eures einzigen Sohnes sein. Nur laßt um Gottes willen von diesen Albernheiten ab. Bitte hört auf mit den jiddischen Witzen und dem Parteiklatsch, laßt Tee und Kekse stehn, damit uns die Katastrophe nicht in widerlich banaler Sorglosigkeit überrumpelt.

»Eschkol, hör zu«, begann Jolek nach längerem Schweigen, »vielleicht ist dies nicht der passende Ort oder Zeitpunkt ...«

»Was, wie, wo? Worum geht's hier plötzlich?« fuhr Eschkol aus dem Schlaf hoch und schlug die Augen auf.

»Hör zu, hab ich gesagt: Vielleicht ist dies nicht der passende Ort oder der richtige Zeitpunkt, aber ich hatte schon lange das Bedürfnis, dir zu sagen, daß ich, wie soll ich's ausdrücken, dich ein bißchen um Verzeihung bitten muß. Wegen dem, was ich auf der letzten Sitzung über dich gesagt habe. Und auch wegen anderer Dinge. Ich bin zu hart mit dir umgesprungen.«

»Wie üblich«, bemerkte Chawa trocken.

Und Srulik lächelte wieder ganz, ganz leise sein rätselhaft verschlossenes, leicht melancholisches Chinesenlächeln.

»Asoi«, sagte Eschkol, wobei seine hellwache, humorvolle Miene nicht ahnen ließ, daß man ihn gerade erst beim Schlummern ertappt hatte, »natürlich schuldest du mir eine Rechtfertigung, Reb Jolek. Und was für eine. Während ich meinerseits, wenn man mal ganz offen sprechen darf, dir schon seit langem eine gehörige Tracht Prügel schulde. Also hör mal, du Gauner: Vielleicht treffen wir eine Abmachung und einigen uns auf einen Vergleich? Sagen wir, du verzichtest auf deine Rechtfertigungen, und ich unterlasse es dafür, dir die Zähne auszuschlagen? Was? Abgemacht, Jolek? Sind wir quitt?« Und mit veränderter Stimme setzte er hinzu: »Hör bitte auf, solchen Unsinn zu reden.«

Sie lachten. Und hörten wieder auf. Doch da setzte Srulik sein feines Lächeln auf und bemerkte höflich: »Aber bitte schön, warum nicht? Asarja und ich räumen alle Möbel zur Seite, und ihr beiden kämpft das ein für allemal zwischen euch aus. Nur frisch drauflosgedroschen nach Herzenslust. Wohl bekomm's.«

»Hört nicht auf ihn«, sagte Rimona leise, »Srulik hat es nur im Scherz gemeint.«

»Ach, Schätzchen«, dröhnte Eschkol, indem er mit einem dicken, blassen Finger auf sie wies. »Nur keine Angst, Krassaweza, schließlich sind wir, mit Verlaub gesagt, eine Bande alter Ganoven, bei denen die Kraft in der Zunge und nicht in den Lenden sitzt. Die Tage sind vorbei, an denen ich anständige Kinnhaken austeilen konnte. Und unser Jolek ist in seinem ganzen Leben noch nicht fähig gewesen, sich wirklich und wahrhaftig zu entschuldigen – ganz gleich, was er jetzt sagt. Das hat er übrigens mit Ben Gurion gemeinsam, was wiederum heißt, daß er sich in ausgezeichneter Gesellschaft befindet. Danke, ich nehme keinen Zucker. Ich trinke meinen ohne.«

Der perfekte Frieden

Ohne Furcht und noch in dieser Sekunde werde ich sprechen. Über alles. Denn ihre Seele ist ja eingedämmert in ihnen. Sie schlafen mitten in einem brennenden Haus, diese schrecklichen Tattergreise. Albern da blöde herum, diese seichten Spießbürger, diese glückseligen Gemeindevätertypen. Mit ihren verloschenen Seelen hätten sie auch bald noch Joni ausgelöscht, wenn der sich nicht auf und davon gemacht hätte. Geflohen ist er vor ihnen mit seiner letzten Kraft, bis in die Berge, bis in die Wadis hinein, um die hellsten und klarsten Grundsätze seiner Seele vor ihnen zu retten. Mit Recht hat er das gemacht, und hoffentlich läuft er bis ans Ende der Welt vor ihnen weg und kommt nie, nie wieder zurück. Sind ja ganz aufgefressen und verrottet vor lauter Listen, Ränke und Intrigen, diese uralten Lebemänner, die voll böser Krankheiten stecken, diese schwächlichen Halunken mit ihren aufgedunsenen Leibern, die schon in gärige Verwesung übergegangen sind vor lauter Haß. Verrostete Seelen sind das, vom Weg abgekommene Juden, die nicht einmal den Geruch des Meers aufnehmen können. Tausend Jahre sind schon vergangen, seit sie zum letzten Mal in die Sterne am Himmel geschaut haben. Tausend Jahre lang haben sie weder Sonnenaufgang noch Sonnenuntergang gesehen, keine Sommernacht und keine im Wind schwankenden Zypressenwipfel bei Mondschein. Sinnlos auf der Erde umherirrende Totengeister, deren Geruch die Erde verabscheut. Heruntergekommene Gestalten, denen das Schweigen des Bodens, die Stille von Wüste und Meer ewig fremd bleiben, fremd wie das Wispern des Laubes in der Abendluft, wie die Düfte des Winters, fremd, wie sie selbst ihrem eigenen Fleisch und Blut gegenüber sind. Tot. Tote Moloche, die ihre Kinder auffressen. Ewig berechnende, in billigen Affekten schwelgende Geister, die ihre Spinnweben über uns breiten. Armselige, grausige Ungeheuer. Tot, mausetot. Und mir obliegt es nun, ihnen die Augen zu öffnen. Noch heute muß ich das tun, jetzt, in diesem Augenblick, und wenn sie mich wieder als wahnsinnigen, geisteskranken Psychopathen ansehen, macht mir das gar nichts aus. Ich hab schon mehr als genug wie ein verlassenes Hündchen um ihre erloschene Liebe gebettelt. Es gibt keine Liebe in ihrem Herzen, keinen Gott. Finsternis und Moder herrschen dort. Tot, einfach tot. Barmherzigkeit liegt ihnen fern. Der eine ein wabbeliger Menschenberg wie der verweste Leib eines Dinosauriers, und der andere eine Art mißratener Gorilla mit verschlissenem Löwenhaupt über hängenden Schultern und Kugelbauch auf Streichholzbeinchen, die behaart sind wie beim Neandertaler. Zwei antike Despoten, die haßerfüllt, einen Fluch auf den Lippen, dahinscheiden. Tot, nichts als tot. Nur ein blöder Hund würde sich da randrängen und Liebe von ihnen erbitten oder auch nur mit dem Schwanz wedeln. Ich werd mit der Faust auf den Tisch hauen. Ich werd auf sie einreden, bis die Wände erblassen. Ich werd ihnen Angst und Entsetzen einjagen, ihnen verkünden, daß alles längst verloren ist und Jonatan ganz schlicht und einfach vor ihnen um sein Leben geflohen ist, weil er das Schiff sinken sah. Wenn ich bloß eine Zigarette hätte. Ich glaub, er ist wieder eingepennt.

»Wenn ich meine persönliche Meinung äußern darf«, begann Srulik, »so glaube ich nicht, daß der Junge das Land wirklich schon verlassen hat. Es wäre unwahrscheinlich. Aufgrund meiner Intuition und ohne irgendwelche handfesten Beweise schätze ich, daß er hier irgendwo heil und gesund ohne festes Ziel umherwandert. Wer von uns ist denn nicht schon mal insgeheim in Versuchung gekommen, plötzlich alles stehen- und liegenzulassen und einfach loszuwandern?«

»Masel tow«, zischte Jolek angewidert, »ein neuer Psychologe ist uns erstanden. Gleich wirst du auch noch ein Plädoyer für diese Tatarenmode halten, die sich Selbstverwirklichung nennt.« Joleks Miene füllte sich mit bitterem Hohn, und das Wort »Psychologe« betonte er aus irgendeinem Grund ausgerechnet auf der zweiten Silbe: Psychooologe.

»Genosse Eschkol«, warf Chawa ein, »vielleicht sagst du uns mal: Wozu hat er eine Waffe mitgenommen?«

Der Ministerpräsident seufzte. Seine Augen schlossen sich hinter den dicken Brillengläsern, als würde Chawas Frage die Waagschale nun endgültig zugunsten von Müdigkeit und Kummer senken. Oder als müßte er sich wieder in die Tiefen des Schlummers zurückziehen. Schwerfällig auf seinem Stuhl sitzend, beherrschte er ohne Worte und ohne Bewegung den ganzen Raum. Das Hemd ein wenig aus dem nachlässig geschlossenen Hosengürtel gerutscht, die Schuhe mit Schlammspritzern bedeckt, das Gesicht einem knorrigen Astknoten in einem alten Olivenbaum gleichend, und er selber tief in die Wirren seiner Krankheit und Sorgen versunken wie eine altersschwache Meeresschildkröte, sagte er nach langem Schweigen fast im Flüsterton: »Das ist schwer, Chawa.« Und fügte hinzu: »Nicht nur das. Alles ist schwierig und kompliziert. Nicht, daß ich hier eine Analogie herstellen will, aber alle strecken sie heute gewissermaßen ihre Hand nach der Waffe aus. Irgendwas ist fehlgelaufen. Irgendwo zu Anfang des Weges hat sich womöglich ein Fehler in unsere große Grundrechnung eingeschlichen. Nein, nein, ich bin nicht gekommen, um meine Sorgen vor euch auszubreiten. Im Gegenteil: Ich wollte euch Mut machen, und nun streue ich unwillentlich noch Salz auf eure Wunden. Vielleicht sollte ich lieber aufstehen und meiner Wege gehen, statt Wehmut über euch auszugießen. Wir alle müssen jetzt die Zähne zusammenbeißen und stur an der Hoffnung festhalten. Nein danke, junge Schönheit, bitte schenk mir keinen Tee mehr ein. Auf keinen Fall trinke ich ein weiteres Glas, obwohl das erste wirklich ein Seelenwecker war. Vielmehr werd ich mich jetzt von euch verabschieden und meinen leidensreichen Pfad fortsetzen. Ich hatte nämlich nur meine Fahrt ins obere Galiläa kurz unterbrochen, um bei euch vorbeizuschauen. Die heutige Nacht werde ich in Tiberias verbringen, um mir morgen ein bißchen die syrische Grenze anzusehen und den Kommentaren meiner klugen Generäle zu lauschen. Außerdem werde ich mir anhören, was unsere guten Menschen in den Grenzsiedlungen auf dem Herzen haben, und auch – so helfe mir Gott im Himmel – ihnen etwas neuen Mut einflößen. Weiß der Teufel, womit. An der Grenze muß ich der Lage mal ein wenig auf den Puls fühlen – mit den Fingerspitzen einen unmittelbaren Eindruck ertasten. Denn es gibt schon niemanden mehr, dem man rückhaltlos glauben oder vertrauen könnte. Alle reden sie groß daher und spielen mir eine Komödie vor. Wo ich nur hingehe – eine einzige Komödie. Jolek, du Spaßvogel, hör auf, mich so anzustarren. Du bist auch so ein Schlauberger: Hast deine eigene Seele gerettet, und ich, na, hin ist hin. Wer weiß, was sie uns da in den Palästen von Damaskus zusammenbrauen, was an Verschwörungen im In- und Ausland im Gange ist, und was wir tun müssen, um ihnen nicht auf den Leim zu gehen. Meine hübschen Generäle kennen nur eine Antwort, die sie mir von morgens bis abends im Chor vorbeten, nämlich: bumm! Und ich neige trotz all meiner Zweifel und Bedenken innerlich dazu, ihnen recht zu geben und demnächst mal richtig zuzuschlagen – mit Zähnen und Klauen. Obwohl Ben Gurion und vielleicht auch ihr hier mich hinter meinem Rükken einen senilen Zauderer schimpft. Naja. Danke für deinen Tee, Chawa, den ersten wie den zweiten. Gesegnet seien deine Hände. Und gebe Gott, daß wir bald gute Nachricht erhalten. Wie alt ist der Bursche jetzt?«

»Sieben-, nein achtundzwanzig. Das ist seine Frau, Rimona. Und der junge Mann neben ihr ist ... ein Freund. Unser jüngerer Sohn dient bei den Fallschirmjägern. Schön, daß du dir die Mühe gemacht hast, uns aufzusuchen.«

»Wir werden ihn augenblicklich nach Hause schicken. Den jüngeren, meine ich. Nur sei bitte so gut und schreib mir die nötigen Personalien auf einen Zettel. Noch heute abend kriegt ihr ihn. Es tut mir leid. Die Schmendriken da draußen im Auto beschimpfen mich sicher schon, weil ich nicht den ›Zeitplan‹ einhalte, wie sie es nennen. Ich bin nicht zu beneiden, Jolek. Wehe der Ehre und wehe der Herrschaft. Gleich dem geringsten Sklaven bin ich, und junge Knaben führen mich. Wenn es mir gelingt, ihre Gunst zu finden, erlauben sie mir vielleicht auch morgen abend auf der Rückfahrt von Galiläa einen kurzen Zwischenaufenthalt. Möglicherweise hat sich bis dahin schon alles bestens geregelt, und wir umarmen nur noch den Vermißten und zerbrechen uns gemeinsam den Kopf darüber, was wir mit dem Jungen machen können und noch nicht gemacht haben. Schalom und alles Gute.«

Eschkol erhob sich schwerfällig von seinem Stuhl, streckte sich umständlich wie ein massiges, leidgeprüftes Tier zu voller Höhe auf, gab einen Seufzer von sich und streckte die häßliche Hand aus, um Jolek auf die Schulter zu klopfen. Chawa strich er über die Wange. Und Rimona legte er seinen Arm um die Schulter und flüsterte ihr ins Ohr, als handelte es sich um ein Geheimnis: »Es tut mir so ungeheuer leid, meine Lieben. Vielleicht kann ich ein Siebzigstel von dem erraten, was ihr jetzt durchmachen müßt. Jedenfalls habt ihr jedoch mein festes Versprechen, daß wir alles Menschenmögliche tun werden, um den verlorenen Sohn wiederzubringen. Und du, Krassaweza, hast du wirklich und wahrhaftig gefürchtet, daß wir uns hier schlagen würden, Jolek und ich? Na, hier umarme ich diesen Gauner. Du kannst es mit eigenen Augen sehen. Auch dir Schalom, junger Mann. Bleibt doch sitzen, in Gottes Namen, steht bitte nicht erst auf. Es tut mir in der Seele weh, daß ich jetzt schändlicherweise die Flucht ergreifen muß. Jolek, sei mutig und stark. Und auch du, Chawa, halt dich tapfer. Nur Gott weiß, was ihr nun ausstehen müßt, und das ohne irgendwelche Schuld auf eurer Seite. Sei nicht traurig, meine Hübsche: Du wirst nicht sehr lange allein bleiben. Wir werden den Verschollenen suchen und finden und dir deinen Herzallerliebsten wieder zuführen. Schalom und gute Wünsche für euch alle.«

»Exzellenz!« platzte Asarja auf einmal heraus und sprang auf die Tür zu, um dem Gast mit seinem mageren Körper den Weg zu verstellen. Dort angekommen, riß er sich wie ein Rekrut zu einem angestrengten Habacht zusammen, die Hände an der Hosennaht. Seine herausfordernde, bebende

Stimme schwebte zwischen Hochmut und Verzweiflung. Mit seinem wild entschlossenen, knallroten Gesicht wirkte er wie ein kleines Tier in einer ausweglosen Ecke. »Herr Ministerpräsident, wenn Sie mir gestatten, Ihnen nur zwei Minuten von Ihrer Zeit zu stehlen, dann hab ich einen ... einen Vorschlag. Nein, ich habe nicht vergessen, daß es in der Bibel heißt, ›das Wissen des Armen gilt nichts‹, aber Sie, werter Herr, haben doch sicher nicht vergessen, was im ersten Teil dieses Verses steht. Ich bitte Sie um zwei Minuten.«

»Nun, öffne deinen Mund und laß deine Worte leuchten«, lächelte Eschkol und blieb stehen. Bei diesem Lächeln veränderte sich sein Gesichtsausdruck, wie von einem Zauberstab berührt: Auf einmal glich er einem warmherzigen, gutmütigen, älteren slawischen Bauern, der gerade seine aderndurchzogene Hand ausstreckt, um die Mähne eines verängstigten Fohlens zu streicheln. »Du brauchst nur zu wünschen, mein Junge, bis zur Hälfte meines Reiches.«

»Herr Ministerpräsident, bitte entschuldigen Sie, aber ich muß Ihnen sagen, daß dies nicht die ganze Wahrheit ist.«

»Und das heißt?« fragte Eschkol geduldig, wobei sein freundliches Lächeln nicht von seinem Gesicht wich. Er war ganz Ohr und beugte sich sogar ein wenig zu dem zitternden Jüngling vor.

»Das heißt, man hat Sie getäuscht, Herr Ministerpräsident. Vielleicht nicht in böser Absicht, sondern vor lauter Ehrerbietung, aber eine Täuschung war es doch. Sie haben vor einer Minute Ihr Unverständnis darüber ausgedrückt, wie man sie hat allein lassen können – Rimona, meine ich.«

»Nun?«

»Das ist nicht die Wahrheit, Herr Ministerpräsident. Das ist nur die Fassade. Alles ist Fassade. Wie Sie vorher bemerkt haben, spielen alle Ihnen eine Komödie vor. In Wirklichkeit ist Rimona nicht allein zurückgeblieben. Nicht eine Minute. Wie immer lügt man Sie an, Herr Ministerpräsident. Die anderen ...«

»Asarja«, rief Jolek Lifschitz, vor Wut kochend, aus den Tiefen seines Sessels mit hochrotem Gesicht wie ein alter Indianerhäuptling, von dem die Zornesfunken in die Gegend stieben, »schweig, und zwar sofort!«

Und Srulik fügte vorsichtig hinzu: »Mir scheint, der Genosse Eschkol hat es jetzt sehr eilig, seinen Weg fortzusetzen, und wir haben kein Recht, ihn noch länger aufzuhalten.«

»Herr Ministerpräsident«, beharrte Asarja, indem er sich vorlehnte, als wollte er sich verbeugen oder drohen, sich in einen Abgrund zu stürzen, »ich möchte Sie weniger als vierzig Sekunden aufhalten – genau nach der Uhr. Die Hast hat, wie man sagt, schon mehr als einen Bären umgebracht. Sie, Herr Ministerpräsident, haben das Recht und die Pflicht, alle relevanten Informationen zu erhalten, damit Sie sie vernünftig abwägen und zu einer gerechten Entscheidung kommen können. Jonatan Lifschitz ist der einzige Freund, den ich je gehabt habe. Jonatan ist mein großer Bruder. Auf russisch sagt man: ›Ein guter Freund in böser Lag' ist wie der Pelz am kalten Tag.‹ Vielleicht hat der Herr Ministerpräsident bereits vergessen, was unzertrennliche Freundschaft ist. Durch dick und dünn. Durch Feuer und Wasser. Die Geliebten und die Teuren, wie David sie besingt. Es ist jetzt nicht wichtig, wer ich bin. Sagen wir, ich bin eine Flasche. Oder – ein Clown. Das ist nicht relevant, wie man sagt. Sagen wir, ich bin ein armseliges Geschöpf. Mit solchen Worten bezeichnet man doch auch Sie, Herr Ministerpräsident. Hinter Ihrem Rücken natürlich. Was Sie wirklich wissen müssen, ist jedoch dies, daß Jonatan ausgezogen ist, die Bedeutung des Lebens zu suchen. Nicht Bedeutung. Sinn. Das heißt, jeder ist ein freier Mensch. Der einzelne ist nicht Eigentum der Allgemeinheit. Er gehört weder seinen Eltern noch seiner Frau, auch nicht dem Kibbuz. Ja, man darf ihn noch nicht einmal, verzeihen Sie, daß ich das so frech sagen muß, als Staatseigentum betrachten. Die Wahrheit hat Vorrang vor der Höflichkeit. Umgekehrt: Der einzelne gehört nur sich selbst. Und womöglich auch das nicht. So bestimmen es die Regeln der jüdischen Ethik, und eigentlich haben wir Juden diesen Grundsatz ja in ein universales Gesetz verwandelt. Der Herr Ministerpräsident wird doch sicherlich nicht die Propheten und all das vergessen haben. Also was ist denn schon, daß Jonatan eines Tages beschlossen hat, sich davonzumachen? Ist das etwa verboten? Was ist, wenn er lieber keine Adresse zurücklassen wollte? Welches Gesetz hat er damit übertreten? Welche Verordnung steht dem entgegen? Ist denn das ganze Leben nichts als Militär? Er ist abgefahren, fertig. Hört auf, hinter ihm herzujagen. Dazu ist der Staat nicht befugt. Auch Sie, Herr Ministerpräsident, haben sich in Ihrer Jugend aufgemacht, wie ich von Jolek hörte, und sind von zu Hause weggelaufen, um nach Erez-Israel auszuwandern. Verzeihen Sie das Wort ›weglaufen‹. Wenn nötig, nehme ich es zurück. Aber nur diesen Ausdruck, sonst nichts. Und in einer Debatte mit Herrn Ben Gurion haben Sie selbst ausdrücklich gesagt, der freie

Wille ehre den Menschen. Es ging dabei um das Verhältnis zur Partei. Sie werden sich erinnern. Aus freiem Willen und mit klarem Verstand hat er sich aufgemacht und ist irgendwohin gefahren, und vorher hat er mir sozusagen seine Frau anvertraut, nicht anvertraut – mir übergeben. Jetzt ist sie meine Frau. Ich gebe zu, daß – moralisch gesprochen – Chawa und Jolek meine Eltern sind, und Srulik ist auch mein Vater, aber die Wahrheit geht trotzdem vor. Sie haben kein Recht, Joni nachzustellen, und sie dürfen auch nicht von mir verlangen, daß ich auf meine Frau verzichte. Auch das Verzichten hat seine Grenze. Nur bis zum roten Strich. Ich zitiere, was der Herr Ministerpräsident vorgestern in der Knesset gesagt hat, und zwar hundertprozentig zu Recht. Überhaupt sind Sie im Recht, während Herr Ben Gurion der Feind der Freiheit ist. Dies hier ist ein jüdisches Staatswesen und kein Urwald. Sie müssen konsequent in Ihrer Haltung sein, Herr Ministerpräsident, Sie müssen mir zur Seite stehen. Denn jetzt ist sie meine Frau. De facto, wenn auch noch nicht de jure. Die Polizei hat da nichts reinzureden und auch das Gesetz nicht, und – mit aller gebührenden Hochachtung – es ist nicht einmal dem Herrn Ministerpräsidenten und Verteidigungsminister gestattet, sich da zu meinen Ungunsten einzumischen. Haben Sie doch bitte die Güte und erklären Sie das denen hier, bevor Sie Ihren Weg fortsetzen. Und weil Sie jetzt zur syrischen Grenze weiterfahren, Herr Ministerpräsident, wo man Sie sicher ebenfalls von rechts und links belügen oder Ihnen alle möglichen Halbwahrheiten auftischen wird, erlaube ich mir, Ihnen vorzuschlagen...«

»Asarja. Hör auf, hier den Clown zu spielen. Genug.«

»Genosse Jolek. Genosse Srulik. Chawa. Herr Ministerpräsident. Ich bitte euch alle, mich nicht dauernd mundtot zu machen, denn bei aller gebührenden Hochachtung scheint mir doch, daß ich der einzige Mensch im ganzen Staat bin, der die volle Wahrheit sagt. Ich habe versprochen, daß ich nicht mehr als ein oder zwei Minuten stehen werde, und ich werde es auch tatsächlich nicht tun. Was bin ich denn in euren Augen? Ein hergelaufener Gauner? Bandit? Pirat? Im Gegenteil: ein Idealist ersten Grades. Und was sind denn überhaupt ein oder zwei Minuten? Das trägt die Katze auf dem Schwanz fort, wie es heißt. Also kurz und zur Sache: Ich muß den Herrn Ministerpräsidenten warnen, daß man ihm sozusagen Fallen stellt und Sand in die Augen streut. Ich bin auf Wunsch bereit, etwas über die Syrer zu sagen und auch über Nasser und die Araber im allgemeinen und über die Russen ebenfalls. Eure Exzellenz können ja wählen, ob

Sie gerne zuhören möchten. Hinterher werden Sie selbstverständlich nach eigenem Gutdünken entscheiden, was der Staat unternehmen soll.«

»Er ist ein tragischer Fall«, erklärte Chawa beflissen, »ein Holocaustüberlebender, den wir hier zu integrieren versucht haben. Natürlich mußten wir dabei auf Schwierigkeiten stoßen, aber wir wollten nicht so schnell aufgeben ...«

»Chawa«, griff Jolek ein, »wenn du nichts dagegen hast: Es gibt hier nichts zu erklären. Eschkol wird ohne deine Hilfe zurechtkommen.«

Eschkol machte eine müde, wegwerfende Handbewegung, aber der Zauber seines gutmütigen Lächelns wich nicht von seinem Gesicht: »Macht nichts. Schon gut. Sollen sie ruhig ein bißchen warten, diese Schmendriken draußen im Auto. Noch bin ich nicht ihr Privateigentum. Und das obere Galiläa läuft auch nicht weg. Lassen wir den Studiosus seine Lektion zu Ende bringen, solange er nur aufhört, mich dauernd mit ›Herr Ministerpräsident‹ und ›Eure Exzellenz‹ anzureden, und seine Prophezeiungen in eine für Menschen verständliche Sprache kleidet. Nur keine Angst, junger Mann, sprich, denn dein Diener hört dich. Nur, laß die umständlichen Vorreden weg. Was heißt das, daß du ihr Ehemann bist? Das habe ich nicht begriffen. Ist das denn nicht Joleks Schwiegertochter, die ...«

»Galiläa wird doch weglaufen, mein Herr!« rief Asarja höflich, aber wie in blinder Aggressivität. »Galiläa und der Negev und alles. Plötzlich wird Krieg ausbrechen. Sie werden uns überrumpeln, über uns herfallen. Wie beim Pogrom. Sie wetzen schon die Messer. Das steht, wie man so sagt, an der Wand geschrieben. Und das ist haargenau der Grund, warum Jonatan sich auf den Weg gemacht hat, mit der Waffe in der Hand. Bald wird Krieg sein. Ich bitte um Entschuldigung.«

»Saro«, sagte Rimona, »reg dich nicht auf.«

»Misch du dich nicht ein. Siehst du nicht, daß ich allein gegen die ganze Welt angetreten bin? Muß meine Liebste sich auch noch denen zugesellen? Ich habe den Genossen Eschkol gewarnt, daß ein Krieg aufzieht und daß das auch dann, wenn wir ihn gewinnen, der Anfang vom Ende ist. Das habe ich gesagt, fertig. Von jetzt ab werde ich schweigen wie ein Fisch.«

»Vielleicht ja«, sagte Eschkol, »vielleicht hat der Junge recht. Es lastet schwer auf meinem Herzen. Tief im Innern verspüre ich große Angst und keinerlei Lust, einen Krieg zu gewinnen. Naja. Was wir uns heute mal wieder so gegenseitig an Trost und Heil zusprechen ... Wie war noch dein Name, junger Mann?«

»Ich? Gitlin. Gitlin, Asarja. Gitlin ist der Familienname. Und ich bemitleide euch alle.«

»Wie das? Würdest du bitte so gut sein, uns zu erklären, womit wir dieses Mitleid verdient haben?« Hinter den schweren Brillengläsern blitzte ein spitzbübischer Blick auf. Eschkol stützte sich auf seine breiten Handflächen und setzte sich schwerfällig auf die Ecke des niedrigen Tisches.

»Das ist ganz einfach, mein Herr. Ihr habt Barmherzigkeit bitter nötig. Abgründe des Hasses ringsumher. Keiner liebt den anderen. Abgrundtiefe Einsamkeit im ganzen Land. Und diese Situation ist meines Erachtens ein Vorbote des Untergangs – und dazu noch das genaue Gegenteil von Zionismus: Einsamkeit, Bosheit und Haß. Keiner hat Liebe für den Nächsten übrig, noch nicht mal für Sie, mein Herr. Man verhöhnt Sie hinter Ihrem Rücken. Sagt, Sie seien ein Weichling, nicht-Fisch-nicht-Fleisch, ein lauwarmer Kompromißler und so ein Nebbich und gerissener Händlertyp obendrein. Wie Nazis reden sie hinter Ihrem Rücken über Sie. Mit antisemitischen Ausdrücken: Wucherer, Jidd, Gettopolitiker. Auch über mich reden sie so. Unterbrich mich bloß nicht, Genosse Jolek, sonst könnte ich Eschkol erzählen, wie du hinter seinem Rücken über ihn herziehst. Nur tut es mir auch um dich leid, weil du ebenfalls von allen gehaßt wirst. Es gibt Genossen, die es schon gar nicht mehr abwarten können, daß du stirbst. Ein großer Prozentsatz unter den Mitgliedern von Granot und sogar einige der hier Anwesenden nennen dich Monster-Jolek und sagen, daß Joni eigentlich vor dir Reißaus genommen hat. Also solltest du mir lieber nicht ins Wort fallen, weil ich nämlich der einzige im Kibbuz und vielleicht im ganzen Land bin, der noch mitfühlend ist. Das ist eine grauenhafte Finsternis, sage ich euch, dieser Haß und Streit. Armselige Menschen. Unablässig lügen sie euch an und schmieren euch Honig um den Bart. Keiner liebt keinen. Sogar im Kibbuz gibt's schon fast keine Liebe mehr. Kein Wunder, daß Joni geflüchtet ist. Nur ich liebe euch alle, und Rimona liebt mich und Joni. Was ihr beiden da so geschmacklos gewitzelt habt – euch gegenseitig die Zähne ausschlagen und so weiter –, war zufällig die Wahrheit. Weil ihr euch nämlich wirklich haßt. Jolek vor lauter Neid, und Herr Eschkol – der sitzt jetzt voller Schadenfreude da, weil er so viel Klatsch von mir gehört hat. Von seinem Verhältnis zu Ben Gurion erst ganz zu schweigen. Wenn unter den Juden schon solch ein fürchterlicher Haß tobt, was wundert's dann, daß die Gojim uns hassen? Oder die Araber? Srulik wär für sein Leben gern Jolek. Jolek möchte um alles in der Welt Eschkol sein. Eschkol Ben Gurion. Chawa hätte euch längst Gift in euren Tee gegossen, wenn sie nur den Mut dazu aufbringen würde. Und dann wären da noch Udi und Etan und euer Sohn Amos, die den ganzen Tag davon reden, wie man alle Araber abschlachten könnte. Ein tiefer Morast ist das, kein Staat. Ein Dschungel, kein Kibbuz. Tod statt Zionismus. Chawa, die euch alle als Mörder betitelt, weiß schon, was sie sagt, weil sie alle kennt; nur ist sie selbst ebenso eine Mörderin. Auf der Stelle könnte sie mich jetzt umbringen. Wie eine Kakerlake. Und das bin ich ja auch tatsächlich. Aber kein Mörder. Das – nicht. Ich bin ein zionistisch eingestellter Jude. Ich glaube an den Kibbuz. Ihr habt vielleicht schon vergessen, daß Rimona und Joni ein Baby gehabt haben. Efrat hat die Kleine geheißen. Und sie ist gestorben. Die Luft war einfach von Tod erfüllt. Ich werde euch ein neues Kindchen zeugen. Weil ich und diese Rimona noch nicht die Liebe vergessen haben. Aus lauter Liebe warne ich euch – und das soll endlich mein Schlußsatz werden: Es wird bald ein Krieg ausbrechen, das steht schon an der Wand geschrieben. Jolek liebe ich, weil er mein Vater ist, und den einsamen, feinsinnigen Srulik und die gequälte Chawa und auch Sie, werter Herr, und von Joni hab ich schon gesagt, daß er mein größerer Bruder ist. Nur aus lauter Liebe hab ich mir erlaubt, hier plötzlich so frech rauszuplatzen – aus Liebe für all die Anwesenden hier und auch für Staat und Kibbuz und für das arme Volk Israel. Wenn ich die gesetzte Zeit überschritten und ein wenig länger geredet habe, bitte ich um Entschuldigung. Jetzt bin ich schon fertig. Möge Gott sich unser aller erbarmen.«

»Amen, Sela«, sagte Eschkol, dem das Lächeln auf dem eingefallenen Gesicht erstarrt war. »Glaubwürdig sind die Wunden des Liebenden. In diesem Augenblick werde ich leider auf mein Recht der Gegenrede verzichten müssen. Wenn dich der Weg einmal nach Jerusalem führt, junger Mann, dann schau bei mir rein, damit wir Gedanken austauschen können. Zur Stunde erst mal alles Gute. Falls der verlorene Sohn wieder auftauchen sollte, laßt es mich bitte sofort wissen. Sogar mitten in der Nacht. Was Inschriften an der Wand und so weiter betrifft – daran habe ich mein Leben lang nicht glauben mögen. Wir müssen diszipliniert bleiben, unsere Stärke ausbauen und weiter hoffen. Seid mir gegrüßt. Schalom.«

Beim Weggehen klopfte er Asarja Gitlin, der endlich die Tür freigegeben hatte, um den Ministerpräsidenten durchzulassen, zweimal geistesabwesend auf die Schulter. Zwei junge, gutaussehende, einander äußerst ähnlich sehende Begleiter – blond, glatt rasiert, mit amerikanischem Bürstenschnitt und breiten, unauffälligen Krawatten – nahmen ihn zwischen sich. Die Schnüre ihrer Kopfhörer verschwanden diskret unter den Kragen ihrer blauen Anzüge. Sie öffneten Eschkol den Wagenschlag, schlossen ihn hinter ihm und glitten augenblicklich mit ihm davon.

»Gehn wir, Asarja«, sagte Srulik, »ich muß sofort mit dir sprechen.«

Doch Jolek griff vergnügt, ja beinahe übermütig ein: »Was ist? Sehr gut, daß Eschkol sich das ganze Repertoire angehört hat. Schadet ihm nichts. Er ist doch sonst von einem ganzen Rudel von Schmeichlern und diplomierten Halunken umgeben. Da hat ihm Asarja nun mal ein bißchen Saures gegeben, und das Zuhören war eine wahre Lust. Da ist gar nichts dabei. Komm, Asarja, du hast dir 'nen klitzekleinen Kognak bei mir verdient. Hier: trink. Auf das Wohl des Teufels. Still, Chawa. Misch dich nicht ein. Die Mörder trinken ein bißchen auf das Leben – lechajim! Habt ihr gesehen, wie Eschkol ausschaut? Man kriegt ja das Fürchten, wenn man ihm ins Gesicht guckt: ein einziger Trümmerhaufen. Rimonka, hör nicht auf sie. Laß die Flasche in meiner Reichweite. Und jetzt werden wir auch eine Zigarette rauchen.«

»Ihr seid ja total verrückt, alle zusammen«, fauchte Chawa.

Und Rimona sagte: »Saro hat hohes Fieber. Auch Srulik hat Temperatur. Bei Jolek ist das Herz krank. Chawa hat seit vorgestern kein Auge zugetan. Wir haben eine ganze Stunde lang geredet, und jetzt gehen wir uns ausruhen.«

Damit räumte sie das Geschirr in den Ausguß, rieb den Tisch mit einem feuchten Tuch ab und schickte sich an, zu spülen und abzutrocknen. Doch da ging die Tür auf, und ein neuer Gast trat ein.

4.

Sonntag, 6. März 1966, 22.30 Uhr

Womit soll ich heute abend meinen Bericht eröffnen? Vielleicht damit, daß ich letzte Nacht, also in der von gestern auf heute, völlig von meiner Grippe genesen bin. Heute ist mein erster offizieller Amtstag als Kibbuzsekretär. Immer noch überkommt mich ein komisches Gefühl, wenn ich diesen Titel niederschreibe: Ich bin also jetzt der Sekretär. Gestern hat mich die Versammlung fast einstimmig gewählt, und zwar in meiner Abwesenheit, weil ich noch hohes Fieber hatte. Allerdings hat mich nur Willensschwäche davon abgehalten, mir etwas überzuziehen, zur Versammlung zu gehen und dort kurz und bündig zu sagen: Genossen, es tut mir leid. Ich hab mir alles noch mal überlegt und möchte euch nun bitten, jemand anderen zu wählen. Ich bin nicht der richtige Mann.

Aber nun habe ich das Amt angenommen. Es gibt kein Zurück mehr. Deswegen werde ich eben tun, was in meinen bescheidenen Kräften steht; ich werde mich nicht drücken. Chawa Lifschitz schläft jetzt hier – natürlich im anderen Zimmer – in meinem Junggesellenbett, nachdem der Arzt ihr eine Beruhigungsspritze verpaßt hat. Wie eigenartig: eine Frau in meinem Bett. Während ich dies schreibe, muß ich fast losprusten wie ein dummer Schuljunge: Es könnte sich noch jemand Gedanken machen.

Dabei werde ich heute nacht auf einer Matratze in diesem Zimmer schlafen und auf sie aufpassen – wie auf den ganzen Kibbuz. Ich habe dafür gesorgt, daß die Krankenschwester, Rachel Stutschnik, die Nacht in Joleks Wohnung verbringt, weil der Arzt wegen seines EKG und der Blutdruckschwankungen beunruhigt ist. Jolek weigert sich immer noch mit allem Nachdruck, ins Krankenhaus zu gehen. Morgen wird entschieden, ob man ihn trotz seines Widerstands in die Aufnahme verfrachten soll. »Es wird entschieden?« Was soll das heißen, muß ich erstaunt fragen, während ich dies niederschreibe. Ich bin jetzt der Sekretär. Ich trage die Verantwortung. Morgen werd ich ihn ins Krankenhaus schleppen, ob er will oder nicht.

Aber tue ich recht daran?

Sonderbar, kompliziert und besorgniserregend ist diese neue Situation. Ich könnte sogar schreiben: lächerlich und grotesk. Aber die meisten Situationen sehen lächerlich aus, und keine erscheint grotesk: Nichts ist unmöglich. Die Menschen sind schließlich zu allem fähig. Rachel paßt heute nacht auf Jolek auf. Chawa nächtigt bei mir. Asarja liegt in Rimonas Bett und brüstet sich vor ihr sicher mit der Komödie, die er heute dem Ministerpräsidenten vorgespielt hat. Und Jonatan ist weg. Auf und davon.

Was bleibt mir noch zu tun? Wie handle ich richtig?

Noch habe ich die ganze Nacht vor mir. Wenn ich hier alles der Reihe nach aufschreibe, wird mir vielleicht manches klarwerden. Jedenfalls werde ich meinen Bericht in gewohnter Weise verfassen, nämlich klar und aufrichtig. Im folgenden also die Ereignisse des vergangenen Tages:

Er begann sehr früh für mich. Schon um halb vier Uhr wachte ich schweißüberströmt auf von all den Aspirintabletten, die ich Samstagabend geschluckt hatte. Meine Grippe war weg; nur Schwäche und leichtes Schwindelgefühl hatte sie noch zurückgelassen. Ich erhob mich also beim Licht der Nachttischlampe. Zwischen die Seiten Donald Griffins, der gestern mit mir auf der Bettdecke eingeschlafen war, steckte ich ein Lesezeichen und legte das Buch auf den Tisch. Dann zog ich den von Bolognesi gestrickten alten Pullover und meinen Hausmantel über, schaltete den elektrischen Heizofen an und sann einen Augenblick darüber nach, daß der Tod an einem Wintermorgen wie diesem zu mir kommen könnte, während ich gerade in meine Hose steige, oder mitten beim Bettenmachen, ja vielleicht sogar jetzt, im nächsten Moment, so daß mein Leben zu Ende ginge, ohne daß ich auch nur zu einer einzigen, noch so bescheidenen Schlußfolgerung gelangt wäre. In jenem Augenblick tat es mir um meine Querflöte leid, dieses treue Instrument, das nach dreißig Jahren von mir nicht mehr als ein mittelmäßiges, anhörbares Spiel erhält, und noch nie haben wir auch nur wenige Minuten vollständiger Harmonie, höchster Ekstase gekannt. Fünfundzwanzig Jahre lang liebe ich hier P. – nicht die leiseste Andeutung hab ich ihr davon gemacht. Ich bin allein, und sie hat vier Enkelkinder. An einem Morgen wie diesem werde ich plötzlich in meinem Zimmer umfallen und sterben. Dann machte ich mir ein Glas Tee mit Honig und Zitrone und stellte mich mit der Tasse in der Hand ans Ostfenster, um den Tagesanbruch abzuwarten. Irgendeine innere Stimme sagte mir, daß Jonatan in Nöten ist, aber heil und lebendig. Einige Zeit habe ich mit dieser Stimme debattiert, hab einen logischen Beweis oder ein Zeichen gefordert, irgendwas – und sei es noch so wacklig –, das einen solchen Schluß untermauern könnte. Umsonst. Die innere Stimme blieb beharrlich bei ihrem Standpunkt: Jonatan schwirrt auf den Straßen umher. Rimona ist schwanger. Der Vater ist einer der beiden. Worauf stützt sich das? Na, wie soll man schon vernünftige Beweise von inneren Stimmen verlangen, und das noch am frühen Morgen.

Inzwischen waren die Kiefernwipfel draußen blaß geworden. Das Brüllen einer Kuh erklang fern aus der Dunkelheit, und ein langsamer Schatten bewegte sich vor meinem Fenster: Offenbar war es die Hündin Tia, die dort geduldig zwischen den Hibiskussträuchern herumschnüffelte, unruhig das Dickicht der Bougainvilleas absuchte, um dann tief in die mit duftendem Geißblatt bewachsene Gartenlaube einzudringen, wo sie meinen Blicken entschwand. Niedrige Wolken zogen im feuchten Wind vorüber.

Ich schob den Heizofen näher heran, da mich ein leichter Schauder überlief, und kehrte dann wieder ans Fenster zurück. Leiser Nieselregen setzte ein. Etwa zehn Minuten lang tränten die Scheiben vor meiner angelehnten Stirn. Und hörten wieder auf. Ein Güterzug tutete aus westlicher Richtung. Hähne krähten am anderen Ende des Kibbuz. Ein Nachtvogel schrie seine Antwort. Mein schweigendes Grübeln stimmte in allem mit diesen vormorgendlichen Klängen überein. Aus dem Maulbeerfeigenbaum tropfte das Wasser, obwohl der Regen aufgehört hatte. Wie traurig wirkt doch der Garten an einem Wintermorgen vor Sonnenaufgang: fahle, leere Rasenflächen, eine Pfütze, der nasse Gartentisch, die umgekehrten Stühle mit den Beinen nach oben auf seiner Platte, das dürre Weinlaub, die nebelfeuchten Nadelbäume. Wie auf einem chinesischen Gemälde. Und keine Menschenseele.

Gegen sechs oder kurz danach war das Licht etwas stärker geworden, wenn auch immer noch blaß und grau. Im Kühlschrank fand ich ein Glas Dickmilch, das Chawa mir gestern reingestellt hatte. Also aß ich Zwieback mit Dickmilch. Machte mein Bett. Rasierte mich. Inzwischen kochte das Wasser wieder, und ich goß mir ein weiteres Glas Tee mit Honig auf. Vielleicht wäre ich besser noch ein, zwei Tage im Bett geblieben, um sicherzugehen, daß die Grippe endgültig vorbeigeht, aber an diesem Morgen zögerte ich überhaupt nicht erst. Schon vor sieben Uhr war ich auf meinem neuen Posten, im Sekretärsbüro, und beantwortete nach und nach die an Jolek gerichteten Briefe: vom Bezirksrat, vom Landwirtschaftsministerium, vom Kibbuzverband. Dann begann ich, ein bißchen Ordnung zu schaffen. Aus Joleks Schreibtischschublade zog ich einen Haufen alter Zeitungen und warf sie in den Papierkorb. Unter diesem Wust fand ich plötzlich eine kleine, gut funktionierende Taschenlampe, die ich aus irgendeinem Grund einsteckte. Danach ging ich das Protokoll der gestrigen Versammlung durch. (117 glauben offenbar, daß ich für das Sekretärsamt tauge. 3 glauben es nicht. 9 Enthaltungen. Wie hat P. abgestimmt?)

Inzwischen war der Kibbuz aufgewacht. Vor dem Bürofenster fuhr Etan R. auf dem Traktor mit einem Anhänger voll Gärfutter in Richtung Kuhställe vorbei. Der gute Stutschnik stapfte gebeugt mit lehmschweren Stiefeln von der frühmorgendlichen Melkrunde zurück, gefolgt von anderen Männern und Frauen in Arbeitskleidung.

Chawa kam reingebraust, um mich zu fragen, ob ich verrückt geworden wäre? Wie könnte man mit 40 Grad Fieber halbnackt in der Gegend rumrennen und sich mitten in der Nacht ins Büro setzen? Ob ich ein kleiner Junge wäre? Wo hätte ich nur meinen Verstand gelassen?

Ich lud sie ein, ein Glas Tee mit mir zu trinken, und stellte geduldig eins nach dem anderen richtig: Es war jetzt nicht mitten in der Nacht, sondern halb acht Uhr morgens. Mein Fieber sei schon runtergegangen, ich fühlte mich nicht schlecht. Auch sei ich nicht halbnackt hierher gerannt, sondern sei, warm angezogen, ganz langsam gegangen. Schließlich müßte ich mein Amt ausüben. Und mein Verstand, der sei in der Tat nicht gerade genial.

»Hör mal, Srulik, dir gefällt's wohl soweit ganz gut hier, was? Wie ein kleiner König auf Joleks Drehstuhl an seinem Schreibtisch zu sitzen? Seine Papiere durchzugehen? Das macht dir Spaß, nicht?«

Ihre Augen funkelten auf einmal verhalten boshaft: Sie sei überzeugt, eine kleine Schwäche bei mir entdeckt zu haben. Ich sei also doch kein Engel Gottes mehr, sondern habe ein Fehlerchen, das sie nun in irgendeinem finsteren Ordner abheften könne, um es eines Tages bei passender Gelegenheit gegen mich ins Feld zu führen.

»Wie fühlt er sich?« fragte ich. »Wie hat er die Nacht verbracht?«

»Er ist ein Scheusal«, zischte sie angewidert, »stell dir vor: Gleich als erstes in aller Herrgottsfrühe verlangt er von mir, daß ich ihm Rimona mit ihrem Mistkäfer holen geh, damit sie ihm den Morgen über Gesellschaft leisten können. Und tatsächlich bring ich ihm die beiden jetzt. Warum nicht? Meinetwegen können sie eine Vorstellung geben. Ist mir egal. Soll der Springfloh eins aufspielen, die Schwachköpfige dazu tanzen und der Mörder die Abschlußrede halten. Wohl bekomm's. Nur daß ich meinen Schlafanzug und meine Zahnbürste nehme und da ausziehe. Und zwar noch heute.«

»Chawa«, versuchte ich, aber sie schnitt mir das Wort ab: »Zu dir. Nimmst du mich auf?«

Wieder legte sich der Ausdruck eines Greisenbabys auf ihr Gesicht – eine Art Frohlocken vorm Schluchzen: »Läßt du mich?«

Großer Gott, dachte ich. Doch ich sagte: »Ja.«

»Du bist ein wunderbarer Mann. Als Mensch, meine ich. Ich hab die ganze Nacht kein Auge zugetan. Hab an dich und an Joni gedacht. Wenn es auf der ganzen Welt noch einen einzigen Menschen außer mir gibt, der wirklich möchte, daß Joni zurückkehrt, und ihn zu retten versucht – dann bist du es. All die anderen sind Mörder; die hoffen doch bloß, ihn nie wieder zu sehen. Fang keinen Streit mit mir an. Statt zu debattieren, gib lieber noch heute morgen eine Mitteilung an Presse und Rundfunk raus. Lüg. Schreib, seine Frau wär im Irrenhaus. Schreib, seine Mutter läg im Sterben. Schwindeln muß man. Am besten verkündest du, sein Vater sei bereits tot, und er solle schnellstens zur Beerdigung kommen. Auch im Radio sollen sie das ansagen.«

»Chawa«, sagte ich mit einer mir uneigenen Bestimmtheit, »das ist unsinniges Geschwätz. Ich muß dich bitten, mich jetzt alleine zu lassen. Entschuldige. Geh nach Hause – oder geh zur Arbeit. Du bist mir hier keine Hilfe.«

So sprach ich und rechnete nun mit Feuer und Schwefel.

Zu meiner Überraschung gehorchte sie mir auf der Stelle. Sie stand auf, flehte mich an, ja nicht böse zu sein, sondern ihren Ausbruch zu vergessen. Außerdem versicherte sie mir, sie würde mir vertrauen »wie einem Engel Gottes«. Und einen stärkeren Heizofen würde sie mir auch hierher ins Büro bringen. Dann beschwor sie mich, weiter Aspirin zu schlucken, was ich versprach. Von der Tür her sagte sie rasch: »Du bist Gold wert.«

Das hätte sie nicht sagen sollen. So darf man mir nicht kommen. Nach tausend Jahren Ruhe. Nein, das darf man nicht sagen.

Nachdem sie mich allein gelassen hatte, überfiel mich die Angst: Hatte ich sie tatsächlich eingeladen, in meine Wohnung zu ziehen? Und was, wenn sie das wirklich tat? War ich denn von Sinnen? Was sollte ich mit ihr machen? Was würde Jolek sagen? Was würde der ganze Kibbuz sagen? Was sollte P. von mir denken? Verrückt.

Wie auch immer – viel Zeit für reuevolles Grübeln blieb mir nicht. Einige Minuten später hielt nämlich ein Polizeiwagen vor dem Büro an. Ein Offizier und ein Wachtmeister traten ein und wünschten, mit dem Sekretär zu sprechen.

»Der Sekretär ist krank«, sagte ich.

»Aber es ist in einer dringenden Angelegenheit«, beharrte der Offizier. »Wer ist jetzt hier verantwortlich?«

»Ach bitte, verzeihen Sie mir: Ich bin's. Ich hatte erst den vorherigen Sekretär gemeint; der ist krank. Ich bin der neue Sekretär.«

Dann müßten sie mit mir sprechen und auch mit jemandem von der Familie des verschwundenen jungen Mannes. Am gestrigen Samstag hätte man einen Burschen festgenommen, der ziellos am Strand von Atlit herumgestreunt sei. Aber wie sich herausgestellt hatte, war das nicht unser Klient. Auf der Wache in Aschkelon sei ein Unbekannter gemeldet wor-

Der perfekte Frieden

den, der die halbe Nacht auf der Bank einer Bushaltestelle geschlafen hätte. Als die Streife dort ankam, fehlte jedoch bereits jede Spur von ihm. Gestern und auch heute morgen würden die Ruinen von Scheich-Dahr durchkämmt. »Mir scheint, wir hatten da vor ein oder zwei Monaten mal einen Bericht; jemand von euren Leuten hatte da Lebenszeichen entdeckt. Aber das ist schon lange her. Jetzt brauchen wir genaue und vollständige Angaben: Was ist die Vorgeschichte? Familienstreit? Seelische Störungen? Andere Probleme? Ist der Betreffende, wie soll man sagen, schon früher mal verschwunden? Woher stammt die Waffe, die der Bursche mit sich führt? Könnte man gute Fotos bekommen, auf denen das ganze Gesicht zu sehen ist? Gibt es besondere Kennzeichen? Was hat er beim Weggehen angehabt? Was genau hat er mitgenommen? Hat er Feinde hier im Kibbuz oder anderswo? Wäre es möglich, eine Liste mit den Namen und Adressen von Freunden, Verwandten und Bekannten anzufertigen, bei denen er eventuell untergeschlüpft sein könnte? Besitzt er einen Reisepaß? Hat er Angehörige im Ausland?«

Ich stand auf und öffnete das Fenster. Ein scharfer, kühler Lufthauch drang ein. Den zufällig vorbeilaufenden Udi bat ich, Rimona ausfindig zu machen und sie zu mir ins Büro zu schicken. »Nur Rimona«, betonte ich.

Bis zu ihrem Eintreffen versuchte ich, einige der Fragen nach bestem Wissen zu beantworten. Der Wachtmeister schrieb alles auf, und der Inspektor sagte: »Nur streng vertraulich, zu Ihrer eigenen Information: Wir haben heute morgen einen dringenden Anruf aus dem Verteidigungsministerium erhalten. Ministerpräsident Eschkols Militärreferent hat uns persönlich aufgefordert, diesen Fall mit außergewöhnlicher Sorgfalt zu bearbeiten. Ich verstehe, der Vater ist von der Knesset? Gut befreundet mit den Größen des Staates?«

»Ich danke Ihnen«, sagte ich. »Sicher hätten Sie auch sonst getan, was Sie können.«

Der Wachtmeister nahm weiter meine Antworten zu Protokoll, bis Rimona kam: schön und langsam, von schlanker Gestalt, mit einem grundlosen, nicht an uns gerichteten Herbstlächeln und glänzenden schwarzen Augen, das blonde Haar von einem Kopftuch zusammengefaßt. Sie half mir, die beiden Gäste mit Kaffee zu bewirten, und nahm dann mir gegenüber Platz. Ihre Antworten müssen wohl einen etwas eigenartigen Eindruck auf die beiden Ordnungshüter gemacht haben.

»Lifschitz, Rimona?«

»Ja, das bin ich«, lächelte sie staunend, als wundere sie sich, woher die das erfahren hätten.

»Sehr angenehm. Mein Name ist Bechor. Inspektor Bechor. Und der da drüben – das ist Jaakow. Wir möchten Ihnen sagen, daß wir an Ihrem Kummer Anteil nehmen, und wir werden uns bemühen, daß Sie bald gute Nachrichten erhalten. Sie haben doch nichts dagegen, daß ich Ihnen einige Fragen stelle? Und Jaakow Protokoll führt?«

»Danke, daß Sie auf Besuch gekommen sind. Und daß Sie am Kummer Anteil nehmen. Kummer hat vor allem Jonatan, der jetzt nicht zu Hause ist. Und auch Asarja hat Kummer.«

»Asarja? Wer ist das?«

»Der Freund von Joni und mir. Wir sind drei.«

»Was heißt drei?«

»Wir sind drei. Freunde.«

»Bitte, Frau Lifschitz: Versuchen Sie, so weit es irgend geht, zur Sache zu antworten, damit wir Ihnen möglichst gut helfen können und Sie möglichst wenig belästigen müssen.«

»Alle sind hier hilfreich und gut: Srulik und Sie und Jaakow. Der Winter geht ja sowieso schon zu Ende, und jetzt beginnt der Frühling.«

»Gut. Ich werde Ihnen nun vorlesen, was wir bisher notiert haben, und hinterher schreibt Jaakow dann alles auf, was Sie noch hinzufügen möchten. Sie können mich auch mittendrin unterbrechen, falls sich Ungenauigkeiten eingeschlichen haben.«

Behutsam lächelte Rimona das Kalenderbild in meinem Büro an, und mir fiel plötzlich ein, wie sie mir mal bei einem gemeinsamen Speisesaaldienst gesagt hatte, ich solle nicht traurig sein, da sich alles zum Guten wende.

»Also: Das ist Lifschitz, Jonatan. Vorname des Vaters – Jisrael. Richtig? Alter 26. Verheiratet. Keine Kinder.«

»Nur Efrat.«

»Wer ist Efrat?«

»Unsere Tochter. Efrat.«

»Wie bitte?«

An diesem Punkt mußte ich eingreifen: »Gemeint ist ein Baby, das vor einem Jahr gestorben ist.«

»Wir nehmen Anteil an Ihrem Kummer. Wenn es Ihnen nicht zu schwer wird – können wir weitermachen?«

»Nicht schwer. Und Ihnen? Wird's nicht zu schwer?«
»Militärischer Dienstgrad – Hauptmann. Reserveoffizier im Spähtrupp. Erhielt eine Auszeichnung vom Bezirkskommandanten. ›Geistesgegenwart unter Feuer‹ steht hier. Arbeitete zuletzt im Landmaschinenschuppen. Kibbuzmitglied. Größe 1,80 Meter. Dunkler Teint. Keine besonderen Kennzeichen. Etwas längeres Haar. Hat das Haus ohne vorherige Ankündigung in der Nacht auf Mittwoch, den zweiten des Monats, verlassen. Ziel unbekannt. Hat keinen Brief hinterlassen. Trägt israelische Armeeuniform und ist offenbar mit einem Gewehr bewaffnet. Wissen Sie, woher er die Waffe hat? Besitzt er einen Waffenschein? Welcher Art ist das Gewehr?«
»Schwarz, glaube ich. Vom Militär. War sonst in dem verschlossenen Kasten unterm Schrank.«
»Wozu hat er Ihrer Ansicht nach die Waffe mitgenommen?«
»Die nimmt er immer mit.«
»Was heißt immer?«
»Wenn sie ihn rufen.«
»Aber diesmal hat man ihn, soviel ich weiß, doch nicht einberufen?«
»Sie haben ihn gerufen.«
»Wer?«
»Hat er nicht gesagt. Wußte er nicht genau. Er hat nur aus der Ferne gehört, daß man nach ihm ruft, und gesagt, daß er weggehen muß. Und das mußte er wirklich schon.«
»Wann hat er das gesagt?«
»Mitten in der Nacht mal, als es draußen sehr geregnet hat. Daß sie ihn an irgendeinen Ort rufen und nicht ewig warten würden.«
»Wann ist das genau gewesen?«
»Ich hab es doch gesagt. Als es geregnet hat.«
»Welchen Ort hat er gemeint?«
»Das wüßte er nicht. Weit weg. Und er müßte gehen, weil's ihm hier schwer wäre.«
»Es tut mir leid, Frau Lifschitz, daß ich Ihnen die nächste Frage stellen muß. Hat es da irgendein Problem gegeben, irgendeine ... familiäre Auseinandersetzung?«
»Er ist weggegangen«, lächelte Rimona. »Jeder möchte gehen. Er ist dahin gegangen, wo er hinwollte. Asarja hat kommen wollen und ist tatsächlich gekommen. Dann ist er geblieben. Wir können warten. Werden nicht traurig sein. Auch Sie brauchen nicht so traurig zu sein.«

»Aber was war sein Ziel? Wohin wollte er gehen?«
»Er hat gesagt: an meinen Ort.«
»Was ist das, sein Ort?«
»Ich glaub, es kann sein.«
»Was kann sein?«
»Daß er einen Ort findet.«
»Ja, aber wo zum Beispiel?«
»Wo's ihm gut ist. Auch ihr sucht doch. Auch Srulik. Fast alle. Nehmen einen Speer und ziehen aus, einen Büffel zu töten.«
Und so weiter.
Schließlich wechselte der Inspektor einen schrägen Blick mit dem Wachtmeister, dankte Rimona und mir, bekundete erneut seine Anteilnahme, versprach, daß sicher alles in Ordnung kommen würde, weil sich nämlich erfahrungsgemäß die Mehrzahl dieser Fälle innerhalb weniger Tage regelten. Doch Rimona blieb sitzen. Es entstand eine unangenehme Pause. Plötzlich schlug sie vor, Kekse und ihre Stickerei herzubringen. So mußte ich sie also ausdrücklich bitten, uns jetzt alleine zu lassen. Als sie weg war, fragte der Inspektor vorsichtig: »Was hat sie, noch so'n bißchen im Schock, oder was?«
Ich versuchte, ihnen zur Klärung behutsam einige Grundzüge ihres Wesens zu skizzieren, aber offenbar ohne Erfolg, denn der Wachtmeister tippte sich mit dem Finger an die Stirn, blickte mich, um Bestätigung heischend, an und witzelte: »Von so einer – wär ich auch weggelaufen.«
»Und ich – nicht«, sagte ich, wobei ich mich wunderte, woher ich plötzlich diese harte Stimme genommen hatte. Sein dummes Grinsen war wie weggefegt.
»Viel schlauer sind wir nicht geworden«, faßte der Inspektor zusammen. »Komm, Jaakow. Das wichtigste sind jetzt scharfe Fotos.«
Bald stellte sich jedoch heraus, daß keine Fotos vorhanden waren. Jonatan gibt's nicht. Abgesehen von ein paar Kinderaufnahmen und einem unbrauchbaren Bild, das Jonatan mit Kefiyah auf dem Kopf neben Rimona und einem Jeep auf ihrem Wüstenausflug nach der Hochzeit zeigt. Außerdem fand sich noch ein verschwommenes Foto aus einem alten Heft der Soldatenzeitung.
Nachdem die Polizisten abgefahren waren, klingelte das Telefon: Tschupke, der Kamerad vom Spähtrupp. »Ist das Srulik? Dann also 'n paar Fakten: Wir haben hier und da Suchgruppen im Gelände verstreut. Der

Der perfekte Frieden

N. O. läuft mit einigen Spähern schon zwei Tage lang in eurer Gegend rum. Euch gegenüber, auf der andern Seite der Grenze, haben wir 'n Stinker sitzen. Mit dem werden wir heute nacht reden.« (Was ist ein N. O.? Wer ein Stinker? Irgendwie mochte ich nicht fragen.) Tschupke fuhr fort: »Sag mal, wer kennt sich bei euch 'n bißchen mit Karten aus? Du persönlich? Oder jemand von den jüngeren?«

»Das ist möglich«, sagte ich, »warum?«

»Dann geht mal in Jonis Zimmer und sucht dort sehr gründlich nach einem Karton mit Landkarten. Im letzten Herbst, vor den Feiertagen, hat er mir nämlich einen ganzen Satz 1:20 000 weggeschleppt und nicht zurückgebracht. Prüft das mal nach. Oder soll ich jemanden von uns schikken?«

»Was genau sollen wir denn prüfen?«

»Vielleicht fehlt dort irgendeine Karte? Der Satz war vorher komplett.«

»Entschuldige«, sagte ich, »brauchst du die Karten ausgerechnet heute? Ist es dringend?«

»Du verstehst nicht, Habibi«, sagte Tschupke geduldig, »wenn eine Karte fehlt, dann ist das die, die Joni mitgenommen hat. Danach wissen wir vielleicht, in welcher Ecke wir mit der Suche anfangen sollen.«

»Ausgezeichnet«, rief ich, »ein großartiger Gedanke. Wir werden's noch heute nachprüfen.«

»Sind doch kleine Fische, Mann«, erwiderte Tschupke wegwerfend auf meine Lobsprüche. »Hauptsache, ihr meldet euch heute abend und teilt mir mit, ob's was Neues gibt. Geht das okay?«

»Gut«, sagte ich, um dann – meinen Stolz hinunterschluckend – hinzuzufügen: »Jawoll, geht okay.«

»Und daß ihr mir keinen Aufruhr macht.«

»Was heißt das?«

»Presse und all sowas. Kann doch sein, daß er lebt. Was soll'n wir ihn da erst groß bloßstellen.«

Wie sonderbar mir diese jungen Leute vorkommen. Wie die Söhne eines anderen Stammes. Ein fremdes Völkchen ist das. Weder Asiaten noch Europäer, weder Gojim noch Juden, so als würde unsere Rasse sich eine Art Verkleidung anlegen, in der sie auch ihre größten Feinde nicht mehr wiedererkennen. Welten trennen sie von mir. Aber ich würde auf der Stelle alles geben, was ich besitze, könnte ich nur auch einen Sohn haben: und gerade so einen von ihrer Sorte. Alles würde ich mit Freuden geben, aber was besitze ich eigentlich? Gar nichts. Vielleicht meine Flöte. Sechs Hemden. Zwei Paar Schuhe. Einen Stapel Hefte, die dieses Tagebuch enthalten. Ich hab wirklich nichts, was ich geben könnte. Wieder möchte ich hier eine (in gewissem Sinne) religiöse Bemerkung einflechten: Dieses innere Bestreben, dieser Wille, alles zu geben für etwas, das doch nie sein kann, hat eine rätselhafte Ähnlichkeit mit den Bewegungen des Kosmos, den Umlaufbahnen der Sterne, dem Wechsel der Jahreszeiten, dem Flug der Zugvögel, über die ich gerade in Donald Griffins Buch lese. Das passende Wort ist vielleicht: Sehnsucht.

Nun komme ich auf die Ereignisse des Tages zurück.

Um zehn Uhr holte ich Chawa von der Nähstube ab, um mit ihr zusammen nach Jolek zu schauen. Rimona und Asarja saßen bereits bei ihm, er auf der Sofaecke und sie auf der Matte zu seinen Füßen. Im Dämmerlicht des Zimmers, vor seiner Bücherwand, sah man Jolek, grau umwölkt von dem ihn einhüllenden Qualm seiner Zigarette. Auch Asarja rauchte. Ob wir sie mitten in einer politischen Diskussion gestört haben? Bei einem Gespräch über Spinoza? Links neben Asarja, zwischen Sofa und Schreibtisch, lehnte seine Gitarre. Hatte er vorgehabt zu spielen?

Als wir eintraten, huschte ein vergnügtes Funkeln über Joleks Augen: »Nu, mein Zaddik, hast du jetzt ordentlich Spaß?« (Das Wort »Zaddik« betonte er auf der ersten Silbe wie im Jiddischen.)

»Spaß?«

»An deinem neuen Amt. Wie fühlt sich der Kibbuzsekretär? Hat er alles fest in der Hand?«

Doch Chawa funkte dazwischen: »Srulik hat mehr Verstand und Mitgefühl im kleinen Finger als du in deinem ganzen berühmten Kopf.«

»Na. Was sagt ihr dazu? Jetzt hat sich auch meine Frau schon in ihn verliebt. Macht nichts. Gott sei Dank. Die Sorge bin ich los, und er wird bei ihr auch noch Honig schlecken. Meiner bescheidenen Meinung nach ist das ein ausgezeichneter Grund, ein Gläschen Kognak zu heben. Rimonka, wenn es dir nicht zu viel Mühe macht: Die Flasche hat sich dort unten versteckt, hinter dem hebräischen Wörterbuch.«

»Daß du es bloß nicht wagst«, fuhr Chawa ihn an, »du hast gehört, was der Doktor gesagt hat.«

Worauf Asarja fröhlich deklamierte: »Stepan gab Aljoscha ein goldenes Säckel, doch Aljoscha wurde bös und haute ihm eins auf den Deckel.«

Ich hatte Asarja ins andere Zimmer locken und ihm dort auftragen wollen, sofort Jonis Kartensatz suchen zu gehen und ihn mir ins Büro zu bringen, aber im selben Augenblick öffnete sich die Tür, und der Ministerpräsident trat ein. Seine Begleiter hatte er draußen gelassen. Er kam allein, schwerfällig und ein wenig verschämt in seinem blauen Hemd, das ihm wieder mal aus der Hose gerutscht war, und in den vom Gartenschlamm verspritzten Schuhen. Er packte Chawa an den Schultern und gab ihr einen Kuß auf die Stirn. Dann nahm er Joleks Hände in seine breiten Pranken und drückte sie mit aller Macht, bevor er sich seufzend einen Stuhl nahm und sich umständlich zwischen Jolek und Chawa setzte. Jolek bot ihm ein Glas Tee oder ein Gläschen Kognak an und forderte Rimona auf, Eschkol einzuschenken. Ich war äußerst verblüfft, Feuchtigkeit, ja eine richtige Träne in Joleks kleinen, harten Augen zu entdecken, aber er schob das schnell auf seine Allergie. Inzwischen war Chawa von ihrem Platz aufgesprungen und in die Kochecke gestürzt, wo sie einen wahren Sturm entfachte. Sie zog eine weiße Festtagsdecke heraus, brachte kalte und warme Getränke, Obst, Gebäck, Kuchen – und das alles auf gutem Geschirr, das sie offenbar für festliche Gelegenheiten und hochgestellte Gäste aufbewahrte. Mir gelang es nicht, ein kleines Lächeln zu unterdrücken.

Schon bald fingen Jolek und der Ministerpräsident an, sich alle möglichen Sticheleien, Witzchen und sarkastische Bemerkungen an den Kopf zu werfen. Jolek stellte mich Eschkol als einen der sechsunddreißig Gerechten vor, auf denen die Welt beruht, und diesmal betonte er das Wort Zaddik nach hebräischer Aussprache auf der zweiten Silbe. Ich selbst beobachtete aus meiner Ecke, daß Asarja den Gast mit seinen Augen verschlang. Mit dem funkelnden Blick und dem leicht offenstehenden Mund wirkte er wie ein dummer Junge, der einer Frau heimlich unter den Rock schaut. Wieder mußte ich lächeln.

Als Eschkol Jolek – vielleicht im Scherz – zum Faustkampf aufforderte, konnte ich eine kleine Boshaftigkeit in mir nicht unterdrücken, sondern erbot mich freiwillig, die Möbel wegen der Schlägerei in die Zimmerecken zu räumen. Alle lachten, außer mir. Übrigens mochte ich den Ministerpräsidenten zuerst, denn ich stellte ihn mir als leidgeprüften, mitfühlenden Menschen vor. Allerdings erfüllte mich jedesmal eine unschöne Freude, wenn es ihm gelang, unserem Jolek einen kleinen Streich zu versetzen. In einem gewissen Stadium geriet ich fast in Versuchung, meine feststehende Auffassung über die uns alle auferlegte Pflicht, nicht noch zusätzliche

Schmerzen zu verursachen, in die Unterhaltung einzuflechten. Aber dann hielt ich mich doch zurück.

Nicht so Asarja Gitlin.

Als der Ministerpräsident aufstand, um sich zu verabschieden und seinen Weg fortzusetzen, verblüffte Asarja uns alle, indem er hochschnellte und in eine lange, verworrene Tirade ausbrach. Vergebens versuchten Chawa und ich, seine Redeflut zu bremsen, während sowohl Jolek als auch der Ministerpräsident insgeheim ein sonderbares, gemeinsames Vergnügen daran zu haben schienen und den Jungen offenbar noch anstachelten, sich vor ihnen immer weiter lächerlich zu machen. Fremd und eigenartig kam ich mir plötzlich in ihrer Gesellschaft vor. Wie ein Nüchterner unter lauter Besoffenen. Hat denn kein Mensch außer mir Mitleid mit Asarja? Erinnert sich niemand außer mir an Jonatan? Sind sie alle drei – einschließlich Asarja – in einem mir unverständlichen Irrsinn befangen? Lösen Asarjas Leiden bei ihnen irgendein wohltuend prickelndes Hohngefühl aus? Oder umgekehrt: eine genußvolle Qual? Hat seine fieberhafte Predigt irgendeinen Widerhall in ihren Herzen gefunden, und sei es auch nur ein verzerrtes, clowneskes Echo?

Nichts versteh ich. Nichts und wieder nichts. »Unser Dorfpfarrer«, hat Stutschnik mich betitelt – ein Pfarrer, der die Querflöte und nicht die Orgel spielt.

Meine Zuneigung für Eschkol war jedenfalls vergangen. Mein Leben lang hab ich mich mit diesen Menschen schwergetan, mit ihrer versteckten Grausamkeit, ihrem Haß, ihrer Verschlagenheit, ihren Krankheiten, ihrer mit Bibelsprüchen und jiddischen Ausdrücken durchsetzten Redeweise. Seit vielen, vielen Jahren bemühe ich mich schon, wie einer von ihnen zu werden, aber tief im Innern bin ich stolz, daß es mir nicht gelungen ist. Unser Asarja wurde nun also vollends vom Wahnsinn mitgerissen, häufte Sprichwörter, Beleidigungen und Prophezeiungen aufeinander und quasselte ungebremst drauflos, während die beiden alten Freunde hin und wieder neue Kohlen auf die Glut legten. Zum Schluß versprach Eschkol, er ließe uns weiter jede Hilfe zukommen – und fuhr ab. Sofort setzte Jolek Asarja unter Kognak, trank auch selber mit und lobte den Jungen für seine Frechheit. Etwa eine Viertelstunde später traf ein neuer Gast ein: ein untersetzter, geckenhafter Typ in hellem Flanellanzug, mit kurz gestutztem Zierbärtchen, der den Eindruck eines mit allen Wassern gewaschenen Karrierekünstlers machte. Ein Flair satter Bestimmtheit ging von ihm aus, womöglich begünstigt durch ein teures Rasierwasser. Der Mann sprach mit gedämpfter, etwas näselnder Stimme und leicht amerikanischem Akzent, und obwohl er nicht rauchte, hörte er sich an, als würde er eine Pfeife zwischen den Zähnen halten.

Als erstes zückte er eine goldumrandete Visitenkarte und verkündete, die Karte hin und her wedelnd: »Arthur I. Seewald. United Enterprises. Wer von Ihnen ist Herr Lifschitz?«

»Hier«, sagte Jolek heiser, indem er sein Glas hart auf der Tischplatte abstellte. Der Gast übersah dieses Zeichen des Unwillens, überreichte Jolek seine Karte und erlaubte sich, Platz zu nehmen.

Wie sich herausstellte, vertritt er in Tel Aviv verschiedene ausländische Firmen. Unter anderem sei er auch der hiesige Bevollmächtigte von Herrn Benjamin Bernard Trotzky aus Miami, Florida. Der Name sei hier ja wohl bekannt. In einer nachts per Telex eingegangenen Nachricht sei er, Seewald, nun von Herrn Trotzky beauftragt worden, sich mit höchster Dringlichkeit hierher zu begeben, und in einem Transatlantikgespräch habe Herr Trotzky ihm heute morgen noch nähere Anweisungen erteilt. Im übrigen tue es ihm aufrichtig leid, daß er nicht im voraus einen Gesprächstermin vereinbart habe, aber es sei eben schwer, ja fast unmöglich, sich mit den Kibbuzim telefonisch in Verbindung zu setzen. So sei er also zu seinem Bedauern ohne Vorankündigung erschienen. Würden wir ihm wohl bitte glauben, daß das sonst nicht seine Gewohnheit sei? Jedenfalls habe er nun angesichts der Dringlichkeit der vorliegenden Sache ...

»Welche Sache, bitte schön?« fiel Jolek ihm ins Wort, wobei sich seine weißen Bartstoppeln ein bißchen zu sträuben schienen. Sein schwerer Körper war in einen blauen Hausmantel über einem roten Pyjama gehüllt, eine Aufmachung, die Jolek etwas von dem Aussehen eines orientalischen Tyrannen verlieh. Auch auf seinem Gesicht lag ein finsterer, herrischer Ausdruck, als wollte er gleich mit einem Fingerzeig den Befehl geben, den Narren da vor ihm zu enthaupten. »Vielleicht sind Sie so gut, sich den Rest Ihrer Vorrede zu sparen und gleich zur Sache zu kommen?«

Ja, es ginge also um eine vor drei Tagen auf Herrn Trotzkys Schreibtisch eingegangene Nachricht des hiesigen Kibbuzsekretariats: Ob bei uns immer noch ein junger Mann vermißt werde?

»Mein Sohn«, sagte Jolek mit unterdrückter Wut, »ist offenbar plötzlich zu Ihrem Trotzky gereist. Psiakrew. Ist er dort? Ja oder nein?«

Herr Seewald lächelte verbindlich: Nach den bisher erhaltenen Informationen warte Herr Trotzky noch immer auf den Besuch des jungen Mannes und sei ziemlich in Sorge. Gestern morgen habe er eigentlich nach Israel fliegen wollen, aber seine Geschäfte und vor allem die Aussicht auf das baldige Eintreffen des jungen Mannes hätten ihn veranlaßt, auf die geplante Reise zu verzichten. Übrigens befinde er sich derzeit auf den Bahamas. Angesichts dessen habe er ihm, Seewald, per Telex sehr weitgehende Vollmachten erteilt, in seinem Namen zu verhandeln. Er selbst sei, nebenbei bemerkt, Rechtsanwalt von Beruf.

»Verhandeln? Worüber?«

»Joni lebt«, strahlte Chawa auf einmal. »Er ist bei ihnen. Ich sag dir, Jolek, daß er schon bei ihnen ist. Du wirst ihnen alles geben, was sie haben wollen, solange nur Joni zurückkommt. Hörst du?«

Herr Seewald war leicht verlegen: Ob er einige Minuten mit Herrn Lifschitz allein unter vier Augen sprechen dürfe? Er bedaure die Unannehmlichkeit.

»Na, hören Sie mal, Mister, wenn Sie gestatten: Dies ist meine Frau, und das da gegenüber von Ihnen ist meine Schwiegertochter. Der junge Mann am Ende des Sofas ist ein Freund der Familie, und der Mann, der dort am Fenster steht, ist mein Nachfolger im Amt des Kibbuzsekretärs. Hier gibt es keine Geheimnisse. Es bleibt alles in der Familie. Sie sind zum Verhandeln gekommen? Was haben Sie denn anzubieten? Hat Ihr Trotzky meinen Luftikus in der Hand? Ja oder nein? Reden Sie doch endlich!«

Der Gast musterte uns alle leicht skeptisch, als wolle er sich ein Bild von unserem Charakter machen, um abzuschätzen, wozu wir wohl noch fähig wären. Zum Schluß blieb sein Blick auf Chawa ruhen: »Frau Lifschitz, nehme ich an?«

»Chawa.«

»Gnädige Frau, Sie werden verzeihen, aber ich habe ausdrückliche Anweisung, erst gesondert mit Ihrem Herrn Gatten und danach – ebenfalls gesondert – mit Ihnen zu sprechen. Die Angelegenheit ist ja, wie Sie alle wissen, etwas heikel. Es tut mir wirklich leid.«

»Jetzt hören Sie doch in drei Teufels Namen auf, uns hier mit süßen Gesängen einzulullen!« donnerte Jolek wütend los, während er seinen kurzen, breiten Körper zu voller Größe aufpumpte, dabei Kopf und Schultern ruckartig nach vorne beugte und mit der Faust auf den Tisch knallte. »Wo ist mein wohlgeratener Sohn?« brüllte er. »Bei Ihrem Nebbich da, diesem Kretin, ja oder nein?«

»Nun also in diesem Stadium ...«
»Äh?!«
»In diesem Stadium wohl noch nicht, fürchte ich. Aber ...«
»In diesem Stadium, hä? Wohl noch nicht, hä? Die Sache fängt ja erheblich an zu stinken. Konspiration? Erpressung? Dunkle Geschäfte? Was führt er denn im Schilde, dieser schäbige Clown?« Mit voller Wucht drehte sich Jolek jetzt – vollends rasend mit blau angelaufenem Gesicht und bebend hervortretenden Schläfenadern – Chawa zu. »Was hast du von all dem schon längst gewußt, Frau Lifschitz? Was zum Teufel habt ihr Jonatan bereits hinter meinem Rücken angetan, du und dein Ganove? Rimona, Srulik, Asarja. Alle raus aus dem Zimmer! Auf der Stelle! Moment. Nein. Srulik bleibt hier.«

Ich blieb.

Beim Rausgehen bemühte Asarja sich vergeblich, ein unschönes Grinsen zu unterdrücken. Und Rimona sagte: »Ihr müßt euch nicht streiten, Chawa und Jolek. Joni ist traurig, wenn ihr damit anfangt.«

Jolek kehrte zu seinem Sessel zurück, ließ sich schwer atmend hineinfallen und wischte sich mit der Hand den Schweiß von der Stirn. Als er die Sprache wiedergefunden hatte, bellte er den Gast an: »Vielleicht setzen Sie sich endlich, Mister«, obwohl Herr Seewald überhaupt nicht aufgestanden war. »Chawa, ein Glas Wasser, meine Medizin. Mir ist nicht gut. Und gib auch diesem Advokaten da was zu trinken, damit er mit seinen Grimassen aufhört und endlich anfängt, Tacheles zu reden.«

»Vielen Dank«, lächelte Herr Seewald, dessen Gesicht freundlich verwundert aussah. »Ich bin nicht durstig. Wenn Sie gestatten, möchte ich vorschlagen, daß wir möglichst zur Sache kommen. Dies ist kein Höflichkeitsbesuch.«

»Nein, hä?« brummte Jolek, »und ich in meiner Harmlosigkeit hab gedacht, Sie wären zu einem Tanzvergnügen gekommen. In Ordnung. Ich höre. Fangen Sie an. Übrigens habe ich keinen Grund, mich einer Unterredung unter vier Augen zu widersetzen: Chawa – ins andere Zimmer. Srulik – du bleibst trotzdem hier. Ich brauch einen Ohrenzeugen. Die Sache stinkt. Chawa, ich hab gesagt: raus jetzt.«

»Auf keinen Fall«, fauchte Chawa. »Und wenn du platzt, ich geh nicht weg. Das hier ist mein Haus. Es handelt sich um meinen Sohn. Da wirst du mich nicht rausschmeißen. Hier, nimm das Glas Wasser und schluck diese zwei Pillen. Du hast ja gesagt, dir wär nicht gut.«

Jolek stieß ihre Hand mit dem Wasserglas so heftig zurück, daß es überschwappte. Dann zog er eine einzelne Zigarette aus der Rocktasche, befühlte sie, klopfte sie auf der Armlehne aus, betrachtete sie mißtrauisch, wobei seine breiten Nasenflügel ins Beben gerieten, entschied sich letzten Endes, sie doch nicht anzuzünden, und sagte völlig ruhig: »Srulik, vielleicht kann ich deine guten Dienste in Anspruch nehmen? Könntest du deinen Charme auf diese Dame da verwenden, damit sie uns gütigst für ein Weilchen verläßt?«

»Es wird mir ein Vergnügen sein, mit der gnädigen Frau hinterher getrennt zu sprechen«, bemerkte Herr Seewald zuvorkommend.

Chawa blickte mich ängstlich fragend an: »Srulik? Soll ich gehen?«

»Vielleicht doch. Aber nur ins andere Zimmer«, antwortete ich.

Am Ausgang herrschte sie Jolek plötzlich mit »ty zboju« an und knallte die Tür dann derart heftig hinter sich zu, daß die Gläser auf dem Tisch klirrten.

Der Gast zog einen länglichen weißen Umschlag und einen sorgfältig gefalteten Zettel aus der Rocktasche. »Das ist die Vollmacht, die mir Herr Trotzky per Telex geschickt hat. Und hier ist die Flugkarte, die ich laut Auftrag besorgen sollte.«

»Flugkarte? Für wen?«

»Für die Dame, Tel Aviv-New York-Miami. Hin und zurück natürlich. Morgen wird sie auch Paß und Visum erhalten. Der Name Benjamin Trotzky vermag so manche Behördengänge in zehn bis zwanzig Staaten zu verkürzen.«

Jolek beeilte sich nicht mit der Antwort. Er zog seine Brille aus der Tasche, setzte sie sehr bedächtig tief unten auf die Schrägung seiner gewaltig vorstehenden Nase, verschwendete jedoch keinen einzigen Blick auf die vor ihm ausgebreiteten Dokumente, sondern musterte nur Herrn Seewald schräg durch die funkelnden Linsen: »Na. Massel tow. Und womit hat die Dame sich diese große Ehre verdient?«

»Falls der junge Mann tatsächlich den Weg nach Amerika einschlagen sollte, wie Herr Trotzky von ganzem Herzen hofft, wäre es doch besser, daß auch die gnädige Frau dort zugegen ist. Herr Trotzky möchte in seinem Privatquartier eine Art Gegenüberstellung arrangieren.«

»Gegenüberstellung, Mister?«

Der Gast löste den Riemen seiner Ledertasche, entnahm ihr ein Schriftstück und bat um Erlaubnis, einige Punkte vom Papier ablesen zu dürfen. Auf diese Weise könnten Mißverständnisse vermieden und unnötigen Streitigkeiten aus dem Wege gegangen werden.

Ich selbst bemühte mich, meine Anwesenheit im Zimmer so unauffällig wie möglich zu gestalten. Deshalb wandte ich den Kopf und blickte aus dem Fenster nach draußen: blauer Himmel, zwei bis drei federleichte Wölkchen, ein nackter Zweig, ein Schmetterling. Das ist der Frühling. Wo ist Jonatan jetzt? Woran denkt er in diesem Augenblick? Sieht auch er diesen Frühlingshimmel? Unwillkürlich hörte ich die selbstgefällige, näselnde Stimme, die langsam einen Absatz nach dem anderen vorlas: »... Herr Trotzky ist in großer Sorge über Jonatans Verschwinden. Er hofft und glaubt, daß der junge Mann sich in den nächsten Tagen oder Stunden bei ihm einfinden wird. Seit vielen Jahren ist mein Mandant schon bereit, nötigenfalls die gesetzliche Vaterschaft anzuerkennen. Dies hat er auch einmal schriftlich erklärt, und zwar in einem an Sie hier gerichteten Einschreibebrief, der leider nie beantwortet wurde. Herr Trotzky hat Grund zu der Annahme, daß der junge Mann, auf entsprechende Belehrung hin, daran interessiert sein wird – unter Umständen auch auf medizinischem Wege –, klären zu lassen, wer sein leiblicher Vater ist. Dabei möchte Herr Trotzky nachdrücklich betonen, daß er keinesfalls die Absicht hat, seinem Sohn irgend etwas aufzuzwingen. Andererseits besteht er jedoch auf seinem Recht, eine private Gegenüberstellung zwischen ihm, dem Sohn und der Mutter herbeizuführen. Ich bin bevollmächtigt, mit Ihnen, Herr Lifschitz, sowie – gesondert – mit Ihrer Gattin darüber zu verhandeln, mit dem Ziel, eine diskrete Übereinstimmung zu erreichen. Ich darf Ihnen da ein großzügiges Angebot unterbreiten.«

»Ja?« sagte Jolek ohne Erregung, indem er den Kopf vorstreckte, als fürchte er, nicht richtig gehört zu haben. »Wirklich? Und was haben Sie mir beispielsweise anzubieten?«

»Herr Lifschitz, wenn Sie gestatten, möchte ich mündlich – als Grundlage für Ihre eventuellen Erwägungen – folgende Fakten anfügen: Herr Trotzky ist nicht mehr jung. Er war viermal verheiratet, aber jede dieser Ehen ist durch Scheidung beendet worden. Keiner dieser Verbindungen sind Nachkommen entsprungen. Es geht hier also, unter anderem, um ein Vermögen, das ich – ohne jetzt nähere Größenbestimmungen vorzunehmen – als ausreichend bezeichnen möchte, etwa zehn- bis zwanzigmal diesen ganzen werten Kibbuz aufzukaufen. Abgesehen von seinem Sohn besitzt Herr Trotzky nur noch einen einzigen weiteren Blutsverwandten, und zwar einen psychisch labilen Bruder, der praktisch seit vielen Jahren verschwunden ist, jede Verbindung abgeschnitten und keinerlei Zeichen von sich gegeben hat, so daß niemand weiß, ob er sich noch unter den Lebenden befindet. Der junge Mann, von dem wir hier sprechen, wird also nicht leer ausgehen. Darüber hinaus darf ich noch betonen, daß Herr Trotzky beschlossen hat, den jungen Mann auch dann nicht mit leeren Händen ziehen zu lassen, wenn die Vaterschaftstests kein eindeutiges Ergebnis zeitigen oder sogar – von Herrn Trotzkys Standpunkt betrachtet – negativ ausfallen sollten. Mein Mandant hat es nicht für richtig befunden, Sie – oder mich – in seine privaten Erwägungen und Motive zu diesem Punkt einzubeziehen, aber ich habe den Auftrag, Ihnen deutlichst zu versichern, daß Herr Trotzky keinerlei Gegenforderungen stellt. Dazu gehört auch, daß er keine Namensänderung in den offiziellen Papieren seines Sohnes verlangt. Andererseits steht es nicht in der Absicht meines Mandanten, schon jetzt irgendwelche endgültigen Verpflichtungen einzugehen. Vielmehr geht sein einziger Wunsch in diesem Stadium dahin, seinen Sohn kennenzulernen und eine private Gegenüberstellung in Anwesenheit der gnädigen Frau herbeizuführen. Dies ist sein Wille und, wie ich hinzufügen möchte, auch sein gutes Recht. Jetzt würde ich, mit Ihrer Zustimmung, gern ein paar Worte mit Frau Lifschitz wechseln. Und danach schlage ich vor, daß wir uns zu dritt zusammensetzen, um festzustellen, wo wir stehen. Ich danke Ihnen.«

Jolek schwieg grübelnd, wobei er immer noch vorsichtig die nicht angesteckte Zigarette befingerte. Dann schob er äußerst sorgfältig den Aschenbecher vom Rand in die Mitte des Tisches und fragte leise: »Srulik. Hast du das gehört?«

»Ja«, sagte ich.

»Srulik. Siehst du, was ich sehe?«

»Mir scheint«, mischte sich Herr Seewald höflich ein, »die wichtigste Erwägung auf allen Seiten müßte zweifellos das Wohl des jungen Mannes sein, von dem wir hier sprechen.«

»Srulik, ehe ich irgendeinen Schritt unternehme, möchte ich unbedingt ein für allemal deine Meinung hören. Richte du: Ist sie darin verwickelt? Ist das eine Verschwörung?«

»Auf keinen Fall«, sagte ich, »Chawa hat nichts damit zu tun.«

Herr Seewald lächelte selbstgefällig: »Nicht doch! Ich bin überzeugt, die gnädige Frau wird höchst zufrieden sein. Ich werde mir jetzt gestatten, mit ihr zu sprechen, und nehme an, daß die Unterredung nicht lange dauert.«

»Mit Ihrer Erlaubnis, Mister«, sagte Jolek ruhig, »stehen Sie auf.«
»Wie sagten Sie, bitte?«
»Aufstehen, Mister.«
Jolek nahm seine Brille ab und steckte sie bedächtig in die Tasche. Breit, ungesund, von den Schultern abwärts einer Versandkiste ähnelnd, darüber das graue, hier und da mit schlaffen Hautsäcken behangene Gesicht – so streckte er jetzt mit einer gedankenschweren Bewegung seine Hand nach dem Tisch aus, nahm die Vollmacht, den Umschlag mit der Flugkarte und das Blatt, von dem Herr Seewald seine Angebote abgelesen hatte, und riß alles ganz sacht mit seinen großen, blassen Fingern in kleine Fetzen, die er auf der Tischecke zu einem niedlichen Häufchen aufschichtete.
»Jetzt gehen Sie weg von hier«, sagte er dann wie zu sich selbst.
»Herr Lifschitz...«
»Weg von hier, Mister. Die Tür ist genau hinter Ihnen.«
Herr Seewald wurde blaß und gleich darauf feuerrot. Dann sprang er auf, riß seine Ledertasche an sich und drückte sie eng an die Brust, offenbar aus Furcht, sie könnte noch das Schicksal der Dokumente erleiden.
»Dreckskerl«, stellte Jolek seelenruhig fest. »Sagen Sie Ihrem Herrn da...«
In diesem Augenblick kam Chawa ins Zimmer gestürzt, fuhr wie ein böser Geist zwischen dem Mann und Jolek hindurch und blieb – mit kreidebleichen Lippen – vor mir stehen: »Srulik, er schlachtet den Jungen ab! In Gottes Namen, laß es nicht zu! Kaltblütig und in voller Absicht schlachtet er jetzt Joni, damit wir ihn nie wiedersehen...«, sie umklammerte meine Hände, »... du hast selbst gehört, wie er eigenhändig das letzte Band durchschnitten hat, das noch... daß Joni fällt... das macht ihm gar nichts... Bestie!« Mit einer wilden Bewegung drehte sie sich Jolek zu, wobei ihre Augen förmlich aus den Höhlen traten und sie am ganzen Körper derart zitterte, daß ich sie eilig zurückzuhalten suchte, obwohl mir jede körperliche Berührung mit Frauen äußerst schwerfällt.
Ich kam zu spät.
Chawa sank heulend zu Joleks Füßen auf die Matte: »Hab Erbarmen mit dem Kind, du Scheusal! Mit deinem Kind! Mörder!«
»Hier, ich lasse Ihnen meine Visitenkarte da«, bemerkte Herr Seewald taktvoll. »Sie können sich mit mir in Verbindung setzen. Ich fürchte, ich muß mich jetzt verabschieden.«
»Laßt ihn nicht weg! Mörder! Renn ihm nach, Srulik, schnell, lauf doch,

versprich ihm alles, was sie wollen. Eschkol wird helfen. Was sie nur möchten, gibst du ihnen, nur daß sie das Kind zurückgeben! Srulik!«
Halb erstickt würgte Jolek heraus: »Daß du es nicht wagst. Ich verbiete dir, hinter ihm herzulaufen. Siehst du denn nicht, daß sie geisteskrank ist?« Inzwischen hatte sich Herr Seewald verdrückt.
Nach kurzem Zögern ging auch ich. Neben seinem luxuriösen Wagen konnte ich Seewald einholen. Er blieb unwillig stehen und bemerkte kühl, daß er nichts mehr zu sagen habe und auch nicht bereit sei, in mir einen Verhandlungspartner zu sehen.
»Es geht hier nicht um Verhandlungen, Herr Seewald«, sagte ich, »aber ich habe eine kurze Mitteilung zu machen. Richten Sie Herrn Trotzky bitte gütigst aus, daß der Sekretär von Kibbuz Granot ihm folgendes für den Fall sagen möchte, daß Jonatan Lifschitz letzten Endes bei ihm auftaucht: Es steht Jonatan unsererseits frei, zu tun, was er möchte, und hinzugehen, wo immer er will. Wir legen ihm keine Fesseln an. Aber er muß sofort seine Eltern anrufen. Falls er nicht zurückkommen möchte, muß er auch seine Frau freigeben. Und auch dies sagen Sie bitte Herrn Trotzky: Wenn er etwas erfährt und es uns unterschlägt, wenn er versuchen sollte, Jonatan unter Druck zu setzen, oder wenn er sonstige krumme Wege einschlägt, dann wird dieser Kibbuz den Kampf gegen ihn aufnehmen, und der Sieg wird nicht auf Herrn Trotzkys Seite sein. Bitte richten Sie dies Ihrem Mandanten haargenau so aus, wie ich es gesagt habe.«
Ohne eine Antwort abzuwarten und ohne Händedruck wandte ich mich ab und eilte ins Haus zurück.
Mit Körperkräften, die der Mensch nur in höchster Not aufzubringen vermag, war es Chawa gelungen, Jolek von der Matte auf die Couch hochzuwuchten und gleich darauf zum Arzt zu laufen. Joleks Gesicht war blau angelaufen. Die Hände hielt er an die Brust gepreßt. Einige Schnipsel der vorher zerrissenen Papiere klebten an seinem Hausmantel. Ich brachte ihm Wasser. Aber die Schmerzen hatten nicht seine unbändige Willenskraft geschmälert. Mit tonlosen Lippen flüsterte er mir zu: »Wenn du einen Handel mit ihm geschlossen hast, wirst du das noch zu bedauern haben.«
»Beruhige dich. Es hat keinerlei Handel gegeben. Du mußt jetzt nicht sprechen. Der Arzt ist sicher schon unterwegs. Red nicht.«
»Diese Irrsinnige«, brütete er vor sich hin, »alles ihre Schuld. Wegen ihr ist Jonatan so geworden. Haargenau wie sie.«
»Still, Jolek«, sagte ich und erschrak gleichzeitig vor meinen eigenen Worten.

Joleks Schmerzen nahmen zu. Er stöhnte. Ich nahm seine Hand in die meine. Zum ersten Mal in meinem Leben. Bis der Arzt hereinkam, gefolgt von Schwester Rachel und Chawa.
Wieder trat ich ans Fenster. Es war früher Abend. Im Westen hatte der Himmel bereits eine blaue und rote Färbung angenommen. Es ging ein leichter Wind. Im Licht der untergehenden Sonne schien die Bougainvillea im Garten in Flammen aufzugehen. Vor 39 Jahren hatte Jolek mich, noch in Polen, seiner Pioniergruppe vorgestellt, die nach ihrer Einwanderung diesen Kibbuz gründete. Einen »kultivierten Jungen« nannte er mich, und die aus Deutschland stammenden Juden allgemein bezeichnete er als »ausgezeichnetes Menschenmaterial«. Er brachte mir bei, ein Pferd anzuschirren. Er bewegte die Kibbuzversammlung dazu, mir eine Querflöte zu kaufen, obwohl man bei uns in jenen Tagen künstlerischen Tendenzen skeptisch gegenüberstand. Auch tadelte er mich oft, daß ich keine Familie gründete, und versuchte sogar einmal, mich mit einer Witwe aus einem Nachbarkibbuz zusammenzubringen. Und nun hatte ich plötzlich zum ersten Mal in meinem Leben seine Hand gehalten. Der Paternosterbaum vor dem Haus war schon grau geworden. Auf den fernen Bergen lag fahles Licht. Aus irgendwelchen inneren Tiefen strömte mir ein Gefühl des Friedens zu. Als wäre ich jemand anders. Als wäre es mir gelungen, meiner Flöte eine besonders schwere Passage zu entlocken, eine Stelle, um deren reine Wiedergabe ich mich jahrelang vergeblich bemüht habe. Und als hätte ich jetzt völlige Gewißheit, daß ich sie von nun an stets ohne Fehlklang und ohne große Anstrengung würde spielen können.
»Mit Gewalt werden wir dich nicht ins Krankenhaus verfrachten«, sagte der Arzt hinter meinem Rücken als Antwort auf Joleks heiseres Flüstern. »Aber das bedeutet Lebensgefahr, und ich kann keine Verantwortung für den möglichen Ausgang übernehmen.«
Und Chawa flehte: »Verzeihung für alles. Ich schwör dir, daß ich mich ändern werde. Nur, hör auf den Arzt. Ich fleh dich an.«
Ich drehte mich um und sah, wie Jolek mit seinen breiten Händen die Sofalehne umklammerte, als wollte man ihn tatsächlich gewaltsam fortzerren. Bittere Verachtung lag auf seinem häßlichen Gesicht. Der Schmerz ließ eine zornige Welle in ihm aufsteigen. Furchtbar und schrecklich sah er aus und war doch von einer majestätischen Ausstrahlung umgeben, die ich – warum sollte ich es leugnen – neidvoll bewunderte.
»Er muß ins Krankenhaus«, beharrte der Arzt.

»Jolek bleibt hier, wie es sein Wille ist«, hörte ich mich sagen. »Aber ein Wagen mit Fahrer wird hier draußen in Bereitschaft stehen. Die ganze Nacht über.« Mit diesen Worten wandte ich mich zum Gehen, um die Angelegenheit mit Etan R. zu regeln. Von der Tür aus bestimmte ich zu meiner Verblüffung noch: »Rachel, du bleibst hier bei Jolek. Chawa nicht. Du, Chawa, kommst mit mir. Ja, sofort.«

Sie gehorchte und folgte mir ins Freie. Als ich ihre Tränen sah, legte ich ihr den Arm um die Schultern, obwohl es mir – aus persönlichen Gründen – sehr schwerfällt, eine Frau zu berühren. Von draußen rief ich dem Arzt zu: »Wir sind im Büro. Und hinterher – bei mir zu Hause.«

Nachdem ich Etan gefunden und ihm aufgetragen hatte, am Steuer des Kleinlasters vor Joleks Haustür zu warten, sagte Chawa ängstlich: »Du bist böse mit mir, Srulik.«

»Nicht böse, nur besorgt.«

»Mir ist schon gut.«

»Du gehst jetzt in mein Zimmer und ruhst dich aus. Später schick ich dir den Arzt, damit er dir was zur Beruhigung gibt.«

»Nicht nötig. Ich fühl mich nicht schlecht.«

»Keine Widerrede.«

»Srulik, wo ist Joni?«

»Keine Ahnung. Nicht bei Trotzky. Bisher. Überhaupt scheint mir das unwahrscheinlich.«

»Und wenn er dort hinkommt?«

»Dann werde ich dafür sorgen, daß Trotzky sehr wohl einsieht, daß er uns augenblicklich benachrichtigen muß. Wir werden keine Fisimatenten dulden. Ich nehm die Sache in die Hand. Jetzt erst mal auf Wiedersehen. Geh ins Zimmer. Ich komme nach, sobald ich fertig bin.«

»Den ganzen Tag hast du nichts gegessen. Und du bist auch nicht gesund.«

»Schon gut«, sagte ich und ging zum Büro. Udi Schneor erwartete mich dort mit einer Nachricht, die mir äußerst wichtig erschien. Obwohl Asarja einen kleinen Aufruhr veranstaltet hatte, war Udi – meiner Anordnung folgend – in Rimonas Wohnung gegangen, hatte die Schränke abgesucht und dabei die Kartentasche gefunden. Wie sich herausstellte, fehlt das ganze Dreieck des Negev, von Sodom und Rafiah bis Elat. So trug ich Udi auf, am Telefon den Offizier Tschupke ausfindig zu machen und ihm diese Nachricht weiterzugeben, auch wenn er, Udi, deswegen die ganze Nacht am Apparat zu verbringen hätte. Eilsache.

Dann hängte ich mich an das Telefon der Krankenstation und konnte den Sekretär des Ministerpräsidenten in seiner Privatwohnung erreichen. Ich gab ihm die auf Seewalds Visitenkarte enthaltenen Daten sowie Trotzkys Geschäftsadresse in Miami durch. Auf seine Fragen konnte ich nur antworten, daß ein gewisser Verdacht in dieser Richtung vorliege und wir hier äußerst verbunden wären, wenn man der Sache von geeigneter Stelle aus nachgehen könnte. Über die Verschlechterung von Joleks Gesundheitszustand sagte ich lieber nichts, weil mir einfiel, daß Eschkol heute abend an der Nordgrenze sich besser ungestört den dortigen Problemen widmen sollte. Doch bat ich den Privatsekretär, das Versprechen des Ministerpräsidenten einzuhalten, Jolek Lifschitz' jüngeren Sohn, Amos, wenigstens für einige Tage vom Militärdienst beurlauben zu lassen.

Bei meiner Rückkehr ins Büro lauerte dort schon Asarja Gitlin auf mich. Er wollte doch eine grundsätzliche Frage geklärt wissen: Dürfe Udi Schneor so ohne weiteres in seinen, Asarjas, Privatbereich eindringen? In den Schränken stöbern? Rimona und ihn selbst mit äußerst vulgären Ausdrücken belegen? Übrigens wolle er ansuchen – vielmehr den Antrag stellen –, sich als Anwärter auf die Kibbuzmitgliedschaft eintragen zu lassen. Er habe nun genug überlegt und sei zu der endgültigen Entscheidung gelangt, daß er hier zu Hause sei. Für immer. Er werde Rimona heiraten und der ganzen Gesellschaft dienen. Ohne Unterschied: »Mensch oder Wurm, was auch immer, das Schicksal wickelt's um den Finger.« Er sei am Ende seiner Wanderung angekommen und werde von jetzt ab einen Hausstand gründen. Ich solle wissen, daß der ganze Kibbuz ihm lieb und teuer sei, sogar Udi, und mich hätte er einfach schrecklich gern.

Ich unterbrach ihn. Sagte, ich hätte zu tun. Er solle mich nicht länger stören, sondern ein andermal wiederkommen.

Woher nahm ich plötzlich diese mir sonst so fremde Bestimmtheit?

Tatsächlich habe ich den ganzen Tag außer Tee, Aspirin und Gebäck nichts zu mir genommen. Aber mein Kopf ist klar. Ich fühle mich gut. Diesem Blatt Papier da vor mir will ich anvertrauen, daß eine unbekannte körperliche Freude in mir aufsteigt. Schon das Gehen ist leicht und angenehm. Die Entscheidungen kommen wie von selbst, mühelos. Sogar das Reden fällt mir nicht schwer. Ich bin der Sekretär. Mein erster Tag im Amt war kompliziert und nicht leicht; aber jetzt gegen Mitternacht, wo ich hier sitze und die wichtigsten Ereignisse des Tages der Reihe nach aufschreibe, sehe ich keinen Fehler. Mir scheint, daß alles, was ich heute getan habe, gut und richtig gewesen ist.

Mitternacht ist schon vorüber. Draußen wispert der Wind. Der Ofen brennt. Über den Schlafanzug habe ich Bolognesis Pullover gezogen und darüber – einen dicken Morgenrock. Wo ist Joni jetzt? Sicher wandert er auf den Straßen umher. Oder schläft in seinem Schlafsack in irgendeiner abgelegenen Tankstelle. Es ist kein Unglück geschehen. In den nächsten Tagen werden wir ein Zeichen von ihm erhalten, und vielleicht kehrt er sogar nach Hause zurück. Wenn er nicht freiwillig wiederkommt – ich finde ihn. Vom Negev-Dreieck bis nach Miami, Florida, reichen zu dieser Stunde die Fäden, die ich heute gesponnen habe. Ich werde ihn finden. Werde mich mit Geduld und Verstand um ihn kümmern. Auch um Asarja.

In meinem Bett, im andern Zimmer, liegt Chawa und schläft. Vor zwei Stunden habe ich den Arzt gebeten, ihr eine Beruhigungsspritze zu geben, und sie ist eingeschlummert wie ein Baby. Mich erwartet eine Matratze hier auf dem Fußboden. Aber ich habe keine Lust zu schlafen. Ich habe eine Platte aufgelegt und lausche nun leise – um Chawa nicht zu stören – einem Adagio von Albinoni. Fein und gut. Der ganze Kibbuz schlummert bereits. Nur da oben, nahe am Zaun, sehe ich ein erleuchtetes Fenster. Wer ist da noch wach? Der Richtung nach zu urteilen, ist das Bolognesis Fenster in der letzten Baracke. Sicher sitzt er allein da, wie ich, und murmelt seine Beschwörungen und Satzketten vor sich hin.

Wenn das Adagio zu Ende ist, ziehe ich Mantel und Schal an, setze meine Mütze auf den Kopf und drehe eine Runde im Kibbuz. Ich werde nachsehen, wie es Jolek geht. Einen Blick ins Büro werfen. Dem überraschten Bolognesi angenehme Ruhe wünschen. Denn ich habe keine Lust zum Schlafen. Mein Leitprinzip besagt – wie ich es schon mehrmals hier festgehalten habe –, daß es genug Schmerz auf der Welt gibt und man nicht noch weiteren hinzufügen darf. Wenn möglich – soll man ihn zu erleichtern suchen. Der gute Stutschnik nennt mich manchmal den Dorfpfarrer. Macht nichts. Jetzt ist der Pfarrer schon Bischof geworden. Und er hat nicht die Absicht, sich mit der Grausamkeit, dem Wahnsinn, der Lügerei und den Leiden abzufinden, die die Menschen einander zufügen. Die wahre Schwierigkeit besteht letzten Endes darin, zwischen dem Guten und dem scheinbar Guten zu unterscheiden. Denn zwischen Gut und Böse ist es nicht weiter schwer. Doch es gibt unter den Lebenskräften solche, die getarnt auftreten. Man muß die Augen offenhalten.

»In der Tierwelt gibt es Fälle – gewisse Vögel können hierfür als ausgezeichnetes Beispiel dienen –, in denen der Wandertrieb eine gefährliche, ja destruktive Ausdrucksform des Selbsterhaltungstriebes darstellt: als würde sich letzterer gewissermaßen in zwei einander tödlich bedrohende Bestandteile aufspalten« (Donald Griffin, a. a. O.). Mag sein.

Bald ist es Zeit, daß der Wächter Stutschnik zum Frühmelken weckt. Mit den Jahren hat er sein kumpelhaftes Pioniergesicht verloren und dafür den Ausdruck eines matten jüdischen Kleinhändlers angenommen – einer von denen, die in einem engen, dunklen Kurzwarenlädchen hinter ihrer wackligen Theke sitzen und ihren Talmud lernen, bis mal wieder ein Kunde eintritt. Aber er will weiter stur in aller Herrgottsfrühe seine Kühe melken und weigert sich, nun an meiner Stelle die Buchführung zu übernehmen, da ich Sekretär geworden bin. Ein großer Dickkopf ist er schon immer gewesen, aber jetzt spricht bekümmertes Staunen aus seinen Augen.

Ich geh. Jetzt ist schon Montag. Ich zieh mich warm an, wickel den Schal um den Hals, setz die Mütze auf und geh nachsehen, was sich im Kibbuz Granot tut.

P. S.: Ein Uhr morgens. Die Luft, die mir draußen entgegenschlug, war erfrischend, sehr scharf und hat mir alle meine Sinne belebt. Dichter Tau oder vielleicht leichter Regen hatte die Wege, Bänke und Beete benetzt. Alles schlief schon. Bis ans Ende des Kibbuz bin ich gegangen und habe dabei mit der kleinen Taschenlampe vor mich hin geleuchtet; das war die, die ich heute morgen aus dem Büro entwendet habe. Wie sagt Jolek? Mea culpa: Ich hab mir eine Taschenlampe angeeignet. Mit so einem Dostojewski-Gehabe erweist du uns keinen guten Dienst, hat Eschkol gesagt. Und was ist dabei? Ich weiß es nicht.

Während ich so ging, sprang plötzlich hinter mir ein Schatten aus der Dunkelheit. Ich erschrak: Bist du's, Jonatan? Aber der Schatten passierte mich und lief den ganzen Weg vor mir her. Es war Tia, die sich meinem nächtlichen Spaziergang anschließen wollte. Hier und da stoppten wir, um einen tropfenden Wasserhahn zuzudrehen oder Zeitungsfetzen aufzuheben und sie in den Papierkorb zu werfen. Tia brachte mir einen zerrissenen Schuh, den sie zwischen den Büschen gefunden hatte. Gelegentlich schaltete ich eine überflüssig brennende Lampe auf einer leeren Veranda aus.

Am Klubhaus trafen wir Udi auf seinem späten Rückweg vom Büro. Es war ihm endlich gelungen, den Offizier Tschupke telefonisch zu erreichen und ihm auftragsgemäß mitzuteilen, daß die Karten vom Negev fehlen. Das ist natürlich ein großes Gebiet, aber es gibt uns wenigstens eine allgemeine Richtungsvorstellung. Jemand, der sich umbringen will, wird kaum Karten im Maßstab 1:20 000 mitschleppen, meint Udi. Ich versicherte ihm, zu hoffen und zu glauben, daß er damit recht hat, und schickte ihn ins Bett.

Jolek fand ich auf seiner Wohnzimmercouch in tiefem Schlaf. Sein Atem ging jedoch etwas röchelnd und wurde von abgehackten Schnarchern unterbrochen. Auf dem Sessel daneben saß Rachel und stickte. Alles genau nach meinem Willen. Sie erzählte mir, daß der Arzt im Laufe des Abends zweimal hereingeschaut, Jolek eine Spritze gegeben und eine leichte Besserung festgestellt habe. »Und trotzdem«, sagte ich zu ihr, »werde ich ihn morgen früh zur Untersuchung ins Krankenhaus schicken, ob er will oder nicht.« Ich hab seine Launen satt.

Vor Joleks Vorgarten parkte der Kleinlaster, in dem Etan R. selig schlummerte. Wie ich es angeordnet hatte. Nein, ich kann nichts Falsches an dem finden, was ich heute unternommen habe.

Aber in die letzte Baracke bin ich doch nicht hineingegangen; eine innere Unruhe hielt mich davon ab. Durch das gardinenlose Fenster konnte ich im gelben Schein der nackten Glühbirne Bolognesi beobachten. Um den Kopf hatte er ein windelähnliches Tuch gewickelt, das sein vergammeltes Ohr verdeckte. Den Körper ganz in eine Wolldecke gehüllt, saß er aufrecht da, strickte mit flinken Nadeln und wippte rhythmisch hin und her, während seine Lippen sich murmelnd wie zu inbrünstigen Klageliedern bewegten.

Zwei bis drei Minuten blieben wir dort stehen, die Hündin und ich, und schnupperten den Frühlingsdunst in der nächtlichen Brise: Hatte Rimona nicht versprochen, daß der Winter vorüber sei und jetzt der Frühling komme?

Eines Tages, wenn sich die Lage geklärt hat, werde ich Chawa auftragen, doch einmal zu versuchen, diesen Bolognesi auf ein Glas Tee in meine Wohnung einzuladen. Es kommt nichts Gutes heraus bei so einer tiefen Einsamkeit. Auch die vielen, vielen Nächte, die ich mit Tagebuchschreiben und Flötenspiel verbracht habe, haben nichts Gutes hervorgebracht. Fünfundzwanzig Jahre lang. Wie alt wäre jetzt mein Sohn, wenn ich nicht so ohne weiteres auf P. verzichtet hätte? Wie alt könnten meine Enkel sein?

Ich legte einen Umweg ein, um an ihrer Wohnung vorbeizukommen. Dunkel. Eine Hecke aus Myrten und Liguster. Still, flüsterte mir eine Kasuarine zu. Ich war leise. Ihre Wäsche hing am Wäschepfahl. Sie hat jetzt vier Enkelkinder, und ich – bin ein überzeugter Junggeselle. Nicht einmal habe ich ihr meine Liebe in diesen fünfundzwanzig Jahren angedeutet. Warum eigentlich? Was wäre, wenn ich ihr einen Brief schriebe? Oder ihr, eins nach dem anderen, ohne jede Vorwarnung, die achtundvierzig dicken Hefte brächte, die mein Tagebuch enthalten? Soll ich? Vielleicht gerade jetzt, wo Chawa in meiner Wohnung sitzt und ich der Sekretär bin?

Plötzlich sah ich die Scheinwerfer eines Autos, das auf dem Platz vor dem Speisesaal anhielt. Ich eilte dorthin, rannte fast, und die Hündin schoß mir voraus. Ein Militärfahrzeug. Türenknallen. Eine große, schlanke Gestalt. Mit Gewehr. In Uniform. Mein Herz setzte einen Schlag lang aus. Aber nein: Es war nicht Jonatan, sondern sein jüngerer Bruder Amos – verschwitzt, zerzaust und müde. Ich zog ihn auf eine Bank unter der Laterne an der anderen Ecke des Platzes. Mitten bei einem Routineunternehmen an der syrischen Grenze hatte man ihn plötzlich rausgeholt, in ein eigens ihm zur Verfügung gestelltes Fahrzeug gesteckt – mit dem Fahrer des Regimentskommandeurs wohlbemerkt – und auf der Stelle nach Hause abkommandiert. Ohne jede Erklärung. Nun wollte er wissen, ob ich zufällig eine Ahnung hätte, was hier eigentlich los sei und was in aller Welt man von ihm wolle.

Ich erklärte ihm alles so knapp wie möglich. Dann fragte ich, ob er etwas essen oder trinken wolle. Einen Augenblick lang überlegte ich, ob ich ihn vielleicht in meine Wohnung mitnehmen und Chawa aufwecken sollte, doch ich entschied mich dagegen: Es brennt absolut nichts an. Für einen Tag hab ich genug Szenen gehabt. Wenn er weder hungrig noch durstig ist – dann angenehme Ruhe. Soll er sich schlafen legen.

Ich kehrte nach Hause zurück. Am Eingang verabschiedete ich mich, sie ausgiebig streichelnd, von Tia. Seit wann gebe ich mich denn mit Hundestreicheln ab? dachte ich verwundert und lächelte mir eins.

Diese letzten Zeilen schreibe ich im Stehen, ohne Mantel, Schal und Mütze abzulegen. Ich bin nämlich immer noch kein bißchen schlafbedürftig, sondern will noch weiter auf dem leeren Kibbuzgelände herumlaufen. Vielleicht schließ ich mich Stutschnik an und helf ihm beim morgendlichen Melken, wie wir es vor zwanzig Jahren zusammen gemacht haben. In zweistimmigem Bariton werden wir wieder die altbekannten Lieder von Bialik oder Tschernichowski schmettern, statt miteinander zu reden, denn der Worte sind schon mehr als genug gewechselt.

Ja. Ich werd noch eine Runde drehen. Das war ein langer, schwieriger Tag. Was mich morgen erwartet, weiß ich nicht. Der heutige Rechenschaftsbericht ist fertig abgeschlossen. Und ich sag mir: angenehme Ruhe, Sekretär Srulik. Hier ist nichts mehr hinzuzufügen.

5.

Etwa eine Viertelstunde schlenderte Jonatan zwischen den Gebäuden und Zelten herum – die Waffe lässig über die Schulter gehängt, die geröteten Augen wegen des gleißenden Lichts zusammengekniffen, die Bartstoppeln mit grauem Staub überpudert –, bis er endlich die Küchenbaracke gefunden hatte. Dort aß er im Stehen vier dicke Scheiben Brot mit Margarine und Marmelade, denen er nacheinander drei hartgekochte Eier folgen ließ, und trank zwei Tassen Blümchenkaffee dazu. Nachdem er noch einen halben Laib Brot und eine Dose Sardinen als Wegzehrung abgestaubt hatte, kehrte er zu seinem Gepäck zurück, das er in Michals Zimmer gelassen hatte. Dort warf er sich auf ihr Bett und schlief – in Schweiß gebadet – rund eineinhalb Stunden, bis ihn die Fliegen und die drückende Hitze weckten. Er stand auf, trat ins Freie, zog das Hemd aus und steckte Kopf und Schulter unter den Wasserhahn, um sich lange mit der warmen, rostigbraunen Brühe abzuspülen. Danach ließ er sich mit Sack und Pack in einem leeren Wellblechhäuschen nieder, breitete im Schatten der Asbestwände zwei aneinander anschließende Karten auf dem Sandboden aus, beschwerte ihre Ecken mit Steinen und begann, sie intensiv zu studieren. Daneben las er in der Broschüre »Besondere Stätten in Wüste und Arava«, die er von Michals Bord genommen hatte.

Die Route erschien ihm leicht: bis kurz vor Bir-Meliha per Anhalter, dann in der Abenddämmerung zweieinhalb Kilometer bis zur nicht markierten Grenze in der Araba-Senke, von da an in nordöstlicher Richtung bis zum Eingang ins Wadi Mussa und weiter in schnellem Nachtmarsch dieses Wadi hinauf.

Jonatan prägte sich einige markante Orientierungspunkte entlang des Weges ein: die jordanische Straße nach Akaba, etwa fünf Kilometer östlich der Grenze. Vorsichtig überqueren. Wenn ich dann heute nacht so an die

Der perfekte Frieden

zwanzig Kilometer weiter rein schaffe, kann ich vor Sonnenaufgang an die Stelle gelangen, wo Wadi Mussa und Wadi Sil-el-Ba'a zusammenstoßen. Dort verengt sich das Tal zu einer Schlucht, in der ich im Schatten der Felsen Unterschlupf suchen sollte – womöglich gibt's da auch eine Höhle –, um dann den ganzen morgigen Tag totzuschlagen, bis es dunkel wird. Freitagabend klettere ich weiter das Tal hinauf. Nach rund zwei Kilometern knickt das Wadi Mussa um fast neunzig Grad gen Süden ab, und von dieser Biegung an sind es nur noch knappe acht Kilometer, ziemlich steil die Schlucht aufwärts, bis zur Stadt. Samstagmorgen wird man also Petra bei Sonnenaufgang sehen: Da wollen wir mal schauen, was es nun insgesamt damit auf sich hat und was man eigentlich von mir will. Rucksack, Schlafsack, Windjacke, Wolldecken, Proviant und Gewehr wiegen alles in allem so an die dreißig Kilo. Nicht weiter schlimm. Im Gegenteil: Wenn ich eine Bazooka bekommen könnte, würd ich die auch noch mitschleppen. Andererseits ist eine Feldflasche nicht genug. Man muß sich hier noch zwei bis drei weitere aneignen, denn auf der Karte ist nirgends eine Wasserstelle eingezeichnet. Wär interessant zu wissen, ob diese Michal mitgekommen wäre. Aber nein.

Was sieht man da, am roten Felsen? Asarja Alon schreibt hier in der Broschüre, daß Petra überhaupt nicht der rote Felsen der Bibel, dieser Berg Edom ist, gegen den die Propheten Jeremia und Obadja angewettert haben. Der weiß sicher, wovon er redet, aber mir ist das egal. Soll's eben ein anderer Fels sein. Der Felsen des Tschad meinetwegen. Petra heißt auf lateinisch Fels. Hauptstadt der Nabatäer. Das sind die gleichen Nabatäer, die auch bei uns hier in Avdat und Schivta gelebt haben. Kaufleute, Krieger, Baumeister, begnadete Landwirte und auch Straßenräuber. So ähnlich wie wir. In Petra hat einer namens Haritat über sie geherrscht. Dort kreuzt sich die Straße von Damaskus nach Arabien mit dem Darbas-Sultana, dem »Königsweg« von der Wüste nach Gasa und von da weiter durch den Sinai nach Ägypten. Es gibt da eine ziemlich tiefe Kratersenke am oberen Ende des Wadi, wo diese Nabatäer ihre ganze Stadt in den Fels gemeißelt haben: steinerne Tempel, Paläste, Königsgräber, ein Kloster, das die Araber ad-Dir nennen. All das, so heißt es hier, steht nun schon 2000 Jahre da, unberührt vom Zahn der Zeit. Sehr richtig, dieser Ausdruck. »Zahn der Zeit«. Leer und menschenlos. Wie mein Leben. Bloß unzählige Generationen von Grabräubern haben in den roten Gewölben rumgestöbert und sich die Taschen gefüllt, bevor sie auch abgekratzt sind. Seit

1400 Jahren lebt keine Menschenseele mehr in Petra. Nur noch Wüstenfüchse und Nachtvögel. Und die Beduinen vom Stamm der Atalla wandern in der Gegend umher und verdienen sich ihren Unterhalt als Hirten und Räuber.

Weiter im Text der Broschüre fand Jonatan eine englische Gedichtzeile, die einen eigenartigen Zauber auf ihn ausübte: »A rose-red city, half as old as time.« Also: Eine rosenrote Stadt, halb so alt wie die Zeit. Jonatan prägte sich diese Zeile auf englisch ein und sah plötzlich in Gedanken seine Frau Rimona vor sich: nackt und kalt auf dem weißen Bettlaken in einer Sommernacht, beleuchtet von den Strahlen des vollen Mondes, der totenbleich im Fenster hängt. Er schüttelte traurig den Kopf und las weiter in der Broschüre.

Als zu Beginn des vorigen Jahrhunderts ein kühner Reisender aus der Schweiz namens Burckhardt in arabischer Verkleidung auf diese vergessene Geisterstadt stieß und sein Blick dabei unvermittelt von der steilen Felsspitze hinunter über die roten Totengewölbe glitt, wurde er von so großem Staunen ergriffen, daß er eine volle Stunde wie versteinert auf seinem Platz verharrte. In seinen Aufzeichnungen beschreibt er ungeheure, mit geheimnisvollen Reliefs geschmückte Säulen, übereinander gelagerte Felsgalerien, die in der sengenden Luft zu hängen scheinen, das zerstörte Auditorium, das Kaiser Hadrian in griechisch-römischem Stil erbauen ließ, die in den Sandstein gehauenen Paläste, Befestigungen, Arkaden, Tempel und Gräber. All das in leuchtendem Rosenrot – und zwischen den Ruinen der lodernde Oleander. Auch in der Kluft, die zu der Stadt hinaufführt, hat sich der Oleander zu ganzen Wäldern ausgebreitet. Und wenn die Sonne auf- und wieder untergeht, entflammen die Giebel und Bogen in berauschender Farbenpracht, während der behauene Stein wie in roten, violetten und purpurnen Feuerzungen erglüht.

Halbwach versuchte Jonatan, sich den Zauber dieses Totenreiches vorzustellen, das ihn da erwartete: die steilen Stufen, die man in den Fels gehauen hat, die breite Treppe, die an die zweihundert Meter von der Stadt zu dem darüber thronenden Kloster aufsteigt, dessen Mauern wie die Arme einer Medusa gebaut sind. Und weiter führen die Stufen empor zum Gipfel des Opferberges. Dort befindet sich der Blutteich, in dem das Blut der Schlachtopfer gesammelt wurde. Rechts und links von diesem Teich erheben sich zwei senkrechte Felszinnen, die – zwei riesige Phalli – als Überreste eines vergessenen orgiastischen Götzenkults in den Himmel ragen. Finstere Todesangst, so hieß es in der Broschüre weiter, befällt den Menschen, der den Gipfel des Opferberges erklimmt und von seiner Höhe auf die verlassene Schreckensstadt hinabblickt. Hier und dort zwischen den Schutthügeln wird der Besucher auf einen Schenkelknochen, einen menschlichen Schädel oder auch auf ganze, ausgeblichene Skelette stoßen, denen Hitze und Trockenheit eine schimmernde Vollkommenheit bewahrt haben. Und über all die leeren Pfade hat sich der wilde Oleander ausgebreitet. Nur Geckos huschen über den einsamen Grund, und bei Nacht heult der Wüstenfuchs. Weihrauch und Myrrhe verströmten hier einst ihren Duft zu den Gesängen der Priesterinnen und Priester, die ekstatische Kulte und Menschenopfer zelebrierten. Und über die ganze Umgebung der Stadt erstreckten sich Obsthaine und Rebenfelder und Gärten mit Dreschplätzen und Weinpressen. Ohne Zank und Streit amtierten die alten Wüstengötter Seite an Seite mit Baal, Aphrodite und Apoll. Danach wurde alles ausgelöscht. Die Götter starben dahin. Die Menschen verwandelten sich in trockene Gerippe. Der zornige, wildwütende Gott lacht am letzten: wie immer. »Wer ist jener, der aus Edom kommt, aus Bozra in rot gefärbten Gewändern?« Es ist der Gott Zions, der hochgebauten Wüstenstadt, der gekommen ist, alles mit Todesschweigen zu bedecken.

Vierzehn Jahrhunderte ist die Geisterstadt in keinem schriftlichen Dokument erwähnt worden. Als wäre sie nie gewesen. Erst in den letzten Jahren haben tollkühne Abenteurernaturen und Wirrköpfe – unsere Leute – angefangen, sich zu ihr durchzuschlagen, und einige sind sogar heil wiedergekommen. Aber etwa zehn junge Burschen haben unterwegs den Tod gefunden, denn die Beduinen vom Stamme der Atalla sind bekannt für ihre Blutdürstigkeit.

»Er machte sich auf und ging«, sagte Jonatan laut zu sich selber – so freudetrunken, als hätte man ihm Wein eingeflößt. Dann stopfte er die Broschüre in seinen Rucksack. Die Karten rollte er auf und verstaute sie auf der nackten Brust unter dem Hemd. Bald ist Mittag. Eine Zigarette rauchen wäre jetzt prima. Aber genug damit: Ich rauch ja nicht mehr.

Er nahm sein Gewehr auseinander und reinigte es mit einem Stückchen Baumwollflanell, wobei er äußerst geduldig und genau vorging. Nachdem er die Waffe wieder zusammengesetzt hatte, streckte er sich im Schatten der Asbestwand auf dem Rücken aus. In den Lendenmuskeln spürte er noch die prickelnde Lust der vergangenen Nacht. Den Rucksack unter den Kopf geschoben, das Gewehr über die Brust gelegt, reckte er sich gähnend. Fetzen der Sätze, die er vorher in der Broschüre gefunden hatte, zogen wie Wolken durch seine Gedanken: Geister, finstere Todesangst, Wölfe und Nachtvögel. Gehen wir mal hin und sehen nach, was es da gibt, und kommen als ganzer Mensch zurück.

Dann nickte er ein. Die Fliegen spazierten auf seinem Gesicht herum. Im Halbschlaf sah er seinen für heute nacht zu erwartenden Tod – ein Kugelhagel in die Brust oder ein krummes Messer zwischen die Schulterblätter –, aber sein Sterbebild erweckte keine Angst in ihm: ganz allein auf ödem Feindesland, das Gesicht in den dunklen Sand gedrückt, sein Blut unter ihm im Staub versickernd, als wäre es ein Gift, das nun langsam aus seinem Körper läuft und endlich Erleichterung verschafft, wie damals in seiner Kinderzeit, während einer schweren Krankheit, zwischen den kühlen Laken im Bett seiner Eltern, mit Mutters Wolldecke zugedeckt, im Halbdämmer der geschlossenen Jalousien. Mit geschlossenen Augen sehnte Jonatan sich nach diesem leidensfreien Tod, der ihn zu einem weiteren Stein in der steinigen Wüste machen würde – endlich ohne Gedanken, ohne Sehnsucht, kalt und ruhig dazuliegen. Kalt und vorhanden. In ewigem Frieden.

Dem, der Jonatan in diesem Augenblick beobachtet hätte, wäre es nicht weiter schwergefallen, unter den dreckigen Bartstoppeln, den fettigen Haarsträhnen und der dicken Staubmaske das Gesicht des feinsinnigen Achtjährigen zu sehen, der Jonatan einmal war: ein verträumter Junge mit einer stillen Trauer in den Augen, als hätten die Erwachsenen ihm etwas versprochen und er hätte ihnen vertraut, aber dann seien doch die Stunden vergangen, und sie hatten's nicht eingehalten, waren nicht gekommen. Einfach auf und davon waren sie, während der Junge alleine dalag, bis der Schlaf ihn einholte, ohne jedoch die Züge gekränkter Trauer von seinem schlummernden Gesicht zu wischen.

So erschien Jonatan dem Mann, der sich jetzt über ihn beugte und ihn einige Minuten lang höchst aufmerksam mit seinen hellblauen Augen betrachtete, langsam den Stapel mit seiner Ausrüstung, einschließlich dem am Rucksack festgebundenen Schlafsack, prüfte und auch das Sturmgewehr sah, das er mit den Armen auf der Brust umschlungen hielt. Ein müdes, mitfühlendes Lächeln breitete sich über das Gesicht des Mannes. Mit der Spitze seines Zeigefingers berührte er Jonatan Lifschitz: »He, du Tschudak, restlos austrocknen wirst du hier. Komm, wir gehen menschlich schlafen, in einem Himmelbett, wie ein König, auf meerseidenen Laken, mit Spitzen und Purpur besetzt.«

Jonatan schrak hoch, riß die Augen weit auf, rollte sich geschmeidig wie eine Katze blitzschnell zurück und umklammerte sein Sturmgewehr mit beiden Händen, als sei er auf dem Sprung, sein Leben zu verteidigen.

»Bravo«, lachte der Alte auf, »bravo, das nenn ich Reflexe! Ausgezeichnet! Aber bitte nicht schießen: Hier ist Freund und nicht Feind. Eine Mütze hast du? Sofort aufsetzen! Tlallim.«

»Wie bitte?«

»Tlallim. Alexander. Sascha. Aus einem ganz schrecklichen Traum hab ich dich geweckt, stimmt's? Komm, mein Malenkij. Gehn wir. Als du eingepennt bist, war hier noch Schatten, aber jetzt ist das ein lodernder Feuerofen!«

Jonatan blickte auf seine stehengebliebene Uhr und fragte mit leiser Stimme: »Verzeihung, welche Uhrzeit haben wir jetzt?«

»Die beste aller Zeiten. Gib mir die Hand und steh auf, Mensch! So, ja. Von nun an legen wir dich im Königspalast schlafen. Und Leckerbissen werden deine Speise, Vogelmilch dein Getränk bei mir sein. Komm. Kuschat i spat. Dajosch!«

Jonatan erinnerte sich dunkel an diesen schlanken, großen Mann. Gestern bei seiner Ankunft in En-Hussub, noch bevor er Michal getroffen hatte, war ihm unter den Soldaten, Nomaden und Arbeitern ein schmaler, langgliedriger Pioniertyp aufgefallen: braungebrannt wie ein Beduine, mit wildwuchselndem weißen Bart, weißen Löckchen auf der nackten Brust und lustigen blauen Augen, die aus einem bronzenen Gesicht herauslugten.

»Danke«, sagte Jonatan, »aber ich muß losziehen.«

»Nu, nur los, warum nicht. Zieh ab mit allen gebührenden Ehren«, grinste der Alte, schalkhaft und freundlich zwinkernd, »aber womit wohl, hä? Womit? Das einzige Auto, das es hier im ganzen großen En-Hussub gibt, ist Burlak.«

»Wie bitte?«

»Burlak. Mein geliebter Jeep. Einst war er der Busenfreund von General Allenby. Von Kairo bis Damaskus ist er geflitzt, und jetzt ist er mein Schützling. In zwei, drei Stunden geben Burlak und ich dir das Ehrengeleit bis kurz vor Bir-Meliha. Vor Einbruch der Dunkelheit wirst du dich ja sowieso nicht über die Grenze stehlen. Und Wasser, Krassawez? Was soll das denn: ein einziges Fläschchen? Willst du verdursten? Du kriegst von mir so 'n Plastikding, nu, wie heißt das – Kanister, Container, damit du Wasser für unterwegs hast. Nenn mich Tlallim oder Sascha oder Opa. Ich hab die ganze Wüste hier unter mir. Komm, gehn wir. Nur setz dir mal schleunigst deinen Tarbusch auf. Du nennst mich Tlallim und ich dich – Krassawez. Auf geht's.«

Nach und nach hatte Jonatan die Sätze des Alten verstanden und stammelte nun erstaunt: »Was für eine Grenze? Was soll das denn? Ich wollte nur...«

»Nu, Tschudak. Geht mich ja nix an. Wenn du mich anlügen willst, dann tu's. Es heißt, sie hätten kurze Beine. Diese Idioten! Flügel haben sie! Und du, Solotoj Parzuftschik, hast dir wohl eine Liebesnacht gemacht? Das sieht man sofort deinen Augen an. Macht nichts. Willst du's abstreiten? Bitte schön. Lügen? Immer nur frisch drauflos geflunkert. Mit der kleinen Yvonne? Mit Michal? Rafaela? Was kümmert's mich, haha, tief da drinnen fließt bei allen der köstliche Honigseim. Hier wohne ich. Hineinspaziert. Tee, Datteln und Wodka stehen bereit. Ich bin Vegetarier. Ein Menschen- und Pflanzenfresser sozusagen. Sei mein Gast. Setz dich. Wir unterhalten uns ein bißchen. Du ißt und trinkst was und dann – tschort jewo snajet. Zieh in Frieden. Oder geh zum Teufel, wenn dir das mehr zusagt. Burlak und ich setzen dich heute abend vor Bir-Meliha ab, und von dort – geradewegs in die Hölle, falls das dein Ziel ist.«

Sie kletterten in einen heruntergekommenen Wohnwagen am äußersten Ende der Siedlung nahe dem Sicherheitszaun. Vor langer Zeit war dieser Wagen mal fahrtüchtig gewesen, doch nun hatten seine brüchig gewordenen Reifen längst alle Luft verloren und waren bis zu den eisernen Radnaben im Sand versunken. Im Innern war es kühl und stank etwas. Auf dem Boden lag eine mit verblichenen Lumpen bedeckte Matratze und dann noch eine aufgeplatzte, aus deren Riß dreckige Strohkringel quollen. Ferner war ein abgeblätterter Tisch zu sehen, auf dem zahlreiche leere Bierflaschen, halbleere Weinflaschen, Blechgeschirr, Konservendosen, Bücherstapel, eine Brotkruste und ein Eierkarton sich ein buntes Stelldichein gaben. Auf einem an Seilen von der Decke hängenden Holzbrett sah Jonatan zwei verschiedene Petroleumkocher, eine Teedose, ein kaputtes Akkordeon, eine Petroleumlampe, eine schwarze verbeulte Pfanne, einen rußigen Kaffeetopf und eine altehrwürdige Parabellum-Pistole zwischen Mengen von farbenfrohen Steinproben, die offenbar aus allen Ecken und Enden der Wüste stammten.

»Bitte schön, lieber Krassawez, mein Haus sei dein Haus, mein Lager dein Lager. Deine Päckalach schmeiß hin, wo du willst. Setz dich, Maltschik, mach's dir gemütlich, ruh dich aus. Ich nehm dir nichts weg. Auch das Gewehr kannst du mir hergeben, so, da legen wir's hin, damit es auch seine Ruhe hat. Der Name ist Tlallim Alexander. Diplomierter Landvermesser, Teufelskerl, Wüstenexperte, Geologe, Liebhaber und Trinker. Das Leben hat er geliebt, aber die Bösewichter gehaßt wie ein wildes Tier. Seine Seele hat er auf viele furchtbare Proben gestellt, Ruhe und Frieden niemals gefunden. Die Frauen – hat er auf Händen getragen und all seine Leiden mit Fassung erduldet. Das bin ich. Und du, Junge, wer bist du? Ein Desperado? Ein Kindskopf? Ein Dichter? Hier, das ist Gin. Trink. Soda und Eis hab ich nicht. Aber ein warmes, rechtes Herz. Trink auf dein Wohl, Krassawez, und dann – raus mit der Beichte. Ei, Mama, sieh nur, welches Schluchzen, welches herzzerreißende Weinen dieses Kind da in der Kehle hat. Mama! Du Tschudak-Durak, du. Was für ein bitterböser Teufel hat dich bloß dazu verführt, auf einmal nach Petra zu gehen?«

Der Alte brach in ein kindliches Lachen aus, wischte sich die Lachtränen aus den Augen und erhitzte sich dann plötzlich, schlug mit der Faust auf den Tisch, daß die Flaschen klingelten, und brüllte in wildem Zorn los: »Leben, du Schurke! Leben, leben und noch mal leben! Ty Smorkatsch! Verwöhnter Fratz! Heul und leb! Kriech auf dem Bauch und leb! Werd verrückt vor Leid, aber lebe! Du mußt leiden, du Schuft! Leiden!«

Jonatan schrak auf seinem geflochtenen Weidenhocker ganz in sich zusammen. Er zögerte, packte dann aber mutig die verbeulte Blechtasse, die ihm der Alte angeboten hatte, und nahm einen Schluck Gin, der ihm so in der Kehle brannte, daß er rot wurde und zu husten begann. Mit dem dreckigen Handrücken wischte er sich die aufsteigende Feuchtigkeit aus den Augen und startete einen Verteidigungsversuch: »Entschuldige, Kamerad...«

»Kamerad?!« brüllte der Alte. »Schämst du dich nicht? Beißt du dir nicht auf die Zunge? Wie kannst du es wagen? Du Flegel! Ich und dein Kamerad?! Der Teufel ist dein Kamerad! Wer sein Leben wegwerfen geht, hat weder Freund noch Kamerad! Den Teufel kannst du deinen Freund nennen! Ich bin für dich Tlallim! Oder Sascha! Nicht Kamerad! Da nimm, iß Feigen! Iß! Und Datteln. Und Oliven. Fladenbrot gibt's auch. Dort unter den Socken hat sich vielleicht noch eine Tomate versteckt. Hast schon gegessen? Dann ißt du bei mir eben noch mal! Paskudnjak! Nun iß schon!«

Und, plötzlich mit veränderter Stimme, die Hände an die Wangen gedrückt, Kopf und Oberkörper übertrieben nach rechts und links schwingend wie ein bitter klagender Araber, jammerte er: »Kind! Mein Solotoj! Was haben sie dir bloß angetan, diese Schurken?!«

»Entschuldige bitte ... du ... ich, hab ich doch gar nicht vor, was du da redest. Ich lauf hier bloß deshalb in der Gegend rum, weil sie mich losgeschickt haben, einen Genossen zu suchen, Udi, einen von meinem Kibbuz, der vor ein paar Tagen verschwunden ist und ...«

»Ein Seelenjammer, Krassawez. Lügen und Seelenjammer ist das alles. Es gibt keinen Udi und keinen Hudi. Hör zu. Sascha Tlallim wird jetzt einige prinzipielle Dinge sagen, und du kannst zuhören – wenn du willst. Wenn nicht – dann poschol won. Geradewegs in die Welt des Chaos. Dajosch!«

»Ich muß sowieso weg.«

»Ruhe! Jetzt redet Tlallim, und Krassawez schweigt höflich. Wo hast du denn deine Erziehung gelassen?«

Jonatan schwieg.

»Hör zu, Udi-Liebling. Ich werd dir was erklären: Der Tod – ist ein Greuel! Abstoßend! Ekelerregend! Dreckig! Unreinheit in Potenz! Und außerdem – hei, er läuft ja nicht weg. Die ganze Nacht wirst du das schwarze Wadi rauflaufen, ty Mondkalb, und dich dabei vor Wonne kringeln, wie du sie reingelegt hast, hihi, was für 'ne tolle Strafe ich mir für diese Schurken ausgedacht hab, hihi, wie die um mich weinen werden, wenn ich erst mal umgekommen bin, wie die sich verfluchen werden wegen all ihrer Bosheit. Bis an ihr Lebensende werden sie's bitter bereuen! Ich bin tot, und die haben was dazugelernt, ha? Du ausgesuchter Dussel! Das nächste Mal werden sie schon wissen, daß sie dich mit besonderem Feingefühl anpacken müssen, ha? Daß sie dich das nächste Mal lieben müssen, wie's dir gebührt, ha? Und frühmorgens verbirgst du dich dann zwischen den Felsen, du Superschlauberger? Legst dich schlafen und bist ein stinkvergnügter Durak? Ein Idiot bist du! Du pennst da selig, und die Atalla laufen inzwischen deinen frischen Spuren im Wadi nach. Wie der Wind werden die hinter dir her sein. In der gesamten Wüste gibt's keine besseren Späher als die Atalla. Bis sie dich aus der Ferne riechen. Und willst du mir vielleicht verraten, was dann ist? Dann spielst du Josef Trumpeldor, oder was? Nach dem Motto ›gut und ehrenvoll ist es, für das Vaterland zu sterben‹, ha? Also, dann wird dir Sascha mal was sagen: Sterben ist gar nicht gut. Es ist sogar ausgesprochen schlecht. Insbesondere bei den Atalla. Wenn diese Teufel so einen Krassawez wie dich, ein liebliches Kibbuzpflänzchen wie aus Milch und Blut, zu fassen kriegen, fallen sie drüber her wie die Finsternis. Ehe du nach deinem Gewehr greifen kannst, sind sie schon über dir und fangen erst mal an, dich in den Hintern zu ficken: zehn, zwanzig mannhafte Atallas. Immer feste rein. Und danach – in deine Gosch. Na, wie gefällt dir das, Maltschik? Wenn sie mit dem Bumsen fertig sind, geht's ans Massakrieren, scheibchenweise. Die Ohren – werden abgehackt. Der Bauch – wird aufgeschlitzt. Der Pimmel – weggeschnippelt. Und erst dann wird die Gurgel ein bißchen angeschnitten. Und du, mein Herzliebchen, wirst dir die Seele aus dem Leib schreien, bis zum Himmel rauf. Wie ein Tier wirst du brüllen: Papa, Mama, Hilfe. Und wenn du nicht mehr schreien kannst, mein lieber Kleiner, dann wirst du gurgeln wie ein abgestochenes Kamel. Wie das ist, wenn so ein Kamel abgemurkst wird, hast du vielleicht schon mal gesehen? Nein? Chchchrrrrr. So hört sich das an!«

Der Alte richtete sich auf. Seine Augen rollten in dem vor Wut verzerrten Gesicht. Die weißen Löckchen auf seiner nackten, braungebrannten Brust sträubten sich wie die Stacheln eines Igels. Ein schäumender Greis war er, nicht ganz bei sich, ungewaschen: Der wilde Bart funkelte wie eine schneebedeckte Bergkuppe in der Mittagssonne, die Lippen waren mit abstoßendem Schaum bedeckt. So beugte er sich jetzt tief über Jonatan, dem eine Welle von Knoblauch-, Alkohol- und Schweißgestank entgegenschlug, brachte sein Gesicht so nahe an Jonatans, daß sich beider Lippen fast berührten, und stieß aus tiefster Seele einen markerschütternden Schrei aus: »Chchchrrrrr!«

Jonatan wich schaudernd zurück, schlug die Hände vors Gesicht und kniff die Augen fest zusammen. Als er sie wieder öffnete, lachte der Alte vergnügt vor sich hin. In seinen blauen Augen saß der Schalk. Er verteilte den restlichen Gin aus der Flasche auf die beiden verbeulten Blechtassen. »Genug damit«, sagte er gutmütig. »Jetzt trink ein bißchen lechajim. Schlag dir den Unsinn aus dem Kopf. Beruhig dich und ruh dich aus. Und danach – weinen, mein Herzchen. Ei, Mamuschka, weinen mußt du, mein Junge, nicht sterben, sondern nur dich gesund heulen die halbe Nacht durch. Nun heul schon! Flenn alles raus – und fertig! Job twoju mat, wo bleibt denn das Schluchzen?«

»Laß doch«, sagte Jonatan mit seiner ausdruckslosen Stimme, wobei er den Kopf schräg nach vorn neigte, wie es sein Vater Jolek tat, um besser hö-

ren zu können. »Laß diese Geschichte. Ich weiß gar nicht, was du von mir willst. Ich geh doch in kein Petra. In bin keiner von denen.«
»Bravo! Molodets! Stachanow! Du suchst bloß so einen Udi. Was denn sonst. Der Udi da will nach Petra gehen. Während du dich hier bloß so in der Gegend rumtreibst und uns die Michal bumst, was? Oder die kleine Yvonne? Oder Rafaela? Unwichtig. Hauptsache, daß es da Honig gibt, bosche moi, und eine Stange zum Umrühren. Sehr gut! Leben! Bumsen und leben! Weinen und leben! Der Tod ist ein Greuel! Pfui Teufel! Und weh tut er auch noch! Chchchrrrrr!«
»In Ordnung. Danke. Ich hab's verstanden. Vielen Dank für den Gin und für ... alles. Nur, laß mich jetzt gehen«, sagte Jonatan mit aller ihm möglichen Bestimmtheit, »ich muß losziehen.«
»Gut, Maltschik. Komm. Auf geht's.«
»Was?«
»Du wolltest doch losziehen, nicht? Dann los, komm. Gehn wir Burlak aufzäumen. Und ab die Post. Geh nach Petra. Was kümmert's mich? Jeder ist Souverän seines eigenen Lebens. Jeder Idiot – frei wie ein König. Bitte schön: Stirb mit Vergnügen. Greif dir das da, dieses Plastikding, nu, den Kanister, den füllen wir mit kaltem Wasser. Das ist so eine Art überdimensionale Feldflasche. So, die binden wir dir jetzt schön auf den Rücken, damit du mir nicht durstig abkratzt. Wie heißt du, Kind?«
»Ich ... ich heiße Asarja.«
»Lügner!«
»Kamerad ... Sascha?«
»Verstanden. Ende. Ich höre. Lüg, soviel du willst.«
»Du ... wirst mich nicht verpfeifen?«
»Ty Manjak! Schäm dich! Pfui! Sterben – das ist ein Prärogativ! Ein Konstitutionsartikel! Ein Privileg! Menschenrechte und all das! Bin ich denn Stalin? Ei, Mama, ›de wirst mir doch nich verpetzen tun, neeneenee?‹« höhnte der Alte mit weinerlicher Stimme, ein verzogenes Kind nachäffend. »Aber wenn ich dein Papa wär, würd ich dir den Popo versohlen, bis er feuerrot wär! Wie beim Affen! Darf ich vorstellen: der Schönling hier – das ist Burlak. Eine Augenweide, was?«
Der Jeep war ein uraltes Vehikel. Ein Scheinwerfer war schwarz verfärbt wie ein blindes Auge, der andere zertrümmert. Das Fenster auf der Fahrerseite bestand nur noch aus einem rostigen Rahmen ohne Scheibe. Über den beiden kaputten Sitzen und deren dreckiger Füllung lag eine Militär-

Der perfekte Frieden

wolldecke ausgebreitet. Hintendrin sah Jonatan Kanister mit Benzin und Wasser, rotweiße Meßstäbe, zwei Theodoliten, ölige Taue, Lumpen, eine Kiste mit Kampfrationen, ein paar Quarz- und Bitumensteine und uralte Zeitungsblätter. Unter seinen Füßen, auf dem Boden des Jeeps, knirschten Matzenkrümel.

»Das ist Burlak«, lachte der Alte mit seinen schönen weißen Zähnen. »Burlak ist mein Herzliebchen. Einst ist Churchill auf diesem Burlak in Venedig eingefahren, und jetzt gehört er uns ganz allein.«

Beim Reden half er Jonatan, Gewehr und Ausrüstung im Fonds zu verstauen. Dann fing der Motor zu bellen und zu fauchen an, heulte einmal laut auf, räusperte sich vernehmlich und schoß dann so urplötzlich los, daß Jonatan nach vorne geschleudert wurde. Der Alte legte den Rückwärtsgang ein, manövrierte den Wagen ruckartig nach rechts und links, fuhr mit zwei Rädern eine leere Öldose platt, kam schließlich frei, und los ging die Fahrt. Der Mann steuerte mit Bravour, schnitt die Kurven, trat das Gaspedal durch, latschte ab und zu auch mal auf die Bremse; nur die Kupplung bediente er kaum. Bei alldem summte er überaus fröhlich eine getragene russische Weise.

Schweigend fuhren sie in den Abend hinein.

Wo fährt er mich hin? Womöglich direkt zur Polizei? Wie kommt das bloß, daß sich mein ganzes Leben lang Geisteskranke an mich hängen? Vater und Mutter. Asarja, Rimona. Trotzky. Aus einer Entfernung von einundhalb Metern, so ein Clown, wie kann man aus einundhalb Metern einen Stier verfehlen? Ohne weiteres hätte ich den tödlich getroffen. Aber der hat absichtlich danebengeschossen, weil der Tod ein Scheißdreck ist. Kriech und leb! Leide und lebe! Wozu? Die Hauptsache ist, daß ich nicht umgekippt bin. Nicht einmal meinen Namen hab ich ihm preisgegeben. Aber vielleicht hat er auch den noch aus seinem Wahnsinn heraus erraten. Gleich wird er den Jeep umkippen und uns beide auf der Stelle töten. Wie spät ist es jetzt? Es wird langsam dunkel. Wenn morgen die Sonne aufgeht, bin ich ja sowieso schon tot. Das ist mein letzter Abend. Gut so. Chchchrrrr! Auch eine kaputte Uhr geht zweimal am Tag richtig. Sie warten dort auf mich. Und werden nicht endlos warten. Bald komme ich. Kalt und vorhanden sein.

»Wie spät ist es?«

»Kind, du hast Zeit«, sagte Tlallim. »Die Atalla laufen nicht weg. Ich selbst bin zufällig vor acht Jahren dahin gekommen, nach Petra. Nichts weiter als Trümmer. Steine, wie bei allen Ruinen. Petra ist nicht Petersburg. Eine ›Hirbe‹, wie die Araber sagen, und das ist alles.«

»Und wieso haben sie dich nicht abgeschlachtet?« platzte Jonatan heraus.

»Du kleiner Dummkopf!« lachte der Alte. »Beim Stamm der Atalla gelte ich überhaupt nicht als Jude. Und das bin ich tatsächlich schon nicht mehr. Bei ihnen bin ich so ein, nu, ein heiliger Mann, ein Derwisch, ein Jurodiwy. Und auch bei den Unsrigen: Du brauchst hier bloß nach Sascha zu fragen, wie der auf dem Kamel bis Petra geritten ist wie der Stammvater Abraham, während die Atalla ihn von hinten und vorn mit Speis und Trank bewirtet haben und ihre Töchter den ganzen Weg vor ihm hergetanzt sind. Ich, mein Herzliebchen, bin schon ganz und gar kein Jude mehr. Und auch kein Mensch mehr. Einfach ein Teufelskerl. Ein Wüstenexperte. Das Leben – hat er in vollen Zügen genossen. Und die Frauen – hat er verehrt. Wodka soff er wie ein Gaul. Bösewichter haben ihm Fallen gestellt und Blödiane ihm das Leben versauert, aber er hat sich nicht unterkriegen lassen. Nikogda! Hör mal, mein Solotoy, du gehst mir nicht zum Teufel. Sollen wir zwei mal eine kleine Spritztour einlegen und uns ein bißchen austoben?«

»Vor Bir-Meliha setz mich bitte ab«, sagte Jonatan. »Und vergiß, daß du mich je getroffen hast. Ich bin niemandem irgendeine Erklärung schuldig. Mein Leben gehört mir.«

»Ein Philosoph!« jubelte der Mann triumphierend los – wie ein professioneller Gedankenleser, der gerade die Bestätigung für eine besonders kühne Voraussage erhalten hat und sich nun vor einem unsichtbaren, begeistert applaudierenden Publikum verneigt. »Dein Leben gehört dir! Originell! Äußerst scharfsinnig! Wem soll es denn sonst gehören? Mir vielleicht? Dem Teufel? Natürlich gehört es dir, Krassawez. Geh in Frieden, du Leidensmensch. Ei, Mama, was für ein Verbrechen haben diese Schurken an dir begangen, daß du so ein Gesicht gekriegt hast! Diese Schufte! Ausgelöscht sei ihr Name! Und du gehst nun also zum Teufel. Aber hör bitte mal her: Komm noch heute nacht zurück. Zu Sascha. Stiehl dich ein bißchen über die Grenze, geh nach Transjordanien rein. Das macht nichts weiter, aber sonst? Ihre Straße da – auf der anderen Seite –, die überquer auf keinen Fall. Da machst du einfach kehrt und kommst zurück. Ha? Schön so? Molodets! Behältst du den Namen? Tlallim! Ganz einfach! Sascha! Komm mitten in der Nacht in meinen Königspalast zurück, bleib bei mir, solange du willst, ohne großen Lärm: einen Tag, eine Woche, zwei Jahre, bis du das Gefühl hast, daß diese Halunken ihre Lektion gelernt und so bitterlich um dich geweint haben, daß sie sich beim zweiten Mal dir gegenüber schon richtig benehmen werden. Bis dahin hab ich Oliven, Feigen und Datteln für dich. Und eine Matratze mit Purpur und Spitzen, und an ein bißchen was zu trinken wird's uns auch nicht fehlen. Ich bin Vegetarier aus Prinzip. Kannibale – aber Vegetarier. Und ein ganz neues Gesicht wirst du bei mir kriegen. Den Bart läßt du dir schon wachsen. Kein Mensch wird dich erkennen. Wenn du willst, kannst du mit mir rumstromern, wirst mein Vermessungsassistent. Hoch zu Burlak preschen wir beide dann über die Wüstenpfade, und du bist der Vizekönig. Wenn du nicht willst, auch egal. Bei mir darf man sich den ganzen Tag auf den faulen Pelz legen, und nachts schwirrst du dann aus – die Stange hoch, um süßen Honig umzurühren. Kein Mensch auf der Welt wird erfahren, daß du bei mir lebst. Kommst du zurück?«

»Halt bitte hier an und laß mich aussteigen«, sagte Jonatan.

»Ei, Mama«, seufzte der Alte, »schon wieder hat mir der Teufel ein Schnippchen geschlagen.«

Der Jeep stoppte, nicht wild diesmal, sondern sanft und präzise. Jonatan kletterte von seinem Sitz nach hinten und begann, seine Sachen auf den Sandstreifen am Straßenrand zu werfen: den Rucksack, die Wolldecken, Windjacke, Wasserbehälter und Schlafsack. Dann sprang er mit seiner Kalaschnikow hinaus. Der Alte würdigte ihn keines Blickes mehr. Er saß schlapp hinter dem Steuerrad, das Kinn mit seinem Bartgewirr tief gesenkt, unbeweglich, als trüge er die Leiden der ganzen Welt: ein großer, schlanker Mann, prächtig in seiner weißen Mähne und mit dem dichten weißen Bart.

Erst als Jonatan sich entfernte und – leicht gebeugt unter seiner Last – die dunkler werdende Böschung hinunterstapfte, erst da hob der Mann sein herrliches Haupt und rief traurig: »Gib auf dich acht, Kind.« Und dann plötzlich kam aus tiefster Tiefe bis an das Ende des wüsten Ödlands ein mächtiger Schrei aus seiner Brust: »Armer Kerl!«

In diesem Augenblick lief durch Jonatan eine Welle der Zuneigung. Seine Kehle zog sich zusammen. Ein Schleier legte sich über seine Augen. Mit letzter Kraft biß er sich auf die Unterlippe, um alles zurückzuwürgen. Der Jeep entfernte sich. Wurde sofort von der Dämmerung aufgesogen. Gleichzeitig verklang auch das Dröhnen des Motors. Wind wehte von Norden her. Die Wüste versank in Dunkel. Endlich war Jonatan wirklich allein. Und hörte ein sanftes, leises Säuseln.

6.

Es war Nacht. Ein lauer Wüstenwind wehte von Nord nach Süd und brachte salzigen Staub mit. Die ersten Sterne standen bereits am Himmel, aber ein letztes Licht hielt sich noch auf der Kammlinie. Ferner Rauchgeruch stieg Jonatan in die Nase und war wieder weg. Ein wenig gebeugt unter seiner Last stand er da, als wartete er auf jemanden, der sich ihm anschließen würde. Dann pinkelte er lange, füllte seine Lungen prall mit Luft und rechnete freudig aus, daß er schon fünfundvierzig Stunden keine Zigarette mehr geraucht hatte. Er lud sein Gewehr mit einem der drei Magazine und verstaute die beiden anderen in den Hosentaschen. Dabei genoß er so richtig den Gedanken, daß er noch nie in seinem Leben derart allein, weit weg von jeder lebenden Seele gewesen war. Sogar En-Hussub, das er eben hinter sich gelassen hatte, erschien ihm plötzlich wie ein lauter, ermüdender Ort, an dem man ihm unerwünschte Aufgaben aufgehalst hatte. Aber jetzt war Schluß damit. Eine Bodenwelle verdeckte ihm den Blick auf die Straße Sodom – Elat. Der schreiende Alte war weggefahren. Und die Nacht war angebrochen. Schluß damit, sagte sich Jonatan immer wieder, als sei dies sein Motto. Irgendwo weit drüben, auf den langsam dunkler werdenden Bergen, die das Firmament im Osten begrenzten, flackerte ein schwaches Licht: ein Wachtposten? Oder ein Beduinenlager in einer Bodensenke am Hang des Wadis? Dort liegt das Land Edom. Dort liegt das Königreich Transjordanien. Dort wartet die Felsenstadt. Und dort ist der Feind.

Kein Laut war zu hören. Nicht das leiseste Rascheln. Wie um die Tiefe des Schweigens auszuloten, sagte Jonatan mit seiner leisen Stimme: »Ruhe.«

Leichter, dunkler Dunst schwebte zu seinen Füßen. Der Wind hatte sich gelegt. Auf der Straße hinter ihm sauste ein Fahrzeug vorbei. Das Motorengeräusch stachelte Jonatan an, seine Stimme erneut auszuprobieren: »Los.«

Beim Klang dieses Wortes setzten sich seine Füße in Bewegung. So leicht waren seine Schritte, daß er sie kaum hören konnte. Trotz Gepäck

Der perfekte Frieden

und Gewehr ging Jonatan, als würde er den Boden nur streicheln. Die Sohlen seiner Fallschirmspringerstiefel trugen ihn wie von selbst über das bequeme, leicht abfallende Gelände. Langsam breitete sich wohlige Erleichterung über seine Glieder aus. Sogar der Schweiß auf seiner Stirn erschien ihm angenehm wie die Berührung einer kühlen Hand. Der Boden unter seinen Füßen fühlte sich eigenartig weich an, als schritte er über den leichten Aschenteppich eines verloschenen Brandes. Auch dünner Rauchgeruch lag wieder in der Luft. Hier und da trat er auf niedriges Buschwerk. Hier und da zeichnete sich ein schwärzlicher Stein ab. Die Finsternis dieser Nacht war anders als alles, was er bisher je an Dunkelheit gesehen hatte. Die Sterne des Himmels entlockten der Wüstenerde einen bläulich düsteren Glanz. Wie magisch wurde Jonatan ostwärts getrieben, aller Gedanken und Sehnsüchte ledig, in einem sanften Rausch befangen: als würden seine starken Muskeln den Körper singend vorwärts ziehen, als würde er auf Flügeln getragen.

Was bin ich die ganzen Jahre über gewesen? Wer ruft mich jetzt zu sich? Ich komm ja, ich komm. Jetzt. Kalt und vorhanden. Ich komm. Hatte ich nicht in ein anderes Land fahren wollen? In eine große fremde Stadt? Um ein neues Leben zu beginnen? Um zu arbeiten und zu studieren und über Kontrolltafeln zu herrschen? Um fremde Frauen kennenzulernen? Aber hier und jetzt bin ich frei. Wer braucht Kontrolle und Frauen. Mir fehlt nichts mehr. Freiheit hab ich und keine Probleme. Was würd's schon ausmachen, wenn jetzt all diese Beduinen kämen? Sollen sie! Ich schalt auf Automatik und mäh sie alle um, tak-tak-tak. Was Asarja da über seinen Rechenlehrer erzählt, der einen Fehlschuß in den Kopf gekriegt hat, das ist nicht wirklich gewesen. Asarja selbst ist nicht wirklich gewesen. Und das Haus. Und all die Jahre. Oder Michal und der verrückte Alte. Erst jetzt fängt das Leben wirklich an. In der Wirklichkeit gibt's nur Sterne und Dunkelheit. Und diesen Wind, der mir von links entgegenweht – da, weg, nun wieder. Das ist meine ganze Gerechtigkeit: allein durch die Nacht zu laufen. Der Stille zu gehören. Nach meinem eigenen Rhythmus zu gehen, Grundrichtung ostwärts. Ein altes Lied summt im Kopf herum: »Was noch kannst du wünschen von uns, o Heimat, das du doch nicht schon bekommen hast?«

Auf die Frage dieses Liedes fand Jonatan keinerlei Antwort. Suchte auch nicht danach. Aber er ertappte sich dabei, wie er die Melodie vor sich hinbrummte, und bemühte sich nun, damit aufzuhören. »Voll sind unsere

Scheuern, unsere Häuser mit Leben erfüllt.« Damit sind wir fertig. Wir haben kein Haus. Dort im Wadi zwischen den Bergen Edoms ziehen die Nomaden umher. Auch ich bin schon ein Nomade. Alles, was es sonst noch gibt, ist ein Irrtum oder ein Witz. Oder eine Falle. Mein Vater. Meine Frau. Das Militär. Der Zitrushain. Die Werkstatt. Wie bloß die Jahre vergangen sind. Wie ich gewartet hab wie ein Stein. Der Lehrer Jehoschafat da, dessen Herz war nicht recht; wieso hat er sich denn plötzlich auf die Veranda gesetzt und darauf gewartet, 'ne Kugel abzukriegen? Warum hat er sich nicht aufgemacht und ist gegangen? Auch ich bin schon tot für die, aber für mich – bin ich quicklebendig. Keiner wird mir je mehr sagen, was ich tun soll. Wer in meine Nähe kommt – kriegt 'ne Salve. Ich bin tot geboren worden. Wie das Baby, das Rimona vor einem Jahr gehabt hat. Ich hab nicht einmal gefragt, was dieser Syrer, dieser Frauenarzt in Haifa, mit der Leiche der Kleinen angefangen hat. Was macht man mit Kindern, die leblos auf die Welt kommen? Vielleicht sammelt man sie alle in einer Geisterstadt in den Bergen? Vielleicht gibt's ein Versteck für Kinder? Tempel, Paläste, Felsenhäuser? Tief, tief in der Todesfinsternis, wie es in der Broschüre über Petra steht? Ja, Rimonas Efrat. Die Tochter? Die ich gehabt hab? Meine Tochter? Ich bin ihr Vater? Großer Gott, was für ein beängstigendes Wort: Vater. Ich. Wie soll ich ein Mädchen wiedererkennen, das ich noch nie gesehen hab? In dieser Dunkelheit? Zwischen lauter anderen Kindern? Soll ich ganz laut Efrat rufen? Kommt sie dann angelaufen? Fällt mir um den Hals? Wie damals, als ich noch ein kleiner Junge war und alle mich gut genannt haben?

Etwas Feuchtes, Salziges berührte plötzlich seine Lippen. Er wischte sich mit dem Handrücken über die Stirn und lockerte, ohne anzuhalten, die Tragriemen seines Rucksacks. Sie hat immer meine Hand auf ihren Bauch gelegt – ich sollte spüren, wie sich das Baby bewegt – und hat mich dabei so angeguckt, als ob mich das tatsächlich kratzen würde. Ich? Vater? Von Efrat? Von dem Baby davor, das sie abgetrieben hat? Irrsinn. Auf rätselhafte Weise glaubte er jetzt das Baby in seinem eigenen Bauch zu spüren. Doch im selben Augenblick begann es unter seinen Sohlen zu knirschen: Er lief über Kiesboden. War das nicht das Bett eines Wadis? Einige Zeit später hörte das Knirschen wieder auf, und er spürte erneut Sandboden unter den Füßen. Er sog die Tiefe der Einsamkeit in sich ein, das Schweigen der weiten, leeren Nacht. Dann hob er den Blick zur Höhenkette hinauf und entdeckte dort einen matten Lichtschimmer. Sind das

schon die Lichter der Stadt? Gestern war eine Mondnacht. Jetzt bereitet sich der Mond da hinter den Bergen wieder auf seinen Auftritt vor. Vorerst erreicht uns nur ein glänzender Widerschein. Als sei einer der Sternennebel vom Himmel heruntergekommen, sei fern im Osten jenseits des Gebirges von Edom gelandet und erleuchte nun mit furchtbarem Glanz die ganze verlassene Hochmulde wie eine riesige menschenleere Felsenbühne.
Bald geht der Mond auf. Das Wadi, das ich vor einigen Minuten oder einer Stunde überquert hab, ohne überhaupt darauf zu achten, war doch sicher die Araba-Senke. Dann bin ich jetzt jenseits der Grenze. Nicht mehr in Israel. Fertig. Hier ist das Königreich Jordanien. Das Gebiet der blutdürstigen Nomaden. Da muß man höllisch aufpassen. Ich hätte Tia mitnehmen können, aber nein: Sie gehört mir schon nicht mehr. Wieso hab ich eigentlich nie um sie geweint? Wieso hab ich gar nichts empfunden? Warum mußte ich jedesmal, wenn Rimona sie anzusprechen versuchte, dazwischenfahren und sie anschreien, sofort damit aufzuhören? Sie war mein Baby. Wie konnte ich vergessen, daß ich eine Tochter habe? Wieso vergaß ich, wollte vergessen, daß Rimona zwei Jahre vor Efrat schwanger gewesen ist? Laß doch erst mal mit Kindern, das ist noch zu früh für uns, hab ich ihr gesagt. Und mich aufgeregt: Wir sind allein, und das ist gut so. Ich bin nicht verpflichtet, meinem Vater 'ne Dynastie zu errichten. Ich will unsere Eltern nicht hier mitten zwischen uns haben. Kinder, nee. Eines Morgens ist sie nach Haifa gefahren. Und kam leer wieder. Ganz blaß. Ich hab ihr dafür eine Schallplatte gekauft. Sie hat mich nicht gehaßt. Im Gegenteil. Fünf Tage lang hat sie sich dauernd die Platte angehört, die ich ihr geschenkt hatte, sicher tausendmal. Wegen dieser Abtreibung ist Efrat tot auf die Welt gekommen. So hat es dieser Syrer da, der Arzt, uns erklärt und empfohlen, vorerst von weiteren Versuchen abzusehen, weil Rimona diese Geburt selber nur durch ein Wunder überstanden hatte. Meine beiden Kinder hab ich selbst ermordet. Und Rimona hab ich verrückt gemacht. Ihre Magie des Tschad – das ist seit damals. Was war das? Ein Schakal? Ein Fuchs? Gar nichts. Nur Sterne und Stille. Ich muß ein bißchen Wasser trinken, auch wenn ich nicht durstig bin. So um diese Zeit könnten wir doch Efrat schon zu Bett bringen. Ihr einen Pyjama mit kleinen Elefanten darauf anziehen. Ihr ein oder zwei Schlaflieder vorsingen. Geschichten erzählen und Tierstimmen nachahmen. Darin bin ich gut. Hör mal her: So macht der Fuchs. Und so die Hyäne. Mein Töchterchen Efrat ist tot. Ihr verrückter Vater hat sie einfach umgebracht. Wie mein Vater – mich.

Um diese Stunde etwa könnten wir ihr ein Fläschchen mit warmer Milch füllen. Mit Zucker oder ein bißchen Honig. Ihr einen Teddy oder eine Stoffgiraffe unter die Wolldecke legen. Guck mal, so macht der Bär: Buuuu. Hab keine Angst, Efrat. Papi legt sich auf die Matte neben dein Bettchen und gibt dir seine Hand. Schlaf schön ein. Mami deckt dich gut zu. Und hinterher könnten wir beide still im anderen Zimmer sitzen, ich mit der Abendzeitung und Rimona mit ihrer Stickerei oder 'nem Buch. Vielleicht würde sie uns was vorsingen, denn bevor Efrat gestorben ist, hat Rimona manchmal gesungen. Ich und Saro könnten Schach spielen. Eine Tasse Kaffee trinken. Rimona könnte ein blaues Röckchen für Efrat bügeln, statt sich mit ihrer schwarzen Magie des Tschad abzugeben. Und beim allerersten Pieps würden wir alle drei zu Efrat springen, um ihr die Windel zu wechseln. Sie zudecken. Ihr Fläschchen füllen. Warum mußte ich meine Tochter umbringen? Meine Eltern, die jetzt Opa und Oma sein könnten. Rimona, deren Leib sich seit dem Mord in einen Leichnam verwandelt hat? Warum hab ich sie alle ermordet? Warum morde ich jetzt weiter? Worüber hatte ich mich zu beschweren? Was hab ich denn gewollt und nicht gekriegt? Wen hasse ich denn? Wen suche ich hier? Völlig verrückt. Der alte Mann aus En-Hussub hat mich einen armen Kerl genannt. Arm dran ist meine Mutter. Und mein Vater. Denen ich Efrat und vorher noch ein Baby und jetzt auch noch ihren Sohn umgebracht hab. Und dieser Saro ist arm dran. Aber mir geht's dafür ausgezeichnet, wie ich da so hellwach und fröhlich direkt zum Teufel geh. Daß Saro ihr ein Baby macht? Daß mein Vater stirbt? Mich kümmert nichts mehr, und ich brauch nichts mehr. Ein Nachtfalter fliegt ins Feuer. Was hab ich in jenen Regennächten gesucht, als ich mich aufmachen und davongehen wollte? Wärme? Leben? Liebe? Das heißt Schmerz und Wut, vermischt mit überwältigender Lust? War es das, was mir gefehlt hat? Töten? Getötet werden? Nein, er ist schon kein armer Kerl mehr. Im Gegenteil: Er läuft und ist guter Dinge. Geht Efrat holen. Sein ganzes Leben lang haben sie ihn gut genannt, und er war schlecht. Aber genug damit. Jetzt ist er allein, und keiner wird ihm je mehr gut oder schlecht sagen. Vorsicht, hier ist eine Schrägung: Es geht ein bißchen aufwärts. Anscheinend ist hier der Sand zu Ende, und jetzt beginnt der Felsboden. Stehenbleiben. Lauschen. Vielleicht liegen diese Mörder da in einem Hinterhalt. Eine Salve, und sofort ist alles wieder in bester Ordnung. Man hört nichts.

Jonatan hielt an. Wischte sich wieder mit der Hand übers Gesicht. Befühlte seine Bartstoppeln. Trank die Feldflasche halb aus und lauschte. Die Hitze hatte der nächtlichen Kühle Platz gemacht. Kein Laut war ringsum zu hören. Das Schweigen der Wüste. Eine leichte Brise von Norden her. Bergschatten. Sterne. Und Dunkelheit. Aber zwischen den Sternen vollzog sich blitzartig eine stumme Bewegung: Einer löste sich von seinem Platz, zeichnete eine Flammenlinie fast bis an den Rand des Himmels und verschwand am südlichen Horizont. Alle anderen funkelten weiter in kühlem Schein.

Jonatan verlagerte das Gepäck von einer Schulter auf die andere und ließ das Gewehr von der rechten in die linke Hand wandern. Dann schnupperte er kurz und entschied, sich etwas weiter nach Norden zu wenden. Es fragt sich, ob der nahe Berg da rechts der Dschabel-Butayir oder schon der Dschabel-et-Teybe ist. Bald geht der Mond auf. Aber was ist dieses Rascheln? Ein schwarzer Schatten huschte vorbei und war verschwunden. Ein Nachtvogel? Oder nur eine Täuschung? Kalte, tiefe Stille über allem. Schnauf bloß ich hier? Oder geht da noch ein Atem hinter mir? Liegt irgendwo einer im Hinterhalt und beobachtet mich? Schon hatte Jonatan mit einem leisen Klick sein Gewehr gespannt. Verharrte eine Weile reglos wie ein Stein. Kein Staubkörnchen bewegte sich. Sein Herz klopfte wie wild. Und doch ließ er die Sicherung seiner Waffe wieder einschnappen und zwang sich zum Weitergehen. Wieder ragte in der Ferne die dunkle Silhouette des hohen Dschabel-Harun auf. Es gibt keinerlei Probleme. Das ist der Weg. Ich hab schon genau die Richtung auf das Wadi-Mussa. Angst hab ich keine, weil mich absolut nichts kümmert. Weder müde noch hungrig, auch nicht durstig. Efrat hat einen heldenhaften Vater. Und diese Nacht fängt erst an.

Wie spät ist es jetzt? Die Uhr hilft mir nichts. Nach den Sternen – noch früh. Aber was regt sich da vorne? Wer richtet seine Lampe auf mich? Ist das der Scheinwerfer einer feindlichen Stellung? Eine Beduinenfackel? Bin ich ihnen schon in die Arme gelaufen? Ende meiner Geschichte?

Es war ein weiches, gedämpftes, überirdisches Licht. Ein leichtes Beben schien die Kammlinie des Gebirges zu erschüttern: die Bühne war für den Auftritt bereit. Und da schob sich auch schon rotglühend und riesengroß der Mond über den Rand des Berges Se'ir. Mit einem Handstreich hatte sich die Welt verwandelt. Über die dunklen Hänge tanzten schimmernde Streifen. Auf den ebenen Flächen kräuselte sich das Licht in neckischen Wellen. Totes Silber ergoß sich lautlos über die tote Erde. Die Umrisse der Berge traten deutlich hervor. Hier und da warfen Felsbrocken ihre schwarzen Schatten auf den Grund des Wadis, hier und da lauerte finsteres Buschwerk mit heimlicher Gefahr. Vergebens beschleunigte Jonatan seine Schritte, um zu entkommen. So schnell er nur gehen mochte: Sie wollten nicht aufhören, die flackernden Schattensprenkel, die – von seinem Körper abspringend – flink über die ganze Gegend huschten und ihm das Blut in den Adern gerinnen ließen.

Das sind die Geister der Toten. Die Syrer, die wir umgebracht haben. Die Legionäre, die mein Bruder erstochen hat. Rimonas Gesicht auf dem weißen Laken. Mit ihrem toten Herbstlächeln, dem bleichen, steinernen Gesicht. Mondsilber überströmt ihren nackten Leib, der ihr Leichnam ist. Die Gesichter von Vater und Mutter in der Todesfinsternis: ihr Kopf gewaltsam nach hinten gedrückt, der geäderte Hals hochgewölbt, und Vater neben ihr, sitzend, den Kopf auf der Brust. In der Majestät ihres traurigen Sinnens hocken glanzüberströmte Tote in diesem Tauchbecken aus reinstem Silber. Auch die Trümmer von Scheich-Dahr in den Klauen der wildwuchernden Pflanzen werden jetzt vom Mondlicht überflutet, aber da ist keine lebende Seele mehr übriggeblieben, nur Leichen liegen hier und da auf dem schimmernden Staub. Mit grauenvoll geweiteten Augen begriff Jonatan plötzlich: Bloß ich bin noch übrig, also muß ich der Mörder sein. Ich hab sie alle umgebracht.

Als wäre er mit den Füßen an die Leiche des Babys gestoßen, fiel Jonatan auf die Erde. Das Gesicht auf den versengten, salzigen Boden gedrückt, blieb er blind und verzweifelt und vom Scheitel bis zur Sohle zitternd dort liegen, ohne die spitzen Steinchen unter ihm zu spüren. Was hast du nur getan, du Irrer, was tust du denn, das ist dein Tod, du Verrückter. Du hast sie ermordet und die beiden Kinder, die sie dir gebären wollte, und deine Mutter und deinen Vater, und jetzt wirst du auch noch sterben. In seinem ihn überwältigenden Leid riß er das Gewehr an sich, hob es auf die Schulter und an die Wange, stieß ein hundeähnliches Winseln aus, löste die Sicherung und drückte mit ganzer Kraft auf den Abzug. Der Kolben schlug gegen seine Schulter, der Feuer- und Rußgeruch drehte ihm die Eingeweide um, und plötzlich verschmolz das lange Geknaller mit seinen rasenden Herzschlägen, während schnelle Funken, glühende Feuerstreifen wie winzige Lichtpartikel aus der Mündung stoben.

Die Wüste, die Felsen und die Wände des Wadis erwiderten das Feuer augenblicklich, Kugel für Kugel, und nach dem ersten Echo rollte eine

Der perfekte Frieden

zweite matte Welle in der Ferne, gefolgt von immer weiteren, als würden die Berge aus allen Richtungen in erbittertem Kampf zurückschießen. Als die schwarze Stille endlich auch die letzten Echos verschluckt hatte, begriff Jonatan, daß die Sache unwiderruflich verloren war. Er legte das zweite Magazin ein und schoß es in einer langen Dauersalve leer. Beim dritten Magazin richtete er den Gewehrlauf etwas weiter seitlich nach oben, drückte das linke Auge fest zu, holte den Mond voll ins Visier und feuerte seine ganze restliche Munition auf ihn ab.

Die Stille danach senkte sich wie ein eiskalter Schauer über ihn. Er klapperte mit den Zähnen, zitterte an Händen und Füßen. Endlich faßte er sich ein wenig und knöpfte – immer noch vom Schreck geschüttelt – seine Hose auf. Schnelle, starke Schwindelanfälle ließen ihn nicht gleichmäßig, sondern nur mit Unterbrechungen pinkeln und kotzen und kotzen und pinkeln und wieder laut aufstoßen. Die Beine zitterten, der Magen stülpte sich um, seine Hose war naß vom Urin, das Erbrochene hatte ihm die Schuhe bekleckert.

Als er sich etwas beruhigt hatte, wurde ihm auf einmal bewußt, daß er hier, in ganzer Länge bei heller Vollmondnacht, weithin sichtbar tief im feindlichen Gelände stand, und das in einer Gegend, in der schon viele Burschen wie er niedergemetzelt worden waren. Und da verharrte er einfach wie ein Wahnsinniger, nachdem er die ganze Wüste vollgeballert und keine einzige Kugel mehr übrig hatte, falls ihn ein Raubtier anfallen würde, oder falls sie jetzt kämen, um ihn hier auf der Stelle abzuschlachten.

Jonatan wirbelte herum, um in panischer Angst und wilder Eile den Rückweg anzutreten. Er rannte, wie er noch nie in seinem Leben gerannt war, rannte mit langen Sätzen, rannte und stolperte, ohne zu fallen, rannte blindlings den Abhang hinunter, rannte mit lautem Atem, rannte wimmernd, rannte, obwohl ihm die Luft ausging und ein grausames Stechen zwischen seinen Rippen einsetzte, rannte, ohne langsamer zu werden, rannte mit hervorquellenden Augen. Nach tausend Jahren erkannten seine Füße endlich den Kiesboden des Wadis, aber er hörte nicht auf zu rennen, obwohl sein Kopf mit Nebel erfüllt schien. Dabei hielt er das Gewehr ständig mit beiden Händen vor sich wie bei einem Sturmangriff. Und die ganze Zeit umfing ihn das Gespinst des Mondes, das ihn immer wieder täuschte und foppte, bis er schließlich auf der Erde zusammenbrach und sein glühendes Gesicht in den silbrigen Sand eintauchte.

Gegen drei Uhr morgens erreichte er den Wohnwagen am Rand des Lagers von En-Hussub. Mit dreckigen, in Gin und Eiswasser getauchten Handtuchfetzen wischte der Alte ihm das Gesicht ab. Und um halb vier begann Jonatan zu weinen.

Am nächsten Tag schlief er bis abends durch. Der Alte machte ihm Salat, gab ihm Mischbrot mit Marmelade. Nach ein, zwei Tagen bereitete dann Jonatan dem Alten seine Mahlzeiten zu. Ab Ende der Woche begann er, mit ihm in dem uralten Jeep hinauszufahren, um Messungen vorzunehmen und Gesteinsproben oder Mineralien in allen Teilen der Wüste zu sammeln. Er wurde sein Diener und Gehilfe. Schuf etwas Ordnung im Wohnwagen. Polierte die Theodoliten. Der Alte nannte ihn Maltschik. Wenn er in schallendes Lachen ausbrach und »poschol won«, »ty Tschudak« zu ihm sagte, reagierte Jonatan mit verlegenem Lächeln. Eine Spiegelscherbe in der einen Ecke des Wagens zeigte ihm eines Tages zu seiner Verblüffung, daß es sehr dem Lächeln Rimonas glich, die seine Frau gewesen war.

»Weißt du, ich hatte mal einen kleinen Freund, der mir so ein russisches Sprichwort beigebracht hat: ›Ein guter Freund in böser Lag' ist wie der Pelz am kalten Tag.‹«

»Lüge!« brauste der Alte auf. »Es gibt kein solches Sprichwort im Russischen und kann's auch nicht geben! Nie und nimmer! Nichts als Lug und Trug!«

Aber hier sind die Lügen zu Ende, sagte Jonatan sich im stillen. Hier bin ich meine Allergie völlig losgeworden. Rauchen tu ich auch nicht mehr. Und der Bart ist gut gewachsen. Ich beginne zu verstehen. Und unser Herz ist recht, weil sich alles zum Guten wendet. Ich bin da.

Vielleicht sollte ich heute nacht Michal suchen gehen? Was ist dabei? Warum nicht?

7.

Endlich zog sich der Winter zurück. Die Regenfälle hörten auf, die Wolken verschwanden, die heftigen Winde verwandelten sich in sanft streichelnde Brisen. In der letzten Märzwoche konnte Srulik jeden Abend auf seiner kleinen Veranda sitzen und mit den Augen den Vogelschwärmen folgen, die über den rötlich gefärbten Himmel nach Nordwesten flogen.

Trotz der winterlichen Überschwemmungen stand es gut mit der Saat.

Der perfekte Frieden

Im April breitete sich das helle Grün der Gersten- und Weizenfelder bis zum Fuß der östlichen Berge aus. Es war ein später Frühling: Erst jetzt entfalteten die Apfelbäume ihre volle Blüte, legten die Birnbäume ihr weißes Brautkleid an, fächelte der Westwind dem Kibbuz ihren erregenden Duft zu. Die Feldwege waren schon abgetrocknet. Walnuß-, Feigen- und Mandelbäume überzogen sich mit neuem Laub. Auch die Weinlauben in den Vorgärten erwachten ganz langsam wieder zu dunkelgrünem Leben. Die Rosenbüsche, die im Winter beschnitten worden waren, setzten pralle Knospen an. In aller Frühe, noch lange vor Sonnenaufgang, erschallte der ganze Kibbuz jeden Morgen von dem lauten Tschirpen der Spatzen in den Baumkronen, der Wiedehopf wiederholte dauernd sein Tagesmotto, und unter den Dächern der Häuser gurrten die Tauben mit aller Kraft. Bei einem Sabbatausflug zu den Ruinen von Scheich-Dahr entdeckte Anat ganz plötzlich – und zeigte es schnell auch Rimona, Saro und Udi –, daß auf dem Bergkamm fünf Gazellen standen. Im Nu waren sie weg.

In den Höfen des zerstörten arabischen Dorfes loderten die Bougainvilleas, über die zertrümmerten Bögen und Kuppeln rankte sich der wilde Wein. Und der berauschende Akazienduft überfiel den ganzen Hügel wie eine vielköpfige Räuberbande.

Mit Traktor und Anhänger schleifte Udi aus Scheich-Dahr einen großen Mühlstein, einen steinernen Türsturz und einen Dreschschlitten aus geschwärztem Holz herbei – und alle drei Beutestücke baute er in seinem Garten auf. Früher einmal hatte Udi an einem Wintersamstag zwischen den Regenschauern die Absicht geäußert, aus dem Friedhof von Scheich-Dahr ein Skelett zu holen, das ihm als Vogelscheuche dienen und die gesamte ältere Generation des Kibbuz ärgern sollte. Aber vielleicht hatte er nur so gewitzelt, oder die Freuden des Frühlings hatten ihn seinen Plan vergessen lassen.

Asarja brachte einen großen gesprungenen Tonkrug als Geschenk für Rimona aus Scheich-Dahr mit. Er füllte ihn mit Erde, pflanzte rote Geranien hinein und stellte ihn vor die Haustür. »Das wird Joni sehr gefallen«, sagte Rimona zu ihm, doch hörte er dabei weder Freude noch Trauer in ihrer Stimme.

Jeden Morgen um vier Uhr trieb der kleine Schimon seine Schafherde zur Weide auf die Hänge der östlichen Berge. Ebenso regelmäßig um sechs oder sieben kehrte der gute Stutschnik vom nächtlichen Melken aus dem Kuhstall zurück und ging schweigend an Sruliks Sekretariatsfenster vorbei. Srulik begann seinen Tag mit der anfallenden Korrespondenz und bemühte sich, diese Arbeit zu beenden, bevor das Telefon zum Leben erwachte. Chawa Lifschitz saß Tag für Tag mit zusammengepreßten Lippen an die fünf Stunden in der Nähstube, um die Arbeitskleidung zu flicken. Und Etan R. mähte einmal täglich eine Wagenladung Luzerne, die er dann über den Hof kutschierte, um sie auf die Futterkrippen der Rinderställe zu verteilen.

In den Nachmittagsstunden, nach einer kurzen Ruhepause, waren alle in den kleinen Gärten rings um die Häuser mit Hacken, Schneiden und Mähen beschäftigt. In den Rundfunknachrichten sprach man erneut über Spannungen an der Nordgrenze, über die Kriegsgefahr, über die Fedajin, die immer wieder die Grenze überquerten, oder über die eindringlichen Proteste und Warnungen, die Ministerpräsident Eschkol den Botschaftern der vier Mächte übermittelt hatte. Zwischen den stündlichen Nachrichtensendungen spielte das Radio manchmal die alten hebräischen Pionierlieder, bis einem das Herz schwer wurde.

Das Leben ging weiter wie immer, ohne etwas Neues zu bringen. Doch dann starb Stutschnik plötzlich Mitte April.

Eines Morgens, auf dem Rückweg vom Melken, war er mit seinen hohen Stiefeln in Sruliks Büro gestapft, hatte den Raum mit Stallgeruch angefüllt und seinen alten Freund verlegen gebeten, sofort ein Telegramm aufgeben zu dürfen – oder besser noch sollte Srulik das in eigenem Namen tun –, und zwar nach Kirjat-Gat: Er wollte, daß seine einzige Tochter mit Mann und Kindern, seinen Enkeln, alles stehen- und liegenließen, um noch heute nach Granot zu kommen. Als der Sekretär fragte, was denn der freudige Anlaß sei, erbleichte Stutschnik plötzlich, als habe man ihn bei einer Lüge ertappt, und stützte sich mit beiden Armen auf dem Tisch ab. Dann murmelte er einen nebulösen Satz über irgendeine Familienangelegenheit, etwas Privates oder vielmehr Persönliches, wobei Srulik sich über Stutschniks bedrückte Stimme wunderte. Vorbei waren die Tage, in denen Stutschnik sich gern in hitzige Auseinandersetzungen verwickelte, zu überschwenglichen Gefühlsausbrüchen und lautem Pathos neigte und alle möglichen Erscheinungen mit dem jiddischen Satz »'s is mukze mechamass miuss« abtat, was etwa soviel heißt wie: »Es ist alles ein absoluter Greuel«. Ein streitliebender, ganz und gar rechthaberischer Bursche war er einst gewesen. So hatte er einmal sechs Monate lang mit Srulik nicht gesprochen, weil Srulik ihm anhand der Enzyklopädie bewiesen hatte, daß

Dänemark nicht zu den Benelux-Staaten gehört. Nach Ablauf dieses halben Jahres hatte Stutschnik ihm zwar verziehen, aber doch mit der Begründung auf seiner Meinung beharrt, daß Sruliks Atlas »ja nun wirklich längst überholt« sei. Seitdem hatten die Jahre den kumpelhaften Ausdruck des Pioniers von seinem Gesicht gewischt und ihm statt dessen die Züge eines jüdischen Kleinhändlers verliehen – er glich einem von denen, die den ganzen Tag in ihren winzigen Kurzwarenlädchen hinter der wackligen Theke zu sitzen pflegen und ihren Talmud lernen, bis mal wieder ein Kunde eintritt. Sein Leben lang war er ein Dickkopf gewesen, und nun stand er verlegen und irgendwie tief bekümmert da.

Den angebotenen Tee lehnte er ab. Sprach überhaupt wenig. Diesmal war ihm nicht nach Diskussion zumute. Und auf einmal streckte er schüchtern seine Hand aus. Srulik begriff zunächst nicht, drückte ihm dann aber doch überrascht die angebotene Rechte. Danach hatte sich Stutschnik wortlos abgewandt und war in seiner gebückten Haltung rausgestapft, den Stallgeruch zurücklassend.

Srulik wurde nachdenklich, überlegte ein Weilchen und entschied schließlich, das Telegramm nach dem Frühstück aufzugeben. Erst wollte er ein paar Worte mit Rachel wechseln.

Doch diesmal kam er zu spät.

Stutschnik war nach Hause gegangen, hatte sich auf der Veranda Stiefel und Stallkleidung ausgezogen und war unter die Dusche gegangen. Rachel fand ihn dort mehrere Stunden später, bei ihrer Heimkehr von der Arbeit, wie einen Denker auf dem Boden sitzend, den Rücken an die gekachelte Wand gelehnt, die friedlichen Augen geöffnet. Sein geschundener, von jahrelanger Schwerarbeit gebeugter Körper war in all den Stunden unter dem unaufhörlich fließenden Wasserstrahl schon blau geworden. Ruhe und Frieden lagen auf seinem tropfnassen Gesicht, als habe er viel geweint – und als sei ihm nun sehr viel wohler.

Srulik hielt die Trauerrede am offenen Grab: Stutschnik sei ein bescheidener Mensch und ein guter Freund gewesen, sagte er, aber äußerst bestimmt in seiner Haltung. »Bei aller Kameradschaftlichkeit ist er doch nie von seinem Standpunkt abgerückt. Bis zum letzten Tag, ja bis zur letzten Stunde, hat er gearbeitet und am Joch der kollektiven Verantwortung mitgetragen. Und gestorben ist er so, wie er gelebt hat – bescheiden und mit reinem Herzen. Sein feines Herz werden wir alle in dankbarer Erinnerung behalten, bis auch unser Tag gekommen sein wird.«

Rachel Stutschnik und ihre Tochter schluchzten. Einige starke Männer wie Etan und Udi schaufelten Erde auf das Grab. Auch Asarja griff sich einen Spaten, um ihnen zu helfen. Als das Werk beendet war, blieben alle noch fünf Minuten lang stehen, als müsse man auf irgend etwas warten, das noch nicht gesagt worden war, auf einen weiteren Satz, ein Wort, eine Erklärung. Aber niemand redete nach Srulik. Nur der Wind wehte von der Küste her. Und die mächtigen Friedhofskiefern rauschten leise, als antworteten sie dem Meer in seiner Sprache.

Jolek konnte man während der meisten Stunden des Tages auf seinem Liegestuhl unter dem Feigenbaum vor seiner Veranda sitzen sehen. Seit seiner Rückkehr aus dem Krankenhaus war er sehr still geworden. Donnergrollen und Zornesausbrüche hatten sich gelegt. Nun saß er stundenlang da, die Arme schlaff auf den Lehnen, und bestaunte die Zauberkünste des Frühlings, als sei er der erste seines Lebens. Auf einem kleinen Hocker neben ihm lagen ein Stapel Zeitungen und Zeitschriften, ein aufgeklapptes Buch mit der Schriftseite nach unten und noch ein Buch, und zuoberst thronte seine Lesebrille, denn Jolek schaute das alles nicht an. Nur die Frühlingsszenen ringsum und vielleicht auch der Blütenduft schienen ihn noch zu berühren. Wenn etwa ein kleines Kind, das seinen weggesprungenen Ball verfolgte, in die Nähe von Joleks Stuhl kam, pflegte er drei- oder viermal tiefernst mit dem Kopf zu nicken, als würde er gerade ein besonders kniffliges Problem überdenken, um dann schließlich zu verkünden: »Ein Kind.«

Wenn Chawa ihm seine Medizin nebst Wasserglas auf einem Tablett brachte, nahm er das widerstandslos aus ihrer Hand entgegen und sagte dazu, seine Worte sorgfältig abwägend: »Es ist schon alles in Ordnung. Schoin.«

Kam dann der Sekretär gegen Abend, um sich ein Stündchen zu ihm zu setzen und ihm von Problemen und Lösungen zu berichten, bemerkte Jolek zuweilen: »Aber Srulik, wirklich, 's ist doch a ganz leichte Sach.«

Oder: »Das regelt sich schon. Wus brennt?«

Da gab es keinen Blitz und Donner mehr, kein »mea culpa«, keinen heiseren biblischen Zorn. Jolek erholte sich den ganzen Tag im Schatten des Feigenbaums in seinem Garten und beobachtete die Wunder des Frühlings. Der Arzt hielt seinen Zustand für stabil. Jolek war ein guter, gefügiger Patient geworden. Von Zeit zu Zeit schaute Rimona bei ihm vorbei

Der perfekte Frieden 935

und immer brachte sie ihm eine Oleanderblüte oder einen Myrtenzweig. Dann legte Jolek ganz langsam und bedächtig seine breite, häßliche Hand auf ihren Kopf und sagte: »Danke. Das ist schön.« Oder: »Mejdale, du bist a heilige Neschame.« Aber sein Gehör war schlechter geworden: Er verstand kaum noch etwas. Was Srulik ihm bei seinen häufigen Besuchen erzählte, plätscherte als verschwommenes Gemurmel über ihn hinweg. Nicht einmal die Düsenjäger, die mit wildem Getöse fast im Tiefflug den Luftraum durchquerten, brachten ihn dazu, den Kopf zu heben und ihnen nachzusehen. Rimonas Blumen blieben meist den ganzen Tag in seinem Schoß liegen, bis der Abend anbrach.

Nach Absprache mit Chawa, dem Arzt und der Krankenschwester bestellte der Sekretär ein leistungsfähiges Hörgerät, so daß die Hoffnung bestand, daß Jolek vielleicht bald jeden wieder verstehen würde. Inzwischen ruhte er sich aus. Tia lag stundenlang dösend zu seinen Füßen. Selbst die Fliegen verjagte sie kaum noch mal.

Jedes Wochenende kam sein jüngerer Sohn Amos auf Urlaub, den ihm die Armee aufgrund eines Befehls von oben gewährte. Einmal brachte er dabei Leiter, Bürste und einen Eimer Farbe ins Elternhaus mit und strich die Küchenecke neu. Chawa kaufte ein kleines Transistorradio. Asarja seinerseits rollte eines Tages mit einer Schubkarre voll Beton heran, um sämtliche Risse in den Bodenplatten und Treppenstufen auszugleichen, damit Jolek beim Gehen nicht stolpere. Samstagabend tranken alle zusammen Kaffee und lauschten den Sportnachrichten aus dem Munde von Alexander Alexandroni. Einmal nahm Amos Asarja Gitlins Gitarre und entlockte ihr zu unserer Verwunderung drei einfache Weisen. Wann hatte der denn Gitarrespielen gelernt?

Und noch ein kleines Wunder ereignete sich: Eines Tages erschien Bolognesi mit einer blauen Strickdecke für Jolek: einem Schutz für seine Knie gegen die Abendkühle im Garten. Chawa schenkte Bolognesi zwei Kognakflaschen, eine volle und eine halbleere, denn seit seiner Rückkehr aus dem Krankenhaus trank Jolek nicht mehr. »Gemelobt sei Gott, der die Tränen des Elenden trocknet«, bemerkte Bolognesi kummervoll. Und hinterher fügte er ein wenig verschmitzt hinzu – als würde er andeutungsweise einen äußerst gefährlichen Gedanken ausdrücken: »Tief sind die Verwimicklungen der Herzenserforschung, wie das Meer mit Wasser gefüllllt ist.«

Srulik, der Sekretär, führte nach und nach verschiedene kleine Veränderungen ein. Nach Vorgesprächen, wohlgezielten Überzeugungsversuchen und gründlicher, systematischer Öffentlichkeitsarbeit gelang es ihm, in der Generalversammlung eine Mehrheit für einen Satzungsantrag in Sachen Auslandsreisen zusammenzutrommeln: Innerhalb der nächsten fünfzehn Jahre konnten nun alle reihum einmal eine dreiwöchige Reise in die große weite Welt unternehmen. Auch den Jugendausschuß erweckte Srulik zu neuem Leben. Ferner begann er erste Berechnungen und Pläne für die schrittweise Vergrößerung aller Familienwohnungen durchzusehen. Er reaktivierte den Ausschuß für die Betreuung Alleinstehender. Und schließlich gründete er eine besondere Projektgruppe, die sich mit Voruntersuchungen über die Rentabilität eines eventuell im Kibbuz zu errichtenden Industriebetriebs beschäftigen sollte. Srulik war nämlich zu der Überzeugung gelangt, daß junge Leute wie Udi, Amos und Etan zukünftig ein »weit gefächertes Betätigungsfeld« bräuchten.

Trotz allem vernachlässigte Srulik nicht sein Quintett. Jede Woche setzte er eine Probe an. Im Namen der Fünfergruppe kündigte er an, im Speisesaal eines Nachbarkibbuz erstmals öffentlich aufzutreten. Bei Erfolg würden sie eines Tages vielleicht auch vor den Mitgliedern hier spielen.

Nacht für Nacht konnte man Sruliks zerbrechliche Gestalt im erleuchteten Viereck seines Fensters am Schreibtisch sitzen und beim Licht der Leselampe schreiben, durchstreichen und wieder schreiben sehen. Manche sagten, Srulik verfasse eine Studie. Andere sagten: eine Sinfonie. Und wieder andere meinten lachend: vielleicht arbeitet er an einem Roman.

Udis Anat war schwanger. Und Rimona ebenfalls. Dr. Schillinger, ihr Frauenarzt aus dem Haifaer Krankenhaus, äußerte sich achselzuckend dahingehend, daß schließlich alles möglich sei. Zwar habe er keineswegs zu dieser Schwangerschaft geraten, aber trotzdem dürfe man ja dieses Mal für einen glücklichen Ausgang beten. Nichts sei unmöglich. Die Statistik sei eine primitive Wissenschaft. Er selbst wolle keinerlei Verantwortung für die Entscheidung übernehmen, ob die Schwangerschaft unterbrochen oder fortgeführt werden solle. Vielleicht würde sie gut ausgehen. Man könne es nicht wissen. Aber man dürfe hoffen. Auch gab er Rimona verschiedene Ratschläge und Anweisungen. All dies erfuhr Srulik von Chawa, die nachdrücklich darauf bestanden hatte, Rimona zu begleiten, bei der Untersuchung zugegen zu sein und alles mit eigenen Ohren zu hören, da Rimona ja so zerstreut sei.

Der perfekte Frieden

Bei ihrer Rückkehr aus der Wäscherei fand Rimona nun täglich auf der Marmorplatte in der Küchenecke irgend etwas Leckeres, das Chawa zuvor ins Haus geschmuggelt hatte: frische Orangen oder Grapefruits, ein Glas Honig, Datteln oder saure Sahne. Als einmal statt dessen eine neue Schallplatte mit Negro-Spirituals vom Mississippi dort lag, erinnerte sie sich, daß heute Jonis Geburtstag war.

Rimona wiederum buk jeden Donnerstag einen Kuchen für Chawa und Jolek, damit sie Amos' Wochenendurlaub gebührend feiern konnten. Samstag abends erschien auch Major Tschupke einige Male. Er saß dann mit der Familie – Jolek, Chawa, Rimona, Asarja und Amos – zusammen, trank ein oder zwei Tassen Kaffee, futterte ein paar belegte Brote und sprach sehr wenig, als wäre er zu der stillen Überzeugung gelangt, daß Worte eine vertrackte Sache seien.

Von Jonatan sprach man nicht oft. Vielleicht hatte er sich inzwischen irgendeine Ruine in Galiläa ausgesucht. Vielleicht verkaufte er Benzin in einer abgelegenen Tankstelle. Oder war an Bord eines Frachtschiffes in ferne Länder abgesegelt. Eines Tages würde man ein Lebenszeichen von ihm erhalten. Tschupke und Amos, Rimona, Asarja und Srulik hatten jeder auf seine Weise inzwischen das Gefühl, daß ihm nichts Schlimmes zugestoßen sei.

Jolek wachte eines Tages plötzlich aus seinem Dämmerzustand auf und bemerkte mit leichtem Unwillen: »Was, dieser Luftikus ist immer noch beschäftigt? Auch heute kommt er nicht? Höchste Zeit, daß der mal erwachsen wird!« Sagte es und versank von neuem in den Tiefen seiner Schwerhörigkeit.

An einem Samstag verzog sich Tschupke kurz aus der Lifschitzschen Wohnung, um sich für etwa fünfzehn Minuten mit Srulik einzuschließen. Er hatte nämlich eine Nachricht, ein Gerücht, irgendeinen Anhaltspunkt, wollte darüber aber lieber nicht mit der Familie, sondern mit Srulik allein sprechen. »Also folgendermaßen: Einer von unseren Leuten, Jotam aus Kfar Bilu, genau gesagt, ist Anfang letzter Woche mit noch zwei Kumpels in die Wüste abgedampft, um irgend 'nen Abkürzungsweg zu überprüfen, den die Beduinen vom Eselsfüllenberg zum Dudelsackberg gelegt haben. Sobald man da die Ruine des Skorpionenbachs überquert, kommt man auch über einen vernachlässigten Pfad, den kein Mensch benutzt. Was man bei uns ›von Blechdorf zur Pforte Allahs‹ nennt. Und genau auf diesem Weg haben sie plötzlich einen liegengebliebenen zivilen Jeep gesehen und daneben einen halbnackten Juden mit weißem Rauschebart, und der war nun schwitzend dabei, den Reifen zu wechseln. Er wollte sich auf keinen Fall helfen lassen, sondern hat angefangen zu fluchen. Da haben sie eben Schalom gesagt und sind weitergefahren.«

»Na und?«

»Warte. Hör zu. Dieser Jotam hat geschworen, er hätt da einen Burschen gesehen, der ein bißchen an Lifschitz erinnert hätte, bloß mit längeren Haaren und schwarzem Bart.«

»Entschuldige: Was heißt ›von fern‹?«

»Als sie näher gekommen sind, ist nur der Opa übriggeblieben. Der zweite ist weggerannt wie ein Gecko und hat sich zwischen die Felsen verdrückt.«

»Und was hat sich dann rausgestellt?«

»Nichts. Der Opa hat angefangen, sie als Psychopathen zu betiteln, hat sich einen abgeschrien, da wär kein Mensch bei ihm, könnte ja auch gar nicht sein. Dann hat er mit der Pistole rumgefuchtelt und ihre sämtlichen Ahnen verflucht.«

»Nu?«

»Weiter nichts. Das ist alles. Sie haben ihn stehengelassen und sind weitergefahren.«

»Und dein Mann da? Ist er sicher, daß er Jonatan gesehen hat?«

»Nö. Es schien ihm nur so, als ob er's gewesen wär.«

»Und was werdet ihr jetzt machen?«

»Nichts. Ein bißchen suchen. Wenn er lebt und im Lande ist, dann verlaß dich drauf, daß wir ihn letzten Endes erwischen. Nur keine Sorge.«

»Und der andere, der Alte? Woher stammt der?«

»Laß man, Srulik. Die ganze Wüste wimmelt doch von Ausgeflippten. Genaugenommen das ganze Land. Wer soll sich da auskennen? Eigentlich ist auch dieser Jotam ein bißchen verdreht im Kopf. Erzählt gern Geschichten. Vor einem Jahr wollte er plötzlich einen Löwen in der Rinne des Schotterbachs gesehen haben. Und mit Gläserrücken und Geistern und all so was hat er's auch. Ich sag dir, Srulik, dieser Staat hier hat den höchsten Prozentsatz an Spinnern auf der ganzen Welt. Sei mir gesund. Und daß du den Eltern kein Sterbenswörtchen verrätst.«

Nachdem der Mann gegangen war, blieb Srulik noch ein Weilchen alleine im leeren Büro sitzen. Fliegen summten. Es war heiß. Ein Tal, Olivenbäume, überragt von einem Höhenzug, ein gewundener Ziegenpfad am Abhang – das berühmte Bild des Malers Reuben blickte ihn vom Wandkalender an. Wenn es eine höhere Macht gibt, sei es Gott oder sonst wer, dann bin ich in vielen – darunter auch grundsätzlichen – Dingen nicht mit ihm einverstanden, dachte Srulik. Meines Erachtens wäre es besser, die Dinge ganz anders zu ordnen. Am schlimmsten finde ich jedoch seinen billigen, vulgären Humor, wenn man das mal so nennen darf. Was ihm Spaß macht, bereitet uns unerträgliche Schmerzen. Ist unser Leid denn sein Vergnügen? Wenn das zutrifft, wie es den Anschein hat, muß ich ihm fast in allen Dingen widersprechen. Und heute abend werde ich in meinem Heft notieren, damit das auch schriftlich niedergelegt ist: Ich kann seinen sonderbaren Geschmack nicht teilen. Aber jetzt ist es schon fast acht Uhr. Samstagabend. Und um neun muß ich die Generalversammlung eröffnen. Da geh ich besser noch mal Absatz für Absatz die heutige Tagesordnung durch.

Am 4. Mai um zwei Uhr nachts faßten Tschupkes Leute zwischen den Ruinen von Scheich-Dahr den gefährlichen Mörder, der im Januar aus dem naheliegenden Gefängnis ausgebrochen war. Sie fanden ihn, tief schlummernd wie ein Baby, in dem zerstörten Haus des Scheichs, fesselten ihm mit einem Hemd die Hände auf dem Rücken und schleppten ihn auf die Polizeiwache von Afula. Nach eingehendem Verhör war Inspektor Bechor überzeugt, daß dieser Klient nie auf Jonatan Lifschitz gestoßen war. Drei Monate lang war er wie ein Tier in der Gegend herumgestreunt, hatte Orangen vom Feld geklaut, Hühner gestohlen und Wasser aus den Hähnen der Bewässerungsanlagen getrunken. Außerdem gestand er, daß Bolognesi, den er noch vom Gefängnis her kannte, ihm ab und zu Kleidung, Streichhölzer oder eine Flasche Arrak gebracht hatte. »Sollen wir uns diesen Verrückten auch mal vorknöpfen?« fragte Bechor. Aber Srulik meinte nur: »Nicht nötig. Bolognesi ist ungefährlich. Laßt ihn in Ruhe.«

Die Werkstatt wurde jetzt von Asarja Gitlin geleitet, dem ein Lohnarbeiter zur Seite stand. Seine fieberhafte Redewut hatte sich ein wenig gelegt, nachdem es Srulik unter Einsatz all seiner Überredungskünste gelungen war, eine Mehrheit in der Generalversammlung zusammenzubringen, die für Asarja als Kandidaten für die Aufnahme in den Kibbuz votierte. Nur gelegentlich sagte er noch mal am Frühstückstisch zu Jaschek oder dem kleinen Schimon vom Schafsstall: »Ein Vergleich ohne Grund verbrennt einem den Mund.« Oder er erinnerte Etan R. lachend an das, was Spinoza schon vor mehreren hundert Jahren gewußt hatte: nämlich daß man alles gelassen und mit leichtem Herzen hinzunehmen hat, weil das Schicksal in all seinen Erscheinungsformen auf einer ewigen Bestimmung beruht, genauso wie bei jedem Dreieck die Gesamtsumme der Winkel immer 180 Grad ergibt.

Wenn man Asarja drängte, eilends die Mähdrescher startklar zu machen, weil man bald mit der Gerstenernte beginnen müsse, bemerkte Asarja – Hände in den Hosentaschen – nur wegwerfend in dem lässig gedehnten Tonfall, den er von Udi gelernt hatte: »Hast und Eile haben schon mehr als einen Bären umgebracht. Wird schon alles in Ordnung gehen.«

Aber sein Tagewerk begann er frühmorgens, noch vor allen, beim ersten Sonnenlicht um vier Uhr. Gegen die morgendliche Kühle schützte er sich mit der schäbigen braunen Jacke, die Rimona mitten im Winter für Jonatan geflickt hatte, obwohl sie ihm um einige Nummern zu groß war. Abends ging er ab und an mit Rimona in die Wohnung von Anat und Udi Schneor oder auf das Zimmer von Etan und seinen Freundinnen. Dann spielte er ein wenig auf seiner Gitarre und gab seine politischen Ansichten zum besten. Außerdem hatte er Zeit gefunden, die Erde in den Blumenbeeten hinter dem Haus umzuhacken und dort duftende Wicken zu säen. Auch den Garten von Chawa und Jolek hatte er unter seine Obhut genommen: Er grub und jätete, mähte und beschnitt, brachte chemischen und organischen Dünger, setzte junge Kakteenpflanzen und Nelken und schmückte das Ganze noch hier und da mit allen möglichen Schrottstücken, Kolben und Zahnrädern, die in der Werkstatt abfielen. Jeden Morgen nach dem Frühstück, bevor er zur Arbeit zurückkehrte, verweilte er rund zehn Minuten bei Jolek im Schatten des Feigenbaums, brachte ihm die Morgenzeitung mit und las ihm die Überschriften vor: Drohungen aus Damaskus. Fedajin. Auseinandersetzungen zwischen den einzelnen Knessetfraktionen. Klagen über Eschkols Schwäche. Aber Jolek verstand nichts. Seit dem Anfall hatte er den Rest seines Hörsinns verloren, und das moderne Hörgerät wollte er absolut nicht benutzen. So legte Jolek eben seine große runzlige Hand auf Asarja Gitlins Arm und fragte etwa leicht verwundert: »Nu? Was? Also was gibt's denn Neues?«

Oder er stellte plötzlich traurig fest: »Alles in allem ist Berl sein Leben lang ein schlauer Fuchs gewesen.«

Oder auch: »Gar keine Frage: Stalin hat uns niemals verstanden oder gemocht.«

Asarja rückte dann Jolek die Strickdecke zurecht, damit sich seine Knie nicht erkälteten, und ging wieder zur Werkstatt. Mit aller Kraft bemühte er sich, von Nutzen zu sein. So hatte er dafür gesorgt, daß der Tierarzt, der alle zwei Wochen vorbeikommt, nicht Tia ihre jährliche Impfspritze zu geben vergaß. Einen alten Rollstuhl hatte er ausgebessert und frisch gestrichen für den Fall, daß Jolek mal darauf angewiesen sein könnte. Und mit Rimona war er nach Haifa gefahren, um ein Umstandskleid auszusuchen, wobei er ihr gleich auch ein kleines indisches Büchlein in englischer Sprache über die Seelenwanderung und den Weg zur inneren Ruhe gekauft hatte.

Jeden Abend spielte er ihr etwas vor, und die Werkstatt leitete er mit Fleiß und Verstand. Zu Beginn der Gerstenernte standen die Mähdrescher nicht nur einsatzbereit, sondern auch noch frisch gewaschen und gestrichen da, so daß sie richtig glänzten. In der ersten Maiwoche schrieb er einen kurzen Brief an Ministerpräsident Eschkol, in dem er betonte, daß es trotz der häßlichen Witze und des Spotts im Volk auch viele einfache Leute gebe, die dem Genossen Eschkol Liebe entgegenbrächten. Eschkol antwortete unverzüglich auf einer normalen Postkarte: »Hab vielen Dank, junger Mann. Deine herzerfrischenden Worte haben mich sehr aufgerichtet. Vergiß nicht, Jolek und seiner Kameradin meine Grüße zu übermitteln. Und sei du mir gesegnet.«

Auch Srulik spielte in seinen freien Stunden – bei Nacht – auf seiner Querflöte. Chawa hatte seine Wohnung verlassen und fiel ihm nun nicht mehr zur Last. Den ganzen Tag über hielten ihn jedoch Leute draußen auf den Pfaden an oder suchten ihn in seinem Büro auf, um kleine Probleme anzusprechen, seine Fürsprache für eine Änderung des Arbeitsplans zu erbitten oder ihn für die eine oder andere Stellungnahme in einer Wirtschafts- oder Erziehungsangelegenheit zu gewinnen. Srulik hatte sich daraufhin ein kleines Notizbuch angelegt, in das er jede Beschwerde, jede Frage, jeden Vorschlag notierte und nicht eher durchstrich, als er eine Lösung oder Regelung gefunden hatte. Nur nachts fand er Muße zum Schreiben, Durchstreichen und Musizieren. Und von Zeit zu Zeit geschahen weitere kleine Wunder: So erzählte man sich, daß Paula Lewin, die noch zur Gründergruppe des Kibbuz gehörte und seit vielen Jahren den Kindergarten und den Ausschuß für Vorschulkinder leitete, plötzlich aus heiterem Himmel von Srulik einen Kunstband mit Bildern des Malers Alfred Dürer bekommen hatte. Was hatte das zu bedeuten? Die Meinungen gingen auseinander. Bei aller Hochachtung, die man Jolek entgegenzubringen pflegte, sagten doch viele, daß es noch nie einen so fähigen und emsigen Sekretär wie Srulik gegeben hatte.

Wie schade, daß Joleks modernes Hörgerät nun unnütz in der Schublade lag – zusammen mit seiner Brille: er wollte einfach nicht hören. Und lesen auch nicht. Den ganzen Tag saß er in seinem Liegestuhl unter dem Feigenbaum und guckte vor sich hin, auf Bäume und Steine. Oder vielleicht bestaunte er die Vögel und die Schmetterlinge und die Fliegen, die in der Luft umherschwirrten. Wie sehr doch sein Gesicht verfallen war! Der schöne Frühling hatte Joleks allergisch bedingtes Asthma noch erheblich verschlimmert. Sein Atem ging schwer und keuchend. Mit dem Rauchen hatte er schon ganz aufgehört, aber die Allergie trieb ihm manchmal Tränen in die alten Augen. Auch als ihm sein jüngerer Sohn Amos verkündete, daß er im Herbst seine Freundin heiraten würde und nun endgültig beschlossen hätte, den Kibbuz zu verlassen und Berufssoldat zu werden, fielen Jolek nicht mehr als fünf Worte ein: »Schoin. Schon gut. Macht nichts.«

Von Trotzky kam ein Brief, aber diesmal nicht an Jolek gerichtet, sondern ausdrücklich an den neuen Sekretär. Leider müsse er mitteilen, daß er bis heute keinerlei Zeichen von seinem Sohn erhalten habe, schrieb Benja Trotzky. Vergebens säße er da und wartete, ob er vielleicht doch plötzlich auftauchen würde. Aber er hätte die Hoffnung nicht aufgegeben und würde sie auch zukünftig nicht verlieren. Schließlich sei ja auch sein einziger Bruder schon vor zwanzig Jahren spurlos verschwunden, und doch hätte ihn die Zuversicht auf ein Wiedersehen nie verlassen. Im Leben sei alles möglich. Ob Srulik im Namen des Kibbuz eine Geldspende annehmen würde, um etwa ein Musikzimmer einzurichten? Oder vielleicht eine Bibliothek? Ein Kulturhaus? Man möge ihm bitte diesen Wunsch nicht abschlagen. Auch er sei sehr einsam und längst kein junger Mann mehr, so daß man nicht wissen könne, wieviel Zeit ihm noch bliebe. Und hier, in Granot, hätte er trotz allem die schönsten Tage seines Lebens verbracht – und hier sei auch sein einziger Sohn zur Welt gekommen.

Srulik antwortete schriftlich: »Danke für Dein Angebot. In zwei bis drei Wochen werde ich es dem Lenkungsausschuß zur Beratung vorlegen. Ich persönlich bin dafür.«

Ein Vogel auf roten Backsteinen. Der Vogel ist merkwürdig, nicht von hier. Eine Fasanenart? Eine Wildente? Nebulöser Schatten erfüllt den Bildhintergrund: könnte Nieselregen sein. Doch wie ein blanker Pfeil durchschneidet ein schräger Sonnenstrahl Schatten und Nebel und entzündet einen tanzenden Lichtkringel auf einem verblüfften Backstein in der unteren Bildecke, fern von dem Vogel, dessen Schnabel, wie Asarja entdeckte, dürstend geöffnet ist. Aber die Augen hält er geschlossen.

Tia liegt auf dem Teppich. Reinigt sich mit den Zähnen ihren Pelz. Hört wieder auf. Hechelt ein bißchen. Plötzliche Unruhe bringt sie auf die Beine. Sie läuft das Zimmer der Länge nach ab, kriecht unter die Couch, kommt mit winselndem Gähnen wieder zum Vorschein, tapst gemächlich auf die Tür zu, überlegt sich's anders und legt sich erneut auf den Teppich, aber diesmal auf die näher am Fenster gelegene Ecke.

Asarja hatte bereits den Petroleumofen in den Deckenschrank über der Dusche verstaut und dafür den Ventilator runtergeholt. Der Winter war vorüber, der Sommer stand bevor. Auch auf dem Bücherregal hatte er fein säuberlich umgeräumt: Auf dem oberen Bord befanden sich nun Jonatans sämtliche Schachbücher und der Stapel mit Landwirtschaftszeitschriften, auf dem unteren Rimonas Afrikabücher in alphabetischer Reihenfolge.

Halb elf Uhr abends. Im Schlafzimmer ist das Doppelbett schon aufgeschlagen. Rimona sitzt im Sessel. Wegen ihrer schlanken Gestalt ist ihre Schwangerschaft schon deutlich sichtbar. Sie trägt einen blauen Sommermorgenrock und hat die Hände in den Schoß gelegt. Mattes Licht in ihren Augen: Was mag sie da sehen in den Falten des braunen Vorhangs? Woher stammt dieses sanfte Licht, das ihre Augen erfüllt? Vielleicht sieht sie die Formen der Musik. Eine Schallplatte dreht sich auf dem Plattenteller: nicht mehr die Magie des Tschad, auch nicht die Negergesänge vom Mississippi, sondern ein Violinkonzert von Bach. Asarja betrachtet sie und sieht ihre ruhende Gestalt im Sessel: die kleinen Brüste, den anschwellenden Bauch, die mageren, leicht gespreizten Knie im Morgenrock, die blonden Haare, die ihr auf die Schultern fallen, auf die linke etwas mehr als auf die rechte. Sie spürt seinen Blick nicht, ist völlig in sich gekehrt. Der Glanz ihres Gesichtes umgibt sie ganz und gar, als wäre er ein Duft.

Sie hat längst damit aufgehört, die Beschreibungen afrikanischer Zauberriten aus Büchern auf kleine Kärtchen zu übertragen. Auch rasiert sie sich nicht mehr die weichen Haarbüschel, die in ihren Achselhöhlen wachsen. Worauf wartet Rimona? Vielleicht auf den Kuchen, der in der Kochecke vor sich hin backt. Oder auf Asarja, der still und konzentriert – fast schon ein Mann – über dem kleinen Schachtisch brütet, den Joni letztes Jahr aus Olivenholz geschnitzt hat. Nur wenige Figuren sind noch auf dem Brett: der schwarze König, die Königin, ein Turm, ein Springer und zwei Bauern, dann der weiße König mit Königin, zwei Türme und ein Bauer. Asarja schweigt. Er hat Zeit. Und es ist still. In der Pappschachtel auf der Veranda kratzt manchmal die Schildkröte, die sie bei ihrem ersten Ausflug nach Scheich-Dahr gefunden hatten. Einmal hatte Asarja diese Schildkröte insgeheim Joni genannt. Jetzt nennt er sie einfach Schildkröte. Einst pflegte er sich beim Schach ganz auf seine Intuition zu verlassen, auf seine eigenartigen Geistesblitze, die ihn manchmal überkommen; nun studiert er angestrengt die Hefte, die Joni ihm dagelassen hat. Früher reparierte er die Maschinen in der Werkstatt aufgrund dessen, was er während seines Militärdienstes in der Zentralwerkstatt seines Befehlsbereichs gelernt hatte; jetzt vertieft er sich in die Betriebs- und Wartungsanleitungen von Ferguson, John Deere und Massey-Harris. Einst saß er hier Jonatan gegenüber und paffte eine Zigarette nach der anderen; nun bemüht er sich, das Rauchen zu reduzieren, weil er in der Zeitung gelesen hat, daß Zigarettenqualm für Schwangere störend ist und dem Embryo in ihrem Schoß schaden kann.

Sie schweigen. Als Rimona plötzlich aufsteht und Asarja die Augen hebt, um sie anzuschauen, lächelt sie ihn wie ein kleines Mädchen an, dem man verziehen hat, und geht in die Küche, um mit Hilfe eines Streichholzes zu prüfen, wie weit der Kuchen ist: Es hat noch Zeit damit.

»Setz dich, Rimona.«
»Hier neben dich, daß du mir Schach erklären kannst? Oder wie vorhin?«
»Setz dich neben mich.«
»Du bist sehr gut.«
»Wieso? Was hab ich denn gemacht?«
»Daß du ihr Salat mitgebracht hast.«
»Ich? Was? Wem?«
»Der Schildkröte. Und den Wasserhahn hast du auch repariert.«
»Weil mir die Tropferei schon auf die Nerven gegangen ist. Da hab ich ihn eben auseinandergenommen und 'nen neuen Gummiring eingelegt. Eine Dichtungsscheibe nennt man das.«

»Und jetzt kriegst du Tee zu trinken, und gleich gibt's auch Kuchen. Ich trink mit dir. Keinen heißen Tee, sondern kalten.«
»Ich hab zufällig schon vorhin getrunken. Bei Etan und seinen zwei Volontärinnen. Weißt du, daß eine gegangen ist? Wenn du dich an Brigitte erinnern kannst – die ist schon weg. Jetzt hat er Diana. Aber Semadar ist geblieben.«
»Das stimmt nicht«, sagte Rimona vorsichtig.
»Was?«
»Das mit zufällig, was du eben gesagt hast. Du hast mir mal erklärt, daß es nie Zufälle gibt. Spinoza hätte das entdeckt. Du hast uns von deinem Lehrer Jehoschafat erzählt, und ich hab dir geglaubt, aber Joni ist traurig geworden.«
Asarja nahm einen der weißen Türme vom Brett und ersetzte ihn durch einen Springer. Dann sagte er mit möglichst voller Stimme: »Du behältst auch alles. Nichts vergißt du.«
Dann schwiegen sie. Das Violinkonzert war zu Ende, und im Zimmer blieben Sehnsüchte zurück. In dem Musikstück hatte am Ende des Sehnens Verzicht gestanden. Der Kuchen war fertig. Rimona schnitt ihn auf und trug ihn herein. Dann brachte sie kalten Tee für beide. »Ich habe heute nacht von Joni geträumt«, sagte sie, »daß er in einer Militärbaracke allen auf deiner Gitarre vorspielt. Im Traum hat man gesehen, daß das Musizieren gut für ihn ist, und auch ich hab mich gut gefühlt und all die Soldaten dort. Du hast mit in derselben Baracke gesessen und Joni einen Pullover gestrickt.«

Die kalten Tage sind vorüber. Rimona zieht nicht mehr ihre Hände in die Ärmel ein. Ihr Morgenrock hat gar keine Ärmel. Aber sie umklammert das Glas immer noch mit den Fingern, als ob ihr kalt wäre.
Vom Boden steigt der feine Geruch von Sauberkeit auf. Das Zimmer liegt ruhig im rötlichbraunen Licht, das durch den matten Lampenschirm fällt. Am Ende des Regals steht ein gerahmtes Foto, ein graues Bild von Rimona und Joni während ihres Hochzeitsausflugs in die Wüste. Komisch, denkt Asarja, wie konnte ich nur bis zum heutigen Abend übersehen, daß sie nicht allein auf diesem Bild sind. In der Ecke hinter Rimona sieht man ein haariges fremdes Bein in kurzen Hosen und Fallschirmspringerstiefeln, und vor ihnen im Sand liegt ein zerquetschter Kanister neben dem Hinterteil eines Jeeps.

»Zehn oder zwanzig Kinder hat er gehabt, und dabei war er ein ziemlich armer Mann. Hat die Orgel in der Kirche gespielt und nicht so viel verdient. Frau Bach hatte keine Zeit, sich um ihn zu kümmern, bei all den Kindern. Sicher mußte er ihr beim Waschen und Kochen helfen und Geld leihen, um Kohlen kaufen zu können im Winter in Deutschland. Sehr schwer hat er's gehabt, und trotzdem kommt bei ihm manchmal so eine starke Freude durch.«

»Ich hab fast überhaupt niemanden gehabt, von Kind an«, sagte Asarja.

Rimona fragte, ob sie das Radio einschalten sollte, um die Elf-Uhr-Nachrichten zu hören.

»Nicht nötig«, meinte Asarja. »Die reden bloß endlos und begreifen nicht, daß bald Krieg sein wird. Alles lenkt darauf hin: die Russen, die Situation, das Kräfteverhältnis, ihr Eindruck, daß Eschkol schwach und ängstlich ist und wir schon müde sind.«

»Er ist gut«, sagte Rimona.

»Eschkol? Ja. Stimmt. Nur versteht sogar einer wie ich die Lage sehr viel besser als er. Aber was soll's? Ich hab beschlossen zu schweigen. Was ich zu sagen hab, bringt ja doch bloß jeden zum Lachen.«

»Wart ab«, erwiderte Rimona und fuhr ihm leicht über die Wange, als wäre er ihr Sohn, »warte, Saro. Die Zeit vergeht. Du wirst groß werden, und sie werden anfangen, all deinen Erklärungen zu lauschen. Du bist nämlich klug. Sei nicht traurig.«

»Wer ist traurig?« fragte Asarja. »Nur ein bißchen müde. Um vier Uhr muß ich wieder aufstehen. Laß uns schlafen gehen.«

Im Bett, beim Schein des Radios, das Spätmusik brachte, küßte er sie einige Male. Und weil der Haifaer Arzt ihr erklärt hatte, daß ihre Schwangerschaft schwierig sei und sie auf keinen Fall körperliche Beziehungen haben dürfe, befeuchtete sie beide Hände mit Speichel, streichelte sein Glied, und fast augenblicklich überschwemmte Saro ihre Finger, während er seinen hohen schrillen Aufschrei in ihren Haaren erstickte. Dann küßte er sie wieder auf die Augenwinkel. Als Rimona vom Waschen zurückkam, schlummerte er schon fest wie ein Kind. Bald danach schlief auch Rimona – ebenso wie Tia im anderen Zimmer und die Schildkröte in ihrem Karton auf der Veranda. Später, so gegen Mitternacht, kam Srulik bei seinem nächtlichen Spaziergang vorbei und drehte den Wassersprinkler auf dem Rasen ab – was Asarja vergessen hatte.

8.

Um vier Uhr früh war er schon in der Werkstatt, arbeitete umsichtig und flink, wechselte den Kühler eines D-6 aus, behob den Ölschaden in einem der Mähdrescher. Dann kam es ihm in den Sinn, das Illustriertenfoto des Wohlfahrtsministers wieder von seinem luftigen Platz an der blechernen Trennwand wegzunehmen, wo er es im Winter befestigt hatte. Anstelle von Dr. Burg klebte Asarja jetzt ein farbiges Meeresbild an die Wand, denn der Gedanke an das Meer beschäftigte ihn angesichts der zunehmenden Sommerhitze immer stärker.

Zwei Stunden nach Asarja stand Rimona auf, duschte sich, zog ein weites Arbeitskleid über und ging zur Arbeit in die Wäscherei.

»Nu, was ist? Alles in Ordnung?« fragte Chawa. »Keine Schmerzen? Keine Blutungen? Denk bloß daran, daß du nichts Schweres tragen darfst. Hörst du, was man dir sagt? Absolut nichts hochheben!«

Worauf Rimona erwiderte: »Aber gestern hab ich euch Orangenmarmelade gekocht. Nimm dir, sie steht auf der Marmorplatte.«

In der Schlosserei stülpte Bolognesi sich seine Lötmaske über und reparierte Hühnerkäfige. Das Eisen glühte. Funken stoben in alle Richtungen. Bolognesi arbeitete barfuß und murmelte vor sich hin: »Bei Tag framaß mich die Hitze, der Frost bei der Nacht, und das lodernde Flammenschwert, das aufblimitzt von dem Ackerboden, den der Herr verflucht hat.«

Im Kuhstall hatte Etan R. inzwischen neue Arbeitsweisen und weitgehende Veränderungen eingeführt. Jetzt, da der störrische Stutschnik das Feld geräumt hatte und kein Mensch Etan mehr daran hinderte, mit der Zeit zu gehen, hatte dieser ganze Wirtschaftszweig einen modernen, effizienten Anstrich bekommen. Etans zwei Freundinnen gehörten nun mit zu seinem Team. Und mit der Melkerei zu verrückter Stunde war es auch vorbei: Jetzt wurde zu menschlicher Zeit um neun Uhr abends angefangen, so daß man gegen Mitternacht mit der Arbeit fertig war. Dann ging's zum nächtlichen Bad ins Schwimmbecken, und hinterher machte man eine Flasche auf und begann zu leben.

Jaschek hatte sich nach langem Hin und Her dazu überreden lassen, die Buchhaltung anstelle des zum Sekretär gewählten Srulik zu übernehmen. Und da es zu dieser Zeit im Zitrushain kaum etwas zu tun gab, hatte

Udi Schneor sich der für den Ackerbau zuständigen Arbeitsgruppe angeschlossen und geschworen, da nun endlich Ordnung reinzubringen. Seine Frau Anat sollte im Dezember niederkommen. Auch bei Rimona würde es Anfang des Winters soweit sein. Manchmal trafen sie sich alle in der Wohnung von Anat und Udi, um zwischen den Korbtellern, Pistolen, arabischen Kaffeekannen und Krummdolchen an den Wänden und den als Blumentöpfe dienenden Handgranatenhülsen auf Korbhockern zu sitzen und mit Kardamom gewürzten Kaffee aus arabischen Täßchen zu trinken. Nur Anat und Rimona, für die diese Stühlchen unbequem waren, saßen auf dem niedrigen Sofa. Man redete über gewesene und künftige Kriege, um dann Asarja in ebenso logischen wie scharfsinnigen Worten Nassers heikle Verwicklung im Jemen, die Finsternis der russischen Seele, das akute Dilemma König Husseins oder die Blindheit Eschkols und seiner Minister darlegen zu lassen. Längst löste Asarjas Rede kein hämisches Grinsen oder spöttisches Augenzwinkern mehr aus. Die Neigung zu heillosem Wortsalat hatte ihn endlich verlassen, und zuweilen gelang es ihm sogar, eine derart geschliffene Definition oder einen so treffenden Vergleich anzubringen, daß seine Zuhörer eine Art elektrisches Knistern verspürten und einfach gezwungen waren, ihn anzulächeln – aber jetzt nicht höhnisch, sondern voll bewundernder Zuneigung: Recht hat er. Daran hatten wir gar nicht gedacht. Dabei ist es doch eigentlich glasklar.

Er hatte es nicht nur gelernt, ein, zwei Minuten zwischen einem Satz und dem nächsten innezuhalten, sondern er konnte die anderen jetzt auch, wie er wollte, zu Heiterkeitsausbrüchen anstacheln. Und er verstand es, seinen Redefluß durch eine unerwartete Frage zu unterbrechen, um in der Luft zu spüren, wie diese Frage langsam in alle Herzen eindrang, dort verblüffte, Vorurteile ausräumte und einer neuen Betrachtungsweise Platz machte.

Auch lief Asarja längst nicht mehr in Gabardinehosen mit scharfer Bügelfalte zwischen den Zimmern der Oberschülerinnen herum, um sich mit telepathischen oder telekinetischen Fähigkeiten zu brüsten, und er überfiel auch Srulik und andere nicht mehr mit fieberhaften Liebeserklärungen. Beim Verlassen des Speisesaals nach dem Abendessen pflegte er Rimona den Arm um die Hüften zu legen, wobei ein Ausdruck stiller Arroganz in seinen grünen Augen funkelte – das Hochgefühl eines Mannes, der sich kämpfend die Frau eines anderen erobert hat und das beliebig jederzeit wiederholen könnte. Sein Garten war geschmackvoll gepflegt. Auch der von Chawa und Jolek hatte sich unter seiner Obhut zu einem wahren Schmuckstück entwickelt. Der ganze Kibbuz sah das. Alles staunte über die Leistungsfähigkeit der Werkstatt trotz saisonbedingten Hochdrucks. Jetzt wußten sie's. Aber das war noch gar nichts. Eines Tages würden sich nur noch Historiker daran erinnern, daß es mal einen Jolek Lifschitz gegeben hatte, aber jedes Kind im Staat würde wissen, daß Granot Asarja Gitlins Kibbuz war. Gitlin? Sollte er das vielleicht hebraisieren, in Gat etwa oder in Getal?

Er war bester Stimmung. Vierzehn Stunden lang arbeitete er jeden Tag in der Werkstatt, und doch blieb ihm noch genug Muße, mit Rimona zusammenzusein, am Gemeinschaftsleben teilzunehmen, Chawa ein wenig zu helfen, Gitarre zu spielen, sich mit Srulik zu unterhalten, technische Literatur zu studieren, sich im Schachspiel fortzubilden, die Staats- und Weltpolitik zu verfolgen, hin und wieder einen Gedichtband aufzuschlagen oder eine von Spinozas Schriften in die Hand zu nehmen.

Zudem hatte Asarja Farbe bekommen, während die Sommersonne seinen Schopf noch ein bißchen gebleicht hatte. Im Winter war er kurz geschoren wie ein Igel angekommen, aber jetzt sprossen die Haare üppig. Seinem festen Vorsatz gemäß wollte er im August nun auch endlich schwimmen lernen und sich auf den Führerschein vorbereiten. Seine feinen Musikerfinger waren an den Knöcheln und unter den Nägeln öl- und rußgeschwärzt. Eine kleine Narbe auf dem Kinn, die von einem siedenden Maschinenölspritzer herrührte, verlieh ihm das Aussehen eines gestandenen Burschen. Und er besaß jetzt die Fähigkeit, einem niedergeschlagenen Mitmenschen wieder etwas auf die Beine zu helfen. Einmal kam Anat mit Tränen in den Augen zu ihm in die Werkstatt gelaufen: sie müsse ihn unbedingt einen Augenblick sprechen. Asarja führte sie an einen abgelegenen Ort hinter der Scheune – eine Ecke, die wegen jenes verzweifelten Wirrkopfs bekannt ist, der vor zig Jahren in aller Herrgottsfrühe hierhergelaufen war, um mit der Pistole auf alles und jeden zu schießen. Sie hätte genug von Udi, diesem Schwein, platzte Anat heraus: »Jetzt, wo ich schwanger bin, rennt er nachts mit Etan und seinen Nutten ins Schwimmbad und kommt kaum vor drei Uhr morgens wieder.«

Asarja erinnerte sich, wie diese Frau einst, vor ihrer Schwangerschaft, ihn mutwillig und kaltblütig mit ihren neckischen Spielchen an Rocksaum, Knien und Blusenausschnitt gequält hatte. Voll Vergnügen hatte sie ihn halb verrückt gemacht, um ihn dann der Trübsal unerfüllter Begierden zu überlassen. Fast jede Nacht war ihre Gestalt in seine Phantasien eingedrungen und hatte ihm seine einsamen Stunden in der Dunkelheit vergällt, als sein Bett noch in der alten Baracke – neben Bolognesi – stand.

Er legte ihr die Hand auf den Nacken, überwand sein Zögern und erinnerte Anat an die alte Angelegenheit. Sie wurde rot. Dann redete er längere Zeit über die Wildheit des Fleisches, darüber, daß »es bei Männern vielleicht anders ist als bei Frauen, manchmal weit entfernt von jedem Gefühl, mit fast schmerzhaftem Bohren«. Danach versuchte er ihr zu erklären, daß Udi eigentlich noch ein halbes Kind sei: seine Kriegsprahlerei, seine Schieß- und Mordwut, sein freches Machogehabe und seine demonstrative Rauheit beruhten vielleicht in Wirklichkeit auf einer inneren Furcht vor Weichheit und Zartgefühl. Als sich ihre Augen mit Tränen füllten und sie ihn bat, ihr doch zu sagen, was sie tun solle – einstecken? Streit anfangen? Abhauen? –, antwortete ihr Asarja: »Anat, du weißt, daß er Angst hat. Bemüh dich, daß er sie los wird, aber frag mich nicht, wie. Du kennst ihn selber am besten.« Danach weinte sie bald zehn Minuten lang, während Asarja neben ihr stand und sie einfach am Arm festhielt, bis es ihr etwas leichter geworden war.

Auch mit Chawa sprach er gelegentlich. Während Jolek in seinem Sessel saß, reglos mit weit offenen, aber kaum mal zwinkernden Augen vor sich hinstarrte und dazu leicht pfeifend atmete, pflegte Asarja mit Chawa in dem sich langsam mit Dämmerlicht füllenden Zimmer über seine Kindheit zu reden. Aus irgendeinem Grund empfand er das Bedürfnis, Dinge, die er Joni, Jolek, Srulik und sogar Rimona nicht hatte erzählen können oder wollen, nun Chawa anzuvertrauen. Er sprach über die langen Fußmärsche auf der Flucht, den Hunger in den verschneiten Wäldern und Dörfern, die Fahrt in Güterwagen bis über den Ural, die asiatische Stadt inmitten von glutheißen Steppen. Eltern waren keine da. Dafür hatte ihn eine bärbeißige Tante unter ihre Fuchtel genommen, bis sich ihr Geist im Übergangslager nach der Ankunft in Israel endgültig verwirrte. Dann der Militärdienst, in dessen Verlauf man ihn gedemütigt und geschunden hatte, ohne daß er sich unterkriegen ließ, weil er nämlich von klein auf daran geglaubt hatte, eine Art besondere Aufgabe zu besitzen – nicht Aufgabe, sondern Absicht, nein, das auch wieder nicht. Und wie nun, als er hier in einer Winternacht angekommen war, Jolek ihn so nett empfangen hatte, »und du, Chawa, mich das erste Mal in den Speisesaal mitgenommen hast und Joni am nächsten Tag gekommen ist, um mich zur Arbeit ab-

Der perfekte Frieden

zuholen. Immer hat er sich über den Ausdruck ›es gibt keine Wahl‹ aufgeregt und darüber, daß hier nichts passiert, sondern ein Tag wie der andere verläuft. Dann hat er mit mir über Reisen nach Bangkok und Karatschi und solche Orte gesprochen und hat sich gewundert, daß ich immer nur an ein und demselben Ort sein möchte. Deswegen hat er mich verspottet und einmal auch beinah geschlagen, und doch sind wir Brüder.«

Mit lauter Stimme platzte Jolek plötzlich heraus: »'s ist gornischt! Alles bloß Worte!« und entschwand wieder in seine fernen Weiten.

Als Chawa Asarja fragte, wo Joni seiner Ansicht nach jetzt sei, wußte er ihr zu antworten, daß er sich bei uns hier nicht gut gefühlt hätte und deshalb weggegangen sei, um allein zu sein und uns vielleicht auch zu bestrafen. Sobald es ihm besser wäre, käme er wohl zurück.

»Reden kannst du, das – ja«, sagte Chawa, aber diesmal nicht boshaft, sondern traurig. Dann brachte sie ihm ein Glas kalten Sprudel und bat ihn – weil es vielleicht Jolek freuen würde –, doch etwas auf der Gitarre zu spielen, die auf seinen Knien lag. Asarja zupfte die einfühlsame Melodie zu Tschernichowskis »Lach, nur lach über die Träume«, aber Jolek ließ keinerlei Reaktion erkennen. Srulik trat ein, um guten Abend zu sagen und nach dem Rechten zu sehen. Auch er bekam Sprudel, denn der Abend war heiß und feucht. Als Asarja mit ihm hinausging, beauftragte ihn Srulik, als Koordinator und Leiter der Jugendgruppe zu fungieren, die bald zum jährlichen Sommerarbeitslager bei uns eintreffen würde. Obwohl Asarja hell begeistert war, tat er zunächst so, als ob er dem wirklich schwer nur nachkommen könne, da er mit Arbeit und anderen Verpflichtungen überlastet sei. Geschlagene fünf Minuten ließ er sich von Srulik bereden, ehe er schließlich nachzugeben geruhte – als ob es ein Opfer für ihn sei. Am gleichen Abend zu später Stunde fand Asarja bei Etan einen kaputten Ventilator, den die Mädchen hatten wegwerfen wollen. Nachdem er ihn auseinandergenommen, repariert und wieder zusammengesetzt hatte, schleppte er ihn vor dem Schlafengehen zur Baracke am Zaun, um ihn Bolognesi zu schenken, weil es in warmen Nächten in der niedrigen Baracke so stickig war.

Eines Nachts schrieb Srulik, neben den übrigen Tagesangelegenheiten, folgendes in sein Tagebuch: Offenbar gibt es kein soziopolitisches Heilmittel gegen die einfachen, alltäglichen Leiden. Man kann versuchen, das Herren-Sklaven-Verhältnis im sichtbaren materiellen Bereich abzuschaffen.

Wir können Hunger, Blutvergießen und Grausamkeit in ihrer gröbsten Form aus unserem Leben verbannen. Und ich bin stolz, daß wir darin nicht nachgegeben, sondern uns bisher tapfer geschlagen und somit gezeigt haben, daß dieser Kampf nicht von vornherein verloren ist. Soweit schön und gut, aber hier beginnt die Schwierigkeit.

»Kampf« habe ich geschrieben, und angesichts dieses Wortes starren mich durch den dünnen Schleier der Ideen plötzlich die beängstigenden Wildzacken weit ursprünglicherer Leiden an – Leiden, die wir nicht zu lindern vermögen. Denn was können wir gegen diesen Urtrieb ausrichten, der uns alle unaufhörlich dazu antreibt, neue Schlachtfelder und »Bewährungsproben« zu suchen, zu kämpfen, zu unterjochen, zu erobern und zu besiegen? Was sollen wir dem altbekannten Drang entgegensetzen, einen Speer oder ein Schwert zu ergreifen und – in Rimonas Worten – einem Büffel nachzustellen, damit wir in sein Fleisch stechen, ihn töten und dann das Ganze feiern können? Und was vermögen wir gegen die Herzensträgheit auszurichten, gegen die versteckte, nicht direkt sadistische Grausamkeit in ihrer feinen, listigen Form, die sogar imstande ist, in »positivem«, durchaus akzeptablem Gewande aufzutreten? Wie sollen wir der in uns nistenden Bosheit begegnen, dieser heimlichen Stumpfheit, die unsere Vorväter als »Unbeschnittenheit des Herzens« bezeichnet haben, wenn sogar einer wie ich – ein logisch denkender, zurückhaltender, mönchisch lebender Dorfpfarrer und Musikant – zuweilen diese versteckte Bosheit in seiner Seele entdeckt? Womit sollen wir die öden Wüsten in unserem Innern zurückdrängen? Wie diese finstere Lust überwinden, andere herumzukommandieren, zu demütigen, zu unterwerfen, Abhängigkeiten zu schaffen und unseren Nächsten mit den feinen, durchsichtigen Spinnennetzen von Schuld, Scham und sogar Dankbarkeit zu fesseln und zu versklaven?

Ich schau mir die letzten Zeilen an, die ich hier geschrieben habe, und lese da »womit zurückdrängen« oder »wie überwinden«. Während ich mich also noch frage, wie man dem Grauen ausweichen kann, schleicht sich dieses Grauen in meine Worte ein. Zurückdrängen. Überwinden. Da wird mir angst und bange.

Die Berge und Wüsten schweigen. Die Erde ist stumm. Dumpf rauscht das Meer. Der Himmel glüht bei Tag und ist dunkel und kühl bei Nacht. Der Winter jagt den Sommer, und auf den Sommer folgt der Winter. Menschen werden geboren und sterben, und alles löst sich langsam auf: der Körper, der Ort, die Gedanken. Meine Hand, die dies niederschreibt, der Federhalter, das Papier und der Tisch. Religiöse und weltliche Anschauungen. Familien. Alles fällt unaufhörlich der Auflösung anheim, weil der Krebs der Zeit alles von innen her zerfrißt. Alles vergeht. Wie die Klänge meiner Flöte in den einsamen Nächten dieses Zimmers: hervorgebracht, zerstreut, verklungen. Alles zerfällt, bis es weg ist. Noch besteht es – und schon nicht mehr ganz. Starke Gefühle. Worte. Steinbauten. Staaten und befestigte Städte. Vielleicht auch die Sterne des Himmels. Die Zeit läßt alles zerbröckeln. Und inzwischen bemüht sich die menschliche Einsicht ihrerseits, zwischen Gut und Böse, Lüge und Wahrheit zu unterscheiden. Aber auch die Einsicht zerfällt, und die Zeit in ihrem Fluß zerreibt all unsere Etiketten von Gut und Böse, Richtig und Falsch, Häßlich und Hübsch, die wir den Dingen anzuheften gedachten. Alles ist in Verfall begriffen. Wenn ich hier eines Morgens umfalle und wie ein Insekt allein auf dem Fußboden sterbe, wird alles ausgelöscht: Ein Ton war da und ist verklungen. »Gemelobt sei der Name des Herrn, der den rechten Frieden erfunden hat.« Aber es gibt keinen rechten Frieden. Die Zeit, die dich zerlegt, wird nach dir auch jede Erinnerung zerlegen. Bolognesi sagt: »wie Wasser das Meer bedeckt«. Und wenn ich die Liebe einer Frau genossen hätte? Wenn ich Kinder und Enkel besäße? Auch dann: wie Wasser das Meer bedeckt. Angst überfällt mich.

Und was ist mir denn jetzt passiert? Ein kleines Wunder: An der Schwelle des Alters habe ich plötzlich angefangen, mir etwas Macht und Ehre zu wünschen. Gesucht und gefunden hab ich's, aber lächerlich erscheint es mir trotzdem. Ich sehe hier doch das Paradebeispiel namens Jolek vor mir: ein mit Macht und Ehren überhäufter Mann. Wie habe ich ihn mein Leben lang beneidet, wie habe ich mich danach gesehnt, seine Schmach, seine Leiden, seine Qual, ja seinen Tod mitzuerleben, um – warum sollte ich mich belügen – seinen Platz einzunehmen. Wozu? Der Liebe wegen? Weder Jolek noch Eschkol erfahren sie. Wer dann? Bialik fragt in einem seiner Gedichte, was Liebe ist. Und ich antworte ihm hier schriftlich: Sehr geehrter Herr Poet, verzeihen Sie mir, auch ich weiß es nicht. Ein Gerücht. Ein flüchtiger Schatten. Eine Illusion. Ist es das, was Joni suchen gegangen ist? Und ist Asarja auf ebenderselben Suche ausgerechnet bei uns hier gelandet? Gibt es Liebe auf der Welt? Ich schreibe dies nieder und grinse: Ein Mann von meinem Alter und Stand schwatzt wie ein Gymnasiast darüber, ob es Liebe gibt oder nicht. Aber trotzdem: Gibt es sie nun, oder gibt es sie nicht? Und wenn ja – wie ist das möglich, wo doch alles im Widerspruch zu ihr steht?

Wenn ich zum Beispiel mal Vater und Sohn nehme. Oder zwei Geschwister. Oder Mann und Frau. Sie alle tragen, gleich einem mysteriösen Bazillus, gegenseitige Fremdheit, Einsamkeit, Schmerz und den düsteren Wunsch, Schmerz zuzufügen, in sich. Und wenn sie dem anderen nicht direkt weh tun, dann benutzen, verwandeln, gestalten sie ihn doch. Was ihnen lieb und teuer ist, möchten sie formen, als sei es ein Lehmklumpen in ihrer Hand. Wie Wasser das Meer bedeckt. Sohn oder Tochter habe ich nicht gehabt, keine Rimona, keinen Joni oder Asarja. Sonst wäre wohl auch in mir – wie ein böser Schatten aus der Finsternis – plötzlich der grausame innere Tyrann hervorgebrochen, dieses Scheusal, das seine haarigen Arme ausgestreckt hätte, um meine Kinder zu kneten, zu drücken und zu modeln, damit sie meine Gestalt oder die Gestalt meines heimlichen Wunschbilds annehmen. Oder wenn ich es in meiner Jugend gewagt hätte, P. meine Liebe zu gestehen und sie ihr Jawort gegeben hätte, dann wäre doch sicher sofort der Fünfzigjährige Krieg ausgebrochen. Drache und Gorilla. Wer wen unterbuttert. Wer der Lehm und wer der Töpfer ist. Und selbst wenn dieses Grauen noch auf einigermaßen feine, kultivierte Art und Weise vor sich gegangen wäre – ohne Fäuste und Krallen, ja sogar ohne Schreierei: Wäre das ein Trost gewesen? Wo bleibt da die Überwindung des Schmerzes? Was kann denn ein Mann, der nicht aufs Große geht, überhaupt tun, um das Leid zumindest in seiner näheren Umgebung zu vermindern?

Ich, der ich mein Leben mit steriler Beobachtung durch die Scheiben meines Fensters verbracht habe, weiß, daß es letztendlich keine Möglichkeit dazu gibt: daß der Schmerz einfach zu tief in der Natur der Dinge steckt. Daß wir zu ihm hingezogen werden wie der Falter zur Flamme, und zwar bei allen unseren Taten, den guten wie den bösen. In unseren sexuellen Begierden und heimlichen erotischen Phantasien, unseren Ideen, Elternrollen und Freundschaften, in der Kunst und sogar in unserem ausdrücklichen Bestreben, den Schmerz um uns herum zu lindern, verbirgt sich der geheime Wunsch, Schmerzen zu bereiten und selbst zu erleiden. Das, was da im ersten Buch Mose steht:».. . so lauert die Sünde vor der Tür, und nach dir hat sie Verlangen; du aber herrsche über sie« – diesen düsteren Halbvers müßte man vielleicht so auslegen: Schmerzen leiden; Schmerzen bereiten; sich erbarmen; Schmerzen bereiten, um sich dann zu erbarmen.»Nach dem Schmerz hast du Verlangen; du aber herrsche über ihn.« – Na, sagen wir mal so.

Der perfekte Frieden

»Herrsche«? Da ist doch grausigerweise sogar ins Herz dieses guten und richtigen Imperativs schon das Scheusal eingedrungen. Der Imperativ selbst ist infiziert: herrsche. Aber was bedeutet denn dieses: herrsche? Doch nichts anderes als: beherrsche, unterdrücke, zerschlage und richte wieder auf, befreie sozusagen nur, um erneut, aber diesmal auf feinere Art zu erobern. Herrschen? Über den Schmerz? Der doch die Herrschaft selber innehat?

Welchen Schabernack man da mit uns treibt. Wie rauh der Humor doch ist. Gemein, vulgär, langweilig und ewig wiederkehrend – bis zum Erbrechen. Es gibt keinen Ausweg: wie Wasser das Meer bedeckt.

Asarja hat so einen Spruch, daß nur der, der mit demütigender Niederlage wurd beladen, auch wert ist der Erlösung Gnaden. Demütigende Niederlage? Erlösung? Nein danke. Ich wünsche mir weniger als das. Ich frage noch einmal: Womit lindert man Schmerzen, und sei es auch nur ein wenig und für begrenzte Zeit? Durch Einsamkeit? Durch Askese? Mit Worten? Oder umgekehrt durch rasende Ekstase, durch wilden Sinnestaumel, dadurch, daß man alles um sich herum vergißt, abgesehen von den Wallungen des Blutes? Wie sehnlich würde ich mir darauf eine Antwort wünschen. Hier will ich eindeutig festhalten: In diesem Punkt weigere ich mich zu verzichten. Ich werde weiterhin auf Antwort warten.

»Matthews hat diese Form als ›grundlose Zugbewegung‹ bezeichnet, womit er nicht etwa sagen will, daß hier keinerlei biologischer Nutzen vorliege, sondern nur darauf hindeutet, daß wir nicht im geringsten wissen, welche Funktion sie erfüllt« (Donald Griffin, »Der Vogelflug«, S. 159).

Übrigens möchte ich auch dies hier notieren: Jolek hat recht gehabt. Wie immer. Dieser harte, verwöhnte, machtbesessene Mann hat an jenem Winterabend sofort erkannt, daß dieser fremde Bursche, der da aus der Dunkelheit kam – dieser sonderbare, verdächtig wirkende, etwas durchgedrehte, von hysterischer Redewut befallene Jüngling –, irgendeinen Funken in sich hatte und daß man ihn deshalb fördern müßte, weil er eines Tages möglicherweise noch Großes vollbringen und uns vielleicht zum Segen gereichen könnte. Aber wie hat Jolek das entdeckt? Ehrlich, ich muß zugeben, daß ich an seiner Stelle – falls ich damals schon der Sekretär gewesen wäre – den Burschen sicher wieder in die Dunkelheit zurückgeschickt hätte: sei es aus Vorsicht, Engstirnigkeit, innerem Achselzucken oder mangelnder Risikobereitschaft.

Welche Zauberkraft hat also Jolek auf seine Weise und Rimona – vielleicht auf völlig umgekehrtem Wege – dazu getrieben, Asarja zu adoptieren? Das möchte ich gern wissen. Aber ich begreif's nicht. Und das tut mir leid. Doch ich werde hier aufhören, denn es ist schon spät.

9.

In der Landwirtschaft herrschte Hochsaison. Die Tage waren lang und heiß und die Nächte kurz. Kein Wind. Das Getreide wurde in drei Schichten geerntet, auch nachts beim Scheinwerferlicht der Mähdrescher. Die Obstreife stand unmittelbar bevor, und gleich darauf würde die Weinlese folgen und dann – die Baumwollernte. An der Nordgrenze kam es fast täglich zu Schußwechseln. Auch auf das Gebiet des Kibbuz waren Fedajin eingedrungen, die die Wasserpumpen beschädigten und den leeren Blechverschlag im Zitrushain in die Luft sprengten, ehe sie noch in derselben Nacht wieder über die Grenze zurückschlüpfen konnten. Aber die Feldarbeit ging unvermindert weiter. Jeder, der nur irgend helfen konnte, stellte sich dafür zur Verfügung. Fast alle Männer, Frauen und Kinder standen früher auf als sonst, um vor ihrem normalen Arbeitstag noch ein bis zwei Stunden beim Jäten und Ausdünnen auf den Baumwollfeldern mit anzupacken. Auch im Gemüsegarten rückte man dem Unkraut zu Leibe.

Asarja arbeitete jetzt täglich vierzehn Stunden, damit ja keine landwirtschaftliche Maschine ausfiel, kein Traktor stehenblieb. Ein Lohnarbeiter half ihm dabei und zudem noch ein begeisterter Junge aus dem Sommerarbeitslager. Diese Jugendlichen waren nämlich inzwischen eingetroffen, und trotz seiner vielen Beschäftigungen fand Asarja jeden Abend noch Zeit, um sich mit ihnen auf einer der Rasenflächen zu unterhalten, das Kibbuzleben zu erklären, dessen Grundsätze zu rechtfertigen und die Mondnächte zuweilen auch für ein paar gemeinsame Lieder zu nutzen. Am 14. Mai töteten die Wächter einen arabischen Eindringling nahe an unserem Zaun. Am 17. war die Gerstenernte beendet, und man begann den Weizen zu schneiden. Am nächsten Tag gab das Quintett ein bescheidenes Rezital im Speisesaal eines Nachbarkibbuz. Gegen Abend des 20. Mai kehrte Jonatan Lifschitz zurück, und am nächsten Morgen trat er bereits in Arbeitskleidung in der Werkstatt an, als ob er nie weggewesen wäre. Er trug jetzt einen schwarzen Bart, wirkte besonders groß und schlank, war braun gebrannt wie ein Araber und alles andere als redselig.

Der perfekte Frieden

Wir hörten, daß Tschupke persönlich ihn an einem Kiosk in Jerucham aufgegabelt und schlicht gesagt hatte: nach Hause, Habibi, Schluß mit dem Quatsch. Auf in den Befehlswagen. Worauf Jonatan geantwortet hatte: In Ordnung. Laß mich nur noch die Sachen holen. Heut abend bin ich da. Und gegen Abend war es tatsächlich soweit. Er kam in den Kibbuz geschlendert, küßte etwas lustlos Mutter und Vater, faßte seinen Bruder kurz am Arm und schleifte dann Rucksack, Gewehr und Windjacke nebst all den Wolldecken und dem verdreckten Schlafsack hinter sich her in sein Haus. Dort duschte er ausgiebig. Durch die Tür hindurch bat er Asarja, ihm einen Gefallen zu tun und das ganze Zeug auf den Hängeboden zu stopfen beziehungsweise das Gewehr in dem Kasten unterm Schrank zu verstauen. Er fragte, wie es so ginge, und verfiel wieder in Schweigen. Als Rimona kam, sagte er: »Okay, ich bin wieder da.«

Und Rimona sagte: »Steht dir gut, der Bart. Und diese tiefe Bräune auch. Du möchtest doch sicher was essen.«

In jener Nacht schliefen beide, Asarja und Joni, im großen Zimmer, während Rimona das Schlafzimmer für sich hatte. Und so hielten sie es auch in den folgenden Nächten: Joni auf der Couch, Asarja auf einer Matratze, die er auf dem Teppich ausgelegt hatte. Das Radio holten sie zu sich, um Nachrichten hören zu können. »Tia sieht recht gut aus«, sagte Joni einmal vor dem Einschlafen, »und du hast dich schön um den Garten gekümmert.«

»Wie ich dir's versprochen hatte«, antwortete Asarja.

Jeden Morgen gingen sie in aller Frühe in die Werkstatt und kamen wegen der vielen Arbeit erst bei Einbruch der Dunkelheit zurück. Danach duschten sie. Tranken kalten Tee oder Kaffee. Manchmal spielten sie Schach. Meistens gewann Asarja, aber gelegentlich brachen sie mitten im Spiel ab. Mit seinem schwarzen Bart, dem langen, schmalen Gesicht, den etwas tiefliegenden Augen und dem neuen ernsten Zug um die Lippen ähnelte Jonatan Lifschitz einem jüdischen Talmudschüler aus einer hochangesehenen Rabbinerfamilie, der sich jetzt ebenfalls auf das Rabbineramt vorbereitete. Doch Jolek verzog in einem seiner seltenen klaren Momente das Gesicht und murmelte: »Jo. Asoi wie a wilde Chaje.«

Sein Hörgerät und die alte Brille verstaubten in der Schublade. Die meiste Zeit des Tages saß er im Garten, bis man ihn abends auf dem Rollstuhl ins Zimmer fuhr und ihn in den Sessel setzte. Die Nachrichten verfolgte er nicht mehr. So fand man eine neue Beschäftigung für ihn, und zwei, drei

Tage schien es, als ob Jolek Spaß daran finden würde: Bolognesi kam und brachte ihm das Stricken bei. Aber nach zehn, zwanzig Reihen hatte Jolek auch davon genug. Immer wieder versank er in eine Art Dämmerzustand, verwechselte Srulik mit Stutschnik, döste im Sitzen. Auch nachts weigerte er sich, ins Bett zu gehen. Mit der Strickdecke auf den Knien, einem Tropfen unter der Nasenspitze und etwas weißem, halb angetrocknetem Schaum in den Mundwinkeln schlief Jolek fast Tag und Nacht im Sitzen.

An diesen Sommerabenden pflegte Ministerpräsident Eschkol gelegentlich bis lange nach Mitternacht in seinem Jerusalemer Büro zu sitzen. Die Sekretärinnen waren längst nach Hause gegangen, die Nachtdienste an den Telefonen eingenickt und der Leibwächter auf einer Bank im Vorzimmer ebenfalls. Während draußen die Lichter der Stadt flimmerten und zuweilen ein schwerer Laster vorbeibrummte, stützte der Ministerpräsident beide Ellbogen auf die mit Dokumenten und Briefen übersäte Schreibtischplatte, vergrub das Gesicht in den Händen und versank in langwieriges Grübeln. Bis der Fahrer heraufkam und höflich fragte: »Verzeihung. Vielleicht ist es besser, jetzt doch langsam nach Hause zu fahren?«

Worauf Eschkol dann antwortete: »Ja, junger Mann, ganz recht. Schluß damit. Gehn wir nach Hause. Was bleibt denn hier schon noch zu tun?«

Gegen Ende des Sommers beschlossen Asarja und Joni, eigenhändig ein Fäßchen Wein für die kommenden Wintertage zu füllen. Joni schleppte zehn Kästen Muskattrauben aus dem Weinberg an. Asarja rollte ein altes Faß herbei, das er bei Bolognesi in einer Ecke der Schlosserei gefunden hatte. Und beide zusammen kelterten nun die Trauben, klärten den Saft und fügten Zucker hinzu. Der Most kam zur Gärung und wurde wieder ruhig. Dann füllte Asarja den Wein auf leere Sprudelflaschen ab, die er aus dem Speicherraum neben der Küche geholt hatte.

Zweimal pro Woche kam Chawa, um das Haus zu putzen und aufzuräumen, weil der Arzt Rimona verboten hatte, sich zu bücken oder auch nur einen Stuhl herumzutragen. Rimona war schwer, und auch ihre Bewegungen wirkten schwerfällig: Sie stieß mit der Schulter an die Tür, lief an die Tischkante. Manchmal wollte sie um etwas bitten und vergaß dann, worum. Chawa kümmerte sich um alles im Haus. Sie buk Hefekuchen, warf die schmutzige Kleidung in den Wäschekorb und holte das Bündel mit der sauberen Wäsche aus der Kleiderkammer ab. Manchmal setzte sie sich hinterher noch ein wenig zu ihnen, wußte dann aber nicht recht was zu sagen. Nachdem sie gegangen war, blieben die anderen noch sitzen und spielten Schach, meist jedoch ohne die Partie zu beenden, weil die Müdigkeit überhandnahm. Es war still zwischen den dreien.

Im November brachte Anat ihren erstgeborenen Sohn, Nimrod, zur Welt. Im Dezember wurde Rimona von einem Mädchen entbunden. Das Baby war zwar etwas leicht geraten, aber die Geburt verlief normal und ohne besondere Komplikationen. Asarja schlug vor, die Kleine Naama zu nennen, worauf Joni meinte: »Das geht.«

Sie stellten das Kinderbettchen zu Rimona ins Schlafzimmer, während die beiden Männer weiterhin im großen Zimmer schliefen. Wieder begann die regnerische Jahreszeit. Jeden Tag goß es draußen, und nachts rollten die Donner. In der Werkstatt war kaum etwas zu tun. So standen sie spät auf und kamen früh wieder heim. Manchmal schenkten sie sich ein Gläschen von dem Wein ein, den sie im Sommer gemacht hatten. So ging das Jahr 1966 zu Ende, und 1967 begann. Wieder wurde Rachel Stutschnik gebeten, Chawa bei Joleks Pflege etwas zu entlasten, damit sie sich mehr den Kindern widmen konnte. Rachel legte also eine Schürze oder eine Windel über seinen Hausmantel und fütterte ihn Löffel für Löffel mit einem weichen Ei, Tomatensaft und lauwarmem Tee. Außerdem mußte sie ihn waschen und rasieren, denn Jolek war völlig teilnahmslos geworden. Manchmal zog sich Chawa einen Stuhl zu ihm heran, setzte sich ein Viertelstündchen an seine Seite und hielt seine Hand in der ihren, aber es war zweifelhaft, ob Jolek das überhaupt merkte. Dafür lief sie x-mal am Tag zu ihrer Enkelin, überschüttete die zuständigen Hausmütter mit Ratschlägen, Anweisungen, Rüffeln und Standpauken und schob den Kinderwagen durch den Kibbuz, wenn der Regen für kurze Zeit aufhörte.

»Srulik, du mußt sie dir anschauen!« rief sie, wenn sie dem Sekretär unterwegs begegnete. Und Srulik beugte sich dann etwas verlegen über den Wagen und bemerkte vorsichtig, als müsse er dabei ein wenig von seinen Grundsätzen abweichen: »Ja, wirklich reizend.«

Chawas Gesicht leuchtete, und dieses Licht hielt sich die meiste Zeit auf ihren Zügen. Auch dann, wenn sie Fläschchen sterilisierte, Fruchtbrei zubereitete, Windeln und Bettwäsche aufkochte, mit Seife und Chlor den Fußboden scheuerte oder mit starken Detergenzien noch den letzten Bazillus in der Kloschüssel vernichtete.

Und Rimona saß da – unberührt von dem ganzen Umtrieb, blind für die Gegenwart der beiden Männer, taub gegenüber dem Wintersturm draußen – und stillte Naama. Sie war jetzt nicht mehr so schlank, die Brüste waren schwer und voll geworden, die Schenkel hatten sich etwas gerundet, und die Augen hielt sie nur halb geöffnet. Manchmal saßen Joni und Asarja zu zweit ihr auf der Couch gegenüber und schauten in schweigendem Staunen zu. Rimona lehnte dann mit gespreizten Beinen im Sessel, öffnete den mit deutlich sichtbaren Milchflecken bedeckten Büstenhalter, brachte schwere Brüste zum Vorschein und massierte mit den Fingern den ersten Nippel, bis die Milch kam. Das Baby saugte erst an der einen, dann an der anderen Brust – der jeweils freigewordene Nippel war länglich und dunkel wie ein Finger und tropfte noch weiter. Aber auf ihrem runder gewordenen Gesicht leuchtete ein feiner Glanz wie der Strahlenkranz um den vollen Mond. Von Zeit zu Zeit hob sie die Kleine hoch, damit sie ein Bäuerchen machen konnte, und Rimona tat es ihr schon auch mal nach, ohne aber die Hand vor den Mund zu nehmen.

Sie schrubbte sich auch nicht mehr den ganzen Tag mit bitterer Mandelseife, sondern ihr Körper verströmte jetzt seinen eigenen Geruch, den Duft reifer Birnen. Keinen Blick hatte sie für das Schachspiel der beiden übrig. Noch schenkte sie Tee ein oder bat die zwei, doch nicht traurig zu sein. Aber manchmal gab sie einem eine saubere Windel und reichte ihm Naama, damit er sie ein bißchen im Zimmer herumtrug. Dann legte sich Rimona mit angewinkelten Knien auf die Couch, unbekümmert über den zur Seite rutschenden Morgenrock, der ihre Schenkel entblößte, und betrachtete den Mann, der gerade ihre Tochter hielt, wie man etwa das Meer oder die Berge anschaut. Oder wie uns die unbelebten Gegenstände selber angucken.

Jonatan und Asarja hatten draußen im Garten eine Hundehütte für Tia gebaut, damit sie nicht im Haus herumlief, solange Naama noch klein war. Wenn Chawa, die jetzt im Haus und vor allem in der Küchenecke regierte, Rimona aufforderte, dies oder jenes zu tun oder zu lassen, antwortete Rimona ohne ein Lächeln: »In Ordnung. Danke. Das ist gut.«

Den ganzen Tag über mühte sich Chawa ab, es allen anderen leichter zu machen, ihnen behilflich zu sein, wobei sie eine ungeheure Energie entwickelte. Einmal ließ sie alles stehen und liegen und fuhr für zwei Tage nach Haifa, um eigenhändig die neue Wohnung von Amos und seiner jungen Frau einzurichten, weil Amos fast nie Urlaub vom Militär bekam. Die

Der perfekte Frieden

Lage an den Grenzen verschlechterte sich. Eliteeinheiten mußten sich praktisch ständig in Bereitschaft halten. Nach ihrer Rückkehr aus Haifa nähte Chawa vier kleine Anzüge für ihre Enkelin. Strickte winzige Wollschühchen. Strickte einen Pulli. Als Asarja an Angina erkrankte und vor lauter Fieber zu phantasieren begann, verlegte sie ihn, ohne vorher um Erlaubnis zu bitten, in Sruliks Schlafzimmer und pflegte ihn wie ein Baby. Nachdem Jonatan sich in der Werkstatt einen Finger der linken Hand gebrochen hatte, fuhr sie mit ihm zur Behandlung und wich nicht von seiner Seite, bis der Gips angelegt war. Als Rimona einmal zu ihr sagte, sie solle sich doch ein wenig ausruhen, brach Chawa in schallendes Gelächter aus, nahm mit verbissenem Gesicht alle Fliegengitter von den Fenstern und schrubbte sie gründlich ab. Ende Mai wurden beide eingezogen. Dann begann der Krieg, den Asarja vorausgesehen hatte. Er wurde gewonnen – und das Land vergrößert. Etan R. kam auf den Golanhöhen um. Seine beiden Freundinnen, Semadar und Diana, blieben weiter in seinem Zimmer am Schwimmbad wohnen. Jonatan kämpfte in den Reihen seines Spähtrupps im Sinai, wo er am letzten Tag die Stelle Tschupkes einnahm, den ein Volltreffer zerrissen hatte. Asarja diente in der Zentralwerkstatt seines Befehlsbereichs und arbeitete wie ein Teufel. Major Slotkin bezeichnete ihn als »unseren Engel« und beförderte ihn nach dem Sieg zum Feldwebel. Bei der Rückkehr der beiden buk Chawa einen Kuchen. Srulik veranstaltete eine bescheidene Empfangsparty für alle, die heil aus dem Feld zurückgekehrt waren. Außerdem wurde beschlossen, die Sporthalle, die gerade von den Spendengeldern eines zionistischen Freundes aus Miami gebaut wurde, nach Etan Ravid zu benennen. Jonatan und Asarja stellten bei ihrer Rückkehr fest, daß das Baby inzwischen gelernt hatte, sich ohne Hilfe vom Bauch auf den Rücken zu drehen. Bald würde die Kleine auf der Matte herumkrabbeln. »Seht nur, wie sie lacht«, sagte Rimona. Und Chawa antwortete: »Weil sie jetzt schon versteht.«

Wenn jemand es wagte, in Chawas Gegenwart auf das fröhliche Dreigespann anzuspielen oder auch nur süffisant zu grinsen, pflegte Chawa wie eine alte Wölfin die Zähne zu zeigen und beispielsweise folgendes zu antworten: »Du, Paula, brauchst ja wohl gar nichts zu sagen, mit deiner Tochter da, nebbich, zwei Scheidungen innerhalb von zwei Jahren.«

Aber am nächsten Tag konnte sie dann schon einlenken: »Du wirst mir verzeihen. Ich bin gestern zu weit gegangen. Hab mich aufgeregt. Entschuldige bitte.«

Und in Sruliks Tagebuch steht unter vielen anderen Dingen auch dies: »Die Erde ist gleichgültig. Der Himmel ist weit und rätselhaft, das Meer voller Geheimnisse. Ebenso die Pflanzen und der Vogelflug. Der Stein schweigt ewig. Der Tod ist äußerst stark und lauert an jedem Ort. Die Grausamkeit sitzt in uns allen. Jeder mordet ein bißchen: wenn nicht andere, dann seine eigene Seele. Die Liebe ist mir immer noch unbegreiflich; vermutlich werd ich's auch nicht mehr begreifen. Der Schmerz ist eine Tatsache. Aber trotz alledem ist mir klar, daß wir hier zwei, drei Dinge tun können und damit auch tun müssen. Alles übrige – wer weiß? Warten wir's ab. Statt noch lange zu schreiben, werde ich heute abend auf meiner Querflöte spielen. Sicher hat auch das seine Berechtigung. Welchen Sinn das hat? Ich weiß es nicht.«

1970
1976-1981

Black Box

Aus dem Hebräischen
von Ruth Achlama

Du aber wußtest, daß Nacht ist und kein Blatt da rauscht,
Nur meine Seele krank vor Weh in die Stille lauscht,
Und nur zu mir dein Weinen raubvogelgleich aufschießt,
Mich, mich allein zu verzehren beschließt.

Denn es kann sein, daß jäher Schauder mich durchzuckt,
Und ich umherirr: hilflos, verloren, angstgeduckt,
Weil deine Stimme aus vier Winden zu mir gellt,
Wie des Lausbubs Ruf, der den Blinden zum Narren hält.

Doch du verbargst dein Gesicht, sagtest nicht: schon gut,
Und Dunkel erfüllte dein Weinen und Taubenblut,
In dessen finstren Weiten du dich verwobst mit bitterer Hand
Bis zum Vergessen, Vergehen, bis zum Unverstand ...

(*Das Weinen* von Natan Alterman)

Dr. Alexander A. Gideon
Political Science Department
University of Illinois
Chicago, Ill., USA

Jerusalem, den 5. 2. 1976

Schalom Alek,

Wenn Du diesen Brief beim Anblick meiner Handschrift auf dem Umschlag nicht sofort vernichtet hast, zeigt sich wieder einmal, daß die Neugier noch stärker ist als der Haß. Oder daß Dein Haß neuen Sprit braucht.

Jetzt erbleichst Du, preßt wie gewohnt Deine Wolfslefzen zusammen, ziehst die Lippen ein und verschlingst diese Zeilen, um herauszufinden, was ich von Dir will, was ich mir anmaße, von Dir zu wollen, nach sieben Jahren völligen Schweigens zwischen uns.

Ich will, daß Du von Boas' heikler Lage erfährst, Du mußt ihm dringend helfen. Mein Mann und ich können nichts tun, weil er jeden Kontakt abgebrochen hat. Wie Du.

Nun kannst Du aufhören zu lesen und diesen Brief geradewegs ins Feuer werfen. (Aus irgendeinem Grund denke ich mir Dich immer in einem langen Raum voller Bücher, alleine an einem schwarzen Schreibtisch sitzend, vor Dir ein Fenster, hinter dessen Scheiben sich leere verschneite Weiten erstrecken. Weiten ohne Hügel, ohne Baum, nur weißglitzernder Schnee. Ein Feuer im Kamin zu Deiner Linken, vor Dir ein leeres Glas und eine leere Flasche auf der leeren Tischplatte. Das Ganze erscheint mir als Schwarzweißbild. Und auch Du: mönchisch, asketisch, hochgewachsen und gänzlich in schwarz-weiß.)

Jetzt knüllst Du diesen Brief zusammen, räusperst Dich auf leicht britische Art und zielst genau aufs Feuer: Denn was schert Dich Boas? Und außerdem glaubst Du mir ja doch kein Wort. Du richtest Deine grauen Augen auf das flackernde Feuer und sagst Dir: Da will sie mich wieder mal reinlegen. Dieses Weib wird nie aufstecken und Ruhe geben.

Warum sollte ich Dir also schreiben?

Vor lauter Verzweiflung, Alek. Und in Sachen Verzweiflung bist Du ja eine weltbekannte Koryphäe. (Ja, natürlich habe ich – wie alle Welt – Dein Buch »Die verzweifelte Gewalt – eine vergleichende Studie des Fanatismus« gelesen.) Aber ich meine jetzt nicht Dein Buch, sondern den Stoff, aus dem Deine Seele gemacht ist: eisige, arktische Verzweiflung.

Du liest immer noch weiter? Um Deinen Haß gegen uns wiederzubeleben? Die Schadenfreude in kleinen Schlückchen zu genießen wie einen guten Whisky? Dann sollte ich Dich nicht weiter reizen. Ich werde mich lieber auf Boas konzentrieren.

Ehrlich gesagt habe ich keine Ahnung, was Dir bekannt ist und was nicht. Es würde mich nicht wundern, wenn Du jede Einzelheit wüßtest, von Deinem Anwalt Sackheim monatlich Bericht über unser Leben fordertest und erhieltest, uns diese ganzen Jahre auf Deinem Radarschirm vor Dir gehabt hättest. Andererseits wäre ich auch nicht überrascht, wenn Du gar nichts wüßtest: nicht, daß ich mit einem Mann namens Michael (Michel-Henri) Sommo verheiratet bin, nicht, daß ich eine Tochter zur Welt gebracht habe, und nicht, was mit Boas geschehen ist. Es würde durchaus zu Dir passen, Dich mit einer brutalen Geste abzuwenden und uns ein für allemal aus Deinem neuen Leben zu streichen.

Nachdem Du uns verstoßen hattest, bin ich mit Boas in den Kibbuz gezogen, in dem meine Schwester mit ihrem Mann lebt. (Wir hatten keinen anderen Ort auf der Welt, auch kein Geld.) Sechs Monate habe ich dort gelebt und bin dann nach Jerusalem zurückgekehrt. Habe in einem Buchladen gearbeitet. Boas blieb währenddessen fünf Jahre im Kibbuz, bis nach seinem dreizehnten Geburtstag. Alle drei Wochen bin ich zu ihm gefahren. So ging das, bis ich Michel geheiratet habe, und seither sagt der Junge »Hure« zu mir. Wie Du. Nicht ein einziges Mal ist er zu uns nach Jerusalem gekommen. Als unsere Tochter (Madeleine Jifat) geboren wurde, hat er beim ersten Anruf den Hörer aufgeknallt.

Vor zwei Jahren ist er dann plötzlich eines Winternachts um ein Uhr morgens bei uns aufgetaucht, um uns mitzuteilen, daß er mit dem Kibbuz fertig sei: Entweder würde ich ihn in einer Landwirtschaftsschule anmelden, oder er werde »auf die Straße ziehen und nie wieder was von sich hören lassen«.

Mein Mann wachte auf und sagte ihm, er solle seine nasse Kleidung ausziehen, was essen, sich waschen und dann aufs Ohr legen. Am nächsten Morgen könne man weiterreden. Doch der Junge (schon damals, mit dreizehneinhalb Jahren, war er viel größer und breiter als Michel) antwortete, als zertrete er irgendein Ungeziefer: »Ja wer bist du denn? Wer hat denn mit dir geredet?« Michel lachte und sagte nur: »Geh einen Augenblick raus vor die Tür, mein Freund, beruhig dich, wechsel die Kassette und komm dann wieder rein, diesmal als Mensch statt als Gorilla.«

Boas steuerte auf die Tür zu, aber ich vertrat ihm den Weg. Ich wußte, daß er mich nicht anrühren würde. Das Kind wachte auf und weinte. Michel ging, um die Kleine frisch zu wickeln und in der Küche Milch warmzumachen. »In Ordnung, Boas«, sagte ich, »du sollst auf die Landwirtschaftsschule gehen, wenn das dein Wunsch ist.« Michel, in Unterhose und Trägerhemd, das zufriedene Kind im Arm, fügte hinzu: »Nur unter der Bedingung, daß du dich vorher bei Mutter entschuldigst, sie nett bittest und hinterher danke sagt. Du bist doch kein Trampeltier?« Worauf Boas mit dieser höhnisch-verächtlichen Verzweiflungsmiene, die er von Dir geerbt hat, mir zuflüsterte: »Und diesem Heini da erlaubst du, dich jede Nacht zu ficken?« Gleich danach hob er die Hand, strich mir sanft übers Haar und sagte mit veränderter Stimme, deren Klang mir noch heute das Herz verkrampft, wenn ich daran denke: »Aber euer Kind ist ganz hübsch.«

Danach brachten wir Boas (dank der Beziehungen von Michels Bruder) in der Landwirtschaftsschule »Telamim« unter. Das war vor zwei Jahren, Anfang 74, kurz nach dem Krieg, bei dessen Ausbruch Du – so erzählte man mir – nach Israel zurückgekehrt bist, um ein Panzerbataillon im Sinai zu befehligen, und nach dessen Ende Du gleich wieder die Flucht ergriffen hast. Auch seiner Forderung, ihn nicht zu besuchen, haben wir nachgegeben. Haben sein Schulgeld bezahlt und geschwiegen. Das heißt, Michel hat gezahlt. Und genaugenommen auch er nicht.

Keine einzige Postkarte haben wir in diesen zwei Jahren von Boas erhalten. Nur Notrufe von der Direktorin: Der Junge ist gewalttätig. Der Junge hat sich mit dem Nachtwächter der Anstalt angelegt und ihm den Schädel eingeschlagen. Der Junge macht sich nachts aus dem Staub. Der Junge hat eine Akte bei der Polizei. Der Junge untersteht einem Bewährungshelfer. Dieser Junge wird die Schule verlassen müssen. Dieser Junge ist ein Monster.

Und woran erinnerst Du Dich, Alek? Als letztes hast Du doch einen blonden, dünnen, schlaksigen Achtjährigen gesehen, der oft stundenlang stumm auf einem Schemel stand und, konzentriert über Deinen Schreibtisch gebeugt, Modellflugzeuge aus Spanplatten für Dich baute, nach Bastelbögen, die Du ihm mitzubringen pflegtest – ein umsichtiger, braver, fast ängstlicher Junge, obwohl er schon damals, mit acht Jahren, imstande war, Kränkungen mit einer gewissen leise verhaltenen Bestimmtheit zu überwinden. Inzwischen ist Boas, wie eine genetische Zeitbombe, zu einem Sechzehnjährigen von ein Meter zweiundneunzig aufgeschossen und immer noch nicht mit Wachsen fertig – ein bitterer, wilder Junge, dem Haß und Einsamkeit erstaunliche Körperkraft verliehen haben. Heute morgen ist nun eingetreten, was nach meiner sicheren Vorahnung eines Tages kommen mußte: ein dringendes Telefongespräch. Man hat beschlossen, ihn aus der Schule zu entfernen, weil er eine Lehrerin angegriffen hat. Einzelheiten wollte man mir nicht mitteilen.

Also bin ich sofort hingefahren, aber Boas wollte mich nicht sehen. Er ließ mir nur ausrichten, »er hätte mit dieser Hure nichts zu tun«. Meinte er diese Lehrerin? Oder mich? Ich weiß es nicht. Wie sich herausstellte, hat er sie nicht direkt »angegriffen«, sondern irgendeine giftige Bemerkung losgelassen und dafür eine Ohrfeige von ihr bezogen, die er ihr auf der Stelle doppelt heimzahlte. Ich habe die Leute angefleht, den Rausschmiß zu vertagen, bis ich eine Regelung für ihn gefunden habe. Sie hatten ein Einsehen und gestanden mir zwei Wochen zu.

Michel sagte, wenn ich wollte, könnte Boas hier bei uns bleiben (obwohl wir mit dem Baby in eineinhalb Zimmern wohnen, für die die Hypothek noch nicht abbezahlt ist). Aber Du weißt so gut wie ich, daß Boas dem nicht zustimmen würde. Dieser Junge verabscheut Dich und mich. Damit haben wir beide, Du und ich, also doch etwas gemeinsam. Tut mir leid.

Es besteht auch keine Aussicht, daß eine andere Schule ihn aufnimmt – bei seinen zwei Akten auf dem Buckel, eine bei der Polizei und eine beim Bewährungshelfer. Ich schreibe Dir, weil ich nicht weiß, was ich machen soll. Ich schreibe Dir, obwohl Du es nicht lesen und, falls Du es doch liest, mir nicht beantworten wirst. Allerhöchstens wirst Du Deinen Anwalt Sackheim anweisen, mir einen förmlichen Brief zu schreiben, in dem er höflichst daran erinnert, daß sein Mandant weiterhin die Vaterschaft anfechte, da die Blutuntersuchung keine eindeutigen Ergebnisse erbracht habe und ich mich selbst damals nachdrücklich geweigert hätte, einer vergleichenden Gewebeuntersuchung zuzustimmen. Schachmatt.

Das Scheidungsurteil hat Dich jeglicher Verantwortung für Boas und aller Verpflichtungen mir gegenüber enthoben. All das weiß ich auswendig, Alek. Mir bleibt kein Raum zur Hoffnung. Ich schreibe Dir, als stände ich am Fenster und redete zu den Bergen. Oder zu der Dunkelheit zwischen den Sternen. Die Verzweiflung ist Dein Gebiet. Wenn Du willst, kannst Du mich klassifizieren.

Bist Du immer noch rachedurstig? Wenn ja, halte ich Dir hiermit die zweite Wange hin. Meine und die von Boas. Bittesehr: schlag mit aller Macht zu.

Und ich werde diesen Brief doch abschicken, obwohl ich eben den Stift niedergelegt hatte und aufgeben wollte: Ich habe ja nichts zu verlieren. Alle Wege sind mir verschlossen. Du mußt begreifen: selbst wenn der Bewährungshelfer oder die Sozialarbeiterin Boas überreden sollten, irgendeiner Therapie, Wiedereingliederungsmaßnahme, Hilfestellung oder Unterbringung in einer anderen Anstalt zuzustimmen (und ich glaube nicht, daß es ihnen gelingen wird) – ich habe ja sowieso kein Geld.

Aber Du hast viel, Alek.

Und ich habe keine Beziehungen, während Du alles und jedes mit drei Telefonaten regeln kannst. Du bist klug und stark. Oder warst es wenigstens vor sieben Jahren. (Man hat mir gesagt, Du hättest zwei Operationen hinter Dir. Welcher Art, wußten die Betreffenden nicht.) Ich hoffe, jetzt geht es Dir wieder gut. Mehr werde ich dazu nicht schreiben, damit Du meine Worte nicht als Heuchelei auffaßt. Als Süßholzgeraspel, Anbiederung, Kriecherei. Dabei will ich es nicht leugnen, Alek: Ich bin immer noch bereit, vor Dir im Sand zu kriechen, soviel Du willst. Bin bereit, alles zu tun. Und ich meine wirklich – alles. Nur rette Deinen Sohn.

Wenn ich ein bißchen Verstand hätte, würde ich jetzt die Wendung »Dein Sohn« durchstreichen und statt dessen »Boas« schreiben, um Dich nicht zu ärgern. Aber wie kann ich die Wahrheit auslöschen? Du bist sein Vater. Und was meinen Verstand anbetrifft, bist Du Dir ja längst einig geworden, daß ich strohdumm bin.

Ich möchte an dieser Stelle ein Angebot machen: Ich bin bereit, schriftlich – wenn Du willst, auch vor einem Notar – einzugestehen, Boas sei der Sohn jedes x-beliebigen Mannes, den Du mir vorschreibst. Meine Selbstachtung ist längst im Eimer. Ich werde jegliches Papier unterzeichnen, das Dein Anwalt mir vorlegt, wenn Du Dich dafür bereit erklärst, Boas umgehend Erste Hilfe zu leisten. Sagen wir humanitäre Hilfe. Sagen wir, aus Mitleid mit einem völlig fremden Kind.

Ja, wirklich, wenn ich hier innehalte und an ihn denke, ihn im Geist vor mir sehe, stehe ich zu diesen Worten: Boas ist ein fremdes Kind. Kein Kind. Ein fremder Mensch. Mich nennt er Hure. Dich betitelt er als

Hund. Und Michel – der ist für ihn »der kleine Zuhälter«. Er persönlich benutzt (auch in offiziellen Dokumenten) meinen Mädchennamen (Boas Brandstetter). Und die Schule, in die wir ihn auf seinen eigenen Wunsch mit großer Mühe eingeschleust haben, bezeichnet er als Teufelsinsel.

Jetzt werde ich Dir etwas verraten, das Du gegen mich verwenden kannst. Die Eltern meines Mannes schicken uns monatlich etwas Geld aus Paris, um Boas' Unterhalt in dieser Schule zu bestreiten, obwohl sie ihn noch nie gesehen haben und er offenbar gar nichts von ihrer Existenz weiß. Dabei sind sie keineswegs reich (Einwanderer aus Algerien) und haben neben Michel noch fünf weitere Kinder und acht Enkel in Frankreich und Israel.

Hör zu, Alek. Über das, was vergangen ist, werde ich Dir in diesem Brief kein Wort schreiben. Außer über eine Sache, die ich Dir nie vergessen werde, obwohl Du Dich wundern wirst, wieso und woher mir das zu Ohren gekommen ist. Zwei Monate vor unserer Scheidung wurde Boas mit einer infektiösen Nierenerkrankung ins Scha'are Zedek Hospital eingeliefert. Es traten Komplikationen auf. Da bist du ohne mein Wissen zu Prof. Blumental gegangen, um zu klären, ob ein Erwachsener, im Bedarfsfall, einem Kind von acht Jahren eine Niere spenden kann. Du wolltest ihm eine Niere abgeben. Nur eine Bedingung hast Du dem Professor gestellt: Ich (und das Kind) dürften es niemals erfahren. Und tatsächlich habe ich es nicht gewußt, bis ich mich mit Dr. Adorno, Blumentals Assistent, angefreundet habe, jenem jungen Arzt, den Du damals wegen sträflicher Nachlässigkeit bei der Behandlung von Boas anzeigen wolltest.

Falls Du immer noch weitergelesen hast, wirst Du in diesem Augenblick gewiß noch bleicher, greifst Dir mit einer Geste erstickter Gewalttätigkeit das Feuerzeug, bringst die Flamme an Deine Lippen, zwischen denen keine Pfeife steckt, und findest Dich erneut bestätigt. Natürlich. Dr. Adorno. Wer denn sonst. Und wenn Du meinen Brief nicht schon vernichtet hast, ist jetzt der Moment gekommen, in dem Du ihn vernichtest. Und mich und Boas gleich mit.

Später wurde Boas wieder gesund, und Du vertriebst uns aus Deiner Villa, aus Deiner Namensverwandtschaft und aus Deinem Leben. Du hast keine Niere gespendet. Aber ich glaube Dir durchaus, daß Du ernstlich dazu bereit gewesen bist. Weil bei dir alles Ernst ist, Alek. Den muß man Dir lassen, Deinen Ernst.

Schmeichle ich schon wieder? Wenn Du möchtest, bekenne ich mich schuldig: Ich biedere mich an, krieche vor Dir auf den Knien, die Stirn an den Boden gedrückt. Wie damals. Wie in den guten Tagen.

Denn ich habe nichts zu verlieren, und betteln macht mir nichts aus. Ich tu, was Du befiehlst. Nur zögere nicht, denn in zwei Wochen werfen sie ihn auf die Straße, und da wartet schon jemand auf ihn.

Es geht doch nichts auf der Welt über Deine Kräfte. Schick dieses Monster von einem Anwalt los. Bei entsprechendem Einfluß nehmen sie ihn vielleicht auf der Marineakademie. (Boas hat eine eigenartige Faszination für das Meer, schon von früher Kindheit an. Weißt Du noch, Alek, damals in Aschkelon, im Sommer des Sechstagekriegs? Der Wasserstrudel? Die Fischer? Das Floß?)

Und noch ein letztes, bevor ich diese Bögen in den Umschlag stecke: Ich bin auch bereit mit Dir zu schlafen, wenn Du möchtest. Wann Du möchtest. Und wie Du möchtest. (Mein Mann weiß von diesem Brief und hat mich sogar bestärkt, ihn zu schreiben, außer diesem letzten Satz. Wenn Du jetzt Lust hat, mich zu vernichten, brauchst Du bloß diesen Brief zu fotokopieren, den betreffenden Satz mit Deinem Rotstift anzustreichen und ihn an meinen Mann abzusenden. Das würde großartig funktionieren. Ich muß zugeben, ich habe Dich belogen, als ich hier schrieb, ich hätte nichts zu verlieren.)

So ist es also, Alek, jetzt sind wir alle völlig in Deiner Gewalt. Sogar meine kleine Tochter. Tu mit uns, was Du willst.

Ilana (Sommo)

Frau Ilana Brandstetter-Sommo
Tarnasstraße 7
Jerusalem, Israel

Per Eilpost

London, 18. 2. 76

Gnädige Frau,

gestern erreichte mich Ihr Schreiben vom 5. 2. d. J., das mir von den USA aus nachgesandt wurde. Ich werde nur auf einen kleinen Teil der Punkte eingehen, die Sie aufzugreifen geruhten.

Heute vormittag habe ich telefonisch mit einem Bekannten in Israel gesprochen. Infolge dieser Unterredung hat mich eben die Direktorin der Anstalt, in der Ihr Sohn untergebracht ist, von sich aus angerufen. Dabei wurde zwischen uns vereinbart, daß der Schulausschluß entfällt und durch eine förmliche Verwarnung ersetzt wird. Sollte sich trotzdem herausstellen, daß Ihr Sohn es vorzieht – wie in Ihrem Brief verschwommen angedeutet –, in eine Marinebildungsanstalt überzuwechseln, besteht die begründete Annahme, daß sich die Sache bewerkstelligen lassen wird (über Herrn Sackheim). Ferner wird besagter Anwalt Ihnen einen Scheck über zweitausend Dollar (in Israel-Pfund und auf den Namen Ihres Gatten) zukommen lassen. Ihr Gatte wird aufgefordert, den Erhalt dieser Summe schriftlich zu bestätigen – als Zuwendung angesichts Ihrer schwierigen Lage und keinesfalls als Präzedenzfall oder als Anerkennung einer irgendwie gearteten Verpflichtung unsererseits. Ihr Gatte wird auch eine Erklärung dahingehend abgeben müssen, daß von Ihrer Seite künftig keine weiteren Hilfsgesuche mehr folgen werden. (Ich möchte hoffen, daß die bedürftige und äußerst weitverzweigte Familie in Paris nicht beabsichtigt, Ihrem Vorbild zu folgen und nun etwa ebenfalls finanzielle Vergünstigungen von mir zu erbitten.) Den restlichen Inhalt Ihres Schreibens, insbesondere die groben Lügen, die groben Widersprüche und die einfachen Grobheiten, übergehe ich mit Schweigen.

A. A. Gideon

PS: Ihr Brief ist bei mir verwahrt.

Dr. Alexander A. Gideon
London School of Economics
London, England

Jerusalem, 27. 2. 76

Alek, Schalom.

Wie Du weißt, haben wir letzte Woche die Papiere unterzeichnet, die Dein Anwalt uns vorlegte, und haben das Geld erhalten. Boas hat jedoch eigenmächtig die Landwirtschaftsschule verlassen und arbeitet jetzt bereits seit einigen Tagen auf dem Tel Aviver Großmarkt bei einem Gemüsegrossisten, der mit einer Cousine von Michel verheiratet ist. Michel hat ihm diesen Job verschafft, auf Boas' eigenen Wunsch.

Das kam so: Nachdem die Direktorin Boas mitgeteilt hatte, daß der Schulausschluß hinfällig sei und es statt dessen eine Verwarnung gäbe, schnappte sich Boas einfach seinen Seesack und verschwand. Michel rief die Polizei an (er hat einige Verwandte dort). Nach einigen Nachforschungen wurde uns mitgeteilt, der Junge sei in ihrem Gewahrsam, inhaftiert in Abu Kabir wegen Besitz von Diebesgut. Ein Freund von Michels Bruder, der einen höheren Posten bei der Tel Aviver Polizei bekleidet, hat bei Boas' Bewährungshelfer für uns vorgesprochen. Nach einigen Schwierigkeiten haben wir ihn auf Kaution freigekriegt.

Für diese Kaution mußten wir einen Teil Deines Geldes aufwenden. Ich weiß, das war nicht Deine Absicht, als Du es uns gabst, aber anderweitige Mittel besitzen wir einfach nicht. Michel ist nur ein nicht diplomierter Französischlehrer an einer staatlich-religiösen Schule, und sein Gehalt reicht uns nach Abzug der Hypotheksrate gerade eben fürs Essen. Außerdem haben wir noch unser Töchterchen (Madeleine Jifat, zweieinhalb Jahre).

Du mußt wissen, daß Boas keine Ahnung hat, woher das Geld für seine Kaution stammt. Ich glaube, wenn es ihm zu Ohren gekommen wäre, hätte er auf das Geld, auf den Bewährungshelfer und auf Michel gleichzeitig gespuckt. Auch so hat er sich anfangs seiner Freilassung stur widersetzt und verlangt, man solle ihn »in Ruhe lassen«.

Michel ist ohne mich nach Abu Kabir gefahren. Der Freund seines Bruders (der höhere Polizeibeamte) hat durchgesetzt, daß man ihn und Boas im Gefängnisbüro alleinließ, um ihnen ein persönliches Gespräch zu ermöglichen. Schau mal, hat Michel zu ihm gesagt, vielleicht ist dir zufällig entfallen, wer ich überhaupt bin: Ich bin Michael Sommo, und ich habe gehört, daß du mich hinter meinem Rücken als Zuhälter deiner Mutter bezeichnest. Meinetwegen kannst du mir das auch ins Gesicht sagen, wenn es dir hilft, dich ein bißchen abzuregen. Ich könnte dann wiederum kontern, du seist völlig bescheppert. Auf diese Weise stehen wir hier und beschimpfen einander bis zum Abend, aber du wirst dabei nicht gewinnen, denn ich kann dich auch auf französisch und auf arabisch fertigmachen, während du kaum des Hebräischen mächtig bist. Sobald du also all deine Flüche verbraucht hast – was ist dann? Vielleicht holst du statt dessen mal tief Luft, beruhigst dich und fängst an, mir genau zu erzählen, was du vom Leben erwartest? Und dann sag ich dir, was deine Mutter und ich dir geben können. Wer weiß – womöglich werden wir uns einig?

Boas sagte, er erwarte überhaupt nichts vom Leben, und am allerwenigsten wolle er, daß alle möglichen Typen angelaufen kämen, um ihn zu fragen, was er vom Leben erwarte.

An diesem Punkt tat Michel, den das Leben noch nie verwöhnt hat, etwas Richtiges: Er stand einfach auf und sagte: Na, wenn das so ist, dann sei mir gesund, mein Lieber. Sollen sie dich von mir aus in eine Anstalt für geistig Zurückgebliebene oder für Schwererziehbare einsperren und fertig. Ich gehe.

Boas versuchte sich noch ein wenig aufzulehnen. Ist doch kein Problem, sagte er zu Michel, ich schlag einen tot und flieh. Aber Michel wandte sich nur an der Tür nach ihm um und antwortete gelassen: Sieh, Bürschchen, ich bin nicht deine Mama und nicht dein Papa und nicht dein Garnix. Also zieh keine Schau für mich ab, denn was scherst du mich schon groß. Entscheid dich nur innerhalb von sechzig Sekunden, ob du hier auf Kaution raus willst, ja oder nein. Schlag meinetwegen tot, wen du willst, nur versuche möglichst, nicht zu treffen. Und jetzt leb wohl.

Als Boas ihm »wart mal kurz« zurief, wußte Michel sofort, daß der Junge als erster mit der Wimper gezuckt hatte: Dieses Spiel kennt Michel besser als wir alle, weil es sein Los war, das Leben die meiste Zeit von unten aus zu betrachten, und die Not hat ihn zu einem Diamanten von einem Mann gemacht: hart und faszinierend (ja, auch im Bett, falls Dich das interessiert). Boas sagte zu ihm: Wenn ich dir wirklich egal bin, warum bist du dann aus Jerusalem angereist, um mich auf Kaution freizukriegen? Worauf Michel von der Tür aus lachte: Prima, zwei für dich. Ehrlich gesagt bin ich nur hergekommen, um mir aus der Nähe anzugucken, was für ein Genie deine Mutter da zur Welt gebracht hat. Vielleicht gibt es ja zufällig auch irgendein Potential bei meiner Tochter, die sie mir geboren hat. Kommst du nun, oder kommst du nicht?

So geschah es, daß Michel ihn mit Deinem Geld freikaufte und ihn in ein koscheres chinesisches Restaurant einlud, das gerade in Tel Aviv aufgemacht hatte, und danach gingen sie gemeinsam ins Kino (die hinter ihm Sitzenden mögen gedacht haben, Boas sei der Vater und Michel – sein Sohn). Nachts kehrte Michel allein nach Jerusalem zurück und erzählte mir alles, während Boas bei dem Gemüsehändler vom Großmarkt in der Carlebachstraße untergebracht war, dem, der mit Michels Cousine verheiratet ist. Denn genau das, hatte Boas ihm gesagt, wolle er: Arbeiten und Geld verdienen und auf keinen mehr angewiesen sein. Worauf Michel ihm umgehend, ohne mich zu Rate zu ziehen, antwortete: »Das gefällt mir aber, und das bring ich noch heute abend hier in Tel Aviv für dich in Ordnung.« Was er auch tat.

Nachtsüber wohnt Boas jetzt im Planetarium in Ramat Aviv: Einer der Verantwortlichen dort ist mit einer Frau verheiratet, die in den fünfziger Jahren zusammen mit Michel in Paris studiert hat. Und Boas hat einen Hang zum Planetarium. Nein, nicht zu den Sternen, sondern zu Teleskopen und Optik.

Ich schreibe Dir diesen Brief nebst allen Einzelheiten über Boas mit Michels Zustimmung, weil er meint, wenn Du das Geld gegeben hättest, müßten wir Dich auch davon unterrichten, was wir mit Deinem Geld anfangen. Ich denke, Du wirst diesen Brief dreimal nacheinander lesen. Ich glaube, der Gedanke an den Zugang, den Michel zu Boas gefunden hat, wird Dir einen Stich in die Rippen versetzen. Ich glaube, daß Du auch meinen ersten Brief mindestens dreimal gelesen hast. Und ich denke mit Freuden an den Ärger, den ich Dir mit meinen beiden Briefen bereitet habe. Wut macht Dich männlich und aufregend, aber auch kindlich und fast rührend: Du fängst an, ungeheure Körperkräfte auf zerbrechliche Gegenstände, wie Kugelschreiber, Pfeife oder Brille, zu verschwenden. Und Du vergeudest diese Kraft nicht etwa, um die Sachen zu zerschmettern, sondern um an Dich zu halten und sie nur drei Zentimeter nach rechts oder zwei Zentimeter nach links zu rücken. Diese Verschwendung ist mir als faszinierende Erinnerung erhalten, und ich stelle mir zu gern vor, wie sich das auch jetzt bei der Lektüre meines Briefes dort in Deinem schwarz-weißen Zimmer, zwischen Feuer und Schnee, abspielt. Falls Du irgendeine Frau hast, die mit Dir schläft, dann muß ich gestehen, daß ich sie momentan beneide. Ja, ich bin sogar neidisch auf das, was Du mit der Pfeife, dem Kugelschreiber, der Brille, den Seiten meines Briefes zwischen Deinen starken Fingern anstellst.

Ich kehre zu Boas zurück, schreibe Dir, wie ich es Michel versprochen habe. Sobald wir die Kaution zurückerhalten, kommt die ganze Summe, die Du uns geschenkt hast, auf ein Sparkonto im Namen Deines Sohnes. Wenn er etwas lernen möchte, werden wir mit diesem Geld den Unterricht finanzieren. Wenn er sich trotz seines jungen Alters ein Zimmer in Tel Aviv oder hier in Jerusalem nehmen will, werden wir von Deinem Geld die Miete bezahlen. Für uns selber werden wir nichts von Dir nehmen.

Falls Dir dies alles recht ist, brauchst Du mir nicht zu antworten. Andernfalls teile Deine Einwände bitte umgehend mit, bevor wir das Geld ausgegeben haben. Dann erstatten wir es Deinem Anwalt zurück und kommen auch so durch (obwohl unsere materielle Lage ziemlich schlecht ist).

Nun bleibt mir nur noch eine Bitte: Entweder vernichte diesen Brief und auch meinen vorigen oder – falls Du sie benutzen willst –, tu es jetzt gleich, ohne weiteres Zögern. Jeder vergangene Tag und jede Nacht ist noch ein Hügel und noch ein Tal, das der Tod uns abgerungen hat. Die Zeit vergeht, Alek, und wir beide schwinden dahin.

Und noch etwas: Du schriebst mir, die Lügen und Widersprüche in meinem Brief hätten Dir verächtliches Schweigen auferlegt. Dein Schweigen, Alek, und auch Deine Verachtung haben mir jähe Angst eingeflößt: Hast Du denn in all den Jahren, an all Deinen Aufenthaltsorten nicht eine einzige Seele gefunden, die Dir – und sei es nur einmal in tausend Jahren – ein Körnchen Sanftheit geschenkt hätte? Es tut mir leid um Dich, Alek. Unsere Situation ist furchtbar: Ich bin die Verbrecherin, während Du und Dein Sohn die grausame Strafe voll verbüßen. Wenn Du willst, streich »Dein Sohn« aus und schreibe Boas. Streich alles aus, wenn Du möchtest. Von mir aus tu unverzüglich alles, was Deine Leiden lindert.

Ilana

Herrn Michel-Henri Sommo
Tarnasstr. 7
Jerusalem, Israel
Per Einschreiben

Genf, 7. 3. 1976

Sehr geehrter Herr Sommo,

mit Ihrem Wissen – und ihren Worten zufolge auch auf Ihr Anraten – hat Ihre Gattin sich bemüßigt gefühlt, mir letzthin zwei lange, recht peinliche Briefe zu senden, die ihr keine Ehre machen. Wenn ich ihren verschwommenen Sätzen völlig auf den Grund gekommen bin, entsteht der Eindruck, daß auch ihr zweiter Brief auf Ihre materielle Not anspielen möchte. Und ich nehme an, Sie, mein Herr, ziehen hier an den Fäden und stehen hinter ihren Bitten.

Die Umstände ermöglichen es mir (ohne besonderes Opfer meinerseits),

Ihnen auch diesmal zu Hilfe zu kommen. Ich habe meinen Anwalt, Herrn Sackheim, beauftragt, eine weitere Beihilfe in Höhe von fünftausend Dollar auf Ihr Konto zu überweisen (auf Ihren Namen, in Israel-Pfund). Sollte auch das nicht ausreichen, möchte ich Sie bitten, mich künftig nicht mehr über Ihre Frau und in mehrdeutigen Wendungen anzusprechen, sondern mir (über Herrn Sackheim) die absolute Endsumme mitzuteilen, die zur Lösung all Ihrer diversen Probleme erforderlich ist. Soweit Sie einen vernünftigen Betrag nennen, werde ich möglicherweise bereit sein, Ihnen in gewissem Rahmen entgegenzukommen. All das unter der Voraussetzung, daß Sie mich weder mit Nachforschungen über meine Beweggründe für diese finanziellen Zuwendungen belästigen noch auch mit überschwenglichen Dankesbekundungen levantinischen Stils. Ich selber werde mich natürlich enthalten, ein Urteil über die Prinzipien und Wertvorstellungen zu fällen, die es Ihnen erlauben, finanzielle Zuwendungen von mir zu erbitten und anzunehmen.

Mit gebührender Hochachtung
A. A. Gideon

Herrn Rechtsanwalt Manfred Sackheim
Praxis Sackheim & di Modena
King George Str. 36, am Ort

Mit Gottes Hilfe
Jerusalem, 13. Adar II 5736 (14. 3.)

Sehr geehrter Herr Sackheim,

in Fortsetzung unseres gestrigen Telefongesprächs: Wir benötigen die Gesamtsumme von sechzigtausend US-Dollar für die Restabzahlung unserer Hypothek und den Anbau weiterer eineinhalb Zimmer sowie jeweils den gleichen Betrag zur Sicherung der Zukunft des Sohnes und auch der kleinen Tochter, insgesamt also einhundertachtzigtausend US-Dollar. Ferner wird um eine Spende von fünfundneunzigtausend US-Dollar zum Zwecke des Ankaufs und der Renovierung des Alkalai-Hauses im jüdischen Viertel der Hebroner Altstadt gebeten. (Es handelt sich dabei um jüdisches Eigentum, das bei den Unruhen von 1929 durch arabische Aufständische widerrechtlich in Beschlag genommen worden ist, während wir es nun gegen volle Vergütung und nicht mit Gewalt in unsere Hände zurückbringen wollen.)

Mit bestem Dank im voraus für Ihre Bemühungen und in Anerkennung Dr. Gideons, dessen wissenschaftliche Arbeit Bewunderung in unserem Volke erregt und Israel Ehre unter den Völkern einbringt, sowie mit allen guten Wünschen für ein fröhliches Purimfest

Ilana und Michael (Michel-Henri) Sommo

A GIDEON EXCELSIORHOTEL WESTBERLIN.
ALEX BITTE MICH SOFORT AUFZUKLÄREN OB ERPRESSUNGSVERSUCH VORLIEGT. SOLL ZEIT GEWONNEN WERDEN SOLL ICH SAND EINSCHALTEN ERWARTE ANWEISUNGEN. MANFRED.

PERSÖNLICH SACKHEIM JERUSALEM ISRAEL.
VERKAUFE LIEGENSCHAFT IN SICHRONJAAKOV FALLS NÖTIG AUCH ZITRUSHAIN IN BENJAMINA UND ZAHLE IHNEN GENAU HUNDERTTAUSEND. PRÜFE ALSBALD HERKUNFT DES MANNES PRÜFE LAGE DES JUNGEN SCHICKE KOPIE DER SCHEIDUNGSDOKUMENTE BIN AM WOCHENENDE IN LONDON ZURÜCK. ALEX.

Ilana Sommo
Tarnasstr. 7
Jerusalem

20. 3.

Ilana,
 Du hast gebeten, ich solle ein, zwei Tage nachdenken und Dir meine Meinung schreiben. Wir beiden wissen ja: Wenn Du eine Stellungnahme oder einen Rat erbittest, möchtest Du in Wirklichkeit eine Bestätigung für das, was Du bereits getan oder zu tun beschlossen hast. Trotzdem schreibe ich Dir, um mir selber darüber klarzuwerden, wie es dazu kam, daß wir uns im Bösen getrennt haben.
 Der Abend, den ich letzte Woche bei Euch in Jerusalem verbracht habe, hat mich an schlechte Zeiten erinnert. Ich bin tief besorgt von Euch heim-

gekehrt – obwohl äußerlich alles ganz normal war, bis auf den Regen, der den ganzen Abend und die ganze Nacht über bei Euch niedergeprasselt ist. Und abgesehen von Michel, der müde und traurig wirkte. Eineinhalb Stunden hat er sich abgemüht, ein neues Bücherbord aufzustellen. Jifat hat ihm Schraubenzieher, Hammer und Zange gereicht, und als ich einmal aufstand, um ihm die zwei Seitenstangen zu halten, hast Du aus der Küche her spöttisch gerufen, ich solle ihn lieber in den Kibbuz mitnehmen, weil seine Fähigkeiten hier vergeudet seien. Nachher saß er in Morgenrock und Flanellschlafanzug am Schreibtisch und korrigierte mit Rotstift die Hefte seiner Schüler. Den ganzen Abend war er damit beschäftigt. Der Petroleumofen brannte in der Zimmerecke, Jifat spielte lange allein auf der Strohmatte mit dem Wollschäfchen, das ich ihr an der Buszentrale gekauft hatte, das Radio sendete ein Flötenkonzert mit Rampal, und wir beide tuschelten in der Küche, verbrachten also, äußerlich betrachtet, einen ruhigen Familienabend. Michel hielt sich zurück, und Du hast ihm den ganzen Abend über nicht mehr als zwanzig Worte gewidmet. Eigentlich auch Jifat und mir nicht. Du warst in Dich selbst versunken. Als ich Dir von den Krankheiten der Kinder erzählte, von Joaschs neuer Tätigkeit in der Kunststoffabrik des Kibbuz, von dem Sekretariatsbeschluß, mich auf einen Diätkochkurs zu schicken, hast du mir kaum zugehört und nicht ein einziges Mal nachgefragt. Ich habe mühelos gemerkt, daß Du, wie üblich, das Ende meines banalen Berichts abwartetest, um zu Deinen eigenen Schicksalsdramen überzugehen. Daß Du auf meine Fragen danach gewartet hast. Und so habe ich denn gefragt, ohne eine Antwort zu erhalten. Michel kam in die Küche, bestrich sich eine Scheibe Brot mit Margarine und Käse, brühte sich Kaffee auf und versicherte, er wolle keineswegs stören, sondern werde gleich Jifat ins Bett bringen, damit wir beide unser Gespräch unbehelligt fortführen könnten. Als er raus war, erzähltest Du mir von Boas, von Deinen zwei Briefen an Alex, von den beiden Geldsummen, die er Euch überwiesen hat, und von Michels Beschluß, »ihm diesmal alles abzufordern, was man erwarten dürfe«, in der Annahme, »daß der Kerl seine Sünden vielleicht endlich einzusehen beginnt«. Der Regen prasselte gegen die Scheiben. Jifat schlief auf der Matte ein, und Michel gelang es, ihr den Pyjama anzuziehen und sie ins Bett zu bringen, ohne daß sie aufwachte. Danach schaltete er den Fernseher leise ein, damit er unsere Unterhaltung nicht störte, guckte sich die Nachrichtensendung um neun Uhr an und kehrte dann stumm zu seinen Heften zurück. Du hast Gemüse für das

Mittagessen des nächsten Tages geputzt, und ich habe Dir ein bißchen geholfen. Du hast zu mir gesagt: Schau, Rachel, Du mußt uns nicht verdammen. Ihr im Kibbuz habt keine Ahnung, was Geld bedeutet. Und Du hast gesagt: Schon seit sieben Jahren versuche ich ihn zu vergessen. Und Du sagtest auch: Du wirst es sowieso nicht verstehen. Durch die Küchentür konnte ich Michels runden Rücken sehen, seine gebeugten Schultern, die Zigarette, die er den ganzen Abend zwischen den Fingern hielt, aber nicht anzuzünden wagte, weil alle Fenster geschlossen waren, und ich dachte mir: Sie lügt wieder mal. Auch sich selber belügt sie. Wie gewohnt bei ihr. Nichts Neues. Aber als Du meine Meinung hören wolltest, habe ich nur so was gesagt, wie: Ilana, spiel nicht mit dem Feuer. Sei vorsichtig. Du hast schon genug abgekriegt.

Worauf Du mir wütend antwortetest: Hab ich doch gewußt, daß Du wieder mit Deinen Predigten anfangen würdest.

Ilana, sagte ich, schließlich habe nicht ich das Thema angeschnitten. Und Du: Aber Du hast mich dazu gebracht. Deshalb schlug ich vor, daß wir damit aufhören sollten. Und wir brachen tatsächlich ab, weil Michel wieder die Küche betrat, sich humoristisch wegen seines Eindringens in die »Frauenabteilung« entschuldigte, das Abendessengeschirr spülte und abtrocknete und mit seiner dürren Stimme irgendwas erzählte, was er in den Nachrichten gehört hatte. Dann setzte er sich zu uns, witzelte über den »polnischen Tee« hierzulande, gähnte, erkundigte sich, was Joasch mache und wie es den Kindern gehe, strich uns beiden wie geistesabwesend über den Kopf und entschuldigte sich, um Jifats Spielsachen von der Matte aufzulesen, ging auf den Balkon eine Zigarette rauchen, wünschte eine gute Nacht und legte sich schlafen. Du sagtest: Ich kann ihm doch nicht verbieten, sich mit Alex' Anwalt zu treffen. Und Du sagtest: Um Boas' Zukunft zu sichern. Und ohne Zusammenhang fügtest Du hinzu: Er ist ja sowieso ständig in unserem Leben anwesend.

Ich schwieg. Und Du sagtest mit unterdrückter Gehässigkeit: Die kluge, normale Rachel – bloß ist deine Normalität eine Flucht vor dem Leben.

Da konnte ich mich nicht enthalten zu sagen: Ilana, jedesmal wenn Du den Ausdruck »das Leben« benutzt, komm ich mir wie im Theater vor.

Du warst beleidigt. Brachst die Unterhaltung ab. Machtest mir ein Bett fertig, gabst mir ein Handtuch und versprachst, mich um sechs zu wecken, damit ich den Bus nach Tiberias kriegen würde. Mich schicktest Du ins Bett, während Du Dich wieder in die Küche setztest, um Dich allein zu bemitleiden. Um Mitternacht ging ich auf die Toilette, hörte Michel sanft schnarchen, und sah Dich mit Tränen in der Küche sitzen. Ich fragte, ob Du nicht besser schlafen gehen solltest, bot an, mich zu Dir zu setzen, aber als Du mir in der zweiten Person Plural sagtest: »Laßt mich in Ruhe«, beschloß ich, wieder ins Bett zu gehen. Der Regen hörte die ganze Nacht nicht auf. Morgens beim Frühstückskaffee, bevor ich wegging, batst Du mich flüsternd, ein, zwei Tage in Ruhe nachzudenken und Dir meine Gedanken zu schreiben. Also versuchte ich zu überdenken, was Du mir erzählt hattest. Wenn Du nicht meine Schwester wärst, fiele es mir leichter. Aber ich habe mich trotzdem entschlossen, Dir zu schreiben, daß Alex meines Erachtens Dein Unheil ist und Michel und Jifat Dein ganzer Reichtum sind. Boas solltest Du jetzt besser in Ruhe lassen, denn jedes Bestreben, »ihm mütterlich die Hand zu reichen«, wird seine Einsamkeit nur vergrößern. Und seine Distanz zu Dir. Rühr ihn nicht an, Ilana. Falls erneut Grund zum Eingreifen besteht, laß es Michel machen. Und was Alex' Geld anbetrifft, ist es – wie alles andere, was mit ihm zusammenhängt – von einem Fluch behaftet. Setz nicht alles, was Du hast, aufs Spiel. So meine ich. Du hast mich gebeten zu schreiben, deshalb habe ich geschrieben. Versuch mir nicht böse zu sein.

Rachel

Herzliche Grüße von Joasch und den Kindern. Küßchen für Michel und Jifat. Sei gut zu ihnen. Ich habe keine Ahnung, wann ich wieder in Jerusalem sein werde. Auch bei uns regnet es dauernd, und häufig fällt der Strom aus.

Dr. A. A. Gideon
16 Hampstead Heath Lane
London NW 3, England
Eingeschrieben per Eilpost

Jerusalem, 28. 3. 76

Mein lieber Alex, wenn Du meinst, es sei nun an der Zeit, daß ich mich zum Teufel schere, schick mir bitte ein Telegramm mit vier Worten, »Manfred geh zum Teufel«, and I shall be on my way right away. Falls Du jedoch beschlossen hast, Dir die psychiatrische Abteilung mal von innen anzugukken – dann sei bitte so gut und geh dort alleine hin, ohne mich. Mir gibt das keinerlei Kick.

Entgegen meinem Dafürhalten habe ich gestern anweisungsgemäß unseren Zitrushain bei Benjamina losgeeist (nicht aber die Besitzung in Sichron-Jaakov: Vorläufig bin ich noch nicht verrückt geworden). Jedenfalls kann ich Dir innerhalb von vierundzwanzig Stunden an die hunderttausend Amerikaner lockermachen und sie dem Gemahl Deiner hübschen Ex-Gattin aushändigen, wenn Du mich endgültig entsprechend beauftragst.

Andererseits habe ich mir erlaubt, die Angelegenheit noch nicht zu besiegeln, um Dir die Möglichkeit zu geben, Deine Meinung zu ändern und diese ganze Weihnachtsbescherung abzusagen, ohne daß Dir daraus ein Schaden entsteht (außer meinem Honorar).

Bitte, erbringe mir wenigstens umgehend überzeugenden Nachweis dafür, daß Du dort drüben nicht völlig auf den Kopf gefallen bist: Verzeih mir meine krasse Ausdrucksweise, guter Alex. In der feinen Situation, in die Du mich hineinmanövriert hast, bleibt mir eigentlich kaum noch was anderes übrig, als eine schöne Mandatsniederlegung zu verfassen und an Dich abzusenden. Das Dumme ist nur, daß Du mir ziemlich wichtig bist.

Wie Du sehr wohl weißt, hat Dein erstaunlicher Vater mir dreißig Jahre lang das Leben verkürzt, vor und während seiner Sklerose und auch nachdem er schon vergessen hatte, wie er heißt und wie ich heiße oder wie man Alex schreibt. Und wer weiß besser als Du, wie ich mir fünf, sechs Jahre lang die Hacken abgelaufen habe, bis ich schließlich durchsetzen konnte, daß Du zum Alleinverwalter seines gesamten Vermögens ernannt wurdest, ohne daß drei Viertel für Erbschaftssteuern oder Senilitätsauflagen oder sonst eine bolschewistische Erfindung draufgingen. Dieses ganze Manöver hat mir, das will ich nicht verbergen, ein gewisses Maß an beruflichem Erfolgsgefühl, eine nette Wohnung in Jerusalem und sogar etwas Vergnügen eingebracht, das ich offenbar mit einem Magengeschwür bezahlt habe. Hätte ich allerdings gewußt, daß Wolodja Gudonskis einziger Sohn zehn Jahre später plötzlich anfangen würde, Schätze an die Elenden dieser Welt zu verteilen, hätte ich keine solchen titanischen Anstrengungen gemacht, um dieses Hab und Gut komplett von einem Verrückten an den nächsten weiterzureichen – wozu denn?

Wenn ich Dich darauf aufmerksam machen darf, Alex: Das Scheibchen, das Du diesem kleinen Fanatiker da abschneiden willst, macht grob gerechnet etwa sieben bis acht Prozent Deiner gesamten Habe aus. Und wie soll ich sicher sein, daß Du dort morgen nicht noch einen über den Kopf kriegst und beschließt, den Rest zwischen dem Heim für ledige Väter und dem Haus der Zuflucht für mißhandelte Ehemänner aufzuteilen? Und warum willst Du ihm eigentlich Geld geben? Nur dafür, daß er die Güte hatte, Deine ausgebrauchte Ex-Gattin zu heiraten? Oder als dringende Nothilfe für die Dritte Welt? Oder womöglich als Wiedergutmachung für die Benachteiligung der Orientalen? Und wenn Du doch schon völlig durchgedreht bist, strengst Du Dich vielleicht noch ein klein wenig mehr an, um Deinem Irrsinn eine etwas andere Richtung zu geben und Dein Vermögen meinen beiden Enkeln zu hinterlassen? Ich arrangier Dir das honorarfrei. Haben wir Jeckes hier nicht mindestens ebenso gelitten wie die Marokkaner? Habt Ihr uns etwa nicht verhöhnt und mit Füßen getreten, Ihr Angehörigen der französisch angehauchten russischen Aristokratie von und zu Nord-Benjamina? Und bedenke, Alex, daß meine Enkel Dein Kapital in die Entwicklung des Staates investieren werden! In Elektronik! Lasertechnik! Sie werden es wenigstens nicht für die Wiederherstellung Hebroner Ruinen und die Umwandlung arabischer Latrinen in Synagogen vergeuden! Denn das muß ich Dir sagen, mein lieber Alex: Dein ehrenwerter Herr Michel-Henri Sommo ist zwar ein sehr kleiner Mann, aber ein ziemlich großer Extremist. Allerdings nicht von der lärmenden Sorte, sondern einer von der verkappten Art – ruhig, höflich und grausam. (Lies bei Gelegenheit mal in dem Kapitel »Between Fanatism and Zealotry« Deines ausgezeichneten Buches nach.)

Gestern habe ich mir Mr. Sommo ein bißchen angeschaut. Hier in meinem Büro. Verdient gerade eben zweitausendsechshundert Pfund im Monat und spendet regelmäßig ein Viertel davon für eine kleine nationalreligiöse Gruppe, knapp rechts von der Groß-Israel-Bewegung. Übrigens hätte man bezüglich dieses Sommo meinen können, Deine bezaubernde Frau wäre, nachdem sie eigenhändig jeden fünften Mann in Jerusalem durchprobiert hatte, schließlich auf einen Gregory Peck verfallen. Doch dann stellt sich heraus, daß Herr Sommo (wie wir alle) auf der Erde anfängt, dann aber in etwa ein Meter sechzig Höhe abrupt aufhört. Das heißt, er ist mindestens einen Kopf kürzer als sie. Vielleicht hat sie ihn billig eingekauft, nach laufendem Meter.

Und dieser afrikanische Napoleon Bonaparte taucht also in meinem

Büro auf, in Gabardinehosen und einem etwas zu groß geratenen Karoblazer, mit krausem Haar, spiegelglatt rasiert, gut durchtränkt mit einem radioaktiven Rasierwasser, trägt Brille mit dünnem Goldrand, goldene Uhr an einer goldenen Kette, rot-grüne Krawatte mit goldener Krawattennadel und auf dem Kopf – um jegliches Mißverständnis auszuschließen – ein frommes Käppchen.

Wie sich herausstellt, ist dieser Gentleman keineswegs dumm. Insbesondere wenn es um Geld, das Wecken von Schuldgefühlen oder auch um panzersprengende Hinweise auf alle möglichen mächtigen Anverwandten in strategischen Stellungen geht: in der Stadtverwaltung, bei der Polizei, in seiner Partei, sogar bei der Einkommensteuerabteilung. Ich kann Dir fast mit Gewißheit versprechen, mein lieber Alex, daß Du diesen Sommo noch eines Tages in der Knesset sehen wirst, von wo aus er dann ebenso lange wie tödliche patriotische Salven gegen Schöngeister wie Dich und mich loslassen wird. Vielleicht solltest Du Dich also doch lieber vor ihm in acht nehmen, statt ihn zu finanzieren?

Alex, was zum Teufel schuldest Du ihnen denn? Wo Du mich bei Deinem Scheidungsverfahren schier verrückt gemacht hast, ganz im Stile Deines irrsinnigen Vaters. Wie ein Löwe sollte ich kämpfen, damit sie von Dir ja keinen Groschen bekam, keine einzige Fliese von der Villa in Jefe-Nof, nicht einmal den Kugelschreiber, mit dem sie schließlich die Urkunden unterzeichnen mußte! Du hast ihr gerade eben noch großzügigerweise erlaubt, ihre Büstenhalter und Schlüpfer nebst einigen Töpfen und Pfannen rauszuholen, und selbst dabei hast Du stur wie ein Esel auf dem schriftlichen Vermerk bestanden, auch dies geschehe »ohne zwingenden Rechtsgrund«.

Was ist also plötzlich geschehen? Erpreßt Dich womöglich jemand unter irgendwelchen Drohungen? Wenn ja, berichte es mir sofort, ohne jegliche Auslassungen, wie einem Hausarzt. Schick mir ein schnelles Signal – danach kannst Du Dich in Deinem Sessel zurücklehnen und zugucken, wie ich sie Dir zu Hackepeter verarbeite. Mit dem größten Vergnügen.

Hör zu, Alex, eigentlich brauchen mich Deine Marotten nichts anzugehen. Ich habe derzeit einen saftigen, faulen Zivilrechtsfall auf der Abschußrampe (um die Besitzungen der russisch-orthodoxen Kirche), und selbst wenn ich den Prozeß verliere, verdiene ich an denen etwa das Doppelte des Chanukka-Gelds, das Du der nordafrikanischen Judenheit oder dem Verband alternder Nymphomaninnen zu Pessach spenden möchtest. Go fuck yourself, Alex. Erteile mir nur endgültigen Auftrag – und schon überweise ich, was Du möchtest, wann Du möchtest, an wen Du möchtest. Jedem nach seinen schreienden Bedürfnissen.

Übrigens schreit dieser Sommo keineswegs, ganz im Gegenteil, er spricht sehr schön, in weichen, runden Tönen, mit feinem pädagogischen Lächeln, wie ein katholischer Intellektueller. Diese Typen haben offenbar auf dem Weg von Afrika nach Israel eine sehr gründliche Umschulung in Paris durchgemacht. Nach außen hin wirkt er fast europäischer als Du und ich. Kurz gesagt, er könnte Knigge noch Nachhilfe in gutem Benehmen geben.

Ich frage ihn zum Beispiel, ob er eine Ahnung hätte, warum Prof. Gideon ihm plötzlich die Kassenschlüssel aushändigt. Und er lächelt mich milde an, mit so einer »Na-ich-bitte-Sie«-Miene, als hätte ich ihm eine kindische, unter seiner und meiner Würde liegende Frage gestellt, weigert sich, eine meiner Kent zu rauchen, bietet mir statt dessen von seinen einheimischen Europa an, geruht aber – vielleicht als Geste jüdischer Solidarität – Feuer von mir entgegenzunehmen, drückt seinen Dank dafür aus und wirft mir einen scharfsinnigen Blick zu, den seine goldumrandeten Brillengläser zu den Ausmaßen eines Eulenblicks am hellichten Mittag vergrößern: »Ich bin sicher, Prof. Gideon wird Ihnen diese Frage besser beantworten können, Herr Sackheim.«

Ich wiegle ab und frage ihn, ob eine Schenkung in der Größenordnung von hunderttausend Dollar nicht wenigstens Neugier bei ihm wecke. Worauf er mir antwortet, »ja durchaus, mein Herr«, und dann verstummt, ohne ein weiteres Wort hinzuzufügen. Ich warte vielleicht zwanzig Sekunden ab, ehe ich einlenke und frage, ob er diesbezüglich eventuell eine Vermutung habe. Gelassen erwidert er mir, eine Vermutung habe er, aber mit meiner Erlaubnis würde er es vorziehen, die meinige zu hören.

An diesem Punkt beschließe ich, ihm mit gezieltem Kanonenfeuer einzuheizen, setze also meine Sackheim-der-Schreckliche-Miene auf, die ich sonst bei Kreuzverhören verwende, und schieße, mit kleinen Terrorpausen zwischen den einzelnen Worten, auf ihn los: »Herr Sommo. Wenn Sie nichts dagegen haben – meine Vermutung lautet, daß jemand intensiven Druck auf meinen Mandanten ausübt. Man könnte es auch Erpressung nennen. Und ich bin fest entschlossen, sehr bald in Erfahrung zu bringen, wer, wie und wo.« Doch dieser Affe wird nicht etwa bange, sondern lächelt bloß so ein lammfrommes Lächeln und antwortet mir: »Nur die Scham, Herr Sackheim, sie allein bedrückt ihn.« »Scham? Worüber?« frage ich, und die zuckersüße Antwort liegt ihm schon auf der Zungenspitze parat, bevor ich ausgefragt habe: »Über seine Sünden, mein Herr.« »Und welche Sünden zum Beispiel?« »Beschämung anderer beispielsweise. Wer seinen Nächsten beschämt, steht im Judentum dem gleich, der seines Nächsten Blut vergießt.«

»Und wer sind denn Sie, mein Herr? Der Gerichtsvollzieher? Mit Zwangsvollstreckungsbefehl?«

»Ich«, sagt er, ohne mit der Wimper zu zucken, »ich erfülle hier nur eine symbolische Funktion. Unser Prof. Gideon ist ein Geistesmensch. Weltberühmt. Außerordentlich geachtet. Geradezu verehrt, könnte man sagen. Aber was hilft das? Ehe er nicht das wieder zurechtbiegt, was er verbogen hat, sind alle seine guten Taten auf Sand gebaut. Jetzt tut ihm die Sünde im Herzen weh, und er sucht offenbar endlich Wege zum Tor der reuigen Umkehr.«

»Und Sie sind der Torwächter, Herr Sommo? Sie stehen dort und verkaufen die Eintrittskarten?«

»Ich habe seine geschiedene Frau geheiratet«, sagt er und fixiert mich mit seinen durch die Linsen dreifach vergrößerten Projektoraugen, »ich habe ihre Schande behoben. Und ich überwache auch die Schritte seines Sohnes.«

»Zum Preis von hundert Dollar pro Tag mal dreißig Jahre und gegen Barvorauszahlung, Herr Sommo?«

Damit konnte ich ihn endlich aus seiner Reserve herausholen. Die Pariser Außenhaut zerriß, und die afrikanische Wut platzte wie Eiter darunter hervor:

»Sehr geehrter Herr Sackheim. Wenn ich es mal so sagen darf: Ihnen und Ihresgleichen bezahlt man doch für Ihre Winkelzüge in einer halben Stunde mehr, als ich für all meine Arbeit je gesehen habe. Halten Sie bitte fest, Herr Sackheim, daß ich Prof. Gideon um keinen roten Heller gebeten habe. Er war es, der geben wollte. Und ich habe auch nicht um das derzeitige Treffen mit Ihnen nachgesucht. Sie haben vielmehr mich treffen wollen. Und jetzt« – hier stand der kleine Lehrer abrupt auf, so daß ich einen Augenblick fürchtete, er wolle ein Lineal von meinem Tisch aufheben und mir damit auf die Finger klopfen, während er, ohne mir die Hand zu reichen und nur mühsam seinen Haß erstickend, herausquetschte –

»und jetzt werde ich mit Ihrer geschätzten Erlaubnis diesem Gespräch angesichts Ihrer böswilligen und ungeheuerlichen Andeutungen ein Ende setzen.«

Jetzt beeilte ich mich, ihn zu besänftigen, vollführte etwas, das man als »ethnischen Rückzieher« bezeichnen könnte, und gab meinem unmöglichen jeckischen Humor die Schuld. Bestürmte ihn, doch bitte diesen mißglückten Scherz zu ignorieren und meine letzten Worte als ungesprochen zu betrachten. Und sofort zeigte ich auch Interesse an der Geldspende, die er für irgendein Monkey-busineß der Fanatiker in Hebron von Dir erbeten hatte. Nun überkam ihn plötzlich der didaktische Eifer: Immer noch auf seinen kurzen Beinen stehend und in Feldherrenmanier auf der in meinem Büro hängenden Landkarte herumfuchtelnd, erteilte er mir jetzt freiwillig und gratis (wenn man von meiner Zeit absieht, die Du sowieso bezahlst) eine begeisterte Intensiv-Lektion über unser Recht auf Erez Israel und so weiter. Ich werde Dich nicht mit diesen Dingen ermüden, die wir beide bis zum Überdruß kennen. Alles reichlich gespickt mit Bibelversen und frommen Legenden und leicht verständlich dargeboten, als sähe ich ihm ein bißchen begriffsstutzig aus.

Ich fragte diesen Maimonides im Kleinformat, ob ihm bewußt sei, daß Deine politischen Anschauungen sich zufällig dem anderen Ende des Spektrums näherten und dieser ganze Hebron-Irrsinn Deinen öffentlich erklärten Einstellungen diametral zuwiderliefe.

Auch diesmal geriet er nicht aus der Fassung (ich sage Dir, Alex, von diesem Derwisch werden wir noch einiges hören!), sondern erwiderte mir geduldig in honigsüßem Ton, seiner bescheidenen Meinung zufolge durchlaufe Dr. Gideon dieser Tage, wie viele andere Juden, einen Läuterungsprozeß, der reuige Einsicht mit sich bringe und bald einen allgemeinen Herzensumschwung herbeiführen werde.

An diesem Punkt, das will ich Dir nicht verbergen, mein lieber Alex, war es an mir, aus der europäischen Haut herauszufahren und wütend über ihn herzufallen: Was zum Teufel mache ihn eigentlich glauben, daß er haargenau wisse, was in Deinem Innersten vorgehe? Woher nehme er nur die Frechheit, ohne Dich überhaupt zu kennen, für Dich – und womöglich uns alle – zu bestimmen, was sich in unserer Seele abspiele oder abspielen werde, bevor wir es noch selber gewärtig seien?

»Aber Prof. Gideon versucht doch schon jetzt, die Sünden zu sühnen, die zwischen Mensch und Mitmensch stehen. Dazu haben Sie mich heute hier in Ihr Büro gebeten, Herr Sackheim. Warum sollten wir ihm also bei dieser Gelegenheit nicht auch die Möglichkeit geben, durch eine Spende die Sünde zu sühnen, die den Menschen vom Höchsten trennt?«

Ja, er konnte nicht beruhigt weggehen, ehe er mir nicht die doppelte Bedeutung des hebräischen Wortes »damim« erläutert hatte, das bekanntlich außer »Blut« auch noch »Geld« bedeuten kann. Ecce Homo.

Mein Alex: Ich hoffe, Du bist bei der Lektüre dieser Schilderung so richtig in Rage geraten. Oder, besser noch, hast schallend losgelacht und von der ganzen Sache Abstand genommen. Genau dazu habe ich mir die Mühe gemacht, Dir diese gesamte Szene schriftlich wiederzugeben. Wie sagt doch unser kleiner Prediger? »Die Tore der reuigen Umkehr sind nicht verschlossen.« Also kehre auch Du Dich reuig von Deinem sonderbaren Einfall ab und schick die beiden zum Teufel.

Es sei denn, es stimmt etwas an meiner alten Intuition, die mir zuflüstert, jemand hätte irgendwie eine peinliche Einzelheit rausgekriegt, mit deren Hilfe dieser Halunke – oder ein versteckter Hintermann – Dich nun grob erpreßt, um mit Deinem Geld sein Schweigen (und auch die Ruinen Hebrons) zu erkaufen. Wenn dem so ist, bitte ich Dich noch einmal: Gib mir ein winziges Signal und sieh, mit welcher Eleganz ich Dir ihren Sprengsatz entschärfe.

Inzwischen habe ich, auf Deine telegrafische Anweisung, Sommo eine kleine Privatinvestigation auf den Hals geschickt (unseren Freund Schlomo Sand); den Bericht füge ich bei. Wenn Du ihn Dir aufmerksam zu Gemüte führst, wirst Du sicher einsehen, daß wir – im Falle einer Einschüchterung – auch etwas in der Hand haben, diesem Gentleman also mühelos zeigen können, daß sich dieses Spiel auch zu zweit spielen läßt. Sobald Du mir grünes Licht gibst, schicke ich Sand auf einen kurzen Seelenaustausch zu ihm – und innerhalb von zehn Minuten wird absolute Ruhe an der Front herrschen. Auf meine Verantwortung. Du wirst keinen Pieps mehr von ihnen hören.

Es liegen meinem Brief also drei Anlagen bei: 1.) Sands Bericht über Sommo. 2.) Der Bericht von Sands Assistent über den Jungen B. B. 3.) Kopien der Rabbinatsentscheidung über die Beendigung Deiner Ehe und des Landgerichtsurteils in der Zivilklage Deiner Schönen gegen Dich. Die wichtigsten Passagen habe ich Dir rot angestrichen. Nur vergiß bitte möglichst nicht, daß diese ganze Sache seit über sieben Jahren vorbei ist und jetzt schon der Ur- und Frühgeschichte angehört.

Bis hierhin zu Deinen telegrafischen Aufträgen. Ich hoffe, Du bist wenigstens mit mir zufrieden, denn ich bin es mit Dir keineswegs. Weiteren Anweisungen harre ich, wie immer, ergeben. Just don't go mad, for God's sake.

Dein sehr besorgter
Manfred

PERSÖNLICH SACKHEIM JERUSALEM ISRAEL. DU ÜBERSCHREITEST DEINE BEFUGNISSE. ZAHLE SOFORT GENAU EINHUNDERT UND LASS DEN ÜBRIGEN QUATSCH. ALEX.

A GIDEON NICFOR LONDON.
HABE BEZAHLT. LEGE MANDAT NIEDER. ERBITTE UMGEHENDE NACHRICHT WEM AKTEN ÜBERGEBEN WERDEN SOLLEN. DU BIST NICHT NORMAL. MANFRED SACKHEIM.

PERSÖNLICH SACKHEIM JERUSALEM ISRAEL.
KÜNDIGUNG ABGELEHNT. NIMM KALTE DUSCHE ZUR ABREGUNG UND SEI BRAVER JUNGE. ALEX.

A GIDEON NICFOR LONDON.
MANDATSAUFGABE ENDGÜLTIG. GEH ZUM TEUFEL. SACKHEIM.

PERSÖNLICH SACKHEIM JERUSALEM ISRAEL.
LASS MICH NICHT IM STICH. MIR IST SEHR MIES. ALEX.

A GIDEON NICFOR LONDON.
FLIEGE HEUTE ABEND ZU DIR. BIN GEGEN MORGEN BEI NICHOLSONS. MACH INZWISCHEN BLOSS KEINEN WEITEREN UNSINN. DEIN MANFRED.

An Michael Sommo
Tarnas 7
Jerusalem

Schalom. Also Michel,
 ich komm gleich zur Sache – ich brauch eine Anleie von dir. Ich arbeite fest bei deinem Schwager Awram Abudram, schlepp den ganzen Tag Gemüsekisten. Kannst bei ihm nachfragen das ich in Ordnung bin. Ich bin auch zufrieden mit ihm denn er ist fär mit mir, zahlt täglich plus zwei Malzeiten auf seine Rechnung. Danke das du mir das verschafft hast. Die Anleie ist um Material für ein Fernrohr zu kaufen, nach Süstem Eigenbau. Deine Freundin Janine (Frau Fuchs) hat mir wie du weist einen Nachtwächterjob (Übernachtung) im Planetarium besorgt, für nix. Das heist ich zahl nix und krieg nix. Aber wenn ich gut mit der Wartung von den optischen Gereten bin, mit denen ich mich ein bischen auskenn und wenn sie eine Planstelle frei haben zahlen sie mir auch was. So kommts raus das ich kaum Ausgaben hab, blos Einnahmen. Aber mit dem Fernrohr will ich schon anfangen und der Preis ist 4000 Pfund, so das ich dich um eine Anleie von 3000 bitten möchte (1000 hab ich schon auf der Seite). Ich zahls dir in zehn Raten 300 pro Monat von meinem Lohn zurück und das ist in der Annahme das du keine Zinsen willst. Wenn das nicht geht oder dirs einfach schwerfällt dann gib mir halt nix (bisher hab ich noch keinen umgebracht). Was ich dich bitten möchte ist das die Frau von der ganzen Sache nix erfährt. Dir persönlich und auch dem kleinen Mädchen wünsche ich alles gute. Mit Dank
Boas B.

An Awraham Abudarham für Boas Brandstetter
Großmarkt, Carlebachstraße
Tel Aviv

> Mit Gottes Hilfe
> Jerusalem, 1. Mittelfeiertag des
> Pessachfestes (16. 4.)

Lieber Boas,

ich habe Deinen Brief erhalten und war recht traurig darüber, daß Du am Seder-Abend trotz unserer Einladung nicht gekommen bist. Aber ich respektiere unsere Abmachung, der zufolge Du alles tust, was Du willst, unter der Bedingung, daß Du es ehrlich und im Schweiße Deines Angesichts tust. Du bist eben nicht gekommen – auch recht. Macht nichts. Komm, wann immer Du möchtest. Awram hat mich angerufen, um mir zu sagen, daß Du ausgezeichnet bist. Auch von Frau Janine Fuchs haben wir positive Nachricht über Dich erhalten. Sehr gut, Boas! Ich war fast genau in Deinem Alter, als ich mit meinen Eltern aus Algerien nach Paris kam und dort als Lehrling eines Röntgentechnikers (ein Onkel) schwer schuftete, um ein bißchen Geld zu verdienen. Im Gegensatz zu Dir habe ich allerdings nur in den Abendstunden gearbeitet, nach Beendigung des Schultags im Gymnasium. Und es ist interessant zu vergleichen, daß auch ich einmal diesen Onkel um eine Anleihe gebeten habe, um ein Larousse-Wörterbuch anzuschaffen, das ich damals sehr brauchte (aber er hat mir nichts gegeben).

Das führt mich nun zu Deiner Bitte: Hier sind dreitausend Pfund in Postschecks für Dich. Falls Du eine weitere Summe brauchst – und einen positiven Zweck angibst –, werden wir gern versuchen, sie Dir zu geben. Was den von Dir erwähnten Zins anbetrifft, hätte ich gar nichts dagegen, daß Du mir das Geld nebst Zinsen zurückzahlst, aber nicht jetzt, Boas, sondern nach vielen Jahren, wenn Du an Mizwot und guten Taten, aber auch materiell reicher geworden bist (nachdem Du erst mal richtig schreiben gelernt hast!!!). Vorläufig ist es jedoch besser, Du sparst Dir weiterhin ein bißchen was. Hör auf mich, Boas.

In einem Punkt habe ich Deiner Bitte zuwiderhandeln müssen: Deine Mutter weiß von dem Geld, das ich Dir hier schicke. Der Grund ist, daß wir voreinander keine Geheimnisse haben, und bei aller Achtung für Dich bin ich doch nicht bereit, mich mit Dir insgeheim gegen sie zu verbünden, auch nicht für einen löblichen Zweck. Falls Dir das nicht gefällt, nimm das Geld eben nicht an. Ich möchte hier schließen mit herzlichen Wünschen und Festtagsgrüßen

Dein Michael (Michel)

An Michael Sommo
Tarnas 7
Jerusalem

Michel
    Schalom und danke für die Anleie. Ich hab schon eingekauft und langsam angefangen das Geret zusammenzubauen. Bruno Fuchs vom Planetarium (der Mann von Janine) hilft mir ein bischen. Issen guter Mensch. Versteht was von Optik und predigt keine Moral. Das ist meine Meinung und lach nicht drüber, das jeder eine Sache echt gut können und echt gut machen muß und nicht anderen sagen darf was sie wie tun sollen. Dann gäbs viel mehr Zufriedenheit im Staat und weniger persönliche Probleme. Es macht mir nicht so viel aus das deine Frau von der Anleie weis, ich will blos keine Schererreien von ihr. Mit dir – das ist was andres. Sag mal? Wie hast du das französische Wörterbuch gekauft das du damals in Paris gebraucht hast? Und nochmal danke und einen Gruss an die hübsche Kleine von mir Boas. P. S. Trotzdem fang ich im nechsten Monat an dir ganz langsam dein Geld zurückzuzahlen. Ist doch dein Geld, stimts?

Boas B.

Boas Brandstetter bei A. Abudarham
Großmarkt, Carlebachstraße
Tel Aviv

Mit Gottes Hilfe
Jerusalem, 23. Nissan 5736 (23. 4.)

Lieber Boas,
    da Du gefragt hast, bin ich verpflichtet zu antworten. Das Geld ist von Deinem Vater und nicht von mir. Wenn du diesen oder einen anderen Schabbat zu uns nach Jerusalem heraufkommst, werden wir Dir diese An-

gelegenheit gern in allen uns bekannten Aspekten erklären (offenbar gibt es da auch noch Aspekte, die unseren Augen verborgen sind). Deine Mutter und Deine Schwester laden Dich ebenfalls ein. Sei nicht länger ein Esel, Boas, komm einfach und fertig. Bald wird bei uns mit dem Wohnungsanbau begonnen: zwei zusätzliche Zimmer (nach hinten auf den Hof hinaus), von denen eines für Dich bestimmt ist, zu Deiner ständigen Verfügung. Aber auch bis dahin haben wir immer Platz für Dich. Also sei kein kleines Kind und komm diesen Schabbat. Ich finde, Dein Stolz geht dauernd in die falsche Richtung. Ich glaube, Boas, der Unterschied zwischen Kind und Mann besteht darin, daß der Mann weder seinen Samen noch seinen Stolz nutzlos verschüttet, sondern ihn für die rechte Stunde aufbewahrt, »bis es ihr selbst gefällt«, wie es bei uns im Hohelied geschrieben steht. Und Du bist schon kein Kind mehr, Boas. Ich habe dieses Lehrbeispiel aus mehreren Gründen angeführt, einmal wegen Deiner (bisherigen) Weigerung, nach Hause zu kommen, zum zweiten wegen Deiner allgemeinen Auflehnung gegen Deine Mutter und drittens auch als vorsorglichen Wink für Dich, damit Du nicht etwa kindisch auf meine jetzige Mitteilung über die Herkunft des Geldes reagierst. Schließlich hätte ich es auch nicht sagen können, stimmt's?

Das bringt mich zu der zweiten Frage, die Du in Deinem Brief gestellt hast: Wie ich damals den Larousse in Paris gekauft hätte, als ich in Deinem Alter war und mein Onkel mir die Anleihe verweigert hatte. Die Antwort lautet einfach, daß ich ihn erst ein Jahr später gekauft habe, aber dieser Onkel hat auf der Stelle einen fleißigen, billigen Gehilfen verloren, denn ich war so gekränkt, daß ich statt dessen lieber Treppen geputzt habe (nach dem Schulunterricht!). Das war 1955, und Du kannst wirklich sagen, daß ich ein großer Esel gewesen bin. Jedenfalls war ich noch ein Kind. Hier schließe ich mit guten Wünschen und in aller Freundschaft.

Dein Michel

P. S. Wenn Du darauf bestehst, mir die Anleihe schon jetzt in monatlichen Raten zurückzuzahlen, habe ich nichts dagegen. Es gefällt mir sogar sehr! Aber in diesem Fall reden wir natürlich nicht von Zinsen.

Die drei Anlagen zum Brief von Rechtsanwalt Sackheim in Jerusalem an Dr. Gideon in London vom 28. 3. 76

Anlage 1: Bericht von Schlomo Sand (Privatdetektiv), Büro S. Sand, Tel Aviv, betreffs Michel-Henri (Michael) Sommo. Erstellt im Auftrag von Rechtsanwalt M. Sackheim, Praxis Sackheim & di Modena, Jerusalem, und dem Kunden ausgehändigt am 26. 3. 76.

Sehr geehrter Herr Sackheim,
da uns der Auftrag am 22. 3. mit der Maßgabe erteilt wurde, eine äußerst rasche Untersuchung durchzuführen und den Bericht innerhalb weniger Tage abzuliefern, ist das anliegende Material nicht als vollständiger Untersuchungsbericht, sondern lediglich als vorläufiges Teilergebnis einer hastigen Datensammlung anzusehen. Allerdings dürfen wir darauf hinweisen, daß das vorhandene Material verschiedene weitere Ermittlungswege eröffnet, darunter auch in solche Richtungen, die sich möglicherweise als pikant erweisen könnten. Sollte ich mit der Weiterarbeit an diesem Fall beauftragt werden, glaube ich, etwa innerhalb eines Monats einen umfassenden Ermittlungsbericht erstellen zu können.

Ihr Auftrag umfaßte die Sammlung von Tatsachen über die Herkunft von M. H. S. sowie über seine gegenwärtigen Lebensumstände, insbesondere auf beruflichem, finanziellem und familiärem Gebiet. Es folgen nun also unsere bisherigen Teilergebnisse.

Allgemeiner Hintergrund: M. H. S. ist im Mai 1940 in Oran, Algerien, geboren. Die Namen der Eltern lauten Jacob und Sylvie. Der Vater war Zollbeamter in Oran, bis die Familie 1954 in einen Pariser Vorort übersiedelte. (Drei Brüder und eine Schwester, sämtlich älter als M. H. S., waren schon vorher nach Frankreich ausgewandert und hatten dort eigene Familien gegründet. Der älteste Bruder lebt in Israel.)

M. H. S. besuchte bis 1958 das Lycée Voltaire und studierte danach zwei Jahre französische Literatur an der Sorbonne. Er hat jedoch sein Studium nicht beendet und besitzt keinen akademischen Grad. In diesem Zeitraum näherte er sich Kreisen der Betar-Bewegung in Paris (unter dem Einfluß des ältesten Bruders) und begann auch, die religiösen Gebote zu halten (offenbar unter dem Einfluß eines anderen Bruders, der zum Glauben zurückkehrte und bis heute im zionistisch-religiösen Erziehungswesen in Paris beschäftigt ist).

M. H. S. vernachlässigte nach und nach seine Studien an der Sorbonne und widmete sich statt dessen dem Erlernen der hebräischen Sprache und jüdischen Fächern. Bei seiner Ende 1960 erfolgten Einwanderung in Israel war er des Hebräischen bereits mächtig. Während der ersten Monate im Lande arbeitete er als Bauarbeiter bei einem religiösen Bauunternehmer in Petach Tikva. Danach bewarb er sich um Aufnahme in die Polizeischule, zu der er (anscheinend auf Empfehlung eines Verwandten) auch zugelassen wurde, ging aber mitten im Kurs wieder ab (die Gründe haben wir nicht feststellen können) und trat in die Jerusalemer Jeschiwa »Menorat Hamaor« ein. Auch hier hielt er jedoch nicht lange durch. Vielmehr versah er 1962-1964 eine Teilzeitstelle als Platzanweiser im Orion-Kino und versuchte erfolglos, sein Studium an der romanistischen Fakultät der Hebräischen Universität zu beenden. In diesem Zeitraum bewohnte er die Wäschekammer auf dem Dach eines Etagenhauses in Talpiyot, in dem ein Bruder seines Schwagers lebte. 1964 wurde M. H. S. auf Grund eines Nierenleidens aus dem Armeedienst (als Reservist in der Einheit des Stadtkommandanten) entlassen.

Seit 1964 ist er als (nicht diplomierter) Französischlehrer am staatlich-religiösen Jungengymnasium »Ohel-Jaakov« in Jerusalem tätig, wo er anfangs einen Aushilfsposten, dann aber eine feste Planstelle erhielt. Seit seiner 1970 erfolgten Eheschließung mit Ilana (Halina) Gideon, geb. Brandstetter, bewohnt er eine Eineinhalbzimmerwohnung in der Tarnasstraße 7 in Jerusalem. Die Wohnung wurde mit Unterstützung seiner Angehörigen in Israel und Frankreich erworben, unter Aufnahme einer zehn Jahre laufenden Hypothek, die inzwischen etwa zur Hälfte abbezahlt ist.

Finanzielle Lage: M. H. S. bezieht ein Monatsgehalt von IL 2550. Die Frau arbeitet nicht. Weitere Einkommensquellen: Privatstunden (ca. IL 400 pro Monat) sowie ein regelmäßiger Zuschuß von seinen Eltern aus Paris (IL 500 monatlich). Hauptausgaben: monatlich IL 1200 Hypotheksrate, IL 500 Schulgeld und Unterhalt für den Sohn seiner Frau, Boas Brandstetter, an der Landwirtschaftsschule »Telamim« (bis vor drei Wochen) und eine monatliche Spende, durch Dauerauftrag bei der Bank Leumi, Filiale Talpiyot, für die Bewegung »Achdut Israel« (Einiges Israel) in Höhe von IL 600. Häufig gerät er mit laufenden Ausgaben in Verzug (Strom, Wasser, Steuern), ist jedoch stets pünktlich bei der Zahlung der Hypotheksrate, des Schulgelds und der Spende.

Familiärer Bereich: Verheiratet (seit 1970) und Vater einer knapp dreijährigen Tochter (Madeleine Jifat). Die Frau war in erster Ehe mit dem bekannten Prof. A. Gideon (derzeit in den USA) verheiratet. Nach dem Scheidungsurteil des Rabbinatsgerichts und laut Zivilgerichtsentscheidung von 1968 in dem Rechtsstreit zwischen den beiden Parteien bestehen keinerlei finanzielle Verpflichtungen der einen oder anderen Seite. M. H. S. und seine Frau führen einen intakte Ehe. Die Familie hält den Sabbat, die Speisegebote und so weiter. Ihre Lebensweise ließe sich als traditionell oder gemäßigt religiös bezeichnen (beispielsweise versagen sie sich nicht gelegentliche Kinobesuche).

Wir haben keinerlei Hinweise auf außereheliche Liebesbeziehungen auf seiten von M. H. S. oder seiner Frau gefunden. Demgegenüber gibt es verfügbare Einzelheiten (die den Rahmen unseres Auftrags sprengen) über romantische Verwicklungen auf seiten von Ilana Gideon-Sommo während der Zeit ihrer ersten Ehe. Ebenso liegen Informationen über ihren Sohn Boas vor, der sich von Mai 1975 an unter der Aufsicht eines Bewährungshelfers befindet (vgl. den anliegenden Bericht unseres Mitarbeiters A. Maimon in dieser Sache). Das Verhältnis des Jugendlichen Boas zu M. H. S. und dessen Frau ist zerrüttet (er weigert sich seit mehreren Jahren, die beiden in Jerusalem zu besuchen). Demgegenüber gestalten sich die Beziehungen von M. H. S. zu den Angehörigen der verzweigten Familie Sommo (Cousins, Schwäger usw.) äußerst eng.

Politischer Bereich: Hier konnten wir mühelos viele Informationen zusammentragen. Ideologisch steht M. H. S. der Rechten nahe. Sein ältester Bruder und weitere Angehörige sind bekannterweise in der Cherut-Bewegung (Likud- bzw. vorher Gachal-Block) aktiv, andere wiederum in der National-Religiösen Partei (NRP). M. H. S. hat zu verschiedenen Zeiträumen abwechselnd der einen oder anderen dieser beiden Parteien angehört. 1964 zählte er zu den Mitbegründern einer Gruppe von Akademikern und Studenten nordafrikanischer Abstammung in Jerusalem unter dem Namen »Moledet« (Heimat). Die Gruppierung zerstritt sich jedoch aus finanziellen und ideologischen Gründen und hörte 1965 zu bestehen auf. Am Vorabend des Sechstagekriegs entfaltete M. H. S. vehemente Aktivität bei Propagandafeldzügen und Unterschriftensammlungen gegen die abwartende Haltung der Regierung Eschkol und für eine militärische Initiative gegen Ägypten und die übrigen arabischen Staaten.

Sofort nach Beendigung des Sechstagekriegs schloß M. H. S. sich den aktivistischen Zirkeln des Rates für die Einheit des Landes an, aus dem später die Groß-Israel-Bewegung erwuchs, und beteiligte sich an Propagandamaßnahmen und Demonstrationen. 1971 kehrte er dieser Bewegung unvermittelt den Rücken. Kurz danach gab er demonstrativ seinen NRP-Mitgliedsausweis zurück. 1972 zählte er zu den Mitbegründern einer Gruppierung namens »Achdut Israel« (»Einiges Israel«), die sich überwiegend aus jugendlichen Neueinwanderern aus den USA und der Sowjetunion zusammensetzt. M. H. S. gehört bis heute dem Exekutivausschuß dieses Verbandes an. Nach dem Jom-Kippur-Krieg war diese Gruppe an Demonstrationen gegen die Truppenentflechtungsabkommen im Sinai und auf den Golanhöhen beteiligt sowie auch an illegalen Grundstückskäufen von Arabern in der Betlehemer Gegend. Im Zusammenhang mit seiner Tätigkeit in der genannten Gruppe ist M. H. S. zweimal zu einer polizeilichen Vernehmung einbestellt, aber nicht festgenommen worden (im Oktober 74 und erneut im April 75). Soweit unsere Ermittlungen reichen, hat M. H. S. nicht persönlich an gewaltsamen Gesetzesverstößen teilgenommen. In den beiden Abendzeitungen sind an die zehn Leserbriefe von ihm erschienen, in denen er einen friedlichen, durch finanzielle Anreize geförderten Abzug der arabischen Einwohner aus dem Staat und aus den besetzten Gebieten befürwortet.

Abschließend soll eine Einzelheit angeführt werden, die uns besonders bedeutsam erscheint und offenbar auf wichtige Informationen verweist, die wir bisher nicht aufspüren konnten: Letzten Dezember (vor etwa vier Monaten) ersuchte M. H. S. bei der französischen Botschaft in Tel Aviv um Erneuerung seiner französischen Staatsangehörigkeit (auf die er 1963 freiwillig verzichtet hatte) neben seiner israelischen Staatsbürgerschaft. Der Antrag wurde abgelehnt. Gleich danach, am 10. Dezember vergangenen Jahres, fuhr er nach Paris und hielt sich dort nur vier Tage (!) auf. Es ist unklar, auf wessen Rechnung und zu welchem Zweck er die Reise antrat. Kurz nach seiner Rückkehr wurde ihm die französische Staatsangehörigkeit tatsächlich wiedergewährt, und zwar mit einer Geschwindigkeit, die zweifellos eine begünstigende Abweichung vom normalen Behördengang darstellte. Es ist uns nicht gelungen, die Hintergründe dieser Episode aufzuklären.

Wie gesagt, betrachten wir den Ihnen nunmehr vorliegenden Bericht als eine unvollständige Teilermittlung, bedingt durch die strenge Terminvorgabe, die Sie uns auferlegt hatten. Gern stehen wir zu Ihrer weiteren Verfügung, falls Sie an der Fortsetzung dieser oder jener anderen Untersuchung interessiert sein sollten.

Schlomo Sand
Privatdetektei Sand GmbH, Tel Aviv.

Anlage 2: Bericht von Albert Maimon (Privatdetektiv), Privatdetektei Sand GmbH, Tel Aviv, über den Jugendlichen Boas Brandstetter, angefertigt im Auftrag von RA M. Sackheim, Praxis Sackheim & di Modena, Jerusalem, und dem Auftraggeber abgeliefert am 26. 4. 1976.

Sehr geehrter Herr Sackheim,

auftragsgemäß haben wir eine hastige Ermittlung (im Verlauf eines Arbeitstags) durchgeführt und dabei folgendes festgestellt: Der Vorgenannte, Sohn der Frau I. Brandstetter aus Jerusalem, Vater unbekannt, hat am 19. 2. 76 die Landwirtschaftsschule »Telamim« auf Grund allgemeiner Anpassungsschwierigkeiten und wiederholter Disziplinverstöße freiwillig mit unbekanntem Ziel verlassen. Zwei Tage später, am 21. 2., wurde er an der Tel Aviver Buszentrale festgenommen und wegen Handels mit gestohlenen Waren verhört (der Betreffende ist früher zweimal unter ähnlichen Umständen straffällig geworden und untersteht seit Mai 1975 der Jugendbewährungshilfe). Am folgenden Tag, dem 22. 2., wurde er auf eine Kaution von Herrn Michael Sommo aus Jerusalem (dem Ehemann seiner Mutter) und anscheinend auch auf Intervention einer innerpolizeilichen Stelle freigesetzt. Seither ist er bei einem Verwandten von Herrn Sommo auf dem Tel Aviver Großmarkt beschäftigt, offenbar im Widerspruch zu den Jugendarbeitsschutzgesetzen. Gegenwärtig nächtigt B. B. in den Räumen des Planetariums in Ramat Aviv, auf Einladung einer für das Gebäude verantwortlichen Person, und wird als »freiwilliger Nachtwächter« bezeichnet. B. B. ist knapp sechzehn Jahre alt (Jahrgang 1960), sieht jedoch weit älter aus (ich persönlich hätte ihn auf mindestens achtzehn geschätzt: Er ist groß und breit gebaut und besitzt außerordentliche physische Kraft). Soweit ich ermitteln konnte, unterhält er derzeit keinerlei gesellschaftliche Beziehungen. Über die gesellschaftliche Stellung, die er an der Telamim-Schule eingenommen hat, erhielt ich widersprüchliche Informationen. Bitte wenden Sie sich an uns, falls Sie spezifische Fragen geklärt haben möchten.

A. Maimon, Detektiv
Privatdetektei Sand GmbH, Tel Aviv

Anlage 3: Die von RA Sackheim rot angestrichenen Abschnitte des Materials, das er seinem Schreiben vom 28. 3. 76 an A. A. Gideon in London beigefügt hatte.

1. Aus der Entscheidung des Rabbinatsgerichts in dem Scheidungsverfahren A. A. Gideon gegen Halina Brandstetter-Gideon, Jerusalem 1968: »... Daraufhin stellen wir fest, daß die Frau ihren Ehemann – nach eigenen Angaben – betrogen hat ... Damit verliert sie jeglichen Anspruch auf ihre Ketuba und Unterhalt ....«

2. Aus dem Urteil des Jerusalemer Bezirksgerichts von 1968: »... Was die Unterhaltsforderungen der Klägerin für sich selbst und ihren minderjährigen Sohn betrifft ... auf Grund der Behauptung des Beklagten, nicht der Vater des Jungen zu sein ... und angesichts der nicht eindeutigen Ergebnisse der Blutgruppenuntersuchung ... hat dieses Gericht den beiden Parteien vorgeschlagen, einen Gewebetest machen zu lassen ... Die Klägerin hat diese Untersuchung verweigert ... Auch der Kläger hat es abgelehnt, sich einer Gewebeuntersuchung zu unterziehen ... Und da die Klägerin ihre Klage auf Unterhalt für sich und ihren minderjährigen Sohn zurückgenommen hat ..., läßt das Gericht diesen Klagepunkt fallen, nachdem die beiden Parteien erklärt haben, daß sie von nun an keinerlei Ansprüche mehr gegeneinander hätten.«

Dr. Alexander Gideon
Political Science Department
University of Illinois
Chicago, Ill., USA

Jerusalem, 19. 4. 1976
Ferner Alek,
ich schreibe Dir auch diesmal an Deine Illinoiser Adresse in der Hoffnung, daß irgendeine Sekretärin sich die Mühe machen wird, Dir diesen Brief nachzuschicken. Ich weiß nicht, wo Du bist. Das schwarz-weiße Zimmer, Dein leerer Schreibtisch, die leere Flasche und das leere Glas umgeben Dich in meinen Gedanken stets wie eine Weltraumkapsel, in der Du unaufhörlich von Kontinent zu Kontinent schwebst. Dazu das brennende Feuer im Kamin, der Anblick Deines asketischen Körpers und Deines wei-

ßer und kahler werdenden Hauptes, die verlassenen Schneefelder, die sich vor Deinem Fenster erstrecken, bis sie im Nebel versiegen – alles wie auf einem Holzschnitt. Immer. Wo Du auch bist.

Was will ich diesmal wieder? Was kann die Fischersfrau noch von dem goldenen Fisch erbitten? Weitere Hunderttausend? Oder einen Palast aus purem Smaragd?

Gar nichts, Alek. Ich habe keinen Wunsch. Ich schreibe nur, um mit Dir zu sprechen. Obwohl ich alle Antworten schon im voraus weiß: Warum hast Du so lange Ohren? Warum funkeln mich Deine Augen so blitzend an? Und wozu die scharfen Zähne?

Es gibt nichts Neues, Alek.

An diesem Punkt kannst Du den Brief zusammenknüllen und ins Feuer werfen. Das Papier wird einen Augenblick aufflammen und in andere Welten fahren, eine Feuerzunge wird auflodern und verlöschen, als habe sie sich über Nichtiges begeistert, ein schmaler verkohlter Streifen wird aufwirbeln, durchs Zimmer schweben und vielleicht zu Deinen Füßen niedersinken. Dann bist Du wieder allein. Kannst Dir einen Whisky einschenken und mit Dir selber Deinen Sieg feiern: Da wälzt sie sich zu meinen Füßen. Sie ist ihrer afrikanischen Neuerwerbung überdrüssig und fleht jetzt um Begnadigung.

Denn außer Bosheit und Schadenfreude hast Du keine Vergnügen im Leben gekannt, einsamer, böser Alek. Lies und freu Dich. Lies und lache lautlos den Mond am Rand des Schnees vor Deinem Fenster an.

Diesmal schreibe ich Dir hinter Michels Rücken. Ohne es ihm zu erzählen. Um halb elf hat er den Fernseher ausgeschaltet, hat einen Rundgang durchs Haus gemacht, um der Reihe nach alle Lampen zu löschen, die Kleine besser zuzudecken und noch einmal nachzusehen, ob die Tür abgeschlossen ist, hat mir eine Strickjacke über die Schultern gehängt und ist unter die Decke gekrochen, wo er noch einen Blick in die Abendzeitung (Maariv) warf, etwas murmelte und dann einschlief. Jetzt liegen seine Brille und seine Zigarettenschachtel neben mir auf dem Tisch, sein ruhiger Atem vermischt sich mit dem Ticken der braunen Wanduhr, die seine Eltern uns geschenkt haben. Und ich sitze hier an seinem Schreibtisch und schreibe an Dich, womit ich gegen ihn und auch gegen unser Töchterchen sündige. Diesmal kann ich selbst Boas nicht als Ausrede benutzen: Dein Sohn ist wohlversorgt. Dein Geld und Michels Umsicht haben dem Jungen aus der Patsche geholfen. Die Freunde der Familie Sommo haben erreicht, daß seine Akte bei der Polizei geschlossen wurde. Langsam, aber sicher legt Michel den Weg zu Boas frei. Wie jemand, der sich seinen Weg durch den Urwald bahnt. Kaum zu glauben, aber er hat es tatsächlich fertiggebracht, Boas am vergangenen Schabbat zu uns nach Jerusalem zu locken, und ich mußte mehrmals losprusten bei dem Anblick, wie mein kleiner Mann und Dein Riesensohn den ganzen Tag über um die Gunst der Kleinen wetteiferten, die mir aussah, als genösse sie diesen Kampf, ja, versuche ihn noch ordentlich anzufachen. Nach Schabbatausgang machte Michel für uns alle Salat mit Oliven und Peperonis zu Steaks mit Pommes frites und bat dann den Nachbarssohn, auf Jifat aufzupassen, damit wir mit Boas in die zweite Kinovorstellung gehen konnten.

Diese Annäherung bringt Dir Deine ganze Strategie durcheinander? Tut mir leid. Du hast einen Punkt verloren. Wie hast Du mal gesagt? Wenn das Gefecht erst in vollem Gange ist, werden die Einsatzpläne bedeutungslos. Der Feind kennt den Plan sowieso nicht und richtet sich nicht danach. So ist es Dir passiert, daß Boas und Michel jetzt beinah Freunde sind und ich lächelnd zuschaue: Als Michel zum Beispiel Boas auf die Schulter kletterte, um auf der Veranda eine Birne auszuwechseln. Oder als Jifat versuchte, Boas' Füße in Michels Hausschuhe zu stopfen.

Warum erzähle ich Dir das?

Eigentlich müßte jetzt das alte Schweigen zwischen Dir und mir wieder einsetzen. Von heute bis an unser Lebensende. Dein Geld einstecken und den Mund halten. Aber immer noch geistert hartnäckig ein flackerndes Moorlicht über die nächtlichen Sümpfe, von dem wir beide kein Auge lassen können.

Falls Du trotzdem aus irgendeinem Grund beschlossen hast, diese Seiten weiterzulesen, wenn Du sie nicht in das brennende Feuer in Deinem Zimmer geschleudert hast, dann nimmt Dein Gesicht jetzt sicher diese spöttisch-arrogante Maske an, die so gut zu Dir paßt und Dir die Aura arktischer Kraft verleiht. Das ist die eisige Strahlung, bei deren Berührung ich wie durch einen Zauber hinschmelze. Seit damals. Zerschmelzend hasse ich Dich. Zerschmelzend gebe ich mich Dir hin.

Ich weiß: der Brief, den Du in diesem Augenblick in der Hand hältst, läßt mir keine Rückzugsmöglichkeit mehr.

Allerdings würden Dir auch meine beiden früheren Briefe ausreichen, falls Du mich vernichten wolltest.

Was hast Du mit meinen vorigen Briefen gemacht? Ins Feuer oder in den Safe getan?

Dabei ist das eigentlich egal.

Denn Du zertrittst ja nicht, Alek, Du beißt. Mit einem feinen, langsam wirkenden Gift, das nicht augenblicklich tötet, sondern mich über Jahre hinaus zerlegt und zersetzt.

Dein anhaltendes Schweigen – sieben Jahre habe ich es zu ertragen, in den Klängen meines neuen Heims zu ersticken versucht, und im achten Jahr ist mein Widerstand zusammengebrochen.

Als ich Dir im Februar den ersten und zweiten Brief schrieb, habe ich Dich nicht belogen. Alle Einzelheiten, die ich Dir über Boas mitgeteilt habe, trafen genau zu, wie Dir Sackheim gewiß schon bestätigt hat. Und trotzdem war alles eine Lüge. Ich habe Dich getäuscht. Habe Dir eine Falle gestellt. Innerlich war ich vom ersten Augenblick an völlig sicher, daß Michel Boas aus seiner mißlichen Lage befreien würde. Michel und nicht Du. Und so war es dann auch. Ebenso wußte ich von Anfang an, daß Michel – auch ohne Dein Geld – das Richtige tun würde. Und zwar zur richtigen Zeit und auf richtige Weise.

Und auch das wußte ich, Alek: selbst wenn der Teufel Dich zu einem Hilfsversuch für Deinen Sohn antreiben sollte, würdest Du nicht eigentlich wissen, was zu tun. Du wüßtest noch nicht einmal, wo anzufangen. Du hast nie in Deinem Leben irgend etwas aus eigenen Kräften zu tun vermocht. Selbst als es Dir in den Sinn kam, um meine Hand anzuhalten, bist Du zurückgeschreckt. Dein Vater hat mich in Deinem Namen gefragt. Deine gesamte olympische Weisheit und all deine Titanenkraft beginnen und enden stets beim Scheckheft. Beziehungsweise bei Ferngesprächen mit Sackheim oder irgendeinem Minister oder General aus Deiner alten Clique (die Dich dann ihrerseits wieder anrufen, wenn es Zeit ist, ihre Sprößlinge in ein Prestige-College reinzukriegen oder sich selber ein geruhsames Sabbatical zusammenzuzimmern).

Und was kannst Du sonst noch? Bezaubern und kaltes Grauen verbreiten mit Deinen schläfrigen Gebietermanieren. Fanatiker historisch einordnen. Dreißig Panzer durch die Wüste jagen, um Araber niederzuwalzen. Eine Frau und ein Kind eiskalt k. o. schlagen. Ist es Dir in Deinem ganzen Leben auch nur einmal gelungen, ein freudiges Lächeln auf das Gesicht eines Mannes oder einer Frau zu zaubern? Die Tränen in einem Auge zu trocknen? Schecks und Telefonate, Alek. Du kleiner Howard Hughes.

Und tatsächlich warst nicht Du es, sondern Michel, der Boas wieder auf die Beine gestellt und den richtigen Platz für ihn gefunden hat.

Warum habe ich Dir aber geschrieben, wenn ich dies alles von vornherein wußte?

Jetzt hältst Du am besten inne. Mach eine kleine Pause. Zünde Dir eine Pfeife an. Laß Deinen grauen Blick ein bißchen über die Schneewehen vor Deinem Fenster schweifen. Berühre Leeres mit Leerem. Dann versuch Dich zu konzentrieren und lies die folgenden Dinge mit derselben chirurgischen Strenge, mit der Du den Text eines russischen Nihilisten aus dem vorigen Jahrhundert oder die wilde Predigt eines Kirchenvaters sezierst.

Der wahre Antriebsgrund, Dir die beiden ersten Briefe im Februar zu schreiben, war mein Wille, mich in Deine Hände zu geben. Hast Du das wirklich nicht begriffen? Es paßt absolut nicht zu Dir, den Feind ins Zielkreuz zu bekommen und dann das Abdrücken zu vergessen.

Oder vielleicht habe ich Dir wie eine schöne Maid aus dem Märchen geschrieben, die dem fernen Ritter das Schwert zusendet, mit dem er den Drachen töten und sie befreien kann. Da, jetzt breitet sich das Raubtierlächeln auf Deinem Gesicht aus: ein bitteres, faszinierendes Lächeln. Weißt Du, Alek, ich würde Dich gern eines Nachts in eine schwarze Mönchskutte stecken und Dir eine schwarze Kapuze über den Kopf ziehen. Du bräuchtest es nicht zu bereuen, denn dieses Bild regt mich stark an.

Und vielleicht habe ich trotzdem gedacht, Du würdest Boas irgendwie helfen. Aber vielmehr wollte ich, daß Du mir die Rechnung vorlegst. Ich wünschte mir sehnlichst, jeden Preis zu bezahlen.

Warum bist Du nicht gekommen? Hast Du wirklich schon vergessen, was wir einander antun können? Die Vermischung von Feuer und Eis?

Und auch das war eine Lüge. Ja, ich wußte sehr gut, daß Du nicht kommen würdest. Da, jetzt lege ich mein letztes dünnes Hemd vor Dir ab: Die schlichte Wahrheit lautet, daß ich auch in meinen wildesten Phantasien keinen Augenblick vergessen habe, was Du bist. Und ich wußte, daß ich keinerlei Aussicht habe, von Dir einen Faustschlag oder einen Gestellungsbefehl zu erhalten. Ich wußte, ich würde von Dir nichts weiter bekommen als einen durchsichtigen Hauch arktischen Todesschweigens. Oder allerhöchstens ein demütigendes, giftiges Anspeien. Nicht weniger, aber auch nicht mehr. Ich wußte, daß alles verloren ist.

Und trotzdem gebe ich zu: als Dein Speichelstrahl dann kam, verblüffte er mich völlig. Tausend Dinge hätte ich Dir zugetraut, ohne daß es mir in den Sinn gekommen wäre, Du könntest einfach den Stöpsel aus Deinem Abflußrohr ziehen und Michel in Geld ertränken. Diesmal hast Du mich schwindlig gemacht. Wie ich es immer geliebt habe. Deine teuflische Erfindungsgabe ist grenzenlos. Und aus der Gosse, in die Du mich gerollt hast, recke ich mich Dir schlammverschmiert entgegen. Wie Du es liebtest, Alek. Wie wir es beide liebten.

Ist also doch nichts verloren?

Von diesem Brief gibt es für mich keinen Weg zurück. Wird es nie geben. Ich betrüge Michel, wie ich Dich in sechs unserer neun Ehejahre so oft betrogen habe.

Eine eingefleischte Hure.

Hab ich doch gewußt, daß Du das jetzt sagen würdest, während Deine ozeanische Bosheit wie das Nordlicht in der Tiefe Deiner grauen Augen blinkt. Aber nein, Alek. Du irrst Dich. Diese Untreue ist anders: Wenn ich Dich mit Deinen Freunden betrog, mit Deinen militärischen Vorgesetzten, mit Deinen Studenten, mit dem Elektriker und dem Klempner, bin ich immer und ohne Ausnahme von Dir zu Dir gegangen. Nur auf Dich war ich selbst in den Momenten des Aufschreiens ausgerichtet. Ja besonders in diesen Momenten. Wie es in goldenen Lettern über dem Toraschrein in Michels Synagoge steht: Meinen Herrn habe ich stets vor Augen.

Und hier ist es zwei Uhr nachts in Jerusalem, Michel liegt wie ein Embryo zusammengerollt zwischen den verschwitzten Laken, der Geruch seines behaarten Körpers vermischt sich in der warmen Luft mit dem Uringeruch, der von einem Haufen gebrauchter Bettwäsche des Kindes in der Ecke des überladenen Zimmers aufsteigt, ein trockenglühender Wüstenwind weht durchs offene Fenster herein und bläst mir haßerfüllt ins Gesicht, während ich im Nachthemd an Michels Tisch sitze, umringt von den Heften seiner Schüler, und Dir beim Licht der gebogenen Tischlampe schreibe – eine durchgedrehte Fliege summt über mir, ferne arabische Lichter blinken mir von der anderen Seite des Wadis entgegen – aus tiefstem Innern schreibe ich Dir und betrüge damit Michel und auch meine Kleine auf völlig andere Weise. Wie ich Dich kein einziges Mal betrogen habe. Und ich betrüge sie ausgerechnet mit Dir. Und das nach Jahren, in denen nicht der flüchtigste Schatten einer Lüge zwischen ihm und mir hindurchgezogen ist.

Hat sich denn mein Geist verwirrt? Bin ich verrückt geworden wie Du?

Michel, mein Mann, ist eine Rarität. So einem Menschen wie ihm bin ich sonst noch nie begegnet. Vater habe ich ihn schon genannt, bevor

Jifat geboren war. Und manchmal nenne ich ihn Kind und drücke seinen schmalen, erhitzten Körper an mich, als sei ich seine Mutter. Obwohl Michel mir eigentlich nicht nur Vater und Kind, sondern vor allem Bruder ist. Wenn es für uns irgendein Leben nach dem Tod geben sollte, wenn wir irgendwann einmal in eine Welt gelangen, in der keine Lüge existieren kann, wird Michel dort mein Bruder sein.

Aber Du warst und bleibst mein Mann. Mein Herr. Für immer. Und in jenem Leben nach dem Leben wird Michel meinen Arm nehmen und mich zum Heiratsbaldachin geleiten – zur Trauung mit Dir. Du bist der Herr meines Hassens und Sehnens. Der Gebieter meiner nächtlichen Träume. Der Meister meiner Haare und meiner Kehle und meiner Füße. Der Herrscher über Brüste, Bauch, Scham und Schoß. Wie eine Sklavin bin ich Dir hörig. Ich liebe meinen Herrn, möchte nicht in die Freiheit ziehen. Selbst wenn Du mich in Schande an die Enden des Reiches jagen, in die Wüste entlassen solltest wie Hagar mit ihrem Sohn Ismael, um in der Öde zu verdursten: es wäre der Durst nach Dir, mein Herr. Selbst wenn Du mich zum Spielzeug für Deine Sklaven in die Verliese des Palastes verbannen wolltest.

Aber Du hast nicht vergessen, Du böser, einsamer Alek. Mich kannst Du nicht täuschen. Dein Schweigen ist für mich so durchsichtig wie Weinen. Der Zauberbann, den ich Dir auferlegt habe, nagt bis auf die Knochen in Dir. Vergebens verbirgst Du Dich in einer Wolke wie eine alleinstehende Gottheit. Es gibt tausend Dinge auf der Welt, die Du tausendmal besser machen kannst als ich – aber nicht täuschen. Das nicht. Darin kannst Du mir nicht das Wasser reichen, wirst es nie können.

»Herr Richter«, hast Du vor unserer Urteilsverkündung mit Deiner schläfrig-gleichgültigen Stimme gesagt, »hohes Gericht, es ist hier schon über jeden Zweifel hinaus bewiesen worden, daß diese Dame eine krankhafte Lügnerin ist. Sogar wenn sie niest, ist es äußerst gefährlich, ihr zu glauben.«

So hast Du gesagt. Und auf Deine Worte lief eine Art schmutziges Kichern durch den Saal. Du lächeltest ganz, ganz fein und sahst damals gar nicht aus wie ein betrogener Ehemann, dem man hundert Hörner aufgesetzt hatte, so daß er zum Gespött der Stadt geworden wäre. Im Gegenteil erschienst Du mir in jenem Augenblick höher als die Anwälte, höher als der Richter auf seinem Podest, höher als Du selbst. Ähnlich einem Ritter, der einen Drachen erschlagen hat.

Selbst jetzt, nach sieben langen Jahren, gegen drei Uhr morgens, während ich die Erinnerung an jenen Augenblick niederschreibe, strebt mein Körper Dir zu. Tränen füllen meine Augen, und meine Nippel beben.

Hast Du es gelesen, Alek? Zweimal? Dreimal? Hast Du es genossen? Hast Du aufgehört zu spotten? Ist es mir eben gelungen, wenigstens einen einzigen Freudenschößling in der Wüste Deiner Einsamkeit ausschlagen zu lassen?

Wenn ja, ist es Zeit für Dich, Dir einen neuen Whisky einzuschenken. Vielleicht wechselst Du die Pfeife. Denn jetzt, Mister Rachegott, wirst Du Deinen kleinen Whisky dringend brauchen.

»Wie ein Ritter, der einen Drachen erschlagen hat«, habe ich vor einer Minute geschrieben. Aber freu Dich nur nicht zu früh. Es besteht kein Grund zum Hochmut, mein Herr: Du bist nämlich der irrsinnige Ritter, der den Drachen tötete, danach flugs das schöne Fräulein abschlachtete und zum Schluß noch sich selber aufschlitzte.

Eigentlich bist Du der Drache.

Und dies ist für mich der gelungenste Augenblick, Dir zu verraten, daß Michel-Henri Sommo auch im Bett sehr viel besser ist als Du. In allem, was den Körper anbetrifft, ist Michel von Geburt an mit absolutem Gehör begnadet. In jedem Augenblick vermag er mir zuverlässig – und im Überfluß – das zu geben, von dem mein Körper noch gar nicht weiß, wie sehr er sich danach sehnt. Die halbe Nacht kann er mich mit Exkursionen der Liebe betören, kreuz und quer zwischen den Bereichen der Lust und des Schlummers, wie ein Blatt, das im Winde treibt – durch Felder der geduldigen Fürsorge, durch Necken und Sehnen, durch lichtgepunktete Wälder und sprudelnde Bäche und das Rollen des offenen Meeres bis zur Vereinigung.

Hast Du jetzt Dein Whiskyglas zertrümmert? Richte bitte Grüße von Ilana an deinen Kugelschreiber, die Pfeife und auch die Lesebrille aus. Warte Alek. Ich bin noch nicht fertig.

Eigentlich nicht nur Michel. Fast alle hätten Dir noch was beibringen können. Sogar dieser Albinojunge, der Dein Fahrer beim Militär gewesen ist: Keusch wie ein Lamm und vielleicht gerade eben achtzehn Jahre alt, schuldbewußt, verstört, bescheidener als ein Grashalm, am ganzen Körper zitternd, mit klappernden Zähnen, flehte er mich beinah an, ihn so laufen zu lassen, begann dann aber plötzlich, den Tränen nahe, sich zu ergießen, bevor er mich überhaupt berühren konnte, winselte wie ein Hündchen dabei – und doch, Alek, haben die verschreckten Augen dieses Jungen mir im selben Moment einen so blanken Schimmer des Dankes, des Staunens, der träumerisch-begeisterten Bewunderung geschenkt, so rein wie Engelsgesang, daß mein Körper und mein Herz in stärkere Schwingungen gerieten, als Du es in all unseren Jahren je zu erreichen vermocht hast.

Soll ich Dir sagen, was Du bist, Alek, verglichen mit den anderen, die ich gehabt habe? Du bist ein kahler Felsenberg. Genau wie in jenem Lied. Du bist ein Iglu im Schnee. Erinnerst Du Dich an den Tod in dem Film »Das siebte Siegel«? Den Tod, der das Schachspiel gewinnt? Das bist Du.

Jetzt stehst Du auf und vernichtest die Bögen meines Briefes. Nein, diesmal zerreißt Du sie nicht sorgfältig in peinlich genaue Vierecke, sondern schleuderst sie ins Feuer. Und vielleicht setzt Du Dich dann doch wieder an Deinen Schreibtisch und schlägst das ergraundende Haupt gegen die schwarze Tischplatte, bis das Blut Dir aus dem Haar in die Augen rinnt. Auf diese Art werden Deine grauen Augen endlich feucht. Ich umarme Dich.

Vor zwei Wochen, als Sackheim Michel Deinen verblüffenden Scheck aushändigte, hielt er es für nötig, Michel mit den Worten zu warnen: Denken Sie daran, mein Herr, daß sich dieses Spiel auch zu zweit spielen läßt. Ein netter kleiner Satz, finde ich, den ich Dir jetzt gern als Gutenachtgruß zusenden möchte. Du wirst von mir nicht loskommen, Alek. Es wird Dir nicht gelingen, Dich mit Geld auszulösen. Du wirst Deine Freiheit nicht erkaufen. Kannst kein neues Kapitel beginnen.

Übrigens Deine Hunderttausend: wir sind äußerst dankbar. Mach Dir keine Sorgen, das Geld ist in guten Händen. Auch Deine Frau und Dein Sohn sind in guter Hand. Michel erweitert das Haus, so daß wir alle darin wohnen können. Boas wird für Jifat eine Rutschbahn und einen Sandkasten im Hof aufstellen. Ich bekomme eine Waschmaschine. Wir werden eine Stereoanlage haben. Für Jifat kaufen wir ein Fahrrad, und Boas kriegt ein Fernrohr.

Jetzt werde ich schließen. Werde mich anziehen und allein auf die leere, dunkle Straße hinausgehen. Werde zum Briefkasten spazieren. Dir diesen Brief zuschicken. Danach werde ich heimkehren, mich ausziehen, Michel wecken und mich in seinen Armen verbergen. Michel ist ein rechtschaffener, zärtlicher Mann.

Was man von Dir nicht sagen kann. Und auch nicht von mir, mein Liebster. Weißt Du, wir beide sind scheußliche, üble Geschöpfe. Und das ist der Grund für den dicken Kuß, den die Sklavin jetzt ihrem fernen Marmordrachen schickt.

Ilana

Boas Brandstetter
bei Familie Fuchs
Halimonstr. 4
Ramat Hascharon

Mit Gottes Hilfe
Jerusalem, 2. Ijar 5736 (2. 5.)

Schalom Boas, Du Esel, Du Sohn verkehrter Widerspenstigkeit! Glaube nicht etwa, ich würde Dich mit diesen biblischen Ausdrücken belegen, weil ich plötzlich rot gesehen hätte. Vielmehr habe ich meinen Trieb schwer bekämpft und mit diesem Brief solange gewartet, bis ich Dich heute morgen am Telefon erwischt und mit eigenen Ohren auch Deine Version von dem, was geschehen ist, gehört habe. (Ich konnte nicht zu Dir hinunterfahren, weil Deine Mutter gerade krank geworden ist, ich glaube ebenfalls wegen Dir.) Jetzt nach unserem Telefongespräch verkünde ich Dir, Boas, daß Du noch ein Kindskopf und kein erwachsener Mensch bist. Und daß ich langsam fürchte, es könnte auch nie ein vernünftiger Mensch aus Dir werden. Vielleicht will Dein Schicksal einen jähzornigen Raufbold aus Dir machen. Womöglich waren Deine Ohrfeigen für diese Lehrerin in »Telamim« und das Loch, das Du ihrem Nachtwächter dort in den Kopf geschlagen hast, keine unglücklichen Zufälle, sondern Alarmzeichen dafür, daß uns hier ein Trampeltier heranwächst. Allerdings ist »heranwachsen« in Deinem Fall nicht das richtige Wort, denn für Dich wäre es besser, Du würdest mal aufhören, so endlos in die Länge zu wachsen wie eine Gurke, und statt dessen ein bißchen erwachsener werden.

Und sag mir bitte eines: Mußte das ausgerechnet zwei Tage nach Deinem Wochenendbesuch bei mir geschehen? Nachdem wir uns alle so angestrengt hatten (ja, auch Du) und irgendwie langsam zu spüren meinten, daß wir doch eine Familie sind? Nachdem Deine Schwester begonnen hatte, sich an Dich zu gewöhnen, und wir so gerührt waren über den Teddy, den Du ihr mitgebracht hattest? Gerade nachdem Du Deiner Mutter ein bißchen Hoffnung gemacht hattest, bei all dem Leid, das Du schon über sie gebracht hast? Ja, bist Du denn nicht normal?

Das kann ich Dir versichern, Boas, wenn Du *mein* Sohn oder Schüler wärst, hätte ich mit der Rute bei Dir nicht gespart – ins Gesicht und auch auf den Hintern. Obwohl ich mir auf den zweiten Blick bei Dir nicht mehr so sicher bin. Du wärst noch fähig gewesen, auch gegen mich eine Kiste zu erheben.

Also haben wir letzten Endes vielleicht doch einen Fehler begangen, als wir Dich vor der Jugendverwahranstalt bewahrten. Womöglich ist das der passendste Aufenthaltsort für einen Kunden wie Dich. Ich begreife sehr wohl, was geschehen ist, nämlich daß Awram Abudarham Dir einen kleinen Tritt versetzt hast, nachdem Du frech zu ihm warst. Und laß mich hier mal hinschreiben, daß ich ihm dabei ziemlich recht gebe (obwohl ich persönlich nicht für Tritte bin).

Aber sag mal, wofür hältst Du Dich eigentlich? Für einen Marquis? Oder für einen Königssohn? Du hast also einen kleinen Tritt wegen Deiner großen Gosche abgekriegt, na und? Reicht das, um mit Kisten um Dich zu werfen? Und gegen wen hast Du die Kiste erhoben? Gegen Awram Abudarham, einen Mann von sechzig Jahren, der – damit Du es weißt – auch noch mit dem Blutdruck zu schaffen hat! Und das, obwohl er Dich bei sich hat arbeiten lassen – trotz Deiner zwei Akten bei der Polizei und der dritten, die ich und Inspektor Almaliach gerade mit Mühe und Not für Dich geschlossen haben? Bist Du denn ein Araber? Ein Gaul?

Ich bin fast an Dir verzweifelt, als Du mir am Telefon sagtest, Du hättest Awram wirklich mit einer Kiste bedroht, weil er Dir für Deine Frechheit einen winzigen Tritt versetzt hätte. Du bist zwar der Sohn meiner Frau und der Bruder meiner Tochter, aber Du bist kein Mensch, Boas. Bei uns steht geschrieben: »Erzieh den Knaben nach seinem Weg.« Und meine Auslegung lautet: Falls der Knabe den rechten Weg geht, erzieht man ihn mit leichter Hand, aber wenn er was angestellt hat – verdient er, daß er was abbekommt! Ja, stehst Du denn über dem Gesetz? Bist Du etwa der Staatspräsident?

Awram Abudarham ist Dir Gönner und Beistand gewesen, und Du hast ihm Gutes mit Bösem vergolten. Er hat sehr viel in Dich investiert, aber Du hast ihn enttäuscht, ebenso wie mich und Inspektor Almaliach, und Deine Mutter liegt schon drei Tage krank im Bett wegen Dir. Du hast jeden enttäuscht, der sich um Dich bemüht hat. Wie es bei uns geschrieben steht: »Dann hoffte er, daß der Weinberg süße Trauben brächte, doch er brachte nur saure Beeren.«

Warum hast du das getan?

Jetzt schweigst Du. Sehr schön. Gut, dann werde ich Dir sagen, warum: aus Hochmut, Boas. Weil Du groß und schön geboren bist wie die Söhne des Höchsten und vom Himmel viel Körperkraft erhalten hast und weil Du nun in Deiner Beschränktheit meinst, Kraft sei zum Draufhauen da. Kraft ist zum Durchstehen da, Du Esel! Um den Trieb niederzuringen! Alles auf den Kopf zu kriegen, womit das Leben uns schlägt, und doch ruhig, aber bestimmt die Linie zu verfolgen, die wir uns abgesteckt haben – das heißt den geraden Weg gehen. Das nenn ich Kraft. Einem Menschen den Kopf einschlagen – das kann auch jedes Brett und jeder Stein!

Deshalb habe ich Dir oben gesagt, Du seist kein Mensch. Und gewiß kein Jude. Vielleicht würde es Dir tatsächlich passen, ein Araber zu sein. Oder ein *Goj*. Denn Jude sein, Boas, das bedeutet einstecken und durchstehen und unverwandt weiterschreiten auf unserem uralten Pfad. Das ist die ganze Tora auf einem Bein: sich überwinden und durchstehen. Und auch sehr gut begreifen, weswegen das Leben Dich geschlagen hat, und die Lehre daraus ziehen, und immer Deinen Weg berichten, und auch das Urteil als gerecht annehmen, Boas. Awram Abudarham, bedenke das mal einen Augenblick, hat Dich wie einen Sohn behandelt. Allerdings wie einen widerspenstigen und aufsässigen Sohn. Und Du, Boas – statt ihm dankbar die Hand zu küssen, hast Du die Hand gebissen, aus der Du gegessen hast. Nimm dies zur Kenntnis, Boas: Du hast Deine Mutter und mich beschämt, vor allem aber Dich selbst. Anscheinend wirst Du keine Demut mehr lernen. Ich vergeude nur meine Worte. Du wirst keine Moral annehmen.

Soll ich Dir sagen, warum das so ist? Selbst wenn es Dir wehtut? Gut, ich werde es Dir sagen. Warum nicht. Das kommt alles nur, weil Du Dir felsenfest in den Kopf gesetzt hast, Du wärst so eine Art Prinz oder Königssohn. Blaues Adelsblut flösse in Deinen Venen: der geborene Dauphin. Also hör mir mal zu, Boas, wie man unter Männern spricht, obwohl Du noch meilenweit davon entfernt bist, ein Mann zu sein, aber ich werde die Karten trotzdem offen vor Dir auf den Tisch legen.

Deinen feinen, berühmten Vater habe ich nicht kennengelernt, und ich verzichte auch gern auf diese Ehre. Aber eines kann ich Dir garantieren: Dein Vater ist weder ein Marquis noch ein König, allerhöchstens ein König der Schurken. Wenn Du nur wüßtest, auf welche schändliche, ja niedrigste Stufe er Deine Mutter heruntergerissen hat, wie er sie beleidigt und verleumdet und ihre Ehre mit Füßen getreten hat, und Dich selbst hat er, Gott behüte, wie einen abscheulichen Balg von sich getrieben!

Stimmt schon, daß es ihm jetzt eingefallen ist, Schmerzensgeld für diese Leiden und Schändlichkeiten zu entrichten. Und richtig, ich habe beschlossen, unsere Ehre hintanzustellen und Geld von ihm anzunehmen. Vielleicht hast Du Dich auch gefragt, warum ich mich für die Annahme dieses schmutzigen Geldes entschieden habe? Für Dich, Du trauriger Klapperesel! Um zu versuchen, Dich auf den geraden Weg zu bugsieren!

Jetzt hör gut zu, warum ich das alles erzähle. Nicht etwa, um Dir Haß gegen Deinen Vater einzuflößen, Gott behüte, sondern in der Hoffnung, daß Du Dir vielleicht an mir und nicht an ihm ein Beispiel nehmen wirst. Begreif doch, daß sich Stolz und Menschlichkeit bei mir in der Überwindung des Triebes ausdrücken. Ich habe Geld von ihm angenommen, statt ihn zu töten. Darin liegt meine Ehre, Boas: daß ich die Demütigung geschluckt habe. Wie es bei uns geschrieben steht: »Wer immer seine Ehre auslöscht, dessen Ehre wird nicht verlöschen.«

Ich schreibe den Brief jetzt, am Abend weiter, nachdem ich zwei Privatstunden gegeben, das Abendessen bereitet und mich um Deine Mutter gekümmert habe, die Deinetwegen krank ist, und dann habe ich noch die Nachrichten und die politische Dienstagsendung angeguckt. Ich halte es für angebracht, Dir hier etwas über mein Leben anzufügen, im Anschluß an das, was ich über Durchstehvermögen und Überwindung des Triebs gesagt habe. Dabei will ich gar nicht erst erwähnen, Boas, was wir seinerzeit abbekommen haben – in Algerien als Juden der Araber und nachher in Paris als Araber der Juden und als Pieds noirs der Franzosen, falls Du zufällig weißt, was das ist –, es genügt allein schon, wenn ich Dir von dem erzähle, was ich selber hierzulande auf den Kopf gekriegt habe und noch kriege, wegen meiner Auffassungen, meinem Aussehen, meiner Herkunft: Ja, wenn Du all das gewußt hättest, hättest Du vielleicht eingesehen, daß so ein kleiner Tritt von einem netten, guten Menschen wie Awram Abudarham eigentlich wie ein Streicheln ist. Aber was soll's? Dich hat das Leben verwöhnt. Du wirst es doch nicht begreifen. Ich war von Anfang an gewohnt, dreimal täglich wirklich echte Tritte abzubekommen, und fange trotzdem nicht an, mit Kisten nach jemandem zu schmeißen. Und zwar nicht nur in Erfüllung des Gebots, »du sollst deinen Nächsten lieben wie dich selbst«, sondern zu allererst, weil der Mensch, wie ich Dir sage, fähig sein muß, Leiden in Liebe anzunehmen.

Bist Du bereit, noch etwas von mir zu hören? Nach meiner Meinung ist es besser, tausend Leiden zu ertragen, als, Gott behüte, auch nur ein einziges zu verursachen. Sicher hat der Heilige, gelobt sei er, in seinem Buch auch bei dem Namen Michael Sommo einige schwarze Punkte stehen. Das will ich nicht abstreiten. Aber bei meinen schwarzen Punkten wirst Du nie und nimmer einen unter der Rubrik »Leidensverursachung« finden. Das nicht. Frag Deine Mutter. Frag Awram, nachdem Du ihn reumütig um Verzeihung gebeten hast. Frag Frau Janine Fuchs, die mich noch aus Paris gut kennt. Doch Du, Boas, wo Du vom Himmel mit schönem Wuchs und gutem Aussehen und bewundernswertem handwerklichen Geschick und der äußerlichen Gestalt eines Königssohns begnadet bist, hast bereits angefangen, die unreinen Wege Deines Vaters zu beschreiten: Arroganz, Grausamkeit und Bosheit. Leiden verursachen. Wildheit. Dabei hatte ich mir eigentlich fest vorgenommen, Dir in diesem Brief kein Wort über die schweren Leiden zu sagen, die Du schon seit Jahren Deiner Mutter verursachst, so daß sie jetzt krank von Dir ist – denn in meinen Augen bist Du noch nicht würdig, daß man mit Dir über Leiden spricht. Offenbar bist Du einfach noch zu klein dafür. Zumindest bis Du Dich aufraffst, männlich zu beweisen, daß Du ein Schamgefühl besitzt.

Falls Du schon beschlossen haben solltest, eine Neuauflage Deines lieben Vaters zu werden, dann brate eben in der Hölle. Verzeih diese Worte. Ich hatte sie nicht schreiben wollen. Aber »man soll den Menschen nicht in der Stunde seines Kummers beurteilen«, wie es bei uns geschrieben steht. In Wirklichkeit will ich Dir genau das Gegenteil sagen: ich bete für Dich, daß Du nicht in der Hölle verbrennst. Denn ich empfinde etwas für dich – in aller Aufrichtigkeit.

Bis hierher meine Einleitung und nun zum Gegenstand des Briefes. Das Folgende schreibe ich in meiner und Deiner Mutter Namen. Von uns beiden.

1. Geh sofort zu Awram und bitte ihn um Verzeihung und Vergebung. Das zuallererst.

2. Solange Familie Fuchs, Bruno und Janine, bereit sind, Dich im Werkzeugschuppen in ihrem Garten zu behalten – warum nicht, bleib ruhig bei ihnen. Aber von nun an zahle ich ihnen Mietgeld. Von der rechtmäßigen Entschädigungssumme Deines Vaters. Du wirst nicht umsonst bei ihnen wohnen. Du bist kein Bettler, und ich bin kein Sozialfall.

3. Mir wäre es am liebsten, Du würdest jetzt Tora und ein Handwerk in einer Fachschule in den befreiten Gebieten lernen (Deine Rechtschreibung ist auf dem Stand eines Zweitkläßlers). Aber das wollen wir Dir gewiß nicht aufzwingen. Wenn Du willst, werden wir es für Dich regeln. Wenn nicht – dann eben nicht. Von der Tora heißt es bei uns: »Ihre Wege sind Wege der Milde.« Nicht Wege des Zwangs. Sobald Deine Mutter wieder gesund ist, komme ich am besten zu Dir, und wir unterhalten uns? Dann werden wir ja sehen: vielleicht läßt Du Dich überzeugen! Aber wenn es Dein Wunsch ist, Optik zu lernen, brauchst Du mir nur den Kursverlauf mitzuteilen, oder besser noch – zeig mir einen Prospekt, und ich werde bezahlen. Von dem Fonds, den ich vorhin erwähnt habe. Und falls Du zufällig mal wieder eine Arbeit suchen möchtest – komm zu uns nach Jerusalem, wohn daheim, und wir werden sehen, was sich für Dich tun läßt. Nur ohne Kisten.

4. All dies in der Annahme, daß Du Dich von heute an bessern wirst.

In Kummer und Sorge
Michel, Jifat und Mutter

PS: Das merk Dir bitte, auf mein Ehrenwort: Sollte es auch nur einmal noch die kleinste Gewalttätigkeit von Deiner Seite geben, Boas, werden Dir künftig selbst die Tränen Deiner Mutter nicht mehr helfen. Dann wirst Du allein Deinen bösen Weg weitergehen und Deinem Schicksal ohne mich ins Auge sehen.

Familie Sommo
Tarnas 7
Jerusalem

Schalom.

Ich hab deinen langen Brief gekriegt Michel und Awram am Telefon Verzeiung gesagt obwohl ich garnicht sicher bin wer hier wen um Verzeiung bitten muste. Ausserdem hab ich einen Vielendankzettel bei Bruno und Janine Fuchs gelassen bevor ich wegbin. Wenn ihr diesen Brief kriegt bin ich schon aufm Schiff auf See. Meinetwegen könnt ihr mich vergessen. Obgleich ich Jifat eigentlich recht liebhab von den zweimal wo ich bei

euch war und dich Michel schetze ich ziemlich, obwohl du ab und zu aufn
Wecker fellst. Für dich Ilana tuts mir leid, wär besser für dich gewesen
wenn du mich überhaubt nicht erst gehabt hättst.

Mit Dank
Boas.

An Ilana und Michel Sommo
Tarnasstr. 7
Jerusalem

8. 5. 76

Michel und Ilana:

  Als Michel gestern anrief und fragte, ob Boas bei uns aufgetaucht sei, war ich offenbar zu verblüfft, um zu begreifen, was los ist. Und die Leitung war so schlecht, daß ich kaum was hören konnte. Die Geschichte mit dem Handgemenge, in das Boas verwickelt war (?), habe ich nicht begriffen. Heute morgen habe ich versucht, Dich in der Schule anzurufen, Michel, aber es ließ sich einfach keine Verbindung herstellen. Deshalb schreibe ich nun diese Zeilen, die ich Euch mit dem Schatzmeister des Kibbuz' zuschicke, der morgen nach Jerusalem fährt. Selbstverständlich werde ich Euch sofort benachrichtigen, wenn Boas hier bei uns auftauchen sollte. Aber ehrlich gesagt, glaube ich kaum, daß er herkommen wird. Ich bin optimistisch und meine, daß Ihr in den nächsten Tagen ein Lebenszeichen von ihm erhalten werdet. Mir scheint, sein Bedürfnis, zu verschwinden und den Kontakt abzubrechen, entstammt nicht diesem konkreten Zwischenfall, der in Tel Aviv passiert ist. Im Gegenteil beruht diese neue Verwicklung, ebenso wie die vorherigen, vielleicht auf dem Drang, von Euch beiden wegzukommen. Von uns allen. Natürlich schreibe ich diesen Zettel nicht bloß, um Euch zu beruhigen und Sorglosigkeit zu empfehlen – man muß weiter auf jedem nur möglichen Weg nach ihm suchen. Aber trotzdem möchte ich Euch an meinem Gefühl teilhaben lassen – vielleicht ist es auch nur so eine Ahnung, Intuition –, daß Boas sich einordnen und zum Schluß seinen Platz finden wird. Natürlich kann es gut sein, daß er sich hier und da immer mal wieder in kleine Probleme verrennt, aber in den Jahren, die er bei uns im Kibbuz verbracht hat, habe ich seine andere, seine stabile Seite kennengelernt, ein gefestigtes seelisches Element der Anständigkeit und der Logik. Wenn sich seine auch von Eurer und meiner Logik unterscheidet.

Bitte glaubt mir: ich schreibe dies nicht einfach, um Euch in einem schweren Augenblick aufzumuntern, sondern weil ich überzeugt bin, daß Boas einfach unter keinen Umständen fähig ist, etwas ganz Schlimmes zu tun – weder anderen noch sich selbst. Richtet uns sofort aus, über den Schatzmeister, der Euch den Zettel überbringt, ob Ihr wollt, daß Joasch oder ich oder wir beide einige Tage freinehmen, um bei Euch zu sein.

Rachel

Prof. Gideon
zu Händen von Herrn RA Sackheim
King George 36, am Ort

Mit Gottes Hilfe
Jerusalem, 9. Ijar 5736 (9. 5.)

Geehrter Herr,

ich, der Unterzeichnete, hatte in aller Form gelobt, keinerlei Kontakt mehr mit Ihnen zu pflegen, weder im Guten noch im Bösen, weder in dieser noch in der kommenden Welt, eingedenk dessen, was in Psalm 1, Vers 1, geschrieben steht (»Wohl dem Mann, der nicht dem Rat der Frevler folgt, nicht auf dem Weg der Sünder geht, nicht im Kreis der Spötter sitzt«). Der Grund, warum ich mein heiliges Gelöbnis hiermit breche, ist, daß akute Lebensgefahr für einen Menschen, ja womöglich, Gott behüte, für zwei besteht.

A. Ihr Sohn Boas. Wie Sie aus den Briefen seiner Mutter wissen, ist der Junge schon einige Male auf die schiefe Bahn geraten, und ich habe mich jeweils bemüht, ihn wieder auf den geraden Weg zu bringen. Vorgestern erhielten wir einen Anruf von der netten Familie, bei der Boas gewohnt hatte: Er sei verschwunden. Ich bin stehenden Fußes dorthin gefahren, aber was konnte ich schon ausrichten? Und nun ist heute morgen ein Lebenszeichen von ihm eingetroffen, ein kurzer Brief, um uns mitzuteilen, diesmal werde er zur Flucht auf einem Schiff anheuern. Und das, nachdem er wieder einiges angestellt hat.

Aus Gründen, die ein Mensch Ihrer Geistesart nicht verstehen wird, wollte ich ihn nicht endgültig aus den Augen lassen, sondern habe umgehend meine Verbindungen ausgenutzt, so daß man ihn jetzt auf jedem israelischen oder ausländischen Schiff sucht, das sich zum Auslaufen bereit macht. Zu meinem Leidwesen besteht jedoch keine Sicherheit, daß die Fahndung positiv verläuft: Es kann sein, daß der Junge gar nicht auf See, sondern vielmehr auf trockenem Boden ist, sich also irgendwo im Lande herumtreibt. Deshalb habe ich mich entschlossen, trotz allem mit der Bitte an Sie heranzutreten, Sie möchten ebenfalls etwas in Richtung Hilfeleistung unternehmen, angesichts des schweren Unrechts, das Sie ihm und seiner Mutter angetan haben. Für einen Gelehrten wie Sie wird es, so hoffe ich, keiner großen Worte bedürfen, um Ihnen klarzumachen, daß Sie hier nicht um Geld, sondern um schnelles Handeln gebeten werden (vielleicht unter Einschaltung Ihnen nahestehender Kreise). Ich erwähne dies, um eine Wiederholung der kürzlich eingetretenen Unannehmlichkeiten zu vermeiden, als meine Frau Ihre Hilfe wegen der Sorgen des Jungen erbat, Sie aber keinen Finger dazu gerührt und statt dessen wohl versucht haben, Ihr Gewissen mit dem Geld zu beruhigen, das Sie uns unaufgefordert übersandten. All dies in der Annahme, daß sogar einer wie Sie über ein Gewissen verfügt. Womöglich bin ich da noch naiv.

B. Meine Frau Ilana Sommo. Boas' Entgleisungen haben sie auf das Krankenlager gebannt. Gestern gestand sie mir nun, sie habe Ihnen auf Ihre Geldzahlung hin ohne mein Wissen noch einen weiteren, persönlich gehaltenen Brief zugeschickt. Sie werden sich denken können, daß ich sehr böse mit ihr wurde, doch sofort ließ ich von meinem Zorn wieder ab und vergab ihr, weil sie gebeichtet hatte und insbesondere, weil Verfehlungen durch Leiden getilgt werden. Und Frau Sommo hat dank Ihnen, Herr Professor, äußerst stark gelitten.

Natürlich kam es für mich nicht in Frage, sie darüber auszuforschen, was sie in ihren Briefen an Sie geschrieben hat (derartiges wäre unter meiner Würde), aber sie erzählte mir aus freien Stücken, Sie hätten ihr nicht geantwortet. Nach meiner Meinung setzen Sie mit Ihrem Schweigen dem Unrecht den Deckel auf. Machen Sie sich keine Sorgen, ich werde nicht lesen, was Sie ihr schreiben, und zwar nicht nur wegen des einschlägigen Verbots unseres großen Rabbis Gerschom, Leuchte des Exils, sondern auch, weil Sie, mein Herr, für mich tabu sind. Vielleicht wird sie einen Bruchteil der Leiden vergessen, die Sie ihr zugefügt haben, wenn Sie ihr einen Brief schreiben, in dem Sie erklären, warum Sie sich an ihr vergangen haben, und sich gleichzeitig für all Ihre Vergehen entschuldigen. Ohne das ist Ihr Geld wirkungslos.

C. Das Geld. Sie, mein Herr, haben mir am siebten Mai aus Genf einen arroganten, ja geradezu frechen Brief zugesandt, um mir zu sagen, ich solle das Geld einstecken, den Mund halten und mich nicht bedanken. Nehmen Sie hiermit zur Kenntnis, daß ich überhaupt nicht daran gedacht hatte, Ihnen zu danken! Wofür denn? Dafür, daß es Ihnen mit erheblicher Verspätung eingefallen ist, einen kleinen Teil von dem zu zahlen, was Boas und Frau Sommo und eigentlich auch unserer kleinen Tochter nach Recht und Billigkeit von Ihnen zusteht? Ihre Frechheit kennt anscheinend keine Grenzen, mein Herr. Wie es bei uns geschrieben steht: mit frecher Stirn.

Aus dem Umfang der Summe, die Sie zu übersenden geruhten (einhundertsiebentausend US-Dollar in Israel-Pfund in drei ungleichen Raten), entnahm ich, daß Sie die Spende für den Freikauf des Alkalai-Hauses in Hebron auf der Stelle abgelehnt haben. Trotzdem möchte ich diesen bedauerlichen Anlaß dazu nutzen, Sie noch einmal dringlich zu bitten, möglichst bald den Betrag von einhundertzwanzigtausend US-Dollar für diesen heiligen Zweck zu spenden: Auch hier könnte es sich um die Rettung von Menschenleben handeln, wie in den beiden vorangehenden Abschnitten, wenn auch im weiteren Sinne. Wie gesagt: wenn nicht Menschenleben auf dem Spiel stünden, hätte ich keine Verhandlungen mit Ihnen aufgenommen, weder zum Guten noch zum Bösen. Ich werde das im folgenden erläutern. Nach unserem Glauben besteht eine Verbindung zwischen Ihren bösen Taten und Boas' Schwierigkeiten sowie den Leiden seiner Mutter. Möglicherweise könnte Ihr reumütig geleisteter Beitrag die Barmherzigkeit des Höchsten auf den Jungen lenken, so daß er wohlbehalten zurückkehren würde. Es gibt Lohn und Strafe auf der Welt, es gibt eine himmlische Gerechtigkeit, wenn ich auch zu gering bin, um etwa anmaßend behaupten zu dürfen, ich verstände, wie die Buchhaltung des Höchsten funktioniert, warum Frau und Kind zur Vergeltung für Ihre Sünden leiden müssen. Wer weiß? Vielleicht wird es gerade Ihrem Sohn eines Tages vergönnt sein, in Hebron unter dem Dach zu wohnen, das wir mit Ihrem Spendengeld aus fremder Hand auszulösen gedenken, so daß auf diese Weise Gerechtigkeit geschieht, »und der, der im Himmel sitzt, lacht«? Wie es bei uns geschrieben steht, »im Kreise stets dreht der Wind«, und wie es ferner heißt, »wirf hin dein Brot über die Wasser, denn auf die Länge der Zeit wirst du es wiederfinden«. Und vielleicht wird Ihnen diese Spende gegen Ihre Verbrechen aufgewogen werden, wenn der Tag gekommen ist, vor jenem Richter zu stehen, vor dem es weder Lachen noch Leichtsinn gibt. Und bedenken Sie, mein Herr, daß Sie dort keinen Rechtsanwalt haben werden und sich in einer heiklen Lage befinden.

Was mich dazu führt, hier abschließend zu betonen, daß ich aus Gründen, die außerhalb meines Einflußbereichs liegen, gezwungen bin, diesen Brief über Herrn Rechtsanwalt Sackheim zu schicken, weil Herr Sackheim sich schlicht und einfach weigert, mir Ihre Anschrift mitzuteilen, und meine Frau wollte ich nicht darum bitten, da ich nicht die Absicht habe, sie von der Tatsache dieses Briefes in Kenntnis zu setzen – ihre Nerven sind ohnedies genug strapaziert.

Ferner möchte ich mich hier über das Verhalten von Herrn Sackheim beschweren. Anscheinend schwirrt ihm ein drittklassiger Krimi mit Drohungen und Erpressungen im Kopf herum, ein Thriller, in dem Michael Sommo die Hauptrolle des Mafioso Don Corleone oder so was Ähnliches spielt. Käme derartiges von jemand anderem, würde ich nicht stillschweigend darüber hinweggehen. Aber Herr Sackheim – nach dem Namen zu urteilen, könnte er oder seine Familie aus dem Holocaust zu uns gekommen sein. Juden von dort vergebe ich alles: Vielleicht hat Herr Sackheim Erfahrungen durchgemacht, die ihm ein krankhaftes Mißtrauen verursacht haben, und besonders gegen einen Menschen wie mich, mit nationalen Anschauungen wie den meinen und meiner Abstammung, zumal ich auch noch die religiösen Gebote einhalte. Wie es bei uns geschrieben steht, »den Schatten der Berge sieht er für Berge an«.

Ich habe also beschlossen, Ihrem Rechtsanwalt zu verzeihen. Aber nicht Ihnen, mein Herr. Für Sie gibt es keine Vergebung. Wenn Sie allerdings getreulich die drei vorgenannten Punkte erfüllen – Suche nach dem Jungen, Entschuldigung bei der Dame und Spende für die Erlösung des Landes –, dann wird man Sie vom Himmel aus vielleicht mit Barmherzigkeit richten. Zumindest wird man dort oben sehen, daß Sie etwas auf der positiven Waagschale liegen haben.

Mit den besten Wünschen für das Fest unserer Unabhängigkeit
Michael Sommo

Beilage:

9. 5. 76

Mein lieber Alex, nur ein paar Zeilen. Anbei übersende ich Dir einen verschlossenen Umschlag von Deinem kleinen Erbschleicher. Ich wette, daß er Dich wieder um Geld angeht. Gewiß glaubt er, über einen Geldautomaten nun direkt mit der Staatlichen Münze verbunden zu sein. Falls Du Dich diesmal zufällig entscheiden solltest, den Tempel auf Deine Kosten zu errichten oder einfach nur dem Esel des Messias eine Prämie auszuzahlen, dann tu das ohne mich. Ich werde mich zum Islam bekehren und fertig.

Ich habe von Sommo verstanden, daß das Kolossalküken mal wieder ausgerissen ist. Zwar begreife ich nicht, wie es ein derartiger Obelisk jedesmal schafft, ihnen abhanden zu kommen, aber es besteht kein Grund zur Sorge: Sicher werden sie ihn in ein, zwei Tagen an der Buszentrale auffinden und die Schmuggelware von Seeleuten feilbieten sehen, wie beim letzten Mal.

Übrigens habe ich Deine Ex-Gattin vor einigen Tagen zufällig auf der Ben-Jehuda-Straße getroffen. Offensichtlich pflegt der Gentleman sie bestens: Sie sieht sehr gut aus für ihren Kilometerstand, besonders wenn man bedenkt, wie oft sie schon die Hände gewechselt hat.

Was man von Dir nicht sagen kann, Alex: Ich war ziemlich erschrocken über Dein Aussehen, als wir uns diesmal in London trafen. Nimm Dich besser in die Hand und hör auf, Dir zusätzlichen Kummer zu suchen.

Dein treuer Manfred

SOMMO TARNAS 7 JERUSALEM.
SACKHEIM HAT ANWEISUNG DEN JUNGEN ZU SUCHEN. DER GEWÜNSCHTE BRIEF GEHT DEMNÄCHST AN DIE DAME AB. SIE ERHALTEN WEITERE FÜNFZIGTAUSEND WENN SIE EINEM GEWEBETEST BEI DEM JUNGEN ZUSTIMMEN. ICH WERDE MICH HIER IN LONDON GLEICHZEITIG EINEM PARALLELTEST UNTERZIEHEN. ALEXANDER GIDEON.

RA Manfred Sackheim
Praxis Sackheim & di Modena
King George 36
Jerusalem

14. 5. 76

Werter Herr Sackheim,
 mein früherer Mann hat uns telegrafisch mitgeteilt, er habe Sie gebeten, mir bei der Suche nach meinem entflohenen Sohn zu helfen, der anscheinend auf einem Schiff angeheuert hat. Bitte, unternehmen Sie alles in Ihren Kräften Stehende, und sobald Sie etwas wissen – melden Sie sich. Mein früherer Mann hat in seinem Telegramm einen Gewebetest für Boas zur Feststellung der Vaterschaft erwähnt. Wie ich Ihnen heute morgen am Telefon sagte (Sie hatten gebeten, es schriftlich von mir zu erhalten), ziehe ich meinen vor sieben Jahren erklärten Einspruch gegen eine solche Untersuchung zurück. Das einzige Problem besteht nun darin, den Jungen zu finden und ihn zu überreden, dem von seinem Vater gewünschten Test zuzustimmen. Das wird nicht leicht sein. Bitte, Herr Sackheim, erklären Sie meinem früheren Mann, daß ich meinen Widerstand gegen die Untersuchung völlig unabhängig von der Zuwendung zurückziehe, die er in seinem Telegramm in Aussicht stellt. Einfach ausgedrückt, er braucht uns kein weiteres Geld mehr zu geben. Im Gegenteil bin ich froh, daß die Bitte um diesen Test jetzt von seiner Seite kommt. Wie Sie sich erinnern werden, Herr Sackheim, hatte ich mich während unseres Prozesses dieser Untersuchung widersetzt – aber auch er wollte sich damals nicht untersuchen lassen.
 Falls er beabsichtigt, etwas für den Zweck zu spenden, den mein jetziger Mann angeführt hat, soll er das bitte ohne jede Rücksicht auf den Test tun. Sagen Sie ihm einfach, von mir aus ginge das nun in Ordnung. Doch vor allem, Herr Sackheim, flehe ich Sie an, wenn Sie nur irgendwelche Nachricht erhalten, wo der Junge ist, informieren Sie uns, selbst mitten in der Nacht.

Mit bestem Dank
Ihre Ilana Sommo (Gideon)

An Frau Sommo, persönlich,
zu übermitteln durch RA Sackheim

Hampstead, London, 16. 5. 76

Frau Sommo,

Sackheim arbeitet auf Hochdruck, um den Abhandengekommenen für Euch zu finden. Allerdings nehme ich an, daß es ihm nicht leichtfallen wird, mutterseelenallein den Wettlauf mit der gesamten Sommo-Sippe aufzunehmen, die dem Ruf der Jagdhörner sicher schon in Massen Folge geleistet hat. Wie dem auch sein mag, ich glaube, während dieser Brief noch unterwegs ist, wird ein Signal von Boas eintreffen. Übrigens tut es mir beinah leid: Wer von uns träumt nicht manchmal davon, sich einfach aufzumachen und spurlos zu verschwinden?

Gestern erhielt ich einen Brief von Ihrem Gemahl. Offenbar hat er eine Theophanie erlebt: Eine himmlische Stimme erschallte und befahl ihm, ausgerechnet mit meinem Geld die Ruinen von Pitom und Ramses auszulösen. Und im Rahmen seines Oberplans für die Errichtung des himmlischen Jerusalem gebietet er mir, sofort den Weg der reumütigen Umkehr einzuschlagen, den ich damit beginnen soll, Ihnen Entschuldigungen und Erklärungen abzugeben. Danach kommen wohl die Kasteiungen und das Fasten an die Reihe.

Dabei hatte ich in meiner Naivität geglaubt, alles, was zwischen uns gewesen ist, sei schon hinlänglich in zwei Rabbinatsgerichtsverfahren und vor dem Bezirksgericht erörtert worden, so daß sich jetzt jedes weitere Wort erübrige. Höchstens stand ich unter dem Eindruck, Sie wären mir Erklärungen schuldig. Und tatsächlich läßt Ihr Brief auch den verschwommenen Versuch erkennen, mir Ihre Situation zu erläutern, inklusive Einzelheiten über die Leistungen, die Herr Sommo im Bett erbringt. Das Thema interessiert mich nicht (obwohl Ihre Schilderung nicht schlecht geschrieben ist, nur etwas zu literarisch für meinen Geschmack). Auch die Erregung, die meine Gestalt weiterhin bei Ihnen auslösen mag oder nicht, ist für mich belanglos. Ich würde mich freuen, wenn Ihr beide aufhören möchtet, mich mit solcher Energie zur Spendenkasse zu bitten: Ich bin weder die Bank of England noch die Samenbank. Demgegenüber bist Du nicht auf die einzige Frage eingegangen, die mich beschäftigt: Warum hast Du Dich seinerzeit mit Händen und Füßen gegen die Vornahme eines Gewebetests gewehrt? Wäre festgestellt worden, daß ich der leibliche Vater bin, hätte ich natürlich einen viel schwereren, wenn nicht unhaltbaren

Stand gehabt, den Prozeß gegen Dich zu gewinnen. Bis heute vermag ich das nicht zu begreifen: Fürchtetest Du, es könnte sich erweisen, daß ich nicht sein Vater bin? Oder daß ich der Vater bin? Besteht der kleinste Zweifel, wer sein Vater ist, Ilana?

Und was hat Dich jetzt plötzlich dazu bewogen, Deine Meinung zu ändern und diesem Test letzten Endes doch zuzustimmen? Das heißt, soweit Du Deine Meinung wirklich geändert hast. Und wenn Du es Dir inzwischen nicht noch mal anders überlegt hast.

Ist es nur das Geld? Aber Geld stand auch damals auf dem Spiel. Auch damals hast Du um Geld gekämpft. Und verloren. Und das zu Recht.

Ich wiederhole mein Angebot: Ihr bekommt weitere fünfzigtausend Dollar (wobei es mir egal ist, für welchen Zweck, und sei es für die Bekehrung des Papstes zum Judentum) – nach Vornahme der Untersuchung und ohne Rücksicht auf ihr Ergebnis. Obwohl Sackheim behauptet, ich hätte vollständig den Verstand verloren. Seine scharfe Logik besagt: Von dem Augenblick an, in dem ich Euch telegrafisch versprochen habe, Ihr bekämt das Geld unabhängig vom Resultat, hättet Ihr alle Karten in den Händen, während ich Euch persönlich meinen Kopf auf einer goldenen Platte hinreichte. Soweit Sackheim.

Hat er recht?

Bist Du bereit, mir jetzt zu erklären, warum Du Dir und Boas den Prozeßgewinn verbaut hast, indem Du den Test ablehntest, statt ihn selber zu fordern? Was hattest Du denn noch zu verlieren, das nicht sowieso verloren war? Hattest Du Bedenken über seinen Ausgang? Oder zogst Du es vielleicht vor lauter Bosheit vor, alles zu verlieren und mit dem Kind auf der Straße zu landen, bloß um mir Zweifel einzuflößen?

Und jetzt wagst Du mir zu schreiben, ich würde »nicht zertreten, nur beißen«. Ist das so eine Art schwarzer Humor? Hier hast Du nun ein neues Angebot von dem pensionierten Drachen: Du gibst mir eine aufrichtige Antwort auf die Frage, warum Du 1968 die Durchführung eines Vaterschaftstests abgelehnt hast und warum Du ihr jetzt zustimmst – ich meinerseits verpflichte mich, Boas testamentarisch zu meinem Erben einzusetzen. Und Euch zudem postwendend weitere fünfzigtausend Dollar zu schicken. Wenn Du anwortest, wäre die Untersuchung eigentlich überflüssig. Ich verzichte darauf, falls ich eine überzeugende Antwort auf meine einzige Frage bekomme.

Wenn Du demgegenüber weiter Lüge auf Lüge häufen möchtest, brechen wir den Kontakt besser wieder ab. Und diesmal für immer. Mit Lügen hast Du mich schon so massenhaft gefüttert, daß sie für eine ganze Horde betrogener Ehemänner ausreichen würden. Es wird Dir nicht gelingen, mich noch weiter zu beschwindeln. Übrigens, welche Erklärungen soll ich Dir denn nach dem Willen Deines Mannes geben, wo Du selbst vor drei Rabbinern gestanden hast, während unserer Ehe mit der halben Stadt geschlafen zu haben?

So oder anders ist es besser, wir brechen die Verbindung ab. Was willst Du denn noch von mir? Was habe ich außer Geld zu geben? Hast Du plötzlich unbändigen Appetit auf Drachenfleisch mit Pommes frites gekriegt? Warum störst Du plötzlich unsere seit sieben Jahren bestehende Friedhofsruhe?

Laß nur. Ich lebe still allein. Gehe jeden Abend um zehn ins Bett und schlafe traumlos. Stehe jeden Morgen um vier Uhr auf, um einen Aufsatz zu schreiben oder eine Vorlesung vorzubereiten. Alle Begierden sind in mir bereits erloschen. Ich habe mir in einem Brüsseler Antiquitätengeschäft sogar einen Gehstock gekauft. Frauen und Männer, Geld, Macht und Ruhm sind mir gleichgültig. Nur gelegentlich gehe ich noch ein wenig zwischen Begriffen und Ideen spazieren. Lese dreihundert Seiten pro Tag. Picke vorgebeugt hier und da ein Zitat oder eine Anmerkung heraus. Das wär's, Ilana. Und wenn wir schon von meinem Leben sprechen: Hier sind Deine lyrischen Schilderungen mit dem Raumschiff und dem Schnee usw. wirklich recht hübsch (das war schon immer Deine starke Seite), aber zu Deiner Information: Ich habe in meinem Zimmer nun gerade Zentralheizung und keinen Kamin. Und vor meinem Fenster liegt kein Schnee (wir haben jetzt Mai), sondern nur ein Gartenfleckchen – gepflegter englischer Rasen mit einer leeren Bank, einer Trauerweide und graufarbenem Himmel darüber. Außerdem kehre ich bald nach Chicago zurück. Was meine Pfeife und den Whisky anbetrifft, hat man mir das Trinken und Rauchen schon seit über einem Jahr verboten. Wenn Dir wirklich daran liegt, daß ich mein Testament zu Boas' Gunsten ändere, wenn es Dein Mann auf ein paar Zehntausend mehr abgesehen hat, versuche ehrlich die einzige Frage zu beantworten, die ich Dir gestellt habe. Nur bedenke eines: noch eine Lüge – und ihr bekommt von mir kein einziges Wort und keinen Groschen mehr. Nie. Ich werde jetzt mit der neuen Bezeichnung unterschreiben, die Du mir beigelegt hast, als

der böse, einsame Alek

Dr. A. Gideon
zu Händen von RA Sackheim

Jerusalem, 24. 5. 76

Böser, einsamer Alek,

heute haben wir eine Postkarte von Boas erhalten. Er steckt irgendwo im Sinai, wo, verrät er uns nicht, aber laut seiner Karte »arbeitet er und verdient gutes Geld«. Bisher ist es uns nicht gelungen, ihn ausfindig zu machen. Deinem allmächtigen Sackheim anscheinend auch nicht. Demgegenüber hast Du es in Deinem Brief geschafft, mir weh zu tun und mich sogar in Angst zu versetzen: nicht etwa mit Deinen giftigen Bissen, sondern vielmehr, weil Du schriebst, Du dürftest weder rauchen noch trinken. Bitte schreib mir, was passiert ist. Welche Operationen es waren. Schreib mir die ganze Wahrheit.

Du hast mir zwei Fragen gestellt: Warum ich es in dem Prozeß, den ich gegen Dich angestrengt hatte, abgelehnt habe, einen Gewebetest bei uns dreien vornehmen zu lassen, und ob ich mich einer solchen Untersuchung immer noch widersetze. Die Antwort auf die zweite Frage lautet, daß ich heute nichts dagegen habe. Nur ist das jetzt eine Angelegenheit zwischen Dir und Boas. Wenn es Dir wirklich wichtig ist, versuche ihn zu überreden, daß er sich testen läßt. Aber erst mal mußt Du ihn suchen gehen. Geh selber, statt Sackheim mit seinen Detektiven vorzuschicken.

Ich vergeude meine Worte. Du versteckst Dich in Deinem Bau und wirst nicht herauskommen.

Die Antwort auf die erste Frage lautet, daß ich vor sieben Jahren sehr gern Alimente und auch einen Teil des Vermögens bei Dir rausgeholt hätte, aber nicht um den Preis, Boas in Deine Hände geben zu müssen. Ich wundere mich, daß Du mit Deinem weltberühmten Verstand das nicht schon damals begriffen hast.

Doch eigentlich wundert es mich nicht.

Was mich dazu bewogen hat, einem Gewebetest zu widersprechen, war die Erklärung meines Anwalts, das Rabbinatsgericht und auch jedes andere Gericht würde Dir den Jungen zusprechen, wenn das Untersuchungsergebnis Dich als Vater auswiese, da Du mich ja vorher gezwungen hattest, meinen Ehebruch einzugestehen. Ich war überzeugt, in Deinem Haß auf uns würdest Du nicht zögern, mir Boas wegzunehmen und mir dafür ein bißchen Geld zu überlassen. Und Boas war doch erst acht Jahre alt.

Das ist das ganze Geheimnis, mein Herr.

Ich wollte also ganz einfach nicht den Prozeß gewinnen und den Jungen verlieren, sondern genau umgekehrt. Allerdings hoffte ich auch, von Dir Unterstützung zu erstreiten, denn ich hatte keinen Piaster, aber auf Boas verzichten wollte ich dafür keineswegs. Das ist der Grund, warum ich von meinem Recht Gebrauch gemacht habe, einen Test abzulehnen, der bewiesen hätte, daß Dein Sohn Deiner ist.

In Wirklichkeit haben wir beide verloren. Boas gehört nur sich selbst, und vielleicht ist er sogar sich selber fremd. Haargenau wie Du. Mir krampft sich das Herz zusammen, wenn ich an die tragische Ähnlichkeit zwischen Dir und Deinem Sohn denke.

Wenn Du uns damals nur ein Zehntel des Geldes gegeben hättest, mit dem Du uns neuerdings überschüttest, hätte ich Boas bei mir aufziehen können. Dann wäre es ihm und mir von damals bis heute weniger schlecht ergangen. Aber genau das war ja Dein Beweggrund, mir alles zu nehmen. Auch jetzt würdest Du uns keinen Piaster geben, wenn Du nicht zu Tode erschrocken wärst, weil ich Dir erzählt habe, wie Michel sich einen Weg zu dem Jungen bahnt und wie Boas auf seine verborgene Weise offenbar Michel gern hat. Übrigens ist es mir egal, daß Michel in seiner Naivität weiterhin glaubt, Du hättest Dich plötzlich zur reumütigen Umkehr entschlossen und seist nun dabei, Deine Wege zu bessern, wie er es nennt. Aber mich kannst Du nicht täuschen, Alek: Du hast uns das Geld nicht gegeben, um etwas zu verbessern, sondern um zu zerstören. Armer Alek: vergebens hast Du versucht zu entfliehen und die ferne Gottheit zu spielen, vergebens hast Du Dich hinter einer Wolke versteckt und ein neues Kapitel anfangen wollen. Du hast noch weniger erreicht als ich. Umsonst haben wir beide sieben Jahre geschwiegen. Hast Du Dich in die schwarze Kutte gehüllt? Hast Du Dir die Kapuze über den Kopf gezogen? Dann laß uns weitermachen. Ich bin bereit.

Nur schreib mir die ganze Wahrheit über deinen Gesundheitszustand. Die Trauerweide und der graue Himmel vor Deinem Zimmerfenster haben mich plötzlich erschüttert.

Warte noch einen Moment, Alek. Dies ist doch ein Spiel für zwei. Jetzt bin ich dran, eine Frage zu stellen: Warum hast Du meine Weigerung akzeptiert? Und warum hast Du Dich eigentlich auch selber dem Gewebetest widersetzt? Warum hast Du um Boas nicht wenigstens so viel gekämpft wie darum, mich im Prozeß unterzukriegen? Warum hast Du nicht um ihn gerungen, um mich völlig fertigzumachen? Und warum ist es Dir jetzt auf einmal eingefallen, uns ein Vermögen anzubieten, damit die Untersuchung durchgeführt wird? Ich warte auf Antwort.

Ilana

An Ilana Sommo persönlich
zur Übergabe durch RA Sackheim

London, 2. 6. 76

Weil ich Boas nicht zu mir nehmen konnte, nicht zu mir nehmen wollte. Ich wußte nicht, was ich mit ihm anfangen sollte. Wenn ich dem Test zugestimmt hätte, wäre mir der Junge vom Gericht zugesprochen worden. Was wäre aus ihm geworden, wenn er bei mir aufgewachsen wäre?

Das ist die Antwort auf Deine Frage.

Wie heißt es am Schluß unseres Urteilsspruchs? »Von nun an haben sie keinerlei Ansprüche mehr gegeneinander.«

Inzwischen ist es Sackheim und seinen Detektiven gelungen, Boas aufzufinden. Das heißt mir und nicht Sommo. Wie würde Dein Heiliger sagen? »Merk Dir das bitte.« Wie sich herausstellt, arbeitet Boas auf einem Glasbodenboot für Touristen in Scharm-a-Scheich und verdient tatsächlich recht gut. Ich habe Sackheim telefonisch angewiesen, ihn in Ruhe zu lassen. Nun baue ich darauf, daß auch Dein Mann klug genug sein wird, sich nicht einzumischen. Vielleicht schlägst Du ihm vor, Boas als meinen Beitrag zur Erlösung der befreiten Gebiete zu verbuchen und mir eine ordnungsgemäß abgestempelte Quittung zuzuschicken?

Hast Du ihm meine Briefe zu lesen gegeben? Ich nehme an, er besteht auf seinem Recht, sie noch vor Dir zu studieren und womöglich hier und da zu zensieren. Andererseits ist es auch denkbar, daß er sich ehrenhaft enthält, die Post seiner Frau einzusehen, dafür aber insgeheim ihre Schubladen durchkramt. Drittens wiederum dürfte er imstande sein, in Deiner Abwesenheit unbemerkt jedes Wort zu verschlingen und danach mit der Hand auf der Bibel zu schwören, er vertraue seiner Frau, daß sie, Gott behüte, keine sündigen Gedanken hege, und das Briefgeheimnis sei ihm heilig. Eine vierte Möglichkeit wäre, daß Du mir versicherst, er würde meine Briefe nicht lesen, sie ihm aber trotzdem zu lesen gibst. Oder daß Du mir sagst, Du gäbst sie ihm, es aber gar nicht tust. Du könntest ihn mit mir, mich mit ihm, uns beide miteinander oder uns beide mit dem Milchmann betrügen. Bei Dir ist alles möglich. Alles, Ilana, außer einem: daß ich herauskriege, wer Du wirklich bist. Alles, was ich habe, würde ich dafür hingeben. Aber das einzige, was ich besitze, ist Geld, und Geld wird nichts helfen, hast Du geschrieben. Schachmatt.

Und wenn wir schon von Geld sprechen: Schreib mir, wieviel Du noch brauchst. Möchtest Du wirklich, daß ich ihm für die Erlösung Hebrons spende? Macht mir nichts aus. Werd ich ihm eben Hebron aufkaufen. Und Nablus obendrein. Wann hat er Geburtstag? Als Gegenleistung bitte ich Dich, mir das Geheimnis dieses Universalheiligen zu verraten. Wie ist es ihm gelungen, Dich an sich zu binden? Nach der glaubwürdigen Auskunft zweier Privatdetektive hast Du ihn offenbar noch nie betrogen (abgesehen von dem Gunstbriefchen, das Du mir für hunderttausend Dollar geschickt hast, und dank dessen wir beide im »Guinness-Buch der Weltrekorde« erscheinen werden – mit dem höchsten Preis, der je für einen nicht vollzogenen Fick gezahlt worden ist). In seiner (bisher) letzten Entschädigungsforderung an mich meint Dein Eilebeute-Raubebald, ich hätte Dich »zur Sünde angetrieben«. Derlei Geschichten sind offenbar gang und gäbe in dem Milieu, aus dem er stammt. Ich kann mir unschwer vorstellen, was Du ihm über unser Leben erzählt hast. Märchen von der Schönen und dem Ungeheuer.

Was hast Du an ihm gefunden? Was hat Boas an ihm gefunden?

»Ein bitterer, wilder Junge«, schriebst Du mir, »dem der Haß erstaunliche Körperkraft verliehen hat.« Ich erinnere mich noch an die Haltung, in der er abends einschlief: tief unter der Winterdecke vergraben, bis über den blonden Schopf, wie ein Jungtier in seiner Höhle. Und an sein sanftes Erwachen am Morgen, wenn er, aus dem Schlaf auftauchend, mit einem Schlag die Augen öffnete und gleich fragte, ob die Schildkröte schon wach sei. Ich erinnere mich an das Bonbonbeet im Garten. Den Schmetterlingsfriedhof. Das Labyrinth und den Vergnügungspark, die er für die Schildkröte anlegte. Seine beiden Patschhändchen auf dem Steuerrad meines Wagens. Die Panzerschlachten auf dem Teppich und die Pfeife, die er mir mal mit Wasser und Seife gewaschen hat. Seine Flucht ins Wadi nach einem Deiner Selbstmordversuche. Und wie ich eines Nachts zurückkam und auf dem Küchentisch ein grünes Feuerzeug fand, das nicht meines war, und Dich mit den Fäusten bearbeitete, bis er plötzlich in seinem Raumfahrerschlafanzug in der Küche auftauchte und mich leise bat, ich möchte aufhören, weil Du schwächer seist. Als ich ihm sagte, »mach, daß

Du ins Bett kommst«, und Dich weiter verprügelte, warf er einen kleinen Kaktustopf nach mir, der mich an der Wange traf, so daß ich von Dir abließ und ihn im Wahnsinn packte und seinen Blondschopf wieder und wieder gegen die Wand schlug. Ich hatte die Pistole in der Tasche und hätte Euch in jener Nacht beide erschießen und dann mir selbst eine Kugel reinjagen können. Eigentlich habe ich das auch getan, und seither sind wir alle drei ein Traum.

Du sollst wissen, daß diese ganzen Jahre über kein Monat vergangen ist, in dem ich von Sackheim und seinen Detektiven keinen Bericht über Dich und Boas erhalten hätte. Und alles, was ich erfuhr, einschließlich der Geschichten über seine Gewalttätigkeit, hat mir sehr gefallen: Dieser Baum wächst fern der faulen Äpfel. Wir sind ihn beide nicht wert. Keiner von uns hat irgend etwas verdient, außer einer Kugel in den Kopf. Vielleicht hat nur Dein schwarzer Teufel etwas verdient. Nämlich in seinem Hebroner Patriarchengrab beigesetzt zu werden, je schneller, desto besser.

Was hast Du an ihm gefunden, Ilana? Was findet Boas an ihm?

Wenn Du mir eine überzeugende Antwort gibst, bekommt Ihr den versprochenen Scheck.

Deine plötzliche Sorge um meine Gesundheit (oder Deine Begierde auf die Erbschaft) rühren, wie immer, ans Herz. Aber übertreibe bitte nicht: noch stehe ich auf der Matte. Trotz jener Operationen. Allerdings ohne Whisky und Pfeife, so daß von Deinem lyrischen Arsenal nur noch der Kugelschreiber und die Brille übrigbleiben, die ich auf dem Schreibtisch zuweilen tatsächlich zwei Zentimeter nach links oder drei Zentimeter nach rechts rücke. Genau wie Du es in Deinem Brief beschrieben hast. Obwohl ich andererseits weder Glasgefäße zerschmettere noch Gegenstände ins Feuer werfe. Anstelle Deiner Schneeflächen, dem leeren Glas und der leeren Flasche kannst Du die Trauerweide benutzen. Das Schwarzweiß ist ganz richtig, nur mußt Du es sparsam, nicht in Deinem überschwenglichen Stil einsetzen.

Trotzdem werde ich mir jetzt ein wenig Whisky einschenken, ehe ich das von Dir empfohlene Rezept ausprobiere, den Kopf an die Tischkante zu stoßen, bis der Schmerz abflaut.

Der Drache

GIDEON NICFOR LONDON.
 BOAS WAR BEI MIR. BITTET DICH UM FÜNFTAUSEND DOLLAR ZUM KAUF EINES GLASBODENBOOTS UM SICH IN SCHARM SELBSTÄNDIG ZU MACHEN UND WEITERE TAUSEND UM DORT TELESKOP FÜR TOURISTEN ZU BAUEN. HABE ABGELEHNT. ZU DEINER INFORMATION. MANFRED.

SACKHEIM PERSÖNLICH JERUSALEM ISRAEL.
 GIBS IHM IDIOT. ALEX.

GIDEON NICFOR LONDON.
 JETZT FORDERT ER FÜNFTAUSEND FÜR WOHNUNG IN OFIRA. BÜRO SAND ERUIERTE FÜR MICH DASS ER DORT IN EINER TANKSTELLE MIT ZWEI SCHWEDINNEN EINER FRANZÖSIN UND EINEM BEDUINEN LEBT. HABE KEINEN PIASTER GEGEBEN. DU HAST HIER KEIN BARGUTHABEN UND ICH KONNTE KEINE LIEGENSCHAFT FLÜSSIGMACHEN. GEH ZUM PSYCHIATER. MANFRED.

SACKHEIM PERSÖNLICH JERUSALEM ISRAEL.
 MANFRED TU MIR EINEN GEFALLEN. BORG MIR AUF KOSTEN DES GRUNDSTÜCKS IN SICHRON UND GIB IHM WAS ER WÜNSCHT. SAG ES SEI LETZTMALS. ALEX.

GIDEON NICFOR LONDON.
 VERWEIGERE KREDIT. MANFRED.

SACKHEIM PERSÖNLICH JERUSALEM ISRAEL.
 DU BIST ENTLASSEN. ALEX.

GIDEON NICFOR LONDON.
DAS WÄRN WIR LOS. WEM AKTEN ÜBERGEBEN. SACKHEIM.

SACKHEIM PERSÖNLICH JERUSALEM ISRAEL.
KÜNDIGUNG ABGELEHNT. DU BIST EIN RINDVIEH. ALEX.

GIDEON NICFOR LONDON.
WERDE WEITERMACHEN VORAUSGESETZT DIE HILFELEISTUNGEN FÜR DIE UNTERPRIVILEGIERTEN SCHICHTEN GANZ GROSSISRAELS WERDEN EIN FÜR ALLEMAL EINGESTELLT. INKLUSIVE NEGATIVBESCHEID FÜR BOOTE UND WOHNUNGEN IN SCHARM. BIST DU DIMITRI KARAMASOW ODER KÖNIG LEAR. MANFRED.

SACKHEIM PERSÖNLICH ISRAEL.
OKAY RASPUTIN BERUHIG DICH. ICH GEBE VORLÄUFIG NACH. ALEX.

Herrn M. A. Sommo
Tarnasstr. 7
Jerusalem
Per Einschreiben

7. 6. 1976

Sehr geehrter Herr Sommo,
hiermit werden Sie abgemahnt, meinen Mandanten, Dr. A. A. Gideon, künftig – direkt oder über Ihre Frau bzw. den Sohn Ihrer Frau – mit weiteren Bitten oder Forderungen um finanzielle Vergünstigungen anzuschreiben, die über jene Beträge hinausgehen, die Sie bisher schon großzügigerweise und ohne jede rechtliche Verpflichtung von ihm erhalten haben.
Ich darf Sie hiermit darauf aufmerksam machen, daß mein Klient mich telegrafisch bevollmächtigt hat, von nun an ein absolutes Veto gegen jede

Übertragung von Geldern einzulegen, die ihm bisher oder künftig durch emotionale und andere Einflußmittel abgerungen wurden oder werden. Einfach ausgedrückt, sollten Sie sich eines merken: Wenn Sie noch mehr haben wollen, hat es keinen Sinn, daß Sie oder Ihre Angehörigen Dr. Gideon noch weiter belästigen. Versuchen Sie sich an mich zu wenden, und wenn Sie sich vernünftig benehmen, werden Sie bei mir ein aufmerksames Ohr finden. Zu Ihrem eigenen Besten rate ich Ihnen einzukalkulieren, daß wir alle notwendigen Informationen für den Fall in Händen halten, daß hinfort Schwierigkeiten von Ihrer Seite auftauchen sollten.

Stets zu Ihren Diensten
M. Sackheim
Rechtsanwalt und Geschäftsführer

Herrn Rechtsanwalt M. Sackheim
King George 36, am Ort

Mit Gottes Hilfe
Jerusalem, 13. Siwan 5736 (10. 6.)

Dem hochverehrten Herrn Rechtsanwalt Sackheim die besten Wünsche für ein gesegnetes Wochenfest!

Meinen Sie um Himmels willen nicht, ich hätte irgendwelche Klagen oder Beschwerden gegen Sie. Wie es bei uns geschrieben steht: »Möge der Hüter der Einfältigen mich davor bewahren, Rechtschaffene zu verdächtigen oder Verleumdungen auszusprechen.« Ganz im Gegenteil bin ich überzeugt, daß Sie Ihre Aufgabe im Dienste Prof. Gideons bestens erfüllen. Ebenso anerkenne ich die Anstrengungen, die Sie unseretwegen unternommen haben, um die Verbindung zu Boas wiederherzustellen, bedaure die Ihnen entstandenen Unannehmlichkeiten, danke Ihnen für Ihre Bemühungen und drücke meine Hoffnung aus, daß Ihnen Ihre guten Taten zur Seite stehen werden.

Trotz alledem und bei aller gebührenden Hochachtung werden Sie mir verzeihen, wenn ich Sie in Beantwortung Ihres Briefes pflichtgemäß darauf hinweisen muß, daß Sie als Vermittler zwischen mir und meiner Familie einerseits und Prof. Gideon andererseits von vornherein ausscheiden. Und zwar ganz einfach deswegen, weil Sie völlig mit der Gegenseite im Bunde stehen, wie es auch durchaus richtig ist, solange diese Ihnen Ihr Honorar bezahlt. Dann gilt, was bei uns geschrieben steht, »nicht von deinem Stich und nicht von deinem Honig« möchten wir, Herr Sackheim. Falls Prof. Gideon sich zu seinem eigenen Wohl dazu bewegen lassen sollte, einen Beitrag für den Aufbau des Landes zu spenden, besitzen Sie bei allem Respekt weder ein Vetorecht noch ein Recht auf Meinungsäußerung, ja, gehören überhaupt nicht auf die Bildfläche, von der Sie daher bitte schleunigst abtreten wollen.

Sollten Sie sich andererseits auch selber entschließen, etwas für unseren heiligen Zweck zu spenden, wird diese Ihre Zuwendung ohne große Nachforschungen gerne dankend angenommen.

Im weiteren habe ich Ihre gewisse Andeutung hinsichtlich der Informationen, die Sie angeblich gegen uns gesammelt haben, zur Kenntnis genommen. Ja, zur Kenntnis, aber nicht zu Herzen – aus dem einfachen Grund, daß wir nichts zu verbergen haben. Wie es bei uns heißt: »Wer darf hinaufziehn zum Berg des Herrn, wer darf stehn an seiner heiligen Stätte? Der reine Hände hat und ein lauteres Herz, der nicht betrügt und keinen Meineid schwört.« Ihre gewisse Andeutung beschämt nur Sie selbst, Herr Sackheim. Während ich meinerseits, getreu dem Gebot, »du sollst dich nicht rächen und nichts nachtragen«, beschlossen habe, sie zu ignorieren und als nicht vorhanden anzusehen.

Werter Herr Sackheim. Von Ihnen als einem Menschen, der vielleicht aus dem Holocaust zu uns gekommen ist, hätte ich gerade erwartet, Sie würden mit als erster die Festigung des Staates und die Konsolidierung seiner Grenzen anstreben. Und das natürlich ohne, Gott behüte, die Ehre oder den Besitz der arabischen Einwohner anzutasten. Ich möchte Sie daher zur Aufnahme in unseren Verband empfehlen, der »Bewegung Einiges Israel« (eine ausführliche Informationsbroschüre liegt bei). Darüber hinaus beehre ich mich, Ihnen, Herr Sackheim, in Anerkennung des juristischen Niveaus, das Sie in Prof. Gideons Dienst bewiesen haben, das Justitiarsamt unserer Bewegung anzubieten, sei es auf voluntärer Basis oder bei voller, angemessener Honorierung.

Ferner möchte ich Sie bitten, hinfort als Verwalter des mir und meiner Familie gehörenden Privatvermögens zu fungieren, angesichts der Tatsache, daß mit Gottes Hilfe und – in demütiger Unterscheidung – auch mit ihrem dankenswerten Beistand uns ein Teil des geraubten Gutes bereits zurückgegeben worden ist und auch der Rest, so glaube ich, folgen wird.

Ich wäre bereit, Ihnen den üblichen Prozentsatz und etwas darüber als Honorar zu zahlen. Ja, wir könnten sogar auf partnerschaftlicher Basis arbeiten, Herr Sackheim, da ich beabsichtige, über unseren Verband viel Geld in Wirtschaftsinitiativen zu stecken, die mit der Erlösung der befreiten Gebiete verbunden sind. Eine Partnerschaft zwischen uns würde allen Seiten zum Wohle gereichen, ganz abgesehen von dem Segen, der dem Volk und Staat Israel daraus erwüchse. Wie es bei uns geschrieben steht: »Gehen zwei zusammen, ohne daß sie sich verständigt hätten?« Mein Vorschlag besagt also, daß Sie auf unsere Seite überwechseln, ohne natürlich Prof. Gideons Mandat niederzulegen. Sie brauchen sich mit der Antwort nicht zu beeilen. Wir sind das Warten gewöhnt und frönen nicht der Hast.

Möglicherweise repräsentiert Prof. Gideon die Leistungen der Vergangenheit, aber die Zukunft gehört meines Erachtens uns. Denken Sie an die Zukunft, Herr Sackheim!

Mit vorzüglicher Hochachtung in jüdischer Brüderlichkeit
Michael (Michel-Henri) Sommo

Rachel Morag
Kibbuz Bet-Awraham, Mobile Post Untergaliläa

11. 6. 76

Schalom, normale Rachel,

ich bin Dir doch noch ein paar Zeilen schuldig. Ich habe nicht früher geantwortet, weil ich bis obenhin in Boas' Problemen steckte. Du wirst jetzt sicher die Miene der verständnisvoll-nachsichtigen Rachel aufsetzen und im Ton der großen Schwester bei Dir sagen, daß ich nicht mit Boas, sondern, wie immer, mit mir selbst beschäftigt gewesen sei. Du bist ja seit unserer Kindheit dafür zuständig, mich aus meinen Irrsinnsanfällen zu retten. »Meinen Dramen«, wie Du es nennst. Gleich wirst Du anfangen, mich mit der angewandten Psychologie zu päppeln, die Du im Kurs für Kleinkinderpflege aufgeschnappt hast. Bis ich aus der Haut fahre und brülle: Laß mich doch endlich in Ruhe! Worauf Du mich kummervoll anlächelst, in Deiner gewohnten Weise die Kränkung schweigend übergehst und mich aus eigenen Kräften zu der Erkenntnis gelangen läßt, daß meine Ausbrüche nur das bestätigen, was Du in Deiner Klugheit diagnostiziert hattest. Mit Deiner geduldigen, didaktischen Klugheit, die mich seit Jahren zur Weißglut treibt, bis ich beinah vor Wut ersticke und Dich mit Beleidigungen überschütte, wodurch ich Dir die wunderbare Gelegenheit gebe, mir zu verzeihen, und gleichzeitig auch Deine ständige Sorge um meinen Zustand untermaure. Wir kommen nicht schlecht miteinander aus? Siehst Du, eigentlich wollte ich Dir nur einige Dankeszeilen für Euren Besuch schreiben, dafür daß Ihr, Du und Joasch, alles stehen und liegen gelassen habt und nach Jerusalem gekommen seid, um uns zu helfen. Und nun schau, was daraus geworden ist. Vergib mir. Obwohl – wenn meine Dramen nicht wären, welche Verbindung hätten wir denn noch? Wohin würdest Du dann Deine erdrückenden Gutherzigkeitssalven abschicken?

Wie Du weißt, geht es Boas recht gut. Und ich versuche, zur Ruhe zu kommen. Aleks Anwalt hat Detektive beauftragt, die herausfanden, daß er auf irgendeinem Touristenboot an der Sinaiküste arbeitet und keinen von uns braucht. Ich habe Michel überreden können, vorerst nicht zu ihm hinzufahren. Du siehst, ich bin Deinem Rat gefolgt, ihn in Ruhe zu lassen. In bezug auf Deinen anderen Rat, Alek für immer zu vergessen und sein Geld nicht anzunehmen, mußt Du es mir nicht übelnehmen, wenn ich Dir sage, daß Du keine Ahnung hast. Grüße und Dank an Joasch und Küßchen für die Kinder

von der unerträglichen

Ilana

Gute Wünsche für Euch alle von Michel. Er hat angefangen, die Wohnung zu erweitern, von dem Geld, das Alek uns geschickt hat. Die Genehmigung für den Anbau zweier Zimmer nach hinten auf den Hof hinaus hat er schon in der Tasche. Im nächsten Sommer könnt Ihr Euch bei uns ausruhen, und ich werde mich gut benehmen.

Auszüge aus der Weltpresse über das Buch »Die verzweifelte Gewalt: eine vergleichende Studie über den Fanatismus« von Alexander A. Gideon (1976).

»Das monumentale Werk des israelischen Forschers wirft neues Licht – oder richtiger schweren Schatten – auf die Psychopathologie, die seit Ur-

zeiten bis auf den heutigen Tag den Hintergrund verschiedener Religionen und Ideologien bildet...«
(Times Literary Supplement, London)

»Eine Pflichtlektüre ... eine eiskalte Analyse des Phänomens messianischen Eifers in seinen religiösen wie säkularen Ausdrucksformen...«
(New York Times)

»Spannender Lesestoff... unerläßlich zum Verständnis jener Bewegungen, die unser Jahrhundert nach wie vor erschüttern ... Prof. Gideon schildert das Phänomen des Glaubens ... jeglichen Glaubens ... nicht als Quelle der Sittlichkeit, sondern gerade als deren völlige Umkehrung...«
(Frankfurter Allgemeine Zeitung)

»Der israelische Wissenschaftler behauptet, sämtliche Weltverbesserer seit Anbruch der Geschichte hätten ihre Seele in Wirklichkeit dem Satan des Fanatismus verkauft ... Der geheime Wunsch des Fanatikers, den Märtyrertod auf dem Altar seiner Idee zu sterben, ermöglicht es ihm nach Meinung des Verfassers, ohne mit der Wimper zu zucken das Leben anderer zu opfern – manchmal das Leben von Millionen ... In der Seele des Fanatikers verschmelzen Gewalttätigkeit, Erlösung und Tod zu einer unlöslichen Einheit ... Prof. Gideon stützt diese Auffassung nicht etwa auf psychologische Spekulationen, sondern auf eine präzise linguistische Analyse des Wortschatzes, der allen Fanatikern in verschiedenen Zeitaltern und unterschiedlichen Teilen des religiösen und weltanschaulichen Spektrums gemeinsam ist ... Wir haben eines jener seltenen Bücher vor uns, die den Leser zwingen, sich und seine gesamten Anschauungen einer gründlichen Prüfung zu unterziehen und sich und seine Umgebung auf latente Krankheitsmerkmale zu untersuchen...«
(New Statesman, London)

»Entblößt erbarmungslos das wahre Gesicht von Feudalismus und Kapitalismus ... Brandmarkt kenntnisreich Kirche, Faschismus, Nationalismus, Zionismus, Rassismus, Militarismus und die extreme Rechte...«
(Literaturnaja Prawda, Moskau)

»Bei der Lektüre überkommt einen gelegentlich das Gefühl, als betrachte man ein Gemälde von Hieronymus Bosch ...«

(*Die Zeit*, Hamburg)

Herrn Dr. A. Gideon
zu Händen von RA Sackheim

Jerusalem, 13. 6. 76

Frater Alek,
   hättest Du mir vor sieben Jahren im Prozeß nur durchblicken lassen, daß Du mein Ehebruchsgeständnis nicht dazu nutzen wolltest, mir Boas wegzunehmen, hätte ich keinerlei Grund gehabt, dem Vaterschaftstest zu widersprechen, der sowieso überflüssig war. Wieviel Leid wäre vermieden worden, wenn Du damals bloß zwei, drei Worte gesagt hättest. Aber was soll ich einen Vampir fragen, wie er frisches Blut saufen kann.
   Ich tue Dir unrecht. Du hast ja auf Deinen Sohn verzichtet, weil Du Mitleid mit ihm hattest. Du wolltest ihm sogar eine Niere spenden. Und Du könntest auch jetzt noch meine Briefe kopieren und an Michel abschicken. Aber irgend ewas gerät Deinem Haß in die Quere. Etwas wispert in Dir wie der Wind im trockenen Gras und bricht die arktische Stille. Ich sehe Dich noch inmitten Deiner Freunde bei der üblichen Diskussionsrunde am Freitagabend: die langen Beine auf dem Couchtisch ausgestreckt. Die Augen nur halb geöffnet. Die rauhe, braungebrannte Haut Deiner Arme. Deine zögernden Finger, die nachdenklich nicht vorhandene Kügelchen drehten. Und abgesehen davon – ein regloses Fossil. Wie ein Gecko, der einem Insekt auflauert. Auf Deiner Sessellehne stand Dein Glas in kippligem Gleichgewicht. Das Stimmengewirr im Raum, die Argumente und Gegenargumente, der Zigarettenrauch, spielten sich gewissermaßen weit unter Dir ab. Das weiße, gestärkte Schabbathemd spannte sich frisch gebügelt über Deiner Brust. Dein Gesicht war in Gedanken verloren. Und plötzlich fuhrst Du wie eine Viper hoch und warfst beißend ein: »Moment mal. Verzeihung. Ich hab was nicht verstanden.« Die lautstarke Diskussion verebbte sofort. Du hacktest die Debatte mit ein oder zwei Sätzen ab, schlitztest die einzelnen Standpunkte in ganzer Breite von einem scharfen, unerwarteten Winkel her auf, warfst den Ausgangspunkt über den Haufen und endetest mit »Verzeihung, macht wei-

ter«. Dann versankst Du wieder in Deine entrückte Haltung auf dem Sessel. Unberührt durch die Stille, die Du verbreitet hattest. Sollte halt ein anderer in Deinem Namen die Auffassung formulieren, die vielleicht aus Deiner eben gestellten Frage herauszuhören war. Langsam kam die Diskussion schüchtern wieder in Gang. Ohne Dich. Du warst schon völlig in eine tiefernste Beobachtung der Eiswürfel in Deinem Glas versunken. Bis zur nächsten Zäsur. Wer hat Dir den Geist soweit verwirrt, daß Du Mitgefühl als Schwäche, Güte und Aufgeschlossenheit als Schande und Liebe als Zeichen unmännlicher Verweichlichung betrachtest? Wer hat Dich in die verschneiten Tundren verbannt? Wer hat einen Mann wie Dich dazu verleitet, das Mitleid mit Deinem Sohn, die Sehnsucht nach Deiner Frau wie Schandflecke zu verbergen? Düsteres Grauen, Alek. Und die Sünde trägt die Strafe in sich. Deine monströsen Leiden sind wie ein Gewittersturm hinter den Bergen im Morgengrauen. Ich umarme Dich.

Inzwischen ist die hebräische Ausgabe Deines Buches hier Tagesgespräch. Dein Konterfei blickt mir aus allen Zeitungen entgegen. Allerdings ist das Bild mindestens zehn Jahre alt. Dein Gesicht wirkt darauf schmal und konzentriert, militärische Strenge spannt sich über Deine Lippen – als wolltest Du gleich einen Feuerbefehl erteilen. Ist das Foto aufgenommen worden, als Du aus der Berufsarmee abgingst und an die Universität zurückkehrtest, um Deine Dissertation abzuschließen? Während ich es so betrachte, flimmert mir der arktische Glanz aus der grauen Wolke entgegen. Wie ein im Eisberg eingeschlossener Funke.

Vor zehn Jahren. Bevor noch die festungsartige Villa in Jefe Nof fertig war, erbaut von dem Vermögen, das Sackheim Dir von Deinem Vater rausholen konnte, der bereits dabei war, in seine melancholischen Fernen zu entschwinden, ihnen zuzeilte wie ein alter Indianer, der sich in die ewigen Jagdgründe aufmacht.

Wir wohnten noch in der alten Wohnung in Abu Tor mit den Kiefern im felsigen Vorgarten. Und besonders erinnere ich mich an die regnerischen Wintersamstage. Um zehn Uhr standen wir auf, geschlagen und erschöpft von der Grausamkeit unserer Nacht, fast nett zueinander wie zwei Boxer zwischen den Runden im Ring. Schwindlig vor lauter Hieben mußten wir uns beinah gegenseitig stützen, wenn wir das Schlafzimmer verließen. Boas war dann schon wach. Er hatte sich zwei Stunden früher angezogen (mit schief zugeknöpftem Hemd und zweierlei Socken), saß mit wissenschaftlichem Ernst an Deinem Schreibtisch, im Licht Deiner brennenden Lampe, Deine Pfeife im Mund, und füllte ein Blatt nach dem anderen mit den Armaturenbrettern von Raumschiffen. Oder einem flammend abstürzenden Flugzeug. Manchmal schnitt er Dir mit bewundernswerter Präzision einen Stapel rechteckiger weißer Kärtchen zurecht – sein Beitrag zu Deiner Dissertation. Oder für die Panzertruppe. Das war noch, bevor die Epoche der Modellflugzeuge aus Sperrholz begann.

Draußen fiel trüber, hartnäckiger Regen, den der Wind gegen die Kiefernwipfel und die verrosteten Eisenrollos peitschte. Durch das triefende Fenster sah man den Garten wie mit feinem japanischen Pinsel gemalt: Kiefernnadeln zitterten im Nebel, die Spitzen von Wasserperlen behangen In der Ferne, zwischen den Wolkenschwaden, schwebten die Türme und Kuppeln, als wollten auch sie sich der Karawane anschließen, die mit dem Donnerrollen ostwärts der Wüste zustrebte.

Ich ging in die Küche, um Frühstück zu machen, und entdeckte, daß Boas schon den Tisch für uns gedeckt hatte. Mit geröteten Augen saßen wir da und wichen uns mit den Blicken aus. Manchmal starrte ich Dich unentwegt an, wie festgenagelt, bloß damit Du mich nicht anschauen konntest. Und der Junge pflegte wie ein Sozialarbeiter zwischen uns zu vermitteln: Ich solle Dir Kaffee nachschenken, Du solltest mir den Käse reichen.

Nach dem Frühstück zog ich das blaue Wollkleid an, kämmte mein Haar, machte mich zurecht und setzte mich mit einem Buch in den Sessel. Nur blieb das Buch fast immer offen umgedreht auf meinen Knien liegen: Ich konnte die Augen nicht von Dir und Deinem Sohn abwenden. Ihr saßt beide am Schreibtisch, damit beschäftigt, Bilder aus Deinem Geographical Magazine auszuschneiden, zu sortieren und einzukleben. Fast völlig schweigsam habt Ihr gearbeitet, und der Junge erriet flink, was Du gerade wolltest. Reichte Dir im rechten Moment Schere, Klebstoff, Papiermesser, bevor Du noch darum bitten konntest. Als würdet Ihr gemeinsam irgendeine Zeremonie vollziehen. Und alles in tiefem Ernst. Abgesehen vom Knistern des Petroleumofens war kein Laut im Haus zu hören. Zuweilen legtest Du unwillkürlich Deine starke Hand auf seine hellen Haare, verschmiertest sie ein bißchen mit Klebstoff. Welch himmelweiter Unterschied zwischen diesem männlich entschlossenen Schweigen, das an solchen Schabbatmorgenden zwischen euch herrschte, und der verzweifelten Stummheit, die Dich und mich in dem Augenblick befiel, in dem uns das letzte Zucken der Begierde verließ. Wie erbebte ich angesichts Deiner Finger, die seinen Kopf berührten, verglichen mit der nächtlichen Wut, die sie mir nur wenige Stunden zuvor hatten angedeihen lassen. Wann haben wir den Tod beim Schachspiel siegen sehen – in dem Film »Das siebte Siegel«? Wo liegen die Eiswüsten, die Dir die böse Kraft verliehen haben, diesen Jungen abzuleugnen? Woraus schöpfst Du die eisige Macht, die Deine Finger zwingt zu schreiben: »Dein Sohn«?

Und gegen Abend, wenn der Schabbat in der Dämmerung zwischen den Regenschauern zu Ende ging, noch bevor wir Boas ins Bett gebracht hatten, standst Du plötzlich auf, schenktest Dir wütend einen schnellen Cognac ein, schüttetest ihn in einem Zug hinunter, ohne das Gesicht zu verziehen, hautest Deinem Sohn zweimal grob auf den Rücken wie einem Gaul, fuhrst wild in Deinen Mantel und warfst mir von der Tür aus zu: »Ich komme Dienstagabend wieder. Versuch, vorher ein bißchen das Gelände freizumachen.« Damit gingst Du und zogst die Tür mit einer verzweifelten Selbstbeherrschung zu, die jedes Zuknallen übersteigt. Durchs Fenster sah ich Deinen Rücken in die anbrechende Dunkelheit entschwinden. Du hast jenen Winter nicht vergessen. Bei Dir dauert er unvermindert an, wird nur immer grauer, immer moosbewachsener, sinkt tiefer und tiefer wie ein uralter Grabstein. Wenn Du kannst, versuche mir zu glauben, daß Michel Deine Briefe nicht liest. Obwohl ich ihm von der Korrespondenz über Sackheim berichtet habe. Mach Dir keine Sorgen. Oder vielleicht hätte ich hier schreiben sollen: Mach Dir keine Hoffnungen?

Obwohl Du es abstreitest, sehe ich Dich am Fenster weiter vor Schneefeldern sitzen, weißen Ebenen ohne Baum, ohne Anhebung, ohne Vogel, weit hingedehnt, bis sie in grauen Nebelschwaden aufgehen, alles wie auf einem Holzschnitt. Alles im Herzen des Winters.

Demgegenüber ist hier bei uns inzwischen der Sommer eingekehrt. Die Nächte sind kurz und kühl. Die Tage glühend, gleißend wie flüssiger Stahl. Durch mein Zimmerfenster sehe ich, wie die drei arabischen Arbeiter, die Michel engagiert hat, den Grund für den Anbau ausschachten, den er mit Deinem Geld errichtet. Michel selber arbeitet täglich mit diesen Leuten, sobald er aus seiner Schule zurück ist. Er braucht keinen Bauunternehmer, weil er selbst einmal Maurer war, im ersten Jahr nach seiner Ankunft im Lande. Alle zwei Stunden bringt er ihnen Kaffee und tauscht einige Redewendungen und Scherze mit ihnen aus. Ein Neffe seines

Schwagers, der bei der Jerusalemer Stadtverwaltung arbeitet, hat uns die Baugenehmigung schneller beschafft. Ein Cousin seiner Freundin Janine hat uns versprochen, die elektrischen Leitungen zu legen und uns dafür nur die Materialkosten zu berechnen.

Jenseits des Zauns zwei Feigen und ein Olivenbaum. Dahinter beginnen die Steilhänge des Wadis. Und jenseits des Wadis schimmert die arabische Siedlung, halb Vorort, halb Dorf, ein Rudel kleiner Steinhäuser um das Minarett geschart. Frühmorgens rufen die Hähne dort hartnäckig nach mir, als wollten sie mich verführen. Ziegen meckern bei Sonnenaufgang, und manchmal vermag ich die Glöckchen der Herde zu hören, die auszieht, um am Wüstensaum zu grasen. Ein ganzes Regiment von Hunden bricht manchmal plötzlich in ein Kläffen aus, das die Entfernung mir dämpft. Wie die Asche alter Begierden. In den Nächten flaut ihr Bellen fast bis zu einem erstickten Winseln ab. Der Muezzin erwidert mit seinem eigenen Klagen, guttural, zügellos, von heimlichen Sehnsüchten verzehrt. Sommer in Jerusalem, Alek. Der Sommer ist gekommen und Du nicht.

Aber Boas ist gestern aufgetaucht. Als sei überhaupt nichts geschehen. Und fast heiterer Stimmung: »Ahalan Michel. Ilana. Da bin ich, um euch mal kurz die Jifat aufzufressen. Aber erst mal nimm, Kleinchen, iß diese Bonbons da, damit du mir besser schmeckst.« Ein sonnenverbrannter Wikingerbeduine mit dem Geruch von Meer und Staub, das schulterlange Haar weißglühend wie siedendes Gold. Wenn er durch die Tür kommt, muß er schon den Kopf einziehen. Michel spricht er tiefgebückt an, als verneige er sich vor ihm, als erbringe er willentlich und wissentlich eine zeremonielle Huldigung. Doch für Jifat ging er auf alle viere hinunter, worauf sie, das schwarze Äffchen, an ihm hochkrabbelte und auf seinen breiten Schultern höher und höher stieg, bis sie die Decke berührte. Und ihm dabei klebrigen Speichel ins Haar träufelte – von den Bonbons, die er ihr geschenkt hatte.

Boas hatte ein mageres, schweigsames Mädchen mitgebracht, weder schön noch häßlich. Eine Mathematikstudentin aus Frankreich, mindestens vier Jahre älter als er. Nachdem Michel sie ausgefragt und erfahren hatte, daß sie aus jüdischem Hause stammte, beruhigte er sich und bot ihnen an, bei uns auf dem Teppich vor dem Fernseher zu schlafen. Sicherheitshalber ließ er das Licht in der Duschecke brennen und die Tür zwischen ihnen und uns weit offenstehen, um zu garantieren, »daß Boas ihr bei mir zu Hause keine Dummheiten macht«.

Was hat Boas zu uns geführt? Wie sich herausstellt, war er vorher zu Sackheim gelaufen und hatte ihn um Geld für die Dir bekannten Zwecke gebeten. Sackheim erzählte ihm dann aus irgendeinem Grund von den Hunderttausend, die Du Michel hast zukommen lassen, weigerte sich aber, Boas auch nur ein Taschengeld auszuzahlen. Irgendein listiger Plan, den ich nicht durchschaue, entsteht offenbar in seinem glattrasierten teuflischen Schädel, denn daraufhin hat er Boas empfohlen, zu Michel zu gehen »und das ihm Zustehende zu fordern«.

Womöglich bist auch Du an diesem Komplott beteiligt? Vielleicht ist es überhaupt Deine Idee? Bin ich denn nur aus lauter Dummheit niemals fähig, Deinen nächsten Tiefschlag vorauszusehen, selbst wenn er schon fast auf mir gelandet ist? Sackheim ist doch nichts weiter als eine Art jubilierende Operettenmarionette, mit der Du gelegentlich Deine düstere Faust zu umkleiden geruhst.

Boas bot Michel nichts weniger als eine Partnerschaft in irgendeinem Unternehmen mit Touristenbooten im Roten Meer an. Dazu war er nach Jerusalem heraufgekommen. Er braucht, nach seinen Worten, eine »Erstinvestition«, von der er sicher ist, sie innerhalb einiger Monate »wieder reinzuholen«. Während er sprach, nahm er eine Streichholzschachtel auseinander und bastelte Jifat eine Art Kamel auf Storchenbeinen. Dieser Junge, das bist du selber: Wie gebannt beobachtete ich seine Finger, die gedankenlos Ströme von Kraft verschwendeten, nur um sich selber davon abzuhalten, ein Streichholz zu zerbrechen. Diese schwindelerregende Vergeudung, bei deren Anblick ich fast augenblicklich von schreiender physischer Eifersucht auf sein französisches Blumenmädchen erfüllt wurde.

Nachdem Michel das Partnerschaftsangebot gehört hatte, stand er auf und tat, wie immer, das Richtigste und Treffendste zum passendsten Zeitpunkt. Das heißt, er kletterte plötzlich auf die Fensterbank, öffnete den Rollokasten, baute die Halterung auseinander und wieder zusammen, um den steckengebliebenen Laden flottzumachen. Und danach blieb er auf dem Fenstersims stehen, so daß er von oben herab mit Deinem Sohn sprechen konnte, wie von der Kommandobrücke eines Schiffes. Michel erklärte Boas ohne Ärger, aber auch ohne Beschwichtigungsfloskeln, daß das überhaupt nicht in Frage komme, keine Anleihen und keine Investitionen und kein Garnichts, und obwohl Boas »durchaus die Krönung der Weisheit sei, wie seinerzeit König Salomo«, werde Familie Sommo auf eigene Rechnung doch »weder den Harem noch die Schiffe von Tarschisch finanzieren«. Dazu nagelte er Boas noch auf den Vers »im Schweiße deines Angesichts« fest.

Aber gleich darauf stieg er von seiner Abschußrampe herunter, ging in die Küche und bereitete für Boas und seine Freundin königliche Steaks mit Pommes frites und einen meisterhaften gemischten Salat. Und am Abend bat er wieder den Nachbarssohn, auf Jifat aufzupassen, und führte die beiden und mich ins Kino und hinterher zum Eisessen. Erst als wir wieder zu Hause waren, gegen Mitternacht, brachte Boas den Mut auf, Michel zu fragen, wem eigentlich »dieses Geld da aus Amerika« gehöre. Michel, der symbolisch gesprochen keinen Augenblick von seinem Podest herabgestiegen war, antwortete ruhig: »Dieses Geld gehört deiner Mutter, deiner Schwester und dir zu drei gleichen Teilen. Aber vorerst sind du und Jifat aus der Sicht des Gesetzes und natürlich auch aus meiner Sicht noch minderjährig. Eure Mutter ist gegenwärtig für euch verantwortlich und ich für sie, und das sag bitte dem Herrn Sackheim, damit er dich nicht durcheinanderbringt. Du, Boas, wärst, selbst wenn Du dem Eiffelturm über den Kopf wachsen solltest, bei mir doch immer noch in der Kategorie eines minderjährigen Eiffelturms. Falls du lernen möchtest, ist das was ganz anderes: Du brauchst es nur zu sagen – und die Brieftasche ist offen. Aber Gelder, die du nicht selbst verdient hast, auf Fische und Touristen und Mädchen verschwenden? Das finanziere ich sogar dann nicht, wenn es im befreiten Sinai geschieht. Dieses Geld ist dazu da, einen eigenständigen Menschen aus dir zu machen. Und wenn du jetzt spontan Lust hast, mit einer Kiste auf mich loszugehen – bitteschön, Boas, unter Jifats Bett steht eine.«

Boas hörte schweigend zu, breitete nur Dein nachdenkliches Lächeln über seine Lippen aus, so daß seine königliche, tragische Schönheit den Raum wie ein Duft erfüllte, und lächelte auch dann noch weiter, als Michel zum Französischen überwechselte und sich in ein langes Gespräch mit der jungen Studentin vertiefte. Für mich ist es faszinierend, wie mein Mann und Dein Sohn aus der Tiefe der Verachtung und Erniedrigung stille Zuneigung zueinander empfinden. Nimm Dich in acht, mein Herr: Deine Opfer könnten gemeinsame Sache gegen Dich machen. Und ich amüsiere mich über Deine Eifersucht, die Dich eben gewiß dazu veranlaßt hat, die Lippen drahtig zusammenzupressen. Den Abstand zwischen Deiner Lesebrille und dem Kugelschreiber auf dem Schreibtisch um zwei, drei Zentimeter zu verringern. Nur rühr keinen Whisky mehr an: Deine Krankheit gehört nicht ins Spiel.

Heute morgen kamen einige Freunde von Michel, Russen und Amerikaner mit Käppchen, und luden Michel, Boas und seine Freundin in ihrem Kombiwagen zu einer Rundfahrt durch die Umgebung Betlehems ein. So sitze ich nun allein zu Hause, schreibe Dir auf ausgerissenen Heftseiten. Jifat ist in der Kinderkrippe. Diese Kleine ähnelt Michel so grotesk übertrieben, daß man meinen könnte, sie sei geradezu als Parodie auf ihn gemacht: sie ist zart, kraushaarig, schielt ein bißchen und ist folgsam, obwohl sie auch zu piepsigen Willensausbrüchen fähig ist. Die meiste Zeit verbreitet sie jedoch schüchterne Zuneigung um sich, die sie Gegenständen, Tieren und Menschen gleichermaßen schenkt, als erwarte die Welt aus ihrer kleinen Hand nichts als eitel Freude. Fast vom Tag ihrer Geburt an nennt Michel sie Mademoiselle Sommo. Das spricht er »Mamsell« aus, und sie antwortet ihm darauf, indem sie ihn unschuldig »Mamser« – Bastard – ruft.

Wußtest Du, Alek, daß Michel vorhat, zum Jahresende seine Stelle als Französischlehrer aufzugeben? Seiner Schule den Rücken zu kehren und auch mit den Privatstunden aufzuhören? Er träumt von Grundstücksgeschäften in den Gebieten und einer politischen Laufbahn im Gefolge seines Bruders, den er sehr bewundert. Allerdings erzählt er mir nicht viel davon. Dein Geld hat sein Leben verändert. Das war nicht Deine Absicht, aber zuweilen führt sogar ein Drache ein edles Ergebnis herbei, düngt irgendein Fleckchen Erde, auf dem später Getreide sprießt.

Um elf Uhr muß ich ins Café Savyon gehen, um Sackheim diesen Brief bei einem Geheimtreffen zu übergeben. Auf Deine Anordnung. Obwohl Michel davon weiß. Und Sackheim? Selbstgefällig. Arrogant, durchgestylt und giftsprühend kommt er zu diesen Begegnungen anmarschiert. In einem Sportsakko, um den Hals ein Seidentuch wie der geborene Bohemien. Sein glattrasierter Tatarenschädel glänzt und duftet, die Fingernägel sind sorgfältig gepflegt, nur lugen ihm aus Nase und Ohren schwarze Haarbüschel hervor. Jedesmal wieder gelingt es ihm, meinen Willen zu brechen und mir Kaffee und Kuchen aufzudrängen. Danach überschüttet er mich mit operettenreifen Komplimenten, doppeldeutigen Bonmots, gelegentlich auch – natürlich rein zufälligen – Berührungen, für die er sich sofort mit verschleiertem Blick entschuldigt. Letztes Mal ist er zum Blumenstadium vorgestoßen. Selbstverständlich kein ganzer Strauß, sondern eine einzelne Nelke. Ich war gezwungen zu lächeln und an der Blüte zu schnuppern, die anstelle ihres eigenen Dufts Sackheims Eau de Cologne verströmte. Als habe sie ein Tauchbad hinter sich.

Du fragst, was ich an Michel gefunden habe. Und ich gestehe: ich habe wieder mal gelogen. Nehme hiermit die Geschichte von Michel als dem virtuosen Liebhaber zurück, die ich Dir erzählt hatte. Du kannst Dich vorerst beruhigen. Michel ist im Bett ganz in Ordnung und bemüht sich weiterhin besser zu werden. Ich habe sogar irgendein Anleitungsbüchlein auf französisch gefunden, das er in seinem Werkzeugkasten vor mir versteckt hatte. Tut mir leid, wenn ich Dir damit eine Deiner Kasteiungen geraubt habe. Du wirst umgehend andere, sogar noch schwerere von mir bekommen. Michel und ich haben uns etwa ein Jahr nach der Scheidung kennengelernt. Er kam jeden Abend in das Buchgeschäft, in dem ich damals arbeitete, blätterte Zeitschriften durch und wartete bis zum Ladenschluß auf mich. Danach führte er mich in billige Restaurants, ins Kino, zu öffentlichen Podiumsdiskussionen. Nach dem Film wanderten wir manchmal kilometerweit durch die nächtlich leeren Straßen Südjerusalems – er wagte es nicht, mich mit auf sein Zimmer zu nehmen. Vielleicht schämte er sich seiner Unterkunft in der Wäschekammer auf dem Dach eines Hauses, das einem seiner Verwandten gehörte. Und er skizzierte mir schüchtern seine Auffassungen und Pläne. Kannst Du Dir verschämte Ehrsucht vorstellen? Er wagte nicht einmal mich einzuhaken.

Ich wartete geduldig beinah drei Monate lang, bis mir dieser Blick eines hungrigen, aber wohlerzogenen Hundes zuviel wurde, mit dem er mich dauernd von der Seite ansah. Einmal ergriff ich in einem Seitengäßchen seinen Kopf und küßte ihn. Seither küßten wir uns zuweilen. Aber er hatte immer noch Angst, mich seiner Familie vorzustellen, und fürchtete meine Reaktion auf seine halbreligiös geprägte Lebensweise. Seine Furchtsamkeit gefiel mir. Ich versuchte ihn nicht zu drängen. Nach noch ein paar Monaten, als die winterliche Kälte unsere Spaziergänge zum Martyrium machten, nahm ich ihn auf mein Zimmer mit, schälte ihn aus seiner Kleidung, wie man ein Kind auszieht, und legte seine Arme um mich. Es dauerte fast eine Stunde, ehe er sich einigermaßen beruhigt hatte. Und danach hatte ich noch viel zu kämpfen, bis er ein Lebenszeichen zu erkennen gab. Das wenige, was er wußte, hatte er offenbar als Jüngling in Paris von jungen Mädchen gelernt, die genauso verängstigt waren wie er selbst. Und vielleicht auch, trotz seiner gegenteiligen Beteuerungen, in einem billigen Puff. Als ich einen kleinen Seufzer ausstieß, überfiel ihn das Grauen, er begann »Pardon, Pardon« zu murmeln, zog sich an, ging feierlich auf die Knie und hielt verzweifelt um meine Hand an.

Nach der Hochzeit wurde ich schwanger. Es verging noch ein weiteres Jahr nach der Geburt des Babys, bis ich ihm beibringen konnte, auf mich zu warten, und sich in der Liebe nicht wie ein Fahrraddieb zu benehmen. Als es ihm endlich zum erstenmal gelang, den Ton aus mir herauszuholen, den Du sogar per Post in mir anzuschlagen vermagst, glich Michel dem ersten Astronauten auf dem Mond: Sein unterdrückter, ekstatischer Stolz ließ mein Herz vor Liebe erbeben. Am nächsten Morgen ging Michel in seiner stürmischen Erregung nicht zur Arbeit, sondern zu seinem Bruder, von dem er sich tausend Pfund auslieh, um mir ein zweiteiliges Sommerkleid zu kaufen. Und dazu noch einen kleinen elektrischen Handmixer. Abends kochte er ein königliches Mahl mit vier Gängen für mich und brachte eine Flasche Wein dazu auf den Tisch. Hörte gar nicht mehr auf, mich mit verschämten Aufmerksamkeiten zu überhäufen. Seither wird er langsam besser und bringt manchmal einen sauberen Ton zuwege.

Hast Du Dich beruhigt, Alek? Ist das Vampirlächeln auf Deinen verkniffenen Lippen zum Durchbruch gekommen? Blitzen Deine Raubtierzähne blendend weiß im flackernden Feuerschein? Tanzt die graue Bosheit hinter Deinem kalten Blick? Warte. Wir sind noch nicht fertig. Du hast und wirst nämlich Michel niemals das Wasser reichen können. Die stille Hochachtung, Alek, die verschämte, glühende Dankbarkeit, die sein Geist meinem Körper vor und nach der Liebe zollt, der verträumte Glanz, der sich nachts über sein Gesicht legt: wie ein bescheidener Stehgeiger, dem man erlaubt hat, eine Stradivari zu berühren. Jeden Abend, als sei es das erste Mal in seinem Leben, tasten seine Finger über meinen Körper, gleichsam überrascht über den ausbleibenden Peitschenhieb. Und beim Licht der Nachttischlampe, wenn er aufsteht, um mir das Nachthemd zu holen, sagen seine kurzsichtigen Augen mir in stummem Glühen, daß die königlichen Gnaden, mit denen ich ihn unverdient überschüttet habe, größer und erhabener als er selber seien. Ein verhaltener, geistiger Schimmer, wie ein Gebet, erleuchtet von innen her seine Stirn.

Doch was versteht ein schwer gepanzerter Schuppendrache wie du von Güte, Zuneigung und Milde? Nie hast Du etwas anderes gehabt, und nie wirst Du etwas anderes haben als Deine Folterkeller. Denen sich mein Fleisch entgegensehnt. Deine Tropenhölle. Die feuchtheißen, von gärender Fäulnis brodelnden Dschungel, die im gedämpften Licht des Laubdikkichts dahindämmern. Hier dampft der ölige Regen aus der von fetter Kraft überquellenden Erde hoch, fängt sich in den dichten Baumkronen und trieft lauwarm zurück, von den Wipfeln zum Morast und zu den verrottenden Wurzeln. Schließlich bin nicht *ich* aufgestanden und weggelaufen. *Du* hast alles hingeschmissen. Ich will nach wie vor weitermachen. Warum hast Du mich verstoßen? Warum hast Du mich mitten ins tiefste Dunkel gebracht, hast mich dortgelassen und bist abgehauen? Immer noch versteckst Du Dich in Deinem schwarz-weißen Zimmer vor mir. Du wirst nicht zurückkommen. Die Angst lähmt Dich. Ein gerupftes, erschöpftes Männchen verbirgt sich zitternd in seinem Loch. Ist der Drache derart ramponiert? Ein kümmerlicher, schlapper Drache? Ein mit Lumpen ausgestopfter Vampir? Schreib mir, wo Du bist. Schreib mir, was Du machst. Und wie es mit Deiner Gesundheit wirklich steht.

Die Trauerweide

Herrn RA M. Sackheim
Praxis Sackheim & di Modena
King George 36
Jerusalem
Persönlich – nur für den Adressaten

Tel Aviv, 18. 6. 1976

Sehr geehrter Herr Sackheim,

auf Grund Ihrer telefonischen Aufforderung Anfang der Woche bin ich für einige Stunden nach Scharm-a-Scheich geflogen und habe die Geschichte überprüft. Ferner ist es meinem Assistenten, Albert Maimon, gelungen, dem Burschen auf die Spur zu kommen und seinen Aufenthaltsort bis vor zwei Tagen ausfindig zu machen. Im folgenden der Bericht:

In der Nacht vom 10. auf den 11. Juni kam auf dem zivilen Ankerplatz in Ofira das Touristenboot abhanden, auf dem B. B. in der letzten Zeit gearbeitet hat. Noch in derselben Nacht, gegen zwei Uhr morgens, wurde das Boot unweit von Ras-Mohammad verlassen aufgefunden, nachdem Beduinenschmuggler es offenbar für einen Drogentransport (Haschisch) von der ägyptischen Küste herüber benutzt hatten. Die Patrouille, die das Boot entdeckt hatte, nahm die Verfolgung der Schmuggler auf. Um fünf Uhr morgens (11. Juni) faßte man einen jungen Beduinen namens Hamed Mutani, der mit B. B. und drei jungen Ausländern in einer Tankstelle zusammenlebte. Der Beduine soll sich der Festnahme widersetzt haben (er leugnet das), und ich habe Grund zu der Annahme, daß er tatsächlich gleich zu Anfang von den Polizisten und Soldaten geschlagen worden ist (sie streiten es ab). B. B. mischte sich in den Vorfall ein, indem er mit einem an einem Seil befestigten Reifen herumwirbelte und dabei neun Soldaten und fünf Beamte der Polizeiwache von Ofira verletzte, bevor man ihn endlich überwältigen konnte. Er wurde wegen Störung einer rechtmäßigen Festnahme in Haft genommen. Nach B. B.s Version, wie sie auf Grund seiner polizeilichen Aussage protokolliert worden ist, haben die Sicherheitskräfte bei der Festnahme Gewalt gegen seinen Beduinenfreund angewandt, während dieser selbst, ebenso wie B. B., »in Selbstverteidigung« handelte. Der besagte Beduine wurde nach einigen Stunden freigelassen, nachdem die Ermittlungsbeamten bei seinem Verhör zu der Überzeugung gelangt waren, daß er weder mit dem Bootsdiebstahl noch mit dem Schmuggel irgend etwas zu tun gehabt hatte.

Nach knapp 24 Stunden, in der Nacht vom 11. auf den 12. Juni, gelang es B. B., die Barackenwand der Polizeiwache niederzubrechen und zu flüchten. Der Standortoffizier meint, der Bursche laufe noch in der Wüste herum und sei vielleicht bei Beduinen untergeschlüpft. In dieser Richtung setzte die Polizei von Ofira auch ihre Fahndung fort. Wie gesagt schlug unser Mitarbeiter Albert Maimon (der Ihnen seinerzeit schon einmal einen kurzen Bericht über B. B. erstellt hatte) einen ganz anderen Weg ein (M. H. S.) und erbrachte schnell gute Ergebnisse: Der Jugendliche B. B. hat sich bis vor zwei Tagen in einer Mietwohnung in Kirjat Arba aufgehalten, in der fünf religiöse ledige Männer russischer und amerikanischer Herkunft leben. Diese jungen Männer sind mit einer kleinen rechtsstehenden Organisation verbunden, die sich als »Einiges Israel« bezeichnet. Wie Sie wissen, gehört auch M. H. S. diesem Verband an.

In Befolgung unserer gesetzlichen Pflichten haben wir die Polizei von unserem Befund in Kenntnis gesetzt. Doch der Bursche ist inzwischen wieder verschwunden. Soweit die uns zur Verfügung stehenden Informationen. (Rechnung liegt bei.) Bitte machen Sie uns alsbald Mitteilung, wenn Sie wünschen, daß wir uns weiter mit diesem Fall beschäftigen.

Schlomo Sand
Privatdetektei Sand GmbH, Tel Aviv

A GIDEON HILTON AMSTERDAM.
BIST DU NOCH INTERESSIERT DASS ICH GRUNDSTÜCK IN SICHRON VERKAUFE. HABE KÄUFER ZU HERVORRAGENDEN BEDINGUNGEN. RATE ZUR EILE. ERWARTE ANWEISUNG. MANFRED.

SACKHEIM PERSÖNLICH JERUSALEM ISRAEL.
ABGELEHNT, ALEX.

GIDEON GRANDHOTEL STOCKHOLM.
VERSUCHTE DICH TELEFONISCH ZU ERREICHEN. GEHT UM EINMALIGES ANGEBOT. KONTAKTIERE MICH SOFORT WEGEN EINZELHEITEN. VOR KURZEM WOLLTEST DU UNBEDINGT VERKAUFEN. WAS HAST DU. MANFRED.

SACKHEIM PERSÖNLICH JERUSALEM ISRAEL.
SAGTE ABGELEHNT. ALEX.

GIDEON NICFOR LONDON.
BOAS WIEDER IN SCHWIERIGKEITEN. POLIZEI FAHNDET NACH IHM. VIELLEICHT WIRST DU DRINGEND BARGELD BRAUCHEN. KÄUFER BEREIT SOFORT NEUNHUNDERT WILHELM TELLER AUF DEIN ZAUBERBERGKONTO ZU ÜBERWEISEN. ÜBERLEGE GUT. MANFRED.

SACKHEIM PERSÖNLICH JERUSALEM ISRAEL.
GIB BOAS MEINE ANSCHRIFT FÜR DIREKTKONTAKT UND HÖR AUF ZU QUENGELN. ALEX.

GIDEON NICFOR LONDON.
 WEISS DER TEUFFEL WO BOAS IST. WAS IST MIT DEM GRUNDSTÜCK IN SICHRON. HÖR AUF ZWEIMAL TÄGLICH DEINE MEINUNG ZU ÄNDERN SONST ENDEST DU NOCH WIE DEIN VATER. MANFRED.

SACKHEIM PERSÖNLICH JERUSALEM ISRAEL.
 GIB RUHE. MANFRED.

SOMMO TARNAS 7 JERUSALEM ISRAEL.
 ERBITTE SOFORTIGE NACHRICHT WAS MIT BOAS IST. WIRD MEINE HILFE GEBRAUCHT. TELEGRAMME AN ANSCHRIFT NICFOR LONDON. ALEXANDER GIDEON.

DOKTOR GIDEON BEI NICFOR LONDON.
 INZWISCHEN IST ALLES GEREGELT. WIR HABEN IHM AUCH DIE LETZTE POLIZEIAKTE GESCHLOSSEN NACHDEM ER SICH VERPFLICHTET HAT IN KIRJAT ARBA ZU LERNEN UND ZU ARBEITEN. MACHEN SIE SICH KEINE UMSTÄNDE. WAS IST MIT IHRER SPENDE. MICHAEL SOMMO.

An Ilana persönlich
zur Übermittlung durch RA Sackheim
                                              Chicago, 28. 6. 76
Trauerweide,
 heute morgen bin ich nach meinem Semester in London und einigen Vorträgen in Holland und Schweden hierher zurückgekehrt. Gerade noch vor meiner Abreise aus London erhielt ich Deinen langen Brief, den der gute Sackheim mir nachgesandt hat. Der Brief der Feuchtigkeit und des Dschungels. Ich habe ihn im Flugzeug etwa über Neufundland gelesen. Warum ich Dich verstoßen hätte, lautet Deine Frage diesmal. Gleich werden wir darauf zu sprechen kommen.

Inzwischen habe ich gehört, daß Boas erneut zugeschlagen hat. Und Sommo ihm wieder mal zu Rettung geeilt ist. Finde ich ganz nett, dieses feste Verhaltensmuster. Nur fürchte ich, daß man mir sicher bald die Rechnung dafür präsentieren wird, zuzüglich Zinsen und Inflationsausgleich.

Läßt Boas sich dort Schläfenlocken wachsen? Ist er nun zu den Superfrommen in die Westbank gezogen? Sommo hat ihn wohl gezwungen, zwischen einer Siedlung dort und einer Anstalt für jugendliche Straftäter zu wählen? Meinetwegen. Ich verlasse mich auf Boas, daß die Siedler demnächst sowohl Sommo als auch den Augenblick verfluchen werden, indem sie sich bereit erklärt haben, unseren Schädelknacker aufzunehmen.

Meine Antwort auf Deine Frage lautet: nein, ich werde nicht zu Dir kommen, oder höchstens im Traum. Hättest Du mich angefleht, Dir fernzubleiben, mich Deiner zu erbarmen und nicht an Dein reines neues Leben mit dem bescheidenen Stehgeiger zu rühren, der Dir Deine Stradivari spielt, wäre ich nun möglicherweise gerade im Galopp angerannt. Aber Du bestürmst mich, Ilana. Der schwere Duft Deiner Begierde, der Geruch von Feigen, die vor zu langer Zeit gepflückt worden sind, dringt bis hierher zu mir durch. Obwohl ich nicht meine Bewunderung für deine Bemühungen verhehlen will, von Deinen gewohnten Wegen abzuweichen und einen Brief ohne Lügen zu verfassen. Schön, daß Du an Dir arbeitest. Wir können vorerst weitermachen.

Ich schulde Dir eine Antwort auf Deine schlichte, listige Frage: Warum hast Du mich vor siebeneinhalb Jahren verstoßen?

Sehr gut, Ilana. Zwei Pluspunkte allein für die Fragestellung. Das würde ich direkt an die Presse, sogar ans Fernsehen weitergeben: »Rahab reitet wieder – hat mit drei Divisionen geschlafen und wundert sich, warum sie verstoßen wurde. Behauptet: Ich wollte doch bloß in Ruhe fertigmachen.«

Ich weiche aus. Ich werde versuchen, eine Antwort für Dich zu finden. Der Haken ist der, daß mein Haß langsam von mir abfällt. Er wird schütter und grau, genau wie mein Haar. Und was bleibt mir denn außer meinem Haß? Nur das Geld. Das ebenfalls nach und nach aus meinen Venen in Sommos Tanker gepumpt wird. Stör einen nicht beim Sterben, Ilana. Sieben Jahre lang bin ich in Ruhe im Nebel verloschen, und nun plötzlich fällst Du über mich her, um mir auch meinen Tod kaputtzumachen. Du bist ohne Vorwarnung mit frischen Kräften angestürmt, während meine altersmüden Panzer ohne Brennstoff und Munition schweigend dastehen. Und vielleicht Rost ansetzen.

Und mitten im Angriffssturm wagst Du mir zu schreiben, es gäbe Güte und Milde und Barmherzigkeit auf der Welt. Die Mörderin stimmt Loblieder auf die Seele ihres Opfers an?

Vielleicht hast Du zufällig auf das Motto geachtet, das ich meinem Buch vorangestellt habe. Ein Vers aus dem Neuen Testament. Der Ausspruch ist direkt von Jesus übernommen, der einmal in aufgeräumter Stimmung bei irgendeiner Gelegenheit gesagt hat: »Alle, die zum Schwert greifen, werden durch das Schwert umkommen.« Was diesen zarten Fanatiker aber keineswegs daran hinderte, in einem anderen Kapitel loszudonnern: »Denkt nicht, ich sei gekommen, um Frieden auf die Erde zu bringen. Ich bin nicht gekommen, um Frieden zu bringen, sondern das Schwert.« Und das Schwert hat auch ihn verzehrt.

Was wirst Du mit Deinem Schwert anfangen, wenn der Drache gefallen ist? Wirst Du es Gusch Emunim stiften, die Scheide für Maskeret Gideon und die Klinge für Tel Alexander, die beiden glorreichen Siedlungen, die von meinem Geld gegründet werden sollen?

Dabei wird das Schwert, das Du meiner Faust entrungen hast, Dir doch zwischen den Fingern zerschmelzen, dahinschwinden und vergehen. Die Klinge wird sich in eine Qualle verwandeln. Und in der strategischen Reserve – frisch, kampfbereit, aufgetankt mit tödlichem Haß und bis zu den Zähnen mit meiner arktischen Bosheit bewaffnet – wartet Boas Gideon auf Dich. Deine Zangenbewegung, Dein listiger Plan, Boas mit Sommo zu verbünden, um mich einzukreisen, wird böse für Dich ausgehen. Boas wird Sommo zermalmen, und Du wirst schutzlos übrigbleiben, Auge in Auge mit meinem wildwütigen Jungen, der tausend Mann mit strenger Wange schlägt.

Ich frage mich, warum ich nicht Deinem guten Rat gefolgt bin, warum ich Deinen ersten Brief nicht augenblicklich nach der Lektüre des ersten Satzes ins Feuer geworfen habe wie einen lebendigen Skorpion? Jetzt bleibt mir nicht einmal mehr das Recht, wütend auf Dich zu werden: Schließlich hast Du mir in Deiner Herzensgröße von vornherein den Ausweg aus der von Dir gelegten Falle gewiesen. Keinen Moment hast du gefürchtet, ich könnte mich dem Netz entziehen. Du kanntest den Käfer, dessen Sinne sich verwirren, sobald er ein erregtes Weibchen riecht. Ich hatte von Anfang an keine Chance. Deine Kräfte übersteigen meine im Verhältnis von Sonne zu Schnee. Sicher hast Du einmal von fleischfressenden Pflanzen gehört? Das sind weibliche Blüten, die über weite Entfernungen den betörenden Duft sexueller Paarung zu verbreiten wissen, so daß das berauschte Insekt über Kilometer hinweg in den Rachen gelockt wird, der sich dann um ihn schließt. Wir sind fertig, Ilana. Schachmatt. Wie nach einem Flugzeugabsturz haben wir uns hingesetzt und per Korrespondenz die Black Box ausgewertet. Und von hier an haben wir, wie es in unserem Gerichtsurteil heißt, keinerlei Ansprüche mehr gegeneinander.

Aber was wird Dir Dein Sieg einbringen?

Vor Jahrtausenden betrachtete ein Mann in Ephesus lange das vor ihm brennende Feuer und proklamierte schließlich: »Sein Sieg wird sein Ende sein.« Was wirst Du mit Deinem Schwert anfangen, nachdem Du mich ausgelöscht hast? Was wirst Du mit Dir selber anfangen? Du wirst schnell genug verlöschen, Frau Sommo. Wirst altern. Stark zunehmen. Dein goldenes Haar stumpf werden sehen, so daß Du es mit ekligem Wasserstoffsuperoxyd blondieren mußt. Wenn Du nicht anfängst, ein frommes Kopftuch zu tragen. Den Gestank Deines welkenden Körpers wirst Du in Deodorant ertränken müssen. Deine Brüste werden sich mit Fett füllen, und Dein betörender Busen wird Dir, wie bei polnischen Matronen üblich, zum Kinn hochwachsen. Das Kinn wiederum wird absacken, bis es den Busen auf halbem Wege trifft. Die Nippel werden bläßlich aufschwemmen wie bei Wasserleichen. Beide Beine werden Dir anschwellen. Ein Netz von Krampfadern wird sich vom Schenkel bis zum Knöchel ausbreiten. Nur mit Ach und Krach werden sich die Korsetts zuhaken lassen, in denen Du Deine schwabbeligen Fleischmassen bändigen mußt. Dein Hintern wird sich viehisch wölben, Deine erschlaffende Scham wird übel riechen. Sogar ein jungfräulicher Soldat, ja selbst ein geistig zurückgebliebener Junge wird vor Deinen Reizen Reißaus nehmen wie vor dem Ansturm einer brünstigen Flußpferdkuh. Dein braver Funktionär, der kleine Monsieur Pardon, wird Dir gebannt nachlaufen wie ein Hündchen der Kuh, bis er auf eine flinke kleine Schülerin trifft, die ihn im Handumdrehen, schwer atmend und dankbar befreit, unter dem Berg hervorzieht, der da auf ihm lastet. Damit ist Deine schwungvolle Maimuna dann für immer ausgefeiert. Mehr und mehr nähert sich Dir ein Liebhaber, vor dem es weder Lachen noch Leichtsinn gibt. Vielleicht wird er sich Dir zuliebe in seine schwarze Kutte hüllen und die Kapuze überziehen, wie Du es Dir gewünscht hast.

Hatte eben mit dem Schreiben aufgehört und war an mein hohes Fenster getreten (im siebenundzwanzigsten Stock eines Bürogebäudes am Seeufer in Chicago, das in seiner Glas- und Stahlkonstruktion ein wenig an eine Rakete erinnert). Etwa eine halbe Stunde habe ich so am Fenster gestanden und nach einer ebenso wahren wie giftigen Antwort auf Deine Frage gesucht: matt in drei Zügen.

Versuche Dir ein Bild von mir zu machen: schlanker als in Deiner Erinnerung und mit sehr viel weniger Haaren, in blauen Cordhosen und rotem Kaschmirpullover. Prinzipiell gesehen allerdings trotzdem schwarzweiß, wie Du sagtest. So steht er am Fenster, die Stirn an die Scheibe gedrückt. Die Augen, in denen Du »arktische Bosheit« entdeckst, beobachten die in rötliches Dämmerlicht versinkende Außenwelt. Die Hände in den Taschen. Zu Fäusten geballt. Alle paar Augenblicke zieht er aus irgendeinem Grund die Schultern hoch und räuspert sich nach britischer Art. Kälte fährt ihm in die Knochen. Erschaudernd nimmt er die Hände aus den Taschen und umfaßt kreuzweise seine Schultern. Das ist die Umarmung derer, die niemanden haben. Und trotzdem verleiht das tierisch-geschmeidige Element seinem stummen Stand am Fenster immer noch eine gewisse innere Spannung: als seien alle seine Reflexe darauf gerichtet, sich blitzartig umzuwenden und seinen Angreifern zuvorzukommen.

Aber es besteht keinerlei Grund zur Anspannung. Die Welt ist rötlich und sonderbar. Ein starker Seewind schleudert Nebelfetzen gegen die Silhouetten der hohen Gebäude. Das abendliche Dämmerlicht überschüttet die Wolken, das Wasser, die umliegenden Häusertürme mit fast alchimistischem Glanz. Glasig-violette Tönung. Trüb und doch durchsichtig. Kein einziges Lebenszeichen zeigt sich ihm jenseits des Fensters. Außer Millionen Gischtsalven, die auf dem ganzen See aufschäumen, als wolle das Wasser rebellieren und sich in ein anderes Element verwandeln: in Schiefer zum Beispiel. Oder Granit. Von Zeit zu Zeit braust der Sturm tosend auf, und die Scheiben klappern wie Zähne. Der Tod erscheint ihm jetzt nicht als schwebende Drohung, sondern längst unterwegs. Und eben trieb auch ein eigenartiger Vogel mit schiefen Flügeln auf sein Fenster zu und begann, alle möglichen Kurven und Schleifen in der Luft zu vollführen, ja irgendeine Inschrift in den Raum zu zeichnen: vielleicht den Wortlaut der Antwort, die er für Dich sucht? Bis das Tier plötzlich rasch auf das Fenster zusauste, ja fast vor seiner Nase zerplatzte, und er endlich begriff, daß es gar kein Vogel war, sondern nur ein in den Klauen des Windes gefangener Zeitungsfetzen. Warum haben wir uns getrennt, Ilana? Was war in mich gefahren, daß ich auf einmal aufstand und die Öfen unserer Hölle ausmachte? Warum habe ich uns betrogen? Ein leerer, gewaltsamer Abend senkt sich über Chicago. Blitze von siedendem Eisen zucken wie Leuchtraketen über den Horizont, und nun rollen auch Donnerkonvois aus der Ferne an, als verfolgten ihn die Panzerschlachten vom Sinai bis hierher. Hast Du Dich irgendwann mal zufällig gefragt, wie ein Ungeheuer trauert? Die Schultern zucken in schnellem, gezwungenem Rhythmus, und der gesenkte Kopf ist weit vorgeschoben. Wie bei einem hustenden Hund. Der Bauch wird von Krämpfen geschüttelt, und der Atem geht in ein heiseres Röcheln über. So was wie männliche Geburtswehen. Das Ungeheuer erstickt fast vor Wut darüber, daß es ein Ungeheuer ist, und windet sich in ungeheuerlicher Verzerrung. Ich weiß keine Antwort, Ilana. Mein Haß liegt im Sterben, und meine Weisheit vergeht mit ihm.

Als ich an meinen Schreibtisch zurückkehre, um Dir weiter zu schreiben, war plötzlich der Strom weg. Stell Dir vor: Amerika und Stromausfälle! Nach einer schwarzen Minute ging die Notbeleuchtung an: blasses, skeletthaftes Neon, ähnlich dem Mondlicht über Kreidebergen in der Wüste. Die elektrischsten Augenblicke meines Lebens habe ich in der Wüste verbracht, während ich im Vorwärtssturm mit meinen Ketten alles niederwalzte, was mir im Wege stand, mit meinem Kanonenfeuer alles aufknackte, was ein Lebenszeichen von sich gab, Feuer- und Rauchsäulen erstehen ließ und Staubwolken aufwirbelte, die Welt mit dem Getöse von dreißig Motoren erschütterte, den Geruch von verbranntem Gummi, den Gestank von verkohltem Fleisch und brennendem Metall wie eine Droge einsog, hinter mir eine Spur der Vernichtung und leerer Patronenhülsen zurückließ und bei Nacht dann über die Feldkarte gebeugt klammheimlich neue Finten erdachte, im Licht des toten Mondes, der sein Silber über die toten Kreidehügel verstreute. Sicher könnte ich Dir mit einer Maschinengewehrsalve antworten: Ich könnte zum Beispiel sagen, ich hätte Dich rausgeschmissen, weil Du zu vergammeln anfingst. Weil Deine Leistungen, sogar mit Affen und Ziegenböcken, sich zu wiederholen begannen. Daß Du langweilig wurdest. Daß ich das Interesse verloren hatte.

Aber wir hatten abgemacht, auf Lügen zu verzichten. Schließlich habe ich doch all die Jahre über nur mit Dir schlafen können. Eigentlich mein ganzes Leben lang, denn ich kam ja unerfahren zu Dir. Wenn ich irgendeine kleine Bewunderin mit ins Bett nehme, eine Studentin, eine Sekretärin, eine Interviewerin, trittst Du auf und drängst Dich zwischen sie und mich. Wenn Du irgendwann mal vergessen hast, zu erscheinen, war mein Bettschatz gezwungen, sich selber zu helfen. Oder sich mit einem wissenschaftlichen Abend zu begnügen. Wenn ich der Geist bin, Ilana, dann bist du meine Flasche. Es ist mir nicht gelungen, mich daraus zu befreien. Aber Dir ist es auch nicht geglückt, Lady Sommo. Wenn Du ein Geist bist, bin ich die Flasche.

Bei Bernanos habe ich gelesen, des Menschen Unglück sei eigentlich eine Quelle des Segens. Auf diesen katholischen Honigseim habe ich in meinem Buch erwidert, die gesamte Glückseligkeit sei im Grunde eine banale christliche Erfindung. Das Glück, so schrieb ich, ist Kitsch. Es hat nichts mit der griechischen Eudämonie zu tun. Im Judentum existiert der Glücksbegriff überhaupt nicht, ja, es gibt eigentlich gar keinen Parallelausdruck in der hebräischen Bibel. Abgesehen vielleicht von der Genugtuung über den Erhalt einer Bestätigung, eines positiven Feedbacks vom Himmel oder vom Mitmenschen: »Wohl denen, deren Weg ohne Tadel ist«, zum Beispiel. Das Judentum kennt nur die Freude. Wie in dem Vers: »Freu dich, junger Mann, in deiner Jugend« – vorübergehende Freude, wie das Feuer des düsteren Heraklit, bei dem sein Sieg seine Vernichtung ist, eine Freude, die ihr Gegenteil in sich trägt und eigentlich durch dieses bedingt wird.

Was ist geblieben von all unserer Freude, deiner und meiner, Ilana? Vielleicht nur die Schadenfreude. Die Holzscheite eines erstorbenen Feuers. Und da stehen wir nun und blasen diese Scheite aus Riesenentfernung an, in der Hoffnung, einen Moment lang eine bläuliche Feuerzunge der Bosheit zu entfachen. Unnütze Verschwendung, Ilana. Ich gebe auf. Bin bereit, jetzt jede Kapitulationsurkunde zu unterzeichnen.

Und was wirst du mit mir anfangen? Selbstverständlich. Es gibt keinen anderen Weg. Die Natur selber bestimmt das unterlegene männliche Wesen zum Dienen. Der Betreffende wird kastriert und in die Dienerschaft eingereiht. Schrumpft auf Sommos Kleinformat. Dann hast Du zwei: der eine betet Dich an und versüßt Dir Deine Nächte in seiner begeisterten religiösen Art, und der andere finanziert dieses Bar-Jochai-Jubelfest aus eigener Tasche. Was soll ich auf den nächsten Scheck schreiben?

Ich kaufe Euch, was Ihr begehrt. Ramallah? Bab-Allah? Bagdad? Mein Haß liegt im Sterben, und an seiner Stelle überwältigt mich die eruptive Spendabilität meines Vaters, der am Ende seiner Tage vorhatte, seinen

Nachlaß dem Bau von Sanatorien für tuberkulöse Dichter hoch auf Tabor und Gilboa zu widmen. Ich werde mein Geld dazu verwenden, beide Seiten in dem Gefecht aufzurüsten, das eines Tages zwischen Boas und Sommo ausbrechen muß.

Und jetzt werde ich Dir eine Geschichte niederschreiben. Die Skizze eines rührseligen Romans. Den Eröffnungsakt einer Tragoedia dell'arte. Jahr der Handlung: 1959. Ein junger Major der Berufsarmee stellt seine Auserwählte dem allmächtigen Vater vor. Das junge Mädchen hat slawische Gesichtszüge, sinnlich-verträumt, aber nicht unbedingt hübsch im üblichen Sinne. Es liegt etwas Herzgewinnendes in ihrem Ausdruck kindlicher Verwunderung. Als sie vier Jahre alt war, hatten ihre Eltern sie aus Lodz mitgebracht. Inzwischen sind ihr beide schon weggestorben. Außer einer Schwester im Kibbuz hat sie keine weiteren Angehörigen mehr auf der Welt. Seit ihrer Entlassung aus dem Wehrdienst verdient sie sich ihren Lebensunterhalt als Redakteurin an einer populären Wochenzeitschrift. Hofft, Gedichte zu veröffentlichen.

An diesem Morgen nun ist sie sichtlich besorgt: Was sie über den Vater gehört hat, verheißt ihr nichts Gutes. Ihre Herkunft und Erscheinung werden sicher nicht nach seinem Geschmack sein, und über seine Wutausbrüche hat sie schon beängstigende Geschichten aufgeschnappt. Die Begegnung mit dem Vater erscheint ihr daher als eine Art schicksalhaftes Interview. Nach einigem Zögern entscheidet sie sich, eine weißglänzende Bluse und einen geblümten Frühlingsrock zu dem Treffen anzuziehen, vielleicht um den Effekt kindlicher Verwunderung zu verstärken. Sogar ihr Husar, prachtvoll anzusehen in seiner gestärkten Uniform, wirkt etwas nervös.

An der Einfahrt des zwischen Benjamina und Sichron gelegenen Gutshofes, seinen Kiesweg auf- und abschreitend, die dicke Zigarre wie eine Pistole mit den Fingern umfaßt, erwartet sie Wolodja Gudonski, der große Immobilienhändler und Eisenimporteur. Zar Wladimir der Schreckliche. Von dem man sich unter anderem erzählt, er habe noch in seiner Pionierzeit als Steinbruchwächter, im Jahre 1929, ganz allein drei arabische Räuber mit einem dicken Keilhammer erschlagen. Und von dem es heißt, er sei der Geliebte zweier ägyptischer Prinzessinnen gewesen. Und über den berichtet wird, nachdem er ins Importgeschäft eingestiegen und am Handel mit der britischen Armee reich geworden sei, habe ihn der Hochkommissar einmal bei einem Empfang liebevoll als »clever Jew« betitelt, worauf der Zar den Hochkommissar sofort wütend angebrüllt, ihn mitten auf der Party zu einem Faustkampf herausgefordert und ihn, nach seiner Weigerung, als »British chicken« bezeichnet habe.

Der Husar und seine Auserwählte werden bei ihrem Eintreffen mit Granatapfelsaft auf Eiswürfeln bewirtet und zu einem langen Rundgang durch das Gut geführt, dessen Pflanzungen von tscherkessischen Arbeitern aus Galiläa bewirtschaftet werden. Es gibt einen Gartenteich mit Springbrunnen und Goldfischen und eine Rosenecke mit einer Sammlung seltener Arten, die man aus Japan und Burma eingeführt hat. Seew-Benjamin Gudonski redet alleine ohne Unterlaß, referiert mit anschaulicher Begeisterung, umwirbt geradezu überschwenglich mit fröhlich heiterer Übertreibung die Freundin seines Sohnes: pflückt und überreicht ihr jede Blume, auf der ihre Augen ruhen. Umfaßt in ausladender Geste ihre Schultern. Betastet wie scherzend ihre dünnen Schulterblätter. Verleiht ihr den Ehrenrang eines rassigen Stutenfüllens. Läßt seine tiefe russische Stimme vor Wonne über die Schönheit ihrer Fesseln dahinschmelzen. Und fordert auf einmal lauthals, auf der Stelle ihre Knie zu sehen.

Demgegenüber wird dem Thronfolger während der gesamten Besuchsdauer nachdrücklich und ausnahmslos das Wort verboten. Keinen Pieps darf er abgeben. Was blieb ihm also anderes übrig, als wie ein Idiot zu lächeln und von Zeit zu Zeit die Zigarre wieder anzuzünden, die seinem Vater im Munde ausgegangen war. Sogar jetzt in Chicago, während er siebzehn Jahre später seine Erinnerungen an jenen Tag für Dich aufschreibt, hat er plötzlich das Gefühl, als verbreite sich dieses Idiotenlächeln wieder über seine Züge. Ja, ein altes Gespenst steigt auf und bläst hastig seinen Haß gegen Dich wieder an, weil Du das Spiel des Tyrannen so wunderbar mitgemacht hast. Du ließest Dich sogar bewegen, mit schulmädchenhaftem Kichern die Knie vor ihm zu entblößen. Eine bezaubernde Röte erstrahlte dabei auf Deinem Gesicht. Und ich wurde sicher leichenblaß.

Danach lädt man das junge Paar zum Essen in den Speisesaal, dessen französisches Fenster hoch über der Felsplatte von Sichron den Blick auf das Mittelmeer freigibt. Christlich-arabische Diener im schwarzen Frack servieren eingelegte Heringe mit Wodka, Fleischbrühe, Fischgang, Fleischgang, Obst, Käse, Eis. Und eine ganze Kette dampfender Teegläser direkt vom Samowar. Jede Ausflucht oder dankende Ablehnung löst titanisches Wutschnauben aus.

Abends, im Bibliothekszimmer, besteht der Zar immer noch sorgfältig darauf, jeden Satz im Keim zu ersticken, den der bevormundete Prinz zu äußern versucht: Der Vater ist bis über die Ohren mit der Krassawiza beschäftigt und darf nicht gestört werden. Sie wird eingeladen, am Klavier vorzuspielen. Wird gebeten, Poesie vorzutragen. Wird in Literatur, Politik und Kunstgeschichte geprüft. Eine Walzerplatte wird aufgelegt, und sie muß mit dem beschwipsten Riesen tanzen, der ihr auf die Füße tritt. All dies akzeptiert sie mit einer heiteren Leichtigkeit, als sei sie bestrebt, ein Kinderherz zu erfreuen. Danach beginnt der Alte pikante Witze der schärfsten Sorte zu erzählen. Sie errötet, versagt ihm aber nicht ihr erfrischendes Lachen. Um ein Uhr morgens verstummt der Diktator endlich, umfaßt mit zwei braunen Fingern die Spitze seines dichten Schnurrbarts, schließt die Augen und schläft fest auf dem Sessel ein.

Das Paar tauscht Blicke aus und verabredet sich mit Gesten, ihm einen Abschiedszettel hinzulegen und abzufahren: Sie hatten von Anfang an nicht vorgehabt, über Nacht zu bleiben. Als sie sich jedoch auf Zehenspitzen hinausschleichen, schießt der Zar aus seinem Sessel hoch, küßt die junge Schöne auf beide Wangen und gleich auch noch lange auf den Mund. Versetzt seinem einzigen Sohn einen betäubenden Schlag auf den Rücken. Und um halb zwei Uhr nachts ruft er nach Jerusalem an, weckt den verblüfften Sackheim aus einem süßen Traum voller gelungener Winkelzüge und bombardiert ihn – wie bei einem Steinhagel aus heiterem Himmel – mit Anweisungen, gleich am nächsten Morgen dem jungen Paar eine Wohnung in Jerusalem zu kaufen und zur Hochzeitsfeier, die »neunzig Tage ab gestern« stattfinden werde, »die Welt und seine Frau« einzuladen.

Dabei waren wir nur zu einem ersten Kennenlernen zu ihm gefahren. Von Heirat hatten wir untereinander nicht gesprochen. Oder Du hattest, während ich zögerte.

Zu unserer Hochzeit, die tatsächlich drei Monate später stattfand, vergaß er dann aber zu kommen: Er hatte inzwischen irgendeine neue Freundin gefunden, mit der er zu einem Honigmond an die norwegischen Fjorde gereist war. Wie er es mit seinen neuen Eroberungen immer tat, mindestens zweimal im Jahr.

Eines schönen Morgens, kurz nach unserer Hochzeit, als ich bei einer Regimentsübung im Negev festsaß, tauchte er bei Dir in Jerusalem auf und erklärte Dir sanft, ja fast zaghaft, daß sein Sohn – zu seinem größten Bedauern – nur ein »Bürokratengeist« sei, während Ihr beide »gefangenen

Adlern glichet«. Weswegen er Dich auf den Knien anflehe, »nur eine wunderbare Nacht« mit Dir verbringen zu dürfen. Und sofort schwor er bei allem, was ihm lieb und heilig war, daß er Dich auch nicht mit dem kleinen Finger anrühren werde – schließlich sei er kein Erzschurke –, sondern nur Deinem Klavierspiel und Deiner Dichterlesung lauschen und mit Dir die Berge um Jerusalem durchstreifen wolle, um dann mit dem visionären Erleben »des metaphysischen Sonnenaufgangs« von der Turmspitze des YMCA-Gebäudes zu enden. Da Du ihm einen Korb gabst, begann er Dich als »kleine polnische Verkaufsmamsell, die sich listig über meinen Sohn hergemacht hat«, zu bezeichnen, und entfernte seine göttliche Gegenwart von Dir. (In jenen Nächten hatten wir, Du und ich, bereits begonnen, uns mit den Dreierspielen im Bett zu erregen. Obwohl wir damals noch nicht aus dem Phantasiestadium heraus waren. War der Zar womöglich der erste Dritte in Deinen Vorstellungen? Die erste Lüge, die du mir gegenüber logst?)

Als Boas geboren wurde, hielt Wolodja Gudonski sich, aus welchem Grund auch immer, in Nordportugal auf. Doch er machte sich die Mühe, von dort aus einen Scheck an eine dubiose italienische Firma zu schicken, die uns eine offizielle Urkunde des Inhalts übersandte, daß ein entlegener Berggipfel irgendwo im Himalaya von heute an auf allen Landkarten als »Boas-Gideon-Spitze« eingezeichnet werden würde. Schau mal nach, ob dieses Papier noch existiert. Vielleicht errichtet Dein Messias dort eine Siedlung. Und 1963, als Boas zwei, drei Jahre alt ist, beschließt Wolodja Gudonski, dieser Welt zu entsagen. Dem Heer seiner Mätressen befiehlt er, sich in alle vier Winde zu zerstreuen, Sackheim traktiert er wie ein Skythe, und uns versagt er nachdrücklich auch nur die kürzeste Audienz – wir sind aus seiner Sicht verdorben. (Hatte er von seinem erhabenen Königsthron etwas wahrgenommen? War Verdacht in ihm aufgestiegen?) Er zieht sich hinter die Umfriedungen seines Gutshofs zurück, stellt zwei bewaffnete Wachleute ein und widmet sich Tag und Nacht dem Studium der persischen Sprache. Und danach – den Astrologiebüchern und der Methode des Dr. Feldenkrais. Ärzte, die Sackheim zu ihm schickt, verjagt er wie Hunde. Eines Tages steht er auf und entläßt mit einem Wink alle seine Arbeiter. Und von da an verwandeln sich die Obsthaine zusehends in einen Urwald. Eines anderen Tages schickt er auch die Diener und die Wächter weg und behält nur einen alten Armenier bei sich, um im Keller des sterbenden Hauses Billard mit ihm zu spielen. Vater und der Armenier nächtigen auf Faltbetten in der Küche und ernähren sich von Konserven und Bier. Die Tür von der Küche zu den übrigen Teilen des Hauses wird mit einem Schrägbalken und Nägeln verrammelt. Die Zweige der Gartenbäume beginnen, durch die zerbrochenen Scheiben in die oberen Zimmer hineinzuwachsen. In die Erdgeschoßräume dringen Gräser und Büsche vor. Ratten, Schlangen, Nachtvögel nisten in den Korridoren. Kletterpflanzen winden sich zwei Treppenabsätze empor, gelangen in den zweiten Stock, breiten sich von Zimmer zu Zimmer aus, durchstoßen die Decke, heben einige Ziegel an und kehren wieder ans Sonnenlicht zurück. Üppige Wurzeln brechen zwischen den bemalten Fliesen hervor. Dutzende oder Hunderte Tauben nehmen das Haus für sich in Beschlag. Doch Wolodja Gudonski unterhält sich in fließendem Persisch mit seinem Armenier. Und hat tatsächlich auch den schwachen Punkt der Feldenkrais-Methode gefunden und das Buch im Feuer verbrannt.

Eines Tages setzen wir unser Leben aufs Spiel, verletzen seinen biblischen Bannspruch und fahren ihn alle drei besuchen. Zu unserer größten Verwunderung empfängt er uns freudig, ja zärtlich. Dicke Tränen rollen ihm in den neuen Vollbart, seinen Tolstoi-Bart, der inzwischen sein Breschnew-Gesicht überwuchert hatte. Er spricht mich auf russisch mit einem Ausdruck an, der soviel wie »Findelkind« bedeutet. Auch Boas nennt er »Findelkind«. Alle zehn Minuten zerrt er Boas mit in den Keller hinunter und steckt ihm bei jedem dieser Kurzausflüge eine geschenkte Goldmünze aus der Zeit der Türkenherrschaft in die Hand. Dich redet er mit »Njusja«, »Njusja maja« an, dem Namen meiner Mutter, die starb, als ich fünf Jahre alt war. Er bedauert Deine Lungenentzündung und beschuldigt die Ärzte und sich selber. Schließlich schreit er Dich mit der letzten ihm verbliebenen Wut an, Du würdest absichtlich verrecken, um ihn zu quälen, und deshalb werde er »seine Schätze« für den Bau von Heimen für verhungernde Dichter stiften.

Und er begann wirklich, sein Vermögen in alle Winde zu zerstreuen: Die Leute liefen ihm in Scharen die Tür ein, um Spenden für Fonds zur Judaisierung Galiläas oder die Blaufärbung des Roten Meers aus ihm herauszuholen. Wie es mir in der letzten Zeit auch schon passiert. Sackheim betrieb geduldig, auf diskretem Weg, die Überschreibung des Vermögens auf meinen Namen. Aber der Alte raffte sich auf und begann, gegen uns anzukämpfen. Zweimal entzog er Sackheim das Mandat (und ich beauftragte ihn). Setzte eine ganze Batterie Rechtsanwälte ein. Brachte auf seine Rechnung drei zweifelhafte italienische Professoren bei, die ihm seine geistige Zurechnungsfähigkeit bescheinigten. Fast zwei Jahre lang versickerte der Reichtum. Bis es Sackheim gelang, ihn auf gerichtliche Anordnung unter psychiatrische Beobachtung zu stellen und danach in eine Heilanstalt einweisen zu lassen. Und da änderte er wieder seine Meinung und verfaßte ein detailliertes Testament zu unseren Gunsten nebst einem kurzen, melancholischen Begleitbrief, in dem er uns vergibt und unsere Vergebung erbittet und Dich vor mir und mich vor Dir warnt und uns anfleht, uns des Kindes zu erbarmen, und mit den Worten unterzeichnet: »Ich verbeuge mich in Ehrfurcht vor der Tiefe Eurer Leiden.«

Seit 1966 ruht er in einem Privatzimmer des Sanatoriums auf dem Karmel. Starrt schweigend auf das Meer. Zweimal bin ich bei ihm gewesen, und er hat mich nicht erkannt. Stimmt es, was Sackheim mir erzählt, daß Du ihn weiterhin von Zeit zu Zeit besuchst? Wozu?

Von seinem Geld haben wir die Villa in Jefe Nof gebaut. Obwohl die verlassene Burg zwischen Benjamina und Sichron immer noch auf meinen Namen eingetragen ist. Sackheim behauptet, sie habe jetzt ihren Höchstwert erreicht, und bestürmt mich, sie schnellstens zu verkaufen, bevor die Mode sich ändert. Vielleicht werde ich alles letztwillig für die Trockenlegung der Hule-Sümpfe bestimmen? Oder für die Weißfärbung des Schwarzen Meeres? Und warum eigentlich nicht Boas vermachen? Sommo? Beiden? Ich werde Deinen Sommo für alles entschädigen: für seine Farbe, seine Größe, seine Demütigung. Ich werde ihm eine späte Mitgift zukommen lassen. Ich kann mit meinem Vermögen nichts anfangen. Auch nicht mit der mir noch verbleibenden Zeit.

Doch vielleicht werde ich es lieber noch nicht vermachen. Sondern im Gegenteil dorthin zurückkehren. Ich werde in die baufällige Küche ziehen, den Balken von der Verbindungstür zu den übrigen Teilen des Hauses entfernen und langsam mit der Renovierung anfangen. Ich werde den kaputten Springbrunnen reparieren. Goldfische in den Teich setzen. Auch ich errichte eine Siedlung. Und vielleicht fliehen wir beide dorthin? Leben dort als Pionierpaar in dem zerbröckelnden Haus? Soll ich mich Dir zu Ehren in eine Kutte hüllen und eine schwarze Kapuze überziehen?

Schreib mir nur, was Du möchtest.

Ich bin Dir noch eine Antwort schuldig: Warum habe ich Dich verstoßen? Unter meinen Papieren auf dem Schreibtisch liegt ein Zettel, auf dem ich notiert habe, daß das Wort »Ritual« vom lateinischen Wort »ritus«

abgeleitet ist, das in etwa »der richtige Zustand« bedeutet. Oder vielleicht: »die feste Gewohnheit«. Was das Wort »Fanatismus« anbetrifft, geht es möglicherweise auf »fanum« zurück, was Tempel oder Gebetsstätte bedeutet. Und was ist »Unschuld«? Unschuld im Sinne von »Demut«? Die Unschuld kommt von »humilis«, was offenbar von »humus« abstammt, das heißt: »Erde«. Gibt es Demut in der Erde? Oder Unschuld? Scheinbar kann jeder kommen und nach Herzenslust mit ihr verfahren. Hacken, umgraben und säen. Aber am Ende verschlingt sie all ihre Herren und Meister. Liegt in ewigem Schweigen da.

Du hast den Mutterschoß – Du bist im Vorteil. Das ist die Antwort auf Deine Frage. Mir blieb von Anfang an keine Chance, und deshalb bin ich vor Dir geflohen. Bis Dein langer Arm mich in meinem Bau erreichte. Dein Sieg war ein Kinderspiel. Aus zwanzigtausend Kilometer Entfernung hast Du einen Volltreffer auf einen leeren, verlassenen Panzer erzielt.

Zehn Minuten vor Mitternacht. Der Sturm hat sich etwas gelegt, aber es gibt immer noch keinen Strom. Vielleicht rufe ich meine Sekretärin Annabel an und wecke sie aus dem Schlaf. Beauftrage sie, Scotch rauszuholen und mir ein leichtes Mitternachtsmahl zuzubereiten. Teile ihr mit, ich sei unterwegs. Sie ist um die dreißig, geschieden, verbittert, winzig, bebrillt, umwerfend tüchtig, stets in Jeans und unförmige Teddypullover gekleidet. Kettenraucherin. Ich werde ein Taxi bestellen und in einer halben Stunde bei ihr an der Tür klingeln. Sobald sie die Tür öffnet, überrasche ich sie mit einer Umarmung und presse meine Lippen auf die ihren. Bevor sie weiß, was ihr geschieht, halte ich um ihre Hand an und verlange sofortige Antwort. Mein berühmter Name plus meiner finsteren männlichen Ausstrahlung plus dem Schlachtengeruch, der mich umweht, plus meiner Vermögensgüter minus Liebe plus dem Geschwür, das man mir von der Niere abgeschnitten hat: all das für ihre verblüffte Einwilligung, meinen Familiennamen zu tragen und mich zu pflegen, wenn die Krankheit schlimmer wird. Ich werde ihr ein süßes Häuschen in einem netten Vorort kaufen, unter der Bedingung, daß dort auch ein geistesgestörter Riese von sechzehn Jahren bei uns wohnen wird, der die Erlaubnis hat, Mädchen einzuladen, ohne seinerseitige Verpflichtung, eine Kontrollampe in der Dusche brennen oder Sicherheitstüren nicht offenstehen zu lassen. Das Ticket wird ihm schon morgen früh nach Hebron geschickt. Für alles andere wird Sackheim sorgen.

Vergebens, Ilana. Mein Haß blättert wie brüchiger Putz von mir ab. Mit diesem Neonlicht im Zimmer, beim Funkeln der Blitze, die in der Dunkelheit in die Wasser des Sees fallen, bin ich nicht imstande, die Kälte in meinen Knochen aufzutauen. Und eigentlich ist es ganz einfach: Beim Stromausfall hat auch die Heizung ausgesetzt. So bin ich aufgestanden und habe ein Jackett übergezogen. Aber es ist keine Besserung erkennbar. Der Haß entgleitet meinen Fingern wie das Schwert den Händen Goliats, nachdem der Stein ihn getroffen hatte. Dieses Schwert wirst Du aufheben und mich damit umbringen. Aber Du hast keinen Grund zur Prahlerei: Du hast einen sterbenden Drachen abgeschlachtet. Vielleicht wird es Dir einst als Gnadenakt angerechnet.

Eben erklang eine Sirene aus der Dunkelheit. Denn es ist stockdunkel draußen, außer einem schmalen Streifen radioaktiven Lilas am Horizont über dem Wasser. Eine Sirene aus dem jenseitigen Dunkel, in dem, laut Jesu, »Heulen und Zähneklappern« ist. War es ein Schiff? Oder ein Zug, der aus der Prärie einlief? Schwer zu sagen, weil auch der Wind irrsinnig auf ein und derselben Tonhöhe pfeift, einen scharfen, hohen Ton. Und immer noch kein Strom. Mir schmerzen die Augen vom Schreiben in dieser Totenkammerbeleuchtung. Ich habe hier im Büro Bett und Schrank und eine kleine Naßzelle. Nur flößt das schmale Bett zwischen den zwei metallenen Aktenschränken mir plötzlich Angst ein. Als liege eine Leiche darauf. Dabei ist das bloß meine Kleidung, die ich hastig aus den Koffern gekippt habe, als ich heute morgen aus London zurückgekehrt bin.

Wieder war die Sirene zu hören. Und diesmal – ganz in der Nähe. Es ist also weder ein Schiff noch eine Eisenbahn, sondern eindeutig die Sirene eines Rettungswagens. Ambulanz? Streifenwagen? Ein Verbrechen in einer Nachbarstraße. Jemand ist schlimm dran. Oder es ist ein Feuer ausgebrochen, ein Haus ist aus sich heraus entflammt und möchte die Nachbargebäude und das ganze Viertel mitreißen? Ein Mensch hat Schluß machen wollen und ist vom Dach eines Wolkenkratzers gesprungen? Ein Schwertergreifer ist durch das Schwert umgekommen?

Die Notbeleuchtung übergießt mich mit fahlem Licht. Es ist ein gespenstischer Quecksilberschein, wie die Beleuchtung in Operationssälen. Einst habe ich Dich geliebt und hatte ein Bild im Kopf: Du und ich sitzen an einem Sommerabend auf dem Balkon unseres Hauses vor den Jerusalemer Bergen, und das Kind spielt mit Bauklötzen. Eisbecher auf dem Tisch. Und eine Abendzeitung, in der wir nicht lesen. Du stickst eine

Tischdecke, und ich bastle einen Storch aus einem Kiefernzapfen und Streichhölzern. So sah das Bild aus. Wir konnten nicht. Und jetzt ist es zu spät.

Der Vampir

(Eigenhändig übergebener Zettel)

Schalom Herr Sackheim,
 diesen Zettel werde ich Ihnen am Ende unserer heutigen Zusammenkunft im Café Savyon übergeben. Ich werde mich künftig nicht mehr mit Ihnen treffen. Mein früherer Mann wird einen anderen Weg finden, mir seine Briefe zuzustellen. Ich sehe nicht ein, warum er sie nicht mit der Post schicken kann, wie ich es von nun an ebenfalls tun werde. Den Zettel schreibe ich nur, weil es mir schwerfallen würde, Ihnen direkt ins Gesicht zu sagen, daß ich Sie verabscheue. Jedesmal, wenn ich gezwungen war, Ihre Hand zu drücken, kam es mir vor, als hielte ich einen Frosch. Die häßliche »Abmachung«, die Sie mir andeutungsweise vorgeschlagen haben, in bezug auf Alex' Nachlaß, hat bei mir das Maß vollgemacht. Vielleicht hat die Tatsache, daß Sie in der Vergangenheit Zeuge meines Unglücks waren, Ihnen völlig den Kopf verdreht. Sie haben mein Unglück nicht verstanden und verstehen bis heute nichts. Mein früherer Mann, mein jetziger Mann und vielleicht auch mein Sohn wissen und verstehen, was damals geschehen ist. Aber Sie nicht, Herr Sackheim. Sie stehen außerhalb.

Ilana Sommo

Trotz allem würde ich Ihnen zu Willen sein, wenn Sie nur einen Weg fänden, ihn mir zurückzugeben. Und wegen seiner Krankheit eilt es sehr.

Herrn Michael Sommo
Staatlich-religiöse Schule »Ohel Jizchak«
Jerusalem
Absolut persönlich: nur zur Kenntnis des Adressaten

Jerusalem, 5. 7. 1976

Mein sehr geehrter Herr Sommo,
vor mir liegt Ihr Schreiben vom 13. Siwan dieses Jahres. Ich habe meine Antwort hinausgezögert, um Ihre Vorstellungen genauer zu studieren. Und inzwischen ist es uns mit vereinten Kräften gelungen, unseren Elefanten durchs Nadelöhr herauszuholen. Es käme mir gar nicht erst in den Sinn, mich auf Ihrem Gebiet mit Ihnen messen zu wollen, aber wenn mich mein Gedächtnis nicht täuscht, hatte die Stadt Kirjat Arba wohl schon zu biblischer Zeit irgendwas mit Riesen zu tun? Sie haben ausgezeichnete Arbeit geleistet, was unseren Burschen anbetrifft. (Wie ich verstehe, ist seine neue Akte auf polizeiinterne Empfehlung geschlossen worden.) Hut ab vor Ihnen. Wäre es möglich, Ihre Zauberkräfte auch in anderen Fällen zu Hilfe zu rufen? Bei Ihren Beziehungen und Fähigkeiten brauchen nicht Sie meine bescheidenen Dienste in Anspruch zu nehmen – wie Sie in Ihrem Brief meinten –, sondern vielleicht ist es eher umgekehrt?

Was mich geradewegs zum eigentlichen Inhalt Ihres Briefes und unseres höchst fruchtbaren gestrigen Telefongesprächs führt. Ich muß ungerührt zugeben, daß ich keine besonderen Gefühle hinsichtlich der Gebiete usw. hege. Möglicherweise wäre ich ebenso wie Sie dafür, Sie uns genüßlich einzuverleiben, wenn es nicht die Araber dort gäbe. Auf die kann ich nämlich verzichten. Deswegen habe ich mich eingehend mit der Broschüre Ihres Verbandes befaßt, die Sie freundlicherweise beigefügt hatten: Ihr Plan fordert, jedem Araber volle Entschädigung für seinen Grund- und Bodenbesitz auszuzahlen, zuzüglich einer einfachen Fahrkarte auf unsere Rechnung. Problematisch erscheint mir hierbei natürlich die Multiplikation von sagen wir zwanzigtausend Dollar mal zwei Millionen Araber, was – grob überschlagen – zwei bis drei Milliarden Dollar ausmacht. Um diese Völkerwanderung zu finanzieren, müßten wir den ganzen Staat verkaufen und zudem noch in Schulden stürzen. Lohnt es sich, den Staat Israel zu verkaufen, um die Gebiete zu erwerben? Statt dessen könnte man doch einfach ein Tauschgeschäft vornehmen: Wir ziehen auf die kühlen, heiligen Berge hinauf, und die Araber nehmen unsere Plätze in der feuchten Küstenebene ein. Dem würden sie vielleicht sogar freiwillig zustimmen?

Mit Ihrer Erlaubnis werde ich noch einen Augenblick bei dem Gedanken des Austauschs zwischen Bergen und Küstenebene verweilen. Es hat sich zu meinem Bedauern herausgestellt, daß unser lieber Dr. Gideon seine Absicht, den Grundbesitz in Sichron zu verkaufen, inzwischen wieder aufgegeben hat. Obwohl er seine diesbezügliche Meinung durchaus bald erneut ändern könnte. In letzter Zeit lassen sich seine Stimmungsumschwünge schwer voraussagen. Herr N. aus Paris wird sich also in Geduld fassen müssen. Sie sehen, mein Freund, Sackheims lange Nase schnüffelt jeden Winkel aus: Von guten Seelen habe ich erfahren, daß Herr N., der seinerzeit Ihr Kamerad in der Pariser Ortsgruppe des Betar gewesen ist und sich über die Jahre ein Imperium im Bereich der Damenbekleidung aufgebaut hat, nun gerade der Heilige Geist war, der, im Zusammenwirken mit Ihnen, die »Bewegung Einiges Israel« gezeugt hat. Unter uns gesagt, Herr Sommo, ist mir sogar die Tatsache bekannt, daß unser hochverehrter Herr N. damals im letzten Herbst auch Ihre geheimnisvolle Frankreichreise finanziert hat. Ferner weiß ich, daß der Zweck der Reise darin bestand, von seiten Ihres Verbandes in Verhandlungen mit einem gewissen Vertreter eines gewissen christlichen Ordens einzutreten, dessen Zentrum sich in Toulouse befindet, und zwar in bezug auf Ländereien des Ordens, die sich westlich von Bethlehem erstrecken. Und wiederum war es der unermüdliche Herr N., der Ihre Wiedereinbürgerung in Frankreich betrieb, um Ihnen die gesetzliche Basis für eine Transaktion zu verschaffen, in die Herr N. selber, aus verständlichen Gründen, formell nicht verwickelt zu sein wünschte. Und nun, mein Freund, fasziniert diese Transaktion auch mich: Die kuttentragenden Herren aus Toulouse sind zwar nicht gewillt, Euch ihren kleinen Gottesacker im Heiligen Land zu verkaufen, wären aber offenbar bereit, die Hirtenfelder von Bethlehem gegen ein großes Gebäude mit stattlichem Grundstück an einem zentralen Ort innerhalb der grünen Linie zu tauschen. Gewiß zu einem missionarischen Zweck. All das ist in meiner Sicht logisch. Während ich die Bereitschaft des Herrn N., einen derartigen Handel zu finanzieren, als gegebene Tatsache hinnehme. So weit, so gut. Wir könnten das Dreieck Bethlehem–Toulouse–Sichron bestens schließen, wenn da nicht die unsteten Gemütslagen unseres gelehrten Freundes wären. Ich werde mich, soweit es meine bescheidenen Fähigkeiten erlauben, zum Wohl aller Beteiligten bemühen, ihn weichzumachen.

Vorerst möchte ich folgendes vorschlagen: Aus ethischen und praktischen Gesichtspunkten ist es besser, wenn ich davon Abstand nehme, Ihr Privatvermögen zu verwalten oder Ihren Verband zu vertreten. Was Sie davon entbindet, mir ein Honorar auszuzahlen. Demgegenüber bin ich gern bereit, Sie gratis in jeder Angelegenheit zu beraten, in der Sie sich auf meine bescheidenen Fähigkeiten stützen möchten. (Und mit Ihrer Erlaubnis werde ich hier mit der Empfehlung beginnen, daß Sie sich zwei, drei anständige Anzüge nähen lassen: Von jetzt an sind Sie ein Mann von beachtlichen Mitteln, die wegen der tragischen Aspekte des Falls Dr. Gideon demnächst eventuell noch beachtlicher sein werden. Letzteres unter der Voraussetzung, daß Sie meinem Rat folgen und mit äußerster Umsicht vorgehen.) Auch Ihre öffentliche Stellung birgt große Verheißungen, Herr Sommo: Möglicherweise ist der Tag nicht mehr fern, an dem man sehr hoch von Ihnen sprechen wird.

Aber die Kleidungsfrage ist natürlich von peripherer Bedeutung. Hauptsächlich richten sich meine Hoffnungen auf die Zusammenkunft zwischen Ihnen und meinem Schwiegersohn, dem Industriellen Sohar Etgar aus Herzlia, die ich für Montag terminiert habe. (Sohar ist mit meiner einzigen Tochter, Dorit, verheiratet, und er ist der Vater meiner beiden Enkel.) Ich hege keinerlei Zweifel, Michel – erlauben Sie mir, Sie mit dem Vornamen anzusprechen –, daß Sie in ihm einen jungen Mann nach Ihrem Geschmack treffen werden. Letzthin beabsichtigt er, wie Sie, ins Immobiliengeschäft einzusteigen. Übrigens neigt Sohar, noch mehr als ich, dazu, auf die Möglichkeit eines Regierungswechsels in weniger als zwei Jahren zu setzen. Im Gefolge eines solchen Umschwungs würden sich natürlich für vorausschauende Leute wie uns phantastische Perspektiven im Sinai, auf der Westbank und im Gazastreifen auftun. Ich bin überzeugt, daß Sie beide, mein Schwiegersohn und Sie, in einer zukünftigen Situation reichen Segen erbringen werden, da Ihr Kapital und Ihre guten Beziehungen nach besagter Wende Gold wert sein werden, während Sohars Energie auf eine günstige Bahn geleitet würde.

Was mich betrifft, werde ich die Sache, wie gesagt, weiter von Dr. Gideons Seite aus betreiben. Ich habe Grund zu der Hoffnung, Ihnen bald erfreuliche Nachricht hinsichtlich des Sichroner Grundstücks übermitteln zu können. Hauptsache, wir fassen uns in Geduld und vertrauen einander.

Zum Abschluß muß ich einen etwas heiklen Punkt berühren. Ich werde es in aller Kürze tun. Eine intensive Briefverbindung hat sich zwischen Ihrer Gattin und deren früherem Ehemann entsponnen. Dieser Kontakt erscheint mir zumindest verwunderlich: Nach meiner bescheidenen Ansicht wird keiner Seite Segen daraus erwachsen. Dr. Gideon könnte auf Grund seiner Krankheit zu sonderbaren Rückziehern getrieben werden. Sein Testament ist in seinem jetzigen Wortlaut äußerst positiv für Sie (aus verständlichen Gründen bin ich daran gehindert, hier weiter ins einzelne zu gehen). Dieser Tatbestand eröffnet zahlreiche Möglichkeiten für ein künftiges Zusammenwirken zwischen Ihnen und meinem Schwiegersohn. Demgegenüber wären die erneuten Beziehungen zu der Dame eventuell geeignet, die Lage von Grund auf zu ändern, ganz zu schweigen von anderen möglichen Entwicklungsrichtungen, die in dieser Verbindung angelegt sind und – von Ihrer Seite betrachtet – die Grenzen des guten Geschmacks überschreiten. Die Frauen, mein lieber Michel, sind uns nach meiner bescheidenen Auffassung in einigen Punkten sehr ähnlich, in anderen aber wiederum erstaunlich unähnlich. Und ich beziehe mich dabei auf solche Punkte, in denen sogar die dümmste Frau erheblich schlauer ist als der Schlauste von uns. An Ihrer Stelle würde ich also die Augen offenhalten. Ich werde dieses peinliche Thema mit den uralten Worten abschließen, die auch Sie gelegentlich in Ihren werten Schreiben verwenden: »Und dem Weisen genügt die Andeutung.«

Mit zuversichtlichen Grüßen in bewundernder Hochachtung

Ihr *Manfred Sackheim*

PS: Entgegen der in Ihrem letzten Brief geäußerten Vermutung habe ich nicht die Ehre, mich zu den Überlebenden des Holocaust zählen zu dürfen. Meine Familie hat mich 1925 als Junge von zehn Jahren ins Land gebracht. Dies mindert jedoch in keiner Weise meine Bewunderung für Ihren Scharfblick. Der Unterzeichnete.

Familie Sommo
Tarnas 7
Jerusalem

Schalom Michel und Ilana,
   bei mir ist alles okee in Kirjat Arba und ich hab mit keinem Streit gekriegt. Aber weist du Michel das du nicht okee bist? Obwohl ich dich sehr respektier und gespeichert hab wieviel gutes du jedesmal für mich getan hast wenn ich in Trabbel gewesen bin aber das ist genau der Haken. Ich hau nur zu wenn ich im recht bin und das nicht 99 sondern einhundert Prozent. Und auch dann nicht immer, meist lass ichs. So war das mit den Ohrfeigen in Telamim, wo ich recht gehabt hab und dann mit Awram Abudaram und mit den Bullen in Scharm, wo ich immer im recht war und doch in Trabbel reingekommen bin und du mich wirklich rausgeholt hast blos das du dafür in einemweg mein Leben bestimmem willst was ich zu tun und zu lassen hab als ob ich nicht recht hätt und als ob ich dir immer für die Dinger zahlen müste die ich überhaupt nicht gedreht hab. Du bist nicht okee Michel.
   Du hast mich wirklich vor der Anstalt für jugendliche Verbrecher gerettet aber nur unter der Bedingung das ich Kirjat Arba zustimm wos hiern Optikkurs gibt was okee für mich ist aber der ganze Rest taugt nix. Dieser religiöse Kram interessiert mich überhaupt nicht und Mädchen sieste hier keine. Blos von weitem. Die Leute geben sich eigentlich Müe nett zu sein (nur manche) und gutes zu tun, alles schön und gut, aber wieso ich plötzlich? Bin ich etwan Frommer? Gefellt mir nicht wie die hier hinterrücks über die Araber reden (nur manche). Kann sein dasn Araber wirklichn Araber bleibt na und? Auch von dir könnt man sagen Michel bleibt Michel na und? Das ist kein Grund auf sie runterzugucken oder sie verechtlich zu machen. Ich bin gegen verachten. Und ich bin dagegen das du das Geld unter dir hast was mir und Ilana gehört das Geld aus Amerika und du mir die ganze Zeit das Leben bestimmst. Auch für Ilana bestimmst du aber das ist ihr Bier. Meinste du wärst Gott Michel?
   Jetzt schreibst du mir sichern Brief daß ich mich nicht schämen tu die Hand zu beissen aus der ich gefressen hab aber aus deiner Hand hab ich überhaupt nix gefressen Michel. Die ganze Zeit arbeit ich und verdien. Das mein Geld bei dir ist heist das du aus meiner Hand frisst! Ich bitt dich im guten das du mir das Geld gibst und die Erlaubnis von der Polizei das

ich hier rauskann und wenn du fragst wohin? Erlich gesagt weiss ich das noch nicht. Was solls, darf man nichtn bischen rumwandern bis man weiss wo man bleiben will? Bist du etwa nicht rumgewetzt in Algerien und in Frankreich und hier bis du was entschieden hast? In dem Umschlag sind Bonnbonnpapierchen die ich für Jifat gesammelt hab pass auf das du sie nicht verkrumpelst und sag ihr das wär von mir Boas. Hallo Ilana sei nicht traurig wegen mir. Bitte sag ihm er soll mir von meinem Geld auszahlen und machen das ich hier rauskann damit ich nicht wieder in Trabbel mit Schlegen komm.

Danke von *Boas B.*

An Boas Brandstetter (bei Schulwass)
Banim-Legwulam-Straße 10
Kirjat Arba

Mit Gottes Hilfe
Jerusalem, 13. Tamus 5736 (17.7.)

Lieber Boas, Du rebellischer Oberschlaumeier,

vor allem anderen freue ich mich über Deine Fortschritte bei der Arbeit im optischen Bereich und darüber, daß Du in Ehren Dein Brot verdienst und am Aufbau des Landes mitwirkst und Dich wacker hältst und sogar zweimal pro Woche die Nachtwache übernimmst. All das rechnet zu Deinen Gunsten. Alle Achtung. Auf der Sollseite aber tut mir Deine Nachlässigkeit beim Studium in der Seele weh. Wir sind das Volk des Buches, Boas, und ein Jude ohne Tora ist schlimmer als ein Tier auf dem Felde.

Der Brief, den Du mir geschickt hast, war unter aller Kritik (a) in bezug auf Rechtschreibung und Stil und (b) in bezug auf den Inhalt. Wie ein zurückgebliebenes Kind! Ich sage Dir das gerade deshalb, Boas, weil ich Sympathie für Dich empfinde. Sonst hätte ich Dich schon längst zum Teufel gehen lassen und fertig. Offenbar bist Du noch ein viel größerer Esel als früher, und aus Deinen Schwierigkeiten hast Du nur gelernt, weitere zu suchen. Wie es bei uns geschrieben steht: »Zerstampfst Du den Toren auch mit dem Stößel, seine Torheit weicht nicht von ihm.« Weisheit, Boas, geht nicht nach Umfang und Gewicht, sonst würde Og, der König des Baschan, bei uns als der Weiseste aller Menschen gelten.

Ich habe außerordentlich viel für Dich getan, und das weißt Du auch, aber wenn Du schon beschlossen hast, Kirjat Arba zu verlassen und das zu tun, was böse ist in den Augen des Herrn, dann wollen wir Dir mal zuschauen: Geh doch, wer hält Dich denn? Habe ich Dich etwa mit Ketten gefesselt? Bitteschön. Geh. Wir werden ja sehen, wie weit Du kommst mit den Rechtschreibekenntnissen eines Arabers und dem Rowdytum eines Gojs. Deine Bar Mizwa hast Du ja Gott sei Dank schon hinter Dir, und wir haben bereits den Segen darüber gesprochen, daß wir der Verantwortung für Deine Taten nun ledig sind. Also bitte, warum nicht, wandle weiter auf den Wegen Deines feinen Vaters und sieh zu, was passiert. Nur daß Du hinterher nicht angelaufen kommst und Michel um Hilfe und Rettung anflehst. Rettung verstehe ich ja noch, aber Du hast die Frechheit, mich auch noch um Hilfe zu bitten? Wenn wir schon mal dabei angelangt sind, das heißt beim Geld, das Du unklugerweise in Deinem Brief erwähntest: Dieses Geld gehört wirklich und wahrhaftig, wie Du sagst, Deiner Mutter, Dir und Jifat zu drei gleichen Teilen, und Du, Boas, wirst Deinen Teil in Gänze von mir bekommen, sobald Du achtzehn Jahre alt bist und keine Stunde früher. Hätte Dein lieber Vater gewollt, daß Du das Geld jetzt gleich auf der Stelle erhältst – wer hätte ihn denn daran hindern sollen, Dir den Scheck direkt zu schicken, statt ihn mir zu geben? Also scheint er doch einigermaßen gewußt zu haben, was er tat, und hat mir die Verantwortung für Dich übertragen. Falls Dir das nicht paßt, dann wende Dich doch bitte nach Belieben an ihn und reiche Beschwerde gegen mich ein.

Überhaupt, Boas, kannst Du von mir aus tun, was Du willst, meinetwegen verwandel Dich in einen Araber, wenn Du auf ihrer Seite bist. Nur tu mir den Gefallen und fang nicht an mir zu erklären, was ein Araber ist. Ich bin unter ihnen aufgewachsen und kenne sie sehr gut: Du wirst Dich vielleicht wundern, von mir zu hören, daß der Araber im Grunde sehr positiv ist, sich durch viele edle Merkmale auszeichnet, und in seiner Religion gibt es einige schöne Dinge, die unmittelbar aus dem Judentum übernommen sind. Aber das Blutvergießen ist bei ihnen tief in ihrer Tradition verwurzelt. Was kann man machen, Boas, das ist eben, wie die Tora es uns von Ismael sagt: »Er wird ein wilder Mensch sein. Seine Hand gegen alle, die Hände aller gegen ihn.« Bei ihnen steht im Koran: »Der Glaube Mohammads durch das Schwert.« Demgegenüber heißt es bei uns in der Tora: »Zion wird durch das Recht gerettet.« Das ist der Unterschied. Jetzt kannst Du allein entscheiden, was besser für Dich paßt.

Zum letztenmal möchte ich Dir eindringlich raten, Dich selber in den Griff zu bekommen und nicht Übel auf Sünde zu häufen. Nächste Woche, am Dienstagnachmittag, feiert Deine Schwester Geburtstag. Komm einen Tag vorher nach Hause, hilf Deiner Mutter ein bißchen und mach der Kleinen eine Freude. Sie liebt Dich heiß und innig! In diesem Umschlag habe ich einen Postscheck über sechshundert Pfund für Dich beigelegt. Schließlich hattest Du mich um Geld gebeten. Hab keine Sorge, Boas, dies werde ich nicht von Deinem Erbe abziehen, das ich für Dich verwahre, bis Du erwachsen bist. Außerdem findest Du in dem Umschlag ein Hundebild, das Jifat für Dich gemalt hat. Nur hat er bei ihr sechs Beine gekriegt.

Hör mal, Boas: Sollen wir Deinen Brief nicht lieber als null und nichtig betrachten? Als ob er nie gewesen wäre? Einfach zur Tagesordnung übergehen? Mutter sendet Dir ihre Grüße, und ich unterschreibe trotz allem in Liebe und Freundschaft als

Dein *Michel*

Oberleutnant Professor A. Gideon
Political Science Department, University of Illinois
Illinois, Chicago, USA

Schalom.
    Es schreibt dir Boas Brandstetter. Du weist wer das ist. Deine Anschrift hab ich von meiner Mutter genommen, weil Herr Sakeim sie mir nicht geben wollte und von Michel Sommo will ich nix mehr geschenkt haben. Von dir auch nicht. So schreib ich halt kurz und zur Sache. Du hast Michel Sommo Geld für mich gegeben. Das hab ich von ihm gehört und auch von Herrn Sakeim, der mir gesagt hat ich sollts mir von Michel holen. Aber Michel rückt das Geld nicht raus im Gegenteil. Jedesmal wenn ich in Trabbel gekommen bin hat er mir geholfen aber das Geld hat er eingesteckt, hat mir bloß immer maln paar Groschen gelassen und will mir noch vorschreiben was ich tun soll und was nicht. Jetzt wohn ich in Kirjat Arba arbeite und verdien Geld inner Optikerwerkstatt aber das ist kein Platz für mich und für dich ist das egal warum. Was ich will ist das mir keiner sagt was ich tun und lassen soll. Also: wenn du wirklich Michel Sommo das Geld gegeben hast hab ich dazu nix zu sagen und dieser Brief

ist überflüssig. Aber wenn du mich im Sinn gehabt hast warum ist dann das Geld nicht bei mir gelandet? Das wollte ich blos fragen.

Boas B.

An Boas Gideon (Brandstetter)
bei Familie Schulwass
Banim-Legwulam-Straße 10
Kirjat Arba, Israel

Chicago, 23.7. 76

Lieber Boas,

ich habe Deinen kurzen Brief erhalten. Auch ich werde keine langen Worte machen. Du möchtest allein sein und von keinem zu hören bekommen, was Du tun und lassen sollst. Ich akzeptiere das. Eigentlich wollte ich auch mal genau das gleiche, aber ich war zu schwach. Ich schlage vor, wir vergessen erstmal das Geld, das bei Sommo ist. Ich habe zwei Möglichkeiten für Dich: eine in Amerika und eine in Israel. Möchtest Du nach Amerika kommen? Wenn ja, kriegst Du die Flugkarte. Ich werde Dir hier eine Unterkunft besorgen und Arbeit für Dich suchen. Vielleicht sogar als Optiker. Im Laufe der Zeit könntest Du auch lernen, was Dich interessiert. Falls Du mir später mal die Unkosten erstatten möchtest, kannst Du das von Deinem Arbeitslohn hier tun. Es eilt nicht und ist nicht unbedingt nötig. Nur denk dran, daß Du in Amerika ein Problem mit der Sprache haben wirst. Wenigstens in der Anfangszeit. Und außerdem hat hier keiner Vettern bei der Polizei.

Als zweite Möglichkeit kannst Du ein großes leeres Haus bei Sichron Jaakov zur Verfügung gestellt kriegen. Das Gebäude ist gegenwärtig in sehr schlechtem Zustand, aber Du hast zwei geschickte Hände. Wenn Du anfängst, das Haus nach und nach zu renovieren, zahle ich Dir dafür einen annehmbaren Monatslohn und erstatte Dir alle Auslagen für Baumaterial usw. Du kannst dort bei Dir wohnen lassen, wen Du willst. Augenblicklich lebt niemand drin. Es gibt viel zu tun dort. Landwirtschaft geht auch. Und es ist nicht weit vom Meer. Aber es steht Dir frei, nur das zu machen, was Du wirklich möchtest.

Egal ob Du Dich für die Fahrt nach Amerika oder das Haus in Sichron entscheidest: Du brauchst nur zu Rechtsanwalt Roberto di Modena zu gehen. Der sitzt in Jerusalem, in derselben Praxis wie Rechtsanwalt Sackheim, den Du schon kennst, weil Du einmal bei ihm warst. Paß auf: geh nicht zu Sackheim. Geh gleich zu di Modena und sag ihm, was Du möchtest. Er hat schon Anweisung erhalten, Dir Deine Wünsche sofort zu erfüllen, so oder so. Du mußt mir nicht antworten. Sei frei und stark, und wenn Du kannst, versuch auch mich gerecht zu beurteilen.

Dein Vater

A GIDEON ILLINOISUNIV CHICAGO.
HABE ALLES NÖTIGE FÜR BOAS EINZUG IN GEBÄUDE GEREGELT. ES VERBLEIBEN EINIGE FORMELLE PROBLEME UM DIE ICH MICH KÜMMERE. HABE IHM DIE VON IHNEN BESTIMMTE SUMME FÜR ERSTEINRICHTUNG ÜBERGEBEN. KÜNFTIG WERDE ICH IHM MONATLICH NACH IHREN ANWEISUNGEN ZAHLEN. SEIT GESTERN IST ER SCHON IN SICHRON. MEIN PARTNER KOCHT VOR WUT. ROBERTO DIMODENA.

A GIDEON ILLINOISUNIV CHICAGO.
DU MACHIAVELLI ZWING MICH NICHT MIT DIR ZU KÄMPFEN. KÄUFER IST JETZT BEREIT ELF BESAGTE FÜR LIEGENSCHAFT SICHRON ZU ZAHLEN. VERPFLICHTET SICH BOAS DORT GEGEN MONATSLOHN ZU BESCHÄFTIGEN. UMGEHENDE ENTSCHEIDUNG ERFORDERLICH. BETRACHTE MICH WEITERHIN ALS DEINEN EINZIGEN FREUND AUF DER WELT TROTZ BITTERER BELEIDIGUNG. MANFRED.

SACKHEIM PERSÖNLICH JERUSALEM ISRAEL.
SICHRONER GRUNDSTÜCK ENDGÜLTIG UNVERKÄUFLICH. ROBERTO ENDGÜLTIG VERWALTER ALLER MEINER GESCHÄFTE. BITTE ÜBERGIB IHM SÄMTLICHE UNTERLAGEN. VERSUCH WEITER DEIN GLÜCK BEI SOMMO DU ARMELEUTEJAGO. WILLST DU MICH ETWA AUCH AUF DEM KARMEL EINLIEFERN. DEINE ENKEL STEHEN WEITERHIN IN MEINEM TESTAMENT. NIMM DICH IN ACHT. ALEX.

Ilana Sommo
Tarnas 7
Jerusalem

1. 8. 76

Ilana,
 Du sagst, ich verstände gar nichts. Seit eh und je »versteht Dich kein Mensch«. Auch recht. Ich schreibe diesmal nur wegen Boas und wegen Michel und Jifat. Michel hat mich gestern angerufen und mir berichtet, Boas ginge aus Kirjat Arba weg und zöge allein in den baufälligen Kasten bei Sichron. So hätte Alex es bestimmt. Ich bat Michel dringend, sich da nicht etwa einzumischen, und versprach ihm, Joasch werde am Wochenende nach Sichron fahren, um zu sehen, wie es dort geht und womit man helfen kann. Vielleicht wirst Du jetzt eingestehen, zumindest Dir selber, daß es falsch war, die Verbindung zu Alex erneut aufzunehmen.
 Ich vergeude meine Worte. Du hast wieder einmal Lust, die Rolle der tragischen Heldin zu spielen. Möchtest erneut als Star in der selbstinitiierten Wiederaufnahme glänzen. Obwohl Dir Alex auch diesmal die Schau stiehlt. Wenn Ihr nicht anders könnt, fährst Du vielleicht einfach los und suchst ihn dort in Amerika? Michel wird es überwinden und Jifat auch ohne Dich sehr gut aufziehen. Im Lauf der Zeit wird er eine Frau aus seinem eigenen Kreis finden. Auch Boas wird aufatmen. Und wir werden von hier aus helfen, so gut wir können. Du wirst endlich völlig überflüssig sein, falls das Dein geheimer Wunsch sein sollte. Denn welchen Sinn hat es, diese Parodie weiterzuspielen – von wegen Du im Osten und Dein Herz am westlichsten Rand usw., um Jehuda Halevi mal in umgekehrter Himmelsrichtung zu zitieren?
 Selbstverständlich bin ich persönlich keineswegs dafür, daß Du fährst. Im Gegenteil. Ich schreibe Dir, um Dich inständig zu bitten, alles noch mal möglichst gründlich zu überdenken. Vernünftig zu werden. Versuch Dir selbst zu sagen, daß Boas Dich nicht braucht. Eigentlich braucht er überhaupt keinen von uns. Versuch zu begreifen, daß Jifat genau wie er werden wird, wenn Du jetzt nicht aufhörst. Auch sie wird dann niemanden brauchen. Was drängt Dich bloß dazu, alles was Du hast, für etwas wegzuwerfen, das nicht ist und nicht sein kann?
 Du kannst mir natürlich sarkastisch antworten. Mich bitten, meine Nase rauszulassen. Oder mir gar nichts erwidern. Ich habe geschrieben, weil ich pflichtgemäß versuchen muß, Dich aufzuhalten, auch wenn ich

kaum Aussichten dabei habe. Damit Du denjenigen, denen Du immer noch viel bedeutest, nicht noch mehr Leiden aufbürdest.

Ich schlage vor, Du kommst mit Jifat her und ruhst Dich ein, zwei Wochen bei uns in Bet-Awraham aus. Du könntest vier Stunden pro Tag im Lager arbeiten. Oder den ganzen Morgen im Schwimmbad verbringen. Joasch im Garten helfen. Nachmittags gehen wir mit den Kindern zu den Fischteichen oder im Wäldchen spazieren. Jifat wird sich in der Kinderkrippe wohlfühlen. Abends sitzen wir dann mit den Nachbarn auf der Wiese und trinken Kaffee. Auch Michel ist eingeladen mitzukommen, wenigstens an den Wochenenden. Und ich verspreche, nichts anzuschneiden, was ich nach Deinen Worten nicht zu begreifen vermag. Wenn Du möchtest, werde ich zuhören und schweigen. Falls Du Lust hast, gehen wir gemeinsam zur Makrame-Arbeitsgemeinschaft oder zur Gruppe für klassische Musik. Von hier aus wird Dir alles in etwas anderem Licht erscheinen. Außerdem schlage ich vor, daß Joasch und ich in diesem Stadium den Kontakt mit Boas übernehmen. Was meinst Du?

Rachel

Prof. A. Gideon
Political Science Department
University of Illinois
Chicago, Illinois, USA

Jerusalem, 2. 8. 76

Alek, der Geist und die Flasche. Schreib mir nicht weiter auf dem Umweg über Sackheim. Dein glatzköpfiger Troll macht mir keinen Spaß mehr. Schreib mir einfach per Post. Oder komm raus und offenbare Dich. Oder ruf mich zu Dir – ich warte immer noch auf die Einladung zu Deiner Hochzeit nebst beigefügter Flugkarte. Du brauchst sie nur zu schicken, und ich komme. Sogar einen verwelkten Blumenstrauß werde ich Dir aus Jerusalem mitbringen. Du hattest doch noch in derselben Nacht irgendeine kleine Sekretärin im Sturm erobern wollen, doch jetzt ist fast ein Monat vergangen, und ich höre immer noch keinen Hochzeitsmarsch erklingen. Ist denn Dein ganzer Zauber schon verflogen? Die männlichen Feldschlachtgerüche? Die Schätze, die Du vom Vater ererbtest? Der Glanz Deiner weltweiten Veröffentlichungen? Die hypnotisierende Todesaura?

Hat all das bereits Rost angesetzt wie eine blecherne Ritterrüstung? Hat die Schöne sich abgewendet? Oder hast Du vielleicht bis heute nicht gelernt, ohne väterlichen Beistand um die Hand einer Frau anzuhalten?

Erst um ein Uhr morgens bin ich dazu gekommen, Deinen Brief zu lesen. Den ganzen Tag über wartete er auf mich, verschlossen in der Handtasche wie eine Viper zwischen Taschentuch und Lippenstift. Am Abend nickte Michel wie gewöhnlich vorm Fernseher ein. Beim frommen »Vers des Tages« weckte ich ihn für die Nachrichten zum Programmschluß. Rabin ist seiner Ansicht nach kein jüdischer Regierungschef, sondern ein amerikanischer General, der zufällig etwas gebrochen Hebräisch spricht und den Staat an Uncle Sam verkauft. Wieder würden die Gojim über uns herrschen, und wir würden vor ihnen kuschen. Demgegenüber sei ich für ihn die schönste Frau der Welt. Sagte es und küßte mich auf die Stirn, wobei er sich auf die Zehenspitzen stellte. Ich kniete vor ihm nieder, um ihm den kindischen Knoten im Schnürsenkel zu lösen. Müde und verschlafen war er. Die Stimme brüchig vom Rauchen. Als ich ihn in unser Bett gelegt und gut zugedeckt hatte, sagte er, der sonderbarste Psalm des gesamten Psalters sei der, der mit den Worten »nach der Weise ›Stumme Taube unter Fernen‹« beginnt. Er zitierte mir irgendeine gelehrte Auslegung für das Wort »Ferne«. Nannte mich seine stumme Taube. Und während er noch sprach, schlief er auf dem Rücken ein wie ein Baby. Erst dann habe ich mich hingesetzt, um Deine Marterrolle zu lesen, beim Klang seines ruhigen Atems, vermischt mit dem Zikadenkonzert aus dem Wadi, das uns von dem arabischen Dorf trennt. Wort für Wort übersetzte ich die Giftpfeile Deines Scharfsinns in gelle Schmerzensschreie. Als ich jedoch zu Goliats Schwert und zu Deinem sterbenden Drachen vorstieß, mußte ich innerlich weinen. Ich vermochte nicht weiterzulesen. Versteckte Deinen Brief unter der Abendzeitung und zog in die Küche, um mir ein Glas Tee mit Zitrone zu machen. Danach kehrte ich zu Dir zurück, während im Fenster eine scharfe, moslemische Sichel zwischen sieben Nebelschleiern stand.

Zweimal habe ich Dein Intensivseminar gelesen: fleischfressende Pflanzen; Bernanos, Prediger und Jesus; die zum Schwert greifen, werden durch das Schwert umkommen. Und hier überkam auch mich ein Frösteln. Genau wie Dich in der Nacht der Sirenen in Chicago. Obwohl es bei uns eine laue, leicht milchige Jerusalemer Sommernacht war, ohne Blitze, ohne Stürme vom See, nur ferne Hunde bellten am Wüstenrand.

Mangels geistiger Ebenbürtigkeit kann ich es kaum mit Dir aufnehmen. Dein scharfer Verstand wirkt immer wie Maschinengewehrballern auf mich: eine gezielte, tödliche Salve von Fakten, Schlüssen und Erklärungen, nach der es kein Aufstehen mehr gibt. Und trotzdem werde ich diesmal widersprechen. Jesus und Bernanos hatten recht, während Du und der Prediger vielleicht nur Mitleid verdienen: Es gibt Glück auf der Welt, Alek, und die Leiden sind nicht dessen Gegenteil, sondern sie sind der schmale Durchgang, den wir gebückt zwischen Brennesseln weiterkriechend passieren – hin zu der stummen, von Mondsilber überströmten Waldlichtung. Du hast sicher nicht den berühmten Grundsatz vergessen, der am Anfang von »Anna Karenina« steht, wo Tolstoi sich in das Gewand einer ruhigen Dorfgottheit hüllt, langmütig und reich an Güte über dem Wirrsal schwebt und aus seinen Höhen verkündet, alle glücklichen Familien glichen einander, während die unglücklichen Familien je auf ihre eigene Weise unglücklich seien. Bei aller Hochachtung für Tolstoi sage ich Dir, daß es genau umgekehrt ist: Die Unglücklichen sind meist in stereotype Leiden versunken, leben in öder Eintönigkeit eines von vier, fünf abgewetzten Marterklischees aus. Dagegen ist das Glück ein feines, seltenes Gefäß, eine Art chinesische Vase, die die wenigen, die es erreichen, Stück für Stück über Jahre hinaus geformt und graviert haben, jeder nach seiner Gestalt und seinem Ebenbild, jeder nach seinen Eigenschaften, kein Glück gleicht dem anderen. Und beim Schmieden ihres Glücks haben sie auch die Leiden und Demütigungen mit eingeschmolzen. Wie man Gold aus Erzen läutert. Es gibt Glück auf der Welt, Alek, und wenn es wie ein flüchtiger Traum ist. Für Dich liegt es allerdings außer Reichweite. So fern wie der Stern vom Maulwurf. Nicht »Genugtuung über den Erhalt einer Bestätigung«, weder Ruhm und Aufstieg noch Eroberung und Herrschaft, weder Unterjochen noch Sich-unters-Joch-Fügen, sondern die Wonne des Einswerdens. Das Verschmelzen des Ich mit dem Nächsten. Wie die Muschel einen fremden Gegenstand umfängt, von ihm verletzt wird und ihn in ihre Perle verwandelt, während das warme Wasser alles umspült und umhüllt. Du hast kein einziges Mal in Deinem Leben dieses Einswerden erfahren. Wenn der Körper die Geige in den Fingern der Seele ist. Wenn Nächster und ich sich verbinden, zu einer Koralle zusammenwachsen. Wenn die Gabe des Stalaktits den Stalagmit langsam aufsteigen läßt, bis zwei zu einem werden.

Stell Dir beispielsweise mal vor, es wäre zehn Minuten nach sieben an einem Jerusalemer Sommerabend: Die Bergketten berühren die Strahlen der untergehenden Sonne. Scheidendes Licht beginnt die steinernen Gäßchen zu erweichen, sie gewissermaßen ihrer Steinernheit zu entkleiden. Eine arabische Hirtenflöte tönt sehnsüchtig getragen aus dem Wadi herauf, jenseits von Freude und Schmerz, als sei die Seele der Berge ausgezogen, deren Körper einzulullen, um sich dann zu ihrer nächtlichen Reise aufzuschwingen. – Oder zwei Stunden später, wenn Sterne am judäischen Wüstenhimmel erscheinen und die Silhouette des Minaretts hoch über die geduckten Schatten der Lehmhütten aufragt. Wenn Deine Finger den rauhen Polsterstoff betasten und vor dem Fenster silbern ein Olivenbaum aufleuchtet, der eine milde Lichtgabe von der Tischlampe in Deinem Zimmer erhält, und einen Augenblick lang die Grenze zwischen Fingerspitze und Stoff aufgehoben ist und der Berührende der Berührte und die Berührung selber ist. Das Brot in Deiner Hand, der Löffel, das Teeglas, die einfachen, stummen Dinge sind plötzlich von feinem Urschimmer umgeben. Erleuchtet aus Deiner Seele und diese wieder erleuchtend. Schlichte Daseinsfreude senkt sich herab und bedeckt alles mit dem Geheimnis der Dinge, die schon da waren, bevor die Erkenntnis erschaffen wurde. Die urersten Dinge, von denen Du für immer in die dürren Steppen der Finsternis verbannt worden bist, auf denen Du nun umherwanderst und einen toten Mond anheulst, von Weiße zu Weiße irrend, bis ans Ende der Tundra, nach etwas längst Verlorenem suchend, obwohl Du schon vergessen hast, was es war und wann und warum Du es verloren hattest: »Sein Leben ist ein Gefängnis, während sein Tod sich ihm als Aussicht auf eine paradoxale Auferstehung, als Verheißung einer wundersamen Erlösung aus seinem Jammertal darstellt.« Das Zitat ist Deinem Buch entnommen. Der Wolf, der im Dunkeln den Mond in der Steppe anheult, ist mein Beitrag.

Und auch die Liebe war mein Beitrag. Den Du ablehntest. Hast Du wirklich einmal geliebt? Mich? Vielleicht Deinen Sohn?

Gelogen, Alek. Du hast nicht geliebt. Du hast mich erobert. Und später hast Du mich geräumt wie ein Ziel, das seinen Wert verloren hat. Jetzt hast Du Dich entschlossen, gegen Michel ins Feld zu ziehen, um ihm Boas zu entringen. Die ganzen Jahre über hast Du Deinen Sohn als irgendeinen beliebigen Sandhügel angesehen, bis Du von mir erfuhrst, daß der Feind plötzlich Interesse an ihm gefunden hat und ihn zu halten versucht. Da hast Du Deine Truppen zum Blitzangriff ausgeschickt. Und hast wieder gewonnen, wie nebenbei. Die Liebe ist Dir fremd. Selbst die Bedeutung des Wortes wirst Du nicht erfahren. Zerstören, beseitigen, vernichten, umlegen, vertilgen, säubern, vergewaltigen, anzünden, aufknüpfen, fertigmachen, ausräuchern, niederbrennen – das sind die Grenzen Deiner Welt und Deine Mondlandschaften, in denen Du rastlos agierst mit Sackheim als Deinem Sancho Pansa. Und in die Du nun auch unseren Sohn verbannen willst.

Jetzt werde ich Dir etwas verraten, das Dich sicher freuen wird: Dein Geld hat auch schon angefangen, mein Leben mit Michel zu zerrütten. Sechs Jahre lang haben Michel und ich uns wie zwei Schiffbrüchige abgestrampelt, um am Rand der öden Insel eine ärmliche Hütte als Zuflucht zu errichten. Sie mit Wärme und Licht zu erfüllen. Jeden Morgen bin ich früh aufgestanden, um ihm belegte Brote zu richten, die blaue Plastikthermosflasche mit Kaffee, die Morgenzeitung, habe alles in seine abgewetzte Aktentasche gepackt und ihn damit zur Arbeit geschickt. Danach zog ich Jifat an, gab ihr zu essen. Erledigte die Hausarbeit bei Rundfunkklängen. Versorgte ein bißchen den Garten und die Balkonpflanzen (verschiedene Gewürzkräuter, die Michel in Kästen zog). Von zehn bis zwölf, während die Kleine noch in der Krippe war, ging ich einkaufen. Fand manchmal etwas Zeit, ein Buch zu lesen. Eine Nachbarin kam auf ein Schwätzchen in die Küche. Um ein Uhr fütterte ich Jifat und wärmte Michel sein Essen auf. Wenn er heimkam, machte ich ihm ein Glas kühles Sodawasser im Sommer oder eine Tasse Kakao an einem kalten Tag. Während seiner Privatstunden zog ich mich in die Küche zurück, um Gemüse für den nächsten Tag zu putzen, zu backen, das Geschirr zu spülen und wieder mein Buch weiterzulesen. Ich brachte ihm türkischen Kaffee. Lauschte einem Radiokonzert beim Bügeln, bis die Kleine aufwachte. Wenn er mit seinen Stunden fertig war und sich die Hefte seiner Schüler zum Korrigieren vornahm, schickte ich Jifat zum Spielen mit den Nachbarskindern in den Garten, trat ans Fenster und betrachtete die Berge und die Olivenbäume. An klaren Wintersamstagen, wenn Michel »Jediot« und »Maariv« durchgeblättert hatte, gingen wir zu dritt spazieren, im Wäldchen von Talpiot, auf der Anhöhe, auf dem der frühere Gouverneurspalast steht, oder zu Füßen des Mar-Elias-Klosters. Michel wußte lustige Spiele zu erfinden. War nicht künstlich auf seine Ehre bedacht. Mit komischer Übertreibung imitierte er einen störrischen Ziegenbock, einen Frosch, einen Parteiredner, bis wir beide Tränen lachten. Daheim nickte er dann inmitten verstreuter Wochenendbeilagen auf seinem schäbigen Sessel ein, das Kind schlummerte auf dem Teppich zu seinen Füßen, und ich las einen der Romane, die Michel stets für mich bei der Stadtbücherei auslieh. Obwohl er mich gern wegen der »wertlosen Bücher« aufzog, die ich las, vergaß er nie, mir jede Woche zwei oder drei davon auf dem Heimweg von der Arbeit mitzubringen. Und ließ auch nicht von seiner Gewohnheit ab, mir zu jedem Schabbatabend einen kleinen Blumenstrauß zu kaufen. Den er mir mit einer vergnügten französischen Verbeugung überreichte. Manchmal überraschte er mich mit einem Tuch, einem Fläschchen Parfüm oder irgendeiner Illustrierten, von der er meinte, daß sie mich interessieren könnte, während er sie zum Schluß selber von vorne bis hinten verschlang und mir ausgewählte Passagen daraus vorlas.

Gegen Schabbatausgang gingen wir meist auf die Veranda hinaus, machten es uns in den Lehnstühlen gemütlich und knabberten Erdnüsse beim Anblick des Sonnenuntergangs. Zuweilen erzählte Michel mir dann mit seiner warmen, verrauchten Stimme von seinen Pariser Tagen: schilderte mir seine Rundgänge durch die Museen, »um etwas von der Ästhetik der Nachkommen Jafets zu kosten«, skizzierte mir das Aussehen der Brücken und Boulevards in gewollt bescheidenem Ton, als habe er sie persönlich entworfen, machte sich über seine damalige Armut und Zurücksetzung lustig. Gelegentlich vergnügte er Jifat mit Fabeln über Füchse und Vögel oder mit Rabba Bar-Bar-Chanas talmudischem Seemannsgarn. Manchmal machten wir nach Sonnenuntergang kein Licht auf der Veranda an, sondern meine Tochter und ich lernten im Dunkeln die eigentümlichen Lieder seiner Familie von ihm, Melodien, bei denen der gutturale Jubel fast an ein Klagen grenzt. Vor dem Schlafengehen brachen Kissenschlachten zwischen uns aus, bis es Zeit wurde, Jifat mit einer Gutenachtgeschichte einzulullen. Danach, Hand in Hand wie Kinder auf dem Sofa sitzend, referierte er mir seine Auffassungen. Analysierte die politische Lage, ließ mich an seinen Wunschträumen teilhaben, fegte sie jedoch schnell mit einer Handbewegung beiseite, als hätte er nur Spaß gemacht.

So, wie fleißige Sparer, die Münze auf Münze horten, kratzten wir von Abend zu Abend unser kleines Glück zusammen. Formten eine chinesische Vase. Polsterten ein Nest für stumme Turteltauben. Im Bett überschüttete ich ihn mit reichen Gaben, die er sich nie hätte träumen lassen, und Michel belohnte mich aus den Schatzkammern seiner stillen, begeisterten Anbetung. Bis Du die Schleusen des Himmels über ihm öffnetest und ihn mit Deinem Geld überschwemmtest wie ein Flugzeug, das ein

Feld mit giftigen Pflanzenschutzmitteln besprüht, worauf alles sofort gelb und welk zu werden beginnt.

Am Ende des Schuljahrs hat Michel beschlossen, seine Stelle als Französischlehrer an der »Ohel-Jizchak-Schule« aufzugeben. Er erklärte mir, es sei Zeit für ihn, »aus der Knechtschaft in die Freiheit zu ziehen«, und sehr bald wolle er mir vorführen, »wie der Ysop an der Wand gleich der Zeder im Libanon wachsen« werde.

Sein neues Kapital hat er aus irgendeinem Grund Sackheim und dessen Schwiegersohn anvertraut.

Vor zehn Tagen hatten wir sogar das Vergnügen, die beiden Etgars auf Besuch zu empfangen: Sackheims Tochter Dorit, eine laute Tel Aviverin, die Michel Micky nannte und mich mit »Darling« anredete, mit ihrem Gemahl im Schlepptau, einem dicklichen Mann mit Kennedy-Haarschnitt und randloser Brille, der trotz der Hitze eine Krawatte trug und ansonsten höflich und nervös war. Als Mitbringsel schenkten sie uns einen Wandteppich mit Affen und Tigern, den sie auf ihrer letzten Reise in Bangkok erstanden hatten. Jifat brachten sie eine Aufziehpuppe mit drei Gängen mit. Unser Haus gefiel ihnen nicht: Sie waren noch kaum da, als sie uns bereits bestürmten, in ihrem amerikanischen Straßenkreuzer Platz zu nehmen und ihnen eine »tolle Spritztour durch das rassige Jerusalem abseits der Touristenströme« zu bieten. Zum Mittagessen luden sie uns ins Restaurant des »Intercontinental Hotels« ein. Sicher hatten sie an das Problem mit dem koscheren Essen überhaupt nicht gedacht, und Michel war es peinlich, sie daran zu erinnern, so daß er lieber eine Magenverstimmung vortäuschte. Zum Schluß aßen wir dort bloß harte Eier aus der Schale und Sauermilch aus dem Plastikbecher. Die Männer redeten über Politik, über die mögliche Öffnung des Sinais und der Westbank für Privatinvestitionen, während Sackheims Tochter mich mit dem ungeheuren Anschaffungspreis eines Bernhardinerwelpen und den ebenfalls »völlig unglaublichen« Kosten für die Unterhaltung eines solchen Tieres hierzulande abzulenken versuchte. Der bebrillte junge Mann leitete jeden Satz mit »sagen wir mal, daß« ein, während seine Frau alles unter der Sonne als »entsetzlich« oder »absolut phantastisch« klassifizierte, so daß ich die Sache bald gründlich leid war. Beim Abschied luden sie uns ein, ein Wochenende in ihrer Villa in Kfar Schmarjahu zu verbringen, mit freier Wahl zwischen dem Meer und ihrem privaten Swimmingpool. Als ich Michel hinterher sagte, meinetwegen könne er zu ihnen fahren, so oft er wolle, aber ohne mich, antwortete mir mein Angetrauter mit den Worten: »Sagen wir mal, daß Du Dir das noch ein bißchen überlegst.«

Und vor einer Woche erfuhr ich so beiläufig, daß Michel unser Haus (einschließlich des unfertigen Anbaus) einem seiner Cousins verkauft, mit dem er auch einen Kaufvertrag für eine neue Wohnung im wiederaufgebauten jüdischen Viertel in der Altstadt unterschrieben hat. Vielleicht weil ich keine freudige Bewunderung hervorbringen konnte, nannte Michel mich spöttisch »Waschti«. Außerdem hat er sich wieder als Mitglied bei der NRP einschreiben lassen, gleichzeitig aber beschlossen, von nun an diese liberale Tageszeitung, »Haaretz«, zu abonnieren.

Jeden Morgen geht er seinen neuen Geschäften nach, über deren Art ich nichts weiß, und kommt erst spät abends zurück. Anstelle seiner ewigen Gabardinehosen und dem karierten Jackett hat er sich einen Sommeranzug aus hellblauem Dacron zugelegt, in dem er mich an einen gerissenen Gebrauchtwarenhändler im amerikanischen Kintopp erinnert. Nun sitzen wir bei Schabbatausgang nicht mehr auf der Veranda und genießen den Sonnenuntergang. Vorbei sind die Kissenschlachten zu dritt vor dem Schlafengehen. Fromme Immobilienhändler kommen nach der Melawe Malka, mit der sie die »Sabbatkönigin« verabschiedet haben. Der Geruch von Tscholent und gefillte Fisch weht mir entgegen, wenn ich mich vorbeuge, um ihnen Kaffee einzuschenken. Selbstgefällige Typen, die es als ein Gebot der Höflichkeit ansehen, ihm gegenüber meine Schönheit zu preisen und mir gegenüber – die im Supermarkt gekauften Kekse. Sie bemühen sich mit plumpen Grimassen um Jifat, verwirren sie mit den komischen Zwitschertönen, die sie ihr zu Ehren ausstoßen. Michel befiehlt ihr, den Herrschaften etwas vorzusingen oder aufzusagen, und sie gehorcht. Danach bedeutet er mir, wir beide hätten unsere Schuldigkeit getan. Und hält lange Geheimgespräche auf der Veranda mit ihnen.

Ich bringe Jifat ins Bett. Schreie sie grundlos an. Ziehe mich in die Küche zurück und versuche, ein Buch zu lesen, aber ab und zu dringt öliges Gelächter zu mir durch. Auch Michel lacht mit, etwas gezwungen wie ein Kellner, der es weit gebracht hat. Wenn wir alleine sind, widmet er sich meiner Weiterbildung: bestrebt, mich über Grundstücksfragen, Beihilfen, jordanisches Bodenrecht, Anleihen, Betriebskapital, Vergünstigungen, Sicherheiten, Einkünfte und die Kosten von Erdarbeiten aufzuklären. Schlafwandlerische Sicherheit hat ihn erfüllt: Er hegt keinerlei Zweifel mehr daran, daß Du ihm letztwillig – oder noch zu Deinen Lebzeiten – Dein gesamtes Hab und Gut übertragen wirst. Oder mir. Oder Boas. In jedem Fall sieht er Dein Vermögen bereits bei sich unter Dach und Fach. »Und wie es bei uns geschrieben steht: ›Wer eine fromme Pflicht erfüllt, wird nicht zu Schaden kommen.‹« Bei Dir ist seines Erachtens »schon von oben bestimmt«, daß Du Deine Sünden gerade über ihn sühnen wirst, durch einen »beträchtlichen« Beitrag zum Aufbau des Landes. Es ist ihm egal, auf wen von uns Du das Geld überschreibst: »Wir werden es, mit Gottes Hilfe, für Tora, Mizwot und gute Taten verwenden, und wenn wir es weiterhin für die Auslösung des Landes investieren, wird es wachsen und gedeihen.« Letzte Woche hat er sich bei mir stolz mit einem Glas Tee gebrüstet, das er in Gesellschaft irgendeines stellvertretenden Ministers oder Ministerialdirektors im Knesset-Restaurant getrunken hat.

Außerdem hat er sich in den Kopf gesetzt, Fahrstunden zu nehmen. Demnächst einen Wagen anzuschaffen, damit er, wie er sich ausdrückte, »mein Kutscher« sein könne. Aber seine jugendlichen Spinner, diese russischen und amerikanischen Burschen mit dem sonderbaren Funkeln in den Augen, die sich früher in Tennisschuhen bei uns ins Haus schlichen und im Garten mit ihm tuschelten, kommen derzeit kaum noch. Vielleicht trifft er sich jetzt anderswo mit ihnen. Die gelassene Selbstgefälligkeit des arrivierten Herrn charakterisiert sein neues Verhalten. Vorbei mit den lustigen Clownerien, mit dem vergnügten Nachahmen von Fröschen und Ziegenböcken. Statt dessen hat er sich eine witzelnde Redeweise angewöhnt, die er von seinem Funktionärsbruder gelernt hat, nämlich hier und da einige jiddische Brocken einzuflechten, die er absichtlich falsch ausspricht. Sogar sein Rasierwasser hat er gegen ein anderes eingetauscht, dessen Geruch sogar dann in der Wohnung hängt, wenn er nicht zu Hause ist. Letzte Woche gab man ihm die Ehre, ihn zu irgendeiner mysteriösen Rundfahrt in der Gegend von Ramallah einzuladen, bei der Dein Mosche Dayan auch mit von der Partie war. Michel tat ungeheuer wichtig und geheimnisvoll, und war dabei doch aufgeregt wie ein Schuljunge: Er konnte gar nicht wieder aufhören, mir die »idealistische Findigkeit« Dayans zu preisen, der speziell für uns »geradewegs dem Buch der Richter entstiegen zu sein scheint«. Dabei bejammerte er die himmelschreiende Vergeudung, die sich daran zeige, daß sein neuer Held derzeit keine staatliche Funktion erfüllt. Und er prahlte damit, daß Dayan ihm plötzlich eine scharfsinnige Frage zugeworfen habe, er selber aber nicht in Verlegenheit geraten sei, sondern »auf der Stelle, völlig aus dem Stegreif« einen leicht abgewandelten Bibelvers parat gehabt habe: »Denn durch schlaue Überlegung erwirbst du das Land«, was ihm wiederum ein wohlgefälliges Lächeln und die Bezeichnung »schlaues Bürschchen« von Dayan eingebracht habe.

»Michel«, hab ich gesagt, »was ist denn mit dir los? Drehst du durch?« Da umarmte er mich mit einer ihm sonst fremden Kumpelhaftigkeit und antwortete mir sanft: »Durchdrehen? Im Gegenteil. Ich kriege den Kopf erst richtig frei. Frei von der schändlichen Armut. Sagen wir mal, Madame Sommo, daß du noch wie die Königin Ester bei mir leben wirst. Daß ich dich in Nahrung, Kleidung und ehelichem Recht nicht benachteiligen werde, auch wenn du die entsprechende Bibelstelle vielleicht nicht kennst. Bald wird mein Bruder persönlich um Hilfe bei uns ansuchen, und wir werden dem Bedürftigen keine Wohltat versagen. Wie es bei uns geschrieben steht: ›Doch die Armen werden das Land bekommen.‹«

Ich konnte mich nicht enthalten, ihm einen kleinen Pfeil reinzuschießen, und fragte ihn, was plötzlich aus seinen israelischen »Europa«-Zigaretten geworden sei, warum er denn jetzt »Dunhill« rauche? Michel war nicht eingeschnappt. Einen Augenblick betrachtete er mich belustigt, zuckte aber gleich darauf die Achseln, meinte grinsend, »na ja, typisch Frau«, und ging in die Küche, um Steaks mit Pommes frites für uns zu brutzeln. Und auf einmal haßte ich ihn.

Du hast also wieder mal gewonnen. Mit einem einzigen Handstreich hast du unsere Hütte dem Erdboden gleichgemacht, unsere chinesische Vase zertrümmert, aus Michels tiefstem Innern einen kleinen grotesken Alex in punktierter Volksausgabe hervorgezaubert. Hast dabei gleichzeitig auch noch, wie ein Zirkusjongleur, Sackheim mit einem Fußtritt zum Teufel geschickt und Boas mit einem Luftstoß aus Deinem Mund unserem schwachen Halt entrissen, ihn bis Sichron weggeblasen, wo Du ihn haargenau auf dem Kreuzchen abgesetzt hast, das auf Deiner Generalstabskarte für ihn vorgesehen war. All das hast du fertiggebracht, ohne Dich auch nur aus Deiner dicken Wolke hervorzubemühen. Wie ein fliegender Killersatellit. Alles ferngelenkt. Nur auf Knopfdruck.

Die letzten Zeilen habe ich jetzt mit einem Lächeln niedergeschrieben. Erwarte diesmal keinen weiteren Selbstmordversuch wie jene, die Dir zum Schluß nur noch ein trockenes Grinsen über die »gewohnte Magenspülung« entlockten. Dieses Mal werde ich ein wenig variieren. Eine Überraschung ist der anderen wert.

Damit möchte ich schließen. Ich werde Dich in der Dunkelheit belassen. Geh, stell Dich an Dein Fenster. Leg Dir die Arme um die Schultern. Oder lieg wach auf Deinem Bürobett zwischen den beiden Metallschränken und warte jenseits der Verzweiflung auf die Barmherzigkeit, an die Du nicht glaubst. Aber ich schon.

Ilana

Gedanken von Prof. A. A. Gideon, auf kleine Karten notiert

176.
Sein Zeitempfinden ist absolut zweidimensional: Zukunft und Vergangenheit. In seinem gequälten Geist spiegeln sich unablässig die alte, ursprüngliche, von den Kräften der Unreinheit zerstörte Herrlichkeit und die verheißene Herrlichkeit, die nach der »Erneuerung unserer Tage wie ehedem«, nach der großen Säuberung wiedererstehen wird. Ziel seines Kampfes ist es, sich aus den Klauen der Gegenwart zu befreien, die Gegenwart bis auf die Grundfesten zu zerstören.

177.
Die Ablehnung der Gegenwart ist eine Tarnung der Selbstablehnung: Die Gegenwart wird als Alptraum, als Exil, als »Sonnenfinsternis« betrachtet, weil das Ich – der Brennpunkt des Gegenwartsempfindens – als unerträgliche Last erfahren wird.

178.
Eigentlich ist sein Zeitempfinden nicht zwei-, sondern eindimensional: das Paradies, das war, ist das Paradies, das sein wird.

178a.
Die Gegenwart ist demnach eine trübe Episode, ein Fleck auf der großen Bahn der Ewigkeit: Ihn gilt es (mit Blut und Feuer) aus der Wirklichkeit und auch aus dem Gedächtnis zu tilgen, um jedwede Trennung zwischen dem Strahlenkranz der Vergangenheit und dem Strahlenkranz der Zukunft aufzuheben und die messianische Vereinigung dieser beiden Strahlenkränze zu ermöglichen. Dabei zwischen Heiligem und Profanem zu trennen und das Profane (die Gegenwart, das Ich) völlig zu beseitigen.

Nur so wird sich der Kreis schließen. Der zerbrochene Ring wiederhergestellt sein.

178b.
 Die Zeit vor der Geburt und die Zeit nach dem Tod sind ein und dasselbe. Ihr Inhalt: Aufhebung des Ichs. Aufhebung der gesamten Wirklichkeit. Aufhebung des Lebens. »Erhebung«.

179.
 Verwirklichung des Ideals. Die erhabene Vergangenheit und die strahlende Zukunft schließen sich zusammen und zerdrücken die unreine Gegenwart zwischen sich. Über das Universum senkt sich eine Art majestätische, ewige Zeitlosigkeit herab, die ihrem Wesen nach über dem Leben, außerhalb des Lebens, ja dem Leben diametral entgegensteht: »Diese Welt ist nur eine Vorhalle vor der kommenden Welt.« Oder: »Mein Königreich ist nicht von dieser Welt.«

180.
 Die alte hebräische Sprache drückt das in ihrer tiefsten Struktur aus: sie besitzt kein Präsens. Statt dessen kennt sie nur eine Form des Partizips. »Und Abraham, am Zelteingang sitzend.« Das heißt nicht »irgendwann einmal saß Abraham« oder »Abraham pflegte zu sitzen« und auch nicht »zur Zeit der Niederschrift dieser Worte sitzt Abraham« oder zur Zeit, in der man sie liest, sondern es ist wie die Regieanweisung bei einem Schauspiel: Jedesmal wenn der Vorhang aufgeht, sehen wir Abraham am Eingang seines Zeltes sitzen. Von Ewigkeit zu Ewigkeit. An jenem Zelteingang saß er, sitzt er, wird er sitzen, für jetzt und alle Zeiten.

181.
 Paradoxerweise schließt das Bestreben, die Gegenwart im Namen der Vergangenheit und Zukunft zu zerstören, ihr eigenes Gegenteil in sich: die Aufhebung aller Zeiten. Erstarrung. Ewigwährende Gegenwart. Sobald die Tage wie ehedem erneuert sind und das himmlische Königreich regiert, wird nichts mehr weiterlaufen. Das Universum wird stillstehen. Die Bewegung wird aufgehoben, und damit verschwindet auch der Horizont. Es wird unendliche Gegenwart herrschen. Die Geschichte ist – gleich den Dichtern – aus Platons idealem Staat verbannt. Ebenso wie

bei Jesus, Luther, Marx, Mao und all den anderen. Dann wohnt der Wolf beim Lamm – nicht auf Grund eines zeitweisen Waffenstillstands, sondern für immer und ewig: derselbe Wolf, dasselbe Lamm. Ohne ein Rascheln und ohne einen Windhauch. Die Aufhebung des Todes gleicht in allem dem Tod. Der mystische hebräische Ausdruck »Ende der Tage« bedeutet haargenau das, was er aussagt: das Ende der Tage.

182.

Und noch ein Paradox: Die Aufhebung der nichtswürdigen Gegenwart zugunsten einer erhabenen Gegenwart, in der Vergangenheit und Zukunft einander berühren, bedeutet auch: Ende des Kampfes. Die Zeit ewigen Friedens und Glückes. In der keinerlei Bedarf an Kriegern, wegweisenden Märtyrern, rettenden Heilanden besteht. Im Reich der Erlösung gibt es daher keinen Platz für einen Erlöser. Der Sieg der Revolution ist ihr Untergang, wie beim Feuer des düsteren Heraklit. Die befreite Gottesstadt braucht keine Befreier.

183.

Die Lösung: an ihrer Schwelle sterben.

184.

Also bekämpft er mit schäumenden Lippen die ganze Welt der Gegenwart im Namen von Vergangenheit und Zukunft, die er in eine vergangenheitslose, zukunftslose Gegenwart zu verwandeln sucht. Ein Widerspruch in sich selbst. Unweigerlich ist er dazu verurteilt, ständig in einer Atmosphäre von Angst, Verfolgung und Mißtrauen zu existieren. Damit ihm die Gegenwart nicht etwa ein Schnippchen schlägt. Damit er ihren Versuchungen nicht erliegt. Damit es den Agenten der Gegenwart nicht womöglich gelingt, sich mitten in das Erlösungslager einzuschleichen oder getarnt Einzug zu halten. Seine Strafe: das immerwährende Grauen vor den allgegenwärtigen Schatten des Verrats. Ja, diese Schatten der Untreue tummeln sich sogar in den Kellern seiner eigenen Seele. »Der Satan dringt überall ein.«

An Rachel Morag
Kibbuz Bet-Awraham
Mobile Post Untergaliläa

4. 8. 76

Liebe Rachel,

ich muß auf Dich hören und mich ändern. Muß mit der Vergangenheit brechen. Von nun an Gattin und Hausfrau sein. Bügeln, kochen, putzen und stricken. Mich an den Erfolgen meines Mannes freuen und in ihnen mein Glück sehen. Gardinen für die neue Wohnung aussuchen, in die wir im Winter einziehen werden. Mich von heute an mit seinem warmen Geruch, dem Geruch von Schwarzbrot, Käse und scharfen Oliven, begnügen. Dem Geruch nach Puder und Pipi im nächtlichen Kinderzimmer. Und den Bratgerüchen in der Küche. Vergebens habe ich »alles, was ich habe« aufs Spiel gesetzt. Man darf nicht mit dem Feuer spielen. Es wird kein Ritter hoch zu Roß angeritten kommen, um mich hier wegzuholen. Und falls er kommen sollte, werde ich nicht mitgehen. Wenn ich ginge, würde ich wieder gegen alle sündigen und mir selbst nur Leiden einbringen. Vielen Dank, daß Du mich ab und zu an meine Pflicht erinnerst. Vergib mir all die Beleidigungen, die ich Dir grundlos entgegengeschleudert habe. Du hattest recht, weil Du von Geburt an im Recht bist. Von jetzt an werde ich mich richtig betragen. Ich werde meinen Hauskittel anziehen und Fenster nebst Fliegengittern putzen. Werde mich in meine Stellung fügen. Werde Teller mit Knabberkernen für Michel und seine Freunde herrichten. Dafür sorgen, daß es nie an Kaffee fehlt. Ich werde selber mit ihm gehen, um einen hübschen Anzug anstelle des hellblauen auszusuchen. Werde ein Haushaltsbuch führen. Werde mein braunes Kleid anziehen und ihn zu gesellschaftlichen Anlässen begleiten, zu denen er eingeladen worden ist. Ich werde ihm keine Schande machen. Wenn er sprechen möchte, werde ich schweigen. Wenn er mir bedeutet, daß ich etwas sagen solle, werde ich nur Sinnvolles reden und seine sämtlichen Bekannten faszinieren. Vielleicht trete ich seiner Partei bei. Ich sollte ernsthaft an einen Teppichkauf denken. Bald bekommen wir Telefon: Man hat ihn auf Betreiben eines Bruders seiner Freundin Janine schon auf der Warteliste aufrücken lassen. Auch eine Waschmaschine werden wir anschaffen. Und danach einen Farbfernseher. Ich werde nach Kfar Schmarjahu mit ihm fahren, um seine Geschäftsfreunde zu besuchen. Werde auf einem kleinen Block telefonische Durchsagen für ihn notieren und dafür sorgen, daß er nicht gestört wird. Werde Bittsteller taktvoll von ihm fernhalten. Die Zeitungen für ihn durchsehen und Artikel ankreuzen, die ihm interessant oder nützlich erscheinen könnten. Jeden Abend werde ich zu Hause auf ihn warten, ihm ein abwechslungsreiches Essen vorsetzen, ein warmes Bad einlaufen lassen, und danach werde ich mich zu ihm setzen, um seinen Tageserfolgen zu lauschen. Ich werde ihm in großen Zügen das Neueste von Kind und Haus berichten. Werde mich selbst um die Wasser- und Stromrechnungen kümmern. Abend für Abend wird er am Kopfende seines Bettes ein frisch gebügeltes und gestärktes weißes Hemd für den nächsten Tag vorfinden. Jede Nacht werde ich ihm zu Diensten sein. Abgesehen von den Nächten, die er wegen seiner Arbeit außer Haus verbringen muß. Dann werde ich mich allein hinsetzen und Kunstgeschichte per Fernkurs studieren. Oder ich male mit Aquarellfarben. Oder lackiere die Stühle neu. Ich werde mich in der orientalischen Kochkunst weiterbilden, bis ich an das Niveau seiner Mutter herankomme. Ich werde ihm die Sorge um Jifat abnehmen, damit er sich ganz seinen Angelegenheiten widmen kann. »Wie ein fruchtbarer Weinstock ist deine Frau drinnen in deinem Haus.« »Sie übertrifft alle Perlen an Wert.« »Ganz Herrlichkeit weilt die Königstochter im inneren Gemache.« Die Jahre werden vergehen, und Michel wird von Erfolg zu Erfolg schreiten. Alles, was er anpackt, wird ihm gelingen. Ich werde seinen Namen im Radio hören. Werde seine Fotos in ein Album kleben. Täglich werde ich den Staub von seinen Souvenirs abwischen. Stets zuverlässig alle persönlichen Fest- und Geburtstage der ganzen Sippe im Kopf behalten. Werde Hochzeitsgeschenke besorgen. Beileidsbriefe verschicken. Ihn bei Beschneidungsfeiern vertreten. Den Wäscheschrank überprüfen und auf die Sauberkeit seiner Socken achten. So wird das Leben seine geregelte, vernünftige Bahn laufen. Jifat wird unter liebender Fürsorge in der stabilen Atmosphäre einer heilen Familie aufwachsen. Nicht wie Boas. Zu gegebener Zeit werden wir sie mit dem Sohn eines Staatssekretärs oder Ministerialdirektors verheiraten. Dann bleibe ich allein zurück. Wenn ich morgens aufstehe, finde ich das Haus leer vor, weil Michel längst weggegangen ist. Ich nehme Kaffee nebst einer Beruhigungstablette zu mir, gebe der Hausgehilfin Anweisungen und gehe bis mittags zu einem Einkaufsbummel in die Stadt. Nach meiner Rückkehr schlucke ich ein oder zwei Valium und versuche, bis abends zu schlafen. Blättere in Kunstbüchern. Staube die Nippsachen ab. Und jeden Abend werde ich wartend am Fenster stehen: Vielleicht kommt er ja. Oder schickt wenigstens seinen Assistenten, um ihm ein frisches Jackett aus dem Schrank zu holen und mir auszurichten, daß es später werden wird. Ich werde belegte Brote für seinen Fahrer richten. Mit Charme und Takt zudringlichen Fragen am Telefon ausweichen. Mich von Schaulustigen und Kameras fernhalten. In den leeren Stunden werde ich mich hinsetzen und einen Pulli für den Enkel stricken. Werde Zimmerpflanzen und Silbersachen pflegen. Vielleicht belege ich einen Kurs in jüdischer Philosophie, so daß ich nach Schabbatausgang seine Gäste und ihn mit passenden Zitaten überraschen kann. Bis die Versammelten vom höflichen Geplauder zur Sache übergehen. Dann schleiche ich mich auf Zehenspitzen in die Küche, bleibe dort sitzen, bis sie gegangen sind, und suche Rezepte aus koscheren Kochbüchern aus. Vielleicht werde ich zum Schluß irgendeinem Komitee von Politikerfrauen zugunsten kindlicher Versager beitreten. Ich werde mich zu beschäftigen wissen. Werde niemandem zur Last fallen. Und insgeheim werde ich auf ärztlichen Rat den Salzgehalt in seinem Essen reduzieren. Ich selber werde strikte Diät einhalten, um ihn nicht mit den Fettmassen meines alternden Fleisches zu beschweren. Werde Gymnastik treiben. Mengenweise Vitamine und stimmungsausgleichende Pillen schlucken. Mein ergrauendes Haar färben lassen. Oder künftig eine züchtige Kopfbedeckung tragen. Für ihn werde ich mich einer Operation zur Straffung der Gesichtshaut unterziehen. Doch was mache ich später mit meinen erschlaffenden Brüsten. Was mache ich mit meinen Beinen, sobald sie anschwellen und sich mit einem Netz von Krampfadern und Blutgerinnseln überziehen. Was tu ich nur, Rachel. Du bist doch klug und weißt sicher einen Rat für Deine kleine Schwester, die verspricht, brav zu sein und nicht mit dem Feuer zu spielen. Halt Dich tapfer.

Ilana

Grüße an die Kinder und an Joasch und danke für die Einladung.

GIDEON ILLINOISUNIV CHICAGO.
VERGEBE DIR UND BIN BEREIT NEUES KAPITEL ANZUFANGEN. KÄUFER BIETET JETZT ZWÖLF FÜR SICHRONER BESITZ. ERLAUBT BOAS ZU BLEIBEN. WENN DU ZUSTIMMST IST MEINE MANDATSNIEDERLEGUNG HINFÄLLIG. UM DEINE GESUNDHEIT BESORGT. MANFRED.

SACKHEIM PERSÖNLICH JERUSALEM ISRAEL.
ABGELEHNT, ALEX.

GIDEON ILLINOISUNIV CHICAGO.
ICH VERLASS DICH NICHT. MANFRED.

SACKHEIM PERSÖNLICH JERUSALEM ISRAEL.
BERICHTE ÜBER BOAS. BERICHTE ÜBER SOMMO. EVENTUELL KOMME ICH IM HERBST. NICHT DRÄNGEN. ALEX.

Prof. A. Gideon
University of Illinois
Chicago, Illinois, USA

9. 8. 76

Lieber Alek,
 gestern morgen bin ich nach Haifa gefahren, um Deinen Vater im Sanatorium auf dem Karmel zu besuchen. Unterwegs stieg ich jedoch, einem spontanen Impuls folgend, in Chedera aus und nahm den Bus nach Sichron. Was hatte ich bei unserem Sohn zu suchen? Ich versuchte mir nicht auszumalen, wie er mich empfangen würde. Was ich machen sollte, falls er mich rauswarf. Mich verspottete. Oder sich in irgendeiner verlassenen Vorratskammer vor mir versteckt hielt. Was sollte ich antworten, wenn er mich fragen würde, warum ich gekommen sei?
 Versuche Dir das Bild vorzustellen: ein blauweißer, aber nicht glühender israelischer Sommertag, ich in Jeans und dünner weißer Bluse, eine Basttasche über die Schulter gehängt. Wirke vielleicht eher wie eine Studentin in den Semesterferien, während ich zögernd vor dem rostigen Eisentor stehe, das mit rostigen Schlössern an rostigen Ketten verrammelt ist. Unter meinen Sandalen knirscht der alte graue Kies, der von Dorngestrüpp und Wildgräsern überwuchert ist. Bienen schwirren in der Luft. Durch die verbogenen Gitterstäbe sehe ich das burgartige Gebäude aus dunklem Sichro-

ner Stein. Die düsteren Fensterhöhlen wie zahnlos klaffende Rachen. Das Ziegeldach stellenweise eingestürzt. Und aus dem Gebäude quillt flammengleich eine wildwachsende Bougainvillea hervor und trifft auf das Geißblatt, das sich von außen an der Hausmauer festgekrallt hat.

Bald eine Viertelstunde stand ich so dort, mit den Augen unwillkürlich nach dem Klingelknopf suchend, der vor tausend Jahren einmal dagewesen ist. Kein Laut war aus Haus oder Garten zu hören, außer dem Rascheln des Windes in den Wedeln der alten Palmen und einem anderen, feineren Wispern zwischen den Piniennadeln. Der Vorgarten ist mit Dornsträuchern und Hundszahngras überwachsen. Die ausgewucherten Oleanderbüsche – ein seeräuberrotes Blütenmeer – haben den Zierfischteich, den Springbrunnen und die Sitzecke mit ihrem Mosaikfußboden völlig unter sich begraben. Einst standen hier eigenartige, grobschlächtige Steinfiguren von Melnikow. Sicher längst gestohlen. Ein schwacher Modergeruch wehte mir in die Nase und verging. Eine aufgeschreckte Feldmaus schoß pfeilschnell an meinen Füßen vorbei. Auf wen wartete ich denn? Vielleicht auf den armenischen Diener in seiner Livree, der mir mit einer Verbeugung das Tor öffnen würde?

Im Lauf der Jahre ist das Städtchen Deinem Haus näher gerückt, ohne es bisher ganz zu erreichen. Weiter unten am Abhang sah ich neue, mit geschmacklosen Türmchen verzierte Villen. Vor ihrer Häßlichkeit erscheint die anmaßende Architektur Deines Vaters in einem milderen Licht. Der Zahn der Zeit hat der melancholischen Tyrannenfestung gewissermaßen Gnade erwiesen.

Ein unsichtbarer Vogel ließ einen Ton auf mich los, der fast wie ein Bellen klang und mich einen Moment erschauern ließ. Dann wurde es wieder still. Im Osten lagen die Ausläufer der Berge von Menasse vor mir, bewaldet, von flüchtigem, tänzerisch aufflackerndem Grünschimmer überspielt. Und im Westen, so grau wie Deine Augen und mit einem Dunstschleier überzogen, erstreckte sich das Meer hinter den Bananenpflanzungen. Zwischen diesen Staudenfeldern blitzten die Fischteiche des Nachbarkibbuz, gegen den Dein Vater seinerzeit einen wütenden Kreuzzug geführt hat, bis es Euch gelang, ihn zu besiegen und einzuengen. Eine fremde Hand hat eine altmodische Warnung auf das verrostete Tor gepinselt: »Privatbesitz – Zutritt streng verboten – Zuwiderhandelnde werden mit aller Strenge des Gesetzes bestraft.« Auch diese Warnung ist über die Jahre verblaßt.

Wie tief die Stille dieses Ortes war. Die Leere. Als sei die Luft selber mit aller Strenge des Gesetzes geladen. Und auf einmal überkam mich die Trauer um Dinge, die gewesen und unwiederbringlich sind. Eine scharfe Sehnsucht, so stechend wie ein physischer Schmerz, nach Dir und Deinem Sohn und Deinem Vater. Ich dachte an die Jahre Deiner Kindheit auf diesem trübseligen Gut, ohne Mutter, ohne Bruder oder Schwester, ohne Freund außer dem Rhesusäffchen Deines Vaters. An den Tod Deiner Mutter in einer Winternacht um drei morgens, versehentlich alleingelassen in ihrem Zimmer, das Du mir einmal gezeigt hast, eine zellenartige Kammer unter den Dachbalken mit Fenster zum Meer. Die Tagesschwester war gegen Abend nach Hause gegangen, die Nachtschwester war nicht gekommen, während Dein Vater unterwegs war, um eine Schiffsladung Baumetall aus Italien entgegenzunehmen. Mir fiel ihr Gesicht auf der braunen Fotografie russischen Stils wieder ein, die immer zwischen zwei weißen Kerzen auf einem Regal im Bibliothekszimmer Deines Vaters stand, und dahinter permanent eine Vase mit ewigen Blumen. Sicher ist alles längst verloren und vorbei, das Foto, die Vase, die Kerzen und die ewigen Blumen.

Die Erinnerung an jenes Foto brachte mir die Gerüche von Tabak, Schwermut und Wodka zurück, die Deinen Vater und seine vielen Zimmer allezeit umgaben. Ähnlich dem Meer- und Wüstengeruch, den unser Sohn heute verströmt. Bin ich wirklich Euer Unheil? Oder war es umgekehrt so, daß das Unheil sich schon bei Euch eingenistet hatte und ich mich dann vergeblich bemühte, das Unwiederbringliche wiederzubringen und das von vornherein Irreparable zu reparieren?

Ich ging an dem Zaun entlang, bis ich ein Loch fand, zwängte mich gebückt zwischen den Stacheldrähten hindurch und ging durch das Wildpflanzengestrüpp in weitem Bogen um das Haus herum. Wieder erschreckte mich der bellende Vogel. Schulterhohe Disteln stachen mir in Kleidung und Haut, als ich mir meinen Weg zum Hof bahnte. Neben dem Gartenschuppen, im Schatten des krummen Eukalyptusbaums, auf dem Du Dir als Kind eine schwingende Festung gebaut hattest, fand ich eine geborstene Bank. Zerkratzt und verstaubt ließ ich mich darauf niedersinken. Aus dem Haus kam Schweigen. Eine Taube flog zu einem Fenster hinein und zu einem anderen wieder heraus. Eine schlangenförmige Eidechse glitt unter einen Steinhaufen. Zu meinen Füßen mühte sich ein Mistkäfer ab, seine winzige Kugel vor sich herzuschieben. Der bellende

Vogel schien kaum einen Steinwurf weit entfernt, aber sehen konnte ich ihn nicht. Zwei Wespen, eng umklammert im Ringen auf Leben und Tod oder in wütender Paarung, vollführten einen Zickzackkurs in der Luft, bis sie beide mit hörbarem Aufschlag auf die Bank niederstürzten: Waren sie zerschmettert? Versöhnt? Zu einem Fleisch geworden? Ich wagte nicht, mich über sie zu beugen. Der Ort wirkte verlassen. War Boas doch wieder auf Wanderschaft? Angst befiel mich. Ein übelriechendes Lüftchen mischte sich in die Gerüche des Eukalyptusbaums. Ich beschloß, mich noch einige Minuten auszuruhen und dann aufzubrechen.

Vor dem Schuppen erspähte ich einen verrosteten Pflug in einem verrotteten Reisighaufen. Es gab auch einen kaputten Rechen. Und zwei große, halb in der Erde versunkene Holzräder. In diesem wüsten Durcheinander entdeckte ich den Gartentisch, um den herum wir einst gesessen, gelacht, Granatapfelsaft mit Eis aus ziselierten Kelchen getrunken und scharfe Oliven gegessen haben. Was ist von diesem Tisch übriggeblieben? Eine geborstene Marmorplatte hält sich wie durch ein Wunder auf drei Baumstümpfen, ist ganz und gar mit grünlichem Taubendreck verschmiert. Über mir segeln Federwolken wie träumerisch gen Osten. Tausend Jahre sind seit jenem Sommertag vergangen, an dem Du mich zum erstenmal hierhergebracht hast, um bei Deinem Vater mit mir anzugeben oder um mir seine Grandiosität vorzuführen. Noch unterwegs, in Deinem großspurigen Militärjeep mit Antenne und MG-Halterung, hast Du mich halb scherzhaft gewarnt, ich solle es ja nicht wagen, mich in Deinen Vater zu verlieben. Und er hat tatsächlich verschwommene Muttergefühle in mir geweckt: Wie ein großer Hund war er, ein nicht besonders schlauer Riesenköter, der zum Spaß mit den Zähnen fletscht und in allen Tönen bellt und nicht nur mit dem Schwanz, sondern mit dem halben Körper wedelt vor lauter Bitten um ein liebevolles Streicheln, ja ganze Freundschaftstänze vollführt, mit großem Getue losstürmt und wieder zurückkehrt, um mir ein Stöckchen oder einen Gummiball zu Füßen zu legen.

Ich empfand tatsächlich Zuneigung zu ihm. Ob Du wohl jemals was von Zuneigung gehört hast? Obwohl sie in keinerlei Zusammenhang mit Deinem Fachgebiet steht? Schau in einem Wörterbuch oder Lexikon nach. Versuch's unter Z.

Seine Grobheit rührte mich. Seine plumpen Annäherungsversuche. Seine als Übermut getarnte Schwermut. Seine tiefe Stimme. Sein Appetit. Sein altmodisches Kavaliersgehabe. Seine stürmische Aufmerksamkeit.

Die Rosen, die er mir mit großer Geste überreichte. Die Rolle des russischen Gutsbesitzers, die er mir mit übertriebenem Pathos vorspielte. Ich fand Gefallen an meiner Kraft, ihn in seiner lärmenden Einsamkeit zu erfreuen, als beteiligte ich mich ernsthaft an dem begeisterten Spiel eines Kindes. Und Du wurdest grün vor Eifersucht. Hörtest nicht auf, uns beide mit Deinen starren Inquisitorblicken zu fixieren. In den Katakomben Deiner Phantasie, wie auf einem Dürerbild, drängtest Du mich sicher in seine Arme. Und erdolchtest uns beide. Armer Alek.

Entspannt, von der Seebrise umfächelt, saß ich auf der Bank und dachte an einen anderen Sommer, unseren Sommer in Aschkelon nach dem Sechstagekrieg: das improvisierte Floß, das Du aus Pfählen und Tauen zusammenbandst, ohne Nägel zu verwenden. »Kon-Tiki« hast Du es genannt. Du erzähltest Boas von phönizischen Seefahrern, die bis ans Ende der Welt segelten. Von Wikingern. Von Moby Dick und von Kapitän Ahab. Von den Reisen Magellans und Vasco da Gamas. Lehrtest ihn Seemannsknoten zu knüpfen und festzuzurren und führtest mit sicheren Händen seine kleinen Finger. Und danach der grauenhafte Strudel. Der einzige Hilfeschrei, den ich jemals aus Deinem Mund gehört habe. Und dann jene Fischer. Deine starken Arme, mit denen Du mich und den Jungen wie ein Zicklein und ein Lämmchen unter die Achseln nahmst und vom Fischerboot an Land trugst. Die Tränen der Niederlage, die ich in Deinen Augen wahrzunehmen glaubte, als wir glücklich aus dem Wasser heraus waren und Du uns mit Deinen letzten Kräften auf dem Sand absetztest. Wenn es nur keine Salzwassertropfen waren, die Dir aus dem Haar übers Gesicht rannen.

Aus dem Seitenflügel erklang eine Frauenstimme in einem melodischen Fragesatz. Einen Moment später antwortete Dein Sohn ihr in seinem ruhigen Baß vier, fünf Worte, die ich nicht zu entschlüsseln vermochte. Wie sehr ich seine bedächtige Stimme mag. Der Deinigen ähnlich und unähnlich zugleich. Was sollte ich ihm sagen, wenn er mich entdeckte? Warum war ich hergekommen? Mir genügte es schon, den Klang seiner Stimme gehört zu haben. Im selben Augenblick beschloß ich, mich unerkannt aus dem Staub zu machen.

Nur betraten jetzt zwei junge Mädchen mit Sandalen den Hof, die eine dunkel und rundlich, in Shorts und T-Shirt, unter dessen feuchtem Stoff sich ihre strammen Nippel dunkel abzeichneten, die andere schmal und klein, wie ein zarter Schößling aus ihrem langen Kleid herauswachsend.

Ich nahm also auf der Kiste Platz, die Dein Sohn mir mit einem Tritt seines bloßen Fußes leerräumte (es hatten Gurken, Zwiebeln und ein Schraubenzieher darauf gelegen). In dem Durcheinander auf den verdreckten, eingesunkenen Fliesen konnte ich die Zeichen des sonderbaren Stützpunkts erkennen, den Boas sich hier langsam aufbaut: eine rußige Pfanne, ein Stück Wachstuch, ein Sack Zement, zwei Töpfe und ein verbeulter Kaffeetopf, Pinsel und Farbtöpfe, alte Matratzen und darauf die Rucksäcke der Mädchen und sein Seesack in einem bunten Gewirr von Werkzeugteilen, Seilen und Konservendosen nebst ihren und seinen Jeans, einem BH und einem Transistorradio. In der Zimmerecke lehnte eine Zeltbahn oder eine zusammengelegte Plane. Es gab auch einen improvisierten Tisch: eine alte, abblätternde Tür, über zwei Fässer gelegt. Auf diesem Tisch lagen dunkle Metallspiralen und dazwischen ein Marmeladenglas, Kerzen und Streichhölzer, volle und leere Bierdosen, ein großes Buch mit dem Titel »Die Linse und das Licht«, eine Petroleumlampe und ein halber Laib Mischbrot.

Ich fragte ihn, ob alles in Ordnung sei, ob ihm hier etwas fehle. Und sofort, ohne seine Antwort abzuwarten, hörte ich mich geradezu explosiv weiterfragen, ob er noch böse oder verbittert sei.

Ein verborgenes, königliches Lächeln verlieh seinem sonnenversengten Gesicht den Ausdruck leidgeprüfter, nachsichtiger Weisheit, der mich einen Augenblick an seinen Großvater erinnerte.

»Nicht verbittert. Überhaupt bin ich gegen Bösesein auf arme Würstchen.«

Ich fragte ihn, ob er Dich hasse. Und bereute es sofort.

Er schweigt. Kratzt sich wie im Schlaf. Macht sich weiter an dem rußigen Kaffeetopf auf dem Gaskocher zu schaffen.

»Antworte mir.«

Er schweigt. Macht eine weitläufige Geste mit der umgedrehten Hand, Handfläche nach oben. Schnalzt zweimal mit der Zunge: »Hassen? Wieso das denn. Ich haß nicht. Ich bin gegen Hassen. Bei mir ist das ungefähr so: Ich hab mit ihm nix zu tun. Schade, daß er ausgewandert ist. Ich bin gegen Weglaufen von hier, solange der Staat in der Tinte steckt. Obwohl ich auch Lust hätte wegzufahren, und ich fahr auch wirklich, sobald der Staat aus'm Gröbsten raus ist.«

»Und warum hast du dies Haus von ihm angenommen?«

»Was soll's mich kratzen, von ihm Geld zu nehmen? Oder von Michel?

Oder von beiden. Hat ja sowieso keiner diese Moneten mit Arbeit verdient. Der Zaster ist ihnen auf'n Bäumen zugewachsen. Wer mir was geben will, soll's halt tun. Kein Problem. Ich kann durchaus was anfangen mit dem Geld. Da, das Wasser kocht. Jetzt werden wir uns'n Kaffee zu Gemüte führen. Trink, dann wird's dir besser. Ich hab dir Zucker reingetan und umgerührt. Was guckste mich denn so an?«

Was hat mich verleitet, ihm zu antworten, daß ich überflüssig sei. Daß es mir nichts ausmachen würde zu sterben. Daß das für alle besser wäre.

»Yallah. Nun mach mal'n Absatz. Genug mit diesem Scheiß. Jifat ist man gerade drei Jahre und'n Monat alt. Was soll denn das mit Sterben? Biste auf'n Kopp geplumpst? Statt dessen mach man lieber bei WIZO oder so'm anderen Verein mit. Hilf Neueinwanderern. Strick Mützen für die Soldaten. Fehlt's an Aufgaben? Was ist denn mit dir los?«

»Ich ... alles, was ich angefaßt hab, hat sich in meinen Händen zum Monstrum gewandelt. Verstehst du das, Boas?«

»Ne ehrliche Antwort? Nö, versteh ich nicht. Aber daß ich nix versteh, sagt nicht viel, weil ich'n bißchen schwach im Kopp bin. Was ich versteh, ist, daß du nix zu tun hast. Du tust gar nix, Ilana.«

»Und du?«

»Also das ist so. Derzeit bin ich hier mit diesen zwei Hühnchen, geb ihnen Arbeit und good time, futter was, arbeite'n bißchen, bumse, bewach ihm sein Haus für'n Monatslohn und mach ihm dazu auch alles mögliche heil. Noch ein, zwei Monate, und's gibt 'ne Chirbe weniger im Staat. Vielleicht kommste auch her? Besser als abkratzen. Sterben eh zu viele in diesem Land. Töten und sterben die ganze Zeit statt sich'n Leben zu machen. Wo de hinguckst – alles voll mit schlauen Schildbürgern, bloß daß se in Schilda keine Panzer hatten, und hier habense was zum Umbringen. Heute legen wir'n Gemüsegarten an. Du kannst hierbleiben. Mich stört das absolut nicht, und ich werd dich auch nicht stören. Tu hier, was dir Spaß macht, bring Jifat her, bring mit, wen du willst. Ich geb euch Arbeit und Essen. Fängste schon wieder an zu flennen? Das Leben meint's nicht gut genug mit dir? Bleib so lange du Lust hast. An Arbeit fehlt's hier nicht, und jeden Abend spielt Cindy uns was auf der Gitarre. Du kannst kochen. Oder willste dich um die Ziegen kümmern? Bald kriegen se'n Stall. Ich lern dich an.«

»Darf man dich was fragen?«

»Fragen kostet ja nix.«

»Sag: hast du schon mal geliebt? Ich meine nicht ... im Bett. Du brauchst mir nicht zu antworten.«

Er schweigt. Schüttelt verständnislos den Kopf, als verzweifle er nun endgültig an meiner Dummheit. Und dann mit trauriger, zärtlicher Stimme: »Aber natürlich hab ich geliebt. Willst du mir sagen, daß du's überhaupt nicht gemerkt hast?«

»Wen?«

»Dich doch, Ilana. Und ihn. Als ich noch so klein war und euch für Eltern angesehen hab. Ich bin bald durchgedreht bei euerm Geschrei und euerm Gekloppe. Dachte, das wär alles wegen mir. Woher hätt ich's denn wissen sollen. Jedesmal, wenn du dich ermorden wolltest und ins Krankenhaus gekommen bist, hätt ich ihn umbringen mögen. Als du mit seinen Freunden rumgefickt hast, hätt ich ihnen Gift legen wollen. Statt dessen hab ich dann jeden verdroschen, der mir bloß versehentlich in die Quere gelaufen ist. Ich stand einfach so unter Druck. Jetzt bin ich gegen Losdreschen, außer wenn mir einer eine reinhaut. Dann geb ich'n bißchen was zurück. Jetzt bin ich bloß für Arbeiten und Entspannen. Jetzt kümmer ich mich nur noch um mich selber und um den Staat.«

»Um den Staat?«

»Aber sicher. Haste denn keine Augen im Kopp? Siehste nicht, was hier vorgeht? Diese Kriege und der ganze Scheiß? Daß se sich den ganzen Tag streiten und umbringen, statt zu leben? Verzehren sich das Herz und schießen dann noch und legen Bomben. Ich bin gegen die Lage. Ich bin überhaupt ziemlich zionistisch eingestellt, falls du's wissen willst.«

»Was bist du?!«

»Zionist. Ich will, das alles okay wird. Und daß jeder auch irgendwas für den Staat tut, und wenn's was ganz Winziges ist, 'ne halbe Stunde pro Tag, damit's ihm'n bißchen wohl auf der Seele wird und er merkt, daß er noch gebraucht wird. Einer der gar nix tut – fängt gleich an, in Trabbel reinzulaufen. Nimm dich und deine zwei Männer. Ihr wißt alle drei überhaupt nicht, was leben heißt. Macht die ganze Zeit bloß Wind, statt was zu tun. Einschließlich diesem Superheiligen mit seinen Kumpels aus'n Gebieten. Leben aus der Tora, leben aus der Politik, leben aus Gerede und Diskussionen statt aus'm Leben zu leben. Die Araber sind auch schon genauso geworden. Haben von den Juden gelernt, sich selbst zu verzehren und einander aufzufressen und Menschen zu fressen statt normales Essen. Ich sag ja nicht, daß die Araber keine Halunken sind. Halunken im

Quadrat. Aber was soll's? Halunken sind Menschen. Kein Scheißdreck. Wär doch schade um sie, wenn sie sterben würden, zum Schluß machen die Juden sie fertig, oder sie machen die Juden fertig, oder sie machen sich beide gegenseitig fertig, und dann gibt's wieder nix in diesem Land außer der Tora und dem Koran und Füchsen und ausgebrannten Chirbes.«
»Was wird, wenn du zum Militär mußt?«
»Sicher verzichten die auf so einen wie mich. Unterm Standard und all das. Aber was soll's? Ist mir egal. Auch ohne Militär bring ich was in meinem Leben: auf See vielleicht oder in der Optik. Oder ich bau hier in Sichron 'ne Kommune für Ausgeflippte auf, damit sie hier Landwirtschaft betreiben, statt sonst was anzustellen. Damit's in diesem Staat was zu fressen gibt. Ne Kommune für Beknackte. Als erstes hab ich diesen Mädchen ihrn Kif verbrannt: Ich bin gegen Abfahren. Besser'n ganzen Tag arbeiten und sich nachts 'n schönes Leben machen. Haste schon wieder angefangen zu heulen? Hab ich irgendwas Schlimmes gesagt? Entschuldigung. Hatte nicht die Absicht, dir auf'n Nerven rumzutrampeln. Tut mir leid. Denk dran, daß du nicht die erste bist, die was Bekloppptes zur Welt gebracht hat. Wenigstens haste Jifat. Bloß daß Sommo sie nicht verrückt macht vor lauter Tora und seinem ganzen Mist.«
»Boas.«
»Was.«
»Hast du gerade Zeit? Zwei Stunden?«
»Wozu?«
»Fahr mit mir nach Haifa. Deinen Großvater besuchen. Erinnerst du dich, daß du einen kranken Großvater in Haifa hast? Der dieses Haus für dich gebaut hat?«
Er schweigt. Läßt plötzlich blitzartig seine Riesenpranke vorschnellen, landet einen Gorillaschlag auf seiner nackten Brust und schnippt die zerquetschte Bremse zu Boden.
»Boas?«
»Ja. Ich erinner mich. So gerade eben. Aber was soll ich auf einmal zu ihm hinfahren? Was hab ich denn bei ihm verloren? Überhaupt, sobald ich weggeh, sogar bloß hier in Sichron zum Baubedarfsladen, ärger ich entweder die Leute, oder die Leute ärgern mich, oder's kommt zum Handgemenge. Aber was? Du kannst ihm von mir ausrichten, falls er was auf der Seite hätt, sollte er mir auch Geld schicken. Sag ihm, der Bekloppte würd von jedem nehmen, der was gibt. Hätt nämlich Lust, so'n echt anständiges

Teleskop zu bauen. Wie glatt weg aus'm Film. Damit man von uns nachts die Satelliten sehen kann, die über'n Staat wegfliegen. Das Meer ohne Wasser, das es da oben auf'm Mond gibt, vielleicht haste davon gehört. Wenn man so'n bißchen auf die Sterne achtet und all das, achtet man weniger auf die Scherereien, die einem alle immer machen. Und danach werden wir sehen, vielleicht 'ne Yacht. An Planken fehlt's hier nicht. Damit wir auf'm Meer segeln können, was den Kopf von dem ganzen Mist reinigt. Da, Essen ist fertig. Schau, dort hinterm Fenster ist der Wasserhahn, den ich gestern angemacht hab. Wasch dirs Gesicht und fertig mit der gesammelten Seelenforschung. Du hast dir die ganze Schminke verschmiert. Die Cindy hat mir nachts auch was vorgeheult. Das ist okay, spült'n bißchen die Seele durch. Eating, Sandra. Put food for my little mother also. Nein? Du gehst? Haste genug von mir? Weil ich bumsen und all das gesagt hab? So ist das halt, Ilana. Zweihundert Meter vom hinteren Tor haste die Busstation. Geh also aus'm Hintertor. Wär vielleicht besser für dich gewesen, wenn de gar nicht hergekommen wärst: Bist okay gekommen und gehst heulend weg. Warte, unten im Keller hab ich diese Münzen da gefunden. Unter dem Boiler vom Alten. Gib das Jifat und sag ihr, das wär von mir, Boas, und ich würd ihr die Nase abbeißen. Denk dran, daß du herkommen kannst, wann's dir paßt, und so lange bleiben, wie du willst. Alles frei.«

Warum hast Du das getan, Alek? Warum hast du ihn in diesen Gespensterpalast verpflanzt? Wirklich nur aus Lust, Michel auf seinem eigenen Spielfeld zu schlagen? Die zarten Fäden der Zuneigung zu zerreißen, die sich langsam zwischen meinem kleinen Mann und diesem ausgewachsenen Wilden zu entspinnen begannen? Deinen Sohn in den Dschungel zurückzustoßen? Wie ein Gefängniswärter, der eiligst zwei Verurteilte trennt, die sich in ihrer Zelle ein wenig angefreundet hatten, und sie in düstere Isolierkammern wirft? »Wie nach einem Flugzeugabsturz«, schriebst Du mir in Deinem Neonlichtbrief, »haben wir gemeinsam per Korrespondenz die Black Box unseres Lebens entschlüsselt.«

Gar nichts haben wir entschlüsselt, Alek. Nur vergiftete Pfeile ausgetauscht. Mehr und mehr versiegt meine Begierde, an Dir Rache zu nehmen. Fertig aus. Ich verzichte. Nur laß mich in Deinen Armen sein. Meine Finger auf Deinen Nacken legen. Deine ergrauenden Haare glätten. Zuweilen einen kleinen Pickel ausdrücken, auf der Schulter oder am Kinn. Im windgepeitschten Jeep neben Dir sitzen, eine entlegene Gebirgsstraße entlangpreschen und dabei Deinen Fahrstil genießen, der so aggressiv wie ein Schwertstoß und dabei so präzise und wohldurchdacht wie ein guter Tennisschlag ist. Mich barfuß hinter Dir anschleichen und meine Finger in Dein Haar versenken, während Du im Morgengrauen über Deinen Schreibtisch gebeugt sitzt, strahlend im elektrischen Lichtkreis der Tischlampe, und mit chirurgischer Genauigkeit irgendeinen wüsten mystischen Text sezierst. Ich werde Deine Frau und Magd sein. Das Spiel ist aus. Von nun an geschehe Dein Wille. Ich warte.

Ilana

Gedanken von Prof. A. A. Gideon, auf kleine Karten notiert

185.

Glauben aus Unglauben: Je mehr er den Glauben an sich selbst verliert, desto mehr verstärkt sich sein flammender Glaube an die Erlösung, wächst sein dringendes Bedürfnis, erlöst zu werden. Der Heiland ist um so größer, je winziger, unbedeutender, nichtiger man selber ist. Henri Bergson sagt: Es stimmt nicht, daß der Glaube Berge versetzt. Im Gegenteil besteht das Wesen des Glaubens in der Fähigkeit, überhaupt nichts mehr wahrzunehmen, auch nicht die Berge, die vor den eigenen Augen versetzt werden. Eine Art hermetischer Vorhang, absolut tatsachenundurchlässig.

186.

Je mehr ihm seine Selbstachtung, seine Existenzberechtigung, ja sein eigentlicher Lebenszweck abhanden kommen, desto umfassender, grandioser, erhabener, geheiligter wird die Rechtfertigung seiner Religion, seines Glaubens, seiner Rasse, des Ideals, dem er sich verschrieben, oder der Bewegung, der er Treue geschworen hat.

186a.

Das Ich also völlig im Wir aufgehen lassen. Zu einer blinden Zelle in einem riesigen, zeitlosen, allmächtigen und erhabenen Organismus zusammenschrumpfen. Bis zur Selbstvergessenheit, ja bis zur Selbstaufgabe mit der Nation, der Bewegung, der Rasse verschmelzen, wie ein Tropfen im Meer der Gläubigen. Daher: die Uniformen aller Art.

187.
Der Mensch kümmert sich um seine eigenen Angelegenheiten, soweit er Angelegenheiten und Eigenheit besitzt. Fehlen diese, ist sein Leben entsprechend leer, so daß er nun feurig beginnt, sich um die Angelegenheiten anderer Menschen zu kümmern: sie in Reih und Glied zu bringen. Sie zu züchtigen. Jeden Trottel zu belehren und jeden Abweichler auszurotten. Andere mit Wohltaten zu überhäufen oder ihnen wüst zuzusetzen. Zwischen dem edelmütigen Fanatiker und dem mörderischen Fanatiker besteht natürlich ein ethischer Rangunterschied, aber kein Unterschied im Wesen. Mordwahn und Selbstaufopferung sind zwei Seiten derselben Medaille. Herrschsucht und Altruismus, rüde Gewalt und glühende Hingabe, die Unterdrückung des Nächsten und des eigenen Selbst, das Retten der Seelen anderer, die verschieden von einem sind, und die Ausrottung dieser Andersartigen: all das sind keine Gegensatzpaare, sondern nur unterschiedliche Ausdrucksarten für die Leere und Nichtigkeit des Menschen. »Das Sich-selber-nicht-Genügen« wie Pascal meinte (der ebenfalls infiziert war).

188.
»Da er mit seinem leeren, öden Leben nichts anzufangen weiß, fällt er anderen um den Hals oder geht ihnen an die Kehle« (Eric Hoffer, »Der wahre Gläubige«).

189.
Und das ist das Geheimnis der überraschenden Ähnlichkeit zwischen der frommen Jungfrau, die sich Tag und Nacht für die Elenden dieser Welt abrackert, und dem ideologischen Messerstecher, dem Leiter der Geheimpolizei, dessen Leben uneingeschränkt der Vernichtung von Feinden oder Fremden oder Feinden der Revolution gewidmet ist: ihre Bescheidenheit. Ihre Genügsamkeit. Die schon aus der Ferne wahrnehmbare Bigotterie. Ihre Gewohnheit, sich insgeheim selbst zu bemitleiden und daher Megawatte an Schuldgefühlen auszustrahlen. Die der Jungfrau und dem Inquisitor gemeinsame Feindseligkeit gegenüber allem, was als »Luxus« oder »Annehmlichkeiten des Lebens« gilt. Der eifrige Missionar und der blutdürstige Leiter der Säuberungsaktionen: dasselbe sanfte Auftreten. Dieselben aalglatten Manieren. Derselbe säuerlich-undefinierbare Körpergeruch. Derselbe asketische Kleidungsstil. Derselbe gefühlsduselig-banale Geschmack

in Musik und Kunst. Und besonders: derselbe aktive Wortschatz, charakterisiert durch platte Floskeln, gekünstelte Demut, Vermeidung jeglichen vulgären Ausdrucks, »Thron« statt Toilette, »heimgegangen« statt gestorben, »Lösung« statt Vernichtung, »Säuberung« statt Gemetzel, und natürlich – Errettung. Erlösung. Das gemeinsame Motto der beiden: »Ich bin nur ein bescheidenes Instrument.« (Ich bin ein »Instrument« – also bin ich.)

190.
Der Folterer und der Gefolterte. Der Inquisitor und der Märtyrer. Der Kreuziger und der Gekreuzigte: das Geheimnis ihres gegenseitigen Verständnisses. Das Geheimnis der heimlichen Kameradschaft, die häufig zwischen ihnen entsteht. Die wechselseitige Abhängigkeit. Die verborgene Bewunderung füreinander. Die Leichtigkeit, mit der sie die Rollen zu tauschen vermögen, wenn sich die Umstände ändern.

191.
»Die Aufopferung des Privatlebens auf dem Altar des geheiligten Ideals« ist nichts anderes als ein verzweifeltes Anklammern an das Ideal, wenn das Privatleben gestorben ist.

200.
In anderen Worten: nach dem Tod der Seele wird der wandelnde Leichnam zu einem öffentlichen Geschöpf bis ins letzte.

201.
»Die heilige Pflicht«: das krampfhafte Festklammern an irgendeiner rettenden Planke, die in Reichweite schwimmt. Das Wesen der Planke – fast rein zufällig.

202.
»Sich von jeglicher Selbstsucht reinigen«: eine selbstsüchtige Überlebenstaktik an der Grenze des blinden Instinkts.

Prof. A. Gideon
University of Illinois
Chicago, Illinois, USA

Jerusalem, 13. 8. 76

Mein lieber Dr. Strangelove,
 bis zum jetzigen Augenblick ist mir nicht recht klar, ob ich entlassen bin oder nicht. Unser Käufer ist bereit, Dir dreizehn für den Besitz in Sichron zu zahlen, schwört, dies sei sein letzter Preis, und droht, sein Angebot überhaupt zurückzuziehen, wenn er nicht innerhalb von zwei Wochen positiven Bescheid erhielte. Den armen Roberto habe ich schon beinah überreden können, mir Deine Akten freiwillig wiederzugeben. Es dämmert ihm offenbar langsam, mit wem er es da zu tun hat. Ich habe demgegenüber beschlossen, die Spucke abzuwischen und weiterzumachen: Ich werde Dich weder Deinen Manien preisgeben noch Dir erlauben, Dich ins Unglück zu stürzen. Anscheinend hegst Du den Verdacht, ich hätte Dich an Sommo verkauft, aber in Wahrheit ist es umgekehrt: meine gesamten Bestrebungen richten sich darauf, ihn uns zu kaufen und mit einem Zaum zu versehen (in Gestalt meines Schwiegersohns, Sohar). Vorerst nun, laut Anweisung in Deinem letzten Telegramm, die neuesten Nachrichten: Wie sich herausstellt, ist Baron de Sommo dabei, eine luxuriöse Wohnung im wiederaufgebauten jüdischen Viertel der Jerusalemer Altstadt zu erwerben. Es ist offenbar ein preisgünstiger Handel zwischen ihm und einem seiner Cousins. Darüber hinaus hat er mit Fahrstunden begonnen und plant, sich ein Auto anzuschaffen. Einen teuren Anzug besitzt er schon (wenn er allerdings dieses erstaunliche Ding trägt, das er sich ausgesucht hat, bereue ich es bitter, ihm jemals einen Anzugkauf empfohlen zu haben). Seinen Verband »Einiges Israel« hat er kürzlich in eine Art Spähtrupp oder Wachmannschaft im Dienst der Investitionsfirma »Jated« verwandelt, die er und Sohar Etgar zusammen mit einer Reihe frommer Investoren und mit diskreter Unterstützung aus Paris gegründet haben. Über letztere werde ich Dir noch genauer berichten, sobald ich mich vergewissert habe, daß Du wieder bei klarem Verstand bist. Die laufenden Finanzgeschäfte dieses »Jated« hat natürlich Sohar fest in der Hand (mit meinem Heiligen Geist, der ihn aus der Höhe herab erleuchtet). Die diversen orthodoxen Partner kümmern sich um die moralische Seite des Unternehmens, das heißt: Sie haben die Steuerbehörden dazu bewegen können, sie mehr oder weniger als eine Art Waisenhaus anzuerkennen und ihre Gewinne – als wohltätige Spenden.

Unser Sommo brilliert dabei in der Rolle des Außenministers. Gibt sich ganz dem geschickten Antichambrieren hin. Schwimmt wie ein Fisch – oder eine Alge – in den Korridoren der Macht. Verbringt seine Tage und Nächte in Gesellschaft von Funktionären und Aktivisten, Knessetabgeordneten, Staatssekretären und Ministerialdirektoren. Geht in seinem himmelblauen Anzug am Hofe seines Bruders aus und ein, predigt den Beamten der Militärverwaltung jüdische Bruderliebe, trägt Erlösungssehnsüchte ins Handels- und Industrieministerium, weckt messianische Regungen im Apparat der Israelischen Bodenverwaltung, schwingt feurige Reden, fleht und schmeichelt, zitiert die heiligen Schriften, verbreitet eine dicke Wolke von Schuldgefühlen – die eine Hand auf dem Herzen, die andere auf der Schulter seines Gesprächspartners –, süßt alles mit biblischem Honig, überpudert's mit frommen Legenden, würzt mit einer Spur Klatsch, rollt Genehmigungen und Bestätigungen auf – kurz gesagt: er bereitet unermüdlich die Bahnen der Endzeit und konsolidiert nebenbei schnellstens unsere Investitionen südlich von Jerusalem. Das dritte Kapitel Deines ausgezeichneten Buches stellst Du unter ein Motto des Jesus von Nazareth, der seinen Jüngern befahl, »klug wie die Schlangen und arglos wie die Tauben« zu sein. Nach dieser Spezifizierung könnte man Sommo schon in den Rang eines leitenden Apostels versetzen. Wie unser Freund Schlomo Sand mir mitteilt, plant Sommo in naher Zukunft eine dringende, höchst geschäftige Parisreise mit seinem französischen Paß, und ich wette, er wird mit vollen Händen zurückkehren. Am Ende wird er uns beiden, Dir und mir, Alex, noch eine Doppeleinladung ins Paradies beschaffen – wegen unseres Anteils an der Erlösung des Landes.

Ich schreibe Dir dies in der Hoffnung, daß Du mir alsbald ein kleines Signal gibst, worauf ich mich beeilen werde, Dein schlummerndes Barvermögen an diese Götterwagen anzuschirren. Außerdem werde ich es übernehmen, Sommo behutsam so zu lenken, daß er heute das für Dich tut, was ich in den guten alten Tagen einst für Deinen Vater getan habe. Überleg es Dir sehr gut, mein Lieber: Wenn Dein greiser Sackheim noch nicht völlig eingerostet ist, mußt Du Dich einfach auf seinen Riecher verlassen und unverzüglich auf dieser neuen Welle mitschwimmen. Dadurch fangen wir drei hübsche Vögel mit einem einzigen kleinen Milliönchen: Wir spannen Sommo für uns ein, bereichern Deinen Gulliver (falls Du ihn bereits endgültig zu Deinem Thronprinzen bestimmt hast) und bekommen auch Lady de Sommo in unsere Hand. Sand berichtet mir nämlich, während

Napoleon in Richtung auf die Pyramiden vorstoße, mehrten sich Zeichen des Unmuts bei Desiree, die neuerdings die Möglichkeit prüfe, wieder in jenem Buchladen zu arbeiten, eine Beschäftigung, von der sie sich, wie Du Dich erinnern wirst, in ihren zwei flotten Jahren ernährt hat – nach Auszug des Prinzen und vor Einzug des Froschs. Wenn ich Deinen Herzenswunsch richtig erraten habe, spielt uns diese Entwicklung geradewegs in die Hände. Möchtest Du, daß ich ihr ein Ticket besorge und sie per Eilboten an Dich abschicke? Oder soll ich warten, bis ich sicher bin, daß sie schon reif dafür ist? Willst Du, daß ich Sand mal ausschnüffeln lasse, was sich in Sichron tut? Und vor allem, Alex: Erlaubst Du mir, diese Ruine da zu verkaufen, die Dir nichts einbringt, dafür aber Steuern und Abgaben frißt, und das Bargeld dazu zu verwenden, Dir einen Rückhalt in der »Jated«-Gesellschaft zu verschaffen? Bitte, telegrafier mir zur Antwort nur ein einziges Wort: Genehmigt. Du wirst es nicht bereuen.

Achte auf Deine Gesundheit und auf Deine Nerven. Und verabscheue nicht Deinen einzigen wahren Freund auf der ganzen Welt, der Deiner vernünftigen Antwort harrt und mit Zuneigung und Besorgnis unterzeichnet als

Dein gekränkter Manfred

ROBERTO DIMODENA PERSÖNLICH JERUSALEM ISRAEL.
ICH UNTERSAGE IHNEN IHREN PARTNER IN MEINE ANGELEGENHEITEN EINZUBEZIEHEN. BITTE SOFORT KLÄREN UND BERICHTEN WER SEIN KÄUFER IST. ZAHLEN SIE WEITER AN BOAS. ALEXANDER GIDEON.

Professor Alexander Gideon
Political Science Department
University of Illinois
Chicago, Ill., USA

15. 8. 76

Schalom Alek,
von Sichron Jaakov fuhr ich nach Haifa. Ein sonderbarer, scharfer Geruch, eine betäubende Mischung aus Pinienharz und Lysol, umgab das Sa-

natorium auf dem Karmel. Von Zeit zu Zeit schallte das Heulen einer Schiffssirene vom Hafen herauf. Züge tuteten und verstummten wieder. Im Park herrschte ländliche Ruhe, von sanftem Licht eingehüllt. Zwei alte Frauen dösten auf einer Bank, Schulter an Schulter gelehnt, wie zwei ausgestopfte Vögelchen. Ein arabischer Sanitäter, der einen Patienten im Rollstuhl schob, verlangsamte seinen Schritt, als ich an ihm vorüberging, und starrte mich begehrlich an. Aus einer fernen Ecke des Parks klang Froschquaken herüber. Und in einer dichten Weinlaube fand ich schließlich Deinen Vater allein an einem weißen Metalltisch sitzen – der üppige weiße Prophetenschopf leicht in der Brise wehend, der wilde Tolstoi-Bart auf den verfleckten Hausmantel wallend, das Gesicht so braun und verschrumpelt wie eine getrocknete Feige, in der Hand einen kleinen Teelöffel, auf dem Tisch vor sich einen Kuchenteller und ein halbgeleertes Joghurtglas. Die blauen Augen überflogen das Blau des Meeres. Sein tiefer, ruhiger Atem bewegte den Oleanderzweig in seiner Hand, mit dem er sich Luft zufächelte.

Als ich ihn beim Namen rief, geruhte er den Kopf zu wenden und Notiz von mir zu nehmen. Ganz langsam erhob er sich majestätisch und verbeugte sich zweimal vor mir. Ich überreichte ihm den Chrysanthemenstrauß, den ich an der Buszentrale gekauft hatte. Er schenkte mir seinen Oleanderzweig, drückte die Chrysanthemen an die Brust, steckte sich sehr sorgfältig eine davon in ein Knopfloch seiner Robe und pflanzte den Rest ohne Zögern ins Joghurtglas. Nannte mich »Madame Rovina« und dankte mir, daß ich mir zu seiner Beerdigung freigenommen und sogar noch Blumen mitgebracht hätte.

Ich legte ihm die Hand auf den breiten Handrücken, der mit seinem bezaubernden Netz feiner blauer Äderchen und der Fülle brauner Altersflecken einer von Flüssen und Bergen durchzogenen Landschaft glich, und fragte ihn nach seinem Befinden. Dein Vater blickte mich mit strengen, durchdringenden Augen an, und sein faszinierendes Gesicht verfinsterte sich. Doch plötzlich grinste er, als habe er meine kleine List durchschaut, ziehe es aber vor, sie zu vergeben. Danach wurde er wieder ernst, ja zornig, und forderte mich auf, ihm die Frage zu beantworten, ob es ein Pardon für Dostojewski geben könne: Wie sei es nur möglich, daß ein solcher Gottesmann »imstande war, seine Frau den ganzen Winter über zu verprügeln und selbst dann noch bestialisch dem Kartenspiel und dem Suff zu frönen, als sein Kind im Sterben lag?«.

An dieser Stelle erschrak er offenbar über seine eigenen schlechten Manieren, denn er riß mit einem Schwung die Chrysanthemen aus dem Joghurtbecher, schleuderte sie verächtlich über die Schulter auf die Erde, schob mir den Becher hin und lud mich zum Champagner ein. Ich führte das Glas an die Lippen – Blättchen und Staub schwammen auf der trüben Brühe – und tat so, als tränke ich. Inzwischen verschlang Dein Vater begierig die Reste seines Kuchens. Als er fertig war, zog ich ein Taschentuch heraus und wischte ihm die Krümel vom Bart. Dafür strich er mir übers Haar und deklamierte freigebig mit tragischer Stimme: »Der Wind, Krassaweza, die herbstliche Bö, die stiehlt sich des Tags in die Gärten. Oh, ihr Gewissen ist nicht rein! Ewig ruhelos irrt sie, die Verstoßene! Bei Nacht läuten sie die großen Glocken wieder. Bald fällt auch der Schnee, und wir – dajosch – ziehen weiter.« Hier verlor er den Faden, verstummte, geriet ein wenig ins Grübeln, das Gesicht von Trauer umwölkt.

»Und was macht die Gesundheit, Wolodja? Sind die Schmerzen in der Schulter abgeklungen?«

»Schmerzen? Nicht bei mir. Nur bei ihm. Ich habe sagen hören, er lebt, hätte sogar im Radio gesprochen. Wenn ich an seiner Stelle wäre, würde ich Frau heiraten und ihr sofort Dutzend Babys machen.«

»An wessen Stelle, Wolodja?«

»Nu, dieser Kleine da, wie heißt er noch. Dieser kleine Bruder, Binjomin. Der mit erster Herde von Ben-Schemen vor Dorf Budrus rumgezogen ist? Binjomin haben sie ihn genannt. Genau wie lebendig bei Dostojewski beschrieben! Noch lebendiger als er in Realität war. Mich hat's in Realität auch gegeben, aber als Schwein. Dort hatten wir noch einen, Sioma. Sioma-Axioma haben wir den gerufen. Von der Sorte gibt's nur einen pro Million. Absolut unschweinisch. Aus meiner Stadt. Shirky. Bezirk Minsk. Realität konnte ihm nicht verzeihen, mußte ihn mit Frauenliebe umbringen. Seine schöne Seele hat er sich mit meinem Revolver geraubt. Konnte ich ihn denn aufhalten? Durfte ich's überhaupt? Würden Sie, gnädige Frau, ihm einen Kelch weiblicher Liebe schenken? Mit Purpur und Karmesin würde er's Ihnen vergelten. Verschwenderisch würde er Sie belohnen. Seine Seele – für einen einzigen Kelch! Einen halben? Ein Viertel? Nun, sei's drum. Nicht nötig. Tun Sie's nicht. Jeder Mensch – ein Planet für sich. Unzugänglich. Nur von Ferne funkelnd, wenn keine Wolken dazwischen. Realität ist selber ein Schwein. Darf ich Ihnen eine Blume schenken! Eine Blume in Gedenken an Ärmsten? Eine Blüte zu Erhöhung seiner Seele? Dostojewski hat ihn mit meinem Revolver getötet. Antisemit war er! Verabscheuenswürdig! Epileptiker! Auf jeder einzelnen Seite hat er Christus mindestens zweimal gekreuzigt, und dann wollte er's noch auf uns abwälzen! Juden hat er halb totgeprügelt. Und vielleicht zu Recht, gnädige Frau? Ich rede nicht von Palästina. Palästina – das ist anderes Lied. Was ist Palästina? Realität? Palästina ist Traum. Ein Cauchemar, aber Traum. Und vielleicht haben Sie gnädigst von Señora Dulcinea gehört? Palästina ist wie sie. Weihrauch und Myrrhe im Traum, aber in Realität – Schweinerei. Schweinequalen. Am Morgen aber – siehe, da war es Lea! Was heißt Lea. Malaria. Osmanisches Asien. Ich war kleiner Junge damals, kleiner Spatzenfänger, zwei um eine Kopeke habe ich sie verkauft, bin gern allein in Steppe rumgelaufen. So: verträumt durchstreif ich weite Flur. Und um mich rum – reinster Horror! Wälder! Und Muschiken, nun, wie heißt das, mit Stiefeln? Nicht Stiefel, hüfthohe Ledergamaschen. So war unser Palästina in Shirky. Auch Bach war Palästina. Und schwimmen konnte ich drinnen. Da trieb ich mich also eines Tages so zwischen Wald und Flur herum, als plötzlich, wie aus Boden geschossen, kleines Bauernmädchen vor mir steht. Mit Zopf. Nun, eine Schweinehirtin, mit Verlaub. Fünfzehn Jahre mag sie gewesen sein. Schließlich habe ich sie nicht nach Alter gefragt. Taucht da also auf und schürzt wortlos – pardon – ihr Röckchen. Und deutet mit Finger. Nicht ein Kelch Frauenliebe, sondern ganzer Fluß. Nimm, und es wird dir gegeben werden. Na, und ich bin noch unreifer Bengel, und törichtes Blut kocht, und Hirn war, es möge mir verzeihen, eingeschlummert. Würde ich Sie belügen, Madame, mitten bei meiner eigenen Beerdigung? Nein. Die Lüge ist etwas von Grund auf Schändliches. Und dann noch – vor offener Gruft. Kurz gesagt, ich will's nicht leugnen, meine Taube, ich legte dort auf Feld Hand an sie. Und deswegen, wegen dieses Vergehens, wurde ich in osmanisches Asien geschickt. Fließe weiter, oh, Jordan, fließe ... Vater schmuggelte mich höchstpersönlich mitten bei Nacht raus, damit sie mich nicht mit Äxten erschlugen. Und dort in Palästina, Wüste! Gräberfeld! Angst! Füchse! Propheten! Beduinen! Und Luft glüht wie Feuer! Trinken Sie noch einen Schluck, dann wird Ihnen besser. Trinken Sie auf Andenken weiblicher Liebe. Noch unterwegs, als ich zu Schiff reiste, warf ich meine Gebetsriemen prompt über Bord. Sollten Fische sich daran mästen. Und ich werde es Ihnen auch erklären: Kurz vor Stadt Alexandria hatte ich großen Streit mit Gott. Wir beide schrien uns halbe Nacht auf Deck an. Und vielleicht haben wir uns auch übertrieben in Rage gebracht. Was wollt er von mir? Ich sollte ihm braves Jiddele sein. Das war alles. Aber ich meinerseits wollte großes Schwein sein. Und so schlugen wir uns, bis Wachmann kam und uns mitten bei Nacht von Deck jagte. So hat er mich verloren und ich ihn. Solch ein abgegriffener, scheltender, sauertöpfischer Gott? Nun, er blieb da einsam oben sitzen wie armer Hund und brummelte in seinen Bart, und ich – hernieden – war Schwein unter Schweinen. So sind wir auseinandergegangen. Und was habe ich getan? Na, sagen Sie mir, was habe ich mit meinem Lebensgeschenk angefangen? Worauf hab ich's verwendet? Wofür besudelt? Ich habe Zähne ausgeschlagen. Betrogen. Geklaut. Und vor allem – Röcke hochgenommen. Mordsschwein in jeder Hinsicht. Und nun, verzeihen Sie, meine Dame, ist mir noch nicht ganz klar, in welcher Angelegenheit Sie mich heute beehren? Ist es im Auftrag Binjomins? Fürchterlich ist er gerichtet worden. Und von wem? Von den Töchtern des schönen Geschlechts! Bloß weil er so unschweinisch war. Sein Herz haben sie zum Vergnügen gebrochen und ihm keine Möglichkeit gegeben, zu ihrem Körper vorzudringen. Noch vor kleinster Berührung ist er vor Scham umgekippt. Vor lauter Pein ist seine reine Seele entwichen. Und mittels meinem Revolver! Vielleicht kennt gnädige Frau Lage von Stadt Simferopol? Eine furchtbare Schlacht hat da getobt. Jungs sind wie Fliegen umgekommen. Und wer nicht umkam – verlor Gott. Wußte nicht mehr, was oben und unten ist. Verzichtete auf Gott für Frauenliebe, aber fand keine Frau. Frauen waren in Erez-Israel Mangelware. Vielleicht fünf oder sechs zwischen Rosch Pina und Kastina. Vielleicht zehn, wenn man auch Baba Jagot mitrechnet. Barischnja – nicht aufzutreiben. Die Jungs – nach den abendlichen Diskussionen lag jeder auf seiner Matratze und träumte Bordell von Odessa. Und das, weil Gott uns Streich gespielt hat. Ist nicht in osmanisches Asien gekommen. Blieb einfach auf Dachboden von Synagoge in Shirky, wo er sich aufs Ohr legte, um Ankunft von Messias abzuwarten. In Erez-Israel war nicht Gott und war nicht Frauenliebe. So saßen alle im Dreck. Und wer geheiratet hat? Na, was denn, am Morgen aber – siehe, da war es Lea. Wieder läuten von Ferne die Dorfglocken. Bald fällt der Schnee, und wir ziehen weiter des Weges. Kann gnädige Frau mich verstehen? Vergeben? Verzeihen? Sie allein und ich allein auf Feld, sie nimmt Kleidchen hoch und zeigt mit Fingerchen, und ich lege ihr Hand an. Deswegen nach Zion geschmuggelt. Ich war erster Jude, der Honig aus Bienen zieht. Erster seit biblischer Zeit. Malaria hat mich verschont, und Röcke hab ich angehoben wie Teufelchen! Ich war erster Jude, der Röcke hebt in Palästina seit Bibelzeit, vorausgesetzt, daß Bibel keine Legende. Dafür wurde ich in Simferopol bestraft. Pferd fiel auf mich und brach mir Beine. In Tulkarem schlugen sie mir Schädel ein und ich ihnen – ins Gebiß. Viel Blut ist geflossen. Weiß gnädige Frau davon? Mein Leben war kein Leben. Großes Weinen hatte ich bis Tag meines Todes. Und einmal habe ich doch auch eine Frau geliebt. Habe sie sogar gezwungen, mit mir unter Hochzeitsbaldachin zu treten. Obwohl ihre Seele mich nicht begehrte. Vielleicht begehrte sie Dichter? Ich demgegenüber, wie soll ich sagen: vom Nabel aufwärts – verliebt, singe Serenaden, schenke Tüchlein und Blumen, und vom Nabel abwärts – Schwein aus dem Land der Schweine. Hebe überall Röcke auf Feld. Und sie, meine Geliebte, meine Frau, sitzt ganzen Tag am Fenster. So ein kleines Lied hatte sie: ›Dort, wo die Zedern grün ...‹ Kennen Sie mit Verlaub dieses Lied? Ich werd's zu Ihren Ehren vorsingen: ›Dort, wo die Zeee-dern grün ...‹ Hüten Sie Ihre Seele sehr vor solchen Liedern. Der Todesengel hat sie verfaßt. Und sie, in Absicht mich zu strafen, ist mir weggestorben. Um zu ärgern. Verließ mich und ging zu Gott. Hat nicht gewußt, daß auch er Schwein, und kam von Regen in Traufe. Geben Sie mir Ihre Hand, gehn wir. Die Wache ist vorbei. Juden haben sich ein Land aufgebaut. Das unrichtige Land – aber erbaut! Völlig krumm – aber erbaut! Ohne Gott – aber gebaut haben sie's! Jetzt werden wir abwarten, was Gott dazu sagt. Nu, genug: zwei Kopeken gebe ich für Ihre Spatzen? Zwei. Mehr geb ich nicht. Mein ganzes Leben war Kampf und Dreck. Ich habe das Geschenk besudelt. Röcke und Kinnhaken ins Gebiß. Doch warum gebe ich Ihnen Geld? Was haben Sie mit Ihrem Geschenk von Leben gemacht? Eine Blume gebe ich Ihnen. Eine Blume und einen Kuß auf Mund. Kennen Sie mein Geheimnis? Ich habe nichts und nie was gehabt. Und Sie? Was führt Sie zu mir? Was macht mir die Ehre?«

Als er endlich verstummte und sein Blick von mir zum lodernden Sonnenuntergang über der rotglühenden Bucht abwanderte, fragte ich ihn, ob er etwas brauche. Ob ich ihn auf sein Zimmer begleiten oder ihm ein Glas Tee herausbringen solle. Doch er wiegte nur sein herrliches Haupt und murmelte: »Zwei. Mehr gebe ich nicht.«

»Wolodja«, sagte ich, »erinnerst du dich, wer ich bin?«

Er zog seine Hand aus der meinen. Seine Augen füllten sich mit Tränen der Trauer. Nein, zu seiner Schande müsse er gestehen, daß er sich nicht erinnere. Daß er vergessen habe zu fragen, wer die Dame sei und in welcher Angelegenheit sie von ihm empfangen zu werden wünschte. Also drückte ich ihn sanft an die Stuhllehne zurück, küßte ihn auf die Stirn und nannte meinen Namen.

»Natürlich«, kicherte er spitzbübisch, »natürlich bist du Ilana. Witwe von meinem Sohn. In Simferopol sind alle umgekommen, kein einziger ist am Leben geblieben, um Schönheit des Herbstes zu schauen. Bald fällt der Schnee, und wir – dajosch! – ziehen weiter. Weg aus Jammertal! Weg von verrotteten Generälen, die saufen und Karten spielen, während die Frauen verenden. Und wer sind Sie, schöne Frau? Wie lautet Ihr Name? Und was sind Ihre Taten? Sie quälen das männliche Geschlecht? Und in welcher Angelegenheit wünschten Sie Audienz bei mir? Warten Sie! Nicht sagen! Ich weiß es! Sie sind gekommen wegen Geschenk von Leben. Warum haben wir's besudelt? Die Milch unserer Mütter sauer gemacht? Vielleicht Sie, gnädige Frau. Ich nicht. Ich meinen Revolver – in Jauchegrube! Ich habe ihn weggeworfen und damit fertig. Nun, Gott sei mit uns, mögen wir in Frieden ruhen. Liu-liu-liu? Ist das Schlaflied? Totenlied? Nun, gehen Sie, ja. Nur tun Sie das für mich: leben und hoffen. Das ist alles. Die Schönheit von Herbst in Wald betrachten, bevor Schnee fällt. Nu, zwei Kopeken, abgemacht? Ich werde Ihnen sogar drei geben.«

Bei diesen Worten stand er auf, verbeugte sich tief vor mir, nein, er bückte sich und sammelte vom Boden eine meiner Chrysanthemen auf, mit Staub und Joghurt verdreckt, und überreichte sie mir galant: »Nur verirren Sie sich nicht im Schnee.«

Ohne eine Antwort abzuwarten oder sich auch nur zu verabschieden, kehrte er mir den Rücken und schritt auf das Gebäude zu, aufrecht wie ein greiser Indianer. Meine Audienz war beendet. Was blieb mir also noch anderes übrig, als die klebrigen Chrysanthemen aufzusammeln, sie in den Abfalleimer zu werfen und im Autobus nach Jerusalem zurückzufahren?

Das letzte Tageslicht funkelte noch am westlichen Horizont zwischen gezackten Wolken über dem Meer, als ich in dem halbleeren Bus Platz nahm, um von Haifa zurückzufahren. Die Erinnerung an die braune, vulkanisch zerklüftete Hand Deines Vaters ließ mich nicht wieder los: so ähnlich-unähnlich Deiner harten, quadratischen Pranke. Fast spürbar ruhte seine Hand unterwegs auf meinen Knien. Und diese Berührung war mir Trost. Als ich um Viertel vor zehn heimkam, fand ich Michel auf einer Matratze zu Füßen von Jifats Bettchen schlafen, in voller Kleidung, mit Schuhen, die Brille auf die Schulter abgerutscht. Erschrocken weckte ich ihn und fragte, was passiert sei. Ja, also morgens, nach meinem Weggang, als er Jifat anzog, um sie in den Kinderhort zu bringen, hatte er besorgt ihre Temperatur gemessen und seinen Verdacht tatsächlich bestätigt gefunden. Deshalb hatte er sich ans Telefon gehängt und im letzten Augenblick die für heute morgen festgesetzte Vorsprache beim stellvertretenden Verteidigungsminister abgesagt, auf die er fast zwei Monate gewartet hatte. Statt dessen fuhr er mit Jifat zum Kassenarzt, wo er rund eineinhalb Stunden absaß, bis der Arzt die Kleine untersuchte und »eine leichte Ohrenentzündung« feststellte. Auf dem Heimweg kaufte Michel Antibiotika und Ohrentropfen in der Apotheke. Dann kochte er ihr klare Hühnersuppe und weiche Kartoffeln. Mit viel Überredungskunst, Belohnungen und Versprechen gelang es ihm, ihr stündlich heiße Milch mit Honig einzuflößen. Gegen Mittag stieg das Fieber, was Michel bewog, einen Privatarzt zuzuziehen. Der die Diagnose seines Vorgängers bestätigte, dafür aber neunzig Pfund kassierte. Bis abends saß Michel bei ihr, erzählte ihr eine Geschichte nach der anderen und brachte sie dann dazu, ein wenig Huhn mit Reis zu essen, worauf er ihr Lieder vorsang, und als sie eingeschlafen war, blieb er weiter mit geschlossenen Augen im Dunkeln bei ihr sitzen, zählte ihre Atemzüge mit seiner Stoppuhr und sang »Sabbatkönigin« und »Fels Israels, der uns Speise gibt«. Danach schleppte er eine Matratze herbei und streckte sich zu ihren Füßen darauf aus, weil die Kleine womöglich im Schlaf husten oder sich freistrampeln konnte – bis er schließlich selber einnickte. Statt ihm nun zu danken, statt seine Hingabe zu bewundern, statt ihn zu küssen und auszuziehen und ihm im Bett Gutes zu erweisen, fragte ich spitz, warum er denn nicht eine seiner unzähligen Schwägerinnen und Cousinen angerufen habe? Warum er sein Treffen mit dem stellvertretenden Verteidigungsminister absagen mußte? Wirklich nur, damit ich mich schämen sollte, einfach auf- und davongefahren zu sein? Was, zum Teufel, verleite ihn denn zu denken, er habe eine Medaille für heroische Diensterfüllung verdient, weil er einen einzigen Tag in dem Haus ausgeharrt habe, in dem ich mein ganzes Leben über festsäße? Und warum müsse ich ihm Rechenschaft über mein Fahrtziel ablegen? Ich sei nicht seine Magd. Und wenn hier schon Verhöre angestellt würden, müsse er endlich mal wissen, wie sehr ich die Haltung verabscheute, die die Angehörigen seiner Familie und seines ganzen Volksstamms ihren armen Frauen gegenüber einnähmen. Ich dächte gar nicht daran, ihm Rechenschaft abzulegen, warum ich wohin gefahren sei. (In meinem wallenden Zorn ignorierte ich die Tatsache, daß Michel überhaupt nicht danach gefragt hatte. Sicher würde er ja noch fragen und schimpfen, so daß ich ihm besser zuvorkam.) Michel hörte schweigend zu, setzte mir inzwischen einen gemischten Salat und ein Glas Cola vor. Schaltete den Boiler ein, damit ich duschen konnte. Und schlug unser Bett auf. Als ich endlich verstummte, sagte er: »Wär's das? Sind wir fertig? Sollen wir jetzt eine Taube ausschicken, um zu sehen, ob sich die Wasser verlaufen haben? Um ein Uhr nachts müssen wir sie wecken, um ihr einen Löffel Penbritin zu verabreichen.« Sagte es, beugte sich über sie und berührte sie leicht an der Stirn. Und ich heulte los.

Nachts, nachdem er eingeschlafen war, lag ich wach und dachte an das Rhesusäffchen, Deinen einzigen Kindheitsfreund auf Eurem leeren Gehöft, den Ihr, Du und dein Vater, in Kellnerkleidung gesteckt habt, komplett mit Fliege, und ihn darauf abgerichtet hattet, Euch mit Verbeugung Granatapfelsaft auf einem Tablett zu servieren. Bis er Dich einmal in den Hals biß – die Narbe hast Du heute noch – und der armenische Diener beauftragt wurde, ihn zu erschießen, und Du ihm ein Grab geschaufelt und eine Grabinschrift verfaßt hast. Und seither bist Du allein.

Und ich dachte daran, daß du niemals nach meiner Kindheit in Polen und hierzulande gefragt hast, und ich mich scheute, von mir aus davon zu erzählen. Mein Vater war Schullehrer, wie mein Mann. Wir lebten in einer engen Wohnung, die selbst an Sommertagen so dämmrig war, daß sie sich meinem Gedächtnis als Höhle eingegraben hat. Es gab eine braune Wanduhr. Ich hatte einen braunen Mantel. Aus dem Erdgeschoß wehten die Gerüche der Bäckerei zu uns herauf. Die Gasse hatte Kopfsteinpflaster, und ab und zu fuhr eine Straßenbahn vorbei. Nachts hörten wir Vaters asthmatisches Husten. Als ich fünf Jahre alt war, bekamen wir ein Palästinazertifikat. Sieben Jahre lang wohnten wir in einer Baracke bei Nes Ziona. Vater fand Arbeit als Tüncher bei Solel Bone, aber seine jähzornigen Lehrerallüren ist er nie losgeworden, bis er von einem hohen Gerüst in den Tod stürzte. Ein knappes Jahr danach starb meine Mutter. An einer Kinderkrankheit, an den Masern ist sie gestorben, zu Tu-bi-Schwat, dem Neujahrsfest der Bäume. Rachel wurde zur Ausbildung in den Kibbuz geschickt, in dem sie noch heute lebt, und ich kam in ein Heim des Arbeiterinnenrats. Später war ich Kompaniesekretärin beim Militär. Fünf Monate vor meiner Entlassung erhieltst Du das Kommando über die Kompanie. Was an Dir hat mein Herz eingenommen? In dem Versuch, auf diese

Frage zu antworten, werde ich Dir hier die zehn Gebote unseres Sohns aufschreiben, in beliebiger Reihenfolge, aber in seinen Worten: 1. Schade um alle. II. Ein bißchen auf die Sterne achten. III. Gegen Bittersein. IV. Gegen Verlachen. V. Gegen Hassen. VI. Halunken sind Menschen, kein Dreck. VII. Gegen Dreinschlagen. VIII. Gegen Töten. IX. Nicht einer den anderen auffressen. Was mit dem Paar Händen anfangen. X. Immer frei und lässig.

Diese krausen Worte sind das genaue Gegenteil von Dir. Fern wie die Sterne dem Maulwurf. Die kühle Bosheit, die wie bläulicher Polarschimmer von Dir ausstrahlte und Dich den anderen Mädchen im Regiment bis zur Hysterie verhaßt machte, die hat mein Herz erobert. Dein gleichgültiges Herrschergehabe. Die Grausamkeit, die Dich wie ein Geruch umwehte. Das Grau Deiner Augen, wie die Farbe Deines Pfeifenrauchs. Deine messerscharfe Zunge beim geringsten Anflug von Widerstand. Deine wölfische Freude angesichts des Terrors, den Du verbreitetest. Die Verachtung, die Du wie ein Flammenwerfer auszuspeien und in brennendem Strahl auf Deine Kameraden und Untergebenen zu schleudern wußtest, auf die ganze Horde von Sekretärinnen und Typistinnen, die in Deiner Gegenwart jedesmal versteinerten. Ich wurde von Dir angezogen wie unter einem Bann aus den trüben Tiefen urzeitlicher weiblicher Erniedrigung – altüberkommene Sklaverei aus den Zeiten, bevor es die Worte gab, die Unterwerfung einer Neanderthalfrau, deren blinder Überlebenstrieb sie bei der Bedrohung durch Hunger und Kälte dazu brachte, sich dem grausamsten Jäger, dem haarigen Wilden, zu Füßen zu werfen, der ihr die Hände hinter dem Rücken fesselte und sie als Beute in seine Höhle schleppte.

Ich erinnere mich an Dein militärisches Stakkato, das Du aus dem Mundwinkel hervorzustoßen pflegtest: Nein. Jawoll. Akzeptiert. Geschwätz. Befehl. Blödsinn. Basta. Wegtreten.

Diese und ähnliche Geschosse feuertest Du aus fast geschlossenen Lippen ab. Und stets an der Grenze des Flüstertons – als wolltest Du nicht nur mit Worten geizen, sondern auch Deine Stimme und Gesichtsmuskeln schonen, Deine Raubtierlefzen, die in seltenen Fällen Deine unteren Zähne sichtbar werden ließen und sich zu dieser überheblich-bitteren Grimasse verzogen, die Dir als Lächeln diente: »Was ist denn hier los, Schätzchen? Sitzt wohl mal wieder auf dem Ofen und wärmst Deine heiligen Stätten auf Armeekosten?« Oder: »Wenn du im Kopf bloß zehn Prozent von dem hättst, was in deinem BH steckt, wär Einstein persönlich bei dir in Abendkurse gelaufen.« Oder: »Die Inventarliste, die du da für mich aufgestellt hast, liest sich wie'n Strudelrezept. Was hältst du davon, mir statt dessen mal einen Bericht darüber zu schreiben, was du im Bett alles kannst? Vielleicht taugst du dort was?« Manchmal brach Dein Opfer in Tränen aus. Dann hieltst Du verwundert inne, blicktest die Betreffende an, als handle es sich um ein verendendes Insekt, und zischtest schließlich: »Gut, gebt ihr einen Bonbon und erklärt ihr, daß sie mit knapper Not einem Disziplinarverfahren entkommen ist.« Dann drehtest Du Dich wie von einer Feder getrieben um und glittst mit der Geschmeidigkeit einer Raubkatze aus dem Zimmer. Und ich, von einem rätselhaften Instinkt getrieben, habe Dich manchmal provoziert, trotz oder wegen der Gefahr. Ich sagte dann zum Beispiel: »Guten Morgen, Herr Leutnant. Hier ist Ihr Kaffee. Vielleicht hätten Sie dabei Lust auf eine kleine Bauchtanzeinlage?« Oder: »Herr Leutnant, wenn Sie wirklich darauf brennen, mir unter den Rock zu gucken, brauchen Sie nicht erst die Augen anzustrengen. Auf Befehl erstelle ich einen Inventarbericht über alles, was es dort zu sehen gibt.« Jedes Witzchen dieser Art hat mir bei Dir Ausgangsverbot oder Urlaubsentzug eingebracht. Fünf- oder sechsmal hast Du mich wegen grober Frechheit mit Buße belegt. Einmal hast du mich für einen Tag in den Bau gesteckt. Und am nächsten Morgen, weißt Du noch, hast Du mich gefragt: »Nun, ist dir die Lust vergangen, Herzchen?« Worauf ich mit einem breiten, herausfordernden Lächeln antwortete: »Ganz im Gegenteil, Herr Leutnant, ich brenne geradezu vor Lust.« Deine Wolfslefzen fletschten sich wie zum Biß, und zwischen den Zähnen heraus zischtest Du: »Dann soll ich dich vielleicht lehren, Schätzchen, was man in solchen Situationen macht?« Die Mädchen fingen an zu grinsen. Kicherten hinter vorgehaltener Hand. Und ich blieb Dir nichts schuldig: »Soll ich auf einen Feuerbefehl warten, Herr Leutnant?«

Bis Du mir an einem regnerischen Winterabend mal eine Mitfahrgelegenheit in die Stadt anbotst. Ein Gewittersturm begleitete den Jeep längs der Küstenstraße, ein Wolkenbruch prasselte auf uns nieder, und Du unterzogst mich der Probe Deiner strengen, kühlen Schweigsamkeit. Etwa eine halbe Stunde fuhren wir, ohne ein Wort zu wechseln, die Augen wie hypnotisiert auf den Takt der gegen die Fluten ankämpfenden Scheibenwischer gerichtet. Einmal geriet der Jeep ins Schleudern, drehte sich um die eigene Achse, doch ohne ein Wort zu sagen, bekamst Du das Steuer wieder in den Griff. Nach weiteren zwanzig oder dreißig Kilometern sagtest Du

unvermittelt: »Nun? Was ist? Hast du plötzlich die Sprache verloren?«
Zum erstenmal meinte ich, ein Zögern in Deiner Stimme wahrzunehmen, und kindliche Freude erfüllte mich: »Nein, Herr Leutnant. Ich dachte einfach, Sie hätten einen Plan für die Eroberung Bagdads im Kopf, und da wollte ich nicht stören.«

»Eroberung sicher, und wie, aber wieso denn Bagdad? Wirst du zu Hause so gerufen?«

»Sag mal, Alex, wenn wir schon von Eroberungen sprechen: Stimmt es, was die Mädchen über dich reden? Daß du damit ein bißchen Probleme hast?«

Du überhörtest, daß ich es gewagt hatte, Dich informell mit dem Vornamen anzusprechen. Als wolltest Du mir einen Kinnhaken versetzen, wandtest du mir das Gesicht zu und zischtest: »Was für Probleme?«

»Guck lieber auf die Straße. Ich hab keine Lust, mit dir abzukratzen. In der Kompanie heißt es, du hättst so deine Probleme mit Frauen? Hättst noch nie eine Freundin gehabt? Oder ist das nur, weil du mit Panzern verheiratet bist?«

»Das ist kein Problem«, grinstest Du mich in der Dunkelheit an, »im Gegenteil, das ist die Lösung.«

»Dann interessiert's dich vielleicht, was die Mädchen behaupten: daß deine Lösung nämlich unser Problem ist. Daß man dir eine anhängen müßte, die bereit ist, sich für die anderen zu opfern.«

Im Dämmerlicht des Jeeps, der die Regenvorhänge durchtrennte, konnte ich am Pumpen Deiner Füße auf dem Gaspedal das Erbleichen Deines Gesichtes ablesen. »Was ist denn hier los?« fragtest Du, in dem vergeblichen Bemühen, das Beben in Deiner Stimme vor mir zu verbergen, »was soll das sein? Eine Studientagung über das Sexualleben der Kompanieführung?«

Und später, vor der ersten Ampel an der nördlichen Einfahrt nach Tel Aviv, fragtest Du plötzlich deprimiert: »Sag mal, Brandstetter, du ... haßt mich sehr?«

Statt einer Antwort bat ich Dich, nach der Ampel anzuhalten, auf den Randstreifen zu fahren. Und ohne ein weiteres Wort hinzuzufügen, zog ich Deinen Kopf an meine Lippen. Wie ich es schon tausendmal in meiner Phantasie getan hatte. Danach brach ich boshaft in schallendes Gelächter aus und sagte, ich sähe schon, daß man Dir wirklich alles erst von der Pike auf beibringen müsse. Daß Du offenbar noch nicht mal recht zum Küssen gekommen seist. Daß es Zeit wäre, Dir zu zeigen, wo Kolben und Abzug säßen. Und wenn Du nur den entsprechenden Befehl gäbst, würde ich Dir eine beschleunigte Grundausbildung geben.

Und tatsächlich fand ich Dich jungfräulich vor. Und verstört. Und steif. Selbst meinen Namen konntest Du nicht aussprechen, ohne ins Stottern zu geraten. Als ich mich auszog, wandtest Du den Blick ab. Mindestens sechs Wochen vergingen, bis Du mir erlaubtest, das Licht brennen zu lassen und Deinen nackten Körper zu betrachten: schmal, knabenhaft, als bilde die Uniform Teil Deines Leibesumfangs. Sehr stark warst Du und verängstigt, und meine Streicheleien versetzten Dich in Zuckungen wie ein Kitzeln. Machten Dich zittern. Deine Nackenhaare sträubten sich, wenn ich Dir mit der Hand über den Rücken strich. Jede Berührung Deiner Männlichkeit war für Dich wie ein Stromschlag. Manchmal habe ich mitten in der Umarmung losgeprustet, und Du schrakst sofort zurück.

Doch Dein wildverzweifelter Hunger in unseren ersten Nächten, Deine grimmige Begierde, die unersättlich war und fast augenblicklich nach ihrer Befriedigung von neuem aufloderte, Deine vibrierenden Orgasmen, die sich Dir mit einem scharfen Aufbrüllen entrangen, als seist Du von einer Salve getroffen – all das versetzte meine Sinne in Aufruhr. Auch ich war unersättlich.

Jeden Morgen, während der Bürostunden, schmolzen mir die Schenkel beim Anblick Deines elastischen Körpers in der Uniform, die Du rigoros zu stärken und zu bügeln pflegtest. Fiel mein Blick auf den Punkt, den ich geflissentlich zu übersehen versuchte, auf die Stelle, an der sich der Hosenschlitz mit der Gürtelschnalle trifft, versteiften sich meine Nippel. Unser Geheimnis blieb an die zwei Wochen gewahrt. Danach ging das verblüffte Getuschel unter den Sekretärinnen und Typistinnen los.

Nach und nach wurden unsere Nächte abwechslungsreicher. Wie glücklich war ich im stillen über die Erfahrungen, die ich Dir voraus hatte. Du warst ein eifriger Schüler und ich – eine begeisterte Lehrerin. Bis zum frühen Morgen saugten wir einander aus wie zwei Vampire. Unsere Rücken füllten sich mit Kratzern, unsere Schultern mit Bißstellen. Morgens hatten wir von Schlaflosigkeit gerötete Augen, als hätten wir geheult. In meinem kleinen Zimmer, bei Nacht, zwischen den Wogen der Begierde, erzähltest Du mir in Deinem vollen Baß vom Römischen Reich. Von der Schlacht an den Hörnern von Hattin. Vom Dreißigjährigen Krieg. Sprachst über Clausewitz, von Schlieffen, de Gaulle. Über das, was Du die »morphologischen

Absurditäten der israelischen Armee« nanntest. Nicht alles habe ich verstanden, aber ich fand einen sonderbaren Reiz an den Truppenbewegungen, den Trompeten, Kriegsfahnen und klirrenden Hellebarden, die Du zwischen meinen Laken für mich aufmarschieren ließest. Zuweilen kletterte ich mitten im Satz auf Dich, so daß Dein Vortrag in einem Röcheln erstickte.

Später gabst Du nach und fandst Dich bereit, mit mir ins Theater zu kommen. Freitags nachmittags im Café zu sitzen. Sogar an den Strand runterzugehen. Ich fuhr mit Dir im Jeep auf lange Wochenendtouren in entlegene galiläische Täler. Dabei übernachteten wir in Deinem deutschen Schlafsack. Die Uzi, gespannt und gesichert, lag stets griffbereit an Deinem Kopfende. Unsere Körper verblüfften uns. Worte gab's fast keine. Wenn ich mich innerlich fragte, was geschehen war, was Du mir bedeutetest, was mit uns werden sollte, fand ich nicht die geringste Antwort, außer der brennenden Begierde.

Bis zu jenem Tag – es war schon nach meiner Entlassung aus der Armee, etwa ein halbes Jahr nach der Gewitternacht im Jeep und ausgerechnet in der schäbigen Imbißstube dieser Tankstelle in Gedera –, als Du plötzlich zu mir sagtest: »Sprechen wir mal im Ernst.«

»Über Kutusow? Über die Schlacht am Monte Cassino?«

»Nein. Reden wir über uns zwei.«

»Zum Thema Heldenstand?«

»Zum Thema Standwechsel. Sei doch mal ernst, Brandstetter.«

»Zu Befehl«, sagte ich scherzhaft und fügte, da ich plötzlich verspätet einen gequälten Schleier über Deinen Augen wahrnahm, hinzu: »Ist was passiert, Alek?«

Du verfielst in Schweigen. Betrachtetest lange die billige Plastikmenage. Danach sagtest Du, ohne mich anzuschauen, Du seist, in Deinen eigenen Augen, »kein leichter Mensch«. Vielleicht versuchte ich zu antworten, aber Du legtest Deine Hand auf meine Finger und sagtest: »Laß mich einen Augenblick, Ilana, stör mich nicht. Es fällt mir schwer.« Ich schwieg. Und Du verstummtest erneut. Dann brachst Du die Stille mit der Bemerkung, Du lebtest »die ganze Zeit isoliert, in der seelischen Bedeutung des Wortes«. Du fragtest, ob ich das verstände. Wolltest wissen, was ich denn eigentlich »an so einem – steifen Mann fände«. Ohne eine Antwort abzuwarten, redetest Du schnell und leicht stammelnd weiter: »Du bist meine einzige Freundin. Inklusive Freunde. Und die erste. Du bist auch ... Soll ich Dir

Bier einschenken? Macht es Dir was aus, wenn ich ... ein bißchen rede?«
Damit gossest Du mir den letzten Rest Bier ein, trankst ihn geistesabwesend selber aus und teiltest mir mit, Du hättest die Absicht, für immer ledig zu bleiben: »Familie – weißt du, ich hab keine Ahnung, wie sich das schlucken läßt. Ist dir heiß? Sollen wir schon gehen?« In Deinen Zukunftsträumen wolltest Du Stratege werden. Oder so was wie ein Militärtheoretiker. Und nicht in Uniform. Du wolltest den aktiven Dienst quittieren, an die Jerusalemer Universität zurückkehren und Deinen Magister- und Doktorgrad erwerben, »und eigentlich außer dir, Brandstetter, das heißt ... bis du mich vergewaltigt hast ... waren Frauen nicht eben mein Gebiet. Da ist absolut nichts gelaufen. Obwohl ich schon ein großer Junge von achtundzwanzig Jahren bin. Gar nichts. Das heißt ... außer der ... sexuellen Begierde. Die mir nun gerade zugesetzt hat. Aber außer der Begierde – nichts. Nie hatte ich mal den Drang, mich ... anzufreunden. Oder Kenntnisse auf dem Gebiet der Romantik zu sammeln. Eigentlich habe ich mich auch mit Männern nicht besonders angefreundet. Nur versteh das nicht falsch: in intellektueller oder beruflicher Hinsicht, in diesem Bereich habe ich einen ... Kreis. So ungefähr. Eine Bezugsgruppe. Aber sonst? Gefühle und all das ... das hat mich unter Druck gesetzt. Da hab ich mich immer gefragt, warum ich denn plötzlich etwas für fremde Männer empfinden soll. Oder Frauen. Bis ich ... dich kennengelernt habe. Bis du dich auf mich gestürzt hast. Wenn ich die Wahrheit sagen soll, bin ich auch bei dir in Druck geraten. Aber dann? Es gibt was zwischen uns, nicht? Ich weiß es nicht recht zu definieren. Vielleicht bist du ... von meiner Sorte.«

Und wieder sprachst Du über Deine Pläne: bis 1964 Deine Dissertation beenden. Danach mit Theorie beschäftigen. Kriegstheorie. Vielleicht was Allgemeineres, eine These über die Gewalt in der Geschichte. Durch alle Zeitalter. Einen gemeinsamen Nenner suchen. Eventuell zu so was wie einer persönlichen Lösung gelangen. Das heißt einer persönlichen Lösung für eine philosophische Grundsatzfrage. So hast Du gesagt und noch etwas weitergeredet, und auf einmal hast Du den Kellner angeschrien, weil es in dem Lokal vor Fliegen wimmelte, und hast angefangen sie totzuschlagen, und bist wieder verstummt. Wolltest meine »Reaktion« hören.

Und ich habe, zum erstenmal bei Dir, das Wort »Liebe« benutzt. Ich habe Dir – so ungefähr – gesagt, daß Deine Traurigkeit meine Liebe sei. Daß Du sinnliche Ambition bei mir wecktest. Daß Du und ich, wir beide, wirklich von derselben Sorte seien. Daß ich gern ein Kind von Dir hätte.

Daß Du ein faszinierender Mann seist. Und daß, wenn Du mich heiraten würdest – ich Dich auch heiraten würde.

Und genau in jener Nacht, nach diesem Gespräch an der Tankstelle in Gedera, hat Deine Männlichkeit Dich in meinem Bett im Stich gelassen. Und Du bist so erschrocken und tief beschämt gewesen, wie ich Dich sonst nie in unserem Leben gesehen habe, weder vorher noch nachher. Und je mehr Deine Verlegenheit und Furcht anwuchsen, desto mehr schrumpfte Dein Geschlecht unter der Berührung meiner Finger zusammen, bis es fast ganz in seiner Höhle verschwunden war, wie das Glied eines kleinen Jungen. Und ich – den Freudentränen nahe – bedeckte Deinen ganzen Körper mit Küssen und wiegte die gesamte Nacht Deinen schönen, kurzgeschorenen Kopf in den Armen und küßte Dich sogar auf die Augenwinkel, denn Du warst mir in jener Nacht so teuer, als hätte ich Dich geboren. Damals wußte ich, daß wir aneinanderhingen. Daß wir ein Fleisch geworden waren.

Einige Wochen später hast Du mich zu Deinem Vater mitgenommen.

Und im Herbst waren wir schon verheiratet.

Jetzt sage Du mir: Warum habe ich Dir all diese längstvergessenen Dinge geschrieben? Um alte Narben aufzukratzen? Grundlos in unseren Wunden zu stochern? Eine Black Box zu entschlüsseln? Dir erneut weh zu tun? Sehnsüchte bei Dir zu wecken? Vielleicht ist auch dies eine Finte, um Dich wieder in meinen Netzen zu fangen?

Ich bekenne mich schuldig in allen sechs Punkten der Anklage. Mildernde Umstände habe ich nicht vorzubringen. Außer einem vielleicht: Ich liebte Dich nicht trotz Deiner Grausamkeit, sondern gerade den Drachen liebte ich. Und diese Freitagabende, an denen sich bei uns fünf oder sechs Jerusalemer Paare versammelten: höhere Offiziere, gescheite junge Universitätsdozenten, vielversprechende Politiker. Du schenktest zu Beginn des Abends die Getränke ein, tauschtest einige scharfsinnige Bemerkungen mit den Ehefrauen und igeltest Dich dann auf einem Ecksessel im Schatten Deines Bücherbords ein. Von dort aus verfolgtest Du die politische Debatte mit dem Ausdruck verhaltener Ironie, ohne Dich zu beteiligen. Je hitziger die Diskussion wurde, desto weiter breitete sich das leichte Wolfsgrinsen um Deine Lippen aus. Leise und flink fülltest Du nach Bedarf die Gläser nach. Und stopftest dann wieder höchst aufmerksam Deine Pfeife. Wenn die Auseinandersetzung auf dem Höhepunkt angelangt war und alle sich hochroten Gesichts schreiend zu übertönen suchten, wähltest Du den Zeitpunkt mit der Genauigkeit eines Ballettänzers, um mit leiser Stimme einzuwerfen: »Moment mal. Verzeihung. Das habe ich nicht verstanden.« Der Tumult legte sich dann sofort, und aller Augen hingen an Dir. Gemächlich die Silben dehnend, sagtest Du nun: »Das geht mir hier ein bißchen zu schnell. Ich hätte da mal eine Abc-Schützenfrage.« Darauf verstummtest Du. Gabst Dich einen Augenblick ganz Deiner Pfeife hin, als sei kein Mensch im Zimmer, und dann, durch die dicke Rauchwolke hindurch, feuertest Du eine kurze Katjuscha-Salve auf Deine Gäste ab: fordertest eine präzise Definition der Begriffe, die sie beiläufig verwendet hatten. Decktest mit kühlem Meißelschlag verborgene Widersprüche auf. Legtest mit wenigen Sätzen scharfe logische Grundlinien fest, als würdest Du geometrische Figuren aufzeichnen. Flochtst einen giftigen Seitenhieb gegen einen der Löwen im Zimmer ein und verblüfftest uns alle, indem Du Dich gerade der Meinung des farblosesten Weichlings anschlossest. Dann stelltest Du eine kompakte These auf und sichertest sie mit einem vorsorglichen Sperrfeuer gegen jede mögliche Gegenbehauptung ab. Zum Abschluß deutetest Du zur Verblüffung der Anwesenden auf eventuelle Schwächen Deiner eigenen These, die sicher aller Augen entgangen waren. Während der Stille, die nun den Raum befiel, pflegtest Du mich fordernd anzusprechen: »Lady, diese guten Leute hier trauen sich nicht zu sagen, daß sie gern Kaffee möchten.« Und damit machtest Du Dir erneut an Deiner Pfeife zu schaffen, als sei die Pause beendet und man müsse sich nun wieder wirklich ernsten Tätigkeiten zuwenden. Mich faszinierte die Kälte Deiner höflichen Grausamkeit. Sobald sich die Tür hinter dem letzten Gästepaar schloß, riß ich Dir mit Gewalt Dein gebügeltes Schabbathemd aus den Cordhosen und ließ meine Finger auf Deinen Rücken, auf Dein Brusthaar vordringen. Erst am folgenden Morgen räumte ich auf und spülte das Geschirr.

Manchmal kehrtest Du um ein Uhr nachts aus dem Manöver zurück, von einer Regimentsübung, in der Ihr die Nacht mit der Bändigung irgendeines neuen Panzers verbracht hattet (was bekamt Ihr damals? Centurions? Pattons?), Deine Augen vom Wüstensand gerötet, verstaubte Bartstoppeln im Gesicht, knirschender Sand vom Scheitel bis zur Sohle, das Hemd auf dem Rücken vom Salz Deines Schweißes gewürzt – und doch warst Du frisch und munter wie ein Räuber im Tresorraum. Du wecktest mich aus dem Schlaf, bestelltest ein Nachtessen, duschtest, ohne die Tür zu schließen, und kamst triefend wieder herausgestürmt, weil Du dich nicht gern abtrocknen mochtest. In Trägerhemd und Tennisshorts hocktest Du Dich an den Küchentisch und verschlangst das Brot und den Salat und die zwei Spiegeleier, die ich Dir inzwischen vorgesetzt hatte. Völlig wach legtest Du Vivaldi oder Albinoni auf den Plattenspieler. Schenktest Dir französischen Cognac oder Whisky on the rocks ein. Batst mich in meinem Nachthemd auf einen Sessel im Wohnzimmer, sankst selber in einen Sessel gegenüber, legtest die nackten Füße auf den Couchtisch und begannst mir in beherrschter, leicht verächtlicher Wut zu referieren: Du machtest Dich über die Dummheit Deiner Vorgesetzten lustig, verrissest »die Mentalität dieses Palmach-Packs«, skizziertest das Aussehen des Kriegsschauplatzes gegen Ende des Jahrhunderts, dachtest laut über »das universal Gemeinsame« aller bewaffneten Konflikte nach. Dann wechseltest Du abrupt das Thema und erzähltest mir von irgendeiner kleinen Soldatin, die Dich an jenem Abend zu verführen versucht hatte. Wolltest gern wissen, ob ich eifersüchtig war. Fragtest mich scherzhaft, was ich wohl gesagt hätte, wenn Du verlockt worden wärst, »schnell mal eine Feldration aufzureißen«. Forschtest mich beiläufig nach den Männern aus, die ich vor Dir gehabt hatte. Batst mich, sie auf »einer Skala von eins bis zehn« zu bewerten. Sondiertest, ob mich gelegentlich ein Fremder duze. Fordertest mich auf, Deine Vorgesetzten und Kameraden vom Militär, unsere Freitagsabendgäste, den Klempner, den Gemüsehändler und den Postboten »im Hinblick auf ihre Ausstrahlungsstärke« zu klassifizieren. Schließlich, um drei Uhr morgens, stiegen wir ins Bett oder fielen auf den Teppich vor uns und sprühten Funken, meine Hand auf Deinen Lippen ruhend, um Dein Brüllen von den Ohren der Nachbarn fernzuhalten, Deine Hand auf meinem Mund, um meine eigenen Schreie zu dämpfen.

Schlapp, wohlig, schmerzend, benommen vor Erschöpfung schlief ich am nächsten Tag bis ein oder zwei Uhr mittags. Im Halbschlaf hörte ich Deinen Wecker um halb sieben klingeln. Du standst auf, rasiertest Dich, duschtest ein zweites Mal – diesmal mit kaltem Wasser. Auch im Winter. Zogst eine saubere Uniform an, die ich für Dich gestärkt und gebügelt hatte. Schlangst Brot und Sardinen runter. Trankst im Stehen eine Tasse schwarzen Kaffee. Und danach: das Zuschlagen der Tür. Deine Schritte auf der Treppe, die Du zwei Stufen auf einmal nehmend hinuntersprangst. Und das Startgeräusch des Jeeps. So begann das Spiel. Der Schatten des Dritten im Bett. Wir beschworen irgendeinen Mann herauf, der zufällig meine Aufmerksamkeit erregt hatte. Und Du hast ihn verkörpert. Manchmal hast Du beide gespielt, Dich selber und den Fremden. Meine Aufgabe war es, mich abwechselnd oder gleichzeitig hinzugeben. Die Gegenwart der fremden Schatten durchbohrte uns mit einer brennenden Dschungelwonne, die meinem Bauch und Deiner Brust Schreie, Schwüre, Bitten, Krämpfe entlockte, wie ich es sonst nur bei der Niederkunft gesehen habe. Oder auf dem Sterbebett.

Als Boas zwei Jahre alt wurde, brannten unsere Höllenöfen bereits mit schwarzer Flamme. Unsere Liebe hatte sich mit Haß gefüllt. Der alles verschlang, sich aber immer noch als Liebe tarnte. Als Du an jenem verschneiten Januarabend mit vierzig Grad Fieber aus der Universitätsbibliothek zurückkamst und dieses Feuerzeug auf der Badezimmerkonsole fandst, schäumte frenetische Heiterkeit in Dir auf. Du lachtest brüllend und stoßweise, bearbeitetest mich mit den Fäusten, bis Du mir im erdrückenden Kreuzverhör jede kleinste Einzelheit, noch das letzte Tüpfelchen abgerungen hattest, und ohne mich oder Dich auszuziehen, nahmst Du mich im Stehen, wie mit Messersschneide, und währenddessen und danach ließest du nicht ab, mich weiter und weiter zu verhören, und drängtest mich wieder gegen den Küchentisch und hautest mir die Zähne in die Schulter und schlugst mich mit dem Handrücken, als wolltest du ein störrisches Pferd züchtigen. So begann unser Leben im trügerischen Moorlicht zu flackern. Dein wahnsinniger Zorn, gleich ob ich gehorsam war oder nicht, ob ich Dir liebestoll oder gleichgültig erschien, ob ich schilderte, was man mit mir gemacht hatte, oder ob ich hartnäckig schwieg. Tage- und nächtelang verschwandst Du aus dem Haus, kapseltest Dich wie ein Mönch in diesem Loch ab, das Du Dir am Russenplatz gemietet hattest, um Dich auf Deine Dissertation zu stürzen, als wolltest Du feindliche Barrikaden einreißen, und ohne Vorwarnung landetest Du dann plötzlich bei mir, um acht Uhr morgens oder um drei Uhr nachmittags, schlossest Boas in seinem Zimmer ein, zwangst mir ein detailliertes Geständnis ab und stilltest Deine tosende Begierde in mir. Danach kamen die Selbstmordversuche mit Tabletten und mit Gas. Und Dein Bündnis mit Sackheim und Dein wilder Kampf gegen Deinen Vater und die verfluchte Villa in Jefe Nof. Unsere Tropenhölle. Die Parade der dreckigen Handtücher. Die stinkenden Socken grinsender und rülpsender Männer. Der Dunst von Knoblauch, Rettich und Hammelfett. Das Hicksen nach Coca-Cola oder Bier. Der erstickende Qualm billiger Zigaretten. Der klebrige, säuerliche Schweiß lüsterner Kerle, denen sich die Hosen um die Knöchel ringelten – das

Hemd legten sie gar nicht erst ab, manche waren sogar zu faul, die Schuhe auszuziehen. Ihr Speichel auf meiner Schulter, in den Haaren. Ihre Spermaflecken auf meinen Laken. Unflätiges Gemurmel und heiseres, wollüstiges Flüstern. Ihre faden, abgedroschenen Komplimente. Das lächerliche Suchen nach ihrer Unterwäsche, die im Bettzeug verloren gegangen war. Die amüsierte Arroganz, die sie überkam, sobald sie ihren Trieb befriedigt hatten. Das geistesabwesende Gähnen. Der unvermeidliche Blick auf die Uhr. Nachdem sie mich unter sich zerquetscht hatten, als wollten sie in mir das ganze weibliche Geschlecht unterdrücken. Als Rächer. Oder um sich dafür Punkte auf irgendeiner männlichen Ligatabelle gutzuschreiben. Motorstunden zu sammeln. Gelegentlich kam mal ein Fremder, der auf meinen Körper zu lauschen und eine Melodie hervorzubringen suchte. Oder ein Junge, der ein Mitgefühl in mir erregte, das die Übelkeit überwandt. Während Du auf dem Höhepunkt Deines verbitterten Hasses bliebst. Bis ich mir selbst und Dir widerwärtig wurde und Du mich verstießest. Zuunterst in der Schublade meines Toilettentisches verwahre ich einen Zettel mit Deiner Handschrift. Sackheim übergab ihn mir an dem Tag, an dem das Gericht unser Scheidungsurteil verkündete und bestimmte, daß wir von nun an keinerlei Ansprüche mehr gegeneinander hätten. Du hattest mir vier Zeilen aus einem Gedicht von Natan Alterman notiert: Du bist die Trauer meines erkahlenden Hauptes, / Der Gram meiner großen Krallen bist du. / Du wirst mich hören im Bröckeln des Putzes, / Im Knarren der Dielen bei dunkler Nacht.

Das hast Du im Gerichtssaal aufgeschrieben und mir durch Sackheim zugesandt. Kein einziges Wort hast Du hinzugefügt. In sieben Jahren. Warum bist Du jetzt wie ein Gespenst ans Fenster meines neuen Lebens zurückgekehrt? Zieh in Deine Jagdgründe. Entschwebe mit Deinem schwarzweißen Raumschiff in die Sternenkälte. Geh und komm nicht wieder. Auch nicht in Visionen. Auch nicht im Sehnen meines Körpers. Weder im Bröckeln des Putzes noch im Knarren der Dielen. Schäl Dich aus dem Holzschnitt und aus der schwarzen Kapuze heraus. Warum überquerst Du nicht die verschneite Öde, klopfst nicht an die Tür der ersten Hütte und erbittest Dir Wärme und Licht? Heirate Deine bebrillte Sekretärin. Oder eine Deiner Verehrerinnen.»Nimm eine Frau und bau ihr ein Haus.« Sorge dafür, daß es dort einen brennenden Kamin im Winter gibt. Ein paar Obstbäume im Garten. Rosen. Einen Taubenschlag. Vielleicht zeugst Du noch einen Sohn, dann kannst Du Dich abends, wenn Du von der Arbeit heimgekehrt bist, mit ihm an Deinen schwarzen Schreibtisch setzen, für ihn Bilder aus dem »National Geographic Magazine« ausschneiden, ihm mit den Fingern durchs Haar fahren und es dabei mit Klebstoff verschmieren. Deine Frau wird Dir über die müde Stirn streichen. Dir nachts die von Schreiben und Einsamkeit steifen Nackenmuskeln massieren. Du kannst eine Platte auflegen: nicht Vivaldi oder Albinoni. Moody Jazz vielleicht. Draußen wird es stürmen. Der Regen wird in den Kandeln gurgeln. Aus dem Nebenzimmer weht Euch der Duft von Puder und Shampoo zu, die Gerüche eines einschlafenden Kindes. Ihr werdet in Eurem Bett liegen, dem Sausen des Windes vor den fest verrammelten Fenstern lauschen. Jeder in sein Buch vertieft. Oder Du erzählst ihr was, leise, über die Napoleonischen Kriege. Später macht Ihr das Licht aus, und ihre Finger durchforsten die Löckchen auf Deiner Brust. Du schließt die Augen. Dann komme auch ich und gleite wie ein Rascheln zwischen Euch hindurch. Und im Dunkeln lachen wir beide, Du und ich, lautlos vor uns hin. Mein Geist und meine Flasche.

Und jetzt ist es schon fast sechs Uhr morgens. Die ganze Nacht über habe ich an Dich geschrieben. Ich werde duschen, mich anziehen und das Frühstück für mein Kind und meinen Mann zubereiten. Es gibt Glück auf der Welt, Alek, und die Leiden sind nicht sein Gegenteil, sie sind der dornige Pfad, auf dem wir bäuchlings auf jene vom feinen Mondsilber überströmte Waldlichtung zukriechen werden, die uns wartend ruft. Vergiß es nicht.

Ilana.

GIDEON ILLINOISUNIV CHICAGO.
ZU DEINER KENNTNIS ALEX. JURISTISCH IST BOAS MINDERJÄHRIG UND UNTERSTEHT DER AUFSICHT SEINER MUTTER. DEIN SCHRITT KANN ALS ENTFÜHRUNG AUSGELEGT WERDEN. SOMMO ERWÄGT STRAFANZEIGE GEGEN DICH. VIELLEICHT ÜBERLEGT ER SICHS FALLS DU DEM GRUNDSTÜCKSVERKAUF ZUSTIMMST. RATE DIR NACHZUGEBEN. SACKHEIM.

GIDEON ILLINOISUNIV CHICAGO.
MEIN PARTNER ÜBT WECHSELNDEN DRUCK AUS. DIE LAGE IST HEIKEL. ENTSCHEIDUNG LIEGT BEI IHNEN.
ROBERTO DIMODENA.

DIMODENA PERSÖNLICH JERUSALEM ISRAEL.
BIETEN SIE DEM GESPANN SOMMO SACKHEIM IN MEINEM NAMEN WEITERE FÜNFZIGTAUSEND GEGEN VERPFLICHTUNG BOAS IN RUHE ZU LASSEN. WENN SIE WÜNSCHEN ENTBINDE ICH SIE VON IHREM MANDAT. ALEX.

GIDEON ILLINOISUNIV CHICAGO.
LASS MICH DAS GRUNDSTÜCK VERKAUFEN UND ICH GARANTIERE DASS BOAS BLEIBEN KANN. FALLS DU ABLEHNST LANDET ER MÖGLICHERWEISE IM GEFÄNGNIS. BEDENKE DASS ER BEWÄHRUNG HAT. ROBERTO VERLÄSST DICH. HÖR AUF VERRÜCKT ZU SPIELEN UND LASS DIR HELFEN. GIB DEINEN EINZIGEN FREUND NICHT AUF. ANDERE WARTEN NUR AUF DEINEN TOD UND NACHLASS. GENUG MIT DEM UNSINN BENUTZ MAL DEINEN BERÜHMTEN VERSTAND. DEINETWEGEN WERDE ICH AN ULCUS STERBEN. MANFRED.

SACKHEIM PERSÖNLICH JERUSALEM ISRAEL.
VERZEIHE DIR VORAUSGESETZT DU HÖRST AUF ZU QUENGELN. STATT BESITZ IN SICHRON DARFST DU DEINEM KLIENTEN HAUS UND GRUNDSTÜCK IN MAGDIEL VERKAUFEN. ICH HAU DIR DIE SEELE AUS DEM LEIB WENN DU WIEDER FISIMATENTEN MACHST. LETZTE WARNUNG. ALEX.

GIDEON ILLINOISUNIV CHICAGO.
HABE IHRE AKTEN AN MEINEN PARTNER ZURÜCKGEGEBEN. NO HARD FEELINGS. ROBERTO DIMODENA.

GIDEON ILLINOISUNIV CHICAGO.
ALLES IN ORDNUNG. BOAS UNTER MEINER TREUEN OBHUT. ICH FÜTTERE SOMMO WEITER HALTE IHN ABER AM KURZEN ZÜGEL. ACHTE AUF DEINE GESUNDHEIT. MANFRED.

SOMMO TARNAS 7 JERUSALEM.
HABE BESCHLOSSEN MEIN TESTAMENT ZU ÄNDERN. IHR BEKOMMT EIN VIERTEL UND DER REST GEHT AN BOAS UNTER DER BEDINGUNG DASS IHR DER RECHTSGÜLTIGEN ÜBERTRAGUNG DER VORMUNDSCHAFT AUF MICH ZUSTIMMT BIS ER VOLLJÄHRIG WIRD. ERBITTE EURE UMGEHENDE ENTSCHEIDUNG. ALEXANDER GIDEON.

HERRN GIDEON ILLINOIS UNIVERSITY CHICAGO.
BEI ALLER HOCHACHTUNG MEIN HERR BOAS IST NICHT VERKÄUFLICH. SEINE MUTTER IST VERANTWORTLICH FÜR IHN UND ICH BIN VERANTWORTLICH FÜR SIE. WENN SIE SEIN BESTES UND AUCH TEILWEISE SÜHNE IHRER FURCHTBAREN SÜNDEN WÜNSCHEN SPENDEN SIE MIR BITTE FÜR DIE ERLÖSUNG DES LANDES UND GEBEN SIE DEN JUNGEN UNTER UNSERE AUFSICHT ZURÜCK. MICHAEL SOMMO.

GIDEON ILLINOISUNIV CHICAGO.
HABE MAGDIEL AN SOMMO VERKAUFT STELLVERTRETEND FÜR SEINEN PATRON FANATISCHEN MILLIONÄR IN PARIS. FÜR TAUSCHGESCHÄFT MIT FRANZÖSISCHEM KLOSTER GEGEN BÖDEN IN WESTBANK. AUCH MEIN SCHWIEGERSOHN BETEILIGT. BIETEN DIR AN DAS BARGELD BEI IHNEN FÜR ANKÄUFE IN GEBIETEN ZU INVESTIEREN. DORT LIEGT DIE ZUKUNFT. LERN WAS VON DEINEM VATER IN SEINEN GROSSEN TAGEN. ICH ERWARTE ANWEISUNGEN. MANFRED.

An Ilana Sommo
Tarnas 7
Jerusalem

Bet-Awraham, 17. 8. 76

Schalom Ilana,
 Dein Brief hat mich bedrückt und verletzt. Wer träumt nicht mal davon, auf- und davonzufliegen und sich an einer fernen Kerze zu versengen? Umsonst verspottest Du mich, nicht ich habe die ewige Wahl zwischen Feuer und Asche geschaffen, auch ich drehe mich in einem geschlossenen Kreis. Vielleicht sollte ich Dir was erzählen. Vor einem halben Jahr etwa war ich dran, den Clubraum zu putzen. Es war Morgen, und es regnete, und ein junger, mir unbekannter Bursche, ein Volontär aus Island oder Finnland, ein bebrillter, dunkelhäutiger Junge mit feuchtem Haar, in Gedanken versunken und von Zigarettenrauch umnebelt, saß allein in der Ecke und schrieb einen Luftpostbrief. Außer »guten Morgen« und »Entschuldigung« wechselten wir kein Wort. Völlig still war es, grauer Regen vor den Fenstern. Ich habe den Boden zweimal aufgewischt, auch unter seinen Füßen, habe seinen Aschenbecher ausgeleert und gewaschen und ihm wieder hingestellt, und einen Augenblick hat er mir mit bitterem, wehmütigem Mitgefühl zugelächelt, als wisse er die ganze Wahrheit. Hätte er zu mir gesagt, setz dich, hätte er die Hand aufgehoben, dann hätte mich nichts mehr aufgehalten. Ich hätte alles vergessen können. Aber ich konnte es nicht. Ringsum lauerten das verhaltene Kichern, die kleinen Demütigungen, die Reue, die Angst vor möglichem Schweißgeruch unter den Achseln, die Furcht vor den Gürtelschnallen, die Verlegenheit, der Reißverschluß, der feuchte Fußboden, die Knöpfe, der unförmige Schnür-BH, das Morgenlicht, die offenstehende Tür, die Kälte, die Vorhänge, die gerade in der Wäsche waren, der Chlorgestank, die Scham. Wie eine befestigte Mauer. Ich habe es keiner Seele außer Dir erzählt und eigentlich auch Dir nicht, und eigentlich gibt's gar nichts zu erzählen. Und Joasch war im Reservedienst auf den Golanhöhen, und um Viertel vor zehn war ich mit Jiftach beim Zahnarzt angemeldet. Es hat nichts gegeben, außer dem Schmerz der Erkenntnis: wie eine befestigte Mauer. Wie ein unwiederbringlicher Verlust. Noch am selben Abend habe ich die Balkonmöbel weiß gestrichen, um Joasch bei seiner Rückkehr eine Überraschung zu bereiten. Den Kindern habe ich Schokoladeneis gemacht. Und nachts hab ich gebügelt und gebügelt, bis die Sendungen im Radio vorüber waren

und das Gerät nur noch einen Pfeifton von sich gab und der Wachmann lachend an meinem offenen Fenster vorbeikam und »Es ist spät, Rachel« sagte. Es gibt nichts zu erzählen, Ilana. Geh halbtags in Deinem Buchladen arbeiten, während der Stunden, in denen Jifat in der Krippe ist. Schreib Dich für einen Fernlehrgang ein. Kauf Dir was Neues anzuziehen anstelle des braunen Kleides, von dem ich aus Deinem Brief ersehen habe, wie sehr Du es satt hast. Wenn Du willst, schimpf mich einen Igel. Wenn Du willst, antworte nicht. Joasch arbeitet Nachtschicht bei den Kühen, und ich bin müde, und der Ausguß steht voller Geschirr, das gespült werden muß. Ich werde hier schließen. Deine Schwester Rachel.

Eigentlich wollte ich Dir aus einem anderen Grund schreiben: um Dir zu berichten, daß Joasch gestern zwei Stunden in Sichron gewesen ist. Er hat geholfen, Stacheldraht für den Hühnerstall zu spannen, einige landwirtschaftliche Ratschläge erteilt und allgemein den Eindruck gewonnen, daß es Boas sehr gut geht mit seiner Kommune, die er da errichtet. Nächstes Mal nehmen wir uns ein Auto und fahren mit den Kindern zu ihm. Du und Michel und Jifat könntet ihn ruhig auch ab und zu besuchen.

Rachel

Gedanken von Prof. A. A. Gideon, auf kleine Karten notiert

258.
Und alle beginnen sie, jeder auf seine Weise, damit, die Institution der Familie zu zerstören: Platon. Jesus. Die frühen Kommunisten. Die Nazis. Die Militaristen und auch die militanten Pazifisten. Die Asketen ebenso wie die orgiastischen Sekten (alte und neue). Erster Schritt zur Erlösung: Aufhebung der Familie. Auflösung aller intimen Bindungen unter den Menschen zugunsten der vollständigen Eingliederung in die »Familie der Revolution«.

261.
Das Ich – Brennpunkt der Leiden. Die Erlösung – Aufhebung des Ichs. Das völlige Aufgehen in der Masse.

266.

Verbrechen – Schuldgefühl – Sühnebedürfnis – Indienststellung für ein Ideal – wiederum Schuld – Begehen eines neuen Verbrechens im Dienst an dem Ideal – erneutes Sühnebedürfnis – verdoppelte Anhänglichkeit an das Ideal – und so weiter. Ein Teufelskreis.

270.

Und so wird das Leben, auf einmal oder stufenweise, immer einförmiger, flacher, leerer: Verehrung ersetzt Freundschaft. Geringschätzung der eigenen Person ersetzt Anerkennung. Gehorsam statt Partnerschaft. Unterwürfigkeit statt Kameradschaft. Begeisterung tritt an die Stelle des Gefühls. Gebrüll und Geflüster ersetzen die Rede. Verdacht statt Zweifel. Marter statt Freude. Unterdrückung statt Sehnsucht. Kasteiung statt Nachdenken. Verrat anstelle von Auseinandergehen. Kugeln statt Argumente. Blutbad statt Spaltung. Tod anstelle von Veränderung. Säuberungsaktion statt Tod. »Ewigkeit« anstelle von Leben.

283.

»Laß die Toten ihre Toten begraben«: Die Lebenden werden die Lebenden begraben.

284.

»Alle, die zum Schwert greifen, werden durch das Schwert umkommen«: bis zur Ankunft des Messias, der sein Flammenschwert wirbeln läßt.

285.

»Du sollst deinen Nächsten lieben wie dich selbst« – und zwar ein bißchen dalli, sonst kriegst du 'ne Kugel von uns ab.

286.

»Du sollst deinen Nächsten lieben wie dich selbst« – aber wenn der Selbsthaß schon an dir gezehrt hat, ist dieses Gebot mit tödlicher Ironie geladen.

288.

Und die Auferstehung? Die Auferstehung der Toten, die uns versprochen wird? Stets ohne Körper.

290.
Was die Seele anbetrifft: sie wird völlig mit ihren Schwestern verschmelzen. Wird, zu ihrem eigenen Wohl, wieder in das allgemeine Seelenreservoir einfließen. »Aufgenommen in den Schoß der Nation.« Oder ins Herz der verstorbenen Vorväter. Oder in die Kessel der Rasse. Oder in die Schatzkammern der Bewegung. Wo sie dann als Rohmaterial für einen neuen, geläuterten Guß dienen wird. Das Apeiron Anaximanders. Das jüdische »Bund des Lebens«. Der christliche Schmelztiegel. Peer Gynts Knopfgießer.

291.
Und was ist mit dem Körper? Der ist nichts als ein vorübergehendes Ärgernis. Ein Gefäß voll stinkiger Säfte. Ursprung von Qual und Verunreinigung. Ein Kreuz, das man zu tragen gezwungen ist. Eine Prüfung, die es zu bestehen gilt. Eine Strafe, die man abbüßen muß, um sich dann in der »rundum guten Welt« davon zu befreien. Ein Block Gegenwartsdreck, der sich in seiner Unreinheit zwischen die abstrakte Reinheit der Vergangenheit und den abstrakten Glanz der Zukunft drängt.

292.
Abstreifen der Körperlichkeit: Vernichtung des Körpers. Sei es schrittweise durch Kasteiungen, sei es mit einem erlösenden Schlag, auf dem Altar der bevorstehenden Rettung.

293.
Daher: »Staub zu Staub.«

294.
Daher: »Viva la muerte«, das heißt, »es lebe der Tod«.

295.
Und noch einmal Pascal: Alle Übel der Welt haben ihren verborgenen Ursprung darin, daß wir nicht fähig sind, ruhig in einem Zimmer zu verharren. Unsere Nichtigkeit ist unser Verderben.

Michel Sommo
Tarnas 7
Jerusalem

Ahalan Michel,
 das hier schreib ich dir von Sichron. Meinetwegen kanns Ilana auch lesen, aber du sollst zuerst. Sicher bist du böse und hältst mich für irre undankbar weil du hundertprozentig okee warst mit mir und ich glatt über deinen Kopp rüber bin und über Amerika organisirt hab, das ich hier nach Sichron komm gegen deine gesammelten Pläne. Wenn du ne Stinkwut auf mich hast wirf diesen Brief einfach innen Müll und schreib keine Antwort, blos das du nicht wieder mit Moralpredigten anfängst. Du bist nicht Gott Michel und ich bin nicht dein Lackel. Und überhaupt isses blöd einer dem anderen nen ganzen Tag zu sagen was er zu tun hat im Leben, das ja und das nee. Das ist meine Meinung tut mir leid. Aber dieser Brief ist nicht um dich zu ändern bin überhaupt gegen leuteändern. Also wozu dann der Brief? Ilana.
 Hör mal Michel. Nach meiner Meinung geht die Ilana nen Berg runter. Das ham wir ihr angesehn als sie bei uns auf Besuch war. Hundertprozentig normal ist die ja nie gewesen aber jetzt isse vielleicht unter fünfzigprozent abgesackt. Ich würd vorschlagen sie und Jifat kommen fürne zeitlang hierher nach Sichron, da kannsen bischen rumputzen oder im Gemüsegarten arbeiten und sich mal kurz von deiner Frömmigkeit ausruhen. Reg dich nicht auf Michel du weist das du soweitn netter passabler Mensch bist aber was? Dein Fehler ist das alle haarscharf wie du sein müssen und wer das nicht ist der ist für dich überhaupt kein Mensch. Ich bin bei dir son Schlägertyp Ilana ist bei dirn Beebi und die Araber sind bei dir Tiere. Ich fürcht schon bald du würdst meinen Jifat ist son Knetgummikind dasde einfach in jede Form quetschen kannst die dir einfällt und dann gehts mit der Jifat nachher neunzigprozentig auch ganz mies bergab und du schiebst allen die Schuld in die Schuhe ausser dir selbst. Alles was du für Ilana und mich und fürn Staat getan hast Michel ist nicht gut genug solang du nicht jeden sein Leben leben läst. Nimm Kirjat Arba wo du mich hingesteckt hast, soweitn schöner Ort mit Landschaft und allem drumherum aber was ist? Das ist absolut kein Ort für einen wie mich der nicht fromm ist und nicht meint was der Staat braucht das ist dauernd die Araber besiegen oder ihnen ihre Orte wegnehmen. Nach meiner Meinung soll

man sie inruhelassen und sie sollen uns inruhelassen. Aber nicht dazu ist der Brief. Mein Vorschlag ist das Jifat und Ilana einige Zeit hierher kommen sich ausruhen von deiner Herrschaft und von dem Irrsinn da in Jerusalem. Ich hab ihnen das beste Zimmer sauber hergerichtet mitn paar Möbeln drin und allem und ich hab schon sechs Kumpel und Mädchen hier die mit anpacken den Laden in Ordnung zu bringen und der Herr Sakeim der mich anfangs gestört hat hat sich nun gebessert und hat Wasser und Strom von der Stadt genemigt gekriegt und von dem amerikanischen Geld hab ich Sprinkler Jungpflanzen Handwerkszeug Hühner gekauft und der Laden nimmt langsam Form an einschlieslich vonnem Teleskop fast fertig aufm Dach. Wenn sie mit Jifat herkommt hat sies hier bestens fünf Sterne. Jeden Tag wird gearbeitet und hinterher gehts schwimmen im Meer und dann klimpern wir nochen Weilchen und singen und dann bei Nacht pass ich auf sie auf für dich. Es gibt hierne Riesenküche und ich hab nix dagegen wenn da irgendwo ne koschere Ecke für die beiden ist wenn Ilana das haben will. Ist mir egal. Alles frei. Hier bei mir ist das nicht Kirjat Arba jeder macht was er lusthat blos das er gut schafft und okee mit den andern umgeht und keinen Ärger macht und das hier nicht Moral gepredigt wird.

Was sagst du Michel? Ich hab das dir geschrieben weil du bei euch der Boss bist und alles bestimmst aber es macht mir nix aus wenn Ilana das auch liest. Ich will mit Dank und Alleachtung schliessen weil du nemlich insgesamt ziemlich okee bist Michel. Das dus weist das ich von dir persönlich was gelernt hab, nicht zuschlagen keine Kisten rumschmeissen. Obwohl hier anfangs alle möglichen Bullen und stättische Beamte angetanzt sind und Scherereien gemacht und uns beleidigt und gestört haben hab ich keinen von denen angerürt und das ist dir zu verdanken Michel. Gruss von mir an Ilana und zwick Jifat bischen sanft von mir. Ich hab ihr hier ne Schaukel hingestellt und ne Rutschbahn und ne Sandkiste und was nicht. Und für Ilana hab ich Arbeit. Jetzt ist alles schön hier wien kleiner Kibbuz sogar noch meer weil hier keiner dem andern reinredet. Du bist auch eingeladen auf Besuch zu kommen und falls du lusthast uns was an Geld zu spenden warum nicht? Spende ruhig. Kein Problem.

Mit Hochachtung und Dank
Boas B.

An Boas Brandstetter
Haus Gideon
Sichron Jaakov (Süd)

Mit Gottes Hilfe
Jerusalem, 19. Aw 5736 (15. 8.)

Lieber Boas,
Deine Mutter und ich haben Deinen Brief zweimal nacheinander gelesen, ohne unseren Augen zu trauen. Ich werde ihn Dir umgehend Punkt für Punkt beantworten. Zuerst möchte ich Dir mitteilen, Boas, daß ich wegen Deiner Undankbarkeit keinen Groll gegen Dich hege (man sagt »sehr undankbar« und nicht »irre undankbar«, Du ungebildeter Wirrkopf!). Aber das Blatt reicht nicht aus, all Deine Rechtschreibfehler und den mangelhaften Satzbau zu korrigieren. Es ist nicht an mir, die Aufgabe zu vollenden, wie unsere Weisen sagen.

Warum sollte ich Dir auch böse sein? Wenn ich mich damit abgeben wollte, auf jeden böse zu werden, der mir unrecht getan oder sich undankbar gezeigt hat, würde ich mein Leben in Melancholie aushauchen. Die Welt, Boas, teilt sich in diejenigen, die schamlos nehmen, und in jene, die mit vollen Händen geben, und ich gehöre von Kindheit an zur zweiten Klasse und bin noch nie auf die von der ersten Klasse böse gewesen und habe sie nicht beneidet, weil der Prozentsatz der Unglücklichen dort sehr viel höher liegt als bei uns unten, denn mit vollen Händen geben bringt Stolz und Freude, während die Typen, die es gewöhnt sind, unverschämt zu nehmen, vom Himmel zu Schmach und innerer Leere verurteilt werden: Trauer und Schande in einem.

Was Dich anbetrifft, habe ich das Meinige nach besten Kräften getan, zu Deinem und Deiner Mutter Wohl und natürlich zum Wohl des Himmels, und wenn mir von oben her nicht soviel Hilfe zuteil geworden ist – wer bin ich denn, daß ich mich da beschweren dürfte? Bei uns steht in den Sprüchen geschrieben: »Ein kluger Sohn macht dem Vater Freude, ein dummer Sohn ist der Kummer seiner Mutter.« Dein lieber Vater ist der Freude nicht würdig, Boas, und Deine Mutter hat schon genug Kummer wegen Dir gehabt. Demgegenüber empfinde ich ein gewisses Maß an partieller Zufriedenheit. Zwar hatte ich mir tatsächlich erhofft, Dich auf einen anderen Weg zu führen, aber wie es heißt: »Wohin der Mensch gehen möchte, dorthin wird er geführt.« Du möchtest jetzt Bauer und Sterngucker sein? Warum nicht? Geh nach besten Kräften, und wir werden uns Deiner nicht schämen.

Einige Punkte in Deinem Brief sind uns sehr zu Herzen gegangen, darunter an erster Stelle, daß Du mir schreibst, ich hätte mich Dir gegenüber hundertprozentig richtig verhalten. Du hast mich wohlwollend beurteilt, Boas, und das werde ich nicht vergessen. Wie Du weißt, haben wir ein gutes Gedächtnis. Aber, was soll ich sagen? Gebe Gott, es wäre wahr! Damit Du es weißt, Boas: oftmals quäle ich mich auf meinem Nachtlager mit dem Gedanken, ich hätte (ungewollt!) Erbe und Anteil an Deinen Jugendsünden und Untaten, die ich hier nicht erwähnen werde. Möglicherweise wäre es von Anfang an, seit dem Tag, an dem es mir vergönnt war, Deine teure Mutter zur Frau zu nehmen, meine heilige Pflicht gewesen, Dich an einem sehr kurzen Zügel zu halten, statt schweigend darüber hinwegzusehen, als Du die Zügel durchtrenntest und das Joch von Tora und Sitte abwarfst. Dich mit Skorpionen zu züchtigen, bis Du auf den geraden Weg zurückgekehrt wärst. Doch ich in meiner Sündhaftigkeit bin davor zurückgeschreckt, Dich streng anzupacken, aus Furcht, Du könntest dann zu weit gehen. Ich hatte Erbarmen mit den Tränen Deiner Mutter und sparte mit der Rute bei Dir. Vielleicht habe ich übel gehandelt, als ich Dir gegen meinen Willen erlaubte, Deine Lehrjahre in einer äußerst fragwürdigen weltlichen Anstalt zu verbringen, in der man Dir nicht einmal Lesen und Schreiben und das Gebot, Vater und Mutter zu ehren, beigebracht hat. Statt dessen habe ich den leichten Weg beschritten, habe Dir nicht Tora, Mizwot und gute Taten eingebleut, sondern habe Deine Tollheiten ignoriert, nach dem Prinzip, aus dem Auge, aus dem Sinn. Obwohl Du, Boas, mir niemals aus dem Sinn gekommen bist. Keinen Moment. Womöglich war es auch falsch von mir, daß ich dreimal zu Inspektor Almaliach gelaufen bin und um Nachsicht mit Dir gebeten habe? Vielleicht hätte es Dir zum Segen gereicht, auf dem harten Wege klug zu werden, um – wenn nicht mit dem Kopf, dann eben mit dem Hinterteil – zu erfahren, daß es Lohn und Strafe gibt, ein Gesetz und einen Richter? Damit Du Dich nicht an den Gedanken gewöhnst, im Leben sei alles erlaubt? Daß das Leben eines Juden nur darin bestehe, sich ein gutes Leben zu machen, wie Du mir so außerordentlich dumm schriebst? Ich werde im folgenden noch auf diesen sehr ernsten Punkt zurückkommen. Meine Sünden gestehe ich heute ein, Boas: daß ich Erbarmen mit Dir gehabt und dieses Erbarmen immer noch nicht überwunden habe – wegen der Leiden, die du in Deiner Kindheit von jenem Übeltäter hast erfahren müssen. Wie es geschrieben steht: »Ist mir denn Efraim ein so teurer Sohn oder mein Lieblingskind? Denn sooft ich ihm auch Vorwürfe mache, muß ich doch immer wieder an ihn denken. Deshalb schlägt mein Herz für ihn, ich muß mich seiner erbarmen.« Dieser Vers gibt genau meine Gefühle für Dich wieder. Und vielleicht nicht zu Deinem Wohl?

Aber anscheinend sind meine Gebete doch erhört worden, und vom Himmel her werden Deine Schritte ein wenig überwacht. Dein feiner berühmter Vater hatte wieder einmal vorgehabt, Dich auf den falschen Weg herunterzuholen, Dich von Kirjat Arba in diese Ruine dort zu locken, wo Du sicher sieben Greuel begehen würdest, doch nun hat die Hand der Vorsehung eingegriffen und seine üblen Pläne zum Guten gewandelt: Ich habe mit Genugtuung vermerkt, was mir Herr Sackheim berichtete, daß du nämlich mit einigen anderen jungen Burschen und Mädchen unseres Volkes das Gebot der tätigen Heimatliebe befolgst und im Schweiße Deines Angesichts Brot aus der Erde hervorbringst. Sehr gut, Boas. Ein sichtlicher Fortschritt! Ich habe den Eindruck, daß Du Dich dort aufrecht im Einklang mit den Staatsgesetzen abmühst, obwohl Du zu unserem Leidwesen offenbar weiterhin einige Verbote der Tora übertrittst und entschlossen scheinst, der Talmudgelehrsamkeit völlig zu entsagen und insoweit ein Ignorant zu bleiben. Wenn Du doch wenigstens den Sabbattag heiligen und die Grenzen von Zucht und Anstand etwas genauer beachten wolltest. Dies schreibe ich nicht, um Moral zu predigen, sondern nur, wie es bei uns geschrieben steht: »Zum Trauern sind die Wunden, die der Liebende schlägt.« Bitte, zürne mir nicht, wie auch ich mich (mit Mühe) zurückhalte, um nicht in Zorn über Dich zu geraten. Einverstanden, Boas? Abgemacht? Können wir Freunde bleiben?

Und noch eines möchte ich in bezug auf Deine Sünden sagen, die ein durchaus verbreitetes, zeitbedingtes Übel sind: Solange die staatlichen Gesetze nicht mit dem Gesetz der Tora übereinstimmen, wird der Messias, dessen Fußstapfen schon deutlich zu hören sind, draußen auf der Treppe stehenbleiben. Wird nicht zu uns hereinkommen. Gut, überlassen wir das denen, die weiser und verständiger sind als wir. Ich werde mich bei Dir vorerst mit dem allermindesten begnügen: Halte Du wenigstens die Gesetze des Staates ein – dann wollen wir schon den Ewigen preisen, daß auch dieses zum Guten gerät. Darauf, daß Du Dir das Kistenschmeißen usw. abgewöhnt hast, möchte ich hier nicht im einzelnen eingehen. Deine Taten, Boas, sind es, die Dich Gott näher führen oder Dich von ihm entfernen, und die guten Taten, die Du vollbringst und in die positive

Waagschale legst, werden wir mit Liebe und Befriedigung zur Kenntnis nehmen.

Als ich in Deinem Alter war, lebte ich in Armut und Not und mußte schwer schuften, um mein Oberschulstudium zu finanzieren, und ebenso taten es alle meine Brüder und Schwestern. Unser behinderter Vater war Fahrkartenverkäufer in der Untergrundbahn, der Metro, und unsere Mutter, möge es Dir erspart bleiben, hat in einem jüdischen Krankenhaus die Böden aufgewischt. Auch ich habe Böden geputzt: Jeden Nachmittag um fünf Uhr, sofort nach Unterrichtsschluß im Gymnasium (wo die Schüler noch Prügel bezogen!), bin ich direkt aus dem Klassenzimmer zur Arbeit gerannt, die bis Mitternacht dauerte. Es gab einen Hausmeister, einen Juden aus Rumänien, bei dem ich immer reingegangen bin, um meine Schuluniform mit der schäbigen Arbeitskleidung zu vertauschen, die ich in der Schultasche mitschleppte. Und dann habe ich Treppenhäuser geputzt. Und bedenke, daß ich nicht so ein Dauphin und Heldentyp wie Du gewesen bin, sondern ein schmaler, schmächtiger, ja wohl sogar etwas kleiner als normal geratener Junge. Aber was soll man sagen? Ein großer Starrkopf und auch ein ziemlich verbitterter Typ war ich. Das will ich nicht leugnen. Halbstarke machten sich an mich heran und verdroschen mich manchmal ganz fürchterlich. Und ich, mein lieber Boas, kriegte was ab und beherrschte mich, kriegte noch was ab und biß die Zähne zusammen, und vor lauter Schmach und Schande habe ich daheim nichts erzählt. »Keinerlei Probleme«, das war mein Motto. Als in der Klasse bekannt wurde, daß ich Reinigungsarbeiter war, fingen die netten Kameraden an, mich als »Waschlappen mit Läppchen« zu titulieren, und glaub mir Boas, auf französisch klingt das noch demütigender. Später fand ich eine andere Arbeit, nämlich Tische in einem Café abwischen, und dort nannten sie mich Achmed, weil sie mich für einen kleinen Araber hielten. Tatsächlich habe ich mir nur deswegen ein Käppchen aufgesetzt. Den Glauben habe ich erst sehr viel später gefunden. Nachts saß ich dann noch ein bis zwei Stunden nach Mitternacht auf der Klosettschüssel im Klo, verzeih den Ausdruck, weil wir nämlich zu sechst in eineinhalb Zimmern wohnten und man, nachdem alle bereits schliefen, nur dort Licht einschalten konnte, um die Hausaufgaben zu machen. Fünf Stunden pro Nacht blieben mir noch zum Schlafen auf meiner Matratze, die in der Küche lag, und bis auf den heutigen Tag habe ich nicht einmal Deiner teuren Mutter erzählt, wie ich manchmal, statt vor Müdigkeit sofort einzuschlummern, auf diesem Lager gelegen und vor Haß und Wut geschluchzt habe. Ich hatte einen furchtbaren Zorn auf die ganze Welt. Träumte davon, reich und angesehen zu sein und mit dem Leben im Quadrat abzurechnen. Ich habe Katzen im Hof geärgert, und manchmal bin ich die Straße entlanggegangen und habe in der Dunkelheit die Luft aus den Reifen der parkenden Autos rausgelassen. Ein schlimmer, verbitterter Bursche war ich.

Und so hätten die Umstände auch mich, Boas, noch in ein negatives Element verwandeln können, aber einmal an einem Schabbat ging ich mit zwei Freunden aus derselben Straße, Prosper und Janine (die Du beide kennst: Frau Fuchs und Inspektor Almaliach), zu einem Treffen der Betar-Bewegung mit einem zionistischen Jugendleiter aus Israel. Glaub mir, es hätten genausogut die Kommunisten oder, Gott behüte, was noch Schlimmeres sein können, aber die Hand der Vorsehung hat dafür gesorgt, daß es Betar war. Von da an wurde ich ein neuer Mensch, habe im Leben nie mehr geweint und habe auch keinem Menschen, ja keiner Katze mehr etwas zuleide getan. Und zwar deshalb, weil ich eingesehen habe, Boas, daß uns das Leben nicht geschenkt wurde, um uns ein gutes Leben zu machen, sondern um dem Nächsten und auch der Nation etwas von uns zu geben. Und warum? Weil das Geben Dir sogar dann Statur verleiht, wenn Du ein Meter vierundsechzig mißt, und geistige Hochstimmung auch dann, wenn Du ein Waschlappen mit Läppchen in der Hand bist. »Ein Baum des Lebens ist sie denen, die an ihr festhalten«, heißt es von der Tora. Und wenn Du, wie Du mir schriebst, nur lebst, um Dir ein gutes Leben zu machen, bist Du eine Fliege und kein Mensch, auch wenn Du so groß und schön wärst wie der Mont Blanc selber. Besser Du bist Dein ganzes Leben lang ein Haar oder ein Fingernagel des Volkes Israel als die armselige Fliege Deiner selbst. Das ist meine Weltanschauung in einem Satz, Boas. Und auch Du wirst das noch begreifen, mit dem Herzen, wenn nicht mit dem Verstand, in Sichron Jaakov, wenn nicht in Kirjat Arba, im Freidenkertum, wenn nicht in der Tradition, so daß immer noch Aussicht besteht, daß die Waagschale Deiner Verdienste einst schwerer wiegen wird als die Deiner Verfehlungen, die, wie Du weißt, recht gewichtig sind. Die Tore der reuigen Umkehr stehen offen, sie werden niemals geschlossen.

Und wenn ich schon die Sollseite der Waage erwähnt habe, kann ich nicht schweigend über die Arroganz und Unverschämtheit hinweggehen, die Du hier gezeigt hast: Woher, sag mir, hast du nur die Frechheit und Anmaßung genommen, von Deiner Mutter zu schreiben, sie sei, Gott behüte,

»nicht normal«? Bist Du denn selber normal? Ja? Guck doch mal in den Spiegel! Du Wüstenhornochse! Also leg bitte Deine Schuhe ab, bevor Du von Deiner Mutter sprichst. Obwohl Du da sicher barfuß herumläufst wie ein Araber.

Nun zu etwas anderem. Mir ist bekannt, daß Dein allerteuerster Vater jetzt begonnen hat, Dir so etwas wie einen monatlichen Lohn auszuzahlen. Merk Dir, daß alles, was er Dir gibt, sowieso Dein Geld ist und nicht seines, weil er sich sieben Jahre lang Deiner teuren Mutter und Dir gegenüber rabenmäßig benommen, ja Dir wie ihr den Lebensunterhalt und die Entschädigung für den Schaden, den Schmerz und die Schmach vorenthalten hat, die er Euch mutwillig antat. Was er heute schickt, ist vielleicht gerade eben ein Almosen, Brosamen von seinem Tische, nicht mehr. Aber ich wollte keineswegs den Sohn gegen den Vater aufbringen, Gott behüte. Warum habe ich das Geld erwähnt? Nur um hiermit festzustellen, daß Du, lieber Boas, das Geld diesmal nicht für zweifelhafte Vergnügungen vergeudest, für die ich hier keine Beispiele aus der Vergangenheit usw. anführen will, sondern es in die Sanierung der Trümmerhaufen investierst, die er hier zurückgelassen hat, und damit einen landwirtschaftlichen Siedlungspunkt errichtest. Deshalb sagte ich, daß wir unseren Augen nicht trauten, als wir Deinen Brief lasen, trotz der Fehler und der Frechheit, und das hat mich auch bewogen, Dir einen Postscheck über zweitausendfünfhundert Pfund beizulegen. So werde ich Dir von nun an weiterhin jeden Monat etwas geben, unter der Bedingung, daß Du mir auf Ehrenwort versprichst, mit dem Lesen- und Schreibenlernen anzufangen – und vielleicht auch etwas weniger den Sabbat zu entheiligen? Einfach gerechnet bedeutet das dreißigtausend Pfund pro Jahr vom heutigen Tag, bis Du volljährig wirst. Du brauchst also kein Geld von diesem Übeltäter mehr anzunehmen. Bist Du mit dem Geschäft einverstanden, Boas?

Noch etwas auf Deiner Positivseite, etwas, das nicht seinesgleichen hat: Offenbar hast Du begonnen, statt Leiden zu verursachen, ein bißchen Deinen Nächsten wie Dich selbst zu lieben. Worauf spielen meine Worte an? Auf den kindischen Vorschlag in Deinem Brief. Kindisch, aber durchaus zu Herzen gehend. Du bist noch zu gering, als daß Du Deine Mutter und Deine Schwester bei Dir beherbergen könntest, da mußt Du Dich zuvor erst auszeichnen, wie es bei uns heißt, aber wir waren über Deinen Vorschlag sehr gerührt. Beinah hätte ich hier geschrieben: »Um diesen Knaben haben wir gebetet.« Nur hast Du noch einen langen Weg vom Bösen zum Guten im Auge des Herrn vor Dir, denn bisher bist Du erst ein oder zwei Stufen vorangekommen. So ist es, Boas, und es ist mir gleich, ob Du Dich jetzt über mich aufregst und mich als Superfrommen beschimpfst oder weiter unschöne Lügen über mich verbreitest wie etwa die, ich würde Deine teure Mutter unterdrücken oder, Gott behüte, Haß gegen die Araber hegen oder, der Unterschied bleibe gewahrt, gegen jene Juden, denen die Augen noch nicht aufgegangen sind.

Bist Du verrückt geworden, Boas? Wann habe ich gegen Deine Mutter gesündigt? Worauf deuten Deine Worte, ich würde »sie beherrschen«? Oder Dich? Habe ich jemanden mit Ketten gefesselt? Wem habe ich Böses getan? Gegen wen habe ich die Hand erhoben? Oder eine Kiste? Wem habe ich Leiden verursacht? Sicher stehen im himmlischen Kontobuch unter Michael Sommo einige schwarze Punkte verzeichnet. Das will ich nicht abstreiten. Schließlich bin ich nur ein Durchschnittsmensch und ein ganz gewöhnlicher Jude. Aber von mir zu behaupten, ich hätte böse gehandelt? An jemandem? Auch nur eine kleine Bosheit begangen?

Du hast mir unrecht getan, Boas. Ein Glück, daß ich nicht zu den leicht Beleidigten gehöre und Dir alles vergeben ist. Ich an Deiner Stelle würde wenigstens um Verzeihung bitten für die Sünde, die Du an mir begangen hast durch verleumderische Rede.

Und glaub mir übrigens, daß ich sogar den Arabern, hinsichtlich derer Du mich in Deinem Brief beschimpft hast, ich wolle angeblich ihr Böses, daß ich sogar ihnen von ganzem Herzen wünsche, sie mögen nach ihrem Glauben und ihren Bräuchen in Frieden leben, und es möge ihnen vergönnt sein, schnellstens in ihre Heimat zurückzukehren, wie es uns vergönnt war, die unsrige wiederzuerlangen. Nur daß wir bei ihnen nackt und mittellos, ja sogar beschämt ausgezogen sind, während ich ihnen anbiete, ehrenhaft und mit großer Habe bei uns auszuziehen, ohne daß wir ihnen, Gott behüte, auch nur das geringste rauben wollten. Selbst für den Bodenbesitz, den sie sich in unserem Land mit der Gewalt des Schwertes angeeignet haben, biete ich ihnen gutes Geld, in handelsüblicher Höhe. Nach dem wohlbekannten Schluß vom Schweren auf das Leichte folgt dann von selbst, daß ein Mensch wie ich nicht einmal im Traum daran denkt, einem Juden auch nur ein einziges Haar zu krümmen, und sei er auch der größte Sünder. Wozu hast Du mich also angebellt? Und dann besitzt Du noch die Frechheit, Dir auszubitten, man solle Dir keine Moral predigen, und stolz zu verkünden, »man dürfe die Menschen nicht ändern«! Was ganz Neues!

Was ist denn dabei? Sind die Menschen etwa bereits vollkommen? Bist Du selbst vollkommen? Nimm sogar das auserwählte Volk: Gibt's da schon nichts mehr zu ändern? Nichts zu verbessern? Unsinn, Boas! Wir alle müssen versuchen, einander zum Guten zu beeinflussen. Gemeinsam Arm in Arm voranzuschreiten, um nicht unterwegs zu straucheln. Jeder Mensch ist durchaus seines Bruders Hüter. Und gewiß jeder Jude!

Was Deine Mutter und Deine Schwester angeht – vielleicht werden wir einmal alle drei auf einen kurzen Besuch zu Dir kommen, aber nur unter der Bedingung, daß Du vorher anfängst, über Schabbat wieder zu uns nach Jerusalem zu kommen. Du bist ja weggezogen, und bei Dir liegt die Pflicht, den ersten Schritt auf uns zuzumachen. In ein paar Monaten werden wir ins jüdische Viertel übersiedeln, in eine schöne, geräumige Wohnung, in der wir Dir ein Zimmer zur ständigen Verfügung bereithalten werden. Darin kannst Du bleiben, wann immer Du möchtest. Das ist völlig in Ordnung. Aber daß die beiden bei Dir in dieser Bruchbude wohnen sollen, die Du von Deinem Vater bekommen hast? Unter Typen, die zwar wahre Engel sein mögen, mir aber völlig unbekannt sind, ebenso wie ihre Familien? Was soll das? Willst Du etwa Deine Mutter und Deine Schwester vor mir retten? Aber ich verzeihe Dir – Du hattest es gut gemeint.

Und nun zu Deinen gefährlichen Auffassungen, die Du mir schriebst, daß nämlich die Hauptsache im Leben sei, sich ein gutes Leben zu machen. Ich war entsetzt, das will ich nicht verbergen. Dein neunmalgescheiter Vater ist offenbar die Quelle dieses Giftes, das Du mir in gebrochenem Hebräisch herunterleierst. Dieser Gedanke, Boas, ist die Mutter aller Sünde, die Du fliehen solltest wie die Pest. Die Hauptsache im Leben ist, das Gute zu tun. Ganz einfach. Und laß bloß nicht Deinen Vater oder andere Schlauberger von seiner Sorte ankommen und trügerisch behaupten, das Gute sei eine relative Angelegenheit, keiner sei befähigt, zwischen Gut und Böse zu unterscheiden, was für Schimon gut ist, könne für Levi schlecht sein und umgekehrt, es komme eben auf das Wann und Wo an, und ähnliche Spitzfindigkeiten. Wir haben genug gehört. Wir haben mit dieser fremden Philosophie nichts zu tun, die lauter Blüten, aber keine Früchte trägt, wie der Weise sagte, und noch dazu giftige Blüten. Laß die Hände von dieser unreinen Sache. Ich sage Dir, Boas, es ist noch kein Mensch geboren worden, Araber und Verbrecher eingeschlossen, der nicht in tiefster Seele weiß, was gut und was böse ist. Wir wissen das alle vom

Mutterleib an. Durch das Ebenbild Gottes, das wir in uns tragen. Sehr gut wissen wir: Unserem Nächsten Gutes erweisen, das ist gut, und ihm Böses antun, das ist böse. Ohne schlaue Ausflüchte. Das ist die gesamte Tora auf einem Bein. Nun gibt es leider so eingefleischte Narren, die sich klug oder dumm stellen und sagen, bring Beweise. Fein, warum nicht? Beweise gibt's in Fülle. So habe ich beispielsweise von Dir verstanden, daß Du Dir dort irgendein Teleskop gebaut hast und nachts ein bißchen in die Sterne guckst. Also, dann schau mal sehr gut durch Dein Gerät, und Dein Herz wird beginnen, die Wunder des Herrn zu preisen, und Du wirst den Beweis wirklich physisch mit Deinen eigenen Augen sehen: am Sternengewölbe, Boas, an den sieben Himmeln über uns, was sehen wir da? Was steht in Großbuchstaben am Firmament geschrieben?

Jetzt schweigst Du? Sehr schön. Du tust so, als hätten die Sterne nur was mit Optik und Astronomie zu tun. Du stellst Dich dumm. Auch recht, ich werde es Dir sagen: Dort steht: Ordnung! Dort steht: Plan! Dort steht: Ziel! Es steht dort, daß jeder Stern haargenau seine Bahn einhält! Und dort steht auch, mein Lieber, daß das Leben einen Sinn hat. Daß jemand die Welt regiert. Daß es ein Gesetz und einen gerechten Richter gibt. Daß wir genau wie das himmlische Heer immer auf unserer Wacht sein und den Willen des Schöpfers tun müssen. Stern oder Wurm, das ist egal, denn wir alle sind zu einem Zweck erschaffen, und wir alle müssen uns auf vorgeschriebener Bahn bewegen.

Selbstverständlich kann man am Firmament auch lesen:»Seh' ich den Himmel, das Werk deiner Finger, Mond und Sterne, die du befestigt: Was ist der Mensch, daß du an ihn denkst, des Menschen Kind, daß du dich seiner annimmst?« Das heißt, daß wir sehr klein sind, daß die dreißig, vierzig Zentimeter, die Du mich überragst, so wertlos wie ein Kropf sind, daß andererseits am Himmel aber auch geschrieben steht, daß wir in Gottes Ebenbild erschaffen sind und alles durch sein Wort entstanden ist.

Wenn Du mit ganzer Seele und mit ganzer Kraft nach oben blickst, wirst Du Dich mit eigenen Augen vergewissern, daß die Himmel die Herrlichkeit Gottes rühmen:»Du hüllst dich in Licht wie in ein Kleid, du spannst den Himmel aus wie ein Zelt.« Und wer mit den Augen des Herzens sieht, der weiß, was erlaubt und was verboten ist und worin die Überlegenheit des Menschen besteht. So klug wir uns auch drehen und wenden mögen – wir wissen es ausgezeichnet. Seitdem wir die Frucht vom Baum der Erkenntnis gegessen haben, dessen voller Name in der Tora »Baum der Erkenntnis von Gut und Böse« lautet. Sogar Dein Vater weiß es und Du dann erst recht, Du Erzsäuerling. Achte also auf Deine Sterne und auf Dein Gewissen, dann wirst Du den Bund im Gedächtnis behalten und nicht dem Trieb folgen und wirst weder wie ein Stern sein, der von seiner Bahn abweicht, noch wie ein Blatt, das der Wind verweht.

Vielleicht interessiert es Dich von mir zu hören, falls Du es noch nicht von Herrn Sackheim erfahren hast, daß ich mein Lehreramt niedergelegt habe und nun fast Tag und Nacht damit beschäftigt bin, das Gebot der Auslösung des Landes zu befolgen, gemeinsam mit einigen anderen Kameraden, die sich von ganzem Herzen unserer Auferstehung verschrieben haben, aus der Gruppe »Einiges Israel« – Du kennst sie von uns daheim in Jerusalem und von Kirjat Arba, außer ein paar Neuen, die erst kürzlich dazugekommen sind. Wir haben sogar drei reuige Umkehrer, von denen der eine in einem linken, säkularen Kibbuz aufgewachsen, darüber jetzt jedoch längst hinausgereift ist. Komm doch einmal ein paar Tage ohne jegliche Verpflichtung Deinerseits und sieh mit eigenen Augen? Vielleicht wird Dein jüdischer Funke entflammen? Bald werde ich, so Gott will, einige Tage nach Paris fahren, in Sachen der Erlösung weiterer Böden, und wenn ich zurück bin, treffen wir uns. Falls Du Dich uns anschließen möchtest, werden wir Dich herzlich willkommen heißen, Deine Flucht aus Kirjat Arba vergessen und keine großen Nachforschungen anstellen. Du kannst eine interessante, wichtige Aufgabe übernehmen, zum Beispiel als Sicherheitsmann. Du wirst ein bißchen Tora lernen und auch Segen bringen. Du mußt es nur sagen, und ich regle was für Dich, ich habe Gott sei Dank viele neue Beziehungen und neue Möglichkeiten in Fülle.

Und zögere inzwischen nicht, mir Briefe zu schreiben, und wenn's mit Fehlern ist. Du bist mir lieb wie ein eigener Sohn. Ich lege dem Brief die Klebebilder Deiner Schwester bei, die sie mir mit den Worten, »Schick das Boas«, überreicht hat. Ferner wollte ich Dir mitteilen, daß Dein Brief an uns Deiner Mutter die Tränen in die Augen getrieben hat, und nicht Tränen der Scham, sondern Tränen der Erleichterung. Sie wird unten einige Zeilen hinzufügen. Wir haben Sehnsucht nach Dir und beten, daß Du immer das Gute wählen mögest. Hab keinerlei Scham und laß uns wissen, wenn Du etwas brauchst, auch wenn es um ein wenig Geld geht, wir werden dann sehen, was wir tun können.

In Zuneigung
Dein *Michel*

PS: Überleg Dir gut, ob Du mein Angebot annimmst, das mit dem Scheck verbunden ist. Falls nicht – egal, behalte das Geld diesmal trotzdem. Wenn ja, bekommst Du, wie gesagt, jeden Monat die genannte Summe von mir. Wirst Du es erwägen, Boas? Mit Verstand? Deine Mutter möchte Dir auch ein paar Zeilen schreiben.

15. 8.

Lieber Boas, ich habe nicht gelesen, was Michel Dir geschrieben hat. Aber Deinen Brief an ihn habe ich gelesen, weil Du es mir erlaubt hattest. Alles, was Du dort in Großvaters Haus tust, finde ich wunderbar. Du bist besser als wir alle. Ich kann nicht mit Jifat zu Dir kommen, ohne Michel zu verletzen. Und außerdem sind meine Hände leer. Ich habe nichts zu geben. Was kann ich machen, daß ich versagt habe? Ich habe in allem versagt, Boas. Voll und ganz. Nur ist auch eine Versagerin, ja sogar eine nicht ganz normale Frau fähig, zu lieben und sich zu sehnen. Und sei es nur eine kümmerliche Liebe.

Du haßt mich nicht, und ich wundere mich, wie das angeht. Was würde ich nicht für die mir verschlossene Möglichkeit hingeben, Dir etwas zu schenken. Dir wenigstens die Kleidung zu flicken und Deine Wäsche zu waschen. Du brauchst nicht zu antworten. Wenn du kannst, versuch mich nicht zu verachten. Du bist besser und reiner als wir alle. Paß sehr auf Dich auf.

Mutter.

Michel und Ilana Sommo
Tarnas 7
Jerusalem

Schalom Michel und Ilana und meine süße Jifat
 ich hab euern Brief und das Geld gekriegt. Schade das ihr euch sorgt und solch einen Aufrur um mich macht. Mir gehts hundertprozentig und ihr braucht euch nicht zu sorgen. Deine Diskussionen Michel machen mir Kopfwee und ich hab beschlossen damit aufzuhörn. Mit ungefehr 60

Prozent von dem was du schreibst stimm ich so ziemlich überein, außer mit den Bibelversen und all dem und bei etwa 30 Prozent von dem was du schreibst hab ich überhaupt nicht begriffen was du von mir willst? Du bist ein netter Mensch Michel aber völlig verdreht von deiner Tora und deiner Politik. Am besten du bist jetzt ne Weile in Paris, nimmst die Gelegenheit echt beim Wickel, machst dirn gutes Leben und beruhigst dich von all deinen Erlösungen? Zu deiner Information die Sterne sagen überhaupt nix und totsicher predigen sie keine Moral und all das. Blos machen sie einem ganz still auf der Seele wie sonst nix. Ich lern Rechtschreiben vonnem Mädchen bei uns und am Schabbat arbeiten wir sowieso kaum was sodas ich das Geld genommen hab. Und das dus weist hab ich davon ne Antischedlingsspritze und nen Mäher gekauft. Wennde lusthast schick noch weil wir express nen kleinen Tracktor anschaffen müssen ohnedas kommt man schwer weiter. Ilana du bist okeee aber weiste? Lass Gefüle Tränen und all das und fang an was zu tun. Ich hab in den Umschlag Fauenfedern für Jifat gesteckt, weil wirn Fau von ner Alten gekriegt haben und der läuft uns jetzt im Hof rum. Schalom und Gruß.

Von *Boas B.*

Herrn
Prof. A. A. Gideon
Summer Program / Politics
Princeton University
Princeton, New Jersey, USA

Jerusalem, 20. 8. 76

Mein Alex,
    falls Du Dich zufällig schon beruhigt, die Blitz- und Donnerphase abgeschlossen und die teilweise Aufheiterung erreicht hast, findest du am Ende meines Briefes eine interessante Idee zu Deiner Erwägung. Wenn Du jedoch noch vor Wut auf Deinen Manfred kochst, Deinen wilden Zorn über Bäume und Steine verschüttest – in Selbstmitleid versunken nach bester Tatarenmanier Deines Vaters –, dann möchte ich Dich bitten, Dir mein Verteidigungsplädoyer anzuhören.
    Ich kann mir unschwer vorstellen, was Du jetzt von mir denkst. Eigentlich wäre ich imstande, just for the hell of it, Dir Dein Anklageplädoyer

aufzusetzen: Der alte Manfred würde, nach Deinen Worten, als »Armeleutejago« darin auftreten (oder vielleicht eher als »Reicheleutejago«?), eine Art Machiavelli Heidelbergensis, der Deinen Vater mit Dir, Dich mit Deiner sensationellen Ex-Gattin, sie mit ihrem süßen Mann betrogen hatte, ehe er endlich den Kreis der Gemeinheit schloß und auch Sommo – wiederum mit Dir – betrog. Sackheim Iskariot in Potenz. Kein Wunder, daß Dir schwarzer Rauch aus Nase und Ohren quillt. Ich habe die Wutanfälle nicht vergessen, die Du als Kind zu entwickeln pflegtest: Nach dem Haareausreißen und dem Zertrümmern der teuren Spielsachen hautest Du Dir die Zähne in den Handrücken, bis eine Art bluttriefende Uhr darauf erschien. Meinetwegen steht es Dir frei, weiterhin solche Uhren zu malen. Oder einen Thesaurus aufzuschlagen und mir alle Schimpfworte an den Kopf zu werfen, die Du darin findest, in alphabetischer Reihenfolge. Go right ahead, be my guest. Ich bin schon wohlvertraut mit dem gesamten Gudonskischen Repertoire der letzten drei Generationen und werde es Dir gern mit Zinsen zurückzahlen. Nur solltest Du Dich daran erinnern, mein Lieber, zumindest in the back of your mind, daß man Dich – wenn mein Fuß auf Deinen schadhaften Bremsen nicht gewesen wäre – schon längst splitternackt ausgezogen, Deiner gesamten Habe beraubt und in das nächstbeste Asyl gesteckt hätte, um dort wie ein Hund zu krepieren.

Außerdem, Alex: ohne Manfred den Schrecklichen wäre das gesamte Vermögen Deines Vaters zwischen seinen senilen Fingern zerronnen und bereits vor zehn Jahren für ein Projekt zur Versüßung des Toten Meeres oder für die Gründung einer jiddischen Universität zum Wohl der Beduinenstämme vergeudet worden. Ich war es, der die Besitzungen und das meiste Kapital den Klauen des Zars entrissen und die Beute wohlbehalten an allen bolschewistischen Fallen vorbeilaviert hat, die die diversen Steuerbehörden Dir gelegt hatten. Daran erinnere ich Dich, mein Herzallerliebster, nicht etwa in dem Wunsch, von Dir eine verspätete Auszeichnung für Tapferkeit vor dem Feind zu erhalten, sondern um diese Tatsache einem Eid auf mein Ehrenwort zugrunde zu legen: Ich habe Dich nicht betrogen, Alex, trotz des Hagels von Schimpf und Schande, den Du unaufhörlich auf mich niederprasseln läßt. Im Gegenteil habe ich Dir die ganze Zeit bescheiden zur Seite gestanden und nach bestem Vermögen jongliert, um Dich vor Gefühlsterror, teuflischen Plänen und – vor allem – vor Deinen neusten Marotten zu retten.

Warum ich das getan habe? Ausgezeichnete Frage. Ich weiß keine Antwort darauf. Zumindest keine leichte Antwort. Mit Deiner Erlaubnis werde ich hier den gegenwärtigen Handlungsverlauf nachzeichnen, damit wir uns wenigstens über die Tatsachenfolge einigen können. Ende Februar kam, wie ein Donnerschlag bei glasklarem Himmel, Dein überraschender Befehl, die Liegenschaften in Sichron zu verkaufen, um Rabbi Sommos Kreuzzüge zu finanzieren. Ich gestehe, daß ich es für richtig hielt, erst mal etwas Zeit zu gewinnen, in der Hoffnung, Dein Robin-Hood-Mützchen werde sich wieder abkühlen. Also machte ich mir die Mühe, die für ein Neuüberdenken erforderlichen Informationen zusammenzutragen und vor Dir auszubreiten. Tatsächlich hatte ich gehofft, Dich sanft und taktvoll von dem Nußbaum herunterzuholen, auf den Du geklettert warst. Zum Dank überschüttetest Du mich mit einer Flut von Hohn- und Schimpfworten, die Deinem Vater höchstpersönlich eitel Freude bereiten würden, wenn er sich nur daran erinnern könnte, wer Du bist, wer ich bin und wer er selber ist. Und der allerteuerste Manfred? Der wischte sich Deine Spucke vom Gesicht und befolgte ergebendst Deine Befehle: verkaufen, bezahlen, Maul halten.

Ich bekenne ohne Scham, Alex: In diesem Punkt habe ich mir erlaubt, die scharfen Kanten etwas abzurunden. Ich habe Initiative unter schwerem Beschuß bewiesen und auf eigene Faust beschlossen, einen anderen Besitz für Dich zu verkaufen, um jene Protektionsgelder zu bezahlen, Dir Sichron jedoch zu retten. Eine prophetische Gabe hatte mich überkommen: Du wirst doch zugeben, daß ich dabei erstaunlich präzise Deinen nächsten Umschwung vorausgesehen habe. Denn ehe ich noch verrückter Gudonski sagen konnte, hattest Du Deine Meinung erneut geändert und klammertest Dich an Dein Sichroner Eigentum, als hinge Dein Leben davon ab. Hand aufs Herz, Alex: Hätte ich im Februar oder März Deinen ursprünglichen Wunsch erfüllt und den Winterpalast verkauft – dann hättest Du mich um meinen armseligen Kopf kürzer gemacht oder zumindest die darauf kaum mehr vorhandenen Haare ausgerissen.

Und was war Dein fürstlicher Lohn, Marquis? Du hast mich an die Wand gestellt und mich gefeuert. Bumm, aus, kaputt. Also fügte ich mich dem Schicksal und zog mich aus Deiner Vermögensverwaltung zurück (nach achtunddreißig Jahren bedingungslosen, treuen Dienstes am ruhmreichen Hause Gudonski!), ja, ich atmete sogar erleichtert auf. Aber kaum hatte ich meine Zigarette fertiggeraucht, telegrafiertest Du mir schon aufgeregt, Du hättest es Dir wieder anders überlegt, bätest um Verzeihung und bräuchtest mehr oder weniger dringend seelischen Beistand. Und der edelmütige Manfred? Statt Dich mit all Deinen Verrücktheiten zum Teufel zu schicken, machte er sich noch am selben Tag im Galopp nach London auf, wo er Dir Nacht und Tag zu Füßen saß und einen konzentrierten Feuer- und Rauchbombenbeschuß von Dir einsteckte (»Schwachkopf« nanntest Du mich, bevor Du mich zum »Rasputin« befördertest)! Und als Du Dich endlich beruhigt hattest, decktest Du mich mit einer Reihe neuer Befehle ein: Plötzlich sollte ich mich bemühen, die Schöne von ihrer Bestie wegzulotsen, sollte »Dir den Gentleman kaufen – lock, stock and barrel«, Preis spielt keine Rolle. Warum? Darum. »Königlicher Ratschluß« und fertig.

So kehrte der teure Manfred dann – nach gründlicher Kopfwäsche, mit eingezogenem Schwanz – nach Jerusalem zurück und begann an den Drähten zu ziehen. Doch mittendrin kam ihm ein guter Einfall apropos der Widerspenstigen Zähmung: warum nicht Sommos heiliger Schnauze einen Zaum anlegen, ihn ein bißchen am Riemen halten, damit das Vermögen Deines Vaters nicht einfach so für die Gründung einer Ponewezh-Jeschiwa in Halhul oder eines Chortkow-Stibl in Ober-Kalkilya draufgeht, sondern vernünftig in soliden Immobilien angelegt wird? Das habe ich verbrochen und gesündigt. Und bedenke, daß dieses Vermögen nicht nur auf den Weitblick des Zaren zurückgeht, sondern nicht weniger auch mit Sackheims Schweiß und Blut getränkt ist. Offenbar besitze ich zu meinem Unglück eine gefühlsmäßige Bindung zu dem verwaisten Familienbesitz der Gudonskis. Meine besten Jahre habe ich auf seine Anhäufung verwendet, und es macht mir keinerlei Spaß, ihn mit eigenen Händen zu zerstören. Einmal, 1949, als ich stellvertretender Militäranwalt war, erwirkte ich Strafmilderung für einen Soldaten namens Nadschi Kadosch, der auf seinem Stützpunkt eine Handgranate entwendet hatte, weil er, wie er behauptete, anderthalb Jahre daran gearbeitet hatte, den gesamten Psalter in winzigen Buchstaben mit Tusche auf diese Granate zu kritzeln. Anscheinend bin ich auch schon ein bißchen heilig wie dieser Kadosch.

Ich habe mir also die Nase sorgfältig mit einer Wäscheklammer zugehalten und bin tief unters Volk gestiegen. Der Ulcus ist mir geplatzt bei der titanischen Anstrengung, St. Sommo ein bißchen zu zähmen, um wenigstens einen Fanatiker nach Jesuiten-, nicht nach Kamikazemanier aus ihm zu machen. Und glaub mir, mein lieber Alex, das war ein höchst zweifelhaftes Vergnügen: für den Wust von Missionspredigten, die ich da habe schlucken müssen, hätte ich Dir eine Rechnung nach laufendem Meter ausstellen sollen.

Während Du mich also noch beschimpftest und feuertest und der Rabbi meine Seele purifizierte, gelang es mir, Sommo mit Händen und Füßen an meinen Schwiegersohn Sohar Etgar zu binden und ihn, wenn nicht um hundertachtzig Grad, so wenigstens um plus-minus neunzig Grad zu drehen. So daß Deine Hunderttausend nun eifrig das Gebot des »seid fruchtbar und mehret euch« befolgen und bald Zweihunderttausend sein werden.

Und nun wirst Du fragen, warum ich mich derart abrackern mußte? Tatsächlich hätte ich mir sagen können: Hör mal, Manfred, wenn es deinem verrückten Baron eben Spaß macht, einem Schwein einen goldenen Ring an die Nase zu hängen, dann steck seelenruhig das Honorar ein, das dir zusteht, und laß ihn vom Dach runterhopsen. Hier nun kommen zarte Gefühle ins Spiel. Sackheim Iskariot mag zwar dreißig Silberstücke (oder mehr) nicht verabscheuen, hat aber aus irgendeinem Grund keine Lust, seinen Herrn zur Kreuzigung auszuliefern. Oder sich an der Ausplünderung von Waisen zu beteiligen. Waren wir Freunde? Oder scheint mir's nur so? Als Du sieben, acht Jahre alt warst, ein sonderbarer, trübseliger Junge, der Denkmäler für Rhesusaffen baute und sich selbst im Spiegel biß, hatte der Unterzeichnete seinen scharfen Verstand bereits in den Dienst Deines weitblickenden Vaters gestellt. Gemeinsam, mit vier Händen, haben wir ein Imperium aus dem Nichts geschaffen. Das war noch in den stürmischen dreißiger Jahren. Es wird der Tag kommen, mein gelehrter Mandant, an dem ich mich endlich hinsetzen werde, um meine sensationellen Memoiren zu verfassen, Du wirst noch erfahren, wie ich für Deinen Vater im Abschaum degenerierter Effendis gewühlt, mich mit britischem Ale besudelt und bis oben hin in den bolschewistischen Phrasen näselnder Beamter der Jewish Agency gebadet habe, und das alles nur, um geschickt Dunam zu Dunam, Stein auf Stein, Pfund zu Pfund zu fügen – all das, was Du von mir auf dem Silbertablett überreicht bekommen hast, in Geschenkpapier eingeschlagen und mit blauem Schmuckband verschnürt. Take it or leave it, mein Lieber, ich konnte den Gedanken nicht ertragen, daß Du dies alles dafür rausschmeißen würdest, goldene Mesusot an jede arabische Bruchbude in den Gebieten zu heften und die Dschebels dort mit Gebetsriemen zu umwinden – für diesen ganzen Götzendienst. Im Gegenteil, vor meinem geistigen Auge zeichnete sich die grandiose Aussicht ab, Sommo zu benutzen, um »unsere Tage wie ehedem zu erneuern«, spottbillig Grundstücke aufzukaufen, die der Fuß des weißen Mannes bisher noch nicht betreten hat, diesen Messiasesel da an unseren Karren zu schirren und für Dich heute doppelt soviel zu tun wie seinerzeit für Deinen Vater. Dies ist meine Verteidigungsschrift, Alex. Es bleiben nur noch ein oder zwei Punkte.

Mit an Martyrium grenzenden Anstrengungen habe ich Sommo auf den (relativ) geraden Weg gebracht. Habe diesen schwarzen Pygmalion in einen zionistischen Grundstücksmakler verwandelt und ihm Sohar als Sicherheitsnadel angeheftet. Ich hatte erwartet, Du würdest Dich mit der Zeit ebenfalls beruhigen, ein wenig schlauer werden und mich bevollmächtigen, in Deinem Namen auf den neuen Wagen aufzuspringen, den ich gebaut hatte. Ich glaubte, sobald Sturm und Drang sich etwas gelegt hätten, würdest Du endlich anfangen, Dich wie ein echter Gudonski zu benehmen. Mein Plan ging davon aus, daß Dein Geld plus meinem Verstand plus der panzerbrechenden Sommo-Vetternschaft plus Sohars Energie uns noch alle hübsch bereichern würden, für jetzt und in alle Zukunft. Kurz, um diesen kleinen Raschi zu zitieren: Ich wollte nur Süßes aus Starkem herausholen. And that's all there is to it, mein Lieber. Nur dazu habe ich mich der Achse zwischen Sommo und seinem Pariser Patron angeschlossen und bin in das Toulouse-Geschäft eingestiegen. Nur dazu habe ich Dich angefleht, Deine Sichroner Bruchbude, die Dir keinen Piaster einbringt, dafür aber Steuern verschlingt, gegen einen Stützpunkt im zukunftsträchtigen Bethlehem einzutauschen. Merk Dir, Alex: unser Bolschewismus liegt schon in den letzten Zügen. Der Tag ist nicht mehr fern, an dem der Staat in die Hände von Sommo & Sohar und derengleichen übergeht. Und dann werden die Liegenschaften in der Westbank und im Sinai als städtischer Baugrund freigegeben, und jede Scholle wird mit Gold aufgewogen. Glaub mir, Schätzchen, für sehr viel weniger als dies hätte Dein Vater mir einen kleinen Mercedes oder so was zum Geburtstag geschenkt, nebst einem Kasten Champagner.

Aber Du, Darling? Statt Manfred ins Goldene Buch einzuschreiben, statt dreimal täglich Deinem Vater zu danken, weil er Dir nicht nur den Kaiserthron, sondern auch gleich noch seinen Bismarck vererbt hat, hast du mir – anstelle von Mercedes und Champagner – wieder mal den Laufpaß gegeben. Und mich in Deinen Telegrammen beschimpft und verhöhnt wie ein besoffener Muschik. Ja, mir noch Deine neuste Marotte aufgehalst: ihnen Boas abzukaufen. Wie es bei Shakespeare heißt: »My kingdom for a horse« (aber nicht for an ass, Alex!). Und das nach allem, was ich bei Deinem Scheidungsprozeß für Dich anstellen mußte? Wieso plötzlich Boas? Warum und wozu? Was ist denn passiert?

So hast Du halt befunden. »Königlicher Ratschluß« und fertig: Der französisch angehauchte russische Adel von und zu Nord-Benjamina knallt Kristallkelche an die Wand, und wir Lakaien sammeln gehorsamst die Scherben auf und schrubben die Flecke vom Teppich.

Da ich meine humanitäre Pflicht erfüllt und die Durchführung Deiner verrückten Anweisungen ewas hinausgezögert habe, bis Du Dich vielleicht wieder fangen würdest, hast du mich erneut entlassen und Roberto an meiner Stelle engagiert. Wie Du Deinen Vater in die Mülltonne gesteckt, Ilana und Boas zum alten Eisen befördert und Dich jetzt selber dem Teufel an den Hals zu werfen beschlossen hast: wie man ein Paar alte Socken wegschmeißt. Nach achtunddreißig Dienstjahren! Mich, der ich das Gudonskische Fürstentum aus dem Nichts aufgebaut habe! Sicher hast Du einmal von den Eskimos gehört, die ihre Alten in den Schnee schleudern? Selbst bei denen ist es nicht üblich, ihnen zusätzlich noch ins Gesicht zu spukken: Roberto! Dieser Testamentaufsetzer! Dieser Maitre d'Hotel!

Doch siehe da, lo and behold, der liebe Onkel Manfred als großmütige Reinkarnation König Lears und Vater Goriots, entschloß sich – trotz des Tiefschlags – auf seinem Posten zu bleiben. Sich über seine unehrenhafte Entlassung hinwegzusetzen. »Hier stehe ich, ich kann nicht anders.« Beim Obersten Militärgericht hatten wir es mal mit der Berufung eines Soldaten zu tun, der den Befehl, einen Granatwerfer im Kampf zu betätigen mit der Behauptung verweigert hatte, er habe persönlich für die Granaten gezeichnet.

Und inzwischen hast Du Boas aufgekauft, Roberto abgeschüttelt und Dich wieder an mich gewandt mit der Bitte, wir sollten ein neues Kapitel anfangen. Weißt Du was, mein Genie? Dieser Irrsinn hat System. Erst trampelst Du auf einem herum (auf Ilana, Boas, mir, ja sogar auf Sommo), und danach kommst Du reumütig angelaufen, wirfst mit Geldern und Entschuldigungen um Dich, willst Dich versöhnen und versuchst gegen Barkasse rückwirkend Vergebung für Deine Vergehen zu erhalten. Und auch um Mitleid zu betteln. Was soll das denn sein? Volkschristentum? Die mit Jubel schießen, werden mit Tränen verbinden? Gemordet hast Du und auch gesalbt?

Und sofort hast du mir einen neuen Auftrag erteilt: in Deinem Namen und mit Deinem Geld meine Hand auf den monumentalen Jungen zu legen und ihn dabei zu unterstützen, eine Art Hippiekolonie auf dem verlassenen Grund und Boden seines Vaters zu gründen. (Übrigens ist dieser Gulliver offenbar aus keinem schlechten Holz geschnitzt, wenn auch völlig trallala, selbst an den Maßstäben der Familie Gudonski gemessen.) Dein Dich bedingungslos liebender Manfred knirschte zwar mit den Zähnen, folgte jedoch Deinen irrsinnigen Anweisungen. Wie eine Schlange der Flöte eines Fakirs. Bemühte sich nach Sichron. Ersuchte. Bezahlte. Schmierte. Beschwichtigte die örtliche Polizei. Anscheinend arbeitet bei mir noch irgendeine kleine Drüse, die weiter Zuneigung zu Dir und ständige Sorge um Deine Gesundheit absondert. Ich darf Dich hier vielleicht daran erinnern, daß selbst der große Shakespeare es Hamlet, in der Massenerstechungsszene, nicht erlaubte, nur so mal im Vorübergehen seinen treuen Horatio aufzuspießen. Es hat alles seine Grenzen. Meines Erachtens bin ich nicht Dir Erklärungen schuldig, sondern Eure Majestät schulden mir zumindest eine feierliche Abbitte (wenn schon keine Kiste Champagner). Übrigens schuldest Du mir auch Geld: Ich investiere in Deinen Goliat monatlich zweihundertfünfzig Amerikaner, wie Du es angeordnet hast. Nur hast Du leider vergessen – seit wann hättest Du Bagatellen im Kopf? –, daß Du hier kein Bargeld besitzt. Demgegenüber hast Du jetzt, dank meiner Bemühungen, einen hohen Stapel auf Deinem Wilhelm-Tell-Konto, infolge des Magdiel-Toulouse-Geschäfts. Es ist unangenehm, von den Höhen der Seelenerforschung in das finanzielle Jammertal abzugleiten, aber vergiß es bitte trotzdem nicht. Und wedel mir nicht wieder mit Deinem berühmten Testament samt dem liebreizenden Absatz bezüglich meiner Enkel vor der Nase herum: Der alte Manfred ist vielleicht schon etwas morsch, aber noch lange nicht senil. Und hat sich bisher auch nicht zur Heilsarmee gemeldet.

Oder hat er es doch getan, ohne es selber zu merken? Ist er unwissentlich in die buntgescheckte Ehrenlegion der Erretter Alexanders des Elenden eingetreten? Denn wie ließe sich sonst seine sonderbare Anhänglichkeit an Dich und all Deine wechselnden Marotten erklären?

Geh in Deinen Ruin, Alex. Geh Sommo heiraten, adoptier Deine Geschiedene als Mutter, ihren Wüstling als Rhesusaffen und Roberto als Adjutanten. Scher Dich zum Teufel. Das hätte ich Dir ein für allemal sagen sollen. Spende Deine Hosen dem Verband geheilter Nymphomaninnen für Judäa und Samarien und geh mir verdammt noch mal vom Buckel runter.

Der Haken ist nur, daß ein altes Sentiment bei mir immer wieder über die reine Vernunft triumphiert. Vorsintflutliche Erinnerungen binden mich wie mit Handschellen an Dich. Du sitzt mir in der Seele wie ein rostiger Nagel ohne Kopf. Anscheinend stecke ich auch bei Dir so zwischen den Zahnrädern, die man Dir statt einer Seele eingebaut hat. Du mußt mir einmal bei einem Glas Whisky erzählen, wie Deine Schwarze Magie auf uns wirkt. Wie es Dir wieder und wieder gelingt, uns unterzukriegen, einschließlich des depperten Onkel Manfred? 1943, als ich noch ein kleiner Leutnant im britischen Heer war, wurde ich eines Nachts in Montgomerys Stabszelt in der Wüste von Cyrenaika gerufen, um ihm irgendein Dokument aus dem Deutschen zu übersetzen. Wie kommt es, daß ich mich in Deiner Gegenwart stets wie damals bei ihm fühle? Was an Dir läßt mich in Habachtstellung springen? Jedesmal wieder schlage ich (symbolisch) die Hacken zusammen und murmele ergeben »yes, Sir« auf all Deine Launen und Beschimpfungen. Wie lautet Dein Bannspruch über uns alle, sogar über transatlantische Entfernungen hinweg?

Vielleicht ist es die geheimnisvolle Verbindung von Grausamkeit und Hilflosigkeit.

Ich sehe in Gedanken Deine Gestalt rücklings auf dem Ledersofa im Nicholsonschen Haus in London liegen, in jener Nacht unserer letzten Begegnung (obwohl Du inzwischen wieder in Amerika bist, wenn nicht in Ceylon oder Timbuktu). Deine römischen Patrizierzüge erstarrten in dem verzweifelten Bemühen, Deine Schmerzen vor mir zu verbergen. Deine Finger umklammerten eine Teetasse, als wolltest Du mir den Inhalt jeden Augenblick ins Gesicht schütten oder sie selber auf meinem Kopf zerschmettern. Deine Stimme klang kalt, klar, und die Worte – wie Bleisoldaten. Von Zeit zu Zeit machtest du langsam die Augen zu, als seist Du eine mittelalterliche Ritterburg, in der man von innen die Zugbrücke hebt und die Eisentore ins Schloß wirft. Während ich noch darauf wartete, von Dir gnädigst wahrgenommen zu werden, betrachtete ich Deinen angespannt auf der Couch hingestreckten Rücken, Deine verschlossenen, bleichen Züge, die verächtlich-bittere Grimasse, die ständig um Deine Lippen spielt. Und da, für einen winzigen Augenblick, als lugte es mich durch die Schießscharte eines Panzers an, vermochte ich das Kind zu erkennen, das mir von vor vierzig Jahren in Erinnerung geblieben ist: ein pummeliger, verwöhnter Junge, ein dekadenter Kaiserknabe, der im nächsten Moment durch eine träge Kinnbewegung seine Diener beauftragen könnte, mich zu enthaupten. Einfach so. Als kleine nächtliche Zerstreuung. Weil ich ihn nicht länger interessierte.

So erschienst Du mir in jenem Augenblick in London. Und in mir spürte ich eine Mischung aus serviler Dienstfertigkeit und vager Vatergüte. Physische Ehrfurcht verbunden mit dem spontanen Drang, Dir die Hand auf die Stirn zu legen. Wie damals. Wie in Deinen Kindertagen.

Dein Gladiatorenrücken, der so dürr und knochig geworden war, die Züge eines gepeinigten Prinzen, die Kraft Deines grauen Blicks, die Ausstrahlung Deines gequälten Geistes, die Kühle des eisernen Willens. Vielleicht ist es das: Deine zerbrechliche Wildheit. Dein hilfloser Despotismus. Die kindische Wölfischkeit, die Dir etwas von dem Wesen einer Uhr verleiht, der der Glasdeckel abhanden gekommen ist. So hypnotisierst Du uns alle. Erregst selbst in einem Mann wie mir fast weibliche Empfindungen für Dich.

Auch wenn Du deswegen aus der Haut fährst, werde ich mich diesmal nicht enthalten Dir zu schreiben, daß Du bei jenem Treffen in London eine Art Rührung in mir erregtest. Als sei ich ein alter, abgeschälter Eukalyptus, der zu seiner eigenen Verblüffung plötzlich Feigen ansetzt. Du tatst mir leid. Wegen dem, was Du mit Deinem Leben angestellt hast, und wegen der Art und Weise, wie Du jetzt Deinen Tod abspulst. Du hast die Krankheit doch wie eine hochmoderne tödliche Rakete entwickelt, die Du auf Dich selbst ausgerichtet hast (ich bin innerlich sicher, es liegt völlig in Deiner Hand, die Krankheit entweder zu unterdrücken oder ihr ganz nachzugeben). Jetzt wirst Du trocken grinsen, mit schiefgezogenem Mund, und wirst vielleicht bei Dir denken, der nichtswürdige Manfred schwänzle wieder mal schöntuerisch vor Dir herum. Aber Manfred hat Angst um Dich. Um das sonderbare Kind der Einsamkeit, das ihn vor vierzig Jahren »Onkel Malfrend« gerufen hat und ihm auf den Schoß geklettert ist, um in seinen Jackettaschen zu wühlen, wo er manchmal Schokolade oder ein Päckchen Kaugummi fand. Wir sind einmal Freunde gewesen. Und jetzt bin auch ich ein Scheusal. Allerdings nur ein Purim-Scheusal: Jeden Morgen nach dem Aufstehen, bei der täglichen Rasur, sehe ich vor mir im Spiegel einen kahlköpfigen, verschrumpelten satyrischen Gauner, der seine Gaunerei von Tag zu Tag hinzieht, um eines gegebenen Tages seine Dinare den Enkeln zu vermachen, die ihm teuer sind. Was ist Dir teuer, Alex? Was richtet Dich jeden Morgen von neuem auf? Was lugt Dir vom Spiegel entgegen?

Wir waren einmal Freunde. Du hast Onkel Malfrend beigebracht, auf einem Esel zu reiten (Marc Chagall hätte diesen Anblick verewigen sollen!), während ich Dich lehrte, mit den Fingern eine ganze Menagerie als Schattentheater an die Wand zu werfen. Während meiner häufigen Besuche bei Euch las ich Dir manchmal eine Gutenachtgeschichte vor. Und wir spielten ein Kindergartenspiel, das mir immer noch in Erinnerung ist: Es hieß »Schwarzer Peter«. Ziel des Spieles war es, die Welt paarweise zu ordnen, Tänzer zu Tänzerin, Schneider zu Schneiderin, Bauer zu Bäurin, und nur der Schwarze Peter hatte keine Partnerin. Wer den Schwarzen Peter zuletzt in der Hand behielt, hatte verloren. Immer, ohne Ausnahme, war ich der Verlierer. Nicht selten mußte ich komplizierte Winkelzüge planen, um Dich gewinnen zu lassen, ohne daß Du meinen Verzicht merktest, denn sonst hättest Du einen fürchterlichen Tobsuchtsanfall erlitten: Wenn Du beim Spielen verloren oder – noch schlimmer – wenn Du Verdacht geschöpft hast, man hätte Dir den Sieg geschenkt, hast Du angefangen zu zertrümmern, rumzuwerfen und zu zerreißen, hast mich der Schummelei beschuldigt, Dir in die Handfläche gebissen, bis Blut kam, oder bist in düstere Depression versunken und wie eine Schleichkatze davongekrochen, um Dich im Dunkel des engen Hohlraums unter der Treppe zu verstecken.

Doch jedesmal, wenn ich ein Spiel verlor, hast Du – auf Grund eines eigenartigen Gerechtigkeitssinns – alles darangesetzt, mich zu entschädigen. Du ranntest in den Keller, um mir kaltes Bier raufzuholen. Schenktest mir eine Murmel oder ein Körbchen voller weißer Schneckenhäuser, die Du mühsam im Garten gesammelt hattest. Klettertest mir auf die Knie, um mir eine Zigarre Deines Vaters in die Jackentasche zu schmuggeln. Im Winter hast Du Dich einmal in die Diele geschlichen, um den Lehm von meinen Galoschen zu kratzen. Und ein andermal, als Dein Vater mich auf russisch anbrüllte und verfluchte, hast Du ein defektes Bügeleisen dazu benutzt, Kurzschluß auszulösen, so daß das ganze Haus mitten in seinem Donnerwetter in Dunkelheit versank.

1941 habe ich mich zum britischen Heer gemeldet. Fünf Jahre lang bin ich vagabundiert, von Palästina nach Kairo, von der Cyrenaika nach Italien, von Italien nach Deutschland und Österreich, von Österreich nach Den Haag, von Den Haag nach Birmingham. Diese ganzen Jahre über hast Du an mich gedacht, Alex: Alle zwei, drei Wochen kriegte der brave Soldat Malfrend ein Paket von Dir. Von Dir und nicht von Deinem Vater. Süßigkeiten, Wollsocken, Zeitungen und Zeitschriften aus der Heimat, Briefe, in denen Du mir Phantasiewaffen skizziertest. Auch ich schickte Dir Postkarten von allen Stationen meiner Wanderung. Übersandte Dir eigens gesammelte Briefmarken und Geldscheine. Als ich 1946 heimkehrte, hast Du Dein Zimmer für mich geräumt. Bis Dein Vater mir die erste Wohnung in Jerusalem mietete. Und auf meinem Nachttisch steht immer noch ein Foto vom April 47: gutaussehend, traurig und ein wenig gewalttätig stehst Du wie ein dösender Ringer da und hältst eine Stange meines Hochzeitsbaldachins. Sieben Jahre später, als Rosalinde umgekommen war, habt Ihr, Du und Dein Vater, die kleine Dorit für den ganzen Sommer zu Euch nach Sichron eingeladen. In einem der Pinienwipfel hast Du ihr eine Blockhütte mit Strickleiter gebaut und ihr Herz für immer erobert. Als Du Dich in Jerusalem immatrikuliert hattest, bekamst Du einen Schlüssel zu meiner Wohnung. Nach Deiner Rückenverletzung, beim Sturm auf den nördlichen Kinneret, warst Du wieder zwei Wochen lang bei uns. Ich habe Dich auf Deine Deutsch- und Lateinprüfungen vorbereitet. Dann folgte Deine meteorische Hochzeit, und danach begann Dein Vater, das Vermögen auf Wohltätigkeitsfonds aller Art zu verstreuen und Schecks an Hausierer auszuhändigen, die ihm versicherten, autorisierte Vertreter der Zehn Stämme zu sein. Bis er seine Tscherkessen zu einem nächtlichen Überfall auf den Nachbarkibbuz aussandte und wir uns daraufhin zusammensetzten und eine Palastrevolution planten. Wir beiden haben auch nicht die elf Prozesse vergessen, die ich in Deinem Namen geführt habe, bis wir das Vermögen gesichert und den Zar in eine geschlossene Anstalt befördert hatten. Und Du wirst nicht vergessen können, was ich bei Deinen Scheidungsprozessen für Dich getan habe. Ich habe diese Hauptpunkte niedergeschrieben, um Dir zu sagen, daß der Onkel Malfrend Dich von klein auf bis heute und für alle Zeiten auf dem Buckel trägt, während Du Dir in aller Welt einen Namen machst und Dein Buch mittlerweile in neun Sprachen übersetzt wird. Du wiederum hast Dorits und Sohars Hochzeitsreise nach Japan finanziert und sogar großzügig Sparkonten bei der Geburt eines jeden meiner Enkel eröffnet. War das nur eine kühl kalkulierte Investition? Ich würde mich freuen, wenn Du mir hier Klarheit verschaffen könntest. Und wenn Du mir schriftlich bestätigen wolltest, zumindest zwischen Schimpf und Fluch, daß das hier Aufgeführte wirklich gewesen ist. Andernfalls müßte ich zu dem Schluß gelangen, daß einer von uns beiden bereits senil ist und sich Dinge einbildet. Sind wir Freunde, Alex? Antworte mir, ob ja oder nein. Just to set our record straight. Und die Hauptsache: Gib ein Signal, und ich investiere den Barerlös von Magdiel für den Erwerb der Felder Bethlehems. Achte auf Deine Gesundheit und schreibe, womit ich helfen kann.

Onkel Malfrend
Siegelbewahrer

SACKHEIM PERSÖNLICH JERUSALEM ISRAEL.

HEB VON MEINEM KONTO AB WAS DIR FÜR ZAHLUNGEN AN BOAS ZUSTEHT NIMM NOCH ZWEITAUSEND ALS BAKSCHISCH DAZU UND HÖR AUF MIT DEM SCHWANZ ZU WEDELN. ALEX.

GIDEON SUMMER PROGRAM PRINCETON NJ.
ICH BIN WIRKLICH EIN KLAPPERESEL UND DU BIST EIN HOFFNUNGSLOSER FALL. HABE FÜNFTAUSEND VON DIR GENOMMEN. DETAILLIERTE ABRECHNUNG FOLGT. ROBERTO WEIGERT SICH ENTSCHIEDEN DIE VERWALTUNG DEINER ANGELEGENHEITEN ERNEUT ZU ÜBERNEHMEN. ERBITTE UMGEHEND ANWEISUNG WEM AKTEN ÜBERGEBEN WERDEN SOLLEN. VIELLEICHT GEHST DU BESSER FREIWILLIG IN HEILANSTALT BEVOR MAN DIR ZWANGSJACKE ANZIEHT. MANFRED.

SACKHEIM PERSÖNLICH JERUSALEM ISRAEL.
MANDATSNIEDERLEGUNG ABGELEHNT. DARFST VERMÖGENSVERWALTUNG FORTSETZEN SOWEIT DU MAUL HÄLTST UND PFOTEN RAUSLÄSST STATT DAUERND KLÄFFEND IN UNSER ALLER LEBEN RUMZUWÜHLEN. DU BIST VERMÖGENSVERWALTER KEIN BEICHTVATER. DEINE ENKEL BELASS ICH IN MEINEM TESTAMENT WEISS DER TEUFEL WARUM. ALEX.

GIDEON SUMMER PROGRAM PRINCETON NJ.
MEINE MANDATSNIEDERLEGUNG BLEIBT GÜLTIG. BIN MIT DIR FÜR IMMER FERTIG. ERBITTE ERNEUT ANWEISUNGEN WEM AKTEN ÜBERGEBEN WERDEN SOLLEN. MANFRED SACKHEIM.

SACKHEIM PERSÖNLICH JERUSALEM ISRAEL.
BERUHIG DICH MANFRED. ICH GEHE EINE WOCHE ZU BESTRAHLUNGEN INS MOUNT SINAI HOSPITAL NEW YORK. WERDE ERBE ZWISCHEN MEINEM SOHN IHRER TOCHTER UND DEINEN ENKELN AUFTEILEN. VERLASS MICH JETZT NICHT. WERDE WOHL NACH ISRAEL ZURÜCKKEHREN EVENTUELL GLEICH NACH BEHANDLUNG. KANNST DU MIR RUHIGE PRIVATKLINIK MIT EINRICHTUNG FÜR CHEMOTHERAPIE SUCHEN. GEBE DIR FREIE HAND BEI VERMÖGENSVERWALTUNG VORAUSGESETZT DU BLEIBST AN MEINER SEITE. SEI NICHT GRAUSAM. ALEX.

GIDEON MOUNT SINAI HOSPITAL NEW YORK.
IN FORTSETZUNG UNSERES GESTRIGEN TELEFONGESPRÄCHS. ALLES GEREGELT FÜR FALL DEINER RÜCKKEHR EINSCHLIESSLICH HERVORRAGENDER KLINIK PRIVATARZT UND SCHWESTER. HABE SAND ANGEWIESEN VON FAMILIE SOMMO UND BOAS ABZULASSEN. INVESTIERE DEIN BARVERMÖGEN IN JATED OHNE IMMOBILIEN ANZURÜHREN. SOWEIT ICH VERSTEHE SOLL ICH ILANA UND BOAS NICHT VON DEINEM ZUSTAND UNTERRICHTEN. DORIT UND ICH FLIEGEN AM WOCHENENDE NACH NEW YORK UM DIR BEIZUSTEHEN FALLS DU NICHT ANDERS BESTIMMST. ERLAUB MIR EINE HERZLICHE UMARMUNG. MANFRED.

SACKHEIM PERSÖNLICH JERUSALEM ISRAEL.
DANKE, KOMM NICHT. IST UNNÖTIG. ABGEÄNDERTES TESTAMENT UNTERWEGS ZU DIR. VIELLEICHT KOMME ICH. ODER NICHT, FÜHLE MICH AUSGEZEICHNET UND WÜNSCHE RUHE. ALEX.

Black Box

SOMMO HOTEL CASTILLE RUE GAMBON PARIS 9.
SEI NICHT BÖSE MICHEL. BIN MIT JIFAT NACH SICHRON GEFAHREN. ICH MUSSTE ES. BITTE VERSTEH. WERDE DEINETWEGEN VERSUCHEN SCHABBAT UND SPEISEGESETZE ZU HALTEN. BRAUCHST REISE NICHT ZU VERKÜRZEN. BOAS SENDET DIR LIEBE GRÜSSE UND LÄSST AUSRICHTEN DU SOLLTEST DICH DORT AMÜSIEREN UND NICHT SORGEN. IN LIEBE. ILANA.

FRAU SOMMO HAUS GIDEON BEI SICHRON JAAKOV ISRAEL.
ILANA KEHRE SOFORT MIT DEM KIND NACH HAUSE ZURÜCK ODER WIR BITTEN ALMALIACH DICH MIT DEM STREIFENWAGEN ABZUHOLEN. ICH MUSS NOCH EINIGE TAGE HIERBLEIBEN WEGEN FAST LEBENSWICHTIGER ANGELEGENHEIT. DIR IST ALLES VERGESSEN UND VERGEBEN VORAUSGESETZT DU FÄHRST NOCH HEUTE HEIM. ICH HABE NICHT GEGEN DICH GESÜNDIGT UND HABE SOLCHES VON DIR NICHT VERDIENT. TIEFBEKÜMMERT MICHEL.

Frau
Janine Fuchs
Halimon 4
Ramat Hascharon

31. August, 23.35 Uhr

Liebe Janine,

schon zwei Tage lang versuche ich Dich am Telefon zu erreichen, und heute abend bin ich persönlich hier zu Eurem Haus gekommen, habe aber alles fest verrammelt und verschlossen vorgefunden. Von den Nachbarn erfuhr ich, daß Ihr eine Gesellschaftsreise nach Rhodos mitmacht und gegen Morgen mit El Al aus Athen zurückkehren sollt. Da ich dienstlich in Elat sein werde, will ich Dir diesen Brief unter der Tür durchstecken in der Hoffnung, daß Du ihn finden wirst. Es geht um unseren gemeinsamen Freund Michel (Sommo). Michel war in einer gewissen öffentlichen Angelegenheit nach Paris geflogen (auch um seine Eltern zu besuchen, die jetzt in der Nähe seiner Schwester in Marseille wohnen). Bei seiner gestrigen

Heimkehr ist er nun in eine äußerst heikle Lage hineingeraten, und zwar wegen des eigenmächtigen Vorgehens seiner Frau, die mit dem Töchterchen zu ihrem Sohn aus erster Ehe gefahren ist, der in einem verlassenen Haus zwischen Sichron Jaakov und Benjamina wohnt. Ferner ist bekannt, daß etwa einen Tag vor Michels Rückkehr auch ihr erster Mann dort erschienen ist (der Gelehrte, der sich nach Amerika abgesetzt hatte). Du kannst Dir den Schock vorstellen, den Michel erlitten hat, und diese Schmach, die unsere liebe Familie Sommo so noch nie erlitten hat, wegen dieser unehrenhaften Situation, daß sie da mit ihrem ersten Mann zusammenhockt, böse Zungen weckt und sich bisher weigert, zu Michel zurückzukehren, dem die ganze Welt einstürzt.

Ich und Michels älterer Bruder und noch zwei Freunde sind gestern dorthin gefahren, um ihr ins Gewissen zu reden, aber was war? Sie hat uns noch nicht mal sehen wollen! So sind wir also mit leeren Händen nach Jerusalem zurückgefahren und haben traurig mit hängendem Kopf bis halb vier Uhr nachts im Familienkreis zusammengesessen und folgenden Rat gefunden: Michel soll Anzeige gegen sie erstatten, weil sie das Kind ohne seine Zustimmung aus dem Haus geholt hat, was an Entführung grenzt.

Bloß ist Michel seelisch niedergeschlagen und beharrt stur wie ein Esel darauf, er werde im Leben keine Strafanzeige gegen seine Frau erheben, lieber würde er sterben, man könne Geschehenes nicht ungeschehen machen und noch mehr üble Sprüche dieser Art. Er scheint mir völlig gebrochen, ja geradezu verzweifelt. Und mir sind ohne Anzeige von ihm die Hände gebunden. Sein Bruder und die Cousins wollten dort sogar was Unbedachtes tun, das ich nicht einmal schriftlich wiederholen möchte. Nur mit größter Mühe konnte ich sie davon abbringen.

Kurz gesagt, liebe Janine, da Du und Bruno persönlich recht gut mit allen betroffenen Seiten steht – das heißt mit Michel und mit Ilana und auch mit ihrem Sohn Boas, der mal eine Zeitlang bei Euch gewohnt hat, nachdem ich ihn freigekriegt hatte – und da Bruno früher beim Militär mal unter dem Befehl des ersten Mannes gestanden hat und ihn daher von damals kennt, wäre es vielleicht gut, wenn Ihr beide dorthin fahrt und mit ihnen zu reden versucht? Bevor, Gott behüte, ein öffentlicher Skandal ausbricht, mit Presse und Beschämungen und Unannehmlichkeiten, was Michel und der ganzen Familie Sommo schwer schaden würde? Ich bitte Euch dringendst im Namen der Familie und der Freunde. Unser aller Hoffnungen hängen an Euch!

Falls es Euch opportun erscheint, daß auch ich mich anschließe (in Zivil), bin ich natürlich sofort nach meiner Rückkehr aus Elat bereit mitzukommen. Ihr braucht mir nur telefonisch Nachricht beim Bezirksrevier Tel Aviv für Oberinspektor Almaliach zu hinterlassen, die wird dann über Funk an mich weitergeleitet. Aber vielleicht ist es doch besser, wir verlieren keine Zeit und Ihr fahrt sobald wie irgend möglich zu zweit dorthin? Außerdem, Janine, setz Dich bitte umgehend mit Michel in Verbindung, der in sehr schlechter Verfassung ist, und red ihm ins Gewissen, er solle keine Dummheiten anstellen und nicht auf schlechte Ratschläge hören. Mit vielem Dank in der Hoffnung auf Euer gutes Gelingen und wie immer natürlich in Freundschaft,

Euer
Prosper Almaliach

Herrn
A. Gideon
Sichron Jaakov
Persönlich zu überbringen

Mit Gottes Hilfe
Jerusalem, Vorabend des hl. Sabbat,
8. Elul 5736 (3. 9.)

Herr Gideon,

diesen Brief werden Sie per Bote noch vor Sabbatbeginn erhalten, so daß wir Ihnen noch ungefähr dreißig Stunden Zeit lassen, mit Ihrem Gewissen ins reine zu kommen, denn am Sonntagmorgen um neun Uhr dreißig werden einige meiner Freunde bei Ihnen vorsprechen, um meine Tochter Madelaine Jifat nach Hause zurückzubringen, sei es auf höfliche und zuvorkommende Weise oder auf anderen Wegen, ganz nach Ihrem eigenen Verhalten. Was die unglückliche Frau betrifft, die sich ebenfalls unter Ihrem Dach befindet, wird sie sich ihrem Schicksal selber stellen müssen. Wie sollte ich ihr ins Gesicht sehen, wo mein Herz durchbohrt in mir ist? Nach dem, was mir der ehrwürdige Rabbiner Buskila gestern gütigst erläuterte, ist ihr Status noch klärungsbedürftig: Es ist sehr gut möglich, daß sie auf Grund der Halacha derzeit sowohl für ihren Ehemann als auch für ihren Liebhaber verboten, also aus beiden Welten verstoßen ist.

Jedenfalls bezieht sich meine gegenwärtige Forderung an Sie allein auf meine Tochter Madeleine Jifat, auf die Sie sowohl nach dem Gesetz der Tora als auch nach dem Gesetz des Landes keinerlei Recht und Anspruch besitzen, so daß es besser für Sie wäre, sie am Sonntagmorgen in Frieden zurückzugeben, und uns nicht zu zwingen, geeignete Schritte einzuleiten. Sie sind also gewarnt, mein Herr.

Unterzeichnet:
Michael (Michel-Henri) Sommo

PS: Und wenn Sie mich umbringen: Mein Geist vermag es selbst bei den größten Verrenkungen nicht zu fassen, wie Sie derart schändlich handeln konnten. Derart grausam. Selbst unter Götzendienern oder in Diebes- und Räuberbanden wäre so etwas unerhört! Haben Sie mal was von dem Propheten Nathan gehört? Über die Sünde König Davids mit Batseba? Oder brauchen die modernen Professoren unserer Tage vielleicht schon nicht mehr zu wissen, was in der Tora steht?

Drei Tage und vier Nächte lang durchstreife ich bereits Jerusalems Straßen, die Stoppeln des Trauernden auf den Wangen, denn wie könnte ich mich rasieren? Wandere umher und frage mich, ob Sie Jude sind oder Amalekiter? Ob Sie ein Mensch, im Ebenbild Gottes geschaffen, sind oder überhaupt einer jener bösen Geister von außen, Gott bewahre? All die Verbrechen, die Sie in der Vergangenheit an Frau und Kind begangen haben, verblassen völlig neben Ihrer neusten Greueltat. Nicht einmal die Einwohner von Sodom und Gomorrha hätten Sie in ihre Mitte aufgenommen! Nachdem Sie die Frau mißhandelt, den Sohn als verachteten Balg davongejagt hatten, zogen Sie keinen Schlußstrich, sondern schickten Ihre unreinen Pranken nach dem Lämmlein des armen Mannes aus, vergossen damit auch mein Blut und standen gleichgültig daneben.

Tatsächlich zweifle ich, ob so einer wie Sie, ein eingefleischter Übeltäter und Bösewicht, dem niederträchtiges Denken innewohnt, überhaupt irgendwelche Furcht des Himmels oder auch nur Furcht des Gewissens besitzt. Anscheinend nicht. Ich habe hier in Jerusalem Leute über Sie sagen hören, Sie seien ein sehr großer Verehrer der Araber. Nach Ihren »Anschauungen« ist das hier offenbar das Land Ismaels, das der Himmel dem Samen Ibrahims verheißen hat, das Land also, das Mussa von Ferne sah und über das Daud regiert, während wir hier gar nichts zu suchen haben. In diesem Fall könnten Sie mich vielleicht wenigstens als Araber betrachten? Könnten mich zumindest nach den schönen Grundsätzen behandeln, die Sie auf die Araber anwenden? Hätten Sie etwa einem Araber seine Frau weggenommen? Seine kleine Tochter? Sein armseliges Lämmchen? Sicher hätten Sie auf der Stelle angefangen, Zeitungsartikel darüber zu verfassen und Demonstrationen zu organisieren und Spruchbänder zu schreiben, hätten Himmel und Erde in Bewegung gesetzt, wenn jemand es gewagt haben sollte, dergleichen selbst dem geringsten Araber anzutun! Aber wir sind Ausgestoßene, wir sind vogelfrei, eine Schande für unsere Nachbarn, das Gespött der ganzen Umgebung. Wir befinden uns jetzt schon im Bußmonat Elul, Herr Gideon, und Sie sollten sich besser daran erinnern, daß es einen gibt, der an Hochmütigen Vergeltung übt und vor dem es weder Lachen noch Leichtfertigkeit gibt. Oder lebe ich im Irrtum? Vielleicht sind die Himmel, Gott behüte, leer? Vielleicht gibt es kein Gesetz und keinen Richter? Vielleicht ist die Welt bereits preisgegeben?

Tatsächlich war mir von Anfang an der Verdacht gekommen, Sie führten sieben Greuel im Herzen. Als Sie und die Unglückliche plötzlich diese unnatürliche Korrespondenz miteinander aufnahmen. Als Ihre Schecks wie üppiger Regen auf uns niederzugehen begannen. Zuweilen quälte mich nachts im tiefsten Innern die Furcht, Sie könnten ein Fangnetz zu unseren Füßen ausbreiten. Was ist denn? Schlägt plötzlich ein neues beständiges Herz in seiner Brust? Oder tanzt da der Satan vor uns herum? Wozu überschüttet er uns mit diesem ganzen Geld? Womöglich lauert er bloß darauf, den Armen zu fangen und in sein Netz zu ziehen, wie es im Psalter heißt? Doch ich sagte mir, vielleicht sei es meine Pflicht, diese Prüfung durchzustehen. Nicht dem Verdacht zu verfallen. Den vorhandenen Zweifel zu Ihren Gunsten auszulegen und Ihnen die Tore der reuigen Umkehr zu öffnen. Die Augen zu rein, um Böses mit anzusehen, so war ich. Statt diese schmutzige Verbindung gleich im Keim zu ersticken.

Oder habe auch ich gesündigt? Hat die Gier meine Augen geblendet?

Heute gestehe ich meine Sünde ein, meinen Verstoß gegen den Vers »sei nicht allzu gerecht«. Und nun wird es mir vom Himmel doppelt heimgezahlt. Damit ich lerne, weder meinen Rücken den Schlägern zu übergeben noch die zweite Wange hinzuhalten, was außerhalb des Judentums liegt, sondern mit dem Bösewicht so zu verfahren, wie es uns die Pessach-Haggada gebietet. Jetzt bekomme ich meine Strafe, und Sie sind nur die Peitsche, mit der man meinen Rücken geißelt. Fünf, sechs Jahre hat Michael Sommo seinen Kopf etwas heben können, fünf, sechs Jahre durfte er ein wenig Statur gewinnen als Vater, als Ehemann und als Mensch, und nun wird er aufgefordert, die Rechnung mit Zinsen zu begleichen und wiederum eine Null zu sein. Zu dem Staub zurückzukehren, aus dem er sich in seiner Anmaßung aufzurichten versucht hat.

Heute abend bei beginnendem Sonnenuntergang habe ich eine Weile im Talpiyothain gestanden. Habe die Augen aufgehoben zu den Bergen, um zu sehen, woher mir Hilfe kommt. Doch wo war Sommo, und wo waren die Berge. Die Berge blieben stumm und wollten mir keine Antwort auf jene uralten Fragen geben: »Wie lange noch dürfen die Frevler frohlokken?« »Sollte sich der Richter über die ganze Erde nicht an das Recht halten?« Statt zu antworten, hüllten sich die Berge in Dunkelheit. Wer bin ich, daß ich mich beschweren dürfte? Rabbiner Buskila hat mir geraten, Leiden in Liebe anzunehmen. Er erinnerte mich daran, daß die genannten Fragen schon unerwidert blieben, als Größere und Bessere als ich sie vor Jahrtausenden stellten. Die Berge umgaben sich mit Finsternis und beachteten mich nicht. Ich blieb noch ein Weilchen dort stehen, verwundert, was dem Wind geschehen war, daß er einen wie mich streichelte, verblüfft über die Sterne, die sich einem Wurm und einer Unperson wie mir zeigten, bis es kalt zu werden begann. Da habe ich so ungefähr verstanden, daß Sommo sehr klein ist. Sein Kummer dem flüchtigen Schatten gleicht. Daß er nicht das erforschen darf, was zu wundervoll für ihn ist. Wenn ich dort auch einen Augenblick den Wegen der Offenbarung nachgrübelte, einen Moment lang zu sterben wünschte und mich sogar der furchtbare Gedanke durchzuckte, Sie mit eigenen Händen zu töten, besann ich mich doch gleich eines Besseren und fügte mich. Als der Mond aufging, war meine Seele schon ruhig und still geworden. »Meine Tage schwinden dahin wie Schatten, ich verdorre wie Gras.«

Aber Sie, mein Herr? Wie sollten Sie sich nicht fürchten? Wohin werden Sie Ihre Augen aufheben? Ihre Hände voller Blut?

In Wahrheit sind Sie vielleicht ein großer Anwalt der Araber und ein Verderber Israels, aber das Blut der Araber haben Sie wie Wasser vergossen, in den Kriegen und sicher auch zwischendurch. Wohingegen ich als angeblich nationalistischer und extremistischer Mensch in meinem ganzen Leben kein Blut vergossen habe, obwohl ich und meine Vorfahren genug Demütigungen und Speichel und schlimmere Dingen von ihnen abbekommen haben. Ich habe niemandem etwas zuleide getan, niemandem Kummer bereitet, weder Juden noch Fremden, sondern habe immer nur an mich gehalten und geschwiegen. Doch was geschah? Sie gelten als einfühlsamer, verzichtsbereiter Humanist und ich als grausamer Fanatiker. Sie sind der Mann von Welt, und ich bin der engstirnige Ignorant. Sie vertreten das Friedenslager und ich den Teufelskreis des Blutvergießens. Und warum greift diese Verleumdung um sich? Weil Ihnen und Ihresgleichen Lob gebührt, mir und meinesgleichen dagegen nur Schweigen. Gewiß sind Sie von all dem Araberblut, das Sie vergossen haben, so ein Blutvergießer geworden. Und wie haben wir Euch in unserer Jugend bewundert! Wie die Augen zu Euch aufgehoben aus der Tiefe! Die siebzig Helden! Die großen, hochgewachsenen Söhne Anaks! Die neuen Löwen von Juda! Doch was soll ich mich mit Ihnen streiten und noch dazu meine Demütigung vor Ihnen beklagen. Sie müssen mir am Sonntagmorgen mein Kind zurückgeben und danach – gehen Sie zur Hölle und verbrennen. Vielleicht werden Sie all dies mit höhnischem Grinsen lesen, meinen Akzent nachäffen, die Mentalität verlachen. Und sie wird Ihnen tadelnd sagen, Sie sollten damit aufhören, es sei nicht nett, sich über den Ärmsten lustig zu machen, aber auch sie wird ein Grinsen nicht verbergen können. Was ich verloren habe, ist verloren.

Nicht umsonst wurde es König David untersagt, den Tempel zu bauen. Der Himmel vergaß ihm nicht seine Hände voll reinem Blut. Nur wird solche Strafe nicht diejenigen trösten, deren Blut vergossen wurde. Auch wem es zu König Davids Zeiten beschieden war, als Sommo geboren zu werden, hatte sicher kein rosiges Schicksal. Wir sind überflüssiges Stroh. Spreu im Wind. Fußmatten unter Euren Füßen.

Verwandte, Freunde und Bekannte kommen und sitzen von morgens bis abends bei mir, um Trost zu spenden. Treten gesenkten Hauptes ein, wie in das Haus eines Trauernden, drücken mir fest die Hand, sagen mir, ich solle stark und tapfer sein. Wie jemand, der die sieben Trauertage begeht, bin ich geworden, nur daß mir mein Herz noch nicht erlaubt, meine Kleider nach ihr zu zerreißen. Vielleicht besteht noch ein Anflug von Zweifel? Und von diesem Zweifel lasse ich sie profitieren, natürlich unter den Bedingungen, die ich ihr bestimmen werde, und nach dem Richtspruch des ehrwürdigen Rabbiners Buskila. Aber das Mädchen werden Sie am Sonntagmorgen zurückgeben, keine Stunde später, damit Sie mich nicht etwa zu Verzweiflungshandlungen treiben. Ich hatte sogar daran gedacht, mich Tag und Nacht vor Ihre Haustür zu stellen mit einem Schild in der Hand: »Eine Schandtat ist in Israel begangen worden.« Verwandte und Freunde sprechen von noch verzweifelteren Schritten gegen Sie. Aber was soll ich sagen? Vielleicht wird man mich doch vom Himmel aus stoppen. Damit ich nicht auf Ihre Stufe hinabsinke.

Den ganzen Tag über hält sich die teure Frau meines Bruders hier bei mir auf. Läßt ihre Kinder im Stich und kommt, um mir im Unglück beizustehen. Sie bewirtet die Gäste mit kaltem Sodawasser, Knabbersachen und schwarzem Kaffee, leert die Aschenbecher, bestürmt mich – iß, iß –, und ich höre auf sie und esse mein Brot mit Tränen. Gute Menschen bemühen sich den ganzen Tag lang, mich von meinem Kummer abzulenken. Reden mit mir über die Regierung, über die Agranatkommission, über Rabin, Kissinger und Hussein. Ich gehe nach außen hin so gut es geht darauf ein. Sogar Herr Sackheim ist hier gewesen. Schön geredet hat er und sich als Vermittler angeboten. Was brauchen wir Vermittler, mein Herr? Geben Sie mir nur mein Kind zurück und stellen Sie sich danach Ihrem Schicksal. Und die Frau wird ihrem Schicksal gegenüberstehen. Gestern abend, als der letzte Gast weg war, kam mein Bruder mit einer Flasche Cognac, umarmte und küßte mich und sagte traurig zu mir: Wir dürfen uns mit denen nicht verheiraten. Sie sind mit irgendwas Schlimmem behaftet, das wir nicht kennen und nicht verstehen, wir müssen unter uns bleiben, damit wir ihnen nicht anhängen und nicht von ihnen angesteckt werden. So sagte er, und dann nahm er seine Frau, und sie gingen. Auch ich verließ das Haus, schlenderte ein wenig durch die Straßen, bestieg einen Hügel, um den Sonnenuntergang zu sehen und überflüssige Fragen zu stellen. Zur Antwort erhielt ich nur ein Wispern von den Bäumen her. Und vielleicht ist alles ein Irrtum? Der Garten Eden und die Sintflut und der Berg Moria und der brennende Busch haben womöglich nie und nimmer existiert, waren nur Allegorien? Vielleicht haben die großen Gelehrten sich in ihrer Ortsbestimmung geirrt, und nicht hier liegt das alte Jerusalem, nicht hier das biblische Land Israel, sondern ganz woanders? Irren die Wissenschaftler etwa nie? Vielleicht ist das der Grund dafür, daß es keinen Gott an diesem Orte gibt?

Der Mond kam hinter den Bergen heraus, und ich machte mich auf den Heimweg. Ich habe mit dem Mond nichts zu schaffen – damit mich nicht etwa der Trieb ereile und der Wunsch in mir aufkeime, zu sterben oder Sie zu erwürgen, mein Herr. Und als ich in das leere Haus zurückkehrte, was blieb mir da anderes übrig, als mir von dem Cognac einzuschenken, den mein Bruder mitgebracht hatte, den Fernseher anzuschalten und mir im

Dunkeln anzuschauen, wie die flinken, gut gewachsenen Detektive mit Pistolen irgendeinem Verbrecher im amerikanischen Staate Hawaii nachrannten. Doch mein Herz hielt's nicht aus: Was habe ich von der Gerechtigkeit im Lande Hawaii? Mitten in den Sprüngen und Schüssen, mitten in der Verfolgungsjagd stand ich auf und verließ sie. Sie brauchten mir keinen Gefallen zu tun. Sollten sie alleine dort in der Dunkelheit flimmern. Statt dessen trat ich auf den Balkon hinaus, um nachzusehen, ob die Welt noch steht und der Mond sich noch mit Silberstreifen anbiedert – trotz der Schandtat, die in Israel geschehen ist. Passanten gingen auf dem Bürgersteig vorbei, jeder auf dem Heimweg zu Frau und Kindern, und meine Augen begleiteten ihre Schatten: Vielleicht würde ich herausfinden, wohin ich meine Schande tragen sollte?

Schließlich leerte sich die Straße, ich kehrte ins Zimmer zurück und merkte, daß alles inzwischen gut ausgegangen war dort in Hawaii. Vielleicht sollte ich meine Tochter nehmen und mit ihr nach Hawaii ziehen?

Da sitze ich also in der Küche vor ihrer Schürze am Haken, achte auf die Schritte der Nachbarn jenseits der Wand und auch von oben, blättere beschämt im Psalter nach Trost. Obwohl Ijob für mich passender gewesen wäre. Warum ist mein Herz hochmütig geworden? Warum habe ich eine Frau von den Töchtern der Hohen geheiratet? Warum bin ich auf Großes ausgegangen? Mit trüben Augen studierte ich den Text: »In Schmach und Schande sollen alle fallen, die mir nach dem Leben trachten. Zurückweichen sollen sie und vor Scham erröten, die auf mein Unglück sinnen. Ihr Weg soll finster und schlüpfrig sein. Denn sie haben mir ohne Grund ein Netz gelegt, mir ohne Grund eine Grube gegraben. Deine Gerechtigkeit steht wie die Berge Gottes, deine Urteile sind tief wie das Meer« usw. Was nützen mir diese Verse, wenn mein Herz krank in mir ist? Das Geschehene läßt sich nicht rückgängig machen, und was krumm ist, kann man nicht geradebiegen. Die Schmach ist mein und nicht derer, die mir nach dem Leben trachten. Verlassen wie ein Wacholder in der Steppe. Mein Weg ist mit Finsternis und Schlüpfrigkeit übersät, und Sie sehen Ihre Welt zu Lebzeiten. Warum? Da klafft ein tiefer Abgrund. Welche Sünde habe ich an Ihnen begangen, mein Herr? Und was hat es dem Hetiter Urija genützt, daß der König am Ende ein bißchen bestraft worden ist? Selbst heute, nach dreitausend Jahren, lesen wir immer noch in heiliger Ehrfurcht die Lieder von David, Isais Sohn, während es Urijas Klagelieder nie gegeben hat. Oder hat es sie gegeben, und sie sind in Vergessenheit geraten, so daß selbst jede Erinnerung daran verloren ist? »Der Herr schaute auf Abel und sein Opfer, aber auf Kain und sein Opfer schaute er nicht.« Und was hat Abel davon gehabt? Abel ist tot, und Kain lebt und besteht, und das Mal auf seiner Stirn verleiht ihm noch Unverletzlichkeit, und nichts hindert ihn daran, reich und berühmt zu werden und alle guten Dinge zu genießen.

Ich stehe auf, um ein bißchen im Zimmer umherzulaufen, öffne einen Schrank und habe ihre Kleider vor mir. Gehe mir das Gesicht unter dem Wasserhahn abspülen, und da sind ihre Kosmetika. Komme am Bett der Kleinen vorüber, und ein Teddy schaut mir entgegen. Das ist der Teddybär, den Ihr Sohn meiner Tochter nach dem Pessachfest mitgebracht hat. Werden Sie sie mir zurückgeben, mein Herr?

Was soll mein Flehen vor Ihnen. Das Land ist in die Hand der Frevler gegeben worden. Ihr seid das Salz der Erde, Euer sind Reichtum und Herrschaft, Weisheit und Gericht, und wir sind Staub unter Euren Füßen. Ihr seid die Priester und Leviten, und wir sind die Wasserschöpfer. Ihr seid der Glanz Israels, und wir sind der hergelaufene Pöbel. Euch hat er erwählt und geheiligt, Kinder des Höchsten zu sein, und wir sind Stiefkinder. Euch verlieh er Rang und Namen und schöne Statur, die ganze Welt bewundert Euch, und unser sind gedrückter Geist und gedrückte Gestalt, und kaum eine Handbreit scheidet uns von den Arabern. Vielleicht sollten wir uns für das große Vorrecht bedanken, das uns zuteil geworden ist – für Euch Bäume zu fällen und beschämten Gesichts die Überbleibsel Eurer Gelage zu essen und in den Häusern zu wohnen, deren Ihr bereits überdrüssig seid, und jede Arbeit für Euch zu verrichten, die Euch schon verächtlich geworden ist, einschließlich dem Aufbau des Landes, und zuweilen Eure abgelegten Ex-Gattinnen zu heiraten –, sollten Dankeschön sagen, daß Ihr uns gütigst erlaubt habt, Wasser aus dem Brunnen zu trinken, in den Ihr gespuckt habt, und uns bemühen, Eure Gewohnheiten anzunehmen, um Gunst und Gefallen in Euren Augen zu finden. Sie müssen wissen, daß so einer wie ich, ein einfacher Jude aus dem Volk, bereit ist, zu vergeben und zu verzeihen. Aber nicht jetzt, mein Herr, sondern erst, nachdem der Becher zu Euch gekommen ist und Ihr erhalten habt, was Euch gebührt. Nachdem Ihr Euch reuig an die Brust geschlagen und Eure Schuld bekannt habt. Nachdem Ihr von Eurem bösen Weg umgekehrt seid und wieder dem Staat dient, statt ihn zu zerstören und nur für den eigenen Haushalt zu sorgen, ja, ihn sogar in der weiten Welt zu verleumden. Völlig gleichgültig sind mir Ihr Weltruf und Ihr billiger Ruhm: Sie haben den Namen Israels verhöhnt in dem Buch, das Sie für die Gojim geschrieben haben, das ich nicht gelesen habe und von dem ich nicht im Traum daran denke, es je zu lesen – mir hat schon genügt, was im »Maariv« darüber gestanden hat: »Der zionistische Wahn«! Wie konnten Sie nur? Wieso hat Ihnen die Hand nicht gezittert? Und noch dazu auf englisch? Ein wahres Fest für unsere Feinde?

Als junger Mann in Paris habe ich zeitweilig gekellnert, und es gab Gäste, auch Juden, die mich irrtümlich für einen kleinen Araber hielten. Achmed riefen sie mich, nach allem, was die Araber uns angetan hatten. Deshalb bin ich eingewandert, voll guten Glaubens, hier würden wir alle Brüder sein, und der Messias werde kommen, uns zu regieren. Und wie hat das Land einen jungen Idealisten empfangen, der – zu Ihrer Information – geradewegs von der Sorbonne herkam? Als Bauarbeiter. Nachtwächter. Kinokartenverkäufer. Regimentspolizist. Kurz gesagt – ein Schwanz für die Füchse. Ein kompletter Esel mein Leben lang und jetzt, dank Ihnen, Herr Professor, ein Esel mit Hörnern auf der Stirn, wenn Sie sich ein solches Tier überhaupt bildlich vorstellen können. Oder ein Hund, dem man den Knochen weggenommen hat, den er unter dem Tisch gefunden hatte.

Und ich in meiner Voreiligkeit sagte, was ist? Warum nicht? Nun gerade, ich werde meine Fittiche sogar über seinen Sohn ausbreiten. Er hat verworfen, und ich werde einsammeln. Er hat niedergetreten, und ich werde aufrichten. Ich wollte Ihrem Sohn Vater und Lehrmeister sein, wollte Böses mit Gutem vergelten und dabei sogar eine jüdische Seele erretten, womöglich sogar deren zwei. Ich war naiv. Oder töricht. Allerdings steht bei uns geschrieben, »wohl denen, deren Weg ohne Tadel ist« und »der Herr behütet die schlichten Herzen«, aber diese Verse sind offenbar nicht wörtlich auszulegen. Wer sie schrieb, hatte nicht Sommo im Sinn, sondern Bessere als ihn. »Den Frevlern gelingt ihr Weg«, »ein Land ist in Frevlerhand gegeben«, das sind die aktuellen Verse. Und ich nehme das Urteil an. Nur geben Sie mir das Kind zurück. Darauf haben Sie kein Recht.

Und überhaupt, worauf gründen denn Ihre Rechte? Darauf, daß Sie ein Kriegsheld waren? Auch die flinken Söhne der Zeruja und der böse Ahab waren große Helden. Und was habt Ihr zwischen den Kriegen dem Staat angetan? Ihn besudelt? Ihn gegen ein Linsengericht verkauft? Ihn zum Frühstück verzehrt?

Deswegen ist Eure Zeit vorüber. Eure Glocken haben geschlagen. Es ist jetzt nach Mitternacht, Freitagmorgen, und hier in Südjerusalem hört man die Glocken. Die Herrschaft ist abgelaufen, mein Herr, bald wird sie in die Hand Eures Nächsten übergehen, der besser ist als Ihr.

Ich behaupte nicht, ohne Fehl zu sein. Vielleicht habe ich gesündigt, als ich meine Hand nach einer Frau ausstreckte, die für einen Größeren als mich bestimmt war. Sie ist höher gewachsen als ich, und schön, und wer bin ich denn überhaupt? All die Jahre unserer Ehe ist Ihr unreiner Schatten nicht aus unserem Leben gewichen. So sehr ich mich auch anstrengen mochte, ich hörte Sie aus der Dunkelheit lachen. Und jetzt hat man im Himmel anscheinend beschlossen, Vergeltung an mir zu üben. Oder gibt es an diesem Ort, Gott bewahre, schon keinen Gott mehr? Ist er ins Land Hawaii übersiedelt? Ehrlich gesagt ist diesem Brief eine viertel Flasche von dem Cognac beigemixt, den mein Bruder mir dagelassen hat, und auch noch zwei Beruhigungspillen, die ich in der Schublade fand. In ihrer. Worin auch ein altes Zeitungsfoto lag, auf dem man Sie in Ihrer Uniform sieht mit allen möglichen Rangabzeichen und Dekorationen und schön wie die himmlischen Wesen.

Es ist besser, ich höre jetzt auf. Ich habe schon zu viel geschrieben. Am Vormittag wird mein Schwager mit seinem Peugeot-Lieferwagen kommen, um den Brief abzuholen und zu Ihnen nach Sichron zu bringen. Ich gehe jetzt lieber zu Fuß an die Westmauer zum Mitternachtsgebet, obwohl – wer weiß schon, ob Gebete, die von einem wie mir kommen, irgendwelchen Eindruck dort oben hinterlassen. Sicher nur einen schlechten. Aber alles Schlechte hat etwas Gutes an sich: »Die Linke zerschmettert, und die Rechte heilt«, wie es bei uns geschrieben steht. Jetzt, wo ich nichts mehr auf der Welt habe, werde ich mich von heute an aktiv der Erlösung des Landes widmen, und möge das meine Rache sein, daß es trotz Eurer heftigen Gegenwehr noch erlöst werden wird. Bis Sommos Leidensmaß voll ist und man ihn rufen wird, in die Höhe aufzusteigen, um von all seinem Wirken zu ruhen, und fertig. Auch in der kommenden Welt werden vielleicht Köche und Regimentspolizisten gebraucht, so daß Sie mich womöglich noch an der Barriere Ihnen salutieren sehen, aber gewiß nicht darauf achten werden. Nur noch eines: Versuchen Sie wenigstens diesmal, rücksichtsvoll mit ihr umzugehen. Mit ein wenig Mitgefühl? Mißhandeln Sie sie nicht weiter, denn sie hat schon keinen heilen Fleck mehr am Leib.

Und geben Sie mir meine Tochter im Guten heraus. Ich unterzeichne mit kalter Verachtung.

M. S.

Herrn Sommo
Tarnas 7
Jerusalem

Haus Gideon in Sichron Jaakov
Schabbat, 4.9. 76

Schalom, Herr Sommo,
(1) Gestern überbrachte mir Ihr Schwager Ihren erregten Brief. Ihre Befürchtungen sind unbegründet: Niemand hat Sie betrogen. Allerdings ist mir Ihre Empfindlichkeit wohlverständlich und in gewissem Sinne auch selber nicht fremd. Tatsächlich hat Ihre Gattin sich jedoch aus eigenem freien Willen entschieden, noch einige Tage hierzubleiben und mich zu pflegen, bis ich (in Kürze) zu Bestrahlungen ins Krankenhaus gehen werde, worauf sie natürlich sofort zu Ihnen zurückkehren wird. Ich hoffe, Sie, Herr Sommo, werden ihr die Rückkehr nicht schwermachen. Am Schluß Ihres Briefes bemerkten Sie, »sie hat fast keinen heilen Fleck mehr am Leib«, und ich stimme Ihnen zu. Ich kann also nur Ihre eigene Bitte zurückschicken: Gehen Sie gütig mit ihr um.
(2) Aus dem Hadassah-Krankenhaus werde ich wohl nicht mehr herauskommen. Seit ich vor einem Jahr an Nierenkrebs erkrankte, bin ich zweimal operiert worden. Jetzt haben sich die Geschwüre in der Bauchhöhle verbreitet. Die Ärzte in New York hielten einen weiteren Eingriff nicht für sinnvoll. Mein Zustand ist recht elend, und daraus können Sie schließen, daß Ihre Eifersuchtsphantasien unbegründet sind und es keinen Sinn hat, bis zu Urija dem Hetiter auszuschweifen. Oder bis nach Hawaii. Es genügt, einige Jahre zurückzugreifen. Wie Sie wissen, habe ich Ilana im September 59 mehr auf ihren als auf meinen Wunsch geheiratet. Einige Monate danach wurde sie schwanger und trug Boas nach eigenem Gutdünken aus: Ich betrachtete mich als ungeeignet für die Aufgabe eines Vaters und hatte ihr das auch von vornherein gesagt. Später traten Komplikationen in unserem Zusammenleben auf. Es stellte sich zweifelsfrei heraus, daß ich ihr Leid verursachte. Das sie vielleicht ersehnte (ich bin kein Fach-

mann auf diesem Gebiet). Aus Charakterschwäche zögerte ich die Scheidung bis September 68 hinaus. Das Scheidungsverfahren wurde von beiden Seiten grausam und meinerseits auch kleinlich betrieben: Haß und Rachsucht bestimmten mein Verhalten. Danach verließ ich das Land. Brach jeden Kontakt ab. Auf Umwegen erfuhr ich von Ihrer Eheschließung. Und zu Beginn dieses Jahres erreichte mich ein Hilfegesuch, von ihr und vielleicht von Ihnen beiden. Aus Gründen, die mir unklar sind und die eventuell auf dem Fortschreiten meiner Krankheit beruhen, hielt ich es für angebracht stattzugeben. Jetzt gegen Ende meines Lebens gibt es zwei, drei Dinge, die ich zu bereuen begonnen habe. Deswegen bin ich letzte Woche (ohne Vorankündigung) eingereist, um Boas wiederzusehen und ferner in dem Haus zu verweilen, in dem ich aufgewachsen bin. Hier fand ich Ilana, die sich entschied, mich etwa wie eine Krankenschwester zu versorgen. Nicht ich hatte sie eingeladen, sich hier aufzuhalten, aber ich sah auch keinen Grund, sie neuerlich zu verstoßen. Zumal das Haus praktisch schon Boas gehört, wenn es auch formell noch auf meinen Namen eingetragen ist. Die Beziehungen, die hier zwischen ihr und mir herrschen, Herr Sommo, entsprechen keinesfalls einem eheähnlichen Verhältnis im üblichen Sinne. Falls nötig, werde ich eine handschriftliche Erklärung für Ihren Rabbi abfassen und darin die Unschuld Ihrer Frau bezeugen.

(3) Ich habe in meinem revidierten Testament so verfügt, daß sowohl die Zukunft Boas' als auch die Ihrer Familie bestens gesichert ist. Wenn Sie das Geld nicht für messianische Investitionen usw. verschwenden, wird Ihr Kind also vor jener Not und Armut geschützt sein, die Sie selbst erfahren mußten, wie Sie es in Ihrem Brief in den grellsten Farben schilderten. Übrigens scheint mir das kleine Mädchen zartfühlend und freigebig zu sein: Heute früh, zum Beispiel, als die ganze Kommune hier noch schlief, kam sie herein, setzte sich auf meine Bettkante, erfand eine Art Arznei für mich (Petroleum und Maulbeerblätter offenbar) und schenkte mir einen toten Grashüpfer in einem Plastikbeutel. Als Gegengabe wünschte (und erhielt) sie drei Papierschiffchen. Wir führten einen kleinen philosophischen Diskurs über die Natur des Wassers.

(4) Was Ihre übrigen Beschwerden betrifft – die gegen mich persönlich gerichteten und die in Pluralform gekleideten im ideologischen und politischen Bereich –, kann ich mich zu den meisten Anklagepunkten nur schuldig bekennen. Das heißt unter der Voraussetzung, Sie erlauben mir zuvor,

einige gefühlsbetonte Übertreibungen abzuziehen, die ich Ihrer Wut oder Ihrer angestauten Bitterkeit zuzuschreiben geneigt bin. Einfach ausgedrückt, Herr Sommo, ich halte Sie nicht nur für einen besseren Menschen als mich – das würde nicht viel heißen –, sondern ich halte Sie für einen guten Menschen, Punkt. Von Ihren hervorragenden Eigenschaften erfuhr ich im letzten Jahr und besonders in den letzten Tagen sowohl von Ilana als auch von Boas sowie – indirekt – durch die konzentrierte Beobachtung Ihrer Tochter (eben kam sie wieder in mein Zimmer, tippte mit meiner Hilfe ihren Namen auf meiner Hermes Baby, schenkte mir diesmal sechs Ameisen in einer Tasse und forderte mich zum Tanzen auf. Ich mußte mich drücken, wegen meiner Krankheit und auch, weil es mir nie gelungen ist, tanzen zu lernen).

(5) Während Sie, Ihren Worten zufolge, »kalte Verachtung« für mich empfinden, bringe ich Ihnen eine gewisse Anerkennung entgegen – jenseits aller bestehenden Meinungsunterschiede – und entschuldige mich hiermit für den Kummer, den meine Existenz Ihnen bereitet.

(6) Zu Recht schreiben Sie mir Arroganz zu. Im Gegensatz zu Ihnen, Herr Sommo, habe ich immer auf andere herabgesehen, vielleicht weil die Dummheit auf Schritt und Tritt so verbreitet war, oder auch nur, weil alle aus irgendeinem Grund von jeher, selbst als ich noch klein war, zu mir aufgeschaut haben. Jetzt, da ich kaum noch richtigen Schlaf finde und auch nie ganz wach bin, scheint mir, daß das ein Fehler gewesen ist. Aufmerksamkeit und Zögern charakterisieren gegenwärtig meine Beziehungen zu denen, die mich hier umgeben (obwohl ich nicht sicher bin, daß sie es merken). Wenn noch Zeit verblieben wäre, hätte ich eventuell vorgeschlagen, wir sollten einmal versuchen, uns zu treffen und einander von etwa gleicher Höhe aus zu betrachten. Wir hätten es wohl kaum als langweilig empfunden. Nur ist eben, wie Sie in Ihrem Brief mit scharfer Intuition feststellten, meine Zeit bereits abgelaufen, Herr Sommo. Mir schlagen tatsächlich die Glocken.

Und ich meine keine symbolischen, sondern völlig reale Glocken: Boas hat hier in einem der oberen Räume eine Art Windxylophon aus Flaschen, die an Bindfäden von der Decke baumeln, angebracht. Jeder Windhauch vom Meer entlockt ihnen einen hohlen, ewig gleichen Klang. Zuweilen scheucht diese Melodie mich von meinem Holzbett hoch. Gestern abend ist es mir gelungen, mich mit Hilfe eines Gehstocks, den Boas mir geschnitzt hat, aufzurichten und in den langsam dunkel werdenden Garten hinunterzugehen. Die acht jungen Leute, die hier wohnen, haben das Dornengestrüpp und das Hundszahngras gejätet, Ziegenmist verstreut (dessen beißender Geruch mir etwas von den Gerüchen meiner Kindheit wiederbringt) und die Erde umgegraben. An die Stelle der exotischen Rosensorten, die mein Vater hier zu kultivieren pflegte, sind jetzt Gemüsebeete getreten. Ilana hat Vogelscheuchen gebastelt (offenbar lassen sich die Vögel davon wenig beeindrucken). Und Ihre Tochter gießt zweimal täglich mit einer Gießkanne, die ich ihr aus der Stadt habe mitbringen lassen.

Zwischen den Beeten, neben dem reparierten Marmorbecken, in dem wieder Fische schwimmen (Karpfen statt Goldfische), fand ich zwei Korbstühle vor. Ilana holte sich Kaffee und für mich – Pfefferminztee. Falls Sie an Einzelheiten interessiert sind: Wir saßen mit dem Rücken zum Haus, das Gesicht dem Meer zugewandt, bis sich die Dunkelheit herabsenkte. Sprachen nichts miteinander, außer dem Allernötigsten. Möglicherweise ist Ilana betroffen über die Blässe meiner eingefallenen Wangen. Und ich weiß ihr wieder nichts zu sagen, außer daß ihr Kleid hübsch ist und ihr das lange Haar gut steht. Ich will nicht leugnen, daß es mir in den Jahren unserer Ehe niemals eingefallen wäre, sie so anzusprechen: Wozu? Machen Sie, Herr Sommo, ihr Komplimente wegen ihres Kleides? Würden Sie von ihr erwarten, daß sie Ihre Hosen lobt?

Sie legte mir eine Decke über die Knie. Und als der Wind auffrischte, breitete ich die Decke auch über ihre Knie aus. Wieder stellte ich fest, wie sehr ihre Hände gealtert sind, obwohl ihr Gesicht jung ist. Doch ich habe nichts gesagt. An die eineinhalb Stunden schwiegen wir. Weit weg, beim Ziegenstall, lachte und kreischte Ihre Tochter, weil Boas sie mit Schwung auf seine Schultern, auf den Kopf und dann – auf den Rücken des Esels setzte. Ilana sagte zu mir: Schau. Und ich sagte: Ja. Ilana sagte: Mach dir keine Sorge. Und ich sagte: Nein. Damit verfielen wir wieder in Schweigen. Ich hatte ihr nichts zu sagen. Wissen Sie, mein Herr, sie und ich benutzen die Sprache jetzt folgendermaßen: nein, ja, kalt, der Tee ist gut, das Kleid gefällt mir, danke. Wie zwei kleine Kinder, die nicht sprechen können. Oder wie Soldaten, die unter Gefechtsschock leiden, wie ich es nach dem Krieg mal in einem Rehabilitationszentrum gesehen habe. Ich halte mich bei dieser Einzelheit auf, um erneut zu betonen, daß Ihre Befürchtungen grundlos sind. Zwischen ihr und mir besteht nicht einmal eine wirkliche verbale Verbindung. Demgegenüber ist der Wunsch in mir erwacht, Ihnen diese Seiten zu schreiben. Obwohl ich keine

Ahnung habe, welchen Sinn das hat. Ihr Brief, der mich vielleicht verletzen sollte, hat mich nicht verletzt, sondern erfreut. Wie das? Ich weiß es nicht.

Um sieben versank die Sonne, und es setzte eine langsame Dämmerung ein. Aus der Küche erreichten uns die Klänge einer Mundharmonika. Und einer Gitarre. Und Backdüfte. (Sie backen hier das Brot selber.) Gegen acht oder etwas später brachte uns ein barfüßiges junges Mädchen eine Petroleumlampe, warmes Fladenbrot aus dem Ofen, Oliven, Tomaten und Joghurt (ebenfalls selbstgemacht). Ich zwang mich, ein wenig zu essen, damit auch Ilana etwas zu sich nahm. Und sie knabberte lustlos, um mich anzuspornen. Um Viertel nach neun sagte ich: Es wird langsam kalt. Ilana sagte: Ja. Und: Laß uns gehen. Und ich antwortete: Gut.

Sie half mir zu meinem Zimmer hinauf, aus meiner Kleidung (Jeans und ein T-Shirt mit dem aufgedruckten Konterfei von Popeye dem Seemann) und beim Ausstrecken auf dem Holzbett. Beim Weggehen nahm sie mir das Versprechen ab, sie zu rufen, falls nachts Schmerzen kämen. (Boas hat mir ein Tauende am Bett festgemacht. Wenn ich daran ziehe, scheppern die Blechtassen, die er an ihrem Bett im Erdgeschoß angebunden hat.) Aber ich habe mein Versprechen nicht gehalten. Sondern bin aufgestanden, habe einen Stuhl herbeigezerrt und mehrere Stunden am dunklen Fenster gesessen, dessen Scheiben mit Heftpflaster geklebt sind. Ich versuchte, die Nacht in mich aufzunehmen und zu prüfen, was der Mond den Bergen von Menasse im Osten antut. Meine Mutter pflegte in ihrem letzten Sommer so dazusitzen. Können Sie sich vorstellen, wie es ist, drei Handgranaten in einen Bunker voller Ägypter zu rollen? Und danach mit sprühender Maschinenpistole einzudringen, mitten unter das Schreien, Wimmern und Röcheln? Blut- und Hirnspritzer auf Kleidung, Haar, Gesicht abzubekommen? Während der Stiefel mit dumpfem Blubbern in einem aufgeschlitzten Bauch versinkt?

Bis zwei Uhr morgens saß ich am Fenster und hörte die Stimmen von Boas' Leuten. Sie sangen um ein Holzkohlenfeuer im Garten Lieder, die ich nicht kenne. Ein Mädchen spielte Gitarre. Boas selber sah ich nicht, auch seine Stimme war nicht zu hören. Vielleicht war er aufs Dach geklettert, um mit seinem Teleskop allein zu sein. Vielleicht war er ans Meer hinuntergegangen. (Er hat ein kleines Floß ohne einen einzigen Nagel gebaut, das er auf dem Buckel fünf Kilometer weit zum Strand hinunterträgt. Als er klein war, habe ich ihm einmal beigebracht, ein Kon-Tiki aus leichtem Holz und Seil zusammenzuschnüren. Er hat es sichtlich nicht vergessen.)

Um zwei war das Haus in Dunkelheit und tiefe Stille gehüllt. Nur die Frösche machten weiter. Und irgendwelche fernen Hunde. Gefolgt von der Antwort der Hofhunde. Die Füchse und Schakale, von denen es hier in meiner Kindheit wimmelte, sind spurlos verschwunden.

Bis gegen Morgen saß ich an jenem Fenster, in eine Wolldecke gehüllt wie ein Jude mit Tallit beim Gebet. Meinte das Meer zu hören. Obwohl es sicher nur der Wind in den Palmwedeln war. Und dachte über die Beschwerden in Ihrem Brief nach. Wenn mir noch Zeit dazu bliebe, würde ich Sie aus Ihrer Regimentspolizeibude herausholen. Einen General aus Ihnen machen. Würde Ihnen die Schlüssel übergeben und zum Philosophieren in die Wüste gehen. Oder vielleicht Ihren Platz an der Kinokasse einnehmen. Möchten Sie tauschen, Herr Sommo?

Die kleine Hippiekommune um mich herum werkelt auch tagsüber leise, wie auf Zehenspitzen. Als sei ich ein Totengespenst, das aus dem Keller aufgestiegen ist und sich in den Zimmern eingenistet hat. Und Zimmer gibt's hier in Fülle. Die meisten noch unbewohnt. Durch die Fenster wachsen die Zweige von Feigen- und Maulbeerbäumen herein. Ich finde es nett, wie Boas hier seines Amtes waltet – nein, einfach da ist – als erster unter gleichen. Mir gefällt ihr Singen in der Küche oder bei der Arbeit oder am Lagerfeuer auf dem Hof bis mitten in der Nacht. Die Mundharmonikaklänge. Der Rauch von ihrem Kochen. Sogar der Pfau, der hier wie ein dümmlich-arroganter Feldherr zwischen den Heerscharen von Tauben in den Gängen und Treppenhäusern umherstolziert. Und das Teleskop auf dem Dach. (Ich möchte dort hinaufklettern. Möchte Boas bitten, mich zu einer kleinen Sternentour einzuladen. Obwohl ich fast nichts von dem himmlischen Heer verstehe, außer als Orientierungsmittel bei Nachtmärschen.) Das Hauptproblem ist, daß die Strickleiter jetzt nicht mehr im Bereich meiner Kräfte liegt. Ich werde leicht schwindlig. Sogar bei meinen Versuchen, mich allein zwischen Bett und Fenster hin- und herzubewegen. Außerdem vermeidet es Boas, mit mir ins Gespräch zu kommen, abgesehen von guten Tag, wie geht's dir, was brauchst du aus dem Laden im Ort. (Heute morgen erbat ich einen Tisch, um meine Hermes Baby daraufzustellen und diesen Brief zu schreiben. Nach eineinhalb Stunden kam er mit einem Tisch herauf, den er aus Kisten und Eukalyptusästen für mich gezimmert hatte, mit schräger Fußstütze. Und auf eigene Initiative hat er mir einen Ventilator gekauft.) Die meiste Zeit arbeitet er offenbar in dem Dschungel, der einst ein Obstgarten gewesen ist: fällt Baumstümpfe mit der Axt, zersägt Äste, klaubt Steine auf und trägt sie in Körben auf der nackten Schulter davon, als verkörpere er Atlas den Titanen, gräbt um, rollt Schiebkarren mit Dung heran. Oder er steht im Seitenflügel und mischt mit Spaten und Hacke Mörtel, Kies und Sand, gießt Beton auf ein selbstgeflochtenes Eisengitter und legt damit einen neuen Fußboden.

Manchmal sehe ich ihn gegen Ende des Tages hoch in einem der alten Eukalypten, die mein Vater hier vor fünfzig Jahren gepflanzt hat; dort sitzt er dann in einer Hängematte, die er in acht Meter Höhe festgeknüpft hat, und liest zu meiner Verblüffung ein Buch. Oder er zählt die Wolken aus der Nähe. Oder spricht zu den Vögeln in ihrer Sprache.

Einmal habe ich ihn am Geräteschuppen aufgehalten. Habe gefragt, was er liest.

Boas zuckte die Achseln und antwortete widerstrebend, »'n Buch. Warum?«

Ich wollte wissen, welches Buch.

»Sprachbuch.«

Das heißt?

»Grammatik für Mund und Ohr. Daß mit der Rechtschreibung und all dem mal Schluß ist.«

Kann man ein »Sprachbuch« lesen, als sei es Unterhaltungslektüre zum Zeitvertreib?

»Worte und das«, er schenkt mir sein bedächtiges Lächeln, »das ist wie Menschen kennen. Woher sie stammen. Wer mit wem verwandt ist. Wie jeder sich in allen möglichen Situationen verhält. Und außerdem« (er zögert, schickt die rechte Hand auf eine lange Reise um seinen riesigen Schädel, um sich damit die linke Schläfe zu kratzen, eine unlogische und doch fast königliche Geste), »und außerdem gibt's das gar nicht: Zeit vertreiben. Die Zeit vergeht überhaupt nicht.«

Vergeht nicht? Was soll das heißen?

»Was weiß ich? Vielleicht isses umgekehrt. Daß wir in der Zeit weitergehen. Was weiß ich? Oder daß die Zeit die Menschen verbringt. Hast du Lust, dich hinzusetzen und mirn paar Samen zu verlesen? Das ist im Schuppen. Im Schatten. Nur falls du Lust hast, was zu tun. Oder vielleicht kannste leere Säcke zusammenfalten?«

So wurde ich, mehr oder weniger, in ihren Arbeitsplan eingegliedert (etwa eine halbe Stunde jeden Morgen, im Sitzen, soweit die Schmerzen nicht besonders stark sind. Und manchmal nicke ich dabei ein).

Die jungen Mädchen, die hier wohnen: zwei oder drei Amerikanerinnen. Eine Französin. Eine, die mir wie eine israelische Gymnasiastin aus gutem Hause vorkommt, vielleicht auf romantischer Flucht vor der Familie, vielleicht auf Suche nach Selbstverwirklichung. Oder als Alternative zum Selbstmord? Offenbar alles Geliebte von ihm. Möglicherweise auch die jungen Männer. Was versteht ein Mann wie ich davon? (Ich war in seinem Alter noch ein onanierender Abstinenzler. Sicher auch Sie, Herr Sommo? Ich habe sogar jungfräulich geheiratet. Sie auch, mein Herr?) Boas geht nach meiner Schätzung auf ein Meter fünfundneunzig zu und wiegt mindestens neunzig Kilo. Ist aber trotzdem behende, geschmeidig, läuft Tag und Nacht barfuß und nackt herum, abgesehen von einer Art verblichenem Lendenschurz. Das stumpf-goldene Haar fällt ihm in Wellen auf die Schultern herab. Der weiche blonde Bart, die halb geschlossenen Augen, die immer leicht geöffneten Lippen – all das verleiht ihm die Züge Jesu auf einer skandinavischen Ikone.

Und dabei wie im Traum befangen. Da und doch nicht da. Und schweigsam. Trotz seiner Körperkraft finde ich an ihm keine Ähnlichkeit mit meinem massigen, bärenhaften Vater. Sondern irgendwie mehr mit Ilana. Vielleicht wegen seiner weichen Stimme. Oder wegen seiner langen, elastischen Schritte. Oder wegen seines schläfrigen Lächelns, das mir kindlich und verschmitzt zugleich erscheint. »Wirst du den Springbrunnen reparieren, Boas?« – »Weiß nicht. Vielleicht. Warum nicht.« – »Und die Wetterfahne, die früher auf dem Dach war?« – »Vielleicht. Was issene Wetterfahne?«

Vor meinem Zimmerfenster: Zwiebel- und Paprikabeete. Frei herumpickende Hühner wie in einem arabischen Dorf. Einige Hunde, Promenadenmischungen der verschiedensten Sorten, die von weit her zugelaufen sind und hier Futter und Liebe gefunden haben. Eukalypten. Zypressen. Oliven-, Feigen- und Maulbeerbäume. Dahinter der ausgewucherte Obstgarten. Rote Dächer auf dem gegenüberliegenden Hang, etwa achthundert Meter von hier. Die Berge von Menasse. Wälder. Und leichter Rauchdunst am östlichen Horizont. Sogar das Flaschenxylophon in der Dachstube, in der meine Mutter vor einundvierzig Jahren in einer Winternacht gestorben ist, erscheint mir genau zutreffend. Obwohl seine sonderbaren Töne offenbar nur mich treffen. Falls Sie sich in Ihrer Phantasie eine Räuberhöhle ausgemalt haben, in deren Halbdämmer Ihre Frau Tag und Nacht in den Armen eines grausamen Dämons buhlt, so lautet die einfache Wahrheit, daß es keinerlei Dämmerlicht gibt: entweder starkes Sommerlicht oder Dunkelheit. Und was den Dämon anbetrifft: der döst die meiste Zeit unter der Einwirkung schmerztötender Mittel, die er aus Amerika mitgebracht hat. (Außer den besagten Medikamenten, seiner Hermes Baby, dem Pyjama und der Pfeife liegt alles noch unausgepackt in seinen Koffern, die in einer Zimmerecke herumstehen. Auch die Pfeife dient ihm nur zum Beißen, nicht zum Rauchen. Vom Rauchen wird ihm übel.) Und wenn er gerade mal nicht schläft? Dann liegt er auf seinem Holzbett und starrt vor sich hin. Sitzt am Fenster und starrt hinaus. Sortiert ein Weilchen Samen im kühlen Schuppen auf dem Hof, bis ihn die Kräfte verlassen. Ein abgesetzter Dämon, der seine Strafe verbüßt. Von Pillen betäubt. Ein schläfriger, stiller Dämon, der sich bemüht, nicht zur Last zu fallen, fast schon umgänglich. Vielleicht wie sein Vater, der in seinem Sanatorium auf dem Karmel vom Bären zum Schaf geworden ist.

Oder er rafft sich mühsam auf und wandert ein bißchen umher, auf seinen neuen Stock gestützt, in Sandalen, die ihm sein Sohn aus Reifenstücken und Tauenden gebastelt hat, verblichenen Jeans und einem Kinderhemd mit Popeye dem Seemann. Mager und abgerissen trottet er von Zimmer zu Zimmer. Von der Diele in den Flur. Vom renovierten Flügel in den Garten. Bleibt stehen, um sich mit Ihrer Tochter zu unterhalten. Versucht ihr das Fünfsteinspiel beizubringen. Bindet ihr seine Armbanduhr um. Und setzt seinen Weg fort, um die Schatten seiner Kinder- und Jugendzeit aufzuzählen und einzuordnen: Hier hat er Seidenraupen gezogen. Hier hat er den Papagei geschlachtet und begraben. Hier betrieb er (und sprengte dann mit Schießpulver, das er Patronenhülsen entnommen hatte) die elektrische Eisenbahn, die sein Vater ihm aus Italien mitgebracht hatte. Dort hielt er sich einmal zwei Tage und eine Nacht versteckt, nachdem sein Vater ihn getreten hatte. Hierher kam er zum Onanieren. Da eroberte er mit Stecknadeln und Pfeilen die Karte Westeuropas. Dort verbrannte er eine Maus bei lebendigem Leib in der Falle. Und hier zeigte er sein Glied und befummelte halb ohnmächtig die Scham der Enkelin des armenischen Dieners. Da drüben ließ er die einfallenden Marsmenschen landen, und hier testete er insgeheim die hebräische Atombombe. An jener Stelle beschimpfte er eines Tages seinen Vater und kriegte dafür einen Fausthieb auf die Nase, worauf er blutend wie ein junges Schwein allein liegenblieb. Und hier verbarg er die feinen Sandaletten, die er in der Hinterlassenschaft seiner Mutter gefunden hatte (und hier entdeckte er vorgestern auch unter einer losen Fliese ihre verrotteten Überreste). Dort versteckte er sich mit Jules Verne und eroberte entlegene Inseln. Und hier, in dem niedrigen Winkel unter der Hintertreppe, igelte er sich ein und weinte ungesehen zum letzten Mal in seinem Leben: als der Vater seinen Rhesusaffen hinrichten ließ. Denn in diesem Haus ist er aufgewachsen. Und nun ist er gekommen, in ihm zu sterben.

Vielleicht so: um zwanzig vor acht, nach dem Sinken der Sonne, bevor noch die flackernden Feuerbrände am Horizont über dem Meer verloschen sind. Und gerade auf der kaputten Bank zu Beginn des Abhangs, am Rand des Felsabsturzes, gegenüber dem Obstgarten, der zu einem subtropischen Wald ausgewuchert ist und den Boas jetzt wiederherzustellen begonnen hat. Es gibt dort einen Steinhaufen an der Stelle, an dem der Brunnen gewesen ist. Kein Brunnen, sondern ein Wasserloch, das sein Vater hier irgendwann ausgehoben hatte, um das Regenwasser zu sammeln. Und seine beiden erkaltenden Hände werden zwischen ihren Handflächen liegen: denn es kommt vor, daß wir uns, wie zwei schüchterne Kinder, still an den Händen halten. Sie in Ihrer Großmut werden ihr das wohl kaum übelnehmen.

Und so, beim Schreiben der Ihnen vorliegenden Seiten, neige ich immer mehr dem Entschluß zu, meinem Sohn zu gehorchen, der mir gestern mit seiner monotonen, apathischen Stimme sagte, statt im Hadassah-Krankenhaus zu vergammeln, wo man mir sicher doch nicht mehr helfen könne, sollte ich lieber dableiben und, wie er sich ausdrückte, ein bißchen ausschnaufen.

Stört euch meine Anwesenheit nicht?

»Du zahlst ja.«

Soll ich versuchen, mich nützlich zu machen? Irgendeinen Kurs geben? Einen Vortrag halten?

»Aber hier sagt doch keiner dem anderen, was er tun soll.«

Tun? Ich tu hier doch fast gar nichts?

»Ist am besten für dich: bleib ruhig sitzen.«

Also bleibe ich hier. In aller Stille. Werden Sie Mitleid mit uns haben und den beiden erlauben, noch ein Weilchen hierzusein? Tag für Tag werde ich Ihre Tochter unterhalten. Werde ihr ein Theater mit Schattenmonstern vorführen, die meine Finger an die Mauer werfen. (Sackheim hat mir das beigebracht. Als ich sechs Jahre alt war. Oder sieben.) Ich werde weiter Ansichten über die Natur von Feuer und Wasser mit ihr austau-

schen oder über die Träume der Eidechsen. Sie wird mir Arzneien aus Lehm, Seifenwasser und Kiefernzapfen anrühren. Und jeden Tag, bei aufkommender Abendbrise, werde ich mit Ilana auf der Bank sitzen und dem Rauschen der Pinien lauschen.
Es geht nur um eine kurze Zeit.
Und Sie haben das volle Recht, nein zu sagen und ihre augenblickliche Rückkehr zu fordern.
Übrigens schlägt Boas vor, Sie sollten ebenfalls zu uns herkommen. Nach seinen Worten könnten Sie Ihre Erfahrungen als Bauarbeiter beisteuern, unter der Bedingung, daß Sie hier nicht versuchen, als Kaschrutaufseher zu fungieren. Soweit Boas. Was halten Sie davon?
Falls Sie es verlangen, werde ich die beiden unverzüglich mit dem Taxi nach Jerusalem schicken, ohne böse Gefühle gegen Sie (welches Recht hätte ich denn, böse zu werden?).
Wissen Sie, mein Herr, mein Tod ist annehmbar. Täuschen Sie sich bitte nicht: es geht nicht um Todeswünsche oder ähnliches (in dieser Hinsicht gäbe es keinerlei Schwierigkeiten: ich habe eine ausgezeichnete Pistole, die mir einmal ein General aus dem Pentagon geschenkt hat), sondern um einen ganz anderen Wunsch: überhaupt nicht zu existieren. Rückwirkend meine Gegenwart zu beseitigen. Dafür zu sorgen, daß ich nicht geboren werde. Von Anfang an zu irgendeinem anderen Modus überzugehen: als Eukalyptus zum Beispiel. Oder als leere Anhöhe in Galiläa. Oder als Gesteinsbrocken auf dem Mond.
Übrigens hat Boas Ilana und Jifat den besten Teil des Hauses zugewiesen: er hat die beiden im Erdgeschoß untergebracht, in dem halbrunden Zimmer, dessen französisches Fenster auf die Dächer des unter uns liegenden Kibbuz blickt, auf die Bananenpflanzungen, auf den Küstenstreifen und aufs Meer. (Möwen am frühen Morgen. Tiefer Glanz am Mittag. Bläulicher Dunst jeden Abend.) Einst hat dieses Zimmer die grandiose Bibliothek meines Vaters beherbergt (den ich nie ein Buch habe aufschlagen sehen). Jetzt hat man es in einem scharfen, psychedelischen Blau gestrichen. Ein altes Fischernetz ziert die hohe Decke. Und abgesehen von den vier mit Armeewolldecken überzogenen Betten und einer geborstenen, abblätternden Kommode befinden sich darin auch ein Stapel Kunstdüngersäcke und einige Dieseltonnen. Irgendein verliebtes Mädchen hat dort über eine ganze Wand ein Bild von Boas gemalt, wie er nackt und strahlend mit geschlossenen Augen auf einem stillen Gewässer wandelt.

Statt auf dem Wasser zu wandeln, geht er eben an meinem Fenster vorbei, schwingt sich auf den kleinen Traktor, den er kürzlich erworben hat (von meinem Geld), einen Kreiselschwader im Schlepptau, und Ihre Tochter hockt wie ein Äffchen auf seinem Schoß, ihre Hände zwischen den seinen am Lenkrad. Übrigens kann sie schon fast allein auf dem Esel reiten. Ein sehr junges, fügsames Tier. (Gestern abend, im Dunkeln, hielt ich ihn irrtümlich für einen Hund und hätte ihn beinah gestreichelt. Seit wann gebe ich mich damit ab, Hunde zu streicheln? Oder Esel?) Einmal, bei Bir Tamada im Sinai, lief mir irgendein dummes Kamel ins Schußfeld. Trottete ganz langsam den Kamm der niedrigen Hügelkette in zweitausend Meter Entfernung entlang. Etwas oberhalb unserer Zieltonne. Der Schütze feuerte zwei Geschosse darauf, ohne zu treffen. Der Ladeschütze wollte es auch versuchen und schoß genauso daneben. Von Ehrgeiz gepackt, kletterte ich auf den Schützensitz hinunter, feuerte und verfehlte ebenfalls. Das Kamel blieb stehen und maß in rätselhafter Gelassenheit die Einschußstellen mit dem Blick. Beim vierten Schuß riß ich ihm den Kopf vom Hals. Und sah durchs Fernrohr deutlich die Blutfontäne, die ein bis zwei Meter hoch aufschoß. Der Halsstumpf wandte sich noch hin und her, als suche er den abgetrennten Kopf, drehte sich nach hinten und überspülte den Höcker mit seinem Blut, ähnlich wie ein Elefant, der sich mit dem Rüssel bespritzt, ehe das Tier schließlich mit langsamer Grazie erst in den dünnen Vorderbeinen, dann in den Hinterbeinen einknickte, auf dem Bauch zusammensank, den triefenden Hals in den Sand gerammt, und so auf der Kammlinie zu einem sonderbaren Denkmal erstarrte, das ich mit drei weiteren Geschossen vergeblich zu sprengen suchte, bis plötzlich aus dem toten Winkel ein mit den Armen fuchtelnder Beduine auftauchte und ich befahl, das Feuer einzustellen und abzuhauen.

Eben streicht wieder eine Seebrise über das Flaschenxylophon. Ich halte inne und lasse von meiner Hermes Baby ab, um mich zu fragen, ob ich verrückt geworden bin: Wie komme ich dazu, mich vor Ihnen auszuschütten? Eine Beichte für Sie zu verfassen? Ist es ein krankhaftes Begehren, mich vor Ihnen lächerlich zu machen? Oder umgekehrt, Sündenvergebung zu erlangen? Von Ihnen? Und was, Monsieur Sommo, ist denn überhaupt die Grundlage Ihres blinden Vertrauens auf die Existenz »himmlischer Vorsehung«? Sühne? Lohn und Strafe? Oder Gnade? Wo haben Sie das denn hergeholt? Möchten Sie mir bitte Beweise dafür bringen? Ein kleines Wunder wirken? Meinen Stock in eine Schlange verwandeln? Ihre Frau in eine

Salzsäule vielleicht? Oder aber erheben Sie sich und gestehen, daß alles nur auf Blödsinn, Unwissenheit, Engstirnigkeit, Betrug, Erniedrigung und Furcht beruht.

Sackheim beschreibt Sie als verschlagenen, ehrgeizigen Fanatiker, dem es allerdings nicht an jesuitischen Gaben und feinen politischen Instinkten mangelt. Wenn es nach Boas geht, sind Sie nichts als eine gutmütige Nervensäge. Ilana legt Ihnen, in ihrem üblichen Stil, so etwa die Heiligkeit des Erzengels Gabriel bei. Oder zumindest die Aura eines verborgenen Gerechten. Obwohl sie, bei anderer Stimmung, eine levantinische Seite an Ihnen entdeckt. Auch bei mir haben Sie gewisse Neugier geweckt.

Aber was ist Heiligkeit, Herr Sommo? An die neun Jahre habe ich auf die vergebliche Suche nach einer plausiblen und einigermaßen kühlen Definition dafür verschwendet. Vielleicht werden Sie sich freundlicherweise bereitfinden, mich zu erleuchten? Denn ich habe immer noch keine Ahnung. Sogar die lexikalische Definition erscheint mir flach und hohl, ja fußt im Grunde wohl auf einem Zirkelschluß. Und nach wie vor habe ich das unbestimmte Bedürfnis, noch etwas zu entschlüsseln. Obwohl meine Zeit schon abgelaufen ist. Und dennoch: Heiligkeit? Oder Zweck und Ziel? Und Gnade? Was versteht der Wolf von dem Mond, den er aus vollem Hals anheult? Was versteht der Nachtfalter von dem Feuer, in das er sich stürzt? Der Kamelmörder – von Erlösung? Können Sie mir helfen?

Bloß ohne fromme Predigten, Sie aufgeblasener Heuchler, der es wagt, sich vor mir damit zu brüsten, nie einen Tropfen Blut vergossen zu haben. Sie haben keinem Araber ein Haar gekrümmt. Erlösen das Land mit Speichelleckerei. Vertreiben alle Fremdlinge von der heiligen Erde mit Hilfe von Bannsprüchen und Beschwörungen vermischt mit meinem Geld. Reinigen das Erbe unserer Väter mit purem Olivenöl. Ficken meine Frau, erben mein Haus, erretten meinen Sohn, investieren mein Kapital und überschütten mich dazu noch mit biblischen Schmähungen über meinen ethischen Tiefstand. Sie ermüden mich. Stören wie eine lästige Fliege. Sie können mir nichts Neues bieten. Mit Ihrer Sorte gebe ich mich seit langem nicht mehr ab, da bin ich zu komplexeren Charakteren übergegangen. Nehmen Sie das Geld und machen Sie, daß Sie aus meiner Schußweite kommen.

Und ich, was kann ich Ihnen bieten, außer möglichst bald abzukratzen? Sie wünschen mir in ihrem Brief, daß »der Becher zu mir kommen« möge, und nun ist er tatsächlich da und fast schon geleert. Sie beschuldigen mich, Ihnen »das Schaf des armen Mannes« und die Brosamen Ihres Mahls geraubt zu haben. Aber in Wirklichkeit bin ich es jetzt, der die Brösel von Ihrem koscheren Tisch aufliest. Sie drohen mir, ich würde »bald meinem Schicksal gegenüberstehen«, wo ich kaum noch stehen kann. Sie hören Glocken, und die Glocken sind hier, genau über mir. Was wollen Sie noch, mein Herr? Sich an Totenopfern laben?

Apropos Totenopfer: der liebe Sackheim schätzt mich auf zwei Millionen Dollar. Auch nach Abzug von Boas' Hälfte ist Ihr Totenopfer also durchaus ansehnlich. Sie werden in einer Luxuslimousine zwischen Ihren »Anfängen der Erlösung« in den Gebieten umherkurven können. Sackheim und seine blonde Tochter drohen, diese Woche hier aufzutauchen, fest entschlossen, mich notfalls »sogar mit Gewalt« in seinem Wagen nach Jerusalem zu transportieren, um die Bestrahlungen im Hadassah-Krankenhaus zu bekommen und Ihnen mit der gleichen Tour auch die verlorenen Schäfchen zurückzubringen. Nur daß ich beim Schreiben dieser Seiten endgültig beschlossen habe, hierzubleiben. Was habe ich in Jerusalem zu suchen? Soll ich inmitten von sabbernden Propheten und belfernden Erlösungsaposteln krepieren? Ich bleibe bei meinem Sohn. Falte Säcke bis zum Ende. Sortiere Radieschen. Rolle alte Bindfäden auf. Vielleicht lasse ich den Spaßvogel, der mein Vater war, aus Haifa herbringen: dann können wir hier einen Familienmarathon im Billard abhalten, bis ich tot umfalle. Erlauben Sie ihr, noch ein wenig bei mir zu bleiben? Bitte? Vielleicht wird Ihnen dafür sogar eine weitere Gutschrift auf Ihrem Frommetatenkonto zuerkannt?

Boas erzählte mir mit einer halb gelangweilten, halb spöttischen Mundbewegung, eine seiner hiesigen Liebhaberinnen habe früher Wasser über die Hände eines alten Gurus aus dem Staat Wisconsin gegossen, der, ihren Worten zufolge, bösartige Krankheiten durch Bienenstiche zu vertreiben wußte. Und ich vergnügte mich zu meiner eigenen Verblüffung heute morgen tatsächlich damit, meinen Stock in den Bienenkorb zu stoßen. Nur sind Boas' Bienen entweder so schlapp und betäubt wie ich oder so friedliebend wie er, denn sie umsummten mich zwar lange, wollten aber absolut nicht zustechen. Vielleicht hält sie der Totengeruch, der von mir ausgeht, fern. Oder geben sie sich nicht damit ab, Kleingläubige zu heilen?

Und schon ist ja auch unwillkürlich meine alte Besessenheit wieder da: jede närrische Biene zur Trägerin einer theologischen Frage zu erklären, nur um mich zähneknirschend auf sie zu stürzen und sie mitsamt der Frage zu zerquetschen. Und diesem trostlosen Vernichtungsakt eine neue Frage abzugewinnen. Die ich dann eilends mit einem wohlgezielten Geschoß in die Luft sprenge. Neun Jahre schlage ich mich mit Machiavelli herum, nehme Hobbes und Locke auseinander, trenne Marx an den Rändern auf, glühe vor Begierde, ein für allemal zu beweisen, daß weder die Eigensucht noch die Niedertracht oder die Grausamkeit in unserem Wesen uns zu einer selbstzerstörerischen Spezies macht. Daß wir uns selber vernichten (ja demnächst endlich unsere sämtlichen Artgenossen auslöschen werden), liegt gerade an den »edlen Sehnsüchten«, die uns innewohnen: an der religiösen Krankheit. An dem brennenden Verlangen, »errettet zu werden«. Am Erlösungswahn. Und was ist dieser Erlösungswahn? Doch nur eine Tarnung für den allgemeinen Mangel an elementarer Lebensbegabung. Einer Gabe, mit der jede Katze begnadet ist. Während wir – ähnlich den Walen, die sich im Drang zum Massenselbstmord auf den Strand werfen – an fortgeschrittenem Lebensbegabungsschwund leiden. Daraus folgt das verbreitete Begehren, das, was wir haben, zu verwerfen und zu vernichten, um uns einen Weg zu irgendwelchen Erlösungsgefilden freizubrechen, die es nie und nimmer gegeben hat, ja unmöglich geben kann. Frohlockend unser Leben zu opfern, ekstatisch unsere Mitmenschen aus der Welt zu schaffen, zugunsten eines nebulösen Trugbilds, das uns als »verheißenes Land« erscheint. Eine Illusion der einen oder anderen Art, die angeblich »über dem Leben steht«. Und was gilt in unseren Augen nicht alles als über dem Leben stehend? Im Uppsala des 14. Jahrhunderts schlachteten zwei Mönche eines Nachts achtundneunzig Waisenkinder ab und verbrannten sich dann selber, weil ein Blaufuchs am Klosterfenster aufgetaucht war, um ihnen durch sein Erscheinen zu bedeuten, daß die Jungfrau sie erwarte. Ergo: wieder und wieder die Erde bedecken »mit dem Teppich unseres vergossenen Hirns / weißen Lilien gleich«, einem Teppich, der für die reinen Fußstapfen irgendeines illusionären Heilands vorgesehen ist (nach dem Dichterwort eines einheimischen Fanatikers, dem es nach eifrigem Bemühen tatsächlich gelang, sich ein schönes Hirnvergießen mit zwanzig Pistolenkugeln zu sichern, die die Briten ihm in den Kopf schossen). Oder nach anderer einheimischer Lesart: »Denn Ruhe ist Verderben / drum gib dein Blut hin zu sterben / für den verborgenen Glorienschein.« Was für ein verborgener Glorienschein, Herr Sommo? Haben sich Ihre Sinne verwirrt? Schauen Sie sich mal Ihr Kind an: das ist der ganze verborgene Glorienschein. Einen anderen gibt es nicht. Es ist schade um die Worte, die man auf Sie vergeudet. Sie werden die Kleine ermorden. Werden alles umbringen, was sich im Gelände bewegt. Das nennen Sie dann Geburtswehen des Messias und rechtfertigen es im frommen Gebet als göttlichen Richterspruch. Womöglich werden Sie mich sogar noch übertreffen, indem Sie es fertigbringen zu morden, ohne einen einzigen Tropfen Blut zu vergießen. Sie werden in Olivenöl sieden und heilig, heilig, heilig dazu murmeln.

Eben habe ich eine kurze Mittagspause eingelegt. Ein junges Mädchen namens Sandra kam barfuß in mein Zimmer herauf und stellte verträumt lächelnd eine Blechkanne voll duftendem Kräutertee und einen Teller vor mich hin, der mit einem zweiten Teller abgedeckt war: ein zweigeteiltes hartes Ei. Oliven. Tomaten und Gurkenschnitze. Zwiebelringe. Zwei Scheiben hausgebackenes Brot und Ziegenkäse mit Knoblauch darauf. Honig in einem Glasschälchen. Ich kaute ein bißchen, trank und schenkte mir nach. Währenddessen stand diese Sandra in ihrer arabischen Gallabiya unverwandt da und beobachtete mich mit offener Neugier. Vielleicht hatte sie Auftrag, meine Bissen zu zählen. Und doch blieb sie, als hätte sie Angst vor mir, an der Tür stehen. Die sie nicht hinter sich geschlossen hatte.

Ich beschloß, eine leichte Unterhaltung mit ihr zu versuchen. Obwohl ich im allgemeinen keine Ahnung von leichten Plaudereien mit Fremden habe. Wo sie her sei, wenn ich fragen dürfe?

Aus Omaha, Nebraska.

Wissen ihre Eltern, wo sie ist und was sie macht?

Das ist so: ihre Eltern sind nicht direkt ihre Eltern.

Und?

Die zweite Frau ihres Vaters und der neue Mann ihrer Mutter haben ihr einen Geldbetrag gegeben, damit sie sich die Welt anguckt, unter der Bedingung, daß sie verspricht, zum Jahresende zurückzukommen und sich in einem College einzuschreiben.

Und was möchte sie studieren?

Weiß sie noch nicht. Eigentlich lernt sie hier eine Menge.

Was zum Beispiel? Einführung in die primitive Landwirtschaft?

Sich selbst zu verstehen. Ein bißchen. Und auch einen Begriff von der »meaning of life« zu bekommen.

Wäre sie bereit, mich da zu erleuchten? Was ist diese »meaning«?

Aber das sollte man, nach ihrer Meinung, »lieber nicht in Worte fassen«?

Dann könnte sie mir vielleicht die allgemeine Richtung angeben? Einen Fingerzeig?

»Das muß jeder alleine? Nicht?«

Sie hat die versponnene Angewohnheit, jeden Satz mit einem Fragezeichen zu beenden, nicht als Fragende, sondern wie über die eigenen Worte verwundert. Ich beharre auf meiner Bitte, wenigstens einen kleinen Hinweis auf den Sinn des Lebens zu erhalten.

Sie ist verlegen. Zwinkert. Und lächelt, als wolle sie mich anflehen, auf meine Forderung zu verzichten. Sehr hübsch. Und verschämt. Verblüffend kindlich. Zuckt errötend die Achseln, als ich sie einlade, einen Augenblick Platz zu nehmen. So bleibt sie, die Freundin meines Sohnes, eine seiner Freundinnen, an der Schwelle stehen wie ein flüchtiges Reh, das einen Verfolger wittert. Die Anspannung kräuselt ihr die Haut. Noch ein Wort, und weg ist sie. Aber ich bin beharrlich: »Wo anfangen, Sandra?«

»Ich meine: einfach am Anfang?«

»Und wo ist der Anfang?«

»Ich meine: vielleicht so weit zurück, wie dein Gedächtnis reicht?«

»Bis zu meiner Beschneidung, ist das genug? Oder muß man noch davor weitersuchen?« (Ich bin diese Phrasen leid.)

»Bis dahin, wo sie dich zu Anfang gedemütigt haben, nicht?«

»Gedemütigt? Wart einen Moment. Setz dich. Ich gehöre zufällig zu den Demütigern. Nicht zu den Gedemütigten.«

Aber sie will sich nicht setzen. Unten wartet man auf sie. Boas. Und die Freunde. Heute werden Leute gesucht, um den verstopften Brunnen wieder zu öffnen. Das Wasserloch.

»Dann reden wir vielleicht später? Und übrigens, vielleicht brauchst du ein bißchen Geld? Versteh mich nicht falsch. Was? Können wir uns am Abend ein Weilchen unterhalten?«

»Das geht«, sagt sie verwundert, ignoriert das finanzielle Angebot. Und nach weiterem verträumten Nachsinnen fragt sie vorsichtig: »Was gibt's denn zu reden?«

Damit sammelt sie das Geschirr ein, meine fast unberührte Mahlzeit, und trippelt aus dem Zimmer (die Teekanne und den Honig hat sie mir freundlicherweise doch dagelassen). Draußen auf dem dunklen Korridor fügt sie hinzu: »Never mind. Be at peace? It's simple?«

Geistig zurückgeblieben. Oder unter Drogeneinfluß. In ein paar Jahren werden die Russen kommen und sie alle zum Frühstück verspeisen.

Und dennoch: Wo ist der Anfang?

Seine erste Kindheitserinnerung ist das Bild eines sengenden Sommertags, umgeben vom bitteren Rauch eines Eukalyptusreisigfeuers weiter unten im Hof. Vom Dunst eines heißen Wüstenwindes behaftet. Eine dichte Wolke fliegender Ameisen – vielleicht waren es Heuschrecken? – landete auf dem Kopf des Jungen, auf den Knien, in seinen kurzen Hosen, auf den nackten Füßen und auf seinen Fingern, die mit der Zerstörung von Maulwurfshügeln beschäftigt waren. Oder mit einer Glasscherbe, die er in der Gartenerde gefunden hatte und nun dazu benutzte, die Sonnenstrahlen zu bündeln und ein Stück Seidenpapier aus einer Zigarettenschachtel (Simon Arzt?) in Brand zu setzen. Ein dichter Schatten fiel auf ihn und schaltete die Welt aus. Sein Vater. Der das Feuer austrat. Und ihn wutstiebend wie ein biblischer Zornesgott auf den Kopf schlug.

Und der Garten: was wuchs da nicht alles? Meerzwiebel und Sauerklee zu ihrer Zeit. Alpenveilchen, Lupinen und Kreuzkraut zu Wintersende. Weiße Margeriten. Und Mohnblumen. Und Makkabäerblut. Doch die galten dem Vater nichts, der sie allesamt zugunsten seiner Rosenbeete ausriß, diesen seltenen exotischen Sorten, die er aus dem Fernen Osten und vielleicht aus den Anden bezog. Und es gab Insekten und Kriechtiere und Geckos und umgekehrte Kathedralen aus Spinnweben und Schildkröten und Schlangen, die der Junge fing und in Dosen und Weckgläsern im Keller einsperrte. Manche nahmen Reißaus und verbargen sich in den Gesteinsritzen oder nisteten sich im Hause ein. Und die Seidenraupen, die er im Dickicht des Maulbeerbaums sammelte, in der Hoffnung, Schmetterlinge daraus zu ziehen, obwohl ausnahmslos immer nur übelriechende Verwesungsflecke daraus wurden. Der Samowar im Eßzimmer war ein schnaubender Satyr. Das Porzellangeschirr in der Glaskommode glich farbenprächtigen Soldaten in Kampfaufstellung. Die Fledermäuse unterm Dach waren ferngelenkte Raketen. In der Bibliothek stand ein unförmiger brauner Rundfunkempfänger, dessen grünliches magisches Auge in der Dunkelheit von innen her Wien, Belgrad, Kairo und die Cyrenaika auf der gläsernen Senderskala anleuchtete. Und es gab dort ein Grammophon mit Kurbel und Schalltrichter, aus dem zuweilen ekstatische Opernklänge hervorbrachen, begleitet vom Gebrüll seines Vaters. Barfuß, gebückt wie ein Dieb, schlich sich der Junge in die Winkel von Haus und Garten. Baute sich aus Lehm, zu Füßen irgendeines rostigen Wasserhahns, Städte, Dörfer und Brücken, Forts, Türme und Paläste, die er dann liebend gern durch Luftangriffe mit Pinienzapfen dem Erdboden gleichmachte. Ferne Kriege wüteten in Spanien, Abessinien, Finnland.

Einmal erkrankte er an Diphtherie. Nur halb wach im Fieber sah er verschwommen seinen Vater, nackt bis zu den Hüften, ins Zimmer treten und seine breite, sonnengebräunte Brust mit dem wildgelockten weißen Haar über die wachende Krankenpflegerin herabbeugen. Dann gab es ein Stöhnen und Flehen und atemloses Wispern, ehe der Fieberschlaf seine Erinnerung wieder zwischen Traumfetzen versenkte.

An Spätsommermorgenden, wie diesem Schabbatvormittag heute, kamen Fellachen aus dem arabischen Dorf an der Küste in dunklen Abbayas auf fügsamen Eseln. Luden mit einem Schwall gutturaler Beschwörungen und bebenden Schnurrbartspitzen ihre Weidenkörbe ab: Büschel dunkler Muskattrauben. Datteln. Viehdung. Grünlich-violette Feigen. Ein vager weiblicher Geruch erfüllte das Haus und hielt auch nach ihrem Weggehen noch ein Weilchen an. Der Vater pflegte grinsend zu sagen: Die sind besser als der russische Muschik, saufen nicht, fluchen nicht, sind bloß dreckig und klauen ein bißchen, Kinder der Mutter Natur, aber wenn man sie nicht regelmäßig auf ihren Platz verweist, sind sie auch fähig, Hälse durchzuschneiden.

Manchmal wachte der Junge frühmorgens von Kamelgebrüll auf. Eine Karawane aus Galiläa oder aus der Wüste, die Baugestein brachte. Gelegentlich auch nur Wassermelonen. Von seinem Zimmer aus sah er die weichen Kamelhälse. Ihren traurig-verächtlichen Ausdruck. Die feinen Linien ihrer Beine.

Nachts in seinem Zimmer am Ende des zweiten Stocks schnappte er die heiteren Klänge der Gesellschaften auf, die sein Vater von Zeit zu Zeit gab. Britische Offiziere, griechische und ägyptische Kaufleute, Bodenmakler aus dem Libanon – außer Sackheim betrat kaum je ein Jude das Haus – versammelten sich im Saal, um einen Männerabend mit Trinken, Witzereißen, Kartenspiel und zuweilen auch betrunkenem Jammern zu verbringen. Der Saal war mit hauchfeinen Marmorfliesen ausgelegt, die sein Vater aus Italien geholt hatte. (Sie wurden in den Jahren des Leerstehens alle geklaut. Boas gießt jetzt an ihrer Stelle graue Zementfußböden.) Und es standen dort niedrige, weiche Diwane, mit bestickten Kissen belegt. Fremde Menschen überhäuften den Jungen mit teuren, komplizierten Spielsachen. Die nicht lange hielten. Oder mit Pralinenkästen. Die er von klein auf verschmähte (doch vorgestern ließ er zwei davon aus dem Laden im Städtchen holen, um Ihre Tochter zu verwöhnen). Ein verschlagener, aufmerksamer, schwer faßbarer Junge, der unvermittelt auftauchte und verschwand wie ein Schatten, kleine Streiche aussheckte, bitter und hochmütig Sommer für Sommer allein über die leeren Pfade des Besitzes stromerte. Ohne Mutter, ohne Bruder, ohne Freund außer seinem Rhesusaffen, den sein Vater hinrichten ließ und auf dessen Grab der Junge eine Art hysterisches Mausoleum errichtete. Das nun ebenfalls eine Ruine ist, in der Ihre Tochter eine Schildkröte hält. Es ist die Schildkröte, die Boas für sie gefunden hat.

Und nachts: nächtliche Stille. Die keine Stille war.

Es war ein alleinstehendes Haus. An die drei Kilometer lagen zwischen dem Nordfenster und dem letzten Gebäude des Städtchens. Am Rand des Obstgartens standen fünf, sechs Gesindehütten, die sein Vater aus Blech und Zementblöcken für seine tscherkessischen Arbeiter hatte bauen lassen, die er sich aus dem Libanon und Galiläa geholt hatte. Matt und unverständlich erhoben sich nachts ihre Stimmen zum Lied, das nur zwei Töne umfaßte. In der Dunkelheit heulten die Füchse. Der Schakal ließ seine Klagen im dornbewachsenen, von Mastix-Terebinthen übersäten Felsgelände erschallen, das das Haus umgab. Einmal tauchte eine Hyäne im Licht des Vollmonds neben dem Geräteschuppen auf. Sein Vater erschoß sie. Am nächsten Morgen wurde ihr Kadaver am Rand des Abhangs verbrannt. Vier leere Zimmer, der Flur und sechs Stufen trennten das Kinderzimmer vom Schlafraum des Vaters. Und trotzdem drang zuweilen das Stöhnen einer Frau von dort zu ihm durch. Oder gedämpftes, schlüpfriges Lachen. Jeden Morgen weckten ihn die Stimmen der Raben und Tauben. Ein kompromißloser Kuckuck wiederholte allmorgendlich stur sein festes Motto. Und er ist immer noch da: wiederholt wie gehabt. Haargenau dasselbe Motto. Oder vielleicht sind seine Urenkel zurückgekehrt, um Boas das zu lehren, was sein Vater bereits vergessen hat. Gelegentlich zogen Wildgänse in Pfeilformation auf ihrem Wanderzug vorüber. Die Störche rasteten und flogen weiter. Wissen Sie, Herr Sommo, zwischen einem Storch und einer Wildgans zu unterscheiden? Zwischen Schakal und Fuchs? Zwischen Mohnblume und Makkabäerblut? Oder nur zwischen dem Heiligen und dem Profanen und zwischen Jediot Acharonot und Maariv? Egal. Möglicherweise wird's Ihre Tochter bald wissen.

Bis zum Alter von vier Jahren etwa konnte der Junge noch nicht sprechen. Vielleicht gab er sich keine besondere Mühe. Aber mit vier Jahren konnte er schon eine Taube mit einer Steinschleuder abschießen und einen

Maulwurf mit Rauch ersticken. Und er konnte einen Esel an einen zweirädrigen Karren anschirren. (Morgen werde ich es Ihrer Tochter beibringen. Wenn Boas mir noch nicht zuvorgekommen ist.)

Stunden über Stunden flog er mutterseelenallein nach Übersee (Atlantis, Arkadien, Eldorado) auf der Schaukel, die der armenische Knecht ihm im Garten angebracht hatte. Mit sieben bastelte er einen Ausguck nebst Strickleiter im Wipfel eines Eukalyptusbaums. Dort kletterte er mit seinem Rhesusaffen hinauf, um hinter die Chinesische Mauer zu lugen und die Reisen Kublai-Chans zu beobachten. (Die Überreste des Auslugs kann ich jetzt, da ich dies schreibe, immer noch durch mein Fenster sehen. Einer von Boas' Spinnern liegt eben darin, nackt, mit glattrasiertem Schädel, und spielt auf einer Mundharmonika. Abgehackte, melancholische Klänge erreichen mich von Zeit zu Zeit.)

Zehn öde Jahre saß dieser Junge – höher aufgeschossen als alle, aber dürr und knochig wie ein Beduine – in Monsieur Markowitschs Klasse im Städtchen ab. Immer auf der letzten Bank. Pünktlich bei der Erledigung seiner Pflichten, aber doch durch einen Bannkreis hartnäckiger Einsamkeit von den anderen isoliert. Las stumm alleine und schwieg. Las auch in den Pausen. Studierte emsig die Seiten des Atlas. Und einmal, in einem Wutanfall, warf er mit einem Stuhl und brach Monsieur das Nasenbein. Derartige Zornausbrüche – selten, aber gewalttätig bis zum Blutvergießen – verliehen ihm die Aura der Gefährlichkeit. Die ihn sein Leben lang nicht mehr verließ. Und in der er sich immer vor der allgemeinen Dummheit abzuschotten meinte.

Als er neun Jahre alt geworden war, fuhr er auf väterliche Anordnung zweimal wöchentlich zu privaten Boxstunden nach Haifa. Im Alter von zehn lehrte ihn sein Vater, eine Pistole auseinanderzunehmen und wieder zusammenzusetzen. Bald hielten sie Schießwettbewerbe auf dem abfallenden Ende des Grundstücks ab. Auch in die Geheimnisse der Dolchfechtkunst weihte der Vater ihn ein: denn eine Sammlung von Krummdolchen – beduinischer, drusischer, Damaszener und persischer Herkunft – nahm eine halbe Wand in der Bibliothek ein. Wissen Sie, Herr Sommo, einen Dolch zu führen? Sollen wir ein kleines Duell veranstalten?

Und das weitläufige, dickwandige Haus, das in der Spielerlaune eines Säufers erbaut zu sein schien: in wilder Verschwendungssucht. Aus einheimischem Stein. Fast schwarz. Mit Kanten aus anderem Gestein, das vom südlichen Hebronberg oder aus dem Schufgebirge herbeigeschafft worden war. Mit trutzigen Mauern und wütiger Unlogik. Verschlängelte Korridore, Wendeltreppen, die Jerusalemer Klöstern abgeguckt waren, Vorratskammern, versteckte Nischen, Vorhallen, die nur in weitere Vorhallen führten. Und ein Geheimgang, durch den man gebückt vom Keller unter dem Seitenflügel hindurch zum Gartenpavillon gelangen konnte (jetzt ist er verschüttet). Wenn Sie hier eines Tages mal auf Besuch kommen, nachdem ich weg bin, wird Boas Sie sicher zu einer Führung einladen. Dann können Sie alles mit eigenen Augen sehen und den Danksegen über diesen Genuß sprechen. Vielleicht werden sie bis dahin den Geheimgang wieder freigelegt haben, wie sie jetzt das Wasserloch säubern, das irrtümlich für einen Brunnen gehalten wurde. Übrigens hat mein Vater Boas einen Berg in Tibet gekauft, der offiziell den Namen Boas-Gideon-Spitze trägt. Eventuell werde ich mich mit jener italienischen Schwindelfirma in Verbindung setzen und auch Ihrer Tochter einen Berg erstehen.

Wie sollen wir meine jähe Lust erklären, Kindheitserinnerungen für Sie zu verfassen? Können Sie mir einen passenden Bibelvers dafür finden? Oder eine kleine treffende Legende aus der rabbinischen Literatur? »Es geht die Geschichte von Rabbi Abbahu, der wandelte auf den Abgrund zu«? Vielleicht ist mir Ihre Schilderung der eigenen Jugendzeit zu Herzen gegangen. Oder die Verachtung, die Sie mir entgegenbringen. Oder vielleicht hat mich wieder der alte Ordnungstrieb befallen, der Drang, einen Bericht in den Händen eines vertrauenswürdigen Menschen zu hinterlassen. Hat Ilana Ihnen von meiner Ordnungswut erzählt? Über die sie sich immer amüsiert hat? Hat sie Sie, Herr Sommo – oder gestatten Sie mir, Sie mit dem Vornamen anzureden, Marcel war es wohl? Michel? – in andere Amüsements ihrer ersten Ehe eingeweiht?

Von klein auf habe ich immer beharrlich jeden Gegenstand an Ort und Stelle gelegt. Meine Werkzeuge, Schraubenzieher, Feilen, Sägen, hingen alle ordentlich an einer Korkplatte in meinem Zimmer wie ein kleines Museumsexponat. Spielsachen waren nach Art und Herstellungsort sortiert. Bis heute ist mein Schreibtisch in Chicago jederzeit aufgeräumt und appellfähig. Meine Bücher stehen der Höhe nach aufgereiht wie eine Ehrenwache. Die Papiere sind säuberlich abgeheftet. Im Jom Kippur-Krieg, im erbitterten Gefecht um die Nahtstelle zwischen den beiden ägyptischen Armeen, war ich der einzige hebräische Offizier, der glatt rasiert und im frisch gestärkten Hemd zum Sturm antrat. In meiner Junggesellenwohnung, vor und nach Ilana, lag die Bettwäsche wie nach Kimme und Korn ausgerichtet im Schrank, und die Schallplatten waren alphabetisch geordnet. Beim Militär wurde ich hinter meinem Rücken »rechter Winkel« genannt. Beim Anblick meines Schuhregals brach Ilana jedesmal in schallendes Gelächter aus. Hat sie Ihnen davon berichtet? Hat sie von unseren Nächten erzählt? Von meiner Verwundung? Von der Vernichtung Chirbet Wahadnahs? Was bin ich in Ihren Augen, Marcel, ein einfacher Schuft – oder ein lächerlicher Schuft?

Aber was geht mich das an. Seit wann interessiert es mich zu erfahren, was der Regimentspolizist von mir denkt.

Und überhaupt, Herr Sommo, Michel, sollten Sie sich ein wenig in acht nehmen. Eine alte, kranke Schlange könnte zum Schluß noch zubeißen. Womöglich habe ich noch einen Tropfen in meiner Giftdrüse. Warum sollte ich Ihnen an diesem Punkt vorenthalten, daß Ihre schöne Frau nachts zu mir heraufklettert? Im Nachthemd in mein Zimmer schwebt, nachdem alle eingeschlafen sind. Mit Boas' Späherlampe, die in ihrer Hand zittert und mir bleich flackernde Blasen an meine abblätternde Wand malt. Sie zieht mir die Decke ab. Läßt ihre Handfläche über meinen Bauch gleiten. Ihre Lippen durchpflügen im Dunkeln mein inzwischen schütteres Brusthaar. Vielleicht versucht sie mir tatsächlich einen dumpfen Beischlaf zu entlocken. Vielleicht gelingt es ihr. Ich kann es nicht mit Sicherheit sagen: mein Wachsein gleicht einem Traum – einem Hinhaltegefecht. Vielleicht ereignet sich all dies nur in meiner Phantasie. In ihrer. Und in der Ihrigen, Marcel.

Warum nicht Sackheim auf Sie hetzen? Ich würde es noch schaffen, mein Testament zu ändern. Alles zwischen Tierschutzverein und dem Rat für die Aussöhnung mit den Palästinensern aufzuteilen. Ich werde Sie zerquetschen, mein Freund, wenn mich der Geist überkommt.

Aber der Geist ist weg. Meine bösen Kräfte verlassen mich mit den ausfallenden Haaren, bei den einsinkenden Wangen und den Lippen, die sich in die Mundhöhle zurückziehen und nur einen boshaften Spalt übriglassen.

Jetzt, wo die Boshaftigkeit dahin ist.

Warum sollte ich Sie zertrampeln?

Sie haben schon genug abgekriegt. Jetzt ist es an mir, Reparationen zu zahlen, und an Ihnen, sie zu bekommen. Sie werden nicht ablehnen, stimmt's? Ich werde es auf mich nehmen, Ihr Messias zu sein. Der Sie aus Knechtschaft zur Freiheit und von Armut zu großem Reichtum führt. Wie es bei Ihnen geschrieben steht: »Deine Nachkommen sollen sich erheben und das Tor ihrer Feinde einnehmen.«

Seien Sie beruhigt, Marcel: Ihre Frau hält Ihnen die Treue. Weder nächtliche Auftritte noch Beischlaf im Sterbebett. Außer in der Phantasie von uns dreien. Dorthinein kann man weder mit Panzern noch mit Erlösungsfunken vordringen. Auch Ihre kleine Tochter vergißt Sie nicht: Neulich kam sie in mein Zimmer, versetzte meinen Rasierapparat in den Rang eines Telefons (denn wir haben hier keins) und benutzt es seither, Ihnen in halbstündigen Telefongesprächen nach Jerusalem über die Entwicklung ihrer Beziehungen zu den Ziegen, den Gänsen und dem Pfau zu berichten. Habe ich schon erwähnt, daß Boas eine Schildkröte für sie gefunden hat?

Ich will schließen, mein Herr. Sorgen Sie sich nicht. Kain ist dabei zu krepieren, und Abel tritt sein Erbe an. Nicht nur im Lande Hawaii siegt die Gerechtigkeit am Ende. Ihre uralte theologische Frage, wie lange noch dürfen die Frevler frohlocken, erhält im vorliegenden Fall eine einfache, konkrete Antwort: bis September. Bis Oktober. Allerhöchstens bis Dezember.

Danach gilt, was bei Ihnen geschrieben steht: »Mensch und Tier werden errettet; du tränkst sie mit dem Strom deiner Wonnen.«

Da es in diesem Haus kein Telefon gibt, habe ich, um sicherzugehen, daß Sie sich inzwischen nicht aufmachen und mir nach Hawaii entfliehen, Boas eben gebeten, mit seinem Rad schnell in die Stadt zu fahren und ein Taxi zu bestellen. Für vierzig, fünfzig Dollar (wieviel ist das jetzt in israelischen Pfunden?) wird der Fahrer sicher bereit sein, diesen Brief direkt bis vor Ihre Haustür in Jerusalem zu befördern und ihn genau bei Schabbatausgang zu übergeben. Ich bin ein bißchen müde geworden, Michel. Und habe auch irgendwie Schmerzen. Hiermit will ich schließen. Genug. Der Fahrer erhält Auftrag, bei Ihnen zu warten, bis Sie Ihre Antwort niedergeschrieben haben, so daß er sie mir noch heute nacht zurückbringen kann. Ich möchte sie folgendes fragen: Bestehen Sie immer noch auf Ihrem Recht, die beiden sofort zurückzubekommen? Wenn ja, werde ich sie morgen früh auf den Weg bringen und fertig.

Falls Sie jedoch einwilligen, sie noch einige Zeit hierzulassen, erhalten Sie die Hälfte meines Erbes. Und können darüber hinaus noch eine erstklassige fromme Tat für sich verbuchen. Denken Sie schnell nach und fassen Sie einen raschen Entschluß. Ich erwarte Ihre Antwort noch heute nacht durch Vermittlung des Taxifahrers.

Passen Sie auf sich auf, mein Lieber. Gucken Sie sich nichts von mir ab.

A. G.

Herrn A. Gideon
Bet Gideon zu Sichron Jaakov
(Zur persönlichen Übergabe durch einen Sendboten)

Mit Gottes Hilfe
Jerusalem, am Ausgang des hl. Sabbat,
9. Elul 5736 (4. 9.)

An Herrn Gideon.

Mit dem von Ihnen ausgesandten Fahrer, der hier freundlicherweise bei mir wartet und eine Tasse Kaffee trinkt, schicke ich Ihnen einige knappe Zeilen auf Ihren Brief von heute morgen. Zuallererst möchte ich Sie um Vergebung und Verzeihung für die ebenso schweren wie unnötigen Beleidigungen bitten, die ich Ihnen in meinem vorgestrigen Brief an den Kopf geworfen habe, ohne, Gott behüte, zu wissen, daß Sie arg darniederliegen, ja todkrank sind. Es steht bei uns geschrieben, man soll den Menschen nicht in der Stunde seines Kummers beurteilen, und als ich Ihnen schrieb, war ich in großem Kummer befangen.

Wir stehen jetzt an der Schwelle der Hohen Feiertage, an denen sich die Tore der Umkehr und Barmherzigkeit weit auftun. Deshalb möchte ich vorschlagen, daß Ilana und Jifat morgen vormittag nach Hause zurückkehren und auch Sie selbst sofort ohne Aufschub herkommen, um die angezeigte Behandlung im Hadassah-Krankenhaus zu erhalten. Ferner schlage ich vor, daß Sie als Gast in unserem Hause wohnen, Alexander. Und daß natürlich auch Boas mitkommt, denn es ist jetzt seine heilige Pflicht, in seines Vaters Nähe zu weilen und ihn auf dem Krankenlager zu pflegen. Dank Ihrer Reue, dank Ihrer Leiden, dank Ihres märtyrerhaften Heldentums in unseren Kriegen und mit Hilfe der himmlischen Gnade werden Sie, meine ich, genesen. Bis dahin sollten Sie wirklich bei uns wohnen. Weder bei Sackheim noch im Hotel, wobei es mich kein bißchen interessiert, was alle möglichen Menschen unbeschnittenen Herzens hinterrücks reden könnten. Morgen vormittag werde ich die ganze Sache dem hochgeschätzten Rabbiner Buskila auseinandersetzen, dessen Augen gewiß in den Kern der Dinge sehen werden. Ich werde ihn bitten, Sie bald zu einem Gespräch zu empfangen und Ihnen seinen Segen nicht vorzuenthalten, der schon viele Wunder bei Schwerkranken gewirkt hat. Außerdem habe ich einen Cousin meiner Schwägerin angerufen, der im Hadassah auf der Onkologie arbeitet, so daß man Sie dort nun bevorzugt behandeln und alles nur Menschenmögliche für Sie tun wird.

Und noch etwas, Alexander. Gleich nachdem der Fahrer seinen Kaffee ausgetrunken hat und sich auf den Rückweg zu Ihnen macht, gehe ich zur Klagemauer, um für Sie zu beten und einen Zettel mit einer Bitte um Ihre Genesung in eine Mauerritze zu stecken. Es sind jetzt die Tage der Barmherzigkeit. Bitte, seien Sie so gut und sagen Sie noch heute abend Ilana und auch Boas, sie möchten einander vergeben, und auch ich würde Ilana vergeben und sei sicher, der Himmel werde uns allen verzeihen.

Mit den besten Wünschen für das neue Jahr und eine vollständige Genesung und ohne jedes Gedenken an den Ärger, der vielleicht vorher vorhanden gewesen ist.

Michael (Michel Sommo)

Michel Sommo
Tarnas 7
Jerusalem

21. Oktober 76 (Donnerstag)

Lieber Michel,

seit der Nacht regnet es. Graues Licht ist heute morgen vor den Fenstern aufgegangen. Und über den Horizont am Meer flammen scharfe, lautlose Blitze ohne Donner. Die Tauben, die bis gestern gegurrt haben, schweigen heute wie verdattert. Nur das Bellen der Hunde im Hof kreuzt zuweilen den Klang des fallenden Wassers. Wieder steht das große Gebäude verlassen und gänzlich erloschen da, seine Vorhallen, Zimmer, Keller und der Dachboden – alles ist erneut der Herrschaft der alten Geister übergeben. Das Leben hat sich in die Küche zurückgezogen: Boas hat dort heute morgen ein großes schönes Reisigfeuer im Kamin angezündet. Vor diesem Feuer sitzen oder liegen sie nun auf Matratzen, träge vor sich hindösend, und beschwören seit Stunden das Herz des leeren Hauses mit ihren leise getragenen Liedern zur Gitarre.

Boas regiert fast ohne Worte über sie. In einen Umhang gehüllt, den er sich aus einem Lammfell geschneidert hat, sitzt er mit untergeschlagenen Beinen in einer Küchenecke und näht schweigend Säcke. Keine Arbeit ist unter seiner Würde. Als habe er den frühen Beginn der Regenzeit vorausgeraten, hat er letzte Woche den verstopften Kamin gereinigt und ausgebessert. Hat die Risse mit Beton verschmiert. Und heute war auch ich den ganzen Morgen über bei ihnen. Während sie noch spielten und sangen, schälte ich Kartoffeln, butterte Milch, legte Gurken in Essigwasser mit Knoblauch und Petersilie in Weckgläsern ein. Dabei trug ich ein weites, schwarzes, besticktes Beduinenkleid, das ich von einem jungen Mädchen namens Amy ausgeliehen hatte, um den Kopf ein kariertes Tuch wie eine polnische Bäuerin aus meiner Kinderzeit, die Füße, wie die der anderen, nackt.

Zwei Uhr mittags ist es jetzt. Als ich mit meiner Küchenarbeit fertig war, bin ich in das verlassene Zimmer gegangen, in dem Jifat und ich zu Anfang gewohnt haben, bis Du sie mir hast wegnehmen lassen. Ich habe den Petroleumofen angezündet und mich hingesetzt, um Dir diese Seiten zu schreiben. Ich hoffe, daß Ihr Euch bei diesem Regen eine Matte ausgerollt habt. Daß Du daran gedacht hast, ihr die Strumpfhose unter die Trainingshose anzuziehen. Daß Du ihr und Dir Eure Spiegeleier gebraten und die Haut vom Kakao abgenommen hast. Und daß Ihr beiden ein Phantasieflugzeug für ihre weinende Puppe bastelt oder im Bettzeugkasten in See stecht, um den Leviatan oder die flüchtige Schlange zu jagen. Dann wirst Du ihr das Bad einlaufen lassen, Ihr werdet Seifenblasen pusten, einander das Kraushaar kämmen. Du wirst ihr einen warmen Schlafanzug anziehen und ihr das Lied von der Königin Sabbat vorsingen. Sie wird zu ihren Fingern plappern, und Du wirst ihr einen Kuß geben und sagen, die Münze klingelt hohl in der Almosendose, bim-bam, und du bleibst mir schön unter der Decke drin. Dann schaltest Du den Fernseher ein, guckst Dir nacheinander – die Abendzeitung auf dem Schoß – die arabischen Nachrichten, eine Komödie, die hebräischen Nachrichten, einen Naturfilm, ein Schauspiel und den frommen Vers des Tages an und schläfst vielleicht strumpfsock vor der Mattscheibe ein. Ohne mich. Ich habe gesündigt, und Du verbüßt die Strafe. Hast Du die Kleine nicht Deiner Schwägerin übergeben? Der Cousine und ihrem Mann? Hast Du keinen Strich unter ihr gezogen und ein neues Leben begonnen? Oder vielleicht hat Deine verblüffende Familie schon eine Partnerin für Dich gefunden, irgendein frommes, plumpes, gehorsames Geschöpf mit Kopftuch und dicken Wollstrümpfen? Eine Witwe? Oder eine Geschiedene? Hast Du unsere Wohnung verkauft und bist in Dein Kirjat Arba übersiedelt? Schweigen. Ich soll's nicht wissen. Armer, grausamer Michel. Deine dunkle, behaarte Hand tastet bei Nacht zwischen den Falten der Decke begehrlich nach meinem Körper, der nicht da ist. Deine Lippen suchen meine Brüste im Traum. Du wirst mich nicht vergessen.

Ein leichter, sinnlicher Duft dringt von draußen zu mir herein. Es ist der Geruch der Regentropfen beim Zusammentreffen mit der schweren Erde, die den ganzen Sommer über in der Sonne gebraten hat. Ein Wispern geht durch das Laub der Bäume im Garten. Nebel hängt über den bewaldeten Bergen im Osten. Dieser Brief ist umsonst: Du wirst ihn nicht lesen. Und wenn Du ihn liest, wirst Du mir nicht antworten. Oder Du antwortest über Deinen Bruder, der mich wieder demonstrativ auffordern wird, Dich nicht weiter zu quälen, sondern mich ein für allemal aus Deinem Leben zu scheren, das ich zur Hölle gemacht hätte. Und er wird schreiben, daß ich durch meine bösen Taten bereits mein Recht auf das Kind verwirkt hätte und daß es ein Gesetz und einen gerechten Richter gäbe und die Welt nicht herrenlos sei.

Bald wird ein junges Mädchen geduckt im Regen vor meinem Fenster vorbeihuschen, Kopf und Schultern von einer derben Plane bedeckt: Sandra oder Amy oder Cindy, auf dem Weg, die Tiere jenseits des Hofs zu füttern. Die Hunde werden ihr nachlaufen. Doch vorerst gibt es nur Regenvorhänge im Fenster. Kein Laut dringt von draußen herein, außer dem geheimen Wispern der Pinien und Palmwedel in Berührung mit dem feuchten Wind. Kein Laut ist von drinnen zu hören, denn die Lieder und Weisen in der Küche sind bereits verklungen. Ein kleiner Sturzbach fließt die Rutschbahn hinunter, die Boas für Jifat gebaut hat. Und von oben her erreicht mich der Hall seiner rhythmischen Schritte. Das Pochen des Gehstocks, den sein Sohn ihm geschnitzt hat. In sonderbarem Gang durchmißt er wieder und wieder die leeren drei Meter zwischen Wand und Tür seiner neuen Behausung auf dem Dachboden. Vor drei Wochen hat er Boas plötzlich angewiesen, das Flaschenxylophon abzunehmen und ihm all seine Sachen in das alte Zimmer seiner Mutter hinaufzutragen. An der nackten, abblätternden Wand hat er einen rostigen Nagel gefunden und die Reste ihrer Sandaletten daran aufgehängt, die er unter irgendeiner losen Fliese im Seitenflügel ausgegraben hatte. In einer der Kisten im Keller hat er ihr braunes Foto entdeckt, von Sporflecken befallen. Das steht jetzt auf seinem Tisch. Allerdings ohne die Leuchter und die ewigen Blumen, mit denen sein Vater dieses Foto im alten Bibliothekszimmer zu umgeben pflegte.

Von nun an blickt sie uns mit verträumten russischen Augen an, ihren Zopf als Kranz um den traurigen Kopf gewunden, um die Lippen vielleicht der Anflug eines zarten Lächelns. Alek spricht in kindlich quengelndem Ton mit ihr, wie ein verwöhnter Junge, der sich keinen Augenblick allein beschäftigen kann. Und ich vermag ihn nicht zu beruhigen. Was ich sagen möchte, ist, daß auch ich dort hinaufgezogen bin. Nur um ihn nachts zu versorgen: Er erwacht häufig aus Angstträumen, setzt sich im Bett auf und beginnt, nebulöse Befehle zu murmeln, als setze er seinen bösen Traum fort. Und ich springe rasch von der Matratze auf, die ich mir neben seinem Bett ausgerollt habe, gebe ihm Kräutertee aus der Thermosflasche zu trinken, stopfe ihm zwei, drei Pillen zwischen die Lippen, nehme seine Hand in meine Hände, bis er wieder einschläft und abgehackte, gequälte Schnarcher von sich gibt.

Dein Gesicht hat sich vor Eifersucht verdunkelt? Haß verdüstert Deine Augen? Wirf keinen Stein auf mich. Sicher steht doch in einem Deiner heiligen Bücher geschrieben, daß ich ein religiöses Gebot erfülle? Barmherzigkeit erweise? Wirst Du mir nicht jene Tore der Umkehr öffnen? Jeden Morgen rasiere ich ihm die Wangen mit seinem elektrischen Rasierapparat, der auf Batterien läuft. Kämme sein verbliebenes Haar. Ziehe ihm Kleidung und Schuhe an, binde ihm sorgfältig die Schnürsenkel und setze ihn vorsichtig an den Tisch. Hänge ihm eine Windel um und gebe ihm mit dem Teelöffel weiches Ei und Joghurt zu essen. Oder Brei aus Milch und Gerstenflocken. Wische ihm Kinn und Mund ab. Genau zu der Stunde, in der Du Deinen Kaffee beendest, die Morgenzeitung »Haaretz« zusammenfaltest und an das kleine Bett trittst, das Seitengitter hinunterläßt, einen perfekten Hahnenschrei von Dir gibst und zu ihr sagst: Bonjour, Mamsell Sommo, komm, erheb dich wie ein Löwe, dem Schöpfer zu dienen. Und wenn sie nach mir fragt? Bin ich weit, weit weggefahren? Und wenn sie wissen will, wann ich zurückkomme? Wann komme ich zurück, Michel?

An nicht zu kalten Tagen führe ich ihn für eine halbe Stunde zu dem Gartensessel, den Boas ihm auf den Balkon gestellt hat, setze ihm eine dunkle Brille auf und wache über sein Dösen in der Sonne. Manchmal möchte er eine Geschichte hören. Ich erzähle ihm nach dem Gedächtnis Abschnitte aus Romanen, die Du mir früher aus der Leihbücherei mitgebracht hast. Er hat jetzt ein schwaches, zerstreutes Interesse daran, über das Leben anderer Leute zu hören. Affären, die er, wie Du, immer mit völliger Geringschätzung abgetan hat: »Vater Goriot«, Dickens, Galsworthy, Somerset Maugham. Vielleicht bitte ich Boas, einen Fernseher zu kaufen. Wir sind schon ans Stromnetz angeschlossen.

Boas umsorgt ihn mit angestrengter Ergebenheit: Er hat Läden am Fenster angebracht, die Glasscheibe ausgewechselt, ihm einen Lammfellläufer in die Toilette gelegt, kümmert sich um regelmäßige Medikamenteneinkäufe in der Apotheke des Städtchens, schneidet täglich ein Minzesträußchen und bringt es herauf, um die Krankheitsgerüche zu vertreiben, alles in nervösem Schweigen. Denn er enthält sich hartnäckig jeglicher Worte, außer guten Morgen, gute Nacht. Wie Freitag bei Robinson Crusoe.

Zuweilen verbringen wir beiden die Morgenstunden im wesentlichen mit endlosem Damespielen. Oder mit Spielkarten: Bridge, Rommé, Canasta. Wenn er gewinnt, strahlt er in kindlichem Übermut wie ein völlig verzogener Junge. Und wenn ich gewonnen habe, beginnt er mit den Füßen zu stampfen und beklagt sich bei seiner Mutter, ich hätte geschummelt. Ich lenke unser Spiel so, daß er fast immer Sieger ist. Sobald er mich zu täuschen versucht, etwa eine Damefigur, die ich bereits aus dem Feld geschlagen habe, wieder aufs Brett schmuggelt oder sich nebenbei eine Extrakarte zieht, gebe ich ihm einen Klaps auf die Hand und stehe auf, um das Zimmer zu verlassen. Dann lasse ich ihn ruhig betteln und versprechen, von nun an lieb zu sein. Zweimal fixierte er mich plötzlich mit starrem Blick, grinste in stummem Wahn und bat mich, die Kleider abzulegen. Einmal forderte er, ich solle Boas zum öffentlichen Fernsprecher in die Stadt schicken, um auf der Stelle den Verteidigungsminister und den Generalstabschef zu ihm zu beordern – beides alte Bekannte von ihm – in einer dringenden Angelegenheit, von der ich nichts wissen dürfe. Ein andermal überraschte er mich demgegenüber mit einem wohlgeordneten, beängstigenden, brillanten und völlig klaren Vortrag über die Art und Weise, in der die arabischen Armeen Israel in den neunziger Jahren schlagen würden.

Aber meistens schweigt er. Bricht sein Schweigen nur, um mich zu bitten, ihn zur Toilette zu geleiten. Seine Entleerungen sind schwierig und schmerzhaft, und ich muß ihm in allem helfen, wie wenn man ein Baby neu wickelt.

Gegen Mittag fühlt er sich meist besser. Er steht auf, läuft im Zimmer umher und beginnt wie besessen, alles aufzuräumen. Faltet meine über der Stuhllehne baumelnden Kleidungsstücke zusammen. Legt die Karten in die Schachtel zurück, den Kugelschreiber auf ein Stückchen Papier. Stellt die leeren Gläser auf die Bank im Flur. Gibt sich lange damit ab, die Decken geradezuziehen, als seien wir hier in einem Rekrutenlager. Ranzt mich wegen meines Kammes an, der auf der Tischecke liegengeblieben ist.

Zu Mittag bringe ich ihm weiche Kartoffeln oder Milchreis. Gebe ihm ein Glas Karottensaft zu trinken. Danach gehe ich hinunter, um zwei, drei Stunden in der Küche oder in einem der Schuppen zu arbeiten, nehme unterwegs das gebrauchte Geschirr von der Flurbank und die angesammelte Schmutzwäsche mit. Und er beginnt seinen täglichen Fußmarsch zwischen Wand und Tür, mit pochendem Stock, stets auf derselben Spur, wie ein eingesperrtes Tier. Bis vier oder fünf Uhr nachmittags, bis die Dämmerung einsetzt und er sich mit seinem Stock Stufe für Stufe zur Küche hinuntertastet. Boas hat ihm eine Art Liegestuhl gebastelt, so was wie eine Hängematte in einem Rahmen aus Eukalyptusästen. Darin rollt er sich zusammen, nahe dem brennenden Kamin in drei Wolldecken gewickelt, und beobachtet schweigend die jungen Mädchen, die das Abendessen zubereiten. Oder Boas beim Grammatiklernen. Manchmal schlummert er in seiner Hängematte ein und schläft, auf dem Rücken liegend, einen schmerzfreien Schlaf, den Daumen im Mund, das Gesicht friedlich, die Atemzüge langsam und regelmäßig. Das ist die leichteste Zeit für ihn. Wenn er aufwacht, ist es schon völlig dunkel draußen, und die Küche wird von gelblichem elektrischen Licht und dem Holzfeuer im Kamin erhellt. Ich gebe ihm zu essen. Reiche ihm Tabletten mit einem Glas Wasser. Danach sitzt er in seiner Hängematte, an einen Stapel Kissen gelehnt, die Boas aus Säcken genäht und mit Seegras gefüllt hat, und lauscht bis gegen Mitternacht den Gitarrenklängen. Einer nach dem anderen oder paarweise stehen sie dann auf, wünschen ihm von fern mit leiser Höflichkeit eine gute Nacht und machen sich davon. Boas beugt sich über ihn, hebt ihn behutsam hoch und trägt ihn schweigend die Treppe zu unserem Dachzimmer hinauf. Legt ihn sanft aufs Bett, verläßt den Raum und schließt die Tür.

Er geht, und ich komme. Bringe eine Thermosflasche mit Tee für die Nacht und das Medikamententablett. Stelle den Petroleumofen ein. Schließe die Läden, die Boas für uns angebracht hat. Wickle ihn in seine Decken und singe ein paar Schlaflieder. Wenn er meint, daß ich mir keine Mühe gegeben, mich wiederholt oder zu früh aufgehört hätte, wendet er sich an seine Mutter und beschwert sich über mich. Doch zuweilen kommt es vor, daß ein scharfer Blitz, ein rascher, verschmitzter Funke in seinen Augen aufflammt und erlischt und das Wolfsgrinsen einen Moment über seine Lippen huscht. Wie um mir zu bedeuten, daß er trotz allem noch das Spiel beherrsche und nur aus eigenem freien Willen ein bißchen den Narren mime, um mir Gelegenheit zu geben, die barmherzige Krankenschwester zu spielen. Sobald ihm vor Schmerzen Schweiß auf die blasse hohe Stirn tritt, wische ich ihn mit der Hand ab. Streiche mit den Fingern über sein Gesicht und die Reste seines Haars. Danach ist seine Hand in meinen Händen und Schweigen und Halbschlummer und das periodische Blubbern des Petroleums auf seinem Weg vom Ofentank zum Docht, der mit blauer Flamme brennt. Aus dem Halbschlaf heraus wispert er zuweilen bekümmert: »Ilana. Naß.«

Ich wechsle ihm Hosen und Bettlaken, ohne daß er aufstehen müßte. Darin bin ich schon Expertin. Auf die Matratze habe ich ein Stück Wachstuch gelegt. Um ein Uhr morgens wacht er auf, setzt sich im Bett hoch und will mir etwas diktieren. Ich setze mich an den Tisch, zünde eine Lampe an, nehme den Deckel von der Hermes Baby ab und warte. Er zögert, hustet, murmelt schließlich: »Nicht weiter wichtig. Geh schlafen, Mutter. Du bist auch müde.«

Und dann wickelt er sich wieder in seine Decken ein.

Im Schweigen der Nacht sagt er zwei Stunden später mit seiner leisen inneren Stimme: »Steht dir gut, das Beduinenkleid.« Oder: »Das war ein Gemetzel dort, keine Schlacht.« Oder: »Hannibal hätte zuerst eine Entscheidung auf See herbeiführen müssen.« Wenn er endlich eingeschlafen ist, muß ich die Wandlampe brennen lassen. Ich sitze und stricke beim Klang des Hundegebells und des Windes, der den dunklen Garten durchpflügt, bis mir die Augen zufallen. Innerhalb der letzten vier Wochen habe ich ihm einen Pullover, eine Wollmütze und einen Schal gestrickt. Für Jifat Handschuhe und eine Strickjacke mit Knöpfen. Ich werde auch für Dich stricken, Michel: einen Pullover. Weiß. Mit Streifen. Wer bügelt dort Deine Hemden? Deine Schwägerin? Die Cousine? Die plumpe Partie, die man für Dich gefunden hat? Vielleicht hast Du schon selber gelernt, Jifats und Deine Kleidung zu waschen und zu bügeln? Schweigen. Du wirst nicht antworten. Verbannung. Als wäre ich gar nicht vorhanden, nie vorhanden gewesen. Ich bin zu gering für die biblischen Strafen, die Ihr mir auferlegt. Was willst Du machen, wenn ich morgen abend vor Deiner Tür stehe? Koffer in der Rechten, Plastiktasche über der Schulter, mit einem wolligen Teddybär für Jifat, einer Krawatte und Rasierwasser für Dich. Wenn ich läute und, sobald Du öffnest, sage: Da bin ich wieder. Was wirst Du tun, Michel? Wo wirst Du die Scham verbergen? Du wirst mir die Tür zuknallen. Sie werden nicht mehr zurückkehren, unsere Schabbatvormittage in der ärmlichen Wohnung, die Spatzen, die in den Olivenbaumzweigen vor dem offenen Fenster saßen und in unseren späten Schlaf hineintschirpten. Jifat, die sich im Blümchenschlafanzug mit ihrer Puppe zwischen uns unter die Decke kuschelte, um sich dort eine Kissenhöhle zu bauen. Deine warmen Hände, die sich – halbwach, bevor Du noch die Augen auftatst – blind vortasteten, um mein langes Haar und ihre krausen Löckchen zu durchforsten. Der Morgenkuß, den wir alle drei, geradezu zeremoniell, dem kahlköpfigen Plastikpüppchen aufdrückten. Deine Gewohnheit, uns schabbatmorgens ein Glas Orangensaft und eine Tasse durchgeseihten Kakao ans Bett zu bringen. Deine Übung, Jifat auf die Marmorplatte neben das Waschbecken im Badezimmer zu setzen, ihre und Deine Wangen mit Deinem Rasierschaum einzuseifen und dann mit ihr einen Wettbewerb im Zähneputzen zu veranstalten, während ich das Frühstück anrichtete und die Spatzen draußen kreischten, als könnten sie die Freude gar nicht mehr verkraften. Unsere Schabbatspaziergänge zum Wadi unterhalb des Klosters. Das Psalmgebet nach Tisch auf dem Balkon, gesungen vom Sommo-Trio. Die große Kissenschlacht und Fabeln von Tieren und Vögeln und die Errichtung des Tempels aus Bauklötzen auf der Matte mit der Kammer der Altäre von behauenen Steinen aus Dominoplättchen, während die bunten Knöpfe aus meinem Nähkorb als Priester und Leviten dienten. Die Schabbatmittagsruhe inmitten eines Blätterhaufens verstreuter Abendzeitungen auf Bett, Sessel und Matte. Deine Pariser Geschichtenserie und die Imitationen singender Clochards, über die wir beide Tränen lachten. Die mir auch jetzt in die Augen treten, während ich mich erinnere und schreibe. Einmal hatte Jifat die Landkarte der Zehn Stämme über Deinem Schreibtisch – ein Geschenk des Abendblattes »Maariv« an seine Leser – mit meinem Lippenstift angemalt, und Du hast sie in Deiner Wut draußen auf dem Balkon ausgesperrt, »um ein wenig über ihr Verhalten nachzudenken und ihren bösen Weg zu korrigieren«, hast Dir Watte in die Ohren gestopft, damit Dein Herz beim Klang ihres leisen Weinens nicht etwa weich wurde, und hast mir verboten, mich ihrer zu erbarmen, weil geschrieben steht: »Wer die Rute spart, haßt seinen Sohn.« Als ihr Weinen jedoch plötzlich abbrach und eigenartige Stille herrschte, bist Du auf den Balkon gestürzt und hast den kleinen Körper umarmt und ihn tief unter Deinen Pullover gezogen. Als seist Du schwanger mit ihr. Wirst Du nicht auch mich begnadigen, Michel? Werde ich nicht in die Wärme Deines haarigen Schoßes unter Deinem Hemd aufgenommen werden, wenn meine Strafe beendet ist?

Am Vorabend des Neujahrsfestes, vor einem Monat, hast Du Deinen Schwager Armand in seinem Peugeot-Lieferwagen ausgeschickt, um Dir Jifat zu holen. Durch Rabbiner Buskila hast Du mir schriftlich mitteilen lassen, daß Du das Scheidungsverfahren eingeleitet hättest, daß ich religionsrechtlich als »widerspenstige Frau« gelte und daß Du begonnen hättest, Kredite zu beantragen, um »euer unreines Geld« zurückzuzahlen. Anfang der Woche sind Rachel und Joasch hier gewesen: Sie wollten mir gut zureden, ich sollte mir einen Anwalt nehmen, nicht Sackheim, sollte auf meinem Recht bestehen, zu erfahren, was Du mit meiner Tochter gemacht hast, müßte auf jeden Fall fordern, sie zu sehen, und dürfe es ja nicht wagen, einfach auf sie zu verzichten. Als Joasch mit Boas hinunterging, um die Wasserpumpe zu überprüfen, umarmte mich Rachel und sagte: Anwalt oder nicht, Ilana, du hast kein Recht, Dein Leben zu ruinieren und Jifat aufzugeben. Sie erbot sich, nach Jerusalem zu fahren und Dir ins Gewissen zu reden, bis Du zur Versöhnung bereit wärst. Wollte unbedingt mit Alex unter vier Augen sprechen. Schlug vor, Boas für eine Runde Pendeldiplomatie zu gewinnen, die sie offenbar plant. Und ich saß vor ihr wie eine Aufziehpuppe, bei der die Feder abgelaufen ist, und sagte gar nichts, außer laßt mich doch in Ruhe. Als sie abfuhren, ging ich zu Alek hinauf, um dafür zu sorgen, daß er seine Medikamente nahm. Ich fragte ihn, ob er damit einverstanden wäre, daß Du mit Jifat auf Boas' Einladung herkämst. Alek grinste trocken und fragte, ob mir das Herz danach stände, hier eine kleine Orgie zu veranstalten. Worauf er hinzufügte, aber gewiß doch, meine Süße, selbstverständlich, an Zimmern mangelt's hier nicht, und ich zahl ihm hundert Dollar für jeden Tag, den er bereit ist, hier zu verbringen. Am nächsten Morgen befahl er plötzlich, Sackheim sofort beizuzitieren. Der zwei Stunden später, rot und prustend, in seinem Citroën aus Jerusalem ankam, eine kühle Abfuhr einstecken mußte und den Auftrag erhielt,

Dir umgehend weitere zwanzigtausend Dollar zuzusenden. Die Du offenbar trotz allem anzunehmen beschlossen hast, unrein oder nicht, denn der Scheck ist bis heute nicht zu uns zurückgekommen. Ferner hat Alek Sackheim angewiesen, das Haus nebst umliegenden Ländereien auf Boas' Namen überschreiben zu lassen. Dorit Sackheim bekam ein kleines Grundstück bei Nes Ziona geschenkt. Und Sackheim selber, am nächsten Tag, zwei Kisten Champagner.

»Bist du nun seine Frau oder nicht?«
»Seine Frau. Und auch deine.«
»Und die Kleine?«
»Bei ihm.«
»Fahr zu ihm. Zieh dich an und fahr los. Das ist ein Befehl!«
Und dann, bekümmert wispernd: »Ilana. Naß.«

Armer Michel: bis zum Schluß hat er die Oberhand. Ich bin in seinen Händen, Deine Ehre ist unter seinen Füßen, und sogar die Aura des bedauernswerten Opfers wird Dir durch sein Siechtum geraubt und auf seinen erkahlenden Kopf übertragen. Ich habe den edelmütigen Zettel gesehen, den Du verfaßt und ihm übersandt hast, um uns großzügig alle in Dein Haus einzuladen, doch statt zu weinen, habe ich plötzlich derart losgelacht, daß ich gar nicht mehr aufhören konnte: »Das ist schleichende Annektierung, Alek. Der meint dort, du seist schon schwächer geworden, hält die Zeit jetzt für reif, uns alle unter die Flügel seiner heiligen Gegenwart zu vereinnahmen.« Und Alek verzog seine Lippen zu jener Grimasse, die ihm als Lächeln dient.

Jeden Sonntag fahre ich mit ihm per Taxi nach Haifa ins Krankenhaus, in dem sie ihn mit Chemotherapie behandeln. Die Bestrahlungen hat man inzwischen eingestellt. Und erstaunlicherweise hat sich sein Zustand etwas gebessert: zwar ist er immer noch schwach und müde, döst die meisten Stunden des Tages, liegt nachts halbwach, sein Verstand ist durch Medikamente benommen, aber die Schmerzen sind abgeflaut. Schon hat er die Kraft, zwei, drei Stunden zwischen Wand und Tür auf- und abzugehen. Gegen Abend mit seinem Stock loszutrotten und selbständig in der Küche anzukommen. Ich erlaube ihm dortzubleiben, bis die anderen sich gegen Mitternacht auf ihre Zimmer zerstreuen. Ermuntere ihn sogar, sich mit ihnen zu unterhalten, um sich abzulenken. Doch vergangene Woche ist es ihm einmal passiert, daß er seine Notdurft nicht in der Gewalt hatte und sich in Gegenwart der anderen verdreckte. War wohl zu faul oder hatte nicht drangedacht, mich zu bitten, ihn zur Toilette zu geleiten. Ich wies Boas an, ihn sofort auf den Armen in sein Zimmer hochzutragen, machte ihn sauber, wechselte seine Wäsche, und ließ ihn am nächsten Tag – zur Strafe – nicht hinuntergehen. Seitdem gibt er sich mehr Mühe. Vor den Regenfällen, die gestern eingesetzt haben, ist er sogar ein wenig allein im Garten spazierengegangen: groß und mager in seinen verschlissenen Jeans und irgendeinem lächerlichen Hemd. Wenn er unartig ist, zögere ich nicht, ihn zu schlagen. Zum Beispiel als er mir eines Nachts ausgerissen ist und sich zur Sternwarte auf dem Dach hinaufgeschlichen hat, auf dem Rückweg aber schwach geworden, von der Strickleiter gefallen und betäubt im Flur liegengeblieben ist, bis ich ihn gefunden habe. Da habe ich ihm Klapse versetzt wie einem jungen Hund, und nun weiß er schon, daß Treppensteigen über seine Kräfte geht, und erlaubt Boas, ihn jeden Abend auf den Armen in sein Zimmer hochzutragen. Wir haben Barmherzigkeit von Dir gelernt.

Und Du? Machst Du Dich von deinen Erlösungsgeschäften frei, um Jifat pünktlich um halb zwei aus der Kinderkrippe abzuholen? Singst Du ihr mit Deiner verrauchten Stimme »O Fels Israels, der uns Speise gibt«? »Schön bist du, meine Freundin«? »Mächtiger König«? Oder vielleicht hast Du sie schon in die Familie Deines Bruders verpflanzt, hast im braunen Koffer all ihre Kleidung und Spielsachen rübergebracht und bist in die Felslandschaft der Hebroner Berge entschwebt? Falls Du kommst und sie mitbringst, werde ich Dir vergeben, Michel. Ja, sogar mit Dir schlafen. Werde alles tun, was Du wünschst. Und auch das, was Du Dich zu wünschen schämst. Die Zeit vergeht, und jeder vorbeiziehende Tag und jede Nacht ist noch ein Hügel und noch ein Tal, die für uns verloren sind. Sie kehren nicht wieder. Du schweigst. Übst Rache und trägst nach und strafst mit aller Macht Deines Schweigens. Hast Erbarmen mit ganz Israel, mit alten Ruinen, mit Boas, mit Alek, aber nicht mit Frau und Tochter. Sogar über das Scheidungsverfahren hast Du mich lieber durch Deinen Rabbiner verständigen lassen. Der mir in Deinem Namen mitteilte, ich sei eine widerspenstige Frau und dürfe Jifat deshalb nicht wiedersehen. Bin ich denn nicht einmal würdig, daß Du eine Erklärung von mir forderst? Daß Du mir Kasteiungen auferlegst und mir den Weg zur reuigen Umkehr weist? Mir einen biblischen Fluch schreibst?

Boas sagt: »So ist's am besten für dich, Ilana, laß ihn da mit seinem Ärger fertigwerden. Soll er ihn an den Frommen auslassen. Danach wird er sich sicher beruhigen und dir in allem nachgeben, was du willst.«

»Meinst du, ich hätte gegen ihn gesündigt?«
»Keiner ist besser als der andere.«
»Boas. Mal ehrlich. Hältst du mich für verrückt?«
»Keiner ist normaler als der andere. Vielleicht hast du Lust, ein bißchen Samen zu sortieren?«
»Sag: für wen baust du das Karussell da?«
»Für die Kleine, wen denn sonst? Wenn sie halt wiederkommt.«
»Glaubst du dran?«
»Weiß nicht. Möglich. Warum nicht.«

Heute morgen habe ich ihn wieder geschlagen: weil er ohne Erlaubnis auf den Balkon hinausgegangen ist und im Regen gestanden hat, bis er durchnäßt war. Eine dümmliche Miene verbreitete sich über sein gequältes Gesicht. Ja, ob er sich denn umbringen wolle? Er grinst. Antwortet mir, der Regen sei sehr gut für die Felder. Ich packte ihn am Hemd, zerrte ihn mit Gewalt nach drinnen und ohrfeigte ihn. Konnte gar nicht mehr von ihm ablassen, sondern trommelte ihm mit den Fäusten auf die Brust, warf ihn aufs Bett und fuhr fort, ihn zu schlagen, bis mir die Hände wehtaten, und er hörte nicht auf zu grinsen, sichtlich vergnügt, mir Freude zu bereiten. Ich legte mich neben ihn und küßte ihn auf die Augen, auf die eingefallene Brust, auf die wegen des Haarausfalls immer höher werdende Stirn. Streichelte ihn, bis er eingenickt war. Dann stand ich auf und trat ebenfalls auf den Balkon, um zu sehen, was der Regen für die Felder tut, und um die stechende Sehnsucht nach Dir, nach dem Geruch Deines behaarten Körpers, dem Duft von Brot und Halva und Knoblauch, abzuspülen. Nach Deiner heiseren Raucherstimme und Deiner entschlossenen Zurückhaltung. Kommst Du? Wirst Du Jifat mitbringen? Laß uns alle hier sein. Es ist schön hier. Wunderbar still.

Da zum Beispiel, der zerstörte Fischteich: mit Beton ausgebessert, und wieder schwimmen Fische darin. Karpfen anstelle von Goldfischen. Der wiederhergestellte Springbrunnen antwortet dem Regen in seiner Sprache, nicht strömend, sondern tröpfelnd. Die Obst- und Zierbäume ringsum stehen in grauem Schweigen in dem weichen Guß, der den ganzen Tag auf sie niedergeht. Ich habe keine Hoffnung, Michel. Vergebens ist dieser Brief. Sobald Du meine Handschrift auf dem Umschlag erkennst, wirst Du das Papier in kleine Fetzen zerreißen und die Toilette runterspülen. Du hast ja schon die sieben Trauertage nach mir gehalten und Dein Hemd zerrissen. Verloren. Was bleibt mir noch übrig, als meinen Wahnsinn zu Grabe zu tragen?

Und danach zu verschwinden. Nicht dazusein. Wenn Alek mir ein bißchen Geld hinterläßt, verlasse ich das Land. Miete mir ein kleines Zimmer in einer großen fernen Stadt. Wenn die Einsamkeit überhandnimmt, gebe ich mich fremden Männern hin. Drücke fest die Augen zu und schmecke Dich und ihn in den anderen. Noch vermag ich die schüchtern-begehrlichen Blicke der drei versponnenen Jünglinge auf mich zu lenken, die hier zwischen all den jungen Mädchen herumlaufen, die zwanzig Jahre jünger sind als ich. Boas' Kommune wächst nämlich nach und nach: gelegentlich bleibt eine weitere verirrte Seele bei uns hängen. Schon ist der Garten gepflegt, sind die Obstbäume beschnitten, neue Schößlinge am Abhang gesetzt. Die Tauben hat man aus dem Haus vertrieben und in einem großen Taubenschlag untergebracht. Nur der Pfau darf noch nach Herzenslust in den Zimmern, Korridoren und auf den Treppen umherstolzieren. Die meisten Zimmer sind schon gesäubert. Das Stromnetz ist repariert. Wir haben an die zwanzig Petroleumöfen. Gekauft? Oder gestohlen? Kann man nicht wissen. Anstelle der abgesackten Fliesen wurden Betonfußböden gegossen. Der Kamin in der Küche wird mit duftendem Reisigfeuer angeheizt. Ein kleiner Traktor steht im Wellblechschuppen, umringt von Anhängern: Sprühwagen, Mäher, Grubber, Kreiselschwader. Wir haben Boas nicht vergebens auf eine Landwirtschaftsschule geschickt. All diese Dinge hat er von dem Geld angeschafft, das sein Vater ihm zuwendet. Außerdem gibt es Bienenstöcke und einen Ziegenstall und einen kleinen Verschlag für den Esel und ein Häuschen für die Gänse, die ich zu versorgen gelernt habe. Die Hühner wandern allerdings noch im Hof herum, picken zwischen den Beeten wie in einem arabischen Dorf, und die Hunde jagen hinter ihnen her. Vor meinem Fenster läßt der Wind die Fetzen der Vogelscheuche flattern, die Jifat und ich im Gemüsegarten aufgestellt haben, bevor Du nach ihr geschickt hast, um sie mir wegzunehmen. Möchte sie gern zurückkommen? Fragt sie nach Boas? Nach dem Pfau? Wenn sie wieder über Ohrenschmerzen klagt, gib ihr bitte nicht gleich Antibiotika. Warte ein, zwei Tage, Michel.

Die Bougainvilleas und der wilde Oleander sind aus dem Haus verdrängt worden. Die Mauerritzen sind verkittet. Es gibt keine nächtlichen Mauserennen mehr quer über die Fußböden. Boas' Freundinnen und Freunde backen ihr Brot selbst, dessen warmer, gaumenkitzelnder Duft meine Sehnsucht nach Dir weckt. Auch Joghurt und sogar verschiedene Käsesorten stellen wir aus Ziegenmilch her. Boas hat zwei Holzfässer ausgebessert, und im nächsten Sommer werden wir unseren eigenen Wein haben. Auf dem Hausdach steht das Teleskop, zu dem ich in der Nacht des Versöhnungstags auf Einladung hinaufgeklettert bin und durch das ich die toten Meere gesehen habe, die sich auf dem Mond ausdehnen.

Leise, hartnäckig, gleichmäßig fällt der Regen weiter. Um die Steingrube im Hof zu füllen, jenes Wasserloch, das Wolodja Gudonski ausgehoben und sein Enkel gesäubert und ausgebessert hat und das sie irrtümlich Brunnen nennen. Die Vorratskammern, Schuppen und Verschläge haben sich mit Samensäcken, Behältern voll organischem und künstlichem Dünger, Petroleum- und Dieselkanistern, Pflanzenschutzmitteln, Maschinenöldosen, Schläuchen, Sprinklern und sonstigem Bewässerungsgerät gefüllt. Joasch schickt jeden Monat die Zeitschrift »Das Feld«. Von da und dort haben sich alte Möbel, Feldbetten, Matratzen, Regale, Schränke und ein buntes Gemisch an Haushalts- und Küchenutensilien angesammelt. In der improvisierten Schreinerwerkstatt im Keller zimmert er Tische und Bänke, wie neulich auch den Liegestuhl für seinen Vater. Versucht er so mit seinen mächtigen Händen Alek etwas zu sagen? Oder ist auch er auf seine Weise vom Wahn besessen? In einer Mulde unter dem rostigen Boiler ist der Schatzkasten zum Vorschein gekommen, den Aleks Vater dort verborgen hatte. Es waren nur noch fünf türkische Goldmünzen darin, die Boas für Jifat aufbewahrt. Dir hat er hier die Aufgabe des Baumeisters zugedacht, weil ich ihm erzählt habe, daß Du Dich in Deinen ersten Jahren im Lande als Bauarbeiter betätigt hast.

Das Windflaschenxylophon spielt im Erdgeschoß, weil Aleks Holzbett nebst Tisch, Stuhl und Schreibmaschine in das alte Zimmer seiner Mutter hinaufgewandert sind, dessen Fenster und kleiner Balkon auf Küstenstreifen und Meer hinausblicken. Er schreibt kein Wort, diktiert mir auch nichts. Die Maschine verstaubt. Die Bücher, die Boas auf seinen Wunsch aus dem Laden in der Stadt besorgt hat, stehen der Größe nach aufgereiht wie die Soldaten auf dem Bord, aber Alek rührt sie nicht an. Ihm genügen die Geschichten, die ich ihm erzähle. Nur das hebräische Wörterbuch und die Grammatik liegen aufgeschlagen auf seinem Tisch. Denn in seinen hellen Stunden, um die Mittagszeit, kommt Boas manchmal zu uns herauf: Alek unterrichtet ihn im Rechtschreiben und in den Grundlagen der Syntax. Wie Freitag bei Robinson Crusoe.

Beim Gehen duckt Boas leicht den Kopf in der Tür, als würde er sich vor uns beiden verbeugen. Dann nimmt Alek seinen Stock und beginnt, das Zimmer mit seinen gleichmäßigen Schritten zu durchmessen. Die Sandalen aus Reifen und Tauenden, die Boas ihm gemacht hat, quietschen dumpf. Gelegentlich bleibt er stehen, blickt verwundert, zieht an seiner kalten Pfeife und beugt sich vor, um den Stuhl rechtwinklig zum Tisch auszurichten. Korrigiert streng die Falten seiner Wolldecke. Und meiner. Nimmt mein Kleid vom Haken an der Tür und hängt es in die Kiste, die uns als Kleiderschrank dient. Ein leicht gebeugter, kahl werdender Mann mit dünner Haut, dessen Gestalt mich an einen skandinavischen Dorfpfarrer erinnert: das Gesicht von einer eigenartigen Mischung aus Askese, Nachdenklichkeit und Ironie überzogen, die Schultern abfallend, der Rücken knochig und steif. Nur die grauen Augen erscheinen mir wäßrig trüb wie die eines Säufers. Um vier gehe ich hinauf, um ihm Kräutertee, ofenfrisches Fladenbrot und etwas von mir selbstgemachten Schafskäse zu bringen. Und auf demselben Tablett – auch eine Tasse Kaffee für mich. Meistens sitzen wir schweigend da und trinken. Einmal sagte er unvermittelt und ohne Fragezeichen am Ende des Satzes: »Ilana. Was tust du hier.«

Worauf er an meiner Stelle antwortete: »Glühende Kohlen. Aber es gibt keine Kohlenglut.«

Und danach: »Karthago ist zerstört. Na, wenn schon. Und wenn es nicht zerstört wäre, was dann. Das Problem liegt ganz anders. Das Problem ist, daß es hier kein Licht gibt. Wohin man sich wendet – eckt man an.«

Auf dem Boden seines Koffers fand ich die Pistole. Ich habe sie Boas übergeben, mit der Bitte, sie zu verstecken.

Viel Zeit bleibt nicht mehr. Es ist schon Winter. Wenn die großen Regenfälle einsetzen, wird man das Teleskop auseinandernehmen und vom Dach herunterholen müssen. Boas wird gezwungen sein, auf seine einsamen Streifzüge durch den Karmel zu verzichten. Wird nicht mehr für drei, vier Tage verschwinden, um die bewaldeten Wadis zu durchmessen, die verlassenen Höhlen zu erforschen, die Nachtvögel in ihren Löchern aufzustöbern, sich im Dickicht der üppigen Vegetation zu verlieren. Er wird nicht mehr zum Strand hinuntergehen, um allein auf einem völlig nägelfreien Floß in See zu stechen. Ist er auf der Flucht? Auf Verfolgungsjagd? Sucht er Eingebung aus den Sternen? Tastet er, als riesiger, stammelnder Waisenjunge, in leeren Weiten nach einem verlorenen Schoß, der ihn wie mit magischer Kraft anzieht?

Eines Tages wird er sich auf Wanderschaft begeben und nicht zurückkehren. Seine Freunde werden hier ein paar Wochen auf ihn warten, danach achselzuckend einer nach dem anderen verschwinden. Die Kommune wird sich in alle Winde zerstreuen. Keine Menschenseele wird übrigbleiben. Der Gecko, der Fuchs und die Viper werden das Haus erneut erben, und die Wildgräser werden wiederkommen. Mich allein wird man zurücklassen, um über die Sterbewehen zu wachen.

Und dann? Wohin soll ich gehen?

Als ich ein kleines Mädchen war, eine Einwanderertochter, die gegen die Reste ihres lächerlichen Akzents und die Überbleibsel ausländischer Sitten ankämpfte, verfiel ich dem Zauber der alten Heimatlieder, die Du nicht kennst, weil Du zu spät hierher gekommen bist. Weisen, die vage Sehnsüchte in mir entfachten, ein geheimes weibliches Verlangen, bevor ich noch Frau war. Bis heute erzittere ich, wenn »Im lieblichen Land der Väter« aus dem Radio erklingt. Oder »Es gab eine Kleine in Kinneret«. Oder »Auf einem Hügel«. Als wolle man mich von fern an einen Treueschwur erinnern. Als würde man sagen, es gibt ein Land, aber wir haben es nicht gefunden. Ein verkleideter Harlekin hat sich eingeschlichen und uns verleitet, das Gefundene zu verschmähen. Zu verderben, was teuer war und nicht wiederkehren wird. Er hat uns mit seinem Zauberbann mitgezogen, bis wir tief im sumpfigen Gelände umherirrten und die Dunkelheit sich über uns senkte. Wirst Du mich in Deinen Gebeten erwähnen? Sag bitte in meinem Namen, daß ich auf Barmherzigkeit warte. Für mich und für ihn und für Dich. Für seinen Sohn. Für seinen Vater. Für Jifat und für meine Schwester. Sag in Deinen Gebeten, Michel, daß die Einsamkeit, die Leidenschaft und die Sehnsucht unsere Kräfte übersteigen. Und ohne sie sind wir ausgelöscht. Sag, wir hätten Liebe erhalten und erwidern wollen, doch nun seien wir in die Irre gegangen. Sag, daß man uns nicht vergessen solle und daß wir noch in der Dunkelheit flackern. Versuche zu klären, wie wir wieder rauskommen. Wo jenes Land ist.

Oder nein. Bete nicht.

Statt zu beten, bau mit Jifat den Davidsturm aus Bauklötzen. Nimm sie in den Zoo mit. Ins Kino. Brat ihr Eure Spiegeleier, heb die Haut vom Kakao ab, sag ihr, trink mein Schätzchen, Himmelspätzchen. Vergiß nicht, ihr einen Flanellschlafanzug für den Winter zu kaufen. Und auch neue Schuhe. Übergib sie nicht Deiner Schwägerin. Denk manchmal daran, wie Boas seinen Vater auf den Armen trägt. Und abends, wenn Du von Deinen Exkursionen zurück bist? Sitzt Du dann strumpfsock vor dem

Fernseher, bis die Müdigkeit Dich übermannt? Schläfst Du in voller Kleidung auf dem Sessel ein? Zündest eine Zigarette an der anderen an? Oder sitzt Du statt dessen zu Füßen Deines Rabbiners und lernst in Tränen Tora? Kauf Dir einen warmen Schal. In meinem Namen. Erkälte Dich nicht. Werd nicht krank.

Und ich werde auf Dich warten. Werde Boas bitten, ein breites Holzbett zu zimmern und eine Matratze mit Seegras zu stopfen. Wach und aufmerksam werden wir mit offenen Augen im Dunkeln liegen. Der Regen wird ans Fenster peitschen. Durch die Wipfel wird der Wind fegen. Hohe Donner werden auf die Berge im Osten zurollen, und Hunde werden bellen. Wenn der Sterbende stöhnt, wenn ihn heftiger Schüttelfrost durchschauert, können Du und ich ihn von beiden Seiten umfangen, bis er zwischen uns warm wird. Wenn Du mich begehrst, werde ich mich an Dich schmiegen, und seine Finger werden über unsere Rücken gleiten. Oder Du schmiegst Dich an ihn, und ich streichle Euch beide. Wie Du es Dir seit langem ersehnt hast: Dich ihm und mir anzuschließen. Mir in ihm und ihm in mir. Alle drei eins zu werden. Denn von draußen aus der Dunkelheit, durch die Ritzen der Fensterläden werden dann Wind und Regen, Meer, Wolken, Sterne kommen, uns schweigend zu umschließen. Und am Morgen werden mein Sohn und meine Tochter mit einem Weidenkorb hinausgehen, Radieschen im Garten auszugraben. Sei nicht traurig.

Eure Mutter

Herrn Gideon
der Dame (in Beantwortung des Briefes,
den Sie mir schickte)
und dem teuren Boas
Haus Gideon zu Sichron Jaakov

Mit Gottes Hilfe
Jerusalem, 4. Marcheschwan 5737
(28. 10. 76)

Schalom!

So steht es bei uns in dem Loblied »Lobe den Herrn, meine Seele« (Psalm 103): »Der Herr ist barmherzig und gnädig, langmütig und reich an Güte. Er wird nicht immer zürnen, nicht ewig im Groll verharren. Er handelt an uns nicht nach unsern Sünden und vergibt uns nicht nach unsrer Schuld. Denn so hoch der Himmel über der Erde ist, so hoch ist seine Huld über denen, die ihn fürchten. Soweit der Aufgang entfernt ist vom Untergang, so weit entfernt er die Schuld von uns. Wie ein Vater sich seiner Kinder erbarmt, so erbarmt sich der Herr über alle, die ihn fürchten. Denn er weiß, was wir für Gebilde sind; er denkt daran: Wir sind nur Staub. Des Menschen Tage sind wie Gras, er blüht wie die Blume des Feldes. Fährt der Wind darüber, ist sie dahin; der Ort, wo sie stand, weiß von ihr nichts mehr. Doch die Huld des Herrn währt immer und ewig für alle, die ihn fürchten und ehren.« Amen.

Michael Sommo

Eine Frau erkennen

Aus dem Hebräischen von
Ruth Achlama

1.

Joel nahm das Ding vom Bord und betrachtete es aus der Nähe. Seine Augen schmerzten. Der Makler dachte, Joel habe seine Frage nicht gehört, und wiederholte sie deshalb: »Werfen wir einen Blick hinters Haus?« Obwohl Joel sich bereits entschieden hatte, beeilte er sich nicht mit einer Antwort. Er war es gewohnt, seine Antworten hinauszuzögern, sogar bei simplen Fragen wie: Wie geht's dir? Oder: Was haben sie in den Nachrichten gesagt? Als seien die Worte persönliche Dinge, von denen er sich nicht gerne trennte.

Der Makler wartete. Und inzwischen herrschte Stille in dem Zimmer, das luxuriös ausgestattet war: breiter, dunkelblauer Hochflorteppich, mehrere Sessel, Couch nebst Mahagonitisch im englischen Stil, Fernsehgerät ausländischen Fabrikats, ein mächtiger Philodendron in der richtigen Ecke und ein roter Backsteinkamin, in dem sechs Holzscheite kreuzweise übereinandergestapelt lagen – zur Zierde, nicht zum Verfeuern. Vor der Durchreiche zur Küche stand ein schwarzer Eßtisch mit sechs ebenfalls schwarzen hochlehnigen Stühlen. Nur die Bilder hatte man von den Wänden genommen – der Putz wies helle Rechtecke auf. Die Küche, in die man durch die offene Tür sehen konnte, stammte aus Skandinavien und strotzte vor modernen Elektrogeräten. Auch die vier Schlafzimmer, die er vorher gesehen hatte, entsprachen seinen Erwartungen.

Joel prüfte mit Augen und Fingern das Ding, das er vom Bord genommen hatte. Es war ein Ziergegenstand, eine kleine Figur, das Werk eines Amateurs: ein Raubtier aus der Familie der Katzen, aus braunem Olivenholz geschnitzt und mit mehreren Lackschichten überzogen. Die Kiefer waren weit aufgerissen und die Zähne geschliffen scharf. Die zwei Vorderläufe spannten sich in großartigem Startschwung in die Luft, der rechte Hinterlauf, noch gekrümmt und muskelschwellend von der Sprungkraft, hing ebenfalls in der Luft, und nur die linke Hinterpranke verhinderte die Ablösung und band das Tier an eine Edelstahlplatte. Der Rumpf ragte in einem Winkel von fünfundvierzig Grad auf, und die Spannung war derart groß, daß Joel den Schmerz des festgehaltenen Fußes und die Verzweiflung des gestoppten Sprungs fast am eigenen Leib spürte. Unnatürlich und unwirklich erschien ihm die Figur, obwohl es dem Künstler hervorragend gelungen war, dem Material katzenhafte Geschmeidigkeit aufzuzwingen. Es war wohl doch kein Laienstück. Die detaillierte Ausarbeitung der Reißzähne und der Pranken, die Krümmung des sprungfederhaften Rückens, die Anspannung der Muskeln, die Innenwölbung des Bauches, die Fülle des Zwerchfells in dem starken Brustkorb und sogar der Winkel der fast flach bis an den Hinterkopf zurückgezogenen Ohren – all das zeichnete sich durch präzises Detail und das Geheimnis kühnen Ringens mit den Grenzen der Materie aus. Dem Anschein nach handelte es sich um eine vollkommene Holzfigur, die sich von ihrer Hölzernheit befreit und grausame, wütende, fast sexuelle Bestialität erlangt hatte.

Und doch stimmte was nicht. Irgend etwas war falsch, übertrieben, gewissermaßen zu vollendet oder nicht ganz zu Ende geführt. Worin der Defekt lag, vermochte Joel nicht zu entdecken. Die Augen taten ihm weh. Wieder kam ihm der Verdacht, es sei das Werk eines Laien. Aber wo steckte der Fehler? Leichter, physischer Ärger stieg in ihm auf, verbunden mit dem spontanen Drang, sich auf die Zehenspitzen zu recken.

Vielleicht auch, weil die kleine Figur mit dem verborgenen Mangel augenscheinlich die Gesetze der Schwerkraft verletzte: Das Raubtier in seiner Hand wog schwerer als die dünne Stahlplatte, von der das Tier loszukommen suchte, aber an einem winzigen Berührungspunkt zwischen Hinterlauf und Basis festgehalten wurde. Genau auf diesen Punkt heftete Joel nun den Blick. Er sah, daß die Pranke in eine millimetergroße Vertiefung eingelassen war, die man aus der Stahlplatte herausgearbeitet hatte. Aber wie?

Sein dumpfer Unwille vertiefte sich, als er das Ding umdrehte und zu seiner Überraschung an der Unterseite keinerlei Zeichen jenes sicher erwarteten Gewindes fand, das die Pfote an der Platte hätte befestigen müssen. Er drehte die Figur erneut um: auch im Fleisch des Tieres, zwischen den Krallen der Hintertatze, fehlte jede Spur einer Schraube. Was stoppte dann den Höhenflug und bremste den Beutesprung? Gewiß kein Kontaktkleber. Das Eigengewicht der Figur hätte jeden Joel bekannten Stoff daran gehindert, das Geschöpf dauerhaft an einer derart begrenzten Verbindungsstelle am Boden festzuhalten, während der Rumpf in scharfwinkliger Schräge von der Basis nach vorn ragte. Vielleicht war die Zeit gekommen, sich mit einer Lesebrille abzufinden. Was hatte es für ihn als Witwer von siebenundvierzig Jahren, Frühpensionär, ein fast in jeder Hinsicht freier

Mensch, schließlich noch für einen Sinn, stur eine Binsenwahrheit abzuleugnen? Er war einfach müde, brauchte seine wohlverdiente Ruhe. Die Augen brannten ihm manchmal, und gelegentlich verschwammen ihm die Buchstaben, besonders nachts, beim Licht der Leselampe. Und dennoch waren die Hauptfragen ungelöst: Wenn das Raubtier schwerer als die Basis war und fast ganz über sie hinausragte, mußte das Ding eigentlich umkippen. War es mit Klebstoff befestigt, hätte es sich längst lösen müssen. Wenn das Tier vollkommen war – wo steckte dann sein unerfindlicher Fehler? Woher resultierte das Gefühl, daß etwas nicht stimmte? Fall es einen verborgenen Kniff gab – wo mochte er stecken?

Letztendlich packte er mit dumpfer Wut – Joel ärgerte sich auch über den Zorn, der in ihm erwachte, weil er sich als zurückhaltenden, besonnenen Menschen betrachtete – das Raubtier am Hals und versuchte, nicht mit Gewalt, den Zauber zu brechen und das herrliche Tier von den Qualen seiner mysteriösen Fesselung zu befreien. Vielleicht würde dabei auch der unerklärliche Defekt verschwinden.

»Lassen Sie doch«, sagte der Makler, »schade drum. Gleich machen Sie's kaputt. Gehen wir uns den Geräteschuppen im Hof anschauen? Der Garten sieht ein bißchen verwildert aus, aber das läßt sich ohne weiteres in einem halben Arbeitstag in Ordnung bringen.«

Sanft und bedächtig ließ Joel den Finger um die geheimnisvolle Verbindung zwischen Belebtem und Unbelebtem kreisen. Die Figur war doch das Werk eines mit List und Kraft begnadeten Künstlers. Die vage Erinnerung an ein byzantinisches Kreuzigungsbild flackerte einen Augenblick in seinem Gedächtnis auf: Auch jenes Motiv hatte etwas Unglaubhaftes und doch Schmerzvolles an sich gehabt. Er nickte zweimal mit dem Kopf, als stimme er nach innerer Debatte endlich mit sich selbst überein, pustete, um ein unsichtbares Staubkörnchen oder womöglich seine Fingerabdrücke von dem Ding zu entfernen, und stellte es traurig an seinen Platz auf dem Nippesbord, zwischen einer blauen Glasvase und einem kupfernen Rauchfaß, zurück.

»Gut«, sagte er, »ich nehme es.«

»Wie bitte?«

»Ich habe mich entschlossen, es zu nehmen.«

»Was denn?« fragte der Makler verwirrt, indem er seinen Klienten etwas mißtrauisch anblickte. Der Mann wirkte konzentriert, hart, tief in die inneren Kammern seines Selbst vergraben, stur, aber auch wieder zerstreut, während er so reglos dastand, das Gesicht dem Regal, den Rücken dem Makler zugewandt.

»Das Haus«, erwiderte er ruhig.

»Und das wär's? Möchten Sie sich nicht erst den Garten angucken? Und den Schuppen?«

»Ich sagte: Ich nehme es.«

»Und sind Sie mit neunhundert Dollar pro Monat und halbjährlicher Vorauszahlung einverstanden? Zuzüglich laufender Kosten und Steuern aus Ihrer Tasche?«

»Geht.«

»Wenn all meine Klienten wie Sie wären«, lachte der Makler, »würde ich den ganzen Tag auf dem Meer zubringen. Segelboote sind zufällig mein Hobby. Wollen Sie erst noch Waschmaschine und Herd überprüfen?«

»Ich verlass' mich auf Ihr Wort. Falls es Probleme gibt, werden wir einander schon finden. Nehmen Sie mich mit in Ihr Büro, damit wir den Papierkram erledigen können.«

2.

Im Auto, auf dem Rückweg vom Vorort Ramat Lotan zum Stadtbüro in der Ibn-Gabirol-Straße, redete allein der Makler. Er sprach vom Wohnungsmarkt, vom Aktiensturz an der Börse, von der neuen Wirtschaftspolitik, die ihm völlig hirnverbrannt erschien, und von dieser Regierung, die Sie wissen schon wo hingehört. Er erzählte Joel von dem Hauseigentümer, seinem Bekannten Jossi Kramer, Abteilungsleiter bei El Al, der plötzlich, mit kaum zwei Wochen Vorwarnung, für drei Jahre nach New York versetzt worden sei, woraufhin er Frau und Kinder genommen und sich eilends die Wohnung eines anderen Israelis geschnappt habe, der von Queens nach Miami überwechselte.

Der Mann, der da zu seiner Rechten saß, machte ihm nicht den Eindruck, als werde er im letzten Moment seine Meinung ändern: Ein Klient, der sich in eineinhalb Stunden zwei Wohnungen angesehen und die dritte zwanzig Minuten nach Betreten genommen hatte, ohne über den Preis zu feilschen, würde jetzt nicht mehr weglaufen. Trotzdem fühlte der Makler sich beruflich verpflichtet, den schweigsamen Burschen neben sich weiterhin zu überzeugen, daß er ein gutes Schnäppchen gemacht hatte. Außerdem wollte er zu gern etwas über den Fremden mit dem bedächtigen Wesen und den vielen Fältchen in den Augenwinkeln herausbekommen – die an ein ständiges, leicht spöttisches Lächeln denken ließen, obwohl die schmalen Lippen keinen Anflug davon zeigten. Der Makler pries also die Pluspunkte der Wohnung in dem gediegenen Vorort, die Vorzüge des Zweifamilienhauses, das erst vor acht, neun Jahren gebaut worden sei, und das, wie es sich gehöre, *state of the art* sozusagen. Und die Wandnachbarn seien ein amerikanisches Paar, Bruder und Schwester, solide Menschen, offenbar im Auftrag irgendeiner Wohlfahrtsorganisation aus Detroit hergezogen. Die Ruhe sei somit gesichert. Die ganze Straße bestehe aus gepflegten Villen, der Wagen habe ein Dach überm Kopf, Einkaufszentrum und Schule befänden sich zweihundert Meter vom Haus, das Meer sei zwanzig Minuten entfernt und die Stadt zum Greifen nah. Die Wohnung selbst habe er ja gesehen, perfekt möbliert und ausgestattet, denn die Kramers – die Vermieter – seien Leute, die wüßten, was Qualität bedeute, und überhaupt könne er bei einem leitenden El-Al-Angestellten sichergehen, daß alles im Ausland gekauft und von Topqualität sei, einschließlich sämtlicher *fittings* und *gadgets*. Außerdem sähe man ihm ja gleich an, daß er einen sicheren Blick und einen Sinn für schnelle Entscheidungen habe. Wenn all seine Klienten so wie er wären – aber das habe er ja schon gesagt. Und was mache er beruflich, wenn er fragen dürfe?

Joel sann darüber nach, als wähle er seine Worte mit der Pinzette. Dann antwortete er »Beamter« und ging weiter seiner Beschäftigung nach: legte wieder und wieder die Fingerspitzen an die Klappe des kleinen Handschuhfachs vor seinem Sitz, ließ sie einen Augenblick auf der dunkelblauen Plastikfläche ruhen und löste sie dann mal schwunghaft, mal sanft, mal verschlagen wieder – immer aufs neue. Doch das Rütteln des Wagens ließ ihn zu keinem Schluß gelangen. Ja, eigentlich wußte er gar nicht, was die Frage war. Der Gekreuzigte auf dem byzantinischen Bild hatte trotz des Bartes ein Mädchengesicht gehabt.

»Und Ihre Frau? Arbeitet?«

»Verstorben.«

»Bedaure, das zu hören«, bemerkte der Makler artig und fügte in seiner Verlegenheit hinzu: »Meine Frau ist auch so ein Problem. Grauenhafte Kopfschmerzen, und die Ärzte finden die Ursache nicht. Wie alt sind die Kinder?«

Wieder schien Joel im Geist die Genauigkeit der Fakten zu prüfen und eine angemessene Formulierung zu wählen, ehe er antwortete: »Nur eine Tochter. Sechzehneinhalb.«

Der Makler ließ ein Kichern vernehmen und sagte in vertraulichem Ton, erpicht, eine Männerkameradschaft zu dem Fremden anzuknüpfen: »Kein leichtes Alter, was? Verehrer, Krisen, Geld für Klamotten und all das?« Worauf er sich gleich weiter erkundigte, ob er mal fragen dürfe, wozu er dann vier Schlafzimmer brauche? Joel gab keine Antwort. Der Makler entschuldigte sich. Er wisse natürlich, daß ihn das nichts angehe. Sei nur so, wie sagt man, Neugier gewesen. Er selber habe zwei Söhne von neunzehn und zwanzig, nur eineinviertel Jahr auseinander. Auch so eine Geschichte. Beide beim Militär, Kampfeinheiten. Ein Glück, daß der Schlamassel im Libanon schon vorüber sei, wenn überhaupt. Bloß schade, daß er so blödsinnig geendet habe, und das sage er, obwohl er persönlich alles andere als ein Linker oder so was sei. Und wo stehe er in dieser Sache?

»Wir haben auch zwei alte Damen«, beantwortete Joel mit seiner leisen, ruhigen Stimme die vorangegangene Frage, »die Großmütter werden mit uns zusammenwohnen.« Und als wolle er das Gespräch beenden, machte er die Augen zu, in denen sich seine Müdigkeit gesammelt hatte. Im Innern wiederholte er irgendwie die Worte, die der Makler benutzt hatte: Verehrer. Krisen. Das Meer. Und die Stadt zum Greifen nah.

Der Makler fuhr fort: »Sollen wir Ihre Tochter mal mit meinen beiden Burschen bekanntmachen? Vielleicht hat einer von ihnen bei ihr gute Karten? Ich fahr' absichtlich immer von hier in die Stadt und nicht da, wo alle reinwollen. Kleiner Umweg – aber wir haben vier, fünf beschissene Ampeln gespart. Übrigens wohne ich auch in Ramat Lotan. Nicht weit von Ihnen. Das heißt, von der Wohnung, die Ihnen gefallen hat. Ich gebe Ihnen auch meine Nummer zu Hause, damit Sie anrufen können, falls es Probleme gibt. Wird's allerdings nicht geben. Läuten Sie einfach an, wenn Sie Lust haben. Ich nehm' Sie alle gern mal auf eine kleine Runde durchs Viertel mit und zeige Ihnen, wo hier alles ist. Hauptsache, Sie behalten, daß Sie in den Stoßzeiten, falls Sie in die Stadt wollen, am besten nur von hier reinfahren. Ich hab' mal einen Regimentskommandeur gehabt, bei der Artillerie, Jimmy Gal, der ohne das Ohr, sicher haben Sie von ihm gehört, der hat immer gesagt: Zwischen zwei Punkten verbindet nur eine gerade Linie, und die ist voller Esel. Kennen Sie den?«

Joel sagte: »Danke.«

Der Makler brummelte noch etwas über das Militär von einst und von heute, gab's dann aber auf und schaltete das Radio ein – mitten in bestialisches Werbegebrüll des Popsenders im dritten Programm. Doch plötzlich, als sei endlich ein Hauch der Trauer von dem Mann an seiner Rechten zu ihm herübergeweht, streckte er die Hand aus und drehte auf den klassischen Musiksender weiter.

Sie fuhren wortlos. Tel Aviv um halb fünf an einem feuchten Sommernachmittag erschien Joel gereizt und schweißüberströmt. Jerusalem hingegen zeichnete sich ihm im Geist in winterlichem Licht ab, von Regenwolken eingehüllt, in gräulichem Halbdämmer verlöschend.

Der Musiksender brachte Melodien aus der Zeit des Barock. Joel gab ebenfalls auf, sammelte seine Finger ein und legte die Hände wie wärmesuchend zwischen die Knie. Er fühlte sich plötzlich erleichtert, weil er meinte, endlich gefunden zu haben, was er suchte: Das Raubtier hatte keine Augen. Der Künstler – also doch ein Amateur – hatte vergessen, ihm Augen einzusetzen. Oder vielleicht hatte es Augen, aber nicht am richtigen Fleck. Oder von ungleicher Größe. Das mußte man erneut prüfen. Und jedenfalls war es verfrüht, an der Sache zu verzweifeln.

3.

Ivria war am 16. Februar, einem Tag mit strömendem Regen, in Jerusalem gestorben. Als sie morgens um halb neun bei einer Tasse Kaffee an dem kleinen Schreibtisch vorm Fenster ihres Kämmerchens saß, war plötzlich der Strom ausgefallen. Rund zwei Jahre vorher hatte Joel dieses Zimmer dem Nachbarn nebenan für sie abgekauft und es der ehelichen Wohnung im Jerusalemer Stadtteil Talbiye angegliedert. Man hatte die Rückwand der Küche durchgebrochen, um eine Öffnung zu schaffen, und eine schwere braune Tür angebracht, die Ivria stets abschloß, wenn sie arbeitete oder schlief. Die alte Tür, die die Kammer mit dem Wohnzimmer des Nachbarn verbunden hatte, war zugemauert, verputzt und zweimal übertüncht worden, aber doch konnte man die Umrisse immer noch an der Wand hinter Ivrias Bett erkennen. Ihr neues Zimmer hatte sie in klösterlicher Schlichtheit möbliert. Sie nannte es »das Studio«. Abgesehen von dem schmalen Eisenbett enthielt es ihren Kleiderschrank und den klobigen tiefen Sessel ihres Vaters, der in der nördlichen Moschawa Metulla geboren, zeit seines Lebens geblieben und ebendort gestorben war. Auch Ivria war in Metulla geboren und aufgewachsen.

Zwischen Sessel und Bett stand eine Stehlampe aus getriebenem Messing. Die Wand zur Küche zierte eine Landkarte der Grafschaft Yorkshire. Der Fußboden war nackt. Außerdem gab es dort einen Büroschreibtisch aus Metall, zwei Metallstühle und ein ebenfalls metallenes Bücherregal. Über den Schreibtisch hatte sie drei nicht sehr große Schwarzweißphotos gehängt, die romanische Klosterruinen aus dem neunten oder zehnten Jahrhundert zeigten. Auf dem Schreibtisch stand ein gerahmtes Bild ihres Vaters, Schealtiel Lublin – ein stämmiger Mann mit Walroßschnauzbart in der Uniform eines britischen Polizeioffiziers. Hier wollte sie sich gegen die häusliche Routine abschotten und endlich ihre Magisterarbeit in englischer Literatur abschließen. Das gewählte Thema lautete *Die Schande auf dem Dachboden – Sexualität, Liebe und Geld in den Werken der Schwestern Brontë*. Jeden Morgen, wenn Netta in die Schule ging, legte Ivria eine ruhige Jazz- oder Ragtime-Platte auf, setzte ihre eckige, randlose Brille auf die Nase – die Brille eines pedantischen Familienarztes der vorigen Generation –, knipste die Schreibtischlampe an und begann, eine Tasse Kaffee vor sich, in ihren Büchern und Aufzeichnungen zu stöbern. Seit ihrer Kindheit war sie gewöhnt, mit einer Feder zu schreiben, die sie etwa alle zehn Worte in ein Tintenfaß tauchte. Sie war eine schlanke, zarte Frau mit papierdünner Haut, hellen, langwimprigen Augen und blonden, zur Hälfte ergrauten Haaren, die ihr bis auf die Schultern herabfielen. Fast immer trug sie eine weiße Hemdbluse und weiße Hosen, dazu weder Makeup noch Schmuck außer ihrem Ehering, den sie aus irgendeinem Grund auf den rechten kleinen Finger steckte. Ihre kindlichen Finger waren immer kalt, Sommer wie Winter, und Joel mochte ihre Kühle auf dem nackten Rücken und nahm sie auch liebend gern zwischen seine breiten, häßlichen Pranken, als wärme er frierende Küken. Noch drei Zimmer weiter und durch drei geschlossene Türen hindurch glaubte er manchmal das Rascheln ihrer Papiere zu hören. Gelegentlich stand sie auf und blieb ein Weilchen an ihrem Fenster stehen, das nur auf einen vernachlässigten Hinterhofgarten und eine hohe Mauer aus Jerusalemsteinen blickte. Bis in den Abend hinein saß sie an ihrem Schreibtisch hinter verschlossener Tür, strich durch und schrieb von neuem, was sie am Morgen verfaßt hatte, stöberte in allerlei Wörterbüchern, um die Bedeutung eines englischen Ausdrucks vor hundert oder mehr Jahren nachzuschlagen. Joel war die meiste Zeit außer Haus. In den übrigen Nächten trafen die beiden sich in der Küche, um gemeinsam ein Glas Tee mit Eiswürfeln im Sommer oder eine

Eine Frau erkennen

Tasse Kakao im Winter zu trinken, bevor jeder in sein Zimmer zum Schlafen ging. Zwischen ihr und ihm sowie ihr und Netta bestand ein stillschweigendes Abkommen: Ihr Zimmer durfte nur betreten werden, wenn es absolut notwendig war. Hier, hinter der Küche, im Ostausläufer der Wohnung, lag ihr Territorium, stets durch eine schwere braune Tür geschützt.

Das Schlafzimmer mit dem breiten Ehebett, der Kommode und den zwei identischen Spiegeln war auf Netta übergegangen, die die Bilder ihrer hebräischen Lieblingsdichter an die Wände gehängt hatte: Alterman, Lea Goldberg, Steinberg und Amir Gilboa. Auf den Nachttischen zu beiden Seiten des Bettes, in dem zuvor ihre Eltern geschlafen hatten, standen Vasen voller trockener Dornzweige, die sie zu Sommerende auf dem leeren Feld am Abhang neben dem Leprakrankenhaus pflückte. Auf einem Bord verwahrte sie eine Sammlung von Notenblättern und Partituren, die sie gern las, obwohl sie kein Instrument spielte.

Joel hingegen war ins Kinderzimmer seiner Tochter übersiedelt, dessen kleines Fenster auf die Deutsche Kolonie und den Hügel des bösen Rates hinausging, und hatte sich kaum die Mühe gemacht, irgend etwas darin zu ändern. Die meiste Zeit war er ja sowieso unterwegs. An die zehn Puppen verschiedener Größe wachten über seinen Schlaf in den Nächten, die er daheim verbrachte, dazu ein großes Farbposter, auf dem ein schlummerndes Kätzchen sich an einen Wolfshund mit der Miene eines zuverlässigen Bankiers in den besten Jahren kuschelte. Die einzige Veränderung bestand darin, daß Joel in einer Ecke des Mädchenzimmers acht Fliesen herausgerissen und seinen Panzerschrank in eine ausbetonierte Vertiefung eingelassen hatte. In diesem Schrank verwahrte er zwei verschiedene Pistolen, eine Sammlung detaillierter Stadtpläne von Haupt- und Provinzstädten, sechs Reisepässe und fünf Führerscheine, ein vergilbtes englisches Heft mit dem Titel *Bangkok by Night*, ein kleines Etui mit ein paar einfachen Medikamenten, zwei Perücken, diverse Reisenecessaires mit Wasch- und Rasiersachen, mehrere Mützen, einen Klappschirm, einen Regenmantel, zwei Schnurrbärte, Briefpapier und Umschläge mit dem Aufdruck verschiedener Hotels und Institutionen, einen Taschenrechner, einen kleinen Wecker, Flugpläne und Kursbücher sowie Telefonlisten, bei denen die letzten drei Ziffern in umgekehrter Reihenfolge angegeben waren.

Seit den Veränderungen im Haus diente die Küche als Begegnungsstätte der drei. Hier hielten sie ihre Gipfelkonferenzen ab. Vor allem am Schabbat. Das Wohnzimmer, das Ivria in ruhigen Farben nach dem Jerusalemer Geschmack der frühen sechziger Jahre eingerichtet hatte, benutzten sie vorwiegend als Fernsehraum. Wenn Joel daheim war, kamen sie manchmal alle drei, jeder aus seiner Bude, um neun Uhr abends ins Wohnzimmer, um sich die Fernsehnachrichten und gelegentlich noch ein englisches Drama des *Armchair-Theatre* anzugucken. Nur wenn die Großmütter, stets gemeinsam, auf Besuch kamen, erfüllte das Wohnzimmer seinen ursprünglichen Zweck. Man servierte Tee in Gläsern und ein Tablett mit Früchten der Jahreszeit und aß den Kuchen, den die Großmütter mitgebracht hatten. Alle paar Wochen machten Joel und Ivria Abendessen für die beiden Schwiegermütter. Joel steuerte den üppigen, würzigen, fein und exakt gewürfelten Salat bei, dessen Zubereitung er schon während seiner Jugend im Kibbuz perfekt beherrscht hatte. Man plauderte über die Nachrichten und andere Dinge. Lieblingsthema der Großmütter waren Literatur und Kunst. Familienangelegenheiten wurden nicht erörtert.

Ivrias Mutter Avigail und Joels Mutter Lisa waren beide stattliche, elegante Damen mit ähnlichen Frisuren, die an japanische Blumenkunst erinnerten. Über die Jahre wurden sie sich immer ähnlicher, zumindest auf den ersten Blick. Lisa trug feine Ohrringe, eine dünne Silberkette und dezentes Make-up. Avigail pflegte sich jugendliche Seidentücher um den Hals zu binden, die ihre grauen Kostüme wie Blumenrabatten am Rand eines Betonwegs belebten. An der Brust hatte sie eine kleine Elfenbeinbrosche in Form einer umgestülpten Vase stecken. Auf den zweiten Blick konnte man erste Anzeichen dafür feststellen, daß Avigail zu Molligkeit und slawischer Röte neigte, während Lisa eher langsam verschrumpelte. Seit sechs Jahren lebten die beiden in Lisas Zweizimmerwohnung in der Radak-Straße im abfallenden Teil des Rechavia-Viertels. Lisa war in einer Ortsgruppe des Soldatenhilfswerks aktiv und Avigail im Hilfskomitee für behinderte Kinder.

Andere Gäste suchten das Haus nur selten auf. Netta hatte wegen ihres Zustands keine engen Freundinnen. Wenn sie nicht in der Schule war, ging sie in die Stadtbücherei. Oder sie lag in ihrem Zimmer und las – bis in die halbe Nacht hinein. Manchmal begleitete sie ihre Mutter ins Kino oder Theater. Konzerte in der Kongreßhalle oder im Y. M. C. A.-Gebäude besuchte sie mit den beiden Großmüttern. Mal ging sie allein weg, um Dornzweige auf dem Feld neben dem Leprakrankenhaus zu pflücken.

Mal hörte sie sich abendliche Dichterlesungen oder literarische Diskussionen an. Ivria ging selten aus dem Haus. Die aufgeschobene Magisterarbeit nahm ihre meiste Zeit in Anspruch. Joel hatte dafür gesorgt, daß einmal die Woche eine Putzfrau kam, und das genügte für eine Wohnung, die stets sauber und aufgeräumt war. Zweimal wöchentlich fuhr Ivria mit dem Auto zum Großeinkauf. Kleidung schafften sie nicht viel an. Joel pflegte keine reiche Warenausbeute von seinen Reisen mitzubringen. Aber die Geburtstage vergaß er nie und auch nicht ihren Hochzeitstag am 1. März. Dank seines guten Augenmaßes gelang es ihm stets, in Paris, New York oder Stockholm Pullover von erstklassiger Qualität zu vernünftigen Preisen, eine geschmackvolle Bluse für seine Tochter, weiße Hosen für seine Frau, einen Schal, einen Gürtel oder ein Halstuch für Schwiegermutter und Mutter auszusuchen.

Nachmittags schaute gelegentlich eine Bekannte von Ivria herein, um mit ihr Kaffee zu trinken und leise zu plaudern. Manchmal kam der Nachbar, Itamar Vitkin, »Lebenszeichen suchen« oder »mal nachsehen, was meine frühere Rumpelkammer macht«, und blieb, um sich mit Ivria über das Leben während der britischen Mandatszeit zu unterhalten. Laute Stimmen hatte man seit Jahren nicht in diesem Haus gehört. Vater, Mutter und Tochter achteten stets peinlich darauf, einander nicht zu stören. Wenn sie sprachen, taten sie es höflich. Jeder kannte seinen Bereich. Bei den sabbatlichen Zusammentreffen in der Küche diskutierten sie fernliegende Themen, die alle drei interessierten, wie etwa Spekulationen über die mögliche Existenz intelligenter Wesen außerhalb der Erde oder die Frage, ob sich das ökologische Gleichgewicht retten ließe, ohne auf die Errungenschaften der Technik zu verzichten. Über solche Dinge sprachen sie fast lebhaft, ohne sich jedoch je gegenseitig ins Wort zu fallen. Zuweilen gab es eine kurze Debatte über praktische Themen, wie die Anschaffung neuer Schuhe für den Winter, die Reparatur der Spülmaschine, die Kosten verschiedener Heizsysteme oder die Ersetzung des Medizinschranks im Bad durch ein neueres Modell. Über Musik unterhielten sie sich wegen ihrer Geschmacksunterschiede selten. Politik, Nettas Zustand, Ivrias Magisterarbeit und Joels Beruf wurden nicht erwähnt.

Joel war viel weg, teilte aber, soweit irgend möglich, immer mit, wann er zurück sein würde. Über das Wort Ausland hinaus machte er nie nähere Angaben. Abgesehen von den Wochenenden nahmen sie ihre Mahlzeiten getrennt ein, jeder zu seiner Zeit. Die Nachbarn im Haus nahmen aufgrund irgendeines Gerüchts an, daß Joel sich um ausländische Investoren kümmere. Daher also der Koffer und der Wintermantel, den er manchmal auch im Sommer überm Arm hängen hatte, und daher auch die häufigen Reisen, von denen er frühmorgens im Flughafentaxi zurückkehrte. Seine Schwiegermutter und seine Mutter glaubten oder waren bereit zu glauben, Joel reise in staatlichem Auftrag, um Rüstungsgüter zu beschaffen. Sie beide stellten selten Fragen wie: Wo hast du dich denn so erkältet? Oder: Woher kommst du jetzt so braungebrannt? Weil sie schon wußten, daß darauf nur lapidare Antworten wie »in Europa« oder »aus der Sonne« kommen würden.

Ivria wußte. Auf Einzelheiten war sie nicht neugierig.

Was Netta begriff oder erriet, konnte man nicht sagen.

Drei Stereoanlagen gab es im Haus: in Ivrias Studio, in Joels Puppenzimmer und am Kopfende von Nettas Doppelbett. Deshalb waren die Türen in der Wohnung fast immer zu, und die verschiedenen Musikarten ertönten, wegen der ständigen Rücksichtnahme, mit niedriger Lautstärke. Um nicht zu stören.

Nur im Wohnzimmer mochte es gelegentlich zu einem eigenartigen Klanggemisch kommen. Aber darin hielt sich ja auch keiner auf. Es stand seit einigen Jahren aufgeräumt, sauber und leer da. Außer wenn die Großmütter kamen, denn dann versammelten sich dort alle, jeder aus seinem Raum.

4.

So geschah das Unglück. Der Herbst kam und ging, gefolgt vom Winter. Ein halb erfrorener Vogel fand sich auf dem Küchenbalkon. Netta holte ihn in ihr Zimmer und versuchte, ihn aufzuwärmen. Träufelte ihm mit einer Pipette Maiskochwasser in den Schnabel. Gegen Abend erholte sich der Vogel, begann im Zimmer umherzuflattern und verzweifelt zu piepsen. Netta machte das Fenster auf, und weg war er. Am Morgen saßen andere Vögel in den Zweigen der winterlich kahlen Bäume. Und vielleicht war jener Vogel unter ihnen. Wie sollte man das wissen. Als der Strom an diesem triefenden Regentag um halb neun Uhr ausfiel, war Netta in der Schule und Joel in einem anderen Land. Offenbar fand Ivria, daß sie nicht genug Licht habe. Niedrige Wolken und Nebel verdunkelten Jerusalem. Sie ging zum Auto hinunter, das zwischen den Tragepfeilern des Hauses geparkt stand. Vermutlich wollte sie die starke Leuchte, die Joel in Rom gekauft hatte, aus dem Kofferraum holen. Unterwegs entdeckte sie auf dem Zaun ihr Nachthemd, das der Wind vom Wäscheständer auf dem Balkon fortgeweht hatte, und machte einen Abstecher, um es zu holen. So kam sie an die herabgefallene Hochspannungsleitung. Sicher hatte sie sie irrtümlich für eine Wäscheleine gehalten. Oder vielleicht erkannte sie sie richtig als Stromleitung, nahm aber logischerweise an, wegen des Stromausfalls stehe sie nicht unter Spannung. Sie hatte die Hand danach ausgestreckt, um sie anzuheben und darunter hindurchzugehen. Oder vielleicht war sie darüber gestolpert. Wie sollte man das wissen. Aber der Stromausfall war gar keiner, sondern nur ein Kurzschluß im Haus. Das Kabel war elektrisch geladen. Wegen der Feuchtigkeit mußte sie wohl auf der Stelle verkohlt sein, ohne Qualen zu erleiden. Außer ihr gab es noch ein weiteres Opfer: Itamar Vitkin, den Wohnungsnachbarn, dem Joel rund zwei Jahre vorher das Zimmer abgekauft hatte. Er war ein Mann um die Sechzig, Eigentümer eines Kühllasters, und lebte schon einige Jahre allein. Seine Kinder waren groß geworden und weggezogen, und seine Frau hatte ihn und Jerusalem verlassen (weshalb er auf das Zimmer verzichtet und es Joel verkauft hatte). Es ließe sich denken, daß Itamar Vitkin das Unglück von seinem Fenster gesehen hatte und zur Hilfe hinabgerannt war. Jedenfalls fand man sie beide, fast eng umschlungen, in einer Pfütze liegen. Der Mann war noch nicht tot. Anfangs versuchte man, ihn wiederzubeleben und schlug ihm sogar hart auf beide Wangen. Aber im Krankenwagen auf dem Weg zum Hadassa-Krankenhaus gab er seinen Geist auf. Unter den Hausbewohnern kursierte eine andere Version, für die Joel sich nicht interessierte.

Vitkin hatte unter den Nachbarn als Spinner gegolten. Zuweilen kletterte er zu Beginn der Abenddämmerung in die Fahrerkabine seines Lasters, steckte den Kopf und die Hälfte seines plumpen Körpers aus dem Fenster und spielte den Passanten etwa eine Viertelstunde auf der Gitarre vor. Viele kamen nicht vorüber, denn es war eine Seitenstraße. Die Leute blieben lauschend stehen, gingen drei, vier Minuten später aber achselzuckend weiter. Er arbeitete immer nachts, fuhr Milchprodukte an die Läden aus und kehrte um sieben Uhr morgens heim. Sommer wie Winter. Durch die gemeinsame Wand hatten sie ihn manchmal der Gitarre – zwischen den Tönen, die er ihr entlockte – Moralpredigten halten gehört. Seine

Stimme klang sanft, als wolle er eine schamhafte Frau beschwatzen. Im übrigen war er ein dicklicher, schwammiger Mann, der die meiste Zeit im Unterhemd und einer zu weiten Khakihose herumlief und in steter Furcht zu leben schien, genau in diesem Augenblick aus Versehen etwas ganz Furchtbares gesagt oder getan zu haben. Nach den Mahlzeiten trat er jedesmal auf seinen Balkon und streute den Vögeln Brotkrümel hin. Auch auf die Vögel pflegte er sanft einzureden. An Sommerabenden saß er manchmal in seinem grauen Trägerhemd in einem Korbsessel auf dem Balkon und spielte herzzerreißende russische Weisen, die ursprünglich wohl für Balalaika, nicht Gitarre geschrieben worden waren.

Trotz all dieser Sonderlichkeiten galt er als angenehmer Nachbar. Ohne sich je in den Gebäuderat wählen zu lassen, fungierte er freiwillig als eine Art Dauerbeauftragter für das Treppenhaus. Ja, er stellte sogar auf eigene Rechnung zwei Geranientöpfe zu beiden Seiten des Hauseingangs auf. Wenn man ihn ansprach, ihn nach der Uhrzeit fragte, verbreitete sich augenblicklich süße Wonne über sein Gesicht, wie bei einem Kind, das man mit einem wunderbaren Geschenk überrascht hat. All das weckte bei Joel nur leichte Ungeduld.

Nach seinem Tod kamen seine drei erwachsenen Söhne mit ihren Frauen und Anwälten an. All die Jahre über hatten sie sich nicht zu ihm herbemüht. Jetzt waren sie offenbar angerückt, um die Einrichtung unter sich aufzuteilen und Regelungen für die Veräußerung der Wohnung zu treffen. Als sie von der Beerdigung zurück waren, brach ein Streit zwischen ihnen aus. Zwei der Frauen schrien so laut, daß die Nachbarn es hören konnten. Später erschienen zwei-, dreimal die Anwälte allein oder mit einem vereidigten Sachverständigen. Vier Monate nach dem Unglück, als Joel schon mit Vorbereitungen für seinen Wegzug aus Jerusalem begonnen hatte, stand die Nachbarwohnung noch immer abgeschottet, verschlossen und leer. Eines Nachts meinte Netta leises Saitenspiel jenseits der Wand zu hören, nicht von einer Gitarre, sondern – wie sie sagte – vielleicht von einem Cello. Am Morgen erzählte sie es Joel, der es lieber mit Schweigen überging. Das tat er häufig bei Dingen, die seine Tochter ihm erzählte.

Im Hauseingang, über den Briefkästen, vergilbte die Traueranzeige des Gebäuderats. Mehrmals wollte Joel sie herunternehmen und tat es doch nicht. Sie enthielt einen Druckfehler. Es hieß darin, die Hausbewohner sprächen den betroffenen Familien tief bestürzt ihr Beileid anläßlich des tragischen, vorzeitigen Hinscheidens »unserer teuren Nachbarn, Frau Ivria

Raviv und Herrn Eviatar Vitkin«, aus. Raviv war der Familienname, den Joel im Alltagsleben benutzte. Als er die neue Wohnung in Ramat Lotan mietete, nannte er sich Ravid, obwohl dafür keinerlei logischer Grund bestand. Netta war immer Netta Raviv, außer einem Jahr, als sie noch klein war, und sie alle drei unter einem gänzlich anderen Namen im Rahmen seiner Tätigkeit in London lebten. Seine Mutter hieß Lisa Rabinowitz. Ivria hatte in den fünfzehn Jahren, in denen sie – mit Unterbrechungen – an der Universität studierte, stets ihren Mädchennamen, Lublin, benutzt. Einen Tag vor dem Unglück war Joel im Europa-Hotel in Helsinki unter dem Namen Lionel Hart eingetroffen. Und der alte, gitarreliebende Nachbar, dessen Tod im regennassen Hof in den Armen der Frau Raviv allem möglichen Getuschel Vorschub geleistet hatte, hieß Itamar Vitkin. Itamar, nicht Eviatar, wie es in der Anzeige stand. Netta meinte jedoch, der Name Eviatar gefiele ihr nun gerade, und überhaupt, was mache das schon aus?

5.

Enttäuscht und müde war er am 16. Februar um halb elf Uhr abends per Taxi ins Europa-Hotel zurückgekehrt. Er hatte vor, noch ein paar Minuten in der Bar haltzumachen, ein Glas Gin-Tonic zu trinken und im Geist das Treffen zu überdenken, bevor er in sein Zimmer hinaufging. Der tunesische Ingenieur, dessentwegen er nach Helsinki gereist war und mit dem er sich gegen Abend im Bahnhofsrestaurant getroffen hatte, schien ihm ein kleiner Fisch zu sein: verlangte enorme Gegenleistungen und bot dünne Ware. Was er beispielsweise am Ende ihres Treffens übergeben hatte, war fast schon banales Material. Obwohl der Mann im Lauf der Unterredung den Eindruck zu erwecken versuchte, er werde bei der nächsten Zusammenkunft, so sie zustande käme, die Schätze von Tausendundeiner Nacht mitbringen. Und das gerade in einer Richtung, auf die Joel schon lange scharf war.

Nur waren die Gegenleistungen, die der Mann haben wollte, nicht finanzieller Art. Vergebens hatte Joel mittels des Wortes »Bonus« nach Geldgier getastet. In diesem Punkt, und nur hier, war der Tunesier nicht bedeckt geblieben: Er brauchte kein Geld. Es ging um bestimmte immaterielle Vergünstigungen. In bezug auf die Joel sich innerlich nicht sicher war, ob man sie gewähren konnte. Und gewiß nicht ohne ausdrückliche

Genehmigung von oben. Selbst dann nicht, falls sich herausstellen sollte, daß der Mann erstklassige Ware an der Hand hatte, was Joel bezweifelte. Vorerst hatte er sich also von dem tunesischen Ingenieur mit der Zusicherung verabschiedet, am nächsten Tag wieder mit ihm in Verbindung zu treten, um den weiteren Kontakt abzusprechen.

Und diesen Abend wollte er sich früh schlafen legen. Seine Augen waren müde, taten ihm fast weh. Der Krüppel, den er im Rollstuhl auf der Straße gesehen hatte, mischte sich mehrmals in seine Gedanken, weil er ihm bekannt vorkam. Nicht direkt bekannt, nur nicht völlig fremd. Irgendwie mit etwas verbunden, an das man sich besser erinnern sollte.

Aber eben das gelang ihm nicht.

Der Empfangschef fing ihn an der Bartür ab. Verzeihen Sie, mein Herr, während der letzten Stunden hat vier-, fünfmal eine Frau Schiller angerufen und dringend gebeten, Herr Hart möge sofort nach seiner Rückkehr ins Hotel seinen Bruder kontaktieren.

Joel sagte danke. Verzichtete auf die Bar. Immer noch im Wintermantel machte er kehrt, trat auf die verschneite Straße hinaus, auf der zu dieser nächtlichen Stunde keine Passanten gingen, ja selbst kaum Autos fuhren, schritt nun die Straße hinunter, wobei er über seine Schulter lugte, aber nur gelbe Lichtpfützen im Schnee sah. Er beschloß, nach rechts abzubiegen, überlegte es sich anders, wandte sich nach links und stapfte zwei Wohnblocks entlang durch den weichen Schnee, bis er endlich fand, was er suchte: eine Telefonzelle. Wieder blickte er sich um. Keine Menschenseele weit und breit. Der Schnee wurde bläulich-rosa wie eine Hautkrankheit, wo immer die Laternenstrahlen ihn trafen. Er führte ein R-Gespräch mit dem Büro in Israel. Sein Bruder für Notkontaktzwecke war »der Patron«. In Israel war es fast Mitternacht. Ein Assistent des Patrons beorderte ihn sofort zurück. Dem fügte er nichts weiter hinzu, und Joel fragte nicht nach. Um ein Uhr morgens flog er von Helsinki nach Wien, wo er sieben Stunden auf den Anschluß nach Israel wartete. Morgens kam ein Mann vom Wiener Büro und trank mit ihm Kaffee in der Abflughalle. Er wußte Joel nicht zu sagen, was geschehen war, oder er wußte es schon, hatte aber Schweigebefehl bekommen. Sie sprachen ein wenig über Berufliches. Dann unterhielten sie sich über die Wirtschaft.

Gegen Abend, in Lod, erwartete ihn der Patron persönlich, der ihm ohne Vorrede mitteilte, Ivria sei am Vortag bei einem Stromunfall umgekommen. Auf Joels zwei Fragen antwortete der Mann präzise und unum-

Eine Frau erkennen

wunden. Dann nahm er ihm den kleinen Koffer ab, führte ihn durch einen Seitenausgang zu seinem Auto und bemerkte, er werde Joel selber nach Jerusalem hinauffahren. Abgesehen von ein paar Sätzen über den tunesischen Ingenieur legten sie den ganzen Weg schweigend zurück. Seit dem Vortag hatte der Regen nicht aufgehört, war nur nadeldünn und leicht geworden. Im Scheinwerferlicht der entgegenkommenden Wagen schien der Regen nicht zu fallen, sondern vom Boden aufzusteigen. Ein umgekippter Laster am Straßenrand in der kurvigen Strecke bei Scha'ar Haggai, dessen Räder sich noch schnell in der Luft drehten, brachte ihm wieder den Krüppel in Helsinki ins Gedächtnis, noch immer von dem bohrenden Gefühl begleitet, es sei hier etwas widersprüchlich oder unwahrscheinlich oder nicht richtig geregelt. Was es war, wußte er nicht. Auf der Steigung des Kastel zog er einen kleinen, batteriebetriebenen Rasierapparat aus der Tasche und rasierte sich im Dunkeln. Wie gewohnt. Er wollte zu Hause nicht mit Bartstoppeln aufkreuzen.

Am nächsten Morgen um zehn Uhr setzten sich zwei Trauerzüge in Bewegung. Ivria wurde im Regen in Sanhedria begraben, während man den Nachbarn auf einen anderen Friedhof brachte. Ivrias älterer Bruder, ein stämmiger Bauer aus Metulla namens Nakdimon Lublin, stammelte ein Kaddisch-Gebet, wobei ihm anfangs die ungewohnten aramäischen Worte entstellende Leseschwierigkeiten bereiteten, so daß im ersten Satz: »Erhoben und geheiligt werde sein großer Name in der Welt, die er nach seinem Willen erschaffen, und sein Reich erstehe in eurem Leben und in euren Tagen und dem Leben des ganzen Hauses Israel schnell und in naher Zeit, sprechet Amen!« aus »nach seinem Willen« »nach Gottes Gemahlin« und aus »in naher Zeit« »in Kriegszeit« wurde. Danach stützten Nakdimon und seine vier Söhne abwechselnd Avigail, die einem Schwächeanfall nahe war.

Beim Verlassen des Friedhofs ging Joel neben seiner Mutter. Sehr nahe schritten sie nebeneinander her, berührten sich jedoch nicht, außer einmal, als sie das Tor passierten und ins Gedränge gerieten und zwei schwarze Schirme sich im Wind verfingen. Plötzlich fiel ihm ein, daß er *Mrs. Dalloway* in seinem Helsinker Hotelzimmer und den Wollschal, den ihm seine Frau gekauft hatte, in der Abflughalle in Wien liegengelassen hatte. Er fand sich mit den Verlusten ab. Aber wieso war es ihm nie aufgefallen, daß seine Schwiegermutter und seine Mutter sich immer ähnlicher wurden, seit sie zusammenlebten? Würden von nun an auch Ähnlichkeiten zwischen ihm und seiner Tochter auftreten? Die Augen brannten ihm. Er erinnerte sich, daß er versprochen hatte, heute den tunesischen Ingenieur anzurufen, was er nicht eingehalten hatte und auch nicht mehr würde einhalten können. Doch er verstand immer noch nicht, wie dieses Versprechen mit dem Krüppel zusammenhing, obwohl er spürte, daß es hier einen Zusammenhang gab. Die Sache setzte ihm ein bißchen zu.

6.

Netta war nicht zur Beerdigung gegangen. Auch der Patron kam nicht mit. Nicht weil er anderweitig beschäftigt gewesen wäre, sondern weil er, wie immer in allerletzter Minute, seine Entscheidung geändert und beschlossen hatte, in der Wohnung zu bleiben und mit Netta ihre Rückkehr vom Friedhof abzuwarten. Als die Familienmitglieder mit einigen Bekannten und Nachbarn, die sich angeschlossen hatten, zurückkamen, fanden sie den Mann und Netta einander im Wohnzimmer gegenübersitzen und Dame spielen. Das erschien Nakdimon Lublin und den anderen ungebührlich, aber mit Rücksicht auf Nettas Zustand zogen sie es vor, die Sache zu entschuldigen. Oder sie stillschweigend zu übergehen. Joel war es egal. In ihrer Abwesenheit hatte der Mann Netta beigebracht, sehr starken schwarzen Kaffee mit Cognac zuzubereiten, den sie nun allen servierte. Er blieb bis gegen Abend. Dann stand er auf und fuhr ab. Die Bekannten und Verwandten zerstreuten sich. Nakdimon Lublin und seine Söhne übernachteten woanders in Jerusalem und versprachen, am Morgen wiederzukommen. Joel blieb mit den Frauen zurück. Als es draußen dunkel wurde, begann Avigail in der Küche zu schluchzen – in lauten, abgehackten Tönen, die sich wie ein schwerer Schluckauf anhörten. Lisa beruhigte sie mit Valerian-Tropfen, einer altmodischen Arznei, die nach einiger Zeit tatsächlich Erleichterung brachte. Die zwei alten Frauen saßen in der Küche, Lisas Arm um Avigails Schulter gelegt und beide gemeinsam in ein graues, wollenes Umschlagtuch gehüllt, das Lisa wohl in einem der Schränke gefunden hatte. Gelegentlich rutschte das Tuch hinunter, worauf Lisa sich bückte, es wieder aufhob und wie Fledermausflügel über sie beide breitete. Nach den Valerian-Tropfen wurde Avigails Weinen ruhig und gleichmäßig. Wie das Weinen eines Kindes im Schlaf. Doch von draußen erhob sich plötzlich das Gejaul rollender Katzen – sonderbar, boshaft, durchdringend, manchmal fast bellend. Er und seine Tochter saßen im Wohnzimmer zu beiden Seiten des niedrigen Tischs, den Ivria vor zehn Jahren in Jaffa gekauft hatte. Auf dem Tisch lag das Damebrett, umringt von stehenden und liegenden Schachfiguren und einigen leeren Kaffeetassen. Netta fragte, ob sie ihm Rührei und Salat machen solle, worauf Joel antwortete, er sei nicht hungrig und sie sagte, ich auch nicht. Um halb neun klingelte das Telefon, doch als er den Hörer abnahm, hörte er nichts. Aus professioneller Gewohnheit fragte er sich, wer daran interessiert sein könnte, lediglich zu erfahren, ob er zu Hause sei, gelangte jedoch zu keiner Vermutung. Danach stand Netta auf, um Läden, Fenster und Gardinen zu schließen. Um neun sagte sie: Meinetwegen können wir die Fernsehnachrichten anstellen. Joel sagte: Gut. Aber sie blieben sitzen, keiner ging an den Fernseher. Und wieder aus alter Berufsgewohnheit kam ihm die Telefonnummer in Helsinki in den Sinn, worauf er einen Augenblick mit dem Gedanken spielte, jetzt von hier aus den tunesischen Ingenieur anzurufen. Doch er entschied sich dagegen, weil er nicht wußte, was er ihm sagen sollte. Nach zehn erhob er sich von seinem Platz und machte für alle Brote mit Hartkäse und Wurst, die er im Kühlschrank vorfand, jener scharf mit schwarzem Pfeffer gewürzten Sorte, die Ivria gern gemocht hatte. Dann kochte der Wasserkessel, aus dem er vier Gläser Tee mit Zitrone aufbrühte. Seine Mutter sagte: Überlaß das mir. Er sagte: Macht nichts. Schon gut. Sie tranken den Tee, aber keiner rührte die Brote an. Gegen ein Uhr nachts konnte Lisa Avigail überreden, zwei Valium-Tabletten zu schlucken und sich angezogen auf das Doppelbett in Nettas Zimmer zu legen. Sie selbst streckte sich neben ihr aus, ohne die Leselampe neben ihren Köpfen auszuknipsen. Um Viertel nach zwei lugte Joel hinein und sah sie beide schlafen. Dreimal wachte Avigail auf und weinte und hörte wieder auf, so daß es erneut ruhig war. Um drei Uhr schlug Netta Joel eine Partie Dame vor, um die Zeit herumzubringen. Er willigte ein, wurde jedoch plötzlich von Müdigkeit überwältigt, seine Augen brannten, und er ging ein bißchen in seinem Bett im Puppenzimmer dösen. Netta begleitete ihn bis an die Tür, und dort, im Stehen, während er sich schon das Hemd aufknöpfte, sagte er ihr, er habe beschlossen, sein Recht auf frühzeitige Pensionierung in Anspruch zu nehmen. Noch diese Woche werde er den Kündigungsbrief schreiben, ohne abzuwarten, bis man einen Ersatzmann ernenne. Und Ende des Schuljahrs ziehen wir aus Jerusalem weg.

Netta sagte: »Meinetwegen.« Und fügte kein Wort mehr hinzu.

Ohne die Tür zu schließen, legte er sich aufs Bett, die Hände unterm Kopf und die brennenden Augen zur Decke gerichtet. Ivria Lublin war seine einzige Liebe gewesen, aber das lag lange zurück. Ganz präzise, bis in alle Einzelheiten, erinnerte er sich an einen Liebesakt vor vielen Jahren. Nach einem schweren Streit. Vom ersten Streicheln bis zum letzten Beben hatten er und sie geweint, und danach waren sie stundenlang eng aneinandergeschmiegt liegen geblieben, er noch immer von ihr umschlossen, nicht wie Mann und Frau, sondern wie zwei Menschen, die in einer Schneenacht auf offenem Feld erfroren sind. Und er hatte sein Glied in ihrem Körper gelassen, auch als keinerlei Verlangen mehr bestand, fast bis ans Ende jener Nacht. Jetzt bei dieser Erinnerung erwachte das Verlangen nach ihrem Körper in ihm. Er legte die breite, häßliche Hand wie beruhigend auf sein Glied, wobei er sich bemühte, weder Hand noch Glied zu bewegen. Da die Zimmertür offenstand, schaltete er mit der anderen Hand das Licht aus. Als er das tat, begriff er, daß der Körper, nach dem er sich sehnte, jetzt in der Erde verschlossen lag und immer in der Erde bleiben würde. Samt den kindlichen Knien, samt der linken Brust, die ein bißchen runder und schöner als die rechte gewesen war, samt dem braunen Muttermal, das mal unter den Schamhaaren hervorblitzte, mal unter ihnen verborgen blieb. Und dann sah er sich im Stockdunkeln in ihrer Kammer gefangen und sah sie nackt unter den rechteckigen Betonplatten unter dem Erdhügel im strömenden Regen im Dunkeln liegen und erinnerte sich an ihre Klaustrophobie und erinnerte sich selbst daran, daß man die Toten nicht nackt bestattet, und streckte erneut die Hand aus und schaltete verstört das Licht wieder an. Sein Verlangen war vorüber. Er schloß die Augen, lag reglos auf dem Rücken und hoffte auf Tränen. Das Weinen kam nicht, und der Schlaf kam nicht, und er tastete mit der Hand auf dem Nachtschrank nach dem Buch, das in Helsinki im Hotel geblieben war.

Durch die offene Tür, beim Rauschen von Regen und Wind, sah er von fern seine Tochter – nicht hübsch, knapp, etwas krumm – die leeren Kaffeetassen und Teegläser auf ein Tablett einsammeln. Sie trug alles in die Küche und spülte ohne Hast. Den Teller mit den Käse- und Wurstbroten hüllte sie in Klarsichtfolie und stellte ihn behutsam in den Kühlschrank. Sie schaltete die meisten Lampen aus und prüfte, ob die Wohnungstür abgeschlossen war. Dann klopfte sie zweimal an die Studiotür ihrer Mutter, bevor sie öffnete und eintrat. Auf dem Schreibtisch ruhten Ivrias Federhalter und das Tintenfäßchen, das offen geblieben war. Netta schraubte es zu und steckte die Hülle auf die Feder. Hob die eckige, randlose Brille eines peniblen Hausarztes der vorigen Generation vom Schreibtisch auf, als wolle sie sie aufprobieren, verzichtete aber darauf, putzte sie ein bißchen mit dem Blusenzipfel, klappte sie zusammen und steckte sie in das braune Futteral, das sie unter den Papieren gefunden hatte. Nahm die Kaffeetasse, die Ivria auf dem Tisch gelassen hatte, als sie zum Lampenholen hintergegangen war, schaltete das Licht aus, verließ das Studio und schloß die Tür hinter sich. Nachdem sie auch diese Tasse gespült hatte, kehrte sie ins Wohnzimmer zurück und setzte sich allein vors Damebrett. Jenseits der Wand weinte Avigail wieder, und Lisa tröstete sie flüsternd. So tief war die Stille ringsum, daß man durch die geschlossenen Läden und Fenster fernes Hahnenkrähen und Hundebellen hören konnte, und danach mengte sich, dumpf und langgezogen, die Stimme des Muezzins hinein, der zum Morgengebet rief. Und was soll jetzt werden? fragte sich Joel. Lächerlich, irritierend und unnötig erschien ihm nun seine Rasur im Wagen des Patrons auf der Heimfahrt vom Flughafen. Der Krüppel im Rollstuhl in Helsinki war jung und sehr blaß gewesen, und Joel meinte, er habe zarte, weibliche Gesichtszüge gehabt. Ihm fehlten Arme und Beine. Von Geburt an? Durch einen Unfall? Die ganze Nacht regnete es in Jerusalem. Aber die Stromstörung hatte man kaum eine Stunde nach dem Unglück schon wieder behoben.

7.

Eines Sommertags, gegen Abend, stand Joel barfuß am Rand des Rasens und stutzte die Hecke. Durch das Ramat Lotaner Sträßchen wehten ländliche Düfte: gemähtes Gras, gedüngte Blumenrabatten und leichte, wohlbewässerte Erde. Denn es drehten sich viele Sprinkler in den kleinen Gärten vor und hinter jedem Haus. Es war Viertel nach fünf. Ab und zu kehrte ein Nachbar von der Arbeit heim, parkte den Wagen und stieg aus, ohne Hast, reckte sich, löste den Krawattenknoten, noch bevor er seinen geplätteten Gartenweg betrat.

Durch die offenen Gartentüren der Häuser gegenüber konnte man den Moderator des politischen Fernsehmagazins sprechen hören. Hier und da saßen Nachbarn auf dem Rasen und guckten auf den Bildschirm im Wohnzimmer. Mit etwas Anstrengung hätte Joel die Worte des Sprechers aufschnappen können. Aber er war zerstreut. Minutenlang hörte er mit dem Stutzen auf und beobachtete drei kleine Mädchen, die auf dem Gehweg mit einem Wolfshund spielten, den sie Ironside nannten, vielleicht nach dem gelähmten Detektiv der gleichnamigen amerikanischen Fernsehserie vor einigen Jahren, die Joel mehrmals allein im Hotelzimmer in der einen oder anderen Hauptstadt gesehen hatte – einen Teil sogar mal in portugiesischer Synchronisation, wobei er die Handlung aber trotzdem verstanden hatte. Denn sie war simpel.

Ringsum sangen Vögel in den Baumkronen, hüpften auf den Zäunen, flitzten von Garten zu Garten in scheinbar überschäumender Freude. Obwohl Joel wußte, daß Vögel nicht vor lauter Freude, sondern aus anderen Gründen umherschwirren. Wie Meeresrauschen hörte man von fern das Dröhnen des Schwerverkehrs auf der Hauptstraße unterhalb des Viertels. Auf der Gartenschaukel hinter ihm lag seine Mutter im Hauskleid und las die Abendzeitung. Vor vielen Jahren einmal hatte seine Mutter ihm erzählt, wie sie ihn als Dreijährigen in einem quietschenden Kinderwagen, ganz und gar unter hastig gepackten Päckchen und Bündeln begraben, hunderte Kilometer weit von Bukarest zum Hafen von Varna gefahren hatte. Den größten Teil der Fluchtroute hatte sie auf entlegenen Nebenwegen zurückgelegt. Nichts war ihm davon im Gedächtnis geblieben, aber er hatte eine verschwommene Vorstellung von einem dämmrigen Saal im Bauch eines Schiffes, vollgepfropft mit mehrstöckigen Eisenbetten voll stöhnender, spuckender, einander und vielleicht auch ihn ankotzender Männer und Frauen. Und das vage Bild eines Streits, begleitet von Beißen und Kratzen bis aufs Blut, zwischen seiner kreischenden Mutter und irgendeinem glatzköpfigen, unrasierten Mann auf dieser schweren Fahrt. An seinen Vater erinnerte er sich überhaupt nicht, obwohl er von zwei braunen Fotos im alten Album seiner Mutter sein Aussehen kannte und auch wußte – oder folgerte –, daß der Mann kein Jude, sondern christlicher Rumäne gewesen und schon vor dem Einmarsch der Deutschen aus seinem und seiner Mutter Leben verschwunden war. Aber im Geist zeichnete sich sein Vater in der Gestalt des stoppelbärtigen Glatzkopfs ab, der seine Mutter auf dem Schiff geschlagen hatte.

Jenseits der Hecke, die er langsam und präzise schnitt, saßen der Bruder und die Schwester, seine amerikanischen Nachbarn aus der anderen Hälfte des Zweifamilienhauses, auf weißen Gartenstühlen und tranken Eiskaffee. In den Wochen seit seinem Herzug hatten die Vermonts ihn und die Damen schon mehrfach zum spätnachmittäglichen Eiskaffee oder auch zu einer Video-Komödie nach der Tagesschau eingeladen. Joel hatte jedesmal »gern« gesagt, es aber bisher nicht wahr gemacht. Vermont war ein frischer, rosiger, vierschrötiger Typ von etwas grobschlächtigem Auftreten. Er wirkte wie ein gesunder, wohlhabender Holländer in einer Reklame für erlesene Zigarren. Herzlich und laut war er, letzteres vielleicht wegen Hörschwierigkeiten. Seine Schwester mußte mindestens zehn Jahre jünger sein, Annemarie oder Rosemarie, Joel konnte sich nicht erinnern, eine kleine, attraktive Frau mit blauen, kindlich lachenden Augen und spitzen, kecken Brüsten. »*Hi*«, sagte sie fröhlich, als sie Joels Blick über den Zaun hinweg ihren Körper mustern sah. Ihr Bruder wiederholte, leicht verspätet und weniger fröhlich, dieselbe Silbe. Joel sagte guten Abend. Die Frau trat an die Hecke, wobei ihre Nippel unter dem Trikothemd nach ihm schielten. Als sie bei ihm angekommen war und erfreut seinen starren Blick abgefangen hatte, fügte sie in schnellem Englisch leise hinzu: »*Tough life, huh?*« Laut, auf hebräisch, fragte sie, ob sie später seine Heckenschere bekommen könne, um die Ligusterhecke auch auf ihrer Seite geradezuschneiden. Joel sagte: Warum nicht. Und erbot sich nach leichtem Zögern, es selbst zu tun. »Seien Sie vorsichtig«, erwiderte sie lachend, »ich könnte womöglich ja sagen.«

Das honigweiche Abendlicht färbte mit sonderbarem Gold zwei, drei halb durchsichtige Wolken, die auf ihrem Weg vom Meer zum Gebirge über das Viertel segelten. Denn eine leichte Seebrise war aufgekommen und brachte Salzgeruch nebst einem Anflug zarter Wehmut mit. Den Joel nicht abwies. Der Wind raschelte leise im Laub der Obst- und Zierbäume, strich über gepflegte Rasenflächen, sprühte ihm winzige Wasserpartikel vom Sprinkler eines Nachbargartens auf die nackte Brust.

Statt seine Arbeit zu beenden und sich dann, wie versprochen, die andere Seite vorzunehmen, legte Joel die Schere am Rand des Rasens nieder und machte einen kleinen Spaziergang bis zu dem Punkt, an dem das Sträßchen von einem eingezäunten Zitrushain abgeriegelt wurde. Dort blieb er einige Minuten stehen, starrte auf das dichte Laubwerk, bemühte sich jedoch vergeblich, eine unhörbare Bewegung zu entschlüsseln, die er in der Tiefe der Pflanzung wahrgenommen zu haben meinte. Bis ihm die Augen erneut weh taten. Dann machte er kehrt und ging heim. Es war ein gemächlicher Abend. Durch ein Villenfenster hörte er eine Frauenstimme sagen: »Was ist? Morgen ist auch noch ein Tag.« Diesen Satz prüfte

Joel im Geist und fand keinen Fehler daran. Stilvolle, hier und da auch kitschige Briefkästen hingen an den Gartentüren. Einige parkende Wagen gaben noch einen Rest Motorwärme mit dem leichten Dunst verbrannten Benzins ab. Auch der mit Zementquadraten gepflasterte Gehsteig gab leichte Wärmestrahlen ab, die seinen nackten Fußsohlen wohltaten. Jedem dieser Zementquadrate waren zwei Pfeile mit dem Schriftzug *Scharfstein Ltd. – Ramat Gan* aufgeprägt.

Nach sechs kamen Avigail und Netta mit seinem Auto vom Friseur zurück. Avigail sah ihm, trotz ihrer Trauer, gesund und knackig aus. Ihr volles Apfelgesicht und ihre kräftige Statur erinnerten an eine blühende slawische Bäuerin. Sie war Ivria derart unähnlich, daß er sich einen Augenblick lang kaum erinnern konnte, was ihn eigentlich mit dieser Frau verband. Seine Tochter wiederum hatte sich einen jungenhaften Igelschnitt machen lassen, wie aus purer Auflehnung gegen ihn. Sie fragte ihn nicht, was er dazu meinte, und er entschied sich auch diesmal, kein Wort zu sagen. Als sie beide im Haus waren, ging Joel an das Auto, das Avigail schlampig geparkt hatte, startete, fuhr im Rückwärtsgang aus der Ausfahrt, drehte unten auf der Straße um und parkte nun rückwärts ein, so daß der Wagen genau mitten unter dem Schutzdach, mit der Nase zur Straße, stand: zu schnellem Start bereit. Danach blieb er ein paar Minuten an der Haustür stehen, als wolle er sehen, wer noch kommen könnte. Pfiff leise eine alte Weise vor sich hin, von der er nicht mehr genau wußte, woher sie stammte, nur verschwommen im Kopf hatte, daß sie zu einem bekannten Musical gehörte, und wandte sich dem Haus zu, um zu fragen, wobei ihm einfiel: Ivria ist nicht mehr, und deshalb sind wir ja hier. Denn momentan war ihm nicht klar gewesen, was er eigentlich an diesem fremden Ort zu suchen hatte.

Sieben Uhr abends. Jetzt durfte man sich schon ein Gläschen Brandy genehmigen. Und morgen, erinnerte er sich, morgen ist auch noch ein Tag. Genug.

Er ging hinein und duschte ausgiebig. Inzwischen bereiteten seine Schwiegermutter und seine Mutter das Abendessen. Netta las auf ihrem Zimmer und kam nicht dazu. Durch die geschlossene Tür antwortete sie ihm, sie werde später allein essen.

Um halb acht setzte die Dämmerung ein. Gegen acht trat er hinaus, um sich auf die Gartenschaukel zu legen, in den Händen ein Transistorradio, ein Buch und die neue Lesebrille, die er seit einigen Wochen benutzte.

Er hatte sich ein komisches schwarz-rundes Gestell ausgesucht, das ihm die Züge eines ältlichen katholischen Priesters verlieh. Am Himmel flakkerten noch sonderbare Lichtreflexe als letzter Rest des vergangenen Tages, und doch stieg plötzlich hinter den Zitrusbäumen ein brutaler roter Mond auf. Gegenüber, hinter den Zypressen und Ziegeldächern, spiegelte der Himmel den Lichterglanz Tel Avivs wider, und sekundenlang hatte Joel das Gefühl, er müsse augenblicklich aufstehen und da hingehen, um seine Tochter von dort zurückzuholen. Aber sie war ja auf ihrem Zimmer. Der Schein ihrer Bettlampe fiel durchs Fenster in den Garten und malte eine Gestalt auf den Rasen, in die Joel sich einige Minuten vertiefte, ohne daß es ihm gelungen wäre, sie zu definieren. Vielleicht, weil es keine geometrische Figur war.

Die Mücken begannen ihm zuzusetzen. Er ging wieder hinein, nahm auch den Transistor, das Buch und die runde, schwarzgerahmte Lesebrille mit, wußte jedoch sehr wohl, daß er etwas vergessen hatte, und fand nicht heraus, was es war.

Im Wohnzimmer, immer noch barfuß, schenkte er sich ein Gläschen Brandy ein und setzte sich zu seiner Mutter und seiner Schwiegermutter, um die Neunuhrnachrichten anzuschauen. Das Raubtier könnte man eigentlich mit einer mittelstarken Drehung von der Metallplatte loslösen und so zwar vielleicht nicht entschlüsseln, aber doch wenigstens endlich zum Schweigen bringen. Allerdings müßte er es dann wieder reparieren. Das war ihm klar. Und das konnte er nur tun, wenn er die Pfote anbohrte und eine Schraube hineindrehte. Man rührte es also besser doch nicht an.

Er stand auf und trat auf den Balkon hinaus. Draußen zirpten schon Zikaden. Der Wind hatte sich gelegt. Froschchöre erfüllten den Zitrushain am Ende der Sackgasse, ein Kind weinte, eine Frau lachte, eine Mundharmonika verbreitete Traurigkeit, Wasser toste irgendwo in einer Toilette. Denn die Häuser standen nahe beieinander, und die Gärten dazwischen waren klein. Ivria hatte einen Traum gehabt: Wenn sie ihre Magisterarbeit beendet hatte, Netta mit der Schule fertig war und Joel den Dienst quittieren würde, könnten sie die Wohnung in Talbiye und die Wohnung der Großmütter in Rechavia verkaufen und allesamt in ein Eigenheim am Rand eines Moschaws in den judäischen Bergen, nicht zu weit von Jerusalem, umziehen. Es mußte unbedingt ein Endhaus sein. So, daß die Fenster, wenigstens auf der Rückseite, nur auf die bewaldeten Hügel ohne ein Lebenszeichen blickten. Und nun war es ihm schon gelungen, wenigstens einige Teile dieses Plans zu verwirklichen. Obwohl die beiden Wohnungen in Jerusalem vermietet, nicht verkauft worden waren. Die Einnahmen reichten für die Miete dieser Wohnung in Ramat Lotan, ja warfen sogar noch ein wenig mehr ab. Hinzu kamen seine monatliche Pension, die Ersparnisse der beiden alten Frauen und ihre Sozialversicherung. Und da war auch noch Ivrias Erbe, ein ausgedehntes Grundstück in der Moschawa Metulla, auf dem Nakdimon Lublin und seine Söhne Obstbäume kultivierten und vor nicht allzu langer Zeit ein kleines Gästehaus am Feldrain gebaut hatten. Jeden Monat überwiesen sie ein Drittel der Einkünfte auf sein Konto. Zwischen jenen Obstbäumen hatte er 1960 zum erstenmal mit Ivria geschlafen – er ein Unteroffiziersanwärter, der sich bei einem Orientierungslauf im Gelände völlig verirrt hatte, und sie eine um zwei Jahre ältere Bauerntochter, die im Dunkeln hinausgegangen war, um die Bewässerungsanlage abzudrehen. Sie waren verblüfft, einander fremd gewesen, hatten kaum zehn Worte im Finstern gewechselt, bevor ihre Körper sich plötzlich umschlangen, befummelten, im Schlamm wälzten, beide angezogen, prustend, sich wie zwei blinde Welpen ineinanderwühlten, einander weh taten, fast so aufhörten, wie sie angefangen hatten, und danach beinah sprachlos auseinanderliefen. Und dort unter den Obstbäumen hatte er auch das zweitemal mit ihr geschlafen, als er einige Monate später wie gebannt nach Metulla zurückgekehrt war und ihr zwei Nächte lang an den Bewässerungshähnen aufgelauert hatte, bis sie sich begegneten und erneut übereinander herfielen und er um ihre Hand anhielt und sie sagte: Bist wohl verrückt. Von da an trafen sie sich im Imbiß der Busstation von Kiriat Schmona und verkehrten miteinander in einer verlassenen Wellblechhütte, die er bei seinen Streifzügen auf dem Gelände eines früheren Übergangslagers gefunden hatte. Nach einem halben Jahr gab sie nach und heiratete ihn, ohne seine Liebe zu erwidern, aber mit Hingabe, innerer Aufrichtigkeit, tief entschlossen, ihren Teil und möglichst noch mehr zu geben. Beide waren sie zu Erbarmen und Zärtlichkeit fähig. Bei ihren Liebkosungen taten sie einander nicht mehr weh, sondern bemühten sich, einander wohlzutun, zu lehren und zu lernen, sich näherzukommen. Nicht so zu tun, als ob. Obwohl sie manchmal, sogar noch zehn Jahre später, wieder voll bekleidet auf irgendeinem Jerusalemer Feld auf der harten Erde miteinander schliefen, an Orten, an denen man nur Sterne und Baumschatten sah. Woher also dieses ihn seit Beginn des Abends begleitende Gefühl, etwas vergessen zu haben?

Nach den Nachrichten klopfte er wieder sanft an Nettas Tür. Es kam keine Antwort, er wartete und versuchte es erneut. Auch hier, wie in Jerusalem, hatte Netta das große Schlafzimmer mit dem Doppelbett der Wohnungseigentümer bekommen. Hier hatte sie ihre Dichterbilder aufgehängt und hierher ihre Noten- und Partiturensammlung nebst Dornzweigvasen überführt. Er selbst hatte diese Regelung getroffen, weil er in Doppelzimmern schlecht einschlafen konnte, während für Netta, bei ihrem Zustand, ein breites Bett gut war.

Die beiden Großmütter waren in die zwei durch eine Tür verbundenen Kinderzimmer gezogen. Und er hatte sich Herrn Kramers Arbeitszimmer im hinteren Teil der Wohnung genommen, ausgestattet mit einer mönchischen Schlafcouch nebst Tisch und einem Bild von der Abschlußzeremonie der Panzertruppenschule, Jahrgang 1971, mit halbkreisförmig aufgestellten Panzern, die farbige Wimpel an den Antennenenden trugen. Außerdem gab es ein Foto des Hausherrn in Hauptmannsuniform beim Handschlag mit Generalstabschef David Elasar. Auf dem Regal fand er hebräische und englische Betriebswirtschaftsbücher, Siegesalben, eine Bibelausgabe mit Kommentar von Cassuto, die Serie *Welt des Wissens*, Biographien Ben Gurions und Mosche Dayans, Reiseführer über viele Länder und ein ganzes Regal voll englischer Thriller. In den vorhandenen Wandschrank hängte Joel seine Kleidung und einige von Ivrias Sachen, das, was er nach ihrem Tod nicht dem Leprakrankenhaus in der Nähe ihrer Wohnung in Jerusalem gespendet hatte. Hierher brachte er auch seinen Panzerschrank, ohne sich jedoch die Mühe zu machen, ihn in den Fußboden einzulassen, denn es war fast nichts mehr dringeblieben. Bei seinem Ausscheiden aus dem Dienst hatte er gewissenhaft die Pistolen und den ganzen Rest an das Büro zurückgegeben. Einschließlich seiner Privatpistole. Die Telefonlisten hatte er vernichtet. Nur die Pläne der Haupt- und Provinzstädte und sein richtiger Paß lagen, warum auch immer, noch im Schrank eingeschlossen.

Er klopfte zum drittenmal an die Zimmertür, und als er nichts hörte, machte er auf und trat ein. Seine Tochter – spitz, hager, die Haare brutal fast bis auf den Schädel geschoren, ein Bein zur Erde baumelnd, als wolle sie aufstehen, das knochige Knie entblößt – lag schlafend da, während das aufgeschlagene umgekehrte Buch ihr Gesicht verdeckte. Er hob es behutsam auf, konnte ihr auch, ohne sie zu wecken, die Brille abnehmen, die er zusammenklappte und am Kopfende niederlegte. Sie hatte ein durchsichtiges Plastikgestell. Sanft und äußerst geduldig hob er das herabgerutschte Bein auf und legte es gerade aufs Bett. Deckte das Laken über den schmalen, eckigen Körper. Hielt noch einen Augenblick inne, um die Dichterkonterfeis an den Wänden zu betrachten. Amir Gilboa schenkte ihm den Anflug eines Lächelns. Joel drehte ihm den Rücken zu, löschte das Licht und ging hinaus. Dabei hörte er unvermittelt ihre schläfrige Stimme aus der Dunkelheit: »Mach doch aus, verdammt noch mal.« Und obwohl es im Zimmer kein Licht mehr zu löschen gab, überging Joel es mit Schweigen und schloß lautlos die Tür. Erst dann fiel ihm die Sache ein, die ihm den ganzen Abend vage zugesetzt hatte: Als er mit dem Heckenschneiden aufgehört hatte und auf der Straße spazierengegangen war, hatte er die Gartenschere draußen am Rand des Rasens zurückgelassen. Und es war doch nicht gut für sie, die ganze Nacht im feuchten Tau zu bleiben. Er schnallte die Sandalen an, trat in den Garten hinaus und sah einen fahlen Strahlenring um den vollen Mond, dessen Farbe nicht mehr purpurrot, sondern silberweiß war. Hörte die Chöre der Zikaden und Frösche vom Zitrushain her. Und den grauenhaften Schrei, der mit einemmal aus den Fernsehern in den Häusern der ganzen Straße drang. Dann nahm er das Rauschen von Sprinklern, den fernen Verkehrslärm aus Richtung Hauptstraße und ein Türenknallen in einem der Häuser wahr. Leise sagte er zu sich selbst, auf englisch, die Worte, die er von seiner Nachbarin gehört hatte: »Das Leben ist schwer, was?« Statt ins Haus zurückzukehren, steckte er die Hand in die Tasche. Und da er dort die Schlüssel fand, setzte er sich ins Auto und fuhr los. Als er um ein Uhr nachts zurückkam, war die Straße schon still, und auch sein Haus stand dunkel und stumm da. Er zog sich aus, legte sich nieder, setzte die Stereokopfhörer auf. Bis zwei oder halb drei lauschte er einem Reigen kurzer Barockstücke und las einige Seiten in der unfertigen Magisterarbeit. Die drei Brontë-Schwestern hatten, so erfuhr er jetzt, noch zwei ältere Schwestern gehabt, die beide 1825 gestorben waren. Und es hatte auch noch einen trink- und schwindsüchtigen Bruder namens Patrick Branwell gegeben. Er las, bis ihm die Augen zufielen, und schlief ein. Am Morgen ging seine Mutter hinaus, um die Zeitung vom Gartenpfad hereinzuholen, und legte die Heckenschere an ihren Platz in den Geräteschuppen zurück.

8.

Und da die Tage und Nächte frei und leer waren, gewöhnte Joel sich an, fast jeden Abend bis zum Sendeschluß gegen Mitternacht fernzusehen. Meist saß seine Mutter ihm stickend oder strickend im Sessel gegenüber, wobei die schmalen grauen Augen und die verkniffenen Lippen ihrem Gesicht einen harten, beleidigten Ausdruck verliehen. Er räkelte sich in kurzen Sporthosen auf der Couch, die barfüßigen Beine hochgelegt und die Sofakissen unter dem Kopf aufgetürmt. Manchmal gesellte sich auch Avigail, trotz ihrer Trauer, dazu, um sich die politische Reportagesendung anzuschauen, wobei ihr gesundes slawisches Bauerngesicht energische, kompromißlose Gutmütigkeit ausstrahlte. Die alten Frauen sorgten stets dafür, daß kalte und warme Getränke sowie ein Teller voll Trauben, Birnen, Pflaumen und Äpfel auf dem Wohnzimmertisch standen. Es waren Spätsommertage. Im Laufe des Abends schenkte Joel sich zwei, drei Gläschen ausländischen Brandy ein, den ihm der Patron mitgebracht hatte. Zuweilen kam Netta aus ihrem Zimmer, blieb ein oder zwei Minuten an der Wohnzimmertür stehen und ging wieder. Lief jedoch gerade ein Naturfilm oder ein britisches Stück, entschied sie sich nicht selten zum Eintreten. Setzte sich dann – eckig, schmal, den Kopf fast unnatürlich hochgereckt – nie auf einen Sessel, sondern stets auf einen der hochlehnigen schwarzen Stühle am Eßtisch. Aufrecht verharrte sie auf diesem Stuhl bis zum Ende der Sendung, fern von den anderen. Sekundenlang schien es, als starre sie an die Decke, nicht auf das Fernsehgerät. Aber das war nur ihre typische Nackenhaltung. Meistens trug sie ein einfarbiges Kleid mit großen Knöpfen vorn, das ihre Magerkeit, die flache Brust und die hängenden Schultern betonte. Manchmal erschien sie Joel so alt wie ihre beiden Großmütter, wenn nicht noch älter. Sie redete wenig: »Den haben sie schon letztes Jahr gezeigt.« »Kann man etwas leiser drehen, es gellt.« Oder: »Im Kühlschrank ist Eiskrem.« Wurde die Handlung verwickelt, sagte Netta: »Der Kassierer ist nicht der Mörder.« Oder: »Zum Schluß kommt er zu ihr zurück.« Oder: »Wie blöd das ist; woher soll sie denn wissen, daß er's schon weiß?« An Sommerabenden liefen häufig Filme über Untergrundaktivitäten, Spionage, Nachrichtendienste. Meist schlief Joel mittendrin ein und wachte erst bei den Nachrichten um Mitternacht wieder auf, nachdem die beiden alten Damen sich schon still auf ihre Zimmer zurückgezogen hatten. Nie im Leben hatten ihn solche Filme interessiert, und er hatte auch keine Zeit dafür gehabt. Der Lektüre von Spionage- und Kriminalromanen vermochte er ebenfalls nichts abzugewinnen. Wenn das gesamte Büro von einem neuen Le Carré sprach und seine Kollegen ihn beschworen, das Buch zu lesen, versuchte er es mal. Die Verwicklungen erschienen ihm entweder unwahrscheinlich überzogen und weit hergeholt oder aber simpel und durchsichtig. Nach einigen Dutzend Seiten legte er den Band weg und nahm ihn nicht wieder zur Hand. In einer Kurzgeschichte von Tschechow oder einem Roman von Balzac fand er Geheimnisse, wie sie, nach seiner Meinung, in Spionagegeschichten und Krimis nicht vorkamen. Vor Jahren einmal hatte er eine Zeitlang erwogen, nach seiner Pensionierung selber eine kleine Spionagegeschichte zu schreiben und darin die Dinge so darzustellen, wie er sie in all seinen Dienstjahren kennengelernt hatte. Doch er war wieder von dem Gedanken abgekommen, weil er nichts Wunderbares oder Aufregendes an seiner Tätigkeit finden konnte. Zwei Vögel auf einem Zaun an einem Regentag, ein alter Mann, der an der Bushaltestelle in der Gaza-Straße mit sich selber redet – solche und ähnliche Dinge waren in seinen Augen faszinierender als alles, was er bei seiner Arbeit erlebt hatte. Eigentlich betrachtete er sich als eine Art Bewerter und Einkäufer abstrakter Ware. Er fuhr ins Ausland, um einen Fremden in einem Café zu treffen – in Paris etwa oder auch in Montreal oder Glasgow –, ein, zwei Gespräche mit ihm zu führen und Schlüsse daraus zu ziehen. Hauptsache dabei waren Empfänglichkeit für Eindrücke, Augenmaß, Charakterkenntnis sowie geduldiges Verhandlungsgeschick. Nie war es ihm vor- oder auch nur in den Sinn gekommen, über Zäune zu setzen oder von Dach zu Dach zu springen. Seines Erachtens ähnelte er eher einem erfahrenen Kaufmann, wohlbewandert in Handel, Geschäftsabschluß, Aufbau einer gegenseitigen Vertrauensbasis, Vereinbarung von Bürgschaften und Sicherheiten, vor allem anderen aber – in der präzisen Charaktereinschätzung seines Gesprächspartners. Allerdings wurden seine Abschlüsse stets diskret getätigt. Aber Joel nahm an, daß das auch auf die Geschäftswelt zutraf und etwa bestehende Unterschiede im wesentlichen Kulissen und Hintergrund betrafen.

Nie war er in die Lage geraten, irgendwo unterzutauchen, Gestalten durch ein Gassengewirr nachzuspüren, sich mit Kraftprotzen herumzuschlagen oder Abhörgeräte zu installieren. Das hatten andere gemacht. Seine Sache war es, Kontakt herzustellen, Treffen zu planen und durchzuführen, Ängste zu besänftigen und Verdacht zu zerstreuen, ohne sein eigenes Mißtrauen aufzugeben, auf seine Gesprächspartner die heiter-entspannte Vertraulichkeit eines optimistischen Eheberaters auszustrahlen und dabei mit geschliffen scharfem Skalpell und kaltem Auge dem Fremden unter die Haut zu dringen: Hatte er einen Schwindler vor sich? Einen Amateurschwindler? Oder einen ausgekochten, gewieften Betrüger? Oder vielleicht nur einen kleinen Spinner? Einen von historischer Reue zerfressenen Deutschen? Einen idealistischen Weltverbesserer? Einen krankhaft Ambitionierten? Eine in Schwierigkeiten geratene Frau, die sich zu einer Verzweiflungstat entschlossen hatte? Einen überenthusiastischen Diasporajuden? Einen gelangweilten, abenteuerdurstigen Franzosen? Einen Köder, von einem verborgenen Gegenspieler ausgelegt, der sich im dunkeln still ins Fäustchen lachte? Einen Araber, den Rachgier gegen irgendeinen privaten Feind zu uns führte? Oder einen frustrierten Erfinder, der keinen Bewunderer seiner Größe fand? So und ähnlich sahen die groben Oberbegriffe aus. Danach folgte die wirklich knifflige Feinkategorisierung.

Ausnahmslos beharrte Joel darauf, seinen Gesprächspartner ganz zu entschlüsseln, bevor er bereit war, auch nur ein Schrittchen weiterzugehen. Vor allen Dingen mußte er wissen, wer warum vor ihm saß. Wo lag der schwache Punkt, den der Fremde ihm zu verbergen trachtete? Welche Art von Befriedigung oder Entschädigung begehrte er? Welchen Eindruck wollten der Mann oder die Frau auf ihn, Joel, machen? Und warum gerade diesen und keinen anderen Eindruck? Worüber schämte sich der Betreffende, und genau worauf war er stolz? Über die Jahre war er mehr und mehr zu der Überzeugung gelangt, daß Scham und Stolz meistens stärkere Antriebe als jene berühmteren waren, mit denen die Romane sich viel beschäftigten. Menschen fieberten danach, andere zu fesseln oder zu bezaubern, um irgendeinen inneren Mangel zu kompensieren. Diesen verbreiteten Mangel nannte Joel bei sich Liebe, verriet das aber nie einem Menschen außer einmal Ivria. Die unbeeindruckt antwortete: »Aber das ist doch ein bekanntes Klischee.« Joel pflichtete ihr sofort bei. Vielleicht hatte er deshalb den Gedanken an das Buch fallengelassen. Die Weisheit, die er in seinen Arbeitsjahren angesammelt hatte, erschien ihm in der Tat abgedroschen: Das und das wollen die Menschen. Sie wollen, was sie nicht haben und nie bekommen werden. Und dessen, was vorhanden ist, sind sie überdrüssig.

Und ich, grübelte er einmal während einer Nachtfahrt in einem fast leeren Eisenbahnabteil von Frankfurt nach München, was will ich denn? Was treibt mich von Hotel zu Hotel durch diese Felder der Dunkelheit? Die Dienstpflicht, antwortete er sich fast laut auf hebräisch. Aber warum ich? Und wenn ich in diesem leeren Abteil plötzlich tot umfiele, würde ich dann ein wenig mehr wissen, oder wäre, im Gegenteil, alles ausgelöscht? Daraus folgt, daß ich über vierzig Jahre dagewesen bin und noch nicht einmal angefangen habe zu begreifen, was da vor sich geht. Wenn da etwas vor sich geht. Und vielleicht geht etwas vor sich. Manchmal spürt man hier und da beinahe Anzeichen einer Ordnung. Der Haken ist bloß, daß ich sie nicht begreife und wohl schon nicht mehr kapieren werde. Wie heute nacht in dem Frankfurter Hotel, als die Tapete an der Wand gegenüber dem Bett fast eine Form oder Gestalt andeutete, die sich hier und dort aus der Anordnung der offenbar willkürlich verstreuten geometrischen Blütenblätter zu ergeben schien, doch mit jeder leichten Kopfbewegung, mit jedem Lidschlag, jeder momentanen Geistesabwesenheit verschwanden die Ordnungszeichen, und nur mit enormer Anstrengung konnte man erneut Inseln einer festen Gestalt auf der Tapete entdecken, die aber nicht völlig identisch mit der vorher angedeuteten war. Vielleicht gibt es so etwas, das aber nicht zu entschlüsseln ist, oder vielleicht ist alles nur Illusion. Selbst das wirst du nicht herausfinden, weil dir die Augen so brennen, daß du auch dann, wenn du mit größter Anstrengung aus dem Abteilfenster starrst, vielleicht allerhöchstens raten kannst, daß wir durch irgendeinen Wald fahren, aber was man da zu sehen vermag, ist fast nur die Reflexion des bekannten Gesichts, das blaß und müde und eigentlich auch ziemlich dumm wirkt. Man sollte lieber die Augen zumachen und ein bißchen zu schlafen versuchen, und was sein wird, wird sein.

All seine Gesprächspartner hatten ihn angelogen. Außer im Fall Bangkok. Joel war fasziniert von dem Wesen der Lüge: Wie baute jeder sein Lügengebäude? Mit Weitblick und Einbildungskraft? Lässig nebenbei? Nach ausgeklügeltem logischen System oder im Gegenteil zufällig und mit gewollter Systemlosigkeit? Die Art des Lügenwebens war für ihn ein unbewachtes Guckfenster, durch das man gelegentlich dem Lügner ins Innere lugen konnte.

Im Büro hatte er sich den Namen eines wandelnden Lügendetektors erworben. Seine Kollegen nannten ihn Laser, nach dem gleichnamigen Strahl. Gelegentlich versuchten sie, ihn bewußt in irgendeiner trivialen Angelegenheit wie dem Gehaltszettel oder der neuen Telefonistin anzulügen. Immer wieder sahen sie dann verblüfft seinen inneren Abwehrmechanismus in Aktion treten, der Joel veranlaßte, beim Vernehmen der Lüge zu verstummen, den Kopf wie ein Trauernder auf die Brust zu senken und schließlich bekümmert anzumerken: »Aber Rami, das stimmt nicht.« Oder: »Laß das, Cockney, ist doch schade.« Sie wollten sich amüsieren, aber er vermochte der Lüge nie eine amüsante Seite abzugewinnen. Auch nicht unschuldigen Späßen. Ja, nicht einmal den üblichen Aprilscherzen im Büro. Lügen erschienen ihm wie Viren einer unheilbaren Krankheit, die man selbst in den Wänden eines geschützten Labors höchst ernsthaft und vorsichtig anpacken sollte. Nur mit Gummihandschuhen zu berühren.

Er selber log, wenn er keine andere Wahl hatte. Und nur, wenn er die Lüge als letzten und einzigen Ausweg oder als Rettung aus der Not betrachtete. In solchen Fällen wählte er immer die einfachste, unumwundenste Lüge, sozusagen nicht mehr als zwei Schritte von den Tatsachen entfernt.

Einmal fuhr er mit einem kanadischen Paß, um eine Angelegenheit in Budapest zu regeln. Auf dem Flughafen fragte ihn eine uniformierte Offizierin am Abfertigungsschalter nach dem Zweck seines Besuchs, und er antwortete mit spitzbübischem Lächeln auf französisch: »*Espionnage, Madame.*« Sie lachte schallend und drückte ihm den Einreisestempel auf den Rand des Visums.

In seltenen Fällen mußte er zu Treffen mit Fremden Schutz in Anspruch nehmen. Die jeweiligen Betreuer hielten immer Distanz, sahen, ohne gesehen zu werden. Ein einziges Mal war er in einer feuchten Winternacht in Athen gezwungen, die Pistole zu ziehen. Ohne auf den Abzug zu drücken. Nur um einen Dussel abzuschrecken, der ihm auf dem überfüllten Busbahnhof das Messer hatte zeigen wollen.

Nicht daß Joel den Grundsätzen der Gewaltlosigkeit gehuldigt hätte. Sein fester Grundsatz lautete, daß es auf der Welt nur eines gibt, das schlimmer als Gewaltanwendung ist, nämlich die Kapitulation vor Gewalt. Diesen Gedanken hatte er in seiner Jugend einmal von Ministerpräsident Eschkol gehört und sich für immer zu eigen gemacht. Die ganzen Jahre über hatte er sich davor gehütet, in gewaltträchtige Situationen zu geraten, denn er war zu dem Schluß gelangt, daß ein Agent, der seine Pistole benutzt, offensichtlich an seiner Aufgabe gescheitert ist. Verfolgungsjagden, Schüsse, irrsinnige Autoraserei, alle möglichen Sprünge und Dauerläufe paßten seines Erachtens zu Gangstern und ihresgleichen, aber gewiß nicht zu seiner Arbeit.

Als Hauptzweck seiner Arbeit betrachtete er es, nötige Informationen zu einem annehmbaren Preis zu erlangen, wobei der Preis finanzieller oder anderer Art sein mochte. In diesem Punkt kam es manchmal zu Gegensätzen oder sogar Konfrontationen mit seinen Vorgesetzten, wenn der eine oder andere sich um den Preis herumdrücken wollte, den Joel sich zu zahlen verpflichtet hatte. In solchen Fällen ging er so weit, die Quittierung des Dienstes anzudrohen. Diese Hartnäckigkeit brachte ihn im Büro in den Ruf, ein Spinner zu sein: »Bist du verrückt geworden? Diesen Dreckskerl werden wir doch nie wieder brauchen, und schaden kann er jetzt höchstens noch sich selber. Warum sollen wir dann gutes Geld auf ihn verschwenden?« – »Weil ich's ihm versprochen habe«, pflegte Joel knapp und grimmig zu antworten, »und ich war dazu ermächtigt.«

Nach einer Rechnung, die er einmal in Gedanken aufgestellt hatte, mußte er rund fünfundneunzig Prozent aller Stunden seines Berufslebens, die sich zu dreiundzwanzig Jahren summierten, auf Flughäfen, in Flugzeugen und Zügen, auf Bahnhöfen, in Taxis, mit Warten, in Hotelzimmern, Hotelhallen, Casinos, an Straßenecken, in Restaurants, dunklen Kinosälen und Cafés, in Spielhallen, öffentlichen Bibliotheken und auf Postämtern verbracht haben. Neben Hebräisch sprach er Französisch und Englisch sowie etwas Rumänisch und Jiddisch. In der Not kam er auch mit Deutsch und Arabisch durch. Fast immer trug er einen regulären grauen Anzug. Es war ihm in Fleisch und Blut übergegangen, von Stadt zu Stadt und von Land zu Land mit einem leichten Koffer und einer Handtasche zu reisen, die niemals auch nur eine Zahnpastatube, einen Schnürsenkel oder einen Fetzen Papier israelischen Fabrikats enthielten. Außerdem war er inzwischen gewöhnt, ganze Tage allein mit seinen Grübeleien totzuschlagen. Er wußte seinen Körper durch einfache Morgengymnastik, ausgewogene Mahlzeiten und regelmäßig eingenommene Vitamin- und Mineralienkapseln vernünftig in Form zu halten. Quittungen vernichtete er, aber in seinem starken Gedächtnis prägte er sich jeden Groschen ein, den er auf Rechnung des Büros ausgab. Äußerst selten, nicht häufiger als zwanzigmal in all seinen Dienstjahren, war es ihm unterwegs passiert, daß das Verlangen nach einem weiblichen Körper derart in ihm überhandnahm, daß es seine Konzentrationsfähigkeit beeinträchtigte, so daß er den besonnenen Entschluß faßte, eine fremde oder fast fremde Frau mit ins Bett zu nehmen. Als begäbe er sich zu einem dringenden Zahnarztbesuch. Doch er hütete sich vor jeder Gefühlsbindung. Sogar, wenn es die Umstände erforderten, daß er einige Tage in Gesellschaft einer jungen Einsatzpartnerin aus dem Büro wegfuhr. Ja selbst, wenn sie sich im Hotel als Ehepaar eintragen mußten. Ivria Lublin war seine einzige Liebe gewesen. Auch als die Liebe vorbei war und im Lauf der Jahre nacheinander oder wechselweise gegenseitigem Mitgefühl, Freundschaft, Schmerz, flüchtigem sinnlichen Aufblühen, Bitterkeit, Eifersucht und Wut, erneut einem Indianersommer voll sprühend entflammter sexueller Wildheit und wieder Rachsucht und Haß und Erbarmen Platz gemacht hatte, diesem ganzen Netz verschlungener, wandelbarer, umschlagender Gefühle, die in sonderbaren Gemischen und unerwarteten Verbindungen aufgingen, wie Cocktails eines schlafwandlerischen Barmixers. Niemals mischte sich in all das auch nur ein einziges Tröpfchen Gleichgültigkeit. Im Gegenteil: mit den Jahren waren Ivria und er immer abhängiger voneinander geworden. Auch im Streit. Auch in Tagen des beiderseitigen Brechreizes, der Beleidigungen und des Zorns. Vor einigen Jahren, während eines Nachtflugs nach Kapstadt, hatte Joel in der *Newsweek* einen populärwissenschaftlichen Aufsatz über genetischtelepathische Verbindungen zwischen eineiigen Zwillingen gelesen. Ein Zwilling ruft den anderen um drei Uhr morgens an, da er weiß, daß sie diese Nacht beide nicht einschlafen können. Ein Zwilling krümmt sich vor Schmerz, als der zweite sich verbrüht, und sei es auch in einem anderen Land.

Fast genauso lagen die Dinge zwischen ihm und Ivria. Und so erklärte er sich auch die Worte der Genesis: »Und der Mann erkannte seine Frau.« Zwischen ihnen herrschte Kenntnis. Außer wenn Netta mit ihrem Zustand, ihren Absonderlichkeiten und vielleicht – Joel drängte mit aller Kraft den Verdacht zur Seite – mit ihren Listen störend dazwischenfunkte. Sogar die Entscheidung, in getrennten Räumen zu schlafen und in den Nächten, die er daheim verbrachte, den anderen für sich sein zu lassen, war in beiderseitigem Einverständnis getroffen worden. Aus Verständnis und Rücksichtnahme. Aus Verzicht. Aus geheimem Mitgefühl. Manchmal trafen sie sich um drei oder vier Uhr morgens an Nettas Bett, nachdem sie fast gleichzeitig aus ihren Zimmern aufeinander zugekommen waren, um nach dem Schlaf des Kindes zu sehen. Flüsternd und immer auf englisch fragten sie dann einander: »Ist es mein Platz oder deiner?«

Einmal, in Bangkok, war ihm aufgetragen, mit einer Philippinin zusammenzutreffen, die die Amerikanische Universität in Beirut absolviert hatte. Sie war die Ex-Frau eines berühmten Terroristen, der viele ermordet hatte. Den ersten Kontakt zum Büro hatte sie auf eigene Initiative mittels einer einzigartigen List hergestellt. Joel, der entsandt war, mit ihr zu sprechen, hatte noch vor der Begegnung über die Einzelheiten ihrer Kontaktaufnahme nachgegrübelt, die keck und gewagt, aber auch wohldurchdacht und alles andere als leichtsinnig gewesen war. Er bereitete sich auf die Begegnung mit einer klugen Person vor. Ihm war es stets lieber, mit logisch denkenden, gut vorbereiteten Partnern zu verhandeln, obwohl er wußte, daß die meisten seiner Kollegen ihr Gegenüber lieber verschreckt und durcheinander sahen.

Sie trafen sich aufgrund vorher vereinbarter Erkennungszeichen in einem berühmten buddhistischen Tempel, der vor Touristen wimmelte. Setzten sich nebeneinander auf eine gemeißelte Steinbank mit steinernen Ungeheuern über sich. Ihre hübsche Strohtasche stellte sie als Trennwand zwischen ihnen auf die Bank. Und begann mit einer Frage nach seinen Kindern, falls er welche habe, und seinem Verhältnis zu ihnen. Joel war verblüfft, überlegte ein wenig und entschied sich für eine ehrliche Antwort, ohne allerdings ins einzelne zu gehen. Weiter fragte sie noch, wo er geboren sei, und er zögerte einen Augenblick, bevor er sagte: In Rumänien. Danach begann sie ohne jede weitere Vorrede, ihm die Dinge zu erzählen, die er liebend gern hören wollte. Sie sprach klar, als zeichne sie Bilder mit Worten, skizzierte Orte und Menschen, benutzte die Sprache wie einen feinen Skizzenbleistift. Allerdings sparte sie mit Charakterurteilen, vermied Tadel und Lob, stellte höchstens fest, der und der sei besonders auf seine Ehre bedacht und jener brause schnell auf, sei aber auch zu schnellen Entscheidungen fähig. Schließlich schenkte sie ihm ein paar gute Fotos, für die Joel eine hohe Summe zu zahlen bereit gewesen wäre, wenn sie Bezahlung verlangt hätte.

Und diese junge Frau nun, so jung, daß sie fast seine Tochter hätte sein können, stürzte Joel in tiefe Verwirrung. Fast hätte er die Orientierung verloren. Zum ersten und einzigen Mal in seinem gesamten Berufsleben. Seine feinen Wahrnehmungsorgane, jene hauchdünnen Insektenfühler, die ihm immer hervorragende Dienste geleistet hatten, fielen in ihrer Gegenwart völlig aus. Wie ein hochempfindliches Gerät, das in ein Magnetfeld geraten ist, so daß all seine Zeiger verrückt spielen.

Es war keine sinnliche Verwirrung: Obwohl die junge Frau hübsch und

Eine Frau erkennen

attraktiv wirkte, war sein Trieb kaum erregt. Das Ganze war passiert, weil sie nach seinem besten Wissen kein einziges Lügenwort von sich gegeben hatte. Nicht einmal eine kleine Lüge der Art, die Unbehagen im Gespräch mit Fremden vermeiden soll. Auch nicht, als Joel absichtlich eine Frage einfließen ließ, die geradezu eine Lüge herausforderte: »Sind Sie Ihrem Mann in den zwei Jahren Ihrer Ehe treu gewesen?« Joel kannte die Antwort aus der Akte, die er daheim durchgearbeitet hatte, und er wußte auch mit Sicherheit, daß die Frau keinen Grund zu der Vermutung besaß, er wisse womöglich, was sie in Zypern erlebt hatte. Und doch erteilte sie ihm ehrliche Auskunft. Obwohl sie ihm im weiteren, auf eine ähnliche Frage, erwiderte: »Das gehört schon nicht mehr zur Sache.« Womit sie recht hatte.

Als er eigentlich feststellen mußte, daß die Frau den von ihm gestellten Test glänzend bestanden hatte, fuhr es ihm im selben Augenblick scharf und schmerzlich durch den Kopf, daß er selbst geprüft worden − und durchgefallen war. Vierzig Minuten lang hatte er vergeblich versucht, sie bei irgendeiner Entstellung, Übertreibung oder Ausschmückung zu ertappen. Nachdem er ihr alle Fragen gestellt hatte, die ihm eingefallen waren, fügte sie freiwillig noch zwei, drei Informationen an, als beantworte sie Fragen, die er vergessen hatte. Ja, mehr noch: sie weigerte sich nachdrücklich, jedwede finanzielle oder sonstige Vergütung für die übermittelten Nachrichten anzunehmen. Und als er sich darüber wunderte, weigerte sie sich, ihre Motive zu erläutern. Nach Joels Einschätzung hatte sie ihm alles erzählt, was sie wußte. Die Dinge waren höchst wertvoll. Zum Schluß sagte sie schlicht, sie habe ihm alles mitgeteilt und werde nie weitere Informationen besitzen, weil sie die Beziehungen zu jenen Leuten abgebrochen habe und sie um keinen Preis erneuern werde. Und jetzt in diesem Augenblick wolle sie auch den Kontakt zu Joel und seinen Auftraggebern für immer abbrechen. Das sei ihr einziger Wunsch: daß man sich nicht mehr an sie wende. So sagte sie es, und ohne ihm Gelegenheit zu geben, ihr zu danken, stand sie auf und verließ ihn mit einem Gruß. Wandte ihm den Rücken zu und spazierte auf ihren hohen Absätzen in Richtung des Tempelhains, der vor dichtem Tropengrün strotzte: eine üppig-reife, fesselnde Asiatin im weißen Sommerkleid mit einem hellblauen Tuch um den feinen Halsansatz. Joel sah ihrem Rücken nach. Und auf einmal sagte er: meine Frau.

Und nicht, weil Ähnlichkeit zwischen den beiden bestanden hätte. Die gab es keineswegs. Doch auf eine Weise, die Joel auch nach Wochen und Monaten nicht zu entschlüsseln vermochte, hatte ihm diese kurze Begegnung mit traumhafter Lauterkeit klargemacht, wie sehr Ivria seine notwendige Frau fürs Leben war. Trotz oder dank der Leiden.

Schließlich gewann er die Fassung wieder, stand auf und ging von dort ins Hotel, wo er sich in sein Zimmer setzte, um alles, was er von der jungen Frau im Tempel gehört hatte, aufzuschreiben, solang er ihre Worte noch frisch im Gedächtnis hatte. Aber die Frische verflog nicht. Manchmal mußte er in unerwarteten Augenblicken an sie denken, und das Herz verkrampfte sich: Warum hatte er ihr nicht gleich auf der Stelle angeboten, mit ihm aufs Zimmer zu kommen und einander zu lieben? Warum hatte er sich nicht in sie verliebt und alles stehen und liegen lassen, um ihr für immer zu folgen? Aber da war der Zeitpunkt schon vorüber, und nun war es zu spät.

9.

Den versprochenen Besuch bei den amerikanischen Nachbarn, seinen Mitbewohnern im Zweifamilienhaus, schob er vorerst auf. Obwohl er manchmal mit ihnen sprach, mit beiden oder mit dem Bruder allein, über die Hecke hinweg, die er nicht fertig geschnitten hatte. Ziemlich seltsam fand er die Liebkosungen des Geschwisterpaars auf dem Rasen, ihr lautstarkes Gerangel, wenn sie sich wie Kinder gegenseitig den Ball zu entreißen suchten, mit dem sie eben noch begeistert gespielt hatten. Zuweilen gingen ihm Annemaries oder Rosemaries Brüste durch den Sinn und ihr englisches Getuschel in sein Ohr: *Tough life, huh?*

Morgen ist auch noch ein Tag, dachte er.

Morgens pflegte er fast nackt auf der Schaukel im Garten zu liegen, sonnenbadend, bücherlesend, traubenvertilgend. Sogar die in Helsinki verlorene *Mrs. Dalloway* kaufte er neu, hatte jedoch Mühe, sie zu Ende zu lesen. Netta begann, fast täglich allein mit dem Bus in die Stadt zu fahren, um ins Kino zu gehen, Bücher aus der Stadtbibliothek auszuleihen, vielleicht durch die Straßen zu bummeln und Schaufenster anzugucken. Am liebsten sah sie sich alte Filme in der Cinemathek an, manchmal gleich zwei an einem Abend. Zwischen den Vorstellungen saß sie in der Ecke eines kleinen Cafés – immer suchte sie sich billige und lärmende Plätze aus – bei Apfel- oder Traubensaft. Versuchte ein Fremder einmal, mit ihr ins Gespräch zu kommen, gab sie achselzuckend irgendeinen ätzenden Satz von sich, der ihr ihre Einsamkeit wiedergab.

Im August nahmen Lisa und Avigail an fünf Vormittagen pro Woche je drei Stunden eine ehrenamtliche Tätigkeit im Taubstummenheim auf, das an der Grenze des Viertels lag und vom Haus zu Fuß erreichbar war. Gelegentlich verbrachten sie auch die Abendstunden am Gartentisch damit, sich übungshalber in Zeichensprache zu verständigen. Joel beobachtete sie neugierig dabei. Bald hatte er die Hauptzeichen aufgeschnappt. Und manchmal sagte er sich früh morgens im Bad, vorm Spiegel, etwas in dieser Sprache. Für freitags hatte Joel eine Putzfrau eingestellt, eine heitere, schweigsame, fast hübsche Georgierin. Gemeinsam mit ihr bereiteten seine Schwiegermutter und seine Mutter den Schabbat vor. Sie fuhren zu zweit in seinem Auto – Avigail am Steuer und Lisa vor jedem entgegenkommenden Wagen warnend – zum Großeinkauf für die ganze Woche. Sie kochten für mehrere Tage im voraus und froren ein. Joel kaufte ihnen ein Mikrowellengerät, und manchmal vergnügte er sich selbst ein bißchen damit. Aus Berufsgewohnheit las er die Gebrauchsanweisung viermal hintereinander, bevor ihm einfiel, daß man die Broschüre eigentlich nicht nach Studium zu vernichten brauchte. Zusammen mit der Putzfrau sorgten seine Schwiegermutter und seine Mutter für Ordnung und Sauberkeit. Das Haus glänzte. Manchmal fuhren beide gemeinsam übers Wochenende nach Metulla. Oder Jerusalem. Joel und seine Tochter kochten dann füreinander. Gelegentlich setzten sie sich Freitag abends zum Damespiel hin oder sahen fern. Netta hatte sich angewöhnt, ihm abends vor dem Schlafengehen Kräutertee aufzubrühen.

Zweimal, Mitte Juli und erneut Anfang August, kam der Patron auf Besuch. Das erste Mal erschien er nachmittags ohne Vorankündigung, konnte sich schwer entscheiden, ob er die Türen seines Renault richtig abgeschlossen hatte, umkreiste ihn zwei-, dreimal und prüfte noch einmal jede Tür, bevor er auf den Klingelknopf drückte.

Sie beide, er und Joel, setzten sich in den Garten und redeten über Neuigkeiten aus dem Büro, bis Avigail sich zu ihnen gesellte und sie zum Problem des religiösen Zwangs überwechselten. Für Netta hatte der Mann einen neuen Gedichtband von Dalia Ravikovich mit dem Titel *Wahre Liebe* mitgebracht, wobei er Joel empfahl, bei Gelegenheit wenigstens das Gedicht zu lesen, das auf Seite sieben begann und auf Seite acht aufhörte.

Außerdem schenkte er ihm eine Flasche erstklassigen französischen Cognac. Doch bei seinem zweiten Besuch berichtete er Joel, unter vier Augen im Garten, in groben Umrissen von einem gewissen Fehlschlag in Marseille. Und kam dann ohne klaren Zusammenhang auf eine andere Sache zu sprechen, die Joel eineinhalb Jahre zuvor selbst bearbeitet hatte. Offenbar wollte er darauf hinaus, daß diese Angelegenheit nicht recht abgeschlossen oder, sagen wir, zwar abgeschlossen, aber in gewisser Hinsicht wieder aufgerollt worden war. Möglicherweise sei da noch eine Kleinigkeit zu klären, so daß man Joel eventuell mal irgendwann eine halbe oder ganze Stunde von seiner Zeit stehlen müsse. Natürlich nur mit seinem Einverständnis und in zeitlicher Abstimmung mit ihm.

Joel meinte zwischen oder hinter den Worten einen leicht ironischen Anflug, ja fast eine verschleierte Warnung herauszuhören, und hatte wie immer Mühe, dem Tonfall des Patrons auf den Grund zu kommen. Manchmal berührte er ein äußerst wichtiges und heikles Thema, als scherze er über das Wetter. Und wenn er tatsächlich scherzte, machte er zuweilen ein fast tragisches Gesicht. Gelegentlich mischte er die Klangfarben, während sein Gesicht so ausdruckslos blieb, als rechne er Zahlenkolonnen zusammen. Joel bat um Erklärung, aber der Mann war schon auf ein anderes Thema übergewechselt: Mit dem Lächeln eines träge dösenden Katers erinnerte er an Nettas Problem. Vor einigen Tagen sei er zufällig – und das sei der Grund seines heutigen Besuchs – über einen Aufsatz in irgendeiner Illustrierten gestolpert, die er mitgebracht habe, und darin werde von einer neuen Behandlungsmethode berichtet, die man jetzt in der Schweiz entwickle. Allerdings nur ein populärwissenschaftlicher Artikel. Die Illustrierte wolle er Joel schenken. Unablässig waren seine feinen, musikalischen Finger damit beschäftigt, eine komplizierte Gliederkette aus den Kiefernnadeln zu flechten, die auf die Gartenmöbel herabfielen. Joel fragte sich, ob er immer noch unter Entzugserscheinungen litt, obwohl es schon zwei Jahre her war, seit er mit einem Schlag aufgehört hatte, Gitanes-Zigaretten Kette zu rauchen. Übrigens, sei Joel die Gartenpflege noch nicht leid? Schließlich wohne er hier doch nur zur Miete? Vielleicht wolle er sich wieder in die Arbeit einfädeln? Und wenn's nur ein Halbtagsjob wäre? Dabei sei natürlich nur von einer Aufgabe die Rede, die keine Reisen erfordere. In der Planungsabteilung zum Beispiel? Oder im Bereich der Einsatzbewertung?

Joel sagte: »Nicht so sehr.« Und der Mann ging sofort auf ein anderes

Thema über, eine aktuelle Affäre, die gerade die Presse in Erregung versetzte. Er informierte Joel über Einzelheiten, wenn auch nicht alle, und schilderte die Sache, wie gewohnt, so, wie sie sich in den Augen jeder der beteiligten Seiten und denen verschiedener außenstehender Beobachter darstellte. Jeden der widersprechenden Standpunkte beschrieb er verständnisvoll und sogar mit einem gewissen Maß an Sympathie. Seine eigene Meinung brachte der Gast jedoch nicht zum Ausdruck, obwohl Joel danach fragte. Im Büro wurde der Mann auch »Lehrer« genannt, ohne Artikel. Als sei das sein Vorname. Vielleicht, weil er viele Jahre lang allgemeine Geschichte an einer Tel Aviver Oberschule gelehrt hatte. Selbst als er schon höhere Dienstränge erklommen hatte, unterrichtete er noch weiter ein bis zwei Tage in der Woche. Er war ein stämmiger, gepflegter, beweglicher Mann mit langsam schütter werdendem Haar und vertrauenerweckenden Zügen: der Typ eines Anlageberaters mit künstlerischen Interessen. Joel nahm an, daß er Geschichte gut unterrichtet hatte. Wie es ihm im Büro stets bewunderswert gelungen war, die kompliziertesten Situationen auf ein einfaches Dilemma von Ja oder Nein zu reduzieren, während er umgekehrt verästelte Komplikationen vorauszusehen vermochte, die in einer scheinbar simplen Situation angelegt waren. Eigentlich mochte Joel diesen bescheidenen, umgänglichen Witwer mit den weiblich sorgfältig manikürten Händen, den wollenen Anzügen und den ruhigen, konservativen Krawatten nicht recht. Zwei-, dreimal hatte der Mann ihm harte berufliche Schläge versetzt. Die er kein bißchen zu mildern versucht hatte, nicht einmal nach außen hin. Joel meinte eine sanfte, schläfrige Grausamkeit in ihm auszumachen, die Grausamkeit eines feisten Katers. Es war ihm nicht klar, wozu der Mann sich überhaupt zu diesen Besuchen herbemühte. Und was sich hinter seiner undurchsichtigen Bemerkung über jene abgeschlossene und erneut aufgerollte Sache verbarg. Freundschaftsbande zwischen ihm und dem Patron erschienen ihm etwa so absurd wie Liebeserklärungen an eine Augenärztin während der Ausübung ihrer Profession. Aber er brachte dem Mann intellektuelle Achtung und auch eine gewisse Dankbarkeit entgegen, deren Gründe er allerdings nicht verstand. Und ihm jetzt auch nicht mehr wichtig waren.

Dann entschuldigte sich der Gast, stand von der Gartenschaukel auf und ging, dicklich, zivil, von Rasierwasserduft wie einem weiblichen Parfüm umweht, in Nettas Zimmer. Die Tür schloß sich hinter ihm. Joel, der ihm nachgegangen war, hörte seine leise Stimme hinter der Tür. Und auch Nettas Stimme, fast flüsternd. Worte vermochte er keine aufzuschnappen. Worüber unterhielten sie sich? Dumpfe Wut stieg in ihm auf. Und sogleich ärgerte er sich über sich selbst wegen dieser Wut. Und murmelte, die Hände hinter den Ohren: Dummkopf.

War es möglich, daß hinter der geschlossenen Tür der Lehrer und Netta saßen und seinen Zustand diskutierten? Hinter seinem Rücken geheime Absprachen über ihn trafen? Sich berieten, was sie mit ihm machen sollten? Schon meinte er, Netta leise lachen gehört zu haben. Doch sofort raffte er sich zusammen und erinnerte sich daran, daß es nicht sein konnte, und ärgerte sich wieder über sich selbst wegen seiner momentanen Wut, wegen seiner unlogischen Eifersucht und wegen der flüchtigen Versuchung, ohne anzuklopfen ins Zimmer zu stürzen. Schließlich ging er in die Küche, kehrte drei Minuten später zurück, klopfte an und wartete einen Augenblick ab, ehe er eintrat, um ihnen eine Flasche Apfelsaft aus dem Kühlschrank und zwei hohe Gläser mit Eiswürfeln zu servieren. Er fand sie auf dem breiten Doppelbett sitzen, in eine Partie Dame vertieft. Keiner der beiden lachte, als er hereinkam. Einen Augenblick meinte er, Netta habe ihm heimlich ganz schnell und leicht zugezwinkert. Dann entschied er jedoch, es sei nur ein Blinzeln gewesen.

10.

Er hatte den ganzen Tag frei. Die Tage wurden einander ähnlich. Hier und da verbesserte er etwas im Haus: brachte eine Seifenschale im Bad an. Eine neue Garderobe. Einen Deckel mit Feder am Mülleimer. Lockerte mit der Hacke die Erde in den Bewässerungspfannen rings um die vier Obstbäume im rückwärtigen Garten auf. Sägte überflüssige Äste ab und bestrich die Schnittstellen mit schwarzer Paste. Lief in den Zimmern, in der Küche, dem Autounterstand, auf dem Balkon herum, die elektrische Bohrmaschine mit dem Verlängerungskabel in der Hand, wie ein Taucher am Sauerstoffschlauch immer an der Steckdose angeschlossen, den Finger am Abzug, auf der Suche, wo er die Spitze ansetzen könnte. Es kam vor, daß er morgens vor dem Fernseher saß und auf das Kinderprogramm starrte. Auch schnitt er endlich die Hecke fertig, auf seiner Seite und bei den Nachbarn. Manchmal verrückte er ein Möbelstück, das er am nächsten Morgen unter Umständen wieder auf seinen alten Platz zurückbeförderte. Er wechselte die Dichtungsringe sämtlicher Wasserhähne im Haus. Strich den Autounterstand neu, weil er an einem der vier Pfeiler winzige Rostsprenkel entdeckt hatte. Reparierte den Gartentorriegel und heftete einen Zettel an den Briefkasten, auf dem er den Zeitungsboten in großen Lettern bat, die Zeitung bitte in den Kasten zu stecken und nicht auf den Pfad zu werfen. Ölte die Türangeln, um das Quietschen abzustellen. Ivrias Nichtfüller ließ er reinigen und mit einer neuen Feder versehen. Tauschte die Birne in Nettas Bettlampe gegen eine stärkere aus. Legte einen Zweitanschluß von dem Telefon auf dem Schemel im Eingangsflur zu Avigails Zimmer, damit sie und seine Mutter einen eigenen Apparat hatten.

Seine Mutter sagte: »Bald wirst du Fliegen jagen. Geh lieber ein paar Vorlesungen an der Universität hören. Geh ins Schwimmbad. Damit du unter Leute kommst.«

Avigail sagte: »Wenn er überhaupt schwimmen kann.«

Und Netta: »Draußen im Geräteschuppen hat eine Katze vier Junge geworfen.«

Joel sagte: »Genug. Was soll das. Demnächst werden wir hier noch einen Rat wählen müssen.«

»Und außerdem schlofst du nicht genug«, sagte seine Mutter.

Nachts, nach Fernseh-Sendeschluß, pflegte er noch ein Weilchen auf der Wohnzimmercouch sitzen zu bleiben, dem monotonen Pfeifen zu lauschen und die Schneeflocken auf dem flimmernden Bildschirm anzustarren. Danach ging er hinaus, einen Sprinkler im Garten abstellen, nachsehen, ob die Balkonlampe brannte, ein Schälchen Milch oder Hühnerreste für die Katze in den Geräteschuppen bringen. Und er blieb an der Rasenecke stehen, um auf die dunkle Straße hinauszublicken und in die Sterne zu gucken, schnupperte, stellte sich selber ohne Gliedmaßen im Rollstuhl vor, und dabei konnte es sein, daß seine Füße ihn das Sträßchen hinunter bis an den Zaun der Pflanzung trugen, wo er den Fröschen lauschte. Einmal meinte er, einen vereinzelten Schakal in der Ferne zu hören, obwohl er in Betracht zog, daß es vielleicht nur ein streunender Hund war, der den Mond anbellte. Dann kehrte er zurück und setzte sich ins Auto, startete und fuhr wie im Traum über die leeren nächtlichen Straßen bis zum Kloster Latrun, bis zum Rand der Hügel von Kafr Kassem, bis zum Ausläufer des Karmel-Gebirges. Er achtete sorgfältig darauf, nie die gesetzliche Geschwindigkeitsbegrenzung zu überschreiten. Fuhr manchmal in eine Tankstelle zum Auffüllen und knüpfte ein kurzes Gespräch mit dem

Araber im Nachtdienst an. Glitt langsam an den Straßennutten vorüber und musterte sie von weitem, wobei sich die dichten Fältchen in seinen Augenwinkeln zusammenzogen, die ihm ein leicht spöttisches Dauerlächeln aufsetzten, obwohl seine Lippen kein Lächeln hervorbrachten. Morgen ist auch noch ein Tag, dachte er, wenn er endlich aufs Bett sank und einschlafen wollte, aber plötzlich wieder aufsprang und an den Kühlschrank stürzte, um sich ein Glas kalte Milch einzuschenken. Traf er dabei zufällig auf seine Tochter, die bis vier Uhr morgens in der Küche saß und las, sagte er: Guten morgen, *young lady*. Was liest die junge Dame jetzt? Worauf sie, nachdem sie den Abschnitt beendet hatte, den kurzgeschorenen Kopf hob und ruhig antwortete: ein Buch. Joel fragte dann: Darf ich mich dazusetzen? Soll ich uns was zu trinken machen? Und Netta erwiderte leise, fast zärtlich: meinetwegen. Und nahm ihre Lektüre wieder auf. Bis draußen ein leichter Aufprall zu hören war, denn dann sprang Joel in dem vergeblichen Versuch los, den Zeitungsboten zu erwischen. Der die Zeitung schon wieder auf den Pfad geworfen hatte, statt sie in den Kasten zu stecken.

Die kleine Figur im Wohnzimmer faßte er nicht mehr an. Ja, er näherte sich nicht einmal dem Nippesbord überm Kamin. Als wolle er der Versuchung entgehen. Höchstens warf er ihr einen schnellen Seitenblick zu, wie ein Mann, der mit einer Frau im Restaurant sitzt, vielleicht ein flüchtiges Auge auf eine andere Frau an einem anderen Tisch riskiert. Obwohl er meinte, dank der neuen Lesebrille jetzt vielleicht doch etwas entschlüsseln zu können. Statt dessen begann er nun, sowohl durch seine schwarzrandige als auch durch Ivrias Doktorbrille systematisch genau und aus nächster Nähe die Fotografien der romanischen Ruinen zu prüfen. Netta hatte diese Klöster aus dem Studio ihrer Mutter in Jerusalem mitgenommen und ihn gebeten, sie hier im Wohnzimmer übers Sofa zu hängen. Er war auf den Verdacht verfallen, es befinde sich ein fremder Gegenstand, vielleicht eine vergessene Tasche, womöglich die Kameratasche des Fotografen selber, neben einem der Klostereingänge. Doch das Ding war zu winzig, um einen klaren Schluß zu erlauben. Vor lauter Anstrengung schmerzten ihm erneut die Augen. Joel beschloß, das Foto einmal durch eine starke Lupe zu betrachten oder es sogar vergrößern zu lassen. Das könnten sie im Labor des Büros für ihn tun, würden es auch gern und äußerst fachkundig machen. Doch er schob die Entscheidung auf, weil er keine Ahnung hatte, wie er jemandem auch nur annähernd erklären sollte, worum es eigentlich ging. Er wußte es ja selber nicht.

11.

Mitte August, zwei Wochen bevor Netta die Abschlußklasse der Oberschule in Ramat Lotan zu besuchen begann, gab es eine kleine Überraschung: Arik Kranz, der Wohnungsmakler, kam zu einem Blitzbesuch am Schabbatmorgen. Wollte mal reinschauen, ob hier alles in Ordnung sei. Schließlich wohnte er nur fünf Minuten entfernt. Und eigentlich hätten seine Bekannten, die Kramers, die Wohnungseigentümer, ihn gebeten, einmal vorbeizugehen und einen Blick hineinzuwerfen.
Er blickte sich um, lachte leise auf und sagte: »Ich sehe, ihr seid weich gelandet. Macht den Eindruck, als sei hier alles schon tipptopp.« Joel, wortkarg wie gewohnt, erwiderte nur: »Ja, ordentlich.« Der Makler erkundigte sich, ob im Haus alles einwandfrei funktioniere. »Sie hatten sich doch, kann man sagen, auf den ersten Blick in diese Wohnung verliebt, und solche Flammen kühlen sich häufig am nächsten Morgen ab?«
»Alles in Ordnung«, sagte Joel. Der Trägerhemd zu kurzen Turnhosen und an den Füßen Gartensandalen trug. In dieser Aufmachung faszinierte er den Makler noch mehr als bei ihrer vorangegangenen Begegnung an jenem Junitag, an dem er die Wohnung gemietet hatte. Joel machte auf ihn einen geheimnisvollen und starken Eindruck. Das Gesicht ließ an Salz, Wind, fremde Frauen, Einsamkeit und Sonne denken. Das frühzeitig ergraute Haar war militärisch kurz geschnitten, mit sauberen Ecken, ohne Koteletten, und die bleigraue Tolle stand, kräuselte sich, über der Stirn, ohne hineinzufallen. Wie ein Knäuel Stahlwolle. Die Augenhöhlen mit ihren eingegrabenen Seitenfalten deuteten ein spöttisches Grinsen an, bei dem die Lippen nicht mitmachten. Die Augen selbst waren tiefliegend, gerötet, halb geschlossen, wie vor zu starkem Licht oder vor Staub und Wind. In den Kinnbacken konzentrierte sich Entschlossenheit, als laufe der Mann mit zusammengepreßten Zähnen herum. Abgesehen von den ironischen Falten in den Augenwinkeln war das Gesicht jung und glatt, stand also im Gegensatz zu dem grauen Haar. Der Ausdruck veränderte sich kaum, ob der Mann nun redete oder schwieg.

Der Makler fragte: »Ich störe doch nicht? Darf ich einen Moment Platz nehmen?«

Worauf Joel, die Bohrmaschine mit der auf der anderen Wandseite, in der Küche, angeschlossenen Verlängerungsschnur in der Hand, antwortete: »Bitte, setzen Sie sich.«

»Heute bin ich nicht geschäftlich hier«, betonte der Makler, »bin bloß mal auf gutnachbarschaftlicher Basis rübergekommen, um zu fragen, ob man was helfen kann. Mit anpacken bei der Siedlungsgründung, wie man so sagt. Übrigens, nennen Sie mich Arik. Es ist so: der Hausherr hat mich gebeten, Ihnen bei Gelegenheit auszurichten, daß man von den beiden Klimaanlagen Anschlüsse in alle Schlafzimmer legen kann. Fühlen Sie sich so frei, das auf seine Rechnung zu regeln. Er wollte es sowieso diesen Sommer machen und hat's nicht mehr geschafft. Und ich soll Ihnen auch sagen, daß der Rasen viel Wasser mag, die Erde ist hier locker, aber die Sträucher vorne – die möchten Sie nachsichtig sprengen.«

Das Bemühen des Maklers, ihm gefällig zu sein und mit ihm in Kontakt zu kommen, und vielleicht auch das Wort »nachsichtig« ließen ein feines Lächeln über Joels Lippen huschen. Er selbst hatte es gar nicht gespürt, aber Kranz nahm es begeistert auf, entblößte das Zahnfleisch und versicherte nachdrücklich: »Ich wollte wirklich nicht stören, Herr Ravid. Bin bloß auf dem Weg zum Meer hier vorbeigekommen. Das heißt, nicht genau vorbeigekommen, tatsächlich habe ich eigens für Sie einen kleinen Umweg eingelegt. Heute ist ein phantastischer Segeltag, und ich bin eigentlich unterwegs zum Meer. Und ich geh' auch schon.«

»Trinken Sie eine Tasse Kaffee«, sagte Joel und stellte damit keine Frage. Die Bohrmaschine legte er auf den Tisch, als wolle er sie dem Gast servieren, der sich nun behutsam auf eine Couchecke niederließ. Der Makler trug ein blaues Trikothemd mit dem Abzeichen der brasilianischen Fußballnationalmannschaft über einer Badehose und blendend weiße Segelschuhe. Die behaarten Beine hielt er wie ein schüchternes junges Mädchen zusammengepreßt. Dann lachte er wieder und fragte: »Was macht die Familie? Gefällt's ihnen hier? Problemlos eingelebt?«

»Die Großmütter sind nach Metulla gefahren. Mit Zucker und Milch?«

»Machen Sie sich keine Umstände«, sagte der Makler. Doch einen Moment später fügte er mutig hinzu: »Wenn schon, denn schon. Ein Löffelchen und einen halben Tropfen Milch. Nur um das Schwarz ein bißchen dreckigzumachen. Sie können mich Arik nennen.«

Joel ging in die Küche. Der Makler überflog von seinem Platz aus mit raschem Blick das Wohnzimmer, als suche er ein wichtiges Indiz. Es schien sich hier nichts verändert zu haben, abgesehen von drei geschlossenen Kartons, die sich im Schatten des riesigen Philodendrons in der Ecke übereinander stapelten. Und abgesehen von den drei Ruinenfotos über der

Couch, die Kranz für ein Souvenir aus Afrika oder so was Ähnliches hielt. Wovon er wohl lebt, dieser Staatsbeamte, über den es im Viertel heißt, er arbeite gar nicht. Macht den Eindruck, als sei er ein ziemlich hohes Tier. Vielleicht vom Dienst suspendiert wegen irgendeiner Ermittlung, die gegen ihn läuft, und erst mal auf Eis gesetzt? Sieht aus wie so'n Abteilungsleiter im Landwirtschafts- oder Entwicklungsministerium, sicher eine beachtliche Karriere als Berufssoldat hinter sich. So was wie ein stellvertretender Regimentskommandeur in der Panzertruppe.

»Was haben Sie beim Militär gemacht, wenn ich fragen darf? Sie sehen irgendwie bekannt aus. Waren Sie mal in der Zeitung? Oder im Fernsehen zufällig?« wandte er sich an Joel, der gerade eben ins Wohnzimmer zurückkehrte, in den Händen ein Tablett mit zwei Tassen Kaffee, Milch- und Zuckergefäßen und einem Tellerchen gekaufter Kekse. Die Tassen stellte er einzeln auf den Tisch. Alles andere blieb auf dem Tablett, das er in der Mitte dazwischen absetzte. Dann ließ er sich auf einen Sessel nieder.

»Oberleutnant bei der Militärstaatsanwaltschaft«, sagte er.

»Und danach?«

»Wehrentlassung 1963.«

Beinah im letzten Moment schluckte Kranz eine weitere Frage hinunter, die ihm auf der Zungenspitze gelegen hatte. Statt dessen sagte er, während er noch seinen Kaffee süßte und weißte: »Hab' nur mal so gefragt. Hoffe, es macht Ihnen nichts aus. Ich persönlich hasse Topfgucker. Der Backofen macht Ihnen keine Probleme?«

Joel zuckte die Achseln. Ein Schatten huschte am Zimmereingang vorüber und war verschwunden.

»Ihre Frau?« fragte Kranz, erinnerte sich aber sofort und bat vielmals um Entschuldigung, woran er vorsichtig die Annahme knüpfte, es sei gewiß die Tochter gewesen. Lieb, aber schüchtern, was? Und wieder hielt er es für angebracht, seine zwei Söhne zu erwähnen, beide in Kampftruppen, beide im Libanon gewesen, alles in allem kaum eineinhalb Jahre auseinander. Auch so eine Geschichte. Vielleicht arrangieren wir ihnen mal ein Treffen mit Ihrer Tochter und sehen zu, ob sich was draus entwickelt? Plötzlich merkte er, daß sein Gegenüber ihn mit kühler, amüsierter Neugier beobachtete, ließ sofort das Thema fallen und erzählte Joel lieber, daß er in seiner Jugend zwei Jahre als gelernter Fernsehtechniker gearbeitet habe. »Also, falls der Fernseher Ihnen irgendwelche Probleme machen sollte, rufen Sie mich sofort an, sogar um drei Uhr nachts, und ich spring' rüber und bring' Ihnen das ohne weiteres gratis in Ordnung. Und wenn Sie mal Lust haben, für zwei, drei Stunden auf meinem Segelboot mitzufahren, das im Jaffaer Fischerhafen vor Anker liegt, müssen Sie's bloß sagen. Haben Sie meine Telefonnummer? Läuten Sie nur an, wenn Sie's juckt. *Yallah*, ich bin schon auf und davon.«

»Danke«, sagte Joel, »wenn Sie bereit wären, fünf Minuten auf mich zu warten.«

Der Makler brauchte einige Sekunden, bis er begriffen hatte, daß Joel sein Einladung annahm. Dann packte ihn sofort die Begeisterung, und er begann, von den Freuden des Segelns an einem solch phantastischen Tag wie diesem zu schwärmen. »Vielleicht hätten Sie Lust, daß wir eine ausgedehnte Runde übers Meer drehen und uns Abie Nathans Seelenverkäufer mal aus der Nähe angucken?«

Joel übte eine Anziehungskraft auf ihn aus, die den starken Wunsch in ihm weckte, ihm näherzukommen, sich mit ihm anzufreunden, ihm hingebungsvoll zu dienen, sich nützlich zu erweisen und seine Treue zu demonstrieren, ja ihn sogar zu berühren. Aber er beherrschte sich, hielt das Schulterklopfen zurück, das ihm in den Fingerspitzen juckte, und sagte: »Nehmen Sie sich Zeit. Es hat keine Eile. Das Meer läuft nicht weg.« Damit sprang er flink und fröhlich auf, um Joel zuvorzukommen und selbst das Tablett mit dem Kaffeegeschirr in die Küche zu tragen. Hätte Joel ihn nicht abgehalten, hätte er es auch noch gespült.

Und seither fuhr Joel samstags mit Arik Kranz zur See. Von Kindheit an hatte er rudern können, und jetzt lernte er, wie man Segel spannt und ausrichtet. Aber nur selten brach er sein Schweigen. Der Makler war deswegen weder enttäuscht noch beleidigt, ja er entwickelte eher jene schwärmerische Bewunderung, die manchmal bei einem Halbwüchsigen auftritt, der von einem größeren Jungen fasziniert ist und ihm liebend gern zur Hand gehen möchte. Unwillkürlich übernahm er Joels Gewohnheit, gelegentlich einen Finger zwischen Hals und Hemdkragen entlangzuführen, und seine Art, Meerluft einzuatmen und sie in den Lungen festzuhalten, bevor er sie langsam durch einen schmalen Lippenspalt wieder freiließ. Wenn sie auf dem Meer waren, erzählte Arik Kranz Joel bereitwillig alles. Sogar von seinen kleinen Seitensprüngen, seinen Einkommensteuertricks und den Vorwänden, mit denen er Aufschub seines Reservedienstes erwirkte. Sobald er merkte, daß er Joel ermüdete, schwieg er eine Weile und spielte ihm klassische Musik vor: An den Samstagen, an denen ihn sein neuer Freund beim Segeln begleitete, brachte er einen hochwertigen batteriebetriebenen Kassettenrekorder mit. Nach etwa einer Viertel Stunde wurden ihm das Schweigen und Mozart jedoch langsam schwer erträglich, weshalb er Joel zu erklären begann, wie er sein Geld in Zeiten wie diesen am besten anlegte oder aufgrund welcher Geheimmethoden die Marine heute imstande sei, die israelische Küste hermetisch gegen Terroristenboote abzuriegeln. Die unerwartete Freundschaft begeisterte den Makler derart, daß er sich zuweilen nicht zurückhalten konnte und Joel mitten in der Woche anrief, um über den Schabbat zu reden.

Joel wiederum dachte ein wenig über die Worte »das Meer läuft nicht weg« nach. Er fand keinerlei Fehler an ihnen. Auf seine Art erfüllte er seine Seite des Abkommens: Gern gab er dem Makler das Gewünschte genau dadurch, daß er ihm nichts gab. Abgesehen von seiner stummen Anwesenheit. Einmal, als Überraschung, brachte er Kranz bei, wie man einem Mädchen »ich möchte dich« auf burmesisch sagt. Um drei oder vier Uhr nachmittags kehrten sie in den Hafen von Jaffa zurück, obwohl Kranz inständig hoffte, die Zeit möge stehenbleiben oder das Festland verschwinden. Dann fuhren sie im Auto des Maklers nach Hause zum Kaffeetrinken. Joel sagte: »Vielen Dank, auf Wiedersehen.« Doch einmal sagte er beim Abschied: »Paß auf, Arik, unterwegs.« Diese Worte nahm Kranz äußerst freudig auf, weil er in ihnen einen kleinen Schritt vorwärts erblickte. Von den tausend Fragen, die seine Neugier erregten, vermochte er vorerst nur zwei oder drei zu stellen. Und erhielt einfache Antworten darauf. Er hatte Angst, etwas zu zerstören, zu weit zu gehen, sich unbeliebt zu machen, den Zauber zu brechen. So vergingen mehrere Wochen, Netta begann, die zwölfte Schulklasse zu besuchen, und sogar der vertraute Schlag, den Kranz sich jedesmal schwor, nun endlich beim Abschied auf der Schulter seines Freundes zu landen, blieb aus. Wurde aufs nächste Treffen verschoben.

12.

Einige Tage vor Schuljahrsbeginn machte sich Nettas Problem wieder bemerkbar. Seit dem Unglück im Februar in Jerusalem war es kein einziges Mal aufgetreten, so daß Joel schon beinah glaubte, Ivria könne in der Auseinandersetzung doch recht gehabt haben. Es geschah am Mittwoch um drei Uhr nachmittags. Lisa war an jenem Tag nach ihrer vermieteten Wohnung in Rechavia schauen gefahren, und auch Avigail war ausgegangen, um einen Gastvortrag an der Universität in Ramat Aviv zu hören.

Er stand barfuß in dem von grellem Spätsommerlicht überfluteten Garten und sprengte die Büsche an der Vorderseite. Der Nachbar von gegenüber, ein Rumäne mit breitem Hintern, der Joel an eine überreife Avocado erinnerte, kletterte eine Leiter zum Dach seines Hauses empor, gefolgt von zwei arabischen Jünglingen, die wie Studenten in den Semesterferien aussahen. Die beiden jungen Männer montierten die Fernsehantenne ab und ersetzten sie durch eine neue, offenbar leistungsfähigere. Unablässig überschüttete der Hausherr sie mit Einwänden, Rügen und Ratschlägen in holprigem Arabisch. Obwohl Joel annahm, daß die beiden besser Hebräisch sprachen als ihr Auftraggeber. Dieser Nachbar, ein Spirituosenimporteur, unterhielt sich zuweilen auf rumänisch mit Joels Mutter. Einmal hatte er ihr mit einer übertriebenen Verbeugung, wie im Scherz, eine Blume überreicht. Am Fuß der Leiter stand der Wolfshund, dessen Name, Ironside, Joel bereits kannte, reckte den Hals empor und stieß mißtrauisch abgehackte, fast gelangweilte Bellgeräusche aus. Um seiner Pflicht Genüge zu tun. In die Sackgasse bog ein schwerer Laster ein, kam bis an den Zaun der Pflanzung und begann unter Schnaufen und Bremsenquietschen zurückzustoßen. Der Auspuffgestank blieb in der Luft hängen, und Joel fragte sich, wo der Kühlwagen von Herrn Eviatar, Itamar Vitkin jetzt sein mochte. Und was die Gitarre wohl machte, auf der er russische Weisen gespielt hatte.

Dann hüllte wieder Sommernachmittagsstille die Straße ein. Auf dem Rasen, verblüffend nahe, entdeckte Joel plötzlich einen kleinen Vogel, der den Schnabel unter einem Flügel verborgen hielt und so dastand, starr und stumm. Er richtete den Wasserstrahl von Busch zu Busch, die Vogelstatue flatterte auf und davon. Ein Kind rannte auf dem Fußweg vorbei und schrie schrill und beleidigt: »Wir haben gesagt, ich wär' die Polizei!« Wen er anschrie, konnte Joel von seinem Standort nicht sehen. Bald war auch der Junge verschwunden, und Joel, den Schlauch in der einen Hand, bückte sich und besserte mit der anderen eine eingebrochene Bewässerungspfanne aus. Dabei fiel ihm ein, daß der Vater seiner Frau, der langgediente Polizeioffizier Schealtiel Lublin, ihm plump zuzuzwinkern und zu sagen pflegte: »Alles in allem haben wir alle die gleichen Geheimnisse.« Jedesmal hatte dieser Satz Wut, fast Haß in ihm erregt, nicht auf Lublin, sondern auf Ivria.

Lublin hatte ihm beigebracht, wie man Bewässerungspfannen anlegt und wie man den Schlauch leicht im Kreis bewegt, um die Erde an den Seitenwänden nicht einstürzen zu lassen. Er war stets von einer grauen Zigarrenrauchwolke umgeben. Alles, was irgendwie mit Verdauung, Sex, Krankheiten und Notdurft zu tun hatte, reizte ihn, einen Witz zum besten zu geben. Witze erzählen war bei ihm zwanghaft. Offenbar weckte schon der Körper als solcher Schadenfreude in ihm. Und am Ende eines jeden Witzes brach er in ein ersticktes Raucherlachen aus, das einem Röcheln glich.

Einmal hatte er Joel in Metulla mit ins Schlafzimmer gelotst und ihm mit leiser, rauchgeschädigter Stimme einen Vortrag gehalten: »Hör zu. Drei Viertel des Lebens rennt der Mensch in die Richtung, in die seine Penisspitze weist. Als wärst du der Rekrut und dein Pimmel der Spieß. Aufab! Laufschritt! Springen! Angriff! Wenn der Schwanz uns wenigstens nach zwei, drei, fünf Jahren aus dem Pflichtdienst entlassen würde, bliebe jedem von uns noch genügend Zeit, Puschkins Gedichte zu schreiben und die Elektrizität zu erfinden. Aber soviel wir uns auch für ihn abrackern, er kriegt nie genug. Läßt einen nicht in Ruhe. Gibst du ihm Steak, will er Schnitzel. Gibst du ihm Schnitzel, will er Kaviar. Es ist noch ein Himmelsgeschenk, daß Gott Erbarmen mit uns gehabt und uns nur einen gegeben hat. Stell dir vor, du müßtest fünfzig Jahre lang fünf davon ernähren, kleiden, wärmen und amüsieren.« Nachdem er das gesagt hatte, begann er erstickt zu husten und hüllte sich augenblicklich wieder ganz in den Rauch einer neuen Zigarre. Bis er an einem Sommertag um halb fünf Uhr morgens auf der Klosettschüssel starb, die Hose herabgelassen und eine brennende Zigarre zwischen den Fingern. Joel konnte beinah raten, welchen Witz Lublin laut röchelnd erzählt hätte, wenn das nicht ihm, sondern jemand anderem – Joel selbst, zum Beispiel – passiert wäre. Und vielleicht hatte er im Sterben gerade noch die vergnügliche Seite mitgekriegt und war lachend heimgegangen. Sein Sohn Nakdimon war ein schwerfälliger, schweigsamer Bursche, der von klein auf gut Giftschlangen fangen konnte. Er wußte ihnen das Gift abzuzapfen, das er zur Herstellung von Serum verkaufte. Obwohl Nakdimon anscheinend extreme politische Meinungen vertrat, waren die meisten seiner Bekannten Araber. Wenn er mit Arabern zusammensaß, befiel ihn manchmal ein wahres Redefieber, das augenblicklich verflog, wenn er ins Hebräische überwechselte. Joel und auch seiner Schwester Ivria begegnete er mit bäuerlich-verschlossenem Mißtrauen.

Bei seinen seltenen Besuchen in Jerusalem brachte er ihnen eine Dose selbstgepreßtes Olivenöl oder einen trockenen Dornzweig aus Galiläa für Nettas Sammlung mit. Es war schier unmöglich, ihn zum Sprechen zu bringen, abgesehen von einsilbigen Standardworten wie: »Ja, so ungefähr.« Oder: »Macht nichts.« Oder: »Gott sei Dank.« Und selbst die kamen ihm in irgendwie feindseligem Näseln über die Lippen, als bereue er auf der Stelle, daß er sich überhaupt zu einer Antwort hatte verleiten lassen. Seine Mutter, seine Schwester und seine Nichte sprach er, wenn überhaupt, mit dem Wort »Kinder« an. Joel wiederum benutzte Nakdimon gegenüber dieselbe Anrede wie bei seinem verstorbenen Vater: Er nannte sie beide Lublin, weil ihre Vornamen ihm lächerlich erschienen. Seit Ivrias Beisetzung hatte Nakdimon sich nicht ein einziges Mal bei ihnen blicken lassen. Obwohl Avigail und Netta manchmal zu ihm und seinen Söhnen auf Besuch nach Metulla fuhren und in leichtem Überschwang von dort zurückkehrten. Am Vorabend des Pessachfests schloß sich ihnen auch Lisa an, die nach der Heimkehr sagte: Man muß zu leben wissen. Joel freute sich insgeheim, daß er sich nicht hatte breitschlagen lassen, sondern am Sederabend allein zu Hause geblieben war. Er hatte ferngesehen, war um halb neun eingenickt und erst um neun Uhr morgens aus tiefem Schlummer wieder aufgewacht. So gut hatte er schon lange nicht mehr geschlafen.

Er hatte sich noch immer nicht mit der Ansicht abgefunden, daß wir alles in allem alle die gleichen Geheimnisse haben. Aber sie ärgerte ihn nicht mehr. Jetzt, als er in seinem Garten an der leeren, vom Sommerlicht weiß überfluteten Straße stand, durchzuckte ihn, wie ein sehnsüchtiger Stich, die Überlegung: Vielleicht ja, vielleicht nein, wir werden's doch nie herausfinden. Wenn sie ihm zum Beispiel nachts mitfühlend zuflüsterte, »ich verstehe dich« – was wollte sie dann damit sagen? Was verstand sie? Er hatte sie nie gefragt. Und jetzt war es zu spät. Vielleicht war es wirklich Zeit, sich hinzusetzen und Puschkins Gedichte zu schreiben oder die Elektrizität zu erfinden? Allein, unwillkürlich, während er mit sanften Kreisbewegungen den Wasserschlauch von Grube zu Grube weiterführte, entrang sich seiner Brust plötzlich ein leiser, sonderbarer Laut, nicht unähnlich dem Röcheln von Vater Lublin. Er erinnerte sich an die trügerischen Formen, die jenes Nachts an der Tapete seines Frankfurter Hotelzimmers wechselweise aufgetaucht und verschwunden waren, als hielten sie ihn bei jedem Lidschlag zum Narren.

Auf dem Trottoir vor ihm ging ein Mädchen mit einer schweren Einkaufstasche in der einen Hand, während sie mit dem andern Arm zwei Tüten an die Brust gedrückt hielt. Eine junge Hausgehilfin aus dem Fernen Osten, die wohlhabende Anwohner ins Land geholt und in einer Kammer mit getrenntem WC und Bad bei sich untergebracht hatten, damit sie ihnen den Haushalt führte. Schmal und zierlich war sie, aber die Tasche und die vollen Tüten trug sie mühelos. Tänzelnd schritt sie an ihm vorbei, als hätten die Gesetze der Schwerkraft ihr einen Nachlaß gewährt. Warum nicht den Hahn abdrehen, sie einholen, ihr Hilfe beim Lebensmittelschleppen anbieten? Oder nicht anbieten, sondern sich ihr gegenüber wie ein Vater zur Tochter verhalten: ihr in den Weg treten, die schweren Sachen abnehmen und sie nach Haus begleiten und unterwegs – eine leichte Unterhaltung anknüpfen? Einen Moment spürte Joel den Schmerz der fest an ihren Busen drückenden Tüten. Aber sie würde erschrecken, nicht begreifen, ihn womöglich für einen Räuber oder Abartigen halten, die Nachbarn würden es hören und über ihn tuscheln. Nicht, daß ihm das was ausgemacht hätte, er mußte sowieso unter den Anwohnern der Straße schon ein gewisses Maß an Verwunderung und Klatsch ausgelöst haben, aber mit seinen scharfen, geübten Sinnen und kraft alter Berufsgewohnheit schätzte er Zeit und Entfernung richtig ein und begriff, daß sie – bis er sie eingeholt hätte – längst hineingeschwebt sein würde. Es sei denn, er rannte. Aber rennen mochte er nicht.

Sehr jung war sie, wohlgestaltet, mit Wespentaille, das üppige schwarze Haar fast ihr Gesicht verbergend, der Rücken in ein blumenbedrucktes Kattunkleid mit langem Reißverschluß gezwängt. Ehe er noch die Kurve ihrer Beine und Hüften unter dem Kleid verfolgen konnte, war sie schon weg und verschwunden. Die Augen brannten ihm plötzlich. Joel schloß sie und sah deutlich ein Armenviertel im Fernen Osten, in Rangoon, Seoul oder Manila, vor sich, massenweise kleine Hütten aus Wellblech, Sperrholz und Karton, Wand an Wand aneinandergeklebt, fast im dicken Tropenschlamm versinkend. Eine dreckige, glühende Gasse mit offener Gosse. Und räudige Hunde und Katzen, gejagt von kränklichen, dunkelhäutigen, barfüßigen, zerlumpten Kleinkindern, die im stehenden Abwasser planschten. Ein alter, breiter, ergebener Ochse ist mit groben Seilen an einen armseligen Karren geschirrt, dessen Holzräder in den Morast eingesunken sind. Alles ist von penetranten, stickigen Gerüchen durchzogen, und ein lauwarmer Tropenregen fällt und fällt über alles herab. Wobei seine Ströme auf das kaputte, rostzerfressene Wrack eines Jeeps trommeln und den dumpfen Klang einer Gewehrsalve heraufbeschwören. Und da in diesem Jeep, auf dem geborstenen Fahrersitz hockt der arm- und beinlose Krüppel aus Helsinki, weiß wie ein Engel, mit lächelndem Gesicht, als verstehe er.

13.

Und dann hörte man von Nettas Fenster her einen dumpfen Aufprall und hustenähnliche Laute. Joel schlug die Augen auf. Er richtete den Wasserstrahl auf seine nackten Füße, spülte den Schlamm ab, drehte den Hahn zu und schritt weit aus. Als er drinnen angelangt war, hatten das Röcheln und die Krämpfe schon aufgehört, und er wußte, daß das Problem diesmal leicht war. Das Mädchen lag in Embryostellung zusammengekrümmt auf dem Teppich. Die Ohnmacht hatte ihre Züge weicher gemacht, so daß sie ihm momentan fast hübsch erschien. Er schob ihr zwei Kissen unter Kopf und Schultern, um ihr freien Atem zu sichern. Ging hinaus, kam wieder, stellte ein Glas Wasser auf den Tisch und legte zwei Tabletten daneben, die er ihr, sobald sie erwachte, geben würde. Danach breitete er, völlig grundlos, ein weißes Laken über sie und hockte sich neben ihren Kopf auf den Boden, die Arme um die Knie geschlungen. Er hatte Netta nicht berührt.

Die Augen des Mädchens waren geschlossen, aber nicht zugekniffen, die Lippen standen leicht offen, der Körper lag zart und friedlich unter dem Laken. Jetzt merkte er, daß sie in diesen Monaten gewachsen war. Betrachtete ihre langen Wimpern, die sie von ihrer Mutter geerbt, und die hohe, glatte Stirn, die sie von seiner Mutter hatte. Eine Sekunde lang wollte er schon ihren Schlaf und die Einsamkeit ausnutzen, ihr die Ohrläppchen zu küssen, wie er es getan hatte, als sie noch klein war. Wie er es bei ihrer Mutter getan hatte. Denn jetzt ähnelte sie in seinen Augen dem verständig dreinschauenden Baby, das ruhig auf einer Matte in der Zimmerecke gelegen und die Erwachsenen mit fast ironischem Blick fixiert hatte, als verstehe sie alles, einschließlich dessen, was sich nicht in Worten ausdrücken läßt, und ziehe es nur aus lauter Takt und Feingefühl vor zu schweigen. Das war das Baby, das er auf allen Reisen stets in einem kleinen Fotoalbum in der Innentasche seines Jacketts mitgenommen hatte.

Sechs Monate lang hatte Joel gehofft, daß das Problem vorüber sei. Daß das Unglück eine Veränderung herbeigeführt habe. Daß Ivria recht behalten hatte und nicht er. Verschwommen erinnerte er sich, daß eine solche Möglichkeit tatsächlich hier und da in der ihm bekannten medizinischen Literatur aufgetaucht war. Einer der Ärzte hatte einmal, in Ivrias Abwesenheit und mit zahlreichen Vorbehalten, eine gewisse Aussicht angesprochen, die Pubertät könne Heilung bringen. Zumindest deutliche Besserung. Und tatsächlich hatte es sei Ivrias Tod keinen Vorfall gegeben.

Vorfall? Im selben Augenblick erfüllte ihn Bitterkeit: Sie ist nicht mehr da. Genug. Jetzt ist Schluß mit Problem und Vorfall. Von nun an sagen wir Anfall. Dieses Wort hätte er beinah laut ausgesprochen. Vorbei mit der Zensur. Fertig. Das Meer läuft nicht weg. Von heute an benutzen wir die richtigen Worte. Und sofort, mit aufbrausender Wut und zorngewaltiger Handbewegung ruckte er vor, um eine Fliege zu verscheuchen, die auf der bleichen Wange spazierenging.

Zum ersten Mal war die Sache passiert, als Netta vier Jahre alt war. Eines Tages hatte sie am Waschbecken im Bad gestanden und eine Plastikpuppe gewaschen und war plötzlich auf den Rücken gefallen. Joel erinnerte sich an das Grauen der verdrehten offenen Augen, in denen man nur das fein geäderte Weiße sah. Die Schaumblasen, die ihr in die Mundwinkel traten. Die Lähmung, die sich über ihn legte, obwohl er sofort begriff, daß er eilends Hilfe holen mußte. Trotz allem, was man ihm in den Jahren seiner Ausbildung und seiner Arbeit beigebracht und antrainiert hatte, war es ihm nicht gelungen, seine Füße vom Fleck zu rühren und seine Augen von dem Mädchen zu lösen, weil er ein flüchtiges Lächeln auf ihr Gesicht huschen, wieder verschwinden und erneut auftreten zu sehen meinte, als verkneife sie sich ein Lachen. Ivria, nicht er, konnte sich zuerst aufraffen und lief ans Telefon. Er erwachte erst durch die Krankenwagensirene aus seiner Erstarrung. Entriß nun seine Tochter Ivrias Armen, sauste mit ihr die Treppe hinunter, geriet ins Stolpern und schlug mit dem Kopf ans Geländer, worauf alles in Nebel versank. Als er in der Notaufnahme wieder zu sich kam, hatte Netta das Bewußtsein schon wiedererlangt.

Ivria hatte ruhig gesagt: »Ich muß mich über dich wundern.« Und nichts weiter.

Am nächsten Tag mußte er für fünf Tage nach Mailand fahren. Noch ehe er zurück war, hatten die Ärzte eine vorläufige Diagnose gestellt und das Kind nach Hause entlassen. Ivria wollte diesem Befund nicht zustimmen, weigerte sich, dem Kind die verschriebenen Medikamente zu geben, klammerte sich hartnäckig an einen vermeintlichen Hinweis auf Meinungsverschiedenheiten unter den Ärzten oder auf Zweifel, die ein Arzt gegen die Ergebnisse seiner Kollegen vorgebracht haben könnte. Die Medikamente, die er gekauft hatte, warf sie geradewegs in den Müll. Joel sagte: Du hast den Verstand verloren. Worauf sie, ruhig lächelnd erwiderte: Sieh mal, wer da redet.

In seiner Abwesenheit schleifte sie Netta von einem privaten Facharzt zum nächsten, suchte namhafte Professoren auf, dann diverse Psychologen und Therapeuten und schließlich – entgegen seinem Willen – alle möglichen Wunderheiler und -heilerinnen, die zu sonderbaren Diäten, gymnastischen Übungen, kalten Duschen, Vitaminen, Mineralbädern, Mantras und Kräutertränken rieten.

Jedesmal, wenn er von seinen Reisen zurückkam, besorgte er erneut die Medikamente und stopfte das Kind damit voll. Aber sobald er weg war, beseitigte Ivria sie alle. Einmal, in einem Tränen- und Wutausbruch, untersagte sie ihm, die Worte »Krankheit« und »Anfall« zu benutzen. Du stigmatisierst sie. Du verschließt ihr die Welt. Du signalisierst ihr, daß dir das Theater gefällt. Du machst sie noch kaputt. Es ist ein Problem vorhanden, formulierte Ivria stur, aber eigentlich ist es nicht Nettas, sondern unseres. Schließlich gab er nach und gewöhnte sich ebenfalls an, »das Problem« zu sagen. Er hielt es für unsinnig, mit seiner Frau über ein Wort zu streiten. Und genaugenommen, meinte Ivria, liegt das Problem nicht bei ihr und nicht bei uns, sondern bei dir, Joel. Denn sobald du weg bist, verschwindet es. Ohne Publikum kein Theater. Tatsache.

Wirklich Tatsache? Joel kamen Zweifel. Aus ihm unklaren Gründen ging er der Frage nicht nach. Fürchtete er, Ivria könnte recht haben? Oder es könnte sich umgekehrt herausstellen, daß sie im Unrecht war?

Die von Ivria initiierten Streitigkeiten brachen jedesmal aus, wenn das Problem auftrat. Und auch zwischendurch. Als sie nach einigen Monaten von ihren Wunderdoktoren und Quacksalbern genug hatte, beschuldigte sie mit wirrer Logik weiterhin ihn und nur ihn. Forderte ihn auf, seine Reisen einzustellen oder, umgekehrt, für immer wegzufahren. Entscheide dich, sagte sie, was dir wichtig ist. Ein Held gegenüber Frauen und Kindern. Rammt das Messer ein und verschwindet.

Einmal, in seiner Anwesenheit, während einer Ohnmacht, fing sie an, das erstarrte Mädchen ins Gesicht, auf den Rücken, an den Kopf zu schlagen. Er erschrak zutiefst. Bat, flehte, forderte, sie möge damit aufhören.

Eine Frau erkennen

Schließlich war er das einzige Mal im Leben gezwungen, Gewalt anzuwenden, um sie zu stoppen. Er packte ihre beiden Arme, drehte sie ihr auf den Rücken und schleifte sie in die Küche. Als sie schon gar keinen Widerstand mehr leistete, sondern nur schlaff wie eine Stoffpuppe auf einen Hocker sank, holte er unnötigerweise aus und versetzte ihr eine schallende Ohrfeige. Erst jetzt merkte er, daß Netta wach im Türrahmen lehnte und sie beide gewissermaßen mit kühler, wissenschaftlicher Neugier musterte. Ivria deutete schnaufend auf das Mädchen und fauchte ihn an: »Da. Sieh nur.« Er quetschte zwischen den Zähnen hervor: »Sag mal, bist du noch normal?« Worauf Ivria zurückgab: »Nein. Ich bin total wahnsinnig. Weil ich mich bereitgefunden habe, mit einem Mörder zusammenzuleben. Das solltest du auch wissen, Netta: Mörder – das ist sein Beruf.«

14.

Im nächsten Winter nahm sie in seiner Abwesenheit auf eigenen Antrieb zwei Koffer und übersiedelte mit Netta zu ihrer Mutter Avigail und zu ihrem Bruder Nakdimon nach Metulla in das Haus ihrer Kindheit. Als er am letzten Chanukkatag aus Bukarest zurückkehrte, fand er das Haus leer vor. Auf dem sauberen Küchentisch erwarteten ihn nebeneinander zwei Zettel unter Salz- und Pfefferstreuer. Der erste war das Gutachten irgendeines Neueinwanderers aus Rußland – nach seinem Briefkopf ein Weltexperte für bioenergetische Medizin und Berater für Telekinetik –, der in holprigem Hebräisch feststellte: »Kind Niuta Raviv frei von epiletpische Krankheit und leidet nur Deprivation. Unterzeichnet: Dr. Nikodim Schaliapin.« Der zweite Zettel stammte von Ivria und besagte in wohlgerundeter, sicherer Schrift: »Wir sind in Metulla. Du kannst anrufen, aber komm bloß nicht.«

Er gehorchte und kam jenen ganzen Winter über nicht. Vielleicht hoffte er, wenn das Problem dort, in Metulla, ohne seine Anwesenheit aufträte, müßte Ivria Vernunft annehmen. Oder womöglich hoffte er umgekehrt, es möge sich dort nicht bemerkbar machen, so daß Ivria, wie gewöhnlich, recht behielte.

Dann, bei Frühlingsbeginn, kehrten die beiden beladen mit Blumentöpfen und Geschenken aus Galiläa nach Jerusalem zurück. Und es begannen gute Zeiten. Frau und Tochter wetteiferten fast miteinander, wer ihn bei der Rückkehr von seinen Reisen mehr verwöhne. Die Kleine stürmte auf ihn zu, sobald er sich nur gesetzt hatte, zog ihm die Schuhe aus und streifte ihm die Pantoffeln über. Ivria entfaltete bisher verborgene Kochtalente und verblüffte ihn mit einfallsreichen Mahlzeiten. Er wiederum ließ sich auch nicht lumpen, sondern bestand darauf, zwischen seinen Reisen weiter selbst Haushaltsaufgaben zu übernehmen, wie er es in den Wintermonaten ihrer Abwesenheit ebenfalls getan hatte. Er sorgte für einen wohlgefüllten Kühlschrank. Durchkämmte die Jerusalemer Delikateßgeschäfte auf der Suche nach gepfefferten Würsten und seltenen Schafskäsen. Ein- oder zweimal setzte er sich über seine Grundsätze hinweg und brachte Wurst und Käse aus Paris mit. Eines Tages tauschte er, ohne Ivria ein Wort zu sagen, den Schwarzweißfernseher gegen ein neues Farbgerät aus. Ivria revanchierte sich mit neuen Gardinen. Zum Hochzeitstag kaufte sie ihm eine eigene Stereoanlage, zusätzlich zu der, die im Wohnzimmer stand. Und sie unternahmen viele Schabbatausflüge in seinem Wagen.

In Metulla war das Mädchen gewachsen und ein wenig voller geworden. An ihrer Kinnlade meinte er einen Lublinschen Familienzug zu entdecken, der Ivria übergangen hatte und jetzt bei Netta wieder hervorgetreten war. Das Haar trug sie jetzt länger. Er brachte ihr aus London einen wunderbaren Angorapullover mit und Ivria ein Strickkostüm. Er besaß ein genaues Augenmaß und einen feinen, sicheren Geschmack bei der Auswahl von Frauenkleidung, was Ivria zu der Feststellung veranlaßte: Du hättest es als Modeschöpfer im Leben sehr weit bringen können. Oder vielleicht als Bühnendirektor.

Was im Winter in Metulla gewesen war, wußte und erfragte er nicht. Seine Frau schien eine dunkle Spätblüte zu erleben. Hatte sie einen Liebhaber gefunden? Oder hatten die Früchte der Lublinschen Obstgärten ihre inneren Säfte erneuert und belebt? Sie hatte die Frisur geändert, sich einen hübschen Pony zugelegt. Zum ersten Mal im Leben hatte sie gelernt, sich zurechtzumachen, was sie nun dezent und geschmackvoll tat. Dazu kaufte sie sich ein Frühjahrskleid mit gewagtem Ausschnitt und trug unter diesem Kleid gelegentlich Unterwäsche, die vorher nicht zu ihr gepaßt hätte. Manchmal, wenn sie spätabends am Küchentisch saßen, schnitt sie einen Pfirsich auf, brachte jeden Schnitz einzeln an den Mund und prüfte ihn irgendwie so behutsam mit den Lippen, bevor sie zu saugen begann, daß Joel kein Auge von ihr wenden konnte. Und sie benutzte auch ein neues Parfüm. So begann der Indianersommer.

Mehrmals kam ihm der Verdacht, sie gäbe ihm das zurück, was ihr ein anderer Mann beigebracht hatte. Als Entschädigung für dieses Mißtrauen lud er sie zu einem viertägigen Urlaub in ein Hotel am Strand von Aschkelon ein. All die Jahre bisher hatten sie immer ernst in konzentriertem Schweigen miteinander geschlafen, doch von nun an kam es gelegentlich vor, daß sie sich dabei beide vor Lachen kugelten.
Aber Nettas Problem war nicht verschwunden. Wenn es sich auch etwas abgeschwächt haben mochte.
Und trotzdem waren die Streitereien vorüber.

Joel war nicht sicher, ob er glauben sollte, was seine Frau ihm sagte – daß nämlich während jenes ganzen Winters in Metulla kein Anzeichen des Problems aufgetreten sei. Mit Leichtigkeit hätte er es herausfinden können, und zwar ohne daß sie oder die Lublins herausgefunden hätten, daß er der Sache nachgegangen war. Sein Beruf hatte ihn gelehrt, ohne Hinterlassung von Spuren sehr viel kompliziertere Geschichten zu knakken als die von Netta in Metulla, aber er zog es vor, keine Nachforschungen anzustellen. Sich selber sagte er nur: Warum sollte ich ihr nicht glauben?

Und doch fragte er sie in einer jener guten Nächte flüsternd: Von wem hast du das gelernt? Vom Liebhaber? Ivria lachte im Dunkeln und sagte: Was würdest du tun, wenn du's wüßtest? Ihn ermorden ohne Hinterlassung von Spuren? Joel erwiderte: Im Gegeneil, er hat eine Flasche Brandy nebst Blumenstrauß von mir verdient für das, was er dir beigebracht hat. Wer ist denn der glückliche Gewinner? Wieder brach Ivria in ihr kristallenes Lachen aus, bevor sie antwortete: Mit solchem Augenmaß wirst du's im Leben noch sehr weit bringen. Darauf zögerte er einen Moment, ehe er die Pointe erfaßte und gedämpft in ihr Lachen einstimmte.

Und so, ohne Erklärungen und tiefschürfende Gespräche, ergaben sich wie von selbst die neuen Regeln. Ein neues Einverständnis herrschte. Das keiner von ihnen störte, auch nicht irrtümlich, nicht einmal in momentaner Geistesabwesenheit: keine Wunderheiler und ähnliches mehr. Keinerlei Vorwürfe und Beschuldigungen. Unter der Bedingung, daß das Problem nicht erwähnt werden darf. Auch nicht andeutungsweise. Wenn's passiert, passiert's eben. Und fertig. Darüber wird kein Wort verloren.

Diese Regeln hielt auch Netta ein. Obwohl es ihr kein Mensch gesagt hatte. Und als wolle sie ihren Vater entschädigen, weil sie spürte, daß das neue Abkommen besonders auf seiner Verzichts- und Toleranzbereitschaft beruhte, kletterte sie in jenem Sommer oft auf seinen Schoß, schmiegte sich an ihn und gluckste zufrieden. Spitzte die Bleistifte auf seinem Schreibtisch. Faltete die Zeitung präzise viermal zusammen und legte sie ihm ans Bett, wenn er weg war. Brachte ihm ein Glas Saft aus dem Kühlschrank, auch wenn er darum zu bitten vergaß. Ihre Zeichnungen aus der ersten Klasse und die Tonsachen aus dem Werkunterricht baute sie in Paradeaufstellung auf seinem Schreibtisch auf, damit sie ihn bei seiner Rückkehr erwarteten. Und wo immer er im Haus auch hinguckte, sogar auf der Toilette und zwischen seinen Rasiersachen, plazierte sie zarte Alpenveilchenbilder. Denn das war seine Lieblingsblume. Wenn Ivria nicht stur geblieben wäre, hätte er seine Tochter vielleicht Rakefet, Alpenveilchen, genannt. Aber dann hatte er sich ihrer Wahl angeschlossen.

Ivria wiederum überschüttete ihn im Bett mit Überraschungen, die er sich nie vorgestellt hätte. Nicht einmal zu Beginn ihrer Ehe. Er war manchmal überwältigt von der Stärke ihres Hungers, gemischt mit freigebiger Zärtlichkeit und einem musikalischen Gespür für jeden seiner Wünsche. Was hab' ich denn getan, fragte er einmal flüsternd, womit hab' ich das verdient? Ganz einfach, wisperte Ivria, die Liebhaber befriedigen mich nicht. Nur du.

Und er übertraf sich tatsächlich beinah. Bereitete ihr glühende Vergnügen, und wenn ihr Körper von Schockwellen ergriffen wurde und ihre Zähne wie vor Kälte klapperten, reizten ihn ihre Lustgefühle weit mehr als seine eigenen. Manchmal schien es Joel, als dringe nicht nur sein Glied, sondern sein ganzes Wesen in sie ein und verströme in ihrem Schoß. Als sei er ganz von ihr umhüllt und vibriere in ihrem Innern. So sehr, daß bei jedem Streicheln der Unterschied zwischen Streichelndem und Gestreicheltem verschwand, als seien sie nicht mehr Mann und Frau in Liebkosung, sondern seien zu einem Fleisch geworden.

15.

Ein Arbeitskollege, ein grober, scharfsinniger Mann, der Cockney oder auch der Akrobat genannt wurde, riet Joel an einem dieser Tage, er solle sich in acht nehmen; man sähe es ihm an, daß er ein kleines Techtelmechtel nebenbei habe. Joel sagte, ach was. Und der Akrobat, baß erstaunt über den Widerspruch zwischen seiner Wahrnehmung und dem sicheren Vertrauen auf Joels ewige Wahrheitsliebe, zischelte spöttisch: »Auch recht. Schließlich bekleidest du hier ja den Posten des Generalgerechten. Wohl bekomm's. Wie der Psalter schon singt: Nie sah ich einen Gerechten verlassen, noch seine Kinder betteln um einen Schoß.«

In Hotelzimmern, im fahlen Neonlicht, das er stets im Bad brennen ließ, wachte er manchmal mitten in der Nacht voll wehem Verlangen nach seiner Frau auf und sagte bei sich, komm. Bis er bei einer solchen Gelegenheit, zum erstenmal in all seinen Wanderjahren und in striktem Verstoß gegen die Regeln, sie um vier Uhr morgens aus dem Hotel in Nairobi anrief und sie da war, bereit, den Hörer beim ersten Klingeln aufhob und, bevor er noch eine Silbe hervorbrachte, sagte: Joel. Wo steckst du? Und er ihr Dinge sagte, die er morgens vergessen hatte und vier Tage später bei seiner Rückkehr, als sie sie ihm ins Gedächtnis rufen wollte, auf keinen Fall zu hören bereit war.

Kam er tagsüber von seinen Reisen zurück, setzten sie das Kind vor den neuen Fernseher und schlossen sich im Schlafzimmer ein. Sobald sie eine Stunde später wieder auf die Bildfläche traten, machte Netta es sich wie ein Kätzchen auf seinem Schoß gemütlich, und er erzählte ihr Bärengeschichten, in denen immer ein Bär namens Sambi vorkam, tapsig, aber rührend.

Dreimal, während der Schulferien, ließen sie das Kind bei den Lublins in Metulla oder bei Lisa in Rechavia und fuhren eine Woche zum Vergnügen ans Rote Meer, nach Griechenland, nach Paris. Was sie sogar vor Auftreten des Problems nie getan hatten. Aber Joel wußte, daß alles am seidenen Faden hing, und im folgenden Herbst, zu Beginn der dritten Klasse, fiel Netta tatsächlich eines Schabbatmorgens in der Küche ohnmächtig zu Boden und wachte erst am nächsten Morgen nach intensiver Behandlung im Krankenhaus wieder auf. Ivria verstieß zehn Tage später gegen die Regeln, als sie lächelnd bemerkte, aus diesem Kind werde noch mal eine große Schauspielerin werden. Joel überging das bewußt mit Schweigen.

Nach dieser langen Bewußtlosigkeit untersagte Ivria Joel jede auch nur versehentliche Berührung Nettas. Da er sich über dieses Verbot hinwegsetzte, holte sie den Schlafsack aus dem Kofferraum des unter den Tragepfeilern des Hauses geparkten Wagens herauf und nächtigte von nun an im Zimmer ihrer Tochter. Bis er den Wink begriff und vorschlug, man solle tauschen: Sie beide könnten nachts das Doppelbett im Schlafzimmer nehmen, und er werde ins Kinderzimmer ziehen. So hätten es alle bequemer.

Im Winter nahm Ivria mit Hilfe einer strengen Diät stark ab. Eine harte, bittere Linie mischte sich in ihre Schönheit. Ihr Haar begann zu ergrauen. Dann beschloß sie, ihr Studium der englischen Literatur wieder aufzunehmen, den Magistergrad zu erwerben, die dafür nötige Abschlußarbeit zu schreiben. Joel hingegen sah sich mehrmals im Geist wegfahren und nicht wiederkehren. Sich unter einem Decknamen an einem fernen Ort wie Vancouver in Kanada oder Brisbane in Australien niederlassen und ein anderes Leben beginnen. Eine Fahrschule oder ein Investmentbüro aufmachen oder billig eine Waldhütte erwerben und das einsame Leben eines Jägers oder Fischers führen. Solchen Träumen hatte er in seiner Kindheit nachgehangen, und nun tauchten sie wieder auf. Gelegentlich teilte er die Blockhütte in seiner Phantasie auch mit einer Eskimosklavin, schweigsam und gefügig wie ein Hund. Stellte sich unbändige Liebesnächte vor dem Kaminfeuer in der Hütte vor. Doch bald ging er dazu über, diese Eskimosklavin mit seiner Frau zu betrügen.

Jedesmal, wenn Netta aus einer Ohnmacht erwachte, gelang es Joel, Ivria zuvorzukommen. Das viele Jahre zurückliegende Spezialtraining hatte ihm schnelle Reflexe und einige Kunstkniffe vermittelt. Er spurtete wie ein Kurzstreckenläufer beim Startschuß davon, griff sich die Kleine, entschwand mit ihr auf ihr Zimmer, das nun seines war, und schloß die Tür hinter sich ab. Er erzählte ihr von Sambi, dem Bär. Spielte Jäger und Hase mit ihr. Machte ihr lustige Scherenschnitte und erklärte sich freiwillig zum Vater all ihrer Puppen. Oder errichtete Türme aus Dominosteinen. Bis Ivria nach ein bis eineinhalb Stunden einlenkte und an die Tür klopfte. Worauf er augenblicklich innehielt, öffnete und sie ebenfalls einlud, den Bausteinpalast zu durchstreifen oder sich der Segeltour im Bettkasten anzuschließen. Aber irgendwas änderte sich in dem Moment, in dem Ivria eintrat. Als sei der Palast verlassen. Als sei der Flußlauf, den sie eben noch entlanggefahren waren, plötzlich zugefroren.

16.

Als seine Tochter größer geworden war, nahm Joel sie zu langen Reisen auf der detaillierten Weltkarte mit, die er in London für sie gekauft und daheim über ihr ehemaliges Bett gehängt hatte. Kamen sie zum Beispiel nach Amsterdam, hatte er einen guten Stadtplan, den er auf dem Bett ausbreitete, um Netta zu den Museen zu führen, die Grachten mit ihr entlangzufahren und die übrigen Sehenswürdigkeiten gemeinsam aufzusuchen. Von da fuhren sie nach Brüssel oder Zürich und manchmal sogar bis Lateinamerika.

So war es, bis es Ivria einmal, nach einer leichten Ohnmacht Nettas, im Flur am Abend des Unabhängigkeitstages, glückte, ihm zuvorzukommen und auf Netta zuzustürzen, bevor sie noch ganz die Augen aufgeschlagen hatte. Einen Moment fürchtete Joel entsetzt, sie könnte sie erneut schlagen. Doch Ivria trug sie nur gelassen mit ernster Miene ins Bad. Wo sie die Wanne vollaufen ließ. Dann schlossen sich die beiden dort ein und badeten gemeinsam fast eine Stunde lang. Vielleicht hatte Ivria im medizinischen Schrifttum was darüber gelesen. In all den langen Jahren des Schweigens hatten Ivria und Joel niemals aufgehört, medizinisches Material auf Gebieten, die mit Nettas Problem zusammenhingen, zu lesen. Ohne sich darüber zu unterhalten. Stumm legten sie einander Zeitungsausschnitte aus der Gesundheitsrubrik, Fachaufsätze, die Ivria in der Universitätsbibliothek fotokopiert hatte, Ärztezeitschriften, die Joel unterwegs besorgte, neben die jeweilige Nachttischlampe, stets in einem verschlossenen braunen Umschlag.

Doch von nun an zogen sich Ivria und Netta nach jeder Ohnmacht gemeinsam in die Wanne zurück, die ihnen zu einer Art geheiztem Schwimmbecken wurde. Durch die abgeschlossene Tür hörte Joel Kichern und Planschen. So endeten die Bootsfahrten im Bettkasten und die Schwebeflüge über die Weltkarte. Joel wollte keine Gefechte. Zu Hause wünschte er sich nur Ruhe und Entspannung. Also begann er ihr in den Andenkenläden der Flughäfen Trachtenpuppen aller Volksstämme zu kaufen. Einige Zeit waren er und seine Tochter gleichberechtigte Besitzer dieser Sammlung, während Ivria die entsprechenden Regale nicht einmal abstauben durfte. So vergingen die Jahre. Von der dritten oder vierten Klasse an wurde Netta zur Leseratte. Puppen und Dominotürme interessierten sie langsam nicht mehr. Sie war eine ausgezeichnete Schülerin, vor allem in Rechnen und Hebräisch, später dann in Literatur und Mathematik. Und sie sammelte Noten und Partituren, die der Vater ihr auf seinen Reisen und die Mutter in Jerusalemer Geschäften besorgte. Auch trockene Dornzweige sammelte sie bei ihren sommerlichen Wanderungen in den Wadis und arrangierte sie in Vasen im Schlafzimmer, das auch dann ihr Zimmer blieb, als Ivria auf die Wohnzimmercouch übergesiedelt war. Freundinnen hatte Netta fast keine, sei es, weil sie keine wollte oder wegen Gerüchten über ihren Zustand. Obwohl das Problem niemals in der Schule, auf der Straße oder in fremden Häusern auftrat, sondern stets in den eigenen vier Wänden.

Tagtäglich nach den Schulaufgaben lag sie auf dem Bett und las bis zum Abendessen, das sie allein und wann immer es ihr paßte einzunehmen pflegte. Danach kehrte sie in ihr Zimmer zurück und las weiter im Liegen auf dem Doppelbett. Eine Zeitlang versuchte Ivria, mit ihr einen Kampf über die Stunde des Lichterlöschens zu führen. Doch schließlich gab sie es auf. Manchmal wachte Joel zu unbestimmter Nachtstunde auf, tastete sich zum Kühlschrank oder zur Toilette vor, halbwach von dem unter Nettas Tür hervorschimmernden Lichtstreifen angezogen, dem er sich jedoch bewußt nicht näherte. Statt dessen schlurfte er ins Wohnzimmer und setzte sich ein paar Minuten in den Sessel gegenüber der Couch, auf der Ivria nächtigte.

Als Netta in die Pubertät eintrat, verlangte der Arzt von ihnen, sie der Schulpsychologin vorzuführen. Die einige Zeit später erst beide Eltern zusammen und dann jeden einzeln sprechen wollte. Auf ihr Anraten mußten Ivria und Joel aufhören, Netta nach ihren Ohnmachten zu verwöhnen. Damit waren die Kakao-ohne-Haut-Zeremonie ebenso abgesagt wie die Gemeinschaftsbäder von Mutter und Tochter. Netta half nun gelegentlich, höchst unlustig, bei der Hausarbeit. Empfing Joel nicht mehr mit seinen Pantoffeln in der Hand und machte ihre Mutter auch nicht mehr vor den gemeinsamen Kinobesuchen zurecht. Statt dessen wurden nun die wöchentlichen Stabssitzungen in der Küche eingeführt. In jenen Tagen begann Netta, viele Stunden im Haus ihrer Großmutter in Rechavia zuzubringen. Eine Zeitlang zeichnete sie Lisas mündliche Erinnerungen auf, kaufte ein eigenes Heft dafür und benutzte ein kleines Tonbandgerät, das Joel ihr aus New York mitgebracht hatte. Dann verlor sie das Interesse und hörte damit auf. Das Leben wurde ruhig. Und inzwischen war auch

Avigail in Jerusalem eingetroffen. Vierundvierzig Jahre lang, seitdem sie ihre Geburtsstadt Safed verlassen und Schealtiel Lublin geheiratet hatte, war Avigail in Metulla ansässig gewesen. Dort hatte sie ihre Kinder aufgezogen, in der örtlichen Volksschule Rechenstunden gegeben, die Pflichten des Hühnerstalls und der Obstgärten getragen und nachts Reisebücher aus dem 19. Jahrhundert gelesen. Als Witwe hatte sie sich um die vier Söhne ihres Ältesten, Nakdimon, gekümmert, der ein Jahr nach ihr verwitwet war.

Doch nun waren diese Enkel herangewachsen, und Avigail hatte beschlossen, ein neues Leben anzufangen. Sie mietete sich ein kleines Zimmer in Jerusalem, nicht weit von ihrer Tochter, und schrieb sich für das Anfangssemester in der Judaistikabteilung der Universität ein. Das geschah in demselben Monat, in dem Ivria ihr Studium wieder aufnahm und ihre Magisterarbeit über die Schande auf dem Dachboden begann. Mal trafen sich die beiden in der Cafeteria des Kaplan-Gebäudes zu einem leichten Mittagessen. Mal gingen sie zu dritt, Ivria, Avigail und Netta, zu einem literarischen Abend ins Volkshaus. Bei Theaterbesuchen schloß sich auch Lisa an. Bis Avigail letztlich ihr gemietetes Zimmer aufgab und in Lisas Zweizimmerwohnung in Rechavia übersiedelte, etwa fünfzehn Gehminuten, bei mittlerem Schritttempo, vom Heim ihrer Kinder in Talbiye entfernt.

17.

Und zwischen Ivria und Joel herrschte wieder Winterschlaf. Ivria fand eine Teilzeitstelle als Redakteurin beim Fremdenverkehrsministerium. Die meiste Zeit aber widmete sie der Magisterarbeit über die Romane der Schwestern Brontë. Joel wurde wieder befördert. In einem Gespräch unter vier Augen bedeutete ihm der Patron, dies sei noch nicht das letzte Wort, und er solle langsam anfangen, im Großen zu denken. Bei einer zwanglosen Unterhaltung eines Samstagabends im Treppenhaus erzählte ihm der benachbarte Lastwagenfahrer Itamar Vitkin, jetzt, da seine Söhne erwachsen seien und seine Frau ihn und Jerusalem verlassen habe, sei ihm die Wohnung zu groß. Ein Zimmer würde er Herrn Raviv gern verkaufen. Ein Bauunternehmer erschien also Anfang des Sommers, ein frommer Mann mit nur einem Arbeiter in fortgeschrittenem Alter, der so mager war, als leide er an Schwindsucht. Eine Mauer wurde durchgebrochen und mit einer Tür versehen, die vorherige Tür zugemauert und mehrmals übertüncht, doch trotzdem blieben ihre Umrisse an der Wand erkennbar. Die Arbeit dauerte an die vier Monate, weil der Arbeiter erkrankte. Dann zog Ivria in ihr neues Studio um. Das Wohnzimmer leerte sich. Joel blieb im Kinderzimmer und Netta in ihrem Raum mit dem Doppelbett. Joel brachte ihr dort weitere Regale an, um ihre Bibliothek und die Notensammlung unterzubringen. An die Wände hängte sie Bilder ihrer hebräischen Lieblingsdichter: Steinberg, Alterman, Lea Goldberg und Amir Gilboa. Schrittweise ließen die Probleme nach. Die Ausbrüche wurden selten, nicht mehr als drei- oder viermal im Jahr. Und verliefen überwiegend leicht. Einer der Ärzte hielt es sogar für angezeigt, ihnen begrenzte Hoffnung zu machen: Die ganze Geschichte Ihrer jungen Dame ist nicht gerade eindeutig. Ein etwas nebulöser Fall. Der gewissen Raum für abweichende Interpretationen läßt. Vielleicht wird sie's mit dem Alter ganz überwinden. Vorausgesetzt, sie ist wirklich daran interessiert. Und Sie beide ebenfalls. So was kommt durchaus vor. Er persönlich kenne mindestens zwei solche Fälle. Natürlich spreche er nur von einer Möglichkeit, keiner Prognose, und vorerst sei es sehr wichtig, das junge Mädchen zu einer gewissen Beteiligung am sozialen Leben zu ermuntern. Stubenhockerei habe noch niemandes Gesundheit gefördert. Kurz gesagt: Ausflüge, frische Luft, Jungs, Busen der Natur, Kibbuz, Arbeit, Tanzen, Schwimmen, gesunde Vergnügen.

Aus Nettas und auch Ivrias Mund erfuhr Joel von der neuen Freundschaft mit dem ältlichen Nachbarn, dem Kühlwagenfahrer, der sie nun gelegentlich besuchte, um am Ende des Tages ein Glas Tee in der Küche mit ihnen zu trinken, wenn Joel weg war, oder die beiden in seine Wohnung einlud. Manchmal spielte er ihnen auf der Gitarre Melodien vor, die nach Nettas Aussage besser zur Balalaika gepaßt hätten, während Ivria sagte, sie erinnerten sie an ihre Kindheitstage, als das Russische im Land allgemein, besonders aber in Obergaliläa verbreitet war. Zuweilen besuchte Ivria den Nachbarn allein auf ein Stündchen gegen Abend. Auch Joel wurde, ein-, zwei-, dreimal eingeladen, fand aber keine Gelegenheit anzunehmen, weil sich seine Reisen im letzten Winter gehäuft hatten. In Madrid hatte er irgendein Fadenende zu fassen gekriegt, das in eine spannende Richtung führte, und seine Instinkte sagten ihm, am Ende des Weges warte vielleicht eine besonders wertvolle Beute. Allerdings müßte man einige Kniffe anwenden, die Geduld, List und vorgespielte Indifferenz erforderten. In jenem Winter legte er sich daher ein gleichgültiges Verhalten zu. An der wachsenden Freundschaft zwischen seiner Frau und dem alten Nachbarn konnte er nichts Schlechtes finden. Auch er hatte eine gewisse Schwäche für russische Weisen. Und er meinte sogar, erste Anzeichen für ein Auftauen bei Ivria festzustellen: irgendwas in der Art, wie sie ihr ergrauendes Blondhaar jetzt auf die Schultern herabfallen ließ. Etwas beim Kompottkochen. Die Schuhsorte, die sie letzthin zu tragen begonnen hatte.

Ivria sagte zu ihm: Du siehst blendend aus. Braungebrannt. Erlebst du was Gutes?

Joel antwortete: Sicher. Ich habe 'ne Eskimomätresse.

Darauf Ivria: Wenn Netta nach Metulla fährt, bring diese Mätresse her. Dann machen wir ein Fest.

Und Joel: Nun wirklich, vielleicht wird's Zeit, daß wir zwei mal in Urlaub fahren?

Es war ihm egal, was den sich abzeichnenden Wandel auslöste: ihr Erfolg im Fremdenverkehrsministerium (auch sie war befördert worden), ihre Begeisterung für die Magisterarbeit, die Anfreundung mit dem Nachbarn oder vielleicht ihre Freude über das neue Studio, dessen Tür sie gern von innen abschloß, wenn sie arbeitete, und auch nachts beim Schlafen. Er begann im Geist Pläne für einen kurzen Sommerurlaub zu zweit zu schmieden, nach einer Pause von sechs Jahren, in denen sie nicht zusammen verreist waren. Abgesehen von einem Mal, als sie für eine Woche nach Metulla gefahren waren, man Joel aber in der dritten Nacht telefonisch dringend nach Tel Aviv zurückbeordert hatte. Netta könnte bei den Großmüttern in Rechavia bleiben. Oder die beiden könnten für die Zeit seines und Ivrias Urlaubs zu ihr nach Talbiye übersiedeln. Diesmal würden sie nach London fahren. Er hatte vor, sie mit einem echt britischen Urlaub zu überraschen, einschließlich einer eingehenden Rundfahrt durch ihr Territorium, die Grafschaft Yorkshire. Die Karte dieser Region hing ja an ihrer Studiowand, und aus alter Berufsgewohnheit hatte Joel sich bereits das Straßennetz und einige weitere interessante Anhaltspunkte ins Gedächtnis eingeprägt.

Manchmal betrachtete er lange seine Tochter. Weder hübsch noch weiblich kam sie ihm vor. Und kehrte das wohl noch irgendwie hervor. Kleidungsstücke, die er ihr in Europa zum Geburtstag kaufte, zog sie zwar hin und wieder gnädig an, als wolle sie ihm einen Gefallen damit tun, fand aber einen Weg, sie schlampig wirken zu lassen. Joel vermerkte bei sich:

nicht lässig, sondern schlampig. Sie trug Schwarz mit Grau oder Schwarz mit Braun. Meistens lief sie in weiten Haremshosen herum, die Joel so unweiblich wie die eines Zirkusclowns erschienen.

Einmal rief ein junger Mann mit zögernder, höflicher, fast schüchterner Stimme an und bat, mit Netta sprechen zu dürfen. Ivria und Joel tauschten Blicke, zogen sich feierlich aus dem Wohnzimmer in die Küche zurück und schlossen die Tür hinter sich, bis Netta den Hörer aufgelegt hatte, ja eilten auch dann nicht gleich hinaus, denn Ivria verspürte plötzlich Lust, Joel zu einer Tasse Kaffee in ihr Studio einzuladen. Doch als sie schließlich wieder erschienen, stellte sich heraus, daß er überhaupt nur angerufen hatte, um von ihr die Telefonnummer einer anderen Klassenkameradin zu erfahren.

Joel führte das alles gern auf eine etwas verzögerte Pubertät zurück. Wenn ihr erst ein Busen wächst, meinte er, wird das Telefon hier pausenlos läuten. Ivria sagte zu ihm: Diesen dummen Witz wirfst du mir jetzt schon zum vierten Mal an den Kopf, nur um der Notwendigkeit auszuweichen, einmal in den Spiegel zu gucken und zu sehen, wer der Gefängniswärter dieses Mädchens ist. Joel sagte: Fang nicht wieder an, Ivria. Und sie antwortete: Auch recht. Ist ja sowieso aussichtslos.

Joel sah nicht ein, was aussichtslos sein sollte. Tief im Herzen glaubte er, Netta würde bald einen Freund finden und sich nicht mehr ihrer Mutter zu Besuchen des Nachbars mit der Gitarre oder ihren Großmüttern bei Konzert- und Theatergängen anhängen. Aus welchem Grund auch immer stellte er sich diesen Freund in Gestalt eines großen, haarigen Kibbuzniks mit dicken Armen, den Lenden eines Stiers, stämmigen Beinen in kurzen Hosen und sonnenversengten Wimpern vor. Sie würde ihm in den Kibbuz folgen, und er und Ivria würden allein im Haus zurückbleiben.

Wenn er nicht auf Reisen war, stand er manchmal so gegen ein Uhr morgens auf, machte einen Bogen um den Lichtstreifen, der unter Nettas Tür hindurchschimmerte, klopfte leicht an die Studiotür und brachte seiner Frau ein Tablett mit belegten Broten und einem Glas Saft aus dem Kühlschrank. Denn Ivria brütete jetzt bis in die Nacht hinein über ihrer Arbeit. Manchmal durfte er die Studiotür von innen hinter sich abschließen. Gelegentlich beriet sie sich mit ihm über irgendeine technische Angelegenheit wie etwa die Aufteilung der Arbeit in Kapitel oder verschiedene Methoden zur Anordnung der Fußnoten. Wart nur, sagte er sich, zum Hochzeitstag am 1. März wirst du eine kleine Überraschung erleben. Er hatte vor, ihr ein Textverarbeitungsgerät zu kaufen.

Auf seinen letzten Reisen hatte er die Bücher der Schwestern Brontë gelesen. Doch er kam schon nicht mehr dazu, es Ivria zu erzählen. Charlottes Schreibstil erschien ihm simpel, aber in *Sturmhöhe* fand er etwas Geheimnisvolles, und zwar weder an Catherine noch an Heathcliff, sondern ausgerechnet an der bedrückten Gestalt des Edgar Linton, der ihm sogar einmal, kurz vor dem Unglück, im Hotel in Marseille im Traum erschien, auf der hohen, bleichen Stirn eine Brille, die Ivrias Lesebrille ähnelte: eckig, randlos, wie jene, die ihr das Aussehen eines feinsinnigen Hausarztes der alten Generation verlieh.

Jedesmal, wenn er um drei oder vier Uhr früh zum Flughafen mußte, trat er leise bei seiner Tochter ein. Tappte auf Zehenspitzen zwischen den Vasen mit ihren wahren Dornenwäldern hindurch, küßte sie auf beide Augen, ohne sie mit den Lippen zu berühren, und strich das Kissen neben ihren Haaren glatt. Danach wandte er sich dem Studio zu, weckte Ivria und verabschiedete sich. All diese Jahre hatte er seine Frau frühmorgens geweckt, um von ihr Abschied zu nehmen, wenn er auf Reisen ging. Ivria bestand darauf. Selbst wenn sie in Streit lebten. Auch wenn sie nicht miteinander sprachen. Vielleicht hielt der gemeinsame Haß auf den behaarten Kibbuznik mit den dicken Armen sie zusammen. Gewissermaßen jenseits der Verzweiflung. Oder vielleicht auch die Erinnerung an Jugendtage. Kurz vor dem Unglück vermochte er schon fast vor sich hin zu lächeln, wenn ihm jener Ausspruch des Polizeimanns Lublin einfiel, der da besagte, alles in allem hätten wir alle die gleichen Geheimnisse.

18.

Als Netta wieder zu sich gekommen war, nahm er sie in die Küche mit. Machte ihr duftenden, starken Filterkaffee, während er sich selbst ein frühes Gläschen Brandy genehmigte. Die elektrische Wanduhr über dem Kühlschrank zeigte zehn vor fünf. Draußen leuchtete noch Sommernachmittagslicht. Mit ihrem kurzgeschorenen Haar, den unförmigen Haremshosen und der weiten gelben Bluse, die ihr um den eckigen Körper schlabberte, kam ihm seine Tochter wie ein schwindsüchtiger Adelssohn aus einem anderen Jahrhundert vor, der auf einem Kostümfest erscheint und es langweilig findet. Ihre Finger umklammerten die Kaffeetasse, als wollten sie sich in einer Winternacht daran wärmen. Joel bemerkte eine leichte

Rötung ihrer Fingerknöchel, die der Blässe ihrer flachen Nägel widersprach. Ginge es ihr jetzt besser? Sie erwiderte mit einem schrägen Blick von unten nach oben, das Kinn an die Brust gedrückt, leicht lächelnd, wie über seine Frage enttäuscht: Nein, es gehe ihr nicht besser, denn sie habe sich überhaupt nicht schlecht gefühlt. Was habe sie gefühlt? Nichts Besonderes. Könne sie sich an den Augenblick der Ohnmacht erinnern? Nur an den Anfang. Und was war der Anfang? Nichts Besonderes. Aber guck doch mal, wie du selber aussiehst, fuhr sie fort. »So grau. Hart. Als wolltest du jemanden umbringen. Was hast du denn? Trink deinen Brandy, davon wird dir ein bißchen besser werden, und hör auf, mich so anzustarren, als hättest du noch nie im Leben einen Menschen mit einer Kaffeetasse in der Küche sitzen gesehen. Hast du wieder Kopfschmerzen? Fühlst du dich schlecht? Willste 'ne Nackenmassage?«

Er schüttelte den Kopf. Gehorchte ihr. Streckte den Hals nach hinten und schüttete den Brandy in einem langen Zug hinunter. Dann meinte er zögernd, sie solle diesen Abend vielleicht nicht aus dem Haus gehen. Habe er sich nur eingebildet, daß sie vorgehabt hatte, in die Stadt zu fahren? Zur Cinemathek? Oder zu einer Aufführung ins Lessin-Haus?

»Willst du mich zu Hause haben?«

»Ich? Ich habe nicht an mich gedacht. Ich dachte, du solltest zu deinem eigenen Besten heute abend vielleicht dableiben.«

»Hast du Angst, allein hierzubleiben?«

Beinah hätte er ach was gesagt. Überlegte es sich aber anders.

Er hob den Salzstreuer hoch, hielt den Finger über die Löcher, drehte ihn um und betrachtete die Unterseite. Dann meinte er verzagt: »Heute abend läuft ein Naturfilm im Fernsehen. Das tropische Leben am Amazonas. Oder so was.«

»Also was hast du denn nun für ein Problem?«

Wieder hielt er sich zurück. Zuckte die Achseln. Und schwieg.

»Wenn du nicht alleinbleiben magst, könntest du doch heute abend mal die Nachbarn besuchen? Diese Schönheit und ihren komischen Bruder? Die laden dich ja dauernd ein. Oder du rufst deinen Freund Kranz an. Der ist innerhalb von zehn Minuten hier. Im Laufschritt.«

»Netta.«

»Was.«

»Bleib heute hier.«

Ihm schien, als verberge seine Tochter ein Grinsen hinter der erhobenen

Tasse, über der er jetzt nur ihre grünen Augen ihn gleichgültig oder gewitzt anblitzen sah, und den Ansatz ihrer unbarmherzig abgesäbelten Haare. Die Schultern wölbten sich nach oben, der Kopf saß eingezogen dazwischen, als stelle sie sich darauf ein, daß er aufstehen und sie verprügeln könnte.

»Hör mal. Eigentlich hatte ich überhaupt nicht vorgehabt, heute abend aus dem Haus zu gehen. Aber jetzt, wo du mir dein ganzes Manöver vorexerziert hast, ist mir eingefallen, daß ich wirklich weg muß. Ich hab' nämlich eine Verabredung.«

»Verabredung?«

»Du verlangst sicher vollständige Berichterstattung.«

»Ach was. Sag mir nur, mit wem.«

»Mit deinem Boß.«

»Wieso das? Läßt er sich auf moderne Dichtung umschulen?«

»Warum fragst du ihn nicht selber? Nehmt euch gegenseitig ein bißchen ins Kreuzverhör? Na gut. Ich werd's euch ersparen. Vorgestern hat er angeläutet, und als ich dich rufen wollte, hat er gesagt, nicht nötig. Er habe mich erreichen wollen, um ein Treffen außer Haus zu vereinbaren.«

»Landesmeisterschaft im Damespiel?«

»Was stehst du wieder unter Hochspannung. Was ist. Vielleicht hat er bloß auch seine Probleme damit, abends allein im Haus zu bleiben.«

»Netta. Sieh mal. Ich hab' keinerlei Probleme mit dem Alleinbleiben. Das wär' ja was ganz Neues. Ich wär' einfach nur froh, wenn du nicht weggingst, nachdem ... nachdem du dich nicht wohl gefühlt hast.«

»Du kannst schon Anfall sagen. Brauchst keine Angst zu haben. Die Zensur ist inzwischen abgeschafft. Vielleicht versuchst du jetzt deshalb, Streit mit mir anzufangen?«

»Was will er von dir?«

»Da ist das Telefon. Ruf ihn an. Frag ihn.«

»Netta.«

»Was weiß ich? Womöglich rekrutieren die jetzt flachbrüstige Mädchen. Stil Mata Hari.«

»Um es klar zu machen. Ich mische mich weder in deine Angelegenheiten noch suche ich Streit mit dir, aber –«

»Aber wenn du dein Leben lang nicht so ein Feigling wärst, würdst du mir einfach sagen, ich dürfte nicht aus dem Haus, und falls ich nicht auf dich hören sollte, würdst du mich windelweich schlagen. Punkt, aus.

Und insbesondere würdst du mir nicht erlauben, mit dem Patron auszugehen. Der Haken ist bloß, daß du eben ein Feigling bist.«

»Schau mal«, sagte Joel. Ohne fortzufahren. Zerstreut hob er das leere Brandyglas an die Lippen. Und stellte es wieder sanft auf den Tisch, als hüte er sich, den geringsten Laut zu machen oder dem Tisch weh zu tun. Graues Dämmerlicht hing in der Küche, aber keiner von beiden stand auf, um die Lampe anzuschalten. Jeder Windhauch in den Pflaumenbaumzweigen vorm Fenster ließ komplizierte Schatten an Decke und Wänden erzittern. Netta streckte die Hand aus, schüttelte die Flasche und füllte Joels Glas erneut mit Brandy. Der Sekundenzeiger der Elektrouhr über dem Kühlschrank sprang rhythmisch von Sekunde zu Sekunde. Joel sah im Geist plötzlich eine kleine Apotheke in Kopenhagen, in der er endlich einen berüchtigten irischen Terroristen erkannt und mit einer winzigen, in einer Zigarettenschachtel verborgenen Kamera aufgenommen hatte. Einen Augenblick faßte der Kühlschrankmotor neue Kräfte, gab ein abgehacktes Summen ab, versetzte die Glassachen auf dem Bord in dumpfes Beben, überlegte es sich wieder anders und verstummte.

»Das Meer läuft nicht weg«, sagte er.

»Wie bitte?«

»Nichts. War nur so eine Erinnerung.«

»Wenn du kein Feigling wärst, hättst du einfach zu mir gesagt, bitte, laß mich heute abend nicht allein zu Hause. Du hättest gesagt, daß es dir schwerfiele. Und ich hätte gesagt, gut, aber gern, warum nicht. Sag mal, wovor fürchtest du dich?«

»Wo sollst du dich mit ihm treffen?«

»Im Wald. In der Hütte der sieben Zwerge.«

»Im Ernst.«

»Café Oslo. Ende Ibn-Gabirol-Straße.«

»Ich fahr' dich schnell hin.«

»Meinetwegen.«

»Vorausgesetzt, wir essen vorher was. Du hast heute keinen Bissen zu dir genommen. Und wie kommst du hinterher nach Hause?«

»In einer Kutsche, von weißen Pferden gezogen. Warum?«

»Ich komm' dich abholen. Sag nur, wann. Oder ruf mich von dort an. Aber du sollst wissen, daß ich dich heute abend lieber zu Hause sehen würde. Morgen ist auch noch ein Tag.«

»Du erlaubst mir heute nicht, wegzugehen?«

»Das habe ich nicht gesagt.«
»Du bittest mich lieb, dich im Dunkeln nicht allein zu lassen?«
»Das hab' ich auch nicht gesagt.«
»Ja, was dann? Vielleicht versuchst du dich zu entscheiden?«
»Nichts. Wir essen was, du ziehst dich an, und auf geht's. Ich muß unterwegs noch tanken. Geh dich anziehen, und ich mach' uns inzwischen Rühreier.«
»Wie sie dich angefleht hat, nicht wegzufahren? Sie nicht mit mir allein zu lassen?«
»Das stimmt nicht. So ist das nicht gewesen.«
»Weißt du, was er von mir will? Du hast doch sicher irgendeine Vermutung? Oder einen Verdacht?«
»Nein.«
»Möchtest du's wissen?«
»Nicht besonders.«
»Nein?«
»Nicht besonders. Eigentlich ja: Was will er von dir?«
»Er möchte mit mir über dich sprechen. Er meint, du wärst in keiner guten Verfassung. Den Eindruck hat er. So hat er mir am Telefon gesagt. Sucht offenbar einen Weg, dich zur Arbeit zurückzuholen. Er sagt, wir seien auf einer einsamen Insel, du und ich, und wir müßten gemeinsam an eine Lösung zu denken versuchen. Warum bist du dagegen, daß ich ihn treffe?«
»Bin nicht dagegen. Zieh dich an, und wir fahren. Bis du angezogen bist, mach' ich Rühreier. Salat. Was Schnelles und Gutes. Eine Viertelstunde, und weg sind wir. Geh dich anziehen.«
»Ist dir aufgefallen, daß du mir schon zehnmal gesagt hast, ich solle mich anziehen? Sehe ich zufällig nackt aus? Setz dich. Was springst du denn herum?«
»Damit du nicht zu spät zu deinem Treffen kommst.«
»Aber gewiß komme ich nicht zu spät. Das weißt du ja ganz genau. Du hast die Sache doch schon in drei Zügen besiegelt. Ich begreif' nicht, warum du mir jetzt noch weiter diese Komödie vorspielst. Nachdem du dir hundertzwanzigprozentig sicher bist.«
»Sicher? In welcher Hinsicht?«
»Daß ich zu Hause bleibe. Wir machen Rühreier und Salat? Es ist noch kaltes Fleisch von gestern übrig, von der Sorte, die du gern magst. Und Fruchtjoghurt ist auch da.«

»Netta. Um es klar zu machen –«
»Aber es ist doch alles klar.«
»Mir – nicht. Tut mir leid.«
»Dir tut nix leid. Was, hast du genug von Naturfilmen? Wolltest du statt dessen etwa zu dieser Nachbarin rüberlaufen? Oder Kranz herzitieren, damit er dir mit dem Schwanz vorwedelt? Oder früh ins Bett gehen?«
»Nein, aber –«
»Hör mal, das ist folgendermaßen. Ich bin total geil auf das Tropenleben am Amazonas oder so was. Und sag nicht, tut mir leid, wenn du haargenau deinen Willen gekriegt hast. Wie immer. Und das sogar, ohne Gewalt oder Autorität einzusetzen. Der Gegner hat nicht einfach nachgegeben, er ist dahingeschmolzen. Jetzt trink diesen Brandy da auf den Sieg des jüdischen Scharfsinns. Nur tu mir einen Gefallen, ich hab' die Telefonnummer nicht, ruf du den Patron an und sag's ihm selber.«
»Was soll ich ihm sagen?«
»Daß es halt ein andermal wird. Daß morgen auch noch ein Tag ist.«
»Netta. Geh dich anziehen, und ich fahr' dich schnell zum Café Oslo.«
»Sag ihm, ich hätte einen Anfall gehabt. Sag, du hättest kein Benzin. Sag, das Haus sei abgebrannt.«
»Rührei? Salat? Sollen wir Pommes frites braten? Möchtest du Joghurt?«
»Meinetwegen.«

19.

Viertel nach sechs in der Früh. Graublaues Licht und erster Tagesschimmer zwischen den Wolken im Osten. Eine leichte Morgenbrise weht den Geruch verbrannten Gestrüpps von fern herüber. Und es gibt zwei Birnen- und zwei Apfelbäume, deren Laub schon vor Endsommermüdigkeit braun wird. Joel steht da hinterm Haus, in Trägerhemd und weißen Sporthosen, barfuß, in der Hand die aufgerollte Zeitung noch in der Banderole. Auch an diesem Morgen ist es ihm nicht gelungen, den Zeitungsboten abzufangen. Den Hals zurückgeschoben, den Kopf gen Himmel, sieht er Zugvögelschwärme in Pfeilformation unterwegs von Nord nach Süd. Störche? Kraniche? Jetzt fliegen sie über die Ziegeldächer kleiner Villen, über Gärten, Wäldchen und Zitrushaine, mischen sich schließlich zwischen die aufblinkenden Federwolken im Südosten. Nach den Obstgärten und Feldern werden Felshänge und Steindörfer, Wadis und Rinnen kommen, und da schon Wüstenschweigen und der Trübsinn der östliche Bergketten im matten Dunstschleier und dahinter wieder Wüste, Wanderdünenflächen und danach die letzten Berge. Eigentlich hatte er in den Geräteschuppen gehen, die Katze mit ihren Jungen füttern und einen Engländer suchen wollen, um den tropfenden Wasserhahn neben dem Autounterstand zu reparieren oder auszuwechseln. Wartete nur noch einen Augenblick auf den Zeitungsboten, bis er mit dem Sträßchen fertig war und umkehrte, damit er ihn dann zu fassen kriegte. Aber wie finden sie ihren Weg? Und wie wissen sie, daß die Zeit gekommen ist? Angenommen, an einem entlegenen Punkt mitten im afrikanischen Urwald gibt es so etwas wie eine Zentrale, einen dem Auge verborgenen Kontrollturm, der Tag und Nacht einen feinen Dauerton aussendet, zu hoch für das menschliche Hörvermögen, zu scharf, um ihn selbst mit den feinsten und modernsten Sensoren aufzufangen. Dieser Ton spannt sich nun wie ein unsichtbarer Strahl vom Äquator bis in den äußersten Norden, und an ihm entlang strömen die Vögel Wärme und Licht entgegen. Joel, wie ein Mensch, der beinah eine kleine Erleuchtung gehabt hat, allein im Garten, dessen Zweige sich im Schimmer des Sonnenaufgangs golden färben, meint einen Augenblick lang, er empfange – nein, nicht empfange, spüre – zwischen zwei niedrigen Rückenwirbeln den afrikanischen Richtton der Vögel. Fehlten ihm nicht Flügel, er wäre ihm bereitwillig gefolgt. Das Empfinden, ein warmer, weiblicher Finger berühre ihn wirklich oder fast am Rücken, etwas oberhalb des Steißbeins, hatte ihm eine fast kribbelndes Wohlgefühl verursacht. In jenem Moment und noch ein, zwei Atemzüge weiter war ihm die Wahl zwischen Leben oder Sterben in jeder Hinsicht gleichgültig erschienen. Tiefe Stille umgab und erfüllte ihn, als trenne seine Haut schon nicht mehr zwischen dem inneren Schweigen und dem Schweigen der Außenwelt, so daß sie ein Schweigen geworden waren. In seinen dreiundzwanzig Dienstjahren hatte er die Kunst der leichten Unterhaltung mit Fremden bewundernswert ausgefeilt, Plaudereien – über Devisenkurse beispielsweise oder über die Vorzüge der Swissair oder über die Französin im Vergleich zur Italienerin –, bei denen er gleichzeitig seine Gesprächspartner studierte. Bei sich vermerkte, von wo aus er die Panzerschränke knacken konnte, die ihre Geheimnisse enthielten. Ebenso wie man die Lösung eines Kreuzworträtsels bei den leichteren Begriffen ansetzt, mit deren Hilfe man hier und da Anhaltspunkte für die schwereren Partien erhält. Jetzt, um halb sieben

Uhr morgens im Garten seines Hauses, als fast in jeder Hinsicht ungebundener Witwer, erwachte der Verdacht in ihm, daß absolut gar nichts verständlich sei, daß vielmehr die offenbaren, alltäglichen, einfachen Dinge – Morgenkühle, der Geruch verbrannten Dornengestrüpps, ein kleiner Vogel zwischen herbstlich dahinrostenden Apfelbaumblättern, der Windschauer auf seinen bloßen Schultern, der Duft bewässerter Erde und die Empfindung des Lichts, der Geruch des Rasens, die Müdigkeit der Augen, das bereits verflogene Wohlgefühl an der Lendenwirbelsäule, die Schande auf dem Dachboden, die kleinen Kätzchen und das Muttertier im Schuppen, die Gitarre, die nun nachts Celloklänge von sich gab, ein neuer Haufen runder Kieselsteine jenseits der Hecke in der Verandaecke der Geschwister Vermont, das gelbe Sprühgerät, das er sich ausgeliehen hatte und langsam mal Kranz zurückgeben mußte, die Wäschestücke seiner Mutter und Tochter, die sich auf der Wäscheleine am anderen Ende des Gartens im Morgenwind bauschten, der inzwischen schon von Zugvogelschwärmen freie Himmel – allesamt geheim seien.

Und was du entschlüsselt hast, hast du nur für den Augenblick entschlüsselt. Als bahntest du dir einen Weg zwischen dichten Farnen im Tropenwald, der sich sofort wieder hinter dir schließt, so daß keine Spur davon bleibt. Ehe du irgendwas in Worten definiert hast, ist es schon entschlüpft – weggekrochen – in verschwommene Schatten und Dämmerlicht. Joel erinnerte sich an das, was ihm der Nachbar Itamar Vitkin einmal im Treppenhaus gesagt hatte, daß nämlich das hebräische Wort *schebeschiflenu* im 136. Psalm unschwer ein polnischer Ausdruck sein könnte, während das Wort *namogu* am Ende des 2. Kapitels von Josua einen eindeutig russischen Klang habe. Joel rief sich die Stimme des Nachbarn beim Aussprechen von *namogu* mit russischem Akzent und *schebeschiflenu* in nachgemachtem Polnisch ins Gedächtnis. Wollte er wirklich nur unterhaltsam sein? Vielleicht hat er mir etwas sagen wollen, etwas, das nur in dem Zwischenraum zwischen den beiden von ihm benutzten Worten existiert? Und ich hab' das verpaßt, weil ich nicht darauf geachtet habe? Joel sann ein wenig über das hebräische Wort für *unbezweifelbar* nach, das er zu seiner Verblüffung plötzlich vor sich hinmurmelte.

Inzwischen hatte er doch wieder den Zeitungsboten verpaßt, der wohl am Ende des Sträßchens umgedreht und das Haus eben auf dem Rückweg erneut passiert hatte. Zu Joels Überraschung und im Gegensatz zu seiner bisherigen Annahme stellte sich heraus, daß der Junge, oder der Mann, nicht mit dem Fahrrad fuhr, sondern einen schäbigen alten Susita lenkte, durch dessen Seitenfenster er die Zeitungen auf die Gartenwege schleuderte. Womöglich hatte er Joels Zettel am Briefkasten noch gar nicht gesehen, und jetzt war es zu spät, hinter ihm herzurennen. Leichter Ärger stieg in ihm auf ob des Gedankens, daß alles geheim war. Eigentlich war »geheim« nicht das richtige Wort. Nicht geheim wie ein versiegeltes Buch, sondern wie ein offenes Buch, in dem man mühelos ganz naiv klare, alltägliche, unbezweifelbare Worte lesen konnte – Morgen, Garten, Vogel, Zeitung –, das aber auch andere Lesarten zuließ. So könnte man beispielsweise jedes siebte Wort in umgekehrter Reihenfolge aneinanderreihen. Oder jedes vierte Wort in jedem zweiten Satz. Oder bestimmte Buchstaben nach einem Schlüssel durch andere ersetzen. Oder jeden Buchstaben mit einem Kringel versehen, vor dem der Buchstabe »g« steht. Es gibt doch zahllose Möglichkeiten, und jede zeigt vielleicht eine andere Bedeutung auf. Einen alternativen Sinngehalt. Nicht unbedingt eine tiefe oder spannende oder dunkle Bedeutung, sondern eben eine ganz andere. Ohne jede Ähnlichkeit mit der offensichtlichen Interpretation. Oder ihr vielleicht doch ähnlich? Joel ärgerte sich auch über die leichte Wut, die ihm bei diesen Gedanken kam, weil er sich immer gern als ruhigen, besonnenen Menschen betrachtete. Wie weiß man, was der richtige Einstiegscode ist? Wie soll man unter den unendlichen Kombinationen die richtige Anfangszahl entdecken? Den Schlüssel zur inneren Ordnung? Ja, mehr noch: Woher weiß man, daß der Code wirklich allgemein ist und nicht etwa persönlich wie bei einer Kreditkarte oder einmalig wie bei einem Lotterielos? Und wie kann man sicher sein, daß der Code sich nicht ändert, zum Beispiel alle sieben Jahre? Jeden Morgen? Jedesmal, wenn jemand stirbt? Und besonders, wenn die Augen müde sind und beinahe tränen vor lauter Anstrengung, und erst recht, wo der Himmel sich schon geleert hat: Die Störche sind auf und davon. So es keine Kraniche waren.

Und was, wenn du es nicht entschlüsselst. Schließlich gewährt man dir doch eine besondere Gunst: da hat man dich einen flüchtigen Augenblick in den Minuten vor Sonnenaufgang spüren lassen, daß es einen Code gibt. Durch eine fast wahrnehmbare Berührung deines Rückgrats. Und jetzt weißt du zwei Dinge, die du nicht gewußt hast, als du dich abmühtest, das Muster der trügerischen Formen an der Tapetenwand des Hotelzimmers in Frankfurt zu lesen: daß es eine Ordnung gibt und daß du sie nicht entschlüsseln wirst. Und wenn es nun nicht einen Code, sondern viele gibt? Wenn jeder Mensch seinen eigenen Code hat? Du, der du das ganze Büro verblüfft hast, als du herausbekamst, was den blinden Millionär und Kaffeekönig aus Kolumbien wirklich bewegt hatte, auf eigene Initiative den jüdischen Geheimdienst aufzusuchen und ihm eine auf dem neuesten Stand befindliche Adressenliste untergetauchter Nazis von Acapulco bis Valparaiso anzubieten, bist nun außerstande, zwischen einer Gitarre und einem Cello zu unterscheiden. Zwischen Kurzschluß und Stromausfall. Zwischen Krankheit und Sehnsucht. Zwischen einem Geparden und einer byzantinischen Kreuzigungsszene. Zwischen Bangkok und Manila. Wie kann das nur sein? Und wo zum Teufel hat sich jetzt dieser verflixte Engländer versteckt. Gehn wir den Wasserhahn auswechseln, und dann stellen wir die Sprinkler an. Bald gibt's auch Kaffee. Das wär's. Auf, auf. Vorwärts, los.

20.

Ein wenig später legte er den Engländer an seinen Platz zurück. Füllte Milch in das Schälchen vor der Katze und ihren Jungen im Schuppen. Stellte die Rasensprinkler an, betrachtete sie ein Weilchen, wandte sich dann ab und trat durch die Gartentür in die Küche. Merkte nun, daß die Zeitung draußen auf dem Fensterbrett liegengeblieben war. Ging also wieder hinaus, sie zu holen, und setzte die Kaffeemaschine in Betrieb. Während der Kaffee durchlief, toastete er ein paar Scheiben. Nahm Marmelade, Käse und Honig aus dem Kühlschrank, deckte den Frühstückstisch und stellte sich ans Fenster. Im Stehen blickte er auf die Schlagzeilen seiner Zeitung, ohne das Geschriebene zu begreifen, begriff jedoch, daß es Zeit war, und schaltete das Transistorradio an, um die Siebenuhrnachrichten zu hören, doch bis ihm einfiel, auf die Worte des Sprechers zu achten, waren die Nachrichten schon vorüber, und die Wetteraussichten waren klar bis leicht bewölkt mit normalen Temperaturen für die Jahreszeit. Avigail kam herein und sagte: »Du hast wieder alles vorbereitet. Wie ein großer Junge. Aber wie oft habe ich dir schon gesagt, du sollst die Milch nicht vorher aus dem Kühlschrank nehmen. Wir haben jetzt Sommer, und Milch, die draußen steht, verdirbt leicht.« Joel sann einen Augenblick darüber nach, ohne einen Fehler an den Dingen zu finden. Obwohl ihm das Wort »verderben« zu stark erschien. Und er sagte: »Ja, richtig.« Kurz nach

Beginn von Alex Anskis Pressemagazin im Soldatensender gesellten sich auch Netta und Lisa dazu. Lisa trug ein braunes Hauskleid mit Riesenknöpfen vorne, und Netta steckte in der hellblauen Einheitskluft ihrer Schule. Im Augenblick fand Joel sie nicht häßlich, sondern beinah hübsch, doch einen Moment später fiel ihm der sonnengebräunte, schnurrbärtige Kibbuznik mit den dicken Armen ein, und er war fast froh, daß ihr Haar, soviel sie es auch mit allen möglichen Shampoons wusch, immer klebrig und irgendwie fettig wirkte.

Lisa sagte: »Ich hab' die ganze Nacht nicht geschlofen. Wieder einmal habe ich alle möglichen Schmerzen. Nächtelang komm' ich nicht in den Schlof.«

Avigail sagte: »Wenn wir dich ernst nehmen würden, Lisa, müßten wir glauben, du hättest schon dreißig Jahre kein Auge zugetan. Das letzte Mal, daß du nach deinen eigenen Worten geschlafen hast, war noch vor dem Eichmann-Prozeß. Seitdem nicht mehr.«

Netta sagte: »Ihr schloft doch beide wie tot. Was sollen diese Geschichten.«

»Schlaft«, sagte Avigail, »man sagt ›schlafen‹ nicht ›schlofen‹.«

»Das sag mal meiner zweiten Großmutter.«

»Die sagt ›schlofen‹ nur, um sich über mich lustig zu machen«, sagte Lisa bekümmert, in beschämtem Ton. »Ich bin krank vor Schmerzen, und dieses Mädchen lacht mir aus.«

»Lacht mich aus«, sagte Avigail, »man sagt nicht ›lacht mir aus‹. Richtig heißt es: ›Lacht mich aus‹.«

»Genug damit«, sagte Joel, »was soll das denn hier. Aus. Fertig. Bald müssen wir hier noch Friedenstruppen reinbringen.«

»Auch du schlofst nicht bei Nacht«, stellte seine Mutter kummervoll fest und wiegte den Kopf fünf- oder sechsmal auf und ab, als betraure sie ihn oder als stimme sie endlich nach einer harten inneren Auseinandersetzung mit sich selbst überein. »Du hast keine Freunde, keine Arbeit, weißt nichts mit dir anzufangen, wirst zum Schluß noch krank oder fromm werden. Du solltest besser jeden Tag ein bißchen ins Schwimmbad gehen.«

»Lisa«, sagte Avigail, »wie redest du denn mit ihm. Ist er etwa ein Baby? Bald wird er fünfzig. Laß ihn in Ruhe. Warum machst du ihn sein Leben lang nervös. Er wird seinen Weg nach seiner Zeit finden. Laß ihn. Laß ihn sein Leben leben.«

»Wer sein Leben kaputtgemacht hat«, zischte Lisa leise. Und brach mitten im Satz ab.

Netta sagte: »Sag mal, warum springst du schon auf, bevor wir unsern Kaffee aus haben, und fängst an, uns den Tisch abzuräumen und das Geschirr zu spülen? Damit wir endlich aufhören und abhauen? Soll das eine Protestdemonstration gegen die Unterjochung des Mannes sein? Oder ist das, weil du einem Schuldgefühle machen willst?«

»Das ist, weil es jetzt schon Viertel vor acht ist«, sagte Joel, »du hättest dich bereits vor zehn Minuten auf den Schulweg machen müssen. Du kommst heute wieder zu spät.«

»Und wenn du abräumst und abwäschst, komm' ich nicht zu spät?«

»Gut. Komm mit. Ich fahr' dich schnell hin.«

»Ich habe Schmerzen«, sagte Lisa tonlos, zu sich selbst diesmal, und wiederholte die Worte zweimal wie ein Trauerlied, als wisse sie, daß kein Mensch auf sie höre, »Magenschmerzen, Seitenstiche, die ganze Nacht nicht geschlofen, und am Morgen wird man ausgelacht.«

»Gut, schon gut«, sagte Joel, »einer nach dem anderen bitte. In ein paar Minuten hab' ich auch für dich Zeit.« Damit fuhr er Netta in die Schule, ohne unterwegs auch nur mit einem Wort ihr Stelldichein gegen zwei Uhr nachts in der Küche zu erwähnen, mit Safed-Käse und scharfen schwarzen Oliven und duftendem Minzetee und mit dem feinen Schweigen, das vielleicht eine halbe Stunde andauerte, bis Joel in sein Zimmer zurückkehrte, und von keinem der beiden auch nur einmal gebrochen wurde.

Auf dem Rückweg hielt er im Einkaufszentrum und kaufte für seine Schwiegermutter Zitronenshampoon und eine Literaturzeitschrift, wie sie es ihm aufgetragen hatte. Wieder zu Hause, meldete er seine Mutter telefonisch bei ihrem Gynäkologen an. Dann, ausgerüstet mit Laken, Buch, Zeitung, Brille, Transistorradio, Sonnencreme, zwei Schraubenziehern und einem Glas Apfelsaft mit Eiswürfeln, zog er auf die Gartenschaukel hinaus. Kraft alter Berufsgewohnheit sah er aus dem Augenwinkel, daß die asiatische Schönheit, die als Hausgehilfin bei den Nachbarn arbeitete, ihre Einkäufe diesmal nicht in schweren Taschen, sondern in einem Einkaufswagen mitführte. Wieso haben sie nicht gleich daran gedacht, sagte er sich, warum kommt alles immer erst mit Spätzündung? Besser spät als nie, antwortete er sich selber in den Worten, die seine Mutter gern benutzte. Diesen Satz prüfte Joel nachdenklich, während er auf der Schaukel lag, und fand keinerlei Irrtum darin. Aber seine Ruhe war gestört.

Er ließ alles hinter sich, stand auf und ging seine Mutter in ihrem Zimmer suchen. Das Zimmer war leer, von Morgenlicht durchflutet, aufgeräumt, behaglich und sauber. Seine Mutter fand er in der Küche, immer noch Schulter an Schulter mit Avigail sitzend, wobei die beiden lebhaft miteinander tuschelten und unterdessen Gemüse für die Suppe zum Mittagessen putzten. Bei seinem plötzlichen Auftauchen verstummten sie. Wieder erschienen sie ihm ähnlich wie zwei Schwestern, obwohl er wußte, daß eigentlich keinerlei Ähnlichkeit bestand. Avigail wand ihm ihr gesund leuchtendes slawisches Bäuerinnengesicht mit den hohen, fast tatarischen Wangenknochen zu, wobei die jugendlichen blauen Augen entschiedene Gutmütigkeit und umwerfende Großherzigkeit ausstrahlten. Seine Mutter hingegen glich einem nassen Vogel mit ihrem altmachenden braunen Kleid, dem braunen Gesicht, den zusammengepreßten oder eingezogenen Lippen, und machte dazu noch eine bitter gekränkte Miene.

»Nun, wie fühlst du dich jetzt?« fragte er.

Schweigen.

»Geht's dir ein bißchen besser? Ich habe dich dringend bei Litwin angemeldet. Schreib dir's auf. Donnerstag, vierzehn Uhr.«

Schweigen.

»Und Netta ist genau beim Läuten angekommen. Ich hab' zwei Ampeln überfahren, um sie rechtzeitig hinzubringen.«

Avigail sagte: »Du hast deine Mutter gekränkt und versuchst es jetzt wiedergutzumachen, aber das ist zu wenig und zu spät. Deine Mutter ist eine empfindsame und gesundheitlich angegriffene Frau. Ein Unglück hat dir anscheinend noch nicht genügt. Überleg dir's gut, Joel, solange es nicht zu spät ist. Denk gut nach und gib dir möglichst ein bißchen mehr Mühe.«

»Keine Frage«, sagte Joel, »selbstverständlich.«

Avigail sagte: »Da siehst du's wieder. Genau so. Mit dieser kühlen Besonnenheit. Mit deiner ironischen Art. Mit dieser Selbstbeherrschung. So hast du sie fertiggemacht. Und so wirst du uns nach und nach noch alle unter die Erde bringen.«

»Avigail«, sagte Joel.

»Geh, geh«, sagte seine Schwiegermutter, »ich seh' ja, daß du's eilig hast. Die Hand schon an der Klinke. Laß dich durch uns nicht aufhalten. Und sie hat dich geliebt. Vielleicht hast du nicht darauf geachtet, oder man hat's dir zu sagen vergessen, aber sie hat dich die ganzen Jahre über geliebt. Bis zum Schluß. Hat dir sogar die Tragödie mit Netta verziehen. Alles hat sie dir vergeben. Aber du warst beschäftigt. Du bist nicht schuld. Hattest einfach keine Zeit und hast deshalb nicht auf sie und ihre Liebe geachtet, bis es zu spät war. Auch jetzt bist du in Eile. Dann geh doch endlich. Was stehst du denn rum. Geh. Was hast du in diesem Altenheim auch verloren. Geh. Kommst du zum Mittagessen zurück?«

»Möglich«, sagte Joel, »weiß nicht. Mal sehen.«

Seine Mutter brach unvermittelt ihr Schweigen, wandte sich aber nicht an ihn, sondern in leisem, vernünftigen Ton an Avigail: »Fang du nicht noch mal damit an. Das haben wir von dir schon zur Genüge gehört. Du arbeitest bloß dauernd darauf hin, daß wir ein schlechtes Gewissen kriegen sollen. Was ist denn? Was hat er ihr angetan? Wer hat sich da wie in einen goldenen Palast eingeschlossen? Wer hat den andern nicht reingelassen? Also laß Joel in Ruhe. Nach all dem, was er für euch getan hat. Hör auf, uns ein Gefühl des Unbehagens zu bereiten. Als wärst du die einzige, die sich nichts vorzuwerfen braucht. Was ist denn? Halten wir uns nicht genug an die Trauerbräuche? Hältst du sie etwa? Wer ist als erstes zum Haareschneiden und zur Maniküre und zur Kosmetikerin gerannt, bevor noch der Grabstein gesetzt war? Dann sag du mal nichts. Im gesamten Land gibt es keinen andern Mann mehr, der im Haus auch nur halb so viel wie Joel tut. Müht sich die ganze Zeit ab. Kümmert sich. Schloft nachts nicht.«

»Schläft«, sagte Avigail, »es heißt ›schläft‹, nicht ›schloft‹. Ich hol' dir zwei Valium-Tabletten. Das ist gut für dich. Hilft dir, dich zu beruhigen.«

»Wiedersehen«, sagte Joel.

Doch Avigail sagte: »Wart mal. Komm her. Laß mich deinen Kragen richten, wenn du zu einem Rendezvous gehst. Und kämm dich ein bißchen, sonst wird keine dich auch nur anschauen wollen. Kommst du zum Mittagessen zurück? Um zwei, wenn Netta heimkehrt? Vielleicht bringst du sie einfach von der Schule mit?«

»Mal sehen«, sagte Joel.

»Und falls du bei irgendeiner Schönen hängenbleibst, ruf uns wenigstens an. Damit wir nicht ewig mit dem Essen warten. Denk auch mal an den Zustand deiner Mutter, körperlich und seelisch, und mach ihr nicht noch zusätzlich Sorgen.«

»Laß ihn endlich in Ruhe«, sagte Lisa, »er darf wiederkommen, wann er möchte.«

»Hört euch an, wie sie mit einem Kind von fünfzig Jahren redet«, kicherte Avigail, während ihre Miene Vergebung und überwältigende Gutherzigkeit ausdrückte.

»Auf Wiedersehen«, sagte Joel.

Als er hinausging, sagte Avigail: »Zu schade. Ich hätte nun heute morgen gerade das Auto gebraucht, um dein Heizkissen zur Reparatur zu bringen, Lisa. Das hilft dir bei Schmerzen immer. Aber macht nichts, ich lauf' zu Fuß hin. Vielleicht machen wir beide einen Spaziergang? Oder ich rufe einfach Herrn Kranz an und bitte ihn um eine kleine Fahrt. So ein netter Bursche. Sicher käme er gern, um mich hin- und zurückzubringen. – Daß du nicht zu spät kommst. Schalom. Was bist du denn wieder in der Tür stehengeblieben.«

21.

Gegen Abend, als Joel barfuß von Zimmer zu Zimmer wanderte, das Transistorradio, in dem gerade Jizchak Rabin interviewt wurde, in der einen Hand und die Bohrmaschine an der Verlängerungsschnur in der anderen, auf der Suche nach einer Stelle, an der er den Bohrer noch ansetzen und etwas verbessern könnte, klingelte das Telefon im Flur. Es war wieder der Patron: Wie geht's euch, was gibt's Neues, woran mangelt's. Joel sagte, alles in Ordnung, wir brauchen nichts, danke, und fügte hinzu: Netta ist nicht zu Hause. Ausgegangen. Hat nicht gesagt, wann sie wiederkommt. Aber was brauchen wir Netta, lachte der Mann am Telefon, was denn, haben wir zwei schon nichts mehr miteinander zu reden?

Dann schaltete er geschickt um und referierte Joel einen neuen politischen Skandal, der die Schlagzeilen erobert hatte und die Regierung zu stürzen drohte. Vermied es, seine eigene Meinung preiszugeben, skizzierte aber hervorragend die Streitfragen. Legte wie üblich mit warmer Sympathie gegensätzliche Standpunkte dar, als verkörpere jeder einzelne eine tiefere Form der Gerechtigkeit. Und leitete zum Schluß mit geschliffener Logik ab, was bei jeder der beiden offenen Möglichkeiten eintreten werde, von denen eine, die erste oder die zweite, einfach unumgänglich sei. Bis Joel vollends nicht mehr begriff, was man eigentlich von ihm wollte. Worauf der Mann gewandt wieder den Tonfall änderte und sich mit ausgesuchter Freundlichkeit erkundigte, ob Joel morgen vormittag zu einer Tasse Kaffee im Büro reinschauen wolle: Hier sind ein paar nette Kollegen, die sich nach deinem Anblick sehnen, begierig, ein wenig von deiner Weisheit zu zehren, und vielleicht – wer weiß –, vielleicht werde der Akrobat bei dieser Gelegenheit plötzlich Lust bekommen, Joel ein oder zwei Fragen in einer uralten Sache zu stellen, die einmal von Joels ausgezeichneten Händen bearbeitet, aber vielleicht nicht bis ans Ende durchgeführt worden sei; jedenfalls hätte der Akrobat noch ein, zwei Fragen in den Weichteilen stecken und könne nur durch Joels Hilfe zur Ruhe kommen. Kurz gesagt – es würde nett und ganz sicher nicht langweilig werden. Morgen gegen zehn. Zippi hat einen wunderbaren Kuchen von zu Hause mitgebracht, und ich habe hier wie ein Tiger gekämpft, daß sie ihn nicht ganz verputzen, sondern dir zwei, drei Stücke für morgen übriglassen. Und der Kaffee geht auf Staatskosten. Kommst du? Wollen wir ein bißchen tratschen und plänkeln? Vielleicht fangen wir ein neues Kapitel an?

Joel wollte wissen, ob er daraus entnehmen müsse, daß man ihn zu einem Verhör vorlade. Und merkte sofort, daß er sehr fehlgegangen war. Ob des Worts »Verhör« stieß der Patron einen schmerzlichen Entsetzensschrei aus, wie eine greise Rabbinersgattin, der eine Unflätigkeit zu Ohren gekommen ist. Pfui! rief der Mann am Telefon, schäm dich! Du bist nur, wie soll man sagen, zu einer Familienzusammenkunft eingeladen! Na ja. Wir sind ein wenig eingeschnappt, haben's aber vergeben. Wir werden keinem von deinem Ausrutscher erzählen. Verhör! Ich hab's schon völlig vergessen. Selbst mit Elektroschocks würden sie mich nicht zwingen können, mir die Sache ins Gedächtnis zurückzurufen. Mach dir keine Sorge. Damit sind wir fertig. Du hast es nicht gesagt. Wir werden an uns halten. Werden geduldig abwarten, bis du Sehnsucht kriegst. Weder rütteln noch schütteln. Und gewiß nichts nachtragen. Überhaupt, Joel, gekränkt und beleidigt sein – dafür ist das Leben zu kurz. Laß das. Vom Winde verweht. Kurz, wenn du Lust hast, schau morgen vormittag um zehn zum Kaffee bei uns vorbei, kann auch ein bißchen früher oder später sein, egal. Wann's dir paßt. Zippi ist schon informiert. Geh direkt zu meinem Zimmer, und sie läßt dich ohne weitere Fragen ein. Bei mir, hab' ich ihr gesagt, hat Joel freies Zutrittsrecht auf Lebenszeit. Ohne Voranmeldung. Tag und Nacht. Nein? Du möchtest lieber nicht kommen? Dann vergiß diesen Anruf. Nur überbring bitte Netta ein sanftes Streicheln von mir. Egal. Eigentlich wollten wir dich morgen früh hauptsächlich bei uns haben, um dir einen Gruß aus Bangkok auszurichten. Aber wir werden auf diesem Gruß nicht weiter rumtrampeln. Wie du möchtest. Alles Gute.

Joel sagte: »Was?!« Aber dem Mann war scheinbar aufgegangen, daß das Gespräch sich schon viel zu lange hingezogen hatte. Er entschuldigte sich,

Eine Frau erkennen

daß er teure Zeit gestohlen habe. Bat erneut, Netta seine stumme Liebe und den beiden Damen Grüße auszurichten. Versprach, eines Tages wie ein Blitz aus heiterem Himmel auf Besuch zu kommen, drängte Joel, sich zu erholen und viel zu ruhen, und verabschiedete sich mit den Worten, »Hauptsache, du achtest auf dich.«

Einige Minuten lang blieb Joel noch fast reglos auf dem Telefonhocker im Flur sitzen, die Bohrmaschine auf den Knien. In Gedanken zerlegte er die Worte des Patrons in kleine Einheiten und setzte sie in der einen oder anderen Neuanordnung wieder zusammen. Wie er es in seinen Berufsjahren gewohnt gewesen war. »Zwei Möglichkeiten, von denen eine, die erste oder die zweite, einfach unumgänglich ist«, und auch »Weichteile«, »Sehnsucht«, »Gruß aus Bangkok«, »Kind von fünfzig Jahren«, »Liebe bis zum Schluß«, »Elektroschocks«, »freies Zutrittsrecht«, »vom Winde verweht«, »netter Bursche«. Diese Wendungen schienen ihm vage ein kleines Minenfeld abzustecken. An dem Rat, »achte auf dich«, konnte er indes keinen Fehler finden.

Einen Moment spielte er mit dem Gedanken, den winzigen schwarzen Gegenstand am Eingang der romanischen Klosterruine mit der Bohrerspitze von seinem Platz zu entfernen. Doch sofort faßte er sich und begriff, daß er damit nur Schaden anrichten würde. Und er hatte doch bloß feststellen wollen, was sich noch reparieren, von ihm, so gut er konnte, heilmachen ließ.

Wieder begann er, in den Zimmern des leeren Hauses umherzuwandern. Prüfte eines nach dem andern. Hob eine zerdrückte Decke von Nettas Bett auf, faltete sie zusammen und legte sie neben das Kissen. Warf einen Blick in den Roman von Jakob Wassermann neben der Leselampe seiner Mutter, legte ihn aber nicht wieder aufgeklappt und umgekehrt an seinen Platz zurück, sondern – mit einem Lesezeichen versehen – gerade ausgerichtet neben ihr Radio. Brachte den wirren Haufen ihrer Tablettenröhrchen und -tüten in Ordnung. Danach schnupperte und fummelte er ein wenig an Avigail Lublins Kosmetika, vergebens bemüht, sich die Düfte in Erinnerung zu rufen, mit denen er die jetzt eingesogenen gern vergleichen wollte. In seinem Zimmer hielt er ein paar Minuten inne und studierte durch seine Priesterbrille den Gesichtsausdruck des Hausherrn und leitenden El-Al-Angestellten, Herrn Kramer, auf dem alten Foto in Panzertruppenuniform beim Handschlag mit Generalstabschef David Elasar. Der General wirkte melancholisch und übermüdet, die Augen halb geschlossen, als sehe er in nicht allzuweiter Entfernung ohne besondere Erregung seinen Tod. Doch Herr Kramer strahlte auf dem Foto mit dem Lächeln dessen, der eine neue Seite in seinem Leben aufschlägt und sich sicher ist, daß von nun an nichts mehr sein werde, wie es vorher war, sondern alles anders, festlicher, erregender, geadelt. Nur ein Pünktchen Fliegendreck entdeckte Joel auf der Brust des abgelichteten Hausherrn, das er mit der Federspitze jenes Nichtfüllers abkratzte, den Ivria etwa alle zehn Worte ins Tintenfaß zu stecken pflegte. Joel erinnerte sich, wie er manchmal gegen Abend am Ende eines Sommertags, als sie noch in Jerusalem wohnten, nach Hause gekommen war und schon im Treppenhaus mehr gespürt als gehört hatte, daß die Gitarrenklänge des alleinstehenden Nachbarn aus seiner eigenen Wohnung drangen, und er sich vorsichtig wie ein Dieb eingeschlichen hatte, ohne Schlüssel- oder Türenknarren und mit unhörbaren Schritten, wie man es ihn gelehrt hatte, und da nun Frau und Tochter vor sich sah, die eine im Sessel sitzend, die andere mit dem Rücken zum Zimmer, das Gesicht dem offenen Fenster zugewandt, das zwischen einer Mauer und einer staubigen Pinienkrone auf einen kurzen Abschnitt der öden Berge Moabs jenseits des Toten Meers blickte. Und die beiden mitgerissen von der Musik, während der Mann dasaß und sich mit geschlossenen Augen seinen Saiten hingab. Auf seinem Gesicht sah Joel zuweilen einen unglaublichen Ausdruck, eine sonderbare Mischung von sehnendem Verlangen und nüchterner Bitterkeit, die sich vielleicht in seinem linken Mundwinkel konzentrierte. Unwillkürlich versuchte Joel selber eine solche Miene aufzusetzen. So sehr glichen die beiden einander in ihrem Alleinsein mit der Musik, zumal die Dämmerung sich schon zwischen den Möbeln ausbreitete und sie kein Licht eingeschaltet hatten, daß Joel sich einmal irrte, als er auf Zehenspitzen hineinging und Nettas Nakken einen Kuß aufdrückte, der für Ivria bestimmt gewesen war. Er und seine Tochter hüteten sich doch sonst stets vor Berührung.

Joel drehte die Fotografie um, prüfte das Datum und versuchte im Kopf auszurechnen, wieviel Zeit vom Aufnahmetag bis zu General Elasars jähem Tod vergangen war. Dabei sah er sich im selben Moment als einen Krüppel ohne Gliedmaßen, einen Fleischsack, aus dem ein Kopf hervorragte, der weder der eines Mannes noch der einer Frau, sondern der eines zarteren Geschöpfes, zarter als ein Kind war, strahlend und großäugig, als kenne er die Antwort und freue sich im stillen über ihre Einfachheit – ja unglaublich einfach und hier fast vor deiner Nase.

Danach ging er ins Badezimmer, nahm zwei neue Klopapierrollen aus dem Schrank, hängte eine davon neben die Klosettschüssel im Bad und stellte die andere als Reserve in die zweite Toilette. Sämtliche Handtücher sammelte er ein und warf sie in den Wäschekorb, außer einem, das er zum Auswischen der Becken benutzte, bevor er es ebenfalls dazulegte. Dann holte er frische Handtücher heraus und hängte sie an ihre Stelle. Hier und da entdeckte er ein langes Frauenhaar, hob es auf, identifizierte es sorgfältig gegens Licht, warf es in die Toilette und zog. Im Medizinschrank fand er ein Ölkännchen, das draußen in den Geräteschuppen gehörte, und brachte es dort hin. Unterwegs kam er jedoch auf die Idee, die Angeln des Badezimmerfensters zu ölen und danach die der Küchentür, der Kleiderschränke, und da er das Kännchen einmal in der Hand hatte, suchte er im Haus herum, was man noch ölen könnte. Zum Schluß ölte er die Bohrmaschine selber und die Aufhängefedern der Schaukel draußen, bis er feststellte, daß das Döschen leer war und es daher keinen Sinn mehr hatte, es in den Geräteschuppen zurückzubringen. Als er an der Wohnzimmertür vorüberkam, erschrak er beinah, weil er einen Augenblick meinte, irgendeine leichte, fast unmerkliche Bewegung zwischen den Möbeln im Dunkeln wahrgenommen zu haben. Doch es war wohl nur ein Blätterschwanken des großen Philodendrons gewesen. Oder die Gardine? Oder etwas hinter ihm? Eine Regung, die genau in dem Moment aufhörte, in dem er das Licht im Wohnzimmer anknipste und in jede Ecke guckte, aber langsam wieder hinter seinem Rücken einzusetzen schien, sobald er ausmachte und sich zum Gehen wandte. Deshalb stahl er sich barfuß in die Küche, ohne Licht anzuschalten, ja fast ohne zu atmen, und horchte ein, zwei Sekunden durch die Durchreiche in den Wohnraum. Nichts als Dunkel und Schweigen. Vielleicht nur ein schwacher Geruch nach überreifem Obst. Er drehte sich um, wollte die Kühlschranktür öffnen, und da war wieder so was wie ein Rascheln hinter seinem Rücken. Blitzschnell fuhr er herum und schaltete sämtliche Lampen ein. Nichts. Löschte sie also wieder und schlich, lautlos und hellwach wie ein Einbrecher, hinaus, ging nach hinten ums Haus herum, lugte vorsichtig ins Fenster und bekam in der dunklen Zimmerecke fast noch irgendeine Regung mit. Die in dem Augenblick aufhörte, in dem er hinguckte oder etwas zu sehen glaubte. Hatte sich ein Vogel ins Zimmer verflogen und überlegte nun flatternd, wie er wieder rauskam? War die Katze aus dem Geräteschuppen ins Haus eingedrungen? Oder vielleicht war es eine Eidechse. Oder eine Viper.

Oder der Luftstrom raschelte nur in den Blättern der Topfpflanze. Joel blieb zwischen den Büschen stehen und lugte geduldig von draußen in das dunkle Haus hinein. Das Meer läuft nicht weg. Jetzt kam ihm in den Sinn, daß an Stelle einer Schraube in der linken Hinterpfote des Raubtiers vielleicht ein langer feiner Stift stecken könnte, der an die Edelstahlplatte angegossen war. Und daß man deshalb von unten keinerlei Gewinde oder Vernagelung sah. Die Raffinesse, kraft derer dem Künstler ein derart geschmeidiger, großartiger, tragischer Sprung gelungen war, hatte ihn dann also auch veranlaßt, von vornherein die Grundplatte so zu entwerfen, daß sie – in einem Guß – einen herausragenden Stift einschloß. Diese Lösung erschien Joel logisch, scharfsinnig und amüsant, hatte aber insofern einen Nachteil, als sie sich nicht nachprüfen ließ, ohne den linken Hinterlauf abzubrechen.

Bliebe also die Frage, ob die ewigen Leiden gebremsten Sprungs und gestoppter Bewegung, die beide – Sprung wie Bewegung – niemals aufhören, aber auch keinen Augenblick verwirklicht werden, oder niemals aufhören, weil sie nicht verwirklicht werden, nun schwerer oder leichter zu ertragen sind als die Zerschmetterung der Pfote ein für allemal? Darauf fand er keine Antwort. Fand statt dessen aber heraus, daß er inzwischen den größten Teil der Fernsehnachrichten verpaßt hatte. Deshalb verzichtete er auf eine Fortsetzung seines Hinterhalts, ging wieder hinein und schaltete den Fernseher ein. Bis das Gerät warmgelaufen war, hörte man nur die Stimme des Sprechers Jaakow Achimeir, der die wachsenden Nöte der Fischereibranche schilderte – Abwanderung der Fischschwärme, Aufgabe der Fischer, die Gleichgültigkeit der Regierung –, und als endlich das Bild aufflimmerte, war der Bericht zu diesem Thema mehr oder weniger zu Ende. Auf der Mattscheibe sah man bloß noch das Meer im Abendlicht, grünlich-grau, ohne Boote, fast wie geronnen wirkend, nur in einer Bildecke schimmerten leichte Schaumkronen auf, und die Ansagerin gab die Wettervorhersage für morgen bekannt, wobei die vorausgesagten Temperaturen auf dem Meer erschienen. Joel wartete zwei weitere Nachrichten ab, die Karmit Gai zum Abschluß der Sendung verlas, guckte noch einen Werbespot an, und als er sah, daß ein zweiter folgen würde, stand er auf, schaltete das Gerät ab, legte Bachs musikalisches Intermezzo auf den Plattenteller, schenkte ein Gläschen Brandy ein und stellte sich, warum auch immer, konkret das sprachliche Bild vor, das der Patron am Ende seines Telefongesprächs benutzt hatte: Blitz aus heiterem Himmel. Dann setzte er sich mit dem Glas in der Hand auf den Telefonhocker und wählte Arik Kranz' Privatnummer. Er hatte vor, sich von Kranz für etwa einen halben Tag dessen kleinen Zweitwagen auszuleihen, so daß er Avigail sein Auto dalassen konnte, wenn er morgen früh um zehn zum Büro fuhr. Odelia Kranz sagte ihm mit ersticktem Groll in der Stimme, Arie sei nicht zu Hause, und sie habe keine Ahnung, wann er zurückkehre. Wenn überhaupt. Und es sei ihr auch ziemlich egal, ob er wiederkomme oder nicht. Joel begriff, daß sie wieder Krach miteinander gehabt hatten, und versuchte sich zu erinnern, was Kranz ihm während der sabbatlichen Segelpartie über die rothaarige Bombe erzählt hatte, die er in einem Hotelzimmer am Toten Meer auf die Rakete gesteckt hatte, ohne einen blassen Dunst davon zu haben, daß ihre Schwester eine Schwägerin seiner Frau oder ungefähr so was war, weswegen er, Arik, nun in Abfangbereitschaft verharrte. Odelia Kranz fragte trotzdem, ob sie Arie etwas ausrichten oder ihm eine Notiz hinterlassen solle. Joel zögerte, bat um Verzeihung und sagte schließlich: »Nein. Nichts Besonderes. Das heißt eigentlich, wenn Sie schon mal bereit sind, könnten Sie ihm vielleicht Grüße ausrichten, und er möchte mich zurückrufen, falls er vor Mitternacht wieder da ist.« Worauf er lieber noch hinzufügte: »Wenn es Ihnen nicht schwerfällt. Vielen Dank.« Odelia Kranz erwiderte: »Mir fällt nie was schwer. Nur darf ich vielleicht erfahren, mit wem ich die Ehre habe?« Joel wußte, wie lächerlich seine Abneigung war, am Telefon seinen Namen anzugeben, konnte aber doch ein kurzes Zögern nicht vermeiden, nach dem er seinen Vornamen nannte, ihr noch einmal dankte und auf Wiederhören sagte.

Odelia Kranz erwiderte: »Ich komm' jetzt zu Ihnen. Muß Sie einfach sprechen. Bitte. Wir kennen uns zwar nicht, aber Sie werden verstehen. Nur auf zehn Minuten?«

Joel schwieg. Hoffte, sich keiner Lüge bedienen zu müssen. Nachdem sie sein Schweigen gespürt hatte, sagte Odelia Kranz: »Sie sind beschäftigt. Ich verstehe. Tut mir leid. Ich wollte Sie nicht überfallen. Vielleicht sehen wir uns ein andermal. Wenn es geht.« Und Joel erwiderte herzlich: »Ich bitte um Entschuldigung. Im Moment fällt's mir ein bißchen schwer.« – »Macht nichts«, sagte sie, »wem denn nicht.«

Morgen ist auch noch ein Tag, dachte er. Stand auf, nahm die Schallplatte vom Teller und ging hinaus, schlenderte im Dunkeln bis ans Ende des Sträßchens, bis zum Zaun der Zitruspflanzung, wo er stehenblieb, und sah nun über den Dächern und Baumkronen ein rhythmisches rotes

Blinken, vielleicht Warnlichter an der Spitze einer hohen Antenne. Und da zwischen diesen Blinkern flimmerte ein bläulichmilchiger Lichtstreifen in langsamem Strom über den Himmel, wie ein Traumgebilde, ein Satellit vielleicht oder ein fallender Meteor. Er wandte sich ab und ging. Genug, aus, murmelte er dem Hund Ironside zu, der ihn müde über den Zaun hin anbellte. Er hatte vor, heimzukehren, um zu sehen, ob das Haus noch leer war, ob er daran gedacht hatte, den Plattenspieler auszuschalten, als er das musikalische Intermezzo herunternahm, und ein Gläschen Brandy wollte er sich auch einschenken. Doch da fand er sich zu seiner vollständigen Überraschung nicht in seinem Haus, sondern, versehentlich, vor der Tür der Geschwister Vermont stehen, wobei ihm allmählich aufging, daß er geistesabwesend schon auf ihren Klingelknopf gedrückt haben mußte, denn als er gerade einen schnellen Rückzug antreten wollte, ging die Tür auf, und der Mann, der wie ein stattlicher, rosig-gesunder Holländer aus einer Reklame für erlesene Zigarren aussah, brüllte dreimal: *Come in, come in, come in*. So daß Joel keine Wahl mehr blieb und er dankend eintrat.

22.

Beim Eintreten zwinkerte er mit den Augen wegen der grünlichen Aquariumsbeleuchtung, die das Wohnzimmer überflutete – ein Licht, das durch Dschungelblätterwerk zu fallen oder vom Meeresboden aufzusteigen schien. Die schöne Annemarie, mit dem Rücken zu ihm über den Couchtisch gebeugt, klebte Fotos in ein schweres Album. In dieser Haltung, bei der ihre dünnen Schulterblätter die Nackenhaut spannten, kam sie Joel nicht verführerisch, sondern eher rührend kindlich vor. Den orangenen Kimono mit schmaler Hand an die Brust drückend, wandte sie sich ihm freudig zu: »*Wow! Look who's here!*« Und fügte auf hebräisch an: »Wir fürchteten schon langsam, Sie fänden uns womöglich abstoßend.« Im selben Moment donnerte Vermont aus der Küche: »*I bet you'd care for a drink!*« und begann Getränke aufzuzählen, die dem Gast zur Wahl standen.

»Setzen Sie sich hierher«, sagte Annemarie sanft, »ruhen Sie sich aus. Atmen Sie tief durch. Sie sehen ja so müde aus.«

Joel votierte für ein Gläschen Dubonnet, weniger durch die Geschmacksrichtung als durch den Klang des Namens verlockt. Der ihn an

Dubim, Bären, denken ließ. Vielleicht, weil ein dunst- und wassertriefender Tropenwald über drei Zimmerwände wucherte, sei es auf einer Folge aneinandergeklebter Riesenposter, einer Bildertapete oder einem Wandbild. Es war ein dichter, verschlungener Wald, zwischen dessen Stämmen unter der Wipfeldecke sich ein Schlammpfad wand, gesäumt von schwarzen Büschen, zwischen denen wiederum Pilze sprossen. Das Wort Pilze verband Joel im Geist irgendwie mit dem Wort *Kmehin*, Trüffel, obwohl er nicht wußte, wie Trüffel aussahen, ja im Leben noch keinen zu Gesicht bekommen hatte und nichts weiter von ihnen wußte als den Anklang an das Wort *Kmeha*, Sehnen. Durch das Blättergewirr wurde das wäßriggrüne Licht gefiltert, das das Zimmer nur spärlich erhellte. Dieser Beleuchtungstrick sollte dem Wohnzimmer gedämpfte Tiefe verleihen. Joel sagte sich, daß alles zusammen – die drei Wände bedeckende Tapete nebst dem entsprechenden Leuchteffekt – von schlechtem Geschmack zeugte. Und trotzdem geriet er aus irgendeinem kindischen Grund in unbezähmbare Erregung angesichts der blinkenden Nässe zu Füßen der Koniferen und Eichen, als wimmele es in diesem Wald vor Glühwürmchen. Und als plätschere dort irgendwo ein stilles Wasser, eine Au, ein Bächlein, ein Flußlauf in munterem Silbergeschlängel durch das saftigüppige Grün zwischen dunklen Büschen und Sträuchern, die vielleicht Heidel- und Johannisbeeren trugen, obwohl Joel keine Ahnung hatte, was Johannis- und Heidelbeeren waren, ja sogar ihre Namen nur aus Büchern kannte. Doch das grünliche Licht im Zimmer tat seinen müden Augen gut, fand er. Ausgerechnet hier und an diesem Abend ging ihm endlich auf, daß das grelle Sommerlicht mit ein Grund für seine Augenschmerzen sein mochte. Es war wohl Zeit, sich neben der neuen Lesebrille auch eine Sonnenbrille zuzulegen.

Vermont, sommersprossig, impulsiv, sich geradezu überbietend vor energischer Gastfreundschaft, schenkte Joel einen Dubonnet und seiner Schwester und sich selbst Campari ein, wobei er etwas von der geheimen Schönheit des Lebens und von geistlosen Kerlen, die das Geheimnis nur verschwendeten und zerstörten, murmelte. Im Hintergrund legte Annemarie eine Platte mit Liedern von Leonard Cohen auf. Und sie redeten über die aktuelle Lage, die Zukunft, den nahenden Winter, die Schwierigkeiten der hebräischen Sprache und über die Vor- und Nachteile des Supermarkts in Ramat Lotan im Vergleich zu dem Konkurrenzunternehmen im Nachbarviertel. Der Bruder erzählte auf englisch, seine Schwester behaupte schon lange, man solle Joel fotografieren und ein Poster von ihm anfertigen, um der Welt das Abbild des sinnlichen israelischen Mannes vorzuführen. Dann fragte er Joel, ob er Annemarie nicht für eine attraktive Frau hielte. Alle fänden das, und auch er, Ralph Vermont, sei von Annemarie fasziniert und nehme an, daß Joel ihren Reizen gegenüber ebenfalls nicht gleichgültig sei. Annemarie fragte: Was ist das denn, der Start in einen blauen Abend? Erste Vorbereitungen für eine Orgie? Und ärgerte ihren Bruder, indem sie – als offenbare sie Joel die allergeheimsten Karten – sagte, Ralph brenne in Wirklichkeit darauf, sie zu verheiraten. Jedenfalls wolle das ein Teil von ihm, während der andere Teil, aber genug damit, wir wollen Sie ja nicht langweilen.

Joel sagte: »Ich langweile mich keineswegs. Machen Sie nur weiter.« Und als wolle er ein kleines Mädchen glücklich machen, fügte er an: »Sie sind wirklich sehr schön.« Irgendwie waren diese Worte auf englisch leicht gesagt und doch unmöglich im Hebräischen. Unter Menschen, in Gegenwart von Bekannten und Freunden, hatte seine Frau manchmal gelacht und wie beiläufig dahingesagt: »*I love you.*« Aber nur ganz selten und nur, wenn sie allein waren, und stets tief ernst, kamen ihr dieselben Worte auf hebräisch über die Lippen, wobei Joel jedesmal erschauerte.

Annemarie deutete auf die Fotos, die noch auf dem Couchtisch verstreut lagen, da sie bei Joels überraschendem Eintreten gerade damit beschäftigt gewesen war, sie in ein Album einzukleben. Das hier seien ihre beiden Töchter, Aglai und Talia, jetzt neun und sechs Jahre alt, die sie jede einem anderen Ehemann geboren und dann beide im Abstand von sieben Jahren in Detroit verloren habe, und zwar bei zwei Scheidungsprozessen, bei denen auch ihr gesamtes Vermögen »bis zum letzten Nachthemd« draufgegangen sei. Dann habe man die beiden Mädchen gegen sie aufgehetzt, so daß man sie nur noch gewaltsam zu Wiedersehen mit ihr zwingen könne, und beim letztenmal, in Boston, habe ihr die Große nicht die leiseste Berührung gestattet, und die Kleine habe sie angespuckt. Ihre beiden Ex-Männer hätten sich gegen sie verbündet, einen gemeinsamen Rechtsanwalt beauftragt und planten ihr Unglück bis ins kleinste Detail. Ihr Ziel sei es, sie in den Selbstmord oder in geistige Umnachtung zu treiben. Wäre Ralph nicht gewesen, der sie wahrhaftig gerettet habe, aber sie bäte um Entschuldigung, daß sie so rede und rede.

Damit verstummte sie. Das Kinn war ihr schräg auf die Brust gesunken, sie weinte tonlos und sah aus wie ein Vogel mit gebrochenem Hals. Ralph

Vermont faßte sie um die Schulter, und Joel, zu ihrer Linken, zögerte einen Augenblick, gab sich dann einen Ruck und nahm ihre kleine Hand in seine, blickte auf ihre Finger und sagte nichts, bis sie sich wieder beruhigte und zu weinen aufhörte. Er, der seine eigene Tochter schon Jahre lang nicht im leisesten berührt hatte. Und der Junge auf diesem Bild, erklärte der Bruder auf englisch, hier am Strand von San Diego aufgenommen, ist Julian Aeneas Robert, mein einziger Sohn. Den habe ich auch in einem vertrackten Scheidungsprozeß vor zehn Jahren in Kalifornien verloren. So sind meine Schwester und ich eben allein zurückgeblieben, und nun sind wir hier. Was möchten Sie über Ihr Leben erzählen, Herr Ravid? Joel, wenn Sie nichts dagegen haben? Ebenfalls eine zerrüttete Familie? In der Urdu-Sprache soll es so ein Wort geben – wenn man es von rechts nach links schreibt, bedeutet es innige Liebe, und von links nach rechts wird tödlicher Haß daraus. Konsonanten und Vokale, alles gleich, kommt nur auf die Richtung an. Glaub um Gottes willen nicht, uns eine intime Geschichte im Gegenzug für intime Geschichten zu schulden. Das ist kein Busineß hier, nur sozusagen ein Angebot, sich die Sache von der Seele zu schaffen. Es heißt, ein alter Rabbi in Europa habe mal gesagt, ein gebrochenes Herz sei das Heilste auf der ganzen Welt. Aber fühl dich nicht verpflichtet, Geschichte gegen Geschichte zu tauschen. Hast du schon zu Abend gegessen? Wenn nicht, haben wir noch eine wunderbare Kalbfleisch-Pie übrig, die Annemarie in Minuten aufwärmen kann. Nur keine falsche Bescheidenheit. Iß. Und hinterher trinken wir Kaffee und gucken uns einen guten Video-Film an, wie wir's dir immer versprochen haben.

Aber was hätte er ihnen erzählen sollen? Von der Gitarre seines früheren Nachbarn, die nach dessen Tod nachts von allein Cello-Klänge abzugeben begann? Also sagte er: »Ich danke euch beiden. Ich habe schon gegessen.« Und fügte hinzu: »Ich wollte nicht stören. Verzeiht, daß ich so ohne Vorankündigung hereingeplatzt bin.«

Ralph Vermont legte brüllend los: »*Nonsense! No trouble at all!*« Und Joel fragte sich, warum einem das Unglück anderer immer übertrieben oder lächerlich erscheint – zu vollkommen, um ernst genommen zu werden. Trotzdem tat es ihm um Annemarie und auch um ihren rosigen, wohlgenährten Bruder leid. Als antworte er verspätet auf eine vorangegangene Frage, bemerkte er verlegen lächelnd: »Ich habe einen Verwandten gehabt, schon gestorben, der immer sagte, alle hätten die gleichen Geheimnisse. Ob das wirklich so ist oder nicht, weiß ich nicht, und nach meiner Meinung gibt es hier sogar ein kleines logisches Problem. Wenn man Geheimnisse vergleicht, sind sie keine Geheimnisse mehr und fallen nicht unter diese Kategorie. Und wenn man sie nicht vergleicht, wie soll man dann wissen, ob sie ähnlich, gleich oder verschieden sind? Unwichtig. Lassen wir das.«

Ralph Vermont sagte: »*It's a goddam nonsense, with all due respect to your relative or whoever.*«

Joel machte es sich im Sessel gemütlicher und legte die Füße auf den Schemel. Als bereite er sich auf ein tiefes, langes Ausruhen vor. Der schmale, mädchenhafte Körper der Frau ihm gegenüber im orangenen Kimono, dessen Falten sie wieder und wieder mit beiden Händen an die Brust drückte, ließ Gedanken und Bilder in seinem Innern aufsteigen, die er lieber von sich gewiesen hätte. Ihre Nippel schielten hierhin und dahin unter der Seidenhülle, erzitterten bei jeder ihrer Handbewegungen, als rumorten sie unter dem Kimono, als rangelten und zappelten dort junge Kätzchen, um hinauszukommen. Im Geist stellte er sich vor, seine breiten, häßlichen Hände würden diese Brüste kraftvoll umschließen und ihr Zappeln anhalten, als fingen sie warme Küken ein. Die Versteifung seines Glieds brachte ihn in schmerzliche Verlegenheit, da Annemarie kein Auge von ihm ließ und er daher nicht mit einem schnellen Handgriff den Druck seiner engen Jeans auf die schräg eingeklemmte Erektion lockern konnte. Er meinte, den Anflug eines Lächelns zwischen Bruder und Schwester wahrzunehmen, als er die Knie höher anzuwinkeln versuchte. Ja, fast hätte er mitgelächelt, doch er war sich nicht sicher, ob er nun gesehen und nur zu sehen gemeint hatte, was zwischen den beiden vor sich ging. Für einen Moment durchfuhr ihn Schealtiel Lublins altbekannter Standardgroll gegen das Glied, das einen herumkommandiert und einem das ganze Leben kompliziert, so daß man sich partout nicht darauf konzentrieren kann, Puschkins Gedichte zu verfassen oder die Elektrizität zu erfinden. Seine Begierde breitete sich von den Lenden nach unten und oben aus, über Rücken und Nacken ebenso wie über Schenkel und Knie bis in die Fußsohlen. Der Gedanke an die Brüste der schönen Frau da vor sich verursachte ein leichtes Beben um seine eigenen Nippel. In der Phantasie sah er ihre kindlichen Finger ihn leicht und flink in Nacken und Rücken zwikken, wie Ivria es getan hatte, wenn sie seinen Pulsschlag erhöhen wollte, und weil er an Ivrias Hände dachte, machte er die Augen auf und sah Annemaries Hände für ihn und für ihren Bruder dreieckige Stücke wabbelnden Käsekuchens aufschneiden. Doch da entdeckte er auf ihrem Handrücken ein paar braune Punkte – Flecke des Pigments, das sich unwiederbringlich in der alternden Haut ansammelte, und auf einen Schlag erschlaffte seine Begierde, und an ihre Stelle traten Sanftheit, Erbarmen und Kummer und auch die Erinnerung an ihr Weinen einige Minuten zuvor und an die Gesichter der Mädchen und des Jungen, die die beiden Geschwister in ihren Scheidungsprozessen verloren hatten, und er stand auf und sagte, ich möchte mich entschuldigen.

»Wofür denn?«

»Es ist Zeit, daß ich gehe«, sagte er.

»Kommt gar nicht in Frage«, brauste Vermont auf, als übersteige die Kränkung seine Selbstbeherrschungskraft, »du gehst hier nicht weg. Der Abend ist doch noch jung. Setz dich, wir sehen uns was auf Video an. Was darf's sein? Eine Komödie? Ein Krimi? Vielleicht was Saftiges?«

Jetzt fiel ihm ein, daß gerade Netta ihn mehrmals gedrängt hatte, diesen Nachbarn einen Besuch abzustatten, ja ihm beinah hatte verbieten wollen, allein daheimzubleiben. Und zu seiner eigenen Überraschung sagte er: »Gut. Warum nicht?« Ließ sich wieder auf den Sessel nieder, legte gemütlich die Beine auf den Fußschemel und fügte hinzu: »Egal. Was ihr aussucht, ist mir recht.« Durch das Gespinst seiner Müdigkeit verfolgte er ein schnelles Getuschel zwischen Bruder und Schwester. Die die Arme ausbreitete, so daß ihre Kimonoärmel sich wie die Flügel eines auffliegenden Vogels hoben. Dann ging sie hinaus, kehrte in einem anderen – roten – Kimono zurück und legte liebevoll die Hände auf die Schultern ihres Bruders, der vorgebeugt ein Weilchen an dem Videogerät herumfummelte. Als er fertig war, richtete er sich schwerfällig auf und kitzelte sie hinter den Ohren, wie man es bei einer Katze macht, um sie zum Schnurren zu bringen. Wieder füllten sie Joels Glas mit Dubonnet, die Beleuchtung im Zimmer wechselte, und der Bildschirm vor seinen Augen begann zu flimmern. Auch wenn es eine einfache Methode gäbe, das Raubtier auf der Platte aus der leidvollen Verankerung seiner Pfote zu befreien, ohne etwas zu zerbrechen und ohne weh zu tun, hätte man noch keine Antwort auf die Frage, wie und wohin ein Tier springen sollte, das keine Augen hat. Der Ursprung des Leidens liegt also im Endergebnis doch nicht an der Lötstelle zwischen Basis und Fuß, sondern anderswo. Genau so, wie die Nägel auf dem byzantinischen Kreuzigungsbild zart gearbeitet waren und kein einziger Tropfen Blut aus den Wunden rann und der Beschauer mit Ge-

wißheit spürte, daß es nicht um die Befreiung des Jünglings mit den mädchenhaften Zügen aus dem Gefängnis seines Leibes ging. Ohne etwas zu zerbrechen oder weiteres Herzeleid zu verursachen. Mit leichter Anstrengung gelang es Joel, sich zu sammeln und im Geist zu rekonstruieren:
Verehrer.
Krisen.
Das Meer.
Und die Stadt zum Greifen nah.
Und wurden zu einem Fleisch.
Und vom Winde verweht.
Als er aus seinen Gedanken erwachte, merkte er, daß Ralph Vermont sacht das Zimmer verlassen hatte. Und vielleicht lugte er jetzt, aufgrund eines geheimen Abkommens mit seiner Schwester, durch eine Ritze, womöglich durch die Wand, durch ein winziges Löchlein in einer Koniferenkrone dieser Waldkulissen. Lautlos, babyhaft, entflammt lag Annemarie auf dem Teppich neben ihm hingestreckt, bereit für ein klein bißchen Liebe. Zu der Joel in diesem Moment nicht bereit war, sei es aus Müdigkeit oder wegen seines inneren Kummers, obwohl er sich seiner Schlaffheit sehr schämte und beschloß, sich vorzubeugen und ihr den Kopf zu streicheln. Sie faßte mit beiden Händen seine häßliche Pranke und legte sie sich auf die Brust. Mit den Zehen zog sie an einer Kupferkette und dämpfte die Waldlichter noch mehr. Dabei entblößten sich ihre Schenkel. Jetzt zweifelte er nicht mehr daran, daß ihr Bruder sie beobachtete und Anteil nahm, aber es war ihm egal, während er im Herzen die Worte Itamars oder Eviatars wiederholte: Was macht das jetzt aus? Ihre Schlankheit, ihr Hunger, ihr Schluchzen, das Vorspringen ihrer schmalen Schulterblätter unter der dünnen Haut, unerwartete Nuancen kleiner Schüchternheiten in ihrer begehrlichen Hingabe – in seinem Hirn blinkten nacheinander die Schande auf dem Dachboden, die Dornzweige, die seine Tochter umgaben, und Edgar Linton auf. Annemarie flüsterte ihm ins Ohr: Du bist so rücksichtsvoll, du bist so mitfühlend. Und tatsächlich war er von Sekunde zu Sekunde weniger auf seine eigenen Fleischesfreuden bedacht, als sei er aus seinem Leib ausgebrochen und in den der Frau geschlüpft, die er nun umsorgte, als verbinde er einen schmerzenden Körper, als besänftige er eine gepeinigte Seele, als stille er das Leid eines kleinen Mädchens, aufmerksam und genau bis in die Fingerspitzen, bis sie ihm zuflüsterte: Jetzt. Und er, von Mitgefühl und Freigebigkeit überströmt, aus irgendeinem Grund zurückwisperte: Meinetwegen.

Dann, als die Komödie, die sie auf dem Video gesehen hatten, zu Ende war, kam Ralph Vermont herein und servierte Kaffee mit erlesenen kleinen Pfefferminzschokoladen in grünem Staniolpapier. Annemarie ging hinaus und kehrte diesmal in weinroter Bluse und weiten Kordhosen zurück. Joel blickte auf die Uhr und sagte, Freunde, schon mitten in der Nacht, Zeit zum Schlafengehen. An der Tür bestürmten ihn die Vermonts, sie wieder zu besuchen, wenn er einen freien Abend habe. Und auch alle Damen seien eingeladen.

Schlapp und schläfrig schlenderte er von ihrem zu seinem Haus hinüber, summte eine alte, gefühlvolle Jaffa-Jarkoni-Melodie, unterbrach einen Moment, um dem Hund »halt die Klappe, Ironside«, zu sagen, und summte weiter, wobei er an Ivria denken mußte, die ihn fragte, was denn los sei, wieso er plötzlich so fröhlich wirke, und er ihr antwortete, er habe sich eine Eskimomätresse geangelt, worauf sie lachte und er fast im selben Moment spürte, wie sehr er darauf brannte, dieses Eskimoliebchen mit seiner Frau zu betrügen.

In jener Nacht fiel Joel voll angezogen auf sein Bett und schlief fast augenblicklich ein, als er den Kopf aufs Kissen legte. Er konnte sich nur gerade noch in Erinnerung rufen, daß er Kranz die gelbe Sprühdose zurückgeben mußte und daß es vielleicht doch schön sei, auch mit Odelia ein Treffen zu vereinbaren und sich ihre Nöte und Beschwerden anzuhören, weil es wohltuend ist, ein guter Mensch zu sein.

23.

Morgens um halb drei wachte Joel auf, weil eine Hand an seiner Stirn lag. Sekundenlang regte er sich nicht, stellte sich weiter schlafend, genoß die sanften Hände, die das Kissen unter seinem Kopf zurechtzogen und ihm übers Haar strichen. Doch plötzlich packte ihn der Schreck, er setzte sich mit einem Ruck auf, schaltete hastig das Licht ein, fragte seine Mutter, was denn mit ihr los sei und hielt ihre Hand mit seiner fest.

»Ich hab' was Grausliges geträumt, daß sie dich weggegeben haben und die Araber gekommen sind und dich mitgenommen haben.«

»Das ist alles wegen dem Streit, den du mit Avigail gehabt hast. Was ist denn bloß mit euch beiden los? Morgen versöhnst du dich mit ihr und fertig.«

»In so einen Karton haben sie dich gelegt. Wie einen Hund.«

Joel stand auf. Sanft, aber energisch zog er seine Mutter mit, setzte sie in einen Sessel und breitete eine Wolldecke aus seinem Bett über sie.

»Setz dich ein bißchen zu mir. Beruhig dich. Dann gehst du wieder schlafen.«

»Nie schlof ich. Ich habe Schmerzen. Ich habe böse Gedanken.«

»Dann schlaf eben nicht. Bleib einfach still hier sitzen. Du brauchst keine Angst zu haben. Möchtest du ein Buch lesen?«

Danach legte er sich wieder ins Bett und knipste das Licht aus. Doch er konnte um keinen Preis in Gegenwart seiner Mutter wieder einschlafen, obwohl nicht einmal ihre Atemzüge in der Stille zu hören waren. Ihm schien, als wandere sie lautlos im Zimmer umher, gucke im Dunkeln in seine Bücher und Aufzeichnungen, greife in den unverschlossenen Panzerschrank. Er schaltete abrupt das Licht wieder an, sah seine Mutter im Sessel schlafen, streckte die Hand nach dem Buch am Kopfende aus, erinnerte sich jedoch nur, daß *Mrs. Dalloway* im Hotel in Helsinki geblieben war und er den Wollschal, den Ivria ihm gestrickt hatte, unterwegs in Wien verloren hatte und seine Lesebrille auf dem Wohnzimmertisch liegengeblieben war. Also setzte er die quadratische, randlose Arztbrille auf und nahm sich die Biographie des verstorbenen Generalstabschefs Elasar vor, die er hier im Studio zwischen Herrn Kramers Büchern gefunden hatte. Im Register entdeckte er den Lehrer, seinen Vorgesetzten, der weder unter seinem richtigen Namen noch unter seinem Spitznamen, sondern unter einem seiner Decknamen erschien. Joel blätterte in dem Buch, bis er zu den Lobeshymnen kam, mit denen man den Patron überhäufte, weil er zu den wenigen gehörte, die rechtzeitig vor dem Debakel des Jom Kippur 1973 gewarnt hatten. Für Notkontakte aus dem Ausland war der Patron sein Bruder gewesen. Doch Joel empfand keinerlei Bruderliebe für diesen kalten, geschliffenen Mann, der ihm jetzt – so folgerte Joel plötzlich kurz vor drei Uhr nachts –, getarnt als alter Freund der Familie, eine ausgeklügelte Falle stellte. Ein scharfer, sonderbarer Instinkt begann ihn wie ein Alarmsignal im Innern zu warnen, seinen Plan zu ändern und um zehn Uhr morgens nicht ins Büro zu gehen. Und womit würden sie ihn fassen und zu Fall bringen? Mit dem Versprechen, das er dem tunesischen Ingenieur gegeben und nicht eingehalten hatte? Mit der Frau, die er in Bangkok getroffen hatte? Mit seiner Fahrlässigkeit in Sachen des bleichen Krüppels? Und da ihm klar wurde, daß er diese Nacht nicht mehr einschlafen würde, beschloß er, die kommenden Stunden zur Vorbereitung einer Verteidigungsstrategie für den Morgen zu nutzen. Als er nach alter Gewohnheit anfing, besonnen von Punkt zu Punkt weiterzudenken, füllte sich das Zimmer jäh mit dem Schnarchen seiner im Sessel eingeschlafenen Mutter. Er löschte das Licht, zog sich die Decke über den Kopf und versuchte vergeblich, die Ohren zu verstopfen, um sich auf seinen Bruder, auf Bangkok, auf Helsinki zu konzentrieren. Bis er begriff, daß er, wollte er sie nicht aufwecken, auf keinen Fall dableiben konnte. Beim Aufstehen spürte er, daß es kälter wurde, breitete deshalb eine zweite Wolldecke, die er von seinem Bett geschält hatte, über sie, strich ihr über die Stirn, lud sich dann die Matratze auf den Rücken und trat damit auf den Gang. Dort blieb er einen Augenblick stehen und überlegte, wohin er gehen sollte, wenn nicht zu dem Tier aus der Familie der Raubkatzen auf dem Bord im Wohnzimmer. Er entschied sich für das Zimmer seiner Tochter, und dort, auf dem Fußboden, legte er seine Matratze nieder, wickelte sich in die einzige dünne Decke, die er seiner Mutter vorenthalten hatte, und schlief im selben Augenblick bis zum Morgen ein. Als er aufwachte, guckte er auf die Uhr und wußte sofort, daß er zu spät dran war, daß die Zeitung schon gekommen und aus dem Fenster des Susita auf den Betonpfad geworfen worden war, trotz der draußen angeklebten Bitte, sie in den Briefkasten zu stecken. Beim Aufstehen hörte er Netta im Schlaf in provozierendem, stichelndem Ton die Worte »Wer denn nicht?!« murmeln. Dann verstummte sie. Joel ging barfuß in den Garten, um die Katze mit ihren Jungen im Geräteschuppen zu füttern, nach den Obstbäumen zu sehen und ein wenig den Flug der Zugvögel zu beobachten. Vor sieben kehrte er nach drinnen zurück und rief Kranz mit der Bitte an, ihm seinen kleinen Fiat für diesen Vormittag auszuleihen. Dann ging er von Zimmer zu Zimmer und weckte die Frauen. Betrat zu Beginn der Siebenuhrnachrichten wieder die Küche und machte Frühstück, wobei er die Augen über die Schlagzeilen der Zeitung schweifen ließ. Wegen der Zeitung horchte er nicht auf die Worte des Nachrichtensprechers, und wegen dessen Stimme kriegte er den Inhalt der Schlagzeilen nicht mit. Als er sich selber Kaffee einschenkte, gesellte sich Avigail zu ihm, frisch und duftend wie eine russische Bäuerin, die die Nacht auf einem Heuhaufen verbracht hat. Ihr folgte seine Mutter mit griesgrämiger Miene und eingezogenen Lippen. Um halb acht kam auch Netta in die Küche. Sie sagte: Heute bin ich wirklich spät dran. Und Joel sagte: Trink, und wir fahren los. Heute habe ich bis halb zehn Zeit. Da kommen Kranz und seine Frau im Konvoi und bringen mir den Fiat, damit unser Wagen für dich dableibt, Avigail.

Danach begann er das Frühstücksgeschirr einzusammeln und im Ausguß abzuwaschen. Netta zuckte die Achseln und sagte gelassen: »Meinetwegen.«

24.

»Wir haben schon versucht, ihr einen anderen anzubieten«, sagte der Akrobat, »aber das funktioniert nicht. Die ist nicht bereit, ihre Gunst jemand anderem außer dir zu gewähren.«

»Am Mittwoch früh fährst du«, faßte der Lehrer zusammen, vom Duft seines Rasierwassers wie von einem Frauenparfüm umweht, »am Freitag trefft ihr euch, und Sonntag nacht bist du schon wieder daheim.«

»Moment mal«, sagte Joel, »das geht mir hier etwas zu schnell.« Er erhob sich und trat an das einzige Fenster, am Ende des schmalen, länglichen Raums. Grünlich-grau sah er das Meer zwischen zwei hohen Gebäuden, ein Wolkenbausch lastete kurz bewegungslos auf der Wasserfläche, und so beginnt hier der Herbst. Rund sechs Monate waren vergangen, seitdem er das letzte Mal dieses Zimmer verlassen hatte, um nicht zurückzukehren. Damals war er hergekommen, um sein Ressort an den Akrobaten zu übergeben, sich zu verabschieden und das wieder abzuliefern, was er die ganzen Jahre über in seinem Panzerschrank verwahrt hatte. Der Patron hatte ihm »mit einem letzten Appell an Verstand und Gemüt« gesagt, daß er seine Dienstquittierung vorerst noch rückgängig machen dürfe und daß man, soweit die Zukunft gelegentlich für den Bruchteil einer Sekunde hinter der Gegenwart hervorluge, sagen könne, daß Joel, falls er sich bereitfände, seine Arbeit fortzusetzen, als einer unter drei oder vier Vorzugskandidaten vorgemerkt sei, von denen der beste in rund zwei Jahren an der Südseite dieses Schreibtisches sitzen werde, während er selbst in ein Vegetarierdorf in Galiläa übersiedeln und sich auf Betrachtungen und Sehnsüchte konzentrieren werde. Darauf hatte Joel lächelnd erwidert, was kann man machen, anscheinend führt mein Weg nicht zu deiner Südseite.

Jetzt, als er am Fenster stand, bemerkte er die Schäbigkeit der Vorhänge und diese trübselige, ja fast unbegreiflich heruntergekommene Atmosphäre, die in dem klösterlichen Büro herrschte. Und in krassem Gegensatz zu dem Duftschwall und den sorgfältig gepflegten Händen des Patrons stand. Der Raum war weder groß noch ausreichend beleuchtet, mit einem schwarzen Schreibtisch zwischen zwei Aktenschränken und davor einem Couchtisch mit drei Korbsesseln. An der Wand hingen Reproduktionen von Landschaftsbildern – eine Ansicht Safeds von dem Maler Reuven und eine der Mauern Jerusalems von Litvinowsky. Am Ende des mit Gesetzbüchern und Werken über das Dritte Reich in fünf Sprachen beladenen Bücherregals stand eine blaue Sammelbüchse des Jüdischen Nationalfonds mit der Karte Palästinas von Dan bis Beer Scheva ungefähr, ohne das Dreieck des südlichen Negev, und wie Fliegendreck lagen über diese Karte hier und da die Fleckchen verstreut, die die Juden gegen volle Bezahlung den Arabern bis 1947 abzukaufen vermocht hatten. Die Inschrift auf der Büchse lautete: *Erlösung gewähret dem Land.* Joel fragte sich, ob vor Jahren je sein Herz daran gehangen hatte, dieses graue Büro zu übernehmen, vielleicht Ivria unter dem Vorwand, sich mit ihr über die Erneuerung der Möbel und Vorhänge beraten zu wollen, herzubitten, ihr den Platz gegenüber am Schreibtisch anzubieten und – wie ein Kind, das sich vor seiner Mutter großtut, die sich all die Jahre in ihm geirrt und ihn unterschätzt hat – sie endlich auf ihre Weise ihre Überraschung verdauen zu lassen: Hier, von diesem bescheidenen Büro aus waltet jetzt also er, Joel, über einen Geheimdienst, den manche für den besten der Welt halten. Womöglich wäre es ihr in den Sinn gekommen, ihn mit einem feinen, versöhnlichen Lächeln um die langwimprigen Augen zu fragen, worin seine Arbeit bestehe. Worauf er ihr bescheiden geantwortet hätte, schau, alles in allem bin ich so eine Art Nachtwächter.

Der Akrobat sagte: »Entweder bringen wir sie mit dir zusammen, hat sie unserem Kontaktmann gesagt, oder sie redet überhaupt nicht mit uns. Du hast also offensichtlich bei eurem letzten Treffen ihr Herz gewinnen können. Und sie besteht auch darauf, daß es wieder in Bangkok stattfindet.«

»Es sind über drei Jahre vergangen«, sagte Joel.

»Tausend Jahre sind für dich wie ein Tag«, zitierte der Patron. Dicklich war er, kultiviert, das schütter werdende Haar gepflegt, die Fingernägel hübsch gerundet, seine Züge die eines aufrichtigen, Vertrauen erweckenden Menschen. Und doch flackerte in diesen gleichgültigen, etwas trüben Augen gelegentlich eine höfliche Grausamkeit auf, die Grausamkeit eines feisten Katers.

»Ich hätte gern gewußt«, sagte Joel leise, wie aus den Tiefen seiner Grübeleien, »was sie euch genau gesagt hat. Welche Worte sie benutzt hat.«

»Gut, das ist folgendermaßen«, erwiderte der Akrobat scheinbar ohne Zusammenhang mit der Frage, »wie sich's ergibt, weiß die Dame deinen Vornamen. Vielleicht hast du zufällig irgendeine Erklärung dafür?«
»Erklärung«, sagte Joel, »was gibt's da zu erklären. Offenbar habe ich ihn ihr genannt.«

Der Patron, der bisher kaum gesprochen hatte, setzte seine Lesebrille auf, hob von seinem Schreibtisch mit spitzen Fingern, als handle es sich um ein scharfes Stück Glas, einen rechteckigen Zettel, ein Kärtchen, empor und las in leicht französisch gefärbtem Englisch: »Sag ihnen, ich hätte ein schönes Geschenk, das ich bei einer persönlichen Begegnung mit eurem Mann, Joel, dem mit den tragischen Augen, zu übergeben bereit wäre.«

»Wie ist das angekommen?«

»Die Neugier«, sagte der Akrobat, »hat die Katze um die Ecke gebracht.«

Aber der Patron bestimmte: »Du hast das Recht zu wissen, wie es angekommen ist. Warum nicht. Diese Mitteilung hat sie uns durch den Vertreter der Baufirma Solel Bone in Singapur überbringen lassen. Ein kluger Bursche. Der Tscheche. Vielleicht hast du von ihm gehört. Er ist ein paar Jahre in Venezuela gewesen.«

»Und wie hat sie sich vorgestellt?«

»Das ist genau die häßliche Seite der Geschichte«, sagte der Akrobat, »deswegen sitzt du jetzt hier. Sie hat sich bei diesem Plessner als ›eine Freundin von Joel‹ vorgestellt. Was hältst du davon?«

»Anscheinend hab' ich's ihr gesagt. Kann mich nicht erinnern. Und ich weiß natürlich, daß das den Anweisungen widerspricht.«

»Die Anweisungen«, zischte der Akrobat, »die sind nicht für Kronprinzen.« Danach wiegte er den Kopf mehrmals von rechts nach links und stieß dabei viermal, mit langen Pausen dazwischen, den Laut *zk* aus. Schließlich näselte er boshaft: »Ich kann's wirklich nicht glauben.«

Der Patron sagte: »Joel. Tu mir einen persönlichen Gefallen. Iß Zippis Kuchen. Laß mir das nicht auf dem Teller. Ich hab' gestern wie ein Tiger darum gekämpft, daß sie dir ein bißchen übriglassen sollten. Sie ist doch schon zwanzig Jahre in dich verliebt, und wenn du nicht ißt, bringt sie uns allesamt um. Und deinen Kaffee hast du auch nicht angerührt.«

»Gut«, sagt Joel, »ich verstehe. Was ist das Ende vom Lied?«

»Einen Moment«, sagte der Akrobat, »vor dem Geschäftlichen habe ich noch eine kleine Frage. Wenn du nichts dagegen hast. Abgesehen von deinem Namen, was ist dir da in Bangkok noch, wie soll man sagen, rausgerutscht?«

»He«, sagte Joel ruhig, »Ostaschinsky. Nicht übertreiben.«

»Ich habe nur deshalb übertrieben, du Schönling«, sagte der Akrobat, »weil diese Mieze nachweislich von dir weiß, daß du Rumäne bist und Vögel magst und sogar, daß dein Töchterlein Netta heißt. Du holst also wohl besser mal Luft, denkst einen Augenblick nach und erklärst uns dann hübsch vernünftig, wer hier genau übertreibt und warum, und was diese Dame noch über dich und uns weiß.«

Der Patron sagte: »Bitte benehmt euch, Kinder.«

Und heftete die Augen auf Joel. Der nichts sagte. Sondern an die Damespiele zwischen dem Mann und Netta dachte. Und weil ihm Netta einfiel, versuchte er zu begreifen, was man daran finden mochte, Noten und Partituren zu lesen, wenn man kein Instrument spielen konnte oder wollte und es auch nicht zu lernen beabsichtigte. Und er sah im Geist das Poster vor sich, das in ihrem alten Zimmer in Jerusalem hing, das dann seins wurde, mit einem niedlichen Kätzchen darauf, das sich im Schlaf an einen Wolfshund mit dem verantwortungsvollen Gesicht eines Bankiers in den besten Jahren kuschelte. Joel zuckte die Achseln, weil die Gestalt der schlummernden Katze keinerlei Neugier erkennen ließ. Doch der Patron sprach ihn sanft an: »Joel?«

Er sammelte sich und richtete die müden Augen auf den Patron: »Man beschuldigt mich also doch wegen irgendwas?«

Der Akrobat verkündete ein wenig feierlich: »Joel Rabinowitz fragt, ob man ihn beschuldige.«

Darauf der Patron: »Ostaschinsky. Du bist fertig. Du darfst weiter bei uns sitzen bleiben, aber strikt im Hintergrund, bitte.« Dann wandte er sich wieder Joel zu: »Wir beide sind doch, wie sollen wir sagen, fast schon Brüder. Und auch von schneller Auffassungsgabe. Im allgemeinen. Also die Antwort ist entschieden negativ: Hier wird nicht beschuldigt. Nicht ermittelt. Nicht nachgebohrt. Nicht die Nase reingesteckt. Pfui. Höchstens sind wir ein bißchen überrascht und bekümmert, daß so was ausgerechnet dir passiert ist, und vertrauen darauf, daß künftig und so weiter. Kurz gesagt: wir bitten dich um einen sehr großen Gefallen, und falls du, Gott behüte, ablehnen solltest – sicher wirst du es doch nicht ablehnen können, uns wenigstens eine einmalige, klitzekleine Gefälligkeit zu erweisen.«

Joel hob also den Teller mit Zippis Kuchen vom Couchtisch hoch, prüfte ihn aus der Nähe, sah Berge, Täler, Krater vor sich, zögerte und malte sich dann plötzlich den Tempelgarten in Bangkok vor drei Jahren aus. Ihre Strohtasche als Barriere auf der Steinbank zwischen ihrem Körper und seinem. Die von bunten Fayencen mit verschlungenen goldenen Hörnern überzogenen Karniese, die gigantischen Wandmosaike, die meterlang Szenen aus dem Leben des Buddha in kindlichen Farben darstellten, die einen Gegensatz zu den melancholisch gelassenen Figuren bildeten, die in Stein geschnitzten Monstren, die sich vor seinen Augen im blendenden Tropenlicht verrenkten, Löwen mit Drachenleibern, Drachen mit Tigerköpfen, Tiger mit Schlangenschwänzen, so was wie fliegende Medusen, wilde Kreuzungen von Götterungetümen, Götter mit vier identischen, den vier Himmelsrichtungen zugewandten Gesichtern und zahllosen Armen, auf je sechs Elefanten ruhende Säulen, Pagoden, die sich wie dürstende Finger gen Himmel kringelten, Affen und Gold, Elfenbein und Papageien. Und im selben Moment wußte er, daß er diesmal nicht irregehen durfte, denn er hatte schon genug Irrtümer begangen, für die andere bezahlen mußten. Daß der rundliche, scharfsinnige Mann mit den trüben Augen, der manchmal als sein Bruder geführt wurde, und auch der zweite im Zimmer, ein Mann, der seinerzeit den von einer Terrorgruppe geplanten Mordanschlag auf das Israelische Philharmonische Orchester vereitelt hatte, alle beide seine Todfeinde waren, so daß er keinesfalls ihren glatten Zungen folgen und auf ihre Tricks hereinfallen durfte, denn durch ihre Schuld hatte er Ivria verloren, durch ihre Schuld Netta, und nun war er an der Reihe. Dieses klösterliche Zimmer, ja das ganze bescheidene, von einer hohen Steinwand umgebene, hinter hohen Zypressen verborgene und zwischen neuen, höheren Gebäuden eingeklemmte Haus und sogar die nostalgische Sammelbüchse des Jüdischen Nationalfonds mit der Karte der – Dunam hier, Dunam dort – erworbenen Landflecken und der riesige Globus Marke Larousse-Gallimard und das einzige, altmodische Telefon, ein schwarzer quadratischer Apparat aus den fünfziger Jahren, womöglich noch aus Bakelit, dessen vergilbte Zahlen in ihren Löchern halb abgerieben waren, und der draußen wartende Flur, dessen Wände man endlich mit billigem Plastik im Holz-Look beklebt und mit einer Schallisolierschicht gepolstert hatte, ja selbst die billige, laute Klimaanlage in Zippis Zimmer und sogar ihre unermüdlichen Liebesbeteuerungen – sie alle waren gegen ihn, und alles hier war darauf angelegt, ihn mit List und Süßholzraspeln und vielleicht auch mit dumpfen Drohungen zu Fall zu bringen, und wenn er nicht aufpaßte, würde ihm oder von ihm nichts mehr übrigbleiben, vorher würden sie nicht von ihm ablassen, und womöglich würde es sowieso so kommen, selbst wenn er sich mit aller Kraft vor ihnen in acht nahm. Vom Winde verweht, sagte Joel zu sich selbst, wobei er die Lippen bewegte.

»Wie bitte?«

»Nichts. Nur so dahingedacht.«

Ihm gegenüber, im zweiten Korbsessel, schwieg auch der alternde Bursche mit dem strammen Trommelbauch, den sie hier den Akrobaten nannten, obwohl sein Äußeres einen absolut nicht an Zirkusse und Olympiaden denken ließ, sondern eher an einen verdienten Mann der Arbeiterbewegung, einen ehemaligen Pionier und Straßenbauer, der es im Lauf der Jahre zum Leiter eines Konsumladens oder zu einem Bezirksboß in der Molkereikooperative gebracht hat.

Derweil ließ der Patron das Schweigen genau bis zu dem Moment andauern, den er, mit feinem Fingerspitzengefühl, für den reifen hielt. Dann lehnte er sich vor und fragte leise, fast ohne die Stille zu stören. »Was wirst du uns jetzt sagen, Joel?«

»Wenn die große Bitte lautet, daß ich die Arbeit wieder aufnehme, fällt die Antwort negativ aus. Endgültig.«

Wieder begann der Akrobat den Kopf leise von rechts nach links zu wiegen, als traue er seinen Ohren nicht, und machte dabei, in langen Abständen, erneut viermal *zk*.

Der Lehrer sagte: »*Bon*. Verzichten wir vorläufig. Wir werden noch darauf zurückkommen. Wir verzichten unter der Bedingung, daß du diese Woche zu dem Treffen mit deiner Herzdame fährst. Sollte sie diesmal auch nur ein Viertel von dem zu geben haben, was sie dir letztes Mal gewährt hat, kann ich dich zu diesem neuerlichen Rendezvous sogar in einer goldenen Kutsche mit Schimmelgespann schicken.«

»Büffeln«, sagte Joel.

»Wie bitte?«

»Büffeln. Ich denke, das ist die Pluralform von Büffel. In Bangkok sieht man keine Pferde, weder weiße noch andere. Alles, was dort angeschirrt ist, wird vom Büffel gezogen. Oder vom Bison. Oder von einem ähnlichen Tier, das sie Banteng nennen.«

»Und ich habe keine besonderen Bedenken: falls du es nach deinem Gutdünken für nötig hältst, kannst du ihr von mir aus auch den Mädchennamen deiner Stiefurgroßmutter auf seiten des Cousins deines Schwagers verraten. Ruhe, Ostaschinsky. Stör jetzt nicht.«

»Moment mal«, sagte Joel, indem er in alter Gewohnheit geistesabwesend einen Finger zwischen Hals und Hemdkragen entlangführte, »bisher habt ihr mich noch an gar nichts angeschirrt. Ich muß mir's überlegen.«

»Teurer Joel«, sagte der Patron, als beginne er eine Lobrede, »du irrst dich sehr, falls du den Eindruck gewonnen haben solltest, hier herrsche freie Wahl. Für die wir natürlich, mit einigen Vorbehalten, durchaus eintreten, aber nicht in diesem Fall. Wegen der Begeisterung, die du beim letzten Mal anscheinend bei dieser Schönen, der Ex-Frau von Du-weißt-schon-wem, erregt hast, und den Leckerbissen, mit denen sie dich und uns überhäuft hat, gibt es nicht wenige Menschen, die heute am Leben sind und sich sogar ein gutes Leben machen, ohne auch nur im Traum zu erraten, daß sie – wären deine mitgebrachten Leckerbissen nicht gewesen – heute tot wären. Es geht hier also nicht um die Qual der Wahl zwischen einer Kreuzfahrt auf dem Traumschiff oder einem Urlaub auf den Bermudas. Es geht um eine Arbeit von hundert, hundertfünf Stunden von und zu deiner Haustür.«

»Laß mir einen Augenblick Zeit«, sagte Joel müde. Und schloß die Augen. Sechseinhalb Stunden hatte Ivria 1972 an einem Wintermorgen vergebens im Flughafen Lod auf ihn gewartet, als sie sich im Inlandsterminal verabredet hatten, um gemeinsam in Urlaub nach Scharm-e-Scheich zu fliegen, und er keinen sicheren Weg gefunden hatte, ihr mitzuteilen, daß er verspätet aus Madrid zurückkehren werde, weil er im letzten Moment dort irgendein Fadenende zu fassen gekriegt hatte, das sich zwei Tage später als ein Nichts, als flüchtiger Schatten, als Sand in den Augen herausstellen sollte. Und nach sechseinhalb Stunden war sie aufgestanden und nach Hause gefahren und hatte Lisa von ihren Fürsorgepflichten für die damals eineinhalbjährige Netta entbunden. Joel war am nächsten Morgen um vier heimgekehrt, und sie hatte ihn in ihrer weißen Kleidung am Küchentisch sitzend erwartet, ein volles Glas längst abgekühlten Tees vor sich, und bei seinem Eintreten, ohne den Kopf von der Wachstuchdecke aufzuheben, gesagt: Müh dich nicht mit Erklärungen ab, du bist so müde und enttäuscht, ich versteh' dich auch ohne Erklärungen. Viele Jahre später, als die asiatische Frau im Tempelgarten in Bangkok von ihm gegangen war, hatte ihn haargenau dasselbe eigenartige Gefühl befallen: Man wartete auf ihn, würde aber nicht endlos warten, und wenn er zu spät kam, war's zu spät. Doch um nichts in der Welt vermochte er herauszufinden, wohin in dieser armseligen, schmuckvollen Stadt diese Frau steuerte, die eben in der Menge verschwunden war, nachdem sie ihm entschieden die Bedingung gestellt hatte, den Kontakt für immer abzubrechen, und er eingewilligt und es versprochen hatte. Wie hätte er dann aufspringen und ihr nachlaufen können, selbst wenn er gewußt hätte, wohin?

»Bis wann«, fragte Joel, »wollt ihr meine Antwort haben?«

»Jetzt, Joel«, sagte der Lehrer mit einer Finsterkeit, die Joel bei ihm nicht kannte. »Jetzt. Du brauchst nicht hin und her zu überlegen. Wir haben dir die Konflikte erspart. Hier kriegst du keinerlei Wahlmöglichkeit.«

»Das will überdacht sein«, beharrte er.

»Bitte schön«, gab der Mann sofort nach, »bitte. Denk nach. Warum nicht. Denk, bis du Zippis Kuchen aufgegessen hast. Dann geht ihr beiden, du und der Akrobat, zur Einsatzabteilung, damit man die Einzelheiten mit euch abspricht. Ich hab' noch vergessen zu sagen, daß der Akrobat dein Einführer sein wird.«

Joel senkte die schmerzenden Augen auf seine Hände. Als redeten sie zu allem Übel plötzlich Urdu mit ihm, bei dem, nach Vermonts Aussage, die Bedeutung eines jeden Wortes davon abhing, ob man es von rechts nach links oder umgekehrt aussprach. Unlustig aß er einen Löffel voll Kuchen. Die fettige Süße erfüllte ihn mit jäher Wut, so daß er innerlich, ohne sich auf dem Stuhl zu regen, anfing zu zappeln und zu schlagen wie ein Fisch, der den Köder geschnappt und den Haken nun im Fleisch stecken hat. Fast greifbar sah er den lauen, stickigen Monsunregen im dunstverhangenen Bangkok vor Augen. Die üppig-pralle, von giftigen Säften strotzende Tropenvegetation. Den im Gassenschlamm stampfenden Büffel und den Elefanten vor dem mit Bambusstangen beladenen Wagen und die Papageien in den Wipfeln und die kleinen Langschwanzaffen, die umhersprangen und Grimassen schnitten. Die Elendsviertel mit den Lehmhütten und dem stehenden Abwasser in der Gasse, die dicken Schlingpflanzen, die Fledermausschwärme noch vor Erlöschen des letzten Tageslichts, das Krokodil, das seinen Kopf aus dem Wassergraben reckte, die von millionenfachem Insektengesumm zerrissene Glutluft, die riesigen Sykomoren und Feldahornbäume, die Magnolien und Rhododendren, die Mangroven im Morgennebel, die Zedrachbaumwäldchen, das von gefräßigen Lebewesen wimmelnde Unterholz, die Bananenplantagen und die Reisfelder und das aus dem seichten Schlamm der jaucheüberfluteten Felder hochschießende Zuckerrohr, und über allem der glühende, trübe Dunst. Dort erwarteten ihn ihre kühlen Finger; wenn er sich verleiten ließ zu gehen, würde er vielleicht nicht wiederkehren, und wenn er nicht gehorchte, würde er zu spät kommen. Langsam, mit besonderer Sanftheit, stellte er den Kuchenteller auf der Armlehne des Korbsessels ab. Und im Aufstehen sagte er: »Gut. Ich hab's mir überlegt. Die Antwort ist negativ.«

»Ganz ausnahmsweise«, verkündete der Patron mit betonter, ausgesuchter Zuvorkommenheit, wobei Joel die französische Hintergrundmelodie fast unmerklich anschwellen zu hören meinte, »ganz ausnahmsweise und gegen meine sonstige Art«, er wippte mit dem Kinn auf und ab, als lamentiere er über die Weisheit, was krumm ist, kann man nicht gerade biegen, »werde ich warten«, er warf einen Blick auf seine Uhr, »noch vierundzwanzig Stunden werde ich auf eine vernünftige Antwort warten. Übrigens, hast du vielleicht zufällig eine Ahnung, was das Problem mit dir ist?«

»Persönlicher Art«, sagte Joel, indem er sich mit einem inneren Ruck den Haken aus dem Fleisch riß. Und Selbstbeherrschung wahrte.

»Du wirst schon drüber hinwegkommen. Wir helfen dir. Und jetzt geh direkt nach Hause, ohne dich unterwegs aufzuhalten, und morgen vormittag um elf Uhr«, wieder guckte er auf die Uhr, »um 11:10 Uhr, rufe ich an. Und laß dich zu einem Arbeitstreffen mit der Einsatzleitung abholen. Mittwoch früh machst du dich auf den Weg. Der Akrobat wird dich lancieren, ich bin sicher, ihr seid zusammen großartig. Wie immer. Ostaschinsky, wirst du dich nett entschuldigen? Und iß auch den Kuchen auf, den Joel hier nicht fertig gegessen hat. Auf Wiedersehen. Paß unterwegs auf. Und vergiß nicht, Netta die Sehnsüchte eines alten Herzens auszurichten.«

25.

Aber der Mann beschloß, nicht bis zum nächsten Morgen zu warten. Noch am selben Tag, gegen Abend, tauchte in dem Ramat Lotaner Sträßchen sein Renault auf, den er zweimal umkreiste, um zweimal jede Türe darauf zu prüfen, ob sie auch ordentlich abgeschlossen war, bevor er sich dem Gartenpfad zuwandte. Joel, bis zu den Hüften nackt und verschwitzt, schob den knatternden Rasenmäher vor sich her und bedeutete dem Gast in dem Lärm mit der Hand, »wart einen Moment, gleich«. Der Gast seinerseits signalisierte ihm mit den Fingern »mach aus«, worauf Joel, kraft dreiundzwanzigjähriger Gewohnheit, gehorsam abstellte. Und jähe Stille eintrat.

»Ich bin gekommen, um das persönliche Problem zu lösen, auf das du angespielt hast. Wenn Netta das Problem ist –«

»Entschuldige mal«, sagte Joel, der dank seiner Erfahrung sofort erkannt hatte, daß dieser Augenblick, genau jetzt, der Moment der Krise und Entscheidung war, »entschuldige. Schade um deine und meine Zeit, denn ich fahre endgültig nicht. Das habe ich dir schon gesagt. Und was die Privatangelegenheiten angeht, in die du eindringen willst, schau, die sind nun mal zufällig privat. Punkt, aus. Solltest du jedoch nur mal gekommen sein, um ein bißchen Dame zu spielen, warum nicht, tritt ein, Netta ist, glaube ich, gerade aus der Dusche gekommen und sitzt jetzt im Wohnzimmer. Tut mir leid, daß ich nicht frei bin.«

Mit diesen Worten riß er am Anlaßseil, und augenblicklich brach das laut gellende Getucker des Mähers wieder los und erstickte die Antwort des Gastes. Der sich dem Haus zuwandte, eintrat und nach einer Viertelstunde wieder herauskam, als Joel bereits den Rasenstreifen an der Seite des Hauses unter Lisas und Avigails Fenstern in Arbeit genommen hatte und diese kleine Ecke nun stur ein zweites, drittes und viertes Mal schor, bis der Renault weg war. Erst dann stellte er den Motor ab, brachte das Gerät an seinen Platz im Geräteschuppen zurück, holte dort einen Rechen heraus und rechte das abgemähte Gras zu haargenau gleichen Häufchen zusammen, womit er auch dann fortfuhr, als Netta in einer Sackbluse über weiten Haremshosen, barfuß und mit blitzenden Augen zu ihm herauskam und ihn ohne Einleitung fragte, ob seine Weigerung irgendwie mit ihr zusammenhinge. Joel sagte ach was, korrigierte sich jedoch einen Moment später, indem er meinte, vielleicht doch ein bißchen, aber natürlich nicht im engeren Sinn, das heißt nicht, weil es problematisch wäre, dich dazulassen. Es gibt kein solches Problem. Und schließlich bist du hier nicht allein.

»Was ist denn dann dein Problem«, stellte Netta fest, irgendwie leicht spöttisch. »Das ist doch wohl ein schicksalhafter Trip zur Rettung der Heimat oder so was?«

»Gut. Ich hab' das meine schon getan«, antwortete er und lächelte seine Tochter an, obwohl nur selten ein Lächeln zwischen ihnen aufkam. Und sie reagierte mit einem Aufleuchten, das ihm neu und auch wieder nicht neu war, einschließlich eines ganz leichten Bebens im Mundwinkel, das bei ihrer Mutter in der Jugend aufzutreten pflegte, wenn sie sich bemühte, Gefühle zu verbergen. »Sieh mal, das ist so. Ganz einfach. Die Macke mit diesem Irrsinn ist mir vergangen. Sag mal, erinnerst du dich, Ivria, was Vitkin oft zu dir gesagt hat, wenn er gegen Abend zu uns gekommen ist, um Gitarre zu spielen? Hast du seine Worte im Gedächtnis? Er hat gesagt: Ich bin gekommen, nach Lebenszeichen zu suchen. Und dabei bin ich auch angelangt. Danach suche ich jetzt. Aber es brennt ja nichts an. Morgen ist auch noch ein Tag. Ich möchte einfach zu Hause sitzen und nichts tun für ein paar Monate. Oder Jahre. Oder für immer. Bis ich mitkriege, was vor sich geht. Und was es gibt. Oder mich persönlich, durch eigene Erfahrung, davon überzeugen, daß man nichts mitkriegen kann. Soll's eben sein, mal sehen.«

»Du bist ein etwas komischer Mensch«, sagte sie mit gesammeltem Ernst, ja fast mit einer Art unterdrücktem Pathos, »aber möglicherweise hast du mit dieser Reise sogar irgendwie recht. Du wirst doch so und anders leiden. Meinetwegen bleib da. Fahr nicht. Ich find's ziemlich nett, daß du den ganzen Tag im Haus bist oder im Garten und daß man dich manchmal mitten in der Nacht in der Küche sieht. Manchmal bist du ganz nett. Bloß guck mich nicht so an. Nein, geh noch nicht rein – heute mach' ich zur Abwechslung mal für alle Abendbrot. Für alle heißt für dich und mich, denn sämtliche Großmütter sind uns weggefahren. Sie haben eine Verbandsfeier vom *Offenen Herz für den Einwanderer* im Scharon-Hotel und werden ziemlich spät abends wiederkommen.«

26.

Die gewöhnlichen, offenkundigen, einfachen Dinge – die Morgenkühle, der vom nahegelegenen Zitrushain herüberwehende Geruch verbrannten Dorngestrüpps, das Spatzengezwitscher vor Sonnenaufgang in den Zweigen des unter der herbstlichen Berührung dahinrostenden Apfelbaums, der Kälteschauder auf seinen bloßen Schultern, der Duft bewässerter Erde, das Aroma des ersten Morgenlichts, das seinen schmerzenden Augen wohltat, die Erinnerung an die Macht ihrer beider Leidenschaft im nächtlichen Obstgarten am Ortsrand von Metulla und an die Schande auf dem Dachboden, die Gitarre des toten Eviatar oder Itamar, die im Dunkeln offenbar weiter Celloklänge abgab – offenbar waren sie beide eng umschlugen bei dem Unfall gestorben, wenn es denn ein Unfall war –, das Nachdenken über die Sekunde des Pistoleziehens auf dem vollen Busbahnhof von

Athen, Koniferenwälder in gedämpftem Licht bei Annemarie und Ralph zu Hause, das armselige, in dichten, glühenden Tropendunst gehüllte Bangkok, die werbenden Bemühungen von Kranz, der sehnlich danach trachtete, sich mit ihm anzufreunden, sich nützlich zu machen, gebraucht zu werden – jede Sache, über die er grübelte oder an die er sich erinnerte, sah manchmal geheimnisvoll aus. Alles wies zuweilen, nach den Worten des Lehrers, ein Zeichen des Krummen, das sich nicht gerade biegen läßt, auf. »So ein minderbemitteltes Frauenzimmer«, pflegte Schealtiel Lublin über unsere Stammutter Eva zu sagen, »wo hat sie bloß ihren Verstand gehabt: sie hätte einen Apfel vom zweiten Baum essen sollen. Aber der Witz ist, daß sie, um schlau genug zu sein, von dem zweiten zu essen, erst einen vom ersten verspeisen mußte. Und so sitzen wir alle in der Patsche.« Joel führte sich plastisch das in dem Wort »unbezweifelbar« enthaltene Bild vor Augen. Versuchte auch, sich im Geist den Inhalt des Ausdrucks »Blitz aus heiterem Himmel« zu vergegenwärtigen. Mit diesen Anstrengungen meinte er, irgendwie seine Aufgabe zu erfüllen. Und doch wußte er, daß seine Kräfte nicht ausreichen würden, Antwort auf eine Frage zu finden, die er bisher nicht zu formulieren – oder auch nur zu verstehen vermocht hatte. Deshalb hatte er noch absolut nichts entschlüsselt und würde es wohl auch nie können. Andererseits fand er Freude daran, den Garten winterbereit zu machen. Bei Bardugos Gärtnerladen an der Ramat-Lotan-Kreuzung kaufte er Setzlinge und Samen und Gift gegen Maulwurfsgrillen und auch ein paar Säcke Dünger. Die Beschneidung der Rosen verschob er auf Januar-Februar, aber einen Plan hatte er bereits. Inzwischen grub er die Erde in den Beeten mit einem Spaten um, den er bei der Katze und ihren Jungen im Geräteschuppen gefunden hatte, und während er den konzentrierten Dünger dabei einstreute, spürte er körperliches Wohlbehagen, als sich seine Lungen mit dem aufreizend scharfen Geruch füllten. Er legte ein Rondell mit Chrysanthemen in verschiedenen Farben an. Pflanzte auch Nelken, Gladiolen und Löwenmaul. Beschnitt die Obstbäume. Besprühte die Rasenränder mit Unkrautvertilgungsmittel, um sie schnurgerade zu halten. Die Sprühdose gab er Arik Kranz zurück, der liebend gern kam, sie abzuholen und eine Tasse Kaffee bei Joel zu trinken. Er schnitt die Hecke auf seiner Seite und auf der der Vermonts, die sich wieder lachend und prustend wie junge Hunde auf ihrem Rasen balgten. Derweil wurden die Tage kürzer, die Abende senkten sich früher herab, die nächtliche Kühle legte zu, und ein sonderbarer, orangener Dunst umhüllte jede Nacht den

Lichterglanz über Tel Aviv, jenseits der Dächer des Viertels. Nichts drängte ihn dazu, in die Stadt zu fahren, die, nach Kranz' Worten, wirklich zum Greifen nahe lag. Auch seine nächtlichen Fahrten hatte er fast ganz aufgegeben. Statt dessen säte er Gartenwicken in der leichten Erde entlang den Außenwänden des Hauses. Zwischen Avigail und Lisa waren wieder Ruhe und Frieden eingekehrt. Abgesehen von ihrer ehrenamtlichen Tätigkeit an fünf Vormittagen pro Woche in der Taubstummenanstalt am Rand des Viertels gingen die beiden jeden Montag- und Donnerstagabend zum örtlichen Yogakurs. Netta wiederum blieb der Cinemathek treu, hatte sich jedoch auch für eine Vortragsreihe über die Geschichte des Expressionismus im Tel-Aviv-Museum eingeschrieben. Nur das Interesse an Dornzweigen schien ihr völlig abhanden gekommen zu sein. Obwohl genau am Ende ihres Sträßchens, in dem Brachlandstreifen zwischen Asphalt und Stacheldrahtzaun an der Zitruspflanzung, die Endsommerdisteln gelb und grau wurden, wobei einige von ihnen im Sterben so etwas wie wilde Todesblüten trieben. Joel fragte sich, ob eine Verbindung zwischen dem Erlöschen der Dornzweigleidenschaft und der kleinen Überraschung bestand, die sie ihm eines Freitagnachmittags bereitet hatte, als das Viertel still und leer im ergrauenden Licht dastand und kein Laut zu hören war außer zartem, hübschen Flötenspiel hinter einem geschlossenen Fenster in einem anderen Haus. Wolken hatten beinah bis auf die Baumkronen herabgehangen, und vom Meer war dumpfes Donnergrollen herübergeklungen, als werde es durch die Wattewolkendecke erstickt. Joel hatte auf dem Betonpfad schwarze Plastiksäckchen mit je einer Nelkenstaude ausgelegt, die er dann eine nach der anderen in vorbereitete Löcher setzte, von außen nach innen – zur Haustür hin – fortschreitend, und da war ihm doch plötzlich seine Tochter entgegengekommen, die von innen nach außen zu pflanzte. Am selben Abend, gegen Mitternacht etwa, nachdem der beleibte Ralph ihn überglücklich von Annemaries Bett nach Hause gebracht hatte, fand er seine Tochter, wie sie ihn im Hausflur erwartete, in der Hand ein kleines Tablett mit einer Tasse Kräutertee. Wie sie den genauen Zeitpunkt seiner Rückkehr gewußt und erraten hatte, daß er Durst, und zwar ausgerechnet auf Kräutertee, haben würde, begriff Joel nicht, und es kam ihm auch nicht in den Sinn zu fragen. Sie hatten sich in die Küche gesetzt und rund eine Viertelstunde über ihre Abiturprüfungen und über die verschärfte Debatte hinsichtlich der Zukunft der besetzten Gebiete geredet. Als sie dann zum Schlafen auf ihr Zimmer ging, hatte er sie bis zur Tür begleitet und flüsternd, um die alten Damen nicht aufzuwecken, geklagt, er habe nichts Interessantes zu lesen. Worauf Netta ihm einen Gedichtband mit dem Titel *Blaue und Rote* von Amir Gilboa in die Hand drückte, und Joel, der sonst keine Lyrik las, im Bett bis kurz vor zwei Uhr nachts darin blätterte und unter anderem auf Seite 360 ein Gedicht fand, das ihn ansprach, obwohl er es nicht ganz verstand. Gegen Ende jener Nacht hatte der erste Herbstregen eingesetzt, der dann den ganzen Schabbat über fast pausenlos niederprasselte.

27.

Manchmal passierte es ihm in diesen Herbstnächten, daß der Geruch des kalten Meeres, der durch die geschlossenen Fenster drang, das Trommeln des Regens auf dem Schuppendach im Garten hinterm Haus, das Wispern des Windes im Dunkeln urplötzlich eine stille, starke Freude in ihm entfachte, derer er sich nicht mehr fähig geglaubt hätte. Fast schämte er sich dieser seltsamen Freude, beinah fand er es häßlich, ein Gefühl zu haben, als sei die Tatsache, daß er noch lebte, ein großer Erfolg, während Ivrias Tod ihr Versagen anzeigte. Er wußte sehr wohl, daß die Taten der Menschen – alle Taten aller Menschen, Akte der Leidenschaft und des Ehrgeizes, des Betrügens, Werbens, Ansammelns, Entschlüpfens, Akte der Bosheit und Mißgunst, Wettbewerb, Schmeichelei und Großzügigkeit, Taten, die Eindruck und Aufmerksamkeit erregen, sich in das Gedächtnis der Familie oder der Gruppe oder des Volkes und der Menschheit eingraben sollen, die kleinlichen und die freigebigen, die durchdachten und die impulsiven und die boshaften Handlungen – fast alle beinah immer an einen Punkt führen, an den man überhaupt nicht gelangen wollte. Diese generelle und permanente Abweichung, die die verschiedenen Taten des Menschen krumm biegt, versuchte Joel bei sich als den Weltwitz oder als den schwarzen Humor des Universums zu bezeichnen. Doch er kam wieder davon ab: die Definition erschien ihm zu hochgestochen. Die Worte »Universum, Leben, Welt« waren ihm zu grandios, sie wirkten lächerlich. Deshalb begnügte er sich in Gedanken mit dem, was ihm Arik Kranz von dem einohrigen Regimentskommandeur bei der Artillerie, Jimmy Gal mit Namen, sicher hast du von ihm gehört, erzählt hatte, der zu sagen pflegte, zwischen zwei Punkten verliefe nur eine gerade Linie, und die sei immer voller Esel.

Und weil ihm der einohrige Regimentskommandeur gelegentlich einfiel, dachte er immer häufiger an den Musterungsbescheid, demzufolge Netta sich in ein paar Wochen beim Wehrersatzamt zu melden hatte. Im Sommer würde sie mit der Schule und den Prüfungen fertig sein. Was würde sich bei den ärztlichen Untersuchungen herausstellen? Hoffte er, man werde Netta zum Wehrdienst zulassen? Oder hatte er Bedenken? Was hätte Ivria beim Eintreffen des Musterungsbescheids von ihm verlangt? Gelegentlich stellte er sich den starken Kibbuznik mit den dicken Armen und der behaarten Brust vor und sagte für sich dann fast laut auf englisch: *Take it easy, buddy.*

Avigail sagte: »Dieses Kind, wenn du mich fragst, ist sie die Gesündeste von uns allen.«

Lisa sagte: »All die Ärzte, gesund solln sie mir sein, haben keine Ahnung. Ein Mensch, der von den Krankheiten der Leute lebt, was hat der davon, wenn ihm alle plötzlich gesund werden?«

Netta sagte: »Ich habe nicht die Absicht, Zurückstellung zu beantragen.«

Und Arik Kranz: »Hör gut zu, Joel. Gib mir bloß grünes Licht – und ich regel dir diese Sache wie nix.«

Und draußen, zwischen einem Regenschauer und dem nächsten, sah man vorm Fenster manchmal durchnäßte, halb erfrorene Vögel reglos am Ende eines Zweiges, als seien sie eine Art wundersame Winterfrucht, die die grauen Obstbäume trotz Winterruhe und Laubabfall getragen hatten.

28.

Noch zweimal versuchte der Lehrer, Joel umzustimmen, ihn doch für den Antritt der geheimen Reise nach Bangkok zu gewinnen. Einmal rief er morgens um Viertel vor sechs an und vereitelte damit wieder den Anschlag auf den Zeitungsboten. Ohne Worte an Rechtfertigungen für die frühe Stunde zu vergeuden, begann er Joel seine Gedanken über die Ablösung der Regierungschefs nach dem Rotationsabkommen mitzuteilen. Wie gewöhnlich umriß er mit wenigen Worten und klaren, scharfen Linien die Vorzüge, skizzierte demgegenüber mit einigen treffenden Sätzen die Nachteile, malte einfach und präzise drei mögliche Geschehensabläufe für die nahe Zukunft aus und verknüpfte bewundernswert jede voraussehbare

Eine Frau erkennen

Entwicklung mit ihren unausweichlichen Konsequenzen. Dabei widerstand er natürlich der Versuchung, auch nur andeutungsweise vorauszusagen, welche der dargestellten Entwicklungen größere Chancen hatte, wirklich einzutreten. Als der Lehrer das Wort »Systemstörung« benutzte, versuchte Joel, der wie immer die passive Seite im Gespräch mit dem Patron war, sich die Systemstörung konkret in Gestalt eines verzwickten elektronischen Geräts vorzustellen, das außer Rand und Band geraten ist, Pfeif- und Heultöne von sich gibt, bunte Lichter aufblitzen läßt und plötzlich elektrische Funken aus den Kontakten versprüht, begleitet von Rauch und dem Geruch versengten Gummis. So verlor er den Gesprächsfaden. Bis der Patron sich ihm in eindringlich didaktischem Ton zuwandte, die Aussprache der Worte von einem Anflug französischer Sprachmelodie untermalt: »Und wenn Bangkok verlorengeht und infolgedessen eines Tages jemand umkommt, dessen Tod man vielleicht hätte verhindern können, wirst du, Joel, später damit leben müssen.«

Joel sagte ruhig: »Schau. Vielleicht hast du's gemerkt. Auch ohne Bangkok lebe ich damit. Das heißt, ich lebe genau mit dem, was du eben angesprochen hast. Und nun entschuldige bitte, ich muß Schluß machen und versuchen, den Zeitungsboten zu erwischen. Wenn du willst, ruf ich dich später im Büro zurück.«

Der Patron sagte: »Denk nach, Joel.« Damit legte er auf und beendete von sich aus das Gespräch.

Am nächsten Tag lud der Mann Netta zu einem Treffen um acht Uhr abends ins Café Oslo am Ende der Ibn-Gabirol-Straße ein. Joel fuhr sie hin und ließ sie auf der anderen Straßenseite aussteigen. »Geh vorsichtig rüber«, sagte er zu ihr, »nicht hier, dort auf dem Zebrastreifen.« Dann kehrte er nach Hause zurück und brachte seine Mutter zu einer dringenden Untersuchung bei Dr. Litwin, und nach eineinhalb Stunden holte er Netta wieder ab, nicht vor dem Café Oslo, sondern, wie vorher, gegenüber. Bis sie heraustrat, wartete er am Steuer, denn er hatte keinen Parkplatz gefunden, eigentlich auch nicht gesucht. Dabei kam ihm die Geschichte seiner Mutter in den Sinn, von ihrem Treck mit Kinderwagen zu Fuß von Bukarest nach Varna und dem dämmrigen Raum im Schiffsbauch mit den etagenweise übereinandergepferchten Pritschen voller spuckender Männer und Frauen, die sich vielleicht gegenseitig ankotzten, und dem wilden Streit zwischen seiner Mutter und seinem glatzköpfigen, brutalen, unrasierten Vater mit Kratzen und Schreien und Bauchtritten und Bissen.

Und er mußte sich ins Gedächtnis rufen, daß der stoppelbärtige Mörder gar nicht sein Vater war, sondern offenbar ein mehr oder weniger Fremder. Sein Vater auf der rumänischen Fotografie war ein hagerer, ledergesichtiger Mann im braungestreiften Anzug, dessen Züge Verlegenheit oder Demütigung ausdrückten. Vielleicht auch Furchtsamkeit. Er war ein katholischer Christ, der aus seinem und seiner Mutter Leben verschwand, als Joel etwa ein Jahr alt war.

»Meinetwegen«, sagte Netta nach zwei, drei Ampeln auf dem Heimweg, »fahr. Warum nicht. Vielleicht mußt du wirklich fahren.«

Es folgte eine lange Stille. Seine Fahrweise zwischen dem Schnellstraßenkreuz und den komplizierten Ampeln im Gewirr der blendenden Scheinwerfer und der Ein- und Ausfahrten, auf der Mittelfahrbahn zwischen Nervosität rechts und Nervosität links war ruhig und präzise.

»Schau«, sagte er, »wie die Dinge jetzt liegen –« Er brach ab, um nach Worten zu suchen, wobei sie weder störte noch half. Wieder Schweigen. Netta entdeckte Gemeinsamkeiten zwischen seinem Fahrstil und seiner Morgenrasur, der kühlen, gemessenen Art, mit der er das Rasiermesser über die Wangen führte, und seiner Genauigkeit im Kinngrübchen. Von klein auf hatte sie gern nahe bei ihm auf der Marmorumrandung des Waschbeckens im Badezimmer gesessen und ihm beim Rasieren zugeguckt, obwohl Ivria sie beide dafür ausschimpfte.

»Was wolltest du sagen«, bemerkte sie. Keine Frage.

»Wie sich das für mich jetzt darstellt, wollte ich sagen, bin ich einfach nicht mehr so gut in diesen Dingen. Das ist ungefähr so wie, sagen wir, ein Pianist, bei dem Rheumatismus sich in den Fingern bemerkbar macht. Besser man hört zeitig auf.«

»*Bullshit*«, sagte Netta.

»Moment. Laß mich genauer erklären. Diese ... Reisen, diese ganzen Sachen, das geht, wenn überhaupt, nur mit hundertprozentiger Konzentration. Nicht neunundneunzigprozentiger. Wie so einer, der auf dem Jahrmarkt mit Tellern jongliert. Und ich bin schon nicht mehr konzentriert.«

»Meinetwegen bleib oder fahr. Nur schade, daß du dich nicht, sagen wir, den Hahn der leeren Gasflasche auf dem Küchenbalkon schließen und den der vollen öffnen siehst: so konzentriert wie überhaupt möglich.«

»Netta«, sagte er abrupt und schluckte den Speichel hinunter, während er beschleunigte und augenblicklich in den vierten Gang hochschaltete, als sie aus dem engen Verkehrsstrom losgekommen waren, »du begreifst noch nicht, was da läuft. Es geht um wir – oder sie. Unwichtig. Lassen wir das Thema.«

»Meinetwegen«, sagte sie. Da waren sie schon an der Ramat-Lotan-Kreuzung angelangt, Bardugos Gärtnerladen war geschlossen oder womöglich doch noch geöffnet, trotz der späten Stunde. Nur halb erleuchtet. Aus Berufsgewohnheit vermerkte Joel im Gedächtnis, daß die Tür zu war, aber zwei Wagen mit Standlicht davor standen. Bis nach Hause wechselten sie kein Wort mehr. Bei der Ankunft sagte Netta: »Nur eins, ich kann nicht ausstehen, wie dieser Freund von dir sich mit Parfüm einnebelt. Wie eine alte Tänzerin.«

Und Joel sagte: »Schade. Wir haben die Fernsehnachrichten verpaßt.«

29.

So ging der Herbst fast unmerklich in den Winter über. Obwohl Joel auf der Hut war, jedem auch noch so feinen Anzeichen für Veränderung nachzuspüren, um den Wendepunkt zu erkennen und zu registrieren. Die Meeresbrisen fegten die letzten braunen Blätter von den Obstbäumen. Bei Nacht spiegelten sich die schimmernden Lichter Tel Avivs mit beinah radioaktiver Helligkeit in den niedrigen Winterwolken. Der Geräteschuppen beherbergte nicht mehr die Katze und ihre Jungen, von denen Joel allerdings manchmal noch eines zwischen den Mülltonnen entdeckte. Nun brachte er ihnen keine Hühnerreste mehr. Gegen Abend lag die Straße still und leer von Regenböen gepeitscht. Überall hatte man die Gartenmöbel zusammengeklappt und weggeräumt. Oder mit Plastikplanen abgedeckt, die Stühle umgekehrt auf die Tische gestellt. Nachts pochte der Regen in monotoner Gleichgültigkeit an die Fensterläden, trommelte vor lauter Langeweile auf die Asbestüberdachung des Küchenbalkons. An zwei Stellen im Haus zeichneten sich feuchte Stellen ab, die Joel gar nicht erst örtlich zu beheben suchte; lieber kletterte er mit einer Leiter aufs Dach und wechselte sechs Ziegel aus. Damit waren alle Lecks behoben. Und bei derselben Gelegenheit richtete er die Fernsehantenne ein bißchen anders aus, was den Empfang tatsächlich verbesserte.

Anfang November wurde seine Mutter, dank Dr. Litwins Beziehungen, zu einer Reihe von Untersuchungen ins Tel-Haschomer-Krankenhaus aufgenommen. Worauf man beschloß, sie unverzüglich zu operieren, um irgend etwas Kleines, aber Unnötiges aus ihrem Körper zu entfernen. Der Oberarzt der Station erklärte Joel, es bestehe keine unmittelbare Gefahr, aber in ihrem Alter könne man natürlich nie wissen. Und im übrigen stelle man hier für kein Alter einen Garantieschein aus. Joel merkte sich die Dinge, ohne weiter nachzuforschen. Beinahe beneidete er seine Mutter ein, zwei Tage nach dem Eingriff angesichts ihres blendend-weißen Bettes, umgeben von Pralinenschachteln, Büchern, Zeitschriften und Blumenvasen, in einem Vorzugszimmer, in dem nur noch ein weiteres Bett stand. Das man leer gelassen hatte.

Avigail wich in den ersten beiden Tagen fast nicht von Lisas Bett, außer wenn Netta sie nach der Schule ablösen kam. Joel stellte Avigail den Wagen zur Verfügung, und sie hinterließ Netta alle möglichen Anweisungen und Warnungen, fuhr nach Hause, um zu duschen, die Wäsche zu wechseln und zwei bis drei Stunden zu schlafen, kam dann wieder, entließ Netta und blieb bis vier Uhr morgens an Lisas Seite. Worauf sie erneut für drei Stunden Ruhe heimfuhr und um halb acht wieder im Krankenhaus auftauchte.

Die meisten Stunden des Tages füllten ihre Vereinsschwestern vom *Komitee für das benachteiligte Kind* und dem Verband *Offenes Herz für den Neueinwanderer* das Zimmer. Sogar der rumänische Nachbar von gegenüber, der Herr mit dem ausladenden Hintern, der Joel an eine überreife, dem Verfaulen nahe Avocado erinnerte, kam mit einem Blumenstrauß, beugte sich zu ihr nieder, küßte ihr feierlich den Handrücken und unterhielt sich mit ihr in ihrer gemeinsamen Muttersprache.

Seit der Operation strahlte das Gesicht seiner Mutter wie das einer Dorfheiligen auf einem Kirchenfresko. Den Kopf auf einem Stapel weißer Kissen, ruhig auf dem Rücken liegend, in das weiße Laken wie in Schnee gehüllt, wirkte sie barmherzig, gütig, voll allumfassender Menschenfreundlichkeit. Unermüdlich erkundigte sie sich im einzelnen nach dem Wohlergehen ihrer Besucher, deren Kindern, Anverwandten und Nachbarn, überhäufte sie sämtlich mit Trost und guten Ratschlägen, ja benahm sich all ihren Gästen gegenüber wie eine Wunderheilige, die Mittelchen, Amulette und Segen an die ausgibt, die zu ihr wallfahrten. Mehrmals saß Joel ihr gegenüber auf dem freien Bett neben seiner Tochter, neben seiner Schwiegermutter oder zwischen beiden. Fragte er sie, wie es ihr gehe, ob sie noch Schmerzen habe, was sie brauche, antwortete sie ihm mit strahlendem Blick wie aufgrund tiefer Inspiration: »Warum tust du nichts. Fängst den ganzen Tag Fliegen. Geh lieber in irgendein Busineß rein. Herr Kranz will dich so gern bei sich drinhaben. Ich geb' dir 'n bißchen Geld. Kauf was. Verkauf. Sieh Menschen. So wirst du doch noch verrückt oder fängst an fromm zu werden.«

Joel sagte: »Wird schon in Ordnung gehen. Hauptsache, du wirst schnell gesund.«

Und Lisa: »Geht gar nicht in Ordnung. Guck doch, was du für eine Figur machst. Sitzt da und frißt dich innerlich auf.«

Irgendwie weckten ihre letzten Worte eine gewisse Besorgnis bei ihm, so daß er sich zwang, aufzustehen und noch einmal das Ärztezimmer aufzusuchen. Das in langer Berufserfahrung Gelernte half ihm, alles, was er wissen wollte, aus ihnen herauszuholen, außer dem, was er am allermeisten wissen wollte, nämlich wie lange bei dieser Geschichte die Pausen zwischen einem Abschnitt und dem nächsten dauern. Sowohl der Oberarzt als auch seine jüngeren Kollegen versicherten ihm beharrlich, das könne man nicht wissen. Er versuchte, ihre Gedankengänge auf die eine oder andere Weise zu entschlüsseln, doch letztlich glaubte er ganz oder beinah, daß sie sich nicht gegen ihn verschworen hatten, ihm die Wahrheit vorzuenthalten, und daß man also auch hier nichts zu erkennen vermochte.

30.

Was den bleichen Krüppel anbetraf, den er vielleicht einmal, am 16. Februar, Ivrias Todestag, in Helsinki auf der Straße gesehen hatte, so war der Mann entweder ohne Gliedmaßen geboren worden, oder er hatte bei einem Unfall die Arme bis zur Schulter und die Beine bis zur Leiste verloren.

Um Viertel nach acht Uhr morgens, nachdem er Netta zur Schule und Lisa zum Institut für Physiotherapie gebracht und dann Avigail den Wagen übergeben hatte, schloß er sich in Herrn Kramers Studio ein, das ihm als Schlafzimmer diente. Wie durch ein Vergrößerungsglas, wie unter einem Punktstrahler prüfte er erneut eingehend die Sache mit dem Krüppel, studierte sorgfältig den Stadtplan von Helsinki, verfolgte seine Marschroute vom Hotel zu dem Treffen mit dem tunesischen Ingenieur im Bahnhof und fand keinerlei Fehler: Ja, der Behinderte war ihm bekannt vorgekommen. Ja, während eines Einsatzes hat man die Pflicht, alles zu stoppen und erst mal zu klären, was es mit dem eben gesehenen bekannten Gesicht auf sich hat, selbst wenn es einem nur vage bekannt vorgekommen ist. Aber jetzt, im genauesten Rückblick, war Joel fast über allen Zweifel mit sich im reinen, daß er den Krüppel von Helsinki an jenem Tag nicht zweimal, sondern nur einmal auf der Straße gesehen hatte. Seine Phantasie mußte ihn getäuscht haben. Erneut zerlegte er die Erinnerung an jenen Tag in kleinste Einzelteile, rekonstruierte die Zeitabschnitte auf einem großen Bogen Karopapier, dessen Fläche er mit Hilfe eines Lineals in Einheiten von je fünfzehn Minuten unterteilte. Bis halb vier Uhr nachmittags konzentrierte er sich auf diese Aufgabe, nahm den Stadtplan in sich auf, arbeitete stur und besonnen über den Schreibtisch gebeugt, rang darum, dem Vergessen einen Krümel nach dem anderen zu entreißen und die Reihenfolge der Orte und Ereignisse wiederherzustellen. Sogar die Gerüche der Stadt kamen ihm beinah wieder. Alle zwei Stunden genehmigte er sich eine Tasse Kaffee. Mittags begann die Müdigkeit seiner Augen die Arbeit zu beeinträchtigen, und er setzte nun abwechselnd die Brille des katholischen Intellektuellen und die des Hausarztes auf. Letztendlich bildete sich langsam eine Vermutung heraus, mit der sich leben ließ: Um 16:05, nach der elektrischen Wanduhr über dem Schalter in der Filiale der *Nordic Investment Bank*, hatte er achtzig Dollar gewechselt und war auf die Esplanade hinausgetreten. Die betreffende Zeitspanne lag also zwischen Viertel nach vier und halb sechs. Der Ort war, soweit ersichtlich, die Ecke Marikatu und Kapitaninkatu, am Fuß eines großen ockerfarben gestrichenen Gebäudes im russischen Stil. Fast mit Gewißheit zeichnete sich davor ein Zeitungs- und Zeitschriftenkiosk vor seinen Augen ab. Dort hatte er den armen Kerl im Rollstuhl gesehen. Und er war ihm bekannt vorgekommen, weil er ihn wohl an eine Gestalt erinnerte, die er einmal auf einem Bild in irgendeinem Museum, vielleicht in Madrid, betrachtet hatte und die ihm damals ebenfalls bekannt erschienen war, weil sie ihn an ein vertrautes Gesicht erinnerte.

Wessen Gesicht? Hier konnte man leicht in einen Teufelskreis geraten. Besser, man konzentrierte sich. Ging wieder nach Helsinki am 16. Februar zurück und vertraute auf die logische Schlußfolgerung, die da offenbar besagte, daß es sich hier um die Reflexion eines Spiegelbildes handelte. Nichts weiter. Nehmen wir an, eine Mondsichel spiegelt sich in einem Wassertümpel. Und sagen wir, der Wassertümpel seinerseits wirft das Spiegelbild der Mondsichel auf eine dunkle Fensterscheibe einer Hütte am

Dorfrand. So kann es passieren, daß das Glas, obwohl der Mond im Süden steht und das Fenster nach Norden geht, plötzlich das widerspiegelt, was es dem Augenschein nach nicht widerspiegeln kann. Aber in Wirklichkeit reflektiert es ja nicht den Wolkenmond, sondern nur den Wassermond.

Joel fragte sich, ob diese Hypothese ihm auch bei seinen gegenwärtigen Forschungen weiterzuhelfen vermochte, zum Beispiel hinsichtlich des afrikanischen Strahls, der die Zugvögel lenkte. Konnte die stur andauernde, systematische Beobachtung eines gespiegelten Spiegelbilds den Augen einen Fingerzeig preisgeben, einen schmalen Spalt auftun, der es ermöglichte, in das nicht für uns Gedachte hineinzulugen? Oder war es gerade umgekehrt: Von Reflexion zu Reflexion verblassen die Konturen wie bei der Kopie einer Kopie, die Farbtöne verschwimmen, die Formen gehen ineinander über, und alles wird nebulös und verzerrt?

Wie dem auch sein mochte, wenigstens in der Sache des Krüppels war er vorerst beruhigt. Nur vermerkte er sich im Geist, daß die meisten Formen des Bösen nicht für jemanden in Frage kommen, der weder Arme noch Beine hat. Tatsächlich hatte der Behinderte von Helsinki ein Mädchengesicht. Oder vielmehr das Gesicht eines noch sanfteren Geschöpfes, sanfter als ein Kind, strahlend und großäugig, als kenne er die Antwort und freue sich stillvergnügt über die schier unglaubliche Einfachheit dieser Antwort, die hier doch fast vor dir liegt.

31.

Und doch blieb noch die Frage, ob es ein Rollstuhl mit Eigenantrieb gewesen war oder – was logisch näherlag – jemand anders ihn geschoben hatte. Und wie hatte dieser andere ausgesehen? So es ihn gab?

Joel wußte, daß er hier haltmachen mußte. Diese Linie durfte man nicht überschreiten.

Als sie abends vor dem Fernseher saßen, betrachtete er seine Tochter – ihre grimmig kurzgeschorenen Haare, von denen nur noch Stoppeln übrig waren, die energische Kinnlinie, die eindeutig der Familie Lublin entstammte, Ivria jedoch übersprungen hatte und nun bei Netta erneut auftrat. In ihrer Kleidung, die ihm schlampig vorkam, ähnelte das Mädchen in seiner Sicht einem schmalen Rekruten, dem man zu unförmige und weite Hosen verpaßt hat, der aber die Zähne zusammenbeißt und an sich hält. In ihren Augen blitzte zuweilen ein scharfer, grünlicher Funke auf, der dem Wort »meinetwegen« zwei bis drei Sekunden vorausging. Wie immer saß sie auch an diesem Abend aufrecht, ohne sich anzulehnen, auf einem der schwarzen, steilen Stühle in der Eßecke. So weit wie möglich von ihrem Vater, der auf der Couch lagerte, und ihren Großmüttern auf den beiden Sesseln entfernt. Wenn die Handlung des Fernsehfilms kompliziert wurde, warf sie manchmal einen Satz ein wie »der Kassierer ist der Mörder« oder »sie kann ihn ja doch nicht vergessen« oder »zum Schluß kommt der noch auf allen vieren wieder bei ihr angekrochen«. Gelegentlich sagte sie: »So ein Blödsinn. Woher soll sie wissen, daß er noch nichts weiß?«

Wenn eine der Großmütter, meist war es Avigail, sie bat, Tee zu machen oder etwas aus dem Kühlschrank zu holen, gehorchte Netta stumm. Aber wenn man etwas über ihre Kleidung, ihre Frisur, ihre bloßen Füße, ihre Nägel sagte, meist kamen die Bemerkungen von Lisa, brachte Netta sie mit einem ätzenden Satz zum Schweigen und saß wieder wortlos und steif auf dem Stuhl mit der harten Lehne. Einmal versuchte Joel seiner Mutter im Hinblick auf Nettas gesellschaftliche Isolierung oder ihre unweibliche Erscheinung zu Hilfe zu kommen. Netta sagte nur: »Weiblichkeit ist nicht genau dein Ressort, stimmt's?« Und schon hatte sie ihn mundtot gemacht.

Und was war sein Ressort? Avigail bedrängte ihn, sich an der Universität einzuschreiben, zu seinem eigenen Vergnügen und zur Erweiterung des Horizonts. Seine Mutter vertrat die Meinung, er müsse ins Geschäftsleben eintreten. Mehrmals spielte sie auf eine erkleckliche Geldsumme an, die sie für eine vernünftige Investition aufbewahre. Und es gab den hartnäckigen Antrag eines früheren Kollegen, der Joel das Blaue vom Himmel versprach, wenn er sich nur bereitfinden könnte, als Partner in eine Privatdetektei einzusteigen. Auch Kranz versuchte ihn zu irgendwelchen nächtlichen Abenteuern in einem Krankenhaus zu verleiten, doch Joel machte sich nicht einmal die Mühe, herauszufinden, wovon überhaupt die Rede war. Vorerst bekam er von Netta gelegentlich den einen oder anderen Gedichtband, den er beim Rauschen des an die Fenster schlagenden Regens nachts im Bett durchblätterte. Gelegentlich hielt er inne, um ein paar Zeilen, manchmal auch nur eine einzige, wieder und wieder zu lesen. Unter den Gedichten J. Scharons in dem Band *Eine Zeit in der Stadt* entdeckte er die fünf letzten Zeilen auf Seite 46, die er viermal nacheinander las, bevor er den Worten des Dichters zustimmte, obwohl er sich nicht ganz sicher war, daß er dem Sinn ganz auf den Grund gekommen war.

Joel führte ein blaues Notizbuch, in dem er im Lauf der Jahre allgemeine Informationen über Epilepsie oder Fallsucht vermerkte, an der Netta nach überwiegender Meinung – wenn auch in leichter Form – mit vier Jahren erkrankt war. Allerdings waren andere Ärzte nicht völlig mit dieser Diagnose einverstanden gewesen. Diesen Ärzten hatte Ivria sich mit einem umwerfenden Feuereifer angeschlossen, der manchmal an Haß grenzte. Eine Anwandlung, die Joel beängstigte, aber auch faszinierte, so daß er sie, indirekt, fast noch anfachte. Das Notizbuch hatte er Ivria nie gezeigt. Er verwahrte es stets in dem verschlossenen Panzerschrank, der in den Boden des Puppenzimmers in Jerusalem eingelassen war. Als er den Dienst quittierte und in vorzeitige Pension ging, hatte sich dieser Schrank geleert und war von Jerusalem nach Ramat Lotan überführt worden, wo Joel es nicht für nötig hielt, ihn in den Boden einzubauen oder ständig verschlossen zu halten. Wenn er ihn abschloß, dann nur wegen des Notizbuchs. Und wegen der drei oder vier Alpenveilchenbilder, die seine Tochter ihm im Kindergarten- oder Erstkläßleralter gemalt hatte, weil es seine Lieblingsblume war. Wäre Ivria nicht gewesen, hätte er, so überlegte er erneut, seine Tochter vielleicht Rakefet, Alpenveilchen, genannt. Aber zwischen Ivria und ihm herrschte ein ständiges Verhältnis von gegenseitiger Anerkennung und Nachgeben. Deshalb hatte er sich nicht auf den Namen versteift. Sie beide, Ivria und Joel, hatten gehofft, ihrer Tochter werde es bessergehen, sobald endlich ihre Zeit gekommen sein würde, vom Mädchen zur Frau zu werden. Und ihnen beiden graute vor irgendeinem dickarmigen Kerl, der sie ihnen eines Tages wegnehmen würde. Obwohl sie bisweilen beide merkten, daß Netta zwischen ihnen stand, wußten sie auch, daß sie nach ihrem Weggang einander von Angesicht zu Angesicht gegenüberstehen würden. Scham erfüllte Joel über die geheime Freude, die er gelegentlich bei dem Gedanken empfand, Ivrias Tod bezeichne ihre Niederlage, während er und Netta letztlich siegreich geblieben seien. Das Wort »Epilepsie« bedeutet »Anfall« oder »Angriff«. Andere Bezeichnungen sind »Fallsucht«, »hinfallende Krankheit«, »Morbus sacer«. Mal ist sie eine idiopathische, mal eine organische Krankheit und vereinzelt auch beides. Im zweiten Fall handelt es sich um ein Hirnleiden, keine Geisteskrankheit. Symptome sind krampfartige Anfälle, begleitet von Bewußtlosigkeit, die in unregelmäßigen Abständen auftreten. Oft kündigt sich der Anfall durch

Vorzeichen an. Diese sind unter der Sammelbezeichnung »Aura« bekannt und umfassen etwa Schwindelgefühl, Ohrensausen, verschwommene Sicht und Melancholie oder auch im Gegenteil Euphorie. Der Anfall selbst umfaßt die Versteifung aller Muskeln, Schweratmigkeit, Blaufärbung des Gesichts und gelegentlich auch Zungenbiß und das Auftreten blutigen Schaums auf den Lippen. Dieses Stadium, die tonische Phase, geht schnell vorüber. Darauf folgt meist die klonische Phase, die einige Minuten andauert und sich in starken, unwillkürlichen Verkrampfungen verschiedener Muskeln äußert. Diese Krämpfe ebben ebenfalls langsam ab. Danach kann der Kranke entweder sofort aufwachen oder aber in tiefen, andauernden Schlaf versinken. In beiden Fällen wird er sich beim Erwachen nicht an den Anfall erinnern. Manche Patienten fallen mehrmals pro Tag, andere nur einmal in drei oder sogar fünf Jahren. Einige erleiden die Anfälle bei Tag, andere nachts im Schlaf.

Ferner schrieb Joel noch in sein Notizbuch: Abgesehen von dem *grand mal*, großer Krampfanfall (Joel übersetzte »großes Übel«), leiden manche nur unter dem *petit mal*, kleiner Anfall (»kleines Übel«), das sich in vorübergehender Abwesenheit ausdrückt. Etwa die Hälfte der epileptischen Kinder erleiden lediglich kleine Anfälle. Und es kann auch vorkommen, daß an Stelle der großen oder kleinen Anfälle oder neben ihnen unterschiedliche psychische Attacken in wechselnden Abständen, aber immer abrupt auftreten: Trübsinn, Phobien, Wahrnehmungsstörungen, Wandertriebhaftigkeit, Phantastereien, begleitet von Halluzinationen, wilde Zornausbrüche, Dämmerzustände, in denen einige Kranke unter Umständen gefährliche oder sogar kriminelle Handlungen begehen, die ihnen nach dem Aufwachen völlig entfallen sind.

Im Lauf der Jahre kann die Krankheit in ihren schwereren Formen zu Persönlichkeitsveränderungen oder auch Geistesstörungen führen. Doch in den meisten Fällen ist der Patient zwischen den Anfällen so normal wie jeder andere. Nach anerkannter Lehre ist ständige Schlaflosigkeit geeignet, die Krankheit zu verschärfen, während eine Verschärfung der Krankheit bei dem Patienten wiederum ständige Schlaflosigkeit verursachen kann.

Die Krankheitsdiagnose erfolgt heute, abgesehen von marginalen oder zweideutigen Fällen, durch das psychomotorische Elektroenzephalogramm, also die Messung und Aufzeichnung der Stromwellen im Gehirn. Der fragliche Krankheitsherd liegt im Schläfenlappen. So läßt sich durch modernste Untersuchungen zuweilen eine latente, verborgene Epilepsie, eine elektrische Störung im Gehirn ohne äußere Erscheinungsformen, bei Familienangehörigen des Kranken feststellen. Diese Verwandten leiden selber an nichts, sind überhaupt völlig arglos, können die Krankheit aber an ihre Nachkommen vererben. Denn fast immer ist die Krankheit erblich, wenn sie auch in den meisten Fällen in latenter, verborgener Form von Generation zu Generation weitergegeben wird und nur bei wenigen Nachkommen tatsächlich zum Ausbruch kommt.

Und da seit jeher die Simulanten zahlreich waren, hat schon de Haan 1760 in Wien herausgefunden, daß eine einfache Pupillenbeobachtung im allgemeinen ausreicht, die Verstellungskünstler aller Art zu entlarven: nur bei einem wirklichen Anfall reagieren die Pupillen nicht durch Verengung auf einen starken Lichtstrahl, der auf sie gerichtet wird.

Als Behandlungsarten der Krankheit gelten hauptsächlich die Vermeidung körperlicher und seelischer Erschütterungen sowie der kontrollierte Einsatz von Beruhigungsmitteln wie beispielsweise verschiedene Verbindungen von Bromiden mit Barbituraten.

Antiken Gelehrten, Hippokrates oder auch Demokrit, wird der Ausspruch zugeschrieben: »Der Beischlaf ist eine Art epileptischer Anfall.« Aristoteles hingegen stellt in seiner Abhandlung *Vom Schlafen und Wachen* fest, die Epilepsie ähnele dem Schlaf, und in gewisser Hinsicht sei der Schlaf Epilepsie. Joel hatte hier ein Fragezeichen in Klammern eingefügt, weil ihm, zumindest auf den ersten Blick, Beischlaf und Schlaf als Gegensätze erschienen. Ein jüdischer Weiser des Mittelalters bezog auf die Krankheit den Jeremiavers 17,9: »Arglistig ohnegleichen ist das Herz und unverbesserlich. Wer kann es ergründen?«

Und auch dies schrieb Joel unter anderem in sein Notizbuch: Vor uralten Zeiten bis heute schleift die Fallkrankheit eine Art magische Schleppe hinter sich her. Oft und von verschiedener Seite hat man den Betroffenen Erleuchtung oder Besessenheit oder prophetische Gaben, Verdingung an Dämonen oder im Gegenteil besondere Nähe zum Heiligen nachgesagt. Daher die Bezeichnungen *morbus divus* oder *morbus sacer* oder *morbus lunaticus astralis* oder auch *morbus daemoniacus*, also göttliche, heilige, Mond-Sterne- oder dämonische Krankheit.

Joel, der sich trotz Ivrias Wut innerlich mit der Tatsache abgefunden hatte, daß Netta an einer leichten Form dieser Krankheit litt, ließ sich von all diesen Beinamen nicht beeindrucken. Keinerlei lunar-astrale Anzeichen waren bei seiner vierjährigen Tochter an jenem Tag erkennbar gewesen, als die Sache zum erstenmal auftrat. Nicht er, sondern Ivria war ans Telefon geeilt und hatte den Krankenwagen bestellt. Er selbst, dem man doch sehr wohl schnelles Spurten beigebracht hatte, war zögernd verharrt, weil er ein leichtes Zittern um die Mundwinkel des Kindes wahrzunehmen glaubte, als verkneife es sich ein spöttisches Lachen. Und als er sich dann aufgerafft und sie im Laufschritt auf den Armen zum Notarztwagen getragen hatte, war er mit ihr die Treppe hinuntergefallen und mit dem Kopf ans Geländer geschlagen, und als er wieder zu sich kam, befand er sich in der Notaufnahme, und die Diagnose war inzwischen fast mit Gewißheit gestellt worden, und Ivria hatte nur ruhig zu ihm gesagt: Ich muß mich über dich wundern.

Seit Ende August war kein Anzeichen mehr aufgetreten. Vor allem machte Joel sich jetzt Gedanken über ihre Einberufung zum Wehrdienst. Nachdem er im Geist verschiedene Ideen erwogen hatte, darunter auch den Einfluß des Patrons, beschloß er abzuwarten und nichts zu unternehmen, bis die Ergebnisse der ärztlichen Untersuchungen vom Wehrersatzamt eintrafen.

In diesen windigen Regennächten betrat er manchmal um zwei, drei Uhr morgens die Küche – im Schlafanzug, das Gesicht vor Müdigkeit zerknittert –, und da saß seine Tochter aufrecht am Küchentisch, ohne die Stuhllehne mit dem Rücken zu berühren, eine leere Teetasse vor sich, die häßliche Plastikbrille auf der Nase, teilnahmslos gegenüber dem Nachtfalter, der gegen die Deckenlampe bumste, ganz und gar in die Lektüre vertieft.

»Guten Morgen, *young lady*, vielleicht darf man fragen, was die Dame liest?«

Netta las dann seelenruhig den Absatz oder auch die Seite zu Ende und antwortete ihm erst danach, ohne die Augen aufzuheben: »Ein Buch.«

»Soll ich uns ein Glas Tee machen? Oder ein belegtes Brot?«

Darauf erwiderte sie unweigerlich mit einem einzigen Wort: »Meinetwegen.«

Dann saßen sie beide in der Küche und aßen und tranken schweigend. Allerdings legten sie zuweilen auch ihre Bücher nieder und unterhielten sich in leisem, vertrautem Ton. Über die Pressefreiheit zum Beispiel. Über die Ernennung eines neuen Rechtsberaters der Regierung. Oder über die Katastrophe von Tschernobyl. Und manchmal setzten sie sich hin und schrieben eine Einkaufsliste für die Auffüllung des Medikamentenbestands im Arzneischrank im Bad. Bis man die herübergeschleuderte Zeitung auf den Gartenweg aufschlagen hörte und Joel vergebens von seinem Platz losstürzte, um den Zeitungsboten zu erwischen. Der verschwunden war.

32.

Als das Chanukkafest herankam, buk Lisa Krapfen in Öl und briet Kartoffelpfannkuchen und kaufte einen neuen Chanukkaleuchter nebst einer Packung bunter Kerzen und forderte Joel auf, sich zu erkundigen, welche Stellen im Gebetbuch man beim Anzünden der Kerzen liest. Als Joel staunend fragte, wieso das denn, antwortete seine Mutter in starker Erregung, die fast ihre Schultern erbeben ließ: Immer, all diese Jahre lang, hätte die arme Ivria die jüdischen Feiertage gern ein bißchen traditionell begangen, aber du, Joel, warst ja nie zu Hause, und wenn doch, hast du sie nicht zu Worte kommen lassen.

Joel war bestürzt, stritt die Sache ab, aber seine Mutter schnitt ihm diesmal das Wort ab und tadelte ihn nachsichtig, wie leicht bekümmert: Du behältst immer nur das, was dir paßt.

Zu seiner größten Überraschung stellte Netta sich diesmal auf Lisas Seite. Sie sagte:»Was ist, wenn's jemand die Seele wärmt, können hier Chanukkakerzen oder Lag-Baomer-Feuerchen entzündet werden. Wie's halt kommt.«

Als Joel gerade achselzuckend nachgeben wollte, stürmte Avigail mit frischen Kräften aufs Schlachtfeld. Sie legte Lisa den Arm um die Schulter und sagte mit warmer, von didaktischer Geduld erfüllter Stimme: »Entschuldige mal, Lisa, ich muß mich ein bißchen über dich wundern. Ivria hat nie an Gott geglaubt, hat keine Ehrfurcht vor ihm gehabt und hat auch die ganzen frommen Zeremonien nicht ausstehen können. Wir wissen nicht, wovon du auf einmal redest.«

Lisa wiederum beharrte unter sturer Wiederholung der Bezeichnung »die arme Ivria« verbissen auf ihrem Standpunkt, mit bitterbösem Gesicht und streitbar-sarkastischem Unterton in der Stimme: »Ihr solltet euch alle was schämen. Die Ärmste ist nicht mal ein Jahr tot, und ich sehe, daß man sie hier noch mal umbringen will.«

»Lisa. Genug. Hör auf damit. Das reicht für heute. Leg dich ein bißchen hin.«

»Also gut. Ich höre auf. Nicht nötig. Sie ist schon nicht mehr, und ich bin hier die Schwächste, also gut. Auch recht. Ich gebe nach. Wie sie immer in allem nachgegeben hat. Nur mußt du nicht denken, Joel, daß wir schon vergessen haben, wer für sie nicht Kaddisch gesagt hat. Ihr Bruder hat es an deiner Stelle getan. Allein vor Schmach dachte ich damals, ich sterbe.«

Avigail äußerte sanft den Verdacht, seit der Operation und natürlich in deren Folge habe Lisas Gedächtnis wohl ein wenig nachgelassen. Solche Dinge kämen vor, die medizinische Literatur strotze von entsprechenden Beispielen. Auch ihr Arzt, Dr. Litwin, habe gesagt, es könnten kleine geistige Veränderungen auftreten. Einerseits vergesse sie, wo sie eben das Staubtuch abgelegt habe oder wo das Bügelbrett stehe, andererseits erinnere sie sich an Dinge, die gar nicht gewesen seien. Diese Religiosität gehöre anscheinend auch zu den besorgniserregenden Symptomen.

Lisa sagte: »Ich bin nicht religiös. Im Gegenteil. Mich stößt das ab. Aber die arme Ivria hat immer ein bißchen Tradition im Haus pflegen wollen, und ihr habt ihr ins Gesicht gelacht, und auch jetzt spuckt ihr auf sie. Noch ist kein Jahr vorbei, daß sie tot ist, und ihr trampelt schon auf ihrem Grab herum.«

Netta sagte: »Ich kann mich nicht entsinnen, daß sie fromm gewesen wäre. Ein bißchen ausgeflippt vielleicht, aber nicht fromm. Vielleicht geht mein Gedächtnis auch schon hops.«

Und Lisa: »Also gut. Warum nicht. Ist recht. Sollen sie hier den besten Facharzt, den's gibt, herbringen, damit er alle der Reihe nach untersucht und ein für allemal sagt, wer hier bekloppt und wer normal und wer bereits senil ist, und wer das Andenken an die arme Ivria schon aus dem Haus entfernen will.«

Joel sagte: »Genug. Ihr alle drei. Fertig aus. Sonst müssen hier bald noch Grenzschutztruppen einziehen.«

Avigail bemerkte zuckersüß: »Dann gebe ich nach. Kein Grund zum Streit. Soll's so sein, wie Lisa es möchte. Mit Kerzen und Matzen. Bei ihrem jetzigen Zustand müssen wir alle nachgeben.«

Damit hörte der Streit auf, und es herrschte Ruhe bis zum Abend. Nun wurde deutlich, daß Lisa ihren ursprünglichen Wunsch vergessen hatte. Sie zog ihr Festkleid aus schwarzem Samt an und brachte die selbst zubereiteten Kartoffelpfannkuchen und Krapfen auf den Tisch. Aber der – nicht angezündete – Chanukkaleuchter wurde stillschweigend auf das Bord über dem Kamin im Wohnzimmer gestellt. Nicht weit von der Figur des gepeinigten Raubtiers.

Und dann, drei Tage später, stellte Lisa, ohne jemanden vorher zu fragen, auf eben dieses Bord ein nicht übermäßig großes Foto von Ivria, das sie säuberlich in einen schwarzen Rahmen gesteckt hatte.

»Damit wir sie ein bißchen im Gedächtnis behalten«, sagte sie, »damit irgendwas im Haus an sie erinnert.«

Zehn Tage lang stand das Foto am Ende des Bords im Wohnzimmer, und keiner von ihnen sagte mehr ein Wort. Durch ihre Landarztbrille aus einer vorigen Generation blickte Ivria auf ihre romanischen Klosterruinen, die man an die Gegenwand gehängt hatte. Ihr Gesicht wirkte noch magerer als zu ihren Lebzeiten, die Haut dünn und bleich, die Augen hinter den Brillengläsern waren hell und langwimprig. In ihren Zügen auf dem Foto entschlüsselte Joel, wirklich oder vermeintlich, ein unwahrscheinliches Zusammentreffen von Trauer und Tücke. Ihr auf die Schultern herabwallendes Haar war schon grau meliert. Immer noch hatte ihre verblassende Schönheit die Kraft, Joel zu zwingen, nicht hinzusehen. Ja, ihn fast vom Betreten des Wohnzimmers abzuhalten. Sogar auf die Fernsehnachrichten verzichtete er einige Male. Mehr und mehr fesselte ihn jetzt die Biographie von Generalstabschef Elasar, die er in Herrn Kramers Bücherregal gefunden hatte. Die Ergebnisse des öffentlichen Ermittlungsverfahrens interessierten ihn im Detail. Viele Stunden saß er in seinem Zimmer, über Herrn Kramers Schreibtisch gebeugt, und ordnete verschiedene Einzelheiten in Tabellen ein, die er auf Rechenpapier angelegt hatte. Er benutzte den Nichtfüller mit der feinen Feder und genoß es irgendwie, sie etwa alle zehn Worte ins Tintenfaß tauchen zu müssen. Manchmal meinte er, einen gewissen Widerspruch in den Ergebnissen der Untersuchungskommission, die den Generalstabschef für schuldig befunden hatte, herauszuschnüffeln, obwohl er sehr wohl wußte, daß er ohne Zugang zu den Primärquellen nichts außer Vermutungen aufstellen konnte. Und doch bemühte er sich, das, was im Buch stand, bis in die kleinsten Details zu zerlegen und sie dann – mal in dieser, mal in jener Reihenfolge – wieder zusammenzusetzen. Vor ihm auf dem Schreibtisch stand Herr Kramer in gebügelter Uniform, mit Rang- und Ehrenabzeichen geschmückt, das Gesicht strahlend vor Hochstimmung, und drückte die Hand von Brigadegeneral Elasar, der auf dem Foto müde und in sich gekehrt wirkte, die Augen scheinbar intensiv auf etwas weit hinter Kramers Schulter gerichtet. Bisweilen meinte Joel vom Wohnzimmer her leise Jazz- oder Ragtime-Klänge zu hören. Er hörte sie nicht mit den Ohren, sondern mit den Poren seiner Haut. Irgendwie veranlaßte ihn dies, häufig, ja fast jeden zweiten Abend in die Wälder im Empfangsraum seiner Nachbarn Annemarie und Ralph zu gehen.

Nach zehn Tagen, da keiner ein Wort über das von ihr aufgestellte Bild verloren hatte, plazierte Lisa neben Ivrias Foto eines von Schealtiel Lublin mit seinem dicken Walroßschnauzbart in britischer Polizeioffiziersuniform. Es war das Bild, das stets auf Ivrias Schreibtisch in ihrem Studio in Jerusalem gestanden hatte.

Avigail klopfte an Joels Tür. Trat ein und fand ihn an Herrn Kramers Schreibtisch hocken – wobei die Brille eines katholischen Intellektuellen ihm den Ausdruck asketischer Weltabgeschiedenheit und Gelehrsamkeit verlieh – und Schlüsselabschnitte aus dem Buch über den Generalstabschef auf seinen Karobogen übertragen.

»Entschuldige, daß ich hereinplatze. Aber wir müssen ein wenig über den Zustand deiner Mutter sprechen.«

»Ich höre«, sagte Joel, indem er die Feder aufs Blatt legte und sich im Stuhl zurücklehnte.

»Man kann das einfach nicht anstehen lassen. Man darf nicht so tun, als ob alles bei ihr wie gewöhnlich sei.«

»Fahr fort«, sagte er.

»Hast du keine Augen im Kopf, Joel? Siehst du denn nicht, daß sie von Tag zu Tag verwirrter wird? Gestern hat sie den Gartenweg gefegt und ist dann einfach so raus und hat auf dem Bürgersteig weitergekehrt, bis ich sie zwanzig Meter vom Haus entfernt gestoppt und zurückgeholt habe. Wenn ich nicht gewesen wäre, hätte sie bis vors Tel Aviver Rathaus so weitergemacht.«

»Stören dich die Fotos im Wohnzimmer sehr, Avigail?«

»Nicht die Fotos. Alles. Alle möglichen Dinge, die du, Joel, einfach nicht wahrhaben willst. Du tust nur so, als sei alles völlig normal. Denk daran, daß du diesen Fehler schon einmal begangen hast. Und wir alle haben teuer dafür bezahlt.«

»Fahr fort«, sagte er.

»Hast du darauf geachtet, was mit Netta in den letzten Tagen vor sich geht, Joel?«

Joel verneinte.

»Wußt' ich's doch, daß du nicht drauf geachtet hast. Seit wann achtest du auch auf etwas außer dir selbst. Leider überrascht mich das nicht.«

»Avigail. Worum geht es. Bitte.«

»Seit Lisa angefangen hat, geht Netta schon gar nicht mehr ins Wohnzimmer. Setzt keinen Fuß hinein. Ich sage dir, daß es mit ihr wieder bergab geht. Und ich beschuldige nicht deine Mutter, sie ist für ihre Handlungen nicht verantwortlich, aber du bist ja sozusagen der Verantwortliche. Das denkt wenigstens alle Welt. Nur sie hat nicht so gedacht.«

»Ist recht«, sagte Joel, »das Problem wird geprüft. Wir werden eine Untersuchungskommission bilden. Aber am allerbesten wäre es, wenn du und Lisa euch einfach aussöhnen würdet und fertig.«

»Bei dir ist alles einfach«, sagte Avigail in ihrem Schulmeisterinnenton, doch Joel fiel ihr ins Wort und sagte: »Schau, Avigail, ich versuch' ein bißchen zu arbeiten.«

»Verzeihung«, sagte sie kühl, »ich mit meinen kleinen Dummheiten.« Damit ging sie hinaus und schloß sanft die Tür.

Des öfteren, nach einem heftigen Streit, spät nachts, hatte Ivria ihm zugeflüstert: »Aber du mußt wissen, daß ich dich verstehe.« Was hatte sie ihm mit diesen Worten mitteilen wollen? Was verstand sie? Joel wußte sehr wohl, daß man es nicht wissen konnte. Obwohl ihm die Antwort gerade jetzt wichtiger denn je, ja fast dringend war. Die meisten Tage war sie im weißen Hemd und weißen Jeans im Haus herumgelaufen und hatte keinerlei Schmuck angelegt, außer dem Ehering, den sie aus irgendeinem Grund am rechten kleinen Finger trug. Alle Tage, Sommer wie Winter, waren ihre Finger kalt und spröde. Joel wurde von starkem Verlangen nach ihrer kühlen Berührung seinen nackten Rücken entlang gepackt und sehnte sich auch danach, ihre Finger zwischen seine klobigen Hände zu nehmen, um sie möglichst ein bißchen anzuwärmen, wie man ein halb erfrorenes Küken wiederbelebt. War es wirklich ein Unfall gewesen? Beinah wäre er ins Auto gesprungen und geradewegs nach Jerusalem zu dem Mehrfamilienhaus in Talbiye gerast, um die elektrischen Leitungen drinnen und draußen zu prüfen, um jede Minute, jede Sekunde, jede Regung an jenem Morgen zu entschlüsseln. Doch das Haus schien ihm im Geist gewissermaßen zwischen den melancholischen Gitarreklängen jenes Itamar oder Eviatar zu schweben, und Joel wußte, daß die Trauer seine Kräfte überschreiten würde. Statt gen Jerusalem strebte er dem Trüffel- und Pilzwald von Ralph und Annemarie entgegen, und nach dem Abendessen, das sie ihm vorsetzten, und nach dem Dubonnet und einer Kassette mit Country Music geleitete Ralph ihn ans Bett seiner Schwester, und Joel war es egal, ob er hinausging oder blieb, und er schlief mit ihr an jenem Abend nicht zu seinem Vergnügen, sondern der Wärme und des Mitgefühls wegen, wie ein Vater, der mit einem Streicheln die Tränen seiner kleinen Tochter abwischt.

Bei seiner Rückkehr nach Mitternacht war das Haus still und dunkel. Einen Moment prallte er vor dem Schweigen zurück, als spüre er ein nahes Unheil. Alle Türen im Haus waren geschlossen, außer der des Wohnzimmers. Also trat er dort ein, knipste das Licht an und merkte, daß die Fotos samt Chanukkaleuchter weg waren. Und erschrak zutiefst, weil er sekundenlang meinte, auch die Figur sei verschwunden. Doch nein. Sie war nur ein wenig verrückt worden und stand nun am Ende des Bords. Joel, der einen Absturz fürchtete, stellte sie sanft in die Mitte des Bretts zurück. Er wußte, daß er klären mußte, wer von den dreien die Bilder weggenommen hatte. Und er wußte auch, daß diese Untersuchung nicht stattfinden würde. Am nächsten Morgen beim Frühstück fiel kein Wort über das Verschwinden der Fotos. Und die folgenden Tage ebenfalls nicht. Lisa und Avigail hatten sich wieder ausgesöhnt und gingen gemeinsam zum örtlichen Gymnastikkurs und zu den Treffen der Makrame-Gruppe. Gelegentlich stichelten sie Joel einträchtig wegen seiner Zerstreutheit oder weil er von morgens bis abends nichts tue. Netta ging abends in die Cinemathek und ins Tel-Aviv-Museum. Manchmal machte sie auch einen kleinen Schaufensterbummel, um die leere Zeit zwischen zwei Filmen herumzubringen. Joel wiederum war gezwungen, seine kleine Ermittlung über die Schuldigsprechung des Generalstabschefs Elasar aufzugeben, obwohl er jetzt den starken Verdacht hegte, es sei seinerzeit bei dem Untersuchungsverfahren irgend etwas falsch gelaufen und großes Unrecht geschehen. Aber er erkannte, daß er ohne Zugang zu den Beweisstücken und zu den geheimen Quellen nicht herausfinden konnte, wie der Fehler passiert war. Inzwischen hatten die Winterregen wieder eingesetzt, und als er eines Morgens hinausging, um die Zeitung vom Weg aufzusammeln, sah er, daß die Katzen auf dem Küchenbalkon mit der steifen Leiche eines kleinen Vogels spielten, der anscheinend erfroren war.

33.

Eines Tages Mitte Dezember, um drei Uhr nachmittags, kam Nakdimon Lublin, in einen Militäranorak gehüllt, das Gesicht rot und rauh vom Peitschen des kalten Windes. Als Geschenk brachte er einen Kanister Olivenöl mit, das er selbst in seiner improvisierten Ölpresse am Nordende Metullas gewonnen hatte. Außerdem trug er vier, fünf Endsommerdisteln in einem halb kaputten, abgewetzten schwarzen Kasten, in dem einst eine Geige gewesen war. Er wußte nicht, daß Netta bereits das Interesse am Sammeln von Dornzweigen verloren hatte.

Er durchmaß den Flur, lugte mißtrauisch in jedes Schlafzimmer, machte das Wohnzimmer ausfindig und drang dort energischen Schrittes ein, als zermalme er mit den Sohlen dicke Erdschollen. Seine Disteln im Geigenkasten und den in Sacktuch eingeschlagenen Ölkanister stellte er ohne zu zögern mitten auf den Couchtisch, ehe er sich seiner Windjacke entledigte, die er auf den Boden neben den Sessel sinken ließ, auf den er sich dann ausladend, mit gespreizten Beinen setzte. Wie üblich nannte er die Frauen »Kinder«, während er Joel mit »Käpten« anredete. Wollte wissen, welche Monatsmiete Joel für dieses Knusperhäuschen zahle. Und weil wir schon beim Geschäftlichen sind, zog er aus der Gesäßtasche ein dickes Bündel zerknitterter Fünfzig-Schekel-Noten mit Gummiband drum herum und legte es müde auf den Tisch – Avigails und Joels Halbjahresanteil an den Einkünften der Obstpflanzung und des Gästehauses in Metulla, Schealtiel Lublins Nachlaß. Auf dem obersten Geldschein des Bündels stand die Abrechnung in dicken Ziffern, wie mit einem Bleistift, mit dem der Schreiner Linien aufs Holz zeichnet.

»Und jetzt«, näselte er, »*yallah*, wacht auf, Kinder. Der Mensch stirbt vor Hunger.«

Im selben Moment bemächtigte sich der drei die Geschäftigkeit von Ameisen, denen man den Zugang zu ihrem Hügel verbaut hat. Zwischen Küche und Wohnzimmer hin- und herwimmelnd, vermieden sie in ihrer Eile nur mit knapper Not Zusammenstöße. Über den Couchtisch, von dem Nakdimon gnädig die Füße heruntergenommen hatte, wurde in Null Komma nix eine Tischdecke gebreitet, auf die augenblicklich Teller, Schälchen, Gläser und Flaschen, Servietten und Gewürze und warme Fladenbrote und saure Gurken nebst Oliven und Bestecke kamen. Obwohl das

Mittagessen in der Küche erst eine knappe Stunde vorbei war. Joel guckte verdutzt, baß erstaunt ob der Befehlsgewalt dieses derben, rotgesichtigen, stämmigen Grobians über diese sonst keineswegs unterwürfigen Frauen. Und er mußte einen leichten Ärger hinunterwürgen, indem er sich sagte: Dummkopf, du bist doch nicht etwa eifersüchtig.

»Bringt auf den Tisch, was ihr habt«, befahl der Gast in seinem langsamen, verschnupften Tonfall, »bloß verwirrt mich nicht mit allen möglichen Entscheidungen: Wenn Mohammed am Verhungern ist, er auch den Schwanz des Skorpions frißt. Du bleib sitzen, Käpten, überlaß das Servieren den Kindern. Du und ich müssen ein paar Worte miteinander reden.«

Joel gehorchte und setzte sich seinem Schwager gegenüber auf die Couch. »Das ist so«, begann Nakdimon, besann sich aber anders, sagte »gleich, Moment«, brach ab und konzentrierte sich rund zehn Minuten schweigend und sachkundig auf die gebratenen Hähnchenschenkel mit Pellkartoffeln nebst rohem und gekochtem Gemüse, spülte das Ganze mit Bier hinunter, kippte zwischen den Bieren auch zwei Gläser sprudelnder Orangeade in sich hinein, während das Fladenbrot in seiner Linken ihm wahlweise als Löffel, Gabel oder Kaugrundlage diente, und ließ von Zeit zu Zeit ein behagliches Rülpsen begleitet von wohligen kleinen Seufzern im Bauchbaß los.

Mit nachdenklicher Gesammeltheit beobachtete Joel ihn die ganze Zeit beim Essen, als suche er in der Gestalt des Gastes irgendeine verborgene Einzelheit, mit deren Hilfe sich ein alter Verdacht endlich bestätigen oder zerstreuen ließe. Es war etwas an den Kiefern dieses Lublin oder an Hals und Schultern oder vielleicht an seinen schwieligen Bauernhänden oder an allen zusammen, das auf Joel wie die Erinnerung an eine flüchtige Melodie wirkte, die offenbar dunkel einer anderen, älteren Weise ähnelte, die längst verklungen war. Es bestand keinerlei Ähnlichkeit zwischen diesem rotgesichtigen, vierschrötigen Mann und seiner verstorbenen Schwester, die eine weißhäutige, schmale Frau mit feinen Gesichtszügen und langsamen, introvertierten Bewegungen gewesen war. Joel wurde fast wütend darüber und ärgerte sich sofort über sich selbst wegen dieser Wut, weil er sich im Lauf der Jahre antrainiert hatte, stets einen kühlen Kopf zu bewahren. Er wartete, bis Nakdimon die Mahlzeit beendete, und inzwischen setzten sich die Frauen um den Eßtisch, wie auf eine Zuschauertribüne, in einiger Entfernung von den beiden Männern, die zu beiden Seiten des

Couchtisches hockten. Bis der Gast den letzten Knochen abgenagt, den Teller mit dem Fladenbrot abgewischt und das Apfelkompott vertilgt hatte, fiel fast kein einziges Wort im Zimmer. Joel saß seinem Schwager mit rechtwinklig angezogenen Beinen gegenüber, auf denen, offen, seine häßlichen Hände lagen. So wirkte er wie ein pensionierter Kämpfer eines Elitespähtrupps, das Gesicht alt und sonnengegerbt, die drahtige, krause, vorzeitig ergraute Tolle hornartig von der Stirn abstehend, ohne hineinzufallen, die Augenfältchen von leichter Ironie umspielt, dem Anflug eines Lächelns, bei dem die Lippen nicht mitmachten. Über die Jahre hatte er die Fähigkeit erworben, lange Zeit so, wie in tragischer Ruhe, dazusitzen, mit angewinkelten Knien, auf denen je eine reglos gespreizte Hand ruhte, mit geradem, aber nicht angespanntem Rücken, lässig hängenden Schultern und einem Gesicht, in dem sich absolut nichts regte. Bis Lublin sich den Mund am Ärmel und den Ärmel an einer Papierserviette abwischte, in die er sich dann kräftig schneuzte, ehe er sie zusammenknüllte und zum langsamen Absaufen in ein halbvolles Glas Orangeade warf, und sich gemütlich ausstreckte, einen kurzen Furz losließ, der sich wie eine zuknallende Tür anhörte, und erneut fast mit denselben Worten wie zu Beginn der Mahlzeit ansetzte: »Gut. Schau. Das ist so.«

Wie sich herausstellte, hatten Avigail Lublin und Lisa Rabinowitz, jeweils ohne Wissen der anderen, Anfang des Monats Briefe nach Metulla geschickt, bezüglich der Errichtung eines Grabsteins auf Ivrias Grab in Jerusalem zum ersten Jahrestag ihres Todes am 16. Februar. Er, Nakdimon, tue nichts hinter Joels Rücken, und überhaupt, wenn es von ihm abhinge, würde er es lieber Joel überlassen, sich um diese Sache zu kümmern. Obwohl er bereit sei, die Hälfte zu bezahlen. Oder alles. Das sei ihm gleich. Auch ihr, seiner Schwester, sei, als sie ging, schon alles gleich gewesen. Sonst wäre sie vielleicht geblieben. Aber warum sich jetzt in ihren Kopf versetzen. Bei ihr habe sowieso, selbst als sie noch am Leben war, alles voller »kein Zutritt« an allen Seiten gesteckt. Und da er eh heute einiges in Tel Aviv zu erledigen habe – seinen Anteil an einem Lasterunternehmen auflösen, Matratzen für das Gästehaus besorgen, die Lizenz für einen kleinen Steinbruch beantragen –, habe er beschlossen, hier vorbeizuspringen, zu essen und die Sache perfekt zu machen. Das ist die Geschichte. Also, was sagst du, Käpten?

»Ist recht. Grabstein. Warum nicht«, antwortete Joel seelenruhig.

»Regelst du das, oder soll ich?«

»Wie du willst.«

»Schau, ich hab' auf dem Hof einen anständigen Stein aus Kafr Adscher. So einen schwarzen mit Glitzer. In dieser Größe etwa.«

»Ist recht. Bring ihn.«

»Muß man da nichts draufschreiben?«

Avigail mischte sich ein: »Und wir müssen uns schnell entscheiden, bis Ende der Woche, was wir schreiben wollen, denn sonst wird's bis zum Jahrestag nicht mehr fertig.«

»Darf man nicht!« rief Lisa plötzlich mit bitterer, spröder Stimme aus ihrer Ecke.

»Was darf man nicht?«

»Man darf nach dem Tod nicht unschön über sie reden.«

»Wer genau redet denn hier unschön über sie?«

»In Wirklichkeit«, antwortete Lisa in zorniger Auflehnung wie ein trotziges Schulmädchen, das sich vorgenommen hat, die Erwachsenen vor den Kopf zu stoßen, »in Wirklichkeit hat sie keinen so recht geliebt. Es ist nicht schön, das zu sagen, aber lügen ist halt noch weniger schön. So war's. Vielleicht hat sie nur ihren Vater liebgehabt. Und keiner hier hat ein bißchen an sie gedacht, womöglich hätt' sie lieber in Metulla im Grab gelegen, neben ihrem Vater, und nicht in Jerusalem zwischen allen möglichen einfachen Leuten. Aber jeder hier denkt ja nur an sich selber.«

»Kinder«, näselte Nakdimon schläfrig, »vielleicht laßt ihr uns zwei Minuten in Ruhe reden. Danach könnt ihr soviel quatschen, wie ihr wollt.«

»Ist recht«, antwortete Joel verspätet auf eine frühere Frage, »Netta. Du bist hier die Literaturabteilung. Schreib was Passendes, und ich lass' es in den Stein meißeln, den Lublin bringen wird. Und damit fertig. Morgen ist auch noch ein Tag.«

»Rührt das nicht an, Kinder«, warnte Nakdimon die Frauen, die den Tisch abzudecken begannen, und legte bei diesen Worten seine Hand auf ein kleines Honigglas, das ein Häubchen aus Leinen trug, »das ist voll von natürlichem Schlangensaft. Im Winter, wenn sie schlafen, pack' ich sie zwischen den Säcken in den Scheunen, melke eine Viper hier, eine Viper dort und bring' es dann hierher zum Verkaufen. Übrigens, Käpten, warum, kannst du mir das mal erklären, wozu drängt ihr euch so alle auf einen Haufen?«

Joel zögerte. Blickte auf seine Uhr und sah sehr wohl den Winkel zwischen den beiden Hauptzeigern, ja verfolgte sogar die Sprünge des Sekundenzeigers ein bißchen mit den Augen, aber begriff doch nicht, wie spät es war. Dann antwortete er, die Frage sei ihm unverständlich.

»Die ganze Sippe im selben Loch. Was ist das denn. Einer hockt auf dem andern. Wie bei den Arabuschim. Die Großmütter und die Kinder und die Ziegen und die Hühner und alles. Wozu soll das gut sein?«

Lisa fiel plötzlich kreischend ein: »Wer trinkt Neskaffee und wer Türkischen. Bitte melden.«

Und Avigail: »Was hast du da auf einmal für einen Pickel auf der Wange, Nakdi. Du hast da immer einen braunen Fleck gehabt, und jetzt ist er zum Pickel angeschwollen. Das muß dem Arzt gezeigt werden. Genau diese Woche haben sie im Radio über solche Pickel geredet, daß man sie auf gar keinen Fall vernachlässigen darf. Geh zu Puchatschewsky, daß er dich untersucht.«

»Tot«, sagte Nakdimon, »schon längst.«

Joel sagte: »Gut. Lublin. Bring deinen schwarzen Stein, und wir lassen nur Name und Datum eingravieren. Das genügt. Ich würde sogar auf die Zeremonie zum Jahrestag verzichten. Wenigstens sollen sie mich mit Kantoren und Bettlern in Ruhe lassen.«

»Eine Schande!« krähte Lisa schrill.

»Vielleicht bleibst du über Nacht hier, Nakdi?« fragte Avigail. »Bleib zum Schlafen. Da, schau selber zum Fenster raus und sieh, was für ein Sturm auf uns zukommt. Wir haben hier letzthin eine kleine Debatte gehabt, denn die liebe Lisa meinte, Ivria sei insgeheim ein bißchen fromm gewesen, und wir alle hätten sie wie die Inquisition in Spanien verfolgt. Hast du mal irgendwelche Frömmigkeit bei ihr festgestellt, Nakdi?«

Joel, der die Frage nicht mitgekriegt hatte, aber irgendwie glaubte, sie sei an ihn gerichtet, antwortete mit nachdenklicher Stimme: »Sie hat die Ruhe geliebt. Die hat sie wirklich geliebt.«

»Hört mal zu, was ich hier für einen Vers gefunden habe«, rief Netta, die in ihren schlotternden Haremshosen und einem zeltartigen Karohemd wieder ins Zimmer gekommen war, in der Hand einen Bildband mit dem Titel *Lyrik des Steins – Grabinschriften aus frühzionistischer Zeit*, »hört bloß mal dieses tolle Stück:

Hier wurde tief trauernd beigesetzt
Ein Jüngling, dessen Herz, ach, unheilbar verletzt.
Als Jeremia, Sohn des Aaron Seew, heimgegangen jetzt,
Zu Neumond des Ijar 5661 mit 27 Jahren.

So jung noch, daß er nicht gekostet der Sünde Gebaren,
Hat sich vor halberfüllter Leidenschaft verzehrt seine Seele, die reine,
Weil, ja weil es nicht gut ist, daß der Mensch bleibt alleine.«
Wutschnaubend, mit haßsprühenden Augen, fiel Avigail über ihre Enkelin her: »Das ist nicht lustig, Netta. Abscheulich, deine Spöttelei. Dein Zynismus. Diese Verachtung. Diese Herablassung. Als sei das Leben irgendein Sketch und der Tod ein Witz und das Leid ein Kuriosum. Schau dir das gut an, Joel, denk ein bißchen nach, geh vielleicht ein einziges Mal in dich, denn das hat sie doch alles geradewegs von dir. Diese Gleichgültigkeit. Diesen kalten Hohn. Dieses Achselzucken. Dieses Todesengelgrinsen. Alles bei Netta stammt direkt von dir. Siehst du denn nicht, daß sie eine Kopie von dir ist. So, mit diesem eisigen Zynismus hast du schon ein Unheil heraufbeschworen, und so wird hier, Gott behüte, noch ein neues Unheil geschehen. Besser, ich schweige jetzt, um nicht noch den Teufel an die Wand zu malen.«

»Was willst du bloß von ihm?« fragte Lisa mit trauriger Verwunderung, einer Art elegischen Sanftheit. »Was willst du von ihm, Avigail? Hast du keine Augen im Kopf? Siehst du denn nicht, daß er für uns alle leidet?«

Und Joel, der wie gewöhnlich mit Verzögerung auf eine ein paar Minuten zuvor gestellte Frage antwortete, sagte: »Da sieh selbst, Lublin. So leben wir hier alle zusammen, um einander den ganzen Tag gegenseitig zu unterstützen. Vielleicht kommst du auch dazu? Bringst deine Söhne aus Metulla mit?«

»*Ma'alesch*, macht nichts«, stieß der Gast mit verschnupftem, feindseligen Unterton hervor, schob den Tisch von sich, hangelte sich in seinen Anorak und klopfte Joel auf die Schulter: »Im Gegenteil, Käpten. Besser, du läßt hier all die Kinder sich gegenseitig amüsieren und kommst zu uns rauf. Morgens in der Früh holen wir dich zur Feldarbeit ab, bei den Bienenstöcken vielleicht, damit du ein bißchen klaren Verstand kriegst, bevor ihr einander alle noch völlig verrückt macht. Wieso kippt das nicht um?« fragte er, als sein Blick plötzlich auf die Figur des Tieres aus der Familie der Raubkatzen fiel, das aussah, als springe es jeden Augenblick los und befreie sich von seiner Basis auf dem Bord.

»Ah«, sagte Joel, »das frage ich mich ja gerade.«

Nakdimon Lublin wog das Tier in seiner Hand. Kehrte es um, die Grundplatte nach oben, schabte ein wenig mit dem Fingernagel, drehte es hierhin und dorthin, hielt die blinden Augen an die Nase und schnupperte daran, wobei im selben Moment der mißtrauisch-verschlossene, dümmliche Bauernausdruck auf seinem Gesicht deutlicher wurde, so daß Joel unwillkürlich dachte: Wie der Elefant im Porzellanladen. Daß er's bloß nicht kaputtmacht.

Schließlich sagte der Gast: »Blödsinn. Hör mal, Käpten: Irgendwas ist da faul.«

Doch mit überraschender Behutsamkeit, die in krassem Gegensatz zu diesen Worten stand, stellte er die Figur wie mit einer Geste tiefen Respekts an ihren Platz zurück und strich ihr mit der Fingerspitze ganz sanft und langsam über den gespannt gekrümmten Rücken. Danach verabschiedete er sich: »Kinder. Auf Wiedersehen. Ihr sollt einander nicht ärgern.«

Und während er noch das Gläschen Schlangengift in die Innentasche seiner Windjacke stopfte, fügte er hinzu: »Komm, begleite mich raus, Käpten.«

Joel begleitete ihn bis an den Schlag des großen, breiten Chevrolet. Ehe sie sich trennten, sprudelte der vierschrötige Mann in einem Tonfall, den Joel nicht erwartet hatte: »Und auch bei dir, Käpten, ist was faul. Daß du mich nicht falsch verstehst. Macht mir absolut nix aus, dir von dem Geld aus Metulla abzugeben. Kein Problem. Und obwohl im Testament steht, bekommt nichts mehr, wenn er wieder heiratet, kannst du meinetwegen sogar morgen heiraten und es weiter kriegen. Kein Problem. Ich will was anderes sagen. Da ist so ein Araber in Kafr Adscher, 'n guter Freund von mir, verrückt, klaut, und es heißt auch noch, er würd nachts seine Töchter ficken, aber als es mit seiner Mutter zu Ende ging, ist er nach Haifa gefahren und hat eingekauft, hat ihr Fridaire, amerikanische Waschmaschine, Video, was nicht noch alles ins Zimmer gestellt, wie sie's ihr ganzes Leben lang gern gehabt hätte, Hauptsache, daß sie selig stirbt. Das nennt man Mitgefühl, Käpten. Du bist ein sehr kluger Mann, schlau sogar, und auch ein anständiger Mensch. Da kann man nix sagen. Ehrlich bis zum letzten. Absolut in Ordnung. Aber bei näherer Betrachtung stellt sich raus, daß dir drei wichtige Dinge fehlen: *Erstens* hast du keine Lust. *Zweitens* keine Freude. *Drittens* kein Mitgefühl. Wenn du mich fragst, Käpten, kommen die drei Sachen gebündelt. Fehlt, sagen wir, Nummer zwei, fehlen auch Nummer eins und drei. Und umgekehrt. Dein Zustand – grauenhaft. Jetzt geh lieber wieder rein. Guck bloß, was für ein Regen da auf uns zukommt. Schalom. Wenn ich dich sehe, möcht' ich beinah heulen.«

34.

Und dann kamen ein paar Sonnentage, ein strahlend blaues Winterwochenende. Durch die kahlen Gärten und über die kältebleichen Rasen schlenderte plötzlich warmes Honiglicht, berührte flüchtig die Haufen toter Blätter und entzündete hier und da den Schimmer schmelzenden Kupfers. Auf allen Ziegeldächern des Sträßchens entfachten die Sonnenkollektoren grell-flimmernde Sprühfeuer. Parkende Autos, Dachrinnen, Wasserpfützen, Glassplitter am Bordsteinrand, Briefkästen und Fensterscheiben entflammten allesamt zu blinkendem Feuerglanz. Und ein übermütiger Funke hüpfte flink über Sträucher und Wiesen, sprang von der Wand zur Decke, ließ einen Briefkasten aufleuchten, überquerte blitzartig die Straße und entzündete einen blendenden Lichtkringel auf dem Tor des Hauses gegenüber. Joel schöpfte jäh den Verdacht, dieser herumtollende Funke müsse irgendwie mit ihm verbunden sein: denn er erstarrte mitten im Tanz, sobald er selber reglos auf einem Fleck verharrte. Und tatsächlich entschlüsselte er letztlich den Zusammenhang zwischen dem Fünkchen und dem Licht, das sich auf seiner Armbanduhr brach.

Die Luft füllte sich mit Insektengesumm. Eine Seebrise brachte Salzgeschmack mit den Stimmen Spielender vom Rand des Viertels. Hier und da kam ein Nachbar heraus, um die schlammigen Beete ein wenig zu jäten und Platz für Winterblumenzwiebeln zu schaffen. Hier und da hängten Nachbarinnen das Bettzeug zum Lüften ins Freie. Und ein Junge wusch, sicher gegen Geld, den elterlichen Wagen. Als Joel den Blick hob, entdeckte er einen Vogel, der die Kältestarre überlebt hatte und nun, als habe er von der Kraft des jähen Glanzes den Verstand verloren, am Ende eines kahlen Zweiges saß und mit aller Macht immer wieder, unverändert und ohne Pause wie in Ekstase, einen dreinotigen Vers in die Gegend schmetterte. Der von dem trägen Lichtstrom, so dickflüssig wie Honigseim, verschluckt wurde. Vergebens versuchte Joel, an ihn heranzukommen und ihn mit dem sprühenden Lichterfunken seiner Uhr zu berühren. Und fern am östlichen Horizont, über den Kronen des Zitrushains, hüllten sich die Berge in feinen Dunst, lösten sich erblauend darin auf, als entledigten sie sich ihrer Schwere und würden zu Bergschatten, zu zarten Pastelltupfern auf der schimmernden Leinwand.

Da Avigail und Lisa gemeinsam zum Winterfestival auf den Karmel gefahren waren, entschloß sich Joel, große Wäsche abzuhalten. Energisch, tüchtig, wohldurchdacht ging er von Zimmer zu Zimmer und entkleidete sämtliche Kissen, Rollen und Decken ihrer Bezüge. Auch die Bettvorleger sammelte er ein. Pflückte von den Haken ein Handtuch nach dem anderen, einschließlich der Küchentücher, leerte den Wäschekorb im Bad, machte dann noch einmal die Runde durch die Zimmer, suchte die Kleiderschränke und Stuhllehnen ab und las Hemden und Wäschestücke, Nachthemden, Unterröcke und Röcke, Morgenmäntel, Büstenhalter und Strümpfe auf. Als er damit fertig war, zog er seine gesamte Kleidung aus und blieb nackt im Badezimmer stehen, benutzte seine Sachen dazu, den Wäscheberg aufzustocken, den er nun zu sortieren begann – eine Tätigkeit, der er sich, splitternackt, etwa zwanzig Minuten lang genau und sorgfältig widmete, gelegentlich innehaltend, um durch seine Intellektuellenbrille die Waschanleitungen auf den Etiketten zu studieren, während er umsichtig getrennte Haufen für Kochwäsche, Warmwäsche, Kaltwäsche und Handwäsche baute und dabei registrierte, was Schleudern vertrug und was in den Trockner kam oder – zum Aufhängen auf der rotierenden Wäschespinne, die er unter Mithilfe von Kranz und dessen Sohn Dubi ganz hinten im Garten aufgestellt hatte. Erst nach Beendigung der Sortier- und Planungsphase ging er sich anziehen, kam dann wieder und schaltete die Maschine an, ein Programm nach dem anderen, von heiß bis kalt und vom Groben zum Feinen. Der halbe Morgen ging dabei drauf, doch er war so in seine Arbeit vertieft, daß er es kaum merkte. Denn er war fest entschlossen, alles fertigzukriegen, bevor Netta aus der Matineevorstellung im Zavta-Theater zurück sein würde. Den Jüngling Jeremia aus dem Grabinschriftenband, der wegen halberfüllter Leidenschaft oder ähnlichem Hand an sich gelegt hatte, stellte er sich im Geist an den Rollstuhl gefesselt vor. Und wenn er der Sünde Gebaren nicht gekostet hatte, beruhte das doch darauf, daß es ohne Arme und Beine weder Sünde noch Unrecht gibt. Bezüglich der Agranat-Kommission und der Ungerechtigkeit, die General Elasar möglicherweise widerfahren war, zog Joel in Betracht, was der Lehrer die ganzen Jahre über all seinen Untergebenen zu sagen pflegte: Vielleicht existiert die absolute Wahrheit und vielleicht nicht, das ist Sache der Philosophen, aber andererseits weiß doch jeder Idiot und jeder Schurke haargenau, was eine Lüge ist.

Und was sollte er nun machen, nachdem die ganze Wäsche schon trocken und wie mit dem Lineal gefaltet auf den Schrankbetten lag, abgesehen von dem, was noch auf der Kleiderspinne im Garten trocknete? Die Bügelwäsche bügeln. Und dann? Im Geräteschuppen hatte er schon am vergangenen Schabbat gründlich Ordnung geschaffen. Vor zwei Wochen war er von Fenster zu Fenster gegangen und hatte alle Gitter mit Rostschutzmittel behandelt. Die Bohrmaschinensucht, das wußte er, mußte er endlich überwinden. Die Küche glänzte vor Sauberkeit, und kein einziger Teelöffel wartete auf dem Abtropfständer: alle lagen aufgeräumt in der Schublade. Vielleicht sollte er die angefangenen Zuckertüten zusammenschütten? Oder schnell bei Bardugos Gärtnerladen an der Einfahrt nach Ramat Lotan vorbeifahren und ein paar Winterblumenzwiebeln kaufen? Du wirst noch krank werden, sagte er sich in den Worten seiner Mutter, du wirst krank, wenn du nicht anfängst, was zu tun. Diese Möglichkeit prüfte er einen Augenblick im Geist und fand keinerlei Fehler daran. Er erinnerte sich wieder, daß seine Mutter mehrmals eine große Geldsumme erwähnt hatte, die sie mit dem Ziel verwahre, ihm beim Eintritt ins Geschäftsleben unter die Arme zu greifen. Und daran, daß ein ehemaliger Kollege ihm einmal das Blaue vom Himmel versprochen hatte, wenn er nur bereit wäre, eine Partnerschaft in einer Privatdetektei zu übernehmen. Und das Drängen des Patrons. Auch Ralph Vermont hatte mal mit ihm über einen diskreten Investitionskanal gesprochen, irgendwas einem kanadischen Riesenkonsortium Angegliedertes, mit dessen Hilfe Ralph versprach, Joels Anlage innerhalb von achtzehn Monaten zu verdoppeln. Und Kranz ließ nicht ab, ihn zu bestürmen, ein neues Abenteuer mit ihm zu teilen: Zweimal in der Woche machte er, im weißen Kittel, ehrenamtlich Nachtschicht als Hilfssanitäter in einem Krankenhaus, völlig überwältigt von den Reizen einer ehrenamtlichen Hilfsschwester namens Grete. Arik Kranz hatte gelobt, nicht abzulassen, ehe er sie nicht »von rechts nach links, von oben bis unten und auch noch kreuzweise durchgebumst« habe. Für Joel hatte er, wie er sagte, schon zwei andere Volontärinnen ausersehen und geschnappt, Christine und Iris, unter denen Joel frei wählen konnte. Oder sich auch für beide entscheiden.

Unter Mitführung des erforderlichen Ausrüstungsstapels zur Errichtung seines Siedlungsstützpunktes – Lesebrille, Sonnenbrille, Sprudelflasche, ein Gläschen Brandy, das Buch über den Generalstabschef, eine Tube Sonnencreme, Schirmmütze und Transistorradio – zog Joel in den Garten, um sich zu einem Sonnenbad auf die Schaukel zu legen, bis Netta aus der Samstagsmatinee im Zavta zurückkam, worauf sie ein spätes Mittagessen einnehmen würden. Warum sollte er eigentlich die Einladung seines Schwagers nicht annehmen? Er könnte allein nach Metulla fahren. Dort ein paar Tage zubringen. Vielleicht auch ein, zwei Wochen. Und warum nicht ein paar Monate? Halb nackt würde er von morgens bis abends auf dem Feld arbeiten, in der Bienenzucht, in dem Obstgarten, zwischen dessen Stämmen er zum erstenmal mit Ivria geschlafen hatte, die herausgekommen war, um Bewässerungshähne zu- oder aufzudrehen, während er, ein Soldat im Unteroffizierslehrgang, der sich bei einer Orientierungsübung verlaufen hatte, dort zwischen den Hähnen gewesen war, um seine Feldflasche aufzufüllen, und als sie etwa auf fünf, sechs Schritte Entfernung an ihn herankam, bemerkte er sie und versteinerte vor lauter Furcht und hörte beinah auf zu atmen. Sie hätte ihn gar nicht wahrgenommen, wenn ihre Füße nicht an seinen geduckten Körper gestoßen wären, und als ihm klar war, daß sie nun schreien würde, tat sie das gar nicht, sondern flüsterte ihm nur zu, bring mich nicht um. Verwirrt waren sie beide, redeten kaum zehn Worte, bis ihre Körper sich jäh aneinanderklammerten, schwerfällig, tastend, beide voll bekleidet, sich schnaufend im Staub wälzten und sich ineinander verwühlten wie zwei blinde Welpen und einander weh taten und zu Ende waren, bevor sie noch richtig angefangen hatten, und sofort beide in verschiedene Richtungen flohen. Und dort zwischen den Obstbäumen hatte er zum zweitenmal mit ihr geschlafen, einige Monate später, als er wie betört nach Metulla zurückgekehrt war und ihr zwei Nächte an denselben Hähnen auflauerte und sie in der dritten Nacht wieder zusammenstießen und wie verdurstend übereinander herfielen und er dann um ihre Hand anhielt und sie ihm sagte, bist wohl verrückt. Und von da an trafen sie sich nachts, und erst nach einiger Zeit sahen sie sich bei Licht und versicherten einander, daß das, was sie sahen, keine Enttäuschung ausgelöst habe.

Und im Lauf der Zeit würde er vielleicht von Nakdimon zwei, drei Dinge lernen. Zum Beispiel würde er versuchen, sich die Kunst des Giftschlangenmelkens anzueignen. Würde ein für alle Male prüfen und entschlüsseln, wieviel der Nachlaß des Alten wirklich wert war. Würde mit großer Verspätung aufklären, was tatsächlich in jenem fernen Winter in Metulla passiert war, als Ivria und Netta dorthin vor ihm weggelaufen waren und Ivria felsenfest behauptet hatte, Nettas Problem sei dank ihrer Entscheidung, ihm jeden Besuch bei ihnen zu verbieten, verschwunden. Zwischen diesen Ermittlungen würde er seinen Körper in der Sonne tummeln und stärken, bei den Feldarbeiten, zwischen Vögeln und Wind, wie in seiner Jugendzeit bei seinem Arbeitseinsatz im Kibbuz, bevor er Ivria heiratete und bevor er zur Militärstaatsanwaltschaft versetzt wurde, von wo aus man ihn zum Kurs für Sonderaufgaben geschickt hatte.

Doch die Gedanken an den Umfang des Besitzes in Metulla und die Tage körperlicher Arbeit blätterten von ihm ab, ohne seine Begeisterung zu entzünden. Hier in Ramat Lotan hatte er nicht viele Ausgaben. Die Gelder, die Nakdimon ihm alle halbe Jahr überwies, die Sozialversicherung der beiden alten Frauen, seine eigene Pension und die Differenz zwischen den Mieteinkünften von den beiden Wohnungen in Jerusalem und der Miete, die er hier bezahlte, gewährten ihm zusammen genug Muße und Seelenfrieden, seine ganze Zeit zwischen Vögeln und Rasen zu verbringen. Und trotzdem war er der Erfindung der Elektrizität und dem Schreiben von Puschkin-Gedichten noch keinen Deut nähergekommen. Auch dort, in Metulla, würde er sich doch vermutlich der Bohrmaschine oder ähnlichen Süchten verschreiben. Und da hätte er beinah losgelacht, weil ihm einfiel, wie Nakdomin Lublin auf dem Friedhof das Kaddisch so falsch gelesen hatte, daß unter anderem aus *kire'ute*, nach seinem Willen, *kire'utja*, nach Gottes Gemahlin, und aus *beseman kariv*, in naher Zeit, *beseman kerav*, zur Kampfzeit, geworden war. Vernünftig und fast rührend erschien ihm das Kollektiv oder die Kommune, die Ralphs Ex-Frauen und Annemaries Ex-Männer mit ihren Kindern in Boston gegründet hatten, weil er im Herzen mit der letzten Zeile der von Netta in jenem Bildband gefundenen Grabinschrift übereinstimmte. Alles in allem ging es hier ja weder um Schande oder Dachböden noch um lunar-astrale Krankheiten und auch nicht um eine byzantinische Kreuzigungsszene, die dem gesunden Menschenverstand widersprach. Es ging mehr oder weniger um eine ähnliche Sache wie die, über die sich Schamir und Peres stritten: die einem Zugeständnis innewohnende Gefahr, immer weitere Zugeständnisse nach sich zu ziehen, gegenüber der Notwendigkeit, realistisch zu sein und Kompromisse einzugehen. Und dieser Kater da, jetzt wirklich schon ein großer Junge, sah doch eigentlich aus, als entstamme er dem Sommerwurf im Geräteschuppen. Und nun fixierte er bereits den Vogel auf dem Baum.

Joel wandte sich der Wochenendzeitung zu, las ein wenig und nickte ein. Zwischen drei und vier Uhr nachmittags kam Netta zurück, steuerte geradewegs in die Küche, aß etwas im Stehen aus dem Kühlschrank, duschte und teilte ihm in seinen Schlaf hinein mit: Ich geh' noch mal in die Stadt. Danke, daß du mir die Bettwäsche gewaschen und die Handtücher gewechselt hast, aber das hättest du nicht zu tun brauchen. Wofür bezahlen wir die Putzfrau. Joel brummte, hörte ihre sich entfernenden Schritte und stand auf, um die weiße Schaukel zur Rasenmitte hinzurükken, weil die Sonne ein wenig abgewandert war. Und wieder legte er sich hin und schlief ein. Kranz und seine Frau Odelia tappten auf Zehenspitzen an, setzten sich an den weißen Gartentisch und warteten, wobei sie Joels Zeitung und Buch durchsahen. In den langen Jahren seiner Arbeit und Dienstreisen hatte er sich ein katzenhaftes Hochfahren angewöhnt, eine Art innerer Sprung aus dem Schlaf direkt in einen hellwachen Zustand, ohne Schlaftrunkenheit und Hinüberdämmern. Noch beim Augenaufschlagen ließ er die bloßen Füße hinunter, setzte sich in der Schaukel hoch und gelangte auf den ersten Blick zu dem Schluß, daß Kranz und seine Frau sich wieder mal gestritten hatten, erneut zu ihm gekommen waren, damit er zwischen ihnen vermitteln sollte, und wieder Kranz ein früheres Einverständnis gebrochen hatte, das mit Joels Hilfe erreicht worden war.

Odelia Kranz sagte: »Gib zu, daß du heute nicht zu Mittag gegessen hast. Wenn du erlaubst, dring' ich einen Moment in deine Küche ein und hol' Geschirr heraus. Wir haben dir gebratene Hühnerleber mit Zwiebeln und noch ein paar Extras mitgebracht.«

»Siehst du«, sagte Kranz, »als erstes will sie dich bestechen, damit du für sie Partei ergreifst.«

»Genau so«, sagte Odelia, »arbeitet sein Kopf ständig. Kann man nix machen.«

Joel setzte die Sonnenbrille auf, weil das Licht der sinkenden Sonne seine geröteten, schmerzenden Augen blendete. Und während er schon die gebratenen Hühnerlebern und den gedämpften Reis verschlang, erkundigte er sich nach den beiden Söhnen, die, wie er sich erinnerte, kaum einhalb Jahre auseinander waren.

»Beide gegen mich«, sagte Kranz, »sowohl Linke als auch auf seiten der Mutter im Haus. Und das, nachdem ich allein in den letzten zwei Monaten eintausenddreihundert Dollar für Dubis Computer und eintausendeinhundert für Gilis Moped hingeblättert hab', und zum Ausdruck des Dankes hauen sie mir beide auf den Schädel.«

Joel lenkte behutsam auf das Minenfeld zu. Gewann Arik aber nur die Standardbeschwerden ab: vernachlässigt das Haus, vernachlässigt sich selbst, daß sie sich heute die Mühe gemacht hat, Hühnerleber zu kochen, mußt du wissen, ist nur deinetwegen und nicht meinetwegen geschehen, und sie vergeudet phantastische Summen, geizt aber im Bett, und ihre Bissigkeit, morgens als erstes steht sie auf und knallt mir einen rein, abends als letztes macht sie sich über meinen Bauch und noch andere Dinge lustig, tausendmal habe ich ihr schon gesagt, Odelia, komm, wir trennen uns, wenigstens für eine Versuchszeit, und immer fängt sie an mich zu bedrohen, ich solle mich vor ihr in acht nehmen, sie würde das Haus anzünden. Oder sich umbringen oder ein Zeitungsinterview geben. Nicht, daß ich Angst vor ihr hätte. Im Gegenteil. Sie sollte sich lieber vor mir in acht nehmen.

Als Odelia an die Reihe kam, sagte sie trockenen Auges, sie habe nichts hinzuzufügen. Aus seinen Worten sähe man ja schon, daß er ein Rindvieh sei. Aber eine Forderung habe sie, auf die werde sie nicht verzichten, daß er seine Kühe wenigstens woanders bespringen möge. Nicht bei ihr auf dem Wohnzimmerteppich. Nicht vor den Augen der Kinder. Sei das etwa zuviel verlangt? Bitteschön: Solle Herr Ravid – solle Joel – selber beurteilen, ob sie sich auf etwas Übertriebenes versteife.

Joel lauschte beiden mit äußerst konzentriertem, tiefernstem Ausdruck, als spiele man ihm aus der Ferne irgendein Madrigal vor, aus dessen sämtlichen Stimmen er die eine falsche heraushören solle. Er mischte sich nicht ein und ließ keine Bemerkung fallen, selbst dann nicht, als Kranz sagte, also gut, wenn das so ist, dann laß mich meine Siebensachen packen, eineinhalb Koffer voll, und auf Nimmerwiedersehen verschwinden. Kannst alles behalten. Ist mir egal. Und auch nicht, als Odelia sagte, es stimmt schon, daß ich eine Flasche Säure habe, aber er hat eine Pistole in seinem Wagen versteckt.

Zum Schluß, als die Sonne untergegangen war und die Kälte mit einem Schlag zunahm und jener winterüberlebende oder womöglich auch ein anderer Vogel zart-süße Zwitscherweisen anstimmte, sagte Joel: »Gut. Hab's vernommen. Jetzt gehen wir rein, weil es langsam kalt wird.«

Das Ehepaar Kranz half ihm, Geschirr, Gläser, Brille, Zeitungen, Buch, Sonnencreme, Schirmmütze und Radio in die Küche zu tragen. Dort, immer noch barfuß und bis zur Taille nackt und im Stehen, urteilte er: »Hör, Arik. Wenn du schon tausend Dollar für Dubi und tausend Dollar für Gili ausgegeben hast, schlage ich vor, du gibst Odelia zweitausend. Tu das als erstes morgen früh, sobald die Bank aufmacht. Falls du nichts hast – nimm einen Kredit auf. Überzieh dein Konto. Oder ich leih dir's.«

»Aber warum denn?«

»Damit ich eine dreiwöchige Reise nach Europa machen kann«, sagte Odelia, »drei Wochen lang siehst du mich nicht.«

Arik Kranz lachte auf, seufzte, murmelte etwas, nahm es wieder zurück, schien leicht zu erröten und sagte schließlich: »Ist recht. Ich kauf' die Idee.«

Danach tranken sie Kaffee, und beim Abschied, während die Kranzens das Geschirr, in dem sie Joel ein spätes Mittagessen gebracht hatten, in einem Plastikbeutel verstauten, luden sie ihn nachdrücklich ein, »mit seinem ganzen Harem« zum nächsten Schabbatabendessen zu ihnen zu kommen, »jetzt, nachdem Odelia dir gezeigt hat, was für eine Küchenchefin sie ist, und das war noch gar nichts. Sie kann noch zehnmal mehr, wenn sie richtig in Fahrt kommt.«

»Übertreib nicht wieder, Arie. Komm schon nach Hause«, sagte Odelia. Damit gingen sie beide voll Dankbarkeit und beinah miteinander versöhnt.

Als Netta abends aus der Stadt zurückkam und sie gemeinsam beim Kräutertee in der Küche saßen, fragte Joel seine Tochter, ob ihrer Meinung nach etwas Wahres an jenem Standardausspruch ihres Polizistengroßvaters sei, dem zufolge alle eigentlich die gleichen Geheimnisse hätten. Netta wollte wissen, wieso er das plötzlich frage. Worauf Joel ihr kurz von dem Schiedsrichterjob erzählte, den Odelia und Arik Kranz ihm von Zeit zu Zeit aufbürdeten. Statt seine Frage zu beantworten, sagte Netta in einem Ton, aus dem Joel fast ein wenig Zuneigung herauszuhören glaubte: »Gib zu, daß du ganz gern so den lieben Gott spielst. Guck bloß, wie total von der Sonne verbrannt du bist. Soll ich dich einreiben, damit du dich nicht schälst?«

Joel sagte: »Meinetwegen.«

Und nach einigem Nachsinnen sagte er: »Eigentlich nicht nötig. Hier hab' ich dir was von der gebratenen Leber mit Zwiebeln übriggelassen, die sie mir gebracht haben, und es ist auch Reis und Gemüse da. Iß was, Netta, und hinterher gucken wir die Fernsehnachrichten.«

35.

In den Fernsehnachrichten kam ein eingehender Bericht über die Krankenhäuser, in denen ein Streik ausgebrochen war. Greise und Greisinnen sowie chronisch Kranke lagen hilflos in uringetränkten Laken, und ringsum beleuchtete die Kamera Zeichen von Schlamperei und Dreck. Eine alte Frau winselte unaufhörlich mit dünner, eintöniger Stimme wie ein verwundetes Hündchen. Ein hinfälliger, aufgeschwemmter Alter, der aussah, als werde er unter dem Druck der in ihm aufgestauten Flüssigkeiten von innen heraus zerbersten, lag reglos da und starrte mit leerem Blick. Und dann war da noch ein verschrumpelter Greis, Schädel und Gesicht von dichten Stoppeln bedeckt und ansonsten von äußerst dreckigem Aussehen, der trotzdem nicht abließ, zu grinsen oder zu kichern, selbstzufrieden, stillvergnügt, während er der Kamera einen Spielzeugteddy entgegenhielt, aus dessen aufgeschlitztem Bauch schlappe, schmutzige Watteinnereien quollen.

Joel sagte: »Meinst du nicht, Netta, daß dieser Staat in die Brüche geht?«

»Schau mal, wer da redet«, sagte sie und schenkte ihm ein Gläschen Brandy ein. Worauf sie fortfuhr, eine Papierserviette nach der anderen in präzise Dreiecke zu falten, die sie in einen Serviettenhalter aus Olivenholz steckte.

»Sag mal«, begann er erneut, nachdem er zwei Schluck aus seinem Glas genommen hatte, »wenn es von dir abhinge – würdest du lieber vom Wehrdienst befreit werden oder ihn antreten?«

»Aber es hängt ja gerade von mir ab. Man kann ihnen meine Geschichte verraten oder nichts davon sagen. Bei den Untersuchungen sehen sie gar nix.«

»Und was wirst du tun? Es ihnen offenbaren oder nicht? Und was würdest du sagen, wenn ich es ihnen verriete? Wart eine Sekunde, Netta, bevor du ›meinetwegen‹ sagst. Es wird Zeit, daß wir endlich mal wissen, wo du genau stehst. Mit zwei Telefongesprächen könnte man das doch regeln, so rum oder anders rum. Also sollten wir mal feststellen, was du möchtest. Obwohl ich mich nicht verpflichte, genau das zu tun, was du möchtest.«

»Weißt du noch, was du mir gesagt hast, als der Patron dich unter Druck gesetzt hat, für ein paar Tage zu verreisen und die Heimat zu retten?«

»Hab' ich was gesagt. Ja. Ich glaube, ich habe gesagt, meine Konzentrationsfähigkeit sei zurückgegangen. So was Ähnliches. Aber wieso gehört das hierher?«

»Sag, Joel, was kratzt es dich eigentlich? Was machst du für Verrenkungen? Wieso kümmert's dich so sehr, ob ich nun einberufen werde oder nicht?«

»Augenblick mal«, sagte er ruhig, »entschuldige. Wir wollen nur den Wetterbericht hören.«

Die Sprecherin sagte, in der Nacht sei die zeitweilige Pause der Winterregen vorüber. Ein neues Tief werde gegen Morgen auf die Küstenebene stoßen. Regen und Wind würden wieder einsetzen. In den Binnentälern und im Gebirge bestehe Frostgefahr. Und noch zwei Meldungen zum Abschluß: Ein israelischer Geschäftsmann ist bei einem Unfall in Taiwan ums Leben gekommen. Die Angehörigen sind benachrichtigt. In Barcelona hat sich ein junger Mönch aus Protest gegen die zunehmende Gewalttätigkeit in der Welt verbrannt. Das wär's für heute.

Netta sagte:

»Hör mal. Auch ohne den Wehrdienst kann ich im Sommer ausziehen. Oder sogar schon vorher.«

»Warum? Sind wir knapp an Zimmern?«

»Solange ich zu Hause bin, hast du womöglich Schwierigkeiten damit, die Nachbarin herzubringen? Und ihren Bruder?«

»Warum sollte ich Schwierigkeiten haben?«

»Was weiß ich? Dünne Wände. Schon so ist die Wand zwischen ihnen und uns – diese Wand hier – dünn wie Papier. Meine letzte Abiturprüfung ist am 20. Juni. Danach nehm' ich mir ein Zimmer in der Stadt, wenn du willst. Und wenn du's eilig hast, geht es schon früher.«

»Kommt gar nicht in Frage«, sagte Joel mit einem Ton sanft unterkühlter Grausamkeit, den er gelegentlich bei seiner Arbeit verwendet hatte, um bei seinem Gesprächspartner jedes Fünkchen böser Absichten im Keim zu ersticken. »Kommt nicht in Frage. Punkt.« Aber als er diese Worte aussprach, mußte er kämpfen, um das Zupacken innerer Zornesklauen in seiner Brust zu lösen, wie es ihm seit Ivrias Heimgang nicht mehr passiert war.

»Warum nicht?«

»Keinerlei Mieträume. Schlag dir das aus dem Kopf. Fertig.«

»Würdest du mir kein Geld geben?«

»Netta. Mal vernünftig. Erstens bezüglich deines Zustands. Zweitens, wenn du an der Universität anfängst, wir sind hier doch zwei Meter von Ramat Aviv entfernt, was sollst du da erst von der Innenstadt hergondeln?«

»Ich kann mir ein Zimmer in der Stadt selbst finanzieren. Du brauchst mir nichts zu geben.«

»Wie zum Beispiel?«

»Dein Patron ist nett zu mir. Bietet mir Arbeit in euerm Büro an.«

»Darauf bau lieber nicht.«

»Und außerdem hält Nakdimon doch großes Geld für mich bereit, bis ich einundzwanzig bin, aber er sagt, es würd' ihm nix ausmachen, mir das schon von jetzt an zu geben.«

»Auch darauf würde ich an deiner Stelle nicht bauen. Wer hat dir überhaupt erlaubt, mit Lublin über Geld zu reden.«

»Sag mal, was machst du denn für Augen. Schau dich selber an. Du hast die Physiognomie eines Mörders. Ich will doch bloß das Feld für dich räumen. Damit du anfangen kannst zu leben.«

»Schau, Netta«, sagte Joel, bemüht, seiner Stimme eine Intimität zu verleihen, die er in diesem Moment nicht empfand, »bezüglich der Nachbarin. Annemarie. Sagen wir mal –«

»Sagen wir mal nichts. Das Allerdoofste ist, draußen zu ficken und sofort heimzulaufen, um zu erklären. Wie dein Freund Kranz.«

»Auch recht. Schließlich und endlich –«

»Schließlich und endlich teil mir nur mit, wann du das Zimmer mit dem Doppelbett brauchst. Das ist alles. Diese Papierservietten, wer hat die überhaupt gekauft, sicher Lisa. Guck bloß, was für ein Kitsch. Warum legst du dich nicht ein bißchen hin, ziehst die Schuhe aus, in ein paar Minuten kommt eine neue britische Serie im Fernsehen. Heute fängt sie an. Irgendwas über die Entstehung des Alls. Solln wir dem mal 'ne Chance geben? Als sie in Jerusalem in ihr Studio umgezogen ist und all das, hab' ich mir in den Kopf gesetzt, das sei wegen mir passiert. Aber damals war ich klein und konnte nicht von euch wegziehen. Eine bei mir in der Klasse, Adva, übersiedelt Anfang Juli in eine Zweizimmerwohnung, die sie von ihrer Oma geerbt hat, auf einem Dach in der Karl-Netter-Straße. Für hundertzwanzig Dollar pro Monat würd sie mir da ein Zimmer mit Meerblick vermieten. Auch wenn du dran interessiert bist, daß ich hier schon vorher verdufte, kein Problem. Du mußt es bloß sagen, und ich bin auf und davon. Da, ich hab' dir den Fernseher angestellt. Steh nicht auf. In zwei Minuten fängt's an. Hab' plötzlich Lust auf Käsetoast mit Tomate und schwarzen Oliven. Soll ich dir auch welchen machen? Einen? Oder zwei? Möchtest du auch warme Milch? Kräutertee? Weil du heute so in der Sonne gebrutzelt hast, solltest du viel trinken.«

Nach den Mitternachtsnachrichten, als Netta eine Flasche Orangensaft nebst Glas mitgenommen hatte und auf ihr Zimmer gegangen war, beschloß Joel, mit einer großen Taschenlampe ausgerüstet, nachzugucken, was sich im Geräteschuppen im Garten tat. Irgendwie meinte er, die Katze mit ihren Jungen sei dort wieder eingezogen. Aber noch unterwegs, bei nochmaligem Nachdenken, hielt er es für wahrscheinlicher, daß da ein neuer Wurf zur Welt gekommen war. Draußen wehte kalte, trockene Luft. Hinter dem Laden, in ihrem Zimmer zog Netta sich aus, wobei es Joel nicht gelang, den Gedanken an ihren eckigen Körper zu vertreiben, der ewig krumm, angespannt und auch vernachlässigt und ungeliebt aussah. Obwohl hier vielleicht ein gewisser Widerspruch vorlag. Vermutlich hatte kein Mann, kein heißhungriger Jüngling je ein Auge auf diesen erbärmlichen Körper geworfen. Und würde es vielleicht nie tun. Obwohl Joel in Betracht zog, daß in ein, zwei Monaten, in einem Jahr, plötzlich dieser weibliche Entwicklungsschub einsetzen werde, von dem die Ärzte einmal mit Ivria gesprochen hatten. Dann würde sich alles ändern, es würden irgendeine breite, haarige Brust und muskulöse Arme kommen und sich ihrer und jenes Dachzimmers in der Karl-Netter-Straße bemächtigen, bezüglich dessen Joel in diesem Augenblick den Beschluß faßte, sich die Lokalität einmal aus der Nähe anzusehen. Allein. Bevor er eine Entscheidung fällte.

So trocken und kristallen war die kalte Nachtluft, daß es schien, man könne sie zwischen den Fingern zerbröseln und dabei einen gewissen schwachen Laut erzeugen, spröde und zart. Den Joel so sehnlich gern auslösen wollte, daß er ihn plötzlich irgendwie hörte. Aber außer Insekten, die vor dem Licht seiner Taschenlampe flüchteten, fand er im Geräteschuppen keinerlei Anzeichen von Leben. Nur eine dumpfe Wahrnehmung, daß alles nicht hellwach war. Daß er umherging, nachdachte, schlief und aß, Annemarie beiwohnte und fernsah und im Garten arbeitete und neue Regale im Zimmer seiner Schwiegermutter anbrachte – und all das im Schlaf. Daß er also, wenn ihm noch Hoffnung blieb, irgend etwas zu entschlüsseln oder wenigstens eine eindringliche Frage zu formulieren, um jeden Preis aufwachen mußte. Selbst um den Preis eines Unheils. Einer Verwundung. Krankheit. Verwicklung. Etwas müßte kommen und ihn aufrütteln, bis er hellwach war. Mit einem Dolchstoß die weiche Fettschicht durchstoßen, die ihn wie eine Gebärmutter umschloß. Erstickungsangst erfüllte ihn, so daß er urplötzlich fast mit einem Satz aus dem Geräteschuppen in die Dunkelheit stürzte. Denn die Taschenlampe war dort geblieben. Auf einem Regalbrett. Brennend. Doch Joel vermochte sich um nichts in der Welt zu überwinden, wieder hineinzugehen und sie mitzunehmen.

Etwa eine Viertelstunde spazierte er im Garten umher, vor und hinter dem Haus, betastete die Obstbäume, stampfte die Erde der Beete nieder, probierte die Torangeln in der vergeblichen Hoffnung, sie würden quietschen, so daß er sie ölen könnte. Keinerlei Quietschton war zu hören, und er setzte seine Wanderung fort. Endlich keimte ein Entschluß in ihm auf: Morgen, übermorgen oder vielleicht am Wochenende würde er in Bardugos Gärtnerladen an der Einfahrt nach Ramat Lotan reinschauen, um Gladiolen- und Dalienknollen sowie Gartenwicken- und Löwenmaulsamen und Chrysanthemenpflänzchen zu kaufen, damit im Frühling alles von neuem blühte. Vielleicht würde er über seinem Wagen eine hübsche Pergola aus Holz bauen, sie mit Schutzlack überziehen und Weinstöcke pflanzen, die an ihr emporwachsen konnten, anstelle des häßlichen Wellblechdachs, das auf Eisenpfeilern ruhte, die immer aufs neue rosteten, so viel er sich auch bemühte, sie wieder und wieder zu streichen. Vielleicht sollte er nach Qalkilya oder Kafr Kassem fahren und ein halbes Dutzend Riesentonkrüge erwerben, die er mit einer Erd-Kompostmischung füllen und mit verschiedenen Geraniensorten bepflanzen könnte, die üppig gedeihen und über die Krugränder hinausquellen und hier in unbezweifelbarer Farbenvielfalt entflammen würden. Das Wort »unbezweifelbar« verursachte ihm wieder eine Art vages Vergnügen, wie jemand, der bereits an einer sich endlos hinziehenden, ermüdenden Diskussion verzweifelt ist, während dann plötzlich, als es schon aussichtslos erschien, seine unangefochtene Rechtfertigung aus einer von ihm selbst völlig unerwarteten Richtung aufleuchtet. Als endlich das Licht hinter Nettas geschlossenen Läden ausging, ließ er den Wagen an, fuhr zum Strand und blieb, sehr nahe am Felsabsturz, am Steuer sitzen, um auf das Tief zu warten, das im Dunkeln vom Meer her angekrochen kam und heute nacht auf die Küstenebene stoßen sollte.

36.

Fast bis zwei Uhr morgens saß er am Steuer, die Wagentüren von innen verriegelt, die Fenster ganz hochgekurbelt, die Scheinwerfer ausgeschaltet, die Kühlerspitze fast über den Felsrand in den Abgrund ragend. Seine Augen, die sich an die Dunkelheit gewöhnt hatten, starrten gebannt auf die Atemzüge des Meerespelzes, der sich immer wieder hob und senkte wie das tiefe, aber ruhelose Atmen eines Riesen. Als erbebe der Riese von Zeit zu Zeit in alptraumdurchlöchertem Schlaf. Mal entschlüpfte ein Laut, der an ein wütendes Prusten erinnerte. Mal einer wie fiebriges Keuchen. Und wieder klang im Dunkeln das Dröhnen der Brecher herauf, die die Küstenlinie anknabberten und mit ihrer Beute in die Tiefe flohen. Hier und da blitzten Schaumköpfe auf dem schwarzen Pelz. Bisweilen kreuzte oben zwischen den Sternen ein fahler, milchiger Strahl, vielleicht das Blinken eines fernen Küstensuchlichts. Im Lauf der Stunden vermochte Joel kaum mehr zwischen dem Rauschen der Wellen und dem Pochen seines Blutes im Schädelraum zu unterscheiden. Wie dünn war doch die Kruste, die innen und außen trennte. In Augenblicken tiefreichender Spannung erlebte er so ein Gefühl von Meer in seinem Hirn. Wie an jenem Flutregentag in Athen, als er die Pistole hatte ziehen müssen, um einen Dussel abzuschrecken, der ihm am Rand des Busbahnhofs ein Messer zu zeigen versucht hatte. Und wie damals in Kopenhagen, als es ihm endlich gelungen war, mit einer in einer Zigarettenschachtel versteckten Minikamera einen berüchtigten irischen Terroristen an einem Apothekenladentisch zu fotografieren. Worauf er dieselbe Nacht in seinem Zimmer in der Pension *Wikinger* im Schlaf ein paar nahe Schüsse hörte und sich daraufhin unters Bett legte und auch, als tiefe Stille herrschte, lieber nicht wieder hervorkam, bis erstes Licht in den Ladenritzen aufschimmerte, und erst dann auf den Balkon hinaustrat und Zentimeter für Zentimeter absuchte, bis er zwei kleine Löcher im Außenputz entdeckte, vielleicht von den Kugeleinschlägen. Pflichtgemäß hätte er nachforschen und eine Antwort finden müssen, aber weil seine Angelegenheiten in Kopenhagen schon abgeschlossen waren, hatte er auf die Antwort verzichtet, seine Sachen gepackt und rasch das Hotel und die Stadt verlassen. Vor seinem Weggehen hatte er jedoch, aus einem ihm immer noch unverständlichen Drang heraus, vorsichtig die beiden Löcher in der Außenwand seines Zimmers mit Zahnpasta zugeschmiert, ohne daß er gewußt hätte, ob es tatsächlich Einschußlöcher waren und ob sie irgendwie mit den Schüssen, die er nachts gehört zu haben glaubte, zusammenhingen und ob – so Schüsse gefallen waren – diese wiederum mit ihm zu tun hatten. Nach dem Ausfüllen war fast nichts mehr zu sehen. Was ist da? fragte er sich und blickte in Richtung Meer, ohne etwas zu sehen. Was hat mich dreiundzwanzig Jahre von Platz zu Platz, Hotel zu Hotel, Bahnhof zu Bahnhof getrieben, in heulend durch Wälder und Tunnels brausenden Nachtzügen, deren gelbe Lokscheinwerfer die Felder der Dunkelheit absuchten? Warum bin ich umhergerannt? Und warum habe ich die kleinen Löcher in jener Wand verstopft und nie ein Sterbenswörtchen davon berichtet? Als sie einmal um fünf Uhr morgens ins Badezimmer kam, während ich mitten beim Rasieren war, hat sie mich gefragt, wohin rennst du, Joel? Warum habe ich ihr mit drei Worten geantwortet, eben Dienst, Ivria, und habe gleich dazugesagt, daß wieder kein warmes Wasser da ist? Und sie, in ihrer weißen Kleidung, aber noch barfuß, die hellen Haare besonders auf die rechte Schulter herabfallend, hat nachdenklich den Kopf gewiegt, vier- oder fünfmal auf und ab, und hat mich Ärmster genannt und ist rausgegangen.

Wenn ein Mensch mitten im Wald ein für allemal herausfinden will, ist und was war und was möglich gewesen wäre und was nur Trugbild ist, muß er doch stehenbleiben und horchen. Was zum Beispiel veranlaßt die Gitarre eines Toten, jenseits einer Wand tiefe Cellotöne abzugeben? Wo liegt die Grenze zwischen Sehnsucht und lunar-astraler Krankheit? Warum war er in dem Augenblick erstarrt, in dem der Patron das Wort »Bangkok« aussprach? Was hatte Ivria gemeint, als sie mehrmals, stets im Dunkeln, stets in ihrer leisesten und innersten Stimme, sagte, ich verstehe dich? Was war wirklich vor vielen Jahren bei den Wasserhähnen in Metulla? Und was war der Sinn ihres Todes in den Armen jenes Nachbarn in der kleinen Pfütze auf dem Hof? Gibt es ein Problem bei Netta oder nicht? Und wenn ja – wer von uns beiden hat es ihr vererbt? Und wie und wann hat meine Untreue wirklich begonnen, falls dieses Wort in diesem persönlichen Fall tatsächlich Bedeutung hat? Denn all das ist doch bedeutungslos, es sei denn, wir gehen von der Annahme aus, daß stets in allem ein präzises, tiefes Übel am Werk ist, ein unpersönliches Übel ohne Grund und Ziel außer kühler Todesfreude, das alles langsam mit Uhrmacherfingern auseinandernimmt und schon eine von uns zermürbt und umgebracht hat, und wer das nächste Opfer sein wird, kann man nicht wissen. Und ob man sich irgendwie schützen kann, von Aussichten auf Erbarmen und Gnade ganz zu schweigen. Oder vielleicht nicht sich schützen, sondern aufspringen und davonlaufen. Aber auch wenn ein Wunder geschehen und das gepeinigte Raubtier sich von den unsichtbaren Nägeln losreißen sollte, stellt sich immer noch die Frage, wie und wohin ein Tier ohne Augen schnellen könnte. Über dem Wasser blinkt ein kleines Aufklärungsflugzeug mit heiserem Kolbenmotor, knattert langsam, ziemlich niedrig dahin, von Süd nach Nord, und an den Tragflächenenden blitzen abwechselnd rote und grüne

Lichter auf. Da ist es schon weg, und nur das Schweigen des Wassers weht gegen die Windschutzscheibe. Die schon von innen oder außen beschlagen ist. Man sieht nichts. Und die Kälte wird immer strenger. Bald kommt der Regen, den man uns versprochen hat. Jetzt werden wir die Fenster von außen abwischen, ein bißchen warmlaufen lassen, von innen abtauen, und dann machen wir kehrt und fahren von hier nach Jerusalem. Den Wagen parken wir vorsichtshalber in der nächsten Straße. Im Schutz des Nebels und der Dunkelheit dringen wir bis zum zweiten Stock vor. Ohne das Treppenhauslicht einzuschalten. Mit Hilfe eines krummen Drahtstücks und dieses kleinen Schraubenziehers hier zwingen wir das Türschloß zum Nachgeben, ohne den leisesten Laut zu verursachen. Um sich so, barfuß und stumm, in seine Junggesellenwohnung einzuschleichen und still, plötzlich und besonnen vor ihnen aufzutauchen, Schraubenzieher in der einen, krummen Draht in der anderen Hand, Entschuldigung, laßt euch nicht stören, ich bin nicht hier, um euch eine Szene zu machen, meine Kriege sind bereits vorüber, nur um dich zu bitten, mir den verschwundenen Wollschal und *Mrs. Dalloway* wiederzugeben. Und ich werde mich bessern. Ich hab' schon ein bißchen damit angefangen. Was Herrn Eviatar anbetrifft – Schalom, Herr Eviatar, würden Sie bitte so freundlich sein, uns eine alte russische Weise vorzuspielen, die wir geliebt haben, als wir noch so klein waren: Wir haben alles verloren, was uns teuer war, / Und nimmer kehrt es wieder. Danke. Damit begnügen wir uns. Und Verzeihung für den Überfall, da bin ich schon auf und davon. *Adieu, Proschtschai.*

Kurz nach zwei kehrte er zurück und parkte den Wagen, wie immer, rückwärts und genau in der Mitte des Unterstands: Nase zur Straße, für jeden Schnellstart bereit. Danach machte er einen letzten Streifengang durch den vorderen und rückwärtigen Garten und prüfte die Wäscheleine, um sicherzugehen, daß nichts daran hing. Einen Augenblick überkam ihn Angst, weil er unter der Tür des Geräteschuppens im Garten einen schwach flackernden Lichtschein wahrzunehmen glaubte. Doch sofort fiel ihm ein, daß er vor dem Weggehen dort seine brennende Taschenlampe zurückgelassen hatte, und die Batterie lag offenbar noch in den letzten Zügen. Statt den Haustürschlüssel, wie beabsichtigt, ins eigene Schlüsselloch zu stecken, erwischte er aus Versehen die Tür der Nachbarn. Zwei, drei Minuten lang versuchte er wechselweise mit Feingefühl, List und Gewalt beharrlich, sie aufzukriegen. Bis er seinen Irrtum entdeckte und den Rückzug antrat, aber in diesem Moment öffnete sich die Tür, und Ralph brummte dreimal verschlafen mit Bärenstimme: *Come in, please, come in, come in,* schau dich doch an, als erstes – ein Drink, du siehst ja völlig erfroren aus und so bleich wie der Tod.

37.

Und nachdem er ihm in der Küche einen und noch einen Drink eingeschenkt hatte, Whisky ohne Soda und ohne Eis diesmal und kein Dubonnet, versteifte sich der rosige, beleibte Mann, der an einen holländischen Gutsherrn aus einer Reklame für erlesene Zigarren erinnerte, darauf, Joel keine Gelegenheit zu Rechtfertigungen – oder Erklärungen – zu geben. *Never mind.* Egal, was dich da mitten in der Nacht zu uns führt. Jeder Mensch hat doch Feinde, und jeder hat seine Sorgen. Wir haben dich nie gefragt, was du machst, und du mich übrigens auch nicht. Aber du und ich betätigen uns vielleicht eines Tages noch in einem netten Gemeinschaftsjob. Ich hab' was zu bieten. Natürlich nicht mitten in der Nacht. Wir reden darüber, sobald du bereit bist. Du wirst mich mindestens zu allem fähig finden, zu dem du selber fähig bist, *dear friend.* Was kann man dir anbieten? Ein Nachtessen? Oder eine warme Dusche? Nein? Also dann, jetzt ist schon Bettzeit sogar für große Buben.

In einer Art schläfrigen Mattigkeit, die ihn plötzlich aus Müdigkeit oder Zerstreutheit überkam, ließ er sich von Ralph ins Schlafzimmer führen. In dem er, im grünlich-gedämpften Unterwasserlicht, Annemarie wie ein Baby auf dem Rücken schlafen sah, die Arme zur Seite und die Haare auf dem Kissen ausgebreitet. Neben ihrem Gesicht lag eine kleine Stoffpuppe mit langen Wimpern aus Leinenfäden. Fasziniert und erschöpft blieb Joel an der Kommode stehen und betrachtete die Frau, die ihm nicht sexy, sondern rührend unschuldig erschien. Und während er sie noch anschaute, fühlte er sich zu müde, um Ralph Widerstand zu leisten, der ihn nun mit energischen, aber väterlich sanften Bewegungen zu entkleiden begann, ihm den Hosengürtel löste, das Hemd herauszog und flink aufknöpfte, Joels Brust aus dem Unterhemd befreite, sich niederbeugte, um ihm die Schnürsenkel aufzuknoten und ihm einen Socken nach dem anderen von den Füßen zu streifen, die Joel ihm gehorsam hinhielt, ihm dann den Reißverschluß der Hose öffnete, die er, ebenso wie die Unterhose, herunterzog und auf die Erde fallen ließ, und ihn schließlich, den Arm um seine Schulter gelegt wie ein Schwimmlehrer, der einen ängstlichen Schüler dem Wasser näherbringt, zum Bett steuerte, die Decke anhob, und als Joel dann, ebenfalls auf dem Rücken, neben Annemarie lag, die nicht aufgewacht war, die beiden mit großem Mitgefühl zudeckte, ihnen *good night* zuflüsterte und entschwand.

Joel stützte sich auf die Ellenbogen und musterte in dem grünlich-schwachen Wasserlicht das Gesicht des hübschen Babys. Sanft und liebevoll küßte er sie, fast ohne die Haut mit den Lippen zu berühren, auf die zwei Winkel ihrer geschlossenen Augen. Sie umarmte ihn wie im Schlaf und konzentrierte ihre Finger auf seinen Nacken, bis ihm die Haare leicht zu Berge standen. Als er die Augen zumachte, empfing er sekundenlang ein Warnsignal aus seinem Innern irgendwo, paß auf, Freundchen, prüf die Fluchtwege, doch sofort antwortete er diesem Signal mit den Worten, das Meer läuft nicht weg. Damit begann er, sich ganz ihrem Wohl zu widmen und sie mit Vergnügen zu überhäufen, als verwöhne er ein verlassenes kleines Mädchen, und auf sein eigenes Fleisch gab er kaum acht. Und gerade deswegen hatte er Wonne. So daß sich sogar seine Augen plötzlich füllten. Vielleicht auch deshalb, weil er, als er schon langsam in Schlummer versank, spürte oder erriet, daß ihr Bruder die Decke über ihnen zurechtzog.

38.

Vor fünf Uhr wachte er auf und zog sich leise an, wobei ihm irgendwie wieder in den Sinn kam, was er den Nachbarn Itamar oder Eviatar einmal über die biblischen Worte *schebeschiflenu* und *namogu* hatte sagen hören, daß nämlich das erste einen polnischen Klang habe, während das zweite eine unbezweifelbar russische Aussprache geradezu herausfordere. Er konnte der Verlockung nicht widerstehen, leise *namogu*, unbezweifelbar, *schebeschiflenu* vor sich hin zu summen. Aber Annemarie und ihr Bruder schliefen weiter, sie im breiten Bett, er im Fernsehsessel, und Joel schlich sich auf Zehenspitzen hinaus, ohne sie aufzuwecken, und da war tatsächlich der versprochene Regen eingetroffen, wenn es auch eigentlich nur ein graues Genisel im Dunkel der Straße war. Gelbe Dunstlachen bildeten sich rings um die Laterne. Und der Hund Ironside kam heran und schnüffelte an seiner Hand mit der Bitte, gestreichelt zu werden. Was Joel ihm gewährte, während er im Geist rekapitulierte:

Verehrer
Krisen
das Meer.
Vor halberfüllter Leidenschaft
vom Winde verweht
und wurden zu einem Fleisch.

Und als er gerade sein Gartentor öffnete, gab es plötzlich eine matte Aufhellung am Oberende des Sträßchens, der nadelspitze Regen wurde von trübem Weiß beleuchtet, so daß es einen Moment schien, als fiele er nicht, sondern steige vom Erdboden auf, und schon machte Joel einen Satz und hing genau in dem Augenblick am Fenster des Susita, in dem der Zeitungsbote es einen schmalen Schlitz breit herunterkurbelte, um die Zeitung hinauszuwerfen. Als der Bote, ein älterer Mann, vielleicht Rentner, mit zähflüssigem bulgarischem Akzent, darauf beharrte, er werde nicht dafür bezahlt, aus dem Wagen zu klettern und sich mit Briefkästen abzugeben, zumal er, um die Zeitung in den Briefkasten zu stecken, den Motor abstellen und den Rückwärtsgang einlegen müsse, damit der Wagen auf der Schräge nicht ins Rollen gerate, denn die Handbremse tauge nichts, unterbrach ihn Joel, zückte seine Geldbörse, drückte dem Mann dreißig Schekel in die Hand mit den Worten, zu Pessach bekommen Sie von mir wieder was, und bereitete damit dem Problem ein Ende.

Doch als er in der Küche saß, die Hände an der eben eingeschenkten Kaffeetasse wärmte und sich über die Zeitung beugte, dämmerte es ihm aufgrund der Verbindung, die er zwischen einer Kurznachricht auf Seite zwei und einer Traueranzeige hergestellt hatte, daß der Sprecher sich abends am Ende der Fernsehnachrichten geirrt hatte. Der mysteriöse Unfall war nicht in Taiwan, sondern in Bangkok passiert. Der Getötete, dessen Familie Nachricht erhalten hatte, war kein Geschäftsmann, sondern Jokneam Ostaschinsky, den einige seiner Kollegen Cockney und andere den Akrobaten nannten. Joel legte die aufgeschlagene Zeitung zusammen. Faltete sie dann quer und behutsam noch einmal längs. Und legte sie auf die Ecke des Küchentischs, trug seine Kaffeetasse zum Spülstein, schüttete den Inhalt aus, spülte, seifte ein und spülte wieder und wusch auch seine Hände, falls sie von der Druckerschwärze der Zeitung schwarz geworden waren. Danach trocknete er Tasse und Teelöffel ab und räumte beide ordentlich weg. Trat von der Küche ins Wohnzimmer, wußte nicht, was er dort anfangen sollte, und ging den Flur entlang an den geschlossenen Türen der Kinderzimmer, in denen seine Mutter und seine Schwiegermutter schliefen, und an der Tür des Zimmers mit dem Doppelbett vorbei, worauf er vor der Studiotür stehenblieb aus Angst, jemanden zu stören. Da er nirgendwo hingehen konnte, betrat er das Bad und rasierte sich, wobei er zu seiner Freude feststellte, daß diesmal warmes Wasser in Fülle vorhanden war. Deswegen zog er sich aus und stieg in die Duschkabine, wo er duschte und sich die Haare wusch und sich noch einmal von Ohr bis Fuß gründlich einseifte, ja sogar einen eingeseiften Finger in den After steckte und dort von innen rieb und den Finger danach mehrmals sorgfältig wusch. Dann kletterte er hinaus und trocknete sich ab, und bevor er sich anzog, begoß er denselben Finger vorsichtshalber noch mit seinem Rasierwasser. Um zehn nach sechs kam er aus der Dusche und mühte sich nun bis halb sieben, den drei Frauen Frühstück zu machen: holte Marmelade und Honig heraus, schnitt frisches Brot auf und bereitete sogar einen fein geschnittenen Gemüsesalat mit Öl und getrocknetem Ysop und schwarzem Pfeffer und mit Zwiebel- und Knoblauchwürfelchen bestreut. Füllte die Kaffeemaschine mit erstklassigem Kaffeepulver und deckte den Tisch mit Tellern, Besteck und Servietten. So brachte er die Zeit herum, bis seine Uhr Viertel vor sieben zeigte, und jetzt rief er Kranz an und fragte ihn, ob er auch heute ihren Zweitwagen haben könne, denn Avigail werde möglicherweise das Auto brauchen, während er in die Stadt oder vielleicht auch nach außerhalb fahren müsse. Kranz sagte sofort: kein Problem, und versprach, Odelia und er würden innerhalb einer halben Stunde mit ihren beiden Wagen im Konvoi vorfahren und ihm nicht den kleinen Fiat, sondern den blauen Audi dalassen, der erst vor zwei Tagen gewartet worden und nun bestens in Schuß sei. Joel dankte Kranz und richtete Grüße an Odelia aus, und in dem Augenblick, in dem er den Hörer auflegte, fiel ihm plötzlich ein, daß weder Lisa noch Avigail da waren, beide waren schon vorgestern zum Winterfestival auf den Karmel gefahren und würden erst morgen wiederkommen, so daß er umsonst den Tisch für vier gedeckt und auch Kranz mit Frau vergeblich im Konvoi herbemüht hatte. Doch aufgrund irgendeiner sturen Logik entschied Joel, was heißt, gestern habe ich ihnen einen großen Gefallen getan, da können sie mir heute ruhig einen kleinen tun. Vom Telefon kehrte er in die Küche zurück und räumte die Gedecke wieder vom Tisch außer einem für sich und einem für Netta. Die um sieben von selber aufwachte, sich wusch und in der Küche nicht in Haremshosen und Zelthemd, sondern in ihrer Schuluniform, blauem

Rock und hellblauer Bluse, auftauchte und Joel in diesem Moment hübsch und anziehend, ja fast weiblich erschien. Im Weggehen fragte sie, was passiert sei, und er hielt mit der Antwort zurück, weil er Lügen haßte, und sagte zum Schluß nur: Nicht jetzt. Bei Gelegenheit werd' ich's dir erklären. Offenbar werde ich bei derselben Gelegenheit auch eine Erklärung dafür liefern müssen, daß Kranz und Odelia, da stehen sie schon vor dem Haus, ihren Audi bringen, obwohl unser Wagen völlig intakt ist. Das ist das Problem, Netta, wenn die Erklärungen losgehen, ist das schon ein Zeichen, daß irgendwas vermasselt ist. Jetzt geh lieber, damit du nicht zu spät kommst. Entschuldige, daß ich dich heute nicht hinfahre. Obwohl ich hier gleich zwei Wagen zur Verfügung haben werde.

Sobald sich die Tür hinter seiner Tochter geschlossen hatte, die die Kranzens nun auf eigene Initiative in ihrem kleinen Fiat auf dem Weg in die Stadt zur Schule fuhren, sprang Joel ans Telefon. Und stieß sich unterwegs an dem Schemel im Flur. Als er nun wütend auf den Hocker eintrat, kippte das Telefon auf den Boden und klingelte im Sturz. Joel schnappte die Gabel, hörte aber nichts. Nicht einmal das Wählgeräusch. Anscheinend war der Apparat beim Aufprall kaputtgegangen. Er versuchte ihn durch Schläge aus verschiedenen Winkeln zu reparieren, doch ohne Erfolg. Deshalb rannte er schnaufend zu den Vermonts, erinnerte sich aber in vollem Lauf, daß er selbst einen weiteren Apparat in Avigails Zimmer verlegt hatte, damit die alten Frauen von dort aus anrufen konnten. Zu Ralphs Verblüffung murmelte er also, Verzeihung, ich erklär's später, machte genau vor ihrer Tür kehrt und rannte zurück nach Hause, wo er endlich das Büro anläutete und herausfand, daß er sich umsonst beeilt hatte: Zippi, die Sekretärin des Patrons, sei »genau in dieser Sekunde« zur Arbeit gekommen. Hätte Joel zwei Minuten vorher angerufen, hätte er sie nicht erreicht. Sie habe schon immer gewußt, daß zwischen ihm und ihr solch eine Telepathie herrsche. Und überhaupt, seitdem er weg sei – aber Joel unterbrach sie. Er müsse seinen Bruder so bald wie möglich treffen. Heute. Heute morgen. Zippi sagte, wart einen Moment, und er wartete mindestens vier Minuten, bevor er erneut ihre Stimme hörte. Und mußte sie dann anschreien, die Entschuldigungen wegzulassen und weiterzugeben, was man ihr gesagt hatte. Wie sich herausstellte, hatte der Lehrer Zippi seine Antwort Wort für Wort diktiert und sie angewiesen, Joel vom Blatt vorzulesen, ohne eine Silbe zu ändern oder hinzuzufügen: Nichts brennt. Wir können in der näheren Zukunft kein Treffen für dich arrangieren.

Joel hörte zu und hielt an sich. Fragte Zippi, ob man schon wisse, wann die Beerdigung stattfinde. Sie bat ihn erneut zu warten, und diesmal ließen sie ihn noch länger an der Strippe ausharren als bei seiner ersten Frage. Als er gerade den Hörer aufknallen wollte, sagte sie zu ihm: Steht noch nicht fest. Und als er sich erkundigte, wann es Sinn habe, wieder anzurufen, wußte er schon, daß sie ihm nicht ohne vorherige Beratung Auskunft geben würde. Endlich kam die Antwort: Am besten, du verfolgst die Traueranzeigen in der Presse. Daraus erfährst du's.

Als sie in anderem Ton fragte, wann sehen wir dich denn endlich mal, erwiderte ihr Joel leise: Ihr werdet mich recht bald zu Gesicht bekommen. Dann hinkte er auf seinem angeschlagenen Knie los, startete augenblicklich Kranz' Audi und fuhr direkt ins Büro. Sogar das Frühstücksgeschirr, seins und Nettas, spülte und trocknete er diesmal nicht ab. Ließ alles, einschließlich der Krümel, auf dem Tisch. Vielleicht zur Verwunderung zweier oder dreier Wintervögel, die es sich angewöhnt hatten, diese Krümel nach dem Frühstück aufzupicken, wenn Joel die Tischdecke auf dem Rasen ausschüttelte.

39.

»Wütend«, sagte Zippi, »ist nicht der richtige Ausdruck. Er, ja, trauert.«
»Verständlich.«
»Nein, du verstehst nicht: Er trauert nicht nur um den Akrobaten. Er trauert um euch beide. Ich an deiner Stelle, Joel, wäre heute nicht hergekommen.«
»Sag. Was war da, in Bangkok. Wie ist das passiert. Sag mal.«
»Weiß nicht.«
»Zippi.«
»Weiß nicht.«
»Er hat dir gesagt, du sollst mir nichts erzählen.«
»Ich weiß nicht, Joel. Dräng nicht. Nicht nur für dich ist es schwer, damit zu leben.«
»Wen beschuldigt er? Mich? Sich selber? Die Schufte?«
»Ich an deiner Stelle, Joel, wäre jetzt nicht hier. Geh nach Hause. Hör auf mich. Geh.«
»Ist jemand bei ihm drinnen?«

»Er will dich nicht sehen. Und ich drücke das noch milde aus.«

»Melde ihm nur, daß ich hier bin. Oder vielleicht« – Joel legte ihr plötzlich harte Finger auf die schlaffe Schulter – »wart lieber. Sag's ihm nicht.« Und mit vier Schritten hatte er die Zwischentür erreicht, trat ohne Anklopfen ein und fragte noch im Zumachen hinter sich, wie es passiert sei.

Der Lehrer, dicklich, gepflegt, mit den Zügen eines wählerischen Kulturmäzens, das graue Haar präzise und geschmackvoll geschnitten, die Fingernägel sorgfältig gerundet, die rosigen Pausbacken von einem weiblich angehauchten Rasierwasser umweht, hob die Augen zu Joel. Der bedacht war, den Blick nicht zu senken. Im selben Moment sah er in den kleinen Pupillen die gelbe Grausamkeit eines feisten Katers aufblitzen.

»Ich habe gefragt: Wie ist das passiert?«

»Das ist gleichgültig«, erwiderte der Mann in singender französischer Satzmelodie, die er diesmal übertrieben durchschwingen ließ, als genieße er seine Bosheit.

Joel sagte: »Ich habe ein Recht darauf, es zu erfahren.«

Darauf der Mann, nicht fragend und nicht ironisch: »Wirklich.«

»Sieh mal«, sagte Joel, »ich habe einen Vorschlag.«

»Wirklich«, wiederholte der Mann. Und fügte hinzu: »Das hilft jetzt nichts mehr, Genosse. Niemals wirst du erfahren, wie es passiert ist. Ich werde persönlich dafür sorgen, daß du es nie zu wissen bekommst. Du wirst damit leben müssen.«

»Ich muß damit leben«, sagte Joel, »aber warum ich. Du hättest ihn nicht dorthin schicken dürfen. Du hast ihn geschickt.«

»An deiner Stelle.«

»Ich«, sagte Joel, indem er die Mischung aus Trauer und Wut niederzuringen versuchte, die in ihm aufzusteigen begann, »ich wäre überhaupt nicht in diese Falle gegangen. Ich habe die ganze Geschichte von vornherein nicht abgekauft. Diese ganze Wiederholungssendung. Hab' ich nicht geglaubt. Von dem Augenblick an, in dem ihr mir erzählt habt, die junge Frau will mich wieder dort haben und überhäuft euch mit allen möglichen persönlichen Andeutungen über mich, habe ich gleich ein ungutes Gefühl gehabt. Das hat gestunken. Aber du hast ihn geschickt.«

»An deiner Stelle«, wiederholte der Patron, diesmal besonders gedehnt, wie mit dem Schraubenzieher die Worte in ihre Silben zerlegend, »aber jetzt –« und wie auf Bestellung ließ das uralte quadratische Bakelit-Telefon auf seinem Tisch ein heiseres Schnarren ertönen, worauf der Mann vorsichtig die angeknackste Gabel hochnahm und »ja« sagte. Und dann saß er zehn Minuten lang zurückgelehnt da und lauschte reg- und wortlos, außer, daß er noch zweimal »ja« sagte.

Joel wandte sich also ab und trat an das einzige Fenster. Das auf ein grau-grünes, zähflüssiges, fast breiiges Meer, eingeschlossen zwischen zwei Hochhäusern, hinausging. Er erinnerte sich daran, daß ihn vor kaum einem Jahr noch die Aussicht fasziniert hatte, dieses Zimmer vielleicht an dem Tag zu erben, an dem der Lehrer sich in sein Naturapostel-Philosophen-Dorf in Obergaliläa zurückziehen würde. Insgeheim hatte er sich ja zuweilen eine nette kleine Szene ausgemalt: Er würde Ivria hier zu sich einladen, unter dem Vorwand, sich mit ihr über die Umgestaltung des Zimmers beraten zu wollen. Über neue Möbel. Über die Belebung des tristen Büros, in dem allenthalben Verschleißerscheinungen auftraten. Hier, sich gegenüber, wollte er sie hinsetzen. Auf den Stuhl, auf dem er vor einer Minute selber gesessen hatte. Wie ein Kind, das seine Mutter nach vielen Jahren grauer Mittelmäßigkeit staunen läßt. Hier, von diesem klösterlichen Zimmer aus, gebietet dein Ehemann über einen Geheimdienst, den manche für den erfolgreichsten der Welt halten. Und jetzt wird es Zeit, den vorsintflutlichen Schreibtisch zwischen den zwei metallenen Aktenschränken auszuwechseln und den Couchtisch mit diesen drei lächerlichen Korbsesseln hier wegzuschaffen. Was meinst du, meine Liebe? Vielleicht ersetzen wir dieses Schrottgestell durch ein Tastentelefon mit automatischem Speicher. Schmeißen die lumpigen Gardinen raus. Sollen wir, als Andenken an vergangene Tage, die Mauern Jerusalems von Litvinowsky und die Safeder Gasse von Reuven an den Wänden lassen oder nicht? Siehst du einen Sinn darin, diese Sammelbüchse des Jüdischen Nationalfonds hier aufzubewahren, mit dem Schlagwort *Erlösung bringet dem Land* und mit der Landkarte Palästinas von Dan bis Beer Scheva, die hier und da, wie Fliegendreck, mit Landeinsprengseln, die die Juden bis 1947 erworben haben, gepunktet ist? Was wollen wir hierlassen, Ivria, und was für immer wegwerfen? Und auf einmal, wie mit einem leichten Lendenzucken, das neu erwachende Begierde ankündigt, schoß Joel durch den Kopf, daß es noch nicht zu spät war. Daß der Tod des Akrobaten ihn eigentlich seinem Ziel nähergebracht hatte. Daß er – wenn er wollte und wohldurchdacht und präzise vorging, ja von diesem Augenblick an seine Schritte so plante, daß ihm kein Fehler unterlief – in ein oder zwei Jahren imstande wäre, Netta unter dem Vorwand, sich über die Renovierung des Büros beraten zu wollen, hierher zu bitten, sie genau da, sich gegenüber, vor den Schreibtisch zu setzen und ihr bescheiden zu erklären: Man könnte deinen Vater eigentlich als so eine Art Nachtwächter bezeichnen.

Und als er an Netta dachte, überkam ihn augenblicklich die blendend scharfe Erkenntnis, daß er sein Weiterleben ihr zu verdanken hatte. Daß sie ihn diesmal nicht nach Bangkok hatte fahren lassen, obwohl er sich im tiefsten Innern danach sehnte. Daß er ohne ihre blinde Sturheit, ohne ihre kapriziöse Intuition, ohne das Alarmsignal ihres sechsten Sinns, den sie der lunar-astralen Krankheit verdankte, jetzt selber an Jokneam Ostaschinskys Stelle in jenem hermetisch verschlossenen Bleisarg läge, vielleicht im Bauch eines Lufthansa-Jumbos, der eben vom Fernen Osten im Dunkeln am Himmel Pakistans oder Kasachstans nach Frankfurt unterwegs war, und von dort nach Lod und weiter zu dem felsigen Friedhof in Jerusalem, wo Nakdimon Lublins verschnupfte Stimme ihm *kire'utja, malchutja, beseman kerav*, nach Gottes Gemahlin, Gottes Reich, zur Kampfzeit, nachnäseln würde. Allein Netta hatte ihn vor dieser Reise bewahrt. Vor dem Locknetz, das jene Frau gewoben, und vor dem Schicksal, das der rundliche, grausame Mann ihm bestimmt hatte, den er manchmal bei Notkontakten seinen Bruder nannte. Und der nun »gut, danke« sagte, den Hörer auflegte, sich Joel zuwandte und genau an dem Punkt fortfuhr, an dem sein Satz zehn Minuten vorher vom Schnarren des ramponierten Telefons unterbrochen worden war: »– aber nun ist das vorbei. Und ich bitte dich, jetzt zu gehen.«

»Einen Moment«, sagte Joel, indem er wie gewohnt einen Finger zwischen Hals und Hemdkragen entlangführte, »ich hatte gesagt, ich habe einen Vorschlag.«

»Danke«, sagte der Patron, »zu spät.«

»Ich«, fuhr Joel, die Kränkung übergehend, fort, »ich erbiete mich freiwillig. Sogar morgen. Sogar noch heute nacht.«

»Danke«, sagte der Mann, »wir sind schon bedient.« An seinem – verstärkt hervortretenden – Akzent meinte Joel leichte Verachtung abzulesen. Oder verhaltenen Zorn. Oder vielleicht nur Ungeduld. Er hatte die Worte mit einem so koketten Singsang versehen, als parodiere er einen Neueinwanderer aus Frankreich. Dann stand der Mann auf und sagte abschließend: »Vergiß nicht, meiner liebsten Netta auszurichten, sie möchte mich bitte in der Sache, in der ich mit ihr gesprochen habe, zu Hause anläuten.«

»Wart mal«, sagte Joel, »du sollst noch wissen, daß ich jetzt bereit bin, eine Teilzeitbeschäftigung zu erwägen. Vielleicht eine Halbtagsstelle. Sagen wir, in der Einsatzbewertung? Oder in der Ausbildung?«

»Ich hab' dir gesagt, Genosse: Wir sind schon bedient.«

»Oder sogar im Archiv. Macht mir nichts aus. Ich glaube, ich könnte noch was zustande bringen.«

Doch kaum zwei Minuten später, als Joel das Büro des Patrons verlassen hatte und den Flur entlangging, dessen fleckige Wände man endlich mit einer schalldämmenden Isolierschicht überzogen und mit billigen Plastikplatten im Holz-Look getäfelt hatte, fiel ihm plötzlich die verächtliche Stimme des Akrobaten ein, der ihm hier vor nicht allzu langer Zeit gesagt hatte, die Neugier habe die Katze um die Ecke gebracht. Also betrat er Zippis Büro und sagte nur: »Laß mich einen Augenblick, ich erklär's hinterher«, wobei er sich das Haustelefon von ihrem Schreibtisch schnappte und, fast flüsternd, den Mann jenseits der Wand fragte, sag, Jeremia, was habe ich getan?

Mit langsamer, didaktischer Geduld bemerkte der Mann: »Du fragst, was du getan hast.« Und fuhr fort, als gebe er den Text zu Protokoll: »Bitte schön. Du sollst eine Antwort bekommen. Eine Antwort, die du schon kennst. Du und ich, Genosse, wir sind doch beide Flüchtlingskinder. Seifen. Die hier haben ihr Leben riskiert, um uns vor den Nazis zu retten. Haben uns hereingeschmuggelt. Und dann haben sie auch noch gekämpft, sind verwundet worden oder gefallen, um uns einen Staat hinzustellen. Komplett. Uns haben sie geradewegs aus dem Dreck aufgerichtet. Und danach haben sie uns noch eine Riesenehre damit erwiesen, daß sie uns im Allerinnersten haben arbeiten lassen. Mitten im innersten Herzen. Das verpflichtet uns ein bißchen, nicht? Aber du, Genosse – als man dich gebraucht und gerufen hat, hast du lieber kühl kalkuliert. Sollten sie jemand anders an deiner Stelle schicken. Sollte doch einer von denen gehen. Also haben sie den geschickt. Also geh jetzt bitte nach Hause und leb damit. Und ruf uns nicht dreimal am Tag an, um zu fragen, wann die Beerdigung ist. Das steht dann in der Presse.«

Zum Parkplatz hinkte er wegen der Prellung, die er sich am Morgen beim Zusammenstoß mit dem Schemel am Knie zugezogen hatte. Irgendwie war er, wie ein bestraftes Kind, versucht, das Hinken zu übertreiben, als hätte er sich ernstlich verletzt. Zwanzig bis fünfundzwanzig Minuten humpelte er also den Parkplatz auf und ab, kam zwei- oder dreimal an jedem Auto vorbei auf der vergeblichen Suche nach seinem eigenen. Kehrte mindestens viermal an die Stelle zurück, an der er den Wagen geparkt hatte. Und begriff nicht, was passiert war. Bis er endlich eine kleine Erleuchtung hatte und kapierte, daß er gar nicht mit seinem eigenen Auto hergekommen war, sondern mit Kranz' blauem Audi, der da genau an dem Fleck vor ihm stand, an dem er ihn abgestellt hatte. Während eine angenehme Wintersonne sich auf der Heckscheibe in eine Menge glitzernde Strahlen brach. Und damit fügte er sich mehr oder weniger in die Erkenntnis, daß dieses Kapitel abgeschlossen war. Daß er nie wieder dieses alte, bescheidene, von einer hohen Steinmauer umgebene, hinter dichten Zypressen versteckte Gebäude, eingeklemmt zwischen vielen neuen Bauten aus Glas und Beton, die sämtlich weit höher waren, betreten würde. In diesem Augenblick bereute er insgeheim ein kleines Versäumnis, das nun nicht mehr reparabel war: Oftmals in seinen dreiundzwanzig Jahren hier hatte er Lust verspürt, seine Hand auszustrecken und ein für allemal aus der Nähe zu prüfen, ob immer noch ab und zu jemand eine Münze in den Schlitz der blauen Sammelbüchse des Jüdischen Nationalfonds im Büro des Patrons steckte. Nun würde also auch diese Frage offenbleiben. Beim Fahren dachte Joel über den Akrobaten, Jokneam Ostaschinsky, nach, der überhaupt nicht einem Akrobaten ähnlich gesehen hatte. Vielleicht eher einem verdienten Mann der Arbeiterpartei, einem Steinbrucharbeiter, der im Lauf der Zeit so was wie ein Bezirksboß bei der gewerkschaftseigenen Baufirma Solel Bone geworden war. Ein Mann um die Sechzig mit strammem Trommelbauch. Einmal, vor sieben oder acht Jahren, hatte der Akrobat einen häßlichen Fehler begangen. Joel war ihm beigesprungen, um ihn vor den Folgen zu bewahren, was ihm auch gelang, ohne auf eine Lüge zurückgreifen zu müssen. Nur stellte sich dann heraus, daß Ostaschinsky – in der Art von Menschen, denen man einen so niemals wiedergutzumachenden Gefallen getan hat – Joel gegenüber einen sauertöpfischen, kleinlichen Groll entwickelte und ihn in den Ruf eines arroganten Schöngeistes, eines selbsternannten begünstigten Kronprinzen brachte. Und trotzdem, dachte Joel, während er noch im Stau dahinschlich, wenn man in meinem Fall überhaupt das Wort Freund benutzen darf, ist er ein Freund gewesen. Als Ivria gestorben war und Joel aus Helsinki zurückgerufen wurde und erst wenige Stunden vor der Beerdigung in Jerusalem eintraf, hatte er alles schon bis ins letzte geregelt vorgefunden. Obwohl Nakdimon Lublin näselte, er habe sich überhaupt nicht darum gekümmert. Zwei Tage später hatte Joel sich darangemacht zu prüfen, was er wem schuldete, war fleißig die Quittungsdurchschläge bei der Beerdigungsgesellschaft und in den Anzeigenabteilungen der Zeitungen durchgegangen, und als er überall auf den Namen Sascha Fein stieß, hatte er den Akrobaten angerufen, um ihn zu fragen, wieviel er vorgestreckt habe, worauf Ostaschinsky ihn, wie eingeschnappt anfuhr: Geh *kibinimat*, scher dich zum Teufel. Zwei-, dreimal, nach einem Streit, spät nachts, hatte Ivria geflüstert: Ich verstehe dich. Was hatte sie damit gesagt? Was verstand sie? Inwieweit ähnelten oder unterschieden sich die Geheimnisse einzelner Menschen? Joel wußte, daß man das unter keinen Umständen herausbringen konnte. Obwohl die Frage, was die Menschen – insbesondere verwandte Menschen – übereinander wirklich wissen, ihm immer wichtig gewesen war und nun auch dringend wurde. Tagein, tagaus war sie in weißem Hemd und weißen Stoffhosen herumgelaufen. Und im Winter – auch im weißen Pullover. Die Matrosin einer Flotte, die offenbar ohne sie in See gestochen war. Und sie hatte keinerlei Schmuck angelegt außer ihrem Ehering, den sie aus irgendeinem Grund gerade am rechten kleinen Finger trug. Man bekam ihn nicht herunter. Ihre dünnen Kinderfinger waren immer kalt. Joel sehnte sich nach ihrer kühlen Berührung auf seinem nackten Rücken. Manchmal nahm er sie gern zwischen seine häßlichen, breiten Hände und versuchte sie zu wärmen, wie man ein verfrorenes Vögelchen wärmt. Nur ein einziges Mal, im vorigen Herbst, hatte sie auf dem Küchenbalkon in Jerusalem zu ihm gesagt: Hör mal. Mir ist nicht gut. Und als er fragte, was ihr weh täte, erklärte sie, er irre sich, es sei nichts Physisches. Einfach so: ihr war nicht gut. Und Joel, der auf einen Anruf von El Al wartete, hatte ihr – ausweichend, um die Sache loszuwerden, um etwas abzukürzen, was leicht in eine lange Geschichte ausarten konnte – geantwortet, das geht vorüber, Ivria. Du wirst sehen, daß alles in die Reihe kommt. Wäre er dem Ruf gefolgt und nach Bangkok gefahren, hätten der Patron und Ostaschinsky sich von da an seiner Mutter, seiner Tochter und seiner Schwiegermutter angenommen. Jeder Verrat, den er im Leben begangen hatte, wäre ihm verziehen worden, wenn er gefahren und nicht zurückgekommen wäre. Ein Krüppel, der ohne Gliedmaßen geboren wurde, kann fast kein Übel anrichten. Und wer konnte ihm Übel antun? Wer Arme und Beine verliert, kann nicht gekreuzigt werden. Würde er je erfahren, was in Bangkok geschehen war? Vielleicht bloß ein banaler Unfall auf einem Zebrastreifen? Oder im Fahrstuhl? Und würde eines Tages, und sei es nach vielen Jahren, den Musikern der Israelischen Philharmonie zu Ohren kommen, daß der Mann, der in diesem Moment in einem hermetisch versiegelten Bleisarg im Bauch des Lufthansa-Jumbos über Pakistan im Dunkeln lag, sie durch seine Klugheit und Courage, mit seiner Pistole, vor dem Blutbad bewahrt hatte, das man vor einigen Jahren bei ihrem Gastkonzert in Melbourne unter ihnen hatte anrichten wollen? In diesem Augenblick überkam Joel eine Woge des Zorns wegen der geheimen Freude, die seit dem Morgen seine Brust durchströmte: Was ist. Ich bin sie los. Sie haben meinen Tod gewollt, und nun sind sie selber gestorben. Er ist tot? Ein Zeichen, daß er versagt hat. Sie ist tot? Hat sie eben verloren. Sehr schade. Ich lebe – Zeichen, daß ich recht gehabt habe.

Oder vielleicht nicht. Vielleicht ist das nur der Lohn des Verrats, sagte er sich an der Ausfahrt aus der Stadt und überholte plötzlich in einem wilden Manöver, von rechts, eine Kette von vier oder fünf Wagen, brauste die leere rechte Spur entlang und schnitt die Nase des ersten Wagens in der Reihe um zehn Zentimeter Breite haargenau in der Sekunde, in der die Ampel umsprang. Statt nach Hause zu fahren, bog er Richtung Ramat Gan ab, parkte am Einkaufszentrum und betrat ein weiträumiges Damenbekleidungsgeschäft. Nach eineinhalb Stunden Abwägen, Vergleichen, Prüfen und genauem Nachdenken kam er mit einem eleganten Paket wieder heraus, darin ein freches, fast gewagtes Kleid als Geschenk für seine Tochter, die ihm das Leben gerettet hatte. Seit jeher hatte er ein ausgezeichnetes Augenmaß und einen originellen, sicheren Geschmack für Frauenkleidung besessen. Nie irrte er sich in Größe, Mode, Stoffqualität, Farbe oder Schnitt. In der anderen Hand trug er eine große Papiertüte und darin, getrennt eingewickelt, ein Schal für seine Mutter, ein Gürtel für seine Schwiegermutter, ein nettes Tuch für Odelia Kranz, ein Nachthemd für Annemarie und sechs teure Seidentaschentücher für Ralph. Und dann war da noch ein schleifenverziertes Päckchen mit einem hübschen, ruhigen Pulli, den er als Abschiedsgeschenk für Zippi gekauft hatte: Man konnte doch nicht spurlos verschwinden nach all diesen Jahren. Obwohl andererseits, was soll's, warum eigentlich nicht ohne Hinterlassung irgendeines Zeichens entschwinden?

40.

Netta sagte: »Du bist ja nicht normal. Das zieh' ich im Leben nicht an. Vielleicht versuchst du's der Putzfrau zu schenken, sie hat meine Größe. Oder ich geb's ihr.«

Joel sagte: »Ist recht. Wie du möchtest. Nur probier's vorher mal an.«

Netta ging hinaus und kehrte in dem neuen Kleid zurück, das wie mit Zauberhand ihre Magerkeit weggefegt und ihr Haltung und Anmut verliehen hatte.

»Sag mal«, fragte sie, »hättest du mich wirklich in so was gern gesehen und hast dich bloß nicht getraut, darum zu bitten?«

»Wieso nicht getraut?« lächelte Joel. »Ich hab's dir doch selber ausgesucht.«

»Was hast du denn am Knie?«

»Nichts. Mich gestoßen.«

»Zeig mal.«

»Wozu?«

»Vielleicht verbind' ich's dir?«

»Es ist nichts. Laß nur. Geht vorüber.«

Sie verschwand und kehrte fünf Minuten später in ihren alten Klamotten ins Wohnzimmer zurück. In den folgenden Wochen zog sie das raffinierte Kleid nicht wieder an. Gab es aber auch nicht, wie angekündigt, der Putzfrau. In ihrer Abwesenheit stahl sich Joel manchmal in das Doppelzimmer und vergewisserte sich, daß das Kleid noch im Schrank hing und wartete. Darin sah er einen gewissen relativen Erfolg. Eines Abends drückte Netta ihm ein Buch von Jair Hurwitz mit dem Titel *Beziehungen und Sorge* in die Hand, und dort stieß er auf Seite 47 auf das Gedicht »Verantwortung« und sagte zu seiner Tochter: »Das ist schön. Obwohl – wie soll ich wissen, daß das, was ich zu verstehen glaube, auch das ist, was der Dichter gemeint hat?«

Nach Tel Aviv fuhr er nicht mehr. Kein einziges Mal bis zum Ende jenes Winters. Dafür kam es vor, daß er nachts am unteren Ende der Sackgasse vor dem Plantagenzaun im Duft der feuchten Erde und der dichtbelaubten Bäume stehenblieb und eine Weile den fern über der Stadt schwebenden Lichterglanz betrachtete – ein Flimmerschein, der mal leuchtend azur, mal orange oder zitronengelb, mal sogar purpurrot war und in seinen Augen zuweilen auch der kränklichen, vergifteten Farbe glich, die beim Verbrennen von Chemikalien entsteht.

Inzwischen hatte er auch seine nächtlichen Fahrten zum Ausläufer des Karmel, zum Trappistenkloster Latrun oder zur Grenze zwischen Küstenebene und Bergland bei Rosch Ha'ain eingestellt. Nun verbrachte er die frühen Morgenstunden nicht länger im Gespräch mit Nachtschichtarbeitern in Tankstellen, noch glitt er in langsamer Fahrt an Straßennutten vorbei. Auch den Gartenschuppen suchte er in der tiefsten Dunkelheit nicht mehr auf. Aber alle drei oder vier Nächte fand er sich vor der Haustür der Nachbarn stehen, und letzthin hatte er bei seinem Kommen eine Flasche guten Whisky oder Likör unterm Arm. Stets achtete er darauf, vor Sonnenaufgang wieder zu Hause zu sein. Des öfteren begegnete er dabei dem alten bulgarischen Zeitungsboten, dem er dann die Zeitung am Fenster seines betagten Susita abnahm und ihm so die Mühe ersparte, anzuhalten, den Motor abzustellen, den Rückwärtsgang einzulegen und auszusteigen, um sie in den Briefkasten zu stecken. Mehrmals sagte Ralph, wir drängen dich nicht zur Eile. Nimm dir Zeit, Joel. Worauf er die Achseln zuckte und schwieg.

Einmal fragte Annemarie unvermittelt: »Sag mal, was hat deine Tochter?«

Joel dachte fast eine ganze Minute nach, bevor er antwortete: »Ich bin nicht sicher, daß ich deine Frage verstanden habe.«

Annemarie sagte: »Also folgendermaßen. Ich sehe euch die ganze Zeit zusammen, aber ich habe noch nie gesehen, daß ihr einander berührt hättet.«

Joel sagte: »Ja. Möglich.«

»Wirst du mir niemals was erzählen? Was bin ich denn für dich, ein Pussikätzchen?«

»Wird schon in Ordnung gehen«, sagte er zerstreut und ging sich einen Drink einschenken. Was hätte er ihr auch erzählen sollen? Ich habe meine Frau ermordet, weil sie versucht hat, unsere Tochter zu ermorden, die ihre beiden Eltern umbringen wollte? Obwohl zwischen uns dreien mehr Liebe als erlaubt gewesen ist? Wie in dem Vers »Vor dir zu dir fliehe ich«? Also sagte er: »Wir reden mal bei Gelegenheit.« Trank und machte die Augen zu.

Zwischen Annemarie und ihm vertiefte sich zusehends eine feine, präzise Leibesverwandtschaft. Wie bei eingespielten Tennispartnern. In der letzten Zeit hatte Joel seine Gewohnheit aufgegeben, mit ihr zu schlafen, als überhäufe er sie mit Gunstbeweisen und ignoriere sein eigenes Fleisch. Denn langsam gewann er Vertrauen zu ihr und begann ihr andeutungsweise zu verraten, wo seine Schwächen lagen. Ihr intime Forderungen zu stellen, die seiner Frau zu offenbaren er all die Jahre zu schüchtern gewesen war, und zu fein, sie flüchtigen Partnerinnen aufzunötigen. Annemarie, konzentriert, mit geschlossenen Augen, fing jeden Ton, jede Note auf. Und beugte sich über ihn und spielte ihm Dinge, von denen er selbst nicht gewußt hatte, wie sehr er sie von ihr gespielt haben wollte. Manchmal schien sie weniger mit ihm zu schlafen, als ihn zu empfangen und zu gebären. Und einen Moment, nachdem sie fertig waren, stürzte Ralph, bärenhaft, zu ihnen, vor freudiger Hochstimmung überquellend wie ein Trainer, dessen Mannschaft gerade einen Sieg errungen hat, servierte seiner Schwester und Joel Gläser voll warmem Punsch mit duftendem Zimt, brachte ein Handtuch, wechselte ihnen Brahms gegen eine leise Country-Music-Platte, dämpfte den Ton und das grünliche Meereslicht noch weiter, wisperte *good night* und verflüchtigte sich.

In Bardugos Gärtnerladen kaufte Joel Gladiolen-, Dahlien- und Gerberaknollen und pflanzte sie für den Frühling. Und vier ruhende Rebschößlinge. Auch sechs hohe Tonkrüge und drei Säcke angereicherter Komposterde erwarb er bei Bardugo. Fuhr nicht erst nach Qalkilya. Stellte diese Krüge dann in den Gartenecken auf und pflanzte Geranien in mehreren Farben hinein, damit sie im Sommer über die Ränder quollen und lodernd die Krüge herabflossen. Anfang Februar fuhr er mit Arik Kranz und dessen Sohn Dubi zum örtlichen Einkaufszentrum und erstand vorbehandelte Latten und lange Schrauben und Metallhalterungen und Winkeleisen in einer Bauhandlung. Innerhalb von zehn Tagen, mit der begeisterten Unterstützung von Arik und Dubi Kranz, aber zu seiner Überraschung auch mit Nettas Hilfe, baute er nun das Wellblechdach samt den Metallröhren über dem Autounterstellplatz ab und errichtete an seiner Stelle eine wunderhübsche Holzpergola. Die er zweimal mit braunem, wetterfesten Lack überzog. Und pflanzte dort die vier Rebstöcke in den Boden, um sie in eine Weinlaube zu verwandeln. Als Joel in der Zeitung eine Anzeige über die Beisetzung seines Freundes auf dem Friedhof von Pardes Chana sah, beschloß er zu verzichten. Blieb zu Hause. Doch zur Gedenkfeier in Jerusalem am 16. Februar, Ivrias Todestag, fuhr er mit Mutter und Schwiegermutter, und wieder war es Netta, die sich entschied, nicht mitzukommen. Sondern dazubleiben und das Haus zu hüten.

Als Nakdimon mit seiner verschnupften Stimme sein verworrenes Kaddischgebet heruntemäselte, beugte sich Joel zu seiner Mutter hinab und flüsterte ihr zu, am schönsten ist, wie die Brille ihm den Ausdruck eines gelehrten, ja religiösen Gauls verleiht. Lisa flüsterte zornsprudelnd zurück: Eine Schande! Vor dem Grab! Ihr habt sie alle vergessen! Avigail, aufrecht, aristokratisch in ihrer schwarzen Mantilla, die Kopf und Schultern umhüllte, bedeutete ihnen mit einer Geste aufzuhören. Worauf Joel und seine Mutter in der Tat augenblicklich von ihrem Getuschel abließen und verstummten.

Gegen Abend fuhren alle, einschließlich Nakdimon mit zweien seiner vier Söhne, in das Haus nach Ramat Lotan zurück. Und stellten nun fest, daß Netta mit Ralphs und Annemaries Hilfe zum erstenmal seit ihrem Einzug den spanischen Eßtisch ausgezogen und im Lauf des Tages ein ganzes Menü für zehn Personen zubereitet hatte. Mit roter Tischdecke und brennenden Kerzen und würzigem Putenschnitzel mit gekochtem Gemüse und gedämpftem Reis und Pilzen und einer pikanten kalten Tomatensuppe vorneweg, die in hohen Gläsern mit aufgesteckten Zitronenschnitzen gereicht wurde. Es war die Suppe, mit der ihre Mutter Gäste zu überraschen pflegte. In den seltenen Fällen, in denen Gäste das Haus aufgesucht hatten. Auch die Sitzordnung hatte Netta wohldurchdacht und taktvoll festgelegt: Annemarie neben Kranz, Nakdimons Söhne zwischen Lisa und Ralph, Avigail neben Dubi Kranz, und zu beiden Enden des Tisches Joel und Nakdimon.

41.

Am nächsten Morgen, dem 17. Februar, begann ein grauer Tag, und die Luft wirkte wie geronnen. Aber es fiel weder Regen noch ging Wind. Nachdem er Netta in die Schule und seine Mutter zur fremdsprachlichen Leihbücherei gebracht hatte, fuhr er weiter zur Tankstelle, wo er volltankte und noch weiter einfüllte, was irgend ging, nachdem die Automatikpumpe bereits abgestellt hatte, und Öl und Wasser und Batterieflüssigkeit und Reifendruck prüfte. Nach seiner Rückkehr ging er in den Garten und beschnitt, wie geplant, sämtliche Rosensträucher. Streute organischen Dünger auf die Rasenflächen, die vor lauter Winterregen und Kälte verblichen waren. Düngte auch die Obstbäume zum nahenden Frühling, wobei er den Dünger gut unter den Moder des schwärzlich zerfallenden Laubs am Fuß der Stämme mischte und das Gemisch dann mit Grabforke und Spaten unterhob. Besserte die Bewässerungspfannen aus und jätete ein wenig, mit bloßen Fingern, in tiefer Verneigung niedergebeugt, die Blumenbeete. Aus denen er erste Stützpunkte von Quecken, Sauerklee und Winde entfernte, die da die Köpfe hoben. Den blauen Flanellmorgenrock, den sie beim Verlassen der Küchentür trug, erblickte er aus der Tiefe seiner Niedergebeugtheit, ohne das Gesicht sehen zu können, und zuckte auf der Stelle zusammen, als habe er einen Faustschlag in die Magengrube abbekommen oder als setze irgendein Kollaps im Innern der Bauchhöhle ein. Sekundenlang versteiften sich seine Finger. Dann faßte er sich wieder, unterdrückte seinen Zorn und sagte: »Was ist passiert, Avigail?« Sie brach in Lachen aus und erwiderte: »Was ist, hab' ich dich erschreckt? Guck bloß mal dein Gesicht an. Als ob du töten wolltest. Gar nichts ist passiert, ich bin nur rausgekommen, um zu fragen, ob du deinen Kaffee hier draußen haben willst oder ob du gleich reingehst.« Er sagte: »Nein. Ich geh' schon rein«, änderte aber seine Meinung und sagte: »Oder besser bringst du ihn mir raus, damit er nicht kalt wird«, und überlegte es sich erneut anders und sagte in verändertem Ton: »Niemals, hörst du, niemals wieder darfst du ihre Kleider anziehen.« Und was Avigail aus seiner Stimme heraushörte, ließ ihr breites, helles, ruhiges slawisches Bäuerinnengesicht tief rot anlaufen: »Das ist nicht ihre Kleidung. Diesen Morgenrock hat sie mir vor fünf Jahren gegeben, weil du ihr selber einen neuen in London gekauft hattest.«

Joel wußte, daß er sich hätte entschuldigen müssen. Erst vorgestern hatte er selbst ja Netta gedrängt, den hübschen Regenmantel zu tragen, den er Ivria in Stockholm ausgesucht hatte. Doch die Wut oder vielleicht sein Ärger über das Aufwallen eben dieser Wut bewirkte, daß er – statt einer Entschuldigung – bitterböse, ja fast drohend zischte: »Das ist gleich. Hier bei mir werde ich das nicht dulden.«

»Hier bei dir?« fragte Avigail in ihrem didaktischen Tonfall wie die nachsichtige Rektorin einer progressiven Volksschule.

»Hier bei mir«, wiederholte Joel ruhig, indem er sich das feuchte Erdreich an seinen Fingern am Hosenboden der Jeans abwischte, »hier bei mir wirst du nicht in ihren Kleidern herumlaufen.«

»Joel«, sagte sie einen Augenblick später in liebevoll-traurigem Ton, »bist du bereit, etwas zu hören? Ich glaube langsam, daß dein Zustand vielleicht nicht weniger ernst ist als der deiner Mutter. Oder Nettas. Nur kannst du deine Nöte natürlich besser verbergen, und das macht die Sache noch schlimmer. Was du meines Erachtens wirklich brauchst –«

»Gut«, fiel Joel ihr ins Wort, »das genügt für heute. Gibt es nun Kaffee, oder gibt es keinen. Ich hätte selber reingehen und mir welchen machen sollen, statt hier um Gefälligkeiten zu bitten. Bald wird man hier noch Leute von der Anti-Terroreinheit reinbringen müssen.«

»Deine Mutter«, sagte Avigail, »du weißt doch, daß ich innige Beziehungen zu ihr pflege. Aber wenn ich sehe –«

»Avigail«, sagte er, »der Kaffee.«

»Ich verstehe«, sagte sie, ging hinein und kam wieder heraus, in der einen Hand eine Tasse Kaffee, in der anderen einen Teller mit einer säuberlich geschälten und geteilten Grapefruit, die wie eine aufgeblühte Chrysantheme aussah, »ich verstehe. Die Worte tun dir weh, Joel. Ich hätte es selbst spüren müssen. Den Kummer muß anscheinend jeder auf seine eigene Weise tragen. Ich bitte um Verzeihung, falls ich dich, Gott behüte, gekränkt haben sollte.«

»Ist schon recht, fertig«, sagte Joel, wobei ihn plötzlich starker Widerwille gegen die Art, wie sie das Wort »anscheinend« ausgesprochen hatte, überkam, das bei ihr wie »onschejnend« klang. Trotz seiner Absicht, über etwas anderes nachzusinnen, kam ihm auf einmal der Polizeimann Schealtiel Lublin mit seinem Walroßschnauzbart, seiner derben Gutherzigkeit, seiner plumpen Freigebigkeit, seinen ewigen Zoten, seiner rauchversengten Standardpredigt über die Tyrannei des Gliedes oder die generelle Geheimnisgemeinschaft in den Sinn. Und da merkte er, daß der in ihm aufsteigende Haß sich weder gegen Lublin noch Avigail wandte, sondern gegen das Andenken an seine Frau, die Kälte ihres Schweigens und ihre weißen Kleider. Mit Mühe zwang er sich, zwei Schluck von dem Kaffee zu trinken, als beuge er sich über Abwasser, worauf er Avigail augenblicklich die Tasse und ihre Grapefruitblume zurückgab und sich ohne ein weiteres Wort wieder zu dem längst sauberen Beet herabbeugte, um erneut mit Adleraugen nach Zeichen sprießenden Unkrauts Ausschau zu halten. Sogar seine schwarze Brille setzte er zu diesem Zweck auf. Allerdings betrat er zwanzig Minuten später doch die Küche und sah sie steif aufgerichtet dasitzen, die Schultern in ihren spanischen Witwenschleier gehüllt, wie das Briefmarkenmotiv der unbekannten trauernden Mutter, und reglos durchs Fenster auf jenen Punkt im Garten starren, an dem er bis vor einem

Moment noch gearbeitet hatte. Unwillkürlich folgten seine Augen ihrem Blick in dieselbe Richtung. Aber die Stelle war leer. Und er sagte: »Na gut. Ich bin gekommen, um mich zu entschuldigen. Ich hatte dich nicht kränken wollen.«

Danach ließ er den Wagen an und fuhr zu Bardugos Gärtnerladen.

Wohin sonst hätte er dieser Tage, Ende Februar, auch fahren sollen, als Netta schon zweimal, im Abstand von einer Woche, beim Wehrersatzamt gewesen war und nun auf die Untersuchungsergebnisse wartete? Jeden Morgen brachte er sie in die Schule, und zwar immer in allerletzter Minute. Oder danach. Aber zu ihren Musterungen beim Wehrersatzamt fuhr Dubi sie, einer der beiden Kranz-Söhne, ein kraushaariger, schmaler Jüngling, der Joel irgendwie an einen jemenitischen Zeitungsjungen aus den Notzeiten der Masseneinwanderung nach der Staatsgründung erinnerte. Wie sich herausstellte, hatte sein Vater ihn geschickt und ihm offenbar auch aufgetragen, beide Male vor dem Amt auf sie zu warten, bis sie fertig war, um sie dann in dem kleinen Fiat heimzufahren.

»Sagen Sie mal, sammeln Sie vielleicht zufällig auch Dornzweige und Partituren?« fragte Joel diesen Dubi Kranz. Worauf der Jüngling – den Spott völlig ignorierend oder unfähig, ihn herauszuhören – ruhig erwiderte: »Noch nicht.«

Abgesehen davon, daß er Netta zur Schule brachte, fuhr er seine Mutter zu ihren regelmäßigen Vorsorgeuntersuchungen in Dr. Litwins Privatpraxis im nächsten Viertel. Bei einer dieser Fahrten fragte sie ihn plötzlich, ohne jede Vorwarnung oder Zusammenhang, ob die Sache mit der Schwester des Nachbarn ernsthaft sei. Worauf er, ohne es sich zweimal zu überlegen, mit denselben Worten erwiderte, mit denen Kranz' Sohn ihm geantwortet hatte. Häufig verbrachte er ein bis eineinhalb Stunden mitten am Morgen in Bardugos Gärtnerladen. Kaufte verschiedene Blumenkästen, große und kleine Töpfe aus Ton oder Kunststoff, zwei Sorten spezielle Blumenerde, ein Gerät zum Lockern des Bodens sowie eine Sprühflasche für Wasser und eine für Schädlingsbekämpfungsmittel. Das ganze Haus füllte sich langsam mit Blumentöpfen. Hauptsächlich Farne, die von der Decke und von den Türrahmen herabbaumelten. Um sie aufzuhängen, mußte er wieder viel seinen Elektrobohrer an der Verlängerungsschnur benutzen. Als er einmal um halb zwölf Uhr aus dem Gärtnerladen zurückkam und sein Auto fast einem Tropendschungel auf Rädern glich, sah er die philippinische Hausgehilfin der Nachbarn vom unteren Ende der Straße den vollen Einkaufswagen die Steigung etwa eine Viertel Stunde vom Haus entfernt hinaufschieben. Joel hielt und nötigte sie zum Mitfahren. Worauf es ihm allerdings nicht gelang, mehr als die nötigen Höflichkeitsformeln mit ihr auszutauschen. Von nun an lauerte er ihr – angespannt hinterm Steuer sitzend und durch seine neue Sonnenbrille getarnt – mehrmals an der Ecke des Supermarktparkplatzes auf, brauste, sobald sie mit dem Einkaufswagen herauskam, an sie heran und vermochte sie hineinzuverfrachten. Sie konnte ein wenig Hebräisch und ein wenig Englisch, begnügte sich aber zumeist mit Antworten von drei oder vier Worten. Unaufgefordert erklärte Joel sich bereit, den Einkaufswagen zu verbessern: er versprach, ihm Gummiräder an Stelle der rasselnden Metalldinger zu verpassen. Und tatsächlich ging er in die Baustoffhandlung des Einkaufszentrums und erwarb unter anderem Räder mit Gummireifen. Doch er konnte sich partout nicht überwinden, die Tür jener Fremden aufzusuchen, bei denen die Frau arbeitete, und die Male, die es ihm gelang, sie mitsamt ihrem Wägelchen am Supermarktausgang zu entführen und nach Hause zu fahren, konnte er schließlich nicht plötzlich mitten unterwegs im Viertel anhalten, den vollbeladenen Wagen auspacken, ihn umdrehen und die Räder wechseln. So kam es, daß Joel sein Versprechen nicht einhielt, ja sogar vorgab, es nie gegeben zu haben. Die neuen Räder verbarg er vor sich selber in einer dunklen Ecke des Geräteschuppens im Garten. Obwohl er seine ganzen Dienstjahre über stets darauf bestanden hatte, Wort zu halten. Außer vielleicht an seinem letzten Arbeitstag, als man ihn dringend von Helsinki zurückgerufen hatte, so daß er sich nicht mehr, wie versprochen, mit dem tunesischen Ingenieur hatte in Verbindung setzen können. Als ihm dieser Vergleich in den Sinn kam, merkte er zu seiner Überraschung, daß der Monat Februar zwar beinah abgelaufen, also ein Jahr oder mehr seit dem Tag vergangen war, an dem der Krüppel ihm in Helsinki erschienen war, er aber immer noch die Telefonnummer auswendig wußte, die der Ingenieur ihm gegeben und die er sich augenblicklich eingeprägt und seither nicht wieder vergessen hatte.

Abends, nachdem die Frauen ihn allein im Wohnzimmer zurückgelassen hatten, wo er noch die Mitternachtsnachrichten und dann das Schneegestöber auf dem Bildschirm anguckte, mußte er plötzlich gegen die Verlockung ankämpfen, die Nummer mal versuchsweise anzurufen. Aber wie soll jemand den Hörer abheben, der keine Gliedmaßen hat? Und was habe ich zu sagen? Oder zu fragen? Als er aufstand, um den vergebens flimmernden Fernseher abzuschalten, wurde ihm klar, daß der Februar tatsächlich eben zu Ende gegangen und daher heute eigentlich sein Hochzeitstag war. Also nahm er die große Taschenlampe, trat in das Dunkel des Gartens hinaus und prüfte im Lampenlicht, wie es jedem einzelnen Keimling ging.

Eines Nachts, nach der Liebe, bei einem Glas dampfenden Punsch, fragte Ralph, ob man ihm einen Kredit gewähren könne. Irgendwie verstand Joel, Ralph bitte ihn um eine Anleihe, und wollte wissen, von welchem Betrag die Rede sei, worauf Ralph erwiderte, »bis zwanzig- oder dreißigtausend«, bevor Joel begriff, daß man die nicht von ihm haben, sondern gerade umgekehrt ihm anbieten wollte. Und überrascht war. Ralph sagte: »Wann immer du möchtest. Stets willkommen. Du wirst hier nicht gedrängt.« Und da mischte sich Annemarie ein, den roten Kimono an ihren schmalen Körper drückend, und sagte: »Ich bin dagegen. Hier gibt's kein Business, bevor wir uns finden.«

»Uns finden?«

»Ich meine: jeder ein bißchen Ordnung in sein Leben bringt.«

Joel blickte sie abwartend an. Auch Ralph sagte nichts. Irgendein schlummernder Selbsterhaltungstrieb erwachte plötzlich in Joels Innern und warnte ihn, daß er ihr besser augenblicklich ins Wort fiel. Das Gesprächsthema wechselte. Auf die Uhr sah und sich verabschiedete. Oder zumindest einträchtig mit Ralph über das, was sie gesagt hatte und noch zu sagen beabsichtigte, spöttelte.

»Reise nach Jerusalem, zum Beispiel«, sagte sie und brach in Lachen aus, »wer erinnert sich noch an dieses Spiel?«

»Das reicht«, meinte Ralph, als spüre er Joels Sorge und sähe Grund, sie zu teilen.

»Zum Beispiel«, sagte sie, »gegenüber auf der anderen Straßenseite wohnt ein älterer Mann. Aus Rumänien. Unterhält sich halbe Stunden lang mit deiner Mutter am Zaun. Und er lebt auch allein. Warum sollte sie nicht zu ihm ziehen?«

»Aber was soll dabei herauskommen?«

»Dabei kommt raus, daß Ralphie dann zu der anderen Mutter bei euch rüberziehen könnte? Wenigstens für eine Versuchsphase. Und du übersiedelst hierher? He?«

»Wie Noahs Arche. Sie ordnet alle paarweise an. Was ist? Steht eine Sintflut bevor?«

Und Joel – bemüht, nicht verärgert, sondern belustigt und wohlgelaunt zu klingen –, sagte: »Du hast das Kind vergessen. Wo sollen wir das in deiner Arche Noah hintun? Darf man noch um etwas Punsch bitten?«

»Netta«, sagte Annemarie so leise, daß ihre Stimme kaum zu hören war und Joel die Worte und auch die Tränen, mit denen sich ihre Augen gleichzeitig füllten, fast nicht mitgekriegt hätte, »Netta ist eine junge Frau. Kein Kind. Wie lange willst du sie noch Kind nennen. Ich glaube, Joel, was eine Frau ist, hast du nie gewußt. Sogar das Wort verstehst du nicht so ganz. Unterbrich mich nicht, Ralph. Du hast es auch nie gewußt. Wie sagt man *role* auf hebräisch? *Tafkid* – Aufgabe, Part? Das ist kein passendes Wort für mich. Ich wollte sagen, daß ihr die ganze Zeit entweder uns die Rolle eines Babys zuweist oder sie für euch selber beansprucht. Manchmal denke ich, Baby, Baby, schön und gut, *sweet, but we must kill the baby*. Jetzt möchte ich auch noch ein bißchen Punsch haben.«

42.

In den folgenden Tagen sann Joel über Ralphs Vorschlag nach. Vor allem, als ihm klar wurde, daß die neuen Frontlinien ihn und seine Mutter als Gegner der Idee, das Dachzimmer in der Karl-Netter-Straße zu mieten, seiner Schwiegermutter und Netta als deren Befürworter gegenüberstellten. Und zwar noch vor den anstehenden Reifeprüfungen. Am 10. März erhielt Netta einen ausgedruckten Bescheid des Armee-Computers, in dem es hieß, sie werde in sieben Monaten, am 20. Oktober, eingezogen. Daraus entnahm Joel, daß sie den Ärzten im Wehrersatzamt nichts von ihrem Problem erzählt hatte oder, falls doch, die Untersuchungen ohne Befund verlaufen waren. Gelegentlich fragte er sich, ob das Schweigen nicht verantwortungslos sei. War es nicht seine klare Pflicht, als einziger Elternteil, sie aus eigenem Antrieb zu kontaktieren und ihnen die Tatsachen zur Kenntnis zu bringen? Die Befunde der Ärzte in Jerusalem? Andererseits überlegte er, welche der widerstreitenden Diagnosen er dort pflichtgemäß vortragen mußte. Und war es nicht übel und verantwortungslos, solch einen Schritt hinter ihrem Rücken einzuleiten? Ihr fürs ganze Leben den Stempel einer Krankheit aufzudrücken, um die sich alle möglichen Irrglauben rankten? Schließlich war es Tatsache, daß Nettas Problem nicht ein einziges Mal außer Haus aufgetreten war. Nie. Und seit Ivrias Tod hatte

Eine Frau erkennen

es sogar daheim nur einen einzigen Fall gegeben, der auch schon länger zurücklag. Ende August, und seither hatte sich kein Symptom gezeigt. Ja, selbst was im August geschehen war, wies zumindest eine leichte Ambivalenz auf. Warum sollte er also nicht nach Tel Aviv in die Karl-Netter-Straße fahren, eingehend das Zimmer mit dem versprochenen Meerblick prüfen, die Nachbarn aushorchen, auf diskrete Weise in Erfahrung bringen, wer die Wohnungspartnerin, diese Klassenkameradin namens Adva, war, und wenn sich das Gelände als rein erwies, ihr hundertzwanzig Dollar pro Monat oder auch mehr geben, zumal er ja abends auf eine Tasse Kaffee bei ihr vorbeischauen und sich so tagtäglich davon überzeugen könnte, daß alles in Ordnung war. Wenn sich aber nun doch herausstellte, daß der Patron ihr ernstlich eine kleine Arbeit im Büro anbieten wollte? Eine untergeordnete Sekretärinnenstelle? Dann wäre er jederzeit in der Lage, ein Veto einzulegen und die Listen des Lehrers zu hintertreiben. Obwohl, auf den zweiten Gedanken: warum sollte er ihr verbieten, ein bißchen im Büro zu arbeiten? Damit wäre er doch gerade der Notwendigkeit enthoben, an den Fäden zu ziehen, alte Beziehungen aufzuwärmen, um sie vor der Einberufung zu bewahren, ohne angegriffene Gesundheit ins Feld zu führen oder ihr das Etikett eines Mädchens, das nicht gedient hatte, anzuhängen? Mühelos könnte der Patron dafür sorgen, daß ihre Arbeit im Büro als Ersatz für den Wehrdienst anerkannt würde. Außerdem wäre es doch nett, wenn es ihm, Joel, gelänge, Netta durch einige wohlüberlegte Schachzüge sowohl vor dem Militär als auch vor dem Stigma zu bewahren, das er laut Ivrias gelegentlich geäußerten irrsinnigen Beschuldigungen angeblich seiner Tochter hatte aufprägen wollen. Ja, mehr noch: sein Standortwechsel bei der Debatte über die Anmietung des Zimmers in der Karl-Netter-Straße würde vielleicht eine Veränderung im häuslichen Kräfteverhältnis nach sich ziehen. Obwohl Joel sich andererseits bewußt war, daß das Bündnis zwischen den beiden alten Frauen in dem Moment aufleben würde, in dem Netta wieder seine Partei ergriff. Und auch anders herum: sollte es ihm gelingen, Avigail für sein Lager zu rekrutieren, würden seine Mutter und seine Tochter sich gemeinsam auf die Gegenseite stellen. Wozu also dann die ganze Anstrengung. Und damit ließ er die Angelegenheit vorerst auf sich beruhen und tat weder etwas in Sachen Einberufung noch in Sachen Karl Netter. Wieder einmal entschied er, es brennt nichts an, morgen ist auch noch ein Tag, und das Meer läuft nicht weg. Und inzwischen reparierte er den defekten Staubsauger des Hauseigentümers,

Herr Kramer, und half eineinhalb Tage lang der Putzfrau, den Staub bis zum letzten Krümel aus dem Haus zu entfernen, wie er es alle Jahre in ihrer Wohnung in Jerusalem beim Nahen des Pessachfestes getan hatte. Dermaßen vertieft war er in diesen Einsatz, daß Joel – als das Telefon klingelte und Dubi Kranz wissen wollte, wann Netta zurückkehre – trocken verkündete, hier sei jetzt Großputz und man möge doch bitte ein andermal anrufen. Was Ralphs Vorschlag anbetraf, Geld in irgendeinen diskreten Anlagekanal, der einem Konzern in Kanada angeschlossen war, zu investieren und es dabei innerhalb von achtzehn Monaten zu verdoppeln, prüfte Joel den Gedanken im Vergleich zu anderen Angeboten, die er erhalten hatte. Zum Beispiel verglichen mit der Andeutung, die seine Mutter ihm mehrmals hinsichtlich einer größeren Geldsumme gemacht hatte, die sie verwahre, um ihn beim Eintritt ins Geschäftsleben zu unterstützen. Oder etwa mit dem Blauen vom Himmel, das ihm ein ehemaliger Arbeitskollege versprochen hatte, wenn er sich nur bereitfinde, eine Partnerschaft für eine Privatdetektei mit ihm einzugehen. Oder in bezug auf Arik Kranz, der Joel unablässig drängte, ein Abenteuer mit ihm zu teilen: zweimal pro Woche, im weißen Kittel, wirkte Kranz vier Stunden als ehrenamtlicher Sanitäter im Nachtdienst in einem Krankenhaus, wo er die Hingabe einer Freiwilligen namens Grete genoß und auch von vornherein zwei weitere, Christine und Iris, für Joel auserkoren und geschnappt hatte, unter denen er frei wählen oder sich auch für beide entscheiden könne. Doch die Worte »das Blaue vom Himmel« weckten nichts in ihm. Ebensowenig wie die Anlageverlockungen oder Kranz' freiwillige Tätigkeit. Absolut nichts regte sich in ihm außer dem vagen, aber konstant vorhandenen Gefühl, daß er nicht recht wach war: daß er umherging, nachdachte, Haus, Garten und Wagen pflegte, mit Annemarie schlief, zwischen Gärtnerladen, Haus und Einkaufszentrum pendelte, die Fenster zu Pessach putzte, bald die Geschichte von Generalstabschef Elasars Leben und Tod fertiglesen würde – aber all das im Schlafen. Wenn er immer noch Hoffnung hegte, etwas zu entschlüsseln, zu begreifen oder wenigstens die Frage klar zu formulieren, mußte er aus diesem dichten Nebel herauskommen. Um jeden Preis aus seinem Schlummer erwachen. Und sei es um den Preis eines Unglücks. Daß etwas kommen und mit einem Dolchstoß die weiche Fettschicht durchtrennen möge, die ihn von allen Seiten einschloß und erstickte wie eine Gebärmutter.

Gelegentlich erinnerte er sich an die hellwachen Augenblicke seiner

Dienstjahre, Momente, in denen er wie zwischen Messersschneiden durch die Straßen einer fremden Stadt geglitten war, Körper und Geist so geschliffen scharf, wie sie es zur Zeit der Jagd oder des Beischlafs sein konnten, und sogar die einfachen, alltäglichen, banalen Dinge ihm Hinweise auf die in ihnen enthaltenen Geheimnisse preisgegeben hatten. Die Brechungen des Abendlichts in einer Pfütze. Die Manschettenknöpfe eines Passanten. Die Umrisse gewagt geschnittener Dessous durch das Sommerkleid einer Frau auf der Straße. So daß er manchmal sogar etwas drei oder vier Sekunden vor dessen Eintreffen zu erraten vermochte. Wie das Auffrischen einer Brise oder die Sprungrichtung einer geduckten Katze auf einem Zaun oder die Gewißheit, daß der schräg gegenüber gehende Mann stehenbleiben, sich an die Stirn schlagen, kehrtmachen und zurücklaufen werde. Derart scharf war sein Bewußtsein in jenen Jahren gewesen, und jetzt war alles so stumpf. Verlangsamt. Als sei die Scheibe beschlagen, ohne daß man nachprüfen könnte, ob von außen oder von innen oder – schlimmer – weder noch, da das Glas plötzlich selber diese milchig-trübe Substanz absonderte. Und wenn er jetzt nicht aufwachte und es zertrümmerte, würde die Vernebelung immer stärker, der Schlummer immer tiefer werden, die Erinnerung an die Wachmomente zusehends verblassen und er unwissend sterben wie ein Wanderer, der im Schnee eingeschlafen war.

Bei dem Optiker im Einkaufszentrum besorgte er ein starkes Vergrößerungsglas. Und als er eines Morgens allein zu Hause war, inspizierte er damit endlich den eigenartigen Punkt am Eingang eines der romanischen Klöster auf dem Foto, das Ivria gehört hatte. Eine ganze Weile vertiefte er sich in seine Untersuchung, nahm einen Punktstrahler und seine Brille sowie die Brille des Landarztes und die neu gekaufte Lupe mal in diesem, mal in jenem Winkel zu Hilfe. Bis er zu der These neigte, daß es sich hier weder um einen zurückgelassenen Gegenstand noch um einen verirrten Vogel, sondern um irgendeinen leichten Defekt im Film selber handelte. Vielleicht einen winzigen Kratzer, der beim Entwickeln entstanden war. Die Worte, die Jimmy Gal, der Regimentskommandeur ohne das Ohr, bezüglich der beiden Punkte und der sie verbindenden Geraden benutzt hatte, erschienen Joel über jeden Fehler erhaben, aber auch inhaltslos und letzten Endes auf eine Geistesarmut verweisend, von der er, Joel, sich nicht rein wähnte, obwohl er immer noch hoffte, sich vielleicht davon befreien zu können.

43.

Und dann brach der Frühling mit dem Gesumm tausender Fliegen und Bienen und einem Schwall von Blütendüften und Farben aus, die Joel fast übertrieben erschienen. Mit einem Mal begann der Garten überzuquellen, sich in sinnlichen Knospen und Blüten und üppiger Vegetation zu ergießen. Die Obstbäume im rückwärtigen Garten schlugen aus und waren drei Tage später voll entflammt. Sogar die Kakteen in den Balkontöpfen warfen sich in grelles Rot und leuchtendes Orangegelb, als wollten sie die Sonne in deren Sprache anreden. Es setzte eine Flut ein, die Joel fast schäumen zu hören glaubte, wenn er nur angestrengt lauschte. Als hätten sich die Pflanzenwurzeln in scharfe Krallen verwandelt, die die Erde im Finstern anbohrten, um massenweise dunkle Säfte aus ihr zu zapfen, die durch die Röhren der Stämme und Stengel emporschossen und beim Knospen der Blätter und Blüten dem blendenden Licht ausgesetzt wurden. Das wieder seine Augen ermüdete, trotz der Sonnenbrille, die er sich zu Winteranfang gekauft hatte.

Als Joel so an der Hecke stand, gelangte er zu dem Schluß, daß es mit den Birnen- und Apfelbäumen nicht genug war. Liguster, Oleander und Bougainvillea wie auch die Hibiskussträucher erschienen ihm plötzlich gewöhnlich, ja richtiggehend vulgär. Daher beschloß er, den Rasenstreifen an der Seite des Hauses unter den zwei Fenstern der Kinderzimmer, in denen jetzt die alten Damen wohnten, zu beseitigen und dort einen Feigen- und einen Oliven- und vielleicht auch einen Granatapfelbaum zu pflanzen. Im Lauf der Zeit würden außerdem die Weinstöcke, die er in der neuen Pergola gesetzt hatte, bis hierher ranken, und so würde in zehn, zwanzig Jahren so etwas wie ein verkleinertes, aber vollendetes Modell eines dämmrigen, dichten erez-israelischen Obstgartens entstehen, wie er sie immer neidvoll in den Höfen der Araber bewundert hatte. Joel plante alles bis ins letzte Detail: schloß sich in seinem Zimmer ein und studierte die einschlägigen Kapitel des landwirtschaftlichen Ratgebers, stellte auf einem Bogen Papier eine Vergleichstabelle über die Vorzüge und Nachteile der einzelnen Sorten auf, ging dann ins Freie, maß mit einem Zollstock die Abstände zwischen einem Setzling zum nächsten ab, bezeichnete die gewünschten Stellen mit kleinen Pflöcken, rief im übrigen täglich Bardugo an, um zu fragen, ob seine Bestellung schon eingetroffen sei. Und wartete.

Eine Frau erkennen

Am Morgen vor dem Sederabend, als die drei Frauen nach Metulla gefahren waren und ihn allein gelassen hatten, ging er hinaus und hob bei den Pflöcken fünf schöne quadratische Setzgruben aus. Den Grubenboden polsterte er mit einer Schicht feinem Sand vermischt mit Hühnermist. Dann fuhr er seine Schößlinge holen, die bei Bardugos Gartenhandlung angekommen waren: ein Feigenbäumchen, eine Dattelpalme, einen Granatapfelbaum und zwei Oliven. Als er – im zweiten Gang, um die Pflänzchen nicht zu erschüttern – wiederkam, fand er Dubi Kranz, schmal, krausköpfig und verträumt, auf den Eingangsstufen sitzen. Joel wußte, daß beide Kranz-Söhne bereits ihren Wehrdienst abgeleistet hatten, und doch kam ihm der Jüngling da vor ihm höchstens wie sechzehn Jahre vor.

»Hat Ihr Vater Sie hergeschickt, um mir das Sprühgerät zu bringen?«

»Also folgendermaßen«, sagte Dubi, wobei er die Silben dehnte, als könne er sich nur schwer von ihnen trennen, »wenn Sie das Sprühgerät brauchen, kann ich's schnell holen fahren. Kein Problem. Ich bin mit dem Auto der Eltern hier. Sie sind weg. Mutter ist im Ausland. Vater ist über die Feiertage nach Elat gefahren und mein Bruder zu seiner Freundin nach Haifa.«

»Und Sie? Haben Sie die Haustür zugeknallt und kommen nicht mehr rein?«

»Nein. Es ist was anderes.«

»Beispielsweise?«

»Eigentlich bin ich gekommen, um Netta zu besuchen. Ich dachte, heute abend vielleicht –«

»Schade, daß Sie gedacht haben, Freundchen«, brach Joel in ein sonderbares Lachen aus, das sowohl ihn als den Jüngling überraschte, »während Sie rumgesessen und nachgedacht haben, ist sie nämlich mit ihren Großmüttern ans Ende des Staates gefahren. Haben Sie mal fünf Minuten? Kommen Sie, helfen Sie mir ein bißchen, diese Baumkübel aus dem Auto auszuladen.«

An die drei viertel Stunden arbeiteten sie beide, ohne mehr als das Notwendige zu reden wie »halten Sie mal«, »gerade richten«, »gut festklopfen, aber vorsichtig«. Sie schnitten mit einer Drahtzange die Blechkübel auf und bekamen die Schößlinge heraus, ohne daß die Erdballen um die Wurzeln zerbröselten. Dann vollzogen sie schweigend und präzise die Beerdigungszeremonie, einschließlich des Zuschüttens der Gruben, des Festklopfens und des Anlegens der Bewässerungspfannen. Die geschickten Finger des jungen Mannes gefielen Joel, und auch seine Schüchternheit oder Zurückhaltung begann er fast zu schätzen. Einmal, abends, am Ende eines Herbsttages in Jerusalem, es war Freitagabend, Sabbatbeginn, und die Trauer der Berge erfüllte die Luft, hatten er und Ivria einen kleinen Spaziergang unternommen und den Rosengarten betreten, um das Verlöschen des Lichts zu beobachten. Ivria hatte gesagt, weißt du noch damals, als du mich zwischen den Bäumen in Metulla vergewaltigt hast, da habe ich gedacht, du wärst stumm. Und Joel, der wußte, daß seine Frau kaum je Spaß machte, verbesserte sie sofort mit den Worten: Das ist nicht richtig, Ivria. a) war das keine Vergewaltigung, sondern wenn überhaupt, dann umgekehrt – Verführung. Doch nach diesem A vergaß er zu sagen, was B war. Worauf Ivria sagte: Immer heftest du jede Einzelheit in deinem furchtbaren Gedächtnis ab, läßt keinen Krümel weg. Aber erst, nachdem du die Daten ausgewertet hast. Das ist ja dein Beruf. Und bei mir ist es Liebe gewesen.

Als sie fertig waren, sagte Joel, nun, wie ist das, Neujahrsfest der Bäume am Sederabend zu feiern? Damit lud er den Jüngling zu einer kalten Orangeade in die Küche ein, da sie beide vor Schweiß trieften. Danach machte er auch Kaffee. Und fragte ihn ein bißchen aus über den Wehrdienst im Libanon, seine Auffassungen, die seinem Vater zufolge völlig links waren, und über das, was er jetzt so tat. Dabei ergab sich, daß der Bursche dort bei der Pioniertruppe gedient hatte, Schimon Peres nach seiner Meinung ganz gute Arbeit leistete und er sich gegenwärtig in Feinmechanik weiterbildete. Feinmechanik sei zufällig sein Hobby, das er nun zu seinem Beruf machen wolle. Nach seiner Ansicht, obwohl er da nicht viel Erfahrung besäße, sei es das beste, was einem Menschen passieren könne, wenn das Hobby das Leben erfülle.

Joel mischte sich hier wie scherzhaft ein: »Eine Auffassung besagt doch gerade, das beste sei die Liebe? Meinen Sie nicht?«

Darauf Dubi, in gesammeltem Ernst und einer Erregung, die er so weit zu beherrschen vermochte, daß nur noch ein Flackern in seinem Blick davon übrigblieb: »Ich maße mir noch nicht an, davon etwas zu verstehen. Liebe und all das. Wenn man meine Eltern anguckt, Sie kennen sie ja, kommt man vielleicht zu dem Schluß, daß man Empfindungen und so was am besten eher auf Sparflamme halten sollte. Da ist es schon gesünder, was zu tun, das einem gut von der Hand geht. Was, das irgendein Mensch braucht. Das sind die beiden allerbefriedigendsten Dinge. Die jedenfalls mich am meisten befriedigen: gebraucht werden und gute Arbeit leisten.«

Und da Joel nicht gleich antwortete, faßte der Junge sich ein Herz und fügte hinzu: »Verzeihung. Darf man Sie mal was fragen? Stimmt es, daß Sie ein internationaler Waffenhändler oder so was sind?«

Joel zuckte die Achseln und sagte lächelnd: »Warum nicht?« Doch plötzlich hörte er auf zu lächeln und sagte: »Das war Spaß. Ich bin bloß Beamter. Momentan sozusagen auf einer Art Langzeiturlaub. Sagen Sie mal, was suchen Sie eigentlich bei Netta? Fortbildung in moderner Dichtung? Kurzlehrgang über Israels Dornsträucher?«

Damit war es ihm gelungen, den Jüngling verlegen, ja fast ängstlich zu machen. So daß er nun schnell die Kaffeetasse in seiner Hand auf die Tischdecke abstellte, sie dann sofort wieder anhob und vorsichtig auf die Untertasse plazierte, einen Augenblick an seinem Daumennagel knabberte, sich aber sofort erneut faßte, davon abließ und sagte: »Nur so. Wir unterhalten uns bloß ein bißchen.«

»Nur so«, sagte Joel, indem er einen Moment, starrlinsig, jene versteinerte Katergrausamkeit über seine Kinnladen breitete, die er zu benutzen pflegte, wenn es galt, Lumpen, kleinen Gaunern, Betrügern, Kriechern aus dem tiefsten Sumpf Angst einzujagen, »nur so, bitte nicht hier, Freundchen. Wenn das nur so ist, versuchen Sie's lieber woanders.«

»Ich hab' nur gemeint –«

»Überhaupt gehn Sie besser auf Distanz zu ihr. Vielleicht haben Sie zufällig was gehört. Sie ist nicht hundertprozentig in Ordnung. Hat ein kleines Gesundheitsproblem. Aber daß Sie's nicht wagen, darüber zu quatschen.«

»Hab' so was gehört«, sagte Dubi.

»Was?!«

»Ich hab' was gehört. Na und?«

»Einen Moment. Ich möchte, daß Sie das wiederholen. Wort für Wort. Was Sie über Netta gehört haben.«

»Lassen Sie doch«, sagte Dubi gedehnt, »alle möglichen Gerüchte. Blöder Mist. Regen Sie sich darüber nicht auf. Auch über mich hat's mal so rumgeschwirrt, Nervensache und all das. Meinetwegen, sollen sie tratschen.«

»Sie haben ein Nervenproblem?«

»Ach was.«

»Hören Sie gut zu. Ich kann das leicht in Erfahrung bringen, wissen Sie. Haben Sie oder haben Sie nicht?«
»Hatte mal. Jetzt bin ich okay.«
»Das sagen Sie.«
»Herr Ravid?«
»Ja.«
»Darf ich mal fragen, was Sie von mir wollen?«
»Gar nichts. Bloß, daß Sie Netta nicht alle möglichen Flausen in den Kopf setzen. Davon hat sie so schon genug. Sie offenbar auch. Haben Sie ausgetrunken? Und bei euch ist keiner zu Hause? Soll ich Ihnen vielleicht noch was Leichtes zum Essen machen?«
Danach verabschiedete sich der junge Mann und fuhr im blauen Audi seiner Eltern ab. Joel ging in die Dusche und duschte lange mit sehr heißem Wasser, seifte sich zweimal ein, spülte mit kaltem Wasser nach und murmelte im Hinaustreten: meinetwegen.

Um halb fünf kam Ralph und sagte, wie seine Schwester und er verstünden, sei Joel nicht gewöhnt, das Fest zu begehen, aber da er allein hiergeblieben sei, hätte er vielleicht Lust, zum Abendessen rüberzukommen und sich eine Video-Komödie anzugucken? Annemarie bereite einen Waldorfsalat zu, und er, Ralph, mache irgendein Experiment mit Kalbsbraten in Wein. Joel versprach zu kommen, doch um sieben Uhr abends, als Ralph ihn abholen wollte, fand er ihn voll bekleidet auf der Wohnzimmercouch, umringt von den Zeitungsblättern der Festbeilage, schlafen. Und beschloß, ihn schlafen zu lassen. Joel schlummerte tief und fest in dem leeren, dunklen Haus. Nur einmal, nach Mitternacht, stand er auf und tastete sich Richtung Toilette vor, ohne die Augen aufzuschlagen oder Licht anzuschalten. Die Töne des Fernsehers oder Videogeräts bei den Nachbarn jenseits der Wand wechselten in seinem Halbdämmer mit den Balalaika-Klängen jenes Lastwagenfahrers, der eine Art Liebhaber seiner Frau gewesen sein mochte. Statt der Toilettentür fand er die zur Küche, tappste weiter in den Garten hinaus, pinkelte mit geschlossenen Augen, kehrte, ohne aufzuwachen, auf die Wohnzimmercouch zurück, deckte sich mit dem karierten Überwurf zu und versank in seinen Schlaf wie ein antiker Stein im Staub bis um neun Uhr am nächsten Morgen. So verpaßte er jene Nacht einen geheimnisvollen Anblick – riesige Storchenschwärme in breitem Strom, einer nach dem anderen ununterbrochen, fluteten nordwärts unter dem Vollmond des Frühlingsmonats Nissan am wolkenlosen Firmament,

Tausende oder Zehntausende geschmeidige Schatten schwebten mit leisem Flügelrauschen über die Erde. Und es war ein anhaltendes, stures, unablässiges und doch zartes Wimmeln, wie der Strom zahlloser kleiner weißer Seidentaschentücher über eine große schwarze Seidenbahn, überflutet vom lunar-astralen Silberglanz.

44.

Als er am Feiertagmorgen um neun Uhr aufgestanden war, trottete er in seiner zerknitterten Kleidung zur Dusche, rasierte sich, duschte erneut lange und gründlich, zog saubere weiße Sportsachen an und ging hinaus, um zu sehen, wie es seinen neuen Schößlingen – dem Granatapfelbaum und der Dattelpalme und den beiden Olivenbäumchen – ging. Er begoß sie ein wenig. Riß hier und da winzige Köpfchen neuer Wildkräuter aus, die offenbar im Lauf der Nacht, nach dem sorgfältigen Jäten des Vortags, herausgekommen waren. Und während der Kaffee in der Kaffeemaschine durchlief, rief er in der Kranzschen Wohnung an, um sich bei Dubi dafür zu entschuldigen, daß er gestern vielleicht grob zu ihm gewesen sei. Wobei er sofort gewahr wurde, daß er sich gleich zweimal entschuldigen mußte, das zweite Mal, weil er den Jüngling jetzt aus dem späten Feiertagsschlaf gerissen hatte. Aber Dubi sagte, keine Ursache, ist doch natürlich, daß Sie sich um sie sorgen, macht nichts, obwohl Sie wissen sollten, daß sie eigentlich prima für sich selber sorgen kann. Übrigens, falls Sie mich noch mal für den Garten oder was brauchen, ich hab' heute nichts Besonderes vor. Nett, daß Sie mich angerufen haben, Herr Ravid. Sicher bin ich nicht böse.

Joel fragte, wann Dubis Eltern zurückerwartet würden, und als er erfuhr, daß Odelia morgen aus Europa wiederkomme und Kranz noch heute nacht von seiner Spritztour nach Elat zurückkehre, um zu Hause zu sein, wenn eine neue Seite aufgeschlagen werden sollte, sagte Joel sich, daß der Ausdruck ›eine neue Seite aufschlagen‹ unzulänglich sei, weil er sich dünn wie Papier anhörte. Und er bat Dubi, seinem Vater auszurichten, er möge ihn anrufen, sobald er zurück sei, es gäbe da vielleicht eine Kleinigkeit für ihn.

Dann ging er in den Garten hinaus und betrachtete ein Weilchen das Nelken- und Löwenmaulbeet, sah aber nicht, was er dort tun sollte, und sagte sich: Hör auf damit. Jenseits der Hecke bemühte sich der Hund Ironside, in förmlicher Pose mit eng nebeneinander stehenden Beinen auf dem Fußsteig sitzend, nachdenklichen Blicks dem Flug eines Vogels zu folgen, dessen Name Joel nicht kannte, obwohl ihn das unbezweifelbare Blau seines Gefieders faszinierte. In Wirklichkeit gibt es keine neue Seite. Vielleicht nur eine fortdauernde Geburt. Und Geburt heißt Entbindung, und Entbinden fällt schwer, und wer kann sich überhaupt völlig entbinden? Einerseits wird man seinen Eltern Jahre über Jahre weitergeboren, und andererseits beginnt man schon selber zu gebären, obwohl man auch noch nicht fertig geboren ist, und so gerät man in Entflechtungskämpfe von hinten und von vorn. Plötzlich fiel ihm ein, daß es womöglich Grund gab, seinen Vater zu beneiden, seinen melancholischen rumänischen Vater im braun gestreiften Anzug oder seinen stoppelbärtigen Vater von dem verdreckten Schiff, die jeweils ohne Hinterlassung von Spuren verschwunden waren. Und wer hatte ihn denn diese ganzen Jahre über gehindert, spurlos im australischen Brisbane in der geborgten Identität eines Fahrlehrers zu verschwinden oder etwa in einem Wald nördlich des kanadischen Vancouver, um dort das Leben eines Jägers und Fischers in einer Blockhütte zu führen, die er für sich und jene Eskimomätresse bauen würde, deren Phantasiebild Ivria immer so angeregt hatte? Und wer hinderte ihn, jetzt zu verschwinden? »Du Idiot«, sagte er liebevoll zu dem Hund, der – jäh entschlossen, von seiner Porzellanhundgestalt abzuweichen und zum Jäger zu werden – auf zwei Beinen stand, die Vorderpfoten auf den Zaun gestützt, und wohl hoffte, auf diese Weise jenen Vogel fangen zu können. Bis der ältliche Nachbar von drüben ihn pfiff und bei dieser Gelegenheit mit Joel Festtagsgrüße tauschte.

Auf einmal wurde Joel von starkem Hunger gepackt. Wobei ihm einfiel, daß er seit gestern mittag nichts zu sich genommen hatte, weil er angezogen auf der Wohnzimmercouch eingeschlafen war. Auch heute morgen hatte er nur Kaffee getrunken. So ging er zum Nachbarhaus und fragte Ralph, ob etwas Kalbsbraten vom Vorabend übrig sei und er die Reste zum Frühstück bekommen könne. »Es ist auch noch Waldorfsalat da«, sagte Annemarie freudig, »und Suppe. Aber die ist scharf gewürzt, vielleicht ist es nicht gut, so was Scharfes morgens als erstes zu essen.« Joel lachte leise, weil ihm plötzlich einer von Nakdimon Lublins Sprüchen in den Sinn kam – wenn Mohammed am Verhungern ist, er auch den Schwanz des Skorpions frißt –, und antwortete ihr gar nicht erst, sondern winkte nur mit der Hand, bringt alles, was ihr habt.

Sein Fassungsvermögen an jenem Festtagsmorgen schien schier grenzenlos zu sein. Nachdem er die Suppe nebst Braten- und Salatresten vertilgt hatte, schämte er sich nicht, auch noch Frühstück zu verlangen: Toast, verschiedene Käse und Joghurt. Und als Ralph einen Moment den Kühlschrank aufmachte, um Milch herauszunehmen, erspähten seine geübten Augen Tomatensaft in einem Glasbehälter, worauf er unverfroren fragte, ob er den auch noch beseitigen dürfe.

»Sag mir was«, begann Ralph Vermont, »ich will dich um Himmels willen nicht drängen, aber ich wollte nur mal fragen.«

»Frag«, sagte Joel, den Mund voller Käsetoast.

»Ich wollte, wenn es geht, mal so fragen: Liebst du meine Schwester?«

»Jetzt?!« stieß Joel leicht verdattert hervor.

»Auch jetzt«, erklärte Ralph gelassen, aber mit der Klarheit eines Mannes, der sich seiner Pflicht bewußt ist.

»Warum fragst du?« erwiderte Joel zögernd, als hoffe er, der Augenblick möge vorübergehen, »ich meine, warum fragst du an Annemaries Stelle. Warum fragt sie nicht. Was soll diese Vermittlung?«

»Schau mal, wer da redet«, sagte Ralph, nicht spitz, sondern heiter, eher belustigt über die Blindheit seines Gesprächspartners. Und Annemarie, wie in stiller Anhänglichkeit, mit halb geschlossenen Augen, als bete sie, hauchte: »Ja. Ich frage schon.«

Joel führte bedächtig einen Finger zwischen Hals und Hemdkragen entlang. Füllte die Lungen mit Luft, die er dann langsam prustend wieder ausstieß. Beschämend, dachte er, einfach beschämend für mich, daß ich keinerlei Informationen, nicht einmal die grundlegendsten Daten über diese beiden gesammelt habe. Ich hab' doch keine Ahnung, wer sie sind. Oder woher und warum sie hier aufgetaucht sind, und was sie hier überhaupt suchen. Trotzdem vermied er es, eine Lüge auszusprechen. Die wahre Antwort auf ihre Fragen wußte er noch nicht.

»Ich brauche noch etwas Zeit«, sagte er, »kann euch in diesem Moment keine Antwort geben. Es muß noch ein bißchen Zeit vergehen.«

»Wer drängt dich?« fragte Ralph, und für einen Augenblick meinte Joel einen Blitz väterlicher Ironie über sein greises Schuljungengesicht flitzen zu sehen, auf dem des Lebens Leid keinerlei Zeichen hinterlassen hatte. Als sei das pralle Kindergesicht, das zu altern begonnen hatte, nur eine Maske, unter der sekundenlang ein bitterer und ein listiger Zug hervorlugten.

Und noch immer freundlich, ja fast dümmlich lächelnd, faßte der vierschrötige Farmer mit seinen rosigen, wild gefleckten Händen Joels breite, häßliche Pranken, die braun wie Brot und mit Gartenschlamm unter den Nägeln waren, und legte sie behutsam auf je eine Brust seiner Schwester, wobei er dermaßen präzise zielte, daß Joel die Verhärtung der Nippel genau in der weichen Mitte einer jeden Handfläche spürte. Annemarie lachte leise. Während Ralph sich langsam, fast wie gezüchtigt auf einen Schemel in der Küchenecke niederließ und schüchtern fragte: »Falls du dich entscheidest, sie zu nehmen, meinst du dann, daß ich ... daß vielleicht auch für mich noch ein Plätzchen da wäre? In der Nähe?«

Danach riß Annemarie sich los und stand auf, um Kaffee zu machen, denn das Wasser kochte. Beim Kaffeetrinken schlugen die Geschwister Joel vor, die Video-Komödie anzugucken, die sie am Vorabend gesehen hatten, ihm wegen seines frühen Einschlafens aber entgangen war. Joel erhob sich von seinem Platz und sagte, eventuell in ein paar Stunden. Ich muß jetzt erst mal wegfahren, um was zu regeln. Dann dankte er den beiden und ging ohne weitere Erklärung und startete den Wagen und fuhr aus dem Viertel und aus der Stadt. Im reinen war er mit sich selbst, mit dem Körper, mit dem Gedankenspiel, wie schon lange nicht mehr. Vielleicht, weil er seinen mächtigen Hunger überwunden und viele schmackhafte Speisen gegessen hatte, oder vielleicht, weil er haargenau wußte, was er tun mußte.

45.

Unterwegs auf der Küstenstraße kramte er aus den Gedächtnisschubladen die Einzelheiten hervor, die er im Verlauf der Jahre hier und da über das Privatleben des Mannes gehört hatte. Derart vertieft war er in seine Grübeleien, daß die Netania-Kreuzung ihn durch ihr jähes Auftauchen bald nach der nördlichen Ausfahrt aus Tel Aviv verblüffte. Er wußte, daß seine drei Töchter seit einigen Jahren verheiratet waren – eine in Orlando, Florida, eine in Zürich – und eine dem Botschaftsstab in Kairo angehörte oder zumindest vor ein paar Monaten noch angehört hatte. Damit waren seine Enkel nun also über drei Kontinente zerstreut. Seine Schwester saß in London. Während seine frühere Frau, die Mutter seiner Töchter, seit zwanzig Jahren mit einem Musiker von Weltruhm verheiratet war und ebenfalls in der Schweiz, nicht weit von der mittleren Tochter nebst Familie, lebte, möglicherweise in Lausanne.

In Pardes Chana war also, soweit man ihn nicht falsch unterrichtet hatte, von den Ostaschinskys nur noch der alte Vater übrig, der nach Joels Kalkulation mindestens achtzig sein mußte. Wenn nicht eher schon an die neunzig. Einmal, als sie beide die ganze Nacht über im Einsatzraum auf eine Nachricht aus Zypern gewartet hatten, hatte der Akrobat gesagt, sein Vater sei ein fanatischer Hühnerzüchter und völlig übergeschnappt. Mehr hatte er nicht erzählt, und Joel nicht nachgefragt. Jeder Mensch hat seine Schande auf dem Dachboden. Wobei er jetzt, während er nördlich von Netania auf der Küstenstraße dahinfuhr, erstaunt feststellte, daß viele neue Villen mit schrägen Dächern und Staufläche darunter gebaut wurden. Obwohl es doch bis vor kurzem weder Keller noch Böden im Land gegeben hatte. Gleich nachdem Joel die Einuhrnachrichten im Autoradio gehört hatte, traf er in Pardes Chana ein. Und beschloß, sich nicht erst mit dem Friedhof aufzuhalten, da sich schon feiertägliche Mittagsruhe über die Moschawa zu legen begann und er nicht stören wollte. Nach zweimaligem Fragen bekam er heraus, wo das Haus stand. Nämlich etwas abgelegen, hart am Rand der Zitruspflanzung, am Ende eines schlammigen Feldwegs, der von fast bis zu den Autofenstern emporragendem Dorngestrüpp halb abgewürgt wurde. Nachdem er geparkt hatte, mußte er sich einen Durchgang durch die dichte, wild wuchernde Hecke bahnen, die von beiden Seiten des mit eingesunkenen und geborstenen Betonplatten belegten Pfads beinah zusammengewachsen war. Deshalb machte er sich darauf gefaßt, einen verschlampten alten Mann in einem verschlampten Haus anzutreffen. Ja, zog sogar in Betracht, daß er mit seinen Informationen womöglich nicht auf dem laufenden war und der Alte bereits gestorben oder in irgendein Heim verbracht worden sein könnte. Zu seiner Überraschung fand er sich jedoch, aus dem Gestrüpp hervorstoßend, vor einer in psychedelischem Himmelblau gestrichenen Tür wieder, rings umgeben von stehenden, hängenden und schwebenden kleinen Blumentöpfen voller Petunien und weißer Narzissen, die sich hübsch in die an der Vorderfront des Hauses entlangkriechende Bougainvillea einfügten. Zwischen den Blumentöpfen baumelten zahllose Porzellanglöckchen an verschlungenen Fäden, so daß Joel hier die Hand einer Frau, ja vielleicht sogar einer jungen vermutete. Fünf- oder sechsmal, mit Pausen dazwischen, klopfte er an die Tür, und zwar immer fester, da er damit rechnete, daß der Alte schwerhörig sein mochte. Doch die ganze Zeit schämte er sich über den ungebührlichen Lärm, den er inmitten der feinen Pflanzenstille, die den ganzen Ort umgab, veranstaltete. Und spürte auch mit nagender Sehnsucht, daß er schon einmal an einem ähnlichen Ort gewesen war und sich damals wohl und behaglich gefühlt hatte. Die Erinnerung war ihm warm und lieb, obwohl es eigentlich gar kein Erinnern gab, denn er bemühte sich völlig vergeblich, den ähnlichen Ort ausfindig zu machen.

Als keine Antwort kam, ging er um das einstöckige Haus herum und pochte an ein Fenster, zu dessen beiden Seiten er eine weiße, zu zwei gerundeten Flügeln geraffte Gardine sah, wie die Vorhänge an den Fenstern der symmetrisch gezeichneten Häuschen in Kinderbüchern. Durch den Zwischenraum zwischen den Flügelgardinen bot sich ihm ein sehr kleines, aber gemütliches Wohnzimmer dar, das mustergültig sauber und aufgeräumt war: ein Bucharenteppich, ein Couchtisch aus einem bearbeiteten Olivenstamm, ein tiefer Sessel und noch ein Schaukelstuhl vor dem Fernsehgerät, auf dem ein Glas der Sorte stand, in der vor dreißig, vierzig Jahren Dickmilch und Joghurt vermarktet wurden, mit einem Chrysanthemenstrauß darin. An der Wand sah er ein Bild des verschneiten Hermon mit dem Kinneret zu seinen Füßen, in bläulichen Morgendunst gehüllt. Aus Berufsgewohnheit erkannte Joel den Punkt, von dem aus der Maler die Landschaft gesehen hatte: am Fuß des Arbel offenbar. Doch wie war sein immer schmerzvoller bohrendes Gefühl zu erklären, daß er in diesem Zimmer schon mal gewesen war, ja darin sogar eine Weile ein Leben voll starker, vergessener Freude gelebt hatte?

Er ging weiter zur Rückseite des Hauses und klopfte an die Küchentür, die in demselben grellen Blau gestrichen und ebenfalls von zahllosen Petunientöpfen und Porzellanglöckchen umringt war. Aber eine Antwort kam auch von dort nicht. Als er auf die Klinke drückte, stellte er fest, daß die Tür nicht abgeschlossen war. Dahinter fand er eine winzige, wunderbar saubere und aufgeräumte Küche, ganz in Weiß-Bläulich gehalten, während sämtliche Möbel und Geräte altmodisch waren. Joel entdeckte auch hier auf dem Küchentisch so ein altes Joghurtglas, nur sprossen daraus Ringelblumen, keine Chrysanthemen. Und aus einem weiteren, das auf dem altertümlichen Kühlschrank thronte, rankte sich ein starker, schöner Süßkartoffelstengel die Wand empor. Nur mit Mühe vermochte Joel die jähe Lust zu unterdrücken, sich auf dem Korbschemel niederzulassen und hier in der Küche zu bleiben.

Eine Frau erkennen

Endlich wandte er sich jedoch ab und beschloß nach leichtem Zögern, die Verschläge im Hof abzusuchen, bevor er zurückkehrte und tiefer ins Haus vordrang. Drei gleiche Hühnerhäuser standen dort, gepflegt, umrahmt von hohen Zypressen und kleinen Rasenvierecken mit Kakteensteingärten in den Ecken. Joel bemerkte, daß es klimatisierte Hühnerställe waren. Und als er einen betrat, sah er einen hageren, kleinwüchsigen, wie in sich zusammengedrückten Mann dastehen und mit schräggestelltem Kopf und einem zugekniffenen Auge gegen das Licht ein Reagenzglas prüfen, das zur Hälfte mit einer milchig-trüben Flüssigkeit gefüllt war. Joel entschuldigte sich für seinen vorher weder abgesprochenen noch angekündigten Überraschungsbesuch. Stellte sich als einen alten Freund, einen Arbeitskollegen seines verstorbenen Sohnes, das heißt Jokneams, vor.

Der alte Mann blickte ihn verwundert an, als habe er im ganzen Leben noch nicht den Namen Jokneam gehört, bis Joel einen Augenblick unsicher wurde – womöglich war er doch bei dem falschen Alten gelandet – und den Mann fragte, ob er Herr Ostaschinsky sei und ob der Besuch ihn störe. Der Alte, in gebügelter Khakikleidung mit breiten Militärtaschen – vielleicht eine improvisierte Uniform aus dem Unabhängigkeitskrieg –, die Gesichtshaut so schrundig wie rohes Fleisch, der Rücken ein wenig bucklig zusammengesunken, erinnerte vage an eine Art nächtliches Raubtier, einen Mungo oder einen Dachs, und nur seine Äuglein sprühten zwei scharfblaue Blitze von der Farbe seiner Haustüren. Ohne Joels ausgestreckte Hand zu ergreifen, sagte er mit klarer Tenorstimme im Tonfall der im Lande Alteingesessenen: »Jawooohl, der Besuch stört. Und noch einmal jawooohl, ich bin Serach Ostaschinsky.« Eine Minute später fügte er mit verschlagen gewitztem Blinzeln hinzu: »Siiie haben wir auf der Beerdigung nicht geseeehen.«

Wieder war es an Joel, sich zu rechtfertigen. Fast wäre ihm die Ausrede entschlüpft, er sei damals nicht im Land gewesen. Doch er ging auch diesmal der Lüge aus dem Weg. Und sagte: »Sie haben recht. Ich bin nicht gekommen.« Worauf er ein Kompliment über das ausgezeichnete Erinnerungsvermögen des Alten hinzusetzte, das dieser ignorierte.

»Und warum sind Sie dann heute zu mir gekommen?« fragte er. Und starrte dabei lange nachdenklich nicht auf Joel, sondern schräg gegen das Himmelslicht blinzelnd auf die spermaartige Flüssigkeit in dem Reagenzglas.

»Ich bin gekommen, um Ihnen etwas zu erzählen. Und auch, um festzustellen, ob ich hier auf irgendeine Weise helfen kann. Aber, falls es möglich ist, könnten wir uns vielleicht im Sitzen unterhalten?«

Das verkorkte Reagenzglas mit der trüben Flüssigkeit steckte der Alte wie einen Füllhalter in die Tasche seines Khakihemds. Dann sagte er: »Ich bedaure. Keine Zeit.« Und weiter: »Sie sind auch ein Geheimagent? Ein Spion? Ein gesetzlich legitimierter Mörder?«

»Schon nicht mehr«, sagte Joel, »vielleicht könnten Sie mir nur zehn Minuten widmen?«

»Nuuu, fünfe«, erwiderte der Alte kompromißbereit. »Bitte sehr, legen Sie los. Ich bin ganz Ohr.« Doch mit diesen Worten drehte er sich blitzgeschwind um und trat in das dämmrige Stallinnere, womit er Joel zwang, ihm auf den Fersen zu folgen, ja ihm fast nachzurennen, während er von einer Batterie zur andern sprang und die Wasserhähne zu Beginn der an den Hühnerzellen entlanglaufenden Metalltröge ausrichtete. Ein ständiges leises Gackern, wie eifriges Geklatsche, erfüllte die mit Dung-, Federn- und Futtermischungsgeruch getränkte Luft.

»Reden Sie«, sagte der Alte, »aber kurz und knapp.«

»Das ist so, Herr Ostaschinsky. Ich wollte Ihnen sagen, daß Ihr Sohn in Wirklichkeit an meiner Stelle nach Bangkok gefahren ist. Mir hatte man die Reise dorthin ursprünglich aufgetragen. Ich habe mich geweigert. Und Ihr Sohn ist statt mir gefahren.«

»Nuuu? Wus weiter?« gab der Alte ungerührt zur Antwort. Und auch ohne in seinem zügigen, effizienten Fortschreiten von Batterie zu Batterie innezuhalten.

»Man könnte vielleicht sagen, daß ich ein bißchen Mitverantwortung an dem Unglück trage. Verantwortung, aber natürlich keine Schuld.«

»Nuuu, das ist ja fein von Ihnen, daß Sie das sagen«, bemerkte der Alte, indem er unablässig die Gänge des Hühnerverschlags ablief. Mal verschwand er einen Moment, um jenseits einer Batterie wiederaufzutauchen, so daß Joel beinah der Verdacht kam, er habe irgendwelche Geheimwege unter den Käfigen hindurch.

»Ich habe mich wirklich geweigert zu fahren«, sagte Joel, als debattiere er, »aber wenn es von mir abgehangen hätte, wäre Ihr Sohn auch daheim geblieben. Ich hätte ihn nicht geschickt. Ich hätte überhaupt keinen geschickt. Da war was, das mir von Anfang an nicht gefallen hat. Unwichtig. Tatsächlich ist mir bis heute nicht klar, was da in Wahrheit passiert ist.«

»Wus ist passiert. Wus ist passiert. Sie haben ihn umgebracht. Dus ist passiert. Mittels einer Pistole haben sie ihn umgebracht. Mittels fünf Patronen. Würden Sie hier mal bitte halten?«

Joel faßte den Gummischlauch mit beiden Händen an den beiden Stellen, die ihm der Alte gezeigt hatte, der nun blitzschnell ein Schnappmesser aus dem Gürtel zog, damit ein kleines Loch in den Schlauch bohrte, sofort einen blanken Metalldrehhahn hineinsteckte, festdrückte und weiterglitt, und Joel hinter ihm her.

»Ist Ihnen bekannt«, fragte Joel, »wer ihn umgebracht hat?«

»Weeer schon. Hasser Israels haben ihn umgebracht. Weeer denn sonst? Liebhaber der griechischen Philosophie?«

»Schauen Sie«, sagte Joel, doch im selben Moment war der Alte verschwunden. Als hätte es ihn nie gegeben. Wie vom Erdboden verschluckt, der hier mit einer Schicht penetrant stinkenden Hühnerdrecks bedeckt war. Joel begann den Alten zwischen den Batteriereihen zu suchen, lugte unter die Käfige, beschleunigte seine Schritte, rannte, blickte rechts und links in die Gänge, bekam sie durcheinander, als irre er in einem Labyrinth umher, ging denselben Weg zurück zum Ausgang hinauf und die nächste Reihe wieder hinunter, bis er es aufgab und verzweifelt rief: »Herr Ostaschinsky!«

»Wie mir scheint, sind Ihre fünf Minuten schon abgelaufen«, antwortete der Alte, der urplötzlich hinter einem kleinen Edelstahltresen genau zu Joels Rechten hochschoß, in der Hand diesmal eine Spule dünnen Draht.

»Sie sollten bloß wissen, daß man mir aufgetragen hatte zu fahren und Ihr Sohn nur wegen meiner Weigerung dorthin geschickt worden ist.«

»Das habe ich doch schon aus Ihrem Munde vernommen.«

»Und ich hätte Ihren Sohn nicht dorthin geschickt. Ich hätte niemanden hingeschickt.«

»Auch das habe ich vernommen. Gibt es noch eine Angelegenheit?«

»Haben Sie gewußt, Herr Ostaschinsky, daß Ihr Sohn einmal den Musikern des Philharmonischen Orchesters das Leben gerettet hat, als Terroristen ein Blutbad unter ihnen anrichten wollten? Darf man Ihnen erzählen, daß Ihr Sohn ein guter Mensch gewesen ist? Ehrlich? Und couragiert?«

»Nuuu, wus. Brauchen wir denn ein Orchester? Welchen Gefallen finden wir an Orchestern?«

Verrückt, entschied Joel, ruhig zwar, aber unbezweifelbar. Und ich bin auch verrückt, daß ich hergekommen bin.

»Jedenfalls möchte ich Ihnen mein Beileid ausdrücken.«

»Er ist doch auf seine Weise auch ein Terrorist gewesen. Und wenn jeder Mensch seinen Tod sucht, seinen privaten Tod, der ihm gut dünkt, nuuu, so wird er ihn in der Fülle der Tage letzten Endes auch finden. Wus ist daran so wichtig.«

»Er ist ein Freund von mir gewesen. Ein ziemlich guter Freund. Und ich wollte sagen, da Sie hier, wenn ich recht verstanden habe, ziemlich allein sind..., möchten Sie vielleicht bei uns sein? Das heißt, zu Besuch? Zum Wohnen? Eventuell sogar für längere Zeit? Wir sind, würde ich sagen, eine erweiterte Familie..., eine Art städtischer Kibbuz. Beinah. Und wir könnten mühelos, wie soll ich sagen, Sie bei uns aufnehmen. Oder gibt es vielleicht was anderes, das ich tun könnte? Brauchen Sie etwas?«

»Brauchen. Wus braucht man. ›Und reinige unser Herz‹ wäre gebraucht. Aber dabei gibt es weder Helfer noch Hilfeempfänger. Jeder Mensch für sich allein.«

»Trotzdem möchte ich bitten, daß Sie nicht einfach rundheraus ablehnen. Daß Sie mal nachdenken, ob man irgend etwas für Sie tun kann, Herr Ostaschinsky.«

Wieder huschte die Verschlagenheit eines Mungos oder Dachses über das schrundige Gesicht des Alten, der Joel beinah zublinzelte, wie er vorher die trübe Flüssigkeit im Reagenzglas angeblinzelt hatte, als er sie gegen das Himmelslicht betrachtete: »Haben Sie beim Tod meines Sohnes die Hand im Spiel gehabt? Sind Sie hergekommen, sich Vergebung zu erkaufen?«

Und auf dem Weg zur elektrischen Kontrolltafel am Eingang des Hühnerhauses, den er flink und etwas schlängelnd zurücklegte wie eine Eidechse, die schnell ein offenes Stück zwischen zwei Schatten überquert, wandte er plötzlich sein Runzelgesicht und durchbohrte den hinter ihm herrennenden Joel mit den Augen: »Nuuu, also weeer dann?«

Joel begriff nicht.

»Sie haben mir erzählt, nicht Siiie hätten ihn geschickt. Und haben gefragt, was ich brauche. Also dann, ich brauche zu wissen, weeer ihn geschickt hat.«

»Bitte schön«, sagte Joel höchst beflissen, als trampele er den göttlichen Namen mit Füßen, aus Rachedurst oder Gerechtigkeitseifer, »aber bitte. Zu Ihrer Information. Jeremia Cordovero hat ihn geschickt. Unser Patron. Der Leiter unseres Büros. Unser Lehrer. Dieser vielgerühmte Geheimnisvolle. Unser aller Vater. Mein Bruder. Er hat ihn geschickt.«

Unter seinem Tresen tauchte der Alte langsam auf, wie eine Wasserleiche aus den Meerestiefen emporgeschwemmt wird. An Stelle der Dankbarkeit, die Joel erwartet hatte, an Stelle des Sündenablasses, den er sich in diesem Augenblick redlich verdient zu haben glaubte, an Stelle der Einladung zu einem Glas Tee in dem vom Zauber nie erlebter Kindertage erfüllten Haus, in jener schmalen Küche, der sich sein Herz wie einem verheißenen Land entgegensehnte, an Stelle offener Arme kam der harte Schlag. Den er irgendwo auch dunkel erwartet – und erhofft – hatte. Der Vater brauste plötzlich auf, schwoll an, sträubte sich am ganzen Körper wie ein räubernder Mungo. Und Joel zuckte vor dem Speichel zurück. Der nicht kam. Der Alte zischte ihn nur an: »Verräter!«

Und als Joel sich umdrehte, um sich, gemessenen Schritts, aber innerlich auf der Flucht, aus dem Staub zu machen, rief er ihm erneut nach, als steinige er ihn mit einem scharfen Kiesel: »Kain!«

Es war ihm wichtig, das Haus samt seinem Zauber zu umgehen und geradewegs zu seinem Auto vorzustoßen. Deshalb zwängte er sich durch die Sträucher, die einst eine Hecke gewesen waren und nun wild wucherten. Bald umschloß ihn eine haarige Dunkelheit, ein feucht-wirrer Farnpelz, in dem er, von Klaustrophobie befallen, anfing, auf die Zweige einzutrampeln, herumzuzappeln, gegen das dichte Laub zu treten, das die Tritte durch seine Weiche absorbierte, Stengel und Zweige umzubiegen, so daß er bald über und über zerkratzt war, wild atmete, die Kleidung von Kletten, Dornen und trockenen Blättern übersät, und es ihm schien, als versinke er nach und nach in weicher, gründämmriger Watte, während er gegen sonderbare Wellen von Panik und Verlockung ankämpfte.

Danach reinigte er sich, so gut er konnte, ließ den Motor an, fuhr schnell, im Rückwärtsgang, den Sandweg zurück. Und kam erst wieder zu sich, als er das eine Rücklicht splittern hörte, das beim Zurückstoßen an den schrägen Stamm eines Eukalyptusbaums geprallt war, von dem Joel hätte schwören mögen, daß er bei seiner Herfahrt nicht dagewesen war. Aber dieser Unfall gab ihm seine Selbstbeherrschung zurück, so daß er den ganzen Heimweg äußerst umsichtig fuhr. Als er das Netania-Kreuz erreicht hatte, schaltete er sogar das Radio ein und hörte gerade noch den letzten Teil eines alten Werks für Cembalo, dessen Name und Komponisten er allerdings nicht aufschnappte. Dann wurde eine Bibelliebhaberin interviewt, die ihre Gefühle gegenüber König David schilderte, einem Mann, dem man im Lauf seines langen Lebens viele Todesnachrichten übermittelt hatte, worauf er jeweils seine Kleider zerriß und herzzerreißende Klagelieder anstimmte, obwohl in Wirklichkeit jede Todesbotschaft für ihn gute Botschaft war, weil jeder Tod ihm Gewinn und manchmal sogar Rettung brachte. So war es beim Tod Sauls und Jonatans auf dem Gilboa und beim Tod Abners, Sohn des Ner, und beim Tod des Hethiters Urija, ja selbst beim Tod seines Sohnes Abschalom. Joel stellte das Radio ab und parkte den Wagen wohlgeübt im Rückwärtsgang, die Front zur Straße, genau in der Mitte der neu errichteten Pergola. Und ging ins Haus, um zu duschen und sich umzuziehen.

Als er aus der Dusche kam, klingelte das Telefon, und er hob auf und fragte Kranz, was er wolle.

»Gar nichts«, sagte der Makler, »ich dachte, du hättest Dubi Nachricht für mich hinterlassen, dich anzurufen, sobald ich aus Elat zurück sei. Also, nun sind wir wieder da, diese Schöne und ich, und jetzt muß ich die Bude aufräumen, denn morgen kommt Odelia per Flugzeug aus Rom zurück, und ich will nicht gleich wieder Schwierigkeiten mit ihr kriegen.«

»Ja«, sagte Joel, »jetzt erinnere ich mich. Hör mal. Ich hab' ein Business mit dir zu besprechen. Kannst du eventuell morgen vormittag kurz vorbeischauen? Um wieviel Uhr kommt deine Frau zurück? Wart mal. Eigentlich paßt es morgens nicht gut. Ich muß den Wagen zur Reparatur bringen. Hab' ein Rücklicht zertrümmert. Und nachmittags geht auch nicht, weil meine Frauen aus Metulla zurückkehren müßten. Vielleicht übermorgen? Arbeitest du überhaupt während der Pessachwoche?«

»Nun aber wirklich, Joel«, sagte Kranz, »doch kein Problem. Ich komme jetzt. In zehn Minuten stehe ich vor der Tür. Setz Kaffee auf und geh in Abfangbereitschaft.«

Joel kochte Kaffee in der Maschine. Auch zur Versicherung muß man morgen, dachte er. Und Kunstdünger auf den Rasen tun, denn der Frühling ist doch schon da.

46.

Arik Kranz, braungebrannt, selbstzufrieden, in einem Hemd mit spiegelnden Nieten, überhäufte Joel beim Kaffeetrinken mit detaillierten Beschreibungen dessen, was Grete zu geben habe und was man in Elat zu sehen kriege, sobald die Sonne ein bißchen herauskomme. Und wieder bestürmte er Joel, aus seinem Kloster auszubrechen, bevor es zu spät sei, und sich ein fetziges Leben zu machen. Und warum nicht, sagen wir, eine Nacht pro Woche? Du kommst zum freiwilligen Dienst von zehn bis zwei Uhr nachts mit mir ins Krankenhaus, Arbeit gibt's fast keine, die Patienten schlafen, die Schwestern sind wach und die freiwilligen Hilfsschwestern noch wacher. Dann pries er weiter Christine und Iris, die er für Joel hüte, aber nicht ewig würde hüten können, und wenn er zu spät komme, sei's zu spät. Es war ihm auch nicht entfallen, daß Joel ihm einmal beigebracht hatte, wie man »ich liebe dich« auf burmesisch sagt.

Und dann, da sie an diesem Abend allein waren, ließ Joel Kranz den Kühlschrank inspizieren und für sie beide ein Junggesellenessen mit Brot, Käse, Joghurt und Wurstomelette herrichten, während er selbst eine Einkaufsliste für den nächsten Morgen aufstellte, damit Mutter, Schwiegermutter und Tochter nachmittags bei ihrer Rückkehr aus Metulla einen wohlgefüllten Kühlschrank vorfanden. Außerdem überlegte er, daß die Reparatur des Rücklichts mehrere hundert Schekel kosten würde und er diesen Monat schon einige Hunderter für den Garten und die neue Pergola investiert hatte und noch ein Sonnenboiler und ein neuer Briefkasten und auch ein oder zwei Schaukelstühle fürs Wohnzimmer sowie später Gartenbeleuchtung zur Diskussion standen.

Kranz sagte: »Ich habe von Dubi gehört, er hat dir ein bißchen bei der Pflanzarbeit geholfen. Alle Achtung. Vielleicht verrätst du mir den Hokuspokus, der ihn in Gang setzt, damit er auch in unserm Garten mal was tut?«

»Hör mal«, sagte Joel eine Minute später, wie gewohnt unmerklich von einem Thema zum andern übergehend, »wie ist das jetzt mit Wohnungen? Mehr Angebot oder mehr Nachfrage?«

»Kommt drauf an, wo.«

»In Jerusalem zum Beispiel.«

»Warum?«

»Ich möchte, daß du für mich nach Jerusalem fährst und feststellst, was ich für eine Wohnung mit einem Wohn- und zwei Schlafzimmern und eigentlich auch noch einem kleinen Studio in Talbiye bekommen kann. Noch ist sie vermietet, aber der Mietvertrag läuft bald ab. Du kriegst die Einzelheiten und die Papiere von mir. Warte. Ich bin noch nicht fertig. Wir haben in Jerusalem noch eine Wohnung, zwei Zimmer, mitten in Rechavia. Prüf bitte auch, was die heute auf dem Markt wert ist. Ich erstatte dir natürlich alle Auslagen, denn möglicherweise mußt du dafür ein paar Tage in Jerusalem bleiben.«

»Ach was. Joel. Schäm dich. Von dir nehme ich keinen Schekel. Wir sind doch Freunde. Aber sag mal, was, hast du wirklich beschlossen, deinen kompletten Besitz in Jerusalem abzustoßen?«

»Warte. Wir sind nicht fertig. Ich möchte, daß du bei diesem Kramer, deinem Freund, klärst, ob er bereit ist, mir dieses Haus zu verkaufen.«

»Sag, Joel, ist was passiert?«

»Warte. Wir sind nicht fertig. Ich möchte auch, daß du diese Woche mit mir eine Dachwohnung in Tel Aviv anschaust. In der Karl-Netter-Straße. Die Stadt zum Greifen nah, wie du sagst.«

»Moment. Laß einen Atem holen. Laß einen zu Verstand kommen. Du hast vor —«

»Wart ab. Außerdem bin ich daran interessiert, hier in der Nähe ein Einzimmerappartement mit allem Komfort und separatem Eingang zu mieten. Was mit garantierter Privatsphäre.«

»Mädchen?«

»Nur eine. Höchstens.«

Der Makler in seinem Glitzerhemd stand mit schrägem Kopf und leicht offenem Mund von seinem Platz auf. Und setzte sich wieder hin, bevor Joel ihn noch dazu auffordern konnte. Zog plötzlich ein flaches Metallschächtelchen aus der Gesäßtasche, steckte sich eine Tablette in den Mund, verstaute die Schachtel wieder und erklärte, das seien Tabletten gegen Sodbrennen, das Omelette mit der gebratenen Wurst setze ihm ein wenig zu. Vielleicht brauchst du auch eine? Dann lachte er leise und sagte verwundert, mehr zu sich selbst als zu Joel: »*Wallah*, eine Revolution!«

Danach tranken sie noch einen Kaffee und erörterten kurz die Einzelheiten. Kranz rief zu Hause an, um Dubi aufzutragen, einiges für die Rückkehr seiner Mutter vorzubereiten, weil er selber bis spät dableiben müsse und vielleicht von Joel direkt ins Krankenhaus zu seinem freiwilligen Dienst fahren werde, und morgen früh möge Dubi ihn bitte um sechs Uhr wecken, da er Herrn Ravids – Joels – Wagen zu Guettas Werkstatt bringen wolle, wo Joav Guetta das Rücklicht ohne Voranmeldung und zum halben Preis reparieren werde. Also vergiß es nicht, Dubi – »Einen Moment«, sagte Joel, worauf Kranz abbrach und die Sprechmuschel mit der Hand abdeckte, »sag Dubi, er solle mal in einer freien Minute bei mir reinschauen. Ich will was von ihm.«

»Soll er jetzt kommen?«

»Ja. Nein. Am besten in einer halben Stunde. Damit wir beide erst den

Plan für unseren Wohnungstausch fertig aushecken können. Die Stühle für die Reise nach Jerusalem herrichten.«

Als Dubi eine halbe Stunde später in dem kleinen Fiat seiner Mutter eintraf, mußte sein Vater sich schon auf den Weg zu seinem Krankenhausdienst machen, den er, wie er sagte, in Horizontallage in einer Kammer hinter dem Schwesternzimmer verbringen werde.

Joel ließ Dubi auf dem tiefen Sessel im Wohnzimmer Platz nehmen und setzte sich ihm gegenüber auf die Couch. Bot ihm was Kaltes oder Warmes oder Scharfes zum Trinken an, aber der schmale, kleinwüchsige Krauskopf, der mit seinen Streichholzgliedern wie sechzehn und nicht gerade wie der Veteran einer Kampfeinheit aussah, lehnte höflich ab. Joel entschuldigte sich noch einmal für seine gestrige Grobheit. Und dankte ihm erneut für seine Hilfe beim Pflanzen. Strengte dann eine leichte politische Unterhaltung mit ihm an, gefolgt von einer über Autos. Bis Dubi, auf seine ruhige Art, begriff, daß es dem Mann schwerfiel, zum Thema zu kommen, und er einen taktvollen Weg fand, ihm auf die Sprünge zu helfen: »Netta sagt, Sie würden furchtbar an sich arbeiten, um ein vollendeter Vater zu sein. Da seien Sie richtig so – ambitioniert. Wenn's Ihnen brennt, zu erfahren, was los ist, kann ich Ihnen problemlos erzählen, daß Netta und ich reden. Gehen nicht gerade miteinander. Noch nicht. Aber falls ich ihr zusage, kein Problem. Denn sie sagt mir zu. Sehr. Und das wär's in dieser Phase.«

Ein oder zwei Minuten prüfte Joel diese Worte und konnte, sosehr er sich auch anstrengte, keinerlei Fehler an ihnen finden.

»Gut, danke«, sagte er schließlich, wobei gegen seine sonstige Gewohnheit ein flinkes Lächeln über sein Gesicht huschte, »nur behalten Sie in Erinnerung, daß sie –«

»Herr Ravid. Nicht nötig. Ich erinnere mich dran. Ich weiß es. Lassen Sie das. Sie tun ihr nichts Gutes.«

»Was sagten Sie noch, sei Ihr Hobby? Feinmechanik, richtig?«

»Das ist mein Hobby, und das wird mein Beruf sein. Und Sie, als Sie mir gesagt haben, Sie seien Beamter, haben Sie da so was Geheimes gemeint?«

»So ungefähr. Ich habe bestimmte Waren – und Händler – bewertet, und manchmal habe ich auch gekauft. Aber das ist schon vorüber, und jetzt habe ich eine Mußephase. Was Ihren Vater nicht hindert, es für seine Pflicht zu halten, mir Zeit zu ersparen, indem er meinen Wagen zur Werkstatt bringt. Auch recht. Ich möchte Sie um einen Gefallen bitten. Etwas, das ein bißchen mit Mechanik zusammenhängt. Schauen Sie sich doch bitte mal dieses Ding hier an: Können Sie sich irgendwie erklären, wieso das nicht umkippt? Und wie die Pfote an der Basis befestigt ist?«

Dubi stand ein Weilchen schweigend da, den Rücken Joel und dem Zimmer, das Gesicht dem Bord über dem Kamin zugewandt, wobei Joel plötzlich feststellte, daß der Junge einen leichten Buckel hatte oder seine Schultern nicht gleich hoch waren, oder vielleicht handelte es sich nur um eine leichte Krümmung der Halswirbelsäule. Nicht eben James Dean kriegen wir hier, aber andererseits geben wir auch nicht gerade Brigitte Bardot. Ivria wäre vielleicht sogar recht zufrieden mit ihm gewesen. Immer hat sie gesagt, alle möglichen behaarten Ringkämpfer würden nur ihre Abscheu erregen. Von Heathcliff und Linton hat sie offenbar letzteren vorgezogen. Oder wollte es nur. Oder arbeitete bloß an sich. Oder betrog sich selber. Nebst Netta und mir. Es sei denn, unsere Geheimnisse sind alles in allem doch nicht alle gleich, wie dieses Aas, dieser elektrizitätserfindende Puschkin von der Obergaliläer Polizei behauptet hat. Der womöglich allen Ernstes bis zuletzt geglaubt haben mag, ich hätte seine Tochter im Dunkeln bei den Wasserleitungen gepackt und zweimal vergewaltigt, bis sie einwilligte, meine Frau zu werden. Und danach hat er mir noch damit vor dem Gesicht herumgefuchtelt, daß mir angeblich drei Dinge fehlen, auf denen die Welt beruht, Lust, Freude und Mitgefühl, die nach seiner Theorie gebündelt auftreten, so daß also, wenn dir, sagen wir, Nummer zwei abgeht, auch eins und drei nicht vorhanden sind, und umgekehrt. Und wenn man denen zu sagen versucht, guckt mal, es gibt auch Liebe, legen sie einen dicken Finger an das Fleischsäckchen, das sie unter ihren Äuglein hängen haben, ziehen die Haut etwas nach unten und sagen dir mit tierischem Hohn: Tatsächlich?

»Gehört das Ihnen? Oder war es schon vor Ihrem Einzug da?«

»War da«, sagte Joel.

Worauf Dubi, noch immer mit dem Rücken zu Mann und Zimmer, leise erwiderte: »Das ist schön. Vielleicht mit ein paar Mängeln behaftet, aber schön. Tragisch.«

»Das Tier ist schwerer als die Basis, nicht wahr?«

»Ja. Stimmt.«

»Wieso kippt es dann nicht um?«

»Nehmen Sie's nicht übel, Herr Ravid. Sie stellen nicht die richtige

Frage. In physikalischer Hinsicht. Statt zu fragen, wieso es nicht umkippt, müssen Sie einfach feststellen: Wenn es nicht umfällt, ist das ein Zeichen dafür, daß sein Schwerpunkt über der Basis liegt. Das ist alles.«
»Und was hält es? Gibt es auch darauf eine Patentantwort?«
»Nicht so sehr. Ich könnte mir zwei Systeme vorstellen. Vielleicht drei. Und eventuell auch mehr. Warum ist Ihnen das so wichtig?«
Joel beeilte sich nicht mit der Antwort. Er war es gewohnt, manchmal seine Entgegnungen hinauszuzögern, sogar auf einfache Fragen der Art »wie geht's« oder »was haben sie in den Nachrichten gesagt«. Als seien die Worte persönliche Gegenstände, von denen man sich nicht gern trennte. Der Jüngling wartete. Und betrachtete inzwischen auch interessiert Ivrias Foto, das erneut auf dem Bord prangte. Ebenso abrupt wiederaufgetaucht, wie es verschwunden war. Joel wußte, daß er nachforschen und herausfinden mußte, wer das Foto weggenommen und wer es warum wieder hergestellt hatte, und wußte ebenfalls, daß er es nicht tun würde.
»Nettas Mutter? Ihre Frau?«
»Gewesen«, präzisierte Joel. Und antwortete verspätet auf die vorherige Frage: »Ist eigentlich nicht so wichtig. Lassen Sie. Es hat keinen Sinn, es zu zerbrechen, nur um festzustellen, wie es befestigt wurde.«
»Weswegen hat sie sich umgebracht?«
»Wer hat Ihnen denn so was gesagt? Wo haben Sie das gehört?«
»So wird hier geredet. Obwohl keiner es genau weiß. Netta sagt –«
»Egal, was Netta sagt. Netta war überhaupt nicht da, als es passiert ist. Wer hätte gedacht, daß hier Gerüchte auftauchen. Es war nichts weiter als ein Unfall, Dubi. Ein Stromkabel war herabgefallen. Über Netta werden doch auch alle möglichen Gerüchte in Umlauf gesetzt. Sagen Sie mal, haben Sie eine Ahnung, wer diese Adva ist, die, die Netta irgendein Zimmer vermieten will, das sie anscheinend von ihrer Großmutter geerbt hat, irgendwo auf einem Dach in Alt-Tel-Aviv?«
Dubi drehte sich um und wühlte ein wenig in seinem Kraushaar. Dann sagte er ruhig: »Herr Ravid, ich hoffe, Sie sind mir nicht böse wegen dem, was ich Ihnen jetzt sage. Hören Sie auf, Erkundigungen über sie einzuholen. Hören Sie auf, hinter ihr herzuspionieren. Lassen Sie von ihr ab. Lassen Sie sie ihr eigenes Leben leben. Sie sagt, Sie würden die ganze Zeit an sich arbeiten, um der perfekte Vater zu sein. Hören Sie lieber auf zu arbeiten. Verzeihen Sie mir, daß ich mir das so – herausnehme. Aber Sie tun ihr meines Erachtens keinen Gefallen. Nun muß ich schon gehen, es ist ei-

niges im Haus zu richten, weil meine Mutter morgen aus Europa zurückkommt und mein Vater möchte, daß die Bude sauber ist. Gut, daß wir miteinander gesprochen haben. Auf Wiedersehen und gute Nacht.«

Als Joel dann seine Tochter zwei Wochen später, am Abend nach dem ersten Teil ihrer Reifeprüfung, vor dem Spiegel das Kleid zurechtziehen sah, das er ihr an dem Tag gekauft hatte, an dem er von dem Unglück in Bangkok erfahren hatte, jenes Kleid, das ihre eckige Figur aufhob und ihr aufrechte Haltung und Sanftheit verlieh, beschloß er daher, diesmal zu schweigen. Sagte kein Wort. Bei ihrer Rückkehr von dem Rendezvous gegen Mitternacht erwartete er sie in der Küche, und sie unterhielten sich ein wenig über das Nahen der heißen Jahreszeit. Joel war fest entschlossen, die Veränderung zu akzeptieren und ihr nicht im Weg zu stehen. Er hegte die Überzeugung, daß es sein gutes Recht sei, in seinem und Ivrias Namen so zu entscheiden. Außerdem beschloß er, falls seine Mutter oder seine Schwiegermutter sich auch nur mit einem Wort einmischen sollten, diesmal mit solcher Schärfe zu reagieren, daß allen beiden die Lust vergehen werde, in Nettas Angelegenheiten hineinzureden. Von jetzt an würde er energisch sein.

Einige Tage später, um zwei Uhr nachts, las er die letzten Seiten des Buchs über den Generalstabschef zu Ende, doch anstatt das Licht zu löschen und einzuschlafen, ging er in die Küche, um kalte Milch aus dem Kühlschrank zu trinken, und fand dort Netta in einem ihm bisher nicht bekannten Morgenrock sitzen und ein Buch lesen. Als er sie, wie gewohnt, fragte, was liest die Dame, antwortete sie mit halbem Lächeln, sie lese nicht direkt, sondern bereite sich auf die Reifeprüfung vor, gehe den Geschichtsstoff über die Mandatszeit durch. Joel sagte: »Dabei könnte ich, wenn du willst, nun vielleicht sogar gerade ein bißchen helfen.«

Netta erwiderte: »Ich weiß, daß du das kannst. Soll ich dir ein Brot machen?« Und ohne seine Antwort abzuwarten und ohne Zusammenhang mit ihrer Frage, fügte sie hinzu: »Dubi geht dir auf die Nerven.«

Joel überlegte ein wenig, ehe er antwortete: »Du wirst dich wundern. Mir scheint er ganz erträglich.«

Darauf antwortete Netta zu seinem bassen Erstaunen in einem Ton, der sich fast glücklich anhörte: »Du wirst dich wundern, Vater. Aber das ist genau, was Dubi mir von dir gesagt hat. Und beinah mit den gleichen Worten.«

Am Abend des Unabhängigkeitstags luden die Kranzens ihn nebst Mutter, Schwiegermutter und Tochter zum Barbecue in ihrem Garten ein. Und Joel überraschte sie, indem er nicht ausweichend antwortete, sondern lediglich fragte, ob er auch das benachbarte Geschwisterpaar mitbringen dürfe. Worauf Odelia erwiderte, aber gern. Gegen Ende des Abends erfuhr Joel von Odelia in einer Wohnzimmerecke, daß sich auf ihrer Europareise Gelegenheit geboten hatte, ein bißchen flatterhaft zu werden, zweimal, mit zwei verschiedenen Männern, und sie keinen Grund gesehen habe, das vor Arie geheimzuhalten, und nun gerade nach dieser Geschichte sich ihre Beziehung verbessert habe, so daß man sagen könne, sie seien, zur Stunde zumindest, relativ versöhnt miteinander. Was wir nicht wenig dir zu verdanken haben, Joel.

Joel seinerseits bemerkte bescheiden mit den Worten eines legendären Kämpfers: »Was hab' ich denn schon getan. Ich wollte doch insgesamt bloß heil wieder nach Hause kommen.«

47.

Ende Mai warf dieselbe Katze auf demselben alten Sack im Geräteschuppen erneut. Zwischen Avigail und Lisa brach ein heftiger Streit aus, fünf Tage sprachen sie nicht miteinander, bis Avigail es edelmütig auf sich nahm, trotz ihrer völligen Unschuld, aus reiner Rücksichtnahme auf Lisas Zustand, um Verzeihung zu bitten. Lisa zeigte sich ebenfalls zur Versöhnung bereit, allerdings erst, nachdem sie einen leichten Anfall erlitten und zwei Tage im Tel-Haschomer-Krankenhaus gelegen hatte. Und obwohl sie es nicht sagte, ja genau das Gegenteil behauptete, war völlig klar, daß sie den Anfall auf Avigails Grausamkeit zurückführte. Der ältere Arzt erklärte Joel bei einer Unterredung im Ärztezimmer, er stimme mit Dr. Litwin darin überein, daß eine gewisse, aber nicht sehr bedeutsame Verschlechterung eingetreten sei. Doch Joel hatte es längst aufgegeben, ihre Sprache entschlüsseln zu wollen. Nach der Aussöhnung gingen die beiden morgens wieder ihrer ehrenamtlichen Tätigkeit nach und besuchten abends ihren Yogakurs, wozu sich nun noch eine weitere Mitarbeit in der Gruppe *Bruder zu Bruder* gesellte.

Dann, Anfang Juni, noch während der Reifeprüfungen, übersiedelten Netta und Dubi in das Mietzimmer der Dachwohnung in der Karl-Netter-Straße. Eines Morgens leerte sich der Kleiderschrank im Doppelzimmer, die Dichterbilder wurden von den Wänden genommen, Amir Gilboas skeptisches Lächeln verursachte Joel nicht länger den wiederkehrenden Drang, der Gestalt auf dem Foto mit gleicher Münze zurückzuzahlen, und auch die Dornzweig- und Partiturensammlung verschwanden aus den Regalen. Wenn er nachts keinen Schlaf fand und seine Füße ihn auf der Suche nach kalter Milch in die Küche trugen, mußte er nun im Stehen trinken und wieder ins Bett gehen. Oder die große Taschenlampe nehmen und in den Garten hinaustreten, um das Wachstum seiner neuen Schößlinge im Dunkeln zu beobachten. Einige Tage später, nachdem Dubi und Netta ihre Habseligkeiten einigermaßen eingeräumt hatten, wurden Joel, Lisa und Avigail eingeladen, den Meerblick aus ihrem Fenster zu genießen. Auch Kranz und Odelia kamen, und als Joel zufällig unter einer Vase den Scheck entdeckte, den Arik Dubi in Höhe von zweitausend Schekel ausgestellt hatte, schloß er sich einen Augenblick auf der Toilette ein, schrieb einen Scheck über dreitausend Schekel auf Nettas Namen aus und schmuggelte ihn unbeobachtet unter den von Kranz. Gegen Abend, wieder heimgekehrt, übersiedelte er mit Kleidung, Papieren und Bettzeug aus dem engen, stickigen Studio in das frei gewordene Doppelbettzimmer, das auch durch die verzweigte Klimaanlage gekühlt wurde wie die Räume der Großmütter. Doch der – unverschlossene – Panzerschrank blieb in Herrn Kramers Studio zurück. Zog nicht mit ihm in sein neues Zimmer um.

Mitte Juni erfuhr er, daß Ralph zu Herbstbeginn nach Detroit zurückkehren mußte und Annemarie sich noch nicht entschieden hatte. Laßt mir ein bis zwei Monate, sagte er zu den Geschwistern, ich brauche noch ein bißchen Zeit. Nur mit Mühe vermochte er seine Überraschung zu verbergen, als Annemarie kühl erwiderte, bitte schön, du kannst entscheiden, was du willst und wann du willst, aber danach muß ich mich fragen, ob ich an dir interessiert bin und wenn ja – als was. Ralphie hätte für sein Leben gern, daß wir heiraten und ihn dann als Kind adoptieren. Aber ich glaube momentan nicht so sehr, daß das mein Fall wäre, dieses ganze Arrangement. Und du, Joel, bist das Gegenteil von vielen anderen Männern: im Bett sehr rücksichtsvoll, aber außerhalb schon ein wenig langweilig. Oder vielleicht langweile ich dich schon ein bißchen. Und du weißt doch, daß Ralphie mir am teuersten ist. Also denken wir beide darüber nach. Und sehen mal.

Irrtum, dachte Joel, es war ein Irrtum, in ihr eine Kindfrau zu sehen.

Eine Frau erkennen

Obwohl sie in ihrem Elend gehorsam und gut die Rolle verkörpert hat, die ich ihr zugeteilt hatte. Nun stellt sich heraus, daß sie eine Fraufrau ist. Warum läßt mich diese Entdeckung zurückschrecken? Macht es wirklich Schwierigkeiten, Begierde und gebührende Achtung miteinander zu vereinen? Besteht ein Widerspruch zwischen den beiden, weshalb ich jene Eskimomätresse nie hatte und nie hätte haben können? Vielleicht habe ich letzten Endes diese Annemarie belogen, ohne sie anzulügen. Oder sie mich. Oder wir einander gegenseitig. Warten wir ab und sehen zu.

Zuweilen erinnerte er sich, wie ihn die Nachricht an jenem verschneiten Winterabend in Helsinki erreicht hatte: Wann genau hatte es angefangen zu schneien? Wie er sein Versprechen gegenüber dem tunesischen Ingenieur gebrochen hatte. Wie er sich verächtlich gemacht hatte, weil ihm fahrlässigerweise entgangen war, ob der Krüppel vor ihm sich in einem mechanisch betriebenen Rollstuhl fortbewegt hatte oder von jemandem geschoben worden war, wobei ihm, Joel, eine nie wiedergutzumachende Fehlleistung unterlaufen war, da er nicht entschlüsselt hatte, wer oder was, wenn überhaupt, den Rollstuhl damals fuhr. Nur ein- oder zweimal im Leben gewährt man dir einen einzigen Augenblick, von dem alles abhängt, einen Augenblick, auf den hin du die gesamten Jahre des Umherrennens und der List geübt und geplant hast, einen Augenblick, in dem du – hättest du ihn ergriffen – vielleicht etwas über die Sache erfahren hättest, ohne deren Kenntnis dein Leben nur eine ermüdende Folge von Erledigungen, Alltagsplanung, Ausweichmanövern und Problembeseitigung ist.

Manchmal sann er über seine Augenmüdigkeit nach und schob ihr die Schuld für jenes Versäumnis zu. Oder darüber, warum er jene Nacht zwei Häuserblocks entlang durch den weichen Schnee gestapft war, anstatt einfach vom Hotelzimmer aus anzurufen. Und daß der Schnee dort blau und rosa wie eine Hautkrankheit geworden war, wo immer der Laternenschein auf ihn traf. Und wie er das Buch und den Schal hatte verlieren können, und was für ein Unsinn es gewesen war, sich auf der Steilstrecke des Kastel im Auto des Patron zu rasieren, nur um ohne Bartstoppeln nach Hause zu kommen. Hätte er darauf bestanden, wäre wirklich hartnäckig geblieben, ja hätte er den Mut besessen, es zum Streit oder sogar zum Bruch kommen zu lassen, hätte Ivria sich vermutlich gefügt und eingewilligt, das Kind Rakefet zu nennen. Wie er es gern gewollt hatte. Andererseits muß man auch selber nachgeben. Wenn auch nicht in allem. Wie weit aber? Wo ist die

Grenze? Gute Frage, sagte er plötzlich laut, indem er die Heckenschere niederlegte und sich den Schweiß abwischte, der ihm von der Stirn in die Augen rann. Und seine Mutter sagte: »Du redest schon wieder mit dir selbst, Joel, wie ein alter Junggeselle. Du wirst ja zum Schluß noch verrückt, wenn du nichts tust. Oder du wirst, Gott behüte, krank oder fängst an zu beten. Am besten trittst du ins Geschäftsleben. Dafür hast du ein bißchen Talent, und ich geb' dir etwas Geld für den Anfang. Soll ich dir Sprudel aus dem Kühlschrank holen?«

»Du Dussel«, sagte Joel auf einmal, nicht zu seiner Mutter, sondern zu dem Hund Ironside, der in den Garten gestürzt kam und in ekstatischem Amoklauf Kreise auf dem Rasen zu ziehen begann, als seien die Freudensäfte in seinem Innern bis ins Unerträgliche angeschwollen, »dummer Hund, nun geh schon!« Und zu seiner Mutter sagte er: »Ja. Wenn's dir nicht schwerfällt, hol mir bitte ein großes Glas Sprudel aus dem Kühlschrank. Nein. Bring besser gleich die ganze Flasche. Danke.« Und nahm die Schere wieder zur Hand.

Mitte Juni rief der Patron an: Nein, nicht um Joel zu erzählen, was sich hinsichtlich jenes Fehlschlags in Bangkok herausgestellt hatte, sondern um sich nach Netta zu erkundigen. Es habe hoffentlich keine Schwierigkeiten im Hinblick auf ihre Einberufung zum Militär gegeben? Waren letzthin irgendwelche neuen Untersuchungen durchgeführt worden? Im Wehrersatzamt vielleicht? Sollten wir – das heißt, sollte ich – die Personaldienststelle der Armee kontaktieren? Gut. Würdest du ihr bitte ausrichten, sie möge mich anrufen? Zu Hause, am Abend, nicht im Büro? Ich denke auch daran, sie hier bei uns zu beschäftigen. Jedenfalls würde ich sie gern sehen. Richtest du's ihr aus?

Joel hätte beinah, ohne die Stimme zu heben, gesagt, scher dich zum Teufel, Cordovero. Beherrschte sich aber und verzichtete. Zog es vor, wortlos den Hörer aufzulegen. Und schenkte sich ein Gläschen Brandy und dann noch eines ein, obwohl es elf Uhr morgens war. Vielleicht hat er recht, daß ich ein Flüchtlingskind, ein Stück Seife, bin und sie mich gerettet und einen Staat geschaffen und dies und das aufgebaut und mich sogar in den innersten Kreis eingeführt haben, aber er und sie alle werden sich nicht mit weniger als meinem ganzen Leben und dem ganzen Leben aller anderen, einschließlich Nettas, zufriedengeben, und das bekommen sie nicht. Fertig. Wenn das ganze Leben der Heiligkeit des Lebens und alldem geweiht ist, ist das doch kein Leben, sondern Tod.

Ende Juni dann bestellte Joel Gartenbeleuchtung und einen Sonnenboiler, und Anfang August holte er, obwohl die Verhandlungen mit Herrn Kramer, dem El-Al-Vertreter in New York, noch liefen, schon Handwerker, um das Fenster, durch das der Garten ins Wohnzimmer blickte, vergrößern zu lassen. Auch einen neuen Briefkasten kaufte er. Und einen Schaukelstuhl, der vor dem Fernseher stehen sollte. Und noch ein zweites Fernsehgerät mit kleinem Bildschirm für Avigails Zimmer, damit die beiden alten Damen zuweilen den Abend dort verbringen konnten, während Annemarie und er sich ein Nachtessen für zwei bereiteten. Denn Ralph ging abends neuerdings zu dem rumänischen Nachbarn, Ironsides Herrchen, über den Joels Nachforschungen ergeben hatten, daß er auch so eine Art Schachgenie war. Oder der rumänische Nachbar kam auf eine Gegenpartie zu Ralph. All diese Dinge prüfte Joel mehrmals und fand keinerlei Fehler daran. Mitte August wußte er schon, daß das, was er beim Verkauf der Wohnung in Talbiye bekommen konnte, fast genau zum Erwerb der Kramerschen Wohnung hier in Ramat Lotan reichen würde, wenn der Mann sich nur zum Verkauf überreden lassen wollte. Und tatsächlich benahm er sich inzwischen hier schon wie jemand auf seinem eigenen Grund und Boden. Während Arik Kranz, der eigentlich verpflichtet war, in Herrn Kramers Auftrag ein Auge auf die Wohnung zu haben, schließlich den Mut fand, Joel in die Augen zu blicken mit den Worten: »Hör mal, Joel, kurz gesagt, ich bin dein Mann, nicht seiner.« Hinsichtlich des diskreten Einzimmerappartements mit allem Komfort, separatem Eingang und garantierter Privatsphäre, an das er ursprünglich gedacht hatte, um ein Plätzchen für Annemarie und sich zu haben, meinte er jetzt, es sei vielleicht überflüssig, da man Avigail angeboten hatte, im neuen Jahr nach Jerusalem zurückzukommen und dort, ehrenamtlich, als Sekretärin der *Gesellschaft zur Förderung der Toleranz* zu wirken. Die eigentliche Entscheidung zögerte er fast bis zu Ralphs Abreise nach Detroit hinaus. Vielleicht, weil Annemarie eines Abends zu ihm gesagt hatte: Ich fahre statt alldem nach Boston, um Berufung beim Gericht einzulegen und noch um meine Töchter aus meinen zwei netten Ehen zu kämpfen. Wenn du mich liebst, kannst du ja mitkommen und mir eventuell sogar was helfen? Joel hatte nicht geantwortet, aber, wie üblich, bedächtig den Finger zwischen Hals und Hemdkragen entlanggeführt und die Luft ein Weilchen in den Lungen behalten, bevor er sie langsam prustend durch einen schmalen Spalt zwischen den Lippen wieder ausstieß.

Danach hatte er zu ihr gesagt: »Das ist schwer.« Und auch: »Mal sehen. Ich glaube nicht, daß ich fahre.«

Als er jene Nacht aufwachte und in Richtung Küche tappte, sah er blendend scharf, anschaulich bis in die letzten Schattierungen, einen schlanken englischen Landedelmann von vor hundert Jahren vor seinen Augen bedächtig in Stiefeln einen geschlängelten Sumpfweg entlangstapfen, eine doppelläufige Flinte in der Hand, langsamen Schritts wie in Grübeleien versunken, vor ihm her ein gefleckter Jagdhund in vollem Lauf, der abrupt anhielt und seinen Herrn von unten nach oben mit seinen Hundeaugen so voll Hingabe, Staunen und Liebe anblickte, daß Joel von Schmerz, Sehnsucht und der Trauer ewigen Verlusts überflutet wurde, weil er begriff, daß sowohl der nachdenkliche Mann als auch sein Hund jetzt im Staub eingeschlossen waren und für immer eingeschlossen bleiben würden und nur jener Sumpfweg sich bis heute weiterschlängelt, menschenleer, zwischen grauen Pappeln unter einem grauen Himmel im kalten Wind und einem Regen so fein, daß man ihn mit den Augen nicht sehen, sondern ihn nur einen Augenblick berühren kann. Und in einem Augenblick war alles verschwunden.

48.

Seine Mutter sagte: »An dem hellblauen Karohemd ist dir ein Knopf abgegangen.«

Joel sagte: »In Ordnung. Heute abend werde ich ihn annähen. Du siehst doch, daß ich beschäftigt bin.«

»Heute abend wirst du ihn nicht annähen, weil ich's dir dann schon gerichtet habe. Ich bin deine Mutter, Joel. Obwohl du's längst vergessen hast.«

»Genug.«

»Wie du sie vergessen hast. Wie du vergessen hast, daß ein gesunder Bursche jeden Tag arbeiten muß.«

»Gut. Schau. Ich muß jetzt gehen. Soll ich dir vorher von drinnen deine Tablette mit einem Glas Wasser holen? Oder zwei, drei Kugeln Eis?«

»Eine Kugel in den Kopf gib mir. Komm her. Setz dich hier neben mich. Sag mir mal: Wo willst du mich hintun? Draußen in den Geräteschuppen? Oder willst du mich in ein Altersheim stecken?«

Behutsam legte er also Zange und Schraubenzieher auf den Terrassentisch, wischte sich die Handflächen an den Hintertaschen seiner Jeans ab, zögerte einen Augenblick und ließ sich dann am Ende der Schaukel zu ihren Füßen nieder.

»Reg dich nicht auf«, sagte er, »das ist nicht gut für deine Gesundheit. Was ist denn passiert? Hast du dich etwa schon wieder mit Avigail gestritten?«

»Wozu hast du mich hierhergebracht, Joel? Wozu brauchst du mich überhaupt?«

Er blickte sie an und sah ihre leisen Tränen – es war ein stummes Babyweinen, das sich nur zwischen ihren offenen Augen und den Wangen abspielte, ohne irgendeinen Laut abzugeben, ohne ihr Gesicht zu bedecken, ja ohne die Verzerrung des Weinens.

»Genug«, sagte er, »hör auf damit. Du wirst nirgends hingesteckt. Keiner verläßt dich. Wer hat dir bloß diesen Quatsch in den Kopf gesetzt?«

»Du kannst ja sowieso nicht, du Grausamer«, sagte sie.

»Was kann ich nicht?«

»Deine Mutter verlassen. Denn du hast sie doch schon verlassen, als du so klein warst. Als du angefangen hast, wegzulaufen.«

»Ich weiß nicht, wovon du redest. Ich bin dir niemals weggelaufen.«

»Die ganze Zeit, Joel. Immerzu auf der Flucht. Wenn ich mir heute morgen nicht als erstes in der Früh dein blaukariertes Hemd geschnappt hätte, hättst du deine Mutter nicht mal einen Knopf für dich annähen lassen. Es gibt so eine Geschichte über den kleinen Jigor, dem ein Buckel auf dem Rücken gewachsen ist. So ein *cocoșat*. Unterbrich mich nicht mittendrin. Hat doch der dumme Jigor angefangen, vor seinem Buckel zu flüchten, was ihm auf dem Rücken angewachsen ist, und so rennt er ohne Ende. Bald sterb' ich, Joel, und hinterher hättst du mir plötzlich gern alle möglichen Fragen gestellt. Ist es da nicht besser für dich, du fängst zu fragen an? Sachen, die ich über dich weiß, weiß sonst keiner.«

Joel strengte also seine Willenskraft an und legte eine breite, häßliche Hand auf ihre magere Vogelschulter. Und wie in Kindertagen vermengten sich Abscheu und Erbarmen und noch andere Gefühle, die er weder kannte noch wollte, und einen Moment später zog er, in unsichtbarer Panik, die Hand zurück und wischte sie am Hosenboden ab. Dann stand er auf und sagte: »Fragen. Welche Fragen? Gut. Ist recht. Ich werde Fragen stellen. Aber ein andermal, Mutter. Jetzt habe ich keine Zeit dafür.«

Lisa sagte, wobei ihre Stimme und ihr Gesicht jäh greisenhaft welk wurden, als sei sie nicht seine Mutter, sondern seine Groß- oder Urgroßmutter: »Also gut. Ist recht. Geh.«

Nachdem er sich ein wenig in Richtung des hinteren Gartenteils entfernt hatte, fügte sie gewissermaßen mit innerem Händeringen und nur die Lippen bewegend hinzu: »Gött, hab' Erbarmen mit ihm.«

Gegen Ende August stellte sich heraus, daß die Kramersche Wohnung sofort zu erwerben war, er aber neuntausend Dollar auf den Preis drauflegen müßte, den Kranz ihm für die Wohnung in Talbiye herausholte, die die Erben des verstorbenen Nachbarn Itamar Vitkin kaufen wollten. Deswegen beschloß er, nach Metulla zu fahren und diese Summe von Nakdimon zu erbitten, sei es als Vorschuß auf die laufenden Einnahmen, die Netta und ihm aus dem Besitz zustanden, den Lublin ihnen vererbt hatte, sei es im Rahmen einer anderen Regelung. Nach dem Frühstück hob er die Reisetasche, die er schon eineinhalb Jahre nicht mehr benutzt hatte, vom obersten Schrankbord herunter, packte ein Hemd, Unterwäsche und Rasierzeug hinein, weil er annahm, vielleicht über Nacht dort in dem alten Steinhaus am Nordrand der Moschawa bleiben zu müssen, falls Nakdimon Schwierigkeiten machte oder ihm Steine in den Weg legte. Ja, fast war er gewillt, dort ein oder zwei Nächte zu verbringen. Doch als er den Reißverschluß der Nebentasche aufzog, fand er dort einen rechteckigen Gegenstand und fürchtete kurz, es könne womöglich eine uralte Pralinenschachtel sein, die da wegen seiner Zerstreutheit vor sich hinrottete. Mit besonderer Vorsicht zog er den Gegenstand heraus, der, wie nun sichtbar wurde, in vergilbtes Zeitungspapier eingeschlagen war. Als er ihn sanft auf den Tisch legte, sah er, daß es sich um ein finnisches Blatt handelte. Er zögerte kurz, bevor er sich entschied, die Verpackung auf eine sichere Methode, die man ihm einmal in einem seiner Spezialkurse beigebracht hatte, zu lösen. Aber zum Schluß entpuppte es sich lediglich als das Buch *Mrs. Dalloway*. Das Joel auf dem Regal geradewegs neben sein Double stellte, das er genau im letzten August im Buchladen des Ramat Lotaner Einkaufszentrums besorgt hatte, weil er irrig davon ausgegangen war, dieses Exemplar sei im Helsinkier Hotelzimmer liegengeblieben. So kam es, daß Joel seine Absicht, an diesem Tag nach Metulla zu fahren, aufgab und es bei einem Telefongespräch mit Nakdimon bewenden ließ, der innerhalb einer Minute begriff, um welche Summe es ging und für welchem Zweck, und Joel im selben Moment mit den Worten unterbrach:

»Kein Problem, Käpten. In drei Tagen hast du's auf deinem Bankkonto. Die Nummer weiß ich ja schon.«

49.

Und diesmal ging er ohne Zögern und ohne die mindesten Bedenken in dem Gassengewirr hinter dem Führer her. Der ein schmaler, sanfter Mann mit ewigem Lächeln und runden Bewegungen war und sich oft höflich verbeugte. Die feuchte, schwüle Hitze, wie in einem Gewächshaus, gebar aus den Sumpfdünsten eine Wolke schwirrender Insekten. Immer wieder überquerten sie unterwegs brackige Kanäle auf morschen Holzbrücken, deren Bohlen von der Feuchtigkeit zerfressen waren. Fast reglos stand und dünstete die dicke Wasserbrühe in diesen Rinnen. Und auf den überfüllten Straßen bewegten sich stille Menschenmassen ohne Hast in einem Duftschwall von Moder und Weihrauch aus den Haustempeln. Auch der Rauch vom Verbrennen feuchten Holzes mischte sich unter diese Gerüche. Wie ein Wunder kam es ihm vor, daß er seinen Fremdenführer nicht in dieser dichtgedrängten Menge verlor, in der fast alle Männer seinem Mann sehr ähnlich sahen, eigentlich auch die Frauen, ja man hier sogar nur mit Mühe zwischen den Geschlechtern unterscheiden konnte. Wegen eines religiösen Verbots, das das Töten von Tieren untersagte, wimmelte es in den Höfen, auf den Gehsteigen und im Staub der ungepflasterten Gassen von räudigen Hunden, katzengroße Ratten überquerten kolonnenweise ohne Furcht und Eile die Straße, dazu struppige, beulenübersäte Katzen und graue Mäuse, die scharfe rote Äuglein auf ihn richteten. Immer wieder zerquetschten seine Schuhe mit sprödem Knacken Kakerlaken, die zum Teil Frikadellengröße erreichten. Träge oder gleichgültig waren sie, versuchten kaum, ihrem Schicksal zu entfliehen oder waren vielleicht von einer Insektenseuche befallen. Beim Auftreten spritzte dann jeweils ein Strahl fettigen Safts von brauntrüber Färbung unter seinen Füßen hervor. Aus dem Wasser stieg der Gestank offenen Abwassers und toter Fische und bratenden Fetts und verfaulender Meeresfrüchte auf, eine penetrante Dunstmischung von Fortpflanzung und Tod, das aufreizende faulige Gären der feuchtheißen Stadt, die ihn aus der Ferne stets anzog, während er sie bei seiner Ankunft immer nur auf Nimmerwiedersehen verlassen wollte. Aber er blieb seinem Führer auf den Fersen. Oder womöglich war es gar nicht mehr der erste, sondern ein anderer, zweiter, dritter, eine willkürliche Gestalt in der Menge wohlgestalteter, weiblicher Männer oder tatsächlich ein Mädchen in Jungenkleidung, ein feingliedriges, schlüpfriges Wesen unter Tausenden ähnlichen Wesen, die wie Fische durch den Tropenregen glitten, der hier herunterschüttet, als leere man mit einem Schlag aus allen oberen Stockwerken Kübel voll gebrauchten Wassers auf die Straße, das Wasch- und Kochwasser von Fischen. Die ganze Stadt lag in einem Sumpfdelta, dessen Grundwasser des öfteren, mit oder ohne Anschwellen des Flusses, ganze Wohnviertel überflutete, deren Bewohner man in ihren Hütten bis zu den Knien im Wasser stehen und, gebückt wie in tiefer Verneigung, mit Blechdosen in den Händen in ihren Schlafräumen Fische fangen sah, die die Flut emporgespült hatte. Auf der Straße herrschte ständiges Geknatter mit dem Geruch verbrannten Diesels, weil die Massen uralter Autos gar keine Auspuffrohre besaßen. Zwischen klapprigen Taxis fuhren Rikschas, von Jünglingen oder Greisen gezogen, und Dreiräder als Trettaxis. Halbnackte, zum Skelett abgemagerte Männer schleppten auf den Schultern zwei Wassereimer an beiden Enden eines federnd gekrümmten Tragjochs vorüber. Glutheiß und dreckig durchzog der Fluß die Stadt und trug auf seinem schlammigen Wasser einen trägen, dichten, stockenden Verkehrsstrom von Lastschiffen, Hausbooten, Kähnen, Flößen, beladen mit rohem, blutigem Fleisch, Gemüse, Stapeln silbriger Fische. Zwischen den Booten und Kähnen dümpelten geborstene Holzfässer und die aufgedunsenen Kadaver ertrunkener Tiere aller Größen, Büffel, Hunde, Affen. Nur am Horizont, an den wenigen Stellen, an denen sich eine Öffnung zwischen den zerfallenen Hütten auftat, ragten Paläste, Türme und Pagoden mit dem trügerischen Goldschimmer ihrer sonnendurchglühten Türmchen auf. An den Straßenecken standen kahlgeschorene Mönche in ihren orangenen Kutten mit leeren Kupferschalen in den Händen schweigend da und warteten auf Reisspenden. In den Höfen und an den Hüttentüren thronten kleine Geisterhäuser wie Puppenhäuschen, mit Miniaturmöbeln und goldfarbenen Verzierungen ausgestattet, in denen die Seele des Toten bei ihren lebenden Verwandten wohnt, deren Treiben beobachtet und täglich eine winzige Portion Reis mit einem Fingerhut voll Reisbier erhält. Apathische kleine Dirnen von zwölf Jahren, deren Fleisch hier zehn Dollar kostet, saßen auf Zäunen und Bordsteinkanten und spielten mit einer Art Stoffpuppen. Aber in der ganzen Stadt hatte er nie auch nur ein einziges Pärchen sich auf der Straße umarmen oder unterhaken gesehen. Und nun waren sie schon aus der Stadt heraus, und der warme Regen fiel und fiel auf alles nieder, und der Fremdenführer, dessen Schritte so elastisch waren, als tänzele er, ohne zu tanzen, als schwebe er, machte jetzt keine höflichen Verbeugungen mehr, lächelte nicht länger, ja wandte nicht einmal mehr den Kopf, um zu sehen, ob der Kunde womöglich abhanden gekommen sei, und der warme Regen fiel unablässig auf den Büffel, der den Karren mit Bambusstangen zog, auf den mit Gemüsekisten beladenen Elefanten, auf die mit trübem Wasser überschwemmten, quadratischen Reisfelder und auf die Kokospalmen, die aussahen wie monströse Frauen, denen Dutzende schwerer, weicher Brüste an Brust, Rücken und Schenkeln wuchsen. Warmer Regen auf die Strohdächer von Pfahlbauten, deren Pfähle breitgespreizt im Wasser staken. Und dort badete eine Dorffrau in ihren Kleidern fast bis zum Hals in dem brakkigen Kanal oder legte Fischfallen aus. Und der erstickende Luftstrom. Und Schweigen in dem armseligen Dorftempel und da ein kleines Wunder – der warme Regen hörte nicht auf, sondern fiel und fiel irgendwie auch in den Tempelräumen, die durch Spiegelwände unterteilt waren, um die unreinen Geister zu täuschen, die sich nur in geraden Linien fortbewegen können, weswegen all das gut und schön ist, was sich aus Kreisen, Rundungen und Bögen zusammensetzt, während das Gegenteil Unglück bringt. Der Führer war bereits verschwunden, und der pockennarbige Mönch, vielleicht ein Eunuch, erhob sich von seinem Platz und sagte in sonderbarem Hebräisch: Noch nicht fertig. Noch nicht genug. Der warme Regen ließ nicht nach, bis Joel gezwungen war, aufzustehen und die Kleidungsstücke auszuziehen, in denen er auf der Couch im Wohnzimmer eingeschlafen war, und er nun nackt und schweißüberströmt den flimmernden Fernseher ausmachte und die Klimaanlage im Schlafzimmer einschaltete, sich kalt duschte, hinaustrat, um die Rasensprinkler abzustellen, wieder hereinkam und sich schlafen legte.

50.

Und am 23. August, abends um halb zehn Uhr, fädelte er vorsichtig und präzise seinen Wagen zwischen zwei Subarus auf dem Besucherparkplatz ein, parkte ihn startbereit, die Front zur Ausfahrt, überprüfte sorgfältig, ob alle Türen abgeschlossen waren, ging in die mit trübsinnig flimmerndem Neon beleuchtete Aufnahme und fragte, wie man zur Orthopädie III kam. Bevor er den Aufzug betrat, musterte er, wie er es all diese Jahre gewohnt gewesen war, mit kurzem, aber eingehend genauem Blick die Gesichter der dort bereits Stehenden. Und fand alles in Ordnung.

Auf der Orthopädie III, vorm Schwesterntisch, stoppte ihn eine ältere Schwester mit dicken, derben Lippen und menschenfeindlichen Augen und zischte ihn an, um diese Zeit seien nun wahrlich keine Krankenbesuche mehr möglich. Joel hätte beinah, gekränkt und verletzt, den Rückzug angetreten, vermochte aber doch noch elend und niedergeschlagen zu murmeln, verzeihen Sie, Schwester, anscheinend liegt ein Mißverständnis vor. Ich heiße Sascha Schein und bin nicht hergekommen, um einen Kranken zu besuchen, sondern möchte zu Arie Kranz, der mich um diese Zeit hier an Ihrem Tisch hätte erwarten sollen.

Im selben Moment leuchtete ihr Kannibalengesicht auf, ihre groben Lippen teilten sich zu einem liebevoll warmen Lächeln, und sie sagte, ah, Arik, natürlich, was bin ich doch für eine Eselin, Sie sind Ariks Freund, der neue Freiwillige. Herzlich willkommen. Viel Glück. Vielleicht darf ich Ihnen als erstes eine Tasse Kaffee machen? Nein? Also gut. Setzen Sie sich. Arik läßt ausrichten, er habe gleich für Sie Zeit. Eben ist er runtergegangen, eine Sauerstoffflasche holen. Arik ist unser Engel. Der fleißigste, großartigste und menschlichste Freiwillige, den ich hier je gehabt habe. Einer der sechsunddreißig Gerechten. Inzwischen kann ich Sie mal auf eine kleine Runde durch unser Reich führen. Übrigens, ich heiße Maxine. Das ist eine weibliche Form von Max. Es würde mich nicht stören, wenn Sie mich einfach mit Max anreden. Alle nennen mich so. Und Sie? Sascha? Herr Schein? Sascha Schein? Was ist das eigentlich, ein Witz? Was haben Sie da bloß für einen Namen gezogen? Dabei sehen Sie nun gerade wie ein im Lande Geborener aus – das hier ist das Zimmer der Schwerkranken unter besonderer Aufsicht –, wie ein Bataillonskommandeur oder Generaldirektor. Moment. Sagen Sie nichts. Lassen Sie mich raten. Mal sehen: ein Polizeioffizier? Ja? Und Sie haben sich ein Disziplinarvergehen zuschulden kommen lassen? Ihr internes Gericht, oder wie man das nennt, hat Ihnen zur Strafe eine freiwillige Dienstzeit zum Wohl der Öffentlichkeit auferlegt? Nein? Sie brauchen mir nicht zu antworten. Dann eben Sascha Schein. Warum nicht. Für mich ist jeder Freund von Arik hier ein Ehrengast. Wer ihn nicht kennt, wer nur seinen Stil betrachtet, könnte meinen, Arik sei auch bloß so ein kleiner Furz. Aber wer Augen hat, erkennt, daß das alles Angabe ist. Daß er bloß so eine Schau abzieht, damit man ihm nicht gleich ansehen soll, was für ein Goldjunge er wirklich ist. Ja, hier waschen Sie sich die Hände. Benutzen Sie diese blaue Seife, und seifen Sie bitte gut-gut damit ein. Und da sind Papierhandtücher. So. Jetzt greifen Sie sich einen Kittel und ziehen ihn über. Suchen Sie sich einen aus von denen, die hier hängen. Wollen Sie mir wenigstens verraten, ob ich mit meiner Vermutung heiß, kalt oder lau gewesen bin? Diese Türen hier gehören zu den Toiletten für Kranke, die aufstehen können, und für Besucher. Die Personaltoiletten liegen am anderen Ende des Flurs. Und da ist ja Arik. Arik, zeigen Sie bitte Ihrem Freund, wo die Wäschekammer ist, damit er saubere Laken und Bezüge auf den Wagen legen kann. Die Jemenitin auf drei möchte ihre Flasche geleert haben. Nicht rennen, Arik, das brennt nicht, alle fünf Minuten bittet sie drum, und meistens hat sie gar nichts drin. Sascha? Ist recht. Meinetwegen eben Sascha. Obwohl – wenn der wirklich Sascha heißt, bin ich Ofra Chasa. Gut. Noch was? Ich segel ab. Ich hab' Ihnen vergessen zu sagen, Arik, daß Grete angerufen hat, als Sie unten waren, sie käme heute nacht nicht. Sie kommt statt dessen morgen.

So begann Joel zwei halbe Nächte pro Woche als freiwilliger Hilfssanitäter zu arbeiten. Wozu Kranz ihn schon lange gedrängt hatte. Und in kürzester Zeit entschlüsselte er mit Leichtigkeit, worin der Makler ihn belogen hatte: Tatsächlich hatte er dort eine befreundete Mitfreiwillige namens Grete. Und tatsächlich verschwanden die beiden manchmal um ein Uhr morgens für etwa eine Viertel Stunde. Und Joel nahm auch wirklich zwei Lernschwestern wahr, die Christine und Iris hießen, konnte sie aber selbst nach zwei Monaten nicht auseinanderhalten. Und strengte sich auch nicht besonders an. Aber es traf nicht zu, daß Kranz hier die Nächte eng umschlungen verbrachte. In Wahrheit erfüllte der Makler seine Aufgabe als Sanitäter mit tiefem Ernst. Mit Hingabe. Und mit einem leuchtenden Gesicht, das Joel gelegentlich veranlaßte, ein paar Sekunden innezuhalten und ihn insgeheim zu beobachten. Zuweilen überkamen Joel auch merkwürdige Gewissensbisse mit dem Wunsch, sich zu entschuldigen. Obwohl er sich unter keinen Umständen klarzumachen vermochte, wofür er sich eigentlich entschuldigen sollte. Sondern sich nur sehr bemühte, nicht hinter Kranz zurückzubleiben.

In den ersten Tagen ließ man ihn sich hauptsächlich um die Wäsche kümmern. Die Krankenhauswäscherei arbeitete offenbar auch während der Nachtschicht, denn um zwei Uhr nachts kamen regelmäßig zwei arabische Arbeiter die Wäsche aus der Station abholen. Joels Aufgabe bestand darin, die Sachen nach Kochwäsche und Synthetik zu sortieren. Die Taschen der schmutzigen Pyjamas zu leeren. Und auf einem entsprechenden Formular einzutragen, wieviele Laken, Kopfkissenbezüge und so weiter. Blutflecken und Dreck, Harnsäuregestank, Schweiß- und Eiterdunst, Kotspuren an Laken und Pyjamahosen, Klumpen von getrocknetem Erbrochenen, verschüttete Medikamente, der stickige Hauch gemarterter Leiber – all das erweckte bei ihm weder Brechreiz noch Überdruß oder Abscheu, sondern insgeheim starke Siegesfreude, der Joel sich nicht mehr schämte, ja, die er nicht einmal, nach sonstiger Gewohnheit, zu entschlüsseln suchte. Vielmehr gab er sich ihr in stummer innerer Erhebung hin: Ich lebe. Deshalb nehme ich teil. Und nicht die Toten.

Manchmal hatte er Gelegenheit, Kranz zuzusehen, wie er – mit einer Hand das Bett auf Rollen schiebend, in der anderen eine Infusionsflasche hochhaltend – dem Notaufnahmeteam half, einen verwundeten Soldaten auf die Station zu fahren, der per Hubschrauber aus dem Südlibanon eingeflogen und zu Beginn der Nacht operiert worden war. Oder eine Frau, deren Beine bei einem nächtlichen Verkehrsunfall abgeschnitten worden waren. Gelegentlich erbaten Max oder Arik seine Mithilfe, um einen Menschen mit Schädelbrüchen von der Bahre ins Bett zu heben. Schrittweise, im Lauf einiger Wochen, gewannen sie Vertrauen in seine Übung. Er fand in sich jene Konzentrationsfähigkeit und Präzision wieder, von deren Verlust er Netta erst vor kurzem zu überzeugen versucht hatte. War imstande, falls die diensthabenden Schwestern stark überlastet waren und Hilferufe aus verschiedenen Richtungen gleichzeitig kamen, eine Infusion zurechtzurücken, einen Katheterbeutel zu wechseln und auf das Pumpen einer Sonde zu achten. Aber besonders wurden in ihm ungeahnte Beruhigungs- und Beschwichtigungskräfte offenbar. Er konnte ans Bett eines jäh aufschreienden Verletzten treten, ihm die eine Hand auf die Stirn und die andere auf die Schulter legen und das Schreien zum Versiegen bringen, nicht weil seine Hände den Schmerz weggesaugt hätten, sondern weil er von fern erkannt hatte, daß es mehr ein Furcht- als ein Schmerzensschrei gewesen war. Und die Furcht vermochte er durch Berührung und zwei, drei einfache Worte zu lindern. Sogar die Ärzte nahmen diese Fähigkeit bei ihm wahr, so daß der Nachtarzt ihn manchmal von seinen Schmutzwäschestapeln rief oder rufen ließ, er möge kommen, jemanden zu beruhigen, den nicht einmal eine Pethidin-Spritze zur Ruhe hatte bringen können. Er sagte dann zum Beispiel:»Entschuldigen Sie, die Dame, wie heißen Sie? Ja. Es brennt so. Ich weiß. Das brennt furchtbar. Sie haben recht. Höllische Schmerzen. Aber das ist ein gutes Zeichen. Das muß jetzt brennen. Das ist ein Zeichen, daß die Operation gelungen ist. Und morgen brennt's schon weniger, und übermorgen wird's nur noch jucken.« Oder:»Macht nichts, Freund. Erbrich dich. Nur nicht schämen. So ist's gut. Danach geht's dir besser.« Oder:»Ja. Ich sag's ihr. Ja. Sie war hier, als Sie geschlafen haben. Ja, sie liebt Sie sehr. Das sieht man gleich.«

Auf eine sonderbare Weise, die Joel nicht mehr zu verstehen oder vorauszusehen versuchte, spürte er gelegentlich am eigenen Leib ein wenig von dem Schmerz der verletzten Patienten. Oder es schien ihm wenigstens so. Und diese Schmerzen faszinierten ihn und versetzten ihn in eine Stimmung, die an Vergnügen erinnerte. Mehr als die Ärzte, mehr als Max, Arik, Grete und all die andern war Joel begabt, verzweifelte Anverwandte, die unter Umständen losbrüllten oder sogar Gewalt androhten, zum Schweigen zu bringen. Er wußte die exakte Mischung von Erbarmen und Bestimmtheit, Zuneigung, Trauer und Autorität an den Tag zu legen. In der Art, wie ihm häufig die Worte»das weiß ich leider nicht« über die Lippen kamen, schwang irgendein wissender Unterton mit, wenn auch vage und in viele Schichten von Verantwortung und Zurückhaltung gehüllt, so daß die verzweifelten Verwandten nach einigen Minuten von dem mysteriösen Gefühl erfüllt waren, daß es hier einen Bundesgenossen gab, der für sie und in ihrem Namen mit Kraft und Tücke gegen das Unheil ankämpfte und nicht so leicht unterzukriegen war.

Eines Nachts befahl ihm ein unbekannter junger Arzt, fast noch ein Jüngling, auf eine andere Station hinunterzugehen und im leichten Galopp die Tasche zu bringen, die der Arzt dort im Ärztezimmer auf dem Tisch vergessen hatte. Als Joel vier bis fünf Minuten später ohne Tasche zurückkehrte und erklärte, das Zimmer sei abgeschlossen gewesen, brüllte ihn der junge Mann an, ja dann such doch, bei wem der Schlüssel ist, du Vollidiot. Doch diese Demütigung erniedrigte Joel nicht, sondern war ihm fast angenehm.

Wurde Joel Zeuge eines Todesfalls, versuchte er es so einzurichten, daß er sich freimachen und den Sterbeverlauf beobachten konnte, wobei er jede Einzelheit mit dem geschliffenen Wahrnehmungsvermögen, das er dank seines Berufslebens entwickelt hatte, in sich aufnahm, alles im Gedächtnis verankerte und sich dann wieder daranmachte, Spritzen zu zählen, Toilettenbecken zu spülen oder dreckige Wäsche zu sortieren, und unterdessen den Verlauf der Todeswehen in Zeitlupe erneut vor sich ablaufen ließ, das Bild immer wieder anhielt und jedes winzige Detail prüfte, als sei ihm aufgetragen, die Spuren eines sonderbaren Irrlichts aufzudecken, das vielleicht nur in seiner Einbildung oder vor seinen müden Augen herumgegeistert war.

Oft mußte er einen senilen, sabbernden alten Mann, an Krücken schlurfend, zur Toilette geleiten, ihm helfen, die Hose herunterzulassen und sich niederzusetzen, worauf Joel auf die Knie ging und dem Alten die Beine hielt, der nun langsam und qualvoll seine blubbernden Eingeweide entleerte, und danach mußte er ihm das Gesäß abwischen, ihm vorsichtig und mit großer Geduld, um ja keinen Schmerz zu verursachen, den mit Hämorrhoidenblut vermengten Stuhl abtupfen. Zum Schluß wusch er sich die Hände lange mit Seifenwasser und Karbol, brachte den Greis zurück ins Bett und lehnte behutsam die Krücken ans Kopfende. Und das alles in völligem Schweigen.

Einmal, um ein Uhr morgens, gegen Ende der freiwilligen Dienstschicht, als sie bei türkischem Kaffee in der Kammer hinter dem Schwesternzimmer saßen, sagte Christine oder Iris: »Du hättest Arzt werden sollen.«

Nach einigem Nachdenken erwiderte Joel: »Nein. Ich hasse Blut.«

Und Max sagte: »Lügenbold. Ich hab' schon alle möglichen Lügner gesehen, meine Güte, aber einer wie dieser Sascha ist mir im Leben noch nicht untergekommen: ein glaubwürdiger Lügner. Ein Lügner, der nicht lügt. Wer möchte noch Kaffee?«

Grete sagte: »Wenn man ihn anschaut, meint man, er würde überhaupt in anderen Welten schweben. Hört und sieht nichts. Da, sogar jetzt, während ich von ihm rede, sieht er aus, als hörte er gar nicht zu. Hinterher stellt sich dann heraus, daß alles bei ihm abgeheftet ist. Nimm dich vor ihm in acht, Arik.«

Und Joel setzte mit besonderer Behutsamkeit die Kaffeetasse auf der fleckigen Resopaltischplatte ab, als fürchte er, dem Tisch oder der Tasse weh zu tun, führte zwei Finger zwischen Hals und Hemdkragen entlang und sagte: »Der Junge auf Zimmer vier, Gilead Danino, hat schlecht geträumt. Ich habe ihm erlaubt, ein bißchen am Schwesterntisch zu sitzen und zu malen, und ich habe ihm auch eine spannende Geschichte versprochen. Also, ich geh' zu ihm. Vielen Dank für den Kaffee, Grete.

Erinner mich dran, Arik, vor Schichtende die angebrochenen Tassen zu zählen.«

Um Viertel nach zwei, als die beiden sehr müde und still zum Parkplatz hinausgingen, fragte Joel: »Bist du in der Karl-Netter gewesen?«

»Odelia war. Hat mir gesagt, du hättst auch dagesessen. Und ihr hättet zu viert Scrabble gespielt. Vielleicht spring' ich morgen auch mal rüber. Diese Grete kostet mich sämtliche Kräfte. Vielleicht bin ich schon ein bißchen zu alt dafür.«

»Morgen ist schon heute«, sagte Joel. Und plötzlich sagte er noch: »Du bist in Ordnung, Arik.«

Und der Mann erwiderte: »Danke. Du auch.«

»Gute Nacht. Fahr vorsichtig, Kumpel.«

So begann Joel Ravid nachzugeben. Da er beobachten konnte, fand er es schön, schweigend zu beobachten. Mit müden, aber offenen Augen. Bis in die Tiefe der Dunkelheit. Und wenn man den Blick scharf einstellen und für Stunden und Tage oder auch über Jahre hinaus auf dem Ausguck bleiben muß, gibt es ja sowieso nichts Besseres zu tun. In der Hoffnung auf eine Wiederkehr eines dieser seltenen, unerwarteten Augenblicke, in denen die Dämmerung sich für den Bruchteil einer Sekunde aufhellt und ein Flackern, ein flüchtiges Blinken kommt, das man nicht verpassen und von dem man sich nicht gedankenabwesend überrumpeln lassen darf. Weil es vielleicht das bezeichnet, angesichts dessen man sich fragt, was wir haben. Außer Erregung und Demut.

1987-1988

Der dritte Zustand

Aus dem Hebräischen
von Ruth Achlama

1.
Verheißung und Gnade

Fünf Tage vor dem Unheil hatte Fima einen Traum, den er morgens um halb sechs Uhr in sein Traumbuch eintrug. Dieses braune Büchlein lag stets unter dem Stapel zerfledeter Zeitungen und Hefte am Fußende des Bettes auf dem Boden. Fima hatte sich angewöhnt, in aller Frühe, beim ersten Morgengrauen zwischen den Jalousieritzen, noch im Bett zu notieren, was er bei Nacht gesehen hatte. Hatte er gar nichts gesehen oder das Gesehene vergessen, knipste er trotzdem die Nachttischlampe an, blinzelte ein wenig, setzte sich auf, legte sich irgendeine dicke Zeitschrift als Schreibunterlage auf die angewinkelten Knie und vermerkte zum Beispiel:
»Den zwanzigsten Dezember – leere Nacht.«
Oder:
»Den vierten Januar – irgendwas mit Fuchs und Leiter, aber die Einzelheiten sind ausgelöscht.«
Das Datum schrieb er in Worten, nicht Zahlen. Danach stand er zum Pinkeln auf und legte sich wieder aufs Ohr, bis draußen Taubengurren und Hundebellen aufklangen und irgendein Vogel in der Nähe sich anhörte, als traue er seinen Augen nicht vor Verblüffung. Fima nahm sich dann vor, sofort aufzustehen, in zwei, drei Minuten, höchstens einer Viertelstunde, nickte aber manchmal wieder ein und schlief dann bis acht oder neun Uhr durch, da seine Arbeit in der Praxis immer erst um ein Uhr nachmittags begann. Im Schlaf, fand er, gab es weniger Lügen als im Wachen. Obwohl er längst begriffen hatte, daß die Wahrheit außerhalb seiner Reichweite lag, wollte er soweit wie möglich von den kleinen Lügen des Alltags loskommen, die als feiner Staub in die verstecktesten Ecken und Winkel drangen. Montag früh, als ein orangen trüber Schimmer zwischen den Lamellen hindurchzusickern begann, setzte er sich im Bett hoch und vermerkte folgendes in seinem Büchlein: »Eine nicht gerade schöne, aber attraktive Frau rauschte herein, trat jedoch nicht vor meinen Aufnahmeschalter, sondern kam trotz des Schilds *Zutritt nur für Personal* hinter mir herein. ›Meine Dame‹, sagte ich, ›Fragen nur von vorn, bitte.‹ Sie lachte. ›Kennen wir schon, Efraim, kennen wir‹, sagte sie. Obwohl ich ja gar

keine Klingel habe, sagte ich: ›Beste Frau, wenn Sie nicht rausgehen, muß ich läuten.‹ Doch auch diese Worte reizten sie nur zu einem leisen, sympathischen Lachen, das wie ein Strahl reinen Wassers perlte. Sie war schmalschulterig, der Hals ein wenig faltig, aber Busen und Bauch wölbten sich sanft, und die Waden steckten in Seidenstrümpfen mit geschwungener Naht. Ihre wohlgerundete, gelöste Gestalt wirkte sinnlich und rührend zugleich. Oder vielleicht berührte einen gerade der Gegensatz zwischen dem strengen Lehrerinnengesicht und der guten Figur. ›Ich habe ein Kind von dir‹, sagte sie, ›es wird Zeit, daß unsere Tochter dich kennenlernt.‹ Obwohl ich wußte, daß ich den Arbeitsplatz nicht verlassen durfte und es gefährlich war, hinter ihr herzugehen – noch dazu barfuß, denn das war ich plötzlich –, machte ich mir innerlich ein Zeichen: Falls sie ihr Haar mit der linken Hand auf die linke Schulter vorstreicht, heißt es mitkommen. Sie wußte Bescheid, zog mit leichter Geste das Haar nach vorn, so daß es über das Kleid bis zur linken Brust fiel, und sagte: ›Komm.‹ Ich folgte ihr durch etliche Straßen und Gassen, Treppenhäuser, Tore und mit Steinfliesen gepflasterte Höfe der spanischen Stadt Valladolid, die aber eigentlich mehr oder weniger dem Bucharenviertel hier in Jerusalem glich. Obwohl die Frau in dem kindlichen Baumwollkleid und den aufreizenden Strümpfen eine Fremde war, der ich noch nie begegnet war, wollte ich gern das Mädchen sehen. So passierten wir Hauseingänge, die uns in Hinterhöfe voll behangener Wäscheleinen führten, erreichten von dort aus wieder neue Gassen und weiter schließlich einen alten Platz, auf dem eine Laterne im Regen leuchtete. Denn es hatte angefangen zu regnen, nicht stark, nicht in Strömen, ja fast ohne Tropfen, eher Niederschlag der hohen Feuchtigkeit in der langsam dunkelnden Luft. Keiner lebenden Seele begegneten wir unterwegs. Nicht mal einer Katze. Plötzlich stoppte die Frau in einem Flur, der Reste bröckelnder Pracht aufwies – Eingang zu einem orientalischen Palast vielleicht oder auch nur ein Tunnel zwischen einem feuchten Hof zum nächsten mit kaputten Briefkästen und geborstenen Kacheln –, nahm mir die Armbanduhr ab und deutete auf eine zerrissene Armeewolldecke im Treppenwinkel, als habe mit dem Ablegen der Armbanduhr eine Entblößung begonnen, in der ich ihr nun eine Tochter zeugen müsse, und ich fragte, wo wir seien und wo jene Kinder, denn unterwegs hatte sich das Mädchen in mehrere Kinder verwandelt. Die Frau sagte: ›Karla.‹ Ich konnte nicht wissen, ob Karla nun der Name des Mädchens oder auch dieser Frau selbst war, die meine Schulter an ihren Busen drückte, oder ob sie

Der dritte Zustand   1447

kar-la, ›ihr ist kalt‹, meinte, bezogen auf die Nacktheit der mageren kleinen Mädchen oder gedacht als Aufforderung, sie zu liebkosen, damit ihr warm werde. Als ich sie umarmte, zitterte sie am ganzen Leib, nicht begehrlich, sondern verzweifelt, und flüsterte mir, wie jenseits jeder Hoffnung, zu: ›Fürchte dich nicht, Efraim, ich kenne einen Weg und werde dich lebendig auf die arische Seite bringen.‹ Im Traum klang dieses Wispern verheißungs- und gnadenvoll, so daß ich ihr weiter gläubig vertraute und freudig folgte, ohne daß im Traum die geringste Verwunderung aufgekommen wäre, wieso sie sich plötzlich in meine Mutter verwandelt hatte und wo die arische Seite sein mochte. Bis wir ans Wasser gelangten. Am Ufer stand breitbeinig ein Mann in dunkler Uniform mit militärisch gestutztem blonden Schnurrbart und sagte: ›Man muß trennen.‹

Auf diese Weise stellte sich heraus, daß ihr wegen des Wassers kalt war und ich sie nicht wiedersehen würde. Ich wachte traurig auf, und selbst jetzt, da ich diese Eintragung beende, ist die Trauer nicht vorüber.«

2.

Fima steht zur Arbeit auf

Efraim kletterte in verschwitzter Unterwäsche aus dem Bett, sperrte die Jalousielamellen ein wenig und blickte aus dem Fenster auf den Beginn eines Jerusalemer Wintertags. Die nahen Häuser erschienen ihm nicht nah, eher fern von ihm und voneinander, und niedrige Nebelfetzen trieben zwischen ihnen hindurch. Kein Lebenszeichen regte sich draußen. Als dauere der Traum an. Aber jetzt war das keine Kopfsteingasse mehr, sondern ein schäbiges Sträßchen am Südwestende von Kiriat Jovel – zwei Reihen breiter, plumper Siedlungsbauten, Ende der fünfziger Jahre schnell und billig hochgezogen. Die Bewohner hatten die meisten Balkons mit Zementblöcken, Asbestplatten, Glas und Aluminium zugebaut. Hier und da hingen leere Blumenkästen und vertrocknete Topfpflanzen an einem rostigen Geländer. Im Süden sah er die Bethlehemer Berge, die mit einer grauen Wolke verschmolzen und an diesem Morgen häßlich, ja richtig dreckig wirkten, als türmten sich dort an Stelle von Bergen riesige Haufen Industriemüll. Ein Nachbar hatte wegen der Kälte und Feuchtigkeit Mühe, seinen Wagen in Gang zu bekommen: Der Motor röchelte und verstummte und röchelte erneut lange und heiser wie ein Sterbenskranker, der trotz seiner bereits zerfressenen Lungen pausenlos weiterraucht. Wieder überkam Fima das Gefühl, er befinde sich irrtümlich hier und müsse eigentlich an einem gänzlich anderen Ort sein.

Aber was der Irrtum war und wo dieser andere Ort lag, wußte er diesen Morgen nicht, ja, hatte es eigentlich noch nie gewußt.

Das Ächzen des Motors weckte seinen Morgenhusten, worauf er sich vom Fenster löste, da er den Tag nicht in Müßigkeit und Trauer beginnen wollte. Aus eben diesem Grund sagte er sich: Faulpelz!, wandte sich um und begann mit einfachen Streck- und Beugeübungen vor dem Spiegel, dessen Fläche von schwarzen Inseln und Kontinenten übersät war, deren gewundene Küstenlinien vor Buchten und Fjorden wimmelten. Dieser Spiegel prangte außen an einer Tür des uralten braunen Kleiderschranks, den ihm sein Vater vor rund dreißig Jahren gekauft hatte. Vielleicht hätte er die Frau fragen sollen, zwischen was er zu trennen hatte, aber dazu war es nun zu spät.

Für gewöhnlich verabscheute Fima das Herumhängen am Fenster. Und vor allem konnte er den Anblick einer am Fenster stehenden Frau – Rükken zum Zimmer, Gesicht nach draußen – nicht ertragen. Vor der Scheidung hatte er Jael dauernd in Rage gebracht, weil er sie jedesmal anbrüllte, wenn sie so dastand und auf die Straße oder das Gebirge hinausschaute.

»Was, verstoße ich schon wieder gegen die Hausordnung?«

»Du weißt doch, daß mich das nervös macht.«

»Dein Problem, Effi.«

Aber an diesem Morgen machten ihn auch die Gymnastikübungen vor dem Spiegel nervös und schlapp, so daß er zwei, drei Minuten später damit aufhörte – nicht ehe er sich noch einmal als Faulpelz betitelt und verächtlich schnaufend hinzugefügt hatte: »Ihr Problem, mein Herr.«

Vierundfünfzig Jahre war er alt. Und in den Jahren des Alleinseins hatte er sich angewöhnt, gelegentlich mit sich selber zu reden. Diese Angewohnheit zählte er zu seinen Hagestolzticks – zusammen mit dem Verlieren des Marmeladenglasdeckels, dem Stutzen der Haare in nur einem Nasenloch unter Vergessen des zweiten, dem Öffnen des Hosenreißverschlusses aus Zeitersparnisgründen schon auf dem Weg zur Toilette, dem Danebenzielen zu Beginn des Pinkelns und dem Betätigen der Wasserspülung mittendrin, um durch das laute Plätschern der stotternden Blase auf die Sprünge zu helfen, bemüht, noch bei laufendem Wasserstrom fertig zu werden, so daß stets ein Wettlauf zwischen der Klosettspülung und seinem eigenen

Wasser einsetzte. Als ewiger Verlierer bei diesem Rennen blieben ihm dann nur zwei Möglichkeiten: Entweder er nahm – das Glied in der Hand – die ärgerliche Warterei in Kauf, bis der Behälter wieder vollgelaufen war und die Schüssel erneut gespült werden konnte, oder er fand sich damit ab, den Urin bis zum nächstenmal auf dem Wasser schwimmen zu lassen. Da er jedoch weder nachgeben noch seine Zeit mit Warten vergeuden wollte, pflegte er den Hebel vor der gänzlichen Auffüllung des Behälters zu betätigen. Damit löste er ein verfrühtes Rinnsal aus, das zwar nicht zur Säuberung des Beckens ausreichte, ihm aber erneut die ärgerliche Alternative zwischen Abwarten und ergebenem Rückzug aufzwang. Dabei gab es doch so einige Liebschaften und Ideen in seinem Leben, auch ein paar Gedichte, die seinerzeit Erwartungen geweckt hatten, Gedanken über den Sinn der Welt, klare Auffassungen über das gegenwärtig ziellose Treiben des Staates, detaillierte Vorstellungen für die Gründung einer neuen politischen Bewegung, diese und jene Sehnsüchte und das ständige Verlangen, ein neues Kapitel anzufangen. Und da stand er hier nun allein in seiner verschlampten Wohnung an einem trüben, regnerischen Morgen, in den erniedrigenden Kampf versunken, den Hemdenzipfel aus den Zähnen des Hosenreißverschlusses freizukriegen. Und währenddessen leierte ihm ein nasser Vogel draußen unablässig einen Satz von drei Noten vor, als sei er zu dem Schluß gelangt, Fima sei geistig zurückgeblieben und werde nie verstehen.

Durch das Aufspüren und genaue, detaillierte Aufzählen seiner Altherrengewohnheiten hoffte Fima von sich selbst wegzukommen, eine spöttische Distanz herzustellen und so seine Sehnsüchte oder seine Ehre zu schützen. Doch gelegentlich offenbarte sich ihm, wie durch Erleuchtung, dieses gründliche Nachspüren nach lächerlichen oder zwanghaften Angewohnheiten nicht als Befestigungslinie, die ihn von dem alten Hagestolz trennte, sondern gerade als eine List des alternden Junggesellen mit dem Ziel, ihn, Fima, wegzudrängen und abzuschütteln, um seinen Platz einzunehmen.

Er beschloß, zum Kleiderschrank zurückzukehren und sich im Spiegel zu betrachten. Wobei er es als seine Pflicht ansah, beim Anblick seines Körpers weder Verächtlichkeit noch Verzweiflung oder Selbstmitleid zu empfinden, sondern sich mit den Gegebenheiten abzufinden. Im Spiegel blickte ihm ein blasser, leicht übergewichtiger Angestellter mit Speckfalten um die Taille entgegen, ein Büromensch in nicht sehr frischer Wäsche, mit spärlich schwarzbehaarten weißen Beinen, die im Verhältnis zum Bauch zu mager wirkten, ergrauendem Haar, hängenden Schultern und schlaffen Männerbrüsten am keineswegs sonnengebräunten Oberkörper, dessen Haut hie und da von Fettpickeln befallen war, unter denen einer sich rötlich entzündet hatte. Diese Pickel begann er nun vor dem Spiegel mit Daumen und Zeigefinger auszudrücken. Das Platzen der kleinen Abszesse und das Herausquellen des gelblichen Fetts bereiteten ihm leichten Genuß, ein hämisch vages Vergnügen. Fünfzig Jahre, eine wahre Elefantenschwangerschaft lang, war dieser abgetakelte Schreibtischmensch im Schoß des Kindes, des Jünglings und des Mannes angeschwollen. Und nun, nach Ablauf von fünfzig Jahren, war die Schwangerschaft beendet, die Gebärmutter aufgeplatzt, und der Schmetterling hatte eine plumpe Larve geboren. In dieser Larve – *Golem* auf gut hebräisch – erkannte Fima sich selbst.

Und doch entdeckte er dabei, daß die Dinge sich eben jetzt verkehrten, daß im tiefsten Innern der Larve von nun an und für immer das Kind mit den staunenden Augen und den zarten langen Gliedmaßen verborgen lag.

Das von einem leisen Grinsen begleitete Sichabfinden vermengte sich manchmal mit seinem Gegenteil – der innigen Sehnsucht des Kindes, des Jünglings und des Mannes, aus deren Schoß die Larve hervorgekrochen war. Dann kam es ihm momentan vor, als werde ihm das unwiederbringlich Verlorene in destilliertem, reinem, korrosionsgeschütztem, gegen Sehnsucht und Schmerz gefeitem Aggregatzustand zurückgegeben. Wie im Vakuum einer Glasblase wurde ihm einen Augenblick lang auch Jaels Liebe wieder zuteil – mit einer Berührung ihrer Lippen und Zunge hinter seinem Ohr und dem gewisperten »faß mich da an, da«.

Als Fima dann im Bad entdeckte, daß sein Rasierschaum aufgebraucht war, stand er ein Weilchen unentschlossen herum, bis ihm der Geistesblitz kam, es mit einer dicken Schicht gewöhnlicher Handseife zu versuchen. Nur verströmte dieses Stück anstelle von normalem Seifengeruch den säuerlichen Hauch einer Achselhöhle an einem heißen Tag. Er schabte sich mit der Rasierklinge über die Wangen, bis sie rot wurden, vergaß aber die Bartstoppeln unterm Kinn. Danach duschte er warm, beendete die Prozedur beherzt mit drei Sekunden kaltem Guß und fühlte sich nun einen Moment frisch und energiegeladen, bereit, ein neues Lebenskapitel anzufangen, bis das von gestern, vorgestern und vorvorgestern feuchte Handtuch ihn wieder mit dem eigenen Nachtdunst umhüllte – als sei er gezwungen, ein angeschmuddeltes Hemd wiederanzuziehen.

Der dritte Zustand

Vom Bad begab er sich in die Küche, stellte Kaffeewasser auf, spülte eine der schmutzigen Henkeltassen im Ausguß, gab zwei Süßstofftabletten nebst zwei Teelöffeln Pulverkaffee hinein und ging sein Bett machen. Der Kampf mit der Tagesdecke zog sich drei, vier Minuten hin, und als er in die Küche zurückkehrte, merkte er, daß er den Kühlschrank über Nacht aufgelassen hatte. Er holte Margarine, Marmelade und ein gestern angefangenes Joghurt heraus, wobei offenbar wurde, daß ein dummes Insekt sich ausgerechnet diesen offenen Joghurtbecher zum Ort seines Freitods erkoren hatte. Mittels eines Teelöffels versuchte Fima den Leichnam herauszufischen, versenkte ihn dabei aber nur um so tiefer. So warf er den Becher in den Müll und begnügte sich im übrigen mit schwarzem Kaffee, da er, ohne nachzuprüfen, annahm, die Milch sei im offenen Kühlschrank gewiß auch sauer geworden. Er hatte vor, das Radio anzuschalten, um Nachrichten zu hören: Gestern hatte die Regierung bis in die Nacht hinein getagt. War eine Kommandotruppe auf Generalstabsbefehl in Damaskus abgesprungen und hatte Hafez Assad gefangengenommen? Oder wollte, umgekehrt, Arafat einreisen, um vor der Knesset in Jerusalem zu sprechen? Fima meinte eher, es würde wohl allerhöchstens von einer Abwertung des Schekels oder irgendeiner Korruptionsaffäre die Rede sein. In Gedanken sah er sich seine Minister zu einer mitternächtlichen Kabinettssitzung einberufen. Alter Rebellengeist aus Jugendbewegungstagen veranlaßte ihn, diese Sitzung ausgerechnet in einer verwahrlosten Volksschule im Stadtteil Katamon anzusetzen – auf abblätternden Bänken vor der mit Rechenaufgaben vollgekritzelten Tafel. Er selber würde sich in Arbeiterjacke und verschossenen Hosen nicht ans Lehrerpult, sondern auf die Fensterbank setzen. Würde erbarmungslos ein Bild der aktuellen Wirklichkeit abrollen lassen. Die Minister durch die Schilderung des drohenden Unheils konsternieren. Gegen Morgen würde er den Mehrheitsbeschluß herbeiführen, im ersten Stadium, sogar ohne jedes Abkommen, sämtliche Truppen aus dem Gazastreifen abzuziehen. Sollten sie von dort unsere Ortschaften beschießen, werde ich sie von der Luft aus bombardieren. Aber wenn sie Ruhe halten, ihre Friedensbereitschaft unter Beweis stellen, warten wir ein bis zwei Jahre ab und verhandeln dann mit ihnen über die Zukunft von Nablus und Hebron.

Nach dem Kaffee schlüpfte er in den fadenscheinigen braunen Zottelbärpullover, den Jael ihm überlassen hatte, blickte auf die Uhr und sah, daß er die Siebenuhrnachrichten verpaßt hatte. Deshalb ging er den

Ha'arez heraufholen, vergaß aber den Briefkastenschlüssel mitzunehmen, so daß er die Zeitung aus dem Schlitz zerren mußte und dabei die Titelseite zerriß. Auf der Treppe blieb er stehen, um die Überschriften zu lesen, ging weiter, stoppte erneut und gelangte zu der Überzeugung, dieser Staat sei einem Trupp Geistesgestörter in die Hände gefallen. Immer und ewig diktieren Hitler und der Holocaust ihr gesamtes Reden und Tun, wieder und wieder drängt es sie, jede Friedenschance auszulassen oder zunichte zu machen, weil ihnen der Frieden als Nazi-Finte erscheint, allein auf ihre Vernichtung ausgerichtet. Als er an der Wohnungstür angelangt war, begriff er, daß er sich erneut widersprach, und warnte sein Hirn vor der für die israelische Intelligenzija typischen Hysterie und Weinerlichkeit: Wir müssen uns vor der verlockenden, aber törichten Annahme hüten, die Geschichte werde letzten Endes die Bösen bestrafen. Während er sich eine zweite Tasse Kaffee einschenkte, setzte er seinen vorherigen Überlegungen eine Formulierung entgegen, die er in politischen Diskussionen mit Uri Gefen, Zwicka und den anderen häufig verwendete: Wir müssen endlich lernen, in Übergangszuständen, die sogar viele Jahre dauern können, zu leben und zu handeln, statt beleidigt mit der Wirklichkeit zu spielen. Unsere mangelnde Bereitschaft, in einem offenen Zustand zu leben, unsere Sucht, sofort zur Schlußzeile überzugehen und augenblicklich festzulegen, was am Ende herauskommen soll – das sind doch die wahren Ursachen unserer politischen Impotenz.

Als er zu Ende gelesen hatte, was die Fernsehkritikerin über ein Programm, das er gestern völlig verschwitzt hatte, zu sagen wußte, war es schon nach acht Uhr. Da hatte er also wieder die Nachrichten verpaßt und stellte wütend fest, daß er zu dieser Zeit längst am Schreibtisch sitzen und arbeiten müßte. Er wiederholte sich die Worte aus dem Traum: Man muß trennen. Aber zwischen was? Eine nahe, sanfte, warme Stimme, die weder männlich noch weiblich klang, aber von tiefem Mitgefühl erfüllt war, sagte zu ihm: Und wo bist du, Efraim? Fima erwiderte: Gute Frage. Dann setzte er sich auf seinen Schreibtischstuhl, betrachtete die unbeantworteten Briefe und die Einkaufsliste, die er Samstag abend aufgestellt hatte, und erinnerte sich, daß er heute morgen dringend in einer unaufschiebbaren Angelegenheit telefonieren mußte, nur fiel ihm partout nicht ein, mit wem. So rief er Zwicka Kropotkin an, riß ihn aus dem Schlaf, worüber er nun selber erschrak, entschuldigte sich *in extenso*, traktierte Zwi aber trotzdem zwanzig Minuten lang mit den taktischen Fehlern der Linken, den sich abzeichnenden Veränderungen in der amerikanischen Haltung und der allenthalben unablässig tickenden Uhr des islamischen Fanatismus, bis Zwi sagte: »Entschuldige, Fima, sei nicht böse, aber ich muß mich nun wirklich anziehen und sputen, damit ich zu meiner Vorlesung komme.« Fima beendete das Gespräch, wie er es begonnen hatte, mit einer überlangen Entschuldigung, wußte aber immer noch nicht, ob er heute morgen nun jemand anrufen oder umgekehrt auf ein dringendes Telefonat warten mußte, das er jetzt durch dieses Gespräch mit Zwi womöglich verpaßt hatte, das eigentlich, wie ihm jetzt bewußt wurde, kaum ein Dialog, sondern eher ein Monolog seinerseits gewesen war. Deshalb verzichtete er darauf, auch Uri Gefen anzuläuten, und studierte unterdessen mit besonderer Sorgfalt den Computerauszug der Bank, bei dem er nicht begriff, ob nun sechshundert Schekel auf seinem Konto eingelaufen und vierhundertfünfzig davon abgebucht waren oder umgekehrt. Der Kopf sank ihm auf die Brust, und vor seinen geschlossenen Augen zogen Massen entfesselter Moslems vorüber, skandierten Suren und Parolen, zertrampelten und brandschatzten alles, was ihnen in die Quere kam. Bis sich der Platz leerte und nur noch vergilbte Papierfetzen im Winde wirbelten, eingebunden in das Rauschen des von hier bis zu den nebelgrau verhangenen Bethlehemer Bergen fallenden Regens. Wo bist du, Efraim? Wo ist die arische Seite? Und wenn ihr kalt ist, warum?

Fima wurde von einer warmen, schweren Hand geweckt. Er schlug die Augen auf und sah die braune Vaterhand wie eine Schildkröte auf seinem Oberschenkel liegen, eine alte, breite Pranke mit flachen, gelblichen Fingernägeln, die Oberfläche in Täler und Hügel gegliedert, von dunkelblauen Adern durchzogen und mit Altersflecken zwischen dem spärlichen Haarflaum gesprenkelt. Im ersten Moment war er verblüfft, doch im zweiten begriff er, daß es seine eigene Hand war. Nun raffte er sich auf und las dreimal nacheinander die am Schabbat niedergeschriebenen Stichworte für einen Aufsatz, den er noch heute in Druck zu geben versprochen hatte. Aber was er eigentlich hatte schreiben wollen, ja, was ihn gestern noch mit aufkeimender Schaffensfreude erfüllt hatte, erschien ihm jetzt banal. Damit schrumpfte auch die Lust, überhaupt etwas zu verfassen.

Nach einigem Nachdenken wurde ihm klar, daß nicht alles verloren war: Es handelt sich lediglich um eine technische Schwierigkeit. Wegen der niedrigen Wolken und dem Nebelregen gibt es hier nicht genug Licht. Man braucht Licht. Das ist alles. Er knipste die Schreibtischlampe an in der Hoffnung, damit einen Neuanfang des Aufsatzes, dieses Morgens, seines Lebens zu begründen. Doch sogleich begriff er, daß diese Lampe kaputt war. Oder vielleicht war sie heil und nur die Birne durchgebrannt? Er stürzte zum Einbauschrank im Flur, fand dort entgegen all seinen Erwartungen tatsächlich eine neue Birne und konnte sie sogar problemlos reinschrauben. Aber auch die neue Glühbirne war ausgebrannt oder womöglich von ihrer Vorgängerin beeinflußt. Deshalb ging er auf die Suche nach einer dritten, kam jedoch unterwegs auf die Idee, das Flurlicht zu probieren, und mußte sogleich beide Birnen von jeder Schuld freisprechen, weil einfach der Strom ausgefallen war. Um dem Müßiggang zu entkommen, beschloß er Jael anzurufen: Wenn ihr Mann antwortete, würde er wortlos den Hörer auflegen. War es Jael selber, würde ihm sicher der Augenblick die richtigen Worte in den Mund legen. Wie einmal, als er sie nach einem heftigen Streit mit dem Satz versöhnt hatte, wenn wir nicht verheiratet wären, würde ich jetzt um deine Hand anhalten, worauf sie ihm unter Tränen lächelnd erwidert hatte, wenn du nicht mein Mann wärst, würde ich wohl einwilligen. Nach zehn oder zwanzig hohlen Klingelzeichen sah Fima ein, daß sie gar nicht mit ihm sprechen wollte, oder vielleicht drückte Ted dort mit aller Macht die Gabel hinunter und ließ sie nicht abnehmen.

Außerdem überkam ihn Müdigkeit. Der lange nächtliche Streifzug durch die Gassen Valladolids hatte ihm den ganzen Vormittag verdorben. Um eins mußte er doch schon an seinem Arbeitsplatz hinter dem Aufnahmeschalter der Privatpraxis in Kiriat Schmuel sein. Und jetzt war es bereits zwanzig nach neun. Fima zerknüllte den Stichwortzettel, die Stromrechnung, die Einkaufsliste und den Bankauszug und warf sie allesamt in den Papierkorb, damit der Schreibtisch endlich frei für die Arbeit war. Dann ging er in die Küche, neues Kaffeewasser aufsetzen, blieb dabeistehen und erinnerte sich im Halbdämmern an das Jerusalemer Abendlicht vor rund drei Jahren am Eden-Kino in der Agrippasstraße, wenige Monate nach der Griechenlandreise. Jael hatte damals gesagt, ja, Effi, ich lieb' dich ziemlich viel und lieb' dich gern und lieb' es, wenn du redest, aber warum meinst du bloß, wenn du ein paar Minuten mit Reden aufhörst, würdest du aufhören zu existieren, und er war verstummt wie ein von der Mutter ausgeschimpftes Kind. Als eine Viertelstunde vergangen sein mochte, der Kessel sich aber hartnäckig weigerte, warm zu werden, obwohl Fima zweimal den Stecker fester in die Steckdose gedrückt hatte, kapierte er endlich,

Der dritte Zustand

daß es ohne Strom Kaffee weder gab noch geben würde. Deshalb kroch er voll angezogen wieder unter die Wintersteppdecke, stellte den Wecker auf Viertel vor zwölf, vergrub das Traumbuch unter dem Zeitungs- und Zeitschriftenstapel am Bettende, zog die Decke bis zum Kinn hoch und bemühte sich, intensiv an Frauen zu denken, bis es ihm gelang, sein Glied zu wecken, das er nun mit allen zehn Fingern umklammerte wie ein Einbrecher, der am Abflußrohr emporklettert, oder vielleicht, grinste er, wie ein Ertrinkender sich an einem Strohhalm festhält. Aber seine Müdigkeit war bei weitem stärker als seine Lust, und so erschlaffte er und nickte ein. Draußen legte der Regen zu.

3.
Flausensack

Um zwölf Uhr hörte er in den Nachrichten, ein junger Araber sei heute morgen von einem Plastikgeschoß tödlich getroffen worden, das offenbar bei einem Zwischenfall mit Steine werfenden Jugendlichen im Flüchtlingslager Jabaliya aus dem Gewehr eines Soldaten abgefeuert worden sei. Der Leichnam sei von Vermummten aus dem Krankenhaus in Gaza entführt worden, und die Umstände des Vorfalls würden weiter ermittelt. Fima sinnierte ein wenig über die Formulierung der Nachricht. Besonders verabscheute er die Wendung »von einem Plastikgeschoß tödlich getroffen«. Und ereiferte sich über das Wort »offenbar«. Danach ärgerte er sich allgemeiner über das Passiv, das dabei war, die Texte öffentlicher Verlautbarungen und vielleicht die Sprache überhaupt zu erobern.

Obwohl uns womöglich gerade die Scham, ein gesundes, löbliches Schamgefühl, daran hindert, einfach mitzuteilen: Ein jüdischer Soldat hat einen arabischen Jugendlichen erschossen. Andererseits gaukelt uns diese verunreinigte Sprache doch dauernd vor, schuld seien das Gewehr, die zu ermittelnden Umstände, das Plastikgeschoß – als sei diese ganze Unreinheit Schuld des Himmels, unausweichliche Vorbestimmung.

Und eigentlich, dachte er weiter, wer weiß?

Es liegt doch schon so ein geheimer Zauber in dem Ausdruck »Schuld des Himmels«?

Zum Schluß wurde er auf sich selber wütend: nix Zauber und nix geheim. Laß endlich den Himmel in Ruhe.

Fima hielt sich eine Gabel an Stirn, Schläfe, Hinterkopf und versuchte zu erraten oder zu empfinden, was sich in der Sekunde abspielen mochte, in der das Geschoß eindrang und die Schädeldecke durchschlug: kein Schmerz, keine Erschütterung – vielleicht, meinte er, vielleicht nur ein scharfes Aufblitzen von Ungläubigkeit, von Unvorbereitetsein, wie ein Kind, das sich darauf eingestellt hat, eine väterliche Ohrfeige einzustecken, während der Vater ihm statt dessen plötzlich einen weißglühenden Spieß gezielt in den Augapfel stößt. Gibt es den Bruchteil einer Sekunde, ein Zeitatom, in dem, wer weiß, vielleicht die Erleuchtung kommt? Das Licht der sieben Himmel? Wodurch alles, was vage und verschwommen im Leben war, einen winzigen Augenblick aufklart, bevor die Dunkelheit sich herabsenkt? All die Jahre lang sucht man eine komplizierte Lösung für ein vertracktes Rätsel, und da im letzten Moment blitzt eine einfache Lösung auf?

An diesem Punkt sagte Fima sich mit wütend heiserer Stimme: Genug mit dem Gehirnterror. Die Worte »vage« und »verschwommen« erregten seinen Widerwillen. Er erhob sich, ging hinaus, schloß die Wohnungstür hinter sich ab und achtete besonders darauf, in welche Tasche er den Schlüssel steckte. Unten im Hausflur sah er in seinem Briefkasten einen weißen Umschlag durch die Löcher schimmern. Aber in der rechten Hosentasche war nur der Wohnungsschlüssel. Der Briefkastenschlüssel mußte wohl auf dem Schreibtisch liegengeblieben sein. Wenn nicht in der Tasche einer anderen Hose. Oder auf einer Ecke der Küchentheke. Er zögerte, ließ die Sache aber auf sich beruhen, da er annahm, daß es doch nur die Wasser- oder Telefonrechnung oder auch bloß Reklame war. Dann aß er Rührei mit Wurst, gemischten Salat und Kompott in dem kleinen Lokal gegenüber und erschrak mittendrin, weil er durchs Fenster in seiner Wohnung Licht brennen sah. Er überlegte kurz, erwog die unwahrscheinliche Möglichkeit, daß er persönlich sowohl hier als dort weilte, rang sich aber lieber zu der Annahme durch, die Störung sei wohl eben beseitigt und der Strom wieder eingeschaltet worden. Ein Blick auf die Zeiger seiner Uhr sagte ihm, wenn er jetzt in die Wohnung hinaufgehen, das Licht ausmachen, den Briefkastenschlüssel suchen und den Brief befreien wollte, würde er zu spät zur Arbeit kommen. Deshalb zahlte er und sagte: »Vielen Dank, Frau Schönberg.«

Worauf sie ihn wie immer verbesserte: »Der Name ist Scheinmann, Dr. Nissan.«

Und Fima fortfuhr: »Aber gewiß doch. Natürlich. Verzeihung. Und was schulde ich Ihnen? Nein? Ich hab' schon bezahlt? Dann habe ich mich anscheinend nicht zufällig geirrt. Ich wollte zweimal zahlen, weil das Schnitzel – Schnitzel? – besonders gut geschmeckt hat. Verzeihung, danke und auf Wiedersehen. Ich muß mich beeilen. Schaun Sie bloß mal, wie's regnet. Sie sehen ein bißchen müde aus? Traurig? Vielleicht wegen des Winters. Macht nichts. Es wird schon aufklaren. Seien Sie gegrüßt. Auf Wiedersehen. Bis morgen.«

Als der Autobus zwanzig Minuten später an der Kongreßhalle hielt, dachte Fima, daß es eine ausgesuchte Dummheit gewesen war, heute ohne Schirm aus dem Haus zu gehen. Und der Wirtin zu versprechen, es werde schon aufklaren. Woher wollte er das wissen? Ein schmaler, blitzblanker Speer rötlichen Lichts brach plötzlich zwischen den Wolken durch und entzündete ein Fenster hoch oben in den Höhen des Hilton-Hotels, daß es ihm die Augen blendete. Trotz des Gleißens sah er jedoch ein einzelnes Handtuch an einem Balkongeländer im zehnten oder zwanzigsten Stockwerk des Hotelturms flattern und meinte, ganz scharf und genau den Parfümhauch der Frau, die sich damit abgetrocknet hatte, zu wittern. Dabei sagte er sich: Schau doch mal einer an, wie nichts auf der Welt wirklich vergeudet wird, nichts gänzlich verlorengeht und kaum eine Minute ohne ein kleines Wunder verstreicht. Vielleicht fügt sich alles zum Guten.

Die Zweizimmerwohnung am Rand von Kiriat Jovel hatte ihm sein Vater 1961 anläßlich seiner zweiten Eheschließung gekauft, knapp ein Jahr, nachdem Fima seinen Bachelorgrad an der Geschichtsfakultät in Jerusalem mit Auszeichnung erworben hatte. In jenen Tagen hatte sein Vater große Hoffnungen auf ihn gesetzt. Auch andere glaubten damals an Fimas Zukunft. Er erhielt ein Stipendium und hätte beinah ein Magisterstudium angeschlossen, so daß man schon an Promotion und wissenschaftliche Laufbahn dachte. Aber im Sommer 1960 traten eine Reihe von Störungen oder Komplikationen in seinem Leben ein. Bis auf den heutigen Tag grinsten seine Freunde wohlwollend vergnügt, sobald das Gespräch, in seiner Abwesenheit, auf »Fimas Geißbockjahr« kam: Man erzählte sich, Mitte Juli, einen Tag nach der letzten Abschlußprüfung, habe er sich im Garten des Klosters Ratisbon in die französische Fremdenführerin einer katholischen Reisegruppe verliebt. Er hatte auf einer Bank im Garten gesessen und auf eine Freundin, die die Schwesternschule besuchte, gewartet – eine gewisse Schula, die zwei Jahre später seinen Freund Zwi Kropotkin heiratete. Ein Oleanderzweig blühte ihm in den Fingern, und über seinem Kopf debattierten die Vögel. Von der Nachbarbank aus fragte Nicole ihn: Vielleicht gibt es hier Wasser? Sprechen Sie Französisch? Fima bejahte beides, obwohl er keine Ahnung hatte, wo es Wasser gab, und auch nur sehr spärliche Französischkenntnisse besaß. Von diesem Moment an blieb er ihr auf den Fersen, wohin sie sich in Jerusalem auch wandte, ließ trotz ihrer höflichen Bitten nicht locker und gab selbst nicht auf, als der Gruppenleiter ihn warnte, er müsse sich über ihn beschweren. Als sie zur Messe in die Dormitionskirche ging, wartete er eineinhalb Stunden vor der Schwelle auf sie wie ein Gassenköter. Jedesmal, wenn sie das King's Hotel gegenüber dem Terra-Santa-Gebäude verließ, fand sie Fima, begeistert, ungestüm, mit brennenden Augen, vor der Drehtür. Als sie das Museum besuchte, lauerte er ihr vor jedem Pavillon auf. Kaum hatte sie das Land verlassen, sauste er in ihrem Gefolge nach Paris und von dort – bis vor ihr Haus in Lyon. Bei Mondschein nach Mitternacht, so hieß es in Jerusalem, war Nicoles Vater in den Garten hinausgekommen und hatte mit einem doppelläufigen Jagdgewehr auf Fima geschossen, wobei er ihn am Oberschenkel streifte. Drei Tage verbrachte Fima im Franziskanerhospital, begann sich schon zu erkundigen, wie man zum Christentum übertrat. Nicoles Vater kam ins Krankenhaus, bat ihn um Verzeihung und erbot sich, ihm beim Religionswechsel behilflich zu sein, aber inzwischen hatte Nicole auch von ihrem Vater genug und flüchtete vor beiden zu ihrer Schwester nach Madrid und von dort zur Schwägerin nach Malaga, während Fima – dreckig, verzweifelt, glühend und stoppelgesichtig – ihr in Zügen und verrußten Bussen nachreiste, bis ihm in Gibraltar das Geld ausging und man ihn unter Einschaltung des Roten Kreuzes fast gewaltsam auf einem panamaischen Frachtschiff heimholte. Bei der Ankunft in Haifa wurde Fima festgenommen und saß sechs Wochen in einem Militärgefängnis, weil er mit Kugelschreiber das Datum auf dem Passierschein geändert hatte, der dem Reservesoldaten den Aufenthalt im Ausland erlaubt. Zu Beginn dieser Liebesaffäre soll Fima zweiundsiebzig Kilo gewogen haben, während die Gefängniswaage im September keine sechzig anzeigte. Er wurde aus der Haft entlassen, nachdem sein Vater sich bei einem hohen Beamten für ihn eingesetzt hatte, und verknallte sich prompt lauthals und skandalträchtig in die Gattin eben dieses Beamten, eine bekannte Dame der Jerusalemer Gesellschaft, die über eine Sammlung wertvoller Radierungen verfügte und rund zehn Jahre jünger als ihr Mann, aber mindestens acht Jahre älter als Fima war. Im Herbst wurde sie schwanger von ihm und übersiedelte in sein Zimmer im Musrara-Viertel. Die ganze Stadt zerriß sich die Mäuler über die beiden. Im Dezember ging Fima erneut an Bord eines Frachtschiffs, diesmal unter jugoslawischer Flagge, und gelangte nach Malta, wo er drei Monate auf einer Zierfischzuchtfarm arbeitete und seinen Gedichtband *Augustinus' Tod und seine Auferstehung im Schoße Dulcineas* verfaßte. In der maltesischen Hauptstadt Valetta verguckte sich die Eigentümerin der billigen Pension, in der er wohnte, im Januar in ihn und zog mit Sack und Pack zu ihm ins Zimmer. Aus Angst, sie könne ebenfalls schwanger werden, entschloß er sich zu einer Ziviltrauung. Diese Ehe dauerte kaum zwei Monate, denn inzwischen war es seinem Vater, unter Mithilfe von Freunden in Rom, gelungen, seine Fährte aufzuspüren und ihm mitzuteilen, daß seine Jerusalemer Geliebte die Leibesfrucht verloren habe, in Depression versunken und bereits zu Ehemann und Kunstsammlung zurückgekehrt sei. Fima, der sein Handeln nun für völlig unverzeihlich hielt, beschloß schweren Herzens, sich sofort von der Pensionswirtin zu trennen und den Frauen für immer fernzubleiben. Eine Liebesverbindung führe unweigerlich zu Unheil, dachte er, während liebesfreie Verbindungen nur Erniedrigung und Unrecht brächten. Er verließ Malta völlig mittellos an Deck eines türkischen Fischdampfers, in der Absicht, sich für mindestens ein Jahr in ein bestimmtes Kloster auf Samos zurückzuziehen. Unterwegs packte ihn das Grauen bei dem Gedanken, seine Exfrau könne womöglich ebenfalls schwanger sein, und er erwog, zu ihr zurückzukehren, meinte dann jedoch, es sei klug gewesen, ihr sein Geld, aber keinerlei Anschrift zurückzulassen, so daß sie ihn nirgends suchen konnte. Er ging in Saloniki von Bord, verbrachte eine Nacht in der Jugendherberge, und dort träumte er in süßem Schmerz von seiner ersten Liebe, Nicole, deren Spuren er in Gibraltar verloren hatte. Im Traum hieß sie plötzlich Therese, und Fima sah, wie sein Vater Therese und das Baby im Keller des Jerusalemer YMCA-Gebäudes mit geladenem Jagdgewehr gefangenhielt, wurde aber erst gegen Ende des Traums selber zu dem gefangenen Kind. Am nächsten Morgen stand er auf und machte sich in Saloniki auf die Suche nach einer Synagoge, obwohl er nie die Religionsgesetze eingehalten hatte und fest glaubte, daß Gott weder fromm war noch sich für Religion interessierte. Aber da er keine andere Anschrift hatte, beschloß er, halt einmal dort nachzusehen. Vor der Synagoge traf er drei junge Mädchen aus Israel, die auf einer Rucksacktour durch Griechenland waren und eben in die nördlichen Bergregionen weiterziehen wollten, denn inzwischen war der Frühling angebrochen. Fima schloß sich ihrem Treck an. Unterwegs fand er, dem Vernehmen nach, Gefallen an einer der drei, Ilia Abarbanel aus Haifa, die für ihn große Ähnlichkeit besaß mit Maria Magdalena auf einem Gemälde, von dem er sich partout nicht erinnern konnte, wo er es gesehen hatte und von wem es stammte. Und da Ilia sein Werben nicht erhörte, schlief er ein paarmal mit ihrer Gefährtin Liat Sirkin, die ihn in ihren Schlafsack eingeladen hatte, als sie eine Nacht in irgendeinem Gebirgstal oder heiligen Hain verbringen mußten. Liat Sirkin lehrte Fima zwei, drei sonderbare, durchdringende Genüsse, und er meinte, über das erhebende fleischliche Vergnügen hinaus auch feine Anzeichen geistiger Freuden zu empfinden: Fast schon von Tag zu Tag stärker erfaßte ihn eine geheimnisvolle Bergeslust, verbunden mit einem Wonnegefühl, in deren Folge solch scharfe Beobachtungsgaben in ihm erwachten, wie er sie noch nie gekannt hatte, weder vorher noch nachher. Damals in den Bergen Nordgriechenlands konnte er den Sonnenaufgang hinter einem Olivenhain betrachten und die Schöpfung der Welt darin erblicken. Oder in der Mittagshitze an einer Schafherde vorbeikommen und dabei die absolute Gewißheit erlangen, daß er jetzt nicht zum ersten Mal lebte. Oder auf der weinbewachsenen Terrasse eines Dorfgasthauses bei Käse, Salat und Wein sitzen und mit eigenen Ohren den Schneesturm über die Tundren des Polarkreises tosen hören. Auch spielte er den Mädchen auf einer Querflöte vor, die er aus Schilfrohr gebastelt hatte, und schämte sich nicht, vor ihnen zu tanzen und zu springen und kindliche Späße zu treiben, bis er ihnen glockenreines Mädchenlachen und schlichte Freude entlockte. Die ganze Zeit über sah er keinen Widerspruch zwischen seiner schmachtenden Sehnsucht nach Ilia und den Nächten mit Liat, achtete aber kaum auf die Dritte im Bunde, die meist Schweigen wahrte. Dabei hatte gerade sie ihm den Fuß verbunden, als er barfuß in eine Glasscherbe getreten war. Die drei Mädchen und auch die anderen Frauen, die es in seinem Leben gegeben hatte, einschließlich seiner Mutter, die in seinem zehnten Lebensjahr gestorben war, verschmolzen in seinen Augen fast zu einer einzigen. Nicht etwa, weil er meinte, Frau sei gleich Frau, sondern weil es ihm in der Festbeleuchtung, die sein Inneres überflutete, manchmal schien, als gebe es die Unterschiede von Mensch zu Mensch, zwischen zwei Menschen, gleich ob Mann, Frau oder Kind, nicht wirklich, außer vielleicht in der äußerlichsten Schicht, der wechselnden Schale: wie das Wasser die

Der dritte Zustand

Form von Schnee, Dunst, Dampf, Eisbrocken, Wolkenfetzen oder Hagel annehmen kann. Oder wie die Kloster- und Kirchenglocken des Dorfes sich in Klang und Takt unterschieden, aber dasselbe Ziel verfolgten. Diese Gedanken teilte er den Mädchen mit, von denen zwei es glaubten, während die dritte ihn ›mein Geliebter‹ nannte und sich damit begnügte, seine Hemden zu flicken, und auch darin sah Fima nur verschiedene Ausdrucksformen desselben Inhalts. Das zurückhaltende Mädchen, Jael Levin aus Javne'el, weigerte sich nicht, an ihren gemeinsamen Nacktbädern in milden Vollmondnächten teilzunehmen, wenn sie eine Quelle oder einen Bach fanden. Einmal sahen sie aus der Ferne verstohlen einen etwa fünfzehnjährigen Schafhirten seinen Trieb bei einer Ziege befriedigen. Und einmal sahen sie zwei fromme alte Frauen in schwarzer Witwenkleidung mit großen Holzkreuzen auf der Brust am hellen Mittag mitten auf dem Feld stumm und reglos mit gefalteten Händen auf einem Stein sitzen. Eines Nachts hörten sie aus einer leeren Ruine Singen. Und einmal begegnete ihnen unterwegs ein alter, runzliger Mann, der im Gehen auf einem kaputten Akkordeon spielte, das keinen Ton mehr von sich gab. Am nächsten Morgen ging ein kurzer, starker Schauer nieder, eine Art griechischer Spätregen, und die Luft wurde derart klar, daß man über große Entfernungen hinweg die Eichenwipfel schemenhaft über den roten Ziegeldächern der kleinen Dörfer in den Tälern schwanken sah, während dunkle Zypressen- und Kiefernwäldchen sich fast Nadel für Nadel auf den fernen Berghängen abhoben. Ein Berg trug noch eine Schneekappe, die wegen des tiefen Himmelsblaus nicht weiß, sondern sattsilbern schimmerte. Auch Vogelschwärme schwebten wie im Schleiertanz über sie hinweg. Fima sagte plötzlich ohne Grund oder Zusammenhang etwas, das die drei Mädchen zum Lachen brachte: »Hier«, sagte er, »liegt der Hund begraben.«

Ilia sagte: »Ich fühle mich träumender als im Traum und wacher als im Wachen. Man kann es nicht erklären.«

Liat meinte: »Es ist das Licht. Einfach das Licht.«

Und Jael: »Wer hat Durst? Gehn wir ans Wasser runter.«

Knapp einen Monat nach Ende dieser Reise fuhr Fima nach Javne'el, um das dritte Mädchen zu suchen. Er erfuhr, daß Jael Levin Luftfahrttechnik am Haifaer Technikum studiert hatte und in einer geheimen Luftwaffenanlage in den Bergen westlich von Jerusalem arbeitete. Nach fünf oder sechs Begegnungen fand er, daß ihre Nähe ihm Ruhe einflößte und seine Nähe sie auf ihre gemäßigte Weise amüsierte. Als er sie zögernd fragte, ob sie nach ihrer Ansicht zueinander paßten, antwortete Jael mit den Worten: Du redest ziemlich schön. Darin meinte er einen Anflug von Zuneigung zu sehen. Die er in sein Herz schloß. Danach suchte und fand er Liat Sirkin und saß eine halbe Stunde lang mit ihr in einem kleinen Strandcafé, nur um sicher zu sein, daß sie nicht von ihm schwanger war. Aber nach dem Kaffee ließ er sich erneut dazu verleiten, mit ihr zu schlafen, in einem billigen Hotel in Bat-Jam, und war nun wieder nicht sicher. Im Mai lud er alle drei nach Jerusalem ein und stellte ihnen seinen Vater vor. Der Alte faszinierte Ilia mit seinen Kavaliersmanieren im alten Stil, unterhielt Liat mit lehrreichen Anekdoten und Fabeln, zog beiden aber Jael vor, bei der er »Anzeichen von Tiefe« wahrnahm. Fima stimmte ihm zu, obwohl er keineswegs sicher war, worin diese Zeichen bestanden. Trotzdem ging er weiter mit ihr aus, bis sie einmal zu ihm sagte: »Sieh mal dein Hemd an. Halb in der Hose und halb draußen. Warte. Ich bring's in Ordnung.«

Und im August 1961 saßen Jael und Efraim Nissan schon verheiratet in einer kleinen Wohnung, die ihm sein Vater am Ende von Kiriat Jovel, am Rand Jerusalems, gekauft hatte, nachdem Fima im Beisein eines Notars ergeben ein ihm vom Vater vorgelegtes Dokument unterzeichnet hatte, in dem er sich unwiderruflich verpflichtete, künftig jede Handlung zu unterlassen, die sein Vater als »Abenteuer« bezeichnen würde. Außerdem versprach er darin, nach Ablauf des verlorenen Jahres sein Magisterstudium aufzunehmen. Der Vater seinerseits verpflichtete sich in der besagten Urkunde, das Studium seines Sohnes und Jaels Ausbildung zu finanzieren, und versprach den beiden sogar einen bescheidenen monatlichen Zuschuß für die Dauer der ersten fünf Ehejahre. Damit verschwand Fimas Name aus den Jerusalemer Stadtgesprächen. Die Abenteuer hörten auf. Das Jahr des Geißbocks machte dem der Schildkröte Platz. Aber an die Universität kehrte er trotzdem nicht zurück, vielleicht abgesehen von einigen Interviews, die er seinem Freund Zwi Kropotkin gewährte, der indes unaufhaltsam von der Magisterarbeit zur Dissertation weitereilte und schon damals Grundsteine für den Turmbau seiner historischen Aufsätze und Bücher zu legen begann. 1962 veröffentlichte Fima auf Drängen seiner Freunde und Zwickas besonderen Einsatz die Gedichtsammlung, die er während seiner kurzen Ehe auf Malta verfaßt hatte: *Augustinus' Tod und seine Auferstehung im Schoße Dulcineas*. Im ersten und zweiten Jahr fanden sich Kritiker und Leser, die in Efraim Nissan ein hoffnungsvolles Talent sahen, auf dessen Entfaltung es sich zu warten lohne. Doch auch diese Hoffnung erlosch

Der dritte Zustand   1463

nach einiger Zeit, weil Fima verstummt war. Keine Gedichte mehr schrieb. Jeden Morgen wurde Jael von einem Militärfahrzeug abgeholt, fuhr zur Arbeit in einen Stützpunkt, dessen Lage Fima nicht kannte, und beschäftigte sich mit irgendeiner technischen Entwicklung, von der er nichts verstand und nach der er nicht fragte. Den ganzen Vormittag lief er in der Wohnung herum, hörte jede Nachrichtensendung, futterte im Stehen, was er im Kühlschrank fand, diskutierte mit sich selbst und mit den Rundfunksprechern, machte wütend das Bett, das Jael am Morgen nicht mehr geschafft hatte und eigentlich auch gar nicht hätte machen können, weil er, wenn sie das Haus verließ, noch darin schlief. Danach las er die Morgenzeitung zu Ende, kaufte ein paar Lebensmittel ein, kehrte mit den beiden Mittagszeitungen zurück, vertiefte sich bis abends darein und verstreute die einzelnen Blätter über die gesamte Wohnung. Zwischen Zeitungen und Rundfunknachrichten zwang er sich an den Schreibtisch. Eine Zeitlang fesselte ihn ein christliches Buch mit dem Titel *Der Dolch des Glaubens*, das von Pater Raimundus Martini stammte und 1651 in Paris zu dem Zweck veröffentlicht worden war, ein für allemal die Glaubenssätze »der Mauren und der Juden« zu widerlegen. Fima hatte nämlich vorgehabt, die Wurzeln des kirchlichen Antisemitismus erneut zu untersuchen. Dabei erwachte jedoch in ihm ein vages Interesse an der Vorstellung des verborgenen Gottes. Er verfolgte die Lebensgeschichte des Mönchs Eusebius Sophronius Hieronymus, der bei jüdischen Lehrern Hebräisch lernte, sich 386 im judäischen Bethlehem niederließ, das Alte und das Neue Testament ins Lateinische übersetzte und vielleicht absichtlich die Kluft zwischen Juden und Christen vertiefte. Aber dieses Studium befriedigte Fima nicht, die Müdigkeit überwältigte ihn, er versank in Nichtstun. Blätterte etwa in der Hebräischen Enzyklopädie, vergaß, was er hatte nachschauen wollen, und vergeudete zwei, drei Stunden mit der Lektüre willkürlicher Beiträge in alphabetischer Reihenfolge. Fast jeden Abend setzte er seine verblichene Schirmmütze auf und ging Freunde besuchen, um bis ein Uhr morgens über die Lavon-Affäre*, den Eichmann-Prozeß, die kubanische Raketenkrise, die deutschen Wissenschaftler in Ägypten oder die Be-

---

* *Lavon-Affäre*, nach dem seinerzeitigen israelischen Verteidigungsminister Pinhas Lavon (1904-1976) benannte Affäre um eine höchst heikle und zudem gescheiterte Geheimdienstoperation in Ägypten 1954, die zu einem lange schwelenden Konflikt zwischen Ben Gurion und Lavon führte und letzten Endes ihrer beider Ausscheiden aus der aktiven Politik beschleunigte.

deutung des Papstbesuchs in Israel zu debattieren. Wenn Jael gegen Abend von der Arbeit zurückkehrte und ihn fragte, ob er schon gegessen habe, antwortete Fima griesgrämig: Was ist? Wo steht denn geschrieben, daß ich essen muß? Und während sie noch unter der Dusche war, begann er ihr durch die geschlossene Badezimmertür hindurch auseinanderzusetzen, wer in Wirklichkeit hinter dem Kennedy-Mord gestanden hatte. Fragte Jael ihn abends, ob er wieder ausgehe, um sich mit Uri oder Zwicka zu streiten, gab er zur Antwort: Ich geh' auf eine Orgie. Und fragte sich, wie er sich von seinem Vater bloß mit dieser Frau hatte verkuppeln lassen können. Aber manchmal verliebte er sich urplötzlich von neuem in ihre kräftigen Finger, die am Ende des Tages ihre zarten Knöchel massierten, oder ihre Gewohnheit, sich gedankenverloren die Wimpern entlangzufahren, und umwarb sie wie ein schüchtern schwärmender Schuljunge, bis sie ihm erlaubte, ihren Körper zu erfreuen, worauf er sie unter sorgfältigstem Hinhorchen präzise und glühend liebkoste. Zuweilen sagte er ihr mitten in einer kleinlichen Auseinandersetzung: Wart ab, Jael, das geht vorüber. Bald fängt unser richtiges Leben an. Gelegentlich gingen die beiden Freitagabend zu Schabbatbeginn in den leeren Gassen Nordjerusalems spazieren, und er erzählte ihr mit zurückhaltender Bewunderung von den Paarungen des Körpers mit dem Licht bei den frühen Mystikern. Dabei weckte er in ihr Freude und Zärtlichkeit, die bewirkten, daß sie sich an ihn schmiegte und ihm verzieh, daß er ein bißchen dicker geworden war oder wieder einmal vergessen hatte, ein frisches Hemd für den Schabbat anzuziehen, oder dauernd an ihrer hebräischen Ausdrucksweise herumverbessern mußte. Und, wieder heimgekehrt, umschlangen sie einander verzweifelt.

1965 reiste Jael aufgrund eines Sonderarbeitsvertrags ans Forschungsinstitut der Firma Boeing nach Seattle im Nordosten der Vereinigten Staaten. Fima weigerte sich mitzukommen, behauptete, eine Zeit der Trennung werde ihnen beiden guttun, und blieb allein in der Zweizimmerwohnung in Kiriat Jovel. Er hatte eine bescheidene Anstellung als Sekretär in der Aufnahme einer gynäkologischen Privatpraxis im Stadtteil Kiriat Schmuel. Vom akademischen Leben hielt er sich fern, soweit Zwi Kropotkin ihn nicht zu einem Kurzseminar über die Bedeutung der Persönlichkeit in der Geschichte oder über die Vorzüge und Nachteile des Historiographen als Zeuge mitschleppte. Freitag abends tauchte er bei Nina und Uri Gefen oder bei anderen Freunden auf und ließ sich leicht in politische Debatten hineinziehen, bei denen er zuweilen sämtliche Anwesenden durch irgendeine pointierte Formulierung oder eine paradoxe Voraussage verblüffen, sich aber dann nie mit seinen Siegen zufriedengeben konnte, sondern wie ein zwanghafter Spieler unbedingt weitermachen und auch bei Fragen, von denen er absolut nichts verstand, gewinnen mußte, und das in jeder kleinsten Einzelheit, bis selbst die treusten Kumpel seiner überdrüssig wurden. Gelegentlich brachte er ein paar Bücher mit und erbot sich freiwillig, abends bei den Kindern zu bleiben, wenn seine Freunde ausgehen wollten. Oder er fand sich freudig bereit, ihnen beim Korrekturlesen, stilistischen Überarbeiten oder Formulieren einer Zusammenfassung behilflich zu sein. Zuweilen pendelte er auch als Vermittler bei einem kleinen Ehekrach zwischen den betroffenen Parteien hin und her. Von Zeit zu Zeit veröffentlichte er im *Ha'arez* kurze, scharfsinnige Artikel über politische Tagesfragen. Manchmal fuhr er allein für ein paar Urlaubstage in eine Privatpension in eine der alten Moschawot* des nördlichen Scharon. Sommer für Sommer versuchte er mit neuem begeisterten Elan, Autofahren zu lernen, fiel aber Herbst für Herbst bei der Prüfung durch. Ab und zu fand eine Frau, die er in der Praxis oder bei Freunden kennengelernt hatte, den Weg zu seiner verschlampten Wohnung und in sein nach frischer Wäsche schreiendes Bett. Wo sie dann rasch entdeckte, daß Fima viel mehr auf ihr Vergnügen aus war als auf sein eigenes. Manche Frauen fanden das großartig und herzerweichend, andere gerieten eher in Verlegenheit und machten sich schnell aus dem Staub. Er war imstande, eine Frau ein bis zwei Stunden lang mit zarten, abwechslungsreichen Liebkosungen voll Erfindungsreichtum, Einfallsgabe und sogar körperlichem Humor zu überhäufen und erst zum Schluß so schnell mal nebenbei sich seine eigene Befriedigung zu verschaffen, kaum daß seine Geliebte überhaupt mitbekam, daß er schon seine bescheidene und wohlverdiente Kommission bei ihr erhoben hatte, während er sich ihr immer noch aufmerksam hingab. Frauen, die ihrer Beziehung zu Fima ein gewisses Maß an Kontinuität oder Festigkeit zu verleihen suchten, ihm womöglich bereits den Wohnungsschlüssel

---

* *Moschawa* (Mehrzahl: Moschawot), schon in der Anfangszeit der zionistischen Besiedlung gegründete landwirtschaftliche Kolonien, in denen jeder Bauer oder Pflanzer unabhängig und meist auch mit Lohnarbeitern seinen Hof bewirtschaftete. Manche dieser Siedlungen haben sich ihren dörflichen Charakter bewahrt, andere sind zu Städten herangewachsen. Nicht zu verwechseln mit dem Moschaw (Mehrzahl: Moschawim), einem Dorf mit genossenschaftlichen Zügen, das weitgehend auf Lohnarbeit verzichtet.

entlockt hatten, veranlaßten ihn, nach zwei, drei Wochen in seine verlotternde Pension in Pardes Chana oder Magdiel zu flüchten und erst zurückzukehren, wenn sie die Hoffnung aufgegeben hatten. Aber derlei Dinge hatten sich eher bis vor fünf, sechs Jahren ereignet und waren seither immer seltener geworden.

Als Jael ihm Anfang 1966 aus Seattle schrieb, es gebe einen anderen Mann in ihrem Leben, mußte Fima innerlich über die abgedroschene Phrase »ein anderer Mann in meinem Leben« lachen. Die Liebesaffären seines Geißbockjahrs, die Ehe mit Jael, Jael selber – all das erschien ihm jetzt nicht weniger banal, verstiegen und sogar kindisch als die revolutionäre Untergrundzelle, die er zu Gymnasialzeiten zu gründen versucht hatte. Er nahm sich vor, ein paar schlichte Zeilen zu verfassen, um sowohl ihr als auch dem anderen Mann alles Gute für ihr Leben zu wünschen. Aber als er sich gegen Abend an den Schreibtisch setzte, konnte er bis zum nächsten Mittag nicht mit dem Schreiben aufhören und hatte sich einen vierunddreißig Seiten langen, glühenden Brief abgerungen, in dem er ihr gestand, wie sehr er sie liebte. Beim Wiederlesen verwarf er diesen Brief, zerriß ihn, schmiß die Fetzen ins Klosett und zog die Spülung, denn wer konnte Liebe in Worte fassen, und wenn sie sich schon verbal ausdrücken ließ, war das doch ein Zeichen, daß sie verflogen war. Oder zumindest dabei, sich auf und davon zu machen. Zum Schluß riß er ein Blatt aus einem Rechenheft und kritzelte darauf: »Ich kann nicht aufhören, Dich zu lieben, weil das nicht von mir abhängt, aber Du bist natürlich frei. Was bin ich bloß blind gewesen. Wenn es hier im Haus was gibt, das Du brauchst, schreib nur, und ich schicke es ab. Vorerst sende ich Dir per Paket drei Nachthemden, die pelzbesetzten Hausschuhe und die Fotos. Aber wenn es Dir nichts ausmacht, lasse ich den Schnappschuß von uns beiden im galiläischen Bethlehem hier bei mir.« Diesem Brief entnahm Jael, daß Fima in die Scheidung einwilligte und keine Schwierigkeiten machen werde. Als sie jedoch in Jerusalem ankam, ihm einen grauen, trägen Typ mit zu breiten Kinnbacken und einer Stirn, an der ein Paar dicke Augenbrauen wie struppige Schnauzbarte wuchsen, vorstellte und sagte: Darf ich bekannt machen, das ist Efraim Nissan, und das ist Ted Tobias, laßt uns alle drei gut Freund sein, bereute Fima das Ganze und lehnte es nachdrücklich ab, sich scheiden zu lassen. Ted und Jael kehrten also nach Seattle zurück. Die Verbindung riß bis auf ein paar Luftpostbriefe und Postkarten zur Regelung unumgänglicher Angelegenheiten ab.

Viele Jahre später, Anfang 1982, erschienen Ted und Jael eines Winterabends bei Fima mit ihrem dreijährigen Sohn, einem nachdenklichen Albino, der leicht schielte, eine Brille mit dicken Gläsern trug und in einem amerikanischen Astronautenanzug steckte, an dem ein glitzerndes Metallschildchen mit der Aufschrift *Challenger* prangte. Dieser Kleine zeigte sich imstande, komplizierte Bedingungssätze zu formulieren und heiklen Fragen auszuweichen. Fima war sofort in den kleinen Dimmi Tobias vernarrt, gab daher seinen Widerstand auf und bot Jael und Ted Scheidung, Hilfe und Freundschaft an. Für Jael allerdings hatte die Scheidungssache jegliche Bedeutung verloren, und auch in der Freundschaft sah sie keinen Sinn mehr: In den vergangenen Jahren hatte sie sich bereits zweimal von Ted getrennt und Affären mit ein paar anderen Männern gehabt, bevor sie sich entschloß, zu Ted zurückzukehren und fast in allerletzter Minute noch Dimmi zur Welt zu bringen. Fima gewann das Herz des versonnenen Challengers mit einer Geschichte über einen räuberischen Wolf, der Raub und Gewalt zu entsagen beschloß und sich einer Hasenkolonie anschließen wollte. Als die Geschichte zu Ende war, schlug Dimmi seinerseits einen anderen Ausgang vor, der Fima logisch, feinfühlig und humorvoll erschien.

Unter Einschaltung von Fimas Vater wurde die Scheidung im stillen arrangiert. Ted und Jael ließen sich in Bet-Hakerem nieder, fanden beide Arbeit in einem Forschungsinstitut und teilten jedes Jahr in drei Teile: Sommer in Seattle, Herbst in Pasadena, Winter und Frühling in Jerusalem. Manchen Freitagabend luden sie Fima zu sich nach Hause ein, wo sich auch die Kropotkins, die Gefens und die übrigen Mitglieder der Gruppe versammelten. Zuweilen ließen sie Dimmi bei Fima in Kiriat Jovel und fuhren für zwei, drei Tage nach Elat oder Obergaliläa. Abends diente ihnen Fima als ehrenamtlicher Babysitter, weil er Zeit hatte und sich zwischen ihm und Dimmi eine Freundschaft entwickelte. Aufgrund einer sonderbaren Logik redete der Kleine Fima mit »Großvater« an – und Fimas Vater ebenso. Fima erwarb die Fertigkeit, aus Streichholzschachteln, Streichhölzern und Klebstoff Häuser, Burgen, Schlösser und Befestigungsanlagen mit Schießscharten zu basteln. Was völlig dem Bild widersprach, das seine Freunde, Jael und auch er selber sich von ihm machten – das Abbild eines Schlemihls, der mit zwei linken Händen auf die Welt gekommen war und niemals lernen würde, einen tropfenden Hahn zu reparieren oder einen Knopf anzunähen.

Neben Dimmi und seinen Eltern gehörten dem Kreis eine Reihe sympathischer, arrivierter Menschen an, die Fima teils schon aus Studentenzeiten kannten, seine Geißbockjahrerlebnisse von fern mitverfolgt hatten und zum Teil immer noch hofften, der Bursche werde eines Tages aufstehen, sich schütteln und auf die eine oder andere Weise Jerusalem in Taumel versetzen. Stimmt, manchmal geht er einem ein bißchen auf die Nerven, sagten sie, er übertreibt gern, hat kein Gefühl für das richtige Maß, aber wenn er glänzt, dann glänzt er. Eines Tages werden wir noch von ihm hören. Der Einsatz lohnt sich bei ihm. Wie er etwa letzten Freitag – zu Beginn des Abends, bevor er mit seinen Politikerimitationen anfing – Zwi das Wort »Kult« vom Mund weggeschnappt und uns alle wie Kleinkinder gefesselt hat, als er plötzlich bemerkte, »aber es ist doch alles Kult«, und dann aus dem Handgelenk diese Theorie da entwickelte, über die wir nun schon die ganze Woche sprechen. Oder dieser verblüffende Vergleich zwischen Kafka und Gogol, die er dann beide wiederum den chassidischen Volkslegenden gegenüberstellte.

Im Lauf der Jahre lernten einige von ihnen die Mischung aus Scharfsinn und Zerstreutheit, Trauer und Begeisterung, Feinsinn und Hilflosigkeit, Tiefe und Torheit zu schätzen, die sie bei Fima entdeckten. Außerdem konnte man ihn jederzeit zum Korrigieren von Druckfahnen oder zur Beratung über einen Aufsatzentwurf heranziehen. Hinter seinem Rücken tuschelte man gutmütig: Das ist doch einer, wie soll man sagen, ein origineller, warmherziger Typ, bloß faul ist er. Ohne jeden Ehrgeiz. Denkt einfach nicht an morgen. Dabei ist er ja nicht mehr jung.

Trotz allem: etwas an seinem dicklichen Äußeren, seiner plumpen, gedankenversunkenen Gehweise, der hübschen hohen Stirn, den müde herabhängenden Schultern, dem schütteren hellen Haar, den guten Augen, die immer verloren nach innen oder aber über Berge und Wüsten hinweg zu schauen schienen – etwas an seiner Gestalt überschwemmte sie mit Zuneigung und Freude und zauberte ihnen ein breites Lächeln aufs Gesicht, wenn sie ihn auch nur von weitem, von der anderen Straßenseite aus, im Stadtzentrum herumlaufen sahen, als wisse er nicht, wer ihn hergebracht hatte und wie er hier wieder herauskam. Dann sagten sie: Da geht Fima und fuchtelt mit den Armen, diskutiert sicher mit sich selbst und siegt gewiß in der Debatte.

Auch entstand über die Jahre eine gespannte, zornerfüllte, widerspruchsvolle Freundschaft zwischen Fima und seinem Vater, dem bekannten Kosmetikfabrikanten und Altmitglied der Cherut-Bewegung* Baruch Numberg. Noch jetzt, da Fima vierundfünfzig und sein Vater zweiundachtzig Jahre zählte, stopfte der Vater seinem Sohn zum Abschluß eines jeden Besuchs zwei, drei Zehnschekelnoten oder einen Zwanziger in die Hosentasche. Und Fima zahlte insgeheim monatlich achtzig Schekel auf ein Sparkonto ein, das er auf den Namen von Teds und Jaels Sohn eröffnet hatte. Der Junge war jetzt zehn Jahre alt, sah aber immer noch wie sieben aus: verträumt und voller Vertrauen. Manchmal meinten Fremde im Autobus eine leichte Ähnlichkeit zwischen dem Kind und Fima festzustellen – im Kinnschnitt, an der Stirn oder vielleicht im Gang. Im letzten Frühjahr hatte Dimmi zwei Schildkröten und ein paar Seidenraupen in einem kleinen Verschlag halten wollen, den Fima und Ted ihm auf dem verlotterten Küchenbalkon in Kiriat Jovel freimachten. Und obwohl Fima bei anderen und auch in seinen eigenen Augen als unrettbar vergeßlicher, zerstreuter Faulpelz galt, gab es den ganzen Sommer über nicht einen einzigen Tag, an dem er vergessen hätte, das zu reinigen, mit Futter zu versorgen und zu streuen, was er als »unseren Flausensack« bezeichnete. Aber jetzt im Winter waren die Seidenraupen eingegangen. Und die zwei Schildkröten hatten sie dort unten im Wadi freigelassen, wo Jerusalem aufhört und die Felsenöde beginnt.

4.
Hoffnungen auf den Anfang eines neuen Kapitels

Der Eingang zur Privatpraxis in Kiriat Schmuel lag auf der Rückseite des Hauses. Ein mit Jerusalemstein gepflasterter Pfad führte durch den Garten dorthin. Jetzt im Winter bedeckten regenfeuchte Piniennadeln den Weg und machten ihn schlüpfrig. Fima war ganz und gar in die Frage vertieft, ob der kältestarre Vogel, den er auf einem niedrigen Zweig entdeckt hatte, wohl die von West nach Ost rollenden Donnerschläge hörte: Kopf und Schnabel hatte er tief unter den Flügeldaunen vergraben. Von Zweifeln befallen, blickte Fima noch einmal nach hinten, um sich zu vergewissern, ob es wirklich ein Vogel war oder vielleicht nur ein nasser Zapfen. Dabei rutschte er aus und landete auf den Knien. Ja, verharrte kurz auf allen

---

* *Cherut-Bewegung*, Hauptteil des rechtsgerichteten Likud-Blocks.

vieren – nicht etwa vor Schmerzen, sondern vor lauter Schadenfreude über sich selbst. Und sagte mit leiser Stimme: Alle Achtung, mein Lieber.

Irgendwie fand er diesen Sturz wohlverdient, und zwar gerade als logische Folge des kleinen Wunders, das sich auf der Herfahrt am Fuß des Hilton-Hotels ereignet hatte.

Schließlich kam er wieder auf die Beine und blieb zerstreut im Regen stehen wie jemand, der nicht weiß woher und wohin. Er hob den Kopf und blickte zu den obereren Stockwerken hinauf, sah aber nur geschlossene Läden und mit Gardinen verhangene Fenster. Auf manchen Balkons standen vereinzelte Geranienkästen, deren Blüten durch den Regen einen sinnlichen Schimmer gewannen und dadurch an die geschminkten Lippen einer geschmacklosen Frau erinnerten.

Am Eingang der Praxis hing ein schwarzes Glasschild von diskreter Eleganz mit der silbernen Inschrift: *Dr. Wahrhaftig – Dr. Etan – Fachärzte für Frauenheilkunde*. Zum tausendstenmal debattierte Fima innerlich mit diesem Schild, wieso es denn nicht auch Fachpraxen für Männerheilkunde gab und was diese schwerfällige Formulierung sollte – die Sprache duldete keine solche Häufung zusammengesetzter Substantive. Doch sofort verspottete er sich selbst wegen des Ausdrucks »die Sprache duldet nicht«, der ihm in jeder Hinsicht banal und absurd erschien. Scham und Schmach erfüllten ihn, als ihm wieder einfiel, daß er beim Nachrichtenhören weniger über den Tod des arabischen Jungen im Flüchtlingslager Jabaliya als über den üblen Gebrauch der Wendung »von einem Plastikgeschoß getötet worden« in Aufruhr geraten war.

Besaß ein Geschoß denn Hände?

Wurde sein eigenes Hirn etwa langsam rissig?

Wieder versammelte er seine Minister zu einer Kabinettssitzung in dem verlotterten Klassenzimmer. Vor die Tür plazierte er einen Wachtposten in Palmach*-Manier mit kurzen Hosen, Kefiyah und Strickmütze. Einige Minister setzten sich vor ihn auf den blanken Boden. Andere lehnten an der mit Schautafeln bedeckten Wand. Fima legte ihnen mit knappen, scharfen Worten die Notwendigkeit dar, zwischen »den Gebieten, die wir im Sechstagekrieg erobert haben, und der Wahrung unserer Identität zu wählen«. Gleich darauf, als alle noch in heller Erregung waren, ließ er ab-

---

* *Palmach*, Kommandotruppe der jüdischen Untergrundarmee Hagana. Wirkte entscheidend am israelischen Unabhängigkeitskrieg mit und wurde danach aufgelöst.

Der dritte Zustand 1471

stimmen, wobei er gewann, und gab sofort detaillierte Ausführungsbestimmungen.

Vor dem Sieg im Sechstagekrieg war die Lage der Nation weniger gefährlich und destruktiv als heute, grübelte er. Oder vielleicht nicht weniger gefährlich, sondern nur weniger drückend und deprimierend? Fällt es uns leichter, mit der drohenden Vernichtung zu leben, als auf der Anklagebank zu sitzen? Die drohende Vernichtung hat uns Stolz und Gemeinschaftsgefühl verliehen, aber die Anklagebank ruiniert unsere Moral. Doch eigentlich ist es nicht richtig, die Alternative so zu formulieren. Und womöglich ruiniert die Anklagebank nur die Moral der Intelligenz russischer und westlicher Abstammung, während die Masse des Volkes sich gar nicht nach dem Stolz Davids gegenüber Goliat sehnt? Und der Ausdruck »Masse des Volkes« ist doch ein hohles Klischee. Unterdessen ist deine Hose durch den Sturz schlammverschmiert, die Hände, die den Schlamm abwischen wollen, kleben ebenfalls vor Dreck, und es regnet und regnet einem schlankweg auf den Kopf. Jetzt ist es schon fünf nach eins. Er konnte sich anstrengen, wie er wollte, pünktlich zur Arbeit zu erscheinen, irgendwie kam er immer zu spät.

Die Praxis erstreckte sich über zwei miteinander verbundene Privatwohnungen im Erdgeschoß. Die mit verschnörkelten Gittern gesicherten Fenster gingen auf einen kahlen, nassen Jerusalemer Garten hinaus, beschattet von dunklen Pinien, zu deren Füßen hier und da ein paar graue Felsblöcke sprossen. Die Baumkronen rauschten schon beim leichtesten Luftzug. Jetzt im stürmischen Wind mußte Fima an ein entlegenes Dorf in Polen oder vielleicht einer der baltischen Republiken denken, ein Dorf, in dem der Sturm durch die umgebenden Wälder pfeift, über verschneite Felder peitscht, in die Strohdächer der Hütten bläst und die Kirchenglocken zum Schwingen bringt. Und der Wolf heult in der Nähe. Im Kopf hatte er schon eine kleine Geschichte fertig über dieses Dorf, über Nazis, Juden und Partisanen – vielleicht würde er sie heute abend Dimmi erzählen und von ihm dafür einen Marienkäfer im Glas oder ein Raumschiff aus einem Stück Apfelsinenschale erhalten.

Aus dem zweiten Stock perlten Klavier-, Geigen- und Celloklänge der drei ältlichen Musikerinnen, die dort wohnten, Privatstunden gaben und wohl ab und zu in kleinen Sälen zu Gedenktagen, bei der feierlichen Verleihung des Preises für jiddische Literatur oder der Einweihung eines Kulturhauses oder Pensionärsklubs auftraten. Obwohl Fima schon jahrelang in dieser Praxis arbeitete, verkrampfte sich sein Herz jedesmal, wenn er ihr Spiel hörte – als antworte ein verborgenes Cello in seinem Innern auf den Ruf eines Cellos von droben, erwidre mit stummem Zauberklang. Und als wachse tatsächlich über die Jahre eine geheimnisvolle Verbindung zwischen dem, was man hier unten Frauenkörpern mit Edelstahlzangen antat, und der klingenden Melancholie von oben.

Dr. Wahrhaftig sah einen dicklichen, schlampigen Fima mit dreckverschmierten Knien und Händen vor sich, der ihn wie ein betretenes Kind anlächelte. Wie immer erregte Fimas Anblick seine freudige Zuneigung, vermischt mit dem starken Drang, ihm einen Rüffel zu erteilen. Er war ein sanfter, etwas ängstlicher Mann, der aufgrund seines rührseligen Wesens häufig nur mit Mühe die Tränen zurückzudrängen vermochte, besonders wenn jemand sich bei ihm entschuldigte und um Vergebung bat. Vielleicht war er deswegen stets bemüht, den gestrengen Wüterich zu markieren und seine ganze Umgebung durch Tadel und Rügen einzuschüchtern. Die ihm aber wiederum stets höflich gerieten, sichtlich bedacht, ja nicht zu verletzen: »Ah! Exzellenz! Herr Generalmajor von Nissan! Geradewegs aus dem Schützengraben! Man muß Ihnen einen Orden anheften!«

Fima sagte zaghaft: »Ich hab' mich ein bißchen verspätet. Tut mir leid. Ich bin hier im Eingang ausgerutscht. So ein Regen draußen.«

Wahrhaftig brüllte: »Ach ja! Wieder mal diese fatale Verspätung! Wieder mal *force majeure*!« Und erzählte Fima zum hundertstenmal den Witz von dem Verstorbenen, der zu seiner eigenen Beerdigung zu spät gekommen war.

Er war ein breiter, massiger Typ mit der Gestalt eines Kontrabasses, das rote, schmächtige Gesicht aufgedunsen wie das eines Säufers und mit einem Netz kränklicher Adern durchzogen, die so dicht unter der Haut lagen, daß man ihm beinah den Puls am Zittern des Wangengewebes ablesen konnte. Zu jeder Gelegenheit hatte er einen Scherz parat, der stets mit den Worten »es gibt einen alten Witz« begann. Und jedesmal brach er in schallendes Lachen aus, sobald er sich nur der Pointe näherte. Fima, der bereits zur Genüge wußte, warum der Tote seine Beerdigung verpaßt hatte, lächelte trotzdem leicht, weil er diesen sanften Mann, der den Tyrannen nur spielte, gern mochte. Wahrhaftig schwang mit seiner dröhnenden Herrscherstimme oft lange Reden über Themen wie die Beziehung zwischen Eßgewohnheiten und Weltanschauung oder den ewigen Gegensatz zwischen dem Künstler und dem Gelehrten oder das sozialistische Wirtschaftssystem, das zu Nichtstun und Schwindelei ermuntere und daher für einen geordneten Staat unpassend sei. Die Worte »geordneter Staat« pflegte er mit mystischem Pathos auszusprechen – wie ein Gläubiger, der die Wundertaten Gottes preist.

»Leer bei uns heute«, sagte Fima.

Wahrhaftig erwiderte, in einigen Minuten müsse eine Dame, eine berühmte Malerin, mit einer leichten Eileiterverstopfung eintreffen. Das Synonym Muttertrompete erinnerte ihn dann wiederum an einen alten Witz, den er Fima nicht ersparte.

Inzwischen war lautlos wie auf Samtpfoten Dr. Gad Etan aus seinem Zimmer hervorgeschossen. Hinter ihm kam die Schwester Tamar Greenwich, die etwas von den Pionierinnen der alten Generation an sich hatte – eine Mittvierzigerin im himmelblauen Baumwollkleid, das Haar streng zurückgekämmt und zu einem kleinen Wollknäuel im Nacken gebunden. Wegen eines eigenartigen Pigmentfehlers war das eine Auge grün und das andere – braun. Sie durchquerte die Aufnahme, am Arm eine blasse Patientin, die sie in ein hier »Aufwachraum« genanntes Nebenzimmer führte.

Dr. Etan, ein elastischer Tarzantyp, lehnte sich an den Aufnahmeschalter und kaute langsam seinen Kaugummi. Mit einer Kinnbewegung erwiderte er Fimas Gruß oder Wahrhaftigs Frage an ihn oder auch beides. Seine wäßrigblauen Augen fixierten irgendeinen Punkt hoch über der Modigliani-Reproduktion. Mit seinem blasierten Gesicht und dem schmalen blonden Schnurrbärtchen erschien er Fima wie ein hochmütiger preußischer Diplomat, der gegen seinen Willen an die Botschaft in der Äußeren Mongolei versetzt worden ist. Er ließ Wahrhaftig noch einen alten Witz fertig erzählen. Dann trat Stille ein, in die er ein Weilchen später, wie ein schläfriger Gepard, fast ohne die Lippen zu bewegen, einwarf: »Los. Genug gebrabbelt.«

Wahrhaftig gehorchte sofort und trottete ihm nach ins Behandlungszimmer. Die Tür fiel hinter ihnen ins Schloß. Ein Schwall penetranten Desinfektionsgeruchs drang zwischen Türöffnen und Türschließen aus dem Raum.

Fima wusch sich die Hände am Waschbecken und machte Kaffee für die Patientin im Aufwachraum. Dann schenkte er auch Tamar und sich ein, zog eine weiße Jacke über, setzte sich hinter seine Schaltertheke und sah den Terminkalender durch, in dem er die Besuche der Patientinnen vermerkte. Bei sich nannte er dieses Heft *Sefer Schalschelet Hakabbala* – »Aufnahmefolge« oder auch »Kette der Überlieferung«, Titel eines alten historiographischen Werks. Auch hier schrieb er Zahlen nicht in Ziffern, sondern in Buchstaben. Außer den Besuchen vermerkte er eingegangene und aufgeschobene Zahlungen, Termine für Laboruntersuchungen, Untersuchungsergebnisse und Terminänderungen. Darüber hinaus führte er die Patientenkartei mit Krankengeschichte, Rezeptkopien, Ultraschallergebnissen und Röntgenbildern. Darin und in der Beantwortung des Telefons erschöpfte sich seine Tätigkeit. Abgesehen vom Kaffeekochen alle zwei Stunden für die beiden Ärzte und die Schwester und gelegentlich auch für eine Patientin nach einer schmerzhaften Behandlung.

Seinem Tisch gegenüber befand sich eine Warteecke mit Couchtisch, zwei Sesseln, Teppich sowie Degas und Modigliani an den Wänden. Manchmal war Fima aus eigenen Stücken bereit, einer Wartenden die Zeit zu versüßen, indem er ihr ein lockeres Gespräch über ein neutrales Thema wie die Preiserhöhungen oder ein Fernsehprogramm vom Vorabend aufnötigte. Aber die meisten Patientinnen warteten lieber schweigend und blätterten Zeitschriften durch, woraufhin Fima die Augen in seine Papiere vergrub und seine Präsenz möglichst verringerte, um keine Verlegenheit entstehen zu lassen. Was mochte sich hinter den geschlossenen Türen der Behandlungsräume abspielen? Was war die Ursache jenes weiblichen Seufzers, den Fima hörte oder zu hören meinte? Was drückten die Züge der einzelnen Frauen beim Kommen und beim Gehen aus? Welche Geschichte endete da in dieser Praxis? Oder welche begann? Welcher Männerschatten stand hinter dieser und jener Frau? Wer war das Kind, das nicht geboren werden würde? Wie hätte sein Schicksal aussehen können? Solche Fragen versuchte Fima gelegentlich zu beantworten – oder zu formulieren –, wobei Schauder und Abscheu mit der tiefempfundenen Verpflichtung rangen, wenigstens im Geist jede Art von Leid mitzufühlen. Mal erschien ihm die Weiblichkeit selbst als himmelschreiendes Unrecht, ja fast als grausame Krankheit, die die Hälfte der Menschheit befallen hatte und die Betroffenen Demütigungen und Beleidigungen aussetzte, die der anderen Hälfte erspart blieben. Mal wiederum erwachte unbestimmter Neid in ihm, ein Gefühl der Benachteiligung und des Versäumens, als sei ihm irgendeine geheime Gabe versagt, die es den weiblichen Erdenbürgern erlaubt, sich auf eine einfache – ihm für immer versperrte – Weise mit der

Der dritte Zustand   1475

Welt zu verbinden. Soviel er auch darüber nachgrübelte – es wollte ihm nicht gelingen, zwischen Mitgefühl und Neid zu trennen oder zu wählen. Gebärmutter, Empfängnis, Schwangerschaft, Geburt, Mutterschaft, Stillen, sogar die Monatsregel, ja selbst Ausschabung und Abtreibung versuchte er sich in Gedanken auszumalen, getragen von dem ständigen Bemühen, in der Phantasie das zu empfinden, was ihm zu empfinden nicht vergönnt war, wobei es so im Grübeln vorkommen konnte, daß ein Finger sich unwillkürlich hinreißen ließ, seine Brustwarzen zu betasten. Die ihm wie Spott und Hohn oder vielleicht wie klägliche Überreste erschienen. Zum Schluß überflutete ihn eine Woge tiefen Mitleids mit aller Welt, Männern und Frauen, als sei er zu dem Empfinden gelangt, die Trennung in Geschlechter sei nichts als ein böser Scherz. Als sei es an der Zeit, ihr nun durch Zuneigung und Vernunft tatkräftig ein Ende zu bereiten. Oder zumindest das aus dieser Trennung entstehende Leid zu verringern. Unaufgefordert pflegte er hinter seinem Tisch hervorzukommen, um einer Wartenden ein Glas Wasser aus dem Kühlschrank einzuschenken und es ihr dann mit zaghaftem Lächeln zu reichen, wobei er etwa murmelte: Wird schon gut werden. Oder: Trinken Sie, dann fühlen Sie sich besser. Meist erregte er nur leises Staunen, aber zuweilen gelang es ihm, ein dankbares Lächeln hervorzuzaubern, auf das er mit einem Kopfnicken reagierte, als wolle er sagen: Wenigstens etwas.

Wenn Fima zwischen Telefonaten und Eintragungen Zeit blieb, las er schon mal einen Roman in Englisch. Oder die Biographie eines Staatsmanns. Doch meist las er keine Bücher, sondern verschlang die beiden Abendzeitungen, die er auf dem Herweg kaufte, peinlich bedacht, auch nicht die kleinste Meldung zu übersehen. Kommentare, Klatschspalten, eine Veruntreuung im Safeder Konsumladen, eine Bigamieaffäre in Aschkelon, eine unglückliche Liebe in Kfar Saba – alles war für ihn von Interesse. Hatte er die Zeitungen durchforstet, saß er nachdenklich da. Oder berief Kabinettssitzungen ein, steckte seine Minister in Guerillauniformen, schwang Reden vor ihnen, verkündete bedrohliche und tröstende Prophezeiungen, erlöste die Kinder Israels gegen ihren eigenen Willen und schuf Frieden im Land.

Wenn Ärzte und Schwester zwischen den Behandlungen zu ihm herauskamen, um Kaffee zu trinken, büßte Fima zuweilen jäh die Fähigkeit zum Zuhören ein und fragte sich, was er eigentlich hier machte, was ihn mit diesen Fremden verband. Doch er fand keine Antwort auf die Frage, wo er denn sonst sein müßte. Obwohl er heftig, schmerzlich spürte, daß es einen Ort gab, an dem man auf ihn wartete und über sein Ausbleiben verwundert war. Danach kramte er lange in seinen Taschen, förderte schließlich Tabletten gegen Sodbrennen zutage, von denen er eine im Mund zerkaute, und durchforstete noch einmal die Zeitungen – womöglich hatte er die Hauptsache übersehen.

Etan war Wahrhaftigs Exschwiegersohn: Gad Etan hatte Alfred Wahrhaftigs einzige Tochter geheiratet, die vor zehn Jahren mit einem Gastdichter, in den sie sich bei ihrer Arbeit auf der Jerusalemer Buchmesse verliebt hatte, nach Mexiko durchgebrannt war. Wahrhaftig, der Gründer und Seniorpartner der Praxis, legte Gad Etan gegenüber ein sonderbar ehrfürchtiges Verhalten an den Tag und überhäufte seinen ehemaligen Schwiegersohn mit kleinen Gesten demütiger Selbstverleugnung, die er unter höflichen Wutausbrüchen zu tarnen suchte. Dr. Etan, der auf Fruchtbarkeitsprobleme spezialisiert war, bei Bedarf aber auch als Anästhesist fungierte, war hingegen ein kühler, schweigsamer Typ. Er besaß die feste Angewohnheit, lange konzentriert auf seine Finger zu starren, als fürchte er sie zu verlieren. Oder als verblüffe ihn deren bloße Existenz nach wie vor. Tatsächlich waren es lange, wohlgeformte, bewundernswert musikalische Finger. Außerdem bewegte sich Etan wie ein schläfriges Tier oder umgekehrt wie jemand, der diese Minute aus dem Schlaf erwacht. Zuweilen legte sich ein leises, kaltes Lächeln über seine Züge, bei dem die wäßrigblauen Augen nicht mitmachten. Doch gerade diese Kühle weckte staunendes Vertrauen bei den Frauen und irgendeinen Drang, ihn aus seiner Reserve hervorzulocken oder seine Grausamkeit zum Schmelzen zu bringen. Etan ignorierte zarte Werbungen und quittierte Geständnisse seiner Patientinnen mit einem trockenen Satz wie: »Gut. Ja. Aber es bleibt keine Wahl.« Oder: »Was soll man machen. So was passiert.«

Mitten in Wahrhaftigs Witzen vollführte Etan zuweilen eine schnelle Hundertachtziggraddrehung im Stand, wie ein Panzerturm, und verschwand mit katzenartigen Schritten hinter seiner Sprechzimmertür. Es schien, als weckten alle Menschen, egal ob Männer oder Frauen, leichte Verachtung bei ihm. Und da er seit einigen Jahren wußte, daß Tamar in ihn verliebt war, hatte er seinen Spaß daran, ihr ab und zu einen kurzen, ätzenden Satz an den Kopf zu werfen: »Was hast du denn heute für einen Geruch an dir.« Oder: »Zieh doch den Rock glatt. Du brauchst deine Knie nicht an uns zu verschwenden. Diesen Anblick bietet man uns hier zwan-

zigmal am Tag.« Und diesmal sagte er: »Leg mir bitte Scheide und Gebärmuttermund dieser Malerin auf den Tisch. Ja. Die berühmte Dame. Ja. Die Ergebnisse. Was hast du denn gedacht. Ja. Ihre. Deine brauche ich nicht.«
Tamars Augen, das grüne linke wie das braune rechte, füllten sich mit Tränen der Demütigung. Worauf Fima, als wolle er die Prinzessin aus den Klauen des Drachens befreien, aufsprang und selbst das gewünschte Krankenblatt zum Tisch des Arztes trug. Der einen leeren Blick hineinwarf, die Augen dann wieder starr auf seine Finger richtete – vor der starken Behandlungslampe erstrahlten seine weiblichen Finger in unnatürlichem, fast durchsichtigem Rosenglanz – und es für richtig hielt, auch Fima mit einer tödlichen Salve zu belegen: »Weißt du zufällig, was ›Regel‹ bedeutet? Dann richte bitte Frau Licht aus, ja, heute, ja, telefonisch, gewiß doch, daß ich sie genau zwei Tage nach ihrer nächsten Regel hier haben muß. Und falls ›Regel‹ am Telefon nicht gut rüberkommen sollte, sag ihr bitte, zwei Tage nach der Periode. Ist mir egal, was du sagst. Meinetwegen sag ihr zwei Tage nach ihrem Thorafreudenfest. Hauptsache, du gibst ihr einen entsprechenden Termin. Danke.«
Wahrhaftig, der im Fall eines Brandes dazu neigte, den Inhalt des nächstbesten Eimers ins Feuer zu kippen, ohne erst groß zu prüfen, ob Wasser oder Benzin drin war, mischte sich ein: »Thorafreudenfest, das erinnert mich an einen alten Witz über Begin und Jassir Arafat.« Und schon begann er zum hundertsten Mal zu erzählen, wie Begins Scharfsinn über Arafats Schlechtigkeit siegte.
Gad Etan erwiderte: »Ich hätte sie alle beide aufgehängt.«
Tamar sagte: »Gad hat einen schweren Tag gehabt.«
Und Fima fügte seinerseits hinzu: »Es sind überhaupt schwere Tage. Was wir in den Gebieten machen, wird andauernd nach Kräften verdrängt, mit dem Ergebnis, daß eine wut- und aggressionsgeladene Atmosphäre herrscht und jeder über jeden herfällt.«
An diesem Punkt stellte Wahrhaftig die Rätselfrage, was der Unterschied zwischen Monte Carlo und Ramallah sei? Und erzählte noch einen Witz. Wobei er mittendrin, auf halbem Weg zwischen Monte Carlo und Ramallah, in dröhnendes Gelächter ausbrach. Doch plötzlich erinnerte er sich seiner Autorität, wurde zornrot im Gesicht, plusterte sich auf – die Wange zitterte – und donnerte vorsichtig: »Bitte! Die Pause ist beendet! Tut mir leid! Fima! Tamar! Auf der Stelle die Kneipe schließen! Unser

ganzer Staat hier – asiatischer als Asien! Was heißt Asien! Afrika! Aber bei mir wird noch wie in einem geordneten Staat gearbeitet!«

Diese Worte waren allerdings überflüssig, da Gad Etan bereits wieder in sein Zimmer geschlüpft war, Tamar sich draußen das Gesicht wusch und Fima sowieso nicht von seinem Schalter wich.

Um halb sechs kam eine große, blonde Frau in einem hübschen schwarzen Kleid. Sie hielt vor Fimas Tisch und fragte, fast wispernd, ob man's ihr ansähe? Ob sie grauenhaft aussähe?

Fima, der die Frage nicht gehört hatte, antwortete versehentlich auf eine andere: »Aber sicher, Frau Tadmor. Natürlich wird keiner etwas erfahren. Sie können beruhigt sein. Wir sind hier diskret.« Und obwohl er es taktvoll vermied, sie anzublicken, spürte er ihre Tränen und fügte hinzu: »Hier in der Schachtel sind Papiertaschentücher.«

»Sind Sie auch Arzt?«

»Nein, Frau Tadmor. Ich bin nur Büroangestellter.«

»Sie sind schon lange hier?«

»Von Anfang an. Seit Praxiseröffnung.«

»Da haben Sie hier gewiß alle möglichen Szenen erlebt.«

»Manchmal gibt's hier ein paar schwierige Momente.«

»Und Sie sind kein Arzt?«

»Nein, Frau Tadmor.«

»Auf wie viele Ausschabungen kommen Sie so pro Tag?«

»Leider kann ich Ihnen diese Frage nicht beantworten.«

»Entschuldigen Sie die Frage. Das Leben hat mir jäh einen schweren Schlag versetzt.«

»Ich verstehe. Bedaure.«

»Nein, Sie verstehen nicht. Bei mir ist keine Ausschabung vorgenommen worden. Nur eine kurze Behandlung, aber ziemlich demütigend.«

»Tut mir leid. Ich hoffe, es wird Ihnen jetzt bessergehen.«

»Gewiß steht bei Ihnen genau vermerkt, was man mit mir angestellt hat.«

»Ich gucke niemals in die Krankenblätter, wenn Sie das meinen.«

»Sie haben Glück, daß Sie nicht als Frau geboren sind. Sie können nicht einmal ahnen, was Ihnen da erspart geblieben ist.«

»Bedaure. Soll ich Ihnen Kaffee machen? Oder Tee?«

»Immerfort bedauern Sie. Was bedauern Sie denn so viel? Sie haben mich ja noch nicht einmal angeschaut. Blicken ständig zur Seite.«

Der dritte Zustand

»Entschuldigen Sie. Habe ich gar nicht gemerkt. Pulverkaffee? Oder türkischen?«
»Komisch, nicht? Ich war sicher, Sie seien auch Arzt. Nicht wegen der weißen Jacke. Sind Sie zur Ausbildung hier? Praktikant?«
»Nein, Frau Tadmor. Ich bin nur Bürokraft. Vielleicht hätten Sie lieber ein Glas Wasser? Es ist kalter Sprudel im Kühlschrank.«
»Wie ist es, so lange an einem solchen Ort zu arbeiten? Ist das denn eine Stelle für einen Mann? Entwickelt man da nicht eine Abscheu gegen Frauen? Sogar in physischer Hinsicht?«
»Ich meine nicht. Jedenfalls kann ich wohl nur von mir selber sprechen.«
»Und Sie? Keine Abscheu vor Frauen?«
»Nein, Frau Tadmor. Im Gegenteil.«
»Was ist das Gegenteil von Abscheu?«
»Vielleicht Zuneigung? Neugier? Ein bißchen schwer zu erklären.«
»Warum schauen Sie mich nicht an?«
»Ich hatte nicht ..., wollte keine Verlegenheit aufkommen lassen. Da, das Wasser kocht. Darf ich einschenken? Kaffee?«
»Verlegenheit Ihrerseits? Oder meinerseits?«
»Läßt sich schwer exakt beantworten. Vielleicht sowohl als auch. Weiß nicht.«
»Haben Sie zufällig einen Namen?«
»Ich heiße Fima. Efraim.«
»Ich heiße Annette. Und Sie sind verheiratet?«
»War ich mal, Frau Tadmor. Zweimal sogar. Beinah dreimal.«
»Und ich stecke in der Ehescheidung. Richtiger gesagt, bin ich der leidende Teil. Schämen Sie sich, mich anzuschauen? Angst vor Enttäuschung? Oder wollen Sie bloß sichergehen, daß Sie nicht eines Tages mitten auf der Straße überlegen müssen, ob Sie mich nun grüßen sollen oder nicht?«
»Mit Zucker und Milch, Frau Tadmor? Annette?«
»Sie würden sich gut zum Frauenarzt eignen. Mehr als dieser komische Alte, der mir unten den Finger in der Plastikhülle reinschiebt und mich oben mit einem Witz über Kaiser Franz-Josef, der den lieben Gott bestraft, ablenken will. Darf ich das Telefon benutzen?«
»Selbstverständlich. Bitte schön. Ich bin derweil drinnen, im Karteiraum. Wenn Sie fertig sind, rufen Sie mich, damit wir einen neuen Termin vereinbaren. Brauchen Sie einen neuen Termin?«

»Fima, Efraim. Bitte. Schaun Sie mich an. Nur keine Angst. Ich werde Sie nicht verzaubern. Früher, als ich noch schön war, sind mir die Männerherzen wie Fliegen zugeschwirrt, und jetzt will mich nicht mal der Arzthelfer mehr angucken.«

Fima hob den Blick. Und schreckte sofort zurück, weil die Qualen und der Sarkasmus, die er in ihren Zügen las, momentane Begierde aufflackern ließen. Er senkte die Augen wieder auf seine Papiere und sagte behutsam: »Aber Sie sind immer noch eine sehr schöne Frau. Jedenfalls in meinen Augen. Hatten Sie nicht telefonieren wollen?«

»Nicht mehr. Hab's mir anders überlegt. Sehr viele Dinge bereue ich jetzt. Bin ich nicht häßlich?«

»Im Gegenteil.«

»Auch Sie sind nicht gerade der Hübscheste. Schade, daß Sie aufgegossen haben. Ich hatte überhaupt nicht trinken wollen. Macht nichts. Trinken Sie halt. Und vielen Dank.«

Beim Hinausgehen, an der Tür, sagte sie noch: »Sie haben meine Telefonnummer. Sie steht bei Ihnen in der Kartei.«

Fima grübelte ein wenig darüber nach. Die Worte »ein neues Kapitel« schienen ihm fast billig, und doch wußte er, daß er sich zu anderen Zeiten vielleicht in diese Annette hätte verlieben können. Aber warum zu anderen Zeiten? Zum Schluß sagte er sich in Jaels alten Worten: »Dein Problem, mein Lieber.«

Damit schob er die Papiere in die Schublade, schloß das Karteizimmer ab und ging die Tassen spülen, da bald zugemacht wurde.

5.

Fima wird bei Dunkelheit im strömenden Regen völlig durchnäßt

Nach Praxisschluß fuhr er mit dem Bus zum Stadtzentrum und suchte sich ein billiges Restaurant in einer Gasse nicht weit vom Zionsplatz, wo er Salat und Pizza mit Pilzen aß, Coca-Cola trank und eine Tablette gegen Sodbrennen lutschte. Da er nicht genug Bargeld in der Tasche hatte, wollte er mit Scheck bezahlen, den man von ihm allerdings nicht annahm. Daraufhin schlug Fima vor, seinen Personalausweis im Lokal zu hinterlegen und am nächsten Morgen wiederzukommen, um die Schuld zu begleichen. Doch in keiner Jacken-, Hemden- oder Hosentasche war der Aus-

Der dritte Zustand

weis zu finden: Gestern oder am letzten Wochenende hatte er einen elektrischen Wasserkessel anstelle des ausgebrannten gekauft, mangels ausreichender Barschaft den Personalausweis im Elektrogeschäft hinterlegt und ihn dann auszulösen vergessen. Oder war es in der Buchhandlung Steimatzky gewesen? Zu guter Letzt, schon halb verzweifelt, fischte er aus der Gesäßtasche einen zerknautschten Fünfzigschekelschein, den ihm sein Vater wohl vor zwei, drei Wäschen dort hineingestopft haben mußte. Bei der Suchaktion war auch noch eine Telefonmünze zum Vorschein gekommen, mit der Fima nun die Fernsprechzelle vor dem Sensor-Gebäude auf dem Zionsplatz ansteuerte und Nina Gefen anrief: Er erinnerte sich verschwommen, daß ihr Ehemann Uri nach Rom gefahren war. Vielleicht ließ sie sich ja überreden, ins Orion-Kino mitzugehen und die französische Komödie mit Jean Gabin anzusehen, von der Tamar ihm in der Kaffeepause erzählt hatte. An den Namen des Films konnte er sich nicht mehr erinnern. Aber am anderen Ende der Leitung ertönte Ted Tobias hölzerne, stark amerikanisch gefärbte Stimme mit der trockenen Frage: »Was ist denn nun schon wieder los, Fima?«

»Nichts, bloß daß es mir auf den Kopf regnet«, stammelte Fima verwirrt, da er nicht begriff, was Ted bei Nina Gefen wollte. Bis er mit einiger Verspätung kapierte, daß er vor lauter Zerstreutheit versehentlich Jael statt Nina angerufen hatte. Und warum hatte er was von strömendem Regen faseln müssen? Es fiel doch kein einziger Tropfen. Schließlich faßte er sich und fragte Ted, wie es Dimmi gehe und wie der Zubau des Balkons vorankomme. Ted Tobias erinnerte ihn daran, daß der Balkon schon zu Winteranfang zugebaut worden war. Und Jael sei mit Dimmi zu einer Kindervorstellung im Theater; sie würden wohl gegen zehn Uhr zurückkommen. Ob er was ausrichten solle? Fima beugte sich über seine Uhr, riet, daß es noch keine acht war, und plötzlich, ohne daß er es beabsichtigt hätte, fragte er Ted, ob er ihn mal überrumpeln dürfe, überrumpeln in Anführungszeichen natürlich, er würde sich in einer bestimmten Angelegenheit gern mal mit ihm beraten. Worauf er ihm rasch versicherte, daß er bereits zu Abend gegessen habe und keinesfalls mehr als eine viertel oder halbe Stunde rauben werde.

»Okay, geht in Ordnung«, sagte Ted. »Komm rauf. Bloß denk dran, daß wir heute abend ein bißchen beschäftigt sind.«

Fima begriff den Wink, daß er besser nicht kommen oder wenigstens nicht wie üblich bis nach Mitternacht bleiben solle. War auch nicht etwa beleidigt, sondern bot sogar großzügig an, ein andermal reinzuschauen. Aber Ted beharrte höflich energisch: »Ein halbes Stündchen geht schon.«

Fima freute sich besonders, daß es nicht regnete, weil er keinen Schirm dabei hatte und bei seiner Geliebten nicht pudelnaß ankommen wollte. Dabei merkte er jedoch, daß es immer kälter wurde, und gelangte zu dem Schluß, es bestehe Aussicht auf Schnee, was seine Freude noch erhöhte. Unterwegs, in der Gegend des Machane-Jehuda-Markts, sah er durch das Busfenster im Licht einer Straßenlaterne ein schwarzes Graffito: *Aravim – hachuza!*, das er im Geist sofort ins Deutsche übersetzte – Araber raus. Nun brauchte er nur noch »Araber« durch »Juden« zu ersetzen, um in wütende Erregung zu geraten. Augenblicklich ernannte er sich selbst zum Staatspräsidenten und beschloß einen dramatischen Schritt: Am Jahrestag des Blutbads in dem arabischen Dorf Dir Jassin würde er dem Ort einen offiziellen Besuch abstatten und zwischen den Ruinen einfache, eindringliche Worte des Inhalts sagen, daß wir israelischen Juden auch ohne Erörterung der Frage, welche Seite mehr Schuld trägt, das tiefe Leid, das den palästinensischen Arabern nun seit rund vierzig Jahren widerfährt, verstehen und zur Beendigung dieses Leids alles Vernünftige zu tun bereit sind, außer uns selbst aus der Welt zu schaffen. Eine solche Ansprache würde sofort in jeder arabischen Hütte Widerhall finden, die Phantasie anregen und womöglich ein emotionales Momentum auslösen. Einen Augenblick schwankte Fima zwischen emotionalem Momentum und emotionalem Durchbruch – welche Bezeichnung würde sich wohl besser als Überschrift für einen kleinen Artikel eignen, den er am nächsten Morgen für die Freitagszeitung zu schreiben gedachte? Schließlich verwarf er alle beide und schlug sich den Aufsatz aus dem Kopf.

Im Fahrstuhl unterwegs zum sechsten Stock des Wohnhauses in Bet-Hakerem beschloß er, diesmal gemäßigt, herzlich und gelassen aufzutreten und sich alle Mühe zu geben, mit Ted wie mit seinesgleichen zu reden, sogar in politischen Dingen, obwohl dieser ihn meist schon nach wenigen Minuten durch seine Sprechweise nervös machte – einen langsamen, wohlabgewogenen Tonfall mit wüstem amerikanischen Akzent und trockener Vernunft, unter unaufhörlichem Gefummel an den Knöpfen der hübschen Strickjacke. Wie ein offizieller Sprecher des State Department.

Zwei, drei Minuten stand Fima vor der Tür, ohne an die Klingel zu fassen, und scharrte mit den Sohlen auf der Fußmatte, um nur ja keinen Dreck hineinzutragen. Doch mitten in diesem Gekicke ohne Ball ging

Der dritte Zustand

die Tür vor ihm auf, und Ted half ihm, sich aus der Jacke zu befreien, die wegen eines Risses im Ärmelfutter zur Falle geworden war.

»Grauenhaftes Wetter«, sagte Fima.

Ted fragte, ob es schon wieder regne.

Obwohl der Regen längst, noch bevor Fima aus der Praxis weggegangen war, aufgehört hatte, erwiderte er voll Pathos: »Was heißt Regen! Eine Sintflut!«

Ohne eine Aufforderung abzuwarten, stürmte er – unter Hinterlassung feuchter Schuhabdrücke im Korridor – schnurstracks auf Teds Arbeitszimmer zu, schlug sich zwischen Bücherstapeln, Tabellen, Skizzen und Computerausdrucken auf dem Teppich durch, bis sein weiteres Vordringen an der Front des breiten Schreibtisches scheiterte, auf dem Teds Textverarbeitungsgerät stand, und lugte unerlaubterweise auf das geheimnisvolle Diagramm, das da in Grün und Schwarz auf dem Bildschirm flimmerte. Während er sich noch über seine eigene Unkenntnis in Computerdingen lustig machte, begann er zuvorkommend, als sei er der Gastgeber, auf Ted einzureden: »Setz dich, Teddy, nimm Platz, mach's dir gemütlich.« Wobei er selbst ohne Zögern den Arbeitsstuhl vor dem Computerbildschirm besetzte.

Ted fragte, was er einschenken dürfe.

»Egal«, meinte Fima. »Ein Glas Wasser. Schade um die Zeit. Oder Cognac. Oder vielleicht lieber was Heißes. Völlig gleichgültig. Ich bin ja sowieso nur auf ein paar Minuten hier.«

In breitgedehntem Tonfall mit der Trockenheit eines Telefonvermittlers und ohne Fragezeichen am Satzende entschied Ted Tobias: »Gut. Ich geb' dir Brandy. Und du bist absolut sicher, daß du Abendbrot gegessen hast.«

Fima hatte plötzlich Lust, zu lügen und zu sagen, nein, er sterbe vor Hunger. Hielt sich aber lieber zurück.

Ted, im Schaukelstuhl, hüllte sich in Schweigen und Pfeifenrauch. Ohne sein Zutun genoß Fima den Duft des erlesenen Tabaks. Und entdeckte, daß Ted ihn seelenruhig mit zurückhaltender anthropologischer Neugier musterte. Der hätte wohl auch weder gestaunt noch mit der Wimper gezuckt, wenn sein Gast plötzlich ein Lied angestimmt hätte. Oder in Tränen ausgebrochen wäre. Fima indes entschied nach einiger Überlegung, keins von beiden zu tun, und begann statt dessen: »Jael ist also nicht zu Hause und Dimmi auch nicht. Ich hab' vergessen, ihm Schokolade mitzubringen.«

»Richtig«, sagte Ted, wobei er ein Gähnen unterdrückte. Und paffte ein neues Wölkchen bläulichen Wohlgeruchs aus seiner Pfeife. Fima heftete den Blick auf einen Stapel Computerskizzen, blätterte ein wenig darin herum, als gehörten sie ihm, und verglich mit besonderer Sorgfalt Blatt sechs und neun, als sei in eben diesem Moment der Entschluß bei ihm gereift, sich augenblicklich selbst in Flugzeugtechnik fortzubilden.

»Was plant ihr uns denn hier so? Ein Raumschiff, das Plastikgeschosse abfeuert? Oder eine fliegende Kiesschleuder?«

»Das ist unser Paper für eine britische Zeitschrift. Vorerst noch was sehr Experimentelles: Düsenantrieb für Kraftfahrzeuge. Wie du vielleicht weißt, arbeiten Jael und ich seit Jahren daran. Du hast schon ein paarmal gebeten, wir sollten's dir vielleicht ein wenig erklären, und zwei Minuten später wolltest du dann liebend gern, daß wir aufhören. Aber dieses Paper bin ich *committed*, bis Ende der Woche fertigzuschreiben. Das ist die *deadline*. Vielleicht bringst du mir wirklich mal bei, was *committed* und *deadline* auf hebräisch heißt? Du weißt es doch sicher? Als Dichter? Nein?«

Fima strengte sein Gehirn an und wäre beinah auf die gewünschten hebräischen Entsprechungen gekommen. Beide standen gewissermaßen grinsend auf der Gedächtnisschwelle, entschlüpften ihm aber wie freche Katzenjunge, wenn seine Finger sie schon fast berührten. Dann fielen sie ihm wieder ein, doch als er den Mund zur Antwort öffnete, glitten sie ihm unter der Zunge erneut ins Dunkel. »Vielleicht helf ich dir ein bißchen?« schlug er in seiner Verlegenheit vor.

»Danke, Fima«, sagte Ted. »Ich glaube, das ist nicht nötig. Aber sicher wartest du bequemer im *living room*, bis die beiden zurück sind? Da könntest du dir die Nachrichten anschauen?«

»Gib mir Dimmis Legokasten«, sagte Fima, »ich werd' ihm inzwischen den Davidsturm nachbauen. Oder das Rachelsgrab. Oder sonstwas. Dann störe ich dich nicht bei der Arbeit.«

»Kein Problem«, meinte Ted.

»Was heißt, kein Problem! Ich bin doch gekommen, um mit dir zu reden!«

»Dann bitte sehr, red«, sagte Ted. »Ist was passiert?«

»Also folgendermaßen«, begann Fima, ohne die leiseste Ahnung, wie er fortfahren wollte, und hörte sich zu seiner Verblüffung sagen: »Du weißt, daß die Lage in den Gebieten unerträglich ist.«

»Wenigstens sieht's so aus«, sagte Ted ruhig, und im selben Augenblick stand Fima fast greifbar das verblüffende, aber lebendige, scharfe Bild vor Augen, wie dieses graue Maultier, dessen Brauen zwei gekräuselten Schnauzbärten ähnelten, mit seinen schweren Schultern Jaels nackten Körper striegelte. Sich zu ihr niederbeugte und sein Glied zwischen ihren kleinen, festen Brüsten rieb, ausdauernd in gleichmäßigem Arbeitsrhythmus, als säge er ein Brett durch. Bis Jaels Augen sich mit Tränen füllten und plötzlich auch Fimas, und er sich eilig in ein fleckiges Taschentuch schneuzte, bei dessen Hervorziehen ihm ein Zwanzigschekelschein aus der Tasche fiel – vielleicht das Wechselgeld, das er in dem Lokal am Zionsplatz herausbekommen hatte, oder eine frühere Spende seines Vaters.

Ted bückte sich und reichte ihm den Schein. Dann preßte er den Tabak in seiner Pfeife ein wenig fester, zündete sie von neuem an und ließ einen feinen Rauchschleier aufsteigen, den Fima verabscheuen wollte, aber unwillkürlich genoß.

»Ja«, sagte Ted, »du hast also von der Lage in den Gebieten angefangen. Wirklich eine komplizierte Sache.«

»Was redest du eigentlich von der Lage in den Gebieten«, ereiferte sich Fima. »Was heißt Lage in den Gebieten. Das ist auch so ein Selbstbetrug. Es geht hier nicht um die Lage in den Gebieten, sondern um die Situation im Staat. Innerhalb der grünen Linie. In der israelischen Gesellschaft. Die Gebiete sind nichts als unsere eigene Schattenseite. Was dort tagtäglich passiert, ist bloß der konkrete Ausdruck des moralischen Fäulnisprozesses, der uns seit siebenundsechzig befallen hat. Wenn nicht schon vorher. Wenn nicht von Anfang an.«

»Fäulnis?« fragte Ted vorsichtig.

»Fäulnis. *Degeneration. Corruption.* Wir lesen jeden Morgen Zeitung, hören den ganzen Tag Nachrichten, schauen Abend für Abend die Fernsehnachrichten, seufzen, sagen einander, daß es auf gar keinen Fall so weitergehen kann, unterzeichnen hier und da einen Aufruf, aber eigentlich tun wir gar nichts. Null. *Zero.* Nix.«

»Nein«, sagte Ted, und nach einigem Nachdenken, währenddessen er bedächtig und konzentriert seine Pfeife neu gestopft und in Brand gesetzt hatte, fügte er bescheiden hinzu: »Jael geht zweimal die Woche *volunteering* im Toleranzförderungskomitee. Aber es heißt, es käme bald zu einer Spaltung in diesem Verein. Woher kommt übrigens dieses Wort ›Aufruf‹? Hat das was mit auf, auf zu großen Taten zu tun oder mit dem einsamen Rufer in der Wüste?«

»Aufruf«, erwiderte Fima, »Petition. Ein Wisch Papier. Selbstbefriedigung.« Dabei schlug er vor lauter Wut versehentlich mit der Faust auf die Tastatur des Textverarbeitungsgeräts.

»Paß auf«, sagte Ted, »wenn du meinen Computer kaputthaust, hilft das den Arabern auch nicht.«

»Wer redet denn überhaupt von Hilfe für die Araber!« schrie Fima verletzt. »Hier geht's drum, uns selber zu helfen! Das sind nur die da, die Verrückten, die Rechten, die versuchen uns so hinzustellen, als wäre es unsere Absicht, den Arabern zu helfen!«

»Begreif ich nicht«, sagte Ted und kratzte sich übertrieben den Krauskopf wie ein Begriffsstutziger. »Was, jetzt sagst du, wir versuchen nicht die Lage der Araber zu verbessern?«

Fima fing also mit mühsam unterdrückter Wut ganz von vorne an und erklärte in einfachem Hebräisch seine Auffassung von den taktischen und psychologischen Fehlern, die die gemäßigte Linke in den Augen der Masse des Volkes mit dem Feind solidarisch erscheinen ließen. Wobei er erneut über sich selber wütend wurde, weil er den abgedroschenen Ausdruck »Masse des Volkes« verwendet hatte. Während seiner Rede merkte er, daß Ted verstohlen nach den Computergraphiken, die auf dem Teppich verstreut lagen, schielte und mit dem haarigen Finger immer wieder den Tabak in seiner Pfeife festdrückte. Am Finger glitzerte der Ehering. Vergeblich mühte sich Fima, das Bild auszulöschen, wie eben dieser Finger mit haargenau der gleichen Bewegung an Jaels Schamlippen pochte. Gleichzeitig beschlich ihn der Verdacht, er werde hier belogen und betrogen, Jael verstecke sich im Schlafzimmer vor ihm, weine stumm erstickt mit bebenden Schultern ihre Tränen ins Kissen, wie sie manchmal mitten im Beischlaf losweinte und wie Dimmi zuweilen lautlos weinte, wenn er eine Ungerechtigkeit erkannte, die man ihm, einem Elternteil oder Fima angetan hatte.

»In einem geordneten Staat«, fuhr er fort, unwillkürlich Dr. Wahrhaftigs Lieblingsausdruck verwendend, »in einem geordneten Staat hätte sich schon längst ein Bürgeraufstand formiert. Eine Arbeiter- und Studentenfront hätte die Regierung gezwungen, auf der Stelle mit diesem Greuel aufzuhören.«

»Was heißt Bürgeraufstand? *Civil resistance*? Warum heißt das so? Hat das was mit dem Gegenteil von Schlafenlegen zu tun? Ich geb' dir noch ein bißchen Brandy, Fima. Das wird dich beruhigen.«

Der dritte Zustand   1487

Mit fieberhafter Verzweiflung kippte Fima den Brandy in einem langen Zug hinunter – den Kopf zurückgelegt wie die Wodkatrinker in Rußlandfilmen. Vor seinen Augen zeichnete sich bis in alle Einzelheiten das Bild ab, wie dieser Schrank mit den buschigen Augenbrauen, die wie Stahlwolltopfkratzer wirkten, Jael Samstag morgens ein Glas Orangensaft ans Bett bringt und sie schläfrig, wohlig, die Augen noch fast geschlossen, eine zarte Hand ausstreckt und den Verschluß seiner – sicher rotseidenen – Pyjamahose streichelt. Dieses Bild weckte in Fima weder Eifersucht noch Begierde oder Wut, sondern, zu seiner Verblüffung, tiefes Mitgefühl für diesen ehrlichen, fleißigen Menschen, der an ein Arbeitstier erinnerte, Tag und Nacht vor seinem Computer hockte, um einen Weg zur Vervollkommnung des Düsenantriebs für Kraftfahrzeuge zu finden, und hier in Jerusalem vermutlich keinen einzigen Freund besaß.

»Das traurigste ist diese fortschreitende Lähmung der Linken«, sagte Fima.

»Stimmt«, erwiderte Tobias. »Sehr richtig. Das war bei uns fast dasselbe zu Zeiten von Vietnam. Soll ich Kaffee machen?«

Fima verfolgte ihn in die Küche und fuhr leidenschaftlich fort: »Der Vergleich mit Vietnam – das ist unser allergrößter Fehler, Teddy. Hier ist nicht Vietnam, und wir sind ganz sicher keine Blumenkinder. Der zweite Fehler ist der, zu hoffen, die Amerikaner würden die Arbeit schon für uns erledigen und uns aus den Gebieten rausholen. Was schert's die, daß wir hier langsam, aber sicher zum Teufel gehen?«

»Richtig«, sagte Ted in dem Tonfall, in dem er Dimmi für die Lösung einer Rechenaufgabe zu loben pflegte, »sehr richtig. Keiner tut dem anderen einen Gefallen. Jeder kümmert sich um sich selber. Und selbst dafür reicht der Verstand nicht immer.« Unterdessen hatte er einen Kessel aufgesetzt und begonnen, das saubere Geschirr aus der Spülmaschine zu räumen.

Fima – in höchster Aufregung stürmisch herumfuchtelnd, als wolle er augenblicklich das Gegenteil beweisen – schob Ted ein Stück zur Seite und fing unaufgefordert an mitzuhelfen: schnappte sich eine große Handvoll Besteck aus der Maschine und lief nun in der Küche herum, riß Türen und Schubladen auf, ohne sie wieder zuzumachen, auf der Suche nach einem Ort, wo er seine Beute in Frieden abladen konnte, und referierte unablässig über den Unterschied zwischen Vietnam und Gaza und zwischen *Tissmonet-Nixon* und *Tissmonet-Schamir*, obwohl ihm dabei einige Messer und Gabeln aus der losen Hand rutschten und sich über den Küchenboden verteilten.

Ted bückte sich, hob sie auf und fragte höchst vorsichtig: »*Tissmonet*? Ist das ein neues Wort im Hebräischen?«

»*Tissmonet*. Syndrom. Wie ihr damals das Vietnamsyndrom hattet.«

»Hast du nicht vorhin gesagt, der Vergleich mit Vietnam wär' ein Fehler?«

»Ja. Nein. In gewisser Hinsicht ja. Das heißt ... Man muß vielleicht zwischen Symptom und Syndrom unterscheiden.«

»Hier«, sagte Ted, »leg das hier in die zweite Schublade.«

Aber Fima hatte bereits aufgegeben, ließ die ganze Handvoll Besteck auf der Mikrowelle los, zog sein Taschentuch hervor, putzte sich erneut die Nase und wischte dann geistesabwesend den Küchentisch damit ab, während Ted Teller nach Art und Größe sortierte und jeden Stapel an seinen richtigen Platz in den Schrank über dem Spülstein stellte.

»Warum gibst du das nicht an die Presse, Fima. Mach's publik, damit noch andere es lesen. Deine Sprache ist so reich. Und das macht dir auch die Seele leichter: Man sieht doch, wie du leidest. Faßt die Politik derart persönlich auf. Nimmst dir die Lage zu Herzen. In einer Dreiviertelstunde ungefähr kommt Jael mit Dimmi zurück. Und ich muß ein bißchen arbeiten. Wie hast du gesagt, nennt man *deadline* auf hebräisch? Am besten trägst du vielleicht deinen Kaffee in den *living room*, und ich dreh' dir den Fernseher an? Ungefähr die Hälfte der Nachrichten kriegst du noch mit. Okay?«

Fima willigte sofort ein: Es würde ihm doch nicht einfallen, den ganzen Abend zu stehlen. Aber statt seinen Kaffee zu nehmen und sich ins Wohnzimmer zu begeben, vergaß er die Tasse auf der Küchenplatte und lief Ted hartnäckig den ganzen Korridor entlang nach, bis Ted sich entschuldigte, auf die Toilette ging und die Tür hinter sich abschloß. Vor verschlossener Tür führte Fima seinen angefangenen Spruch zu Ende: »Ihr seid amerikanische Staatsbürger, könnt jederzeit mit Düsenantrieb hier abhauen, aber was wird mit uns? Gut. Ich geh' Nachrichten schauen. Werd' dich nicht mehr stören. Bloß hab' ich keine Ahnung, wie man euern Fernseher anschaltet.«

Statt ins Wohnzimmer zu gehen, betrat er das Zimmer des Jungen. Augenblicklich befiel ihn große Müdigkeit. Und da er den Lichtschalter nicht fand, warf er sich im Dunkeln voll bekleidet auf das von schemenhaften Robotern, Flugzeugen und Zeitmaschinen umgebene kleine Bett, über dem, mit unsichtbaren Fäden an der Decke befestigt, eine riesige, in Neonfarben glitzernde Raumrakete schwebte, die Spitze genau auf Fimas Kopf gerichtet und durch einen leichten Luftzug in langsame, drohende Kreisbewegungen versetzt, wie ein Urteil verkündender Finger. Bis Fima die Augen zumachte und sich unvermittelt sagte, wozu denn reden und reden, es ist alles verloren, und das Geschehene läßt sich nicht trennen. Damit überkam ihn der Schlaf. Als er beinah eingedämmert war, spürte er verschwommen, daß Teddy eine kuschelige Wolldecke über ihn breitete. In seiner Benommenheit murmelte er: »Soll ich dir die Wahrheit sagen, Teddy? Nur zwischen uns? Die Araber haben offenbar schon begriffen, daß man uns nicht ins Meer jagen kann. Bleibt bloß das Problem, daß die Juden schlecht ohne jemanden leben können, der sie ins Meer jagen möchte.«

»Ja«, erwiderte Ted leise. »Die Lage ist gar nicht so gut.« Und ging hinaus.

Fima wickelte sich in die Decke, zog sich in sich selbst zurück und wollte noch bitten, man solle ihn wecken, sobald Jael da war. Doch vor lauter Müdigkeit entschlüpfte ihm der Satz: »Weck Jael nicht auf.«

Rund zwanzig Minuten schlief er. Erst als jenseits der Wand das Telefon klingelte, wachte er auf, streckte die Hand aus und kippte Dimmis Legoturm um. Dann versuchte er die Decke zusammenzufalten, gab es aber gleich wieder auf, weil er es eilig hatte, Ted zu finden: Er mußte ja immer noch erklären, was ihn heute abend hergeführt hatte. Statt ins Arbeitszimmer geriet er ins Schlafzimmer, in dem ein Nachtlämpchen mit warmem rötlichen Licht brannte. Er sah, daß das breite Bett bereits zum Schlafen aufgeschlagen war – zwei gleiche Kissen, zwei blaue Wolldecken in seidigen Laken, zwei Nachtschränke, auf dem je ein aufgeschlagenes Buch, Textseite nach unten, lag –, und vergrub das Gesicht, ja den ganzen Kopf in Jaels Nachthemd. Doch gleich schüttelte er es ab und rannte seine Jacke suchen. Mit mondwandlerischer Gründlichkeit durchkämmte er sämtliche Räume der Wohnung, fand aber weder Ted noch Jacke, obwohl er getreulich jedem Licht nachging. Schließlich sank er auf einen Schemel in der Küche und suchte mit den Augen die Messer, für die er vorher nicht den richtigen Platz gefunden hatte.

Ted Tobias kam, das Lineal in der Hand, aus dem Dunkel und sagte langsam unter deutlicher Betonung jedes einzelnen Wortes wie ein Militärfunker: »Du hast ein bißchen geschlafen. Zeichen, daß du müde warst. Ich kann dir deinen Kaffee in der Mikrowelle aufwärmen.«

»Nicht nötig«, sagte Fima, »danke. Ich lauf, weil ich sonst zu spät komme.«

»Ah. Zu spät. Wohin zu spät?«

»Bin verabredet«, sagte Fima zu seiner eigenen Überraschung in einem Ton von Mann zu Mann, »hab' völlig vergessen, daß ich heute abend noch verabredet bin.« Mit diesen Worten drehte er sich zur Wohnungstür und begann mit dem Schloß zu ringen, bis Ted sich seiner erbarmte, ihm die Jacke reichte, das Schloß aufsperrte und mit leiser Stimme, aus der Fima leichte Trauer heraushörte, bemerkte: »Sieh mal, Fima, *it's none of my business*, aber ich glaube – du brauchst ein bißchen Urlaub. Dein Zustand ist ein bißchen unten. Was soll ich Jael ausrichten?«

Fima steckte den linken Arm durch das Loch im Ärmelfutter statt in den Ärmel selber und kapierte absolut nicht, wieso sich die Tunnelröhre in eine Sackgasse verwandelt hatte. Augenblicklich kochte er vor Wut, als habe Ted ihm das Jackeninnere durcheinandergebracht, und quetschte durch die Zähne: »Du brauchst ihr gar nichts auszurichten. Ich habe ihr nichts zu sagen. Bin ja überhaupt nicht ihretwegen gekommen. Sondern um mit dir zu reden, Ted. Bloß daß du so ein Bock bist.«

Ted Tobias war nicht beleidigt, hatte das letzte Wort wahrscheinlich gar nicht verstanden. Dafür antwortete er vorsichtig auf englisch: »Vielleicht bestell' ich dir besser ein Taxi?«

Fima, sofort von tiefer Reue und Scham erfüllt, erwiderte: »Danke Teddy. Nicht nötig. Verzeih mir den Ausbruch. Letzte Nacht hab' ich schlecht geträumt, und heute ist wohl einfach nicht mein Tag. Ich hab' dich bloß beim Arbeiten gestört. Sag Jael, ich hätte abends Zeit, auf das Kind aufzupassen, wann immer ihr mich braucht. *Commitment* heißt übersetzt ›Verpflichtung‹ oder ›Verbindlichkeit‹. Und *deadline* weiß ich nicht: vielleicht ›tote Leitung‹. Übrigens, wozu brauchen wir Düsenantrieb auf dem Festland? Wuselt man so nicht schon genug herum? Vielleicht erfindet ihr was, damit wir endlich stillsitzen? Verzeihung und auf Wiedersehen, Teddy. Du hättst mir diesen Brandy nicht geben sollen. Ich red' so schon Unsinn.«

Als er unten aus dem Fahrstuhl trat, prallte er im Dunkeln mit Jael zusammen, die den schlafenden Dimmi in seinem Fliegeranzug auf den Armen trug. Jael stieß einen leisen Überraschungsschrei aus; das Kind wäre ihr beinah aus den Armen gerutscht. Einen Moment später, sobald sie Fima erkannt hatte, sagte sie müde: Was bist du für ein Golem. Statt sich zu entschuldigen, umarmte Fima alle beide stürmisch mit einem befreiten Arm und einem Ärmelschlauch und begann den Kopf des schläfrigen Challengers mit fieberhaften Küssen zu bedecken, wie ein ausgehungerter Vogel Nahrung aufpickt. Und fuhr dann fort, auch Jael alles zu küssen, was ihm im Dunkeln erreichbar war, konnte aber ihr Gesicht nicht finden, sondern beugte sich vor, um ihr stürmisch von einer Schulter zur andern den feuchten Rücken abzuknutschen. Dann flüchtete er ins Freie und suchte im Finstern bei strömendem Regen die Bushaltestelle. Denn inzwischen hatte sich seine Prophezeiung vom Beginn des Abends erfüllt, als er Ted mit den Worten: »Was heißt Regen! Eine Sintflut!« geantwortet hatte. Und auf der Stelle war er völlig durchnäßt.

6.
Als sei sie seine Schwester

Und tatsächlich hatte er diesen Abend eine Art Verabredung: Kurz nach halb elf klingelte er, durchfroren und durchweicht, mit quatschnassen Schuhen, am Tor der Gefens. Sie wohnten in der deutschen Kolonie in einem massiven Steinhaus, inmitten alter Pinien tief im Innern eines großen, von einer Mauer umfriedeten Gartens.

»Ich bin zufällig bei euch vorbeigekommen und hab' Licht gesehen«, erklärte er Nina unbeholfen. »Da dachte ich, ich stör' mal zwei Minuten. Nur um von Uri das Buch über Leibowitz* zu holen und ihm zu sagen, daß wir, näher betrachtet, in der Debatte über den Krieg zwischen Iran und Irak beide recht gehabt haben. Soll ich lieber ein andermal hereinschauen?«

Nina nahm ihn kichernd bei der Hand und zog ihn hinein: »Uri ist doch in Rom«, sagte sie. »Du hast selber Samstag abend angerufen, um dich von ihm zu verabschieden, und hast ihm am Telefon einen richtigen Vortrag gehalten, warum für uns nun gerade ein irakischer Sieg besser wäre. Wie

---

* *Jeschajahu Leibowitz* (geb. 1903), Biochemiker und Philosoph. In Riga geboren, studierte er in Deutschland und der Schweiz, von wo aus er 1934 nach Palästina auswanderte. Trotz seiner streng religiösen Lebensweise ein vehementer Verfechter eines Kompromißfriedens mit den Palästinensern.

du aussiehst. Und ich soll glauben, du seist rein zufällig um elf Uhr nachts durch unsere Straße gekommen. Was soll nur aus dir werden, Fima?«

»Hab' eine Verabredung gehabt«, murmelte er, während er sich aus der Falle seiner jetzt auch noch regentriefenden Jacke zu befreien suchte. »Der Ärmel ist zu«, erklärte er.

»Setz dich hier vor den Ofen«, sagte Nina. »Wir müssen dich erst mal trocken kriegen. Sicher hast du auch nichts gegessen. Ich hab' heute an dich gedacht.«

»Ich auch an dich. Ich wollte dich verführen, ins Orion-Kino zu einer Komödie mit Jean Gabin mitzukommen. Hab' angerufen, aber du hast dich nicht gemeldet.«

»Ich dachte, du warst verabredet? Außerdem bin ich bis neun im Büro hängengeblieben. Ein Importeur von Sexartikeln hat Pleite gemacht, und ich wickel' ihn ab. Gläubiger sind ausgerechnet zwei ultraorthodoxe Schwager. Stell dir diese Komödie mal vor. Was brauch' ich da Jean Gabin. Egal. Komm, zieh dich aus: Du siehst ja aus wie ein Kater, der ins Wasser gefallen ist. Da, trink erst mal 'n Scotch. Schade, daß du dich nicht selber siehst. Nachher geb' ich dir was zu futtern.«

»In welchem Zusammenhang hast du heute an mich gedacht?«

»Dein Artikel vom Freitag. Ganz ordentlich. Vielleicht ein bißchen hysterisch. Ich weiß nicht, ob ich dir's erzählen soll: Zwi Kropotkin will schon ein Durchsuchungsteam aufstellen, um in deine Wohnung einzubrechen, aus sämtlichen Schubladen die Gedichte, die du seiner Überzeugung nach sicher weiterschreibst, rauszukramen und sie der Veröffentlichung zuzuführen. Damit du nicht völlig in Vergessenheit gerätst. Was hast du denn für eine Verabredung gehabt? Mit einer Sirene? Unter Wasser? Sogar deine Unterwäsche ist naß.«

Fima, der nur noch lange Unterhosen und ein angegrautes Winterunterhemd anhatte, grinste: »Meinetwegen soll'n sie mich vergessen. Ist mir ja selbst schon entfallen. Soll ich auch die Unterwäsche ausziehen? Was, du wickelst weiter deinen Sexshop ab? Übergibst du mich auch diesen Ultrafrommen?«

Nina war Rechtsanwältin, in seinem Alter und Jaels Freundin, eine dem Nelson-Zigaretten-Rauchen verfallene Frau, deren Brille ihr ein bissiges Aussehen verlieh. Ihr dünnes, graumeliertes Haar war erbarmungslos gestutzt. Mager und eckig war sie, wie ein hungriger Fuchs, und ihr dreieckiges Gesicht erinnerte Fima ebenfalls an einen von seinen Verfolgern ein-

Der dritte Zustand

gekreisten Vertreter dieser Gattung. Aber ihre Brüste waren schwer und attraktiv, und die wunderbar geformten Hände hätten einem Mädchen aus dem Fernen Osten gehören können. Sie reichte ihm ein Bündel von Uris Kleidern – gebügelt und fein sauber riechend – und befahl: »Zieh dich an. Und trink. Und setz dich hier an den Kamin. Versuch vielleicht, ein paar Minuten nicht zu reden. Der Irak siegt offenbar auch ohne deine Hilfe. Ich mach' dir Rührei und Salat. Oder soll ich Suppe warm machen?«

»Mach mir überhaupt nichts«, sagte Fima. »Fünf Minuten, dann geh' ich.«

»Was, hast du noch eine Verabredung?«

»Heute morgen hab' ich das Licht in der ganzen Wohnung brennen lassen. Und außerdem –«

»Ich fahr' dich heim«, sagte Nina. »Nachdem du ein bißchen trocken und warm geworden bist und was gegessen hast. Jael hat mich vorhin angerufen. Von ihr weiß ich, daß du nichts gegessen hast. Sie sagte, du hättest Teddy zugesetzt. Der Eugen Onegin aus Kiriat Jovel. Still. Keine Widerrede.«

Uri Gefen, Ninas Mann, war einst ein berühmter Kampfflieger und danach Pilot bei El Al gewesen, bevor er 1971 in die Privatwirtschaft überwechselte und einen verzweigten Importhandel aufbaute. In Jerusalem war Uri als Ehefrauenjäger berüchtigt. Die ganze Stadt wußte, daß Nina sich mit seinen Abenteuern abgefunden hatte und seit Jahren eine Art platonische Freundschaft zwischen beiden herrschte. Manchmal wurden Uris Flammen Ninas Freundinnen. Kinder hatten sie keine, aber ihr gemütliches Haus diente an Freitagabenden als Treffpunkt eines festen Jerusalemer Freundeskreises – Rechtsanwälte, Offiziere, Staatsbeamte, Künstler und Dozenten. Fima mochte sie beide, weil sowohl Uri als Nina ihn, jeder auf seine Weise, unter ihre Fittiche nahmen. Er hatte unterschiedslos jeden gern, der ihn ertragen konnte. Sein Herz gehörte dem Grüppchen guter Freunde, die weiterhin an ihn glaubten, ihn entsprechend anzutreiben suchten und dauernd die Vergeudung seiner Begabungen beklagten.

Auf Anrichte, Kaminsims, Bücherregal standen Fotos von Uri Gefen mit oder ohne Uniform. Er war ein großer, breiter, lauter Mann voll rauher Kumpelhaftigkeit, der bei Frauen, Kindern und sogar Männern das Verlangen nach Körperkontakt mit ihm weckte. In seinem Äußeren erinnerte er ein wenig an den Schauspieler Anthony Quinn. Auf Schritt und Tritt verbreitete er herzliche Rauhbeinigkeit. Wenn er redete, faßte er seine Gesprächspartner, gleich ob Männlein oder Weiblein, gern an, klatschte ihnen auf den Bauch, packte sie an den Schultern oder legte ihnen eine wildgesprenkelte Riesenpranke aufs Knie. In Hochstimmung war er fähig, seinem Publikum vor Lachen die Tränen in die Augen zu treiben, indem er in den Tonfall eines Marktschreiers auf dem Machane-Jehuda-Markt verfiel, Abba Eban als Redner im Übergangslager Bet-Lid verkörperte oder mal nebenbei den Einfluß von Fimas Artikeln auf Camus' Erzählungen analysierte. Und manchmal begann er auch im Freundeskreis, in Anwesenheit seiner Frau, offenherzig seine Erfolge beim weiblichen Geschlecht zu schildern. Fröhlich und taktvoll, ohne sich über seine Bettpartnerinnen lustig zu machen, ihre Identität preiszugeben oder herumzuprahlen, erzählte er den Ablauf der Liebesgeschichten mit wehmütigem Humor – als ein Mensch, der längst erfahren hat, wie sehr Liebe und Lächerlichkeit stets miteinander verquickt sind. Wie weit Verführer und Verführte einem festen Ritual folgen. Wie kindisch und sinnlos sein unermüdlicher Eroberungsdrang war und wie gering dabei der Anteil körperlicher Begierde. Wie stark Lügen, Posen und Einstellungen auch in echte Liebe eingeflochten sind. Und wie die Jahre uns alle zusehends der Genußfähigkeit und des Sehnsuchtsvermögens entkleiden, so daß alles verschleißt und verblaßt. Daher erschien er selber in seinen schabbatabendlichen Decamerone-Geschichten in etwas komischem Licht, als prüfe der Erzähler Uri Gefen den Liebhaber Uri Gefen unter dem Mikroskop und filtre erbarmungslos das Lächerliche heraus. Manchmal sagte er: »Bis man anfängt, was zu begreifen, ist die Amtszeit abgelaufen.« Oder: »Es gibt ein bulgarisches Sprichwort, das besagt: Ein alter Kater behält am besten, wie man jault.«

In Uris Gesellschaft – mehr noch als in Ninas Armen – wurde Fima stets von einer Welle der Sinnlichkeit gepackt. Uri weckte bei ihm den stürmischen Drang, diesen wunderbaren Burschen zu beeindrucken, ja sogar zu verblüffen. Ihn in der Diskussion zu schlagen. Seinen starken Händedruck zu spüren. Aber nicht immer gelang es Fima, Uri in der Diskussion zu besiegen, denn Uri war ebenfalls mit durchdringendem Witz begabt, der Fimas Scharfsinn nicht nachstand. Und sie hatten auch die Fähigkeit gemeinsam, mit ungezwungener Leichtigkeit vom Humoristischen in tragische Einsicht und zurück zu wechseln. Mit zwei Sätzen eine Argumentation zu zerstören, die sie eine Viertelstunde lang mühsam entwickelt hatten.

An den Schabbatabenden bei Uri und Nina war Fima in seinem Element: Wenn ihn die Muse küßte, war er imstande, die ganze Gesellschaft bis in die kleinen Morgenstunden mit einem Reigen schillernder Widersprüche zu fesseln. Durch eine politische Analyse zu verblüffen. Sie zu amüsieren und in Erregung zu versetzen.

»So einen wie Fima gibt's nicht noch mal«, pflegte Uri Gefen mit väterlicher Zuneigung zu sagen.

Worauf Fima ergänzte: »Und einer davon ist auch schon zu viel.«

Und Nina anfügte: »Schaut euch diese beiden an. Romeo und Julius. Oder richtiger Dick und Doof.«

Fima zweifelte kaum daran, daß Uri längst von seinen, Fimas, seltenen Schäferstündchen mit Nina wußte. Vielleicht fand er das amüsant. Oder rührend. Womöglich war Uri von Anfang an der Autor, Regisseur und Produzent dieser kleinen Komödie gewesen: Manchmal stellte sich Fima im Geist Uri Gefen vor, wie er morgens aufstand, sich mit einer erstklassigen Klinge rasierte, am Frühstückstisch Platz nahm, eine blütenweiße Serviette über die Knie breitete, in sein Notizbuch schaute und aufgrund eines Kreuzchens, das bei ihm in zweimonatigen Abständen verzeichnet war, Nina beim Kaffeetrinken, hinter seiner Zeitung versteckt, daran erinnerte, daß es diese Woche Zeit sei, Fima seine periodisch fällige Behandlung zukommen zu lassen, damit er nicht völlig austrockne. Doch dieser Verdacht tat weder seiner Sympathie für Uri noch dem körperlichen Wohlgefühl und der geistigen Hochstimmung, die ihn in Gegenwart seines charismatischen Freunds stets erfüllte, den geringsten Abbruch.

Alle paar Wochen erschien Nina ohne Vorwarnung um zehn oder elf Uhr morgens, parkte ihren verstaubten Fiat vor dem klobigen Wohnblock in Kiriat Jovel und schleppte zwei Taschen voll Lebens- und Reinigungsmitteln an, die sie unterwegs eingekauft hatte – eine Art hartgesottene Sozialarbeiterin, die unter Einsatz ihres Lebens an die vorderste Notstandsfront vorprescht. Nach einem fast wortlos eingenommenen Kaffee stand sie auf und streifte energisch die Kleider ab. Dann legten sie sich rasch hin, waren in Null Komma nichts fertig und sprangen schnell wieder auf, wie zwei Soldaten im Schützengraben zwischen zwei Bombenhageln eilig eine Konserve verschlingen.

Sofort nach der Liebe schloß Nina sich in Fimas Badezimmer ein, schrubbte ihren hageren Körper und in einem Schwung auch gleich noch Waschbecken und Klosettschüssel. Erst dann setzten sie sich zum Kaffee zusammen, um über politische Dichtung oder die große Koalition zu debattieren, wobei Nina kettenrauchte und Fima eine Scheibe Schwarzbrot mit Marmelade nach der anderen futterte. Niemals gelang es ihm, der Verlockung dieses warmen kräftigen Brots zu widerstehen, das sie ihm aus einer kleinen georgischen Bäckerei mitbrachte.

Fimas Küche sah immer aus wie nach der Flucht: leere Flaschen und Eierschalen unter dem Spülstein, offene Schraubgläser auf der Marmorplatte, vertrocknete Marmeladenhäufchen, angebrochene Joghurtbecher, Beutel mit sauren Milchresten, Krümel und klebrige Inseln auf dem Tisch. Wenn Nina gelegentlich vom missionarischen Eifer gepackt wurde, krempelte sie den einen Ärmel hoch, streifte Gummihandschuhe über und stürzte sich – die brennende Zigarette schräg im Mundwinkel hängend, als sei sie an der Unterlippe festgeklebt – auf Schränke, Kühlschrank, Marmorplatte und Fliesen. In einer halben Stunde vermochte sie Kalkutta in Zürich zu verwandeln. Im Verlauf des Gefechts lehnte Fima, überflüssig und voll guten Willens, an der Küchentür und polemisierte mit ihr und mit sich selber über den Zusammenbruch des Kommunismus oder die Gegner der Chomskyschen Sprachtheorie. Sobald sie gegangen war, mischten sich Scham, Sympathie, Sehnsucht und Dankbarkeit bei ihm, so daß er ihr tränenden Auges nachlaufen und »danke, Liebling« oder »ich bin dieser Gunst gar nicht würdig« hätte sagen mögen, hielt aber an sich und riß sogar eilig sämtliche Fenster auf, um den Zigarettenrauch zu vertreiben, der die Küche vernebelte. Und es gab auch eine verschwommene Halluzination: Er lag krank im Bett, und Nina pflegte ihn. Oder umgekehrt: Nina war schwer krank, und er befeuchtete ihr die Lippen und wischte ihr den Schweiß von der Stirn.

Zehn Minuten nach seiner Ankunft aus dem Regen saß Fima schon in Uris pfiffigem Sessel, den Fima als eine »Kombination von Hängematte und Wiegenlied« bezeichnete. Nina hatte ihm dampfende, feingewürzte Erbsensuppe vorgesetzt, sein Scotchglas aufgefüllt und ihn mit Uris Sachen – Hemd, Hose und roter Pullover – eingekleidet, die ihm zwar viel zu groß, aber doch höchst bequem waren. Seine Füße steckten in Fellhausschuhen, die Uri aus Portugal mitgebracht hatte. Seine eigenen Kleider hatte sie indes zum Trocknen auf einen Stuhl vor den Kamin gehängt. Nun diskutierten sie über die neue lateinamerikanische Literatur, den magischen Realismus, in dem Nina die Fortführung Kafkas erblickte, während Fima ihn verärgert eher als eine Vulgarisierung der Traditionen Cervantes' und Lope de Vegas betrachtete und Nina prompt auf die Palme brachte, indem er behauptete, er persönlich würde auf diesen ganzen südamerikanischen Zirkus samt Feuerwerk und rosa Zuckerwatte zugunsten einer einzigen Seite Tschechow verzichten. Hundert Jahre Einsamkeit für eine Dame mit Hund.

Nina zündete sich eine neue Zigarette an und sagte: »Paradoxa. Gut. Aber was wird mit dir.« Und weiter: »Wann nimmst du dich endlich selber an der Hand. Wann hörst du auf zu fliehen.«

Fima sagte: »Mindestens zwei Anzeichen in der letzten Zeit sprechen für Schamirs langsames Begreifen der Tatsache, daß es ohne die PLO nicht geht.«

Nina schaute ihn durch ihre Brillengläser und den Zigarettenqualm hindurch an und sagte: »Manchmal denke ich, du bist ein hoffnungsloser Fall.«

Worauf Fima entgegnete: »Wir sind doch beide hoffnungslos verloren, Nina.«

Im selben Augenblick überwältigte ihn zärtliche Zuneigung zu dieser Seele, die ihm da in abgewetzten Jeans mit Männerreißverschluß und weitem Männerhemd gegenübersaß, als sei sie seine leibliche Schwester. Ihre Unschönheit und Unweiblichkeit erschienen ihm plötzlich geradezu schmerzlich weiblich und attraktiv. Ihre großen, weichen Brüste forderten ihn auf, seinen Kopf zwischen sie zu legen. Ihr kurzes graues Haar verursachte ein Kribbeln in seinen Fingerspitzen. Und er wußte genau, womit er diese gehetzte Füchsinnenmiene vertreiben und ihrem Gesicht den Ausdruck der höchsten Wonnen eines seligen kleinen Mädchens verleihen konnte. Dabei erwachte in den Tiefen von Uris Hose sein Glied. Gute Laune, Spendierfreudigkeit und Mitleid für eine Frau kündigten stets erwachende Leidenschaft an. Seine Lenden entflammten in fast schmerzender Begierde: zwei Monate hatte er nicht mehr mit einer Frau geschlafen. Der Geruch feuchter Wolle, den Jael verströmt hatte, als er ihr im dunklen Treppenhaus den Rücken küßte, mischte sich jetzt mit dem Dunst seiner hier vor dem Kamin trocknenden Kleidung. Sein Atem wurde schneller, die Lippen öffneten sich und bebten. Wie bei einem Kind. Nina sah es und sagte: »Einen Moment noch, Fima. Laß mich die Zigarette fertig rauchen. Gib mir noch ein paar Minuten.«

Aber Fima, schüchtern und brennend vor Leidenschaft und Erbarmen, hörte nicht auf sie, sondern fiel vor ihr auf die Knie und zog an ihrem

Bein, bis sie wegrutschte und neben ihm auf dem Teppich landete. Neben den Tischbeinen begann ein unbeholfener Kampf mit seinen und ihren Kleidern. Mit Mühe konnte er noch Brille und brennende Zigarette aus der Bahn räumen, während seine Lenden sich unablässig an ihrem Schenkel rieben und er ihr Gesicht mit Küssen überschwemmte, als wolle er sie von der zunehmenden Reibung ablenken. Bis es ihr gelang, ihn abzudrängen und sie beide aus der Kleidung zu befreien, wobei sie flüsterte: »Langsam, Fima. Verschling mich doch nicht.« Aber er hörte nichts, lag vielmehr im Handumdrehen mit vollem Gewicht auf ihr, und küßte unablässig ihr Gesicht, um unaufhörlich leise flehende Bitten und hastige Entschuldigungen zu stammeln. Doch als sie sich seiner erbarmte und gut, komm, sagte, schrumpfte sein Glied plötzlich. Zog sich in die Falten seiner Höhle zurück, wie eine erschrockene Schildkröte den Kopf tief unter den Panzer steckt.

Und trotzdem ließ er nicht ab, sie zu küssen und zu liebkosen und sich für seine Müdigkeit zu entschuldigen, nachts habe er schlecht geträumt, und heute abend habe ihn Ted aus dem Haus geworfen, nachdem er ihn mit Brandy vollgegossen habe, und nun der Scotch. Offenbar sei heute doch nicht sein Tag.

Zwei Tränen traten in die Winkel von Ninas kurzsichtigen Augen. Jetzt, ohne Brille, wirkte sie zart, verträumt, als sei ihr Gesicht weit nackter als ihr Leib. Lange blieben sie eng umschlungen reglos liegen wie zwei Soldaten im Graben unter Beschuß. Beschämt und durch ihre Beschämung verbunden. Bis sie sich von ihm löste, umhertastete, sich eine neue Zigarette anzündete und zu sagen versuchte, macht nichts, Kind, und ihm zu verstehen geben wollte, daß er sie gerade jetzt tiefer erreiche, als es beim Beischlaf möglich sei. Und wieder nannte sie ihn Kind und sagte, komm, geh dich waschen, dann legen wir dich schlafen.

Getröstet und elegisch legte Fima den Kopf in ihre Achselhöhle, hielt aber die Brille von ihr fern, weil er sich ihrer nackten Körper und seines eingeschrumpften Gliedes schämte, sich allein danach sehnte, sich an sie zu schmiegen, weder zu sehen noch gesehen zu werden. Nahe und schweigend lagen sie auf dem Teppich im Schein des langsam schwächer werdenden Kaminfeuers und lauschten dem Sturm draußen und den Regengüssen an die Fensterscheiben und dem Gurgeln des Wassers im Regenrohr, sanft und zufrieden beide, als hätten sie den Liebesakt vollendet und einander höchstes Vergnügen bereitet. Plötzlich fragte Fima: »Was meinst du, Nina? Ob Jael und Uri miteinander geschlafen haben?«

Damit war der Zauber gebrochen. Nina befreite sich heftig aus seiner Umarmung, schnappte sich ihre Brille, warf sich die Tischdecke um, zündete mit energischen Bewegungen noch eine Nelson an und meinte: »Sag, warum kannst du nie mal fünf Minuten durchgehend schweigen.«

Danach wollte er wissen, was genau ihr an seinem Artikel vom Freitag gefallen habe.

»Warte«, sagte Nina.

Er hörte eine Tür zuschlagen. Einen Moment später schoß das Wasser aus den Hähnen in die Badewanne. Er kramte in seinem Kleiderhaufen und suchte sämtliche Taschen nach den Tabletten gegen Sodbrennen ab. Wie aus Schadenfreude gegen sich selbst wiederholte er Ted Tobias' Worte: Dein Zustand ist ein bißchen unten. Und Jaels Satz: Was bist du für ein Golem.

Als Nina zwanzig Minuten später mit frischgewaschenem Haar, duftend, parfümiert und im braunen Morgenrock, zu Versöhnung und Trost bereit herauskam, fand sie die Kleidung ihres Mannes auf dem Teppich verstreut, das Kaminfeuer in den letzten Zügen und die Fellhausschuhe, die Uri aus Portugal mitgebracht hatte, wie tote Katzen vor der Tür liegen. Fima war weg. Aber sie sah, daß er sein Glas geleert und das Buch über Leibowitz ebenso mitzunehmen vergessen hatte wie einen seiner Socken, der überm Stuhl vor dem Feuer hing, das einen Augenblick mit letzter Kraft aufflackerte und gleich darauf erstarb. Nina sammelte Kleidungsstücke und Schuhe ein, räumte Glas, Suppentasse und vergessenen Socken weg, zog die Teppichecke gerade, tastete mit den schlanken, wohlgeformten Fingern, die denen einer jungen Chinesin glichen, nach den Zigaretten. Und lächelte unter Tränen.

7.
Mit mageren Fäusten

Morgens um Viertel nach sechs notierte er in seinem braunen Traumbuch, was er in der Nacht gesehen hatte. Der Großband *Jerusalem in der hebräischen Dichtung* diente ihm als Tischplatte auf den schräg hochgezogenen Knien. Und das Datum vermerkte er, wie immer, in Worten, nicht Ziffern.

Im Traum war ein Krieg ausgebrochen. Der Schauplatz sah so ähnlich aus wie die Golanhöhen, nur noch öder. Wie auf der Mondoberfläche.

Er selbst ging in Uniform, aber ohne Marschgepäck oder Waffe einen verlassenen Sandweg entlang, zu dessen beiden Seiten, wie er wußte, Minenfelder lagen. Besonders erinnerte er sich, daß die Luft sehr grau und stickig gewesen war, wie vor einem Sturm. Weit entfernt läutete eine Glocke langsam, mit großen Pausen, der Klang in unsichtbaren Schluchten widerhallend. Von einem Glockenschlag zum nächsten herrschte lange Stille. Keine Seele zeigte sich. Nicht einmal ein Vogel. Und keine Spur einer Ortschaft. Wieder hatten sie uns überrascht. Die feindliche Panzerkolonne rollte auf einen schmalen Bergpaß zu, eine Art Einschnitt, den Fima wegaufwärts, am Fuß steiler Anhöhen, entdeckte. Er begriff, daß die Graufärbung der Luft von dem Staub herrührte, den die Ketten aufwirbelten, und hörte nun, dank dieser Erkenntnis, durch das Glockengeläut hindurch auch leises Motorenbrummen. Jetzt wußte er, daß er die Aufgabe hatte, sie am Einschnitt, dort, wo der Weg den Paß kreuzte, abzufangen. Sie mit Reden aufzuhalten, bis die Truppe mobilisiert war und zur Abriegelung der Schlucht eintreffen würde. Er begann mit aller Kraft zu rennen. Er keuchte. Das Blut pochte in den Schläfen. Die Lungen schmerzten. Es stach in den Rippen. Obwohl er sämtliche Muskeln anspannte, kam er kaum vorwärts, trat fast auf der Stelle und suchte dabei krampfhaft nach Worten, die er benutzen könnte, um den Feind aufzuhalten. Er mußte sofort einen Ausdruck, eine Idee, eine Botschaft oder aber etwas Amüsantes finden, Sätze, die die auf ihn zurollende Kolonne veranlassen würden, anzuhalten, Köpfe aus den Panzertürmen zu strecken, ihm zuzuhören. Wenn er sie schon nicht überzeugen konnte, würde er wenigstens Zeit gewinnen. Ohne die es keine Hoffnung gab. Doch da verließ ihn die Kraft, die Beine knickten weg, und der Kopf war bar jeden Gedankens. Kein einziges Wort wollte ihm einfallen. Das Dröhnen der Motoren kam immer näher, schwoll stärker und stärker an, schon hörte man Geschützlärm und Maschinengewehrbellen hinter der Kurve. Und er sah Flammenblitze in einer Rauch- oder Staubwolke, die den Einschnitt füllte, ihm in die Augen drang und in der Kehle brannte. Zu spät. Er würde nicht mehr rechtzeitig kommen. Es gab keine Worte auf der Welt, die das Stampfen des wahnsinnigen Stiers, der da auf ihn zustürmte, hätten bremsen können. In einer Sekunde würde er zermalmt sein. Schlimmer noch als das Grauen war jedoch die Schmach über sein Versagen. Über die Wortlosigkeit. Sein wilder Lauf wurde langsamer, verwandelte sich in mühsames Schlurfen, weil sich ein Gewicht herabgesenkt hatte, das ihm auf die Schultern drückte. Als es ihm gelang, den

Kopf zu wenden, merkte er, daß ein Kind auf ihm ritt, ihm mit mageren, boshaften Fäusten auf den Kopf trommelte und ihm mit den Knien den Hals abdrückte. Bis er fast erstickte.

Und weiter schrieb Fima in sein Buch: »Die Bettwäsche riecht schon. Heute muß ein Sack voll zur Wäscherei. Und doch war da was: Geblieben ist eine Sehnsucht nach jenen öden Bergen und diesem sonderbaren, grauen Licht, besonders aber nach dem Glockenklang, der dort in den verlassenen Wadis mit sehr langen Pausen zwischen den einzelnen Anschlägen widerhallte und mich wie aus unmeßlichen Fernen erreichte.«

8.
*Meinungsverschiedenheiten über die Frage,
wer die Inder eigentlich sind*

Um zehn Uhr morgens, als er gerade am Fenster stand, um die Regentropfen zu zählen, sah er Baruch Numberg mit dem Taxi ankommen und noch ein wenig mit dem Fahrer reden. Sein Vater war ein gepflegter alter Mann mit Anzug und Fliege und einem scharf geschnittenen weißen Bärtchen, das ihm wie ein moslemischer Krummdolch aus dem Gesicht ragte. Im Alter von zweiundachtzig führte er immer noch souverän die Kosmetikfabrik, die er in den dreißiger Jahren in Jerusalem aufgebaut hatte.

Er beugte sich zum Wagenfenster und referierte offenbar dem Fahrer – das unbedeckte weiße Haar im Wind wehend, den Hut in der Linken und seinen geschnitzten Stock mit Silberknauf in der Rechten. Fima wußte, daß der Alte weder feilschte noch auf Wechselgeld wartete, sondern eine unterwegs begonnene Geschichte zu Ende führte. Seit nunmehr fünfzig Jahren beglückte er die Jerusalemer Taxifahrer mit einem fortlaufenden Seminar über chassidische Legenden und fromme Geschichten. Er war ein eingefleischter Geschichtenerzähler. Dabei hatte er die feste Angewohnheit, jede Geschichte auszulegen und ihre Moral aufzuzeigen. Wenn er einen Witz erzählte, pflegte er, als Nachtisch, zu erklären, wo die Pointe steckte. Und gelegentlich erläuterte er noch zusätzlich, was die scheinbare und was die wahre Pointe war. Seine Witzinterpretation weckte schallendes Gelächter bei seinen Zuhörern, was ihn wiederum ermunterte, weitere Anekdoten zum besten zu geben und sie ebenfalls zu erläutern. Er war überzeugt, daß aller Welt die Pointen entgingen und er die Pflicht hatte, ihnen die Augen zu öffnen. In seiner Jugend war er vor den Bolschewiken aus Charkow geflohen und im Anschluß an ein Chemiestudium in Prag nach Jerusalem gekommen, wo er in einem kleinen Heimlabor Lippenstifte und Puder herzustellen begann – und damit den Grundstein für die florierende Kosmetikfabrik legte. Ein geschwätziger alter Geck war er. In den Jahrzehnten seiner Witwerschaft umgaben ihn ständig allerlei Freundinnen und Begleiterinnen. In Jerusalem herrschte allgemein die Auffassung, die Frauen, die sich um ihn scharten, seien nur auf sein Geld aus. Fima war anderer Meinung: Er hielt den Vater trotz seines lauten Auftretens für einen guten, großzügigen Menschen. Über die Jahre hinweg unterstützte der Alte mit seinem Geld jede Sache, die ihm richtig oder zu Herzen gehend erschien. Er gehörte einer Vielzahl Komitees, Kommissionen, Vereinen, Gruppen und Gesellschaften an. Beteiligte sich regelmäßig an öffentlichen Spendenaktionen für Obdachlose, Einwandereraufnahme, Kranke, die komplizierte Operationen im Ausland brauchten, Bodenerwerb in den Gebieten, Herausgabe von Gedenkbänden, Erhaltung historischer Stätten, Einrichtung von Heimen für verwahrloste Kinder und von Zufluchtsstätten für Frauen in Not. Setzte sich für die Unterstützung mittelloser Künstler, die Abschaffung von Tierversuchen, die Beschaffung von Rollstühlen und die Vermeidung von Umweltverschmutzung ein. Sah keinen Widerspruch darin, sowohl für die Verstärkung der traditionellen Erziehung als auch für das Komitee gegen religiösen Zwang zu spenden. Leistete monatliche Beihilfen an Studenten aus dem Kreis der nationalen Minderheiten, an Opfer von Gewaltverbrechen und auch für die Resozialisierung der Täter. In jede dieser Initiativen investierte der Vater bescheidene Summen, aber alle zusammen verschlangen wohl rund die Hälfte des Gewinns, den die Kosmetikfabrik abwarf, und einen Großteil seiner Zeit. Außerdem hatte er eine starke Leidenschaft, fast schon Besessenheit für alles, was mit Vertragsabschlüssen und der Beachtung des Kleingedruckten zu tun hatte: Wenn Chemikalien eingekauft oder gebrauchtes Gerät verkauft werden mußte, setzte er eine ganze Batterie von Rechtsanwälten, Beratern und Rechnungsprüfern ein, um jedes Schlupfloch von vornherein zu stopfen. Juristische Urkunden, notarielle Zahlungsbefehle, paraphierte Vertragsentwürfe – all das verursachte ihm ein spielerisches Vergnügen, das fast an künstlerische Erregung grenzte.

Seine Freizeit verlebte er in Damengesellschaft. Auch jetzt, da er die Achtzig überschritten hatte, saß er noch gern im Café. Sommer wie Win-

Der dritte Zustand 1503

ter trug er einen guten Anzug mit Fliege, ein weißseidenes Taschentuchdreieck lugte ihm wie eine Schneeflocke am heißen Sommertag aus der Brusttasche, an den Hemdsärmeln prangten silberne Manschettenknöpfe, am kleinen Finger funkelte ein Ring mit Stein, und der weiße Bart bog sich wie ein tadelnder Finger nach vorn – so pflegte er dazusitzen, den geschnitzten Spazierstock mit Silberknauf zwischen den Knien, den Hut vor sich auf dem Tisch: ein rosiger, geschniegelter, strahlender Greis, stets in Begleitung einer schmucken Geschiedenen oder einer guterhaltenen Witwe – sämtlich kultivierte europäische Damen mit feinen Umgangsformen zwischen fünfundfünfzig und sechzig. Manchmal setzte er sich mit zwei oder drei von ihnen an seinen Stammtisch im Café. Bestellte ihnen Strudel und Espresso, während er unweigerlich ein Glas erstklassigen Likör und einen Teller mit Früchten der Saison vor sich hatte.

Das Taxi fuhr ab, und der Alte winkte ihm zum Abschied wie stets mit dem Hut nach. In seiner weichen, rührseligen Art war für ihn jeder Abschied der letzte. Fima ging ihm die Treppe hinunter entgegen. Von oben meinte er ihn ein verhaltenes chassidisches ja-wa-wam vor sich hinsummen zu hören. Wenn er allein war und gelegentlich auch, wenn man mit ihm sprach, summte er pausenlos. Fima fragte sich zuweilen, ob sein Vater diese Töne selbst im Schlaf produzierte: als entspränge das Summen einer inneren heißen Quelle, die sprudelnd heraustrat. Als sei der Körper zu eng für die Melodie. Oder als habe das Alter ihm winzige Risse beigebracht, durch die die Weisen aus ihm herausträufelten. Und schon auf den Stufen glaubte Fima den spezifischen Geruch seines Vaters in der Nase zu spüren – einen Duft, den er von frühester Kindheit an kannte und auch in einem Raum voll fremder Menschen hätte herausschnuppern können: Es war ein Hauch Kölnisch Wasser, zusammen mit der stickigen Luft geschlossener Räume, dem Atem alter Möbel, dem Dunst von gekochtem Fisch mit Karotten, Federbetten und einem Anflug zu süßen Likörs.

Als Vater und Sohn sich schnell und schlaff umarmten, weckte dieser aschkenasische Geruch bei Fima eine Mischung aus Abscheu, Scham vor dieser Abscheu und dem alten Drang, seinen Vater ein bißchen zu reizen, auf irgendeinem ihm heiligen Grundsatz herumzutrampeln, ärgerliche Widersprüche in seinen Auffassungen aufzudecken, ihn ein wenig aus dem Häuschen zu bringen.

»Nuuu«, begann der Vater, prustend und schnaufend von der Anstrengung des Treppensteigens, »was hat mein Herr Professor mir heute zu erzählen? Ist Zion schon ein Erlöser erschienen? Haben die Araber uns ihr Herz in Liebe zugewandt?«

»Schalom, Baruch«, erwiderte Fima, an sich haltend.

»Ja. Schalom, mein Lieber.«

»Was gibt's Neues? Macht dir der Rücken noch zu schaffen?«

»Der Rücken«, sagte der Alte, »zum Glück ist der Rücken dazu verurteilt, stets hinten zu bleiben. Noch ist der Rücken dort – und ich bin schon hier. Er wird mich niemals einholen. Und wenn, Gott behüte, doch – kehre ich ihm den Rücken. Aber mein Atem wird immer kürzer. Genau wie meine Geduld. Und hier verkehren sich die Dinge: Ich setze ihm nach, nicht er mir. Und womit beschäftigt sich der Herr Efraim in diesen hohen Tagen? Fährt fort, die Welt durch das Walten des Allmächtigen zu verbessern?«

»Es gibt nichts Neues«, sagte Fima und fühlte sich, während er dem Vater Stock und Hut abnahm, genötigt hinzuzufügen: »Absolut nichts Neues. Bloß daß der Staat in die Brüche geht.«

Der Alte zuckte die Achseln: Diese Trauerreden höre er nun schon fünfzig Jahre – der Staat sei dies, und der Staat sei nicht das –, und inzwischen lägen die Trauerredner längst sieben Zoll unter der Erde, Staub im Mund, und der Staat würde stärker und stärker. Ihnen allen zum Trotz. Je mehr man ihn unter Druck setze, um so mehr erstarke er und breite sich aus. Unterbrich mich nicht, Efraim. Laß mich eine nette Geschichte erzählen. Bei uns in Charkow, zu Zeiten von Lenins Revolution, hat irgendein törichter Anarchist mitten in der Nacht ein Schlagwort an die Kirchenwand geschmiert: *Gott ist tot – gezeichnet: Friedrich Nietzsche*. Gemeint ist der irrsinnige Philosoph. Nun, da ist in der nächsten Nacht ein Klügerer gekommen und hat dort hingeschrieben: *Friedrich Nietzsche ist tot – gezeichnet: Gott*. Einen Moment, ich bin nicht fertig. Erlaube mir gütigst, dir zu erläutern, wo die Pointe der Geschichte steckt, und schalt unterdessen mal den Wasserkessel an und schenk bitte deinem Vater ein mikroskopisches Tröpfchen von dem Cointreau ein, den ich dir letzte Woche mitgebracht habe. Übrigens wird es Zeit, daß du mal deine Bude hier streichen läßt, Fimotschka. Damit nicht das Ungeziefer die Oberhand gewinnt. Du bestellst bloß den Weißbinder, und die Rechnung schickst du einfach mir. Wo waren wir stehengeblieben? Ein Glas Tee. Euer Nietzsche ist einer der Erzväter der Unreinheit. Ein Abgrund des Greuels. Hier, ich erzähl' dir eine Begebenheit zwischen Nietzsche und

Der dritte Zustand

Rabbi Nachman Krochmal*, die einmal gemeinsam in der Eisenbahn nach Wien fuhren.
 Wie gewohnt erklärte der Vater im folgenden, wo hier die Pointe lag. Fima lachte schallend, weil die Erklärung, im Unterschied zu der Geschichte selbst, amüsant war. Worauf der Vater sich wiederum über Fimas Gelächter freute und noch eine Bahnfahrtgeschichte draufgab, diesmal von einem Paar auf Hochzeitsreise, das die Hilfe des Schaffners in Anspruch nehmen mußte. »Und begreifst du, Efraim, wo hier die wahre Pointe steckt? Nicht im Verhalten der Braut, sondern eben darin, daß der Bräutigam ein Schlemihl ist.«
 Fima sagte sich die Worte, die er am Vortag Dr. Etan hatte sagen hören: »Ich hätte sie alle beide aufgehängt.«
 »Und was ist nun der Unterschied zwischen einem Schlemihl und einem Schlimasel, Efraim? Der Schlemihl ist der, der dem Schlimasel immer kochendheißen Tee auf die Hose gießt. So sagt man. Aber in Wirklichkeit verbirgt sich hinter dieser Spitzfindigkeit etwas Tiefes, Geheimnisvolles: Diese zwei, Schlemihl und Schlimasel, Tölpel und Unglücksrabe, sind alle beide unsterblich. Hand in Hand ziehen sie von Land zu Land, von Zeitalter zu Zeitalter, von Geschichte zu Geschichte. Wie Kain und Abel. Wie Jakob und Esau. Wie Raskolnikow und Swidrigailow. Oder wie Rabin und Peres. Und wer weiß, vielleicht sogar wie Gott und Nietzsche. Wenn wir schon bei Eisenbahnaffären angelangt sind, werd' ich dir noch eine wahre Begebenheit erzählen. Einmal ist der Eisenbahndirektor unseres Landes zu irgendeinem Weltkongreß von Bahndirektoren gefahren. So einer Konferenz. Da öffnete der Ewige dem Esel den Mund, und unser Hampelmann steht da und redet und redet ohne Pause. Geht nicht vom Podium runter. Bis es dem Bahndirektor von Amerika zu dumm wird und er die Hand hebt und den unsrigen bei aller Achtung fragt, entschuldigen Sie, Herr Cohen**, wie lang ist euer Schienennetz dort insgesamt in Erez Israel, daß Sie soviel reden? Nun, da ließ sich unser Delegierter gar nicht verwirren, sondern erwiderte mit Hilfe dessen, der dem Hahne Erkenntnis gegeben: Die Länge habe ich nicht exakt im Kopf, Herr Smith, aber die Breite – genau wie bei euch. Übrigens, diese Geschichte habe

---

 * *Rabbi Nachman Krochmal* (1785-1840), Philosoph, Historiker, einer der Begründer der »Wissenschaft des Judentums«.
 ** *Ge'ula Cohen*, Knessetabgeordnete der rechtsgerichteten Techija-Par-tei mit langjähriger politischer und parlamentarischer Erfahrung. Eine Art Altmeisterin der Rechten.

ich einmal von einem dusseligen Juden gehört, der Rußland statt Amerika genommen und damit die ganze Pointe vermasselt hat, weil bei denen, in Rußland, die Spurbreite tatsächlich anders ist als bei uns, anders als in der ganzen Welt: einfach so. Egal was. Aus purem Trotz. Damit Napoleon, sollte er wieder bei ihnen einfallen, seine Waggons auf keinen Fall bis Moskau durchrollen lassen kann. Wo waren wir stehengeblieben? Bei den Flitterwöchlern. In Wahrheit besteht keinerlei Hinderungsgrund, daß du dich aufmachst und eine bildhübsche Dame zur Frau nimmst. Wenn du möchtest, bin ich dir auch gern bei der Suche nach einer solchen und so weiter behilflich. Bloß beeil dich bitte, mein Lieber, du bist ja nun kein Jüngling von zwanzig mehr, und auch ich, na, morgen oder übermorgen weht der Wind darüber und fertig, Baruch Nürnberg ist tot – gezeichnet: Gott.

Das Amüsante an der Geschichte von dem Pärchen auf Hochzeitsreise ist nicht der ärmste Bräutigam, der den Schaffner bittet, ihm zu zeigen, womit man anzündet, das heißt, wie man die Braut benutzt. Nein und nochmals nein. Amüsant ist gerade die Assoziation zum Kartenlochen. Obwohl, wenn man's bedenkt, sag du mir bitte: Was ist daran lustig? Was gibt's hier zu lachen? Schämst du dich nicht zu grinsen? Eigentlich ist es traurig, sogar zu Herzen gehend. Die meisten Witze auf der Welt bauen auf das eitle Vergnügen, das wir am Unglück anderer empfinden. Und warum ist das so, Fimotschka, würdest du so gut sein, mir das einmal zu erklären, wo du doch Historiker, Dichter, Denker bist, warum das Mißgeschick anderer uns Genuß bereitet? Sonderbare Lust? Uns grinsen läßt? Der Mensch ist ein Paradox, mein Lieber. Ein höchst eigenartiges Geschöpf. Exotisch. Lacht, wenn man weinen müßte, weint, wenn Lachen angebracht wäre, lebt ohne Verstand und stirbt ohne Lust. Des Menschen Tage sind wie Gras. Na, und Jael hast du in der letzten Zeit gesehen? Nein? Und euern kleinen Jungen? Erinner mich daran, dir später eine wunderbare Geschichte des Rabbi von Lyzhansk, Rabbi Elimelech, zu erzählen, eine Fabel von Scheidung und Sehnsucht. Allegorisch spielt er damit auf das Volk Israel und die göttliche Gegenwart an, während ich da meine eigene Auslegung habe. Aber vorher erzähl mir bitte, wie dein Leben und Tun aussieht. So geht es ja nicht, Efraim: Ich rede und rede wie – hm – wie unser Eisenbahndirektor, und du schweigst. Wie in der Geschichte vom Kantor auf einer einsamen Insel. Ich erzähl' sie dir nachher. Nur laß es mich nicht vergessen. Es geht dabei um einen Kantor, der über die Hohen Feiertage, Gott behüte, auf einer einsamen Insel steckengeblieben war – da, wieder rede ich, und du bist stumm. Sag doch was, erzähl mir von Jael und dem melancholischen Kind. Nur erinner mich hinterher dran, auf diesen Kantor zurückzukommen: In gewisser Hinsicht gleicht doch jeder von uns einem Kantor auf einsamer Insel, und wiederum in bestimmter Hinsicht sind alle Tage hohe, furchtbare Tage.«

Fima hörte bei jedem Atemzug ein leichtes, leises Pfeifen – fast wie das Maunzen einer Katze – aus der Brust seines Vaters. Als habe der Alte aus Ulk ein heiseres Pfeifchen in der Gurgel verborgen.

»Trink, Baruch. Dein Tee wird kalt.«

»Hab' ich dich denn um Tee gebeten, Efraim?« fragte der alte Mann. »Ich habe darum gebeten, etwas von dir zu hören. Gebeten, daß du mir von dem einsamen Jungen erzählst, von dem ihr der ganzen Welt stur vormachen wollt, er stamme vom Samen dieses amerikanischen Holzklotzes. Ich habe dich gebeten, ein bißchen Ordnung in dein Leben zu bringen. Daß du endlich ein vernünftiger Mensch wirst. Daß du dich ein wenig um deine Zukunft kümmerst, statt dir Tag und Nacht um das Wohlergehen der lieben Araber Sorgen zu machen.«

»Ich sorge mich nicht um die Araber«, berichtigte Fima. »Das habe ich dir schon tausendmal erklärt. Ich sorge mich um uns.«

»Gewiß, Efraim, gewiß. Keiner bestreitet die Reinheit eurer Absichten. Die Sache ist nur die, daß ihr einzig und allein euch selber täuscht: Angeblich bitten deine Araber nur höflich, Sichem und Hebron zurückzubekommen, und schon gehen sie fröhlich und guter Dinge nach Hause – und damit Frieden über Israel und über Ismael. Aber nicht das wollen sie von uns. Jerusalem wollen sie haben, Fimotschka, Jaffa, Haifa, Ramle. Uns ein bißchen abschlachten – das ist alles, was sie wollen. Uns als Volk ausrotten. Wenn ihr euch bloß die Mühe machen würdet, ein wenig zuzuhören, was sie untereinander reden. Aber ihr hört ja dauernd nur euch selber, noch und noch.« Wieder entfuhr der Brust des Vaters ein leiser, gedehnter Pfeifton, als wundere er sich über die Naivität seines Sohnes.

»Sie sagen in letzter Zeit nun gerade etwas andere Dinge, Vater.«

»Sagen sie. Schön, daß sie das sagen. Sollen sie doch nach Herzenslust Süßholz raspeln. Mit Worten ist das leicht getan. Die haben von euch einfach liebliche Rede und Honigseim gelernt. Laufen hocherhobenen Hauptes herum. Was sie sagen, ist unwichtig. Wichtig ist, was sie wirklich wollen. Wie dieser Hamiter, Ben Gurion, von den Juden und den Gojim gesagt hat.« Offenbar hätte der Vater diese Dinge gern noch ausgeführt und begründet, aber der Atem wurde ihm kurz, kam pfeifend und endete in Husten. Als gäbe es in seinem Innern eine lose Tür, die der Wind in ungeölten Angeln hin- und herschlug.

»Sie möchten jetzt einen Kompromiß eingehen, Baruch. Nun sind wir der sture Teil, der nicht nachgeben, ja nicht einmal mit ihnen reden will.«

»Kompromiß. Sicher. Schön hast du das gesagt. Ein Kompromiß ist was außerordentlich Gutes. Das ganze Leben besteht aus Kompromissen. Dazu gibt es eine wunderbare Geschichte, die man über Rabbi Mendel von Kotsk erzählt. Aber mit wem möchtest du denn zu einem Kompromiß gelangen? Mit denen, die uns nach dem Leben trachten und nur darauf aus sind, uns zu vernichten und auszurotten? Du bestellst mir ein Taxi, damit ich nicht zu spät komme, und bis der Wagen da ist, erzähle ich dir ein Erlebnis von Jabotinsky*, als er einmal mit dem antisemitischen Innenminister des zaristischen Rußlands, Plehwe, zusammengetroffen ist. Und weißt du, was Jabotinsky ihm gesagt hat?«

»Aber das war Herzl, Vater. Herzl und nicht Jabotinsky.«

»Du, mein Schlaukopf, solltest Herzls und Jabotinskys Namen lieber nicht mißbrauchen. Leg deine Schuhe ab, da du dich auf heiliges Terrain begibst. Die drehen sich doch jedesmal im Grabe um, wenn ihr den Mund aufmacht und auf den gesamten Zionismus pfeift.«

Urplötzlich kochte Fima vor Wut, vergaß ganz und gar sein Gelöbnis der Zurückhaltung, unterdrückte nur mühsam den finsteren Drang, den Vater an seinem Ziegenbart zu packen oder das noch unberührte Teeglas zu zerschmettern, und brüllte verwundet los: »Du bist blind und taub, Baruch. Mach doch endlich die Augen auf. Wir sind jetzt die Kosaken, und sie, die Araber, sind täglich, stündlich die Pogromopfer.«

»Die Kosaken«, wiederholte der Vater mit amüsiertem Gleichmut, »nun? Und wennschon? Warum sollten wir nicht endlich einmal zur Abwechslung Kosaken sein? Wo steht denn geschrieben, daß Jude und Goj nicht mal kurz die Rollen tauschen dürfen? Einmal in tausend Jahren oder so? Wärst du, mein Lieber, bloß selber mal ein bißchen Kosak und nicht so

---

* *Se'eia (Vladimir) Jabotinsky* (1880-1940), in Odessa geborener russischer und hebräischer Schriftsteller und Journalist. Als aktiver zionistischer Politiker gründete er 1925 die Revisionistische Partei, die schon früh die Schaffung eines großisraelischen Staats propagierte und zur erbitterten Gegenspielerin der Arbeiterbewegung wurde. Nach der Proklamation des Staates Israel ging sie in der 1948 gegründeten Cherut-Bewegung auf. Jabotinsky gilt als geistiger Vater der israelischen Rechten.

ein ewiger Schlimasel. Dein Filius ist genau wie du: ein Schaf im Schafspelz.«

Und weil er den Anfang der Unterhaltung inzwischen vergessen hatte, setzte er Fima, der vor Wut ein Streichhölzchen nach dem anderen zerbrach, erneut den Unterschied zwischen einem Schlemihl und einem Schlimasel auseinander und sinnierte laut, daß die beiden vielleicht ein unsterbliches Paar bildeten, das Hand in Hand auf der Welt herumwanderte. Danach erinnerte er Fima daran, daß die Araber vierzig riesige Staaten von Indien bis Kusch besäßen und wir gerade eben ein einziges kleines Land von Handtellergröße. Und begann diese vierzig Staaten namentlich aufzuzählen, wobei er genüßlich jedesmal einen hageren Finger mehr aufstellte. Als er bei Iran und Indien angelangt war, konnte Fima es nicht mehr aushalten. Er fiel seinem Vater im Brustton der mit Füßen getretenen Gerechtigkeit ins Wort, stampfte wie ein Kind auf den Boden und schrie, der Iran und Indien seien keine arabischen Staaten.

»Nun? Also? Was schert's dich?« fragte der Alte, verschmitzt lächelnd im Singsang eines Vorbeters. »Haben wir etwa schon eine befriedigende Antwort auf die tragische Frage, wer Jude ist, gefunden, so daß wir uns nun den Kopf darüber zerbrechen müssen, wer Araber ist?«

Fima sprang verzweifelt auf, eilte ans Telefon, um ein Taxi zu bestellen und stürzte danach gleich ans Bücherbord, um die Enzyklopädie ins Feld zu führen. Damit hoffte er, seinem Vater endlich eine vernichtende Niederlage zu bereiten, von der er sich nicht wieder erholen würde. Doch wie bei einem Alptraum wollte ihm partout nicht einfallen, unter welchem Stichwort und in welchem Band er die Liste arabischer Staaten nachschlagen müßte. Während er noch wutschnaubend einen Band nach dem anderen herausriß, merkte er plötzlich, daß sein Vater – leise eine zarte chassidische Weise, von leichtem, trockenen Husten durchsetzt, vor sich hinsummend – aufstand, Hut und Stock einsammelte und seinem Sohn unter Abschiedsworten flink einen zusammengefalteten Geldschein in die Hosentasche steckte, indes Fima stammelte: »Das ist einfach unmöglich. Ich glaub's nicht. Das kann doch nicht sein. Das ist ja Wahnsinn.«

Aber nicht zu erklären versuchte, was ihm denn nun unmöglich erschien, weil der Vater, schon an der offenen Tür, hinzufügte: »Nun. Auch gut. Ich geb' nach. Soll's halt ohne die Inder sein. Dann haben sie eben nur neununddreißig Staaten. Auch das ist weit mehr, als sie verdient haben. Auf gar keinen Fall dürfen wir zwei den Arabern erlauben, Unfrieden zwischen uns zu säen, Fimotschka. Die Freude werden wir ihnen nicht machen. Die Liebe, wenn man das so ausdrücken kann, siegt über den Streit. Das Taxi ist sicher schon unten, und man darf einen Juden nicht von der Arbeit abhalten. Nun sind wir wieder nicht auf die Hauptsache zu sprechen gekommen. Nämlich, daß das Herz schon müde und erschöpft ist. Bald mache ich mich auf den Weg, Fimotschka – gezeichnet: der Herr der Heerscharen. Und du, mein Lieber, was wird aus dir? Was aus deinem kleinen Sohn? Denk ein bißchen nach, Efraim. Überlege es dir gut. Du bist doch ein Denker und Dichter. Denk nach und sag mir bitte, woher wir alle stammen. Leider habe ich keine Söhne und Töchter außer dir. Und mir scheint, auch ihr habt niemanden außer mir. Die Tage vergehen ohne Ziel, ohne Freude, ohne Sinn. In fünfzig oder hundert Jahren sitzen hier in diesem Zimmer jetzt noch gar nicht geborene Menschen, eine Generation, stark und gewaltig, und die Frage, ob du und ich einmal hier gewesen sind und wenn ja – wozu wir gewesen sind und was wir getan haben im Leben, ob wir rechtschaffen oder böse, froh oder unglücklich waren, ob wir irgend etwas Nützliches getan haben – diese Fragen werden ihnen piepsegal sein, so wichtig wie eine Knoblauchschale, wie man sagt. Keinen Gedanken werden sie auf uns verschwenden. Werden einfach hier hocken und ihr Leben auf ihre Weise leben, als seien du und ich und wir allesamt nur Schnee von gestern. Grippe vom letzten Jahr. Eine Handvoll Staub. Bei dir hier hat man auch nicht genug Luft zum Atmen. Die Luft selber ist ein bißchen stickig. Abgesehen vom Weißbinder brauchst du vielleicht auch noch einen Gipser und andere Handwerker. Und die Rechnung schick bitte mir. Was die Kosaken anbetrifft, Efraim, die läßt du lieber in Ruhe. Was weiß ein Bursche wie du schon von Kosaken. Statt dich um die Kosaken zu kümmern, hör lieber endlich auf, das Leben zu vergeuden. Wie ein kahler Strauch in der Steppe. Sei mir gegrüßt.«

Ohne auf Fima, der ihn begleiten wollte, zu warten, schwenkte der Alte den Hut, als nehme er für immer Abschied, und ging, rhythmisch mit dem Stock gegen die Geländerstreben schlagend und eine leise Weise vor sich hinsummend, die Treppe hinab.

9.
»*So zahlreich sind die Dinge, die wir hätten besprechen,
vergleichen können* ...«

Noch zwei Stunden blieben Fima bis zum Arbeitsbeginn in der Praxis. Er hatte vor, das Bett frisch zu beziehen, im selben Schwung auch Hemd und Unterwäsche und die Handtücher in Küche und Bad zu wechseln und auf dem Weg zur Arbeit alles in die Wäscherei zu bringen. Als er die Küche betrat, um das Handtuch vom Haken zu klauben, sah er den Ausguß voll klebrigem Geschirr, auf der Anrichte eine fettige Bratpfanne und auf dem Tisch eingetrocknete Marmelade in einem seines Deckels beraubten Glas. Ein fauler, von einem Fliegenschwarm umschwirrter Apfel lag auf dem Fensterbrett. Fima packte ihn vorsichtig mit Daumen und Zeigefinger – wie den Kragen von jemand mit einer ansteckenden Krankheit – und warf ihn in den Mülleimer unter der überquellenden Spüle. Nur quoll auch der Eimer schon über. Der angegammelte Apfel kullerte von der Spitze des Haufens hinunter und fand Zuflucht zwischen alten Sprühdosen und Putzmittelbehältern hinter dem Mülleimer. Dort bekam man ihn nur kniend oder kriechend wieder heraus. Fima beschloß, diesmal kompromißlos und ohne weitere Rücksicht den Flüchtling um jeden Preis zu schnappen. Gelang es ihm, würde er das als Zeichen für einen glücklichen Anfang werten und unter Ausnutzung der Erfolgssträhne den Mülleimer hinunterbringen. Auf dem Rückweg daran denken, endlich die Zeitung und die Post aus dem Briefkasten zu fischen. Und gleich weiter das Geschirr spülen und Ordnung im Kühlschrank schaffen, selbst wenn er deswegen das Bettbeziehen aufschieben müßte.

Doch als er niederkniete, um den verlorenen Apfel zu suchen, entdeckte er hinter dem Eimer auch ein halbes Brötchen und ein fettiges Margarinepapier sowie die ausgebrannte Birne vom gestrigen Stromausfall, bei der ihm jetzt einfiel, daß sie eigentlich gar nicht ausgebrannt war. Und da kam ihm auch ein Kakerlak entgegengewankt, der ihm müde und apathisch aussah. Nicht zu flüchten versuchte. In jäher Mordlust zog Fima noch im Knien einen Schuh aus, schwang ihn hoch, zuckte aber mittendrin zurück, weil ihm im selben Moment einfiel, daß Stalins Schergen seinerzeit genauso, durch einen Hammerschlag auf den Kopf, Leo Trotzki im mexikanischen Exil ermordet hatten. Dabei entdeckte er verblüfft die Ähnlichkeit zwischen Trotzki auf dessen letztem Bild und seinem Vater, der eben erst hier gewesen war, um ihn inständig zu bitten, doch zu heiraten. Den Schuh starr in der Hand, beobachtete er staunend die Fühler des Insekts, die langsam Halbkreise beschrieben. Sah viele winzige, harte, schnurrbartartige Stoppeln. Musterte die dünnen, offenbar vielgliedrigen Beine. Gewahrte feingeschnittene, längliche Flügel. Und empfand plötzlich Ehrfurcht vor der zarten, präzisen Form dieses Geschöpfs, das ihm nun nicht mehr eklig, sondern wunderbar geformt erschien: Vertreter einer verhaßten, verfolgten, in die Abwasserleitungen vertriebenen Art, einer mit sturer Überlebenskunst und schneller List begabten Spezies, die einer uralten, auf Furcht, simpler Grausamkeit und traditionellen Vorurteilen basierenden Abscheu zum Opfer gefallen war. Flößen uns womöglich gerade die Wendigkeit dieser Rasse, ihre Armseligkeit und Häßlichkeit, die starken Lebenskräfte, mit denen sie begnadet ist, Grauen ein? Grauen vor der Mordlust, die allein schon ihr Erscheinen bei uns hervorruft? Grauen vor der geheimnisvollen Vitalität eines Geschöpfs, das weder stechen noch beißen kann und immer Distanz hält? Fima zog sich also stumm und höflich zurück. Streifte – den Geruch seiner Socke ignorierend – den Schuh wieder über den Fuß. Und schloß sanft die Tür des Unterschranks, um das Lebewesen dort nicht zu erschrecken. Dann richtete er sich stöhnend auf und beschloß, die Hausarbeiten auf einen anderen Tag zu verschieben, da nicht ein oder zwei, sondern ungebührlich viele und lästige anstanden.

Er schaltete den Kessel an, um sich Kaffee zu machen, stellte das Radio auf den Musiksender ein und erwischte genau den Anfang des Requiems von Fauré, dessen erste, tragische Klänge ihn bewegten, ans Fenster zu treten und eine Weile auf die Bethlehemer Berge zu schauen. Die Menschen, von denen sein Vater gesprochen hatte, die, die noch nicht geboren waren und in hundert Jahren in diesem Zimmer wohnen würden, ohne irgendwas über ihn und sein Leben zu wissen – sollte bei denen wirklich kein einziges Mal die Neugier danach erwachen, wer Anfang 1989 hier gewohnt hatte? Aber warum sollte sie das interessieren? Gab es denn irgend etwas in seinem Leben, das Leuten nützen könnte, deren Eltern noch nicht mal geboren waren? Etwas, das ihnen wenigstens Denkanstöße zu liefern vermochte, wenn sie an einem Wintermorgen des Jahres 2089 an diesem Fenster standen? In hundert Jahren wäre der Düsenantrieb zu Lande sicher eine verbreitete, selbstverständliche Angelegenheit, so daß die Menschen,

Der dritte Zustand   1513

die hier wohnen würden, keinen besonderen Grund hätten, sich an Jael und Teddy zu erinnern, ebensowenig wie an Nina und Uri samt ihrem Kreis oder an Tamar und die beiden Ärzte. Sogar Zwi Kropotkins historische Studien wären bis dahin gewiß überholt. Höchstens bliebe noch eine Randbemerkung in einem veralteten Band von ihnen übrig. Albern, nichtig, verächtlich erschien ihm sein Neid auf Zwi. Dieser Neid, den er sogar vor sich selber hartnäckig leugnete. Der Neid, dessen insgeheimes Nagen er mit endlosen Wortgefechten übertönte. Indem er Zwicka am Telefon zu fassen kriegte, ihn unvermittelt nach dem Exilkönig von Albanien fragte und sie beide in eine erregte Debatte über den albanischen Islam oder die Geschichte des Balkans verwickelte. Im Abschlußexamen hatte er immerhin etwas besser abgeschnitten als sein Freund. Und er war auch auf ein paar blendende Gedanken gekommen, die Zwi aufgegriffen, sich aber trotz aller Proteste starrsinnig nicht bereit erklärt hatte, sie in einer Fußnote dankend als seine, Fimas, zu vermerken. Wenn nur diese Müdigkeit weichen wollte, hätte er noch die Kraft loszulegen, den Rückstand des Geißbockjahrs aufzuholen, diesen mittelmäßigen, verwöhnten Professor, der sich in Sportsakkos hüllte und graue Binsenwahrheiten näselte, in zwei, drei Jahren zu überrunden. Keinen Stein von Kropotkins Gebäuden würde er auf dem andern lassen. Würde alles in wütendem Sturm erschüttern und davonfegen. Ein wahres Erdbeben auslösen und neue Fundamente legen. Aber wozu? Allerhöchstens würde irgendein Student Ende des nächsten Jahrhunderts so nebenbei in Klammern den veralteten Ansatz der Nissan-Kropotkinschen Schule erwähnen, die Ende des zwanzigsten Jahrhunderts in Jerusalem zu kurzer Blüte gelangte – am Ausgang der sozioempirischen Epoche, die unter Sentimentalität litt und sich primitiver Mittel bediente. Nicht einmal zwischen ihnen beiden unterscheiden würde er. Sie einfach mit einem Bindestrich zusammenfassen, ehe er die Klammer nach ihnen schloß.

Jener Student, der in hundert Jahren dieses Zimmer hier bewohnen würde, trug in Fimas Gedanken plötzlich den Namen Joeser. Fast greifbar sah er ihn am selben Fenster stehen und auf dieselben Berge schauen. Und er sagte zu ihm: Spotte du mal nicht. Dank unserer bist du hier. Einmal hatte die Stadt Ramat Gan eine feierliche Baumpflanzung am Neujahrsfest der Bäume veranstaltet. Der erste, schon alte Bürgermeister, Abraham Krenizi, stand vor tausend Kleinen aus allen Kindergärten, jedes Kind mit einem Setzling in der Hand. Auch der Bürgermeister hielt ein junges

Bäumchen. Er hatte die Aufgabe, den Kindern eine Rede zu halten, wußte aber nicht, was er sagen sollte. Plötzlich entrang sich ihm aus tiefstem Herzen eine Ansprache von einem – stark russisch gefärbten – Satz: »Liebste Kinderlein, ihr seid die Bäume, und wir sind der Dünger.« Hatte es nicht Sinn, diesen Satz hier in die Wand zu ritzen, wie ein Häftling in die Zellenwand, damit es dieser hochmütige Joeser lesen konnte? Damit er an uns denken mußte? Aber bis dahin würde man doch Putz und Farbe und womöglich die Wände selbst erneuern. In hundert Jahren würde das Leben wacher, intensiver, vernünftiger und freudvoller sein. Die Kriege mit den Arabern würde man achselzuckend als einen absurden Reigen wirrer Stammesfehden abtun. Wie die Geschichte des Balkans. Joeser würde sicher nicht seine Vormittage mit der Jagd auf Kakerlaken und seine Abende in schmuddeligen Lokalen hinterm Zionsplatz vergeuden. Der dann gewiß völlig abgerissen und in schwungvoll optimistischem Stil neu aufgebaut war. An Stelle von in schmierigem Öl gebratenen Eiern, an Stelle von Marmelade und Joghurt schluckte man dann vermutlich alle paar Stunden zwei, drei Kapseln und hatte damit die Nahrungsaufnahme erledigt. Es würde weder verdreckte Küchen noch Kakerlaken oder Ameisen mehr geben. Die Menschen würden sich den ganzen Tag mit nützlichen, faszinierenden Dingen beschäftigen, die Abendstunden der Wissenschaft und der Schönheit widmen, ihr Leben im Licht der Vernunft führen, und falls irgendwo Liebe erwachte, wäre es wohl möglich, von fern einen schwachen elektromagnetischen Impuls auszutauschen, um vorzufühlen, ob sich der Versuch lohnte, diese Liebe in körperliche Annäherung umzusetzen. Die Winterregen würde man für immer aus Jerusalem verbannt und in die landwirtschaftlichen Regionen abgelenkt haben. Alle würden sozusagen heil auf die arische Seite hinüberkommen. Nichts und niemand würde mehr säuerlich riechen. Das Wort »Leiden« würde den Leuten ungefähr soviel bedeuten wie uns heute das Wort »Alchimie«.

Wieder fiel der Strom aus. Zwei Minuten später war die Sache behoben. Sicher signalisieren sie mir damit, daß ich zur Bank gehen und die Rechnung begleichen muß, andernfalls – schalten sie mir den Strom ab und lassen mich im Dunkeln sitzen. Auch die Schulden beim Lebensmittelhändler schwellen an. Und gestern im Lokal gegenüber, habe ich da nun der Frau Schneider ihr Schnitzel bezahlt oder es wieder mal anschreiben lassen? Dimmi habe ich das Buch der Leierkastenlieder zu kaufen vergessen. Was hält uns eigentlich? Wozu verharren wir hier noch? Warum machen

Der dritte Zustand 1515

wir uns nicht auf und räumen Jerusalem denen, die nach uns kommen werden? Eine sehr gute Frage, antwortete er in leisem Ton. Seine Kabinettssitzung berief er diesmal ins Scha'are-Zedek-Hospital in der Jaffa-Straße, einen prächtigen, verlassenen Bau, der seit der Übersiedlung der Krankenanstalt in den vor einigen Jahren erstellten Neubau zerbröckelte. Beim Schein einer Karbidlampe, zwischen öden, zerbrochenen Bänken und krummen, rostigen Bettgestellen, ließ er seine Minister im Halbkreis niedersitzen. Forderte und erhielt von jedem einzelnen einen knappen Bericht über die Lage an den verschiedenen Fronten. Und überraschte sie mit der Mitteilung, er gedenke gegen Morgen nach Tunis zu fliegen und vor dem palästinensischen Nationalrat zu sprechen. Den Hauptanteil der historischen Verantwortung für die Leiden der arabischen Bevölkerung des Landes werde er ohne Zögern ihren fanatischen Führern von den zwanziger Jahren an auf die Schultern laden. Da werde er mit seinem Zorn nicht zurückhalten. Trotzdem wolle er vorschlagen, nun einen Schlußstrich unter den Teufelskreis des Blutvergießens zu ziehen und fortan gemeinsam eine vernünftige, auf Ausgleich und Versöhnung beruhende Zukunft aufzubauen. Einzige Vorbedingung für die Aufnahme von Verhandlungen solle die beiderseitige vollständige Einstellung jeglicher Gewalttaten sein. Am Ende der Sitzung, gegen Morgen, ernannte er Uri Gefen zum Verteidigungsminister. Gad Etan erhielt das Außenressort, Zwi wurden Erziehung und Unterricht unterstellt, Nina die Finanzen, Wahrhaftig übernahm die Verantwortung für soziale Wohlfahrt, Ted und Jael sollten sich um Wissenschaft, Ökologie und Energie kümmern. Information und innere Sicherheit wollte er vorerst in eigenen Händen behalten. Und von nun an war das Kabinett in Revolutionsrat umbenannt. Der revolutionäre Prozeß würde innerhalb von sechs Monaten abgeschlossen sein. Bis dahin wäre der Frieden erreicht. Und sofort danach kehren wir in unsere Privatsphäre zurück und mischen uns nicht mehr in die Arbeit der gewählten Regierung ein. Ich selber werde in völlige Anonymität wegtauchen. Werde meinen Namen ändern und verschwinden. Jetzt wollen wir uns bitte einzeln durch die Seitenausgänge verdrücken.

Sollte er Dimmi beteiligen?

Während der Chanukkaferien hatte der Junge einen Vormittag im Labor des Kosmetikwerkes im Stadtteil Romema verbracht. Als Fima ihn abholen kam, um mit ihm in den biblischen Zoo zu gehen, entdeckte er, daß der Alte sich mit dem Jungen im Labor eingeschlossen hatte und ihm beibrachte, wie man Azeton auch zur Herstellung von Sprengstoff verwendet. Fima wurde fuchsteufelswild und bestürmte sofort glühend seinen Vater: Warum den Jungen verderben, wir haben schon genug Mörder, wozu seine Seele vergiften. Aber Dimmi schnitt den Wortstreit ab, indem er behutsam vermittelnd bemerkte: »Großvaters Bomben lackieren sowieso nur die Fingernägel.« Worauf sie alle drei losprusteten.

An der Wand links vom Fenster, in etwa eineinhalb Meter Entfernung, am Rand eines Flecks, an dem der Putz abgebröckelt war, sah Fima einen grauen Schleuderschwanz starr dastehen und, wie er selbst, mit sehnsüchtigen Augen auf die Bethlehemer Berge spähen. Oder auf eine für Fima unsichtbare Fliege. Einst waren in diesen Bergen und Steilschluchten Richter und Könige, Eroberer, Propheten der Mahnung und des Trostes, Weltverbesserer, Gauner, Seher, Priester und Stimmenhörer, Mönche, Verräter, Heilande, römische Statthalter und byzantinische Herrscher, moslemische Feldherren und christliche Kreuzritter, Asketen, Eremiten, Wundertäter und Schmerzensmänner umhergestreift. Bis heute läutet Jerusalem Kirchenglocken zu ihrem Gedenken, ruft klagend ihre Namen von den Minaretten der Moscheen, versucht sie mit kabbalistischen Kombinationen und Beschwörungen zurückzubringen. Doch jetzt, in diesem Moment, war augenscheinlich kein Lebewesen außer ihm, dem Schleuderschwanz und dem Licht mehr in der Stadt übriggeblieben. Als Junge hatte er auch bei seinem Stromern durch Gassen und Geröllfelder ein Raunen zu vernehmen gemeint. Ja, hatte einmal sogar versucht, in Worten aufzuschreiben, was er zu hören glaubte. Seinerzeit war er vielleicht noch imstande gewesen, ein paar Herzen zu erschüttern. Und noch immer vermochte er zuweilen einige Seelen, vor allem Frauen, in den Freitagsabendgesprächen bei den Tobias' oder den Gefens zu faszinieren. Manchmal stellte er einen blendenden Gedanken in den Raum, und für einen kurzen Moment hielt alles den Atem an. Danach wanderten seine Ideen von Mund zu Ohr und gelangten gelegentlich sogar in die Presse. Ab und zu, wenn er guter Stimmung war, glückte es ihm, einen neuen Ausdruck zu prägen. Eine Lagebeurteilung in Worte zu fassen, die bisher niemand aneinandergereiht hatte. Eine eindringliche Zukunftsprognose zu erstellen, die in der Stadt die Runde machte, wobei es zuweilen vorkam, daß er sie einige Tage später – von ihm und seinem Namen losgelöst und häufig verfälscht – im Radio wiederhörte. Freunde erinnerten ihn gern – wie mit leichtem Tadel – daran, daß es ihm zwei-, dreimal gelungen war, das Kommende verblüffend

Der dritte Zustand 1517

genau vorauszusehen, etwa 1973, als er von Haus zu Haus gezogen war und bis zur Lächerlichkeit die Blindheit, mit der der Staat Israel geschlagen sei, und das bevorstehende Unheil beklagt hatte. Oder am Vorabend des Libanonkriegs. Oder vor der islamischen Welle. Jedesmal, wenn die Freunde ihn an seine Weissagungen erinnerten, zuckte Fima zusammen und meinte verlegen lachend, das sei ja keine Großtat, die Schrift habe doch schon an der Wand gestanden, so daß jedes Kind sie lesen konnte.

Gelegentlich fotokopierte Zwi Kropotkin ihm aus einem Zeitungsfeuilleton oder einer Literaturzeitschrift eine Bezugnahme auf den Band *Augustinus' Tod*, den irgendein Kritiker momentweise dem Vergessen entrissen hatte, um diese Gedichte als Schützenhilfe in seinem Krieg für oder gegen die heutige Lyrik einzusetzen. Fima zuckte dann die Achseln und murmelte, genug, Zwicka, laß doch. Seine Weissagungen und Gedichte erschienen ihm gleichermaßen fern von der Hauptsache: Wohin will die Seele sich aufmachen, ohne zu wissen, was sie erwartet? Was ist Wirklichkeit und was nur Schein? Wo kann man etwas Verlorenes suchen, von dem man vergessen hat, was es war? Einmal, in seinem Geißbockjahr während der kurzen Ehe mit der Pensionswirtin in Valetta, hatte er in einem Café vor den Lagerhäusern am Hafen gesessen und zwei Fischern beim Tricktrackspielen zugeschaut. Aber eigentlich weniger die beiden als einen Schäferhund beobachtet, der hechelnd auf einem freien Stuhl zwischen ihnen saß. Die Ohren dieses Hundes standen so gerade und steif nach vorn gerichtet, als wolle er heraushören, wie der nächste Zug verlaufen werde, wobei er unablässig mit den Augen, die Fima fasziniert, staunend und demutsvoll erschienen, die Finger der Spieler, das Rollen des Würfels und die Bewegungen der Steine auf dem Brett verfolgte. Nie im Leben, weder vorher noch nachher, hatte Fima je eine derart konzentrierte Anstrengung, das Unbegreifliche zu begreifen, gesehen. Als habe dieser Hund in seinem Lechzen nach Entschlüsselung sich der Stufe genähert, auf der man die Körperlichkeit abstreift. Und genau so müssen wir doch das uns Unzugängliche betrachten. Soviel wie möglich begreifen. Oder wenigstens begreifen, wie weit man nicht begreifen kann. Manchmal stellte sich Fima den Weltenschöpfer, an den er nicht so ganz glaubte, in der Gestalt eines sephardischen Jerusalemer Händlers um die Sechzig vor, hager, gebräunt, runzlig, von Zigaretten und Arrak zerfressen, in abgewetzten braunen Hosen und einem nicht besonders sauberen weißen Hemd, ohne Schlips, aber bis oben an den knochigen Hals zugeknöpft, ausgetretenen braunen Schuhen und einem etwas zu knapp sitzenden, ärmlichen Jackett von altmodischem Schnitt. Dieser Schöpfer saß stets dösend – das Gesicht zur Sonne, die Augen fast geschlossen, den Kopf auf die Brust gesunken – auf einem Korbschemel vor seinem Kurzwarenladen im Viertel Sichron Mosche. Ein kalter Zigarettenstummel klebte ihm an der Unterlippe. Die Bernsteinkette lag starr in seiner Hand. Am Finger trug er einen schweren Ring, von dem manchmal ein Lichtfunke sprühte. Fima blieb stehen und wagte es, ihn anzusprechen – mit äußerster Höflichkeit. In der dritten Person. Zögernd. Dürfe er den verehrten Herrn mit einer einzigen Frage bemühen? Über das verschrumpelte, faltige Antlitz huschte ein leichtes ironisches Zucken. Vielleicht war es nur das störende Gebrumm einer Fliege. Hat der Herr geruht, *Die Brüder Karamasow* zu studieren? Die Debatte zwischen Iwan und dem Teufel? Mitjas Traum? Oder das Kapitel über den Großinquisitor? Nein? Und was geruht der Herr auf jene Anfrage zu erwidern? Windhauch, Windhauch, das ist alles Windhauch? Wird der Herr erneut das Argument benutzen: Wo warst du, als ich die Erde gegründet? Oder: Ich werde sein, der ich sein werde? Darauf würde der Alte einmal sauer nach Tabak und Arrak aufstoßen, seine Hände, die so ausgedörrt wie die eines Weißbinders waren, umdrehen und sie ausgestreckt auf die Knie legen. Nur der Ring an seinem Finger würde einen Moment aufblitzen und wieder stumpf werden. Kaute er etwas? Grinste er? War er eingeschlafen? Fima würde also aufgeben. Sich entschuldigen und seines Weges gehen. Nicht rennend, nicht hastigen Schritts und doch wie jemand, der flüchtet und weiß, daß er flüchtet, und weiß, daß seine Flucht vergeblich ist.

Vom Fenster aus sah er, wie die Sonne sich anstrengte, zwischen den Wolken freizukommen. Im Sträßchen und auch in den Bergen trat eine undefinierbare Veränderung ein. Es war kein Aufklaren, sondern nur ein leichtes Farbschillern, als sei die Luft selber mit Zögern und Zweifel beladen. Alles, was das Leben von Uri Gefen, Zwi, Teddy und den andern Mitgliedern der Gruppe ausfüllte, all diese Dinge, in die man Leidenschaft und Begeisterung investierte, erschienen Fima jetzt öde wie das Laub, das zu Füßen des kahlen Maulbeerbaums im Hof vor sich hinfaulte. Es gibt ein vergessenes Wunschziel, nicht Ziel, nicht Wunsch, auch nicht völlig vergessen, etwas ruft einen. Einen Moment fragte er sich, was es ihm ausmachen würde, heute zu sterben. Die Frage weckte nichts bei ihm: weder Angst noch Lust. Der Tod kam ihm banal vor, wie einer von Wahrhaf-

Der dritte Zustand

tigs Witzen. Und sein tägliches Leben war voraussehbar und ermüdend wie die Moralgeschichten seines Vaters. Er stimmte plötzlich mit den Worten des Alten überein, nicht hinsichtlich der Identität der Inder, sondern darin, daß die Tage freud- und ziellos vergingen. Schlemihl und sein Gefährte verdienten tatsächlich Mitleid, nicht Spott. Aber was hatte er mit denen zu tun? Er, Fima, strotzte doch vor unermeßlichen Kräften, deren Einsatz er nur wegen dieser Müdigkeit hinausschob. Als warte er auf den richtigen Zeitpunkt. Oder auf irgendeinen Donnerschlag, der die Kruste im Innern aufbrechen würde. Es wäre zum Beispiel möglich, in der Praxis zu kündigen. Dem Alten tausend Dollar abzuschwatzen, sich auf einem Frachter einzuschiffen und ein neues Leben anzufangen. In Island. Auf Kreta. In Safed. Er könnte sich für ein paar Monate in die Familienpension am Rand der Moschawa Magdiel zurückziehen und ein Bühnenstück verfassen. Oder ein Bekenntnis. Er könnte ein politisches Programm erarbeiten, Gleichgesinnte mitreißen und um sich scharen, eine neue Bewegung gründen, die die Apathie überwinden und sich wie ein Lauffeuer im Volk verbreiten würde. Man konnte auch einer der bestehenden Parteien beitreten, fünf, sechs Jahre eine emsige politische Tätigkeit entfalten, von Ortsgruppe zu Ortsgruppe ziehen, die nationale Lage in neuem Licht darstellen, bis selbst die verbohrtesten Geister aufgerüttelt waren, und so ans Ruder kommen und dem Lande Frieden bringen: 1977 war es einem bis dahin unbekannten Bürger namens Longe oder Lange gelungen, ins Parlament von Neuseeland gewählt zu werden, und 1984 lag die Regierung schon in seinen Händen. Man konnte sich verlieben, und man konnte in den Geschäftsbetrieb seines Vaters einsteigen und die Kosmetikfabrik zur Keimzelle eines Industriekonzerns machen. Oder im Flug die akademische Ausbildung abschließen, Zwi und seine Leute überrunden, die Fakultätsleitung übernehmen und eine neue Lehrmeinung begründen. Er könnte Jerusalem mit einem neuen Gedichtzyklus überraschen – wie lächerlich war doch der Ausdruck »Jerusalem überraschen«. Oder Jael zu sich zurückholen? Und Dimmi? Oder etwa diese Bude hier verkaufen und das Geld dazu benutzen, sich ein verlassenes Haus am Rand eines abgelegenen Moschaws in den obergaliläischen Bergen herzurichten? Oder umgekehrt? Hier Maurer, Zimmerleute und Weißbinder reinholen, alles von Grund auf erneuern lassen, die Rechnung seinem Vater schicken und damit ein neues Kapitel anfangen? Da kam die Sonne zwischen den Wolkenfetzen über dem Gilo-Viertel heraus und überschüttete einen der Berge mit zartem Goldlicht. Das Wort »Goldlicht« fand Fima diesmal zwar nicht übertrieben, ließ es aber lieber wieder fallen. Allerdings nicht bevor er es laut ausgesprochen und dabei eine lebhafte Freude verspürt hatte. Dann prüfte er laut die Worte »klipp und klar«. Und schmunzelte erneut vor Vergnügen. Eine Glasscherbe unten im Hof blitzte so strahlend auf, als habe sie den Weg gefunden und bedeute auch ihm mitzukommen. Im Geist wiederholte Fima die Worte seines Vaters: eine Handvoll Staub. Schnee von gestern. Grippe vom letzten Jahr. Aber statt Grippe kam ihm das Wort Gerippe.

Worin ähnelte der erstarrte Schleuderschwanz an der Wand dem Kakerlak, den er unter dem Spülstein gesehen hatte, und worin unterschieden sie sich? Dem Anschein nach vergeudete keiner von beiden den Schatz des Lebens. Obwohl für sie offenbar ebenfalls Baruch Nürnbergs Urteilsspruch galt: Leben ohne Verstand und sterben ohne Lust. Jedenfalls ohne Tagträume von Regierungsübernahme und Friedensstiftung.

Verstohlen öffnete Fima das Fenster, peinlich bedacht, ja nicht den grübelnden Schleuderschwanz aufzuschrecken. Und obwohl er bei seinen Freunden und auch in eigener Sicht als Tolpatsch galt, der mit zwei linken Händen auf die Welt gekommen war, gelang es ihm, das Fenster lautlos aufzumachen. Jetzt war er sicher, daß dieses Geschöpf den Blick auf irgendeinen Punkt im Raum heftete, den auch er, Fima, fixieren mußte. Aus welcher entlegenen Provinz des Evolutionsreiches, aus welch dämmrigen Urgefilden der Dinosaurierzeit voll glutspeiender Vulkane, dampfender Dschungel und dunstwabernder Erde, Abermillionen Jahre vor all den Königen, Propheten und Heilanden, die hier durch die Berge von Bethlehem gezogen waren, mochte ihm dieses Lebewesen da zugesandt worden sein, das ihn nun aus eineinhalb Meter Entfernung irgendwie liebevoll besorgt anguckte. Wie ein fürsorglicher entfernter Verwandter, den Fimas Zustand bekümmerte. Tatsächlich ein waschechter Dinosaurier durch und durch, nur auf Eidechsengröße geschrumpft. Fima schien ihn zu beschäftigen, denn warum sonst bewegte er langsam den Kopf hin und her, als wolle er sagen: Ich muß mich über dich wundern. Oder als tue ihm Fima mit seinem unklugen Verhalten leid, obwohl ihm leider nicht zu helfen war. Das war die Bewegung, die man gemeinhin Kopfschütteln nennt.

Und wirklich war das doch ein entfernter Verwandter, dessen Zugehörigkeit zu einem abgelegenen Familienzweig sich nicht leugnen ließ. Du

Der dritte Zustand

und ich, mein Lieber, und auch wir beide und Trotzki haben viel mehr gemeinsam, als uns trennt: Kopf und Hals und Wirbelsäule und Neugier und Appetit und Glieder und Geschlechtslust und die Fähigkeit, zwischen Licht und Dunkelheit sowie zwischen Kälte und Wärme zu unterscheiden, und Rippen und Lungen und Alterungsprozeß und Gesichts- und Gehörsinn und Verdauungssystem und Ausscheidungsorgane und schmerzempfindliche Nerven und Stoffwechsel und Gedächtnis und Gefahrempfinden und ein verzweigtes Gewirr von Blutgefäßen und einen Fortpflanzungsapparat und ein begrenztes Regenerationssystem, das letztendlich auf Selbstvernichtung eingestellt ist. Und auch ein Herz, das als komplizierte Pumpe arbeitet, und Geruchssinn und Selbsterhaltungstrieb und die Begabung, zu fliehen, Unterschlupf zu suchen und sich zu tarnen, und ein Orientierungssystem und ein Gehirn und offenbar auch Einsamkeit. So zahlreich sind die Dinge, die wir hätten besprechen, vergleichen, voneinander lernen können. Außerdem muß man vielleicht eine noch entferntere Familienverbindung mit einbeziehen – die zwischen uns dreien und der Pflanzenwelt. Wenn wir die Hand beispielsweise auf ein Feigen- oder Weinblatt legen, kann doch nur ein Blinder die Ähnlichkeit in der Form verneinen, die Gabelung der Finger, das Geflecht der Röhren und Fasern, deren Aufgabe es ist, Nahrung zu verteilen und Abfall abzutransportieren. Und wer sagt, daß sich hinter dieser Verwandtschaft nicht eine noch dämmrigere zwischen uns allen und den Mineralen im besonderen und der unbelebten Welt im allgemeinen erstreckt? Jede lebende, wachsende Zelle besteht aus einem Haufen unbelebter Stoffe, die ihrerseits keineswegs leblos sind, sondern ununterbrochen vor winzigen elektrischen Ladungen wimmeln. Elektronen. Neutronen. Herrscht etwa auch dort das Muster von Männlein und Weiblein, die sich weder verbinden noch trennen können? Fima grinste. Und kam zu dem Schluß, sich besser mit dem Burschen Joeser abzufinden, der in hundert Jahren an diesem Fenster stehen und auf seinen Schleuderschwanz starren würde und in dessen Augen er unwichtiger als eine Knoblauchschale sein mußte. Vielleicht wird ein Teil von mir, ein Molekül, ein Atom, ein Neutron, dann tatsächlich hier im Zimmer anwesend sein, dachte er, womöglich gerade in einer Knoblauchschale. Vorausgesetzt, die Menschen verwenden in künftigen Zeiten noch Knoblauch.
Warum sollten sie eigentlich nicht?
Nur mit Dimmi könnte man vielleicht über diese Träumereien reden.
Jedenfalls besser Propheten und Eidechsen und Feigenblätter und Neutronen, als sein Hirn mit Bomben aus Nagellack vollzustopfen.

Im Nu löste sich der Schleuderschwanz vom Fleck, krümmte sich und verschwand blitzschnell in oder hinter einem Regenrohr. Weg war er. Klipp und klar. Das Requiem von Fauré war zu Ende; es folgten Borodins Polowetzer Tänze, die Fima nicht mochte. Zudem brannte ihm das stärker werdende Licht in den Augen. Er machte das Fenster zu und begann einen Pullover zu suchen, kam aber zu spät und konnte den elektrischen Wasserkessel nicht mehr retten, der schon lange in der Küche gekocht hatte, bis das ganze Wasser verdampft war, so daß er jetzt nur noch nach Rauch und versengtem Gummi roch. Fima wußte, daß er zwischen einer Reparatur beim Elektriker auf dem Weg zur Arbeit und dem Kauf eines neuen Kessels wählen mußte.

»Dein Problem, mein Lieber«, sagte er sich.

Nachdem er eine Tablette gegen Sodbrennen zerkaut hatte, entschied er sich für Urlaub. Er rief die Praxis an und teilte Tamar mit, daß er heute nicht zur Arbeit kommen werde. Nein, er sei nicht krank. Ja, dessen sei er sicher. Alles in bester Ordnung. Ja, eine private Angelegenheit. Nein, er habe keinerlei Probleme und brauche keine Hilfe. Auf jeden Fall vielen Dank. Richte aus, daß ich mich entschuldige.

Er begann im Telefonbuch zu suchen, und siehe da, welch ein Wunder, unter »T« fand er Tadmor, Annette und Jerucham in der Vorstadt Mewasseret Jeruschalaim.

Annette persönlich nahm den Hörer ab.

»Entschuldigen Sie die Störung«, sagte Fima. »Es spricht der Sekretär von gestern, Efraim. Fima. Vielleicht erinnern Sie sich, wir haben uns ein wenig in der Praxis unterhalten. Und da habe ich gedacht –«

Annette erinnerte sich sehr gut. Brachte ihre Freude zum Ausdruck. Und schlug vor, sich in der Stadt zu treffen: »Sagen wir, in einer Stunde? Oder anderthalb? Wenn es Ihnen recht ist, Efraim? Ich habe gewußt, daß Sie mich heute anrufen würden. Bloß fragen Sie mich nicht, wieso. Ich hatte einfach so ein Gefühl. Irgend etwas zwischen uns ist gestern – ja, offengeblieben. Also in einer Stunde? Im Café Savion? Und falls ich mich ein bißchen verspäte – geben Sie die Hoffnung nicht auf.«

10.
Fima verzichtet und verzeiht

Eine Viertelstunde lang wartete er an einem Seitentisch auf sie, dann wurde er hungrig und bestellte sich Kaffee und Kuchen. Am nächsten Tisch saß ein Knessetabgeordneter einer Rechtspartei in Gesellschaft eines bärtigen jungen Mannes von hübschem schlanken Aussehen, der Fima wie ein Funktionär aus einer Siedlung in den Gebieten vorkam. Sie unterhielten sich leise, aber hier und da konnte Fima einzelne Satzfetzen aufschnappen.

»Ihr seid auch schon Schlappschwänze«, sagte der junge Mann. »Habt vergessen, wo ihr herstammt und wer euch hochgebracht hat.«

Danach ging die Unterredung in Flüsterton über.

Fima dachte daran, wie er gestern abend bei Nina das Weite gesucht, sich vor ihren Augen blamiert, in Teds Arbeitszimmer lächerlich gewirkt und Jael und sich im dunklen Treppenhaus erniedrigt hatte. Eigentlich wäre es jetzt ganz nett, eine Debatte mit den beiden Geheimniskrämern dort zu beginnen. Ohne Mühe hätte er sie kurz und klein gekriegt. Annette Tadmor mußte es sich anders überlegt haben, grübelte er, sicher hatte sie ihre Zusage bereut und würde nicht mehr zum Rendezvous erscheinen. Warum sollte sie auch? Ihre rundlich mollige Figur, ihre Niedergeschlagenheit, ihr einfarbiges Baumwollkleid, das an die Uniform einer Internatsschülerin erinnerte – all das weckte einen Anflug von Begehren, vermischt mit Schadenfreude über sich selbst: Ein Glück, daß sie zurückgeschreckt ist. Da hat sie dir die nächste Blamage erspart.

Der junge Siedler stand auf und kam mit zwei langen Schritten an seinen Tisch, wobei Fima erschrak, da der Bursche eine Pistole im Gürtel trug.

»Verzeihung. Sind Sie vielleicht zufällig Rechtsanwalt Prag?«

Fima überdachte die Frage, war kurz versucht, sie zu bejahen, da Prag ihm seit eh und je einen leisen Stich im Herzen versetzte, und sagte dann: »Ich glaube kaum.«

»Wir sind hier mit jemandem verabredet, den wir noch nie gesehen haben«, sagte der Siedler. »Ich dachte, Sie wären's vielleicht. Entschuldigung.«

»Ich«, sagte Fima mutig, als feuere er den ersten Schuß im Bürgerkrieg, »ich gehöre nicht zu euch. Für mich seid ihr eine Pest.«

Darauf der Bursche mit Liebkindlächeln und Liebet-Israel-Miene: »Solche Ausdrücke sollte man lieber für den Feind aufbewahren. Wegen grundlosen Hasses ist der Tempel zerstört worden. Es würde uns allen nicht schaden, mal ein wenig grundlose Liebe zu versuchen.«

Helle Debattierfreude, schmeichelnde Siegeslust wallten wie Wein in Fima hoch, auf der Zungenspitze stand schon eine vernichtende Replik, doch in diesem Moment sah er Annette in der Tür verwirrt um sich blicken und bedauerte fast, daß sie gekommen war. Mußte ihr aber zuwinken und auf den Siedler verzichten. Sie entschuldigte sich für die Verspätung, und als sie sich ihm gegenübersetzte, sagte er ihr, sie sei gerade im rechten Moment gekommen, um ihn aus den Klauen der Hisbollah zu befreien. Oder richtiger, die Hisbollah aus seinen. Worauf er ihr ohne Zurückhaltung seine Ansichten in knapper Form darlegte. Erst dann kam er dazu, sich bei ihr zu entschuldigen, daß er nicht auf sie gewartet, sondern bereits Kaffee und Kuchen bestellt hatte. Und fragte sie, was sie trinken wolle. Zu seiner Verblüffung bat sie um ein Gläschen Wodka und fing an, ihm von ihrer Scheidung nach sechsundzwanzig Jahren Ehe zu erzählen, die nach ihrer Ansicht nun gerade vorbildlich gewesen sei. Zumindest dem Anschein nach.

Fima bestellte ihr Wodka. Er selbst nahm einen zweiten Kaffee und dazu ein Käse- und ein Eibrot, weil er immer noch hungrig war. Dabei hörte er ihr nur halb zu, weil am Nebentisch inzwischen ein Glatzkopf im grauen Regenmantel dazugekommen war, gewiß dieser Mister Prag, und die drei da anscheinend davon tuschelten, der Staatsanwaltschaft einen Keil zwischen die Räder zu treiben. Angestrengt bemüht, ihr Gespräch aufzufangen, sagte er, fast ohne auf seine eigenen Worte zu achten, zu Annette, er könne ihr die sechsundzwanzig Jahre kaum glauben, weil sie wie höchstens vierzig aussehe.

»Das ist nett von Ihnen«, erwiderte sie. »Sie strahlen überhaupt eine Warmherzigkeit auf mich aus. Ich meine, wenn ich einmal alles, aber wirklich alles einem guten Zuhörer erzählen könnte, würde mir das vielleicht helfen, ein bißchen Ordnung im Kopf zu schaffen. Zu begreifen, was mir passiert ist. Obwohl ich weiß, daß ich hinterher noch weniger verstehen werde. Haben Sie Geduld zum Zuhören?«

Der Knessetabgeordnete sagte: »Wir werden wenigstens versuchen, Zeit zu gewinnen. Das kann nichts schaden.«

Und der Mann im Regenmantel, vermutlich Rechtsanwalt Prag: »Für euch sieht das kinderleicht aus. In Wirklichkeit ist das gar nicht so leicht.«

»Als ständen Jerry und ich lange ruhig auf dem Balkon«, sagte Annette, »lehnten uns übers Geländer, schauten auf Garten und Wäldchen hinaus, Schulter an Schulter, und plötzlich packte er mich ohne Vorwarnung und würfe mich hinunter. Wie eine alte Kiste.«
»Traurig«, bemerkte Fima. Und etwas später: »Furchtbar.« Dabei legte er die Finger auf ihre um die Tischkante gekrallte Hand, weil ihr wieder Tränen in den Augen standen.
»Einverstanden«, sagte der Siedler, »wir bleiben in Verbindung. Nur Vorsicht am Telefon.«
»Sehen Sie«, fuhr Annette fort, »in Romanen, Theaterstücken, Filmen gibt es immer solch geheimnisvolle Frauen. Kapriziös. Unberechenbar. Verlieben sich wie Mondsüchtige und flattern davon wie Vögel. Greta Garbo. Marlene Dietrich. Liv Ullmann. Alle möglichen *femmes fatales*. Rätselhafte Frauenherzen. Verachten Sie mich nicht, weil ich mitten am Tag Wodka trinke. Was ist dabei. Auch Sie sehen nicht glücklich aus. Langweile ich Sie?«
Fima rief den Kellner und bestellte ihr ein zweites Gläschen. Und für sich eine Flasche Sprudel und noch ein Käsebrot. Die drei Verschwörer standen auf und gingen. Als sie an seinem Tisch vorbeikamen, lächelte der Siedler harmlos und verbindlich, als verstehe und vergebe er, und sagte: »Schalom und alles Gute. Vergessen Sie nicht, daß wir letzten Endes alle im selben Boot sitzen.«
In Gedanken verlagerte Fima diesen Augenblick in ein Berliner Café am Ende der Weimarer Republik, versetzte sich selbst in die Rolle eines Märtyrers – von Ossietzky, Kurt Tucholsky – und verwarf das Ganze sofort, weil der Vergleich ihm weit hergeholt, ja fast hysterisch vorkam. Zu Annette sagte er: »Schauen Sie sich die gut an. Das sind die Typen, die uns alle in den Abgrund zerren.«
»Ich bin schon im Abgrund«, sagte Annette.
Und Fima: »Machen Sie weiter. Sie hatten von fatalen Frauen gesprochen.«
Annette leerte das neue Gläschen, ihre Augen strahlten, ein Fünkchen Koketterie mogelte sich zwischen ihre Worte: »Das Angenehme bei Ihnen ist, Efraim, daß es mir überhaupt nichts ausmacht, welchen Eindruck ich bei Ihnen hervorrufe. Das bin ich nicht gewöhnt. Normalerweise ist mir, wenn ich mit einem Mann spreche, am allerwichtigsten, wie er mich sieht. Es ist mir noch nie passiert, daß ich so mit einem fremden Mann zusam-

mensitze und freimütig von mir rede, ohne daß mir alle möglichen Signale entgegengesandt werden, wenn Sie wissen, was ich damit meine. Daß ich wie von Mensch zu Mensch spreche. Sie sind doch nicht verletzt?«

Fima lächelte unwillkürlich, als Annette die Worte »fremder Mann« benutzte. Sie fing sein Lächeln auf und kicherte ihm zu wie ein getröstetes Kind nach dem Weinen. Und sagte: »Was ich sagen wollte, nicht daß Sie nicht männlich sind, sondern daß ich mit Ihnen wie mit einem Bruder reden kann. Was haben uns die Dichter nicht schon mit ihren Beatrixen, Naturgewalten im Kleid, Gazellen, Tigerinnen, Möwentöchtern, Schwänen überschüttet, alles Blabla, dieser ganze Mist. Und ich sage Ihnen, gerade das Wesen des Mannes scheint mir tausendmal komplizierter zu sein. Oder vielleicht überhaupt nicht kompliziert, all diese faulen Geschäfte: Frau, gib mir Sex – und nimm ein bißchen Gefühl. Oder Gefühlstheater. Sei Hure und Mutter. Kuschende Hündin bei Tag und Pussycat bei Nacht. Manchmal meine ich, Männer liebten Sex, aber haßten Frauen. Seien Sie nicht gekränkt, Efraim. Ich verallgemeinere einfach. Sicher gibt es auch andere. Zum Beispiel Sie. Ihr ruhiges Zuhören tut mir jetzt gut.«

Fima beugte sich vor, um ihr schnell die Zigarette anzuzünden, die sie aus der Handtasche gezogen hatte. Bei sich dachte er: Am hellichten Tag laufen die schon mitten in Jerusalem ganz offen mit Pistolen im Gürtel herum. War die Krankheit etwa von Anfang an im zionistischen Gedanken angelegt? Können die Juden denn nicht in den Lauf der Geschichte zurückkehren, ohne zu Dreck zu werden? Muß jeder, der als Kind mißhandelt worden ist, unweigerlich als Erwachsener zum Gewalttäter werden? Und bevor wir wieder in die Geschichte einstiegen – waren wir da kein Dreck? Entweder Fischke, der Lahme, oder Arje, der Körperstarke – gibt's da keinen dritten Weg?

»Mit fünfundzwanzig Jahren«, fuhr Annette fort, »nach zwei, drei Liebesaffären, einer Ausschabung und dem Bachelor in Kunstgeschichte lerne ich einen jungen Orthopäden kennen. Ein ruhiger, schüchterner Bursche, kein typischer Israeli, wenn Sie verstehen, was ich damit meine, ein feiner Mensch, der mich behutsam umwirbt, mir sogar täglich einen höflichen Liebesbrief schickt, aber niemals zulangt. Ein fleißiger, aufrichtiger Typ. Kocht mir gern Kaffee. Betrachtet sich als mittleren Durchschnitt. Ein Nachwuchsarzt, der Schwerarbeit leistet – Schichtdienst, Bereitschaftsdienst, Nachtwachen. Mit drei, vier Freunden, die ihm alle ziemlich ähneln. Mit Flüchtlingseltern, so feinsinnig und kultiviert wie er. Und nach knapp einem Jahr sind wir schon verheiratet. Ohne Seelenstürme. Ohne heulende Sirenen. Faßt mich an, als sei ich aus Porzellan, wenn Sie verstehen, was ich damit meine.«

Fima hätte sie fast mit den Worten unterbrochen: Wir sind doch alle so, deshalb haben wir den Staat verloren. Aber er hielt sich zurück und schwieg. Drückte nur sorgfältig den vor sich hinsiechenden Zigarettenstummel aus, den Annette auf dem Aschenbecherrand abgelegt hatte. Und vertilgte den Rest seines Brotes, war aber immer noch hungrig.

»Wir legen unsere Ersparnisse und die Zuschüsse der Eltern zusammen, kaufen eine kleine Wohnung in Givat Scha'ul, Möbel, Kühlschrank, Herd, suchen gemeinsam Gardinen aus. Ohne Meinungsverschiedenheiten. Alles in Ehren und Freundschaft. Er gibt mir einfach gern nach, oder so meinte ich damals. Freundschaft ist das passende Wort: Wir beide bemühen uns, die ganze Zeit gut zu sein. Fair. Wetteifern in Rücksichtnahme. Dann wird die Tochter geboren und zwei Jahre später – der Sohn. Jerry ist natürlich ein vernünftiger, hingebungsvoller Vater. Konsequent. Beständig. Das richtige Wort ist: zuverlässig. Ein Ehemann, der bereitwillig Windeln wäscht, Fliegengitter saubermachen kann und aus Büchern lernt, wie man eine Mahlzeit zubereitet und Topfpflanzen pflegt. Führt die Kinder zu Vergnügungen in die Stadt, soweit es seine Arbeit zuläßt. Wird im Lauf der Zeit sogar etwas besser im Bett. Begreift langsam, daß ich nicht aus Porzellan bin, wenn Sie verstehen, was ich damit meine. Weiß manchmal was Lustiges am Eßtisch zu erzählen. Allerdings beginnt er hier und da Eigenheiten zu entwickeln, die mich zuweilen ziemlich nervös machen. Kleine, unschädliche, aber sehr hartnäckige Angewohnheiten. Zum Beispiel mit dem Finger auf Gegenstände klopfen. Nicht wie der Arzt einem Kranken die Brust abklopft, sondern als poche er an eine Tür. Sitzt, in die Zeitung vertieft, auf dem Sessel und klopft unwissentlich pausenlos auf die Lehne. Als wünsche er, man möge ihm öffnen. Schließt sich im Bad ein, planscht eine halbe Stunde im Wasser und hört nicht auf an die Kacheln zu pochen, als suche er dahinter ein Geheimfach mit einem Schatz. Oder seine Angewohnheit, häufig ›asoi‹ zu sagen, statt Antwort zu geben, wenn man mit ihm spricht. Ich sage ihm, ich hätte einen Fehler in der Stromrechnung gefunden, und er sagt: Asoi. Die Kleine erzählt ihm, die Puppe sei böse mit ihr, und er äußert grinsend: Asoi. Ich mische mich ein und sage, vielleicht hörst du mal deinen Kindern zu, und auch darauf erwidert er: Asoi. Und die Angewohnheit, manchmal durch die Lücke zwischen den beiden Vorderzähnen einen leisen, verächtlichen Pfiff auszustoßen, der eigentlich vielleicht weder Pfiff noch verächtlich, sondern nur ein Atemzug bei geöffneten Lippen ist. Sooft ich ihm auch sage, daß dieses Pfeifen mich wahnsinnig macht – er kann's nicht aufgeben, merkt offenbar gar nicht, daß er schon wieder gepfiffen hat. Aber letzten Endes sind das ja kleine Unannehmlichkeiten, mit denen sich leben läßt. Es gibt auf der Welt Ehemänner, die ewig besoffen, faul, untreu, grausam, abartig oder geisteskrank sind, und außerdem haben sich womöglich auch bei mir alle möglichen Gewohnheiten eingestellt, die ihm nicht gefallen, und er beherrscht sich und schweigt. Es hat keinen Sinn, großen Aufruhr um sein Pfeifen und Geklopfe zu machen, die er, dafür spricht einiges, vermutlich gar nicht unter Kontrolle hat. So vergehen die Jahre. Wir schließen einen Balkon, machen eine Europareise, kaufen ein kleines Auto, wechseln die ersten Möbel gegen neue aus. Und ziehen auch einen Schäferhund groß. Bringen seine und meine Eltern in einem privaten Altersheim unter. Jerry steuert seinen Teil bei, bemüht sich, mir Freude zu machen, ist zufrieden über das gemeinsam Erreichte. Oder so schien es mir. Und macht weiter mit seinem Pfeifen, Klopfen und gelegentlichen Asoisagen.«

Fima sinnierte: Panzer umstellen das Knessetgebäude, Fallschirmjäger dringen in die Sendeanstalt ein, ein Obristenputsch – nein, den wird's hier nicht geben. Hier kommt es nur zu einer schleichenden Unterwanderung. Jeden Tag einen Zentimeter weiter. Die Leute werden's gar nicht merken, wie die Lichter ausgehen. Weil sie nicht ausgeknipst werden. Sondern langsam verlöschen. Entweder tun wir uns endlich zusammen und lösen selbst eine tiefe nationale Krise aus – oder es gibt keinen definitiven Krisenpunkt. Laut sagte er: »Sie schildern es so präzise, daß ich es vor mir sehe.«

»Langweile ich Sie nicht? Seien Sie nicht böse, daß ich schon wieder rauche. Es fällt mir schwer, darüber zu reden. Wegen der Tränen sehe ich sicher wie ein Schreckgespenst aus. Seien Sie so gut und schaun mich nicht an.«

»Im Gegenteil«, sagte Fima, und nach kurzem Zögern fügte er hinzu: »Auch Ihre Ohrringe sind hübsch. Ausgefallen. Wie zwei Glühwürmchen. Nicht, daß ich eine Ahnung hätte, wie ein Glühwürmchen aussieht.«

»Es tut gut, mit Ihnen zusammenzusein«, sagte Annette. »Zum ersten Mal seit langer Zeit fühle ich mich wohl. Obwohl Sie fast kein Wort sagen und nur verständnisvoll zuhören. Als die Kinder ein bißchen größer sind, ermutigt mich Jerry, eine Halbtagsstelle bei der Jerusalemer Stadtverwaltung anzunehmen. Wir fangen an zu sparen. Wechseln das Auto. Träumen davon, uns ein Eigenheim mit Ziegeldach und Garten in Mewasseret Jeruschalaim zu bauen. Setzen uns manchmal abends, nachdem die Kinder eingeschlafen sind, zusammen, gucken amerikanische Wohnmagazine an, zeichnen alle möglichen Grundrisse. Manchmal klopft er mit dem Finger auf diese Planskizzen, als prüfe er die Härte des Materials. Beide Kinder zeigen musikalische Begabung, und wir beschließen einstimmig, das nötige Geld für Musikstunden, Privatlehrer und Konservatorium aufzuwenden. Verbringen zu viert den Sommerurlaub in Naharia am Strand. Zu Chanukka fahren wir zwei allein, ohne Kinder, mieten uns einen Bungalow in Elat. Vor zehn Jahren haben wir die Wohnung seiner Eltern verkauft und diesen Bungalow erworben. Samstagabend versammeln sich drei, vier befreundete Paare bei uns. Scheuen Sie sich nicht, mich zu unterbrechen, wenn Sie das Zuhören leid sind, Efraim. Vielleicht gehe ich zu sehr ins einzelne? Dann wird dieser Zuverlässige zum stellvertretenden Stationsarzt ernannt. Empfängt Privatpatienten, zu Hause. So daß der Traum vom Häuschen mit Garten in Mewasseret Jeruschalaim langsam real wird. Wir beide verwandeln uns in Experten für Marmor, Fliesen und Ziegeln, wenn Sie verstehen, was ich damit meine. All diese Jahre fällt, abgesehen von nichtigen Streitigkeiten, kein Schatten zwischen uns. Oder so schien es mir. Jeder Streit endet mit gegenseitigen Entschuldigungen. Er bittet um Verzeihung, und ich bitte um Verzeihung, und er zischt: Asoi. Dann wechseln wir gemeinsam die Bettwäsche oder machen Salat fürs Abendessen.«

Fünftausend Mann, dachte Fima, fünftausend von uns, die sich einfach weigern würden, Reservedienst in den Gebieten zu leisten – das wäre genug. Das ganze Besatzungsregime würde zusammenbrechen. Aber genau diese fünftausend werden zu Experten für Dachziegel. Diese Aasheinis haben, aus ihrer Sicht, recht, wenn sie sagen, sie brauchten nur Zeit zu gewinnen. Am Ende ihrer Geschichte geht sie mit mir ins Bett. So bereitet sie sich darauf vor.

»Einige Winter hindurch«, fuhr Annette fort, wobei ihr ein bitterer, sarkastischer Zug um die Mundwinkel spielte, als habe sie seine Gedanken gelesen, »vielleicht zwei oder drei Winter verbringt er eine Nacht pro Woche in Beer Scheva, weil er dort für irgendeinen Kurs an die medizinische Fakultät berufen worden ist. Der Gedanke, es gebe andere Frauen in seinem Leben, ist mir nie gekommen. Das schien mir einfach nicht zu ihm zu passen. Besonders, da sogar das, was er für den Hausgebrauch hatte, über die Jahre ein wenig nachließ, wenn Sie verstehen, was ich damit meine. Also er und Liebchen – nee. Genau wie ich mir zum Beispiel nicht hätte vorstellen können, daß er ein syrischer Spion sein könnte: geht einfach nicht. Ich wußte alles über ihn. So glaubte ich jedenfalls. Und akzeptierte ihn, wie er war, einschließlich der leisen Verachtungspfiffe, die er manchmal durch die Lücke zwischen den beiden Schneidezähnen hervorpreßte, hatte mir schon eingeredet, das seien nicht direkt Pfiffe und gewiß keine verächtlichen. Andererseits – ich schäme mich, Ihnen das zu erzählen, aber ich möchte nun mal alles auspacken – bin ich im Sommer vor acht Jahren drei Wochen bei einer Cousine in Amsterdam zu Besuch gewesen und da doch für ein paar irrsinnige Tage einem schwachköpfigen blonden Sicherheitsbeamten der Botschaft in die Arme getaumelt. Beinah zwanzig Jahre jünger als ich. Ein Typ, der sich sehr schnell als narzißtischer Idiot entpuppte. Ziemlich viehisch im Bett, wenn Sie verstehen, was ich damit meine. Vielleicht wird es Sie amüsieren, daß jemand ihm in den Kopf gesetzt hatte, Frauen würden erregt, wen man ihnen den Bauch mit Honig vollschmiert. Stellen Sie sich das bloß vor. Kurz gesagt – ein verdrehter Junge, sonst nichts. War den kleinen Fingernagel meines guten Mannes nicht wert.«

Aus eigenem Antrieb bestellte Fima noch einen Wodka und – seinem Hunger nachgebend – ein weiteres Käsebrot. Das letzte. Dabei nahm er sich vor: geduldig und feinfühlend sein. Nicht über sie herfallen. Die Politik aus dem Spiel lassen. Mit ihr nur über Poesie und die Einsamkeit im allgemeinen sprechen. Und vor allem Geduld bewahren.

»Voller Schuldgefühle kehre ich aus Amsterdam zurück, unterdrücke nur mit Mühe den Drang, ihm zu beichten, aber er hegt keinerlei Verdacht. Im Gegenteil. Über die Jahre hatten wir uns angewöhnt, manchmal, nachdem die Kinder eingeschlafen waren, im Bett zu liegen und gemeinsam Broschüren zu lesen, aus denen wir lernten, Dinge zu tun, die wir vorher nicht gekannt hatten. Entgegenkommen, Rücksichtnahme und Zurückstecken verliehen unserem Leben einen ruhigen Braunton. Zugegeben, viele Gesprächsthemen gibt es nicht. Schließlich interessiere ich mich nicht so sehr für Orthopädie. Aber das Schweigen bedrückt uns nie. Wir können einen ganzen Abend dasitzen und lesen. Gemeinsam Musik hören. Fernsehen. Gelegentlich trinken wir sogar ein Gläschen vor dem Schlafengehen. Manchmal schlafe ich ein und wache eine Stunde später wieder auf, weil er keinen Schlaf findet und geistesabwesend auf den Bettkasten

Der dritte Zustand

am Kopfende trommelt. Ich bitte ihn aufzuhören, und er entschuldigt sich und läßt es, worauf ich wieder einschlafe und auch er einschläft. Oder so schien es mir. Wir erinnern einander daran, auf die Figur zu achten, da wir beide leicht zur Korpulenz neigen. Bin ich ein bißchen dick, Efraim? Wirklich nicht? Und inzwischen haben wir alle möglichen elektrischen Haushaltsgeräte angeschafft. Beschäftigen drei Vormittage pro Woche eine Hausgehilfin. Besuchen seine und meine Eltern, die wir alle vier im selben Altersheim untergebracht haben. Zum Ärztekongreß in Kanada fährt er ohne mich, aber zur Orthopädenkonferenz in Frankfurt bin ich mit eingeladen. Dort gehen wir uns einen Abend sogar mal eine Stripteaseshow angucken. Was mich ziemlich angeekelt hat, wobei ich jedoch heute glaube, daß es ein Fehler war, es ihm zu sagen. Ich hätte schweigen sollen. Ehrlich gesagt, Efraim, mag ich gar nicht daran denken, was Sie von mir halten werden, wenn ich Sie bitte, mir noch ein Gläschen zu bestellen. Noch eins und fertig. Es fällt mir schwer. Und Sie hören mir zu wie ein Engel. Dann, vor sechs Jahren, sind wir endlich in die selbstgeplante Villa umgezogen, nach Mewasseret Jeruschalaim, und sie ist fast genauso geworden, wie wir sie uns erträumt hatten, mit einem separaten Flügel für die Kinder, mit einem schrägwinkligen Schlafzimmer unterm Dach wie in einem Chalet in den Alpen.«

Ein Engel mit der Erektion eines Nashorns, grinste Fima innerlich und spürte erneut, wie mit dem Mitleid die Begierde in ihm erwachte und die Begierde wiederum Scham, Wut und Schadenfreude über sich selbst nach sich zog. Und weil er an Nashörner dachte, fiel ihm die starre Haltung der Dinosaurier-Eidechse ein, die ihm am Morgen ein Kopfschütteln entgegengebracht hatte. Dann sann er ein wenig über Ionescos *Nashörner* nach, wobei er sich zwar vor oberflächlichen Vergleichen in acht nahm, aber trotzdem grinsen mußte, weil Rechtsanwalt Prag ihn weit mehr an einen Büffel als an ein Nashorn erinnerte. Nun fragte er: »Sagen Sie, Annette, sind Sie überhaupt nicht hungrig? Ich verschlinge hier ein belegtes Brot nach dem anderen, und Sie haben noch nicht mal Kuchen angerührt. Vielleicht schauen wir einen Augenblick in die Speisekarte?«

Doch Annette zündete sich, als habe sie gar nichts gehört, eine neue Zigarette an. Fima schob ihr den Aschenbecher, den der Kellner geleert, und den Wodka, den er ihr gebracht hatte, näher hin. »Wie wär's mit einer Tasse Kaffee?«

»Absolut nicht«, sagte Annette, »ich fühle mich so wohl mit Ihnen. Erst gestern sind wir uns begegnet, und es ist, als hätte ich einen Bruder gefunden.«

Fima hätte beinah den Lieblingsausdruck ihres Mannes benutzt und asoi gesagt, hielt sich aber zurück, strich ihr wie unbewußt über die Wange und bat: »Machen Sie weiter, Annette. Sie hatten von den Alpen gesprochen.«

»Ich bin dumm gewesen. Blind. Glaubte, das neue Haus sei die Verkörperung des Glücks. Des Seelenglücks natürlich. Wie faszinierte uns das Leben außerhalb der Stadt! Die Landschaft, die Stille. Gegen Abend traten wir hinaus, um nachzumessen, wie hoch die Setzlinge gediehen waren, ehe wir vom Garten auf den Balkon hinaufgingen, um im Sitzen zuzuschauen, wie die Berge dunkel wurden. Fast ohne zu sprechen und doch in Freundschaft. Oder so schien es mir. Wie zwei alte Freunde, die schon keine Worte mehr brauchen, wenn Sie das verstehen. Jetzt glaube ich, daß auch das ein Irrtum war. Daß er mit seinem Klopfen aufs Balkongitter etwas auszudrücken versuchte, vielleicht wie mit Morsezeichen, und auf eine Antwort von mir wartete. Manchmal guckte er mich so an, über die Linsen seiner Lesebrille hinweg, das Kinn auf die Brust gesenkt, fast ein wenig überrascht, als sei ich ihm neu, als hätte ich mich sehr verändert, und ließ ein leises Pfeifen hören. Wenn ich ihn nicht so viele Jahre kennen würde, hätte ich noch meinen können, er wäre plötzlich in die Rolle eines Gassenjungen verfallen, der Frauen nachpfeift. Heute scheint mir, daß ich diesen Blick überhaupt nicht verstanden habe. Dann wurde die Tochter zum Wehrdienst eingezogen und vor einem Jahr – auch der Sohn: Er wurde ins Militärorchester aufgenommen. Das Haus hatte sich geleert. Meist gehen wir um halb elf schlafen. Lassen eine einzige Laterne brennen, damit sie den Garten bei Nacht ein wenig erhellt. Draußen stehen die beiden Wagen stumm unter ihrem Schutzdach. Außer zweimal pro Woche, wenn er Nachtdienst im Krankenhaus versieht und ich bis Sendeschluß vorm Fernseher hocke. In der letzten Zeit habe ich auch ein bißchen zu malen angefangen. Für mich. Ohne Ambitionen. Obwohl Jerry vorschlug, meine Bilder mal einem Fachmann zu zeigen, vielleicht seien sie was wert. Ich sagte: Ob sie nun was wert sind oder nicht – darum geht's mir nicht. Jerry sagte: Asoi. Und dann hat's mich erwischt. Einmal, an einem Samstagmorgen vor eineinhalb Monaten – hätte ich mir damals bloß auf die Zunge gebissen und geschwiegen – habe ich zu ihm gesagt: Jerry, wenn so das Alter aussieht, was macht's uns dann aus zu altern? Was soll bei uns denn

Der dritte Zustand

schlecht sein? Und da springt er plötzlich auf und postiert sich mit dem Gesicht zu Jossei Bergers Schmetterlingsfressern an der Wand – vielleicht kennen Sie das Bild, eine Reproduktion, die er mir mal zum Geburtstag geschenkt hat –, steht so nervös angespannt da, läßt einen leisen Pfiff zwischen den Zähnen durch, als habe er diesen Moment auf dem Bild einen Strich entdeckt, der vorher nicht drauf war oder den er bisher nicht bemerkt hatte, und sagt: Red du lieber nur für dich selber. Denn ich denk' noch nicht mal im Traum ans Altern. Und da lag so was in seiner Stimme, in der Haltung seines Rückens, der sich plötzlich gewissermaßen verhärtete und krümmte wie der Buckel einer Hyäne, und dann dieser rote Nakken, ich hatte noch nie gemerkt, wie rot sein Nacken war, irgendwas ließ mich vor lauter Angst im Sessel zusammenschrumpfen. Ist was passiert, Jerry? Das ist so, sagte er, es tut mir sehr leid, aber ich muß weg. Kann nicht mehr. Muß einfach. Versteh doch. Sechsundzwanzig Jahre tanze ich wie ein dressierter Bär nach deiner Flöte, und nun möchte ich mal ein bißchen nach meiner eigenen Flöte tanzen. Ich hab' schon ein Zimmer. Zur Miete. Hab' alles geregelt. Abgesehen von meiner Kleidung, meinen Büchern und dem Hund nehme ich nichts von hier mit. Versteh bitte: Mir bleibt keine Wahl. Die Lügen stehen mir schon bis hier. Damit dreht er sich um und geht und kommt aus seinem Arbeitszimmer mit zwei Koffern zurück, die er anscheinend noch nachts gepackt hatte, und wendet sich zur Tür. Aber was hab' ich denn getan, Jerry? Du mußt verstehen, sagt er, es geht nicht um dich. Es geht um sie. Sie kann die Lügerei nicht mehr aushalten, kann mich nicht länger als dein Fußabtreter sehen. Und ich kann nicht ohne sie sein. Ich würde dir raten, sagt er von der Tür, die Dinge nicht zu erschweren, Annette. Daß du keine Szenen machst. So ist es auch leichter für die Kinder. Als sei ich umgekommen. Versteh, ich ersticke. Und mit diesen Worten pocht er leicht an den Türrahmen, pfeift dann dem Hund, startet seinen Peugeot und entschwindet. All das hat vielleicht kaum eine Viertelstunde gedauert. Als er am nächsten Tag anrief, hab' ich sofort aufgelegt. Nach zwei Tagen hat er wieder angerufen, und ich wollte erneut auflegen, hatte aber schon nicht mehr die Kraft. Statt den Hörer runterzuknallen, habe ich ihn angefleht, komm zurück, und ich versprech' dir, besser zu sein. Sag mir nur, was ich falsch gemacht habe, und ich tu's nicht wieder. Doch er erklärt in seinem Arztton, als sei ich irgendeine hysterische Patientin, ständig wiederholend: Versteh. Es ist alles vorbei. Ich weine jetzt nicht vor Wut, Efraim, bloß vor Schmach. Vor Demütigung. Vor zwei Wochen schickt er mir so einen kleinen Rechtsanwalt, furchtbar höflich, offenbar persischer Abstammung, der sich prompt in Jerrys Sessel setzt, so daß ich mich fast wundere, wieso er weder auf die Lehne pocht noch durch die Zähne pfeift, und mir da zu erklären anfängt: Sehen Sie, Frau Tadmor, Sie bekommen von ihm mindestens das Doppelte von dem, was Ihnen jedes Rabbinats- oder Zivilgericht auch nur im Traum zugesprochen hätte. Am besten, Sie gehen blitzschnell auf unser Angebot ein, denn ehrlich gesagt habe ich in meiner ganzen Praxis noch keinen Menschen gesehen, der gleich vom ersten Moment an bereit ist, so das gesamte Gemeinschaftsgut hinzugeben. Nicht eingeschlossen der Peugeot und der Bungalow in Elat natürlich. Aber alles andere – ist Ihrs, trotz all dem Leid, das Sie ihm zugefügt haben, womit er prompt vor Gericht seelische Grausamkeit geltend machen und Ihnen alles wegnehmen könnte. Und ich flehe doch, als hörte ich gar nicht, diesen Lackaffen an, er solle mir nur sagen, wo mein Mann sei, solle mich ihn treffen lassen, mir wenigstens seine Telefonnummer geben. Aber der fängt an mir zu erklären, warum das im gegenwärtigen Stadium besser nicht geschehe, zum Wohl aller Beteiligten, zumal mein Mann heute nacht sowieso mit seiner Bekannten für zwei Monate nach Italien abreise. Nur noch einen Wodka, Efraim. Mehr trink' ich nicht. Das versprech' ich. Sogar die Zigaretten sind mir ausgegangen. Ich weine jetzt Ihret-, nicht seinetwegen, weil ich dran denken muß, wie wunderbar Sie gestern in der Praxis zu mir waren. Und jetzt sagen Sie mir bitte nur, ich sollte mich beruhigen, erklären Sie mir, solche Dinge geschähen in Israel wohl durchschnittlich alle neun Minuten oder so. Achten Sie nicht auf die Tränen. Mir wird's gerade ein bißchen leichter. Seit ich gestern aus der Praxis zurückkam, hab' ich mich unaufhörlich gefragt, wird er nun anrufen oder nicht? Ich hatte ein Gefühl, daß ja. Fürchtete mich aber zu hoffen. Sind Sie auch geschieden? Hatten Sie mir nicht erzählt, Sie seien zweimal verheiratet gewesen? Warum haben Sie die beiden ausrangiert? Möchten Sie erzählen?«

»Ich habe sie nicht ausrangiert«, sagte Fima. »Genau umgekehrt.«

»Erzählen Sie trotzdem«, meinte Annette. »Aber ein andermal. Nicht heute. Heute bin ich nicht aufnahmefähig. Sie müssen mir jetzt nur die volle Wahrheit sagen: Bin ich langweilig? Egoistisch? Autistisch? Abstoßend? Finden Sie meinen Körper abstoßend?«

»Im Gegenteil«, erwiderte Fima. »Ich meine vielmehr, ich sei nicht gut genug für Sie. Trotzdem spüre ich, daß wir gewissermaßen beide im selben

Boot sitzen. Aber schauen Sie, Annette: Plötzlich ist es draußen aufgeklart. Diese schönen Wintertage in Jerusalem, dieses Licht zwischen den Regenschauern, als singe der Himmel. Vielleicht gehen wir ein bißchen? Einfach so spazieren? Jetzt ist es schon halb fünf, und bald wird's dunkel. Wenn ich Mut hätte, würde ich Ihnen auf der Stelle sagen, daß Sie eine schöne, attraktive Frau sind. Verstehen Sie mich nicht falsch. Gehen wir? Einfach ein wenig bummeln und schauen, wie das Licht abnimmt? Wird's Ihnen nicht zu kalt?«

»Danke. Ich habe Ihnen schon Stunden geraubt. Aber eigentlich doch. Gehen wir also spazieren. Wenn Sie nicht etwas vorhaben. Es ist schön, wie Sie das ausgedrückt haben, daß der Himmel singt. Alles, was Sie mir sagen, klingt schön. Nur versprechen Sie mir, daß Sie nichts von mir erwarten, damit Sie nicht enttäuscht werden. Verstehen Sie: Ich bin nicht fähig. Unwichtig. Ich hätte es nicht sagen sollen. Verzeihung. Gehen wir und reden weiter.«

Später, am Abend, voll reuiger Verlegenheit, weil er die dreckige Bettwäsche nicht gewechselt hatte, und beschämt, weil er ihr außer Rührei, einer einzigen überweichen Tomate und dem Likör seines Vaters nichts hatte anbieten können, nahm Fima ihr mit behutsamen, galanten Händen die Oberbekleidung ab. Wie ein Vater, der seine kranke Tochter ins Bett bringt. Reichte ihr einen ausgeblichenen Flanellschlafanzug, den er aus dem Schrank geholt, zögernd beschnuppert, aber mangels eines anderen doch genommen hatte. Deckte sie mit seiner Decke zu und kniete auf dem kalten Boden vor ihr, um sich für den schwachen Ofen und die hügelige Matratze zu entschuldigen. Dann führte er die Hand an ihr Gesicht, und ihre Lippen berührten einen Augenblick seinen Handrücken. Das vergalt er ihr überschwenglich, küßte sie auf Stirn, Brauen und Kinn – an die Lippen traute er sich nicht heran – und strich ihr mit der Hand über das lange Haar. Beim Streicheln flüsterte er ihr zu, weine ruhig, macht nichts, das darfst du. Als sie schluchzte, wegen der Heulerei sei ihr Gesicht verquollen und häßlich wie eine Rübe, löschte Fima das Licht. Mit äußerst zärtlichen Fingern liebkoste er ihre Schultern, ihren Hals, verharrte dort wohl eine Viertelstunde, bevor er zur Brustsenke fortschritt, sich aber zurückhielt, den Gipfel zu berühren. Die ganze Zeit über ließ er nicht von seinen väterlichen Küssen ab, mit deren Hilfe er sie von seinen Fingern abzulenken hoffte, die zur Innenseite ihrer Knie weiterglitten. Mir geht's schlecht, Efraim, schlecht, und ich bin nichts wert. Fima erwiderte flüsternd, du bist großartig, Annette, du faszinierst mich, und mit diesen Worten stahl sich sein Finger in die Nähe ihrer Scham und hielt inne, bereit, sich klaglos von dort verdrängen zu lassen. Als ihm klar wurde, daß sie in ihre Schmach versunken war, immer wieder in abgehacktem Gewisper das ihr zugefügte Unrecht schilderte, ohne sein Tun zu bemerken, begann er ihr sanft aufzuspielen, bemüht, das Fingerklopfen ihres Ehemannes aus ihren Gedanken zu vertreiben, bis sie aufseufzend eine Hand in seinen Nacken legte und sagte, du bist ja so gut. Aus diesem Geflüster schöpfte er den Mut, ihre Brüste zu befummeln und seine Begierde an ihre Seite zu schmiegen, wagte aber noch nicht, sich an ihr zu reiben. Fuhr nur fort, sie hier und da zu streicheln, ihre Saiten spielen zu lernen und sie dabei mit tröstendem und versöhnendem Gewisper zu überhäufen, auf das er selbst nicht achtete. Bis er endlich spürte, daß seine Geduld sich auszuzahlen begann, ein sanftes Aufwallen ihres Körpers, ein leichtes Kräuseln, Beben wahrnahm, obwohl sie weiter unaufhörlich redete, klagte, sich und ihm erläuterte, was sie falsch gemacht hatte, womit sie Jerry wohl auf die Nerven gegangen war, wie sie sich an Mann und Kindern versündigt hatte, und in der Dunkelheit eingestand, daß es außer der Geschichte in Amsterdam noch zwei weitere Affären mit zwei seiner Freunde gegeben hatte, hohle, dumme Abenteuer zwar, aber womöglich folge daraus doch, daß sie das, was ihr widerfahren sei, verdient habe. Inzwischen hatte sein Finger den richtigen Takt gefunden, zwischen ihren Seufzern tauchten andere ächzende Laute auf, und sie protestierte nicht, als er seine Leidenschaft an ihrer Taille zu reiben begann. Fima fand sich also großzügig mit ihrem Spiel ab, so zu tun, als sei sie derart in Trauer versunken, daß sie gar nicht merke, wie ihre Wäsche abgestreift wurde, während ihr Körper ansprach, ihre Schenkel seine musizierende Hand zu drücken begannen und ihre Finger seinen Nacken streichelten. Aber gerade, als er seinen Augenblick für gekommen hielt und höchstpersönlich den Platz seines Fingers einnehmen wollte, versteifte sich ihr Körper, und ein sanfter, kindlicher, überraschter und begeisterter Wonneschrei brach aus ihr hervor. Und sie erschlaffte sofort. Brach von neuem in Tränen aus. Schlug ihm mit zwei schwächlichen Fäusten auf die Brust und jammerte, warum hast du das getan, warum hast du mich gedemütigt, ich bin doch schon am Boden zerstört. Drehte ihm den Rücken zu und heulte wie ein Baby vor sich hin. Fima wußte, daß er zu spät gekommen war. Die Gelegenheit versäumt hatte. Den Bruchteil einer Sekunde durchwirbelten ihn Heiterkeit und

Wut und schmerzliche Begierde und Schadenfreude über sich selbst in einem solchen Strudel, daß er in diesem Augenblick fähig gewesen wäre, den zuckersüßen Siedler mitsamt seinem Advokaten und dem entsprechenden Knessetmitglied mit der Pistole abzuknallen, während er sich selber als Idioten bezeichnete. Eine Minute später steckte er zurück. Fand sich damit ab, daß er verzichten und vergeben mußte.

Er stand auf, deckte Annette zu und fragte kleinlaut, ob er ihr noch ein Tröpfchen Likör einschenken dürfe. Oder ein Glas Tee machen? Sie setzte sich mit einem Ruck auf, preßte sich das unsaubere Laken an die Brust, fummelte wütend nach einer Zigarette, zündete sie an und fauchte: »Was bist du für ein Schuft!«

Fima, bemüht, sich beim Anziehen bedeckt zu halten, um die Schmach seines verzweifelten Nashornismus vor ihr zu verbergen, stammelte wie ein gemaßregeltes Kind: »Aber was hab' ich denn gemacht. Ich hab' doch nichts getan.«

Und wußte, daß diese Worte wahr und gelogen waren, wäre beinah in blasses, krankhaftes Gelächter ausgebrochen, ja, hätte um ein Haar »asoi« gemurmelt. Aber er beherrschte sich, meinte entschuldigend, er sei selber entsetzt, begreife gar nicht, was ihm passiert sei, ihre Nähe habe ihn derart verwirrt, daß er sich vergessen habe – kannst du mir verzeihen?

Sie zog sich schnell an, mit harten Bewegungen wie eine wutschnaubende alte Frau, den Rücken ihm zugekehrt, kämmte sich mit brutalen Kammstrichen, die Tränen waren inzwischen getrocknet, zündete eine neue Zigarette an und befahl Fima, ihr ein Taxi zu bestellen und nie wieder anzurufen. Als er sie die Treppe hinab begleiten wollte, sagte sie mit kalter, flacher Stimme: »Das ist überflüssig. Schalom.«

Fima ging unter die Dusche. Obwohl aus dem warmen Hahn nur ein lauwarmer, fast schon kalter Strahl kam, brachte er genug Willenskraft auf, sich zu duschen, einzuseifen und lange abzubrausen. Unter den dreien ist der wahre Schurke doch Rechtsanwalt Prag, grübelte er. Dann zog er saubere Wäsche an und wechselte danach im Sturm die ganze Bettwäsche, sämtliche Handtücher, das Küchentuch und sein Hemd und stopfte alles in einen Plastiksack, den er neben die Wohnungstür stellte, damit er nicht etwa vergaß, ihn morgen früh zur Wäscherei zu bringen. Während er sein Bett frisch bezog, versuchte er zwischen den beiden Schneidezähnen hindurch zu pfeifen, brachte es aber nicht fertig. Wir sitzen alle im selben Boot, hatte der schöne Siedler gesagt, und Fima fand zu seiner Verblüffung, daß er in gewisser Hinsicht recht hatte.

11.
Bis zur letzten Laterne

Nachdem er den Wäschesack abgestellt hatte, ging er in die Küche, um Annettes Zigarettenkippen zu beseitigen. Als er die Tür der Abfallecke unter dem Spülstein aufmachte, sah er den Kakerlak, Trotzki, vor dem überquellenden Mülleimer tot auf dem Rücken liegen. Was hatte seinen Tod ausgelöst? Eine Gewalttat war auszuschließen. Und gewiß stirbt man in meiner Küche nicht des Hungers. Fima dachte ein wenig darüber nach, fand, daß Schmetterling und Kakerlak sich nur in der Form unterschieden und dies sicherlich keinen ausreichenden Grund dafür bildete, daß die Schmetterlinge für uns Freiheit, Schönheit und Reinheit symbolisieren, während der Kakerlak als Verkörperung des Ekels gilt. Was war also die Todesursache? Fima erinnerte sich, daß morgens, als er den Schuh gegen Trotzki erhoben, aber wieder davon abgelassen hatte, dieses Geschöpf überhaupt nicht versucht hatte, seinem Schicksal zu entfliehen. Vielleicht war er da schon krank, und ich bin ihm nicht zu Hilfe gekommen.

Fima ging in die Hocke, schob den Kakerlak behutsam in ein trichterförmig gerolltes Stück Zeitung und warf ihn nicht etwa in den Mülleimer, sondern bereitete ihm ein Grab in der Erde des Blumentopfs auf der Fensterbank, in dem schon lange nichts mehr wuchs. Nach der Beisetzung stürzte er sich auf den Geschirrstapel im Ausguß, spülte Teller und Tassen. Als er bei der Pfanne angelangt war, mußte er altes Bratfett herunterscheuern, ermüdete dabei und entschied, die Pfanne solle, gemeinsam mit dem übrigen Geschirr, gefälligst bis morgen warten. Ein Glas Tee konnte er sich nicht machen, weil der Kessel heute vormittag, während er selber noch über die Tiefen der Evolution brütete und einen gemeinsamen Nenner suchte, ausgebrannt war. Er ging pinkeln, wurde aber mittendrin ungeduldig und drückte die Spülung, um seine stotternde Blase anzutreiben. Auch diesmal verlor er das Rennen, wollte jedoch nicht warten, bis der Behälter wieder vollgelaufen war, trat also den Rückzug an und löschte beim Hinausgehen das Licht. Man muß versuchen, Zeit zu gewinnen, sagte er sich. Und fügte hinzu: Wenn du verstehst, was ich damit meine.

Kurz vor Mitternacht zog er den Flanellschlafanzug an, den Annette auf den Teppich geworfen hatte, ging ins Bett, genoß wohlig die sauberen Bezüge und begann Zwicka Kropotkins Artikel im *Ha'arez* zu lesen. Der Bei-

Der dritte Zustand

trag erschien ihm gelehrt und grau wie Zwicka selber, aber er hoffte, dadurch leichter in den Schlaf zu kommen. Als er das Licht ausknipste, fiel ihm der kindlich sanfte Begeisterungsschrei ein, der Annettes Kehle entschlüpft war, als ihre Lenden sich um seinen Finger preßten. Wieder stieg die Begierde in ihm auf und damit auch die Gekränktheit und das Gefühl, daß ihm Unrecht widerfahren sei: Fast zwei Monate waren vergangen, ohne daß er mit einer Frau geschlafen hätte, und nun hatte er gestern und heute abend zwei Frauen verpaßt, obwohl er sie wahrlich schon in den Armen hielt. Wegen deren Egoismus würde er jetzt nicht einschlafen können. Einen Augenblick rechtfertigte er Jerry, Dr. Tadmor, der Annette verlassen hatte, weil er vor lauter Lügen zu ersticken drohte. Doch fast sofort sagte er sich: Was bist du für ein Schuft. Unwillkürlich begann seine Hand langsam sein Glied zu trösten. Aber ein Fremder, ein gemäßigter, vernünftiger Mann, dessen Eltern noch nicht einmal geboren waren, der Mensch, der in einer Winternacht in hundert Jahren hier in diesem Zimmer sein würde, beobachtete ihn aus dem Dunkeln mit Augen, die Fima skeptisch, nur mäßig neugierig und fast amüsiert vorkamen. Fima ließ von seinem Glied ab und forderte in lautem, mürrischem Ton: »Erlaub du dir mal kein Urteil über mich.« Und fügte rechthaberisch hinzu: »In hundert Jahren steht hier sowieso nichts mehr. Alles zerstört.« Und weiter: »Sei still. Wer hat denn mit dir gesprochen.«

Damit verstummten sie beide, Joeser und er selber, und auch seine Leidenschaft hatte sich beruhigt. An ihre Stelle trat ein Anfall nächtlicher Energie – geschliffen scharfe Wachheit, eine Woge innerer Kräfte, verbunden mit klarem Verstand: In diesem Augenblick wäre er fähig gewesen, sich mit den drei Verschwörern im Café Savion zu messen und sie im Handumdrehen zu besiegen, oder ein Gedicht zu schreiben, eine Partei zu gründen, die Friedensverträge abzufassen – in seinem Kopf rumorten Worte und Satzfetzen, die in ihrer Unangreifbarkeit und Präzision deutlich vor ihm standen. Er warf die Decke ab, spurtete an den Schreibtisch, berief aber nicht den Revolutionsrat zu einer nächtlichen Sitzung ein, sondern verfaßte innerhalb einer halben Stunde in einem Schwung, ohne jede Streichung oder Änderung, einen Artikel für die Freitagszeitung: eine Antwort auf Zwi Kropotkin hinsichtlich des Preises der Moral und des Preises der Ignorierung der Moral in einer Zeit tagtäglicher Gewalt. Alle möglichen Wölfe und Wolfsfell Tragende reden hier einem primitiven Darwinismus das Wort, schreien, in Kriegszeiten müsse die Moral, ebenso wie

Frauen und Kinder, zu Hause bleiben, und sobald wir das Joch der Moral abschüttelten, könnten wir leicht und fröhlich losziehen und jeden erledigen, der sich uns in den Weg stellt. Zwi verstrickt sich in den Versuch, diese Auffassung mit praktischen Argumenten zu widerlegen: die sogenannte aufgeklärte Welt werde uns bestrafen, wenn wir uns weiterhin wie Wölfe benehmen. Aber tatsächlich sind doch letzten Endes alle Gewaltregime zusammengebrochen und verschwunden, während gerade diejenigen Völker und Gesellschaftssysteme überdauerten, die die Werte der menschlichen Moral hochhielten. In historischer Sicht, schrieb Fima, gilt der Satz: Mehr als du die Moral schützt, schützt die Moral dich, und ohne sie sind auch die grausamen, skrupellosen Wolfsklauen dem Verderben und der Fäulnis anheimgegeben.

Danach zog er ein frisches Hemd und saubere Hosen an, hüllte sich in den von Jael geerbten Zottelbärpullover, schlüpfte in seine Jacke, wobei er diesmal geschickt der Ärmelfalle auswich, zerkaute eine Tablette gegen Sodbrennen und sprang – vor freudigem Verantwortungsbewußtsein sprühend – die Treppe immer zwei Stufen auf einmal hinunter.

Leichtfüßig, elastisch, hellwach, gleichgültig gegenüber der nächtlichen Kühle und von der Stille und Öde trunken, schritt Fima nun die Straße hinab, als spiele man ihm ein Marschlied auf. Es gab keine Menschenseele auf den feuchten Straßen. Jerusalem war in seine Hände gegeben, damit er die Stadt vor sich selber schütze. Die Häuserreihen des Viertels ragten schwer und plump in die Dunkelheit. Nur die Laternen hatten sich in fahlgelben Dunst gehüllt. In den Treppenhauseingängen schimmerten die Hausnummern in schwachem elektrischen Licht, dem es hier und da gelang, sich in der Scheibe eines parkenden Wagens widerzuspiegeln. Ein automatisches Leben, dachte er, geprägt von Bequemlichkeit und Leistung, Besitzerwerb, den alltäglichen Eß-, Finanz- und Beischlafgewohnheiten gesetzter Menschen, dem Versinken der Seele in den Speckfalten, den Ritualen des sozialen Prestiges – das hat der Psalmist gemeint, als er sagte: Abgestumpft und satt ist ihr Herz. Es ist das satte Herz, das nichts mit dem Tod im Sinn hat und allein danach strebt, satt zu bleiben. Hier liegt Annettes und Jerrys Unglück verborgen. Der eingeklemmte Geist ist es, der Jahre über Jahre vergeblich pocht, auf leblose Gegenstände klopft, darum fleht, die Tür zu öffnen, nachdem sie verschlossen worden ist. Und er pfeift auch verächtlich durch die Lücke zwischen zwei Vorderzähnen. Schnee von gestern. Grippe vom letzten Jahr. Gerippe vom letzten Jahr. Und was haben wir mit der arischen Seite zu tun.

Und Sie, Herr Ministerpräsident? Was haben Sie in Ihrem Leben getan? Was haben Sie heute getan? Und gestern?

Fima kickte unbewußt gegen eine leere Dose. Die das Sträßchen hinunterkullerte und eine Katze aus einem Mülleimer hochschreckte. Du hast über Tamar Greenwichs Leiden gespottet, bloß weil sie durch eine Laune der Pigmente mit einem braunen und einem grünen Auge geboren ist. Hast Etan und Wahrhaftig verachtet, obwohl man sich fragen muß, worin genau du eigentlich besser bist als sie. Hast grundlos Ted Tobias gekränkt, diesen ehrlichen, fleißigen Mann, der dir noch nie was Böses getan hat. Ein anderer an seiner Stelle hätte dich keinen Fuß mehr in seine Wohnung setzen lassen. Ganz zu schweigen davon, daß wir dank ihm und Jael vielleicht bald Düsenantrieb zu Lande haben.

Was hast du mit dem Schatz des Lebens angefangen? Welchen Nutzen hast du gebracht? Neben der Unterzeichnung von Aufrufen?

Und damit nicht genug, hast du auch deinem Vater, aus dessen Hand du lebst und dessen Freigebigkeit noch zig andere Menschen tagtäglich genießen, unnötig Sorgen bereitet. Als du im Radio vom Tod des arabischen Jungen aus Gaza, dem wir eine Kugel in den Kopf gejagt haben, hörtest – was genau hast du da unternommen? Du hast dich über die Formulierung aufgeregt. Hast gegen den Stil der Berichterstattung rebelliert. Und die Demütigung, die du Nina zugefügt hast, nachdem sie dich naß und dreckig mitten in der Nacht von der Straße weg in ihr Haus aufgenommen, dir Licht und Wärme gespendet und dir ihren Körper angeboten hat. Und dein Haß auf den jungen Siedler, dem schließlich auch dann, wenn man die Dummheit der Regierung und die Blindheit der Massen in Rechnung stellt, eigentlich nichts anderes übrigbleibt, als eine Pistole zu tragen, weil sein Leben bei den nächtlichen Fahrten auf den Straßen zwischen Hebron und Bethlehem tatsächlich in Gefahr ist. Was wolltest du denn von ihm? Daß er den Nacken hinhält und sich abschlachten läßt? Und Annette, mein werter Schützer der Moral? Was hast du Annette heute angetan? Die auf den ersten Blick an dich glaubte. Die harmlos naiv auf eine Rettung durch dich gehofft hat wie eine gepeinigte Bäuerin, die sich einem Gottesmann in irgendeinem russischen Kloster zu Füßen wirft und ihm ihr ganzes Herz ausschüttet. Die einzige Frau in deinem gesamten Leben, die dich mein Bruder genannt hat. Du wirst doch niemals wieder diese Gunst erfahren, von einer wildfremden Frau mein Bruder genannt zu werden. Die dir vertraut hat, ohne dich zu kennen, so sehr vertraut, daß sie sich von dir hat ausziehen und ins Bett bringen lassen, Engel hat sie dich tituliert, und du bist vor ihr hinterlistig in das Gewand eines Heiligen geschlüpft, um dein Begehren zu tarnen. Und dann noch diese Katze, die du hier vor einer Minute aufgescheucht hast. Das wäre so mehr oder weniger die Summe deiner letzten Heldentaten, du Revolutionsratsvorsitzender, landesweiter Friedensstifter und Tröster verlassener Frauen. Es ließen sich zusätzlich das Fernbleiben von der Arbeit unter vorgeschobenen Behauptungen und eine unvollendete Selbstbefriedigung anführen. Abgesehen von dem Urin, der noch im Klosett schwimmt, und der Beerdigung des ersten Ungeziefers der Geschichte, das vor lauter Dreck gestorben ist.

Damit war Fima an der letzten Laterne und am Ende der Straße angelangt, die auch das Ende des Wohnviertels und den Rand Jerusalems bildete. Danach schloß sich ein schlammiges Geröllfeld an. In Fima keimte das Verlangen, nicht anzuhalten, sondern geradeaus in die Dunkelheit hineinzulaufen, das Wadi zu durchqueren, den Berg hinaufzuklettern und immer weiterzugehen, solange es seine Kräfte erlaubten, um seine Pflicht als Nachtwächter Jerusalems zu erfüllen. Aber aus dem Finstern klangen fernes Hundebellen und zwei einzelne Schüsse, durch Stille unterbrochen. Nach dem zweiten Schuß kam Westwind auf, der ein seltsames Wispern und den Geruch feuchter Erde mitbrachte. Hinter seinem Rücken, auf der Straße, ertönte ein unklares Pochen, als gehe dort ein Blinder und taste vor sich mit dem Stock. Feiner Regen begann die Luft zu erfüllen.

Fima erschauerte und machte kehrt nach Hause. Als wolle er sich selbst kasteien, beendete er trotz allem das Geschirrspülen einschließlich der klebrigen Pfanne, wischte die Küchentheke ab und betätigte die Klosettspülung. Nur den Mülleimer brachte er nicht mehr in den Hof hinunter, weil es schon Viertel vor zwei war, weil ihn die Angst vor dem im Dunkeln mit dem Stock tastenden Blinden befallen hatte, und außerdem – warum nicht eine Aufgabe für morgen übriglassen?

12.
Der feste Abstand zwischen ihm und ihr

Im Traum sah er seine Mutter. Der Ort war ein grauer, verlassener Garten, der sich über mehrere flache Hügel erstreckte. Es gab dort verdurstete Rasenflächen, die zu Dornenfeldern geworden waren, ein paar dürre Bäume und Reste von Beeten. Am Fuß des Abhangs stand eine kaputte Bank. Neben dieser Bank sah er seine Mutter. Der Tod hatte sie in eine religiöse Internatsschülerin verwandelt. Von hinten erschien sie ihm sehr jung, ein frommes Mädchen im züchtigen Kleid, das ihre Arme bedeckte und bis zu den Knöcheln hinab reichte. Sie schritt ein rostiges Rohr ab. In festen Intervallen hockte sie sich nieder und drehte Bewässerungshähne auf. Die Sprinkler drehten sich nicht, sondern gaben nur einen dünnen Strahl braunen Wassers ab. Fimas Aufgabe bestand darin, hinter ihr hinunterzugehen und jeden von ihr geöffneten Hahn zuzudrehen. So sah er nur ihren Rücken. Der Tod hatte sie leicht und hübsch gemacht. Hatte ihren Bewegungen Anmut, aber auch ein gewisses Maß kindlicher Unbeholfenheit verliehen. Diese Kombination von Elastizität und Tolpatschigkeit sieht man bei Katzenjungen kurz nach der Geburt. Er rief sie mit ihrem russischen Namen Lisaweta, ihrem Kosenamen Lisa und ihrem hebräischen Namen Elischewa. Vergebens. Seine Mutter wandte sich nicht um und reagierte nicht. Deshalb begann er zu rennen. Alle sieben, acht Schritte mußte er stoppen, auf alle viere niedergehen und die Hähne zudrehen, die sie geöffnet hatte. Diese Hähne waren aus weichem, feuchtschleimigem Material, als fasse man eine Qualle an. Und was aus ihnen troff, war nicht Wasser, sondern eine sämige Flüssigkeit, die ihm wie gelierter Fischsud an den Fingern klebte. Trotz seines Rennens, dem Lauf eines dicken, kurzatmigen Jungen, und trotz seiner Rufe, die in der grauen Weite ein trauriges Echo, zuweilen vermischt mit einem scharfen, hohen, an das Reißen einer gespannten Saite erinnernden Laut, weckten, ließ sich der Abstand zwischen ihm und ihr partout nicht verringern. Verzweifelte Angst, das Rohr könne niemals enden, erfüllte ihn. Aber an der Waldgrenze blieb sie stehen. Wandte sich ihm zu. Und da war ihr schönes Antlitz das eines getöteten Engels: Die Stirn glänzte im weißen Mondschein. Auf ihren eingefallenen Wangen lag Knochenblässe. Die Zähne blitzten ohne Lippen. Der blonde Zopf war aus trockenem Stroh geflochten. Die Augen verdeckte eine schwarze Sonnenbrille, wie die eines Blinden. Auf ihrem ulraorthodoxen Schulkleid sah er getrocknete Blutflecke überall dort, wo man sie mit Draht durchbohrt hatte: an Oberschenkeln. Hüften. An der Kehle. Als hätten sie eine Igelmumie aus ihr gemacht. Sie antwortete Fima mit traurigem Kopfschütteln. Sagte: Schau, was sie dir angetan haben, du Golem. Und nahm mit dürren Fingern die Sonnenbrille ab. Vor lauter Grauen wandte Fima den Kopf. Und erwachte.

13.
Die Wurzel allen Übels

Nach der Aufzeichnung im Traumbuch stand er auf, trat ans Fenster und sah in einen glasklaren Morgen. Auf einem kahlen Ast duckte sich ein Kater, der hinaufgeklettert war, um aus der Nähe zu hören, was die Vögel erzählten. »Daß du mir nicht runterfällst, mein Lieber«, sagte Fima liebevoll. Sogar die Berge von Bethlehem schienen ihm zum Greifen nahe. Die Gebäude und Höfe ringsum waren von kaltem, transparentem Licht überflutet. Balkons, Zäune, Autos – alles blinkte von der nächtlichen Regenwäsche. Obwohl er keine fünf Stunden geschlafen hatte, fühlte er sich wach und energiegeladen. Bei der Gymnastik vor dem Spiegel diskutierte er im stillen mit der arroganten Sprecherin der Siebenuhrnachrichten, die bedenkenlos zu erzählen wußte, was Syrien im Schild führte, und angeblich sogar einen einfachen Weg gefunden hatte, den bösen Plan zu hintertreiben. Nicht verärgert, sondern leicht abschätzig entgegnete ihr Fima: Sie sind einigermaßen dusselig, gute Frau. Worauf er es für richtig hielt hinzuzufügen: Aber sehen Sie nur, wie schön es draußen ist. Als singe der Himmel. Möchten Sie ein bißchen mit mir spazierengehen? Wir schlendern durch die Straßen, durchstreifen Wäldchen und Wadi, und unterwegs erkläre ich Ihnen, welche Politik gegenüber Syrien tatsächlich angebracht ist, wo die Schwachstelle der Syrer und unsere eigene Blindheit liegen.

Das führte ihn dazu, über das Leben der Rundfunksprecherin nachzugrübeln, die an diesen gräulichen Wintertagen um halb sechs aus dem warmen Bett springen mußte, um pünktlich zu den Siebenuhrnachrichten im Studio zu sein. Und wenn nun einmal ihr Wecker kaputtging? Oder der Wecker sie zwar genau um halb sechs weckte, sie sich aber verleiten ließ, nur noch zwei süße Minuten liegenzubleiben, wieder einschlief und nicht mehr rechtzeitig zur Stelle war? Und was, wenn wegen der Kälte ihr Auto einfach nicht anspringen wollte, wie es hier fast jeden Morgen dem Nachbarn mit dem bellenden Vehikel passierte? Möglich wäre auch, daß diese junge Frau – Fima malte sich ihre Gestalt aus: mäßig groß, sommersprossig, helle, lachende Augen und blondgelocktes Haar – auf einem Klappbett im Radiosprecherraum des Studios übernachtete. Wie in dem besonderen Zimmer, in dem die Nachtdienstärzte im Krankenhaus ruhten. Und wie fand sich ihr Mann, der Versicherungsagent, damit ab? Stellte er sich in seinen einsamen Nächten nicht alle möglichen wilden Affären mit den Technikern vor, die die Nachtschicht im Sender versahen? Nicht zu beneiden, entschied Fima, keiner von uns ist zu beneiden. Vielleicht nur Joeser.

Durch Joesers Schuld schnitt Fima sich beim Rasieren. Vergeblich bemühte er sich, den Blutstrom mit Toilettenpapier, Watte und schließlich einem feuchten Taschentuch zu stoppen. Deshalb vergaß er das faltige Hautstück unter dem Kinn zu rasieren. Das er sowieso nicht gern abschabte, weil es ihn an den Kropf eines fetten Hahns erinnerte. Er preßte das Taschentuch an die Wange, als habe er Zahnschmerzen, und ging sich anziehen. Wobei er zu dem Schluß gelangte, das Positive an seiner Blamage von gestern abend sei immerhin, daß er Annette keinesfalls geschwängert haben konnte.

Als er den von Jael geerbten Zottelbärpullover suchte, erspähten seine Augen plötzlich ein winziges glitzerndes oder blinkendes Insekt auf dem Stuhlpolster. War es möglich, daß ein verwirrtes Glühwürmchen sich auszuschalten vergessen hatte, obwohl die Nacht vorüber war? Schließlich hatte er seit drei Jahren kein Glühwürmchen zu Gesicht bekommen und wußte eigentlich gar nicht, wie so ein Geschöpf aussah. Von freudiger Jagdlist erfüllt, beugte Fima sich vor, ließ seine rechte Hand in einer blitzartigen Bewegung vorschnellen, die wie eine Ohrfeige begann und mit geballter Faust endete, und hatte das Insekt unversehrt eingefangen. All das spielte sich mit einer Schnelligkeit und Genauigkeit ab, die in völligem Widerspruch zu seinem Ruf eines ungeschickten Burschen mit zwei linken Händen standen. Als er die Finger aufklappte, um zu prüfen, was er gefaßt hatte, überlegte er ein Weilchen, ob es ein Ohrring von Annette, eine Schnalle von Nina, ein Spielzeugteil von Dimmi oder vielleicht ein silberner Manschettenknopf seines Vaters war. Nach vorsichtiger Begutachtung entschied er sich für die letzte Möglichkeit. Obwohl Zweifel blieben. Dann ging er in die Küche, machte den Kühlschrank auf, aber nicht wieder zu, verharrte sinnierend, die offene Tür in der Hand, fasziniert von dem geheimnisvollen Licht, das hinter der Milch und dem Käse angegangen war, prüfte erneut in Gedanken den Ausdruck »Preis der Moral« im Titel des Artikels, den er heute nacht verfaßt hatte. Und fand keinen Grund, etwas zu korrigieren oder abzuändern. Die Moral hat ihren Preis – ebenso wie die Unmoral, und die eigentliche Frage ist doch, was der Preis des Preises ist, das heißt, worin der Sinn und Zweck des Lebens besteht. Von dieser Frage leitet sich alles andere ab. Oder sollte es jedenfalls. Einschließlich unseres Verhaltens in den Gebieten.

Fima machte den Kühlschrank zu und beschloß, heute morgen außer Haus, in Frau Scheinboims kleinem Lokal gegenüber, zu frühstücken, weil er die gründliche Ordnung, die er heute nacht in der Küche geschaffen hatte, nicht wieder zerstören wollte und das Brot trocken geworden war und die Margarine ihn plötzlich an die grauenhaft glibberigen Hähne im Traum erinnerten und vor allem, weil schon gestern der elektrische Wasserkessel ausgebrannt war und es ohne ihn keinen Kaffee gab.

Um Viertel nach acht verließ er das Haus, ohne das blutgetränkte Stückchen Watte zu spüren, das ihm auf der Schramme an der Wange klebte. Aber er dachte daran, den Müllbeutel mitzunehmen und den Umschlag mit dem nachts verfaßten Artikel in die Tasche zu stecken, und vergaß auch nicht den Briefkastenschlüssel. Im Geschäftszentrum drei Straßen weiter kaufte er frisches Brot, Käse, Tomaten, Marmelade, Eier, Joghurt, Pulverkaffee, drei Glühbirnen zur Reserve und auch einen neuen Wasserkessel. Worauf er sofort bedauerte, nicht geprüft zu haben, ob er ein deutsches Fabrikat war, von dessen Anschaffung Fima soweit irgend möglich absah. Zu seiner Freude stellte er fest, daß dieser Kessel direkt aus Südkorea ins Land gekommen war. Deshalb änderte er seinen Plan und beschloß beim Auspacken, auf das Lokal zu verzichten und lieber daheim zu frühstücken. Obwohl auch Südkorea hinlänglich für seine gewaltsamen Unterdrückungsmaßnahmen und sein brutales Vorgehen gegen demonstrierende Studenten berüchtigt war. Bis das Wasser kochte, rief er sich den Koreakrieg ins Gedächtnis, die Zeiten Trumans, MacArthurs und McCarthys, und gelangte bis zur Zerstörung von Hiroshima und Nagasaki. Die nächste Atomkatastrophe wird nicht von den Großmächten, sondern von uns hier ausgehen. Von unserem Regionalkonflikt. Die Syrer stürmen mit tausend Panzern die Golanhöhen, wir bombardieren Damaskus, sie reagieren mit einem Raketenhagel auf die Küstenstädte, und wir zünden den Pilz des Endzeitgerichts. Kein lebendes Wesen wird hier in hundert Jahren mehr sein. Nix Joeser, nix Schleuderschwanz, nix Kakerlak.

Bei weiterem Nachdenken verwarf Fima das Wort »Katastrophe«, weil es schreckliche Naturereignisse – Überschwemmungen, Seuchen, Erdbeben – bezeichnet, während etwa die Taten der Nazis keine Katastrophe, sondern ein geplantes, organisiertes Verbrechen waren, das man bei seinem richtigen Namen – Mord – nennen muß. Auch der Atomkrieg wird ein Verbrechen sein. Weder Katastrophe noch Endzeitgericht. Ebenso verwarf Fima im Geist das Wort »Konflikt«, das vielleicht für die Affäre zwischen Annette und ihrem Ehemann oder zwischen Zwi Kropotkin und seinem Assistenten passen mochte, nicht aber für die blutigen Kriege zwischen uns und den Arabern. Eigentlich ließ sich auch Annettes und Jerrys Unglück nicht unter den sterilen Begriff »Konflikt« einordnen. Und die Wendung »blutiger Krieg« war auch schon ein abgegriffenes Klischee. Ja sogar der Ausdruck »abgegriffenes Klischee« selber war eine verbrauchte Phrase. Du hast dich verheddert, mein Lieber.

Plötzlich widerten ihn seine sämtlichen Sprachkorrekturen an. Während er noch dicke Marmeladebrotscheiben vertilgte und seine zweite Tasse Kaffee schlürfte, sagte er sich, wenn der ganze Planet erst mal von Atom- und Wasserstoffbomben zerstört ist – was macht es dann schon aus, ob wir das mit den Worten Katastrophe, Konflikt, Endzeitgericht, blutiges Verbrechen bezeichnen? Und wer genau soll dann noch übrigbleiben, um die treffendste Definition zu wählen? Baruch hat also recht gehabt mit seinen Ausdrücken: eine Handvoll Staub. Stinkender Tropfen. Vergehender Schatten. Und recht hatte auch der Knessetabgeordnete von der Likud-Partei, der empfahl, Zeit zu gewinnen. Sogar die sittenlose Radiosprecherin mit den nächtlichen Orgien im Studio hatte recht, als sie sagte, daß man Konsequenzen ziehen müsse.

Aber welche Konsequenzen, Mensch? Was hast du denn für Goldlicht im Kopf?

Grippe vom letzten Jahr. Gerippe vom letzten Jahr.

Ich hätte sie alle beide aufgehängt.

Schau, was sie dir angetan haben, du Golem.

Dein Problem, mein Lieber.

»Aber das ist doch die Wurzel allen Übels«, schrie Fima plötzlich in seiner leeren Küche, als sei in diesem Augenblick eine Eingebung über ihn gekommen, als sei in seinem Kopf eine einfache und endgültige Lösung für den Düsenantrieb zu Lande aufgeblitzt, das ist doch der grundlegende Fehler. Das ist ja die Widerseite – der Teufel in Person –, und hier liegt die Quelle all unseren Unheils: Es gibt nicht dein Problem. Es gibt nicht mein Problem. Weder ihrs, noch seins, noch euers. Alles ist unser Problem. Da kocht der neue koreanische Kessel schon wieder – wenn du ihn nicht abstellst und einschenkst, wird er genau dasselbe Schicksal wie sein Vorgänger erleiden. Aber wer hat denn hier überhaupt Kaffee bestellt? Ich hab' doch schon zwei getrunken. Statt zu trinken, mußt du noch mal ins Geschäftszentrum gehen, weil du zwar daran gedacht hast, den Umschlag mit dem Artikel zu frankieren und in die Tasche zu stecken, aber dann vergessen hast, ihn wieder aus der Tasche rauszuziehen und in den Kasten zu werfen, als du diesen Kessel gekauft hast. Was soll aus Ihnen werden, mein Herr? Wann wird endlich ein vernünftiger Mensch aus dir?

14.
Die Identifizierung eines berühmten finnischen Feldmarschalls

Eines Freitag abends amüsierte Fima, gut gelaunt, die ganze Clique mit seinem Bericht, wie man ihn im Sechstagekrieg zum Reservedienst eingezogen, ihn gemeinsam mit einem Maler und zwei Professoren auf einen leeren Hügel beim Stadtteil Arnona verlegt und ihnen einen Feldstecher und ein Feldtelefon in die Hand gedrückt hatte mit dem Befehl, ja nicht einzuschlafen. Auf dem nächsten Hügel stellten jordanische Soldaten etliche Granatwerfer und ein Maschinengewehr auf, liefen dort in aller Ruhe herum wie Pfadfinder, die einen gemütlichen Lagerfeuertreff vorbereiten. Und als sie mit allem fertig waren, legten sie sich hin und eröffneten auf Fima und seine Kameraden das Feuer. Nun ratet mal, was mein erster Impuls gewesen ist, sagte Fima. Nein. Eben nicht abhauen. Auch nicht das Feuer erwidern. Einfach die Polizei anrufen und mich beschweren, daß es hier ein paar Irrsinnige gibt – sehen uns doch haargenau und schießen trotzdem rüber, als sei unser Hügel leer. Was, bin ich etwa ein Freund von denen? Ein Bekannter? Hab' ich deren Frau verführt? Was wissen die denn überhaupt über mich? Man muß die Polizei alarmieren, damit sie sich schnell um die da kümmert. So habe ich in diesem Augenblick empfunden.

Im *Ha'arez* stand eine Glosse, die Fima auf eine leichte Mäßigung in

Der dritte Zustand 1549

der Regierungshaltung schließen ließ. Eine Art Signal der Bereitschaft, wenigstens einen Punkt der offiziellen Linie zu überdenken. Damit fand Fima seine Theorie der kleinen Schritte bestätigt. Er berief daher den Revolutionsrat zu einer kurzen Morgenversammlung in Zwickas Seminarraum auf dem Skopusberg-Campus ein. Verkündete, daß er seine Auffassung geändert und den Flug nach Tunis aufgeschoben habe. Es komme diesmal darauf an, den Friedensprozeß nicht mit einem Trommelwirbel im Stil Sadats und Begins zu eröffnen, sondern mit kleinen Gesten, die vielleicht geeignet seien, die Mauern des Hasses und des Zorns nach und nach abzubauen. Man müsse erst mit emotionalen Vibrationen eine Entspannung herbeiführen. Joycesche Schwingungen, nicht Shakespeareschen Schwung. Tropismen, nicht Kataklysmen. Der Vorschlag auf der Tagesordnung laute folgendermaßen: Die PLO erklärt sich bereit, in aller Offenheit an Rettungsaktionen für die Überlebenden der äthiopischen – oder der jemenitischen – Judenheit mitzuwirken. Wir senden eine Dankesnote an ihr Hauptquartier in Tunis und brechen damit das Tabu. Zwi irrt, wenn er auf amerikanischen Druck setzt. Und sicher irrt Uri Gefen, der meint, die Lage müsse erst noch viel schlimmer werden, ehe eine Wendung zum Guten eintreten könne. Beide Auffassungen sind Ausdruck der insgeheimen Neigung linker Tauben, seufzend auf eine Änderung der realen Gegebenheiten zu warten, statt aktiv einzugreifen. Und sei es auch nur in begrenztem Umfang.

Und so erfüllte ihn plötzlich sehnsüchtiges Verlangen nach Uris Nähe. Nach seinen breiten Schultern, seinen Späßen, seinem warmen, tiefen Lachen, seinem Jugendleitergehabe, seiner bäuerlichen Angewohnheit, einen fest um die Schultern zu fassen, in den Bauch zu boxen und etwa zu sagen: »Komm her, du Salman Rushdie, wo versteckst du dich denn?« Und nach flüchtigem Schnuppern und demonstrativem Naserümpfen: »Wie lange hast du das Hemd nicht mehr gewechselt? Seit Ben Gurions Beerdigung?« Oder auch: »Na gut. Also los. Wenn es keine andere Wahl gibt, dann halt uns eben einen kleinen Vortrag über asketische Sekten im Christentum, aber nimm dir vorher wenigstens ein bißchen von diesem Räucherschinken. Oder bist du vielleicht inzwischen schon Moslem geworden?«

Vor Sehnsucht nach Uris warmer Stimme und seiner Körperwärme bekam er auch Lust, jetzt sofort seine eigenen blassen Finger auf die Riesenhand des Freundes – knorrig und sommersprossig wie die eines Steinbrucharbeiters – zu legen und scharfe Funken zu versprühen, die dem ganzen Diskussionsverlauf augenblicklich eine verblüffende Wendung geben würden. Wie vor drei Wochen bei den Kropotkins, als Schula Angst vor der Welle islamischen Fanatismus geäußert hatte, worauf Fima ihr ins Wort gefallen war und alle mit seiner detailliert vorgetragenen Auffassung in Staunen versetzt hatte, der zufolge der Streit zwischen uns und den Arabern nur eine Episode von hundert Jahren, ein erbitterter Streit um Immobilien sei, die wahre Gefahr jedoch der dunkle Abgrund zwischen den Juden und dem Kreuz sei und bleibe. Trotz seiner Sehnsucht hoffte Fima, daß Uri noch in Rom sein möge. Er rief in Ninas Anwaltsbüro an, wartete geduldig am Apparat, bis ihre Sekretärin ihn mit der zigarettenversengten Stimme verband, die sagte, ja, Fima, aber faß dich kurz, wir sitzen hier in Verhandlungen. Und beschwatzte sie, mit ihm in die zweite Abendvorstellung ins Orion zu gehen, um sich die französische Komödie mit Jean Gabin anzugucken: Vorgestern nacht war ich wirklich ein Esel, sagte er, aber du wirst sehen, daß ich mich heute nacht gut benehme. Das versprech' ich.

»Heute habe ich zufällig gerade einen langen Tag«, sagte Nina. »Aber ruf zwischen sieben und acht noch mal hier im Büro an, dann sehen wir, wie's steht. Und zähl bei Gelegenheit mal, wie viele Socken du momentan an den Füßen hast, Fima.«

Fima war nicht etwa gekränkt, sondern begann Nina die Hauptpunkte seines neuen Artikels über den Preis der Moral und den Preis des Verzichts auf Moral sowie die verschiedenen Bedeutungen des Begriffs »Preis« für Menschen unterschiedlicher Weltanschauungen darzulegen. Nina schnitt ihm das Wort ab: Im Augenblick findet bei mir zufällig eine Verhandlung statt, das Zimmer ist voll mit Menschen, wir unterhalten uns bei anderer Gelegenheit. Er hätte sie gern gefragt, ob es bei der Verhandlung um ihren ultraorthodoxen Sexshop ging, verzichtete aber rücksichtsvoll, verabschiedete sich und hielt fast eine Viertelstunde durch, ehe er Zwi Kropotkin anläutete und auch ihm von der nachts verfaßten Replik erzählte. Inständig hoffte er, eine angenehme Telefondebatte auszulösen. Zwi in vier, fünf Zügen Matt zu setzen. Aber Zwi war auf dem Weg zu einer Vorlesung, wirklich schon spät dran, laß uns darüber reden, Fima, sobald wir deine neue Epistel in der Zeitung gelesen haben.

Einen Augenblick erwog er, seinen Vater anzurufen, ihm die Fakten über Indien vorzulesen, ihn zu zwingen, seinen Fehler einzugestehen, und ihm auch zu sagen, daß er hier einen Manschettenknopf verloren habe.

Der dritte Zustand

Es sei denn, das Glühwürmchen war doch ein Ohrring von Annette. Aber am Ende hielt er es für besser, auf das Telefonat mit Baruch zu verzichten, um nicht in Schwierigkeiten zu geraten.

Da es niemanden mehr anzurufen gab, stand Fima ein paar Minuten in der Küche, sammelte einzeln die Frühstückskrümel zusammen, um die Sauberkeit zu wahren, die er heute nacht so tatkräftig geschaffen hatte, und freute sich an dem Metallglanz des neuen Wasserkessels. Ein wenig Willenskraft, dachte er, ein wenig Begeisterung, ein wenig Ausdauer – es ist für den Menschen gar nicht so schwer, ein neues Kapitel anzufangen. Als er zu diesem Schluß gelangt war, rief er Jael an. Hoffte inständig, es möge nicht Ted antworten. Und vertraute auf eine spontane Eingebung, die ihm die Worte in den Mund legen werde.

»Guck mal, Telepathie«, rief Jael, »gerade eben hab' ich zu Teddy gesagt, er soll dich anrufen. Du bist uns vielleicht um eine halbe Minute zuvorgekommen. Die Sache ist die: Teddy und ich fahren gleich zu einer Unterredung in die Luftfahrtindustrie und kommen erst abends zurück. Ich weiß nicht, um welche Uhrzeit. Die Nachbarin holt Dimmi von der Schule ab und versorgt ihn den ganzen Tag. Bist du so nett und nimmst ihn ihr ab, sobald du von der Arbeit kommst? Legst ihn schlafen und paßt auf ihn auf, bis wir zurück sind? Die Nachbarin gibt ihm schon zu essen. Und den Schlüssel hat er in der Tasche. Was sollten wir ohne dich wohl anfangen? Und entschuldige, daß ich auflege, weil Teddy schon von unten her raufschreit, daß sie da sind, uns abzuholen. Du bist großartig. Ich eile. Tausend Dank und auf Wiedersehen heute abend spät. Vor dem Schlafen kannst du ihm ein halbes Valium geben, falls er nicht einschläft. Und nimm dir aus dem Kühlschrank, was du möchtest.«

Die Worte »auf Wiedersehen heute abend spät« schloß Fima ins Herz, als bärgen sie eine geheime Verheißung. Einen Augenblick später verspottete er sich selber wegen dieses freudigen Gefühls und ging daran, den verstaubten Zeitungs- und Zeitschriftenhaufen am Bettende ein wenig zu ordnen. Sein Blick blieb jedoch an einem nicht gerade neuen Artikel von Jehoschafat Harkabi hängen, worauf er sich nachdenklich in die Lektüre über die Lehren aus dem Fehlschlag des Aufstands gegen die Römer vertiefte. Er hielt die Analogie mit unserer Zeit für präzise und eindringlich, obwohl sie ihm in einigen Aspekten zu einfach erschien. Später, im Bus auf dem Weg zur Arbeit, sah er auf der letzten Sitzreihe eine Orientalin schluchzen, während ihre Tochter, ein kleines Mädchen von vielleicht sieben oder acht Jahren, sie immer wieder mit den Worten tröstete: »Er hat's nicht mit Absicht getan.« In diesem Moment kam es Fima vor, als bärgen die Worte »Absicht«, »böse Absicht«, »gute Absicht«, »unabsichtlich« eines der Geheimnisse des Daseins: Liebe und Tod, Einsamkeit und Begierde und Neid, die Wunder des Lichts und der Wälder, Gebirge, Steppe und Wasser – ist deren Vorhandensein nun absichtlich oder nicht? Steckt Absicht hinter der grundlegenden Ähnlichkeit zwischen dir und dem Schleuderschwanz, zwischen dem Weinblatt und der Form deiner Hand? Liegt Absicht darin, daß dein Leben von Tag zu Tag zwischen ausgebrannten Kesseln, toten Kakerlaken und den Lehren des großen Aufstands verrinnt? Das Wort »Verrinnen«, auf das er vor Jahren einmal in Pascals *Pensées* gestoßen war, erschien ihm grausam und treffend, als habe Pascal es gewählt, nachdem er sein, Fimas, Leben gründlich studiert hatte, so wie er selbst Joesers Leben verfolgte, obwohl noch nicht einmal dessen Eltern geboren waren. Und was meint der verrunzelte sephardische Senior, der auf dem Korbschemel an der Tür seines Kurzwarengeschäfts döst, über die Wette, die Pascal uns vorschlägt? Es ist doch eine Wette, bei der der Wettende, laut Veranstalter, auf keinen Fall einen Verlust riskiert. Aber läßt sich eine Wette, bei der man nur gewinnen kann, noch als Wette bezeichnen? Ja übrigens, wie geruht der Herr Hiroshima zu rechtfertigen? Auschwitz? Den Tod des arabischen Jungen? Die Opferung Ismaels und Isaaks? Das Sterben Trotzkis? Ich werde sein, der ich sein werde? Wo warst du, als ich die Erde gegründet? Der Herr schweigt. Der Herr schlummert. Der Herr schmunzelt. Der Herr amüsiert sich. Amen. Inzwischen hatte Fima seine Haltestelle verpaßt und stieg an der falschen aus dem Bus. Trotzdem vergaß er nicht, sich wie gewohnt von dem Fahrer zu verabschieden mit den Worten: Danke und Schalom.

In der Praxis fand er Tamar Greenwich allein vor. Die beiden Ärzte waren zu irgendeiner Auskunft ins Einkommenssteueramt bestellt und würden vielleicht gegen vier zurück sein. »Gestern, als du nicht zur Arbeit gekommen bist, war hier ein völlig verrückter Tag«, sagte Tamar. »Und heute nun, sieh bloß diese Ruhe. Außer Telefon beantworten, haben wir nichts zu tun. Die Orgie kann beginnen. Nur ist dein Hemd nicht richtig zugeknöpft. Du hast einen Knopf übersprungen. Sag mal, Fima, was ist das deiner Ansicht nach: ein Fluß in Osteuropa mit drei Buchstaben, der mit ›B‹ anfängt?«

Sie saß auf seinem Stuhl vor dem Aufnahmeschalter, über ein Rätselheft gebeugt, die Schultern kantig und hart wie die eines alten Oberfeldwebels, der Körper zu stabil, das Gesicht offen und gut und das herrliche Haar seidigweich und frisch gewaschen. Jedes sichtbare Stück Haut war mit Sommersprossen übersät. Gewiß kletterten sie auch an den verborgenen Stellen übereinander. Die seltene Pigmenteskapade, bei der ein Auge grüne und das andere braune Farbe abgekriegt hatte, erregte bei ihm jetzt nicht Spott, sondern Staunen und sogar eine gewisse Ehrfurcht: Er selber hätte mit einem Ohr seiner Mutter und einem seines Vaters geboren werden können. Hätte aus den Tiefen der Evolution beispielsweise den Schwanz des Schleuderschwanzes erben können. Oder die Fühler des Ungeziefers. Kafkas Geschichte über Gregor Samsa, der eines Morgens erwachte und sich zu einem ungeheuren Ungeziefer verwandelt fand, erschien Fima in diesem Augenblick weder als Fabel noch als Sinnbild, sondern als greifbare Möglichkeit. Tamar kannte diese Geschichte nicht, erinnerte sich aber verschwommen, Kafka sei ein armer Jugoslawe gewesen, der gegen die Bürokratie zu Felde gezogen und dabei umgekommen sei. Fima zögerte nicht, ihr Kafkas Leben und Liebesaffären zu schildern. Als er merkte, daß es ihm gelungen war, ihre Neugier zu fesseln, erzählte er ihr auch noch kurz den Inhalt der *Verwandlung*. Und erklärte ihr, der hebräische Titel *Hagilgul* sei keine richtige Übersetzung des Begriffs Verwandlung oder Metamorphose. Scheiterte jedoch bei dem Versuch, zu erläutern, worin der Unterschied lag und wie man eigentlich übersetzen solle.

Ohne den Kopf vom Kreuzworträtsel zu heben, sagte Tamar: »Aber was wollte er damit sagen? Daß der Vater ein kleiner Mörder war? Vielleicht hat er einen lustigen Einakter schreiben wollen, obwohl ich das überhaupt nicht lustig finde. Ich stecke selber genau in der gleichen Lage. Kein Tag, an dem er nicht über mich spottet. Keine Gelegenheit bleibt ungenutzt, mich zu demütigen. Gestern jedoch, als du nicht hier warst, ist er kaum beleidigend geworden. Hat mich beinah wie ein menschliches Wesen behandelt. Mir sogar ein Bonbon gegen Halsschmerzen angeboten. Vielleicht kennst du einen Vogel mit vier Buchstaben und ›e‹ am Ende?«

Fima schälte mit dem Messer eine alte Orange, die er unter der Theke gefunden hatte, wobei er sich in keinen einzigen Finger, sondern nur der Orange ein wenig ins Fruchtfleisch schnitt, bot Tamar ein paar Schnitze an und erwiderte: »Vielleicht war er gestern ein bißchen krank oder so.«

»Jetzt mach dich nicht auch noch darüber lustig. Siehst du nicht, daß das weh tut? Warum redst du nicht mal mit ihm über mich? Fragst ihn, warum er mir dauernd zusetzt?«

»Es muß die Möwe sein«, sagte Fima, »der Vogel mit vier Buchstaben und ›e‹ am Ende. Aber warum hängst du ausgerechnet an diesem Scheusal, das die gesamte Menschheit haßt und Frauen ganz besonders?«

»Du mußt verstehen, Fima«, sagte Tamar. »Ich kann es nicht ändern.«

»Befrei dich«, sagte Fima, »was gibt's an dem schon zu lieben? Oder bist du womöglich gar nicht in ihn, sondern in deine enttäuschte Liebe verknallt?«

»Philosophenquatsch«, sagte Tamar, »sobald du anfängst klugzuscheißen, wirst du zum echten Dummkopf, Fima.«

»Dummkopf«, wiederholte Fima, wobei ihm sein typisches scheues Lächeln auf die Lippen trat, »ich weiß. Aber trotzdem meine ich, ich hab' eine Lösung für dich gefunden: Bug.«

»Hab' ich nicht verstanden«, sagte Tamar, »vielleicht schweigst du einfach ein bißchen. Laß mich dies Kreuzworträtsel lösen.«

»Bug, meine Hübsche, Bug. Das ist der Fluß in Osteuropa, den du gesucht hast. Historisch betrachtet ist der Bug übrigens –«

»Hör auf«, rief Tamar. »Ich rede vielleicht einmal im Jahr zwei Sätze über mich selber – warum mußt du dann sofort das Thema wechseln und mit historischen Betrachtungen anfangen. Warum kannst du nicht einen Moment zuhören. Nie kann man reden. Mit keinem.«

Fima bat um Verzeihung. Hatte nicht verletzen wollen. Er werde ihr ein Glas Tee machen, sich selber einen Kaffee einschenken und danach schweigen wie eine Wand. Werde ihr beim Rätsellösen helfen und kein Wort philosophieren.

Aber als sie dann beide in der Warteecke saßen und tranken, vermochte Fima nicht an sich zu halten. Begann vielmehr, Tamar seinen Friedensplan aufzurollen: Schon heute nacht werde er eine Regierungssitzung einberufen und den Ministern erbarmungslos die Operation ausmalen, die unverzüglich durchgeführt werden müsse, um den Staat zu retten. Als er Operation sagte, sah er plötzlich fast greifbar die preußische Hohnesmiene auf Gad Etans Physiognomie. Vielleicht weil Dr. Etan nicht nur ein ausgezeichneter Gynäkologe war, sondern hier auch als Narkosearzt fungierte. Je nach Umständen und Bedarf narkotisierte er sowohl seine als auch Wahrhaftigs Patientinnen.

Tamar sagte: »Mein Unglück ist, Fima, daß ich nicht aufhören kann, ihn zu lieben. Obwohl meine Chancen bei ihm kaum eins zu einer Million stehen und obwohl ich schon lange weiß, er ist ein grausamer Mensch und

Der dritte Zustand

haßt mich. Was kann ich dagegen machen, wenn ich die ganze Zeit, bereits einige Jahre, spüre, daß sich unter seiner Grausamkeit so ein verletztes Kind verbirgt, ein einsamer Junge, der Frauen nicht haßt, sondern sich vor ihnen fürchtet, offenbar Angst hat, einem weiteren Schlag einfach nicht mehr gewachsen zu sein? Vielleicht ist auch das nur Feld-Wald-und-Wiesen-Psychologie. Oder ist er immer noch in seine durchgebrannte Frau verliebt? Wartet, daß sie zurückkommt? Ein Mensch, der Gift sprüht, weil er voller Tränen ist? Oder meinst du, ich hätte einfach zu viele Rührfilme im Kino gesehen? Wenn er mich wieder mal quält, habe ich oft irgendwie das Gefühl, als riefe er innerlich nach mir wie ein Kind, das sich an einen öden Ort verlaufen hat. Nun debattier mal mit Gefühlen. Was ist das deines Erachtens: ein Staat in Afrika, neun Buchstaben, fängt mit ›o‹ an, und der sechste Buchstabe ist auch ein ›o‹?«

Fima musterte den Aufwachraum durch die Tür, die Empfangsecke und den Aufnahmeschalter. Als suche er eine Antwort auf ihre Frage. Klimaanlage. Reproduktionen von Degas und Modigliani. Zwei ruhige Pflanzen in hydroponem Kies. Weißes Neonlicht. Grünlicher Teppichboden. Wanduhr mit lateinischen Buchstaben als Zahlen. Telefon. Garderobe mit Schirmständer. Zeitungskorb. Ein paar Zeitschriften auf dem Tisch. Eine blaue Werbebroschüre: »Osteoporose – beschleunigter Knochenschwund. Ratgeber für die Frau: Welche Frauen sind besonders gefährdet? Gruppen mit erhöhtem Risiko: Magere Frauen. Frauen mit leichtem Knochenbau. Frauen, denen die Eierstöcke entfernt worden sind. Frauen, die Bestrahlungen erhalten haben und kein Östrogen mehr produzieren. Frauen, die niemals schwanger waren. Frauen, in deren Familie die Krankheit aufgetreten ist. Frauen, die eine kalziumarme Ernährung zu sich nehmen. Raucherinnen. Frauen, die sich nicht körperlich betätigen. Oder viel Alkohol trinken. Oder eine erhöhte Schilddrüsenproduktion aufweisen.«

Er las ein wenig in einem anderen, lila Informationsblatt, das er vor sich auf dem Tisch fand: »Mein kleines Geheimnis ... Wechseljahre. Ausgleichende Hormonbehandlung. Was sind die Wechseljahre? Was sind die weiblichen Geschlechtshormone, und wo werden sie produziert? Was sind die typischen Begleiterscheinungen der Wechseljahre? Welche Veränderungen sind aufgrund der nachlassenden Produktion von Geschlechtshormonen zu erwarten? Östrogenkurve gegenüber Progesteronkurve. Was sind Hitzewallungen, und wann ist mit ihrem Auftreten zu rechnen? Welche Verbindung besteht zwischen Östrogenen, Blutfettgehalt und Herzkrankheiten? Läßt sich die emotionale Einstellung zu den in dieser Lebensphase auftretenden Körpervorgängen verbessern?« Fima begnügte sich mit der Lektüre der Kapitelüberschriften. Tränen des Mitleids überschwemmten plötzlich seine Augen, nicht Mitleid mit dieser oder jener Frau – Nina, Jael, Annette, Tamar –, sondern mit der Weiblichkeit an sich. Die Trennung der Menschen in zwei verschiedene Geschlechter erschien ihm in diesem Augenblick als eine grausame Tat und ein nicht wiedergutzumachendes Unrecht. Dabei fühlte er sich irgendwie an diesem Unrecht beteiligt und daher auch ein bißchen mitschuldig, weil er zuweilen unwillkürlich von dessen Folgen profitierte. Dann grübelte er ein wenig über die Formulierung nach: Nach seiner Ansicht hätte man besser durchgehend »welches« – nicht »was« – geschrieben. Obwohl er sich dessen nicht völlig sicher war. Wer diese Broschüren hier ausgelegt hatte, mußte dummerweise nicht berücksichtigt haben, daß zuweilen auch Männer, sogar fromme, in die Praxis kamen – bei Fruchtbarkeitsproblemen und so weiter. Und solche Hefte konnten sie doch in Verlegenheit bringen. Ja sogar die wartenden Frauen, die vielleicht den Mann beobachteten, der da saß und dieses Material studierte. Tatsächlich hatte er, fiel ihm ein, diese Broschüren hier selber ausgelegt, aber noch nie einen Blick hineingeworfen. Und trotzdem, trotz der Peinlichkeit, trotz der Taktlosigkeit, prangten an den Wänden und auf den Regalen Bilder, Ziergegenstände, Dekorationen mit den Widmungen dankbarer Patientinnen. Die das Kärtchen nur mit ihren Initialen oder mit dem Vornamen nebst Anfangsbuchstaben des Nachnamens signiert hatten, wie etwa der Kupferteller von Carmela L. »In ewiger Dankbarkeit dem ausgezeichneten, hingebungsvollen Team«. Fima hatte diese Carmela nicht vergessen, weil ihm eines Tages zu Ohren gekommen war, daß sie Selbstmord begangen hatte. Obwohl sie ihm damals vergnügt und tapfer im Stil der Palmach gewirkt hatte. Der Bürgermeister von Jerusalem müßte die Verwendung des Begriffs »ewig« für gesetzwidrig erklären. Jedenfalls für den Jerusalemer Bereich.

Er begann in Gedanken die Landkarte Afrikas von Nord nach Süd, von Ägypten bis Namibia durchzukämmen, versuchte es dann von Madagaskar im Osten bis Mauretanien im Westen, auf der Fahndung nach dem Staat, der die Lösung von Tamars Kreuzworträtsel aufhielt. Dabei malte er sich Dr. Gad Etan, diesen katzenhaften, hochmütigen Wikinger in der Gestalt eines armen, ungeliebten Jungen aus, der mutterseelenallein durch die afrikanischen Dschungel und Wüsten streift. Und fand keine Antwort.

Der dritte Zustand

Fragte sich aber: Werden die nach uns, Joeser und seine Generation, die, die in hundert Jahren in Jerusalem leben, sich ebenfalls mit der Lösung von Kreuzworträtseln beschäftigen? Unter den Nöten enttäuschter Liebe leiden? Sich in den Hemdknöpfen irren? Zum Östrogenabbau verurteilt sein? Werden auch in hundert Jahren noch verlassene Kinder mutterseelenallein am Äquator herumwandern? Fima spürte, wie sich ihm vor Kummer das Herz verkrampfte. Ja vor lauter Wehmut war er drauf und dran, Tamar in die Arme zu schließen. Ihr breites Gesicht an seine Brust zu drücken. Ihr schönes Haar zu streicheln, das zu einem züchtigen kleinen Knoten im Nacken zusammengefaßt war, wie bei einer Pionierin der vergangenen Generation. Wenn er sie bitten würde, hier und jetzt, auf der Couch im Aufwachraum, mit ihm zu schlafen, würde sie sicher vor Schreck erröten und erblassen, ihn aber letzten Endes nicht abweisen. Schließlich waren sie doch mindestens bis vier Uhr allein hier. Er könnte sie mit Genüssen überhäufen, die sie, so vermutete er, noch nie im Leben erfahren hatte. Könnte sie zum Lachen, Flehen, Schluchzen, amourösen Tuscheln, sanften Aufstöhnen bringen, könnte ihr Töne entlocken, die auch ihm sein süßestes Vergnügen – die Freude am Freudeschenken – bereiten würden. Und wenn sie nicht schön war – was machte das schon aus? Bildhübsche Frauen erregten bei ihm nichts als Niedergeschlagenheit im Verbund mit Unterwürfigkeit und Selbstverleugnung. Nur die Verletzten und die Zurückgewiesenen entzündeten den Funken der Gutmütigkeit, aus dem stets seine Leidenschaft entbrannte. Aber wenn sie nun nicht geschützt war? Wenn sie ausgerechnet hier in dieser Ausschabungshölle schwanger wurde?

Anstatt Liebe bot Fima ihr eine weitere Orange an, ohne erst nachzuprüfen, ob überhaupt noch eine in der Thekenschublade vorhanden war. Und verblüffte sie mit der Aussage, daß ihr Rock ihm gefiele, Hellblau belebe sie sehr, sie müsse diese Farbe öfter tragen. Und auch ihr Haar finde er wunderbar.

»Hör auf, Fima«, sagte Tamar. »Das ist nicht zum Lachen.«

»Schau«, sagte Fima, »vielleicht ist das wie bei einem Fisch beispielsweise: Erst wenn man ihn zum ersten Mal aus dem Wasser zieht, hat er überhaupt eine Chance zu begreifen, daß sich sein ganzes Leben im Wasser abspielt. Egal. Du sollst bloß wissen, daß ich nicht gescherzt habe. Ich meine genau, was ich gesagt habe, bezüglich Hellblau und deinem Haar.«

»Du bist eigentlich recht lieb«, erwiderte Tamar zögernd, »sehr gebildet, Dichter und alles. Ein guter Mensch. Bloß eben – kindlich. Kaum zu glauben, was für ein kleiner Junge du bist. Manchmal hab' ich morgens Lust, einfach zu kommen und dich selber zu rasieren, damit du dir nicht so in die Wangen schneidest und ins Kinn. Schau, wie du dich wieder verletzt hast. Wie ein Baby.«

Dann saßen sie sich gegenüber und redeten fast nichts. Sie konzentrierte sich auf die Lösung ihres Kreuzworträtsels und er – auf ein altes Heft der Zeitschrift *Für die Frau*, das er aus dem Zeitungsständer gezogen hatte, oder genauer auf die Beichte eines ehemaligen Callgirls, die einen gutaussehenden Millionär aus Kanada geheiratet, sich aber wieder von ihm hatte scheiden lassen, um sich einer Gruppe Brazlawer Chassidim in Safed anzuschließen.

Am Ende des Schweigens sagte Tamar: »Eben fällt mir ein: Gad hat gebeten, wir sollten in seinem Zimmer Staub wischen. Und Wahrhaftig hat gesagt, er möchte Zangen und Spekula desinfiziert und Handtücher und Kittel ausgekocht haben. Aber ich habe keine Lust aufzustehen. Erst löse ich dieses Kreuzworträtsel zu Ende.«

»Laß«, sagte Fima enthusiastisch, »bleib hier sitzen wie eine Königin. Ich mach' alles. Du wirst sehen, daß es was wird.«

Damit stand er auf und wandte sich, ein Staubtuch in der Hand, Dr. Etans Zimmer zu. Zuerst wechselte er eine Rolle Papierlaken aus, die ihm angenehm rauh an den Fingerspitzen kribbelten. Räumte ein wenig den Arzneischrank auf und dachte über die Anekdote seines Vaters bezüglich der Länge und Breite von Eisenbahngleisen nach. Wobei er nun gewisse Sympathie für den israelischen Bahndirektor empfand, der vor seinem amerikanischen Kollegen nicht zurückgesteckt, sondern ihm eine schlagfertige Antwort verpaßt hatte, die nur bei oberflächlicher Betrachtung ulkig erscheinen konnte: Gerade die Haltung des Amerikaners war wirklich lachhaft, denn es steckte ja kein logischer Sinn hinter der angedeuteten These, die Länge der Rede eines jeden Vertreters bei der Bahndirektorenkonferenz müsse in direktem Verhältnis zur Schienenlänge seines Landes stehen. Das war doch brutale Kraftmeierei – ebenso unmoralisch wie unlogisch. Während Fima in Gedanken noch diese Schlußfolgerung überprüfte und bestätigte, versuchte er unwillkürlich, sich mit dem Blutdruckmesser, der auf dem Arzttisch stand, selbst den Blutdruck zu messen. Vielleicht weil er vorher scherzhaft gesagt hatte, Gad Etan sei gestern wohl

Der dritte Zustand

ein wenig krank gewesen und habe Tamar deswegen nicht zugesetzt. Aber es gelang ihm nicht, mit der einen Hand die Luftmanschette um den anderen Arm zu schnallen, und so verzichtete er auf dieses Tefillin* legen. Dann hielt er inne, um das farbige Plakat an der Wand zu studieren – das Ulkfoto eines hübschen jungen Mannes mit schwanger wirkendem Bauch und einem drallen Baby im Arm, das ebenso selig lächelte wie er selber. Der Text lautete: *Materna 160 – Ihre Vitaminzugabe. Leicht zu schlukken. Geruchsfrei. Geschmacksfrei. Das führende Präparat unter schwangeren Frauen in den USA. Verkauf allein nur auf ärztliche Verordnung.* Eines der beiden Worte, »nur« oder »allein«, erschien Fima überflüssig. Aber er konnte irgendwie nicht recht entscheiden, auf welches man besser verzichtet hätte. Der Ausdruck »führendes Präparat« klang ihm vulgär, und »unter schwangeren Frauen« fand er beleidigend.

Er riß sich also los und wischte mit dem Tuch imaginären Staub vom Untersuchungsstuhl. Dabei kämpfte er gegen die jähe Versuchung an, sich mit gespreizten Beinen draufzusetzen, um das Gefühl nachvollziehen zu können. Er war sicher, daß sich ein Fehler in Tamars Kreuzworträtsel eingeschlichen hatte, denn es wollte ihm partout kein afrikanischer Staat mit neun Buchstaben einfallen – außer Südafrika, das wiederum nicht paßte, weil es keine zwei »o« enthielt. Und sagte sich wütend, man könnte meinen, wenn sich nur die beiden »o« einfänden, wär' dort alles in bester Ordnung.

Fima musterte die Spekula aus rostfreiem Edelstahl, die zur Untersuchung des Gebärmutterhalses dienten. Als er sich diesen geheimnisvollen Hals und dessen Freilegung mittels ausgebreiteter Metallarme vorstellte, zwickte es ihm vor Schreck matt im Bauch. Und es entrang sich ihm ein gepreßter Zischlaut, als habe er sich verbrannt und unterdrücke einen Schmerzensschrei. Neben den Spiegelungsgeräten lagen, sorgfältig ausgerichtet, lange Scheren, Zangen, Intrauterinpessare in sterilen, hermetisch verschlossenen Nylonpackungen. Links hinter dem Arzttisch, auf einem kleinen Räderwagen, stand die Saugglocke, die, wie Fima wußte, dazu benutzt wurde, eine Schwangerschaft durch Schaffung eines Vakuums abzubrechen. Wieder zogen sich ihm die Gedärme zusammen bei dem häß-

---

* *Tefillin*, Gebetsriemen, zwei Lederkapseln (je eine für Kopf und Arm), die bestimmte auf Pergament geschriebene Schriftverse enthalten und mittels der an ihnen befestigten Lederriemen beim Werktagsgebet angelegt werden, nach dem in Deut. 6,8 und anderswo ausgesprochenen biblischen Gebot.

lichen Gedanken, daß dies eigentlich eine Art umgekehrter Einlauf und die Weiblichkeit eine nicht wiedergutzumachende Ungerechtigkeit war.

Und was machten sie mit den Embryos? Kamen die in einem Plastikbeutel in den Mülleimer, den Tamar oder er jeden Tag vor Praxisschluß leerten? Fraß für die Straßenkatzen? Oder warfen sie sie in die Klosettschüssel, spülten nach und desinfizierten mit Lysol? Grippe vom letzten Jahr. Wenn das Licht in deinem Innern verlöscht, wie groß ist dann das Dunkel, heißt es doch.

Auf einem kleinen Ständer ruhte das Wiederbelebungsgerät – Sauerstoffflasche und Sauerstoffmaske. Daneben die Narkoseutensilien. Fima schaltete den elektrischen Heizofen ein und wartete einen Augenblick, bis die Spiralen glühten. Zählte die Infusionsbeutel durch und versuchte die aufgedruckte Zusammensetzung zu begreifen: Glukose und Natriumchlorid. Einen Moment verharrte er staunend, den Staublappen unbeweglich in der Hand, angesichts der Nachbarschaft von Narkose, Wiederbelebung, Fruchtbarkeit und Tod in diesem kleinen Raum. Irgend etwas erschien ihm widersprüchlich, unerträglich, aber was genau, wußte er nicht.

Eine Minute später hatte er sich wieder gefangen und strich mit dem Lappen über den Bildschirm des Ultraschallgeräts, der ihm nicht viel anders als der auf Teds Schreibtisch vorkam. Als Ted ihn gefragt hatte, wie *deadline* auf hebräisch hieß, hatte er das gewitzt mit »tote Leitung« übersetzt. Was war der richtige Ausdruck? Vielleicht Zieldatum. Nur hörte sich Zieldatum im Vergleich zu *deadline* künstlich, ja beinah anämisch an. Geschmacks- und geruchsfrei wie das führende Präparat unter schwangeren Frauen in den USA. Inzwischen hatte er einen quadratischen Stapel durchsichtiger Plastikhandschuhe der Firma *Polak* in ebenfalls durchsichtiger steriler Verpackung umgestoßen. Während er den Stapel wieder aufschichtete, fragte er sich nach der tieferen Bedeutung dieser Transparenz, die hier allenthalben herrschte, als sei man im Aquarium.

Schließlich ging er von dort weiter in die Putzecke, eine kleine Nische, die einmal als Hinterbalkon gedient hatte und nun mit Milchglas geschlossen worden war. Er stopfte einen Stapel Handtücher in die Waschmaschine, warf auch den Lappen, den er in der Hand hielt, hinterher, las zweimal die Betriebsanleitung und bekam zu seiner Verblüffung die Maschine tatsächlich in Gang. Links daneben stand der Sterilisator mit Anweisungstafeln in Englisch: 200 Grad Celsius, 110 Minuten. Fima beschloß, dieses

Gerät noch nicht einzuschalten, obwohl schon zwei, drei Scheren, etliche Zangen und mehrere Edelstahlschalen darin lagen. Vielleicht weil die angegebenen Temperaturen ihm geradezu mörderisch hoch erschienen. Als er die Toilette betrat, sog er mit sonderbarem Genuß das penetrante Geruchsgemisch diverser Desinfektionsmittel ein. Versuchte zu pinkeln, was ihm jedoch nicht gelang, vielleicht wegen dem Gedanken an die Seelen der ertränkten Kinder. Bis er es wütend aufgab, seinem Glied ›geh zum Teufel‹ sagte, den Reißverschluß hochzog und zu Tamar zurückkehrte, die er wie in Fortsetzung des vorherigen Gesprächs fragte, warum versuchst du nicht einfach den Kontakt abzubrechen? Seine Grobheiten völlig zu ignorieren? Ihm von heute an nur absolute Gleichgültigkeit zu signalisieren? Ich habe alles saubergemacht und aufgeräumt und die Waschmaschine angeschaltet. Als ob er Luft wäre, so mußt du ihn behandeln.

»Wie soll das gehen, Fima. Ich liebe ihn doch. Wieso verstehst du das nicht. Aber einmal sollte ich wirklich, statt eine armselige Miene zu ziehen, ihm eine runterhauen. Das ja. Manchmal hat es direkt den Anschein, als warte er darauf. Als würde es ihm guttun.«

»Ehrlich«, grinste Fima, »eine Ohrfeige hat er sich von dir redlich verdient. Was sagt Wahrhaftig? Wie in einem geordneten Staat. Ich würde das mit dem größten Vergnügen sehen. Obwohl ich grundsätzlich nicht für Gewalt bin. Da, ich hab's für dich.«

»Was denn bloß?«

»Deinen Staat da in Afrika. Versuch mal Obervolta. In einem Wort. Den Sterilisator hab' ich nicht angeschaltet, weil er fast leer ist. Schade um den Strom.«

»Aufhören ihn zu lieben«, sagte Tamar. »Das wär' meine Rettung. Einfach aufhören und fertig. Aber wie hört man auf zu lieben? Du weißt doch alles, Fima. Womöglich auch das?«

Er zuckte grinsend die Schultern, murmelte was, schreckte zurück, überwand sich schließlich und sagte: »Was versteh' ich schon von Liebe. Mal habe ich gedacht, sie sei der Schmelzpunkt zwischen Grausamkeit und Barmherzigkeit. Jetzt halte ich das für Quatsch. Jetzt scheint mir, ich hab' noch nie was verstanden. Aber ich tröste mich ein bißchen damit, daß andere offenbar noch weniger verstehen. Ist schon recht, Tamar, heul nur, du brauchst dich nicht zu beherrschen, schäm dich nicht, die Tränen werden dir helfen. Und ich mach' dir ein Glas Tee. Egal. In hundert Jahren werden Liebe und Leid schon was Prähistorisches sein. Wie Blutrache.

Wie Krinolinen und Korsetts aus Walknochen. Männer und Frauen finden sich dann aufgrund winziger elektrochemischer Impulse. Dadurch gibt's keinerlei Irrtümer mehr. Möchtest du auch einen Keks?«

Nachdem er Tee gemacht und kurz gezögert hatte, erzählte er ihr von der Eisenbahndirektorenkonferenz und erklärte, warum nach seiner Auffassung Herr Cohen und nicht Herr Smith im Recht gewesen sei, bis sie matt unter Tränen lächelte. In der Thekenschublade fand er einen Bleistiftspitzer, einen Bleistift, Büroklammern, ein Lineal und einen Brieföffner, aber weder eine weitere Orange noch Kekse. Tamar sagte ihm, das sei nicht wichtig. Vielen Dank, mir ist schon besser, du bist immer so gut. Der schwellende Kropf an ihrem Hals weckte in diesem Augenblick nicht Belustigung, sondern ein tragisches Empfinden bei ihm. Ihretwegen bezweifelte er nun doch, ob es den Menschen, die nach uns kommen werden, Joeser und seinen Zeitgenossen, wirklich gelingen wird, ein vernünftigeres Leben als wir zu führen. Höchstens würden Grausamkeit und Dummheit feinere, ausgefeiltere Formen annehmen. Was sollte der Düsenantrieb zu Lande jemandem nutzen, der erkennt, daß der Ort, wo er stand, von ihm nichts mehr weiß?

Die Worte »Der Ort, wo er stand, weiß von ihm nichts mehr« versetzten Fima in derart gebannte Erregung, daß er sie sich mit lautlosen Lippenbewegungen zuwispern mußte. Plötzlich, wie in jäher Erleuchtung, sah er eine komplette, wunderbare, anrührende Utopie in diesem etwas abgedroschenen Psalmwort verborgen. Beschloß aber, Tamar nichts davon zu sagen, um nicht noch Schmerz auf Schmerz zu häufen.

Tamar sagte: »Guck. Der Petroleumofen ist fast leergebrannt. Was redest du da mit dir selbst?«

»Ich hab' den elektrischen Ofen bei Gad angestellt«, entgegnete Fima. »In Alfreds Zimmer war ich noch gar nicht. Gleich bring' ich das auch in Ordnung.«

Als er begriff, was man von ihm wollte, ging er hinaus, um den Behälter aufzufüllen. Bei seiner Rückkehr rollten dumpfe, rasch aufeinanderfolgende Donner los, als sei hinter den Wolken ein verzweifelter Panzerkrieg ausgebrochen. Fima erinnerte sich plötzlich an das Psalmwort »Rühre die Berge an, so daß sie rauschen« und stellte es sich greifbar vor. Und erschauerte. Aus dem zweiten Stock drangen Celloklänge. Getragen, ernst, niedrig, dieselben beiden schweren Sätze immer wieder. Obwohl es erst halb vier war, wurde es im Zimmer so trübe, daß Tamar das Licht anschalten mußte, um ihr Kreuzworträtsel weiter lösen zu können. Als sie mit dem Rücken zu ihm stand, wollte Fima sie von hinten umarmen. Ihren müden Kopf in seine Halsbeuge ziehen und ihre Gedanken löschen. Ihren Nacken mit Küssen bedecken, den Ansatz ihres schönen, zu einem kleinen Knoten gebundenen Haars. Das man auch einmal lösen und freilassen konnte. Aber er beherrschte sich. Und die beiden verwandten ein paar Minuten auf die Identifizierung eines berühmten finnischen Feldmarschalls, zehn Buchstaben, am Anfang und Ende »m«. Ab diesem Moment fand Fima sich damit ab, daß er trotz allem nicht aus dem Holz echter Führer geschnitzt war, in deren Macht es stand, die Geschichte zu verändern, Kriege zu beenden, von Mißtrauen und Verzweiflung zerfressene Herzen massenweise zum Guten zu bekehren. Tröstete sich aber ein wenig damit, daß auch die gegenwärtigen Staatsoberhäupter nicht aus diesem Holz waren. Vielleicht noch weniger als er selbst.

15.
Gutenachtgeschichten

Dimmi Tobias, ein junger Albino, hinter dessen dicken Brillengläsern kleine gerötete Augen lagen, war zehn Jahre alt, wirkte jedoch jünger. Er redete wenig, aber höflich in wohlüberlegten Sätzen, überraschte allerdings die Erwachsenen gelegentlich mit einer scharfsinnigen Wortkombination oder gekonntem Naivstellen, denen Fima einen Anflug von Ironie entnahm oder zu entnehmen meinte. Manchmal betitelte sein Vater ihn als einen levantinischen Albert Einstein, während Jael klagte, sie ziehe daheim einen verschlagenen, manipulierenden Jungen groß.

Er saß im Wohnzimmer auf dem breiten Sessel seines Vaters, stumm in die eine Ecke gekauert – wie ein nachts auf einer Alleebank liegengebliebenes längliches Bündel. Vergeblich versuchte Fima ihm zu entlocken, was ihm fehlte. Seit Beginn des Abends hatte er so dagehockt, reglos bis auf seine Kaninchenaugen, die unablässig hinter den doppelten Linsen zwinkerten. Ob er Durst habe? Ein Glas Milch wolle? Oder Saft? Aus irgendeinem Grund glaubte Fima, das Kind sei vor Flüssigkeitsmangel am Austrocknen. Vielleicht kaltes Wasser? Womöglich Whisky?

»Hör doch endlich auf«, quittierte Dimmi.

Fima, der überzeugt war, nicht das Richtige zu tun, aber absolut nicht darauf kam, was er eigentlich machen oder sagen müßte, öffnete das Fenster, um frische Luft hereinzulassen. Einen Moment später erschauerte er bei dem Gedanken, das Kind habe womöglich eine Grippe im Leib, so daß die Kälte ihm schaden könnte, und sprang deshalb in jähem Sinneswandel auf, um das Fenster zu schließen. Dann ging er in die Küche, holte sich ein Glas Sprudel und zog damit ins Wohnzimmer. Als hoffe er, Dimmi werde sich dadurch beeinflussen lassen, ebenfalls was zu trinken.

»Hast du ganz bestimmt keinen Durst?«

Dimmi hob ein wenig das bleiche Gesicht und betrachtete Fima traurig besorgt, so wie man einen alternden Menschen anblickt, der sich immer mehr in Kummer verstrickt, ohne daß man ihm helfen könnte.

Fima versuchte es mit einer anderen Möglichkeit: »Dann laß uns doch Karten spielen. Oder sollen wir *Monopoly* anfangen? Oder möchtest du lieber die Fernsehnachrichten mit mir gucken? Zeig mir, wie man euren Fernseher anstellt.«

»Drücken. Oben«, sagte Dimmi und fügte hinzu: »Einem Kind bietet man keinen Alkohol an.«

»Natürlich nicht«, sagte Fima. »Ich wollte dich bloß ein bißchen zum Lachen bringen. Sag mir, worauf du Lust hast. Soll ich Schamir und Peres nachmachen?«

»Gar nix. Hab' ich dir doch schon dreimal gesagt.«

Erfolglos schlug Fima eine spannende Geschichte, Computerspiele, Witze, eine Kissenschlacht oder Domino vor. Irgend etwas bedrückte den Jungen, aber so eindringlich Fima ihn auch über die Schule, den Nachmittag bei der Nachbarin, Müdigkeit, Bauchweh oder das amerikanische Raumfahrtprogramm befragte – er holte nicht mehr aus ihm heraus als die Worte: »Genug. Hör doch auf.« Konnte so etwa eine beginnende Angina aussehen? Lungenentzündung? Gehirnhautentzündung? Fima zwängte sich auch in den Sessel, wodurch er den mageren Challenger veranlaßte, sich noch tiefer in seine Ecke zu drücken, legte ihm den Arm um die schlaffen Schultern und sagte bittend: »Verrat mir, was passiert ist.«

»Nix«, erwiderte Dimmi.

»Was tut dir weh?«

»Nix.«

»Möchtest du ein bißchen mit mir rumtoben? Möchtest du schlafen gehen? Deine Mutter hat gesagt, ich soll dir eine halbe Valium geben. Willst du was vorgelesen bekommen? Eine Geschichte?«

Der dritte Zustand

»Haste schon mal gefragt.«

Fima war tief betroffen: etwas Schlimmes, Ernstes, womöglich gar Gefährliches spielte sich vor seinen Augen ab, und er fand keinen Rat. Was würde Teddy an seiner Stelle unternehmen? Er fuhr mit den Fingern durch das weißblonde Kinderhaar und murmelte: »Aber man sieht doch, daß dir nicht gut ist. Wo liegt bei euch dieses Valium? Sag mal?«

Dimmi, von dem Streicheln sichtlich abgestoßen, entzog sich wie eine im Räkeln gestörte Katze, tappte weichen Schritts zum gegenüberstehenden Sessel und vergrub sich dort unter drei oder vier Kissen, bis nur noch Kopf und Schuhe zu sehen waren. Seine Augen blinzelten weiter unaufhörlich hinter der dicken Brille.

Fima, dessen Sorge sich schon in tiefen Kummer, gemischt mit aufkeimendem Ärger, verwandelt hatte, sagte: »Ich ruf einen Arzt. Aber vorher messen wir mal Fieber. Wo liegt euer Thermometer?«

»Laß«, sagte Dimmi. »mach dich doch nicht zum Clown. Stell lieber die Nachrichten an.«

Wie geohrfeigt schoß Fima verwirrt und wütend hoch, stürzte sich auf den Fernseher und versuchte ihn mit dem falschen Knopf einzuschalten. Doch auf einmal – in jäher Erkenntnis, daß man ihn zum Narren hielt – brüllte er, seine Unterwürfigkeit bereuend, den Jungen an: »Entweder sagst du mir innerhalb von sechzig Sekunden, was los ist, oder ich geh' und laß dich hier allein!«

»Geh«, willigte Dimmi ein.

»Also gut«, quetschte Fima hervor, bemüht, Teds kühle Bestimmtheit und beinah auch seinen Akzent zu imitieren, »ich gehe. Gut. Aber vorher hast du auf die Uhr genau vier Minuten, fertig zu sein. Im Bett. Und ohne irgendwelche Mätzchen. Zähneputzen, Milchtrinken, Pyjama, Valium und alles. Genug mit diesem Theater.«

»Das Theater machst doch du hier«, sagte Dimmi.

Fima verließ den Raum. Fand den Weg zu Teds Arbeitszimmer. Dabei dachte er keinen Augenblick ernstlich daran, wegzugehen und ein krankes Kind allein zu Hause zu lassen. Andererseits hatte er keine Ahnung, wie er von seinem Ultimatum wieder loskam. Also setzte er sich, ohne Licht anzuschalten, auf Teddys Polsterstuhl vor den Computerbildschirm und verlangte von sich selber, vernünftig nachzudenken. Es gab nur zwei Möglichkeiten: Entweder das Kind war auf dem besten Wege, krank zu werden, und man mußte sofort handeln, oder der Bengel ärgerte ihn absichtlich, und er selber ging törichterweise darauf ein und machte sich tatsächlich zum Clown. Plötzlich überkam ihn Mitleid mit dem blassen, gepeinigten Challenger. Auch sich selber bemitleidete er ein wenig: Nicht einmal eine Telefonnummer hatten sie ihm hinterlassen. Sicher amüsieren sie sich in Tel Aviv, machen sich ein feines Leben in irgendeinem exotischen Restaurant oder in einem Nachtklub und haben uns schlichtweg vergessen. Und wenn nun ein Unglück passiert? Wie soll ich sie dann finden? Wenn er was verschluckt hat? Sich einen gefährlichen Virus zugezogen hat? Blinddarmentzündung? Den Bazillus der Kinderlähmung? Und womöglich ist das Unglück gerade den Eltern zugestoßen? Ein Verkehrsunfall auf dem Weg nach Jerusalem? Oder ein Terroranschlag?

Fima beschloß, die Nachbarin von unten zu alarmieren.

Beim näheren Nachdenken wußte er jedoch nicht recht, was er ihr sagen sollte, und fürchtete sich lächerlich zu machen.

Niedergeschlagen kehrte er daher ins Wohnzimmer zurück und sagte flehentlich: »Bist du böse auf mich, Dimmi? Warum tust du mir das an?«

Ein trauriges Lächeln, irgendwie alt und müde, huschte dem Jungen über die Lippen, ehe er sachlich feststellte: »Du nervst mich.«

»Ja dann«, sagte Fima, der nur mühsam eine neue Zorneswelle und die unbändige Lust, diesem verschlagenen, frechen Bengel eine kleine Ohrfeige zu versetzen, unterdrückte, »wenn das so ist, langweil dich hier eben bis morgen alleine. Schalom. Ich hab' genug von dir.«

Statt sich jedoch davonzumachen, riß er wütend das erstbeste Buch aus dem Regal. Es war ein orangefarbener englischer Band über die Geschichte Alaskas im 18. oder 19. Jahrhundert. Er sank auf die Couch und begann darin zu blättern, bemüht, wenigstens die Bilder in sich aufzunehmen, und fest entschlossen, den kleinen Feind völlig zu ignorieren. Aber er konnte sich nicht recht konzentrieren. Schaute alle Augenblicke auf die Uhr. Die zeigte jedesmal wieder einundzwanzig Uhr fünfundzwanzig, und er ärgerte sich sowohl über die stillstehende Zeit als auch darüber, daß er die Fernsehnachrichten verpaßt hatte. Lähmende Unheilsahnung lag ihm wie ein Stein auf der Brust: Da geschieht etwas Ungutes. Etwas, das du einmal bitter bereuen wirst. Etwas, das noch Jahr und Tag in deinem Innern nagen wird, so daß du wünschtest, du könntest das Rad der Zeit genau bis zu diesem Moment zurückdrehen und den schrecklichen Fehler korrigieren. Könntest das Klare, Einfache, Selbstverständliche tun, das nur ein Blinder oder ein ganz Dummer jetzt nicht tun würde. Aber was? Wieder

Der dritte Zustand   1567

und wieder blickte er verstohlen zu Dimmi hinüber, der sich in seiner Kissenhöhle auf dem fernen Sessel verschanzt hatte und blinzelte. Schließlich versenkte er sich aber doch in das Schicksal der ersten Walfänger, die aus Neuengland nach Alaska gelangt waren, wo sie Küstenstationen errichteten und häufig von wilden Nomaden, die über die Beringstraße aus Sibirien heranstürmten, überfallen wurden.
Und dann platzte Dimmi auf einmal heraus: »Sag mal, was ist Gasbrand?«
»Ich weiß nicht genau«, erwiderte Fima, »das ist der Name einer Krankheit. Warum?«
»Was für eine Krankheit?«
»Zeig mir, wo's dir weh tut. Hol das Fieberthermometer. Ich laß einen Arzt kommen.«
»Nicht ich«, sagte Dimmi, »Winston.«
»Wer ist Winston?« Fima begriff, daß das Kind fieberte und daher phantasierte. Zu seiner Überraschung erleichterte ihn diese Entdeckung ein wenig. Wie findet man jetzt einen Arzt? Man könnte Tamar anrufen und sich mit ihr beraten. Gewiß nicht unsere Ärzte. Und auch nicht Annettes Mann. Und was ist Gasbrand nun wirklich?
»Winston ist ein Hund. Der Hund von Zelil Weintraub.«
»Der Hund ist krank?«
»War.«
»Und du meinst, du hättst dich bei ihm angesteckt?«
»Nein. Wir haben ihn umgebracht.«
»Umgebracht? Warum das denn?«
»Es hieß, er hat Gasbrand.«
»Wer hat ihn umgebracht?«
»Bloß ist er nicht tot.«
»Weder lebendig noch tot?«
»Lebendig und tot gleichzeitig.«
»Erklärst du mal?«
»Kann man nicht erklären.«
Fima stand auf, legte die eine Hand an Dimmis, die andere an seine eigene Stirn, vermochte aber keinen Unterschied zu fühlen. Vielleicht sind wir beide krank?
»Es war Mord«, sagte Dimmi. Und plötzlich, als sei er über seine eigenen Worte erschrocken, griff er sich noch ein Kissen, verbarg das Gesicht

darin und begann zu schluchzen. In abrupten, erstickten Stößen, die wie Schluckauf wirkten. Fima versuchte, ihm das Kissen wegzuziehen, aber Dimmi umklammerte es fest und ließ nicht locker, bis Fima aufgab. Und begriff, daß es sich nicht um Krankheit oder Fieber handelte, sondern um Leiden, die geduldiges Schweigen verlangten. Er setzte sich vor den Sessel auf den Teppich, ergriff Dimmis Hand und spürte, daß er selbst den Tränen nahe war und dieses eigenartige Kind mit der dicken Brille und dem papierweißen Haar wie sich selber liebte – seinen Eigensinn, seine Vernunft, die einsame Altklugheit, die ihn stets umgab. Fimas Körper schmerzte förmlich vor lauter unterdrücktem Drang, dieses schluchzende Geschöpf da aus dem Sessel zu schnappen und es fest an die Brust zu drücken. Nie im Leben war seine Sehnsucht, sich an eine Frau anzuschmiegen, so stark gewesen wie jetzt der Wunsch, Dimmi an sich zu pressen. Aber er beherrschte sich und machte keinen Mucks, solange das Glucksen anhielt. Bis Dimmi aufhörte. Und gerade nun, als er verstummt war, sagte Fima zärtlich: »Genug, Dimmi, genug.«

Das Kind glitt plötzlich vom Sessel in seinen Schoß. Rollte sich hinein, als wolle es sich in Fima vergraben. Und sagte: »Ich werd's doch sagen.«

Und begann nun klar mit leiser, gleichmäßiger Stimme, ohne aufzuschluchzen oder auch nur ein einziges Mal nach Worten zu suchen – sogar das Augenblinzeln hatte sich ein wenig beruhigt –, zu erzählen, wie sie den Hund zwischen den Mülltonnen im Dreck liegend gefunden hatten. So ein ekliger Hund mit kahlem Rücken, mit Wunden und Fliegen am Hinterbein. Er hatte einmal Zelil Weintraub, einem Freund von ihnen, gehört, aber seit Zelils Familie außer Landes gegangen war, gehörte er niemandem. Lebte so vom Müll. Der Hund hatte hinter den Mülltonnen auf der Seite gelegen und die ganze Zeit gehustet wie ein alter Mann, der zu viel raucht. Sie hatten ihn ärztlich untersucht, und Janiv hatte gesagt, der geht bald ein, er hat Gasbrand. Dann hatten sie ihm gewaltsam das Maul aufgesperrt und ihm mit einem Löffel eine von Ninja Marmelstein erfundene Arznei eingeflößt: braunes Wasser aus der Pfütze, vermengt mit ein bißchen Sand, ein paar Blättern, etwas Gipsstaub und einem Aspirin von Janivs Mutter. Danach beschlossen sie, ihn in einer Decke ins Wadi hinunterzutragen und Isaaks Opferung mit ihm zu veranstalten, wie sie es im Bibelunterricht gelernt hatten. Das war Ronens Idee gewesen, der auch losgelaufen war und ein großes Brotmesser von zu Hause geholt hatte. Den ganzen Weg bis zum Wadi hatte dieser Winston ruhig in der Decke gelegen, sogar höchst zufrieden gewirkt und mit dem Schwanz gewedelt, als sei er äußerst dankbar. Vielleicht dachte er, sie brächten ihn zum Arzt. Wer sich ein bißchen über ihn beugte, bekam Gesicht oder Hände geleckt. Im Wadi sammelten sie Steine, errichteten einen Altar und legten den Hund darauf, der sich überhaupt nicht wehrte, die ganze Zeit alle so neugierig anguckte wie ein Baby, so vertrauensvoll, als fühle er sich wohlaufgehoben unter liebevollen Freunden oder als verstehe er das Spiel und mache gern mit. Seine Wunden waren eklig, aber die Gesichtszüge richtig lieb, mit braunen Augen, die Verstand und Gemüt ausdrückten. Das gibt's doch, Fima, daß man ein Tier anguckt und meint, es würde sich an was erinnern, das die Menschen schon vergessen haben. Oder es scheint einem nur so. Allerdings geht einem ein dreckiger Köter wirklich auf die Nerven, strotzt vor Flöhen und Zecken, umschwänzelt jeden, bettelt, legt dir gern andauernd das Gesicht auf die Knie und begeifert dich.

Seine, Dimmis, Idee war es gewesen, grüne Zweige und Blumen zu pflücken und den Altar damit zu schmücken. Winston selber hatte er auch ein Kränzchen auf den Kopf gesetzt wie bei Geburtstag im Kindergarten. Dann fesselten sie ihn eng an Vorder- und Hinterbeinen, aber er hörte immer noch nicht auf, rumzuschmeicheln und sich zu freuen und ständig mit dem Schwanz zu wedeln, als sei er überglücklich, daß alle sich nur mit ihm beschäftigten. Wer sich nicht in acht nahm, wurde abgeschleckt. Danach losten sie. Ninja Marmelstein zog die Aufgabe, Gebete zu singen, Ronen mußte ein Grab schaufeln, und er, Dimmi, sollte das Schlachten übernehmen. Zuerst hatte er versucht, sich davor zu drücken, mit der Ausrede, er sehe nicht gut genug, aber sie hatten ihn verspottet, hatten ärgerlich gesagt, Los ist Los, sei doch kein so 'n Schöngeist. Und da blieb ihm keine Wahl. Aber es klappte nicht. Das Messer zitterte ihm in der Hand, und der Hund bewegte sich die ganze Zeit. An Stelle der Kehle schnitt er ihm ein halbes Ohr ab. Der Hund fing an herumzutoben und loszuheulen mit so einer Stimme wie ein Baby und nach Luft zu schnappen. Also mußte er schnell noch mal zustoßen, damit das Gejammer aufhörte. Aber das Messer ging wieder daneben, statt in die Kehle in eine weiche Stelle am Bauch, weil Winston sich kreischend hin und her warf, und nun blutete er wie wild. Janiv sagte, was ist denn, nicht weiter schlimm, ist ja schließlich bloß ein stinkender Araberköter. Und Ninja meinte, der hat doch sowieso Gasbrand und ist bald tot. Beim dritten Mal stieß er mit aller Macht zu, traf aber auf einen Stein, so daß das Messer abbrach. Nur den Griff hatte er noch in der Hand. Ninja und Janiv packten Winston am Kopf und schrien, nun mach schon, schnell, du Blödian, nimm die Messerklinge und schneid mal zu. Aber von der Klinge war nicht genug übriggeblieben, man konnte ihm partout nicht die Gurgel durchsägen, alles ringsum glitschte vor Blut, und dauernd, dauernd hieb er daneben. Zum Schluß waren sie alle blutverschmiert, wie konnte ein Hund bloß soviel Blut haben, vielleicht war das wegen dem Gasbrand. Janiv, Ninja und Ronen ergriffen die Flucht, und der Hund biß das Tau durch und kam frei, aber nur an den Vorderläufen, die hinteren blieben zusammengebunden, und mit solchem Gekreische, nicht mit Hundeschreien, sondern mit dem Kreischen einer Frau, schleppte er sich auf dem Bauch davon und verschwand zwischen den Büschen, und er, Dimmi, sah, daß die anderen Jungen weg waren, und lief ihnen nach. Zum Schluß fand er sie auf dem Parkplatz unterm Haus versteckt, wo ein Wasserhahn war, an dem sie sich schon das Blut abgespült hatten, aber ihn nicht zum Waschen ranließen, sondern ihn beschuldigten, seinetwegen sei Winston nun weder lebendig noch tot, reinste Tierquälerei, und seinetwegen sei Ronens Messer von zu Hause abgebrochen und sicher werde er auch noch petzen, man kenne ihn ja, und damit begannen sie ihn zu treten und brachten ein neues Tau bei, und Ninja sagte, jetzt gibt's hier 'ne Intifada, jetzt wird Dimmi aufgehängt. Nur Ronen war relativ in Ordnung, als er sagte, erst sollten sie ihn seine Brille beiseite legen lassen, damit sie nicht kaputtginge. Deshalb konnte er nicht sehen, wer ihn gefesselt und wer sich nach den Prügeln hingestellt und auf ihn gepinkelt hatte. Danach hatten sie ihn gebunden dort unten auf dem Parkplatz gelassen, waren weggerannt und hatten gerufen, es geschähe ihm ganz recht, warum habe er Winston umgebracht? Der Nachbarin, bei der er war, hatte er nichts erzählt. Hatte erklärt, er hätte sich in einer Pfütze schmutzig gemacht. Wenn er's den Eltern gestehen würde, wär' das sein Ende.

»Wirst du's ihnen verraten, Fima?«

Fima sann darüber nach. Während der ganzen Beichte hatte er unablässig das weißblonde Haar gestreichelt. Wie in einem bösen Traum hatte er das Gefühl, der Hund, Dimmi und er selber würden in seinem Herzen eins. In demselben Psalm, in dem es hieß, abgestumpft und satt ist ihr Herz, stand ja auch: Meine Seele zerfließt vor Kummer. Dann sagte er mit ernstem Nachdruck: »Nein, Dimmi, ich werde nichts verraten.«

Der Junge blickte ihn schräg von unten an, wobei seine Kaninchenaugen hinter den dicken Gläsern Fima warm und vertrauensvoll erschienen, als wolle er damit illustrieren, was er vorher von dem Blick des Hundes erzählt hatte. Und so sah Liebe aus.

Fima erschauerte, als hätte er aus den Tiefen des Dunkels, des Windes und des Regens draußen das irrende Echo eines schwachen, erstickten Jaulens herausgehört.

Plötzlich streichelte er den Kopf des kleinen Challengers und schob ihn fest unter seinen Zottelbärpullover. Als sei er hochschwanger mit ihm. Einen Moment später machte Dimmi sich frei und fragte: »Aber warum?«

»Warum was?«

»Warum bist du bereit, es ihnen nicht zu verraten?«

»Weil Winston damit nicht mehr geholfen ist und du schon genug leidest.«

»Du bist einigermaßen in Ordnung, Fima.« Und dann: »Obwohl du ein ziemlich komischer Mensch bist. Hinter deinem Rücken nennen sie dich manchmal einen Clown. Und du bist wirklich ein bißchen wie ein Clown.«

»Jetzt trinkst du ein Glas Milch, Dimmi. Und wo finde ich dieses Valium? Deine Mutter hat gesagt, ich soll dir eine halbe Tablette geben.«

»Ich bin auch ein Clownkind. Aber ich bin nicht in Ordnung. Ich hätte dagegen angehen müssen. Hätt' nicht mitmachen dürfen.«

»Sie haben dich doch gezwungen.«

»Aber es war Mord.«

»Das kann man nicht wissen«, meinte Fima behutsam, »vielleicht ist er nur verwundet.«

»Er hat einen Haufen Blut verloren. Ein Meer von Blut.«

»Manchmal kann sogar eine Schramme stark bluten. Als Junge bin ich einmal einen Zaun entlang balanciert, aber abgerutscht, und aus so einer kleinen Wunde am Kopf ist das Blut nur so in Strömen gelaufen. Großvater Baruch wär' beinah in Ohnmacht gefallen.«

»Ich hasse sie.«

»Es sind Kinder, Dimmi. Kinder handeln manchmal sehr grausam, nur weil sie nicht genug Phantasie haben zu begreifen, was Schmerz ist.«

»Nicht die Kinder, sie«, sagte Dimmi. »Wenn sie die Wahl gehabt hätten, hätten sie mich nicht zu ihrem Kind erkoren und ich sie auch nicht zu meinen Eltern. Das ist ungerecht, daß man bei der Ehe wählen kann, aber bei der Elternschaft nicht, und Scheidung gibt's auch keine. Fima?«

»Ja.«

»Du, nehmen wir uns jetzt eine Taschenlampe? Stecken Verbandszeug ein und gehen runter? Im Wadi suchen?«

»In dieser Dunkelheit und noch dazu bei Regen haben wir keine Aussicht, ihn zu finden.«

»Eigentlich hast du recht«, meinte Dimmi. »Wir haben keine Chance. Aber laß uns trotzdem suchen gehen. Damit wir wenigstens wissen, daß wir's versucht haben, wenn auch ohne Erfolg.« Dabei kam er Fima plötzlich wie eine verkleinerte Kopie seines gemäßigten, logisch denkenden Vaters vor. Sogar im Tonfall glich er Ted – mit der ruhigen Stimme eines ausgewogenen, einsamen Mannes. Dimmi putzte seine Brille und sagte weiter: »Zelils Familie ist auch mit schuld. Warum haben sie ihren Hund krank zurückgelassen und sind weggefahren? Sie hätten ihn mitnehmen müssen. Oder wenigstens irgendwo unterbringen können. Warum ihn einfach so in den Müll werfen? Bei den Cherokees gibt es ein Gesetz, daß man nichts wegwerfen darf. Sogar eine zerbrochene Schüssel bewahren sie weiter im Wigwam auf. Alles, was du einmal gebraucht hast – nicht wegschmeißen, vielleicht braucht es dich? Sie haben auch so was wie die Zehn Gebote, vielleicht weniger als zehn, und das erste lautet, du sollst nichts wegwerfen. Im Keller hab' ich eine Kiste mit Spielzeug, seitdem ich ganz klein war. Dauernd schreien sie mich an, wirf das doch endlich weg, wer braucht das denn noch, nimmt nur Platz weg, verstaubt doch bloß, aber ich laß es nicht zu. Wegwerfen ist dasselbe wie Töten, sagte Schneetochter zu Wisperwindsee und schlang ihre schönen Finger um den Wolfsstein.«

»Was ist das?«

»Eine Geschichte von einem Indianermädchen aus dem Stamm der Cherokees. Wisperwindsee war der vertriebene Stammeshäuptling.«

»Erzähl mal.«

»Geht nicht. Ich kann an nichts anderes denken. Immer, immerzu guckt dieser Hund mich an, diese braunen Augen, so brav, gehorsam, glücklich, daß alle sich mit ihm abgeben, wedelt mit dem Schwanz, leckt jeden, der sich über ihn beugt, warm ab. Sogar als Ronen ihm die Beine gefesselt hat, hat er ihn geleckt. Und das Ohr ist ihm abgerissen und zu Boden gefallen wie ein Stück Brot. Die ganze Zeit geht mir sein Heulen nicht aus dem Kopf, und vielleicht lebt er wirklich noch so halb in einer Pfütze zwischen den Felsen im Wadi und wartet winselnd auf einen Arzt. Heute nacht wird Gott kommen und mich deswegen töten. Am besten geh' ich überhaupt nicht schlafen. Oder er tötet mich dafür, daß ich sie hasse, wo es doch verboten ist, seine Eltern zu hassen. Wer hat ihnen denn gesagt, daß sie mich zeugen sollen? Ich hab' sie nicht drum gebeten. Man kann überhaupt nichts anfangen. Was man auch tut, es geht schlimm aus. Nichts als Probleme und Ärger. Ich kann machen, was ich will – nur Probleme und Ärger. Du bist mal mit meiner Mutter verheiratet gewesen und hast sie dann nicht mehr gewollt. Oder sie dich nicht. Ging auch mit Problemen und Ärger los. Vater sagt, das sei passiert, weil du ein bißchen ein Clown bist. Auf englisch hat er mir das gesagt. Auch ich bin für sie nicht besonders wichtig. Für sie ist es am wichtigsten, daß die ganze Zeit völlige Stille im Haus herrscht und alles ordentlich an seinem Platz liegt und daß niemals eine Tür laut zufällt. Jedesmal, wenn eine Tür knallt, schreit sie mich und Vater an. Jedesmal, wenn ein Kugelschreiber nicht da liegt, wo er hingehört, schreit er mich und Mutter an. Jedesmal, wenn die Zahnpastatube nicht ganz zugeschraubt ist, schreien sie beide mich an. Schreien ist nicht richtig – sie weisen darauf hin. Das Motto bei uns lautet: Künftig wäre es sehr angebracht. Oder er sagt ihr auf englisch, sorg dafür, daß das Kind mir nicht zwischen den Beinen herumläuft. Und sie sagt, es ist dein Kind, mein Herr. Als du klein warst, Fima, hast du dir da nicht manchmal insgeheim gewünscht, deine Eltern möchten endlich sterben? Um verwaist und frei zu sein wie Huckleberry Finn? Warst du kein Clownkind?«

»Solche Gedanken gehen wohl jedem Kind mal durch den Kopf«, sagte Fima. »Jedem von uns. Das ist was ganz Natürliches. Aber man meint es nicht wirklich so.«

Dimmi schwieg. Wieder fingen seine Albinoaugen rasch zu blinzeln an, als störe ihn das Licht. Dann fragte er: »Sag mal, Fima, du brauchst ein Kind, stimmt's? Willst du, daß wir zwei auf die Galapagosinseln fahren und uns eine Blockhütte zum Wohnen bauen? Fische und Muscheln fangen? Gemüse ziehen? Die Schildkröten beobachten, die schon tausend Jahre dort leben? Wie du mir mal erzählt hast?«

Fima dachte: Das sind wieder mal die Sehnsüchte nach der arischen Seite. Nach Karla. Er hob Dimmi auf und trug ihn auf den Armen in sein Zimmer. Zog ihn aus und streifte ihm seinen Pyjama über. Auf den Galapagosinseln gibt es keinen Winter. Immer nur Frühling. Und tausendjährige Schildkröten, die fast die Größe dieses Tischs erreichen, weil sie nicht rauben, nicht träumen und keinen Laut von sich geben. Als sei alles klar und schön und gut. Wieder hob er den Jungen hoch und trug ihn zum Zähneputzen, und dann stellten sie sich beide an die Klosettschüssel, und Fima sagte, Achtung, fertig, los, und nun ging's um die Wette, wer zuerst fertig war. Unaufhörlich murmelte Fima wirre Tröstungen, ohne darauf zu achten – macht nix, Kind, der Winter geht vorüber, der Frühling geht vorbei, wir schlafen wie die Schildkröten, und dann stehen wir auf und pflanzen Gemüse an, und danach sind wir nur gut, und du wirst schon sehen, daß es uns gutgeht.

Trotz dieser tröstenden Worte waren sie beide den Tränen nahe. Ließen einander nicht aus den Armen, als habe die Kälte zugenommen. Statt ihn in sein Bett zu bringen, trug Fima den Jungen im grünen Flanellpyjama huckepack ins Elternschlafzimmer, legte sich zu ihm ins Doppelbett, nahm ihm behutsam die doppeldicke Brille ab, und dann kuschelten sie sich beide unter eine Decke, und Fima erzählte ihm eine Geschichte nach der anderen: über Schleuderschwänze, über die Tiefen der Evolution, über den Fehlschlag des unnützen Aufstands gegen die Römer, über Bahndirektoren und Schienenspurweiten, über die Urwälder Obervoltas in Afrika, über den Walfang in Alaska, über verlassene Tempel in den Bergen Nordgriechenlands, über die Vermehrung von Zierfischen in beheizten Becken in der maltesischen Hauptstadt Valetta, über den heiligen Augustinus und über den bedauernswerten Kantor, der die Hohen Feiertage allein auf einer einsamen Insel verbrachte. Als Ted und Jael um Viertel vor eins aus Tel Aviv zurückkamen, fanden sie Fima in voller Kleidung wie ein Embryo zusammengerollt, in Jaels Decke gewickelt und den Kopf auf ihrem Nachthemd ruhend, im Ehebett vor, während Dimmi im grünen Pyjama, die Brille auf der Nase, im Arbeitszimmer seines Vaters vor dem Bildschirm hockte und konzentriert und tiefernst in einem komplizierten taktischen Spiel ganz allein eine Seeräuberbande überwältigte.

16.
Fima gelangt zu dem Schluß, daß noch Aussicht besteht

Nach ein Uhr nachts, auf der Heimfahrt in einem Taxi, das Teddy ihm bestellt hatte, fiel Fima der letzte Besuch seines Vaters ein. Vorgestern? Oder gestern morgen? Wie der Alte bei Nietzsche angefangen und mit den russischen Eisenbahnen, die so konstruiert sind, daß die Eroberer sie nicht benutzen können, aufgehört hatte. Was hat er mir zu sagen versucht? Jetzt schien es Fima, als habe sich das Gespräch seines Vaters unaufhörlich um einen Punkt gedreht, den er nicht recht auszudrücken vermochte oder wagte. Vor lauter Geschichten und Pointen, vor lauter Kosaken und Indern hatte er nicht darauf geachtet, daß der alte Mann über Mangel an frischer Luft klagte. Dabei hatte der Vater doch noch nie über Krankheiten geredet, es sei denn, er räsonierte über Rückenschmerzen. Jetzt erinnerte sich Fima an sein Schnaufen und Husten, an das Pfeifen, das ihm wohl aus der Kehle oder aus tiefster Brust kam. Offenbar hat der Alte beim Abschied etwas zu erklären versucht, das du nicht hören wolltest. Du hast dich mit ihm lieber über Herzl und über Indien gestritten. Was hat er dir zwischen seinen Kalauern signalisieren wollen? Andererseits nimmt er aber doch schon seit eh und je mindestens wie Odysseus Abschied. Geht für ein halbes Stündchen ins Café runter und wünscht dir ein sinnvolles Leben. Geht eine Zeitung kaufen und gebietet dir, den Schatz des Lebens nicht zu vergeuden. Was hat er diesmal zu sagen versucht? Hast du verpaßt. Du warst gänzlich in die Genüsse des Wortgefechts über die Zukunft der Gebiete vertieft. Wie immer. Als gelte es nur, ihn in der Diskussion zu bezwingen, und schon sei das Hindernis auf dem Weg zum Frieden weggeräumt, und eine neue Wirklichkeit beginne. Wie als kleiner Junge: ein ungenießbarer, scharfsinniger Junge, der kein tieferes Verlangen kannte, als die Erwachsenen bei einem Fehler zu ertappen. Bei einem Sprachirrtum. Sie in der Diskussion zu besiegen. Die Erwachsenen zu zwingen, die weiße Fahne zu hissen. Ein Gast verwendete beispielsweise den gängigen Ausdruck »die überwiegende Mehrheit des Volkes«, worauf du genüßlich anmerktest, das seien dann wohl die Übergewichtigen des Volkes? Denn zum Überwiegen an sich genüge ja nur einer mehr als 50 Prozent. Dein Vater sagte zum Beispiel, Ben Gurion sei ein ausgesprochener Polemiker, und du meintest berichtigend, sich aussprechen sei was Positives. Und gestern, als er bei dir war, ist ihm doch vor Kurzatmigkeit ein- oder zweimal fast seine klangvolle Tenorstimme weggeblieben. Er ist tatsächlich ein geschwätziger Alter, ein Geck, Störenfried und Schürzenjäger und noch dazu mit politischer Blindheit der selbstgerechtesten und ärgerlichsten Sorte geschlagen. Aber trotzdem auf seine laute Weise ein großzügiger, wohlwollender Mensch. Stopft dir Geldscheine in die Tasche, während er die Nase in dein Liebesleben steckt und dein Leben zu regeln versucht. Und wo wärst du wohl ohne ihn?

Das Taxi hielt an der Ampel der Herzlberg-Kreuzung. »Eine Hundekälte«, sagte der Fahrer. »Bei mir ist die Heizung kaputt. Die Scheißampel tut's auch nicht mehr. Der ganze Staat ist beschissen.«

»Warum übertreiben?« entgegnete Fima. »Es gibt auf der Welt vielleicht fünfundzwanzig Staaten, die vernünftiger sind als wir, aber dafür auch über hundert korrupte Regime, in denen man uns wegen solcher Reden mit Leichtigkeit erschießen würde.«

»Sollen die Gojim allesamt verbrennen«, schimpfte der Fahrer. »Alle schlecht. Alle hassen uns.«

Seltsame Lichter brachen sich auf der feuchten Straße. Zwischen den dunklen Gebäuden schwebten Nebelfetzen. Sobald die dichten Nebelschwaden vom Glanz der Kreuzungslaternen gesprenkelt wurden, gab es ein bleiches, gespenstisches Flackern. Das ist der *noga sche-lo me-alma ha-din*, der Glanz nicht von dieser Welt, dachte Fima. Der alte aramäische Ausdruck verursachte ihm plötzlich Gänsehaut. Als kämen die Worte von dort, aus anderen Welten, zu uns. Kein Auto fuhr vorbei. Kein Licht brannte in den Fenstern. Der öde Asphaltstreifen, die flackernden Laternenstrahlen, die schemenhaften schwarzen Pinien, die in Regen gehüllt dastanden wie nach dem allerletzten Schlußgebet, weckten ein dumpfes Schaudern in ihm. Als glimme sein Leben dort gegenüber in Nebel und Kälte. Als liege irgendwo in der Nähe, hinter einer der nassen Steinumfriedungen, jemand in den letzten Zügen.

»Was für eine beschissene Nacht«, sagte der Fahrer. »Und die Ampel will nicht umspringen.«

»Wo brennt's denn?« beschwichtigte Fima. »Warten wir halt noch einen Moment. Nur keine Sorge. Ich bezahl's ja.«

Als er zehn Jahre alt war, war seine Mutter an einer Gehirnembolie gestorben. Baruch Nürnberg hatte, rasend vor Wut, nicht einmal eine Woche verstreichen lassen: Am Samstag nach der Beerdigung verstaute er in Win-

Der dritte Zustand

deseile ihre sämtlichen Kleider, Schuhe und Bücher, ihren Schminktisch mit dem runden russischen Spiegel und das mit ihrem Monogramm bestickte Bettzeug in große Kisten, die er umgehend dem Leprakrankenhaus in Talbiye spendete. Löschte jede Erinnerung an ihre Existenz, als sei ihr Tod ein Akt der Untreue gewesen. Als sei sie mit einem Liebhaber durchgebrannt. Nur ihr Abiturbild ließ er fünffach vergrößern und hängte es über die Kommode. Von dort blickte sie die ganzen Jahre mit skeptischtraurigem Lächeln und schüchtern gesenkten Augen auf die beiden herab. Wie eine reuige Sünderin. Gleich nach der Beisetzung begann Baruch seinen Sohn mit zerstreuter Strenge, unerwarteten Gefühlsausbrüchen und despotischen Launen zu erziehen. Morgen für Morgen prüfte er jedes einzelne Heft in Fimas Ranzen. Jeden Abend stand er mit verschränkten Armen im Badezimmer, um das Zähneputzen zu überwachen. Er zwang dem Jungen Nachhilfelehrer in Rechnen, Englisch und sogar Talmud auf. Brachte manchmal auf schlau eingefädelte Weise zwei oder drei seiner Klassenkameraden dazu, zum Spielen herüberzukommen, um seine Isolation zu durchbrechen. Nur beteiligte er sich dann an jedem Spiel und ließ sich auch dort, wo er sich aus pädagogischen Gründen vorgenommen hatte zu verlieren, soweit mitreißen, daß er seine Vorsätze vergaß und in Jubel ausbrach, wenn es ihm gelang, sie alle zu besiegen. Er kaufte den großen Schreibtisch, den Fima immer noch benutzte. Sommer wie Winter steckte er den Jungen in zu warme Kleidung. All diese Jahre über dampfte der elektrische Samowar bis ein oder zwei Uhr früh. Gepflegte Geschiedene und gebildete Witwen in fortgeschrittenem Alter kamen zu Besuch und blieben fünf Stunden lang. Noch im Schlaf hörte Fima aus dem Salon breite slawische Laute, vermengt mit zuweilen aufflackerndem Gelächter. Oder Schluchzen. Und zweistimmigem Gesang. Mit Gewalt, gewissermaßen an den Haaren, schleifte der Vater den trägen Fima von einer Klasse zur nächsten. Beschlagnahmte die Literatur, die der Junge verschlang, und erlaubte nur Schulbücher. Nötigte ihn zu vorgezogenen und erweiterten Reifeprüfungen. Zögerte nicht, seine verzweigten Beziehungen spielen zu lassen, um seinen Sohn vor dem aktiven Dienst im Feld zu bewahren und ihm einen Posten als Unterrichtsfeldwebel im Jerusalemer Schneller-Lager zu sichern. Nach dem Wehrdienst dachte Fima daran, bei der Handelsflotte anzuheuern, wenigstens für ein, zwei Jahre. Das Meer faszinierte ihn. Aber der Vater legte sein Veto ein und ordnete ein Betriebswirtschaftsstudium an, weil er ihn an der Leitung seiner Kosmetikfirma beteiligen wollte. Erst nach verbitterten Abnützungsgefechten einigten sie sich auf Geschichtswissenschaft. Als Fima den Bachelor mit Auszeichnung machte, beschloß der begeisterte Vater, ihn sofort auf eine berühmte britische Universität zu schicken. Fima rebellierte jedoch, verliebte sich einmal und noch einmal, das Geißbockjahr brach an, und das Weiterstudium wurde aufgeschoben. Baruch rettete ihn aus seinen immer neuen Verstrickungen, aus Gibraltar, Malta und sogar dem Militärgefängnis. Sein Wahlspruch lautete: Frauen, ja, gewiß, aber zum Vergnügen, nicht zum Ruin. In manchen Dingen sind die Frauen genau wie wir, Efraim, und in manchen anderen unterscheiden sie sich völlig, aber worin sie nun wie wir und worin anders sind – da bin nicht einmal ich bisher ganz dahintergekommen.

Er war es, der die Wohnung in Kiriat Jovel erwarb und ihn mit Jael verheiratete, nachdem er die beiden anderen Mädchen geprüft und verworfen hatte – Ilia Abarbanel aus Haifa, die der Maria Magdalena auf irgendeinem vergessenen Bild ähnelte, und die hübsche Liat Sirkin, die Fima in den nordgriechischen Bergen in ihrem Schlafsack das Nachtlager versüßt hatte. Und er hatte letzten Endes auch die Scheidung geregelt. Sogar die Jacke mit der Ärmelfalle stammte aus seinem Kleiderschrank.

Fima erinnerte sich verschwommen an eine Lieblingsgeschichte des Alten, in der ein berühmter Zaddik und ein Pferdedieb die Kleider tauschen, wodurch sich gewissermaßen auch die Identitäten verkehren und ein tragikomischer Schicksalswechsel seinen Ausgang nimmt. Aber worin hatte der Vater hier die wahre – im Gegensatz zur vermeintlichen – Pointe gesehen? Sosehr er auch sein Gedächtnis anstrengte, er konnte nicht mehr sehen als das flüchtige, aber konkrete Bild eines aus rohen Balken gezimmerten ukrainischen Wirtshauses an einer Landstraße inmitten dunkler, sturmgepeitschter, verschneiter Tundra. Und Wölfe heulten in der Nähe.

Der Taxifahrer sagte: »Wir sollen wohl die ganze Nacht hier stehenbleiben.« Damit trat er aufs Gaspedal, überquerte die Kreuzung bei Rot und raste nun, als wolle er für sich und Fima die verlorene Zeit wieder aufholen, wie wild los, brauste nur so durch die leeren Straßen und schnitt mit quietschenden Bremsen Kurven und Ecken.

»Was ist das denn?« fragte Fima. »Der Sechsminutenkrieg?«

Und der Fahrer darauf: »Wollte Gott, Amen.«

Morgen, gleich morgen früh als erstes werde ich ihn zur Untersuchung ins Krankenhaus bringen, nahm Fima sich vor. Und wenn's mit Gewalt ist. Dieses Pfeifen ist neu. Es sei denn, er variiert wieder mal leicht sein Repertoire und illustriert auf närrische Weise seine Geschichten über Eisenbahnen und Loks. Oder es handelt sich nur um eine leichte Erkältung, und ich verliere auch diesmal den rechten Maßstab. Aber wie kann ich ihn verlieren, wenn ich ihn nie besessen habe. Baruch allerdings auch nicht.

Vorher ruf ich lieber Zwi an, dessen Bruder Stationsarzt im Hadassa-Skopusberg ist. Um ihm möglichst ein Privatzimmer mit allen nötigen Annehmlichkeiten zu verschaffen. Dieser sture Jabotinsky-Anhänger wird noch nicht mal das Wort »Einlieferung« hören wollen. Sondern sofort wie ein Vulkan explodieren. Warum eigentlich nicht Jael bitten, ihn ein wenig weichzukriegen? Für sie hat er eine alte Schwäche. Was er ein warmes Eckchen nennt. Vielleicht weil er sich in den Kopf gesetzt hat, Dimmi sei sein Enkel. Genauso wie er überzeugt ist, Indien sei ein arabischer Staat und Rabbi Nachman Krochmal habe Nietzsche gekannt und ich selber sei eine Art vergeudeter Dubnow* oder ein entgleister Puschkin. Lächerlich, armselig, strohdumm sind die Irrtümer, die von allen Seiten jemanden bestürmen, der sich weigert, der Wirklichkeit ins Auge zu sehen.

Als Fima die Worte »ins Auge sehen« durch den Kopf schossen, mußte er plötzlich an den Hund denken, der in der dunklen Tiefe des Wadis langsam an Blutverlust einging. Fast greifbar sah er das letzte Blut aus den klaffenden Wunden rinnen, begleitet von Todeskrämpfen. Mit einemmal, wie in jäher Erleuchtung, begriff er, daß auch dieses Grauen nur eine indirekte Folge des Geschehens in den Gebieten war.

»Man muß Frieden schließen«, sagte Fima zu dem Fahrer, »so kann's nicht weitergehen. Meinen Sie nicht, wir sollten uns zusammennehmen und endlich mit ihnen sprechen? Wozu diese Angst vorm Reden? An Worten stirbt man nicht. Und außerdem sind wir im Reden tausendmal besser als sie.«

»Umbringen, solange sie noch klein sind«, meinte der Fahrer. »Sie gar nicht erst die Köpfe heben lassen. Sollen sie den Tag verfluchen, an dem sie so verrückt waren, sich mit uns einzulassen. Ist das Ihr Haus hier?«

Fima bekam es mit der Angst zu tun, weil er nicht sicher war, ob er genug Geld für die Fahrt in der Tasche hatte. Er war ja bereit, dem Fahrer seinen Personalausweis zum Pfand zu geben und am nächsten Morgen an

---

* *Simon Dubnow* (1860-1941), wurde vor allem bekannt durch die zehnbändige, auf deutsch verfaßte *Weltgeschichte des jüdischen Volkes* (1925-29). Er wurde in Riga von einem Gestapo-Offizier ermordet, der sein Schüler gewesen war.

den Taxistand zu gehen, um seine Schuld zu begleichen. Wenn er den Ausweis nur hätte finden können. Einen Moment später stellte sich jedoch heraus, daß Ted Tobias die Sache vorausgesehen und den Mann schon vorher entlohnt hatte. Fima dankte dem Fahrer, wünschte ihm gute Fahrt und fragte beim Aussteigen: »Also was? Bis wann sollen wir Ihrer Ansicht nach uns denn noch gegenseitig umbringen?«

»Meinetwegen noch hundert Jahre. So war das auch zur Zeit der Bibel. Das gibt's einfach nicht, Frieden zwischen Jude und Goj. Entweder sitzen sie oben, und wir liegen unten, oder sie liegen unten, und wir hocken oben. Wenn der Messias kommt, verweist der sie vielleicht auf ihren Platz. Gute Nacht, mein Herr. Sie brauchen kein Mitleid mit denen zu haben. Lieber sollten hierzulande mal Juden mit Juden Mitleid haben. Da liegt unser Problem.«

Im Treppenhauseingang sah er einen dicken, plumpen Menschen reglos unter den Briefkästen sitzen, ganz zusammengefallen und in einen schweren Mantel gehüllt. Vor Schreck hätte er beinah kehrtgemacht und wäre dem Taxi nachgelaufen, das weiter unten in der Straße gerade beim Wenden war. Einen Augenblick erwog er die Möglichkeit, dieser Elende da sei er selber, der bis zum Tagesanbruch dort ausharren mußte, weil er den Wohnungsschlüssel verloren hatte. Gleich darauf schrieb er diesen Gedanken jedoch seiner Müdigkeit zu: Es war kein Mensch, sondern eine aufgerollte, zerrissene Matratze, die ein Nachbar hier abgesetzt hatte. Trotzdem knipste er das Treppenhauslicht an und kramte fieberhaft in seinen Taschen, bis er den Schlüssel gefunden hatte. In seinem Briefkasten schimmerte irgendein weißes Papier oder ein Brief, aber Fima beschloß, vorläufig darauf zu verzichten und die Sache bis morgen aufzuschieben. Wenn die Müdigkeit, die Verwirrung und die späte Stunde nicht gewesen wären, hätte er das nicht so einfach hingenommen. Er hätte es nicht mit Schweigen übergehen dürfen. Hätte unbedingt versuchen müssen, den Fahrer mit ruhigen, treffenden Argumenten umzustimmen, ohne in Wut zu geraten. Tief unter zahlreichen, mit Grausamkeit und Angst infizierten Schichten flackert sicherlich noch ein Fünkchen Vernunft. Man muß eben daran glauben, daß man das Gute, das beim Erdrutsch verschüttet worden ist, wieder ausgraben kann. Noch besteht Aussicht, ein paar Herzen umzustimmen und hier ein neues Kapitel anzufangen. Jedenfalls haben wir die Pflicht, uns weiterhin darum zu bemühen. Man darf sich nicht geschlagen geben.

17.
Nachtleben

Weil der Taxifahrer den Ausdruck »sie umbringen, solange sie noch klein sind« benutzt hatte, mußte Fima an Trotzkis rätselhaften Tod denken. Betrat die Küche, um vor dem Schlafengehen ein Glas Wasser zu trinken, und lugte in den Müllschrank unter der Spüle, um nachzusehen, ob dort nicht noch mehr Leichen lagen. Als ihm jedoch der Aluminiumglanz des neuen koreanischen Kessels in die Augen fiel, änderte er sein Vorhaben und beschloß, Tee zu machen. Bis das Wasser kochte, verschlang er drei oder vier dicke Scheiben Schwarzbrot mit Marmelade. Und mußte sofort eine Tablette gegen Sodbrennen kauen. Vor dem offenen Kühlschrank stehend, sann er ein wenig über Annettes Unglück nach. Fima empfand es als wohltuend, daß er imstande war, sich in das krasse Unrecht, das man ihr angetan hatte, hineinzuversetzen, an ihrer Kränkung und Verzweiflung Anteil zu nehmen, andererseits aber auch ohne jeden Widerspruch dazu den Ehemann zu verstehen, diesen zuverlässigen, fleißigen Arzt, der sich zig Jahre beherrscht, zuweilen zwischen den Vorderzähnen hindurchgepfiffen und äußerst sanft auf leblose Gegenstände gepocht hatte, bis ihn Angst vor dem nahenden Alter befiel und er begriff, daß dies der allerletzte Moment war, mit dem Tanzen nach der ermüdenden Flöte seiner Frau aufzuhören und anzufangen, sein eigenes Leben zu leben. Jetzt schlief er in den Armen seiner Mätresse in irgendeinem italienischen Hotel, das Knie vielleicht zwischen ihren, wie ein Mensch, dem es wohlgeht. Aber bald schon würde er sicher entdecken, daß auch seine junge Geliebte eine Slipeinlage zwischen Scham und Höschen verbarg. Auch sie süßliche Deodorantdüfte versprühte, um den Geruch ihres Schweißes und Schleims zu ersticken. Und sich vor dem Spiegel mit allen möglichen klebrigen Cremes einrieb. Ja womöglich sogar nachts mit dem Kopf voller Lockenwickler an seiner Seite einschlief – haargenau wie seine Frau. Und ihre Büstenhalter zum Trocknen über den Duschvorhang hängte, von wo sie ihm auf den Kopf tropften. Und natürlich ausgerechnet dann ihre Migränen und Manieren bekam, wenn seine Leidenschaft zu erwachen begann.

»Mannerheim!« rief Fima plötzlich in höchster Freude mit lauter Stimme, weil er in diesem Augenblick, dank der Manieren jener Mätresse, auf den berühmten finnischen Feldmarschall gekommen war, der mit »M« begann und endete und Tamar den Weg zur Lösung ihres Kreuzworträtsels verbaute. Obwohl es fast zwei Uhr nachts war, beschloß er Tamar anzurufen. Oder vielleicht Annette? Nach einigem Überlegen entschied er sich dafür, den inzwischen abgekühlten Tee aus der Küche an den Schreibtisch zu tragen, und in knapp einer halben Stunde verfaßte er nun einen kurzen Artikel für die Freitagszeitung über die enge Beziehung zwischen der immer unhaltbarer werdenden Lage in den Gebieten und der allgemeinen Gefühllosigkeit, die sich bei uns in allen Lebensbereichen ausbreitet und beispielsweise in unserem Verhalten gegenüber den Herzkranken zum Ausdruck kommt, die oft buchstäblich zum Tode verurteilt sind wegen der überflüssigen Wartezeiten auf die Operationssäle, über deren Ausnutzung in drei Schichten sich die beteiligten Seiten partout nicht einigen können. Oder etwa in unserer Gleichgültigkeit gegenüber der Not von Arbeitslosen, Neueinwanderern, mißhandelten Frauen. Und in der Demütigung, die wir obdachlosen alten Menschen, geistig Behinderten, notleidenden Alleinstehenden zufügen. Vor allem zeigt sich die Verrohung in der aggressiven Grobheit, der man bei uns in Ämtern, auf der Straße, in der Busschlange und vermutlich auch im Dunkel unserer Schlafzimmer begegnet. In Beer Ja'akov hat ein krebskranker Mann seine Frau und seine beiden Kinder ermordet, weil er nicht damit einverstanden war, daß seine Frau streng religiös wurde. Vier junge Burschen aus gutem Hause in Hod Hascharon haben ein geistig behindertes Mädchen vergewaltigt, sie im Keller eingesperrt und drei Tage und Nächte hindurch ununterbrochen mißhandelt. Ein aufgebrachter Vater hat in einer Schule in Afula gewütet, sechs Lehrerinnen verletzt, dem Direktor den Schädel eingeschlagen – nur weil man seine Tochter in Englisch nicht in den Förderkurs aufnehmen wollte. In Cholon wurde eine Schlägerbande festgenommen, die zig Pensionäre über längere Zeit in Angst und Schrecken versetzt und ihnen ihre Geldbörsen geraubt hatte. All das in der Zeitung von gestern. Fima beendete seinen Artikel mit einer düsteren Perspektive: »Gefühllosigkeit, Gewalt und Bosheit schwappen zwischen Staat und Gebieten hin und her, sammeln Zerstörungskraft, verdoppeln sich in geometrischer Folge, richten zu beiden Seiten der grünen Linie Verwüstung an und so weiter. Es gibt keinen Ausweg aus diesem Teufelskreis, es sei denn, wir gehen ohne Aufschub mutig an eine Gesamtlösung des Konflikts – nach dem treffenden Grundsatz, den Micha Josef Berdyczewski* vor hundertundeinem Jahr in die einfa-

---

* *Micha Josef Berdyczewski* (1865-1921), hebräischer Schriftsteller und Philosoph.

Der dritte Zustand 1583

chen Worte gefaßt hat: ›Die Juden haben das Erstgeburtsrecht auf das Judentum – der lebende Mensch geht dem väterlichen Erbe vor.‹ Dem ist nichts hinzuzufügen.« Das Zitat hatte er vor einigen Jahren in einem Essay mit dem Titel *Widerspruch und Aufbau* in einem alten Band des *Hazwi* bei Jaels greisem Vater entdeckt, es abgeschrieben und außen ans Radio geklebt, und nun freute er sich, es endlich zu verwenden. Bei genauerem Überlegen strich er die Worte »Konflikt« und »Teufelskreis«. Strich dann auch wütend »geometrische Folge« nebst »Zerstörungskraft«, konnte sich aber nicht entscheiden, was er statt dessen einsetzen solle. Und verschob es auf morgen. Trotz Tee und Sodbrennentablette ließ die Übelkeit nicht nach. Er hätte doch Dimmis Bitte folgen, eine starke Taschenlampe nehmen und in das tiefe Dunkel hinuntersteigen sollen, um den verwundeten Hund zu suchen, etwas zu retten. Wenn möglich.

Um halb drei ging er ins Bad, zog sich aus und duschte mit lauwarmem Wasser, weil er sich schmutzig fühlte. Der Schauer belebte ihn jedoch nicht. Die Seife, ja sogar das Wasser erschienen ihm klebrig. Nackt, griesgrämig und vor Kälte zitternd, trat er vor den Spiegel und betrachtete verächtlich die kränklich blasse Haut, auf der schüttere schwarze Härchen sprossen, und den Fettgürtel um die Taille. Unwillkürlich begann er rötliche Pickel auf der Brust auszudrücken, bis es ihm gelang, seinen schlaffen Männerbrüsten ein paar weiße Tröpfchen abzuquetschen. Als er noch ein pubertierender Jüngling war, hatten solche Pickel ihm Wangen und Stirn bedeckt. Baruch hatte ihm verboten, sie auszudrücken. Einmal sagte er zu Fima: Das verschwindet über Nacht, sobald du eine Freundin hast. Wenn du bis zu deinem siebzehnten Geburtstag keine findest – und es besteht der Verdacht, daß du da erfolglos bleibst, mein Lieber –, dann mach dir keine Sorge, ich werd's für dich richten.

Ein jämmerliches, krankhaftes Grinsen machte sich auf Fimas Lippen breit, als er an die Nacht vor dem bewußten Geburtstag dachte: Da hatte er wach gelegen und gehofft, der Vater möge sein Versprechen vergessen, und gleichzeitig gebetet, er möge es nicht vergessen. Dabei hat der Alte doch wie gewöhnlich nur ein bißchen scherzen wollen. Und du hast wie üblich die wahre Pointe nicht mitgekriegt.

Ja und nun, Herr Premierminister? Bricht die zweite Pubertät an? Oder dauert die erste womöglich immer noch? Innerhalb eines Tages hast du zwei Frauen in den Armen gehabt, nicht zu ihnen gefunden und jeder auch noch Seelenqual, wenn nicht Kränkung zugefügt. Es folgt also, daß du weiter darauf warten mußt, daß dein Vater sich endlich an sein Versprechen erinnert. Schau, was sie dir angetan haben, du Golem, hatte seine Mutter ihm im Traum gesagt. Worauf er ihr mit einiger Verspätung, nackt und kältezitternd vor dem Badezimmerspiegel, mit mürrischer Stimme antwortete: »Genug. Laß mich in Ruhe.«

Dabei erinnerte er sich wieder an Jaels schreck- und abscheuverzerrtes Gesicht, als sie vor zwei Stunden das Licht im Schlafzimmer eingeschaltet hatte und ihn angezogen unter ihrer Decke schlafen und ihr Nachthemd liebkosen sah. Mit entsetzenslauter Stimme hatte sie gerufen, komm schnell, Teddy, guck dir das an. Als krümme sich da irgendein Ungeziefer, ein Gregor Samsa, in ihren Laken. Gewiß hatten sie ihn als ungeheuren Dummkopf, wenn nicht als Vollidioten betrachtet, als er aufwachte, sich reckte, ganz zerknittert vom Schlafen im Bett hochkam und ihnen vergeblich zu erklären versuchte, was geschehen war. Gewissermaßen in der Hoffnung, sie würden aufgrund seiner Erklärungen vielleicht Mitleid mit ihm haben und ihm erlauben, sich wieder hinzulegen, sich zuzudecken und von neuem einzuschlafen, hatte er sich mehr und mehr verhaspelt, erst behauptet, Dimmi habe sich ein wenig unwohl gefühlt, dann aber sofort erschrocken die Verteidigungstaktik gewechselt und die umgekehrte Version vorgebracht, Dimmi sei großartig gewesen, aber er selbst habe sich ein wenig schlecht gefühlt.

Wie immer hatte Tobias Selbstbeherrschung gewahrt. Und nur einen kühlen Satz geäußert: »Ich meine, Fima, diesmal hast du's ein wenig übertrieben.«

Und während Jael noch Dimmi ins Bett brachte, hatte Ted die Taxizentrale angerufen, Fima sogar unbeschadet der Ärmelfalle in die Jacke geholfen, ihm seine abgewetzte Schirmmütze geholt und ihn auf die Straße hinunterbegleitet, wo er ihn ins Taxi setzte und dem Fahrer selbst Fimas Anschrift sagte, als wolle er über jeden Zweifel hinaus sichergehen, daß Fima keinen Rückzieher machen und erneut an ihre Tür klopfen konnte.

Ja, warum eigentlich nicht?

Er war ihnen eine ausführliche Erklärung schuldig.

Stehenden Fußes, nackt und klebrig im Badezimmer, beschloß er, sich sofort anzuziehen. Ein Taxi kommen zu lassen. Unbarmherzig zu ihnen zurückzukehren. Sie alle beide aufzuwecken und eine eindringliche Aussprache, notfalls bis zum frühen Morgen, zu erzwingen. Er mußte die Leiden des Jungen vor ihnen ausbreiten. Ja, die Leiden überhaupt. Sie aufführen

Der dritte Zustand

und erschüttern. Ihnen das ganze Ausmaß der Gefahr schildern. Den Düsenantrieb für Kraftfahrzeuge in allen Ehren – unsere erste Pflicht besteht gegenüber dem Kind. Und diesmal würde er auch nicht klein beigeben, sondern dem Fahrer unterwegs zu ihnen mit aller Macht die Augen öffnen. Starrköpfigkeit und Herzensblindheit davonfegen. Die Gehirnwäsche stoppen. Allen endlich begreiflich machen, wie nah die Katastrophe schon war.

Da die Taxizentrale nicht antwortete, änderte er sein Vorhaben und rief Annette Tadmor an. Beim zweiten Klingeln legte er allerdings reumütig auf. Um drei ging er ins Bett, das englische Buch über die Geschichte Alaskas in der Hand, das er in seiner Zerstreutheit bei Ted und Jael hatte mitgehen lassen, ohne sie erst zu fragen. Er blätterte hier und da, bis sein Blick auf einen merkwürdigen Abschnitt über die Sexualgewohnheiten der Eskimos fiel: Jeden Frühling wurde eine reife Frau, die im selben Winter verwitwet war, den pubertierenden Jungen im Rahmen der Einführungsriten zur Benutzung freigegeben.

Zehn Minuten später knipste er das Licht aus, kuschelte sich unter die Decke, befahl seinem Glied, Ruhe zu geben, und sich selber – sofort einzuschlafen. Aber wieder schien es ihm, als laufe draußen auf der leeren Straße ein Blinder umher und poche mit seinem Stock auf Gehsteig und Steingatter. Fima kletterte mit dem festen Entschluß aus dem Bett, sich anzuziehen und hinunterzugehen, um festzustellen, was nun wirklich in Jerusalem sich ereignete, wenn keiner zuschaute. Mit nächtlicher Klarheit spürte er, daß er über alles, was hier in Jerusalem geschah, künftig würde Rechenschaft ablegen müssen. Der abgedroschene Begriff »Nachtleben« verlor plötzlich seinen einfachen Wortsinn. Löste sich in Fimas Gedanken von überfüllten Cafés, erleuchteten Straßen, Theatern, öffentlichen Plätzen, Kabaretts. Nahm dafür eine andere, scharfe, kalte Bedeutung an, die weder Lachen noch Leichtsinn zuließ. Der archaische aramäische Ausdruck *sitra de-itkassta*, die verborgene, verhüllte Seite, huschte wie ein einzelner Celloton mitten aus dem Dunkel hinter Fimas Rücken vorbei. Ehrfürchtiger Schauder überlief ihn.

Daher schaltete er Licht an, stand auf und setzte sich in seinen angegrauten langen Unterhosen vor den braunen Schrank auf den Boden. Er mußte Gewalt anwenden, um die verklemmte unterste Schublade aufzukriegen. An die zwanzig Minuten lang stöberte er in alten Notizbüchern, Heften, Textentwürfen, Fotos, Listen und Zeitungsausschnitten, bis er auf eine abgewetzte Kartonmappe stieß, die den Aufdruck *Innenministerium – Abteilung Gemeindeverwaltung* trug.

Dieser Mappe entnahm er ein Bündel alter Briefumschläge mit zusammengefalteten Schreiben. Begann nun systematisch der Reihe nach jeden Umschlag durchzuforsten, ohne Ausnahmen oder Abkürzungen, fest entschlossen, diesmal nicht lockerzulassen und nicht länger zu verzichten. Und tatsächlich fand er schließlich Jaels Abschiedsbrief. Die Bögen waren mit den Ziffern 2, 3, 4 numeriert. Die erste Seite war also offenbar abhanden gekommen. Oder hatte sie sich vielleicht nur in einen anderen Umschlag verirrt? Dann stellte er fest, daß auch die letzte Seite oder sogar mehrere fehlten. In der Unterhose auf dem Boden lagernd, fing Fima an zu lesen, was Jael ihm damals geschrieben hatte, als sie 1965 ohne ihn nach Seattle aufgebrochen war. Ihre Handschrift war perlfein, weder feminin noch maskulin, sondern rund und fließend. Vielleicht hatte man in den vornehmen Pensionaten des vorigen Jahrhunderts so einmal Schönschreiben gelehrt. Fima verglich im Geist diese saubere Schrift mit seinen eigenen Entwürfen, deren Buchstaben wie ein Haufen in Panik geratener Soldaten wirkten, die einander nach verlorener Schlacht auf der Flucht anrempelten und umwarfen.

18.
»Du hast Dich vergessen«

»... ist furchtbar bei Dir, und ich habe es einfach nicht begriffen. Begreife es heute noch nicht. Keinerlei Ähnlichkeit zwischen dem empfindsamen, versonnenen Burschen, der in den Bergen Nordgriechenlands drei junge Mädchen begeisterte und vergnügte, und dem geschwätzigen, trägen Büroangestellten, der den ganzen Morgen zu Hause ist, nörgelt, mit sich selber herumstreitet, alle Stunde Nachrichten hört, drei Zeitungen liest, die dabei über die gesamte Wohnung verstreut, Schranktüren auf-, aber nicht wieder zumacht, im Kühlschrank stöbert und sich beschwert, daß dieses und jenes fehlt. Und jeden Abend zu seinen Freunden rennt, ungebeten bei ihnen hineinplatzt, mit unsauberem Hemdkragen und einer Schirmmütze aus der Palmachzeit, bis ein Uhr nachts mit jedem Streit über Politik sucht, so daß alle schon beten, er möge endlich gehen. Sogar Dein Äußeres wirkt irgendwie abgenutzt. Du bist ein bißchen dicker geworden,

Der dritte Zustand

Effi. Vielleicht ist es nicht deine Schuld. Die Augen, die einst wach und träumerisch waren, sanken ein, und jetzt sind sie ausdruckslos. In Griechenland hast Du Liat und mich und Ilia ganze Nächte hindurch, von Mondaufgang bis Sonnenaufgang, wach gehalten mit Geschichten über die eleusinischen Mysterien, den Dionysoskult, die Göttinnen des Schicksals, die Moiren, und die Göttinnen der Rache, die Erinnyen, über Persephone in der Unterwelt und sagenhafte Flüsse, die Styx und Lethe hießen. Ich habe nichts vergessen, Effi. Ich bin eine gute Schülerin. Obwohl mir manchmal scheint, Du würdst Dich selbst an nichts mehr erinnern. Du hast Dich vergessen.

Wir lagerten an einer Quelle, und du hast Flöte gespielt. Hast uns in Staunen versetzt. Faszinierend und auch ein wenig beängstigend. Ich weiß noch, daß Ilia und Liat Dir eines Abends einen Eichenlaubkranz um die Stirn gewunden haben. In jenem Moment hätte es mir überhaupt nichts ausgemacht, wenn Du vor meinen Augen mit einer von ihnen geschlafen hättest. Oder mit beiden. In jenem griechischen Frühling vor vier Jahren warst Du Dichter, obwohl Du kein Wort geschrieben hast. Jetzt bist Du jede Nacht auf und füllst Bögen, aber der Dichter ist weg.

Was uns drei faszinierte, war Deine Hilflosigkeit. Einerseits ein geheimnisvoller Mensch, andererseits ein kleiner Kasper. So ein Junge, bei dem man hundertprozentig sicher sein kann, daß er, falls im gesamten Tal auch nur eine Glasscherbe liegt, barfuß hineintritt. Wenn in ganz Griechenland ein einziger Stein locker ist, er genau auf ihn stürzen wird. So es auf dem ganzen Balkan nur eine Hornisse gibt, sie gewiß ihn sticht. Wenn du vor einer Bauernhütte oder an einem Höhleneingang Flöte spieltest, entstand manchmal das Gefühl, Dein Leib sei nicht Leib, sondern Gedanke. Und umgekehrt – jedesmal, wenn Du nachts mit uns über Ideen sprachst, meinten wir, Deine Gedanken gewissermaßen mit dem Finger berühren zu können. Wir liebten Dich alle drei, und statt eifersüchtig zu sein, gewannen wir uns auch gegenseitig von Tag zu Tag mehr lieb. Es war ein Wunder. Liat schlief nachts gewissermaßen in unser dreier Namen mit Dir. Durch Liat schliefst Du auch mit mir und mit Ilia. Ich habe keine Erklärung dafür und brauche keine. Du hättest jede von uns dreien nehmen oder uns alle drei behalten können. Aber sobald Du gewählt hattest – und obwohl ich die Gewinnerin war –, erlosch der Zauber. Als Du uns nach Jerusalem einludst, um uns Deinem Vater vorzustellen, war der Zauber schon verflogen. Dann, als die Heiratsvorbereitungen begannen, wurdest

Du müde. Zerstreut. Einmal hast Du mich in der Bank vergessen. Einmal hast du mich mit Ilia angesprochen. Als Du den verrückten Vertrag mit Deinem Vater unterzeichnetest, in Anwesenheit seines Notars, hast Du auf einmal gesagt: Goethe müßte jetzt hier sein und sehen, wie der Teufel seine Seele für ein Linsengericht verkauft. Dein Vater lachte, und ich nahm mich zusammen, um nicht loszuheulen. Dein Vater und ich haben alles geregelt, und Du hast gemurrt, das Leben versänke in Lampen und Bratpfannen. Einmal hast Du Dich aufgeregt und mich angeschrien, Du ertrügest kein Schlafzimmer ohne Vorhänge, sogar ein Bordell habe welche. Hast mit dem Fuß aufgestampft wie ein verzogenes Kind. Nicht, daß es mir was ausgemacht hätte – was sollte ich gegen Vorhänge haben? Aber jener Augenblick war das Ende von Griechenland. Nun fing Deine Kleinlichkeit an. Einmal hast Du mir eine Szene gemacht, von wegen ich würde Deines Vaters Geld vergeuden, und einmal von wegen das Geld Deines Vaters käme nicht rechtzeitig, und mehrmals von wegen ich müßte aufhören ›von wegen‹ zu sagen und anfangen ›weil‹ zu benutzen. Bei jedem dritten Satz hast du mein Hebräisch korrigiert.

Es ist nicht leicht, an Deiner Seite zu leben. Wenn ich mir die Augenbrauen zupfe oder die Beine enthaare, guckst Du mich an, als hättst Du eine Spinne in deinem Salat gefunden. Aber wenn ich anmerke, daß Deine Strümpfe riechen, fängst du an zu jammern, ich würde Dich nicht mehr lieben. Jeden Abend muffelst Du rum, wer mit dem Müllruntertragen dran sei und wer gestern gespült habe und bei welchem Abwasch es mehr Geschirr gewesen sei. Und hinterher schimpfst Du, warum in diesem Haus tagein, tagaus nur über Geschirr und Müll geredet wird. Ich weiß, daß das Kleinigkeiten sind, Effi. Man kann daran arbeiten. Kann zurückstecken. Oder sich dran gewöhnen. Wegen riechender Strümpfe zerstört man keine Familie. Ich ereifere mich nicht einmal mehr wegen Deiner Standardfrotzeleien über Luftfahrttechnik und Düsenmotoren, die in Deinen Augen anscheinend nur mit Krieg und Töten zu tun haben. Als stehe Deine Frau im Dienst eines Mördersyndikats. Ich habe mich an diese platten Witze schon gewöhnt. An Dein Genörgel von morgens an. An das dreckige Taschentuch auf dem Eßtisch. Daran, daß Du mal wieder den Kühlschrank offengelassen hast. An die endlosen Theorien darüber, wer wirklich Präsident Kennedy umgebracht hat und warum. Du bist ein Schwätzer geworden, Effi. Sogar mit dem Radio debattierst Du. Verbesserst das Hebräisch der Rundfunksprecher.

Der dritte Zustand

Wenn Du mich fragst, wann genau die Trennung von Dir begonnen hat, zu welchem Zeitpunkt, oder was Du mir denn angetan hättest, habe ich keine Antwort. Die Antwort lautet: weiß nicht. Ich weiß bloß, daß Du in Griechenland gelebt hast und hier in Jerusalem irgendwie nicht lebst. Nur existierst, und auch dieses Dasein irgendwie zur Plage wird. Eine Art kindischer Alter von dreißig Jahren. Beinah eine Kopie Deines Vaters, aber ohne den altmodischen Charme, ohne die Großzügigkeit, ohne seine Ritterlichkeit und vorerst auch ohne Bärtchen. Sogar im Bett hast Du angefangen, Liebe durch Unterwürfigkeit zu ersetzen. Bist ein wenig zum Schmeichler geworden. Aber nur gegenüber Frauen. Mit Uri, Micha, Zwicka und all Deinen Freunden befindest Du Dich bei Euren Diskussionen bis zwei Uhr nachts in ständigem Gerangel. Manchmal fällt Dir mittendrin ein, Nina, mir oder Schula Kropotkin irgendein abgedroschenes Kompliment zuzuwerfen, dieselbe Formel, ohne zwischen uns zu unterscheiden, eine Art kleine schmeichelnde Belohnung: der Kuchen ist wirklich großartig, die neue Frisur bezaubernd, die Topfpflanze so grün. Obwohl der Kuchen gekauft, die Frisur nicht neu und der Blumentopf eine Vase mit Schnittblumen ist. Nur damit wir den Mund halten und Euch nicht weiter dabei stören, Euch über die Lavon-Affäre zu kloppen. Über den Fall Karthagos. Über die Raketenkrise in Kuba. Oder den Eichmann-Prozeß. Oder darüber, welches die dialektische Seite in Sartres Einstellung zum Marxismus ist. Oder über den Antisemitismus von Pound und Eliot. Oder darüber, wer bei Eurer Debatte Anfang des Winters was prophezeit hatte.

Als wir Chanukka zu Uri und Nina auf die Überraschungsparty gegangen sind, die Schula für Zwi zum Abschluß seiner Doktorarbeit organisiert hatte, hast Du den ganzen Abend dominiert. Hattest einen Anfall von Bösartigkeit. Jedesmal, wenn ich etwas sagen wollte, hast Du mich angeguckt, wie eine Katze ein Ungeziefer fixiert. Hast richtig auf den Augenblick gelauert, in dem ich mal zwei Sekunden absetzte, um Luft zu holen, ein Wort zu suchen, und bist sofort eingefallen, um mir meinen Satz zu rauben und ihn selbst zu beenden. Damit, Gott behüte, nicht irgendeine Dummheit herauskäme. Damit ich nicht Deinen Gegnern beipflichtete. Nicht die Zeit stahl. Dir auch nicht die kleinste Replik klaute. Denn es war Deine Vorstellung. Den ganzen Abend. Ja eigentlich immer. Was Dich wiederum nicht abhielt, mir von Zeit zu Zeit in Deinen schwungvollen Reden ein wenig zu schmeicheln, zuweilen übrigens auch Nina und Schula, etwa zu witzeln, ich sei zwar diejenige, die die Luftwaffe in der Luft halte, aber in dieser Diskussion kämst Du bestens ohne Luftunterstützung aus. Und das stimmte auch. Bis ein Uhr nachts hast du an Zwickas These keinen Stein auf dem andern gelassen, obwohl er Dir im Vorwort gedankt und Dich in den Anmerkungen zitiert hatte. Und um ein Uhr hast Du dann alle verblüfft, als es Dir gelang, wie ein Kartentrickkünstler aus den Trümmern eine neue – entgegengesetzte – These aufzubauen. Je mehr Zwicka sich zu verteidigen suchte, desto spitzer und mitleidsloser wurdest Du. Ließest ihn keinen Satz zu Ende führen. Bis Uri aufstand, den Ton einer Trillerpfeife nachahmte und verkündete, Du hättst einen K.-o.-Sieg davongetragen und Zwi könne sich bei Egged Arbeit suchen. Worauf Du sagtest: Warum Egged? Vielleicht schießt Jael ihn mit einer Rakete direkt in den königlichen Hof von Ferdinand und Isabella, damit er rausfindet, wie es wirklich dort gewesen ist, und eine neue Dissertation verfaßt. Als Nina endlich das Thema wechseln konnte und wir uns ein bißchen über einen komischen Film von Fernandel unterhielten, bist Du einfach dort im Sessel eingepennt. Hast sogar ein bißchen geschnarcht. Ich habe Dich nur mit Mühe nach Hause geschleppt. Aber als wir um drei Uhr morgens daheim ankamen, wurdest Du plötzlich wach und boshaft, zerstörerisch, hast alle verhöhnt, hast angefangen, mir im Maßstab eins zu eins zu rekonstruieren, wie Du gekämpft und gesiegt hast. Hast verkündet, heute nacht gebühre Dir ein königlicher Fick, den hättest Du Dir im Schweiße Deines Angesichts verdient, so wie ihn einst in Japan ein Samurai nach gewonnenem Turnier bekommen habe. Und ich habe Dich angeguckt und auf einmal keinen Samurai vor mir gesehen, sondern so was wie einen weltlichen Jeschiwastudenten, von Spitzfindigkeiten und Haarspalterei zerfressen, frohlockend und ziemlich blöd. Du hast Dich völlig vergessen.

Versteh, Effi. Ich erwähne Deinen großen Abend bei den Gefens nicht, um mich zu erklären. Ich habe es mir bisher noch nicht einmal selber erklären können. Wenigstens nicht in Worten. Du bist ja nicht schuld daran, daß Du einen kleinen Bauch angesetzt hast. Man löst doch keine Ehe auf, bloß weil der Partner sich die Haare im einen Nasenloch schneidet und das zweite vergißt. Und vergißt, auf der Toilette die Spülung zu drükken. Zumal ich weiß, daß Du trotz aller Kleinlichkeit und Stichelwut auf Deine Weise noch immer irgendwie in mich verliebt bist. Womöglich jetzt sogar mehr als damals nach unserer Rückkehr aus Griechenland, als die Wahl aus irgendeinem Grund gerade auf mich fiel, obwohl Du damals

Der dritte Zustand 1591

kaum zwischen uns unterscheiden konntest. Vielleicht ist das so: Du bist verliebt, liebst aber nicht. Jetzt sagst Du sicher, das sei nur ein Wortspiel. Kalauer nennst Du das in Deinen militanten Debatten mit Deinem Vater. Und ich sage, verliebt sein heißt bei Dir – wieder zum Baby werden wollen. Gestillt und gewickelt zu werden. Und vor allem, daß man keinen Moment aufhört, Dich zu vergöttern. Tag und Nacht. Dich rund um die Uhr umschwärmt.

Dabei weiß ich, daß ich mir hier selbst widerspreche: Schließlich habe ich Dich ja geheiratet, weil mich Deine griechische Kindlichkeit faszinierte, und nun trenne ich mich mit der Behauptung, Du seist kindlich. Schön. Du hast mich bei einem Widerspruch ertappt. Genieß es. Manchmal scheint mir, wenn du zwischen dem Genuß im Bett und dem Genuß, mich bei einem Widerspruch zu erwischen, zu wählen hättest, fändest du den zweiten aufreizender und befriedigender. Besonders da bei diesem Vergnügen keine Gefahr der Schwangerschaft besteht. Jeden Monat hast du eine Heidenangst, ich könnte Dich reingelegt haben, Dir hinterlistig ein Baby aufhalsen. Was Dich allerdings nicht daran hindert, gelegentlich unter Freunden anzudeuten, der wahre Grund liege darin, daß eben Düsenmotoren Jaels Babys seien.

Vor etwa zwei Monaten, sicher hast Du es schon vergessen, habe ich Dich frühmorgens geweckt und gesagt, Effi, genug. Ich fahre weg. Du hast nicht gefragt, warum und wohin. Du hast gefragt, wie? Auf einem düsengetriebenen Besen? Und das führt mich zu Deiner primitiven Eifersucht auf meine Arbeit. Eine Eifersucht, die sich als Heiterkeit verkleidet. Natürlich darf ich bezüglich des Projekts nicht ins einzelne gehen, und diese Geheimhaltung faßt Du offenbar als Untreue auf. Als hätte ich einen Liebhaber gefunden. Und dazu noch einen zweitklassigen. Verächtlichen. Wie kann eine Frau, der die seltene Ehre zuteil geworden ist, Deine Gattin zu werden, überhaupt fähig sein, sich nicht damit zu begnügen? Sich mit etwas außer Dir zu beschäftigen? Und noch dazu mit dunklen Dingen? Nicht daß Du, falls ich Dir über das Projekt erzählen dürfte, etwas begreifen oder Interesse zeigen würdest. Im Gegenteil. Nach zwei Minuten würdst Du nicht mehr zuhören. Oder einpennen. Oder das Thema wechseln. Du begreifst ja nicht einmal, wie ein Ventilator funktioniert. Und damit wären wir bei der Gegenwart angelangt.

Vor sechs Wochen, als die Einladung aus Seattle da war und Samstagabend zwei Oberste von der Luftwaffe zu uns kamen, um mit Dir zu sprechen, Dir zu erklären, daß das in Wirklichkeit auf ihre Initiative zurückgehe, daß meiner Zusammenarbeit mit den Amerikanern für zwei, drei Jahre nationale Bedeutung zukomme, hast Du sie und mich einfach lächerlich gemacht. Hast angefangen, uns einen ganzen Vortrag zu halten über den historischen Wahnsinn, der dem Ausdruck ›nationale Bedeutung‹ innewohne. Hast Dich wie ein saudischer Scheich aufgeführt. Und zum Schluß hast Du sie mehr oder weniger aufgefordert, die Finger von Deinem Eigentum zu lassen, und hast sie aus dem Haus gejagt. Bis zu jenem Abend hat wenigstens ein Teil von mir Dich überreden wollen mitzukommen: Es heißt, die Landschaft um Seattle sei geradezu phantastisch. Fjorde. Schneeberge. Du hättest dort ein paar Vorlesungen an der Universität belegen können. Vielleicht hätten die Atmosphäre, die Landschaft, das Abgeschnittensein von Zeitungen und Nachrichten den verstopften Born geöffnet. Vielleicht hättest Du fern von Deinem Vater, von den Freunden und von Jerusalem endlich wieder angefangen, wirklich zu schreiben. Keine kleinlich polemischen Artikel voller Stiche und Bisse.

Versuch zu verstehen, Effi. Ich weiß, daß ich in Deinen Augen immer so und so gewesen bin: Jael Levin, ein kleines Mädchen aus Javne'el. Etwas dumm, aber doch recht sympathisch. Eine nette beschränkte Frau. Aber unsere Ingenieure und auch die Amerikaner glauben, mein Projekt sei vielleicht entwicklungsfähig. Ich bin ihnen wichtig. Deshalb habe ich mich entschlossen zu fahren. Dir bin ich nicht wichtig, obwohl Du in mich verliebt bist. Oder in Deine Verliebtheit. Oder so in Deine Angelegenheiten versunken, daß Du weder Zeit noch Muße hast, mit der Liebe zu mir aufzuhören.

Wenn du willst, dann komm. Ich schicke Dir ein Flugticket. Oder Dein Vater soll Dir eines kaufen. Und wenn Du nicht willst, werden wir sehen, was die Zeit ausrichten wird. Absichtlich habe ich hier den tiefsten Schmerz nicht erwähnt. Das, was sich nach Deiner Ansicht augenblicklich reparieren läßt. Das, worüber ich schweige und Du sogar auch. Vielleicht ist es gut, daß wir fern voneinander sind. Manchmal meine ich, nur ein schwerer Schlag, ein Unheil, könnte Dich noch aus dem Nebel herausholen. Von den ewigen Zeitungen, Debatten und Nachrichten weg. Früher bist Du tief gewesen, und jetzt lebst Du die meiste Zeit gewissermaßen flach und niedrig. Sei nicht gekränkt, Effi. Und fang auch nicht an zu suchen, wie Du alles, was hier steht, widerlegen könntest, welche Gegenargumente Du hast, wie man keinen Stein auf dem andern lassen und mich besiegen könnte. Nicht ich bin Deine Feindin. Ein Sieg würde Dir nichts nützen. Vielleicht versetzt Dir meine Amerikafahrt den Schlag, der Dich wieder zu Dir selbst zurückbringt. Okay. Das ist ein Klischee. Ich wußte, daß Du das sagen würdest. Sobald ich weg bin, steht es Dir frei, Dich zu verlieben. Oder Du kannst in mich verliebt bleiben, ohne im Winter meine vor dem Ofen trocknende Wäsche im Schlafzimmer dulden zu müssen. Und noch etwas: Versuch Dich zu konzentrieren. Nicht den ganzen Tag lang zu schwatzen und zu lärmen und alles und jeden zu korrigieren. Sei nicht ganz und gar nur eine heisere Kehle. Die Welt hört sowieso nicht zu. Vielleicht suchst Du Liat? Oder Ilia? Fährst nach Griechenland? Gelegentlich bleibe ich zwei Tage durchgehend am Arbeitsplatz, arbeite allein auch bei Nacht, esse im Stehen, um Zeit zu sparen, und dann habe ich plötzlich ...«

Fima faltete den Brief ohne Anfang und Ende zusammen und steckte ihn in den Umschlag zurück. Den Umschlag schob er in die Mappe des Innenministeriums, Abteilung Gemeindeverwaltung. Die Mappe selber stopfte er wieder in die unterste Schublade. Es war schon nach halb vier. Ein Hahn krähte in der Ferne, ein hartnäckiger Hund bellte unablässig in der Dunkelheit, und der Blinde auf der leeren Straße pochte noch immer mit seinem Stock. Einen Augenblick meinte Fima den Muezzin aus der Richtung des Dorfes Bet-Zafafa rufen zu hören. Dann legte er sich wieder ins Bett, knipste das Licht aus, begann in Gedanken den fehlenden Schluß zu verfassen. Einen Moment später schlief er ein. Er hatte einen langen Tag hinter sich.

19.
Im Kloster

Im Traum kam Uri ihn mitten in einem Schneesturm abholen, um von Annette Abschied zu nehmen, die wegen einer Komplikation bei der Niederkunft im englischen Marinehospital im Sterben lag. Sie fuhren mit dem Schlitten durch einen weißen Wald, bis sie das Gebäude erreichten, das einige Ähnlichkeit mit dem Kreuzkloster in Jerusalem hatte. Verwundete und Sterbende mit zerquetschten Gliedern versperrten den Durchgang, wanden sich stöhnend und blutend auf dem Boden in den Korridoren. Uri sagte: Das sind Kosaken, auf die darf man treten. Schließlich fanden sie hinter dem Kloster einen hübschen kleinen Garten und darin eine griechische Taverne mit gedeckten Tischen unter dem Weinlaubdach. Zwischen den Tischen stand eine Art Himmelbett. Als Fima die Samtvorhänge beiseite schob, sah er seine Frau beim tränenreichen, aber leidenschaftlichen Verkehr mit einem mageren, dunklen Mann, der schwach jammernd unter ihr lag. Plötzlich ging ihm mit grauenhafter Helligkeit auf, daß sie mit einem Toten schlief. Und dieser Tote war der arabische Jüngling aus den Nachrichten, der, den wir in Gaza durch Kopfschuß ermordet hatten.

20.
Fima verirrt sich im Wald

Nach der Eintragung ins Traumbuch kuschelte er sich unter die Decke und döste bis sieben. Zerknittert, zerzaust und vom Nachtgeruch seines Körpers angewidert, zwang er sich aufzustehen. Verzichtete auf die Morgengymnastik vorm Spiegel. Rasierte sich schrammenfrei. Trank zwei Tassen Kaffee. Schon der Gedanke an Marmeladebrot oder Joghurt verursachte ihm Sodbrennen. Er erinnerte sich verschwommen, daß er irgendeine dringende Angelegenheit erledigen mußte. Bloß wollte ihm partout nicht einfallen, was und warum es keinen Aufschub duldete. Deshalb beschloß er, zum Briefkasten hinunterzugehen, das Papier herauszuziehen, das er nachts darin erspäht hatte, und auch die Zeitung mit heraufzuholen, ihr aber nicht mehr als eine Viertelstunde zu widmen. Gleich danach würde er sich kompromißlos den Artikel vornehmen, den er in der Nacht nicht fertig bekommen hatte.

Als er das Radio anstellte, begriff er, daß er die meisten Nachrichten schon hinter sich hatte. Im Tagesverlauf sei teilweise Aufklarung zu erwarten. Am Küstenstreifen seien vereinzelt Schauer möglich. Und in den nördlichen Talbereichen herrsche weiterhin starke Frostgefahr. Die Kraftfahrer würden vor Rutschgefahr auf nasser Fahrbahn gewarnt und gebeten, die Fahrgeschwindigkeit zu verringern und abruptes Bremsen sowie scharfe Kehrtwendungen so weit wie möglich zu vermeiden.

Was haben die denn, schimpfte Fima. Was fallen die über mich her. Wer bin ich denn in ihren Augen? Ein Kraftfahrer? Ein Landwirt aus den nördlichen Talbereichen? Ein Schwimmer am Küstenstreifen? Was bitten und warnen die da, anstatt daß jemand Verantwortung übernimmt und einfach

Der dritte Zustand

sagt: Ich bitte. Ich warne. Übrigens völliger Wahnsinn. Hier fällt alles auseinander, und die warnen vor Frost. Gerade abruptes Bremsen plus schärfster Kehrtwendung könnten uns vielleicht noch vor dem Unheil bewahren. Und selbst das ist höchst zweifelhaft.

Fima stellte das Radio ab und rief Annette Tadmor an: Er schuldete ihr Abbitte für sein Verhalten. Zumindest mußte er Interesse für ihr Wohlergehen zeigen. Wer weiß, womöglich war ihr Mann seine italienische Operette schon leid und war nach Mitternacht plötzlich mit zwei Koffern beschämt und schuldbewußt wieder angekommen und vor ihr niedergefallen, um ihr die Füße zu küssen? Konnte sie ihm gebeichtet haben, was zwischen ihnen gewesen war? Würde er womöglich mit gezogener Pistole hier auftauchen?

Durch die Macht der Gewohnheit und morgendlicher Benommenheit irrte Fima sich in der Nummer und erreichte dadurch nicht Annette, sondern Zwi Kropotkin. Der verlegen lachend sagte, er sei zwar momentan mitten beim Rasieren, habe sich aber bereits gefragt, was ist denn heute mit Fima? Ob er uns vergessen hat?

Fima hatte die Ironie nicht herausgehört: »Wieso das denn, Zwicka. Ich hab' euch nicht vergessen und werd's auch nicht. Ich hab' nur gedacht, ich ruf dich zur Abwechslung vielleicht mal nicht zu früh an. Siehst du, nach und nach bessere ich mich. Womöglich bin ich kein hoffnungsloser Fall.«

Kropotkin versprach daraufhin, er werde sich nur fertig rasieren und Fima in fünf Minuten zurückrufen.

Eine halbe Stunde später ließ Fima Ehre Ehre sein und wählte erneut Zwis Nummer: »Nun? Wer hat hier wen vergessen? Hast du zwei Minuten für mich übrig?« Worauf er, ohne die Antwort abzuwarten, sagte, er brauche einen kleinen Rat hinsichtlich des Artikels, den er in der Nacht zu schreiben begonnen habe und bei dem er nun heute morgen nicht mehr sicher sei, ob er ihm noch zustimmen könne. »Die Sache ist folgendermaßen: Vorgestern haben sie im *Ha'arez* die Grundthesen eines Vortrags von Günter Grass vor Studenten in Berlin wiedergegeben. Eine mutige, aufrechte Ansprache. Er verurteilte die Nazizeit und im weiteren auch sämtliche jetzt in Mode befindlichen Gleichsetzungsversuche zwischen den Greueltaten von heute und Hitlers Verbrechen. Einschließlich dem populären Vergleich zwischen Israel und Südafrika. Bis hierhin ist alles schön und gut.«

»Fima«, warf Zwi ein, »ich hab' das gelesen. Wir haben doch vorgestern darüber gesprochen. Komm zur Sache. Erklär mir, wo dein Problem steckt.«

»Sofort«, sagte Fima, »gleich komm' ich auf den Hauptpunkt. Erklär mir bitte nur eins, Zwicka: Warum achtet dieser Grass, wenn er von den Nazis spricht, so peinlich darauf, das Wort ›sie‹ zu verwenden, während du und ich all die Jahre über, wann immer wir über die Besatzung, das moralische Abgleiten, die Unterdrückung in den Gebieten, ja sogar über den Libanonkrieg, ja selbst über die Ausschreitungen der Siedler schreiben, ausnahmslos das Wort ›wir‹ benutzen? Dabei hat dieser Grass doch selber Wehrmachtsuniform getragen! Sowohl er als auch der zweite da, Heinrich Böll. Hat das Hakenkreuz am Rock getragen und sicher auch den ganzen Tag den Arm hochgerissen und wie alle Heil Hitler gebrüllt. Und der nennt sie ›sie‹! Während ich, der ich keinen Fuß in den Libanon gesetzt und nie in den Gebieten gedient habe, so daß meine Hände gewiß weniger dreckig als die von Günter Grass sind, grundsätzlich ›wir‹ schreibe und sage. ›Wir haben uns vergangen.‹ Oder sogar, ›das unschuldige Blut, das wir vergossen haben‹. Was ist dieses ›wir‹? So ein Überbleibsel aus dem Unabhängigkeitskrieg? Stets zu Befehl sind wir? Wir, wir, die Palmach? Wieso denn ›wir‹? Wer sind hier ›wir‹? Ich und der Raw Levinger*? Du und Kahane**? Was soll das eigentlich? Hast du mal darüber nachgedacht, Professor? Vielleicht wird's Zeit, daß du und ich und wir alle es wie Grass und Böll handhaben. Damit anfangen, stets willentlich, wissentlich und betont das Wort ›sie‹ zu verwenden? Was meinst du?«

»Schau«, sagte Zwi Kropotkin müde, »trotzdem ist es bei denen schon vorüber, während es bei uns weiter und weiter geht, und deshalb –«

»Bist du verrückt geworden?!« fiel ihm Fima wutschnaubend ins Wort. »Weißt du überhaupt, was du da sagst? Was heißt, bei denen ist es vorüber, und bei uns geht es weiter? Was zum Teufel umfaßt denn bei dir dieses ›es‹? Was genau ist nach deiner Ansicht in Berlin vorüber und geht in Jerusalem angeblich weiter? Bist du noch normal, Professor? Auf diese Weise stellst du uns ja auf eine Ebene mit ihnen! Ja schlimmer noch: aus deinen

---

* *Raw (Rabbiner) Mosche Levinger*, radikaler Vertreter von Gusch Emunim, lebt in Hebron.
** *Rabbi Meir Kahane*, radikaler amerikanischer Rabbiner, der 1968 zunächst die militante »Jüdische Verteidigungsliga« in New York, 1973 dann die extrem religiös-nationalistische Kach-Bewegung in Israel gründete. Nachdem er 1984, nach zwei vergeblichen Anläufen, ein Knessetmandat errungen hatte, wurde die Bewegung 1988 wegen rassistischer Tendenzen von der Teilnahme an den Wahlen ausgeschlossen. Im November 1990 (nach Abschluß der hebräischen Buchausgabe) wurde Kahane in New York von einem Araber ermordet.

Worten geht sogar hervor, daß die Deutschen uns derzeit moralisch überlegen sind, weil sie schon aufgehört haben, während wir Schurken weitermachen. Wer bist du denn, George Steiner? Radio Damaskus? Das ist doch genau der dreckige Vergleich, den sogar dieser Grass, Veteran der Wehrmacht, zurückweist und als Demagogie bezeichnet!«

Fimas Wut war verpufft. An ihre Stelle trat Kummer. Und er sagte in einem Ton, in dem man zu einem Kind spricht, das sich mit einem Schraubenzieher verletzt hat, weil es sämtliche Warnungen der Erwachsenen stur in den Wind geschlagen hat: »Da siehst du's selber, Zwicka, wie leicht man in die Grube fallen kann. Schau bloß, auf welch dünnem Seil wir balancieren müssen.«

»Beruhig' dich, Fima«, bat Zwi Kropotkin, obwohl Fima sich bereits abgeregt hatte, »es ist noch keine acht Uhr. Was fällst du denn über mich her. Schau einen Abend bei uns rein, dann setzen wir uns zusammen und klären das Thema in Ruhe. Ich hab' französischen Cognac, Napoleon; Schulas Schwester ist zurückgekommen und hat ihn mitgebracht. Aber nicht diese Woche. Diese Woche ist Semesterschluß, und ich bin mit Arbeit eingedeckt. Sie machen mich zum Dekan. Vielleicht kommst du nächste Woche? Du scheinst mir nicht gut drauf zu sein, Fima, und auch Nina hat zu Schula gesagt, du wärst womöglich wieder ein bißchen deprimiert?«

»Na was macht's, wenn's, verdammt noch mal, vor acht Uhr morgens ist? Gilt unsere Verantwortung für die Sprache etwa bloß während der Bürostunden? Nur von acht bis vier, abzüglich der Mittagspause? Allein werktags? Hier geht's um bitteren Ernst. Laß mal einen Moment Schula und Nina nebst eurem Cognac. Ihr habt euch eine schöne Zeit für Cognac ausgesucht. Ich bin bloß darüber deprimiert, daß ihr mir nicht deprimiert genug aussieht angesichts dessen, was da vorgeht. Hast du heute morgen Zeitung gelesen? Ich möchte, daß du das, was ich gesagt habe, als Antrag zur Tagesordnung wertest. Im Rahmen des Schutzes der Sprache vor der Verunreinigung, die man ihr bei uns zumutet. Ich schlage vor, wir gehen von heute an, zumindest für alles, was die Greueltaten in den Gebieten betrifft, einfach völlig davon ab, das Wort ›wir‹ zu verwenden.«

»Fima«, sagte Zwi, »gib mal einen Moment Ruhe. Schaff ein bißchen Ordnung bei dir: Was heißt das erste und was das zweite Wir? Du verwickelst dich in Widersprüche, mein Freund. Aber lassen wir das jetzt. Wir sprechen nächste Woche darüber. Persönlich. Wir werden sowieso nicht zwischen Tür und Angel, am Telefon, damit fertig. Und ich muß mich auch beeilen.«

Fima ließ nicht locker: »Erinnerst du dich an die berühmte Zeile aus dem Lied von Amir Gilboa*? ›Plötzlich steht ein Mensch morgens auf, fühlt, daß er Volk ist, und beginnt zu gehen‹? Das ist genau das Absurdum, von dem ich rede. Erstens, Professor, die Wahrheit, Hand aufs Herz: Ist es dir jemals passiert, daß du morgens aufgestanden bist und plötzlich gefühlt hast, daß du Volk bist? Höchstens doch nachmittags. Wer ist überhaupt fähig, morgens aufzustehen und zu fühlen, daß er Volk ist? Und dann auch noch loszulaufen? Vielleicht Ge'ula Cohen. Wer steht denn morgens auf und fühlt sich nicht beschissen?«

Kropotkin prustete los. Was Fima zu neuem Ansturm ermunterte: »Aber hör mal zu. Im Ernst. Es wird Zeit, daß wir aufhören, uns als Volk zu fühlen. Daß wir aufhören loszugehen. Wir sind fertig mit diesem Scheiß: ›Eine Stimme rief mich, und ich ging‹, ›wohin man uns schickt – dorthin steht unser Sinn‹ – das sind doch echt faschistoide Motive. Du bist nicht Volk, und ich bin nicht Volk und sonst auch keiner. Weder morgens noch abends. Übrigens sind wir wirklich kein Volk. Höchstens eine Art Stamm –«

»Schon wieder ›wir‹«, spöttelte Zwi, »du bist ein bißchen ins Schleudern geraten, Fima. Entscheid dich endlich: Sind wir nun wir, oder sind wir nicht wir? Im Hause des Gehenkten faßt man das Tau nicht an beiden Enden. Egal. Entschuldige bitte, aber ich muß jetzt wirklich auflegen und losgehen. Übrigens hab' ich gehört, daß Uri am Wochenende zurückkommt. Vielleicht planen wir was für Samstagabend. Auf Wiederhören.«

»Gewiß sind wir kein Volk«, beharrte Fima, taub und glühend vor Rechthaberei, »wir sind ein primitiver Stamm. Dreck, das sind wir. Aber diese Deutschen – und die Franzosen und Briten desgleichen – sollen uns mal keine Moral predigen. Im Vergleich zu denen sind wir Heilige. Hast du heute morgen schon die Zeitung gesehen? Was Schamir gestern in Natania gefaselt hat? Und was sie dem arabischen Alten am Strand von Aschdod angetan haben?«

Als Zwi sich entschuldigte und einhängte, posaunte Fima weiter in das apathische, satte Summen, das aus dem Hörer drang: »Und außerdem sind wir erledigt.«

* *Amir Gilboa* (geb. 1917), bedeutender hebräischer Dichter.

Der dritte Zustand

Damit meinte er in diesem Moment sowohl den Staat Israel als auch die Linke nebst sich und seinem Freund. Nachdem er den Hörer aufgelegt hatte, sann er jedoch ein wenig darüber nach und nahm es zurück: Wir dürfen nicht in Hysterie verfallen. Beinah hätte er erneut Zwi angerufen, um ihn vor der Verzweiflung und Hysterie zu warnen, die jetzt auf uns alle lauern, tief beschämt über die grobe Art, in der er seinen Jugendfreund beleidigt hatte, diesen anständigen, klugen Gelehrten, eine der letzten Stimmen, die sich noch ihre Normalität bewahrt hatten. Allerdings verspürte er auch leise Trauer bei dem Gedanken, daß dieser mittelmäßige Wissenschaftler nun als Dekan den Platz seiner großen Vorgänger einnehmen würde, denen er doch nicht das Wasser reichen konnte. Trotzdem fiel ihm plötzlich ein, wie vor eineinhalb Jahren, als man ihm im Hadassa-Krankenhaus den Blinddarm herausgenommen hatte, Zwicka seinen Bruder, den Arzt, mobilisiert hatte, dazu sich selbst nebst Schula, und daß die beiden fast nicht von seinem Bett gewichen waren. Dann, als er aus dem Krankenhaus entlassen war, hatte Zwi gemeinsam mit den Gefens und mit Teddy Tag und Nacht einen Schichtdienst eingerichtet, um ihn, der hohes Fieber bekam, sich wie ein verwöhntes Kleinkind aufführte und allen unaufhörlich zusetzte, daheim zu pflegen. Und jetzt hast du ihn nicht nur verletzt, sondern auch noch mitten beim Rasieren gestört und womöglich dafür gesorgt, daß er zu spät zu seiner Vorlesung kommt, und das ausgerechnet am Vorabend seiner Ernennung zum Dekan. Noch heute abend würde er ihn wieder anrufen, nahm er sich vor. Würde ihn um Verzeihung bitten und seine Haltung doch noch einmal zu erklären versuchen. Nur würde er es diesmal unaufdringlich, mit kühler, geschliffener Logik tun. Und dabei auch nicht vergessen, Schula einen Kuß zu schicken.

Fima eilte in die Küche, weil er meinte, er habe vor dem Gespräch mit Zwicka den neuen elektrischen Wasserkessel eingeschaltet, der nun gewiß schon ausgebrannt wie sein Vorgänger sein mußte. Auf halbem Weg hielt er inne, weil das Telefon klingelte und er plötzlich zögerte, was er zuerst machen sollte. Einen Moment später hob er ab und sagte zu seinem Vater: »Eine halbe Minute, Baruch. Mir brennt was in der Küche an.«

Damit stürzte er los, fand aber den Kessel wohlbehalten und stillvergnügt auf der Marmorplatte glänzen. Es war also wieder mal Fehlalarm. Dafür hatte er beim Rennen das schwarze Transistorradio vom Regal gestoßen, das prompt in die Brüche gegangen war. Schnaufend zum Telefon zurückgekehrt, sagte er: »Alles in Ordnung. Ich höre.«

Der Alte hatte ihm nur mitteilen wollen, daß er für Fima Handwerker gefunden hatte, die nächste Woche kommen würden, um seine Wohnung neu zu streichen. Araber aus dem Dorf Abu Dis, Efraim, so daß es in deiner Sicht hundertprozentig koscher ist. Was den Alten an eine nette chassidische Anekdote erinnerte: Warum erhalten nach unserer Überlieferung die Gerechten im Paradies freie Menüwahl zwischen Leviatan und Wildstierbraten? Die Antwort lautet, daß sich immer ein pingeliger Zaddik finden wird, der im Garten Eden kein Wildstierfleisch anrühren würde, weil er nicht einmal auf die Koscherschlachtung des Ewigen höchstpersönlich vertrauen mag.

Im folgenden erläuterte er Fima, wo hier die vermeintliche und wo die wahre Pointe lag, bis Fima plötzlich meinte, durch die Telefonleitung dringe der typische Geruch seines Vaters zu ihm, ein aschkenasischer Duft, in dem sich leichter Parfümhauch mit der Ausdünstung ungelüfteter Federbetten, dem Geruch süßlich gekochten Fischs mit Karotten und dem Aroma zähflüssigen Likörs mischte. Abscheu überkam ihn, derer er sich schämte, aber auch der uralte Trieb, seinen Vater zu ärgern, alles, was ihm heilig war, anzugreifen und ihn aus dem Häuschen zu bringen.

»Hör mal, Vater«, sagte er. »Paß gut auf. Erstens, was die Araber anbetrifft. Tausendmal habe ich dir schon erklärt, daß ich sie überhaupt nicht für so große Heilige halte. Begreif endlich, daß sich die Debatte zwischen uns weder um koscher und unrein noch um Hölle und Paradies dreht. Es geht einfach um die Gottesebenbildlichkeit des Menschen, Vater. Ihre und unsere.«

Baruch stimmte sofort zu: »*Adraba*«, sagte er gedehnt in einer Art synagogalem Singsang, »aber selbstverständlich ist auch der Araber als Ebenbild Gottes erschaffen. Das wird keiner bestreiten. Außer den Arabern selber, Fimotschka, die sich leider nicht dementsprechend wie menschliche Wesen verhalten.«

Im selben Moment vergaß Fima seinen Vorsatz, politische Debatten mit seinem Vater um jeden Preis zu vermeiden. Und begann ein für allemal stürmisch klarzustellen, daß wir uns auf keinen Fall in einen strohdummen, besoffenen ukrainischen Kutscher verwandeln dürfen, der wütend sein Pferd umbringt, weil dieses Vieh nicht mehr ergeben den Wagen ziehen will. Sind die Araber in den Gebieten etwa unsere Arbeitstiere? Was habt ihr euch eigentlich gedacht? Daß sie bis in alle Ewigkeit bereit sein würden, unsere Holzfäller und Wasserträger zu sein? Den Posten

Der dritte Zustand 1601

von Sklaven mit durchbohrtem Ohr zu bekleiden? Sind sie denn keine Menschen? Jedes Sambia und jedes Gambia ist heutzutage ein unabhängiger Staat, und nur die Araber in den Gebieten würden bis ans Ende aller Zeiten bei uns still Latrinen säubern, Straßen kehren, Kneipengeschirr spülen und unseren pflegebedürftigen Greisen die Kacke abwischen und auch noch danke dafür sagen? Wärst du einverstanden, wenn der allerletzte ukrainische Antisemit eine solche Zukunft über die Juden verhängen würde?

Die Wendung »Sklaven mit durchbohrtem Ohr« – oder vielleicht gerade »der allerletzte ukrainische Antisemit« – erinnerte den Alten an eine Begebenheit in einem kleinen ukrainischen Schtetl. Wie üblich zog die Geschichte eine ganze Wagenkette voller Erklärungen und Morallehren nach sich. Bis Fima vor lauter Verzweiflung brüllte, er brauche überhaupt keine Anstreicher und Baruch möge verdammt noch mal aufhören, sich dauernd in sein Leben reinzudrängen mit Subventionen, Tünche, Heiratsvermittlung, vielleicht hast du's vergessen, Vater, ich bin zufällig schon ein Mann von vierundfünfzig Jahren.

Als er fertig war, erwiderte der Vater gemächlich: »Schön, mein Bester. Schön. Offenbar habe ich geirrt. Habe gesündigt, gefehlt und so weiter. Dann werde ich eben trotzdem versuchen, einen koscheren jüdischen Anstreicher für dich zu finden. Ohne jeden Verdacht kolonialistischer Ausbeutung. Wenn denn ein solcher Zaddik in unserem Staat übriggeblieben ist.«

»Haargenau!« jubelte Fima in stürmischer Siegesfreude. »In diesem ganzen armseligen Staat ist schon kein einziger jüdischer Maurer mehr aufzutreiben. Kein einziger Krankenpfleger. Kein Gärtner. Genau das haben eure Gebiete aus dem zionistischen Traum gemacht! Die Araber bauen für uns das Land auf, und wir sitzen da und delektieren uns an Leviatan und Wildstier. Und bringen sie dazu noch tagtäglich um, sie und ihre Kinder, bloß weil sie es wagen, nicht glücklich und dankbar für das große Gnadengeschenk zu sein, die Kanalisation des auserwählten Volkes reinigen zu dürfen, bis der Messias da ist!«

»Der Messias«, sinnierte Baruch traurig, »vielleicht weilt er schon unter uns. Manche sagen so. Und nur wegen prächtiger Burschen wie dir hält er sich noch verborgen. Man erzählt von Rabbi Uri von Strelisk, dem heiligen Seraph, dem Großvater von Uri Zwi Greenberg, er habe sich einmal im Wald verirrt –«

»Soll er doch!« fuhr Fima dazwischen. »Soll er sich so verlaufen, daß man ihn nicht wiederfindet! Weder ihn noch seinen Enkel! Und den Messias nebst seinem Esel desgleichen!«

Der alte Mann hustete, räusperte sich lange wie ein greiser Schulmeister, der eine Rede halten will, aber an Stelle einer Ansprache fragte er Fima betrübt: »Spricht so der Humanismus? Ist das die Stimme der Friedensuchenden? Der Freund aller Menschheit hofft, sein Nächster möge im Wald verlorengehen? Der Beschützer des Islam wünscht sich, daß heilige Juden sterben?«

Fima wurde einen Moment verlegen. Bereute von Herzen, den im Walde Irrenden Unheil gewünscht zu haben. Aber gleich hatte er sich wieder gefangen und holte zu einem überraschenden Flankenangriff aus: »Hör mal, Baruch. Paß gut auf. Apropos Beschützer des Islam. Ich möchte dir Wort für Wort vorlesen, was hier im Lexikon über Indien steht.«

»Ahasver, der von Indien bis Kusch über hundertsiebenundzwanzig Provinzen herrschte«, kicherte der Alte, »aber was hat das Schabbatjahr mit dem Berg Sinai zu tun? Und was das hier mit Indien? Der Dybbuk, der in euch gefahren ist, Fimotschka, ist keineswegs ein indischer, sondern vielmehr ein rein europäischer Dämon. Ein großes Unheil ist uns geschehen, daß wertvolle junge Menschen wie du auf einmal beschlossen haben, die gesamte jüdische Überlieferung für das Linsengericht eines falschen europäischen Pazifismus zu verscherbeln. Sie wollen Jesus sein. Wollen den Christen höchstpersönlich eine Lektion im Hinhalten der anderen Wange erteilen. Lieben unsere Hasser und hassen Uri Zwi, ja sogar den heiligen Seraph. Dabei haben wir die berühmte europäische Menschlichkeit doch schon aus nächster Nähe kennengelernt. Haben deine westliche Kultur ergiebig auf dem eigenen Buckel zu spüren bekommen. Sehr gut haben wir sie aufgesogen, von Kischinew* bis Oswiecjm. Ich erzähl' dir eine eindringliche Geschichte von einem Kantor, der einmal, Gott behüte, allein auf einer einsamen Insel gelandet war, und das ausgerechnet zu den Hohen Feiertagen: Da steht nun ein einzelner Jude mitten auf der Welt, inmitten der Zeiten und grübelt –«

»Moment mal«, brauste Fima auf, »du mit deinen grübelnden Kantoren. Indien hat mit einem arabischen Staat etwa genausoviel zu tun wie die

---

* *Kischinew*, Hauptstadt der Moldau-Republik (Bessarabien), berüchtigt durch Pogrome 1903 und 1905.

westliche Kultur mit Chmelnizki* und Hitler. Was für ein unsinniges Geschwätz! Ohne die westliche Kultur, zu Ihrer Information, gnädiger Herr, wäre nicht mal ein Wandpisser von uns übriggeblieben. Wer hat denn deines Erachtens Abermillionen Menschen geopfert, um Hitler zu besiegen? Nicht die westliche Kultur? Einschließlich Rußland? Einschließlich Amerika? Hat etwa dein Heiliger von Strelisk uns gerettet? Hat der Messias uns einen Staat gegeben? Teilt Uri Zwi geschenkweise Panzer und Düsenjäger an uns aus und überschüttet uns dazu noch jährlich mit drei Milliarden Dollar, einfach so, als Taschengeld, damit wir hier weiter rumtollen können? Merk dir eins, Vater: Jedesmal in der Geschichte, wenn die Juden den Verstand verloren und anfingen, nach messianischen Landkarten in der Welt herumzukutschieren, statt eine reale, universale Karte zu benutzen, haben Millionen von ihnen das mit dem Leben bezahlt. Und es ist uns anscheinend immer noch nicht gelungen, dem berühmten jüdischen Verstand einzutrichtern, daß der Messias unser Todesengel ist. Das ist die ganze Lehre in einem Wort: Der Messias ist der Todesengel. Dann dürfen wir durchaus darüber diskutieren, wohin wir gehen wollen. Das ist eine legitime Streitfrage. Aber unter einer eisernen Bedingung: daß wir – wohin wir uns auch wenden mögen – immer ausschließlich reale, universale Landkarten verwenden. Keine messianische.«

Plötzlich stieß der Alte einen kurzen Pfiff aus, als staune er über Fimas Weisheit oder Dummheit. Dann hustete und ächzte er, wollte vielleicht auch ein paar Worte aneinanderreihen, aber Fima galoppierte schon weiter, glühend vor Feuereifer: »Warum zum Teufel will man uns hier einreden, die Gleichwertigkeit der Menschen sei eine dem Judentum fremde Vorstellung, fehlerhafte gojische Ware, falscher christlicher Pazifismus, aber die wirre Mixtur, die irgendein messianischer Rabbi, der Großvater von Gusch Emunim**, angerührt hat, unter Hinzuziehung einiger Lumpen von Hegel, denen er nur ein paar verschlissene Flicken vom *Kusrari* aufgenäht und noch ein paar alte Sachen des Rabbi Löw von Prag angefügt hat – wie konnte es bloß passieren, daß dieses miese Flickwerk plötzlich als

---

* *Bogdan Chmelnizki* (1593-1657), Kosakenführer, wurde bei seiner Erhebung gegen den polnischen Adel 1648 Urheber der blutigsten Judenverfolgungen der ostjüdischen Geschichte vor Hitler.
** *Gusch Emunim*, »Block der Getreuen«, 1974 gegründete rechtsgerichtete Siedlerbewegung, die die jüdische Besiedlung der besetzten Gebiete betreibt. Der Bewegung gehören zwar auch weltliche Israelis an, aber die Mehrzahl rekrutiert sich aus nationalreligiösen Kreisen.

lauterstes Judentum, geradewegs vom Berg Sinai, gilt? Was ist das denn? Heller Wahnsinn! ›Du sollst nicht morden‹ ist bei euch eine fremde Vorstellung, verpönter christlicher Pazifismus, und der Rabbiner Georg Wilhelm Friedrich Hegel, dieser Proto-Nazi, der ist plötzlich jüdische Überlieferung! Ich sag' dir, Vater, in Brenners* kleinem Fingernagel steckt mehr wahres Judentum als bei den Mumien in Kaftanen und den Psychopathen mit den Häkelkäppis. Die einen pissen auf den Staat, weil der Messias noch nicht da ist, und die anderen, weil der Messias schon vor der Tür steht und man die Gerüste abbauen kann. Und alle beide pissen sie auf ›du sollst nicht morden‹, weil es wichtigere Dinge gibt, das Verbot der Leichenöffnung zum Beispiel oder das Grab unserer Stammutter Isebel.«

»Fimotschka«, stöhnte der Vater, »sei mild und barmherzig. Ich bin ein alter Jude. Habe mit diesen verborgenen Dingen nichts zu tun. Und wer weiß, mein Lieber, vielleicht bin ich auch ein Nichtstuer. Ich habe Söhne großgezogen und emporgebracht, und der Golem hat sich gegen seinen Schöpfer erhoben. Nicht auf dich gemünzt, mein Guter, ich habe den Golem nur erwähnt, weil du mich freundlicherweise an den MaHaRaL von Prag erinnert hast. Finde ich nun gerade sehr schön, was du da über die universale Landkarte gesagt hast. So geschehe es, Amen. Geistreich. Äußerst treffend. Aber was nun? Vielleicht möchte unser Rabbi uns lehren, in welchem Laden man solche Karten kauft? Offenbarst du's meinen Ohren? Erweist deinem Vater wahre Gunst, *chessed schel emet*? Nein? Na dann. Ich werde dir einen wunderbar tiefen Ausspruch vom MaHaRaL** wiedergeben, als er an einer Kathedrale vorüberging. Übrigens, weißt du, was *chessed schel emet* wörtlich bedeutet?«

»Gut, in Ordnung«, lenkte Fima ein, »schon gut. Soll's eben sein. Du erläßt mir diesmal den MaHaRaL, und ich gebe dir dafür bezüglich deiner Anstreicher nach. Schick sie am Sonntag und fertig.« Und damit sein Vater ihm nicht erst antworten konnte, benutzte er schnell die Worte, die er vorher von seinem Freund gehört hatte: »Über den Rest unterhalten wir uns persönlich. Ich muß mich beeilen.«

---

* *Josef Chaim Brenner* (1881-1921), hebräischer Erzähler und Kritiker mit nachhaltigem Einfluß vor allem auf die jüdische Arbeiterbewegung.
** *MaHaRaL*, herbäische Abkürzung für Juda Löw ben Bezalel, genannt »der Hohe Rabbi«, der um 1525-1609 in Prag lebte und der Sage nach der Verfertiger des Golem war, nämlich eines sprachlosen künstlichen Menschen, der kraft des Gottesnamens erschaffen wurde.

Tatsächlich beabsichtigte er, eine Tablette gegen Sodbrennen zu kauen und zum Einkaufszentrum hinunterzugehen, um den Transistor, den er in seiner Hast hinuntergeworfen und zerbrochen hatte, in Reparatur zu geben. Oder womöglich würde er einen neuen anschaffen müssen. Doch plötzlich tauchte fast greifbar das Bild eines alten, schwachen, abgerissenen, kurzsichtigen aschkenasischen Juden vor seinen Augen auf, der, in einen Gebetsschal gehüllt, heilige Texte vor sich hinmurmelnd und die Füße durch scharfe Steine gepeinigt, durch den finsteren Wald irrt, während weicher Schnee lautlos und beharrlich auf ihn herabrieselt, ein Nachtvogel übel schreit und Wölfe im Dunkeln heulen.

Fima bekam es mit der Angst zu tun.

In dem Augenblick, in dem er den Hörer auflegte, fiel ihm ein, daß er vergessen hatte, seinen Vater zu fragen, wie es ihm ginge. Und daß er ihn eigentlich zur Untersuchung ins Krankenhaus hatte bringen wollen. Ja, er hatte nicht einmal darauf geachtet, ob der Alte noch dieses Pfeifen in der Brust hatte. Er meinte, ein feines Zischeln gehört zu haben, aber beim weiteren Nachdenken war er sich dessen nicht mehr sicher: Es mochte sich auch nur um eine leichte Erkältung handeln. Oder der Vater hatte vielleicht bloß eine chassidische Weise vor sich hingesummt. Womöglich war das Pfeifen auf eine Störung in der Telefonleitung zurückzuführen? Sämtliche Einrichtungen dieses Staates brechen zusammen, und keinen kümmert es. Auch das ist eine mittelbare Folge unserer Manie mit den Gebieten. Die Ironie dabei ist, daß der künftige Historiker einmal feststellen wird, daß Abd el-Nasser uns im Sechstagekrieg doch besiegt hat. Unser Sieg wird uns zum Verhängnis. Der messianische Geist, den der Zionismus in die Flasche gebannt hat, ist mit dem Schofarblasen an der Westmauer wieder ausgebrochen. Wer zuletzt lacht, lacht am besten. Ja wenn man diesen Gedanken erbarmungslos zu Ende denkt, ohne selbst vor der monströsesten Wahrheit zurückzuschrecken, gelangt man vielleicht zu dem Schluß, daß nicht Abd el-Nasser, sondern Hitler das letzte Lachen hat. Schließlich vernichtet er weiter das jüdische Volk und läßt nicht von uns ab. Alles, was uns jetzt zustößt, geht auf die eine oder andere Weise auf Hitler zurück. Was wollte ich jetzt machen? Telefonieren. Es war was Dringendes. Aber mit wem? Wozu? Was kann man denn noch sagen? Auch ich habe mich im Wald verirrt. Wie jener Heilige.

21.

Aber das Glühwürmchen war verschwunden

Und weil er frühmorgens beim Zeitungraufholen vergessen hatte, die Tür abzuschließen und nun in den vergeblichen Versuch vertieft war, den auseinandergefallenen Transistor wieder zusammenzusetzen, kam es soweit, daß er, als er den Kopf hob, plötzlich Annette Tadmor vor sich stehen sah, mit roter Jacke und einer schrägen blauen Wollbaskenmütze, die ihr das Aussehen eines französischen Dorfmädchens verlieh. Ihre Augen blitzten, und die Wangen glühten von der Kälte draußen. Sie erschien ihm kindlich, liebreizend, geradezu schmerzlich rein und schön. Dabei erinnerte er sich daran, was er ihr vorgestern angetan hatte, und fühlte sich verkommen.

Ein feiner Parfümduft, vielleicht von ganz leichtem Alkoholdunst durchsetzt, strömte von ihr aus und erregte bei Fima wechselweise Reue und Begehren.

»Von früh an versuche ich dich anzurufen«, sagte sie. »Den ganzen Morgen über ist pausenlos besetzt bei dir. Man könnte meinen, du leitest die Friedenskonferenz von zu Hause aus. Verzeihung, daß ich bei dir reingeplatzt bin. Wirklich nur für zwei Minuten. Du hast nicht zufällig einen Tropfen Wodka im Haus? Egal. Hör mal: Ich meine, ich hätte bei dir einen Ohrring verloren. Ich war ja so durcheinander. Sicher bist du der Überzeugung, ich sei eine gestörte Frau. Aber das Nette an dir ist, Fima, daß es mir völlig gleich ist, wie ich in deinen Augen bin. Als seien wir Bruder und Schwester. Ich kann mich kaum noch erinnern, was ich dir hier vorgequatscht habe. Und du hast mich nicht verspottet, weil du gut bist. Hast du hier keinen Ohrring gefunden? Aus Silber? So länglich, mit einem kleinen glitzernden Stein?«

Fima zögerte, entschied sich, fegte die Zeitung vom Sessel und setzte statt dessen Annette hinein. Ließ sie aber gleich wieder aufstehen und mühte sich, sie aus den Ärmeln der roten Jacke zu befreien. Bildhübsch, klug, taktvoll und höchst anziehend sah sie an diesem Morgen aus. Er lief in die Küche, um Wasser heißzumachen und nachzuschauen, ob noch Likör in der Flasche war, die er von seinem Vater bekommen hatte.

Als er wiederkam, sagte er: »Ich habe heute nacht von dir geträumt. Du warst bezaubernd und überglücklich, weil dein Mann wieder zu dir zurückgekehrt war, und hast ihm alles verziehen. Jetzt bist du noch schöner als im Traum. Blau steht dir hervorragend. Du solltest es öfter tragen. Können wir nicht einen Schlußstrich ziehen unter das, was vorgestern passiert ist? Ich schäme mich über mich selbst. Ich war durch deine Nähe völlig verwirrt und hab' mich offenbar ungefähr so wie der berüchtigte weinende Vergewaltiger verhalten. Über zwei Monate hatte ich keine Frau mehr gehabt. Nicht daß das eine Entschuldigung für Schweinerei wäre. Bringst du mir bei, wie man dich versöhnen kann?«

Annette sagte: »Genug. Hör auf damit. Sonst muß ich wieder weinen. Du hast mir mit deinem verständnisvollen, aufmerksamen Zuhören so geholfen, Fima. Ich glaube, so hat mir im Leben noch kein Mensch zugehört. Und ich war so sonderbar, egoistisch, ganz in meine Probleme versunken. Tut mir leid, daß ich dich gekränkt habe.«

Darauf fügte sie hinzu, sie halte seit jeher sehr viel von Träumen. Da habe doch tatsächlich heute nacht, als Fima von ihr träumte, Jerry plötzlich aus Mailand angerufen. Klang ein bißchen elend. Sagte, er habe keine Ahnung, was weiter sein werde. Die Zeit werde das ihre tun. Sie solle versuchen, ihn nicht zu hassen.

»Die Zeit«, begann Fima, aber Annette legte ihm die Hand auf den Mund: »Laß uns nicht sprechen. Vorgestern haben wir genug geredet. Laß uns mal zwei Minuten still dasitzen, dann geh' ich wieder. Ich hab' zig Sachen in der Stadt zu erledigen. Aber es tut mir gut, bei dir zu sein.«

Danach schwiegen sie. Fima setzte sich zu ihr auf die Sessellehne, den Arm ganz leicht um ihre Schulter gelegt, tief beschämt über die Unordnung ringsum – das langärmlige Unterhemd auf dem Sofa, die unterste Schrankschublade, die er nachts nicht zugekriegt hatte, die leeren Kaffeetassen auf dem Tisch, die überall herumflatternden Zeitungen. Und er verfluchte insgeheim sein Begehren und schwor sich, sich diesmal makellos zu benehmen.

Annette sagte versonnen, mehr zu sich selber als zu ihm: »Ich hab' dir unrecht getan.«

Und diese Worte trieben ihm beinahe Tränen in die Augen. Seit seiner Kinderzeit hatte er jedesmal Freude empfunden, wenn ein Erwachsener ihm diese oder ähnliche Worte sagte. Mühsam unterdrückte er den Drang, vor ihr auf die Knie zu fallen, wie es ihr Mann im Traum getan hatte. Wobei Fima allerdings nicht ganz die Wahrheit gesagt hatte: In Wirklichkeit war das nicht im Traum geschehen, sondern in seinen morgendlichen Grübeleien. Aber er sah darin keinen Unterschied.

»Ich habe eine gute Nachricht«, sagte er, »dein Ohrring ist hier. Ich habe ihn genau in dem Sessel gefunden, auf dem du jetzt sitzt. Schau bloß, was ich für ein Golem bin: Als ich heute morgen die Augen aufgemacht hatte, beim allerersten Tageslicht, dachte ich, es wäre ein Glühwürmchen, das vergessen hat, sich abzuschalten.« Und nachdem er einigen Mut gesammelt hatte, fügte er hinzu: »Du mußt wissen, daß ich ein Erpresser bin. Umsonst gebe ich ihn dir nicht zurück.«

Annette prustete los. Hörte auch nicht auf zu lachen, als er sich zu ihr hinabbeugte, zog ihn an den Haaren und küßte ihn wie ein Baby auf die Nasenspitze: »Genügt das? Gibst du mir jetzt meinen Ohrring wieder?«

»Das ist mehr, als ich verdient habe«, sagte Fima. »Du kriegst noch was raus.«

Damit griff er zu seiner eigenen Verblüffung plötzlich ihre Knie, zerrte ihren Körper gewaltsam vom Sessel zu Boden und verfiel in einen Rausch von Wonne und Verzweiflung, hielt sich nicht erst mit ihrer Kleidung auf, bahnte sich vielmehr blind, aber doch mit traumwandlerischer Sicherheit seinen Weg und drang fast augenblicklich in sie ein, wobei er meinte, nicht nur sein Glied, sondern sein ganzes Wesen sei in ihrem Schoß eingehüllt und geborgen. Keine Sekunde später brüllte er los und ergoß sich. Als er wieder zu sich kam, leer und leicht an der Wasseroberfläche schwimmend, als habe er sein ganzes Körpergewicht in ihrem Innern gelassen, befiel ihn Grauen, da er begriff, wie sehr er sich und sie von neuem gedemütigt hatte. Diesmal hatte er alles für immer zerstört, das wußte er. Doch da begann Annette ihn ganz langsam mit zarten Fingern zu streicheln, über Kopf und Nacken, bis ihn Schauer überliefen, daß sich ihm die Härchen sträubten.

»Der weinende Vergewaltiger«, sagte sie. Und wisperte: »Ruhig, Kind.« Und fragte erneut, vielleicht gibt's hier zufällig einen Tropfen Wodka. Aus irgendeinem Grund fürchtete Fima, es könnte ihr kalt sein. Mit ungelenken Bewegungen mühte er sich ab, ihre Kleidung wieder in Ordnung zu bringen. Und wollte sprechen. Aber sie verschloß ihm auch diesmal hastig mit der Hand die Lippen und sagte: »Sei endlich still, kleines Schwatzmaul.«

Als sie dastand und sich vor dem Spiegel die hübschen Haare kämmte, sagte sie noch: »Ich muß mich sputen. Hab' tausend Dinge in der Stadt zu erledigen. Nur gib mir schnell den Ohrring zurück, den ich mir bei dir redlich verdient habe. Heute abend rufe ich dich an. Wir gehen ins Kino. Im Orion läuft eine köstliche französische Komödie mit Jean Gabin.«

Fima ging in die Küche und schenkte ihr den Rest des Likörs ein. Im buchstäblich allerletzten Moment konnte er den siedenden Kessel retten, dessen Wasser fast vollständig verdunstet war. Aber trotz aller Anstrengungen vermochte er sich nicht zu erinnern, wo er den Ohrring gelassen hatte. Deshalb versprach er ihr hoch und heilig, das ganze Haus auf den Kopf zu stellen und ihr das Wunderglühwürmchen noch heute abend gesund und wohlbehalten zurückzugeben. Während er sie zur Tür begleitete, murmelte er niedergeschlagen, er werde sich niemals verzeihen.

Annette lachte.

22.
»Mir ist auch so in deiner Nähe wohl«

Die beiden Frauen gingen im Treppenhaus aneinander vorbei. Kaum war Annette weg, erschien Nina Gefen, das graue Haar erbarmungslos gestutzt, in der Hand eine schwere Einkaufstasche, die sie energisch zwischen die Zeitungen, Marmeladengläser und schmutzigen Kaffeetassen auf den Tisch knallte. Dann zündete sie sich mit harter Geste eine Nelson-Zigarette an. Das Streichholz löschte sie nicht durch Ausblasen, sondern durch heftiges Wedeln. Und sofort stieß sie zwei Rauchlanzen durch die Nasenlöcher aus.

Fima mußte unwillkürlich grinsen. Der Damenwechsel erinnerte ihn plötzlich an die Heerscharen weiblicher Gäste, die bei seinem Vater aus und ein gingen. Vielleicht wurde es langsam Zeit, daß er sich ebenfalls einen Stock mit Silberknauf anschaffte?

»Warum lachst du?« fragte Nina.

Durch den Zigarettenqualm hatte ihre Nase womöglich einen Rest weiblichen Parfüms gewittert. Ohne seine Antwort abzuwarten, fügte sie hinzu: »Auch die Dame in Rot, der ich im Hausgang begegnet bin, hat wie eine satte Katze vor sich hingelächelt. Hast du vielleicht Besuch gehabt?«

Fima wollte leugnen. Also er und Damenbesuch. Es gebe schließlich acht Wohnungen in diesem Aufgang. Aber irgend etwas hielt ihn davon ab, diese magere, bittere Frau anzulügen, die wie ein von den Häschern eingekreister Fuchs wirkte, die er in Gedanken manchmal ›meine Geliebte‹ nannte und deren Mann ihm ebenfalls lieb und teuer war. Er senkte den

Blick und sagte entschuldigend: »Eine Patientin. Ist bei uns da in der Praxis in Behandlung. Irgendwie haben wir uns ein bißchen angefreundet.«
»Wird bei dir eine Zweigpraxis eröffnet?«
»Das ist so«, sagte Fima, während sich seine Hände vergeblich abmühten, die beiden Teile des heruntergefallenen Transistors zusammenzusetzen, »ihr Mann hat sie ein bißchen verlassen. Da hat sie sich mit mir beraten wollen.«
»Pfleger für gebrochene Herzen«, sagte Nina, und was sich stichelnd anhören sollte, klang eher den Tränen nahe, »wirklich ein Schutzpatron der Strohwitwen. Demnächst wirst du hier noch Sprechstundenzeiten anschlagen müssen. Termin nur nach vorheriger Vereinbarung.«
Sie ging in die Küche und zog aus der Einkaufstasche einen Beutel voller Sprays und Reinigungsmittel hervor, die sie vorerst auf der Thekenecke abstellte. Fima meinte, ihre um den Zigarettenstummel geschlossenen Lippen beben zu sehen. Dann entnahm sie der Tasche Lebensmittel, die sie für ihn eingekauft hatte, machte den Kühlschrank auf und rief, erschrokken über den Anblick: »Ist ja grauenhaft!«
Fima brachte eine schwache Entschuldigung hervor: Vorgestern nacht habe er gründlich aufgeräumt, nur den Kühlschrank habe er nicht mehr geschafft. Und wann kommt Uri zurück?
Nina zog als letztes ein kleines, in Plastikfolie eingewickeltes Päckchen aus der Tasche hervor: »In der Nacht. Von Freitag auf Samstag. Das heißt morgen. Sicher brennt's euch beiden schon. Da könnt ihr Samstagabend Flitterwochen halten. Hier, nimm, ich hab' dir das Buch über Leibowitz mitgebracht. Bei der Flucht hast du's auf dem Teppich liegenlassen. Was soll aus dir werden, Fima. Wie du bloß ausschaust.«
Tatsächlich hatte er nach Annettes Weggang vergessen, den Hemdzipfel wieder in die Hose zu stopfen, und unter dem Zottelbärpullover lugte hinten der Saum seines vergrauten Flanellunterhemds hervor.
Nina räumte den Kühlschrank leer, warf erbarmungslos uraltes Gemüse, Thunfisch, steinharte, grünschimmlige Käsereste und eine offene Sardinenbüchse in den Mülleimer. Und stürzte sich mit einem in Reinigungsmittel getränkten Lappen auf Regale und Innenwände. Inzwischen schnitt Fima sich ein paar dicke Scheiben von dem duftenden georgischen Schwarzbrot ab, das sie mitgebracht hatte, strich großzügig Marmelade darauf und begann mit vollen Backen zu kauen. Und überschüttete Nina dabei mit einem kleinen Vortrag über die Lehren, die wir hier aus dem Niedergang

Der dritte Zustand

der Linksparteien in England, in Skandinavien, ja eigentlich in ganz Nordeuropa ziehen müssen. Plötzlich, mitten im Satz, sagte er dann mit veränderter Stimme: »Schau, Nina. In bezug auf vorgestern abend. Nein, das war vorher. Ich bin wie ein nasser Köter bei dir reingeplatzt, hab' Unsinn dahergeredet, bin über dich hergefallen, hab' dich beleidigt und bin dann ohne Erklärung geflüchtet. Jetzt schäme ich mich. Ich hab' keine Ahnung, was du von mir denkst. Bloß daß du nicht meinst, ich ... fühlte mich nicht zu dir hingezogen oder so. Das ist es nicht, Nina. Im Gegenteil. Mehr denn je. Ich hab' einfach einen schlechten Tag gehabt. Diese ganze Woche war nicht besonders. So ein Gefühl, als lebte ich gar nicht. Existierte nur. Im ewigen Alltagstrott. Lustlos und ohne Verstand. Es gibt so einen Psalmvers: Meine Seele zerfließt vor Kummer. Und das stimmt genau – zerfließen. Manchmal hab' ich keine Ahnung, warum ich hier noch rumlaufe wie der Schnee von gestern. Gehe. Komme. Schreibe. Durchstreiche. Im Büro Formulare ausfülle. Mich an- und ausziehe. Telefoniere. Alle belästige und euch das Hirn weichrede. Absichtlich meinen Vater ärgere. Wie kann mich überhaupt noch jemand ausstehen? Wieso jagst du mich immer noch nicht zum Teufel? Bringst du mir bei, wie man dich versöhnen kann?«

»Still, Fima«, sagte Nina. »Hör auf zu reden.«

Unterdessen verteilte sie die Lebensmittel in die Fächer des jetzt blitzsauberen Kühlschranks. Ihre mageren Schultern bebten. Von hinten kam sie ihm wie ein kleines Tier vor, das sich im Gitter der Falle quält, und er empfand Mitleid mit ihr. Den Rücken ihm zugewandt, fuhr sie fort: »Ich versteh's auch nicht. Vor eineinhalb Stunden in der Praxis hat mich plötzlich das Gefühl befallen, du hättest irgendein Leiden. Dir sei was passiert. Vielleicht seist du erkrankt und lägst hier fiebernd allein. Ich habe versucht anzurufen, aber es war pausenlos besetzt. Ich dachte, du hättst wieder mal vergessen, den Hörer aufzulegen. Da bin ich mitten in einer ziemlich wichtigen Verhandlung über den Konkurs einer Versicherungsgesellschaft aufgesprungen und direkt zu dir gerannt. Nicht direkt zu dir: Unterwegs hab' ich angehalten, um etwas einzukaufen, damit du nicht verhungerst. Man könnte meinen, Uri und ich hätten dich an Sohnes Statt adoptiert. Nur bereitet dieses Spiel Uri offenbar Vergnügen und mir – Kummer. Die ganze Zeit. Jedesmal meine ich von neuem, dir geschähe ein Unheil, und dann laß ich alles stehen und stürme geradewegs zu dir. So ein beängstigendes, beklemmendes Gefühl, als riefst du mich aus der

Ferne: Nina, komm. Es läßt sich nicht erklären. Sei so gut, Fima, und hör endlich auf, Brot zu fressen. Guck, wie du zugenommen hast. Und außerdem habe ich momentan weder Kraft noch Lust für deine revolutionäre Theorie über Mitterrand und die britische Labour. Heb das für Uri am Samstagabend auf. Sag mir statt dessen lieber, was los ist. Was mit dir vor sich geht. Irgendwas Sonderbares, das du mir nicht erzählst. Noch sonderbarer als sonst schon. Als hätte man dich leicht unter Drogen gesetzt.«

Fima gehorchte sofort, ließ mitten im Abbeißen von der Brotscheibe ab, legte sie geistesabwesend in den Ausguß, als sei es eine leere Tasse. Und stammelte, das Großartige sei, daß er sich vor ihr, vor Nina, fast nie schäme. Es mache ihm nichts aus, lächerlich zu wirken. Ja nicht einmal, in ihrer Gegenwart einen armseligen oder verächtlichen Eindruck zu machen wie vorgestern nacht. Als sei sie seine Schwester. Und jetzt werde er etwas Triviales sagen, aber was sei schon dabei? Nicht immer sei trivial das Gegenteil von echt. Was er sagen wolle: Sie sei in seinen Augen ... ein guter Mensch. Und ihre schlanken Finger seien die schönsten, die er je im Leben gesehen habe.

Immer noch mit dem Rücken zu ihm, über die Spüle gebeugt, entfernte sie das Brot, das er dort hingelegt hatte, polierte Kacheln und Hähne, wusch sich dann ausgiebig die Hände und sagte schließlich traurig: »Du hast einen Socken bei mir vergessen, Fima.« Und ein wenig später: »Wir haben schon endlos lange nicht mehr miteinander geschlafen.«

Sie drückte die Zigarette aus, faßte ihn mit ihrer herrlichen Hand, der eines kleinen Mädchens aus dem Fernen Osten, am Arm und hauchte: »Komm jetzt. In einer knappen Stunde muß ich wieder im Büro sein.«

Auf dem Weg zum Bett freute sich Fima, daß Nina kurzsichtig war, denn aus dem Aschenbecher, in dem sie ihre Zigarette ausgedrückt hatte, blitzte ganz kurz und flüchtig etwas auf, das Fima für Annettes abhanden gekommenen Ohrring hielt.

Nina zog den Vorhang zu, rollte die Tagesdecke zurück, rückte die Kissen zurecht und nahm die Brille ab. Ihre Bewegungen waren sachlich und knapp, als bereite sie sich darauf vor, von einer Ärztin untersucht zu werden. Als sie sich auszuziehen begann, wandte er ihr den Rücken zu und zögerte einen Augenblick, bis er begriff, daß ihm nichts anderes übrigblieb, als ebenfalls seine Kleidung abzulegen. Entweder Dürre – oder Überschwemmungen, sagte er sich mit einer Art Schadenfreude. Und beeilte sich, zwischen die Laken zu schlüpfen, ehe sie seine Fleischesschwäche bemerkte. Und da er sich erinnerte, wie er Nina schon beim vorigen Mal, bei ihr zu Hause auf dem Teppich, enttäuscht hatte, grenzte seine Erniedrigung und Scham ans Unerträgliche. Mit dem ganzen Körper preßte er sich an sie, aber sein Glied war leer und gefühllos wie ein zerknittertes Taschentuch. Er verbarg den Kopf zwischen ihren schweren, warmen Brüsten, als suche er dort Zuflucht vor ihr. Eng umschlungen und aneinandergeschmiegt, lagen sie reglos da wie zwei Körper an Körper zusammengedrängte Soldaten in einem Schützengraben unter Beschuß.

Und sie flehte ihn leise an: »Nur red nichts. Sag kein Wort. Mir ist auch so in deiner Nähe wohl.«

Fast greifbar tauchte vor seinen geschlossenen Augen das Bild des abgestochenen Hundes auf, der, sich windend und leise winselnd, sein letztes Blut zwischen nassen Büschen und Abfall an einer niedrigen Steinmauer verströmte. Und wie in tiefem Schlaf murmelte er zwischen ihren Brüsten Worte, die sie nicht hörte: »Zurück nach Griechenland, Jael. Dort werden wir uns lieben. Dort finden wir Erbarmen.«

Als Nina auf die Uhr schaute und sah, daß es halb zwölf war, küßte sie ihn auf die Stirn, rüttelte ihn sanft an den Schultern und sagte liebevoll: »Steh auf, Kind. Wach auf. Du bist eingeschlafen.«

Dann zog sie sich mit eckigen Bewegungen an, setzte die dicke Brille auf und zündete eine neue Zigarette an, worauf sie das Streichholz nicht durch Blasen, sondern durch wütendes Schütteln löschte.

Bevor sie ging, fügte sie mit leisem Klick die beiden Teile des Transistors zusammen, den Fima morgens umgeworfen hatte. Und drehte den Knopf so lange hin und her, bis plötzlich Verteidigungsminister Rabins Stimme durchs Zimmer dröhnte, der sagte: »Es wird die Seite gewinnen, die den längeren Atem hat.«

»Der ist wieder heil«, sagte Nina, »und ich muß gehen.«

»Sei mir nicht böse«, bat Fima. »Diese ganzen Tage fühle ich mich beklommen. Wie vor einem Unheil. Nachts schlafe ich kaum. Bin auf und schreibe Artikel, als ob jemand darauf hören würde. Keiner will hören, es ist wohl alles verloren. Was soll mit uns allen werden, Nina. Vielleicht weißt du's? Nein?«

Nina, die schon an der Tür stand, wandte ihm ihr bebrilltes Fuchsgesicht zu und sagte: »Heute abend habe ich Aussicht, relativ früh fertig zu werden. Komm von der Praxis direkt zu mir ins Büro, dann besuchen wir das Konzert im YMCA. Oder wir sehen uns die Komödie mit Jean Gabin an. Danach gehen wir zu mir. Sei nicht traurig.«

23.
Fima vergißt, was er vergessen hat

Fima ging wieder in die Küche. Verschlang nacheinander noch vier weitere dicke Scheiben von dem frischen georgischen Schwarzbrot mit Aprikosenmarmelade. Der Verteidigungsminister sagte: »Ich empfehle uns, nicht auf alle möglichen dubiosen Abkürzungen zu verfallen.« Das Adjektiv war ihm etwas schief herausgekommen, worauf Fima, den Mund voll Marmeladenbrot, erwiderte: »– und unsererseits empfehlen wir Ihnen, nicht alle möglichen famosen Uraltsprüche herzulallen.«

Sofort distanzierte er sich jedoch von diesem Wortspiel, das ihm kleinlich und banal erschien. Als er den Transistor ausschaltete, hielt er es für angebracht, sich bei Rabin zu entschuldigen: »Ich muß mich beeilen. Sonst komme ich zu spät zur Arbeit.« Dann kaute er eine Tablette gegen Sodbrennen und steckte, warum auch immer, Annettes Ohrring, den er zwischen Ninas Zigarettenstummeln im Aschenbecher gefunden hatte, in die Tasche. Die Jacke zog er sich besonders vorsichtig an, darauf bedacht, diesmal nicht im zerrissenen Ärmelfutter hängenzubleiben. Und da die Brotscheiben seinen Hunger nicht gestillt hatten und er sie sowieso dem Frühstück zurechnete, ging er in das kleine Lokal gegenüber zum Mittagessen. Nur wußte er nicht mehr, ob die Besitzerin Frau Schneidmann oder nur Frau Schneider hieß. Er beschloß, auf Schneidermann zu setzen. Sie war wie gewöhnlich keineswegs beleidigt, sondern lächelte ihn mit klaren, kindlich frohen Augen an. Mit diesem Lächeln glich sie fast der Ikone einer russisch-orthodoxen Dorfheiligen. Dann sagte sie: »Scheinmann, Doktor Nissan. Macht nichts. Das ist überhaupt nicht wichtig. Möge Gott nur dem ganzen Volk Israel Gesundheit und ein Auskommen schenken. Möge nur endlich Frieden für unseren teuren Staat kommen. Es ist schon nicht mehr zu ertragen, daß dauernd jemand stirbt. Heute Gulasch für Herrn Doktor? Oder heute Huhn?«

Fima überlegte kurz und bestellte dann Gulasch, Omelette, gemischten Salat und Kompott. An einem Tisch saß ein kleiner, runzliger Mann, der Fima deprimiert und ungesund vorkam. Der Betreffende las gemächlich die Mittagszeitung *Jediot Acharonot*, drehte die Blätter hin und her, starrte hinein, wobei er sich mit einem Zahnstocher in den Zähnen bohrte, und blätterte erneut um. Seine Haare schienen mit zähflüssigem Motoröl am

Schädel festgeklebt zu sein. Einen Augenblick erwog Fima die Möglichkeit, er selber sitze da, sei gestern oder vorgestern an jenem Tisch hängengeblieben, und all die Ereignisse der Nacht und dieses Morgens seien nicht passiert. Oder jemand anderem widerfahren, der Fima in vieler Hinsicht ähnelte und nur in einigen nichtigen, unbedeutenden Details von ihm abwich. Doch die Unterscheidung zwischen offenen Möglichkeiten und abgeschlossenen Tatsachen erschien Fima zu vereinfachend. Womöglich hatte sein Vater doch recht: Es gibt keine universale Landkarte der Realität. Gibt's nicht und kann's nicht geben. Jeder Mensch findet sich so oder anders im Wald zurecht, nach dubiosen Kartenfetzen, mit denen er auf die Welt gekommen ist oder die er hier und da unterwegs aufgelesen hat. Deshalb irren wir alle. Bewegen uns im Kreis. Fangen mit dem Krug an und enden meistens mit der Tonne. Treffen ohne Verstand zusammen und verlieren einander wieder im Dunkel, ohne einen einzigen fernen Funken von *nehora me-alja*, dem himmlischen Licht.

Fima war fast verlockt, die Wirtin zu fragen, wer dieser andere Herr sei und seit wann er schon so dasitze und seine Zeit vertrödle, den Schatz des Lebens hier an dem Tisch mit der grün-weiß gewürfelten Wachstuchdecke vergeude. Schließlich begnügte er sich mit der Frage, was man nach ihrer Ansicht tun müsse, um dem Frieden näherzukommen.

Frau Scheinmann wurde argwöhnisch. Sie blickte sich um, als fürchte sie sich vor dem bösen Blick, und antwortete ängstlich: »Was verstehen wir davon? Sollen die Großen darüber entscheiden. Die Generäle von unserer Regierung. Möge der Ewige ihnen nur Gesundheit schenken. Und viel Verstand.«

»Braucht's den Arabern gegenüber ein paar Verzichtsleistungen?«

Als habe sie Angst vor Spionen, vor Schwierigkeiten, vor den Worten selber, musterte sie mit den Augen die Tür und die Falten des Vorhangs, der die Gaststube von der Küche trennte. Dann senkte sie die Stimme zum Flüsterton: »Man braucht ein bißchen Erbarmen. Sonst nichts.«

Fima bohrte weiter: »Erbarmen mit den Arabern oder mit uns?«

Wieder lächelte sie ihn mit koketter Zaghaftigkeit an wie ein Dorfmädchen, das man unvermittelt mit einer Frage nach der Farbe ihrer Unterwäsche oder der Entfernung von hier zum Mond in Verlegenheit gebracht hat. Und antwortete mit verschmitztem Charme: »Erbarmen ist Erbarmen.«

Der Mann vom Nebentisch, ein verhutzelter Asketentyp mit fettigen

Haarsträhnen – Fima hielt ihn für einen kleinen Beamten, der an Hämorrhoiden litt, oder vielleicht einen Rentner der Kanalisationsabteilung –, mischte sich in die Unterhaltung ein und äußerte mit rumänischem Akzent in gequetschtem Tonfall, ohne den Zahnstocher ruhen zu lassen: »Mein Herr. Verzeihung. Bitte schön. Was heißt Araber. Was heißt Frieden. Was heißt Staat. Wer braucht das? Solange man lebt, muß man es sich gutgehen lassen. Was soll man sich für die ganze Welt den Kopf zerbrechen? Zerbricht sich die ganze Welt den Kopf für Sie? Sich bloß gut amüsieren. Soviel reingeht. Bloß Spaß haben. Alles andere ist verlorene Zeit. Entschuldigen Sie die Einmischung.«

Nur sah der Sprecher Fima nicht wie jemand aus, der sich die ganze Zeit amüsiert, sondern vielleicht eher wie ein Typ, der sich ab und zu ein paar Schekel nebenbei als Spitzel für die Einkommenssteuer verdient. Offenbar litt er unter häufigem Tatterich.

Fima fragte ernst: »Würden Sie empfehlen, mein Herr, uns in allem auf die Regierung zu verlassen? Daß jeder für sich selbst sorgt und sich in keiner öffentlichen Angelegenheit engagiert?«

Der deprimierte Denunziant sagte: »Am besten, die von der Regierung machen sich auch ein gutes Leben. Und die Regierung der Araber ebenfalls. Und desgleichen bei den Gojim. Alle amüsieren sich. Alle den ganzen Tag quietschfidel. Wir sterben ja doch alle.«

Frau Scheinmann kicherte, ja hätte Fima beinah zugezwinkert, während sie den entlassenen Beamten ignorierte, und sagte eilfertig, gewissermaßen bemüht, ein wenig von dem gutzumachen, was Fima sich hier anhören mußte: »Achten Sie nicht drauf, Doktor. Dem ist das Töchterchen gestorben, die Frau ist tot, die Geschwister ebenfalls. Und er hat auch keinen Groschen. Redet nicht mit Verstand. Das ist überhaupt ein Mensch, den Gott vergessen hat.«

Fima fingerte in seinen Taschen, fand aber nur Kleingeld. Deshalb bat er die Wirtin, anzuschreiben. Und nächste Woche, wenn er seinen Lohn bekommen würde – aber sie schnitt ihm mit sanfter Herzlichkeit das Wort ab: »Macht nichts. Nur keine Sorge. Schon gut.« Und unaufgefordert brachte sie ihm ein Glas süßen Tee mit Zitrone und fügte hinzu: »Es liegt sowieso alles beim Himmel.«

Darin stimmte er zwar nicht mit ihr überein, aber der Tonfall berührte ihn wie ein Streicheln, so daß er ihr plötzlich die Finger auf die geäderte Hand legte und ihr dankte und das Essen lobte und begeistert dem, was sie vorher gesagt hatte, beipflichtete – Erbarmen ist Erbarmen. Als Dimmi acht Jahre alt war, hatten Ted und Jael Fima einmal um zehn Uhr morgens alarmiert, um den Jungen suchen zu helfen, der offenbar aus der Schule ausgerissen war, weil die anderen Kinder ihm zugesetzt hatten. Ohne einen Moment zu zögern, hatte Fima ein Taxi bestellt und war nach Romema in die Kosmetikfabrik gefahren, wo er Baruch und Dimmi auch prompt in einem kleinen Labor verschanzt vorfand – über den Versuchstisch gebeugt, weiße Mähne neben weißlichem Blondschopf, damit beschäftigt, eine bläuliche Flüssigkeit im Reagenzglas über einem Bunsenbrenner zu destillieren. Als er eintrat, verstummten der Alte und das Kind wie auf frischer Tat ertappte Verschwörer. Dimmi hatte die Angewohnheit, sie beide – Baruch und Fima – Großvater zu nennen. Der Vater, den Trotzkibart wie einen moslemischen Krummdolch nach vorne gewölbt, wollte Fima nicht erklären, mit welcher Art von Versuch sie sich da beschäftigten: Man könne nicht wissen, ob er zu uns oder zu unseren Bedrängern zähle. Doch Dimmi drückte mit ernster Konzentration und geheimbündlerischer Miene sein Vertrauen aus, daß Fima nichts verraten werde. Großvater und ich arbeiten jetzt an der Entwicklung eines Sprays gegen Dummheit. Wo die Dummheit den Kopf erhebt, braucht man eines Tages bloß einen kleinen Behälter hervorzuziehen, ein bißchen zu spritzen, und schon ist die Dummheit verweht. Worauf Fima sagte: Gleich im Anfangsstadium werdet ihr mindestens hunderttausend Tonnen von eurem Mittel herstellen müssen. Und Baruch wiederum: Vielleicht ist es schade um all unsere Mühen, Diminka. Menschen, die das Herz auf dem rechten Fleck haben, brauchen diese Behandlung doch gar nicht, und was die Bösewichte anbetrifft – sagt mir, meine beiden Lieben: Warum sollten wir uns für die Bösen abrackern? Da vergnügen wir uns lieber ein bißchen. Und sogleich bestellte er telefonisch ein Tablett mit Süßigkeiten, Erdnüssen und Obst ins Labor, beugte sich seufzend nieder, kramte aus einer Schublade ein Päckchen hölzerne Zahnstocher hervor, bat den Jungen, die Labortür von innen abzuschließen – und bis zum Mittag vertieften sich die drei nun in eine Serie von Mikadospielen. Die Erinnerung an diesen geheimen Morgen glänzte in Fimas Gedächtnis wie ein Glückswunderland, desgleichen er nie, auch nicht in seiner eigenen Kindheit, gekannt hatte. Danach jedoch, am Mittag, mußte er sich aufraffen und Dimmi zu seinen Eltern zurückbringen. Ted brummte dem Jungen zwei Stunden Badezimmerhaft und noch zwei Tage Hausarrest auf. Auch Fima erhielt einen Anpfiff. Fast reute es ihn, daß sie auf die Entwicklung des Sprays verzichtet hatten.

Im Bus auf dem Weg zur Arbeit überdachte er das, was Frau Schönberg über den trübsinnigen Spitzel geäußert hatte, und sagte sich: Wen Gott vergessen hat, der ist nicht unbedingt verloren. Im Gegenteil. Vielleicht gerade leichtfüßig und frei wie eine Eidechse in der Wüste. Das Hauptproblem liegt nicht im Vergessen, sondern im Verebben: Wille, Sehnsüchte, Erinnerungen, körperliche Leidenschaften, Wißbegier, Begeisterung, Freudengefühl, Großzügigkeit – alles verebbt. Wie der Wind auf den Hügeln verebbt, so verebbt die Seele. Allerdings verebbt auch der Schmerz ein wenig im Lauf der Jahre, aber gemeinsam mit dem Schmerz verebben die Lebenszeichen. Die primären, einfachen, stummen Dinge, vor deren Zauber jedes Kind atemlos staunend innehält – der Wechsel der Jahreszeiten, der Lauf der Katze im Hof, das Drehen der Tür in den Angeln, der Kreislauf von Wachsen und Verwelken, das Prallwerden der Früchte, das Wispern der Pinien, eine Ameisenkolonne auf dem Balkon, die Veränderung des Lichts in den Tälern und auf den Abhängen dieser Berge, die Blässe des Mondes und der ihn umgebende Hof, Spinnennetze, die gegen Morgen Tauperlen ansammeln, die Wunder des Atmens, des Sprechens, die Abenddämmerung, das Sieden und Gefrieren von Wasser, das Gleißen der Mittagsstrahlen in einer kleinen Glasscherbe – dies und anderes mehr sind die einfachen Dinge, die gewesen und uns verlorengegangen sind. Sie kehren nicht wieder. Oder schlimmer noch – sie kehren zurück und blinken uns zuweilen aus der Ferne, aber die erste Erregung ist verebbt und erloschen. Für immer. Und alles ist getrübt und verschüttet. Das Leben selbst setzt nach und nach eine Staub- und Rußschicht an: Wer siegt in Frankreich, wie lautet der Beschluß der Likud-Parteizentrale, warum hat man den Artikel abgelehnt, was verdient ein Generaldirektor, wie wird der Minister auf die gegen ihn erhobenen Vorwürfe reagieren. Wieder und wieder hat man mir heute morgen gesagt, wieder und wieder habe ich heute gesagt: »Ich komme zu spät. Ich muß mich schon sputen.« Aber warum? Wohin? Wozu? Jene elementaren Dinge haben doch gewiß irgendwann auch einmal Verteidigungsminister Rabins Herz höher schlagen lassen, als er vor tausend Jahren – ein in sich gekehrter rothaariger Junge, barfuß, sommersprossig und mager – an einem Herbsttag um sechs Uhr früh in einem Tel Aviver Hinterhof zwischen Wäscheleinen herumstand und plötzlich ein Schwarm weißer Kraniche in den rosa Morgenwolken über ihn hinwegzog. Und auch ihm, wie mir, eine reine himmelblaue Welt der Stille, fern aller Worte und Lügen, verhieß, wenn wir es nur wagen würden, alles hinter uns zu lassen und einfach aufzubrechen. Und nun sind dieser Verteidigungsminister und auch wir, die tagtäglich in der Zeitung über ihn herfallen, allesamt bereits beim Vergessen und Verebben. Wie tote Seelen. Wohin wir uns auch wenden, wir lassen einen Schwall von Wortkadavern zurück, von denen es nicht mehr weit ist bis zu den Leichen der tagein, tagaus in den Gebieten umgebrachten arabischen Kindern. Und es ist auch nicht mehr weit zu dem verabscheuenswürdigen Umstand, daß ein Mensch wie ich die Kinder der Siedlerfamilie, die vorgestern auf der Straße nach Alfe-Menasche durch einen Molotowcocktail bei lebendigem Leib verbrannt sind, mir nichts, dir nichts aus der Totenrolle streiche. Warum habe ich sie gestrichen? Ist ihr Tod nicht rein genug? Unwürdig, in den Leidenstempel einzutreten, der uns angeblich untersteht? Wirklich nur, weil die Siedler mir Angst und Ärger bereiten, während die arabischen Kinder mein Gewissen belasten? Ist ein nichtiger Mensch wie ich schon so verkommen, daß er selbst zwischen dem unerträglichen und dem nicht ganz so unerträglichen Tod von Kindern unterscheidet? Die Gerechtigkeit in Person hat aus Frau Schönbergs Mund gesprochen, als sie dir einfach sagte: Erbarmen ist Erbarmen. Verteidigungsminister Rabin ist den Grundwerten untreu geworden und so weiter. Und nach Rabins Auffassung sind ich und meinesgleichen wohl dem Hauptgrundsatz untreu geworden etcetera. Aber hinsichtlich des Rufs, den das erste Goldlicht eines fernen Herbstmorgens an uns gerichtet hat, hinsichtlich des Flugs jener Kraniche, sind wir doch alle Untreue. Keinerlei Unterschied zwischen dem Minister und mir. Und auch Dimmi und seine Freunde haben wir schon vergiftet. Ich bin daher verpflichtet, Rabin ein paar Zeilen zu schreiben. Mich zu entschuldigen. Ich muß zu erklären versuchen, daß wir beide trotz allem im selben Boot sitzen. Oder vielleicht um ein Zusammentreffen bitten?

»Genug damit«, grinste Fima säuerlich, »wir haben gefehlt, sind untreu gewesen. Genug.«

Beim Verlassen des Busses murmelte er wie ein nörgelnder Alter: »Ein Kalauer. Nichts als ein hohler Kalauer.« Denn plötzlich erschien ihm das Wortgeplänkel mit *schicheha* und *schichecha*, »Vergessen« und »Verebben«, so blödsinnig, daß er beim Passieren der Vordertür dem Fahrer weder danke noch Schalom sagte, obwohl er sonst doch sogar in Augenblicken völliger Zerstreutheit darauf achtete, auch gestern, als er aus Versehen an der falschen Haltestelle ausgestiegen war.

Zwei, drei Minuten blieb Fima auf der grauen Straße zwischen toten

Blättern und wirbelnden Papierfetzen stehen, lauschte aufmerksam dem Wispern der feuchten Pinien hinter den Steinmäuerchen und blickte in Fahrtrichtung: Was hatte er eigentlich im Bus vergessen? Ein Buch? Den Schirm? Einen Umschlag? Vielleicht irgendein kleines Päckchen? Etwas, das Tamar gehörte? Oder Annette Tadmor? »Schwebt und kreist, ihr Kraniche«, fiel ihm plötzlich eine längst vergessene Zeile aus einem alten Kinderlied wieder ein. Und er tröstete sich mit der Hoffnung, das auf dem Sitz Zurückgelassene sei nichts weiter als der *Ma'ariv*, den er dort gefunden hatte. Der Minister und die Kraniche waren schuld daran, daß er sich nicht einmal mehr erinnerte, wie die Schlagzeile der Zeitung gelautet hatte.

24.
Schmach und Schuld

Auf dem gepflasterten Pfad, der durch den Gartenstreifen um das Gebäude herum zum Praxiseingang führte, hielt er inne und blieb ein Weilchen stehen, weil ihn vom zweiten Stock, durch die geschlossenen Fenster, durch Wind und Pinienrauschen hindurch, die Celloklänge einer der ältlichen Musikerinnen erreichten. Oder vielleicht war es nur ein Schüler, der wieder und wieder dieselbe Tonleiter übte.

Vergeblich mühte Fima sich, die Melodie herauszuhören, obwohl er im Stehen mit ganzer Kraft lauschte, wie ein Mensch, der nicht weiß, woher und wohin. Könnte er nur in diesem Augenblick die Erscheinungsform wechseln: sich in Dunst verwandeln. Oder in einen Stein. Zum Kranich werden. Ein inneres Cello regte sich in ihm und begann dem Cello von droben in seiner Sprache zu antworten – ein Klang der Zauberei und der Schadenfreude über sich selbst.

Fast greifbar sah er das Leben der drei ältlichen Musikerinnen vor sich, die stundenlang in einem klapprigen Taxi über regennasse, winterliche Straßen holperten, um in einem entlegenen Kibbuz im hintersten Obergaliläa oder beim Eröffnungsakt eines Veteranentreffens der Jüdischen Brigade ein Rezital zu geben. Wie mochten sie einen freien Winterabend verbringen? Nachdem das Geschirr gespült und die Küche aufgeräumt war, trafen sie sich gewiß alle drei im Gemeinschaftsraum. Fima malte sich in der Phantasie ein calvinistisch strenges Wohnzimmer mit brauner Standuhr aus, auf der lateinische Buchstaben die Funktion von Zahlen erfüllen. Dazu eine Kommode, ein wuchtiger runder Tisch mit massiven Beinen und schwarze Stühle mit steilen Lehnen. Ein Stoffhund aus grauer Wolle sitzt auf dem Teppichrand. Auf dem geschlossenen Klavier, auf dem Tisch, auf der Truhe liegen Spitzendeckchen, wie sie auch im Haus seines Vaters in Rechavia jedes freie Fleckchen füllten. Ein großer alter Rundfunkapparat und künstliche blaue Blumen in einer hohen Vase vervollständigen das Bild. Alle Vorhänge sind zugezogen, alle Läden geschlossen, und ein blaues Feuer blüht im Ofen, der von Zeit zu Zeit leise aufblubbert, wenn das Petroleum vom Behälter zum Docht fließt. Eine der Frauen, vielleicht reihum, liest den anderen mit gedämpfter Stimme aus einem deutschen Roman vor. *Lotte in Weimar* zum Beispiel. Kein Laut außer ihrer Stimme, dem Ticken der Standuhr und dem Blubbern des Petroleums ertönt dort bis zum Ende des Abends. Um Punkt elf erheben sie sich und gehen auf ihre Zimmer. Die drei Türen schließen sich hinter ihnen bis zum Morgen. Und im Salon, im tiefen, schweigenden Dunkel, tickt die Pendeluhr unverwandt weiter. Und schlägt einmal in der Stunde dumpf.

Am Eingang zur Praxis betrachtete Fima das elegante Schild mit dem Aufdruck: *Dr. Wahrhaftig – Dr. Etan – Fachärzte für Frauenheilkunde.* Wie immer empfand er Unbehagen, weil die Sprache eine solche Häufung zusammengesetzter Wörter nicht duldet. Worauf er wütend murmelte: »Dann duldet sie's eben nicht. Na und.«

Nora, Wahrhaftigs einzige Tochter und Gad Etans frühere Frau, die vor zehn Jahren mit einem Gastdichter aus Lateinamerika durchgebrannt war – ob sie wohl manchmal unter Heimweh litt? Unter Gewissensbissen? Unter Anwandlungen von Schmach und Schuld? Niemals wurde hier von ihr gesprochen. Auch nicht indirekt. Nicht einmal andeutungsweise. Als sei sie nie gewesen. Nur Tamar erzählte ihm manchmal von einem an die Absenderin zurückgegangenen Brief oder einem mit Schweigen und Aufknallen beantworteten Anruf. Sie versuchte Fima auch hartnäckig davon zu überzeugen, daß Gad eigentlich nicht schlecht, nur eben schüchtern und verletzt sei. Obwohl sie gelegentlich das genaue Gegenteil behauptete: Jede Frau der Welt würde vor dieser Schlange schleunigst Reißaus nehmen.

Fima zog eine weiße Jacke über, setzte sich hinter seine Theke und begann seinen Terminkalender durchzusehen, den er bei sich *Schalschelet Hakabbala*, Empfangs- (oder Überlieferungs-)kette, nannte. Als versuche er unwissentlich zu raten, welche der eingetragenen Frauen als die nächste Annette Tadmor in sein Leben eintreten könnte.

Tamar sagte: »Es sind zwei Patientinnen drinnen. Die beim Kontrabaß hat ein bißchen Ähnlichkeit mit Margaret Thatcher, und die bei Gad sieht wie eine Oberschülerin aus. Recht hübsch.«

»Beinah hätte ich dich mitten in der Nacht angerufen«, sagte Fima. »Ich hab' deinen finnischen Feldmarschall, der mit ›M‹ anfängt und endet, rausgefunden: Mannerheim. Eigentlich hat er von Mannerheim geheißen. Ein deutscher Name. Der hat die ganze Welt in Staunen versetzt, da es ihm gelungen ist, an der Spitze der kleinen finnischen Armee den Angriff Stalins zu stoppen, der im Jahr neununddreißig in enormer Truppenstärke bei ihnen eingefallen ist.«

»Du weißt auch alles«, meinte Tamar. »Könntest leicht Professor sein. Oder Minister.«

Fima dachte ein wenig darüber nach, stimmte ihr insgeheim zu und sagte liebevoll: »Du bist die ideale Frau, Tamar. Es ist eine wahre Schande für das gesamte Männergeschlecht, daß man uns dich noch nicht weggeschnappt hat. Aber wenn man's näher bedenkt – es ist einfach noch nicht der Mann geboren worden, der deiner würdig wäre.«

Mit ihrem kräftigen, quadratischen Körper, dem weichen Blondhaar, das im Nacken zu einem kleinen Knoten zusammengefaßt war, ja sogar mit ihrem seltsamen Pigmentfehler, der ihr ein grünes und ein braunes Auge verliehen hatte, erschien sie ihm auf einmal rührend kindlich, so daß er sich fragte, warum er nicht einfach auf sie zuging, ihr die Arme um die Schultern legte und ihren Kopf an seine Brust drückte, als sei sie seine Tochter. Doch gleich darauf vermischte sich dieser Tröstungstrieb mit dem Drang, ihr gegenüber damit zu prahlen, daß heute morgen zwei Frauen zu ihm gepilgert seien und sich ihm eine nach der andern hingegeben hätten. Er zögerte, nahm sich zusammen und schwieg. Wann hatte zuletzt eine Männerhand diesen stämmigen Körper angefaßt? Wie würde sie reagieren, wenn er plötzlich die Arme ausstreckte und ihr die Hände auf die Brüste legte? Mit Entsetzen? Mit Schreien? Mit verschämtem Dahinschmelzen? Du Dussel, sagte er zu seinem Glied, jetzt fällt's dir wieder ein. Und als spüre er tatsächlich in der weichen Mitte beider Handflächen die Versteifung ihrer Nippel, krallte er die Finger. Und grinste.

»Kann man dich noch was fragen?« erkundigte sich Tamar.

Fima erinnerte sich nicht, wie ihre vorherige Frage gelautet hatte, erwiderte aber trotzdem mit heiterer Großzügigkeit, als wolle er die majestätischen Gesten seines Vaters nachahmen: »Bis zur Hälfte des Königreichs.«

»Eine Insel im Stillen Ozean und auch eine Badebekleidung.«

»Wie bitte?«

»So steht's hier. Vielleicht ist es ein Druckfehler. Insel im Stillen Ozean und auch Badebekleidung. Sechs Buchstaben. Das ist beinah das letzte, was mir noch fehlt.«

»Weiß ich nicht«, sagte Fima, »versuch mal Tahiti. Ich hab' ein Kind, das bittet mich, mit ihm in den Stillen Ozean zu ziehen. Dort gemeinsam in einer Reisighütte zu wohnen und uns von Fischen und Früchten zu ernähren. Das heißt, es ist nicht genau mein Kind. Meins und doch nicht meins. Egal. Versuch Hawaii. Würdest du mitkommen, Tamar? In einer Reisighütte wohnen und nur Fische und Früchte essen? Fern von Brutalität und Dummheit? Fern von diesem Regen?«

»Heißt es Tahiti oder Dahiti? Eigentlich hilft mir Tahiti so oder so nicht, denn der zweite Buchstabe ist ›i‹, und der dritte müßte ›k‹ sein. Redest du von Jaels Kind? Von Dimmi? Deinem Challenger? Vielleicht sollte ich mich nicht einmischen, Fima, aber denk gut nach, ob du diesem Kind nicht das Leben schwermachst mit deinem Versuch, ihm Reservevater zu sein. Manchmal meine ich –«

»Bikini«, sagte Fima, »den Badeanzug hat man nach dem Ende der Welt benannt. Bikini ist ein winziges Inselchen, von dem man alle Eingeborenen evakuiert hat, um es dann mit Atombomben völlig zu zerstören. Das war die Versuchsstation des Weltendes. Im Süden des Stillen Ozeans. Wir werden uns eine andere Insel suchen müssen. Ja sogar einen anderen Ozean. Überhaupt – ich und Reisighütten. Nicht mal ein Bücherbord krieg' ich zusammengebaut. Uri Gefen bringt mir Regale an. Bitte, Tamar, steh nicht so am Fenster, mit dem Rücken zu mir und zum Zimmer. Tausendmal hab' ich dir schon gesagt, daß ich das nicht ertragen kann. Mein Problem. Ich weiß.«

»Was hast du denn, Fima? Manchmal bist du furchtbar komisch. Ich hab' nur die Gardine vorgezogen, weil ich keine Lust mehr habe, in diesen Regen zu starren. Und wir brauchen uns auch keine andere Insel zu suchen, Bikini paßt genau. Was ist das deiner Ansicht nach – Regierungspartei in Nicaragua?«

Fima hatte auch auf diese Frage bereits die Antwort auf der Zunge, aber im selben Moment gellte hinter Dr. Etans geschlossener Tür eine weibliche Stimme auf, ein kurzer, durchdringender Hilferuf, zutiefst überrascht und beleidigt, als entringe er sich der Kehle eines kleinen Mädchens, dem furchtbares Unrecht geschehen war. Wen ermordete man dort? Vielleicht den, der Joesers Vater oder Großvater hätte werden sollen? Fima schrak förmlich zusammen, mit aller Kraft bemüht, sich abzuriegeln, zu verschanzen, sich nicht auszumalen, was ihr die Hände in den durchsichtigen Plastikhandschuhen dort antaten auf dem gynäkologischen Stuhl, der mit weißem Wachstuch und einem ebenfalls weißen Einmallaken aus rauhem Papier abgedeckt war, daneben ein weißes Wägelchen mit einer Reihe steriler Skalpelle, Spekula, Scheren verschiedener Größen, Zangen, Spritzen, Rasiermesser, Nadel und Faden speziell zum Vernähen von menschlichem Fleisch, Pinzetten, Sauerstoffmasken und Infusionsbeutel voll Selain. Und die Weiblichkeit, die dort in ganzer Länge und Breite schutzlos ausgebreitet lag, vom Lichtstrahl der starken Lampe hinter dem Kopf des Arztes überflutet, rosarot wie eine Wunde, ähnlich vielleicht dem aufgerissenen Mund eines zahnlosen Alten, vor dunklem Blut triefend.

Während er noch vergeblich danach rang, das Bild zu löschen, nichts zu hören, nichts zu sehen und nichts zu raten, sagte Tamar ruhig: »Genug. Beruhig dich. Das ist ausgestanden dort.«

Aber Fima begann sich zu schämen. Irgendwie, auf ihm selbst unklare Weise, fühlte er sich nicht rein von Schuld. Hielt sich für mitschuldig an dem Leiden hinter der geschlossenen Tür. Sah eine Verbindung zwischen der Demütigung, die er heute morgen erst Annette, dann Nina zugefügt hatte, und der Schmach auf dem reinweißen Behandlungsstuhl. Der gewiß schon nicht mehr rein weiß, sondern mit Blut und anderen Ausscheidungen besudelt war. Sein Glied krümmte sich wie ein Dieb und verschwand tief in seiner Höhle. Die Hoden durchzuckte ein dumpfer, widerlicher Schmerz. Wenn Tamar nicht da gewesen wäre, hätte er die Hand in die Hose gesteckt, um den Druck zu mildern. Obwohl es eigentlich so besser war. Er mußte den elenden Versuch aufgeben, Zwi davon zu überzeugen, daß wir uns angeblich von der Verantwortung für die Greuel, die in unserem Namen begangen werden, lossagen können. Man muß die Schuld anerkennen. Muß sich damit abfinden, daß unser aller Leiden auf unser aller Schultern lasten. Die Unterdrückung in den Gebieten, die Schmach der in Mülltonnen stöbernden alten Menschen, der Blinde, der nachts mit seinem Stock durch das Dunkel der verlassenen Straße tappt, die Leiden autistischer Kinder in verwahrlosten Anstalten, die Abschlachtung des an Gasbrand erkrankten Hundes, Dimmis Kummer, Annettes und Ninas Demütigung, Teddys Einsamkeit, Uris ständiges Herumreisen, der chirurgische Eingriff, der hier jenseits der Wand mit Edelstahlzangen tief in der verwundeten Scham vorgenommen wird – alles auf unser aller Schultern. Vergebens die Träume von der Flucht auf die Mururoa- oder Galapagosinseln. Auch das von einer radioaktiven Wolke verseuchte Bikini lastet auf unser aller Schultern. Einen Moment verharrten seine Gedanken bei den zwei Bedeutungen von Scham und der Ähnlichkeit von Zange und Zwang, doch sofort tadelte er sich wegen dieser Wortspiele, seiner Sprachschnörkel, die kein weniger verächtliches Ausweichmanöver waren als das Wort »Preis«, das der Verteidigungsminister benutzt hatte, statt Tod zu sagen.

»Bei Alterman* gibt es so einen Vers«, sagte er zu Tamar, »in den *Ägyptischen Plageliedern:* ›Da sammelte sich der Pöbel der Gegend, / den Schandkragen in der Hand, / ihn Ministern und König fein anzulegen / und loszureißen vom eigenen Hals.‹ Das ist meines Erachtens fast die Schlußzeile der ganzen Historie. Das ist unser aller Geschichte auf vier Zeilen reduziert. Komm, wir machen ihr Kaffee. Und für Gad und Alfred auch.«

»Geht in Ordnung«, sagte Tamar. »Du bist befreit. Ich habe den Kessel schon eingeschaltet. Sie braucht ja sowieso noch ein bißchen Zeit, bis sie aufwacht und auf die Beine kommt. Du bist heute auch davon dispensiert, hinterher reinzugehen und die Putzerei zu machen. Ich werde dort saubermachen, und du stellst nur den Sterilisator an und läßt eine Waschmaschine laufen. Wie behältst du bloß alles auswendig? Alterman und Bikini und alles? Einerseits ein zerstreuter Wirrkopf, der sich das Hemd nicht richtig zuknöpfen kann und morgens keine Rasur ohne Schramme übersteht, und andererseits jemand, der die Welt auf den Kopf stellt, um irgendein Wort für ein Kreuzworträtsel rauszukriegen. Und jedem das Leben organisiert. Guck dir doch deinen Pulli an: halb in der Hose und halb draußen. Und der Kragen ist auch halb zu sehen und halb begraben. Wie ein Baby.«

Damit verstummte sie, während ihr mitleidiges Lächeln wie vergessen auf dem offenen, breiten Gesicht stehenblieb, versank in Gedanken und fuhr schließlich traurig fort, ohne den Zusammenhang zu erklären: »Mein Vater hat sich im Hotel Metropol in Alexandria aufgehängt. Das war im Jahr sechsundvierzig. Man hat keinen Brief gefunden. Ich war damals fünfeinhalb und kann mich kaum an ihn erinnern. Ich weiß noch, daß er Zigaretten geraucht hat, die *Simon RZ* hießen. Und ich erinnere mich an seine

---

* *Natan Alterman* (1910-1970), in Warschau geborener, bedeutender hebräischer Dichter.

Armbanduhr: gelb, vierkantig, mit Leuchtzifferblatt, auf dem die Zeiger im Dunkeln wie zwei Geisteraugen funkelten. Ich habe ein Bild, das ihn in englischer Militäruniform zeigt, aber er wirkt gar nicht wie ein Soldat. Eher schlampig. Und müde. Dabei sieht er auf diesem Bild blond aus, lächelt, mit hübschen weißen Zähnen und vielen lustigen Fältchen in den Augenwinkeln. Nicht traurig, nur müde. Mit einer Katze auf dem Arm. Vielleicht hat er auch eine unglückliche Liebe gehabt? Meine Mutter hat mit mir nie über ihn sprechen wollen. Hat immer nur gesagt: Er hat auch nicht an uns gedacht. Und dann das Thema gewechselt. Sie hatte einen Liebhaber, einen großen australischen Captain mit einem Holzarm und einem russischen Namen, Seraphim, von dem man mir mal erklärt hat, er käme von dem hebräischen Wort. Danach hatte sie einen weinerlichen Bankier, der sie nach Kanada mitgeschleppt und ihr dort den Laufpaß gegeben hat. Zum Schluß hat sie mir einen Brief aus Toronto geschrieben – auf polnisch, man hat ihn mir übersetzt, denn sie hat's nie fertiggebracht, hebräisch schreiben zu lernen –, sie wolle nach Nes Ziona zurückkehren und ein neues Leben beginnen. Aber sie hat's nicht mehr geschafft. Ist dort an Leberkrebs gestorben. Und mich haben sie im Internat des Arbeiterinnenrats aufgezogen. Alterman – sag mal, Fima, stimmt es, daß der zwei Frauen hat?«

»Er ist gestorben«, sagte Fima, »vor rund zwanzig Jahren.« Und wollte ihr schon ein Kurzseminar über Alterman halten, doch im selben Moment ging Dr. Etans Tür auf, ein Schwall säuerlich-bitteren Desinfektionsgeruchs quoll heraus, und dann steckte auch der Arzt seinen Kopf durch den Spalt und befahl Tamar: »Komm her, Brigitte Bardot. Komm im leichten Galopp und bring mir eine Ampulle Dolestin.«

Fima mußte also vorerst sein Referat vertagen. Er schaltete den siedenden Kessel ab und beschloß, den Ofen im Aufwachraum anzuzünden. Dann beantwortete er zwei Telefonate nacheinander – gab Frau Bergson einen Termin Ende des Monats und erklärte Gila Maimon, es sei bei ihnen nicht üblich, Untersuchungsergebnisse telefonisch durchzugeben; sie müsse also vorbeikommen und die Antwort von Dr. Wahrhaftig persönlich hören. Mit beiden sprach er irgendwie kleinlaut und unterwürfig, als habe er ihnen ein Unrecht angetan. Insgeheim stimmte er Annette Tadmor zu, die die Klischees mysteriöser Weiblichkeit – Greta Garbo, Beatrice, Marlene Dietrich, Dulcinea – verspottet hatte, aber doch im Unrecht war, als sie dann versuchte, den Mantel des Geheimnisvollen dem männ-

Der dritte Zustand

lichen Geschlecht umzulegen: Wir sind allesamt an der Lüge beteiligt. Wir alle verstellen uns. Die simple Wahrheit ist doch, daß jeder von uns haargenau weiß, was Erbarmen ist und wann wir es schenken müssen, denn jeder von uns schreit schließlich nach ein wenig Erbarmen. Aber wenn der Augenblick kommt, in dem wir das Tor des Erbarmens öffnen müßten, tun wir so, als wüßten wir von nichts. Oder als seien Mitleid und Erbarmen nur eine Form der Demütigung des anderen, altmodische Gefühlsduselei. Oder denken, so ist das eben, was kann man schon machen, und wieso gerade ich. Das hat Pascal offenbar gemeint, als er vom Tod der Seele sprach und das Elend des Menschen dem eines entthronten Königs gleichsetzte. Feige, infam, häßlich erschienen Fima seine Anstrengungen, sich ja nicht vorzustellen, was jenseits der Wand vorging. Seine Gedanken gewissermaßen von Tamars Vaters Tod auf den Klatsch um Altermans Privatleben zu lenken. Jeder von uns hat doch die Pflicht, Leid wenigstens zur Kenntnis zu nehmen. Wenn er Regierungschef wäre, würde er jeden einzelnen Minister verpflichten, eine Woche mit einer Reserveeinheit in Gaza oder Hebron zu verbringen. Sich einige Zeit zwischen den Zäunen eines Internierungslagers im Negev aufzuhalten. Mindestens zwei Tage auf der psychogeriatrischen Station eines drittklassigen Krankenhauses zu sitzen. Eine Winternacht von Sonnenuntergang bis zur Morgendämmerung in Schlamm und Regen am Grenzzaun zum Libanon auf der Lauer zu liegen. Oder mit Etan und Wahrhaftig in dieser Ausschabungshölle zu stehen, in die von oben herab wieder die Klavier- und Celloklänge aus dem zweiten Stock herabrieselten.

Gleich darauf verursachten diese Gedanken ihm Brechreiz, weil sie ihm bei genauerem Nachdenken wie slawischer Kitsch aus dem vorigen Jahrhundert in Reinkultur vorkamen. Schon der Ausdruck »Ausschabungshölle« erschien ihm ungerecht – zuweilen wurde an diesem Ort doch fast Leben geschaffen. Fima erinnerte sich an eine nicht gerade junge Patientin, Sara Matalon, an der die größten Fachärzte verzweifelt waren, so daß sie ihr rieten, eben ein Kind anzunehmen, und nur Gad Etan hatte nicht aufgegeben, vier Jahre lang nicht von ihr abgelassen, bis er ihren Schoß geöffnet hatte. Die ganze Praxis war zur Beschneidungsfeier ihres Sohnes eingeladen worden. Als der Vater plötzlich verkündete, das Neugeborene solle Gad heißen, merkte Fima, daß Dr. Etan anfing, gewaltsam an seinem Uhrarmband zu zerren, worauf sich im selben Moment auch Fimas Augen mit Tränen füllten, so daß sie sich mit Wahrhaftig begnügen mußten, der sein Patenamt begeistert versah.

Fima schnellte hoch, um Tamar beizuspringen, die eine verstörte, kalkweiße, etwa siebzehnjährige Patientin führte, die so zerbrechlich wirkte, als bestehe sie aus Zündhölzern, und auf weichen Beinen zum Aufwachraum wankte. Als wolle er sämtliche Sünden des Männergeschlechts büßen, lief Fima hierhin und dorthin, um eilig eine Wolldecke, kalten Sprudel, einen Zitronenschnitz, Papiertaschentücher und Aspirin zu holen. Später bestellte er ihr ein Taxi.

Um halb fünf war Kaffeepause. Dr. Wahrhaftig kam, lehnte sich an die Theke und blies Fima Medikamenten- und Desinfektionsmittelgeruch ins Gesicht. Sein riesiger Brustkasten, aufgeblasen wie der eines russischen Generalgouverneurs aus der Zarenzeit, und seine breiten, runden Lenden verliehen seiner massigen Gestalt die Form eines Kontrabasses.

Auf leisen, elastischen Samtpfötchen, als liefe er über heißes Blech, kam Dr. Etan angeschossen, gleichgültig träge mit geschlossenem Mund ein Kaugummi kauend, die schmalen Lippen zusammengepreßt.

»Das war ein sehr merkwürdiger Schnitt. Gut, daß du ihn eng vernäht hast«, sagte Wahrhaftig.

»Wir haben sie da rausgerettet. War recht nett«, erwiderte Gad Etan.

»Mit der Transfusion hast du entschieden recht gehabt«, meinte Wahrhaftig.

»*Big deal*«, gab Etan zurück. »Das war von Anfang an sonnenklar.«

»Gott hat dir kluge Finger gegeben, Gad«, sagte Wahrhaftig.

Fima mischte sich schüchtern ein: »Trinkt. Der Kaffee wird kalt.«

»Exzellenz von Nissan!« brüllte Wahrhaftig los. »Wohin waren Euer Hochwohlgeboren all diese Tage verschwunden? Sicher ist es Ihnen gelungen, einen neuen Faustus für uns zu verfassen! Oder einen Kohlhaas! Und wir haben schon fast vergessen, wie Euer strahlendes Antlitz aussieht!« Daran anknüpfend erzählte er einen »alten Witz« über drei Nichtstuer. Mußte aber, noch bevor er beim dritten angekommen war, in heiseres Gelächter ausbrechen.

Gad Etan, gedankenverloren, sagte plötzlich sanft: »Trotzdem hätten wir's nicht hier unter örtlicher Betäubung machen sollen. Das hätte stationär geschehen müssen. Und bei Vollnarkose. Beinah wär' uns das schiefgegangen. Man muß das bedenken, Alfred.«

Wahrhaftig erwiderte mit veränderter Stimme: »Was ist? Bist du beunruhigt?«

Darauf antwortete Gad nicht gleich. Erst nach einigem Schweigen sagte er: »Nein. Jetzt bin ich völlig ruhig.«

Der dritte Zustand

Tamar zögerte, klappte den Mund zweimal auf und wieder zu und sagte schließlich vorsichtig: »Steht dir großartig, Gad, dieser weiße Rolli. Möchtest du Tee mit Zitrone statt diesem Kaffee?«

»Ja«, sagte Gad Etan, »aber ohne Schwanzwedeln.«

Wahrhaftig beeilte sich in seiner plumpen, friedliebenden Art das Gespräch auf aktuelle Themen zu bringen: »Nun, was sagt ihr denn zu diesem polnischen Antisemiten? Die haben nichts gelernt und nichts vergessen. Habt ihr im Rundfunk gehört, was dieser Kardinal aus Warschau über das Kloster in Auschwitz gesagt hat? Haargenau wieder das alte Lied: Warum drängeln die Juden, warum lärmen die Juden, warum hetzen die Juden die ganze Welt gegen das arme Polen auf, warum versuchen die Juden wieder Kapital aus ihren Toten zu schlagen, es sind doch auch Millionen Polen umgekommen. Und unsere nette Regierung übergeht das mit ängstlichem Schweigen, als säßen wir noch in der Diaspora. In einem geordneten Staat hätte man deren Nuntius innerhalb einer Viertelstunde mit einem anständigen Tritt, ihr wißt schon in welchen Körperteil, in hohem Bogen heimwärts befördert.«

Gad Etan antwortete prophetisch: »Mach dir keine Sorgen, Alfred. Wir werden's nicht schweigend hinnehmen. Eines Nachts fliegen wir bei denen per Hubschrauber mit unserer Elitelandtruppe ein. Starten einen Blitzüberfall. Entebbe in Auschwitz. Sprengen mit Dynamit dieses Kloster in die Luft und bringen alle unsere Soldaten wieder heil und wohlbehalten an ihren Standort zurück. Das gibt eine perfekte Überraschung. Die Welt wird den Atem anhalten wie zu besseren Zeiten. Und hinterher brabbeln Mister Scharon und Mister Schamir über den langen Arm unserer Streitkräfte und die erneuerte israelische Abschreckungskraft. Das können sie dann ›Operation Frieden für die Krematorien‹ nennen.«

Fima fing sofort Feuer. Wenn ich Regierungschef wäre, dachte er, führte den Gedanken aber nicht zu Ende, sondern platzte zornig heraus: »Wer zum Teufel braucht das denn. Wir haben schlicht und einfach den Verstand verloren. Sind völlig aus den Gleisen gekippt. Was streiten wir uns mit den Polen herum, wem Auschwitz gehört? Das hört sich ja langsam an wie eine Fortsetzung der alten Leier von Verdienst der Vorväter und Erbteil der Vorväter und befreites-Gebiet-wird-nicht-zurückgegeben. Demnächst setzen die dort zwischen den Gaskammern noch eine neue Siedlung hin. Mauer und Turm. Ein Nachal-Wehrdorf namens Kavschanim – Schmelzöfen. Um Fakten zu schaffen. Ja, ist Auschwitz denn überhaupt eine jüdische Stätte? Eine Nazi-Stätte ist das. Eine deutsche Stätte. Eigentlich müßte das doch in eine Stätte des Christentums im allgemeinen und des polnischen Katholizismus im besonderen verwandelt werden. Eben – sollen sie ruhig dieses ganze Todeslager mit Klöstern, Kreuzen und Glocken pflastern. Von einem Ende zum andern. Mit Jesus an jedem Schornstein. Es gibt für das Christentum keinen passenderen Ort auf der Welt, mit sich selbst allein zu sein und in sich zu gehen. Für die Christen. Nicht für uns. Sollen sie dorthin wallfahrten, ihre Sünden bereuen oder – umgekehrt – den größten theologischen Sieg ihrer Geschichte feiern. Meinetwegen können sie ihr Kloster in Auschwitz ›Jesu süße Rache‹ nennen. Was rennen wir denn mit Demonstranten und Spruchbändern dorthin? Sind wir völlig verrückt geworden? Gerade sehr gut, daß ein Jude, der dorthin geht, um der Ermordeten zu gedenken, einen dichten Wald von Kreuzen um sich sieht. Daß er von allen Seiten nichts als Kirchenglocken läuten hört. Daß er begreift, daß er sich genau hier im Herzen Polens befindet. Im innersten Herzen des christlichen Europas. Meinetwegen bitte schön – es wäre durchaus wünschenswert, den Vatikan dorthin zu verlegen. Warum nicht. Soll der Papst doch von nun an bis zur Auferstehung der Toten auf einem goldenen Thron mittendrin zwischen den Schornsteinen sitzen. Und außerdem –«

»Und außerdem komm aus deiner Trance heraus«, zischte Gad Etan, während er seine schönen langen Finger sorgfältig gegen das Licht musterte, als fürchte er plötzlich, sie könnten eine Mutation durchgemacht haben. Unterzog sich aber nicht erst der Mühe zu erklären, ob er anderer Meinung sei.

»In einem geordneten Staat«, begann Wahrhaftig, bedacht, das Gespräch in höflich gemäßigte Bahnen zurückzulenken, »in einem geordneten Staat würde man euch nicht erlauben, über ein solch tragisches Thema makabre Reden zu halten. Es gibt Dinge, über die man nicht einmal in einer privaten Unterhaltung im geschlossenen Raum spaßen darf. Aber unser Fima ist paradoxiensüchtig, und du, Gad, freust dich bloß über jede Gelegenheit, die Regierung, Auschwitz, die Operation Entebbe, die sechs Millionen zu bespötteln – Hauptsache, es ärgert die anderen. Alles ist tot bei dir. Du würdest am liebsten alle aufhängen. Der Henker aus der Alfassi-Straße. Das kommt daher, daß ihr alle beide den Staat haßt, statt jeden Morgen Gott auf den Knien für all das zu danken, was wir hier haben – trotz Asiatentum und Bolschewismus. Ihr seht vor Löchern den Käse

Der dritte Zustand   1631

nicht.« Und urplötzlich mit gekünstelter Wut, ganz aufgeblasen, als sei er wild entschlossen, den furchtbaren Tyrannen zu spielen, lief der alte Arzt rot an, bis sein Säufergesicht bebte und die Adern darin zu platzen drohten, und brüllte höflich: »Genug! Schluß mit dem Schwatzen. Alles Marsch an die Arbeit! Bei mir hier ist nicht die Knesset!«

Fast ohne die Lippen zu öffnen, quetschte Gad Etan unter dem blonden Schnurrbart hervor: »Aber genau die Knesset. Voll mit Senilen. Alfred, komm zu mir rüber. Und ich brauche einen Moment auch die heiße Schönheitskönigin, mit Frau Bergmanns Kartei.«

»Was hab' ich dir denn getan«, flüsterte Tamar, deren Augen sich mit Tränen füllten, »warum quälst du einen?« Und in einem Aufflackern von wirrem Mut fügte sie hinzu: »Du kriegst von mir noch mal 'ne Ohrfeige.«

»Großartig«, grinste Etan, »ganz zu deinen Diensten. Ich halte dir sogar die andere Wange hin, falls dir das ein wenig hormonale Beruhigung verschaffen kann. Danach wird unser heiliger Augustinus dich und mich trösten – mit den übrigen Trauernden Zions und Jerusalems.« Damit vollführte er eine exakte Kreisbewegung, ging mit elastischen Schritten davon, wobei er seinen weißen Pullover glattzog, und hinterließ Schweigen.

Die beiden Ärzte verschwanden in Dr. Etans Zimmer. Fima kramte in seinen Taschen und förderte ein zerknittertes, nicht besonders sauberes Taschentuch zu Tage, das er Tamar für ihre überquellenden Augen reichen wollte. Aus den Falten fiel jedoch ein winziger Gegenstand zu Boden, den Fima nicht bemerkte. Tamar bückte sich danach und gab Fima, unter Tränen lächelnd, Annettes Glühwürmchen zurück. Dann wischte sie sich sofort mit dem Ärmel die Augen, das grüne wie das braune, zog das gewünschte Blatt heraus und rannte den Ärzten nach. Schon an der Tür, wandte sie Fima ihr gequältes, liebes Gesicht zu und sagte in jäher Verzweiflung, als schwöre sie bei allem, was ihr heilig war: »Einmal werde ich blitzschnell eine Schere packen und ihn umbringen. Und dann mich.«

Fima glaubte ihr nicht, nahm aber doch lieber den Brieföffner vom Tisch und legte ihn in die Schublade. Das Taschentuch und den Ohrring schob er vorsichtig in die Tasche zurück. Danach riß er ein Stück Papier ab und legte es vor sich hin, da er auf den Gedanken gekommen war, seine Idee mit dem Herzen des Christentums niederzuschreiben – vielleicht würde ein Artikel für die Wochenendzeitung daraus werden.

Aber er war zerstreut. Kaum drei Stunden hatte er letzte Nacht geschlafen, und am Morgen hatten ihn seine unermüdlichen Liebhaberinnen erschöpft. Was fanden sie eigentlich an ihm? Ein hilfloses Kind, das bei ihnen mütterliche Triebe des Wickelns und an ihrem Schoße Säugens weckte? Einen Bruder, der ihnen die Tränen trocknete? Einen erloschenen Dichter, dem sie gern Muse sein wollten? Und was zog Frauen zu einem grausamen Haudegen wie Gad? Oder zu einem geschwätzigen Geck wie seinem Vater? Fima grinste verwundert. Womöglich irrte sich Annette doch, und es gab trotz allem eine mysteriöse Seite? Das Rätsel weiblicher Vorlieben? Oder sie irrte keineswegs, sondern hütete nur sorgfältig das Geheimnis vor dem Feind? Leugnete listig bereits seine bloße Existenz? Gewiß hat sie mich heute morgen nicht begehrt, sondern bloß bemitleidet; deshalb hat sie beschlossen, sich hinzugeben, und hat's getan. Und ich – eine halbe Stunde später habe ich Nina nicht begehrt, sondern bemitleidet, und da wollte ich mich hingeben, aber die Natur hat mir versagt, was sie den Frauen mühelos gestattet.

»Das ist doch ungerecht«, murmelte er. Und dann, in einer Art Schadenfreude über sich selbst: »Ungerecht? Dann unterschreib halt einen Aufruf.«

Mit müder Hand malte er Kringel und Dreiecke, Kreuze und Davidsterne, Raketen und schwere Brüste auf das Blatt vor sich. Zwischen die Bilder schrieb er unwillkürlich die Liedzeile, die ihm auf dem Herweg eingefallen war: Schwebt und kreist, ihr Kraniche. Und darunter die Worte: »Springt und kreißt, ihr Karnickel.« Und strich es wieder aus. Dann knüllte er den Bogen zusammen und warf ihn nach dem Papierkorb. Traf aber daneben.

Nun kam er auf die Idee, die freie Zeit für zwei Briefe zu nutzen, einen offenen als Antwort auf Günter Grass zur Frage von Schuld und Verantwortung und einen privaten als späte Erwiderung auf Jaels vierundzwanzig Jahre zurückliegenden Abschiedsbrief. Vor allem lag ihm daran, sich selber und Jael zu erklären, warum er zwei Oberste der Luftwaffe gröblich beleidigt hatte, die an jenem Samstagabend eigens ins Haus gekommen waren, um ihn zu überzeugen, daß Jaels ein- bis zweijähriger Arbeitsaufenthalt in Seattle oder Pasadena von nationaler Bedeutung sei. Auch jetzt noch blieb er bei seiner Meinung, daß die Worte »nationales Interesse« zumeist als Deckmantel für sieben Plagen dienten. Aber nun, in der Mitte seines Lebens, hielt er sich nicht mehr für würdig, Moral zu predigen.

Mit welchem Recht? Was hast du denn in deinem Leben getan? Erwächst etwa Joeser und seinen Freunden, die in hundert Jahren hier an unserer Stelle leben werden, irgendein Nutzen daraus, daß in Jerusalem einmal ein nervender, träger Bursche herumgelaufen ist, der nicht aufhören konnte, allen mit seinen kleinlichen Sprachkorrekturen zuzusetzen? Es mit verheirateten Frauen zu treiben? Auf den Ministern herumzuhakken? Sich mit Schleuderschwänzen und Kakerlaken zu streiten? Während sogar ein boshafter Mensch wie Gad Etan hier Patientinnen geheilt und unfruchtbaren Frauen den Schoß aufgetan hat?

Als das Telefon klingelte und Fima wie gewöhnlich, »Praxis, Schalom« antworten wollte, entfleuchten ihm die Worte »Praxis, *Chalom*«. Sofort kicherte er über die vermeintliche Traumpraxis, geriet ins Stottern, versuchte den Lapsus durch blinde Witzelei zu beseitigen, verhedderte sich dabei, korrigierte sich, erklärte umständlich die Korrektur und gab Rachel Pintu einen eiligen Termin für die nächste Woche, obwohl sie ihn gar nicht um einen dringenden Termin gebeten hatte, sondern sich nur zu einer Routineuntersuchung anmelden wollte.

Wer weiß? Vielleicht hat ihr Mann sie auch verlassen? Hat sich eine junge Freundin angelacht? Oder ist beim Reservedienst in den Gebieten umgekommen, und nun ist niemand da, der sie trösten könnte?

25.
Finger, die keine sind

Um sieben ließen sie die Läden herunter und schlossen die Praxis ab. Regen und Wind hatten aufgehört. Kristallklare Kälte lag über Jerusalem. Sterne glühten in scharfem Winterglanz. Und aus dem Osten sandten christliche Glocken ein lautes, einsames Geläut, als finde die Kreuzigung auf Golgota eben jetzt statt.

Dr. Wahrhaftig fuhr mit dem Taxi nach Hause, in Gesellschaft von Tamar, die er wie gewöhnlich am Rechavia-Gymnasium abzusetzen versprach. Gad Etan verdrückte sich im Dunkeln in die Gasse, in der er seinen Sportwagen geparkt hatte. Während Fima – in seine Jacke gehüllt, den Kragen hochgestellt, auf dem Kopf die speckige, verblichene Schirmmütze – rund zehn Minuten an der öden Bushaltestelle stand und auf ein Wunder wartete. Er hatte die Absicht, Zwi und Schula Kropotkin in ihrem Haus am unteren Ende der Gaza-Straße aufzusuchen, sich an dem Napoleon zu laben, den Zwicka ihm versprochen hatte, die Beine vor dem Ofen auszustrecken und ihnen seine Gedanken über die Kluft zwischen Juden und Christen darzulegen, die gerade deshalb tief und dunkel klaffe, weil es sich gewissermaßen um eine Familienfehde handele, während unser Zwist mit dem Islam nichts als ein vorübergehender Streit um Grundstücke sei – in dreißig, vierzig Jahren wird sich kein Mensch mehr daran erinnern, während die Christen uns auch in tausend Jahren noch als Gottesmörder betrachten und als verfluchter Bruder behandeln werden. Die Worte »verfluchter Bruder« versetzten ihm einen jähen Stich ins Herz, weil sie ihn an das Baby erinnerten, das seine Mutter vor fünfzig Jahren zur Welt gebracht hatte, als er vier war. Dieses Baby mußte wohl im Alter von drei Wochen an einem Geburtsfehler gestorben sein, dessen Art Fima nicht kannte, da man in seiner Anwesenheit nie darüber gesprochen hatte. Er erinnerte sich weder an das Baby noch an die Trauer, sah aber fast greifbar ein winziges blauwollnes Strickmützchen vor sich, das auf dem Nachtschrank neben dem Bett der Mutter gelegen hatte. Bei ihrem Tod hatte der Vater all ihre Sachen aus dem Haus entfernt, und damit war auch die blaue Mütze verschwunden. Hatte Baruch sie ebenfalls, zusammen mit all ihren Kleidern, dem Lepra-Krankenhaus in Talbiye geschenkt? Fima gab auf, verzichtete auf den Bus und ging zu Fuß Richtung Rechavia. Vergeblich versuchte er sich ins Gedächtnis zu rufen, ob er Nina versprochen hatte, sie nach der Arbeit vom Büro abzuholen und mit ihr in die Komödie mit Jean Gabin zu gehen. Oder hatten sie sich vielleicht vorm Kino treffen wollen? Einen Augenblick später packten ihn Zweifel, ob er überhaupt mit Nina verabredet war oder nicht vielmehr mit Annette Tadmor. Hatte er in seiner Zerstreutheit etwa versehentlich beide eingeladen? In keiner Tasche wollte sich eine Telefonmünze finden lassen. Deshalb wanderte er weiter durch die leeren Straßen, die hier und da von einer gelben, in flirrenden Nebel gewindelten Laterne erleuchtet wurden, ignorierte die durchdringende Kälte und sann über seine Mutter nach, die ebenfalls die Kälte geliebt und den Sommer gehaßt hatte. Dann fragte er sich, was sein Freund Uri Gefen wohl in diesem Augenblick in Rom tun mochte. Sicher saß er in einem lauten Café an einem belebten Platz, inmitten scharfsinniger Männer und schöner, kühner Frauen, ließ seine Bauernstimme dröhnen und faszinierte seine Zuhörer mit Geschichten über die Luftkämpfe, an denen er teilgenommen hatte, oder über die Liebesaffäre, in die er im Fernen Osten getaumelt war, verstieg sich nach gewohnter Art in ironisch bittere Verallgemeinerungen über die Kapricen der Triebe, skizzierte mit feinen Worten den ständigen Schatten des Absurden, der alle Taten begleitet und stets die wahren Motive verdeckt, und schloß mit irgendeinem nachsichtigen Spruch, der endlich einen Schleier versöhnlichen Spotts über alles breitete – über seine Geschichte ebenso wie über die Liebeleien und Lügen als solche und auch über die Verallgemeinerungen, die er gerade eben erst selber benutzt hatte.

Fima wünschte, er könnte Uris breite, knorrige Hand im Nacken spüren. Sehnte sich nach seinen Späßen, seinem Geruch, seinem intensiven Atem und seinem warmen Lachen. Trotzdem und ohne jeden Widerspruch dazu bedauerte er ein wenig, daß sein Freund in ein, zwei Tagen schon zurückkam. Er schämte sich seiner Affäre mit Nina. Obwohl er überzeugt war, daß Uri längst von diesen Fürsorgeakten wußte, ja sie womöglich sogar selbst initiierte – aus Großzügigkeit und wegen der Zuneigung, die er für sie beide, Fima und Nina, empfand. Oder etwa aus kühlem Amüsement an einem königlichen Spielchen? Konnte es sein, daß er von Nina nach jedem Beischlaf ausführlichen Bericht verlangte und erhielt? Saßen sie da und ließen das Lustspiel in Zeitlupe vor sich ablaufen, um gemeinsam in liebevolles, mitleidiges Lachen auszubrechen? Vor zwei, drei Tagen hatte er Nina bei ihr zu Hause auf dem Teppich enttäuscht und heute morgen, durch Annettes Schuld, erneut in seinem Bett. Das Herz verkrampfte sich, als er daran dachte, wie sie ihm mit ihren herrlich geformten Fingern über die Stirn gestrichen und ihm dabei zugeflüstert hatte, gerade so, mit seinem schlaffen Glied, dringe er tiefer als beim Geschlechtsakt zu ihr durch. Selten, fast mystisch erschienen ihm diese Worte, die jetzt, da er sich ihrer erinnerte, in hellem Goldlicht erstrahlten, und er wünschte sich von ganzem Herzen, das Zerbrochene wieder zu heilen, ihr und Annette und auch Jael und Tamar, ja jeder Frau der Welt, einschließlich der häßlichen und ungeliebten, perfekte körperliche Liebe in Fülle zu schenken und Vater-, Bruder-, Sohnes- und Gnadenliebe obendrein.

In einem dunklen Hof fing ein unsichtbarer Hund heftig zu bellen an. »Was ist?« antwortete Fima verstört. »Was hab' ich dir denn getan?« Worauf er leicht verärgert hinzufügte: »Entschuldige mal. Wir kennen uns nicht.«

Er malte sich aus, wie sich jetzt hinter den Häuserfassaden, hinter Fensterläden, Scheiben und Vorhängen, winterliches Familienleben abspielte: Ein Mann sitzt auf seinem Sessel, in Hausschuhen, und liest ein Buch über die Geschichte des Dammbaus. Auf der Armlehne steht ein Gläschen Brandy. Seine Frau kommt rosig duftend, das Haar frisch gewaschen, in einem blauen Flanellmorgenrock aus der Dusche. Auf dem Teppich spielt ein kleines Kind stillvergnügt Domino. Eine zarte Feuerblume blüht hinter dem Ofengitter. Bald werden sie das Abendessen vor dem Fernseher einnehmen, der eine Folge aus einer lustigen Familienserie ausstrahlt. Danach bringen sie das Kind ins Bett, erzählen ihm eine Geschichte zum Einschlafen, geben ihm einen Gutenachtkuß und setzen sich nebeneinander auf die Couch im Wohnzimmer, legen beide die strumpfsockigen Beine auf den Couchtisch, tuscheln ein wenig und schlingen vielleicht die Finger ineinander. Draußen erklingt eine Krankenwagensirene. Und danach nur Donner und Wind. Der Mann steht auf, um das Küchenfenster fester zu schließen. Auf dem Rückweg bringt er auf einem Tablett zwei Glas Tee mit Zitrone und einen Teller mit geschälten Orangen. Eine kleine Wandlampe ergießt über beide einen Kreis häuslichen Lichts von braun-rötlicher Färbung.

Fima zuckte im Dunkeln zusammen, weil diese Bilder ihm neben Schmerzen auch Sehnsucht nach Jael, ja sogar ein sonderbares Sehnen nach sich selbst verursachten: als verberge eines der erleuchteten Fenster unterwegs einen anderen, wahren Fima – nicht dick, nicht lästig, nicht glatzköpfig, nicht in angegrauter langer Unterwäsche, ein fleißiger, ehrlicher Fima, der sein Leben vernünftig ohne Schmach und Lügen lebte. Ein ruhiger, penibler Fima. Obwohl er längst begriffen hatte, daß die Wahrheit außer seiner Reichweite lag, sehnte er sich immer noch zutiefst danach, ein wenig von der Lüge abzurücken, die wie feiner Staub in jeden noch so verborgenen Winkel seines Lebens eindrang.

Der andere, wahre Fima sitzt jetzt in einem ansprechenden Arbeitszimmer, umgeben von Bücherregalen, zwischen denen Reproduktionen alter Stiche Jerusalems von Reisenden und Pilgern der vergangenen Jahrhunderte hängen. Sein Kopf schwimmt im Glanzkreis der Tischlampe. Die linke Hand ruht auf dem Schenkel seiner Frau, die mit baumelnden Beinen bei ihm auf der Schreibtischkante sitzt, und die beiden tauschen Gedanken über irgendeine neue Hypothese in der Frage des Immunsystems oder auf dem Gebiet der Quantenphysik aus. Nicht daß Fima die leiseste Ahnung gehabt hätte, wie das Immunsystem arbeitet oder was Quantenphysik ist, aber er malte sich aus, daß der wahre Fima und seine Frau, beide Fachleute in Immunologie oder Physik, dort im warmen, hübschen Studierzimmer gemeinsam über einer Entwicklung brüteten, die das allgemeine Leid ein wenig verringern würde. Hatte vielleicht Karla, oder seine

Mutter, dieses Arbeitszimmer gemeint, als sie ihm im Traum zugerufen hatte, auf die arische Seite überzuwechseln?

Ecke Smolenskin-Straße, vor Premierminister Schamirs Amtswohnung, sah Fima ein kleines Mädchen auf einem Deckenbündel neben den Mülltonnen liegen. Eine Hungerstreikende? Eine Ohnmächtige? Womöglich eine Getötete? Hat eine trauernde Mutter aus Bethlehem die Leiche ihrer von uns ermordeten Tochter hierher gelegt? Erschrocken beugte er sich zu der Kleinen nieder, doch da war es nur ein Haufen feuchter Gartenabfälle in Sacktuch gewickelt. Fima verharrte davor. Der Gedanke, sich hier auszustrecken und ebenfalls in Hungerstreik zu treten, faszinierte ihn, erschien ihm sowohl gut als passend. Er hob die Augen und entdeckte ein einzelnes gelbes Licht hinter dem geschlossenen Vorhang im letzten Zimmer des zweiten Stocks. Sah im Geist Jizchak Schamir, Hände im Rücken, zwischen Fenster und Tür auf und ab schreiten und über das Telegramm da vor sich auf der Fensterbank nachgrübeln, von dem er nicht wußte, wie er es beantworten sollte. Womöglich spürte er auch winterliche Altersschmerzen in Schultern und Rücken. Schließlich war er kein junger Mann mehr. Auch er hatte revolutionäre Jahre im Untergrund mitgemacht. Vielleicht wäre es schön, einen Moment die Gegnerschaft zu vergessen? Jetzt zu ihm hinaufzugehen, um ihn aufzumuntern und seine Einsamkeit ein wenig zu lindern? Die ganze Nacht von Mensch zu Mensch mit ihm zu reden? Nicht kleinlich rechthaberisch, nicht vorwurfsvoll, nicht beschuldigend, sondern wie jemand, der behutsam die Augen eines guten Freundes zu öffnen versucht, den schlechte Menschen in eine unangenehme Angelegenheit verwickelt haben, die auf den ersten Blick ausweglos erscheint, während sich in Wirklichkeit eine vernünftige, ja sogar einfache und allgemeinverständliche Lösung anbietet, die in einem entspannten, ruhigen Gespräch von ein paar Stunden selbst dem stursten Herzen mühelos nahegebracht werden kann. Vorausgesetzt, der in Schwierigkeiten geratene Freund verschließt sich nicht, verschanzt sich nicht hinter einer Barrikade von Lügen und Phrasen, öffnet sich so weit, dir bescheiden zuzuhören und ein Spektrum an Möglichkeiten zu durchdenken, die er vorher auf der Stelle zurückgewiesen hat – nicht aus Bosheit, sondern aufgrund von Vorurteilen, überholten Denkschemata, tief verwurzelten Ängsten. Was ist denn Schlechtes an einem Kompromiß, Herr Schamir? Jede Seite bekommt zwar nur einen Teil dessen, was ihr nach ihrer Meinung rechtmäßig zusteht, aber das Grauen würde doch enden? Die Wunden könnten langsam vernarben? Sie sind doch selbst als eine Art Kompromißkandidat zu Ihrem Amt gekommen? Gewiß haben auch Sie hier und da mit Ihren Freunden eine Übereinkunft getroffen? Mit Ihrer Frau? Nein?

Ja, warum sollte er eigentlich nicht an die Tür klopfen? Ein Glas heißen Tee genießen, die Jacke ablegen und ein für allemal erklären, was die Vernunft gebot und welche Richtung die historische Entwicklung nahm? Oder umgekehrt den Ministerpräsidenten überreden, ebenfalls einen Mantel überzuziehen und ihn zu einem nächtlichen Spaziergang mit langem Seelenaustausch durch die leeren, naßkalten Straßen zu begleiten – hier und da von einer triefenden, nebel- und schwermut-umwobenen Laterne beleuchtet? Eine strenge, sich kasteiende Stadt ist Jerusalem in einer Winternacht. Aber es ist noch nichts verloren, mein Herr. Noch kann man ein neues Kapitel beginnen. Hundert Jahre hat das blutrünstige Vorwort hier gedauert, und jetzt schließen wir einen Kompromiß und machen uns an die Haupthandlung. Von nun an werden die Juden als ein Volk leben, das in seinem Land zur Ruhe gekommen ist und endlich die in ihm verborgenen schöpferischen Erneuerungskräfte entdeckt, die bisher unter dicken Schichten von Angst und Wut nach Pogromen, Verfolgungen und Vernichtung begraben lagen. Wollen wir es versuchen, mein Herr? Behutsam? Mit kleinen, wohlbedachten Schritten?

Der Polizist, der im Wachhäuschen vor der Amtswohnung saß, streckte den Kopf heraus und fragte: »Kommen Sie mal, suchen Sie hier was?«

»Ja«, erwiderte Fima, »ich suche das Morgen.«

»Dann suchen Sie lieber woanders, mein Herr«, riet ihm der Wachmann zuvorkommend. »Weitergehen. Nicht hier stehenbleiben.«

Diese Empfehlung beschloß Fima auf der Stelle wörtlich zu nehmen: Weitergehen. Fortschreiten. Nicht ablassen. Kämpfen, solange man noch fähig ist, Worte aneinanderzufügen und zwischen Ideen zu unterscheiden. Die Frage war nur, wohin konnte man fortschreiten? Womit sollte er weitermachen? Tatsächlich hatte er doch noch gar nicht angefangen. Aber womit anfangen? Wo? Und wie? Im selben Augenblick meinte er aus der Nähe eine ruhige, kluge Stimme zu hören, die ihn ganz prosaisch beim Namen rief: Fima. Wo bist du.

Er hielt inne und antwortete sofort inbrünstig: Ja. Hier. Ich höre.

Aber nur das Geschrei rolliger Katzen war zwischen den feuchten Steinmäuerchen zu hören. Und danach, wie ein alles aufsaugender Schwamm, das Rauschen des Windes in den Pinien im Dunkel der verlassenen Höfe.

Sitra de-itkassia. Die verborgene Seite.

Er schlenderte langsam weiter, am Terra-Santa-Gebäude vorbei, in dem kein einziges Licht brannte, wartete am Paris-Platz drei Minuten auf das Umspringen der Ampel und begann die King-George-Straße zum Stadtzentrum hinaufzutrotten. Er achtete weder auf die Kälte, die durch die Jacke bis zur Haut drang, noch auf die wenigen Passanten, die ihm – allesamt schnell ausschreitend – begegneten, wobei einige vielleicht auch einen Seitenblick auf diese sonderbare, in sich gekehrte Gestalt warfen, die müden Schritts dahinstapfte und gänzlich in eine scharfe Debatte mit sich selbst versunken zu sein schien, begleitet von Gesten und brummelnden Lippenbewegungen. Er hatte äußerst unüberlegt gehandelt, als er heute morgen auf jede Vorsichtsmaßnahme verzichtete. Wenn er Annette Tadmor nun etwa geschwängert hatte? Dann müßte er wieder einen Frachtdampfer besteigen und flüchten. Nach Griechenland. Nach Ninive. Nach Alaska. Oder auf die Galapagosinseln. In Annettes dämmrigem Schoß, im dunklen Labyrinth feuchter Kälte bahnte sich sein blinder Samen genau in diesem Moment mit lächerlichen Schwanzbewegungen seinen Weg, flutschte hierhin und dorthin im warmen Naß – eine Art runder, kahler Fima-Kopf, vielleicht ebenfalls mit einer mikroskopischen, feuchten Schirmmütze bekleidet, ohne Augen, ohne Verstand, einfach aus den Tiefen der geheimnisvollen Wärmequelle zustrebend, das ganze Wesen nur Schädel und Schwanz, Fortbewegungs- und Unterschlupftrieb –, durchstieß die Haut des Eis, in allem seinem Vater ähnlich, der sich nur danach sehnte, sich ein für allemal in der Tiefe weiblicher Schleimhäute einzukuscheln, es sich wohl sein zu lassen und wonnig zu schlafen. Fima war auf einmal von Grauen und brennender Eifersucht auf seinen Samen erfüllt. Und aus seiner Eifersucht heraus grinste er. An einer gelben Laterne vor der Front der Jeschurun-Synagoge hielt er inne und beugte sich über seine Uhr: Man konnte durchaus noch die zweite Abendvorstellung im Orion-Kino schaffen. Jean Gabin würde ihn sicher nicht enttäuschen. Aber wo genau wollte er Annette abholen? Oder Nina? Oder wo hätten sie ihn abholen wollen? Offenbar würde er seinerseits heute abend Jean Gabin enttäuschen müssen. Ein junges, lautes Pärchen überholte Fima, der langsam am Ma'alot-Gebäude nahe der früheren Knesset vorbeiwanderte.

Der junge Mann sagte: »Gut. Dann geben wir eben beide nach.«

Und die junge Frau: »Jetzt hilft das nichts mehr.«

Fima beschleunigte seine Schritte, um noch weitere Gesprächsfetzen aufzuschnappen. Irgendwie drängte es ihn zu erfahren, von welchen Verzichten die Rede war und was jetzt nichts mehr half: Hatten die beiden heute abend etwa ebenfalls vergessen, sich gegen die Gefahr der Schwangerschaft zu schützen? Doch da wirbelte der Jüngling wütend herum, sprang an die Bordsteinkante, hob den Arm, worauf in Sekundenschnelle ein Taxi neben ihm hielt, und beugte sich zum Einsteigen, ohne seine Partnerin auch nur noch eines Blickes zu würdigen. Fima begriff sofort, daß dieses junge Mädchen im nächsten Augenblick mitten auf der regennassen Straße allein zurückbleiben würde. Und schon lagen ihm einleitende Worte auf der Zunge, behutsam tröstende Wendungen, die sie nicht erschrecken würden, ein weiser, trauriger Satz, der sie gewiß unter Tränen lächeln ließ. Aber er kam nicht mehr dazu.

Das junge Mädchen rief: »Komm zurück, Joav. Ich geb' nach.«

Worauf der junge Bursche, ohne den Wagenschlag wieder zuzumachen, zu ihr sprang, ihr den Arm um die Hüften legte und ihr etwas zuflüsterte, das sie alle beide losprusten ließ. Der Taxifahrer fluchte hinter ihnen her, und Fima hielt es augenblicklich – ohne sich zu fragen, warum – für seine Pflicht, die Sache wieder geradezubiegen und den Fahrer zu entschädigen. Also stieg er in das Taxi, schloß die Tür und sagte: »Entschuldigen Sie das Durcheinander. Nach Kiriat Jovel bitte.«

Der Fahrer, ein dicker Mann mit dichtem, graumelierten Haar, kleinen Augen und gepflegtem levantinischen Schnurrbart, schimpfte wütend: »Was ist das denn hier? Erst ein Taxi stoppen und es sich dann anders überlegen? Ja, wißt ihr denn nicht, was ihr wollt?«

Fima begriff, daß der Fahrer ihn mit dem Pärchen in einen Topf warf, und stammelte entschuldigend: »Was ist denn, was ist schon passiert, hat ja keine halbe Minute gedauert, und schon hatten wir uns entschieden. War nur eine kleine Meinungsverschiedenheit. Sie brauchen sich nicht aufzuregen.«

Er war fest entschlossen, wieder ein politisches Gespräch anzufangen. Aber diesmal würde er wilde, blutdürstige Reden nicht mit Schweigen übergehen, sondern sich an einfachen, klaren Argumenten von wohlfundierter, einwandfreier Logik versuchen. Ja, er hätte liebend gern auf der Stelle die Ansprache fortgeführt, die er vorhin dem Ministerpräsidenten zu halten begonnen hatte. Ausgehend von dem Punkt, an dem er in Gedanken stehengeblieben war. Doch als er anfing behutsam herumzutasten – etwa wie ein Zahnarzt durch leichtes Antippen den Schmerzherd zu orten

Der dritte Zustand 1641

sucht –, um festzustellen, was der Fahrer über die Gebiete und den Frieden dachte, unterbrach der ihn gemächlich: »Damit lassen Sie mich man in Ruhe, mein Herr. Also meine Auffassungen, die fallen den Leuten bloß auf'n Wecker. Die hören mich – und kriegen gleich 'n Anfall. Deshalb hab' ich schon längst aufgehört zu diskutieren. Was soll man sich verrückt machen. Also wenn ich diesen Staat in die Hände bekäme, den würd' ich innerhalb von drei Monaten auf die Beine stellen. Aber die Menschen hierzulande denken schon lange nicht mehr mit'm Verstand. Mit'm Bauch denken se. Mit'n Eiern. Was soll man seine Gesundheit für nix ruinieren. Jedesmal, wenn das damit losgeht, dreh' ich schier durch. Kann man nix machen. Hier herrscht der Mob. Schlimmer als die Araber.«

»Und wenn ich Ihnen nun verspreche, nicht nervös zu werden und auch Sie nicht nervös zu machen?« meinte Fima. »Wir könnten uns doch wenigstens darauf einigen, daß jeder seinen Standpunkt hat?«

»Gut«, sagte der Fahrer, »Sie müssen bloß im Gedächtnis behalten, daß Sie's selber gewollt haben. Bei mir ist das folgendermaßen: Ich bin für echten Frieden, wie das heißt, mit Absicherungen und Garantien und sämtlichen Bürgschaften und Rundumversicherung – für so 'nen Frieden würd' ich persönlich denen die Gebiete außer der Westmauer geben und noch danke sagen, daß sie mir Ramallah und Gaza vom Hals geschafft haben. Seit uns dieser Mist siebenundsechzig zugefallen ist, geht uns der Staat flöten. Die haben uns völlig versaut. Geht's Ihnen an die Gesundheit, das zu hören? Kommen Sie mir gleich mit Bibelversen angelabert?«

Fima vermochte die Fülle seiner Gefühle nur mit Mühe zu beherrschen: »Und wie, wenn ich fragen darf, sind Sie zu diesem Schluß gekommen?«

»Am Ende«, sagte der Fahrer müde, »am Ende werden alle dahin kommen. Vielleicht erst, nachdem noch 'n paar Tausend draufgegangen sind. Es gibt keine Wahl, mein Herr. Die Araber werden nicht von hier verduften und wir auch nicht, und zum Zusammenleben passen wir ungefähr so wie Katz und Maus. Das sagt die Wirklichkeit, und das sagt die Gerechtigkeit. Steht doch in der Thora, wenn zwei Klienten ein und denselben Tallit* halten und jeder schreit, das war' sein Tallit von zu Hause, dann nimmt man eine Schere und schneidet ihn durch. So hat's schon Mose selber bestimmt, und glauben Sie mir, der war nicht auf'n Kopp gefallen. Besser

---

* *Tallit*, Gebetsmantel oder Gebetsschal, an dessen vier Enden die nach Num. 15,38-41 vorgeschriebenen Schaufäden angebracht sind.

'nen Tallit durchschneiden als die ganze Zeit den Kindern den Hals. Welche Straße haben Sie gesagt, woll'nse?«

»Alle Achtung«, sagte Fima.

Und der Fahrer: »Was heißt alle Achtung. Wozu sagen Sie mir alle Achtung. Was bin ich denn, irgend 'ne Katze, die fliegen gelernt hat? Wenn Sie zufällig auch dieser Meinung sind, fang' ich nicht an, Ihnen deswegen alle Achtung zu sagen. Was ich Ihnen aber sehr wohl sage, und da hören Sie gut zu: Es gibt in diesem Staat nur einen einzigen Menschen, der genug Kraft hat, den Tallit durchzuschneiden, ohne daß man ihm den Hals durchschneidet und ohne daß hier ein interner Bruderkrieg losgeht – und das ist Arik Scharon. Kein anderer kann das machen. Von ihm werden sie's fressen.«

»Obwohl seine Hände mit Blut besudelt sind?«

»Gerade deswegen, mein Herr. Erstens sind nicht seine Hände blutbeschmiert, sondern die des Staats. Ihre und meine ebenfalls. Nicht alles auf ihn schieben. Außerdem, dieses Blut, was da geflossen ist – da verspür' ich keine Gewissensbisse auf der Leber. Trauer ja. Aber keine Scham. Sollen die Araber sich schämen, nicht wir. Haben wir etwa Blut vergießen wollen? Die Araber haben uns dazu gezwungen. Von Anfang an. Von uns aus hat man überhaupt nicht mit Gewalt anfangen wollen. Sogar Menachem Begin, ein stolzer Patriot – als Sadat zu ihm gekommen ist, um in der Knesset um Verzeihung zu bitten, hat er ihm gegeben, was er haben wollte, bloß daß das mit dem Blut aufhört. Wenn Arafat so kommen würde, um in der Knesset Verzeihung zu sagen – würd' er auch was kriegen. Bloß wie? Da soll der Arik die Sache mit Arafat perfekt machen, wie's unter Gangstern eben geht. Was haben Sie denn gedacht? Daß da so ein Jossi Sarid* ankommt und mit diesem Dreckskerl einen Deal macht? Jossi Sarid – den fressen die Araber in einem Haps ohne Salz, und von den unsrigen kommt sicher auch gleich einer hergelaufen, knallt ihm 'ne Salve in'n Bauch und fertig. Am besten, Arik schneidet den Kram ab. Wenn Sie's mit 'nem Raubtier zu tun haben, werden Sie dafür wohl 'n Jäger engagieren. Keine Bauchtänzerin. Ist das hier Ihr Haus?«

Als Fima merkte, daß er nicht genug Geld bei sich hatte, um die Fahrt zu bezahlen, und er dem Fahrer daraufhin anbot, ihm seinen Personalausweis als Pfand auszuhändigen, oder ein paar Minuten zu warten, bis er sich

---

* *Jossi Sarid* (geb. 1939), scharfzüngiger Knessetabgeordneter der Bürgerrechtsbewegung.

von einem Nachbar ein paar Schekel ausgeliehen hatte, sagte der: »Lassen Sie man. Nicht weiter schlimm. Morgen oder übermorgen kommen Sie und bringen sieben Schekel zum Taxistand Elijahu. Sagen Sie, für Zion. Sie sind nicht zufällig vom Bibelverein? Oder so was in der Richtung?«

»Nein«, erwiderte Fima, »warum?«

»Mir schien, Sie wär'n im Fernsehen gewesen. Sicher einer, der Ihnen ähnlich sieht. Der hat auch schön gesprochen. Einen Moment, mein Lieber, Sie haben Ihre Mütze vergessen. Wo haben Sie die denn aufgegabelt? Ist das noch eine aus'm Holocaust?«

Fima sah im Vorbeigehen, daß etwas in seinem Briefkasten steckte, umrundete die aufgerollte Matratze, doch als er das Treppenhauslicht erreicht hatte und den Wohnungsschlüssel hervorzog, fiel ein säuberlich zusammengefalteter Zehnschekelschein zu Boden, mit dem er gleich schwerfällig losließ, um vielleicht noch den Taxifahrer zu erwischen, der ja am Straßenrand wenden mußte. Der Fahrer grinste im Dunkeln: »Was ist? Wo brennt's? Haben Sie Angst, ich könnt' womöglich morgen früh auswandern? Sollen die Aasheinis auswandern. Ich bleib' bis zum Ende des Films, um zu sehen, wie's hier ausgeht. Gute Nacht, mein Herr. Bloß nicht zu Herzen nehmen.«

Fima beschloß daraufhin, ihn in seine Regierung aufzunehmen. Zwi vom Informationsportefeuille zu entbinden und den Fahrer damit zu betrauen. Und vielleicht, weil der Mann die Worte »Ende des Films« benutzt hatte, fiel ihm plötzlich ein, daß Annette sicher jetzt zu Hause auf einen Anruf von ihm wartete. Wenn sie bloß nicht vor dem Kino stand. Und es nicht Nina war. Hatte er versprochen gehabt, Nina vom Büro abzuholen? War er womöglich fähig gewesen, sich aus Versehen mit beiden zu verabreden? Oder hatte er etwa was mit Tamar ausgemacht? Fima grauste es bei dem Gedanken, sich wieder mal in Ausflüchte und Lügen verstricken zu müssen. Er mußte unbedingt anrufen. Erklären. Das Knäuel behutsam auflösen. Sich bei Nina entschuldigen und sofort zum Treffen mit Annette starten. Oder umgekehrt.

Wenn sich aber herausstellen sollte, daß er doch nur mit einer von ihnen verabredet gewesen war? Und er nun anfing, sich am Telefon in Lügen zu winden, auf diese Weise immer mehr in die Klemme geriet und nur Hohn und Spott erntete? Oder wenn sie jetzt in diesem Augenblick beide wartend vorm Kinoeingang standen, ohne einander zu kennen, ohne auch nur auf die Idee zu kommen, daß ein und derselbe Idiot sie beide enttäuscht hatte?

Also wirklich Schluß mit der Lügerei. Jetzt würde ein neues Kapitel beginnen. Von nun an würde er sein Leben offen und ehrlich mit Vernunft führen. Wie hatte der Fahrer gesagt? Ohne Gewissensbisse auf der Leber. Es gab keinen Grund auf der Welt, seine Geliebten voreinander zu verbergen. Wenn ich ihnen ein bißchen lieb bin – warum sollten sie dann einander nicht liebgewinnen? Gewiß werden sie sich sofort anfreunden und können sich gegenseitig aufmuntern. Sie haben eigentlich sehr viel gemeinsam: Beide sind mitfühlende Seelen mit einem guten, großzügigen Herzen. Beide haben Freude an meiner angeblichen Hilflosigkeit. Ein sonderbarer Zufall, wirklich eine Koinzidenz: Sowohl Annettes als auch Ninas Mann halten sich derzeit in Italien auf. Wer weiß, vielleicht sind sie sich dort begegnet? Womöglich sitzen sie jetzt beide, Jerry Tadmor und Uri Gefen, in einem lauten Trupp von Israelis und Fremden im selben Café in Rom und tauschen saftige Geschichten aus über Liebe und Verzweiflung. Oder sie diskutieren über die Zukunft des Nahen Ostens, und Uri benutzt Argumente, die er von mir übernommen hat. Und mir hat die Ironie des Schicksals, die glattweg Stefan Zweig oder Somerset Maugham entstammen könnte, indessen aufgetragen, mich heute abend mit den beiden verlassenen Frauen zu treffen, zwischen denen sich Freundschaft und Seelenverwandtschaft zu entwickeln beginnen. Solidarität. Sogar ein gewisses Maß an Intimität. Denn beide sind auf mein Wohl bedacht.

Im Geist sah er sich im dunklen Kinosaal sitzen, Jean Gabins Auseinandersetzung mit einer brutalen Mörderbande wurde immer bedrohlicher, während er, Fima, mit der Linken Annette umarmte und die Finger der Rechten über Ninas schwellende Brust gleiten ließ. Als gebe er erfolgreich die Rolle Uri Gefens in einem Volksstück. Nach dem Film würde er sie beide in das kleine Restaurant hinterm Zionsplatz einladen. Würde sie leicht, brillant und gelassen mit niveauvollen erotischen Geschichten, sprühenden Gedanken, zündenden Einfällen, die alte Fragen neu beleuchteten, unterhalten. Wenn er sich dann kurz entschuldigte, um zur Toilette hinunterzugehen, würde ein fieberhaftes Getuschel zwischen den beiden Frauen einsetzen: Sie berieten sich über seinen Zustand. Verteilten Aufgaben und Dienstzeiten untereinander, stellten gewissermaßen eine Art Arbeitsplan für die Fima-Betreuungsabteilung auf.

Diese Phantasien taten ihm wohl wie ein Streicheln: Schon immer, seit seiner Kindheit, genoß er das Gefühl, daß erwachsene, verantwortliche Menschen in seiner Abwesenheit dasaßen und überlegten, wie sie ihm Gutes tun konnten. Abwarteten, bis er eingeschlafen war, um seine Geburtstagsfeier zu planen. Zum Russischen übergingen, um zu beraten, mit welchem Geschenk man ihn überraschen sollte. Wenn er am Ende des Abends im Restaurant den Mut aufbrachte, Annette und Nina über Nacht zu sich nach Hause einzuladen, würde sich vielleicht momentane Betretenheit einstellen, aber letzten Endes würde man ihm den Antrag nicht abschlagen: Von Uri hatte er gelernt, daß derlei Kombinationen auch die weibliche Phantasie hypnotisierten. Und so erwartete ihn endlich eine stürmische griechische Nacht. Wieder würde er in Wonne schwelgen. Ein neues Geißbockjahr stand vor der Tür.

Einige Minuten ließ er sich die Einzelheiten durch den Kopf gehen, verteilte Rollen, gestaltete Szenen. Dann hob er mutig den Hörer ab und rief Ninas Büro an. Da das Telefon keinen Ton von sich gab, versuchte er es mit Annette. Auch diesmal reagierte der Apparat mit Mäuschenstille. Vergeblich wählte er noch fünf-, sechsmal abwechselnd die beiden Nummern: Sämtliche Einrichtungen dieses Staates sind am Abbröckeln. Die Verkehrsadern sind verstopft, die Krankenhäuser lahmgelegt, das Stromnetz bricht zusammen, die Universitäten gehen bankrott, die Fabriken machen nacheinander zu, Wissenschaft und Erziehung sacken auf indisches Niveau ab, die öffentlichen Dienste sind völlig überfordert – und alles wegen diesem Wahnsinn mit den Gebieten, der uns langsam zerstört. Wie hatte der Taxifahrer ihm doch gesagt? Seit uns dieser Mist siebenundsechzig zugefallen ist, geht uns der Staat flöten.

Fima riß den Apparat hoch, haute ihn auf den Tisch, rüttelte und schüttelte, redete ihm gut zu, flehte ihn an und beschwor ihn, hob ab und knallte wieder auf – nichts wollte helfen. Bis ihm einfiel, daß er eigentlich einzig und allein sich selber beschuldigen mußte: Mehrmals hatte er schriftliche Mahnungen bezüglich der unbezahlten Telefonrechnung im Briefkasten vorgefunden und sie schlichtweg ignoriert. Nun rächte man sich endlich an ihm. Schnitt ihn von der Welt ab. Wie den Kantor auf der einsamen Insel.

Noch einmal versuchte er listig, ganz langsam zu wählen, mit sanftem, zarten Finger wie ein Dieb, wie ein Liebhaber, konnte sich nicht erinnern, ob die Notrufnummer für solche Fälle vierzehn oder achtzehn oder vielleicht hundert war. Er war absolut bereit, seine Schulden jetzt in diesem Augenblick zu begleichen, sich mündlich oder schriftlich zu entschuldigen, den Mitarbeitern der Telefongesellschaft einen unentgeltlichen Vortrag über die Mystik der christlichen Kirche zu halten, Buße oder Bestechungsgeld zu zahlen – solange man nur sofort kam, um seinen Apparat wieder zum Leben zu erwecken. Morgen würde er früh aufstehen und gleich als erstes zur Bank gehen. Oder etwa auf die Post? Würde seine Schulden bezahlen und von der einsamen Insel wegkommen. Aber morgen war Freitag, fiel ihm ein. Da schlössen die Ämter früh oder machten gar nicht erst auf. Sollte er seinen Vater anrufen und ihn bitten, seine Beziehungen spielen zu lassen? Nächste Woche würden die Anstreicher über ihn herfallen, die sein Vater auf ihn losgehetzt hatte. Vielleicht sollte er sich morgen aufmachen und nach Zypern fahren? Auf die Galapagosinseln? Oder wenigstens in die kleine Pension in Magdiel?

Doch plötzlich änderte er seine Meinung. Sah die Lage in ganz neuem Licht. Im Handumdrehen atmete er auf: Das Schicksal selbst greift ein, um dich heute abend sowohl von Jean Gabin als auch von der nächtlichen Orgie zu befreien. Die Worte »einsame Insel« erfüllten ihn mit Wonne. Es wird großartig sein, einen ruhigen Abend daheim zu verbringen. Der Sturm kann nach Herzenslust von draußen an den Scheiben rütteln, und du zündest den Petroleumofen an, setzt dich in den Sessel und versuchst ein bißchen dem anderen, richtigen Fima näherzukommen, statt ermüdende diplomatische Anstrengungen zur Versöhnung zweier gekränkter Frauen zu unternehmen und dich dann auch noch die ganze Nacht abzurackern, um ihren Hunger zu stillen. Vor allem freute er sich, daß er wie mit einem Zauberstab von der Pflicht dispensiert war, sich anzuziehen und jetzt wieder in diese leere, frostige, regengepeitschte Stadt hinauszugehen. War es ihm denn wirklich in den Sinn gekommen, auf einmal Uri Gefens Rolle zu spielen? In die Fußstapfen seines Vaters zu treten? Jetzt, als der abgewetzte, schlaffe Teddybär, der er war, plötzlich wieder wie ein Geißbock loszuspringen? Da wollen wir dich aber vorher erst mal stotterfrei pinkeln sehen.

Statt herumzualbern, setzt man sich jetzt besser an den Schreibtisch, knipst die Lampe an und verfaßt eine gepfefferte Antwort auf den Vortrag von Günter Grass. Oder einen Brief an Jizchak Rabin. Oder den Artikel über das Herz des Christentums. Und man könnte sich auch einmal ungestört die Fernsehnachrichten um neun angucken. Mitten in einem dummen Melodrama vorm Fernseher einpennen. Oder noch besser, sich ins Bett kuscheln und das bei Ted aus dem Regal geklaute Buch lesen – das Leben der Walfänger in Alaska entschlüsseln, sich den Überfall wilder Nomaden vorstellen, ein bißchen über die sonderbaren Sexualgewohnheiten der Eskimostämme schmunzeln. Der Brauch, im Rahmen von Einführungsriten den pubertären Jungen eine reife Witwe zur Verfügung zu stellen, verursachte ihm plötzlich süßes Prickeln in den Lenden. Und morgen vormittag würde er seinen Geliebten alles erzählen, die es ihm sicher gern verziehen: Schließlich war hier doch mehr oder weniger höhere Gewalt am Werk gewesen.

Neben dem Gefühl der Erleichterung und dem Signal in den Lenden regte sich auch sein Appetit. Den ganzen Abend hatte er nichts zu sich genommen. Deshalb ging er in die Küche und verschlang im Stehen fünf dicke Scheiben Marmeladebrot, saugte zwei Tomaten an und aß sie dann auf, ohne sie erst groß in Scheiben zu schneiden, verschlang einen Becher Joghurt, schlürfte zwei Tassen Tee mit Honig und nahm zum Abschluß eine Tablette gegen Sodbrennen. Um seine zaudernde Blase anzutreiben, drückte er mitten im Pinkeln die Spülung. Und da er den Wettlauf mit dem gurgelnden Wasser verlor, mußte er warten, bis der Behälter sich gütigst wieder gefüllt hatte. Aber dazu hatte er keine Lust. Lieber ging er durch die Wohnung, löschte in allen Zimmern die Lampen, stellte sich ans Fenster, um zu prüfen, was es auf den freien Flächen, die sich von hier bis Bethlehem erstreckten, Neues gab – vielleicht sah man ja schon irgendein Zeichen von fernem Goldlicht –, und freute sich am Beben der Scheiben, gegen die ein scharfer, schwarzer Wind von außen schlug.

Hier und da auf den dunklen Hängen blinkte ein blasser Schein: verstreute arabische Steinhütten zwischen Obstbäumen und Felsland. Die Schemen der Berge trieben ihr Spiel mit ihm. Als tauschten sie doch wahrlich geheimnisvolle, überirdische Liebkosungen aus. Einst sind in Jerusalem Könige und Propheten, Heilande, Weltverbesserer, Stimmen hörende Mondwandler, Fanatiker, Asketen und Träumer umhergestreift. Und irgendwann in der Zukunft, in hundert oder mehr Jahren, werden hier an unserer Stelle neue, von uns völlig verschiedene Menschen leben. Kluge, zurückhaltende Leute. All unsere Leiden werden ihnen gewiß merkwürdig, zweifelhaft, ein wenig peinlich erscheinen. Vorerst, einstweilen zwischen diesen und jenen, hat man uns nach Jerusalem gesetzt. Die Stadt unserer Aufsicht übergeben. Und wir füllen sie mit Gewalt, Dummheit und Unrecht. Fügen einander Demütigungen, Kränkungen, Leiden zu – nicht aus Bosheit, sondern nur vor lauter Trägheit und Angst. Wollen das Gute und bewirken das Übel. Mehren das Wissen – mehren den Schmerz.

»Und du verurteil mich mal nicht«, wandte Fima sich laut murrend an Joeser, »sei bloß ruhig. Was weiß so ein Lackaffe wie du schon. Wer hat überhaupt mit dir geredet.«

Große, gestochen scharfe Sterne flimmerten vor den müden Augen. Fima kannte ihre Namen nicht, und es war ihm auch egal, welcher von ihnen Mars, Jupiter oder Saturn war. Aber er hätte zu gern enträtselt, woher dieses unbestimmte Gefühl stammte, daß es nicht das erste Mal war. Daß er schon einmal, in uralten Zeiten, dagewesen war. Daß er diesen Sternenflimmer schon einmal in einer einsamen, kalten Winternacht gesehen hatte. Nicht vom Fenster dieses Wohnblocks, sondern – vielleicht – durch den Türrahmen einer der niedrigen Steinhütten zwischen den dunklen Felsflächen dort drüben. Und schon damals hatte er sich gefragt, was möchten die Sterne am Himmel von dir, und was will der Schatten der Berge dir im Dunkeln sagen. Nur war die Antwort damals einfach gewesen. Aber vergessen. Ausgelöscht. Obwohl Fima einen Augenblick den Eindruck hatte, jene Antwort flattere an der Gedächtnisschwelle – streck die Finger aus und berühr sie. Er schlug die Stirn an die Scheibe und erschauerte von der Kälte. Bialik* zum Beispiel behauptet, die Sterne hätten ihn betrogen. Hätten versprochen und nicht gehalten. Seien gewissermaßen eine Verabredung eingegangen und nicht erschienen. Dabei ist es in Wahrheit doch umgekehrt: Nicht die Sterne haben uns betrogen, sondern wir sie. Wir haben versprochen und nicht gehalten. Sie haben uns gerufen, und wir haben vergessen zu kommen. Sie haben gesprochen – und wir haben uns geweigert hinzuhören. Kraniche schwebten – und weg sind sie.

Sagt ein Wort. Gebt ein kleines Wegzeichen, einen Fingerzeig, ein Fadenende, ein Zwinkern, und auf der Stelle mache ich mich auf und gehe. Ohne auch nur vorher das Hemd zu wechseln. Steh' auf, zieh' los. Jetzt. Oder ich werfe mich euch zu Füßen. Liege da mit entschleierten Augen.

Draußen legte der Wind zu. Heftige Wassergüsse klatschten vor seiner Stirn an die Scheibe. Das Wolkenloch über den Bethlehemer Bergen, durch das vorher die Sterne geglitzert hatten, war jetzt ebenfalls zugezogen. Plötzlich meinte er von fern leises Weinen zu hören. Wie von einem verlassenen Baby in einer nassen Decke am Hang des Wadis. Als müsse er in diesem Augenblick losrennen und seiner Mutter helfen, den verlorenen Säugling wiederzufinden. Dabei sagte er sich, es sei gewiß nur das

---

* *Chaim Nachman Bialik* (1873-1934), einer der größten hebräischen Dichter der Moderne.

Der dritte Zustand

Quietschen eines Fensterladens. Oder ein Nachbarskind. Oder eine frierende Katze im Hof. Sosehr er seine Augen auch anstrengte, er sah nur Dunkelheit. Keinerlei Zeichen erschien, weder auf den Bergen noch im schwachen Lichterblinken der am Gegenhang verstreuten Hütten noch am schwarzen Himmel. Das ist doch unrecht, böse geradezu, mich zu rufen, ich solle kommen, ohne mir den kleinsten Hinweis zu geben, wohin. Wo das Treffen stattfinden soll. Ob es ein Treffen gibt oder nicht. Ob man mich ruft oder aber einen der Nachbarn. Ob nun etwas in dieser Dunkelheit ist oder nicht.

Und tatsächlich spürte Fima in diesem Augenblick in voller Schwere die über Jerusalem lagernde Dunkelheit. Dunkelheit über Minaretten und Kuppeln, Dunkelheit über Mauern und Türmen, Dunkelheit über den steinernen Höfen und den alten Pinienhainen, über Klöstern und Olivenbäumen, über Moscheen, Nischen und Höhlen, über den Gräbern der Könige wie der wahren und falschen Propheten, Dunkelheit in den gewundenen Gassen, Dunkelheit über den Regierungsgebäuden, über Ruinen und Toren, Geröllhalden und Dornenfeldern, Dunkelheit über Ränken, Begierden und Wahnbildern, Dunkelheit über Bergen und Wüste.

Im Südwesten, über den Bergspitzen rings um das Dorf En Karem, vollzog sich eine langsame Wolkenbewegung. Als ließe eine unsichtbare Hand einen Vorhang herab. So war die Mutter in seiner Kindheit an Winterabenden von Fenster zu Fenster gegangen und hatte alle Vorhänge zugezogen. Eines Nachts, er mußte drei oder vier Jahre alt gewesen sein, hatte sie vergessen, die Vorhänge in seinem Zimmer zu schließen. Er wachte auf und sah eine verschwommene Gestalt ihn reglos von draußen anblicken. Eine lange, schlanke Gestalt, von einem blassen Lichtkreis umgeben. Dann verlosch sie. Und tauchte erneut, wie in mondbefallenen Nebeln, vor dem zweiten Fenster auf. Und verlosch wieder. Er wußte noch, daß er entsetzt im Bett hochgefahren war und zu weinen begonnen hatte. Daß seine Mutter hereingekommen war, sich im Nachthemd, das einen feinen Parfümduft verströmte, über ihn gebeugt hatte und daß auch sie weiß und lang und wie mondbefallen wirkte. Sie hatte ihn in die Arme genommen und ihm versichert, daß draußen nichts war, daß die Gestalt nur ein Traumgebilde gewesen sei. Danach hatte sie die beiden Vorhänge fest zugezogen, ihn zugedeckt und auf die Stirn geküßt. Obwohl er zum Schluß zu weinen aufgehört und sich ganz unter der Decke vergraben hatte und obwohl sie an seinem Bett sitzengeblieben war, bis er wieder eingeschlafen war, wußte

Fima auch heute noch mit letzter, absoluter Sicherheit, daß die Gestalt kein Traumgebilde gewesen war. Daß seine Mutter das gewußt und ihn belogen hatte. Selbst jetzt nach fünfzig Jahren war er weiterhin überzeugt, daß dort wirklich ein Fremder vorbeigekommen war. Nicht etwa im Traum, sondern draußen hinter der Scheibe. Und daß auch seine Mutter es gesehen hatte. Und er wußte, daß jene Lüge die schlimmste aller Lügen war, die man ihm im Lauf seines Lebens vorgesetzt hatte. Diese Lüge hatte seinen kleinen Bruder weggerafft und das Schicksal seiner Mutter besiegelt, in der Blüte ihrer Jahre dahinzugehen, und auch sein eigenes Los, die ganzen Jahre über hier und doch nicht hier zu sein. Vergeblich etwas Verlorenes zu suchen, das nicht ihm abhanden gekommen war und von dem er nicht die leiseste Ahnung hatte, worum es sich handelte, wie es aussah, wo er es suchen sollte und wie.

Doch auch wenn es sich eines Tages einfinden sollte – woran würde er erkennen, daß er es gefunden hatte?

Womöglich hatte er es schon gefunden, aber seinen Händen entgleiten lassen, war achtlos weitergegangen und suchte nun immer noch wie ein Blinder?

Es schwebten und kreisten Kraniche, und nun sind sie weg.

Der Wind ließ von den Scheiben ab. Eisige Stille breitete sich aus. Um Viertel vor elf änderte Fima seinen Plan, zog sich dick an, ging auf die leere Straße hinunter – die Kälte war stechend scharf – und steuerte auf den öffentlichen Fernsprecher im Ladenzentrum im oberen Teil des Viertels zu. Aber als er den Hörer abnahm, antwortete auch dieses Telefon nur mit Totenstille. Womöglich war in der ganzen Gegend eine Störung eingetreten? Hatten Rowdys den Apparat kaputtgemacht? Oder war ganz Jerusalem wieder einmal von sich selbst und der gesamten Welt abgeschnitten? Also verzichtete er, legte behutsam den Hörer wieder auf, zuckte die Achseln und sagte, alle Achtung, mein Lieber, weil ihm einfiel, daß er sowieso keine Telefonmünze in der Tasche hatte.

Morgen würde er früh aufstehen und seinen Geliebten alles erklären.

Oder er würde sich aufmachen und hier wegfahren.

Das Wispern der nassen Wipfel, die beißende Kälte, die Leere der Gassen – all das gefiel Fima. So schlenderte er weiter in Richtung Abhang und Felder. Seine Mutter hatte die eigenartige Angewohnheit gehabt, auf jede Speise zu pusten, auch wenn sie längst abgekühlt war, ja sogar wenn es sich um etwas Kaltes wie Salat oder Kompott handelte. Wenn sie pustete, rundeten sich ihre Lippen wie zum Kuß. Das Herz krampfte sich zusammen, weil er in diesem Augenblick, fünfundvierzig Jahre nach ihrem Tod, ihr einen Kuß erwidern wollte. Die Welt hätte er für sie umkrempeln mögen, um die blaue Babymütze mit dem Wollbommel zu finden und sie ihr wiederzugeben.

Als Fima am Ende der Straße, das gleichzeitig das Ende des Viertels und der Stadt bildete, angelangt war, bemerkte er ein durchsichtiges Wimmeln, das lautlos den ganzen Weltraum erfüllte. Als kämen von allen Seiten vieltausend seidig-sanfte Schritte angewuselt. Als berührten ihn Finger, die keine waren, im Gesicht. Als das Staunen abflaute, vermochte er feine Schneeflöckchen zu erkennen. Denn ganz leichter Schnee begann auf Jerusalem herabzurieseln. Allerdings schmolz er augenblicklich, sobald er etwas berührte. Es stand nicht in seiner Kraft, die graue Stadt weiß zu machen.

Fima kehrte heim und stöberte in dem Papierkorb unterm Schreibtisch nach der Telefonrechnung, die er gestern oder vorgestern zerknüllt und weggeworfen hatte. Die Rechnung fand er nicht, aber dafür zog er eine zerknitterte Seite des *Ha'arez* aus dem Korb, strich die Falten glatt und nahm sie mit ins Bett. Wo er nun über die neuen falschen Messiasse las, bis ihm die Augen zufielen und er mit der Zeitung über den Augen einschlief. Um zwei Uhr nachts hörte der leichte Schneefall auf. Jerusalem stand frostig und leer im Dunkeln, als sei das Unheil schon geschehen und alle seine Einwohner seien erneut in die Verbannung gezogen.

26.
Karla

Im Traum kam Gad Etan in einem Militärjeep mit auf der Motorhaube montiertem Maschinengewehr, um ihn zu einem Treffen mit dem Staatspräsidenten abzuholen. Das Präsidialamt befand sich in einer kleinen Kellersynagoge an einer Ecke des Russischen Areals hinter dem Polizeigebäude. Am Schreibtisch saß ein arroganter britischer Offizier mit schrägem Ledergurt über der schwarzen Uniform. Er riet Fima, aus freien Stücken das Geständnis für den Mord an dem Hund zu unterschreiben, der sich im Traum in eine Frau verwandelt hatte, deren Leiche – in ein mit schwarzen Blutflecken besudeltes Laken gehüllt – zu Füßen des Thoraschreins lag. Fima bat, das Gesicht der Toten sehen zu dürfen. Der Ermittlungsbeamte erwiderte grinsend: Wozu, wär' doch schade, sie zu wecken, Karla eben wieder. Die ihr Leben für dich riskiert, dich auf die arische Seite rübergebracht, dich jedesmal gerettet hat – aber du hast sie ausgeliefert. Als Fima zu fragen wagte, welche Strafe ihn zur Sühne erwarte, sagte der Verteidigungsminister: Schau, was du für ein Golem bist. Die Schuld ist doch die Sühne.

27.
Fima weigert sich nachzugeben

Um halb sieben Uhr morgens fuhr er erschrocken aus dem Schlaf hoch, weil in der Wohnung über ihm ein schwerer Gegenstand zu Boden gefallen war, gefolgt von einem gellenden Frauenschrei – nicht lang, auch nicht besonders laut, aber grauenhaft und verzweifelt, als habe die Betreffende dem Tod ins Auge gesehen. Fima sprang aus dem Bett, schlüpfte in die Hose und rannte auf den Küchenbalkon, um besser zu hören. Kein Laut drang aus der oberen Wohnung. Nur ein unsichtbarer Vogel tschilpte wieder und wieder drei sanfte Töne, als sei er zu dem Schluß gelangt, daß Fima schwer von Begriff war und gewiß weder verstanden hatte noch verstehen werde. Mußte er nicht hinaufeilen und feststellen, was da vor sich ging? Hilfe anbieten? Retten? Sofort die Polizei anrufen oder einen Krankenwagen bestellen? Da fiel ihm ein, daß man sein Telefon abgestellt und ihn damit von der Pflicht zum Eingreifen entbunden hatte. Außerdem konnte es ja sein, daß der Aufprall und der Schrei nicht im Wachen erfolgt waren, so daß er nur Verwirrung und Spott hervorrufen würde.

Statt ins Bett zurückzukehren, verharrte er im langärmligen Unterhemd auf dem Küchenbalkon zwischen den Resten der Käfige, Gläser und Kartons, in denen einst Dimmis und sein Sack voll Flausen gehaust hatte. Jetzt verströmten sie den säuerlichen Modergeruch feuchter Sägespäne mit dem Gestank schwarz gewordener Kotkügelchen und vergammelter Futterreste – Karotten und Gurkenschalen, Kohl- und Salatblätter. Zu Winteranfang hatte Dimmi beschlossen, die Schildkröten, Käfer und Schnecken, die sie zusammen im Wadi gesammelt hatten, wieder freizulassen.

Und wo war der Schnee der Nacht?

Als sei er nie gewesen.

Der dritte Zustand

Keine Spur existierte mehr davon.

Aber die kahlen Berge im Süden Jerusalems standen geläutert da, von lichtem Azur überflutet, so daß man beinah die Unterseiten der fernen Olivenblätter auf dem Gebirgskamm von Bet-Jallah silbern schimmern sah. Es war ein kaltes, scharfes, kristallklares Licht, vielleicht als Vorschuß auf die fernen Tage übersandt, in denen das Leiden ein Ende haben, Jerusalem von seinen Qualen befreit sein wird und die Menschen, die an unsere Stelle treten, ihr Leben mit sanfter Klugheit und gegenseitiger Rücksichtnahme ruhig und sinnvoll leben – denn dann wird das Himmelslicht immer so sein.

Die Kälte war bitter, durchdringend, aber Fima in seinem vergrauten Winterunterhemd spürte sie gar nicht. Er lehnte an der Brüstung, füllte seine Lungen tief mit der rührseligen Luft und staunte, daß Leid inmitten dieser Schönheit überhaupt möglich war. Ein kleines Wunder hatte sich heute morgen unten im Hinterhof ereignet: Ein übermütiges, ungeduldiges Mandelbäumchen hatte plötzlich beschlossen auszuschlagen, als habe es sich im Kalender geirrt, und war nun über und über mit winzigen Nachtglühwürmchen bedeckt, die sich bei Tagesanbruch auszuschalten vergessen hatten. Auf den rosa Knospen tanzten Regentropfen in Fülle. Das glitzernde Blütenbäumchen ließ Fima an eine zarte, schöne Frau denken, die die ganze Nacht geweint hatte, ohne die Tränen abzuwischen. Diese Ähnlichkeit weckte in ihm kindliche Freude, Liebe, erstickte Sehnsucht nach Jael – ja unterschiedslos allen Frauen – und dabei auch den entschiedenen Willen, von heute morgen an ein neues Kapitel in seinem Leben anzufangen: ab sofort ein vernünftiger, ehrlicher, guter Mensch zu werden, frei von Lügen und jeglicher Verstellung. Also zog er ein sauberes Hemd an, schlüpfte in Jaels Pullover, stieg mit einem Mut, der ihn selber überraschte, die Treppe hinauf und klingelte energisch oben an der Nachbarwohnung. Einige Augenblicke später öffnete ihm Frau Pisanti im halb zugeknöpften Morgenrock über dem Nachthemd. Ihr breites, kindliches Gesicht schien Fima plattgedrückt und irgendwie ein wenig zerquetscht. Aber möglicherweise sah ja jeder, den man aus dem Schlaf gerissen hatte, mehr oder weniger so aus. In dem durch eine bleiche Neonröhre erleuchteten Flur funkelten hinter ihr die Augen ihres Mannes, eines behaarten, athletischen Typs, der weit größer als sie war. Die Nachbarin fragte besorgt, ob was passiert sei.

Fima geriet ins Stammeln: »Im Gegenteil ... Verzeihung ... gar nichts... Ich dachte, es sei was... vielleicht bei Ihnen runtergefallen? Oder zerbrochen? Es schien mir wohl bloß so, als hörte ich ... so etwas? Tatsächlich habe ich mich wohl geirrt. Anscheinend war es nur eine ferne Explosion. Vielleicht haben die Messiastreuen mittels Dynamit den ganzen Tempelberg in die Luft gejagt. Und nun erstreckt sich an seiner Stelle nur noch das Jammertal.«

»Wie bitte?« fragte die Nachbarin, indem sie Fima verwundert oder leicht besorgt musterte.

Worauf Herr Pisanti, ein Röntgentechniker, hinter ihrem Rücken in einem Ton, in dem Fima einen Hauch von Lüge witterte, entgegnete: »Bei uns ist alles hundert Prozent in Ordnung, Herr Nissan. Wie Sie geklingelt haben, hab' ich mir gedacht, vielleicht ist bei Ihnen irgendwas schiefgelaufen? Nein? Brauchen Sie was? Ist der Kaffee wieder alle? Oder die Sicherung durchgebrannt? Soll ich kommen, sie wechseln?«

»Danke«, sagte Fima, »das ist nett von Ihnen. Danke. Ich habe genug Kaffee, und der Strom ist auch in Ordnung. Nur das Telefon ist kaputt, aber das ist ganz angenehm – endlich ein wenig Ruhe. Nochmals Verzeihung, daß ich Sie so früh morgens gestört habe. Ich hab' einfach gedacht, vielleicht... Egal. Danke und Entschuldigung.«

»Kein Problem«, sagte Herr Pisanti großzügig, »wir stehen sowieso immer um Viertel nach sechs auf. Wenn Sie zufällig mal schnell telefonieren wollen, bitte schön, können Sie bei uns. Kostenfrei. Oder soll ich mir bei Ihnen unten mal die Kontakte anschaun? Vielleicht hat sich was gelöst?«

»Ich dachte«, sagte Fima, wobei er sich über seine eigenen Worte wunderte, »ich hab' gedacht, ich rufe mal eine Freundin an, die vielleicht seit gestern abend auf mich wartet. Eigentlich zwei Freundinnen. Aber jetzt scheint's mir gar nicht mal schlecht, sie warten zu lassen. Sollen sie warten. Es brennt nicht. Tut mir leid, daß ich Sie gestört habe.«

Als er sich gerade davonmachen wollte, sagte Frau Pisanti zögernd: »Kann sein, daß da draußen was vom Wind runtergefallen ist. Eine Waschschüssel oder so was. Aber bei uns ist alles in Ordnung.«

Damit war Fima überzeugt, daß man ihn wieder einmal belog. Und verzieh die Lüge, weil er eigentlich kaum von den Nachbarn erwarten konnte, daß sie ihm von dem Streit berichteten, der sicher zwischen ihnen ausgebrochen war, und weil auch er bezüglich seiner Absicht, seine Freundinnen anzurufen, nicht die Wahrheit erzählt hatte.

Nach Hause zurückgekehrt, sagte er: »Was bist du doch für ein Idiot.«

Verzieh aber sofort auch sich selber, weil er es gut gemeint hatte.

Rund zehn Minuten turnte er vor dem Spiegel, ehe er sich rasierte, anzog, ein wenig kämmte, in dem neuen Kessel Wasser kochte, das Bett machte – was ihm diesmal alles reibungslos gelang. Er hat sie verprügelt, sinnierte er, womöglich sogar ihren Kopf gegen die Wand geschlagen, hätte sie glatt umbringen können, und wer weiß, ob er's nicht eines Tages tatsächlich tut, vielleicht noch heute morgen. Was uns Hitler angetan hat, war fünfundvierzig nicht zu Ende, sondern geht bis heute weiter und wird wohl ewig dauern. Hinter jeder Tür sind hier trübe Dinge im Gang, Gewalt- und Verzweiflungstaten. Unter diesem ganzen Staat brodelt versteckter Wahnsinn. Dreimal pro Woche kriegt unser langer Arm die Mörder in ihren Höhlen zu fassen. Wir können nicht einschlafen, ohne vorher ein kleines Pogrom unter den Kosaken zu veranstalten. Jeden Morgen wird Eichmann gefangen, und jeden Abend beseitigt man Hitler, solange er noch klein ist. Beim Basketball besiegen sie Chmelnizki, und bei der Eurovision rächen sie sich für Kischinew. Aber mit welchem Recht mische ich mich ein? Liebend gern würde ich auf einem weißen Pferd erscheinen und diese Frau Pisanti retten. Oder sie alle beide. Oder den ganzen Staat. Wenn ich nur wüßte, wie. Wenn ich bloß eine Ahnung hätte, wo man anfangen könnte. Ja Baruch mit seinem Trotzkibärtchen und seinem Spazierstock verbessert die Welt ein wenig, indem er Spenden, Beihilfen und milde Gaben verteilt, aber ich unterschreibe bloß Petitionen. Vielleicht hätte ich gestern abend doch jenen Polizisten überreden sollen, mich zu Schamir hineinzulassen? Zu einem Gespräch von Herz zu Herz? Oder Schamir mit meinem Taxifahrer bekannt machen müssen?

Er kam auf die Idee, sich hinzusetzen und einen kurzen, aber von Herzen kommenden Aufruf an die Falken zu verfassen. Diesen Rechten im *Ha'arez* zwei, drei allgemeine Grundlinien für einen nationalen Teilkonsens vorzuschlagen. Eine Art neues Abkommen zwischen den Gemäßigten und dem nicht-messianischen rechtsgerichteten Element, das vielleicht trotz allem imstande wäre, eine Gebietsrückgabe zu verdauen, wenn nicht das im Wege stände, was dort als linke Neigung zu rückhaltloser Versöhnung gewertet wird. Der Taxifahrer hat recht gehabt: Unser größer Fehler der letzten zwanzig Jahre besteht darin, daß wir die Empfindungen von Herrn Pisanti nebst Frau und Hunderttausenden anderer Israelis ihres Schlages nicht ernst genommen haben, bei denen die Araber authentische Wut-, Angst- und Mißtrauensgefühle auslösen. Dabei haben diese Empfindungen doch keinen Hohn verdient, sondern vielmehr das schrittweise, logische Bemühen, sie mit Hilfe der Vernunft zu überwinden. Statt mit ihnen zu reden, haben wir sie kübelweise mit hochmütigem Spott überschüttet. Es hat also Sinn, ein Abkommen aufzusetzen, das genau festlegt, wo die Grenze unserer, der Gemäßigten, Verzichtsbereitschaft gegenüber den Arabern liegt. Damit sie nicht, wie Baruch, meinen, wir seien gewissermaßen für einen Totalausverkauf. Damit sie wissen, wofür auch wir Linken sogar in einen neuen Krieg ziehen würden, falls sich herausstellen sollte, daß die arabische Seite uns betrügt und an der Nase herumführt. Auf diese Weise können wir vielleicht einige der Falken beruhigen und so die eingefrorene Situation auftauen.

Als Fima die Wendung »eingefrorene Situation« benutzte, fiel ihm ein, daß er vergessen hatte, den Ofen anzuzünden. Er bückte sich und stellte erfreut fest, daß noch genug Petroleum drin war. Nachdem er ihn in Brand gesetzt hatte, empfand er das Bedürfnis, sich erst mit Zwi Kropotkin zu beraten, bevor er sich an die Abfassung des Aufrufs setzte. Vor lauter Enthusiasmus machte es ihm nichts aus, Zwi schon wieder mitten bei der Rasur zu stören, denn seine neue Idee erschien ihm fruchtbar, nützlich und daher auch äußerst dringend. Aber aus dem Hörer drang erneut nur Schweigen. Fima meinte, dieses Schweigen sei jetzt vielleicht weniger tief als am Vorabend: Ein leichtes, abgehacktes Surren, ein wenig wie Zähneknirschen, war mehr zu ahnen als zu hören. Wie ein Ächzen aus tiefsten Tiefen. Daraus entnahm Fima ein schwaches Lebenszeichen, ein allererstes Signal für die Erholung des Apparats. Er war überzeugt, das Telefon habe nicht etwa sein Leben ausgehaucht, sondern sei nur in tiefe Ohnmacht verfallen, und zeige nun, wenn es auch das Bewußtsein noch nicht wiedererlangt hatte, doch eine schlaffe Reaktion, ein leises Stöhnen unter Schmerzen, einen matten Pulsschlag, was Anlaß zu Hoffnung gab. Wobei er allerdings in Rechnung stellte, daß genau in diesem Augenblick der Kühlschrank in der Küche zu brummen begonnen hatte. So daß die Hoffnung womöglich verfrüht sein mochte.

Auch der Ausdruck »rechtsgerichtetes Element« erschien ihm plötzlich abstoßend: Es war nicht richtig, Menschen mit dem schalen Wort »Elemente« zu belegen. Außerdem erblickte er etwas Absurdes an dem Gedanken, die Vertreter der Gegenmeinung auf die Psychiatercouch zu legen: Man könnte meinen, unser Lager strotze vor blühender geistiger Gesundheit. Dabei nagen doch auch an uns Verzweiflung, Frustration und Wut.

Der dritte Zustand

Auch wir sind im Wust der Empfindungen gefangen. Nicht weniger als unsere Gegner. Und darüber hinaus sind die Worte »unser Lager« absolut lächerlich: Was heißt hier »unser Lager«? Das ganze Land ist Front. Das ganze Volk Militär. Alles teilt sich in Lager. Friedenstruppen. Gemäßigte Kräfte. Stoßtrupps der Koexistenz. Abrüstungswächter. Kommando Völkerfreundschaft. Speerspitze der Aussöhnung.

Statt einen Aufruf zu verfassen, trat Fima ans Fenster, um seine Gedanken zu ordnen. Und inzwischen betrachtete er das winterliche Licht, das sich wie Edelmetall über Gipfel und Hänge ergoß. Fima kannte und liebte den Ausdruck »Edelmetalle«, obwohl er keine Ahnung hatte, welche darunterfielen. In der väterlichen Wohnung in Rechavia hatten Baruch und Dimmi in Zangentaktik versucht, ihm eine erste Lektion in Chemie aufzunötigen. Fima hatte sich wie ein störrisches Kind mit allen möglichen Finten und Wortspielen dagegen gewehrt. Bis Dimmi sagte: Laß man, Großvater, das ist nichts für ihn. Worauf die beiden ohne ihn in die Bereiche von Säuren und Basen enteilten, die Fima wegen seines Sodbrennens haßte.

Das Licht küßte die Bergketten, wallte in die Schluchten hinab, weckte in jedem Baum und Stein sein schlafendes, strahlendes Wesen, das sonst alle Tage unter Schichten grauer, lebloser Routine vergraben lag. Als sei der Erde hier in Jerusalem schon vor Jahrtausenden die Kraft zur Erneuerung von innen her ausgegangen. Als sei nur die Berührung dieses Gnadenlichts geeignet, den Dingen – wenigstens für eine kurze Weile – ihre Ursprünglichkeit wiederzugeben, die bereits in uralten Zeiten, *be'edanim mikadmat dena*, erloschen war. Würde der Herr mir eine leichte Kinnbewegung schenken, wenn ich auf die Knie fiele und das Dankgebet am Morgen spräche? Gibt es irgend etwas Bestimmtes, Spezifisches, das der Herr mir zu tun aufgibt? Interessiert sich der Herr für uns? Wozu hat er uns hierhergesetzt? Warum hat er uns auserwählt? Warum Jerusalem erwählt? Hört der Herr noch? Geruht der Herr zu grinsen?

Der aramäische Ausdruck *mikadmat dena*, ebenso wie die Wendungen *schelo ma-alma hadin* und *sitra de-itkassia*, erregte bei Fima ehrfürchtiges Staunen. Einen Moment fragte er sich, ob es sein konnte, daß Licht und Morast, die Glühwürmchen des Mandelbaums und das strahlende Firmament, die Wüsten, die sich gen Osten bis ins Zweistromland und gen Süden bis ans Tor der Tränen am fernen Ende der Arabischen Halbinsel ausdehnten, ja auch sein verwohntes Zimmer und sein alternder Körper, ja sogar das kaputte Telefon, allesamt nur verschiedene Ausdrucksformen einer und derselben Wesenheit waren. Der es beschieden war, sich in unzählige fehlerhafte, vergängliche Inkarnationen aufzuteilen, obwohl sie selbst vollkommen, ewig und eins war. Nur wenn ein Wintermorgen wie dieser in einem durchscheinenden Lichtschleier aufzieht, den vielleicht der archaische Ausdruck *nehora ma-alja*, Licht von droben, umschreibt, nur dann kehrt die Wonne der ersten Berührung auf die Erde und in deine sehenden Augen zurück. Und alles wird wieder jungfräulich. Alles wie am Schöpfungstag. Allem wird für einen kurzen Moment das ewige, trübe Tuch der Trostlosigkeit und der Lügen abgenommen. Damit gelangte Fima zu dem abgedroschenen Begriff »himmlisches Jerusalem«, dem er seine private, einzig und allein für seine eigenen Empfindungen und eben diesen Augenblick zutreffende Auslegung gab. Er grübelte darüber nach, daß ihm mal der Schlaf weniger lügenbehaftet als das Wachen erschien, während ein andermal umgekehrt gerade das extreme Wachsein ihm dringlichst ersehntes Herzensanliegen war. Und jetzt kam er auf die Idee, es handele sich vielleicht gar nicht um zwei, sondern um drei Zustände: Schlaf, Wachen und dieses Licht, das ihn seit Morgenanfang gänzlich über- und durchflutete. Mangels einer passenderen Bezeichnung definierte er für sich dieses Licht mit den Worten »der dritte Zustand«. Und hatte dabei das Empfinden, daß hierunter nicht das reine Gebirgslicht allein zu verstehen war, sondern ein Licht, das gleichermaßen von den Bergen und von ihm ausging, und daß die Paarung der Strahlen den dritten Zustand hervorbrachte, der von der absoluten Wachheit und dem tiefsten Schlaf gleich weit entfernt war. Und sich doch von beiden unterschied.

Es gibt auf der Welt nichts Tragischeres, als diesen dritten Zustand zu verpassen, dachte er. Schuld an diesem Versäumnis sind das Nachrichtenhören im Radio, die diversen Erledigungen, hohle Begierden und das Jagen nach Eitlem und Geringem. All die Leiden, sagte sich Fima, alle Schalheit und Absurdität erwachsen nur daraus, daß man den dritten Zustand verfehlt. Oder aus der vagen, nagenden Herzensahnung, die uns von Zeit zu Zeit von ferne daran erinnert, daß es dort – draußen und drinnen, fast in greifbarer Nähe – etwas Grundwichtiges gibt, zu dem du gewissermaßen dauernd unterwegs bist, nur daß du ebenso dauernd vom Weg abirrst: Man hat dich gerufen, und du hast vergessen zu kommen. Man hat gesprochen, und du hast nicht hingehört. Man hat dir geöffnet, und du hast gezaudert, bis das Tor wieder geschlossen war, weil du vorher lieber noch diesen oder jenen Wunsch befriedigen wolltest. Das Meer des Schweigens hat Geheimnisse von sich gegeben, und du warst mit der Erledigung unwichtiger Dinge beschäftigt. Bist lieber losgelaufen, um jemandem zu gefallen, der ebenfalls alles verpaßt vor lauter Begierde, bei jemand anderem Gefallen zu finden, der selbst wiederum – und so weiter und so fort. Bis zum Staube. Wieder und wieder hast du das Vorhandene zugunsten dessen, was es nie und nimmer gegeben hat, nicht geben wird und auch nicht geben kann, zurückgewiesen. Gad Etan hat recht gehabt, als er väterlich behauptete, hier herrsche die Verschwendung. Und seine Frau hat recht daran getan, zu fliehen, solange sie es noch konnte. Die Prioritäten, sagte Fima traurig und fast laut, die Prioritäten werden falsch gesetzt. Wie schade beispielsweise um den fleißigen Zwi Kropotkin, der jetzt schon drei Jahre Einzelheiten über die Einstellung der katholischen Kirche zu den Entdeckungsreisen Magellans und Kolumbus' zusammenträgt – wie jemand, der die Knöpfe eines längst zerschlissenen Kleidungsstücks nachnäht. Oder um Uri Gefen, der von einer Geliebten zur nächsten rennt, wach wie der Teufel, während sein Herz doch schläft.

Damit beschloß Fima sein tatenloses Rumstehen am Fenster aufzugeben. Lieber anzufangen, die Wohnung für das Eintreffen der Anstreicher nächste Woche vorzubereiten. Man mußte die Bilder von den Wänden nehmen. Auch die Landkarte, auf der er einmal mit dem Bleistift vernünftige Kompromißgrenzen eingezeichnet hatte. Mußte alle Möbel in der Zimmermitte zusammenrücken und sie mit Plastikplanen abdecken. Die Bücher im Bettkasten verstauen. Alle Küchenutensilien in die Schränke stellen. Warum bei dieser Gelegenheit nicht auch gleich Berge von alten Zeitungen, Zeitschriften, Heften und Flugblättern aus dem Haus schaffen? Die Regale mußten abgebaut werden, wobei man Uri zu Hilfe rufen sollte, der wohl heute abend zurückkam. Oder morgen? Übermorgen? Wird Nina ihm detailliert berichten, wie sie wieder und wieder versucht hat, mir die regelmäßige Behandlung zukommen zu lassen, aber den Hahn verstopft fand? Zum Geschirreinordnen könnte man eventuell Schula Kropotkin mobilisieren. Vielleicht würden auch Annette und Tamar gern mithelfen. Und das Ehepaar Pisanti hat ja ebenfalls Hilfe angeboten, wenn sie sich vorher nicht gegenseitig umbringen. Auch Teddy kommt sicher gern, die Vorhänge und Wandlampen abnehmen. Vielleicht bringt er Dimmi mit. Der Alte hat doch recht gehabt: Über zwanzig Jahre ist dieses Loch nicht renoviert worden. Die Decke ist rußgeschwärzt vom Rauch des Petroleumofens. Spinnweben in allen Ecken und Winkeln. Im Badezimmer hat sich Feuchtigkeit ausgebreitet. Die Kacheln bröckeln. Der Kalk blättert ab. An manchen Wandstellen blüht der Schimmel. Sommer wie Winter weht hier der muffige Schweißgeruch eines ältlichen Junggesellen. Nicht nur der verlassene Flausensack auf dem Balkon stinkt übel. Und du hast dich so daran gewöhnt, daß es dir nichts mehr ausmacht. Eigentlich ist doch die Gewöhnung die Wurzel allen Übels. Genau diese Gewöhnung hat Pascal offenbar gemeint, als er vom Tod der Seele schrieb.

Auf dem Schreibtisch fand Fima ein grünes Reklameblatt, das eine Reihe Sonderangebote im Supermarkt des Viertels verhieß. Auf eine Ecke dieses Blattes kritzelte er die Worte:

Gewöhnung ist der Beginn des Todes. Die Gewohnheiten sind die fünfte Kolonne.

Und darunter:

Üblich – trüglich.

Schwindel – Schwund – auf dem Hund.

Damit wollte er sich selbst daran erinnern, diese Gedanken im Verlauf des Schabbat zu verarbeiten und fortzuentwickeln. Und weil er darauf kam, daß morgen Samstag sein würde, begriff er, daß heute Freitag war, woraus er wiederum schloß, daß er ein bißchen was einkaufen mußte. Aber Freitag hatte er ja arbeitsfrei, die Praxis war geschlossen – warum sollte er sich also beeilen? Warum schon morgens früh um sieben Möbel rücken? Damit wartete man besser, bis Verstärkung eintraf. Es brannte ja nichts an. Aber als er auf die Uhr schaute, sah er, daß es nicht sieben, sondern zwanzig nach acht war. Jetzt konnte man schon ein paar Worte mit Zwicka wechseln, der inzwischen sicher sein Rasierritual abgeschlossen hatte.

Ob sich der Zustand des Telefons unterdessen wohl weiter gebessert hatte? Fima versuchte es erneut, hörte auch beinah ein leichtes Knistern, aber dieser Laut erstarkte noch nicht zu einem Wählton. Trotzdem drehte er Jaels Nummer. Gelangte jedoch zu dem Schluß, daß er die vollständige Genesung des Apparats abwarten mußte und daß seine ungeduldigen Versuche diesen Prozeß womöglich behinderten. Oder lag etwa auch bei Jael eine Störung vor? In der ganzen Stadt? Streik? Sabotage? Sanktionen? Vielleicht war in der Nacht die Telefonzentrale gesprengt worden? Eine extreme Untergrundorganisation hatte in einer Blitzaktion sämtliche Kommunikationssysteme und die übrigen Schaltzentren der Macht unter ihre

Kontrolle gebracht? Syrische Raketen waren niedergegangen? Es sei denn, Ted Tobias lehnte wieder mit vollem Gewicht über dem Apparat und ließ Jael nicht den Hörer abnehmen. Verachtung stieg in Fima auf – nicht auf Ted, sondern auf seine eigenen Wortspiele. Er knüllte die Supermarktreklame, an deren Rand er die dummen Kalauer geschrieben hatte, zusammen und warf sie weg. Verfehlte aber den Papierkorb und war zu faul, unter den Tisch zu kriechen, um danach zu suchen. Hatte keinen Sinn. Bald würde ja sowieso das Tohuwabohu der Renovierungsvorbereitungen beginnen.

Er ging weiteren Kaffee machen, aß ein paar Scheiben Schwarzbrot mit Marmelade, um den Hunger zu stillen, mußte dann wiederum das Sodbrennen mit zwei Tabletten stillen und ging pinkeln – fuchsteufelswild auf seinen Körper, der nicht aufhören wollte, einen mit seinen endlosen Bedürfnissen zu stören, so daß man keinen Gedanken oder Gesichtspunkt in Ruhe zu Ende führen konnte. Zwei, drei Minuten stand Fima mit schräg gestelltem Kopf und leicht geöffnetem Mund reglos wie in tiefes Sinnen versunken da und hielt sein Glied in den Fingern. Trotz des Drucks auf der Blase vermochte er keinen Tropfen auszuscheiden. Deswegen griff er zu seiner alten List – zog die Spülung in der Hoffnung, das Wasserrauschen werde den schlaffen Penis an seine Pflicht erinnern. Da es sich jedoch um einen alten, abgenützten Trick handelte, ließ sich der nicht beeindrucken. Als wollte er sagen: Es wird Zeit, daß du ein neues Spielchen erfindest. Ließ sich gerade eben herab, ein schwaches, abgehacktes Tröpfeln von sich zu geben, als wolle er diesmal gnädig mit Fima umgehen. Sobald die Spülung aufhörte, versiegte auch dieses Bißchen. Die Blase blieb voll und drückte. Fima wiegte das Glied erst sanft, schüttelte es dann wütend, aber alles vergebens. Zum Schluß zog er erneut die Spülung, doch der Behälter war noch nicht vollgelaufen und gab statt einem tosenden Wasserfall nur ein verächtlich dünnes Rinnsal ab, als sei er schadenfroh auf Fima. Als schließe auch er sich dem Aufstand an, den das Telefon angezettelt hatte.

Und trotzdem blieb er hartnäckig. Wich nicht von der Klosettschüssel. Als wolle er seinem aufsässigen Penis den unbegrenzten Abnützungskrieg erklären: Mal sehen, wer als erster aufgibt. Das schlaffe Weichteil zwischen seinen Fingern erinnerte ihn plötzlich an den Körper eines Schleuderschwanzes – so ein ekliges, rauhes Geschöpf, das aus den Tiefen der Evolution hervorgeschnellt war und sich zu allem Ärger ausgerechnet ihm an den Leib gehängt hatte. In hundert oder zweihundert Jahren konnte sicher jedermann nach Belieben dieses lästige Überbleibsel durch eine winzige mechanische Vorrichtung ersetzen, die auf leichten Fingerdruck im Handumdrehen die überschüssige Flüssigkeit aus dem Körper ablaufen ließ. Allein schon die absurde Zusammenlegung von Fortpflanzungs- und Harnausscheidungssystem erschien ihm auf einmal ordinär und abgeschmackt, Ausdruck eines vulgären, geschmacklosen Humors, wie er pubertären Witzen eignete: Da wäre es ja auch nicht häßlicher gewesen, wenn die menschliche Fortpflanzung darauf beruhte, daß man sich gegenseitig in den Mund spuckte. Oder vielleicht dem anderen ins Ohr nieste.

Inzwischen hatte sich der Behälter gefüllt. Fima zog erneut die Spülung und konnte damit noch einen Stotterstrahl loseisen, der in dem Moment aussetzte, in dem die Spülung zu Ende war. Er wurde zornig: Welch ungeheure Anstrengungen investierte er nun schon dreißig Jahre lang, um sämtliche Wünsche und Kapricen dieses verwöhnten, egoistischen, korrupten, unersättlichen Schleuderschwanzes zu befriedigen, der einen ganz und gar zu seinem Vehikel machte – als sei man einzig und allein dazu erschaffen, ihn bequem von einem weiblichen Wesen zum nächsten zu kutschieren – und es einem nach all dem noch mit grobem Undank vergalt.

Als schelte er ein eigensinniges Kind, sagte Fima zu seinem Penis: »Gut. Du hast genau eine Minute, dich zu entscheiden. In fünfundfünfzig Sekunden nach der Uhr mach' ich zu und geh' hier weg, egal ob du nachher leidest, bis du platzt.«

Diese Drohungen verstärkten offenbar nur die Bosheit des Schleuderschwanzes, der ihm eher noch mehr zwischen den Fingern zusammenschrumpfte. Fima entschied daraufhin, daß man nicht weiter nachgeben durfte. Wütend zog er den Reißverschluß hoch und klappte den Klosettdeckel herunter. Beim Rausgehen knallte er die Badezimmertür zu. Fünf Minuten später warf er auch die Wohnungstür hinter sich ins Schloß, widerstand am Briefkasten erfolgreich der Versuchung, die Zeitung herauszuziehen, und marschierte energisch in Richtung Ladenzentrum. Er hatte fest vor, auf die Bank zu gehen und vier Dinge zu erledigen, die er sich den ganzen Weg über hersagte, damit er sie nicht vergaß: Erstens Bargeld abheben. Genug damit, dauernd ohne einen Groschen herumzulaufen. Zweitens all seine Schulden für Telefon, Wasser, Petroleum, Kanalisation, Gas und Strom bezahlen. Drittens endlich seinen Kontostand feststellen. Doch als er beim Zeitungs- und Schreibwarenladen an der Ecke angekommen

Der dritte Zustand

war, hatte er den vierten Punkt bereits vergessen. Sosehr er sein Hirn auch quälte, er kam nicht darauf. Indes sah er eine neue Ausgabe der Monatsschrift *Politika* innen an die Scheibe der geschlossenen Tür geheftet. Er trat ein, las rund eine Viertelstunde im Stehen darin herum und geriet in helles Entsetzen bei der Lektüre von Zwi Kropotkins Aufsatz, der behauptete, die Friedensaussichten seien, zumindest in der näheren Zukunft, gleich Null. Noch heute morgen, beschloß Fima, mußte er bei Zwicka vorbeischauen und ihm ein paar harte Worte über den Defätismus der Intelligenzija sagen: Defätismus nicht in dem Sinn, in dem die militante Rechte ihn uns dummdreist zuschreibt, sondern in einem anderen, tieferen, ungleich ernsteren Sinn.

Der erwachte Zorn brachte einen gewissen Nutzen: Sofort nach Verlassen des Zeitungsladens bog Fima vom Weg ab, überquerte ein Leergrundstück, betrat einen unfertigen Rohbau, und kaum hatte er den Reißverschluß herunter, entleerte sich seine Blase auch schon in starkem, stabilen Strahl. Es scherte ihn überhaupt nicht, daß Schuhe und Hosenränder schlammverschmiert wurden, denn er fühlte sich als Sieger. Schlenderte weiter nach Norden, passierte die Bank, ohne es zu merken, wurde aber, je weiter er ging, immer begeisterter, weil er sah, daß das Mandelbäumchen in seinem Hinterhof keineswegs als einziges Knospen angesetzt hatte, ohne erst das Neujahrsfest der Bäume abzuwarten. Wobei er sich dessen bei näherem Nachdenken allerdings nicht mehr ganz sicher war, da er nicht wußte, welches Datum man heute nach dem jüdischen Kalender schrieb. Ja auch an das bürgerliche Datum konnte er sich nicht erinnern. Jedenfalls besteht kein Zweifel, daß wir heute noch Februar haben, und schon hebt der Frühling den Kopf. Darin erblickte Fima eine einfache Symbolik, ohne sich zu fragen, was sie nun symbolisieren wollte, spürte aber, daß Grund zur Freude bestand: Als sei durch ein ungewolltes Erbe die Verantwortung für die Stadt mit allem Drum und Dran auf ihn gekommen, und nun stelle sich heraus, daß er nicht ganz seine Pflicht vernachlässigt hatte. Das transparente Hellblau des Morgens war inzwischen in ein tiefes Blau übergegangen, als habe sich das Meer mit dem Obersten nach unten über Jerusalem gewölbt, um die Stadt mit Kindergartenwonne zu erfüllen. Geranien und Bougainvilleen in den Höfen schienen in Flammen aufzugehen. Die Steinmäuerchen glänzten wie poliert. »Nicht übel, was?« sagte Fima in Gedanken zu irgendeinem unsichtbaren Gast oder Touristen.

An der Biegung zum Viertel Beit Vagan stand ein junger Mann im Militäranorak, die Maschinenpistole über die Schulter gehängt, umringt von Blumeneimern, und bot Fima einen Chrysanthemenstrauß für den Schabbat an. Fima fragte sich, ob das nicht ein Siedler aus den Gebieten war, der seine Blumen auf uns nicht gehörenden Böden zog. Und entschied sofort, wer bereit ist, Kompromisse und Frieden mit Arafat zu schließen, darf die Gegner aus den eigenen Reihen nicht boykottieren. Obwohl er immer noch Argumente für die eine wie die andere Auffassung sah, fand er weder Haß noch Wut in sich, vielleicht, weil ihm Jerusalem heute morgen wegen des tiefblau schimmernden Lichts als ein Ort erschien, an dem wir alle die Gegensätze zwischen uns respektieren müssen. Deshalb steckte er die Hand in die Tasche, wo er mühelos drei Schekelmünzen fand, gewiß das Wechselgeld, das er die Nacht zuvor von seinem neuen Informationsminister herausbekommen hatte. Und drückte die Blumen an die Brust, als wolle er sie vor dem Biß der Kälte schützen.

»Verzeihung, hatten Sie etwas zu mir gesagt?« fragte Fima. »Tut mir leid. Ich hab's nicht recht gehört.«

Der jugendliche Blumenverkäufer antwortete mit breitem Lächeln: »Ich hab' nur Schabbat Schalom gewünscht.«

»Ja gewiß«, pflichtete Fima bei, als lege er den Grundstein für einen neuen nationalen Konsens, »danke. Auch Ihnen Schabbat Schalom.«

Die Luft war kalt, gläsern, obwohl kein Wind wehte. Als habe das Licht selber einen klaren nördlichen Einschlag. Das Wort »klar« erfüllte Fima insgeheim mit sonderbarer Freude. Man muß das Böse meiden, auch wenn es unter dem Deckmantel aller möglichen Grundsätze auftaucht, dachte er. Man muß sich immer wieder vor Augen halten, daß die Verzweiflung der wahre Feind ist. Ein Feind, dem man nichts nachgeben, geschweige denn, sich ihm unterwerfen darf. Der junge Joeser und seine Zeitgenossen, die nach uns in Jerusalem leben werden – gemäßigte, vernünftige Menschen, die ein verständig ausgewogenes Leben führen –, müssen sich doch eines Tages über die Leiden wundern, die wir uns hier selber aufgeladen haben. Aber sie können unserer wenigstens nicht verächtlich gedenken: Wir haben nicht kampflos aufgegeben. Haben so gut wir konnten in Jerusalem standgehalten, und das gegen zahlenmäßig weit überlegene und unendlich stärkere Kräfte. Man hat uns nicht mit Leichtigkeit besiegt. Und wenn wir zum Schluß auch unterlegen sind, bleibt uns doch noch der Vorzug des »denkenden Schilfrohrs«, von dem Blaise Pascal spricht.

Und so – begeistert und durchgeweht, die Schuhe schlammverschmiert, einen Chrysanthemenstrauß an die Brust gedrückt und vor Kälte am ganzen Leib zitternd – klingelte er morgens um Viertel nach zehn an Teds und Jaels Wohnungstür. Als Jael ihm in grauen Kordhosen und einem weinroten Pullover öffnete, sagte er ohne Hemmungen: »Ich bin zufällig hier vorbeigekommen und wollte nur für einen Moment reinschauen, Schabbat Schalom sagen. Ich hoffe, ich störe nicht? Soll ich statt dessen lieber morgen kommen? Nächste Woche wird bei mir gestrichen. Egal. Ich hab' dir Blumen zum Schabbat gebracht. Darf ich auf ein, zwei Minuten reinkommen?«

28.
In Ithaka, am Meeresstrand

»Gut«, sagte Jael, »komm rein. Nur denk dran, daß ich bald gehen muß. Wart einen Moment. Laß dir das Hemd zuknöpfen. Sag mal, wann hast du das zum letztenmal gewechselt?«

»Wir beide müssen ein bißchen miteinander reden«, sagte Fima.

»Schon wieder reden«, meinte Jael.

Er folgte ihr in die Küche. Unterwegs hielt er kurz inne und lugte ins Schlafzimmer: Unwillkürlich hoffte er, sich dort seit vorgestern nacht noch immer in den Laken schlafen zu sehen. Aber das Bett war gemacht und mit einer wolligen, dunkelblauen Tagesdecke abgedeckt, zu beiden Seiten einheitliche Leselampen und Nachtschränke, auf denen je ein einzelnes Buch ruhte, und daneben, wie im Hotel, jeweils ein Glas Wasser nebst Schreibblock und Kugelschreiber. Sogar zwei gleiche Wecker standen auf den Schränkchen.

»Dimmi ist in keinem guten Zustand«, sagte Fima. »Wir dürfen nicht weiter so tun, als leide er überhaupt nicht. Diese Blumen stellst du wohl lieber bald ins Wasser, die sind für dich, zum Schabbat. Hab' ich so einem Siedler abgekauft. Außerdem hast du doch Ende Februar irgendwann Geburtstag oder schon gehabt. Machst du mir einen Kaffee? Ich bin eben von Kiriat Jovel bis hierher zu Fuß gelaufen und halb erfroren. Um fünf Uhr morgens hat der Nachbar versucht, seine Frau zu ermorden, und ich bin raufgerannt, um eventuell zu helfen, und hab' dann ziemlich idiotisch dagestanden. Egal. Ich bin gekommen, um mit dir über Dimmi zu reden. Vorgestern, als ihr weggefahren seid und ich auf ihn aufgepaßt habe –«

»Schau, Efraim«, unterbrach ihn Jael, »warum mußt du jedem das Leben schwermachen. Ich weiß, daß es Dimmi nicht gutgeht. Oder daß wir nicht gut zu ihm sind. Da erzählst du mir nichts Neues. Auch du machst nicht alles gut und richtig.«

Fima begriff also, daß er sich verabschieden und davonmachen mußte. Trotzdem setzte er sich auf den niedrigen Küchenschemel, blickte Jael mit treuherzigem Hundeblick von unten herauf an, blinzelte mit den braunen Augen und begann ihr zu erklären, es gehe um ein unglückliches, geradezu gefährlich einsames Kind. Als er vorgestern abend auf den Jungen aufgepaßt habe, sei etwas herausgekommen – Einzelheiten täten hier nichts zur Sache –, aber er habe den Eindruck gewonnen, das Kind, wie solle er sagen, brauche womöglich Hilfe?

Jael setzte den Kessel auf. Rührte Pulverkaffee in zwei Gläsern an. Fima meinte, sie reiße dabei zu viele Schranktüren und Schubladen auf, die sie dann wieder heftig zuknallte.

»Gut«, sagte sie. »Großartig. Du bist also gekommen, um mir einen Vortrag über Erziehungsprobleme zu halten. Teddy hat einen Freund, Kinderpsychologe aus Südafrika, mit dem wir uns ein wenig beraten. Und du hör mal endlich auf, dauernd Sorgen und Nöte zu suchen. Hör auf, allen zuzusetzen.«

Da Jael Südafrika erwähnt hatte, konnte Fima nur mit Mühe den jähen Drang ersticken, ihr sein Szenario für die dort in naher Zukunft, nach dem Zusammenbruch des Apartheid-Regimes, zu erwartende Entwicklung auszubreiten. Er war überzeugt, daß es ein Blutbad nicht nur zwischen Weißen und Schwarzen, sondern auch – und gerade – innerhalb der beiden Gruppen geben werde. Und wer weiß, ob uns nicht eine ähnliche Gefahr droht. Aber der Ausdruck »Blutbad« erschien ihm als abgewetztes Klischee. Ja sogar die Wendung »abgewetztes Klischee« hinterließ in diesem Moment einen faden Geschmack.

Neben ihm auf dem Küchentisch stand eine offene Packung gekaufter Butterkekse. Unwillkürlich wanderten seine Finger dort hinein, und er mampfte ein Plätzchen nach dem anderen. Während Jael ihm Kaffee mit Milch vorsetzte, schilderte er ihr verschwommen, was sich vorgestern abend hier zugetragen hatte und wie es dazu kam, daß er in ihrem Bett eingeschlafen, Dimmi aber bis ein Uhr nachts wach geblieben war. Ihr beiden seid auch nicht besonders: fahrt einfach los, euch in Tel Aviv ein feines Leben zu machen, und laßt nicht mal eine Telefonnummer für Notfälle da.

Der dritte Zustand

Wenn das Kind nun eine Gallenkolik bekommen hätte? Oder einen Stromschlag? Oder Gift geschluckt hätte? Fima verhaspelte sich, weil er auch nicht andeutungsweise die Sache mit der Opferung preisgeben wollte. Stammelte aber trotzdem etwas bezüglich des Leids, das die Nachbarskinder Dimmi offenbar zufügten: Du weißt doch, Jael, daß er nicht wie alle anderen ist – mit Brille, überernst, Albino und kurzsichtig – fast könnte man sagen: halb blind –, viel kleiner als seine Altersgenossen, vielleicht wegen einer Hormonstörung, die ihr vernachlässigt, ein sensibles, innerliches Kind, nicht innerlich – in sich gekehrt, in sich gekehrt ist auch nicht genau das richtige Wort, vielleicht geistig veranlagt, oder seelisch betont, er läßt sich nicht leicht definieren. Schöpferisch. Oder richtiger, ein origineller, interessanter Junge, den man sogar als tief bezeichnen könnte.

An diesem Punkt kam Fima auf die Nöte des Heranwachsenden in einer von Grausamkeit und Gewalt geprägten Zeit: Abend für Abend schaut Dimmi mit uns die Fernsehnachrichten, Abend für Abend wird der Mord auf dem Bildschirm trivialer. Redete dann von sich in Dimmis Alter, ebenfalls ein introvertierter Junge, ebenso ohne Mutter, während sein Vater ihn systematisch verrückt zu machen suchte. Sprach davon, daß die einzige emotionale Bindung dieses Kindes offenbar gerade zu ihm, Fima, bestehe, obwohl Jael sehr wohl wisse, daß er sich niemals als geeignete Vaterfigur betrachtet, ja daß das Vateramt ihm stets eine Mordsangst eingejagt habe, und trotzdem scheine ihm zuweilen, daß es ein tragischer Fehler gewesen sei und alles ganz anders – reiner – hätte sein können, wenn nur –

Jael schnitt ihm das Wort ab und sagte kühl: »Trink endlich deinen Kaffee aus, Efraim. Ich muß gehen.«

Fima fragte, wohin sie gehen müsse. Er werde sie mit Freuden begleiten. Egal, wohin. Er habe heute morgen nichts vor. Sie könnten sich unterwegs weiter unterhalten. Dieses Gespräch erscheine ihm zwingend notwendig und auch ziemlich dringend. Oder vielleicht solle er lieber hier warten, bis sie zurück sei? Damit sie dann weiterreden könnten? Es mache ihm nichts aus zu warten: Es sei ja heute Freitag, sein freier Tag, die Praxis sei geschlossen, und am Sonntag würden ihn die Maler überfallen, so daß ihn zu Hause nur deprimierende Abbau- und Packarbeit erwarte. Und was meinst du? Würdest du Teddy vielleicht Samstag morgen für ein bis zwei Stunden rüberschicken, um mir die Regale ... egal. Er wisse, daß das alles lächerlich sei und nicht zur Sache gehöre. Könne er ihr hier bis zu ihrer Rückkehr vielleicht was bügeln? Oder Wäsche zusammenlegen? Bei anderer Gelegenheit werde er mal versuchen, ihr einen Gedanken auseinanderzusetzen, der ihn in letzter Zeit viel beschäftige: eine Vorstellung, die er als »der dritte Zustand« bezeichne. Nein, es sei keine politische Idee. Eher eine existentielle Frage, wenn man sich noch so ausdrücken könne, ohne abgedroschen zu klingen. Erinner mich bei Gelegenheit daran. Du brauchst bloß »der dritte Zustand« zu sagen, und schon weiß ich, was gemeint ist, und erklär's dir. Obwohl es vielleicht einfach Quatsch ist. Egal im Moment. Hier in Jerusalem ist doch so ungefähr jeder zweite Typ ein halber Prophet und ein halber Ministerpräsident. Einschließlich Zwicka Kropotkin. Einschließlich Schamir selber, unserem hauseigenen Breschnew. Ein Irrenhaus und keine Stadt. Aber ich bin ja hier, um dir über Dimmi zu sprechen, nicht über Schamir und Breschnew. Dimmi sagt, Teddy und du würdet mich hinter meinem Rücken einen Clown nennen. Dann weißt du vielleicht zufällig, daß dein Sohn sich selber inzwischen auch schon als Clownskind bezeichnet? Erschreckt dich das nicht ein bißchen? Mir macht dieser Titel nichts aus. Paßt ganz gut für jemanden, in dem sogar sein eigener Erzeuger einen Schlemihl und Schlimasel erblickt. Obwohl er auch lächerlich ist. Das heißt, der Alte. Baruch. In mancherlei Hinsicht sogar lächerlicher als ich oder Dimmi. Auch so ein Jerusalemer Prophet mit seiner Privatformel für die Erlösung in drei Zügen. Er hat da eine Geschichte von irgendeinem Kantor, der über die Hohen Feiertage allein auf einer einsamen Insel festsitzt. Egal. Übrigens hat er in den letzten Tagen angefangen, leicht zu pfeifen. Ich meine, sein Atem. Und ich bin ziemlich besorgt. Oder womöglich scheint's mir nur so. Was meinst du, Jael? Vielleicht versuchst du mal bei Gelegenheit, ihm gut zuzureden, damit er sich stationär untersuchen läßt? Er hat immer eine besondere Schwäche für dich gehabt. Vielleicht bist nur du imstande, seinen revisionistischen Starrsinn zu beugen. Der nebenbei bestens illustrieren kann, was ich gemeint hab', als ich dir sagte, jeder zweite Jerusalemer wolle der Messias sein. Was ist schon dabei? Jeder von uns ist ein bißchen lächerlich für den, der uns mit bedächtigen, vernünftigen Augen von der Seite betrachtet. Sogar du mit deinen Düsentriebwerken, Jael. Wer braucht hier Düsenantriebe, wenn uns nichts weiter fehlt als ein bißchen Erbarmen und ein klein wenig Verstand? Und wir allesamt, der vernünftige Betrachter von der Seite eingeschlossen, sind hochgradig lächerlich in den Augen der Berge. Oder der Wüste. Ist Teddy etwa nicht lächerlich? Dieser wandelnde Schrank? Oder Zwicka, von dem ich heute morgen zufällig einen

Der dritte Zustand

neuen Aufsatz gelesen habe, vollkommen hysterisch, in dem er wissenschaftlich beweisen will, daß die Regierung die Wirklichkeit aus den Augen verloren hat? Man könnte meinen, die Wirklichkeit stecke in Zwickas Westentasche. Obwohl sich nicht leugnen läßt, daß diese Regierung vor verbohrten und vielleicht auch ziemlich gestörten Typen wimmelt. Aber wie sind wir denn auf die Regierung gekommen? Das passiert uns dauernd: Da wollen wir einmal ernsthaft über uns, über das Kind, über die Hauptsache sprechen, und irgendwie drängt sich die Regierung rein. Wohin mußt du? Du mußt gar nicht. Das ist gelogen. Freitag ist auch dein freier Tag. Du lügst, um mich loszuwerden. Damit ich endlich gehe. Du hast Angst, Jael. Aber wovor eigentlich? Davor, endlich mal darüber nachzudenken, warum der Junge sich als Clownskind bezeichnet?

Jael, die, den Rücken ihm zugewandt, Küchenhandtücher faltete und sie einzeln in die Schublade legte, erwiderte ruhig: »Effi. Ein für allemal. Du bist nicht Dimmis Vater. Trink schon aus und geh. Ich bin beim Friseur angemeldet. Das Kind, das du hättest haben können, habe ich vor fünfundzwanzig Jahren wegmachen lassen, weil du es nicht haben wolltest. Was kommst du also jetzt damit. Manchmal habe ich das Gefühl, ich sei bis heute noch nicht ganz aus der Narkose aufgewacht, die man mir damals gegeben hat. Und nun quälst du mich. Damit du's weißt: Wenn Teddy nicht so ein nachsichtiger Mensch wäre, ein wandelnder Schrank, wie du sagst, wärst du schon längst aus diesem Haus rausgeflogen. Du hast hier nichts zu suchen. Besonders nach dem, was du vorgestern nacht angestellt hast. Es ist nicht leicht hier, schon ohne dich. Du bist ein schwieriger Mensch, Efraim. Schwierig und auch nervend. Und mir ist noch nicht völlig klar, ob du nicht selber einer der Hauptursachen für Dimmis Verwirrung bist: Langsam, aber gründlich machst du das Kind auch noch verrückt.«

Einen Moment später fuhr sie fort: »Und man weiß nicht recht, ob das Tücke bei dir ist oder ob es dir bloß vor lauter Gequatsche so rauskommt. Du redest und redest die ganze Zeit, und bei all dem Geschwätz hast du dir vielleicht selbst eingeredet, daß du Gefühle besitzt. Daß du verliebt bist. Daß du ein halber Vater von Dimmi bist. All solchen Irrsinn. Aber wozu rede ich mit dir über Gefühle. Über Liebe. Selbst die Bedeutung dieser Worte hast du niemals begriffen. Früher einmal, als du noch Bücher gelesen hast, nicht nur Zeitungen, ist dir anscheinend mal was über Liebe und Leid untergekommen, und seitdem läufst du in ganz Jerusalem rum und referierst über Liebe und Leid. Eben hätte ich beinah gesagt, du würdest nur dich selber lieben. Aber das stimmt auch nicht. Du liebst nicht mal dich selber. Gar nichts liebst du. Höchstens vielleicht den Sieg bei Diskussionen. Egal. Zieh dir endlich die Jacke an. Deinetwegen komme ich zu spät.«

»Darf ich hier auf dich warten? Ich warte geduldig. Sogar bis zum Abend.«

»In der Hoffnung, daß Teddy vorher nach Hause kommt? Und dich noch mal in unserem Bett unter meiner Decke findet?«

»Ich verspreche, mich heute gut zu benehmen«, flüsterte Fima.

Und wie in der festen Absicht, das sofort durch Taten zu beweisen, sprang er zur Spüle und goß den Kaffee weg, den er gar nicht angerührt hatte, obwohl er inzwischen geistesabwesend sämtliche Butterkekse aus der Packung auf dem Tisch vertilgt hatte. Und da er sah, daß der Spülstein voll schmutzigem Geschirr stand, krempelte er den einen Ärmel hoch, drehte den Hahn auf und wartete energisch, bis warmes Wasser kam. Auch als Jael sagte, bist du übergeschnappt, Efraim, laß das, nach dem Mittagessen tun wir sowieso alles in die Maschine, hörte er nicht auf sie, sondern begann enthusiastisch die Teile einzuseifen und sie so auf die Marmorplatte abzustellen. Das beruhige ihn, sagte er, in fünf Minuten sei er damit fertig, vorausgesetzt, es käme endlich ein bißchen warmes Wasser. Mit Freuden werde er ihnen ersparen, die Spülmaschine in Gang zu setzen, und das Geschirr würde auch viel sauberer, und inzwischen unterhalten wir uns noch etwas. Was ist denn bei euch der kalte und was der warme Hahn? Was ist das denn? Amerika? Alles verkehrt rum bei euch? Aber wenn du schon weg mußt – meinetwegen gern. Geh und komm wieder, Jael. Ich verpflichte mich, die ganze Zeit nur im Bereich der Küche zu bleiben. Nicht in der Wohnung herumzulaufen. Nicht mal auf die Toilette werd' ich gehen. Soll ich inzwischen vielleicht das Besteck putzen? Oder den Kühlschrank saubermachen? Hier bleib' ich und warte. Egal wie lange. Wie eine Solveig männlichen Geschlechts. Ich hab' ein Buch über Walfänger in Alaska, da steht was über einen Eskimobrauch ... egal. Mach dir keine Sorgen um mich, Jael, es macht mir nichts aus, den ganzen Tag zu warten. Sorg dich dafür lieber ein bißchen um Dimmi. Um Teds lustigen Ausdruck zu verwenden, könnte man sagen, Dimmis Zustand ist ein bißchen unten. Meines Erachtens müssen wir zuallererst einen ganz anderen sozialen Rahmen für ihn finden. Vielleicht ein Internat für Hochbe-

Der dritte Zustand

gabte? Oder gerade umgekehrt hier bei uns zwei oder drei Nachbarskinder zähmen –

Urplötzlich, als habe sie ihren Widerwillen in ätzenden Zorn übersetzt, riß sie ihm den seifentriefenden Schwamm und die Bratpfanne aus der Hand: »Fertig. Aus. Genug mit dieser Komödie. Warum spült ihr Geschirr. Warum versucht ihr dauernd Mitleid zu erregen. Ich hab' kein Mitleid für euch. Ich will nicht euer aller Mama sein. Dieser Junge brütet dauernd über bösen Plänen, obwohl ich nicht kapiere, was ihm noch fehlt, was haben wir ihm nicht alles gekauft, Video, Atari, Compact Disc, jedes Jahr eine Amerikareise, nächste Woche kriegt er sogar seinen eigenen Fernseher ins Zimmer, als zögen wir hier einen Prinzen groß. Und du kommst jedesmal her, um ihn verrückt zu machen und mir Schuldgefühle einzuimpfen – was für Eltern wir eigentlich sind – und Dimmi die kranken Vögel in den Kopf zu setzen, die dir im Hirn rumschwirren. Fertig. Aus. Ich hab' genug davon. Komm nicht mehr, Fima. Du lebst im Prinzip allein, hängst dich aber immerzu an alle dran. Und bei mir ist es genau umgekehrt, alle hängen sich an mich, obwohl ich mir wirklich nichts weiter wünsche, als endlich allein zu sein. Geh jetzt, Efraim. Ich kann dir nichts geben und auch sonst niemandem. Und selbst wenn ich's könnte, würde ich's nicht tun. Warum sollte ich? Ich bin keinem, glaub ich, etwas schuldig. Und ich beschwere mich auch über niemanden. Teddy ist immer hundertprozentig in Ordnung, niemals neunundneunzig Prozent. Wie ein Kalender, auf dem steht, was erledigt werden muß, und dann tut man's, streicht's durch und notiert neue Besorgungen. Heute morgen hat er vorgeschlagen, mir als Geburtstagsgeschenk das Stromnetz in der Wohnung auf drei Phasen umzustellen. Hast du schon mal von einem Ehemann gehört, der seiner Frau drei Phasen zum Geburtstag schenkt? Und Dimmi gießt die Topfpflanzen Morgen für Morgen und Abend für Abend, bis sie absterben und Teddy neue kauft, die ebenfalls ertrinken. Und hilft sogar beim Staubsaugen, wie Teddy es ihm beigebracht hat. Saugt und saugt, selbst die Bilder und Spiegel an den Wänden und unsere Füße. Man kann ihn gar nicht stoppen. Erinnerst du dich an meinen Vater? Den liebenswerten, pflichtgetreuen Genossen Naftali Zwi Levin, Mitbegründer des historischen Javne'el? Jetzt ist er ein greiser Pionier, dreiundachtzig Jahre alt, senil wie ein Stein, sitzt da in Afula im Heim, guckt den ganzen Tag gegen die Wand, und was man ihn auch fragt – wie geht's dir, was gibt's Neues, was brauchst du, wer bist du, wer bin ich, wo tut's dir weh – auf alles antwortet er immer und ausnahmslos mit der dreiwörtigen Gegenfrage: ›In welcher Hinsicht?‹ Natürlich in aschkenasischem Tonfall. Nur diese drei Worte sind ihm geblieben von Thora und Talmud und Midrasch und chassidischen Legenden und Aufklärung und Bialik und Buber und all dem jüdischen Wissen, das er mal auswendig gekonnt hat. Ich sage dir, Efraim, bald bleiben auch mir nur noch drei Worte: nicht ›in welcher Hinsicht‹, sondern ›laßt mich allein‹. Laßt mich in Ruhe, Efraim. Ich bin nicht eure Mutter. Ich habe ein Projekt, das sich schon jahrelang hinschleppt, weil sich mir ein ganzer Haufen Babys an den Ärmel hängt, damit ich ihnen die Nase putze. Als ich noch klein war, hat mein Pioniervater mir immer wieder eingeschärft, ich solle mir merken, daß in Wirklichkeit die Männer das schwache Geschlecht sind. Das war so eine Weisheit von ihm. Und soll ich dir was sagen? Wenn ich deinetwegen nun schon den Friseur verpaßt hab'? Wenn ich damals begriffen hätte, was ich heute weiß, wäre ich Nonne geworden. Hätte mich mit Düsentriebwerken verheiratet. Hätte mit Vergnügen auf das gesamte schwache Geschlecht verzichtet. Gibst du ihnen den kleinen Finger – wollen sie die ganze Hand. Gibst du ihnen die ganze Hand – wollen sie nicht mal mehr den kleinen Finger von dir haben. Nur daß du still an der Seite hockst, Kaffee machst und nicht störst. Daß man dich gar nicht bemerkt. Koche, bügle, bumse und schweige. Gibst du ihnen Urlaub von dir – kommen sie innerhalb von zwei Wochen auf allen vieren wieder reuig bei dir angekrochen. Was wolltest du denn heute von mir genau, Efraim? Einen kleinen Fick am Morgen in Erinnerung an bessere Zeiten? In Wirklichkeit wollt ihr ja nicht einmal das so richtig. Zehn Prozent Lust und neunzig Prozent Lustspiel. Jetzt kommst du hier angelaufen, wenn du meinst, daß Teddy nicht zu Hause ist – den Arm voll Blumen und den Mund voll Reden, ein alter Experte im Trösten von Witwen und Waisen –, in der Hoffnung, daß ich heute endlich vor lauter Mitleid schwach werde und dich eine Viertelstunde mit ins Bett nehme. Als Schweigegeld. Fünf Jahre habe ich mit dir in einem Bett geschlafen, und du wolltest in neunzig Prozent der Nächte nichts anderes als endlich fertig werden, auslaufen, abtrocknen, das Licht wieder anknipsen und die Zeitung weiterlesen. Geh jetzt, Efraim. Ich bin eine Frau von neunundvierzig Jahren, und du bist auch ein etwas älterer Knabe. Diese Geschichte ist aus. Es gibt keinen zweiten Durchlauf. Ich hatte ein Kind von dir, und du wolltest es nicht haben. Da bin ich als braves Mädchen hingegangen und habe es umgebracht, um deine Berufung zum Dichter nicht

Der dritte Zustand

zu erschweren. Warum mußt du's mir und uns allen immer wieder schwermachen? Was willst du denn noch von mir? Bin ich etwa schuld, daß du alles vergeudet hast, was war und was hätte sein können und was du in Griechenland gefunden hattest? Bin ich schuld, daß das Leben vergeht und die Zeit alles aufzehrt? Bin ich schuld, daß wir alle jeden Tag ein bißchen weiter sterben? Was willst du noch von mir?«

Fima erhob sich also schuldbewußt, elend, geringer als ein Grashalm, stammelte eine blasse Entschuldigung, begann seine Jacke zu suchen und stieß plötzlich niedergeschlagen hervor: »Jetzt ist Februar, Jael. Bald hast du Geburtstag. Hab' ich vergessen gehabt. Oder vielleicht war er schon? Ich weiß nicht, welches Datum wir heute haben. Nicht einmal drei Phasen kann ich dir schenken.«

»Heute ist Freitag, 17. Februar 1989. Elf Uhr zehn. Na und?«

»Du sagst, wir wollten alle was von dir und du hättst nichts mehr zu geben.«

»Welch ein Wunder: Anscheinend hast du doch einen halben Satz mitgekriegt.«

»Aber in Wirklichkeit will ich gar nichts von dir, Jael. Im Gegenteil. Ich möchte etwas finden, das dir ein wenig Freude macht.«

»Du kannst nichts geben. Deine Hände sind leer. Und überhaupt, mach dir mal keine Sorgen um meine Freuden. Bei mir ist zufällig jeden Tag Feiertag. Oder fast jeden Tag. Bei der Arbeit. Am Reißbrett. Oder im Windkanal. Das ist mein Leben. Nur dort bin ich ein wenig ich selbst. Vielleicht tust du auch mal was, Efraim. Das ganze Problem mit dir ist, daß du nichts tust. Liest Zeitungen und ärgerst dich. Gib ein paar Privatstunden. Melde dich freiwillig zur Bürgerwehr. Übersetz irgendeinen Text ins Hebräische. Halte Soldaten Vorträge über die Bedeutung der jüdischen Ethik.«

»Es steht irgendwo – ich glaube, bei Schopenhauer –, daß der Verstand alles in Teile zerlegt, während die Intuition vereinigt und die verlorene Vollkommenheit wiederherstellt. Und ich sage dir, Jael, daß sich unsere Komödie nicht in zwei teilt, sondern, wie Rabin immer sagt, gerade in drei. Dieser Schopenhauer und all die anderen übersehen einfach völlig den dritten Zustand. Warte. Unterbrich mich nicht. Laß mich's nur zwei Minuten erklären.«

Doch mit diesem Satz verstummte er, obwohl Jael ihm diesmal nicht ins Wort gefallen war. Dann sagte er: »Ich werd' dir alles geben, was ich habe. Ich weiß, daß es wenig ist.«

»Du hast gar nichts, Effi. Nur die Almosen, die du von uns allen schnorrst.«

»Übersiedelt ihr zu mir? Du und Dimmi? Wollen wir zu dritt nach Griechenland fahren?«

»Und dort von Nektar und Ambrosia leben?«

»Ich werde Arbeit finden. Werde Verkaufsagent der Firma meines Vaters. Nachtwächter. Sogar Kellner.«

»Sicher. Kellner. Und alles fällt dir aus den Händen.«

»Oder wir ziehen alle drei nach Javne'el! Auf den Hof, der deinen Eltern gehört hat? Wir züchten Blumen in Gewächshäusern wie deine Schwester und der Schwager. Kultivieren wieder die Obstbäume. Baruch gibt uns Geld, und wir sanieren die Trümmer so nach und nach. Bauen einen Musterbetrieb auf. Dimmi und ich versorgen jeden Tag die Tiere. Und dir errichten wir dort ein Studio mit Computern, Reißbrett. Und auch einen Windkanal, wenn du mir nur erklärst, was das ist. Abends vor Sonnenuntergang kümmern wir uns alle drei um den Obsthain. Und im letzten Tageslicht schleudern wir den Honig. Wenn es dir wichtig ist, auch Teddy mitzunehmen, hab' ich nichts dagegen. Wir gründen dort eine kleine Kommune. Leben ohne Lügen und ohne jeden Schatten von Häßlichkeit. Du wirst sehen, wie Dimmi aufblühen und sich entwickeln wird. Und du und ich –«

»Ja. Und du stehst natürlich jeden Morgen um halb fünf auf – Stiefel, Hacke und Spaten, Wonne im Herzen und Schößling in der Hand –, legst die Sümpfe trocken und eroberst mit leeren Händen das Ödland.«

»Verspotte mich nicht, Jael. Ich gebe zu, daß ich noch von der Pike auf lernen muß, dich richtig zu lieben. Na gut. Langsam werde ich lernen. Du wirst sehen, daß ich lerne.«

»Natürlich wirst du lernen. Im Fernunterricht. Oder in der Teleuniversität.«

»Du wirst mich lehren.«

Und plötzlich, in einem zaghaften Mutanfall, fügte er hinzu: »Du weißt sehr wohl, daß das, was du mir vorhin gesagt hast, nicht die ganze Wahrheit gewesen ist. Auch du hast das Baby nicht gewollt. Auch Dimmi hast du nicht haben wollen. Entschuldige, daß ich das gesagt habe. Hatte ich nicht beabsichtigt. Ist mir so rausgerutscht. Und den Dimmi möchte ich mehr lieben als mein eigenes Leben.«

Sie beugte sich über Fima, der auf seinem Schemel kauerte, in ausge-

Der dritte Zustand

blichenen Kordhosen und einem etwas abgewetzten roten Pullover, als halte sie mit aller Kraft an sich, um ihm keine Ohrfeige in die feiste Visage zu verpassen. Ihre Augen funkelten trocken, und ihr Gesicht wirkte alt und runzlig, als lehne da nicht Jael, sondern deren alte Mutter über ihm, umweht von einem Duft nach Schwarzbrot, Oliven und einfacher Handseife. Und sie sagte verwundert mit einem leichten, sonderbaren Lächeln weder zu ihm noch zu sich selbst, sondern in die Luft hinein: »Das ist auch im Winter passiert. Auch damals war Februar. Zwei Tage nach meinem Geburtstag. 1963. Als du und Uri bis oben hin in der Lavon-Affäre stecktet. Der Mandelbaum bei uns hinter der Küche in Kiriat Jovel begann zu knospen. Und der Himmel war genau wie heute blitzsauber und blau. Morgens wurde im Radio ein Potpourri von Schoschana Damari* gesendet. Und ich bin in einem lauten Taxi zu diesem russischen Gynäkologen in der Hanevi'im-Straße gefahren, der sagte, ich würde ihn an Guilietta Masina erinnern. Nach zweieinhalb Stunden bin ich wieder heimgefahren – zufällig war es sogar das gleiche Taxi, mit einem Bildchen von Grace, der Fürstin von Monaco, über dem Kopf des Fahrers –, und es war schon alles vorbei. Ich weiß noch, daß ich Läden und Vorhänge zugezogen, mich hingelegt und im Radio erst Schuberts Impromptu und dann einen Vortrag über Tibet und den Dalai Lama gehört habe und bis zum Abend nicht aufgestanden bin, und abends hat es wieder angefangen zu regnen. Du bist mit Zwi früh morgens zu einem Tagesseminar über Geschichte in die Tel Aviver Universität gefahren. Stimmt, du hast angeboten, darauf zu verzichten und mit mir zu kommen. Und es stimmt auch, daß ich gesagt habe, wieso denn, lohnt nicht, das ist doch kaum anders, als wenn man einen Weisheitszahn gezogen bekommt. Und am Abend bist du strahlend vor Begeisterung wiedergekommen, weil es dir gelungen war, Professor Talmon bei einem kleinen Widerspruch zu ertappen. Wir haben es umgebracht und geschwiegen. Bis heute möchte ich nicht wissen, was sie damit machen. Kleiner als ein Küken. Werfen sie's in die Toilette und spülen nach? Wir beide haben es ermordet. Nur daß du nicht hören wolltest, wann, wo und wie. Du wolltest von mir nur hören, daß alles schon fertig und vorbei ist. Und vor allem wolltest du mir erzählen, wie du den großen Talmon dazu gebracht hast, verwirrt auf dem Podium zu stehen wie ein Student im ersten Semester, der einen Fehler bei der mündlichen Prüfung gemacht

---

* *Schoschana Damari*, ältere jemenitische Sängerin, deren Lieder – vor allem aus dem israelischen Unabhängigkeitskrieg – nostalgische Reminiszenzen wecken.

hat. Und abends bist du dann wieder zu Zwicka gelaufen, weil ihr im Bus auf der Rückfahrt nach Jerusalem eure Debatte über die Folgen der Lavon-Affäre noch nicht beendet hattet. Jetzt hätte er ein Mann von sechsundzwanzig Jahren sein können. Vielleicht selber schon Vater von ein, zwei Kindern, das erste womöglich fast in Dimmis Alter. Und wir beide könnten in die Stadt gehen, um ein Aquarium mit Zierfischen für die Enkel zu kaufen. Wohin, meinst du, fließen Jerusalems Abwässer letzten Endes? Wohl durch den Sorek ins Mittelmeer? Das Meer reicht bis Griechenland, und dort könnte ihn beispielsweise die Tochter des Königs von Ithaka aus den Wellen gehoben haben. Nun sitzt der gelockte Jüngling in Mondnächten am Strand von Ithaka und schlägt die Harfe. Mir scheint, Talmon ist schon vor einigen Jahren gestorben? Oder war es Prawer? Und Guilietta Masina ist wohl auch schon seit einiger Zeit tot? Ich mach' noch Kaffee. Den Friseur habe ich sowieso verpaßt. Dir würde es auch nicht schaden, dir mal die Haare schneiden zu lassen. Aber eigentlich auch nichts nützen. Kannst du dich wenigstens noch an Schoschana Damari erinnern? ›Ein Stern glüht in der Nacht, und der Schakal hält heulend Wacht?‹ Die ist auch schon ziemlich in Vergessenheit geraten.«

Fima schloß die Augen. Duckte sich, nicht wie jemand, der sich vor einer Ohrfeige fürchtet, sondern wie einer, der sie bis in die Nervenspitzen herbeisehnt. Als bücke sich da weder Jael noch Jaels Mutter, sondern seine eigene Mutter über ihn und fordere ihn auf, ihr augenblicklich die blaue Mütze wiederzugeben, die er versteckt halte. Aber woher wußte sie, daß er sie versteckt hatte? Oder daß da ein Sohn gewesen war? Es hätte doch auch eine Tochter sein können? Eine kleine Jael mit langem weichen Haar und dem Gesicht von Guilietta Masina? Er legte die Arme auf den Tisch und barg, ohne die Augen zu öffnen, den Kopf in beiden Händen. Fast greifbar klang ihm Professor Talmons näselnde Schulmeisterstimme in den Ohren, die da feststellte, Karl Marx' Auffassung der menschlichen Natur sei dogmatisch naiv, um nicht zu sagen primitiv, und jedenfalls eindimensional gewesen. Insgeheim erwiderte Fima auf diese Behauptung mit der Frage von Jaels altem Vater: »In welcher Hinsicht?«

Sosehr er auch darüber nachgrübelte, er fand keine Antwort. Und jenseits der Wand, in der Nachbarwohnung, stimmte eine junge Frau ein vergessenes Lied an, das vor vielen Jahren in aller Munde gewesen war, das Lied von einem Mann namens Johnny, wie es nie einen zweiten gab, und sie nannten ihn Johnny Guitar. Dünn, kindlich, fast lächerlich erschien

Der dritte Zustand 1677

ihm die Melodie aus dem Mund der Frau jenseits der Küchenwand. Sie sang nicht gut. Fima fiel plötzlich ein Beischlaf mit Jael vor fast einem halben Leben ein, ein nachmittägliches Schäferstündchen in einer kleinen Pension auf dem Karmel, wohin er sie auf Fahrten zu Seminaren im Haifaer Technikum begleitete. Er schlug ihr vor, einen Fremden zu spielen, während sie noch ein unberührtes, naives, schüchtern ängstliches junges Mädchen sein sollte. Seine Rolle bestand darin, sie geduldig zu verführen. Und es gelang ihm, ihr an Schmerz grenzende Lust zu bereiten. Er entlockte ihr Rufen und Flehen und sanfte Überraschungsschreie. Je länger sie ihn abwies, desto stärker und tiefer wurde der Genuß – in seinen Fingerspitzen, ja in jeder Zelle seines Körpers entfaltete sich ein geheimnisvoller Gehörsinn, kraft dessen er genau erkannte, was ihr wohltat: als sei es ihm gelungen, einen Kundschafter in den dunklen Nervenknoten am Ende ihrer Wirbelsäule einzuschleusen. Oder als sei er Fleisch von ihrem Fleische geworden. Bis Berühren und Berührtwerden nicht mehr Handlungen zwischen Mann und Frau waren und sie beide wie einer wurden, der seine eigenen Dürste stillt. Und er fühlte sich an jenem Tag nicht wie ein Mann, der zur Jungfrau kommt, sondern so, als lebe er seit eh und je in ihrem Schoß, der nicht mehr ihrer, sondern ihrer beider war, und sein Glied nicht mehr seines, sondern ihrer beider Glied, und als umhülle seine Haut nicht mehr seinen, sondern ihrer beider Körper.

Gegen Abend hatten sie sich angezogen und waren in eines der dichtbewachsenen Wadis am Hang des Karmelmassivs hinabgewandert. Waren bis zum Einbruch der Dunkelheit durch das grüne Dickicht gestreift, ohne zu sprechen oder einander zu berühren, und nur ein Nachtvogel hatte ihnen mehrmals einen kurzen, geschliffenen Satz gesagt, den Fima wunderbar nachahmen konnte, worauf Jael leise und herzhaft auflachte und fragte, vielleicht haben Sie irgendeine einleuchtende Erklärung, guter Herr, wie es sein kann, daß ich Sie auf einmal ziemlich liebe, obwohl wir in Wirklichkeit weder verwandt noch sonstwas sind?

Er schlug die Augen auf und sah seine geschiedene Frau – schlank, fast eingeschrumpft, eine alternde Guilietta Masina in grauen Kordhosen und dunkelrotem Pulli – mit dem Rücken zu ihm dastehen und stur weiter Küchenhandtücher falten. Es kann doch nicht sein, daß sie solche Mengen an Küchentüchern besitzt, die sie faltet und faltet, ohne je fertig zu werden, dachte er. Oder nimmt sie wieder auseinander, was sie schon gefaltet hat, weil der Falz nicht exakt nach ihrem Willen ausgefallen ist? Er erhob sich also wie ein Mann, der genau weiß, wie man's macht, umarmte sie von hinten, legte ihr die eine Hand auf den Mund, die andere über die Augen und küßte ihr den Nacken, die Haarwurzeln, den Rücken. Der Duft einfacher Handseife, vermischt mit einem Anflug von Tabaksgeruch aus Teddys Pfeife stieg ihm in die Nase und entfachte in ihm einen leichten Wirbel der Lust, begleitet von Wehmut, die er unterdrückte. Er hob ihren schmalen, kindlichen Körper hoch, und wie er zwei Nächte zuvor ihren Sohn auf den Armen getragen hatte, trug er jetzt Jael und legte sie im Schlafzimmer aufs selbe Bett, und wie er Dimmi gestreichelt hatte, strich er auch ihr über die Wange. Aber er versuchte weder die Tagesdecke wegzurollen noch seine und ihre Kleidung abzustreifen, sondern schmiegte sich in ganzer Körperlänge an sie und barg ihren Kopf in seiner Achselhöhle. Statt »ich sehne mich nach dir«, brachte er wegen der Müdigkeit wispernd die Worte »ich stammle nach dir« heraus. Sie lagen eng, aber nicht umschlungen, Seite an Seite beieinander, ohne sich zu regen, ohne zu sprechen, seine Körperwärme auf ihren Körper und ihre auf seinen ausstrahlend. Bis sie ihm zuflüsterte: Genug. Jetzt sei lieb und geh.

Fima gehorchte schweigend, stand auf, fand seine Jacke und trank den Rest des zweiten Kaffees, den sie ihm eingeschenkt hatte und der ebenfalls schon abgekühlt war wie sein Vorgänger. Sie hat mir gesagt, ich soll in die Stadt gehen, um Dimmi ein Aquarium mit Zierfischen zu kaufen, dachte er, und ich werd's besorgen. Beim Weggehen gelang es ihm, die Tür so sanft und präzise hinter sich zuzuziehen, daß kein Laut zu hören war. Nicht mal ein Klicken. Kein einziger Ton. Als er dann Richtung Norden ging, hielt diese Stille sowohl auf der Straße als auch in seinen Gedanken an. Langsamen Schrittes schlenderte er die ganze Hechaluz-Straße entlang und versuchte zu seiner Verblüffung, die Melodie des alten Liedes von dem Mann namens Johnny, den sie Johnny Guitar nannten, zu pfeifen. Schau her, sagte er sich, jetzt könnte man behaupten, daß alles verloren oder gar nichts verloren ist, und die beiden Aussagen heben einander keineswegs auf. Eigentümlich, ja sogar wunderbar erschien ihm dieser Zustand: Obwohl er nicht mit seiner Frau geschlafen hatte, verspürte er in seinem Körper keinerlei Mangel, sondern im Gegenteil Fröhlichkeit, Hochstimmung, Befriedigung, als habe auf mystische Weise doch eine tiefe, präzise Verschmelzung zwischen ihnen stattgefunden. Und als habe er bei dieser Verschmelzung endlich seinen einzigen Sohn mit ihr gezeugt.

Aber in welcher Hinsicht?

Die Frage erschien ihm überflüssig. In uneinsichtiger Hinsicht. Und wenn schon.

Als er die Herzl-Straße erreichte, erinnerte ihn der feine Regen daran, daß er seine Schirmmütze bei Jael auf der Küchentischecke vergessen hatte. Was er nicht bedauerte, da er wußte, daß er zurückkehren würde. Er mußte noch ihr und Dimmi – und warum nicht auch Ted – das Geheimnis des dritten Zustands erklären. Allerdings nicht jetzt. Nicht heute. Es brannte ja nicht. Selbst als ihm Joeser und die übrigen vernünftigen, besonnenen Menschen, die in hundert Jahren an unserer Stelle in Jerusalem leben werden, in den Sinn kamen, regte sich diesmal keine Trauer bei ihm. Im Gegenteil: eher ein verschmitztes inneres Grinsen. Was ist denn. Was brennt. Sollen sie warten. Sollen sie geduldig abwarten, bis sie an der Reihe sind. Wir sind hier entschieden noch nicht mit unserer Sache fertig. Eine ermüdende, miese Angelegenheit, das läßt sich nicht leugnen, aber so oder anders haben wir hier noch nicht unser letztes Wort gesprochen.

Einige Minuten später kletterte er in den ersten Bus, der vor ihm an der Haltestelle hielt, ohne auf Linie und Fahrtrichtung zu achten. Setzte sich hinter den Fahrer, summte weiter unbekümmert falsch das Lied von Johnny Guitar vor sich hin. Und sah keinen Grund, den Autobus vor der Endstation zu verlassen, die zufällig in der Schmuel-Hanavi-Straße lag. Trotz Kälte und Wind fühlte Fima sich bestens.

29.
Vor Schabbatbeginn

Vor lauter Freude verspürte er keinen Hunger, obwohl er außer den in Jaels Küche stibitzten Keksen seit morgens nicht gegessen hatte. Als er aus dem Bus stieg, merkte er, daß es nicht mehr regnete. Zwischen schmuddeligen Wolkenfetzen schimmerten blaue Inseln. Irgendwie schien es, als verharrten die Wolken auf der Stelle, während die himmelblauen Inseln nach Westen segelten. Und er hatte das Gefühl, dieses Azur meine ihn und rufe ihn mitzukommen.

Fima begann die Jecheskel-Straße hinaufzugehen. Die beiden ersten Zeilen des Liedes von Johnny Guitar schwangen weiter in der Brust. Aber wie lautete die Fortsetzung? Wohin auf der Welt hatte es jenen Johnny am Ende verschlagen? Wo spielte er heute?

Schabbatabendduft durchdrang die Luft des Bucharenviertels, obwohl es noch früh war, halb eins ungefähr. Vergebens bemühte sich Fima, die Zusammensetzung dieses intensiven Geruchs zu analysieren, der ihn an seine Kindheit erinnerte, an die leichte Erregung, die ihn und Jerusalem mit dem Nahen des Schabbat erfaßte, ja die Welt bei all dem Waschen, Putzen und Kochen gelegentlich schon von Donnerstag abend an zu erfüllen begann. Die Hausgehilfin kochte gefüllte Hühnerhälse, mit Nadel und Faden vernäht. Seine Mutter bereitete klebrig süßes Pflaumenkompott. Und *Zimmes* – süß gekochte Karotten. Und *gefillte Fisch* und *Kreplach* oder Strudel. Oder Rosinenkugel. Dazu alle möglichen Marmeladen und Konfitüren, die auf russisch *Warenje* hießen. Ganz konkret kehrten Fima auch Geruch und Aussehen des weinroten Borschtsch ins Gedächtnis zurück, jener sämigen Rote-Bete-Suppe, auf der Fettaugen wie Goldstücke schwammen. Als Kind hatte er diese Goldmünzen mit dem Löffel herausgefischt.

Und jeden Freitag holte seine Mutter ihn Punkt Mittag am Schultor ab – den blonden Zopf zum Kranz um den Kopf gewunden und das Gold im Nacken durch einen braunen Schildpattkamm gehalten. Dann gingen sie zu zweit die letzten Einkäufe auf dem Machane-Jehuda-Markt tätigen, er den Ranzen auf dem Rücken, sie den Flechtkorb in der Hand, an deren einem Finger ein Saphirring funkelte. Die Düfte des Markts, salzige, bittere, saure sephardische Wohlgerüche, versetzten sie beide in kindlichen Frohsinn. Als hätten sie sich insgeheim gegen die zähe aschkenasische Süße der hausgemachten Nudelaufläufe und Karottengerichte, der gefüllten Fische, des Kompotts und der diversen klebrigen Konfitüren verschworen.

Und tatsächlich behagten seinem Vater ihre freitagmittäglichen Marktausflüge nicht: Er nörgelte verächtlich, das Kind solle lieber Hausaufgaben machen oder seinen Körper durch sportliche Übungen stählen, man gebe ja sowieso ein Vermögen für die Hausgehilfin aus, zu deren Aufgaben das Einkaufen gehöre, und hier in Rechavia sei schließlich alles zu bekommen, so daß nicht einzusehen sei, warum man sich abschleppen und den Jungen zwischen den dreckigen Ständen und offenen Gossen herumzerren müsse. Die Levante strotze vor Mikroben, und all der scharfe Gewürzkram mit dem aufdringlichen Geruch sei nur eine Tarnung der Verunreinigung. Er witzelte über die Schwäche meiner Mutter für den Zauber von Tausendundeiner Nacht und über »die allwöchentliche Expedition auf den Spuren des Diebes von Bagdad«, wie er es nannte. Fima erschauerte beim Ge-

Der dritte Zustand

danken an die geheimbündlerische Freude, die er als Kind empfunden hatte, wenn er seiner Mutter helfen sollte, zwischen verschiedenen Sorten schwarzer Oliven zu wählen, deren Geruch fast frivol und deren Geschmack eindringlich und berauschend war. Gelegentlich fing er verschwommen die glühenden Blicke auf, mit denen einer der Händler seine Mutter fixierte, und obwohl er zu klein war, um die Bedeutung dieser Blicke zu begreifen, schnappte er doch schemenhaft, wie im Traum, das leichte innere Kribbeln auf, das seine Mutter überlief, dann gewissermaßen überquoll und sich auch auf seinen Rücken verzweigte. Aus weiter Ferne hörte er jetzt ihre Stimme – schau, was sie dir angetan haben, du Golem –, aber diesmal antwortete er ihr fröhlich: Macht nichts, du wirst sehen, daß ich hier noch nicht das letzte Wort gesprochen habe.

Auf dem Heimweg von den Einkäufen auf dem Markt hatte er immer darauf bestanden, selber den Korb zu tragen. Und mit dem anderen Arm hängte er sich bei ihr ein. Freitag mittags aßen sie stets in einem kleinen vegetarischen Restaurant in der King-George-Straße, das ihm mit seinen roten Vorhängen so ausländisch wie im Kino vorkam. Dieses Lokal gehörte einem Flüchtlingspaar, Herrn und Frau Danzig, taktvollen, sympathischen Menschen, die einander so ähnlich sahen, als seien sie Bruder und Schwester. Eigentlich konnte man es ja auch nicht wissen, grübelte Fima, vielleicht waren sie wirklich Geschwister.

Ihre feinen Manieren ließen jedesmal ein leuchtendes Lächeln über das Gesicht der Mutter gleiten, wie ein Lichtstrahl, der Fima noch jetzt mit Sehnsucht erfüllte, wenn er daran dachte. Am Ende der Mahlzeit legte Frau Danzig stets zwei exakte Riegel Nußschokolade vor Fima hin und sagte lachend mit ihrem jeckischen Akzent: »Das ist für das brave Kind, das nichts auf dem Teller gelassen hat.«

Herr Danzig wiederum, ein rundlicher Mann mit einer wie rohes Fleisch im Metzgerladen glühenden Wange, bei der Fima nicht wußte, ob sie von einer chronischen Hautkrankheit, einem eigenartigen Geburtsfehler oder einem geheimnisvollen, flächigen Brandmal so gezeichnet war, ließ nach dem Freitagmittagessen unweigerlich, wie ein Ritual, seinen Standardvers auf Fima los:

> Mein lieber Sohn Efraim
> Hat aufgegessen bei uns daha-im
> Und ist nun ein Held in jedem Ra-im
> Wo, in welcher Stadt?

Worauf Fima, gewissermaßen als sein Part in einem streng festgelegten Ritus, zu ergänzen hatte: »In Jeruschalaim!«

Einmal hatte er jedoch widerspenstig aus Trotz geantwortet: »In Danzig!«, das er von seines Vaters Briefmarkensammlung und auch aus dem schweren deutschen Atlas kannte, zwischen dessen Seiten er, in der Wohnzimmerecke auf dem Teppich ausgestreckt, Stunden über Stunden wegtauchen und umherstreifen konnte, besonders an Winterabenden. Mit dieser Antwort veranlaßte er Herrn Danzig wehmütig verschämt zu lächeln und etwas auf deutsch zu murmeln, das mit den Worten »mein Kind« endete. Und die Augen seiner Mutter füllten sich aus irgendeinem Grund mit Tränen, während sie seinen Kopf plötzlich gewaltsam an sich zog und sein Gesicht über und über mit hastigen Küssen bedeckte.

Was mochte aus den Danzigs geworden sein? Gewiß waren sie längst gestorben. Eine Bankfiliale arbeitete seit Jahren in den ehemaligen Räumen des kleinen Lokals, das immer so vor Sauberkeit geblitzt hatte, daß Fima noch jetzt, nach tausend Jahren, diesen reinlichen Geruch in der Nase spürte, der ihn irgendwie an den Duft frischen Schnees erinnerte. Auf jedem der blütenweiß gedeckten Tische stand stets ein Glasväschen mit einer einzigen steilen Rose. An den Wänden hingen ruhige Bilder von Seen- und Waldlandschaften. Und gelegentlich speiste allein an einem entfernten Tisch, im Winkel neben den Blumentöpfen, ein schlanker britischer Offizier. In steifer Haltung saß er da. Die Uniformmütze ruhte zu Füßen der Rose. Wo mochten die Seen- und Waldbilder seither gelandet sein? Wo auf der Welt speiste jetzt der einsame britische Offizier? Und wo bist du gelandet? Eine Stadt der Sehnsüchte und des Wahnsinns. Ein Flüchtlingslager, keine Stadt.

Dabei kannst du dich doch immer noch aufmachen und ihr entfliehen. Kannst Dimmi und Jael mitnehmen und dich irgendeinem Kibbuz in der Wüste anschließen. Kannst dich aufraffen und um Tamars oder Annette Tadmors Hand anhalten. Dich mit ihr in Magdiel niederlassen und dort auf der Bank, in der Krankenkasse, im Sozialversicherungsamt arbeiten und nachts wieder Gedichte schreiben. Ein neues Kapitel anfangen. Dem dritten Zustand ein wenig näherkommen.

Seine Füße trugen ihn von selbst tief in das Gassengewirr des Bucharenviertels. Langsam trottete er unter den in allen Farben schillernden Wäscheleinen dahin, die sich quer über die graue Straße von Haus zu Haus spannten. Auf den Balkonen, deren schmiedeeiserne Geländer verrostet waren, sah er Laubhüttengestänge, Blechkanister, Schrott, Waschschüsseln, zerberstende Kisten, Wasserbehälter, all den Ausschuß der engen Wohnungen. Fast jedes Fenster war hier mit grellbunten Gardinen verhängt. Auf den Simsen standen Weckgläser, in denen eingelegte Gurken in Knoblauchwasser mit Petersilien- und Dillblättchen schwammen. Fima spürte auf einmal, daß diese um Innenhöfe mit alten, steinernen Zisternen gebauten Viertel, die nach Braten, Zwiebeln, Backwerk, Würzfleisch und Rauch dufteten, ihm in kehligen Lauten eine ehrliche, einfache Antwort auf eine Frage anboten, die er um nichts in der Welt zu formulieren vermochte. Und er spürte, daß etwas Dringliches immer stärker von innen und außen an sein Herz pochte, sanft und beklemmend daran nagte, wie das vergessene Spiel des Mannes Johnny Guitar, wie die Seen und Wälder an den Wänden des kleinen Restaurants, in das seine Mutter ihn Freitag mittags nach den Einkäufen auf dem Markt mitnahm. Und er sagte sich: »Genug. Laß man.«

Wie jemand, der an seiner Wunde herumkratzt und weiß, daß er damit aufhören muß, aber nicht aufhören kann.

In der Rabbenu-Gerschom-Straße begegneten ihm drei kleine, füllige Frauen, die einander derart ähnlich sahen, daß Fima annahm, sie seien vielleicht Schwestern oder auch eine Mutter mit ihren Töchtern. Er starrte sie fasziniert an, weil sie fruchtbare, verschwenderisch üppige, rundliche Gestalten waren, wie die Sklavinnen auf orientalischen Haremsbildern. Seine Phantasie malte ihm ihre breite, üppige Blöße und ihre Hingabe, die gewiß gehorsam und unterwürfig erfolgte, wie bei Büffetkellnerinnen, die warme Fleischstücke an die Schlange der Hungrigen austeilen, ohne erst groß zwischen den Gunstempfängern zu unterscheiden. Sie erbrachten die Körpergabe in gewohnter Gleichgültigkeit, ja sogar leichter Langeweile – die Fima in diesem Moment weit sinnlicher und aufreizender als alle Leidenschaftsstürme der Welt erschienen. Einen Augenblick später folgte eine Welle der Scham und löschte seine Begierde: Warum hatte er heute morgen auf Jaels Körper verzichtet? Hätte er nur noch etwas mehr List und Geduld aufgebracht, wäre ein bißchen stur geblieben, hätte sie ihm sicher nachgegeben. Zwar lustlos, aber was machte das schon? Ging es denn um Lust?

Aber worum ging es dann eigentlich?

Die drei Frauen verschwanden um die Gassenecke, während Fima verlegen, erregt und beschämt auf der Stelle verharrte. In Wirklichkeit hatte er doch heute morgen gar nicht Jaels schlanken Körper begehrt, sondern sich vage nach einer anderen – nicht sexuellen, auch nicht mütterlichen – Verschmelzung gesehnt, das heißt, Verschmelzung auch wieder nicht, sondern nach etwas, von dem Fima nicht wußte, was es war, aber doch spürte, daß gerade dieses verborgene, undefinierbar feine Etwas – so es ihm nur ein einziges Mal vergönnt wäre – sein Leben vielleicht zum Besseren wenden könnte.

Dann nahm er sich zusammen und seine Meinung zurück. Die Worte »sein Leben zum Besseren wenden« mochten vielleicht für einen verwirrten Halbwüchsigen mit Pubertätspickeln im ganzen Gesicht passen, nicht aber für einen Mann, der fähig war, einen Staat in der Krise zu führen und ihn auf den rechten Weg zum Frieden zu lenken.

Später, vor einem kleinen Schuhgeschäft, das gleichzeitig Schusterwerkstatt war, hielt Fima inne, um den berauschenden Duft des Schuhmacherleims aus Kautschuk tief in die Lungen einzuziehen. Und hörte unterdessen Teile eines Gesprächs zwischen einem nicht mehr jungen religiösen Mann, der Leiter eines frommen Wohltätigkeitsverbands oder vielleicht Vorsteher einer Synagogengemeinde hätte sein können, und einem dikken, ungepflegten, unrasierten Reservesoldaten in schlampiger Arbeitsuniform.

Der Soldat sagte: »Bei denen da paßt der Junge dauernd auf die Oma auf. Weicht den ganzen Tag nicht von ihr. Prüft alle halbe Minute, daß sie bloß nicht, Gott behüte, noch mal wegläuft. Die ist schon völlig plemplem im Kopf, aber Beine hat sie wie eine flinke Katze.«

Der ältere Gabbai bemerkte traurig: »Der Verstand im Kopf drinnen sieht aus wie ein Stück Käse. Etwas gelb, etwas weiß. Mit allen möglichen Rillen. Im Fernsehen haben sie das gezeigt. Und der Gedächtnisschwund, da wissen die Wissenschaftler heute schon, daß das von Dreck kommt. Das kommt von Würmern, die da reinkriechen und langsam den Käseverstand auffressen. Bis er faulig wird. Manchmal kann man das sogar ein bißchen riechen.«

Der Soldat berichtigte fachmännisch: »Das sind keine Würmer. Das sind Bakterien. Von der Größe eines Sandkorns. Sogar mit dem Vergrößerungsglas kann man's kaum sehen, und alle Stunde werden vielleicht noch ein paar hundert davon geboren.«

Fima setzte seinen Weg fort, dachte ein wenig über das Gehörte nach, meinte momentweise sogar fast den fauligen Käsegeruch, von dem der

Der dritte Zustand

Gabbai geredet hatte, in der Nase zu spüren. Dann blieb er vor der Tür eines Gemüsehändlers stehen. Auf dem Gehsteig drängten sich Kisten mit Auberginen, Zwiebeln, Salat, Mandarinen und Orangen. Darüber schwirrten Fliegen und auch zwei, drei Wespen. Es wäre schön, eines Tages mit Dimmi durch diese Gassen zu streifen. Fast körperlich spürte Fima die Wärme der Kinderfinger in seiner leeren Hand. Und er versuchte sich auszudenken, welche vernünftigen Dinge er dem kleinen, versonnenen Challenger bei ihrem gemeinsamen Streifzug hier sagen, in welchem neuen Licht er ihm all diese Eindrücke ringsum beleuchten würde. Gewiß würde Dimmi hier Aspekte entdecken, die ihm, Fima, verborgen blieben, weil er nicht mit der Beobachtungsgabe des Kindes begnadet war. Von wem hatte der Junge diese Gabe geerbt? Teddy und Jael waren augenscheinlich dauernd einzig und allein in die ihnen gestellten Aufgaben vertieft, und Baruch beschäftigte sich mit Legenden und ihrer Moral. Vielleicht wäre es das Richtigste, zu ihnen überzusiedeln. Man könnte beispielsweise mit einer vorläufigen Invasion beginnen, einen Brückenkopf errichten, etwa die bevorstehende Renovierung bei ihm zu Hause als Vorwand benutzen, sie von Anfang an beruhigen, es gehe ja nur um einen Notbehelf für zwei, drei Tage, allerhöchstens eine Woche, er werde niemandem zur Last fallen, herzlich gern nachts auf einer Matratze in der Wäscheecke auf dem Hinterbalkon schlafen. Und sofort vom Ankunftstag an werde er für alle kochen, das Geschirr spülen und abtrocknen, bügeln, in ihrer Abwesenheit auf Dimmi aufpassen, ihm bei den Hausaufgaben helfen, Jaels Leibwäsche im Waschbecken waschen und Teddys Pfeifen reinigen. Sie seien doch beide die meiste Zeit außer Haus, während er ein freier Mensch sei. Nach einigen Tagen würden sie sich an diese Lage gewöhnen. Ihre darin enthaltenen Vorteile entdecken. Eine tiefe Abhängigkeit von seinen Haushaltsdiensten entwickeln. Sie würden nicht mehr ohne ihn auskommen. Vielleicht würde gerade Ted als weitsichtiger, vorurteilsfreier Mann und logisch denkender Wissenschafter den allseitigen Nutzen erkennen: Dimmi würde nicht mehr den ganzen Tag allein und verlassen, auf die Gnade der Nachbarn angewiesen und den Launen ihrer Kinder ausgesetzt, auf dem Hof herumlungern oder in tiefer Einsamkeit vor dem Computerbildschirm gefangen sitzen. Und Ted wäre der drückenden Last ledig, andauernd mit Jael von Angesicht zu Angesicht konfrontiert zu sein. Auch er würde sich ein bißchen befreit fühlen. Was Jael anbetraf, konnte man schwer wissen – vielleicht würde sie diese Situation mit gleichgültigem

Achselzucken hinnehmen. Oder in ihr lautloses Lachen ausbrechen, wie sie es bei seltenen Gelegenheiten tat. Oder sie würde sich womöglich wieder aufmachen und nach Pasadena fahren und Dimmi uns beiden, Ted und mir, überlassen. Diese letztere Möglichkeit flammte plötzlich in strahlendem Goldlicht in Fimas Innern auf und erschien ihm faszinierend: eine Kommune. Ein Stadtkibbuz. Drei rücksichtsvolle, einander ergebene Kumpels, verbunden durch starke Bande gegenseitiger Aufmerksamkeit und Zuneigung.

Im ganzen Viertel herrschte emsiges Freitagmittagstreiben: Hausfrauen schleppten volle Einkaufstaschen, Straßenhändler priesen mit gutturalen Schreien ihre Waren an, ein rostfleckiger, verbeulter Lieferwagen, dessen eines Rücklicht eingeschlagen war wie das Auge eines Kneipenraufbolds, rangierte vier- oder fünfmal vor und zurück, bis es ihm wie durch ein Wunder gelang, sich auf dem Gehsteig in die enge Lücke zwischen zwei anderen, nicht weniger alten und mitgenommenen Lieferwagen zu zwängen. Dieser Erfolg freute Fima, als sei er Vorzeichen für eine sich auch ihm eröffnende Chance.

Ein blasser Aschkenase mit hängenden Schultern und leicht vorquellenden Augen, der aussah, als leide er an einem schweren Magengeschwür, wenn nicht an Krebs, schob stark schnaufend einen quietschenden Kinderwagen voll Lebensmitteln in Papier- und Plastiktüten und einer ganzen Batterie Limoflaschen die Steigung hinauf. Zuoberst lag eine Abendzeitung, deren Seiten im Wind flatterten. Fima lugte schräg auf die Schlagzeile und schob die Zeitung dann behutsam zwischen die Flaschen, da er fürchtete, sie könnte jeden Augenblick hochwirbeln und auseinanderfliegen. Der Alte sagte nur: »*Nu. Schoin.*«

Ein graugelber Hund kam in einschmeichelndem Trott, den Schwanz zwischen die Beine geklemmt, angelaufen, beschnüffelte zaghaft die Hosenkrempen des besorgten Fima, fand kein besonderes Interesse an ihm und entfernte sich mit gesenkter Schnauze. Es könnte doch sein, grübelte Fima, daß dies zum Beispiel ein Urururenkel des Hundes Balak ist, der hier vor rund achtzig Jahren den Verstand verloren und sämtliche Gassen ringsum in Angst und Schrecken versetzt hat, bis er unter großen Qualen starb.

In einem Hof sah er die Reste eines verfallenen Palastes, den Kinder aus kaputten Kisten und Kästen errichtet hatten. Dann, an der Wand einer Synagoge namens *Erlösung Zions – Lehrhaus der Gemeinde ehemaliger*

Der dritte Zustand   1687

*Mashhader** prangten mehrere Graffiti, die Fima sich erst einmal betrachtete: »Gedenket des Schabbattages, ihn zu heiligen.« Das »ihn« erschien ihm überflüssig, aber zu seiner Verblüffung war er sich dessen nicht ganz sicher. »Kahane muß ran – der Ma'arach** in den Bann.« Und »Den Verleumdern sei keine Hoffnung.« Sei? Ist? Haben? Auch hier war er sich nicht sicher und beschloß, später daheim im Gebetbuch nachzuschlagen. »Schulamit Alloni*** fickt mit Arafat.« »Bedenke, daß du Staub bist.« Dieser letzten Inschrift stimmte Fima kopfschüttelnd zu. »Rachel frißt in de Goß.« Links von diesem Graffito fand er zu seinem Bedauern »Frieden jetzt – schlägt fehl zuletzt.« Aber er hatte ja immer gewußt, daß man tief pflügen mußte. Und dann »Auge um Auge«, Worte, die ihn schmunzelnd über die Frage nachdenken ließen, was der Dichter damit sagen wollte. Eine andere Hand hatte hingekritzelt: »Malmilian****, der Verreder, hat seine Mutter verkauft!« Fima begriff, daß der Schreiber Verräter mit Verreder verwechselt hatte, fand aber doch einen gewissen Zauber an diesem Fehler. Als habe irgendeine lyrische Eingebung über der schreibenden Hand geschwebt, die der Schreibende nicht sehen konnte und doch umgesetzt hatte.

Der *Erlösung Zions* gegenüber befand sich ein winziger Laden, fast nur eine Nische, für Schreibwaren. Die Scheibe war völlig von Fliegendreck überzogen und kreuz und quer mit Resten von Klebeband gegen Bombenschäden übersät. Ein Andenken an einen der Kriege, die wir vergebens gewonnen haben, dachte Fima. In der kleinen Auslage türmten sich allerlei verstaubte Schreibblöcke, Hefte, deren Ränder sich vor Alter schon wellten, ein verblichenes Porträt von Mosche Dayan in Generalsuniform vor der Westmauer, das die Fliegen ebenfalls nicht verschont hatten, sowie Radiergummis, Lineale und billige Plastikfedertaschen, zum Teil mit den aufgedruckten Konterfeis runzliger aschkenasischer Rabbiner oder sephardischer Thoragelehrter in reichgeschmückten Gewändern. Zwischen all dem erspähte Fima ein dickes, in grauen Karton gebundenes Heft mit

---

* *Meschhed* (Mashhad), Hauptstadt der nordostiranischen Provinz Khorasan.
** *Ma'arach*, »Bund«, Parteiblock um die Israelische Arbeitspartei, oft auch synonym für sie gebraucht.
*** *Schulamit Alloni* (geb. 1928), Knessetabgeordnete der linksgerichteten Bürgerrechtsbewegung (RAZ) mit über zwanzigjähriger parlamentarischer Erfahrung. Eine Art Altmeisterin der Linken.
**** *Uri Malmilian*, israelischer Fußballstar, der von Betar Jerusalem zu Makkabi Tel Aviv überwechselte.

mehreren hundert Blättern, von der Sorte, die Schriftsteller und Philosophen vergangener Generationen sicher verwendet hatten. Plötzlich erfüllten ihn Sehnsucht nach seinem Schreibtisch und tiefe Abneigung gegen die Gipser und Anstreicher, die sein geregeltes Alltagsleben bedrohten. In drei, vier Stunden würde hier die gellende Sirene erklingen, die den Schabbatbeginn ankündigte. Das Gewimmel in den Gassen würde versiegen. Schöne, sanfte Stille, das Schweigen von Pinien, Stein und eisernen Läden würde von den Berghängen rings um die Stadt hinabwallen und sich über Jerusalem ausbreiten. Männer und Kinder in züchtiger Feiertagskleidung würden mit Gebetbüchern in die zahlreichen kleinen Bethäuser streben, die hier in jeder Gasse verstreut lagen. Die Hausfrau würde die Kerzen anzünden und der Vater in weichem orientalischen Tonfall den Weinsegen sprechen. Familie nach Familie würde sich zu Tisch setzen. Arme, notleidende Menschen, die auf die Erfüllung der Gebote setzen und nicht das Unerforschliche zu erforschen suchen. Menschen, die Gutes erhoffen, wissen, was vor ihnen liegt, stets darauf vertrauen, daß auch die Regierenden sicher wissen, was vor ihnen liegt, und alles weise richten. Gemüsehändler, Krämer, Kaufleute und Straßenhändler, Lehrlinge, niedrige Beamte der Stadt- oder Staatsverwaltung, kleine Makler, Postbeamte, Verkaufsagenten, Handwerker. Fima versuchte, sich den Alltag in diesem Viertel auszumalen und dann den Zauber von Schabbat und Feiertagen. Dabei war er sich bewußt, daß die Bewohner hier ihr karges Brot sicher mühsam verdienten und gewiß ihre Last mit Schulden, Einkommen und Hypothekenzahlungen hatten. Aber trotzdem erschien ihm ihr Leben richtig, echt, erfüllt von Ruhe und geheimer Freude, die er nie gekannt hatte und bis zu seinem Tode auch nicht kennen würde. Auf einmal wünschte er sehnlich, in diesem Augenblick in seinem Zimmer zu sitzen, oder vielleicht eher noch im eleganten Wohnzimmer seines Vaters in Rechavia zwischen den hochglanzpolierten Möbeln, dicken Teppichen und glitzernden Lüstern mitteleuropäischen Stils, umgeben von Büchern, Porzellan und Kristall, endlich auf die Hauptsache konzentriert.

Aber was war diese Hauptsache? Was, in Gottes Namen, war die Hauptsache?

Vielleicht dies: aufstehen und mit einem Streich, von heute, von Schabbatbeginn an, das Geschwätz, die Vergeudung und die Lüge wegwischen, unter denen sein Leben begraben lag. Richtig war, seine Armseligkeit in Demut zu akzeptieren, sich für immer mit der Einsamkeit abzufinden, in die er sich aus freien Stücken begeben hatte – endgültig und unwiderruflich. Von nun an würde er in Schweigen leben. Sich abkapseln. Seine häßlichen Verbindungen zu all den weiblichen Pflegefällen abbrechen, die in der Wohnung und in seinem Leben herumliefen. Davon ablassen, Zwi und Uri und die anderen aus der Gruppe mit gestenreichen Spitzfindigkeiten zu belästigen. Jael würde er von fern lieben, ohne als Störenfried aufzutreten. Vielleicht würde er sogar auf die Reparatur des Telefons verzichten: sollte auch der Apparat von jetzt an schweigen. Damit er aufhörte zu prahlen und zu lügen.

Und Dimmi?

Dimmi würde er sein Buch widmen. Denn ab nächste Woche würde er jeden Morgen vor der Praxis fünf bis sechs Stunden im Lesesaal der Nationalbibliothek zubringen. Würde systematisch alle vorhandenen Quellen, einschließlich der vergessenen oder kuriosen, neu durchsehen. Und wäre so in einigen Jahren imstande, ehrlich und genau die Geschichte vom Aufstieg und Niedergang des zionistischen Traums zu schreiben. Oder sollte er womöglich lieber einen witzigen, leicht verrückten Roman über Leben, Tod und Auferstehung des Judas Iskariot verfassen? Den er ungefähr nach seiner eigenen Person gestalten könnte?

Eigentlich war es besser, nicht zu schreiben. Von heute an Zeitungen, Radio und Fernsehen für immer fahrenzulassen. Höchstens würde er den klassischen Musiksendungen lauschen. Jeden Morgen, Sommer wie Winter, würde er beim ersten Tageslicht eine Stunde lang den Olivenhain drunten im Wadi, vor seinem Haus, durchstreifen. Danach bescheiden frühstücken, Gemüse, Obst und eine Scheibe Schwarzbrot ohne Marmelade, sich rasieren – aber warum denn rasieren, nein, er würde seinen Bart wild wachsen lassen – und sich dann hinsetzen, um nachzudenken. Abends nach der Arbeit würde er sich noch ein bis zwei Stunden die Stadt erwandern. Sich systematisch mit Jerusalem vertraut machen. Nach und nach ihren Zauber erkunden. Jede Gasse, jeden Hinterhof, jede Nische entdecken, nachsehen, was sich hinter jeder Steinwand verbarg. Keine Agora würde er mehr von seinem verrückten Vater annehmen. Und am Abend würde er allein am Fenster stehen und seiner inneren Stimme lauschen, die er bisher ständig durch Geschwafel und Komödien zu unterdrücken gesucht hatte. Er würde von Jaels senilem Vater, dem alten Pionier Naftali Zwi Levin, lernen, der den ganzen Tag lang nur die Wand vor sich anstarrte und auf jegliche Rede mit der Frage »In welcher Hinsicht?« antwortete. Eigentlich keine schlechte Frage. Obwohl man bei genauerer Betrachtung vielleicht auch darauf verzichten könnte: Der Begriff »Hinsicht« schien ebenfalls leer und belanglos.

Schnee von gestern.
Grippe vom letzten Jahr.
Asoi.

Fima mußte angewidert daran denken, daß vergangenen Freitag, genau vor einer Woche, bei Schula und Zwi Kropotkin, die Debatte nach Mitternacht sich um die russischen Einflüsse auf die einzelnen zionistischen Strömungen gedreht hatte. Zwicka hatte sich kühl über den naiven Tolstoiismus bei A. D. Gordon und dessen Schülern mokiert, und Uri Gefen hatte daran erinnert, wie sich im Land einst die Liebe zu Stalin und die Lieder über Budjonnys Reiter ausgebreitet hatten. Worauf er, Fima, mit leicht gekrümmtem Rücken aufstand und sämtliche Anwesenden in schallendes Gelächter versetzte, indem er in schmelzend rollendem Tonfall einen typischen Abschnitt einer alten literarischen Übersetzung aus dem Russischen deklamierte: »›Haben Sie hier Wohnsitz genommen?‹ – ›Nein, in der Nähe von Spasow, beim Kloster W., dortselbst wohne ich, in der Vorstadt, bei Marfa Sergejewna, der Schwester Awdotja Sergejewnas. So Sie sich zu erinnern geruhen: Zu einem Balle fuhr sie, den Fuß brach sie sich, als sie aus der Kutsche gesprungen. Jetzt wohnt sie nahe des Klosters und ich – bei ihr ...‹«

Uri hatte gesagt: »Damit kannst du im ganzen Land auf Tournee gehen. Es dem Volke nahebringen.«

Und Teddy: »Das könnte direkt aus der Hochzeit in dem Film *Deer Hunter* stammen. Wie hieß der noch hierzulande?«

Worauf Jael trocken, wie zu sich selbst, bemerkte: »Warum feuert ihr ihn noch an. Guckt doch, was er aus sich macht.«

Als habe er eine Ohrfeige von ihr eingesteckt, die ihm Tränen des Dankes in die Augen trieb, wurde Fima sich jetzt der Bedeutung ihrer Worte bewußt. Und beschloß, sich niemals wieder vor ihr zum Narren zu machen. Oder vor anderen. Von nun an würde er sich zusammennehmen, konzentriert sein.

Während er noch so dastand und sein neues Leben plante, dabei im Eingang eines grauen Backsteingebäudes die Namen der Bewohner von einer Reihe verbeulter Briefkästen ablas, erstaunt auch hier eine Familie Pisanti entdeckte und sich fast wunderte, wieso er dann nicht auch seinen Na-

Der dritte Zustand

men darunter fand, sprach ihn höflich ein geschniegelter sephardischer Talmudstudent an, ein schlanker, bebrillter Bursche in der Kleidung eines aschkenasischen Chassids. Zaghaft, als fürchte er, womöglich einen Faustschlag zu ernten, empfahl er Fima, hier auf der Stelle das Gebot des Tefillinlegens zu erfüllen.

»Na, meinen Sie, das wird das Kommen des Messias beschleunigen?« fragte Fima.

Der *Awrech* antwortete sofort enthusiastisch, als sei er von vornherein auf eben diese Frage vorbereitet gewesen, mit nordafrikanischem Akzent, aber in jiddischer Satzmelodie: »Das wird Ihrer Seele guttun. Auf der Stelle werden Sie Erleichterung und Freude empfinden, was ganz Wunderbares.«

»In welcher Hinsicht?« fragte Fima.

»Das ist eine bekannte Tatsache, mein Herr, wohlgeprüft und erprobt: Der Gebetsriemen für den Arm beseitigt die Unreinheit des Körpers und der für den Kopf – spült den ganzen Schmutz von der Seele.«

»Und woher wissen Sie, daß mein Körper unrein und meine Seele schmutzig ist?«

»Gott behüte, so was will ich nicht gesagt haben. Daß ich mich nicht mit den Lippen versündige. Die Seele eines jeden Juden, selbst wenn er, Gott bewahre, ein Vergehen auf sich geladen hat, ist am Sinai dabeigewesen. Das ist ein bekanntes Faktum. Deswegen leuchtet und strahlt jede jüdische Seele wie der Himmelsglanz. Aber, was soll ich sagen? Manchmal kann es zu unserem Leidwesen passieren, daß vor lauter Kummer und Nöten, vor all dem Mist, den das Leben auf der niedrigen Welt dauernd über uns auskippt, die Seele sich gewissermaßen mit Staub überzieht. Was tut der Mensch, wenn der Motor in seinem Auto verstaubt ist? Er läßt ihn waschen. Und so ist es auch mit dem Staub auf der Seele. Den bringt das Gebet des Tefillinlegens im Handumdrehen weg. Gleich fühlen Sie sich wie neu.«

»Und was nützt es euch, wenn ein Weltlicher einmal Gebetsriemen anlegt und danach weiter Übertretungen begeht?«

»Gut, das ist folgendermaßen, mein Herr: Erstens, auch einmal hilft was. Verbessert die Instandhaltung. Denn eine Mizwa* zieht die nächste nach sich. Das ist auch wie beim Auto, das man nach soundso viel Kilo-

---

* *Mizwa* (Mehrzahl: Mizwot), »Gebot«, das heißt die vom jüdischen Religionsgesetz, der Halacha, vorgeschriebenen rituellen und ethischen Gebote.

metern zur Wartung bringt – Vergaserreinigung, Ölwechsel und all das. Ist doch ganz natürlich – nachdem Sie was in die Erhaltung investiert haben, werden Sie künftig besser drauf achten. Damit der Wert nicht sinkt. Langsam, langsam wird Ihnen die alltägliche Instandhaltung sozusagen zur Routine. Das hab' ich nur gebracht, um's Ihnen ein bißchen verständlich zu machen.«

»Ich besitze keinen Wagen«, sagte Fima.

»Nein? Wirklich? Das zeigt mal wieder, daß alles vom Himmel geschickt ist. Da habe ich was für Sie. Ein Angebot, wie man's sonst gar nicht findet. Vielleicht einmal im Leben.«

»Ich kann nicht fahren«, sagte Fima.

»Wir kriegen Sie für dreihundert Dollar pauschal durch die Prüfung. Fahrstundenzahl unbegrenzt. Oder wir finden einen Weg, das mit dem Kaufpreis zu koppeln. Was Besonderes. Genau für Sie. Aber legen Sie vorher nur mal Tefillin, und Sie werden sehen, wie Sie sich fühlen: wie ein Löwe.«

»Mich hat Gott sowieso schon vergessen«, sagte Fima grinsend.

»Und zweitens«, fuhr der junge Mann mit wachsender Begeisterung fort, als habe er nichts gehört: »zweitens sagen Sie niemals Weltlicher. So was gibts gar nicht, einen Weltlichen. Kein Jude auf der Welt kann weltlich sein. Schon der Ausdruck an sich deutet gewissermaßen einen Makel an oder ist gar, Gott bewahre, beleidigend oder gotteslästerlich. Wie es heißt, der Mensch bezichtigt sich nicht selbst des Bösen.«

»Ich persönlich bin nun gerade einhundert Prozent weltlich«, beharrte Fima. »Erfülle kein einziges der 613 Gebote. Begehe nur ebenso viele Übertretungen.«

»Irrtum«, stellte der Talmudstudent höflich, aber bestimmt fest, »völliger Irrtum, mein Herr. Es gibt nie und nimmer auch nur einen Juden auf der Welt, der keine Gebote erfüllt, kann's gar nicht geben. Eins mehr, eins weniger. Wie der Rabbi sagt, der Unterschied ist nur quantitativ. Nicht qualitativ. Wie es keinen Gerechten auf Erden gibt, der nicht sündigt, so gibt es auch keinen Sünder auf Erden, der nicht ein wenig gerecht wäre. Ein Quentchen. Auch Sie, mein Herr, in allen Ehren, erfüllen jeden Tag mindestens ein paar Gebote. Selbst ein Mensch, der sich für einen völlig Abtrünnigen hält, selbst der tut jeden Tag einige Mizwot. Zum Beispiel, dadurch, daß Sie leben, erfüllen Sie schon das Gebot ›Wähle also das Leben‹. Alle ein, zwei Stunden, jedesmal wenn Sie eine Straße überqueren, wählen Sie das Leben, obwohl Sie, Gott behüte, auch das Gegenteil, möge der Himmel uns bewahren, hätten wählen können. Stimmt's etwa nicht? Und dadurch, daß Sie Kinder haben, gesund sollen sie sein, haben Sie das Gebot ›Seid fruchtbar und mehret euch‹ befolgt. Und daß Sie in Erez-Israel leben, schlägt Ihnen gleich noch mal mit fünf, sechs Mizwot zu Buche. Und wenn Sie sich ab und zu freuen, haben Sie auch wieder ein Gebot erfüllt. Null gibt's nicht. Allerdings können Sie oben schon mal im Minus sein, das ja, aber niemals senkt man Ihnen dort im Himmel das Kreditlimit. Anleihen können Sie unbegrenzt aufnehmen. Und aufgrund der paar Gebote, die Sie eben doch erfüllen, haben Sie droben inzwischen schon ein privates Sparkonto auf Ihren Namen, auf dem Sie jeden Tag noch ein wenig und noch ein wenig einzahlen, und täglich schreibt man Ihnen da auch Währungsausgleich und Tageszinsen gut und fügt es dem Stammkapital hinzu. Sie werden sich wundern, mein Herr, wie reich Sie schon sind, ohne es zu wissen. Wie geschrieben steht, ›Das Buch ist offen, und die Hand schreibt‹. Fünf Minuten Tefillinlegen, sogar weniger, glauben Sie mir, das tut nicht weh, und Sie heimsen schon wieder einen Zuschlag für den Schabbat ein. Was immer Ihr Geschäft in der niedrigen Welt sein mag, glauben Sie mir, keine andere Investition kann Ihnen innerhalb fünf Minuten bessere Rendite abwerfen. Das ist eine bekannte, wohlfundierte Tatsache. Nein? Nicht weiter schlimm. Vielleicht ist für Sie einfach noch nicht die Zeit gekommen, mit Tefillinlegen anzufangen. Wenn es so weit ist, werden Sie's schon merken. Sie erhalten dann einfach ein untrügliches Zeichen. Die Hauptsache, mein Herr, Sie vergessen nicht, daß die Tore der reuigen Rückkehr offenstehen, rund um die Uhr, wie man sagt. Die werden nie zugemacht. Einschließlich Schabbat und Feiertage. Und was das Auto nebst Fahrprüfung betrifft, notieren Sie sich mal zwei Telefonnummern –«

»Aber im Moment habe ich auch kein Telefon«, fiel Fima ihm ins Wort.

Der Talmudstudent blickte ihn versonnen von der Seite an, als taxiere er ihn in Gedanken, und meinte dann zögernd, die Stimme fast zum Flüsterton gesenkt: »Sind Sie etwa, Gott behüte, irgendwie in Bedrängnis, mein Herr? Sollen wir Ihnen von uns aus jemanden schicken, um nachzusehen, wie man Ihnen helfen kann? Sagen Sie's ruhig, Sie brauchen sich nicht zu schämen. Oder am besten, Sie feiern den Schabbat mit uns? Spüren einmal, was es heißt, unter Brüdern zu sein?«

»Nein. Danke«, erwiderte Fima.

Und diesmal lag etwas in seiner Stimme, das den Talmudstudenten veranlaßte, ihm beklommen Schabbat Schalom zu wünschen und sich davonzumachen. Wobei er sich zweimal nach Fima umschaute, als fürchte er, man sei ihm auf den Fersen.

Einen Moment lang bedauerte Fima, daß er diesem Hausierer in Sachen Mizwot und Autos keine ätzende Antwort verpaßt hatte, einen theologischen Faustschlag, den er nie wieder vergessen würde. Er hätte ihn zum Beispiel fragen können, ob man für die Ermordung eines fünfjährigen arabischen Mädchens dort oben ebenfalls fünf Pluspunkte bekam? Oder ob ein Kind in die Welt zu setzen, das weder man selbst noch die Mutter haben will, als Vergehen oder Mizwa gelte? Im nächsten Moment reute es ihn zu seiner Verblüffung wiederum ein wenig, daß er nicht nachgegeben hatte, und sei es nur, um diesem jungen Nordafrikaner in wolhynischer oder galizischer Verkleidung eine kleine Freude zu machen, der ihm trotz seiner offensichtlichen Verschlagenheit naiv und gutwillig erschien: Sicher bemühte auch er sich auf seine Weise, das Unverbesserliche ein wenig zu verbessern.

Unterdessen passierte er, gedankenverloren vor sich hintrottend, eine Schreinerei, einen Lebensmittelladen, dem starker Räucherfischgeruch entströmte, eine Metzgerei, die ihm mörderisch blutrünstig aussah, und ein düsteres Geschäft für züchtige Häubchen und Perücken, stoppte schließlich an einem nahen Kiosk und erstand die Wochenendausgaben von *Jediot Acharonot*, *Chadaschot* und *Ma'ariv*, denen er aus einer verschwommenen Neugier heraus auch noch das ultraorthodoxe Blatt *Jated Ne'eman* hinzufügte. Nunmehr mit einem wahren Berg Freitagszeitungen beladen, betrat Fima eine winzige Imbißstube Ecke Zefanja-Straße. Es war ein kleiner Familienbetrieb mit nur drei ramponierten rosa Resopaltischen, beleuchtet von einer schwachen Glühbirne, die schmierig-gelbes Licht unter sich verbreitete. Überall spazierten träge Fliegen herum. Ein Bär von einem Mann döste, den Bart zwischen die Zähne geklemmt, hinter der Theke, worauf Fima einen Augenblick die Möglichkeit erwog, ob das nicht etwa er selbst hinter dem Praxistresen war, den man durch einen Zauber hierherversetzt hatte. Er sank auf einen nicht übermäßig sauber wirkenden Plastikstuhl und versuchte sich zu erinnern, was seine Mutter ihm Freitag mittags vor tausend Jahren im Restaurant des Ehepaars Danzig bestellt hatte. Zum Schluß entschied er sich für Hühnersuppe, Gulasch mit gemischtem Salat, Fladenbrot und sauren Gurken und eine Flasche

Schweppes. Während des Essens wühlte er den Zeitungsstapel durch, bis seine Finger schwarz und die Blätter voller Fettflecke waren.

Im *Ma'ariv*, auf der zweiten Seite, stand eine Nachricht über einen arabischen Jüngling aus Jenin, der bei lebendigem Leib verbrannt war, als er versuchte, einen in der Hauptstraße jener Stadt geparkten Armeejeep anzuzünden. Die Nachforschungen hätten ergeben, hieß es, daß die zusammengeströmten Araber den Militärsanitäter daran gehindert hätten, dem brennenden jungen Mann erste Hilfe zu leisten, und auch die Soldaten nicht an ihn heranließen, um das Feuer zu löschen, weil die Menge anscheinend glaubte, der vor ihren Augen Verbrennende sei ein israelischer Soldat. An die zehn Minuten lang sei der Jüngling »unter grausigen Schreien« bei lebendigem Leib an dem selbst gelegten Feuer verkohlt, bis er verstummte und seinen Geist aufgab. In dem Städtchen Or Akiva war indes ein kleines Wunder geschehen: Ein etwa fünfjähriger Junge war aus einem hohen Stockwerk gestürzt, hatte dabei eine schwere Kopfverletzung davongetragen und das Bewußtsein seit Ende des Versöhnungstags nicht wiedererlangt. Inzwischen hatten die Ärzte ihn aufgegeben und in eine Pflegeanstalt verlegt, in der er bis zum letzten Atemzug nur noch dahinvegetieren sollte. Doch die Mutter, eine einfache Frau, die weder lesen noch schreiben konnte, wollte die Hoffnung nicht begraben. Nachdem die Ärzte ihr mitgeteilt hatten, daß das Kind keine Heilungschancen habe und nur ein Wunder es noch zurückholen könne, pilgerte sie zu einem berühmten Rabbi nach Bne Brak und rief ihn um Hilfe an. Der Rabbi befahl der Mutter, einen gewissen Talmudschüler, der als geistig behindert bekannt war, gegen Entlohnung zu beauftragen, dem stummen, gelähmten Kind Tag und Nacht immer wieder direkt in die Ohrmuschel Blatt 90 aus dem Sohar-Band zur Genesis, von den Worten »Mosche sprach, o Ewiger« bis »und erfuhr oben Verbindung durch Jizchak« (das Kind hieß Jizchak) vorzulesen. Und tatsächlich zeigte der Junge nach vier Tagen und vier Nächten erste Lebenszeichen, und jetzt war er gesund und munter, rannte, fromme Lieder singend, umher und besuchte auf Sonderstipendium ein streng orthodoxes Internat, in dem er sich bereits den Ruf eines wunderbaren kleinen Talmudgenies erworben hatte. Warum probiert man Blatt 90 des Sohar nicht auch mal an Jizchak Rabin aus? Und an Jizchak Schamir? Fima grinste und schimpfte über die Soße, die ihm auf die Hose gespritzt war.

Im *Jated Ne'eman* las er flüchtig einen bösen Erguß über die Entvölkerung der Kibbuzim, deren gesamte Jugend, nach den Worten des Blattes, in den entlegensten Winkeln des Fernen Ostens und der Anden umherstreune, wo sie sich schrecklichen heidnischen Sekten anschlösse. Und wiederum im *Ma'ariv* empfahl ein altgedienter Publizist der Regierung, bloß nicht überstürzt allen möglichen zweifelhaften Friedenskonferenzen nachzurennen: Wir müssen zumindest so lange abwarten, bis die israelische Abschreckungskraft wieder völlig hergestellt ist. Keinesfalls dürfen wir aus einer Position der Panik und Schwäche an den Verhandlungstisch treten, während das Schwert der Intifada uns gewissermaßen noch an der Gurgel sitzt. Friedensverhandlungen wären wohl erst dann wünschenswert, wenn die Araber endlich begriffen, daß sie weder eine politische noch militärische noch sonstwelche Aussicht haben, und – den Schwanz zwischen die Beine geklemmt – bei uns angelaufen kommen und uns um Frieden anflehen.

In *Chadaschot* stieß er auf eine überspannte Satire, die in etwa besagte, statt Eichmann aufzuhängen, hätten wir ihn lieber in weiser Voraussicht begnadigen sollen, um uns seine einschlägige Erfahrung und sein Organisationstalent zunutze zu machen, denn jetzt sei er hier durchaus am Platz unter denen, die den Arabern zusetzen und sie in Massen nach Osten vertreiben möchten, ein Metier, in dem Eichmann bekanntlich Spezialkenntnisse besessen habe. Danach fand er in der Wochenendbeilage von *Jediot Acharonot* eine Farbreportage über die Leiden einer ehemals berühmten Sängerin, die harten Drogen verfallen war – und gerade jetzt, da sie sich von ihrer Sucht zu lösen suchte, kam ein herzloser Richter und entzog ihr das Sorgerecht für ihr kleines Töchterchen, das einer Affäre mit einem umjubelten Fußballstar entstammte, der die Vaterschaft nicht anerkennen wollte. Das Baby war auf gerichtliche Anordnung einer Pflegefamilie übergeben worden, von der sie, die Sängerin, energisch behauptete, der Mann dort sei in Wirklichkeit ein jugoslawischer Goj, der nicht einmal nach den Regeln der jüdischen Halacha übergetreten und womöglich gar nicht beschnitten sei.

Nachdem Fima vergeblich sämtliche Hosen-, Hemd- und Jackentaschen umgekrempelt hatte und beinah verzweifelt wäre, wurde er zum Schluß ausgerechnet in der Jackeninnentasche fündig, aus der er einen zusammengefalteten Zwanzigschekelschein fischte, den Baruch dort unbemerkt eingeschleust haben mußte. Er zahlte, stammelte zum Abschied einige beschämte Entschuldigungen und ging – unter Zurücklassung des gesamten Zeitungsbergs.

Der dritte Zustand

Beim Verlassen des Restaurants merkte er, daß es kälter geworden war. Ein abendlicher Schatten lag bereits in der Luft, obwohl es erst Nachmittag war. Der rissige Asphalt, die verrosteten Eisentore, in die hier und da das Wort *Zion* eingelassen war, die Schilder von Läden, Werkstätten, Talmudschulen, Vermittlungsbüros und Wohlfahrtskassen, die auf dem Gehweg aufgereihte Mülltonnenbatterie, die von fern zwischen den verwahrlosten Höfen durchlugenden Berge – das alles nahm verschiedene Grautöne an. Von Zeit zu Zeit drangen fremde Laute in das feste Getriebe der Gassen: Glockenklänge – hoch und langsam oder abgehackt und tief, fein, laut oder elegisch – und ein ferner Lautsprecher, Luftdruckhämmer und dumpfes Sirenengeheul. All diese Geräusche vermochten jedoch nicht das Schweigen Jerusalems zu übertönen, dieses ständige, allem zugrunde liegende Schweigen, das man, wenn man nur will, in Jerusalem stets aus allem Lärm heraushören kann. Ein alter Mann und ein Kind, vielleicht ein Großvater mit seinem Enkel, kamen Fima langsamen Schritts entgegen.

Der Junge fragte: »Aber du hast doch gesagt, drinnen in der Erde war' Feuer, warum ist dann der Boden nicht heiß?«

»Erst mal mußt du ein bißchen lernen, Jossei«, erwiderte der Großvater. »Je mehr du lernst, desto besser verstehst du, daß wir am besten gar nichts fragen.«

Fima mußte daran denken, daß in seiner Kindheit ein alter Hausierer durch die Straßen Jerusalems gezogen war, der – einen schiefen, quietschenden Handwagen vor sich herschiebend und einen Sack überm Rücken – gebrauchte Möbel und Kleidung an- und verkaufte. In den Knochen hörte Fima noch die wie ein Verzweiflungsschrei gellende Stimme des Alten: Zuerst war sie ein paar Straßen entfernt dumpf, unheilverkündend, bedrohlich wie aus Erdentiefen aufgeklungen. Ganz langsam, als krieche der Mann auf dem Bauch von Gasse zu Gasse, war das Rufen dann heiser, grauenhaft, spröde näher gekommen – *al-te Sa-chen, al-te Sa-chen* –, von einem einsamen, durch Mark und Bein dringenden Unterton durchzogen wie ein verzweifelter Hilfeschrei, als würde dort jemand abgestochen. Irgendwie verband sich dieser Aufschrei in Fimas Erinnerung mit Herbst, mit niedrigen Wolken, Donner und ersten staubigen Regentropfen, mit geheimnisträchtigem Pinienrauschen, grauem trüben Licht, mit leeren Gehwegen und verlassenen Vorgärten im Wind. Angst überkam ihn und drang zuweilen sogar nachts in seine Träume ein. Wie eine letzte Warnung vor sich anbahnendem Unheil. Lange Zeit kannte er die Bedeutung der jiddischen Worte *al-te Sa-chen* nicht und war sicher, diese schnarrende, furchterregende Stimme rufe ihm warnend zu: »*Al te-sa-ken!* – Werd nicht alt!« Auch nachdem seine Mutter ihm erklärt hatte, daß ›alte Sachen‹ nichts als Gebrauchtwaren bedeute, konnte er das grauenhafte Gefühl nicht loswerden, das Unheil selber ziehe von Straße zu Straße immer näher heran, klopfe an die Hoftore, warne ihn von fern vor Alter und Tod mit dem verzweifelten Rufen eines Betroffenen, den das Übel schon gepackt hat und der nun andere daran gemahnt, daß auch ihre Stunde kommen werde.

Jetzt, da Fima an dieses Gespenst denken mußte, tröstete er sich grinsend mit den Worten des ehemaligen Beamten in Frau Scheinfelders Restaurant, dem Mann, den Gott vergessen hatte: Macht nichts. Wir sterben ja doch alle.

Am oberen Ende der Strauß-Straße hielt Fima vor dem schrill dekorierten Schaufenster eines ultraorthodoxen Reisebüros namens *Adlersflügel*. Betrachtete im Stehen eine Weile das ausgestellte Farbplakat, auf dem der Eiffelturm in einer Lücke zwischen Big Ben und Empire State Building ragte. Daneben lehnte sich der schiefe Turm von Pisa zu dem Dreigestirn hinüber, gefolgt von einer holländischen Windmühle, vor der zwei völlig verblödete fette Kühe grasten. Der Werbetext lautete: *Mit Gottes Hilfe kommen Sie an Bord und fahren wie ein Lord!* Und darunter in den traditionellen Lettern heiliger Bücher: *Zahlung auch in sechs bequemen zinsfreien Raten möglich.* Außerdem prangte dort eine Luftaufnahme von Bergen in ewigem Schnee mit der in hellblauen Lettern quer gedruckten Aufschrift: *Unbeschwert verreisen – glatt-koscher speisen.*

Fima faßte den Beschluß einzutreten und sich nach dem Preis einer ermäßigten Flugkarte nach Rom zu erkundigen. Sein Vater würde ihm die Summe sicher anstandslos vorstrecken, und in ein paar Tagen würde dann auch er mit Uri Gefen und Annettes Mann in einem netten Café an der Via Veneto sitzen, in der Gesellschaft freizügiger, kühner Frauen und vergnügungssüchtiger Männer Cappucino schlürfen, scharfsinnig über Salman Rushdie und den Islam debattieren und seine Augen an den Figuren der vorbeiflanierenden Mädchen weiden. Oder umgekehrt: würde allein am Fenster einer kleinen Pension mit grünen Holzläden sitzen, auf das alte Gemäuer hinausschauen, einen Briefblock auf den Knien, und von Zeit zu Zeit pointierte Prognosen und Gedankengänge zu Papier bringen. Vielleicht würde sich ein Spalt in dem versiegten Brunnen auftun und neue Gedichte sprudeln lassen. Vielleicht auch würden sich wie von selbst unbekümmerte, heiter beschwingte Bekanntschaften ohne jede Verpflichtung ergeben, unbeschwerte Bande, wie sie in dem von geifernden Propheten wimmelnden Jerusalem gar nicht möglich waren. In irgendeiner Zeitung hatte er kürzlich gelesen, fromme Reiseagenten wüßten vorzügliche Beziehungen zu knüpfen, die es ihnen ermöglichten, Flugtickets zu Spottpreisen anzubieten. Und dort in Rom, zwischen gepflegten Palazzi und gepflasterten Plätzen, nimmt das Leben doch offen und fröhlich seinen Lauf, angefüllt mit Vergnügungen ohne Schmach und Schuld, und wenn in Rom auch Gewalt und Unrecht vorkommen sollten, hast du das Unrecht dort doch nicht zu verantworten, und die Leiden lasten dir nicht auf dem Gewissen.

Ein dicker, bebrillter junger Mann, die rosigen Wangen glatt rasiert, aber auf dem Kopf ein flaches schwarzes Käppchen, hob zwei kindliche Augen von einem Buch, das er hastig mit einer Ausgabe der frommen Zeitung *Hamodia* abdeckte, und begrüßte Fima in lautem aschkenasischen Tonfall: »Schalom alechem, mein Herr.« Er mochte um die fünfundzwanzig sein, wirkte aber gesetzt, honorig und selbstsicher, als er diensteifrig hinzufügte: »Was kann ich bitte für Sie tun?«

Fima stellte fest, daß hier neben Auslandsreisen auch Lottoscheine, Lotterielose und Lose der Wohlfahrtslotterie zugunsten des Roten Davidsterns verkauft wurden. Er blätterte in einigen Broschüren, die ihm »Urlaubspakete« in eleganten, streng orthodoxen Hotels in Safed und Tiberias anboten, eine Kombination von körperlicher Regeneration unter fachärztlicher Aufsicht und seelischer Läuterung durch fromme Gebete »an den heiligen Gräbern von Löwen der Thora und Adlern der Weisheit«. Doch nun, vielleicht weil er entdeckte, daß das weißgestärkte Oberhemd des jungen Reisekaufmanns an Kragen- und Ärmelrändern – haargenau wie sein eigenes – leicht angeschmutzt war, änderte Fima seinen Vorsatz und beschloß, die Romreise aufzuschieben. Zumindest bis er mit seinem Vater darüber gesprochen und sich mit Uri Gefen beraten hatte, der heute oder morgen von dort zurückkehren mußte. Oder erst Sonntag? Trotzdem zögerte er ein wenig, überflog einen Prospekt mit Bildern von koscheren Pensionen in »der berggekrönten Schweiz«, schwankte zwischen Lotto und Staatslotterie und entschied sich schließlich, um den Mann, der seine Unschlüssigkeit geduldig und zuvorkommend hingenommen hatte, nicht ganz zu enttäuschen, ein Los des Roten Davidsterns zu erwerben. Mußte dann aber auch darauf verzichten, weil er in seinen Taschen, außer Annettes Ohrring, nur noch drei Schekel vorfand: das Wechselgeld, das er zuvor in dem Fliegenlokal in der Zefanja-Straße herausbekommen hatte. Also nahm er dankend ein paar überzählige Prospekte mit detaillierten Angaben über Gruppenreisen für Gesetzestreue entgegen. In einem hieß es auf hebräisch, englisch und jiddisch, durch die Gnade des Allmächtigen habe sich soeben der Weg aufgetan, zu den Gräbern »hoher Zaddikim« in polnischen und ungarischen Landen zu reisen, dortselbst heilige Stätten aufzusuchen, die der Bedränger, ausgelöscht sei sein Name, verwüstet habe, und sich auch an den Schönheiten Jefets zu erfreuen, die den Geist des Menschen weiteten – und all das in streng koscherer jüdischer Atmosphäre unter Leitung hervorragender, erfahrener, unbescholtener Reiseleiter und mit Erlaubnis und Empfehlung großer Thoragelehrter. Der Reiseagent sagte: »Vielleicht möchte der Herr uns nach reiflicher Überlegung erneut beehren?«

»Möglich«, erwiderte Fima. »Mal sehen. Auf jeden Fall vielen Dank und Entschuldigung.«

»Keine Ursache, mein Herr. Es war uns eine Ehre und ein Vergnügen. Einen guten gesegneten Schabbat wünsche ich noch.«

Als Fima weiter aufwärts Richtung Gewerkschaftsgebäude ging, kam ihm der Gedanke, daß dieser rundliche, diensteifrige Bursche mit den Wurstfingern und dem gestärkten, an Kragen und Manschetten schwärzlichen Hemd mehr oder weniger im Alter des Sohnes war, auf den Jael zwei Minuten von hier in irgendeiner Praxis in der Hanevi'im-Straße verzichtet hatte. Dabei grinste er traurig, denn, von dem Käppchen und der salbungsvollen Tenorstimme abgesehen, hätte ein Außenstehender womöglich eine gewisse Ähnlichkeit zwischen ihm und diesem dicklichen, angeschmutzten, glattzüngigen jungen Reiseagenten festgestellt, der so unbedingt gefallen wollte. Ja eigentlich konnte man auch hinsichtlich des vollen Kantortenors nicht ganz sicher sein. Ob Jael wohl gewisser Muttergefühle für ein derart gemästetes Geschöpf fähig gewesen wäre? Mit den trüben blauen Augen hinter der dicken Brille? Mit den rosigen Schweinsbäckchen? Wäre sie imstande gewesen, sich hinzusetzen und ihm ein blaues Wollmützchen mit weichem Wollbommel zu stricken? Arm in Arm mit ihm auf den Machane-Jehuda-Markt zu gehen und ihn zwischen schwarzen Oliven wählen zu lassen? Und du? Hättest du ab und zu den Drang verspürt, ihm einen zusammengefalteten Geldschein in die Tasche zu stecken? Anstreicher für ihn zu bestellen? Jael hat also doch recht gehabt. Wie immer. Das ist bei ihr angeboren.

Und trotzdem, dachte er plötzlich bitter, es hätte doch auch eine Tochter werden können. Eine kleine Guilietta Masina mit zartem, schmalen Rücken und feinem, blondem Haar. Die man vielleicht nach ihrer Großmutter, Lisa, hätte nennen können oder in der hebräischen Form Elischewa. Obwohl Jael sich dem vermutlich widersetzt hätte.
Eine bittere, kalte Frau, sagte er sich verwundert.
Wirklich nur durch deine Schuld? Nur wegen dem, was du ihr angetan hast? Bloß wegen des griechischen Versprechens, das du nicht eingehalten hast und nicht einhalten konntest und das auch kein anderer an deiner Stelle hätte einhalten können? Einmal hatte er neben Nina Gefens Bett eine alte, zerfledderte Übersetzung des Romans *Frau ohne Liebe* liegen sehen. Von François Mauriac? Oder André Maurois? Oder vielleicht Alberto Moravia? Er hätte Nina fragen sollen, ob es in jenem Roman um eine ungeliebte oder aber eine der Liebe unfähige Frau ging. Der Titel *Frau ohne Liebe* ließ sich immerhin so oder so interpretieren. Doch im selben Moment erschien ihm der Unterschied zwischen den beiden Möglichkeiten fast bedeutungslos. Nur höchst selten hatten Jael und er unter sich das Wort »Liebe« benutzt. Abgesehen vielleicht von der Griechenlandzeit, in der er wie die drei Mädchen auch in den Worten nicht wählerisch gewesen waren.
Kraniche kreisen und sind weg.
Als er die Straße überquerte, war scharfes Bremsenquietschen zu vernehmen. Ein Lieferwagenfahrer schimpfte lauthals über ihn: »Komm mal her, bist du noch normal?«
Fima dachte ein wenig darüber nach, erschauerte mit Verspätung und murmelte kleinmütig: »Entschuldigung. Tut mir leid, Verzeihung.«
»Total schwachsinnig. Vollidiot«, schrie der Fahrer. »Hast mehr Glück als Verstand.«
Fima dachte auch darüber nach, und als er den gegenüberliegenden Gehsteig erreicht hatte, stimmte er dem Fahrer zu. Und auch Jael, die sich entschieden hatte, ihm keinen Sohn zu gebären. Ja sogar der Möglichkeit, hier am Schabbatvorabend auf der Straße überfahren zu werden, statt nach Rom zu flüchten. Wie der arabische Junge, den wir vorgestern in Gaza umgebracht haben. Verlöschen. Zu Stein werden. Vielleicht das nächste Mal als Schleuderschwanz zur Welt kommen. Jerusalem für Joeser räumen. Und er nahm sich vor, heute abend seinen Vater anzurufen und ihm mit allem Nachdruck mitzuteilen, daß die Tüncherei abgesagt sei. Er werde

sich ja sowieso bald aufmachen und hier wegfahren. Und diesmal würde er nicht nachgeben, nicht weich werden, keinen Kompromiß eingehen, sondern bis zum Ende auf seinem Standpunkt beharren und Baruchs Finger ein für allemal aus seinen Taschen und aus seinem Leben verscheuchen.

Am Ärztehaus an der Kreuzung Strauss-Hanevi'im-Straße hatten sich einige Menschen versammelt. Fima trat dazu und erkundigte sich, was geschehen sei. Ein kleinwüchsiger Mann mit Vogelnase und sattem bulgarischen Akzent wußte ihm zu berichten, es sei hier ein verdächtiger Gegenstand gefunden worden und jetzt warte man auf das Eintreffen des Sprengstoffexperten der Polizei. Worauf ein bebrilltes junges Mädchen sagte, ach was, stimmt nicht, eine schwangere Frau ist auf den Stufen in Ohnmacht gefallen, und gleich kommt der Krankenwagen. Fima drängte sich rudernd zum Zentrum des Geschehens vor, da er feststellen wollte, welche Version der Wahrheit näherkam. Obwohl er auch in Betracht zog, daß sie beide gleich falsch sein konnten. Oder, gerade umgekehrt, beide richtig? Angenommen beispielsweise, die schwangere Frau hatte den verdächtigen Gegenstand gesehen und war vor lauter Schreck ohnmächtig geworden?

Aus dem Streifenwagen, der mit Blaulicht und Martinshorn eintraf, forderte jemand die Leute über Megaphon auf, auseinanderzutreten, um den Weg freizugeben. Fima gehorchte aus einem Reflex staatsbürgerlicher Pflichterfüllung sofort, und trotzdem schubste ihn ein schwitzender, nicht mehr junger Polizist, die Uniformmütze in komischem Winkel auf den Hinterkopf geschoben, unsanft zur Seite.

»Gut, in Ordnung, schubsen Sie doch nicht, ich hab' mich ja schon zerstreut.«

Worauf der Wachmann ihn in rollendem rumänischen Tonfall anbrüllte: »Werden Sie mir mal lieber nicht schlau, sonst kriegen Sie noch einen drauf.«

Fima steckte zurück. Ging in Richtung Bikur-Cholim-Krankenhaus davon. Wobei er sich fragte, ob er sich denn weiter zerstreuen werde, bis er eines Tages ebenfalls mitten auf der Straße umfiel. Oder er ging wie ein Hauskakerlak auf dem Küchenboden ein, und die Nachbarn von oben, das Ehepaar Pisanti, würden es erst eine Woche später, wenn der Gestank ins Treppenhaus drang, merken und die Polizei und seinen Vater alarmieren. Dem Vater würde sicher irgendeine chassidische Legende über einen sanften Tod einfallen. Oder er würde wieder, wie gewöhnlich, sagen, der

Mensch ist ein Paradox, lacht, wenn er weinen sollte, weint, wenn er lachen müßte, lebt ohne Verstand und stirbt ohne Lust – des Menschen Tage sind wie Gras. Bestand noch Aussicht, mit der Zerstreuung aufzuhören? Sich endlich auf die Hauptsache zu konzentrieren? Und wenn ja, wie anfangen? Und was, in Gottes Namen, war diese Hauptsache?

Als er bei dem Geschäft Ma'ajan-Stub Ecke Jaffa-Straße angekommen war, bog er unwillkürlich rechts ab und schleppte sich Richtung Davidka-Platz weiter. Und weil ihm plötzlich die Füße weh taten, kletterte er geistesabwesend in den letzten Bus nach Kiriat Jovel. Vergaß aber nicht, dem Fahrer Schabbat Schalom zu wünschen.

Viertel vor vier, kurz vor Schabbatbeginn, erreichte er die Haltestelle nahe seinem Haus. Dachte auch daran, sich von dem Fahrer mit den Worten »danke und auf Wiedersehen« zu verabschieden. Frühe Abenddämmerung begann schon die leichten Wolken über den Bethlehemer Bergen gold zu färben. Und Fima begriff plötzlich in aller Schärfe mit dumpfem Schmerz, daß nun auch dieser Tag unwiederbringlich vorüber war. Keine Menschenseele war in seiner Straße zu sehen, außer einem dunklen, etwa zehnjährigen Jungen, der eine Maschinenpistole aus Holz auf ihn richtete und ihn dadurch veranlaßte, sofort in einer Geste völliger Ergebung die Hände hochzuheben.

Der Gedanke an sein Zimmer erfüllte ihn mit Widerwillen: die ganze öde Zeit, die auf ihn lauerte, von jetzt an bis zur Nacht und eigentlich – bis Schabbatausgang, an dem sich die Gruppe vielleicht bei Schula und Zwi versammeln würde. Alles, was er heute hätte tun müssen, aber nicht getan hatte, und für das es nun schon zu spät war. Einkäufe. Postamt. Das Telefon. Bargeld von der Bank. Annette. Und noch irgendeine dringende Angelegenheit, die ihm partout nicht einfallen wollte. Außerdem mußte er ja noch Vorbereitungen für die Tüncherei treffen. Möbel rücken und abdecken. Die Bücher im Bettkasten bergen. Das Bettzeug in die Schränke stopfen. Die Bilder von der Wand nehmen, auch die Landkarte, auf der die Kompromißgrenzen mit Bleistift eingezeichnet waren. Herrn Pisanti bitten, ihm die Regale abzubauen. Aber zuallererst mußte er Zwi Kropotkin anrufen. Ihm behutsam – diesmal ohne beleidigend zu werden oder in Sticheleien zu verfallen – auseinandersetzen, wie weitgehend sein in der neuen Ausgabe von *Politika* abgedruckter Aufsatz auf einer irrigen, simplifizierenden Annahme beruhte.

Vorausgesetzt, das Telefon hatte sich inzwischen tatsächlich erholt.

Genau vor dem Hauseingang, in einem weißen Wagen mit geschlossenen Scheiben, sah Fima einen stämmigen Mann völlig zusammengesunken, die Arme auf das Steuerrad gelegt, den Kopf zwischen den Armen vergraben, als schlafe er. Vielleicht ein Herzinfarkt? Oder ein Mord? Ein Sprengstoffanschlag? Selbstmord? Fima sammelte allen Mut und pochte leicht an die Scheibe. Sofort richtete sich Uri Gefen auf, kurbelte das Fenster herunter und sagte: »Da bist du ja. Endlich.«

Fima versuchte in seiner Verblüffung einen dummen Witz zu formulieren, aber Uri schnitt ihm das Wort ab, indem er ruhig sagte: »Komm, wir gehen zu dir rauf. Wir müssen miteinander reden.«

Nina hat ihm alles verraten. Daß ich Ehebruch mit ihr getrieben – vielmehr nicht getrieben – habe. Daß ich sie beleidigt und gedemütigt habe. Aber was macht er denn überhaupt hier? Er müßte doch jetzt in Rom sein? Oder hat er insgeheim einen Doppelgänger?

»Schau, Uri«, sagte er, wobei ihm das Blut aus dem Gesicht wich und erschrocken in die Leber flüchtete, »ich weiß nicht, was Nina dir erzählt hat, tatsächlich ist sie schon einige Zeit –«

»Warte. Wir sprechen in deiner Wohnung.«

»Tatsächlich wollte ich schon längst –«

»Wir reden drinnen, Fima.«

»Aber wann bist du denn zurückgekommen?«

»Heute morgen. Um halb elf. Und dein Telefon ist abgestellt.«

»Wie lange hast du hier draußen auf mich gewartet?«

»Eine Dreiviertelstunde ungefähr.«

»Ist was passiert?«

»Gleich. Wir reden im Haus.«

Als sie drinnen waren, schlug Fima vor, für beide Kaffee zu machen. Obwohl die Milch wohl schon sauer geworden war. Uri wirkte so müde und gedankenversunken, daß Fima den Abbau der Regale nicht ansprechen mochte. Deshalb sagte er nur: »Als erstes mache ich Wasser heiß.«

»Wart mal einen Moment«, erwiderte Uri. »Setz dich. Hör gut zu. Ich habe eine schlechte Nachricht.« Bei diesen Worten legte er Fima seine warme, derbe Bauernhand, so knorrig wie die Rinde eines Olivenbaums, in den Nacken. Und wie immer jagte diese Berührung Fima einen leichten angenehmen Schauder über den Rücken. Er schloß die Augen wie eine Katze, die ein Streicheln abbekommen hat. Dann sagte Uri weiter: »Seit Mittag sucht man dich. Zwi war zweimal hier und hat einen Zettel an der Tür hinterlassen. Freitags ist eure Praxis geschlossen, und so rennen Teddy und Schula schon zwei Stunden herum, um eure Ärzte ausfindig zu machen. Wir wußten nicht, wohin du verschwunden warst, nachdem du von Jael weggegangen bist. Und ich hab' nur meinen Koffer zu Hause abgesetzt und bin gleich hergefahren, um dich sofort zu erwischen, wenn du zurückkommst.«

Fima schlug die Augen auf. Sah mit einem ängstlich flehenden Kinderblick zu dem großen Uri. War jedoch nicht überrascht, weil er stets auf dieses Unheil gewartet hatte. Lautlos, nur mit den Lippen, fragte er: »Dimmi?«

»Dimmi ist völlig okay.«

»Jael?«

»Dein Vater.«

»Krank. Ich weiß. Schon seit einigen Tagen —«

»Ja. Nein. Schlimmer«, sagte Uri.

Auf eigenartige, ja wunderbare Weise wurde Fima in diesem Moment von der Selbstbeherrschung angesteckt, die Uri Gefen unwillkürlich ausstrahlte. Und er fragte ruhig: »Wann genau ist es passiert?«

»Mittags. Vor vier Stunden.«

»Wo?«

»Bei ihm zu Hause. Er hat im Sessel gesessen und russischen Tee mit zwei alten Damen getrunken, die ihn offenbar um eine Spende für einen Wohltätigkeitsverein angehen wollten. Vom Blindenhilfswerk oder so was Ähnliches. Sie sagen, er habe angefangen, einen Witz oder eine Anekdote zu erzählen und sei dann plötzlich mit einem Seufzer verschieden. Einfach so. Im Sessel. Hat überhaupt nicht mehr gelitten. Und seit dem Mittag suchen wir dich alle.«

»Ich verstehe«, sagte Fima und zog seine Jacke wieder über. Seltsam, ja angenehm war ihm das Gefühl, daß sich sein Herz weder mit Kummer noch mit Schmerz, sondern vielmehr mit einer Welle der Tatkraft füllte. Einer praktischen, wohlkontrollierten Energie.

»Wo ist er jetzt?«

»Immer noch zu Hause. Im Sessel. Die Polizei ist schon dagewesen. Es gibt irgendeine Verzögerung hinsichtlich seiner Überführung – momentan nicht weiter wichtig. Die Ärztin vom Stock unter ihm war innerhalb zwei Minuten da und hat festgestellt, daß alles vorbei ist. Ich glaube, sie war auch eine gute Freundin von ihm. Zwi, Teddy und Schula warten vermutlich dort auf dich. Nina kommt aus dem Büro rüber, sobald sie alles geregelt und die formellen Dinge erledigt hat.«

»Gut«, sagte Fima, »danke. Laß uns hinfahren.«

Einen Moment später fügte er hinzu: »Und du, Uri? Direkt vom Flughafen? Hast den Koffer ins Haus gestellt und hast dich gleich aufgerafft, um mich zu suchen?«

»Wir wußten nicht, wohin du verschwunden warst.«

»Ich hätte dir wenigstens eine Tasse Kaffee machen sollen«, sagte Fima.

»Laß man«, erwiderte Uri. »Konzentrier dich nur mal einen Augenblick und denk gut nach, ob du etwas von hier mitnehmen mußt.«

»Gar nichts«, entgegnete Fima sofort militärisch knapp, mit einem ihm sonst nicht eigenen Nachdruck, »schade um die Zeit. Laß uns gehen. Wir sprechen unterwegs weiter.«

30.
Wenigstens soweit wie möglich

Um Viertel nach fünf parkte Uri seinen Wagen in der Ben-Maimon-Allee. Die Sonne war bereits hinter Pinien und Zypressen untergegangen. Aber am Himmel schwebte noch ein seltsames Dämmerlicht voll trübem Flimmer: weder Tages- noch Nachtlicht. Über der Allee und den massiven Steingebäuden lag zarte, nagende Schabbatabendwehmut. Als habe Jerusalem aufgehört, Stadt zu sein, und sei erneut zum bösen Traum geworden.

Der Regen hatte nicht wieder eingesetzt. Die Luft war feucht, gesättigt, Fima witterte den bitteren Geruch im Staub verfaulender Blätter. Ihm fiel ein, daß er als Kind einmal zu ähnlicher Stunde, bei Schabbatbeginn, hier allein auf seinem Fahrrad die ausgestorbene Straße auf und ab gefahren war. Als er am Haus vorbeikam, hatte er den Kopf gehoben und Vater und Mutter auf dem Balkon gesehen. Streng und aufrecht standen sie da, gleich groß, beide dunkel gekleidet, sehr nahe beieinander, aber ohne sich zu berühren. Wie zwei Wachsfiguren. Und es schien ihm, sie trauerten beide einem Gast nach, den sie immer noch erwarteten, obwohl sie längst nicht mehr mit seinem Kommen rechneten. Zum ersten Mal im Leben ahnte er damals verschwommen die tiefe Schmach jenes Schweigens, das seine ganze Kindheit über zwischen ihnen herrschte. Ohne jeden Streit.

Der dritte Zustand

Ohne Klage. Ohne Auseinandersetzung. Höflich zuvorkommende Stille. Er war daraufhin vom Fahrrad abgestiegen und hatte schüchtern gefragt, ob es für ihn schon Zeit sei hinaufzukommen.

»Wie du möchtest«, sagte Baruch.

Und seine Mutter sagte gar nichts.

Diese Erinnerung weckte bei Fima den dringenden, beklemmenden Wunsch, etwas zu klären, Uri zu fragen, nachzuforschen, denn er meinte, er habe vergessen, die Hauptsache zu prüfen. Aber was die Hauptsache war, wußte er nicht. Obwohl er spürte, daß sein Unwissen in diesem Augenblick dünner als sonst war, so ähnlich wie eine zarte Spitzengardine, die schemenhafte Bewegungen erkennen läßt. Oder ähnlich einem verschlissenen Kleidungsstück, das den Körper noch umhüllt, aber nicht mehr wärmt. Und er spürte in den Knochen, wie sehr er sich danach sehnte, weiterhin unwissend zu bleiben.

Als sie die Treppen zum dritten Stock hinaufgingen, legte Fima plötzlich Uri die Hand auf die Schulter, denn der andere erschien ihm müde und traurig. Fima verspürte das Bedürfnis, durch diese Berührung seinen großen Freund aufzumuntern, der vor langer Zeit ein vielgerühmter Kampfflieger gewesen war und immer noch mit leicht vorgeschobenem Kopf, wie in Flugrichtung, durch die Gegend lief, eine Fliegeruhr mit allen Schikanen am Handgelenk, während seine Augen gelegentlich noch den Eindruck eines Menschen erweckten, der alles von oben sieht.

Und doch ein warmherziger, ehrlicher und treuer Freund.

An der Tür war ein Kupferschild angebracht, auf dem, schwarz auf grau, zwei Worte eingraviert standen: *Familie Numberg*. Auf ein viereckiges Pappstück darunter hatte Baruch mit seiner energischen Handschrift notiert: *Bitte zwischen ein Uhr mittags und fünf Uhr nachmittags nicht zu klingeln.* Unwillkürlich blickte Fima auf die Uhr. Aber man brauchte sowieso nicht zu klingeln, denn die Tür stand einen Spalt offen.

Zwi Kropotkin hielt die beiden ein paar Minuten im Flur auf, wie ein eifriger Stabsoffizier, dessen Auftrag lautet, die Eintreffenden vor Betreten des Lagezimmers über die neuesten Entwicklungen zu informieren: Trotz Ambulanzfahrerstreik und Schabbatbeginn habe die unermüdliche Nina per Telefon, von ihrem Büro aus, dafür sorgen können, daß ... daß er in den Leichenkeller des Hadassa-Hospitals überführt wurde. Fima freute sich aufs neue über die schüchterne Verlegenheit Zwis, der ihm überhaupt nicht wie ein berühmter Geschichtswissenschaftler und Dekan vorkam, sondern eher wie ein ewiger Jugendführer mit bereits leicht gebeugten Schultern oder wie ein Dorfschullehrer. Und er mochte auch das Blinzeln seiner Augen, das wie ein jäher Lichtstrahl hinter den dicken Brillengläsern aufleuchtete, und seine feste Angewohnheit, geistesabwesend alles zu befingern, was ihm in die Quere kam, Geschirr, Möbel, Bücher, Menschen, als kämpfe er sein Leben lang mit einem geheimen Zweifel an der Wirklichkeit aller Dinge. Ohne den Jerusalemer Irrsinn, ohne Hitler, ohne den jüdischen Verantwortungswahn wäre dieser bescheidene Gelehrte in Cambridge oder Oxford gelandet, wo er in Ruhe hätte leben können, bis er hundert Jahre war, und seine Zeit zwischen Golf und Kreuzzügen oder zwischen Tennis und Tennyson aufgeteilt hätte.

»Sehr gut, daß ihr ihn habt überführen lassen«, sagte Fima. »Was hätte er hier auch den ganzen Schabbat über machen sollen?«

Im Zimmer umringten ihn die Freunde, streckten ihm von allen Seiten die Hände entgegen und strichen ihm sanft über Schulter, Wange und Haar, als habe Fima beim Tod seines Vaters die Rolle des Kranken geerbt. Als hätten sie die Pflicht, behutsam zu prüfen, ob er auch kein Fieber habe, ob ihm kalt sei, ob er unter Schüttelfrost litte oder womöglich ebenfalls im Schild führe, sich ohne Vorwarnung davonzumachen. Schula drückte ihm eine Tasse Tee mit Zitrone und Honig in die Hand. Und Teddy führte ihn schonend zur einen Ecke des brokatbezogenen, mit Stickkissen übersäten Sofas, auf dem er Platz nahm. Anscheinend warteten alle angespannt, daß er etwas sagen möge. Fima tat ihnen den Gefallen: »Ihr seid alle wunderbar. Tut mir leid, euch so den Schabbatabend zu verderben.«

Der tiefe, breite, mit rötlichem Leder bezogene Sessel seines Vaters stand ihm genau gegenüber, ein ebenfalls rötliches Lederkissen an der Lehne befestigt, als bestehe das Ganze aus frischem Fleisch. Nur der Fußschemel schien ein wenig zur Seite gerückt. Und, einem Szepter gleich, lehnte rechts der Stock mit dem Silberknauf.

Schula sagte: »Eins ist jedenfalls völlig sicher: er hat überhaupt nicht gelitten. In einer Minute war alles vorüber. Früher hat man das einen sanften Tod, einen Tod durch Kuß, genannt und gesagt, der sei nur Gerechten vergönnt.«

Fima lächelte: »Gerechte hin, Gerechte her, Küsse sind immer ein wichtiger Bestandteil seines Repertoires gewesen.« Und während er das sagte, bemerkte er etwas, das seinen Augen bisher entgangen war: Schula, mit der er vor über dreißig Jahren, vor Anbruch des Geißbockjahrs, gegangen war, als sie noch eine feine, mädchenhafte Schönheit besessen hatte, war sehr gealtert und ergraut. Auch ihre Schenkel waren dick geworden. Sie glich jetzt fast einer frommen Sephardin, die Abbau und Verschleiß völlig ergeben hinnimmt.

Ein stickiger, kondensierter Geruch, der Muff schwerer Teppiche und teurer alter Möbel, die viele Jahre dieselbe Luft geatmet haben, hing im Zimmer, und Fima erinnerte sich daran, daß dieser Geruch schon immer hier geherrscht hatte, also unter keinen Umständen Frau Professor Kropotkins Altersduft war. Dabei witterte er aber auch leichten Zigarettendunst. Er sah sich um, entdeckte eine kaum angefangene Zigarette, die man am Aschenbecherrand ausgedrückt hatte, und fragte, wer denn hier rauche. Er erfuhr, daß eine Freundin seines Vaters, eine der beiden ältlichen Spendensammlerinnen, in deren Gegenwart das Unglück geschehen war, ihre Zigarette gleich nach dem Anzünden ausgedrückt haben mußte. Hatte sie das getan, sobald sie merkte, daß Baruch pfeifend atmete? Oder schon nach dem Ganzen? Oder genau in dem Augenblick, in dem er aufseufzte und verschied? Fima bat, den Aschenbecher wegzuräumen. Und freute sich daran, Teddy losstürzen und seinen Willen erfüllen zu sehen. Zwi fragte, mit den langen Fingern die Heizungsröhren betastend, ob er wolle, daß man ihn dorthin fahre. Fima begriff die Frage nicht. Worauf Zwi, nur mühsam seine Verlegenheit überwindend, erklärte: »Dorthin. Zur Hadassa. Um ihn zu sehen? Vielleicht −«

»Was gibt's da schon zu sehen«, fiel Fima ihm achselzuckend ins Wort. »Sicher elegant wie immer. Was soll man ihn stören.« Danach beauftragte er Schula, Uri einen starken schwarzen Kaffee zu bringen, weil er seit Verlassen des Flugzeugs heute morgen unaufhörlich herumgerannt sei. Eigentlich wär's besser, du würdest ihm auch was zu essen geben. Gewiß geht er vor Hunger ein. Nach meiner Rechnung müßte er das Hotel in Rom gegen drei Uhr morgens verlassen haben, er hat also wirklich einen langen, schweren Tag hinter sich. Andererseits siehst du mir auch reichlich müde, sogar erschöpft aus, Schula. Und wo sind Jael und Dimmi? Jael muß man holen. Auch Dimmi würde ich gern hier sehen.

»Sie sind zu Hause«, sagte Ted entschuldigend, »der Junge hat es ein bißchen schwer aufgenommen. Man kann schon sagen, er hat ein besonderes Attachment zu deinem Vater gehabt.« Danach erzählte er weiter, Dimmi habe sich im Wäschezimmer eingeschlossen, so daß sie sich telefonisch mit ihrem Freund, dem Kinderpsychologen aus Südafrika, beraten mußten, der gemeint hatte, sie sollten ihn einfach in Ruhe lassen. Und tatsächlich sei er nach einiger Zeit herausgekommen und sofort an seinen Computer gegangen. Dieser Freund aus Südafrika hat nun gerade geraten –»Quatsch«, sagte Fima. Und dann mit ruhigem Nachdruck: »Ich will beide hierhaben.«

Sagte es und wunderte sich im gleichen Moment selbst über den neuen autoritären Charakterzug, den das Unglück ihm verliehen hatte. Als habe der Tod seines Vaters ihm Beförderung, eine überraschende Rangerhöhung eingebracht, so daß er nun beliebig Befehle erteilen und ihre sofortige Ausführung verlangen durfte.

»Gewiß«, sagte Ted. »Wir können sie herholen. Aber nach dem, was der Psychologe gesagt hat, wäre es, meine ich, doch besser –«

Diesen Einwand wies Fima auf der Stelle mit den Worten »Ich bitte darum« zurück.

Ted zögerte, tuschelte mit Zwi, guckte auf die Uhr und sagte: »Okay, Fima. Wie du möchtest. In Ordnung. Ich spring' los, Dimmi holen. Nur daß Uri mir vielleicht seine Schlüssel gibt, weil ich Jael den Wagen dagelassen hab'.«

»Auch Jael bitte.«

»Gut, ich ruf sie an? Sehe mal, ob sie kann?«

»Natürlich kann sie. Sag ihr, ich hätte darum gebeten.«

Ted ging, und Nina kam. Schlank, praktisch, mit scharfen, schnittigen Bewegungen, das schmale Fuchsgesicht Klugheit und schlaue Überlebenskunst ausdrückend, energiegeladen, als habe sie sich den ganzen Tag über nicht mit Beerdigungsvorbereitungen, sondern mit der Rettung Verwundeter unter Feindbeschuß beschäftigt. Sie trug einen grauen Hosenanzug, die Brillengläser funkelten, und in der Hand hielt sie einen harten schwarzen Diplomatenkoffer, von dem sie auch nicht abließ, als sie Fima eckig umarmte und auf die Stirn küßte. Aber Worte fand sie keine.

Schula sagte: »Ich geh' in die Küche, für alle was zu trinken machen. Wer möchte was? Vielleicht will jemand auch ein Rührei? Oder eine Scheibe Brot mit irgendwas?«

Zwi bemerkte unsicher: »Dabei war er eigentlich ein stabiler Mann. Voller Energie. Mit einem herzlichen Lachen in den Augen. Mit einer Riesenlust auf Leben, gutes Essen, Geschäfte, Frauen, Politik und was nicht sonst noch alles. Vor kurzem ist er unvermittelt bei mir im Büro, auf dem Skopusberg, aufgetaucht und hat mir einen stürmischen Vortrag gehalten, in dem er behauptete, Leibowitz benutze Maimonides für demagogische Zwecke. Nicht mehr und nicht weniger. Und als ich ihm zu widersprechen versuchte, um Leibowitz' Ehre ein wenig zu verteidigen, hat er mich mit irgendeiner Legende über einen gewissen Rabbi von Drohóbycz überfallen, dem Maimonides im Traum erschienen ist. Tiefer Lebensdrang, würde ich sagen. Ich hatte immer gedacht, er würde noch Jahr und Tag durchhalten.«

Fima, gewissermaßen als letzte Instanz in einem Streit, der gar nicht erst angefangen hatte, bestimmte: »Er hat ja auch tatsächlich Jahr und Tag durchgehalten. Ist nicht gerade in der Blüte seiner Jahre dahingegangen.«

Nina sagte: »Durch ein Wunder haben wir das Nötige noch gerade eben erledigen können. Es ist alles für Sonntag geregelt. Glaubt mir, es war wirklich ein irrer Wettlauf mit der Zeit, wegen Schabbatbeginn. Dieses Jerusalem ist noch schlimmer als Teheran. Du bist doch nicht böse, Fima, daß wir nicht auf dich gewartet haben. Du warst uns glatt abhanden gekommen, deshalb habe ich mir erlaubt, die formalen Dinge zu übernehmen. Nur um dir Scherereien zu ersparen. Ich habe schon Traueranzeigen in *Ha'arez* und *Ma'ariv* vom Sonntag aufgegeben. Vielleicht hätte ich noch weitere Zeitungen dazunehmen sollen, aber ich hab's einfach nicht mehr geschafft. Die Beerdigung haben wir auf übermorgen um drei Uhr nachmittags festgesetzt. Wie sich herausstellte, hatte er sich schon selbst um eine Grabstätte gekümmert, nicht in Sanhedria neben deiner Mutter, sondern auf dem Ölberg. Übrigens hat er auch dir einen angrenzenden Platz dort gekauft. Neben sich. Und in seinem Testament genaue, ausführliche Anweisungen für die Beisetzung hinterlassen. Er hat sich sogar einen Kantor, aus der gleichen Stadt wie er, ausgesucht, der die Zeremonie leiten soll. Es ist ein wahres Wunder, daß ich diesen Mann ausfindig machen und vielleicht knapp eineinhalb Minuten vor Schabbatbeginn noch am Telefon erreichen konnte. Und auch den Grabsteintext hat er für sich selber verfaßt. Irgendwas, das sich reimt. Aber das kann mindestens bis Ablauf des ersten Trauermonats, wenn nicht bis zum Jahrestag warten. Wenn nur ein Viertel von denen zur Beerdigung erscheinen, die von seiner Philanthropie profitiert haben, muß man mit mindestens einer halben Million Menschen rechnen. Einschließlich dem Oberbürgermeister und allen möglichen Rabbinern, Funktionären und Knessetabgeordneten, von all den Witwen und Geschiedenen, die mit gebrochenem Herzen hinterblieben sind, ganz zu schweigen.«

Fima wartete, bis sie fertig war. Und fragte dann ruhig: »Hast du das Testament selbst geöffnet?«

»Im Büro. In Anwesenheit von Zeugen. Wir dachten bloß –«

»Wer hat dir das erlaubt?«

»Um ehrlich zu sein –«

»Wo ist es jetzt, dieses Testament?«

»Hier. In meinem Aktenkoffer.«

»Gib's mir.«

»Jetzt?«

Fima stand auf, nahm ihr den schwarzen Koffer aus der Hand, klappte ihn auf und entnahm ihm einen braunen Umschlag. Schweigend trat er auf den Balkon hinaus, um allein genau an der Stelle zu stehen, an der seine Eltern an jenem Schabbatabend vor tausend Jahren gestanden hatten, als sie ihm wie zwei Gestrandete auf einer Insel vorkamen. Das letzte Tageslicht war längst verloschen. Stille wehte von der Allee empor. Die Straßenlaternen flimmerten in gelblichem Glanz, der sich mit wabernden Nebelschwaden vermischte. Die steinernen Häuser standen sämtlich stumm und verschlossen da. Kein Laut drang aus ihnen. Als habe sich dieser gegenwärtige Augenblick in eine ferne Erinnerung verwandelt. Ein flüchtiger Windstoß wehte Hundegebell aus dem Kreuztal herauf. Der dritte Zustand ist eine Gnade, die zu erlangen man sich jeglichen Willens entledigen und unter dem Nachthimmel stehen muß, alterslos, geschlechtslos, zeitlos, volklos, ohne alles.

Aber wer kann so dastehen?

Einst, in seiner Kindheit, hatte es hier in Rechavia höfliche kleine Gelehrte gegeben, Menschen wie aus Porzellan: staunend dreinblickend und sanft im Umgang. Sie hatten die Angewohnheit, einander auf der Straße zu grüßen, indem sie den Hut zogen. Als löschten sie damit Hitler aus. Als holten sie ein Deutschland aus der Versenkung hervor, das es nie gegeben hatte. Und da sie lieber für zerstreut und lächerlich gehalten wurden, als gegen die Sitten des Anstands zu verstoßen, lüfteten sie den Hut auch dann, wenn sie nicht sicher waren, ob der Entgegenkommende ein Freund oder Bekannter war oder nur einem Freund oder Bekannten ähnlich sah.

Eines Tages, als Fima neun Jahre alt war, kurze Zeit vor dem Tod seiner Mutter, hatte er seinen Vater die Alfassi-Straße hinunter begleitet. Baruch blieb stehen und unterhielt sich lange, auf deutsch oder auch tschechisch, mit einem rundlichen, gepflegten alten Herrn in einem altmodischen Anzug mit schwarzer Fliege, bis der Junge die Geduld verlor, mit den Füßen aufstampfte und gewaltsam am Arm des Vaters zu zerren begann. Der ihm eine Ohrfeige versetzte und ihn mit *ty Durak, ty Smarkatsch* (du Dummkopf, du Rotznase) anbrüllte. Hinterher erklärte er Fima, das sei ein Professor und Forscher von Weltruhm gewesen. Und erläuterte ihm, was Weltruhm bedeutet und wie man ihn erwirbt. Diese Lektion vergaß Fima nie wieder. Und stets weckte dieser Ausdruck ein aus Ehrfurcht und Spott gemischtes Gefühl bei ihm. Ein andermal, sieben bis acht Jahre später, um halb sieben Uhr morgens, ging er wieder mit seinem Vater spazieren, in der Raschba-Straße, und da kam ihnen mit kleinen, raschen Schritten Ministerpräsident Ben Gurion entgegen, der seinerzeit Ecke Ben-Maimon-Ussischkin-Straße wohnte und den Tag mit einem schnellen Morgenmarsch zu beginnen pflegte. Baruch Numberg zog den Hut und sagte: »Würden Sie mich bitte entschuldigen und mir nur einen kleinen Moment Ihre Gunst erweisen, mein Herr?«

Ben Gurion blieb stehen und rief: »Lufatin! Was machst du denn in Jerusalem? Wer soll da auf Galiläa aufpassen?«

Baruch erwiderte gemächlich: »Ich bin nicht Lufatin, und Sie, mein Herr, sind nicht der Messias. Obwohl Ihre törichten Chassidim Ihnen das sicher ins Ohr flüstern. Bitte nehmen Sie sich vor denen in acht und glauben Sie nicht daran!«

Der Ministerpräsident sagte: »Was? Sie sind nicht Grischa Lufatin? Vielleicht irren Sie sich? So eine Ähnlichkeit. Sie sehen ihm sehr ähnlich. Na, es hat ja auch zwei Jossi ben Schimon gegeben. Und wer sind Sie dann?«

Worauf Baruch entgegnete: »Ich zähle nun gerade zum gegnerischen Lager.«

»Lufatins Gegnern?«

»Zu den Ihren, werter Herr. Und ich erlaube mir zu sagen...«

Aber Ben Gurion stürmte schon weiter und sagte nur noch im Gehen: »Na, dann streiten Sie man. Nichts wie gestritten. Nur daß Sie mir vor Streitfreude nicht verabsäumen, diesen netten Burschen da zu einem loyalen, vaterlandsliebenden Bürger Israels und einem Beschützer seines Volkes und Landes zu erziehen. Alles andere ist egal.« Und damit trabte er weiter, gefolgt von einem bildschönen Mann, der offenbar die Aufgabe hatte, ihn vor Störenfrieden zu bewahren.

Baruch sagte: »Dschingis-Khan!« Und fügte dann hinzu: »Sieh selber,

Efraim, wen die Vorsehung sich auserwählt hat, Israel zu erlösen: Das ist doch genau der Dornenstrauch aus Jotams Fabel.«

Fima, der damals etwa sechzehn Jahre gewesen war, lächelte in der Dunkelheit vor sich hin, als er daran dachte, wie verblüfft er seinerzeit festgestellt hatte, daß Ben Gurion kleiner als er war und Bauch, roten Dickschädel, kurze Beine und die Kreischstimme einer Marktfrau besaß. Was hatte sein Vater dem Staatschef sagen wollen? Was würde er selbst ihm jetzt nach allem sagen? Und wer war eigentlich jener Lufatin oder Lufatkin, der den Schutz Galiläas vernachlässigte?

Es hätte doch auch sein können, daß das Kind, das Jael nicht haben wollte, zu einem Mann von Weltruhm herangewachsen wäre.

Oder Dimmi?

Plötzlich, wie in jäher Erleuchtung, begriff Fima, daß gerade Jael mit ihren Forschungen über den Düsenantrieb für Kraftfahrzeuge wohl mehr als wir alle dem nahegekommen war, was Baruch sich sein Leben lang von ihm, Fima, erträumt hatte. Und er fragte sich, ob nicht er selbst eine Art Dornenstrauch aus der Fabel Jotams war? Zwicka und Uri, Teddy, Nina und Jael – alles Bäume, die Frucht tragen. Und nur du, du Eugen Onegin von Kiriat Jovel, läufst in der Welt herum und produzierst Unsinn und Lüge. Schwatzt und belästigst alle andern. Polemisierst mit Kakerlaken und Schleuderschwänzen.

Aber warum sollte er nicht den Entschluß fassen, von heute, von morgen an den Rest seines Lebens darauf zu verwenden, es ihnen leichter zu machen? Er würde die Erziehung des Kindes auf sich nehmen. Kochen und waschen lernen. Jeden Morgen die Buntstifte auf dem Reißbrett anspitzen. Gelegentlich das schwarze Farbband in ihrem Computer wechseln – so ein Computer ein Farbband hatte. Und so könnte er demütig, wie ein namenloser Soldat, seinen bescheidenen Beitrag zu der Anstrengung leisten, den Düsenantrieb zu verbessern und Weltruhm zu erlangen.

In seiner Kindheit waren hier in Rechavia an lauen Sommerabenden hinter geschlossenen Fensterläden vereinzelte Klaviertöne erklungen. Die Wüstenluft selbst hatte diese Klänge gewissermaßen zum Gespött gemacht. Und jetzt war keine Spur mehr von ihnen übrig. Ben Gurion und Lufatin waren tot. Tot auch die geflüchteten Gelehrten mit ihren Hüten und Fliegen. Und zwischen ihnen und Joeser lügen, huren und morden wir. Was ist übriggeblieben? Pinien und Stille. Und auch zerbröselnde deutsche Bücher, auf deren Rücken die Goldlettern bereits dunkel geworden sind.

Der dritte Zustand

Plötzlich mußte Fima Tränen der Sehnsucht unterdrücken. Nicht Sehnsucht nach den Toten, nicht nach dem, was hier war und nicht mehr ist, sondern nach dem, was hier vielleicht hätte sein können, aber nicht ist und auch nie mehr sein wird. Ihm kamen die Worte »Der Ort, wo er stand, weiß von ihm nichts mehr« in den Sinn, obwohl er sich trotz aller Anstrengungen nicht erinnern konnte, von wem er vor zwei, drei Tagen diesen furchtbaren Ausdruck gehört hatte.

Der ihm jetzt eindringlich und treffend vorkam.

Die Minarette auf den Anhöhen rings um Jerusalem, die Ruinen, die Quadermauern um zusammengeduckte Klöster, die spitzen Glasscherben oben auf diesen Mauern, die schweren Eisentore, die vergitterten Fenster, die Keller, die dämmrigen Nischen, das fanatische, Ränke schmiedende Jerusalem, das bis zum Hals in Alpträumen über gesteinigte Propheten, gekreuzigte Heilande und aufgeschlitzte Erlöser steckt, ringsum die Nacktheit der Berge und dürren Felsflächen, die Leere der durch Höhlen und Spalten zerklüfteten Hänge, konvertierte Olivenbäume, die beinah das Baumsein aufgegeben und sich in das Reich der unbelebten Dinge eingereiht haben, einsame Steinhütten am Rand tief eingeschnittener Schluchten, und dahinter die großen Wüsten, die sich von hier nach Süden bis zum Tor der Tränen, nach Osten bis Mesopotamien und nach Norden bis Hamat und Tadmor erstrecken, Länder der Ottern und Nattern, Weiten der Kreide und des Salzes, Verstecke der Nomaden mit ihren schwarzen Ziegen und den Rachedolchen in den Falten ihrer Burnusse, dunkle Wüstenzelte, und mitten zwischen all dem eingeschlossen Rechavia mit den wehmütigen Klaviertönen in kleinen Zimmern gegen Abend, seine zerbrechlichen Gelehrten, die Regale voll deutscher Bücher, die guten Manieren, das Hütelüpfen, die Mittagsruhe von eins bis fünf, die Kristallüster, die hochglanzpolierten Diasporamöbel, die Brokat- und Lederbezüge, das Kristall, die Truhen, die russische Hitzigkeit meines Vaters und Ben Gurions und Lufatins, die mönchischen Lichtkegel um die Schreibtische trübsinniger, auf dem Weg zum Weltruhm Anmerkungen hortender Forscher, und wir, die ihnen in verzweifelt hilfloser Verwirrung nachfolgen, Zwicka mit Kolumbus und der Kirche, Ted und Jael mit dem Düsenantrieb für Kraftfahrzeuge, Nina, die den Bankrott des orthodoxen Sexshops lenkt. Wahrhaftig, der mühsam ein Stück geordneten Staat in seiner Ausschabungshölle zu wahren sucht, Uri Gefen, der in der Welt herumreist, Frauen erobert und mit trauriger Ironie über seine Eroberungen lacht, Annette und Tamar, die Sitzengelassenen, du selbst mit dem Herzen des Christentums, den Schleuderschwänzen, den nächtlichen Briefen an Jizchak Rabin und dem Preis der Gewalt im Zeitalter des moralischen Niedergangs. Und Dimmi nebst seinem abgeschlachteten Hund. Wohin bewegt sich all das? Wie ist es passiert, daß wir mit dem Krug angefangen haben und plötzlich beim Faß gelandet sind? Wohin ist jene Karla, unterwegs zur arischen Seite, verschwunden?

Als sei das hier kein Wohnviertel und keine Stadt, sondern ein abgelegenes Lager von Walfängern, die sich am Ende der Welt an einem gottverlassenen Strand in Alaska festgesetzt, in der unendlichen Wildnis zwischen blutdürstigen Nomadenstämmen ein paar wackelige Häuser mit einem windschiefen Zaun hochgezogen haben und nun allesamt ausgefahren sind, um weit draußen im dunklen Meer einen Leviatan zu suchen. Der nicht da ist. Während Gott sie längst vergessen hat, wie ihm die Gastwirtin von gegenüber gestern gesagt hatte.

Fast greifbar sah Fima sich allein dastehen und in finsterer Nacht das verlassene Walfängerlager bewachen. Eine schwache Kerosinlampe schwankt an der Spitze einer Stange im Wind, flackert im Dunkel, beinah ersterbend in den schwarzen Weiten, und außer ihr kein Licht entlang der pazifischen Öde, die sich nach Norden bis zum Pol und nach Süden bis ans Ende von Feuerland ausdehnt – ein einziges, absurdes Glühwürmchen. Der Ort, wo er stand, weiß von ihm nichts mehr. Und doch – Goldlicht. Das du so weit wie möglich erhalten mußt. Damit es nicht aufhört, inmitten der froststarren Felder unterhalb der Gletscher und Schneewehen zu blinken. Du hast die Pflicht, darüber zu wachen. Damit es nicht feucht wird. Nicht verlöscht. Nicht vom Wind ausgeblasen wird. Zumindest solange du noch hier bist, und bis Joeser kommt. Obwohl sich fragt, wer du bist und was du bist und was du mit den Walfängern zu tun hast, die es nie und nimmer gegeben hat, du mit deinen kurzsichtigen Augen, den schlaffen Muskeln, den fetten Männerbrüsten, mit deinem lächerlichen, plumpen Körper. Du trägst jetzt die Verantwortung.

Aber in welcher Hinsicht?

Er steckte die Hand in die Tasche, um eine Tablette gegen Sodbrennen zu suchen. Doch anstelle des kleinen Blechdöschens brachten seine Finger den Silberohrring zum Vorschein, der einen Augenblick wie verzaubert in dem Lichtschein aus dem Zimmer hinter ihm aufblitzte. Als er diesen Ohrring ins Herz der Dunkelheit warf, meinte er Jaels spöttische Stimme zu hören: »Dein Problem, mein Lieber.«

Der dritte Zustand

Und er antwortete, das Gesicht der Nacht zugewandt, in leisem bestimmten Ton: »Stimmt. Mein Problem. Und ich werde es auch lösen.«

Wieder grinste er sich eins. Aber diesmal war es nicht sein reguläres, armseliges, verlegenes Grinsen, sondern das erstaunte Lippenschürzen eines Menschen, der lange Zeit vergebens eine komplizierte Antwort auf eine komplizierte Frage gesucht und nun plötzlich eine einfache Antwort offenbart bekommen hat.

Damit drehte er sich um und ging wieder nach drinnen. Sofort entdeckte er Jael, die – Knie an Knie auf dem Sofa – in ein Gespräch mit Uri Gefen vertieft war. Fima schien, bei seinem Eintreten sei ein Lachen auf ihrer beider Lippen erstarrt. Aber er empfand keine Eifersucht. Im Gegenteil regte sich bei ihm insgeheim Heiterkeit bei dem Gedanken, daß er eigentlich schon mit jeder der hier im Zimmer anwesenden Frauen geschlafen hatte, mit Schula, Nina und Jael. Und gestern mit Annette Tadmor. Und morgen war ein neuer Tag.

Im selben Moment sah er Dimmi auf der Teppichkante knien – ein altkluges, philosophisches Kind – und mit einem Finger langsam Baruchs riesige, von innen elektrisch beleuchtete Erdkugel drehen. Die Glühbirne färbte die Ozeane tiefblau und die Landflächen golden. Der Junge wirkte konzentriert, entrückt, wissend, was vor ihm stand. Und Fima verzeichnete in Gedanken, wie jemand, der sich ins Gedächtnis einprägt, wo ein Koffer steht oder wo der Stromschalter ist, daß er dieses Kind mehr liebte, als er jemals ein menschliches Wesen auf der Welt geliebt hatte. Einschließlich Frauen. Einschließlich der Mutter des Kindes. Einschließlich seiner eigenen Mutter.

Jael erhob sich und ging auf ihn zu, als zögere sie, ob sie ihm die Hand drücken oder nur ihre Hand auf seinen Ärmel legen solle. Fima wartete nicht ab, bis sie sich entschieden hatte, kam ihr vielmehr zuvor, umarmte sie fest und drückte ihren Kopf an seine Schulter, als sei nicht er, sondern sie der Mensch, der hier Trost brauchte und verdiente. Als wolle er ihr sein neues Waisentum zum Geschenk machen. Jael murmelte etwas an Fimas Brust, das er nicht verstand und auch nicht unbedingt verstehen wollte, denn er stellte mit Freuden fest, daß Jael, wie Ministerpräsident Ben Gurion, fast einen ganzen Kopf kleiner als er war. Obwohl er selbst nicht besonders groß war.

Dann löste Jael sich aus seinem Griff und eilte, flüchtete fast, in die Küche, um Schula und Teddy zu helfen, die belegte Brote für alle machten.

Fima kam auf die Idee, Uri oder Zwi zu bitten, in seinem Namen die beiden Ärzte und Tamar anzurufen, und warum nicht auch Annette Tadmor? Im Augenblick hatte er den Wunsch, heute abend hier alle Leute zu versammeln, die sein Leben irgendwie berührten. Als plane etwas in seinem Innern, ohne sein Wissen, eine Art Zeremonie zu veranstalten. Eine Predigt zu halten. Den Anwesenden möglichst eine Botschaft zu übermitteln. Zu verkünden, daß von heute an ... Oder vielleicht hatte er die Trauer mit einer Abschiedsfeier verwechselt? Abschied wovon? Und was für eine Predigt? Was hatte ein Mann wie er anderen Menschen zu verkünden? Heiligt und reinigt euch alle für das Kommen des dritten Zustands?

So oder so überlegte er es sich anders. Verzichtete auf den Versammlungswunsch.

Trotzdem setzte er sich in jähem Entschluß nicht auf den Platz, den Jael ihm neben dem riesigen Uri auf dem Sofa frei gemacht hatte, sondern in den Sessel seines Vaters. Streckte genüßlich die Beine auf den gepolsterten Fußschemel aus. Rückte bequem auf dem weichen Sitz zurecht, der seinen Rücken aufnahm, als sei er für ihn nach Maß gefertigt. Unwillkürlich pochte er zweimal mit dem Silberknaufstock auf den Boden. Doch als alle verstummten und sich ihm in angespannter Bereitschaft zuwandten, ihm zu lauschen, jede Bitte zu erfüllen, ihn mit Zuneigung und Trost zu überhäufen, lächelte Fima nur verbindlich. Und fragte verwundert: »Was ist das denn für eine Stille hier? Redet ruhig weiter.«

Zwi, Nina und Uri versuchten ihn durch ein Gespräch, einen leichten Gedankenaustausch über Dinge, die ihm am Herzen lagen, abzulenken – die Situation in den Gebieten, die Darstellung dieser Situation in den italienischen Fernsehsendungen, die Uri sich in Rom angeguckt hatte, die Bedeutung der amerikanischen Fühlungnahmen. Fima ging nicht in die Falle. Begnügte sich damit, sein zerstreutes Lächeln nicht aufzugeben. Ein Weilchen dachte er an Baruch, der jetzt in einem Kühlfach im Keller des Hadassa-Krankenhauses lag, in einer Art Bienenstock von Gefrierschubladen, die teils oder sämtlich mit frischen Jerusalemer Toten bevölkert waren. Fima versuchte in seinen Knochen die Kälte und Dunkelheit der Schublade, den Boden des düsteren Nordmeers, das sich vor der Walfängerstation erstreckt, zu spüren. Fand aber in seinem Innern keinerlei Schmerz. Keine Angst. Ja, ihm war leicht ums Herz, und er begann fast, diesem Untergrundtotenstock mit den Leichenschubladen eine vergnügliche Seite abzugewinnen. Er erinnerte sich an die Geschichte seines Vaters

Der dritte Zustand

über den Streit zwischen den Eisenbahndirektoren, dem israelischen und seinem amerikanischen Kollegen, und an die Legende von dem berühmten Zaddik und dem Straßenräuber, die die Kleider tauschten. Er war sich immer noch bewußt, daß er etwas sagen mußte. Und immer noch hatte er keine Ahnung, was er seinen Freunden sagen könnte. Nur wurde dieses Unwissen dünner und dünner. Wie ein Schleier, der nur halb verdeckt. Er stand auf und ging zur Toilette, wo er nun aufs neue entdeckte, daß die Spülung hier bei seinem Vater durch einen einfachen Drehhahn betätigt wurde, den man beliebig, wann immer man wollte – ohne Wettlauf, ohne Niederlage, ohne die ständige Demütigung –, auf- und zudrehen konnte. Dieser Sorge war man also enthoben.

Zurückgekehrt, kniete er sich neben Dimmi auf die Teppichecke und fragte: »Kennst du die Sage von dem Kontinent Atlantis?«

»Kenn' ich«, sagte Dimmi. »Da hat's mal ein Programm im Schulfernsehen drüber gegeben. Das ist nicht genau eine Sage.«

»Was dann? Wirklichkeit?«

»Gewiß nicht.«

»Weder Sage noch Wirklichkeit?«

»Ein Mythos. Das ist was anderes als eine Sage. Es ist mehr wie ein Kern.«

»Wo ungefähr hat dieses Atlantis gelegen?«

Dimmi drehte den erleuchteten Globus etwas und legte sanft die blasse Hand auf den im Glanz der inneren Glühbirne aus den Tiefen erstrahlenden Ozean zwischen Afrika und Südamerika, wobei auch die Finger des Kindes von gespenstischem Schein beleuchtet wurden: »Hier ungefähr. Aber das ist egal. Es ist mehr in Gedanken.«

»Sag mal, Dimmi, meinst du, es gibt noch was, nachdem man gestorben ist?«

»Warum nicht?«

»Glaubst du, daß Großvater uns jetzt hört?«

»Da gibt's nicht so viel zu hören.«

»Aber könnte es sein?«

»Warum nicht?«

»Und können wir ihn auch hören?«

»In unseren Gedanken. Ja.«

»Bist du traurig?«

»Ja. Wir beide. Aber wir trennen uns nicht. Wir können uns weiter liebhaben.«

»Und dann? Soll man sich nicht mehr vor dem Tod fürchten?«
»Das ist doch unmöglich.«
»Sag mal, Dimmi, hast du heute abend überhaupt Abendbrot gegessen?«
»Ich bin nicht hungrig.«
»Dann gib mir die Hand.«
»Warum?«
»Einfach so. Zum Fühlen.«
»Was fühlen?«
»Einfach so.«
»Genug. Fima. Hör auf. Geh zu deinen Freunden zurück.«
Hier wurde das Gespräch unterbrochen, weil Dr. Wahrhaftig – prustend und schnaubend mit gerötetem Gesicht – hereinstürmte, nicht wie ein Trauergast, sondern wie jemand, der hier pflichtgemäß angestürzt kam, um auf der Stelle einen Skandal zu beenden. Fima vermochte ein Lächeln nicht zu unterdrücken, weil er plötzlich leichte Ähnlichkeit zwischen Wahrhaftig und Ben Gurion, der seinen Vater vor vierzig Jahren in der Raschba-Straße angebrüllt hatte, entdeckte. In Begleitung des Arztes erschien Tamar Greenwich – zaghaft, mit Tränen in den Augen, der gute Wille in Person. Fima wandte sich ihnen zu, ließ geduldig Händedruck und Umarmung über sich ergehen, begriff jedoch nicht, was sie sagten. Aus irgendeinem Grund murmelten seine Lippen geistesabwesend: »Macht nichts. Nicht so schlimm. Das kann passieren.«

Offenbar kriegten auch sie kein Wort mit. Und akzeptierten schnell ein Glas Tee.

Um halb acht Uhr abends, wieder in seines Vaters Sessel, die Beine gemütlich übereinandergeschlagen, lehnte Fima den Joghurt und das Matjesbrötchen ab, das Teddy ihm vorsetzte. Entfernte Uris Arm von seiner Schulter. Und verzichtete auf die Wolldecke, die Schula ihm über die Knie breiten wollte. Den braunen Umschlag, den er vorher Ninas Aktenkoffer entnommen hatte, gab er ihr unvermittelt zurück mit der Aufforderung, ihn zu öffnen und das Testament laut zu verlesen.

»Jetzt?«
»Jetzt.«
»Obwohl es üblich ist –«
»Obwohl es üblich ist.«
»Aber Fima –«

Der dritte Zustand   1721

»Jetzt bitte.«

Nach einigem Zögern und raschem Blickwechsel mit Zwi, Jael und Uri beschloß Nina zu gehorchen. Zog zwei engbeschriebene Schreibmaschinenseiten aus dem Umschlag hervor. Und begann in der Stille, die sich im Zimmer ausgebreitet hatte, zu lesen, erst leicht verlegen und dann mit ihrer professionellen Stimme, die fließend, gleichmäßig und trocken klang.

Zuerst kamen detaillierte, pedantische Anweisungen für Beerdigung, Gedenkfeier und Grabstein. Dann folgte der materielle Teil. Boris Baruch Numberg befahl, zweihundertvierzigtausend US-Dollar zu ungleichen Teilen sechzehn Institutionen, Organisationen, Verbänden und Komitees zu spenden, deren Namen in alphabetischer Reihenfolge, jeweils mit der betreffenden Summe daneben, aufgeführt waren. Zuoberst auf der Liste erschien der Ausschuß zur Förderung des Pluralismus und am Schluß – eine Talmudschule. Nach der frommen Oberschule und vor den Unterschriften des Verstorbenen, des Notars und der Zeugen standen die folgenden Zeilen: »Abgesehen von dem Grundbesitz Reines-Straße in Tel Aviv, über den nachstehend in der Anlage Verfügung getroffen wird, gehen meine sämtlichen Vermögenswerte erblicherweise an meinen einzigen Sohn, Efraim Numberg Nissan, der hervorragend zwischen Gut und Böse unterscheidet, in der Hoffnung, daß er sich von nun an nicht mehr mit der Unterscheidung begnügen, sondern sein Glück und seine ganz ausgezeichneten Fähigkeiten dem Bemühen widmen wird, das Gute zu tun und den Zugriff des Bösen soweit wie möglich einzuschränken.«

Über den Unterschriften prangte noch eine Zeile in energischer Handschrift: »Diese Fassung ist bei wachem Geist und klarem Verstand erstellt, niedergeschrieben und unterzeichnet worden hier in Jerusalem, der Hauptstadt Israels, im Monat Marcheschwan 5749, dem Jahr 1988 nach der Zählung der Völker, dem vierzigsten Jahr der unvollendeten Erneuerung jüdischer Unabhängigkeit.«

Aus der Anlage ging hervor, daß der Grundbesitz in der Tel Aviver Reines-Straße, von dessen Existenz Fima gar nichts gewußt hatte, ein mäßig großes Wohnhaus war. Das der Alte Dimmi vermachte, »meinem geliebten Enkel, Freude meiner Seele, Israel Dimitri, Sohn von Theodor und Jael Tobias, daß es ihm bei Vollendung seines achtzehnten Lebensjahres zu Erbe werde, bis dahin aber der treuen Verwaltung meiner teuren Schwiegertochter, Frau Jael Numberg Nissan Tobias, geborene Levin, unterstehe – ihr die Früchte und ihrem Sohn das Kapital.«

Ferner wies die Anlage Fima von nun an als Alleineigentümer einer mittelgroßen, aber soliden, gewinnbringenden Kosmetikfabrik aus. Außerdem sollte ihm die Wohnung gehören, in der er geboren und aufgewachsen war und in der seine beiden Eltern im Abstand von gut vierzig Jahren das Zeitliche gesegnet hatten. Es war eine große Wohnung mit fünf geräumigen Zimmern und tiefen Fensternischen im dritten Stock in ruhiger, vornehmer Lage, reich möbliert in wuchtigem alten mitteleuropäischen Stil. Weiter erhielt Fima diverse Aktien, Wertpapiere, ein Leergrundstück im Viertel Talpiot, offene und geheime Konten bei mehreren Banken im Inland und in Belgien und einen Panzerschrank, der Bargeld und verschiedene Wertgegenstände, darunter den Schmuck seiner Mutter – Gold- und Silberschmuckstücke, mit Edelsteinen besetzt – enthielt. Weiter erbte er eine Bibliothek von mehreren tausend Bänden, darunter Ausgaben des Talmud und anderer heiliger Schriften in rötliches Leder gebunden, eine Sammlung von – zum Teil raren – Midraschim sowie ein paar hundert Romane in russisch, tschechisch, deutsch und hebräisch, zwei volle Regale mit chemischer Fachliteratur in denselben Sprachen, die Gedichte Uri Zwi Greenbergs, darunter seltene, längst vergriffene Sammelbände, Dr. Eldad Scheibs Bibelstudien, die Werke von Graetz, Dubnow, Klausner, Kaufmann und Urbach und auch eine Reihe alter Erotica, sämtlich auf deutsch oder tschechisch – Sprachen, die Fima nicht beherrschte. Daneben besaß er von nun an eine Briefmarkensammlung, eine Sammlung antiker Münzen, neun Sommer- und sechs Winteranzüge, rund fünfundzwanzig Krawatten – etwas altmodisch und konservativ – sowie einen wunderschönen Spazierstock mit Silberknauf.

Zu diesem Zeitpunkt fragte Fima sich nicht, was er mit all dem anfangen sollte, sondern brütete nur darüber, was ein Mann wie er wohl von Kosmetikproduktion und -vermarktung verstand. Und da die Sprache eine solche Häufung zusammengesetzter Substantive nicht duldet, verbesserte er in Gedanken: Kosmetika – ihre Herstellung und Vermarktung.

Worauf er sich plötzlich sagte: Duldet nicht. Dann soll sie's eben nicht dulden.

Um zehn Uhr abends, nachdem er mit Dimmi ins Schlafzimmer gezogen war und ihm dort einen kleinen Krimi über die Argonauten und das goldene Vlies erzählt hatte, stand er auf und schickte all seine Freunde nach Hause. Hörte nicht auf ihre Bitten und Proteste. Nein, danke, es bestehe keinerlei Grund, daß einer von ihnen hier über Nacht bei ihm bleibe.

Nein, danke, er wolle auch nicht zu seiner Wohnung nach Kiriat Jovel gefahren werden. Und er habe keine Lust, bei jemandem von seinen Freunden zu übernachten. Heute nacht wolle er hierbleiben. Wolle mit sich selber allein sein. Ja. Bestimmt. Danke. Nein. Gewiß. Nicht nötig. Jedenfalls schön von euch. Ihr seid alle wunderbare Menschen.

Als er allein war, hatte er plötzlich Lust, ein Fenster zum Lüften aufzumachen. Doch beim Überdenken beschloß er, das nicht zu tun, sondern im Gegenteil für einige Zeit die Augen zu schließen und möglichst zu klären, woraus genau dieser merkwürdige Geruch bestand, der seit eh und je in dieser Wohnung hing. Unheilsgeruch. Obwohl sich keinerlei Verbindung zwischen dem Geruch und dem heute hier geschehenen Unheil herstellen ließ. Alle Jahre war die Wohnung sauber, gepflegt, aufgeräumt gewesen. Zumindest nach außen hin. Sowohl zu Lebzeiten seiner Mutter als auch nach ihrem Tod. Zweimal die Woche kam eine Hausgehilfin, die sogar die Kerzenhalter, die Messinglampen und die Silberkelche für Kiddusch* und Hawdala polierte. Der Vater selbst pflegte all die Jahre jeden Morgen, Sommer wie Winter, kalt zu duschen. Und alle fünf Jahre wurde die Wohnung frisch gestrichen und generalrenoviert.

Woher also kam dieser Geruch?

Seit er, nach Abschluß seiner Wehrdienstzeit, nicht mehr hier wohnte, war ihm dieser Geruch jedesmal unangenehm in die Nase gestiegen, wenn er den Alten besuchte. Ein leiser Anflug von Gestank, stets halb von anderen Gerüchen überdeckt. War es Abfall, der nicht rechtzeitig geleert wurde? Oder Wäsche, die zu lange im Korb auf dem Balkon wartete? Ein Defekt in der Abwasserleitung? Ein Naphtalinhauch aus den Kleiderschränken? Ein feiner Dunst zu schwerer und zu süßer aschkenasischer Speisen? Überreifes Obst im Körbchen? Abgestandenes Wasser in den Vasen, obwohl selbst die Blumen regelmäßig zweimal die Woche gewechselt wurden? Hinter der Eleganz und der Ordnung hing allezeit eine Säuerlichkeit in der Luft, geringfügig und verborgen zwar, aber tiefsitzend und hartnäckig wie Schimmel. War das ein unauslöschlicher Überrest der kondensierten, gläsernen Zuvorkommenheit, die sich hier zwischen Vater und Mutter entsponnen hatte, erstarrt war und auch nach ihrem Tod nicht weichen wollte? Bestand Aussicht, daß sie nun verflog?

Man könnte meinen, bei dir in Kiriat Jovel herrschten die Wohlgerüche

---

* *Kiddusch*, »Heiligung«, Segen zu Beginn des Schabbat- oder Festmahls.

von Myrrhe und Weihrauch in deiner trotzkistischen Küche, im Flausensack auf dem Balkon und in der verwahrlosten Toilette, dachte Fima spöttisch.

Er stand auf und öffnete das Fenster. Eine Minute später schloß er es wieder. Nicht wegen der Kälte, sondern weil er sich lieber nicht schon jetzt von dem Unheilsgeruch trennen wollte, an den er sich gewiß nie mehr richtig würde erinnern können, nachdem er ihn einmal verjagt hatte. Besser, er blieb noch ein paar Tage. Die Zukunft begann ja erst. Und eigentlich war es angenehm, jetzt hier in der Küche zu sitzen und bei einem Glas glühendheißen russischen Tee bis tief in die Nacht hinein mit dem Alten zu debattieren. Ohne Lachen oder Leichtsinn. Wie zwei intime Gegner. Weit weg von chassidischen Legenden und allerlei Spitzfindigkeiten, Wortklaubereien, Anekdoten und gewitzten Kalauern. Nicht um den Alten zu reizen, nicht um ihn mittels provozierender Ketzersprüche aus dem Häuschen zu bringen, sondern mit Zuneigung. Wie zwei Landvermesser, die zwei gegnerische Staaten vertreten, aber professionell und freundschaftlich gemeinsam an der exakten Absteckung der Grenze arbeiten. Von Mensch zu Mensch. Um endlich zu klären, was war, was ist, was unwiederbringlich fertig und vorbei ist und was hier vielleicht noch sein könnte, wenn wir uns ihm mit allen verbliebenen Kräften zuwenden.

Aber was war diese Angelegenheit, die er mit seinem Vater zu klären hatte? Welche Grenze war abzustecken? Was mußte er dem Alten beweisen? Oder Jael? Oder Dimmi? Was hatte er zu sagen, das nicht aus einem Zitat bestand? Oder einem Widerspruch? Oder einer Binsenweisheit? Oder einem witzigen Gag?

Die Erbschaft belastete ihn nicht, weckte bei ihm aber auch keine Freude. Von Kosmetika verstand er nun wirklich nichts, aber eigentlich hatte er von nichts auf der Welt tiefere Ahnung. Vielleicht lag darin sogar ein gewisser Vorteil, den Fima momentan nicht näher zu definieren suchte. Außerdem hatte er ja keine Bedürfnisse. Abgesehen von den einfachen Bedürfnissen des Lebens – Essen, Wärme und Unterkunft. Und auch keinerlei Wünsche, außer wohl den verschwommenen Wunsch, alle zu versöhnen, Streitigkeiten zu schlichten, hier und da ein wenig Frieden zu stiften. Wie sollte er das machen? Wie wandelt man Herzen zum Guten? Bald würde er schließlich mit den Werksmitarbeitern zusammentreffen müssen, um festzustellen, wie die Arbeitsbedingungen aussahen, zu prüfen, was es dort zu verbessern gab.

Der dritte Zustand

Er mußte also lernen. Lernen konnte er ja. Und deswegen würde er es auch tun. Schrittweise.

Aber er würde erst morgen anfangen. Obwohl in Wirklichkeit morgen schon heute war: Mitternacht war bereits vorbei.

Einen Augenblick erwog er, sich angezogen in das Bett seines Vaters zu legen und dort einzuschlafen. Doch einen Moment später meinte er, es sei schade, diese besondere Nacht zu vergeuden. Er mußte sich in der Wohnung umsehen. All ihre Rätsel erkunden. Sich erste Kenntnisse in der Ordnung des Reiches erwerben.

Bis drei Uhr morgens wanderte Fima durch die Zimmer, machte Schränke auf, durchforschte die Dunkelkammern der schweren schwarzen Kommode, kramte in jeder Schublade, schnüffelte unter den Matratzen, zwischen dem Bettzeug und in dem Haufen weißer Hemden seines Vaters, die noch des Bügelns harrten. Streichelte die Brokatbezüge. Befühlte die Silberleuchter und die Silberbecher für Kiddusch und Hawdala* und wog sie in der Hand. Strich über die Lackschicht, die die altmodischen Möbel überzog. Verglich die Serviertabletts. Legte unter der Musselindecke die stumme Singer-Nähmaschine seiner Mutter frei und entlockte dem Bechstein-Klavier einen einzelnen, hohlen Ton. Wählte einen Kristallkelch, schenkte sich französischen Cognac ein und hob sein Glas auf das Wohl der sechs Vasen, in denen aufrechte Gladiolen blühten. Entkleidete zellophanraschelnd eine erlesene Schweizer Pralinenschachtel und kostete eine feine Süßigkeit. Kitzelte mit einer schillernden Pfauenfeder, die er auf dem Schreibtisch gefunden hatte, die Kristallüster. Brachte mit besonderer Vorsicht das dünne Rosenthal-Service zu zartem, feinen Klingen. Durchstöberte die gestickten Servietten, die dezent nach Parfüm duftenden Taschentücher, die Batist- und Wollschals, die Reihe der Lederhandschuhe und die Auswahl an Schirmen, unter denen er auch einen alten, blauseidenen Sonnenschirm entdeckte, durchkämmte den Stapel italienischer Opernplatten, die sein Vater sich gern in voller Lautstärke auf dem Grammophon vorgespielt hatte, wobei er den Sängern dann mit seinem kantorreifen Tenor zu Hilfe kam – gelegentlich im Beisein einer oder zwei seiner Freundinnen, die ihn verzauberten Blicks anhimmelten, während sie mit abgespreiztem kleinen Finger ihren Tee nippten. Zog weiße Tafelservietten aus ihren vergoldeten Ringen, denen Davidsterne und das

---

* *Hawdala*, »Unterscheidung«, Zeremonie am Ausgang des Schabbat oder eines jüdischen Feiertags zur Unterscheidung zwischen Heiligem und Profanem.

Wort *Zion* in hebräischen und auch lateinischen Buchstaben eingraviert waren. Musterte die Bilder an den Wänden des Salons, besonders eines, auf dem eine bildhübsche Zigeunerin einen Bären tanzen ließ, der zu lächeln schien. Befingerte die Bronzebüsten Herzls und Seew Jabotinskys, fragte beide höflich nach ihrem Wohlergehen heute nacht, schenkte sich noch einen Cognac ein und süßte mit einer weiteren Praline, entdeckte in einer entlegenen Schublade silberne, perlenbesetzte Schnupftabaksdosen und dazwischen plötzlich auch den Schildpattkamm, den seine Mutter sich im hellen Nacken ins Haar zu stecken pflegte. Nur die blaue Babystrickmütze mit dem weichen Bommel fand sich nirgendwo. Die Badewanne stand auf Löwentatzen aus mattem Kupfer, und auf der Konsole dahinter sah er ausländische Badesalzpackungen, allerlei Salben, Schönheitsmittel, mysteriöse Medikamente und Cremes. Und war überrascht, über einem Bügel ein Paar Seidenstrümpfe längst vergessener Machart mit Rückennaht vorzufinden, deren Anblick ihm plötzlich ein leichtes Flattern in den Lenden verursachte. Dann betrat er die Küche, prägte sich sogar den Inhalt von Kühlschrank und Brotkasten ein und ging ins Schlafzimmer weiter, wo er an der ebenfalls seidenen Bettwäsche, die linealgerade gefaltet auf den Borden lag, schnupperte. Einen Moment lang kam Fima sich wie ein beharrlicher Detektiv vor, der den Ort des Verbrechens systematisch Handbreit für Handbreit nach einem einzigen Indiz absucht, einem kleinen, aber entscheidenden Beweis. Doch welches Indiz war das? Welches Verbrechen? Fima zerbrach sich nicht weiter den Kopf darüber, weil sich von Minute zu Minute seine Stimmung besserte. All die Jahre über hatte er sich nach einem Ort gesehnt, an dem er sich wie zu Hause fühlen könnte, aber niemals hatte er diese Empfindung verspürt, nicht in der Kindheit, nicht auf seinen Reisen, nicht während der Ehe, nicht in der eigenen Wohnung, nicht in der gynäkologischen Praxis, nicht bei Freunden, weder in seiner Stadt noch in seinem Land noch in seiner Zeit. Vielleicht, weil das ein von vornherein unerfüllbarer Wunsch war. Außerhalb seiner Reichweite. Außerhalb unser aller Reichweite. Auch heute nacht, zwischen den zahllosen verlockenden Gegenständen, die stur die Hauptsache vor ihm verbargen, erschien ihm dieser Wunsch noch unerreichbar. Worauf er sich sagte: Gut. Exil. Und dem hinzufügte: Na wenn schon.

König Richard, bei Shakespeare, hatte den vergeblichen Wunsch gehegt, ein Königreich für ein Pferd hinzugeben. Und Efraim Nissan war jetzt,

Der dritte Zustand

gegen drei Uhr nachts, auf der Stelle bereit, seine gesamte Erbschaft für einen Tag, eine Stunde völliger innerer Freiheit mit dem Gefühl des Daheimseins einzutauschen. Obwohl sich der Verdacht bei ihm regte, daß zwischen Daheimseinsgefühl und innerer Freiheit eine Spannung oder sogar ein Gegensatz bestand. Den wohl nicht einmal Joeser und seine glücklichen Freunde, die in hundert Jahren hier an unserer Stelle leben würden, aufzuheben vermöchten.

Um fünf Uhr morgens nickte er in voller Kleidung ein, worauf er bis elf Uhr vormittags durchschlief. Und als er dann aufwachte, geschah es nicht aus eigenem Antrieb: Die Freunde kamen erneut, um bei ihm zu sitzen und seine Trauer zu mildern. Die Frauen brachten volle Essenstöpfe mit, und auch die Männer taten ihr Bestes, Fima mit Gunst und Mitgefühl, Wärme und Zuneigung zu päppeln. Wieder und wieder versuchten sie ihn in politische Diskussionen hineinzuziehen, bei denen Fima nicht mitmachen wollte, sich aber doch gelegentlich herabließ, ein Lächeln beizusteuern. Oder ein Kopfnicken. Andererseits rief er Dimmi an und freute sich riesig zu hören, daß der Junge Interesse an der Briefmarken- und der Münzsammlung hatte, vorausgesetzt, Fima ging eine Partnerschaft mit ihm ein. Und verschwieg, um sich eine Überraschung für später aufzusparen, die Hundertschaften von Zinnsoldaten aus seiner Kindheit, die er in einer versteckten Schublade für seinen Challenger gefunden hatte.

Am Abend, nach Schabbatende, stand Fima plötzlich auf, schlüpfte in den Wintermantel seines Vaters, ließ all seine Freunde sitzen und Trauer hüten und ging zum Luftschnappen weg, wobei er versprach, in einer Viertelstunde zurückzusein. Am nächsten Morgen um acht wollte er schon in den Werksbüros im Gewerbezentrum Romema erscheinen. Die Beerdigung war ja für drei Uhr nachmittags anberaumt, so daß er sich noch vorher dort ein wenig ein Bild machen konnte. Aber heute abend durfte er noch einmal, ein letztes Mal, ziellos umherschlendern.

Der Himmel war schwarz und wolkenlos, und die Sterne taten ihr Möglichstes, seine Aufmerksamkeit zu erregen. Als sei der dritte Zustand eine selbstverständliche Tatsache. Berauscht durch die Jerusalemer Nachtluft, vergaß Fima seine sämtlichen Versprechungen. Statt nach dem Spaziergang zu seinen Freunden zurückzukehren, beschloß er, die Trauergepflogenheiten zu ignorieren und sich einen kleinen Urlaub zu gönnen. Warum sollte er sich nicht endlich, allein, die Komödie mit Jean Gabin ansehen, über die er nur Gutes gehört hatte? An die zwanzig Minuten stand er geduldig vor der Kasse an. Schließlich kaufte er eine Karte für die erste Abendvorstellung, betrat den Saal kurz nach Beginn des Films und setzte sich in eine der letzten Reihen, die fast leer waren. Doch nach einiger Ratlosigkeit und Verwunderung wurde ihm klar, daß die Komödie mit Jean Gabin bereits abgesetzt war und man von heute abend an hier einen anderen Film zeigte. Fima beschloß daher hinauszugehen und zu sehen, was es in dem schönen alten Viertel Nachlat Schiw'a Neues gab, dessen Gassen er von Kind an geliebt und erst vor einigen Nächten mit Karla durchstreift hatte. Aufgrund der Müdigkeit und vielleicht auch, weil ihm leicht und frei ums Herz war, blieb er trotzdem auf seinem Kinostuhl sitzen, in den Mantel seines Vaters gehüllt, starrte auf die Leinwand und fragte sich, warum und wozu die Figuren im Film einander unablässig alle möglichen Leiden und Kränkungen zufügten. Was hinderte sie eigentlich daran, sich gegenseitig ein wenig zu schonen? Es würde ihm nicht schwerfallen, den Filmhelden, so sie ihm nur einen Augenblick lauschen würden, eines zu erklären: Falls sie versuchen wollten, sich hier wie zu Hause zu fühlen, müßten sie einer vom anderen und jeder von sich selber ablassen. Sich bemühen, gut zu sein. Wenigstens soweit wie möglich. Zumindest solange die Augen sehen und die Ohren hören, und sei es auch unter zunehmender Müdigkeit.

Gut sein, aber in welcher Hinsicht?

Die Frage erschien ihm spitzfindig. Denn es war alles einfach. Ohne Anstrengung folgte er dem Lauf der Dinge. Bis ihm die Augen zufielen und er im Sitzen einschlief.

1989-1990

Nenn die Nacht nicht Nacht

Aus dem Hebräischen von
Ruth Achlama

Um sieben Uhr abends sitzt er auf dem Balkon seiner Wohnung im dritten Stock, sieht den Tag dahingehen und wartet: Was verheißt das letzte Licht, und was wird es einhalten können. Vor ihm liegt ein leerer Hof mit einem kleinen Rasen, Oleandersträuchern, einer Bank und einer verwahrlosten Bougainvilleenlaube. Den Hof schließt eine steinerne Wand ab, auf der sich die Umrisse einer zugemauerten Öffnung abzeichnen. Die neu eingefügten Quader sind heller, erscheinen ihm nun weniger schwer als die ursprünglichen. Hinter der Mauer ragen zwei Zypressen empor. Jetzt im Abendlicht wirken sie schwarz, nicht grün. In einiger Entfernung erstreckt sich karges Hügelland: Dort ist die Wüste. Und dort erhebt sich gelegentlich ein grauer Staubwirbel, bebt einen Moment, verzerrt sich, treibt ab, legt sich. Und kehrt an anderer Stelle wieder.

Der Himmel wird grau. Eine der stillen Wolken reflektiert einen schwachen Abglanz des Abendlichts. Der Sonnenuntergang selbst ist auf diesem Balkon nicht zu sehen. Auf der Mauer am Ende des Hofes sitzt ein Vogel, aufgeregt, als sei ihm eben etwas Unfaßbares kundgeworden. Und du?

Nacht senkt sich herab. In dem Städtchen leuchten Straßenlaternen und Fenster auf, scheiden Finsternis von Finsternis. Der Wind nimmt zu, weht den Geruch von Lagerfeuern und Staub heran. Das Mondlicht breitet eine Totenmaske über die nahen Hügel, als seien sie keine Hügel mehr, sondern tiefe Töne. Dieser Ort ist das Ende der Welt für ihn. Er fühlt sich nicht schlecht am Ende der Welt: Hat schon getan, was er konnte, und nun wartet er.

Er verläßt den Balkon, tritt ins Wohnzimmer, setzt sich, die bloßen Füße auf dem Couchtisch, die Arme bleiern zu beiden Seiten des Sessels herabbaumelnd, wie von der Kühle des Fußbodens angezogen. Den Fernseher schaltet er nicht an, auch kein Licht. Am unteren Ende der Straße knirschen die Reifen eines Autos. Hunde kläffen ihm nach. Und jemand spielt Flöte, keine ganze Melodie, sondern einfache Tonleitern, die sich scheinbar unverändert wiederholen. Diese Klänge gefallen ihm. Im Innern des Hauses passiert der Fahrstuhl seinen Stock, ohne anzuhalten. Aus dem Radio in der Nachbarwohnung redet die Sprecherin offenbar in einer Fremdsprache, aber auch dessen ist er sich jetzt nicht sicher. Eine Männerstimme im Treppenhaus erklärt: Das kommt nicht in Frage. Ein anderer Mann erwidert: Dann eben nicht, geh nicht, das kommt.

Als das Brummen des Kühlschranks einen Augenblick aussetzt, hört man Grillen aus dem Wadi die Stille gleichsam durchlöchern. Leichter Wind weht herein, bauscht die Gardinen, raschelt mit der Zeitung auf dem Bord, bläst quer durchs Zimmer, rüttelt die Blätter der Topfpflanze, fährt durchs zweite Fenster hinaus und kehrt in die Wüste zurück. Einen Moment faßt er sich um die Schultern. Dieses Wohlgefühl erinnert ihn an die Abendstimmung in einer echten Stadt, vielleicht Kopenhagen, in der er einmal zwei Tage verbrachte. Dort brach die Nacht nicht herein, sondern tastete sich langsam vor. Der Dämmerungsschleier hielt sich drei oder vier Stunden, als wolle der Abend den Tagesanbruch berühren. Glokken läuteten, darunter eine, deren Klänge sich heiser anhörten, wie ein Husten. Sanfter Regen verknüpfte den Abendhimmel mit den Fluten des Sunds und der Kanäle. Durch den Regen fuhr eine erleuchtete Straßenbahn, ganz leer, er glaubte eine junge Schaffnerin sich im Gespräch zu dem Fahrer hinabbeugen und ihre Finger auf seinem Handrücken ruhen zu sehen, und weg war sie, und wieder der feine Regen, als durchdringe das Abendlicht ihn nicht, sondern breche aus ihm hervor, und die Tropfen trafen sich mit dem Sprühen eines Springbrunnens auf einem abgelegenen Platz. Dort war das stille Wasser die ganze Nacht von innen her erleuchtet. Ein abgerissener Trunkenbold, nicht mehr jung, saß dösend auf dem Beckenrand, der mit weißen Stoppeln bedeckte Kopf tief auf die Brust gesunken, die Füße samt Schuhen, aber ohne Socken ins Brunnenwasser getaucht. Reglos.

Und wie spät ist es jetzt?

Er beugt sich im Dunkeln vor, um auf die Uhr zu schauen, sieht die Leuchtzeiger und vergißt die Frage. Vielleicht beginnt so das langsame Abgleiten von Schmerz in Trauer. Wieder kläffen die Hunde, ungestüm diesmal, wuterfüllt, bellen auf Höfen und Leergrundstücken, nun auch aus Richtung des Wadis und noch weiter, aus der fernen Dunkelheit, von den Hügeln, die Hirtenhunde der Beduinen und verlassene Köter, vielleicht haben sie einen Fuchs gewittert, und da fällt ein Bellen zum Winseln ab und ein anderes antwortet ihm, eindringlich, verzweifelt, wie für immer verloren. Und das ist die Wüste in der Sommernacht: Archaisch. Apathisch. Gläsern. Weder tot noch lebendig. Präsent.

Er blickt von drinnen auf die Hügel, durch die Glastür des Balkons und über die Mauer am Ende des Hofs hinweg. Ist dankbar, ohne recht zu wissen, wofür, womöglich den Hügeln. Sechzig Jahre alt, stabil gebaut, das Gesicht breit, ein wenig groblinig, die Züge eines französischen Bauern, der Ausdruck mißtrauisch oder zweifelnd mit einer Spur verborgener Schläue. Er hat fast bis auf die Wurzeln abgeschorenes Grauhaar und einen graumelierten, respektheischenden Schnurrbart. In Räumen, in jeglichem Raum, scheint es anderen, sein Körper nehme mehr Platz ein, als er tatsächlich ausfüllt. Fast immer ist sein linkes Auge zugekniffen, nicht blinzelnd, sondern als beobachte er angespannt ein Insekt oder einen winzigen Gegenstand. Wach und schlaff sitzt er im Sessel wie nach tiefem Schlaf. Die stillen Bande zwischen Wüste und Dunkelheit leuchten ihm ein. Andere Menschen sind an diesem Abend mit Vergnügungen, Erledigungen, Reue beschäftigt. Er seinerseits bestätigt gern diesen Augenblick, der ihm nicht leer erscheint. Die Wüste ist ihm momentan recht und das Mondlicht Rechtens. Vor ihm im Fenster drei, vier deutliche Sterne über den Hügeln. Mit leiser Stimme äußert er: Man kann atmen.

Erst abends, wenn diese Hitze abflaut, kommt sie ein bißchen zu Atem. Wieder ist ein verrückter Tag vorbei. Und dauernd rennt sie der Zeit hinterher. Von acht Uhr morgens bis Viertel vor zwei in der Oberschule, zwei Stunden Literaturleistungskurs, zwei Stunden Abiturvorbereitung und noch eine Stunde für neueingewanderte Schüler aus Rußland, deren Kopf nun wirklich nicht bei der Göttlichen Gegenwart im Exil ist. Eine Schönheit namens Ina oder Nina erklärte im Unterricht über Bialik: Worte bei ihm sind biblisch, Sentiment hat er von Lermontow, Poesia ist anachronisch. Und deklamierte zwei Verse auf russisch, vielleicht um mir Lyrik nach ihrem Geschmack vorzuführen. Ich unterbrach sie. Obwohl auch ich genug hatte und mir nur mit Mühe die Bemerkung verkniff, diese Göttliche Gegenwart da im Exil könne von mir aus dort bleiben.
  In meiner Freistunde, ab Viertel nach elf, setzte ich mich im Arbeitszimmer vor die Klimaanlage und ging daran, die nächste Stunde vorzubereiten, wurde aber gleich in das winzige Büro des stellvertretenden Direktors gerufen, um im Fall einer jungen Lehrerin zu vermitteln, die sich von einer älteren Kollegin beleidigt fühlte. Ich stimmte teilweise mit beiden überein und schlug vor, die Sache zu vergeben und ein neues Blatt aufzuschlagen.

Ein wahres Wunder, wie solche Abgedroschenheiten und speziell das Wort »vergeben«, wenn man es nur im richtigen Moment und mit Sympathie für beide Seiten verwendet, ein paar Tränen lösen und eine Feuerpause herbeiführen können. Nichtige Dinge dieser Art erleichtern den Geschädigten vielleicht deswegen, weil nichtige Dinge ihn beschwert hatten.

Statt Mittagessen aß ich eine Falafel im Gehen, um pünktlich um Viertel nach zwei im Sekretariat des Arbeiterrats zu erscheinen. Wir hatten dort einen Termin vereinbart, um Sympathien für die Heimidee zu wecken. Der Platz an der Ampel lag leer und sonnenversengt da. Mitten in der verdorrten Rosmarinrabatte lehnte ein dicklicher, älterer Neueinwanderer mit Brille und schwarzem Wollbarett reglos auf seinem Spaten, als sei er im Stehen abgetreten. Auch die Sonne über ihm hing wie ohnmächtig im glühenden Dunst. Um vier kam, mit einer Stunde Verspätung, Awraham Orvietos Rechtsanwalt aus Tel Aviv an, der Typ des lieben, verwöhnten Jungen, den seine Mutter als Geschäftsmann verkleidet hat. Ron Arbel hieß er. Wir saßen mit ihm im Café California und hörten uns eine umständliche Erläuterung der finanziellen Seite an. Um Viertel vor fünf nahm ich ihn zu einem Vorstellungsgespräch beim Stadtkämmerer mit – der Schweiß klebte schon, meine Achselhöhlen rochen säuerlich fremd – und von dort weiter zu einer Beratung im Maklerbüro von Muki, der versprochen hatte, eine Denkschrift aufzusetzen, das aber mitnichten getan hatte und statt dessen eine halbe Stunde über sich selbst und das, was diese Regierung nicht begreife, redete. Auf seinem Shirt prangte großformatig und grellfarbig das Konterfei einer neuen Rockgruppe namens Satansträne. Danach zum Pädagogischen Zentrum und zur Apotheke an der Ampel, und dann schaffte ich es knapp eine Viertelstunde vor Ladenschluß noch, im Supermarkt einzukaufen, Geld aus dem Automaten zu ziehen und ein Bügeleisen von der Reparatur abzuholen. Im Dunkeln, schlapp vor Hitze und Müdigkeit nach Hause gekommen, fand ich ihn doch wahrlich ohne Licht und ohne eine einzige Silbe auf dem Sessel im Wohnzimmer. Wieder ein Sitzstreik, um mir vor Augen zu führen, daß mein öffentliches Engagement seine Einsamkeit verstärkt. Dieses Ritual hat mehr oder weniger feste Regeln: Ich bin prinzipiell daran schuld, daß fünfzehn Jahre Altersabstand zwischen uns liegen. Er vergibt mir prinzipiell, weil er ein rücksichtsvoller Mensch ist.

Abendessen hat er dann selbst zubereitet: Du bist müde, Noa, setz dich, sieh dir die Nachrichten an. Er briet ein Omelett mit Zwiebeln, fabrizierte einen geometrisch exakten gemischten Salat, schnitt uns Mischbrot auf und servierte alles auf einem Holztablett, zusammen mit verschiedenen Käsesorten und Radieschen, die er zu Röschen geschnitzt hatte. Und wartete auf schwärmerische Bewunderung, als sei er der Fürst Tolstoi persönlich, der auch diesmal geruht hatte, eigenhändig den Ofen in der Pächterkate anzufachen.

Nach den Nachrichten kochte er Wasser, machte uns Kräutertee, schob mir ein Kissen unter den Kopf und eins unter die Füße und legte eine Platte auf. Schubert. Der Tod und das Mädchen. Aber als ich das Telefon zu mir herüberzog und Muki Peleg anrief, um zu fragen, ob die Denkschrift schon getippt sei, und danach Ludmir und dann Linda, um etwas über das Genehmigungsverfahren zu klären, war seine Großzügigkeit erschöpft; er stand auf, räumte das Geschirr ab, spülte, ging schweigend auf sein Zimmer und schloß die Tür, als könnte ich ihm dahin nachstellen.

Ohne diese Demonstration wäre ich nach dem Duschen vielleicht zu ihm gegangen, um ihm zu erzählen, was war, seinen Rat einzuholen, aber ich bin nicht sicher. Es ist schwierig, wenn er dann redet und immer genau weiß, was an unserem Projekt falsch ist und was ich wem auf keinen Fall hätte sagen sollen, und noch schwieriger wird es, wenn er stumm zuhört, eifrig bemüht, aufmerksam zu bleiben, wie ein geduldiger Onkel, der beschlossen hat, kostbare Minuten zu opfern, um von der Kleinen zu erfahren, was ihre Puppe ängstigt.

Um Viertel nach zehn, nachdem ich kalt und warm geduscht hatte, erledigt ins Bett gefallen war und versuchte, mich ein wenig auf ein Buch über Suchtanzeichen zu konzentrieren, drang von seinem Zimmer der BBC World Service zu mir herunter. Wie Menachem Begin in seiner jahrelangen Zurückgezogenheit, geht er seit kurzem jede Nacht auf Welle London. Wartet er auf irgendeine Nachricht, die man hier vor uns geheimhält? Fahndet er nach einer anderen Bedeutung? Oder redet er auf diesem Weg mit sich selbst? Vielleicht versucht er bloß einzuschlafen. Seine Schlafstörungen sickern in meinen Schlummer ein und löschen die wenigen Träume, die ich haben könnte.

Später, benommen vor Müdigkeit, bereits ohne Lesebrille, Licht und Buch, nahm ich noch wie unter Wasser die Schritte seiner bloßen Füße im Flur wahr, gewiß auf Zehenspitzen, um nicht zu stören, dann das Öffnen des Kühlschranks und des Wasserhahns, das Löschen der Lichter der Reihe nach und das Abschließen der Wohnung – diese leisen nächtlichen

Wanderungen, die mir all die Jahre die Phobie einflößen, ein Fremder könne in die Wohnung eingedrungen sein. Nach Mitternacht meinte ich ein Geräusch an der Tür zu hören und wollte mich aus tiefster Müdigkeit seiner Trauer ergeben, so daß ich beinah ja gesagt hätte, aber schon tappte er auf Zehenspitzen den Flur entlang, trat vielleicht auf den Balkon, ohne irgendwo Licht anzuschalten. In diesen Sommernächten ist der Balkon gut für ihn. Oder es war gar nichts, die Schritte, das Geräusch an der Tür, seine wändedurchdringende Traurigkeit – alles nur Nebel, weil ich vielleicht schon schlief. Es war ein schwerer Tag heute, dachte ich, und morgen nach der Schule folgt ein weiteres Gespräch bei Muki Peleg, vielleicht fahre ich auch nach Beer Scheva und sehe zu, ob ich endlich die Sache mit der Genehmigung unter Dach und Fach bringen kann. Ich muß schlafen, um morgen noch wacher als heute zu sein. Morgen wird wieder ein schwerer Tag. Dazu die Hitze. Und die Zeit, die vergeht.

Diesmal ist er, auf der anderen Seite der Wand, nicht zum oberen Stockwerk durchgefahren, sondern hat angehalten, ist leicht quietschend aufgegangen, sofort wieder zugeschlagen und weitergesaust. Kalt und stumm, ein Gecko, dessen steinerne Augen in der Dunkelheit ein im vollen Licht schillerndes Insekt verfolgen, so nehme ich sie wahr: das Rascheln ihres Rocks, das Stromknistern ihrer Energie schon vor der Bewegung, die Bewegung selbst, das Klappern ihrer Absätze zwischen Fahrstuhlöffnen und Wohnungstür, und schon das Drehen im Schloß: Wie immer trifft der Schlüssel ohne vorheriges Tasten geradewegs ins Loch.

Sie ging von Zimmer zu Zimmer, mit ihrer mädchenhaft hellen Stimme auf mich einredend und sich die Satzenden sparend, durchmaß die Wohnung der Länge und Breite nach, knipste nacheinander die Lampen in Flur, Küche, Toilette und über meinem Kopf im Wohnzimmer an, wobei sie einen zarten Schwall Geißblattduft verbreitete, pflasterte sich eine Lichterallee, als schalte sie die Landebahnscheinwerfer ein, um bei Licht zu landen. Das ganze Haus blinzelte geblendet.

Als sie bei mir angekommen war, warf sie Einkaufskorb, Tasche und zwei randvolle Plastikbeutel auf den Couchtisch und fragte: Warum im Dunkeln, Theo? Und antwortete selbst: Du bist wieder eingenickt, verzeih, daß ich dich geweckt habe, oder sag lieber danke, denn wie willst du sonst nachts schlafen?

Schon beugte sie sich vor und berührte mit den Lippen meinen Haaransatz, ein schneller Jugendbewegungskuß, schob dann meine nackten Füße vom Tisch und wollte sich zu mir setzen, aber nein, lieber streifte sie die Schuhe ab, sprang, unter Wirbeln ihres leichten Rockes mit dem hellblauen Rhombenmuster, in die Küche und brachte Sodawasser in zwei hohen Gläsern, sagte, sie sei nahe am Verdursten, trank, wischte sich in kindlicher Geste den Mund mit dem Handrücken ab und fragte, was gibt's Neues? Spurtete jedoch gleich wieder los, um den Fernseher einzuschalten, landete erst danach für einen Moment auf meiner Sessellehne, hätte sich beinah an mich geschmiegt, tat es aber nicht, sondern strich ihr blondes Haar wie einen Vorhang zur Seite, damit es ihr nicht über die Augen fiel, und sagte, komm, laß dir erzählen, was für einen verrückten Tag ich gehabt hab.

Brach jedoch wieder ab. Tippte sich plötzlich mit zwei Fingern an die Stirn und sprang zum anderen Sessel hinüber: Einen Moment, Theo, verzeih, ich muß erst noch zweimal kurz telefonieren, vielleicht hast du Lust, Salat zu machen? Seit heut morgen habe ich nichts mehr gegessen, außer eine Falafel, bin nahe am Verhungern, wart einen Moment, gleich bin ich fertig, und wir reden. Damit zog sie das Telefon zwischen die Knie, hinein in die sanfte Mulde ihres Glockenrocks, und blieb eine Stunde an der Strippe. Während des Telefonierens verdrückte sie achtlos das Abendbrot, das ich gerichtet und vorgesetzt hatte, übermittelte am Apparat abwechselnd Vorschläge, Empfindungen und rasche Urteile, kaute nur in den Pausen, die sie ihren Gesprächspartnern zur Verteidigung einräumte. Mir fiel auf, daß sie mehrmals sagte: Bleib nicht dabei, ich bitt dich, und auch: Wieso das denn, laß das, mach dich nicht lächerlich, und: Großartig, Spitze, greif mit beiden Händen zu. Ihre Hände wirken viel älter als meine, die flinken Finger sind schon ein wenig dürr, die Haut wird runzlig, ein Geflecht blauer Adern und dunkler Pigmentflecken überzieht den erschollenartigen Handrücken. Als seien ihre wahren Jahre vorerst vom Körper in die Hände abgedrängt worden, wo sie nun geduldig Abbaukräfte sammeln, die auf einen Schwachpunkt lauern.

Später hörte ich hinter der Badezimmertür an die zwanzig Minuten lang die Wasserströme und ihre junge Stimme, die ein altes Lied sang, das Lied von der weißen und der roten Rose, dann den Haartrockner und das Aufziehen der Schublade im Badezimmerschrank. Danach kam sie duftend in einem bläulichen Baumwollmorgenrock heraus, das Haar frisch gewaschen, und sagte, ich bin erledigt, völlig kaputt, wir reden besser morgen früh. Aber sie sah gar nicht müde aus, vielmehr ein leichtes, angenehmes Körpergefühl verbreitend, die Lenden dem dünnen Morgenrock Leben einhauchend, doch sie sagte, gute Nacht, Theo, sei nicht böse, und geh auch nicht zu spät schlafen. Und wiederholte noch einmal: So ein verrückter Tag. Und schloß die Tür hinter sich. Ein paar Minuten noch raschelte sie dort mit den Buchseiten, stieß offenbar auf etwas Vergnügliches, das sie leise auflachen ließ. Nach einer weiteren Viertelstunde löschte sie das Licht.

Wie gewöhnlich hatte sie vergessen, den Duschhahn ganz zuzudrehen. Von meinem Standort auf dem Flur hörte ich einen feinen Wasserstrahl. Ich ging hinein und drehte ihn unter übertriebener Kraftanstrengung zu, schraubte den Verschluß auf die Zahnpastatube, löschte das Licht in der Toilette und lief weiter die ganze Wohnung ab, um überall hinter ihr auszuschalten, bis kein Licht mehr übrigblieb.

Auf der Stelle kann sie einschlafen. Wie ein allseits geliebtes kleines Mädchen, das die Schulaufgaben gemacht, ihre Ecke aufgeräumt, auch nicht vergessen hat, die Klemmen aus dem Haar zu nehmen, und nun glaubt, daß alles in bester Ordnung ist, alle mit ihr zufrieden sind und morgen ein neuer Tag beginnt. Sie ist ja so in Frieden mit sich selbst, mit der Dunkelheit, mit der Wüste am Ende des Hofes hinter den zwei dichten Zypressen, mit dem aufgerollten Laken, das sich zwischen ihre Schenkel schmiegt, und mit dem bestickten Kissen, das sie tief im Schlaf fest an die Brust drückt. Ihr Schlummer weckt bei mir Zurücksetzungsgefühle, vielleicht auch simplen Neid, aber bei allem Ärger ist mir klar, daß es keinen Grund zum Ärger gibt, was die Verbitterung jedoch nicht etwa verscheucht, sondern eher noch verstärkt.

Ich saß im Trägerhemd in meinem Zimmer am Tisch und fand London im Transistorradio. Zwischen einer Nachrichtensendung und der folgenden gab es ein Programm über das Leben und die Lieben der Alma Mahler. Die Sprecherin sagte, die Männerwelt sei unfähig gewesen, sie zu verstehen, und habe eine andere als ihre wahre Gestalt in ihr gesehen, worauf sie zu schildern begann, wie Alma Mahler in Wirklichkeit gewesen sei. Mitten im Satz brachte ich diese Sprecherin zum Schweigen, um ihr zu demonstrieren, daß die Männerwelt sich seither nicht zum Positiven gewandelt hat, und ging barfuß den Kühlschrank in der Küche plündern. Eigentlich hatte ich nur drei, vier Schluck kaltes Wasser nehmen wollen, doch da umspielte mich das sanfte Kühlschranklicht wie ein Streicheln. Um es nicht zu verlieren und im Dunkeln zurückzubleiben, schenkte ich mir kühlen Wein ein, säbelte eine Ecke Käse ab und fand mich bereits dabei, Ordnung in den Kühlfächern zu schaffen. Zweimal schnupperte ich am offenen Milchkarton, der Milch und meinem Geruchssinn gleichermaßen mißtrauend. Ein verklebtes Häuflein Würste, die mir grau aussahen, warf ich in den Müll. Die Joghurtbecher ordnete ich nach Verfallsdaten in zurückweichender Linie an, und die Eier rückte ich in ihren Plastikmulden zusammen, um Lücken aufzuschließen. Einen Augenblick starrte ich unschlüssig auf ein Schälchen Thunfisch, ließ es dann jedoch dabei bewenden, es mit Klarsichtfolie abzudecken. Aus einem Seitenschrank zog ich Saft- und Sodaflaschen, die ich in die Kühlschranktür stellte, um Breschen in der Reihe zu füllen. Danach ging ich systematisch erst das Gemüsefach, dann den Obstkorb durch und widerstand nur mit Mühe der Versuchung, auch das Gefrierfach in Angriff zu nehmen. Auf Zehenspitzen rückte ich den Korridor entlang bis zu ihrer Zimmertür vor: Wenn man mich ruft, bin ich schon zur Stelle. Wenn nicht, werde ich versuchen, wenigstens einen Hauch ihres Schlummergeruchs zu ergattern, vielleicht strahlt ja etwas von ihrer Schlafesfülle auf mich ab.

Von dort zum Balkon, auf den verwitterten Lehnstuhl, der ein wenig an einen Großmuttersessel erinnert.

Die Nacht ist fast transparent. Feines, kaltes Silberlicht über der ganzen Erde. Die nicht atmet. Die beiden Zypressen wirken wie in Basalt gemeißelt. Mondähnliche Hügel sind von Mondwachs umschlossen. Hier und da lagern Nebelwesen, und auch sie gleichen dem Mond. In den Schluchten Schatten über Schatten. Und da war eine einzelne Grille, die ich erst wahrnahm, als sie verstummte. Was hatten die Männer irrtümlich in Alma Mahler gesehen, und was war wirklich? Wenn eine Antwort auf diese Frage möglich ist, habe ich sie verpaßt. Höchstwahrscheinlich ist die Frage sinnlos, falsch gestellt und prinzipiell unbeantwortbar. Die Präsenz der kahlen Hügel im Dunkeln setzt Wendungen wie »höchstwahrscheinlich« oder »prinzipiell unbeantwortbar« außer Kraft und macht die Frage, was habe ich an dir gefunden, Noa, oder was du an mir, inhaltsleer. Ich werde es lassen. Gehen wir davon aus, du nimmst an mir wahr, was ich meinerseits manchmal bei der Betrachtung der Wüste wahrnehme. Und ich an dir? Sagen wir: eine um fünfzehn Jahre jüngere Frau, die den Herzrhythmus des Lebens hat, protoplasmisch, pulsierend, aus der Zeit, bevor noch Worte und Zweifel auf der Welt existierten. Abgesehen davon rührt sie einen zuweilen unabsichtlich. Wie ein Jungtier. Wie ein Vogeljunges.

Vor Jahren habe ich mich ein wenig auf der Sternkarte ausgekannt. Beim Militär hatte ich das gelernt, ja sogar früher, in der Jugendbewegung. Noch heute erkenne ich in klaren Nächten den großen und den kleinen Bär und den Nordstern. Was die Planeten betrifft, so kann ich sie weiterhin identifizieren, habe aber bereits vergessen, wer von ihnen Jupiter, wer Venus und wer Mars ist. Momentan in dieser völligen Stille scheint es, als sei alles zum Stillstand gekommen und auch die Planeten seien, des Wandelns müde, stehengeblieben. Ja es scheint, als würde die Nacht immer währen. Als seien sämtliche Sterne winzige Löchlein im Fußboden des Obergeschosses, strahlende Stalaktiten des Himmelslichts, das auf der anderen Seite brennt. Höbe sich der Vorhang, würde die Erde vom Glanz überflutet, und alles wäre klar. Oder in Flammen.

Es ist ein gutes Fernglas im Haus, hinter der Bettwäsche auf dem zweiten Bord links. Man könnte aufstehen, es herausholen und damit auf den Balkon zurückkehren, um etwas mehr zu sehen. Vielleicht hat Nechemja ihr das Glas dagelassen, das einmal Gorowoi dem Spanner gehört hat. Oder ihrem Cousin Joschko. Vier oder fünf solche Gegenstände nisten noch im Haus. Die übrigen sind schon weg. Beseitigt. Noch verwöhnter als er, hat sie mal im Streit gesagt, noch mehr Neandertalmann. Und ist verstummt. Ist nie wieder darauf zurückgekommen. Sogar im Streit hat sie sich bestens unter Kontrolle, und mich dazu, nimmt sich in acht, läßt den Fuß stets auf dem Bremspedal. Auch ich bin vorsichtig und kenne die Grenze: wie wenn Glas auf Glas trifft und beide Seiten rechtzeitig zurückzucken.

Von den Bergen im Osten kommt ein scharfer Stoß Wüstenwind. Wie ein kalter, harter Sensenhieb. Die Ödnis atmet im Geheimen. Staub und Stein ähneln einer ruhigen, glatten Meeresfläche im Dunkeln. Und jetzt wird es auch kühl. Es ist fast zwei Uhr. Ich bin nicht müde, werde aber trotzdem in mein Zimmer gehen, ohne Licht anzuschalten, werde mich ausziehen und ins Bett legen. Radio London wird mir offenbaren, was hier noch nicht bekannt ist. Wie geht es der ganzen Welt heute nacht? Stammeskonflikte in Namibia. Überschwemmungen im Staate Bangladesch. Steiler Anstieg der Selbstmordrate in Japan. Was wird kommen? Warten wir's ab. Es kommt Punk-Musik, brutal, durchdringend, heiser und blutdürstig, aus London, um Viertel nach zwei am Mittwoch morgen.

Ich bin vor sechs Uhr morgens aufgewacht und habe es noch geschafft, die Denkschrift aufzusetzen. Muki Peleg wird sie durchsehen, und Linda hat sich bereit erklärt, sie zu tippen. Heute mittag werde ich sie Awraham Orvieto schicken, mit Abschriften an den Bürgermeister und an den Stadtkämmerer. Wem sollte ich sie noch zukommen lassen? Ich muß einen Menschen finden, der etwas davon versteht. Mir vielleicht die Kopie der Satzung einer staatlich anerkannten Einrichtung besorgen und mich daranmachen, alles zu lernen. Soll ich Theo doch um Rat fragen? Darauf lauert er nur, wie ein Jägersmann. Er hat ja gleich gewußt, daß ich zu klein bin, um diese Initiative allein umzusetzen. Ihm war von Anfang an klar, daß ich nach so und so vielen Ausrutschern und Fehlschlägen schnurstracks zu ihm laufen würde. Vor lauter Takt schweigt er vorerst und hütet sich einzugreifen. Aus lauter pädagogischer Klugheit. So verhält sich ein Erwachsener, der ein Baby nach Herzenslust klettern läßt, dabei aber, ohne daß das Kind es merkt, genau an der richtigen Stelle hinter ihm steht, beide Hände nahe der Hüfte des Kindes, damit es nicht fällt, wenn es fällt.

Ich begann die Denkschrift mit einem Überblick über den Entwicklungsgang der Idee, obwohl mir der Ausdruck »Entwicklungsgang der Idee« unpassend vorkam. Eine bessere Definition ist mir nicht eingefallen. Ein siebzehnjähriger Schüler ist hier bei einem Unfall infolge Drogen gestorben. Im Lehrerzimmer kursieren verschiedene, teils widersprüchliche Versionen über den Ablauf des Unglücks. Ich habe mich für diesen Jungen interessiert, obwohl ich eigentlich nur wenige Worte mit ihm gewechselt hatte. Immanuel Orvieto war ein ruhiger Schüler. Einer von drei Jungen in einer Literaturklasse mit dreißig Mädchen. In den letzten Jahren sind die schüchternen Schüler ausgestorben; allesamt, Jungen wie Mädchen, sind jetzt laut in den Pausen und verschlafen in den Literaturstunden. Müde, weggetreten starren sie Flaubert und mich mit derselben Miene amüsiert abschätziger Verweigerung an: Als hätten wir uns darauf versteift, ihnen Märchen vom Klapperstorch aufzubinden. Doch Immanuel hatte etwas an sich, das mich immer an den Winter erinnerte. Einmal hatte er eine Arbeit über Agnon nicht pünktlich abgegeben. In der Pause ging ich auf ihn zu und fragte, warum. Er senkte die Wimpern, als habe man ihn etwas über die Liebe gefragt, und antwortete mit matter Stimme, diese Erzählung sei ihm nicht so seelenverwandt gewesen. Ich unterbrach ihn schroff, wer redet hier von Seelenverwandtschaft, es geht um Pflichterfüllung. Darauf fand er keine Erwiderung, obwohl ich ihn rigoros noch eine geschlagene Minute aufhielt, bevor ich kühl sagte, na gut. Reich sie innerhalb einer Woche nach.

Zehn Tage später lieferte er mir die Arbeit ab. Es war ein feinfühliger, bedachtsamer Aufsatz, wie in gedämpftem Ton formuliert. Nach dem Abschlußkapitel hatte er eine persönliche Zeile in Klammern für mich angefügt: Letzten Endes habe ich doch noch ein wenig Seelenverwandtschaft zu der Erzählung gefunden, trotz der Pflicht.

Einmal fragte ich ihn auf der Treppe, warum er sich im Unterricht nie melde, er hätte doch was zu sagen, ich würde gern etwas von ihm hören. Wieder brauchte er Bedenkzeit, ehe er in sanftem, zögerndem Ton hervorbrachte, das Reden sei in seinen Augen eine Falle. Kurz vor Pessach äußerte ich in der Stunde die Ansicht, Jehuda Amichai habe seine Ablehnung aller Kriege ausdrücken wollen – und da plötzlich seine in sich gekehrte, wie im Schlaf sprechende Stimme mit einem fragenden Ton am Satzende: Was er wollte oder nicht wollte, das verdeckt ein bißchen das Gedicht?

Ich meinte, ich müßte einmal Zeit finden, um ein Gespräch mit ihm anzuknüpfen, es zumindest zu versuchen.

Aber Zeit habe ich keine gefunden. Ich vergaß es. Schob es auf. Ich habe drei Klassen und zwei Literaturleistungskurse, davon einen speziell für Neueinwanderer. Alle mit an die vierzig Schülern, die fast sämtlich dahocken und sich jede Minute quälen. Eigentlich wird es auch mir ein bißchen zuviel, nach all den Jahren. Ich strenge mich nicht einmal mehr an, die Namen zu behalten. Fast alle sind Mädchen, fast alle laufen den ganzen Sommer in hellen Shorts herum, die bis zum Schritt ausgefranst sind, und fast alle heißen Tali. Übrigens ist in jeder Klasse unweigerlich eine, die mich jedesmal wieder hartnäckig verbessert, von Tali in Tal oder umgekehrt von Tal in Tali.

Tatsächlich habe ich bis nach dem Unglück nicht einmal das wenige über Immanuel Orvieto gewußt, das seiner Klassenlehrerin und der Erziehungsberaterin bekannt gewesen war: Daß er seit seinem zehnten Lebensjahr hier in Tel Kedar bei einer ledigen Tante, einer Bankangestellten, gewohnt hat. Daß seine Mutter vor ein paar Jahren bei der Entführung des Olympic-Flugzeugs umgekommen ist. Daß sein Vater als Sicherheitsberater in Nigeria sitzt. Im Lehrerzimmer kursierte die nebulöse Geschichte, der Junge habe sich in eine um mehrere Jahre ältere Frau aus Elat verliebt beziehungsweise in eine Affäre mit ihr verstrickt, offenbar eine schwer Drogensüchtige oder sogar eine Pusherin. All dem hatte ich vor dem Un-

Nenn die Nacht nicht Nacht

fall nur mit halbem Ohr zugehört, weil das Lehrerzimmer von allen möglichen Gerüchten flirrt. Eigentlich das ganze Städtchen.

Man fand ihn unweit des aufgegebenen Kupferbergwerks bei Elat, nachdem er aus dem Haus seiner Tante verschwunden und zehn Tage vermißt gewesen war: Er war von einem Felsvorsprung gestürzt. Oder gesprungen. Hatte das Rückgrat gebrochen und war anscheinend noch einen ganzen Tag und eine halbe Nacht mutterseelenallein dort auf dem Abhang zu Füßen des Felsens dahinvegetiert, bis er seinen Geist aufgab. Man hofft, daß er diese qualvollen Stunden nicht bei Bewußtsein gewesen ist, aber wissen kann man es nicht. Vorher habe man ihn dort unter Drogen gesetzt, hieß es oder er habe sie selbst genommen oder sich dazu verleiten lassen. Ich versuchte, nicht auf dieses Gerede zu hören, das bei uns immer mit Ausdrücken der Bestürzung, Grimassen erschütterter Gerechtigkeit und einem Anflug heimlichen Frohlockens einhergeht: Schaut her, was mit stillen Wassern ist, seht mal an, auch wir sind in den Schlagzeilen, und seit heute morgen laufen draußen eine bekannte Journalistin und ein Photograph herum, aber die Direktion hat entschieden, daß keiner von uns sich interviewen läßt und wir alle mit »keine Stellungnahme« antworten.

Die Beerdigung wurde zweimal aufgeschoben, weil der Vater nicht beikam. Und da starb zwei Tage später auch die Tante, die Bankangestellte, worauf man im Lehrerzimmer von Hirnschlag, Schuldgefühlen und auch von der Fügung des Schicksals redete. Alles mögliche Gelaber, das ich zu überhören versuchte. Ehrlich gesagt, weckte der Vater noch vor seinem Eintreffen negative Vorurteile bei mir: ein Vater, der kein Vater ist, Waffenschieber, Nigeria, gewiß voller Vorwürfe, wird sicher nur uns beschuldigen. Aus der Ferne läßt sich leicht das eine oder andere Urteil fällen – aufgrund zweier oder dreier Beweisketten, die sich unschwer zu einem generellen Schluß verknüpfen lassen. Ich stellte mir den Vater als eine Art ehemaligen Palmachnik vor, erfolgreich, resolut, rechthaberisch. Und beschloß, mich nicht der Lehrerdelegation anzuschließen, die ihn noch vor der Beerdigung in seinem Zimmer im Hotel Kedar aufsuchen wollte. Da hatte er sich also endlich aus dem afrikanischen Dschungel herbemüht, nur um uns die Schuld für das seinem Sohn zugestoßene Unglück in die Schuhe zu schieben, wieso wir nichts gesehen hätten, warum wir gleichgültig geblieben wären, es sei schließlich nicht anzunehmen, daß der gesamte Lehrkörper ... Am Ende bin ich doch mitgegangen, vielleicht, weil mir einfiel, wie der Junge unschlüssig und leise, aber auch etwas beklommen –

und schüchtern – dagestanden hatte, als tauche er auf den Grund seines Selbst, bevor er wieder nach oben schwamm und mir fast flüsternd erwiderte, das Reden sei in seinen Augen eine Falle. In diesen Worten lag eine Art stummer Aufschrei, den ich nicht heraushörte oder womöglich doch hörte, aber ignorierte. Und so, in widerwilliger und gleich wieder verdrängter Erkenntnis – hätte ich nur mit Immanuel gesprochen, hätte ich bloß versucht, etwas näher an ihn heranzukommen, und dann wieder achselzuckend, wieso das denn, hör auf damit, bist du verrückt geworden –, bin ich halt doch mit den übrigen Lehrern hingegangen, um Awraham Orvieto ein paar Stunden vor der Beerdigung des Jungen und seiner Tante kennenzulernen. Dort im Hotel, im Zimmer des Vaters, hat diese Sache angefangen, die mich seither völlig beschäftigt.

Dann war da noch die Geschichte mit dem Hund. Immanuel Orvieto hatte einen melancholischen Hund, der stets Abstand hielt. Von morgens an bis Unterrichtsende lag er in dem spärlichen Tamariskenhain, der dem Oberschultor gegenüber mehr kümmert als wächst, und wartete. Warf jemand mit Steinen nach ihm, erhob er sich müde, trottete ein paar Meter weiter und legte sich wieder hin. Nach dem Unglück kam der Hund jeden Morgen ins Klassenzimmer, unbehelligt von dem Getümmel auf den Gängen, mit schütterem Fell, hängenden Ohren, die Schnauze fast über den staubigen Fußboden schleifend. Niemand wagte ihn während der Trauertage wegzujagen oder zu belästigen. Auch nicht, als sie vorbei waren. Er lag den ganzen Morgen da, den traurigen dreieckigen Kopf reglos auf den Vorderläufen hingestreckt, hatte sich ein festes Eckchen im Winkel des Klassenzimmers neben dem Papierkorb ausgesucht. Warf man ihm in der Pause ein halbes Brötchen oder sogar eine Scheibe Wurst hin, machte er sich nicht einmal die Mühe, daran zu schnuppern. Sprach man ihn an, reagierte er nicht. Und er hatte einen herzerweichend staunenden braunen Blick, der einen zwang, die Augen abzuwenden. Bei Unterrichtsende schlüpfte er niedergedrückt, den Schwanz zwischen den Beinen, ins Freie und verschwand bis zum Läuten um acht Uhr am nächsten Morgen. Ein Beduinenhund, nicht mehr jung, von der Farbe der Erde hier: ein verblichenes Grau. Voller Staub. Jetzt schließlich scheint mir, daß er zudem stumm war, denn ich kann mich nicht entsinnen, daß er jemals gebellt oder auch nur gewinselt hätte.

Einmal regte sich bei mir der Wunsch, ihn mit heimzunehmen, zu baden, zu füttern, ihm Freude zu bereiten. Seine ausdauernde Treue zu dem

Jungen, der nicht wiederkehren würde, schnürte mir plötzlich das Herz ab. Wenn ich ihm teelöffelweise Milch einflößte, ihn vom Tierarzt behandeln ließe und ihm eine Kiste auf dem Gang auspolsterte, würde er sich vielleicht mit der Zeit eingewöhnen und streicheln lassen. Theo mag keine Hunde, aber er würde sicher nachgeben, weil er ein nachgiebiger Mensch ist. Wenn ich ihm nur klarmachen könnte, wie sehr seine allumfassende Rücksichtnahme mich stört. Ich sah ihn schon sein kleines, linkes Auge noch mehr zukneifen und unter dem graumelierten Schnurrbart, dem Schnauzer eines britischen Majors außer Diensten, ein leichtes Beben verbergen, schau, Noa, wenn es dir wichtig ist, und so weiter. Deshalb verzichtete ich auf den Hund. Der eine ziemlich abstoßende Kreatur war und tatsächlich keinerlei Bedürfnis nach einer neuen Verbindung erkennen ließ.

Eines Morgens wurde er angefahren. Trotzdem kam er pünktlich beim ersten Läuten im Klassenzimmer an. Seine gebrochenen Hinterläufe glichen geknickten Reisern. Er kroch auf dem Bauch an seinen festen Platz und legte sich wie gewöhnlich hin. Kein einziges Wimmern war zu hören. Ich beschloß, den Veterinär des städtischen Gesundheitsamts anzurufen, um ihn abholen zu lassen, aber am Ende des Unterrichts verschwand er, und am nächsten Morgen kam er nicht mehr. Wir dachten, er habe sich davongemacht, um in irgendeinem Versteck zu sterben. Zwei Monate später, am Abschlußabend, als wir nach den Glückwunschadressen, den Sketchen, den Erfrischungen und der Ansprache der Direktorin um ein Uhr nachts ins Freie traten, tauchte dieser Hund wieder auf. Knochig, verkrümmt, das Skelett eines Hundes, auf den Vorderpfoten hoppelnd und den gelähmten Hinterleib nachschleifend, durchquerte er den Lichtkegel der Laterne vor dem dreckigen Tamariskenhain gegenüber der Oberschule, von Dunkel zu Dunkel kriechend. Es sei denn, es war ein anderer Hund. Oder nur ein Schatten.

Awraham Orvieto empfing uns im Stehen, den Rücken an die Balkontür gelehnt, die auf die im Hitzedunst flimmernden Bergspitzen im Osten blickte. Ein kleiner Koffer lag verschlossen auf dem Hoteldoppelbett. Zwei Zitronen auf dem Tisch. Und ein leichtes, helles Sommerjackett über der Stuhllehne dahinter. Er war ein kleiner, zerbrechlicher, schmalschultriger Mann, der mit seinem schütteren weißgrauen Haar und dem runzligen, sonnversengten Gesicht einem altgedienten Metallarbeiter in Rente glich. So hatte ich mir einen Sicherheitsberater oder Welthändler in Waffen nicht vorgestellt. Besonders überrascht war ich, als er uns, ohne die routinemäßigen Beileidssätze abzuwarten, auf die Notwendigkeit ansprach, andere Schüler vom Abgleiten in die Drogensucht abzuhalten. Er sprach zurückhaltend, mit zögernder Bescheidenheit, als fürchte er anzuecken, wollte wissen, ob Immanuel als einziger unter den Schülern abgeglitten sei. Und bat, ihm zu erzählen, seit wann wir davon gewußt hätten.

Es trat eine peinliche Stille ein, denn tatsächlich hatten wir bis nach dem Unglück keine Ahnung gehabt, von Lehrerzimmerklatsch einmal abgesehen. Der stellvertretende Direktor äußerte, vor lauter Takt stammelnd, die Vermutung, Immanuel sei offenbar erst zum Schluß, in Elat, nach seinem Verschwinden auf Drogen verfallen, das heißt, mehr oder weniger wohl in seinen letzten Tagen. Auch die Tante habe keinerlei problematische Veränderung festgestellt, obwohl man das wiederum schwerlich wissen könne. Darauf erwiderte der Vater, wir würden wohl für immer im ungewissen bleiben. Wieder herrschte Stille. Und diesmal dauerte sie. Awraham Orvieto legte die sehnigen Hände an die Wangen, braune Bauernhände mit rauhen Fingern, ließ sie dann wieder ausgebreitet auf den Knien ruhen. Der stellvertretende Direktor wollte etwas sagen, doch genau im selben Moment ergriff Awraham Orvieto das Wort, fragte, wer unter uns Immanuel näher gekannt habe, das heißt, wer am vertrautesten mit ihm gewesen sei. Der stellvertretende Direktor ließ es bei einem unverständlichen Gemurmel bewenden. Und Stille breitete sich aus. Ein junger Beduinenkellner, dunkel und schmal wie ein schönes Mädchen, mit einer weißen Fliege, rollte einen blütenweiß gedeckten Servierwagen mit Obst, Käse und diversen Erfrischungsgetränken ins Zimmer. Awraham Orvieto unterschrieb die Rechnung und fügte einen gefalteten Geldschein hinzu. Zweimal sagte er bittesehr, aber kein Mensch rührte etwas an. Plötzlich wandte er sich mir zu und sagte leise: Sie sind Noa, in Ihrem Unterricht war er gern, zur Literatur drängte es ihn.

Vor lauter Verblüffung widersprach ich nicht. Murmelte ein paar Platitüden – ein empfindsamer Junge, in sich gekehrt, ja so halt, ziemlich verschlossen. Der Vater lächelte mich an wie jemand, der das Lächeln nicht gewöhnt ist: Als öffne er für einen Augenblick eine Lamelle in der Jalousie eines hübschen Zimmers, in dem man eine Lampe und ein Bücherbord und einen brennenden Kamin sieht, und schließe sie wieder, als sei nichts gewesen.

Sechs Wochen später erschien Awraham Orvieto eines Morgens in der großen Pause im Lehrerzimmer und erbat unsere Hilfe bei der Verwirklichung einer Idee: Er sei auf den Gedanken gekommen, einen Geldbetrag zu spenden, um hier in Tel Kedar ein kleines Entwöhnungsheim für junge Menschen, Schüler – durchaus auch aus anderen Landesteilen – zu gründen, die in die Drogensucht abgeglitten seien. Dieses Heim solle dem Andenken seines Sohnes dienen. Tel Kedar sei eine ruhige Kleinstadt, die Wüste selbst habe womöglich ihren Einfluß, man sehe die endlosen Weiten und werde von allerlei Gedanken gepackt, vielleicht ließen sich wenigstens einige Jugendliche retten. Gewiß werde dagegen Widerstand laut, den er gut verstehe, aber warum solle man nicht doch versuchen, Rahmenbedingungen zu schaffen, die die Mißtrauischen beruhigen könnten.

Ich war überrascht, daß er gerade mich, die gar nicht Immanuels Klassenlehrerin gewesen war, bat, eine Art informelles Team zusammenzustellen, mit der Aufgabe, hier erste Sondierungen durchzuführen und auf einem Blatt zu vermerken, wo die Schwierigkeiten lagen und wer womöglich die Einwohner aufstacheln könnte. Er selbst käme nur alle paar Monate ins Land, aber er habe einen Rechtsvertreter, Ron Arbel, der mir jederzeit zur Verfügung stehe. Falls ich ablehne, würde er das verstehen und jemand anderen suchen.

Warum gerade ich?

Sehen Sie, sagte er, und lächelte mich wieder an, als öffne er einen Augenblick lang einen Jalousiespalt mit Kamin und Lampe, er hat doch in der ganzen Schule nur Sie geliebt. Einmal hat er mir einen Brief geschickt, in dem stand, Sie hätten ihm einen Bleistift geschenkt. Jenen Brief hatte er mit dem bewußten Bleistift geschrieben.

Ich konnte mich an keinen Bleistift erinnern.

Und doch habe ich zugesagt. Vielleicht aufgrund eines nebulösen Drangs, die Verbindung mit Immanuel und seinem Vater aufrechtzuerhalten. Was für eine Verbindung? Warum aufrechterhalten? Und womit? Als Awraham Orvieto von dem nicht existierenden Bleistift redete, blitzte momentlang eine entfernte Ähnlichkeit auf, nicht zwischen ihm und seinem Sohn, sondern zwischen ihm und einem anderen Menschen, dem ich einmal vor Jahren begegnet war: Seine Gesichtszüge, die hängenden Schultern und vor allem seine weiche Stimme und seine Ausdrucksweise, etwa »von allerlei Gedanken gepackt«, erinnerten mich an den Dichter Ezra Sussman, den ich einmal im Erholungsheim der Krankenkasse auf dem Kanaanberg in Safed kennengelernt hatte. Gegen Abend pflegten wir, Vater, Sussman, dessen Frau, Tante Chuma und ich, in den Minuten, in denen sich die abendlichen Farben veränderten und ein glasklarer Wind zwischen den Bergen wehte, auf dem rasenbewachsenen Hang zu sitzen. Vater in seinem Rollstuhl, von der Hüfte abwärts gelähmt, wirkte wie ein Boxer oder Ringer, der im Alter Fett angesetzt hatte, das Gesicht feist, der massige Körper auf dem Spannsitz lastend, sein schwarzes Transistorradio wie eine abwurfbereite Handgranate von der Riesenfaust umklammert, über die leblosen Knie eine dunkle Wolldecke gebreitet und die nach vorn geneigten Schultern eine Wut ausstrahlend, als sei er mitten im Schlag versteinert. Wir in Liegestühlen um ihn herum, vor uns das Licht der galiläischen Berge am Rand des Himmels, der sich in die Abenddämmerung fügte. Ezra Sussman zeigte uns handgeschriebene Gedichte, die weit von der landesüblichen Dichtung entfernt schienen und mich wie Harfenspiel anrührten. Eines Abends sagte er: Ein Gedicht ist so etwas wie ein in einer Glasscherbe eingefangener Funke, denn Worte sind Glassplitter. Worauf er sogleich traurig lächelte und den Vergleich zurücknahm. Dann war der Urlaub zu Ende, die Sussmans verabschiedeten sich niedergeschlagen von uns, als wollten sie sich wortlos für ihren Abgang entschuldigen, und gingen ihres Weges. Vater zertrümmerte in einem unerklärlichen Wutanfall sein tragbares Radio, und Tante Chuma und ich brachten ihn per Taxi in die Moschawa zurück. Als ich ein paar Wochen später in der Zeitung eine Kurznachricht über den Tod des Dichters Ezra Sussman las, betrat ich in Natania ein Buchgeschäft, um seinen Gedichtband zu erwerben. Ich wußte nicht, wie das Buch hieß, und der Verkäufer hatte auch nie davon gehört. Tante Chuma kaufte Vater ein neues Transistorgerät, das zwei Wochen überlebte.

Ich stellte Awraham Orvieto die Bedingung, daß ich keinerlei Bezahlung für meine Arbeit in dem Sondierungsteam annehmen würde. Er hörte es sich schweigend an. Drei Wochen später erhielt ich den ersten Scheck per Post. Seither schickt er mir jeden Monat durch seinen Rechtsanwalt dreihundert Dollar und läßt mich selbst entscheiden, wieviel von dieser Summe für Büroausgaben und Fahrtkostenerstattung gedacht ist – und wieviel als Entgelt für die von mir aufgewandte Zeit. Viermal habe ich seinen Anwalt, Ron Arbel, vergeblich aufgefordert, diese Schecks zu behalten.

Theo hat mich gewarnt, du gefährdest dich, Kind, ein solches Finanzgebahren kann dir Unannehmlichkeiten oder gar heikle Probleme einbringen. Es ist unwahrscheinlich, daß ein praktischer Mensch, ein Kaufmann und Mann von Welt aus reiner Zerstreutheit so handelt. Wenn er wirklich nur Geld spenden will, um hier seinem Sohn ein Andenken zu setzen, warum gründet er dann keinen eingetragenen Verein? Mit Schatzmeister? Mit geordneter Buchführung? Hat er hingegen eine gewerbliche Investition im Auge, in Form einer Privatanstalt, einer geschlossenen Klinik für die Kinder der Reichen, eine Art Elite-Kuckucksnest, sind dreihundert Dollar pro Monat ein Kleckerbetrag für das, was du hier als Wegbereiter für ihn leistest, ohne daß du auch nur ansatzweise begreifst, wie man dich ausnutzt, Noa. Seit wann gründest du denn öffentliche Einrichtungen? Junkie-Asyle? Es besteht doch gar keine Chance, daß die Einwohner dem zustimmen, wer kann denn einen Haschisch-Keller neben dem Haus gebrauchen?

Theo, sagte ich, ich bin schon ein großes Mädchen.

Er kniff ein Auge zu und verstummte.

Ging auf den Flur hinaus, um weiter Hemden zu bügeln.

Natürlich hatte er recht. Die ganze Stadt ist dagegen. In der Lokalzeitung tönten anonyme Briefschreiber: Wir werden uns doch nicht zum Schuttabladeplatz des ganzen Landes machen lassen. Es gibt so viele Dinge, die ich von Grund auf lernen muß. Begriffe, die ich manchmal im Radio mit halbem Ohr gehört oder in der Zeitung überlesen habe, Betriebsführung, laufende Kosten, Grundkapital, Verein, Direktorium, Haushaltsplanung, all das ist mir noch schleierhaft, beschäftigt mich aber doch schon. »Fünfundvierzigjährige findet eine neue Lebensaufgabe« wäre eine mögliche Überschrift für ein Farbporträt in einer der Wochenendbeilagen. Tatsächlich hat man mich schon für eine Abendzeitung interviewen wollen, doch ich habe abgelehnt. Ich wußte nicht, ob solch ein Gespräch der Sache nützen oder schaden würde. So zahlreich sind die Dinge, die ich werde lernen müssen. Und ich werde sie lernen.

Manchmal sage ich mir in der dritten Person: Weil Noa es kann. Weil es eine gute Tat ist.

Außer mir besteht das Sondierungsteam noch aus drei weiteren Mitgliedern: Maleachi Peleg, den die ganze Stadt Muki nennt, Linda Danino und Ludmir. Linda, eine geschiedene, asthmatische Kunstliebhaberin, hat sich dem Team angeschlossen, um in Mukis Nähe zu sein. Ihr Beitrag besteht im Tippen auf dem PC. Muki Peleg ist meinetwegen dabei und wäre auch gekommen, wenn ich hier eine Rabendressurschule eingerichtet hätte.

Ludmir wiederum, ein Pensionär der Elektrizitätsgesellschaft, ist ein lautstarkes, pathetisches Mitglied dreier oder vierer Vereinigungen von Gerechtigkeitssuchenden und Anti-Establishmentkämpen, ein Feind der Steinbrüche und der Diskothek, Beanstander fehlerhafter Beschilderung und glühender Verfasser einer Kolumne namens »Stimme des Rufers in der Wüste«, die allwöchentlich in der Lokalzeitung erscheint. Den ganzen Sommer über läuft er mit weiten Khakishorts in der Stadt herum, die sehnigen, braungebrannten alten Füße in abgetretenen Gummisandalen, und jedesmal, wenn er mich sieht, wiederholt er wie eine feste Losung den Satz »*u bechol sot noa tanua*« (Und sie bewegt sich doch), worauf er grinsend anfügt, sei mir bitte nicht böse, holde Schönheit, ich habe doch nur gescherzt.

Die Verantwortung ruht praktisch auf mir. Wochenlang bin ich schon damit beschäftigt: klappere die Südbezirksstellen der Ämter für Wohlfahrt, Gesundheit und Erziehung ab, zupfe die Liga für Drogenbekämpfung, belagere mit wachsender Entschlossenheit den Fonds für Jugend in Not, beknie den Elternbeirat und die städtische Erziehungsabteilung, bestürme das Büro für Entwicklungsplanung, veröffentliche Gegendarstellungen in der Lokalzeitung und laufe Bürgermeisterin Bat Schewa hinterher, die sich bisher geweigert hat, die Idee auch nur auf die Tagesordnung zu setzen. Viermal bin ich nach Jerusalem gefahren, zweimal nach Tel Aviv. Jede Woche pilgere ich zur Ämterzentrale in Beer Scheva. Hier in Tel Kedar betrachten mich Freunde und Bekannte schon heiter-besorgt. Im Lehrerzimmer heißt es, wozu halst du dir diesen Kram auf, Noa, was hat dich denn bloß gebissen, es wird doch sowieso nichts daraus. Worauf ich antworte: Wir werden sehen.

Ich kann es diesen Freunden und Bekannten nicht verdenken. Wäre eine der anderen Lehrerinnen plötzlich darauf verfallen, bei uns hier, sagen wir mal, ein Labor zur Erforschung ansteckender Krankheiten einzurichten, wäre sicher ich perplex oder wütend geworden. Vorerst zuckt die Bürgermeisterin die Achseln, der Arbeiterrat verhält sich distanziert, die Elternschaft ist dagegen, Muki Peleg nutzt jede Minute, um mir mit seinen Geschichten, was ihm die Frauen geben, und was nur er einer Frau geben kann, den Kopf zu verdrehen, und Ludmir beschwatzt mich, auch dem Komitee für die Schließung der Steinbrüche beizutreten. In der Stadtbibliothek gibt es schon ein kleines Bord, auf dem die Bibliothekarin sämtliche Literatur über Entwöhnungsmethoden zusammengestellt hat. An

dieses Bord hat jemand einen Zettel geklebt: Reserviert für Noa, die Süchtige.
Theo schweigt, weil ich ihn darum gebeten habe.
Und ich bin beharrlich: lerne.

Die Stadt ist klein, neu, hat acht- bis neuntausend Einwohner. Zuerst hatte man hier einen rechteckigen, eingezäunten Wohnkomplex für die Familien der auf den nahen Militärstützpunkten stationierten Soldaten errichtet. In den siebziger Jahren wurden in der Gegend Versuchsbohrungen durchgeführt, die zu Hoffnungen Anlaß gaben, und man beschloß, eine Stadt zu bauen. Später enttäuschten die Bohrungen, die Hoffnungen waren vergessen, das Städtchen stagnierte. Die Hauptstraße, Herzl-Allee, ist grandios angelegt: Sechs Spuren hat man über den kahlen Felsboden des Wüstenhochplateaus gewalzt. Die Fahrbahnen trennt ein Grünstreifen, in dessen von weither angekarrter rötlicher Erde windgebeutelte Palmen sprießen. Zu beiden Seiten der Allee, in Eisenkäfigen, durch Säcke gegen die Sandstürme abgeschirmt, kümmern dank Tröpfchenberieselung Poincinenschößlinge, als zweifelten sie noch an ihrem Daseinssinn. Nach Ost und West zweigen von der Hauptallee an die fünfzehn fast gleiche Straßen ab, die die Namen ehemaliger Staats- und Ministerpräsidenten tragen. Jede Straße weist eine Reihe grüner Straßenlaternen und ebenfalls grüner städtischer Bänke auf, die in regelmäßigen Abständen aufgestellt sind. Außerdem gibt es jeweils Briefkästen, Bushaltestellen und beschilderte Zebrastreifen. Obwohl der Verkehr schwach ist.

Die Ziergärten sind trübselig wegen der scharfen Winde, die aus der Wüste heranfegen und sie mit Staubstriemen geißeln. Immerhin halten sich spärliche Rasenecken vor den Häusern sowie ein paar Oleander- und Rosensträucher. Die Häuser selbst sind von Hitze und Wind verwittert, reihenweise Wohnblöcke von vier bis sechs Stockwerken, alle mit Vorderbalkonen, die durch verstellbare Asbestlamellen oder Schiebefenster in Aluminiumrahmen geschlossen worden sind. Die Farbe der Häuser ist trüb grau, obwohl sie ursprünglich weiß verputzt waren: Von Jahr zu Jahr hat sich der Putz den Tönen der Wüste angepaßt, womöglich in dem Wunsch, durch Assimilation den Grimm von Licht und Staub ein wenig zu lindern. Auf jedem Dach funkeln die Reflektoren von Sonnenboilern, als versuche das Städtchen die Sonnenglut in deren eigener Sprache zu beschwichtigen.

Zwischen den Wohnblöcken klaffen weite Leerräume. Vielleicht ist hier vor Jahren ein hitzegepeinigter Planer umhergewandert und hat vor lauter Benommenheit die Skizze einer Gartenstadt angefertigt, mit Freiflächen für Haine und Kleingärten samt Obstbäumen, die einmal zwischen den Blocks blühen sollten. Einstweilen sind diese Leerflächen Wüstenstückchen, gesprenkelt mit Schrotthaufen und ein paar Sträuchern, die die Grenze zwischen Pflanzlichem und Unbelebtem überschritten haben. Und die paar Eukalyptusbäume und Tamarisken, von der trockenen Hitze zerfressen und vom salzigen Wind geschlagen, den Rücken nach Osten gebeugt, wirken wie Flüchtlinge mit ihrem Bündel, die mitten auf ihrem Weg versteinert sind.

Im Nordwesten des Städtchens erstreckt sich ein eigener Wohnkomplex, das Villenviertel mit an die hundert kleinen Häusern, die zumeist die Hanglage zur Vergrößerung der Wohnfläche nutzen. Die Dächer sind hier weder flach noch geteert, sondern mit roten Ziegeln gedeckt, die von Sommer zu Sommer grauer werden. Es sind ein paar Holzhäuser im Stil Schweizer Berghütten darunter wie auch Villen italienischen oder spanischen Stils aus rötlichem Gestein, das man aus den Bergen Galiläas herbefördert hat, mit Vorsprüngen, Karniesen und Bögen, abgerundeten Fenstern, ja sogar Wetterhähnen auf dem Dachfirst, die sich aus dieser Wüste weg nach Wäldern und Wiesen sehnen. Hier wohnen die wohlsituierten Bürger – Geschäftsleute, Berufsoffiziere, Direktoren, Ingenieure und Experten.

Gegenüber im Südosten, in einem langen, schmalen Tal verläuft eine holprige Straße, der der Flugsand zu schaffen macht. An dieser Straße liegen ein Keramik- und ein Metallwerk, eine mittelgroße Waschmaschinenfabrik und danach kleine Handwerksbetriebe, Autowerkstätten, Lagerhäuser, Wellblechhütten und Asbestverschläge, Gebäude ohne Fundament aus rohen Betonblöcken und Balken. Hier drängen sich weitere Werkstätten – Schlossereien, Schreinereien, Kraftfahrzeugelektriker und Karosseriebetriebe, Antennenbauer, Fernsehtechniker und Installateure für Sonnenboiler. Zwischen den Gebäuden verlaufen umgeknickte, verrostete Stacheldrahtzäune, von Sand bedeckt. Die Erde an den Schuppeneingängen ist mit Diesel und Schmieröl getränkt. Den ganzen Sommer über hängt hier ein Geruch nach altem Urin und verbranntem Gummi. Die Sonne entzündet alles in kristallscharfem Flimmern. Weiter hinunter befindet sich der Autofriedhof, und danach kommt der städtische Friedhof. Hier endet die Straße vor einer Felskette, auf deren Kamm ein doppelter Zaun verläuft. Es heißt, hinter diesen Felsen verberge sich ein geschlossener Talgrund voll geheimer Anlagen. Auf dieses Tal folgt eine weitere dunkle Felskette mit Schründen und Höhlen. Dort ist das Versteck der Steinböcke, die manchmal am Horizont erscheinen und in den Dunstschleier des Abends abtauchen, und dort sind die Höhlen des Fuchses und die Löcher des Skorpions und der Viper und dahinter weite Kreideflächen, zerklüftete Schieferhänge und mit dunklem Feuersteingeröll übersäte Plateaus bis zum Fuß der kargen Berge, die mal flirrende Dunstschleier anlegen, mal bläulich von Ferne schimmern, als seien es keine Berge mehr, sondern Wolkengebilde, aus einem unsichtbaren Meer aufgestiegen, in das sie bald wieder eingehen werden.

Sechsmal am Tag kommt der Linienbus aus Beer Scheva und hält an der Haltestelle Einkaufszentrum, an dem Platz, den alle »an der Ampel« nennen, obwohl sein richtiger Name Irving-Koshitza-Platz lautet. Die Fahrgäste aus Beer Scheva steigen hier aus, der Fahrer geht für zwanzig Minuten auf einen Cappucino und eine Zigarette ins California, und unterdessen sammeln sich an der Haltestelle die, die in die Stadt wollen. Dem Platz gegenüber befindet sich eine ungepflasterte Parkfläche, von der ständig ein mehlfeiner grauer Staub aufwirbelt, der sich wie ein feiner Schleier auf Geschäfte, Restaurants und Büros senkt. Vier Hochhäuser im Stil der Küstenebene schließen den Platz ab, dazu zwei Banken, das renovierte Kino Paris, ein paar Cafés, die auch als Restaurants dienen, und ein vergammelter Billardclub mit der Lottoannahmestelle. Sie alle umgeben ein abwechselnd mit roten und grauen Fliesen gepflastertes Quadrat. In der Mitte des Platzes erhebt sich eine nackte Betonsäule zum Gedenken an die Gefallenen. Vier Zypressen hat man in den Ecken um das Ehrenmal gepflanzt. Eine davon ist verdorrt. In schwarzen Metallbuchstaben steht auf der Säule das Bibelwort: *Deine Pracht, Israel, liegt auf deinen Höhen erschlagen.* Der vorletzte Buchstabe des letzten Wortes fehlt, eine Lücke lassend. Und darunter prangt eine Marmorplatte in der Form der Bundestafeln mit den einundzwanzig Namen – von Aflulu, Josef bis Schumin, Giora Georg. Diese Platte ist der Breite nach geborsten, und aus der Ritze sprießt eine Winde. Neben dem Denkmal steht ein aus Zement gegossenes Trinkbecken, auf dem in hebräisch und englisch der Vers eingemeißelt ist: *Auf, ihr Dursti-*

gen, kommt alle zum Wasser – Tränke zum Gedenken an Donia und Adalbert Zessnik, 5743 (1982/82). Drei Wasserhähne beugen sich zum Becken hin. Zwei davon tropfen.
Auf dem Dach des Bankhauses reihen sich Blechschilder, darunter eines in Riesenlettern, *Ich habe heute schon meinen Totoschein abgegeben.* Im Obergeschoß des Gebäudes links der Stadtverwaltung, gegenüber der Krankenkasse, hat Theo sein Büro. *Planung* steht auf dem Schild. Im selben Stock befinden sich auch die Zahnarztpraxis Dr. Dresdner & Dr. Nir und dahinter Dubi Weizmann – Notar und Rechnungsprüfer, übernimmt auch Vervielfältigungsaufträge und jegliche Bearbeitung von Urkunden. Dubi Weizmann malt in freien Stunden die Wüste in Guaschfarben; fünf seiner Werke wurden einmal bei einer Gemeinschaftsausstellung einer Privatgalerie in Herzlia gezeigt. An einer Wand seines Büros hängt in muschelbesetztem Rahmen die vergrößerte Photokopie einer Rezension aus der Tageszeitung *Ha'arez,* in der auch sein Name vorkommt. Dr. Nir ist Bergsteiger, und Dr. Dresdners Frau ist eine entfernte Verwandte der Sängerin, die im Winter vor zwei Jahren bei uns aufgetreten ist und Autogrammkarten an ihre Fans verteilt hat.
Da sitzen zwei nicht mehr junge Beduinen Schenkel an Schenkel auf den Stufen des Arbeiterratsgebäudes, beide in Jeans. Der eine trägt ein *Betar*-Trikot, der zweite eine Art kurzen Uniformblouson aus abgewetztem Khakiwollstoff, von der Sorte, wie sie beim Militär in der Frühzeit des Staates üblich waren. Der kleinere Beduine hat den Arm aufs Knie gelegt, Handfläche nach oben, auf den vier rissigen Fingern ruht eine erloschene Zigarette, über die der Daumen hin und her streichelt. Langsam. Der andere Beduine hält etwas in altes Zeitungspapier Gewickeltes zwischen den Knien. Seine Augen fixieren den Himmel oder das Blitzen der Antenne auf dem Dach der Polizeiwache. Sie warten. Da schlurft ein alter aschkenasischer Hausierer an ihnen vorüber, einen Bauchladen um den Hals gehängt und darauf die Ware: mechanische Frösche, die per Knöpfchendruck ferngesteuert springen können, dazu Kreisel, Seifen, Kämme, Rasierschaum und Shampootuben aus Taiwan. Der Hausierer – bebrillt, hängende Schultern, ein schwarzes Käppchen auf dem Kopf – lächelt versonnen zu den beiden Beduinen hinüber, die nicht sicher sind, was er will, aber höflich nicken.
Photo Hollywood – Filmannahme und Photobedarf ist geschlossen, das Ladengitter mit Vorhängeschlössern gesichert. Innen an der staubigen Schau-

fensterscheibe, unter einem Bild von *Menachem Begin, Geschenk der Zeitung Ma'ariv an seine Leser,* klebt ein Zettel: »Aufgrund der Einberufung der Inhaber Jehuda und Jackie beide gleichzeitig zum Reservedienst bleibt das Geschäft von heute bis zum Monatsersten geschlossen. Das geehrte Publikum wird gebeten, sich in Geduld zu fassen.« Vor dem Beerdigungsinstitut sitzen drei Talmudschüler auf Metallhockern, darunter ein Albino, und unterhalten sich. Der alte Hausierer bleibt bei ihnen stehen, möchte sich an der Unterhaltung beteiligen, hustet, seufzt und bemerkt traurig: Sind Jude und Goj nicht wie Öl und Wasser? Ja sogar Jude und Jude, genau dasselbe. Jeder für sich. Und wenn's zwei Brüder sind. Einer der Talmudschüler geht hinein und bringt ihm ein Glas Wasser. Der Alte spricht den Segen, trinkt, stöhnt, hebt das Brett mit den Fröschen und der Seife auf, hängt es sich wieder um den Hals und trottet weiter Richtung Ampel. In einer kleinen Ladennische sitzt Buchbinder Kuschnir, bindet aber nicht, weil er in die Lektüre eines auseinanderfallenden Bandes vertieft ist. Die goldgerahmte Brille ist ihm bis in die Nasenmitte abgerutscht, und ein feines Lächeln scheint zu signalisieren, daß das Buch ihm gefällt oder vielleicht Erinnerungen bei ihm weckt. Drei indische Buchen hat man in die Rabatte am Ende des Platzes gepflanzt, ihre spärlichen Kronen spenden kaum Schatten.

In Schatzbergs Apotheke baumelt ein gedrucktes Schild: *En trufot behakafa* (Arzneimittel nicht auf Kredit). Ein großer, dicker, energischer Mann ereifert sich mit rumänischem Akzent: Was soll das Wort *Hakafa?* Ist das wie die Hakafa am Torafreudenfest? Was denn, sind Umzüge mit Arzneimitteln das Neuste im Hebräischen? Ein kraushaariger Bursche in verstaubten Sandalen, die Maschinenpistole an einem Strick statt am Riemen umgehängt, erklärt bereitwillig: *Hakafa,* das ist wie Rabatt.

Im *Computerpalast* wird zwecks Erweiterung eine Wand eingerissen. In Kürze wird hier ein Ausstellungssalon eröffnet, der den neuesten Schrei auf dem Gebiet der Computervernetzung vorführen soll. Vorerst ist das gesamte Inventar mit Plastikfolie gegen den Staub abgedeckt. An der in Abbruch befindlichen Wand hängt ein Poster, das Bild einer kühlen, bebrillten Schönen, die mit übergeschlagenen Beinen am Bildschirm sitzt, derart ins Programmieren vertieft, daß sie den Passanten unwissentlich tiefen Einblick unter ihren Rock gewährt. Und ein blonder Junge spielt ganz konzentriert Ball mit der Seitenwand des Kinos Paris: fängt auf, dreht, wirft zurück, fängt auf, dreht. Lange Zeit bleibt das Spiel unverändert. Sein konzentriertes Gesicht zeigt den Ausdruck höchster Verantwortung, als könne jeder Fehler eine Katastrophe auslösen. Ein älterer Mann in Heimwehruniform befiehlt ihm aufzuhören, bevor eine Scheibe zu Bruch gehe. Der Junge gehorcht sofort, steckt den Ball in die Tasche, verharrt aber auf der Stelle. Wartet. Die Luft ist staubig und heiß. Das Licht fast weiß. An der Hochspannungsleitung baumelt schon monatelang wie eine aufgeknüpfte Leiche ein bunter Drachen, der sich an den Drähten verfangen hat. Und am Falafelstand *Entebbe* wird ab heute auch Schawarma in Fladenbrot verkauft: Awram ist nach Beer Scheva gefahren und hat den Drehspieß gekauft. Er hätte schon jetzt gern gewußt, ob es gut laufen wird oder nicht. Aber na, es bleibt keine Wahl, man muß der Sache Zeit lassen. Sehen wir mal, was wird. Geb's Gott.

Morgens um Viertel vor sieben, als wir in der Küche Kaffee tranken, sagte ich: Nach der Schule muß ich heute wieder mal nach Beer Scheva fahren. Ein Termin bei Benisri vom Bezirksamt. Wenn die nicht helfen wollen, weiß ich nicht weiter. Sag mir nicht, was du denkst. Vorerst nicht. Vielleicht möchte ich heute abend, wenn ich nach Hause komme, daß du's sagst. Mal sehen.

Er hob die Augen von der Zeitung, noch im Unterhemd, diese sonnengebräunten Schultern, ein Mann von sechzig Jahren, und sein Körper ist immer noch rank und schlank. Er blickte mich freundlich prüfend an. So schaut man manchmal einem Kind ins Gesicht, das behauptet, Bauchweh zu haben, und nicht in den Kindergarten gehen will: Soll man es glauben? Oder ein Machtwort sprechen? Ein Anflug von Skepsis oder Ironie huschte über seinen gepflegten, soldatischen Schnurrbart. Plötzlich legte er seine breite Hand auf meine und sagte, du bist schon ein großes Mädchen. Du wirst gewiß den Weg finden.

Theo, habe ich gesagt, ich bin nicht geistig minderbemittelt. Wenn du willst, daß ich dieses Projekt aufgebe, dann sag: Hör auf damit, Noa. Versuch's mal. Du wirst ja sehen, was passiert.

Du wolltest, daß ich mich nicht einmischen soll. Dein Wunsch ist akzeptiert. Punktum. Soll ich dir noch Kaffee einschenken?

Ich gab keine Antwort. Fürchtete Streit.

Mit seinem Grauhaar, dem erfahrenen Gesicht, dem graumelierten, präzise gestutzten Schnurrbart, dem halb zugekniffenen linken Auge erinnert er mich manchmal an einen wohlhabenden Landwirt, einen mißtrauischen Gutsbesitzer, einen Mann, den das Leben gelehrt hat, wie man einem Gegner, einer Frau oder einem Nachbarn am besten gegenübertritt: mit Großzügigkeit und Macht zugleich. Unterdessen rollte er, gewissermaßen als Nebenvergnügen, ein Brotkügelchen zwischen den Fingern. Und erklärte: Heute abend gehen wir ins Kino. Es gibt ein erotisches Lustspiel. Wir sind schon lange nicht mehr abends ausgegangen. Fahr vorsichtig nach Beer Scheva, schon gut, ich kann heute ohne den Wagen auskommen, nur achte auf die Schlaglöcher und diese Riesenlaster. Überhol die nicht, Noa. Möglichst wenig überholen. Und denk daran zu tanken. Wart mal einen Moment: Dieser Benisri. Ich habe ja eigentlich die hochgebracht, die ihn hochgebracht haben. Soll ich mal anrufen? Ein Wort mit ihm reden, bevor er dich sieht?

Ich bat ihn, es nicht zu tun.

Er las weiter den *Ha'arez*. Brummelte etwas über diese Japaner. Und ich schnappte mir die Tasche, denn nur im Laufschritt konnte ich es pünktlich zur ersten Stunde schaffen. An der Tür ging ich noch einmal zurück, um einen vetterlichen Kuß zu erhalten und zu geben, auf den Kopf, aufs Haar. Auf Wiedersehen. Und danke für den Wagen. Heute morgen bin ich also wieder nicht dazu gekommen, ihn zu fragen, was es bei seiner Arbeit Neues gibt. Eigentlich gibt es da auch nie was Neues, weil Theo längst das Interesse an neuen Dingen verloren hat. Heute abend nach der Beer Scheva-Fahrt werde ich mit ihm ins Restaurant und dann ins Kino Paris gehen. Unmerklich verfolgt er ständig meine Schritte. Eigentlich doch nur aus Zuneigung und Sorge. Würde er sich nicht kümmern, wäre ich sicher gekränkt. Ich tue ihm unrecht, nicht umgekehrt. Vielleicht gerade deshalb ärgert mich jetzt fast jedes Wort, das er sagt. Oder sich verkneift. Und seine ständige Rücksichtnahme.

Um zehn, in der großen Pause, werde ich ihn im Büro anrufen. Werde ihn fragen, was es bei ihm Neues gibt. Ihm danken, daß er mir den Chevrolet für den ganzen Tag überlassen hat, ihn um Verzeihung bitten, ihm versichern, daß ich das Tanken nicht vergessen werde und daß wir heute abend ins Kino gehen, wie er's vorgeschlagen hat.

Aber Verzeihung wofür?

Außerdem ist das Telefon im Lehrerzimmer während der Pausen ständig umlagert, und dauernd spitzen alle die Ohren, und nachher heißt es dann, Noa hat Theo um Verzeihung gebeten, wer weiß, wofür wohl. Kleinstadt eben. Dabei sind wir ja meinetwegen hier: Ich hatte den Ort ausgesucht, und Theo hat nachgegeben und eingewilligt. Wenn er doch bloß aufhörte, nachzugeben und seinen jeweiligen Verzicht auf der Sollseite der Abrechnung zu verbuchen.

Was heißt Abrechnung. Es gibt keine Abrechnung. Wieder tue ich ihm unrecht.

Muki Peleg stand am Schultor und wartete auf mich. Was ist passiert? Nichts ist passiert, wie die Jungfrau zum Zimmermann sagte, als der sie fragte, wieso ihr Bauch plötzlich anschwelle. Er wollte mir nur mitteilen, daß er ab heute einen Architekten für uns sucht, der die Planung des Neubaus ehrenamtlich ausführt. Auch das hätte Theo übernommen, wenn ich ihn darum gebeten oder mich ihm zumindest nicht widersetzt hätte. Wieso eigentlich widersetzt? Und wer hatte von einem Neubau geredet? Wann hatte ich Immanuel einen Bleistift geschenkt und es wieder vergessen? Ich habe nichts geschenkt und nichts vergessen. Alles nur Traum. Ein sonderbarer Junge, allein, Reden war in seinen Augen eine Falle, ja seine gesenkten Augen, verschämt, er schien auf den Grund seines Selbst zu tauchen, und draußen auf dem Gehsteig vor der Schule erwartete ihn unweigerlich jeden Morgen sein Geisterhund. Gewiß hatte er sich das mit dem geschenkten Bleistift ausgedacht. Aber warum hätte er es sich ausdenken sollen? Vergesse ich womöglich allmählich, was geschehen ist? Habe ich was weggegeben, ohne es zu merken?

Als Awraham Orvieto mich sechs Wochen nach der Beerdigung bat, ein informelles Gremium zu bilden, um zu sondieren, ob sich hier am Ort ein experimentelles Entwöhnungsheim einrichten ließe, setzte ich mich gegen Abend mit ihm ins Café California. Wir bestellten Eiskaffee in hohen Gläsern, und er skizzierte mir mit seiner sanften Stimme, wie das Städtchen und die Wüste den Entwöhnungsprozeß vielleicht erleichterten: Tel Kedar ist ein angenehmer Ort, eine Kleinstadt ohne Armenviertel, die Ödnis könnte beruhigend wirken, man sieht die leere Weite und wird von allerlei Gedanken heimgesucht. Während er sprach, schienen seine rauhen Hände irgendeinen unsichtbaren Gegenstand rund zu formen, der nicht rund werden wollte. Fasziniert starrte ich sie an. Zum Beispiel meine Schwester, Immanuels Tante, zehn Jahre hat sie hier gelebt und dabei in dieser besonderen Verbindung von großem Licht und tiefer Stille auch irgendwie Ruhe gefunden. Ebenso Immanuel, der hoffte, später einmal zu schreiben, und

Nenn die Nacht nicht Nacht

vielleicht wirklich die Begabung zum Schreiben hatte, darüber wissen Sie gewiß mehr als ich, aber wieso bin ich schon wieder bei ihm? Ständig ist er präsent. Steht bleich vor mir und faßt sich um die Schultern, er hat so die Angewohnheit, sich plötzlich um die Schultern zu fassen, als wär's ihm nicht warm genug. Und als sei er nicht endgültig verloren, sondern käme im Gegenteil gerade jetzt aus der Ferne zu mir, um bei mir zu sein und am Schmerz Anteil zu nehmen. Nicht sein Andenken, nicht die Gedanken an ihn, sondern er. In einem alten grünen Pullover. Steht bleich vor mir, ohne zu lächeln, schweigend, die Arme um die Schultern, den Rücken an eine Wand gelehnt, das Körpergewicht auf ein Bein verlagert, das andere schlaff. Vielleicht verstehen Sie: präsent.

Er selbst, Awraham Orvieto, war im Laufe der Jahre mehrmals hier zu Besuch gewesen, war zwischen den Hügeln umhergestreift, zusammen mit seinem Sohn, der nur wenig redete. Gegen Abend pflegten sie ein bis zwei Stunden durch die Straßen zu spazieren und schweigend zu beobachten, wie die Stadt wuchs, noch ein Garten, noch ein gepflasterter Pfad, noch eine Sitzbank, und manchmal waren sie auch nachts herumgelaufen. Von einem Besuch zum nächsten kamen neue Lampen am Hang hinzu, die Alleen wurden verlängert, ein neues Wohnviertel breitete sich deutlich nach Osten aus – er gehöre der Generation an, die noch etwas Erregendes bei der Bebauung des Ödlands empfinde, während Immanuel wohl mehr auf Seiten der Öde stehe. Trotzdem schienen diese nächtlichen Streifzüge durch die leeren Straßen, fast ohne zu reden, beiden gutzutun, Sie seien nun schon gleichgroß. Wenn seine Verpflichtungen ihn nicht hinderten, würde er sich öfter hier aufhalten: Die Wüste sei richtig für ihn. Vielleicht würde er für immer bleiben. Es falle ihm schwer, diesbezüglich die Wahrheit zu sagen, denn wer wisse, was Wahrheit und was Herzenswunsch sei. Welchen Sinn könnte es jetzt jedenfalls haben? Als er nach dem Sinn fragte, hob er den Blick von der Tischdecke und zeigte mir sein strahlendes Lächeln, das aus der Tiefe seiner blauen Augen zwischen den Falten seines gebräunten Gesichts aufleuchtete, sich aber sofort abmilderte und beim Herabsinken des Kopfes erlosch. Unwillkürlich legte ich die Finger auf seine Hand, ich schien rauhen Erdboden zu berühren, doch sogleich hatte ich mich wieder im Griff, zog sie zurück und mußte mich beherrschen, um mich nicht für die unerlaubte Berührung zu entschuldigen.

Er sagte, also sehen Sie, das ist folgendermaßen, überlegte es sich aber anders und meinte: Nicht wichtig. Aus lauter Verlegenheit fragte ich:

Was – haben Sie denn dort in Afrika, wo Sie leben, nicht genug Wüsten? Doch sogleich bereute ich die Frage, die mir ebenso dumm wie rüde und noch dazu indirekt abwertend erschien, obwohl ich kein Recht hatte, ihn zu verurteilen. Awraham Orvieto bestellte mir und sich Mineralwasser nach dem Eiskaffee, der tatsächlich einen klebrigen Geschmack im Mund hinterlassen hatte, und sagte: Wüsten in Afrika. Also eigentlich gibt es in den Gegenden, in die ich komme, keine Wüste. Im Gegenteil. Tiefen Dschungel. Wenn Sie noch ein paar Minuten Zeit haben, möchte ich Ihnen eine kleine Geschichte erzählen. Werde es zumindest versuchen. In unseren ersten Jahren in Nigeria hatten wir uns ein altes Kolonialhaus gemietet, das einem englischen Arzt gehörte. Nein, nicht in Lagos, sondern in einem Städtchen am Urwaldrand. Die Stadt war kaum größer als Tel Kedar, aber sehr arm: ein zerbröckelndes britisches Posthaus, Generator, Polizeiwache, Kirche, zwanzig dürftige Läden und ein paar hundert Lehm- oder Reisighütten. Immanuel war erst drei Jahre alt, ein verträumter Junge mit einer ovalen Schottenmütze, der immer blinzelte, wenn jemand ihn ansprach. Erella, seine Mutter, meine Frau, arbeitete ganztägig als Kinderärztin auf einer Impfstation, einer Art Klinik, die die Mission in einem Nachbarort eingerichtet hatte. Von Jugend an hatte sie davon geträumt, Ärztin in den Tropen zu werden. Albert Schweitzer hatte ihre Phantasie beflügelt. Und ich war die meiste Zeit unterwegs. Den Haushalt führten Dienstbotinnen, darunter eine Italienerin, und ein junger einheimischer Gärtner. Auf dem Hof gab es Ziegen, Hunde, Hühner, eine ganze Menagerie, sogar einen schizoiden Papagei, von dem ich Ihnen diesmal nichts erzählen will. Eigentlich ist auch nichts zu erzählen. Wir hatten ein Schimpansenbaby adoptiert, das wir an einem Samstag im Wald fanden, war wohl abhanden gekommen oder verwaist, Immanuel hatte es entdeckt, als es uns mit rührenden Augen aus einem zerfetzten Reifen am Wegrand anlinste, und augenblicklich hatte es sich bei uns eingewöhnt. Es gibt so ein Phänomen, ich glaube, man nennt es Prägung, aber ich bin kein Fachmann. Dieser Affe gehörte gleich zur Familie. Wir waren derart in ihn vernarrt, daß wir untereinander wetteiferten, in wessen Schoß er einzuschlafen geruhte. Immanuel hat ihn anfangs mit Kondensmilch aus einem Saugfläschchen gefüttert. Wenn Erella Immanuel ein Schlaflied sang, wickelte sich das Affenbaby in eine kleine Decke. Im Lauf der Zeit lernte der junge Affe den Tisch decken, Wäsche aufhängen und nach dem Trocknen wieder abnehmen und sogar die Katze streicheln, bis sie schnurrte. Vor allem konnte er schmusen. Küssen, streicheln, umarmen – sein Drang, Liebesbeweise zu bekommen und zu verteilen, war grenzenlos. Viel stärker als bei uns, vielleicht, weil er spürte, daß er die Häufigkeit, mit der wir uns berührten, aufrechterhalten oder stärken mußte. Obwohl man es eigentlich kaum wissen kann. Ein empfindsamer Affe, der merkte, witterte, wann einer von uns traurig, einsam oder gekränkt war, und sich die erdenklichste Mühe gab, lustig zu sein: Er hatte alle möglichen kleinen Parodien auf Lager: Erella macht sich vor dem Spiegel zurecht, Immanuel starrt vor sich hin und blinzelt, ich bin im Kriegszustand mit dem Telefon, der Gärtner ärgert die Köchin. Wir haben Tränen gelacht. Und Immanuel hat sich kaum je von ihm getrennt. Sie aßen vom selben Teller und spielten mit demselben Spielzeug. Einmal hat er Immanuel vor einer Giftschlange gerettet, aber das ist wieder eine andere Geschichte. Dann schenkte er Erella einen herrlichen bunten Schal, den er irgendwo für sie entwendet hatte, ohne daß wir wußten, wem wir ihn zurückgeben sollten. Wenn wir mit dem Jeep auf Bekanntenbesuch fuhren und ihn zu Hause lassen mußten, rannte er mit herzzerreißendem Schluchzen hinter dem Jeep her, wie ein kleines Kind, das gekränkt oder zurückgesetzt worden ist. Jedesmal, wenn er eine Rüge erhielt, verschwand er beleidigt, kletterte auf einen Baum oder aufs Dach, als sei er fest entschlossen, seine endgültige Kündigung einzureichen, kam aber später versöhnungsbereit zurück und machte durchsichtige Anstrengungen, wieder gut Freund zu sein, uns mit allerlei Gefälligkeiten zu entschädigen, putzte etwa Erellas Brille und setzte sie der Katze auf, bis wir ihm vergeben und ihn streicheln mußten. Andererseits konnte er auch in Streik treten, wenn er das Gefühl hatte, ungerecht behandelt worden zu sein. Zum Beispiel, als ich ihn geschlagen hatte, als einmal Obst aus der Speisekammer verschwunden war. In solchen Fällen hockte er sich als Gemaßregelter in die Ecke und blickte uns aus vorwurfsvollen Augen traurig an – wie konntet ihr auf ein derart beklagenswertes Niveau absinken, möge die Welt es sehen und sich ein Urteil bilden –, so lange, bis er uns förmlich zu der Einsicht zwang, daß wir uns an ihm vergangen hatten, und das einzige Mittel, unsere Bosheit zu sühnen, war, wie er uns mit klarer Geste zeigte, endlich den fest verschlossenen Blechkasten mit den Zuckerstücken zu öffnen. Als Immanuel an Gelbsucht erkrankte, brachte der Affe sich bei, etwas zum Trinken aus dem Kühlschrank zu holen, einzuschenken und ans Bett zu bringen, ja sogar das Fieberthermometer zu reichen, und auch sich selbst maß er ständig die Temperatur, als fürchte er, sich anzustecken. Und dieser

Schimpanse nun kam einige Jahre später in die Pubertät, dichtes weißes Haar wuchs ihm auf Gesicht und Brust, wie ein Heiligenbart, und prompt verliebte er sich in Erella. Hängte sich an sie. Ließ kaum eine Minute von ihr ab. Das heißt, ich muß Ihnen erklären, daß er sie auf feine, rührende Art umwarb. Er kämmte sie, pustete ihren Kaffee, damit er schneller abkühlte, reichte ihr Strümpfe, aber auch seine direkten sexuellen Annäherungen wurden immer härter. Er betastete ihren Rock, fummelte an ihr herum, schmiegte sich an ihren Rücken, wenn sie sich bückte. Und ähnliches mehr. Dinge, die ich nicht im einzelnen schildern möchte. Wenn wir uns nachts im Schlafzimmer einschlossen, stellte er sich, von wilder Eifersucht gepackt, vors Fenster und jammerte die ganze Nacht in den höchsten Tönen, als sei er verwundet. Anfangs erschien das amüsant, ja rührend, bald würde er ihr noch Serenaden unter dem Fenster singen, doch rasch begriffen wir, daß wir etwas tun mußten. Zum Beispiel ging er dazu über, mich wie Immanuel zu beißen, sobald wir Erella in seiner Anwesenheit auch nur berührten oder sie uns. Immanuel schreckte zurück und begann rasend zu blinzeln. Ein Schimpanse, müssen Sie wissen, Noa, um den Fortgang der Geschichte zu verstehen, ist ein äußerst flinkes, starkes Tier, und wenn er wütend oder brünstig ist, kann er gefährlich werden. Zweimal hat er sie derart fest umklammert, daß sie sich nicht von ihm losmachen konnte und ich sie mit Gewalt befreien mußte. Rein zufällig war ich zu dieser Zeit im Haus, was wäre geschehen, wenn ich unterwegs gewesen wäre? Der Veterinär hat ihm ein paarmal Östrogen gespritzt, das seine Liebe jedoch nicht abkühlte. Wir wußten nicht, was wir machen sollten: Ihn fernhalten konnten wir nicht, und ihm etwas antun wollten wir nicht, weil er inzwischen zur Familie gehörte. Vielleicht können Sie das verstehen: Wir hatten ihn aufgezogen. Als er einmal eine Glasscherbe verschluckt hatte, flogen wir mit ihm zur Operation nach Lagos. Vier Tage lang hielten wir abwechselnd bei ihm Wache und paßten auf, daß er sich nicht den Operationsverband abriß. Nach den beiden Zwischenfällen mit Erella riet der Tierarzt zur Kastration, und ich zerbrach mir den Kopf darüber, als ginge es um mich. Zum Schluß hielt ich es für weniger schlimm, ihn in die Natur zurückzubringen. Am Samstag vor Weihnachten fuhr ich also im Jeep mit ihm los, er hatte mich immer gern auf meinen langen Jeeptouren begleitet, und sicherheitshalber fuhr ich über hundert Kilometer weit in den Urwald hinein. Erella und Immanuel hatte ich nichts erzählt: Sie sollten denken, daß er verschwunden war. Laute aus dem Dschungel gehört und sich zu seinen Ursprüngen zurückgesehnt hatte. Es gibt offenbar ein solches Phänomen, aber ich bin kein Fachmann und kann es nicht mit Sicherheit sagen. Unterwegs machten wir an einer Tankstelle halt, wo er wie gewohnt den Schlauch für mich in die Tanköffnung steckte und selbst die Pumpe in Gang setzte, und dann haben wir in einem Lokal an der Straße gegessen, und nach dem Essen ist er losgesprungen, um mir Papierservietten aus dem Jeep zu holen, anscheinend hat er instinktiv etwas von meinem Schmerz gespürt oder die Untreue gewittert – ich kann es nicht in Worte fassen, wie zart seine Hingabe diese ganze letzte Fahrt über war. Immer wieder habe ich ihn angeblickt und daran gedacht, wie ein Schaf vor den Scherern verstummt. Er hatte begriffen, und im Verlauf der Reise, fast drei Stunden, kauerte er auf dem Sitz neben mir, den Arm um meine Schulter gelegt – wie zwei Jugendfreunde, die gemeinsam auf Vergnügungstour ziehen. Anfangs plapperte er unaufhörlich mit kindlicher Fieberhaftigkeit, als ahne er, was ihm bevorstand, und flehe um Abwendung des Unheils. Doch als wir immer tiefer in den Dschungel vordrangen, verfiel er in Schweigen. Er duckte sich auf seinem Sitz zusammen, begann heftig zu zittern und starrte mich mit staunenden Augen an, wie damals an jenem Tag, an dem wir ihn im Urwald gefunden hatten, ein verlassenes Baby, das uns vertrauensvoll und treuherzig aus einem zerrissenen Reifen am Wegesrand anlugte. Ich lenkte den Jeep mit einer Hand und tätschelte ihm mit der anderen den Kopf. Fühlte mich wie ein Mörder, der im Begriff steht, meuchlings von hinten eine unschuldige, verwandte Seele umzulegen. Aber was blieb mir anderes übrig? Kaum ein Jahr später kam Erella bei der Entführung des Olympic-Flugzeugs ums Leben, aber damals bei der Aussetzungsfahrt konnte ich ja nicht ahnen, daß ein Unglück das andere jagen würde. So kam ich schließlich auf eine kleine Waldlichtung. Ich stellte den Motor ab. Die Stille war traumhaft. Er kletterte mir auf den Schoß und legte die Wange auf meine Schulter. Ich bat ihn auszusteigen und mir ein paar Stecken zu sammeln. Er verstand das Wort Stecken, zögerte aber dennoch. Zitterte heftig weiter und wich nicht von meiner Seite. Vielleicht glaubte er mir nicht ganz. Er warf mir einen stummen Blick zu, für den ich bis heute nicht das richtige Wort finden kann. Ich mußte ihn rüde tadeln, damit er gehorchte und ausstieg. Doch während ich noch brüllte, hoffte ich, er möge mir nicht glauben, möge stur bleiben und sich weiterhin weigern auszusteigen. Als er sich zwanzig Meter entfernt hatte, stellte ich den Motor an, wendete rasant, trat aufs Gaspedal und flüchtete. So kam es, daß das letzte, was er von mir hörte, ein Anpfiff war, statt eines zärtlichen oder liebevollen Wortes. Im selben Moment begriff er, daß ich diesmal nicht Verstecken mit ihm spielte. Daß man ihn betrogen hatte. Daß dies das Ende war. Hunderte von Metern rannte er mir mit aller Kraft nach, im Affenlauf, wie ein Buckliger, mit solchen geduckten Sprüngen, unter hohen, durchdringenden Klagelauten, in meinem ganzen Leben habe ich kein derart herzzerreißendes Weinen gehört, und ich habe doch auch schon in Kriegen Verwundete auf dem Rücken getragen, und zum Schluß, als ich seinen verzweifelten Lauf längst nicht mehr im Seitenspiegel des Jeeps sah, hörte ich hinter mir immer noch dieses ferner und ferner klingende Jammern. Es sollte mich Tage und Wochen begleiten. Immanuel, der zu Hause geblieben war, behauptete, es ebenfalls zu hören, obwohl das aus einer Entfernung von hundert Kilometern doch völlig unmöglich war. Aber das Problem mit dem Blinzeln, an dem der Junge litt und das die Ärzte in Erellas Klinik nicht zu behandeln wußten, verschwand einige Zeit später und trat nicht wieder auf, auch nicht beim Tod seiner Mutter. Noch lange danach schlichen wir jeder zu einer anderen Zeit ans Hoftor, voll vager Hoffnung oder vielleicht Furcht, schämten uns dabei voreinander, stahlen uns fort, um nachzugucken, ob er vielleicht doch den Weg gefunden hatte. Und wenn er nun plötzlich auftauchte – womit sollten wir ihn dann versöhnen, ja würde er uns überhaupt vergeben können. Tagelang machten wir die Zuckerdose nicht auf. Später, als Erella tot war, schlug ich Immanuel vor, einen neuen Affen zu adoptieren, doch er wollte nichts davon hören und sagte mir bloß, laß man. Aber die Frage ist, warum habe ich Ihnen denn von dem Schimpansen erzählt? In welchem Zusammenhang? Vielleicht erinnern Sie sich, wie wir darauf gekommen sind? Wovon hatten wir vorher gesprochen?

Ich sagte, ich könnte mich nicht erinnern. Wir hätten von etwas anderem geredet. Und erneut legte ich ihm unwillkürlich einen Finger auf die Hand, nahm ihn aber sofort wieder weg und sagte: Entschuldige, Awraham.

Awraham Orvieto sagte, er wolle mich um einen Gefallen bitten: Tut mir leid, daß ich's erzählt habe. Wenn es dir nicht schwerfällt, Noa, laß uns bitte so tun, als hätte ich nichts gesagt. Dann fragte er, ob ich noch einen Eiskaffee haben möchte, wenn nicht, bitte er, mich zu meinem nächsten Ziel begleiten zu dürfen, das heißt – falls ich jetzt nicht lieber allein sein wolle. Dabei lächelte er schnell, als wisse er von vornherein, was ich antworten würde, und ließ das Lächeln auch genauso schnell wieder verfliegen. Wir gingen fast wortlos, verlegen, auf einem kleinen Umweg die leere Tipa-Allee hinunter, deren Bäume einen feinen, weichen Regen welker gelber Blüten auf den Gehsteig rieseln ließen. Es war schon dunkel draußen, und wir verlangsamten vielleicht sogar unbewußt den Schritt zwischen einer Straßenlaterne und der nächsten, ohne zu reden, bis wir uns zwanzig Minuten später auf der Schultreppe verabschiedeten, weil mir eingefallen war, daß ich an jenem Abend an irgendeinem Lehrertreffen teilnehmen sollte. Das schon vorbei war, als ich ankam, worauf ich zu Awraham Orvieto zurückeilte und dabei zu meiner Überraschung plötzlich feststellte, daß auch ich hin und wieder kurz blinzelte, ja sogar kaum damit aufhören konnte, aber er war natürlich nicht mehr auf der Schultreppe. Gewiß war er auf sein Zimmer im Hotel Kedar oder irgendwo anders hingegangen.

In einer Woche ist das Schuljahr zu Ende. In den ersten Jahren setzte schon Mitte April der Wandertrieb bei ihr ein, sie sandte frühzeitig zum Sommer die Anmeldungen für Studientage in Jerusalem, ein Festspiel in Galiläa, eine Wanderreise mit den Naturfreunden ins Karmelgebirge und für Lehrerfortbildungen in Beer Scheva. Doch dieses Jahr ist sie mit ihrem neuen Kreuzzug beschäftigt und denkt nicht im Traum daran, sich für irgendeinen Sommerausflug einzuschreiben. Am Schabbat habe ich sie wie nebenbei gefragt, was sie sich eigentlich für die großen Ferien vorgenommen habe. Und als sie sagte, mal sehen, habe ich das Thema fallenlassen.
Die Menschen sind die meiste Zeit mit Erledigungen, Vorbereitungen, Vergnügungen beschäftigt. Mir genügen die Wüste und das Haus. Sogar die Arbeit wird nach und nach überflüssig. Bald werde ich aufhören. Die Pension, die Ersparnisse und das Einkommen aus dem Anwesen in Herzlia werden uns bis zum Schluß reichen. Und was werde ich den ganzen Tag tun? Ich werde beispielsweise die Wüste erkunden, bei langen Spaziergängen am frühen Morgen, bevor alles erglüht. In den heißen Stunden werde ich schlafen. Abends sitze ich dann auf dem Balkon oder gehe ins Café California, um mit Dubi Weizmann Schach zu spielen. Nachts lausche ich London. Hier diese Hügel, die Öffnung des Wadis, der Strom der Federwolken, zwei Zypressen am Ende des Hofes, und Oleander, und

da die leere Bank neben der Bougainvilleenlaube. Nachts sieht man Sterne, darunter einige, die nach Mitternacht je nach Jahreszeit ihre Stellung verändern. Nicht je nach, sondern parallel dazu. Jenseits des Gartenzauns liegt ein gelbliches Stoppelfeld. Ein alter Beduine hat hier im Herbst Gerste gesät und im Frühling geerntet, und nun kommen die Ziegen, um mit ihren unermüdlichen Zähnen die Halmstoppeln abzufressen. Dahinter kahle Weiten von hier bis ans Ende dieser Höhen und weiter bis zu dem dunklen Gebirgszug, der manchmal wie Dunst aussieht. Auf den Abhängen ein Gewirr von schwarzbraunen Feuergesteinsbrocken und hellen Kreidefelsen, die die Beduinen *Hawar* nennen, zwischen sandigen Schwemmflekken. Alles in Schwarz-Weiß. Jedes Ding an seinem Ort. Für immer. Und alles präsent und schweigend. In Frieden sein bedeutet, möglichst wie sie sein: schweigend und präsent. Frei.

Heute früh, im Morgenmagazin, kam ein Ausschnitt aus der Rede des Außenministers, der von dem ersehnten Frieden sprach.

Das Wort ersehnt ist überflüssig: entweder Frieden oder Hoffnung. Wähle.

Auch heute würde sie nach der Schule nach Beer Scheva fahren, hat sie gesagt. Hat versprochen zu tanken und möglichst nicht zu spät zurückzukommen. Dabei hatte ich sie doch gar nicht gefragt, wann sie zu Hause sein wollte, und auch nicht gebeten, früh zu kommen. Als sei sie versehentlich in ein fremdes Zimmer geraten und finde vor lauter Schreck das Fenster nicht. Das offen war und geblieben ist. Und nun schwirrt sie flügelschlagend von Wand zu Wand, bumst an die Lampe, an die Decke, streift an den Möbeln entlang, stößt sich. Und versuch bloß nicht, sie zum Ausgang zu lotsen: Du kannst ihr nicht helfen. Jeder Mucks von dir kann ihre Angst steigern. Statt nach draußen in die Freiheit könntest du sie, wenn du nicht aufpaßt, in die hinteren Räume scheuchen, und dort würde sie wieder und wieder mit den Flügeln an die Scheibe knallen. Man kann ihr nur helfen, indem man ihr nicht zu helfen versucht. Sich nur in sich selbst zurückziehen. Erstarren. Mit der Wand eins werden. Sich nicht rühren. War und ist das Fenster tatsächlich offen? Hoffe ich wirklich, daß sie davonfliegt? Oder lauere ich ihr auf, fixiere sie reglos mit starren Augen aus der Dunkelheit, warte, daß sie endlich entkräftet zu Boden sinkt.

Weil ich mich dann niederbeugen und sie betreuen kann wie zu Anfang. Von Anfang an.

In Beer Scheva stellte sich heraus, daß hinsichtlich des Treffens mit Benisri ein Mißverständnis vorlag. Eine schadenfrohe Sekretärin mit kleinen Ohrringen wie zwei Blutstropfen fand meinen Namen nicht auf dem Terminkalender: Diejenige, mit der ich den Termin ausgemacht hatte, war, nach Auskunft der Sekretärin, nichts als eine dumme Tipse, die zweimal in der Woche hier herumhinge und keinerlei Befugnisse im Hinblick auf Publikumsverkehr besitze. Herr Benisri sei in einer Sitzung. Bis in die Nacht hinein. Gut, ja, ich habe verstanden, daß Sie eigens aus Tel Kedar hergefahren sind. Tut mir leid. Sehr schade.

Als ich stur blieb, geruhte sie leicht pikiert, doch noch über die hausinterne Leitung nachzufragen, ob er eine Viertelstunde für mich erübrigen könne. Danach legte sie mit purpurnen Nägeln den Hörer auf und sagte, heute nicht, beste Frau, versuchen Sie es mal so in zwei, drei Wochen, nachdem Herr Benisri von der Konferenz zurück ist. Und rufen Sie vorher mich an, ich heiße Doris, wenn zufällig eine gewisse Tiki am Apparat ist – brauchen Sie gar nicht erst zu reden. Die Ärmste hat ein Baby von einem Basketballspieler, der nichts von ihr wissen will, und nun hat man auch noch rausgefunden, daß das Kind mongolisch ist. Und sie ist religiös. Wenn ich an ihrer Stelle religiös wäre, könnte ich mir schon kaum das Fahren am Schabbat verkneifen. Und wer sind Sie? Was wollen Sie von Herrn Benisri, vielleicht kann ich Ihnen zufällig erstmal helfen?

An diesem Punkt gab ich meine Prinzipien auf. Ich bat sie, Herrn Benisri noch einmal zu stören und ihm zu sagen, Theos Noa sitze hier.

Eine Minute später stürmte er ins Zimmer, hocherfreut, ganz Charmeur, Hüften und Bauch schwenkend, treten Sie ein, is doch keine Frage nich, natürlich, wie geht's unserm teuren Freund? Was macht die Gesundheit? Die Arbeit? Hat er Sie zum Abholen der Beschlüsse geschickt? Was fürn Guter. Ein hervorragender Mensch.

Und so weiter.

Aber in Ihrer Angelegenheit, sehen Sie, Frau Noa, offen gesprochen, also sagen wir mal so: Wenn Sie schon so 'nen Wohltäter aufgegabelt haben – schicken Sie ihn am besten hierher. Wir werden ihn schon auf die rechte Seite drehen. Von Drogen in Tel Kedar haben wir bis heute noch nichts gehört. Geht gegen null. Ja, sind wir denn auf den Kopf gefallen? Sollen wir etwa anfangen, all diese unsäglichen Typen aus dem Dan-Bezirk, aus dem Großraum Tel Aviv hier einzuschleppen? Da soll er sein Geld lieber, sagen wir, in ein Altersheim stecken. Das goldene Alter, wie es heißt. Das fehlt bei uns und könnte bestens gehen. Aber von draußen einen Trupp Junkies reinholen? Heutzutage, wissen Sie, kommen Drogen schon nicht mehr allein daher: Die gehen Hand in Hand mit Kriminalität, Aids, Gewalt und, *pardon*, allen möglichen Perversionen. Wie gelangt überhaupt eine nette Frau wie Sie an so eine Geschichte? Die, Gott behüte, auch noch Theo mit Dreck bespritzen könnte? Sie wissen, wie das heutzutage ist, jede Kleinigkeit zieht sofort Medien, Lokalpresse, Ermittlungen, Gerede nach sich, möge Gott uns davor bewahren. Richtig ist, daß man einen Spender nicht vergraulen darf. Bringen Sie'n mir her. Heutzutage wachsen die Wohltäter nicht mehr an den Bäumen, wegen dem schlechten Image, das der Staat jetzt von dem Wirrwarr hat, den die verfluchten Araber uns in den Gebieten anrichten. Was sagt Theo zur Lage? Verzehrt sich sicher vor Gram. Der Staat ist sein ein und alles. Wie lange sind Sie schon mit Theo zusammen? Na, was sind schon acht Jahre. Acht Jahre ist gar nichts. Geht gegen null. Hören Sie lieber darauf, was Ihnen einer sagt, der Theo von früher kennt, als im Land noch alles Sand und Phantastereien war. Bei uns verehrt man noch, was er damals tat, als er den Briten Polizeigebäude und Radarstationen in die Luft gesprengt hat. Ein beispielhaft positiver Mensch. Was heißt positiv. Vorbildlich. Wär er bloß bei der Entwicklungsplanung geblieben, dann hätten wir die ganzen Unerquicklichkeiten nicht, die seither passiert sind. Schade, daß er uns auf diese Art abhanden gekommen ist. Hatte halt ein paar Hasser – aus purem Neid und wegen all seinen Grundsätzen. Denken Sie immer daran, daß Sie eine Nationalgröße zu Hause haben, und hüten Sie ihn wie Ihren Augapfel. Vergessen Sie unter keinen Umständen, ihm von Benisri Grüße auszurichten. Und diese Junkies – lassen Sie die Finger davon, ehe es noch Mist gibt. Der Wohltäter soll am besten zu mir kommen, ich werd Ihnen den schon auf eine positivere Bahn bringen. Auf Wiedersehen.

Den ganzen Weg von Beer Scheva zurück nach Tel Kedar fuhr ich den breiten alten Chevrolet wie eine Terroristin: überholte unter schrillem Hupen, schnitt die Kurven, total angespannt, vor kalter Wut glühend, und diese Wut war mit einer Art Siegeskick verbunden. Als sei die Rache schon vorbei. Statt nach Hause direkt zu Muki Peleg kurven, mich mit untergeschlagenen Beinen auf das niedrige Bett setzen, Schallplatte, gedämpftes Licht, Schuhe, ein Glas Wein, Bluse, BH, ohne Verlangen und ohne jegliches Gefühl außer einem Zerstörungskick. Lippen, Schultern, Brust, dann nach und nach gen Süden, wie's im Buche steht, zwanzig Minuten etwa, und auch er ohne Leidenschaft, eher wie jemand, der Stempel für seinen Leistungsschein sammelt, der niemals voll werden wird. Zum Schluß werde ich ihm seine Pluspunkte geben müssen: Na, Noa-Schätzchen, wie war ich denn? Du warst sensationell, eine Wucht. Und persönlich werde ich die Genugtuung einstreichen, daß ich den Augapfel gedemütigt habe. Danach werde ich mich bei Muki duschen und anziehen, und während ich die Bluse zuknöpfe, wird er es sich nicht verkneifen können, noch mal zu fragen, wie's war, und diesmal werde ich ihm mit einem Lieblingsausdruck Benisris antworten: Geht gegen null, danke. Dann starte ich und fahre, von der Terrorwut befreit, nach Hause. Verkünde Theo, daß ich heute abend koche. Einfach so. Weil ich Lust dazu habe. Mit weißer Tischdecke und Wein. Zu wessen Ehren? Zu Ehren von Noa, die beschlossen hat, sich zusammenzunehmen und von dem Baum herunterzuklettern, auf den sie sich verstiegen hatte. Zu Ehren ihres verspäteten Rückzugs auf Normalformat. Und heute nacht gibt es weder Fuchsgetapse im Flur noch BBC. Aus London. Heute nacht werde ich ihn in meinem Bett schlafenlegen und mich derweil in seiner Hochburg auf dem Balkon einrichten. Ich bin an der Reihe, ein bißchen der Dunkelheit gegenüberzusitzen. Morgen früh, noch bevor ich losgehe, um im Unterricht Bialiks »Morgengeister« und »Licht« zu vergleichen, werde ich Awraham Orvieto zwei Zeilen schreiben, er soll sich einen anderen Schmetterling suchen. Die Gedichte, die sich im Nachlaß des Dichters Ezra Sussman fanden, heißen »Schritte, die im Sand versanken«. In der Universitätsbibliothek Beer Scheva hat man endlich das Buch für mich aufgefunden, und auf Seite 63 habe ich ein Gedicht entdeckt, dessen erste Hälfte mir gleich gefiel. Statt Heime einzurichten, werde ich zum Winter ehrenamtlich warme Kleidung für Neueinwanderer sammeln. Oder Geschenkpakete für Soldaten. Ich werde ein unspektakuläres gutes Werk im Rahmen meiner Fähigkeiten suchen, ohne die Wände hochzuklettern. Vielleicht gebe ich im Namen der Schule eine Gedenkbroschüre für Immanuel Orvieto heraus, versuche ein wenig Material zu sammeln, obwohl sich gewiß zeigen wird, daß keiner wirklich was schreiben kann, denn wer hat ihn schon gekannt – nicht einmal seine Klassenlehrerin oder die Erziehungsberaterin.

Mir mißfällt die Neigung guter Menschen, das Gute aus Gefühlsgründen zu tun. Der richtige Weg ist vielmehr, das Gute so zu tun wie jener überlastete Polizist – nicht mehr jung, ziemlich stupides Mondgesicht und kleiner Schmerbauch. Bevor der Krankenwagen eintraf, sah ich ihn auf dem Bauch kriechen, um den Verletzten zu helfen, die in einem umgekippten Lieferwagen an der Aschkelon-Kreuzung eingeklemmt waren. Das war vor einigen Jahren, doch ich erinnere mich an jede Einzelheit: Auf der Erde liegend, durch die verbeulte Tür hindurch, beatmete er von Mund zu Mund eine Frau, die das Bewußtsein verloren hatte. Aber in dem Augenblick, in dem die Rettungsmannschaft kam und ein Arzt oder Sanitäter heranrobbte, um seinen Platz einzunehmen, stand dieser Polizist auf, drehte sich um – den Verletzten konnte er ja nun nicht mehr nützlich sein – und ging sofort daran, das Verkehrsknäuel zu entwirren: Das wär's. Vorwärts, beste Frau. Los, los. Die Vorstellung ist vorüber.

Völlig nüchtern. Derb geradezu. Mit zigarettenversengter Stimme. Ungeachtet seiner schlammverklebten Haare, der verbeulten Mütze und des Gerinsels von Blut und Staub, das ihm aus der Nase troff. Säuerliche Schweißflecken zeichneten sich in seinen Achselhöhlen ab, und von der Stirn rannen ihm klebrige Schweißperlen bis zum Hals herab. Mehrere Jahre sind seither vergangen, doch ich habe diese besondere Mischung aus Barmherzigkeit und Nüchternheit nicht vergessen. Ich hoffe immer noch, dem Guten auf die Weise zu dienen, die ich von diesem Polizisten gelernt habe: nicht mit Herzerbarmen, sondern mit knapper Präzision. Mit jener Zweckmäßigkeit, die an Grobheit grenzt. Und mit sicherer Hand. Chirurgenhand. »Wo müssen wir leuchten, und wer braucht unseren leuchtenden Schein«, schreibt Ezra Sussman im ersten Gedicht der Sammlung.

Als ich bei der Ampel im Zentrum von Tel Kedar angekommen war, hatten das Gedicht und der Polizist mir geholfen, mich mit der Kränkung abzufinden und auf die Rache zu verzichten: Muki Peleg würde eine andere finden. Würde sich mit Linda Danino begnügen. Was nützte es, wenn sich noch eine gedemütigte Frau hingab – von sieben bis sieben Uhr zwanzig an einem drückend heißen Abend, in einem Wüstenstädtchen, zu den Klängen von Ravels *Bolero*, auf einem Bett, dessen staubige Tagesdecke nicht abgenommen wurde –, und zwar einem prahlerischen Ehebrecher, leicht verlebt, umweht von aufdringlichem Rasierwassergeruch, um einen Mann zu bestrafen, der ihr gar nichts Böses antun wollte und nie erfahren würde, was sie getan hatte? Was würde dadurch besser in der Welt? Wieso könnte es sie erleichtern?

Überhaupt nicht. Ging gegen null.

Einmal hat Muki Peleg mir gesagt – nach einer Flut von Komplimenten und Galanterien, die unweigerlich, gewissermaßen als Pflichtübung, bei ihm kommen –, eigentlich würde er uns beide ziemlich lieben. Sowohl Theo als auch mich. Nicht lieben. Schätzen. Auch das nicht. Er könne nie so richtig ausdrücken, was er wirklich meine. Das sei das Problem bei ihm. Über die Jahre hinweg, sagte er, seien Theo und ich uns auf undefinierbare Weise ähnlich geworden. Nicht in der Wesensart. Nicht im Äußeren. Auch nicht in den Gesten. In was anderem, wenn ich überhaupt verstünde, was er meine. Oft sieht man, daß eine solche Ähnlichkeit gerade bei Paaren, die keine Kinder bekommen können, langsam eintritt. Nicht wichtig. Tut mir leid. Wieder sei ihm eine Dummheit herausgerutscht. Und nun sei ich rot geworden, alles wegen ihm, der ohne Verstand und Gefühl daherlabere. Verzeihung. Dauernd komme das Gegenteil von dem heraus, was er sagen wollte. Vielleicht ähnlich wie bei der Vibration. Nein. Wieso das denn. Auch das nicht.

Ich fuhr langsam an Mukis Büro vorbei, *Immobilien und allgemeine Investitionen*, wendete an der Ampel und fuhr Richtung Präsident-Ben-Zwi-Allee zurück. Dort hielt ich einen Moment, um mir zu überlegen, was ich vergessen hatte, und kam zu dem Entschluß, daß Noa keineswegs vom Baum herabklettert, sondern nun gerade im Gründungsteam des Therapieheims Immanuel Orvieto bleibt. Zumindest, bis sich ein Passenderer findet, der bereit ist, die Aufgabe zu übernehmen. Das wär's. Vorwärts, beste Frau. Los, los. Die Vorstellung ist vorüber.

Trotzdem parkte ich den großen, verbeulten Chevrolet vor dem Supermarkt. Ich kaufte Aufschnitt, Fertigsalate, Schaumwein, Avocado, Auberginen, scharfe Oliven und vier Sorten Käse: Das Sündigen ist abgesagt, aber die Sühnefeier findet nach wie vor statt. Ich fand Theo barfuß im Wohnzimmer liegen, auf dem weißen Läufer, in Unterhemd und Turnhose. Nicht beim Lesen. Und ohne Fernseher. Vielleicht döste er wieder, wie gestern und vorgestern, mit offenen Augen. Nach dem Duschen zog ich einen Blumenrock an, mit passendem Halstuch über einer leichten blauen Bluse. Das Telefon stellte ich ab, obwohl ich noch etwas hätte regeln müssen, an das ich mich partout nicht erinnern konnte. Ich verbot Theo, mir beim Zubereiten des Essens zu helfen, und als er fragte, zu wessen Ehren das sei, antwortete ich im Scherz, das sei zu Ehren des Augapfels.

Er setzte sich an den Küchentisch, und während ich aufschnitt, wärmte und einschenkte, faltete er gemächlich grüne Papierservietten, die er eine nach der anderen akkurat in den entsprechenden Ständer steckte. Bei jedem Tun, sogar einer einfachen Tätigkeit wie dem Öffnen eines Umschlags oder dem Aufsetzen der Grammophonnadel, glaube ich bei ihm eine präzise Fingerfertigkeit zu erkennen, die er von Generationen an Uhrmachern, Schächtern, Geigern und Toraschreibern geerbt haben mag. Obgleich er mir einmal erzählt hat, sein Großvater mütterlicherseits sei nun gerade der letzte einer langen Reihe von Totengräbern in irgendeinem ukrainischen Schtetel gewesen. Zweiunddreißig Jahre hatte er als Planer gearbeitet, die meiste Zeit in leitender Stellung, beim Amt für Entwicklungsplanung. Es heißt, er habe Ideen entwickelt, gekämpft, manche meinen, er habe Bleibendes geschaffen. Als ich ihn in Venezuela kennenlernte, war er schon im Abseits, fast kaltgestellt. Er hat niemals darüber sprechen wollen, über diese Meinungsverschiedenheit, diese Niederlage, den Zusammenstoß mit dem Minister, Dinge, die ich aus nebulösen Gerüchtsfetzen erfuhr, diese Zurückweisung, vielleicht Intrige, als deren Folge man ihn aufs Abstellgleis schob. Jedesmal, wenn ich ihn fragen wollte, verschanzte er sich hinter Floskeln wie: Meine Zeit dort ist vorüber, oder: Was ich zu geben hatte, habe ich gegeben. Das ist alles. Über seine gegenwärtige Tätigkeit sprach er nicht. Seine Bekannten von damals sollte ich nicht kennenlernen. Bereits beim ersten Vorschlag, nach Tel Kedar zu ziehen, stimmte er zwei Tage später zu. Nachdem ich hier eine Stelle an der Oberschule gefunden hatte, eröffnete er ein kleines Büro unter der Bezeichnung »Planung m. b. H.«. Innerhalb von drei, vier Monaten hatte er die Verbindungen zu seinen früheren Bekannten abgebrochen, wie jemand, der aus freien Stücken den Rückzug wählt. Es blieben ihm ja sowieso nur noch wenige Jahre bis zur Pension, sagte er. Manchmal geht er gegen Abend für ein, zwei Stunden ins Café California, setzt sich in die Ecke an das Fenster, das auf die Ampel blickt, und liest den *Ma'ariv* oder spielt mit Dubi Weizmann Schach. Doch meistens kommt er um zehn nach fünf aus dem Büro heim und bleibt bis zum nächsten Morgen zu Hause. Als wende er sich ab. Nach und nach hat ihn ein immerwährender Winterschlaf gepackt, Winter wie Sommer, sofern das Wort Winterschlaf auf einen Mann paßt, der unter Schlaflosigkeit leidet.

Bei der Zubereitung von Folienkartoffeln mit Schale erzählte ich ihm von Benisri, und beinahe hätte ich ihm auch erzählt, was ich unterwegs auf der Heimfahrt fast getan hätte. Über das Bild des guten Polizisten wollte ich nicht sprechen, obwohl ich wußte, daß Theo nicht darüber spotten würde. Langsam, bedächtig und konzentriert, wie in eine geistige Anstrengung vertieft, faltete er die letzte Serviette und steckte auch sie in den Ständer. Als sei diese Serviette ihm wichtiger oder komplizierter als all ihre Vorgängerinnen. Dann sagte er ruhig: Dieser Benisri ist ein sehr kleiner Kopf. Und: Du hast es nicht leicht, Noa. Und bei diesen Worten mußte ich ein Weinen unterdrücken.

Nach dem Eis und dem Kaffee fragte ich, was wir heute abend machen sollten. Wir könnten es noch zur zweiten Vorstellung der Sexkomödie im Kino Paris schaffen. Und falls er andere Vorstellungen habe – solle er's sagen. Jeden Wunsch. Er wandte den Kopf und blickte mich mit leicht zugekniffenem Auge an, wobei sein breites Bauerngesicht eine vergnügliche Mischung von Scharfsinn, Sympathie und Mißtrauen ausstrahlte, als habe er an mir ein Detail entdeckt, das ihm bis heute entgangen war, und sei zu dem Schluß gelangt, daß dieses Detail nun gerade zu meinen Gunsten spreche. Dann schaute er auf die Uhr und sagte: Jetzt beispielsweise hätte ich dir vielleicht ein neues Kleid gekauft. Aber die Geschäfte haben schon geschlossen.

Statt ein Kleid zu kaufen, ließen wir das Geschirr auf dem Tisch stehen, um noch rechtzeitig zur zweiten Kinovorstellung zu kommen. Die Laternen des Platzes an der Ampel glommen schwach, nur das Gefallenendenkmal war von den Büschen heraus mit fahlgelbem Schein angestrahlt. Auf dem Eisengitter saß ein schmaler Soldat und trank Bier aus der Dose. Seine Augen starrten auf die Beine eines Mädchens im superkurzen roten Rock, das ihm den Rücken zuwandte. Als wir an ihm vorbeikamen, wandte er mir den Kopf zu. Es war ein Blick voll ängstlich verhaltenem Verlangen, wie tief verzweifelt. Ich legte Theo den Arm um die Hüfte. Sagte: Ich bin da. Und du? Er legte mir die Hand aufs Haar. Das Abendessen, das ich uns zubereitet hatte, sei seines Erachtens keine Mahlzeit, sondern eine Kreation gewesen, sagte er. Ich entgegnete: Was meinst du, Theo. Muki Peleg hat mir einmal gesagt, wir zwei, du und ich, seien uns irgendwie ähnlich. Das fand ich ein bißchen ulkig, denn worin sollten wir uns ähneln?

Theo sagte: Muki Peleg. Wer ist das noch mal. Dieser Makler. Dieser Clown mit den sechs Fingern an der linken Hand. Ein lauter Typ, nicht? Ein Casanova im Westentaschenformat? Der, der in einem Hemd mit Satanstränenaufdruck herumläuft? Vielleicht verwechsle ich ihn mit jemand anderem. Hör auf zusammenzufassen, sagte ich, du faßt bloß dauernd zusammen.

Der Film war britisch, ironisch, zu anspruchsvoll. Es ging um eine Intellektuelle, Verlagslektorin, bei der ein schwarzer Immigrant aus Ghana irgend etwas weckte, und nachdem sie sich ihm einmal, aus Neugier, hingegeben hatte, entflammte sie in solch stürmischer Leidenschaft, daß sie eine ihm völlig hörige Sklavin wurde, mit Körper und Geld, und danach auch noch Sklavin seiner beiden gewalttätigen Brüder. Für die komische Seite sorgten im wesentlichen die Beziehungen, die sich zwischen den Angehörigen der Lektorin – radikalen Verehrern der Dritten Welt und Freunden der diskriminierten Rassen – und dem Galan und dessen Brüdern entspannen: Unter einer dünnen Schicht weitblickender Toleranz blitzten wieder und wieder Vorurteile der verbreitetsten und primitivsten Sorte auf. Der Streifen bot schroffe Übergänge von gepflegten Salons in Bildungsbürgermanier zu vergammelten Küchen in Slumgassen und zurück zu büchergefüllten Räumen und Regalen mit geschmackvoll arrangierten afrikanischen Kunstgegenständen. Gegen Mitte des Films flüsterte ich Theo zu, du wirst sehen, daß die Liebe siegt. Er faßte mich um die Schulter. Vielleicht eine Viertelstunde verging, ehe er mir flüsternd entgegnete: Aber es gibt hier gar keine Liebe. Das ist wieder mal Frantz Fanon und wieder mal die Diskriminierten, die sich auflehnen und auf sexuelle Weise rächen.

Als wir zurück waren, ging er allein in die Küche und kam zehn Minuten später mit Gläsern und einem Krug heißem Punsch, gewürzt mit Zimt, Honig und Nelken, wieder. Wir tranken fast wortlos. Sein Blick veranlaßte mich, die Beine übereinanderzuschlagen. Theo, sagte ich, merk dir mal was: Honig tut man nicht in Punsch. Honig tut man in Tee. An Punsch gibt man etwas Zitrone. Und warum in diesen Gläsern? Das sind Gläser für kalte Getränke. Für Punsch haben wir andere Gläser, die kleineren. Du hast schon gar kein Unterscheidungsvermögen mehr. Geht gegen null.

Im Bett sprachen wir nicht. Ich zog das züchtige weiße Nachthemd an – wie eine religiöse Internatsschülerin, hat er einmal gesagt –, und er kam zu mir ins Zimmer, nackt bis auf ein rauhes, elastisches Band um das eine Knie, wegen einer alten Verletzung. Mit den Fingerspitzen meinte ich plötzlich die Aufhellung seines Arm- und Brustflaums zu spüren, von schwarz-dicht über grau und aschern zu silbern, sein Fleisch war kompakt und fest, aber seine Begierde schien diese Nacht fast losgelöst von ihm: als wolle er vor allem mich ganz und gar umfassen oder einhüllen, als verlange es ihn nur danach, mich zu bergen, einzusammeln, daß ich in seinem Innern sei, ja, war so darin vertieft, jedes Fleckchen meiner Haut zu berühren, daß es ihm beinahe gleichgültig war, was sein Körper abbekam, es mußte nicht sein, solange ich nur in Embryostellung zusammengerollt und von seinem Körper umgeben war, wie ein Jungvogel geborgen unter einer Schwinge. Ich wollte und wollte auch wieder nicht ihm nachgeben, gehorchen, ihm geben – mir geben lassen, und doch entschlüpfte ich seiner üppigen Verwöhnung und sorgte dafür, daß er sich auf den Rücken legte und sich nicht einmischte bei dem, was man ihm tat, und so war es bis zum Punkt des Gleichstands, und von da an bis zum Ende waren wir einander wie vier Hände, glichen einen Augenblick lang vielleicht hingebungsvollen Eltern, die sich konzentriert über die Wiege beugen, Kopf an Kopf, und Späße für das Kind erfinden, das wunderbar die Liebe erwidert. Hinterher deckte ich ihn mit dem Laken zu und strich ihm mit einem Finger über die starke Bauernstirn und die militärisch kurz geschorenen grauen Stoppeln, bis er einschlief, stand dann auf, ging barfuß in die Küche, wo ich das Abendbrotgeschirr abräumte, spülte und abtrocknete, auch die Punschgläser, die keine Punsch-, sondern Limonadengläser waren, und woher hatte er überhaupt die Idee, Honig reinzutun, komisch, Augapfel, was meinte er, als er sagte, nicht Liebe, sondern Aufstand der unterdrückten Rassen. Ich stellte alles an seinen Platz und wechselte die Tischdecke gegen eine saubere, gestickte. Theo wachte nicht auf. Als hätte ich ihm diese Nacht das ganze Schlafvermögen übertragen. Nach dem Geschirrspülen nahm ich seinen Platz auf dem Balkon ein, gegenüber der Wüste. Ich mußte an Benisris Worte denken, daß hier am Anfang nur Sand und Phantastereien gewesen waren, und an die religiöse Typistin, Tiki oder Riki, die, die ein Baby von einem Basketballspieler hat, der jetzt nichts davon hören will, wobei das Kind sich auch noch als mongoloid erwiesen hat oder, wie diese Rothaarige sagte, »als mongolisches Kind«. Ich dachte an den verliebten Schimpansen, an die Dose mit dem Würfelzucker, an den Jüngling, der einmal ein blinzelnder kleiner Junge gewesen war, der selbst im Sommer manchmal von einem Hauch Winter umgeben schien, vielleicht, weil ich mich vage an seine Aufmachung im grünen Pullover und braunen Kordhosen inmitten einer Klasse von kurzgeschürzten Jungen und Mädchen erinnerte. Obwohl ich mir bei diesen Kordhosen jetzt nicht mehr ganz sicher war. Was er hat sagen oder nicht sagen wollen, verdeckt das nicht ein bißchen das Gedicht? Ich hätte versuchen müssen, mich länger mit ihm zu unterhalten. Ihn hier nach Hause einladen sollen. Hätte mich bemühen müssen, ihn zum Reden zu bringen. Doch ich war nur an seiner Einsamkeit vorübergegangen, ohne anzuhalten. Und ein andermal hatte er gesagt, das Reden sei in seinen Augen eine Falle. Jetzt verstehe ich nicht, wie ich habe überhören können, daß diese Worte fast ein Hilfeschrei waren: »Und in allem ist ein welkend, zögernd, schmerzend Lächeln«, hat Ezra Sussman in einem Gedicht über einen Herbstabend geschrieben.

Über die Hügel kam ein defekter, moslemischer Mond, der bleichen Schein auf die Leergrundstücke und Wohnblöcke goß. In keinem Fenster war mehr Licht. Die Straßenlaternen brannten unnütz weiter, und eine flackerte wieder und wieder, ging gegen null. Eine Katze strich unter meinem Balkon vorbei und verschwand im Gebüsch. Jenseits der Hügel ertönte eine dumpfe Schußsalve, gefolgt vom Widerhall und erneut kühler Stille. Die meine Haut berührte. Mir fiel auch die Tante ein, die Bankangestellte, die zwei Tage, nachdem man den Jungen gefunden hatte, gestorben war. Eine unschöne, verdorrte Frau mit kurz geschnittenem Kupferhaar, das sie mit einem Plastikreif an den Kopf drückte. Sie hatte eine komische Angewohnheit: Wenn man ihr in der Bank gegenübersaß und mit ihr sprach, hielt sie sich die sommersprossigen Finger über Mund und Nase. Als fürchte sie sich ständig vor dem Mundgeruch ihres Gegenübers oder vielleicht mehr noch vor ihrem eigenen. Gespräche pflegte sie mit der Wendung »In Ordnung. Hundertprozentig«, zu beenden, ohne auch nur die Stimme zu heben. Ein Rascheln ging durch den Garten, als lösten sich meine Gedanken über Tote von mir und sänken nieder, um unter den Oleanderbüschen entlangzukriechen. Als wälze sich dort der verkrümmte Rest eines Hundes auf dem Bauch. Auf einmal kam es mir so vor, als sei die verlassene Bank in der Bougainvilleenlaube zerbrochen: Das Mondlicht hatte die Winkel verändert, der Schatten der Bankstreben vermengte sich mit den Streben selber, und schon wirkte sie wie das Zerrbild einer Bank in zitterndem Wasser. Was hatte Awraham Orvieto gemeint, als er im Lehrerzimmer sagte – so, als bezeichne er eine Tatsache, die allen außer mir bekannt war –, daß der Junge nur mich gemocht habe? Vielleicht hätte ich ihn bitten sollen, mir die Briefe seines Sohnes zu zeigen, vor allem den, in dem er von dem nicht existenten Bleistift erzählt hatte.

Um Viertel vor sieben weckte mich Theo, tatkräftig, rasiert, stabil, in einem gebügelten hellblauen Hemd mit Schulterklappen, wirkte mit seinen breiten Schultern und dem kurzgeschorenen Grauhaar wie ein Kolonialoffizier außer Diensten, den *Ha'arez* unter den Arm geklemmt, brachte mir starken, glühendheißen schwarzen Kaffee, den er wie gewohnt jeden Morgen per Hand mahlte und im Perkulator bestens zubereitete: Als wolle er mir damit eine Szene aus der grausamen englischen Komödie ins Gedächtnis rufen. Anscheinend war ich in der Nacht auf der weißen Wohnzimmercouch eingeschlafen, statt ins Bett zurückzukehren. Auch das erinnere ich nicht, aber ich habe keine andere Erklärung. Ich nahm ihm den Kaffee ab und sagte, hör mal, sei nicht böse, ich hatte dir gestern versprochen, den Chevrolet auf der Rückfahrt von Beer Scheva aufzutanken, hab's zum Schluß aber völlig verschwitzt. Theo sagte, macht nichts, ich werde auf dem Weg ins Büro tanken, sobald ich dich jetzt gleich in die Schule gefahren habe. Zeit habe ich genug, Noa.

Theos Planungsbüro, »Planung m. b. H.«, befindet sich im obersten Geschoß des Bürohauses an der Ampel. Es besteht aus einem vorderen und einem rückwärtigen Zimmer, Reißbrett, Schreibtisch, diversen Landkarten an der Wand, einer Farbphotographie von Ben Gurion, der mit entschlossener Miene das Wüstengelände von Nachal Zinn überblickt, zwei Metallschränken, ein paar Regalen mit Reihen von Aktendeckeln in verschiedenen Farben und in der Ecke des Vorzimmers zwei einfachen Sesseln mit einem niedrigen Couchtisch.

Freitag. Viertel nach zehn. Freitags ist das Büro stets geschlossen, aber Theo ist diesen Morgen anwesend, um auf die Reinmachefrau Natalia zu warten, obwohl sie einen eigenen Schlüssel hat. Bis zu ihrem Eintreffen wollte er die Korrespondenz durchsehen. Er hatte bereits die Klimaanlage eingeschaltet und die Leuchte über dem Reißbrett angeknipst. Dann überlegte er es sich anders, machte die Lampe wieder aus und wartete lieber am Fenster. Vor der Theke von *Gilboa – Bücher und Schreibwaren* sah er einen kleinen Menschenauflauf: Man wartet auf die Abendzeitungen, die gewöhnlich um neun Uhr eintreffen, diesmal aber auf sich warten lassen. Es heißt, die Polizei habe alle Ausfahrten aus Beer Scheva abgeriegelt, weil dort eine Bankfiliale überfallen worden sei. Beim Gefallenendenkmal bohren zwei gebückte Gärtner mit breitkrempigen Strohhüten Rosmarinschößlinge in die Beete an Stelle der vorherigen, die abgestorben sind.

Theo fragt sich, warum er heute morgen nicht etwas arbeitet. Wenigstens bis Natalia kommt. Er könnte zum Beispiel anfangen, Ideen für das Projekt in Mizpe Ramon zu Papier zu bringen: Vorläufig geht es nur um die Anfertigung eines Schemas, einer Grundkonzeption, begleitet von ein paar einfachen Skizzen, ohne Details, ja sogar ohne genauen Maßstab. Da bisher weder das nötige Budget noch eine endgültige Entscheidung vorliegen, hat man ihn noch nicht gebeten, die Planung im einzelnen anzugehen. Er denkt ein wenig darüber nach, aber ihm fehlt jene elektrisierende Schärfe, ohne die keine Idee zündet. Was war heute mit Natalia? Vielleicht müßte er versuchen, sie anzurufen, müßte sich erkundigen, ob nicht ein Unglück passiert war, aber gewiß wohnten sie in der Caravan-Siedlung, hatten vermutlich gar kein Telefon, und außerdem hatte sie ihm einmal in holprigem Englisch, mit ein paar hebräischen Brocken durchsetzt, erklärt, ihr Mann sei wahnsinnig eifersüchtig und verdächtige jeden Schatten eines Mannes, sogar seinen alten Vater. Er dachte über sie nach, diese Kindfrau, kaum siebzehn Jahre und schon verheiratet und unterdrückt, ein gehorsames, verängstigtes Mädchen, zwischen dem Lächeln krümmt sich ihr Mund wie zum Weinen, stellt man ihr eine einfache Frage, zittert sie am ganzen Leib und erblaßt, Figur und Busen sind ausgereift, aber ihr Gesicht trägt noch Schulmädchenzüge. Mit einem Schlag wallte Begierde in ihm auf, gewaltsam, eine geballte Faust.

Freitag. Noa ist bis halb eins in der Schule. Danach wollen sie sich hier treffen und gemeinsam versuchen, einen Rock für sie zu finden. Heute morgen hat er auf die Dusche verzichtet, um noch ein paar Stunden den Duft ihrer Liebe zu bewahren, den er jetzt nicht mehr in der Nase, sondern in den Poren spürt. Ihr Lachen, ihre Widerspenstigkeit, ihr Körper, der Lichtpartikel, der mal rasch über ihre Pupillen tanzt, ja sogar ihre runzligen, mit braunen Pigmentinselchen gesprenkelten Hände, die viele Jahre älter wirken als sie selbst, als hätten sich in ihnen die Abbaukräfte verschanzt, die auf ein Zeichen der Schwäche lauerten, um auf den ganzen Körper überzugreifen, all das erscheint ihm mit dem Leben selbst verbunden. Wie ein Stromleiter belebt sie auch ihn. Obwohl der Gedanke an Natalia ihn erregt, geht der Funke von Noa aus und kehrt auch wieder zu ihr zurück. Es gibt keinen Weg, ihr das klarzumachen. Statt dessen wird er ihr einen Rock und vielleicht auch ein Kleid schenken. Und da Natalia nicht beikommt, um das Büro zu putzen, und heute vielleicht gar nicht mehr erscheinen wird, hat man Muße, am Fenster zu stehen und auf den Ampelplatz zu blicken. Welchen Fehler hat die Männerwelt in bezug auf Alma Mahler begangen? Wie war Alma Mahler wirklich? Beide Fragen sind hohl. In Mexico City hatte er bei einem Festival für neue Musik durch Zufall einmal an zwei aufeinanderfolgenden Abenden zwei verschiedene Interpretationen der Kindertotenlieder gehört, die erste von einem Bariton mit Klavierbegleitung, die zweite von einer tiefen Frauenstimme, vielleicht Contralto, so sehnsuchtsvoll, rein und still wie die Fügung in das Schicksal. Theo erinnerte sich, daß diese zweite Interpretation ihn mit derart tiefer Trauer erfüllt hatte, daß er aufgestanden und aus dem Saal gegangen war. Das zweite Lied des Zyklus hieß »Nun seh ich wohl, warum« und das vierte »Oft denk ich, sie sind nur ausgegangen«. Wie ein einzelner tiefer Celloton bereiteten ihm diese Namen einen dumpfen, stechenden Schmerz. Doch die Anfänge der anderen Lieder wollten ihm trotz aller Anstrengung nicht einfallen. Am Abend würde er Noa fragen.

Unter seinem Fenster geht eine Frau mit Kopftuch vorbei, in jeder Hand ein frisch geschächtetes Huhn für den Schabbat. Da die Frau klein und der Platz staubig ist, hinterlassen die toten Kämme Streifen auf dem Pflasterstaub. Theo grinste einen Augenblick unter seinem Schnurrbart und hätte beinahe auch verschmitzt gezwinkert, wie ein geiziger französischer Bauer, in dem sich der leise Verdacht zu regen beginnt, sein Handelspartner könnte gerissen taktieren, worauf er anfängt, sich eine List zurechtzulegen, um den Fallstrick zu umgehen. Doch da war sie schon vorbei und ging ihres Weges.

Vor der sefardischen Synagoge wurde ein provisorischer Tisch aufgestellt, eine Holztür auf zwei Tonnen, über deren ganze Länge man aufgeschlagene Bücher verteilte, gewiß heilige Schriften, die man aus dem Schrank geholt hatte, damit sie etwas auslüften und Sonne tanken konnten – gegen Moder und Insektenbefall. Halb elf, und Natalia war nicht da, würde heute auch nicht mehr kommen. Ob ihr Mann sie wieder mal eingeschlossen hatte? Schlug er sie womöglich mit dem Gürtel? Er mußte noch heute morgen ihre Anschrift ausfindig machen. Hingehen. Nachsehen, ob er helfen konnte, vielleicht sogar die Tür einschlagen, um ein Unglück zu verhindern. Zeit hatte er genug, denn Noa würde ja erst in zwei Stunden kommen. Doch da traf das Taxi aus Beer Scheva ein und brachte endlich einen Schwung Abendzeitungen. Limor Gilboa, Gilboas hübsche Tochter, stapelt sie flink, schiebt in jede der eben eingetroffenen Außenseiten die Wochenendbeilagen, die bereits gestern gekommen sind. Gilboa selbst, ein rundlicher Teddybär, energiestrotzend, ein typischer Histadrut-typ mit wehendem Grauhaar und Spitzbauch, wirkt immer, als werde er augenblicklich eine Rede zum besten geben, und da fängt er schon an, *Jediot* und *Ma'ariv* an die Versammelten zu verkaufen, die herandrängeln und die Arme recken. Theo notiert auf einem kleinen Zettel eine Einkaufsliste für Büromaterial und beschließt, ebenfalls zu Gilboa hinunterzugehen, sobald die Menge sich verlaufen würde, um die Dinge auf der Liste zu kaufen und vielleicht auch den *Ma'ariv* vom Schabbat, bevor er vergriffen war. Was die Skizze anbetraf, die man aus Mizpe Ramon bei ihm bestellt hatte, brannte nichts an, nächste Woche würde ihm vielleicht die Erleuchtung kommen. Sollten sie warten. Am Schabbat würden sie ihr Feriendorf gewiß nicht bauen, wahrscheinlich überhaupt nie. Wenn man nur all das, was dort bisher entstanden war, dem Erdboden gleichmachen und von Anfang an neu errichten könnte, ohne die häßlichen Wohnblöcke, in einem gemäßigten architektonischen Rhythmus, der der Stille des Machteschs und der Gebirgszüge mit der gebotenen Demut begegnete. Er schloß das Büro ab und ging hinunter.

Pinni Buso hat die Wände seines Schuhgeschäfts mit einer Serie von Porträts geschmückt: Maimonides, der Lubawitscher Rebbe und der heilige Rabbi Baba Baruch. Wenn's auch nichts nützt, so schadet's auch nicht. Obwohl er selbst die religiösen Gebote nicht einhält, birgt er im Herzen doch ein bißchen Gottesfurcht sowie Achtung vor der Religion, die uns Jahrtausende vor allem Übel bewahrt hat. Zusätzlich zu den Rabbinern hat Buso ein Bild des früheren Staatspräsidenten Navon aufgehängt, den das Volk liebte, weil er volkstümlich war. Rechts und links von Navon prangen Schamir und Peres, die sich nach Busos Ansicht zum Nutzen der Allgemeinheit versöhnen und gemeinsam den Kampf gegen den Bruderzwist wieder aufnehmen müssen: Uns genügen schon die Feinde der Außenwelt, die uns vernichten wollen, gegen die muß sich das ganze Land um unseren Weg scharen. Busos Frau und sein kleiner Sohn sind bei einem Unglück umgekommen, das sich vor vier Jahren hier ereignet hat. Ein junger Soldat, von unglücklicher Liebe deprimiert, hatte sich im Schuhladen verschanzt, das Maschinenpistolenfeuer eröffnet und neun Menschen getroffen. Buso überlebte nur deshalb, weil er an jenem Morgen zufällig zur Sozialversicherung gegangen war, um dort Beschwerde einzulegen. Für das Seelenwohl von Frau und Sohn hat er einen Toraschrein aus skandinavischem Holz gespendet, und nun wird er zu ihrem Andenken auch eine Klimaanlage für den Umkleideraum auf dem Fußballplatz spendieren, damit die Spieler sich in der Halbzeit abkühlen können.

Am Ende des Gehsteigs, neben *Schuh-Buso*, gibt es eine Sitzecke mit Bänken, eine Plastikrutschbahn für Kinder und einen Sandkasten darunter. In stilvollen Blumenkästen zwischen den Stämmen der indischen Buchen sprießen mühselig ein paar Petunien. Der blinde Lupo ruht auf einer dieser Bänke aus, das Gesicht der prallen Sonne zugewandt. Tauben umringen ihn, einige sitzen ihm sogar auf den Schultern. Sein spitzer Stock steckt wie ein Anker in der Ritze zwischen zwei Pflastersteinen. In Bulgarien, heißt es, habe er einen hohen Geheimdienstposten bekleidet. Hier in Tel Kedar arbeitet er nachts in der Telefonzentrale, sieht mit den Fingerspitzen die Schalter und Tasten. Jeden Morgen sitzt er dann, seinen grauen Hund am Halfter, in dieser Anlage, starrt direkt in die Sonne und streut Körner für die Tauben, die ihn schon umflattern, ehe er bei der Bank angekommen ist. Manchmal wird eine ganz zutraulich, landet jäh auf seinem Schoß und läßt sich von ihm das Gefieder streicheln. Beim Aufstehen versetzt er seinem Hund gelegentlich einen Stoß und murmelt höflich Verzeihung.

Zwei junge Verlobte, Anat und Ohad, stehen in Herrn Bialkins Möbelgeschäft. Sie möchten Bezugsstoff aussuchen, der zu Couch und Sesseln paßt und mit den Gardinen harmoniert, aber ihr Geschmack ist verschieden: Was er schön findet, ist in ihren Augen absolut grauenhaft, und was ihr gefällt, erinnert ihn an einen polnischen Offizierspuff. Woher er diese Fachkenntnis denn habe, fragt sie giftig, worauf er schnell einen Rückzieher macht: Sieh doch mal, wohin das führt, streiten uns sinnlos über jeden Quatsch. Anat behauptet demgegenüber, das sei kein Streit, sondern nur eine Meinungsverschiedenheit, etwas völlig Normales. Ohad schlägt einen Kompromiß vor: Laß uns nach dem Schabbat nach Beer Scheva fahren, dort ist die Auswahl zehnmal größer. Aber das, ruft sie triumphierend, ist genau, was ich von Anfang an vorgeschlagen habe, doch du wolltest nichts davon hören. Herr Bialkin mischt sich zaghaft ein: Vielleicht möchte die junge Dame den Katalog durchsehen; was immer Gefallen und Gnade in Ihren Augen findet, können wir aus Tel Aviv kommen lassen, und so Gott will, ist es am Dienstag da. Ohad berichtigt jedoch wiederum: Ich streite nicht ab, daß du's vorgeschlagen hattest, aber du hast doch selbst gesagt, erst versuchen wir's mal bei Bialkin, und nur wenn wir nichts finden – Ich bestreite nicht, daß ich's gesagt habe, fällt ihm die Braut ins Wort, aber bestreit du auch nicht, daß du einverstanden warst. Der junge Mann gesteht das zu, möchte sie jedoch daran erinnern, daß er da einen kleinen Vorbehalt gehabt habe. Vorbehalt, spottet sie, was soll das denn, bist du plötzlich Rechtsanwalt geworden? Reichst du demnächst auch noch Beschwerde bei mir ein?

Als sie weg sind, sagt Bialkin: So ist das heutzutage. Verzehren sich das Herz und sterben. Und was darf's für Sie sein, Herr Theo? Ein Schaukelstuhl? Aus Holz? Nein. Das habe ich nicht. Einen Fernsehsessel ja. Der auch wippen kann. Schaukelstühle wie die von einst stellt heute keiner mehr her. Theo dankt ihm und geht. Er glaubt, das erste Lied im Zyklus der Kindertotenlieder heißt »Nun will die Sonn' so hell aufgehn«, aber sicher ist er sich nicht. Warum nicht Noa bitten, in der Schulbücherei nachzusehen, wo sie ja sowieso Stunden zubringt?

Am Falafelstand *Entebbe* kauft ein etwa fünfzigjähriger Beduine Schawarma in Fladenbrot. Das Schawarma ist eine Neuheit am Ort, und Awram erzählt dem Beduinen bereitwillig, das sei vorerst versuchsweise. Wenn's gut läuft, fangen wir in ein paar Wochen auch mit Spießen auf dem Holzkohlengrill an. Unterdessen stolziert eine blasierte weiße Katze hocherhobenen Schwanzes an Kuschnirs Hündin vorbei, die vorgestern Junge geworfen hat. Die Hündin zieht es vor, sich schlafend zu stellen, hält die Augen aber doch einen Spalt offen, um das Maß an Frechheit genau abzuschätzen. Beide, die Katze und die Hündin, benehmen sich, als sei die ganze Lage weit unter ihrer Würde. Der alte Kuschnir fragt Theo, was ist denn, warum sieht man Sie nicht, worauf Theo, das linke Auge zugekniffen, als prüfe er ein Keimblatt unterm Mikroskop, erwidert, es sei alles normal. Falls Sie einen von ihren Welpen haben möchten, sagt Kuschnir, aber Theo läßt ihn gar nicht erst ausreden, sondern schnauzt unter seinem autoritären Schnurrbart: Nein danke. Völlig überflüssig.

Um Viertel nach elf zieht ein kleiner Trauerzug an der Ampel vorüber, vielleicht ein Minjan Trauernder, die meisten alte Aschkenasen. Von seinem Stammschemel vor der Tür von *Schuh-Buso* eruiert Pinni Buso, wer da gestorben ist und wie. Buchbinder Kuschnir weiß ihm zu berichten, das sei Elijahu, Elijahu der Senile, der alte Onkel von Schatzberg aus der Apotheke, dieser Verwirrte, der ihnen dauernd von zu Hause weggelaufen war und ganze Tage in der Post gesessen hatte, von morgens bis abends, und alle fünf Minuten hatte er sich wieder ans Ende der Schlange gestellt, um am Schalter zu fragen, wann denn der Prophet Elijahu käme, und so oft man ihn auch hinauswarf, er kam immer wieder.

Die Beerdigung geht hastig vonstatten. Die Bahrenträger rennen fast wegen des nahenden Schabbats und all der Vorbereitungen, die sie noch vor Sonnenuntergang treffen müssen. Die alten Leute im Troß schnaufen vor Anstrengung, und doch klafft eine Lücke zwischen Bahre und Gefolge und noch einmal eine zwischen den ersten und den letzten Trauergästen. Der Tote ist mit einem vergilbten Gebetsmantel zugedeckt und sieht vor lauter Geschüttel aus, als winde er sich in Schmerzen. Ein gelbgesichtiger Talmudschüler, Seldkan mit Namen, hastet an der Spitze, läßt seine Sammelbüchse scheppern und verheißt, Wohltätigkeit rettet vor dem Tod. Theo denkt einen Moment darüber nach und findet, die Frage sei offen.

Ein lautstarker Streit ist zwischen den verschwägerten Friseusen Violette und Madelaine im *Salon Champs Élysées* ausgebrochen. Ihr Geschrei ist noch über die Ampel hinaus zu hören. Die eine schluchzt, du weißt ja selbst nicht mehr, wann dir die Wahrheit rausrutscht und wann nur dreckige Lüge, und ihre Genossin gibt ihr in den höchsten Jammertönen zurück, du blöder Tamponstöpsel, wag nie mehr, mich dreckig zu nennen. Beide sind früher und vielleicht auch neuerdings mit Muki Peleg ins Bett gehüpft, der gegenwärtig bei einem Glas Bier im Café-Restaurant California mit einem Trupp Fahrer zusammensitzt und als Reaktion auf das Geschrei detaillierte Vergleiche losläßt, die seine Zuhörer wieder und wieder in heiseres Gelächter versetzen. Mit den sechs Fingern seiner linken Hand umgreift Muki das Glas, das vor lauter Bierkühle schwitzt. Danach zünden die Männer Zigaretten an und reden über indexgebundene Geldanlagen. Unterdessen ist der Trauerzug hinter dem Tel Kedarer Rathaus verschwunden, und die Menge vor Gilboas Laden hat sich zerstreut, doch es gibt noch Abendzeitungen die Fülle zu kaufen. Die hübsche Limor Gilboa steht hinter der Theke und folgt mit den Augen Anat und Ohad, die den Möbelladen verlassen und die Elektronikboutique betreten haben. Kuschnir deutet mit dem Kinn auf Limor und sagt zu Buso, gucken Sie doch, wie die sich hält: Prinzessin Diana in Reinkultur. Buso bemerkt traurig: Ehe die neuen Russen kamen, galt sie als Cellospielerin von Nationalligaformat. Seit ein paar Tausend von ihrer Sorte aus Rußland eingewandert sind, ist sie so klein geworden. So ist das mit der Berühmtheit: wie Wasser. Gestern nix, heute in Strömen, morgen nix. Erinnern Sie sich noch an diesen früheren Minister, Joram Meridor? Jung? Erfolgreich? Berühmt im ganzen Land? Jeden Tag im Fernsehen? Er soll ein Einkaufszentrum an der Natania-Kreuzung eröffnet haben. So ist das mit der Berühmtheit.

Theo kauft den *Ma'ariv* mit Lokalbeilage und setzt sich ins Café California. Bestellt ein Glas Grapefruitsaft. Muki Peleg lädt ihn zu seiner Tischrunde ein, die bei ihm »Rat der Toraweisen« heißt. Theo antwortet nach kurzem Zögern, danke, vielleicht später, worauf Muki ergänzt: Wie der Delinquent zum Henker sagte, als der ihm anbot, eine Zigarette zu rauchen, während er ihm die Schlinge um den Hals legte.

Theo überfliegt die Schlagzeilen: Gefahr eines Wiederaufflackerns. Taubstumme aus Akko verbrannte die Geliebte ihres Ex-Mannes. Der Verkehrsminister verließ aus Protest die Feier. Samstagabend um Mitternacht wird Benzin teurer. Die Sicherheitskräfte konnten Zwischenfall vereiteln. In Gedanken verfolgt er den gehetzten aschkenasischen Trauerzug, eine typische Schabbatvorabendbeerdigung, gewiß hatte er schon das Gelände mit den Schrottautos passiert und den Friedhof erreicht. Die Bahre würden sie zuerst auf dem Kiespfad ablegen. Gezwungenermaßen warteten sie auf die langsamen Trauergäste, die zurückgeblieben waren. Vergebens die ganze Eile und Lauferei: Ehe der letzte Trauergast nicht da war, konnte man nicht anfangen. Der melancholische ungarische Kantor würde seine Lungen mit Luft füllen, daß ihm das Gesicht rot anlief, als sei er wutentbrannt, und dann würde er schmetternd das »Barmherziger Gott« intonieren, länger bei dem Satz »im Garten Eden sei seine Ruhe« verweilen, sich verneigen bei den Worten »wird seinem Schicksal am Ende aller Tage ins Auge sehen«, und die Trauergäste würden Amen sagen. Danach würde man Apotheker Schatzberg vorschubsen und ihm zuflüstern, er müsse Wort für Wort dem Kantor nachsprechen, der da in aschkenasisch gefärbtem Aramäisch murmelte: »Erhoben und geheiligt... schnell und in naher Zeit.« Jeden Tag war er verschwunden, aber man hatte sich keine Sorgen um ihn gemacht, denn stets war er pünktlich um acht in der Post erschienen, die kindlichen Blauaugen von einem verschämten Lächeln erhellt, dem Lächeln eines freudigen Schüchterlings, der nicht mehr weiß, was ihm Freude bereitet hat. Der Kantor würde den Verstorbenen um Nachsicht, Verzeihung und Vergebung bitten, falls man seine Ehre bei der Totenwaschung oder während der Bestattung versehentlich verletzt haben sollte, und ihn von seiner Mitgliedschaft in jeder Vereinigung oder Gesellschaft, der er zu Lebzeiten angehört hatte, lossprechen. Manchmal war er einem auf der Straße entgegengekommen und hatte mit höflicher Verbeugung, bei der seine blauen Augen vor innigem Sehnen leuchteten, sanft gefragt: Verzeihung, werter Herr, würden Sie vielleicht die Güte haben, mir mitzuteilen, wann Elijahu kommen wird? Deshalb nannte man ihn in der Stadt Elijahu oder gelegentlich der Elijahu von Schatzberg von der Apotheke. Dann würden die Totengräber die Tuchbahn schräg halten, ein wohlgeübter, präzise abgestimmter Handgriff, wie bei einem Operationsteam. Der schütterbärtige Talmudschüler würde die Füße des Toten leicht anstoßen und wie eine flinke Hebamme dem eingewickelten Leichnam dazu verhelfen, dem Schoß der Bahre zu entgleiten und sich reibungslos der Grube einzupassen. Mit einem Ruck würden sie den umhüllenden Gebetsschal wegziehen, als durchtrennten sie eine Nabelschnur. Dann würden sie fünf flache Fertigbetonplatten darüberlegen, sofort mit den Spaten zu Werke gehen, einen Erdhügel auftürmen und ihn mit einem Rechteck aus grauen Zementblöcken abstecken. Zu Häupten des Hügels, ungefähr über der zarten Stirn des Toten, würden sie ein Blechschild eindrücken, auf dem nicht Elijahu, sondern *Gustav Marmorek s. A.* stand. Zwei, drei weitere Minuten würden die Trauergäste in verlegenem Schweigen warten, als wüßten sie nicht, was nun, oder harrten noch eines unerläßlichen Zeichens. Danach würde einer sich niederbeugen und ein Steinchen aufs Grab legen, andere würden es ihm nachtun, bis einer schließlich aufs Tor zusteuerte, weil es ihn dringend nach einer Zigarette verlangte, und alle anderen ihm nach, wiederum in Hast, Freitag mittag, schon spät. Der leitende Totengräber würde die schiefen Eisentore abschließen, über die sich eine rostige Stacheldrahtrolle spannte. Zwei, drei Autos würden starten und in der Kurve hinter dem Hügel verschwinden. Die Frau und der kleine Sohn von Buso vom Schuhgeschäft sind hier im oberen Teil begraben, vier Reihen entfernt von dem Soldaten Albert Jeschua, der in einem Anfall unglücklicher Liebe mit der Maschinenpistole die beiden und sämtliche Besucher des Ladens umgebracht hatte und zehn Minuten später von der einzelnen Kugel eines Polizeischarfschützen getötet wurde, die ihm genau zwischen den Augen in die Stirn gedrungen war. Den heutigen Toten hatte man neben dem jungen Immanuel Orvieto aus der Klasse 12c und dessen Tante bestattet, die zwei Tage später an einem Hirnschlag gestorben war. Die Mutter des Jungen ist seit neun Jahren in Amsterdam begraben. Stille liegt über allem, freitagmittägliche Ruhe in der Wüste am Fuße des Hügels. Die Wespen summen unaufhörlich um die Tropfen aus einem rostigen Wasserhahn. Und zwei, drei Vögel singen dort vielleicht noch weiter, versteckt in Kiefernzweigen, die ein leichter Ostwind prüfend umspielt, wobei er Nadel für Nadel behutsam wedelt. Unmittelbar hinter den letzten Gräbern erhebt sich eine durch Zaun abgesperrte steile Felswand, deren Überquerung vom Militär untersagt ist. Es heißt, dahinter verberge sich eine breite Senke voll geheimer Anlagen. Theo zahlt jetzt für den Saft, den er getrunken hat, und kehrt in sein Büro zurück. Seine russische Putzfrau wird er ein andermal suchen, soweit ihr eifersüchtiger Mann nicht mit dem Beil auf ihn losgeht. In ein paar Minuten wird Noa kommen. Das Modehaus Lev-Dizengoff-Süd ist freitags bis ein Uhr geöffnet, wie er telefonisch erfragt hat. In der kleinen öffentlichen Anlage sitzen immer noch der Blinde und sein Hund, weiterhin umgeben von Tauben. Jetzt gießt er ihnen aus einer Feldflasche Wasser in ein Plastikschälchen. Die Bürosachen und Zeichenutensilien auf dem Einkaufszettel hat er zu kaufen vergessen. Dann eben nächste Woche. Nichts brennt an. Ja, und der *Ma'ariv*, den er abgesehen von den Schlagzeilen noch gar nicht gelesen hat, ist im Café California auf dem Tisch liegengeblieben. Ebenso wie das Lokalblatt. Vorerst lautet die einfache Antwort, tut mir leid, mein Herr, ich habe keine Ahnung, wann Elijahu kommen wird und ob überhaupt jemals. Ich glaube nicht, daß er kommt. Aber danach bin ich nicht gefragt worden.

Zum Schluß wählte sie ein helles Kleid im Bauernstil, vielleicht balkanisch, mit einer Art Schmetterlingsschleife unter der Brust. Im ersten Moment machte ihr das neue Kleid kindlich strahlende Freude. Vor dem Spiegel drehte sie Schultern und Hüften in verhaltenem Reigenwirbel. Aber nachdem das erste Glück verflogen war, erwachten Zweifel: Nicht zu folkloristisch? Nicht zu auffallend? Zu welchen Anlässen könnte ich so was denn überhaupt tragen? Und sagen Sie mal ehrlich, Paula, sieht das nicht ein wenig wie das Bühnenkleid einer Volkstanzgruppe aus? Über zehn Minuten wanderte sie unschlüssig auf und ab, vom Spiegel zur Verkäuferin, nach deren Ansicht diese beiden, Noa und das Kleid, geradezu füreinander geschaffen waren, wie Musik und guter Wein. Worauf sie Noa fast im selben Atemzug versprach, die Ärmelpolster herauszunehmen, den Rücken etwas einzuhalten und das Bindeband vielleicht zwei, drei Zentimeter tiefer zu setzen.

Ich stand schweigend in der Ecke neben der Registrierkasse. Diese Verkäuferin schien mir hinter der Fassade betonter Freundlichkeit spöttisch zu grummeln. Aber ich mischte mich nicht ein. Stand weiter abseits, Hand in der Hosentasche, versuchte mit den Fingern unter dem Taschentuch die Schlüssel für Wagen, Wohnung, Büro und Briefkasten auseinanderzuhalten und zählte durch Betasten das Kleingeld im Geldbeutel: acht Schekel und fünfundachtzig Agurot, es sei denn, die fünf Agurot waren in Wirklichkeit noch eine Schekelmünze, was man schwer fühlen konnte – dann waren es neun Schekel achtzig.

Rund eine Viertelstunde verging, bis sie nachgab und endlich das erbat, was sie gehofft hatte, nicht erbitten zu müssen, nämlich meine Meinung.

Ich drehte mich um, sagte, steh mal gerade. Und jetzt tritt ein Stück zurück. So.

Gefällt es dir, Theo?

Es hat schon was, sagte ich nach einiger Überlegung, vorausgesetzt, du fühlst dich wohl darin. Wenn du nicht sicher bist, kauf's lieber nicht.

Noa sagte: Du schenkst es mir doch.

Paula Orlev beeilte sich einzuwerfen: Es paßt auch mit diesem Gürtel. Oder mit diesem hier. Versuchen Sie's mal so zu binden, an der Seite, oder auch in der Mitte, so oder so ist es wirklich zauberhaft.

Noa warf mir plötzlich diesen Laß-mich-nicht-allein-Blick zu, schien mir damit einen warmen Tropfen aus dem Kern des Lebens zuzusprühen. Ich erschauerte.

Theo?

Ich meinte, wenn sie sich noch nicht sicher sei, wir hätten ja jetzt Freitag mittag, und dieses Kleid sei Sonntag gewiß auch noch da. Was brenne denn an.

Als wir draußen waren, sagte sie: Ein bißchen schade. Ich hätt's ganz gern zum Schabbat angezogen. Aber was soll's, deine logische Vernunft hat mich wie eine Dampfwalze überrollt.

Ich erklärte, falls ihr das Kleid am Sonntag doch nicht zusagen sollte, könnte sie ja bei einer ihrer nächsten Fahrten nach Beer Scheva oder Tel Aviv ein passenderes aussuchen. Noa bat, ich möge aufhören, wieder und wieder auf ihre Fahrten anzuspielen. Sie würde, wann immer nötig, wegfahren, und zwar, ohne erst Ausgangserlaubnis bei mir einzuholen. Wer hätte denn überhaupt gesagt, daß sie ein Kleid brauche. Wieso jetzt auf einmal Kleider. Es war doch dein Vorschlag, Theo, mir heute ein Kleid zu kaufen, aber wie üblich hast du es fertiggebracht, mir die Sache zu verderben mit all deinen komplizierten Erwägungen und diesem ewigen:

Was ist denn, was brennt an, einerseits, andererseits, und mit deiner Taktik, mich in die Position eines kapriziösen Kleinkindes zu manövrieren oder diese Anspielungen auf meine Fahrten zu machen. Es ist nicht leicht mit dir, Theo.

Ich sagte, ich machte keine Anspielungen.

Noa sagte: Aber so denkst du. Streit's nicht ab. Du bist doch schon zu der Schlußfolgerung gelangt, ich hätte eine Aufgabe – nicht Aufgabe, eine Art Spielerei – übernommen, die dumm, überflüssig und auch noch zu groß für mich sei.

Ich sagte: Das stimmt nicht.

Und Noa, fast in Tränen: Aber ich möchte es doch jetzt haben. Und es zum Schabbat anziehen. Bist du einverstanden, daß wir zurückgehen?

Wir machten vor dem Hotel Kedar kehrt, fuhren zum Lev-Dizengoff-Süd zurück und erwischten Paula Orlev gerade noch beim Abschließen. Sie machte für uns wieder auf, und Noa zog das Balkankleid von neuem an. Paula sagte, sie habe gewußt, daß wir zurückkommen würden, sie habe gleich gesehen, daß dieses Kleid Noa noch lieber habe als Noa das Kleid, es wirke so frisch an ihr, frech – super, wie ihre Tochter sagen würde, Sie werden sie gewiß kennen, Noa, Tal Orlev, sie ist in der 12. Klasse bei Ihnen im Kurs gewesen.

Als ich die Kreditkarte zückte, sagte Noa auf einmal verschämt, sie sei sich doch noch nicht sicher. Und bat, ich möge ihr diesmal endlich genau sagen, was ich wirklich meinte. Ich sagte: Versuch dich zu konzentrieren. Die einzige Frage ist, ob du dich in diesem Folklorekleid wohl fühlst oder nicht.

Paula Orlev bemerkte: Vielleicht ist der Herr ein bißchen in Eile? Und Noa bat, ich solle endlich aufhören, sie zu drängen, statt ihr bei der Entscheidung zu helfen. Es ist kompliziert mit dir, Theo, sagte sie, wird immer unangenehmer, das Wort folkloristisch ist nicht gerade deiner Herzensgüte entsprungen. Damit wandte sie sich an Paula und fragte sie, ob sie vielleicht etwas Ähnliches, aber mit weniger Stickerei habe, oder nicht weniger Stickerei, sondern, sagen wir, etwas weniger auffallend.

Um Viertel nach zwei gingen wir wieder. Ohne das Kleid und auch ohne die zarte Zuneigung, die uns beide beim Eintreten umhüllt hatte – noch von der Nacht her, von gestern abend, und nun hatte ich sie verloren. Es nützte mir nichts, daß ich Noa daran erinnerte, sie und nicht ich habe das Kleid zuerst folkloristisch genannt. Auf dem Heimweg hielten wir vorm Palermo, um eine schnelle Pizza zu verzehren, damit wir zu Hause nicht Mittagessen machen mußten, und schafften es sogar noch vor drei, den Wochenendeinkauf im Supermarkt zu erledigen und unser Paket von der Wäscherei abzuholen. Gemeinsam räumten wir den Inhalt der Plastikbeutel in Kühlschrank und Küchenschränke und unsere Kleidung in die entsprechenden Fächer. Noa sagte, ihrer Ansicht nach gehöre diese Paula zu den seltenen Menschen, denen man gleich ansehe, daß sie einem gern dabei hülfen, sich richtig wohl zu fühlen. Menschen dieser Art sind eine winzige Minderheit. Als suche sie ein Kleid für sich selber aus, will mir nichts andrehen. Hat mir gefallen, daß sie bei unserer Rückkehr gesagt hat, das Kleid hätte mich lieb. Sicher hast du nicht darauf geachtet, Theo. Du hast dich dort nicht wohl gefühlt. Bist etwas unangenehm geworden, mir gegenüber – na ja, aber Paula hatte es wirklich nicht verdient, so einen arktischen Hauch von dir abzubekommen.

Ein arktischer Hauch an einem heißen Tag wie heute ist doch gar nicht so schlecht, sagte ich. Und fügte hinzu, Frau Orlev – alias Frau Herzenslicht – ist mir ein wenig anders vorgekommen als dir. Berechnend. Weder Herz noch Licht. Aber vielleicht irre ich mich und tue ihr unrecht. Diese Worte veranlaßten Noa zu einer bitterbösen Tirade über »meine Wesensart«: Du meinst dauernd, betrogen zu werden, bist immer gleich negativ eingestellt, von vornherein und in jeder Lage, mißtrauisch, defensiv, als seien alle andern Feinde. Die ganze Welt ist gegen uns. Zumindest die Welt frei nach Theo. Mein Vater war ein jähzorniger, sogar aggressiver Mensch, konnte toben, schreien, mir ein Transistorradio an den Kopf werfen oder es an die Wand knallen, aber er war nicht sauer. Nicht bitter. Es gibt Augenblicke, in denen tust du noch verwöhnter als er. Bist noch stärker Neandertalmann.

Ist das nicht ein wenig Schwarzweißmalerei, deine Blitzurteile, Noa?

Bei dir ist dafür alles Schwarz in Schwarz.

Damit rauschte sie zornesrot aus dem Zimmer, wollte wütend die Tür zuknallen, bremste aber im letzten Moment deren Schwung und schloß sie sanft und lautlos.

Lange Zeit duschte sie, offenbar kalt, dann zog sie sich in ihr Zimmer zurück, um zu ruhen, denn nachts, sagte sie, habe sie nicht einschlafen können, bis sie gegen drei Uhr morgens auf die Wohnzimmercouch gesunken sei: Deine Nervosität erfüllt das Haus wie ein Geruch, Theo.

Ich wußte genau, was ich ihr erwidern wollte. Verkniff es mir aber. Statt zu antworten, konzentrierte ich mich einen Augenblick auf mich und fand nicht Nervosität, sondern hartnäckige Müdigkeit. Nachdem ihre Tür zu war, ging ich auf mein Zimmer – ohne den *Ma'ariv* vom Wochenende und die Lokalbeilage. BBC-World-Service. Aus London. Über seine Sendestationen auf Gibraltar, Malta, Zypern brachte er einen detaillierten, grausamen Bericht über die Abholzung der Regenwälder in Südamerika, im Rahmen einer Sendereihe mit dem Titel »Natursterben«. Die Regenwälder weckten ein paar Erinnerungen bei mir, während der Begriff »Natursterben« mich nicht erschütterte, obwohl er gewiß gewählt worden war, um die Hörer in Angst und Schrecken zu versetzen. Im Gegenteil: das Natursterben wirkte irgendwie beruhigend, so daß ich zwanzig Minuten schlummerte und erst aufwachte, als die Sendung vorüber war und eine neue über Änderungen in den Schiffahrtswegen begann. Der einzige Weg, ihr zu helfen, ist gar nicht erst versuchen zu helfen. Ich muß mich in mich selbst zurückziehen und schweigen. Wie oft habe ich sie schon gerade dann zum Weinen gebracht, wenn ich von Nutzen sein wollte. Einmal bin ich in ihrer Abwesenheit durchs ganze Haus gegangen und habe aus allen Ecken ihre zerstreuten Papiere eingesammelt: vom Küchentisch, vom Couchtisch, aus der Telefonecke, vom Bücherregal in ihrem Zimmer, von den Borden in Flur und Wohnzimmer, unter den Magneten an der Kühlschranktür, von ihrem Nachtschrank und vom Boden unter ihrem Bett. Die ganze Beute trug ich in mein Zimmer, lud sie auf dem Schreibtisch ab und sortierte fast drei Stunden lang für sie: Briefe legte ich auf einen Stapel, Denkschriftentwürfe auf einen zweiten, dazu Gutachten und in ihrer sauberen Handschrift abgefaßte Auszüge aus hebräischen und englischen Büchern, die die Bibliothekarin auf ihren Wunsch zum Thema Drogen – Anpflanzung und Verbreitung, Sucht und Entwöhnung – für sie zusammengestellt hatte, baute noch einen Stapel aus Prospekten und kühlen oder ablehnenden Antworten, teils höflich, teils unhöflich, die sie von allen möglichen Institutionen, Verbänden und Ämtern erhalten hatte, sammelte schließlich haufenweise kleine Zettel mit Telefonnummern und Beratungs- oder Sitzungsterminen.

Nach diesem Vorsortieren legte ich auf der linken Schreibtischecke alles ab, was ein Datum trug. Ordnete jedes Stück einzeln nach Tag, Thema und Absender. Die Telefonnummern übertrug ich für sie in ein kleines Adreßbuch. Dann machte ich einen meiner Aktenordner leer und heftete alles unter acht Teilbereichen ab, jeweils getrennt durch ein farbiges

Deckblatt, auf dem ich genau verzeichnete, was die betreffende Rubrik enthielt.
Prima, sagte sie, als sie zurückkam, großartig. Vernünftig. Danke.
Und gleich darauf, den Tränen nahe: Wer hat dir das erlaubt, Theo. Das ist nicht dein. Das ist mein.
Ich habe ein Versprechen abgelegt und fortan nichts mehr angerührt, kein Wort mehr gesagt, sogar als der Inhalt des Ordners in Windeseile wieder auseinanderflatterte und sich erneut wie feiner Daunenflug auf jede ebene Fläche in der Wohnung verteilte.
Ein andermal verließ ich morgens das Büro und ging auf einen Sprung zu der Druckerei gegenüber der Ampel, um Briefpapier mit dem Kopf ihres Komitees und einen ebensolchen Quittungsblock drucken zu lassen, wobei ich unsere Anschrift und Telefonnummer als vorläufigen Vereinssitz zur Verfügung stellte. Diesmal dankte sie mir nicht, kam auch nicht den Tränen nahe, sondern sagte mit ruhiger Strenge, als rufe sie einen ungebärdigen Schüler zur Ordnung: Theo. Das geht nicht gut.
Ich sagte: Versuch doch zu begreifen, Noa. Konzentrier dich einen Moment. Ich habe festgestellt, daß ihr außer von eurem afrikanischen Wohltäter, dem Vater dieses Junkies, mindestens noch zwei Spenden erhalten habt. Zwar nur Kleckerbeträge. Eigentlich unbedeutend. Aber jetzt folgendes: Du mußt wissen, daß man rechtlich verpflichtet ist, über jede noch so kleine Summe eine ordentliche Quittung auszustellen. Andernfalls ist das ein strafbares Vergehen. Du willst uns doch nicht in Schwierigkeiten verstricken.
Sie sprang auf, ließ ihren leichten Rock um die Beine wirbeln, schob ruckartig den hellen Haarvorhang von der linken Wange, schien sich mir ganz und gar zu öffnen: Wir werden uns nicht in Schwierigkeiten verstricken, Theo. Höchstens ich mich selbst. Bleib du nur der Augapfel. Du hast damit nichts zu tun.
Wäre ich ein sturer Mann, hätte ich ihr mühelos erklären können, daß trotz meines Versprechens, nichts anzufassen, von dem ich auch nicht abgehen wolle, in formeller Hinsicht jeder Gesetzesverstoß ihrerseits uns unweigerlich beide betreffen würde, weil wir ein gemeinsames Bankkonto hatten. Ganz zu schweigen von den dreihundert Dollar, die der trauernde Vater ihr jeden Monat zur Finanzierung des Komitees schickte, ohne daß irgend jemand, am wenigsten sie selbst, wußte, was genau sie damit an-

stellte. Trotzdem verzichtete ich darauf. Sagte nur: Sieh mal. Diese Quittungen. Sie sind ja nun mal gedruckt. Also hier liegen sie, auf dem Tisch, ich überlaß sie dir, und du handelst nach eigenem Ermessen.

Benisri, zischte sie plötzlich, dieser Schmeichelheini, dieser gelackte Levantiner, der nennt dich einen Engel. Weißt du, was du bist, Theo? Ein Grabstein. Nicht wichtig. Der Kopf tut mir weh.

Ich kehrte ans Brett im Gang zurück und bügelte weiter. Innerlich stimmte ich ihr zu: Verlorene Liebesmüh. In Tel Kedar wird kein Heim für entzugswillige Drogensüchtige entstehen. Und wenn doch, wird es innerhalb eines Monats wieder zumachen. Trotzdem muß sie das ohne mich, aus eigenen Kräften herausfinden. Ich muß mich in Luft auflösen. Oder vielleicht gerade umgekehrt, vielleicht habe ich die Pflicht, sofort diesen Orvieto ausfindig zu machen, ihm ein paar Worte an den Kopf zu werfen, damit man ein für allemal diesen Unsinn von Noa fernhält, ohne daß sie jemals erfährt, wie es mir gelungen ist, diesen Betrüger aufzutreiben, was ich ihm gesagt und wovor ich sie bewahrt habe. Aber nein. Ich werde abwarten.

Schabbat. Drei Uhr nachmittags. Theo liegt im Unterhemd in seinem Zimmer auf dem Teppich vor dem rotierenden Ventilator. Ich sitze bei Trauben und Kaffee am Küchentisch und lese eine amerikanische Studie mit dem Titel *Die Chemie der Sucht*. Zwei einander entgegengesetzte Lehrmeinungen bestimmen seit einigen Jahren die Diskussion in der Frage, ob die Drogensucht eine Krankheit oder aber eine angeborene Neigung ist, sich sogenannter psychoaktiver Mittel zu bedienen, einschließlich der Stoffe, die in Tabak, alkoholischen Getränken, Kaffee und Aphrodisiaka enthalten sind, ja in gewisser Hinsicht läßt sich sagen, suchterregende Stoffe finden sich fast in allem und jedem. Danach wurde, unter einigen Vorbehalten, eine Parallele zwischen Drogensucht und bekannten Krankheiten wie etwa der Diabetes gezogen, bei der ebenfalls erbliche Anlagen und Umweltbedingungen, die den Ausbruch der Krankheit fördern oder aufhalten können, zusammenwirken. Der geheilte Drogensüchtige trägt weiter eine latente chronische Schwäche in sich, das heißt, er ist mehr als andere der Rückfallgefahr ausgesetzt. Für das Wort Rückfall benutzte das Buch den englischen Ausdruck *relapse*, der in Klammern mit der hebräischen Wendung »geneigt, in seine üblen Gewohnheiten zurückzufallen« erklärt wurde. Dieser Begriff schien mir unangebracht, wie ich auf dem Zettel festhielt, auf dem ich Fragen und Einwände bei der Lektüre notiere. Und da erscheint Muki Peleg auf der Bildfläche: aufgeregt, schnaufend, schlapp, mit der Lockenpracht eines jungen Denkers aus den Brandy-Reklamen, in modisch weiten Hosen, ein Bohemien-Seidentuch im Ausschnitt seines gebügelten roten Hemdes, ein Mann über fünfzig in verblüffend hellblauen Schuhen mit Luftlöchern in der Form von B's, bittet millionenfach um Entschuldigung, aber er habe was wirklich Dringendes. Immer und bei jeder Gelegenheit hat er was wirklich Dringendes. Mal dies, mal das, aber nie etwas, das Aufschub duldet. Manchmal mag ich seine Fieberhaftigkeit, die niemals zurückgehen wird. Auf keinem Wege.

Ich griff an einen Knopf meines Morgenrocks, um ihn zuzuknöpfen, fand ihn aber geschlossen, und ließ Muki mir gegenüber am Küchentisch Platz nehmen. Das Buch klappte ich zu, mit dem Notizzettel als Lesezeichen darin. Trotz seiner Ablehnung schenkte ich ihm kaltes Cola ein und schob ihm den Traubenteller hin. Wo ist Theo? Müde? Eingeschlafen? Millionenmal Entschuldigung, daß ich zu derart unpassender Stunde reingeplatzt bin, Schabbat mittag ist bei mir heilig wie die Verkündigung am Sinai. Aber es hat sich was aufgetan, über das wir heute einfach noch knallhart entscheiden müssen. Übrigens, in diesem grünen Morgenrock sähe ich aus wie eine Blume am Stengel. Was heißt Blume. Eine Blume sei ein Dorn im Vergleich zu mir. Kurz gesagt, wenn dieses akute Problem nicht wäre, würde er hier und jetzt vor mir auf die Knie fallen, um ein Streicheln zu ergattern, wie der beinamputierte Liebhaber zu der armlosen Schönen sagte. Wobei er scherzhaft die sechsfingrige Linke hob und sich zwei Finger als Pistole an die Schläfe hielt, um mir die Schrecken unglücklicher Liebe vor Augen zu führen. Vermutlich hatte er gehofft, es würde mich amüsieren, und als er merkte, daß das mißlungen war, grinste er kurz und sagte: Bloß so, worauf er hinzufügte: Ich hab jetzt auch diesen Trubel mit Linda. Aber nicht das führt mich her. Die Sache sei die, daß wir seiner Meinung nach auf der Stelle Theo wecken müßten, denn es sei eine phantastische Gelegenheit aufgetaucht, die man sich einfach nicht entgehen lassen dürfe. Kurz gesagt, er hatte ein Haus gefunden. Was heißt Haus? Kein Haus – einen Palast. Und das für fünfundachtzigtausend Dollar und ohne einen Groschen Maklergebühr, denn er selbst sei der Makler, doch unter der Bedingung, daß noch morgen der Kaufvertrag unterzeichnet werde und Geldtransfer plus Eigentumsübergabe bis allerspätestens Dienstag morgen glatt über die Bühne seien, ohne Ecken und Kanten.

Ich bat ihn, von Beginn an zu erzählen.

Sehr wohl, Frau Lehrerin. Entschuldigung. Eigentlich geht die Geschichte so: Du kennst doch dieses einsame Haus, mit Ziegeldach, an der Abzweigung zum Gewerbegebiet. Kennen ja alle. Das Haus Alharisi. Vor Ben Lulus Autowerkstatt. Das, das schon beinah ein Jahr leer steht. Kurz, die Geschichte geht so: Fast gleich, als die Stadt gegründet wurde, hat es ein gewisser Alharisi gebaut, Fernsehgeräteimporteur aus Natania, der auf die Idee verfallen war, hier ein Einsiedlerunternehmen aufzuziehen. Das heißt, eine Art Mietshaus für Künstler, die herkommen würden, um mit der Wüste alleinzusein und all das. Oder mal an einer Blume nebenher zu naschen, falls du von solch einer Möglichkeit gehört haben solltest. Sehr schnell hat sich rausgestellt, daß das nicht besonders zog – da sind Elat, Arad, Mizpe Ramon, es fehlt nicht an Paradiesen im Negev. Also hat dieser Alharisi das Haus an eine Gesellschaft für Ödlandnutzung vermietet, die es als Unterkunft für Bohrarbeiter benutzen wollte. Na, du weißt ja, man hat gebohrt und gebohrt und gefunden hat man einen Rotz, und das Haus stand leer, zu vermieten war's nicht, mangels Nachfrage, und dem Gentleman pressierte es plötzlich, es loszuschlagen, schnell und kräftig und, Hauptsache, beizeiten raus, wie Schneewittchen bei Nacht zu den sieben Zwergen sagte. Kurz, er wollte hunderttausend haben, und ich habe ihn auf fünfundachtzig gedrückt mit dem Versprechen, daß er das Geld noch diese Woche in Händen hat: Der Held steht etwas unter Druck, auch so eine Geschichte, der Gerichtsvollzieher sitzt ihm im Genick, frag mich bloß nicht, wie ich das rausgekriegt habe. Ich hab so meine Methoden. Der Mist ist, daß dieser aufgeblasene Pimmel, Verzeihung, sich gleichzeitig sowohl an Makler Peleg, das heißt an mich, als auch an die Gebrüder Bergialoni, diese neuen da, diese männlichen Huren, gewandt hat, mögen die normalen Huren mir den Vergleich vergeben. Und die haben schon einen Klienten aufgegabelt, einen Zahnarzt mit Labor, Argentinier, neu hier, Konkurrenz für Nir und Dresdner. Frag mich auch nicht, wo ich das erfahren habe. Mit meinen Methoden eben. Gibst du mir noch ein Glas Cola? Allein vom Zusehen, wie du aufstehst oder dich setzt, werd ich schon durstig, und dieser Morgenrock, wie Zellophanpapier um den Blütenkelch. Kurz gesagt, die Geschichte geht so: Wir sind ihnen ein, zwei Tage voraus, denn zu unserem Glück stopft der argentinische Zahnarzt derzeit Löcher in der Reserve. Wir müssen uns noch heute entscheiden und Ron Arbel anrufen, der nachts in Nigeria anruft. Wenn flüssiges Geld da ist, müssen wir morgen loslaufen und einen Vertrag aufsetzen, und Montag oder spätestens Dienstag kommen, zahlen und nehmen. Na, wie bin ich? Hast du ein gutes Wort für mich? Oder ein Küßchen? Und das Objekt ist geprüft. Sauber. Keine Hypotheken, keine Drittrechte, keine sonstigen Belastungen. Momentan egal, welcher Art die sein könnten. Laß mal, Noa. Überlaß einfach mir die mistige Seite des Lebens und bleib du auf der Seite der Schönheit. Weck nur Theo auf, und schon springen wir zusammen los und gucken uns diesen Buckingham Palace an, obwohl ich dir eigentlich umgekehrt sagen müßte, soll er ruhig noch schlafen, und wir zwei machen uns weiter ein tolles Leben in der Küche, zumindest theoretisch, wie das Brot zur Butter sagte, die auf ihm hinschmolz. Gut, okay. Verzeihung. Ist mir so rausgerutscht. Kurz gesagt, Frau Lehrerin, ich hab dir das Heim auf einem Silberteller präsentiert. Allerdings geht dabei viel Silber drauf, aber du hattest doch Angst, wir bräuchten ein halbes Jahr, ehe wir ein passendes Gebäude finden würden, oder wir müßten womöglich selber bauen, was uns das Doppelte gekostet hätte und inklusive aller Genehmigungen erst in vier, fünf Jahren fertiggeworden wäre. Wenn überhaupt. Sagst du mir, daß ich wunderbar bin? Sagst du nicht. Geizhälsin. Weißt du, wer mir diese Woche gesagt hat, ich sei echt göttlich? Du wirst es nicht glauben: eine Äthiopierin. Geschieden. Eine Blume. Hast nicht gewußt, daß die sich auch scheiden lassen? Mein zweites Mal mit einer Schwarzen. Hör mal, das ist eine Klasse für sich. Eine klassische Klasse, wenn du mich fragst. Zum Schluß, um drei Uhr nachts, hat sie einen derartigen Fanfarenstoß abgegeben, daß die Nachbarn aufgeschreckt sind – Alarm. Gib aber acht, daß Linda nichts davon erfährt, sie würde das etwas schwer ertragen. Kurz, wir sind bei der Stunde der Wahrheit angelangt. Theo muß mal ein Wort über den Gebäudezustand und all das sagen, und wir müssen schnell entscheiden, ob wir auf das Haus abfahren oder es dem Zahndoktor überlassen. Meiner Ansicht nach nichts wie drauf. Und ich rede jetzt als Komiteemitglied, nicht als Makler, denn als Makler hab ich ja schon gesagt, daß ich keinen Groschen nehme. Ich persönlich bin dafür, es schnell zu schnappen, wie der Kosak zur Zigeunerin sagte. Obwohl wir noch nicht den ganzen Papierkram zusammenhaben. Denn was gibt's schon zu verlieren? Nehmen wir mal das schlimmste Szenario, gehen wir für einen Augenblick davon aus, daß wir letzten Endes keine Genehmigung erhalten. Nehmen wir an, das Heim wird nicht eröffnet. Dann können wir Rechtsanwalt Arbel und diesem Geheimtyp Orvieto immer noch völlig gelassen sagen, daß diese fünfundachtzig quasi wie im Safe liegen: Wenn unsere Sache steckenbleibt, verpflichte ich mich, das Objekt in einem halben Jahr für neunzig, fünfundneunzig zu verkaufen. Ich bin sogar bereit, denen diese Verpflichtung schriftlich zu geben. Na, wie bin ich? Sagst du ein warmes Wort?

Ich sagte: Du bist wunderbar. Denn an die Stelle des Unwillens trat plötzlich Sympathie für dieses alternde Schaf in himmelblauen Schuhen, das sich mit aller Kraft mühte, ein Wolf zu sein. Ein mitleiderregender, verletzlicher Wolf, kein Wolf, sondern eine Schildkröte ohne Panzer, jede Frau kann mit einem kleinen abschätzigen Seitenhieb alles auswischen, was er in seinem dreißigjährigen Verführungsmarathon mühsam erobert hat. In diesem Augenblick konnte ich den zwölfjährigen Jungen sehen, der er einmal gewesen war: pummelig, ungeliebt, laut, fröhlich in grausame Späße über seinen sechsten Finger einfallend, ein penetrant aufdringlicher Junge, der sich an alle anhängt, vergeblich die Welt zum Lachen bringen will und – wenn die Welt dann nicht lächeln will – in Clownerie absinkt. Ständig drängt es ihn, jede Gesprächslücke zu füllen, damit ja keinen Moment Stille einkehrt, die seine Existenz gefährden würde. Ewig fühlt er sich verantwortlich, das gesellschaftliche Feuer mit Reisigzweiglein des Laberns und Albernes zu schüren, und falls ihm die Zweiglein ausgingen, würde er aufspringen und sein Herz ins Feuer des Spottes werfen. Ein Dienerknabe.

Fast zwanzig Jahre ist er schon geschieden und jagt hier Schürzen, oder nach seinem Standardwitz, wieso Schürzen, doch nur, was darunter steckt. Das ganze weibliche Geschlecht kommt ihm vor wie eine streng geeinte Instanz, die ihn dazu verurteilt hat, unablässig herumzurennen und fest vorgeschriebene Grimassen zu schneiden, um dieses Gremium zufriedenzustellen, das sich doch nie zufrieden geben wird. Als wisse er instinktiv, daß ihm weibliche Begnadigung weder winkt noch je winken wird, so daß ihm auch die Bettpunkte nichts helfen, die er unermüdlich auf seinem Leistungsnachweis zusammenträgt, der nie voll werden will. Trotzdem macht er beharrlich weiter, unbesiegt, in emsiger Sisyphusarbeit, schnauft von einem Bett zum andern, als werde ihm tatsächlich im nächsten Bett endlich die ersehnte Grundnote zuerkannt, die Freistellungsurkunde, das glänzende Abgangszeugnis, das ihn mit Auszeichnung vom weiteren Rennen dispensiert. Jedesmal, wenn er mir mit halb scherzhafter Geste ewig lodernde Leidenschaft signalisiert, erkenne ich dann nicht Leidenschaft, sondern ein Flehen nach weiblicher Bestätigung, von der er keine Ahnung hat, wie sie aussieht oder was man damit anfängt. So wird er sich bis zur völligen Entkräftung prustend und schnaufend von Flirt zu Flirt, Witz zu Witz, Schäferstündchen zu Schäferstündchen hangeln, prahlerisch, ständig bedroht von der Furcht, die Frauen könnten hinter seinem Rücken über ihn kichern, der abgerackerte Held einer Odyssee, die von einsamen Geschiedenen, racheübenden betrogenen Ehegattinnen und zu kurz gekommenen älteren Hausfrauen bevölkert ist.

Muki, sagte ich, du bist wunderbar, und ich bin furchtbar neidisch auf all deine Äthiopierinnen. Warum besucht mich nicht mal ein Äthiopier. Aber vielleicht erzählst du mir doch, was so ungefähr an dem Haus dran ist. Hast du nicht gesagt, es steht leer?

Es stellte sich heraus, daß man allerlei in die Renovierung stecken müßte. Zum Beispiel Fußböden erneuern. Zum Beispiel seien die Klosettschüsseln kaputt und die Waschbecken, und auch das Dach sei nicht so ganz dicht. Und es wären innere Umbauten nötig, aber das sei nun wirklich nicht mein Bereich. Am besten, Theo springt jetzt mit uns auf eine halbe Stunde oder Stunde hin und wirft mal einen fachkundigen Blick drauf. Damit er sich eine Meinung über den Gesamtzustand und die Möglichkeit, Wände zu versetzen oder eins aufzustocken, und all das bilden kann. Außerdem Junkies – du weißt ja, Fenstergitter, Türschlösser. Und der Zaun ums Haus, hatten wir schon gesagt, ist auch nicht der höchste. Kurz, das kann mit Leichtigkeit noch auf ein paar Tausender mehr kommen, wie der Photograph zum Aktmodell sagte. Hängt eigentlich davon ab, wieviel man investieren will. Kurz, seien wir einmal zielstrebig, nehmen Theo mit, sammeln unterwegs Linda und Ludmir auf, das ganze Komitee, und verschaffen uns einen Eindruck aus nächster Nähe, wie jener italienische Lustmolch einmal zu Kleopatra sagte. Wir müssen uns noch heute entscheiden, wegen dem Zahnarzt. Ja, ich hab den Schlüssel. Der Haken ist bloß, daß diese Gebrüder auch einen haben. Obwohl man eigentlich gar keinen Schlüssel braucht, denn es ist dort sowieso alles erbrochen. Warum guckst du so? Ist erbrochen ein vulgärer Ausdruck? Oder hast du plötzlich das Licht erblickt. Hast festgestellt, daß der Mann vor dir steht, den du ein Leben lang gesucht hast? Gut, okay. Sei nicht böse. Ist mir so rausgerutscht. Gelingt mir nie, was vom Gefühl her zu sagen, das ich wirklich meine. Das ist mein Problem. Da ist Theo ja. *Ahalan.* Bist gewiß eifersüchtig, wenn wir so in der Küche tuscheln? Ich wünschte, es wär berechtigt. Hast du ein bißchen geschlafen? Bist aufgewacht? Dann wollen wir dich mal ins Bild setzen.

Nicht nötig, sagte ich. Theo hat damit nichts zu tun.

Theo sagte: Ich mach mir nur Kaffee und verschwinde.

Und Muki: Was denn, wieso verschwinden? Wer hat Schwindsucht? Im Gegenteil. Hör dir die Geschichte an, Theo, und dann komm mit uns, verschaff dir einen Eindruck und entscheide auf der Stelle.

Ich sagte mit flacher Stimme: Theo entscheidet nicht. Das Komitee entscheidet.

Unterdessen kochte das Wasser. Theo goß dem Gast, mir und sich selbst Nescafé auf. Reichte Zucker und Milch. Holte weitere Trauben aus dem Kühlschrank, wusch sie, setzte sie uns auf zwei Tellern vor und sagte: Was nun? Bleiben oder gehen? Was bestimmt die Mehrheit bei euch?

Ohne eine Antwort abzuwarten, drehte er sich um, im Trägerhemd, sonngebräunt, die Schulterblätter breit und fest, verzichtete auf uns, nahm seine Tasse und ging. Nur seine Trauer ließ er zurück, als umhülle er mit ihr meine Schultern. Durch seine Zimmertür, die er lautlos hinter sich geschlossen hatte, konnte ich seine Stellung erraten – über den Schreibtisch gebeugt, mit beiden Fäusten darauf gestützt, von hinten einem breiten, müden Stier ähnelnd, der still dasteht, als warte er auf einen inneren Ton, der ihn vom Warten erlösen würde. Mir fiel ein, daß er bei einer unserer ersten Fahrten in Venezuela, im Jeep, auf einer Schotterstraße am Rand einer nebelgefüllten Steilschlucht, plötzlich gesagt hatte, auch wenn sich herausstellen sollte, daß mit uns tatsächlich die Liebe sich ereigne, wolle er hoffen, daß die Freundschaft fortbestehen könne.

Ich ging auf sein Zimmer, um ihn zurückzurufen, ihn zu bitten, sich Muki und mir anzuschließen. Doch während ich ihn noch rief, wußte ich, daß ich etwas Falsches tat.

Er setzte sich auf seinen Stammschemel in der Küche, den Rücken bequem an die Kühlschrankwand gelehnt, hörte sich schweigend die Geschichte über das Alharisi-Haus an, stellte zweimal kurze Fragen, und nahm, während er noch auf Antworten wartete, einen Zahnstocher, mit dessen Hilfe er geduldig und präzise erst die Löcher des Salz-, dann die des Pfefferstreuers säuberte.

Muki endete mit den Worten: So oder so ist nichts weg.
Worauf Theo urteilte: Das sieht nicht gut aus.
Aber warum?
Unter allen Aspekten.
Was verlieren wir denn, wenn wir jetzt mal hinfahren? Bloß für ein paar Minuten? Um einen Eindruck zu gewinnen.
Hat keinen Sinn hinzufahren. Das sieht von vornherein nicht gut aus.
Weil du gegen den ganzen Heimplan bist, oder weil du diesen bestimmten Schritt für falsch hältst?
Sowohl als auch.
Ist es nicht schade, eine günstige Gelegenheit zu verpassen?
Liegt keine vor.
Was heißt das?
Hab ja schon gesagt: Das sieht nicht gut aus.

Bis zu diesem Augenblick war ich der Meinung gewesen, es sei noch zu früh für uns, ein Gebäude zu suchen. Muki Peleg schien mir zu sehr Feuer und Flamme, es hatte doch keinen Sinn, ein Anwesen nur deshalb zu kaufen, weil sich vielleicht eine mehr oder weniger günstige Gelegenheit bot, und gewiß war es nicht gut, unter Zeitdruck innerhalb Tagesfrist zu entscheiden. Aber Theos spöttische Herablassung, seine etwas schroffe Reaktion, diese bäuerliche Art, sich breitbeinig im Unterhemd auf dem Schemel zu aalen und gemächlich Trauben von der Mitte des Stengels abzuzupfen, all das kränkte mich so, daß ich wütend wurde. Meines Vaters Jähzorn wallte plötzlich wie siedendes Öl in mir auf. Im selben Moment beschloß ich, keinesfalls auf das Gebäude zu verzichten, sofern es mir geeignet erschien. Wie manchmal in der Schule, wenn eine verschlafene Göre blasiert rausquetscht, oisch, dieser Agnon hängt einem auch schon zum Hals raus, und ich wutbebend ihr und der ganzen Klasse eine gepfefferte Hausarbeit über die Funktionen der lyrischen Digression aufbrumme.

Theo, sagte ich, Muki und ich betrachten uns gewiß nicht als Projektleiter von Weltrang. Auch nicht als Initiatoren, die Bleibendes geschaffen haben und so weiter. Du wirst uns also trotz allem in leichtverständlichen Worten erklären müssen, warum wir einen Schritt unterlassen sollen, der uns dem äußeren Anschein nach durchaus vernünftig vorkommt.

Dem äußeren Anschein nach, sagte Theo, ein guter Ausdruck. Der eigentlich schon die Antwort auf deine Frage enthält.

Nicht meine, sondern unsere Frage. Und nun fragen Muki und ich dich ungefähr zum dritten Mal, welches deine Argumente gegen den Erwerb des Hauses Alharisi sind, und warum wir jetzt nicht hinfahren sollen, um zu prüfen, ob das Gebäude für uns geeignet ist oder nicht. Wir würden uns freuen, eine artikulierte Antwort statt dieser Grimasse zu erhalten.

Aus elf Gründen, sagte Theo, wobei unter seinem graumelierten Schnurrbart ein ganz kleines verschmitztes Grinsen vorbeihuschte, aus elf Gründen haben Napoleons Kanonen Smolensk nicht beschossen. Der erste Grund lautete, daß die Munition ausgegangen war, und die übrigen Gründe wollte Napoleon mit Recht nicht mehr hören. Die Summe, die ich hier gehört habe, übersteigt, schon ohne Renovierungsausgaben, den Betrag, den euer Gentleman aus Afrika zu spenden bereit ist. Weitere Gründe?

Es waren zwei kleinere Spenden eingegangen, über die Theo, wie ich wußte, informiert war. Aber ich zog es vor zu schweigen. Theo fuhr fort: Außerdem meine ich im Lokalblatt gelesen zu haben, daß ihr es ehrenamtlich übernommen habt, ein Team zur Sondierung von Möglichkeiten, nicht zum Erwerb von Eigentum zu bilden. Und außerdem ist noch nicht der kleinste Schritt zur Einleitung eines geordneten öffentlichen Genehmigungsverfahrens unternommen worden. Und hat denn außerdem schon irgendwer genau festgelegt, welche Zahl von Junkies ihr hier zu hegen beabsichtigt, und wie groß das Fassungsvermögen des fraglichen Gebäudes ist? Nein?

Theo, sagte ich, wart mal einen Moment.

Und außerdem das Geld – wenn wirklich Geld beikommt, ist es nicht deins, Noa. Ein großes Mädchen kauft kein Spielzeug mit Geld, das ihm nicht gehört. Und außerdem muß man vier, fünf Ausschüsse durchlaufen, um die Genehmigung für die Nutzungsänderung des Gebäudes zu erlangen, und da kann ich dir garantieren, daß du bei allen fünfen abschlägigen Bescheid erhältst. Und außerdem braucht man Genehmigungen auf Bezirksebene, und danach –

Gut. Wir verstehen. Aber warum nicht doch mal hinfahren und einen Blick darauf werfen?

Und außerdem die Stadt, die Verwaltung. Der Ortsausschuß. Der Bezirksausschuß. Enteignungsverfahren. Anhörung von Einwänden. Widerspruchsverfahren. Öffentlicher Widerstand. Und politischer. Mindestens drei Jahre. Und außerdem Gesundheitsministerium, Sozialministerium, Erziehungsministerium. Noch zwei Jahre. Und außerdem – wem gehört der Grund und Boden dort, auf dem das Haus steht. Und außerdem heftige Ablehnung von seiten der Nachbarn, einschließlich Anrufung der Gerichte. Mindestens weitere fünf, sechs Jahre, bis alle Prozesse rechtskräftig entschieden sind. Und außerdem – wer genau ist denn der Käufer? Auf welchen Namen wird der Grundbesitz eingetragen? Und was wird als Zweckbestimmung angegeben? Und außerdem – soll ich weitermachen? Nein? Warum nicht?

Muki Peleg murmelte zaghaft: Aber es gibt dort nicht so viele Nachbarn.

Ah. Schalom. Makler Peleg. Du bist auch da. Von seiten des Bräutigams? Oder von seiten der Braut? Also dann definier mir bitte mal, was ein Nachbar ist. Im rechtlichen Sinne, wenn es dir nicht zu viel Mühe macht. Los: Was genau ist ein Nachbar? Nicht Nachbarin. Nachbar.

Danke, Theo. Ich glaube, das genügt.

Wie du möchtest, sagte er, kurz und trocken auflachend, das eine Auge zugekniffen, als betrachte er ein Insekt durch eine winzige Lupe oder blinzle uns durch die Linse einer Kamera an, und außerdem – habe ich nicht schon mal »und außerdem« gesagt – und außerdem hatte ich dir doch versprochen, Noa, mich überhaupt nicht in dieses Festival einzumischen. Hab ich vergessen. Streicht es aus dem Protokoll. Tut mir leid. Auf Wiedersehen. Macht weiter.

Sagte es, blieb aber sitzen, gemütlich, den Rücken gegen die Kühlschrankwand gelehnt, studierte völlig konzentriert seine Kaffeetasse, zwickte sich der Reihe nach Traube auf Traube vom Stengel, wobei das kleine linke Auge ihm auf einmal das Aussehen eines geizigen französischen Bauern verlieh, dem es gelungen ist, einen Gläubiger hinters Licht zu führen.

Komm, Maleachi, sagte ich, Theo ist dispensiert. Wir springen beide mal hin, um uns die Sache anzusehen, und danach berufen wir das Komitee ein und entscheiden.

Muki fragte: Kommst du nicht mit, Theo? Bloß für zehn Minuten?

Wozu? fragte Theo zurück.

So gegen neun Uhr abends bekamen wir von Mukis Büro aus telefonische Verbindung zu Rechtsanwalt Arbel, der am nächsten Mittag aus Tel Aviv anreiste in Begleitung eines Ingenieurs und eines vereidigten Gutachters. Am Sonntag fuhren wir viermal mit Vertretern von Sanierungs-, Zäunebau-, Dachdecker- und Klempnerbetrieben zu dem Haus, um die einzelnen Kostenvoranschläge zu vergleichen. Ich war wie in Trance.

Nach den Nachrichten sagte Theo: Gut. Ich bin hingefahren. Hab's gesehen. Nicht schlecht. Soll der Afrikaner es kaufen, wenn er möchte. Seine Entscheidung. Unter der Bedingung, daß du dich hütest, irgendwas zu unterschreiben, Noa. Denk daran, keinerlei Unterschrift.

In der Nacht von Sonntag auf Montag kam ein Telefongespräch zwischen Arbel im Hotel Kedar und Awraham Orvieto im Ramada-Hotel in Lagos zustande: Er sei bereit, den Kauf zu genehmigen, verließe sich auf die Leute am Ort, wobei es ihm allerdings wegen der kurzen Frist unmöglich sei, die versprochene Summe rechtzeitig zu überweisen. Am Montag ging das Schuljahr zu Ende; vor der Zeugnisverteilung fand eine kleine Feierstunde im Kultursaal der Schule statt. Die Schüler und Schülerinnen des Literaturleistungskurses schenkten mir einen geschwärzten Holzblumenkasten mit einem japanischen Zwergorangenbaum. Am Dienstag wurde das Haus Alharisi, das mit seinen zerbrochenen Ziegeln an der Einfahrt zum Gewerbegebiet, kurz vor Ben Lulus Autowerkstatt steht, zum Preis von einundachtzigtausend US-Dollar in israelischen Schekeln verkauft und auf den Namen des Immanuel-Orvieto-Gedenkvereins e. V. eingetragen, dessen formale Vereinsadresse von jenem Tag an das Büro der Rechtsanwälte Czerniak, Refidim und Arbel, Rothschild-Allee 90, Tel Aviv war. Theo lieh uns das meiste Geld, gesichert durch eine Bürgschaft von Ron Arbel im Namen Awraham Orvietos, und unter der Bedingung, daß weder sein noch mein Name in jedwedem Zusammenhang auf den Kauf- und Eigentumsübertragungsurkunden erschien. Und da wir an jenem Dienstag nach Tel Aviv fuhren, um bei der Vertragsunterzeichnung zugegen zu sein, konnten wir hinterher zusammen losgehen und ohne Hast verschiedene Möglichkeiten prüfen. Bis wir in der Ben-Jehuda-Straße endlich ein hübsches leichtes Sommerkleid fanden, das uns beide faszinierte: in blaugrüner Farbe mit einem abstrakten Muster, das an breite Tropenblätter erinnerte, und fast schulterfrei. Bevor es dunkel wurde, waren wir schon wieder zu Hause und sahen gemeinsam vom Balkon aus, daß der Mond weiter abnahm.

Einmal hat sie mir von ihrer Mutter erzählt, die mit einem Soldaten aus Neuseeland durchgebrannt ist, als Noa vier Jahre alt war. In Malaya seien die beiden von einer wütenden Tigerin verschlungen worden, deren Junges ein englischer Jäger ermordet hatte, pflegte die Tante ihr als Kind in Winternächten nach dem Löschen des Lichts vor dem Einschlafen zu erzählen. Diese Tante, Chuma Bat-Am, war eine vegetarische Tolstoijanerin und prinzipielle Gegnerin jeglicher Gewalt, eine energische Frau in klobigen orthopädischen Schuhen, die einmal in der Woche, jeden Mittwoch, fastete, damit der Leib nicht vergesse, daß er nichts als ein Diener sei, und zwar ein recht fauler, recht verächtlicher, ein unehrlicher Knecht, den man keinen Augenblick allein lassen durfte. Noas Vater, Nechemja Dubnow, langjähriger Angestellter des israelischen Wasserwerks, ein dickleibiger, dickhaariger, kugelrunder, stets schlecht rasierter Mann, kapselte sich von dem Tag, an dem ihre Mutter dem Soldaten gefolgt war, zu Hause ab. Tag für Tag kehrte er beim letzten Abendlicht von der Arbeit heim, verriegelte das Hoftor, schloß die Haustür von innen ab und zog sich in den hintersten Raum zurück, in dem er die Abende mit seinen Ansichtskartenalben verbrachte. All das unter hartnäckigem Schweigen, das von gelegentlich aufflackernden Tobsuchtsanfällen unterbrochen wurde. Abend für Abend, Sommer wie Winter, machte er sich, nach Rührei und Salat, daran, Postkarten mit Ansichten des Davidsturms oder Betlehems zu schreiben, die er an Sammler in anderen Ländern verschickte. Im Austausch dafür erhielt er Karten aus Haiti, Surinam, Neukaledonien und noch weiteren Orten, an denen der Himmel nicht azurblau, sondern fast türkis ist und die Fluten des Meeres bei Sonnenaufgang flüssigem Gold ähneln. Bis kurz vor Mitternacht klassifizierte und katalogisierte er die Sammlung nach einem System, das alle ein, zwei Monate wechselte. Im Lauf der Jahre wurde er schwerfällig wie ein gealterter japanischer Ringer, setzte schwabbelnde Wülste an, die Augen verschwanden fast zwischen Fettpolstern, und zuweilen befielen ihn wilde Jähzornsausbrüche, die beim Abflauen in anhaltende, grimmige Apathie übergingen. Noa bekam die doppelten Postkarten in die Hand gedrückt und hatte die Aufgabe, zwischen den Seiten des Telefonbuchs eine Art Schattensammlung anzulegen, parallel zur Hauptsammlung und derselben ständig wechselnden Logik unterworfen. Abgesehen von der Tante und deren verschrobenem Sohn kam keine Menschenseele in das Haus, dessen Läden im Winter gegen die Kälte und im Sommer gegen den Staub geschlossen waren. Das kleine Haus stand als letztes am Ostrand einer verwahrlosten Moschawa östlich des Chefer-Tals, gegenüber der verfallenen Synagoge aus den Tagen der ersten Siedler. Dahinter kamen nur noch ein verlassener Hühnerstall, die

Reste einer Pflanzung, rostige Eisenbahnschienen und danach der Zaun der Waffenstillstandslinie, auf dessen anderer, der jordanischen, Seite sich mit Olivenbäumen bestandener Felsboden erstreckte. Vor zwei Jahren sind wir zwei einmal hingefahren, um uns den Ort anzusehen – da war das Haus abgerissen, und auf dem Grundstück und den Trümmern der Synagoge hatte man einen farbenfrohen Wasserpark mit Souvenirladen und Kiosk angelegt. Der Grenzzaun war verschwunden. Im Jahr 1959, als Noa fünfzehn war, stürzte Nechemja Dubnow in einen aufgegebenen Brunnen, brach sich das Rückgrat und war nun für immer an den Rollstuhl gefesselt. Von da an hat sie ihn bis zu seinem Tod gepflegt. Sie wollte nicht heiraten, weil sie nicht wußte, wie er ohne sie leben könnte, und weil auch er nach seiner Verwitwung nicht wieder geheiratet hatte. Während ihres Militärdienstes pflegte ihn seine älteste Schwester, Tante Chuma, die sich grundsätzlich gegen jegliche Beheizung im Winter sperrte und das Braten und Fritieren von Speisen ebenso wie die meisten anderen Garmethoden strikt ablehnte. Das häusliche Leben unter ihrem Regiment verlief streng nach Terminplan, unter peinlichster Beachtung einer täglichen Arbeitsliste, die in drei Exemplaren an verschiedenen Stellen des Hauses aushing. In den Räumen hielt sich ein intensiver Geruch nach Minze, syrischem Majoran und Knoblauch. Selbst wenn die Tante in ihren klobigen Gesundheitsschuhen ein, zwei Tage auszog, um in den Karmelausläufern geheimnisvolle Wurzeln zu suchen, wichen die Kräuter- und Pollendüfte nicht aus dem Haus. Verdauungsfördernde Kräuter, Arzneipflanzen und Kräutlein zur Verjüngung und Belebung wuchsen in Blumentöpfen und -kästen auf dem Dach und vor allen Fenstern. Als Noa nach abgeleisteter Dienstzeit vom Militär zurückkam, mußte sie drei Jahre um ihr Pflegerecht für den Gelähmten kämpfen, dessen Körper zusehends aufschwemmte wie ein vollgesogener Schwamm. Bis schließlich am Ende eines trüben, glutheißen Tages die Tante den Gemeinderatssekretär bei einem Streit über das Fällen eines Zitronenbaums biß und ihm am nächsten Morgen auflauerte, um ihn mit siedendem Öl zu überschütten, worauf sie nach getaner Tat gleiches auch mit Noa vorhatte, aber Nachbar Gorowoi, Gorowoi der Spanner, der von sich behauptete, in den zwanziger Jahren den Meistertitel der Stadt Lodz im Gewichtheben innegehabt zu haben, kam aus seinem Hof angerannt, rang mit ihr und konnte sie überwältigen. Nach verschiedenen Behandlungen wurde die Tante in ein privates Heim eingeliefert, das von einer pazifistischen Spenderfamilie aus Holland unterhalten wurde und in erster Linie für Vegetarier mit psychischen Störungen gedacht war. Noa gewann also ihren Vater zurück und übernahm neben dem Kochen und Putzen auch noch die Führung der Postkartenalben und der weitverzweigten Korrespondenz mit Sammlern in verschiedenen Ländern. Die Heil- und Belebungskräuter riß sie aus den Kästen, in die sie nun Blumen pflanzte. Jeden Mittwoch besuchte sie die Tante im Mahatma-Gandhi-Sanatorium und brachte ihr ungespritztes Obst und ohne ein einziges Körnchen chemischen Düngers gereiftes Gemüse. Am Ende ihrer Tage wurde Chuma Bat-Am von besonderem Haß auf Pommes frites, Senf und gefüllte Kischke befallen und verdammte diverse Bratensorten detailliert in sinnlichen Worten. Sie starb aufgrund einer Stricknadel, die eine andere Patientin ihr beim Zehnuhrfrühstück im Heimgarten, zu dem jeder Insasse ein Glas Tee mit drei Zwieback und einer Mandarine erhielt, durch das rechte Auge ins Hirn gebohrt hatte. Was Nechemja Dubnow betrifft, läßt sich sagen, je älter und dicker er wurde, wie ein geschlagener Ringer, desto mehr schien sich seine Stimmung aufzuheitern, als sei ihm die Wut ausgegangen, oder als habe er seine Portion Askese verbraucht. Er sang mit seiner tiefen Stimme, riß Witze, imitierte Parteiredner, unterhielt Noa mit Klatschgeschichten über die führenden Köpfe der dritten Alija und die Gründer der israelischen Wasserversorgung. Seiner Ansichtskarten wurde er langsam überdrüssig. Zunehmend erschienen ihm das Leben, die Ideen, das Reden, ja alles menschliche Handeln als lächerliche Unterfangen, die sich ständig widersprachen und nichts als Heuchelei und Dummheit verrieten. Jeden Morgen schob Noa ihn im Rollstuhl aufs Dach, versehen mit einem starken Feldstecher, durch den der Alte gern stundenlang die Straße beobachtete, auf der mal ein Traktor, mal ein Mädchen auf einem Esel oder ein Trupp arabischer Arbeiter auf dem Heimweg von der Pflanzung vorbeikamen. Wie Gorowoi der Spanner benutzte auch Nechemja ein Fernglas, um durch die Fenster, die den ganzen Sommer über offenstanden, das Leben der Nachbarn aus der Nähe zu verfolgen – ein einzelner, belustigter Zuschauer einer Posse, in die alle verwickelt sind. Siebzehn Jahre nach dem ersten Unfall hatte er einen zweiten. Noa war gegen Abend in den Konsum gegangen, um Zwiebeln und Öl zu kaufen, und als sie beim letzten Tageslicht zurückkehrte, sah sie, daß ihr Vater mitsamt seinem Rollstuhl von der Dachterrasse gestürzt war: Er hatte die Rollstuhlräder mit seinen kräftigen Armen in Schwung gesetzt, um seinen massigen Leib wieder mal wie einen vorpreschenden Panzer von einem Dachende zum anderen zu katapultieren, hatte dabei das Geländer durchbrochen und war hinuntergestürzt. Sobald sie erfuhr, daß ihr Vater das Haus testamentarisch ihrem Cousin Joschko vermacht hatte, wertete sie das als Fingerzeig, daß es höchste Zeit war, sich zu lösen und ins Leben hinauszugehen, womit sie vor allem die Aufnahme eines Universitätsstudiums meinte. Dieser Joschko, Noas einziger Verwandter, war Chuma Bat-Ams Liebe zu einem Geigenbauer aus Leipzig entsprungen, der Feuerwehrhauptmann in Chedera geworden war. Diese Liebe hatte, laut Bericht des Vaters, dreieinhalb Wochen angehalten. Als Joschko geboren wurde, war der geigenbauende Feuerwehrmann bereits in Brüssel mit einer Sängerin des Flämischen Ensembles verheiratet. Ein paar Jahre lebten die Tante und der Junge in Haifa in einem Zimmer mit zwei Eisenbetten, einer Kleiderkiste und einem Eckwaschbecken, das von einem Plastikvorhang abgeteilt wurde. Auf dessen himmelblauem Grund hatte der wuchernde Schimmel eine ganze Weltkarte mit Inseln und Kontinenten gemalt, die sich ständig ausdehnten. Die Tante arbeitete zwei Tage pro Woche als Sekretärin der pazifistischen Liga und hatte dazu noch eine Halbtagsstelle beim Vegetarierverband. Jeden Abend ging sie, entschlossen und geharnischt wie eine Fregatte, die ausgelaufen ist, einen belagerten Hafen zu öffnen, zu den Sitzungen des Unterstützungsrats für die Annäherung zwischen Rassen und Religionen. Joschko verbrachte ein paar Jahre auf der Jugendfarm Tolstoi, bis er zu seiner Mutter flüchtete, der er wiederum gelegentlich in die Moschawa durchbrannte, zu seinem jähzornigen, gelähmten Onkel und der Cousine, in deren Anwesenheit er ununterbrochen redete oder, gerade umgekehrt, den ganzen Tag schwieg. Dann setzte er sich nach Haifa ab, wohnte drei Monate in einem arabischen Dorf in Galiläa, schickte Noa von dort aus einen glühenden achtundzwanzigseitigen Liebesbrief, beteiligte sich an Versammlungen und Demonstrationen, veröffentlichte zwei Gedichte in einer Zeitschrift und gelangte mit siebzehn Jahren in die Zeitungen, die ausführlich die Geschichte des Jungen aus pazifistischem Hause druckten, der seinen Übertritt zum Islam vorbereitete, um sich der Wehrdienstpflicht zu entziehen, ja ein Leitartikel rief sogar das linke Lager auf, innezuhalten und sich Rechenschaft abzulegen. Letzten Endes gelangte der junge Mann zu einem kleinen chassidischen Kreis, oder vielleicht waren die Abgesandten dieses Kreises zu ihm gelangt. Nachdem das Militär ihn aus nervlichen Gründen freigestellt hatte, brachten die Chassiden ihn nach Brüssel. Das war 1962, als Noa eingezogen wurde und im Stab des Kulturoffiziers zu dienen begann. Tante Chuma, die nun allein zurückgeblieben war, gab ihr Haifaer Zimmer auf und kam, um ihren behinderten Bruder in dem östlichst gelegenen Haus der Moschawa östlich des Cheder-Tals zu versorgen. Bis sie dann in einem privaten Pflegeheim einem Stricknadelstoß erlag. Beim Tod des Vaters stellte sich heraus, daß er in seinem Testament das Haus nicht Noa, sondern Joschko vermacht hatte, »in der Hoffnung, daß er aus dem verderblichen Exil zurückkehren und neue Wurzeln in der Erde des Scharon schlagen möge«. Joschko kehrte nicht aus dem Exil zurück, um neue Wurzeln im Scharon zu schlagen, sondern engagierte, von Brüssel aus, einen melancholischen ultra-orthodoxen Rechtsanwalt, der wie ein höflicher Sarghändler wirkte und Noa unter Bedauern mit seiner wohltönenden Tenorstimme erklärte, der einzige ihr mögliche Weg, die Gültigkeit des Testaments anzufechten, bestehe darin, zum Gericht zu laufen und »vor aller Welt« zu behaupten, ihr verstorbener Vater sei bei Abfassung der Urkunde nicht klaren Geistes gewesen oder habe sich einen Spaß machen wollen, oder aber, er sei beim Schreiben des Testaments dem Druck von Erpressern – im Klartext: seiner seligen Schwester Chuma Zamosc – ausgesetzt gewesen, weswegen die letztwillige Verfügung den Anschein der Ungültigkeit erwecke. Aber, meinte der Anwalt weiter, diese Behauptungen werden Sie schwerlich zur Genüge des Gerichts beweisen können, so daß Sie schließlich beschämt und mit leeren Händen dastehn werden, gerupft auf beiden Seiten, ja in aller Öffentlichkeit noch als dreiste Tochter gelten, die sinnlos das Andenken ihres Vaters, er ruhe in Frieden, schändet, desgleichen auch das ihrer seligen Tante, wozu Sie noch Sünde auf Vergehen häufen, indem Sie sich ungerechtfertigterweise Ihrem einzigen Verwandten entfremden, der doch nichts weiter möchte, als Ihnen im Kleinen oder Großen beizustehen. In Kürze, die Familie wird dadurch von Kopf bis Fuß mit Schlamm beworfen, und doch werden Sie am Ende nichts dabei herausholen, keine einzige Agura, während andererseits, falls Sie klug genug sind, die Gerichte aus dem Spiel zu lassen, ich Ihnen auf der Stelle im Namen meines Mandanten Joschijahu Sarschalom Zamosc unterschreibe – hier ist meine Bevollmächtigung –, daß er Ihnen, ohne jegliche rechtliche Verpflichtung, schenkungs-, nicht vergleichsweise, ein Viertel des Realwerts des Anliegens auszahlt, aufgrund der Wege des Friedens, auf denen unsere heilige Tora uns zu wandeln geboten hat, und aufgrund des Gebotes, sich dem eigen Fleisch und Blut nicht zu entziehen. So kam es, daß sie mit zweiunddreißig Jahren das Haus verließ, in dem sie bis dahin gewohnt hatte, ihre Habseligkeiten in drei Koffern verstaute, die Postkartensammlung dem Mahatma-Gandhi-Sanatorium schenkte und ein Literaturstudium an der Tel Aviver Universität aufnahm, inmitten von Kommilitoninnen, die zehn Jahre jünger waren. Danach wurde sie Lehrerin an einer Oberschule in Bat Jam. Sie hatte zwei, drei Mal ein Verhältnis mit um einiges älteren Männern, brachte eine Abtreibung mit Komplikationen hinter sich und lebte schließlich sechs Monate mit einem berühmten emeritierten Professor zusammen, aus Prag gebürtig, der an einer revidierten Fassung des Werkes *Das Wesen des Judentums*, in sechs dicken Bänden, arbeitete. Dieser Professor war ein von beißendem Sarkasmus und bitterer Ironie erfüllter Typ, der von Jugend an liebend gern Klaviere stimmte. Jederzeit und bei jedem Wetter war er, ein nicht mehr junger, nicht recht gesunder Mann, bereit, an jeden gewünschten Ort zu fahren, das Täschchen mit den feinen Arbeitsgeräten unterm Arm, um unentgeltlich die verzogenen Saiten eines Klaviers zu stimmen. Vorausgesetzt, es war ein echtes Klavier, von vor dem Krieg. Eines Tages akzeptierte der Professor eine Einladung, seine restlichen Ruhestandsjahre im Gästehaus der katholischen Universität in Straßburg zu verbringen, wo er erneut, in aller Ruhe, das Wesen des Judentums zu klären hoffte. Noa fand, daß es auch ihr gut täte, zwei, drei Jahre außer Landes zu verbringen und zu prüfen, ob ein anderes Leben möglich war. Freunde vermittelten ihr die Teilzeitstelle in Venezuela. Dort, in Caracas, sind sie und ich, aufgrund einer Konzertkarte, in Verbindung gekommen. Und seitdem leben wir miteinander.

Nach den Fernsehnachrichten und dem Wetterbericht sagte Theo, laß uns abschalten und nach draußen gehen. Ich wechselte den Morgenrock gegen Jeans und ein rotes T-Shirt und zog Turnschuhe an. Auch Theo trug Turnschuhe und Jeans mit breitem Gürtel. Beim Runterfahren im Fahrstuhl umarmten wir uns, ich preßte meine Stirn an seine Schulter. Sein Körper war wärmer als meiner, und der breite Gürtel roch nach altem Leder und Schweiß.

Du hast immer warm, sagte ich.

Theo sagte: Seit gestern hast du Ferien. Was wirst du tun, Noa.

Das Heim, erwiderte ich, Newe Immanuel. Hätten wir bloß nicht das

Geld von dir angenommen. Das war nicht gut. Das heißt, ich komm nicht gut damit zurecht. Nächste Woche wird Awraham dir alles zurückgeben.

Theo sagte: Awraham. Wer ist Awraham.

Und einen Moment später: Ach ja. Der Afrikaner. Es brennt nicht.

Die Straße war leer: eine Reihe parkender Autos und eine Reihe gelber Straßenlaternen, von denen einige ausgebrannt waren. Die dürftigen Bäume, indische Buchen, Eukalyptusse, Tipa-Bäume, schienen schweratmig zu wachsen. Einen Moment kamen mir diese Bäume, ja eigentlich die ganze Straße, vor wie die Requisiten einer Laienbühne. Die Fenster der Häuser standen offen, und fast aus jedem schallte die Stimme von Wohnungsbauminister Scharon, der seine Interviewer wütend anbrüllte. Ein leichter trockener Wind wehte von den Hügeln im Osten. Eine aufgeschreckte Katze sprang plötzlich zwischen den Mülltonnen hervor und wäre uns fast zwischen die Beine gelaufen. Ich legte ihm den Arm um die Hüften, auf den breiten Gürtel, der sich rauh anfühlte. Die Metallschnalle bereitete meinen Fingern ein kühles Vergnügen. In den Hauseingängen schimmerten ramponierte Treppenhäuser in spärlichem, unreinem Licht, und auch die Briefkästen schienen von diesem Schlummerlicht befallen.

Theo sagte: Die Bürgermeisterin. Bat Scheva. Der Dinosaurus. Man sollte möglichst nicht im Büro, sondern außerhalb mit ihr über eure Phantasterei reden. Aber du wirst sicher nicht einverstanden sein, wenn ich sie anzusprechen versuche. Oder doch?

Diese Geschichte sollte besser ohne dich vonstatten gehen.

Und auch ohne dich, Noa.

Nimm mir nicht alles.

Alles. Was alles. Es ist ja gar nichts da.

An der Straßenecke, außerhalb des Lichtkreises der Laternen, stand ein Pärchen in regloser Umarmung, wie ein Denkmal, die Lippen aneinandergepreßt zu einem versteinerten Kuß, der im Dunkeln einer Mund-zu-Mund-Beatmung ähnelte. Als wir an ihnen vorbeikamen, schien die Grenze zwischen ihnen ausgelöscht. Ich nahm an, das Mädchen war eine meiner frisch gebackenen Abiturientinnen, diese oder jene Tali, und hoffte mich nicht zu täuschen, ohne daß ich gewußt hätte, woher diese Hoffnung kam. Schließlich konnte ich nicht stehenbleiben und sie anstarren wie bei einer polizeilichen Gegenüberstellung. Aus irgendeinem Grund errötete ich in der Dunkelheit.

Aus einem Fenster im zweiten Stock drang ein Weinen, nicht bitter, sondern ruhig, ausgeglichen, das Weinen eines satten Babys, das zu einem braven Kind heranwachsen würde. Theo legte mir den Arm um die Schultern, und einen Augenblick schien mir, sein zugekniffenes linkes Auge hecke im Finstern etwas aus. Zwei Straßen weiter endete die Stadt wie ein Schiff, das mit dem Bug auf Küstensand gelaufen ist. Und die Wüste begann. Wir gingen, Theo voran, den Pfad zum Wadi hinunter. Sein Schatten überdeckte mich und meinen Schatten, weil ich direkt hinter ihm lief. Schwarze Feuersteinbrocken warfen wegen der silbrigen Schärfe des Mondlichts präzise dunkle Schattenbilder. Verstreute Knochen schimmerten hier und da weißlich zwischen den Steinen. Unten im Wadi roch es eine Spur nach versengten Dornsträuchern. Man hatte das Gefühl, die bleichen Felsen, der Abhang, die östlichen Hügel, ja sogar der scharfe Sternenschein warteten allesamt auf eine Veränderung. Die gleich, in nächster Minute eintreten und alles klären würde. Aber wie diese bevorstehende Veränderung aussehen würde und was noch zu klären war, wußte ich überhaupt nicht.

Theo sagte: Auch hier ist Nacht.

Aus seiner ruhigen, tiefen Stimme glaubte ich ein leichtes Zögern herauszuhören, als zweifle er an seiner Fähigkeit, mich zu überzeugen, daß auch hier Nacht war, als habe er Bedenken, ob ich es begreifen könne.

Wenn dieser Sommer vorüber ist, werden wir weitersehen, sagte ich.

Was weiter? fragte Theo.

Weiß nicht. Warten wir's ab.

An der Biegung des Wadis zeichnete sich ein Schattenfleck auf dem Weg ab: ein herabgerollter Felsblock. Kein Felsblock. Ein Stück Schrott. Ein verlassenes Fahrzeug.

Nicht verlassen. Ein Jeep. Stumm. Mit abgeschalteten Scheinwerfern. Aus der Nähe sahen wir die Umrisse eines Menschen, den Kopf aufs Lenkrad gelegt – ein Mann, allein, geduckt, zusammengesunken, in einer Jacke mit hochgestelltem Kragen. In unregelmäßigen Abständen stieß er erstickte Lacher aus. Theo bedeutete mir mit ausgestreckter Hand, stehenzubleiben. Mit drei Schritten war er am Jeep, beugte sich über den zusammengesunkenen Mann. Vielleicht fragte er, ob er helfen könne. Der Mann hob den Kopf, starrte aber nicht Theo, sondern mich an, reglos, und sank wieder langsam übers Steuerrad. Theo blieb noch einen Moment stehen, sein dunkler Rücken verbarg, was er fragte oder tat, dann nahm er mich an der Hand und zog mich weiter in Richtung auf den einzelnen Flammenbaum.

Was war denn, fragte ich, doch Theo antwortete nicht. Erst als wir den Flammenbaum passiert hatten, erwiderte er, als habe er sich seine Antwort lange und gründlich überlegt: Es war nichts. Er weinte. Hätten wir nicht bleiben müssen? Oder vielleicht – Weinen ist erlaubt.

Wir kamen auf eine Anhöhe, die Hyänenhügel genannt wird. Gelblich, schwach, zwischen Dunkelheit und Dunkelheit verstreut, flimmerten die Lichter des Städtchens, als mühten sie sich vergebens, den Sternen in ihrer Sprache zu antworten. Am südlichen Horizont stieg ein blendender Feuerwerkskörper auf und verlosch mit dumpfem Knall. Schau, sagte ich, Feuerwerk, bald haben wir auch ein Orchester.

Eine Leuchtkugel, sagte Theo. Das ist kein Feuerwerk, sondern Leuchtmunition, Noa. Aus einem Flugzeug. Das sind ihre Nachtübungen. Schießen auf imaginäre Ziele.

Und ganz plötzlich, vielleicht aufgrund der Worte »imaginäre Ziele«, fiel mir mit stechendem Schmerz der Dichter Ezra Sussman ein, und der trauernde Vater, Awraham – das schüchterne Lächeln der beiden, das aufleuchtete und gleich wieder verlosch, ein feines, verschmitztes Lächeln, wie zwischen Herbstwolken hervor. Dann die gesenkten Augen des Jungen hinter den langen Wimpern und das von Fältchen verhaltener Zuneigung durchfurchte Gesicht des Vaters, wie bei einem ausgelaugten Metallarbeiter, der in Rente gegangen war. Was ist ihm jetzt noch geblieben? In Lagos? Wartet er auf die Rückkehr des Schimpansen, den er im Dschungel ausgesetzt hat? Was hält ihn noch dort, und was will er von mir, welches ist seine wahre Absicht? Kraft welcher Magie gelingt es diesem bescheidenen Mann, mir seinen verborgenen Wunsch durch die Weiten einer quecksilbrigen Sommernacht zu übermitteln, die sich zwischen Tel Kedar und Lagos über Wüsten und Steppen erstreckt, über tausend mondbeschienene Hügel, über Gebirgszüge und Täler und Flugsandebenen von hier bis dort?

Eine Viertelstunde oder länger standen wir auf der Spitze des Hyänenhügels; ich merkte kaum, daß er meine Hand in seine nahm und sie mit der anderen Hand streichelte. Wir sahen milchige Nebelfetzen langsam auf dem Grund des Wadis dahinkriechen, sich zusammenballen und auf den Jeep mit den ausgeschalteten Scheinwerfern zurollen. Die Melancholie der Ödnis und Dunkelheit, der Mann, der dort wie zusammengeklappt am Steuerrad des Jeeps im Nebel saß, der Polizist an der Aschkelon-Kreu-

zung, dem Blut aus der Nase und staubverschmierter Schweiß über Gesicht und Hals rann, alles lastete auf mir. Aber warum auf mir. Was habe ich mit dem Unglück von Fremden zu tun, denen ich zufällig begegnet bin, oder denen ich nie begegnet bin, und auch nie begegnen werde. Und wenn ich, wie kann ich dann diese Mischung aus Barmherzigkeit und nüchternem Handeln aufbringen, wie das Unglück nach Art des Polizisten verringern – nicht mit Herzerbarmen, sondern mit Chirurgenhand. »Wo müssen wir leuchten, und wer braucht unseren leuchtenden Schein.«
 Noa,
 Was.
 Komm.
 Wohin. Ich bin da.
 Komm noch mehr.
 Ja. Was.
 Hör mal. Am Freitag mittag, als ich im Café California auf dich gewartet hab, kam an der Ampel ein Trauerzug mit gebetsmantelbedeckter Bahre und Talmudschülern und Wohltätigkeit-schützt-vor-Tod-Büchse vorbei. Der senile Alte von Schatzberg von der Apotheke war gestorben. Elijahu. Bloß hat er gar nicht Elijahu geheißen. Ich habe seinen Namen vergessen. Nicht wichtig. Sie haben ihn gegenüber Busos Frau und Sohn beigesetzt, zwischen den Kiefern, genau hinter deinem Schüler und der Tante. Soll ich weitermachen? Ist dir nicht kalt?
 Ich verstehe nicht, was du sagen willst.
 Nichts. Wir fahren weg. Heiraten. Streichen neu. Oder kaufen einen CD-Player. Sag mir nur einmal, was du wirklich möchtest.
 Wozu heiraten.
 Wozu. Für dich. Dir geht es nicht gut.
 Und gleich darauf: Eigentlich weiß ich nicht.
 Ich sagte: Gehen wir nach Hause. Mir ist etwas kalt. Der tote Junge, das Heim, das Haus Alharisi und dieser trauernde Vater, ich weiß nicht, wieso das mir zugestoßen ist. Es wird was geschehen, Theo. Hast du nicht auch das Gefühl, daß die Einleitung vorbei ist?
 Wir machten uns auf den Heimweg, nicht durch das Wadi mit dem Jeep, sondern außen herum, am Friedhof vorbei, zu Füßen des Felshangs, der das verbotene Tal abschirmt. Grillen und Dunkelheit und ferner Lagerfeuergeruch im Wind. Für einen Moment erwachte der unbestimmte Wunsch, den schwachen Lichtern auf der Anhöhe den Rücken zu kehren,

Nenn die Nacht nicht Nacht

vom Weg abzuweichen, sich noch viel weiter gen Süden zu wenden, auf die wahre Ödnis zu, irgendeine Schwelle zu überschreiten und hinauszugehen. Was hat der Dichter sagen wollen? Daß Reden eine Falle sind? Warum hat er dann nicht geschwiegen? Und plötzlich, als sei ein Berg versetzt, blitzte mir wie eine Erleuchtung die Erinnerung an den Bleistift auf, den Immanuel tatsächlich an einem Wintertag während eines Stromausfalls von mir bekommen hatte, als ich ins Schwesternzimmer gegangen war, um Acamol-Tabletten zu holen, und die Schwester nicht da war und er wie ein Schatten am Behandlungstisch saß und mich mit gesenkten Augen hinter weiblich langen Wimpern anblickte. So, als täte ich ihm leid. Aus irgendeinem Grund fuhr ich ihn an, als sei es meine Aufgabe, ihn auf der Stelle zur Ordnung zu rufen. Ich fragte ihn in strengem, mißtrauischem Ton, ob man vielleicht erfahren dürfe, was genau er hier suche und wer ihm erlaubt habe, den Erstehilferaum in Abwesenheit der Schwester zu betreten – abgehoben und verschanzt in diesem Augenblick und grimmig wie mein Vater im Rollstuhl tagelang auf dem Dach, während das Leben an den Linsen seines Teleskopfernglases vorbeizog. Der Junge nickte, irgendwie traurig, als verstehe er mich und versuche, die Verlegenheit, in die er mich gebracht hatte, so weit wie möglich zu mindern, fragte, ob ich zufällig etwas zum Schreiben dabeihabe. Hat er geblinzelt? Oder scheint es mir nur? Darauf zog ich mit hartem Ruck, den Rücken die ganze Zeit ihm zugewandt, eine Schublade des weißen Arzneischranks nach der anderen auf, bis ich einen orangenen Bleistiftstummel gefunden hatte. Bevor ich ging, nicht ging, sondern floh, zischte ich ihn noch ätzend an: Ich fürchte, um einen Spitzer wirst du dich selbst bemühen müssen. Ihn drängte es zur Literatur, hatte Awraham Orvieto gesagt, hoffte, vielleicht mal zu schreiben, ob er die Kraft dazu besaß, können nur Sie beantworten, ich kann es nicht wissen; nur bei Ihnen hat er ja Sinn am Lernen gefunden, und er hat in einem Brief sogar den Bleistift, den er von Ihnen erhalten hatte, erwähnt, und erzählt, daß er den Brief damit schreibe. Ich hatte ungläubig zugehört. Wie eine Frau, die versehentlich ein Liebesgeständnis erhält, das für eine andere bestimmt war. Hätten wir nicht den Umweg gewählt, sondern wären auf dem Pfad durch das Wadi zu dem Jeep mit den ausgeschalteten Scheinwerfern gegangen und hätten gesehen, daß der Mann verschwunden war, hätte ich mich an seiner Stelle auf den Fahrersitz setzen und, den Kopf auf der Hand auf dem Lenkrad, um den Jungen trauern können, der einmal war, einen anderen würde ich nie haben. Er war auf den Grund seines Selbst getaucht. Nach Hause zurückgekehrt, schlossen wir die Balkontür von innen ab, tranken Kräutertee und schalteten den Fernseher ein, mal versuchen, vielleicht gibt's zufällig doch was, und tatsächlich gab es eine Teil-Aufzeichnung des letzten Konzerts, das Arthur Rubinstein zwei Wochen vor seinem Tod gegeben hatte. Danach ging ich duschen, und Theo schottete sich in seinem Zimmer ab, um die Nachrichtensendung des BBC World Service aus London zu hören.

Es gibt einen Gott, rief Muki Peleg, als er – in weiten weinroten Hosen und himmelblauem Hemd, ein lila Seidentuch um den Hals – Noa den Schlag seines neuen Fiat aufhielt, komm, sieh selbst, was da vom Himmel herabgefallen ist, wie der Zimmermann zu seiner jungfräulichen Frau sagte. Noa stellte ihre Basttasche vor sich auf den Boden, nahm sie dann aber lieber auf den Schoß. So fuhren sie ins Joseftal-Viertel, um die Wohnung zu suchen, die Immanuel Orvietos Tante gehört hatte. Rechtsanwalt Ron Arbel von der Sozietät Czerniak, Refidim und Arbel war telegraphisch aus Lagos beauftragt worden, sich um den Nachlaß der Verstorbenen zu kümmern. An jenem Morgen hatte er telefonisch mitgeteilt, sein Mandant habe ihn bevollmächtigt, das Maklerbüro Muki Peleg damit zu betrauen, die Wohnung der Tante samt Inventar zu verkaufen und mit dem Erlös Theo einen Teil jenes Darlehens zurückzuzahlen, das er dem Immanuel-Orvieto-Gedenkverein gewährt hatte, als zu befürchten stand, man könne die Gelegenheit zum Erwerb des Gebäudes verpassen.

Unterwegs erzählte er von einer rothaarigen Kosmetikerin, die sich hundertprozentig zu ihm hingezogen fühle, was heißt hingezogen, verknallt über beide Ohren sei sie, worauf er Noa um Rat fragte, welche von vier Möglichkeiten er wählen solle, um diesem Mädchen den Weg in sein Bett zu verkürzen. Noa riet ihm, es beispielsweise mal auf die dritte Tour zu versuchen. Warum nicht. Ob diese Methode, sagen wir mal, zum Beispiel auch auf sie wirken würde? Noa sagte, aber sicher. Und während er noch vor ihr ablaufen ließ, was er als taktisches Szenario bezeichnete, und dann dazu überging, ihr von den elftausend Dollar zu erzählen, die er diesen Morgen in ein neues Partnerschaftsunternehmen zur Einfuhr von Krawatten aus Taiwan gesteckt hatte, solche Glitzerkrawatten, richtig sexy, die wie Katzenaugen im Dunkeln funkeln, schaltete sie ab und versuchte sich

Nenn die Nacht nicht Nacht

auszumalen, wie es im Tode ist: Dunkles Nichtsein, in dem die nicht vorhandenen Augen nicht sehen, ja nicht einmal die vollständige Dunkelheit wahrnehmen können, weil sie nicht mehr sind, und die nicht vorhandene Haut die Kälte und den Moder nicht spürt, weil auch die Haut nicht mehr ist. Aber was sie sich zumindest vorzustellen vermochte, war das Empfinden von Kälte und Stille im Finstern, Sinneswahrnehmungen, und die waren ja noch Leben. Daher war auch das weg. Auf den Grund seines Selbst getaucht.

Die Wohnung Eleasara Orvietos war seit dem Unglück abgeschlossen und verrammelt gewesen. Ein dumpfer Geruch nach Bücherstaub und ungelüfteter Wolle schlug ihnen beim Eintreten entgegen. Wegen der geschlossenen Jalousien mußten sie Licht einschalten. Im Wohnzimmer standen ein rechteckiger Tisch und zwei Korbstühle, alles noch im Stil der Notjahre, an der Wand hing die Kopie einer galiläischen Landschaft des Malers Reuben. In einer blauen Glasvase begann ein verwelkter Oleanderstrauß bereits zu krümeln, und daneben lag, offen und umgekehrt, ein Buch über die letzten zehn Tage jüdischen Lebens in Bialystok. Auf dem Buch ruhte eine braune Lesebrille und daneben eine leere Tasse, ebenfalls braun. Auf dem Regal fanden sich eine Bibel mit Kommentar, ein paar Romane, Gedichtsammlungen und Bildbände, und dazwischen stand die Porzellanfigur eines jugendlichen Pioniers, der auf einem winzigen Saiteninstrument spielte, von dem Noa nicht wußte, ob es eine Harfe oder ein ähnliches Instrument war. In der Bank hatte sie auf der linken Seite, an den rückwärtigen Beratungstischen, hinter dem Rentenkassenschalter, gesessen, eine tüchtige, magere, sommersprossige Frau um die fünfzig, auf flachen Absätzen, das kurze kupferfarbene Haar mit einer Art Halbmond aus Plastik an den Kopf gedrückt. Wenn sie sprach oder angesprochen wurde, pflegte sie mit ihren gesprenkelten Fingern Mund und Nase zu bedecken, als befürchte sie Mundgeruch. Und sie beendete das Gespräch mit der festen Wendung, das geht hundertprozentig in Ordnung. Noa hörte förmlich die tonlose Stimme, mit der die Worte gesagt wurden.

Das niedrige Schlafzimmer enthielt ein Eisenbett mit einer einfachen Tagesdecke und einen schwarzen Wäscheschrank, von dem Noa sich aus ihrer Kindheit erinnerte, daß man so was mal Kommode genannt hatte. Trockene Wüstendornzweige ergrauten in einem Tonkrug nach Beduinenart, der in der Zimmerecke auf dem Fußboden stand. Auf einem Schemel neben dem Bett fanden sich noch eine leere braune Tasse, ein Pillengläschen und eine Broschüre über die Bahai-Religion mit einem Photo des Tempels in Haifa vor einer Teilansicht von Stadt und Bucht.

Vom Schlafzimmer gelangten sie auf einen Balkon, den man geschlossen und dadurch in ein winziges Zimmer, eher einen Alkoven verwandelt hatte. Hier gab es lediglich ein Eisenbett, ein Regal, eine Landkarte des Landessüdens an der Wand und eine vorn offene Kiste, in der sorgfältig geschichtet Immanuels Kleidung lag: vier Hemden, zwei Paar lange Hosen – Kord und Khaki –, Unterwäsche, Taschentücher und Socken. Und auch eine neue Fliegerjacke, aus Leder, mit vielen Reißverschlüssen und Schnallen, von der Noa sich nicht entsinnen konnte, sie an dem Jungen gesehen zu haben. Die Oberseite der Kiste, die offenbar auch als Tisch diente, beherbergte Schulbücher und Hefte, einen Kugelschreiber und eine kleine Lampe mit blauem Schirm. Weiter ein paar übersetzte Romane in kartonierten Ausgaben, ein Wörterbuch, einen verdorrten Kiefernzweig in einem Glas, dessen Wasser verdunstet war, und einige Gedichtbände. Der grüne Pullover, den sie vom Winter kannte, lag achtlos aufs Bett geworfen, an dessen Fußende wiederum eine alte, zerrissene Wolldecke prangte, auf die Noa einen Augenblick verwundert starrte, bis sie begriff, daß dort das Lager jenes sonderbaren Hundes gewesen war. Hier hatten die beiden nachts geschlafen. Hier eingepfercht hatten sie die Wintertage verbracht. Sie öffnete Fenster und Jalousie und sah nur eine rohe Mauer vor sich, ganz nah, bedrückend, fast mit ausgestrecktem Arm erreichbar – die Wand des Nachbarblocks. Beinah hätte sie geweint. Muki Peleg legte ihr zögernd die Hand in den Nacken, streichelte sie unmerklich, mit der Nase den feinen Geißblattduft schnuppernd, und sagte sanft: Noa?

Sie fuhr mit dem Arm hoch, um seine Hand wegzustoßen, überlegte es sich mittendrin jedoch anders und umklammerte seine Finger, ja lehnte sich einen Augenblick sogar mit geschlossenen Augen an ihn. Als erlaube er sich eine verborgene Feinfühligkeit, die er sonst immer mit aller Kraft unterdrückt hatte, flüsterte Muki Peleg ihr zu: Gut, okay. Wir haben Zeit. Ich werde im anderen Zimmer auf dich warten.

Dann berührte er ihr Haar und ging.

Sie beugte sich vor, nahm den Pullover hoch und drückte ihn an die Brust, um ihn richtig zusammenzulegen. Da es ihr nicht exakt gelang, breitete sie ihn erneut auf der Bettdecke aus, faltete ihn um sich selbst, als wechsle sie eine Windel, trug ihn zusammengelegt ganz langsam zu der Kleiderkiste und schob ihn zwischen die Hemden. Danach schloß sie Jalousie und Fenster und wollte gehen, setzte sich statt dessen aber ein paar Minuten schlaff und leer aufs Bett, schloß die Augen und wartete auf die Tränen. Die nicht kamen. Spürte nur, wie spät es war. Und raffte sich auf, wischte mit dem Handrücken über die Kistenfläche, strich die Bettdecke glatt, zog das Kissen gerade, machte den Vorhang zu und ging hinaus. Im andern Zimmer fand sie Muki im Korbsessel, die Lesebrille auf der Nase – saß da und wartete und las dabei stumm das Buch über das Ende der Juden von Bialystok. Er erhob sich und holte ihr ein halbes Glas Wasser aus der Küche. Später, in seinem Fiat, sagte er ihr, wieviel er für diese Wohnung zu bekommen hoffe, natürlich würde es ihm auch hier wieder nicht einfallen, irgendwelche Maklergebühren einzustreichen. Aber trotzdem wird das Geld, das dabei reinkommt, nicht reichen, um Theo auszuzahlen, und danach müssen wir doch noch das Alharisi-Haus so umbauen, wie wir's haben wollen, was allerdings von der Frage abhängt, was wir wollen, und dabei haben wir eigentlich noch nie richtig darüber geredet, was wir machen, wie die Zarin Katharina zu ihrem Privatkosak sagte.

Noa sagte: Gut. Hör zu. Das ist so. Falls sich herausstellt, daß diese Erbschaft nicht ausreicht, denk daran, daß ich auch eine Tante gehabt habe und daß da eventuell noch ein Nachlaß ist, ihrer, meiner, der an irgendeinen ultra-orthodoxen Cousin aus Brüssel gegangen ist, ich hab zwar verzichtet, obwohl ich das auf keinen Fall hätte tun sollen, war halt ein Fehler, aber vielleicht kann man noch darum kämpfen. Jetzt fahr mich mal ins California und lad mich zu einem Eiskaffee ein. Eiskaffee, Muki, das ist es, was ich jetzt will.

Ende 1971 oder Anfang 1972 war Finkel zum Abteilungsleiter ernannt worden. Zur Entschädigung oder als schonenden Ausweg hatte das Büro des Generaldirektors Theo vorgeschlagen, im Auftrag des Planungsamts nach Mexiko zu fahren und dort als Sonderberater in Sachen Raumplanung zu wirken: Sie sind doch alleinstehend und daher flexibler als Leute mit Familie. Lassen Sie sich den Wind um die Nase wehen, sehen Sie sich was von der Welt an, sagen wir mal für zwei oder drei Jahre, von lateinamerikanischen Frauen werden Sie gehört haben, und da gibt's auch Schwarze und Kreolinnen, Mulattinnen, Indianerinnen. Und in beruflicher Hinsicht werden Sie dort vermutlich ein weites Feld vorfinden, wie man so sagt. Sie können da eine Revolution einleiten. Neuartige Formen entwerfen. Wenn Sie genug davon haben, kommen Sie zu uns zurück, vielleicht ist hier unterdessen eine Umbesetzung eingetreten. Prinzipiell ist alles offen, und alles kann sich noch ändern.

Innerhalb von zweieinhalb Wochen hatte er sein Junggesellennest in der Horkenus-Straße am Jarkon aufgelöst. Der Ausdruck »weites Feld« übte tatsächlich eine vage Anziehung auf ihn aus. Ebenso wie die Wendung »flexibel«. Vielleicht dieser Wendung wegen beschloß er, nur einen einzigen Koffer und eine Reisetasche mitzunehmen. Von Jahr zu Jahr wurde sein Vertrag verlängert, seine Arbeit weitete sich vom Bundesstaat Veracruz auf Sonora und Tabasco und schließlich auf andere Länder aus. In wenigen Monaten erlahmten die oberflächlichen Verbindungen zu seinem Tel Aviver Bekanntenkreis. Zwei, drei Frauen schrieben ihm Briefe, die ihn über das Amt erreichten, doch er machte sich nicht die Mühe, sie zu beantworten, nicht mal per Ansichtskarte. Sein Anrecht auf Heimaturlaub alle sechs Monate nutzte er nicht. Auf die Zeitungen aus Israel verzichtete er. Nach einiger Zeit stellte er fest, daß er keine Ahnung mehr hatte, wer zum Beispiel Innenminister war oder auf welche Woche das Laubhüttenfest fiel. Aus der Ferne erschienen ihm all die Kriege und die Phrasen dazwischen wie ein Teufelskreis, der Scheinheiligkeit und Hysterie entspringt: Man verteilt wilde Fußtritte an alles, was sich einem in den Weg stellt, fleht aber, noch mitten im Treten, um Erbarmen und fordert mit allem Nachdruck Liebe. Ein stickiges Knäuel von Sendungsbewußtsein, Arroganz und Armseligkeit – so stellte sich ihm das Land aus der Perspektive einer schwankenden Hängematte in einem entlegenen Fischerdorf an der Pazifikküste dar. Wobei er sich allerdings ständig fragte, ob das alles womöglich nur daher rührte, daß dieser fiese Nimrod Finkel die Abteilungsleitung bekommen hatte. Worauf er, manchmal, antwortete, das war nur der letzte Tropfen.

Es regte sich bei ihm der Wunsch, nicht mehr zurückzukehren. Er versank zusehends in seine Arbeit wie in einen stillen Fanatismus, vermochte einige Planmodelle für ländliche Gebiete zu entwickeln, die dem tropischen Klima angepaßt waren und mit den Lebensgewohnheiten in Einklang standen. Nach dem Erdbeben in Nicaragua wurden zwei Bezirke nach seinen Vorschlägen wieder aufgebaut. Neue Aufträge liefen ein. Im Jahr 1974 ersuchte er das Planungsamt schriftlich um unbefristete Beurlaubung. Nimrod Finkel gab dem sofort statt.

Jahr auf Jahr wechselte er von Hotels zu Dorfherbergen, von klimatisierten Büros zu sonnversengten Städtchen, übernachtete in Indianerdörfern, trug alles, was er brauchte, in einer nicht besonders großen Umhängetasche mit sich und lernte spanisch in sechs verschiedenen Dialekten sprechen. Regime kamen und stürzten, doch er überstand dies unbeschadet, weil er nirgends Freundschaften schloß. Konfrontiert mit Brutalität, Korruption, Wildheit, schmutzigstem Elend, versagte er sich jedes Urteil und widmete sich nur penibel seiner Arbeit: Er war ja nicht hergekommen, um Unrecht zu bekämpfen, sondern um sich so weit wie möglich professioneller Perfektion anzunähern und damit vielleicht das Unheil zu verringern, und sei es nur in mikroskopischem Ausmaß. Ehre, Chaos und Tod drückten hier allem ihren Stempel auf, und das Leben selbst verglühte zuweilen wie ein Freudenfeuerwerk oder wie eine Gewehrsalve in der Luft: Grausam. Scharf. Laut. Billig.

Frauen fanden sich mit Leichtigkeit, ebenso wie Nahrung, wie eine Hängematte zum Übernachten, die ihm fast allerorts aus Neugier oder Gastfreundschaft gewährt wurden. Seine Gastgeber erwarteten von ihm, daß er sich ihnen zu Gesprächen bis tief in die Nacht anschloß – unter freiem Himmel, in Dorfherbergen, in Lagern der Entwicklungsgesellschaft, auf dem Hof einer einsamen Hazienda, in Gesellschaft von Fremden oder unter zufälligen Bekannten. Und wieder, wie in jungen Jahren in der Jugendbewegung oder später während der landwirtschaftlichen Ausbildung im Rahmen der Palmach, rückte er ans Lagerfeuer und hörte zu. Auch hier redete man die halbe Nacht über Themen wie den Zahn der Zeit, die Familie, die Ehre, die Wechselfälle des Schicksals, die Falschheit der Gesellschaft, die schrecklichen Dinge, die die Menschen sich selbst und andern vor lauter Wunschträumen oder, umgekehrt, aus lauter Gleichgültigkeit antun. Theo trank mäßig und beteiligte sich kaum am Gespräch. Nur selten steuerte er eine kleine Episode aus einem der israelischen Kriege bei oder zitierte einen Bibelvers, der ihm gerade passend erschien. Gegen Morgen, wenn sich die Leute zerstreuten und er ins Dunkel hinausging, fand sich fast immer eine Frau, die mitkommen wollte.

Gelegentlich mischte er sich auch unter die Menge und beobachtete in ihrer Mitte die ganze Nacht den ausbrechenden Festestrubel, beim Fest der Heiligen Jungfrau von Guadalupe, dem Fest des Generals Saragossa, dem Fest des Schreis – Tanzen und Saufen und grauenerregende oder verführerische Verkleidungen und Feuerwerke und Schüsse in die stickige

Luft und dumpfer Trommelschlag als eindringliche Untermalung verzweifelter Lebensweisen, die sich bis zum Morgen mit furchterregendem, brutalem Verlangen hinzogen.

Den größten Teil seines Gehalts überwies er jeden Monat auf eine Bank in Toronto, denn seine Ausgaben waren gering. Wie ein fahrender Handwerksbursche zog er in jenen Jahren von einem gottverlassenen Nest zu einem noch entlegeneren. Übernachtete in ärmlichen Dörfern am Fuß erloschener Vulkane und sah auch einen mal Flammen sprühen. Manchmal fuhr er auf seinen Touren unter den dichten Lianendecken üppiger Urwälder hindurch. Hier und da schloß er für einige Zeit Freundschaft mit einem stillen Fluß oder einer steilen Bergkette, an der der Wald seine Wurzeln mit Gewalt festzukrallen schien. Da und dort machte er zwei Wochen halt und gab sich dem völligen Nichtstun hin, lag den ganzen Tag in der Hängematte und sah Raubvögel hoch droben am leeren Himmel kreisen. Ein Mädchen oder eine junge Frau kam nachts zu ihm in die Hängematte, brachte für sie beide von irgendwoher glühendheißen Kaffee in riesigen Tontassen. Vergangenheit und Zukunft erschienen ihm in solchen Nächten wie zwei verbreitete Krankheiten, schleichende, zerstörerische Seuchen, die den Großteil der Menschheit befielen und bei ihren Opfern nach und nach alle möglichen sonderbaren Wahnvorstellungen auslösten. Und er freute sich, daß er nicht infiziert war, fühlte sich dagegen gefeit.

Sogar die Gegenwart, das heißt der Augenblick, in dem du eben steckst, gerade hier, auf der Fahrt, im Schlummer, beim Liebesakt, oder der Augenblick, der dich beschleicht, während du in dich versunken, wach und still in deiner abgewetzten Lederjacke auf einem langen Nachtflug in einem fast leeren Flugzeug am Fenster sitzt, sogar der gegenwärtige Augenblick scheint nichts von dir zu wollen, als in ihm präsent zu sein und so wach wie möglich aufzunehmen, was man dir zeigt, und was man dir tut. Wie Wasser, das langsam auf den Innenseiten vor Müdigkeit geschlossener Lider entlangrinnt.

Selten erwachte bei ihm Angst, nicht Angst, sondern die verschwommene Befürchtung, man könnte vielleicht etwas Unwiederbringliches versäumen, wenn man nicht leide. Ohne daß er eine Ahnung gehabt hätte, was man womöglich versäumte und ob es ein Versäumnis war. Manchmal meinte er, etwas vergessen zu haben, das man besser nicht vergessen sollte, doch wenn er sein Gehirn dann anstrengte, merkte er, daß er nicht erinnern konnte, was er vergessen hatte. In Trujillo, in Peru, notierte er sich einmal nachts auf einen Bogen des Hotelbriefpapiers fünf, sechs Fragen auf hebräisch: Ist das das In-Sich-Zurückziehen der Lebenskräfte? Dürre? Schrumpfung? Verbannung? Unter diese Fragen schrieb er ein, zwei Stunden später die Antwort: Auch wenn wir annehmen, daß Schrumpfung usw. vorliegen, warum nicht? Warum sollte das schlecht für mich sein?

Und damit hüllte er sich wieder in seine Tropenruhe.

Aber bei seiner Arbeit war er wach wie ein Räuber im Tresorraum – so etwa, wenn er drei, vier Tage und Nächte nacheinander in einer niedrigen Kammer irgendeiner Dorfherberge oder auch in einem eleganten Stadtbüro, das die Gesellschaft ihm zur Verfügung stellte, saß, Planskizzen zeichnete, schrieb, änderte, berechnete, förmlich vor Energie vibrierte, weder Schlaf noch Kontakt brauchte, den Kopf nicht einmal von seinen Papieren hob, wenn eine kleine Schöne mit Kaffee und Essenstablett hereinschwebte, einen Augenblick stehenblieb und ihn in erwartungsvoller Spannung ansah, als spüre sie an ihren Brustwarzen die elektrischen Funken, die in ihm sprühten, bis sie es aufgab und ging. Und auf Sitzungen, wenn er seinen Vorschlag den Entscheidungsgremien präsentierte, ging manchmal eine kalte, scharfe Ausstrahlung von ihm aus, die die anderen veranlaßte, ihm zuzustimmen. In solchen Stunden spürte er eine starke, prickelnde Lust an seinem Beruf: Seine Erfindungsgabe und sein Perfektionsdrang liefen heiß wie die Glühfäden in einer starken Birne. Als pulse tief im Wald, an abgelegener, verborgener Stelle eine Art Quell, der nicht von dir abhängt und von Minute zu Minute sprudelt und wieder verebbt, von neuem aufwallt und sich entschieden eine andere Rinne bahnt, unweigerlich, kraft Gesetzen, die du nicht zu verstehen brauchst, aber die für dich gelten und denen du völlig unterworfen bist.

Dann wieder, auf langen Fahrten zu Bauern an entlegenen Berghängen oder an die Karibikküstenstriche, bei denen er sich mit den örtlichen Gegebenheiten vertraut machte, Durchführungsphasen überwachte, hier und da aufgrund spontaner Eingebung provisorische Änderungen vornahm, kam es vor, daß er, müde geworden, Tage und Nächte in der Hängematte hinter einer Hütte lag. Zuweilen stand er nach Mitternacht auf und ging barfuß zum Lagerfeuer, um sich an den Gesprächen Fremder über Liebe und Treulosigkeit und über die Wechselfälle des Lebens zu beteiligen. Und so – im Hof eines dürftigen Gasthauses, bei Gläsern mit einem Eingeborenentrank, in Gesellschaft von Arbeitern, Technikern, fliegenden Händlern und Trostmädchen, unter einem sonderbaren Himmel, der plötzlich in jäher, starker Ekstase im Glanz fallender Sternschnuppen aufflammen konnte – lernte er mehr und mehr über Leidenschaft und Verzweiflung. Als wären diese beiden, Leidenschaft und Verzweiflung, ein Wanderbühnengespann, das jeden Abend vor Zufallspublikum in Wirtshäusern oder abgelegenen Herbergshöfen auftrat und nicht müde wurde, wieder und wieder das feststehende Repertoire, die Passion, aufzuführen, die Theo sich immer aufs neue ansah, ohne sich je zu langweilen, aber auch ohne in Begeisterung zu geraten.

Wenn er, im Bett oder in der Hängematte, mit einer meist um zwanzig oder dreißig Jahre jüngeren Frau, die ihn gewollt hatte, schlief, pflegte er langsame, präzise Liebe zu schenken, ein Experte in der Verlängerung der Lust, ein erfahrener Führer auf bewaldeten Nebenpfaden, und dabei geschah es einige Male, daß ihn mitten im Vergnügen urplötzlich eine starke Sehnsucht nach Vaterschaft überkam. Dann zeigte er dem Mädchen eine Seite der Liebe, die nichts mit Beischlaf zu tun hat und unter Fremden nicht üblich ist: eine elterliche Seite. Das Mädchen, dem er mitten in der Lust plötzlich diese elterliche Seite zuwandte, reagierte anfangs mit ängstlicher Bestürzung, mit Erschrecken, und erbebte gleich darauf am ganzen Leib, als sei man in diesem geheimen Moment in ihr Mark vorgedrungen. So gelangten ihre Körper an Orte, an die Leidenschaft allein nicht zu gelangen vermag, so daß es schien, als ströme der Fluß nicht mehr zu ihren Füßen hinter der Hütte, sondern entspringe aus ihnen. Aber wenn der Morgen anbrach, war er jedesmal wieder fremd und korrekt. Zuvorkommend, rücksichtsvoll, eigensinnig. Und gezwungen, seinen Weg fortzusetzen.

Im Februar 1981 suchte ich die Botschaft in Caracas auf, um einen Umschlag mit Material, das ich vom Büro in Israel bestellt hatte, abzuholen. Aber der Umschlag, sagte mir die neue Sekretärin so außerordentlich freundlich und sanft, als habe man ihr aufgetragen, dem Kranken die bitteren Ergebnisse einer Untersuchung zu versüßen, Ihr Umschlag ist im Stahlschrank des Sicherheitsoffiziers eingeschlossen, der möglicherweise erst in einer halben Stunde oder Stunde eintrifft. Vorerst ließ sie mich auf einem geflochtenen Korbstuhl Platz nehmen, setzte mir unaufgefordert Kaffee vor, allerdings einen scharfen Kaffee, der in der Kehle brannte, als enthielte er Alkohol, und brachte es fertig, mir in wenigen Minuten das Gefühl zu vermitteln, ich hätte sie fasziniert. Keine Spur von Hemmungen hatte sie, als sie rund zehn Minuten nach meiner Ankunft mit ihrer knabenhaften Stimme sagte: Bleiben Sie. Sie sind interessant.

Sie war nicht besonders groß, trug ein buntbedrucktes Kleid und bewegte sich im Raum, als sei ihr jede Regung ihres Körpers angenehm, wobei der lange, helle Pony leicht auf ihrer Stirn schwankte. Als sie aufstand, um den Kaffee einzuschenken, umwirbelte der Rock ihre Beine, und ich stellte eine leichtfüßige, ungehetzte Geradheit an ihr fest, eine aufrechte Haltung ohne jegliche Spannung. Da sie federleicht andeutete, daß ich es war, der ihre Weiblichkeit weckte – du bist anziehend, wirkst auf mich, warum sollte ich das verbergen –, entdeckte ich zu meiner Überraschung, daß ich fast unwillkürlich anfing, Signale zurückzusenden. Dabei hatte ich in diesen ganzen Jahren nie die Nähe anderer Israelis gesucht, und besonders hatte ich Distanz zu den aufgeklärten, tüchtigen Tel Aviverinnen gehalten, die zu allem in der Welt eine wohlbegründete Meinung besitzen. In meinen Wanderjahren hier war ich tropischer, hypnotisierender Weiblichkeit begegnet, die mir zuweilen wie eine dunkle Flamme, eingesperrt in die hochmütige hispanische Konvention, erschien. Doch nun kam diese energische, hellhaarige, grünäugige Frau – mit ihrer glockenreinen Stimme, in der ganz offensichtlich ihre Freude an mir mitschwang, mit ihrer überschäumenden Vitalität, die sie unaufhörlich stark und verschwenderisch freisetzte, mit dem Schulter- und Hüftschwung, der sagte, guck her, da ist mein Körper – und weckte bei mir etwas, das fast dem entspannten Sichöffnen ähnelte, das man zuweilen beim Wiedersehen mit Jugendfreunden erlebt. Und gleichzeitig auch den spontanen Wunsch, starken Eindruck auf sie zu machen. Dabei hatte ich mich doch jahrelang nicht angestrengt, nicht anstrengen müssen, um eine Frau zu beeindrucken.

Nach zehn Minuten wußte ich, daß sie Literaturlehrerin war und bis vor wenigen Jahren an ihrem Geburtsort, einer Moschawa östlich des Chefer-Tals, gewohnt hatte. Ins Leben war sie, nach ihren Worten, »mit fürchterlicher Verspätung« hinausgegangen, weil sie einen rabiaten, kindischen, behinderten Vater zu versorgen hatte, andere Verwandte waren fast keine da, Noa hieß sie. Und Sie sind Theo, ich hab schon von Ihnen gehört, Legenden ranken sich um Sie. Kurz gesagt, in Tel Aviv hatte sie irgendeine Krise durchgemacht – aber lassen wir das mal beiseite. Freunde hatten das hier für sie arrangiert, damit sie herauskam und ein wenig Botschaftsangestellte und ein wenig Lehrerin für die Kinder der kleinen israelischen Kolonie am Ort spielte. Stimmt, wie haben Sie das erraten, der Kaffee eben war tatsächlich radioaktiv. Ich habe was Indianisches reingemixt, eine gemahlene Wurzel, nein, nicht genau wie das Kardamom der Jemeniten, berauschender, und außerdem war ein halbes Gläschen französischer Cognac drin. Na, dann habe ich Ihnen ja fast schon alle Geheimnisse verraten. Gewiß hab ich Sie nicht gefragt, ob ich Ihnen was extra in den Kaffee geben soll: Und warum, meinen Sie, hätte ich fragen sollen? Nun trinken Sie noch eine Tasse. Sie sehen mir nicht aus wie jemand, der sich berauschen und die Kontrolle verlieren könnte. Im Gegenteil. Immer beherrscht.

Als der Sicherheitsoffizier erschien und mir den Umschlag brachte, dankte ich ihm und ihr, verabschiedete mich und wandte mich zum Gehen. Aber sie dachte nicht im Traum daran, auf mich zu verzichten: Warten Sie, Theo. Hier erzählt man sich von Ihnen, daß Sie schon zehn Jahre unter Indianern leben. Nehmen Sie mich mal zu denen mit? Es würde sich für Sie lohnen, denn falls Sie zustimmen, könnte ich Ihnen beibringen, wie man durch gezieltes Atmen Schmerzen lindert.

Ich nahm an, sie hatte bei einer der mystischen Gruppen mitgemacht, von denen es in Tel Aviv sehr viele gibt. Wollte noch rechtzeitig fliehen vor dieser quecksilbrigen Lehrerin und ihren Atemtricks. Trotzdem erklärte ich mich bereit, am selben Abend das Konzert eines Orchesters und Chors aus Berlin zu besuchen, sie hatte zwei Karten, ohne mich würde sie nicht gehen, denn eine Frau könne hier abends nicht so gut allein herumlaufen, und sie versprach mir, daß Schubert auf dem Programm stehe: die Messe in C-Dur. Jahrelang hatte ich Schubert nur noch durch die Kopfhörer eines kleinen Kassettenrekorders gehört, der mich überallhin begleitete.

Noch am selben Abend stellte sich heraus, daß sie Atemübungen weder kannte noch je gekannt hatte: Ich hatte ihr gefallen und sollte nicht einfach entschwinden. Wenn ich auf mein Recht pochte, würde sie Atemtechnik per Fernkurs erlernen und nach dessen Abschluß ihre Verpflichtung erfüllen. Ich hätte ihr halt gefallen, sagte sie, aber das sei nicht der richtige Ausdruck. Der richtige Ausdruck lautete vielmehr, ich hätte ausgesehen, als ob ich mich im Keller meines Selbst verbarrikadiere, und da sei bei ihr die Lust erwacht, mal einen Einbruchsversuch zu starten, damit ich dort im Dunkeln nicht erfröre. Auch jetzt habe sie sich nicht so ausgedrückt, wie sie wollte,»verbarrikadiert«,»Keller«, alles Ihre Schuld, Theo,

Ihretwegen dichte ich was zusammen, und es wird nichts Richtiges. Lächerlich? Also dann übernehmen Sie mal gefälligst die Verantwortung. Schaun Sie, was Sie angerichtet haben. Ihretwegen bin ich lächerlich. Ihretwegen bin ich auch rot geworden. Sehen Sie. Nach dem Konzert lud sie mich zum Kalbsbratenessen in ein Restaurant ein, von dem sie gehört hatte, es sei eins der besten der ganzen westlichen Hemisphäre. Das Lokal war leer bis auf uns beide, überladen mit Folkloredekoration, die Kellner trugen Gauchokostüm. Eine simple Touristenfalle. Braten und Wein waren fad und ordinär. Die Kerze, die auf unserem Tisch angezündet wurde, stank penetrant nach Fett. Was das Berliner Ensemble anbetraf, hatte dieses tatsächlich die Schubert-Messe gespielt, aber nicht an unserem Abend, sondern am vorhergegangenen. Uns waren Hindemith und Béla Bartok zuteil geworden. Zu alledem verlor sie beim Hinausgehen ihren linken Absatz, der unauffindbar blieb, und als wir aus dem Taxi stiegen, streifte sie mit ihrer Armbanduhr meine Stirn und brachte mir eine schräge Schnittwunde bei. Aus mit mir, sagte sie erbarmungswürdig lächelnd im Laternenlicht vor dem Tor des jüdischen Hauses, in dem sie wohnte, das indianische Dorf habe ich verpaßt.

Am ersten Sonntag nach jenem Abend – ein fliegender Schuhmacher hatte ihr einen nicht passenden Absatz angeklebt – kutschierte ich sie im Jeep der Entwicklungsgesellschaft über Feldwege zu einem Indianerdorf unweit von Calabozo. Fünf Stunden hin und fünf Stunden zurück. Wir sahen eine halb katholische, halb heidnische Hochzeitsfeier: In einer düsteren, ekstatischen Zeremonie zum Klang sonderbarer Gesänge, die sich manchmal wie ein Jammern anhörten, vermählte man eine hübsche Witwe mit einem halb ohnmächtigen Jüngling, vielleicht hatte man ihn leicht benebelt, jedenfalls sah er uns höchstens wie fünfzehn aus. Am nächsten Morgen flog ich zurück nach Mexiko. Aber wir trafen uns weiterhin jedesmal, wenn ich durch Caracas kam, alle paar Wochen, wobei ich ihr eine Flasche Napoleon mitbrachte, damit sie etwas hatte, womit sie ihren magischen Kaffee samt dem ätzenden Eingeborenentrank verdünnen konnte. Anstelle des Geheimnisses der kontrollierten Atmung, das sie erfunden hatte, damit ich ihr am ersten Abend nicht weglief, entdeckte ich ein anderes Geheimnis an ihr, das mich immer mehr faszinierte: Beim Zusammentreffen mit Fremden, selbst bei zufälligen Begegnungen, erkannte sie sofort Bosheit. Scheinheiligkeit. Oder Großzügigkeit. Sogar bei Menschen, die ich als komplex, enigmatisch, durch eine Mauer ausgefeilter Imagepflege geschützt oder gut hinter charmanten Gesten verborgen betrachtet hatte, wußte sie offenbar stets zu bestimmen, wer gut und wer böse war. Boshaft, harmlos, großzügig, verknöchert – so klassifizierte und sortierte sie die Welt. Auch nach warm oder kalt. Oder klassifizierte nicht, sondern ordnete Menschen, Orte, Anschauungen auf einer Temperaturskala an. Als benote sie Schülerarbeiten mit vierzig bis neunzig von hundert möglichen Punkten. Was soll das denn sein, fragte ich, ein Feldgericht? Ein Volkstribunal? Worauf Noa erwiderte: Das ist ganz einfach, wer wissen will, was gut und was böse ist, weiß es doch auch. Und wer nicht, zeigt damit, daß er's lieber nicht wissen möchte. Du wirkst ziemlich anziehend auf mich. Mir scheint, ich auch auf dich. Aber darauf mußt du mir nicht antworten.

Hatte sie mit ihren Blitzurteilen tatsächlich immer recht? Oder überwiegend? Manchmal? Ich war nicht mehr fähig, das nachzuprüfen, denn im Lauf der Zeit begann ich, die Menschen mit ihren Augen zu sehen: eisig, warm, lau, großzügig, schlecht, mitfühlend. Und ich? Warm oder kalt, Noa? Oder sollte ich lieber nicht fragen? Darauf erwiderte sie, ohne zu zögern, im selben Augenblick: Du bist warm, kühlst aber ab. Macht nichts, bei mir wirst du etwas wärmer werden. Und weiter sagte sie: Ziemlich gut. Ein bißchen herrschsüchtig. Ein Virtuose im Jeepfahren. Was heißt Fahren. Rodeo.

Manchmal trat sie mir dann wieder so entgegen, wie ich sie zum ersten Mal gesehen hatte – bei dem Verlockungstreffen in der Botschaft: eine energische, hervorragende, entschiedene israelische Lehrerin. Ihre Schönheit stand ihr gewissermaßen in großen Lettern ins Gesicht geschrieben. Sie verbreitete einen feinen, aber unverkennbaren Geißblattduft um sich. Aber ich fand daran nichts Unangenehmes oder Abstoßendes. Im Gegenteil wurde ich in ihrer Nähe zuweilen von kindlicher Fröhlichkeit mitgerissen: Wie ein Tier, das man von draußen ins Haus geholt hat, damit es versorgt ist. Nach und nach merkte ich, wie fein und fließend die Übergänge in ihrem Diapasonsbereich sind, eben noch mütterlich und schon knabenhaft, oder verführerisch, und die meiste Zeit schwesterlich. Darüber hinaus legte sie einen kindlichen Humor an den Tag, »das Pferd ist der Haupheld in der Geschichte der lateinischen Völker«, ein Humor, der mich veranlaßte, behutsam ihre Schultern zu bedecken. Selbst wenn es nicht kalt war. Tatsächlich kaufte ich ihr als erstes Geschenk eine karibische Wollstola. Als ich ihr dieses Tuch zum ersten Mal um die schmalen weißen Schultern mit dem winzigen braunen Muttermal an der Nackenlinie legte, war es ein freudig geheimnisvoller Moment: als bedecke nicht ich ihre Schultern, sondern sie hülle mich plötzlich ganz und gar ein.

Als wir einmal die Ruine einer düsteren Kirche aus den Zeiten der ersten Siedler besichtigten und ich wie gewohnt einen kurzen historischen Abriß gab, unterbrach sie mich mit den Worten: Schau, Theo, wie gelöst du jetzt bist.

Diese Worte ließen mich erschauern wie einen Jüngling, dem eine erfahrene Frau aus sachkundiger Höhe halb scherzhaft eröffnet hat, daß er offenbar eine Gabe besitze, die Frauen zu gegebener Zeit veranlassen werde, ihn zu begehren. Ich beugte mich nieder und küßte sie. Aufs Haar vorerst noch. Sie gab keinen Kuß zurück, sondern wurde rot und prustete los: Sieh mal, Theo, urkomisch, dein autoritärer Schnurrbart zittert plötzlich sanft. Als Noa und ich uns in Caracas kennenlernten, war ich ja schon zweiundfünfzig – an die dreißig Jahre Liebhaber dieser und jener Frauen, nach eigenem Dafürhalten in den meisten körperlichen Raffinessen wohlbewandert, kannte Lustrezepte, die sie sich in ihren wildesten Träumen nicht ausgemalt hätte, falls sie wilde Träume auf Lager hatte. Was ich kaum vermutete. Und doch versetzten mich diese Worte, die sie mir zwischen den Kirchenruinen sagte, »schau, wie gelöst du jetzt bist«, in derartige Erregung, daß ich mir fast gewaltsam ins Gedächtnis rufen mußte, daß ich im 18. Jahrhundert aufgehört hatte und ihr auch noch erzählen mußte, wie die Kirche und die ganze Stadt bei dem großen Erdbeben 1812 zusammengestürzt waren und welche festen Regeln eigentlich den wechselnden Machtbündnissen zwischen Kirche, Geheimdienst, Maoisten, Militär, Liberalen und republikanischen Garden zugrunde liegen. Ich nahm meinen Vortrag wieder auf und setzte ihn eifrig fort, auf jede Einzelheit eingehend. Kuriositäten erwähnend, mich begeistert in Borgessche Mythen versteigend, bis sie sagte, genug für heute, Theo, mehr kann ich nicht aufnehmen.

Innerhalb von vier Monaten trafen wir uns vielleicht sieben oder acht Mal, besuchten Kunstgalerien und Konzerte, gingen in Restaurants, die ich nach ihrem Mißgriff an unserem ersten Abend mit ihrem Einverständnis fortan selbst auswählte, und an Sonntagen unternahmen wir manchmal eine mehrstündige Jeeptour zu den hohen Bergen der Cordillera del Litural. Ihr Spanischwortschatz beschränkte sich auf ein paar hundert Wörter, und doch meinte sie nach einem kurzen Gespräch, das ich mit einem

Tankwart oder einem Techniker der Entwicklungsverwaltung führte, ohne Zögern, daß dieser Mann ein Lügner, der andere aber, der Dicke, nun gerade menschenfreundlich sei, sich dessen jedoch schäme, was den Grund für seine Grobheit bilde. Was hast du bloß verschluckt, Noa? Einen Seismographen? Einen Lügendetektor? Auf diese Fragen antwortete sie mir nicht gleich. Als sie schließlich doch etwas erwiderte, vermochte ich keinen Zusammenhang zu erkennen: Ich bin mit einem gelähmten Vater und einer vor lauter Idealen verrückten Tante aufgewachsen, sagte sie, da hab ich aufpassen müssen.

Am Ende des Abends begleitete ich sie jeweils zu der Wohnung, die die Botschaft für sie im Erdgeschoß eines Hauses wohlhabender Juden gemietet hatte. Vor der Haustür verabschiedeten wir uns dann mit einem Gutenachtkuß auf Wange oder Haar, wobei sie sich auf die Zehenspitzen stellte und ich mich fast vor ihr verbeugte und eine Nasevoll Geißblattduft aus ihren Haaren einsog. Nach und nach merkte ich, daß meine Reiseroute jetzt öfter Caracas berührte. Ich kaufte ihr Wollsocken und einen Pullover aus Lamawolle. Sie kaufte mir ein Glas Honig. Und eines Nachts, im Frühling, während eines Gewitters mit lang anhaltendem Stromausfall, entschied sie, daß ich diesmal bleiben sollte: Sie habe eine Sitzcouch, die für die Nacht aufklappbar sei. Sie ließ mich auf ihrem Bett Platz nehmen, Regengüsse schlugen wie Steine an die Fenster, sie zündete eine Petroleumlampe an, schenkte mir von meinem Cognac ein, stellte Obst und Papierservietten hin, überlegte es sich aber plötzlich anders, pustete die Lampe aus, kam zu mir und sagte: Das Werben ist vorbei, laß uns miteinander schlafen. Und begann mir das Hemd aufzuknöpfen. Im selben Moment überlief mich nicht nur die Leidenschaft, sondern auch ein Drang, zu schützen. Ihre Sinnlichkeit war sehr direkt, offen und dabei wißbegierig, beseelt von dem festen Willen, mich sofort gründlich kennenzulernen, alle Phrasen beiseite zu lassen und sich mir gut und schnell zu erkennen zu geben, noch in derselben Nacht festen Fuß bei mir zu fassen.

Sofort nach der Liebe schlief sie auf dem Bauch liegend ein, wie ein Baby, den Kopf in meiner Schultermulde.

Am Morgen sagte sie: Du hast es ungeheuer genossen. Wie ein Fohlen. Und ich auch.

Nach der Gewitternacht und den folgenden Nächten war ich noch immer sicher, daß keine festen Bande entstehen würden. Unverändert sah ich mich mein Leben als Alleinstehender beschließen. Aber zwischen ihr und mir kam keine Übereinkunft der Art in Frage, die ich all die Jahre mit wechselnden Frauen in Hotels, Dörfern, Hängematten, Unterkünften des Entwicklungsamts getroffen hatte, eine Vereinbarung mit zwei Paragraphen: faires Vergnügen und Trennung. Im Gegenteil: Die Freundschaft zwischen uns war seit der Gewitternacht offen und amüsant geworden. Uns beiden war leichter und wohler. Das war eine eigenartige Erfahrung, denn bis dahin hatte ich Freundschaft gar nicht für möglich gehalten, und erst recht nicht zwischen Mann und Frau. Intimität ja, Leidenschaft, *fair play*, vorübergehende Zuneigung, Vergnügen gegen Vergnügen, Zug um Zug, nimm und gib, all das hatte ich im Lauf der Jahre kennengelernt, immer im Schatten des notwendigen Zusammenwirkens von Leidenschaft und Hemmung. Unter vorheriger Absteckung der Grenzen. Aber Freundschaft wie zwischen Fingern und Hand, eine unbehinderte Verbindung mit offenen Grenzen hatte ich zwischen mir und einer Frau für unmöglich gehalten. Ja, eigentlich überhaupt zwischen zwei Menschen. Und da kommt Noa mit ihren bunten, wirbelnden Sommerkleidern, der Reihe großer Knöpfe und Knopflöcher vorn ihren ganzen geschmeidigen Körper hinunter, lacht mich an, klopft mir zuweilen in einer Geste entspannter Kumpelhaftigkeit auf die Schulter, ihre Sexualität tief und einfach wie warmes Mischbrot, zieht uns gern beide im Hellen splitternackt aus, am Ufer eines Bachs, auf einer Waldlichtung, frei von jeder Hemmung, ganz Körper und Zauber und Gefühl, und glaubt, auch mich lösen und befreien zu müssen.

Einmal blieb ich drei Tage und Nächte in ihrer Wohnung. Als es für mich Zeit wurde, zum Flugplatz zu fahren, sagte ich, schau her, keine Diskussion, ich laß dir hier auf dem Bord vierhundert Dollar, ich hätte das Geld sonst im Hotel ausgegeben. Und du lebst doch wirklich von der Hand in den Mund. Noa sagte: Gut. Ist in Ordnung. Danke. Aber einen Moment später überlegte sie es sich anders, weil sie nachgerechnet hatte, daß mein dreitägiger Besuch sie allerhöchstens hundert Dollar gekostet hatte. Na und, sagte ich, den Rest hast du dir redlich verdient, kauf dir davon einen Fernseher, als Geschenk von mir, setz dich abends mal vor die Mattscheibe, vielleicht lernst du dann endlich spanisch. Noa sagte, Fernseher, liebend gern, aber so ein Gerät kostet hier sechshundert Dollar, und ich kann nichts drauflegen. Auch das gefiel mir. Und die Art, wie sie mir plötzlich, trotz aller Bitten und Verlockungen, zwei Stunden den Rücken kehren und völlig konzentriert über den Heften ihrer Schüler sitzen konnte, weil sie versprochen hatte, die Klassenarbeiten am nächsten Morgen korrigiert zurückzugeben. Selbst wenn wir nur einen einzigen Abend hatten. Einmal hob sie unvermittelt den Kopf von den Heften und sagte tiefernst, ohne zu lächeln: Du bist ein zusammenfassender Mensch. Faß mich noch nicht zusammen.

Im April erkrankten wir beide, ich zuerst, an leichtem Höhlenfieber. Vielleicht hatte sich bei einer unserer Sonntagstouren irgendeine Zecke oder Laus auf uns gestürzt. Noa verordnete mir Bettruhe, zog mir eine Art Sträflingshemd aus Flanell an, setzte mir eine wollene Indianerbabymütze auf, die auch Stirn und Ohren unter sich begrub, mummelte mich in vier Decken ein, überschwemmte mich mit glühend heißem Kräutertee, den mit Kaktusessenzen zu brauen ihre verrückte Tante sie gelehrt hatte, und verließ mehrere Tage ihren Posten in der israelischen Schulklasse und der Botschaft, um mich zu pflegen. Sie selbst setzte sich, in einen dikken braunen Großmutterschlafrock gehüllt, neben mich und erzählte mir mit sanfter, einlullender Stimme von ihrem Vater, dem gelähmten Boxer, von ihrer tolstoijanischen Tante, von Joschko, der fromm geworden war, und von einem närrischen Spanner namens Golowoi oder Gorowoi. Die Geschichte war voller Komplikationen, verschwamm, füllte sich mit milchigem Dunst, und ich dämmerte ein, schlief drei Tage lang, stand gesund auf und verschob meinen Flug nach Veracruz, weil Noa erkrankt war und sich als eine ziemlich kapriziöse Patientin erwies, nämlich ihre beiden Fäuste gefaltet in meine Hände wie in einen Umschlag steckte und mir stundenlang nicht erlaubte, sie wieder zu öffnen, nur so konnte sie ein bißchen warm werden, da halfen weder die vier Decken noch meine Lederjacke, die ich eng um ihre Füße gewickelt und fest mit dem Reißverschluß zugezogen hatte. Als wir uns von dieser Krankheit erholt hatten, herrschte bereits eine derart gefestigte Intimität zwischen uns, daß Noa mir auftrug, ihr aus einer Apotheke in Mexico City eine deutsche Salbe gegen eine Entzündung der Scheidenschleimhaut zu besorgen. Zu Pessach nahm ich sie über ein langes Wochenende mit, um ihr den Bauplatz einer modernen Kleinstadt, umgeben von sechs neuen Dörfern, zu zeigen, alles nach meiner Planung, alles im ersten Bauabschnitt im Süden des Bundesstaats Tabasco. Noa sagte: Das ist grandios, nicht grandios, menschlich, wenn man sich bei uns zulande doch noch rechtzeitig erinnern würde, daß man auch so bauen kann. Ich sagte: Aber vielleicht braucht man in Israel nicht so zu bauen, und gewiß nicht Kasernen, wie sie sie dort errichten. Israel hat einen anderen Horizont. Hatte jedenfalls mal. Warum meinst du übrigens, grandios sei das Gegenteil von menschlich?

Noa sagte, scheinbar ohne Zusammenhang: Sieh mal, ein kinderloses Lehrerpaar, korrigieren einander den ganzen Tag, es wird nicht leicht werden, aber gewiß auch nicht langweilig.

Im Juni, am Ende des Schuljahrs, sagte sie plötzlich: Mir langt's hier. Ich kehre nach Tel Aviv zurück. Kommst du?

Schau, sagte ich, so geht das nicht, ich habe einen Vertrag bis Dezember, dazu unfertige Projekte in Tabasco und Veracruz, und in Israel erwartet mich nichts. Noa sagte: Mich auch nicht. Kommst du oder bleibst du?

In Tel Aviv langten wir im Juli an, in einer Woche glühender Hitze. Die dampfende Stadt stieß mich schon auf den ersten Blick ab. Nach zehn Jahren in der Ferne schien sie mir noch häßlicher geworden zu sein: ein Konglomerat rußiger Vororte ohne jedes Zentrum. Kleinkriege, Phrasen, Lüsternheit, und dazwischen nur lautes Vergnügen und das bewußte stickige Knäuel von Sendungsbewußtsein, Arroganz und Verzweiflung. Wir mieteten eine möblierte Zweizimmerwohnung in der Prag-Straße, hinter der Busreparaturwerkstatt, und packten die Koffer aus. Gegen Abend machten wir lange Spaziergänge am Strand. Nachts probierten wir Restaurants aus. Und dann fuhr sie im August eines Tages bei einem Lehrerausflug in den Negev, und als sie an jenem Abend zurückkehrte, sagte sie, laß uns nach Tel Kedar ziehen – am Ende der Welt, die Wüste wie ein Ozean und alles offen. Kommst du?

Ich zögerte fast eine Woche lang. Tel Kedar kannte ich noch aus der Zeit, bevor es ein Tel Kedar gab. Ende der sechziger Jahre hatte ich dort ein paar Wochen gearbeitet, in einem stacheldrahtumzäunten Zeltlager, das einmal am Tag von einem Militärtankwagen angefahren wurde, der uns Wasser und Abendzeitungen aus Beer Scheva brachte. Drei Wochen streifte ich von Sonnenaufgang bis Sonnenuntergang kreuz und quer durch die öden Hochflächen, die am Fuß des Gebirgszugs in der Sonne rösteten. Nachts beim Licht der Karbidlampe saß ich im Zelt des Entwicklungsamtes und fertigte erste, noch rohe Skizzen für einen Bebauungsplan, der, vom israelischen Standard abweichend, eine in sich geschlossene, sich selbst Schatten spendende Kleinstadt vorsah, inspiriert von nordafrikanischen Wüstenstädten, die ich auf Photographien gesehen hatte. Nimrod Finkel betrachtete sich die Skizzen und zuckte die Achseln: Theo, wie er leibt und lebt, phantasiert, tobt sich aus, und das ist brillant, das ist originell, kreativ, aber wo steckt der Haken? Er berücksichtigt mal wieder nicht, daß Israelis halt in israelischem Stil leben wollen. Wüste oder nicht. Sag mal, Theo, wer möchte denn deiner Ansicht nach hier plötzlich in den Maghreb zurückkehren? Die Polen? Die Rumänen? Oder die Marokkaner? Die Marokkaner am allerwenigsten. Und begreif eins, Lieber: Das hier wird kein Künstlerviertel.

Damit war mein Beitrag zur Errichtung Tel Kedars mehr oder weniger beendet. Ich hatte nie die geringste Lust verspürt, dorthin zurückzukehren und mir anzusehen, was letzten Endes herausgekommen war; ich nahm an, man hatte reihenweise identische Fertigbauten auf rohen Betonpfeilern und mit Schiebejalousien an den Balkons hingesetzt. An die rohen Betonpfeiler, auf denen der erste Stock ruhte, waren gewiß alle möglichen Schilder, Briefkästen und Papiersammeltonnen für das Soldatenhilfswerk angeschraubt. Und natürlich standen die Mülltonnen in rechteckigen Verschlägen an der Front jedes Hauses.

Nach einer Woche sagte ich zu Noa, in Ordnung, warum nicht, probieren wir's. Irgendwas in mir war angesprochen und wollte ihr nachgehen in die Wüste. Oder an jeden Ort. Ich transferierte die Hälfte meiner Ersparnisse von der Torontoer Bank, verteilte das Geld auf indexgebundene Anleihen, ein paar Aktien und Rentensparverträge, kaufte diese Wohnung und erwarb das Anwesen in Herzlia, das mir monatlich tausend Dollar einbringt. Noa fand sofort eine Stelle als Literaturlehrerin an der Oberschule. Ich eröffnete ein kleines Planungsbüro. Sieben Jahre sind schon vergangen, und wir sind immer noch hier, ähneln vielleicht einem Paar, das die Kriege der Kindererziehung hinter sich hat und nun ein stilles Leben führt, ein paar Topfpflanzen hegt, um sich zwischen den Besuchen der Enkel Abwechslung zu verschaffen. Das Wohnzimmer haben wir mit einer weißen Couch, weißen Sesseln und einem passenden kleinen Teppich eingerichtet. Noa lädt Freitag abends gern ein paar Bekannte ein – Lehrerinnen und deren Männer, die als Berufsoffiziere dienen, den Dirigenten des Stadtchors, ein Arztehepaar in meinem Alter, aus Holland stammend, einen Pumpeningenieur, einen vegetarischen neokubistischen Maler, der Lederschuhe ablehnt, und die Leiterin der Theatergruppe. Man spricht über Sicherheitsfragen und die besetzten Gebiete. Witzelt über die Minister. Bedauert, daß die Stadt zum Stillstand gelangt ist und nicht weiter wächst – die guten Leute ziehen weg, und an ihrer Stelle kommen diese und jene. Vielleicht wird die Einwanderung aus Rußland uns einen Schub geben.

Obwohl, was sollen sie hier denn tun. Wie wir in der Sonne vertrocknen. Noa reicht Obst, Kekse und berauschenden südamerikanischen Kaffee, versetzt mit Beschwörungen und Brandy. Wenn jemand beim Reden einen Moment innehält, zögert, ein passendes Wort sucht, ist Noa stets parat, sofort in die Bresche zu springen, hilfsbereit den abgebrochenen Satz zu beenden, das fehlende Wort beizusteuern oder eine halbe Idee zu vervollständigen. Nicht wie jemand, der das Gespräch an sich reißen will, sondern wie eine Ordnerin, die die Aufgabe hat, an einer bestimmten Stelle des Saalzugangs zu stehen und nach Verlöschen des Lichts behutsam den Ellbogen eines jeden Eintretenden zu halten, um sein Stolpern auf einer nicht zu sehenden Stufe zu verhindern.

Im weiteren Verlauf des Abends teilt sich das Gespräch, die Männer beschäftigen sich tiefschürfend mit dem Verfall der öffentlichen Sitten, die Frauen tauschen Eindrücke von einem neuen Schauspiel oder Roman, der eine Kontroverse in der Presse ausgelöst hat. Manchmal vereinigen sich die beiden Gesprächsströme wieder um Bettgeschichten und Skandale in Tel Aviver Künstlerkreisen oder um eine letzthin angelaufene Fernsehserie, und es gibt auch ein paar kleine Affären, die sich hier bei uns abspielen, insbesondere dank Muki Peleg. Der Maler sagt zum Beispiel: Vorgestern habe ich eine Präsentation junger Minimalisten in Rischon Lezion gesehen, und danach gab es dort eine hochaktuelle Multimediashow. Die Kunst galoppiert vorwärts, die Kultur erklimmt neue Höhen, und nur wir hier verdunsten langsam in der Sonne. In Rischon Lezion gibt es jetzt auch eine nette Fußgängerzone, Galerien, Klubs, Restaurants, die Straßen sind erleuchtet und voller Leben, die Leute kommen um Mitternacht von einer Veranstaltung aus Tel Aviv zurück, füllen die Cafés und diskutieren über Theaterrichtungen, bloß bei uns jeden Abend Tricktrack und danach Fernsehen und mit den Hühnern ins Bett. Die Aerobiclehrerin sagt: Wenn man wenigstens auch uns ans Kabelnetz anschließen würde, wie sonst alle. Und ihr Mann, der Oberstleutnant, fügt verbittert hinzu: Du kannst sicher sein, Schatz, daß diese Siedlungen in den besetzten Gebieten lange vor uns Kabelfernsehen kriegen, wir sind bei denen immer als allerletzte an der Reihe, wenn überhaupt. Noa sagt: Man könnte diese Präsentation auch zu uns bringen. Man könnte Beleuchtung installieren und den Korridor des Gründerhauses in eine Galerie verwandeln. Und warum nicht manchmal einen Kunstgeschichtsdozenten aus Beer Scheva einladen?
Ich meinerseits gehe im Zimmer umher, schenke mit einer Geste demo-

kratischer Zuvorkommenheit Getränke aus, leere Aschenbecher, steure gelegentlich eine Anekdote von den Karibischen Inseln oder eine Kostprobe indianischen Humors bei. Die meiste Zeit höre ich schweigend zu. Versuche zu erraten, wie Noas Urteile nach Weggang der Gäste lauten werden: Gut und böse, warm und kalt, verzweifelt. Mehrmals hat sie mir gesagt, du bist ein zusammenfassender Mensch, faß nicht zusammen, beobachte.

Um Mitternacht oder um halb eins brechen die Gäste auf, mit dem Versprechen, sich am nächsten Freitag wieder zu treffen. Noa und ich räumen ab, spülen und sitzen noch ein halbes Stündchen im Wohnzimmer, bei einem Glas Glühwein im Winter oder bei einem Eiskaffee in Sommernächten. Ihr locker fallendes Blondhaar verdeckt eine Gesichtshälfte, aber ihre bloßen Schultern lugen aus dem bedruckten Kleid – schmal und zerbrechlich wie dunkelnde Herbstblätter an Orten, an denen es einen Herbst gibt. In solchen Momenten, während sie mir Beobachtungen über die eben weggegangenen Bekannten mitteilt, erwacht bei mir wieder der Wunsch, ihr die Stola um die Schultern mit dem winzigen braunen Muttermal an der weichen Nackenlinie zu legen. Ich fange an, sie auf meine lustvoll hinhaltende Weise zu bezirzen. Schnuppere hingerissen ihren Geißblattduft. Manchmal reden wir bis halb drei Uhr nachts am Küchentisch über die wunderbaren Aussichtspunkte in der Cordillera del Litural, zu denen wir damals an Wochenenden gefahren sind. Bis Noa mich mitten im Satz unterbricht und sagt, wir haben genug geredet, laß uns miteinander schlafen, und mir den Gürtel öffnet und uns beide auszieht und den Kopf in meine Schultermulde legt und meine Fingerspitzen an ihre Lippen bringt. Unser Leben verläuft ruhig und gleichmäßig. Im Wohnzimmer liegt ein weißer Teppich, und auch die Sessel sind hell. Zwischen ihnen steht eine Leselampe mit schwarzem Metallständer. In der Ecke gedeihen Grünpflanzen. Nachts ist sie in ihrem Zimmer, und ich bin in meinem, weil sich herausgestellt hat, daß wir im Schlaf verschieden sind.

An schönen Samstagen wecke ich sie manchmal um halb sieben Uhr und wir ziehen nach dem Ankleiden und Kaffeetrinken Turnschuhe an und gehen hinaus, um zu sehen, was es Neues in der Wüste gibt, ein oder zwei Stunden ein Wadi hinunter- und ein anderes wieder heraufwandern. Heimgekehrt, essen wir im Stehen etwas aus dem Kühlschrank und legen uns bis nachmittags wieder schlafen, wonach sie sich – verschlossen, gebeugt, konzentriert – an den Küchentisch setzt und Unterrichtsstunden vorbereitet oder Arbeiten korrigiert und ich aus meiner Ecke das Beben des Rotstifts in ihren Fingern beobachte, die vorzeitig gealtert sind, als übten sie Verrat an ihrem mädchenhaften Körper. Eines Tages werde ich sie noch überraschen und ihr einen kleinen Schreibtisch kaufen, der in die Ecke ihres Zimmers paßt. Vorerst schiebe ich das noch auf, um ihren Anblick am Küchentisch nicht zu verlieren. Während sie ihre Hefte fertig korrigiert, mache ich uns ein leichtes Mittagessen und schalte den Fernseher ein, und dann setzen wir uns davor und gucken einen schabbatnachmittäglichen französischen Film an. Samstag abends gehen wir manchmal ins Café California oder ins Kino Paris. Schlendern noch eine halbe Stunde im Abendwind über den Platz. Kehren nach Hause zurück und hören, am Küchentisch sitzend, leise Musik. Und am nächsten Morgen fängt hier wieder eine neue Woche an. So läuft das schon sieben Jahre ab, immer auf der Hut, jenem Schauspielerduo aus dem Weg zu gehen, das von Ort zu Ort zieht und eins ums andere Mal, wie unter dem Bann eines Fluchs, seine uralte Passion von Chaos, Leid und Untergang aufführt. Bis ihr ein ausgeflippter Schüler wegstarb, offenbar bei einem Unfall umgekommen, nachdem er sich unter Drogen gesetzt hatte, oder durch Selbstmord, man kann es nicht wissen, und sie, anstatt eine Gedenkbroschüre für ihn herauszugeben, die Aufgabe übernahm, sich hier für die Einrichtung eines Entwöhnungsheims zu seinem Gedenken einzusetzen. Der trauernde Vater hat eine Geldspende zugesagt und aus einem mir unklaren Grund ausgerechnet sie dazu auserkoren, eine Art öffentliches Komitee zu bilden. Doch welche Ahnung hat Noa schon von Komitees und öffentlichen Angelegenheiten, da stehen ihr Enttäuschung und Kränkung bevor, die ich ihr gern ersparen würde, bloß habe ich keinen Schimmer, wie. Anfangs habe ich sie behutsam zu warnen versucht, dabei aber eine sarkastische Wut geweckt, die ich bei ihr gar nicht vermutet hätte. Dann habe ich mich bemüht, mit ein paar einfachen Ratschlägen zu helfen, womit ich auf ihre bissige Ablehnung stieß. Nur mein Geld hat sie kreditweise angenommen, wie geistesabwesend, ohne darin eine Kandare oder Falle zu erblicken.

Um ihr zu helfen, muß ich auf jeden Hilfsversuch verzichten. Ich muß mich auf mich selbst zurückziehen, als wollte ich Schmerz durch gezieltes Atmen lindern, und das macht mir keinerlei Schwierigkeiten. Ihr sonderbares Unternehmen wird ihr immer wichtiger, wird zu dem, was Schlomo Benisri als Augapfel bezeichnet.

Als hätte sie einen Liebhaber gefunden.

Und ich? Der ich ihr hierher, an ihr Ende der Welt, gefolgt bin, weil ich nur sie wollte? Statt Wüstenruhe zieht hier jetzt das Gefühl nahender Gefahr auf. Die ich nicht zu verhindern weiß, weil ich keine Ahnung habe, wovon das Übel ausgehen wird. Früher, vor all dem andern, habe ich freiwillig sechs Monate in einer kleinen Wüsteneinheit, die in zwei Jeeps in den Ramon-Bergen herumkurvte, gedient, weil ich das Angebot, eine Pionierkompanie zu befehlen, abgelehnt hatte. Das war, noch bevor es die Straße oder auch nur Geröllpisten dort gab. Manchmal sahen wir von fern die Silhouette einer Hyäne im Mondlicht oder einen Trupp Steinböcke, die wie erstarrt im ersten Morgenlicht auf einem der Höhenzüge standen. Meist schliefen wir den ganzen Tag über in Felsklüften und zogen erst abends auf Verfolgungsjagd oder legten uns nachts in den Hinterhalt, um Schmugglerkarawanen abzufangen, die auf dem Weg vom Sinai zum Edom-Gebirge das Negev-Hochland kreuzten. Das war 1951 oder vielleicht 1952. Wir hatten einen Beduinen als Kundschafter dabei, einen bitteren, wortkargen Mann, nicht mehr jung, in einer verschlissenen englischen Grenzpolizeiuniform, der selbst auf Felsgrund Fährten zu lesen vermochte. Er konnte an Esels- oder Kameldung, der in der Sonnenglut verdorrt war, schnuppern und uns je nach dem Geruch sagen, wer hier wann vorbeigekommen war, ob leicht oder beladen, ja sogar, von welchem Stamm. Und er wußte nach den trockenen Dungfladen zu bestimmen, was die Tiere wo gefressen hatten, woraus er wiederum schloß, woher sie gekommen waren und wohin sie sich hatten wenden können und ob Schmuggler sie trieben. Klein und dürr war er, das Gesicht – nicht braun, sondern grauschwarz und runzlig – ähnelte der Asche eines erloschenen Nomadenfeuers. Es hieß, seine Frau und seine kleine Tochter seien aufgrund irgendeiner Stammesrache ermordet worden. Es hieß, er sei hoffnungslos in ein behindertes Mädchen aus Aschkelon verliebt. Auch in Nächten, in denen Wolken die Sterne und Bergspitzen verhüllten, konnte dieser Späher sich niederbeugen und eine verrostete Gewehrpatronenhülse, eine matt gewordene Schnalle, eine trockene Brotrinde, Reste menschlichen Kots, der im schwarzen Kies verkrustet war, einen abgenagten, achtlos in eine Felsspalte geworfenen Knochen aufheben und ihn mit den Fingerspitzen entschlüsseln. Eine Waffe gaben wir ihm nie, vielleicht, weil er immer wach unter Schlafenden war: Gerade, wenn wir alle, hellwach und voller Jagdlust, mit den Jeeps in wilder Verfolgung dahinbretterten, die Wände der Wadis mit scharfen Maschinengewehrsalven zum Beben brachten und damit einen Gewittersturm an langen, dumpfen Echos in den Spalten über uns heraufbeschworen, gerade dann pflegte er sich von uns abzusondern und auf der rückwärtigen Fläche des verdreckten Jeeps im Sitzen zu dösen, sein Fuchskinn zwischen den Knien, die Augen weder offen noch geschlossen, in Erwartung der Stille, die sich mit grauem Staubschleier erneut auf alles herabsenken würde. War wieder Stille eingekehrt, wachte er wortlos auf, sprang barfuß, krummrückig, tief gebeugt, als wolle er den Boden lecken, heraus und setzte sich von uns ab, stapfte allein davon, um die Einbuchtung einer Höhle oder Grube zu wittern, bei der wir im Vorbeikommen nicht einmal den offenen Zugang erkannt hätten. Ataf hieß er, und hinter seinem Rücken nannten wir ihn auch Laila (Nacht), weil ihm die Dunkelheit so klar war, als sei er mit den Fähigkeiten von Nachtwesen begabt. Doch wir hüteten uns, diesen Namen jemals in seiner Anwesenheit zu benutzen, weil wir uns erinnerten, daß Laila im Arabischen ein Frauenname ist.

Muki Peleg schnappte ich mir aus einem Kreis lärmender Fahrer im Café California, von einer Tischrunde, die sie »Rat der Toraweisen« nennen: Er hatte vergessen, daß wir für den Abend eine Sitzung bei Linda anberaumt hatten. Seht her, reibt euch die Augen, merkt euch bitteschön, wer mich da abholt, sagte er zu seinen Kumpels, mit dem breiten Lächeln eines Bürgers, der zusammen mit dem Staatspräsidenten abgelichtet wird.
  Wir gingen nach Westen, dem Sonnenuntergang entgegen, und überquerten unterwegs den Platz an der Ampel. Im Kino Paris lief ein Krimi: Die britische Komödie hatte hier also nicht lange durchgehalten. Eine linke Komödie, sagte Muki, Linda hat mich hingeschleppt, aber in der Pause hab ich sie rauslotsen können. Statt dessen haben wir bei mir rassige Musik gehört, zum Warmlaufen, wenn du verstehst, was ich damit meine.
  Ich sagte, ich verstünde.
  Danach erzählte er mir, er habe dreiunddreißigtausend Dollar investiert, um ein Drittel der Anteile an der Reisegesellschaft »Rucksacktours« zu erwerben, die freischwebende Jugendliche truppweise auf Lateinamerikatour schicke. Vielleicht möchte Theo da auch einsteigen, der ist doch so'n bißchen Sombreroexperte, ich hab die buchstäblich in allerletzter Minute vor dem Konkursverwalter gerettet, real gesehen ist mein Drittel dort

mindestens vierzig bis fünfzig wert, und wenn Theo noch dreißig reinsteckt, sprengen wir in einem Jahr vielleicht die Hundertgrenze.

Auf dem Platz herrschte Abendruhe. Der Westwind wehte, als wolle er das Meer herantreiben. Selten passierte ein Auto die Reihe parkender Wagen. Ein Schwarm Spatzen flatterte zwischen den Laternenmasten hin und her, brach plötzlich nach Osten durch, kam aber sofort zurück und landete erneut dicht gedrängt auf den Stromleitungen. Er gefällt mir, dieser Platz, der nicht sein will, was er nie sein wird: die Geschäfte, die Büros, die Lokale, die einfachen Schaufenster, alles bescheiden gebaut. Das Gefallenendenkmal und der Trinkbrunnen davor scheinen mir zueinander und ins Zentrum Tel Kedars zu passen. Und der Platz ist in sich richtig, wie Werktagskleidung für den Werktag. Was Theo vor sieben Jahren vorgeschlagen hatte, nämlich hier einen Springbrunnen aus schwarzem Basalt herzustellen und ihn mit Palmen und einem Kreis schwarzer Felsbrocken zu umgeben, erscheint mir kalt. Aber es hat keinen Sinn, ihm das zu sagen, denn die Idee wurde sowieso nicht aufgegriffen, hatte gar keine Chance angenommen zu werden. An hochfliegenden Plänen fehlt es ihm nicht, heißt es hier, aber was soll's, immer in den Wolken, Sombrero, ein paar Nummern zu groß für unser Städtchen. Und auch das sagen sie längst nicht mehr, weil Theo schon längst keine Vorschläge mehr einreicht.

Muki Peleg sagte: Wie schön der Abend ist. Und du auch.

Ich sagte: Danke. Gefällt mir, dein Ausdruck »freischwebende Jugendliche«. Und à propos bei dir rassige Musik hören und so weiter – versuch mal, Linda nicht wehzutun. Sie ist keine so große Heldin.

Nur Liebe, brauste Muki auf und legte in einer Geste gekränkter Aufrichtigkeit die Hand an die Brust, Liebe und nichts als Liebe bekommt sie bei mir. Und da bleibt noch Überschuß, in Fülle, falls du zufällig Bedarf hast – damit du weißt, wo du hingehn kannst. Auch du wirst bei mir ins Schweben geraten.

Die meisten Geschäfte waren bereits geschlossen. In den Schaufenstern brannte spärliche Beleuchtung. Leute, die es nicht eilig hatten, spazierten kreuz und quer über den Platz, Paare, Eltern mit ihren Kindern, Mütter mit Kinderkarren und vier Touristen in Sportkleidung, ausgelaugt von Sonne und Wüste. Die hübsche Limor Gilboa stolzierte in roten Hosen und Stöckelschuhen zwischen zwei Galanen, die beide gleichzeitig auf sie einredeten. Anat und Ohad, das junge Paar – sie hat noch vor kurzem bei mir die Schulbank gedrückt –, standen tuschelnd vor Busos Schuhladen. Dort

Nenn die Nacht nicht Nacht

hat Pinni Buso eine Photographie seiner Frau mit seinem kleinen Sohn im korallenbesetzten schwarzen Rahmen ins Schaufenster gehängt. Ein siebzehneinhalbjähriger Soldat hatte in einem Anfall unglücklicher Liebe die beiden und alle anderen im Laden mit seiner Maschinenpistole erschossen, sich dann hinter den Schuhborden verschanzt und gedroht, auch sich umzubringen. Ein Scharfschütze der Polizei war in den Laden *Prestige-Video* gegenüber geschlichen und hatte den Jungen von dort mitten in die Stirn, genau zwischen die Augen getroffen.

Ein paar alte Leute saßen auf den schmucken Bänken neben den Petunienrabatten und unterhielten sich leise. Unter ihnen sah ich den blinden Lupo, der ein hoher Offizier der bulgarischen Geheimpolizei gewesen sein soll und hier nachts die Telefonzentrale bedient. Lupo saß am Ende der Bank, umringt von einem Schwarm Tauben, die keine Scheu hatten, sich auf seinen Knien und Schultern niederzulassen und ihm Sorghumkörner aus der flachen Hand zu fressen. Sein Schäferhund lag dösend zu seinen Füßen, ungestört von dem Taubenwirbel. Der Blinde stieß mit dem Fuß gegen den Rücken des Hundes und beeilte sich, um Verzeihung zu bitten. Und unterdessen sprang alle Minute die Ampel um, obwohl kein einziges Auto wartete. Vor dem Fenster der Damenwäscheboutique *Ekstase* stand staunend, die Lippen leicht geöffnet, ein junger Offizier aus Äthiopien mit dem Barett des Givati-Regiments.

Als wir die Ben-Gurion-Allee überquerten, gingen die Straßenlaternen an, die noch nicht gebraucht wurden, weil der Tag nur ganz langsam entschwand. Der halbe Himmel war von roten Strahlen erleuchtet, die sich an den Federwolken brachen. Hinter den normalen Abendlauten – eine Frau ruft ihr Kind, es soll sofort nach Hause kommen, schmachtende Musik aus dem *Palermo*, das Grummeln loser Blechschilder, die der Westwind in Schwingung versetzt hat – herrschte breite, tiefe Stille. An der Stelle, an der die Ben-Gurion-Allee aufhört und die dunkelnde Weite beginnt, stehen zwei Bulldozer, einer von ihnen riesig, und vor ihnen hat sich der Wächter ein qualmendes Reisigfeuer angezündet, neben dem er und seine drei Hunde reglos auf dem Boden lagern und ins Feuer starren. Hoch droben versieht ein im Flug erstarrter Rabe den lodernden Abendhimmel mit einem schwarzen Fleck. Und da noch ein Rabe. Noch zwei.

Vor zwanzig Jahren dehnte sich hier noch eine kahle Fläche, umringt von grauen Hügeln. Nur eine verwehte Staubpiste durchquerte die Hochebene in Richtung auf die militärischen Anlagen in der Senke hinter dem

Felskamm. Und jetzt bevölkern neuntausend Einwohner diese am Reißbrett entworfene, flache Kleinstadt, die – sich ihrer selbst noch nicht ganz bewußt – langsam bereits die ganze Ebene überrankt: Fünfzehn parallele oder einander rechtwinklig kreuzende Straßen, und sie alle führen in die Wüste. Menschen, die aus dreißig Ländern gekommen sind, leben hier in fünf symmetrisch angelegten Wohnvierteln, gehen zur Arbeit, ins Café, investieren in Sparpläne, wickeln Babys, wechseln Gardinen oder den Sonnenboiler, schließen einen Hinterbalkon. Als sei das alles schon immer hier gewesen. Und es gibt eine Poliklinik, eine Bibliothek, ein Hotel, ein paar Fabriken und seit neuestem auch ein Musikerquartett, das erst vor zwei Wochen aus Kiew eingetroffen ist. Ein Wunder, hat Awraham Orvieto gesagt, als er nach dem Unglück zum erstenmal hier war, gelegentlich und für einen kurzen Augenblick darf man es als Wunder betrachten, zumindest als ein kleines Wunder. Und dann fügte er hinzu: Immanuel hat Tel Kedar geliebt. Es war sein Ort.

Die kleinen Gärten sind auf Erde angelegt, die die Einwohner per Lastwagen von weither geholt haben, um den staubigen Feuersteinkies damit gewissermaßen zu verkleiden. Doch der Staub weht unaufhörlich aus der offenen Weite herein und bemüht sich, seinen angestammten Platz wieder einzunehmen. Trotzdem halten die Ziergärten stand und werden nicht ausgelöscht. An einigen Stellen sind die Baumkronen schon über die Hausdächer hinausgewachsen. Spatzen haben von fern hergefunden und sich in den Wipfeln eingenistet. Ruhig, heimelig, fast sanft erscheint mir die Präsident-Schasar-Straße um sieben Uhr abends, in den Minuten, in denen der Tag schwindet und der Himmel noch feurig ist. In allen Beeten rieselt das Wasser der Tröpfchenberieselungsanlagen, die alle gleichzeitig durch einen winzigen Stromimpuls im städtischen Bewässerungscomputer eingeschaltet worden sind. Bei Sonnenuntergang haben sich die Sprinkler in dem kleinen Stadtpark zu drehen begonnen, und die Front des Gründerhauses wird von einem Scheinwerfer zwischen den Hibiskussträuchern angestrahlt.

Auf dem Balkon sahen wir ein handgeschriebenes Pappschild: *Zu verkaufen oder zu vermieten.* Muki sagte, das sind die neuen Makler, die Gebrüder Bergialoni, völlig minderbemittelt, ein Wunder, daß sie »vermieten« nicht mit h geschrieben haben. Ich sagte, mir gefiele es gar nicht schlecht, an einem Ort zu wohnen, der fünfundzwanzig Jahre nach meiner Geburt angelegt worden sei – ein junger Ort, man sieht direkt, wie das Leben sich langsam entfaltet. Muki lachte und sagte: Null im Rechnen, Noa, wieso denn fünfundzwanzig Jahre, du siehst doch höchstens wie dreiunddreißigeinhalb aus, keinen einzigen Tag mehr als das, und wirst auch dauernd jünger; wenn du nicht aufhörst damit, bist du bald zehn Jahre jung. Was, wirst du schon wieder rot? Oder scheint's nur mir so? Einen Moment später, als er begriff, was ich gesagt hatte, fuhr er in anderem Ton fort: Hör mal. Eines Tages werde ich noch dieses Thema in Angriff nehmen und mit meinen elf Fingern ein Patent austüfteln, damit diese Sonnenboiler ersetzt oder verdeckt werden und die verfluchten Antennen dazu. Damit es hier langsam ein bißchen nett wird.

Und daß die Zypressen noch höher wachsen und wir hier eine schöne Silhouette kriegen, vor dem Hintergrund der Berge und Felsspitzen, sagte ich.

Worauf Muki anfügte: Und danach wird man hier Notre Dame und Eiffelturm bauen und uns in die Mitte einen Fluß legen, mit Kähnen und Fischern und allem drum und dran, ich organisier dir das als Auftragsarbeit, unter der Bedingung, daß du, wenn der Fluß einmal da ist, nächtliche Küsse auf der Brücke beisteuerst.

Beinah hätte ich ihn augenblicklich, mitten auf der Präsident-Schasar-Straße, geküßt, diesen fieberhaften, schlaksigen Jungen, doch ich hielt an mich und sagte nur: Schon jetzt ist sie fast hübsch. Das heißt, vorausgesetzt man bedenkt, wann und woraus sie entstanden ist. Aus einem eingezäunten Militärlager mitten in der Ödnis. Sie hat mit Sand und Phantastereien angefangen, wo habe ich das schon gehört?

Sie hat kaum angefangen, und schon ist sie nicht mehr aufzuhalten, wie der Husar der Kaiserin antwortete, als man ihn fragte, warum er so dünn geworden sei. Entschuldige, sagte Muki. Tut mir leid. Ist mir einfach so rausgerutscht. Sei nicht böse.

Und was zum Beispiel sei die rassige Musik, die er Linda vorspiele, wenn sie mitten im Film rausgingen und seine Wohnung aufsuchten?

Musik für die Seele. Schwerttanz. Bolero. Er besitze haufenweise Kassetten, die er im Lauf der Jahre von allen möglichen Mädchen geschenkt bekommen habe. Wenn ich käme, würde er mich wählen lassen und mir auch einen Bombencocktail mixen, echt sagenhaft. Vorgestern habe Linda ihn zu einem Hauskonzert geschleppt, bei Dr. Dresdner, dieses Einwandererquartett aus Rußland habe was Trauriges gespielt, und danach habe man eine Platte aufgelegt, noch deprimierender, das Lied der toten Kinder. Das war sicher Mahler, sagte ich, die Kindertotenlieder. Eins davon, mit dem Titel »Wenn dein Mütterlein«, macht mir eine Gänsehaut, wenn ich es höre oder nur daran denke. Muki sagte, weißt du, ich steck da nicht so drin, Mahler, Deutschland, Philosophien, aber eins stimmt, ich hätt vorgestern bald heulen können bei dieser Musik von den toten Kindern. Das dringt dir irgendwie durch die ganze Haut, nicht durch die Ohren. Durchs Haar direkt. Wenn was schlimm auf der Welt ist, mehr als schlimm, grauenhaft, dann der Tod von Kindern. Ich bin gegen den Tod von Kindern. Bloß deshalb bin ich im Komitee. Was hast du denn gedacht. Deshalb geh ich jetzt zur Sitzung.

Linda servierte Kaffee in bemalten griechischen Täßchen. Ein ganzer Zoo aus zartem Glas füllte drei Konsolen: zerbrechliche Tiger, durchsichtige Giraffen, Elefanten in leuchtendem Himmelblau, zarte Löwen, die den Schimmer der von schutenförmigen Lampenschirmen bedeckten Glühbirnen auffingen und zurückwarfen, dazu ein beleuchtetes kleines Aquarium mit einem einzelnen Goldfisch, und eine Sammlung Miniaturväschen, ebenfalls aus dünnem Glas, nur waren hierin für immer winzige Luftbläschen, wie Tränen, eingefangen. Vor vier Jahren hat ihr Mann, ein Versicherungsvertreter, sie verlassen, weil er sich in ihre Schwester verliebt hatte. All die Jahre arbeitet sie halbtags als Sekretärin in der Fabrik, die hier Waschmaschinen herstellt. Begleitet die Proben des Stadtchors am Klavier. Schreibt sich immer für jeden Ausflug des Arbeiterrates ein, wirkt ehrenamtlich im Komitee für Einwandereraufnahme, beteiligt sich an Handarbeits- und Kunstzirkeln, gehört der Initiativgruppe zur Förderung der Kunstgalerie und dem Betreuerteam im Altentagesklub an. Eine asthmatische Frau um die vierzig, schüchtern, das Haar auf altmodische Weise hochgesteckt, mit flüsternder Stimme und teenagerhaft magerer und eckiger Figur. Bei unseren Sitzungen stellt sie Getränke und Knabbersachen auf den Tisch und zieht sich dann still in ihre Sofaecke zurück, geduckt, als strebe ihre Stirn dauernd den Knien zu.

Zu Beginn der Sitzung baten wir Ludmir, Protokoll zu führen. Ein sonnengebräunter, hochgewachsener Mann von siebzig Jahren, lang und dünn, leicht gekrümmt, in seiner Gestalt an eine Art fehlkonstruiertes Zierkamel aus Draht und Bast erinnernd, dem die braungebrannten, geäderten Beine in den verschlissenen Khakishorts samt Füßen in abgetretenen Gummisandalen fast an der Brust angewachsen zu sein scheinen. Auf dem Kopf eine weiße Prophetenmähne im Stil des Dichters Schlonski. Mit leeren Händen und erbittertem, wütendem Pathos kämpft er hier all die Jahre mit dem einen oder anderen Drachen: Er allein verkörpert die Front für die Schließung des Steinbruchs, er ist die Liga gegen Diskriminierung, er der Stab des Zorns, der allwöchentlich auf den Seiten des Lokalblatts losgelassen wird:»Der Rufer in der Wüste« heißt seine feste Kolumne – gegen die Ausbeutung der Beduinen und gegen die Diskothek, gegen den neuen Parkplatz und gegen den Arbeiterrat, gegen Religion und Staat, gegen die Rechte und die Linke. Jedesmal, wenn wir uns treffen, hat er seinen Standardwitz, eine Art Motto:»Und sie (Noa) bewegt sich doch.« Seit seiner Übersiedlung nach Tel Kedar, noch zur Pionierzeit des damals erst aus einem provisorischen Barackenlager bestehenden Ortes, wohnt er mit seiner Frau Gusta in einer kleinen, gepflegten, mit dichten Passionsblumenranken überwucherten Baracke hinter dem Gründerhaus. Gusta Ludmir, eine große, strenge, bebrillte Frau, die grauen Zöpfe wie Stricke um den Kopf geschlungen, gibt hier Nachhilfestunden in Mathematik. In ihren altmodischen dunklen Kleidern, die am Hals von einem trübseligen silbernen Käfer zusammengehalten werden, erinnert sie mich manchmal an eine verwitwete englische Lady aus einer früheren Generation. Vor vier oder fünf Jahren, kurze Zeit, nachdem er seine Arbeit bei der Elektrizitätsgesellschaft aufgegeben hatte und in Rente gegangen war, hat Ludmir mir einmal erzählt, seine einzige Enkelin, siebzehn Jahre alt, die er und seine Frau großzögen, habe sich plötzlich in den Kopf gesetzt, das Haus zu verlassen und allein nach Tel Aviv in ein Zimmer zu ziehen, um dort eine spezielle Ballettschule zu besuchen. Dann trug er mir auf, doch einmal mit ihr zu sprechen und ihr eindringlich zuzureden,»damit sie ihr junges Leben nicht in den Strudel der Großstadt wirft, wo einem Mädelchen wie ihr unter dem Deckmantel einer verlockenden Glamourkarriere nur Häßlichkeit und Verfall auflauern«. Tatsächlich lud ich Lilach Ludmir – ein gereiztes, mißtrauisches junges Mädchen mit den Augen eines gejagten Rehs, den Kopf zwischen den Schultern vergraben, als sei er dort ein für allemal mit dem Hammer festgeschlagen worden – zu einer Tasse Schokolade ins Café California ein. Und versuchte ihre Träume zu ergründen. Aber als ich ihr einen Moment den Arm um die eingezogenen Schultern legte, erschauderte sie am ganzen Leib, erbleichte, sprang auf und lief weg. Seither hüte ich mich, Kinder anzufassen. Ludmir sprach fortan nicht mehr mit mir, weil er zu dem Schluß gekommen war, ich hätte alles kaputtgemacht und allein durch meine Schuld werde er einsam sterben. Zwei Jahre später vergab er mir, weil er zu dem anderen Schluß gelangt war, letzten Endes seien wir sowieso alle zur Einsamkeit verdammt. »Und sie bewegt sich doch«, das waren die Worte, mit denen er den Bann aufhob. Aber gelegentlich wirft er mir noch immer einen langen, verletzten Blick seiner kindlich blauen Augen zu, die sich plötzlich mit Schmerz füllen.

Linda ging in die Küche, um noch eine Runde Kaffee zu machen und eine Schale Obst und einen Teller mit gekauften Keksen auf ein Tablett zu stellen. Sie hatte gebeten, wir sollten inzwischen die Sitzung ohne sie eröffnen, die Tür sei ja offen und in der Küche könne sie alles hören. Ich folgte ihr, um zu helfen, und als wir ins Zimmer zurückkamen, war Ludmir schon in Rage geraten und ließ auf Muki ein wütendes Gewitter los, wie wir es hätten wagen können, auf eigene Faust, ohne eine Komiteesitzung einzuberufen, diese dreckige Ruine, dieses Hurenhaus, diesen Tummelplatz krimineller Junkies zu erwerben, ohne uns auch nur zu fragen, welche Auswirkungen dies in der Öffentlichkeit zeitigen werde: »Nicht behagt mir die Erlösungsbotschaft, wenn aus dem Munde eines Aussätzigen sie kommt«, zitierte er wutheiser und schrieb diese Zeile dann Lea Goldberg zu. Als ich anmerkte, die Dichterin Rachel habe sie geschrieben, wandte sich der glühende Lavastrom von Muki Peleg ab und ergoß sich ausschließlich über mich: Diese Überheblichkeit, dieses gelehrte Getue, was sind wir denn hier – ein akademisches Seminar oder eine Notvereinigung zur Rettung jungen Lebens? Ein Rettungsteam oder bloße Statisten in der Komödie einer gelangweilten Provinzdame, die wieder einmal ihr Netz auslegt, um sich einen neuen Vater in Form eines dubiosen Waffenschiebers zu fangen, nur um auch ihn sich zum Gespielen zu machen?

Sagte es, schleuderte das Protokollheft auf den Tisch und ging türenknallend: Er tritt zurück. Wendet sich entrüstet ab. Überläßt Sodom und Gomorra ihrem Schicksal. Zwei Minuten später klingelte er an der Tür und kam zurück, nahm in bitterem Schweigen das Heft auf und saß den Rest des Abends mit dem Rücken zu uns allen auf dem Stuhl in der Aquariumsecke. Am Ende stellte sich heraus, daß er doch alles genau mitgeschrieben und nur an einigen Stellen des Protokolls das Wörtchen *sic* eingefügt hatte, in eckigen Klammern und mit Ausrufezeichen.

Ich legte das vorbereitete Blatt vor mich auf den Tisch, setzte die Lesebrille auf und ging Abschnitt für Abschnitt durch. Es gibt mehrere Wege, die in der Stadt verbreiteten Bedenken zu zerstreuen. Man könnte zum Beispiel anbieten, daß ortsansässige Drogenabhängige bei uns die Entwöhnungstherapie kostenlos bekommen. Man könnte akzeptieren, daß der Erziehungsausschuß, die Schuldirektion und der Elternbeirat entscheidend im Aufsichtsrat des Heims vertreten sind. Oder nicht Heim, sondern Therapiegemeinschaft. Man sollte die Absicht unterstreichen, mit Hilfe von Stipendien einige der größten Drogen- und Jugendexperten hierherzubringen, so daß Tel Kedar sich schrittweise zu einem angesehenen Forschungszentrum entwickelt, das vielversprechende Kräfte aus dem ganzen Land anzieht. Es wäre sinnvoll, die Geige des Pioniergeistes zu spielen und den Gedanken des kommunalen Engagements anzusprechen. Wir werden zu betonen versuchen, daß damit Beschäftigungsmöglichkeiten für Pädagogen, Psychologen und Sozialarbeiter entstehen, eine Bevölkerungsgruppe, die das städtische Leben allgemein zu bereichern vermag. Hinsichtlich der Entwöhnung besteht ein Streit zwischen der biologischen und der psychologischen Auffassung, und bei uns könnte man versuchen, beide zu integrieren. Und warum bemühen wir uns nicht mal, den hiesigen Polizeipräsidenten einzuspannen, daß er die Empfehlung ausspricht, sich offen mit der Frage drogensüchtiger Jugendlicher auseinanderzusetzen, statt sie zu ignorieren? Es wäre uns sehr damit gedient, wenn gerade ein hoher Polizeioffizier der Bevölkerung erklärte, daß die Einrichtung eines geschlossenen Heims die Kriminalität in der Stadt nicht vergrößern, sondern verringern würde. Vor allem müssen wir Motive der Verantwortung, des Lokalstolzes und der Initiative, die Tel Kedar in ein leuchtendes Vorbild für andere Städte verwandeln wird, hervorheben.

Ludmir brach kurz sein beleidigtes Schweigen: Motive hervorheben, quetschte er heraus, habt ihr das gehört.

Und als er mich ansah, sammelte sich wieder der unterdrückte Schmerz in seinen Augen.

Muki Peleg döste unterdessen auf der Couch, vergrub den Bohemienlockenkopf auf den mageren Knien Lindas, die prompt errötete, streifte die Schuhe ab und legte die Beine auf meine Oberschenkel. Als überbrücke er mit seinem Körper den Abstand zwischen Linda und mir. Und im Halbschlaf murmelte er etwas über die Notwendigkeit eines persönlichen Ansatzes. Wieder brauste Ludmir mit seiner gebrochenen Stimme auf, daß die zarten Glasgeschöpfe und die tautropfenähnlichen Väschen bebten: Der Heuchelei keine Chance!

Daraus ersah ich, daß wir die Sitzung tunlichst beenden sollten. Ich schlug vor, uns in einer Woche wieder zu treffen, nachdem ich mit dem Polizeipräsidenten gesprochen hätte. Als wir gerade gehen wollten, bat Linda uns schüchtern, noch ein paar Minuten zu bleiben, sie wolle uns ein kurzes Stück auf dem Klavier vorspielen, nichts Besonderes, damit wir nicht zu viel erwarteten, wirklich ganz kurz. Sie setzte sich ans Klavier, den Kopf gesenkt, als wolle sie mit der Stirn an die Tasten stoßen. Und dann bekam sie mittendrin einen leichten Asthmaanfall, erstickte fast vor Husten und mußte aufhören zu spielen. Muki Peleg wiederum steckte, nachdem er ihr aus dem Schlafzimmer einen kleinen Ventolin-Inhalator geholt hatte, vor unser aller Augen einen Teelöffel in die Brusttasche seines rosa Hemds und zog ihn dann jubilierend aus Ludmirs Haarmähne. Worauf er als einziger lachte, sich entschuldigte und mit der einen Hand die schwer atmende Linda, mit der anderen mich streichelte.

Linda sagte fast flüsternd: Heute sind wir nicht recht vorangekommen.

Und Ludmir: Vom Regen in die Jauche.

Morgen abend spreche ich mit dem Polizeipräsidenten bei ihm zu Hause. Wenn es mir gelingt, ihn für uns einzunehmen, werde ich versuchen, ihn zu einer gemeinsamen Sondersitzung des Elternbeirats und des Erziehungsausschusses zu holen, und dazu auch Bat Schewa einladen. Und an einem der folgenden Wochenenden veranstalten wir ein offenes Seminar unter Mitwirkung von Professoren, bekannten Persönlichkeiten, Künstlern, laden ein Diskussionsteam von wichtigen Leuten aus Jerusalem und Tel Aviv ein. Die Aussicht auf ein Wochenende im Hotel Kedar wird sie zu uns locken, und die Aussicht auf das Eintreffen berühmter Leute wird das Hotel Kedar dazu bewegen, nur einen symbolischen Preis für die Bewirtung zu verlangen. Für dieses Seminar werde ich ein komprimiertes Aufklärungsblatt verfassen und drucken lassen. Falls sich die öffentliche Stimmung wandelt, könnte man vielleicht wenigstens ... Wenigstens was? Was hat dich denn bloß gebissen, Noa.

Sollte man Theo bitten, mal allein mit Bat Schewa zu sprechen?

Eigentlich gibt es in Tel Kedar keinen passenderen Menschen als ihn, diese Initiative zu leiten, Bedenken zu zerstreuen, Einfluß zu nehmen. Im Lauf der Jahre hat er doch in Lateinamerika weitläufige Siedlungsbereiche, Gewerbegebiete, neue Wohnviertel, viel größere Orte als Tel Kedar geplant und gebaut. Vor zweieinhalb Jahren hat er höflich eine Abordnung Lehrer, Ingenieure und Ärzte abgewiesen, die an einem Wintersamstag mit der eindringlichen Bitte zu ihm gekommen waren, sich an die Spitze einer unabhängigen Wahlliste zu stellen: Seine Fähigkeiten, seine Ver-

gangenheit, seine Vertrauen erweckende Persönlichkeit, sein Können, sein Image, aber Theo hatte sie unterbrochen mit den Worten: Für mich ist das unannehmbar. Wobei er das schmale linke Auge noch mehr zusammenkniff, als zwinkere er mir über die Köpfe der Abgesandten hin zu. Danke, hatte er gesagt und sich erhoben, es war nett von Ihnen.
Bitter und hart. Ein blinder Augappel. Oder nur an einen unsichtbaren Rollstuhl gefesselt. Und ich? Eine gelangweilte Lehrerin beginnt ein neues Kapitel? Stellt sich selbst auf die Probe? Oder reizt ihn einfach, macht ein bißchen Lärm, um ihn zu zwingen aufzuwachen, wenn man so einen Menschen skizzieren kann, der keine Nacht Schlaf findet.

Als wir gingen, war Muki Peleg eifrig bemüht, mich merken zu lassen, daß er diese Nacht wohl tatsächlich eingeladen war, bei Linda zu bleiben. Vielleicht hoffte er, ich würde anbeißen. Ich begleitete Ludmir zu seiner gepflegten, mit dichtem Passionsblumengeflecht überrankten Baracke hinter dem Gründerhaus. Unterwegs sagte der Alte: Muki ist nichts weiter als ein derber Clown, und seine Linda ist ein sentimentales Dummchen. Es war mal ein gottverlassenes Nest am Fuß der Karpaten, ein Dorf mit dreißig Hütten und nur zwei Uhren, eine im Haus des Starosten, des Dorfältesten, und eine beim Diakon, einer Art Pfarrer. Eines Tages blieb die eine Uhr stehen, und die andere kam abhanden. Oder umgekehrt. Da verblieb das ganze Dorf ohne Zeit. Deshalb schickten sie einen flinken, schreibkundigen Burschen in die Stadt Nadworna jenseits des Bergs, damit er ihnen von dort wieder die Zeit hole und die stehengebliebene Uhr neu stelle. Da ritt der Bursche einen halben Tag oder mehr, gelangte nach Nadworna, fand die Bahnhofsuhr, schrieb vorsichtig die genaue Uhrzeit auf einen Zettel, faltete ihn zusammen, barg das kostbare Stück in seinem Gürtel und ritt in sein Dorf zurück. Verzeih, wenn ich dich verletzt habe, Noa. Tut mir leid. Ich konnte dort einfach nicht schweigen und meine Wut über das unfruchtbare Gerede von uns allen unterdrücken.

Worauf er sofort ganz erschrocken zu einer wirren Entschuldigungsrede ansetzte, weil er eine Minute zuvor das Adjektiv »unfruchtbar« gebraucht hatte, wollte wiedergutmachen und machte es schlimmer, wollte versöhnen und streute Salz in die Wunde. Der Höllenschwefel ergießt sich unaufhörlich über uns, Noa, weil auch das Erbarmen mit Stolz verunreinigt ist. Wenn du mir verzeihen kannst. Mir selber werde ich nicht verzeihen, aber du bist noch jung, und sie bewegt sich doch. Gute Nacht. Schade um uns alle.

Um zehn kam ich heim. Fand Theo auf dem weißen Teppich im Wohnzimmer liegend, in Trägerhemd und Turnhose, wie gewöhnlich, barfuß, ohne zu lesen, ohne Fernsehen, vielleicht wirklich mit offenen Augen vor sich hin dösend. Er küßte mich auf die Wangen und fragte, wie es gewesen sei, und ich gab ihm einen Kuß zurück auf das militärisch kurzgeschorene graue Igelhaar und sagte: Es war schlimm. Ludmir ist verrückt, Muki ein Baby, diese Linda erbärmlich, und ich bin's vielleicht auch. Niemand, mit dem man zusammenarbeiten könnte. Geht gegen null. Nichts wird bei all dem rauskommen.

Während ich unter die Dusche ging und mich mit kaltem Wasser überrieseln ließ, stellte er ein komplettes Abendessen für uns beide hin – geometrischen Salat mit Radieschenröschen, verschiedene Käsesorten und geschnittenes Grahambrot auf dem Holztablett; auf dem Gasherd wartete schon eine Pfanne mit einem Würfel Butter, und auf der Marmorplatte lagen zwei Eier und ein Messer in Bereitschaft zum Rühreibraten. Dieses Ritual hat unveränderliche Regeln. Ich schenkte uns beiden Sodawasser ein. Wir setzten uns einander gegenüber zum Essen. Seine breiten Schultern, im Trägerhemd, lehnten an der Kühlschrankwand. Ich hatte das Gesicht ihm und dem mit Wüstensternen erfüllten Fenster in seinem Rücken zugewandt. Theo eröffnete das Gespräch damit, daß auch er heute abend ein bißchen weggegangen sei, er habe Bat Schewa aufgesucht, einfach weil er das Gefühl hatte, ich wollte ihn demnächst bitten, mit ihr zu reden.

Ich habe dich bisher um gar nichts gebeten. Und am allerwenigsten darum, mir Türen zu öffnen.

Das stimmt, aber du solltest trotzdem zuhören: Ich hatte den Eindruck, unter bestimmten Bedingungen könnten wir die Sache vielleicht durchbringen.

Wir?

Okay. Ihr. Entschuldige. Und trotzdem hörst du vielleicht mal zu.

Ich sprang mitten im Essen auf und verzog mich auf mein Zimmer. Eine Minute später klopfte er an die Tür: Noa, tut mir leid, ich dachte nur –

Ich verzieh. Kehrte an den Tisch zurück. Das Rührei war kalt geworden, und Theo, das Küchenhandtuch als Schürze um die Lenden gebunden, stellte sich hin, um mir ein neues zu braten. Ich sagte, laß man, nicht nötig, ich bin nicht hungrig, wir trinken Kräutertee und schauen mal, ob es heute abend was Menschliches im Fernsehen gibt. Wir schalteten ein und sofort wieder aus, weil ein Interview mit dem Energieminister lief, der gerade noch sagen konnte, »es ist doch völlig undenkbar«, bevor wir ihn zum Schweigen brachten. Theo legte eine Platte auf, und wir saßen einige Zeit stumm auf den beiden Sesseln. Vielleicht waren wir uns in diesem Moment tatsächlich fast ähnlich, wie Muki einmal von kinderlosen Paaren nach vielen Jahren gesagt hatte. Plötzlich stand ich auf und kam zu ihm, kuschelte mich auf seinen Schoß, barg den Kopf an seiner Schulter und wisperte, rede nicht. Ich dachte an Riki, die fromme Typistin aus Beer Scheva, die ich nie gesehen hatte, die, die sich in einen Basketballspieler verliebt und ihm ein mongoloides Baby geboren hatte, das der Sportsmann nicht anerkennen will. Ein Baby, grübelte ich, und wenn's auch geschädigt ist, es lebt, und gerade weil es geschädigt ist, braucht und verdient es viel mehr Liebe. Was hat Immanuel an jenem grauen Wintermorgen allein im dämmrigen Schwesternzimmer gemacht? Wie und warum ist er dort hingelangt? Krank? Oder hat er sich, umgekehrt, dort hingestohlen, um sich aus dem Arzneischrank etwas zu holen, ohne das er schon nicht mehr konnte? Wie wenig ich gewußt hatte. Und auch jetzt weiß ich noch nichts. Selbst wenn ich einem Narkomanen auf eineinhalb Meter Entfernung begegnen würde – wie sollte ich wissen, ob er zu ist oder schlaftrunken oder vielleicht nur eine Grippe mit hohem Fieber hat. Als Immanuel mich ansprach, mit seiner verschämten Stimme gewissermaßen die Kluft des Schweigens im Raum übersprang, und mich plötzlich fragte, ob ich vielleicht zufällig ein Schreibwerkzeug hätte, was wollte er da wirklich? Worauf hatte er es abgesehen? Aufs Schreiben? Oder versuchte er nur, ein Verirrter, Kontakt herzustellen? Ich hatte ihn abgewiesen. Mich verschanzt. Hatte nicht registriert, daß dies ein Hilfeschrei war.

Theo. Hör mir einen Augenblick zu. Kuschnir von der Buchbinderei möchte uns einen zwei Wochen alten Welpen geben. Keine Sorge. Ich hab ihm schon gesagt, daß Hunde nichts für dich sind. Warte. Gib mir noch keine Antwort. Hör, was anderes, eine wahre Komödie, Linda ist in Muki Peleg verliebt, der offenbar schon mit ihr schläft, aber immer noch für mich entflammt ist, die ich dich immer noch liebe. Und du?

Gut, ich, sagte Theo, das ist so, und statt weiterzureden, hob er plötzlich das Turnhemd, schob meinen Kopf darunter, zurrte es fest und barg ihn in der dunklen Höhle seines Brusthaars, als sei er mit mir schwanger.

Während der Sechsuhrnachrichten machte ich Obstsalat. Schnupperte an dem Milchkarton im Kühlschrank und mißtraute der Milch und meinem Geruchssinn. Dann fing ich an, die Küchenschränke aufzuräumen, von rechts nach links. Hoffte, sie würde früh zurückkommen. Um sieben ging ich auf den Balkon, um zu sehen, wie der Tag sich zurückzieht. Ein sonderbarer grauer Hund schlich über den Hof und verschwand hinter der Bougainvilleenlaube, langsam schwankend, wie benommen. Eine dunkle Mauer trennt den Hof von der Wüste. An der Wand zeichnet sich der Umriß einer Öffnung ab, die mit helleren Steinquadern zugemauert ist. Dahinter wachsen zwei Zypressen, die mit dem Abend zusehends dunkler werden. Danach folgen die leeren Hügel, als seien es keine Hügel mehr, sondern tiefe Töne. Doch eigentlich rührten die tiefen Töne vom Flötenspiel in der Nachbarwohnung, keine vollständige Melodie, sondern einfache Tonleitern, die sich scheinbar völlig unverändert nacheinander wiederholten. Sechsmal fuhr der Fahrstuhl an unserem Stockwerk vorbei, ohne anzuhalten. Mir fiel ein, daß sie heute abend eine Sitzung bei Mukis Linda hatte. Ich beschloß wegzugehen. Mal nachzusehen, was es im Wadi gab, oder mich vielleicht im Gegenteil zum Platz aufzumachen, um doch einen Blick auf den Welpen von Buchbinder Kuschnirs Schäferhündin zu werfen, den er uns gern schenken wollte.

Ende Juni. Die Tage sehr lang. Die Nächte trocken und kühl. Vorm Hauseingang saßen ein paar Burschen auf dem Steingatter und tuschelten anscheinend, als ich vorbeiging, über eine lächerliche Seite von mir. Die einzige Polizeistreife Tel Kedars rollte heran und verlangsamte die Fahrt, ohne das Blaulicht anzuschalten. Der Wachtmeiser winkte mir zu und grinste, guten Abend, Sombrero, wieso sieht man dich nicht. Und ein jäher Windstoß wirbelte leise pfeifend vom Ende der Straße auf. Ich ließ den Chevrolet an und fuhr geradewegs zu der Stelle, von der dieses Pfeifen kam. Nur neun Häuser an der Straße, und gleich hinter dem letzten verwandelt sie sich in eine holprige Piste, der man, wenn man will, nach Süd, Südost bis zur Zufahrt zu den Steinbrüchen folgen kann. Als ich ins freie Feld hinausfuhr, entdeckte ich, daß der Wind viel stärker war, als man zwischen den Gebäuden annehmen konnte – keine sanfte Brise, sondern einzelne scharfe Stöße, deren Heulen ich über das Reifenknirschen auf den losen Steinen hinweg hörte. Der Weg verwehte zusehends mit dem Staub, der sich in den Scheinwerferkegeln fing und mich umwirbelte. Ein Fahren wie im Schneesturm. Mit einiger Verspätung fiel mir ein, daß ich die Scheiben schließen mußte. Ich tastete mich im Schrittempo weiter, bemüht, aus den Staubwirbeln abzulesen, wo der Felshang des Hyänenhügels war und wo, zu meiner Rechten, der Rand des Wadis. Im gesamten Sichtbereich wirbelten Millionen Staubkörnchen, so daß selbst die scharfe Horizontlinie, welche die Wüste vom Himmel trennt, vor meinen Augen ausgelöscht wurde. Als versuchte ich, einen Urwald mitten in der Nacht zu durchqueren. Ich nahm an, daß der dunkle Fleck links von mir der Berghang war, und hielt mich vorsichtig parallel dazu, während der Westwind, von rechts, Sandböen gegen die Scheiben peitschte. Das Scheinwerferlicht brach sich am Staub, wurde zurückgeworfen und blendete mich, wie bei einer Fahrt durch dichten Nebel. Der Wagen hüpfte und schleuderte, bis mir aufging, daß ich bereits von der Staubpiste zum Steinbruch abgekommen war und mich nun bemühen mußte, wenigstens parallel dazu über die ebene Kiesstrecke unterhalb des Felsens zu fahren. Die Dunkelheit nahm zu. Ich versuchte mit Fernlicht, Scheinwerfern, Standlicht zu fahren, aber der Staub brach unablässig das Licht und schickte es derart geschlagen und mit trübem Sand vermischt zu mir zurück.

Ich entschied, daß anzuhalten das vernünftigste war. Stellte den Motor ab, stieg aus und wartete im Stehen, daß die von den Reifen aufgewirbelte Wolke sich legten, aber auch nach einiger Zeit war die Luft um mich noch breiig dick. Ja, ich hatte den Weg verloren. Trotzdem meinte ich, verschwommen die Bergkette zur Linken wahrzunehmen. Ich startete, in der Absicht, etwas näher an sie heran und dann an ihr entlang zu fahren, bis sie mich an den elektronisch gesicherten Zaun führen würde, den das Militär über die Zufahrt zu der verbotenen Senke gespannt hatte; der mußte mich notgedrungen an die Kurve zu den Steinbrüchen lotsen. Eine niedrige Wolke oder ein hoher Staubwirbel verdeckte den Himmel. Mich befiel die merkwürdige Empfindung, nicht vorwärts, sondern auf und ab zu fahren, in einem versiegelten Behältnis im tiefen Ozean zu wiegen. Dieses Gefühl fand ich so wohlig, daß mir fast die Augen zufallen wollten, es vielleicht sogar taten, denn ich sah ja sowieso nichts außer dem schrägen Tanz der geblendeten Staubwand vor den Scheinwerfern. Einen Moment überlegte ich, ob es nicht besser war, hier anzuhalten, sich auf den Boden zu legen und zu warten. Bei genauerem Nachdenken wurde mir jedoch klar, daß keine Veränderung zu erwarten stand. Ich war mir der Gefährlichkeit des Weiterfahrens bewußt – die Ebene war an manchen Stellen von ziemlich tiefen Spalten zerschnitten –, doch dachte ich, macht nichts, ich bin noch fähig, in langsamem, gleichmäßigem Tempo weiter und tiefer vorzudringen. Und fuhr langsam, im ersten Gang, mit weniger als zehn Stundenkilometern weiter. Steinchen und Kies ächzten, zerstieben erbost unter der Last der rollenden Reifen. Konnte ich, ohne es zu merken, an der Kurve zu den Steinbrüchen vorbeigefahren sein? Oder war ich versehentlich in die verbotene Senke geraten? Noch konnte ich umdrehen und den Rückweg suchen. Aber Umkehren hatte keinen Sinn und auch keine Richtung, denn die Reifenspuren wurden im Nu von den treibenden Sandwirbeln verwischt. Es war besser, weiter nach Süden zu fahren, wenn es denn südwärts war, bis die Reifen die Fluten des Indischen Ozeans berührten oder bis es mir gelang, endlich einmal tief einzuschlafen, abzutauchen ins Innerste des Schlafs, der mich verlassen hat, aber immer noch schemenhaft aus dem Nebel ruft.

Eine Weile später nahm ich jenseits des trüben Vorhangs ein milchiges Funkeln wahr, die Barriere an der Einfahrt zu den Steinbrüchen. Ich betätigte die Lichthupe, um den Wärter nicht zu erschrecken, doch kurz danach merkte ich, daß da weder Tor noch Steinbrüche waren, ich hatte schlichtweg die ganze Stadt von Süden her umfahren und kehrte nun von Westen, aus Richtung Ben-Zwi-Straße im Villenviertel, in sie zurück. Schon hatte ich Asphalt unter den Reifen, neben mir eine Reihe Straßenlaternen und die zurückweichende Staubwand. Ich sah Ziegeldächer. Baumwipfel dunkelten in den Höfen. Auch der sonderbare Ton, ähnlich einer erstickten Oboe, hatte aufgehört. Verschwunden waren die matten, staubumhüllten Silberfelder. Einen Augenblick hatte ich den Impuls, umzudrehen und zurückzukehren in den Nebel, aus dem ich gekommen war. Aber wozu. Also passierte ich in langsamer Fahrt vier kleine Villen, die einander in jeder Einzelheit glichen, als seien alle vier einem alten Kinderbuch abgeguckt: einfache, quadratische Häuser mit roten Dächern, einem Schornstein aus roten Ziegelsteinen und zwei symmetrischen Fenstern zu beiden Seiten der Tür. Am vierten Haus parkte ich den Chevrolet hinter Bat Schewas verbeultem Subaru, stieg aus, ohne abzuschließen, und läutete an der Tür. Dreimal, mit Pausen dazwischen, drückte ich auf die Klingel, doch es kam keine Antwort, obwohl ein kleines, gemütliches Licht im linken Fenster brannte und ich auch eine schwache Melodie aus der Tiefe des Hauses zu hören meinte.

Statt aufzugeben, ging ich auf einem dunklen Steinplattenweg, über dem wuchernde Oleandersträucher fast zusammenwuchsen, um das Haus herum. Tatsächlich fand ich Bat Schewa schließlich hinten im Garten. Sie und ihre alte Mutter saßen unter einer gelblichen Glühbirne, die man in die Äste des Feigenbaums gehängt hatte. Die alte Frau wirkte aufrecht, asketisch, fast reglos angespannt auf einem Stuhl ohne Lehne, ein grünes Tuch auf dem Kopf, die runzligen Arme gerade und angespannt auf den Oberschenkeln. Bat Schewa hingegen spielte Mundharmonika, und es war dieselbe einsame Weise, die ich vorher, beim Klingeln an der Tür, zu vernehmen geglaubt hatte. Sie saß breitbeinig auf einem alten, breiten Sessel von weinroter Färbung, der gewiß einmal einen Salon im orientalischen Stil geziert hatte. Jetzt, da er verschlissen und an mehreren Stellen aufgeplatzt war, so daß das Polster hervorquoll, hatte man ihn in den hinteren Garten gestellt, wie ein elegantes Vergnügungsschiff, das auf Grund gelaufen ist. Ein Schwarm im Licht schimmernder Nachtfalter umschwirrte die Köpfe der beiden Frauen, und ich wußte, wenn ich hier länger bliebe, würde sich gewiß auch um meinen Kopf ein solch flirrender Kreis bilden.

Bat Schewa Dinur, die Bürgermeisterin, eine Frau meines Alters, robust, rosig, das graue Haar kurz geschnitten, von asymmetrischer, massiger Gestalt, ähnelte, wie sie dort so tief im Sessel saß, einem Bergmassiv mit mächtigen Ausläufern nach allen Seiten, als habe sie mehr als vier Extremitäten. Ihre große braune Hornbrille war die Nase herabgerutscht. Die festen rötlichen Arme wirkten rauh wie die Einbände alter Bücher. Sie erinnert mich immer an eine füllige holländische Großmutter oder vielleicht an eine Kneipenwirtin, die das Lokal gut in Schuß hat.

Als sie mich bemerkte, hörte sie zu spielen auf. Warf mir einen skeptisch verschmitzten Blick über die Brille hinweg zu, als hätte sie meine Absicht erraten, noch ehe ich ein Wort herausbrachte, und sagte: Schaut her, wer uns da besuchen kommt. Geh, hol dir einen Stuhl von der Veranda und stell ihn hier hin. Nicht hier. Da.

Ich holte mir einen Hocker ohne Lehne wie den, auf dem die alte Mutter in ihrer strengen, versteinerten Haltung saß. Und sagte endlich guten Abend.

Bat Schewa sagte: Still, Theo. Laß mich zu Ende spielen.

Und blies auf der Mundharmonika weiter eine Melodie, die ich zwar nicht erkannte, aber doch vage vertraut und sogar anrührend fand.

An die zehn Minuten spielte sie, bis sie plötzlich keine Lust mehr hatte, das Instrument absetzte und eine Art Wiehern ausstieß, wie ein ungeduldig gewordenes Maultier. Die Mundharmonika ließ sie in die Höhle gleiten, die die Rockfalten zwischen ihren feisten Knien bildeten.

Es wird nichts, sagte sie, immer wieder versuche ich's gewissermaßen geometrisch zu spielen, die ganze Sentimentalität auszudörren, sonst wird das klebrig wie Pflaumenmus, das ich übrigens nicht ausstehen kann. Du siehst schlecht aus.

Sie musterte mich eine lange Weile, immer noch über die Brille hinweg, neugierig, gründlich, ohne jede Hemmung, eine energische Frau, und derjenige, der sie zu übertölpeln vermocht hätte, mußte erst noch geboren werden. Dabei brillant, resolut, gelegentlich huscht ein pfiffig gewiefter Blitz über ihre Augen, als habe man ihr eben eine saftige Zote zugeflüstert, die sie nun abschmeckt, nicht eilig herunterschluckt, absichtlich das Vergnügen verlängernd, das der deftige Witz ihr bereitet.

Sieh mal, Bat Schewa, sagte ich. Verzeih, daß ich abends bei dir einfalle. Die Sache ist so. Ich habe ein Problem, das ich lieber nicht im Büro mit dir besprechen möchte.

Ihre alte Mutter sagte: Da ist der arme Serjoscha. Verliebt. Sucht die Annuschka.

Bat Schewa sagte: Problem. Ja. Hab schon gehört. Deine Frau. Ihre Anstalt.

Ich erinnerte daran, daß Noa und ich nicht verheiratet sind.

Nein? Warum nicht? Heiratet. Noa ist prima.

Sagte es und zwinkerte mir fröhlich zu, wobei ihr breites Gesicht von innen her mit wissend spitzbübischer Zuneigung aufleuchtete.

Laß mir mal zwei Minuten, um's dir zu erklären.

Ich weiß. Weiß schon. Ihr habt die Alharisi-Ruine gekauft und hängt nun damit fest. Du wolltest mich bitten, daß ich euch entgegenkomme. Vergiß es.

Die Alte bemerkte traurig: Liebe. Essen nicht. Trinken nicht. Puuu, und der Verstand ist abgestellt.

Bat Schewa sagte: Ah. Gut, daß du mich daran erinnerst. Gleich werden wir den Kessel aufstellen und uns allen ein Glas Tee machen.

Doch sie rührte sich nicht von ihrem Sessel.

Nicht nötig, sagte ich. Steh nicht auf. Ich bin nur auf ein paar Minuten gekommen.

Na gut, sagte Bat Schewa. Bitteschön. Red. Man läßt ihn hier kein Wort rausbringen und sagt, red, red. Bitte. Rede jetzt. Bat Schewa Dinurs Mann ist im Sechstagekrieg in Jerusalem gefallen. Ihre vier Söhne hat sie allein großgezogen, neben ihrer Arbeit als Elektroingenieurin, spezialisiert auf Schalttechnik. Vor neun Jahren, kurze Zeit vor unserer Übersiedlung nach Tel Kedar, ging sie aus einer öffentlichen Ausschreibung als beste Kandidatin hervor und wurde zur Leiterin der hiesigen Waschmaschinenfabrik berufen. Vor zwei Jahren hat man sie zur Bürgermeisterin gewählt, und seither kämpft sie unaufhörlich für das, was sie »Schluß mit dem Schlendrian« nennt. Ihre Söhne sind erwachsen und verheiratet, die Enkel übers ganze Land verstreut. Jeden Samstagabend geht sie mit ihrer alten Mutter auf dem Platz an der Ampel spazieren. Oder die beiden setzen sich ein Stündchen ins Café California, wo sich eine Schlange von Bittstellern an ihrem Tisch vorbeiwindet. Eine unermüdliche, direkte Frau, immer mit praktischem, amüsiertem Grimm gepanzert, von ihren Gegnern aus tiefstem Herzen gehaßt, während ihre Freunde durch Hölle und Himmel für sie gehen würden. Eine alte, sture Lastkutsche, heißt es von ihr in der Stadt.

Schau mal. Ich glaube, bei entsprechender Unterrichtung der Öffentlichkeit und unter Bedingungen, die du uns stellen würdest, könnte eine kleine medizinische Einrichtung, was Experimentelles, Pioniermäßiges unter Beachtung der notwendigen Vorschriften, durchaus ein Segen für die Stadt sein. Es würde Wissenschaftler anlocken. Wäre positiver Brennpunkt für ehrenamtliche Betätigungen im Dienst der Kommune. Wir hätten eine gute Presse. Und eigentlich ist das doch genau der Aufhänger, auf den du schon lange wartest, um uns künftig mal die Außenstelle einer Universität oder die Keimzelle eines Krankenhauses zu bescheren. Überleg dir's.

Die alte Frau fügte an: Im Winter fällt das Thermometer bis auf vierzig Grad minus, der Wolf heult vor der Hütte, auuu, wie ein verlassenes Baby.

Bat Schewa sagte: Laß, Theo. Das wird nichts. Aber es steht Pfefferminztee mit Eis im Kühlschrank. Geh hin und nimm dir und bring auch uns welchen mit. Die Gläser sind auf dem Abtropfbrett.

Bat Schewa. Warte. Versuch's mal so zu sehen: Ein trauernder Vater erscheint bei uns, verpflichtet sich, siebzigtausend Dollar zu spenden, und ist bereit, später noch mehr zu geben. Er richtet ein Komitee ein. Sein gutes Recht. Allerdings ein merkwürdiges Komitee. Und dieses Komitee erwirbt ein verlassenes Gebäude, das hier wie ein hohler Zahn in der Gegend steht. Man läßt einen Gedenkverein eintragen. Die Akteure zeigen Begeisterung. Engagement. Gewiß herrschen Zweifel in der Stadt. Zum Teil be-

rechtigte. Das stimmt. Aber wenn du auf unserer Seite bist, werden diese Zweifel sich legen.
 Wer braucht das, Theo. Ich bitte dich. Eine Junkiehöhle. Außerdem hat er dir doch vorerst noch keine Agura zurückgezahlt. Komm, tu mir einen Gefallen, rück mit dem Stuhl auf die andere Seite. So. Jetzt sieht man dich, ohne von der Birne geblendet zu werden. Du siehst wirklich schlecht aus.
 Die alte Frau fiel ein: Auf dem Ofen schwitzende Bauern, Flöhe, schlafen in voller Kleidung, und der Wolf draußen auuu. Und was ist mit dem Erbarmen? Ausgegangen? Weg und verschwunden?
 Ich habe nichts von Drogenanstalt gesagt.
 Ah. Was anderes? Entschieden gern. Vielleicht pflegt ihr das Andenken in Form von, sagen wir, einem Workshop für Wüstenskulptur? Die Felsblöcke gehen auf meine Rechnung. Gratis.
 Aber es muß was mit Jugendproblemen zu tun haben, sagte ich. Es geht um das Andenken an einen Schüler, der umgekommen ist.
 Und Serjoscha zittert die ganze Nacht. Alle sind eingeschlafen, und er hat nichts.
 Jugend. Bitteschön. Computer. Du brauchst nur euren Spender zu überreden. Sagen wir zum Beispiel ein Zentrum für junge Computergenies. Bloß darf man's nicht so nennen. Stimmt's, Mutter? Oder vielleicht eine Brutstätte für junge Forscher in den Bereichen der forschungsorientierten Industrie? Dafür müßtet ihr eurem Wohltäter mindestens noch weitere hundertfünfzigtausend Dollar für Inventar und Betriebskosten abluchsen, womit wir noch gar nicht beim Stipendienfonds wären. Wenn ihr mir auch noch eine akademische Schirmherrschaft besorgt, kommen wir ins Gespräch. Warum nicht.
 Das hat der Spender nicht im Sinn gehabt.
 Dann sorgt dafür, daß er's in den Sinn kriegt. Oder schafft einen anderen trauernden Vater bei.
 Ich glaube kaum, daß Noa damit einverstanden sein wird. Oder der Spender. Schwer zu sagen.
 Kümmer dich drum, Theo. Danach komm wieder zu mir. Mutter, du hast nun genug geredet. Und wie wär's mit einem Glas Tee?
 Nicht für mich. Danke. Ich mach mich auf. Werde versuchen, mit Noa zu sprechen. Leicht wird das nicht.
 Serjoscha wird krank werden.
 Bleibst du noch ein wenig, Theo? Zum Ausruhen? Nur stör mich nicht

beim Mundharmonika spielen. Du bleibst ruhig sitzen – nein, warum? Du störst nicht, stimmt's, Mutter? Daß er nicht stört? Im Gegenteil. Sehr nett. Bleib.

Schließen wir einen Kompromiß, Bat Schewa? Jugendliche mit Computerbegabung, die ein bißchen Probleme mit Drogen haben?

Darauf gab sie keine Antwort. Blies nur plötzlich die Backen auf, wie ein altes Mädchen, das um jeden Preis lustig sein will, setzte die Mundharmonika an und begann ein Lied zu spielen, das ich aus den fünfziger Jahren in Erinnerung hatte: »Er kannte nicht ihren Namen, aber ihr Zopf ging vor ihm her, entlang des ganzen Weges.«

Als ich mich zum Gehen anschickte, auf Zehenspitzen, um ja nicht zu stören, brach sie ab und sagte: Noch was, Theo. Daß du die Anschrift bist. Daß es dein Baby ist. Ruhig, Mutter. Fahr vorsichtig. Und versprochen hab ich dir gar nichts.

Unterdessen gewinnt der Sommer an Kraft. Das Tageslicht lastet trüb und drückend auf uns, und selbst bei geschlossenen Fenstern dringt der mehlige Staub bis zwischen die Bettlaken. Die Asphaltstraßen werden weich von der Hitze, und abends strahlen die Mauern überschüssige Wärme ab. Der Südwind weht leichten Rauchgestank von der Abfallverbrennung auf der städtischen Mülldeponie über die Hügel heran, einen säuerlichen Brandhauch, wie übler Mundgeruch. Vom Balkon aus kann ich manchmal einen Beduinenhirten auf dem Hang des nahen Hügels lagern sehen, eine schwarze Gestalt inmitten schwarzer Ziegen, sein zartes Flötenspiel klingt abgehackt zu mir herüber, erfüllt einen mit Ruhe und Gleichmut. Wovon träumt er dort im Liegen, Stunden über Stunden im Schatten eines überhängenden Felsblocks erstarrt? Eines Tages werde ich hingehen und fragen. Werde ihm nachschleichen bis an die Höhlenspalten in den Bergen, bis zu dem Ort, von dem es heißt, dort verlaufe eine nächtliche Schmuggelroute zwischen dem Sinai und dem Lande Midian.

Meine Abiturienten haben sich schon in alle Winde zerstreut. Einige sind vorzeitig eingezogen worden, andere treiben sich im Städtchen herum, rasen mit den elterlichen Wagen die leeren Straßen entlang. Oder durchforsten grüppchenweise kreuz und quer den Platz an der Ampel. Fünf von ihnen haben Theo in seinem Büro aufgesucht, um sich Rat zu holen, nicht im Rahmen seines Berufs, sondern wegen geplanter Rucksacktouren nach Lateinamerika. In der Stadt kursiert die Legende, er habe zehn Jahre lang allein im Dschungel unter Indianern gelebt. Hinter seinem Rücken nennen manche ihn Sombrero. Obwohl alle hier höflich respektvolle Distanz zu ihm halten.

Bei dem heiseren blauen Chevrolet sind innerhalb von zwei Tagen die Batterie und die Ölpumpe ausgefallen. Jacques Ben Lulu von der Werkstatt Ben Elul hat gesagt, genug, fertig, stößt ihn ab. Theo kniff daraufhin sein linkes Auge noch mehr zusammen, verbarg ein mißtrauisches, bäuerliches Grinsen in seinem graumelierten Schnurrbart und erwiderte: Was ist. Was brennt denn an. Noch kann er ein bißchen was hergeben.

Die eine oder andere Tali kam einmal morgens anspaziert, um mir selbstverfaßte Gedichte zu zeigen. Wußte nicht, ob sie mich nun duzen oder siezen sollte. Mich überraschte ihr Besuch, weil ich nicht gedacht hätte, daß sie oder ihre Kameradinnen Gedichte schrieben. Die Verse selbst schienen mir schwach, blutleer, und ich suchte einen Weg, ihr das zu sagen, ohne sie zu kränken. Dann dachte ich jedoch, daß kein Grund bestand, sie völlig zu entmutigen: Sollte sie schreiben. War ja nichts Schlimmes. Wer weiß. Ob auch Immanuel mal Gedichte geschrieben habe? Da habe sie keine Ahnung. Wohl eher nicht. Oder vielleicht doch. Noch bevor er sich in diese ausgeflippte Type aus Elat verknallte, die ihm das Sniefen beigebracht hat, war er doch bis obenhin in dich verliebt, vielleicht hat er dir da auch Gedichte geschrieben. In mich? Verliebt? Woher hast du das denn, Tali? Gut, erstens heiß ich nicht Tali. Sondern Tal. Und zweitens haben's doch alle gewußt. Gewußt? Was wußten sie? Woher? Ein verlegenes, vielleicht ungläubiges Lächeln auf ihren Lippen: Das ist simpel. Man hat's ihm doch gleich angesehen. Alle. Die ganze Klasse hat's gewußt. Was is'n das für'ne Show, hast du's wirklich nicht gemerkt, Noa? Ehrlich? Hast du seine Liebe nicht gespürt?

Ich verneinte. Und sah, daß sie mir nicht glaubte. Als sie weg war, erinnerte ich mich wieder an die rohe Hauswand unmittelbar vor dem Fenster des geschlossenen Balkons, der seine Schlafkammer in der Wohnung seiner Tante Eleasara gewesen war: eine graue Wand. Staubig. Deprimierend. Und ich dachte an die braune Tasse. Seine Kleidung. Das Falten des Pullovers. Die zerrissene Decke vor dem Bett, das Nachtlager des stummen Hundes. An das offen umgedreht liegende Buch über das Ende der Juden von Bialystok.

Zwei Tage später erschien sie wieder, verschämt und enthusiastisch, brachte mir ein neues Gedicht, und diesmal fand sie sich auch bereit, kalte Cola auf dem Balkon mit mir zu trinken und Trauben zu essen. Dieses Gedicht habe sie aufgrund der Ermutigung geschrieben, die sie vorgestern von mir erhalten habe. Sie hoffe sehr, mich nicht wirklich zu stören. Sie tue sich ein bißchen schwer mit dieser Sache, Gedichte, es gäb doch eigentlich keinen so richtig, dem man sie zeigen könne, und andererseits sei es doch ein bißchen komisch, zu schreiben und zu schreiben, ohne es mal jemandem zu zeigen, aber es gäb hier ja niemanden. Das heißt, außer mir. Sie hoffe, es werde nicht lästig. Ist sie die einzige aus der Klasse, die zu schreiben versucht? Weiß sie nicht. Meint schon. Man redet bei uns nicht so. Das heißt, man redet schon ziemlich viel, aber nicht über so was. Im Leben nicht. Worüber redet ihr denn dann? Alles mögliche. Echt schwer zu sagen. Ein bißchen übers Militär irgendwie, übers Ausland, und ein bißchen über Klamotten und Geld, und Klatsch halt, nicht wer weiß was, normal, und das isses. Freitag abend nach der Diskothek und all dem kommt man manchmal so drauf, wozu man lebt, und auf die Leier mit Fernost und so, aber das sind bloß einige. Die meisten nicht. Die Jungs haben überwiegend im Kopf, wie man in die supertollsten Kampfeinheiten reinkommt und was geiler als was ist, obwohl alle eigentlich ziemlich Schiß vorm Militär haben, und wo's mistiger ist, in den besetzten Gebieten oder im Südlibanon, solche Dinge. Dann gibt's noch den Streifen mit Aids. Auch darüber redet man mal. Und über Computer. Und Motorräder.

Ich fragte sie nach Drogen. Tal sagte, sie fänden das ziemlich gut mit dieser Einrichtung, diesem Haus, das ich und Muki Peleg herbringen würden. Das sei wirklich ein Gedenkstein, daß man Immanuel nicht vergißt, nicht bloß so irgendeine Säule mit Schild dran. Bei uns ist das total gut angekommen. Aber die meisten Eltern mauern, machen sich Sorgen über das Ansehen der Stadt und die Immobilienwerte und all das. Ich fragte sie, ob es, nach ihrer Meinung, ein echtes Drogenproblem an unserer Schule gäbe. Also das ist so. Total abgefuckte Typen eigentlich nicht so, aber es gibt schon ein paar, die sich Freitag abends mal Hasch reinziehen, ja, sie hat's auch versucht, easy, aber bisher ist sie noch nie richtig high davon gewesen, weil sie immer gleich Kopfweh kriegt. Echte Junkies gibt's nicht viele. Zumindest nicht da, wo sie rumhängt. Unten im Josefal-Viertel sniefen sie vielleicht ein bißchen. Schwer zu sagen. Und Immanuel? Gut, das ist ungefähr so. Angefangen hat das mit dieser Spritztour von ein paar Leutchen nach Elat in den Chanukkaferien, um mal total abzuschlaffen. Danach ist er noch ein paarmal allein hingefahren, aber man weiß nicht genau, was mit dieser Frau, dieser Marta, gelaufen ist. Geschichten sind schon im Umlauf. Das ja. Aber was wirklich gewesen sei, wisse sie nicht und könne wohl keiner wirklich wissen, denn Immanuel sei so in sich versponnen gewesen. Und seit er dich liebte, war er noch mehr in sich versponnen. Vielleicht gibt's welche, die ein bißchen mehr wissen als ich, aber ehrlich gesagt glaube ich nicht so recht, daß jemand allen Ernstes was von jemand anderem weiß. Allgemein. Weltweit. Denn wie soll das gehen? Jeder ist eine Insel. Geklatscht wird ziemlich viel. Das ja. Auch über dich läuft hier so'n Streifen. Und über Theo und Muki. Und Linda. Hast sicher schon gehört. Wird halt geredet. Nein, sie habe keine Lust, da jetzt reinzusteigen. Ginge einem bloß auf den Geist. Was, hast du ihn ehrlich nicht gelesen, Noa? Überhaupt nicht mitgekriegt, daß er dich liebte? Nix? Egal. Niemand weiß nix über den andern. Und am wenigstens weiß man's bei der Liebe. Liebe sei nach ihrer Meinung ein total destruktiver Zustand: Zwei Fremde, die einander plötzlich sehen, oder nicht wirklich sehen, riechen, und in Nullkommanix stärker verbunden sind als Bruder und Schwester. Fangen an, miteinander im selben Bett zu schlafen, obwohl sie nicht zur selben Familie gehören. Oft sind das zwei, die nicht Freunde, nicht Bekannte, nicht Kumpels sind, bloß ineinander verknallt, und wenn die ganze Welt untergeht. Und guck dir doch an, was für ein Desaster. An Liebe sterben vielleicht mehr als an Drogen. Vielleicht müßte man auch dafür eine Entziehungskur schaffen. Jedesmal, wenn sie dran denke, wie keiner nix vom andern wisse, könne sie lachen und weinen. Und das sonderbarste sei, daß sich daran nichts ändern ließe. Egal, wieviel du in jemanden reinsteckst, investier hundert Jahre pausenlos Tag und Nacht, schlaf im selben Bett mit ihm, hilft alles nichts, zum Schluß weißt du doch nichts über ihn. Dürfe sie wiederkommen, wenn sie weitere Gedichte habe? Störe es wirklich nicht? Außerdem werde Nira in ein paar Tagen zum erstenmal werfen, Nira, ihre Katze, rothaarig, ziemlich infantil, urkomisch, das Auftreten einer Prinzessin, aber lässig – daß alle sie anflehen, umschmeicheln, verehren, läßt sie völlig cool –, mit feinen Tigerstreifen, wunderhübsch, verträumt, manchmal lächelt sie richtig, grinst sich eins, ganz souverän. Also sie werde die Eltern auf jeden Fall daran hindern, die jungen Kätzchen zur Beseitigung wegzugeben, deshalb habe sie gedacht, sie wolle uns vielleicht eins schenken, ihr habt doch keine Kinder, vielleicht ist dein Mann einverstanden?

Ich sagte, Theo sei nicht mein Mann, das heißt, wir seien nicht wirklich verheiratet. Tal sagte, ich hab davon gehört, egal, mal heißt es so, mal anders, Gerede, jedenfalls möchte ich euch ein Kätzchen schenken. *Yallah, bye.* Bezüglich Theo wollte ich dich gerade noch was fragen, weiß nicht, eigentlich egal.
Was bezüglich Theo?
Nix. Egal.
Was wolltest du über ihn sagen?
Egal. Ein besonderer Mensch.
Wieso besonders, Tal?
Schwer zu sagen. Ein bißchen angsteinflößend.
Damit ging sie, unter Zurücklassung des Gedichts.

Theo war den ganzen Abend damit beschäftigt, mir die alte Schreibmaschine zu reparieren, eine Baby Hermes, über vierzig Jahre alt, die ich nach seinem zweiten Unfall in einer Schublade meines Vaters gefunden hatte, obwohl ich mich nicht erinnerte, ihn je daran gesehen zu haben. Nur die Tante tippte darauf gelegentlich geharnischte Briefe an die Zeitung, gegen Gewaltsamkeit, gegen Grausamkeit, gegen Fleischgenuß. Als der Haushalt aufgelöst wurde, hatte ich die Maschine an mich genommen. Fast bis Mitternacht baute Theo die winzigen Federn aus, die die Typenhebel mit den abgewetzten Tasten verbanden, ölte sie und hängte sie wieder ein. Zum Zweck dieser Reparatur hatte er meine Lesebrille aufgesetzt, mit der er nicht mehr ganz so stark nach bäuerlichem Geizhals aussah. Einen Moment kam er mir vor wie ein geduldiger jüdischer Uhrmacher der vorigen Generation: Der leicht schräg gestellte Kopf, das zugekniffene Auge, das durch die Brillenlinse vergrößert erschien, die zusammengepreßten Lippen unter dem grauen Schnurrbart, das soldatisch kurz geschorene graue Haar, die Neigung der breiten Schultern, die den starken Halsansatz stützten, alles bezeugte die ungeheure Konzentration, die er auf seine Arbeit verwandte. Ein paar Minuten stand ich barfuß und ruhig hinter ihm, fasziniert von der Geschicklichkeit seiner Finger. Als hätten Generationen von Geigern und Toraschreibern dazu beigetragen.

Als er mit der Reparatur der Maschine fertig war, machte ich uns beiden Kräutertee. Theo sagte, er erinnere sich an den raffinierten Kaffee, mit dessen Hilfe ich in Caracas Männer schwindlig gemacht hätte. Raffiniert? Schwindlig gemacht? Ja, er meine den Brandy und das indianische Pulver, die ich in den Kaffee getan hätte, um den Trinker zu verhexen, damit er mir nicht widerstehen könne. Und die Kaktusextrakte, mit denen ich uns beide vom Höhlenfieber kuriert hätte. Theo, hör mal, wir könnten statt dessen diesen Sommer nach Galiläa fahren. Warum Galiläa. Nach Skandinavien. Wir mieten einen roten Sportwagen Cabriolet und kurven zwischen den Fjorden umher. Oder sollen wir das Auto wechseln? Ein junges Kätzchen adoptieren? Er setzte die Lesebrille ab, schob den Kopf vor, als wollte er zustoßen, und kratzte sich langsam im Nacken. Blickte mich schräg an, halb zwinkernd, als sei es ihm eben gelungen, einen gefährlichen Plan zu durchschauen. Nach versonnenem Schweigen erklärte er, er habe eine Anschaffungsliste im Kopf: Erstens ein kleiner Schreibtisch, der bei mir in der Zimmerecke stehen solle. Zweitens eine starke Leselampe. Und drittens, warum nicht ein PC an Stelle dieser Schrottmaschine, die bald wieder kaputtgehen würde, weil ihre Amtszeit nun wirklich längst abgelaufen sei. Obwohl sie vielleicht doch noch ein wenig zu geben habe. Übrigens, was hat Benisri euch gestern bei eurem Treffen gesagt? Wieder wie letztesmal? Oder war er bereit, euch ein wenig entgegenzukommen? Entschuldige. Die Frage ist zurückgenommen.

Ich umarmte ihn von hinten und genoß die Wärme seiner Schultern an meinen Brüsten und die Gänsehaut, die ich auf seinem Nacken ausgelöst hatte. Zu deiner Kenntnis, sagte ich streitlustig, Benisri fängt an, weich zu werden. Wenn Bat Schewa ihm grünes Licht gibt, ist er bereit, eine Prüfungskommission einzusetzen. Ich an deiner Stelle würde einen Kompromiß suchen, sagte Theo und legte mir den Arm um die Taille. Vielleicht würde ich ein stufenweises Konzept entwerfen, eine Einführungszeit, sagen wir sieben oder acht Insassen im ersten Jahr, nicht mehr, nach dem Modell einer gut bewachten, geschlossenen Anstalt, und zumindest in der Anfangsphase würde ich dieses Heim fast ohne Verbindung zur Gemeinde laufen lassen. Das würde den Widerstand mildern. Und noch etwas: Ich an deiner Stelle würde die Sache auf ökonomische Beine stellen, mindestens tausend Dollar pro Monat für jeden Insassen, fangen wir mit den Sprößlingen wohlhabender Eltern an, und um die Stadt zufriedenzustellen, nehmen wir auch einen jungen Narkomanen oder zwei aus ortsansässigen Familien rein, und zwar mit achtzig Prozent Nachlaß. Und alles muß streng unter öffentlicher Aufsicht geschehen, mit Betriebserlaubnis, die aus einem Rechtsvergleich zwischen dem Verein und der Stadt folgen könnte. In diesem Abkommen würde ich die Verpflichtung eingehen, der

Stadt das Recht vorzubehalten, die Zulassung nach Ablauf eines Jahres aufgrund öffentlicher Interessenabwägung nicht zu verlängern. Mehr noch: Ich wäre von vornherein bereit, schriftlich auf den Rechtsweg zu verzichten, falls die Genehmigung nicht erneuert würde. Dieses Konzept scheint mir das einzig erfolgversprechende, um vorwärts zu kommen, hier einen Brückenkopf zu erobern. An deiner Stelle würde ich den Vorschlag so anbringen. Und auch dann ist es ziemlich zweifelhaft.

Aber Theo, du bist nicht an meiner Stelle, sagte ich.

Theo sagte: Ja. Nein.

Ja und nein?

Ich wollte sagen, ja, Noa, ich bin nicht an deiner Stelle. Ein junges Mädchen, ein halbes Kind noch, hat mir heute gesagt, ihrer Meinung nach könne keiner was über einen anderen Menschen wissen, könne ihn nicht wirklich kennen.

Wissen. Kennen. Aber was heißt das.

Das Wasser kocht. Komm, wir trinken noch was. Wissen, Kennen – das heißt aus seiner Haut rauskommen. Es zumindest versuchen. Manchmal.

Erinnerst du dich, in Caracas hast du mir einmal so in etwa gesagt, daß ein Lehrerpaar ohne Kind sich dauernd gegenseitig verbessert, und du hast weiter gesagt, nicht leicht, aber auch nicht langweilig. So hast du geredet, Noa. Und es gibt Momente, in denen ich halt doch an deiner Stelle bin und möchte, daß du an meiner bist.

Wir haben genug geredet. Laß uns miteinander schlafen.

Hier? In der Küche?

Komm. Jetzt.

Darauf schaltete ich die Deckenlampe aus, löste den breiten Gürtel, der nach altem Leder und Schweiß roch, und vergrub mich in seinem Brustpelz, während meine Finger nachzuahmen versuchten, was seine Finger getan hatten, als er die Schreibmaschine reparierte. Hinterher traten wir im Dunkeln auf den Balkon und sahen den Quecksilberstrom, den der Mond bis zum Horizont über die Hügel malte. Wir standen ganz eng beieinander, aber ohne uns zu berühren oder etwas zu sagen, und so, im Stehen, in langsamen Schlucken, tranken wir Kräutertee und lauschten der Stimme eines Nachtvogels, dessen Namen wir nicht kannten.

Einmal hat sie mir von einem jungen Touristen aus Irland erzählt, den sie auf dem Weg zu einem Literaturlehrerkongreß im Seminar bei Tivon im Auto mitgenommen hatte. Es war um vier Uhr nachmittags an einem regnerischen Dezembertag vor eineinhalb Jahren. Wegen des Nebels und des kurzen Tages mußte sie früh Licht anmachen. Genau als sie einschaltete, fingen die Scheinwerfer eine langhaarige Gestalt ein, von fern sah sie wie ein Mädchen aus, das, mit einem Riesenrucksack beladen, am Straßenrand stand und mit einer hierzulande unüblichen Geste winkte. Als der Jüngling ins Auto kletterte, sah sie seine quatschnassen Schuhe. Es waren derbe, bäuerliche Schuhe, ähnlich den Schnürschuhen, mit denen Tante Chuma grimmig durch die Zimmer des Hauses gestapft oder in die Karmelausläufer gezogen war, um Arzneipflanzen zu sammeln. Als der Mitfahrer sich neben sie setzte, den unförmigen Rucksack auf den Knien, bemerkte sie ein quer aufgenähtes Stoffband mit dem englischen Aufdruck: *All you need is love*. Alle beide, der Junge und der Rucksack, waren völlig durchnäßt.

Er hatte am Abend zuvor seine Wohnung in der westirischen Stadt Galway verlassen, war im Lauf der Nacht quer über die Insel getrampt, am Morgen von Dublin nach Birmingham geflogen und von dort nun vor zwei Stunden per Charterflug eingetroffen. Jetzt war er unterwegs, ein junges Mädchen namens Daphna zu suchen, die hier offenbar als Volontärin in einem Kibbuz in Galiläa arbeitete. Den Familiennamen kannte er nicht, auch nicht den Namen des Kibbuz. Daphna. Aus Liverpool. Sie waren vor nicht allzu langer Zeit eine Nacht zusammen gewesen. Beim Abschied hatte sie ihm gesagt, sie fahre bald nach Galiläa. Seitdem hatte er sie nicht wiedergesehen. Sie liebe Schafe und leere Weiten. Träume davon, Schäferin zu werden. In Israel war er noch nie, aber er besaß eine Landkarte, aus der man ersah, daß Galiläa kein großes Gebiet war. Er könne von Kibbuz zu Kibbuz ziehen, bis er sie fand. An Zeit mangele es ihm nicht. Und eigentlich war akuter Zeitmangel seiner Ansicht nach ein Widerspruch in sich, der dem Geheimnis des Lebens entgegenstand. Wenn ihm das Geld ausginge, werde er versuchen, sich hier und da mit Gelegenheitsarbeit etwas zu verdienen, was eben so anfiele, sei ihm egal, zu Hause helfe er einem Zimmermann, in Portugal habe er schon Telefonleitungen verlegt, in Kopenhagen sei er mal mit Volksliedern aus Westirland in einem kleinen Kabarett aufgetreten. Wer selbst Barmherzigkeit habe, werde überall Barmherzigkeit finden. So sagte er. Und Noa merkte plötzlich, daß er krank war, vor hohem Fieber glühte. Als er verstummte, klapperten ihm die Zähne, obwohl sie die Heizung eingeschaltet hatte – im Winter vor zwei Jahren funktionierte die Heizung des Chevrolet noch. Entschuldige, sagte sie streng, als rüge sie einen faulen Schüler, hast du zufällig eine Ahnung, wie viele Kibbuzim es in Galiläa gibt? Wo genau wolltest du denn anfangen, deine Daphna zu suchen? Darauf gab er ihr keine Antwort. Vielleicht hatte er es, von der Bewegung der Scheibenwischer hypnotisiert und eingelullt, gar nicht mehr gehört. Einen ganzen Tag war er schon unterwegs, hatte sicher die ganze Nacht nicht geschlafen, gestern vom irischen Regen durchnäßt, und ehe er noch trocken werden konnte, von diesem hier gleich wieder. Er schien ihr vor lauter Fieber zu glühen. Sein Kopf sank auf den Rucksack, und das tropfnasse helle Haar fiel ihm übers Gesicht und verdeckte es völlig. Wieder hatte er das Aussehen eines Mädchens.

An der Einfahrt nach Kiriat Tivon hielt sie an. Weckte ihn und erzählte ihm aus irgendeinem Grund, daß es am äußersten Nordzipfel Galiläas einen Kibbuz namens Daphna gibt, den sie ihm auch auf seiner Karte zeigte. Dann setzte sie ihn mitsamt seinem Rucksack ab, der wie ein feuchter Felsblock wirkte. Einen Moment später stoppte sie und blickte in den Rückspiegel, aber ein schwerer Laster blendete sie von vorn, und hinter dem Wagen sah sie nur eine dunkle Telefonzelle im Regen.

Nach der Registrierung brachte sie die Sachen auf ihr Zimmer, in dem sich schon zwei um zwanzig Jahre jüngere Lehrerinnen eingerichtet hatten, eine von ihnen bildschön, und ging in den Eröffnungsvortrag, der sich der Frage widmete, ob es Frauenliteratur oder weibliche Literatur gebe und was gegebenenfalls deren Besonderheit sei. Nach einer Viertelstunde stand sie plötzlich auf, ging im Regen zum Parkplatz hinaus, startete den Wagen und fuhr auf der Suche nach ihrem Mitfahrer dorthin, wo sie ihn abgesetzt hatte, vor Kiriat Tivon, weil sie das Gefühl hatte, ihn zum Arzt bringen zu müssen. Vielleicht wollte sie auch wissen, warum Zeitmangel sich selbst widerspricht, und was er gemeint hatte, als er ihr sagte, wer Barmherzigkeit in sich habe, würde überall Barmherzigkeit finden. Aber der Junge war nirgends zu sehen, lediglich die dunkle Telefonzelle im Morast neben der Straße.

Statt zum Seminar zurückzukehren, nahm sie die Abzweigung nach Norden und fuhr in immer dichter werdendem Nebel auf Straßen, die sie nicht kannte. Bis sie merkte, daß der Tank fast leer war, und in eine beleuchtete Tankstelle bei dem Dorf Majd el-Krum steuerte. Die Tankstelle war schon geschlossen, aber zwei junge Männer saßen noch bei grellem Neonlicht drinnen und rechneten offenbar gemeinsam die Tageskasse ab. Als sie ihre Silhouette vor der abgeschlossenen Glastür sahen, zögerten sie, tuschelten miteinander, dann stand der eine auf, öffnete ihr, witzelte darüber, daß sie sie für eine Räuberin gehalten hatten, und füllte ihr den Tank. Sein Genosse bot ihr Kaffee an und sagte: Sie sind nicht die erste, die uns heute abend hier überrumpelt, gucken Sie mal, wen wir hier haben. In der Büroecke auf dem schmierigen Boden, wie ein Embryo zusammengerollt und in eine fleckige Wolldecke gehüllt, lag ein wallender Blondschopf. Sie weckte ihn und sagte, komm wir fahren, suchen einen Arzt.

Er schlurfte ihr nach zum Wagen, schlaftrunken, stumm, am ganzen Körper fiebernd, und war keineswegs überrascht über ihr Kommen: Als habe er nie gezweifelt, daß sie ihn noch in dieser Nacht finden und mitnehmen werde. Und wieder saß er zu ihrer Rechten, mit klappernden Zähnen, hielt den triefend nassen Rucksack mit dem Liebesmotto auf dem Schoß und war innerhalb von zwei Minuten eingeschlafen. Oder vielleicht war er gar nicht erst aufgewacht, als sie ihn aus dem Tankstellenbüro mitschleifte. Sein Kopf sank auf die Schulter, und sein helles Haar fiel ihm über die Brust. Durch ihren Pullover hindurch sickerte seine Hitze bis auf ihre Haut und ließ ihre Halsmulde feucht werden. An der Kreuzung nach Majd el-Krum bog sie rechts ab, weil sie beschlossen hatte, zum Seminar zurückzukehren, dort einen Arzt oder Sanitäter zu wecken und sich morgens ans Telefon zu setzen und einen Kibbuz nach dem andern zu probieren, bis sie seine Daphna gefunden hatte oder zumindest einen Ort, an dem man bereit war, ihm Arbeit zu geben. Doch sie verfuhr sich, Nebel und Wasser versiegelten die Fenster von außen, von innen beschlugen sie von ihrer beider Atem. Gegen Mitternacht kam sie am Kibbuz Mazuba vorbei und sah ein beleuchtetes Schild, das ein paar Kilometer weiter eine Herberge versprach. Sie beschloß, für sie beide ein Zimmer für den Rest der Nacht zu nehmen. Nach ein paar Kurven ging plötzlich der Motor aus. Sie parkte auf einer Asphaltausbuchtung unter hohen Eukalyptusbäumen, die im Wind rauschten, und wartete im Sitzen auf den Morgen. Sein Kopf lag schon auf ihren Knien. Sie zog den Bezug vom Rücksitz und breitete ihn über den Jungen und sich, damit er nicht erfror. Dann schlief auch sie ein. Als das graue Morgenlicht sie weckte, sah sie, daß der Regen aufgehört hatte und der Mitfahrer samt Rucksack verschwunden war. Einen Augenblick bangte sie um ihre Handtasche, die Ausweise, Schlüssel und Bargeld enthielt, fand sie nach kurzer Suche jedoch in der Lücke zwischen Sitz und Tür. Um halb sieben kam eine Polizeistreife vorbei. Ein nicht mehr junger arabischer Wachtmeister lächelte sie mit Goldzähnen an, tadelte sie wegen der Gefährlichkeit ihres Tuns und bekam nach einiger Anstrengung den Wagen wieder in Gang. Um acht kehrte sie ins Seminar zurück, rief mich im Büro an, erzählte mir, was sich in der Nacht abgespielt hatte, und bat mich, ich solle versuchen, ihren kranken Mitfahrer zu finden: Vielleicht taucht zufällig eine Daphna aus Liverpool im Weidewirtschaftszweig in der Volontärsliste der Kibbuzim auf? Oder beim Innenministerium ist ein junger Mann aus Irland, aus der Stadt Galway registriert, der gestern in Israel gelandet ist?

Ich sah da kaum eine Chance, aber etwas in ihrer Stimme am Telefon veranlaßte mich zu dem Versprechen, es zu versuchen. Im Lauf des Morgens telefonierte ich hierhin und dorthin, machte für sie sogar zwei höhergestellte Bekannte ausfindig, mit denen ich zwanzig Jahre nicht in Verbindung gewesen war, und telefonierte mit ihnen natürlich vergebens. Höchstens gelang es mir, am anderen Ende der Leitung Verlegenheit oder Bestürzung hervorzurufen, die sich nur mühsam als höfliche Verwunderung verbrämten. Am selben Abend kehrte sie heim, hatte ihr Seminar verlassen, überraschte mich spät in der Küche, zerzaust, glühend vor hohem Fieber, am ganzen Körper zitternd, klammerte sich an mich, barg das Gesicht an meiner Schulter und fing an zu weinen. Ich nahm ihre eiskalten, geäderten Altfrauenhände zwischen meine Finger und versuchte sie zu wärmen. Danach ließ ich sehr heißes Wasser in die Wanne, zog ihr Kleidung und Unterwäsche aus, warf alles geradewegs in den Wäschekorb, und dann wusch und schrubbte ich sie, rubbelte sie mit einem flauschigen Handtuch trocken und hüllte sie in einen Flanellmorgenrock. Fast auf Händen trug ich sie ins Bett. Ich machte eine Kanne Tee, schenkte ihr eine Tasse ein und goß den Rest in eine Thermoskanne, die ich auf den Nachtschrank stellte. Dann rief ich telefonisch die Ärztin. Noa schlief sechzehn Stunden durch. Als sie aufwachte, starrte sie mich zehn Minuten mit abwesender Verzweiflung an, aus leeren, irren Augen. Ich brachte ihr Kräutertee mit Zitrone und Honig. Sie trank nur einen Schluck. Urplötzlich brüllte sie mich wütend an, mit einem heiseren Haß, wie sie ihn noch nie an den Tag gelegt hatte – abgesehen vielleicht von seltenen Momenten, in denen sie mich mit Nachahmungen der Wutanfälle ihres Vaters amüsieren wollte –, und zwar, weil ich, ohne sie zu fragen, in diesen Tee einen Löffel des von der Ärztin verschriebenen Hustensirups gemischt hatte, den sie partout nicht hatte schlucken wollen. Lauthals schrie sie aus entzündeter Kehle, ich würde wieder mal ein Baby aus ihr machen, laste wie ein Berg auf ihrem Leben, würde sie immer wieder deprimieren, damit sie endlich altere, dieses Haus sei ein Käfig, Tel Kedar eine Strafkolonie, und ich sollte mich nicht wundern, wenn ich eines Morgens aufwachte und allein sei wie ein alter Hund, aber vielleicht sei's ja genau das, was ich wirklich wollte.

Am nächsten Morgen ging es ihr besser. Das Fieber war heruntergegangen, und die Gelenkschmerzen hatten nachgelassen. Sie bat, ich möge ihr verzeihen. Entschuldigte sich. Und setzte sich vor den Spiegel, um sich zurechtzumachen, schminkte sich sorgfältig, viel mehr als sonst, und während sie noch mit dem Gesicht zum Spiegel und dem Rücken zu mir saß, erzählte sie von ihrem irischen Mitfahrer, der ihr abhanden gekommen war. Dann zog sie einen grünen Hosenanzug an, der ihr gut stand, und schickte sich an, in die Schule zu gehen, um eine Klassenarbeit nicht zu verschieben. Ich wollte sie daran hindern, weil die Ärztin noch ein paar Tage Bettruhe verordnet hatte, sagte aber aus Vorsicht lieber kein Wort. Als sie schon an der Tür stand, konnte ich trotzdem nicht an mich halten und meinte fast flüsternd, vielleicht bleibst du doch lieber da. Einen Augenblick blickte sie mich amüsiert an, und dann sagte sie auf einmal ohne jeden Ärger, mach dir keine Sorge, ich komm ja zu dir zurück. Du hast dich wunderbar um mich gekümmert.

Seit jenem Dezembermorgen vor eineinhalb Jahren hat sie nie wieder von ihrem Mitfahrer gesprochen. Auch ich erwähne ihn nicht. Etwa eine Woche nach ihrer Genesung rief sie eines Tages im Büro an und bat mich, länger dortzubleiben, erst um sieben statt um fünf Uhr heimzukommen. Als ich um Viertel nach sieben kam, sah ich, daß sie uns ein lukullisches Mahl mit drei Gängen, Sekt und Nachtisch bereitet hatte. Aber am Wagen war eine größere Reparatur fällig. Jacques Ben Lulu von der Werkstatt Ben Elul sagte zu mir, hör mal, der hat ordentlich was abgekriegt, den hat jemand über Stock und Stein gejagt, bevor er ihn in den Schlamm gesetzt hat, und danach hat er sich noch verzogen, hier, und auch da, weil er falsch abgeschleppt wurde. Geht mich ja nichts an, wie die Geschichte verlaufen ist, Theo, aber laß dir von mir gesagt sein, gut war sie nicht.

Um ein oder zwei Uhr morgens, allein auf dem Balkon gegenüber der stummen Hochebene, male ich mir manchmal aus, wie ihr einsamer Mitfahrer bis heute zwischen leeren Bergen in Galiläa umherstreift. Seine Daphna auf Weideflächen sucht oder sie womöglich schon aufgegeben hat und nur weiter langsam und ziellos verlassene Wege abläuft. Wer ein wenig Barmherzigkeit hat, wird überall Barmherzigkeit finden. Ich habe immer noch keine Ahnung, was in diesem Satz steckt, aber der Klang der Worte gefällt mir mehr und mehr. Da ist er eingeschlafen, seine Atemzüge sind leicht und ruhig, er sieht aus wie ein hübsches Mädchen, den Kopf auf dem schweren Rucksack, das helle Haar fällt wie ein zarter Vorhang über sein Gesicht, das ich nie gesehen habe, allein im Abendlicht an einem menschenleeren Ort, in einem lieblichen, entlegenen Tal, in dem es Vögel, einen Hain und eine Quelle gibt. Nicht der Zimmermannslehrling aus Irland, sondern ich liege ja da zu Füßen der Bäume, schlafe im leichten Wind zwischen ruhigen Schatten in einem Tal, in dem nichts ist, außer Quelle, Hain und Vogel, warum sollte ich aufwachen wollen?

Als er morgens ins Büro gefahren war, kehrte ich in die Küche zurück und las weiter das Buch *Jugendliche in der Falle*. Notierte mir auf einem Zettel Einzelheiten, die ich klären wollte. Drei öffentliche Drogentherapiezentren existieren im Großraum Tel Aviv: im Hatikwa-Viertel, in Jaffa und in Newe Elieser. Alle drei sind keine geschlossenen Anstalten. Shit und O, das heißt Haschisch und Opium, werden hauptsächlich aus dem Libanon eingeschmuggelt. In der letzten Zeit ist auch Crack, minderwertiges Kokain, verbreitet. Persischer Koks ist die auf dem Markt am leichtesten erhältliche harte Droge. Seine meisten User brauchen eine Dosis morgens und eine abends, und sein Vorteil liegt darin, daß die Wirkung viele Stunden anhält und der Süchtige unter Einfluß dieser Droge dem Anschein nach handlungsfähig bleibt. Zumindest in bestimmtem Umfang. Was den Entwöhnungsprozeß angeht, machen manche ihn hinter Gefängnismauern durch, wo andere wiederum bei langer Haftdauer erst mit Drogen in Berührung kommen. Der Versuch, Suchtpatienten gemeinsam unterzubringen und sie dabei von ihrer gewohnten Umgebung abzuschotten, hat Vor- und Nachteile. Der dramatische Teil des Entwöhnungsvorgangs ist der sogenannte Entzug, der durchschnittlich zehn Tage braucht, aber auch nur eine Woche dauern kann; gelegentlich ziehen sich die Qualen jedoch sogar drei Wochen oder länger hin. Meistens erreicht die Tortur ihren Höhepunkt am zweiten oder dritten Tag und äußert sich in Schmerzen, Übelkeit, Krämpfen, Anfällen von Depression oder Aggression. In Extremfällen kann es zu Selbstmord kommen. Beruhigungs- und Schmerztabletten sowie Intensivmassage können die Qual lindern, aber nicht vermeiden. Diese Phase sollte der Patient möglichst unter ständiger Aufsicht bei sich zu Hause durchleben, mit Unterstützung seiner Angehörigen und eines Fachteams sowie manchmal auch einer Hilfsgruppe von geheilten Suchtkranken. Natürlich unter der Bedingung, daß Haus und Familie die Heilung fördern und nicht etwa behindern. Andernfalls ist völlige Abschottung vorzuziehen. Dem Entzug folgt eine Entwöhnungsphase von sechs bis zwölf Monaten. Während dieser Zeit sollte der Betreffende anhand häufiger Urinproben überwacht werden, die dieser allerdings umgehen kann, indem er den Urin von jemand anderem abliefert. Jugendliche Drogenkonsumenten sollten lieber nicht ins Gefängnis eingeliefert, sondern der Aufsicht eines Bewährungshelfers unterstellt werden, mit der Auflage, daß sie und ihre Familien ein detailliertes Entwöhnungsprogramm einhalten. Im nächsten Kapitel stand, der tiefe Narkomane sei ein Mensch, dessen Leben sich fast ausschließlich auf emotionalem Niveau abspiele; deshalb könne jede Verletzung seiner Gefühle, selbst wenn sie erhebliche Zeit nach der Entwöhnung erfolge, dazu führen, daß er rückfällig werde und erneut abgleite. Die Wendung »rückfällig werden und erneut abgleiten« erschien mir ungerecht, ja direkt kränkend, und »emotionales Niveau« hielt ich für eine grobschlächtige Wortkombination.

Morgen nach Elat fahren?

Dort eine junge Frau namens Marta suchen?

Nachforschungen anstellen? Aussagen vergleichen?

Und der Vater? Warum ist der nicht nach Elat gefahren? Oder ist er gefahren und hat es mir nicht erzählt? Warum hätte er's auch erzählen sollen?

Was hat die Tante gewußt? Und wann?

Und was hat er im Schwesternzimmer gesucht? Warum hat er sich dort eingeschlichen? Warum war ich völlig verschlossen, als er mich zögernd um ein Schreibwerkzeug bat? Hat er wirklich geblinzelt oder scheint mir das jetzt nur so wegen Awrahams Geschichte?

Investier hundert Jahre. Zum Schluß wirst du nichts wissen.

Statt Entschlüsselungsversuche anzustellen, sollte man lieber das Gute tun. Wie jener Polizist soweit wie möglich auf der Frequenz von Erbarmen und Nüchternheit arbeiten: mit der präzisen hartnäckigen Güte eines erfahrenen, erschöpften Chirurgen, der freiwillig eine Extraschicht einlegt, weil er auf dem Heimweg nach einem harten Arbeitstag bei der Ausfahrt aus dem Krankenhausparkplatz im letzten Moment vom Auto aus gesehen hat, daß noch weitere Verwundete eingeliefert wurden. Also kehrtmacht, parkt, schweigend wieder Kittel und Maske anzieht und in den Operationssaal zurückgeht.

Ende Juli kam Awraham Orvieto bei uns an, allein, ohne Arbel diesmal, ein magerer, alternder Mann mit schmalen Schultern, in cremefarbenen Jeans und einem zerknitterten Tropenjackett mit breiten Reißverschlußtaschen. Mit seiner leisen, bedrückten Stimme versprach er Theo, er werde ihm innerhalb von zwei, drei Wochen zwanzigtausend Dollar zur Abzahlung seiner Schuld überweisen, und auch der Rest sei schon in Sichtweite. Theo sagte, was brennt. Und dann unterhielten sie sich über irgendeinen Irrtum oder Fehler zur Zeit des Unabhängigkeitskriegs. An mich richtete Awraham fast kein Wort, abgesehen von ich danke dir für den Kaffee, vielleicht weil Theo ihn ständig mit Beschlag belegte. Ich ging zum Lebensmittelladen hinunter, und als ich zurückkam, waren die beiden sich unterdessen über eine bestimmte Entscheidung einig geworden, die Jigal Allon gemeinsam mit einem weiteren berühmten Befehlshaber namens Nachum Sarig, Sergej, getroffen hatte, den die beiden, wie sich herausstellte, gut kannten und dessen damalige Erwägungen sie für falsch hielten, während ich noch nicht einmal seinen Namen gehört hatte, und als sie mir was erklären wollten, damit auch ich wußte, worin die besondere Größe jenes legendären Kommandeurs gelegen hatte und worin seine Überlegungen fehlgegangen waren, sagte ich, danke, aber das Thema interessiert mich nicht, und überhaupt fehlt mir der Hintergrund. Obwohl ich es geruhsam, ja fast angenehm fand, zwischen ihnen zu sitzen und ihrer Unterhaltung in gedämpften Stimmen zu lauschen, wie ein Verschwörerteam bei der Geheimplanung, als ginge der Unabhängigkeitskrieg hier irgendwo im weiten Negev noch im Untergrund weiter und über Fehler, Versäumnisse und Alternativstrategien dürfe man nur andeutungsweise, in verschlüsselter Sprache reden. Awraham Orvieto erwähnte irgendeinen Festungspunkt namens Bir Asludj, doch Theo widersprach ihm mit den Worten, mir scheint, du irrst dich, soweit ich mich erinnern kann, war es etwas weiter südlich, bei Kadesch Barnea. Awraham sagte versonnen, der Flankenangriff auf dem alten Römerweg, diese glänzende Idee muß man doch Pinni Finkel gutschreiben. Worauf Theo sagte, erlaube, daß ich dir da widerspreche, mir scheint, das Lob dafür hast du verdient, Awraham, Pinni Finkel war ein Schlappschwanz, letzten Endes ist er nur wegen seiner Oberflächlichkeit umgekommen, übrigens hatte er einen Sohn namens Nimrod, ich habe ihn großgezogen, zwei Jahre hat er bei mir gewohnt, als er noch ein bedauernswerter Junge war, ich habe ihm die Arbeit verschafft, habe ihn hochgebracht, und das Ende vom Lied war, daß er mich aus der Entwicklungsverwaltung herausgeworfen hat, nicht er allein, aber er hat hinter dem Komplott gestanden. Unwichtig. Das ist schon lange her.

Davon hatte er mir nie erzählt. Ich hatte ihn nie danach gefragt.

Ich brachte den beiden weiteren Kaffee und ließ sie allein. Beschloß, ein Paar Sandalen vom Schuster abzuholen.

Für elf Uhr morgens hatte ich eine Komiteesitzung in unserem Wohnzimmer anberaumt. Theo hatte dafür schon Vorbereitungen getroffen und stellte nun wohlgefüllte Obstteller, Limonadengläser, Nüsse und Mandeln, dünn geschnittenes Grahambrot und verschiedene Käsesorten auf einem Holztablett auf den Tisch. Ludmir kam fünfundzwanzig Minuten früher schnaufend an, in seinen Khakishorts und den Gummisandalen, deren Sohlen fast völlig abgelaufen waren. Nachdem er das Motto »und sie bewegt sich doch« angebracht hatte, stürzte er sich auf die Knabberteller und vertilgte ganz allein sämtliche Nüsse und auch den größten Teil der Mandeln. Die Einwanderer aus Äthiopien werden hier wie Dreck behandelt, sagte er, nicht daß die Russen gerade Honig schlecken, und überhaupt müßte man das Eingliederungsamt an die Wand stellen, und die Steinbrüche müßte man mit Dynamit in die Luft sprengen, bevor der Staub, den sie machen, uns hier alle vergiftet. Mit viertelstündiger Verspätung traf Muki Peleg ein, mit seinen wallenden Locken, die an einen jungen Denker von der Cognac-Reklame erinnerten, das Bohemien-Seidentuch im Hemdausschnitt. Er erzählte zwei Witze, entschuldigte Linda, die einen Busausflug ins Jordantal mitmachte, fragte Awraham Orvieto, wie die Mädchen im Kongo seien – nicht Kongo? Nigeria? Dasselbe – und sagte *yallah*, Theo, eröffne die Sitzung, daß wir fertig werden.

Theo sagte: Erlaubt mir, drei Minuten zu erklären, wo die zu erwartenden Schwierigkeiten liegen. Erstens, Bat Schewa kann die Besprechung im Gemeinderat fast beliebig aufschieben. Sie kann das Thema weit unten auf der Prioritätenliste lassen. Kann in den Regierungsämtern gegen uns agieren, damit sie keine Genehmigungen erteilen. Kann die Angelegenheit zwar zur Beratung bringen, aber durch alle möglichen formalen und technischen Einwände behindern und damit wieder und wieder hinauszögern. Zweitens lehnt sich die Öffentlichkeit bereits auf: Die Einrichtung des Heims werde zu einem Wertverlust der Immobilien führen, Kriminalität und Lärm nach sich ziehen, die örtliche Jugend dem Kontakt mit zweifelhaften Elementen aussetzen. Die Leute behaupten, sie hätten ihr Geld in den Erwerb einer Wohnung in Tel Kedar investiert, um hier ein geruhsames Leben zu führen, und das Heim werde ihre Ruhe zunichte machen – Krankenwagen in der Nacht, Polizeistreifen, Zwischenfälle, kriminelle Typen, die im Gefolge der Narkomanen auftauchen würden. Und überhaupt verwandle man nicht für eine Handvoll Dollar eine Stadt, in der es fast keine Krimilität gibt, in ein Kuckucksnest oder Mülldepot der großen Städte. Wer braucht hier Ausgeflippte? Pusher? Zuhälter, die sich während der Pausen in den Schulen herumtreiben werden? Kokain sniefende fünfzehnjährige Hürchen? Kleine Junkies, die in Wohnungen einbrechen, Autos knacken und alte Leute überfallen, um ein paar Groschen zusammenzukriegen? Oder dreckige Spritzen auf den Grundstücken, womöglich mit Aids-Viren? Sie haben schon angefangen, in ganz Tel Kedar von Haus zu Haus Unterschriften unter Petitionen zu sammeln – was heißt überhaupt Entwöhnung, einmal Narkomane, immer Narkomane, sicher steht jemand dahinter, der sich daran gesundstoßen will, und warum gerade bei uns, genügt es nicht, daß man uns mit Neueinwanderern vollgestopft hat, die keine andere Stadt in solchen Mengen hat haben wollen, bald werden sie uns auch noch Kinder der Intifada aus den besetzten Gebieten herbringen, um ihnen das Molotowcocktailwerfen abzugewöhnen. Auf diese Weise werden immer wieder zig Einwände laut werden, Bat Schewa wird liebend gern über jeden einzeln beraten, ein Verfahren, das sich jahrelang hinziehen wird, und das, noch ehe die Einwohner sich zusammenschließen und die Gerichte anrufen. Außerdem kann der Gemeinderat es einfach von vornherein ablehnen, die ursprünglich im Bebauungsplan vorgesehene Zweckbestimmung des Gebäudes zu ändern. Schach matt. All das auf der lokalen Ebene. Es gibt aber noch eine zweite Ebene: die Ministerien für Soziales, Inneres, Gesundheit, Erziehung, Polizei – die halbe Regierung. Und dabei haben wir noch gar nicht angefangen, von den Betriebskosten zu reden. Wollt ihr noch mehr hören?

Awraham Orvieto warf mir verstohlen sein Winterlichtlächeln zu und sagte in nachdenklichem Ton: Was also dann? Aufgeben? Sich mit der

Anpflanzung einer Gedenkgrünanlage einschließlich Kinderschaukeln begnügen?

Theo sagte: Einen Kompromiß schließen.

Und Ludmir: Kompromisse. Da fängt der Dreckkram an.

Danach berichtete Muki Peleg dem Komitee über den Verkauf der Wohnung, die der Tante, Eleasara Orvieto, gehört hatte und künftig eine Zahnarztpraxis beherbergen würde. Das Geld, das demnächst als Erlös für diese Wohnung zu erwarten sei, würde, so Herr Orvieto zustimme, direkt auf das Konto des Vereins einlaufen und könne für die Instandsetzung des Hauses Alharisi dienen – sobald die Liebe die Mauern der Vorurteile durchbricht, wie der Rabbiner zur Nonne sagte.

Ich ergriff nicht das Wort.

Es wurde beschlossen, daß Theo die Woche darauf mit Awraham Orvieto nach Jerusalem fahren solle, um zu versuchen, die Unterstützung eines Ministers zu gewinnen, der vor vierzig Jahren mit Theo bei den Pionieren gedient hatte und Awraham aus seiner Zeit als Militärattachée in Paris gut kennt. Ferner beschloß man, mit den führenden Köpfen der Universität Beer Scheva und mit den aktiven Mitgliedern der Antidrogenfront zusammenzutreffen. Und die Zusammensetzung des Komitees müsse verändert werden: Es sei unbedingt notwendig, wenigstens einen kleinen Kern einflußreicher und charismatischer Bürger einzubeziehen, Pädagogen, Sozialarbeiter, Psychologen, Ortsansässige, die Ansehen in der Öffentlichkeit genössen, vielleicht zwei, drei Eltern, die fortschrittlich dächten oder deren Kinder bereits mit dem Problem in Berührung gekommen seien, außerdem den Herausgeber des Lokalblatts und vielleicht auch ein, zwei Künstler.

Dann bin ich ja wohl überflüssig, sagte Ludmir perplex.

Wie der Ehemann sagte, der seine Frau mit dem Nachbarn ertappte, fügte Muki Peleg hinzu. Laßt ihr wenigstens Linda drin? Damit sie weiter für euch tippt?

Nach der Sitzung – als Ludmir und Muki draußen waren, Muki in seinen himmelblauen Schuhen voranlief, um den Fahrstuhl zu holen und festzuhalten, und Ludmir ihm mit seinem Kamelgang nachtappte – sagte Theo: Ich laß euch ein Viertelstündchen allein und spring los, eine Pizza vom *Palermo* zu holen. Dann sparen wir die Zeit fürs Mittagessen. Wenn ich wieder da bin, essen wir und zeigen ihm ein wenig das Gelände.

Nach dem Essen zeigten wir dem Gast Tel Kedar, da Awraham Orvieto

»etwas von der Atmosphäre des Orts einfangen« wollte. Wieder war der röchelnde Chevrolet schwer in Gang zu kriegen, trotz der beiden letzten Reparaturen. Unterwegs erklärte Theo aus freien Stücken, aufgrund welcher irrigen Anschauung das Städtchen erbaut worden war, einem von vornherein unglückseligen Konzept. Vielleicht waren es diese Worte, die Awraham veranlaßten, den Blick zum Rücksitz zu wenden und mir wieder ein schnelles, verschwiegenes Lächeln zuzuwerfen, als sei ich eingeladen, in ein feines, behagliches Zimmer zu lugen. Dessen Läden sich augenblicklich wieder schlossen. Ein zerbrechlicher, magerer Mann, das graue Haar spärlich, die Wangen von Falten durchfurcht und von der afrikanischen Sonne versengt: das Gesicht eines langjährigen, gebildeten Metallgraveurs, der in Ruhestand gegangen ist und seine Tage nun mit Lesen und Nachdenken verbringt. Er sprach nur wenig, mit sanfter grauer Stimme, getragen von zögernder Zurückhaltung, als betrachte er das Reden an sich schon als ein lautes Benehmen. Wo müssen wir leuchten, und wer braucht unseren leuchtenden Schein, fragte ich ihn stumm von meinem Platz im Fond.

Wir fuhren langsam durch die Wohnsiedlungen und das Villenviertel, vorbei an vom Wüstenwind zerzausten Palmen, kümmerlichen Rasenstücken, Flammenbaumschößlingen, die buchstäblich am Tropf hingen, damit sie nicht abstarben.

Schön, ergreifend, sagte Awraham Orvieto, eine völlig neue Stadt, ohne biblische oder arabische Vergangenheit, nach Menschenmaß erbaut, und man sieht hier weder Armenviertel noch Anzeichen der Verwahrlosung.

Vielleicht ist es nicht richtig von uns, sie als selbstverständlich hinzunehmen.

Theo sagte: Bescheiden gebaut ist nicht unbedingt ein Vorzug.

Und Awraham: Nicht unbedingt. Aber doch.

Auf dem Platz an der Ampel hielten wir ein paar Minuten vor dem Ehrenmal, auf dem in Metallbuchstaben stand »Deine Pracht, Israel, liegt auf deinen Höhen erschlagen«, wobei in dem letzten Wort eine Lücke klaffte, da ein Buchstabe abgebrochen war. In den gleichen Lettern, nur kleiner, erschienen die Namen der einundzwanzig Gefallenen, von Aflula, Josef bis Schumin, Giora Georg. Der alte Kuschnir saß rundrückig auf einem Schemel im Eingang seiner Buchbinderei und las ein dickes Buch. In das Schaufenster des Schuhgeschäfts hatte Pinni Buso das Modell eines offenen Toraschreins aus lackiertem Holz gestellt. Aus diesem Schrein leuchtete den Passanten ein Farbphoto seiner toten Frau entgegen, die das inzwischen tote Baby auf den Armen hielt, seine Stirn an ihre legte und es mit starken, strahlenden Zähnen anlachte, während das Baby ihr mit noch zahnlosem Mund entgegenkrähte.

Dann tranken wir Kaffee in Theos Büro, *Planung*, im obersten Geschoß des Bürogebäudes links des Rathauses. An der Wand hingen verschiedene Landkarten, Landschaftsbilder, Ben Gurion in Großaufnahme blickte mit entschlossener Miene über weites, zerklüftetes Ödland. Theo zeigte dem Gast ein paar Entwürfe, Ideen, die er für eine umweltbezogene Bauweise unter Wüstenbedingungen entwickelt hatte, Skizzen von Straßen, Plätzen und Kuppelbauten, die sich gegenseitig wohlberechneten Schatten spendeten, um das blendende Licht abzuhalten, und gewundene Gassen bildeten, die schattigen Schluchten ähnelten. Man merkte, daß der Gast, obwohl er kaum etwas sagte, Theo allein durch seine Anwesenheit irgendwie in elektrisierte Wachheit versetzte. Nach dem zweiten Kaffee zog Theo sogar aus einer der Schubladen eine blaue Mappe, der er drei verschiedene Entwürfe zur Instandsetzung des Alharisi-Hauses entnahm. Awraham Orvieto betrachtete sie lange stumm, wandte den Blick auch nicht von ihnen ab, als er auf einmal fast flüsternd eine vorsichtige Frage stellte und eine knappe Antwort erhielt. Ich hörte die Frage nicht, und verpaßte auch die Antwort.

Ich trat ans Fenster. Sah einen zerrissenen Drachen, der sich an den Stromdrähten verfangen hatte und im Wind über dem vergammelten Billardklub schwankte, in dem auch Lotterielose verkauft und Lottoscheine angenommen wurden. Der senile Alte von Schatzberg von der Apotheke, der, der kürzlich gestorben war, wurde von allen Elijahu genannt, weil er immer jeden demütig gefragt hatte, wann Elijahu kommen werde. Aus einer vergilbten Traueranzeige an der Anschlagtafel gegenüber ersah ich, daß er gar nicht Elijahu geheißen hatte, sondern Gustav Marmorek seligen Angedenkens. Ich mußte plötzlich an den Ausdruck denken, den Benisri aus Beer Scheva benutzt hatte – geht gegen null. Und beschloß, am Fenster stehenzubleiben, um nicht zu stören: Der Gast und Theo schienen zusehends eine Nähe und Sympathie zu entwickeln, die mir kein Eckchen ließ. Ich registrierte, daß Theo mindestens zweimal das leuchtende brüderliche Lächeln durch den Jalousienspalt geschenkt bekam. Ich wollte nicht dort sein. Vielleicht in Lagos oder wo.

Während des Treffens bei Bat Schewa Dinur stellte sich heraus, daß Awraham Orvieto Kommandeur der Reservekompanie gewesen war, in der Bat Schewas Mann im Sechstagekrieg in Jerusalem gekämpft hatte und gefallen war. Awraham hatte ihn nicht vergessen, den Didi, diesen großen bärtigen Mann, der in den Kampfpausen in der Gasse auf dem Asphalt gelegen und eine Partitur gelesen hatte, als sei es ein Krimi.

Am Ende des Gesprächs bat Bat Schewa Theo, eine detaillierte Denkschrift zu verfassen und ihr einzureichen. Insbesondere müsse sie wissen, sagte sie, wie geschlossen unsere geschlossene Bewahranstalt genau sein solle. Und wenn wirklich geschlossen, was könne dann eigentlich Gutes für das Gemeindeleben dabei herauskommen? Und was sei mit dem Personal? Ortskräfte? Oder von außerhalb? Und wenn von außerhalb, seien die Angestellten vertraglich verpflichtet, hier bei uns zu wohnen, oder ließen sie jeden Abend reihum einen zur Aufsicht hier, sprängen ins Auto und kehrten in Kolonne in die Zivilisation zurück? Ferner, wieviel Geld gedenke Herr Orvieto, Awraham, in die Gründung des Projekts zu investieren, und wieviel, wenn überhaupt, wolle er für den Unterhalt spenden? Ohne überzeugenden Finanzplan für mindestens fünf Jahre braucht ihr nicht wiederzukommen. Und daß eins klar ist, so viel ich jetzt auch geredet habe, hab ich euch immer noch rein gar nichts versprochen, außer kaltem Wasser und Keksen, falls ihr doch wiederkommen wollt. Übrigens, das Andenken wahren, spenden, das könne sie durchaus verstehen und nachempfinden, dieser ganze Staat sei ja eine Art Gedenkeinrichtung, und sie sehe ein, daß hier ein Gedenkwerk angebracht sei, das mit der Jugend zu tun habe, ohne Jugend hätten wir keine Zukunft, obwohl es ohne Zukunft auch keine Jugend gebe, aber warum eigentlich nicht eine Sporthalle? Ein Klub? Oder ein Schwimmbad? Computer für die Schulen? Ein Hobbyzentrum? Labors? Cinemathek? Und Noa. Sag mal ein Wort. Hol mir die beiden vom hohen Baum runter. Auf Theo hast du doch Einfluß, und mir scheint, auch auf Sie, Herr Orvieto, Awraham, hat sie schon welchen, oder irre ich mich? Nein?

Awraham Orvieto sagte, er wolle junges Leben retten. Und er sagte, sein Sohn Immanuel habe Tel Kedar geliebt, und er selbst beginne zu verstehen, worauf diese Liebe beruht habe. Und er sagte auch, Noa sei Immanuel lieb und teuer gewesen, und nun seien sie und Theo auch ihm lieb und teuer geworden.

Gegen Abend fuhr Theo mit dem Gast zu dem leerstehenden Gebäude, damit er es sich ansehen konnte.

Ich habe Kopfweh, sagte ich, ich bleibe zu Hause.

Zehn Minuten später bekam ich tatsächlich Kopfschmerzen.
Ich nahm zwei Acamol-Tabletten, ging in die Stadtbibliothek und setzte mich in den leeren, klimatisierten Leseraum. Als erstes suchte ich mir ein englisches Buch über die Geschichte der Kolonialherrschaft in Lagos, dem ich zwei Stunden Lektüre widmete, dann las ich etwas über Schimpansen, bis man zu mir kam, mich behutsam an die Schulter tippte und sagte, entschuldige, Noa, wir schließen. Als ich heimkehrte, erfuhr ich, daß Awraham Orvieto bereits nach Tel Aviv gefahren war und mir Grüße und Dank hatte ausrichten lassen. Theo saß in einem weißen Sessel und wartete auf meine Rückkehr, wie immer, geduldig und stur, wartete gelassen, aber auch zäh und unnachgiebig, die nackten Füße auf dem Couchtisch, die harten Schultern aus dem Trägerhemd ragend, der breite Gürtel nach mit Männerschweiß getränktem Leder riechend, aber diesmal saß er nicht im Dunkeln, sondern hatte Licht angeschaltet, um ein Buch über Suchtkrankheit zu lesen, das er sich von meinem Nachtschrank geholt hatte, *Jugendliche in der Falle* lautete der Titel. Als ich eintrat, nahm er meine Lesebrille von der Nase, fragte, wie es mir ginge. Was macht der Kopf?

Ausgezeichnet, antwortete ich.

Fünf vor eins in der Nacht. Jenseits der Wand das Quietschen eines späten Fahrstuhls, der nicht angehalten hat, sondern kabelknarrend in eins der oberen Stockwerke gefahren ist. Noa liegt mit frisch gewaschenem Haar im Bett, im weißen Nachthemd, auf der Nase die Lesebrille, den Kopf vom Lichtkreis der Nachttischlampe umgeben, vertieft in das Buch *Aufstieg und Niedergang der Revolution der Blumenkinder*. Theo lagert in seinem Zimmer und hört von Radio London eine Sendung über das Auseinanderdriften der Galaxien. Die Balkontür steht offen. Aus dem Osten, von dem leeren Hügel, kommt ein trockener Wind, bauscht langsam die Gardine. Der Mond ist nicht zu sehen. Das Sternenlicht glitzert kalt und scharf. Die Straßen des Städtchens sind längst leer und dunkel, aber die Ampel am Platz hat nicht aufgehört, in regelmäßigen Intervallen ihre Farben zu wechseln, rot und gelb und grün. Als einziger in der Telefonzentrale sitzt der blinde Lupo auf Nachtschicht und lauscht dem Zirpen einer Grille. Sein Hund döst zu seinen Füßen, aber gelegentlich spitzen sich seine Ohren und eine Art nervöser Schauder läuft ihm übers Fell. Und wann kommt Elijahu? Der Mann, der gefragt hat, ist tot, und nun weiß er es vielleicht. Bis an die äußerste Grenze des Hörbereichs lauscht der Blinde den Lauten der Nacht, denn ihm scheint, hinter dem Hauch der Stille und unter dem Zirpen der Grille sickere das Wimmern der Toten hervor, leicht und herzzerreißend wie eine ziehende Dunstschwade im Dunst. Das Weinen der neuen Toten, die sich noch schwer abfinden können, klingt leise und unschuldig, gekränkt, der Schrei eines verlassenen Kindes in der Wüste. Länger Tote schluchzen langgezogen, gleichbleibend, ein weibliches Weinen, wie im Dunkeln unter einer Winterdecke erstickt. Und die uralten Toten, die längst von allen vergessen sind, Beduinenfrauen, die einstmals in diesem Hügelland verhungerten, Nomaden, Ziegen- und Schafhirten vergangener Generationen, senden aus den Tiefen ein tristes, hohles Klagen hervor, noch stiller als die Stille selbst – ferne Kunde von ihrem Wunsch nach Rückkehr. Tief und dumpf dahinter hervor weht auch das Winseln toter Kamele, der Schrei eines geschlachteten Widders aus Abrahams Zeiten, die Asche eines prähistorischen Lagerfeuers, das Prickeln eines versteinerten Baumes, der vielleicht einst vor unvordenklichen Zeiten hier im Wadi im Frühling grünte und dessen Sehnsucht weiterhin im Dunkel der weiten Ebene wispert.

Lupo steht auf, streift dabei seinen Hund, entschuldigt sich, tastet sich vor und schließt ein Fenster der Zentrale. Noa löscht das Licht. Theo tappt barfuß nachsehen, ob die Wohnungstür abgeschlossen ist, und macht forschend den Kühlschrank auf. Was wollte er eigentlich? Er hat keine Ahnung mehr. Vielleicht nur das bleiche Licht, das zwischen den Lebensmitteln durchschimmert, und das Gefühl der Kälte aus dem Innern. Er wird verzichten und in sein Zimmer zurückkehren. Wird vergessen, das Radio abzustellen, und sich noch ein Weilchen auf den Balkon setzen, den leeren Hügeln gegenüber.

Nach der Sitzung fuhr Theo weg, um uns Pizza aus dem *Palermo* zu holen, an Stelle eines Mittagessens, um Zeit zu sparen. Er wollte mit dem Gast noch eine Rundfahrt durch Tel Kedar machen und ihm das Alharisi-Haus zeigen.

Als die Tür hinter ihm ins Schloß fiel, sagte ich: Zu der Diskussion über die Gefechte der Palmach im Negev kann ich ja nichts beisteuern. Ihr habt jenen Krieg und alle anderen Kriege gewonnen, wenige gegen viele, mit oder ohne den Flankenangriff, den Pinni Finkel oder nicht Pinni Finkel sich ausgedacht hat. Deshalb werde ich dir jetzt die Korrespondenz und die Quittungen und die Abrechnungen bringen, damit du sehen kannst, was wir mit den Geldbeträgen gemacht haben, die du uns stur weiter jeden Monat schickst.

Awraham Orvieto sagte, das sei nicht nötig: Erstens stamme vorerst fast das gesamte investierte Kapital von Theo. In den nächsten Wochen werde er es ihm zurückzahlen. Es sei ein gewisser Aufschub bei der Bargeldbeschaffung eingetreten. Und es habe sich hier ja sowieso ergeben, daß noch viele Hindernisse zu erwarten seien und man vielleicht sagen könne, der Erwerb des Gebäudes sei etwas voreilig gewesen?

Aber ich gab nicht nach: Ich müßte ihm die aufbewahrten Rechnungen und Quittungen vorlegen, auch wenn bei mir noch nicht alles ganz geordnet sei, und ihm die Unterlagen und Briefe zeigen. Er habe mir die Aufgabe erteilt, und nur ihm sei ich Rechenschaft schuldig. Gleich würde ich ihm alles holen, was ich finden könne. Oder besser – ich ergriff seine Hand –, wir gehen in mein Zimmer, dort liegen die Papiere, und dort ist es auch ein bißchen kühler, weil ich morgens die Jalousie nicht aufmache.

Der einzige Stuhl in meinem Zimmer war mit Kleidung und Unterwäsche belegt, die Theo mir nachts abgeschält hatte. Also ließ ich Awraham auf meinem Bett Platz nehmen, blieb an einem Punkt zwischen Nachtschrank und Bett stehen, bemüht, mit meinem Körper das auf dem Stuhl Liegende zu verdecken, setzte die Lesebrille auf und begann ihm Blatt auf Blatt zu reichen. Awraham Orvieto lugte schräg auf jedes Papier, wobei seine warmen Gesichtsfalten neugierige Sympathie und vielleicht auch leichtes Staunen signalisierten, und legte Blatt auf Blatt in seinen Schoß. Einen Moment später setzte ich mich doch zu seiner Linken aufs Bett, weil es mir sonderbar vorkam, so dazustehen, daß mein Schatten auf ihn fiel, fast seine asketische Gestalt überdeckend, hier in diesem Zimmer, in dem das Mittagslicht erweicht und verfälscht durch die Ladenritzen filterte. Sobald ich saß, merkte ich, daß es noch sonderbarer war, Schenkel an Schenkel neben dem Vater des Jungen auf eben dem Bett zu sitzen, in dem wir, Theo und ich, uns in der Nacht vergnügt hatten, auf jeder Note verharrend, einander lustvoll hinhaltend. Ich sagte, wie zu einem vor sich hin starrenden Schüler: Prüfst du diese Unterlagen, Awraham? Oder guckst du nur flüchtig drauf? Träumst?

Nenn die Nacht nicht Nacht

Schau, sagte er, nur bei dir hat er doch gern gelernt, und vielleicht hatte er irgendwie ein Gespür für Literatur. Wenn du möchtest, werde ich versuchen, dir eine Geschichte zu erzählen. Im letzten Winter, im Dezember, nach seiner ersten Elatfahrt, war ich zweieinhalb Tage hier. Wohnte im Hotel Kedar. Am letzten Abend nach Sonnenuntergang holte er mich im Hotel zu einem Spaziergang ab. Jedesmal, wenn ich auf Besuch war, streiften wir ein, zwei Stunden durch die Straßen, redeten allerdings nur wenig. Er trug Winterhosen aus Kord und einen braunen Lederblouson, eine Fliegerjacke mit vielen Extras, die ich ihm unterwegs auf dem Flughafen in Rom gekauft hatte. Auch ich zog eine Jacke über. Dann gingen wir hinaus, Schulter an Schulter, denn wir beide waren schon gleichgroß. Es war ein kalter Abend, und ein scharfer Wind blies uns von den Hügeln entgegen. Wenn ich mich nicht täusche, umgingen wir das Villenviertel, durchquerten den verwahrlosten Park hinter der Poliklinik und kamen am Gründerhaus heraus, dessen Front schon durch fahle Scheinwerfer, zwischen den Büschen versteckt, angestrahlt wurde. Und da fing es auf einmal an zu regnen. Du sitzt nicht bequem, Noa. Vielleicht lehnst du dich ans Kissen. So, jetzt. Regen, der in einer Winternacht über die Wüste niedergeht, weißt du, hat etwas Bedrückendes. Noch bedrückender als Regenfälle zu ihrer Zeit an Orten, die keine Wüste sind: Deprimierend wie eine absichtliche Kränkung. Um halb zehn Uhr abends waren die Alleen schon verlassen, und weil sie so breit sind, wirkten sie noch verlassener. Im Licht der Straßenlaternen sahen wir, wie der Wind die Wasserschnüre schräg peitschte, jeder Tropfen stach wie eine Stecknadel, und der Boden roch nach feuchtem Staub. Alle Läden ringsum waren verrammelt. Als stehe das Städtchen leer. Zwei, drei Gestalten, vielleicht Beduinen, mit leeren Säcken als Regenschutz auf dem Kopf überquerten im Laufschritt den Platz. Und verschwanden. Immanuel und ich stellten uns unter das Blechdach an der Kasse des Kinos Paris. Und dieses Blech ächzte unter den Wassergüssen im Wind. Dann sahen wir ein paar ferne Blitze, die einen Augenblick die Hänge der öden Hügel im Osten weiß färbten. Der schräge Regen wurde stärker, wolkenbruchartig, begleitet von dumpfen Donnerschlägen. Es sah aus, als verwandle der Platz sich vor unseren Augen in einen dunklen Fluß im Nebel, und die Häuserblöcke schienen uns wegzuschwimmen. Aus Richtung der Wadis begann das Brausen der Fluten anzurollen, obwohl es bei näherer Überlegung vielleicht nur das Beben des Vordachs über uns war. Irgendwie fand ich, diese Sintflut beeinträchtige das Wüstengefühl. Als ich das Immanuel sagte, verzerrte ein Grinsen seinen Mund, obwohl man es schwer erkennen konnte in dem gelb-nassen Licht, das sich nicht recht von der schwachen Birne über dem geschlossenen Kassenschalter zu lösen vermochte. Ich weiß auch nicht, ob er damals schon den Drogen verfallen war und gegebenenfalls wie stark. Werde es auch nie wissen. Du hast mir einmal gesagt, er sei sehr sparsam und vorsichtig mit Worten umgegangen, und damit hattest du recht, so ist er immer gewesen, und so stand er auch naß neben mir im Käfig der kalten Eisenstangen unter dem Kassenvordach, das im Regen bebte und knarrte. In der männlichen Fliegerjacke, die ich ihm ausgesucht hatte, übersät mit Reißverschlüssen und Taschen und Metallschnallen, wirkte er in diesem Moment nicht wie ein hartgesottener Kampfflieger, sondern eher wie ein magerer Flüchtlingsjunge, den man eben vorm Ertrinken gerettet und in die Feldjacke seines Retters gesteckt hatte. So stand er da, schwächlich, phlegmatisch, mit dem Rücken an die Tür des Kinonotausgangs gelehnt, die plötzlich unter der Berührung seines Rückens weit aufging, vielleicht weil man sie an jenem Abend zufällig vergessen hatte abzuschließen. Wegen des zunehmenden Regens flüchteten wir klamm ins Innere des leeren Saals, der fast ganz dunkel war, abgesehen von der schummrigen Notbeleuchtung, die hinter dem Wort »Ausgang« über den verschlossenen Türen rechts und links unten brannte. Vor uns schimmerte bleich die Leinwand. Der Regen klang hier gedämpft, wie in weiter Ferne, und der Donner, als rolle er unter Wasser. Also setzten wir uns, mein Sohn und ich, nebeneinander, wie du und ich jetzt hier, in eine der letzten Reihen. Und sahen, wie naß wir geworden waren. Obwohl ich mit dem Knie die Wärme seines Knies spüren konnte, empfand ich plötzlich tiefe Sehnsucht, als sei er nicht neben mir, sondern, wie soll ich dir sagen, jenseits der dunklen Berge. Es hat mal so einen Ausdruck gegeben. Und in einer Regennacht sind ja wirklich alle Berge dunkel. Immanuel, hab ich zu ihm gesagt, hör mal, wenn wir nun schon so hier sitzen, versuchen wir vielleicht ein bißchen zu reden? Er grinst. Und fragt, worüber. Vielleicht über die Schule? Über Mutter? Oder vielleicht sprechen wir über die Zukunft? Eine minimale, undeutliche Kopfbewegung. Und so von meiner Seite noch zwei, drei Fragen und von seiner nur eine Silbe oder ein Murmeln. Vielleicht verstehst du das, Noa? Allein mit meinem Sohn in einer Winternacht in einem kalten, verlassenen Saal, Schulter berührt Schulter, oder eigentlich nur Jacke berührt Jacke, und geredet wird nichts. Gar nichts. Dabei gehöre ich doch zu einer Generation, wie soll man sagen, einer verbalen Generation. Obwohl ich in den afrikanischen Jahren schon vergessen habe, was es zu sagen gibt, wenn es nicht darum geht, eine Angelegenheit zu regeln. Und plötzlich blinzelt er mit den Augen, wie in seinen Kindertagen, holt tief Atem, als wolle er sagen, wart einen Moment auf mich, zieht aus einem seiner Reißverschlüsse ein Kästchen mit einem magnetischen Damespiel, ein Reisespiel im Taschenformat, das ich ihm einmal auf einem Flugplatz gekauft hatte. In dem armseligen Licht, das dort brannte, spielten wir fast völlig stumm drei Partien nacheinander, zum Prasseln der Regengüsse. In allen dreien besiegte ich ihn. Jetzt, da ich es dir erzähle, scheint mir, das war nicht richtig: Ich habe den Fehler gemacht, alle drei Partien zu gewinnen. Was sollten mir diese Siege? Obwohl andererseits, was hätte es genützt, wenn ich ihm mit Falschheit und Verstellung begegnet wäre? Was meinst du, Noa? Als Pädagogin? Als sensibler Mensch? Wäre es nicht besser gewesen, in unserer letzten Nacht gegen ihn zu verlieren?

Statt Awraham auf diese Fragen zu antworten, legte ich ihm den Arm um die Schultern. Nahm ihn aber sofort wieder herunter, weil er sich zu mir umdrehte, seine müden blauen Augen auf mich richtete und mir daraus sein Licht-aus-geheiztem-Zimmer-Lächeln schenkte, ein strahlendes Lächeln, das zuweilen sekundenlang über seine hübschen Fältchen huscht, wie eine Gardine, die auf- und gleich wieder zugezogen wird. Und dann, sagte er, die rauhen Bauernhände reibend, als versuche er irgendeinen Gegenstand rund zu formen, der sich nicht rund formen lassen wollte, dann hat der Regen nachgelassen, und mein Sohn ist aufgestanden und hat mich den ganzen Weg zurück zum Hotel Kedar begleitet. Am nächsten Morgen bin ich nach Lagos geflogen. Und dachte, ich würde ihm noch einen Brief schreiben, aber da ist Theo an der Tür, komm, wir gehen ins Wohnzimmer zurück, essen die Pizza, die er geholt hat, und besichtigen, was er uns gern zeigen möchte. Obwohl ich bezweifle, daß man uns letzten Endes hier ein Heim wird eröffnen lassen, ich kann es nur schwer glauben, und was ist denn schlimm daran, wenn wir verzichten und sein Andenken durch eine andere gute Tat wahren. Entschuldige, wenn ich dir weh getan habe, Noa. Ich hätte besser nicht sprechen sollen, von dir habe ich doch erfahren, daß mein Sohn die Worte eine Falle nennt, und nun habe ich mich nicht in acht genommen. Schade.

Sechstausend Schekel wird mich die Reparatur des Zauns kosten. Auch ein Tor sollte man anbringen, damit sich nachts keiner mehr dort herumtreibt. Ich meine immer noch, daß das Entwöhnungszentrum hier nicht entstehen wird, und doch versuche ich weiterhin, irgendeinen Kompromiß zu finden. Warum ich das tue? Ich weiß es nicht. Bat Schewa Dinur hat schon zweimal telefonisch angefragt, wo die detaillierte Denkschrift bleibe, die ich aufzusetzen und ihr einzureichen versprochen hatte. Nachts lese ich die Bücher und Broschüren, die Noa aufgeschlagen und umgedreht auf dem Küchentisch, im Flur, auf der Couch, auf dem Balkonsessel, in der Toilette verstreut liegenläßt. Ich habe schon das eine oder andere gelernt, aber die Hauptsache ist mir noch unklar. Vorerst gilt es, den Grundbesitz vor dem Verfall und vor den zweifelhaften Typen, die sich dort nachts offenbar einnisten, zu schützen. Das verlassene Gebäude selbst gefällt mir langsam. Ich streife jeden Tag etwa eine halbe Stunde allein darin herum, Skizzenblock und Bleistift in der Hand. Notiere mir Möglichkeiten: Das Nordfenster könnte sowohl hier als da sein, und es ließe sich um das Dreifache vergrößern. Wenn man im Zentrum des Hauses, im Saal, die Stuckdecke herausbräche, wären es fast sechs Meter vom Boden bis zum Dachfirst, und man könnte zum Beispiel eine hängende Galerie ringsum einziehen, mit Wendeltreppe und Holzgeländer.

Zu Noa habe ich gesagt: Gib mir nur noch ein paar Tage.

Und sie, die mich erst vor kurzem gebeten hat, nimm mir nicht alles, Theo, mischt sich nicht mehr ein. Als hätte sie das Interesse verloren. Als ich ihr anbot, mit nach Jerusalem zu kommen, sagte sie, ich habe leichtes Fieber, und der Kopf, du wirst schon ohne mich zurechtkommen. Als ich abends nach meiner Rückkehr anfing ihr zu erzählen, worüber ich geredet hatte, sagte sie: Geh nicht zu sehr ins einzelne, Theo, es ist mir doch egal, wer genau sich dort noch aus der Zeit des Augapfels an dich erinnert und was die Palmach im Unabhängigkeitskrieg falsch gemacht hat. Gerade jetzt, da sich vielleicht eine Chance abzuzeichnen beginnt, ist ihre strahlende Freude verflogen, die mir immer aus dem Innersten des Lebens zu sprudeln schien. Ermattet ist auch das sprühende Funkeln in ihren Augen, das jedesmal aufleuchtete, wenn sie ihre Urteile – warm oder kalt, gut oder böse, maskiert, verschanzt – fällte, als wolle sie die ganze Welt einstufen. An die Stelle der sprühenden Begeisterung ist eine gewisse Zerstreutheit getreten, die ich vorher noch nie bei ihr beobachtet habe: Sie geht morgens aus dem Haus, kommt mittags wieder, mampft im Stehen was am offenen

Kühlschrank, läßt das Geschirr auf der Marmorplatte stehen und geht wieder weg. Wohin kann sie denn jetzt nur gehen, da die Schule über die Sommerferien geschlossen ist und sämtliche Lehrer zu Fortbildungskursen und Seminaren ausgeschwärmt sind? Ich hüte mich zu fragen. Oder umgekehrt: Sitzt den ganzen Morgen vorm Fernseher und sieht sich das Kinderprogramm an und verschwindet dann abends bis elf Uhr. Als ob sie letzten Endes einen Liebhaber gefunden hätte, aber gerade in jenen Nächten erscheint sie in meinem Zimmer, umgeben von einer Duftglocke feinen Geißblattparfüms, kommt lautlos barfuß herein und schwebt auf mich zu in ihrem keuschen Nachthemd, in dem sie wie eine fromme Internatsschülerin aussieht. Im Stehen küsse ich sie auf das braune Muttermal unterm Haaransatz. Mein ganzer Körper ist angespannt darauf ausgerichtet, ihr zu lauschen, ihre Wellen aufzufangen, wie ein Diagnosearzt, oder als sei sie meine Tochter, der ein unbekanntes Unheil zugestoßen ist. Dann nehme ich ihre beiden Hände, die lange vor ihr gealtert sind, und werde von Verlangen erfüllt, das kein Verlangen, sondern Rührung ist. Ich runde ihre Brüste und lasse meine Finger über die Innenseiten ihrer Schenkel gleiten, wie ein Sanitäter, der behutsam das Schmerzzentrum sucht. Nach der Liebe schläft sie augenblicklich ein, den Kopf in meine Schultermulde gelegt, schlummert wie ein Baby, und ich liege die halbe Nacht wach, vorsichtig, aufmerksam, atme nur flach, um ihren Schlaf nicht zu stören. Obwohl er tief ist.

Ein paarmal fand ich sie in der Küche oder auf dem Balkon oder einmal auch im Café California sitzen – mit einer dunklen Jugendlichen namens Tali oder Tal, offenbar eine jetzige oder frühere Schülerin von ihr. Ein schmales Mädchen, wie gemeißelt, wirkt wie eine kleine Indianerin in abgewetzten, geflickten Jeans. Ich würde ihr einen grellroten Rock anziehen. Von weitem scheinen sie mir in eine lebhafte Unterhaltung vertieft zu sein, aber wenn ich näher komme, verstummen sie, als erwarteten sie, ich sollte mich davonmachen und sie alleinlassen. Aber ich habe eigentlich wenig Lust, mich davonzumachen und sie alleinzulassen. Irgendwas fasziniert mich an dieser Tali, vielleicht gerade, weil sie ein bißchen Angst vor mir zu haben scheint, sich auf die äußerste Stuhlkante duckt, mich mit angespannter Vorsicht von unten nach oben anblickt wie ein bedrohtes Tier, als habe sie Gefahr in mir erkannt. Damit veranlaßt sie mich erst recht, mich stur an den Tisch zu setzen. Das Gespräch erstirbt sofort. Unwilliges Schweigen breitet sich aus. Bei einem kurzen Verhör habe ich Tal abgepreßt, daß sie im November zum Militär eingezogen werden soll. Sie hat noch eine Reifeprüfung in Mathematik vor sich, auf die sie sich mit Nachhilfestunden bei der boshaften Gusta Ludmir vorbereitet – aber was für eine Qual, Logarithmen, diesen Lebensabschnitt überstände sie nicht. Und dann fand ich noch heraus, daß sie die Tochter von Paula Orlev von der Boutique Lev-Dizengoff-Süd ist, in der ich vor einiger Zeit Noa beinah ein Kleid im Folklorestil gekauft hätte. Was führe sie zu uns? Nichts Besonderes. Einfach so. Und wie denke sie zum Beispiel über die Lage in den besetzten Gebieten? Über die Zukunft des Landes? Über das Leben in Tel Kedar? Über die Freizügigkeit? Über das Leben im allgemeinen? Ihre Antworten waren farblos. Lauwarm. Nichts ist mir im Gedächtnis geblieben. Abgesehen vielleicht davon, daß ihre Katze geworfen hatte und sie uns ein Junges anbot. Soll ich euch was Kaltes zu trinken bringen? Nein, danke. Sie hätten gerade getrunken. Vielleicht Trauben? Nein, danke. Dann wär's euch gewiß lieber, daß ich euch jetzt alleinlasse? Du hast deine Schlüssel auf dem Tisch vergessen. Und nimm dir die Zeitung mit. Auf Wiedersehen.

Aber ich habe es keinesfalls eilig, mich zu entfernen. Im Gegenteil. Was brennt denn. Ich mache es mir auf dem Stuhl bequem und frage, was man in der Stadt, sagen wir, von dem neuen Musikerquartett denke. Oder vom Parkplatz neben dem Platz an der Ampel. Und wie sähen denn Tals Sommerpläne aus? Von jetzt bis zur Einberufung? Hätte sie nicht Lust, den Logarithmen zu entfliehen, ein wenig in der großen weiten Welt herumzureisen wie alle andern? Warum nicht? Was sei an der großen weiten Welt übel? Solle er ihr Auskünfte über Lateinamerika geben?

Noa mischt sich ein: Bat Schewa Dinur hat versucht, dich telefonisch zu erreichen, Theo.

Ich erkenne den Wink und bemerke: Hat sie. Ausgezeichnet. Dann werde ich hier sitzen bleiben und warten, bis sie wieder anruft. Laßt euch nicht stören. Redet nur weiter. Ich lese Zeitung.

Einmal habe ich Noa beim Morgenkaffee halb scherzhaft gefragt, was berätst du denn so lang Geheimnisvolles mit der kleinen Indianerin? Kommt sie mit ihrem Liebeskummer zu dir? Vielleicht wieder eine Drogengeschichte? Noch ein Gedenkwerk in Aussicht? Noa lief rot an und sagte: Theo. Genug. Das führt zu nichts. Und als sie sah, daß ich nicht lockerließ, stand sie auf und machte sich ans Bügeln. Obwohl das Bügeln sonst in meinen Zuständigkeitsbereich fällt.

Also trat ich den Rückzug an, zumindest vorläufig. Vielleicht würde ich mir diese Tal bei Gelegenheit mal zu einem Gespräch unter vier Augen schnappen. Oder ich würde eines Tages allein die Boutique ihrer Mutter aufsuchen und Noa als Überraschung einen leichten Rock mit einem farbenprächtigen geometrischen Muster kaufen.

Ich habe jetzt ja auch so meine Angelegenheiten: Natalia, die junge Russin, die bisher freitags mein Büro putzte, hat mir den Schlüssel geschickt und mitgeteilt, daß sie nicht weitermachen könne. Diesmal beschloß ich, nicht nachzugeben, besorgte mir die Telefonnummer des Lebensmittelladens in der Caravansiedlung, wo man nach viel gutem Zureden bereit war, sie an den Apparat zu holen. Nach der Überwindung von Schüchternheit, Höflichkeit, Ängsten und Sprachschwierigkeiten stellte sich heraus, daß ihr arbeitsloser Mann ihr in einem erneuten Eifersuchtsanfall offenbar verboten hatte, weiter bei mir zu arbeiten. Also startete ich den Chevrolet und kurvte eine halbe Stunde zwischen den Caravans herum, um diesen Mann aufzustöbern, ihm zuzureden, aber dann stellte sich nach Auskunft der Nachbarn heraus, daß Natalia zu ihrem Vater geflüchtet war, der in einem Zimmer nahe des Platzes, kaum zwei Minuten von meinem Büro entfernt, wohnte. Zwei Tage später war auch der Ehemann in das enge Zimmer des Vaters nachgezogen. Als ich das Haus endlich gefunden hatte, war Natalia bereits in ihre Caravanwohnung zurückgeflohen. Vater und Ehemann brauchten fünf Minuten mißtrauischer Nachforschungen durch Rufe von beiden Seiten der verschlossenen Tür, bis sie geruhten, die Kette abzunehmen und mich einzulassen. Ich hatte sie beim Kartenspielen gestört, zwei kräftige Männer mit beginnender Glatze und rundem Schädel, einander ähnlich wie Brüder, beide breitschultrig, mit muskulösen Gewichtheberarmen, beide entblößten Reihen scharfer Zähne, als sie mich mit ihren Stoppelgesichtern angrinsten, und beide trugen schwarze Trikothemden. Als ich von Natalia zu reden anfing, brachen sie, aus welchen Gründen auch immer, in schallendes, seichtes Gelächter aus, als hätten sie mich ertappt, klopften mir auf die Schulter, erklärten etwas in russisch und dann in einer weiteren mir unbekannten Sprache und wieder auf russisch, lachten erneut lange, wobei sie ihre Raubtierzähne zeigten, und bedeuteten mir mit überschwenglichen Gesten und fast rabiater Herzlichkeit, mich ihrem Pokerspiel anzuschließen. Ich blieb rund eine Stunde, trank zwei Gläschen und verlor vierzig Schekel.

Seitdem gehe ich dort manchmal in den frühen Abendstunden vorbei,

Noa ist ja bestimmt eh nicht zu Hause, und die arme Natalia – die ist offenbar zu ihrer Schwester nach Chazor Haglilit gefahren beziehungsweise geflohen. Soviel habe ich nach zwei weiteren verlorenen Pokerrunden aus ihnen herausgekriegt. Ich verbringe gern ein oder zwei Stunden in Gesellschaft dieser lauten Männer. Ich verstehe fast gar nichts von dem, was sie sagen, aber ihr wieherndes Gelächter, die schulterklopfende Art, das jähe Aufbrüllen, die Rippenstöße, das niedrige, verwohnte Zimmer mit der Kochnische, aus der dicker Bratgeruch wabert, all das ist mir angenehm. Es erinnert mich irgendwie an die Nächte unter Fremden am Lagerfeuer, in den Höfen von Häusern in entlegenen Provinzen am Karibischen Meer. Ich genieße den pfeffrigen, ungeheuer wohlschmeckenden Salzfisch und ein Glas Wodka, verliere fünfzig bis achtzig Schekel beim Spiel, lasse mich gelegentlich hinreißen, in ihr plumpes Lachen einzufallen, wenn sie einander Witze in Erinnerung rufen, die ich nicht verstehe. Vergessen ist meine eigentliche Absicht, die Eifersucht zu zerstreuen, den Ehemann zu bewegen, Natalia zu sich zurückzuholen, und Natalia zu bewegen, wieder jeden Freitag mein Büro sauberzumachen. Mir scheint, beide Männer haben sich bemüht, mir mit Gebrüll und höhnisch Rundungen andeutenden Handbewegungen zu verdeutlichen, daß Natalia schwanger sei, es also keinen Sinn mehr habe, ihr nachzurennen, und daß auch ihre Schwester in Galiläa in Kürze ein Baby erwarte. Allerdings ist schwer zu sagen, ob ich richtig verstanden oder mir aus ihren Gesten und Lachern nur meinen eigenen Vers gemacht habe. Und was schert's mich eigentlich?

Zuweilen denke ich an sie: Eine Kindfrau, um die siebzehn, goldhaarig, sanft, verschämt, ständig etwas ängstlich, Figur und Brüste waren bereits reif, aber sie zeigte, auch wenn sie sich unbeobachtet glaubte, fast stets ein süß verlegenes oder kindlich überraschtes Lächeln. Zwischen jedem dieser Lächeln verzogen sich ihre Lippen wie zum Weinen. Stellte ich ihr eine ganz einfache Frage, ob sie Eltern habe, ob noch Wasser im Elektrokessel sei, zuckte sie erblassend zusammen, als habe sie eben eindeutig gegen die Sitten und Gebräuche verstoßen oder ich hätte ihr plötzlich einen unzüchtigen Antrag gemacht, und wisperte eine Entschuldigung, so daß ich auf die Antwort verzichtete, ja bereute, überhaupt gefragt zu haben, und ihr den Rücken kehrte, damit sie nicht etwa die hochschnellende Begierde sah, die mich augenblicklich zum Rhinozeros machte. Als ich erfuhr, daß Mann und Vater in Moldavien Mechaniker gewesen waren, hier jedoch seit ihrer Ankunft keine Arbeit hatten, rief ich Muki Peleg an und bat ihn, mir zuliebe einmal zu eruieren, ob man wenigstens was Vorläufiges für sie finden könnte. Vielleicht bei einem der Tiefbauunternehmer, mit denen er tagtäglich am Tisch der Toraweisen im Café California säße. Muki versprach, das für mich zu regeln – keine Frage, in Raketengeschwindigkeit, obwohl ich es nicht so recht verdient hätte, nachdem ich ihn und Ludmir aus dem Komitee geschmissen hätte, doch eigentlich täte er es ja nicht für mich, sondern zur Einsammlung der Verbannten, wie die Stewardeß zu dem Juden sagte, der sie anflehte, sich mit ihm in der Toilettenkabine des Jumbo-Jets einzuschließen. Als freiwillige Zugabe erzählte er mir noch eine Geschichte über die kleine Kugelschreiberfabrik, die er gemeinsam mit Dubi Weizmann und mit Pinni Buso vom Schuhladen errichten wolle, eine wahre Pioniertat, Kugelschreiber mit einer elektronischen Vorrichtung, so daß du, wenn du vergessen hast, wo du deinen Stift hingelegt hast, bloß zu pfeifen brauchst, und schon trillert er zurück, und Bat Schewa bringt noch einen Investor bei, vielleicht wollten auch ich und Orvieto da was reinstecken? Das uns in höchstens drei Jahren das Doppelte abwerfen würde, mal vorsichtig geschätzt, denn eigentlich müßte es sich in zweieinhalb Jahren verdoppeln?

Am Samstag begann ich mir Hauptpunkte für die Denkschrift zu notieren. In einer von Noas Broschüren hatte ich gelesen, daß spezielle Entwöhnungsinternate für Jugendliche unter achtzehn Jahren schon lange in Skandinavien existieren, und zwar gerade in kleinen Orten, weitab der großen Städte, in denen sich die Beweise häufen, daß diese Internate schöne Erfolge erzielen, ja sogar als sozialpädagogische Herausforderung in den Mittelpunkt des öffentlichen Lebens rücken und dadurch zuweilen ein mustergültiges Zusammenwirken von Therapiegemeinschaft und positivem Umfeld auslösen, auf dessen Grundlage Verantwortungsbewußtsein und Lokalstolz gedeihen. Der meiner Ansicht nach passendste Rahmen für Tel Kedar wäre der eines sozialen Experiments verbunden mit wissenschaftlicher Forschung, nicht einfach nur eine weitere Station zur Versorgung mit Ersatzdrogen wie Adolan und Methadon. Was die finanzielle Seite anbetrifft, können wir gewiß nicht mit Skandinavien konkurrieren, aber es wäre sinnvoll, gerade mit den Kindern wohlhabender Eltern aus dem Landeszentrum zu beginnen, Familien, denen es nicht schwerfallen würde, bis zu tausend Dollar im Monat aufzubringen. Wir könnten beispielsweise mit sieben oder acht solchen Patienten anfangen, zu denen wir, gegen symbolische Bezahlung, noch zwei, drei Abhängige aus dem

Ort aufnehmen sollten, und zwar aus bedürftigen Familien. Räumen wir hier mal ein bißchen die Straße auf. Das wird vielleicht unsere Position in der Öffentlichkeit stärken. Doch als ich Noa anbot, an diesen Hauptpunkten zu feilen, sagte sie, gib mir keine Entwürfe zu lesen. Gib mir momentan überhaupt nichts zu lesen. Nicht jetzt, Theo. Siehst du nicht, daß ich versuche, in Ruhe Musik zu hören. Tu mir einen Gefallen und spiel die Platte noch mal von Anfang an.

Einen Augenblick bekam ich Lust, sie daran zu erinnern, daß sie weiterhin jeden Monat einen Scheck über dreihundert Dollar von Orvieto via Rechtsanwalt Arbel erhält, interessant, wofür eigentlich, und es könnte sie doch mal jemand fragen, was genau sie mit diesem Geld mache. Halbe Tage verbringt sie jetzt mit der kleinen Indianerin, Tal oder Tali. Von meinem Bürofenster aus sehe ich sie gemeinsam zum Friseur gehen, aus der Tagesvorstellung im Kino Paris kommen, am Pärchentisch hinter der Säule im Café California sitzen und tuscheln. Manchmal stehe ich auf, schließe das Büro ab, kaufe bei Gilboa unten den *Ma'ariv* und gehe ebenfalls ins California: Geselle mich aber nicht zu ihnen, sondern beziehe einen seitlichen Beobachtungsposten an dem Tisch nahe der Kasse. Dubi Weizmann kommt, falls er keine Arbeit hat, ein paar Minuten nach mir – wohlbeleibt, behaart, verschwitzt, mit staubigen Sandalen, auf dem Kopf stets eine Art griechische Schiffermütze mit Goldtresse und vorn einem funkelnden Anker –, nimmt Platz, bestellt uns kalte Cola und einen Teller Käse mit Oliven, seufzt und erklärt: Ein Casino, Theo. Das würde uns hier retten. Damit Tel Kedar endlich kein Friedhof mehr ist. Ein Casino würde uns Touristen, Ausflügler, Mädchen bringen, das große Geld würde hierher strömen, und danach käme die Kultur. Das Casino, mußt du verstehen, ist für mich nur Mittel zum Zweck. Mein Zweck ist, Kultur anzulocken. Was heißt noch mal »Lobby«? Interessengruppe? Kultur, Theo, ohne Kultur leben wir hier alle wie Rindviecher. Nimm das bloß nicht persönlich. Nimm's als Denkanstoß.

Vorgestern hat er zu mir gesagt: Jedesmal, wenn ich auf einen Sprung nach Aviv fahre, sehe ich, daß die Stadt uns ein Stückchen näher gekommen ist. Cholon klebt an Rischon. Rischon kriecht auf Aschdod zu. Aschdod wird mit Kiriat Gat zusammenwachsen. In hundert Jahren wird Tel Aviv bis hierher reichen, wird plötzlich um fünf Uhr morgens an die Tür klopfen und sagen, Guten Morgen, Freunde, wacht auf, ich bin zu euch gekommen, und das wär's nun, die Verbannung ist vorüber. Aber bis dahin sitzen wir hier unter den Bergen fest. Sollen diese Berge doch in Flammen aufgehen. Sie ersticken einen ja geradezu. Komm, ziehen wir lieber eine flotte Schachpartie ab. Stinkt's dir nicht, Theo? Manchmal? Nimmst du's als Denkanstoß?

Ludmir erwischt mich gelegentlich an der Ampel oder vor der Post, verspricht, die Welt umzukrempeln und bis zum letzten Atemzug gegen das von mir hier heimtückisch geplante Rattennest zu kämpfen – Sodom und Gomorra, er sei zutiefst beschämt, zeitweilig selbst der totalen Gestirnsfinsternis zum Opfer gefallen zu sein, die ihn veranlaßt habe, sich unserem Komitee anzuschließen – und warnt mich schließlich, wie aus Erbarmen: Und sie bewegt sich doch. Ein paarmal, in der Küche, wollte ich ihr plötzlich etwas wirklich Verletzendes sagen. Etwas, das schmerzt wie eine Ohrfeige. Zum Beispiel, sag mir, hast du jemals zufällig einen Narkomanen zu Gesicht bekommen? Auch nur einen? Von weitem? Durchs Fernglas vielleicht? Wie dein Vater, der im Rollstuhl auf dem Dach gesessen und die Welt durch sein Fernrohr bewacht hat? Und sag mal ehrlich, wärst du eigentlich fähig zu erkennen, ob jemand vor dir benebelt, schlaftrunken oder einfach minderbemittelt ist? Wieso hast du überhaupt gewagt, ein Projekt auf die Beine zu stellen, von dem du weniger verstehst als ich von Eskimokosmetik? Und das dich keinen Augenblick wirklich, im Innern, interessiert hat? Nur, um nicht zu Hause zu sein? Nur, weil es dir schon bis obenhin steht, hier den ganzen Tag Literatur zu unterrichten? Wieso hast du erst die ganze Stadt verrückt gemacht und dann, als der Moment gekommen war, die graue Arbeit anzupacken, einfach das Spiel gewechselt und es mir überlassen, die verstreuten Spielsachen hinter dir aufzuräumen?

Ich hielt mich zurück.

Hat keinen Sinn zu streiten.

Zumal auch ich ihr entschwinde: Verbringe meine Zeit mit dem Ehemann und dem Vater bei Salzhering und Wodka, den ich jetzt schon selbst mitbringe. Futtere bei ihnen sämigen Borschtsch und gefüllte Piroggen. Lege plötzlich los und erläutere ihnen der Reihe nach, in Fortsetzungen, ohne Sprache, mit Pantomime und Wortfetzen, die Geschichte des zionistischen Aufbauwerks – die Sümpfe, die Untergrundorganisationen, die illegale Einwanderung, die Briten, die Nazis, die Siege, die Westmauer, Entebbe, die Siedlungen. Die beiden fixieren mich ohne Verwunderung, aber auch ohne großes Interesse, hören keinen Augenblick auf, mit breiten, langsamen Kiefern zu kauen, brechen zuweilen in wildes Gelächter aus, ohne daß ich die geringste Ahnung hätte, wie ihre Lachanfälle mit meiner Darbietung zusammenhängen. Letztes Mal ist es mir sogar gelungen, ihnen fünfzig Schekel beim Poker abzuzocken, worauf die beiden vor Lachen schier erstickten, sich auf die Schenkel und mir auf Schulter und Rücken klopften, ja kaum mehr aufhören konnten. Trotzdem setze ich mich dienstags weiterhin zwei Stunden ins California, um mit Dubi Weizmann Schach zu spielen, wie all die Jahre bisher. Und fast jeden Tag streife ich nachmittags allein durch die Hausruine. Mittlerweile allerdings ohne Block und Bleistift. Als hätte ich den Faden verloren.

Muki Peleg hat enthusiastisch angerufen: Für meine zwei Muschiks hat er eine Probezeit, eine Woche, bei Jacques Ben Lulu, diesem Zaddik von der Werkstatt Ben Elul, arrangiert, allerdings bei ziemlich symbolischer Bezahlung, damit sie mal zeigen, was sie können, wie die griechische Königin zu ihren drei Türken sagte. Kennst du nicht, Theo? Okay. Werden wir dir bei Gelegenheit beibringen. Bloß denk dran, Türke und Griechin, das ist wie Ludmir und Steinbruch. Hauptsache, du sagst ihnen, sie sollen morgen früh um sieben dort sein. Wie bin ich zu dir? Nicht wie der Wilnaer Gaon im Gewand des Dorfzaddiks?

Ich sagte: So einen wie dich gibt's nicht noch einmal, Maleachi.

Und Muki: Ein Glück.

Trotz der geborstenen Fliesen, der Spinnweben und der grauen Staubschicht, trotz der herausgerissenen Fenster, der erbrochenen Wandschränke, der zerschlagenen oder gestohlenen Waschbecken und Klosettschüsseln, trotz des unter den wütenden Wüstenwinden ächzenden Dachs, trotz der dreckigen Spritzen, der blutigen Wattebäusche, des Uringestanks und der Stockflecken gelange ich mehr und mehr zu der Überzeugung, daß das Haus eine ausgezeichnete Anschaffung war, weil es ohne Falschheit erstellt ist: ein fester, großzügiger Bau. Die Zimmer sind hoch und geräumig. Die Decken dick. Alle Zimmer gehen auf einen Mittelraum, eine ziemlich große Halle in der Gebäudemitte. Diese innere Halle erscheint mir dämmrig und angenehm, bewahrt sanfte Kühle selbst an heißesten Tagen. Irgend etwas an der Bauweise erinnert mich an arabische oder armenische Häuser vor dem Ersten Weltkrieg. Oder an die deutsche Kolonie in Jerusalem. Die Tiefe der Bogenfenster. Der gewundene Treppenaufgang. Die Fliesen. In dem großen Hof wachsen an die zwanzig dichte Kiefern, die Stämme sind von den Südwinden nach Norden gebeugt. Die Wipfel beschatten das kaputte Ziegeldach, hüllen das ganze Haus in dunkle Schemen, die jeder Windhauch in leichtes Beben versetzt. Gedämpftes Licht filtert durch die Kiefernnadeln ins Innere, ein wisperndes Rascheln, wie leises Pfeifen hinter deinem Rücken, und ein unsteter Strom mit Lichtmünzen gefleckter Schatten wiegt sich auf den Wänden. Wegen dieses Rauschens bekommt man manchmal das unheimliche Gefühl, im Nebenzimmer tappe jemand auf Zehenspitzen. Um das Gehölz herum herrscht gleißendes Sommerlicht, aber Haus und Garten stehen in Schatten abgegrenzt, wie eine geschlossene Winterenklave. Taucht auf den Grund seines Selbst, hat Noa gesagt, und Awraham Orvieto hat die Fensterbank befingert und geschwiegen.

Gestern morgen um sechs Uhr habe ich Rechen, Baumschere und Säge in den Chevrolet gepackt, mir bei der Werkstatt Ben Elul meine beiden russischen Gewichtheber ausgeliehen und dann mit ihnen sieben Stunden lang das Gehölz vom Schutt gereinigt und die überschüssigen Äste abgesägt. Nach Mittag erschienen auch Linda und Muki, denen eben gerüchtweise zu Ohren gekommen war, daß ich hier eine Mauer-und-Turm-Aktion gestartet hatte, der sie sich als Hilfstrupp anschließen wollten, aber es war schon alles fertig. Wir hatten sogar mit Stämmen die Kiefern abgestützt, die mir zu krumm vorkamen. Am Donnerstag soll ein Bauunternehmer, ein mit Dubi Weizmann befreundeter Beduine, die neue Steineinfriedung bauen und das Eisentor anbringen.

Danach ist es meine Aufgabe, das ganze Gebäude zu renovieren und es entsprechend seinem Zweck herzurichten.

Und was ist sein Zweck? Ich habe schon keine klare Vorstellung mehr. Mit dem Verfassen der Denkschrift bin ich noch nicht fertig. Ich habe den Faden verloren.

Linda tippt weiterhin ehrenamtlich Briefe, die ich ihr in meinem Büro diktiere und die wir dann an alle möglichen Behörden versenden. Aber über die Idee legt sich ein Schleier, als sei der Sinn dahin. Unterdessen ergießt sich Ludmirs vulkanische Wut über uns: In seiner Kolumne im Lokalblatt, »Stimme des Rufers in der Wüste«, nennt er mich eine zweifelhafte Gestalt. Awraham Orvietos Spende bezeichnet er als das unreine Geld eines Waffenschiebers. Ich hätte eine Antwort verfassen und veröffentlichen müssen, doch ich fand keine Antwort. Ich habe den Faden verloren. Orvieto ist auch verschwunden – vielleicht nach Nigeria zurückgekehrt. Diesmal hat er anscheinend seinen Rechtsanwalt mitgenommen.

Und das Geld ist noch nicht da. Womöglich gab's keins und wird's keins geben. Doch dann kam Natalia auf einmal aus Galiläa zu uns zurück, schwanger und noch schöner, als ich sie in Erinnerung hatte, brachte mir mit naiv staunender Miene ein Glas starken, glühendheißen Tee, womit sie Mann und Vater aus irgendeinem Grund in schallendes Gelächter versetzte, an dem sie schier zu ersticken drohten, und ich wurde zu meiner Verblüffung auch mitgerissen, worauf sie in Tränen ausbrach und ich – anstatt mich einzumischen, anstatt sie nach besten Kräften zu schützen – in Leidenschaft entbrannte. Einmal habe ich aus London eine ziemlich banale Sendung über das Leben und die Liebschaften von Alma Mahler gehört. Die Sprecherin erklärte den Hörern, wie Alma Mahler von der Männerwelt gesehen worden sei. Dann schilderte sie, wie sie wirklich gewesen sei. Diese Wirklichkeit erschien mir abwegig, ohne daß ich mir hätte vorstellen können, was an ihre Stelle hätte treten müssen. Wie soll man das wissen.

Ich notierte mir auf einen Zettel: Möbel. Ausstattung. Heizproblem im Winter. Küche oder Belieferung mit Fertigmahlzeiten? Innere Veränderungen. Klempnerarbeiten. Strom. Abwasser. Wiederanschluß an die Wasserversorgung. Dach. Fliesen. Fenstergitter? Wandschränke, Telefonleitung. Behandlungsraum? Klassenzimmer? Fernseh- und Videoecke? Computer? Klub? Bibliothek?

All das, bevor wir noch bei der Planung für den Betrieb angelangt sind. Aber welchen Betrieb? Mit wem? Hier fällt bei mir der Vorhang, wie innerer Monsunregen. Als sei das leere Gebäude zum Selbstzweck geworden. Vielleicht ist es Zeit, sich endlich mit Orvieto unter vier Augen zusammenzusetzen. Ihn ein für allemal zu verstehen zu suchen. In Tel Aviv? Oder vielmehr in Lagos? Vielleicht mache ich mich in Kürze auf und fliege für zwei Tage zu ihm. Ohne ihr Wissen. Aber irgendwie schrecke ich vor diesem Gedanken noch zurück. Sobald ich mir auch nur ansatzweise ein Zusammentreffen mit ihm allein, ohne sie, auszumalen versuche, mischen sich Angst und Scham bei mir. Als hätte ich vor, sie zu betrügen. Als erfände ich Lügen, um mich mit einer anderen zu treffen.

Also habe ich Dubi Weizmann angerufen, er solle vorerst den Beduinen-Bauherrn samt Arbeitern abbestellen. Donnerstag ist zu früh. Auch nächste Woche ist zu früh: Was soll ich einen Zaun um etwas bauen, das nicht existiert? Um einen Traum? Dabei habe ich nicht ihren gelähmten Vater vergessen, der Jahre über Jahre im Rollstuhl auf dem Dach gesessen hat, immer plumper wurde, wie ein geschlagener Ringer, und durch die Linsen seines Fernrohrs das Treiben der Welt verfolgte: Hätte jenes Dach nur ein vernünftiges Geländer gehabt, würde der Alte vielleicht heute noch leben. Man hätte das Haus am Rand der Moschawa nicht mit Bulldozern abgetragen. Hätte seine Postkartensammlung nicht der Tolstoi-Farm gespendet. Und sie wäre jetzt noch dort und nicht hier, würde ihn gewiß weiter pflegen, sich um ihn kümmern, ihm vorsingen, ihn füttern, schlafenlegen, wickeln, fünfmal täglich.

Das neue Kleid, das wir am Tag der Vertragsunterzeichnung gemeinsam in Tel Aviv gekauft haben, hat einen kleinen Nähfehler: Die Taille sitzt nicht gerade. Wir werden uns also doch an Paula Orlev wenden müssen, damit sie es ausbessert. Aus irgendeinem Grund ist mir der Gedanke zuwider, daß ihre Finger dieses Kleid berühren. Ob Tal, die kleine Indianerin, wohl zufällig von ihrer Mutter gelernt hat, wie man eine Taillennaht richtet? Oder vielleicht kennt Natalia, meine schwangere Jungfrau, sich mit dem Nähen aus? Aber Noa hat den Makel gar nicht bemerkt, als sie das Kleid heute abend anzog. Wir haben uns das Einwandererquartett während eines Hauskonzerts bei Dr. Dresdner im Villenviertel angehört. Bevor wir von zu Hause weggingen, hätte ich sie beinah noch an der Tür aufgehalten und auf die Ungleichheit der Taillenhöhe hingewiesen. Letzten Endes habe ich jedoch geschwiegen, damit wir nicht zu spät kamen, und auch, weil gerade dieser Fehler, ein fast unsichtbarer Makel, etwas Zartes und Rührendes hatte. Es kann ja auch sein, daß dieser geringe Mangel nur mir vorhanden zu sein scheint. Ist er trotzdem da, macht es nichts, soll er bleiben, bis Noa ihn bemerkt. Und wenn sie ihn nicht bemerkt, ist es egal.

Er trägt eine rauhe elastische Bandage am linken Knie, wegen eines alten Schmerzes. Um Mitternacht, als wir von dem Konzertabend bei Julia und Leo Dresdner zurück waren, erwachte der Schmerz. Noch ist es mitten im Sommer, und schon beginnt er von fern Zeichen des Winters aufzufangen. Ich ließ ihn auf dem Sessel Platz nehmen, streifte ihm die Kniebandage ab und versuchte, den Schmerz durch Massage zu vertreiben. Er legte mir die Finger auf die Schultern und sagte, ja, mach weiter, das wirkt. Theo, sagte ich, dieses Knie ist ein bißchen heiß, wärmer als das andere, geh morgen zur Poliklinik. Es brennt nicht, sagte er, das kommt und geht.

Damit stand er auf, machte uns beiden Kräutertee und löschte die Deckenlampe. Bei dem schwachen Licht, das aus der Küche hinter uns drang, saßen wir noch eine Viertelstunde. Fenster und Balkontür standen offen, um den Nachtwind einzulassen. Von den Hügeln im Osten klang das matte Heulen eines Fuchses herüber, und sofort schlugen folgsame Hunde in den Höfen an. Dann wusch ich die elastische Kniebandage mit lauwarmem Wasser und Seife, wußte, daß sie in der Wüstenluft bis morgens trokken sein würde. Nach der Wäsche duschte ich, Theo nach mir, dann sagten wir gute Nacht und gingen schlafen. Als ich fast eingeschlafen war, vielleicht sogar schon im Schlummer, erreichte mich aus seinem Zimmer eine gedämpfte, von unterdrückter vager Erregung getragene Frauenstimme: die Spätnachrichten aus London.

Am nächsten Tag war ich mit Tal in der Tagesvorstellung im Lichtspielhaus Paris. Ein Film über Untreue und Rache. Nach dem Kino saßen wir eineinhalb Stunden im California beim Eiskaffee. Von dort habe ich sie zum Schuhhaus Buso mitgenommen, weil ich beschlossen hatte, ihr neue Sandalen, mit Absätzen, zu kaufen. Manchmal wirkt sie wirklich wie eine Zehnjährige, vor allem, wenn man sie von hinten sieht. Eine kleine Indianerin, sagt Theo, was hockt ihr bloß den ganzen Tag zusammen, hat sie denn keine gleichaltrigen Freunde?

Wir wählten helle Sandalen mit einer Schmetterlingsschnalle an der Seite. Tal wollte mich partout nicht dafür zahlen lassen, aber ich beharrte darauf und tat es doch.

Pinni Buso sagte: Auch für Sie habe ich was Besonderes. Probieren Sie beispielsweise mal diese hier. Schlüpfen Sie nur mal rein.

Zum Schluß kaufte ich auch für mich neue Sandalen, flache cremefarbene mit geflochtenen Riemen.

Beim Hinausgehen trafen wir Theo an der Ampel. Er bot an, uns beide zum Eiskaffee ins California einzuladen. Wir prusteten los und sagten: Einen schönen guten Morgen, du bist zu spät dran, da kommen wir gerade her. Ich fragte ihn, wie er unsere neuen Sandalen fände. Theo zuckte die Achseln, sagte prima, nett, kniff das mißtrauische Auge zu wie ein geiziger Bauer: Und wo geht ihr jetzt hin? Zuckte wieder die Achseln und verabschiedete sich mit: Na gut. Verzeihung. Hab nicht gefragt. Nur nicht die Reifeprüfung in Mathematik vernachlässigen. Logarithmen. Eigentlich könnte ich dich bei Gelegenheit auch noch ein bißchen auf dieses Examen vorbereiten. Mir scheint, ich hab da noch was in Erinnerung. Auf Wiedersehen. Was macht er den ganzen Tag? Neue Arbeiten kommen offenbar fast keine bei ihm herein. Sommer. Noch hat er ein paar alte Aufträge zu erledigen. Jeden Morgen um halb neun macht er das Büro auf, schaltet die Leuchte an und setzt sich allein ans Reißbrett, unter dem Photo von Ben Gurion, der den Blick energisch über eine öde Weite schweifen läßt. Zeichnet geometrische Figuren. Oder steht stumm am Fenster und beobachtet das Leben auf dem Platz. Um zehn geht er zu Gilboa hinunter, um sich eine Abendzeitung zu kaufen. Umrundet den Platz und kehrt zurück. Vor nicht allzu langer Zeit hat er mir erzählt, er kümmere sich freiwillig ein wenig um ein Familienproblem der Putzhilfe: Hat ihrem Mann und auch dem Schwiegervater eine provisorische Stelle beschafft. Eigentlich hat er nur zum Telefonhörer gegriffen, geregelt hat es Muki Peleg. Nach den Einzelheiten habe ich nicht gefragt, obwohl ich sie gern gewußt hätte – damit er nicht meint, ich wolle ihn beaufsichtigen.

Morgens sitze ich ein bis zwei Stunden am Ecktisch in der Bibliothek, vor der Klimaanlage, die alte Bibliothekarin Amalia döst hinter der Theke, ausgelaugt, grau, runzlig, die Lippen zwischen die Zähne eingesogen, als grinse sie spöttisch über mich, stößt gelegentlich einen abgehackten kleinen Schnarcher aus, schreckt hoch, wirft mir einen melancholischen Blick zu, dann sackt ihr das Kinn wieder auf die Brust, und ihre Augen schließen sich mit dem Ausdruck verhaltenen Leidens. Früher hat sie hier das städtische Gartenamt geleitet, hat die Palmenalleen angepflanzt, den Gründerpark initiiert, hat einen verwaisten Beduinenjungen adoptiert und aufgezogen, der dann außer Landes gegangen ist, hat sich mit Bat Schewa überworfen, ist frühzeitig in Pension gegangen, schwer an Zucker erkrankt und hat Anfang des Jahres ehrenamtlich ihre Hilfe bei der Erneuerung der Bibliothek angeboten. Aber die Leser werden immer weniger. Den wohlgeordneten, hell erleuchteten Leseraum hat Amalia angefüllt mit Dutzenden gepflegter Topfpflanzen – kübelweise Hydrokulturen, gepolstert mit feinem, glänzendem Kies, gespeist aus mit Dünger und Mineralien gefüllten Pipetten –, als verwandle sich der Ort langsam von einer Bibliothek in ein Gewächshaus oder in einen dichten Tropenwald voller Kletterpflanzen und Lianen, deren Ranken sich um die Regale schlingen, zwischen die Bücher zwängen, das Licht der Neonröhren in dämmriges Pflanzendickicht übersetzen. Aber keiner außer mir, ein paar Pensionären und zwei, drei versponnenen Jugendlichen kommt hierher. Leer. An diesen Vormittagen nur die kranke Bibliothekarin und ich.

Die Bücher zum Thema Drogen, Sucht und Entwöhnung, die in den letzten Wochen auf einem bestmmten Bord für mich reserviert waren, sind schon wieder auf ihre normalen Standorte verteilt worden. Jetzt muß ich den Unterrichtsstoff für das nahende Schuljahr vorbereiten. Aber was brennt. Anstelle von Bialiks Gedichten habe ich mir ein paar Bände über das Leben berühmter Musiker herausgesucht. Vielleicht, weil Julia und Leo Dresdner von der Zahnarztpraxis mich telefonisch gebeten haben, ehrenamtlich dem Rat für die Eingliederung neu eingewanderter Musiker aus Rußland beizutreten. Man trägt sich mit dem Gedanken, hier unter Beteiligung der Schule, des Arbeiterrats und der Stadt ein kleines Konservatorium zu gründen. Vielleicht könnte man auch das Eingliederungs- und das Kulturministerium dafür einspannen. Für nächste Woche ist bereits eine Zusammenkunft mit Bat Schewa angesetzt. Mich hat man gebeten, einen Brief an einige Freunde klassischer Musik abzufassen, um festzustellen, wer zu Spenden bereit wäre. Linda hat versprochen, den Brief zu tippen, und Ludmir und Muki Peleg werden ihn in fünfzig Exemplaren verschicken.

Ich sitze im geblümten Sommerkleid in meiner Ecke am letzten Fenster, blättere in den Bänden, halte hier und da inne und lese drei, vier Seiten über Brahms' sonderbare Liebe zu Clara Schumann, über Mozarts Krankheit und Tod, über den dicklichen, schüchternen Schubert, der womöglich nie von einer anderen Frau als seiner Mutter geliebt wurde, von seinen eigenen Werken sagte, sie hätten lediglich mittelmäßige, vorübergehende Bedeutung, nur einmal in seinem Leben in einem öffentlichen Konzert auftrat und mit einunddreißig Jahren an Typhus starb. Mein Blick schweift vom Buch auf das Dunkel der Pflanzen. Mir fällt plötzlich die Postkartensammlung meines Vaters ein. Amalia starrt mit eingesunkenen Augen vor sich hin, wie von Schmerzen gekrümmt. Ihr Haar ist spärlich und trocken und ihre Wangenhaut wirkt in der Neonbeleuchtung leichenhaft verschrumpelt. Muki Peleg hat mir erzählt, sie sei früher, in den fünfziger Jahren in Beer Scheva, die Schönheit der Wüste gewesen, habe geheiratet, sich scheiden lassen, wieder geheiratet, sich getrennt, habe am Tag des Weins beim Festzug im Badeanzug auf einem Faß getanzt, sämtlichen Männern den Kopf verdreht, habe Erdölarbeiter von den Versuchsbohrlagern verführt und mit einem bekannten Dichter zusammengelebt. Die Jahre sind vergangen, die Krankheit hat ihr übel mitgespielt, und jetzt betitelt man sie hinter ihrem Rücken als Hexe. Die Klimaanlage summt und quietscht leicht. Weit weg, Richtung Scharet-Straße, knattert ein schwerer Preßlufthammer. Und doch, wie durch ein Wunder, erfüllt tiefe, vollkommene Stille den Lesesaal: Wenn ich in den Büchern blättre, kann man jedes Blatt einzeln rascheln hören. Hinter den geschlossenen Vorhängen brennt eine wilde Sonne. Despotisches Licht gleißt auf allem. Der Ring der Bergspitzen taumelt im sengenden Staub. In dem Buch *Worte und Klänge – Das deutsche Lied von Mozart bis Mahler, deutsch und hebräisch* stoße ich auf ein Lied mit dem Titel »Mondnacht« von Joseph von Eichendorff, das Schumann 1840 vertont hat:

> ...
> Die Luft ging durch die Felder,
> Die Ähren wogten sacht,
> Es rauschten leis die Wälder,
> So sternklar war die Nacht.
>
> Und meine Seele spannte
> Weit ihre Flügel aus,
> Flog durch die stillen Lande,
> Als flöge sie nach Haus.

Ich klappe das Buch zu, lege die Arme auf den Tisch und berge das Gesicht darin. Noa wird sich nicht mehr bewegen. Die Bibliothekarin Amalia tritt zu mir, beugt sich vor, tippt mich an die Schulter, sieht aus wie ein Vogel auf dem letzten Ast, unter dem Kinn hat sie eine Art schrumpeligen, schwabbeligen Kropf baumeln, aber ihre Stimme ist sanft und besorgt: Fühlen Sie sich nicht gut, Noa? Soll ich Ihnen einen Kaffee machen? Es ist nichts, sage ich. Nicht nötig. Schon vorüber.
Sie grinst mich lippenlos an, das Grinsen eines Totenschädels, und ich muß mir in Erinnerung rufen, daß das keine Fratze verzweifelter, spöttischer Ironie ist, sondern nur die Schrumpfung der Wangen aufgrund von Krankheit und Alter. Tal wird zum Militär gehen, Awraham in Afrika verschwinden, Theo das Büro schließen und sich Tag und Nacht Radio London hingeben, die Tage eilen dahin, der Sommer wird vorübergehen, Jahre

werden verstreichen, und ich werde an ihrer Stelle hinter dieser Theke in der verlassenen Bibliothek sitzen, die sich im Lauf der Zeit in einen Dschungel wild wuchernder Pflanzen verwandeln wird, deren Laub hier alles verschlingt.

Unterdessen sind Linda und Muki sonnengebräunt und stets zum Kichern aufgelegt von ihrem Kurzurlaub in Safed zurückgekehrt. Muki hat seine munteren Flirts mit mir ein wenig eingeschränkt. Vielleicht hat er sich dort in Linda verliebt. Oder verliere ich das, was ihn angezogen hat? Die Veränderung macht mich traurig, obwohl seine Nachstellungen mir nie angenehm gewesen sind. Ich habe mit Tal darüber gesprochen, die meinte, Quatsch, Noa, laß doch, das war bloß ein Intermezzo, aber trotzdem schade, daß du dir das Haar hast kurz schneiden lassen. Vorher, als es dir manchmal auf die eine Seite gefallen ist, hat's dir viel besser gestanden.

Und sie? Warum hat sie sich eine Kurzfrisur machen lassen?

Weil sie auf all das jetzt keinen Bock hat. Sie will bloß ihre Ruhe. Eine Liebe ist ihr vor kaum zwei Monaten abhanden gekommen, eines Morgens hat sie beim Aufwachen festgestellt, daß sie einem Esel nachgetappt war – wie wir's bei dir im *Sommernachtstraum* gelernt haben. Und jetzt ist sie einfach müde. Sie möchte sich wenigstens bis zum Militär ausruhen. Es wäre gut, wenn sie inzwischen irgendeine Teilzeitstelle finden könnte, so was wie einen halben Tag im Büro. Gingen ihr total auf den Geist, diese Jungs, die dauernd nur Elitekampfeinheiten, Autos und Motorräder im Kopf hätten. Und das sei hier so ungefähr das einzige im Angebot. Wenn man nun schon mal davon spreche, fühle sie sich, ehrlich gesagt, eher von etwas reiferen Männern angezogen. Mehr so dem Typ, der viel zu geben weiß und auch viel bekommen will. Jemand in Theos Stil, nur nicht genau so alt, wenn es mir nichts ausmache, daß sie so was sage. Theo scheine ihr ein konzentrierter und trauriger Mensch zu sein. Und das finde sie am allerattraktivsten bei einem Mann. Bloß sei das bei ihm mit einer Portion Gleichgültigkeit verbunden, irgendwie, und Verzeihung, daß sie so daherquatsche.

Ich sagte: Sieh mal, Tal, bei Theo – und damit brach ich ab. Obwohl ich eigentlich gern weiter und weiter geredet hätte.

Aber nicht jetzt. Noch zu früh.

Muki stoppte mich beim Verlassen von Schatzbergs Apotheke, in deren Fenster noch die Traueranzeige für Gustav Marmorek s. A. dahingilbte:

Hör mal, meine Schöne. Beratungspause. Vielleicht hast du fünf Minuten Zeit für ein Gespräch im California. Als Linda und ich in der Herberge am Meron Urlaub gemacht haben, ist sie am ersten Tag krank geworden. Nahrungsmittelvergiftung. Ernsthaft. Ersparen wir dir die ganzen Einzelheiten. Am Anfang dachte ich, da bist du aber gründlich reingefallen, mein Lieber, das hat dir gerade noch gefehlt, ihr den ganzen Urlaub über die Windeln wechseln, statt sich ein schönes Leben zu machen, nach heißem Tee und gekochten Kartoffeln für sie rennen oder ihr Medikamente von der Krankenkasse in Safed besorgen und ihr die Unterwäsche waschen, weil sie natürlich nicht genug mitgenommen hatte. Aber zum Schluß, du wirst dich wundern, hat's mir sogar gefallen. Vielleicht bin ich schon zum Masochisten geworden. Nicht, daß wir uns kein schönes Leben gemacht hätten, daß es da keine Mißverständnisse gibt, am dritten Tag war sie gesund wie eine Tigerin, und da habe ich sie Funken sprühen lassen, wenn du zufällig verstehst, was ich damit meine. Aber komisch, gerade während der Krankheit fühlte ich mich auf einmal am meisten mit ihr verbunden. Wie erklärst du das?

Abends erzählte ich es Theo. Ich erinnerte ihn daran, daß er mir vor einiger Zeit einen Ausflug nach Galiläa vorgeschlagen hatte. Was hältst du davon, daß wir auch in den Norden fahren? Nach Safed? Auf die Golanhöhen? Zum Hermon? Nicht in deinem stotternden Chevrolet. Diesmal mieten wir ein Auto. Ich fahre die halbe Strecke. Und nehmen wir auch Tal mit? Falls sie mitkommen möchte?

Theo sagte: Das ginge.

Aber die Tage verstreichen, ohne daß er oder ich den Plan von der Fahrt nach Norden noch einmal angesprochen hätten.

Ende der Woche haben wir an der Beerdigung von Bat Schewa Dinurs Mutter teilgenommen, die nachts im Schlaf gestorben war. Sie wurde auf dem letzten Platz der Reihe unter den Kiefern beigesetzt, nach dem alten Elijahu und nach Immanuel Orvieto und seiner ledigen Tante Eleasara. Buchbinder Kuschnir hielt die Trauerrede, erwähnte darin, daß die Heimgegangene vor ihren schweren Erkrankungen Jahrzehnte als Geschichtslehrerin und engagierte Erzieherin an der Schule für Arbeiterkinder in Givataim gedient und auch regelmäßig an der Zeitschrift *Echo der Erziehung* mitgewirkt hatte. Ihre letzten Lebensjahre skizzierte er behutsam, andeutungsweise, und verband dann zwei halbe Psalmverse zu dem Satz: »Verwirf mich nicht, wenn ich alt bin, und nimm deinen heiligen Geist nicht von mir.« Die meisten seiner Worte wie auch die Gebete gingen im Dröhnen der Düsenjäger unter, die einander in kreisendem Tiefflug am staubig aussehenden Himmel verfolgten.

Zwei Tage später statteten wir Bat Schewa einen Kondolenzbesuch ab. Nur mit Mühe zwängten wir uns hinein. Haus, Hof und Garten wimmelten vor Gästen, ihren Söhnen, Enkeln, Schwiegertöchtern, Schwagern, Freunden, Cousins. Durch die offenstehende Tür strömte ganz Tel Kedar aus und ein, dazu Beduinen aus der Umgebung, Nachbarn – wie bei einer großen Hochzeit. Frauen, die ich nicht kannte, regierten in der Küche und versorgten Garten und Zimmer kolonnenweise mit Erfrischungsgetränken und belegten Broten. Zu Bat Schewa selbst bahnten wir uns mühsam einen Weg, fanden sie im Garten auf ihrem Königinnensessel, im Schatten des dichtbelaubten Feigenbaums, umringt von geräuschvollen Verwandten und Freunden. Schwärme von Kindern rannten lärmend über das ganze Grundstück, veranstalteten Verfolgungsjagden, doch Bat Schewa schien der Tumult zu gefallen – eine rauhe Bärin im verschlissenen Plüschsessel. Sie führte entspannt vier oder fünf Gespräche gleichzeitig, in alle Richtungen, über Straßen, Geburten, Parteien, über die Jugend ihrer Mutter in Smolensk, über Haushaltsposten und Kochrezepte. Als wir daran waren, ihr unser Beileid auszusprechen, sagte sie: Ja, sieh mal, wer da ist, mein Narkomanenpaar, versucht euch Stühle zu besorgen, und wartet einen Moment mit dem Kuchen, versucht erstmal Oliven, die ein guter Freund mir heute aus Galiläa mitgebracht hat, aus Dir el-Assad. Komm, komm her, Nawaf, komm, zeig dich, das sind keine Oliven, das ist Ekstase, was für die Seele. Wenn Mutter die noch hätte probieren können, hätte sie ohne weiteres ein ganzes Glas davon verdrückt. Sie war ganz süchtig nach scharfen, gestampften Oliven mit rassigem Käse und einem Glas Wein. Überhaupt müßte man solche Feste veranstalten, bevor der Mensch tot ist, nicht hinterher, damit er merkt, wie wenig es sich lohnt, hinzuscheiden, damit die Leute mal anfangen, ein bißchen weniger zu sterben. Übrigens das Projekt – vorgestern hat Awraham mich angerufen. Was für eine edle Seele, tragisch, und dabei doch faszinierend, auch ich bin schon bis hierher in ihn verliebt. Habt ihr gewußt, daß er bei der Auslösung der Gefangenen aus Syrien mitgewirkt hat? Beim Sammeln von Nachrichten über Vermißte? Eine halbe Stunde lang haben wir eine Romanze am Telefon unterhalten, mir scheint, er hat sich von mir überreden lassen, die Drogentypen erstmal aufzuschieben und uns statt dessen die Oberschule mit Computern auszustatten – zum Gedenken an seinen Sohn, den ich leider nicht kennengelernt habe, sonst hätte ich ihn vielleicht noch an den Löffeln pakken können, damit er sich nicht umbringt. Das Problem ist, daß ihr nun mit dem Alharisi-Haus rumhängt. Wie ein Brocken, der sich weder runterschlucken noch ausspeien läßt. Aber macht euch keine Sorge, das wird sich regeln, ich glaube, ich hab schon einen Weg gefunden, euch da ohne Verlust rauszuholen. Reden wir nach der Trauerwoche darüber. Nicht diesen Käse, Noa, Theo, versucht erst den Salzkäse, den da, mein Enkel aus Rosch Pina hat ihn selbst gemacht. Das ist kein Käse, das ist eine Symphonie. Wo ist der süße Knabe, der ihn mir gemacht hat? Etam? Ruft ihn schnell, damit er sich nach dem Applaus vor dem Publikum verbeugt. Und da ist ja auch Ludmir, komm, setz dich her, die Stimme des Rufers aus der Wüste, setz dich auf den Boden, hast du verdient, und probier als erstes die Oliven, die ein guter Freund mir aus Dir el-Assad mitgebracht hat.

So erledigte sich die Einfriedung des Alharisi-Hauses. Auch Renovierungsarbeiten wird es nicht geben. In der Wohnung der Tante hat eine neue Zahnklinik namens *Elfenbein* aufgemacht, aber dahinter stecken wieder Dr. Dresdner und Dr. Nir, die aus der Praxis neben Theos Büro dorthin umgezogen sind. Und der alte Kuschnir hat an den Eingang seiner Buchbindernische einen Zettel gehängt, *Laden zu verkaufen*, es heißt, er wolle Tel Kedar verlassen, Kunden sind ihm fast keine mehr geblieben, die einen sagen, er werde zu seiner Tochter und den Enkeln nach Gedera ziehen, andere meinen, er ginge dort in ein Seniorenwohnheim, für das er sich schon vor zehn Jahren angemeldet habe, und nun sei er eben an der Reihe.

Schwere Bulldozer dröhnen von sechs Uhr morgens bis zum Einbruch der Dunkelheit, wirbeln eine Staubwolke am Ende der Eschkol-Straße auf, die man nun endlich durch ein neues Straßenstück mit der Ben-Zwi-Allee im Westen verbinden will. Ein ganzer Schwarm Raben schwebt über der Staubsäule. Auf dem Platz an der Ampel werden Masten für ein neues Beleuchtungssystem aufgestellt, wie man es in den großen Städten hat. Julia Dresdner beruft den öffentlichen Rat für die Eingliederung neu eingewanderter Musiker zu seiner ersten Sitzung ein. Und Violette und Madelaine, die verschwägerten Friseusen, erweitern den Salon Champs Elysée, der von nun an um ein anspruchsvolles Schönheitsinstitut ergänzt wird. Im Gründerhaus wird demnächst eine milchige Caféteria eröffnet, und vielleicht wird man sich auch dafür entscheiden, eine ständige Mineralienausstellung in Glasschränken zu arrangieren. Im Herbst wird auf dem Platz an der Ampel ein Handelshaus für Musikinstrumente entstehen. Es gibt also Neues in der Stadt. Und ein Einschreibebrief an mich und Theo traf von Rechtsanwalt Ron Arbel ein: Angesichts der Widerstände und Schwierigkeiten habe man beschlossen, den Gedenkwerksplan für sechs Monate auf Eis zu legen. Parallel dazu würden auch andere Optionen erwogen. Herr Orvieto werde getrennt schreiben. Das Thema sei nicht von der Tagesordnung gestrichen. Was die finanzielle Frage, die zwischen uns offen geblieben sei, beträfe, würde sie in allernächster Zukunft geregelt, und zwar auf beide Seiten zufriedenstellende Weise. Demnächst würden alle beteiligten Parteien zusammengerufen werden, um eine erneute Lagebewertung und eine umfassende Prüfung des gesamten Spektrums an vorhandenen Möglichkeiten und Alternativen vorzunehmen. Für die Bemühungen, die wir beide in dieser Sache aufgebracht hätten, möchten wir Dank und Segen entgegennehmen.

Muki Peleg seinerseits hat bereits mit einer Gruppe Ultra-Orthodoxer aus Beer Scheva verhandelt, vom Verein »Stufen zur Heiligkeit«, die, wie sich herausstellt, darauf brennen, das Alharisi-Haus zu erwerben, um dort ein Internat einzurichten, in dem Einwandererkindern aus Rußland die Werte des Judentums eingepflanzt werden sollen. Dafür wären sie bereit, uns denselben Betrag zu zahlen, den wir für den Erwerb des Grundstücks aufgebracht haben. Das ganze Geschäft ist natürlich noch nicht perfekt, hat Muki gesagt. Vorerst ist alles offen, und die Verhandlungen mit diesen Frommen laufen bloß für den Fall, daß unser Gott dort in Afrika tatsächlich alles bereut, was er hier zu schaffen beschlossen hatte, und uns so zwischen Himmel und Erde hängen läßt. Momentan sitzen wir etwas in der Klemme: Das Gebäude ist auf den Namen unseres Vereins eingetragen, das Geld ist deins, Theo, von Awraham gibt's eigentlich nur eine mündliche Verpflichtung, und von seinem Rechtsanwalt existiert so ein Brief, von dem ich nicht recht weiß, wieweit er uns juristisch nützt. Falls beschlossen wird, an diese Ultras zu verkaufen, werde ich auch diese Transaktion durchführen, ohne irgendwelche Gebühren zu verlangen, obwohl ich das Geld jetzt eigentlich gut brauchen könnte, denn im Herbst haben Linda und ich vor, auf Vergnügungstour nach Italien zu gondeln. Vielleicht heiratet ihr auch? Nein? Und wir fahren zu viert los, um Rom unsicher zu machen und denen dort mal zu zeigen, was *dolce vita* wirklich bedeutet? Milch und Honig unterm Titusbogen zu triefen, wenn ihr zufällig begreift, was ich damit meine? Ehrlich gesagt, Hand aufs Herz, wenn wir alle drei, alle vier beschlossen hätten, unter keinen Umständen nachzugeben, glaube ich, daß das Heim doch entstanden wäre. Soll ich euch jetzt mal was frei von der Seele sagen? Wir hätten uns bis zum Schluß drauf versteifen sollen. Hätten kämpfen müssen. Die Stadt auf den Kopf stellen. Das wäre tausendmal wichtiger als ein ultraorthodoxes Internat, das, statt die Jugend von Drogen abzubringen, hier junge Seelen mit den Fußstapfen des Messias und all dem berauschen wird. Wir hätten Investoren finden müssen. Oder Spender. Öffentlichen Druck auf Bat Schewa und auf die Bürokraten lenken. Nicht nachgeben. Gute Leute mobilisieren. An denen es hier eigentlich nicht fehlt. Und soll ich euch noch was aus tiefster Seele sagen? Die wahre Not mit uns ist, daß wir für nichts wirklich Feuer und Flamme sind. Das ist das wahre Unglück. Wem schon nichts mehr brennt, der erkaltet und stirbt ab. Linda sagt das, und ich stimme ziemlich mit ihr überein. Man muß anfangen zu wollen. Muß mit beiden Händen zupakken, damit das Leben nicht entflieht, wenn ihr begreift, was ich damit meine. Sonst ist alles verloren.

Theo sagte: Verkauf vorerst noch nicht. Wenn es mit Awraham Orvieto nichts wird, hat euer Verein einen anderen Käufer.

Käufer. Wer kauft. Für wieviel.

Ich. Über den Preis werden wir uns schon einigen.

Als ich abends nach Hause kam, meinte Theo: Merkwürdig, daß ich ihm das gesagt habe. Weiß gar nicht, was ich damit wollte. Das Haus zieht mich ziemlich an, aber was sollen wir damit anfangen. Vielleicht verstehst du das, Noa? Denn ich habe keine Ahnung, wieso mir das überhaupt rausgerutscht ist.

Warte, sagte ich. Wir werden sehen.

Am Samstagabend um sieben, als das Licht weich und blau wurde, wollten wir hinfahren. Der röchelnde Chevrolet ließ sich wieder nicht starten. So gingen wir zu Fuß. Nicht über den Platz an der Ampel, sondern außen herum, auf der Staubpiste, unterhalb des Felshangs, der die verbotene Senke abschließt. Auf dem Kamm schwankten vereinzelte schwarze Büsche, windgebeutelt, denn ein ungestümer Südwind fegte ab und zu heran und füllte die Welt mit Millionen scharfer Körnchen. Als wolle jeden Augenblick Regen niederprasseln. Scharfe Windstöße schüttelten von Zeit zu Zeit die Sträucher oben auf der Hügelkette, zwangen sie, sich zu verneigen, zu winden, niederzubücken, wie bei einem grotesken Tanz. Der stechende Sand drang uns durch die Kleidung an die Haut, füllte das Haar, knirschte zwischen den Zähnen, schoß direkt in die Augen, als wolle er uns blenden. Ein leises Pfeifen sirrte gelegentlich quer über die leeren Flächen. Und verstummte. Und von neuem peitschte und rüttelte der Wind die gepeinigten Büsche. Als ruderten wir einen Fluß aufwärts, kamen wir nur langsam gen Süden voran. Wir umgingen den Friedhof. Das Wimmern der windzerzausten Kiefernwipfel klang von den Gräbern herüber. Eine kleine, neue Stadt mit noch wenigen Toten, ein paar Dutzend, vielleicht hundert. Abgesehen von Busos Baby ist hier wohl keiner von ihnen geboren und keiner zusammen mit den Eltern begraben. Mein Vater und Tante Chuma, seine Schwester, liegen zwischen den Brennesseln zu Füßen schwarzer Zypressen auf dem verwahrlosten Friedhof am Rand der Moschawa, in der ich geboren bin. Meine Mutter liegt vermutlich in Neuseeland, in dem Winter herrscht, wenn bei uns Sommer ist, Nacht, wenn es bei uns noch Tag ist, und vielleicht tropft auch leichter Nieselregen im Dunkeln auf ihr Grab, und Bäume, deren Namen ich nicht kenne, wispern dort miteinander und verstummen. Einmal, als wir an einem Schabbat in eins der Wadis im Norden hinabwanderten, fanden wir ein Beduinengräberfeld, graue Steinhügel, die der Sand langsam zudeckte. Doch vielleicht waren das die sterblichen Reste vorgeschichtlicher Nomaden, die hier, der prallen Sonne ausgesetzt, zwischen den Bergen lebten und starben, lange bevor die Beduinen kamen.

Als wir an der Abzweigung zu den Steinbrüchen angelangt waren, bogen wir auf den Pfad westwärts zwischen die Felsen ein. Der Wind, den wir vorher im Gesicht gehabt hatten, traf uns jetzt von links, trieb uns beide mit Gewalt auf den Rand der Rinne zu, deren Grund schon dunkel war. Das Licht wurde weniger, dürftiger, Staubgardinen trübten und färbten mit sonderbar rötlichem Grau, umringt von violetten Glitzern, die untergehende Sonne, bis wir in sie hineinblicken konnten, ohne geblendet zu werden. Eine giftig schimmernde Hülle breitete sich im Westen aus, ähnlich einem Chemikalienbrand. Später versank und verglomm sie hinter dem Rand der Hochfläche.

Die Ruine erreichten wir, als die letzten Lichtreste noch hartnäckig flimmerten. Es roch säuerlich, modrig darin, obwohl das Gebäude allen Winden weit offenstand. Wir tasteten uns von Zimmer zu Zimmer, tappten über Abfallhaufen, Fliesenscherben, Spritzen, zerbrochene Flaschen, dreckige Wattebäusche, bis wir meinten, vor uns fliehende Schatten wahrzunehmen – die Schattenspiele der windschwankenden Wipfel draußen im letzten Licht an den Wänden. Doch nein: Es schien, als hätten wir diesmal tatsächlich ein ungeladenes Gästepaar aufgescheucht, ein junges Mädchen und einen jungen Mann, verstört, benommen, offenbar hatten wir sie aus tiefem Schlaf gerissen, einen Moment starrten sie uns an, als seien wir Gespenster, und schon glitten sie durch den leeren Rahmen eines Ostfensters nach draußen und wurden von der Stille zwischen den Bäumen des dunklen Hains verschluckt.

Theo berührte mit gespreizten Fingern meinen Rücken: Schau, Noa, versteh, er ist tot, dieser Junge. Ich antwortete flüsternd, ich weiß. Du weißt es? Dann sag's. Aber warum? Sag es, Noa, auch mit deiner Stimme. Und dann standen wir da und warteten, bis es kalt zu werden begann.

Um zehn kamen wir nach Hause. Wir waren durch die Stadt zurückgegangen, quer über den schon völlig leeren Platz, über den der Wind Zeitungsfetzen und scharfe Sandwehen fegte. Ich hatte ihm den Arm um den breiten Gürtel gelegt und witterte den Geruch von altem Leder und Schweiß. Alle Jalousien und Fenster schlossen wir eilig gegen den Staubsturm. Theo machte fein geschnitzelten Salat mit einem Radieschenrößchen. Briet ein Omelett und legte Schnittbrot und ein paar Käsesorten auf das Holztablett. Ich schenkte Kräutertee in zwei Gläser ein. Wir legten eine Platte auf, Schuberts Messe in C-Dur, und blieben bis spät in der Küche sitzen. Redeten nicht. Vielleicht werden wir ein Auto mieten und nach Galiläa fahren. Werden in Dorfherbergen übernachten und vor Morgenanbruch draußen umherstreifen, um den Sonnenaufgang im Pflanzendickicht an den Jordanquellen zu sehen. Wenn wir zurück sind, wird Tal uns das junge Kätzchen bringen, das sie uns versprochen hat. Theo wird ihr bezahlte Halbtagsarbeit geben, sie kann die Ablage in seinem Büro erledigen, bis zu ihrer Einberufung, und unterdessen wird er sie auf die Reifeprüfung in Mathematik vorbereiten. Wir werden ihr eine hübsche Bluse mit Rock kaufen, an Stelle der schlampigen Jeans mit den Flicken auf den Knien. Ich dachte an die beiden Schatten, die wir am Abend aus einem Winkel der Ruine aufgeschreckt hatten. Vielleicht waren sie im Schutz des dichten Dunkels ins Wadi hinuntergegangen und nun schon bis zum Felshang des Hyänenhügels gelangt. Oder hatten vorerst Unterschlupf im Hain gefunden. Hatten sich womöglich nach unserem Weggang wieder hineingestohlen und lagen jetzt im Dunkeln vor der bröckelnden

Wand, Kopf auf Oberschenkel, schlummernd, still, in leiser Traumruhe schwebend, fern von sich selbst, fern von Schmerz und Kummer, den Stößen des Südwinds lauschend, der auffrischt, wieder abflaut und erneut in den schiefen Baumkronen im Hof der Ruine raschelt, und von dort nun weiterbläst, die ganze Stadt durchfurcht und von außen die geschlossenen Jalousien befingert. Wenn man will, kann man das Pfeifen niedriger Büsche hören. Wenn man will, kann man weghören. In zweieinhalb Wochen sind die Sommerferien zu Ende. Wer ein wenig Barmherzigkeit hat, wird überall Barmherzigkeit finden. Vielleicht werde ich dieses Jahr eine Klasse als Klassenlehrerin übernehmen. Vorerst werde ich ihn diese Nacht dazu bringen, auf London zu verzichten, denn ich gehe duschen und komme zu ihm im Dunkeln.

1991-1993

Eine Geschichte von Liebe und Finsternis

Aus dem Hebräischen von
Ruth Achlama

I

Geboren und aufgewachsen bin ich in einer kleinen, niedrigen Erdgeschoßwohnung von etwa dreißig Quadratmetern. Meine Eltern schliefen auf einem Bettsofa, das abends, wenn es ausgezogen war, das Zimmer fast von Wand zu Wand ausfüllte. Frühmorgens schoben sie dieses Sofa wieder völlig in sich zusammen, verbargen das Bettzeug im Unterkasten, klappten die Matratze zurück, zurrten alles fest, breiteten einen hellgrauen Überwurf über das Ganze und streuten ein paar bestickte orientalische Kissen darüber, so daß jedes Indiz ihres nächtlichen Schlafes beseitigt war. So diente ihr Schlafzimmer auch als Arbeitszimmer, Bibliothek, Eßzimmer und Wohnzimmer.

Ihm gegenüber lag mein grünliches Zimmerchen, dessen eine Hälfte von einem dickbauchigen Kleiderschrank eingenommen wurde. Ein dunkler, schmaler, niedriger, etwas verwinkelter Flur, ähnlich einem Fluchttunnel aus dem Gefängnis, verband die winzige Küche, den engen Bad- und Toilettenraum und die beiden kleinen Zimmer miteinander. Eine schwache Birne, im eisernen Käfig gefangen, beleuchtete diesen Flur selbst tagsüber nur dürftig. Nach vorn gab es nur ein Fenster im Zimmer meiner Eltern und eines in meinem, beide geschützt von eisernen Läden, beide bemüht, durch blinzelnde Ladenritzen nach Osten zu schauen, zu sehen war aber nur eine verstaubte Zypresse und eine niedrige Mauer aus unbehauenen Steinen. Durch vergitterte Fensterchen spähten Küche und Bad in einen kleinen, von hohen Mauern umgebenen Gefängnishof, einen Hof, auf dem eine bleiche Geranie in einem rostigen Olivenkanister ohne einen einzigen Sonnenstrahl dahinstarb. Auf den Fensterbänken dieser Luken standen bei uns immer Gläser mit eingelegten Gurken und auch ein verbitterter Kaktus in einer gesprungenen und daher zum Blumentopf umfunktionierten Vase.

Es war eigentlich eine Kellerwohnung, denn man hatte das Erdgeschoß des Gebäudes in einen Berghang gehauen. Dieser Berg war unser Nachbar jenseits der Wand – ein schwerer, in sich gekehrter und leiser Nachbar, ein alter und melancholischer Berg mit festen Junggesellengewohnheiten, ein schläfriger, ein winterlicher Berg, nie rückte er Möbel, nie empfing er Besucher, nie lärmte, nie störte er, aber durch die ihm und uns gemeinsamen Wände sickerten immer, wie leichter, hartnäckiger Moderhauch, die Kälte, die Dunkelheit, die Stille und die Feuchtigkeit dieses schwermütigen Nachbarn zu uns.

So hielt sich bei uns den ganzen Sommer lang ein wenig der Winter.

Gäste sagten: Es ist so angenehm bei euch an einem glühendheißen Tag, so kühl und angenehm, richtig frisch, doch wie kommt ihr im Winter zurecht? Lassen diese Wände keine Feuchtigkeit durch? Ist es nicht etwas bedrückend?

Bücher füllten bei uns die ganze Wohnung. Mein Vater konnte sechzehn oder siebzehn Sprachen lesen und elf sprechen (alle mit russischem Akzent). Meine Mutter sprach vier oder fünf Sprachen und konnte sieben oder acht lesen. Sie unterhielten sich auf russisch oder polnisch, wenn ich nichts verstehen sollte. (Und die meiste Zeit wollten sie, daß ich nichts verstand. Als Mutter einmal versehentlich in meiner Gegenwart »Zuchthengst« auf hebräisch sagte, rügte Vater sie verärgert auf russisch: *Schto s toboj?! Widisch maltschik rjadom s nami!* Was ist denn mit dir los?! Siehst du nicht, daß der Junge dabei ist!) Aus kulturellen Erwägungen heraus lasen sie vorwiegend Bücher auf deutsch oder englisch, und ihre nächtlichen Träume träumten sie sicherlich auf jiddisch. Aber mich lehrten sie einzig und allein Hebräisch. Vielleicht fürchteten sie, Fremdsprachenkenntnisse könnten auch mich den Verlockungen des wunderbaren und tödlichen Europa aussetzen.

Auf der Werteskala meiner Eltern galt: je westlicher, desto kultivierter. Tolstoj und Dostojewski standen ihrer russischen Seele nahe, und doch vermute ich, Deutschland erschien ihnen – trotz Hitler – kultivierter als Rußland und Polen, während Frankreich wiederum Deutschland übertraf. Und England stand für sie sogar noch höher als Frankreich. Was Amerika anging, da waren sie sich nicht so sicher: Dort schoß man schließlich auf Indianer, überfiel Postzüge, ergab sich dem Goldrausch und jagte Mädchen nach.

Europa war ihnen ein verbotenes verheißenes Land, ein Sehnsuchtsort – mit Glockentürmen und kopfsteingepflasterten alten Plätzen, mit Straßenbahnen und Brücken und Kathedralen, mit entlegenen Dörfern, Heilquellen, Wäldern, Schnee und Auen.

Die Worte »Aue«, »Bauernkate«, »Gänsehirtin« hatten meine ganze Kindheit lang etwas Lockendes und Erregendes für mich. Es war in ihnen der sinnliche Duft einer echten Welt, einer sorglosen Welt, fern der staubigen Wellblechdächer und der mit Schrott und Disteln übersäten Brachflächen und der ausgedorrten Hänge Jerusalems, das unter der Last der weißglühenden Hitze fast erstickte. Ich brauchte nur leise »Aue« vor mich hin zu sagen – und schon hörte ich das Muhen von Kühen, die kleine Glocken um den Hals trugen, und das Plätschern der Bäche. Wenn ich die Augen schloß, sah ich die barfüßige Gänsehirtin, beinahe wären mir die Tränen gekommen, so sexy erschien sie mir, noch bevor ich irgend etwas wußte.

Jahre später erfuhr ich, daß das Jerusalem der zwanziger, dreißiger und vierziger Jahre des 20. Jahrhunderts, das Jerusalem der britischen Mandatszeit, eine faszinierende Kulturstadt gewesen war. Großkaufleute, Musiker, Gelehrte und Schriftsteller lebten dort: Martin Buber, Gershom Scholem, S.J. Agnon und viele andere berühmte Forscher und Künstler. Manchmal, wenn wir die Ben-Jehuda-Straße oder die Ben-Maimon-Allee entlanggingen, flüsterte Vater mir zu: »Schau, dort geht ein Gelehrter von Weltruf.« Ich wußte nicht, was er meinte. Ich dachte, Weltruf habe etwas mit kranken Beinen zu tun, denn häufig war es ein alter Mann, der sich unsicheren Schrittes an einem Stock vorantastete und auch im Sommer einen dicken wollenen Anzug trug.

Das Jerusalem, nach dem sich meine Eltern sehnten, lag fernab unseres Viertels: in Rechavia, durchflutet von Grün und Klavierklängen, in drei oder vier Cafés mit goldfunkelnden Kronleuchtern in der Jaffa- und der Ben-Jehuda-Straße, in den Hallen des YMCA und im King David Hotel, wo sich kulturliebende Juden und Araber mit kultivierten Briten trafen, wo verträumte, langhalsige Damen in Abendkleidern am Arm von Herren in dunklen Anzügen dahinschwebten, wo vorurteilslose Briten mit gebildeten Juden oder Arabern dinierten, wo Konzerte, Bälle, literarische Abende, Tanztees und feinsinnige Kunsterörterungen stattfanden. Möglicherweise existierte dieses Jerusalem mit Kronleuchtern und Tanztees ja auch nur in den Träumen der Bibliothekare, Lehrer, kleinen Angestellten und Buchbinder, die in Kerem Avraham lebten. Bei uns jedenfalls fand es sich nicht. Unser Viertel, Kerem Avraham, gehörte Tschechow.

Jahre später, als ich Tschechow (in hebräischer Übersetzung) las, war ich überzeugt, er sei einer von uns: Onkel Wanja wohnte ja direkt über uns, Doktor Samoilenko beugte sich über mich und tastete mich mit seinen breiten, starken Händen ab, wenn ich an Angina oder Diphtherie erkrankt war, Lajewski mit der ewigen Migräne war ein Vetter zweiten Grades meiner Mutter, und Trigorin hörten wir am Schabbatmorgen bei der Matinee im Bet Ha'am, im Haus des Volkes.

Wir waren von Russen unterschiedlicher Provenienz umgeben: Es gab viele Tolstojaner. Einige sahen sogar genauso aus wie Tolstoj. Als ich Tolstojs sepiabraunes Portrait auf der Rückseite eines Buchumschlags zum ersten Mal erblickte, war ich sicher, ihn schon oft in unserer Nachbarschaft gesehen zu haben: in der Malachi- oder Ovadja-Straße, barhäuptig, mit wehendem weißen Bart und funkelnden Augen, ehrfurchtgebietend wie unser Stammvater Abraham, in der Hand eine Rute, die ihm als Gehstock diente, das über die weite Hose fallende Bauernhemd mit einem groben Strick gegürtet.

Die Tolstojaner unseres Viertels (meine Eltern nannten sie *Tolstojschtschiks*) waren ausnahmslos alle fanatische Vegetarier, Weltverbesserer, Moralapostel, Freunde der Menschheit, Freunde eines jeden Lebewesens, von tiefem Naturempfinden durchdrungen, und sie alle sehnten sich nach dem Landleben, einem einfachen und reinen Leben der Arbeit auf Feldern und in Obstgärten. Aber nicht einmal ihre bescheidenen Topfpflanzen wollten unter ihren Händen gedeihen: Vielleicht gossen und gossen sie, bis die Pflanzen verfaulten, vielleicht vergaßen sie zu gießen, oder vielleicht war es auch die Schuld der heimtückischen britischen Mandatsmacht, die unserem Wasser Chlor zusetzte.

Einige der Tolstojaner schienen geradewegs aus einem Roman von Dostojewski entstiegen: gepeinigt, redselig, von unterdrückten Leidenschaften und Ideen verzehrt. Aber alle, Tolstojaner wie Dostojewskianer, ja, alle im Viertel Kerem Avraham arbeiteten eigentlich bei Tschechow.

Der Rest der Welt hieß bei uns gewöhnlich »die ganze Welt«, aber sie hatte auch andere Namen: die aufgeklärte Welt, die freie Welt, die scheinheilige Welt, die Außenwelt. Ich kannte sie fast nur aus meiner Briefmarkensammlung: Danzig, Böhmen und Mähren, Bosnien und Herzegowina, Ubangi-Schari, Trinidad und Tobago, Kenia-Uganda-Tanganjika. Die Ganzewelt war fern, anziehend, wunderbar, aber sehr gefährlich und uns feindlich gesinnt: Sie mochte die Juden nicht, weil sie klug, scharfsinnig und erfolgreich waren, aber auch lärmend und vorwitzig. Sie liebte unser Aufbauwerk hier im Lande Israel nicht, weil sie uns sogar dieses Fleckchen Sumpf-, Fels- und Wüstenland nicht gönnte. Dort draußen in der Welt waren alle Wände mit Schmähparolen bedeckt: »Itzig, geh nach Palästina!« Und nun, da wir nach Palästina gegangen waren, schrie die Ganzewelt uns zu: »Itzig, raus aus Palästina!«

Nicht nur die Ganzewelt, sondern sogar *Erez Israel*, das Land Israel, war fern. Irgendwo dort, hinter den Bergen und in weiter Ferne, wuchs ein neuer Stamm von heldenhaften Juden heran: braungebrannt, kräftig, schweigsam und sachlich, ganz anders als die Diasporajuden, ganz anders als die Menschen in Kerem Avraham. Mutige und starke Pioniere und Pionierinnen, denen es gelungen war, sich das Dunkel der Nacht zum Freund zu machen, die auch in der Beziehung des Mannes zur Frau und in der Beziehung der Frau zum Mann schon alle Grenzen überschritten hatten. Keine Scham kannten. Großvater Alexander sagte einmal: »Sie glauben, künftig wird alles ganz einfach sein: Der junge Mann kann einfach zur jungen Frau hingehen und es von ihr erbitten, oder vielleicht werden die Frauen nicht einmal mehr auf die Bitten der Männer warten, sondern werden es selbst von ihnen erbitten, wie man um ein Glas Wasser bittet.« Der kurzsichtige Onkel Bezalel erklärte mit höflich gezügelter Wut: »Aber das ist doch der reinste Bolschewismus, derart alles Geheimnisvolle und Mysteriöse zu zerstören?! Derart alles Gefühl zu beseitigen?! Derart unser ganzes Leben in ein Glas lauwarmes Wasser zu verwandeln?!« Onkel Nechemja schmetterte in seiner Ecke urplötzlich ein paar Liedzeilen, die sich für mich wie das Brüllen eines in die Enge getriebenen Tieres anhörten: »Oj, so weit, so weit ist der Weg und gewunden der Pfad, oj Mamme, ich bin auf dem Weg, aber du bist so fern, der Mond sogar scheint mir näher!« Und Tante Zippora sagte, auf russisch: »Nu, genug. Seid ihr denn alle verrückt geworden? Das Kind hört doch zu!« Und damit gingen alle zum Russischen über.

Jene Pioniere lebten jenseits unseres Horizonts, in Galiläa, in der Scharon-Ebene, in den fruchtbaren Tälern: kräftige junge Männer, warmherzig, doch schweigsam und nachdenklich, und starke junge Frauen, offenherzig und selbstbeherrscht, die alles zu kennen und zu verstehen schienen, auch dich und all deine Verlegenheiten, dich aber trotzdem freundlich und respektvoll behandelten, nicht als Kind, sondern als richtigen, wenn auch noch kleinen Mann.

Jene Pionierinnen und Pioniere waren in meiner Vorstellung stark, ernsthaft und verschwiegen, sie vermochten in ihrer Runde Lieder von herzzerreißender Sehnsucht anzustimmen, auch Lieder voller Witz und Lieder voller unerhörter Lust, sie vermochten stürmisch, nahezu schwerelos zu tanzen, sie waren fähig zur Einsamkeit und zur Nachdenklichkeit, zum Leben in der Natur und in Zelten, zu jeder schweren Arbeit. »Stets zu Befehl stehen wir.« »Den Frieden des Pfluges brachten dir deine jungen Männer, heute bringen sie dir Frieden mit dem Gewehr!« »Wohin man uns schickt – dorthin gehen wir.« Sie vermochten wilde Pferde zu reiten und breitraupige Traktoren zu fahren, sie waren des Arabischen kundig, sie kannten jede Höhle und jedes Wadi, sie konnten mit Pistolen und Handgranaten umgehen, und zugleich lasen sie Gedichte und philosophische Schriften. Voller Wißbegier und verborgener Gefühle saßen sie beim Kerzenschein in ihren Zelten und sprachen bis in die frühen Morgenstunden leise über den Sinn unseres Lebens und die schmerzhafte Wahl zwischen Liebe und Pflicht, nationalem Interesse und universaler Gerechtigkeit.

Manchmal ging ich mit Freunden zum Anlieferungshof der Agrargenossenschaft Tnuva, um zu sehen, wie sie von jenseits der Berge kamen, mit einem Laster voll landwirtschaftlicher Erzeugnisse, »in Staub gehüllt, in Waffen und in schweren Schuhen«, und trieb mich in ihrer Nähe herum, um Heugeruch einzuatmen und mich an den Düften ferner Orte zu berauschen: Dort, bei ihnen, dachte ich, ereignen sich die wirklich großen Dinge. Dort baut man das Land auf und verbessert die Welt, dort läßt man eine neue Gesellschaft erblühen, dort drückt man der Natur und dem Gang der Geschichte seinen Stempel auf, dort pflügt man die Felder und legt Weinberge an, dort entsteht ein neuer Gesang, dort reitet man bewaffnet auf dem Rücken der Pferde und erwidert mit Feuer das Feuer der arabischen Angreifer, dort verwandelt man armseligen menschlichen Staub in eine kampfbereite Nation.

Ich träumte insgeheim, sie würden eines Tages auch mich mitnehmen. Würden auch mich in kampfbereite Nation verwandeln. So daß auch mein Leben zu einem neuen Gesang würde, ein Leben so rein und einfach wie ein Glas kaltes Wasser an einem heißen Tag.

Hinter den Bergen und in weiter Ferne lag auch die Stadt Tel Aviv, ein aufregender Ort. Von dort aus erreichten uns die Zeitungen, die Gerüchte von Theater, Oper, Ballett, Kabarett und moderner Kunst, die Parteienpolitik, das Echo stürmischer Debatten und auch verschwommener Klatsch und Tratsch. Große Sportler gab es dort in Tel Aviv. Und es gab dort das

Meer, und das ganze Meer war voller braungebrannter Juden, die schwimmen konnten. Wer konnte denn in Jerusalem schon schwimmen? Wer hatte überhaupt je von schwimmenden Juden gehört? Das waren völlig andere Gene. Eine Mutation. »Wie das Wunder der Geburt des Schmetterlings aus der Raupe.«

Es lag ein geheimer Zauber in dem Wort »Tel Aviv«. Sobald ich es hörte, sah ich sofort das Bild eines kräftigen jungen Mannes in blauem Trägerhemd vor mir, braungebrannt und breitschultrig, ein Dichter-Arbeiter-Revolutionär, ein furchtloser Bursche, ein richtiger *chevremann*, ein prima Kumpel, die Schirmmütze lässig-keck auf den Locken, Zigaretten Marke Matossian rauchend, völlig zu Hause in der Welt: Den ganzen Tag schuftete er beim Fliesenlegen oder Kiesschaufeln, am Abend spielte er Geige, nachts tanzte er mit jungen Frauen oder sang ihnen gefühlvolle Lieder in den Dünen im Vollmondschein vor, und im Morgengrauen zog er eine Pistole oder eine Sten aus dem Waffenversteck und schlüpfte ins Dunkel hinaus, um Häuser und Felder zu schützen.

Wie fern Tel Aviv war! Meine ganze Kindheit über war ich nicht mehr als fünf- oder sechsmal in Tel Aviv: Wir verbrachten gelegentlich die Feiertage bei meinen Tanten, den Schwestern meiner Mutter. Nicht nur unterschied sich das Licht in Tel Aviv damals noch mehr vom Jerusalemer Licht als heute – auch die Schwerkraftgesetze waren völlig andere. In Tel Aviv hatten die Leute einen anderen Gang: Sie hüpften und schwebten, wie Neil Armstrong auf dem Mond.

Bei uns in Jerusalem ging man immer ein wenig wie ein Trauernder bei einer Beerdigung oder wie jemand, der verspätet einen Konzertsaal betritt. Zunächst setzt man tastend die Schuhspitze auf, um vorsichtig das Terrain zu sondieren. Hat man den Fuß jedoch erst einmal aufgesetzt, hebt man ihn nicht so schnell wieder: Nach zweitausend Jahren haben wir in Jerusalem endlich einen Fuß auf den Boden bekommen, das setzt man nicht gleich wieder aufs Spiel. Kaum heben wir den Fuß, kommt sofort ein anderer und nimmt uns unser Fleckchen Boden weg. Andererseits, wenn man den Fuß schon mal gehoben hat, sollte man ihn nicht übereilt wieder aufsetzen: Wer weiß, was für ein Schlangennest voll Widersachern dort lauert. Schließlich haben wir Tausende von Jahren einen blutigen Preis für unsere leichtsinnige Hast bezahlt, wieder und wieder sind wir Feinden und Hassern in die Hände gefallen, weil wir unseren Fuß aufgesetzt haben, ohne zu prüfen, wohin. Das ungefähr war die Jerusalemer Gangart. Aber in Tel Aviv!!! Die ganze Stadt war ein einziger Grashüpfer. Die Menschen sprangen vorbei und die Häuser und die Straßen und die Plätze und der Meereswind und die Dünen und die Alleen und sogar die Wolken am Himmel.

Einmal kamen wir zum Sederabend nach Tel Aviv. Am nächsten Morgen, als alle noch schliefen, zog ich mich an, verließ das Haus und ging allein zum Spielen auf einen kleinen Platz – ein oder zwei Bänke, eine Schaukel, ein Sandkasten und drei, vier junge Bäumchen, auf denen schon Vögel zwitscherten. Ein paar Monate später, an Rosch Haschana, fuhren wir wieder nach Tel Aviv, und da war der Platz nicht mehr da. Man hatte ihn mit den Bäumchen, mit den Vögeln, mit dem Sandkasten, mit der Schaukel und mit den Bänken ans andere Ende der Straße verlegt. Ich war verblüfft: verstand nicht, wie Ben Gurion und die zuständigen Institutionen so etwas zulassen konnten. Wie konnte einfach jemand plötzlich einen Platz nehmen und woanders hinsetzen? Was denn, würde man als nächstes den Ölberg versetzen? Den Davidsturm? Die Klagemauer?

Über Tel Aviv sprach man bei uns in Jerusalem mit Neid und Hochmut, Bewunderung und einer Spur Geheimnistuerei – als wäre Tel Aviv ein lebenswichtiges Geheimprojekt des jüdischen Volkes, ein Projekt, über das man besser nicht zu viele Worte verlor: Denn die Wände haben Ohren, und hinter jeder Ecke lauern feindliche Spione und Agenten.

Tel Aviv: Meer. Licht. Azur. Sand, Baugerüste, Kioske in den Alleen, eine hebräische Stadt, weiß und geradlinig, wächst zwischen Orangenhainen und Sanddünen heran. Nicht einfach ein Ort, zu dem du dir einen Fahrschein löst und mit dem Egged-Bus fährst, sondern ein anderer Kontinent.

Jahrelang hatten wir ein festes Arrangement für die Telefonverbindung mit der Familie in Tel Aviv. Alle drei oder vier Monate riefen wir sie an, obwohl weder wir noch sie Telefon hatten. Als erstes schrieben wir einen Brief an Tante Chaja und Onkel Zvi, um ihnen mitzuteilen: Am 19. des Monats, das ist ein Mittwoch, und mittwochs hat Zvi ja schon um drei Uhr Dienstschluß bei der Krankenkasse, rufen wir um fünf Uhr nachmittags von unserer Apotheke in eurer Apotheke an. Der Brief wurde lange im voraus abgeschickt, und dann warteten wir auf Antwort. In dem Antwortbrief versicherten uns Tante Chaja und Onkel Zvi, Mittwoch, der 19., sei ihnen sehr recht, und sie würden selbstverständlich kurz vor fünf Uhr in der Apotheke sein, aber wir sollten uns keinerlei Sorgen machen, falls es bei uns etwas nach fünf würde, sie liefen bestimmt nicht weg.

Ich weiß nicht mehr, ob wir für den Gang zur Apotheke, zu Ehren des Telefongesprächs nach Tel Aviv, unsere besten Kleider anzogen, aber es würde mich nicht wundern. Es war ein feierliches Unternehmen. Schon am Sonntag davor sagte Vater zu Mutter: Fania, denkst du daran, daß wir diese Woche in Tel Aviv anrufen? Am Montag sagte Mutter: Arie, komm übermorgen bitte nicht zu spät nach Hause, damit nichts schiefgeht. Und am Dienstag sagten beide zu mir: Amos, bereite uns bloß keine Überraschung, werde uns nicht krank, hörst du, erkälte dich nicht und fall nicht hin bis morgen nachmittag. Am Dienstag abend sagten sie zu mir: Geh früh schlafen, damit du morgen am Telefon in Form bist. Du sollst dich nicht so anhören, als hättest du nicht genug gegessen.

So steigerten sie die Erregung. Wir wohnten in der Amos-Straße, und bis zur Apotheke in der Zefanja-Straße waren es zu Fuß gerade einmal fünf Minuten, aber schon um drei Uhr sagte Vater zu Mutter: »Bitte, fang jetzt nichts Neues mehr an, damit du nicht in Zeitnot gerätst.«

»Bei mir ist alles in Ordnung, aber du mit deinen Büchern, vergiß es über ihnen nicht völlig.«

»Ich? Vergessen? Ich schaue doch alle paar Minuten auf die Uhr. Und Amos wird mich erinnern.«

Da bin ich gerade einmal fünf oder sechs Jahre alt, und schon wird mir historische Verantwortung auferlegt. Eine Armbanduhr hatte ich nicht, und so rannte ich alle paar Minuten in die Küche, um nachzusehen, was die Uhr zeigte, und dann meldete ich, wie beim Start eines Raumschiffs: noch fünfundzwanzig Minuten, noch zwanzig, noch fünfzehn, noch zehneinhalb Minuten – und wenn ich »noch zehneinhalb Minuten« verkündete, standen wir auf, schlossen die Wohnung sorgfältig ab und machten uns zu dritt auf den Weg – links bis zu Herrn Austers Lebensmittelladen, rechts in die Secharja-Straße, links in die Malachi-Straße, rechts in die Zefanja-Straße, und schon betraten wir die Apotheke und sagten: »Guten Tag, Herr Heinemann, wie geht es Ihnen? Wir sind zum Telefonieren gekommen.«

Er wußte natürlich, daß wir am Mittwoch kommen würden, um die Verwandten in Tel Aviv anzurufen, wußte auch, daß Zvi bei der Krankenkasse arbeitete, Chaja eine wichtige Funktion im Arbeiterinnenrat ausübte, Jigal einmal Sportler werden würde und daß sie eng mit Golda Meyerson, der späteren Golda Meir, und mit Mischa Kolodny, der hier Mosche Kol hieß, befreundet waren, aber trotzdem erinnerten wir ihn: »Wir sind gekommen, um unsere Verwandten in Tel Aviv anzurufen.« Herr Heinemann erwiderte: »Ja, natürlich. Nehmen Sie doch bitte Platz«, und erzählte uns seinen Standardtelefonwitz: Einmal, während des Zionistischen Kongresses in Zürich, schallte plötzlich schreckliches Gebrüll aus einem Nebenraum. Berl Locker fragte Harzfeld, was da los sei, worauf Harzfeld ihm antwortete, der Genosse Rubaschow spreche gerade mit Ben Gurion in Jerusalem. »Spricht mit Jeruschalajim«, staunte Locker, »warum benutzt er dann nicht das Telefon?«

Vater sagte: »Ich wähle jetzt.« Und Mutter sagte: »Es ist noch zu früh, Arie. Es ist ein paar Minuten vor der Zeit.« Worauf er sagte: »Ja, aber bis wir eine Verbindung bekommen.« (Es gab damals noch keine Direktwahl.) Mutter: »Ja, aber was ist, wenn wir zufällig sofort eine Verbindung bekommen, und sie sind noch nicht da?« Vater entgegnete: »In diesem Fall versuchen wir es einfach noch einmal.« Und Mutter: »Nein, sie werden sich Sorgen machen, sie werden meinen, sie hätten uns verpaßt.«

Während sie noch debattierten, war es beinahe fünf Uhr geworden. Vater hob den Hörer ab, im Stehen, und sagte zu der Telefonistin: »Guten Tag, meine Dame. Ich hätte gern Tel Aviv 648.« (Oder so ähnlich: Wir lebten damals noch in einer dreiziffrigen Welt.) Manchmal sagte die Telefonistin: »Bitte warten Sie noch ein paar Minuten, mein Herr, jetzt spricht gerade der Herr Postdirektor.« Oder Herr Siton. Oder Herr Nashashibi. Und wir wurden ein wenig nervös, denn was würde man dort von uns denken?

Ich konnte ihn regelrecht vor mir sehen, diesen einzigen Draht, der Jerusalem mit Tel Aviv verband – und dadurch mit der ganzen Welt –, und wenn diese Leitung besetzt war, waren wir von der Welt abgeschnitten. Dieser Draht schlängelte sich über Ödland und Felsen, zwischen Bergen und Tälern hindurch, und ich hielt das für ein großes Wunder. Und erschauerte: Was, wenn bei Nacht wilde Tiere kommen und den Draht durchbeißen? Oder böse Araber ihn kappen? Oder Regen in ihn einsickert? Oder ein Feuer ausbricht? Wer weiß. Da windet sich dieser dünne, verletzliche Draht, unbewacht, von der Sonne geröstet, wer weiß. Mich erfüllte tiefe Dankbarkeit gegenüber den Leuten, die ihn verlegt hatten, mutigen und geschickten Menschen, denn es war doch nicht so leicht, einen Draht von Jerusalem bis nach Tel Aviv zu spannen. Aus eigener Erfahrung

Eine Geschichte von Liebe und Finsternis

wußte ich, wie schwer sie es gehabt haben mußten: Einmal hatten wir einen Bindfaden von meinem zu Elijahu Friedmanns Zimmer gespannt, gerade einmal zwei Häuser und einen Hof entfernt, einen einfachen Bindfaden, aber es war eine richtige Affäre: Bäume im Weg, Nachbarn, Schuppen, Mauer, Treppenstufen, Sträucher.

Nach kurzem Warten beschloß Vater, daß der Herr Postdirektor oder Herr Nashashibi ihr Gespräch beendet haben mußten, nahm wieder den Hörer auf und sagte zu der Telefonistin: »Entschuldigen Sie, meine Dame, wie mir scheint, hatte ich Tel Aviv 648 verlangt.« Sie sagte: »Ich habe es notiert, mein Herr. Bitte warten Sie.« (Oder: »Bitte fassen Sie sich in Geduld.«) Darauf Vater: »Ich warte, meine Dame, selbstverständlich warte ich, aber auch am anderen Ende warten Menschen.« Das war seine Art, ihr höflich zu bedeuten, daß wir zwar kultivierte Menschen seien, unsere Selbstbeherrschung und Zurückhaltung aber auch ihre Grenzen hätten. Wir waren zwar wohlerzogene Leute, jedoch keine gutmütigen Trottel, keine Lämmer, die sich zur Schlachtbank führen ließen. Diese Geschichte – daß man Juden mißhandeln und mit ihnen verfahren konnte, wie man wollte –, die war ein für allemal vorbei.

Dann klingelte plötzlich das Telefon in der Apotheke. Das war immer ein aufregender Ton, ein magischer Augenblick, und das Gespräch verlief ungefähr so:

»Hallo Zvi?«

»Am Apparat.«

»Hier ist Arie, aus Jerusalem.«

»Ja, Arie, schalom, hier ist Zvi, wie geht es euch?«

»Bei uns ist alles in Ordnung. Wir sprechen von der Apotheke aus mit euch.«

»Wir auch. Was gibt's Neues?«

»Es gibt nichts Neues. Wie ist es bei euch, Zvi? Was hast du zu erzählen?«

»Alles in Ordnung. Nichts Neues. Man lebt.«

»Keine Neuigkeiten sind gute Neuigkeiten. Auch bei uns gibt es nichts Neues. Bei uns ist alles völlig in Ordnung. Und was ist bei euch?«

»Auch alles völlig in Ordnung.«

»Sehr gut. Nun möchte Fania mit euch sprechen.«

Und wieder dasselbe: Wie geht's? Was gibt's Neues? Und danach: »Jetzt möchte auch Amos ein paar Worte sagen.«

Und das war das ganze Gespräch: Wie geht es euch? Gut. Nu, dann werden wir bald wieder sprechen. Gut, euch zu hören. Auch gut, euch zu hören. Wir werden schreiben und den nächsten Termin vereinbaren. Wir werden sprechen. Ja. Auf jeden Fall. Bald. Auf Wiedersehen. Und paßt auf euch auf. Alles Gute. Euch auch.

Aber es war nicht zum Lachen: Das Leben hing am seidenen Faden. Jetzt verstehe ich, daß sie ganz und gar nicht sicher waren, ob sie sich wirklich wieder sprechen würden oder nicht, vielleicht war es das letzte Mal, denn wer weiß, was kommt, Unruhen, ein Pogrom, ein Blutbad, die Araber könnten sich erheben und uns alle abschlachten, ein Krieg könnte ausbrechen, ein großes Unglück geschehen, Hitlers Panzer waren ja von zwei Seiten her, von Nordafrika und auch über den Kaukasus, fast an unsere Schwelle gelangt, wer weiß, was uns noch bevorstand. Dieses scheinbar leere Gespräch war keineswegs leer – es war nur karg.

Diese Telefongespräche machen mir jetzt deutlich, wie schwer es ihnen fiel – ihnen allen, nicht nur meinen Eltern –, ihren Gefühlen Ausdruck zu geben. Wenn es nicht um private Dinge ging, hatten sie keinerlei Schwierigkeiten – sie waren emotionale Menschen, und sie konnten reden. Und wie sie reden konnten, sie waren fähig, stundenlang mit ungeheurer Leidenschaft über Nietzsche, Stalin, Freud, Jabotinsky zu diskutieren, die ganze Kraft ihres Seins hineinzulegen, vor lauter Pathos Tränen zu vergießen und ein Lied zu singen von Kolonialismus, von Antisemitismus, von Gerechtigkeit, von der »Bodenfrage«, der »Frauenfrage« und der »Frage Kunst versus Leben«. Aber sobald sie in privaten Dingen ihren Gefühlen Ausdruck zu geben versuchten, hatte das immer etwas Verklemmtes, Dürres und sogar Verschrecktes, das Resultat generationenlanger Verdrängung und Verbote. Ein zweifaches Verbots- und Bremssystem: Die Benimmregeln des europäischen Bürgertums verdoppelten die Hemmungen des religiösen jüdischen Schtetls. Eigentlich war fast alles »verboten« oder »unüblich« oder »unschön«.

Außerdem herrschte damals ein großer Mangel an Worten: Das Hebräische war noch dabei, eine gesprochene Sprache zu werden, und bestimmt noch keine Sprache für Intimes. Es war schwer vorherzusehen, was letztlich herauskam, wenn man Hebräisch sprach. Man konnte nie sicher sein, ob man nicht unfreiwillig etwas Lächerliches sagte, und vor der Lächerlichkeit fürchtete man sich Tag und Nacht. Ängstigte man sich zu Tode. Sogar

Menschen wie meine Eltern, die gut Hebräisch konnten, beherrschten die Sprache nicht perfekt. Sie sprachen Hebräisch mit einem gewissen obsessiven Bemühen um Präzision, nahmen häufig etwas zurück und formulierten das eben Gesagte noch einmal um. So fühlt sich vielleicht ein kurzsichtiger Fahrer, der sich nachts im Gassengewirr einer fremden Stadt vorantastet, in einem ihm unvertrauten Wagen.

Einmal kam eine Freundin meiner Mutter, eine Lehrerin namens Lilja Bar-Samcha, am Schabbat zu uns zu Besuch. Man unterhielt sich, und die Besucherin sagte ein paarmal: »Ich bin entsetzt«, und ein-, zweimal sagte sie auch: »Er ist in einem entsetzlichen Zustand.« Ich prustete los. Im modernen Alltagshebräisch hatte das von ihr verwendete Wort auch die Bedeutung »furzen«. Außer mir schien niemand zu verstehen, was so komisch war, oder sie verstanden schon und taten nur so, als verstünden sie nicht. So ging es auch, wenn mein Vater vom Wettrüsten der Großmächte sprach oder wütend die Entscheidung der Nato-Staaten kritisierte, Deutschland wiederaufzurüsten, um so Stalin abzuschrecken. Ihm war nicht bewußt, daß dieses etwas antiquierte Wort für Aufrüsten, *lesajen*, im modernen Alltagshebräisch auch ein ziemlich derber Slangausdruck für »ficken« war.

Der Blick meines Vaters verdüsterte sich auch jedesmal, wenn ich das Wort *lessader* benutzte – ordnen; umgangssprachlich: hereinlegen –, ein völlig harmloses Wort. Ich verstand nie, warum es ihn irritierte, und er erklärte es natürlich nicht, und ich hätte ihn auch nicht danach fragen können. Jahre später erfuhr ich des Rätsels Lösung: Bevor ich geboren wurde, in den dreißiger Jahren, war *lessader* ein Deckwort für »schwängern«. »Jene Nacht im Packhaus hat er sie ›reingelegt‹, und am Morgen hat er doch so getan, als würde er sie überhaupt nicht kennen.« Wenn ich etwa sagte: »Uri hat seine Schwester reingelegt«, verzog Vater also das Gesicht und kräuselte ein wenig die Nasenwurzel. Natürlich hat er es nie erklärt – wie denn auch?

In intimen Momenten sprachen sie nicht Hebräisch miteinander. Und in den intimsten Momenten sprachen sie vielleicht überhaupt nicht. Schwiegen. Alles stand im Schatten der Angst, sich lächerlich zu machen oder sich lächerlich anzuhören.

2

Die Pioniere genossen, so schien es, in jenen Tagen das höchste Ansehen. Doch sie lebten weit weg von Jerusalem, in den fruchtbaren Tälern, in Galiläa, in der Ödnis am Ufer des Toten Meeres. Ihre kräftigen und gedankenschweren Gestalten zwischen Traktor und gepflügter Scholle sahen und bewunderten wir auf den Plakaten des Jüdischen Nationalfonds.

Eine Stufe unter den Pionieren rangierte der sogenannte organisierte Jischuw: diejenigen der jüdischen Bevölkerung des Landes, die im Trägerhemd auf dem sommerlichen Balkon den *Davar* lasen, die Zeitung der Arbeitergewerkschaft Histadrut, die Mitglieder der Histadrut und der Gewerkschaftskrankenkasse, die Aktivisten der Untergrundarmee Hagana, die Leute in Khaki, die Salat-, Spiegelei- und Dickmilchesser, die Befürworter einer Politik der Zurückhaltung, von Eigenverantwortung, solidem Lebenswandel, Abgaben für den Aufbaufonds, heimischen Produkten, Arbeiterklasse, Parteidisziplin und milden Oliven in den Gläsern von Tnuva. »Von drunten blau, von droben blau, wir bauen uns einen Hafen! Eine Heimat, einen Hafen!«

Diesem organisierten Jischuw entgegen standen die Terroristen der Untergrundgruppen wie auch die Ultraorthodoxen von Mea Schearim und die orthodoxen Kommunisten, die »Zionshasser«, und ein ganzes Sammelsurium von Intelligenzlern, Karrieristen und egozentrischen Möchtegernkünstlern des kosmopolitisch-dekadenten Typs, allerlei Außenseiter und Individualisten und dubiose Nihilisten, Jeckes mit ihrem unheilbaren deutsch-jüdischen Gebaren, anglophile Snobs, reiche französisierte Orientalen, die sich in unseren Augen wie hochnäsige Butler gerierten, dazu Jemeniten und Georgier und Maghrebiner und Kurden und Thessaloniker – alle eindeutig unsere Brüder, alle eindeutig vielversprechendes Menschenmaterial, aber was kann man machen, man wird noch viel Mühe und Geduld in sie investieren müssen.

Daneben gab es noch die Flüchtlinge und die Überlebenden, denen wir im allgemeinen mit Mitleid und auch ein wenig Abscheu begegneten: armselige Elendsgestalten – und ist es denn unsere Schuld, daß sie dort bleiben und auf Hitler warten mußten, statt noch rechtzeitig herzukommen? Und warum haben sie sich wie Lämmer zur Schlachtbank führen lassen, statt sich zu organisieren und Widerstand zu leisten? Und sie sollen auch endlich damit aufhören, ihr *nebbiches* Jiddisch zu reden und uns all das zu erzählen, was man ihnen dort angetan hat, denn das, was man ihnen dort angetan hat, macht weder ihnen noch uns viel Ehre. Und überhaupt ist unser Blick hier ja in die Zukunft gerichtet, nicht in die Vergangenheit, und wenn man schon die Vergangenheit ausgraben muß, dann haben wir schließlich mehr als genug erfreuliche hebräische Geschichte, die biblische und die hasmonäische, es besteht also keinerlei Notwendigkeit, sie mit einer derart deprimierenden jüdischen Geschichte zu verunstalten, die nichts als Nöte enthält. (Das hebräische Wort für »Nöte«, *zarót*, sprach man bei uns immer in seiner jiddischen Form aus, *zóres*, wobei man angewidert das Gesicht verzog, damit das Kind wußte, daß diese *zores* eine Art von Aussatz waren und zu diesen Leuten, nicht zu uns gehörten.) Einer dieser Überlebenden war Herr Licht, den die Kinder des Viertels »Million Kinders« nannten. Er hatte ein winziges Loch in der Malachi-Straße gemietet, in dem er nachts auf einer Matratze schlief, am Tag rollte er sein Bettzeug zusammen und betrieb dort ein kleines Gewerbe, das er »Chemische Reinigung, Mangelei und Dampfbügelei« nannte. Seine Mundwinkel waren immer wie verachtungsvoll oder angeekelt herabgezogen. Er saß gewöhnlich an der Tür seines Geschäfts und wartete auf Kundschaft, und wenn ein Kind aus dem Viertel vorüberging, spuckte er immer zur Seite und zischte zwischen den zusammengekniffenen Lippen hervor: »Eine Million Kinders haben sie totgemacht! Kinders wie ihr da! Abgeschlachtet!« Nicht traurig sagte er das, sondern mit Haß und mit Abscheu, als wollte er uns verfluchen.

Meine Eltern hatten auf dieser Skala zwischen Pionieren und *zores*-Behafteten keinen definierten Platz: Mit dem einen Bein standen sie im organisierten Jischuw (sie waren Mitglieder der Gewerkschaftskrankenkasse und zahlten ihre Abgaben für den Aufbaufonds) – und mit dem anderen Bein in der Luft. Mein Vater stand der Ideologie der Zionisten-Revisionisten um Jabotinsky nahe – und war doch weit entfernt von ihren Bomben und Gewehren. Höchstens stellte er dem Untergrund seine Englischkenntnisse zur Verfügung und erklärte sich bereit, von Zeit zu Zeit die verbotenen, flammenden Protestaufrufe gegen das »perfide Albion« zu verfassen. Die Intelligenzia Rechavias lockte meine Eltern von weitem, aber die pazifistischen Ideale des Friedensbundes Brit Schalom um Martin Buber – sentimentale Brüderschaft zwischen Juden und Arabern und gänzlicher Verzicht auf den Traum von einem hebräischen Staat, damit die Araber ein Einsehen mit uns hätten und uns gnädigst erlaubten, hier zu ihren Füßen zu leben –, diese Ideale erschienen meinen Eltern weltfremd, unterwürfig und weichlich-lavierend, von der Art, wie sie für die Jahrhunderte des Diasporalebens typisch gewesen war.

Meine Mutter, die an der Prager Universität ihr Studium begonnen und an der Hebräischen Universität in Jerusalem abgeschlossen hatte, gab Privatstunden für Schüler, die sich auf ihre Prüfungen in Geschichte und Literatur vorbereiteten. Mein Vater hatte einen ersten Studienabschluß in Literatur von der Wilnaer Universität und dann an der Hebräischen Universität auf dem Skopusberg seinen Magister gemacht, hatte dort jedoch keinerlei Aussicht auf einen Lehrposten zu einer Zeit, als die Zahl der qualifizierten Literaturexperten in Jerusalem die Zahl der Studenten bei weitem übertraf. Hinzu kam, daß viele dieser Dozenten akademische Titel erster Güte hatten, glänzende Examensurkunden berühmter deutscher Universitäten, im Unterschied zu Vaters schäbigem Universitätsgrad polnischer und Jerusalemer Provenienz. So fand er nur eine Stelle als Bibliothekar in der Nationalbibliothek auf dem Skopusberg, und nachts schrieb er seine Bücher über die Novelle in der hebräischen Literatur und über die Geschichte der Weltliteratur. Mein Vater war ein kultivierter, höflicher, energischer, doch auch ziemlich schüchterner Bibliothekar mit runder Brille, Krawatte und leicht abgewetztem Jackett, verbeugte sich vor Höherstehenden, hielt Frauen eilfertig die Tür auf, bestand nachdrücklich auf seinen wenigen Rechten, zitierte leidenschaftlich Gedichtverse in zehn Sprachen und erzählte, in seinem steten Bemühen, nett und amüsant zu sein, immer wieder dieselben Witze (die bei ihm Anekdoten oder Scherze hießen). Aber sein Witzeln hatte meist etwas Angestrengtes, war kein Humor von spontaner Lebendigkeit, sondern eher eine Absichtserklärung im Sinn unserer Pflicht, gerade in widrigen Zeiten Heiterkeit zu verbreiten.

Wann immer Vater sich einem Pionier in Khaki gegenübersah, einem Revolutionär, einem zum Arbeiter mutierten Akademiker, geriet er in peinliche Verlegenheit. In Wilna oder in Warschau war völlig klar gewesen, wie man ein Gespräch mit einem Proletarier führte. Jeder kannte seinen Platz, und doch mußte man diesem Arbeiter unmißverständlich zeigen, daß man demokratisch eingestellt war und sich nicht im geringsten für etwas Besseres hielt. Aber hier, in Jerusalem, war alles nicht eindeutig. Nicht auf den Kopf gestellt, nicht wie bei den Kommunisten in Rußland, sondern zweideutig: Einerseits gehörte Vater zum Mittelstand, zwar eher zum unteren Mittelstand, aber immerhin entschieden zum Mittelstand, er war ein gebildeter Mann, der Aufsätze und Bücher schrieb und einen bescheidenen Posten an der Nationalbibliothek innehatte, und sein Gesprächspartner war ein verschwitzter Bauarbeiter in Arbeitskleidung und schweren Schuhen. Andererseits hieß es, dieser Arbeiter habe ein Diplom in Chemie und sei auch ein wahrer Pionier, das Salz des Landes, ein Held der hebräischen Revolution, ein Mann, der von seiner Hände Arbeit lebte, während Vater sich – zumindest tief drinnen – immer als leicht entwurzelten, kurzsichtigen Intellektuellen mit zwei linken Händen betrachtete, eine Art Deserteur, der sich vor der Front – dem Aufbau des Heimatlandes – drückte.

Die meisten unserer Nachbarn waren kleine Angestellte, Händler, Kassierer bei der Bank oder im Kino, Schul- oder Privatlehrer, Zahnärzte. Sie waren nicht religiös, in die Synagoge gingen sie nur an Jom Kippur und manchmal auch an Simchat Tora, aber am Freitagabend zündeten sie dennoch Schabbatkerzen an, um irgendeinen Hauch von Judentum zu bewahren, und vielleicht auch sicherheitshalber: Für alle Fälle, möge der Unglücksfall auch nicht eintreten. Alle waren mehr oder weniger gebildet, aber es war ihnen nicht ganz wohl dabei. Alle hatten ihre festen Ansichten – über das britische Mandat, über die Zukunft des Zionismus, über die Arbeiterklasse, über das kulturelle Leben im Land, über Dührings Kritik an Marx, über Knut Hamsuns Romane, über die »Araberfrage« und die »Frauenfrage«. Es gab auch allerlei Ideologen und Prediger, die beispielsweise dazu aufriefen, den Bann der Orthodoxen über Spinoza aufzuheben oder den Arabern des Landes zu erklären, daß sie eigentlich gar keine Araber, sondern Nachfahren der alten Hebräer seien, oder ein für allemal die Gedanken Kants und Hegels mit der Lehre Tolstojs und dem Zionismus zusammenzuführen, eine Synthese, aus der hier im Lande Israel ein wunderbar reines und gesundes Leben erwachsen würde, oder viel Ziegenmilch zu trinken oder ein Bündnis mit Amerika und sogar mit Stalin einzugehen, um die Engländer fortzujagen, oder allmorgendlich einfache Gymnastikübungen zu machen, die die Trübsal vertreiben und die Seele des Menschen läutern würden.

Diese Nachbarn, die sich am Schabbatnachmittag in unserem kleinen Hof versammelten, um russischen Tee zu trinken, waren fast alle Menschen im Abseits. Wenn es galt, einen durchgeschmorten Sicherungsdraht zu ersetzen oder einen Dichtungsring am Wasserhahn zu wechseln oder ein kleines Loch in die Wand zu bohren, gingen alle schnell Baruch suchen, den einzigen im Viertel, der solche Wunder zu wirken wußte, weshalb er bei uns Baruch Goldhände hieß. All die anderen konnten mit mitreißender Sprachgewalt analysieren, wie wichtig es sei, daß das jüdische Volk endlich zu Landwirtschaft und Handwerk zurückkehre: Intelligenzia, sagten sie, haben wir mehr als genug, aber einfache, redliche Werktätige, daran mangelt es uns. Doch in unserem Viertel gab es, abgesehen von Baruch Goldhände, kaum einfache Werktätige. Auch bergeversetzende Intellektuelle hatten wir nicht. Alle lasen viele Zeitungen, und alle redeten gern.

Einige mochten in allerlei Dingen bewandert sein, andere besaßen vielleicht Scharfsinn, aber die meisten rezitierten mehr oder weniger das, was sie in den Zeitungen und in allen möglichen Pamphleten und Parteibroschüren gelesen hatten. Als Kind ahnte ich nur undeutlich die große Kluft zwischen ihrem leidenschaftlichen Weltverbesserungswillen und der Art, wie sie nervös an ihrer Hutkrempe herumfingerten, wenn man ihnen ein Glas Tee anbot, oder der furchtbaren Schamröte in ihrem Gesicht, wenn meine Mutter sich (nur ein wenig) vorbeugte, um ihnen den Tee zu süßen, und ihr züchtiges Dekolleté dabei ein klein bißchen mehr Haut als sonst freigab – die Verlegenheit ihrer Finger, die sich in sich selbst einrollten, in dem Bemühen, keine Finger mehr zu sein.

All das war Tschechow – auch das Gefühl des Lebens im Abseits: Es gibt auf der Welt Orte, an denen sich das wahre Leben abspielt, weit weg von hier, im Europa vor Hitler. Abend für Abend brennen dort viele Lichter, Herren und Damen treffen sich zum Kaffee mit Schlagsahne in holzgetäfelten Räumen, sitzen gemütlich in prächtigen Kaffeehäusern unter goldschimmernden Kronleuchtern, gehen Arm in Arm in die Oper oder zum Ballett, beobachten von nahem das Leben der großen Künstler, die stürmischen Liebesaffären, die gebrochenen Herzen, die Geliebte des Malers, die sich plötzlich in seinen besten Freund, den Komponisten, verliebt und nachts barhäuptig durch den Regen geht, allein auf der alten Brücke steht, die sich zitternd im Wasser des Flusses spiegelt.

In unserem Viertel passierten nie solche Dinge. Solche Dinge ereigneten sich nur hinter den Bergen und in weiter Ferne, an Orten, an denen Menschen ohne Wenn und Aber lebten. Zum Beispiel in Amerika, wo man Gold schürft, Postzüge überfällt, Rinderherden über endlose Prärien treibt, und wer die meisten Indianer tötet, bekommt zum Schluß das schöne Mädchen. So war das Amerika, das wir im Edison-Kino zu sehen bekamen: Das schöne Mädchen war der Preis, den derjenige erhielt, der am besten schießen konnte. Was man mit einem solchen Preis anfängt? Ich hatte nicht die geringste Ahnung. Hätte man uns in diesen Filmen ein Amerika gezeigt, in dem, umgekehrt, derjenige, der die meisten Mädchen erschießt, dafür am Ende mit einem schönen Indianer belohnt wird, ich hätte bestimmt geglaubt, daß es so und nicht anders ist. Jedenfalls in jenen fernen Welten – in Amerika und an anderen wunderbaren Orten aus meinem Briefmarkenalbum, in Paris, Alexandria, Rotterdam, Lugano, Biarritz, St. Moritz, an Orten, an denen göttergleiche Menschen sich verlieben, höflich miteinander ringen, verlieren, verzichten, weiterziehen, um Mitternacht an den Boulevards regengepeitschter Städte in schummrigen Hotelbars allein auf hohen Hockern am Tresen sitzen und überhaupt ein Leben ohne Wenn und Aber leben.

Auch in den Romanen von Tolstoj und Dostojewski, über die alle pausenlos diskutierten, lebten die Helden ohne Wenn und Aber und starben vor lauter Liebe. Oder für irgendein hehres Ideal. Oder an Schwindsucht und an gebrochenem Herzen. Und jene braungebrannten Pioniere, dort auf den Höhen Galiläas, lebten ebenfalls ohne Wenn und Aber. Bei uns im Viertel starb niemand an Schwindsucht, unglücklicher Liebe oder Idealismus. Alle lebten mit Wenn und Aber. Nicht nur meine Eltern. Alle.

Es war bei uns ein ehernes Gesetz, nichts Importiertes zu kaufen, keinerlei ausländische Erzeugnisse, soweit es entsprechende heimische Produkte gab. Aber wenn man zu Herrn Austers Lebensmittelladen Amos-, Ecke Ovadja-Straße ging, mußte man immer noch wählen zwischen Käse aus dem Kibbuz, vertrieben von Tnuva, und arabischem Käse: War arabischer Käse aus dem Nachbardorf Lifta inländischer oder ausländischer Herkunft? Kompliziert. Der arabische Käse war ein klein wenig billiger. Aber wenn du arabischen Käse kauftest, würdest du dann nicht am Zionismus Verrat üben? Irgendwo in einem Kibbuz oder Moschav, im Jesreel-Tal oder in den Bergen Galiläas, hat eine junge Pionierin als Teil ihres harten Tagewerks, vielleicht unter Tränen, dagesessen und diesen hebräischen Käse für uns abgepackt – wie können wir uns da von ihr abwenden und nichtjüdischen Käse kaufen? Wird uns die Hand nicht erzittern? Andererseits, wenn wir die Erzeugnisse unserer arabischen Nachbarn boykottieren, dann tragen wir doch dazu bei, den Haß zwischen den beiden Völkern zu vertiefen und zu verewigen, und für das Blut, das, Gott behüte, noch vergossen werden würde, wären auch wir dann mitverantwortlich. Der bescheiden lebende arabische Fellache, ein einfacher, redlicher Ackerbauer, dessen Seele noch nicht vom Gifthauch der Großstadt verunreinigt wurde, dieser Fellache war doch der dunkelhäutigere Bruder des schlichten, edelmütigen Muschiks aus Tolstojs Erzählungen! Sollen wir wirklich seinem Käse grausam die kalte Schulter zeigen? Wollen wir tatsächlich so hartherzig sein und diesen Mann bestrafen? Wofür? Dafür, daß die heimtückischen Briten und die korrupten Effendis ihn gegen uns und unser Aufbauwerk aufhetzen? Nein. Diesmal werden wir entschieden arabischen Käse kaufen, der übrigens wirklich ein wenig besser schmeckt als der Käse von Tnuva und auch etwas weniger kostet. Aber dennoch, von dritter Seite betrachtet, was ist, wenn es bei ihnen vielleicht nicht so sauber zugeht? Wer weiß, wie die Molkereien bei denen dort sind? Was ist, wenn sich, zu spät, herausstellt, daß ihr Käse von Bazillen wimmelt?

Bazillen gehörten zu unseren schlimmsten Alpträumen. Sie waren wie der Antisemitismus: Nie bekamst du mit eigenen Augen einen Antisemiten oder eine Bazille zu Gesicht, aber du wußtest sehr wohl, daß sie überall auf dich lauerten, unsichtbar, doch sie sehen dich. Eigentlich stimmt es nicht ganz, daß niemand bei uns je eine Bazille zu Gesicht bekommen hat. Ich schon! Ich starrte sehr lange durchdringend und konzentriert auf ein Stück alten Käse, bis ich plötzlich ein sich windendes Gewimmel zu sehen begann. Wie die Schwerkraft in Jerusalem, die damals sehr viel stärker war als heute, waren auch die Bazillen viel größer und stärker. Ich habe sie gesehen.

Eine kleine Debatte brach des öfteren unter den Kunden in Herrn Austers Lebensmittelladen aus: Arabischen Käse kaufen oder nicht kaufen? Einerseits heißt es: »Die Armen deiner Stadt gehen vor«, und daher sind wir verpflichtet, nur Tnuva-Käse zu kaufen. Andererseits steht geschrieben: »Ein und dasselbe Gesetz gelte für den Einheimischen und den Fremdling, der unter euch wohnt«, deshalb sollte man manchmal den Käse unserer arabischen Nachbarn kaufen, »denn Fremdlinge wart ihr im Lande Ägypten«. Und überhaupt, mit welch tiefer Verachtung würde Tolstoj denjenigen betrachten, der nur wegen der Religionszugehörigkeit oder der nationalen Herkunft den einen Käse kauft und den anderen nicht! Was ist mit den Werten des Universalismus? Des Humanismus? Der Brüderschaft aller nach Gottes Ebenbild Erschaffenen? Und dennoch, welch armseliger Zionismus, welche Schwächlichkeit, welche Kleinlichkeit, arabischen Käse nur deshalb zu kaufen, weil er etwas weniger kostet, und nicht den Käse der Pioniere, die sich schinden und mühen, um das Brot aus der Erde hervorzubringen!

Eine Schande! Eine Schmach und Schande! So oder so, Schmach und Schande!

Das ganze Leben wimmelte von solcher Schmach und Schande.

Ein weiteres typisches Dilemma: Sollte oder sollte man nicht zum Geburtstag Blumen schicken? Und wenn ja, welche Blumen? Gladiolen sind sehr teuer, doch die Gladiole ist eine kultivierte Blume, eine aristokratische Blume, eine empfindsame Blume, nicht so ein halbwildes asiatisches Kraut. Anemonen und Alpenveilchen durften wir damals pflücken, soviel wir wollten (der künftige Naturschützer Asaria Alon war noch jung), aber Anemonen und Alpenveilchen galten nicht als Blumen, die man zum Geburtstag oder zum Erscheinen eines Buches schicken konnte. Gladiolen hatten ein feines Flair von Konzerten, von Bällen, von Theater, von Ballett, von Kultur und von zarten, tiefen Gefühlen.

Also kauft und schickt man Gladiolen. Ohne großes Wenn und Aber. Aber nun stellt sich die Frage, ob sieben Gladiolen nicht etwas übertrieben sind? Und sind fünf nicht zu wenig? Vielleicht sechs? Oder doch lieber sieben? Nein, kein Wenn und Aber. Wir könnten allerdings die Gladiolen mit einem Wald von Spargelkraut umhüllen und mit sechs auskommen. Aber ist das nicht völlig anachronistisch? Gladiolen? Wo schenkt man denn heute noch Gladiolen? Schicken die Pioniere in Galiläa einander etwa Gladiolen? Schert sich denn in Tel Aviv überhaupt noch jemand um Gladiolen? Wozu soll das eigentlich gut sein? Kosten ein Vermögen und wandern nach vier, fünf Tagen geradewegs in den Mülleimer. Was bringen wir dann aber mit? Vielleicht eine Bonbonniere? Eine Bonbonniere? Eine Bonbonniere, das ist ja noch lächerlicher als Gladiolen. Vielleicht wäre es eigentlich am besten, einfach Servietten mitzubringen oder einen Satz Glashalter, verschnörkelt, aus versilbertem Metall, mit hübschen Griffen, damit man heißen Tee servieren kann, ein unaufdringliches Geschenk, ebenso ästhetisch wie praktisch, eines, das man nicht wegwirft, sondern jahrelang im Gebrauch hat, und jedesmal, wenn man diese Glashalter benutzt, wird man sich vielleicht einen Moment lang mit Wohlwollen an uns erinnern.

3

Überall konnte man winzige Botschafter des gelobten Landes Europa entdecken. Zum Beispiel die *klejnen mentschelach*, die kleinen Menschlein, die die Fensterläden tagsüber offenhalten. Will man die Läden schließen, kippt man diese Metallfiguren in ihren Angeln um, so daß sie die ganze Nacht mit dem Kopf nach unten hängen. So wie man am Ende des Kriegs Mussolini und seine Mätresse Clara Petacci aufgehängt hatte. Das war furchtbar, das war grauenhaft – nicht, daß man sie aufgehängt hatte, das hatten sie verdient, sondern daß man sie mit dem Kopf nach unten aufgehängt hatte. Mir taten sie beinahe ein wenig leid, obwohl ich so nicht hätte fühlen sollen: Bist du übergeschnappt, oder was? Mitleid mit Mussolini? Das ist doch schon fast so wie Mitleid mit Hitler! Aber ich machte ein Experiment, ich ließ mich kopfüber von einem Rohr an der Wand baumeln, und nach zwei Minuten strömte mir das ganze Blut in den Kopf, und ich wurde beinahe ohnmächtig. Und Mussolini und seine Mätresse hatten nicht ein paar Minuten, sondern drei ganze Tage und Nächte so gehangen, und das, nachdem man sie bereits umgebracht hatte! Ich hielt das für eine zu grausame Strafe. Sogar für einen Mörder, sogar für eine Mätresse.

Nicht, daß ich die geringste Ahnung gehabt hätte, was eine Mätresse ist. In ganz Jerusalem gab es damals keine einzige Mätresse. Es gab eine »Gefährtin«, eine »Freundin im doppelten Sinn des Wortes«, vielleicht gab es hier und da sogar Romanzen. Äußerst vorsichtig sagte man beispielsweise, Herr Tschernianski habe »irgendwas« mit der Freundin von Herrn Lupatin, und ich erriet mit heftig pochendem Herzen, daß das Wort »irgendwas« hier eine geheimnisvolle, schicksalhafte Bedeutung hatte, hinter der sich etwas Süßes und Schreckliches und Unerhörtes verbarg. Aber eine Mätresse?! Das war ja etwas aus biblischen Zeiten. Etwas Überlebensgroßes. Etwas Unvorstellbares. Vielleicht gibt es so etwas in Tel Aviv, dachte ich, dort gibt es doch immer alle möglichen Dinge, die es hier bei uns nicht gibt und verboten sind.

Ich habe fast von allein angefangen zu lesen, als ich noch ganz klein war. Was konnten wir sonst auch tun? Die Nächte waren damals viel länger, weil die Erdkugel sich viel langsamer drehte, weil die Schwerkraft in Jerusalem viel stärker war als heute. Die Lampe gab ein fahles gelbes Licht, und sie erlosch häufig bei Stromausfällen. Noch heute löst der Geruch rauchender Kerzen oder einer rußenden Petroleumlampe bei mir die Lust aus, ein Buch zu lesen. Von sieben Uhr abends an waren wir im Haus eingeschlossen wegen der Ausgangssperre, die die Briten über Jerusalem verhängt hatten. Und selbst wenn keine Ausgangssperre herrschte – wer wollte damals in Jerusalem schon im Dunkeln draußen sein? Alle Häuser und Läden waren verschlossen und verriegelt, die Straßen menschenleer, und jeder Schatten, der in den Gassen vorüberhuschte, zog drei oder vier Schatten des Schattens hinter sich her.

Auch wenn kein Stromausfall war, lebten wir immer bei mattem Licht, weil es wichtig war, zu sparen. Meine Eltern wechselten eine Vierzig-Watt-Birne gegen eine Fünfundzwanzig-Watt-Birne aus, nicht nur wegen der Kosten, sondern aus Prinzip, weil helles Licht verschwenderisch und Verschwendung unmoralisch ist. Immer drängten sich die Leidenden der Menschheit in unsere winzige Wohnung: Die hungernden Kinder in Indien, derentwegen ich meinen Teller leer essen mußte. Die Überlebenden des Hitler-Infernos, die die Briten an der Einwanderung hinderten und in Internierungslager auf Zypern deportierten. Die zerlumpten Waisenkinder, die noch immer in den verschneiten Wäldern des zerstörten Europa umherirrten. Vater saß bis zwei Uhr nachts an seinem Schreibtisch und arbeitete beim anämischen Licht einer Fünfundzwanzig-Watt-Funzel, ruinierte seine Augen, weil er es nicht richtig fand, eine stärkere Birne zu benutzen: Die Pioniere sitzen Nacht für Nacht in ihren Zelten und verfassen Gedichte oder philosophische Abhandlungen beim Schein von im Wind flackernden Kerzen, und wie kannst du dich über so etwas hinwegsetzen und einfach so wie Rothschild beim strahlenden Licht einer Vierzig-Watt-Birne sitzen? Und was würden die Nachbarn sagen, wenn sie plötzlich Galabeleuchtung bei uns sähen? Daher verdarb er sich lieber die Augen, als anderen in die Augen zu stechen.

Wir waren nicht wirklich arm: Vater war Bibliothekar in der Nationalbibliothek und hatte ein bescheidenes, aber regelmäßiges Einkommen. Mutter gab ab und an Privatstunden. Ich goß jeden Freitag für einen Shilling Herrn Cohens Garten in Tel Arsa, und mittwochs sortierte ich für vier Piaster hinter Herrn Austers Lebensmittelladen leere Flaschen in Kästen ein, außerdem brachte ich dem Sohn von Frau Finster für zwei Piaster pro Lektion bei, Landkarten zu lesen (aber da wurde angeschrieben, und bis heute hat Familie Finster mir das Geld nicht bezahlt).

Trotz all dieser Einkünfte sparten und sparten wir alle Tage. Das Leben in unserer kleinen Wohnung lief so ab wie in dem Unterseeboot, das ich einmal in einem Film im Edison-Kino gesehen hatte, wo die Matrosen beim Durchgang von Abteilung zu Abteilung immer alle Schotten hinter sich schlossen: Mit einer Hand schaltete ich das Licht in der Toilette an und mit der anderen Hand gleichzeitig das Flurlicht aus, um keinen Strom zu vergeuden. An der Spülungskette zog ich behutsam, denn man durfte keinen ganzen Behälter für einmal Pinkeln verschwenden. Es gab andere Bedürfnisse (diese hatten bei uns überhaupt keinen Namen), die in einigen Fällen einen ganzen Behälter rechtfertigten. Aber für einmal Pinkeln? Einen ganzen Behälter? Während die Pioniere im Negev das Zahnputzwasser sammeln, um Setzlinge damit zu gießen? Während in den Internierungslagern auf Zypern eine ganze Familie drei Tage lang mit einem einzigen Eimer auskommen muß? Und wenn ich die Toilette verließ, löschte ich mit der linken Hand dort das Licht und knipste mit der rechten Hand synchron das Flurlicht an, weil die Shoah erst gestern war, weil noch immer heimatlose Juden zwischen Karpaten und Dolomiten umherirren, in Internierungslagern und auf morschen illegalen Einwandererschiffen Not leiden, zum Skelett abgemagert und in Lumpen, und weil es Entbehrung und Elend auch an anderen Enden der Welt gibt: die Kulis in China, die Baumwollpflücker in Mississippi, die Kinder in Afrika, die Fischer in Sizilien. Es war unsere Pflicht zu sparen.

Außerdem, wer weiß denn, was uns hier noch bevorsteht? Die Sorgen und Nöte sind ja nicht vorüber, und sehr wahrscheinlich kommt das Schlimmste erst noch: Die Nazis mochten zwar besiegt sein, aber in Polen gibt es wieder Pogrome, in Rußland verfolgt man Menschen, die Hebräisch sprechen, und hierzulande haben die Briten noch nicht das letzte Wort gesprochen, der Großmufti redet von einem Blutbad unter den Juden, wer weiß, was die arabischen Staaten noch mit uns vorhaben, und die zynische Welt unterstützt die Araber wegen Erdöl-, Handels- und anderer strategischer Interessen. Leicht wird es hier bestimmt nicht werden.

Nur Bücher gab es bei uns in Hülle und Fülle, sie waren überall, von Wand zu Wand, in den Zimmern, im Flur und in der Küche und auf jeder Fensterbank. Tausende von Büchern in allen Ecken der Wohnung. Ich hatte das Gefühl, Menschen kommen und gehen, werden geboren und sterben, doch Bücher sind unsterblich. Als kleiner Junge wollte ich, wenn ich einmal groß wäre, ein Buch werden. Nicht Schriftsteller, sondern ein Buch: Menschen kann man wie Ameisen töten. Auch Schriftsteller umzubringen ist nicht schwer. Aber Bücher – selbst wenn man versuchte, sie systematisch zu vernichten, bestand immer die Chance, daß irgendein Exemplar überlebte und sich weiterhin eines Regallebens in einer Ecke einer abgelegenen Bibliothek erfreute, in Reykjavik, in Valladolid oder in Vancouver.

Wenn es selten einmal vorkam, daß nicht genug Geld da war, um Essen für den Schabbat einzukaufen, blickte Mutter Vater an, und Vater begriff, daß der Moment gekommen war, ein Opferlamm auszuwählen, und trat an das Bücherregal. Er war ein Mensch mit moralischen Grundsätzen, der wußte, daß Brot wichtiger ist als Bücher und daß das Wohl des Kindes über alles gehen muß. Ich sehe ihn noch gebeugten Rückens aus der Tür gehen, unter dem Arm drei, vier geliebte Bücher, wehen Herzens ging er in Herrn Mayers Antiquariat, um dort die wertvollen Bände zu verkaufen, als risse er sich das eigene Fleisch aus dem Leib. So sah bestimmt unser Stammvater Abraham aus, als er, gebeugten Rückens, Isaak auf der Schulter, frühmorgens das Zelt verließ, auf dem Weg zum Berg Moria.

Ich konnte seinen Kummer erahnen: Vater hatte ein sinnliches Verhältnis zu seinen Büchern. Er liebte es, sie zu betasten, sie zu streicheln, an ihnen zu riechen. Er war ein lüsterner Bücherliebhaber, unfähig, sich zu beherrschen, langte gleich hin, sogar bei den Büchern fremder Leute. Und Bücher waren damals auch tatsächlich von einer viel stärkeren Sinnlichkeit als heute: Es war schön, an ihnen zu riechen, sie zu betasten und zu streicheln. Es gab Bücher mit Goldlettern auf duftenden, ein wenig rauhen Lederrücken, wenn du sie anfaßtest, lösten sie bei dir den wohligen Schauder der Berührung von Haut auf Haut aus, als wärest du beim Ertasten an eine verborgene, unbekannte Stelle gelangt, hättest etwas berührt, das sich unter deinen Fingern ein wenig sträubt und erzittert. Und es gab Bücher mit Kartondeckel, mit Stoff überzogen und mit wunderbar riechendem Klebstoff geleimt. Jedes Buch verströmte seinen eigenen geheimen verführerischen Duft. Zuweilen hatte sich der Überzug etwas vom Karton gelöst und wehte hoch wie ein kesser Rock, so daß man der Versuchung kaum widerstehen konnte, in den dunklen Zwischenraum zwischen Körper und Kleid zu spähen und diese betörenden Düfte einzuatmen.

Zumeist kam Vater ein, zwei Stunden später ohne die Bücher zurück, dafür aber mit braunen Tüten, die Brot, Eier, Käse und manchmal sogar eine Dose Büchsenfleisch enthielten. Doch es kam auch vor, daß er überglücklich von der Opferung Isaaks zurückkehrte, mit einem großen Lächeln, ohne seine geliebten Bücher, aber auch ohne Lebensmittel: Die Bücher hatte er tatsächlich verkauft, dafür aber auf der Stelle andere erworben, weil er in dem Antiquariat auf solch großartige Schätze gestoßen war, wie sie einem vielleicht nur ein einziges Mal im Leben unterkommen, so daß er sich nicht hatte beherrschen können. Mutter verzieh ihm, und ich auch, denn ich hatte eigentlich nie Lust auf Essen, außer auf Mais und Eis. Omeletts und Fleischkonserven konnte ich nicht ausstehen. Ehrlich gesagt, beneidete ich manchmal sogar ein wenig jene hungrigen Kinder in Indien, die nie von jemandem gezwungen wurden, ihre Teller leer zu essen.

Als ich etwa sechs Jahre alt war, kam ein großer Tag in meinem Leben: Vater räumte einen kleinen Platz in einem der Bücherregale frei und erlaubte mir, meine Bücher dort hineinzustellen. Genaugenommen überließ er mir etwa ein Viertel des untersten Bords. Ich nahm all meine Bücher, die bis dahin auf einem Schemel neben meinem Bett gelegen hatten, trug sie in meinen Armen zu Vaters Bücherregal und stellte sie hinein, wie es sich gehört, den Rücken der Außenwelt zugewandt, das Gesicht zur Wand.

Das war eine Reifezeremonie, ein Initiationsritus: Ein Mensch, dessen Bücher stehen, ist kein Kind mehr, ist schon ein Mann. Ich war nun wie Vater. Meine Bücher standen.

Ich beging einen entsetzlichen Fehler. Vater ging zur Arbeit, und ich durfte mit meinem Platz im Regal so verfahren, wie ich Lust hatte, aber ich hatte eine völlig kindliche Vorstellung davon, wie man so etwas tut. So kam es, daß ich meine Bücher der Größe nach einordnete, und die größten waren ausgerechnet die, die schon weit unter meiner Würde waren – Bilderbücher, in Reimen, die man mir als Baby vorgelesen hatte. Ich stellte auch sie hinein, weil ich den mir zugestandenen Platz ganz ausfüllen wollte. Meine Bücherecke sollte richtig überquellen, genau wie bei Vater. Ich war immer noch euphorisch, als Vater von der Arbeit heimkehrte, einen bestürzten Blick auf mein Bücherbord warf und mich dann, ohne ein Wort zu sagen, lange eindringlich ansah, mit einem Blick, den ich nie vergessen werde: Es war ein Blick der Verachtung, der unsäglich bitteren Enttäuschung, ein Blick der vollkommenen Verzweiflung über diesen personifizierten genetischen Fehlschlag. Schließlich quetschte er mühsam hervor: »Bist du denn völlig verrückt geworden? Der Größe nach? Was, sind Bücher denn Soldaten? Eine Ehrengarde? Ist das eine Parade der Feuerwehrkapelle?«

Wieder verstummte er. Es folgte eine lange, furchtbare Stille von Vaters Seite, ein wahres Gregor-Samsa-Schweigen, als hätte ich mich vor seinen Augen in ein Insekt verwandelt. Und auch ich schwieg, schuldbewußt, als wäre ich wirklich schon immer ein elendes Ungeziefer gewesen und erst jetzt als solches entlarvt worden, und jetzt war alles verloren, von nun an bis in alle Ewigkeit.

Am Ende des Schweigens offenbarte mir Vater, innerhalb von zwanzig Minuten, alle Tatsachen des Lebens. Hielt mit nichts hinter dem Berg. Führte mich in die verborgensten Geheimnisse der Bibliothekarskunst ein. Wies mir sowohl den Königsweg als auch die bewaldeten Nebenpfade, schwindelerregende Panoramen von Variationen, Nuancen, Phantasien, entlegene Alleen, kühne Abweichungen und exzentrische Capricen: Bücher kann man alphabetisch nach Verfassernamen ordnen, nach Reihen und Verlagen, chronologisch, nach Sprachen, nach Themen, nach Genre und Sachgebiet, sogar nach dem Druckort. Möglichkeiten über Möglichkeiten.

Und so lernte ich die Geheimnisse der Vielfalt: Das Leben besteht aus verschiedenen Routen. Alles kann so oder auch anders ablaufen, verschiedenen Partituren und parallelen Logiken folgen. Jede der parallelen Logiken ist auf ihre Weise konsequent und kohärent, in sich vollkommen, gleichgültig gegenüber allen anderen.

In den folgenden Tagen verbrachte ich Stunden über Stunden mit der Ordnung meiner kleinen Bibliothek – zwanzig oder dreißig Bücher, die ich auffächerte und mischte wie ein Kartenspiel und immer wieder neu anordnete, auf alle möglichen Weisen, nach allen möglichen Kriterien.

So lernte ich von den Büchern die Kunst der Komposition. Nicht aus dem, was in ihnen geschrieben stand, sondern von den Büchern selbst, von ihrer Physis. Sie unterrichteten mich über die schwindelerregenden herrenlosen Weiten, über den zwielichtigen Bereich zwischen dem Erlaubten und dem Verbotenen, zwischen dem Legitimen und dem Exzentrischen, dem Normativen und dem Bizarren. Diese Lektion begleitet mich seitdem all die Jahre. Als ich zur Liebe kam, war ich kein völliger Grünschnabel mehr. Ich wußte schon, es gibt ganze Paletten von Möglichkeiten zur Auswahl. Ich wußte, es gibt die Autobahn, und es gibt Panoramastraßen, und es gibt abgelegene Pfade, die kaum je ein menschlicher Fuß betreten hat. Es gibt Erlaubtes, das beinahe verboten ist, und Verbotenes, das beinahe erlaubt ist. Möglichkeiten über Möglichkeiten.

Manchmal erlaubten mir meine Eltern, Bücher aus Vaters Regalen nach draußen, auf den Hof, zu tragen, um den Staub auszuklopfen. Nicht mehr als drei Bücher auf einmal, damit die Reihenfolge nicht durcheinandergeriet und jedes garantiert an seinen richtigen Platz zurückkehrte. Das war eine gewichtige, aber auch vergnügliche Aufgabe, denn ich fand den Geruch des Bücherstaubs so reizvoll, daß ich manchmal meinen Auftrag und meine Verantwortung vergaß und so lange draußen im Hof blieb, bis Mutter besorgt Vater als Bergungsmannschaft entsandte, um nachzusehen, ob ich einen Sonnenstich erlitten hätte oder von einem Hund gebissen worden wäre, doch jedesmal fand mich Vater in einer Hofecke zusammengekauert, in ein Buch vertieft, die Knie angezogen, den Kopf geneigt, den Mund ein Stück offen. Und wenn Vater, zwischen Rüge und Zuneigung, fragte, was denn nun wieder mit mir los sei, brauchte es eine ganze Weile, um mich in diese Welt zurückzuholen, wie ein halb Ertrunkener oder Ohnmächtiger, der nach und nach widerwillig wieder zu sich kommt und aus unermeßlichen Fernen in das Jammertal der Alltagspflichten zurückkehrt.

Meine ganze Kindheit über liebte ich es, Dinge zu ordnen, zu verstreuen und wieder neu zu ordnen, aber jedesmal ein wenig anders. Drei, vier leere Eierbecher konnten bei mir ein Befestigungssystem, einen U-Boot-Verband oder eine Gipfelkonferenz der Großmächte in Jalta darstellen. Manchmal machte ich kurze Abstecher in das Reich der zügellosen Unordnung. Das hatte etwas Verwegenes und ungeheuer Aufregendes für mich. Ich verstreute gern den Inhalt einer Streichholzschachtel über den Boden, um dann unendlich viele Kombinationen daraus zu bauen oder zu legen.

In den Jahren des Zweiten Weltkriegs hing an der Flurwand eine große Karte von Europa, auf der mit Stecknadeln und Fähnchen in verschiedenen Farben die Kriegsschauplätze markiert waren. Vater versetzte sie alle zwei, drei Tage aufgrund der Rundfunknachrichten. Und ich schuf mir meine eigene parallele Wirklichkeit: Auf der Strohmatte baute ich meinen eigenen Kriegsschauplatz, meine virtuelle Realität, schickte Armeen ins Feld, unternahm Zangenbewegungen und Täuschungsmanöver, nahm Brückenköpfe ein, führte Flankenangriffe, machte taktische Rückzugsbewegungen, die ich danach in strategische Durchbrüche verwandelte.

Ich war ein geschichtsbesessener Junge. So kam ich auf die Idee, die Fehler früherer Feldherren zu korrigieren. Ich ließ den großen jüdischen Aufstand gegen die Römer erneut aufleben, rettete Jerusalem vor der Zerstörung durch Titus' Legionen, trug den Kampf auf den Boden des Feindes, führte Bar Kochbas Divisionen bis vor die Mauern Roms, nahm im Sturm das Kolosseum und hißte die hebräische Flagge auf dem Kapitol. Zu diesem Zweck versetzte ich die Jüdische Brigade der britischen Armee in die Ära des Zweiten Tempels und genoß die Verwüstung, die ein paar Maschinengewehre unter all den grandiosen Legionen von Hadrian und Titus, ausgelöscht sei ihr Name, anrichteten. Ein leichtes Flugzeug, eine einzige Piper, zwang das ganze selbstherrliche Römische Imperium in die Knie. Den verzweifelten Kampf der Verteidiger Massadas verwandelte ich mit Hilfe eines Mörsers und einiger Handgranaten in einen durchschlagenden jüdischen Sieg.

Und ebendieser eigenartige Drang, den ich als Kind hatte – das Verlangen, dem eine zweite Chance zu geben, das eine solche weder hat noch haben wird –, gehört noch heute zu den Antriebskräften, die mich bewegen, immer dann, wenn ich mich hinsetze, um eine Geschichte zu schreiben.

Viel hat Jerusalem erlebt. Die Stadt wurde zerstört, aufgebaut, wieder zerstört und wieder aufgebaut. Ein Eroberer nach dem anderen nahm Jerusalem ein, herrschte eine Weile, hinterließ einige Mauern und Türme, ein paar Ritzen im Stein und eine Handvoll Tonscherben und Urkunden und verschwand. Verflog wie der Morgendunst auf den Berghängen. Jerusalem ist eine alte Nymphomanin, die einen Liebhaber nach dem anderen restlos ausquetscht, bevor sie ihn, breit gähnend, mit einem Achselzucken abschüttelt; eine Schwarze Witwe, die ihre Männchen auffrißt, während diese noch in ihr zu Gange sind.

Unterdessen wurden am anderen Ende der Welt neue Inseln und Kontinente entdeckt. Mutter sagte dann: Zu spät, Junge, gib's auf, Magellan und Kolumbus haben schon die entlegensten Inseln entdeckt. Ich diskutierte mit ihr. Sagte: Wie kannst du dir da so sicher sein? Auch vor Kolumbus dachte man doch, alles wäre schon bekannt und es bliebe nichts mehr zu entdecken.

Auf der Strohmatte und zwischen den Möbelbeinen und unter meinem Bett entdeckte ich manchmal nicht nur unbekannte Inseln, sondern auch neue Sterne, Sonnensysteme, ganze Galaxien. Sollte man mich je ins Gefängnis stecken, würde mir bestimmt die Freiheit fehlen und noch manches andere – aber ich würde nicht unter Langeweile leiden, vorausgesetzt, man ließe mir in der Zelle einen Satz Dominosteine oder Spielkarten oder zwei volle Streichholzschachteln oder eine Handvoll Knöpfe: Ich würde meine Tage damit verbringen, sie zu ordnen und durcheinanderzubringen, sie zusammenzufügen und zu trennen, kleine Kompositionen daraus zu erstellen. Vielleicht kommt das alles davon, daß ich ein Einzelkind war: Ich hatte keine Geschwister und nur sehr wenige Freunde, die meiner auch bald überdrüssig wurden, weil sie *action* wollten und sich dem epischen Rhythmus meiner Spiele nicht anpassen konnten.

Nicht selten begann ich am Montag ein neues Spiel auf dem Fußboden, dachte den ganzen Dienstag morgen in der Schule über den nächsten Zug nach, tat nachmittags noch ein oder zwei Züge und verschob die Fortsetzung auf Mittwoch oder Donnerstag. Meinen Freunden wurde das zuviel, sie ließen mich mit meinen Phantasien allein und rannten ins Freie, um über die Höfe Fangen zu spielen, während ich noch tagelang meine Fußbodenhistorie weiterentwickelte, Truppen in Marsch setzte, eine Burg oder eine Stadt belagerte, im Sturm einnahm, in den Bergen eine Untergrundbewegung ins Leben rief, Festungen eroberte, freigab und wieder eroberte, mit Streichhölzern markierte Grenzen erweiterte und zurücknahm. Trat Vater oder Mutter versehentlich auf meine kleine Welt, rief ich einen Hungerstreik oder eine Rebellion gegen das Zähneputzen aus. Bis schließlich der Tag des Gerichts kam, Mutter die geballten Staubflusen nicht mehr ertragen konnte und alles hinwegfegte: Flotten, Truppen, Städte, Berge und Meeresbuchten, ganze Kontinente. Wie eine atomare Katastrophe.

Einmal, als ich ungefähr neun Jahre alt war, brachte mir mein alter Onkel Nechemja ein französisches Sprichwort bei: »In der Liebe wie im Krieg.« Von Liebe wußte ich damals nichts, abgesehen von der nebulösen Verbindung, die im Edison-Kino zwischen Liebe und getöteten Indianern bestand. Aber aus Onkel Nechemjas Worten schloß ich, daß es nicht gut sei, schnell zu handeln. Jahre später wurde mir klar, daß ich in völligem Irrtum gelebt hatte, zumindest, was den Krieg betrifft – auf dem Schlachtfeld ist gerade Schnelligkeit, so sagt man, von entscheidender Bedeutung. Vielleicht beruhte mein Irrtum darauf, daß Onkel Nechemja selbst ein langsamer Mensch war, der Veränderungen haßte: Wenn er stand, war es fast unmöglich, ihn zum Sitzen zu bewegen, und hatte er sich einmal gesetzt, war er nicht wieder hochzukriegen. Man sagte ihm: Steh auf, Nechemja, bitte, wirklich, was ist los mit dir, es ist schon furchtbar spät, steh doch auf, bis wann willst du denn hier sitzen bleiben? Bis morgen früh? Bis zum nächsten Jom Kippur? Bis der Messias kommt?

Worauf er antwortete: Mindestens.

Dann dachte er nach, kratzte sich, schmunzelte listig in sich hinein, als hätte er unser böses Vorhaben durchschaut, und fügte hinzu: Es läuft ja nichts weg.

Sein Körper hatte, wie alle Körper, die natürliche Neigung, dort zu bleiben, wo er war.

Ich bin ihm nicht ähnlich. Ich mag Veränderungen sehr, Begegnungen, Reisen, aber ich mochte auch Onkel Nechemja sehr. Kürzlich erst habe ich ihn auf dem Friedhof in Givat Scha'ul gesucht, aber erfolglos. Der Friedhof ist in alle Richtungen gewachsen, bald wird er bis ans Ufer des Sees von Bet Nekofa oder an den Ortsrand von Motza herangekrochen sein. Eine halbe oder ganze Stunde saß ich dort auf einer Bank, eine hartnäckige Wespe summte zwischen den Zypressen, und ein Vogel wiederholte fünf- oder sechsmal nacheinander denselben Vers, aber von meinem Platz aus konnte ich nur Grabsteine, Bäume, Berge und Wolken sehen.

Dann ging eine magere, schwarzgekleidete Frau mit schwarzem Kopftuch an mir vorbei, und ein fünf- oder sechsjähriger Junge hielt sich an ihr fest. Seine kleinen Finger klammerten sich an ihrem Kleid fest, und beide gingen und weinten.

4

Allein zu Hause, an einem Wintertag, am frühen Abend. Es ist vielleicht fünf oder halb sechs, draußen ist es kalt und dunkel, der windgepeitschte Regen schlägt gegen die geschlossenen eisernen Fensterläden, meine Eltern sind zum Tee zu Mala und Staszek Rudnicki, Chancellor-, Ecke Hanevi'im-Straße, gegangen und werden, so haben sie mir versprochen, kurz vor acht zurück sein, spätestens um Viertel oder zwanzig nach acht. Und wenn sie sich ein wenig verspäten sollten – du brauchst dir keine Sorgen zu machen, wir sind bloß bei den Rudnickis hier gleich in der Nähe, nur eine Viertelstunde von zu Hause weg.

Mala und Staszek Rudnicki haben keine Kinder, statt ihrer aber zwei Perserkatzen, Chopin und Schopenhauer. Und in einem Käfig in der Wohnzimmerecke lebt ein alter Vogel, fast kahl, auf einem Auge blind und den Schnabel immer ein wenig aufgerissen. Damit er sich nicht einsam fühlt, hat man in den Käfig einen weiteren Vogel gesteckt, den Mala Rudnicki aus einem angemalten Kiefernzapfen angefertigt hat, mit bunten Flügeln aus Papier und mit fünf, sechs echten Federn verziert.

Die Einsamkeit, sagt Mutter, ist wie ein schwerer Hammerschlag: Er zersplittert das Glas, aber härtet den Stahl. »Härten«, *lechassem*, erklärt uns Vater, bedeutet »stärken«, genau wie *lechassen*, was von *chossen*, Widerstandskraft, kommt, aber eigentlich ist *lechassem* näher verwandt mit den Worten *chassima, machssom*, Absperrung, Sperre, und es wäre noch zu prüfen, ob nicht eine Verbindung zu *machssan*, Lagerraum, besteht, dem arabischen *machsan*, von dem irgendwie auch das europäische Magazin abgeleitet ist.

Vater liebte es, mir alle möglichen Beziehungen zwischen Wörtern darzulegen, ihre Herkunft und Verwandtschaft, als wären die Wörter auch eine Art weitverzweigte Familie, die aus Osteuropa gekommen ist, mit einem Haufen Cousins zweiten und dritten Grades, angeheirateten Tanten, Großnichten, Schwägern und Schwägerinnen, Enkeln und Urenkeln – *sche'erim*, Blutsverwandte, kommt von *sche'er*, das heißt Fleisch, und daher müßte man noch prüfen, sagt Vater, warum man den sonderbaren Begriff *sche'ere bassar* benutzt, was ja eigentlich »Fleisch des Fleisches« heißt, und erinnere mich bitte daran, bei Gelegenheit nachzusehen, was die Verbindung zwischen *sche'er* und *sche'erit*, Rest, ist. Oder erinnere mich nicht, sondern hol bitte gleich das große Wörterbuch vom Regal, und laß uns gemeinsam ein wenig klüger werden, du und ich, und bitte sei so freundlich und räume unterwegs deine schmutzige Tasse in die Küche.

In den Höfen und auf der Straße herrscht schwarze, weite Stille, man kann das Rauschen der tief vorbeiziehenden Wolken hören, die die Dächer streifen und die Zypressenwipfel streicheln. Und das Tropfen eines Wasserhahns im Bad und ein leichtes Rascheln oder Reiben, dem Ohr kaum wahrnehmbar, du fühlst es nur gerade eben an den Spitzen der Nackenhaare, ein Wispern aus dem dunklen Raum zwischen Schrank und Wand. Ich schalte das Licht im Zimmer der Eltern an, hole mir von Vaters Schreibtisch acht, neun Büroklammern, einen Bleistiftspitzer, zwei kleine

Notizblöcke, ein langhalsiges Tintenfaß voll schwarzer Tinte, einen Radiergummi, eine Schachtel Heftzwecken, um mit all dem einen neuen Grenzkibbuz zu errichten. Mauer und Turm mitten in der Wüste auf der Strohmatte: Ich ordne die Büroklammern im Halbkreis an, stelle den Spitzer und den Radiergummi links und rechts neben das hohe Tintenfaß, das mein Wasserturm ist, und umgebe alles mit einem Zaun aus Bleistiften und Federhaltern, gesichert durch Heftzwecken.

Bald kommt ein Überfall. Eine Bande blutrünstiger Angreifer (etwa zwanzig Knöpfe) wird den Kibbuz von Osten und Süden her attackieren, doch wir werden ihn durch eine List verteidigen: Wir machen das Tor auf, lassen sie in den Hof eindringen, wo das Blutbad stattfinden wird, das Tor wird hinter ihnen verriegelt, damit sie nicht entkommen können. Dann erteile ich den Schießbefehl, und in diesem Augenblick eröffnen von jedem Dach und von der Spitze des Tintenglases, in der Rolle des Wasserturms, die Pioniere, in Gestalt meiner weißen Schachbauern, das Feuer und löschen mit ein paar wütenden Salven die eingeschlossenen feindlichen Kräfte aus: »Dir will ich lobsingen ... Wenn Du vernichten wirst den dräuenden Feind, dann will ich vollenden mit Sang und Jubel ...« Die Matte erkläre ich zum Mittelmeer, das Bücherregal markiert die europäische Küste, das Sofa wird Afrika, zwischen den Stuhlbeinen verläuft die Straße von Gibraltar, Spielkarten werden hier und da und auch dort ausgelegt, um Zypern, Sizilien und Malta darzustellen, die Notizblöcke mutieren zu Flugzeugträgern, Radiergummi und Spitzer zu Zerstörern, die Heftzwecken zu Seeminen und die Büroklammern zu U-Booten.

Es ist kalt in der Wohnung. Statt einen zweiten Pullover über den ersten zu ziehen, wie man mich angewiesen hat, um keinen Strom zu vergeuden, schalte ich – nur für zehn Minuten – den Elektroofen an. Dieser Ofen hat zwei Spiralen, aber er hat auch einen Sparschalter, der immer so eingestellt ist, daß nur eine Spirale warm wird, die untere. Ich sehe zu, wie die Spirale erglüht. Das geht langsam, nach und nach, erst sieht man gar nichts, hört nur ein Knistern, wie wenn man mit dem Schuh auf Zuckerkörner tritt, danach leuchtet an beiden Enden der Spirale ein blaßlila Schimmer auf, und dann entsteht zur Mitte hin ein kaum wahrnehmbarer schwebender Flimmer, leicht rosa, wie die leichte Röte auf einer schüchternen Wange, verwandelt sich in ein starkes Rot, wie bei tiefer Scham, und dann toben schon, ohne jegliche Scham, nacktes Gelb und gieriges Gelbgrün voran, bis die Glut die Mitte der Spirale erreicht und unaufhaltsam ein rotglühendes Feuer entflammt, wie eine grausame Sonne in der glitzernden Metallrundung des Reflektors, die man jetzt kaum noch anblicken kann, ohne zu blinzeln, und schon lodert diese Spirale, blendet, quillt über, wird jeden Moment ausbrechen und sich über die Mittelmeermatte ergießen, wie bei einem Vulkanausbruch wird es, in flammenden Kaskaden über Kaskaden, flüssige Lava regnen, wird meine Zerstörer- und meine U-Boot-Flotte samt und sonders verbrennen.

Während dieser ganzen Zeit döst ihre Partnerin, die obere Spirale, kalt und gleichgültig vor sich hin. Je stärker die andere erglüht, desto gleichgültiger wirkt die zweite, betrachtet alles völlig unbewegt aus nächster Nähe. Und ich erschauere plötzlich, als würde ich auf meiner Haut die ganze Wucht der angestauten Spannung zwischen der brennenden und der kalten Spirale spüren, und weiß dabei, daß ich einfach und schnell dafür sorgen könnte, daß der gleichgültigen Spirale nichts anderes übrigbleibt, als sich ebenfalls zu erhitzen, auch sie wird bei mir noch beben, als würde sie vor übersprühendem Feuer bersten – aber das ist wirklich streng verboten. Es ist unter allen Umständen verboten, gleichzeitig beide Ofenspiralen anzuschalten, nicht nur wegen der himmelschreienden Verschwendung, sondern auch wegen der drohenden Überlastung des Stromnetzes, damit die Sicherung nicht durchbrennt und die ganze Wohnung dunkel wird, und wer soll denn dann mitten in der Nacht loslaufen, um Baruch Goldhände für mich zu suchen?

Die zweite Spirale ist nur da für den Fall, daß ich verrückt geworden bin, aber ganz und gar verrückt, und mir völlig egal ist, was wird. Und was, wenn Mutter und Vater zurückkommen, bevor ich diese zweite Spirale ausgeschaltet habe? Oder wenn ich es zwar schaffe, sie rechtzeitig auszuschalten, sie aber noch nicht genug abgekühlt ist, um sich wieder totstellen zu können, was soll ich dann zu meiner Verteidigung sagen? Also muß ich der Versuchung widerstehen. Sie nicht anschalten. Und auch besser anfangen, alles, was ich auf der Matte verstreut habe, wieder einzusammeln und alles schön an seinen Platz zurückzubringen.

5

Was also ist denn nun autobiographisch an meinen Romanen, und was ist erfunden?

Alles ist autobiographisch: Wenn ich einmal eine Geschichte über eine Liebesaffäre zwischen Mutter Teresa und Abba Eban schreiben sollte, wäre das bestimmt eine autobiographische Geschichte – wenn auch kein Bekenntnis. Jede Geschichte, die ich geschrieben habe, war autobiographisch, keine ein Bekenntnis. Der schlechte Leser will immer wissen, und zwar auf der Stelle: Was ist in Wirklichkeit geschehen? Was ist die Geschichte hinter der Geschichte, was läuft hier ab, wer gegen wen, wer hat es eigentlich mit wem getrieben? »Professor Nabokov«, fragte einmal eine Interviewerin in einer Live-Sendung im amerikanischen Fernsehen, »Professor Nabokov, sagen Sie uns bitte, *are you really so hooked on little girls?*«

Auch ich habe gelegentlich das Vergnügen, daß begierige Interviewer mich im Namen »des Anspruchs der Öffentlichkeit auf Information« fragen, ob meine Frau als Vorbild für die Figur der Hannah in *Mein Michael* gedient habe, ob die Küche bei mir genauso schmutzig sei wie bei Fima in *Der dritte Zustand*, und manchmal bitten sie mich: Vielleicht können Sie uns erzählen, wer die junge Frau in *Allein das Meer* nun wirklich ist? Hatten Sie nicht zufällig selbst einen Sohn, der irgendwann im Fernen Osten verschwunden war? Und vielleicht sind Sie freundlicherweise bereit, uns in Ihren Worten zu sagen, wovon der Roman *Der perfekte Frieden* tatsächlich handelt?

Was wollen diese schnaufenden Interviewer eigentlich von Nabokov und von mir? Was will der schlechte Leser, das heißt der träge Leser, der an der platten Realität orientierte Leser, der klatschsüchtige, voyeuristische Leser?

Im schlimmsten Fall kommen sie mit Plastikhandschellen bewaffnet zu mir, um mir, tot oder lebendig, meine Botschaft abzupressen. Die »Quintessenz« wollen sie. Das, »was der Dichter sagen wollte«. Ich soll ihnen »in meinen Worten« meine subversive Botschaft preisgeben, »die Moral von der Geschichte«, die politische Einstellung, »die Weltanschauung«. An Stelle eines Romans wollen sie etwas Konkreteres, etwas Handfestes mit Bodenhaftung, so etwas wie »die Besatzung korrumpiert« oder »die gesellschaftlichen Gegensätze sind eine tickende Zeitbombe« oder »die Liebe siegt« oder »die Eliten sind verrottet« oder »die Minderheiten werden benachteiligt«. Kurz: Überreiche ihnen bitte, abgepackt in Leichensäcken aus Plastik, die heiligen Kühe, die du in deinem letzten Buch für sie geschlachtet hast. Danke.

Und manchmal erlassen sie dir auch die heiligen Kühe und sind bereit, sich mit der Geschichte hinter der Geschichte zu begnügen. Den Klatsch wollen sie. Durchs Schlüsselloch spähen. Sie möchten erfahren, was wirklich in deinem Leben passiert ist, nicht das, was du hinterher in deinen Büchern darüber geschrieben hast. Man soll ihnen endlich unverblümt und unumwunden verraten, wer es wirklich mit wem getrieben hat, und wie und wie oft. Das ist alles, was sie wissen wollen, und das stellt sie zufrieden. Shakespeare in Love, Thomas Mann bricht sein Schweigen, Dalia Ravikovitch enthüllt, Saramago bekennt, Lea Goldbergs pralles Liebesleben.

Der schlechte Leser kommt und fordert mich auf, die Geschichte, die ich geschrieben habe, für ihn zu schälen. Verlangt, ich solle eigenhändig meine Trauben in den Mülleimer werfen und ihm nur die Kerne vorsetzen.

Der schlechte Leser ist eine Art psychopathischer Liebhaber, der der Frau, die ihm in die Hände gefallen ist, die Kleider vom Leib reißt und, sobald sie splitternackt ist, gleich weitermacht, ihr die Haut abzieht, ungeduldig das Fleisch wegräumt, ihr Skelett zerlegt, und erst, wenn er ihre Knochen mit seinen groben gelben Zähnen zermalmt, endlich befriedigt ist: Das wär's. Jetzt bin ich wirklich, wirklich drinnen. Ich bin angelangt.

Wo ist er angelangt? Bei dem alten, banalen, abgedroschenen Schema, dem Bündel dürrer Klischees, die auch der schlechte Leser längst kennt, und deshalb ist er damit zufrieden, und nur damit: Die Figuren in dem Buch sind bestimmt alles in allem doch bloß der Schriftsteller selber oder seine Nachbarn. Und der Schriftsteller oder seine Nachbarn sind, wie sich zeigt, keine wer weiß wie großen Heiligen, alles in allem ziemlich wüst, wie wir alle. Wenn man sie bis auf die Knochen entblößt hat, stellt sich immer heraus, daß »alle gleich sind«. Und genau das sucht (und findet) der schlechte Leser so begierig in jedem Buch.

Mehr noch: Der schlechte Leser, ebenso wie der schnaufende Interviewer, hegt immer eine argwöhnische Aversion, eine puritanisch-prüde Feindseligkeit gegenüber dem schöpferischen Werk, gegenüber Erfindung, List und Übertreibung, gegenüber dem Spiel des Liebeswerbens, gegenüber dem Zweideutigen, Musikalischen und Musischen, ja, der Phantasie selbst. Er ist vielleicht gelegentlich bereit, einen Blick in ein komplexeres literarisches Werk zu werfen, aber nur unter der Bedingung, daß ihm die »subversive« Befriedigung an der Schlachtung heiliger Kühe vorab garantiert ist oder auch die säuerlich selbstgerechte Befriedigung, die der Konsum von Skandalen und Enthüllungen aller Art bereitet, nach Art der Boulevardpresse.

Die Befriedigung des schlechten Lesers entspringt daraus, daß der berühmte und gefeierte Dostojewski höchstpersönlich vage des düsteren Hangs verdächtigt wurde, alte Frauen zu berauben und zu ermorden, William Faulkner bestimmt etwas mit Inzest zu tun hatte, Nabokov es vermutlich mit minderjährigen Mädchen trieb, Kafka sicher von der Polizei eines Verbrechens bezichtigt wurde (wo Rauch ist, ist auch Feuer) und Abraham B. Jehoschua wohl gelegentlich Wälder des Jüdischen Nationalfonds in Brand gesetzt hat (da gibt's Rauch und Feuer), ganz zu schweigen von dem, was Sophokles mit seinem Vater gemacht hat und mit seiner Mutter, denn wie hätte er das sonst wohl so lebendig schildern können, was heißt lebendig, sogar lebendiger, als es im wirklichen Leben passiert?

> Nur von mir selbst weiß ich zu erzählen.
> Eng ist meine Welt, eng wie die Welt einer Ameise ...
> Auch meinen Weg, wie ihr Weg zum Wipfel,
> ein Weg voll Mühsal und voll Schmerz,
> macht eine selbstsichere Hand
> leichthin zunichte.

Ein Schüler hat mir vor langer Zeit einmal folgende Zusammenfassung dieser Gedichtverse eingereicht:

> Als die Dichterin Rachel noch ganz klein war, ist sie schrecklich gern auf Bäume geklettert, aber jedesmal, wenn sie anfing zu klettern, kam ein Rowdy und hat sie mit einem Schlag wieder runter auf den Boden geschmissen. Deswegen war sie arm dran.

Wer den Kern der Geschichte im Verhältnis zwischen Werk und Autor sucht, der irrt: Man sollte ihn nicht im Verhältnis zwischen dem Text und seinem Verfasser suchen, sondern in dem zwischen Text und Leser. Nicht, daß es zwischen Text und Autor nichts zu entdecken gibt – biographische Forschung hat ihren Platz, Klatsch hat seinen Reiz, und vielleicht hat die Erforschung des biographischen Hintergrunds mancher Werke auch etwas Pikantes. Vielleicht sollte man Klatsch nicht geringschätzen: Der Klatsch ist der vulgäre Cousin der Literatur. Zwar wird die Literatur ihm auf der Straße meist nicht guten Tag sagen, aber die Familienähnlichkeit läßt sich nicht leugnen, sie beruht auf dem ewigen und universalen Drang, in die Geheimnisse der Mitmenschen hineinzuspähen.

Nur wer nie die Reize des Klatsches genossen hat, möge vortreten und den ersten Stein auf ihn werfen. Aber seine Genüsse sind nur rosa Zuckerwatte. Die Lust am Klatsch ist von der Lust an einem guten Buch so weit entfernt wie künstlich gefärbte Limonade von frischem Wasser oder edlem Wein.

Als ich klein war, brachten meine Eltern mich zwei-, dreimal zu Pessach oder Rosch Haschana in Edi Rogozniks Photoatelier am Tel Aviver Bograshov-Strand. Bei Edi Rogoznik stand ein riesiger Muskelprotz, ein Pappriese. Eine winzige Badehose spannte sich um seine Stierlenden, er hatte Berge über Berge von Muskeln, und seine mächtige behaarte Brust schimmerte bronzefarben. Dieser Pappriese hatte an Stelle des Gesichts ein Loch, und hinter ihm stand ein kleines Treppchen. Du wurdest aufgefordert, den Helden von hinten anzugehen, zwei Stufen des Treppchens zu erklimmen und deinen kleinen Kopf Richtung Kamera durch das Gesichtsloch dieses Herkules zu stecken. Edi Rogoznik sagte, bitte lächeln, nicht bewegen, nicht blinzeln, und drückte ab. Zehn Tage später holten wir die Photos ab, auf denen mein kleines, blasses, ernstes Gesicht hoch auf dem sehnigen Stierhals saß, umwallt von der Haarfülle des heldenhaften Simson, kombiniert mit den Schultern des Atlas, der Brust Hektors und den Armen des Kolossos.

Jedes gute literarische Werk lädt uns ein, den Kopf durch die eine oder andere Edi-Rogoznik-Figur zu stecken. Statt den Kopf des Schriftstellers dort einzusetzen, wie der banale Leser es tut, sollte man vielleicht lieber den eigenen Kopf hineinstecken und sehen, was passiert.

Das heißt: Der Raum, den der gute Leser sich bei der Lektüre erschließt, ist nicht der zwischen Text und Autor, sondern der zwischen dem Text und ihm selbst. Nicht: Hat Dostojewski tatsächlich schon als Student alte Witwen ermordet und ausgeraubt? Sondern du, der Leser, versetzt dich in Raskolnikows Lage, um alles in dir zu spüren – das Grauen und die Verzweiflung und das wuchernde Elend, die napoleonische Arroganz und den Größenwahn, das Hungerfieber und die Einsamkeit, die

Leidenschaft und die Müdigkeit bis hin zur Todessehnsucht – und stellst dann einen Vergleich an (dessen Ergebnisse geheim bleiben): nicht zwischen der Romanfigur und diversen Skandalen im Leben des Schriftstellers, sondern zwischen der Romanfigur und deinem Ich, dem geheimen, gefährlichen, unglücklichen, irrsinnigen und kriminellen Ego, diesem furchterregenden Wesen, das du immer tief in deinem finstersten Verlies gefangenhältst, damit kein Mensch auf der ganzen Welt, Gott behüte, je etwas von seiner Existenz ahnt, nicht deine Eltern, nicht deine Lieben, damit sie nicht entsetzt vor dir flüchten, wie man vor einem Monster Reißaus nimmt. Wenn du Raskolnikows Geschichte liest – und vorausgesetzt, du bist nicht der klatschversessene, sondern der gute Leser –, dann kannst du doch diesen Raskolnikow bei dir einlassen, in deine Keller, deine finsteren Labyrinthe, hinter all die Gitter und ins Verlies, und dort kannst du ihn mit deinen schmählichsten und schändlichsten Monstern bekannt machen, kannst Dostojewskis Monster mit deinen vergleichen, jenen Monstern, die du in deinem zivilen Leben nie mit irgend etwas vergleichen kannst, weil du sie nie und nimmer einer lebenden Seele vorstellen würdest, auch nicht flüsternd im Bett der oder dem neben dir Liegenden, damit die- oder derjenige nicht entsetzt das Laken an sich rafft, sich darin einwickelt und mit Entsetzensschreien vor dir flüchtet.

So kann Raskolnikow die Schmach und die Einsamkeit des Verlieses, in das jeder von uns seinen inneren Gefangenen sein Leben lang verbannen muß, ein wenig versüßen. So können die Bücher dich ein wenig über die Schrecken deiner schmählichen Geheimnisse hinwegtrösten: Nicht nur du, mein Freund, wir alle sind vielleicht ein wenig wie du. Kein Mensch ist eine Insel, aber jeder von uns ist eine Halbinsel, fast allseits von schwarzen Wassern umgeben und doch auch mit anderen Halbinseln verbunden. Rico Danon beispielsweise denkt in *Allein das Meer* an den geheimnisvollen Schneemenschen im Himalaja:

Der Mensch, von einer Frau geboren, trägt die Eltern auf den
                                     Schultern. Nein, nicht auf
den Schultern. In sich. Tragen muß er sie ein ganzes Leben,
sie und ihr Gefolge, ihre Eltern und die Eltern ihrer Eltern,
eine Matrjoschka, schwer von Kindern bis zurück zu den Urahnen:
Wo er sich auch hinwendet, er trägt die Vorfahren, wenn er sich
                                    niederlegt, trägt er

die Vorfahren, und wenn er aufsteht, trägt er sie, mag er in weite Fernen wandern oder bloß zu Hause bleiben. Nacht um Nacht teilt er sein Feldbett mit dem Vater und das Sofa mit der Mutter, bis sein Tag kommt.

Und du, frage bitte nicht: Was, sind das wirklich Tatsachen? Geht es bei diesem Autor so zu? Frage dich selbst. Über dich selbst. Und die Antwort kannst du für dich behalten.

6

Manchmal stellen Tatsachen auch eine Bedrohung für die Wahrheit dar. Ich habe einmal über den wahren Grund für den Tod meiner Großmutter geschrieben. Meine Großmutter Schlomit kam an einem heißen Sommertag des Jahres 1933 aus Wilna direkt nach Jerusalem, warf einen bestürzten Blick auf die verschwitzten Märkte, auf die farbenfrohen Stände, auf die wimmelnden Gassen, erfüllt von den Rufen der Händler, dem Schreien der Esel, dem Meckern der Ziegen, dem Kreischen der an gefesselten Beinen baumelnden Hennen, sah das Blut, das aus den Hälsen geschächteter Hühner tropfte, sah die Schultern und Arme orientalischer Männer, die schrillen Farben von Obst und Gemüse, die Berge und Felshänge ringsum – und verkündete sogleich ihr endgültiges Urteil: »Die Levante ist voller Mikroben.«

Rund fünfundzwanzig Jahre lebte meine Großmutter in Jerusalem, in schweren und auch mal guten Zeiten, aber bis zu ihrem letzten Tag hat sie dieses Urteil weder aufgehoben noch gemildert. Es heißt, schon am Morgen nach ihrer Ankunft in Jerusalem habe sie Großvater befohlen, was sie ihm fortan alle Tage ihres Lebens in Jerusalem, im Sommer wie im Winter, befehlen sollte: jeden Morgen um sechs oder halb sieben aufzustehen und in alle Winkel der Wohnung gründlich Insektenspray zu sprühen, um die Mikroben zu vertreiben, auch unter dem Bett zu sprühen und hinter dem Schrank und im Hängeboden und zwischen den Beinen der Anrichte, und danach die Matratzen und das Bettzeug auszuklopfen. Meine ganze Kindheit lang sah ich Großvater Alexander am frühen Morgen in Pantoffeln und Unterhemd auf der Veranda stehen und mit aller Kraft auf das Bettzeug eindreschen wie Don Quichotte auf die Weinschläuche. Wieder und wieder schwang er den Teppichklopfer und ließ ihn auf die Matratzen niedersausen, mit der ganzen Wucht seines Unglücks oder seiner Verzweiflung. Großmutter Schlomit stand dabei einige Schritte hinter ihm – größer als er, den geblümten seidenen Morgenrock bis zum letzten Knopf zugeknöpft, das Haar mit einer grünen Schmetterlingsschleife zusammengebunden, streng und aufrecht wie die Direktorin eines Pensionats für höhere Töchter –, so inspizierte sie das Schlachtfeld bis zum täglichen Sieg.

In ihrem Dauerkrieg gegen die Mikroben machte Großmutter es sich zur Regel, Obst und Gemüse kompromißlos abzukochen. Das Brot rieb sie mit einem feuchten Lappen ab, der mit einer rosa Desinfektionslösung getränkt war. Nach jeder Mahlzeit spülte sie das Geschirr nicht, sondern kochte es viele Stunden lang ab, wie bei der Reinigung für das Pessachfest. Sogar sich selbst kochte Großmutter Schlomit dreimal täglich ab: Im Sommer wie im Winter nahm sie jeden Tag drei kochendheiße Bäder, um die Mikroben abzutöten. Sie wurde alt, die Bazillen und Viren erkannten sie von weitem und flüchteten rasch vor ihr auf die andere Straßenseite, und als sie über achtzig war und zwei oder drei Herzanfälle hinter sich hatte, warnte Dr. Krummholz sie: Verehrteste, wenn Sie nicht mit Ihren glühendheißen Bädern aufhören, kann ich für das Weitere nicht mehr die Verantwortung übernehmen.

Aber Großmutter konnte sich das heiße Baden nicht abgewöhnen. Ihre Angst vor den Mikroben war stärker. Sie starb in der Badewanne.

Ihr Herzinfarkt ist eine Tatsache.

Aber in Wahrheit ist Großmutter vor lauter Sauberkeit gestorben, nicht an einem Herzinfarkt. Die Tatsachen verbergen die Wahrheit. Es war die Sauberkeit, die sie umgebracht hat. Allerdings verweist ihr Lebensmotto in Jerusalem, »die Levante ist voller Mikroben«, möglicherweise auf eine Wahrheit, die noch tiefer liegt als der Reinlichkeitswahn, eine unterdrückte, verborgene Wahrheit. Schließlich war Großmutter Schlomit aus Nordosteuropa nach Jerusalem gekommen, aus Orten, in denen es keineswegs weniger Mikroben gab, ganz abgesehen von allen möglichen sonstigen schädlichen Dingen.

Hier tut sich vielleicht ein Spalt auf, durch den wir erkennen und ein wenig nachvollziehen können, was der Orient, seine Farben und Gerüche, im Herzen meiner Großmutter hervorrief und vielleicht auch in den Herzen anderer Einwanderer und Flüchtlinge, die ebenfalls aus herbstlich-grauen osteuropäischen Schtetls gekommen und derart vor der überschäumenden Sinnlichkeit der Levante erschrocken waren, daß sie sich selbst ein Ghetto errichteten, um sich vor diesen Bedrohungen zu schützen.

Bedrohungen? Oder verhält es sich in Wahrheit vielleicht so, daß Großmutter, die ihren Körper kasteite und alle Tage ihres Lebens in Jerusalem morgens, mittags und abends in kochendheißen Tauchbädern reinigte, dies gar nicht wegen der Bedrohungen, sondern wegen der verführerischen sinnlichen Reize der Levante tat, wegen ihres eigenen Körpers, wegen der starken Anziehungskraft der wirbelnden Märkte, die ihr den Atem nahmen und die Knie weich werden ließen mit ihrer Fülle an unbekanntem Gemüse und Obst und würzigem Käse und scharfen Gerüchen und verblüffend gutturalen Speisen, die für sie so fremd und verlockend waren, mit den gierigen Händen, die sich tief ins Innerste der Obst- und Gemüsestapel hineinwühlten, den Chilischoten und den aromatischen Oliven und dem blutigen rohen Fleisch in seiner Üppigkeit und Nacktheit, das ohne Scham am Haken der Schlachter baumelte, und der Vielfalt an Kräutern, Gewürzen und Pulvern, betörend bis an den Rand der Ohnmacht, das gesamte laszive Zauberspektrum von Bitter, Scharf und Salzig, und den durchdringenden Düften frisch gerösteten Kaffees und den Glasbehältern voll farbenfroher Getränke mit Eisstücken und Zitronenschnitzen – und schließlich diesen kräftigen Markträgern, braungebrannt, behaart, nackt bis an die Hüften, alle Rückenmuskeln vibrierten bei ihnen vor Anstrengung unter ihrer warmen, schweißüberströmten, in der Sonne glänzenden Haut. Vielleicht waren Großmutters sämtliche Reinigungsrituale nichts als ein hermetisch geschlossener steriler Raumanzug? Ein antiseptischer Keuschheitsgürtel, mit sieben Schlössern gesichert, in den sich Großmutter von ihrem ersten Tag im Lande an selbst eingeschlossen und danach sogleich sämtliche Schlüssel vernichtet hatte?

Zum Schluß ist sie an einem Herzinfarkt gestorben. Das ist eine Tatsache. Aber nicht der Herzinfarkt, sondern die Sauberkeit hat sie umgebracht. Doch vielleicht war letztlich weder die Sauberkeit noch ihr Verlangen und auch nicht ihre furchtbare Angst vor diesem Verlangen die wahre Todesursache, sondern ihre ständige geheime Wut auf diese Angst, eine unterdrückte, bösartig wuchernde Wut, wie aufgestauter Eiter, Wut auf ihren eigenen Körper, Wut auf ihr Verlangen und die noch tiefer sitzende Wut über ihr Zurückschrecken vor ihrem Verlangen, eine trübe, giftige Wut auf die Gefangene wie die Gefängniswärterin, Jahre über Jahre des geheimen Trauerns über die öde Zeit, die zusehends verging, über ihren schrumpelnden Körper und über das Verlangen dieses Körpers, ebendies Verlangen, das Tausende Male gewaschen und eingeseift und desinfiziert und geschrubbt und gekocht worden war, das Verlangen nach dieser verschmutzten, verschwitzten, animalischen Levante, die nahezu ohnmächtig machende Genüsse bereithält, aber ganz und gar voller Mikroben ist.

7

Es ist beinahe sechzig Jahre her. Und immer noch habe ich seinen Geruch in Erinnerung: Ich rufe ihn, und er kommt zurück zu mir, ein etwas derber Geruch, ein staubiger Geruch, aber stark und angenehm, ein Geruch, der mich an die Berührung groben Sackleinens erinnert, und so leitet sein Geruch über zur Erinnerung an die Berührung seiner Haut, seiner Locken, seines buschigen Schnauzbarts, der sich an meiner Wange rieb und mir ein so wohliges Gefühl gab, wie an einem Wintertag in einer warmen, halbdunklen Küche zu sein. Scha'ul Tschernichowski starb 1943, als ich vier Jahre alt war. Daher ist diese sinnliche Erinnerung vermutlich nur deshalb erhalten geblieben, weil sie unterwegs ein paar Übertragungs- und Verstärkungsstationen passiert hat: Mutter und Vater erinnerten mich häufig an jene Momente, weil sie sich Bekannten gegenüber gern dessen rühmten, daß das Kind noch auf Scha'ul Tschernichowskis Schoß gesessen und mit seinem Schnauzbart gespielt habe. Sie baten mich dann immer um die Bestätigung ihrer Geschichte: »Du erinnerst dich doch noch an den Schabbat nachmittag, als Onkel Scha'ul, der Dichter, dich auf seinen Schoß genommen und dich ›kleiner Teufel‹ genannt hat, stimmt's?«

Mein Part bestand darin, den Refrain aufzusagen: »Stimmt, ich erinnere mich sehr gut.«

Niemals habe ich ihnen gesagt, daß das Bild, das ich im Gedächtnis habe, etwas von ihrer Version abweicht.

Ich wollte ihnen nichts kaputtmachen.

Die Angewohnheit meiner Eltern, diese Geschichte zu wiederholen und von mir bestätigen zu lassen, hat meine Erinnerung an jene Momente tatsächlich bestärkt und lebendig erhalten, eine Erinnerung, die ohne den Stolz meiner Eltern vielleicht verblaßt und verflogen wäre. Aber die Tatsache, daß mein Erinnerungsbild nicht nur ein Abbild der Geschichte meiner Eltern ist, sondern ein Eigenleben hat, die Tatsache, daß das Bild von dem großen Dichter und dem kleinen Jungen in der Version meiner Eltern wirklich etwas von dem Bild, das sich mir eingeprägt hat, abweicht – dieser Unterschied beweist, daß meine Geschichte nicht nur die von ihnen übernommene Geschichte ist. Bei meinen Eltern öffnet sich der Vorhang, und der blonde Junge in kurzen Hosen sitzt auf den Knien des Giganten der hebräischen Dichtung, zieht und zupft an seinem Schnauzbart herum, wobei der Dichter dem Kleinen den Ehrentitel »kleiner Teufel« verleiht, und der Junge seinerseits – oh, süße Unschuld! – mit gleicher Münze zurückzahlt und dem Dichter erwidert: »Selber ein Teufel!« Worauf, in der Version meines Vaters, der Verfasser von »Vor der Apollo-Statue« erwiderte: »Vielleicht haben wir beide recht«, und mich sogar auf den Kopf küßte, was meine Eltern als ein Omen für die Zukunft deuteten, eine Art Salbung, als hätte, sagen wir, Puschkin sich niedergebeugt und den winzigen Tolstoj auf den Kopf geküßt.

Aber in meinem Erinnerungsbild – das Scheinwerferlicht, das meine Eltern häufig darauf richteten, hat mir geholfen, es zu bewahren, aber auf keinen Fall haben sie es mir eingeprägt –, in meinem Szenario, das weniger süß ist als das ihre, habe ich nicht auf dem Schoß des Dichters gesessen, habe ich auch nicht an seinem berühmten Schnauzbart gezupft, sondern war gerade gestolpert und gefallen, dort, im Haus von Onkel Joseph, und hatte mir beim Sturz in die Zunge gebissen, es blutete ein wenig, und ich weinte, und der Dichter, der auch Arzt war, ein Kinderarzt, kam meinen Eltern zuvor und half mir mit seinen beiden breiten Händen auf. Ich erinnere mich sogar jetzt noch, wie er mich, den Rücken ihm und mein schreiendes Gesicht dem Zimmer zugekehrt, vom Fußboden hochnahm, mich dann schwungvoll zu sich umdrehte und etwas sagte und dann noch etwas – bestimmt nicht in Sachen Weiterreichung der Krone Puschkins an Tolstoj –, und während ich noch in seinen Armen zappelte, sperrte er mir den Mund auf und sagte, man solle bitte Eisstückchen bringen, besah sich meine Wunde und erklärte: »Das ist gar nichts, nur eine Schramme, und so wie wir jetzt weinen, so werden wir auch gleich wieder lachen.«

Vielleicht, weil der Dichter uns beide in diesem »wir« verband oder wegen seiner rauhen, angenehmen Wangenhaut, die sich wie das Rubbeln eines dicken, warmen Handtuchs an meiner Wange anfühlte, und vor allem wohl wegen seines starken Geruchs, ein anheimelnder Geruch, den ich bis heute heraufbeschwören kann (nicht der Geruch von Rasierwasser, nicht von Seife und auch nicht von Tabak, sondern ein dichter, voller Geruch, wie das Aroma von Hühnersuppe an einem Wintertag), beruhigte ich mich schnell, und es stellte sich heraus, daß der Schmerz, wie fast immer, eigentlich mehr Schreck als Schmerz gewesen war. Der buschige Nietzscheschnauzbart rieb und kitzelte mich ein bißchen, und dann legte mich Dr. Scha'ul Tschernichowski – so erinnere ich es – behutsam, aber ohne überflüssiges Getue auf das Sofa von Onkel Joseph, dem Professor Joseph Klausner, und der Dichter-Arzt oder meine Mutter legte mir etwas Eis auf die Zunge, das Tante Zippora schnell geholt hatte.

Soweit ich mich erinnern kann, ist bei dieser Gelegenheit kein scharfsinniger Aphorismus, der überlieferns- und zitierenswert wäre, zwischen dem Giganten unter den Dichtern der Periode der Erneuerung unserer Literatur und dem wimmernden kleinen Repräsentanten der später so genannten Generation des Staates gewechselt worden.

Nach jenem Tag hat es noch zwei, drei Jahre gedauert, bis ich den Namen Tschernichowski aussprechen konnte. Als man mir sagte, er sei ein Dichter, war ich nicht überrascht: Im damaligen Jerusalem war fast jeder entweder ein Dichter oder ein Schriftsteller, Forscher oder Denker, Gelehrter oder Weltverbesserer. Auch der Doktortitel beeindruckte mich nicht im geringsten: Bei Onkel Joseph und Tante Zippora waren alle männlichen Gäste Professor oder Doktor.

Aber er war nicht einfach irgendein Doktor oder irgendein Dichter. Er war ein Kinderarzt, ein Mann mit wilden Locken, mit lachenden Augen, mit großen, flaumigen Händen, mit einem Schnauzbart wie ein Walddickicht, mit Filzwangen und einem einzigartigen starken und sanften Geruch.

Bis zum heutigen Tag brauche ich den Dichter Scha'ul Tschernichowski nur auf einem Photo, einem Bild oder auch als Büste, wie sie, meine ich, im Eingang des nach ihm benannten Tel Aviver Schriftstellerhauses steht, zu sehen, und schon umhüllt mich sofort, wie eine warme Winterdecke, sein tröstender Geruch.

Onkel Joseph, den er verehrte, folgend, zog mein Vater den lockenhaarigen Tschernichowski dem glatzköpfigen Bialik deutlich vor: Bialik war ihm als Dichter zu jüdisch, erschien ihm diasporaverhaftet und »weibisch«, während er Tschernichowski für einen hebräischen Dichter par excellence hielt, das heißt: männlich, ein wenig jungenhaft frech, ein wenig gojisch, gefühlvoll und kühn, ein sinnlich-dionysischer Dichter, »ein heiterer Grieche«, wie ihn Onkel Joseph nannte (unter völliger Außerachtlassung von Tschernichowskis jüdischer Trauer und seiner typisch jüdischen Sehnsucht, sich ein wenig zu hellenisieren). In Bialik sah mein Vater den Dichter der jüdischen *Nebbichkeit*, der Welt von gestern, des Schtetls, der Armseligkeit, der Ohnmacht und der Mitleidigkeit (außer in »Die Flammenrolle«, »Die Toten der Wüste« und »In der Stadt des Würgens«, denn dort, sagte Vater, »dort brüllt Bialik richtiggehend«).

Ebenso wie viele andere zionistische Juden seiner Zeit war mein Vater eigentlich insgeheim ein »Kanaaniter«: Das Schtetl mit allem, was dazugehörte, und auch die Vertreter des Schtetls in der modernen Literatur, Bialik und Agnon, waren ihm peinlich. Er wollte unsere Wiedergeburt: als Hebräer-Europäer, hellhaarig, kräftig, braungebrannt, die an die Stelle der jüdischen Osteuropäer treten sollten. Das Jiddische war meinem Vater die meiste Zeit seines Lebens zuwider, er nannte es »Jargon«. Bialik hielt er für den Dichter der »generationenlangen Agonie«, während Tschernichowski der Vorbote des neuen Morgens war, der über uns aufschien, des Morgens »derer, die Kanaan im Sturm erobern«. Das Gedicht »Vor der Apollo-Statue« rezitierte mein Vater auswendig und mit großer Glut, ohne zu merken, daß der Dichter zwar der Statue Apollos huldigt, ohne es zu wollen jedoch ein Loblied auf Dionysos singt.

Zuweilen deklamierte mein Vater auch leidenschaftlich Tschernichowskis Donner- und Blitzgewitter: »Eine Melodie und Weise habe ich aus längst vergangener Zeit, eine Melodie von Feuer und Blut! Erklimme den Berg und ramme Pflöcke in das Land, alles, was du siehst – sei dein!« Oder: »Nacht, Nacht, fremder Götter Nacht, ohne Stern, ohne Licht«. Sein blasses Gesicht, das Gesicht eines bescheidenen Gelehrten, flammte einen Moment auf, wie bei einem Mönch, den ein sündiger Gedanke durchzuckt, während er sich bemühte, Verse wie »Blut geb ich für Blut« herauszubrüllen.

Mein Vater konnte mehr Tschernichowski-Gedichte auswendig als jeder andere Mensch, dem ich je begegnet bin, bestimmt mehr als Tschernichowski selbst, und er deklamierte sie mit glühendem Pathos. Ein so musischer und musikalischer Dichter, ein Dichter ohne Hemmungen, ohne Diasporakomplexe, schreibt ohne jede Scham über die Liebe und sogar über die Sinnesfreuden, sagte Vater, niemals suhlt sich Tschernichowski in allen möglichen *zores* und *krechzen*, Nöten und Gejammer.

Mutter sah Vater in solchen Momenten ein wenig skeptisch an, als wundere sie sich im stillen über die rohe Natur seiner Gelüste, zog es aber vor, sie nicht zu kommentieren.

Mein Vater hatte ein litauisches Temperament par excellence und benutzte auch gern den Ausdruck »par excellence«. (Die Klausners stammten aus Odessa, zuvor aus Litauen, und noch früher wohl aus Mattersdorf, dem heutigen Mattersburg im Osten Österreichs, nahe der ungarischen Grenze.) Er war ein sentimentaler und enthusiastischer Mann, hatte aber die meiste Zeit seines Lebens nichts mit Mystik und Magie aller Arten im Sinn. Das Übernatürliche erschien ihm entschieden als das Reich aller möglichen Schwindler und Scharlatane. Die chassidischen Geschichten waren für ihn reine Folklore, und das Wort »Folklore« sprach er immer mit der gleichen angeekelten Miene aus, mit der er zum Beispiel auch »Jargon«, »Ekstase«, »Haschisch« und »Intuition« sagte.

Meine Mutter hörte ihm zu, offerierte uns an Stelle einer Erwiderung ihr trauriges Lächeln, und manchmal sagte sie zu mir: »Dein Vater ist ein kluger und rationaler Mann, rational sogar noch im Schlaf.«

Jahre später, nach ihrem Tod, als seine optimistische Heiterkeit und ständige Redseligkeit ein wenig verblaßt waren, änderte sich seine Einstellung, kam der meiner Mutter vielleicht ein wenig näher: In einem der unterirdischen Magazine der Nationalbibliothek entdeckte mein Vater ein unbekanntes Manuskript von Jizchak Leib Perez, ein Heft aus der Jugendzeit, das, zwischen allerlei Entwürfen, Kritzeleien und lyrischen Versuchen, auch eine unbekannte Erzählung mit dem Titel *Rache* enthielt. Vater ging für ein paar Jahre nach London und schrieb dort seine Doktorarbeit über diese Entdeckung, mit ihr entfernte er sich vom Sturm und Drang des frühen Tschernichowski, er begann sich mit den Mythen und Sagen ferner Völker zu beschäftigen, näherte sich der jiddischen Literatur an und wurde schließlich, als lasse er endlich ein Geländer los, von dem mystischen Zauber der Erzählungen von Perez im besonderen und der chassidischen Geschichten im allgemeinen in Bann gezogen.

Aber in den Jahren, in denen wir am Schabbat zu Onkel Joseph nach Talpiot gingen, versuchte Vater noch, uns alle zu Kindern des Lichts gleich ihm zu erziehen. Meine Eltern diskutierten oft über Literatur. Vater liebte

Shakespeare, Balzac, Tolstoj, Ibsen und Tschernichowski. Mutter bevorzugte Schiller, Turgenjew, Tschechow, Strindberg, Gnessin, Bialik und auch den Herrn Agnon, der genau gegenüber von Onkel Joseph in Talpiot wohnte, doch große Freundschaft, so scheint mir, war zwischen ihnen nicht.

Eine höfliche, aber arktische Kälte wehte einen Moment lang durch die Gasse, wenn die beiden, Professor Klausner und Herr Agnon, sich zufällig begegneten, kurz die Hüte lüfteten, sich leicht verbeugten und einander im stillen sicherlich von Herzen baldiges Versinken auf dem Grund ewiger Vergessenheit wünschten. Onkel Joseph hielt nicht viel von Agnon, für ihn hatte dessen Art zu schreiben etwas Langatmiges und Provinzielles und etwas ausgeklügelt Schnörkeliges, wie die trillernden Finessen jüdischer Kantoren.

Herr Agnon wiederum pflegte seinen Groll, vergaß nichts und spießte Onkel Joseph schließlich auf eine Lanze seiner Ironie, in der lächerlichen Gestalt des Professor Bachlam in dem Roman *Schira*. Zum Glück starb Onkel Joseph vor Erscheinen dieses Romans, wodurch ihm Kummer erspart blieb. Herr Agnon hingegen erfreute sich eines langen Lebens, erhielt den Nobelpreis für Literatur und gelangte zu Weltruhm, mußte es aber – gewiß mit zähneknirschendem Mißmut – hinnehmen, daß eines Tages die kleine Straße der beiden, eine Sackgasse im Viertel Talpiot, in Klausner-Straße umbenannt wurde. Von da an bis zu seinem Tod war er also dazu verurteilt, der berühmte Schriftsteller Samuel Josef Agnon aus der Klausner-Straße zu sein.

Und so hat es ein launiges Schicksal gefügt, daß das Agnon-Haus bis zum heutigen Tag mitten in der Klausner-Straße steht, während ein nicht minder launiges Schicksal es gewollt hat, daß das Klausner-Haus vollständig abgerissen worden ist und an seiner Stelle ein gewöhnliches würfelförmiges Mehrfamilienhaus errichtet wurde, gegenüber dem Agnon-Haus, das bis heute lebt und besteht.

8

Jeden zweiten oder dritten Schabbat pilgerten wir nach Talpiot, zu der kleinen Villa von Onkel Joseph und Tante Zippora. Etwa sechs bis sieben Kilometer waren es von unserer Wohnung in Kerem Avraham nach Talpiot, einem abgelegenen und etwas gefährdeten hebräischen Vorort. Südlich von

Rechavia, Kiriat Schmuel und der Windmühle von Mischkenot Scha'ananim und Jemin Mosche erstreckten sich die Gefilde des fremden Jerusalem: Talbieh, Abu Tor und Katamon, die Deutsche Kolonie und die Griechische Kolonie und Baka. (Abu Tor, erklärte uns einmal unser Lehrer, Herr Avissar, ist nach einem Helden benannt, dessen Name »Vater des Stieres« bedeutet, Talbieh war einst das Besitztum eines Mannes namens Taleb, Baka kommt vom hebräischen Wort *bika*, Tal, während der Name Katamon eine arabische Verballhornung des griechischen *kata mones* ist, was »bei den Klöstern« bedeutet.) Noch weiter südlich, jenseits all dieser fremden Welten, hinter den Bergen, am Ende der Welt, blinkten ein paar vereinzelte jüdische Punkte: Mekor Chaim, Talpiot, Arnona und der Kibbuz Ramat Rachel, der fast an die Ausläufer von Bethlehem grenzte. Von unserem Jerusalem aus konnte man Talpiot nur als winzige graue Ansammlung verstaubter Baumwipfel auf einer fernen Hügelkuppe erkennen. Auf unserem Dach deutete unser Nachbar, der Ingenieur Herr Friedmann, einmal bei Nacht auf ein Häuflein blaß flimmernder Lichter am Horizont, zwischen Himmel und Erde, und sagte: Da ist das Allenby-Lager, und dort seht ihr vielleicht auch die Lichter von Talpiot oder Arnona. Wenn es wieder Unruhen gibt, sagte er, werden sie keinen leichten Stand haben. Ganz zu schweigen von einem richtigen Krieg.

Wir machten uns nach dem Mittagessen auf den Weg, zu einer Zeit, in der die Stadt sich hinter geschlossenen Fensterläden verbarrikadierte und in ihren Schabbatmittagsschlaf versank. Vollkommene Stille herrschte in den Straßen und Höfen zwischen den Steinhäusern mit ihren angebauten Wellblechschuppen. Als hätte man ganz Jerusalem in eine durchsichtige Glaskugel eingeschweißt.

Wir überquerten die Ge'ula-Straße, betraten das Gassengewirr des baufälligen ultraorthodoxen Schtetls am oberen Ende von Achva, gingen unter Wäscheleinen hindurch, vollgehängt mit schwarzen, gelben und weißen Sachen, an rostigen Eisengeländern vernachlässigter Balkone und Außentreppen vorbei, dann aufwärts durch Sichron Mosche, das immer eingehüllt war in eine Wolke von Essensgerüchen armer Aschkenasim, den Dunst von Tscholent, Borschtsch, Knoblauch, Zwiebeln und Sauerkraut, und weiter, bis wir die Hanevi'im-Straße kreuzten. Keine lebende Seele zeigte sich in den Straßen Jerusalems am Schabbatnachmittag um zwei Uhr. Von der Hanevi'im-Straße bogen wir ab und gingen die Chancellor-Straße hinunter, der heutigen Strauss-Straße, immer eingetaucht in das Dämmerlicht alter Kiefern und die Schatten zweier Mauern, auf der einen Seite die bemooste graue Steinmauer des protestantischen Diakonissen-Hospitals, auf der anderen die massive Steinmauer des jüdischen Bikur-Cholim-Krankenhauses, in dessen prächtige Kupfertüren die Symbole der zwölf Stämme Israels eingraviert waren. Ein Hauch von Arzneimitteln, Alter und scharfer Lysollösung entströmte diesen Krankenhäusern. Danach überquerten wir die Jaffa-Straße bei dem berühmten Bekleidungsgeschäft Ma'ayan Stub und verweilten einen Moment vor dem Schaufenster der Buchhandlung Achiasaf, damit Vater mit hungrigen Augen das üppige Angebot neuer hebräischer Bücher in der Auslage verschlingen konnte. Dann gingen wir weiter, die ganze King-George-Straße entlang, vorbei an eleganten Läden, kronleuchterbestückten Cafés und reichen Geschäftshäusern, alle leer und geschlossen zu Ehren des Schabbats, aber ihre Schaufenster zwinkerten uns durch die verriegelten Eisengitter zu, lockten uns mit dem verführerischen Zauber anderer Welten, dem Flimmern ferner Kontinente und all ihrer Fülle, dem Duft hellerleuchteter Städte voller geschäftigen Treibens, sicher an den Ufern großer Flüsse gelegen, bevölkert von eleganten Damen und wohlhabenden Herren, die ohne Unruhen und Zwangsverordnungen lebten und keinen Mangel kannten. Sie mußten nicht jeden Groschen zweimal umdrehen, sie mußten sich nicht den Regeln des Pionierdaseins unterwerfen und nicht immerzu freiwillige Einsätze leisten, sie lebten ohne die Lasten von Beitragszahlungen für die Gewerkschaftskrankenkasse und Abgaben für den Aufbaufonds und auch ohne Lebensmittelkarten, sie wohnten behaglich in schönen Häusern, aus deren Ziegeldächern Schornsteine wuchsen, oder in geräumigen, modernen Wohnungen mit Teppichboden, ein blaulivrierter Türsteher bewachte den Eingang des Gebäudes, ein rotlivrierter Liftboy war für die Aufzüge zuständig, und Dienstmädchen und Köche und Kindermädchen und Hausmeister standen zu Diensten der Herren und Damen, die ein Leben in Glück und Wohlstand genossen. Anders als wir hier.

Hier in der King-George-Straße wie auch in dem jeckischen, deutsch-jüdischen Rechavia und in dem reichen griechisch-arabischen Talbieh lag eine andere Stille in der Luft, völlig unähnlich der ultraorthodoxen Schabbatnachmittagsstille in den armseligen, vernachlässigten osteuropäischen Gassen. Eine verlockende und geheimnisvolle Stille herrschte in der King-George-Straße am Schabbatnachmittag um halb drei, eine ausländi-

Eine Geschichte von Liebe und Finsternis

sche, ja geradezu britische Stille, denn die King-George-Straße erschien mir in meiner Kindheit – nicht nur ihres Namens wegen – wie ein Ausläufer der wunderbaren Stadt London, die ich aus dem Kino kannte: Gesäumt von Reihen hoher Häuser, imposanten, offiziell aussehenden Gebäuden, die zu beiden Straßenseiten durchgehende, einheitliche Fronten bildeten, ohne die Breschen verwahrloster Höfe zwischen zwei Häusern, voll Gerümpel und Müll, wie in unserem Viertel. Hier in der King-George-Straße gab es keine bröckelnden Balkone und keine verwitterten Läden an Fensterhöhlen, die aufklafften wie ein zahnloser alter Mund, Armeleutefenster, die dem Vorübergehenden alle dürftigen Innereien des Hauses enthüllten: geflickte Federbetten, grellbunte Lumpen, ein gedrängtes Möbelsammelsurium, rußige Bratpfannen, muffiges Steingutgeschirr, verbeulte Emailletöpfe und alle möglichen rostzerfressenen Blechdosen. An beiden Gestaden der Straße zog sich hier eine korrekte, hochmütige Häuserfront, deren Türen und Fenster alle auf diskrete Weise Reichtum, Ehrbarkeit, leise Stimmen, erlesene Stoffe, weiche Teppiche, geschliffene Glaskelche und feine Umgangsformen signalisierten. Und an den Hauseingängen prangten die schwarzen Glasschilder von Anwaltskanzleien, Maklerbüros, Ärzten, Notaren und Generalvertretern angesehener ausländischer Firmen.

Unterwegs kamen wir am Waisenhaus Talitha Kumi vorbei. (Vater erklärte wieder einmal die Bedeutung dieses Namens, als hätte er das nicht schon vor zwei Wochen und vor zwei Monaten getan, und Mutter sagte dann wieder einmal zu ihm: Schon gut, Arie, wir haben es gehört, bald wird durch all deine Erklärungen aus *Talitha kumi* – Mädchen, steh auf – noch *Talitha numi* – Mädchen, schlaf ein.) Wir passierten die Schiber-Grube, ein nach den Ausschachtungsarbeiten aufgegebenes Bauprojekt, dann das Frumin-Haus, später einmal der provisorische Sitz der Knesset, das Hama'alot-Haus mit seiner abgerundeten Bauhausfassade, das jedem Vorbeikommenden das strenge Vergnügen ordnungsliebender jeckischer Ästhetik verhieß, und hielten einen Augenblick inne, um hinter dem muslimischen Mamilla-Friedhof die Mauern der Altstadt zu betrachten, trieben einander jedoch zur Eile an (schon Viertel vor drei, und wir haben noch einen weiten Weg vor uns!). Danach passierten wir die Jeschurun-Synagoge und das wuchtige Halbrund der Jewish Agency. (Vater bemerkte dann im Flüsterton, als verrate er mir Staatsgeheimnisse, und mit freudiger Ehrfurcht: »Hier sitzt unsere politische Führung, Dr. Weizmann, Kaplan,

Schertok, und manchmal auch David Ben Gurion persönlich. Hier schlägt das Herz der hebräischen Regierung. Wie schade, daß sie nicht nationaler eingestellt ist!« Und dann erklärte er mir noch, was ein »Schattenkabinett« ist und was in unserem Land passieren würde, wenn die Briten endlich fortgingen. »Im guten oder im bösen, sie werden gehen!«)

Von dort wanderten wir weiter, Richtung Terra-Sancta-Gebäude (dort sollte mein Vater später rund zehn Jahre arbeiten, nach dem Unabhängigkeitskrieg und der Belagerung Jerusalems, als die Straße zu den Universitätsgebäuden auf dem Skopusberg gesperrt war und die Zeitungsabteilung der Nationalbibliothek hier, in einer Ecke des dritten Stocks, vorübergehend Unterschlupf fand).

Vom Terra-Sancta-Gebäude aus waren es noch etwa zehn Minuten Fußweg bis zum abgerundeten David-Gebäude, wo die Stadt plötzlich aufhörte und mit einem Schlag freies Feld begann, auf dem Weg zum Bahnhof in Emek Refa'im. Zu unserer Linken konnten wir die Flügel der Windmühle in Jemin Mosche sehen und am Hang zu unserer Rechten die letzten Häuser von Talbieh. Eine unausgesprochene Spannung ergriff uns beim Verlassen des hebräischen Stadtgebiets – als würde man eine unsichtbare Grenze überschreiten und ein fremdes Land betreten.

Kurz nach drei gingen wir die Straße entlang, die die Ruinen des alten türkischen Chans, hinter dem sich die schottische Kirche erhob, und den geschlossenen Bahnhof voneinander trennte. Ein anderes Licht war hier, ein umwölkteres, uraltes moosiges Licht. Dieser Ort erinnerte Mutter an eine muslimische Gasse am Rand ihrer westukrainischen Heimatstadt. Vater begann hier unvermeidlich von der Türkenzeit in Jerusalem zu reden, von Dschamal Paschas Willkürherrschaft, von Enthauptungen und Prügelstrafen, die vor den Augen der versammelten Volksmenge vollstreckt worden waren, genau hier auf dem gepflasterten Vorplatz dieses Bahnhofs, den ein Jerusalemer Jude namens Joseph Bey Navon Ende des 19. Jahrhunderts, mit osmanischer Konzession, gebaut hatte.

Vom Bahnhofsvorplatz gingen wir weiter, die Hebron-Straße entlang, vorbei an den befestigten militärischen Einrichtungen der Briten und einem umzäunten Tanklager, an dem ein Schild in drei Sprachen verkündete: VACUUM OIL. Die hebräische Aufschrift war ohne Vokalzeichen, so daß man sie auch als »und steh auf, Dussel« lesen konnte, woraufhin Vater lachte und sagte: Wer ist denn der Dussel, der laut diesem Schild aufstehen soll? Und ohne meine Reaktion abzuwarten, beantwortete er seine Frage selbst: Vacuum Oil ohne Vokalzeichen – das ist ein weiterer Beweis dafür, daß es höchste Zeit ist, die hebräische Orthographie endlich zu modernisieren und Vokalbuchstaben einzuführen, die, so sagte er, eine Art Verkehrspolizisten des Lesens seien.

Zu unserer Linken zweigten jetzt ein paar abschüssige Straßen ab, die zu dem arabischen Viertel Abu Tor führten, und zu unserer Rechten lagen die freundlichen Gassen der Deutschen Kolonie, ein friedliches bayrisches Dorf, voll zwitschernder Vögel, bellender Hunde und krähender Hähne, mit Taubenschlägen und roten Ziegeldächern, die hier und da zwischen den Zypressen und Kiefern hervorschauten, und kleinen, von Steinmauern umschlossenen Höfen im Schatten dichtbelaubter Bäume. Jedes Haus hatte hier einen Keller und einen Dachboden, Worte, deren Klang allein schon geeignet war, Sehnsucht im Herzen eines Kindes wie mir zu wecken, an dessen Geburtsort niemand einen dunklen Keller unter seinen Füßen oder einen dämmrigen Dachboden über seinem Kopf hatte und keine Speisekammer und keine Kommode und keine Truhe und keine Penduhr und auch keinen Brunnen mit Brunnendeichsel im Hof.

Wir folgten der Hebron-Straße weiter nach Süden, vorbei an großen Häusern aus behauenem rosa Stein, bewohnt von reichen Effendis und christlich-arabischen Akademikern und hohen Beamten der Mandatsmacht und Mitgliedern des Hohen Arabischen Komitees, Mardam Bey al-Matnaui, Chadsch Rasched al-Afifi, Dr. Emile Adwan al-Bustani, Rechtsanwalt Henry Tawil Totach und den übrigen reichen Einwohnern von Baka. Hier waren alle Geschäfte geöffnet, und aus den Kaffeehäusern schallte Lachen und Musik, als hätten wir den Schabbat selbst hinter uns gelassen, aufgehalten von einer imaginären Mauer, die ihm irgendwo zwischen Jemin Mosche und dem Schottischen Hospiz den Weg versperrt hatte.

Auf dem breiten Bürgersteig saßen vor einem Kaffeehaus im Schatten zweier uralter Kiefern drei oder vier nicht mehr junge Herren in braunen Anzügen auf Korbschemeln um einen niedrigen Holztisch. Bei jedem baumelte eine goldene Uhrkette aus einem Knopfloch, spannte sich über den Bauch und verschwand in der Hosentasche. Sie tranken Tee aus Gläsern oder nippten starken Kaffee aus kleinen Goldrandtassen und ließen die Würfel über das Backgammon-Brett vor ihnen rollen. Vater grüßte sie freundlich auf arabisch, das sich aus seinem Mund eher wie Russisch anhörte. Die Herren verstummten daraufhin einen Moment, blickten ihn mit verhaltenem Erstaunen an, und einer von ihnen murmelte undeutlich einige

Worte, vielleicht auch nur ein einziges Wort, und vielleicht erwiderte er tatsächlich unseren Gruß.

Um halb vier gingen wir am Stacheldrahtzaun des Allenby-Lagers entlang, der britischen Militärbasis im Süden Jerusalems. Schon oft war ich hier eingefallen, hatte es erobert, unterworfen, gesäubert und die hebräische Flagge gehißt, in meinen Spielen auf der Matte. Von hier führte ich dann schwungvoll den Sturmangriff auf das Herz der Fremdherrschaft, entsandte kleine Kommandoeinheiten an die Mauern des Gouverneurspalastes auf dem Berg des bösen Rates, den meine hebräischen Bataillone wieder und wieder in ausgreifenden Zangenbewegungen bedrängten, eine Panzerwagenkolonne rückte von Westen, vom Allenby-Lager, auf den Palast vor, während der andere Zangenarm ihn völlig überraschend von Osten, von den öden östlichen Anhöhen, den Rändern der judäischen Wüste her einkreiste.

Als ich etwas über acht Jahre alt war, im letzten Jahr des britischen Mandats, baute ich mit zwei eingeweihten Freunden eine fürchterliche Rakete in unserem Hinterhof. Diese Schreckenswaffe wollten wir auf den Buckingham-Palast in London richten (ich hatte einen detaillierten Plan des Londoner Stadtzentrums in der Kartensammlung meines Vaters gefunden).

Mit Vaters Schreibmaschine tippte ich ein höfliches Ultimatum an Seine Majestät, König George VI. von England aus dem Hause Windsor (ich schrieb auf hebräisch, sicherlich hatten sie dort jemanden, der es für ihn übersetzen konnte): Sollten Sie nicht spätestens innerhalb von sechs Monaten aus unserem Land abziehen, wird unser Versöhnungstag für Großbritannien zum Tag des Gerichts werden. Aber unser Projekt wurde letztlich nicht verwirklicht, weil es uns nicht gelang, das erforderliche ausgeklügelte Leitsystem zu entwickeln (wir wollten den Buckingham-Palast treffen, nicht jedoch unschuldige englische Passanten auf der Straße), und weil wir Mühe hatten, den Treibstoff zu produzieren, der unsere Rakete von der Amos-, Ecke Ovadja-Straße in Kerem Avraham bis zum Ziel im Zentrum Londons hätte befördern können. Während wir noch im Forschungs- und Entwicklungsstadium steckten, besannen sich die Engländer eines Besseren und verließen eiligst das Land. Und so blieb London von meinem nationalen Zorn und meiner Rakete verschont, die aus den Resten eines kaputten Kühlschranks und Teilen eines alten Fahrrads bestand.

Kurz vor vier bogen wir schließlich von der Hebron-Straße links nach Talpiot ab, in eine Allee, gesäumt von dunklen Zypressen, in denen ein leichter Westwind eine wispernde Melodie spielte, die mir Staunen, Demut und stille Ehrfurcht einflößte. Talpiot war damals ein ruhiger Gartenvorort am Rand der judäischen Wüste, fern des lärmenden, geschäftigen Stadtzentrums. Bei der Planung Talpiots hatte man sich von gepflegten mitteleuropäischen Wohnvierteln inspirieren lassen, erbaut zum Wohlergehen von Gelehrten, Ärzten, Schriftstellern und Denkern. Auf beiden Straßenseiten standen freundliche kleine einstöckige Häuser, umgeben von schönen Gärten, und in jedem – so malten wir es uns in unserer Vorstellung aus – lebte ein großer Gelehrter oder berühmter Professor, wie unser Onkel Joseph, der zwar kinderlos war, doch das ganze Land war voll seines Ruhmes, und sogar in fernen Ländern kannte man einige seiner Bücher und lernte aus ihnen.

Wir bogen rechts ein, gingen die Koré-Hadorot-Straße hinauf bis zum Kiefernwäldchen, dann links, und schon standen wir vor dem Haus des Onkels. Mutter sagte dann: Jetzt ist es erst zehn vor vier, vielleicht ruhen sie noch? Warum setzen wir uns nicht noch ein paar Minuten hier still auf die Gartenbank und warten? Oder sie sagte: Heute sind wir ein bißchen spät dran, schon Viertel nach vier, der Samowar ist bestimmt schon heiß, und Tante Zippora hat das Obst bereits auf der Platte angerichtet.

Zwei Washington-Palmen wuchsen dort wie zwei Torwächter links und rechts der Pforte. Dahinter führte ein gepflasterter Weg, beiderseits begrenzt von Thujahecken, vom Gartentor bis zu den breiten Stufen, die wir zur Eingangsveranda hinaufgingen, bis hin zur Tür, über der in kantigen Kupferbuchstaben auf einer hübschen Kupferplatte Onkel Josephs Leitspruch stand:

JUDENTUM UND HUMANISMUS.

An der Tür selbst war ein kleineres, blankeres Kupferschild befestigt, auf dem in hebräischen und auch in lateinischen Buchstaben eingraviert war:
PROFESSOR DR. JOSEPH KLAUSNER.

Und darunter stand in Tante Zipporas runder Handschrift auf einem kleinen, mit einer Heftzwecke befestigten Zettel:
Von zwei bis vier Uhr bitte keine Besuche.
Danke.

9

Schon im Vorraum überkamen mich Staunen und Ehrfurcht, als werde das Herz selbst gebeten, sich dort die Schuhe auszuziehen und in Socken auf Zehenspitzen weiterzugehen und sittsam, mit geschlossenem Mund, zu atmen. Wie es sich gehört.

Außer einem Garderobenständer aus braunem Holz, der gleich hinter der Eingangstür seine Äste verzweigte, sowie einem kleinen Wandspiegel und einem dunklen bestickten Teppich gab es im ganzen Vorraum kein einziges freies Fleckchen ohne Bücherreihen: Bord über Bord, vom Fußboden bis zur hohen Decke, jedes von ihnen voller Bücher, Bücher in Sprachen, deren Buchstaben ich nicht einmal kannte, solche, die aufrecht standen, und andere, die quer darüber lagen, dicke, prächtige, fremdsprachige Bände, die es sich auf den Regalen bequem machten, und andere, die ein hartes Dasein fristeten und dich aus ihren vollgestopften Borden wie die eingepferchten Flüchtlinge auf den Pritschen eines illegalen Einwandererschiffes anschauten. Schwere, honorige Bücher in Ledereinbänden mit aufgeprägten Goldlettern und leichte, kartonierte, bereits etwas in Auflösung begriffene Bücher, vornehme Herrschaften und heruntergekommene Bettler, und dazwischen und drum herum und dahinter noch über und über Büchlein und Hefte und Broschüren und Sonderdrucke und Zeitschriften und Journale und Magazine, dieser ganze lärmende Plebs, der sich unweigerlich an den Rändern der Plätze und Märkte zusammenfindet.

Der Vorraum hatte ein einziges Fenster, das, wie in der Zelle eines Einsiedlermönchs, durch Eisenstangen auf das Strauchdickicht des melancholischen Gartens blickte. Hier empfing uns, wie alle anderen Gäste, Tante Zippora, eine freundliche ältere Frau mit hellem Teint und breiten Hüften, in einem grauen Kleid, ein schwarzes Tuch um die Schultern gelegt, sehr russisch, das weiße Haar zu einem kleinen ordentlichen Knoten im Nakken festgezurrt. Ihre Wangen hielt sie dir nacheinander zum Küssen hin, ihr gütiges, rundes Gesicht lächelte dir liebevoll entgegen, immer fragte sie zuerst nach deinem Befinden, aber meistens wartete sie deine Antwort nicht ab, sondern verkündete dir schon an der Eingangstür, wie es unserem lieben Joseph gehe: der wieder die ganze Nacht kein Auge zugetan habe, dessen Magen sich nach langwierigen Beschwerden endlich wieder erholt habe, der einen ganz wunderbaren Brief von einem sehr, sehr wichtigen

Professor aus Pennsylvania erhalten habe, dessen Gallensteine ihm wieder einmal das Leben vergällten, der bis morgen nachmittag einen großen, wichtigen Aufsatz für Simon Rawidowicz' *Mezuda* fertig schreiben müsse, der auch diesmal beschlossen habe, die schwere Beleidigung, die ihm Eisig Silberschlag zugefügt habe, zu ignorieren, oder der sich nach einiger Überlegung schließlich dazu entschieden habe, die Beschimpfungen eines von denen da, jenen ehrenwerten Herren von der Bande des Brit Schalom, mit Zins und Zinseszins zurückzuzahlen.

Nach diesem Nachrichtenüberblick lächelte Tante Zippora freundlich und lud uns ein, ihr zu folgen und uns dem Onkel selbst zu zeigen: »Joseph erwartet euch im Salon«, verkündete sie uns herzlich lachend oder: »Joseph ist bereits im Wohnzimmer, und bei ihm sitzen der Herr Krupnik und das Ehepaar Netanjahu und Herr Juniczman und das Ehepaar Shohetman, und weitere wichtige Gäste werden erwartet.« Und manchmal sagte sie: »Schon seit sechs Uhr früh sitzt er in seinem Arbeitszimmer, sogar die Mahlzeiten habe ich ihm dorthin gebracht, aber macht nichts, macht nichts, ihr geht jetzt trotzdem zu ihm rein, bitte geht hinein, geht hinein, er wird sich freuen, er freut sich immer so, euch zu sehen, und auch ich bin froh, es ist besser für ihn, er hört mal ein bißchen auf zu arbeiten und macht eine kleine Pause, er ruiniert ja seine Gesundheit, schont sich überhaupt nicht!«

Vom Vorraum gingen zwei Türen ab: Die eine war aus Glas, mit Knospen- und Blumenmustern, und führte ins Wohnzimmer, das auch als Eßzimmer diente. Die zweite, schwer und dunkel, ließ uns in das Arbeitszimmer des Professors ein, das manchmal auch »die Bibliothek« genannt wurde.

Onkel Josephs Arbeitszimmer kam mir als Kind wie ein Entree in die Hallen der Weisheit vor. Über fünfundzwanzigtausend Bände sind hier in der Privatbibliothek deines Onkels versammelt, flüsterte mir Vater einmal zu, wertvolle alte Bücher, Manuskripte unserer größten Schriftsteller und Dichter, Erstausgaben mit persönlichen Widmungen der Autoren, Bände, die mittels komplizierter Transaktionen aus dem sowjetischen Odessa herausgeschmuggelt und auf verschlungenen Wegen hierher gebracht wurden, seltene bibliophile Kostbarkeiten, profane und heilige Schriften, nahezu die gesamten Schätze der jüdischen Literatur und auch ein großer Teil der Weltliteratur, Bücher, die Onkel Joseph in Odessa erworben oder in Heidelberg gekauft oder in Lausanne entdeckt oder in Berlin und Warschau gefunden oder aus Amerika bestellt hatte, Bücher, die es sonst nur noch in der Bibliothek des Vatikans gab, auf hebräisch und aramäisch und altsyrisch und alt- und neugriechisch, in Sanskrit und Latein und mittelalterlichem Arabisch, auf russisch und englisch und deutsch und spanisch und polnisch und französisch und italienisch und in vielen anderen Sprachen und Dialekten, deren Namen ich nicht einmal gehört hatte, wie Ugaritisch, Slowenisch, Maltesisch oder altes Kirchenslawisch.

Etwas Asketisches und Strenges ging von dieser Bibliothek aus, von den linealgeraden schwarzen Linien der Regalborde, die hier in Reihen über Reihen vom Fußboden bis zur hohen Decke reichten und sogar die Fenster- und Türrahmen überspannten, eine leise, strenge und feierliche Erhabenheit, die weder Albernheit noch Leichtsinn duldete und uns alle, sogar Onkel Joseph selbst, nötigte, hier immer im Flüsterton zu sprechen.

Der Geruch der riesigen Bibliothek meines Onkels wird mich mein Leben lang begleiten: der staubige und verlockende Geruch sieben verborgener Weisheiten, der Geruch eines stillen, abgeschiedenen, der Gelehrsamkeit gewidmeten Lebens, eines geheimnisumwitterten Einsiedlerlebens, die geisterhafte, strenge Stille, die aus den tiefsten Brunnen der Weisheit aufsteigt, das leise Raunen toter Weiser, die geheimen Gedanken langverstorbener Schriftsteller, die kühle Liebkosung durch die Begierden früherer Generationen.

Auch hier, vom Arbeitszimmer aus, war durch die drei hohen, schmalen Fenster mit den dunklen Vorhängen der triste, leicht verwilderte Garten zu sehen, hinter dem, unmittelbar nach der Gartenmauer, die öden steinigen Hänge der judäischen Wüste in Wellen über Wellen zum Toten Meer abfielen. Hohe Zypressen und flüsternde Kiefern umringten den Garten, in dem hier und da Oleanderbüsche, wilde Kräuter, vernachlässigte Rosenstöcke und verstaubte Thujasträucher wuchsen, außerdem gab es dort ergraute Kiespfade, einen durch den Regen vieler Winter morsch gewordenen hölzernen Gartentisch und einen alten, gebeugten, halb verkümmerten Zedrachbaum. Selbst an den heißesten Sommertagen lag etwas von russischer Winterlichkeit und Schwermut über diesem Garten. Onkel Joseph und Tante Zippora fütterten dort Katzen mit Essensresten, aber nie sah ich sie im Garten spazierengehen oder im Abendwind auf einer der beiden verwitterten Bänke sitzen.

Nur ich durchstreifte ihn immer allein an Schabbatnachmittagen, auf der Flucht vor den ermüdenden Intellektuellengesprächen im Wohnzimmer, ging in seinem Buschdickicht auf Leopardenjagd, grub unter seinen Steinen nach uralten Schriftrollen und träumte davon, die Anhöhen jenseits der Mauer mit meinen Divisionen im Sturm zu erobern.

Die vier hohen und breiten Wände der Bibliothek waren von einem Ende bis zum anderen mit Büchern bedeckt, eng gedrängt, aber wohlgeordnet, Karawanen über Karawanen blauer, grüner und schwarzer Bände mit Gold- und Silbergravur. An manchen Stellen hatte der Platzmangel dazu geführt, daß sich die Bücher in zwei Reihen hintereinander auf einem Brett drängen mußten. Es gab dort Gruppen mit verschnörkelten gotischen Buchstaben, die an Burgtürme erinnerten, und Gruppen heiliger jüdischer Schriften, Talmudbände und Gebetbücher und halachische Literatur und die Schätze von Midrasch, Aggada und Legenden, das Bord der hebräischen Literatur in Spanien und das Italienbord und die Abteilung der jüdischen Aufklärung in Berlin und andernorts, des weiteren gab es meterweise Bücher über jüdische Philosophie und jüdische Geschichte und die Geschichte des alten Orients und Griechenlands und des Römischen Reiches und des frühen und späteren Christentums und der diversen heidnischen Kulturen, über die Weisheit des Islam und die Religionen Asiens und die Geschichte des Mittelalters, und dann eine ganze Wand voller Bücher zur Geschichte des Volkes Israel in Altertum, Mittelalter und Neuzeit, und es gab ausladende slawische Bezirke, die mir schleierhaft blieben, und griechische Territorien und auch graubraune Regionen mit Ordnern und Kartonmappen voller Sonderdrucke und Manuskripte. Selbst auf dem Fußboden türmten sich unzählige Bände, darunter einige aufgeschlagen, mit dem Rücken nach oben, und andere voll mit kleinen Lesezeichen, wieder andere Bücher drängten sich hier und da wie verängstigte Schafe eng an eng auf den hochlehnigen Stühlen, die für Gäste gedacht waren, und auch auf den Fensterbänken. Eine schwarze Leiter führte zu den oberen Regalen, bis hinauf an die hohe Decke, an einer Metallschiene konnte man sie rundum schieben, durch die ganze Länge und Breite des Zimmers, und ein paarmal durfte ich sie sehr vorsichtig auf ihren Gummirädern von Regal zu Regal durch die ganze Bibliothek rollen. Kein einziges Bild gab es hier, keinen Blumentopf, keinen Ziergegenstand. Nur Bücher über Bücher und Stille im ganzen Raum und einen wunderbar dichten Geruch, den Geruch von Ledereinbänden, vergilbtem Papier und feinem Moder, in dem wie ein fernes Echo der Geruch von Algen und altem Buchbinderleim und Weisheit und Geheimnis und Staub mitschwang.

In der Mitte der Bibliothek stand, wie ein großer, dunkler Zerstörer, der inmitten einer Steilbucht Anker geworfen hatte, Professor Klausners Arbeitstisch: vollbepackt mit Stapeln von Nachschlagewerken und Notizblöcken, dazwischen Stifte aller Art, blaue, schwarze, grüne und rote, Radiergummis und Tintenfässer, Behälter mit Büroklammern und Gummibändern, braune Umschläge und weiße Umschläge und Umschläge mit verlockenden farbenprächtigen Briefmarken, Papierbögen und Broschüren, Zettel und Karteikarten, aufgeschlagene fremdsprachige Bände auf aufgeschlagenen hebräischen, und zwischen den Seiten der geöffneten Bücher lagen hier und da Blätter, aus einem Spiralblock gerissen und mit der gespinstartigen Handschrift meines Onkels überzogen, voller Streichungen und Korrekturen, wie aufgedunsene tote Fliegen, sowie massenweise kleine Zettel, und Onkel Josephs goldrandige Lesebrille lag oben auf diesem Stapel, schwebte gewissermaßen über dem Chaos, und die schwarzrandige Zweitbrille ruhte auf einem anderen Bücherhaufen, auf dem kleinen Beistellwagen neben seinem Stuhl, und eine dritte Brille spähte hervor aus den Blättern eines aufgeschlagenen Heftes auf der kleinen Kommode neben dem dunklen Sofa.

Auf diesem Sofa lag, in Embryostellung, bis zu den Schultern mit einer Wolldecke in rot-grünem Karomuster, gleich dem Kilt eines schottischen Soldaten, zugedeckt, das Gesicht nackt und kindlich ohne Brille, Onkel Joseph persönlich, jungenhaft mager und klein, seine länglichen braunen Augen blickten gleichzeitig etwas fröhlich und etwas verloren drein. Er winkte uns schwach mit seiner durchscheinenden weißen Hand, lächelte rosig zwischen seinem weißen Schnurrbart und weißen Spitzbart und sagte zu uns etwa folgendes:

»Tretet ein, meine Lieben, tretet ein, tretet ein« (obwohl wir bereits eingetreten waren und vor ihm standen, doch noch nahe an der Tür, Mutter, Vater und ich, zusammengedrängt wie eine kleine Herde, die sich auf eine fremde Weide verlaufen hat), »und verzeiht mir bitte, daß ich nicht aufstehe, um euch zu begrüßen, bitte seht es mir nach, zwei Nächte und drei Tage habe ich unablässig gearbeitet, habe kein Auge zugetan, fragt die Frau Klausner, und sie wird es zu meinen Gunsten bezeugen, ich werde weder essen noch schlafen und auch keinen Blick in die Zeitungen werfen, ehe ich nicht diesen Aufsatz beendet haben werde, der bei seiner Veröffentlichung großes Aufsehen bei uns, und nicht nur bei uns, machen wird, es verfolgt doch die ganze kultivierte Welt diese Polemik mit angehaltenem

Eine Geschichte von Liebe und Finsternis

Atem, und diesmal, scheint mir, ist es mir gelungen, ein für allemal diesen Leugnern des Lichts den Mund zu stopfen! Notgedrungen werden sie diesmal ja und amen sagen oder zumindest zugeben, daß sie mit ihren Argumenten am Ende sind und ihnen auch noch ihr Esel davongelaufen ist und ihr Feld unter Wasser steht. Und ihr? Meine liebe Fania? Mein lieber Lonja? Und der liebe kleine Amos? Wie geht es euch? Was gibt es Neues bei euch? Habt ihr dem lieben kleinen Amos bereits einige Seiten aus meinem Werk *Wenn eine Nation für ihre Freiheit kämpft* vorgelesen? Es will mir scheinen, meine Lieben, von allem, was ich bis heute verfaßt habe, ist kein Buch aus meiner Feder besser als dieses geeignet, der zarten Seele des lieben Amos im besonderen und unserer wunderbaren hebräischen Jugend im allgemeinen als geistige Nahrung zu dienen, abgesehen vielleicht von den Schilderungen des Heldentums und des Aufstands, die hier und da in meine *Geschichte des Zweiten Tempels* eingestreut sind.

Und ihr, meine Lieben? Gewiß seid ihr zu Fuß gekommen? Und habt einen weiten Weg zurückgelegt? Von eurem Heim in Kerem Avraham? Mir ist erinnerlich, wie wir, als wir noch jung waren, vor rund dreißig Jahren, als wir noch in dem malerischen und so ursprünglichen Bucharenviertel wohnten, am Schabbat zu Fuß von Jerusalem bis nach Bet El oder nach Anatot marschiert sind, und manchmal sogar bis zum Grab des Propheten Samuel. Die teure Frau Klausner wird euch sicher mit Speis und Trank versorgen, wenn ihr jetzt nur die Güte hättet, ihr in ihr Reich zu folgen, und ich beende bloß diesen schwierigen Absatz und geselle mich dann sofort zu euch. Wir erwarten heute noch die Woislawskis und den Dichter Uri Zvi und auch Even-Sahav. Und der teure Netanjahu und seine reizende Gattin besuchen uns doch fast jeden Schabbat. Tretet näher, tretet näher, meine Lieben, und seht mit eigenen Augen, auch du, mein lieber kleiner Amos, schaut euch alle bitte diese Konzeptseiten auf meinem Tisch hier an: Nach meinem Tod sollte man Gruppen über Gruppen von Studenten hierher bringen, eine Generation nach der anderen, damit sie mit eigenen Augen sehen, wieviel Leiden das Schreiben den Schreibenden kostet, wie ich mich mein Leben lang abgemüht und geplagt habe, nur damit mein Stil schlicht und fließend und kristallklar wird, wie viele Wörter ich in jeder Zeile durchgestrichen, wie viele Entwürfe ich gemacht habe, zuweilen über ein halbes Dutzend, ehe ich etwas in Druck gab: Segen weilt nur dort, wo der Flügelschlag auf Schweiß und Plag beruht und die Inspiration auf Fleiß und Gründlichkeit fußt. Deshalb heißt es ja, ›Segnungen von oben und Segnungen von unten‹. Aber nur zum Scherz habe ich das gesagt, natürlich, und die Damen mögen mir verzeihen. Und jetzt, meine Lieben, folgt also bitte der Frau Klausner und löscht euren Durst, und ich werde bald nachkommen.«

Von der anderen Seite der Bibliothek kam man in einen langen, schmalen Flur, den Darm des Hauses, und man konnte nun rechts zum Badezimmer und zu einem kleinen Abstellraum gehen oder geradeaus weiter zur Küche und zur Speisekammer und zur Kammer des Dienstmädchens, die von der Küche abzweigte (obwohl es niemals ein Dienstmädchen gab), oder man konnte gleich links das Wohnzimmer betreten oder aber dem Flur weiter folgen und durch die zweite Tür links das weißgeblümte Schlafzimmer von Onkel Joseph und Tante Zippora betreten, in dem ein großer Spiegel in einem Bronzerahmen hing, flankiert von zwei verzierten Leuchtern.

Auf drei Wegen konnte man also ins Wohnzimmer gelangen: Man konnte nach Betreten des Hauses vom Vorraum links abbiegen oder geradeaus das Arbeitszimmer ansteuern, es auf der anderen Seite wieder verlassen und gleich wieder links gehen, um – wie es der Onkel am Schabbat tat – direkt an den Ehrenplatz am Kopf des langen schwarzen Eßtischs zu gelangen, der fast die ganze Länge des Wohnzimmers einnahm. Außerdem gab es am anderen Ende des Wohnzimmers einen niedrigen, bogenförmigen Durchgang, der in einen kleinen Salon führte, der auf einer Seite rund war wie ein Burgturm und dessen Fenster auf den Vorgarten blickten, auf die Washington-Palmen, auf die ruhige Straße und auf das Haus des Herrn Agnon gleich gegenüber.

Dieser kleine Salon wurde auch als Rauchzimmer bezeichnet. (Bei Professor Klausner durfte man vor Ausgang des Schabbats allerdings nicht rauchen, obwohl der Schabbat Onkel Joseph nicht immer davon abhielt, an seinen Aufsätzen zu arbeiten.) Hier standen ein paar schwere, weiche Sessel und Sofas mit vielen bestickten Kissen in orientalischem Stil, und an einer Wand hing ein großes Gemälde (vielleicht von Maurycy Gottlieb?), es zeigte einen alten Juden, Kopf und Arm mit Gebetriemen umwickelt, in einen Gebetmantel gehüllt, ein Gebetbuch in seinen Händen, aber der alte Jude las nicht in dem Buch, denn seine Augen waren geschlossen, der Mund stand leicht offen, und sein Gesicht strahlte tiefes Leid, Religiosität und Vergeistigung aus. Mir kam es immer so vor, als würde dieser betende Jude alle meine schändlichen Geheimnisse kennen, mich aber nicht dafür tadeln, sondern schweigend und flehentlich bitten, ich möge mich bessern.

Dieser Salon wiederum führte in das weißgeblümte Schlafzimmer des Onkels und der Tante. Und all das blieb mir während meiner gesamten Kindheit ein unlösbares labyrinthisches Rätsel und ließ mich, trotz elterlicher Verweise, manchmal wie ein ruheloses Hündchen herumlaufen, immer aufs neue in der Absicht, den Grundriß des Hauses auszukundschaften, zu entschlüsseln, wie der hintere Flur mit dem Schlafzimmer zusammenhing, von dem man ins Rauchzimmer gelangen konnte, das sich an das Wohnzimmer angliederte, das sich wiederum zum Vorraum und auch zum hinteren Flur hin öffnete: Jedes Zimmer des Hauses, einschließlich Arbeitszimmer und Schlafzimmer, hatte zwei oder drei Türen, und deshalb hatte dieses Haus etwas aufregend Labyrinthisches, wie ein verwinkeltes Gassengewirr oder wie ein lichter Wald, denn du konntest auf drei oder vier verschiedenen Wegen vom Vorraum bis zu der dienstmädchenlosen Dienstmädchenkammer hinter der Küche tief ins Innere des Hauses vordringen. Von dieser Kammer, oder vielleicht von der Speisekammer neben der Küche, gab es einen Hinterausgang auf die Veranda und von dort zum Garten hinunter. Der Garten war ebenfalls verschlungen und verworren, voll sich verzweigender Pfade und dämmriger Verstecke.

Und so, während Professor Klausner und seine Gäste um den langen schwarzen Tisch saßen und bei einem Glas Tee vom Samowar die Probleme des Volkes Israel und der Welt erörterten, strich ich wie ein Gespenst vom Wohnzimmer über den Flur zur Kammer, in den Garten und wieder zum Eingang und in die Bibliothek und ins Rauchzimmer und wieder durch die Küche in den Garten, aufgeregt und erregt, unermüdlich auf der Suche nach einer verborgenen Öffnung, die mir bisher entgangen war und mich in das geheime, dem Auge verborgene Innere des Hauses brächte, das sich irgendwo zwischen den doppelten Wänden und verzweigten Wegen des Labyrinths verbergen mochte, oder vielleicht darunter, zwischen den Grundmauern, und ich suchte nach Schätzen, stieß plötzlich auf völlig überwucherte Treppenstufen, die wahrscheinlich zu einem verschlossenen Lagerraum unter der Veranda führten, entdeckte unbekannte Inseln und markierte in den Gartenecken Trassenführungen für die künftige Verlegung von Eisenbahnschienen in unwegsamem Gelände.

Heute weiß ich, daß das Haus von Onkel Joseph und Tante Zippora von mittlerer Größe war, bestimmt kleiner als die meisten zwei- oder dreistöckigen Villen in meinem Viertel in Arad: Es hatte zwei große Räume, nämlich die Bibliothek und das Wohnzimmer, ein mittelgroßes Schlafzimmer und noch zwei kleine Zimmer, Bad, Küche, eine Kammer und einen Abstellraum. Aber in meiner Kindheit, als sich ganz Jerusalem noch in Eineinhalb- oder Zweizimmerwohnungen drängte, deren dünne Wände zwei rivalisierende Familien voneinander abgrenzten, erschien mir Professor Klausners Villa wie der Palast eines Sultans oder eines römischen Kaisers, und abends im Bett, vor dem Einschlafen, malte ich mir oft die Erneuerung des Königreiches von David aus, mit hebräischen Garden, die den Palast in Talpiot bewachten. Im Jahr 1949, als Menachem Begin Onkel Joseph zum Kandidaten der Cherut-Partei für das Amt des israelischen Staatspräsidenten nominierte und er gegen Chaim Weizmann antrat, stellte ich mir in Gedanken den Präsidentenpalast meines Onkels in Talpiot vor: allseits von hebräischen Truppen umstellt, zwei schmucke Wächter beiderseits des Eingangs, unter dem Schild, das allen Besuchern garantierte, daß Judentum und Humanismus einander hier niemals ausschließen, sondern vielmehr zu einer Einheit verschmelzen würden.

»Der verrückte Junge rennt schon wieder im ganzen Haus herum«, sagten sie, »schaut euch das an, rennt hin und her, schnauft und prustet, ist ganz rot und verschwitzt, als hätte er Quecksilber verschluckt.« Und sie schimpften mit mir: »Was ist denn mit dir los? Hast du Paprika genascht? Oder jagst du einfach deinem eigenen Schwanz nach? Bist du ein Chanukkakreisel? Ein Nachtfalter? Ein Ventilator? Hast du deine schöne Braut verloren? Sind deine Schiffe im Meer versunken? Alle haben schon Kopfweh. Und außerdem störst du Tante Zippora. Vielleicht setzt du dich zur Abwechslung einmal ruhig hin? Warum suchst du dir nicht ein gutes Buch und liest ein wenig? Oder wir geben dir Papier und Buntstifte, und du malst uns ein hübsches Bild?«

Doch ich sauste schon weiter, völlig entflammt, galoppierte durch Vorraum, Flur und Kammer, stürmte in den Garten und zurück, aufgeregt phantasierend, tastete und klopfte mit den Fäusten die Wände ab, um verborgene Räume zu entdecken, Geheimgänge, Katakomben, Tunnel, verborgene Verliese oder Geheimtüren. Bis heute habe ich nicht aufgegeben.

10

In der dunklen Anrichte im Wohnzimmer standen hinter Glas ein geblümtes Eßservice, langhalsige Krüge, eine Vielzahl von Glas-, Porzellan- und Kristallgefäßen, eine Sammlung alter Chanukkaleuchter und besonderes Geschirr für Pessach. Auf der Kommode standen zwei kleinere Bronzebüsten: ein mürrischer Beethoven gegenüber einem ruhigen Jabotinsky mit zusammengepreßten Lippen, der in der ganzen Pracht seiner Uniform dastand, die Schirmmütze eines Offiziers auf dem Kopf und einen achtunggebietenden Riemen quer über die Brust gespannt.

Am Kopf des Tisches saß Onkel Joseph und sprach mit seiner dünnen Stimme in weiblich bittendem, um Verständnis ringendem, zuweilen fast weinerlich klingendem Ton. Er sprach über die Lage der Nation, die Stellung der Schriftsteller und Gelehrten, die Pflichten des Geistesmenschen und auch über seine Professorenkollegen, die seine Forschungen und Entdeckungen und seinen Weltruf nicht hinreichend würdigten, er allerdings sei auch nicht übermäßig beeindruckt von ihnen, um es gelinde auszudrücken und nicht rundheraus zu sagen, daß er ihre provinzielle Engstirnigkeit und ihre kleinliche, egoistische Krittelei verabscheue.

Gelegentlich wechselte er zur Weltpolitik über, fürchtete die subversive Tätigkeit stalinistischer Agenten allerorten, verachtete die selbstgerechte Scheinheiligkeit Englands, des perfiden Albion, mißtraute den Ränken des Vatikans, der sich mit der Erstarkung der Juden in Jerusalem im besonderen und im Land Israel im allgemeinen weder abgefunden habe noch abfinden werde, setzte vorsichtige Hoffnungen auf das Gewissen der aufgeklärten Demokratien und gab, wiewohl mit Einschränkungen, seiner Bewunderung für Amerika Ausdruck, das in diesen Tagen an der Spitze aller Demokratien stehe, wenn es auch selbst an Vulgarität leide, dem Mammon huldige und weder über kulturelle noch seelische Größe verfüge. Das 19. Jahrhundert habe noch große Befreier der Nationen, edle Geister und Streiter für die Werte von Moral und Aufklärung gekannt, Garibaldi, Abraham Lincoln, Gladstone, während dieses neue Jahrhundert unter den Stiefeln zweier mörderischer Schlächter zertrampelt werde, dem georgischen Schustersohn im Kreml und der Ausgeburt der Gosse, die die Macht im Land Goethes, Schillers und Kants an sich gerissen habe.

Seine Gäste lauschten in respektvollem Schweigen oder äußerten Zustimmung in wenigen, zögernden Worten, um den Fluß seines Vortrags nicht zu unterbrechen. Onkel Josephs Tischgespräche waren eigentlich leidenschaftliche Monologe: Professor Klausner kritisierte und brandmarkte vom Kopf des Tisches aus, ließ Erinnerungen aufsteigen oder teilte seine Ansichten und Gefühle mit zu Themen wie die plebejische Armseligkeit der Leitung der Jewish Agency, die sich ständig vor den Gojim erniedrige, oder die Position der hebräischen Sprache, die einerseits durch den Jargon, andererseits durch Fremdsprachen bedroht sei, oder die Mißgunst einiger seiner Professorenkollegen oder das niedrige Niveau der jungen Schriftsteller und Dichter, insbesondere der im Lande geborenen, die nicht nur keine einzige europäische Kultursprache beherrschten, sondern auch noch Hebräischen hinkten, oder die Juden Europas, die nicht genug Verstand gehabt hätten, Jabotinskys prophetische Warnung zu begreifen, oder die amerikanischen Juden, die auch jetzt, nach Hitler, noch immer an ihren Fleischtöpfen klebten, statt in ihr jüdisches Heimatland überzusiedeln.

Hin und wieder warf ein männlicher Gast eine Frage oder Bemerkung ein, wie einen Zahnstocher ins Feuer. Selten wagte es jemand, dem einen oder anderen untergeordneten Punkt in der Rede des Hausherrn zu widersprechen, meistens lauschten alle ehrfürchtig, äußerten höfliche Bekundungen der Zustimmung und Befriedigung oder lachten, wenn Onkel Joseph einen sarkastischen oder scherzhaften Ton anschlug, denn dann machte er immer deutlich: Nur im Scherz habe ich das soeben Gesagte gesagt.

Den Frauen war in diesen Tischrunden nur die Rolle der nickenden Zuhörerinnen zugedacht, von denen allseits erwartet wurde, daß sie an den passenden Stellen lächelten und durch ihre Miene zu erkennen gäben, welch tiefen Genuß ihnen die Perlen der Weisheit bereiteten, die Onkel Joseph so freigebig vor ihnen ausstreute. Was Tante Zippora betraf, so kann ich mich nicht entsinnen, daß sie je mit am Tisch gesessen hätte: Ständig lief sie zwischen Küche, Speisekammer und Wohnzimmer hin und her, füllte Kekse nach, häufte noch mehr Obst auf die Platte, goß heißes Wasser aus dem großen silbernen Samowar in den Tee, eilig laufend, eine kleine Schürze um die Taille, und wenn sie keinen Tee einzuschenken hatte und auf dem Tisch weder Kuchen noch Kekse, weder Früchte noch das süße Gelee, das *warenje* hieß, fehlten, dann stand Tante Zippora an der Tür zum Flur, zwei, drei Schritte rechts hinter Onkel Joseph, ihre Hände über dem Bauch gefaltet, und wartete, ob etwas ausginge oder ein Gast etwas wünschte, vom feuchten Tuch bis zum Zahnstocher, oder Onkel Joseph ihr andeutete, sie möge doch so gut sein, ihm von der äußersten rechten Ecke des Schreibtisches in seiner Bibliothek das Heft *Unsere Sprache* oder den neuen Gedichtband von Jizchak Lamdan zu holen, aus dem er etwas zitieren wolle, um seine Ausführungen zu untermauern.

So war die Welt in jenen Tagen geordnet: Onkel Joseph saß am Kopf des Tisches und sprühte vor Weisheit und polemischem Witz, und Tante Zippora stand mit ihrer weißen Schürze hinter ihm, bewirtete die Gäste oder wartete, daß sie gebraucht wurde. Und doch waren der Onkel und die Tante einander innig und hingebungsvoll verbunden, ein kinderloses, krankheitserfahrenes älteres Paar. Er behandelte seine Frau wie ein Baby, überhäufte sie mit liebevollen und zärtlichen Gesten, und sie behandelte ihren Mann wie ihren einzigen Sohn, ihren kleinen Schützling, packte ihn immer in viele Schals und Jacken ein, damit er sich ja nicht erkältete, und flößte ihm weiche Eier mit Milch und Honig ein, um seinen Gaumen zu verwöhnen.

Einmal sah ich die beiden eng nebeneinander auf dem Bett im Schlafzimmer sitzen, seine durchsichtigen Finger in ihrer Hand, und sie schnitt ihm behutsam die Nägel und flüsterte ihm dabei Liebevolles auf russisch zu.

Unter Onkel Josephs Schabbatgästen erinnere ich mich, etwas verschwommen, an den rothaarigen Dichter Uri Zvi Greenberg, der zum Glück mit aller Kraft beide Armlehnen umklammerte, bis die Fingerknöchel weiß wurden, denn sonst wäre er bestimmt vor lauter Glut und heiligem Zorn vom Stuhl auf- und über unseren Köpfen umhergeschwebt. Außerdem an Schalom Ben-Baruch mit seiner Frau und an Dr. Joseph Nedava und Dr. Ben-Zion Netanjahu und seine beiden kleinen Söhne, von denen ich einen, als ich ungefähr im Bar-Mizwa-Alter war, einmal schwungvoll mit der Schuhspitze getreten habe, weil er gern unter den Tisch kroch, um mir die Schnürsenkel aufzuziehen und an meinen Hosenbeinen zu zerren (bis heute weiß ich nicht, welchen der beiden Brüder ich getroffen habe, den bei der Entebbe-Aktion gefallenen heldenhaften Bruder oder den wendigen Bruder und späteren Ministerpräsidenten). Manchmal kamen auch Dr. Shohetman und seine künstlerisch veranlagte Frau, die Professoren Dinur und Tur-Sinai (die vorher Dinaburg und Torczyner geheißen hatten), meine Großmutter Schlomit, die Mikrobenhasserin, und mein Großvater

Alexander, der Frauenliebhaber, sowie der jüngste der drei Brüder Klausner, der kurzsichtige Onkel Bezalel Elizedek, der revisionistische Redakteur der Zeitung *Hamaschkif* mit seiner Frau Chaja, die dann nach Tante Zipporas Tod mit Einwilligung ihres Ehemanns bei Onkel Joseph einzog (»weil er sonst ja verloren wäre, da er nicht einmal fähig ist, sich selbst ein Glas Milch einzuschenken oder abends die Krawatte abzubinden«).

Außer ihnen kamen zuweilen auch Baruch Karu, das heißt der herzliche Herr Krupnik, und der Dichter und Übersetzer Joseph Lichtenbaum und einige der Schüler und Verehrer von Onkel Joseph wie beispielsweise Shmuel Werses, Chaim Toren, Israel Sarchi, Zvi Woislawski, Jochanan Pograbinski, Jochanan Twersky und mein Vater, Jehuda Arie Klausner, »meines Bruders Sohn, der mir lieb ist wie ein Sohn«, laut der Widmung, die Onkel Joseph ihm in sein Buch *Schöpfer und Erbauer* schrieb, ehe er es ihm überreichte. Onkel Joseph hatte einen Hang zu gefühlvollen Widmungen: Seit meinem neunten oder zehnten Lebensjahr schenkte er mir Jahr um Jahr einen weiteren Band der *Enzyklopädie der Jugend* zum Geburtstag, und in einen schrieb er in Buchstaben, die sich etwas nach hinten neigten, als schreckten sie vor etwas zurück:

> Dem fleißigen und begabten kleinen Amos
> zu seinem Geburtstag
> mit herzlichen Wünschen,
> daß er heranwachse und seinem Volk Ehre bereite,
> von
> Onkel Joseph
> Jerusalem-Talpiot, Lag ba-Omer 5710

Ich betrachte jetzt, über fünfzig Jahre später, diese Widmung und frage mich, was er eigentlich über mich wußte, mein Onkel Joseph, der mir gern seine kühle, kleine Hand auf die Wange legte und mich, mit einem zärtlichen Lächeln unter seinem weißen Schnurrbart, ausfragte, was ich denn gerade lese und welche seiner Bücher ich bereits kenne und was die Kinder Israels derzeit in der Schule lernten, welche Gedichte von Bialik und Tschernichowski ich schon auswendig könne und welchen biblischen Held ich am meisten bewundere, worauf er, ohne meine Antworten abzuwarten, mir zu erzählen begann, über die Makkabäer habe er selbst in *Die Geschichte des Zweiten Tempels* Dinge geschrieben, die ich kennen und wissen sollte, und was die Zukunft des Staates angehe, sollte ich seine energischen Ausführungen in dem Aufsatz lesen, der gestern in *Hamaschkif* erschienen sei, oder in dem Interview, das er diese Woche dem *Haboker* gegeben habe. In der Widmung selbst sind zwei Buchstaben der Klarheit halber sorgfältig mit einem Vokalzeichen versehen, und der letzte Buchstabe seines Namens hat eine Unterschleife, wie eine im Wind flatternde Fahne.

In einer anderen Widmung, die er auf das Titelblatt eines Bandes mit Übersetzungen von David Frischmann geschrieben hatte, wünschte er mir, in der dritten Person:

>Möge er seinen Lebensweg erfolgreich gehen
>und von den Worten der Großen, die in diesem Buch
>>übersetzt sind, lernen,
>daß es den Weg zu beschreiten gilt, den das Gewissen weist
>und nicht die Menschenherde – die gerade herrschende Mehrheit,
>>von dem ihn liebenden
>>Onkel Joseph
>>>Jerusalem-Talpiot, Lag ba-Omer 5714

Mit fünfzehn Jahren beschloß ich, zu Hause auszuziehen und in einem Kibbuz zu leben. Ich hoffte, ich würde mich in einen braungebrannten, kräftigen Traktorfahrer verwandeln, in einen sozialistischen Pionier ohne Komplexe, ein für allemal befreit von den Bibliotheken, der Gelehrsamkeit und den Fußnoten. Doch Onkel Joseph glaubte nicht an den Sozialismus, mochte auch keine Kibbuzim und so weiter und hoffte, mich umstimmen zu können. Er lud mich zu einem Gespräch unter vier Augen in seine Bibliothek ein, nicht am Schabbat wie sonst, sondern an einem Werktag. Ich bereitete mich auf dieses Gespräch intensiv vor, ich legte mir Wälle über Wälle von Argumenten bereit, ich hatte vor, ihm heldenhaft entgegenzutreten, ihm mit dem »Weg, den das Gewissen weist und nicht die Menschenherde« zu kontern, aber aus Onkel Josephs Haus wurde mir im letzten Moment mitgeteilt, zu seinem tiefen Bedauern sei ihm eine dringende Angelegenheit dazwischengekommen, doch bald werde er mich erneut zum Gespräch einladen und so weiter.

So trat ich denn das Leben eines Pioniers und Bauern im Kibbuz Hulda an, ohne Onkel Josephs Segen auf den Weg mitzunehmen und auch ohne eine eindringliche Konfrontation, bei der ich mir die Rolle Davids gegenüber Goliath oder die des kleinen Jungen in dem Märchen von des Kaisers neuen Kleidern zugedacht hatte.

Meist bat ich höflich um Erlaubnis, den mit Gebäck, Salzheringen, Likör, Sahnetorte und Tee gedeckten Tisch verlassen zu dürfen, den der Onkel vom Kopfende aus mit fester Hand regierte, und gab mich meinen begeisterten Streifzügen hin durch die Labyrinthe des Hauses und die Tiefen des Gartens, den Garten der verzweigten Wege meiner Kindheit. Trotzdem ist mir dies und jenes aus Onkel Josephs Monologen im Gedächtnis geblieben: Er liebte es, nach Odessa und nach Warschau zu entschweben, Erinnerungen an Herzls Reden aufleben zu lassen, an die Polemik um den Uganda-Plan und um die Demokratische Fraktion, an das wunderschöne Heidelberg und die mächtigen Schweizer Berge, an den *Haschiloach* und dessen Gegner, an seine erste Reise ins Land Israel im Jahre 1912 und seine Einwanderung an Bord der »Ruslan« im Jahre 1919, er sprach von den Verbrechen des Bolschewismus, den Gefahren des Nihilismus und den Quellen des Faschismus, von den Philosophen Griechenlands und den Dichtern Spaniens, von den Anfängen der Hebräischen Universität und von den Eskapaden der »Hellenisierer« (so nannte er zuweilen die von ihm abgrundtief Gehaßten – den Universitätspräsidenten Professor Magnes und die Professoren aus Deutschland, die den Friedensbund Brit Schalom gegründet hatten und für ein Abkommen mit den Arabern eintraten, selbst unter Verzicht auf die Forderung nach einem hebräischen Staat), er sprach von der Größe Herzls, Nordaus und Jabotinskys gemessen an der Armseligkeit der falschen politischen Führer und deren Unterwürfigkeit gegenüber den Engländern, allerlei »Sanballats« und sonstige Irregeleitete, die der Fata Morgana des Sozialismus nachliefen. Und manchmal hob er den Anker und segelte zu der wundersamen Erneuerung der hebräischen Sprache und zur Gefahr ihrer Verunreinigung und Deformierung, rügte die Verknöcherung der Frommen, die nicht einmal einen hebräischen Satz herausbringen könnten, ohne sieben Fehler zu machen, und die Dreistigkeit der Jiddischisten, die nun auch hier bei uns im Lande Israel Fuß fassen wollten, nachdem sie zuvor alles getan hätten, um das Land schlechtzumachen, es gar aus dem Gedächtnis unseres Volkes zu löschen. Einmal verkündete er seinen Zuhörern sogar die höchst dringende Notwendigkeit, jüdische Bauern in ganz Transjordanien anzusiedeln, und dachte laut über die Möglichkeit nach, die Araber des Landes im guten und mit Hilfe verlockender Entschädigungszahlungen dazu zu bringen, aus freien Stücken in das reiche, fruchtbare und halbleere Mesopotamien auszuwandern.

Eine Geschichte von Liebe und Finsternis   1981

Fast bei jedem Thema stellte Onkel Joseph seinen Zuhörern zwei gegnerische Lager vor, die Söhne des Lichts und die Söhne der Finsternis, und schilderte, wie er selbst einer der ersten gewesen sei, wenn nicht überhaupt der erste, der zwischen Finsternis und Licht geschieden, die Verurteilungswürdigen verurteilt und, einer gegen viele, den Kampf der Gerechten gekämpft habe, und wie ihm seine besten Freunde zugeflüstert hätten, er solle seinen Rang und Namen nicht aufs Spiel setzen, er jedoch nicht auf sie gehört, sondern sich erhoben und ans Tor gestellt habe, an den Ort, den sein Gewissen ihm wies, nach dem Motto »hier stehe ich, ich kann nicht anders«, und wie seine Hasser ihn verleumdet und ihm auf jede legale und illegale Weise Schaden zugefügt, ihn mit Gift und Galle überschüttet hätten, aber letzten Endes sei die Wahrheit ans Licht gekommen, getreu dem Spruch »die Tage werden reden«, und letztlich erweise sich wieder und wieder, daß die wenigen im Recht seien und nicht immer gelte, »folge der Mehrheit«, sondern das Gewissen durchbohrt den Berg: Hier mit uns ist der kleine Amos, ein vernünftiger und außerordentlich vorzüglicher Junge, wenn er auch mit allerlei Streichen die ganze Welt in Aufruhr versetzt, der einzige Sohn von Fania und Jehuda Arie, meinen Lieben, und er hat seinen Namen doch von dem Maulbeerfeigenzüchter aus Tekoa, jenem, der den Mut aufbrachte und sämtlichen Vornehmen Samarias entgegentrat und ihnen, in Bialiks Worten, entgegenschleuderte, »nicht flieht ein Mann wie ich, geh langsam, lehrte meine Herde mich«, Worte, die neben Mut und moralischer Haltung auch eine feine Ironie enthalten, eine Art ländlich-volkstümlichen Protest direkt ins Angesicht aller möglichen Gewaltigen und Herrschaftsträger geschleudert. Übrigens bedeutet das hier für »Maulbeerfeigenzüchter« verwendete Wort, *boles schikmim*, eigentlich »Maulbeerfeigenritzer«, das heißt, einer, der die Früchte anritzt, um ihre Reife zu beschleunigen, und ich übertreibe wohl nicht, wenn ich sage, daß ich persönlich Elieser Ben-Jehuda seinerzeit geholfen habe, dieses in der Bibel nur einmal vorkommende Wort *boles* mit dem Wort *balus* in Verbindung zu setzen, das »unrein«, »vermengt«, »gepanscht« und manchmal sogar »infiziert« oder »vereitert« heißen kann, *gemischt, malpropre, unclean, mixed,* und vergebens haben sich die Weisen Krauss und Kohut und Levy bemüht, hier eine persische oder griechische Wurzel zu finden, ihre Erklärung ist unbefriedigend, um nicht zu sagen, ganz und gar an den Haaren herbeigezogen. Aber wie sind wir denn plötzlich auf Krauss und Kohut gekommen? Wir hatten doch von Elieser Ben-Jehuda gesprochen, der mich eines Schabbat vormittags aufsuchte und zu mir sagte, hören Sie mal, Klausner, Sie und ich wissen doch, daß das Geheimnis der Vitalität von Sprachen darin liegt, daß sie fast allenthalben Wörter und Begriffe aufnehmen, sie sich mit Haut und Haar einverleiben und sie ihrer eigenen Sprachlogik und Morphologie anpassen, während alle Spielarten engstirniger Reinheitsapostel in ihrer Torheit unsere Sprache mit aller Macht vor dem Eindringen fremder Wörter schützen möchten und nicht begreifen oder sich nicht daran erinnern, wie sehr unsere Sprache von Beginn an mit Wörtern vollgesogen ist, die sie, ohne daß man es bemerkt hätte, von einem halben Dutzend anderer Sprachen übernommen hat, denn die lebenserhaltenden Bollwerke jeder lebenden Sprache, und erst recht unserer sich wiederbelebenden Sprache, so erwiderte ich Ben-Jehuda, sind doch die Mauern der Grundformen und der Syntax, kurz gesagt – der *Geist* der Sprache, ihr *Esprit*, ihr innerstes Wesen, das ewig und unveränderlich ist, wie ich schon vor vielen Jahren in *Vergangene Sprache, lebende Sprache* geschrieben und hier im Lande Israel in neuer Form und unter neuem Titel, *Die hebräische Sprache ist eine lebende Sprache*, neu veröffentlicht habe, worauf ich bereits von etlichen wichtigen Leuten gehört habe, daß es diese Schrift von mir war, die ihnen die Augen geöffnet und ihre »Sprachuhr« eingestellt habe – so durfte ich es mit eigenen Ohren von Jabotinsky persönlich hören sowie auch von einigen in den Schatzkammern des Althebräischen bewanderten Gelehrten aus Aschkenas, noch ehe der Faschismus und der Nationalsozialismus mich veranlaßten, von allem abzurücken, was auch nur den geringsten Hauch von Deutschland an sich hat, anders als es, zu meinem Bedauern und zu unserer Schmach, einige meiner Kollegen aus dem Brit-Schalom-Kreis taten, die an unserer Universität einen deutsch-pazifistischen, kosmopolitischen und antinationalen Geist eingeführt haben und sich nun beeilen, Deutschland für eine Handvoll Deutsche Mark oder für teutonische Ehren Absolution zu erteilen. Auch dieser unser Nachbar, der Schriftsteller vis-à-vis, hat sich diesen Versöhnungsbereiten zugesellt, und möglicherweise hat er es deshalb getan, weil er in seinem Scharfsinn allerlei Überlegungen anstellt und hofft, sein Anschluß an die Sekte Brit Schalom werde ihm Anerkennung unter den Völkern der Welt verschaffen und seinen Ruhm bei den Gojim mehren.

Aber wieso sind wir denn nun abgeschweift zu Deutschland und Buber, Magnes, Agnon und der Mapai? Wir hatten doch von dem Propheten Amos gesprochen, dem ich einen Aufsatz widmen möchte, der so einige

abgedroschene, um nicht zu sagen von Grund auf falsche Klischees über den Haufen werfen wird, die von Vertretern der Wissenschaft des Judentums herrühren, die in den Propheten Israels noch nie das zu sehen vermochten –
 Und dabei sind die Vertreter der Wissenschaft des Judentums doch die Kühe Baschans unserer Zeit, die Satten, Selbstzufriedenen, Hochmütigen und Eingebildeten – Da zum Beispiel eine Koryphäe vom Rang eines Perez Smolenskin, was war sein Leben? Wanderschaft und Armut, Leid und Mangel, und er hat doch bis zu seinem letzten Atemzug geschrieben und gekämpft, und am Ende ist er in furchtbarer, himmelschreiender Einsamkeit gestorben, und kein Mensch war bei ihm, als er seinen Geist aufgab –
 Und hat es das Schicksal mit meinem Freund und Gefährten von Jugend an, unserem größten Dichter der Neuzeit, Scha'ul Tschernichowski, denn besser gemeint?
 Hierzulande gab es ja Zeiten, in denen der große Dichter Hunger litt, im wahrsten Sinne des Wortes –
 Und überhaupt sah und sehe ich, seit meinem Eintritt in unser literarisches und öffentliches Leben und bis zum heutigen Tag: Die eigentliche Größe oder Kraft eines Schriftstellers liegt in seinem Pathos, seinem ständigen Kampf gegen alles Gewöhnliche und Übliche! Gewiß, eine schöne Geschichte und ein zartes Gedicht sind angenehme Dinge, die den Geist erfreuen, aber sie ergeben noch kein großes Werk. Von einem großen Werk verlangt das Volk, daß es eine Botschaft, eine Prophetie, eine neue, frische Weltanschauung enthält, und vor allem – daß das Werk eine moralische Vision aufzeigt –
 Ein Werk ohne Pathos und ohne moralische Vision ist ja letzten Endes – im günstigsten Fall – etwas Ornamentales und Kunsthandwerkliches, das weder nutzt noch schadet, wie die Erzählungen von Agnon, in denen man zuweilen etwas Anmut findet, zumeist aber weder Anmut noch moralische Passion, sondern nur eine gewisse Koketterie, und ganz bestimmt haben sie keine Seele, und eine echte Paarung von tragischer Erotik und tragischer Religiosität läßt sich schon gar nicht darin finden, keine Spur von moralischem Pathos gibt es bei Agnon und seinesgleichen, während hingegen in der Prosa von Schneur –
 Überhaupt läßt sich sagen, daß jeder große Künstler ein Sechzigstel heiligen Geist und ein Sechzigstel Prophetie in sich trägt: Hat nicht Turgenjew in seinem wunderbaren Roman *Väter und Söhne* die Figur des Nihili-

sten Basarow beschrieben, noch ehe der Nihilismus in Rußland auftauchte? Und Dostojewski? Sagen seine *Dämonen* nicht mit wahrhaft erstaunlicher prophetischer Genauigkeit das Aufkommen des Bolschewismus voraus?

Unser Bedarf an weinerlicher Literatur ist gestillt, wir sind der Schilderungen des Schtetls aus Mendeles Zeiten müde und vollauf gesättigt mit Menschenmaterial, das sich in Bettlern, Talmudschülern, Lumpensammlern und allerlei spitzfindigen Nichtstuern erschöpft. Vielmehr brauchen wir jetzt hier in unserem Land eine wirklich neue Literatur, eine Literatur, deren Protagonisten aktive, nicht passive Männer- und Frauentypen sind, Helden und Heldinnen, die jedoch keineswegs plakative Idealtypen sind, sondern Menschen aus Fleisch und Blut, mit starken Leidenschaften und tragischen Schwächen und sogar ausgeprägten inneren Widersprüchen, Figuren, die unsere Jugend bewundern kann, in deren Licht sie sich bilden, aus deren Ideen und Taten sie Inspiration schöpfen kann, Helden und Heldinnen unserer Zeit oder auch Gestalten aus der Frühgeschichte unseres Volkes, solche, die Respekt und Identifikation, nicht Abneigung und Mitleid hervorrufen. Hebräische und europäische literarische Helden brauchen wir jetzt in unserem Land, nicht länger die Heiratsvermittler, Spaßmacher, Fürsprecher, Gemeindevorsteher und Bettler aus der Diasporafolklore.

Und einmal sagte Onkel Joseph ungefähr folgendes: »Ich bin ja kinderlos, meine Damen und Herren, doch meine Bücher sind meine Kinder, die mein Herzblut in sich tragen, und nach meinem Tod werden sie und nur sie meinen Geist und meine Träume den kommenden Generationen weitertragen.«

Worauf Tante Zippora bemerkte: »Nu, Ossja. Genug, Ossinka. Genug. Die Ärzte haben doch gesagt, du sollst dich nicht aufregen. Und dein Tee ist unterdessen abgekühlt, und jetzt ist er schon ganz kalt. Nein, nein, mein lieber Guter, trink diesen Tee nicht, ich gehe und hole dir einen neuen.«

Gelegentlich veranlaßte Onkel Josephs Zorn über die Falschheit und Niedertracht seiner Gegner ihn dazu, die Stimme zu heben, doch sein Lautwerden wurde nie zu einem Brüllen, sondern ähnelte mehr einem hohen Kreischen, er klang eher wie eine schluchzende Frau denn wie ein verdammender, zorniger Prophet. Zuweilen schlug er auch mit seiner zerbrechlichen Hand auf die Tischplatte, aber sein Hieb glich fast einem Streicheln. Einmal, mitten in einer Tirade gegen die Bolschewisten oder die Bundisten oder die Verbreiter des Jargons (so nannte er das Jiddische), kippte er versehentlich ein Glas Zitronenwasser mit Eiswürfeln über seine Hose, und Tante Zippora, die direkt hinter ihm an der Tür stand, eilte zu ihm und wischte ihm mit ihrer Schürze die Hose ab, bat um Verzeihung, führte ihn ins Schlafzimmer und brachte ihn zehn Minuten später umgezogen und trocken und vor Sauberkeit glänzend in den Kreis seiner Verehrer zurück, die höflich am Tisch gewartet und sich mit gedämpften Stimmen über die Gastgeber unterhalten hatten, die wirklich wie die Turteltauben zusammenlebten: Er behandelt sie wie eine nachgeborene Tochter und sie ihn wie ihr herzallerliebstes Baby und ihren Augapfel. Manchmal ergreifen ihre rundlichen Finger seine durchsichtigen Finger, und einen Moment schauen die beiden einander an, dann senken sie sofort die Augen und lächeln sittsam vor sich hin.

Und manchmal löst sie behutsam seine Krawatte, hilft ihm, die Schuhe auszuziehen, läßt ihn eine kleine Weile auf dem Sofa ruhen, seinen traurigen Kopf an ihre Brust gebettet und seinen zierlichen Körper genußvoll an die Fülle ihres Leibes geschmiegt. Oder sie steht in der Küche, spült Geschirr und weint lautlos, und er nähert sich ihr von hinten, legt ihr seine rosigen Hände auf die Schultern und zwitschert und schnalzt, als versuche er, ein Baby zu beruhigen, oder erkläre sich bereit, ihr Baby zu sein.

11

Joseph Klausner wurde 1874 im litauischen Olkeniki geboren und starb 1958 in Jerusalem. Als er zehn Jahre alt war, zogen die Klausners von Litauen nach Odessa. Dort fand er seinen Weg vom Cheder zur reformierten Jeschiwa und von da zur Bewegung Chibbat Zion, Zionsliebe, und in den Kreis um Achad Ha'am. Mit neunzehn veröffentlichte er seinen ersten Aufsatz, mit dem Titel *Neue Wörter und Schönes Schreiben*, in dem er aufrief, die hebräische Sprache durch die Übernahme von Fremdwörtern zu erweitern, damit sie eine lebende Sprache werden könne. Im Sommer 1897 ging er zum Studium nach Heidelberg, da die Universitäten im zaristischen Rußland Juden verschlossen waren. Während seiner fünf Jahre in Heidelberg studierte er Philosophie bei Professor Kuno Fischer, wurde stark von der Geschichte des Orients im Stil Renans angezogen und war tief beeinflußt von Carlyle. In seiner Heidelberger Zeit studierte er außer Philosophie und Geschichte auch Literatur, Orientalistik und semitische Sprachen (er beherrschte etwa fünfzehn Sprachen, darunter Griechisch und Latein, Sanskrit und Arabisch, Aramäisch, Persisch und Amharisch).

Tschernichowski, den er bereits aus Odessa kannte, studierte zur gleichen Zeit Medizin in Heidelberg. Ihre Freundschaft vertiefte sich und wurde zu einer herzlichen und fruchtbaren geistigen Verbundenheit. »Ein leidenschaftlicher Dichter!« sagte Onkel Joseph von ihm. »Ein hebräischer Dichter-Adler: Die eine Schwinge berührt die Bibel und die Landschaft Kanaans, und die andere überspannt die ganze Weite des modernen Europa!« Und manchmal sagte er von Tschernichowski: »Eine reine und unschuldige Kinderseele in einem Körper so kräftig wie der eines Kosaken!«

Onkel Joseph wurde ausgewählt, als Delegierter der jüdischen Studenten am Ersten Zionistischen Kongreß in Basel und auch an den folgenden Zionistischen Kongressen teilzunehmen, und wechselte einmal sogar ein paar Worte mit Herzl. (»Er war ein schöner Mann! Schön wie ein Engel Gottes! Sein Gesicht strahlte von innen her! Wie einer der alten Assyrerkönige erschien er uns mit seinem schwarzen Bart und seinem durchgeistigten, traumerfüllten Gesicht! Und seine Augen, an seine Augen werde ich mich bis zu meinem letzten Tag erinnern, die Augen eines verliebten jungen Dichters hatte Herzl, glühende, traurige Augen, die jeden, der hineinblickte, in Bann schlugen. Und seine hohe Stirn verlieh ihm königlichen Glanz!«)

Schon bald begnügte sich Joseph Klausner nicht mehr mit dem Kulturzionismus seines Mentors Achad Ha'am, sondern vertrat bis an sein Lebensende den politischen Zionismus Herzls, der nach seiner Ansicht seine Fortführung bei Nordau und Jabotinsky, den »Adlern«, fand, und nicht bei Weizmann und Sokolow und den übrigen »diasporaverhafteten Antichambrierern und Kompromißlern«. Allerdings zögerte er nicht, Herzl in der Uganda-Debatte entgegenzutreten und die »Zionszionisten« zu unterstützen, und er verzichtete auch nicht auf den Traum von einer kulturellen und geistigen Wiedergeburt, ohne die er die politischen Anstrengungen für sinnlos hielt.

Wieder in Odessa, widmete sich Joseph Klausner dem Schreiben, dem Lehren und zionistischen Aktivitäten, bis Achad Ha'am dem erst Neunundzwanzigjährigen die Herausgabe des *Haschiloach*, der zentralen und wichtigsten Monatsschrift der neuen hebräischen Kultur, übertrug. Oder, genauer gesagt: Achad Ha'am übertrug Onkel Joseph die Redaktion der »Schrift der Zeit« *Haschiloach*, die der junge Joseph augenblicklich in eine »Monatsschrift« umwandelte, indem er das entsprechende hebräische Wort erfand.

Als Kind bewunderte ich Onkel Joseph vor allem dafür, daß er, wie man mir erzählte, einige hebräische Wörter des Alltagsgebrauchs gebildet und uns geschenkt hatte, Wörter, von denen ich gedacht hatte, sie wären seit eh und je vorhanden gewesen: »Bleistift«, »Eisberg«, »Hemd«, »Treibhaus«, »Zwieback«, »Ladung«, »eintönig« und »vielfältig« sowie »Sinnlichkeit«, »Kran« und »Nashorn«. (Was hätte ich denn wohl jeden Morgen anziehen sollen, wenn Onkel Joseph uns nicht das Wort für Hemd gegeben hätte? Etwa Josefs biblischen »bunten Rock«? Und womit hätte ich geschrieben ohne sein Wort für Bleistift? Ganz zu schweigen von der Sinnlichkeit, die uns gerade dieser so puritanische Onkel schenkte.)

Ein Mensch, der imstande ist, ein neues Wort zu bilden und es in den Kreislauf der Sprache einzuführen, schien mir fast so bedeutend wie der, der das Licht und die Finsternis erschaffen hat: Hast du ein Buch geschrieben und ist dir das Glück hold, so lesen es die Leute, bis neue und bessere Bücher kommen und an seine Stelle treten, aber derjenige, der ein neues Wort zur Welt bringt, ist wie einer, der die Ewigkeit berührt. Bis heute schließe ich zuweilen die Augen und sehe diesen zerbrechlichen, weißhaarigen Mann mit seinem weißen Spitzbart, seinem weichen Schnurrbart, seinen feinen Händen, seiner russischen Brille vor mir, sehe ihn mit seinen tastenden Porzellanschritten zerstreut vorübertappen, wie ein winziger Gulliver im Land der Riesen, bevölkert von einer »vielfältigen« Menge von großen »Eisbergen«, hohen »Kränen« und dickleibigen »Nashörnern«, und all diese Nashörner und Kräne und Eisberge verbeugen sich zum Dank höflich vor ihm.

In Odessa bezog er mit seiner Ehefrau Fanni Wiernick (die vom Tag ihrer Heirat an immer nur »die liebe Zippora« hieß beziehungsweise vor Gästen von ihm »die Frau Klausner« genannt wurde) ein Haus in der Rimislinaja-Straße, das alsbald zu einer Art Kulturklub, einem Treffpunkt für Zionisten und Literaten wurde. Mendele Mojcher Sforim und Nahum Slouschz, Lilienblum und Achad Ha'am, Ussischkin und Jabotinsky, Bialik und Tschernichowski fanden sich dort ein. Und als die Klausners mit der Redaktion des *Haschiloach* nach Warschau zogen und sich »zwei Häuser entfernt von J. L. Perez« niederließen, empfingen sie dort zu Tee, Kuchen, Gebäck und hausgemachten Marmeladen J. L. Perez und Schalom Asch und Nomberg und Frischmann und Berkowitz und Steinberg und Jakob Fichmann und Schneur – als hätten sich alle Tel Aviver Straßennamen, noch ehe sie Straßennamen wurden, gern rund um Onkel Josephs Tisch versammelt. (Übrigens nannte Onkel Joseph Salman Schneur aus irgendeinem Grund immer Selkind Schneur, und manchmal redete er ihn auch liebevoll mit dem Namen des Protagonisten seines Romans *Pandrei der Held* an. Ich erinnere mich noch an Schneur mit seinem dichten schwarzen Assyrerbart: Einmal, 1951 oder 1952, nahm Vater mich zu einem Vortrag von Schneur ins Terra-Sancta-Gebäude mit, und der Dichter des Werkes *Das Mittelalter bricht an* verkündete dort fröhlich und triumphierend: »Von den drei Fixsternen der hebräischen Dichtung unserer Generation, Bialik, Schneur und Tschernichowski, bin ich als einziger noch am Leben!«)

Auch Onkel Joseph war immer eine fast kindliche Fröhlichkeit eigen: Sogar wenn er von seinem Kummer sprach, von seiner tiefen Einsamkeit, von seinen Gegnern, von seinen Leiden und Krankheiten, vom tragischen Los desjenigen, der gegen den Strom schwimmt, vom Unrecht und von den Beleidigungen, die man ihm während seines ganzen Lebens zugefügt habe, leuchtete immer eine verhaltene Heiterkeit hinter seinen runden Brillengläsern. Selbst wenn er seine Schlaflosigkeit beklagte, strahlten seine Gesten, seine hellen Augen, seine rosigen Babywangen eine fröhliche, optimistische, lebenslustige, fast hedonistische Frische aus. »Wieder habe ich die ganze Nacht kein Auge zugetan«, ließ er seine Gäste immer wissen. »Die Sorgen der Nation haben mich im Dunkeln bedrückt, unsere Zukunftsängste, die Kurzsichtigkeit unserer zwergenhaften Führer, mehr noch als mir meine eigenen Nöte zusetzen, ganz zu schweigen von den Leber- und Atembeschwerden und den grausamen Migräneanfällen, die mich Tag und Nacht nicht Ruhe finden lassen.« (Wollte man seinen Worten glauben, könnte man meinen, er hätte nie auch nur eine Minute geschlafen, zumindest nicht vom Beginn der zwanziger Jahre bis zu seinem Tod 1958.)

Von 1917 bis 1919 lehrte Klausner als Dozent und dann auch als Professor an der Universität von Odessa, das während des Bürgerkriegs nach der Russischen Revolution in blutigen Kämpfen abwechselnd von »Weißen« und »Roten« erobert wurde. 1919 schifften sich Onkel Joseph, Tante Zippora und die alte Mutter meines Onkels, meine Urgroßmutter Rasche-Kaile, von Odessa nach Jaffa ein, an Bord der »Ruslan«, der zionistischen Mayflower der dritten Alija. Zu Chanukka des gleichen Jahres ließen sie sich im Jerusalemer Bucharenviertel nieder.

Mein Großvater Alexander und meine Großmutter Schlomit mit meinem Vater und seinem älteren Bruder David jedoch gingen damals nicht nach Palästina, obwohl auch sie begeisterte Zionisten waren. Die Lebensbedingungen dort erschienen ihnen als zu asiatisch. Sie zogen nach Wilna, der Hauptstadt Litauens, und mein Vater und seine Eltern kamen erst 1933 ins Land, als der Antisemitismus in Wilna immer übermächtiger wurde und sich in Ausschreitungen und Gewalttätigkeiten gegen jüdische Studenten entlud.

Doch Vaters Bruder, mein Onkel David, seine Frau Malka und ihr kleiner Sohn Daniel, der anderthalb Jahre vor mir geboren wurde, blieben in Wilna. Onkel David hatte, obwohl er Jude war, schon als junger Mann eine Dozentenstelle für Literatur an der Wilnaer Universität erhalten. Er war ein überzeugter Europäer zu einer Zeit, als kein Mensch in Europa sich als Europäer fühlte, abgesehen von meiner Familie und anderen Juden wie ihnen. Alle anderen waren panslawische, großdeutsche oder einfach nur litauische, bulgarische, irische oder slowakische Patrioten. In den zwanziger und dreißiger Jahren des 20. Jahrhunderts waren die Juden die einzigen Europäer in ganz Europa. Vater sagte immer: In der Tschechoslowakei gibt es drei Nationen – die Tschechen, die Slowaken und die Tschechoslowaken, das heißt die Juden, in Jugoslawien gibt es Serben, Kroaten, Slowenen und Montenegriner, aber auch dort lebt eine Handvoll richtiger Jugoslawen. Sogar in Stalins Sowjetunion gibt es Russen, Ukrainer, Usbeken, Tschuktschen und Tataren, und zwischen all denen leben wiederum unsere Brüder, die Angehörigen des Sowjetvolks.

Onkel David war ein Europäer aus Liebe, ein entschiedener und bewußter Europäer, ein Spezialist in vergleichender Literaturwissenschaft, die Literaturen Europas waren seine geistige Heimat. Er sah nicht ein, warum er seinen Wohnort aufgeben und in das ihm fremde und befremdliche Vorderasien emigrieren sollte, nur um die Wünsche von ignoranten Antisemiten und engstirnigen nationalistischen Schlägern zu erfüllen. Er blieb also auf seinem Posten, hielt die Fahne von Fortschritt, Kultur, Kunst und Geist, der keine Grenzen kennt, hoch, bis die Nazis nach Wilna kamen: Kulturliebende Juden, Intellektuelle und Kosmopoliten waren nicht nach

ihrem Geschmack, und deshalb ermordeten sie David und Malka und meinen kleinen Cousin Daniel, den seine Eltern Danusch oder Danuschek nannten und von dem sie in ihrem vorletzten Brief vom 15. Dezember 1940 schrieben: »Vor kurzer Zeit hat er angefangen zu laufen ... und er hat ein ausgezeichnetes Gedächtnis.«
Heute hat sich Europa völlig gewandelt, heute findet man dort nur noch Europäer. Und auch die Parolen in Europa haben sich völlig geändert. In Vaters Jugendzeit stand an jeder Wand in Europa: »Juden, ab nach Palästina.« Fünfzig Jahre später, als mein Vater Europa wieder besuchte, schrie es von allen Wänden: »Juden, raus aus Palästina.«

Viele Jahre schrieb Onkel Joseph an seinem Buch über Jesus von Nazareth, ein Buch, in dem er – zum Erstaunen von Christen und Juden gleichermaßen – behauptete, Jesus sei als Jude geboren und als Jude gestorben und habe gar keine neue Religion begründen wollen. Mehr noch: Jesus erschien ihm als der jüdische Moralist par excellence. Achad Ha'am bat ihn eindringlich, dies wie auch anderes zu streichen, um einen ungeheuren Skandal in der jüdischen Welt zu vermeiden, den das Buch dann auch prompt auslöste – unter Juden wie unter Christen –, als es 1921 in Jerusalem erschien: Ultraorthodoxe Juden beschuldigten Klausner, die Missionare hätten ihn mit Geld bestochen, damit er »jenen Mann« lobe und preise. Und die anglikanischen Missionare in Jerusalem forderten, der Erzbischof solle den Missionar Dr. Danby, der *Jesus von Nazareth* ins Englische übersetzt hatte, seines Amtes entheben, da das Buch das Gift der Ketzerei in sich trage, denn »es präsentiert unseren Heiland als eine Art Reformrabbiner, als einen gewöhnlichen Sterblichen und vollgültigen Juden, der rein gar nichts mit der Kirche zu tun hat«. Seinen Weltruhm verdankte Onkel Joseph in erster Linie diesem Buch und dem Fortsetzungsband *Von Jesus zu Paulus*, den er einige Jahre später veröffentlichte.

Einmal sagte Onkel Joseph zu mir: »In deiner Schule, mein Lieber, wird man dich gewiß lehren, diesen tragischen und wunderbaren Juden zu verabscheuen, und ich hoffe nur, man bringt dir nicht auch noch bei, auszuspucken, wann immer du seinem Bildnis oder einem Kruzifix begegnest. Wenn du einmal groß bist, mein Lieber, lies bitte deinen Lehrern zum Trotz das Neue Testament, und du wirst entdecken, daß er von unserem Fleisch und Blut gewesen ist, durch und durch eine Art Zaddik oder Wundertäter. Zwar war er ein Träumer ohne jeglichen Sinn für Politisches, aber es gebührt ihm, sehr gebührt ihm ein Platz im Pantheon der Großen Israels, neben Baruch Spinoza, der ebenfalls mit Acht und Bann belegt wurde und dessen Ächtung wir jetzt ebenfalls aufheben sollten. Du mußt wissen, daß diejenigen, die mich anklagen, nur die Juden von gestern sind, von engem Horizont und geringer Auffassungsgabe, wie Würmer im Meerrettich. Und damit du, mein Lieber, Gott behüte, nicht einer von denen wirst, lies bitte die guten Bücher: lies, lies und lies noch einmal! Übrigens habe ich mein kleines Büchlein über den Dichter David Schimoni deinem lieben Vater mit der Auflage geschenkt, daß auch du es liest. Ja, lies, lies und lies noch einmal! Und jetzt habe doch bitte die Güte und frage die Frau Klausner, die liebe Tante Zippora, wo die Hautsalbe ist, meine Salbe für das Gesicht. Und sei so gut und sage ihr bitte: die alte Salbe. Denn die neue taugt ja nicht einmal als Hundefutter. Wußtest du, mein Lieber, welch große Kluft zwischen dem Heiland in den Sprachen der Gojim und unserem *maschiach*, Messias, klafft? Der *maschiach* ist doch nur einer, der mit Öl gesalbt worden ist. Jeder Priester und jeder König ist in der Bibel ein Gesalbter, ein *maschiach*. In unserer Sprache ist *maschiach* eindeutig ein prosaisches, alltägliches Wort, sichtlich eng verwandt mit dem Wort *mischcha*, Salbe – anders als in den Sprachen der Gojim, bei denen der Messias Heiland oder Erlöser heißt. Aber möglicherweise bist du noch zu jung, um diese Lehren zu verstehen? Wenn dem so ist, dann lauf zu deiner Tante und bitte sie um das, worum ich dich gebeten hatte, es von ihr zu erbitten. Aber was wollte ich denn? Kann ich mich wieder nicht erinnern? Erinnerst du dich vielleicht? Dann bitte sie eben, sie möge die Güte haben, mir eine Tasse Tee zu machen, denn es sagte ja schon Rabbi Hona im Babylonischen Talmud im Traktat Pessachim: ›Was alles der Hausherr sagt, befolge, nur nicht: geh‹, und ich meine: nur nicht Tee. Nur im Scherz habe ich das natürlich gesagt. Also eile, mein Lieber, mache dich auf den Weg, und stiehl mir nicht länger die Zeit, wie alle Welt mir die Zeit stiehlt, statt mir meine Minuten und Stunden zu gönnen, die doch mein einziger Schatz sind, der mir nun allmählich verrinnt. Blaise Pascal, der Philosoph, hat dieses furchtbare Gefühl in seinen *Pensées* geschildert, das entsetzliche Gefühl des Verrinnens der Zeit: Es verrinnt die Zeit, es verrinnen die Minuten und Stunden, es verrinnt dein Leben, ohne Unterlaß, unwiederbringlich. Eile also, mein Lieber, nur paß gut auf, daß du beim Laufen nicht stolperst.«

Nach seiner Ankunft in Jerusalem im Jahr 1919 war Onkel Joseph zunächst Sekretär des Wa'ad Halaschon, des Sprachkomitees für die Pflege und Fortentwicklung der hebräischen Sprache, ehe er zum Professor für Hebräische Literatur an der 1925 gegründeten Universität ernannt wurde. Er hatte gehofft und erwartet, man werde ihm das Institut für die Geschichte des jüdischen Volkes anvertrauen oder zumindest den Fachbereich für die Ära des Zweiten Tempels, aber »diejenigen, die in der Universität das Sagen hatten, begegneten mir, von den Höhen ihres Deutschtums, mit Geringschätzung, wie sie auch den ganzen nationalen Gedanken ablehnten, ja überhaupt alles, was nicht den Beifall der Gojim und der Assimilierten mit ihrem Zionshaß erregte, geringschätzten«, und deshalb »verbannten sie mich in das Institut für Hebräische Literatur, fern dem Schmelztiegel, in dem die Seelen unserer Jugend geformt werden, fern dem Felde, auf dem ich imstande gewesen wäre, die Samen der Liebe für unser Volk und für unsere heroische Vergangenheit in die Herzen unserer Jugend zu säen und sie im patriotischen und heldenhaften Geist der Makkabäer, der Hasmonäerkönige und der Helden der großartigen Aufstände gegen das Joch der Römer zu erziehen«.

Am Institut für Hebräische Literatur fühlte Onkel Joseph sich, seinen Worten zufolge, wie Napoleon auf Elba: Da es ihm verwehrt blieb, ganz Europa zum Fortschritt zu führen, fand er sich vorerst bereit, eine fortschrittliche und vorbildlich durchdachte Ordnung auf seiner kleinen Exilinsel zu schaffen. Erst zwanzig Jahre später wurde der Lehrstuhl für die Erforschung der Geschichte des Zweiten Tempels eingerichtet, und Onkel Joseph erhielt ihn endlich, ohne daß er deswegen seine Position am Institut für Hebräische Literatur aufgegeben hätte. »Die fremde Kultur aufzunehmen, sie uns in humaner und nationaler Hinsicht ganz anzuverwandeln und zu unserem Fleisch und Blut zu machen«, schrieb er, »das ist das Ideal, für das ich gekämpft habe, dem ich meine besten Jahre gewidmet habe und von dem ich bis zu meinem letzten Atemzug nicht abrücken werde.«

Und weiter las ich bei ihm: »Wenn wir eine Nation sein wollen, die Herr ist im eigenen Land, müssen unsere Söhne aus Eisen sein!« Er deutete manchmal auf die zwei Bronzebüsten im Wohnzimmer, den stürmischen, wütenden Beethoven und den Jabotinsky in der ganzen Pracht seiner Uniform mit energisch zusammengepreßten Lippen, und erklärte seinen Gästen: »Der Geist des Individuums entspricht dem Geist der Nation – beide streben empor, und beide verwildern, wenn die Vision fehlt.«

An einem Schabbat erzählte dort Baruch Krupnik, also Baruch Karu, daß Jabotinsky, als er die Hymne des Betar verfaßte, zunächst keinen passenden hebräischen Reim auf das Wort *gesa*, Stamm, gefunden und daher vorläufig das russische Wort *scheleso* verwendet habe, das »Eisen« bedeutet. So erhielt er die Zeilen: »Mit Blut und *scheleso* wird uns erstehen ein Stamm, von hohem Geist, großmütig und grausam«, bis er, das heißt Krupnik, gekommen sei und *scheleso* durch *jesa*, Schweiß, ersetzt habe: *Bedam uwejesa jukam lanu gesa, gaon wenadiv weachsar*. Mit Blut und Schweiß wird uns erstehen ein Stamm, von hohem Geist, großmütig und grausam. (Und in subversiv aufmüpfigem Spott deklamierte ich vor meinen Eltern, um sie zu ärgern, eine Parodie auf die erste Version: *Bedam uwescheleso jukam lanu gescho, gaon wenadiv weachschar*. Vater sagte dann: »Also wirklich, ich bitte dich, es gibt doch Dinge, mit denen treibt man keinen Spaß.« Und Mutter: »Ich allerdings bin der Meinung, daß es solche Dinge nicht gibt.«)

Onkel Joseph war ein aufgeklärter Nationalliberaler im Stil des 19. Jahrhunderts, ebenso wie Jabotinsky, ein Sproß der Aufklärung, der Romantik und des Völkererwachens. Er liebte Wendungen wie »unser Fleisch und Blut«, »human und national«, »in meinen besten Jahren kämpfte ich«, »wir werden nicht weichen«, »wenige gegen viele«, »wenige zur rechten Zeit«, »die kommenden Generationen« und »bis zu meinem letzten Atemzug«.

1929 mußte er vor arabischen Angriffen aus Talpiot flüchten. Sein Haus wurde, wie das seines Nachbarn Agnon, geplündert und in Brand gesteckt, und seine Bibliothek erlitt, wie die Agnons, großen Schaden. »Man muß der ganzen jungen Generation eine neue Erziehung angedeihen lassen«, schrieb er in seinem Buch *Wenn eine Nation für ihre Freiheit kämpft*, »muß ihnen Heldengeist vermitteln, den Geist unerschütterlichen Widerstands ... Die meisten unserer Lehrer haben in ihrem Innern noch nicht den unterwürfigen Diasporageist überwunden, den der europäischen wie der arabischen Diaspora.«

Im Gefolge Onkel Josephs und unter seinem Einfluß wurden auch meine Großeltern Jabotinsky-Anhänger, und mein Vater stand den Ideen des Irgun Zwa'i Le'umi, Nationaler Militärverband, kurz Etzel oder Irgun genannt, des paramilitärischen Untergrunds, und der Cherut-Partei Menachem Begins nahe. Obwohl Begin bei diesen freidenkerischen, säkularen

Jabotinsky-Anhängern aus Odessa eigentlich etwas gemischte Gefühle hervorrief, vermengt mit einer gewissen unterdrückten Herablassung: Wegen seiner Herkunft aus einem polnischen Schtetl und wegen seiner übermäßigen Sentimentalität hielten sie Begin für etwas plebejisch und provinziell, wenn auch durchaus für hingebungsvoll, mutig und national eingestellt, aber vielleicht fehlte es ihm doch ein wenig an Weltmännischkeit, an Charme, mangelte es ihm an Poesie und mitreißendem Charisma, gemischt mit einem Anflug tragischer Einsamkeit, wie sie einem Führer gut anständen, der etwas von einem Löwen oder einem Adler haben sollte. Wie hatte Jabotinsky doch über das Verhältnis Israels zu den Völkern geschrieben, wenn die Unabhängigkeit erst wieder erreicht wäre: »wie ein Löwe sich zu Löwen gesellt«. Begin sah nicht wie ein Löwe aus. Auch mein Vater war, trotz seines Namens Arie, Löwe, kein Löwe, sondern ein kurzsichtiger Jerusalemer Gelehrter mit zwei linken Händen. Zum Untergrundkämpfer eignete er sich nicht, er trug aber dennoch seinen Teil zum Kampf bei, indem er manchmal, auf englisch, Manifeste für den Untergrund verfaßte, in denen er die Falschheit des perfiden Albion anprangerte. Diese Plakate wurden heimlich gedruckt, und flinke junge Männer schwirrten nachts im Viertel aus und klebten sie an jede Wand und sogar an Telegraphenmasten.

Auch ich war ein Untergrundjunge: Mehr als einmal vertrieb ich die Briten durch eine Zangenbewegung meiner Truppen, versenkte mittels eines kühnen Hinterhalts auf hoher See die Flotte Seiner Majestät, entführte den Hochkommissar und sogar den englischen König persönlich, um sie vor Gericht zu stellen, und hißte eigenhändig die hebräische Flagge auf der Turmspitze des Gouverneurspalastes auf dem Berg des bösen Rates (wie die Soldaten die amerikanische Flagge auf Iwo Jima auf einer amerikanischen Briefmarke). Kaum hatte ich die Briten aus unserem Land verjagt, schloß ich ein Bündnis mit England, errichtete gemeinsam mit ihnen eine Front der aufgeklärten Kulturvölker gegen die aus der Wüste anbrandenden Wogen orientalischer Wildheit mit ihren krummen Buchstaben und krummen Säbeln, die uns – unter kehligem Geschrei, das einem das Blut in den Adern gefrieren ließ – abzuschlachten, auszuplündern und niederzubrennen drohten. Ich wollte, wenn ich groß wäre, der Davidstatue von Bernini ähneln, dem schönen, lockigen, schmallippigen David, der den Schutzumschlag von Onkel Josephs Buch *Wenn eine Nation für ihre Freiheit kämpft* zierte: Ich wollte ein starker und stiller Mann mit langsamer und tiefer Stimme werden. Nicht wie die dünne, etwas weinerliche

Stimme Onkel Josephs. Und meine Hände sollten nicht so werden wie seine weichlichen Puppenhände.

Ein erstaunlich offenherziger Mensch war mein Großonkel Joseph, voll Eigenliebe und Selbstmitleid, empfindlich und ehrversessen, von kindlicher Fröhlichkeit, ein glücklicher Mann, der immer den Unglücklichen mimte. Er wirkte inniglich mit sich zufrieden, er liebte es, ohne Ende von seinen Erfolgen zu erzählen, von seinen Entdeckungen, von seiner Schlaflosigkeit, von seinen Gegnern, von seinen Erfahrungen, von seinen Büchern und Aufsätzen und Vorträgen, die alle ausnahmslos »großen Lärm in der Welt« ausgelöst hatten, von seinen Begegnungen, von seinen Arbeitsplänen, von seiner Größe, Bedeutung und Geisteskraft.

Er war ein gutherziger Mann, egoistisch und verwöhnt, aber süß wie ein Baby und eingebildet wie ein Wunderkind.

Dort in Talpiot, das als Jerusalemer Kopie eines Berliner Gartenviertels angelegt war, ein friedlicher, bewaldeter Hügel, zwischen dessen Baumwipfeln im Lauf der Zeit rote Ziegeldächer hervorzuschauen begannen und wo in jedem Haus sorglos und in großzügigen Räumlichkeiten ein namhafter Gelehrter oder ein berühmter Schriftsteller wohnen sollte, dort ging Onkel Joseph manchmal in der Abendluft auf die kleine Straße hinaus, die eines Tages in Klausner-Straße umbenannt werden würde. Er hakte seinen dünnen Arm in den molligen Arm der Tante Zippora ein, die ihm Mutter, Frau, Tochter und Dienerin war. Sie spazierten dahin, mit vorsichtigen Porzellanschritten, und blieben dann beim Haus des Architekten Kornberg stehen, das manchmal als kleine Pension für höfliche und gebildete Gäste diente, am Ende der Sackgasse, dort, wo auch Talpiot und Jerusalem und das besiedelte Land endeten. Von hier an erstreckten sich die ausgetrockneten und tristen Hügel der judäischen Wüste. Das Tote Meer funkelte in der Ferne wie eine Platte geschmolzenen Stahls.

Ich sehe sie dort stehen, am Ende der Welt, am Ufer der Wüste, beide sehr weich, wie zwei kleine Plüschteddys, Arm in Arm, über ihre Köpfe weht Jerusalemer Abendwind, die Kiefern rauschen, bitterer Geranienduft schwebt in der trockenen klaren Luft. Onkel Joseph mit Krawatte und Jakkett (für das er das vom Namen Ja'acov, Jakob, abgeleitete hebräische Wort *ja'acovit* vorgeschlagen hatte, das sich aber nicht durchsetzte), an den Füßen Hausschuhe, den weißhaarigen Kopf barhäuptig dem Wind ausgesetzt, und Tante Zippora in einem dunklen, geblümten Seidenkleid, um die Schultern eine graue Strickstola. Die ganze Weite des Horizonts nehmen die bläulichen Berge Moabs jenseits des Toten Meeres ein, ihnen zu Füßen verläuft die alte Römerstraße, die bis hin zu den Altstadtmauern führt, und vor ihren Augen leuchten golden die Kuppeln der Moscheen, die Kreuze der Kirchtürme und die Halbmonde der Minarette im Glanz der sinkenden Sonne. Die Mauern selbst werden immer grauer und immer wuchtiger, und hinter der Altstadt ist der Skopusberg zu sehen, mit den Gebäuden der Universität, die dem Onkel am Herzen liegt, und der Ölberg, an dessen Hang Tante Zippora später begraben werden sollte und an dessen Hang auch er begraben werden wollte, was ihm jedoch verwehrt blieb, weil der östliche Teil der Stadt sich zur Zeit seines Todes in den Händen des Königreichs Jordanien befand.

Das Abendlicht läßt seine Babywangen und seine hohe Stirn noch rosiger erscheinen. Auf seinen Lippen liegt ein fragendes, leicht verwundertes Lächeln, wie bei einem Menschen, der an die Tür eines Hauses geklopft hat, in das er zuvor häufig zu Besuch gekommen und in dem er immer herzlich empfangen worden war, und nun tut sich die Tür auf, ein fremder Mann blickt ihn von drinnen an und schreckt erstaunt zurück, als frage er, wer sind Sie denn, mein Herr, und was führt Sie hierher?

Vater, Mutter und ich ließen ihn und Tante Zippora noch eine Weile dort stehen, verabschiedeten uns leise und gingen zur Haltestelle der Linie 7, an der der Bus aus Ramat Rachel und Arnona bald ankommen würde, denn der Schabbat war zu Ende. Der Siebener brachte uns bis zur Jaffa-Straße, und von dort fuhren wir mit der Linie 3 a zur Zefanja-Straße, fünf Minuten von unserem Haus entfernt.

Mutter sagte: »Er ändert sich nicht. Immer die gleichen Reden, immer dieselben Geschichten und Anekdoten. Er wiederholt sich jeden Schabbat, seit ich ihn kenne.«

Vater antwortete: »Manchmal bist du ein wenig zu kritisch. Er ist kein junger Mensch mehr, und wir alle wiederholen uns manchmal. Auch du.«

Ich fügte hinzu: »Mit Blut und *scheleso* wird uns erstehen ein *gescho*.«

Vater sagte dann: »Also wirklich, ich bitte dich, es gibt doch Dinge, mit denen treibt man keinen Spaß.«

Und Mutter: »Ich allerdings bin der Meinung, daß es solche Dinge nicht gibt. Es sollte sie nicht geben.«

Vater schnitt das Gespräch ab mit den Worten: »Schluß. Das genügt für heute«, und dann: »Und du, Amos, du denk bitte daran, daß du heute abend badest und auch die Haare wäschst. Nein, darauf bestehe ich. Warum sollte ich nicht? Kannst du mir einen einzigen guten Grund nennen, weswegen wir das Haarewaschen aufschieben sollten? Nein? Dann solltest du künftig lieber nie und nimmer auch nur den Versuch unternehmen, eine Debatte anzufangen, wenn du kein Argument, ja nicht einmal den Schatten eines Schattens eines Arguments parat hast. Merk dir bitte ein für allemal, daß ›ich will‹ und ›ich will nicht‹ eindeutig keine Begründungen sind, sondern als verwöhntes Gehabe zu definieren sind. Übrigens kommt im Hebräischen das Wort *hagdara*, Definition, von *gader*, Zaun – denn jede Definition bedeutet ja immer auch, einen Zaun zu ziehen zwischen dem, was unter diese Definition fällt, und dem, was ausgeschlossen bleibt. Und genauso ist es im Lateinischen, in dem das Wort *finis* ›Grenze‹ und auch ›Ende‹ bedeutet und das Wort *definire* für ›eingrenzen‹, ›beschränken‹ oder ›definieren‹ steht. Und bitte, schneide dir die Nägel, und wirf alles in den Wäschekorb: Unterwäsche, Hemd und Socken. Und danach gleich den Schlafanzug anziehen und ein Glas Kakao und Schlafen, und für heute ab mit dir.«

12

Und manchmal, wenn es nach dem Abschied von Onkel Joseph und Tante Zippora nicht zu spät war, gingen wir noch für zwanzig Minuten oder eine halbe Stunde den Nachbarn gegenüber besuchen. Geradezu verstohlen schlichen wir uns in Agnons Haus, ohne dem Onkel und der Tante vorher unser Ziel zu verraten, um sie nicht zu betrüben. Gelegentlich begegneten wir auf unserem Weg zur Haltestelle der Linie 7 Herrn Agnon, der aus der Synagoge kam. Er faßte meinen Vater am Arm und sagte mahnend zu ihm, wenn er – will sagen, mein Vater – sich weigere, das Haus Agnon zu besuchen und das Haus Agnon mit dem Glanz des Gesichts der Dame zu erfreuen, werde es – will sagen, das Haus Agnon – ohne den Glanz des Gesichts der Dame verbleiben. Damit zauberte Agnon ein leichtes Lächeln auf die Lippen meiner Mutter, und mein Vater sagte nachgiebig: »Aber nur für ein paar Minuten, verzeihen Sie bitte, Herr Agnon, wir werden uns nicht lange aufhalten können, wir müssen nach Kerem Avraham zurück, das Kind ist müde und muß morgen früh aufstehen und zur Schule gehen.«

»Das Kind ist überhaupt nicht müde«, sagte ich.

Und Herr Agnon: »So hören Sie bitte, Herr Doktor: ›Hast aus dem Munde der Kinder und Säuglinge dir Sieg gegründet.‹«

Das Agnonsche Haus stand in einem von einer Wand aus Zypressen umgebenen Garten, doch sicherheitshalber auch noch mit dem Rücken zur Straße, als wolle es sein Gesicht verbergen. Von vorne, von der Straße aus, sah man nur vier, fünf Fensterchen, schmal wie Schießscharten. Man trat durch eine zwischen Zypressen verborgene Pforte ein, ging den befestigten Weg zum Haus, stieg vier oder fünf Stufen hinauf, klingelte an der weißen Tür, wartete, bis einem geöffnet wurde, und ging dann entweder rechts die halbdunkle Treppe in Herrn Agnons Arbeitszimmer hinauf, von dem eine große, breite, gefliese Dachterrasse mit Blick auf die judäische Wüste und die Berge Moabs abzweigte, oder links in den kleinen, etwas beengten Salon, dessen Fenster auf den leeren Garten blickten.

Nie war im Agnonschen Haus helles Tageslicht, immer nur Halbdunkel mit einem leichten Duft von Kaffee und Gebäck, vielleicht weil wir kurz vor Schabbatausgang, in der Abenddämmerung, zu ihm kamen und das elektrische Licht erst angeschaltet wurde, wenn mindestens drei Sterne zu sehen waren. Oder vielleicht brannte auch elektrisches Licht, doch solches von der gelblichen und leicht geizigen Jerusalemer Sorte, und Herr Agnon versuchte, Strom zu sparen, oder es flackerte dort nur eine Petroleumlampe, die bei ihnen Öllicht hieß, weil der Strom ausgefallen war. Dieses Halbdunkel habe ich bis heute in Erinnerung, ich kann es fast mit den Fingerspitzen berühren, ein Dämmerlicht, das durch die Gitter an allen Fenstern gewissermaßen eingesperrt und noch zusätzlich verdüstert wurde. Was der Grund für dieses Halbdunkel war, ist heute schwer zu wissen, war vielleicht damals schon schwer zu wissen. Wie dem auch sei, jedesmal wenn Herr Agnon aufstand, um diesen oder jenen Band aus seinen Bücherregalen zu ziehen, die wie eine eng gedrängte, dunkel gekleidete, etwas abgerissene Betergemeinde wirkten, warf seine Gestalt nicht einen, sondern zwei, drei oder mehr Schatten. So hat sich mir sein Bild ins kindliche Gedächtnis eingeprägt, und so erinnere ich ihn bis heute: Ein Mann bewegt sich im Dämmerlicht, und drei oder vier Schatten bewegen sich mit ihm beim Gehen – vor ihm oder zu seiner Seite, hinter ihm, über ihm oder unter seinen Füßen.

Manchmal bemerkte Frau Agnon etwas in autoritärem Ton, mit scharfer, schneidender Stimme, und einmal sagte darauf Herr Agnon, den Kopf

leicht geneigt und mit dem leisen Anflug eines sarkastischen Lächelns: »Erlaube mir bitte, Herr in meinem Haus zu sein, solange die Gäste anwesend sind. Sobald sie gegangen sind, wirst augenblicklich du die Herrin sein.«
Ich erinnere mich deutlich an diesen Satz, nicht nur wegen des unerwarteten Schalkes, der darin verborgen lag (heute würden wir sagen, es war ein subversiver Unterton), sondern vor allem wegen des Wortes *adonit*, auf das ich viele Jahre später erneut stieß, als ich seine Erzählung *Ha'adonit weharochel, Die Dame und der Hausierer*, las. Mit Ausnahme von Agnon bin ich niemals einem Menschen begegnet, der das Wort *adonit* – die ungebräuchliche weibliche Form des völlig geläufigen Wortes *adon*, Herr – verwendete. Aber vielleicht hatte Herr Agnon, als er *adonit* sagte, das auch gar nicht als höfliche Anrede gemeint, sondern als etwas ein wenig anderes.

Schwer zu wissen: Er war ja ein Mann, der drei oder mehr Schatten warf.

Meine Mutter benahm sich Herrn Agnon gegenüber, wie soll ich sagen, als ob sie die ganze Zeit auf Zehenspitzen stände. Auch wenn sie dort saß, saß sie wie auf Zehenspitzen. Herr Agnon selbst sprach kaum mit ihr, er sprach fast nur mit meinem Vater, aber während er mit meinem Vater sprach, schien sein Blick für einen Moment auf dem Gesicht meiner Mutter zu ruhen. Bei den wenigen Malen jedoch, bei denen er sich an meine Mutter wandte, mieden seine Augen sie und richteten sich auf mich. Oder auf das Fenster. Oder vielleicht war es gar nicht so, sondern hat sich nur so meinem Gedächtnis eingeprägt: Die lebendige Erinnerung, wie der leise Wellenschlag im Wasser oder das nervöse Zittern, das die Haut des Rehs einen Moment vor der Flucht überläuft, die lebendige Erinnerung kommt plötzlich und erzittert gleichzeitig in mehreren Rhythmen, an mehreren Punkten, ehe sie erstarrt und zur Erinnerung der Erinnerung versteinert.

Im Frühling 1965, als mein erstes Buch, der Erzählungsband *Dort, wo die Schakale heulen*, erschien, schrieb ich auf das Titelblatt, was ich schrieb, und schickte das Buch mit zitternder Hand an Agnon. Agnon antwortete mir mit einem schönen Brief, sagte über mein Buch, was er sagte, und am Ende seines Briefes schrieb er mir folgendes:

»Die Dinge, die Sie mir über Ihr Buch geschrieben haben, riefen in mir das Bild Ihrer Mutter, sie ruhe in Frieden, wach. Ich erinnere mich, einmal vor fünfzehn oder sechzehn Jahren brachte sie mir im Namen Ihres Vaters, möge er leben, ein Buch von seinen Büchern. Und vielleicht waren auch

Sie mit ihr. Als sie kam, stand sie an der Schwelle des Zimmers, und ihre Worte waren wenige. Aber ihr Gesicht stand vor mir in seiner ganzen Anmut und Unschuld viele Tage. Mit gutem Segen, S. J. Agnon.«

Mein Vater, der für Agnon, in Vorbereitung auf dessen Buch über die Geschichte seiner Geburtsstadt Buczacz, den Artikel »Buczacz« aus einer polnischen Enzyklopädie übersetzte, bezeichnete Agnon etwas naserümpfend als »diasporagebundenen Schriftsteller«: In seinen Erzählungen findet man keinen Flügelschlag, sagte Vater, keine tragische Tiefe, nicht einmal ein gesundes Lachen, nur Spitzfindigkeiten und Sticheleien. Und wenn es bei ihm hier und da schöne Beschreibungen gibt, dann rastet und ruht er nicht, legt den Stift nicht eher nieder, bis er sie in Rinnsalen spöttischer Reden und galizischer Spitzfindigkeiten ertränkt hat. Mir scheint, mein Vater betrachtete Agnons Erzählungen als eine Zweigstelle der jiddischen Literatur, und die jiddische Literatur mochte er nicht: Er hatte das Temperament eines rationalistischen litauischen Mitnagged, eines Gegners des Chassidismus. Er verabscheute alles Übernatürliche, Magische, übermäßig Sentimentale, alles romantisch oder mystisch Verbrämte, alles, was darauf ausging, die Gefühle zu verwirren und den Verstand zu rauben. Erst in seinen letzten Lebensjahren änderte sich seine Haltung. Sicherlich, ebenso wie im Totenschein meiner Großmutter Schlomit, die vor lauter Sauberkeit gestorben war, als Todesursache nur Herzinfarkt angegeben ist, so heißt es auch im schriftlichen Lebenslauf meines Vaters nur, sein letztes Forschungsprojekt habe einem unbekannten Manuskript von J. L. Perez gegolten. Das sind die Tatsachen. Wie die Wahrheit aussieht, weiß ich nicht, weil ich über die Wahrheit kaum je mit meinem Vater gesprochen habe. Fast nie sprach er mit mir über seine Kindheit, über seine Lieben, über die Liebe überhaupt, über seine Eltern, über den Tod seines Bruders, über seine eigene Krankheit, über sein Leiden, über das Leid überhaupt. Auch über den Tod meiner Mutter sprachen wir kein einziges Mal. Kein einziges Wort. Auch ich machte es ihm nicht leicht, wollte mit ihm nie ein Gespräch anfangen, in dem wer weiß was zum Vorschein hätte kommen können. Wollte ich hier niederschreiben, worüber wir, mein Vater und ich, alles nicht gesprochen haben, würde es zwei Bücher füllen. Viel Arbeit hat mir mein Vater hinterlassen, und ich arbeite immer noch.

Mutter sagte über Agnon: »Dieser Mann sieht viel und versteht viel.« Und einmal sagte sie: »Er ist vielleicht kein so guter Mensch, aber wenigstens weiß er, was böse ist und was gut ist, und er weiß auch, daß wir keine wirkliche Wahl haben.« Sie las wieder und wieder, fast jeden Winter, die Erzählungen, die in dem Band *Al kapot haman'ul, An den Türklinken,* enthalten sind. Vielleicht fand sie darin ein Echo ihrer Trauer und Einsamkeit. Auch ich lese von Zeit zu Zeit wieder die Worte von Tirza Masal, geborene Minz, zu Beginn der Erzählung *Bidmi Jameha, Im Mittag ihrer Tage*:

> Im Mittag ihrer Tage starb meine Mutter. An die dreißig Jahr und Tag war meine Mutter bei ihrem Tod. Wenige und schlecht waren die Tage ihrer Lebensjahre. Den ganzen Tag saß sie im Haus, und aus dem Haus ging sie nicht ... Stumm stand unser Haus in seiner Trauer, seine Türen öffneten sich nicht dem Fremden. Auf ihrem Bett lag meine Mutter, und ihre Worte waren wenige.

Fast die gleichen Worte hatte Agnon mir über meine Mutter geschrieben: »Als sie kam, stand sie an der Schwelle des Zimmers, und ihre Worte waren wenige.«

Als ich viele Jahre später einen Essay mit dem Titel *Wer kommt?* schrieb, der dem Anfang von *Im Mittag ihrer Tage* gewidmet ist, verweilte ich unter anderem bei dem scheinbar tautologischen Satz: »Den ganzen Tag saß sie im Haus, und aus dem Haus ging sie nicht«:

> Der zweite Halbsatz enthält kein bißchen zusätzliche Information über die des ersten hinaus ... Aber der Effekt dieses Satzes und der meisten anderen Sätze in den Anfangsabschnitten von *Bidmi Jameha* liegt gerade darin, daß sie zwei korrespondierende Halbsätze enthalten. Dieses wohlausgewogene Gleichgewicht überdeckt hier die familiäre Wirklichkeit, deren inneres Gleichgewicht hinter der soliden Fassade mehr und mehr aus dem Lot gerät.

Meine Mutter saß nicht den ganzen Tag im Haus. Aus dem Haus ging sie nicht wenig. Doch auch für sie galt: Wenige und schlecht waren die Tage ihrer Lebensjahre.

»Die Tage ihrer Lebensjahre«? Oder »die Tage ihrer beiden Leben«, wie sich der hebräische Satz hier auch lesen läßt? Manchmal höre ich in diesen Worten die Dualität des Lebens meiner Mutter und des Lebens Leas, der Mutter von Tirza, und auch des Lebens von Tirza Masal, geborene Minz. Als würfen auch sie mehr als einen Schatten.

Jahre später, als die Generalversammlung des Kibbuz Hulda mich zum Literaturstudium an die Universität schickte, weil man für das Kibbuz-Gymnasium einen Literaturlehrer benötigte, nahm ich all meinen Mut zusammen und klingelte eines Tages an Herrn Agnons Tür (oder im Stil Agnons: »Ich faßte mir ein Herz und suchte ihn auf«).

»Aber Agnon ist nicht zu Hause«, erwiderte mir Frau Agnon mit grimmiger Höflichkeit, wie sie zahllosem anderen Räubervolk antwortete, das kam, um die kostbare Zeit ihres Mannes zu stehlen. Die Herrin Agnon hatte mich nicht belogen: Herr Agnon befand sich tatsächlich nicht im Haus, sondern im Garten hinter dem Haus, und von dort kam er plötzlich, in Hausschuhen und Pullunder, grüßte mich und fragte mich sogleich mißtrauisch: Und wer ist der Herr? Ich nannte meinen Namen und den Namen meiner Eltern, und während er und ich noch vor seiner Haustür standen (Frau Agnon war ohne ein weiteres Wort ins Haus verschwunden), erinnerte sich Herr Agnon, was gewisse Zungen einige Jahre zuvor in Jerusalem geredet hatten, und legte mir die Hand auf die Schulter und sagte zu mir: Sind Sie nicht der Junge, der seiner unglücklichen Mutter verwaist ist und sich von seinem Vater entfernt hat und fortgegangen ist, ein Kibbuzleben zu führen? Sind Sie es nicht, den seine Eltern, als er noch klein war, hier rügten, weil er die Rosinen aus dem Kuchen zu picken pflegte? (Ich konnte mich daran nicht erinnern, glaubte ihm hinsichtlich des Rosinenpickens auch nicht, zog es aber vor, ihm nicht zu widersprechen.) Herr Agnon bat mich hinein und befragte mich kurz nach dem Leben im Kibbuz, nach meinem Studium (und was lehrt man jetzt von Meinem an der Universität? Und was von Meinem gefällt Ihnen?) und wollte auch wissen, wen ich geheiratet hatte und woher die Familie meiner Frau stammte, und als ich ihm sagte, daß meine Frau väterlicherseits vom Talmudisten und Kabbalisten Jesaja Halevi Horowitz abstammt, leuchteten seine Augen, und er erzählte mir zwei, drei Anekdoten. Mittlerweile war etwa eine Viertelstunde vergangen, und er wurde ungeduldig und suchte sichtlich einen Weg, mich fortzuschicken, aber ich, obwohl ich bei ihm wie auf Zehenspitzen saß, genau wie meine Mutter zuvor bei ihm gesessen hatte, faßte Mut und erzählte ihm, warum ich gekommen war.

Eine Geschichte von Liebe und Finsternis

Ich war gekommen, weil Gershon Shaked den Studienanfängern im Institut für Hebräische Literatur die Aufgabe gestellt hatte, die Jaffa-Erzählungen von Brenner und von Agnon zu vergleichen, und ich alles gelesen hatte, was ich in der Bibliothek über die Begegnung von Brenner und Agnon in Jaffa zur Zeit der Zweiten Alija finden konnte, und mich wunderte, daß zwei so unterschiedliche Menschen Freunde geworden waren. Josef Chaim Brenner war ein verbitterter, aufbrausender Mann, ein russischer Jude, vierschrötig, nachlässig und jähzornig, eine Dostojewskische Seele, immer hin- und hergerissen zwischen Begeisterung und Schwermut, zwischen Mitgefühl und Wut, und bereits damals eine zentrale Persönlichkeit in der Welt der modernen hebräischen Literatur und der Pionierbewegung. Agnon hingegen war damals bloß ein schüchterner Jüngling aus Galizien, um einiges jünger als Brenner und in literarischer Hinsicht beinahe noch ein unbeschriebenes Blatt, ein in eine Schreibkraft verwandelter Pionier, ein feinsinniger und scharfsinniger Talmudschüler, der sich elegant kleidete und beim Schreiben höchste Genauigkeit walten ließ, ein schmaler und verträumter und sarkastischer junger Mann. Was hatte die beiden im Jaffa der Zeit vor dem Ersten Weltkrieg einander so nahegebracht, daß sie fast wie ein Liebespaar waren? Heute meine ich, davon etwas erraten zu können, aber an jenem Tag in Agnons Haus begann ich in meiner jugendlichen Unschuld, meinem Gastgeber zu erzählen, welche Arbeit ich für die Universität zu schreiben hatte, und fragte ihn – naiv wie ich war –, ob er mir das Geheimnis seiner Nähe zu Brenner verraten könne.

Herr Agnon kniff die Augen zusammen und sah mich an, oder richtiger, sah mich nicht an, sondern musterte mich eine Weile von der Seite her, genüßlich, mit leichtem Lächeln – dem Lächeln eines Schmetterlingsjägers beim Anblick eines hübschen, kleinen Schmetterlings, wie ich Jahre später begriff. Und als er mit dieser Musterung fertig war, sagte er: »Zwischen mir und Josef Chaim Brenner, der Ewige räche sein Blut, bestand seinerzeit eine Nähe, die in einer gemeinsamen Liebe wurzelte.«

Ich spitzte die Ohren, denn ich dachte, mir würden gleich auf der Stelle geheimste Geheimnisse aufgedeckt, wie sie die Welt noch nicht erfahren hatte, ja, man würde mir eine verborgene, pikante Liebesgeschichte preisgeben, über die ich einen sensationellen Aufsatz veröffentlichen und mir so über Nacht einen großen Namen in der hebräischen Literaturwissenschaft machen könnte.

»Und wem galt diese gemeinsame Liebe?« fragte ich in meiner jugendlichen Unschuld mit klopfendem Herzen.

»Das ist ein wohlgehütetes Geheimnis«, Herr Agnon lächelte – lächelte nicht mich an, sondern lächelte stillvergnügt sich selbst zu, »ein wohlgehütetes Geheimnis, das ich Ihnen verrate, wenn Sie mir versprechen, es niemandem zu erzählen.«

Vor lauter Aufregung versagte mir die Stimme, unbedarft wie ich war, und nur meine Lippen versprachen ihm stumm, sein Geheimnis zu wahren.

»Also dann, unter dem Siegel der Verschwiegenheit sage ich Ihnen: In jenen Tagen, da wir in Jaffa wohnten, liebten sowohl Josef Chaim als auch ich von ganzem Herzen Samuel Josef Agnon.«

Sicherlich: Agnonsche Ironie, bissig gegen sich selbst wie gegen den naiven Gast, der den Hausherrn am Ärmel zupfte. Und doch liegt hier ein winziges Korn Wahrheit verborgen, das etwas anklingen läßt vom Geheimnis der Zuneigung des vierschrötigen, stürmischen Mannes für den schmalen, verwöhnten Jüngling und auch vom Geheimnis des Hingezogenseins des feinsinnigen Galiziers zu dem feurigen, bewunderten Mann, der ihn vielleicht unter seine väterliche Obhut nehmen oder ihm die Schulter eines großen Bruders bieten konnte.

Und dennoch nicht die Liebe, sondern ein beiden gemeinsamer Haß ist es, der die Erzählungen Agnons und Brenners verbindet: All das Falsche und Redselige und Phrasenhafte und überheblich Aufgeblähte, das für die Generation vor dem Ersten Weltkrieg, die Welt der Zweiten Alija so typisch war, all das Verlogene und Selbstverherrlichende in der zionistischen Wirklichkeit, all die spießige, selbstgerechte, selbstzufriedene Sattheit im Leben der Juden zu jener Zeit – all das war Brenner verhaßt und Agnon zuwider. Brenner zerschmettert es in seinen Schriften mit dem Hammer seines Zorns, während Agnon es mit seiner scharfen Ironie aufspießt und die faulig-schwüle Luft aus den aufgeblähten Lügen und Verstellungen entweichen läßt.

Trotzdem scheinen sowohl in Brenners als auch in Agnons Jaffa, zwischen lauter Geschwätz und Heuchelei, für Momente die leisen Gestalten einiger weniger unschuldiger und wahrhaftiger Menschen auf, jene »Demütigen der Welt, jene stummen Seelen, die in Denken und Handeln Bescheidenheit wahren«. Mein verehrter Lehrer Dov Sadan hat mir gezeigt, in welchem Maß der vom Dasein jener »verborgenen Gerechten« ausgehende Zauber die Erzählungen Brenners prägt. Auch durch Agnons Erzählungen gehen manchmal jene »Demütigen der Welt«, leise und in stillem Staunen. So hat es letztlich vielleicht doch eine gemeinsame Liebe zu diesen stillen kindlichen Menschen gegeben, bei deren kurzem Auftauchen in Agnons und Brenners Geschichten Brenner ein wenig von seinem Zorn ausruhen und Agnon ihnen zu Ehren von seiner Scharfzüngigkeit und seinem Sarkasmus lassen konnte.

Agnon war ein religiöser Jude, er hielt den Schabbat und trug eine Kippa, er war ein im wahrsten Sinn des Wortes gottesfürchtiger Mann: »Furcht« war für ihn gleichbedeutend mit »Glaube«. In Agnons Erzählungen gibt es Stellen, in denen, indirekt und geschickt getarnt, hinter der Gottesfurcht ein furchtbares Grauen vor Gott aufscheint: Agnon glaubte an Gott und fürchtete ihn, aber er liebte ihn nicht. Daniel Bach sagt in Agnons Roman *Nur wie ein Gast zur Nacht*, »... ich glaube nicht daran, daß der Allmächtige das Wohl seiner Geschöpfe im Sinn hat«. Das ist eine paradoxe theologische Position, tragisch und verzweifelt, der Agnon niemals diskursiven Ausdruck verlieh. Er legte sie nur Nebenfiguren seiner Werke in den Mund oder ließ sie in den wechselhaften Schicksalen seiner Protagonisten anklingen. Jahre später habe ich das ausführlich in meinem Buch *Das Schweigen des Himmels. Über S. J. Agnon* behandelt. Viele religiöse Juden, zumeist aus ultraorthodoxen Kreisen, darunter junge Menschen, Frauen und sogar Toralehrer und Geistliche, haben mir daraufhin Briefe geschrieben, teils geradezu Bekenntnisse, in denen sie mir, jeder auf seine Art, mitteilten, sie würden sich in dem wiedererkennen, was ich bei Agnon aufgezeigt habe. Aber was ich in Agnons Schriften gesehen habe, das sah ich auch, nur für einen oder zwei Momente, bei Herrn Agnon selbst, in seinem scharfen Zynismus, der fast an verzweifelten, spöttischen Nihilismus grenzte. »Der Ewige wird sich gewiß meiner erbarmen«, sagte er einmal im Zusammenhang seiner ständigen Beschwerden über die Jerusalemer Busgesellschaft, »und wenn der Ewige sich meiner nicht erbarmt, wird sich vielleicht der Bezirksbeirat des Viertels erbarmen, aber ich fürchte, die Busgesellschaft Hamekascher ist stärker als beide.«

Während meiner zwei Studienjahre an der Universität in Jerusalem pilgerte ich noch zwei- oder dreimal nach Talpiot. Meine ersten Erzählungen wurden damals in der Wochenendbeilage des *Davar* und in der Vierteljahresschrift *Keschet* gedruckt, und ich wollte sie Herrn Agnon geben und sein

Urteil dazu hören, aber Herr Agnon entschuldigte sich mit den Worten, »zu meinem Bedauern bin ich dieser Tage nicht bei guter Lektüre«, und bat mich, sie ihm ein andermal zu bringen. Ein anderes Mal kam ich mit leeren Händen zu ihm, aber zwischen Bauch und Pullover trug ich das *Keschet*-Heft, das meine Erzählung enthielt. Letzten Endes wagte ich nicht, sie dort zu gebären, ich fürchtete, ich könnte ihn damit vielleicht belästigen, und verließ sein Haus, wie ich gekommen war, mit dickem Bauch. Oder mit gewölbtem Pullover. Erst einige Jahre später, als meine Erzählungen 1965 gesammelt unter dem Titel *Dort, wo die Schakale heulen* als Buch erschienen, raffte ich all meinen Mut zusammen und schickte es ihm. Drei Tage und drei Nächte schwebte ich in Tanzschritten durch Hulda, freudetrunken, jubilierte und weinte innerlich vor Glück, nachdem mich ein Brief von Herrn Agnon erreicht hatte, in dem er mir unter anderem schrieb:»... und wenn wir einander begegnen, werde ich Ihnen mündlich mehr sagen, als ich Ihnen hier geschrieben habe. So Gott will, werde ich an den Pessachtagen die übrigen Erzählungen lesen, denn ich liebe Geschichten wie Ihre, deren Helden in der vollen Wirklichkeit ihres Wesens erscheinen.«

Einmal, während meiner Studienzeit, erschien in einer ausländischen Zeitschrift ein Aufsatz von einer großen Koryphäe der vergleichenden Literaturwissenschaft (vielleicht war es der Schweizer Emil Staiger). Der Verfasser nannte als die drei bedeutendsten Schriftsteller, die die mitteleuropäische Literatur in der ersten Hälfte des 20. Jahrhunderts hervorgebracht habe, Thomas Mann, Robert Musil und S. J. Agnon. Dies war noch einige Jahre bevor Agnon den Nobelpreis erhielt, und ich war derart aufgewühlt, daß ich das Heft aus dem Lesesaal entwendete (die Universität hatte damals noch keine Kopiergeräte) und damit nach Talpiot rannte, um Herrn Agnon zu erfreuen. Er freute sich tatsächlich so sehr, daß er den Text begierig im Stehen verschlang, noch auf der Schwelle seines Hauses, noch ehe er mich hineinbat, und nachdem er ihn gelesen und wiedergelesen und sich vielleicht auch die Lippen geleckt hatte, schaute er mich an, wie er mich manchmal anschaute, und fragte scheinbar harmlos:»Und sind auch Sie überzeugt, daß Thomas Mann ein solch bedeutender Schriftsteller ist?«

Ein andermal fragte ich ihn, was er von Bialik, von Uri Zvi Greenberg, von Alterman und Hasas und Schlonski halte. Ich hatte Lust, ihm ein wenig Gift abzuzapfen und mich an seiner feinen Gemeinheit zu freuen.»Bialik«, so sagte er ungefähr, wobei seine Stimme unvermittelt voll ungeheurer

Demut und Ehrerbietung war, »Bialik war ein Großmeister der Sprache und Dichtung. Seit dem Tag, an dem die heiligen Schriften abgeschlossen wurden, hat das Volk Israel keinen Menschen hervorgebracht, der im Hebräischen bewanderter gewesen wäre als Bialik. Der Großmeister unserer Sprache war Bialik: Sogar ich habe in all seinen Schriften nur zwei Sprachfehler gefunden.« Auch über Uri Zvi Greenberg sagte Agnon: »Ein Großmeister der Sprache und Dichtung! Ein Ritter unserer Lyrik! In keiner Nation und Sprache ist ein Dichter hervorgetreten, der es Uri Zvi gleichzutun vermocht hätte, sogar der große Goethe konnte nicht das tun, was Uri Zvi tat: Proklamationen schreiben und sie vokalisieren, Proklamationen schreiben und sie vokalisieren.« Und als ich ihn fragte, was er von Schlonski halte, lächelte er, zwinkerte beinahe sich selber zu und sagte: »Der Ewige, gelobt sei er, hat gewissermaßen höchstpersönlich das Wort ›Tohu‹ sich auf das Wort ›Wabohu‹ reimen lassen. Dann kam Schlonski und verbesserte das Schöpfungswerk und reimte dazu: Bohu, wie du, im Nu, gib zu, und so weiter und so weiter. Wenn der Ewige einen Moment Zeit hat und sich bei Schlonski die Geheimnisse der Kreativität abschaut, besteht möglicherweise die ganze Schöpfung alsbald aus Reimen über Reimen, ein Dutzend mal zehn mal zwei, zum Preis von zwei Suslein oder drei.«

Dabei strahlte Herrn Agnons Gesicht weder Boshaftigkeit noch Hochmut aus, sondern frechen Schalk, wie bei einem vorwitzigen Jungen, dem es gelungen ist, sämtliche Erwachsenen reinzulegen, und der weiß, daß sie, selbst wenn sie ihm etwas böse wären, doch nur mühsam ihre Zuneigung, ihr Staunen und ihren Stolz auf ihn unterdrücken könnten. In diesem Augenblick ähnelte der Nobelpreisträger einem Wunderkind, dem Liebe fehlte und das nach Liebe dürstete, und mächtige Wasser können seinen tiefen Durst nach Liebe nicht löschen, gewaltige Ströme ihn nicht lindern. Und ich verließ sein Haus, froh wie jemand, dem man ein großes Geheimnis offenbart hat und der nun merkt, daß er es von Anfang an gewußt hat. Seit eh und je gewußt.

Jahre später hatte ich eines Abends den letzten Bus von Rechovot nach Hulda verpaßt und mußte mit dem Taxi fahren. Den ganzen Tag hatte man im Radio über den Nobelpreis gesprochen, den sich Agnon und die Dichterin Nelly Sachs teilten, und der Taxifahrer fragte mich, ob ich denn schon einmal von diesem Schriftsteller gehört hätte, Egnon (so sagte er): »Schau«, meinte der Fahrer in staunender Bewunderung, »nie haben wir etwas von dem gehört, und plötzlich bringt er uns ins Weltfinale. Bloß furchtbar schade, daß das Finale mit einer Frau unentschieden ausgegangen ist.«

Auch Herr Agnon bedauerte dieses »Unentschieden«. Er gab sogar in allem Ernst und mit fast kindlicher Leidenschaft seiner Überzeugung Ausdruck, daß das Nobelpreiskomitee ihn zwei, drei Jahre später erneut aufstellen und ihm einen ganzen Nobelpreis verleihen werde, ohne Vorbehalte und ohne Mitpreisträger. Einmal sagte er, als mache er sich über seine Eigenliebe und auch über seine Ehrsucht lustig, die mächtig an ihm nagte: »Sieh an, wie groß doch die Ehre ist, daß Menschen ihretwegen bereit sind, sich bis zum Staub zu erniedrigen.«

Einige Jahre lang bemühte ich mich, mich aus Agnons Schatten zu lösen. Ich rang beim Schreiben um Distanz zu seinem Einfluß, seiner anspielungsreichen, fein ziselierten, gelegentlich behäbigen Sprache, seinen wohlausgewogenen Rhythmen, einer gewissen Midrasch-Behaglichkeit, den herzerwärmenden Anklängen an die Redeweise gottesfürchtiger Menschen, dem pulsierenden Takt jiddischer Lieder und dem leisen Wellengang üppiger chassidischer Geschichten. Ich mußte mich von seiner Scharfzüngigkeit und seiner Ironie befreien, von seiner überbordend-barocken Symbolik, seinen enigmatischen Verwirrspielen, seinen Doppeldeutigkeiten und ausgeklügelten literarischen Scherzen.

Selbst nach all meinen Anstrengungen, mich von seinem Einfluß freizumachen, hallt das von Agnon Gelernte bestimmt noch in meinen Büchern nach.

Aber was habe ich eigentlich von ihm gelernt?

Vielleicht dies: Mehr als einen Schatten zu werfen. Keine Rosinen aus dem Kuchen zu picken. Den Schmerz zu zügeln und zu schleifen. Und noch etwas, was meine Großmutter schärfer gesagt hat, als ich es bei Agnon geschrieben fand: »Wenn du keine Tränen mehr zum Weinen hast, dann weine nicht. Lache.«

13

Manchmal übernachtete ich bei meinen Großeltern. Großmutter deutete hin und wieder plötzlich auf ein Möbelstück, ein Kleidungsteil oder ein menschliches Wesen und sagte zu mir: »Das ist so häßlich, daß es schon fast wieder schön ist.«

Und manchmal sagte sie: »Der ist schon so schlau, dieser Schlaumeier, daß er gar nichts mehr versteht.«

Oder auch: »Das schmerzt so sehr, daß es einen fast schon wieder zum Lachen bringt.«

Den ganzen Tag lang summte sie Melodien aus Orten vor sich hin, an denen sie offenbar ohne Angst vor Mikroben gelebt hatte, ohne die Grobheit, die hier angeblich alles infizierte. »Wie Rindviecher«, preßte sie manchmal angewidert hervor, ohne jeden ersichtlichen Grund und auch ohne sich die Mühe zu machen, uns zu erklären, wer hier ein Rindvieh sein sollte. Sogar wenn ich gegen Abend neben ihr auf einer Parkbank saß, der Park menschenleer war und ein leichter Wind ganz zart die Blattspitzen berührte, sie vielleicht nur erzittern ließ, ohne sie auch nur mit seinen durchsichtigen Fingerspitzen zu erfassen, konnte Großmutter plötzlich angewidert, bebend vor Abscheu und Empörung, hervorstoßen: »Aber wirklich! Wie ist das denn möglich! Schlimmer als Rindviecher!«

Und einen Moment später summte sie wieder leise Melodien, die ich nicht kannte.

Sie summte immer vor sich hin, in der Küche, vor dem Spiegel, auf ihrem Verandastuhl, sogar nachts.

Nach Waschen, Zähneputzen und dem Ohrenreinigen mit einem Wattestäbchen legte ich mich zu ihr in ihr breites Bett (das Ehebett, das Großvater ein für allemal verlassen hatte oder aus dem er möglicherweise verbannt worden war, noch bevor ich geboren wurde). Großmutter las mir ein oder zwei Geschichten vor, streichelte mir die Wange, küßte mich auf die Stirn und rieb sie mir dann sofort mit dem parfümgetränkten Taschentuch ab, das sie immer im linken Ärmel bereithielt, um Mikroben wegzuputzen oder zu zerquetschen, und löschte das Licht. Auch danach summte und summte sie leise weiter im Dunkeln, aber es war eigentlich kein Summen, sondern, wie soll ich es sagen, sie ließ einen fernen, träumerischen Ton langsam aus sich herausfließen, einen angenehm dunklen, nußbraunen Klang, der langsam, nach und nach zum Hauch eines Tons wurde, zu einem Farbton, zu einem Duft, zu zarter Rauheit, zu brauner Wärme, zu lauem Fruchtwasser. Die ganze Nacht.

Aber all diese nächtlichen Köstlichkeiten – die zarte Rauheit und die braune Wärme und das laue Fruchtwasser – zwang sie dich, frühmorgens vehement von deiner Haut zu schrubben, als erstes, noch vor dem Kakao ohne Haut. Ich erwachte in ihrem Bett vom Teppichklopfknallen des

Großvaters, der bereits seine morgendlichen Kämpfe mit dem Bettzeug ausfocht.

Kaum hattest du die Augen aufgetan, erwartete dich schon eine Badewanne voll dampfend heißem Wasser, versetzt mit irgendeiner antiseptischen Lösung, die nach Krankenhaus roch. Am Badewannenrand lauerte eine Zahnbürste, auf deren Borsten man für dich schon einen weißlichen Schlängelwurm Zahnpasta Marke Shenhav abgelegt hatte. Du warst verpflichtet, unterzutauchen, dich gut, gut einzuseifen, danach mit einem Luffaschwamm abzurubbeln und erneut unterzutauchen. Dann kam Großmutter und hielt, nachdem du im Badewasser knietest, entschlossen deinen Arm fest und schrubbte dich am ganzen Leib ab, von oben bis unten und wieder zurück, mit einer Art Pferdestriegel von ungeheurer Borstigkeit – wie die Eisenkämme, mit denen die bösen Römer Rabbi Akiba und den anderen Märtyrern des Aufstands gegen die Römerherrschaft die Haut vom Fleisch gerissen hatten –, bis deine Haut so rot war wie rohes Fleisch, und dann befahl Großmutter dir, die Augen ganz fest zuzudrücken, und seifte und schäumte dir eigenhändig den Kopf ein und kratzte mit ihren scharfen Fingernägeln deine Haarwurzeln, wie Hiob, der seine Haut mit einer Tonscherbe marterte, und dabei erklärte sie dir die ganze Zeit mit ihrer braunen angenehmen Stimme, was für einen Unrat und Dreck die Körperdrüsen allnächtlich beim Schlafen ausscheiden, klebrigen Schweiß und alle möglichen fetten Körperschlacken und Hautschuppen und unendlich viele abgestorbene Zellen und noch alle möglichen anderen trüben Absonderungen, bloß nicht davon reden, und während du noch schläfst und nichts merkst, beschmieren all diese Körperausscheidungen deinen ganzen Leib und vermengen sich und sind eine Einladung, aber wirklich und wahrhaftig eine Einladung an die Mikroben und die Bazillen und auch die Viren, herbeizueilen und sich über und über auf dir zu tummeln, ganz zu schweigen von dem, was die Wissenschaft noch nicht entdeckt hat, all das, was man sogar mit dem stärksten Mikroskop nicht sehen kann, aber selbst, wenn man es nicht sieht – es geht die ganze Nacht auf deinem Körper spazieren, mit Trillionen winziger, haariger, dreckiger und ekliger Beinchen, genau wie die Beine der Kakerlaken, nur viel, viel klitzekleiner, so daß man sie nicht sehen kann, sogar die Wissenschaftler sie noch nicht sehen können, und mit diesen Beinen voller dreckiger Stoppeln kriecht uns das zurück in den Körper, durch die Nase und den Mund, und ich brauche dir nicht zu sagen, durch was es noch reinkriecht, vor allem, weil die Menschen sich dort, an diesen unschönen Stellen, ja nie, nie richtig waschen, und auch wenn sie sich vermeintlich abwischen, ist diese Wischerei ja gar keine Reinigung, im Gegenteil, damit werden die dreckigen Ausscheidungen nur in die Millionen von winzigen Poren verteilt, die wir auf der Haut haben, und dort wird alles nur noch dreckiger und ekliger, besonders weil der innere Dreck, den der Körper ständig, Tag und Nacht, ausscheidet, sich dort mit dem äußeren Dreck vermischt, der sich an uns heftet, wenn wir unhygienische Dinge berühren, die wer weiß wer vorher angefaßt hat, wie beispielsweise Münzen oder Zeitungen oder Treppengeländer oder Türklinken oder sogar gekauftes Essen, denn wer kann wissen, wer gerade draufgeniest hat auf das, was du dann berührst, und wer sich sogar, verzeih mir, in der Umgebung geschneuzt hat, wobei ihm ein bißchen was von der Nase tropfte, genau auf diese Goldpapierchen, die du direkt von der Straße aufliest und aufs Bett legst, wo andere Menschen hinterher schlafen, ganz zu schweigen von den Flaschendeckeln, die du direkt aus dem Abfall sammelst, und von den heißen Maiskolben, die deine Mutter, gesund soll sie sein, dir aus der Hand jenes Mannes kauft, der sich vielleicht nicht einmal die Hände gewaschen und abgetrocknet hat, nachdem er, verzeih mir, das da – du weißt schon was – gemacht hat, und woher wollen wir so sicher sein, daß er gesund ist? Daß er nicht offene Tuberkulose hat oder Cholera oder Typhus oder Gelbsucht oder die Ruhr? Oder einen Abszeß oder eine Darminfektion oder Ekzeme oder Schuppenflechte oder ein Furunkel? Und vielleicht ist er nicht einmal ein Jude? Weißt du überhaupt, wie viele Krankheiten es hier gibt? Wie viele levantinische Seuchen? Und ich spreche nur von den Krankheiten, die man kennt, nicht von denen, die man noch gar nicht kennt und von denen selbst die ärztliche Wissenschaft noch keine Ahnung hat. Es vergeht doch kein Tag, an dem die Menschen hier in der Levante nicht sterben wie die Fliegen an irgendeinem Parasiten oder Bazillus oder irgendeiner Mikrobe oder an allen möglichen winzigen Würmern, und besonders hier im Land, wo es so heiß ist und so voller Fliegen, Mücken, Käfer, Ameisen, Kakerlaken, Fruchtfliegen und wer weiß was noch alles, und die Menschen hier unaufhörlich schwitzen und sich immerzu anfassen und dauernd miteinander in Berührung kommen, sich die Entzündungen des einen mit dem Eiter des anderen mischen und mit dem Schweiß und mit all den anderen Körperflüssigkeiten, von denen du in deinem Alter lieber noch nichts wissen solltest, all diesen infizierten Säften, und jeder kann ohne weiteres mit denen des anderen in

Berührung kommen, so daß er das noch nicht einmal merkt, womit er angesteckt wird in all dem Gedränge, das hier herrscht, es genügt schon ein Händedruck, und du bekommst alle möglichen Seuchen, und sogar ohne Berührung, nur durch Einatmen der Luft, die vorher jemand durch seine Lungen gesogen hat, mit all den Mikroben und den Bazillen der Ringelflechte und der Körnerkrankheit und der Bilharziose. Und die sanitären Anlagen sind hier ja noch ganz und gar nicht wie in Europa, von Hygiene hat die Hälfte der Menschen hier noch nicht einmal andeutungsweise etwas gehört, und die ganze Luft ist voll von asiatischen Insekten aller Art und ekligen geflügelten Raupen, die direkt aus den arabischen Dörfern herüberschwirren oder sogar aus Afrika, und wer weiß, welche seltsamen Krankheiten und Infektionen und Eiterbeulen diese Flügelraupen dauernd von dort einschleppen, die Levante ist doch voller Mikroben. Jetzt trocknest du dich ganz gründlich ab, wie ein großer Junge, keine Stelle feucht lassen, und danach tust du ganz, ganz vorsichtig ein bißchen Talkumpuder du weißt schon wohin und ans andere du weißt schon wo, und rundherum mußt du es tun, und dann möchte ich, daß du den Hals gut, gut mit dieser Velvetacreme eincremst, und danach ziehst du die Sachen an, die ich dir hier hinlege, die Sachen, die deine Mutter, gesund soll sie sein, dir mitgegeben hat, nur daß ich mit dem heißen Bügeleisen drübergegangen bin, denn das desinfiziert und tötet alles ab, was da wimmelt, besser als Waschen. Und danach kommst du zu mir in die Küche, schön, schön gekämmt, und dann gibt es ein Glas Kakao und Frühstück.

Beim Verlassen des Badezimmers murmelte sie, nicht ärgerlich, sondern eher tieftraurig: »Wie Rindviecher. Sogar noch schlimmer.«

Eine Milchglastür, verziert mit symmetrisch angeordneten Eiskristallmustern, trennte Großmutters Zimmer von der kleinen Kammer, die den Namen »Großvater Alexanders Kabinett« trug. Von dieser Kammer hatte Großvater einen separaten Ausgang auf die Veranda und von dort zum Garten und von dort wiederum nach draußen, zur Stadt, in die Freiheit.

In einer Ecke der Kammer stand das schmale, bretthare Sofa aus Odessa, auf dem Großvater nachts schlief. Unter dem Sofa standen schnurgerade aufgereiht, wie Rekruten beim Appell, sieben oder acht Paar Schuhe, alle schwarz und spiegelblank geputzt. Genau wie Großmutter Schlomit eine Menge Hüte in Grün, Braun und Weinrot wie ihren Augapfel in runden Hutschachteln hütete, so befehligte Großvater Alexander gern über eine ganze Armada von Schuhen, die er putzte, bis sie wie Kristall funkelten, feste Schuhe mit dicken Sohlen und solche mit runder Kappe und solche mit spitzer Kappe und Schuhe mit Lochmuster und Schnürschuhe und Riemenschuhe und Schnallenschuhe.

Dem Sofa gegenüber befand sich sein kleiner, immer makellos aufgeräumter Schreibtisch mit einem Tintenfaß und einem Löscher aus Olivenholz. Der Löscher kam mir wie ein Panzer vor oder wie ein Schiff mit dickem Schornstein, das auf die Mole zuhält. Diese bestand aus drei silbrig glitzernden Behältern: einer randvoll mit Büroklammern, der zweite voller Heftzwecken, und im dritten wanden und schlängelten sich, ein wimmelndes Knäuel von Vipern, die Gummibänder. Außerdem stand auf Großvaters Schreibtisch eine rechteckige Ablage aus Metall: ein Fach für eingehende, ein Fach für ausgehende Post, eines für Zeitungsausschnitte, eines für Bankbelege und Unterlagen von der Stadtverwaltung und noch ein Fach für den Schriftverkehr mit der Cherut-Partei, Ortsgruppe Jerusalem. Es gab auch ein Olivenholzkästchen mit Briefmarken in verschiedenen Portowerten, mit jeweils eigenen Fächern für Expreß-, Einschreib- und Luftpostaufkleber, einer getrennten Abteilung für Briefumschläge und einer für Postkarten, und dahinter prangte ein drehbares silbriges Gestell in Form des Eiffelturms, mit Federhaltern und Stiften in mehreren Farben, darunter einen wunderbaren Stift mit zwei Spitzen, an einem Ende rot, am anderen blau.

Und in einer Ecke von Großvaters Schreibtisch, neben der Dokumentenablage, stand immer eine schlanke, hohe dunkle Flasche mit ausländischem Likör, flankiert von drei oder vier grünlichen Kelchgläsern, die wohlgeformten Frauen ähnelten. Großvater liebte das Schöne und verabscheute das Häßliche, und außerdem liebte er es, sein leidenschaftliches und einsames Herz mit einem kleinen Schluck Likör zu stärken, ganz für sich allein: Die Welt verstand ihn nicht. Seine Frau verstand ihn nicht. Keiner verstand ihn. Sein Herz strebte doch immer nach dem Erhabenen, aber alle, alle verschwörten sich, um ihm die Flügel zu stutzen, seine Frau, seine Freunde, seine Geschäftspartner, alle hatten sich verschworen, ihn mit unzähligen Ernährerpflichten und Sauberkeitsaktionen und Besorgungen und Verhandlungen und Aufgaben und Verpflichtungen zu knebeln. Er war ein umgänglicher Mensch, leicht in Rage zu versetzen und leicht zu besänftigen. Jede Pflicht, sei es eine familiäre oder eine öffentliche oder eine moralische Pflicht, schulterte er sofort. Aber dann ächzte und klagte er über die

Schwere der Last und behauptete, daß alle Welt, Großmutter an der Spitze, seine Gutmütigkeit ausnutze, ihm tausend Dinge auflade, die den dichterischen Funken in ihm erstickten, und ihn auch noch zum Laufburschen mache.

Tagsüber arbeitete Großvater Alexander als Handelsvertreter für Textilien, er war der Jerusalemer Agent der Textilfirma Lodzia und von einigen anderen angesehenen Firmen. In den zahlreichen Musterkoffern, die sich bis zur Decke in den Regalen seines Kabinetts türmten, verwahrte er immer farbige Proben von Webwaren, Hemden, Trikot- und Gabardinehosen, Socken, Handtücher, Servietten und Gardinen. Ich durfte einige dieser Koffer, ungeöffnet, zum Bau von Forts, Türmen und Schutzmauern benutzen. Großvater saß dann auf seinem Stuhl, mit dem Rücken zum Schreibtisch, die Beine ausgestreckt, und sein meist vor Gutmütigkeit und Wohlsein leuchtendes rosiges Gesicht lächelte mir fröhlich zu, als werde der Kofferturm, den ich auf dem Fußboden errichtete, bald die Pyramiden, die hängenden Gärten Babylons und die Chinesische Mauer in den Schatten stellen. Großvater Alexander war es auch, der mir von der Chinesischen Mauer erzählte, den hängenden Gärten und den übrigen Großtaten menschlichen Geistes, wie dem Parthenon und dem Kolosseum, dem Suez- und dem Panamakanal, dem Empire State Building, den Kremlkirchen, den venezianischen Kanälen, dem Arc de Triomphe und dem Eiffelturm.

Nachts, in der Einsamkeit seines Kabinetts, am Schreibtisch, bei einem Glas süßen Likör, war Großvater Alexander ein gefühlvoller Dichter, der die abweisende Welt mit Versen der Liebe, der Sehnsucht, der Begeisterung und der Wehmut in russischer Sprache überschüttete. Sein Freund Josef Cohen-Zedek übersetzte ihm die Gedichte ins Hebräische: »Fünfundzwanzig Jahr nach meinem Scheiden möge Gott mich doch erwecken! Auftun meine Augen, zu drei Tagen voll Entdecken, von Dan bis Beer Scheva will ich wandern, mir die Heimat zu ergehen, Tal und Hügel, eins zum andern, bis ich ihren Glanz gesehen, wo dann jeder sicher lebe unter seiner Reb und Feige, alles Frucht in Fülle gebe und im Land nur Jubel bleibe ...« Oder auch: »Da das Dunkel öffnet seinen Rachen, die Nacht mich will in Schatten hüllen, werd ich vor Gott ein Geschrei entfachen und um Rache, Rache, Rache brüllen ...«

Er verfaßte auch Loblieder zu Ehren Seew Jabotinskys, Menachem Begins und seines berühmten Bruders, Onkel Joseph, sowie Zorneslieder gegen die Deutschen, die Araber, die Briten und all die anderen Judenhasser. Unter alldem fand ich auch drei, vier Gedichte der Einsamkeit und Trauer: »Gedanken von Trauer, Leid und Beben, was wird mich am Ende meiner Tage umgeben, Herbst, Kälte und Regen, tausend Wolkenweben werden weinend bereden mein reines Jugendstreben ...«

Aber meistens hüllten ihn keine Herbst- und Regenwolken ein: Er war ein nationalbewußter Mann, ein Patriot mit einer Vorliebe für Militär, Siege und Eroberungen, ein stürmischer und naiver Falke, der glaubte, daß wenn wir Juden uns nur mit kühnem Heldenmut und Entschlossenheit und so weiter wappnen würden, wenn wir nur endlich aufstehen und aufhören würden, uns zu sorgen, was die Gojim sagen würden, dann könnten wir all unsere Feinde schlagen, das Königreich Davids vom Nil bis an den Euphrat errichten, und die ganze böse und grausame Welt der Gojim würde kommen und sich tief vor uns verneigen. Er hatte eine Schwäche für das Erhabene, Mächtige und Glanzvolle – Militäruniformen, Trompeten, Flaggen, in der Sonne blinkende Lanzen, Königsschlösser und Wappenschilder. Er war ein Kind des 19. Jahrhunderts, obwohl er ein hohes Alter erreichte und über drei Viertel des 20. Jahrhunderts erlebte.

Ich erinnere mich an ihn im cremefarbenen Flanellanzug oder im Nadelstreifenanzug mit scharfer Bügelfalte, zu dem er manchmal eine Pikeeweste trug, mit einer dünnen Silberkette, die quer über den Bauch zur Westentasche führte. (Die Weste hieß bei ihm *chasija*, und ich mußte ein verblüfftes Grinsen unterdrücken, das in wildes Gelächter umzuschlagen drohte, denn das Wort hatte im neueren Sprachgebrauch die Bedeutung »Büstenhalter« angenommen.) Auf dem Kopf trug er im Sommer einen hellen Strohhut und im Winter einen Borsalino mit dunklem Seidenband. Er war schrecklich jähzornig, konnte unvermittelt in ein gewaltiges Donnerwetter ausbrechen, hellte sich aber schnell wieder auf, verzieh, entschuldigte sich, bedauerte, war ein wenig verlegen, als wäre sein Zornesausbruch nur ein vorübergehender heftiger Hustenanfall gewesen. Schon von weitem konnte man immer seine Stimmung erkennen, denn sein Gesicht wechselte die Farbe wie eine Verkehrsampel: Rosa, Weiß, Rot und wieder Rosa. Die meiste Zeit waren seine Wangen rosig vor Zufriedenheit, kurzzeitig erblaßten sie vor Kränkung oder liefen vor Wut rot an, aber kurze Zeit später wurden sie wieder rosig und verkündeten aller Welt, daß das Gewitter abgezogen, der Winter vorüber war, die Blüten wieder im Lande sprossen und Großvaters ständiger Frohsinn nach kurzer Unterbrechung erneut erstrahlte. Im Handumdrehen vergaß er völlig, wer und was seinen Zorn ausgelöst hatte, wie ein Kind, das einen Augenblick weint, sich jedoch gleich wieder beruhigt und fröhlich lachend an sein Spiel zurückkehrt.

14

Rabbi Alexander Susskind aus Horodno (Grodno), der 1794 starb, trägt in der rabbinischen Überlieferung den Namen JoSchaH nach den Anfangsbuchstaben seines bekannten Werkes *Jessod weSchoresch haAvoda, Grundlage und Wurzel des Dienstes*. Er war ein Mystiker, ein Kabbalist, ein Asket und der Verfasser mehrerer einflußreicher Moralbücher. Es hieß von ihm: »Er saß alle Tage abgeschieden in einem engen Zimmer und lernte Tora, küßte nie seine Söhne, hielt sie nie auf den Armen und führte nie ein müßiges Gespräch mit ihnen.« Seine Frau kümmerte sich allein um Haushalt und Kindererziehung. Trotzdem predigte dieser strenge Asket, man solle »dem Ewigen mit großer Freude und Leidenschaft dienen«. (Rabbi Nachman von Brazlaw sagte von ihm, er sei »schon vor dem Chassidismus ein Chassid gewesen«.) Aber die Freude und Leidenschaft hinderten Rabbi Alexander Susskind nicht daran, testamentarisch zu bestimmen, nach seinem Tod solle die Chevra Kaddischa, die Beerdigungsbrüderschaft, »die vier Hinrichtungsarten des Rabbinatsgerichts an meinem Leichnam vollstrecken«, bis alle Gliedmaßen zerschmettert seien. »Laßt mehrere Männer mich ganz bis zur Decke heben und mich mit großer Kraft auf den Boden werfen, ohne jede Abfederung durch ein Laken oder Stroh, und laßt sie das sieben Mal nacheinander wiederholen, und ich befehle unter Androhung des Bannes ... der Chevra Kaddischa, an mir diese sieben Hinrichtungen zu vollstrecken und nicht auf meine Schmach zu achten, denn die Schmach ist meine Ehre, die mir vielleicht ein wenig Befreiung von dem großen höchsten Gericht erwirkt.« All das zur Sühne von Sünden oder zur Reinigung, »für Geist und Seele des Alexander Susskind, der von der Frau Rivka geboren wurde«. Ferner weiß man von ihm, daß er durch deutsche Städte zog, um Geld für die Besiedlung des Landes Israel zu sammeln, und deswegen sogar eingesperrt wurde. Seine Abkömmlinge trugen den Familiennamen Bras, als Akronym von *Bne Rabbi Alexander Susskind*, Kinder des Rabbi Alexander Susskind.

Sein Sohn, Rabbi Jossele Bras, einer von denen, die ihr Vater nie geküßt und nie auf den Armen gehalten hatte, galt als Zaddik, ein frommer Gerechter, der sein Leben lang Tora lernte und an den sechs Werktagen niemals das Lehrhaus verließ, nicht einmal zum Schlafen: Er erlaubte sich, dort vier Stunden pro Nacht im Sitzen zu schlummern, den Kopf auf den Arm und den Arm auf den Tisch gelegt, eine brennende Kerze zwischen den Fingern, damit sie ihn beim Niederbrennen wieder wecke. Auch seine Mahlzeiten wurden ihm ins Lehrhaus gebracht, das er nur für den Schabbat verließ und in das er gleich nach Ende des Schabbats zurückkehrte. Ein Asket war er, genau wie sein Vater. Seine Frau, die ein Tuchgeschäft hatte, ernährte ihn und seine Sprößlinge sein Leben lang, wie es seinerzeit auch seine Mutter für seinen Vater getan hatte, denn vor lauter Bescheidenheit weigerte sich Rabbi Jossele mit allem Nachdruck, als Rabbiner tätig zu sein, sondern gab nur ohne Lohn den Kindern der Armen Torauntericht. Er hinterließ auch keine von ihm verfaßten Bücher, da er meinte, er sei zu gering, dem, was seine Vorgänger schon vor ihm gesagt hätten, noch etwas Neues hinzuzufügen.

Rabbi Josseles Sohn, Alexander Susskind Bras (der Großvater meines Großvaters Alexander) war ein erfolgreicher Kaufmann, der mit Getreide, Leinen und sogar Schweineborsten handelte und seine Geschäfte bis nach Königsberg und Leipzig ausdehnte. Er achtete streng die Religionsgesetze, ihm war aber, soweit bekannt, der Glaubenseifer seines Vaters und Großvaters fremd. Er kehrte der Welt nicht den Rücken, lebte nicht vom Schweiße des Angesichts seiner Frau und war offen für die geistigen Strömungen der Zeit und die Ideen der Aufklärung. Er erlaubte seinen Söhnen, Russisch und Deutsch und ein wenig »fremde Wissenschaften« zu lernen und ermunterte sogar seine Tochter, Rasche-Kaile Bras, lesen zu lernen und sich zu bilden. Und bestimmt beschwor er nicht die Chevra Kaddischa unter Androhung von Fluch und Bann, seine Leiche nach seinem Tod zu zerschmettern.

Menachem-Mendel Bras, Alexander Susskinds Sohn, Rabbi Josseles Enkel und ein Urenkel von Rabbi Alexander Susskind, dem Verfasser von *Grundlage und Wurzel des Dienstes*, ließ sich Anfang der achtziger Jahre des 19. Jahrhunderts in Odessa nieder, wo er, zusammen mit seiner Frau Perla, eine kleine Glasfabrik hatte. Vorher, in seiner Jugend, war er Beamter in Königsberg gewesen. Menachem Bras war ein schöner und reicher Mann, ein Genußmensch, ein kühner Nonkonformist, sogar nach den recht toleranten Maßstäben des jüdischen Odessa Ende des 19. Jahrhunderts: ein bekennender Atheist und unverhohlener Hedonist, die Religion und Religionsfanatiker verabscheute er mit derselben Hingabe und Leidenschaft, mit der sein Großvater und sein Urgroßvater jeden Buchstaben der Tora befolgt hatten. Menachem Bras war fast schon ein exhibitionistischer Freidenker, er rauchte vor aller Augen am Schabbat, aß nach Herzenslust unkoschere Speisen und jagte dem Vergnügen nach, denn er war zu der düsteren Einsicht gelangt, daß das Menschenleben kurz ist, und leugnete leidenschaftlich jeden Glauben an ein göttliches Gericht und ein Leben nach dem Tod. Dieser Verehrer von Epikur und Voltaire vertrat die Überzeugung, der Mensch solle mit vollen Händen nehmen, was das Leben ihm biete, und hemmungslos alles genießen, wonach ihn verlange, solange er seinen Mitmenschen nicht schade, ihnen weder unrecht tue noch Leid zufüge.

Seine Schwester Rasche-Kaile wurde über einen Heiratsvermittler mit Jehuda Leib Klausner, einem einfachen Juden aus dem Dorf Olkeniki in Litauen (nicht weit von Wilna), verheiratet. Er war der Sohn eines Gutspächters namens Jecheskel Klausner, eines Nachkommens von Rabbi Abraham Klausner, dem Verfasser des *Sefer Haminhagim, Buch der Bräuche*, der am Ausgang des 14. Jahrhunderts in Wien lebte.*

Die Klausners in Olkeniki waren, anders als ihre gelehrten Vettern im nahen Schtetl Trakai, zumeist einfache Dorfjuden, ausdauernd und arglos. Jecheskel Klausner züchtete Kühe und Schafe, Obstbäume und Gemüse, zuerst in Popischuk (oder Papischki), später in Rudnik und schließlich in Olkeniki, alles kleine Orte in der Nähe von Wilna. Jehuda Leib lernte,

---

* Zur familiären Namensvererbung: Meine älteste Tochter heißt Fania nach meiner Mutter Fania. Mein Sohn heißt Daniel Jehuda Arie nach Daniel Klausner, meinem Cousin, der ein Jahr vor mir geboren und mit seinen Eltern, David und Malka, in Wilna von Deutschen ermordet wurde, als er drei Jahre alt war, sowie auch nach meinem Vater Jehuda Arie Klausner, seinerseits benannt nach seinem Großvater, Jehuda Leib Klausner, aus dem Dorf Olkeniki in Litauen, Sohn des Rabbi Jecheskel, Sohn des Rabbi Kaddisch, Sohn des Rabbi Gedalja Klausner-Olkeniki, ein Nachkomme des Rabbi Abraham Klausner, dem Verfasser des *Buchs der Bräuche*. Mein Großvater väterlicherseits, Alexander Susskind Klausner, war benannt nach seinem Großvater mütterlicherseits, Alexander Susskind Bras, der seinerseits wieder den Namen seines Großvaters, Rabbi Alexander Susskind von Horodno, trug, dem Verfasser von *Grundlage und Wurzel des Dienstes*. Mein Bruder David heißt nach Onkel David, dem Bruder meines Vaters, den die Deutschen in Wilna ermordeten. Drei meiner Enkelkinder tragen unter ihren Namen auch den ihrer Großeltern (Maccabi Salzberger, Lotte Salzberger und Riva Zuckerman).

ebenso wie sein Vater Jecheskel vor ihm, ein wenig Tora und Talmud bei einem Dorflehrer, hielt die Gebote, verabscheute jedoch spitzfindige Auslegungen. Er liebte das Leben im Freien und haßte es, im Haus eingesperrt zu sein.

Nachdem er sich im Getreidehandel versucht hatte, aber gescheitert war, weil andere Händler schnell seine Arglosigkeit erkannt und ausgenutzt und ihn so aus dem Geschäft gedrängt hatten, kaufte sich Jehuda Leib Klausner mit dem Rest seines Geldes Pferd und Wagen und transportierte fröhlich Reisende und Lasten von Dorf zu Dorf. Er war ein gemächlicher Fuhrmann, sanft und mit seinem Schicksal zufrieden, liebte gutes Essen, Schabbat- und Festtagsgesänge und einen Schluck Branntwein an Winterabenden, niemals schlug er sein Pferd, und er schreckte vor keiner Gefahr zurück. Er liebte es, langsam und gemütlich in seinem mit Holz oder Getreidesäcken beladenen Wagen allein durch die dunklen Wälder zu fahren, über menschenleere Steppen, durch Schneestürme und über die dünne Eisschicht, die den Fluß im Winter bedeckte. Einmal (so erzählte Großvater Alexander mir gern wieder und wieder an Winterabenden) brach die Eisdecke unter dem Gewicht seines Wagens ein, und Jehuda Leib sprang hinab ins eisige Wasser, packte mit seinen beiden starken Händen das Pferd am Zügel und rettete Pferd und Wagen.

Drei Söhne und drei Töchter gebar Rasche-Kaile, geborene Bras, ihrem Mann, dem Fuhrmann. Im Jahr 1884 erkrankte sie schwer, und die Klausners beschlossen, das entlegene litauische Olkeniki zu verlassen und nach Odessa zu ziehen, wo der wohlhabende Bruder der Kranken lebte: Menachem-Mendel Bras würde sie bestimmt unterstützen und seiner Schwester helfen, die Pflege der besten Ärzte zu bekommen.

Als sich die Klausners 1885 in Odessa niederließen, war Onkel Joseph, ihr ältester Sohn, ein Wunder an Gelehrsamkeit von elf Jahren, von besessenem Fleiß, ungeheurem Wissensdurst und großer Liebe zur hebräischen Sprache erfüllt. Er hatte mehr Ähnlichkeit mit seinen Vettern, den scharfsinnigen Klausners in Trakai, als mit seinen Vorfahren, den Landwirten und Fuhrleuten aus Olkeniki. Sein Onkel, der Epikuräer und Voltaire-Verehrer Menachem Bras, sagte ihm sofort eine große Zukunft voraus und unterstützte sein Lernen. Sein Bruder Alexander Susskind dagegen, zur Zeit des Umzugs nach Odessa ein lebhafter und gefühlvoller Vierjähriger, schlug mehr nach seinem Vater und Großvater: Er machte sich nicht viel aus dem Lernen, sondern streifte von klein auf gern lange draußen herum, um das Treiben der Menschen zu beobachten, die Welt zu beschnuppern und zu ergründen und allein auf Wiesen oder im Wald zu träumen. Dabei sprühte er vor Charme, Fröhlichkeit, Großzügigkeit und Güte, die ihn bei allen beliebt machten. Alle nannten ihn Sissja oder Sissel.

Außerdem waren da noch ihr jüngerer Bruder, mein Großonkel Bezalel, sowie drei Schwestern, die nie nach Israel gelangten: Sofia, Anna und Daria. Soweit ich feststellen konnte, war Sofia nach der Russischen Revolution Literaturlehrerin und später auch Direktorin einer Schule in Leningrad. Anna starb noch vor dem Zweiten Weltkrieg, und Daria oder Dvora und ihr Mann Mischa versuchten nach der Revolution nach Palästina zu fliehen, blieben aber in Kiew hängen, weil Daria schwanger wurde.*

Trotz der Unterstützung ihres wohlhabenden Onkels Menachem und anderer Verwandten der Braser Seite der Familie verarmten die Klausners bald nach ihrer Ankunft in Odessa. Der Vater, Jehuda Leib, ein kräftiger, geduldiger, lebenslustiger und immer zu Scherzen aufgelegter Mann, erlosch allmählich, nachdem er seine letzten Ersparnisse in den Erwerb eines kleinen, stickigen Lebensmittelladens hatte investieren müssen, der die Klausners nur mit Mühe und Not ernährte. Er sehnte sich nach den Wäldern, den Steppen, den Schneefeldern, nach seinem Pferd und Wagen, nach den Wirtshäusern und dem Fluß, die er in seinem Dorf in Litauen zurückgelassen hatte. Nach einigen Jahren wurde er krank und starb bald darauf im Halbdunkel seines kleinen Ladens im Alter von nur siebenundfünfzig Jahren. Die Witwe, Rasche-Kaile, überlebte ihn um fünfundzwanzig Jahre. Sie starb 1928 im Jerusalemer Bucharenviertel.

Während Onkel Joseph sich, zunächst in Odessa, dann in Heidelberg, weiter fleißig dem Studium widmete, verließ Großvater Alexander mit fünfzehn Jahren die Schule und versuchte sich im Kleinhandel, kaufte hier etwas, verkaufte dort etwas, schrieb nachts gefühlvolle Gedichte auf russisch, warf begehrliche Blicke in die Schaufenster, auf die Berge von Trauben und Melonen und auch auf die sinnlichen südländischen Frauen,

---

* Darias Tochter, Ivetta Radovskaja, nunmehr über achtzig Jahre alt, korrespondiert bis heute mit mir. Tante Ivetta, eine Cousine meines Vaters, hat St. Petersburg einige Zeit nach dem Zusammenbruch der Sowjetunion verlassen und ist nach Cleveland, Ohio, übersiedelt. Ihre einzige Tochter, Marina, die etwa in meinem Alter war, starb schon früh in St. Petersburg. Nikita, Marinas einziger Sohn, der der Generation meiner Kinder angehört, war mit seiner Großmutter nach Amerika ausgewandert, kurze Zeit später aber nach Rußland, in die Ukraine, zurückgekehrt, wo er geheiratet hat, als Dorfveterinär tätig ist und seine Töchter großzieht, die der Generation meiner Enkelkinder angehören.

rannte nach Hause, um weitere gefühlvolle Gedichte zu verfassen, und machte dann eine erneute Runde durch die Straßen Odessas, auf dem Fahrrad, aber mit ordentlich gebundener Krawatte und, soweit sein Geldbeutel es erlaubte, sorgfältig nach der neuesten und kühnsten Mode gekleidet. Er rauchte Zigaretten wie ein Großer, sein schwarzer Schnurrbart war makellos gepflegt und pomadisiert. Zuweilen ging er zum Hafen hinunter, um sich an den Schiffen und den Lastenträgern und den billigen Huren zu weiden, zuweilen stand er am Straßenrand und sah gebannt zu, wie ein Soldatenregiment zur Marschmusik der Militärkapelle vorbeizog, und zuweilen verbrachte er ein, zwei Stunden in der Bibliothek, las begeistert alles, was ihm in die Hände fiel, und beschloß für sich erneut, nicht mit dem Buchwissen seines genialen älteren Bruders in Wettstreit zu treten. Inzwischen lernte er, wie man mit jungen Damen aus gutem Hause tanzt, wie man ein oder auch zwei, drei Gläser Schnaps trinkt, ohne den Kopf zu verlieren, wie man Kaffeehausbekanntschaften anknüpft, wie man um das Hündchen wirbt, um so mit der Dame ins Gespräch zu kommen.

Bei seinen Streifzügen durch Odessa, einer sinnlichen, in Sonne getauchten Hafenstadt, reich an verschiedenen Nationalitäten, freundete er sich mit diesen und jenen an, machte jungen Frauen den Hof, kaufte und verkaufte etwas, verdiente ein wenig, setzte sich in ein Kaffeehaus oder auf eine Parkbank, zog sein Notizbuch hervor, schrieb ein Gedicht (vier Verse, acht Reime) und sauste dann auf seinem Fahrrad herum, um ehrenamtlich Botengänge für die führenden Persönlichkeiten der Choveve Zion, Zionsliebende, im noch telefonlosen Odessa auszuführen: überbrachte eine eilige Botschaft von Achad Ha'am an Mendele Mojcher Sforim, von Mendele Mojcher Sforim an Herrn Bialik, den Liebhaber gepfefferter Witze, oder an Herrn Menachem Ussischkin, von Herrn Ussischkin an Herrn Lilienblum, und während er im Salon oder im Vorzimmer auf Antwort wartete, erklangen in ihm ununterbrochen, auf russisch, Gedichte im Geist der Chibbat Zion, der Zionsliebe: Jerusalem, dessen Straßen mit Jaspis und Onyx gepflastert sind, ein Engel steht an jeder Ecke, und das Firmament darüber leuchtet und strahlt im Licht der sieben Himmel.

Er schrieb auch Liebesgedichte an die hebräische Sprache, rühmte ihre Schönheit und ihren melodischen Klang, schwor ihr ewige Treue – alles auf russisch. (Selbst nach über vierzig Jahren in Jerusalem hatte Großvater noch nicht richtig Hebräisch gelernt: Bis zu seinem letzten Lebenstag sprach er ein eigenwilliges Hebräisch, das alle Regeln sprengte, und machte fürchterliche Schreibfehler. Auf der letzten Postkarte, die er uns 1977, kurz vor seinem Tod, in den Kibbuz Hulda schickte, schrieb er: »Meine sehr lieben Enkel und Urenkelinnen, ich sene mich sehr, sehr nach euch. Ich möchte schon sehr, sehr euch alle seen!«)

Als er 1933 endlich mit der angstgeplagten Großmutter Schlomit nach Jerusalem kam, ließ er die Poesie sein und stürzte sich ins Geschäftsleben: Einige Jahre lang versorgte er Jerusalemer Damen, die sich nach europäischem Luxus sehnten, erfolgreich mit Kleidern der Vorvorjahresmode, die aus Wien importiert wurden. Aber bald tauchte ein tüchtigerer Geschäftsmann als Großvater auf und importierte die Pariser Mode des Vorjahres nach Jerusalem und verdrängte Großvater mit seinem Wiener Chic vom Markt. Notgedrungen mußte er auf seine Liebe zu Kleidern verzichten und belieferte Jerusalem nun mit Strümpfen der Firma Lodzia aus Holon und mit Handtüchern der kleinen Firma Szczupak und Söhne in Ramat Gan.

Niederlage und Not ließen seine Muse wieder zurückkehren, die ihn während seiner wirtschaftlichen Blütezeit verlassen hatte. Erneut zog er sich nachts in sein Kabinett zurück und verfaßte auf russisch leidenschaftliche Gedichte über die Herrlichkeit der hebräischen Sprache und über den Zauber Jerusalems, nicht den der ärmlichen, staubigen, stickigheißen und fanatischen Stadt, sondern des von Myrrhe und Weihrauch umwehten Jerusalem, in dem über jedem Platz ein Engel Gottes schwebt. Doch hier trat ich ins Bild, in der Rolle des mutigen kleinen Jungen aus dem Märchen von des Kaisers neuen Kleidern, und griff mit realistischer Unerbittlichkeit Großvaters Gedichte an: »Du lebst doch nun schon viele Jahre in Jerusalem und weißt sehr genau, womit die Straßen in Jerusalem wirklich gepflastert sind und was hier wirklich über dem Zionsplatz schwebt, warum beschreibst du dann dauernd etwas, das gar nicht existiert? Warum schreibst du nicht über das wirkliche Jerusalem?«

Bei diesen frechen Worten verfärbte sich Großvater, augenblicklich verwandelte sich das Zartrosa in flammendes Rot, er schlug mit der Faust auf den Tisch und brüllte: »Das wirkliche Jerusalem?! Was weiß ein kleiner Pipifloh wie du denn vom wirklichen Jerusalem?! Das wirkliche Jerusalem ist das in meinen Gedichten!!«

»Und wie lange willst du noch auf russisch schreiben, Großvater?«

»Nu, was, *ty durak, ty pischpischon*, du Trottel, du Pipifloh, auf russisch rechne ich! Auf russisch verfluche ich mich! Auf russisch träume ich! Auf russisch mache ich sogar –« (aber Großmutter Schlomit, die genau wußte, was bei ihm nach dem Wort »sogar« kommen würde, unterbrach ihn wütend: »*Schto s toboj?! Ty ne normalny?! Widisch maltschik rjadom s nami!!*« Was ist denn mit dir los?! Stimmt etwas nicht mit dir?! Siehst du nicht, daß der Junge dabei ist!!)

»Würdest du gern einmal nach Rußland zurückfahren, Großvater? Auf Besuch?«

»Gibt's nicht mehr. *Propal.*«

»Was gibt's nicht mehr?«

»Nu, was gibt's nicht mehr? Rußland gibt's nicht mehr! Rußland ist tot. Stalin gibt's. Dserschinski gibt's. Jeschow gibt's. Berija gibt's. Ein einziges großes Gefängnis gibt's. Einen Gulag gibt's! Jewseks! Apparatschiks! Mörder!«

»Aber Odessa liebst du doch noch ein bißchen?«

»Nu, lieben, nicht lieben, was soll das, was macht das schon für einen Unterschied, *tschort jewo snajet,* weiß der Teufel.«

»Würdest du Odessa nicht gern wiedersehen?«

»Nu, *scha.* Genug. *Scha. Tschort ty propal,* scher dich zum Teufel. *Scha.*«

Eines Tages, in seinem Kabinett, bei einem Glas Tee und Keksen, die *kichelach* genannt wurden, erzählte mir Großvater – gerade war eine Unterschlagungs- und Korruptionsaffäre aufgedeckt worden, die das ganze Land erschütterte – von einer seiner Botentouren als Fünfzehnjähriger in Odessa: »Auf meinem Fahrrad fuhr ich einmal sehr schnell mit einer Depesche zu Herrn Lilienblum vom Leitungsausschuß der Choveve Zion.« (Moses Löb Lilienblum war nicht nur ein bekannter hebräischer Schriftsteller, sondern fungierte auch ehrenamtlich als Schatzmeister der Choveve Zion in Odessa.) »Er, Lilienblum, war eigentlich unser allererster Finanzminister«, erklärte mir Großvater.

Während Herr Lilienblum die Antwort schrieb, holte mein wartender Großvater, dieser fünfzehnjährige Schnösel, seine Zigaretten aus der Tasche, zog den Aschenbecher heran und griff nach der Streichholzschachtel auf dem Tisch. Herr Lilienblum legte ihm sofort die Finger auf die Hand, eilte aus dem Zimmer und kam kurz darauf mit einer anderen Streichholzschachtel aus der Küche zurück und reichte sie Großvater mit der Erklärung, daß die Streichhölzer auf dem Salontisch vom Budget des Leitungsausschusses der Choveve Zion gekauft worden seien und nur bei Sitzungen des Ausschusses von dessen Mitgliedern benutzt werden dürften. »Nu, siehst du, öffentliches Eigentum war damals öffentliches Eigentum, nicht herrenloses Gut. Nicht wie jetzt hier bei uns, wo wir nach zweitausend Jahren endlich einen Staat gegründet haben, damit man etwas zum Beklauen hat. Damals wußte jedes Kind, was erlaubt und was verboten, was herrenlos und was nicht herrenlos, was mein und was nicht mein ist.«

Allerdings nicht immer. Einmal, wahrscheinlich Ende der fünfziger Jahre, kam ein neuer Geldschein im Wert von zehn Lira in Umlauf, der Bialiks Bild trug. Als mir der erste Bialik-Schein in die Hände fiel, rannte ich schnurstracks zu Großvater, um ihm zu zeigen, wie sehr der Staat Israel seinen Bekannten aus der Jugendzeit in Odessa ehrte. Großvater geriet tatsächlich in Erregung, seine Wangen röteten sich vor Freude. Er drehte den Schein hin und her, hielt ihn gegen die Lampe, musterte liebevoll das Bild von Bialik (der Großvater plötzlich verschmitzt zuzuzwinkern schien, mit so einem jovialen, hochzufriedenen »nu?!«). In Großvaters Augen glitzerte eine kleine Träne, doch mitten in dieser erhebenden Stimmung faltete er den Geldschein zusammen und ließ ihn in die Innentasche seines Jacketts gleiten.

Zehn Lira waren damals eine beachtliche Summe, besonders für einen Kibbuznik wie mich. Ich war bestürzt: »Großvater, was tust du da? Ich habe ihn dir nur zum Anschauen gebracht, damit du dich freust. In ein, zwei Tagen bekommst du sicher auch so einen Schein in die Hand.«

»Nu, was«, Großvater zuckte die Achseln, »Bialik ist mir zweiundzwanzig Rubel schuldig geblieben.«

15

Und dort in Odessa, als schnurrbärtiger Jüngling von siebzehn Jahren, verliebte Großvater sich in eine bemerkenswerte junge Frau namens Schlomit Levin, die die schönen Dinge des Lebens liebte und in die feine Gesellschaft strebte. Sie wollte unbedingt eine verehrte und geachtete Dame werden, in ihrem Salon berühmte Leute empfangen, sich mit Künstlern befreunden und »kultiviert leben«.

Es war eine schockierende Liebe: Die Angebetete hatte ihrem kleinen Casanova acht oder neun Jahre voraus, und außerdem war sie auch noch seine Cousine.

Anfangs wollte die entsetzte Familie nichts von einer Heirat der beiden wissen: Der Altersunterschied und die Blutsverwandtschaft waren schon schlimm genug, und zudem hatte der Junge ja auch keine nennenswerte Bildung, keine feste Anstellung und kein Einkommen, abgesehen von dem, was er bei seinen gelegentlichen Transaktionen verdiente. Und zu allem Überfluß untersagten die Gesetze des zaristischen Rußland ausdrücklich eine Eheschließung zwischen Verwandten ersten Grades.

Nach den Fotos zu urteilen, war Schlomit Levin – Nichte der Rasche-Kaile Klausner, geborene Bras – eine stark gebaute, breitschultrige junge Frau, nicht besonders schön, aber elegant, stolz und ebenso sorgfältig wie dezent gekleidet. Ein runder Hut sitzt ihr anmutig schräg auf dem Kopf, der rechte Rand reicht über das zusammengebundene Haar bis zum rechten Ohr herab, während der linke wie ein Bootsheck aufragt. Dieser Hut trägt vorn ein Obstgesteck, befestigt mit einer funkelnden Hutnadel, und auf der hochgeschlagenen Seite ragt stolz eine lange, flaumige Feder auf und überfächert Obstgesteck und Hut und alles, wie ein hochmütiger Pfauenschwanz. Die linke Hand der Dame, in einen eleganten Lederhandschuh gehüllt, hält den Riemen einer rechteckigen Ledertasche. Mit dem anderen Arm hat sie sich energisch beim jungen Großvater Alexander eingehakt, und ihre Finger – ebenfalls im Lederhandschuh – schweben leicht über dem Ärmel seines schwarzen Mantels, in kaum merklicher Berührung.

Er steht zu ihrer Rechten, hochaufgereckt und von Kopf bis Fuß elegant herausgeputzt. Dicke Sohlen verschaffen ihm ein paar zusätzliche Zentimeter, doch er ist weit schmaler und auch ein wenig kleiner als sie, trotz des hohen steifen schwarzen Hutes auf seinem Kopf. Sein junges Gesicht wirkt ernst, entschlossen, fast traurig. Der gepflegte Schnurrbart müht sich vergeblich, die Reste von kindlich-frischem Tau auf seinem Gesicht zu überspielen. Seine länglichen Augen blicken verträumt. Er trägt einen eleganten Mantel mit breitem Revers und gepolsterten Schultern, ein gestärktes weißes Hemd und eine schmale Seidenkrawatte, über seinem linken Arm baumelt ein modischer Spazierstock mit gebogenem Holzgriff und silbriger Metallspitze. Diese Spitze glitzert auf der alten Fotografie wie eine Schwertklinge.

Das schockierte Odessa distanzierte sich von diesem Romeo und seiner Julia. Zwischen den beiden Müttern, die Schwestern waren, brach ein Weltkrieg aus, der mit wechselseitigen Anschuldigungen begann und in ewigem beidseitigen Schweigen endete. Großvater hob daher seine geringen Ersparnisse ab, verkaufte hier etwas und dort etwas, legte einen Rubel auf den anderen, vielleicht halfen auch die beiden Familien, und sei es nur, um den Skandal loszuwerden, nach dem Motto »aus den Augen, aus dem Sinn«, und so schifften sich mein Großvater und meine Großmutter, die beiden liebestrunkenen Anverwandten, nach New York ein, wie es in jenen Jahren Hunderttausende von Juden aus Rußland und den übrigen osteuropäischen Ländern taten. Sie wollten in New York heiraten und heimisch werden, und ich wäre dann vielleicht in Brooklyn oder in Newark, New Jersey, zur Welt gekommen und hätte auf englisch ausgefeilte Romane über die Leidenschaften und Hemmungen steifhütiger Immigranten und die neurotischen Nöte ihrer gepeinigten Nachkommen schreiben können.

Doch auf dem Schiff, irgendwo zwischen Odessa und New York, auf dem Schwarzen Meer oder vor der Küste Siziliens oder bei der nächtlichen Durchfahrt der mit tausend Lichtern glitzernden Straße von Gibraltar oder vielleicht, als ihr Liebesschiff über das versunkene Atlantis hinwegglitt, ereignete sich ein weiteres Drama, ein plötzlicher Umschwung, die Liebe hob wieder ihr bedrohliches Drachenhaupt: »Junges Herz der Jugend du, vor Leid und Liebe kennst keine Ruh.«

Kurz gesagt, mein Großvater, der Bräutigam, noch keine achtzehn Jahre alt, verliebte sich erneut leidenschaftlich, herzzerreißend, verzweifelt, unsterblich – auf Deck oder irgendwo im Inneren des Schiffs – in eine andere Frau, eine der Passagierinnen, die, soviel wir wissen, ebenfalls rund ein Jahrzehnt älter war als er.

Aber Großmutter Schlomit, so erzählte man sich bei uns, dachte nicht im Traum daran, ihn freizugeben: Sie packte ihn auf der Stelle am Ohrläppchen und hielt ihn Tag und Nacht fest, bis die beiden aus dem Büro des New Yorker Rabbis traten, der sie nach dem Gesetze Moses' und Israels rechtmäßig einander angetraut hatte. (»Am Ohr«, flüsterte man bei uns stillvergnügt, »am Ohr hat sie ihn den ganzen Weg mitgeschleift, und sie hat sein Ohr nicht losgelassen bis nach der Trauung.« Und manchmal hieß es auch: »Was heißt: bis nach der Trauung?! Sie hat doch nie lockergelassen. Bis zu ihrem letzten Tag, und vielleicht sogar noch länger, hat sie ihn gehörig am Ohr festgehalten, und manchmal hat sie auch daran gezogen.«)

Und dann ein großes Rätsel: Kaum waren ein oder zwei Jahre vergangen, kaufte dieses merkwürdige Paar erneut Schiffskarten, vielleicht halfen wieder die Eltern der beiden, und die zwei gingen zum zweiten Mal an Bord eines Ozeandampfers, um ohne einen Blick zurück wieder nach Odessa zurückzukehren.

Das war etwas Unerhörtes: An die zwei Millionen Juden traten in den knapp vier Jahrzehnten von 1880 bis 1917 die Wanderung von Ost nach West an und ließen sich in Amerika nieder. Für all diese Emigranten war es eine Reise ohne Rückfahrkarte – abgesehen von meinen Großeltern, die auch die Gegenrichtung einschlugen. Es ist also anzunehmen, daß sie diesmal die einzigen Passagiere an Bord waren, mein stürmischer Großvater sich so in keine andere Frau verlieben konnte und sein Ohr die ganze Strecke nach Odessa unangetastet blieb.

Warum kamen sie zurück?

Es ist mir nie gelungen, eine klare Antwort von ihnen zu erhalten.

»Großmutter, was war denn so schlecht in Amerika?«

»Es war nicht schlecht. Nur so eine drangvolle Enge herrscht dort.«

»Drangvolle Enge? In Amerika?«

»Zu viele Menschen auf einem so kleinen Stück Land.«

»Wer wollte zurück, Großvater? Du? Oder Großmutter?«

»Nu, *schto*, was soll das. Was ist das denn für eine Frage?«

»Und warum habt ihr euch zur Rückkehr entschlossen? Was hat euch dort nicht gefallen?«

»Was hat nicht gefallen. Was hat nicht gefallen. Nichts hat dort gefallen. Nu, was. Voll mit Pferden und Indianern.«

»Indianern?«

»Indianern.«

Mehr habe ich nie aus ihm herausgebracht.

So hat Josef Cohen-Zedek ein Gedicht mit dem Titel »Winter« übersetzt, das Großvater Alexander wie gewöhnlich auf russisch geschrieben hatte:

Stürmisch weht der Wind, meine Seele verfinstert sich,
Verschwunden aus dem Herzen sind Frohsinn und Wonne.
Der Frühling ist vergangen, der Winter hat begonnen,
Ich wollte weinen, doch mein Weinen erstarb.

Die Sonne ist untergegangen, die Nacht des Gestern hat mich umfangen,
Meine Seele trüb, mein Sinn voller Trauer.
Dunkel sind meine Tage, es wird nie wiederkehren
Die Fröhlichkeit meines Frühlings mit den Wonnen der Liebe.

Als ich 1972 zum ersten Mal nach New York kam, suchte und fand ich eine Frau, die mir eine Indianerin zu sein schien. Sie stand, soweit ich mich erinnere, Ecke Lexington-, 53. Straße und verteilte Werbeblätter an die Passanten. Sie war weder jung noch alt, hatte breite Wangenknochen, trug einen alten Herrenmantel und ein braunes Umschlagtuch gegen den beißend kalten Wind. Sie hielt mir lächelnd ein Blatt hin, ich nahm und bedankte mich. »Die Liebe erwartet dich!« so wurde mir dort verheißen, unter der Adresse einer Bar für einsame Herzen – »Zögere nicht länger. Komm jetzt«.

Auf einem 1913 oder 1914 in Odessa aufgenommenen Foto sieht man meinen Großvater im dreiteiligen Anzug und grauem Hut mit glänzendem Seidenband. Unter dem offenen Jackett, quer über der zugeknöpften Weste, zieht sich ein bogenförmiger schmaler Silberstreifen, der vermutlich zu der Zwiebeluhr in seiner Tasche führt. Das schneeweiße Hemd ziert eine dunkle Seidenfliege, die schwarzen Schuhe glänzen, und sein Dandystock baumelt ihm wie immer über dem Arm, genau unterhalb des Ellbogens. Links hält er einen etwa sechsjährigen Jungen und rechts ein wunderschönes, etwa vierjähriges Mädchen an der Hand. Der Junge hat ein rundes Gesicht, und ein sorgfältig gekämmter Pony schaut unter seiner Mütze hervor und fällt ihm gerade in die Stirn. Er trägt einen herrlichen Matrosenmantel mit zwei Reihen großer weißer Knöpfe. Unter dem Mantel schauen kurze Hosen hervor und darunter zwei weiße Streifen Knie, die gleich wieder in langen Strümpfen verschwinden, die offenbar von Strumpfbändern gehalten werden.

Das Mädchen lächelt den Fotografen an. Sie scheint sich ihres Zaubers sehr bewußt zu sein und richtet ihn zielgenau auf die Linse der Kamera. Ihr weiches langes Haar, das ihr auf die Schultern hinabfällt, ist rechts sorgfältig gescheitelt. Ihr rundes Gesicht wirkt fröhlich, ihre Augen sind länglich und schräg, muten fast chinesisch an, und ein halbes Lächeln schwebt um ihre vollen Lippen. Über ihr helles Kleid hat man ihr einen winzigen Matrosenmantel angezogen, haargenau wie der ihres Bruders, nur kleiner und deshalb unglaublich süß. Sie trägt ebenfalls Strümpfe, die ihr bis an die Knie reichen, und an den Füßen Schuhe mit niedlichen Schleifen.

Der Junge auf dem Foto ist mein Onkel David, den alle Sjusja oder Sjusinka nannten. Und das Mädchen, diese bezaubernde, kokette kleine Dame, ist mein Vater.

Von klein auf bis zu seinem siebten oder achten Lebensjahr – manchmal erzählte er uns sogar, es habe mindestens bis zu seinem neunten Geburtstag gedauert – pflegte Großmutter Schlomit ihm ausschließlich Kleider mit Spitzenkragen oder winzige, gestärkte Plisseeröcke anzuziehen, die sie eigenhändig nähte, und dazu Mädchenschuhe, gerne in Rot. Das wunderbare lange Haar fiel ihm auf die Schultern und wurde mit roten, gelben, hellblauen oder rosa Schleifen zusammengebunden. Abend für Abend wusch seine Mutter ihm das Haar mit duftenden Essenzen, und manchmal wusch sie es morgens noch einmal, weil die nächtlichen Fette als notorische Feinde des Haares bekannt sind, ihm Glanz und Frische rauben und einen Nährboden für Schuppen bilden. An seine Finger steckte sie hübsche Ringe, und seine pummeligen Arme schmückte sie mit Armbändern. Wenn sie am Strand von Odessa badeten, ging Sjusinka – mein Onkel David – mit Großvater Alexander zum Umkleideraum der Herren, während Großmutter Schlomit und die kleine Lonitschka, mein Vater, die Damendusche aufsuchten, wo sie sich beim Duschen gut, gut einseiften, auch da, und auch da und vor allem dort bitte, dort seif dich zweimal ein.

Nachdem Großmutter Schlomit Sjusinka geboren hatte, stand ihr das Herz nach einer Tochter. Als sie erneut schwanger wurde und ein Kind zur Welt brachte, das so gar nicht wie ein Mädchen aussah, beschloß sie augenblicklich, dieses Neugeborene, Fleisch von ihrem Fleische, nach ihrem Belieben und ihrem Geschmack großzuziehen, und keine Macht der Welt sollte es wagen oder hätte das Recht, sich einzumischen und ihr Vorschriften über Erziehung, Kleidung, Geschlecht oder Benehmen ihrer Lonja oder Lonitschka zu machen.

Großvater Alexander sah darin offenbar keinen Grund zum Aufstand. Hinter der geschlossenen Tür seines Kabinetts, in seiner kleinen Nußschale, genoß Großvater später relative Autonomie und durfte sogar einige seiner Angelegenheiten selbständig regeln. Wie den Fürstentümern Monaco oder Liechtenstein fiel es ihm im Traum nicht ein, seine verletzliche Souveränität törichterweise dadurch zu gefährden, daß er seine Nase in die internen Angelegenheiten der großen Nachbarmacht steckte, die das Territorium seines liliputanischen Herzogtums ringsum umschloß.

Was meinen Vater anbetraf, so beschwerte er sich nie. Kaum je ließ er uns an seinen Erinnerungen an Damenduschräume und seine sonstigen weiblichen Erfahrungen teilhaben, es sei denn, er versuchte, uns zu amüsieren.

Doch fast immer hatten seine Witze den Charakter von Absichtserklärungen: Da schaut her und seht, wie ein ernster Mann wie ich euretwegen über seinen Schatten springt und sich bemüht, euch zum Lachen zu bringen.

Mutter und ich lächelten ihn dann an, zum Dank für seinen guten Willen, aber er, begeistert, fast gerührt, verstand unser Lächeln als Aufforderung, weiterzumachen, und fügte auf der Stelle noch zwei oder drei Witze an, die wir schon tausendmal von ihm gehört hatten – über einen Juden und einen Goj in der Eisenbahn oder über Stalin, der die Zarin Katharina trifft. An diesem Punkt lachten wir schon Tränen, und Vater, strahlend vor Stolz, daß es ihm gelungen war, uns zum Lachen zu bringen, ließ sich im Sturm weitertragen zu Stalin, der einmal im Bus Ben Gurion und Churchill gegenübersaß, und zu Bialik, der im Paradies Schlonski trifft, und zu Schlonski, der einem jungen Mädchen begegnet. Bis Mutter schließlich sanft zu ihm sagte: »Wolltest du heute abend nicht noch etwas arbeiten?« Oder: »Denk daran, du hast dem Jungen versprochen, vor dem Schlafengehen noch Briefmarken mit ihm einzukleben.«

Einmal sagte er zu seinen Gästen: »Das Frauenherz! Die größten Dichter haben vergebens versucht, seine Mysterien zu ergründen. Schiller beispielsweise hat irgendwo geschrieben, es gebe in der ganzen Schöpfung kein tieferes Geheimnis zu erforschen als das Herz der Frau, und keine Frau sei je bereit gewesen und werde nie bereit sein, einem Mann das weibliche Geheimnis in seiner ganzen Fülle preiszugeben. Schiller hätte einfach mich fragen können: Ich bin ja dort gewesen.«

Manchmal scherzte er auf seine nicht lustige Weise: »Sicherlich bin ich, in bescheidenem Maße, ein Schürzenjäger, wie die meisten Männer, vielleicht sogar etwas mehr, denn früher einmal hatte ich massenweise Schürzen, und dann hat man sie mir plötzlich weggenommen.«

Einmal sagte er ungefähr folgendes: »Hätten wir eine Tochter bekommen, hätte sie bestimmt wunderschön ausgesehen.« Und fügte hinzu: »Künftig, in den nächsten Generationen, wird sich die Kluft zwischen den beiden Geschlechtern vielleicht ein wenig schließen. Diese Kluft gilt im allgemeinen als Tragödie, aber vielleicht werden wir alle eines Tages feststellen, daß sie nichts als eine Komödie der Irrungen ist.«

16

Großmutter Schlomit, diese bemerkenswerte Frau, die Bücher liebte und das Herz der Schriftsteller kannte, verwandelte ihr Haus in Odessa in einen literarischen Salon – vielleicht den ersten der hebräischen Literatur. Aufgrund ihres feinen Gespürs erkannte sie jene säuerliche Mischung aus Einsamkeit und Ruhmessucht, Schüchternheit und Prahlerei, tiefer Unsicherheit und selbstverliebter Egomanie, die Dichter und Schriftsteller aus ihren Zimmern treibt, um einander zu suchen und zusammenzukommen, sich aneinander zu reiben, zu sticheln und zu scherzen, anzugeben, einander abzuklopfen, dem anderen die Hand auf die Schulter oder den Arm um die Taille zu legen, zu reden und zu diskutieren und einander dabei leicht mit der Schulter anzurempeln, ein wenig zu spionieren, zu schnuppern, was in anderen Töpfen kocht, zu schmeicheln, zu streiten, zu polemisieren, im Recht oder beleidigt zu sein, sich zu entschuldigen und zu versöhnen, einander zu meiden und wieder die Gesellschaft des anderen zu suchen.

Sie war eine perfekte Gastgeberin, die ihre Gäste unprätentiös, doch huldvoll empfing: Sie hatte für jeden ein offenes Ohr, eine stützende Schulter, neugierig-bewundernde Augen, ein aufgeschlossenes Herz, hausgemachte Fischspezialitäten oder dampfende Schüsseln voll dicker Suppe an Winterabenden, Mohnkuchen, die auf der Zunge zergingen, und ganze Ströme von siedendheißem Tee aus dem Samowar.

Großvater schenkte fachmännisch die Liköre ein und versorgte die Damen mit Pralinen und süßem Gebäck und die Herren mit starken russischen Zigaretten, den *papirossi*. Onkel Joseph, als Herausgeber vom *Haschiloach*, der wichtigsten Zeitschrift der neuen hebräischen Kultur, saß bereits auf dem Richterstuhl der modernen hebräischen Literatur in Odessa und teilte nach bestem Wissen und Gewissen Lob und Kritik aus. Tante Zippora begleitete Onkel Joseph zu den »Gesellschaften« im

Hause seines Bruders und der Schwägerin, wobei sie ihn immer sorgfältig in Wollschals, warme Mäntel und wattierte Ohrenschützer einpackte. Menachem Ussischkin, elegant herausgeputzt, die Brust geschwellt wie ein Büffel, die Stimme so sonor wie die eines russischen Bezirksgouverneurs und das Temperament brodelnd wie ein siedender Samowar, verbreitete bei seinem Eintreten Schweigen. Alle verstummten ehrfürchtig, und sofort sprang jemand auf, um ihm eilfertig seinen Platz anzubieten. Ussischkin durchmaß den Raum im Generalsschritt, setzte sich breitbeinig nieder, pochte mit seinem Stock zweimal auf den Boden – und gab damit großmütig die Erlaubnis, die Salongespräche fortzuführen. Auch Rabbiner Tschernowitz (der unter dem Pseudonym *rav za'ir*, junger Rabbiner, publizierte) gehörte zu den Stammgästen ebenso wie ein dicklicher junger Historiker, der irgendwann einmal um Großmutter Schlomit geworben hatte. (»Aber eine anständige Frau konnte seine Nähe schwerlich ertragen – er war sehr, sehr intelligent, er war interessant, aber immer hatte er alle möglichen ekelhaften Flecke am Kragen und Schmutz an den Ärmeln, und manchmal sah man Essenskrümel in seinen Hosenaufschlägen. Ein *schlumper*, ein Schlampsack war er, schmutzig, pfui!«) Zu den Besuchern gehörten außerdem Chana Rawnitzky und Ben-Zion Dinaburg und Schemarjahu Levin und Dr. Joseph Sapir und wer sonst nicht noch alles sowie ein paar Studenten und Autodidakten und einige nicht mehr ganz koschere Talmudstudenten, darunter angehende Dichter und angehende Funktionäre, alle mit Krawatte und gestärktem Kragen, und allesamt Denker, die vor Ausrufezeichen überborderten.

Gelegentlich trudelte dort in den Abendstunden Bialik ein, bleich vor Kummer oder zitternd vor Kälte und Wut, oder gerade umgekehrt, wie meine Großmutter erzählte: Er konnte auch froh und witzig sein! Und wie! Wie ein Junge! Wie ein richtiger Lümmel! Und ohne alle Hemmungen! Manchmal witzelte er so gewagt mit uns auf jiddisch, bis die Damen rot wurden und Chana Rawnitzky mit ihm schimpfte: Nu, *scha*. Genug. Bialik! Was ist denn mit Ihnen los! Pfui! Jetzt aber genug! Bialik liebte es, sich an Speis und Trank zu laben, verschlang Brot und Käse, naschte zum Nachtisch eine große Handvoll Süßigkeiten und akzeptierte dankend ein Glas glühendheißen Tee und ein Gläschen Likör. Und dann stimmte er, auf jiddisch, ganze Serenaden an über die Wunder der hebräischen Sprache und seine innige Liebe zu ihr.

Tschernichowski platzte ebenfalls gelegentlich in den Salon, enthusiastisch, aber schüchtern, stürmisch und doch zartsinnig, herzerobernd, anrührend in seiner kindlichen Unschuld, verletzlich wie ein Schmetterling, aber auch verletzend, wenn er nach links und rechts Beleidigungen austeilte, ohne es zu merken. Doch in Wahrheit hatte er nie die Absicht zu beleidigen – er war doch von solcher Unschuld! Eine gute Seele! Die Seele eines unschuldigen Babys, das noch keine Sünde kennt! Nicht wie ein trauriges jüdisches Baby, nein! Wie ein gojisches Baby! Voll Lebensfreude, Ausgelassenheit und Tatendrang! Manchmal war er ein richtiges Kälbchen! So ein glückliches Kälbchen! Sprang herum! Benahm sich wie närrisch vor aller Augen! Aber nur manchmal. Zuweilen kam er so traurig an, was jede Frau anstachelte, ihn auf der Stelle verwöhnen zu wollen! Einfach jede! Alte, junge, ledige, verheiratete, schöne, nicht schöne Frauen, einfach jede verspürte den heimlichen Wunsch, ihn zu verwöhnen. Er hatte diese Kraft. Und er wußte nicht einmal, daß er sie hatte – nu, hätte er es gewußt, hätte es auf uns ja ganz einfach nicht mehr gewirkt!

Tschernichowski kam in Fahrt durch ein »Gläselchen« Wodka, vielleicht auch zwei, und begann zuweilen einige seiner Gedichte vorzutragen, die vor Jubel oder auch vor Melancholie überbordeten, und alle schmolzen mit ihm und wegen ihm dahin: sein freizügiges Auftreten, seine Lockenpracht, sein anarchischer Schnurrbart, die jungen Frauen in seiner Begleitung, die nicht immer besonders gescheit waren, nicht einmal immer Jüdinnen, aber immer Schönheiten, die jedes Auge erfreuten, nicht wenige böse Zungen weckten und den Neid der Schriftsteller wetzten – als Frau sage ich dir, Frauen irren sich nie in solchen Dingen: Bialik hat dagesessen und ihn angestarrt ... und die gojischen Mädchen in seinem Gefolge ... Bialik hätte ein ganzes Jahr seines Lebens hingegeben, wenn man ihn nur einmal, einen Monat lang, Tschernichowski hätte sein lassen!

Man diskutierte dort über die Erneuerung der hebräischen Sprache und der hebräischen Literatur, die Grenzen der Neuerungen, das Verhältnis des jüdischen kulturellen Erbes zu dem der anderen Nationen, sprach über den Bund, die jiddisch-sozialistische Partei, und das Lager der Jiddischisten im allgemeinen (Onkel Joseph bezeichnete das Jiddische in streitbarer Stimmung als »Jargon«, und wenn sich sein Zorn gelegt hatte, nannte er es »Judäo-Deutsch«), die neuen landwirtschaftlichen Siedlungen in Judäa und Galiläa und die alten Nöte der Juden in Cherson oder in Charkow, über Knut Hamsun und Maupassant, die Großmächte und den Sozialismus, die Frauenfrage und die Agrarfrage.

Einmal, in Warschau, sagte J. L. Perez, der Sozialist, zu Onkel Joseph, der dem Sozialismus sehr fernstand: »Meinen Sie denn, ich sei so naiv zu glauben, daß der Sozialismus alle Probleme auf der Welt lösen wird? Es gibt doch zum Beispiel das Problem der alten Jungfern. Manche Sozialisten meinen, das sei nichts als eine wirtschaftliche Frage: Wenn es Brot für alle gäbe, würde sich auch für jede alte Jungfer ein Bräutigam finden. Sie sehen nicht ein, daß hier ein Problem existiert, das der Sozialismus nicht aus der Welt schaffen kann.« Und einmal sagte Onkel Joseph zu Bialik: »Ich werde Ihnen an einem Beispiel aufzeigen, worin der Unterschied zwischen uns besteht. Wenn heute so ein Kaiser Hadrian käme und die schlimme Verordnung erließe, entweder die Bibel oder den Talmud zu vernichten und auszulöschen, würden Sie, Bialik, über die Bibel weinen und sich dafür entscheiden, den Talmud zu bewahren, und ich würde über den Talmud weinen und mich dafür entscheiden, die Bibel zu retten.« Und Bialik, so erzählte Onkel Joseph, »versank in Gedanken, und einige Minuten später sagte er: Sie haben recht«. (Aber sämtliche Debatten, an denen Onkel Joseph beteiligt war, endeten in seiner Darstellung unweigerlich damit, daß sein Kontrahent nachgab und Onkel Joseph eingestand: Sie haben recht!)*

Großmutter Schlomit konnte bestimmt schon in Odessa all diese Streitigkeiten so versüßen, wie ich es dann später in Jerusalem erlebt habe. Sie sagte zum Beispiel: »Ich bitte um Verzeihung, aber diese beiden Argumente, diese beiden Seiten, schließen sich doch überhaupt nicht aus, sondern vertiefen einander. Hier bei eurem Alptraum von Hadrians neuen Verordnungen werdet ihr doch letzten Endes wie zwei Brüder zusammensitzen und gemeinsam über die Bibel und den Talmud weinen, die euch beiden lieb und teuer sind, und gemeinsam werdet ihr die schlimmen Verordnungen beklagen, aber bitte erst, nachdem ihr dieses Kompott gekostet habt. Ein solches Kompott paßt auf gar keinen Fall zu Klagen und Tränen.«

1921, vier Jahre nach der Oktoberrevolution, zwei, drei Jahre nachdem mein Vater sich endlich von einem Mädchen in einen Jungen verwandelt hatte, flohen Großvater und Großmutter mit ihren beiden Söhnen vor

---

* Diese und einige andere Geschichten, die die Familie meines Vaters betreffen, fand ich in Onkel Josephs Autobiographie: Prof. Joseph Klausner, Mein Weg zu Auferstehung und Erlösung [hebr.], Jerusalem und Tel Aviv 1946.

dem blutigen Bürgerkrieg zwischen »Weißen« und »Roten« von Odessa nach Wilna.

Großvater verabscheute die Kommunisten: »Mir soll keiner was über die Bolschewiken erzählen«, schimpfte er immer, »nu, was, die Bolschewiken habe ich bestens gekannt, ich habe sie gekannt, noch bevor sie hochkamen, noch bevor sie sich in Häuser setzten, die sie anderen weggenommen hatten, noch bevor sie auch nur davon träumten, Apparatschiks, Jewseks, Politruks und Kommissare zu werden. Ich erinnere mich noch an sie, als sie einfach bloß Hooligans waren, die Unterwelt des Odessaer Hafenviertels, Schläger, Taschendiebe, Säufer und Zuhälter. Nu, was, fast alle waren sie Juden, eine gewisse Sorte Juden, was kann man machen. Aber das waren Juden aus den einfachsten Familien – nu, was, Familien von Fischweibern auf dem Markt, direkt aus dem Dreck, der am Topfboden klebt, hat man bei uns gesagt. Lenin und Trotzki – was Trotzki, welcher Trotzki, Leibele Bronstein, der verrückte Sohn eines gewissen Dovidl-Ganef aus Janowka –, dieses Gesindel hat sich die Gewänder der Revolution angezogen, nu, was, Lederstiefel, Revolver im Gürtel, wie eine Drecksau, die man in ein Seidenhemd steckt. Und so sind sie durch die Straßen gelaufen, haben Leute verhaftet, Eigentum beschlagnahmt und, piff-paff, jeden abgeknallt, dessen Wohnung oder dessen Mädchen ihnen gefiel, nu, was, diese ganze dreckige *chalastra*, Bande, Kamenew war ein Rosenfeld, Sinowjew hieß eigentlich Apfelbaum, Maxim Litwinow war ein Meir Wallach, Karl Radek war ein Sobelsohn, Lasar Kaganowitsch war ein Schuster und Metzgersohn. Nu, was, bestimmt fanden sich auch ein paar Gojim, die mitliefen, auch vom Topfboden, vom Hafen, aus dem Dreck, Gesindel war das, nu, was, Gesindel mit stinkenden Socken.«

Von dieser Meinung über den Kommunismus und die Kommunisten rückte er auch fünfzig Jahre nach der bolschewistischen Revolution nicht ab. Ein paar Tage nachdem die israelische Armee im Sechstagekrieg die Jerusalemer Altstadt erobert hatte, schlug Großvater vor, die Völker der Welt sollten Israel nun helfen, alle Araber der Levante »in allen Ehren, ohne ihnen auch nur ein Haar zu krümmen, ohne ihnen auch nur ein Huhn zu rauben«, in ihre historische Heimat zurückzuführen, die er »Saudia-Arabia« nannte: »Wie wir Juden jetzt in unser Heimatland zurückkehren, so haben auch sie es verdient, in Ehren heimzukehren, nach Saudia-Arabia, von wo sie alle hergekommen sind.«

Daraufhin fragte ich ihn, was er denn für den Fall vorschlage, daß Rußland uns angreifen würde, um seinen arabischen Bündnispartnern die Strapazen der Reise nach Saudi-Arabien zu ersparen.

Großvaters rosige Wangen wurden sofort zornesrot, er schwoll förmlich an vor Rage und donnerte: »Rußland?! Von welchem Rußland sprichst du denn?! Rußland gibt's nicht mehr, *pischpischon*! Gibt's nicht mehr! Du meinst vielleicht die Bolschewiken? Nu, was, die Bolschewiken kenne ich doch schon von damals, als sie noch Mädchenhirten waren, Zuhältergesindel aus dem Hafenviertel in Odessa. Das ist doch nur eine Bande von Dieben und Hooligans! Pöbel vom Topfboden! Dieser ganze Bolschewismus ist ein einziger riesiger Bluff! Jetzt, wo wir gesehen haben, welche großartigen hebräischen Flugzeuge wir besitzen und auch Kanonen, nu, was, da muß man diese Burschen mit Flugzeugen doch rüber nach St. Petersburg schicken, vielleicht zwei Wochen hin und zwei Wochen zurück, ein anständiges Bombardement – was sie von uns schon lange verdient haben –, ein starkes Puh, und schon fliegt der ganze Bolschewismus dort zum Teufel wie dreckige Watte!«

»Du bist dafür, daß Israel Leningrad bombardiert, Großvater? Daß ein Weltkrieg ausbricht? Hast du denn nichts von Atombomben gehört? Von Wasserstoffbomben?«

»Das ist doch alles in jüdischen Händen, nu, was, bei den Amerikanern wie bei den Bolschewiken befinden sich all diese neuen Bomben doch völlig in Händen von jüdischen Wissenschaftlern, und die werden schon wissen, was sie zu tun und zu lassen haben.«

»Und der Frieden? Gibt es einen Weg, zum Frieden zu gelangen?«

»Gibt es: Wir müssen all unsere Feinde besiegen. Wir müssen sie so vernichtend schlagen, daß sie zu uns gelaufen kommen und um Frieden bitten – und dann, nu, was, natürlich geben wir ihnen dann Frieden. Warum sollten wir uns weigern? Wir sind doch ein friedliebendes Volk. Bei uns gibt's sogar so eine Mizwa, dem Frieden nachzujagen – nu, was, dann werden wir ihm halt nachjagen, bis nach Bagdad werden wir dem Frieden nachjagen, wenn nötig, bis Kairo werden wir ihm nachjagen, was denn sonst? Sollten wir ihm etwa nicht nachjagen? Wieso sollten wir das nicht?!«

Durch die Oktoberrevolution, den Bürgerkrieg und das rote Regime eingeschüchtert, verarmt, zensiert und verängstigt, wurden Odessas hebräische Schriftsteller und zionistische Aktivisten in alle Himmelsrichtungen versprengt. Onkel Joseph und Tante Zippora sowie viele ihrer Freunde gingen Ende 1919 nach Palästina, an Bord der »Ruslan«, deren Ankunft im Hafen von Jaffa den Beginn der dritten Alija markierte. Andere flüchteten nach Berlin, Lausanne oder Amerika.

Großvater Alexander und Großmutter Schlomit gingen mit ihren beiden Söhnen nicht ins Land Israel – trotz des lautstarken zionistischen Eifers in Großvaters russischen Gedichten schien es ihnen immer noch zu asiatisch, zu primitiv, zu rückständig, bar aller Hygiene und Kultur. Sie zogen nach Litauen, das die Klausners, die Eltern von Großvater, von Onkel Joseph und von Onkel Bezalel, mehr als fünfundzwanzig Jahre zuvor verlassen hatten. Wilna stand damals unter polnischer Herrschaft, und der gewalttätige Antisemitismus, den es dort schon immer gegeben hatte, wurde von Jahr zu Jahr stärker. In Polen und in Litauen nahmen Nationalismus und Fremdenhaß zu. Die besetzten und unterdrückten Litauer sahen in der großen jüdischen Minderheit einen Agenten der fremden Unterdrücker. Von jenseits der Grenze, aus Deutschland, sickerte die neue Abart von Judenhaß ein, der kaltblütige, mörderische Judenhaß nationalsozialistischer Prägung.

Auch in Wilna trieb Großvater Handel. Nicht im Großen. Er kaufte hier, was er kaufte, verkaufte dort, was er verkaufte, und zwischen An- und Verkauf verdiente er manchmal auch etwas. Seine beiden Söhne schickte er anfangs auf eine hebräische Schule und später auf ein »klassisches« (also humanistisches) Gymnasium. Die Brüder David und Arie, Sjusja und Lonja, hatten aus Odessa drei Sprachen mitgebracht: Zu Hause sprachen sie Russisch und Jiddisch, auf der Straße Russisch, und im zionistischen Kindergarten hatten sie Hebräisch sprechen gelernt. Hier, im klassischen Gymnasium in Wilna, kamen Griechisch und Latein, Polnisch, Deutsch und Französisch dazu. Später, im Institut für Europäische Literaturen an der Universität folgten Englisch und Italienisch, und in dem Institut für Semitische Philologie lernte mein Vater auch Arabisch, Aramäisch und Keilschrift. Onkel David wurde bald Dozent für Literatur, und mein Vater, Jehuda Arie, der 1932 seinen ersten akademischen Abschluß an der Wilnaer Universität erworben hatte, stand im Begriff, es ihm gleichzutun – aber der immer mehr anschwellende Antisemitismus wurde unerträglich. Jüdische Studenten mußten Demütigungen, Prügel, Diskriminierung und sadistische Mißhandlungen ertragen.

»Aber was haben sie euch denn genau getan?« fragte ich Vater. »Was wa-

ren das für Mißhandlungen? Haben sie euch verprügelt? Haben sie euch die Hefte zerrissen? Und warum habt ihr euch nicht über sie beschwert?«
»Du«, sagte Vater, »kannst das unmöglich verstehen. Und das ist gut so. Ich bin froh darüber, obgleich du auch das nicht verstehen können wirst, das heißt, warum ich froh bin, daß du nicht verstehst, wie es dort war: Ich möchte entschieden nicht, daß du es verstehst. Denn es ist nicht nötig. Einfach nicht mehr nötig. Weil es vorbei ist. Ein für allemal vorbei. Das heißt, hier wird es nicht mehr vorkommen. Sprechen wir von etwas anderem: Was ist mit deinem Planetenalbum? Feinde haben wir natürlich noch. Und es gibt Kriege. Und es gibt Belagerung und nicht wenige Verluste. Eindeutig. Das läßt sich nicht leugnen. Aber keine Verfolgungen. Das – nicht. Keine Verfolgungen und keine Demütigungen und keine Pogrome. Nicht den Sadismus, den wir dort erlebt haben. Das kehrt auf keinen Fall wieder. Nicht hier. Wenn man uns angreift, dann schlagen wir mit doppelter Gewalt zurück. Du hast, scheint mir, im Album den Mars zwischen Saturn und Jupiter eingeklebt. Da hast du dich geirrt. Nein, ich sage dir nichts. Du wirst es selbst nachprüfen und deinen Irrtum entdecken, und du wirst ihn auch selbst korrigieren.«

Aus der Wilnaer Zeit ist ein abgegriffenes Fotoalbum erhalten: Hier ist Vater und hier sein Bruder David, beide noch Gymnasiasten, beide sehr ernst und bleich, die großen Ohren treten unter den Schirmmützen deutlich hervor, beide in Anzug mit Krawatte und steifem Kragen. Hier ist Großvater Alexander, schon mit leichtem Glatzenansatz, noch mit Schnurrbart, elegant, hat vielleicht eine gewisse Ähnlichkeit mit einem niederrangigen Diplomaten des zaristischen Rußland. Und hier sind ein paar Gruppenfotos, vermutlich Bilder vom Abitur. Zeigen sie Vater oder seinen Bruder David? Schwer zu sagen: Die Gesichter sind etwas verschwommen. Alle tragen Kopfbedeckungen, die Jungen Schirmmützen, die Mädchen runde Baretts. Die meisten Mädchen sind schwarzhaarig, einige lächeln leicht, ein Mona-Lisa-Lächeln, das etwas weiß, was du liebend gern wissen würdest, aber nicht wissen wirst, weil es nicht für dich bestimmt ist.
Für wen dann? Sehr wahrscheinlich hat man fast all die jungen Frauen und Männer auf diesen Fotos – nackt, völlig abgemagert und halb erfroren – mit Peitschenhieben und Hunden zu den großen Gruben im Waldgebiet von Ponary getrieben. Wer von ihnen hat überlebt, außer meinem Vater? Ich studiere die Fotos im Licht einer starken Lampe und versuche

etwas zu entschlüsseln, was sich in den Gesichtszügen vielleicht andeutet: eine Aufgewecktheit oder Entschiedenheit, eine innere Härte, die vielleicht diesen Jungen da, in der zweiten Reihe links, befähigt hat, zu erraten, was ihm bevorstand, allen Beschwichtigungen zu mißtrauen, noch rechtzeitig in die Kanalisation unter dem Ghetto abzutauchen, zu den Partisanen in die Wälder zu flüchten. Oder dieses schöne Mädchen in der Bildmitte, mit dem zynisch-gewitzten Gesichtsausdruck: Nein, mein Lieber, mich kann man nicht täuschen, ich bin zwar noch jung, weiß aber schon alles, weiß sogar Dinge, von denen ihr euch nicht einmal im Traum vorstellen könnt, daß ich sie weiß. Vielleicht hat sie sich retten können? Ist geflohen und hat sich den Partisanen im Wald von Rudnik angeschlossen? Hat sich dank ihres »arischen« Aussehens in einem Wohnviertel außerhalb des Ghettos verstecken können? Hat Unterschlupf in einem Kloster gefunden? Oder hat rechtzeitig vor den Deutschen und ihren litauischen Helfershelfern flüchten und sich über die Grenze nach Rußland durchschlagen können? Oder ist beizeiten ins Land Israel eingewandert und bis zum sechsundsiebzigsten Lebensjahr eine resolute Pionierin gewesen, hat in einem Kibbuz im Jesreel-Tal den Imkerverband begründet oder sich der Geflügelzucht gewidmet?

Und mein junger Vater sieht hier meinem Sohn Daniel sehr ähnlich (der auch seinen Namen, Jehuda Arie, trägt), eine geradezu frappierende Ähnlichkeit. Mein Vater ist siebzehn Jahre alt, lang und dünn wie ein Maiskolben, aber mit einer Fliege geschmückt, seine unschuldigen Augen blicken mich durch die runden Brillengläser an, etwas verlegen und etwas stolz, er wirkt redefreudig und, überhaupt kein Gegensatz, auch furchtbar schüchtern. Sein schwarzes Haar ist sorgfältig zurückgekämmt, auf seinem Gesicht liegt ein Hauch von heiterem Optimismus: Macht euch keine Sorgen, Freunde, es wird schon alles in Ordnung gehen, wir werden alles überstehen, alles wird irgendwie vorübergehen, was kann schon sein, alles nicht so schlimm, alles wird gut.

Mein Vater ist auf diesem Bild jünger als mein Sohn. Wenn es nur ginge, würde ich in dieses Bild eintreten und ihn und seine vergnügten Kameraden warnen. Ich würde versuchen, ihnen zu erzählen, was bevorsteht. Vermutlich würden sie mir nicht glauben, sondern alles mit einem spöttischen Grinsen abtun.

Hier ist mein Vater noch einmal, wie für eine festliche Gesellschaft gekleidet, trägt eine Russenmütze namens *schapka*, rudert ein Boot mit zwei

Mädchen an Bord, die ihn fröhlich und kokett anlächeln. Und hier ist er in leicht komischen Knickerbockern, man sieht seine Strümpfe. Er beugt sich kühn vor und umarmt von hinten ein lächelndes Mädchen mit exaktem Mittelscheitel. Das Mädchen steckt gerade einen Brief in den Briefkasten, auf dem *Skrzynka Pocztowa* steht (die Worte sind auf dem Foto deutlich zu erkennen). Für wen ist der Brief? Was ist dem Adressaten zugestoßen? Was war das Los des anderen Mädchens auf dem Bild, des schönen Mädchens in dem gestreiften Kleid, mit einer kleinen, schwarzen Handtasche unterm Arm und weißen Socken in weißen Schuhen? Wie lange nach diesem Foto hat das schöne Mädchen noch lächeln können?

Und hier ist wieder mein Vater, lächelnd, erinnert etwas an das süße Mädchen, das seine Mutter aus ihm gemacht hatte, als er klein war. In einer Gruppe mit fünf jungen Frauen und drei jungen Männern, sie sind im Wald, tragen aber ihre beste Stadtkleidung. Allerdings haben die jungen Männer ihre Jacketts ausgezogen, sie stehen in weißen Hemden mit Krawatte da. Die Haltung der jungen Männer ist burschikos, draufgängerisch, das Schicksal – oder die Mädchen? – herausfordernd. Und hier bauen sie eine kleine Menschenpyramide, zwei junge Männer tragen ein molliges Mädchen auf den Schultern, ein dritter stützt mit fast gewagtem Griff einen ihrer Schenkel, und zwei weitere Mädchen sehen zu und lachen. Auch der helle Himmel lacht, auch das Geländer der kleinen Brücke über den Bach. Nur der Wald ringsum lacht nicht: Dicht, ernst, dunkel nimmt er die ganze Tiefe und Breite des Fotos ein und bestimmt noch viel mehr. Der Wald um Wilna: Der Wald von Rudnik? Der Wald von Ponary? Oder vielleicht ist es der Wald von Popischuk oder der Wald von Olkeniki, die Wälder, die Vaters Großvater, Jehuda Leib Klausner, seinerzeit gern mit seinem Wagen durchquerte, im Vertrauen auf sein Pferd, seine starken Arme und sein Glück im Herzen der tiefen Finsternis, sogar an regnerischen und stürmischen Winterabenden?

Großvater sehnte sich nach dem Lande Israel, das aus seiner zweitausendjährigen Ödnis wiedererstand, nach Galiläa und den fruchtbaren Tälern, nach der Scharon-Ebene und dem Gilead und dem Gilboa und den Bergen Samarias und Edoms. »Fließ weiter, Jordan, ströme schnell, laß deine Wellen rauschen.« Er spendete für den Jüdischen Nationalfonds, zahlte den zionistischen Schekel, verschlang begierig jede Nachricht aus dem Land Israel, berauschte sich an den Reden Jabotinskys, der gelegentlich das jüdische Wilna besuchte und die Herzen begeisterte. Großvater unterstützte immer von ganzem Herzen die stolze und kompromißlose Nationalstaatspolitik Jabotinskys und betrachtete sich selbst als kämpferischen Zionisten. Und dennoch, so sehr ihm und seiner Familie auch der Boden in Wilna unter den Füßen brannte – er neigte immer noch dazu, vielleicht auch auf Großmutter Schlomits Betreiben, eine neue Heimat zu suchen, die etwas weniger asiatisch als Palästina und etwas europäischer als das immer finsterer werdende Wilna sein sollte: In den Jahren zwischen 1930 und 1932 beantragten die Klausners Einwanderungsgenehmigungen für Frankreich, für die Schweiz, für Amerika (trotz der Indianer), für eines der skandinavischen Länder und für England. Keiner dieser Staaten wollte sie haben: Jeder von ihnen hatte damals schon mehr als genug Juden. (»*None is too many!*« erklärten damals die Minister in Kanada und in der Schweiz, und andere Staaten verhielten sich ebenso, ohne es groß zu verkünden.)

Etwa anderthalb Jahre bevor die Nazis an die Macht kamen, war mein zionistischer Großvater so blind, daß er in seiner bitteren Verzweiflung über den Antisemitismus in Wilna die deutsche Staatsbürgerschaft beantragte. Zu unserem Glück verweigerte man ihm auch dort die Aufnahme. In ganz Europa wollten viele die Juden damals ein für allemal loswerden, diese fiebrigen Europhilen, die das ganze Sortiment europäischer Sprachen beherrschten, Europas Dichter deklamierten, an Europas erhabene Moral glaubten, für seine Ballett- und Opernkunst schwärmten, seine Traditionen pflegten, Europas postnationale Einheit erträumten, sich für europäische Umgangsformen, Kleidung und Moden begeisterten, Europa uneingeschränkt und bedingungslos liebten und jahrzehntelang, seit Beginn der jüdischen Aufklärungszeit, alles Menschenmögliche getan hatten, um ein wenig Europas Gefallen zu finden, auf jedem Gebiet und auf allen Wegen sein Wohl zu mehren, eins mit ihm zu werden, seine kühle Feindseligkeit durch heißes Werben aufzubrechen, sich beliebt zu machen, zu beschwichtigen, akzeptiert zu werden, dazuzugehören, geliebt zu werden –

Und so machten sich also Schlomit und Alexander Klausner, die enttäuschten Liebhaber Europas, 1933 auf, gemeinsam mit ihrem Sohn Jehuda Arie, der gerade sein Studium der Polnischen und Allgemeinen Literatur abgeschlossen hatte, und gingen mit gemischten Gefühlen, notgedrungen, ins asiatische Palästina, nach Jerusalem, dem Großvater seit seiner Jugendzeit sentimentale Gedichte gewidmet hatte.

An Bord der »Italia« fuhren sie von Triest nach Haifa und ließen sich unterwegs mit dem Kapitän ablichten, dessen Name, so steht es am Bildrand, Benjamino Umberto Steindler lautete. Nichts Geringeres.

Und im Hafen von Haifa, so besagt die Familienlegende, wartete bereits ein Arzt im weißen Kittel (oder war es vielleicht ein Sanitäter?), im Auftrag der britischen Mandatsmacht, der die Kleidung aller Einreisenden mit einem Desinfektionsmittel absprühte. Als Großvater Alexander an die Reihe kam, geriet er, der Familienlegende zufolge, in Rage, riß dem Doktor das Sprühgerät aus der Hand und besprühte diesen über und über: So geschehe dem Mann, der es wagen wolle, uns hier in der Heimat so zu behandeln, als wären wir noch in der Verbannung. Zweitausend Jahre haben wir alles schweigend ertragen. Zweitausend Jahre haben wir uns wie Lämmer zur Schlachtbank führen lassen. Aber hier, in unserem Land, werden wir es auf keinen Fall zulassen, daß wir in einer neuen Diaspora leben. Unsere Ehre wird nie wieder mit Füßen getreten werden.

Der ältere Sohn, David, blieb in Wilna. Dort hatte er es, obwohl er Jude war, schon in sehr jungen Jahren zum Universitätsdozenten gebracht. Ihm stand sicherlich Onkel Josephs großartige Karriere vor Augen, wie sie auch meinem Vater sein Leben lang vorschwebte. Dort in Wilna heiratete Onkel David, und dort wurde 1938 auch sein Sohn Daniel geboren, den ich nie gesehen habe: Nicht einmal ein einziges Foto von ihm konnte ich irgendwo finden. Es sind nur einige auf polnisch geschriebene Postkarten und Briefe erhalten, von Tante Malka (Macia), Onkel Davids Frau: »10. 2. 39: Die erste Nacht hat Danusch von neun Uhr abends bis sechs Uhr morgens geschlafen. Er hat nachts überhaupt keine Schlafprobleme. Tagsüber liegt er mit offenen Augen da, und seine Arme und Beine sind ständig in Bewegung. Manchmal schreit er ...«

Keine drei Jahre sollte der kleine Daniel Klausner leben. Bald würden sie kommen und ihn umbringen, um Europa vor ihm zu schützen und von vornherein die »Alpdruckvision der Verführung von Hunderten und Tausenden von Mädchen durch widerwärtige, krummbeinige Judenbastarde« zu verhindern. »Der schwarzhaarige Judenjunge lauert stundenlang, satanische Freude in seinem Gesicht, auf das ahnungslose Mädchen, das er mit seinem Blute schändet«, denn: »Das jüdische Endziel ist die Entnationalisierung, die Durcheinanderbastardisierung der anderen Völker, die Senkung des Rassenniveaus der Höchsten«, »immer mit dem gleichen

Hintergedanken und klaren Ziele, durch die dadurch zwangsläufig eintretende Bastardisierung die ihnen verhaßte weiße Rasse zu zerstören, von ihrer kulturellen und politischen Höhe zu stürzen und selber zu ihren Herren aufzusteigen«. Ja, »wenn man fünftausend Juden nach Schweden schaffe, würden sie binnen kurzem alle führenden Stellungen erobern«, dieser »Weltvergifter aller Völker, das internationale Judentum«.*

Aber Onkel David dachte anders: Er tat derlei abscheuliche, wenn auch verbreitete Ansichten verächtlich ab. Kirchlich-katholischer Antisemitismus, der feierlich durch hohe Kathedralen hallte, giftig-kalter protestantischer Antisemitismus, deutscher Rassismus, österreichische Mordlust, polnischer Judenhaß, litauische, ungarische, französische Grausamkeit, ukrainische, rumänische, russische, kroatische Pogromgier, belgische, niederländische, britische, irische, skandinavische Judenverachtung – all das erschien ihm als dunkles Relikt wilder, ignoranter Äonen, als Reste des Gestern, deren Zeit längst abgelaufen war.

Onkel David betrachtete sich selbst als Sohn seiner Zeit: Er war ein Europäer par excellence, in vielen Kulturen zu Hause, vielsprachig, redegewandt, aufgeklärt, ein ausgesprochen moderner Mensch. Er verachtete Vorurteile und Völkerhaß, unter keinen Umständen würde er sich diesen engstirnigen Rassisten beugen, all den Hetzern, den Chauvinisten, den Demagogen und finsteren Antisemiten, durchtränkt von Aberglauben, deren heisere Stimmen »Tod den Juden« forderten und ihn von den Wänden anbellten: »Itzig, geh nach Palästina!«

Nach Palästina? Keineswegs: Ein Mann wie er würde nicht mit seiner jungen Frau und seinem kleinen Sohn von der Front desertieren, flüchten und sich vor der Gewalttätigkeit eines lautstarken Pöbels in eine dürre Provinz in der Levante verkriechen, wo einige verzweifelte Juden versuchten, durch Separatismus und bewaffneten Kampf eine Nation zu errichten, wie sie es sich ironischerweise offenbar von den schlimmsten ihrer Feinde abgeschaut hatten.

Nein: Er würde entschieden hier in Wilna bleiben, auf seinem Posten, an einem der wichtigsten und vorgeschobensten Verteidigungsgräben der rationalen, weitsichtigen, toleranten und liberalen europäischen Aufklärung, die nun um ihr Überleben kämpfte, gegen die anrollende Flut der

---

* Adolf Hitler, zitiert nach Joachim Fest, Hitler. Eine Biographie, München 2003, S. 76, 309f., 762 und 1051.

Barbarei, die sie zu ertränken drohte. Hier würde er stehen, denn er konnte nicht anders.

Bis zum Ende.

17

Großmutter warf auf alles ringsum einen bestürzten Blick und fällte auf der Stelle ihr berühmtes Urteil, das ihr während der fünfundzwanzig Jahre ihres Lebens in Jerusalem zum Motto werden sollte: Die Levante ist voller Mikroben.

Von nun an mußte Großvater Morgen für Morgen um sechs oder halb sieben mit dem Teppichklopfer auf Matratzen und Bettzeug einschlagen, täglich alle Teppiche und Kissen lüften, die ganze Wohnung mit Insektenvernichtungsmittel besprühen, ihr beim erbarmungslosen Abkochen von Obst, Gemüse, Wäsche und Küchengerät assistieren. Alle zwei, drei Stunden hatte er die Toilettenschüsseln und Waschbecken mit Chlor zu desinfizieren. Die Abflußlöcher der Waschbecken waren immer mit einem Pfropfen verschlossen, und immer stand ein wenig Chlorwasser oder Lysol im Becken. Diese einem mittelalterlichen Burggraben vergleichbare Wasserwehr diente dazu, die Invasion von Kakerlaken und anderen Schädlingen aufzuhalten, die Tag und Nacht danach strebten, durch die Abwasserrohre in die Wohnung einzudringen. Sogar die Nasenlöcher der Waschbecken – die kleinen Schlitze am hinteren Beckenrand, die das Überlaufen verhindern sollten – wurden mit improvisierten Pfropfen aus aufgeweichter Seife verschlossen, damit der Feind nicht etwa hinterlistig von dort die Wohnung infiltrieren konnte. Die Fliegengitter an den Fenstern rochen immer nach DDT, und in der ganzen Wohnung hing ständig Desinfektionsmitteldunst. Eine dichte Wolke von Spiritus, Seife, Pasten, Sprays, Ködern, Insektenvernichtungsmitteln und Talkumpuder waberte alle Tage durch die Zimmer, und auch Großmutters Haut dünstete vielleicht etwas davon aus.

Dennoch wurden hin und wieder, in den frühen Abendstunden, auch hier Gäste eingeladen: ein paar junge Schriftsteller, zwei, drei kulturell interessierte Kaufleute und einige vielversprechende junge Gelehrte. Allerdings nicht mehr Bialik und Tschernichowski und keine köstlichen Abendessen mehr in großer Runde. Die Armut, die Beengtheit und die schwierigen Lebensbedingungen zwangen Großmutter, sich zu bescheiden: Chana und Chaim Toren, Esther und Israel Sarchi, Zerta und Jacob David Abramsky und gelegentlich auch ein oder zwei ihrer Bekannten, Flüchtlinge aus Odessa oder aus Wilna, Herr Scheindelewitz aus der Jeschajahu-Straße, Herr Katchalsky, der Ladenbesitzer aus der David-Yellin-Straße, dessen beide jungen Söhne schon damals als herausragende Wissenschaftler galten und geheimnisumwitterte Posten in der Hagana innehatten, oder das Ehepaar Bar-Jitzhar (Itzelewitz) aus dem Viertel Mekor Baruch, er ein trübsinnig dreinschauender Galanteriewarenhändler, sie eine Perückenmacherin und Maßkorsettnäherin, beide überzeugte Revisionisten, die die Mapai, die Arbeiterpartei, aus tiefstem Herzen haßten.

Großmutter arrangierte wie zum blitzblanken Militärappell die Erfrischungen auf dem Küchentisch und der marmornen Arbeitsfläche und schickte Großvater wieder und wieder tablettbeladen an die Front, um kalten Borschtsch zu servieren, auf dem ein steiler Eisberg Sauerrahm schwamm, und eine Platte mit frisch geschälten Clementinen oder anderen Früchten der Saison und Walnüsse und Mandeln und Rosinen und Dörrfeigen und auch kandierte Früchte und kandierte Orangenschalen, Konfitüren und anderes Eingemachtes, Kuchen mit Mohn oder Marmelade, Apfelstrudel oder feines selbstgemachtes Blätterteiggebäck.

Auch hier diskutierte man aktuelle Fragen und die Zukunft des jüdischen Volkes und der ganzen Welt, prangerte die korrupte Mapai an und ihre klinkenputzenden, defätistischen, sich vor den gojischen Herren erniedrigenden Führer. Was die Kibbuzim anging – diese wirkten von hier aus wie gefährliche Bolschewikenzellen, anarchistisch, nihilistisch, freizügig, die Zügellosigkeit propagierten und alles schändeten, was der Nation heilig war. Parasiten waren sie, die auf Kosten öffentlicher Gelder immer dicker wurden, Ausbeuter und Räuber, die die Ländereien der Nation an sich rafften. Nicht wenig von dem, was die Kibbuz-Feinde der Bewegung Hakeschet Hamisrachit, Der orientalische Bogen, eines Tages über die Kibbuzim sagen sollten, war schon damals, in jenen Jahren, den Besuchern im großelterlichen Haus in Jerusalem bekannt. Offenbar war den Teilnehmern an diesen Tischgesprächen dabei aber nicht ganz wohl – denn warum sonst verstummten sie so oft gerade in dem Moment, in dem sie mich bemerkten, oder sprachen auf russisch weiter oder schlossen die Tür vom Salon zu der Kofferfestung, die ich mir in Großvaters Kabinett baute?

So sah die kleine Wohnung in der Prag-Gasse aus: Es gab dort ein Salonzimmer, sehr russisch, stickig, vollgestellt mit zu wuchtigen Möbeln und Gegenständen aller Art, die schweren Dünste von gekochtem Fisch, gekochten Karotten und Aufläufen mischten sich mit Insektenvernichtungsmittel- und Lysolgerüchen. An den Wänden standen eng gedrängt Kommoden, Stühle, ein herrischer schwarzer Schrank, ein dickbeiniger Tisch und eine mit Nippes und Andenken übersäte Anrichte. Das ganze Zimmer quoll über von weißen Spitzendeckchen, blütenweißen Tüllgardinen, bestickten Kissen und kleinen Ziergegenständen, die sich in Grüppchen auf jeder verfügbaren freien Fläche drängten. Zum Beispiel ein silbernes Krokodil, bei dem man den Schuppenschwanz anheben, eine Nuß zwischen seine Kiefer stecken, hinunterdrücken und sie dadurch knacken konnte, oder ein lebensgroßer weißer Pudel, ein weiches und stilles Geschöpf, mit schwarzer Nase und tristen Glasaugen, der stets demütig und bescheiden am Fußende von Großmutters Bett ruhte, niemals bellte und niemals um Erlaubnis bat, in die Gefilde der Levante hinausgelassen zu werden, aus denen er wer weiß was hätte einschleppen können – Käfer, Wanzen, Flöhe, Zecken, Würmer, Läuse, Ekzeme, Bazillen und sonstige üble Seuchen.

Dieses freundliche Wesen, das Stach, Staschek oder Staschinka genannt wurde, war der folgsamste und weichste aller Hunde, denn er war aus Wolle und mit Lumpen ausgestopft. Er hatte die Klausners treu auf all ihren Wegen von Odessa nach Wilna und von Wilna nach Jerusalem begleitet. Für seine Gesundheit mußte der arme Hund alle zwei, drei Wochen einige Mottenkugeln schlucken. Morgen für Morgen hatte er demütig Großvaters wütende Sprayangriffe über sich ergehen zu lassen. Ab und zu, im Sommer, setzte man ihn ans offene Fenster, damit er ein wenig an die Luft kam und etwas Licht und Sonne tankte.

Ein paar Stunden hockte Stach dann reglos auf dem Fensterbrett, die schwermütigen schwarzen Glasaugen sehnsuchtsvoll auf die Straße gerichtet, seine aufgestickte schwarze Nase witterte vergeblich den Duft der Hündinnen in der Gasse, seine wolligen Ohren gespitzt, um die vielfältigen Geräusche des Viertels einzufangen: das Jaulen eines liebeskranken Katers, das heitere Zwitschern der Vögel, schrilles jiddisches Geschimpfe, die markerschütternden Rufe des Altwarenhändlers, das Bellen freier Hunde, deren Los weit besser war als seines. Stach neigte wehmütig und nachdenklich den Kopf, hatte den kurzen Schwanz traurig zwischen die Hinterbeine geklemmt, und seine Augen blickten tragisch. Nie bellte er Passanten an, nie rief er seine Brüder, die Hunde der Gasse, zu Hilfe, nie begann er zu winseln, aber wenn er so am Fenster saß, drückte sein Gesicht eine stille Resignation aus, die mir das Herz zerriß, eine stumme Verzweiflung, die erschütternder war als jeder Schrei, durchdringender als das grauenvollste Heulen. Eines Morgens stand Großmutter auf, wickelte ihren Staschinka in Zeitungspapier und warf ihn, ohne das geringste Zögern, in den Mülleimer, weil er ihr plötzlich des Staubes oder Moders verdächtig war. Großvater tat das bestimmt leid, aber er wagte nicht, auch nur den leisesten Protestlaut von sich zu geben. Und ich verzieh es ihr nie.

Dieser überladene Salon, dessen Farbe und sogar Geruch dunkelbraun waren, diente auch als Großmutters Schlafzimmer. Und davon zweigte Großvaters Mönchszelle ab, das Kabinett, mit dem harten Sofa, den Warenregalen, dem Kofferberg, dem Bücherbord und dem kleinen Schreibtisch, auf dem alles immer in perfekter Ordnung war, wie beim Morgenappell eines schmucken Husarenregiments zu Kaiser Franz Josephs Zeiten.

Auch hier, in Jerusalem, ernährten sich beide kärglich von Großvaters kleinen Handelsgeschäften: Wieder kaufte er etwas hier und verkaufte es da, hortete es im Sommer, um es im Herbst zu verkaufen, besuchte mit seinem Musterkoffer die Textilgeschäfte in der Jaffa-, King-George- oder Agrippas-Straße, in der Luntz-Gasse und in der Ben-Jehuda-Straße. Etwa einmal im Monat fuhr er nach Holon, nach Ramat Gan, nach Netanja, nach Petach Tikwa, manchmal sogar nach Haifa, verhandelte dort mit Handtuchfabrikanten, Herstellern von Unterwäsche oder Kleidungsimporteuren.

Allmorgendlich, bevor er seine Tour antrat, bereitete Großvater Pakete mit Bekleidung oder Stoffen zum Postversand vor. Hin und wieder verlieh, entzog und verlieh man ihm erneut die Position des örtlichen Generalvertreters einer Großhandelsfirma für Bekleidung und Konfektion oder einer Näherei für Regenmäntel. Er mochte das Handelsgewerbe nicht und reüssierte nie darin, konnte nur mit Müh und Not seinen und Großmutters Unterhalt damit bestreiten, aber er liebte sehr die langen Streifzüge durch Jerusalems Straßen, immer makellos elegant in seinem russischen Diplomatenanzug mit dem weißen Taschentuchdreieck, das ihm aus der Brusttasche hervorschaute, und silbernen Manschettenknöpfen, und er liebte es, stundenlang im Café zu sitzen, vorgeblich zu Geschäftszwecken, aber eigentlich wegen der Gespräche und Debatten, des heißen Tees und des Blätterns in den Zeitungen und Journalen. Er speiste auch gern in Restaurants, wobei er die Kellner immer wie ein strenger und anspruchsvoller, aber auch großzügiger Herr behandelte: »Entschuldigen Sie bitte. Dieser Tee ist kalt. Ich möchte sehr bitten, mir auf der Stelle heißen Tee zu bringen: Heißer Tee, das bedeutet, daß auch die Essenz sehr, sehr heiß ist. Nicht nur das Wasser. Vielen Dank.«

Am meisten liebte Großvater die langen Überlandfahrten und die Geschäftstermine in den Firmenbüros der Küstenstädte. Eindrucksvolle Visitenkarten hatte er, mit Goldrand und einem Emblem in Form verschlungener Rhomben, wie ein Häuflein Diamanten. Auf der Karte stand gedruckt: »Alexander S. Klausner, Importeur, Handelsbevollmächtigter, Generalvertreter und Vertragsgrossist, Jerusalem und Umgebung.« Er pflegte dir seine Karte mit einem kleinen, entschuldigenden kindlichen Lachen zu reichen: »Nu, was, der Mensch muß doch von etwas leben.«

Aber sein Herz gehörte nicht den Geschäften, sondern hing hingebungsvoll unschuldigen heimlichen Verliebtheiten an, er war wie ein siebzigjähriger Gymnasiast voll verschwommenem Verlangen und Träumen: Hätte er die Möglichkeit gehabt, sein Leben nach eigener Wahl und Herzensneigung neu beginnen zu können, hätte er sich bestimmt gewünscht, Frauen zu lieben, geliebt zu werden, ihre Herzen zu ergründen, gemeinsame Ferien an stillen Orten und in der Natur zu verbringen, auf Seen am Fuß schneebedeckter Berge mit ihnen Boot zu fahren, leidenschaftliche Gedichte zu verfassen, schön zu sein, lockig und zartfühlend, doch auch männlich, ein Liebling der Massen, ja Tschernichowski persönlich. Oder Byron. Oder, noch besser – Jabotinsky: ein begnadeter Dichter und ein schöner, von allen bewunderter politischer Führer, wunderbar in einer Person vereint.

Er sehnte sich sein Leben lang von ganzem Herzen nach Liebe und großen Gefühlen. Sein Sinn war darauf gerichtet, Frauen seine ganze Herzenshuld zuteil werden zu lassen und im Gegenzug ihre ewige Liebe und Verehrung zu erhalten. (Er schien nie einen Unterschied zwischen Liebe und Verehrung zu machen: Er dürstete nach beidem, und zwar unbegrenzt, und genoß es, die eine oder andere Frau oder das ganze weibliche Geschlecht mit beiden reichlich zu beschenken.)

Manchmal rüttelte er verzweifelt an seinen Ketten, verbiß sich im Zaumzeug, trank in der Einsamkeit seines Kabinetts zwei Gläser Kognak und in besonders bitteren Nächten auch einmal ein Glas Wodka und rauchte vor lauter Kummer Zigaretten. Manchmal ging er nach Einbruch der Dunkelheit allein aus dem Haus und streifte durch die menschenleeren Straßen. Er hatte es nicht leicht, ins Freie zu gelangen: Großmutter verfügte über einen hochentwickelten, hochempfindlichen Radarschirm, auf dem sie uns alle ständig lokalisieren konnte. Sie hatte das zwingende Bedürfnis, immerzu Inventur zu machen, immerzu haargenau zu wissen, wo sich jeder von uns gerade befand: Lonja an seinem Tisch in der Nationalbibliothek im Terra-Sancta-Gebäude, Sissja im Café Atara, Fania in der Bne-Brit-Bibliothek, Amos spielt mit seinem Freund Elijahu in der Wohnung des Nachbarn, des Herrn Ingenieur Friedmann im ersten Haus rechts. Nur am Rand von Großmutters Monitor, hinter der erloschenen Galaxie, in der Ecke, wo ihr Sohn Sjusja, Sjusinka ihr hätte entgegenfunkeln sollen, mit seiner Frau Malka und dem kleinen Daniel, den sie nie gesehen und nie gewaschen hatte, von dort starrte ihr Tag und Nacht nur ein grauenhaftes schwarzes Loch entgegen.

Großvater streifte, mit Hut, durch die Straße der Äthiopier, hörte seine Schritte widerhallen und atmete die trockene Nachtluft, ihren Geruch von Kiefern und Stein. Nach seiner Rückkehr setzte er sich an den Schreibtisch, trank ein Schlückchen, rauchte ein oder zwei Zigaretten und verfaßte in seiner Einsamkeit ein gefühlvolles Gedicht auf russisch. Seit dem Tag seines schmählichen Fehltritts, als er sich an Bord des Schiffes nach New York in eine andere verliebt hatte und Großmutter genötigt gewesen war, ihn mit Gewalt unter den Hochzeitsbaldachin zu zerren, dachte er nicht mehr an Aufbegehren: Er stand vor seiner Frau wie ein Vasall vor der Herrin, diente ihr in Demut, Verehrung, Ehrfurcht, mit unendlicher Hingabe und Geduld.

Sie wiederum nannte ihn Sissja, und in seltenen Momenten tiefer Zärtlichkeit, Barmherzigkeit und Gnade nannte sie ihn Sissel. Dann leuchtete sein Gesicht urplötzlich, als hätten sich ihm die Tore aller sieben Himmel aufgetan.

18

Er lebte noch zwanzig Jahre nach Großmutter Schlomits Tod in der Badewanne. Einige Wochen oder Monate stand er weiterhin tagtäglich mit der Sonne auf, warf Matratzen und Bettzeug über das Geländer der Veranda und traktierte alles mit mörderischen Schlägen, um den Mikroben und den sonstigen Schädlingen, die sich bestimmt über Nacht eingeschlichen und im Bettzeug eingenistet hatten, den Garaus zu machen. Vielleicht fiel es ihm schwer, seine Gewohnheit aufzugeben. Vielleicht ehrte er auf diese Weise das Andenken der Verstorbenen. Vielleicht drückte er damit die Sehnsucht nach seiner Königin aus. Oder vielleicht hatte er Angst, andernfalls den Geist der furchterregenden hochverehrten Toten gegen sich aufzubringen.

Er hörte auch nicht gleich auf, Toilette und Waschbecken unnachgiebig zu desinfizieren.

Aber nach und nach, im Lauf der Zeit, wurden Großvaters lächelnde Wangen rosiger denn je. Er war von einer beständigen Heiterkeit. Zwar achtete er bis zu seinem letzten Tag genau auf Sauberkeit und Ordnung, das Blitzblanke entsprach seiner Wesensart, aber das Gewaltsame legte sich: kein dröhnendes Teppichklopferknallen mehr, keine furiosen Sprühsalven mit Lysol und Chlor. Ein paar Monate nach Großmutters Tod erblühte sein Liebesleben wieder auf die stürmischste und wunderbarste Weise, und etwa zur gleichen Zeit, so scheint es mir, entdeckte mein siebenundsiebzigjähriger Großvater die Freuden der Sexualität.

Bevor er sich noch den Staub von Großmutters Beerdigung von den Schuhen wischen konnte, füllte sich Großvaters Haus mit einer Schar tröstender, ermunternder, die Einsamkeit vertreibender und verständnisvoller Besucherinnen. Nicht einen Moment ließen sie ihn allein, verwöhnten ihn mit warmem Essen, stärkten ihn mit Apfelkuchen, und er, wie es schien, genoß es sehr und ließ nicht zu, daß sie von ihm ließen. Zu allen Frauen fühlte er sich hingezogen, zu den schönen wie zu jenen, deren Schönheit andere Männer nicht zu erkennen vermochten: »Frauen«, erklärte Großvater einmal, »sind alle sehr schön. Alle, ohne Ausnahme. Aber die Männer«, er lächelte, »sind blind! Völlig blind! Nu, was. Nur sich selbst sehen sie, und auch das kaum. Blinde!«

Nach Großmutters Tod schränkte er seine Geschäftstätigkeit ein. Er verkündete zwar gelegentlich immer noch, strahlend vor Stolz und Freude, »eine sehr wichtige Geschäftsreise nach Tel Aviv, Grusenberg-Straße« oder »eine sehr, sehr wichtige Sitzung in Ramat Gan, mit der gesamten Firmenleitung«. Er überreichte immer noch gern jedem, der ihm über den Weg lief, seine beeindruckende Visitenkarte, »Alexander S. Klausner, Stoffe, Bekleidung, Konfektion, Importeur, Handelsbevollmächtigter, Generalvertreter und Vertragsgrossist« und so weiter. Aber von nun an widmete er die meiste Zeit seinen verzweigten Herzensgeschäften: lud zum Tee ein oder war dazu eingeladen oder dinierte bei Kerzenschein in einem ausgesuchten-aber-nicht-zu-teuren Restaurant (»mit Frau Zitrin, *ty durak*, du Trottel, mit Frau Zitrin, nicht mit Frau Schaposchnik!«).

Er verbrachte Stunden an seinem Tisch im diskreten Obergeschoß des Café Atara in der Ben-Jehuda-Straße, ganz und gar rosig, lächelnd, gepflegt und herausgeputzt, nach Shampoo, Talkumpuder und Eau de Toilette duftend, prächtig anzusehen im dunkelblauen Anzug mit brettsteif gestärktem weißen Hemd, gepunkteter Krawatte, blütenweißem Einstecktuch in der Brusttasche und silbernen Manschettenknöpfen, immer umringt von einem Schwarm guterhaltener Frauen um die Fünfzig oder Sechzig: Witwen in enggezurrten Korsetts und Nylonstrümpfen mit Naht, schmuckbehangene Geschiedene, herausgeputzt, maniküt, pediküt, mit Dauerwelle und kunstvoller Frisur, Matronen, die ein malträtiertes Hebräisch mit ungarischem, polnischem, rumänischem oder bulgarischem Akzent sprachen. Großvater liebte ihre Gesellschaft, und sie schmolzen dahin vor seinem Charme. Er war ein fesselnder und amüsanter Gesprächspartner, ein Gentleman im Stil des 19. Jahrhunderts, küßte den Damen die Hand, hielt ihnen die Türen auf, bot seinen Arm bei jeder Stufe oder Unebenheit, vergaß nie einen Geburtstag, schickte Blumen und Bonbonnieren, besaß ein scharfes Auge, machte einfühlsame Komplimente über den Schnitt des Kleides, die veränderte Frisur, die eleganten Schuhe oder die neue Handtasche, scherzte charmant und taktvoll, deklamierte an passender Stelle ein Gedicht, plauderte mit Wärme und Humor. Einmal öffnete ich eine Tür und sah meinen neunzigjährigen Großvater vor einer molligen und lustigen brünetten Notarswitwe auf den Knien. Die Dame zwinkerte mir über den Kopf meines verliebten Großvaters hinweg fröhlich lächelnd zu und entblößte dabei zwei Reihen Zähne, die zu perfekt waren, um echt zu sein. Ich schloß leise die Tür und ging, ohne daß Großvater mich bemerkt hatte.

Was war das Geheimnis von Großvaters Charme? Das habe ich vielleicht erst Jahre später zu begreifen begonnen. Er besaß eine bei Männern sehr seltene Gabe, eine wunderbare Eigenschaft, die viele Frauen als die anziehendste überhaupt betrachten: Er hörte zu.

Tat nicht nur aus Höflichkeit so, als hörte er zu, während er nur ungeduldig darauf wartete, daß sie zum Ende gelangte und den Mund hielte.

Fiel seiner Gesprächspartnerin nicht in den Satz, um ihn hastig selbst zu beenden.

Schnitt ihr nicht das Wort ab, um das Gesagte zusammenzufassen und endlich ein anderes Thema anzuschneiden.

Ließ seine Gesprächspartnerin nicht einfach vor sich hin sprechen, während er sich unterdessen zurechtlegte, was er ihr erwidern wollte, wenn sie endlich fertig war.

Gab sich nicht nur interessiert oder amüsiert, sondern war es wirklich. Nu, was: Er war ja von unermüdlicher Neugier.

Er war nicht ungeduldig. Versuchte nicht, das Gespräch von ihren unbedeutenden Angelegenheiten auf seine bedeutenden umzulenken.

Im Gegenteil: Er liebte ihre Angelegenheiten sehr. Fand es gerade angenehm, darauf zu warten, bis sie zu Ende erzählt hatte, und auch wenn sie dafür länger brauchte, wartete er und freute sich unterdessen an ihren Umständlichkeiten.

Er hatte es nicht eilig. Drängte nicht. Er wartete, bis sie zum Schluß kam, und auch wenn sie dort angelangt war, redete er nicht gleich los, um die Sache an sich zu reißen, sondern wartete gerne weiter: Vielleicht folgte noch etwas? Vielleicht noch ein ganzer Schwall?

Er liebte es, ihr seine Hand zu überlassen und sie von ihr zu den richtigen Stellen führen zu lassen, in dem ihr eigenen Rhythmus. Er liebte es, sie dabei zu begleiten, wie eine Flöte den Gesang.

Er liebte es, sie kennenzulernen. Sie zu erkennen. Liebte es, ihr auf den Grund zu kommen, und noch ein wenig darüber hinaus.

Er liebte es, sich hinzugeben, und genoß seine Hingabe noch mehr, als er ihre genoß.

Nu, was: Sie redeten und redeten mit ihm, sprachen nach Herzenslust, sprachen auch über die persönlichsten, intimsten und delikatesten Dinge, und er saß da und lauschte mit Weisheit und Zärtlichkeit, Empathie und Geduld.

Nein, nicht mit Geduld, sondern mit Genuß und Gefühl.

Es gibt eine Menge Männer, die Sex über alles lieben, aber Frauen hassen. Mein Großvater, glaube ich, liebte beides. Und auf feinfühlende Art: Er ging nicht berechnend vor. Nahm sich nicht einfach das Seine. Hatte es nie eilig. Segelte gern dahin und warf nie überstürzt den Anker.

Viele Romanzen erlebte er nach Großmutters Tod in den zwanzig Jahren seines Honigmondes vom siebenundsiebzigsten Lebensjahr bis ans Ende seiner Tage. Manchmal fuhr er mit seiner Freundin, dieser oder jener, für zwei, drei Tage in ein Hotel in Tiberias, eine Pension in Gedera oder eine »Sommerresidenz« am Strand von Netanja. (Mit dem Wort »Sommerresidenz« übersetzte Großvater anscheinend einen russischen Ausdruck mit dem Tschechowschen Flair von Datschas auf der Krim.) Zwei-, dreimal sah ich ihn Arm in Arm mit einer Frau die Agrippas- oder Bezalel-Straße entlangspazieren, ging jedoch nicht zu ihnen. Er bemühte sich nicht besonders, seine Liebschaften zu verbergen, prahlte aber auch nicht damit. Nie brachte er seine Freundinnen zu uns nach Hause oder stellte sie uns vor, und er sprach auch kaum von ihnen. Aber zuweilen kam er uns schwärmerisch verliebt wie ein Jüngling vor, seine Augen verschleiert, summte er wonne- und schwungvoll vor sich hin, ein zerstreutes Lächeln auf den Lippen. Und manchmal wirkte er niedergeschlagen, das Babyrosa seines Gesichts verblaßt wie die umwölkte Sonne im Herbst, so stand er in seinem Zimmer und bügelte furios ein Hemd nach dem anderen, auch seine Unterwäsche pflegte Großvater zu bügeln und mit Eau de Toilette aus einem Flakon mit feiner Düse einzusprühen. Dabei sprach er hart und weich mit sich auf russisch oder summte eine melancholische ukrainische Melodie. Daraus konnten wir schließen, daß sich irgendeine Tür vor seiner Nase geschlossen hatte oder er sich – umgekehrt – wieder einmal, wie auf der Überfahrt nach New York als Verlobter, bis zur Verzweiflung in zwei schmerzhafte Lieben gleichzeitig verstrickt hatte.

Einmal, als er schon neunundachtzig war, teilte er uns mit, er habe vor, für zwei oder drei Tage »eine wichtige Reise« zu unternehmen, und wir sollten uns auf keinen Fall Sorgen um ihn machen. Als er jedoch auch nach einer Woche noch nicht zurück war, bekamen wir Angst: Wo steckt er? Warum ruft er nicht an? Vielleicht ist ihm, Gott behüte, etwas passiert? Immerhin, ein Mann seines Alters –

Wir überlegten hin und her: Sollen wir die Polizei einschalten? Wenn er nun, Gott bewahre, irgendwo in einem Krankenhaus liegt oder in irgendwelchen Schwierigkeiten steckt, werden wir es uns doch nie verzeihen, daß wir nicht nach ihm gesucht haben. Andererseits, wenn wir die Polizei anrufen, aber er kommt gesund und munter zurück – wie werden wir dann seinen orkanartigen Wutanfall überstehen? Sollte er bis Freitag mittag nicht zurück sein, entschieden wir nach eintägigem Zögern, werden wir uns an die Polizei wenden müssen. Es bleibt keine andere Wahl.

Er tauchte Freitag mittag wieder auf, etwa eine halbe Stunde vor Ablauf dieses Ultimatums, rosig vor Freude, in bester Laune, vergnügt und begeistert wie ein Kind.

»Wo warst du denn verschwunden, Großvater?«

»Nu, was. Ich bin ein bißchen weggefahren.«

»Du hast doch gesagt, du kämest nach zwei, drei Tagen wieder?«

»Hab ich gesagt? Na wenn schon. Nu, ich bin doch mit Frau Herschkowitz weggefahren, und wir haben uns dort sehr gut amüsiert. Haben überhaupt nicht gemerkt, wie schnell die Zeit verflog.«

»Und wo wart ihr?«

»Hab ich doch gesagt: Wir sind zum Vergnügen weggefahren. Haben eine ruhige Pension gefunden, eine sehr, sehr kultivierte Pension, eine Pension wie in der Schweiz.«

»Eine Pension? Wo denn?«

»Auf einem hohen Berg in Ramat Gan.«

»Du hättest doch wenigstens einmal anrufen können? Damit wir uns nicht so um dich sorgen?«

»Wir hatten kein Telefon im Zimmer. Nu, was. Das war eine außerordentlich kultivierte Pension!«

»Aber du hättest uns doch von einem öffentlichen Fernsprecher aus anrufen können? Ich hatte dir doch Telefonmünzen gegeben?«

»Telefonmünzen. Telefonmünzen. Nu, *schto takoje*, was ist das, was sind Telefonmünzen?«

»Telefonmünzen für öffentliche Fernsprecher.«

»Ach, deine Jetons. Hier sind sie. Nu, da hast du sie wieder, *pischpischon*, nimm sie, mitsamt den Löchern, die sie in der Mitte haben, nimm sie schon, und zähle sie bitte nach. Daß du mir niemals etwas von irgend jemandem entgegennimmst, ohne vorher richtig nachzuzählen.«

»Aber warum hast du sie nicht benutzt?«

»Die Jetons? Nu, was. Jetons! So etwas traue ich nicht.«

Mit dreiundneunzig, drei Jahre nach dem Tod meines Vaters, fand Großvater, die Zeit sei gekommen und ich sei alt genug für ein Gespräch unter Männern. Er bat mich in sein Kabinett, machte die Fenster zu, schloß die Tür, setzte sich, feierlich und förmlich, an seinen Schreibtisch, ließ mich ihm gegenüber Platz nehmen, nannte mich nicht *pischpischon*, schlug die Beine übereinander, stützte das Kinn in die Hand, überlegte einen Moment und sagte: »Es wird Zeit, daß wir ein wenig über die Frau reden.«

Und sofort präzisierte er: »Nu, über die Frau im allgemeinen.«

(Ich war damals sechsunddreißig Jahre alt, seit fünfzehn Jahren verheiratet und Vater zweier heranwachsender Töchter.)

Großvater seufzte, hustete, zog seine Krawatte gerade, räusperte sich zweimal und sagte: »Nu, was. Die Frau hat mich immer interessiert. Das heißt wirklich immer. Daß du dir darunter nun auf keinen Fall etwas Unschönes vorstellst! Was ich sage, ist etwas ganz anderes, nu, ich sage nur, daß die Frau mich immer interessiert hat. Nein, nicht die Frauenfrage! Die Frau als Mensch.«

Er lachte kurz und berichtigte: »Nu, hat mich in jeder Hinsicht interessiert. Mein ganzes Leben lang betrachte ich dauernd die Frauen, sogar als ich noch bloß so ein kleiner *tschudak*, Spinner, war, nu, nein, nein, auf keinen Fall habe ich die Frau betrachtet wie ein hergelaufener *paskudnjak*, ekelhafter Mensch, nein, mit allem Respekt. Habe betrachtet und gelernt. Nu, und das, was ich gelernt habe, das möchte ich dich jetzt auch wissen lassen. Damit du weißt. Also jetzt hör bitte genau zu: Das ist so.«

Er brach ab, blickte hierhin und dorthin, als vergewissere er sich, daß wir beide wirklich allein im Zimmer waren, ohne irgendwelche fremde Ohren, nur wir allein.

»Die Frau«, sagte Großvater, »nu, in manchen Hinsichten ist sie genau wie wir. Wirklich gleich. Ganz und gar. Aber in ein paar anderen Hinsichten«, sagte er, »ist die Frau völlig anders. Sehr, sehr anders.«

Hier brach er wieder ab und versank kurz in Gedanken, vielleicht stiegen in seiner Erinnerung Bilder über Bilder auf, ein kindliches Lächeln leuchtete auf seinem Gesicht, und so faßte er seine Lehre zusammen: »Aber was? In welchen Hinsichten die Frau genau wie wir ist und in welchen Hinsichten sie sehr, sehr anders ist – nu, daran«, schloß er aufstehend, »daran arbeite ich noch.«

Dreiundneunzig Jahre war er alt, und möglicherweise hat er an dieser

Frage tatsächlich bis zu seinem letzten Tag »gearbeitet«. Auch ich arbeite noch daran.

Großvater Alexander hatte sein ganz eigenes Hebräisch, er verbat sich jede Bemerkung dazu, und auf keinen Fall erlaubte er Berichtigungen: Statt *sapar*, Friseur, sagte er hartnäckig *sapan*, Matrose, und den Friseursalon nannte er dementsprechend *mispana*, Werft, statt *mispara*. Einmal im Monat marschierte dieser tapfere Seemann also zur Werft der Gebrüder Ben Jakar, setzte sich auf den Kapitänssessel, ließ eine Reihe detaillierter und strenger Anweisungen auf den Matrosen niederprasseln und gab Auslaufbefehl zur großen Fahrt. Auch mich fauchte er manchmal an: »Nu, geh schon, geh *tistapen*, heuere an, wie siehst du denn aus! Wie ein Pirat!« Regale, *iztabaot*, wurden bei ihm zu *izbataot*, obwohl das einzelne Regal bei ihm – richtig – ein *iztaba* bleiben durfte. Kairo hieß bei ihm immer Kairo, ungeachtet des im Hebräischen gebräuchlichen Namens *Kahir*. Ich war entweder *charoschi maltschik*, ein guter Junge, oder *ty durak*, du Trottel. Hamburg war bei ihm Gamburg, *hergel*, Gewohnheit, wurde bei ihm zu *rigul*, Spionage, schlafen hieß bei ihm *spat*, und auf die Frage: »Wie hast du geschlafen, Großvater?« antwortete er sein Leben lang immer und ausnahmslos auf hebräisch: »Ausgezeichnet!« Und fügte, da er der hebräischen Sprache nicht ganz traute, fröhlich auf russisch hinzu: »*Charascho! Otschen charascho!*« »Gut! Sehr gut!« Die Bibliothek nannte er *bibliotheka*, einen Wasserkessel *tschajnik*, die Regierenden bezeichnete er als *partatsch*, was soviel wie »Pfuscher« bedeutet, das Volk als *oilem goilem*, dummes Volk, und die Regierungspartei Mapai nannte er manchmal *geschtank* oder *ibalkeit*.

Und einmal, ungefähr zwei Jahre bevor er starb, sprach er mit mir über seinen Tod: »Wenn, Gott behüte, ein junger Soldat fällt, ein junger Mann von neunzehn, zwanzig Jahren, nu, das ist ein furchtbares Unglück – aber keine Tragödie. In meinem Alter sterben – da ist es eine Tragödie. Ein Mensch wie ich, fünfundneunzig Jahre alt, beinahe hundert, so viele Jahre steht er jeden Morgen um fünf Uhr auf, nimmt jeden Morgen eine kalte Dusche, seit fast hundert Jahren, sogar in Rußland eine kalte Dusche morgens, sogar in Wilna, ißt seit hundert Jahren Morgen für Morgen eine Scheibe Brot mit Salzhering, trinkt ein Glas *tschaj*, Tee, und spaziert jeden Morgen eine halbe Stunde auf der Straße, im Sommer wie im Winter, nu, spazierengehen am Morgen – das ist für die *mozion*, das regt sehr gut die *zirkulazje* an! Und kehrt Tag für Tag gleich danach zurück und liest ein wenig Zeitung und trinkt dabei noch ein Glas *tschaj*, nu, kurz gesagt, das ist so: Dieser liebe *bachurtschik*, dieser junge Bursche, der Neunzehnjährige, wenn der, Gott behüte, getötet wird, dann hat der sich doch noch gar nicht alle möglichen festen *rigulim* angewöhnen können. Wie auch? Aber in meinem Alter kann man schon sehr schwer damit aufhören, sehr, sehr schwer: Jeden Morgen die Straße zu spazieren – das ist bei mir schon altes *rigul*. Und kalte Dusche – auch ein *rigul*. Auch Leben – ist bei mir schon *rigul*, nu, was, nach hundert Jahren, wer kann da plötzlich auf einmal alle seine *rigulim* aufgeben? Nicht mehr jeden Morgen um fünf Uhr aufstehen? Keine Dusche und kein Salzhering mit Brot? Keine Zeitung und kein Spaziergang und kein Glas heißen *tschaj*? Nu, das ist eine Tragödie!«

19

Im Jahr 1845 trafen der britische Konsul James Finn und seine Frau Elizabeth Anne in Jerusalem ein, das zu dieser Zeit unter osmanischer Herrschaft stand. Beide konnten Hebräisch, und der Konsul schrieb sogar über die Geschichte des jüdischen Volkes, dem er sein Leben lang Wohlwollen entgegenbrachte. Er gehörte der London Society for Promoting Christianity amongst the Jews an, wurde aber in Jerusalem, soweit bekannt, nicht direkt missionarisch tätig. Konsul Finn und seine Frau waren davon überzeugt, die Heimkehr des jüdischen Volkes in seine Heimat werde zur Erlösung der ganzen Welt beitragen. Häufig schützte der Konsul Juden in Jerusalem vor Schikanen der osmanischen Herrscher. Außerdem befürwortete er eine »produktive Erneuerung des jüdischen Lebens« und half Juden, die das Bauhandwerk erlernen und sich landwirtschaftliche Fertigkeiten aneignen wollten. Zu diesem Zweck erwarb er 1853, zum Preis von 250 Pfund Sterling, einen öden, felsigen Hügel einige Kilometer außerhalb des Jerusalemer Wohngebiets *intra muros*, nordwestlich der Altstadt, ein Stück Brachland, das bei den Arabern *karm al-chalil* hieß. James Finn übersetzte den Namen ins Hebräische, *Kerem Avraham*, Abrahams Weinberg, und errichtete hier sein Haus und eine »Werkkolonie«, die armen Juden Arbeitsplätze bieten und sie in Handwerksberufen und der Landwirtschaft ausbilden sollte. Das Anwesen umfaßte rund vierzig Dunam (etwa vier Hektar).

Auf der Kuppe der Anhöhe errichteten James und Elizabeth Finn ihr Haus, und ringsum entstand die Werkkolonie mit Wirtschaftsgebäuden und Werkstätten. Die dicken Mauern des zweistöckigen Wohnhauses bestanden aus behauenem Naturstein, das Dach war im orientalischen Stil mit Kreuzgewölben gehalten. Hinter dem Haus, am Rand des von einer Mauer umschlossenen Gartens, wurden Zisternen angelegt und Pferde- und Schafställe, ein Kornspeicher, Lagerhäuser, eine Weinkelter und eine Olivenölpresse errichtet.

Rund zweihundert Juden arbeiteten hier – räumten Steine weg, errichteten Mauern und Zäune, pflanzten Obstbäume, bauten Obst und Gemüse an, betrieben einen kleinen Steinbruch und waren im Baugewerbe tätig. Jahre später, nach dem Tod des Konsuls, eröffnete seine Witwe zusätzlich eine Seifenfabrik, in der sie ebenfalls jüdische Arbeiter beschäftigte. In der Nähe von Kerem Avraham und fast zur gleichen Zeit gründete der deutsche protestantische Missionar Johann Ludwig Schneller, aus dem württembergischen Erpfingen, ein Waisenhaus für junge christliche Araber, die vor Krieg und Christenverfolgung im Libanon geflohen waren. Es war ein großes Areal, umgeben von einer Mauer. Sein sogenanntes Syrisches Waisenhaus, später die Schnellerschen Anstalten genannt, verfolgte, ebenso wie die Werkkolonie des Konsuls und der Konsulin Finn, das Ziel, die Zöglinge in Handwerk und Landwirtschaft auszubilden.* Finn und Schneller waren, jeder auf seine Weise, fromme Christen, denen die Armut, das Leid und die Rückständigkeit von Juden und Arabern im Heiligen Land zu Herzen gingen. Beide glaubten, durch Ausbildung der Einheimischen zu einem produktiven Leben, einem Leben der Arbeit und der Landwirtschaft, ließe sich »der Orient« aus den Fängen der Rückständigkeit, Resignation, Armut und Apathie befreien. Vielleicht hofften sie auch, jeder auf seine Art, ihre Großzügigkeit werde Juden und Muslims den Weg in den Schoß des Christentums weisen.

Unterhalb des Landguts Finn wurde 1920 das Viertel Kerem Avraham gegründet, dessen kleine, eng gedrängte Häuser zwischen den Obstplantagen des Gutes aus dem Boden wuchsen und sich nach und nach in sie hineinfraßen. Das Haus des Konsuls selbst hatte nach dem Tod seiner Witwe Elizabeth Finn ein wechselvolles Schicksal: Zuerst beherbergte es eine bri-

---

* Nach: David Krojanker, Architektur in Jerusalem. Europäisch-christliches Bauen außerhalb der Mauern, 1855-1918 [hebr.], Jerusalem 1987, S. 419-421.

tische Einrichtung für jugendliche Straftäter, dann britische Verwaltungsbehörden und danach eine Militärkommandantur.

Gegen Ende des Zweiten Weltkriegs zog man einen hohen Stacheldrahtzaun um das Finnsche Grundstück, und kriegsgefangene italienische Offiziere wurden dort interniert. Wir schlichen gegen Abend häufig dorthin, um die Gefangenen zu provozieren und mit ihnen grimassierend und gestikulierend herumzualbern. »*Bambino! Bambino! Buon giorno, bambino!*« riefen die Italiener uns zu, und wir entgegneten: »*Bambino! Il Duce morte! Finito il Duce!*« Manchmal schrien wir auch: »*Viva Pinocchio!*« Und über die Zäune und die Barrieren der fremden Sprache, des Kriegs und des Faschismus hinweg schallte unweigerlich, wie der zweite Teil eines alten Losungsworts, die Antwort: »*Geppetto! Geppetto! Viva Geppetto!*«

Für Bonbons, Erdnüsse, Orangen und Kekse, die wir ihnen, wie den Affen im Zoo, über den Stacheldrahtzaun warfen, revanchierten sich einige mit italienischen Briefmarken oder zeigten uns von weitem Familienfotos mit lächelnden Frauen und kleinen Kindern, die man in Anzüge gesteckt hatte, Kinder mit Krawatten, Kinder mit Jacketts, Kinder in unserem Alter mit ordentlich gekämmtem schwarzen Haar und vor Brillantine glänzenden Locken.

Einer der Kriegsgefangenen zeigte mir einmal, hinter dem Zaun, gegen einen Kaugummi Marke Alma in gelber Hülle, das Foto einer dicken Frau, die außer Nylonstrümpfen und einem Hüftgürtel nichts am Leib hatte. Einen Moment stand ich da wie vom Donner gerührt, mit aufgerissenen Augen, gelähmt vor Entsetzen, als würde mitten am Jom Kippur, mitten in der Synagoge plötzlich jemand aufstehen und den Gottesnamen herausschreien. Dann machte ich auf dem Absatz kehrt und flüchtete, sprachlos, verängstigt, schluchzend, in irrem Lauf. Ich war damals fünf oder sechs und rannte wie von Wölfen gejagt, rannte und rannte und hörte nicht auf, vor diesem Bild zu fliehen, bis zum Alter von elfeinhalb Jahren ungefähr.

Nach der Staatsgründung diente das Finnsche Haus nacheinander der Volkswache, der Grenzwache, der Heimwehr und der paramilitärischen Jugendorganisation Gadna, bis es schließlich eine religiöse jüdische Mädchenschule namens Bet Bracha wurde. Gelegentlich schlendere ich heute durch Kerem Avraham, biege von der Ge'ula-Straße, die in Straße der Könige Israels umbenannt ist, in die Malachi-Straße und dann links in die Secharja-Straße ein, laufe ein-, zweimal die Amos-Straße auf und ab, gehe die Ovadja-Straße bis zum oberen Ende hinauf, halte vor dem Eingang zum Haus des Konsuls Finn inne und bleibe zwei oder drei Minuten vor dem Tor stehen. Das alte Gebäude ist über die Jahre geschrumpft, als habe man ihm das Haupt zwischen die Schultern gerammt, es beschnitten, es nach allen Regeln des Religionsgesetzes zum Judentum bekehrt. Die Bäume und Sträucher sind abgeholzt, und der ganze Garten ist asphaltiert worden. Pinocchio und Geppetto haben sich in Luft aufgelöst. Auch die Gadna ist spurlos verschwunden. Die Reste einer eingestürzten Laubhütte stapeln sich vor dem Haus. Zwei, drei Frauen mit Hauben und dunklen Kleidern stehen dort manchmal am Tor. Verstummen, wenn ich sie ansehe. Erwidern meinen Blick nicht. Fangen an zu tuscheln, wenn ich mich entferne.

1933, nach seiner Ankunft in Jerusalem, immatrikulierte sich mein Vater für das Magisterstudium an der Hebräischen Universität auf dem Skopusberg. Anfangs wohnte er mit seinen Eltern in einer winzigen Mietwohnung in Kerem Avraham, in der Amos-Straße, etwa zweihundert Meter östlich des Hauses von Konsul Finn. Später zogen seine Eltern in eine andere Wohnung. In die Wohnung in der Amos-Straße zog das Ehepaar Sarchi, aber in dem Zimmer, das man über die Veranda betrat, wohnte weiterhin der junge Student zur Miete, auf den seine Eltern große Hoffnungen setzten.

Kerem Avraham war immer noch ein neues Viertel, die meisten Straßen waren nicht asphaltiert, und Spuren des Wein- und Obstgartens, der ihm den Namen gegeben hatte, waren noch hier und da in den Höfen der neuen Häuser zu finden: Weinreben und Granatapfelbäume, Feigen- und Maulbeerbäume, deren Kronen bei jedem Luftzug wisperten. Am Anfang des Sommers, beim Öffnen der Fenster, überfluteten die Blütendüfte die kleinen Zimmer. Über den Dächern und an den Enden der staubigen Straßen sah man die Bergzüge, die Jerusalem umgeben.

Nach und nach wurden hier einfache, rechteckige Steinhäuser errichtet, zwei oder drei Stockwerke hoch, in viele enge Wohnungen mit zwei kleinen Zimmern unterteilt. Die Hofzäune und Balkongeländer waren aus schnell rostendem Eisen. An den schmiedeeisernen Toren wurde ein Davidstern oder das Wort »ZION« eingeschweißt. Langsam, langsam erdrückten Zypressen und Kiefern die Granatapfelbäume und Reben. Hier und da schoß zuweilen eine feurige Granatapfelblüte hervor, die die Kinder jedoch schnell auslöschten, noch ehe die Früchte reifen konnten. Zwischen den vernachlässigten Bäumen und hellen Felsbrocken in den Höfen pflanzten manche Oleander oder Geranien. Aber nur zu bald waren diese Beete vergessen: Man spannte Wäscheleinen darüber, sie wurden zertrampelt oder füllten sich mit Disteln und Glasscherben. Wenn die Oleanderbüsche und Geranien nicht verdursteten, wucherten sie wild. Alle möglichen Schuppen wurden in den Höfen errichtet, Baracken, Wellblechverschläge, hastig zusammengezimmerte Hütten aus den Brettern der Überseekisten, in denen die Einwanderer ihre Habe mitgebracht hatten, als wollten sie hier eine Kopie ihres Schtetls in Polen, Ungarn, Litauen oder der Ukraine errichten.

Manche befestigten einen leeren Olivenkanister an einer Stange, rammten das Ganze als Taubenschlag in den Boden und warteten auf Tauben, bis sie es aufgaben. Hier und da versuchte jemand, auf seinem Hof zwei, drei Hühner zu halten, jemand anderes bemühte sich, ein kleines Gemüsebeet anzulegen, mit Radieschen, Zwiebeln, Blumenkohl, Petersilie. Fast alle sehnten sich danach, in kultiviertere Stadtteile umzuziehen, nach Rechavia, Kiriat Schmuel, Talpiot oder Bet Hakerem. Alle versuchten hartnäckig an der Vorstellung festzuhalten, daß die schlechten Zeiten vorübergehen, der hebräische Staat bald gegründet und alles sich zum Guten wenden würde: Das Maß des Leidens war doch schon übervoll. Schneur Salman Rubaschow, der später seinen Namen in Salman Schasar änderte und zum Staatspräsidenten gewählt wurde, schrieb in jenen Tagen in der Zeitung etwa folgendes: »Wenn endlich der freie hebräische Staat gegründet ist, wird nichts mehr so sein wie zuvor! Nicht einmal die Liebe wird mehr so sein, wie sie vorher war!«

Mittlerweile wurden in Kerem Avraham die ersten Kinder geboren, und es war fast unmöglich, ihnen zu erklären, woher ihre Eltern stammten, warum sie hierhergekommen waren und worauf sie alle warteten. In Kerem Avraham wohnten kleine Angestellte der Jewish Agency, Lehrer, Krankenschwestern, Schriftsteller, Fahrer, Büroangestellte, Weltverbesserer, Übersetzer, Ladengehilfen, Denker, Bibliothekare, Bankbeamte, Kinokassierer, Ideologen, kleine Ladenbesitzer, einsame alte Junggesellen, die sich von geringen Ersparnissen ernährten. Um acht Uhr abends wurden die Balkontüren verschlossen, die Wohnungstüren zugesperrt, die Fensterläden verriegelt, und nur die Straßenlaterne umgab sich noch mit einer düsteren gelben Lache an der Ecke der leeren Straße. Nachts hörte man das durchdringende Kreischen der Nachtvögel, fernes Hundegebell, vereinzelte Schüsse, den Wind in den Wipfeln der Obstbäume: Denn bei Einbruch der Dunkelheit wurde Kerem Avraham wieder ein Garten. In jedem Hof raschelten die Feigen-, Maulbeer-, Apfel- und Olivenbäume, die Weinstöcke und Granatapfelbäume im Wind. Die Wände fingen das Mondlicht auf und warfen es zwischen die Bäume zurück, in blasses Skelettweiß übersetzt.

Die Amos-Straße wirkt auf zwei, drei Fotos im Album meines Vaters wie die unfertige Skizze einer Straße: Rechteckige Gebäude aus behauenem Stein, mit eisernen Fensterläden und eisernen Balkongittern. Auf den Fensterbänken stehen hier und da bläßliche Geranien zwischen Gläsern mit Gurken oder Paprika, mit Knoblauch und Dill in Salzlauge eingelegt. Zwischen den Häusern ist noch keine richtige Straße zu erkennen, sondern nur eine Baustelle, eine staubige Piste, übersät mit Baumaterial, Schotter, halbbehauenen Steinen, Zementsäcken, Metallfässern, Fliesenstapeln, Sand- und Kieshaufen, Zaundrahtrollen und Stapeln von hölzernen Gerüstteilen. Hier und da sprießt zwischen diesem Baustoffgewirr noch ein weiß eingestaubtes dorniges Prosopisgewächs. Im Sand, mitten auf der Straße sitzen barfüßige Steinmetzen auf der Erde, in weiten Stoffhosen, mit nacktem Oberkörper, ein Tuch um den Kopf geschlungen, und ihr Hämmern auf die Meißel, die den Stein kerben, erfüllt das ganze Viertel mit einer seltsamen, hartnäckigen, atonalen Melodie. Ab und an erklangen vom Ende der Straße heisere arabische Warnschreie: *Ba-ruud! Ba-ruud!* Explosion! Und danach erbebte die Welt im Donner einer Felsensprengung.

Auf einem anderen Foto, das feierlich wirkt, wie vor einem festlichen Ereignis aufgenommen, sieht man auf der Amos-Straße, inmitten dieses Wirrwarrs, ein Automobil, schwarz und vierkantig wie ein Sarg. Taxi oder Mietwagen? Das Foto beantwortet die Frage nicht. Es ist ein blitzblankes Modell der zwanziger Jahre, die Reifen so schmal wie Motorradreifen, die Räder mit vielen feinen Speichen versehen, die rechteckige Motorhaube durch einen silbernen Chromstreifen betont. An der Seite hat diese Motorhaube Lüftungsschlitze, und genau auf der Spitze ragt, wie eine kleine Warze, der glitzernde Chromverschluß des Kühlers auf. Zwei runde Scheinwerfer sind vorn an eine silbrige Stange montiert, und auch sie funkeln silbrig in der Sonne.

Neben diesem Automobil ist der Generalvertreter Alexander Klausner abgelichtet, wunderbar elegant in seinem cremefarbenen Tropenanzug mit Krawatte und dem Panamahut auf dem Kopf, er erinnert etwas an den Schauspieler Errol Flynn in einem Film über europäische Herren in Äquatorialafrika oder in Burma. An seiner Seite – kräftiger, größer und breiter als er – steht höchst resolut seine elegante Frau Schlomit, seine Cousine und Herrin, eine *grande dame*, imposant wie ein Kriegsschiff, im kurzärmeligen Sommerkleid, eine Perlenkette um den Hals, auf dem Kopf einen schönen Fedora-Hut, der schräg und geschmackvoll die kunstvolle Frisur bedeckt, mit einem Tüllschleier, der ihr wie ein durchschimmernder Vorhang ins Gesicht fällt, und in der Hand hält sie einen Sonnenschirm. Ihr Sohn, Lonja, Lonitschka, steht neben ihnen wie ein nervöser Bräutigam am Tag seiner Hochzeit. Er sieht hier etwas komisch aus: Sein Mund steht leicht offen, seine runde Brille ist ihm etwas die Nase hinuntergerutscht, seine Schultern sind nach vorn gebeugt, er ist eingezwängt und eingezurrt in einen engen Anzug. Ein steifer schwarzer Hut sitzt ihm wie gewaltsam übergestülpt auf dem Kopf: Er reicht ihm über die halbe Stirn wie ein umgedrehter Eisentopf, und es scheint, daß nur seine übergroßen Ohren den Hut daran hindern, bis zum Kinn abzusacken und den Rest seines Kopfes zu verschlingen.

Für welchen festlichen Anlaß hatten sich die drei hier so gut angezogen und eigens ein Auto bestellt? Unmöglich zu wissen. Nach den restlichen Fotos zu urteilen, die auf derselben Albumseite eingeklebt sind, muß es wohl 1934 gewesen sein, ein Jahr nach ihrem Eintreffen im Land, als die drei noch in der Wohnung in der Amos-Straße lebten. Die Nummer des schwarzen Automobils kann ich mühelos entziffern. Sie ist auf dem Foto deutlich zu erkennen: M 1651. Mein Vater war damals vierundzwanzig Jahre alt, aber auf diesem Bild sieht er aus wie ein fünfzehnjähriger Junge, der sich als respektabler Herr in den besten Jahren verkleidet hat.

Nach ihrer Ankunft aus Wilna wohnten die drei Klausners zunächst zusammen in der Zweieinhalbzimmerwohnung in der Amos-Straße. Nach etwa einem Jahr fanden Großvater und Großmutter nicht weit von dort eine winzige Mietwohnung: ein Zimmer und noch eine kleine Kammer, Großvaters Kabinett, seine Zuflucht an grauen Tagen vor dem mit stürmischer Wut geführten Schwert seiner Frau in ihrem Feldzug gegen die Mikroben. Diese neue Wohnung lag in der Prag-Gasse, zwischen Jeschajahu- und Chancellor-Straße, der heutigen Strauss-Straße.

Das Vorderzimmer der alten Wohnung in der Amos-Straße wurde fortan die Studentenbude meines Vaters. Hier errichtete er sein erstes Bücherregal, für die Bücher, die er aus seiner Studienzeit an der Wilnaer Universität mitgebracht hatte, hier stellte er den dünnbeinigen alten Sperrholztisch auf, der ihm als Schreibtisch diente, hier hängte er seine Kleidung in eine hohe Holzkiste mit Vorhang, die er als Kleiderschrank nutzte. Hierher lud er seine Freunde ein, zu anspruchsvollen Gesprächen über den Sinn des Lebens, über Literatur und über die Welt- und Lokalpolitik.

Auf einem Foto thront mein Vater hinter seinem Schreibtisch, schlank, jung und drahtig, im langärmeligen weißen Hemd, das Haar zurückgekämmt, eine strenge, runde, schwarzgerahmte Brille auf der Nase. Er entspannt da, die Beine übereinandergeschlagen, den Rücken zum Fenster, dessen einer Flügel nach innen offensteht, aber die Läden sind geschlossen, nur schmale Lichtfinger fallen durch die Ritzen. Vater ist auf diesem Bild in ein großes Buch vertieft. Vor ihm, auf dem Tisch, liegt noch ein aufgeschlagenes Buch, und daneben steht ein Gegenstand, der vielleicht ein Wecker sein könnte, mit der Rückseite zur Kamera, ein runder Blechwecker auf kurzen, schrägen Beinen. Links von Vater befindet sich ein niedriges Regal, vollgestopft mit Büchern. Eines seiner Borde hat eine Art Hängebauch angesetzt unter den schwergewichtigen Bänden, wohl fremdsprachigen Büchern, die aus Wilna mitgekommen waren und denen man ansieht, daß es ihnen hier zu eng, zu heiß und zu unbequem ist.

An der Wand über dem Bücherregal hängt ein gerahmtes Foto von Onkel Joseph, der hier gebieterisch und würdevoll aussieht, fast wie ein Prophet mit seinem weißen Spitzbart und dem schütteren Haar. Es scheint, als blicke er von droben auf meinen Vater herab und beobachte ihn wachen Auges, damit dieser auf keinen Fall sein Studium vernachlässigt, sich nicht zu allerlei zweifelhaften Studentenvergnügen verleiten läßt, nicht die historische Lage der jüdischen Nation und die Hoffnungen von Generationen vergißt oder, Gott behüte, nicht etwa leichtfertig mit Details umgeht, aus denen sich letztlich doch das Gesamtbild zusammenfügt.

Unterhalb von Onkel Joseph hängt an einem Nagel die Spendendose des Jüdischen Nationalfonds mit einem dicken Davidstern darauf. Mein Vater wirkt hier entspannt und mit sich selbst zufrieden, aber ernst und entschlossen wie ein Mönch. Das ganze Gewicht des offenen Buchs lastet in der linken Hand, während die rechte auf den Seiten ruht, die er bereits gelesen hat, woraus zu ersehen ist, daß er ein hebräisches Buch liest, von rechts nach links. Und dort, wo seine Hand aus dem Ärmel seines weißen Hemdes hervorkommt, erkenne ich den dichten schwarzen Flaum, der seine Arme vom Ellbogen bis zum Handgelenk bedeckte.

Auf diesem Bild wirkt mein Vater wie ein junger Mann, der seine Pflicht kennt und sie zu erfüllen beabsichtigt, egal, was kommt. Er ist fest entschlossen, in die Fußstapfen seines bedeutenden Onkels und seines älteren Bruders zu treten. Dort, jenseits des verschlossenen Fensterladens, heben die Arbeiter einen Graben aus, um Wasserrohre unter der Staubpiste zu verlegen. Irgendwo im Keller eines alten jüdischen Gebäudes in den winkligen Gassen von Scha'are Chessed oder Nachalat Schiva üben jetzt im geheimen die jungen Männer der Jerusalemer Hagana, nehmen eine betagte Parabellum-Pistole auseinander und setzen sie wieder zusammen. Auf den Bergstraßen, die sich zwischen übelwollenden arabischen Dörfern entlangwinden, lenken Egged-Busfahrer und die Lastwagenfahrer von Tnuva ihre Fahrzeuge, die sonnengebräunten Hände halten fest das Steuer. In den Wadis, die zur judäischen Wüste hinabführen, sind leise, in kurzen Khakihosen und Khakihemden, mit Marschausrüstung und arabischen Kopftüchern, junge hebräische Späher unterwegs, die mit eigenen Beinen die verborgenen Pfade der Heimat erkunden. In Galiläa und in den fruchtbaren Tälern, in der Senke von Bet Schean und im Jesreel-Tal, in der Scharon-Ebene und im Chefer-Tal, in der Ebene von Judäa, im Negev und dem Steppenland am Toten Meer bestellen Pionierinnen und Pioniere jetzt das Land, kräftig, schweigsam, entschlossen und sonnengebräunt. Er hingegen, der ernsthafte Student aus Wilna, pflügt sich hier seine eigene Furche: Eines schönen Tages würde auch er Professor auf dem Skopusberg sein, zur Erweiterung des Wissens- und Erkenntnishorizontes beitragen, die Sümpfe der Diaspora in den Herzen trockenlegen. So wie die Pioniere in Galiläa und im Jesreel-Tal das Ödland zum Blühen bringen, genauso würde er, mit aller Kraft, Leidenschaft und Hingabe, daran mitarbeiten, Furchen des Geistes zu ziehen und die neue hebräische Kultur erblühen zu lassen. Das steht fest.

20

Jeden Morgen fuhr Jehuda Arie Klausner mit der Linie 9 der Stadtbusgesellschaft Hamekascher von der Haltestelle in der Ge'ula-Straße durch das Bucharenviertel, die Schmuel Hanavi- und Schimon Hazaddik-Straße, die Amerikanische Kolonie und das Viertel Scheich Dscharrach zu den Universitätsgebäuden auf dem Skopusberg. Dort studierte er eifrig für seinen Magister: Geschichte bei Professor Richard Michael Koebner, dem es nie gelungen war, Hebräisch zu lernen, Semitische Philologie bei Professor Hans Jacob Polotsky, Bibelwissenschaft bei Professor Umberto Mosche David Cassuto und Hebräische Literatur bei Onkel Joseph, das heißt Professor Dr. Joseph Klausner, der den Leitspruch »Judentum und Humanismus« hatte.

Onkel Joseph förderte und schätzte Vater, der zu seinen besten Schülern zählte, wählte ihn aber, zu gegebener Zeit, bewußt nicht als Assistenten, um keine bösen Zungen zu wecken.

Professor Klausner war so sehr daran gelegen, jegliche üble Nachrede zu vermeiden, die seinen guten Ruf und seine Lauterkeit in Frage gestellt hätte, daß er seinen Neffen, sein eigen Fleisch und Blut, vielleicht unlauter benachteiligte.

Auf die Titelseite eines seiner Bücher schrieb der kinderlose Onkel Joseph die Widmung: »Für Jehuda Arie Klausner, meines teuren Bruders Sohn, der mir lieb ist wie ein Sohn, von seinem ihn von ganzer Seele liebenden Onkel Joseph.« Vater scherzte einmal bitter: »Wäre ich nicht mit ihm verwandt und würde er mich nur etwas weniger lieben, wer weiß, vielleicht wäre ich dann heute schon Dozent im Institut für Literatur und nicht Bibliotheksangestellter.«

Dies blieb all die Jahre eine offene Wunde in der Seele meines Vaters, der sehr wohl befähigt gewesen wäre, Professor zu werden wie sein Onkel und wie sein Bruder David, der in Wilna Literatur gelehrt hatte. Mein Vater, ein scharfsinniger Gelehrter mit einem phänomenalen Gedächtnis, besaß ein ungeheures Wissen, kannte sich in der hebräischen Literatur und in der Weltliteratur bestens aus, war in sehr vielen Sprachen bewandert, fühlte sich in der Tossefta, der Midrasch-Literatur und der mittelalterlichen sefardischen Dichtung ebenso zu Hause wie bei Homer, Ovid und in den Upanishaden oder bei Shakespeare, Goethe und Mickiewicz. Er war fleißig und gründlich wie eine emsige Biene im Stock, geradlinig und präzise wie ein Lineal, ein begnadeter Lehrer, der wunderbar verständlich und genau gleichermaßen die Völkerwanderung, *Schuld und Sühne*, die Funktionsweise eines U-Bootes oder das Sonnensystem zu erklären wußte. Und doch war es ihm nie vergönnt, vor einer Klasse zu stehen und Schüler heranzubilden, sondern er beendete sein Leben als Bibliothekar und Bibliograph, der drei, vier Monographien verfaßte und einige gelehrte Artikel zur *Hebräischen Enzyklopädie* beitrug, überwiegend zur vergleichenden und zur polnischen Literaturgeschichte.

1936 fand sich für ihn ein kleiner Posten in der Zeitungsabteilung der Nationalbibliothek, in der er zwanzig Jahre lang arbeitete, zuerst auf dem Skopusberg, später im Terra-Sancta-Gebäude, anfangs als untergeordneter Bibliothekar, zum Schluß als Stellvertreter des Abteilungsleiters Dr. Pfeffermann. In Jerusalem, in dem sich Einwanderer aus Polen und Rußland und vor Hitler Geflohene drängten, darunter Koryphäen von berühmten Universitäten, gab es seinerzeit weit mehr Dozenten und Gelehrte als Studenten.

Ende der fünfziger Jahre, nachdem Vaters Doktorarbeit an der Londoner Universität mit Auszeichnung angenommen worden war, versuchte er vergeblich, einen Platz im Institut für Literatur in Jerusalem zu finden, vielleicht als Honorarprofessor. Professor Klausner befürchtete seinerzeit, was man wohl sagen würde, wenn er seinen eigenen Neffen einstellte. Auf Klausner folgte der Dichter und Professor Schimon Halkin, der ein neues Blatt im Institut für Literatur aufschlagen und ein für allemal Klausners Erbe, Klausners Methoden, den leisesten Hauch von Klausner abschütteln wollte und ganz bestimmt nichts mit Klausners Neffen im Sinn hatte. Vater versuchte sein Glück zu Beginn der sechziger Jahre an der neueröffneten Universität in Tel Aviv, aber auch dort öffnete sich ihm keine Tür.

In seinem letzten Lebensjahr führte er noch Verhandlungen über eine Stelle als Dozent für Literatur an dem akademischen Institut, das in Beer Scheva gegründet werden sollte, der Keimzelle der späteren Ben-Gurion-Universität. Sechzehn Jahre nach dem Tod meines Vaters wurde ich Honorarprofessor für Literatur an dieser Universität, und ein, zwei Jahre danach ernannte man mich dort zum ordentlichen Professor, und später vertraute man mir den nach Agnon benannten Lehrstuhl an. Über die Jahre erhielt ich sowohl von der Jerusalemer Universität als auch von der Tel Aviver Universität großzügige Angebote, ich solle doch zu ihnen als »richtiger« Professor für Literatur kommen – ich, der ich weder Experte noch Gelehrter bin, weder bewandert noch einer, der Berge versetzt, ich, der sich nie in die Forschung vertieft hat und dessen Verstand sich beim Anblick von Fußnoten vernebelt.* Der Nagel des kleinen Fingers meines Vaters war professoraler als zehn »vom Himmel gefallene Professoren« wie ich.

Die Wohnung der Sarchis hatte zweieinhalb kleine Zimmer und lag im Erdgeschoß eines dreistöckigen Hauses. Im rückwärtigen Teil lebte Israel Sarchi mit seiner Frau Esther und seinen alten Eltern. Und das Vorderzimmer, in dem mein Vater wohnte, erst mit seinen Eltern, dann allein und schließlich mit meiner Mutter, hatte einen separaten Ausgang auf die Veranda und von dort, über zwei, drei Stufen, in den schmalen Vorgarten und zur Amos-Straße, die noch nicht asphaltiert war, eine Staubpiste ohne Bürgersteig, übersät mit Haufen von Baumaterial, zwischen denen darbende Katzen umherstrichen und eine Handvoll verirrter Tauben. Drei-, viermal am Tag kamen dort Eselskarren oder Maultierwagen durch, die Eisenteile anlieferten, Petroleum, Eisbarren oder Milch beförderten, und auch der Karren des Altwarenhändlers, dessen heisere Rufe mir das Blut in den Adern gefrieren ließen: Meine ganze Kindheit über schien es mir, als warne man mich so vor Krankheit, Alter und Tod, die zwar noch weit weg waren, aber langsam, langsam näher kamen, Tag und Nacht, im dunklen Dickicht insgeheim schlangenhaft herankrochen, dort ihre kalten Finger wedelten, die mich urplötzlich von hinten packen und mir geradewegs an die Gurgel gehen würden. In dem heiseren jiddischen Schrei *al-te-Sa-chen!* hörte ich immer die grauenhaften Worte *al-te-sa-ken!!*, Werde nicht alt!! Bis heute jagt mir dieser Ruf der Altwarenhändler einen kalten Schauder über den Rücken.

In den Obstbäumen auf den Höfen nisteten Spatzen, in den Felsritzen gingen Eidechsen und Skorpione ein und aus, und vereinzelt sah man dort auch eine Schildkröte. Die Kinder gruben Löcher unter den Zäunen und

---

* Vaters Bücher sind reich an Fußnoten. Ich dagegen habe es ihm nur in meinem Buch *Das Schweigen des Himmels – Über Samuel J. Agnon* gleichgetan und Fußnoten benutzt. In der Fußnote Nummer 74, auf Seite 230, habe ich meinen Vater erwähnt. Das heißt, ich habe meine Leser auf sein Buch *Die Novelle in der hebräischen Literatur* hingewiesen. Und als ich, rund zwanzig Jahre nach seinem Tod, diese Fußnote einfügte, hoffte ich, ihm eine kleine Freude zu bereiten, fürchtete aber auch, er könnte sich nicht freuen, sondern mir mit dem Finger drohen.

schufen so ein Netz von Abkürzungen quer über die Höfe, das sich durch das ganze Viertel zog. Oder sie kletterten auf die flachen Dächer, um die britischen Soldaten hinter den Mauern des Schneller-Lagers zu beobachten oder von fern auf die arabischen Dörfer an den umliegenden Berghängen zu spähen: Issawija, Schuafat, Bet Ichsa, Lifta, Nebi Samwil.

Heute ist Israel Sarchi fast völlig vergessen, aber damals war er ein bekannter und sehr produktiver junger Schriftsteller, dessen Bücher hohe Auflagen erzielten. Er war etwa im Alter meines Vaters, hatte jedoch 1937, mit etwa achtundzwanzig Jahren, schon drei Bücher veröffentlicht. Auch er studierte bei Professor Klausner auf dem Skopusberg Hebräische Literatur, obwohl er ein paar Jahre vor meinem Vater ins Land gekommen und dann zwei oder drei Jahre Landarbeiter in den Moschavot in der Scharon-Ebene gewesen war. Seinen Lebensunterhalt verdiente Sarchi sich mit Büroarbeiten im Universitätssekretariat. Er war ein sensibler, zerstreuter, schüchterner, ziemlich melancholischer Mann, mit sanfter Stimme und sanften Umgangsformen, von schmaler, feingliedriger Gestalt. Ich konnte ihn mir überhaupt nicht mit Hacke oder Spaten in der Hand vorstellen, schweißüberströmt, an einem glutheißen Tag in einer landwirtschaftlichen Siedlung in der Scharon-Ebene. Um seine kleine Glatze rankte sich ein Amphitheater schwarzen Haares. Sein mageres Gesicht wirkte blaß und verträumt. Beim Gehen schien es, als traue er dem Boden unter seinen Füßen nicht oder, umgekehrt, als fürchte er, seine Schritte könnten der Hoferde weh tun. Nie blickte er mich an, wenn er mit mir redete, sein brauner und nachdenklicher Blick war fast immer zu Boden gerichtet.

Ich verehrte ihn im stillen, weil es bei uns hieß, er sei kein Schriftsteller wie alle anderen: Ganz Jerusalem schrieb gelehrte Bücher – Bücher aus Karteikarten, Bücher aus anderen Büchern, Bücher aus allen möglichen Katalogen und Notizheften, aus Lexika, aus dickleibigen fremdsprachigen Bänden, Bücher aus tintenfleckigen Zettelkästchen –, aber Herr Sarchi schrieb seine Geschichten »aus dem Kopf«. (Mein Vater sagte: »Wenn du deine Weisheiten aus einem einzigen Buch klaust, bist du ein Plagiator. Aber wenn du aus zehn Büchern klaust, nennt man dich einen Gelehrten, und wenn du aus dreißig oder vierzig Büchern klaust – einen hervorragenden Gelehrten.«)

Als ich sieben oder acht Jahre alt war, versuchte ich sogar, in Israel Sarchis Büchern zu lesen, aber seine Sprache war mir zu schwierig. Bei uns zu Hause, im Elternschlafzimmer, das auch als Arbeitszimmer, Bibliothek, Eßzimmer und Wohnzimmer diente, gab es ein Bücherbrett, etwa in meiner damaligen Augenhöhe, das zur Hälfte Sarchis Büchern vorbehalten war: *Großmutters zerstörtes Haus, Das Dorf Schiloach, Der Skopusberg, Die verborgene Flamme, Unbebautes Land, Die schlechten Tage* und noch ein Roman, dessen seltsamer Titel meine Neugier besonders erregte: *Das Erdöl strömt ins Mittelmeer.* Achtunddreißig Jahre war Israel Sarchi bei seinem Tod, fünfzehn Bände mit Erzählungen und Romanen hatte er nach seinen Arbeitsstunden im Universitätssekretariat schreiben können, und ein weiteres halbes Dutzend hatte er aus dem Polnischen und dem Deutschen übersetzt.

An Winterabenden versammelte sich manchmal bei uns oder im Haus gegenüber, bei den Sarchis, ein kleiner Freundeskreis: Chaim und Chana Toren, Schmuel Werses, das Ehepaar Breimann, der aufbrausende und sonderbare Herr Scharon-Schwadron, Herr Chaim Schwarzbaum, der rothaarige Folklorist, und Israel Chanani, der bei der Jewish Agency arbeitete, mit seiner Frau Esther Chananit. Sie kamen nach dem Abendessen, um sieben oder halb acht, und gingen um halb zehn, was damals als spät galt. Zwischen Kommen und Gehen tranken die Gäste glühendheißen Tee, aßen Honigkekse oder Früchte und debattierten in höflichem Zorn über alle möglichen Dinge, die ich nicht verstand, aber, das wußte ich, eines Tages verstehen und mit ebendiesen Leuten diskutieren würde. Und ich würde ihnen künftig noch schlagende Argumente liefern, die ihnen gar nicht in den Sinn gekommen waren, wäre vielleicht sogar fähig, sie zu überraschen, würde zu gegebener Zeit vielleicht auch Geschichten »aus dem Kopf« verfassen, wie Herr Sarchi, oder Gedichte wie Bialik und wie Großvater Alexander und Levin Kipnis und wie der Arzt Dr. Scha'ul Tschernichowski, dessen Geruch ich nie vergessen werde.

Die Sarchis waren nicht nur Vaters ehemalige Vermieter, sondern auch sehr nahe Freunde, trotz der ständigen Meinungsverschiedenheiten zwischen meinem Vater, dem Revisionisten, und dem »roten« Sarchi: Vater liebte das Reden und Erläutern, und Herr Sarchi hörte gern zu. Mutter flocht hin und wieder ein oder zwei leise Sätze ein, und zuweilen führten ihre Worte dazu, daß das Gespräch unmerklich das Thema oder die Tonart wechselte. Esther Sarchi wiederum stellte manchmal Fragen, und Vater genoß es, ihr mit ausführlichen Erklärungen zu antworten. Israel Sarchi wandte sich ab und zu an Mutter, gesenkten Blickes, und fragte sie nach ihrer Meinung, als bitte er sie in Geheimsprache, sie möge ihm in der Not beistehen, ihn in der Diskussion unterstützen: Mutter konnte alles in neuem Licht erscheinen lassen, mit wenigen, zurückhaltenden Worten tat sie das, und danach hielt manchmal ein feiner, friedlicher Geist Einzug in die Diskussion. Eine neue Ruhe, eine Behutsamkeit oder ein leichtes Zögern mischte sich nun in die Reden der Debattierenden. Bis sich die Gemüter nach einiger Zeit erneut erhitzten und die Stimmen wieder in kultiviertem, aber von Ausrufezeichen strotzendem Zorn anschwollen.

Im Jahr 1947 erschien im Tel Aviver Verlag Joshua Chachik Vaters erstes Buch, *Die Novelle in der hebräischen Literatur. Von ihren Anfängen bis zum Ende der Haskala-Zeit.* Dieses Buch beruhte auf der Magisterarbeit, die Vater seinem Lehrer und Onkel, Professor Klausner, eingereicht hatte. Die Titelseite trägt den Vermerk: »Dieses Buch hat den Klausner-Preis der Stadt Tel Aviv erhalten und wurde mit dessen Hilfe und mit Hilfe des Zippora-Klausner-Gedenkfonds veröffentlicht.« Professor Dr. Joseph Klausner höchstpersönlich hatte das Vorwort verfaßt:

> Es ist mir eine doppelte Freude, ein hebräisches Buch über die Novelle im Druck zu sehen, das mir, in meiner Eigenschaft als Professor für Literatur an unserer einzigen hebräischen Universität, als Abschlußarbeit im Gebiet der modernen hebräischen Literatur von meinem langjährigem Schüler, meinem Neffen Jehuda Arie Klausner vorgelegt wurde. Dies ist keine gewöhnliche Arbeit ... Es ist eine umfassende und erschöpfende Studie ... Auch der Stil des Buches ist zugleich vielgestaltig und klar, dem wichtigen Inhalt angemessen ... Ich kann also gar nicht umhin, mich zu freuen ... Der Talmud sagt: »Schüler sind wie Söhne« ...

Und auf einer eigenen, dem Titelblatt folgenden Seite widmete mein Vater dieses Buch dem Andenken seines Bruders David:

> Meinem ersten Lehrer der Literaturgeschichte –
> meinem einzigen Bruder
> *David*
> der mir in der Finsternis der Diaspora verlorenging.
> Wo bist du?

Zehn bis vierzehn Tage lang lief Vater, auf dem Rückweg von der Arbeit in der Zeitungsabteilung der Nationalbibliothek auf dem Skopusberg, tagtäglich zu unserem Postamt am östlichen Ende der Ge'ula-Straße, gegenüber dem Durchgang zum Viertel Mea Schearim, in gespannter Erwartung der Belegexemplare seines ersten Buches, das, wie es hieß, bereits erschienen und in einer Tel Aviver Buchhandlung auch schon von jemandem gesichtet worden war.

Tag für Tag lief Vater also zur Post, und Tag für Tag kehrte er mit leeren Händen zurück, und Tag für Tag erklärte er, wenn die Büchersendung von Herrn Gruber in der Druckerei Sinai auch morgen nicht eintreffen sollte, würde er zur Apotheke gehen und entschieden, mit allem Nachdruck Herrn Joshua Chachik in Tel Aviv anrufen: Das ist doch wirklich unerträglich! Wenn die Bücher nicht bis Sonntag, bis Mitte der Woche, allerspätestens bis Freitag ankommen sollten ... – doch dann kam die Sendung, nicht per Post, sondern mittels einer Botin, einer heiteren jungen Jemenitin, die uns ein Paket ins Haus brachte, nicht aus Tel Aviv, sondern direkt von der Druckerei Sinai (Jerusalem, Telefon 2892).

Das Paket enthielt fünf Exemplare von *Die Novelle in der hebräischen Literatur*, druckfrisch, jungfräulich, eingeschlagen in mehrere Lagen hochwertiges weißes Papier (das man offenbar für die Korrekturfahnen eines Bildbandes verwendet hatte) und mit Bindfaden wohlverschnürt. Vater dankte dem Mädchen, vergaß auch in seiner stürmischen Freude nicht, ihr einen Shilling in die Hand zu drücken (damals ein durchaus respektabler Betrag, der für ein vegetarisches Mittagessen in einem Tnuva-Imbiß reichte). Danach bat Vater Mutter und mich, mit an den Schreibtisch zu kommen und beim Öffnen des Pakets neben ihm zu stehen.

Ich erinnere mich, wie Vater seine bebende Gier in Zaum hielt, den Bindfaden des Pakets nicht etwa mit Gewalt zerriß, ihn auch nicht mit der Schere kappte, sondern – ich werde es nie vergessen – die festen Knoten, einen nach dem anderen, mit unendlicher Geduld löste, wobei er wechselweise seine starken Fingernägel, die Spitze des Brieföffners und eine aufgebogene Büroklammer benutzte. Auch als er fertig war, stürzte er sich nicht auf das neue Buch, sondern rollte bedachtsam den Bindfaden auf, entfernte das prächtige Hochglanzpapier, das als Verpackung diente, berührte mit den Fingerspitzen leicht den Einband des obersten Exemplars, wie ein schüchterner Liebhaber, führte es behutsam an sein Gesicht, öffnete das Buch ein wenig, schloß die Augen und schnupperte zwischen den Seiten, atmete tief den frischen Druckgeruch, den Hauch des neuen

Papiers, den betörenden Geruch des Buchbinderleims ein. Dann begann er in dem Buch zu blättern, warf zuerst einen Blick ins Register, überflog mit scharfem Auge die Seite mit den Berichtigungen und Ergänzungen, las erneut Onkel Josephs Vorwort und seine eigene Einführung, berauschte sich an der Titelseite, streichelte wieder den Einband und erschrak plötzlich bei dem Gedanken, meine Mutter könne sich im stillen über ihn lustig machen: »Ein druckfrisches neues Buch«, sagte er wie entschuldigend zu ihr, »ein erstes Buch, das ist doch beinahe so, als wäre mir gerade eben noch ein Baby geboren worden.«

»Wenn man ihm die Windeln wechseln muß«, sagte Mutter, »wirst du mich bestimmt rufen.«

Darauf ging sie, war aber gleich wieder aus der Küche zurück mit einer Flasche Tokaier – süßem Kidduschwein – und drei winzigen Gläschen, die für Likör gedacht waren, nicht für Wein, und sagte, wir wollen jetzt auf das Wohl von Vaters erstem Buch anstoßen. Sie schenkte ihm und sich ein und auch mir ein Tröpfchen, und vielleicht gab sie ihm auch einen Kuß auf die Stirn wie einem Kind, und er streichelte ihr den Kopf.

Am Abend breitete Mutter eine weiße Decke über den Küchentisch, wie am Schabbat und an Feiertagen, und servierte Vaters Lieblingsgericht – Borschtsch, auf dem ein weißer Eisberg aus Sauerrahm schwamm –, und sie sagte »auf die gute Stunde«. Auch Großvater und Großmutter kamen an jenem Abend, um an der bescheidenen Feier teilzunehmen. Großmutter meinte zu Mutter, der Borschtsch sei gut und schön und auch ziemlich schmackhaft, aber – möge Gott sie davor bewahren, um Himmels willen irgendwelche Ratschläge geben zu wollen – es sei doch seit eh und je bekannt, schon jedem kleinen Mädchen, sogar den gojischen Dienstmädchen, die dort in jüdischen Häusern gekocht hätten, daß der Borschtsch säuerlich und nur ganz wenig süß sein müsse, keinesfalls aber süß und nur leicht säuerlich sein dürfe, nach Art der Polen, die ja bekanntlich alles maß- und grenzenlos und ohne Sinn und Verstand süßten, und wenn man nicht aufpasse, würden sie noch den Salzhering in Zucker ertränken, und sogar den Meerrettich wären sie imstande, in Marmelade zu baden.

Mutter wiederum dankte Großmutter, daß sie uns an ihrer reichen Erfahrung habe teilnehmen lassen, und versprach, von heute an dafür zu sorgen, daß sie bei uns nur noch Bitteres und Saures bekäme, so recht nach ihrem Herzen. Vater war viel zu froh und gutgelaunt, um auf solche Sticheleien zu achten. Er schenkte ein Buch mit Widmung seinen Eltern, eines

Onkel Joseph, eines seinen Herzensfreunden Esther und Israel Sarchi, eines weiß ich nicht mehr, wem, und das letzte reihte er seiner Bibliothek ein, an auffälliger Stelle, eng angelehnt, als würde es sich anschmiegen, an die Reihe der Schriften seines Onkels, des Professors Joseph Klausner.

Drei, vier Tage währte Vaters Freude, dann schlug seine Freude in Niedergeschlagenheit um. So wie er vor Eintreffen der Sendung tagtäglich zum Postamt gerannt war, so rannte er nun tagtäglich zur Buchhandlung Achiasaf in der King-George-Straße: Drei Exemplare von *Die Novelle in der hebräischen Literatur* standen dort. Auch am nächsten Tag waren die drei noch dort, kein Exemplar war verkauft worden. Und so war es auch nach zwei und nach drei Tagen.

»Du«, sagte Vater mit einem traurigen Lächeln zu seinem Freund Israel Sarchi, »du setzt dich hin, schreibst alle sechs Monate einen neuen Roman, und sofort schnappen all die schönen Mädchen danach und nehmen dich auf der Stelle mit ins Bett. Und wir Forscher mühen uns jahrelang ab, jede Einzelheit zu belegen, jeden Zitatfetzen genau zu überprüfen, brüten Tag und Nacht über einer kleinen Fußnote, und wer liest es? Höchstens wir selbst, das heißt, drei bis vier Mitgefangene unserer Disziplin lassen sich herab, einander zu lesen, ehe sie einander verreißen – und manchmal selbst das nicht. Ignorieren es einfach.«

Es verging eine Woche, und nicht eines der drei Exemplare bei Achiasaf war verkauft. Vater sprach nicht mehr über seinen Kummer, aber sein Kummer erfüllte die ganze Wohnung wie ein Geruch. Er brummte nicht länger schrecklich falsch beim Rasieren oder Geschirrspülen die Melodie von »Felder im fruchtbaren Tal« oder »Tau von drunten, Mond überall, von Bet Alfa bis Nahalal«. Erzählte mir nicht mehr die Handlung des Gilgamesch-Epos oder die Abenteuer von Kapitän Nemo und Ingenieur Cyrus Smith in *Die geheimnisvolle Insel*, sondern versenkte sich wütend in die Papiere und Lexika auf seinem Schreibtisch, zwischen denen sein nächstes gelehrtes Werk Konturen anzunehmen begann.

Doch dann, nach weiteren zwei, drei Tagen, am Freitag nachmittag, kurz vor Schabbatbeginn, kam Vater glücklich und aufgeregt und am ganzen Leib bebend nach Hause, wie ein Junge, dem die Klassenschönste vor aller Welt einen Kuß gegeben hat: »Verkauft! Alle verkauft! An einem Tag! Nicht ein Exemplar! Nicht zwei Exemplare! Alle drei sind verkauft! Alle! Mein Buch ist ausverkauft – und Shachna Achiasaf wird bei Chachik in

Tel Aviv ein paar neue Exemplare bestellen! Was heißt, wird?! Hat schon bestellt! Heute morgen! Per Telefon! Nein, nicht noch drei Exemplare, sondern fünf! Und er meint, auch das sei noch nicht das letzte Wort!«

Wieder ging Mutter aus dem Zimmer und kehrte mit der Flasche unerträglich süßem Tokaier und den drei winzigen Likörgläschen zurück. Sie verzichtete diesmal auf Borschtsch mit Sauerrahm und auf die weiße Tischdecke. Statt dessen schlug sie vor, am Abend mit ihm ins Edison-Kino zu gehen, um sich in der ersten Vorstellung einen berühmten Film mit Greta Garbo anzusehen, die beide bewunderten.

Mich ließen sie bei den Sarchis, um dort zu Abend zu essen und mich vorbildlich zu benehmen, bis sie um neun oder halb zehn zurücksein würden. Vorbildlich, hörst du?! Damit wir auch nicht die leiseste Klage über dich hören! Wenn sie den Tisch decken, denk daran, daß du Frau Sarchi anbietest, ihr zu helfen. Nach dem Essen, aber erst wenn alle vom Tisch aufstehen, nimm dein Geschirr und stell es vorsichtig auf die Marmorplatte neben den Spülstein. Vorsichtig, hörst du?! Daß du nichts zerbrichst. Und nimm, wie zu Hause, einen Lappen und wisch schön das Wachstuch ab, nachdem der Tisch abgeräumt ist. Und rede nur, wenn du angesprochen wirst. Wenn Herr Sarchi arbeitet, dann such dir ein Spielzeug oder Buch und gib keinen Ton von dir! Und wenn Frau Sarchi, Gott behüte, wieder über Kopfschmerzen klagt, dann belästige sie mit nichts. Mit gar nichts, hörst du?!

Dann gingen sie. Frau Sarchi zog sich vielleicht ins andere Zimmer zurück oder besuchte eine Nachbarin, und Herr Sarchi und ich gingen zusammen in sein Arbeitszimmer, das, wie bei uns, zugleich auch als Schlafzimmer und Wohnzimmer diente. Das Zimmer, das einmal Vaters Studentenbude und dann das Zimmer meiner Eltern gewesen war, das Zimmer, in dem sie mich wahrscheinlich gezeugt haben, denn sie hatten vom Tag ihrer Hochzeit bis etwa einen Monat vor meiner Geburt darin gelebt.

Herr Sarchi ließ mich auf dem Sofa Platz nehmen und unterhielt sich ein wenig mit mir, worüber, weiß ich nicht mehr, aber nie werde ich vergessen, wie ich plötzlich auf dem kleinen Tisch beim Sofa nicht weniger als vier Exemplare von *Die Novelle in der hebräischen Literatur* entdeckte, aufgestapelt wie im Laden: ein Exemplar hatte Vater, wie ich wußte, Herrn Sarchi mit Widmung geschenkt, »meinem Freund und Gefährten, der mir teuer ist«, und noch drei, bei denen ich einfach nicht begriff, was und wieso, und um ein Haar Herrn Sarchi gefragt hätte, doch im letzten Moment erinnerte ich mich an die drei Exemplare, die gerade heute, nachdem man die Hoffnung schon aufgegeben hatte, bei Achiasaf in der King-George-Straße endlich gekauft worden waren, und sogleich überflutete mich eine Welle tiefer Dankbarkeit und rührte mich fast zu Tränen. Herr Sarchi sah, daß ich im Bild war, lächelte jedoch nicht, sondern blickte mich einen Moment von der Seite an, kniff ein wenig die Augen zusammen, als nähme er mich schweigend in einen Verschwörerring auf, sagte kein Wort, beugte sich nur vor, nahm drei der vier Exemplare vom Tisch und steckte sie in eine untere Schublade seines Schreibtisches. Auch ich schwieg, sagte kein Wort, nicht zu ihm und nicht zu meinen Eltern. Erzählte es niemandem, bis zu Sarchis frühem Tod und bis zum Sterbetag meines Vaters, niemandem, außer, viele Jahre später, der Tochter, Nurit Sarchi, die nicht verwundert schien über das, was ich ihr erzählte.

Zwei, drei Schriftsteller gehören zu meinen besten Freunden, sind mir seit Jahrzehnten lieb und vertraut, aber ich bin nicht sicher, daß ich fähig wäre, für einen von ihnen etwas zu tun, was dem gleichkommt, was Israel Sarchi für meinen Vater getan hat. Wer weiß, ob ich überhaupt auf solch einen großzügigen Einfall gekommen wäre. Israel Sarchi lebte doch, wie alle damals, wirklich von der Hand in den Mund. Und die drei Exemplare von *Die Novelle in der hebräischen Literatur* kosteten ihn bestimmt mindestens so viel wie ein notwendiges Kleidungsstück für den Winter.

Herr Sarchi ging aus dem Zimmer und kam mit einer Tasse lauwarmen Kakao ohne Haut zurück, weil er sich von den Besuchen bei uns daran erinnerte, daß man mir abends Kakao ohne Haut zu trinken gab, und ich dankte ihm höflich, wie man es mir beigebracht hatte, und hätte ihm sehr, sehr gern noch etwas gesagt, was mir wichtig war, fand aber nicht die Worte und saß nur ganz still auf dem Sofa in seinem Zimmer, um ihn ja nicht bei der Arbeit zu stören, obwohl Herr Sarchi an jenem Abend eigentlich gar nicht arbeitete, sondern einfach dasaß und im *Davar* blätterte, bis meine Eltern aus dem Kino zurückkamen, den Sarchis dankten und sich eilig verabschiedeten, um mich nach Hause zu bringen, denn es war ja schon sehr spät, man mußte Zähne putzen und sofort schlafen gehen.

In ebendieses Zimmer brachte Vater sicher, erstmals an einem Abend des Jahres 1936, eine Studentin, sehr schön, mit dunklem Teint und schwarzen Augen, von zurückhaltender Art, die aber allein schon durch ihre Anwesenheit die Männer dazu brachte, mit aller Kraft zu reden und zu reden.

Einige Monate vorher hatte sie die Prager Universität verlassen und war nach Jerusalem gekommen, um Geschichte und Philosophie an der Universität auf dem Skopusberg zu studieren. Ich weiß nicht, wie, wann und wo Arie Klausner Fania Mussman begegnete, die sich hier mit ihrem hebräischen Namen, Rivka, eingeschrieben hatte, obwohl sie in einigen Dokumenten Zippora heißt und an einer Stelle als Fejge registriert war. Ihre Familie und ihre Freundinnen nannten sie jedoch immer Fania.

Er liebte es, zu reden, zu erläutern, zu analysieren, und sie verstand es, zuzuhören und sogar zwischen den Zeilen zu hören. Er war außerordentlich gebildet, und sie hatte einen genauen Blick für Menschen, denen sie manchmal bis ins Herz schauen konnte. Er war ein geradliniger, gewissenhafter, anständiger und fleißiger Mann, und sie wollte immer begreifen, warum jemand, der mit Nachdruck eine bestimmte Meinung vertrat, gerade diese und keine andere für richtig hielt, und warum derjenige, der dem ersteren vehement widersprach, sich gedrängt fühlte, die Gegenmeinung zu vertreten. Das Äußere interessierte sie nur als Fenster, durch das man Einblick in das Innere der Menschen erhalten konnte. Wenn sie sich im Haus von Bekannten aufhielt, studierte sie alles genau, die Gardinen, die Bezüge, die Sofas, die Andenken auf den Fensterbänken und den Zierat auf den Regalen, während alle anderen in Diskussionen vertieft waren: als wäre ihr irgendeine detektivische Aufgabe übertragen worden. Die Geheimnisse der Menschen fesselten sie immer, doch während geklatscht wurde, lauschte sie meistens mit ihrem leichten Lächeln, ein zögerliches Lächeln, das anmutete, als wollte es sich selbst in Frage stellen, und schwieg. Sehr viel schwieg sie. Doch wenn sie ihr Schweigen brach und einige Sätze sagte, war das Gespräch danach nicht mehr, wie es vor ihren Worten gewesen war.

Wenn Vater mit ihr sprach, war in seiner Stimme zuweilen eine Mischung aus Schüchternheit, Distanziertheit, Zuneigung, Respekt und Ehrfurcht. Als hätte er eine getarnte Wahrsagerin im Haus. Oder eine Hellseherin.

21

Drei Schemel mit geflochtenen Sitzen standen bei uns um den Küchentisch, auf dem eine geblümte Wachstuchdecke lag. Die Küche selbst war eng, niedrig und dunkel, der Fußboden hatte sich etwas gesenkt, die

Wände waren von Petroleumbrenner und Spirituskocher verrußt, und das einzige winzige Fenster ging auf einen kellerartigen Hof, umgeben von grauen Betonmauern. Manchmal kam ich, nachdem Vater zur Arbeit gegangen war, in die Küche und setzte mich auf seinen Schemel Mutter gegenüber, die mir Geschichten erzählte, während sie Gemüse putzte und kleinschnitt oder Linsen verlas, wobei sie die schwarzen in ein flaches Schälchen tat. Mit diesen schwarzen Linsen fütterte ich später draußen die Vögel.

Merkwürdig waren die Geschichten meiner Mutter, ganz anders als die Geschichten, die man damals in anderen Häusern den Kindern erzählte, ganz anders als die Geschichten, die ich meinen Kindern erzählt habe, sie waren wie dunstverschleiert: als begännen ihre Geschichten nicht am Anfang und endeten nicht am Schluß, sondern träten aus dem Gebüsch, zeigten sich eine kurze Weile, weckten Befremden oder Angst, schwankten einen Moment vor mir wie verzerrte Schatten an der Wand, erstaunten mich, jagten auch mal einen Schauder über meinen Rücken und kehrten wieder ins Waldesdickicht zurück, aus dem sie gekommen waren, bevor ich noch wußte, was gewesen war. Einige von Mutters Geschichten habe ich bis heute fast wortwörtlich in Erinnerung. Zum Beispiel ihre Geschichte über den hochbetagten Greis Allelujew:

> Hinter den hohen Bergen, jenseits tiefer Flüsse und öder Steppen, war einmal ein Dorf, ein entlegenes Dörfchen mit Katen, die schon beinahe in sich zusammenfielen. Am Rand dieses Dorfes, im Schatten eines schwarzen Tannenwaldes, lebte ein armer Greis, stumm und blind, lebte dort ohne Verwandte oder Bekannte, Allelujew war sein Name. Der hochbetagte Allelujew war viel, viel älter als alle Alten im Dorf und als alle Alten im Tal und in der Steppe, nicht einfach alt war er, sondern wirklich uralt. So steinalt war er, daß sein gebeugter Rücken schon ein wenig Moos ansetzte. An Stelle von Haar wuchsen auf seinem Kopf allerlei schwarze Pilze, und statt Wangen hatte er Mulden, in denen Flechten wuchsen. An den Füßen dieses Allelujew schlängelten sich bereits braune Wurzeln, und in den erloschenen Augenhöhlen hatten sich funkelnde Glühwürmchen angesiedelt. Der greise Allelujew war älter als der Wald, älter als der Schnee, älter als die Zeit selbst. Eines Tages kam nun das Gerücht auf, daß tief in seiner Kate, deren Läden niemals geöffnet wurden, noch ein anderer Alter hause, Tschernitschortin, der noch viel älter sei als

der greise Allelujew, noch blinder als er, noch ärmer, noch stummer, gebeugt und taub und gelähmt, abgegriffen wie eine Tatarenmünze. Man erzählte sich dort in Schneenächten im Dorf, der uralte Allelujew kümmere sich um den uralten Greis Tschernitschortin, säubere und wasche seine Wunden, decke für ihn den Tisch und beziehe ihm sein Bett, gebe ihm Waldbeeren zu essen und Zisternen- oder Schneewasser zu trinken, und manchmal bei Nacht singe er ihm vor, wie man einem Baby vorsingt: Lju lju lju, hab keine Angst, mein Schatz, lju lju lju, zittere nicht, mein Liebes. Und so schlafen sie beide ein, eng umschlungen, der alte Mann und der noch ältere Mann, und draußen nur Wind und Schnee. Und wenn die Wölfe sie noch nicht gefressen haben, dann leben die beiden dort heute noch in ihrer ärmlichen Kate, und der Wolf heult dort im Wald, und im Kamin brummt der Wind.

Allein in meinem Bett vor dem Einschlafen, zitternd vor lauter Grauen und Erregung, wiederholte ich mir flüsternd die Worte »Greis«, »hochbetagt«, »uralt« und »steinalt«. Ich machte die Augen zu und malte mir mit süßem Gruseln aus, wie das Moos sich langsam auf dem Rücken jenes Greises ausbreitete, wie die schwarzen Pilze und die Flechten wohl aussahen, wie sich die wurmartigen, gefräßigen braunen Wurzeln im Finsteren verzweigten. Und ich versuchte mir mit geschlossenen Augen vorzustellen, was »abgegriffen wie eine Tatarenmünze« bedeutete. So kam der Schlaf über mich, zum Klang des Windes im Kamin, den wir in unserem Haus nicht hatten und nicht haben konnten. Es waren Töne, die ich nie gehört hatte, und auch einen Kamin hatte ich nie gesehen, außer auf Bildern in Kinderbüchern, in denen jedes Haus ein Ziegeldach und einen Schornstein besaß.

Geschwister hatte ich keine, Spiele und Spielzeug konnten meine Eltern sich kaum erlauben, mir zu kaufen, und Fernsehen und Computer gab es noch nicht. Meine ganze Kindheit verbrachte ich im Jerusalemer Viertel Kerem Avraham, aber ich lebte nicht dort, sondern am Rand des Waldes, bei den Katen und Schornsteinen, den Auen und dem Schnee in den Geschichten meiner Mutter und in den Bilderbüchern, die sich auf dem niedrigen Schemel neben meinem Bett stapelten: »Ich im Osten und mein Herz am Ende des Westens« oder »im fernen Norden«, wie es in jenen Büchern hieß. Unaufhörlich verirrte ich mich taumelnd in virtuellen Wäldern, in Wäldern aus Worten, Katen aus Worten, Auen aus Worten. Die

Realität der Worte verdrängte die hitzeglühenden Höfe, die schiefen Wellblechverschläge, die man an die Steinhäuser angebaut hatte, die Balkone voller Waschwannen und Wäscheleinen. Was mich umgab, galt nichts. Alles, was etwas galt, bestand aus Worten.

Auch in der Amos-Straße gab es alte Nachbarn, aber wenn sie an unserem Haus vorbeigingen, langsam und schmerzgeplagt, waren sie nichts als eine blasse, plumpe, ziemlich dürftige Kopie der schaudererregenden Gestalt des hochbetagten, uralten, steinalten Greises Allelujew in Mutters Geschichten. Ebenso wie das Wäldchen von Tel Arsa nur eine recht armselige, dilettantische Nachahmung der undurchdringlichen und ewigen Wälder war. Auch die Linsen, die Mutter kochte, waren nur ein blasser und enttäuschender Abklatsch der Pilze und mannigfaltigen Waldbeeren ihrer Geschichten. Die gesamte Wirklichkeit war nichts als ein vergebliches Bemühen, ein platter, verfehlter Versuch, die Welt der Worte nachzuahmen. Da ist beispielsweise die Geschichte, die Mutter mir über die Frau und die drei Schmiede erzählte. Dabei siebte sie die Worte nicht aus, sondern erschloß mir, ohne Rücksicht auf mein zartes Alter, die ganze Palette ferner und farbenprächtiger Sprachprovinzen, die kaum je ein Kinderfuß betreten hat, die wahren Nistplätze der sprachlichen Paradiesvögel:

Vor vielen Jahren lebten in einem ruhigen Städtchen im Lande Annularia, im Gouvernement der Binnentäler, drei Brüder, Mischa, Aljoscha und Antoscha. Sie waren alle drei stämmige, behaarte, bärenstarke Schmiede. Den ganzen Winter über schliefen und schliefen sie, und nur im Sommer schmiedeten sie Pflugscharen, beschlugen Pferde, schleiften Messer, schärften Dolche, härteten scharfe Klingen und schmolzen alte Deichseln ein. Eines Tages machte sich Mischa, der älteste Bruder, auf und ging ins Gouvernement Troschiban. Viele Tage blieb er fort, und als er zurückkehrte, kam er nicht allein, sondern brachte eine heitere Kindfrau namens Tatjana mit, Tanja, Tanitschka. Sie war die schönste aller Frauen, eine schönere hatte man in ganz Annularia noch nicht gesehen. Mischas zwei jüngere Brüder bissen die Zähne zusammen und schwiegen den ganzen Tag. Wann immer einer von ihnen Tanitschka anblickte, lachte Tanitschka glockenhell, bis der Mann den Blick senken mußte. Und blickte sie einen von ihnen an, dann erbebte der betreffende Bruder und senkte auch seinen Blick. Nur ein Zimmer gab es in der Hütte der Brüder, und in diesem Raum wohnten Mischa und Tanitschka und der Schmelzofen und der Blasebalg und der Amboß und der wilde Bruder Aljoscha und der schweigsame Bruder Antoscha zwischen schweren Eisenhämmern und Äxten und Meißeln und Stangen und Ketten und Metallrohren. So geschah es, daß Mischa eines Tages in den Schmelzofen gestoßen wurde und Aljoscha sich Tanitschka nahm. Sieben Wochen war die schöne Tanitschka die Frau des wilden Bruders Aljoscha, bis ihm der Schlaghammer mit voller Wucht den Schädel zerschmetterte und der schweigsame Antoscha seinen Bruder begrub und an seine Stelle trat. Sieben Wochen später, als er und sie Pilzauflauf aßen, erblaßte Antoscha plötzlich, lief blau an und erstickte. Und von da an bis zum heutigen Tage kommen gelegentlich junge Schmiede in jene Hütte und verweilen dort, Wanderschmiede aus ganz Annularia, aber kein Schmied hat je mehr gewagt, dort volle sieben Wochen zu bleiben: Der eine kommt und bleibt eine Woche, der andere kommt und bleibt zwei Nächte. Und Tanja? Jeder Schmied in ganz Annularia weiß doch schon, daß Tanitschka Schmiede liebt, die für eine Woche kommen, Schmiede für zwei, drei Tage, Schmiede für eine Nacht und einen Tag. Halb nackt arbeiten diese für sie, beschlagen die Pferde, schmelzen und gießen, aber nie hat sie oder wird sie je Geduld für einen Gast haben, der vergißt, sich wieder auf den Weg zu machen. Ein, zwei Wochen sind genug, aber sieben Wochen, wie soll das gehen?

Herz und Sara Mussman, die Anfang des 19. Jahrhunderts in dem kleinen Dorf Trope oder Tripe in der Nähe des Städtchens Rowno in der Ukraine lebten, hatten einen schönen Sohn namens Efraim. Von klein auf, so erzählte man bei uns,* liebte es dieser Efraim, mit Rädern und Wasser zu spielen. Und als Efraim Mussman dreizehn Jahre alt war, wurden zwanzig Tage nach seiner Bar-Mizwa-Feier erneut Gäste eingeladen und bewirtet, denn nun verheiratete man Efraim mit einem zwölfjährigen Mädchen namens Chaja-Duba. Damals verheiratete man Kinder auf dem Papier, um zu verhindern, daß man die Knaben den Eltern wegnahm, die sie dann

* Diese Begebenheit und andere Dinge, die ich auf den folgenden Seiten erzählen werde, hörte ich als Kind von Mutter und von den Großeltern und von Mutters Cousins, Schimschon und Michael Mussman. 1979 notierte ich bei Tante Chaja einige ihrer Kindheitserinnerungen, und in den Jahren 1997 bis 2001 schrieb ich manchmal etwas von dem vielen auf, was mir Tante Sonia erzählte. Außerdem stütze ich mich auf das Buch *Flucht vor dem Grauen* von Schimschon Mussman, dem Cousin meiner Mutter, das 1996 beim Verlag Hakibbuz Hameuchad in Tel Aviv auf hebräisch erschienen ist.

nie wiedersahen, wenn sie für die Armee des Zaren zwangsrekrutiert wurden.

Meine Tante Chaja Schapiro (sie hieß Chaja nach ihrer Großmutter Chaja-Duba, der zwölfjährigen Braut) erzählte mir vor vielen Jahren, was sich bei dieser Hochzeit zugetragen hatte: Nach der Trauung und dem anschließenden Festmahl, das abends gegenüber dem Hof des Dorfrabbiners von Trope stattfand, wollten die Eltern der kleinen Braut sie wieder nach Hause mitnehmen und zu Bett bringen. Es war spät geworden, und das Mädchen, müde von dem Hochzeitsrummel und etwas benommen, weil man ihr ein paar Schluck Wein zu trinken gegeben hatte, legte den Kopf auf den Schoß ihrer Mutter und schlief ein. Der Bräutigam lief, völlig verschwitzt, zwischen den Gästen umher und spielte Verstecken oder Fangen mit seinen Freunden aus dem Cheder. Die Gäste begannen, sich von den Gastgebern zu verabschieden, auch die beiden Familien sagten einander auf Wiedersehen, und die Eltern des Bräutigams drängten ihren Sohn, in den Wagen zu steigen und den Heimweg anzutreten.

Doch der kleine Bräutigam hatte ganz andere Pläne. Der Junge Efraim stellte sich mitten in den Hof, plötzlich aufgeplustert wie ein junger Gokkel, dem der Kamm schwillt, stampfte mit dem Fuß auf und forderte stur und mit allem Nachdruck seine Frau: nicht in drei Jahren, nicht in drei Monaten, sondern hier und jetzt. Augenblicklich. Noch diesen Abend.

Als alle Hochzeitsgäste in schallendes Gelächter ausbrachen, kehrte der erhitzte Bräutigam ihnen wütend den Rücken, überquerte die Gasse, klopfte an die Tür des Rabbiners und baute sich vor dem schmunzelnden Rabbiner an der Schwelle auf, begann Verse aus den fünf Büchern der Tora zu zitieren und führte Belege aus Mischna, Halacha und der rabbinischen Rechtsprechung ins Feld. Der Junge hatte offensichtlich seine Munition parat und seine Lektion rechtzeitig gelernt. Er forderte den Rabbiner auf, jetzt stehenden Fußes zwischen ihm und der ganzen Welt zu richten und eine klare Entscheidung so oder so zu fällen: Was steht in der Tora geschrieben? Was sagen der Talmud und die rabbinischen Autoritäten? Ist es sein gutes Recht, oder ist es nicht sein gutes Recht? Ist sie seine Frau, oder ist sie es nicht? Hat er ihr vorschriftsmäßig die Trauformel rezitiert, oder hat er das nicht getan? Also, eines von beiden: Entweder er wird sofort seine Braut bekommen – oder man soll ihm auf der Stelle den Ehevertrag zurückgeben und die Ehe für null und nichtig erklären.

Der Rabbiner, hieß es, brummte, was er brummte, räusperte sich ein paarmal, strich verlegen über seinen Bart, raufte sich kurz das Kopfhaar, zupfte an den Schläfenlocken, kaute vielleicht auch an den Bartspitzen und entschied schließlich seufzend, da sei nichts zu machen, der Junge sei tatsächlich nicht nur versiert und scharfsinnig genug, seinen Fall zu vertreten, sondern auch im Recht: Es bleibe nichts anderes übrig, als ihm seine zarte Frau mitzugeben, und ihr bleibe nichts anderes übrig, als ihm zu gehorchen.

Man weckte also die kleine Braut, und gegen Mitternacht, nach all dem Hin- und Herverhandeln, mußte man das Paar zum Elternhaus des Bräutigams fahren. Den ganzen Weg weinte die Braut vor Angst. Ihre Mutter umarmte sie und weinte mit. Auch der Bräutigam weinte den ganzen Weg lang, wegen des Spottes und des Lachens der Gäste. Und was die Mutter des Bräutigams und seine übrigen Angehörigen betraf, so weinten sie ebenfalls den ganzen Weg: vor lauter Scham.

Rund anderthalb Stunden dauerte diese seltsame nächtliche Prozession, halb tränenreicher Begräbniszug, halb lautes Narrengelage. Einige der Gäste hatten nämlich großes Vergnügen an dem Skandal, witzelten lautstark über die Frage des Kükens, das die Kükin gestoßen hatte, und erörterten das Problem, wie man einen Faden ins Nadelöhr einfädelt, taten sich an Branntwein gütlich und lärmten während der gesamten Fahrt mit Prusten, Jubelrufen und derbem Gejohle.

Der Mut des kleinen Bräutigams war mittlerweile verflogen, vielleicht bedauerte er jetzt sogar seinen Sieg. Als das junge Paar – verängstigt, weinend und völlig übermüdet – wie Lämmer zur Schlachtbank in das hastig improvisierte Hochzeitszimmer geführt wurde, mußten die Angehörigen die beiden Kinder, die benommene Braut Chaja-Duba und den erschrockenen Bräutigam Efraim, in den letzten Nachtstunden fast gewaltsam zu Bett bringen. Die Tür – so geht die Geschichte – schloß man von außen ab. Danach schlichen die Begleitpersonen auf Zehenspitzen davon und saßen den Rest der Nacht, bis die Sache ausgestanden war, in einem anderen Zimmer, tranken einen Tee nach dem anderen, aßen die Reste des Hochzeitsessens und versuchten, sich gegenseitig zu trösten.

Und am nächsten Morgen, wer weiß, stürmten vielleicht die Mütter hinein, bewehrt mit Handtüchern und Waschschüsseln, um angstvoll nachzusehen, ob und wie die Kinder das Gerangel überstanden und was sie einander angetan hatten.

Doch einige Tage später sah man Mann und Frau schon fröhlich herumtollen und gemeinsam barfuß und laut im Hof spielen. Der Ehemann baute seiner Frau sogar ein kleines Baumhaus für ihre Puppen, und er selbst vergnügte sich wieder mit seinen Rädern und Wasser, das er in Kanälen durch den ganzen Hof leitete und mit denen er allerlei Flüsse, Seen und Wasserfälle anlegte.

Bis zum sechzehnten Lebensjahr ernährten die Eltern, Herz und Sara Mussman, die beiden: *Kestkinder*, Kostkinder, nannte man damals junge Paare, die am Tisch der Eltern aßen. Erwachsen geworden, verband Efraim Mussman seine Liebe zu Rädern mit der zu Wasser und errichtete im Dorf Trope eine kleine Getreidemühle, deren Räder durch Wasserkraft angetrieben wurden. Seine Geschäfte liefen jedoch nie gut: Er war verträumt, naiv, faul, verschwenderisch, streitlustig, aber auch nachgiebig, er neigte dazu, seine Zeit mit nutzlosen Gesprächen zu vertrödeln, die von morgens bis abends dauerten. Chaja-Duba und Efraim lebten in Armut. Seine kleine Braut gebar Efraim drei Söhne und zwei Töchter. Sie erlernte den Beruf der Hebamme und häuslichen Krankenpflegerin und pflegte ohne Entgelt mittellose Kranke. Sie starb jung an Schwindsucht. Sechsundzwanzig Jahre war meine Urgroßmutter bei ihrem Tod.

Im Handumdrehen heiratete der schöne Efraim ein anderes Mädchen, eine Sechzehnjährige, die ebenfalls Chaja hieß, genau wie ihre Vorgängerin. Die neue Chaja Mussman hatte es eilig, die Stiefkinder aus dem Haus zu bekommen. Ihr schwacher Mann versuchte nicht, sie daran zu hindern: Das ganze Maß an Mut und Kühnheit, das ihm für das Leben zugeteilt war, hatte Efraim Mussman offenbar auf einmal verpulvert an jenem Abend, an dem er heldenhaft beim Rabbiner an die Tür geklopft und im Namen der Tora und aller rabbinischen Autoritäten sein Recht auf die Braut eingefordert hatte. Von jener Nacht bis ans Ende seiner Tage war all sein Tun von Mutlosigkeit geprägt: Kleinlaut war er, niedriger als Gras im Beisein seiner Frau, nachgiebig bei jedem, der auf seinem Willen beharrte, doch im Lauf der Jahre entwickelte er Fremden gegenüber das Gebaren eines rätselhaften Mannes, der aus mystischen und heiligen Quellen schöpft. Sein ganzes Benehmen ließ eine gewisse mit Demut verbrämte übermäßige Wertschätzung der eigenen Person erkennen, wie bei einem dörflichen Wundertäter oder einem russisch-orthodoxen heiligen alten Mann.

Mit zwölf Jahren kam sein Erstgeborener, mein Großvater Naftali Herz, auf ein Landgut namens Wilchow in der Nähe von Rowno in die Lehre. Das Gut Wilchow gehörte der wunderlichen unverheirateten Prinzessin Rawsowa. Nach drei oder vier Jahren merkte die Prinzessin, daß der jüdische Junge, den sie beinahe geschenkt bekommen hatte, sowohl flink und klug als auch herzlich und liebenswert war und überdies als Kind in der Mühle seines Vaters einiges über das Müllerhandwerk gelernt hatte. Und vielleicht war an ihm noch etwas, das bei der vertrockneten, kinderlosen Prinzessin ein wenig mütterliche Gefühle weckte.

Sie beschloß daher, ein Grundstück zu erwerben und eine Mühle zu bauen, am Ortsrand von Rowno, gegenüber dem Friedhof am Ende der Dubinska-Straße. Mit der Leitung dieses Mühlenbetriebs betraute die Prinzessin einen ihrer Erbneffen, den Ingenieur Konstantin Semjonowitsch Steletzki, und den sechzehnjährigen Herz Mussman bestimmte sie zu seinem Gehilfen. Recht bald zeigten sich bei meinem Großvater das Organisationstalent, das feine Taktgefühl und die strahlende Freundlichkeit, die ihn immer allseits beliebt machten, sowie sein gutes Gespür für andere Menschen, das ihm sein Leben lang half, die Gedanken und Wünsche der anderen zu erraten.

Mit siebzehn Jahren leitete mein Großvater praktisch bereits die Mühle. (»Er ist bei dieser Prinzessin sehr schnell aufgestiegen! Genau wie in dieser Geschichte von Josef in Ägypten, der bei – wie hieß sie noch? Frau Potiphar? Nein? Dieser Ingenieur Steletzki – alles, was er geschaffen hat, hat er selbst wieder kaputtgemacht im Suff. Ein schrecklicher Alkoholiker war er! Ich sehe ihn noch mörderisch auf sein Pferd eindreschen und dabei gleichzeitig vor lauter Tierliebe heulen. Weint traubengroße Tränen, hört aber trotzdem nicht auf, das Pferd zu schlagen. Jeden Tag erfand er neue Maschinen, Geräte, Treibräder, wie Stephenson. Er hatte einen Funken Genialität. Aber kaum hatte er etwas erfunden, hat er sich schon aufgeregt, der Steletzki, hat getobt und alles eigenhändig wieder zertrümmert!«)

Der jüdische Junge machte es sich also zur Gewohnheit, die Maschinen zu warten und instand zu setzen, mit den Bauern zu verhandeln, die ihm Weizen und Gerste brachten, den Arbeitern ihren Lohn auszuzahlen, mit Kaufleuten und Kunden zu feilschen. So wurde auch er Müller, wie sein Vater Efraim. Aber im Gegensatz zu seinem trägen und kindischen Vater war mein Großvater Naftali Herz ein umsichtiger und fleißiger Mann. Und erfolgreich noch dazu.

Die Prinzessin Rawsowa wiederum wurde im Alter fromm bis zum Irrsinn. Sie trug nur noch Schwarz, versank in Fasten- und anderen Gelübden, trauerte Tag und Nacht, tuschelte mit Jesus, fuhr von Kloster zu Kloster auf der Suche nach Erleuchtung, verpulverte ihren Besitz für Spenden an Kirchen und heilige Stätten. (»Und einmal hat sie einfach einen großen Hammer genommen und sich einen Nagel in die Handfläche gehauen, weil sie genau das spüren wollte, was Jesus gespürt hat. Und da sind sie gekommen, haben sie gefesselt, ihr die Hand kuriert, den Kopf kahlgeschoren und sie bis an ihr Lebensende in ein Kloster in der Nähe von Tula eingesperrt.«)

Der unglückliche Ingenieur, Prinzessin Rawsowas Neffe, Konstantin Steletzki, versank nach der Umnachtung seiner Tante vollends im Suff. Und seine Frau, Irina Matwejewna, brannte ihm eines Tages mit Anton, dem Sohn des Kutschers Philip, durch. (»Auch sie war eine *pjaniza*, eine Säuferin! Aber er, Steletzki, er hat sie zur *pjaniza* gemacht! Er verlor sie nämlich manchmal beim Kartenspielen. Das heißt, jedesmal verlor er sie für eine Nacht und bekam sie am Morgen zurück, und die nächste Nacht verlor er sie wieder.«)

Der Ingenieur Steletzki ertränkte also seinen Kummer in Wodka und Kartenspiel. (»Aber er schrieb auch so schöne Gedichte, wunderbare Gedichte, voller Gefühl, voller Reue und Barmherzigkeit! Und verfaßte sogar eine philosophische Abhandlung, auf lateinisch. Er kannte die Schriften all der großen Philosophen auswendig, Aristoteles, Kant, Solowjow, und hat sich oft in die Wälder zurückgezogen. Um sich zu erniedrigen, hat er sich manchmal als Bettler verkleidet, ist frühmorgens durch die Straßen gegangen und hat im Abfall gewühlt, wie ein hungriger Bettler.«)

Schrittweise machte Steletzki Herz Mussman zu seiner rechten Hand in der Mühle, dann zu seinem Stellvertreter und schließlich zu seinem Partner. Als mein Großvater dreiundzwanzig Jahre alt war, rund ein Jahrzehnt nachdem er der Prinzessin Rawsowa »als Leibeigener verkauft« worden war, kaufte er deren Neffen Steletzki einen großen Teil seines Mühlenanteils ab.

Bald dehnte Herz Mussman seine Geschäfte aus und schluckte, unter anderem, auch die kleine Mühle seines Vaters.

Der junge Mühlenbesitzer trug seinem Vater seinen Rauswurf aus dem Elternhaus nicht nach. Im Gegenteil: Er verzieh seinem Vater Efraim, der inzwischen zum zweiten Mal Witwer geworden war, nahm ihn bei sich auf, setzte ihn in einen Büroraum, den man »Kontor« nannte, und zahlte ihm sogar bis an sein Lebensende ein ansehnliches Monatsgehalt. Dort, im Kontor, saß der schöne Efraim viele Jahre, ließ sich einen herrlichen langen weißen Heiligenbart wachsen und tat gar nichts: Seine Tage verbrachte er gemächlich mit Teetrinken und langen, angenehmen Gesprächen mit den Kaufleuten und Agenten, die in die Mühle kamen. Er dozierte gern ausführlich über das Geheimnis der Langlebigkeit, über die russische Seele im Vergleich zur polnischen oder ukrainischen Seele, über die verborgenen Geheimnisse des Judentums, über die Erschaffung der Welt und über seine eigenen originellen Ansichten zur Veredelung der Wälder, zur Verbesserung der Schlafgewohnheiten, zur Erhaltung der Volksmärchen oder zur Stärkung der Sehschärfe durch Rohkost.

Meine Mutter hatte ihren Großvater Efraim Mussman als eindrucksvollen Patriarchen in Erinnerung: Sein Gesicht erschien ihr erhaben dank des prunkvoll wallenden schneeweißen Prophetenbarts und der buschigen schneeweißen Augenbrauen, die ihm biblische Pracht verliehen. Aus den Tiefen dieser üppigen Schneelandschaften seines Haarschopfes, seines Bartes und seiner Brauen schauten dich, mit kindlich glücklichem Lachen, seine himmelblauen Augen an, wie zwei klare Seen. »Großvater Efraim sah aus genau wie Gott. Das heißt, genau wie jedes Kind sich Gott vorstellt. Nach und nach gewöhnte er sich tatsächlich daran, vor aller Welt wie ein slawischer Heiliger aufzutreten, wie ein dörflicher Wundertäter, etwas zwischen der Verkörperung des alten Tolstoj und dem Weihnachtsmann.«

Mit rund fünfzig Jahren war Efraim Mussman zu einem beeindruckenden Greis geworden, aber auch schon ein wenig geistesabwesend. Zu diesem Zeitpunkt unterschied er wohl immer weniger zwischen einem Mann Gottes und Gott selbst: Er begann, Gedanken zu lesen, wahrzusagen, Moral zu predigen, Träume zu deuten, Absolution zu erteilen, Gnade und Erbarmen walten zu lassen. Von morgens bis abends saß er im Büro der Mühle, trank Tee und spendete Erbarmen. Außer Sich-Erbarmen tat er den ganzen Tag fast nichts.

Immer umwehte ihn der Duft teuren Parfüms, und seine Hände waren weich und warm. (»Aber mich«, sagt meine fünfundachtzigjährige Tante Sonia mit kaum verschleierter Siegesfreude, »mich hat Großvater Efraim von all seinen Enkelkindern am meisten geliebt! Ich war sein Liebling!

Weil ich nämlich so eine kleine *krassawiza* war, eine Schönheit, so eine kleine *kokettka* war ich, wie eine kleine Französin, und ich wußte, wie ich ihn um den kleinen Finger wickeln konnte. Aber eigentlich konnte doch jedes Mädchen ihm leicht den schönen Kopf verdrehen und ihn um den kleinen Finger wickeln. So lieb und zerstreut war er, so kindlich – und sehr sentimental, bei allem traten ihm vor Gerührtheit die Tränen in die Augen. Und ich habe als kleines Mädchen Stunden auf seinem Schoß gesessen und ihm dabei den wunderbaren weißen Bart gekämmt und gekämmt, und ich hatte immer die Geduld, mir all den Unsinn anzuhören, den er erzählte. Außerdem hatte man mir doch auch den Namen seiner Mutter gegeben, Sara, Surka. Deswegen hat Großvater Efraim mich liebsten von allen gehabt und mich manchmal ›kleines Mammele‹ genannt.«)

Sanft und gutmütig war er, weich und zärtlich, schwatzhaft und vielleicht ein wenig töricht, aber die Leute hatten ihn gern, wegen seines heiteren kindlichen Lächelns, ein das Herz erfreuendes Lächeln, das fast immer auf seinem Gesicht leuchtete. (»Großvater Efraim war so: In dem Moment, wo du ihn angeschaut hast, da hast du gleich auf der Stelle selbst angefangen zu lächeln! Jeder, ob er wollte oder nicht, hat sofort gelächelt, wenn Großvater Efraim ins Zimmer kam. Sogar die Portraits an der Wand haben angefangen zu lächeln, sobald Großvater Efraim den Raum betrat!«) Zu seinem Glück liebte ihn sein Sohn Naftali Herz so sehr, daß er ihm nichts nachtrug, ihm alles verzieh und so tat, als würde er nichts merken, selbst wenn der Alte Rechnungen verwechselte oder unerlaubt die Kasse im Büro öffnete und ein paar Scheine entnahm, die er – wie der Heilige, gelobt sei er, in den chassidischen Geschichten – an dankbare Bedürftige verteilte, nachdem er ihnen geweissagt und Moral und gute Lehre gepredigt hatte.

Ganze Tage lang saß der alte Mann im Büro der Mühle seines Sohnes, schaute aus dem Fenster und verfolgte mit gütigen Augen den Mühlenbetrieb und das Tun der Arbeiter. Vielleicht, weil er »genau wie Gott« aussah, betrachtete er sich in seinen letzten Jahren auch als eine Art Allmächtiger: Bescheiden, aber auch hochmütig war er. Manchmal überhäufte er seinen Sohn mit allerlei Ratschlägen, Ideen, Anweisungen und Plänen für Leitung und Ausbau des Betriebs, aber meist hatte der Alte eine halbe oder ganze Stunde später seine Vorschläge vergessen und ließ sich von neuen Gedanken mitreißen. Er trank einen Tee nach dem anderen und blickte zerstreut in die Kontobücher. Mit Fremden, die ihn irrtümlich für den Mühlenbesitzer hielten, unterhielt er sich freudig, ohne sie auf ihren Irrtum hinzuweisen, über den Reichtum der Rothschilds oder über das schreckliche Leid der Kulis in China, das er *Kitaj* nannte. Seine Gesprächsrunden dauerten meist sieben oder acht Stunden.

Sein Sohn, Herz Mussman, ließ ihn gewähren. Mit Klugheit, Umsicht und Geduld dehnte er seine Geschäfte aus, verzweigte sie hierhin und dorthin, wurde wohlhabender, verheiratete seine Schwester Sara, nahm seine Schwester Jenny bei sich auf und konnte zum Schluß auch sie verheiraten. (»Mit einem Tischler, Jascha! Ein guter Kerl, wenn auch sehr, sehr einfach! Aber was hätte man mit dieser Jenny sonst machen können? Sie war schließlich schon fast vierzig!«) Er beschäftigte, für ansehnlichen Lohn, sowohl seinen Neffen Schimschon als auch den Tischler, Jennys Jascha, nahm alle Geschwister und Verwandten unter seine Fittiche. Seine Geschäfte florierten. Die ukrainischen und russischen Kunden gingen dazu über, ihn respektvoll, mit leichter Verbeugung, den Hut an die Brust gedrückt, mit dem Namen Gerz Jefremowitsch, Herz, Sohn des Efraim, anzureden. Sogar einen russischen Gehilfen hatte er, einen jungen verarmten Aristokraten, dem ein Magengeschwür zu schaffen machte. Mit dessen Hilfe dehnte mein Großvater den Mehlhandel bis nach Kiew, Moskau und St. Petersburg aus.

1909 oder 1910, im Alter von einundzwanzig Jahren, heiratete Naftali Herz Mussman Itta Gedaljewna Schuster, die kapriziöse Tochter von Gedalja und Perl Schuster, geborene Gibor. Über Perl, meine Urgroßmutter, berichtete mir Tante Chaja, sie sei eine resolute Frau gewesen, »gescheit wie sieben Kaufleute«, mit wachen Sinnen für die Intrigen der Dorfpolitik, scharfzüngig, geldgierig, herrschsüchtig und auch wahnsinnig geizig. (»Man erzählte sich bei uns, sie habe ihr Leben lang jede abgeschnittene Locke oder Haarsträhne aufgehoben, um Kissen damit zu füllen, und jeden Zuckerwürfel mit dem Messer in vier exakte Würfelchen zerteilt.«) Gedalja, der Vater meiner Großmutter Itta, ist seiner Enkelin Sonia als mürrischer, untersetzter Mann in Erinnerung, der ständig vor Begierden überschäumte. Sein Bart war schwarz und zerzaust, sein Benehmen laut und herrisch. Es hieß von ihm, er habe rülpsen können, »daß die Fensterscheiben klirrten«, und habe dabei gedröhnt »wie ein leeres rollendes Faß«. (Aber er hatte höllische Angst vor jedem Tier, vor Hunden, Katzen, sogar vor einem Zicklein oder Kälbchen.)

Die Tochter von Perl und Gedalja, meine Großmutter Itta, verhielt sich immer wie eine Frau, der das Leben nicht das gebührende Zartgefühl entgegengebracht hatte. In ihrer Jugend war sie schön, umworben und wahrscheinlich auch sehr verwöhnt. Über ihre drei Töchter herrschte sie mit fester Hand, wollte von ihnen jedoch offenbar auch wie eine kleine Schwester oder süße Tochter behandelt werden. Sogar noch im Alter wandte sie bei ihren Enkeln allerlei kleine Bestechungsversuche, Koketterien und kindliche Schöntuereien an, als hoffe sie, auch wir würden sie verwöhnen, ihrem Charme erliegen und sie umwerben. Dabei verfügte sie durchaus über eine gewisse höfliche Unbarmherzigkeit.

Die Ehe von Itta und Herz Mussman hielt verbissene fünfundsechzig Jahre lang, geprägt von Kränkungen, Ungerechtigkeiten, Demütigungen, Versöhnungen, Schmach, Selbstbeherrschung und gegenseitiger zähneknirschender Höflichkeit. Meine Großeltern mütterlicherseits waren zwei sehr verschiedene und einander bis zur Verzweiflung fernstehende Menschen, aber diese Verzweiflung wurde verborgen gehalten, weggesperrt, niemand in meiner Familie sprach davon, ich konnte sie als Kind höchstens undeutlich wittern, wie den erstickten Geruch langsam versengenden Fleisches hinter der Wand.

Ihre drei Töchter, Chaja, Fania und Sonia, suchten nach Wegen, den Eltern die Qualen des Ehelebens zu erleichtern. Alle drei standen all die Jahre ohne jedes Zögern geschlossen auf der Seite ihres Vaters, gegen ihre Mutter. Alle drei verabscheuten ihre Mutter, hatten Angst vor ihr, schämten sich für sie und hielten sie für eine streitsüchtige, tyrannische und vulgäre Frau. Bei Streitigkeiten beschuldigten sie sich gegenseitig: »Schau dich doch bloß an! Du wirst genau wie Mama!«

Erst als ihre Eltern ein hohes Alter erreicht hatten, als sie selbst schon beinahe alt war, gelang es Tante Chaja endlich, die greisen Eheleute zu trennen, nämlich den Vater in einem Altersheim in Givataim und die Mutter in einem Pflegeheim bei Nes Ziona unterzubringen. Sie tat das gegen den ausdrücklichen Willen von Tante Sonia, die eine solche Entflechtung als große Sünde ansah. Zu jener Zeit war der Bruch zwischen Tante Chaja und Tante Sonia schon vollzogen: Fast dreißig Jahre lang, vom Ende der fünfziger Jahre bis zu Tante Chajas Tod, wechselten sie kein einziges Wort. (Tante Sonia kam trotz allem zur Beerdigung ihrer Schwester, und dort sagte sie uns traurig: »Ich vergebe ihr alles, alles. Und ich bete im Herzen, daß auch Gott ihr vergibt – und das wird ihm nicht leichtfallen, denn da hat er sehr viel, sehr viel zu vergeben!« Ungefähr ein Jahr vor ihrem Tod hatte Tante Chaja mir fast das gleiche über ihre Schwester Sonia gesagt.)

Eigentlich waren die drei Schwestern Mussman von Kindheit an, jede auf ihre Art, bis über beide Ohren in ihren Vater verliebt. Ein warmherziger, väterlicher, gütiger, faszinierender Mann war mein Großvater Naftali Herz (den wir alle – seine Töchter, seine Schwiegersöhne und seine Enkel – Papa nannten). Seine Haut war stark gebräunt, die Stimme warm, die klaren blauen Augen hatte er offenbar von seinem Vater Efraim geerbt: kluge, durchdringende Augen, die aber auch ein Lächeln in sich bargen. Wenn er mit dir sprach, schien es dir immer, als würde er ohne Schwierigkeiten deine tiefsten Gefühle erahnen, zwischen den Worten lesen, im Nu aufnehmen, was du gesagt hast und warum du es gesagt hast – und dabei auch entschlüsseln, was du vergebens vor ihm zu verbergen suchtest. Er lächelte dich manchmal unerwartet an, es war ein verschmitztes Lächeln, beinahe mit einem Augenzwinkern: als wolle er dich ein wenig beschämen, während er sich gleichzeitig für dich schämte, dir aber verzieh, weil der Mensch schließlich nur ein Mensch ist.

Tatsächlich waren in seinen Augen alle Menschen unvorsichtige Kinder, die einander, und auch sich selbst, ständig enttäuschten und Leid zufügten, in einer immerwährenden Komödie gefangen, eine nicht sehr feine Komödie, die in der Regel nicht gut endete. Alle Wege führten ins Leid. Deshalb waren, in Papas Augen, fast alle Menschen auf Mitgefühl und die meisten ihrer Taten auf eine gewisse Nachsicht angewiesen – einschließlich aller möglichen Schwindeleien, Tricks, Täuschungsmanöver, Anmaßungen, Verstellungen, Prahlereien, Lügen und Vortäuschungen. All das verzieh er dir mit seinem feinen, verschmitzten Lächeln, als wolle er sagen: Nu, was.

Nur angesichts von Grausamkeiten verlor Papa seine belustigte Nachsicht. Auf Bosheit reagierte er mit Abscheu. Seine frohen blauen Augen verdunkelten sich, wenn er von bösartigen Taten hörte: »Ein böses Tier? Was soll das überhaupt sein?« überlegte er laut auf jiddisch. »Kein Tier ist böse. Kein Tier ist fähig, böse zu sein. Die Tiere haben das Böse noch gar nicht entdeckt. Das Böse ist das Monopol von uns, der Krone der Schöpfung. Haben wir im Paradies vielleicht doch vom falschen Apfel gegessen? Vielleicht wuchs zwischen dem Baum des Lebens und dem Baum der Erkenntnis dort im Garten Eden noch ein Baum, ein giftiger Baum, vom dem nichts in der Tora steht, der Baum des Bösen (er nannte ihn »Baum der *risches*«), und wir haben aus Versehen gerade von diesem gegessen? Die hinterlistige Schlange hat Eva betrogen, hat ihr versichert, das sei der Baum der Erkenntnis, sie aber in Wirklichkeit geradewegs zum Baum der *risches* geführt. Hätten wir wirklich nur von den Bäumen des Lebens und der Erkenntnis gegessen, vielleicht wären wir gar nicht aus dem Paradies vertrieben worden?«

Danach, wenn seine Augen wieder blau waren und vor Verschmitztheit, Fröhlichkeit und Witz sprühten, fuhr er mit seiner warmen, langsamen Stimme fort, in klarem und anschaulichem, üppig sprudelndem Jiddisch das zu formulieren, was Jean-Paul Sartre ein paar Jahre später entdecken sollte: »Aber was ist Hölle? Was ist Paradies? Das ist doch alles nur im Innern. Bei uns zu Hause. Hölle wie Paradies kann man in jedem Zimmer finden. Hinter jeder Tür. Unter jeder Ehebettdecke. Das ist so: Ein wenig Bosheit – und der Mensch bereitet dem Menschen die Hölle. Ein wenig Mitgefühl, ein wenig Großzügigkeit – und der Mensch bereitet dem Menschen das Paradies.

Ich habe von Mitgefühl und Großzügigkeit gesprochen, nicht von Liebe: An allumfassende Liebe glaube ich nicht so recht. Daß jeder jeden liebt, das überlassen wir vielleicht besser Jesus. Liebe ist etwas ganz anderes. Sie hat überhaupt keine Ähnlichkeit mit Großzügigkeit und auch nicht mit Mitgefühl. Im Gegenteil. Liebe ist eine sonderbare Mischung aus zwei Gegensätzen, aus egoistischstem Egoismus und vollkommener Hingabe. Ein Paradox! Außerdem, Liebe, die ganze Welt spricht doch die ganze Zeit von Liebe, Liebe, aber die Liebe wählt man sich ja nicht, man wird davon angesteckt, gerät in ihre Fänge, sie kommt über einen wie eine Krankheit, wie ein Unglück. Zwischen was hat man sich also zu entscheiden? Zwischen was und was müssen Menschen fast jede Minute wählen? Entweder Großzügigkeit – oder Bosheit. Das weiß doch schon jedes kleine Kind, und trotzdem hört die Bosheit nicht auf. Wie läßt sich das erklären? Das haben wir anscheinend alles von dem Apfel, den wir dort gegessen haben: Wir haben einen vergifteten Apfel gegessen.«

22

Die Stadt Rowno (auf polnisch Rowne), ein wichtiger Eisenbahnknotenpunkt, war rings um das Schloß und die seenreichen Parkanlagen des Fürstenhauses Lubomirski entstanden. Ein Fluß namens Ustja durchfloß Rowno von Süd nach Nord. Zwischen dem Fluß und dem Sumpfgebiet erhob sich die Stadtfestung, und zu russischen Zeiten gab es dort einen schönen Schwanensee. Die Festung, das Schloß der Fürsten von Lubomirski und mehrere katholische und russisch-orthodoxe Kirchen, darunter eine mit Zwillingstürmen, bestimmten Rownos Silhouette. Etwa sechzigtausend Einwohner zählte die Stadt in den Jahren vor dem Zweiten Weltkrieg, zum größten Teil Juden und dazu Ukrainer, Polen, Russen und eine Handvoll Tschechen und Deutsche. Ein paar Tausend weitere Juden lebten in benachbarten Kleinstädten und Dörfern. Die Dörfer waren umgeben von Obst- und Gemüsegärten, Weideland und Weizen- und Roggenfeldern, die der Wind manchmal in leichtes Zittern oder sanftes Wogen versetzte. Das durchdringende Pfeifen einer Lokomotive durchlöcherte hin und wieder die Stille der Felder. Und manchmal konnte man in den Gärten ukrainische Bauernmädchen singen hören. Von fern klang ihr Singen wie Wehklagen.

So weit das Auge reichte, breitete sich ebenes Land aus, hier und da leicht ansteigend, durchzogen von Bächen und Tümpeln, vereinzelten Sümpfen und großen Wäldern. Die Stadt selbst hatte drei oder vier »europäische« Straßen mit einigen offiziellen Gebäuden im neoklassizistischen Stil und fast durchgehenden Häuserzeilen. In den Wohnungen dieser zweistöckigen Häuser mit langen Balkonreihen und Eisengeländern und kleinen Geschäften in den Erdgeschossen lebte der Mittelstand. Aber viele Nebenstraßen waren nichts als Sandwege, morastig im Winter und staubig im Sommer, hier und da mit wackligen hölzernen Bürgersteigen versehen. Kaum war man von einer Hauptstraße in eine dieser Nebenstraßen eingebogen, war man schon von einfachen slawischen Häusern umgeben, niedrig, kompakt, mit dicken Wänden, tiefgezogenen Dächern und kleinen Nutzgärten, sowie von vielen windschiefen, schwärzlichen Katen, einige bis zu den Fenstern in die Erde eingesunken und mit Stroh gedeckt.

1919 eröffnete der hebräische Kulturverband Tarbut, Kultur, in Rowno ein Gymnasium, eine Grundschule und einige Kindergärten. Meine Mutter und ihre Schwestern besuchten diese zionistisch-säkularen Tarbut-Schulen. Hebräische und jiddische Zeitungen wurden in den zwanziger und dreißiger Jahren in Rowno gedruckt, zehn oder zwölf jüdische Parteien bekämpften einander vehement, hebräische Arbeitskreise für Literatur, Judaistik, Wissenschaften und Erwachsenenbildung florierten. Je mehr der Judenhaß im Polen der zwanziger und dreißiger Jahre zunahm, desto stärker wurde die zionistische Bewegung und desto mehr etablierte sich das hebräische Schulwesen. Und ohne jeden Widerspruch dazu nahmen auch der Säkularismus und die Hinwendung zur nichtjüdischen Kultur zu.*

Jeden Abend, um Punkt zehn Uhr, ging vom Bahnhof in Rowno der Nachtexpreß nach Zdolbunów, Lemberg, Lublin und Warschau ab. An Sonn- und christlichen Feiertagen läuteten alle Kirchenglocken. Die Winter waren dunkel und verschneit, und im Sommer fiel warmer Regen. Das Rownoer Kino gehörte einem Deutschen namens Brandt. Einer der Apotheker am Ort war ein Tscheche namens Makaček. Der Chefarzt des Krankenhauses war ein Jude, Dr. Segal, der von seinen Gegnern »der verrückte Segal« genannt wurde. In seinem Krankenhaus arbeitete auch der Orthopäde Dr. Josef Kopejka, ein glühender Revisionist. Mosche Rotenberg und Simcha-Herz Majafit waren die Rabbiner der Stadt. Juden handelten mit Holz und Getreide, mahlten Mehl, waren in den Branchen Textil, Haushaltswaren, Goldschmiedekunst, Lederwaren, Druckerei, Bekleidung, Kleinhandel, Galanteriewaren und Bankwesen tätig. Einige junge Juden wurden aus ihrer politischen Überzeugung heraus Proletarier: Drucker, Lehrlinge, Tagelöhner. Die Familie Pisjuk hatte eine Brauerei. Die Twischors waren vielgerühmte Handwerker. Die Familie Strauch stellte Seife her. Die Familie Gendelberg pachtete Wälder. Die Familie Steinberg betrieb eine Streichholzfabrik. Im Juni 1941 fiel Rowno in die Hände der Deutschen, nachdem sie die Sowjetarmee vertrieben hatten, die zwei Jahre zuvor einmarschiert war. Innerhalb von zwei Tagen, am 7. und 8. November 1941, ermordeten die Deutschen und ihre Helfershelfer über dreiundzwanzigtausend Juden. Die übrigen fünftausend wurden am 13. Juli 1942 ermordet.

Mutter erzählte mir manchmal sehnsüchtig, mit ihrer leisen, die Wortenden etwas dehnenden Stimme, von dem Rowno, das sie zurückgelas-

* Menachem Gelerter, *Das hebräische Gymnasium »Tarbut« in Rowno* [hebr.], hg. v. Komitee der ehemaligen Schüler des Gymnasiums, Jerusalem 1973.

sen hatte. In sechs, sieben Sätzen konnte sie mir ein Bild skizzieren. Immer wieder verschiebe ich eine Reise nach Rowno, damit die Bilder, die mir meine Mutter geschenkt hat, nicht ihren Platz räumen müssen.

Der exzentrische Bürgermeister von Rowno in den zwanziger Jahren des 20. Jahrhunderts, Lebedewski, der nie geheiratet hatte, bewohnte ein großes Haus inmitten eines rund 5000 Quadratmeter großen Grundstücks mit Zier-, Gemüse- und Obstgarten in der Dubinska-Straße 14. Er lebte dort zusammen mit einem Dienstmädchen und deren kleiner Tochter, von der man in der Stadt munkelte, sie sei eigentlich seine Tochter. Außerdem beherbergte das Haus eine entfernte Verwandte dieses Lebedewskis, Ljubow Nikititschna, eine völlig mittellose russische Aristokratentochter, die, nach eigener Darstellung, entfernt und etwas vage mit der Zarenfamilie, den Romanows, verwandt war. Zu ihr gehörten zwei Mädchen, die sie zwei verschiedenen Ehemännern geboren hatte: Tassia oder Anastasia Sergejewna und Nina oder Antonina Boleslawowna. Alle drei hausten enggedrängt in einem winzigen Raum, der eigentlich das Ende des Korridors und von ihm nur durch einen Vorhang abgetrennt war. Dieses Zimmer teilten die drei Adelstöchter mit einer sehr großen Anrichte aus Mahagoniholz, alt und prächtig, ein über und über mit Schnitzereien und Ornamenten versehenes Möbelstück aus dem 18. Jahrhundert, hinter dessen Glastüren Antiquitäten, Silbersachen, Porzellan und Kristall in Hülle und Fülle zu sehen waren. Außerdem stand dort ein breites Bett mit vielen buntbestickten Kissen, in dem wohl immer alle drei gemeinsam schliefen.

Das Haus hatte nur ein geräumiges Stockwerk, aber darunter lag ein riesiges Kellergewölbe, das als Werkstatt, Speisekammer, Lagerraum und Weinkeller diente, ein Sammelbecken für ein kompaktes Duftgemisch: ein seltsames, leicht beängstigendes, aber auch faszinierendes Ensemble von Dörrobst und Butter und Würsten und Bier und Getreide und Honig und allerlei Eingekochtem – *warenje, powidlo* – sowie Fässern voll Sauerkraut und sauren Gurken, dazu allerlei Gewürze und Ketten aufgefädelter getrockneter Gemüse und Früchte, die sich quer durch den Keller spannten, und mehrere Sorten Hülsenfrüchte in Säcken und Holzwannen und die Gerüche von Teer, Petroleum, Pech, Kohle und Feuerholz sowie ein leichter Hauch Moder, Fäulnis und Schimmel. Ein kleines Fenster, dicht unter der Kellerdecke, ließ einen schrägen, staubigen Lichtstrahl einfallen, der das Kellerdunkel mehr betonte als zerstreute. Durch die Geschichten meiner Mutter habe ich diesen Keller so gut kennengelernt, daß ich auch jetzt, während ich dies schreibe, die Augen schließe und in ihn hinabsteige und bis zum Schwindligwerden seine vielfältigen Gerüche einatme.

1920, kurz bevor Marschall Piłsudskis Truppen Rowno und den ganzen russisch besetzten Westen der Ukraine eroberten, verlor Bürgermeister Lebedewski Amt und Würden. An seine Stelle trat ein gewisser Bojarski, ein Grobian und Säufer, der obendrein noch ein wüster Judenhasser war. Mein Großvater Naftali Herz Mussman konnte Lebedewskis Haus in der Dubinska-Straße sehr günstig erwerben. Hierher übersiedelte er mit seiner Frau Itta und den drei Töchtern, Chaja oder Njussia, der Ältesten, die 1911 geboren wurde, Rivka-Fejge oder Fania, die zwei Jahre später zur Welt kam, und der Jüngsten, Sara oder Sonia, 1916 geboren. Das Haus, so erzählte man mir kürzlich, steht immer noch.

Auf der einen Seite der Dubinska-Straße, von den Polen in Kasarmowa-Straße, Kasernen-Straße, umbenannt, standen geräumige Wohnhäuser, in denen die Reichen der Stadt wohnten. Auf der anderen Seite erstreckten sich die Militärkasernen, die *kasarmi*. Der Duft von Gartenblumen und Obstblüten erfüllte die Straße im Frühling und mischte sich zuweilen mit Wäschegeruch und dem Duft frischer Backwaren, dem Duft nach warmem Brot und Kuchen und Keksen und Pasteten, und den Gerüchen würziger Speisen, die aus den Küchen wehten.

In dem geräumigen Haus mit den vielen Zimmern verblieben allerlei Insassen, die die Mussmans von Lebedewski »geerbt« hatten. Papa brachte es nicht über das Herz, sie vor die Tür zu setzen. Hinter der Küche wohnten daher nach wie vor das alte Dienstmädchen, Xenia Dimitrijewna, Xenjutschka, mit ihrer Tochter Dora, die vielleicht oder vielleicht auch nicht von Lebedewski stammte: Alle nannten sie einfach Dora, ohne jeden Vaternamen. Am Ende des Korridors, hinter dem Vorhang, nisteten weiter ungestört die verarmte adlige Dame Ljuba, Ljubow Nikititschna, die noch immer behauptete, irgendwie mit der Zarenfamilie verwandt zu sein, zusammen mit ihren Töchtern Tassia und Nina, alle drei sehr schlank, aufrecht, hochmütig und immer herausgeputzt »wie ein Pfauenschwarm«.

Außerdem wohnte dort in einem geräumigen, hellen Vorderzimmer, das »Kabinett« genannt wurde, ein polnischer Offizier zur Miete, im Rang eines *polkownik*, Obersten, ein träger und sentimentaler Aufschneider. Er hieß Jan Zakrzewski, war um die fünfzig, stämmig, männlich, breitschultrig und nicht häßlich. Die Mädchen nannten ihn *pan polkownik*. Jeden

Freitag schickte Itta Mussman eine ihrer Töchter mit einem Teller duftendem, ofenfrischem Mohngebäck los, um bei *pan polkownik* höflich an die Tür zu klopfen und ihm mit einem Knicks im Namen der ganzen Familie einen guten Schabbes zu wünschen. Der Oberst beugte sich dann immer vor, tätschelte dem Mädchen ein wenig den Kopf, manchmal auch den Rücken oder die Schultern, nannte alle *zyganki,* Zigeunerinnen, und versprach jeder von ihnen, er warte wirklich und wahrhaftig nur auf sie und werde nur sie heiraten, wenn sie einmal groß sei.

Bojarski, der antisemitische Bürgermeister, der Lebedewski nachgefolgt war, kam manchmal, um mit dem *polkownik* a. D. Zakrzewski Karten zu spielen. Sie tranken und rauchten dann gemeinsam, »bis die Luft schwarz war«. Mit der Zeit klangen ihre Stimmen immer tiefer und heiserer, und ihr dröhnendes Gelächter ging in Röcheln und Ächzen über. Die Töchter wurden während der Bürgermeisterbesuche in den hinteren Teil des Hauses oder in den Garten geschickt, damit ihnen nicht alle möglichen Dinge zu Ohren kämen, die wohlerzogene Mädchen unter keinen Umständen hören durften. Das Dienstmädchen brachte den Herren hin und wieder heißen Tee, Würstchen, Salzhering oder ein Tablett mit Kompott, Keksen und Nüssen. Jedesmal unterbreitete sie den Herren dabei respektvoll die Bitte der Frau Hausherrin, sie möchten ein wenig die Stimmen dämpfen, weil die Frau Hausherrin »höllische« Kopfschmerzen habe. Was die beiden Herren dem alten Dienstmädchen antworteten, wird man nie wissen, weil das Dienstmädchen selbst »taub wie zehn Wände« war (und manchmal hieß es von ihr: »noch tauber als Gott der Allmächtige«). Sie bekreuzigte sich vor lauter Ehrfurcht, verbeugte sich vor den Herren und schlurfte mit ihren müden, schmerzenden Beinen aus dem Kabinett.

Und eines Sonntags früh, vor dem ersten Morgenlicht, als alle Bewohner des Hauses noch in ihren Betten schliefen, beschloß Oberst Zakrzewski, seine Pistole zu überprüfen. Zuerst schoß er durchs geschlossene Fenster in den Garten. Zufälliger- oder mysteriöserweise schaffte er es, in der tiefen Dunkelheit eine Taube zu treffen, die man am Morgen verwundert, aber lebendig im Hof auffand. Danach schoß er eine Kugel genau in die Weinflasche auf seinem Tisch, eine in seinen Oberschenkel, zwei auf den Kronleuchter, verfehlte ihn aber, und mit der letzten Kugel zertrümmerte er sich die Stirn und starb. Er war ein gefühlvoller, redseliger Mensch, oft stimmte er plötzlich ein Lied an oder brach in Tränen aus. Er litt unter der historischen Tragödie seines Volkes, litt mit dem niedlichen Ferkel, das der Nachbar mit einem Pfahl erschlagen hatte, litt unter dem bitteren Los der Singvögel bei Einzug des Winters, litt mit Jesus am Kreuz, er litt sogar mit den Juden, die schon fünfzig Generationen lang verfolgt wurden und noch immer nicht das Licht zu erkennen vermochten, litt unter seinem eigenen Leben, das ohne Ziel und Sinn dahinfloß, und litt bis zur Verzweiflung wegen eines Mädchens, Wassilisa, die er einmal, vor vielen Jahren, hatte ziehen lassen, weshalb er bis zum Tag seines Todes nicht aufhörte, seine Torheit zu verfluchen, und auch sein hohles, gänzlich wertloses Leben. »Mein Gott, mein Gott«, zitierte er in seinem polnisch gefärbten Latein, »warum hast du mich verlassen? Warum hast du uns alle verlassen?«

An jenem Morgen brachte man die drei Mädchen durch die Hintertür aus dem Haus, schickte sie über den Obstgarten und durchs Pferdestalltor ins Freie, und als sie wiederkamen, war das Vorderzimmer leer und sauber und gelüftet, und alle Habseligkeiten des *polkownik* waren in Säcke verpackt und weggeschafft worden. Nur ein leichter Hauch des Weins aus der zerschossenen Flasche, so erinnerte sich Tante Chaja, hing noch einige Tage in der Luft.

Und einmal fand dort das Mädchen, das meine Mutter werden sollte, in den Schrankritzen einen Zettel, in ziemlich einfachem Polnisch und mit weiblicher Handschrift geschrieben, an ihr liebes, kleines Wölfchen adressiert, in ihrem ganzen Leben sei sie nie einem besseren und großzügigeren Mann als ihm begegnet, während sie selbst es nicht wert sei, ihm auch nur die Schuhsohlen zu küssen. In dem polnischen Wort für »Sohlen« fand Fania gleich zwei Schreibfehler. Die Verfasserin des Zettels hatte mit »N« unterschrieben und zwei Lippen, einen Kußmund, darunter gemalt. »Keiner«, sagte meine Mutter, »keiner weiß irgend etwas vom anderen. Nicht einmal vom unmittelbaren Nachbarn. Nicht einmal von dem Menschen, mit dem du verheiratet bist. Auch nicht von deinen Eltern oder von deinem Kind. Nichts. Und auch nicht jeder von sich selbst. Nichts weiß man. Und wenn es manchmal einen Moment so scheint, als wüßte man doch etwas, dann ist es noch schlimmer, denn besser, man lebt in völliger Unwissenheit als im Irrtum. Aber eigentlich, wer weiß? Näher betrachtet, lebt es sich vielleicht viel leichter im Irrtum als im Dunkeln?«

In der engen, dämmrigen Zweizimmerwohnung in der Tel Aviver Weisel-Straße, sauber und aufgeräumt, vollgestopft mit Möbeln und immer nach draußen abgeschirmt (während sich dort ein feucht-schwüler Septembertag aufbläht), nimmt Tante Sonia mich auf einen Rundgang mit durch das Herrenhaus im Viertel Wolja, im Nordwesten Rownos. Das Haus stand in der Dubinska-Straße, die nach Einzug der Polen in Kasarmowa-Straße umbenannt wurde. Die Straße kreuzte die Hauptstraße Rownos, die vorher den Namen Schossejna trug und nach dem Einzug der Polen in Trzeciego-Maja-Straße umbenannt wurde, die Straße des 3. Mai, zu Ehren des polnischen Nationalfeiertags.

Bog man von der Straße zum Haus ein, beschreibt Tante Sonia mir detailliert und präzise, durchquerte man zuerst einen kleinen Vorgarten, den *palisadnik* mit seinen schönen Jasminsträuchern (»und ich erinnere mich noch an einen kleinen Strauch, auf der linken Seite, der besonders stark und berauschend duftete, deswegen nannten wir ihn ›der Verliebte‹...«). Und es gab dort *margaritki*, Margariten, und es gab *rosotschki*, Rosensträucher, aus deren Blüten man bei uns eine Konfitüre machte, eine wohlriechende Marmelade, so zuckersüß, daß du meintest, sie schlecke sich, wenn niemand zusah, selbst vor lauter Süße. Die Rosen wuchsen in zwei Rondellen, umgeben von kleinen, schräg aneinandergefügten, weiß gekalkten Steinen oder Ziegeln, wie eine Reihe weißer Schwäne, die sich aneinanderlehnen.

Hinter den Sträuchern hatten wir eine grüne Holzbank, und an ihr vorbei ging man nach links zum Haupteingang: Vier oder fünf breite Stufen führten dort zu einer großen braunen Tür mit allen möglichen Schnitzereien und Verzierungen, das stammte noch von Bürgermeister Lebedewskis Hang zum Verschnörkelten. Der Haupteingang brachte dich in den Vorraum, in dem ein paar schwere Mahagonimöbel standen, Mahagoni heißt auf hebräisch *tola'ana*? Nicht? Vielleicht erklärst du mir einmal, warum ausgerechnet *tola'ana*? Wie *tola'im*, Würmer? Dabei ist Mahagoniholz doch nahezu resistent gegen Würmer! Wenn wir bloß so gegen Würmer gefeit wären wie das Mahagoniholz!

Und es gab dort im Vorraum ein großes Fenster mit langen, bestickten Gardinen, die bis zum Boden reichten. Von diesem Vorraum die erste Tür rechts, das war die Tür zum Kabinett, dem Zimmer von dem *polkownik* Pan Jan Zakrzewski. Vor seiner Tür, draußen, im Vorraum, auf einer Matratze, die man tagsüber aufrollte und verstaute, schlief nachts der Bursche des Offiziers, der *djenschtschik*, sein Diener, ein Bauernjunge mit einem breiten roten Gesicht, wie eine Zuckerrübe, verschandelt von Pickeln und Furunkeln, die von unschönen Gedanken kommen. Dieser *djenschtschik* hat uns Mädchen mit solch vorquellenden Augen angestarrt, als würde er jeden Moment Hungers sterben. Und mit Hunger meine ich nicht Hunger nach Brot, Brot haben wir ihm ja dauernd aus der Küche gebracht, soviel er nur wollte. Der *polkownik* hat diesen *djenschtschik* oft windelweich geschlagen, und hinterher tat es ihm leid, und er hat ihm etwas Geld zum Trinken gegeben.

Du konntest aus dem Vorgarten auch durch den rechten Seitenflügel ins Haus gelangen. Dort gab es einen mit roten Steinen gepflasterten Pfad, sehr glitschig im Winter, und an diesem Pfad entlang wuchsen sechs Bäume, die auf russisch *siren* heißen, und auf hebräisch weiß ich nicht, vielleicht gibt's die bei uns gar nicht? Diese Bäume hatten manchmal winzige lila Blüten mit einem so betörenden Duft, daß wir dort absichtlich stehenblieben und ihn ganz tief einatmeten, bis wir uns manchmal richtig benommen fühlten und plötzlich alle möglichen leuchtenden Punkte vor unseren Augen tanzten, in allen möglichen Farben, die keine Namen haben. Überhaupt glaube ich, gibt es viel mehr Farben und Düfte als Worte. Dieser Pfad neben dem Haus führte dich zu sechs Stufen, auf denen du zu einer kleinen offenen Veranda raufgingst, auf der eine Bank stand: Die Liebesbank hieß sie bei uns, wegen irgend etwas nicht sehr Schönem, das man uns nicht erzählen wollte, aber wir wußten, daß es irgendwie mit den Dienstboten zusammenhing. Von dieser Veranda aus ging der Hintereingang oder Dienstboteneingang ins Haus, der bei uns *tschorny wchod* hieß, was »schwarzer Eingang« bedeutet.

Wenn du weder durch den Haupteingang noch durch den *tschorny wchod* in das Haus wolltest, konntest du dem Pfad ums Haus herum in den Garten folgen. Der riesig war: mindestens wie von hier, von der Weisel-Straße, bis zur Dizengoff-Straße. Oder sogar wie von hier bis zur Ben-Jehuda-Straße. Mitten im Garten gab es eine Allee und zu beiden Seiten eine Menge Obstbäume: allerlei Pflaumenbäume, zwei Kirschbäume, deren Blüte einem Brautkleid glich und aus deren Früchten man *wischnjak*, Kirschlikör, und auch *piroschki*, Pirogen, machte. Äpfel – Reinetten und *Popirowki* und auch *gruschi*, riesige saftige Birnen, *Pontowki*-Birnen, denen die Jungs Namen gaben, die man besser nicht wiederholt. Auf der anderen Seite standen auch Obstbäume, saftige Pfirsiche, und noch mehr Äpfel, ähnlich wie die Sorte, die bei uns »Der Unvergleichliche« heißt, und kleine grüne Birnen, zu denen die Jungs auch so was sagten, bei dem wir Mädchen sofort die Hände ganz fest auf beide Ohren drückten, um ja kein Wort zu hören. Und es gab solche länglichen Zwetschgen für Marmelade, und zwischen den Obstbäumen wuchsen Sträucher, Himbeeren und Erdbeeren und schwarze Johannisbeeren. Und wir hatten auch besondere Äpfel für den Winter, solche harten grünen, die man unter Stroh auf dem *tscherdak* lagerte – ist das so etwas wie ein Dachboden? –, damit sie dort nach und nach reiften. Auch Birnen hat man dort hingetan, auch die hat man in Stroh verpackt, damit sie dort ein paar Wochen weiterschliefen und erst im Winter aufwachten. So hatten wir den ganzen Winter über gutes Obst, während andere im Winter nur Kartoffeln zu essen hatten, und auch das nicht einmal immer. Papa sagte dazu, Reichtum ist Sünde und Armut ist Strafe, aber Gott möchte anscheinend, daß zwischen Sünde und Strafe keinerlei Verbindung besteht. Der eine sündigt, und der andere wird bestraft. So ist die Welt eingerichtet.

Papa, dein Großvater, war beinahe Kommunist. Immer ließ er seinen Vater, den Großvater Efraim, mit Messer und Gabel und weißer Serviette am Tisch im Büro der Mühle essen. Aber Papa selbst saß immer bei seinen Arbeitern unten, am Holzofen, und aß wie sie mit den Fingern Roggenbrot, Salzhering, Zwiebeln mit Salz und eine Kartoffel samt Schale. Auf einem Stück Zeitungspapier auf dem Boden aßen sie das und spülten es mit einem kräftigen Schluck Wodka runter. Jeden Feiertag, jeden Vorabend eines Feiertags, gab Papa jedem Arbeiter einen Sack Mehl, eine Flasche Wein und ein paar Rubel. Dabei deutete er auf die Mühle und sagte: Nu, das gehört nicht mir, das gehört uns! Wie Schillers Wilhelm Tell war dein Großvater, dieser soziale Präsident, der den Wein immer aus einem Becher mit den einfachsten Soldaten getrunken hat.

Sicherlich deswegen – als 1919 die Kommunisten in die Stadt kamen und gleich alle Kapitalisten und Fabrikanten an die Wand stellten, da haben Papas Arbeiter den Deckel dieser großen Maschine aufgemacht, ich erinnere mich nicht mehr, wie sie heißt, dieser Hauptmotor, der den Walzen Kraft zum Mahlen des Weizens gab, haben ihn da drinnen versteckt und den Deckel zugeklappt und haben eine Abordnung zu dem Anführer der Roten geschickt und ihm so gesagt: Hören Sie uns bitte gut zu, Genosse Gouverneur, unser Gerz Jefremowitsch Mussman – daß ihr dem kein einziges Haar krümmt! Herz Mussman – *on nasch batjuschka!* Er ist unser Väterchen!

Und tatsächlich hat das Sowjetregime in Rowno deinen Großvater zum *uprawljajuschtschi* – Direktor – der Mühle gemacht, sie haben seine Befugnisse überhaupt nicht angetastet, im Gegenteil, sie sind aufgetaucht und haben ihm gesagt: Lieber Genosse Mussman, hören Sie bitte, von heute an – wenn Sie Schwierigkeiten mit einem Arbeiter haben, der faul ist oder die Arbeit behindert, ein *sabotaschnik*, dann zeigen Sie nur mit dem Finger auf ihn, und wir stellen ihn sofort an die Wand. Natürlich hat dein Großvater genau das Gegenteil getan: Er hat mit List und allerlei Tricks seine Arbeiter auch vor diesem Arbeiterregime geschützt. Und gleichzeitig hat er die ganze Rote Armee in unserem Bezirk mit Mehl versorgt.

Einmal bekam der sowjetische Gouverneur anscheinend eine sehr große Ladung von völlig verrottetem Weizen, und er erschrak sehr, weil man ihn dafür gleich an die Wand hätte stellen können: Wie das, warum hatte er ihn unbesehen angenommen? Also, was hat er getan, der Gouverneur, um seinen Kopf zu retten? Spät nachts ließ er die ganze Fuhre vor Papas Mühle abladen und erteilte ihm den Befehl, daraus umgehend, bis fünf Uhr morgens, Mehl zu machen.

Papa und seine Arbeiter merkten im Dunkeln nicht mal, daß das völlig verrotteter Weizen war. Sie mahlten alles, mahlten und mahlten die ganze Nacht, und am Morgen hatten sie faulig stinkendes Mehl mit lauter Maden. Papa begriff auf der Stelle, dieses Mehl – das hatte er nun am Hals. Und jetzt hatte er nur die Wahl, entweder selbst die Verantwortung zu übernehmen oder ohne jegliche Beweise den sowjetischen Gouverneur zu bezichtigen, der ihm den verrotteten Weizen geschickt hatte. So oder so hieß das Erschießungskommando.

Was hätte er denn sonst tun können? Die ganze Schuld auf seine Arbeiter abwälzen? Also hat er einfach dieses ganze verrottete Mehl weggeworfen, mitsamt den Maden, und hat statt dessen aus seinen Lagern hundertfünfzig Sack sauberes, erstklassiges Mehl rausgeholt, nicht Mehl fürs Militär, sondern weißes Mehl, Mehl für Kuchen und Schabbatbrote, und am Morgen hat er ohne ein Wort dieses Mehl dem Gouverneur übergeben. Der Gouverneur hat auch kein Wort gesagt, obwohl er sich im stillen vielleicht sogar dafür schämte, daß er die Strafe auf deinen Großvater hatte abwälzen wollen. Aber was hätte er schon tun können? Lenin und Stalin waren ja nie bereit, von irgend jemandem irgendwelche Erklärungen und Entschuldigungen anzunehmen: Sie stellten die Leute gleich an die Wand und schossen.

Natürlich hat dieser Gouverneur gemerkt, daß das, was Papa ihm gab, keineswegs von seinem verrotteten Weizen stammt und daß Papa so auf seine eigenen Kosten sie beide gerettet hat, sich selbst und den General. Und auch seine Arbeiter hat er auf diese Weise gerettet.

Diese Geschichte hat eine Fortsetzung: Papa hatte einen Bruder, Michail, Michael, der, zu seinem Glück, taub wie Gott war. Ich sage, zu seinem Glück, denn Onkel Michail hatte eine furchtbar boshafte Frau, Rachel, die ihn den ganzen Tag und die ganze Nacht über mit ihrer heiseren Stimme ankreischte und verfluchte, aber er hörte nichts: lebte vor sich hin in Stille und Frieden, wie der Mond am Himmel.

All die Jahre lungerte Michail in Papas Mühle herum und tat gar nichts, trank Tee mit Großvater Efraim im Kontor und kratzte sich den Kopf, und dafür zahlte Papa ihm ein recht anständiges Monatsgehalt. Eines Tages, ein paar Wochen nach dem verrotteten Mehl, kamen die Sowjets plötzlich an und zogen diesen Michail in die Rote Armee ein. Aber in derselben Nacht sah Michail seine Mutter Chaja im Traum, und die sagte ihm im Traum, schnell, mein Sohn, steh rasch auf und flüchte, denn morgen werden sie dich umbringen. Da ist er frühmorgens aufgestanden und von der Kaserne weggerannt, als wäre dort ein Feuer ausgebrochen: *desertir*, das heißt Fahnenflüchtiger. Aber die Roten haben ihn gleich geschnappt und ihm noch am selben Tag den Militärprozeß gemacht und befohlen, ihn an die Wand zu stellen. Genau wie seine Mutter ihn im Traum gewarnt hatte! Nur daß sie ihm im Traum vergessen hatte, zu sagen, daß er, gerade umgekehrt, um Himmels willen nicht fliehen und nicht desertieren sollte!

Papa kam auf den Kasernenhof, um von seinem Bruder Abschied zu nehmen, es war nichts mehr zu machen, doch da plötzlich, mitten auf dem Hof, die Soldaten steckten schon die Kugeln für Michail in ihre Gewehre, hat doch auf einmal dieser Gouverneur, der mit dem verrotteten Mehl, sich an den zum Tode Verurteilten gewandt und ihn gefragt: Sag, *ty brat* von Gerz Jefremowitsch? Bist du vielleicht ein Bruder von Herz, Sohn des Efraim? Und Michail antwortet ihm: *Da*, Genosse General! Ja! Und der Gouverneur wendet sich an Papa und fragt: Ist das Ihr Bruder? Und Papa antwortet ihm auch: Ja, ja, Genosse General! Das ist mein Bruder! Sicher ist das mein Bruder! Da dreht sich dieser General einfach um und sagt zu Onkel Michail: Nu, *idi damoi! Poschol!* Geh nach Hause! Geh schon! Und beugt sich zu Papa, damit es keiner hört, und sagt leise zu ihm: »Nu, was, Gerz Jefremowitsch? Dachten Sie, nur Sie könnten Scheiße in Gold verwandeln?«

Dein Großvater war im Herzen ein Kommunist, aber kein roter Bolschewik. Stalin kam ihm immer wie ein zweiter Iwan der Schreckliche vor. Er war, wie soll man sagen, so ein Kommunist und Pazifist, ein *narodnik*, ein Kommunist und *Tolstojschtschik*, der gegen Blutvergießen ist. Er fürchtete sehr das Böse, das sich in der Seele verbirgt, bei Menschen aller Stände: Er hat uns immer gesagt, eines Tages müßte eine gemeinsame Volksregierung aller anständigen Menschen in der Welt an die Macht kommen. Aber erst müßte man einmal anfangen, nach und nach die Staaten und die Armeen und die Geheimpolizeien abzuschaffen, und erst danach könnte man nach und nach anfangen, den Unterschied zwischen Reichen und Armen zu beseitigen – den einen Steuern abnehmen und den anderen geben, aber nicht auf einen Schlag, damit kein Blut deswegen fließt, sondern alles nach und nach, Schritt für Schritt. Er hat gesagt: *mit aropfalendiker*, mit Gefälle. Und wenn es sieben, acht Generationen dauert, so daß die Reichen fast nicht merken, wie sie ganz langsam nicht mehr ganz so reich sind. Hauptsache, meinte er, man fängt endlich an, die Welt zu überzeugen, daß Unrecht und Ausbeutung Krankheiten sind und Gerechtigkeit das einzige Mittel dagegen ist: Sicherlich, es ist eine bittere Arznei, so hat er uns immer gesagt, eine riskante Arznei, eine Arznei, die man tropfenweise einnehmen muß, bis der Körper sich daran gewöhnt. Wer sie auf einen Zug schlucken will, ruft nur Unglück hervor, ein großes Blutvergießen. Seht nur, was Lenin und Stalin Rußland und der ganzen Welt angetan haben! Sehr richtig, die Wall Street ist wirklich ein Vampir, der der Welt das Blut aussaugt, aber was? Durch Blutvergießen kriegst du den Vampir ja niemals weg, sondern im Gegenteil, machst ihn nur groß und stark, päppelst ihn mit noch und noch mehr frischem Blut!

Das Problem mit Trotzki und Lenin und Stalin und Genossen ist, so dachte dein Großvater, daß sie auf der Stelle das ganze Leben nach Büchern neu ordnen wollten, nach Büchern von Marx und Engels und solchen großen Weisen, die vielleicht alle Bibliotheken kannten, aber keine Ahnung vom Leben hatten, keinen Schimmer von Hartherzigkeit, Neid, Mißgunst, Bosheit und Schadenfreude. Niemals, niemals kann man das Leben nach Büchern ordnen! Nach keinem Buch! Nicht nach unserem *Schulchan Aruch* und nicht nach Jesus von Nazareth und nicht nach dem *Manifest* von Marx! Niemals! Und überhaupt, hat Papa uns immer gesagt, es ist besser, etwas weniger zu ordnen oder neu zu ordnen und statt dessen etwas mehr einander zu helfen und sogar auch einmal zu vergeben.

Er glaubte an zwei Dinge, dein Großvater: Erbarmen und Gerechtigkeit, *derbarmen un gerechtikeit*. Aber er war der Ansicht, daß man die beiden immer verbinden muß: Gerechtigkeit ohne Erbarmen, das ist ein Schlachthof und keine Gerechtigkeit. Andererseits, Erbarmen ohne Gerechtigkeit, das taugt vielleicht für Jesus, aber nicht für einfache Sterbliche, die vom Apfel des Bösen gegessen haben. Das war seine Ansicht: ein bißchen weniger Ordnung und ein bißchen mehr Mitgefühl.

Vor dem *tschorny wchod*, dem »schwarzen Eingang«, wuchs bei uns ein *kaschtan*-Baum, eine prächtige alte Kastanie, die ein wenig wie König Lear aussah, und darunter hatte Papa eine Bank für uns drei aufstellen lassen – die »Schwesternbank« wurde sie genannt. An schönen Tagen saßen wir dort und träumten laut: Was wird mit uns sein, wenn wir groß sind? Welche von uns wird Ingenieurin werden und welche Dichterin und welche eine berühmte Erfinderin wie Marie Curie? Von solchen Dingen träumten wir. Wir träumten nicht, wie die meisten Mädchen in unserem Alter, von reichen oder berühmten Ehemännern, denn wir waren ja Töchter aus reichem Haus, und die Vorstellung, Männer zu heiraten, die noch reicher wären als wir, reizte uns gar nicht.

Wenn wir überhaupt von Liebe sprachen, dann nicht von Liebe zu einem Adligen oder einem berühmten Schauspieler, sondern nur zu Männern mit edlen Gefühlen, zum Beispiel einem großen Künstler, selbst wenn er überhaupt kein Geld hätte. Egal. Was wußten wir damals schon? Was konnten wir denn wissen, was für Schufte, was für Schweine große Künstler sind? Natürlich nicht alle! Nein, Gott behüte! Nur daß ich heute gerade denke, edle Gefühle und so weiter und so fort, das ist nicht die Hauptsache im Leben. Überhaupt nicht. Gefühle sind nur ein Strohfeuer: lodern einen Moment auf, und nach einem Moment ist nur Ruß und Asche übrig. Weißt du, was die Hauptsache ist? Was eine Frau an ihrem Mann suchen soll? Sie muß eine Eigenschaft suchen, die ganz und gar nicht aufregend ist, aber seltener als Gold: Anstand. Und vielleicht auch Liebenswürdigkeit. Heute, mußt du wissen, heute ist Anstand in meinen Augen noch wichtiger als Liebenswürdigkeit: Anstand, das ist das Brot. Liebenswürdigkeit, das ist schon die Butter. Oder der Honig.

Im Obstgarten, in der Mitte der Allee, gab es zwei Bänke, einander gegenüber, dort war es angenehm, wenn dir der Sinn danach stand, mit dir allein zu sein und deinen Gedanken nachzuhängen, in der Stille zwischen dem Singen der Vögel und dem Wispern des Windes mit den Zweigen.

Unten, am Ende des Grundstücks, stand ein Häuschen, das bei uns *offizina* hieß, und darin, im ersten Raum, stand ein großer schwarzer Kessel zum Wäschekochen. Dort spielten wir, wir wären Gefangene im Haus der bösen Hexe Baba Jaga, die Kinder im Kessel kocht. Dann gab es da noch ein kleines Hinterzimmer, in dem der *storosch*, der Wächter des Gartens, wohnte. Hinter dieser *offizina* war der Stall, und darin stand der Phaeton, Papas Kutsche, und auch ein großes kastanienbraunes Pferd. An der Stallwand stand auch ein Pferdeschlitten, darin brachte uns Philip, der Kutscher, oder Anton, sein Sohn, bei Schnee und Eis zur Schule. Manchmal fuhr auch Chemi mit, der Sohn von Rucha und Arie Leib Pisjuk, die sehr reich waren. Die Pisjuks besaßen eine große Brauerei und belieferten den ganzen Bezirk mit Bier und Hefe. Die Brauerei wurde von Chemis Großvater, Herz Meir Pisjuk, geleitet. Bei Familie Pisjuk übernachteten immer die berühmten Leute, die Rowno besuchten, Bialik, Jabotinsky, Tschernichowski. Ich meine, dieser Junge, Chemi Pisjuk, war die erste Liebe deiner Mutter. Fania war vielleicht dreizehn oder fünfzehn, und sie wollte immer mit Chemi, aber ohne mich, in der Kutsche oder im Schlitten fahren, doch ich habe mich absichtlich zwischen die beiden gedrängt, ich war erst neun oder zehn, und ich habe sie nicht allein gelassen, war ein kleines Dummerchen. So hat man mich damals bei uns genannt. Wenn ich Fania ärgern wollte, habe ich sie vor allen Chemutschka genannt, was von Chemi kam. Nechemja. Chemi Pisjuk ist zum Studium nach Paris gegangen, und dort haben sie ihn ermordet. Die Deutschen.

Papa, dein Großvater, mochte Philip, den Kutscher, sehr, und er mochte auch sehr die Pferde und sogar den Schmied, der ihm die Achsen der Kutsche geschmiert hat. Nur eines mochte er ganz und gar nicht, nämlich mit der Kutsche zu fahren – in einen Pelzmantel mit Fuchskragen gehüllt, wie ein Gutsherr, hinter seinem ukrainischen Kutscher, das mochte dein Großvater nun gar nicht: Da ging er lieber zu Fuß. Er hatte irgendwie keinen Spaß daran, ein hoher Herr zu sein. In der Kutsche oder im Fauteuil, zwischen den Büffets, unter diesen Chandeliers aus Kristall, fühlte er sich immer ein wenig wie ein Komödiant.

Viele Jahre später, als all sein Reichtum dahin war und er mit fast leeren Händen im Land Israel ankam, fand er das eigentlich überhaupt nicht so schlimm. Der Besitz fehlte ihm überhaupt nicht. Im Gegenteil: Es schien ihm ein wenig leichter ums Herz zu sein. Es machte ihm nichts aus, im grauen Trägerhemd in der Sonne zu schwitzen, mit einem Dreißigkilosack Mehl auf dem Rücken. Nur Mama litt fürchterlich, fluchte, schrie ihn an und beleidigte ihn: Wie das denn, wieso sei er so heruntergekommen?! Wo seien die Fauteuils geblieben, wo das Kristall und die Chandeliers?! Womit habe sie es, in ihrem Alter, verdient, wie ein Muschik zu leben, ohne Köchin, ohne Friseuse und ohne Schneiderin?! Wann würde er sich denn endlich zusammenreißen und hier in Haifa eine neue Getreidemühle bauen, damit wir wieder hochkämen?! Wie die Fischersfrau aus dem Märchen, so war Mama. Aber ich habe ihr schon alles verziehen. Möge Gott ihr ebenso vergeben. Und da wird er sehr viel, sehr viel zu vergeben haben! Möge Gott auch mir verzeihen, daß ich so über sie rede, möge sie in Frieden ruhen. Möge sie in Frieden ruhen, obwohl sie Papa keine Minute seines Lebens in Ruhe gelassen hat. Vierzig Jahre haben sie im Land Israel gelebt, und jeden Tag hat sie ihm von morgens bis abends nur das Leben schwergemacht. Sie hatten auf einem Distelfeld hinter Kiriat Motzkin so eine kümmerliche kleine Baracke gefunden, nur ein Raum, ohne fließend Wasser, ohne Bad und Toilette, mit Teerpappe gedeckt – erinnerst du dich noch an die Baracke von Papa und Mama? Ja? Der einzige Wasserhahn war draußen zwischen den Disteln, das Wasser schmeckte nach Rost, und die Toilette war ein Erdloch in einem Bretterverschlag, den Papa eigenhändig dort hinten gebaut hatte.

Vielleicht kann man Mama nicht wirklich zur Last legen, daß sie ihm das Leben so vergällt hat? Sie war dort ja sehr unglücklich. Furchtbar! Sie war überhaupt eine unglückliche Frau. Von Geburt an: unglücklich. Mit den Chandeliers und Kristallsachen war sie auch schon ziemlich unglücklich. Aber sie war eine unglückliche Frau von der Sorte, die auch andere unglücklich machen muß. Das war das Los deines Großvaters.

Papa war kaum im Land, da fand er sogleich Arbeit in Haifa, in der Bäckerei Pat. Danach war er Fuhrmann im Gewerbegebiet von Haifa, der Bucht von Haifa. Sie erkannten dort, daß er etwas von Weizen, Mehl und Brot verstand, ließen ihn aber weder mahlen noch backen, sondern nur Mehlsäcke transportieren und Brot ausfahren mit seinem Pferd und Wagen. Danach arbeitete er viele Jahre für die Gießerei Vulkan, wo er alle möglichen langen, runden Eisenteile für Gebäude transportierte.

Und manchmal hat er dich in seinem Wagen auf seine Fahrten mitgenommen. Weißt du das noch? Ja? Im Alter hat dein Großvater sein Brot damit verdient, daß er jeden Tag breite Gerüstbretter von einem Ort zum anderen beförderte oder Sand vom Strand für die neuen Gebäude.

Ich erinnere mich noch sehr gut, wie du neben ihm gesessen hast, klein und mager und gespannt wie ein Gummiband. Papa ließ dich die Zügel halten. Ich sehe dieses Bild noch genau vor mir: Du warst ein blasses Kind, weiß wie Papier, und dein Großvater war immer sonnengebräunt, kräftig, auch mit siebzig war er noch kräftig, braun wie ein Inder, so ein indischer Prinz, ein Maharadscha mit blauen Augen, die vor Lachen Funken sprühten. Und du hast auf dem Brett gesessen, das als Kutschbock diente, im weißen Trägerhemdchen, und er saß neben dir in einem verschwitzten grauen Trägerhemd. Er war eigentlich froh und zufrieden mit dem, er hatte, er liebte die Sonne und die körperliche Arbeit, genoß sein Fuhrmannsdasein. Sein Leben lang hatte er immer proletarische Neigungen, und in Haifa fühlte er sich wohl dabei, wieder ein Proletarier zu sein, wie am Anfang seines Weges, als er nur ein Lehrjunge auf dem Gut Wilchow gewesen war. Vielleicht hat er sein Leben als Fuhrmann viel mehr genossen als sein früheres Leben als reicher Mühlen- und Grundbesitzer in Rowno. Und du warst so ein ernstes Kind, ein Kind, das nicht zum Sonnenschein paßte, ein zu ernstes Kind, sieben oder acht Jahre alt, ganz angespannt auf der Kutschbank neben ihm, hattest Angst vor den Zügeln, hast unter den Fliegen und der Hitze gelitten, fürchtetest dich vor dem Peitschen des Pferdeschweifs. Aber was? Hast dich heldenhaft beherrscht und nicht geklagt. Als wäre es heute, so gut erinnere ich mich daran. Das große graue Trägerhemd und das kleine weiße Trägerhemd: Ich dachte damals im stillen, du würdest bestimmt viel mehr ein Klausner als ein Mussman werden. Heute bin ich da nicht mehr sicher.

23

Ich erinnere mich noch, daß wir viel diskutiert haben, mit unseren Freundinnen, mit den Jungs, mit den Lehrern am Gymnasium, und auch zu Hause, unter uns, über Themen wie: Was ist Gerechtigkeit, was ist Schicksal, was ist Schönheit, was ist Gott? Solche Diskussionen waren in unserer Generation sehr, sehr verbreitet, viel mehr als heute. Wir diskutierten natürlich auch über das Land Israel und über die Assimilation, über die Parteien und die Literatur und den Sozialismus und über die Krankheiten des

Eine Geschichte von Liebe und Finsternis

jüdischen Volkes. Hauptsächlich diskutierten Chaja und Fania mit ihren Freundinnen und Freunden. Ich habe weniger diskutiert, weil ich die kleine Schwester war und man mir immer sagte: Du, hör du zuerst einmal nur zu. Chaja hatte irgendeine wichtige Position im zionistischen Jugendverband. Deine Mutter gehörte dem Haschomer Haza'ir an, und auch ich bin – drei Jahre nach ihr – zum Haschomer Haza'ir gegangen. Bei euch in der Familie Klausner erwähnte man den Haschomer Haza'ir besser gar nicht erst. Der war ihnen viel zu links. Die Klausners wollten, daß du diesen Namen, Haschomer Haza'ir, gar nicht erst hörst, denn sie fürchteten sehr, du könntest davon womöglich noch rot angehaucht werden.

Einmal, es war vielleicht im Winter, an Chanukka, hatten wir eine große Debatte, die mit Unterbrechungen ein paar Wochen andauerte, über Vererbung versus Willensfreiheit. Ich erinnere mich noch, als wäre es erst gestern gewesen, daß deine Mutter plötzlich so einen Satz, einen merkwürdigen Satz gesagt hat: Wenn man einem Menschen den Kopf aufmachen und das Gehirn herausnehmen würde, sähe man sofort, daß unser Hirn bloß ein Blumenkohl ist. Sogar das Gehirn von Chopin oder Shakespeare – nichts als ein Blumenkohl.

Ich erinnere mich nicht einmal mehr, in welchem Zusammenhang Fania das gesagt hat, aber ich erinnere mich noch, daß wir sehr, sehr gelacht haben, wir konnten gar nicht mehr aufhören zu lachen. Ich habe Tränen gelacht, aber sie hat nicht einmal gelächelt. Fania hatte diese Angewohnheit, in allem Ernst etwas zu sagen, das alle zum Lachen brachte, und sie wußte auch, daß alle lachen würden, aber sie selbst fiel nicht in das Lachen ein, das sie bei allen ausgelöst hatte. Fania lachte nur an Stellen, die ihr paßten, allein für sich, nicht zusammen mit den anderen. Sie lachte, wenn niemand erwartete, daß das, worüber man sprach, auch eine komische Seite haben könnte – gerade dann ist deine Mutter plötzlich in Gelächter ausgebrochen. Allerdings kam das sehr selten vor. Aber wenn Fania schon einmal über etwas lachte, dann erkannten wir alle plötzlich auf einen Schlag, was so komisch daran war, und alle im Zimmer, wir alle, lachten sofort mit.

Bloß so ein Blumenkohl, sagte sie und zeigte uns dabei mit ihren Händen die Größe des Blumenkohls, und welch Wunder, meinte sie, in solch einen Blumenkohl gehen Himmel und Erde und die Sonne und die Sterne hinein, passen die Gedanken von Plato, die Musik von Beethoven, die Französische Revolution, Tolstojs Romane, Dantes Hölle und alle Wüsten und Ozeane, auch die Dinosaurier und die Wale haben genug Raum darin, alles paßt mit Leichtigkeit in solch einen Blumenkohl, die Hoffnungen der Menschheit und die Begierden und die Irrtümer und die Phantasien, alles hat dort Platz, sogar die dicke Warze mit den schwarzen Haaren, die am Kinn von Baschka Duraschka sprießt. In dem Moment, in dem Fania Baschkas eklige Warze mitten zwischen Plato und Beethoven erwähnt hat, brachen wir alle wieder in Gelächter aus, alle außer deiner Mutter, die uns nur verwundert anschaute, als wäre nicht ihr Blumenkohl komisch, sondern wir.

Später schrieb Fania mir einen philosophischen Brief aus Prag, ich war vielleicht sechzehn, und sie war schon eine Studentin von neunzehn Jahren. Vielleicht ein wenig zu sehr von oben herab hat sie mir in ihren Briefen geschrieben, denn ich galt immer als das kleine Dummerchen, aber ich erinnere mich noch, es war ein ziemlich langer und ausführlicher Brief über das Verhältnis von Vererbung, Umwelt und Willensfreiheit.

Jetzt werde ich versuchen, dir zu erzählen, was sie mir da geschrieben hat, aber es wird natürlich in meinen Worten, nicht in denen von Fania sein. Was Fania alles in Worten auszudrücken vermochte – ich kenne nicht viele andere, die das können. Fania schrieb mir ungefähr folgendes: Das Erbgut und auch die Umwelt, die uns geprägt haben, und die gesellschaftliche Stellung, all das ist wie ein Päckchen Karten, die man vor Spielbeginn blind austeilt. Damit ist keinerlei Freiheit verbunden: Die Welt gibt, und du nimmst einfach, was man dir gegeben hat, ohne jede Wahlmöglichkeit. Aber, so hat deine Mutter mir aus Prag geschrieben, die Frage ist, was jeder mit den Karten, die man ihm ausgeteilt hat, anfängt. Es gibt Leute, die mit nicht ganz so guten Karten hervorragend spielen, und umgekehrt andere, die sogar mit großartigen Karten alles verschleudern und verlieren! Und das ist unsere ganze Freiheit: die Freiheit, die einmal erhaltenen Karten so oder anders auszuspielen. Aber auch die Freiheit, so oder so zu spielen, schrieb Fania, ist ironischerweise vom Glück des einzelnen abhängig, von Geduld, Verstand, Intuition, Wagemut. Und das sind ja auch alles nur Karten, die man uns vor Spielbeginn austeilt oder nicht austeilt. Und was bleibt uns dann letzten Endes an Entscheidungsfreiheit?

Nicht viel, schrieb deine Mutter, nicht viel, vielleicht bleibt uns alles in allem nur die Freiheit, über unsere Lage zu lachen oder zu weinen, das Spiel mitzuspielen oder es zu lassen und zu gehen. Wir können versuchen zu verstehen, was da ist und was nicht – und mal verstehen wir es weniger, mal mehr –, oder es aufgeben und gar nicht erst versuchen zu verstehen, kurz: Die Entscheidungsfreiheit besteht darin, dieses Leben wach oder in einer Art Dämmern zu verbringen. Das ist, so ungefähr, das, was deine Mutter Fania sagte, aber in meinen Worten. Nicht in ihren Worten. In ihren Worten kann ich es nicht sagen.

Wenn wir schon von Schicksal und Entscheidungsfreiheit sprechen, wenn wir schon von Spielkarten sprechen, habe ich noch eine Geschichte für dich. Philip, der ukrainische Kutscher der Familie Mussman, hatte einen schwarzhaarigen Sohn, wunderschön, Anton hieß er: funkelnde schwarze Augen wie zwei dunkle Diamanten, beide Mundwinkel wie in Spott und Übermut etwas herabgezogen, breite Schultern und eine Baßstimme hatte er, wie ein Stier, die Gläser klirrten in der Kommode, wenn Anton seine Donnerstimme erhob. Jedesmal, wenn ihm ein junges Mädchen auf der Straße entgegenkam, ging dieser Anton absichtlich ein wenig langsamer, und das Mädchen fing unabsichtlich an, etwas schneller zu gehen, und atmete auch etwas rascher. Ich weiß noch, daß wir einander gern verspottet haben, wir Schwestern, und auch unsere Freundinnen: Wer hatte sich zu Antons Ehren die Bluse zurechtgezupft? Wer hatte sich für Anton eine Blume ins Haar gesteckt? Und wer war wegen Anton im gestärkten Faltenrock und schneeweißen Söckchen auf der Straße spazierengegangen?

Neben uns, in der Dubinska-Straße, wohnte der Ingenieur Steletzki, der Neffe der Prinzessin Rawsowa, der dein Großvater mit zwölf Jahren zum Arbeiten übergeben worden war. Das war der unglückliche Ingenieur, der die Getreidemühle errichtet hatte, der Mann, für den Papa anfangs als Arbeiter tätig war und für den er dann die ganze Mühle leitete, ehe er sie ihm schließlich abkaufte. Ich erinnere mich sogar noch genau an seinen vollen Namen, mit den Vaternamen: Konstantin Semjonowitsch Steletzki. Seine Frau hieß Ira, Irina Matwejewna, und sie hat ihn und die beiden Kinder eines Tages verlassen. Die Kinder hießen Senja und Kira. Und diese Frau ist einfach mit einem kleinen blauen Koffer in der Hand weggelaufen, direkt in die Kate gegenüber, die Anton, der Sohn vom Kutscher Philip, sich hinter unserem Garten, am Rand des Grundstücks, gebaut hatte. Eigentlich schon auf freiem Feld, auf dem Kühe weideten. Es stimmt, sie hatte Gründe, vor ihrem Mann zu flüchten: Er hatte vielleicht etwas Genialisches – aber er war ein versoffenes Genie, und häufig verlor er sie einfach beim Kartenspiel, das heißt, er übergab sie jedesmal für eine Nacht zur Begleichung seiner Schulden, wenn du verstehst, was ich damit meine, übergab sie für eine Nacht an diejenigen, die ihn im Kartenspiel besiegt hatten. Ich erinnere mich noch, daß ich meine Mutter einmal danach gefragt habe, und da ist sie ganz blaß geworden und hat zu mir gesagt: Sonitschka! Oj weh, oj weh! Schäm dich! Daß du sofort, hörst du?!, aber sofort aufhörst, an solch unschöne Dinge überhaupt nur zu denken, und anfängst, nur an schöne Dinge zu denken! Denn es ist ja bekannt, Sonitschka, daß einem Mädchen, das auch nur im geheimen unschöne Gedanken hat, gleich an allen möglichen Körperstellen Haare wachsen, und sie bekommt auch eine häßliche tiefe Stimme wie ein Mann, und danach wird dich nie mehr jemand heiraten wollen! So hat man uns damals erzogen. Aber wie verhält es sich wirklich? Ich wollte ganz und gar nicht solche Gedanken haben, Gedanken an eine Frau, die nachts als Preis in eine schmutzige Kate gehen muß, mit irgendeinem betrunkenen Schuft, Gedanken an das Los sehr vieler Frauen, daran, daß die Ehemänner uns verlieren. Es gibt schließlich noch andere Wege, eine Frau zu verlieren. Nicht nur beim Kartenspiel! Aber was? Gedanken sind ja nicht wie Fernsehen, wo du, wenn du unschöne Dinge siehst, einfach sofort auf den Knopf drückst und zu anderen Programmen flüchtest. Nein! Die unschönen Gedanken sind eher wie Würmer im Blumenkohl!

Tante Sonia hat Ira Steletzki als kleine, zerbrechlich wirkende Frau mit angenehmem Gesicht und etwas verwunderter Miene in Erinnerung: »Sie sah immer aus, als habe man ihr gerade eben erzählt, Lenin warte im Garten und wolle sie sprechen.«

In Antons Kate lebte sie ein paar Monate, vielleicht ein halbes Jahr, und ihr Mann, der Ingenieur, verbot den Kindern strikt, zu ihr zu gehen oder auch nur zu antworten, wenn sie sie anzusprechen versuchte, aber sie konnten ihre Mutter jeden Tag von weitem sehen, und auch sie konnte ihre Kinder sehen. Ihr Ehemann, Steletzki, konnte sie ebenfalls die ganze Zeit sehen, von fern, bei Anton gegenüber. Anton hat Ira gern hochgehoben. Nach zwei Geburten hatte sie immer noch einen schlanken, schönen Körper wie ein sechzehnjähriges Mädchen. Anton nahm sie mit Schwung auf den Arm, wie einen kleinen Hund, schwenkte sie im Kreis, warf sie hoch und fing sie wieder auf, hopp, hopp, hoppa. Ira kreischte vor Angst und schlug mit ihren winzigen Fäusten auf ihn ein, die ihn jedoch höchstens leicht kitzelten. Anton war stark wie ein Bulle. Mit den bloßen Händen allein hat er uns die Deichsel der Kutsche wieder geradegezogen, wenn sie sich verbogen hatte. Das war einfach eine Tragödie ohne Worte: Tag für Tag sah Ira Steletzki das Haus und die Kinder und den Mann gegenüber, und Tag für Tag sahen die sie von weitem.

Einmal hat diese unglückliche Frau, die bereits viel zu viel trank, schon von morgens an trank sie, also einmal hat sie sich einfach am Tor versteckt und ihre kleine Tochter, Kira, abgepaßt, die von der Schule nach Hause kam. Ich war zufällig auf der Straße und sah, wie Kirutschka sich von ihrer Mutter einfach nicht auf den Arm nehmen ließ, weil ihr Vater keinerlei Kontakt erlaubte. Die Kleine hatte Angst vor ihrem Vater, hatte sogar Angst, ein paar Worte mit ihrer Mutter zu sprechen, stieß sie zurück, trat nach ihr, schrie um Hilfe, bis Kasimir, der Diener von Ingenieur Steletzki, das Geschrei hörte und herausgerannt kam. Er fing gleich an, mit den Armen zu wedeln, ungefähr so, und Laute von sich zu geben, so wie wenn man ein Huhn verscheucht. Ich werde nie vergessen, wie Ira Steletzkaja wegging und weinte, keine stillen Tränen, nicht wie Damen weinen, nein, sie heulte wie eine Magd, wie ein Muschik heulte sie, mit solch grausigen, unmenschlichen Schluchzern, jaulend wie eine Hündin, der man ihren Welpen wegnimmt und vor ihren Augen umbringt.

Es gibt so etwas bei Tolstoj, du erinnerst dich sicher, in *Anna Karenina*, als Anna sich einmal in ihr Haus stiehlt, während Karenin nicht da ist, es gelingt ihr, sich in das Haus einzuschleichen, das einmal ihres war, und sie kann sogar einen Moment ihren Sohn sehen, aber die Dienstboten vertreiben sie. Nur war das bei Tolstoj weniger grausam als das, was ich gesehen habe: Als Irina Matwejewna vor Kasimir floh, kam sie direkt an mir vorbei, so nah, wie du jetzt bei mir sitzt, wir waren doch Nachbarn, aber sie erwiderte meinen Gruß nicht, und ich hörte ihr verwundetes Heulen und roch ihren Mundgeruch und sah ihrem Gesicht an, daß sie schon damals nicht mehr ganz bei Sinnen war. An ihrem Blick, ihrem Weinen, ihrem Gang erkannte ich bereits deutlich den bevorstehenden Tod.

Und ein paar Wochen oder Monate später hat Anton sie rausgeworfen, nein, nicht rausgeworfen, er ist in ein anderes Dorf gezogen, und Irina ist heimgekehrt, hat sich vor ihren Mann niedergekniet, und der Ingenieur Steletzki hat anscheinend doch Mitleid gehabt und sie wieder aufgenommen, aber nicht für lange: Man hat sie immer wieder ins Krankenhaus gebracht, und schließlich sind Sanitäter gekommen, haben ihr die Augen verbunden und die Hände gefesselt und sie mit Gewalt ins Irrenhaus der Stadt Kowel gebracht. Ich erinnere mich an ihre Augen, sogar jetzt, während ich mit dir darüber spreche, sehe ich ihre Augen vor mir, und das ist doch eigenartig, es sind seither ja fast achtzig Jahre vergangen, und es war die Shoah, und es waren all die Kriege hierzulande, und es war das Unglück in unserer Familie, und die Krankheiten, außer mir sind doch alle schon tot, und trotzdem stechen mir ihre Augen noch heute ins Herz wie zwei spitze Stricknadeln.

Danach ist diese Ira immer wieder einmal nach Hause zurückgekehrt, zu Steletzki, hat sich beruhigt, sich um die Kinder gekümmert, hat sogar neue Rosen im Garten gepflanzt, hat die Vögel und die Katzen gefüttert, aber eines Tages ist sie wieder weggelaufen, in den Wald, und ein paar Tage nachdem man sie gefunden hatte, hat sie einen Petroleumkanister genommen und ist damit in die mit Teerpappe gedeckte Kate gegangen, die Anton sich auf der Weide gebaut hatte – Anton hat schon lange nicht mehr dort gelebt –, und hat ein Streichholz angezündet und die ganze Kate samt all den Lumpen und auch sich selbst verbrannt. Ich weiß noch, wie im Winter, wenn alles mit weißem Schnee bedeckt war, die schwarzen Balken der abgebrannten Kate sich aus dem Schnee reckten und auf die Wolken und auf den Wald deuteten, wie verkohlte Finger.

Nach einiger Zeit ist der Ingenieur Steletzki völlig aus der Bahn geraten, ist vollkommen närrisch geworden, hat noch einmal geheiratet, hat all sein Geld verloren, am Ende hat er Papa einfach seinen restlichen Anteil an der Mühle verkauft. Den Anteil der Prinzessin Rawsowa hatte dein Großvater schon vorher erwerben können. Und dabei hatte er bei ihr doch als Lehrjunge angefangen, wie einer ihrer Knechte war er, ein armer Junge von zwölfeinhalb Jahren, der seine Mutter verloren hatte und von der Stiefmutter aus dem Haus gejagt worden war.

Jetzt schau dir bloß an, wie das Schicksal im Kreis verläuft: Du hast doch auch mit genau zwölfeinhalb Jahren deine Mutter verloren. Wie dein Großvater. Allerdings hat man dich keiner halbirren Gutsbesitzerin übergeben. Dich hat man statt dessen in den Kibbuz geschickt, als Kind von draußen bist du in den Kibbuz gekommen. Denk nicht, ich wüßte nicht, was es bedeutet, ein Kind von draußen im Kibbuz zu sein, dort allein, ohne Eltern zu leben: Das Paradies hat dich dort bestimmt nicht erwartet. Dein Großvater hat mit fünfzehn Jahren der Prinzessin Rawsowa beinahe allein die ganze Mühle geführt, und du hast im gleichen Alter Gedichte geschrieben. Ein paar Jahre später gehörte diese Mühle deinem Großvater, der Besitz und Vermögen immer geringschätzte. Nicht nur geringschätzte: auch daran würgte. Mein Vater, dein Großvater, hatte Beharrlichkeit und Weitsicht, ein großzügiges Wesen und auch besondere Lebensweisheit. Nur Glück hatte er nicht.

24

Um den Garten hatten wir einen Lattenzaun, der einmal im Jahr, im Frühling, weiß gestrichen wurde. Auch die Baumstämme hat man jedes Jahr weiß angestrichen, um sie vor Ungeziefer zu schützen. Im Zaun gab es eine kleine *kalitka*, eine Pforte, und durch diese konntest du auf die *plaschadka* hinausgehen, eine Art Platz. Jeden Montag kamen auf diesen Platz die *zygane*, die Zigeuner. Sie stellten dort ihren Wagen auf, so einen bunten Wagen mit großen Rädern, und bauten am Rand des Platzes ein großes Zelt auf. Wunderschöne Zigeunerinnen liefen barfuß von Tür zu Tür, kamen herein, um Karten zu lesen, Toiletten zu putzen, Lieder zu singen für ein wenig Geld und, wenn man nicht aufpaßte – auch ein bißchen zu klauen. Sie kamen durch die Dienstbotentür zu uns herein, den *tschorny wchod*, im Seitenflügel.

Diese Hintertür führte direkt in unsere Küche, die riesig war, größer als diese ganze Wohnung, mit einem Eßtisch in der Mitte und Stühlen für sechzehn Personen. Es gab dort einen Herd mit zwölf Flammen in allen möglichen Größen und Küchenschränke mit gelben Türen und eine Fülle an Porzellan- und Kristallgeschirr. Ich weiß noch, wir hatten einen langen Teller, auf dem man einen ganzen Fisch – in Blätter gehüllt, umlegt mit Reis und Karotten – servieren konnte. Was ist mit diesem Teller geschehen? Wer weiß? Vielleicht ziert er bis heute die Kommode im Haus irgendeines fetten *chochol*, eines ukrainischen Grobians? Und es gab in einer Ecke eine Art Podest, auf dem ein gepolsterter Schaukelstuhl stand und daneben ein kleiner Tisch und darauf immer ein Glas mit süßem Früchtetee: Das war der Thron von Mama, deiner Großmutter. Dort saß sie, oder manchmal stand sie, beide Hände auf die Lehne gestützt, wie ein Kapitän auf der Kommandobrücke, und von dort erteilte sie Befehle und Anweisungen an die Köchin und das Dienstmädchen und jeden, der die Küche betrat. Und nicht nur die Küche: Ihr Podium war so ausgerichtet, daß sie von dort aus eine gute Sicht nach links hatte, durch die Tür auf den Flur und zu allen Zimmereingängen, und nach rechts hatte sie durch die Luke die Kontrolle über den gesamten Seitenflügel, das Eßzimmer und die Mädchenkammer, in der das Dienstmädchen Xenia und ihre schöne Tochter Dora wohnten. Auf diese Weise kommandierte sie all ihre Schlachtfelder von diesem Aussichtspunkt, der bei uns Napoleonhügel genannt wurde.

Manchmal stand Mama dort, schlug Eier in eine Schüssel und zwang Chaja und Fania und mich, das rohe Eigelb zu schlucken. Wir mußten dieses klebrige gelbe Zeug in großen Mengen schlucken, obwohl wir es haßten und uns davor ekelten, denn damals glaubte man, das Gelbe von Eiern würde einen vor allen Krankheiten schützen. Vielleicht stimmt das sogar? Wer weiß? Tatsächlich waren wir nur selten krank. Von Cholesterin hatte damals noch keiner etwas gehört. Fania, deine Mutter, mußte am meisten davon schlucken, weil sie immer die Schwächste und Blasseste von uns war.

Von uns dreien litt deine Mutter am meisten unter unserer Mutter, eine laute und etwas militärische Frau, wie ein *Feldwebel*, wie ein Korporal. Von morgens bis abends nahm sie hin und wieder einen Schluck von ihrem Früchtetee und kommandierte uns pausenlos herum. Sie war knauserig, was Papa sehr ärgerte, sie war geradezu krankhaft geizig, aber meist nahm er sich vor ihr in acht und gab nach, und das ärgerte uns, seine Nachgiebigkeit: Wir waren auf seiner Seite, weil er das Recht auf seiner Seite hatte. Mama deckte immer die Fauteuils und die prächtigen Möbel mit Laken ab, so daß unser Salon immer aussah, als wäre er voller Gespenster. Mama fürchtete den kleinsten Staubkrümel. Und ihr Alptraum war, Kinder könnten mit schmutzigen Schuhen auf ihren Fauteuils herumtrampeln.

Das Kristall und Porzellan versteckte Mama immer im Schrank, nur für wichtige Gäste oder zu Pessach und Rosch Haschana holte sie es heraus und nahm die Laken von den Möbeln im Salon. Wir haben das so gehaßt. Vor allem deine Mutter hat diese Heuchelei verabscheut, daß man sich ein bißchen an die Koschervorschriften hält und ein bißchen nicht, mal in die Synagoge geht und mal nicht, mit dem Reichtum protzt und ihn dann wieder unter weißen Leichentüchern verbirgt. Fania stand, mehr als wir alle, auf Papas Seite und wehrte sich gegen Mamas Regiment. Ich glaube, auch er, Papa, hat Fania besonders geliebt. Ich kann das allerdings nicht beweisen, bevorzugt wurde bei ihm nie jemand, er war ein Mensch mit einem ausgeprägten Sinn für Gerechtigkeit und Kränkung. In meinem ganzen

Leben habe ich keinen Menschen wie deinen Großvater kennengelernt, der es so haßte, jemanden zu verletzen. Sogar bei Halunken hat er sich immer sehr bemüht, sie nicht zu kränken. Kränkungen wiegen im Judentum noch schwerer als Blutvergießen, und er war ein Mensch, der auf keinen Fall die Gefühle von jemandem verletzt hätte. Nie. Niemals.

Mama stritt mit Papa auf jiddisch: Im Alltag sprachen sie eine Art Mischmasch aus Russisch und Jiddisch miteinander, aber wenn sie stritten, dann immer nur auf jiddisch. Mit uns, den Töchtern, und mit Papas Geschäftspartnern und mit den Mitbewohnerinnen und mit dem Dienstmädchen, der Köchin und dem Kutscher sprachen sie nur Russisch. Mit der polnischen Obrigkeit sprachen sie Polnisch. (Nach der Annektierung Rownos durch Polen forderte das neue Regime nachdrücklich, daß alle Polnisch sprechen sollten.)

Im Tarbut-Gymnasium sprachen wir alle, Schüler und Lehrer, fast nur Hebräisch. Zu Hause, unter uns drei Schwestern, sprachen wir Hebräisch und Russisch. Vor allem redeten wir unter uns Hebräisch, damit die Eltern nichts verstanden. Nie haben wir miteinander Jiddisch gesprochen. Wir wollten nicht so sein wie Mama: Jiddisch war für uns mit ihren Rügen, Beschimpfungen und Befehlen verbunden. Alles, was unser Vater im Schweiße seines Angesichts mit seiner Getreidemühle verdiente, preßte sie ihm ab und verschleuderte es für teure Schneiderinnen, die ihr Luxuskleider nähten. Aber diese eleganten Kleider trug sie fast nie, vor lauter Geiz verwahrte sie ihre Galagarderobe tief im Schrank, und im Haus lief sie den ganzen Tag in einem mausgrauen alten Morgenrock herum. Nur ein paarmal im Jahr putzte Mama sich heraus wie die Karosse des Zaren und ging so zur Synagoge oder zu einem Wohltätigkeitsball: damit die ganze Stadt es sah und vor Neid platzte. Aber uns schrie sie an, wir würden Papa ruinieren.

Fania, deine Mutter, wollte, daß man ruhig und zurückhaltend mit ihr sprach und nicht schimpfend und schreiend. Sie mochte es, anderen etwas zu erklären, und sie wollte, daß man ihr die Dinge erklärte. Befehle konnte sie nicht ausstehen, sie mochte sie weder erteilen noch erhalten. Auch in ihrem Zimmer hatte sie immer ihre ganz eigene Ordnung – sie war ein sehr ordentliches Mädchen –, doch wenn man ihre Ordnung antastete, war sie sehr verstimmt. Hielt sich aber zurück. Sie hielt sich viel zu sehr zurück. Ich kann mich nicht erinnern, daß Fania ein einziges Mal laut geworden wäre. Oder geschimpft hätte. Sie überging sogar Dinge mit Schweigen, die man meiner Ansicht nach besser nicht mit Schweigen übergehen sollte.

In einer Küchenecke stand bei uns ein großer Backofen, und manchmal durften wir die *lopata*, Brotschieber, nehmen und die Schabbatbrote zum Backen hineintun. Wir spielten, wir würfen die böse Hexe Baba Jaga ins Feuer und obendrein den Tschorny Tschort, den schwarzen Teufel. Es gab dort auch kleinere Herde mit vier Flammen und zwei *duchowki*, Röhren zum Backen und zum Braten. Mit drei großen Fenstern schaute unsere Küche auf den Garten und die Obstbäume, und diese Fenster waren fast immer beschlagen, vom Dampf, so einem Nebel, der von der Koch- und Backhitze stammte. Durch die Küche ging man ins Badezimmer. Fast niemand hatte damals in Rowno ein Badezimmer im Haus. Die Reichen hatten eine kleine Hütte im Hof, hinter dem Haus, mit einer Wanne aus Holz, die zum Wäschewaschen und auch für die Körperreinigung diente. Wir waren die einzigen, die ein richtiges Badezimmer hatten, und all unsere Freundinnen beneideten uns immer darum. Sie nannten es die »Sultansfreuden«.

Wollte man ein Bad nehmen, steckte man in die Öffnung unter dem großen Heizkessel ein paar Holzscheite und Sägespäne, zündete sie an und wartete dann eine bis anderthalb Stunden, bis das Wasser richtig heiß wurde. Das warme Wasser reichte für sechs oder sieben Wannen. Woher das Wasser kam? Im Nachbarhof gab es eine *kalodetz*, einen Brunnen, und wenn wir unseren Kessel füllen wollten, schloß man dort die *kalodetz*, und Philip oder Anton oder Wassja pumpten dort mit der quietschenden Handpumpe das Wasser hoch.

Ich erinnere mich noch, einmal, am Vorabend von Jom Kippur, schon nach der Abschlußmahlzeit, zwei Minuten vor Fastenbeginn, sagte Papa zu mir: Surele, *mein techterl*, hol mir bitte ein Glas Wasser vom Brunnen. Er warf in das Wasser, das ich ihm brachte, drei oder vier Zuckerwürfel und rührte es um, nicht mit einem Teelöffel, sondern mit dem kleinen Finger, trank es und sagte: Jetzt, dank deiner, Surele, wird mir das Fasten leichter fallen. Mama nannte mich Sonitschka, die Lehrer nannten mich Sara, doch bei Papa war ich immer Surele.

Manchmal rührte Papa gern so um, mit dem kleinen Finger, oder aß mit den Händen, wie früher, als er noch ein Proletarier war. Ich war damals ein kleines Mädchen, vielleicht fünf oder sechs Jahre. Ich kann es dir nicht erklären, ich kann es mir nicht einmal selbst erklären, welch eine Freude, welch ein Glück diese schlichten Worte, die er mir sagte, mir bereitet haben – daß dank meiner das Fasten ihm jetzt leichter fallen werde. Noch heute, achtzig Jahre später, wenn ich mich daran erinnere, empfinde ich Glück, genau wie damals.

Aber anscheinend gibt es auf der Welt auch ein umgekehrtes Glück, ein schwarzes Glück, das davon kommt, daß man anderen Böses antut – auch danach fühlt man sich manchmal offenbar sehr gut. Papa sagte, wir seien aus dem Paradies vertrieben worden, nicht weil wir vom Baum der Erkenntnis gegessen haben, sondern weil wir vom Baum des Bösen gegessen hätten. Wie sollte man sich sonst das schwarze Glück erklären? Daß wir uns nicht an dem freuen, was wir haben, sondern nur an dem, was wir haben und andere nicht? Damit uns die anderen beneiden? Und sich schlecht fühlen? Papa hat gesagt, jede Tragödie sei ein wenig Komödie und bei jedem Unglück gebe es immer ein Körnchen Behagen bei demjenigen, der zuschaut. Sag mal, stimmt es, daß es im Englischen nicht einmal ein Wort für »Schadenfreude« gibt?

Gegenüber dem Badezimmer, auf der anderen Seite der Küche, ging eine Tür in das Zimmer von Xenia und ihrer Tochter Dora, deren Vater vermutlich der vorherige Hausbesitzer, der Bürgermeister Lebedewski war. Diese Dora war wirklich wunderschön, ein Gesicht hatte sie wie die Madonna in der Kirche und eine rundliche Figur, aber eine ganz schmale Taille, wie eine Wespe, und große braune Augen, Augen wie ein Reh auf dem Felde, doch sie war ein bißchen geisteskrank. Mit vierzehn oder sechzehn verliebte sie sich plötzlich in einen älteren Goj namens Krynicki, der anscheinend auch der Liebhaber ihrer Mutter Xenia war.

Xenia machte ihrer Dora nur einmal am Tag Essen, gegen Abend, und dann erzählte sie ihr auch immer, Tag für Tag, eine Geschichte, eine Geschichte in Fortsetzungen, und wir drei rannten zum Zuhören hin, denn diese Xenia konnte seltsame Geschichten erzählen, haarsträubend manchmal, ich habe nie jemanden getroffen, der wie sie Geschichten erzählen konnte. Bis heute erinnere ich mich an eine Geschichte, die sie erzählt hat: Es war einmal ein Dorftrottel, Januschka, Januschka Duratschok, den schickte seine Mutter Tag für Tag über die Brücke, um seinen großen Brüdern, die dort auf dem Feld arbeiteten, Essen zu bringen. Dem Januschka, der dumm und faul war, teilte seine Mutter nur einen Kanten Brot pro

Tag zu. Einmal tat sich plötzlich ein Loch in der Brücke auf, nein, nicht in der Brücke, im Deich, und das Wasser drang durch und drohte, das ganze Tal zu überfluten. Januschka, der gerade dort vorbeikam, nahm das Stück Brot, das seine Mutter ihm gegeben hatte, und stopfte damit das Loch im Deich, damit nicht das ganze Tal überschwemmt würde. Zufällig kam der alte König dort vorbei und sah das und staunte sehr und fragte Januschka, warum er das denn gemacht habe. Januschka antwortete ihm: Was soll das heißen, Eure Majestät, ich habe das doch getan, damit es keine Überschwemmung gibt, sonst wären, Gott behüte, die Menschen hier ertrunken. Und das war dein einziges Brot? fragte der alte König. Was wirst du denn jetzt den ganzen Tag essen? Nu, wenn ich heute nicht esse, Eure Majestät, was macht das schon? Da werden andere essen, und ich esse morgen! Der alte König hatte keine Kinder und war derart begeistert von Januschkas Handeln und auch von seiner Antwort, daß er auf der Stelle entschied, ihn zu seinem Nachfolger zu machen. So wurde er König Durak, das heißt König Trottel. Auch als Januschka König war, lachten alle weiter über ihn, all seine Untertanen lachten ihn aus, und auch er lachte über sich: Er saß den ganzen Tag auf seinem Thron und schnitt Grimassen. Aber nach und nach stellte sich heraus, daß unter der Herrschaft des dummen Königs Januschka nie Kriege ausbrachen, weil er einfach nicht wußte, was beleidigt sein, sich rächen und nachtragend sein bedeutet! Am Schluß haben ihn die Generäle natürlich ermordet und die Macht an sich gerissen, und natürlich waren sie auf der Stelle beleidigt durch den Kuhstallgeruch, den der Wind vom benachbarten Königreich über die Grenze rüberwehte, und sie erklärten diesem Königreich den Krieg, und der Deich, den König Januschka Duratschok einmal mit einem Stück Brot abgedichtet hatte, wurde in diesem Krieg gesprengt, und so ertranken sie alle, beide Königreiche versanken froh und munter in der Flut.

Daten: Mein Großvater Naftali Herz Mussman war Jahrgang 1889, meine Großmutter Itta Jahrgang 1891. Tante Chaja wurde 1911 geboren, meine Mutter Fania 1913, Tante Sonia 1916. Die drei Töchter der Familie Mussman besuchten das Tarbut-Gymnasium in Rowno. Danach schickte man Chaja und Fania, nacheinander, ein Jahr auf ein polnisches Privatgymnasium, wo sie die Abiturprüfungen ablegen und sich dann an der Prager Universität immatrikulieren konnten, denn im antisemitischen Polen Ende der zwanziger Jahre wurden kaum Juden zum Universitätsstudium zugelassen. Meine Tante Chaja kam 1933 ins Land Israel und hatte dann eine nicht ganz unbedeutende Position in der Zionistischen Arbeiterpartei und in der Tel Aviver Zweigstelle des Verbandes arbeitender Mütter. Auf diese Weise lernte sie einige wichtige Persönlichkeiten des Jischuw kennen. Sie hatte nicht wenige glühende Verehrer, darunter solche, die im Gewerkschaftsverband Karriere machten, aber sie folgte ihrem Herzen und heiratete einen fröhlichen und warmherzigen Arbeiter aus Polen, Zvi Schapiro, der später Verwaltungsrat in der Krankenkasse und schließlich Verwaltungsdirektor des staatlichen Donolo-Zahalon-Krankenhauses in Jaffa wurde. Eines der beiden Zimmer in Chaja und Zvi Schapiros Erdgeschoßwohnung in der Ben-Jehuda-Straße 175 in Tel Aviv war während der zweiten Hälfte der vierziger Jahre an verschiedene hohe Befehlshaber der Hagana untervermietet. 1948, während des Unabhängigkeitskriegs, wohnte dort General Yigael Yadin, der damals oberster Einsatzleiter und stellvertretender Generalstabschef der gerade gegründeten israelischen Armee war. Gelegentlich wurden dort nächtliche Beratungen abgehalten, Israel Galili, Jizchak Sadeh, Jaakov Dori, hochrangige Offiziere der Hagana, Berater und Kommandeure kamen dort zusammen. Drei Jahre später setzte meine Mutter, in demselben Zimmer, ihrem Leben ein Ende.

Auch nachdem die kleine Dora sich in den Liebhaber ihrer Mutter, Pan Krynicki, verliebt hatte, hörte Xenia nicht auf, ihr gegen Abend Essen zu machen und Geschichten zu erzählen, aber das Essen, das sie zubereitete, war mit Tränen getränkt, und die Geschichten waren es ebenfalls. Die beiden saßen am frühen Abend beisammen, die eine weinte und aß, die andere weinte und aß nicht, es gab keinen Streit zwischen ihnen, im Gegenteil, manchmal umarmten sie sich und weinten gemeinsam, als hätten sie sich beide mit der gleichen unheilbaren Krankheit angesteckt. Oder als hätte die Mutter unabsichtlich die Tochter angesteckt und pflegte sie jetzt liebevoll, mit der unausgesprochenen Bitte um Verzeihung, mit tiefem Mitgefühl und unendlicher Hingabe. Nachts hörten wir manchmal die Pforte knarren, diese kleine *kalitka* im Gartenzaun, und wußten, jetzt kehrte Dora von dort zurück, und bald würde ihre Mutter sich zu demselben Haus schleichen. Alles war genau so, wie Papa immer sagte: Jede Tragödie ist auch ein bißchen Komödie.
  Xenia paßte bei Dora gut auf, um sicherzugehen, daß sie ja nicht schwanger würde. Sie erklärte und erklärte ihr wieder und wieder, tu das, tu das

nicht, und wenn er dir sagt, so, dann sag du ihm so, und wenn er nun gerade so will, dann mach du so. Auf diese Weise bekamen auch wir etwas mit und lernten, denn uns erklärte man nie so unschöne Dinge. Aber es nützte alles nichts, die kleine Dora wurde doch schwanger, und es hieß bei uns, Xenia sei zu Pan Krynicki gegangen und habe ihn um Geld gebeten, aber er habe nichts geben wollen und so getan, als wüßte er überhaupt nicht, wer Xenia war und wer Dora war. So hat Gott uns geschaffen: Der Reichtum ist Sünde, und die Armut ist Strafe, aber die Strafe erhält nicht der Schuldige, sondern der, der kein Geld hat, sich die Strafe vom Hals zu schaffen. Die Frau kann, wenn sie schwanger ist, das naturgemäß einfach nicht leugnen. Aber der Mann – der leugnet, soviel er will, und was kannst du dagegen machen? Gott hat den Männern das Vergnügen gegeben und uns die Strafe. Dem Mann hat er gesagt, im Schweiße deines Angesichts sollst du dein Brot essen, was überhaupt ein Lohn und keine Strafe ist. Nimm dem Mann die Arbeit, und auf der Stelle wird er ganz verrückt, und uns Frauen hat er gütigst erlaubt, ein Leben lang den Schweiß des Angesichts der Männer aus der Nähe zu riechen, was ein sehr geringes Vergnügen ist, und noch hinzugefügt, »mit Schmerzen sollst du gebären Kinder«. Ich weiß, daß man das vielleicht auch etwas anders sehen kann.

Die arme Dora – als sie im neunten Monat war, brachte man sie in irgendein Dorf, zu irgendeiner Cousine von Xenia. Ich glaube, Papa hat ihnen etwas Geld gegeben. Xenia fuhr mit Dora in jenes Dorf, und ein paar Tage später kehrte sie krank und blaß zurück. Xenia. Nicht Dora. Dora kam erst einen Monat später wieder, weder krank noch blaß, sondern rosig und prall wie ein saftiger Apfel, kam ohne Baby und wirkte auch nicht traurig, nur irgendwie noch kindischer als zuvor. Und sie war ja auch vorher schon ein sehr infantiles Mädchen. Aber nach ihrer Rückkehr aus dem Dorf fing Dora an, mit uns den ganzen Tag nur noch in Babysprache zu reden und mit Puppen zu spielen, und wenn sie weinte, hörte es sich genauso an wie bei einer Dreijährigen. Sie schlief dann auch so viel wie ein Baby: Zwanzig Stunden am Tag schlief dieses Mädchen, schlief und schlief, stand nur auf, um etwas zu essen und zu trinken und du weißt schon wohin zu gehen.

Und was geschah mit dem Baby? Wer weiß. Man hatte uns gesagt, wir sollten nicht fragen, und wir waren sehr folgsame Mädchen, stellten keine Fragen, und niemand erzählte uns etwas. Nur einmal, nachts, weckte

Chaja plötzlich uns beide, Fania und mich, und sagte, sie würde ganz deutlich aus dem dunklen Garten, es war eine regnerische, windige Nacht, das Weinen eines Babys hören. Wir wollten etwas überziehen und hinausgehen, hatten aber Angst. Bis Chaja schließlich Papa weckte, hörte man schon kein Baby mehr, und doch nahm Papa eine große Laterne und ging in den Garten, suchte in allen Ecken und kam wieder und sagte traurig, Chajunja, anscheinend hast du geträumt. Wir haben mit unserem Vater nicht diskutiert, was hätte das genutzt? Aber wir drei wußten sehr wohl, daß es kein Traum von Chaja gewesen war, sondern daß tatsächlich ein Baby im Garten geweint hatte, und der Beweis war, daß nicht nur Chaja, sondern auch Fania und ich das Weinen gehört hatten, das ich noch heute im Ohr habe: so dünn und hoch, durchdringend, herzerschütternd, nicht wie ein hungriges Baby, das gestillt werden möchte, und nicht wie ein Baby, dem kalt ist, sondern wie ein Baby, dem etwas sehr, sehr weh tut.

Danach erkrankte die schöne Dora an einer seltenen Blutkrankheit, und Papa gab wieder Geld, um sie zur Untersuchung zu einem sehr berühmten Professor nach Warschau zu schicken, einem Professor so berühmt wie Louis Pasteur, und danach ist sie nie mehr zu uns zurückgekehrt. Xenia Dimitrijewna hat weiterhin gegen Abend Geschichten erzählt, aber ihre Geschichten wurden zum Schluß immer wilder, das heißt unkultiviert, und manchmal rutschten ihr in die Geschichten sogar ziemlich unschöne Worte, die wir nicht hören wollten. Oder wollten, aber es uns verboten, denn wir waren drei wohlerzogene Mädchen, wie man damals junge Damen erzogen hat, nicht wie man es heute tut.

Und die kleine Dora? Wir haben nie mehr über sie gesprochen. Auch Xenia Dimitrijewna hat ihren Namen nie mehr erwähnt, als würde sie ihr zwar verzeihen, daß sie ihren Liebhaber genommen hatte, aber nicht, daß sie in Warschau verschwunden war. An ihrer Stelle zog Xenia zwei liebe kleine Vögel groß, im Käfig auf der Veranda, und die hielten sich sehr gut bis zum Winter, und im Winter sind sie ihr erfroren. Alle beide.

25

Menachem Gelerter, der Verfasser des Buches über das Tarbut-Gymnasium in Rowno, hatte dort Bibelkunde, Literatur und jüdische Geschichte unterrichtet. Unter anderem fand ich in seinem Buch Hinweise auf das, was meine Mutter und ihre Schwestern und Freundinnen in den zwanziger Jahren an ihrer Schule im Hebräischunterricht durchgenommen haben: Aggada, ausgewählte Werke der Dichter des Goldenen Zeitalters in Spanien, jüdische Philosophie des Mittelalters, die gesammelten Werke von Bialik und Tschernichowski sowie ausgewählte Werke von Schneur, Jakob Kahan, Berdyczewski, Frischmann, Perez, Schalom Asch, Brenner (alle im Verlag Tuschija), Mendele, Scholem Alejchem, Berkowitz, Kabak und Burla. Außerdem – in Übersetzungen, die zum Großteil in den Verlagen Stybel und Omanut erschienen – eine Auswahl von Werken von Tolstoj, Dostojewski, Puschkin, Turgenjew, Tschechow, Mickiewicz, Sienkiewicz, Krasiński, Maeterlinck, Flaubert, Romain Rolland, Schiller, Goethe, Heine, Hauptmann, Wassermann, Schnitzler, Altenberg, Shakespeare, Byron, Dickens, Oscar Wilde, Jack London, Tagore, Hamsun, das Gilgamesch-Epos in Tschernichowskis Übersetzung und anderes mehr. Ferner: *Die Geschichte Israels* von J. N. Simchoni, *Die Geschichte des Zweiten Tempels* von Joseph Klausner, *Schlamm der Tiefe* von Nathan Hannover, *Der Stamm Jehuda* von Jehuda Ibn Verga, *Das Buch der Tränen* von Simon Bernfeld, und *Israel in der Diaspora* von Ben-Zion Dinaburg.

Jeden Tag, erzählt mir Tante Sonia, gehe ich früh am Morgen, bevor es heiß wird, gegen sechs Uhr oder sogar noch früher, ganz langsam die Treppen runter, um den Abfallbeutel draußen in die Mülltonne zu werfen. Bevor ich wieder hinaufgehe, muß ich mich einen Augenblick ausruhen, mich ein paar Minuten auf die Mauer neben den Mülltonnen setzen, denn das Treppensteigen bringt mich außer Atem. Manchmal treffe ich dort eine Neueinwanderin aus Rußland, Warja, die bei uns in der Weisel-Straße jeden Morgen die Bürgersteige kehrt. Dort, in Rußland, ist sie eine sehr große Direktorin gewesen. Hier – kehrt sie die Straßen. Hebräisch hat sie kaum gelernt. Manchmal macht sie bei den Mülltonnen ein paar Minuten halt, und wir unterhalten uns ein wenig auf russisch.

Warum kehrt sie die Straßen? Damit zwei sehr begabte Töchter auf der Universität bleiben können, eine studiert Chemie, die andere Zahnmedizin. Ehemann – gibt es keinen. Verwandte in Israel – gibt es auch nicht. Am Essen – wird gespart. An Kleidung – wird auch gespart. Wohnen – tun sie alle in einem Zimmer. Alles, damit es beim Studium und den Lehrbüchern an nichts fehlt. Immer war es so bei jüdischen Familien: Man glaubte, das, was man gelernt hat, sei der Halt für die Zukunft, das einzige, was keiner jemals deinen Kindern wegnehmen kann. Auch wenn es, Gott behüte, noch einen Krieg, noch eine Revolution, noch eine Emigration, noch weitere antijüdische Verordnungen gibt – das Diplom läßt sich immer schnell zusammenfalten und ins Kleiderfutter einnähen, und man kann damit dorthin fliehen, wo immer man die Juden nur leben läßt. Die Gojim haben so von uns gesagt: Das Diplom – das ist die Religion der Juden. Nicht das Geld und nicht das Gold. Das Diplom. Aber hinter diesem Glauben an das Diplom verbarg sich noch etwas anderes, das ein wenig komplizierter war, ein wenig intimer, nämlich daß man Mädchen damals, sogar modernen Mädchen wie uns, Mädchen, die auf das Gymnasium und danach auf die Universität gingen, immer beigebracht hat, daß die Frau sich zwar bilden und am öffentlichen Leben teilnehmen darf – aber nur, bis die Kinder kommen. Dein Leben gehört dir nur kurze Zeit: von deinem Auszug von zu Hause bis zur ersten Schwangerschaft. Von diesem Augenblick, von der ersten Schwangerschaft an, sollten wir nur für die Kinder leben. Genau wie unsere Mütter. Sogar Straßenkehren für die Kinder, denn dein Kind ist das Küken, und was bist du? Du bist bloß das Eiweiß, du bist nur das, was das Küken frißt, um groß und stark zu werden. Und wenn dein Kind groß ist – auch dann kannst du nicht wieder du selbst werden, sondern verwandelst dich einfach von einer Mutter in eine Großmutter, die wiederum die Gehilfin ihrer Kinder bei der Erziehung von deren Kindern ist.

Sicherlich, auch in jenen Jahren gab es nicht wenige Frauen, die sich eine eigene Karriere aufbauten und am öffentlichen Leben teilnahmen. Aber alle redeten immer hinter ihrem Rücken über sie: Schaut euch bloß diese Egoistin an, hockt in den Sitzungen, und ihre armen Kinder wachsen auf der Straße auf und zahlen den Preis.

Jetzt leben wir schon in einer anderen Welt. Jetzt läßt man die Frau vielleicht endlich ein bißchen mehr ihr eigenes Leben leben. Oder ist das vielleicht nur eine Illusion? Vielleicht weinen auch bei den jüngeren Generationen die Frauen noch jede Nacht in ihre Kissen, während ihre Ehemänner längst schlafen, weinen, weil sie sich gedrängt fühlen, sich zwischen dem einen oder dem anderen zu entscheiden? Ich möchte nicht urteilen: Das ist nicht mehr meine Welt. Um etwas darüber sagen zu können, müßte ich von Tür zu Tür gehen und feststellen, wie viele Tränen von Müttern heutzutage jede Nacht, nachdem der Mann eingeschlafen ist, ins Kissen vergossen werden, und müßte die Tränen von damals mit den Tränen von heute vergleichen.

Manchmal sehe ich im Fernsehen, und manchmal sehe ich sogar hier, von meinem Balkon, wie junge Paare nach der Arbeit alles gemeinsam machen – Wäsche waschen und aufhängen, das Baby wickeln, Essen kochen. Einmal habe ich sogar im Lebensmittelladen einen jungen Mann sagen hören, morgen gingen er und seine Frau, so hat er gesagt, morgen gehen wir zur Fruchtwasseruntersuchung. Als ich ihn das sagen hörte, hat sich mir die Kehle zugeschnürt: Vielleicht ändert sich die Welt doch ein bißchen? In der Politik, zwischen Religionen und Völkern und sozialen Schichten, gibt es nicht weniger *risches* als früher, aber vielleicht ist zwischen Mann und Frau weniger davon zu finden? Bei jungen Familien? Vielleicht mache ich mir da auch nur etwas vor. Vielleicht ist das alles nur Komödie, und die Welt geht eigentlich ihren alten Gang – die Katze stillt die Jungen, und der Gestiefelte Kater leckt sich, schüttelt die Schnurrbarthaare und jagt seinem Vergnügen auf dem Hof nach?

Weißt du noch, was in den Sprüchen Salomos geschrieben steht? Dort heißt es: Ein kluger Sohn erfreut den Vater, aber ein törichter Sohn ist der Gram seiner Mutter! Wenn der Sohn klug geraten ist, dann frohlockt der Vater, prahlt mit seinem Sohn und erntet dafür auch alle Pluspunkte. Aber wenn der Sohn, Gott behüte, nicht gut geraten ist, sondern dumm ist oder problematisch oder behindert oder kriminell – nu, dann ist es sicher die Schuld der Mutter, und die ganze Fürsorge und das ganze Leid gehen vollständig auf ihr Konto. Einmal hat deine Mutter zu mir gesagt: Sonia, du mußt wissen, es gibt nur zwei Dinge – nein. Wieder schnürt es mir die Kehle zu. Reden wir ein andermal davon. Reden wir über etwas anderes.

Manchmal bin ich nicht mehr ganz sicher, daß ich mich genau erinnere, ob diese Prinzessin, Ljubow Nikititschna, die mit ihren zwei Töchtern, Tassia und Nina, bei uns hinter dem Vorhang wohnte und mit den beiden auch im selben Bett schlief – da bin ich nicht mehr ganz sicher: War sie wirklich die Mutter der beiden? Oder war sie nur die *gouvernantka* der beiden Mädchen? Die anscheinend von zwei verschiedenen Vätern stammten? Denn Tassia war ja Anastasia Sergejewna, und Nina war Antonina Boleslawowna? Es gab da etwas Nebulöses. Etwas, worüber man bei uns nicht sprach, oder so sprach, als wäre es etwas Unangenehmes. Ich erinnere mich noch, daß die beiden Mädchen die Prinzessin immer »Mama« oder »Maman« nannten, aber das war vielleicht nur, weil sie sich an ihre richtige

Mutter nicht mehr erinnerten? Ich kann dir auf keinen Fall mit Sicherheit sagen, so oder so, denn Heimlichkeiten gab es schon damals. Sehr viel Heimlichkeiten gab es im Leben vor zwei oder drei Generationen. Heute gibt es vielleicht weniger Heimlichkeiten. Oder hat man nur andere Geheimnisse voreinander? Gibt es nur neue Heimlichkeiten? Ob das gut oder schlecht ist, weiß ich wirklich nicht. Ich kann die neuen Sitten nicht beurteilen, denn vielleicht hat man mir und all den Mädchen meiner Generation das Gehirn gewaschen. Trotzdem scheint mir, daß es zwischen ihm und ihr, wie es heißt, und du verstehst bestimmt, was ich mit dem Ausdruck »zwischen ihm und ihr« meine, daß es zwischen ihm und ihr heute vielleicht irgendwie einfacher geworden ist? Als ich noch ein junges Mädchen war, eine Tochter aus gutem Hause, wie man es nannte, da war es voller Messer, voller Gift, voller grauenerregender Finsternis. Wie barfuß im Finstern in einen Keller voller Skorpione runtergehen. Alles wurde im dunkeln gehalten. Man sprach nicht darüber.

Aber man tratschte ohne Ende, hechelte voller Neid und Boshaftigkeit alles durch, sprach über Geld, über Krankheiten, über Erfolg im Leben, über eine gute Familie im Gegensatz zu einer nicht wer weiß wie guten Familie, das wurde bei uns endlos durchgekaut, der Charakter von der ist so, und der Charakter von der ist so. Und wieviel haben wir damals über Ideen geredet! Heute kann man sich das überhaupt nicht mehr vorstellen! Man redete über Judentum und Zionismus und die Bundisten und die Kommunisten, über Anarchismus und Nihilismus, über Amerika, über Lenin, sogar über die Frauenfrage, die Emanzipation der Frau. Deine Tante Chaja war die kühnste von uns dreien, wenn es um die Emanzipation der Frau ging – kühn natürlich nur im Reden und Debattieren. Fania hatte auch etwas von einer Suffragette, aber bei ihr gab es einige Vorbehalte. Und ich war das kleine Dummerchen, dem man immer sagte: Sonia, du sei still, Sonia, stör nicht, wart ab, bis du groß bist und verstehst. Also habe ich den Mund gehalten und zugehört.

Alle jungen Leute haben damals immer die Freiheit wie eine Fahne vor sich hergetragen: diese Freiheit und jene Freiheit und diese Freiheit. Aber zwischen ihm und ihr, da gab es keinerlei Freiheit: Es gab nur bloße Füße im Finstern in einem Keller voller Skorpione. Es verging keine Woche, in der wir nicht furchterregende Gerüchte über ein junges Mädchen hörten, dem passiert war, was jungen Mädchen passiert, die nicht aufpassen, oder über eine ehrbare Frau, die sich verliebt und den Verstand verloren hatte, oder über ein Dienstmädchen, das von jemandem verführt worden war, oder über eine Köchin, die mit einem Sohn der Herrschaften durchgebrannt und allein mit einem Baby zurückgekommen war, oder über eine gebildete, verheiratete Lehrerin von Stand, die sich plötzlich in jemanden verliebt und sich ihm zu Füßen geworfen hatte und sich danach geächtet und gehöhnt wiederfand. Sagt man gehöhnt? Nein? Aber du verstehst ja, was ich mit »gehöhnt« meine! Zu der Zeit, als wir junge Mädchen waren, war die Keuschheit ein Käfig und zugleich das einzige Geländer zwischen dir und dem Abgrund. Die Keuschheit lastete dem Mädchen auf der Brust wie ein Stein von dreißig Kilo. Sogar in den Träumen, die du nachts träumtest, blieb die Keuschheit wach und stand neben dem Bett, um auf uns aufzupassen, was schön ist, zu träumen, und welcher Traum sehr unschön für ein junges Mädchen ist und worüber sie sich beim Aufwachen am Morgen sehr, sehr schämen müßte, auch wenn keiner davon wußte.

Das ganze Thema von wegen zwischen ihm und ihr, ist das heute vielleicht etwas weniger im dunkeln? Etwas einfacher? In dem Dunkel, das damals um diese Frage herrschte, hatten es Männer sehr viel einfacher, die Frau zu mißbrauchen. Andererseits, daß heute alles so einfach ist – ist das gut? Wird das nicht zu häßlich?

Ich wundere mich ein wenig über mich selbst, daß ich mit dir überhaupt über dieses Thema spreche. Als ich noch ein junges Mädchen war, haben wir manchmal unter uns darüber getuschelt. Aber mit einem Mann? Nie im Leben habe ich über solche Dinge mit einem Mann geredet. Nicht einmal mit Buma, obwohl wir, unberufen, bald sechzig Jahre verheiratet sind. Wie sind wir denn plötzlich darauf gekommen? Wir hatten doch von Ljubow Nikititschna gesprochen und von Tassia und Nina. Wenn du eines Tages nach Rowno fährst, kannst du dich als Detektiv betätigen: Versuche doch einmal nachzuprüfen, ob sie dort, im Rathaus, vielleicht noch irgendwelche Dokumente haben, die Licht in diese Heimlichkeiten bringen könnten. Versuche doch herauszufinden, ob diese Gräfin, oder Prinzessin, die Mutter ihrer beiden Töchter war oder nicht. Und ob sie wirklich eine Prinzessin oder Gräfin war? Und vielleicht war Lebedewski, der Bürgermeister, der vorherige Hausbesitzer, vielleicht war er der Vater von Tassia und Nina, so wie er wahrscheinlich auch der Vater der armen Dora war?

Obwohl, wenn ich es mir recht überlege, all die Dokumente, die es da gegeben oder nicht gegeben hat, sind doch sicher schon zehnmal verbrannt, beim Einmarsch der Polen, bei dem der Roten Armee und danach dann dem der Nazis, die einfach hergegangen sind und uns alle in die Gruben geschossen und mit Sand zugedeckt haben. Danach kam wieder Stalin, mit dem NKWD. Rowno ist viele Male von einer Hand zur anderen geschleudert worden, wie Rowdys einen Hund mißhandeln: Rußland – Polen – Rußland – Deutschland – Rußland. Und jetzt gehört es weder zu Polen noch zu Rußland, sondern zur Ukraine oder vielleicht zu Weißrußland? Oder irgendeiner örtlichen Bande? Ich weiß selbst nicht mehr, wem das jetzt gehört. Und es interessiert mich auch nicht so sehr: Was war, ist nicht mehr, und was jetzt ist, wird in ein paar Jahren auch nicht mehr sein.

Die ganze Welt, wenn man sie nur einmal ein bißchen von weitem betrachtet, wird ja auch nicht mehr wer weiß wie lange weitergehen. Es heißt, eines Tages würde die Sonne verlöschen und alles wieder in die Finsternis zurückkehren. Also wozu schlachten die Menschen einander ab während der ganzen Weltgeschichte? Was ist es denn so wichtig, wer in Kaschmir regiert oder in der Höhle Machpela in Hebron? Statt einen Apfel vom Baum des Lebens oder vom Baum der Erkenntnis zu essen, haben wir von der Schlange dort anscheinend einen giftigen Apfel vom Baum der *risches* bekommen und ihn mit Appetit gegessen. Damit war das Paradies zu Ende, und diese Hölle begann.

Diese Prinzessin oder Gräfin, Ljubow Nikititschna, war entweder die Mutter oder die Gouvernante der beiden Mädchen. Und sie war entweder eine Verwandte des vorherigen Bürgermeisters Lebedewski, oder er war ihr Schuldner. Zwischen ihr und dem polnischen Offizier, dem *polkownik* Zakrzewski bestanden entweder Kartenspielbeziehungen oder ganz andere Beziehungen, du wirst sicher verstehen, was ich damit meine.

Es gibt so viel Entweder-Oder: Der Mensch weiß eigentlich so wenig, sogar von denen, die mit ihm unter demselben Dach wohnen. Man meint, viel zu wissen – und es stellt sich heraus, daß man gar nichts weiß. Deine Mutter zum Beispiel – nein, Verzeihung, ich bin einfach nicht fähig, direkt von ihr zu sprechen. Nur drum herum. Sonst beginnt die Wunde zu schmerzen. Ich werde nicht über Fania sprechen. Nur über das, was um sie herum war. Was um Fania herum war, ist vielleicht auch ein wenig Fania. Wenn man jemanden wirklich liebt, ging bei uns ein Sprichwort, dann liebt man sogar sein Taschentuch. Auf hebräisch klingt das nicht so gut, aber was gemeint ist, verstehst du doch?

Nimm und schau bitte: Da habe ich etwas, das ich dir zeigen kann und das du mit den Fingern betasten kannst, damit du weißt, daß nicht alles, was ich dir erzählt habe, bloß Märchen sind. Schau dir dies bitte an – nein, das ist keine Tischdecke, das ist ein Kissenbezug, bestickt, so wie Töchter aus gutem Hause es früher gelernt haben. Den hat mir die Prinzessin bestickt und geschenkt – oder die Gräfin? Ljubow Nikititschna. Der Kopf, der hier gestickt ist, so hat sie mir selbst gesagt, das ist der Kopf des Kardinals Richelieu. Wer das war, der Kardinal Richelieu? Daran kann ich mich nicht erinnern. Möglicherweise habe ich es nie gewußt, ich bin ja nicht so gebildet wie Chaja und Fania. Die beiden hat man zum Abiturmachen geschickt und dann nach Prag, um an der Universität zu studieren. Ich war ein bißchen einfach. Von mir haben alle immer gesagt: Sonitschka, sie ist so lieb, aber ein bißchen einfach. Mich hat man ins polnische Lazarett geschickt, um dort eine Ausbildung zur diplomierten Krankenschwester zu machen. Aber trotzdem erinnere ich mich sehr gut, daß die Prinzessin mir, bevor ich das Haus verließ, gesagt hat, das sei der Kopf von Kardinal Richelieu.

Vielleicht weißt du, wer der Kardinal Richelieu war? Egal. Erzähl es mir ein andermal oder gar nicht. In meinem Alter kann ich mein Leben auch getrost beschließen, ohne je die Ehre gehabt zu haben, zu wissen, wer, wie, was der Kardinal Richelieu gewesen ist. Kardinäle gibt es sehr viele, und fast alle hassen sie unser Volk.

Tief in meinem Herzen bin auch ich etwas anarchistisch. Wie Papa. Deine Mutter war auch etwas anarchistisch im Herzen. Bei den Klausners konnte sie das natürlich auf gar keinen Fall zeigen. Schon so hielten sie sie für etwas merkwürdig, und trotzdem haben sie sie immer recht höflich behandelt. Überhaupt stand bei den Klausners gutes Benehmen stets an erster Stelle. Dein anderer Großvater, Großvater Alexander – wenn ich nicht blitzschnell die Hand wegzog, hat er sie mir gleich geküßt. Es gab einmal so eine Kindergeschichte, der Gestiefelte Kater? Deine Mutter lebte bei den Klausners wie ein gefangener Vogel in einem Käfig, der im Salon einer Familie von Gestiefelten Katern hängt.

Ich bin ein bißchen anarchistisch aus dem ganz einfachen Grund, weil bisher noch bei keinem Kardinal Richelieu etwas Gutes rausgekommen ist. Nur Januschka Duratschok, erinnerst du dich, dieser Dorftrottel aus der Geschichte von Xenjutschka, unserem Dienstmädchen, Januschka Duratschok, der Mitleid mit dem einfachen Volk hatte und nicht das bißchen Brot, das er zu essen hatte, für sich behielt, sondern damit das Loch in der Brücke stopfte und dafür später zum König gemacht wurde: Nur einer wie der hat vielleicht auch Mitleid mit uns. All die anderen – all die Könige und Herren – haben mit niemandem Mitleid. Und eigentlich haben auch wir nicht so viel Mitleid mit anderen: Wir haben ja nicht wirklich Mitleid mit dem kleinen arabischen Mädchen gehabt, das an der Straßensperre unterwegs zum Krankenhaus gestorben ist, weil dort, an der Sperre, anscheinend irgendein Soldat, so ein Kardinal Richelieu gestanden hat, ohne Herz. Ein jüdischer Soldat – aber ein Kardinal Richelieu! Alles, was er wollte, war absperren und nach Hause gehen, und so ist das kleine Mädchen gestorben, deren Augen uns die Seele durchbohren müssen, damit wir alle die ganze Nacht nicht schlafen, obwohl ich ihre Augen nicht gesehen habe, weil man in der Zeitung immer nur Bilder von unseren Opfern zeigt und nie die Augen von den Opfern der anderen.

Meinst du, das einfache Volk sei anders? Überhaupt nicht! Es ist genauso dumm und grausam wie seine Herrscher. Das ist doch die wahre Lehre in Andersens Märchen von des Kaisers neuen Kleidern, daß das einfache Volk genauso dumm ist wie der König und die Minister und wie der Kardinal Richelieu. Aber Januschka Duratschok machte es gar nichts aus, daß alle ihn nach Herzenslust auslachten – ihn interessierte nur, daß alle am Leben blieben. Er hatte Mitleid mit den Menschen, die ausnahmslos alle Mitleid brauchen. Sogar der Kardinal Richelieu. Sogar der Papst, du hast doch sicher im Fernsehen gesehen, wie krank und geschwächt er ist, und hier, bei uns, haben sie ihn erbarmungslos stundenlang in der Sonne auf seinen kranken Beinen stehen lassen. Hatten kein Mitleid mit dem alten und sehr kranken Mann, dem man sogar im Fernsehen angesehen hat, daß er sich nur unter schweren Schmerzen auf den Beinen halten konnte, aber er hat sich beherrscht und stand da vor uns in Jad Vashem, eine halbe Stunde lang, bei Chamsin, nur um uns die Ehre zu erweisen. Mir ist es ein wenig schwergefallen, das mit anzusehen. Mir tat er leid.

Nina war eine sehr gute Freundin deiner Mutter Fania, sie war genau in ihrem Alter, und ich hatte mich mit der Kleinen, mit Tassia, angefreundet. Viele Jahre haben sie bei uns gewohnt, mit der Prinzessin, »Maman« nannten sie sie, »Maman« ist einfach Mama auf französisch, aber wer weiß, ob sie wirklich ihre Mama war? Oder bloß die Nanny? Sie waren sehr arm, ich glaube, sie zahlten uns überhaupt keine Miete, und trotzdem erlaubte man ihnen, nicht durch den Dienstboteneingang, den *tschorny wchod*, ins Haus zu gehen, sondern durch den Haupteingang, der *paradni wchod* hieß. So arm waren sie, daß diese Prinzessin, die Maman, nachts vor der Petroleumlampe saß und Röcke aus Kreppapier nähte, für reiche Töchter, die Ballettunterricht hatten. So ein Knautschpapier, und darauf klebte sie viele funkelnde Sterne aus Goldpapier.

Bis diese Prinzessin oder Gräfin, Ljubow Nikititschna, plötzlich eines schönen Tages die beiden Mädchen zurückließ und ausgerechnet nach Tunesien fuhr, um dort irgendeine verlorene Verwandte namens Jelisaweta Franzowna zu suchen. Und jetzt schau dir das an und sieh selbst, wie mein Gedächtnis seinen Spott mit mir treibt! Wo habe ich denn vor einer Minute meine Uhr hingetan? Daran kann ich mich absolut nicht erinnern. Aber wie irgendeine Jelisaweta hieß, die ich im ganzen Leben nicht gesehen habe, eine gewisse Jelisaweta Franzowna, die unsere Prinzessin Ljubow Nikititschna vor vielleicht achtzig Jahren ausgerechnet in Tunesien suchen gegangen ist, gerade daran erinnere ich mich sonnenklar! Vielleicht ist auch meine Uhr in Tunesien verschwunden?

In unserem Eßzimmer hing ein Bild in einem Goldrahmen, von irgendeinem sehr teuren *chudoschnik*, Künstler. Ich weiß noch, auf dem Bild sah man einen wunderschönen Jungen mit hellem Haar, solchen ungebändigten Locken, einen Jungen, der mehr wie ein verwöhntes kleines Mädchen als wie ein Junge aussah. Es war gewissermaßen etwas in der Mitte, zwischen Junge und Mädchen. Das Gesicht habe ich nicht mehr in Erinnerung, aber ich erinnere mich noch sehr gut, daß er auf dem Bild ein besticktes Hemd trug, mit gebauschten Ärmeln, ein großer gelber Hut hing an einer Schnur auf ihrer Schulter – vielleicht war es doch ein kleines Mädchen –, und man sah drei Röcke, einer unter dem anderen, denn die eine Seite war etwas geschürzt, und die Spitze schaute unten heraus, erst ein gelber Unterrock, so ein starkes Gelb, wie bei van Gogh, und noch darunter schaute ein weißer Spitzenunterrock hervor, und ganz unten waren ihre Beine offenbar mit einem dritten Unterrock in Himmelblau bedeckt. So ein Bild, scheinbar völlig keusch, aber nicht wirklich keusch. Es war ein Bild in Lebensgröße. Und dieses Mädchen, das einem Jungen so ähnlich sah, stand einfach so mitten auf dem Feld, umgeben von Grün und von weißen Schafen, und am Himmel waren solche leichten Wolken, und in der Ferne sah man einen Streifen Wald.

Ich erinnere mich, daß Chaja einmal gesagt hat, eine solche Schönheit solle nicht draußen Schafe hüten, sondern innerhalb der Palastmauern bleiben, und ich sagte, der dritte Unterrock sei mit genau derselben Farbe gemalt wie der Himmel, als hätte man den Unterrock direkt aus dem Firmament geschnitten. Und plötzlich hat Fania uns ganz wild und wütend angefahren und zu uns gesagt, haltet doch endlich den Mund, ihr zwei, was redet ihr überhaupt solchen Unsinn, das ist doch ein verlogenes Bild, das eine sehr große Verdorbenheit tarnt. Ungefähr diese Worte hat sie benutzt, aber nicht genau, ich kann ja die Sprache deiner Mutter nicht wiedergeben, keiner kann das. Du erinnerst dich vielleicht noch ein wenig, wie Fania gesprochen hat?

Diesen Wutausbruch von ihr werde ich nie vergessen, niemals, auch nicht ihren Gesichtsausdruck in diesem Moment. Sie war damals, ich kann es nicht mehr genau sagen, vielleicht sechzehn oder fünfzehn. Ich erinnere mich deshalb so genau an alles, weil es so gar nicht zu ihr gepaßt hat, so ein Ausbruch: Fania hat nie die Stimme erhoben, niemals, auch nicht, wenn sie angegriffen und verletzt wurde, sie hat sich nur immer gleich in sich zurückgezogen. Überhaupt mußte man bei ihr immer raten, was sie wirklich empfand, was ihr nicht gefiel. Und da nun auf einmal – ich erinnere mich sogar noch, daß es an einem Samstag abend war, oder am Ausgang irgendeines Feiertags, an Sukkot vielleicht? Oder an Schawuot? – da donnert sie plötzlich los und schreit uns an, also mich na wenn schon, mein Leben lang bin ich ja bloß das kleine Dummerchen gewesen, aber Chaja derart anzufahren! Unsere große Schwester! Die Jugendleiterin! Mit ihrem Charisma! Chaja, für die das ganze Gymnasium schwärmte!

Aber deine Mutter, als wäre sie auf einmal rebellisch geworden, fing plötzlich einfach an, dieses Kunstwerk runterzumachen, das all die Jahre in unserem Eßzimmer hing. Behauptete abfällig, es würde die Wirklichkeit versüßen! Sei verlogen! Im wirklichen Leben hätten Schafhirten nur Lumpen und keine Seidenkleider, und ihre Gesichter seien voller Kälte- und Hungerpusteln, nicht engelsgleich, und ihre Haare schmutzig mit Läusen und Flöhen drin und nicht so goldgelockt. Und das Leid auf diese Weise zu ignorieren sei fast so schlimm, wie Leid zu verursachen, und dieses Gemälde würde das Leben in eine Schweizer Bonbonniere verwandeln.

Vielleicht hat deine Mutter sich derart über das Gemälde im Eßzimmer aufgeregt, weil der *chudoschnik* das Bild so gemalt hat, daß es aussah, als gäbe es kein Unglück mehr auf der Welt. Ich denke, das war es, was sie wütend gemacht hat. Bei diesem Ausbruch war sie wahrscheinlich unglücklicher, als irgend jemand gedacht hätte. Verzeih, daß ich weine. Sie war meine Schwester, und sie hat mich sehr geliebt, und Skorpione haben sie zerfleischt. Genug: Ich höre auf zu weinen. Verzeih. Jedesmal, wenn mir dieses kitschige Bild einfällt, jedesmal, wenn ich ein Gemälde mit drei Unterröcken und Federwolken zu Gesicht bekomme, sehe ich sofort Skorpione vor mir, die meine Schwester zerfleischen, und fange an zu weinen.

26

Im Gefolge ihrer älteren Schwester Chaja wurde 1931 auch Fania mit achtzehn Jahren an die Prager Universität geschickt, weil die polnischen Universitäten für Juden verschlossen waren. Meine Mutter studierte dort Geschichte und Philosophie. Ihre Eltern, Itta und Herz, waren, wie alle Juden Rownos, Zeugen und Opfer des Judenhasses, der sowohl bei den polnischen als auch bei den ukrainischen und deutschen Nachbarn immer übermächtiger wurde. Katholischer und russisch-orthodoxer Antisemitismus, Übergriffe ukrainischer Rowdys und zunehmende Schikanen des polnischen Regimes. Und wie fernes Donnergrollen dröhnten die Hetztiraden und Judenverfolgungen in Hitler-Deutschland bis nach Rowno.

Auch die Geschäfte meines Großvaters gerieten in eine Krise, und die Inflation Anfang der dreißiger Jahre fraß über Nacht fast seine gesamten Ersparnisse auf. Tante Sonia erzählte mir: »Papa gab mir massenweise polnische Millionen- und Trillionenscheine, mit denen ich mein Zimmer tapeziert habe. Die ganze Mitgift, die er über zehn Jahre für uns drei gespart hatte, war in zwei Monaten dahin.« Chaja und Fania mußten ihr Studium in Prag abbrechen, weil ihr Vater fast sein ganzes Vermögen verloren hatte.

In einer überstürzten und verlustreichen Transaktion wurde die Mühle verkauft, ebenso wie Haus und Garten in der Dubinska-Straße samt Kutsche, Schlitten und Pferden. Itta und Herz Mussman kamen 1933 fast mittellos im Land Israel an. Sie mieteten eine kümmerliche, mit Teerpappe gedeckte Baracke bei Kiriat Motzkin. Papa, der sein Leben lang gern mit Mehl zu tun hatte, fand eine Anstellung als Arbeiter in der Bäckerei Pat. Später, mit etwa fünfzig Jahren, kaufte er Pferd und Wagen und verdiente sich seinen Unterhalt erst mit Brot ausfahren, dann mit dem Transport von Baumaterial im Gewerbegebiet von Haifa. Ich erinnere mich an ihn: ein sonnengebräunter Mann, nachdenklich, in Arbeitskleidung, im verschwitzten grauen Trägerhemd, mit einem etwas schüchternen Lächeln, aber die blauen Augen sprühten lachende Funken, und er führte ruhig die Zügel. Es war, als gewänne er, von seiner Kutschbank aus, dem Panorama der Haifaer Bucht mit dem Karmelmassiv, den Raffinerien, den Fabrikschloten und den fernen Kränen im Hafen eine angenehme und vergnügliche Seite ab.

Von Jugend an sah er sich selbst als Proletarier. Jetzt, da er kein großer Herr mehr war und wieder körperlich arbeitete, fühlte er sich mit einem Schlag in seine Jugend zurückversetzt. Eine verhaltene Heiterkeit schien ihn nun ständig zu erfüllen, eine Lebensfreude, in der auch ein Fünkchen Anarchismus mitschwang. Genau wie Jehuda Leib Klausner aus dem Städtchen Olkeniki in Litauen, der Vater meines anderen Großvaters Alexander, liebte mein Großvater Naftali Herz Mussman den Fuhrmannsberuf, die Einsamkeit und den gleichmäßigen Rhythmus der langen gemächlichen Fahrten, den Umgang mit dem Pferd, dessen scharfen Geruch, Stall und Heu, Geschirr und Deichsel, Hafersack, Zaum und Zügel.

Sonia war ein junges Mädchen von sechzehn Jahren, als ihre Eltern nach Palästina auswanderten und ihre Schwestern in Prag studierten und dann auch nach Palästina gingen. Sie selbst blieb noch fünf Jahre in Rowno, um die Schwesternschule am polnischen Lazarett der Stadt abzuschließen. Sie kam drei Tage vor Ende des Jahres 1938 im Hafen von Tel Aviv an, wo ihre Eltern, ihre Schwestern und Zvi Schapiro, Chajas »frischgebackener« Ehemann, sie erwarteten. In Tel Aviv heiratete Sonia ein paar Jahre später ihren ehemaligen Jugendleiter aus der zionistischen Jugendbewegung in Rowno, einen strengen, gewissenhaften und resoluten Mann namens Abraham Gendelberg, genannt Buma.

1934, rund ein Jahr nach ihren Eltern und der älteren Schwester Chaja und vier Jahre vor ihrer jüngeren Schwester Sonia, kam Fania ins Land. Leute aus ihrem Bekanntenkreis erzählten, sie habe in Prag eine schwierige Liebe erlebt. Einzelheiten konnten sie mir nicht berichten. Als ich in Prag war und ein paar Abende lang durch das kopfsteingepflasterte alte Gassengewirr um die Universität streifte, malte ich mir Bilder aus und verfaßte im Geist Geschichten.

Ein Jahr nach ihrer Ankunft schrieb meine Mutter sich zur Fortsetzung ihres Geschichts- und Philosophiestudiums an der Universität auf dem Skopusberg ein. Achtundvierzig Jahre später, und wahrscheinlich ohne eine Ahnung davon zu haben, was ihre Großmutter in ihrer Jugend studiert hatte, entschied sich meine Tochter Fania für ein Studium der Geschichte und Philosophie an der Tel Aviver Universität.

Ich weiß nicht, ob meine Mutter nur deshalb ihr Studium in Prag abgebrochen hat, weil ihren Eltern das Geld ausgegangen war. In welchem Maße veranlaßte sie der rabiate Judenhaß dazu, der Mitte der dreißiger Jahre die Straßen Europas überschwemmte und auch an den Universitäten verbreitet war, nach Palästina zu gehen? In welchem Maße beeinflußte ihre Erziehung am Tarbut-Gymnasium und in der zionistischen Jugendbewegung ihre Entscheidung? Was hoffte sie hier zu finden, was fand sie tatsächlich, was nicht? Wie wirkten Tel Aviv und Jerusalem auf jemanden, der in einem Herrenhaus in Rowno aufgewachsen und geradewegs von der mittelalterlichen Schönheit Prags hierhergekommen war? Wie klang das im Land gesprochene Hebräisch in den Ohren einer jungen Frau, die aus dem Tarbut-Gymnasium ein erlesenes Buchhebräisch mitbrachte und mit einem feinen und genauen Sprachgefühl begnadet war? Was sagten meiner jungen Mutter die Sanddünen, die Motorpumpen in den Zitrushainen, die karstigen Felshänge, die archäologischen Exkursionen, die Ruinen biblischer Stätten und die Siedlungsreste aus der Zeit des Zweiten Tempels, was die Schlagzeilen des *Davar* und die Erzeugnisse von Tnuva, die Wadis und die heißen Wüstenwinde, die Kuppeln der mauerumgebenen Klöster, das kühle Wasser aus dem Tonkrug, die Kulturabende mit Akkordeon und Mundharmonika, die Fahrer der Buskooperativen Egged und Dan in kurzen Khakihosen, der Klang der englischen Sprache der Regierenden, die schattigen Obstgärten, die Minarette, die Karawanen baukiesbeladener Kamele, hebräische Hilfspolizisten, braungebrannte Pioniere aus dem Kibbuz, Bauarbeiter mit verschlissenen Schirmmützen? Wie sehr wurde sie abgeschreckt – oder angezogen – von stürmischen nächtlichen Diskussionen und ideologischen Gegensätzen, von Liebeswerben, Schabbatausflügen, dem hitzigen Parteileben, den Geheimtreffen der Mitglieder des Untergrunds und ihrer Sympathisanten, den Arbeitseinsätzen in der Landwirtschaft, den dunkelblauen Nächten, durchlöchert vom Heulen der Schakale und dem Hall ferner Schüsse?

Als ich in das Alter kam, in dem meine Mutter mir von ihrer Kindheit und Jugend und von ihren ersten Tagen im Land hätte erzählen können, war ihr Sinn schon auf anderes gerichtet. Die Gutenachtgeschichten, die sie mir erzählte, waren bevölkert von Riesen, Feen, Hexenmeistern, von der Bauersfrau und der Müllerstochter und von entlegenen Katen im tiefen Wald. Wenn sie selten einmal von vergangenen Zeiten sprach, von ihrem Elternhaus, von der Mühle, von der Hündin Prima, kam in ihre Stimme etwas Bitteres und Verzweifeltes, etwas Zweideutiges, vielleicht etwas leicht Bissiges und Spöttisches, etwas, das zu kompliziert oder verschleiert für mich war, provozierend und beunruhigend.

Und vielleicht deswegen mochte ich es nicht, daß sie über diese Dinge sprach, und bestürmte sie immer, mir statt dessen von etwas zu erzählen, das mir nahe war, von den sechs verhexten Frauen Matveys, des Wasserträgers, oder von dem toten Reiter, der als Skelett mit Rüstung, Helm und Feuersporen weiterhin durch Kontinente und Städte prescht.

Ich weiß fast nichts vom Ankunftstag meiner Mutter in Haifa, von ihren ersten Tagen in Tel Aviv und von ihren ersten Jahren in Jerusalem. So gebe ich hier, ersatzweise, etwas von dem wieder, was meine Tante Sonia mir erzählt hat: Wie und warum sie ins Land gekommen war, was sie hier zu finden gehofft und was sie gefunden hatte.

Im Tarbut-Gymnasium haben wir nicht nur sehr schönes Hebräisch lesen, schreiben und sprechen gelernt, das mir im Leben unterdessen schon verlorengegangen ist. Wir lernten auch Bibel und Mischna und mittelalterliche hebräische Dichtung, aber auch Biologie, polnische Literatur und Geschichte, Renaissancekunst und europäische Geschichte. Und vor allem lernten wir dort, daß es jenseits des Horizonts, hinter Fluß und Wald, ein Land gibt, in das wir bald würden gehen müssen, weil die Zeit der Juden in Europa, zumindest unsere Zeit, die der Juden in Osteuropa, sich dem Ende zuneigte.

Daß die Zeit ablief, merkte die Generation unserer Eltern weit mehr als wir. Auch diejenigen, die wohlhabend geworden waren, wie unser Vater oder die Familien, die in Rowno moderne Fabriken gegründet oder als Ärzte, Juristen und Ingenieure Fuß gefaßt hatten, auch die, die sehr gute gesellschaftliche Beziehungen zu den Beamten und den Gebildeten der Stadt pflegten, spürten, daß wir auf einem Vulkan lebten. Wir befanden uns doch genau an der spannungsgeladenen Grenze zwischen Stalin, Grabski und Piłsudski. Stalin, von dem wußten wir schon, daß er das ganze jüdische Dasein gewaltsam auslöschen wollte, damit alle gute Komsomolniks würden, die einander denunzieren. Polen andererseits betrachtete die Juden mit Abscheu, verhielt sich wie jemand, der an einem Bissen stinkenden Fisch würgt, den er weder runterschlucken will noch ausspucken kann. Es war ihnen unangenehm, uns unter den Augen der Staaten von Versailles auszuspeien, in der Atmosphäre von Rechten nationaler Minderheiten, Wilson und Völkerbund. In den zwanziger Jahren schämten sich die Polen noch ein wenig: Sie wollten gut dastehen. Wie ein Betrunkener, der versucht, gerade zu gehen, damit man nicht sieht, daß er torkelt. Die Polen hofften noch, mehr oder weniger den Anschein zu erwecken, zur Völkerfamilie zu gehören. Nur unter dem Tisch unterdrückten, demütigten und schikanierten sie uns, damit wir langsam nach und nach alle nach Palästina gingen und sie uns nicht mehr sehen mußten. Deshalb unterstützten sie sogar in gewissem Maße die zionistische Erziehung und die hebräischen Schulen: Wir sollten ruhig eine Nation werden, warum nicht, Hauptsache, wir machten uns endlich nach Palästina davon, und man würde uns Gott sei Dank los.

Die Furcht, die in jedem jüdischen Haus herrschte, die Furcht, über die man fast nie sprach, die uns nur indirekt, wie Gift, Tropfen für Tropfen, eingeflößt wurde, das war die grauenhafte Furcht, wir wären vielleicht wirklich nicht sauber genug, wären vielleicht wirklich zu laut, würden uns zu sehr in den Vordergrund drängen, wären zu gewieft und zu geldgierig. Vielleicht wäre unser Verhalten tatsächlich unpassend. Es gab so eine Todesangst, die Angst, wir könnten, Gott behüte, einen schlechten Eindruck auf die Gojim machen, und dann würden sie wütend werden und uns deshalb wieder schreckliche Dinge antun, die man sich lieber gar nicht erst vorstellte.

Tausendmal hämmerte man jedem jüdischen Kind ein, sie auch dann nett und höflich zu behandeln, wenn sie grob oder betrunken waren, sie auf keinen Fall zu provozieren, keinesfalls dem Goj Widerworte zu geben, man dürfe sie nicht reizen, nicht auftrumpfen, und immer, immer solle man ruhig und freundlich mit ihnen reden, damit sie nicht sagten, wir seien laut, und immer das schönste und richtigste Polnisch sprechen, damit sie nicht sagten, wir verunreinigten ihre Sprache, aber auch kein zu hochgestochenes Polnisch, damit sie nicht sagten, wir würden uns erdreisten, ihnen überlegen zu sein, und daß sie nicht sagten, wir seien habgierig, und daß sie um Himmels willen nicht sagten, wir hätten Flecken auf dem Rock. Kurz – man müsse sich sehr, sehr bemühen, einen guten Eindruck bei ihnen zu hinterlassen, und kein Kind dürfe diesen guten Eindruck verderben, denn bereits ein einziges Kind, das seinen Kopf nicht richtig wäscht und Läuse einschleppt, kann das ganze jüdische Volk in Verruf bringen. Sie können uns ohnehin schon nicht leiden, da darfst du ihnen auf keinen Fall, Gott bewahre, noch weitere Gründe liefern, uns nicht zu mögen.

Ihr, die ihr schon im Land geboren seid, werdet das nie im Leben verstehen, wie dieses Einträufeln dir nach und nach die Gefühle verbiegt, wie dir das, wie Rost, langsam, langsam dein innerstes Wesen anfrißt. Nach und nach verwandelt es dich, verstellst du dich, wirst falsch und verschlagen wie eine Katze. Ich mag Katzen nicht. Hunde auch nicht. Aber wenn ich wählen muß, dann ist mir der Hund lieber. Der Hund ist wie der Goj, dem man gleich ansieht, was er denkt und fühlt. Der Jude in der Diaspora – das war die Katze, das Ungute an der Katze, wenn du verstehst, was ich damit meine.

Aber am meisten fürchtete man sich vor dem Pöbel. Vor dem, was beim Übergang von einem Regime zum anderen passieren könnte, wenn zum Beispiel die Polen vertrieben würden und die Kommunisten an ihre Stelle träten. Man fürchtete, es könnten sich in diesen Zeiten des Übergangs wieder Ukrainer oder Weißrussen oder polnischer Pöbel zusammenrotten oder weiter nördlich die Litauer. Das war ein Vulkan, aus dem ständig Lava floß und der ständig Brandgeruch verströmte. »Im Finstern wetzen sie die Messer«, sagte man bei uns, ohne zu sagen, wer, denn es konnten diese oder jene sein. Der Pöbel. Auch bei uns hierzulande hat der jüdische Pöbel etwas von einem Ungeheuer, wie man sieht.

Nur die Deutschen fürchtete man bei uns nicht so sehr. Ich erinnere mich, im Jahr 1934 oder 1935, ich war noch in Rowno, die letzte aus der ganzen Familie, um die Schwesternausbildung abzuschließen, da gab es bei uns nicht wenige, die sagten, hoffentlich kommt Hitler hierher, bei dem herrschen wenigstens Gesetz und Ordnung, und jeder kennt seinen Platz, nicht so wichtig, was Hitler sagt, wichtig ist, daß er dort in Deutschland deutsche Ordnung schafft und daß der Pöbel vor ihm zittert. Hauptsache ist: Unter Hitler gibt es keine Straßenkrawalle und keine Anarchie – man dachte bei uns immer noch, Anarchie wäre das Schlimmste, was passieren könnte. Unser Alptraum war, daß die Priester eines Tages beginnen würden, in ihren Kirchen von den Kanzeln herab die Leute aufzuhetzen, zu verkünden, Jesu Blut flösse wieder durch Schuld der Juden, und sie anfangen würden, ihre sämtlichen furchterregenden Glocken zu läuten, und die Bauern würden es hören, sich den Bauch mit Branntwein vollschütten und ihre Äxte und Heugabeln hervorholen, so hat es immer angefangen.

Niemand hat geahnt, was wirklich bevorstand, aber schon in den zwanziger Jahren wußten fast alle tief im Herzen, daß die Juden weder unter Stalin noch in Polen oder sonstwo in ganz Osteuropa eine Zukunft hatten, und deswegen verstärkte sich die Tendenz, ins Land Israel zu gehen – nicht bei allen natürlich, die Frommen bei uns waren sehr dagegen und auch die Bundisten und die Jiddischisten und die Kommunisten und ebenso die Assimilierten, die dachten, sie wären noch polnischer als Paderewski und Wojciechowski, aber sehr viele in Rowno sorgten in den zwanziger Jahren bereits dafür, daß ihre Kinder Hebräisch lernten und aufs Tarbut-Gymnasium gingen. Wer genug Geld hatte, schickte seine Kinder schon damals zum Studium nach Haifa, auf das Technikum, oder auf das Gymnasium nach Tel Aviv oder auf die Landwirtschaftsschulen im Land Israel, und was von dort zu uns drang, war einfach großartig – die Jugendlichen warteten nur ungeduldig: Wann bin ich endlich an der Reihe? Mittlerweile lasen bei uns alle hebräische Zeitungen, diskutierten, sangen Lieder vom Land Israel, rezitierten Bialik und Tschernichowski, spalteten sich in eine Vielzahl von Parteien und Grüppchen, nähten Uniformen und Fahnen, es gab eine große Begeisterung für alles, was mit der jüdischen Nation zu tun hatte. Das hatte sehr, sehr viel Ähnlichkeit mit dem, was man heute hier bei den Palästinensern erlebt, nur ohne das Blutvergießen, das sie anrichten. Bei uns Juden sieht man heute kaum noch solches Nationalbewußtsein.

Natürlich wußten wir, wie schwer es im Land ist: Wir wußten von der großen Hitze dort, dem Ödland, den Sümpfen, der Arbeitslosigkeit, und wir wußten von den armen Arabern in den Dörfern, aber wir sahen auf der großen Landkarte, die im Klassenzimmer hing, daß es nicht sehr viele Araber waren, vielleicht eine halbe Million damals, sicher weniger als eine Million, und man war völlig sicher, daß es Raum genug für noch ein paar Millionen Juden gab und daß die Araber vielleicht nur gegen uns aufgehetzt worden waren, wie das einfache Volk in Polen, aber man könnte ihnen doch erklären und sie überzeugen, daß wir ihnen nur Segen bringen würden, in Wirtschaft, Medizin, Kultur und worin sonst nicht noch alles. Wir dachten, bald, in ein paar Jahren, wären die Juden schon die Mehrheit im Land – und dann würden wir auf der Stelle der ganzen Welt ein Beispiel geben, wie mustergültig wir mit unserer Minderheit, mit den Arabern, umgehen: Wir, die wir immer eine unterdrückte Minderheit gewesen sind, würden unsere arabische Minderheit anständig, gerecht und großzügig behandeln, die Heimat mit ihnen teilen, alles mit ihnen teilen, auf keinen Fall würden wir sie zu Katzen machen. Wir haben einen schönen Traum geträumt.

In jedem Raum im Tarbut-Kindergarten und in der Tarbut-Grundschule und im Tarbut-Gymnasium hingen ein großes Bild von Herzl, eine große Landkarte mit dem Gebiet von Dan bis Beer Scheva mit besonderer Hervorhebung der Pioniersiedlungen, eine Spendendose des Jüdischen Nationalfonds, ein Bild von Pionieren bei der Arbeit und alle möglichen Spruchbänder. Zweimal war Bialik in Rowno zu Gast, und zweimal besuchte uns auch Tschernichowski, und auch Ascher Barasch, meine ich, oder vielleicht war es auch irgendein anderer Schriftsteller. Auch politische Führer aus dem Land Israel kamen zu uns, fast jeden Monat, Salman Rubaschow, Tabenkin, Jaakov Serubavel, Jabotinsky.

Wir veranstalteten zu diesen Anlässen große Umzüge mit Trommeln und Fahnen, mit Girlanden und Lampions, mit Begeisterung und mit Spruchbändern, mit Armbinden und Liedern. Der polnische Bürgermeister trat ihnen zu Ehren höchstpersönlich auf den Platz, und so konnten wir manchmal das Gefühl bekommen, daß auch wir schon eine Nation waren, nicht mehr bloß irgendein Dreck. Vielleicht ist das für dich etwas schwer zu verstehen, aber in jenen Jahren waren alle Polen trunken vor Polentum und die Ukrainer trunken vor Ukrainertum und die Deutschen und die Tschechen, alle, sogar die Slowaken und die Litauer und die Letten, und nur wir hatten einfach keinen Platz in diesem Karneval, wir gehörten nicht dazu, waren unerwünscht. Wer wundert sich, daß wir auch gern eine Nation sein wollten wie alle? Ließ man uns denn eine andere Wahl?

Aber unsere Erziehung war nicht chauvinistisch. Die Tarbut-Erziehung war human, progressiv, demokratisch und auch künstlerisch und wissenschaftlich. Man versuchte, Jungen und Mädchen gleiche Rechte zu geben. Man lehrte uns, anderen Völkern Respekt entgegenzubringen: Jeder Mensch ist Ebenbild Gottes, auch wenn er es dauernd vergißt.

Von klein auf waren wir eigentlich mit den Gedanken schon im Land Israel, wir wußten auswendig, wie die Situation in den landwirtschaftlichen

Siedlungen war, was auf den Feldern von Beer Tuvia wuchs und wieviel Einwohner Sichron Jaakov hatte, wer die Straße von Tiberias nach Zemach gebaut hatte und wann der Gilboa besiedelt worden war. Wir wußten sogar, was man dort aß und wie man sich kleidete.

Das heißt, wir dachten, wir wüßten es. Die ganze Wahrheit kannten selbst die Lehrer nicht, und deshalb – auch wenn sie von den Schattenseiten hätten erzählen wollen, sie hätten es nicht gekonnt: Sie hatten nicht die leiseste Ahnung. Jeder, der aus dem Land kam, zionistische Abgesandte, Jugendleiter, politische Führer, und jeder, der hinfuhr und zurückkehrte, zeichnete uns ein rosiges Bild. Und wenn jemand zurückkehrte und nicht so gute Dinge erzählte, wollten wir es nicht hören. Wir sagten ihm einfach, er solle den Mund halten. Hielten ihn für das Allerletzte.

Der Direktor unseres Gymnasiums war ein faszinierender Mann, mit großem Charme, ein wunderbarer Pädagoge mit scharfem Verstand und dem Herz eines Dichters. Er hieß Reis, Dr. Issachar Reis. Er war aus Galizien zu uns gekommen und wurde sehr schnell zum Idol der Jugend. Alle Mädchen waren heimlich in ihn verliebt, auch meine Schwester Chaja, die sich im Gymnasium durch ihre politische Aktivität und natürliche Führungsgabe hervortat, und auch deine Mutter Fania, auf die Dr. Reis einen geheimnisvollen Einfluß ausübte, sie sanft in die literarische und künstlerische Richtung lenkte. Er war ein schöner und männlicher Mann, ein bißchen wie Valentino oder Navarro im Kino, voller Wärme und Einfühlungsvermögen, er wurde fast nie wütend, und wenn er wütend wurde, dann bestellte er den Schüler immer hinterher zu sich und entschuldigte sich bei ihm für seinen Ausbruch.

Die ganze Stadt war von ihm bezaubert. Ich glaube, die Mütter träumten nachts von ihm, und die Töchter schmolzen am Tage bei seinem Anblick dahin. Und die Jungen standen den Mädchen kaum nach: Sie versuchten, ihn zu imitieren, so zu sprechen wie er, zu husten wie er, mitten im Satz abzubrechen wie er und für ein paar Minuten in Gedanken versunken am Fenster zu stehen. Er hätte ein großer Frauenheld sein können. Aber nein: Soviel ich weiß, war er verheiratet – nicht sonderlich glücklich, mit einer Frau, die ihm kaum das Wasser reichen konnte, aber er benahm sich wie ein mustergültiger Ehemann. Er hätte überall eine Führungsrolle ausüben können – er hatte dieses gewisse Etwas, das Menschen veranlaßt, mit ihm durch dick und dünn zu gehen, alles für ihn zu tun, was ihm ein anerkennendes Lächeln und ein lobendes Wort entlocken würde. Seine Ideen waren unserer aller Ideen. Sein Humor war der unsere. Und er glaubte, nur im Lande Israel würden die Juden von ihren seelischen Gebrechen genesen und könnten sich und der Welt beweisen, daß sie auch gute Eigenschaften besaßen.

Neben ihm hatten wir noch weitere wunderbare Lehrer. Da war Menachem Gelerter, der uns in Bibelkunde unterrichtete, als wäre er selbst dabeigewesen im Tal Elah oder in Anatot oder im Philistertempel in Gaza. Er unterrichtete auch hebräische Literatur und Weltliteratur, und ich erinnere mich noch, wie er uns einmal, Strophe neben Strophe, gezeigt hat, daß Bialik Mickiewicz eindeutig in nichts nachsteht. Menachem Gelerter nahm uns jede Woche mit zu einer Tour durch das Land Israel, mal nach Galiläa, mal zu den landwirtschaftlichen Siedlungen in Judäa, mal in die Senke von Jericho, mal durch die Straßen von Tel Aviv: Er zeigte Landkarten und Fotos, las uns Zeitungsausschnitte vor, zitierte Gedichtzeilen, Prosatexte, Bibelverse und informierte uns über die Geographie, die Geschichte, die Archäologie, so daß du zum Schluß so eine angenehme Müdigkeit verspürtest, als wärest du wirklich dort gewesen, nicht nur im Geist, sondern als wärest du tatsächlich in Sonne und Staub gewandert, zwischen den Zitrushainen und den Hütten im Weinberg, vorbei an Kaktushecken und den Zelten der Pioniere in den fruchtbaren Tälern. Und so kam ich ins Land, schon lange bevor ich dort eintraf.

27

In Rowno hatte deine Mutter Fania einen Freund, einen Verehrer, ein feinfühliger und tiefsinniger Student, er hieß Tarla oder Tarlo. Sie hatten dort einen kleinen zionistischen Studentenverband, dem deine Mutter, Tarlo, meine Schwester Chaja, Estherke Ben Meir, Fania Weissmann, vielleicht auch Fania Sonder angehörten, Lilja Kalisch, die später Lea Bar Samcha hieß, und noch andere. Chaja war dort die natürliche Anführerin, bis sie zum Studium nach Prag ging. Sie hielten Sitzungen ab und machten alle möglichen Pläne, wie es im Land Israel sein würde, wie sie dort zum künstlerischen und literarischen Leben beitragen wollten, wie sie auch dort die Rownoer Verbindung untereinander aufrechterhalten würden. Nachdem die anderen Mädchen Rowno verlassen hatten, die einen gingen zum Studium nach Prag, die anderen wanderten ins Land Israel aus, fing Tarlo an, um mich zu werben. Er wartete jeden Abend am Tor des polnischen Lazarettes auf mich. Ich kam mit grünem Kleid und weißem Häubchen heraus, und wir zwei gingen spazieren, durch die Trzeciego-Maja-Straße und die Topolewa-Straße, die in Piłsudski-Straße umbenannt wurde, im Schloßpark, im Gravni-Wäldchen, manchmal schlenderten wir zum Fluß, der Ustja, zum alten Viertel, in die Gegend der Festung, wo sowohl die große Synagoge als auch die katholische Kathedrale standen. Außer Worten hat es nie etwas zwischen uns gegeben. Höchstens haben wir zwei-, dreimal Händchen gehalten. Warum? Das kann ich dir schwer erklären, weil es deine Generation ja doch nicht versteht. Vielleicht würdet ihr uns sogar auslachen. Auf uns lastete damals eine furchtbare Keuschheit. Wir waren begraben unter einem Berg von Scham und Angst.

Dieser Tarlo, er war ein großer Revolutionär, aber er errötete bei allem: Wenn er zufällig die Worte »Frauen«, »stillen«, »Rock« oder auch nur das Wort »Beine« aussprach, wurde er gleich rot bis über die Ohren, das Blut schoß ihm ins Gesicht, und er fing an, sich zu entschuldigen und irgend etwas zu stammeln. Er redete mit mir endlos über Wissenschaft und Technik. Würden sie der Menschheit Segen bringen? Oder Fluch? Oder Segen und Fluch? Er sprach derart leidenschaftlich von der Zukunft – daß es bald keine Armut und kein Unrecht mehr geben würde, keine Krankheiten, ja nicht einmal mehr den Tod. Er stand den Kommunisten nahe, aber das half ihm nicht viel: Als Stalin 1939 kam, wurde er einfach abgeholt und verschwand.

Vom ganzen jüdischen Rowno ist fast niemand am Leben geblieben – nur die, die rechtzeitig ins Land kamen, und die wenigen, die nach Amerika geflüchtet sind, und die, die sich irgendwie zwischen den Messern des Bolschewistenregimes durchlavieren konnten. Alle anderen wurden von den Deutschen ermordet, abgesehen von denen, die Stalin ermordet hat. Nein, ich möchte da nicht mehr hinfahren. Wozu? Um mich von dort aus wieder nach dem Land Israel zu sehnen, das auch nicht mehr existiert und vielleicht nie existiert hat, außer in unseren Jugendträumen? Um zu trauern? Um zu trauern, muß ich mich nicht von der Weisel-Straße wegbewegen, nicht einmal einen Fuß vor die Tür setzen. Ich sitze hier auf dem Sessel und trauere jeden Tag ein paar Stunden. Oder schaue aus dem Fenster und trauere. Nicht über das, was war und nicht mehr ist, sondern um das, was nie war. Es hat doch keinen Sinn mehr, Tarlo nachzutrauern, es sind fast siebzig Jahre seither vergangen, er wäre heute ohnehin nicht mehr am Leben, wenn Stalin ihn nicht ermordet hätte, dann wäre er hier gestorben, im Krieg oder bei einem Anschlag, und wenn nicht im Krieg, dann an Krebs oder Zucker. Nein! Ich trauere nur um das, was nie gewesen ist. Nur um die schönen Bilder, die wir uns ausgemalt haben und die jetzt schon ausgelöscht sind.

Ich bin in Triest an Bord eines rumänischen Frachtschiffes gegangen, »Constanza« hieß es, und ich erinnere mich noch, daß ich, obwohl ich nicht religiös war, doch kein Schweinefleisch essen wollte – nicht wegen Gott, er hat das Schwein doch selbst geschaffen, hat sich nicht davor geekelt, und wenn man ein Ferkel absticht, und das Ferkel schreit und fleht mit der Stimme eines gequälten Kindes, sieht und hört Gott ja jedes Röcheln und erbarmt sich des gemarterten Ferkels so, wie er sich der Menschen erbarmt. Hat mit dem Ferkel nicht mehr und nicht weniger Erbarmen als mit all seinen Rabbinern und Chassidim, die seine sämtlichen Gebote befolgen und ihm ihr Leben lang dienen.

Nicht wegen Gott, sondern nur, weil es mir unpassend erschien, gerade auf dem Weg in das Land Israel, an Bord dieses Schiffes, geräuchertes Schwein und gepökeltes Schwein und Schweinswürste in mich hineinzustopfen. Also aß ich statt dessen die ganze Fahrt über wunderbares Weißbrot, so ein feines, köstliches Brot. Nachts schlief ich unter Deck in der dritten Klasse, im Schlafsaal, neben einer jungen Griechin mit einem Baby von vielleicht sechs Wochen, nicht mehr. Jeden Abend wiegten wir beide die Kleine in einem Laken, wie in einer Hängematte, damit sie aufhörte zu weinen und einschlief. Geredet haben wir kein Wort, denn wir hatten keine gemeinsame Sprache, vielleicht gerade deshalb haben wir, die junge Frau und ich, in großer Zuneigung voneinander Abschied genommen.

Ich erinnere mich sogar noch, daß mir einen Augenblick der Gedanke durch den Kopf gezuckt ist: Wozu soll ich überhaupt ins Land Israel gehen? Nur um unter Juden zu leben? Diese Griechin, die vielleicht gar nicht weiß, was ein Jude ist, ist mir doch näher als das ganze jüdische Volk! Das ganze jüdische Volk erschien mir in diesem Moment wie eine große schwitzende Masse, in deren Inneres ich eindringen und von der ich mich völlig einverleiben lassen soll, und ich sagte zu mir, Sonia, ist das wirklich das, was du willst? Komisch, daß ich in Rowno nie diese Furcht hatte, daß das jüdische Volk mich völlig aufsaugen könnte. Auch im Land ist mir das nicht wieder passiert. Nur damals, für einen Moment, auf dem Schiff, unterwegs, als das griechische Baby auf meinem Schoß eingeschlafen war und ich es durch das Kleid spürte, als sei die Kleine in diesem Augenblick wirklich mein eigen Fleisch und Blut, obwohl sie keine Jüdin war, trotz des bösen Antiochus Epiphanes und trotz dieses unschönen Chanukkalieds, *Ma'os Zur*, bei dem man wohl besser nicht an seine nazihaften Worte denkt, vielleicht sollte man nicht nazihaft sagen, aber doch sehr, sehr unschöne Worte.

Frühmorgens, ich kann dir sogar Datum und Stunde sagen, es war genau drei Tage vor Ende des Jahres 1938, Mittwoch, der 28. Dezember 1938, kurz nach dem Chanukkafest, es war ein sehr klarer Tag, fast ohne Wolken. Um sechs Uhr morgens schon habe ich mich warm angezogen, Pullover und Jacke, bin an Deck gegangen und habe das graue Wolkenband gegenüber angeschaut, vielleicht eine Stunde habe ich so gestanden und geschaut und nur ein paar Möwen gesehen. Und plötzlich, fast mit einem Schlag, ging über dem Wolkenband die Wintersonne auf, und unter dem Wolkenband trat die Stadt Tel Aviv hervor: Reihe um Reihe quadratischer weißer Häuser, überhaupt nicht wie die Häuser in den Städten und Dörfern in Polen und der Ukraine, überhaupt nicht wie in Rowno oder Warschau oder Triest, aber genau so wie auf den Bildern, die in jedem Tarbut-Zimmer hingen, vom Kindergarten bis zum Gymnasium, und auch auf den Bildern und Fotos, die unser Lehrer Menachem Gelerter uns gezeigt hat. So war ich überrascht und auch nicht überrascht.

Ich kann dir nicht beschreiben, welche Freude mich auf einmal überkommen hat, plötzlich wollte ich nur rufen und singen: Das ist mein! Das ist alles mein! Das ist wirklich alles mein! Merkwürdig, daß ich nie zuvor im Leben, weder in unserem Haus noch in unserem Obstgarten oder der Mühle, so ein tiefes Gefühl der Zugehörigkeit empfunden habe, so eine Besitzerfreude, wenn du verstehst, was ich damit meine. Nie im Leben, nicht vor jenem Morgen und nicht nach diesem Morgen, habe ich eine solche Freude empfunden: Hier, das wird endlich mein Zuhause sein, hier kann ich endlich die Gardinen zuziehen und die Nachbarn vergessen und mich so verhalten, wie ich will. Hier muß ich mich nicht die ganze Zeit nur von der besten Seite zeigen, muß mich vor niemandem schämen und mich nicht darum sorgen, was die Bauern von uns denken werden und was die Priester sagen und was die Intelligenz von uns hält, muß mich nicht bemühen, einen guten Eindruck auf die Gojim zu machen. Sogar als wir die erste Wohnung gekauft haben, in Holon, oder diese hier, in der Weisel-Straße, habe ich nicht mehr dieses starke Glücksgefühl gehabt, wie gut es ist, ein eigenes Zuhause zu haben. Das war das Gefühl, das mich vielleicht um sieben Uhr morgens erfüllte, angesichts einer Stadt, in der ich noch nie war, angesichts eines Landes, dessen Boden ich noch nie betreten hatte, angesichts eigenartiger weißer Häuser, wie ich sie nie zuvor im Leben gesehen hatte! Du verstehst das vielleicht nicht so recht? Kommt dir das ein bißchen lächerlich vor? Oder dumm? Nein?

Um elf Uhr morgens kletterten wir mit den Koffern in ein kleines Motorboot, und der Matrose dort war so ein großer, behaarter Ukrainer, ganz verschwitzt, etwas beängstigend, aber als ich mich auf ukrainisch bei ihm bedankte und ihm eine Münze geben wollte, lachte er und sagte auf einmal in reinstem Hebräisch zu mir, *bubale*, Püppchen, was ist denn mit dir los, nicht nötig, vielleicht gibst du mir statt dessen lieber ein kleines Küßchen?

Es war ein schöner Tag, etwas kühl, und als allererstes ist mir ein angenehmer, etwas berauschender Geruch in Erinnerung, der starke Geruch von kochendem Teer, und durch den dichten Rauch der Teertonnen, offenbar wurde da gerade irgend etwas asphaltiert, trat plötzlich lächelnd meine Mutter und danach Papa, mit Tränen in den Augen, und meine Schwester Chaja mit ihrem Mann, mit Zvi, den ich noch gar nicht kannte, aber gleich auf den ersten Blick blitzte mir durch den Kopf: Was für einen Burschen sie hier gefunden hat! Ziemlich schön und auch gutherzig und auch lustig! Und erst nachdem ich alle umarmt und geküßt hatte, sah ich, daß auch Fania, deine Mutter, da war. Sie stand da, ein wenig abseits, etwas entfernt von den brennenden Tonnen, im langen Rock und einem blauen Pullover, stand da und wartete ganz ruhig, um mich dann nach allen anderen zu umarmen und zu küssen.

So wie ich auf der Stelle sah, daß meine Schwester Chaja hier aufgeblüht war, sie war so voller stürmischem Elan, rotwangig, stolz, energisch – so sah ich auch, daß Fania sich nicht so wohl fühlte: Sie erschien mir sehr blaß und noch stiller als sonst. Sie war extra aus Jerusalem gekommen, um mich zu empfangen und entschuldigte sich im Namen von Arie, ihrem Mann, deinem Vater, der keinen Urlaub bekommen hatte, und lud mich nach Jerusalem ein.

Erst nach einer Viertel- oder halben Stunde bemerkte ich, daß es ihr schwerfiel, lange zu stehen. Ehe sie oder jemand von der Familie es mir sagte, entdeckte ich selbst, daß sie schwer an ihrer Schwangerschaft, das heißt dir, trug. Sie war wohl erst im dritten Monat, aber ihre Wangen erschienen mir etwas eingefallen, die Lippen waren bleich, und die Stirn war wie umwölkt. Ihre Schönheit war nicht verschwunden, nein, sie schien nur mit einem grauen Schleier verhüllt, den sie nie mehr abnahm, bis zum Schluß.

Chaja war immer die strahlendste und die beeindruckendste von uns dreien, interessant, brillant, herzerobernd, aber wer ein zweites Mal hinsah, konnte, wenn er einen scharfen Blick hatte, sehen, daß die Schönste unter uns doch Fania war. Ich? Ich galt kaum etwas: Ich war immer nur das kleine Dummerchen. Ich glaube, unsere Mutter bewunderte am meisten Chaja und war stolz auf sie, während es Papa fast immer gelang, die Wahrheit zu verbergen, daß sein Herz am meisten an Fania hing. Ich war nicht das Kronjuwel, weder bei meinem Vater noch bei meiner Mutter, vielleicht bei meinem Großvater Efraim, und trotzdem hatte ich alle sehr lieb. Ich war weder neidisch noch verbittert. Vielleicht ist gerade derjenige, der am wenigsten geliebt wird, in der Lage, wenn er weder dem Neid noch der Verbitterung nachgibt, aus sich noch und noch Liebe hervorzuholen? Nein? Ich bin mir nicht so sicher bei dem, was ich gerade gesagt habe. Vielleicht ist das nur so eine sinnlose Geschichte, die ich mir vor dem Einschlafen erzähle. Vielleicht erzählt sich jeder vor dem Einschlafen Geschichten, damit ihm etwas weniger elend zumute ist. Deine Mutter hat mich umarmt und gesagt: Sonia, wie gut, daß du gekommen bist, gut, daß wir alle wieder zusammen sind, wir werden einander hier viel helfen müssen, vor allem die Eltern müssen wir hier unterstützen.

Die Wohnung von Chaja und Zvi lag vielleicht eine Viertelstunde vom Hafen entfernt, und Zvi schleppte heldenhaft fast mein ganzes Gepäck allein. Unterwegs sahen wir Arbeiter, die ein großes Gebäude bauten, das war das Lehrerseminar, das heute noch in der Ben-Jehuda-Straße steht, kurz vor der Ecke Nordau-Straße. Diese Arbeiter kamen mir im ersten Moment wie irgendwelche Zigeuner oder Türken vor, aber Chaja sagte, das seien nur sonnengebräunte Juden. Solche Juden hatte ich noch nie gesehen, außer auf Bildern. Und da kamen mir die Tränen – zum einen, weil diese Arbeiter so kräftig und fröhlich waren, aber auch, weil ich unter ihnen zwei, drei kleine Jungen sah, höchstens zwölf Jahre alt, und jeder von ihnen trug so eine Art Holzleiter auf dem Rücken und darauf einen

Stapel schwerer Bausteine. Ich sah das und weinte, sowohl vor Freude wie vor Scham oder Kummer. Ich kann das schwer erklären.

In der Ben-Jehuda-Straße, in der kleinen Wohnung von Chaja und Zvi, erwartete uns Jigal mit einer Nachbarin, die auf ihn aufgepaßt hatte. Er war nicht mehr als ein halbes Jahr alt, ein lebhafter Junge, lustig wie sein Vater, und ich habe mir erst einmal die Hände gewaschen und Jigal auf den Arm genommen und an mich gedrückt, ganz zärtlich, und diesmal war mir überhaupt nicht nach Weinen zumute, und ich fühlte auch keine unbändige Freude wie auf dem Schiff, sondern empfand in mir, in meiner tiefsten Tiefe, auf dem Grund meines Brunnens sozusagen, eine absolute Gewißheit, daß es sehr gut war, daß wir nun alle hier waren und nicht mehr in dem Haus in der Dubinska-Straße. Und ich dachte plötzlich auch, daß es eigentlich sehr schade war, daß dieser freche, schwitzende Matrose nicht doch ein Küßchen von mir bekommen hatte, wie er es gern gehabt hätte. Was hatte das eine mit dem anderen zu tun? Bis heute weiß ich das nicht, aber so empfand ich in jenem Moment.

Am Abend zeigten mir Zvi und Fania Tel Aviv, das heißt, wir gingen zur Allenby-Straße und zur Rothschild-Allee, denn die Ben-Jehuda-Straße zählte damals noch nicht richtig zu Tel Aviv. Und ich erinnere mich noch, wie sauber und schön mir auf den ersten Blick alles vorkam, am Abend, mit den Bänken und Straßenlaternen und allen Schildern auf hebräisch: als wäre die ganze Stadt Tel Aviv eine sehr schöne Ausstellung auf dem Schulhof des Tarbut-Gymnasiums.

Das war Ende Dezember 1938, und seitdem habe ich das Land nie wieder verlassen, außer vielleicht in Gedanken. Und ich werde auch nicht mehr wegreisen. Nicht weil Israel so wer weiß wie wunderbar wäre, sondern einfach weil ich meine, daß alle Vergnügungsreisen reiner Blödsinn sind: Die einzige Reise, von der man nicht mit leeren Händen zurückkehrt, das ist die Reise nach innen. Im Innern gibt es keine Grenzen und keinen Zoll, man kann sogar zu den fernsten Sternen gelangen. Oder an Orten spazierengehen, die nicht mehr existieren, Menschen besuchen, die nicht mehr sind. Sogar Orte aufsuchen, die es nie gegeben hat und vielleicht auch nicht geben konnte, aber an denen es mir gutgeht. Oder zumindest – nicht schlecht. Und du? Soll ich dir ganz schnell ein Spiegelei machen? Mit einem Stück Tomate und Käse und einer Scheibe Brot? Oder mit Avocado? Nein? Hast du es schon wieder eilig? Willst du nicht wenigstens noch ein Glas Tee trinken?

In der Universität auf dem Skopusberg oder vielleicht in einem der vielen beengten Zimmer in Kerem Avraham, in Ge'ula, in Achva, in denen sich seinerzeit die armen Studentinnen und Studenten zu zweit oder zu dritt drängten, sind sich Fania Mussman und Jehuda Arie Klausner begegnet. Das war im Jahr 1935 oder 1936. Mir ist bekannt, daß meine Mutter damals in einem Zimmer in der Zefanja-Straße 42 wohnte, das sie sich mit zwei ihrer Freundinnen aus Rowno teilte, auch sie Studentinnen, Estherke Weiner und Fania Weissmann. Ich weiß, daß sie viele Verehrer hatte. Und hier und da hatte sie auch, so hörte ich von Estherke Weiner, ein paar mehr oder weniger ernste, halbherzige Flirts.

Mein Vater wiederum, so erzählte man mir, liebte die Gesellschaft von Frauen sehr, er redete viel und brillierte mit Worten, scherzte, erregte Aufmerksamkeit und wurde vielleicht auch ein wenig verspottet. »Ein wandelndes Lexikon« nannten ihn die anderen Studenten. Ob jemand es wissen wollte oder nicht – mein Vater beeindruckte immer gern jeden damit, daß er wußte, wie der Name des finnischen Präsidenten lautet, was »Turm« auf Sanskrit heißt, wo das hebräische Wort für Petroleum in der Mischna vorkommt.

Den Studentinnen, die ihm gefielen, half er mit fröhlicher Beschwingtheit beim Schreiben ihrer Arbeiten. Abends schlenderte er mit der einen oder anderen dieser jungen Frauen durch die Gassen von Mea Schearim oder Sanhedria, kaufte ihr Limonade, beteiligte sich an Exkursionen zu den heiligen Stätten und archäologischen Ausgrabungen, liebte es, an intellektuellen Debatten teilzunehmen oder laut und mit Pathos Gedichte von Mickiewicz oder Tschernichowski vorzutragen. Aber offenbar gingen die meisten seiner Beziehungen zu Frauen nicht über Gespräche zu theoretischen Fragen und Abendspaziergänge hinaus: Anscheinend fühlten die Mädchen sich nur theoretisch zu ihm hingezogen. Und damit unterschied sich sein Los kaum von dem der meisten jungen Männer seiner Zeit.

Ich weiß nicht, wie und wann meine Eltern einander näherkamen, und ich weiß nicht, ob es vor der Zeit, in der ich sie kannte, noch Liebe zwischen ihnen gab. Sie heirateten Anfang 1938 auf dem Dach des Rabbinats in der Jaffa-Straße, er im schwarzen Nadelstreifenanzug, mit Krawatte und einem weißen Taschentuchdreieck in der Brusttasche, sie im langen weißen Kleid, das ihren dunklen Teint und ihr schönes schwarzes Haar betonte. Fania zog mit ihrer wenigen Habe aus ihrem Studentenzimmer in der Zefanja-Straße in Aries Zimmer bei den Sarchis in der Amos-Straße.

Einige Monate später, als meine Mutter bereits schwanger war, zogen die beiden dann in das Haus schräg gegenüber, in die kellerartige Erdgeschoßwohnung mit den zwei Zimmern. Dort wurde ihr einziges Kind geboren. Manchmal witzelte mein Vater in seiner farblosen Weise und sagte, in jenen Jahren sei die Welt entschieden nicht der rechte Ort gewesen, um dort Kinder hineinzusetzen. (Mein Vater verwendete häufig das Wort »entschieden«, wie auch »nichtsdestoweniger«, »in der Tat«, »in bestimmter Hinsicht«, »par excellence«, »eindeutig«, »im Handumdrehen«, »andererseits« und »Schmach und Schande«.) Vielleicht wollte er mich mit seiner Äußerung, die Welt sei damals nicht der rechte Ort für Kinder gewesen, andeutungsweise dafür tadeln, daß ich übereilt und verantwortungslos, entgegen seinen Plänen und Hoffnungen, zur Welt gekommen war, eindeutig bevor er erreicht hatte, was er in seinem Leben erreichen wollte, und er, wegen meiner Geburt, den Anschluß verpaßt hatte? Vielleicht wollte er auch gar nichts andeuten, sondern nur, wie üblich, einen kleinen spitzfindigen Spruch loswerden: Häufig fing mein Vater nur deshalb an zu scherzen, um zu verhindern, daß sich Schweigen ausbreitete. Jedes Schweigen empfand er, als wäre es gegen ihn gerichtet. Oder als wäre er schuld daran.

28

Was aßen arme Aschkenasim im Jerusalem der vierziger Jahre? Wir aßen Schwarzbrot mit Zwiebeln und halbierten Oliven und manchmal auch mit Anchovispaste; wir aßen Räucherfisch und Salzheringe, die aus den Tiefen der duftenden Fässer in der Ecke von Herrn Austers Lebensmittelladen kamen; zu besonderen Anlässen aßen wir Sardinen, die bei uns als Delikatesse galten. Wir aßen Zucchini und Kürbis und Auberginen, gekocht oder gebraten und auch als Salat mit viel Öl, Knoblauchstückchen und gehackten Zwiebeln.

Zum Frühstück gab es Schwarzbrot mit Marmelade und manchmal mit Käse. (Als ich zum ersten Mal nach Paris kam, 1969, direkt vom Kibbuz Hulda, entdeckten meine Gastgeber amüsiert, daß es in Israel nur zwei Sorten Käse gab: weißen und gelben Käse.) Morgens bekam ich meist Haferbrei, der nach Klebstoff schmeckte, und als ich streikte, bekam ich statt dessen Grießbrei, auf den für mich ein rostbrauner Zimtfächer gestreut wurde. Meine Mutter trank jeden Morgen ein Glas Tee mit Zitrone, und manchmal tunkte sie einen dunklen Keks, Marke Frumin, hinein. Mein Vater aß morgens eine Scheibe Schwarzbrot mit klebriger gelber Marmelade, ein halbes hartgekochtes Ei, Oliven, Tomaten, Paprika und geschälte Gurkenstücke und auch Dickmilch von Tnuva, die in dickwandigen Gläsern verkauft wurde.

Mein Vater stand immer früh auf, eine bis anderthalb Stunden vor meiner Mutter und mir. Morgens um halb sechs stand er schon vor dem Badezimmerspiegel, schäumte sich mit dem Rasierpinsel die Wangen ein, beim Rasieren sang er leise, aber haarsträubend falsch Volkslieder. Danach trank er allein ein Glas Tee in der Küche und las die Zeitung. Wenn es frische Zitrusfrüchte gab, preßte er jeden Morgen auf einer kleinen Saftpresse ein paar Orangen aus und brachte meiner Mutter und mir ein Glas Orangensaft ans Bett. Und weil die Zitrusfrüchte im Winter reif waren und man damals glaubte, kalte Getränke an einem kalten Tag führten zu Erkältungen, zündete mein emsiger Vater noch vor dem Saftpressen den Spirituskocher an und setzte einen Topf Wasser auf, und wenn das Wasser beinahe siedete, stellte er vorsichtig die Saftgläser in den Topf und rührte den Saft gut mit einem Teelöffel um, damit er außen am Glas nicht wärmer war als in der Mitte. Und so, rasiert, Mutters karierte Küchenschürze über den billigen Anzug gebunden, weckte er meine Mutter (im Bücherzimmer) und mich (in meinem Zimmerchen) und reichte jedem von uns ein Glas angewärmten Orangensaft. Ich trank diesen lauwarmen Saft, wie man ein Medikament einnimmt, während Vater, mit Karoschürze, dezenter Krawatte und seinem an den Ellbogen etwas abgewetzten Anzug, neben mir stand und darauf wartete, daß ich ihm das leere Glas zurückgab. Während ich den Saft trank, suchte Vater schnell nach einem Gesprächsthema, fühlte er sich doch an jedem Schweigen schuldig. Deshalb scherzte er mit mir in seiner unkomischen Art:

»Trink, mein Sohn, trink den Saft, ohne Eile, er gibt dir neue Kraft.«

Oder:

»Trinkst du täglich ein Glas Saft, wirst du groß und heldenhaft.«

Oder sogar:

»Schluck für Schluck, rinnt's durch die Kehle, nährt den Körper und die Seele.«

Und manchmal, an Tagen, an denen er weniger lyrisch und mehr diskursiv aufgelegt war:

»Die Zitrusfrüchte sind der Stolz unseres Landes! In der ganzen Welt schätzt man heute die Jaffa-Orangen! Übrigens kommt der Name Jaffa ebenso wie der biblische Name Jafet vermutlich von dem Wort *jofi*, Schönheit, einem sehr alten Wort, das möglicherweise vom akkadischen *faja* abstammt, im Arabischen gibt es die Form *wafi*, und im Amharischen heißt es – meine ich – *tawafa*. Und jetzt, mein junger Schöner« – und schon lächelte er bescheiden, freute sich über das Wortspiel, das ihm eingefallen war –»nun, mein schöner Junge, trink schön den Saft aus und laß mich schön schnell das Glas in die Küche zurückbringen.«

Solche Wortspiele und witzigen Bemerkungen, die bei ihm auch »Kalauer« oder »Sprachwitze« hießen, versetzten meinen Vater immer in eine gutgemeinte gute Laune: Er glaubte, sie könnten jede Schwermut und Sorge vertreiben und angenehme Heiterkeit verbreiten. Wenn Mutter zum Beispiel sagte, unser Nachbar, Herr Lemberg, sei gestern aus dem Hadassa-Krankenhaus auf dem Skopusberg entlassen worden, sehe jetzt aber noch ausgezehrter aus als vor seiner Einlieferung, und es heiße, er sei schwer krank, hielt Vater einen kleinen Vortrag über die Nähe des Wortes *anusch*, schwer krank, zu dem Wort *enosch*, Mensch, und dem Wort *noasch*, verzweifelt, zitierte Jeremia: »Verstockt ist das Herz vor Allem und krank, *anusch*, wer mag es erkennen?« und den Psalmvers: »Der Mensch, *enosch* – wie Gras sind seine Tage.« Mutter bemerkte befremdet: Es könne doch nicht sein, daß alles und jedes, sogar Herrn Lembergs schwere Krankheit, bei ihm den kindischen Drang zu Wortspaltereien erwecke? Bestehe denn für ihn das ganze Leben wirklich nur aus Wortspielen und Spitzfindigkeiten, wie bei einer Klassenparty oder einem Herrenabend? Vater dachte kurz über ihren Tadel nach, entschuldigte sich für seine Witzelei (die bei ihm »Scherzen« hieß), er habe es ja nur gut gemeint, denn was würde es Herrn Lemberg helfen, wenn wir ihn schon zu seinen Lebzeiten betrauerten? Mutter sagte darauf: Auch wenn du es gut meinst, bringst du es irgendwie fertig, unpassend daherzureden. Du wirst entweder überheblich oder unterwürfig, aber unweigerlich verfällst du ins Witzeln. Danach sprachen sie auf russisch weiter, in einem »chtschornitschewoi«-Gemurmel.

Mittags, nach meiner Rückkehr aus Frau Pninas Kindergarten, versuchte Mutter, mich durch Bestechung, Bitten und Geschichten über Prinzessinnen und Geister solange abzulenken, bis ich etwas von dem rotzigen Kürbis oder den schleimigen Zucchini (die wir bei ihrem arabischen Namen, *kussa*, nannten) hinuntergewürgt hatte, begleitet von Fleischbällchen aus viel Brot und wenig Hackfleisch (den Brotgeschmack versuchte man durch Beimischung von Knoblauchstückchen zu tarnen).

Manchmal wurde ich trotz Tränen, Brechreiz und Zorn genötigt, Spinatklöße, Spinat, rote Bete, Borschtsch, Sauerkraut, eingelegten Kohl oder rohe oder gekochte Karotten zu essen. Manchmal mußte ich Wüsteneien von Graupen und Buchweizen durchqueren oder fade Berge von gekochtem Blumenkohl und allen möglichen bleischweren Hülsenfrüchten – Bohnen, Erbsen, Linsen – abtragen. Im Sommer schnitt Vater Tomaten, Gurken, Paprika, Frühlingszwiebeln und Petersilie sehr fein zu einem Salat, der vor Öl, Marke Yitzhar, glänzte.

Selten gab ein Stück Hühnerfleisch eine Gastvorstellung, in Reis versenkt oder auf einem Steilriff von Kartoffelpüree gestrandet, Masten und Segel mit Petersilie bekränzt und das Deck von einer strammen Wache aus gekochten Karotten und rachitischen Zucchini umstellt. Zwei saure Gurken dienten als Heck dieses Zerstörers, und wenn es dir gelang, ihn restlos zu vertilgen, bekamst du, als Trostpreis, rosa Pudding aus Puddingpulver oder gelben Wackelpudding aus Gelatinepulver, der bei uns »Gelee« hieß, und von da war man schon nahe bei Jules Verne und seinem geheimnisvollen Unterseeboot Nautilus, befehligt von Kapitän Nemo, der sich – verzweifelt über die Menschheit – in die Tiefen seines geheimnisumwobenen Reiches unter den Ozeanen zurückgezogen hatte, und bald, das war beschlossene Sache, würde auch ich mich zu ihm gesellen.

Für den Schabbat und Feiertage kaufte meine Mutter zuweilen schon ein paar Tage im voraus einen Karpfen. Die ganze Zeit schwamm dann der Karpfen stur in der Badewanne hin und her, von Wand zu Wand zu Wand, tastete unermüdlich nach einem geheimen Unterwasserkanal von der Wanne in die Freiheit. Ich fütterte ihn mit Brotkrümeln. Vater lehrte mich, in Geheimsprache, nur unter uns zweien, heiße der Fisch »Nun«. Sehr bald freundete ich mich mit Nuni an: Schon von weitem erkannte er meine Schritte, schwamm mir sogleich ans Wannenende entgegen und reckte aus dem Wasser das Maul empor, das mich an Dinge erinnerte, an die man am besten gar nicht denkt.

Ein- oder zweimal stand ich auf und stahl mich im Dunkeln hin, um nachzusehen, ob mein Freund wirklich die ganze Nacht im kalten Wasser schlief, was mir seltsam vorkam, ja sogar naturwidrig, oder ob Nunis Tagewerk vielleicht doch beim Lichtausmachen beendet war und er dann hinauskrabbelte und leise auf dem Bauch zum Wäschekorb kroch, sich dort einrollte, bis zum Morgen im warmen Schoß der Handtücher und Wäsche schlummerte und sich erst am frühen Morgen wieder leise in die Badewanne stahl, um seinen Marinedienst abzuleisten.

Als ich einmal allein zu Hause war, ging ich daran, dem gelangweilten Karpfen mittels Inseln, Meerengen, Korallenriffen und Sandbänken aus allerlei Küchengerät, das ich im Wannenwasser versenkte, das Leben abwechslungsreicher zu gestalten. Geduldig und ausdauernd wie Kapitän Ahab jagte ich lange mit einer Suppenkelle hinter meinem Moby Dick her, dem es wieder und wieder mit flinkem Flossenschlag gelang, in eines der Tiefseeverstecke zu entkommen, die ich selbst für ihn auf dem Meeresboden hergerichtet hatte. Einmal berührte ich plötzlich seine kalten scharfen Schuppen und zitterte vor Ekel und Angst und wegen einer neuen schauerlichen Entdeckung: Bis zu jenem Morgen war alles Lebende, ob Küken, Kind oder Katze, immer weich und warm gewesen; nur was tot war, wurde kalt und steif. Und nun dieser Widerspruch beim Karpfen: Er war kalt und hart, aber lebendig, feucht, glitschig, fettig und schuppig, hatte Kiemen und schlug und zappelte mit Macht hart und kühl zwischen meinen Fingern. Dieser Widerspruch jagte mir jähes Grausen ein, so daß ich schleunigst meine Beute losließ, die Finger schüttelte und dann dreimal einseifte und abschrubbte. Damit war meine Jagd beendet. Statt Nuni weiter nachzustellen, bemühte ich mich dann lange, die Welt durch runde, starre Fischaugen zu betrachten, ohne mit den Lidern oder den Wimpern zu zucken, völlig regungslos.

Und in dieser Haltung trafen mich dann auch Vater, Mutter und Strafe, als meine Eltern nach Hause kamen, unbemerkt ins Badezimmer traten und mich zum Buddha erstarrt auf dem Toilettendeckel sitzen fanden, den Mund leicht aufgesperrt, das Gesicht eingefroren, beide Augen glasig und starr, ohne Wimpernzucken, wie zwei Glasperlen. Sofort entdeckte man dort auch die Küchengeräte, die der verrückte Junge als Archipele oder unterseeische Pearl-Harbor-Befestigungen auf dem Grund des Karpfenwassers versenkt hatte. »Seine Majestät«, bemerkte Vater traurig, »wird auch diesmal die Konsequenzen Seines Handelns zu tragen haben. Tut mir leid.«

Am Freitag abend, zum Schabbatessen, kamen Großvater und Großmutter, kam auch Mutters Freundin und Vertraute Lilenka mit ihrem rundlichen Ehemann, Herrn Bar-Samcha, dessen dichter, krauser grauer Bart an einen Topfkratzer aus Stahlwolle erinnerte. Seine Ohren waren unterschiedlich groß, er sah aus wie ein Schäferhund, der ein Ohr aufstellt und das andere umklappt.

Nach der Hühnersuppe mit *knejdlach*, Klößchen aus Matzenmehl, brachte Mutter plötzlich den Leichnam meines Nuni auf den Tisch, komplett, von Kopf bis Schwanz, aber durch grausame Messerschnitte in sieben Scheiben geteilt, glanzvoll aufgebahrt und prächtig geschmückt wie der Leichnam eines Königs, der auf dem Kanonenwagen ins Pantheon überführt wird. Die königliche Leiche ruhte in üppiger cremefarbener Soße auf einem Bett aus schneeweißem Reis, umkränzt von gekochten Pflaumen und Karottenscheiben und grün verziert. Aber der anklagende, unnachgiebige Blick in Nunis offenen Augen durchbohrte all seine Mörder in schmerzlich erstarrtem Vorwurf, im letzten Leidensschrei.

Als meine Augen auf seinen furchterregenden Blick trafen – Nazi, Verräter und Mörder rief mir sein bohrender Blick zu –, fing ich an, leise zu weinen, den Kopf auf die Brust gesenkt, damit niemand es merkte. Aber Lilenka, die Freundin und Vertraute meiner Mutter, mit der Seele einer Kindergärtnerin im Körper einer Porzellanpuppe, eilte erschrocken zu mir, um mich zu trösten: Zuerst betastete sie meine Stirn und stellte fest, nein, Fieber hat er nicht. Danach strich sie mir über den Arm und sagte: Aber er zittert ein wenig. Dann beugte sie sich noch tiefer zu mir herunter, so daß ich an ihrem Atem fast erstickte, und sagte: Es ist anscheinend etwas Seelisches, nichts Körperliches. Danach faßte sie, an meine Eltern gewandt, mit der Freude eines Menschen, der sich bestätigt findet, zusammen: Sie habe ihnen ja schon lange gesagt, daß dieser Junge – wie alle künftigen Künstler mit ihrer verletzlichen, komplizierten und empfindsamen Wesensart – anscheinend erheblich früher als andere ins Pubertätsalter eintreten würde, und am besten ließe man mich einfach in Ruhe.

Vater dachte einen Moment darüber nach, überlegte hin und her und entschied: »Ja. Aber erst einmal ißt du bitte den Fisch. Genau wie alle.«

»Nein.«

»Nein? Und warum nicht? Neigt Eure Exzellenz etwa dazu, das Küchenteam zu entlassen?«

»Ich kann nicht.«

Hier sprang Bar-Samcha ein und begann, schier überquellend vor Süße und Vermittlungsbereitschaft, mit seiner dünnen, versöhnlichen Stimme zu bitten und zu beschwichtigen: »Dann ißt du vielleicht wenigstens ein ganz klein wenig? Nur ein symbolisches Stückchen? Nein? Zu Ehren deiner Mutter und deines Vaters und zu Ehren des Schabbats?«

Aber seine Frau Lilka, eine seelen- und gefühlvolle Person, übernahm meine Verteidigung: »Es hat überhaupt keinen Sinn, das Kind zu drängen! Es ist doch emotional blockiert!«

Lea Bar-Samcha, Lilenka, Lilja Kalisch* war während meiner Kindheit in Jerusalem oft bei uns zu Gast: Sie war eine kleine, traurige, blasse, zerbrechliche Frau mit hängenden Schultern. Lange Jahre arbeitete sie als Lehrerin an einer Grundschule und schrieb sogar zwei Bücher über die Seele des Kindes. Von hinten wirkte Lilenka wie ein schmächtiges Mädchen von zwölf Jahren. Viele Stunden saßen sie und meine Mutter einträchtig zusammen auf den Korbschemeln in der Küche oder auf Stühlen, die sie in die Hofecke hinausgetragen hatten, tuschelten miteinander oder beugten sich Kopf an Kopf über ein aufgeschlagenes Buch oder einen Kunstband, den sie gemeinsam in Händen hielten.

Meist besuchte Lilka uns, wenn mein Vater in der Nationalbibliothek bei der Arbeit war: Mir scheint, zwischen meinem Vater und ihr herrschte jene höfliche und überzuckerte gegenseitige Abneigung, die manchmal zwischen Ehemännern und den besten Freundinnen ihrer Frauen besteht. Ging ich zu meiner Mutter und Lilenka, während sie beieinander saßen und miteinander flüsterten, verstummten sie auf der Stelle und nahmen das Gespräch erst wieder auf, wenn ich außer Hörweite war. Lilja Bar-Samcha lächelte mich dann an, mit ihrem versonnenen Lächeln, einem Ich-verstehe-und-verzeihe-alles-auf-emotionaler-Basis-Lächeln, aber Mutter bat mich, schnell zu sagen, was ich wollte, und sie beide dann wieder allein zu lassen. Lauter gemeinsame Geheimnisse hatten sie.

Einmal kam Lilenka, als meine Eltern nicht zu Hause waren. Sie betrachtete mich lange traurig und verständnisvoll, nickte, als würde sie sich vollkommen recht geben, und erklärte: Sie liebe mich wirklich, aber wirklich und wahrhaftig, schon von meiner frühesten Kindheit an interessiere sie sich sehr für mich. Nicht so wie die Erwachsenen der üblichen Sorte, diejenigen, die immer bloß fragten, ob ich ein guter Schüler sei, ob ich gern Fußball spiele, ob ich noch Briefmarken sammle, was ich einmal wer-

---

* Ich habe einige Namen geändert, aus unterschiedlichen Gründen.

den wolle, wenn ich groß wäre? Und noch mehr solchen abgedroschenen Onkel- und Tantenquatsch. Nein! Sie interessiere sich für das, was ich denke! Meine Träume! Mein Seelenleben! Ich sei in ihren Augen doch ein so besonderes Kind, ein so originelles Kind! Mit der Seele eines werdenden Künstlers! Sie wolle versuchen – nicht unbedingt in diesem Moment –, wolle irgendwann versuchen, mit der tieferen, zarteren Seite meiner jungen Persönlichkeit ins Gespräch zu kommen (ich war damals ungefähr zehn): Woran ich zum Beispiel denken würde, wenn ich ganz alleine sei? Was spiele sich dann in meinem geheimen Phantasieleben ab? Was freue mich wirklich, und was mache mich traurig? Was begeistere mich? Was ängstige mich? Was stoße mich ab? Zu welcher Landschaft fühlte ich mich hingezogen? Hätte ich jemals von Janusz Korczak gehört? Hätte ich schon sein Buch *Kajtus der Zauberer* gelesen? Hätte ich bereits geheime Gedanken über das schöne Geschlecht? Sehr gern würde sie, wie sage man, ein offenes Ohr für mich haben? Meine Vertraute sein? Trotz des Altersunterschieds und so weiter?

Ich war ein zwanghaft höfliches Kind. Auf ihre erste Frage, woran ich dächte, antwortete ich daher höflich: An alle möglichen Dinge. Auf das Fragenbündel, was begeistere, ängstige und so weiter, antwortete ich: Nichts besonderes. Und auf das Freundschaftsangebot erwiderte ich taktvoll: »Danke, Tante Lilja, das ist sehr nett von dir.«

»Wenn du einmal das Bedürfnis verspürst, über etwas zu sprechen, über das du nicht gut mit deinen Eltern sprechen kannst, wirst du doch nicht zögern? Dann kommst du zu mir? Erzählst es mir? Und ich werde natürlich das Geheimnis wahren? Wir können uns miteinander beraten?«

»Danke.«

»Die Dinge, über die du mit niemandem sprechen kannst? Gedanken, die dich vielleicht ein wenig einsam machen?«

»Danke. Wirklich vielen Dank. Möchtest du, daß ich dir ein Glas Wasser hole? Mutter kommt sicher jeden Augenblick zurück. Sie ist nur um die Ecke, in Heinemanns Apotheke. Möchtest du inzwischen die Zeitung lesen, Tante Lilja? Oder soll ich dir den Ventilator anschalten?«

29

Zwanzig Jahre später, am 28. Juli 1971, einige Wochen nach Erscheinen meines Buches *Dem Tod entgegen*, erhielt ich einen Brief von dieser nunmehr sechzigjährigen Freundin meiner Mutter: »Ich habe das Gefühl, daß ich mich seit dem Tod Deines seligen Vaters Dir gegenüber nicht richtig verhalten habe. Ich war in großer seelischer Not und zu nichts fähig. Ich habe mich in meine Wohnung zurückgezogen (sie ist schrecklich ... aber mir fehlt jeglicher Elan, irgend etwas zu ändern), und ich fürchte mich hinauszugehen – schlicht und einfach. An dem Mann in Deiner Erzählung *Späte Liebe* habe ich einige Gemeinsamkeiten entdeckt – er kommt mir so bekannt vor und so nah. *Dem Tod entgegen* – ich habe einmal eine Hörspielversion im Radio gehört, und Du hast bei einem Fernsehinterview Abschnitte daraus vorgelesen. Es war wunderbar, Dich unvermutet in meiner Zimmerecke im Fernsehen zu sehen. Ich frage mich, was die Quellen dieser Erzählung sind – sie ist einzigartig. Mir fällt es schwer, mir vorzustellen, was in Dir vorgegangen ist, als Du diese Greuel und Schrekken niederschriebst. Das ist grauenerregend. Die Schilderungen der Juden – starke Gestalten und auf keinen Fall Opfer ... haben mich beeindruckt. Und ebenso die Beschreibungen des Wassers, das still das Eisen zerfrißt ... Und das Bild von Jerusalem, das nicht Wirklichkeit ist, nicht ein Ort, zu dem man sich hinbegeben kann, sondern nur Sehnsucht und Verlangen nach etwas, das keinen Ort auf der Welt hat. Der Tod erschien mir beim Lesen Deiner Erzählung wie etwas, das ich mir nie vorgestellt hatte – und ich habe mich doch vor nicht allzu langer Zeit nach ihm gesehnt ... Ich erinnere mich jetzt mehr denn je an die Worte Deiner Mutter, die mein Scheitern im Leben vorausgesehen hatte. Und ich hatte geprahlt, meine Schwäche sei nur Schein, ich sei gestählt. Jetzt spüre ich den Zerfall ... Eigenartig, ich hatte so viele Jahre von der Rückkehr ins Land geträumt, und nun, da sie wahr geworden ist – lebe ich hier wie in einem Alptraum. Beachte meine Worte nicht. Das ist mir nur so herausgerutscht. Reagiere nicht darauf. Als ich Dich das letzte Mal sah, im erhitzten Zwiegespräch mit Deinem Vater, habe ich nicht den traurigen Menschen in Dir gespürt ... Alle meine Angehörigen lassen Euch grüßen. Bald werde ich Großmutter! In Freundschaft und Liebe, Lilja (Lea).«

Und in einem anderen Brief, vom 5. August 1979, schreibt Lilka mir:

»... Aber lassen wir das jetzt, vielleicht treffen wir uns ja doch einmal, und dann spreche ich mit Dir über die vielen Rätsel, die Deine Worte mir aufgeben. Worauf spielst Du an, in Deiner ›Notiz über mich‹ in Deinem Buch..., wenn Du von Mutter sprichst, die gestorben sei ›vor lauter Enttäuschung oder Sehnsucht. Etwas ist nicht gutgegangen‹? Bitte verzeih mir, ich rühre an eine Wunde. Die Wunde Deines seligen Vaters, besonders Deine und sogar – meine. Du weißt nicht, wie sehr Fania mir fehlt, gerade in der letzten Zeit. Ich bin sehr einsam in meiner kleinen, engen Welt. Ich sehne mich nach Fania. Auch nach einer anderen Freundin von uns beiden, Stefa hieß sie, die diese Welt aus Kummer und Leid im Jahr 1963 verlassen hat... Sie war Kinderärztin, und ihr Leben war eine Kette von Enttäuschungen, vielleicht, weil sie Männern vertraute. Stefa wollte einfach nicht begreifen, wozu manche Männer fähig sind (versteh dies bitte nicht persönlich). Wir drei standen einander in den dreißiger Jahren sehr nah. Ich gehöre schon zu den letzten ›Mohikanern‹ von Freundinnen und Freunden, die nicht mehr sind. Zweimal, 1971 und 1973, habe ich versucht, meinem Leben ein Ende zu setzen, aber ohne Erfolg. Ich werde es nicht mehr versuchen... Die Zeit ist noch nicht gekommen, daß ich mit Dir über Dinge rede, die Deine Eltern betreffen... Jahre sind seither vergangen... Nein, ich bin nicht mehr fähig, schriftlich all das auszudrücken, was ich möchte. Dabei konnte ich mich früher doch nur schriftlich ausdrücken. Vielleicht sehen wir uns wieder – und bis dahin können sich viele Dinge ändern... Übrigens mußt Du wissen, daß Deine Mutter und ich und noch andere in unserer Gruppe des Haschomer Haza'ir in Rowno das Kleinbürgertum für die schlimmste Erscheinung überhaupt hielten. Wir alle hatten den gleichen Hintergrund, Deine Mutter stand nie rechts... Erst als sie in die Familie Klausner einheiratete, hat sie vielleicht so getan, als sei sie ebenso: Bei ›Onkel Joseph‹ gab es immer alle Zeitungen – nur nicht den *Davar*. Am fanatischsten von allen war ausgerechnet der Bruder Bezalel Elizedek, dieser empfindsame Mann, dessen Frau den Professor versorgt hat, nachdem er verwitwet war. Von all denen habe ich nur Deinen Großvater Alexander, er ruhe in Frieden, sehr, sehr gemocht...«

Und weiter, in einem Brief vom 28. September 1980:

»... Deine Mutter kam aus einer kaputten Familie und hat Eure Familie kaputtgemacht. Aber sie ist nicht schuld... Ich erinnere mich, daß Du einmal, 1963, in unserer Wohnung gesessen bist... und ich Dir versprochen habe, einmal über Deine Mutter zu schreiben ... aber das ist sehr schwer. Sogar das Briefschreiben fällt mir schwer ... Wenn Du nur wüßtest, wie sehr Deine Mutter sich wünschte, Künstlerin, ein schöpferischer Mensch zu sein – von Kindheit an. Wäre es ihr nur vergönnt gewesen, Dich jetzt zu sehen, Dich zu lesen! Und warum war es ihr nicht vergönnt? Möglicherweise kann ich im persönlichen Gespräch mit Dir kühner sein und Dir Dinge erzählen, die ich nicht niederzuschreiben wage. In Liebe, Deine Lilja.«

Mein Vater konnte vor seinem Tod (im Jahr 1970) noch meine ersten drei Bücher lesen, an denen er nur bedingt Gefallen fand. Meine Mutter hat natürlich nur meine Schulaufsätze gesehen und ein paar kindliche Reime, die ich in der Hoffnung dichtete, jene Musen seien mir hold, von deren Existenz sie mir gern erzählte. (Mein Vater glaubte nicht an Musen, ebenso wie er sein Leben lang Feen, Hexen, Wunderrabbiner, Nachtzwerge, jede Art von Heiligen und auch Intuition, Wunder und Gespenster verächtlich abtat. Er betrachtete sich als »Freidenker« und glaubte an logisches Denken und harte geistige Arbeit.)

Hätte meine Mutter die beiden Erzählungen in dem Band *Dem Tod entgegen* gelesen, hätte sie dann wohl mit ähnlichen Worten wie ihre Freundin Lilenka Kalisch reagiert – »Sehnsucht und Verlangen nach etwas, das keinen Ort auf der Welt hat«? Schwer zu sagen. Ein Schleier von verträumter Wehmut, unterdrückten Gefühlen und romantischen Qualen lag über diesen höheren Töchtern aus Rowno, als wäre das Leben dort, in den Mauern ihres Gymnasiums, mit einem Pinsel gemalt worden, der nur melancholische und feierliche Töne kannte. Allerdings hat meine Mutter sich zuweilen gegen diese aufgelehnt.

Irgend etwas, was meiner Mutter und ihren Freundinnen schon in der Jugend in jenem Gymnasium der zwanziger Jahre eingeflößt worden war, oder vielleicht etwas Modrig-Romantisches, das schon damals in ihre Herzen eingedrungen war, ein zäher polnisch-russischer Gefühlsnebel, irgend etwas zwischen Chopin und Mickiewicz, zwischen den *Leiden des jungen Werthers* und Byron, etwas im Zwielicht zwischen Erhabenem, Gepeinigtem, Verträumtem und Einsamem, allerlei trügerische Sumpflichter von »Sehnsucht und Verlangen« haben meine Mutter die meiste Zeit ihres Lebens irregeführt und verlockt, bis sie sich von ihnen verführen ließ und im Jahr 1952 ihrem Leben ein Ende setzte. Sie war achtunddreißig Jahre bei ihrem Tod. Ich war zwölfeinhalb.

In den Wochen und den Monaten nach dem Tod meiner Mutter dachte ich nicht einen einzigen Augenblick lang an ihr Leiden. Ich verschloß mich undurchdringlich vor dem ungehörten Schrei, der von ihr blieb und vielleicht alle Tage in den Zimmern der Wohnung schwebte. Keinen Funken Mitleid hatte ich. Auch keine Sehnsucht. Auch keine Trauer über den Tod meiner Mutter: Vor lauter Kränkung und Wut blieb kein Raum in mir für irgendein anderes Gefühl. Fiel mein Blick zum Beispiel auf ihre karierte Schürze, die noch einige Wochen nach ihrem Tod am Haken hinter der Küchentür hing, wurde ich wütend, als streute diese Schürze Salz in meine Wunden. Das Waschzeug meiner Mutter, ihre Puderdose, ihre Haarbürste auf ihrem grünen Bord im Badezimmer verletzten mich, als wären sie nur dort geblieben, um sich über mich lustig zu machen. Ihre Bücher, ihre leeren Schuhe, ihr Duft, der mir noch einige Zeit entgegenwehte, immer wenn ich Mutters Seite im Kleiderschrank aufmachte – all das weckte meinen hilflosen Zorn. Als würde ihr Pullover, der sich irgendwie in meinen Pulloverstapel geschlichen hatte, mich mit gemeiner Schadenfreude angrinsen.

Ich war wütend auf sie, weil sie gegangen war, ohne Verabschiedung, ohne Umarmung, ohne ein Wort der Erklärung: Selbst einen Wildfremden, einen Lieferanten oder Hausierer an der Tür, ließ meine Mutter nicht gehen, ohne ein Glas Wasser anzubieten, ohne ein Lächeln, ohne eine kleine Entschuldigung, ohne zwei, drei freundliche Worte. Während meiner ganzen Kindheit ließ sie mich kein einziges Mal im Lebensmittelladen, in einem fremden Hof oder im Park allein. Wie konnte sie nur so etwas tun? Ich war auch wütend auf sie wegen Vater, den seine Frau derart beschämt, bloßgestellt hatte, sie machte sich einfach auf, verschwand plötzlich, als wäre sie wie in einer Filmkomödie mit einem anderen Mann durchgebrannt. Ich, wenn ich ihnen als Kind auch nur für zwei oder drei Stunden verschwunden war, ich wurde augenblicklich gerügt und bestraft. Wir hatten eine feste Regel: Wer weggeht, sagt immer, wohin, für wie lange und wann er zurückkommt. Oder hinterläßt zumindest einen Zettel am festgelegten Platz, unter der Vase.

Jeder von uns.

Geht man so weg, unvermittelt, mitten im Satz? Sie selbst legte doch größten Nachdruck auf Taktgefühl, auf Höflichkeit, auf sanfte Umgangsformen, darauf, niemanden zu kränken oder zu verletzen, rücksichtsvoll zu sein, Zartgefühl zu zeigen! Wie konnte sie?

Ich haßte sie.

Nach einigen Wochen verblaßte der Zorn. Und mit dem Zorn verlor ich ein Schutzschild, eine Art Bleimantel, der in den ersten Tagen keinen Schock und Schmerz an mich hatte herankommen lassen. Von nun an war ich allem schutzlos ausgesetzt.

Je weniger ich meine Mutter haßte, desto mehr verabscheute ich mich selbst.

Noch immer gab es in meinem Herzen keine freie Ecke für das Leid meiner Mutter, für ihre Einsamkeit, für ihre sie mehr und mehr erstickende Beklemmung, für die entsetzliche Verzweiflung in den letzten Nächten ihres Lebens. Noch immer lebte ich einzig und allein mein Unglück, nicht ihr Unglück. Aber nun war ich ihr nicht mehr böse, sondern umgekehrt, beschuldigte mich selbst: Wäre ich nur ein besserer, ergebenerer Sohn gewesen, hätte ich meine Sachen nicht auf dem Boden verstreut, hätte ich ihr nicht so zugesetzt, hätte ich meine Schulaufgaben pünktlich gemacht und bereitwillig jeden Abend den Mülleimer rausgetragen, ohne daß man erst mit mir schimpfen mußte, hätte ich ihr nicht das Leben schwergemacht, hätte nicht rumgelärmt, hätte nicht vergessen, das Licht auszumachen, wäre ich nicht mit zerrissenem Hemd nach Hause gekommen, nicht mit schlammigen Schuhen in der Küche herumgelaufen. Hätte ich nur etwas mehr Rücksicht auf ihre Migräne genommen. Oder mich wenigstens bemüht, ihren Wunsch zu erfüllen und endlich etwas weniger schwach und blaß zu sein, alles zu essen, was sie gekocht und auf den Tisch gestellt hatte, ohne so viele Schwierigkeiten zu machen. Wäre ich nur um ihretwillen ein etwas aufgeschlosseneres Kind gewesen und nicht so ein Eigenbrötler, etwas weniger mager und mickrig und dafür braungebrannt und athletisch, so wie sie mich haben wollte!

Oder vielleicht gerade umgekehrt? Wenn ich noch viel schwächer gewesen wäre, kränklich, gelähmt im Rollstuhl, schwindsüchtig oder sogar von Geburt an blind? Ihre Güte und ihr großzügiger Charakter hätten ihr doch nie und nimmer erlaubt, ein vom Schicksal geschlagenes Kind im Stich zu lassen, es seinem Unglück zu überlassen und einfach wegzugehen? Wäre ich doch nur ein behindertes Kind ohne Beine gewesen, wäre ich doch nur beizeiten vor die Räder eines vorbeifahrenden Autos gelaufen, von ihm überrollt und an beiden Beinen amputiert worden, vielleicht hätte meine Mutter dann Mitleid gehabt? Hätte mich nicht verlassen? Wäre geblieben, um sich weiterhin um mich zu kümmern?

Wenn meine Mutter mich auf diese Weise verlassen hatte, ohne einen

Blick zurück, dann war das eindeutig ein Zeichen dafür, daß sie mich nie geliebt hatte. Wenn man liebt, so hatte sie mir selbst beigebracht, wenn man liebt, dann verzeiht man alles, außer Verrat. Verzeiht auch die Nervereien und die verlorene Mütze und die Zucchini, die auf dem Teller geblieben sind.

Verlassen heißt verraten. Und sie – sie hat an uns beiden Verrat begangen, an Vater wie an mir. Nie im Leben hätte ich sie derart im Stich gelassen, trotz ihrer Migräne, obwohl ich mittlerweile wußte, daß sie uns nie geliebt hat, nie im Leben hätte ich sie verlassen, trotz ihres häufigen, langen Schweigens und ihres Sich-Abschließens im dunklen Zimmer und all ihrer Launen. Ich hätte mich manchmal vielleicht geärgert, vielleicht sogar einmal ein, zwei Tage nicht mit ihr gesprochen, aber ich hätte sie nicht einfach im Stich gelassen. Niemals.

Alle Mütter lieben ihre Kinder: Das ist ein Naturgesetz. Sogar eine Katze oder eine Ziege. Sogar Mütter von Verbrechern und Mördern. Sogar Mütter von Nazis. Sogar Mütter von sabbernden Schwachsinnigen. Sogar Mütter von Monstern. Daß man nur mich nicht lieben konnte, daß meine Mutter vor mir geflohen ist, bewies bloß, daß an mir nichts war, was man lieben konnte. Daß ich keine Liebe verdiente. Irgend etwas stimmte mit mir nicht, da war irgend etwas ganz Schlimmes, Abstoßendes und Furchterregendes, etwas wirklich Grauenhaftes, noch abscheulicher als Verstümmelung oder Schwachsinn oder Wahn. Etwas an mir war rettungslos widerwärtig, so grauenhaft, daß selbst meine Mutter, eine sensible Frau, eine Frau, die sogar einen Vogel, einen Bettler, einen verirrten Welpen mit Liebe überschüttete, mich nicht mehr hatte ertragen können, so daß sie schließlich vor mir Reißaus nehmen mußte, so weit sie nur irgend konnte. Im Arabischen gibt es ein Sprichwort: *kull kird bi ain immo ghasal*, jeder Affe ist in den Augen seiner Mutter eine Gazelle. Außer mir.

Wäre ich nur auch süß, wenigstens ein klein wenig, wie alle Kinder der Welt für ihre Mutter süß sind, sogar die häßlichsten und bösesten Kinder, sogar diese gestörten gewalttätigen Kinder, die für immer von der Schule fliegen, sogar Bianca Schor, die mit dem Küchenmesser auf ihren Großvater eingestochen hat, sogar Janni, der Elefantiasis hat und mitten auf der Straße seinen Reißverschluß aufzieht und das da rausholt und den Mädchen zeigt. Wäre ich nur gut gewesen, hätte ich mich nur so benommen, wie sie mich tausendmal gebeten hatte, mich zu benehmen, während ich Blödmann einfach nicht auf sie hörte – hätte ich ihr damals, nach dem Sederabend, nur nicht diese blaue Schüssel zerschlagen, die noch von der Mutter ihrer Großmutter stammte – hätte ich mir bloß jeden Morgen gründlich die Zähne geputzt, oben und unten und rundherum und in den Ecken, ohne zu mogeln – hätte ich damals nur nicht das halbe Pfund aus ihrem Portemonnaie geklaut und hätte ich dann wenigstens nicht auch noch dreist gelogen und den Diebstahl abgestritten – hätte ich nur mit den häßlichen Gedanken aufgehört und meiner Hand niemals erlaubt, nachts in die Schlafanzughose zu greifen – wäre ich doch nur wie alle, auch wert, eine Mutter zu haben –

Ein oder zwei Jahre später, nachdem ich von zu Hause ausgezogen und in den Kibbuz Hulda gegangen war, begann ich allmählich manchmal an sie zu denken. Gegen Abend, nach den Unterrichtsstunden und der Arbeit und der Dusche, wenn alle Kibbuzkinder frisch geduscht und in Feierabendkleidung zu ihren Eltern gingen und man nur mich einsam und versponnen zwischen den leeren Kinderhäusern herumlaufen ließ, zog ich mich auf die Holzbank im Zeitungsraum zurück, in die Baracke hinter dem Kleiderdepot.

Ohne Licht zu machen, saß ich dort eine halbe oder ganze Stunde und ließ, Bild für Bild, das Ende ihres Lebens vor meinen Augen vorüberziehen. Zu dieser Zeit versuchte ich bereits, etwas von dem zu erraten, worüber bei uns nie gesprochen worden war, weder zwischen meiner Mutter und mir noch zwischen Vater und mir und vermutlich auch nicht zwischen den beiden.

Wann immer ich die Anfangszeilen von Agnons Erzählung *Bidmi Jameha, Im Mittag ihrer Tage*, lese, versetzen sie mich in das letzte Lebensjahr meiner Mutter:

Im Mittag ihrer Tage starb meine Mutter. An die dreißig Jahr und Tag war meine Mutter bei ihrem Tod. Wenige und schlecht waren die Tage ihrer Lebensjahre. Den ganzen Tag saß sie im Haus, und aus dem Haus ging sie nicht. Ihre Freundinnen und Nachbarinnen kamen nicht, sie zu besuchen, und auch mein Vater bestimmte nicht seine Geladenen. Stumm stand unser Haus in seiner Trauer, seine Türen öffneten sich nicht dem Fremden. Auf ihrem Bett lag meine Mutter, und ihre Worte waren wenige ... Wie liebte ich ihre Stimme. Oftmals öffnete ich die Tür, damit sie frage, wer kommt. Kindheit steckte in mir. Zuweilen stieg sie von ihrem Lager, sich ans Fenster zu setzen.

(Diese Zeilen schreibe ich jetzt aus dem schmalen Schocken-Band ab, auf dessen erste Seite S. J. Agnon meiner Mutter und meinem Vater eine Widmung geschrieben hat. Nach dem Tod meines Vaters habe ich auch dieses Buch aus seiner Bibliothek mitgenommen.) Seit dem Tag, an dem ich, mit fünfzehn Jahren, *Im Mittag ihrer Tage* entdeckte, verglich ich mich mit Tirza. In meinem Buch *So fangen die Geschichten an* schrieb ich etwas über Tirza und, indirekt, auch ein wenig über das Kind, das ich am Lebensende meiner Mutter war:

> Tirza bringt ihrer Mutter kultische Verehrung entgegen. Vom Beginn der Erzählung an heiligt sie ihre Gestalt, ihr zeremonielles Sitzen am Fenster, ihre weißen Kleider ... Das Geheimnis um das sanfte, endgültige Hinscheiden der Mutter versetzt Tirza in große Erregung, die letzten Endes ihr eigenes Schicksal besiegelt: Nach dem Tod der Mutter fühlt sich Tirza bewogen, bis zur Selbstaufgabe mit der Mutterfigur zu verschmelzen. Die kultische Beziehung verhindert jede echte Nähe zwischen Mutter und Tochter – oder womöglich bringt der Mangel an Nähe Tirza von Anfang an zu einer kultischen Tochter-Mutter-Beziehung. Die Mutter, in Krankheit und melancholischem Sehnen versunken, zeigt keinerlei Interesse für Tirzas Nähe oder auch nur bloße Existenz und reagiert nicht auf die Bemühungen des Kindes, ihre Aufmerksamkeit auf sich zu lenken ... Nicht Tirzas Stimme indes, sondern das häufige Öffnen der Tür ist fast der einzige Laut, der an das Ohr ihrer Mutter dringt (in dem Haus, dessen Türen sich dem Fremden nicht öffneten). Es ist ein kindlich neckisches Geräusch: Die Mutter siecht dahin, und die Tochter treibt Späße ... Tirza erscheint zu Beginn der Geschichte als vernachlässigtes Kind: Der Vater ist ganz auf die Mutter fixiert, die Mutter ist in ihre Liebe und ihre Abschiedsriten versunken, die Verwandten und Bekannten nehmen Tirza kaum wahr.

Achtunddreißig Jahre war meine Mutter bei ihrem Tod: jünger als meine ältere Tochter und geringfügig älter als meine jüngere Tochter an dem Tag, an dem diese Zeilen geschrieben werden. Zehn, zwanzig Jahre nach Abschluß des Tarbut-Gymnasiums, als meine Mutter und Lilenka Kalisch und noch einige ihrer Freundinnen mit der Jerusalemer Wirklichkeit voll Wüstenhitze, Armut und bösem Klatsch konfrontiert wurden, als diese gefühlvollen Gymnasiastinnen sich plötzlich auf dem rauhen Boden des

Alltagslebens wiederfanden, mit Windeln, Ehemännern, Migränen, Warteschlangen, Mottenkugelgerüchen und Küchenspülbecken, zeigte sich anscheinend, daß das, was das Rownoer Gymnasium der zwanziger Jahre ihnen vermittelt hatte, ihnen keinerlei Nutzen brachte, sondern sie nur belastete.

Oder vielleicht war es etwas anderes, nicht im Stil Byrons oder Chopins, sondern eher verwandt mit der Einsamkeit und Melancholie der introvertierten höheren Töchter in Tschechows Theaterstücken und in Gnessins Erzählungen: Irgendeine Kindheitsverheißung, und dann kam das Leben, das öde Leben, und machte sie zunichte, trampelte darauf herum und verhöhnte sie sogar. Meine Mutter war aufgewachsen in der Geborgenheit und im Bann eines schleierumhüllten Schönheitsideals, und diese Enthobenheit zerschellte jäh auf dem nackten, heißen und staubigen Jerusalemer Fels. Sie war als schöne und zarte Müllerstochter aufgewachsen, im Herrenhaus in der Dubinska-Straße groß geworden, mit Obstgarten und Dienstmädchen und Köchin. Vielleicht hatte man sie dort genau wie die Schäferin auf dem ihr verhaßten Gemälde erzogen, wie diese herausgeputzte, rotwangige Hirtin mit den drei Unterröcken.

Der vehemente Gefühlsausbruch, den Tante Sonia noch siebzig Jahre später in staunender Erinnerung hatte, der Ausbruch der sechzehnjährigen Fania, die plötzlich ungewohnt heftig wurde, das Gemälde der zarten Schäferin mit dem verträumten Blick und den üppigen Seidenunterröcken beinahe angespuckt hätte, dieser Ausbruch war vielleicht ein verzweifeltes Aufbäumen, das vergebliche Bemühen, dem Spinnennetz zu entkommen, das sich bereits um sie legte.

Jenseits der Fensterscheiben, deren bestickte Gardinen Fania Mussmans Kindheit abgeschirmt hatten, hatte Pan Zakrzewski sich eines Nachts eine Pistolenkugel in den Oberschenkel und eine weitere in den Kopf geschossen. Hatte die Prinzessin Rawsowa einen Hammer genommen und sich einen rostigen Nagel in die Hand getrieben, um dem Heiland etwas von seinen Leiden abzunehmen und sie an seiner Stelle zu tragen. War Dora, die Tochter der Haushälterin, vom Liebhaber ihrer Mutter geschwängert worden. Hatte der Trinker Steletzki seine Frau nachts beim Kartenspiel verloren, und war sie, Ira, Steletzkis Frau, in dem Feuer umgekommen, das sie selbst in der verlassenen Kate des schönen Anton gelegt hatte. Aber all das geschah ja draußen, jenseits der Doppelfenster, außerhalb der hellen und angenehmen Lebenssphäre im Tarbut-Gymnasium. Nichts von alldem hatte wirklich die Macht, in die Heiterkeit der Kindheit meiner Mutter einzudringen und diese ernsthaft zu beeinträchtigen, eine Heiterkeit, die wohl mit einem Hauch Melancholie gewürzt war, die das Wohlbefinden jedoch nicht trübte, sondern nur bereicherte und versüßte.

Einige Jahre später, in Kerem Avraham, in der Amos-Straße, in der engen und modrigen Erdgeschoßwohnung, unter den Rosendorfs und neben den Lembergs, zwischen Blechwannen und eingelegten Gurken und der in einem rostigen Olivenkanister dahinsiechenden Geranie, den ganzen Tag eingehüllt von Kohl-, Wäsche- und Kochfischgeruch und dem Gestank getrockneten Urins, begann meine Mutter zu erlöschen. Vielleicht hätte sie, mit zusammengebissenen Zähnen, Unglück und Verlust ertragen können. Die Armut. Die Enttäuschungen des Ehelebens. Aber was sie nicht ertragen konnte, war, so scheint mir, das sich in Schäbigkeit verlierende Leben.

Im Jahr 1943 oder 1944, wenn nicht früher, erfuhr sie, daß dort, bei Rowno, alle ermordet worden waren. Jemand muß gekommen sein und erzählt haben, wie Deutsche, Litauer und Ukrainer, mit vorgehaltenen Maschinenpistolen, die ganze Stadt, jung wie alt, in den Sossenki-Wald getrieben hatte: Das war der Wald, in den alle an schönen Tagen gern einen Ausflug gemacht hatten, um Pfadfinderspiele zu veranstalten, am Lagerfeuer zu singen, in Schlafsäcken am Bachufer unter dem Sternenhimmel zu nächtigen. Und dort, im Sossenki-Wald, zwischen Zweigen und Vögeln und Pilzen und Waldbeeren, erschossen die Deutschen am Rand von Gruben, innerhalb von zwei Tagen, an die fünfundzwanzigtausend Menschen.* Darunter waren fast alle Klassenkameraden meiner Mutter. Und auch deren Eltern und alle Nachbarn und alle Bekannten und alle Konkurrenten und Widersacher. Darunter waren die Herrschaften und die Proletarier, Fromme und Assimilierte und Getaufte, Gemeindesprecher, Synagogenvorsteher, Mäzene, Kantoren, Schächter, Hausierer und Wasserträger, Kommunisten und Zionisten, die Intellektuellen und Künstler und Dorftrottel und rund viertausend Kleinkinder. Auch die Lehrer meiner Mutter aus ihrer Schulzeit am Tarbut-Gymnasium wurden dort ermordet: Issachar Reis, der charismatische Direktor mit den hypnotisierenden Augen, deren Blick die Träume vieler heranwachsender Schülerinnen aufgewühlt hatte, der etwas verschlafene, zerstreute, immer verlegene Jizchak

---

* So viele wie Arad Einwohner hat. Und mehr Juden, als in hundert Jahren Krieg mit den Arabern umgekommen sind.

Berkowski und der jähzornige Elieser Buslik, der jüdische Kultur gelehrt hatte, Fanka Seidmann, die Geographie-, Biologie- und auch Turnunterricht gegeben hatte, und deren Bruder Schmuel, der Maler, und der verbitterte, strenge Dr. Mosche Bergmann, der mit beinahe zusammengekniffenen Lippen polnische Geschichte und Weltgeschichte gelehrt hatte. Alle.

Etwas später, im Jahr 1948, im Kanonenfeuer der Arabischen Legion auf Jerusalem, starb plötzlich eines Sommerabends, durch einen Granattreffer, auch eine andere Freundin meiner Mutter, Piroschka, Piri Janai (Zippora), die nur einen Moment in den Hof hinausgegangen war, um Eimer und Putzlappen hereinzuholen.

Vielleicht war etwas an den Kindheitsverheißungen schon von vornherein mit einer giftigen, sentimentalen Kruste überzogen, die Musen und Tod verquickte? Oder etwas an der zu lauteren Weltsicht des Tarbut-Gymnasiums? Oder vielleicht war da eine bürgerlich-slawische melancholische Note, der ich wenige Jahre nach dem Tod meiner Mutter bei Tschechow und Turgenjew und Gnessin und ein wenig auch in Rachels Gedichten wiederbegegnet bin? Etwas, das meine Mutter – da das Leben keine einzige ihrer Jugendverheißungen erfüllt hatte – dazu veranlaßte, sich den Tod in Gestalt eines stürmischen, aber auch beschützenden und beruhigenden Liebhabers auszumalen, eines letzten Liebhabers, eines musischen Liebhabers, der endlich die Wunden ihres einsamen Herzens heilen würde?

Seit vielen Jahren bin ich diesem alten Mörder auf der Spur, diesem listigen, archaischen Verführer, diesem blutbefleckten alten Lebemann, der – krumm vor Alter – sich wieder und wieder als taufrischer Traumprinz maskiert. Diesem verschlagenen Jäger der gebrochenen Herzen, dem werbenden Vampir, dessen Stimme bitter-süß klingt wie ein Cello in einsamen Nächten, ein samtiger, raffinierter Schwindler und Verstellungskünstler, ein magischer Flötenspieler, der die Einsamen und Verzweifelten in seinen seidenen Umhang lockt. Der uralte Serienmörder enttäuschter Seelen.

30

Womit setzt meine Erinnerung ein? Meine allererste Erinnerung ist ein Schuh: ein kleiner brauner Schuh, neu und duftend, mit Schnürsenkel und einer warmen, weichen Zunge. Gewiß ist es ein Paar gewesen, nicht nur ein einzelner Schuh, aber mein Gedächtnis hat nur einen der beiden gerettet. Einen neuen, noch etwas steifen Schuh. Ich liebte diesen Geruch so sehr, den äußerst angenehmen Geruch von neuem, glänzendem, fast lebendigem Leder und schwindelerregend scharfem Sohlenleim, daß ich wohl versuchte, jenen neuen Schuh über das Gesicht zu ziehen, über die Nase, wie eine Art Schnauze, um mich an dem Geruch zu berauschen.

Meine Mutter kam ins Zimmer, gefolgt von meinem Vater und allerlei Onkeln und Tanten oder einfach nur Bekannten. Ich muß ihnen wohl niedlich, aber wunderlich vorgekommen sein, das kleine Gesicht in den Schuh gesteckt, denn alle brachen in Gelächter aus und deuteten auf mich, und jemand klopfte sich, brüllend vor Lachen, mit beiden Händen auf die Schenkel, und jemand anders röchelte heiser: Schnell, schnell, holt einen Fotoapparat!

Einen Fotoapparat hatten wir nicht im Haus, doch dieses Kleinkind steht mir noch vor Augen: gerade einmal zwei, zweieinviertel Jahre alt, helles Haar und große, runde, staunende Augen. Aber genau unter den Augen, an Stelle von Nase, Mund und Kinn, sitzt schnauzenartig ein Schuhabsatz, sitzt eine neue, noch jungfräuliche Sohle, die die Erde noch nicht berührt hat. Von den Augen an aufwärts ist es ein blasses Kind, und von den Wangen an abwärts sieht man einen Schwertfisch oder eine Art archaischen Vogel mit schwerem Kropf.

Was fühlt der Kleine? Darüber kann ich ziemlich genau Auskunft geben, weil ich von diesem Kleinen überliefert bekommen habe, was er in jenem Moment empfand: ein durchdringendes Glücksgefühl, wilde, schwindelerregende Wonne, Wonne, Wonne, die daher rührt, daß das ganze Publikum sich einen Augenblick nur auf ihn konzentriert, überrascht ist und Vergnügen an ihm hat, auf ihn deutet, und dabei – und ohne Widerspruch dazu – ist der Kleine auch verängstigt und erschrocken über den Überfluß an Aufmerksamkeit, den er kaum fassen kann, und auch ein wenig gekränkt über das Gelächter, da, seht nur, er weint fast schon, denn seine Eltern und Fremde, alle brüllen, lachen, deuten auf ihn und auf sein Schnäuzchen, lachen erneut über ihn und rufen gleichzeitig einer dem anderen zu: Einen Fotoapparat, holt schnell einen Fotoapparat.

Und auch enttäuscht, denn man hat ihn doch bei einem berauschenden sinnlichen Genuß gestört, mittendrin, beim Einatmen des herrlich frischen Lederdufts, aus dem Schwindelgefühl herausgerissen, das der Duft des Leimes ihm gibt und sein Inneres erzittern läßt.

Bei der nächsten Szene gibt es kein Publikum. Nur Mutter zieht mir einen warmen, weichen Socken an (denn es ist kalt in jenem Zimmer) und ermuntert mich dann, drück, drück fest, noch fester, als würde sie dem kleinen Fuß auf dem Weg durch den jungfräulichen Muttermund des duftenden, neuen Schuhs Geburtshilfe leisten.

Bis zum heutigen Tag, jedesmal, wenn ich meinen Fuß in einen Stiefel oder Schuh schiebe und drücke, sogar jetzt, während ich dasitze und dies schreibe, spüre ich noch auf meiner Haut dieses genußvolle tastende Eindringen in den Schoß jenes ersten Schuhes: die sinnliche Lust, sich zum ersten Mal im Leben in diese Schatzhöhle zu drängen, deren steife und weiche Wände sich fest und zärtlich um mein Fleisch schmiegen, das sich zwischen sie schiebt und tiefer und tiefer hineindringt, während die Stimme meiner Mutter mich ermutigt, sanft und geduldig, drück, drück, drück, nur noch ein wenig.

Mit einer Hand drückt sie meinen Fuß sanft tiefer hinein, während die andere den Schuh von unten, an der Sohle hält und leicht dagegendrückt, scheinbar meiner Bewegung zuwiderlaufend, aber in Wirklichkeit nur Hilfestellung gebend, damit ich bis ans Ende gelange, bis zu dem süßen Moment, in dem meine Ferse, als würde sie ein letztes Hindernis überwinden, einen letzten vehementen Stoß ausführt und leichthin ganz und gar hineingleitet, und mein Fuß endlich das gesamte Innere des Schuhs ausfüllt, und nun bist du ganz und gar dort drinnen, umhüllt, umschmiegt und geborgen, und Mutter zieht schon den Schnürsenkel fest und bindet ihn, und zum Schluß, wie ein letztes Liebkosen, kommt das Glattziehen der warmen Zunge unter dem Schnürsenkel und unter der Schleife: Das ist das Ziehen, das mir immer ein Kribbeln über den Fußrücken jagt. Und nun bin ich am Ziel. Drinnen. Eingehüllt und festgezurrt, verwöhnt und zärtlich umarmt vom schmiegsamen Leder des ersten Schuhs meines Lebens.

In jener Nacht bat ich, in meinen Schuhen schlafen zu dürfen: Ich wollte, daß es nicht aufhörte. Oder daß man mir meine neuen Schuhe wenigstens neben den Kopf auf das Kissen legte, damit ich mit dem Lederduft und dem Leimgeruch einschlafen könnte. Erst nach längeren, tränenreichen Verhandlungen fanden sie sich schließlich bereit, die Schuhe auf den Schemel am Kopfende meines Bettes zu stellen – unter der Bedingung, daß du sie bis zum Morgen bestimmt nicht anfaßt, auf keinen Fall, du hast dir heute abend doch schon die Hände gewaschen, du darfst sie nur anschauen und alle Augenblicke in den dunklen Schlund blicken, der dich anlächelt, und ihren Geruch einatmen, bis du neben ihnen einschläfst und im Schlaf ebenfalls lächelst, sinnlich beglückt.

Bei meiner zweiten Erinnerung bin ich eingeschlossen, allein, in einer finsteren Hundehütte.

Als ich dreieinhalb, fast vier Jahre alt war, wurde ich mehrmals die Woche tagsüber für ein paar Stunden in die Obhut einer Nachbarin gegeben, einer nicht mehr jungen, kinderlosen Witwe, die nach feuchter Wolle und auch nach Wäscheseife und Bratendunst roch. Ihr Name war Frau Gatt, aber wir nannten sie Tante Greta, abgesehen von Vater, der ihr manchmal den Arm um die Schulter legte und sie mit Gretchen oder Gret anredete, und, wie es seine Art war, mit der Heiterkeit eines pubertierenden Gymnasiasten aus der alten Welt witzelnd reimte: »Leicht geredt, mit der Gret, ist diskret und nicht unstet!« (Das war offenbar seine Art, Frauen den Hof zu machen.) Tante Greta errötete dann, und da sie sich ihres Errötens sehr schämte, wurde sie doppelt rot, richtig tief dunkelrot, beinahe violett.

Tante Gretas blondes Haar war zu einem dicken Zopf geflochten, den sie wie einen Strick um ihren runden Kopf geschlungen trug. An den Schläfen wuchsen schon ein paar graue Haare, wie verdorrte Disteln am gelben Wiesenrain. Ihre dicken, weichen Arme waren mit Massen blaßbrauner Sommersprossen überzogen. Unter ihren rustikalen Baumwollkleidern hatte Tante Greta schwere, massive Schenkel, die an einen Ackergaul erinnerten. Ein verlegenes, entschuldigendes, etwas schüchternes Lächeln spielte manchmal um ihre Lippen, als habe man sie gerade bei einer sehr unschönen Tat oder bei einer Lüge ertappt und sie müsse sich tatsächlich über sich selber wundern. Immerzu hatte sie zwei Finger verpflastert, zumindest einen oder manchmal auch drei, sei es, daß sie sich mit dem Messer geschnitten, ihre Hand in der Schublade eingeklemmt oder sich den Klavierdeckel auf die Finger geschlagen hatte. Trotz ihrer ewigen Fingerblessuren gab sie Klavierstunden, und außerdem war sie Tagesmutter für kleine Kinder.

Nach dem Frühstück stellte Mutter mich auf einen Holzschemel vor dem Waschbecken im Badezimmer, wischte mir mit einem feuchten Handtuch die Reste des Haferbreis von Wangen und Kinn, befeuchtete mein Haar ein wenig, zog mir einen exakten Seitenscheitel und gab mir dann eine braune Papiertüte mit einer Banane, einem Apfel, einer Scheibe Schnittkäse und ein paar Keksen. Und so, gewaschen, gekämmt und unglücklich, brachte Mutter mich zum Hof hinter dem vierten Haus rechts von uns. Unterwegs mußte ich ihr versprechen, brav zu sein, auf Tante Greta zu hören, ihr nicht auf die Nerven zu fallen und vor allem, auf keinen Fall, die braune Kruste abzukratzen, die sich auf meinem Knie gebildet hatte, denn diese Kruste, die »Schorf« hieße, sei Teil des Heilungsprozesses und werde bald von selber abfallen – aber wenn du sie, Gott behüte, anrührst, kann sich dort eine Entzündung bilden, und dann bleibt nichts anderes übrig, als dir erneut eine Spritze geben zu lassen.

An der Tür wünschte Mutter Tante Greta und mir viel Spaß miteinander und verabschiedete sich. Gleich darauf zog Tante Greta mir die Schuhe aus und setzte mich in Socken zum schön und mucksmäuschenstill Spielen auf eine Matte, wo mich allmorgendlich Bauklötze, Teelöffel, Kissen, Servietten, ein geschmeidiger Plüschtiger, Dominosteine und eine verschlissene Prinzessinnenpuppe, die leicht modrig roch, erwarteten.

Mir genügte dieses Inventar für mehrere Stunden voller Kämpfe und Heldentaten: Die Prinzessin geriet in die Gefangenschaft des bösen Zauberers (des Tigers), der sie in eine Höhle einsperrte (unter dem Klavier). Die Teelöffel waren ein Flugzeuggeschwader, das abhob, um die Königstochter jenseits des Meeres (der Matte) und über den Bergen (den Kissen) zu suchen. Die Dominosteine waren die schrecklichen Wölfe, die der Zauberer um die Höhle der gefangenen Prinzessin postiert hatte.

Oder anders: Die Dominosteine waren Panzer, die Servietten Zelte der Araber, die weichliche Puppe verwandelte sich in den englischen Hochkommissar, aus den Kissen wurden die Mauern Jerusalems errichtet, und die Teelöffel, unter dem Befehl des Tigers, ernannte ich zu Hasmonäern oder zu Divisionen Bar Kochbas.

Etwa in der Mitte des Vormittags brachte Tante Greta mir dicken, schleimigen Himbeersaft in einer schweren Tasse, wie wir sie zu Hause nicht hatten. Manchmal drückte sie vorsichtig den Kleidersaum an die Beine und setzte sich zu mir auf die Matte: Sie überhäufte mich mit Zwitscher- und Schnalzlauten und allerlei anderen Zeichen der Zuneigung, die unweigerlich mit vielen klebrigen Marmeladenküssen endeten. Gelegentlich erlaubte sie mir – vorsichtig! – auf dem Klavier zu klimpern. Wenn ich alles, was Mutter mir in der Tüte mitgegeben hatte, schön aufaß, belohnte Tante Greta mich mit zwei Schokoladenstückchen oder zwei Marzipanwürfeln. Die Fensterläden waren immer gegen die Sonnenstrahlen geschlossen. Die Fenster waren zu wegen der Fliegen. Und die geblümten Vorhänge waren immer zugezogen und aneinandergelegt, wie zwei keusche Knie, um die Privatsphäre zu schützen.

Gelegentlich zog Tante Greta mir die Schuhe an und setzte mir eine kleine Khakimütze mit steifem Schirm auf, wie die eines englischen Polizisten oder eines Fahrers der Busgesellschaft Hamekascher. Danach musterte sie mich mit einem prüfenden Blick, knöpfte mir das Hemd wieder richtig zu, befeuchtete einen Finger mit Spucke, kratzte die angetrockneten Schokoladen- oder Marzipanreste ab, die mir um den Mund klebten, und setzte ihren runden Strohhut auf, der ihr halbes Gesicht verbarg, aber ihre mollige Figur betonte. Nachdem all diese Vorbereitungen abgeschlossen waren, gingen wir für zwei, drei Stunden aus, »um einmal nachzusehen, was sich in der großen Welt tut«.

31

Von Kerem Avraham gelangte man in die große Welt entweder mit dem Bus der Linie 3a, der an der Haltestelle in der Zefanja-Straße, neben Frau Chassias Kindergarten hielt, oder mit dem Bus der Linie 3b, der am anderen Ende der Amos-Straße, Ecke Ge'ula- und Malachi-Straße, hielt. Die große Welt selbst erstreckte sich entlang der Jaffa- und der King-George-Straße Richtung Kloster Ratisbonne und Jewish Agency, über die Ben-Jehuda-Straße nebst Hillel- und Schamai-Straße, die Gegend um die Kinos Studio und Rex unten an der Princess-Mary-Straße und auch noch die Julian-Straße hinauf, die zum King David Hotel führte.

Auf der Kreuzung von Julian-, Mamilla- und Princess-Mary-Straße stand immer ein eifriger Polizist in kurzen Hosen und weißen Armbinden. Dieser Polizist war stolzer Herrscher einer kleinen, von einem runden Blechschirm geschützten Betoninsel. Von der Insel aus regelte er den Verkehr, eine allmächtige Gottheit, ausgestattet mit einer schrillen Trillerpfeife, seine Linke gebot dem Verkehr Halt, seine Rechte trieb ihn zur Eile an. Von dieser Kreuzung aus tat sich die große Welt auf, die bis zum jüdischen Gewerbegebiet am Fuß der Altstadtmauer reichte, und ihre Ausläufer schoben sich bis an den Rand der arabischen Gebiete am Damaskustor, zur Sultan-Suleiman-Straße oder gar bis zum Basar innerhalb der Mauern.

Bei jedem unserer Ausflüge schleppte mich Tante Greta in drei, vier Damenbekleidungsgeschäfte, in denen sie im Dunkel der Anprobekabinen gern prächtige Kleider und allerlei schöne Röcke und Blusen und elegante Nachthemden an- und auszog sowie auch eine Fülle bunter Morgenmäntel, die sie Negligés nannte. Einmal probierte sie auch einen Pelz an, der mich mit den gepeinigten Augen des getöteten Fuchses erschreckte. Das Fuchsgesicht erschütterte mich zutiefst, weil es mir sowohl boshaft lauernd als auch herzzerreißend elend vorkam.

Wieder und wieder versank Tante Greta im Schoß der Anprobekabine, dem sie nach einer Zeit, die mir wie sieben schlechte Jahre vorkam, endlich glanzvoll von neuem entstieg. Wieder und wieder wurde diese schwergesäßige Aphrodite aus dem Schaum des Meeres geboren, trat in immer neuer Gestalt hinter dem Wandschirm hervor, jedesmal noch farbenprächtiger und strahlender als zuvor. Für mich, für den Verkäufer und für die übrigen im Geschäft Anwesenden drehte Tante Greta sich ein-, zweimal vor dem Spiegel. Trotz ihrer schweren Schenkel vollführte sie für uns eine feine kokette Pirouette und fragte jeden einzeln: Ob es ihr stehe? Ob es ihr schmeichle? Sich nicht mit ihrer Augenfarbe beiße? Gut sitze? Nicht dick mache? Nicht ordinär aussehe? Nicht etwas aufdringlich wirke? Dabei errötete sie, und da sie sich ja ihres Errötens schämte, errötete sie doppelt, bis ihre Wangen und ihr Hals eine fast violette Tönung annahmen. Zum Schluß versicherte sie dem Verkäufer in den höchsten Tönen, sie werde vermutlich noch heute zurückkommen, ja was denn, bald schon, am Nachmittag, gegen Abend, nach einer kleinen Vergleichsrunde in anderen Geschäften. Oder allerspätestens morgen.

Soweit ich mich erinnere, ist sie niemals in einen dieser Läden zurückgekehrt. Im Gegenteil: Sie hütete sich immer sehr, dasselbe Geschäft erneut zu betreten, ehe nicht wenigstens einige Monate seit ihrem letzten Besuch vergangen waren.

Und niemals kaufte sie etwas: Jedenfalls endeten alle Exkursionen, bei denen ich ihr als Begleiter, Berater in Stilfragen und Vertrauter diente, immer und ausnahmslos mit leeren Händen. Vielleicht hatte sie nicht genug Geld. Vielleicht waren die abgeschirmten Anprobekabinen der Jerusalemer Damenbekleidungsgeschäfte für Tante Greta letztlich ungefähr dasselbe, was das Zauberschloß, das ich am Rand der Matte aus Bauklötzen baute, für die abgeschabte Prinzessinnenpuppe war.

So ging es, bis wir, Tante Greta und ich, einmal an einem stürmischen Wintertag, dessen Böen Schwall auf Schwall raschelnden Laubs im grauen Lichtschleier aufwirbelten, Hand in Hand ein geräumiges, elegantes Bekleidungsgeschäft betraten, vielleicht in einer der christlich-arabischen Straßen? Wie immer versank Tante Greta, umbrandet von Morgenmänteln, Nachthemden und bunten Kleidern, in den Tiefen der Anprobekabine. Vor ihrem Untertauchen gab sie mir einen klebrigen Marmeladenkuß und befahl mir, auf dem Schemel vor ihrem Séparée zu warten, das mit einem dicken dunklen Vorhang verhüllt war: Und du versprich mir, um Himmels willen nirgendwo hinzugehen, nur still hier zu warten, und die Hauptsache, rede auf keinen Fall mit fremden Menschen, kein einziges Wort, bis die Tante noch schöner wieder herauskommt, und wenn du ein braver Junge bist, bekommst du von der Tante auch noch eine kleine Überraschung, rate mal, was?!

Während ich traurig, aber brav und gehorsam dasaß und wartete, rauschte plötzlich mit flinkem Absatzklappern ein kleines Mädchen an mir vorbei, verkleidet wie zu Purim oder auch nur herausgeputzt. Sie war noch winziger als ich mit meinen dreieinhalb (oder vielleicht schon fast vier) Jahren. Und für einen verwirrenden Moment schien mir, der Mund dieser Kleinen sei mit Lippenstift geschminkt. Aber wie konnte das sein? Und etwas wie einen richtigen Busen hatte man ihr verpaßt, wie bei Frauen, mit einem Spalt in der Mitte. Ihre Gestalt war nicht kleinkindhaft, sondern geigenförmig. An ihren kleinen Beinen konnte ich Nylonstrümpfe mit Naht erkennen, die in einem Paar roter spitzer Stöckelschuhe endeten. Noch nie hatte ich eine solche Kindfrau gesehen: zu winzig, um eine Frau zu sein, und zu aufgeputzt für ein Kind. Ich stand also verblüfft und fasziniert auf und begann, gebannt und völlig in Trance, dieser winzigen Person nachzulaufen, um nachzuprüfen, was ich gesehen hatte – oder eigentlich fast nicht gesehen hatte, denn das Mädchen war zwischen den Rockständern hinter mir herausgekommen und rasch an mir vorbeigeeilt. Ich wollte sie aus der Nähe sehen. Ich wollte, daß sie mich sah. Ich wollte etwas tun oder sagen, das ihre Aufmerksamkeit erregen würde: Ich besaß bereits ein Repertoire von zwei, drei erprobten Auftritten, mit deren Hilfe ich den Erwachsenen Bewunderungsrufe zu entlocken vermochte, und ein oder zwei weitere, die bei Kindern gut ankamen, besonders bei kleinen Mädchen.

Die verkleidete Kleine schwebte leichtfüßig zwischen den Regalen voller Stoffballen dahin und bog in einen der tunnelartigen Gänge ein, die beiderseits von hohen Stämmen voller Kleider abgeschirmt wurden, deren Zweige fast unter der Last ihres vielfarbigen Stofflaubs zusammenbrachen. Trotz ihres Gewichts konnten diese Stämme sich auf leichten Händedruck hin um ihre eigene Achse drehen.

Eine Frauenwelt war das: ein warmes, dämmriges, enges und duftendes Gewirr von Gängen, ein tiefes, samtseidenes und verlockendes Labyrinth, das sich in immer neue kleidergefüllte Pfade verzweigte. Die Gerüche von Wolle, Mottenkugeln und Flanell mischten sich hier mit einem vagen Nachhall flüchtigen Parfüms im Urwalddickicht von Kleidern und Pullovern und Blusen und Röcken und Schals und Tüchern und Unterwäsche und Morgenmänteln und Korsagen und Strumpfbandgürteln und Unterröcken und Negligés und einer Fülle an Jacken und Westen und Mänteln und Pelzen, und Seidenrascheln fächelte und wehte wie eine sanfte Meeresbrise.

Hier und da blickten mich kleine, mit dunklen Vorhängen verhüllte, schummrige Kabinen an. Hier und da zwinkerte mir am Ende eines winkligen Tunnels eine schwache Glühbirne zu, die eher Schatten als Licht verbreitete. Hier und da zweigten von den Durchgängen halbdunkle Seitenwege ab, schmale, verschlungene Dschungelpfade, enge Nischen, verschlossene Anprobekabinen und allerlei Schränke, Regale und Theken. Und dann gab es da noch viele Winkel, die mit schweren Portieren und Wandschirmen versperrt waren.

Die Schritte der stöckelbeschuhten Kleinen waren sehr schnell und sicher, ti-ta-tack ti-ta-tack (und ich hörte fiebernd: *titkarev titkarev* – komm näher, komm näher –, und auch, wie höhnend: *'ta tinok 'ta tinok!* – bist'n Baby, bist'n Baby!). Das waren nicht die Schritte eines kleinen Mädchens, und doch erkannte ich, hinter ihr herlaufend, daß sie entschieden kleiner war als ich. Mein Herz flog ihr zu. Mit aller Kraft und um jeden Preis wollte ich sie dazu bringen, vor Bewunderung die Augen aufzureißen.

Ich hastete. Rannte ihr fast nach. Meine Seele war ganz erfüllt von Märchen über Prinzessinnen, denen Ritter wie ich nachgaloppieren, um sie vor den Fängen des Drachens oder den Verwünschungen böser Zauberer zu bewahren. Ich mußte sie einholen, das Gesicht dieser Waldnymphe von nahem sehen. Sie vielleicht retten, ein oder zwei Drachen für sie töten, um mir auf ewig ihre Dankbarkeit zu erwerben. Ich fürchtete, sie im Dunkel des Labyrinths für immer zu verlieren.

Aber ich war mir nicht sicher, ob die Kleine, die da flink durch den Kleiderwald mäanderte, überhaupt bemerkt hatte, daß ein kühner Ritter ihr nachgaloppierte, sich an ihre Fersen heftete, mit seinen kleinen Beinen immer länger ausholte, um nicht zurückzubleiben. Falls sie es bemerkt hatte, zeigte sie es auf keine Weise: Kein einziges Mal drehte sie sich nach mir um. Kein einziges Mal blickte sie zurück.

Und plötzlich verschwand die kleine Fee unter einem reichverzweigten Regenmantelbaum, raschelte darin umher und war mit einem Schlag vom dämmrigen Laubgewirr verschluckt.

In diesem Moment überkam mich eine Woge mir fremden Mutes, ritterliche Kühnheit elektrisierte meinen ganzen Körper, furchtlos spurtete ich ihr nach, umrundete das Ende des Pfads, teilte drängend und schiebend das Stoffgezweig, stürzte mich mit den langen, kräftigen Zügen eines gegen den Strom Schwimmenden ins Dickicht und bahnte mir einen Pfad zwischen den raschelnden Kleidungsstücken. Und so sprang ich – fast stolperte ich –, vor Aufregung um Atem ringend, auf eine Art schattige Waldlichtung. Hier, so beschloß ich, würde ich, solange es auch dauern möge, auf die kleine Waldnymphe warten, deren Bewegungen und süßen Atemhauch ich ganz in der Nähe zwischen den Zweigen wahrzunehmen meinte. Ich würde mein Leben für sie riskieren und mit bloßen Händen dem Zauberer entgegentreten, der sie in seinem Verlies eingekerkert hatte. Ich würde den Schrecklichen besiegen, die Eisenketten an ihren Händen und Füßen zerreißen, ihr die Freiheit zurückgeben, und dann würde ich beiseite treten, den Kopf in stiller Bescheidenheit gebeugt, und auf meinen Lohn warten, der auch nicht lange ausbleiben würde, ihre Dankestränen. Was danach kommen würde, wußte ich nicht, aber ich wußte, es würde etwas kommen und hoch aufwallen und mich vollkommen mitreißen.

Sie war winzig, kükenhaft, zerbrechlich wie ein Streichholz, fast wie ein Baby. Hatte üppige braune Locken. Und rote Stöckelschuhe. Und ein Damenkleid mit Dekolleté, das einen weiblichen Busen ahnen ließ, mit einem richtigen Spalt in der Mitte wie bei Frauen. Und breite Lippen hatte sie, ein wenig aufgeworfen und grellrot geschminkt.

Als ich endlich wagte, ihr ins Gesicht zu schauen, öffneten sich ihre Lippen plötzlich zu einem üblen, höhnischen Spalt, einem giftig-verzerrten Grinsen, das scharfe kleine Zähne entblößte, zwischen denen ein winziger Schneidezahn aus Gold aufblinkte. Eine dicke bläßliche Puderschicht bedeckte ihre Stirn und, mit Rougeinseln, ihre grausigen Wangen, die hohl und eingefallen waren wie die einer bösen alten Hexe: als hätte sie plötzlich das Gesicht des getöteten Pelzfuchses angenommen, Züge, die mir bösartig lauernd, aber auch herzzerreißend unglücklich vorkamen.

Die schwebende Kleine, die leichtfüßige Fee, meine zauberhafte Nymphe, die ich, wie verhext, kreuz und quer durch den Wald verfolgt hatte, war nämlich gar kein kleines Mädchen, keine Fee, keine Waldnymphe, sondern eine hämisch dreinblickende, fast schon greisenhafte Frau. Eine Zwergwüchsige. Etwas bucklig. Aus der Nähe hatte ihr Gesicht etwas von einer krummschnabeligen, starräugigen Krähe. Grausig war sie, zwergenhaft, verhutzelt, ihr alter Hals runzelig, und plötzlich breitete sie die Arme aus und streckte sie mir entgegen, lachte dabei leise und furchterregend, versuchte, mich anzufassen, mich zu locken und gefangenzunehmen mit ihren verschrumpelten, knochigen Fingern, die an die Krallen eines Raubvogels erinnerten.

Augenblicklich machte ich kehrt und floh vor ihr, rannte atemlos vor Entsetzen, schluchzend, zu schreckerstarrt, um laut zu schreien, rannte, schrie in mich hinein, haltlos, erstickt, Hilfe, Hilfe, rettet mich, rannte wie wahnsinnig durch die dunklen, raschelnden Tunnel, irrte hierhin und dorthin, verlief mich immer weiter und verlor mich immer mehr im tiefen Gewirr des Labyrinths. Niemals sonst in meinem Leben, weder vorher noch nachher, habe ich eine derartig entsetzliche Angst erlebt: Ich hatte ja ihr furchtbares Geheimnis aufgedeckt, daß sie kein kleines Mädchen war, sondern eine als Kind verkleidete Hexe. Jetzt würde sie mich niemals mehr lebendig aus ihrem dunklen Wald entkommen lassen.

Beim Rennen gelangte ich plötzlich an einen kleinen Eingang mit einer angelehnten Holztür, keine normal große Tür, sondern nur eine niedrige Öffnung, wie bei einer Hundehütte. Da hinein kroch ich mit letztem Atem, und dort verbarg ich mich vor der Hexe und verfluchte mich selbst: Warum hatte ich die Tür dieses Verstecks nicht hinter mir zugemacht? Aber ich war völlig gelähmt vor Entsetzen, zu verängstigt, um auch nur einen Augenblick aus meinem Unterschlupf hervorzukommen, zu versteinert, um den Arm auszustrecken und die Tür hinter mir zuzuziehen.

Und so rollte ich mich also in einer Ecke dieser Hundehütte zusammen, die vielleicht nur ein Stauraum war, ein geschlossenes Dreieck unter der Treppe. Dort, zwischen einigen vage erkennbaren, gewundenen Metallrohren, verschlissenen Koffern und allerlei muffigen Stoffhaufen – eingerollt und zusammengezogen wie ein Fötus, die Hand schützend über den Kopf gelegt und diesen zwischen den Knien vergraben, bemüht, zu verschwinden, ganz in meinem Uterus abzutauchen – kauerte ich zitternd und schweißüberströmt, wagte kaum Luft zu holen, achtete darauf, keinen Laut von mir zu geben, angsterstarrt über meine eigenen Atemgeräusche, die mich gleich verraten würden, denn mein erregtes Atmen war ja sicher bis nach draußen zu hören.

Alle Augenblicke meinte ich ihr Absatztrommeln, *'ta tamut 'ta tamut 'ta tamut* – wirst sterben wirst sterben wirst sterben –, zu hören, näher und näher: Da setzt sie mir nach mit ihrem toten Fuchsgesicht, da, da ist sie schon, gleich hat sie mich, zieht mich mit Gewalt heraus, berührt mich mit ihren Fingern, die sich wie ein Frosch anfühlen, betastet mich, tut mir weh, und dann wird sie sich blitzschnell auf mich stürzen und mir kichernd mit ihren scharfen Zähnen ein entsetzliches Zaubermittel ins Blut beißen, wonach auch ich mich in einen getöteten Fuchs verwandeln werde. Oder in einen Stein.

Sieben Jahre später kam dort jemand vorbei. Ein Ladenangestellter? Ich hielt den Atem an und ballte zitternd die Fäuste. Aber der Mann hörte mein Herzklopfen nicht. Er eilte an meiner Hundehütte vorüber und schloß dabei, ohne darauf zu achten, von außen die Tür. Nun war ich eingeschlossen. Für immer. Im Abgrund totaler Finsternis. Auf dem Grund des Stillen Ozeans.

Solche Finsternis und Stille hat mich niemals sonst im Leben umgeben, weder vor diesem Tag noch nach diesem Tag, in all den Jahren, die seither vergangen sind. Denn dies war keine nächtliche Finsternis, die meist schwarzblau und fast immer von allerlei Flimmern punktiert ist, mit Sternen und Glühwürmchen und fernen Scheinwerfern und hier und da einem erleuchteten Fenster und all dem, was das Dunkel der Nacht unterbricht, in dem man sich immer von einem Klumpen Finsternis zum nächsten Klumpen Finsternis vortasten kann, mit Hilfe all dieser Blinklichter, dieser Flimmer und Glimmer, und man immer versuchen kann, ein paar Schatten zu ertasten, die etwas schwärzer sind als die Nacht selbst.

Nicht hier: Hier war der Grund des Tintenmeers.

Es herrschte hier auch keine nächtliche Stille, diese Stille, in deren Tiefe immer irgendeine ferne Pumpe pulsiert und Grillen die Ruhe erzittern lassen und Froschchöre, Hundegebell, das dumpfe Brummen von Motoren, das Summen von Mücken und von Zeit zu Zeit das durchdringende Heulen eines Schakals.

Hier aber war ich nicht in einer lebendigen, vibrierenden, dunkellila Nacht eingeschlossen, sondern in der Finsternis der Finsternis. Und die Stille der Stille umgab mich dort, die Stille, die nur am Grund des Tintenmeers herrscht.

Wie lange?

Heute kann ich niemanden mehr fragen: Greta Gatt wurde 1948 bei der Belagerung des jüdischen Jerusalem getötet. Ein Scharfschütze der Arabischen Legion mit schräg angelegtem schwarzen Gürtel und mit rotkarierter Kefij schoß auf sie, ein präziser Schuß von der Polizeischule aus, die auf der Waffenstillstandslinie stand. Die Kugel, so erzählte man im Viertel, drang in das linke Ohr von Tante Greta ein und aus dem Auge aus. Noch heute, wenn ich versuche, mir ihr Gesicht vorzustellen, sehe ich entsetzt dieses eine ausgelaufene Auge vor mir.

Ich kann heute auch nicht mehr feststellen, wo in Jerusalem sich vor sechzig Jahren jener labyrinthische Kleiderladen mit den vielen Nischen, Höhlen und Waldpfaden befunden hat. War es tatsächlich ein arabisches Geschäft? Oder ein armenisches? Und was steht jetzt an seiner Stelle? Was ist aus den Wäldern und gewundenen Tunneln geworden? Was aus den Nischen hinter den Wandschirmen, den Theken und den Anprobekabinen? Aus der Hundehütte, in der ich lebendig begraben war? Aus der als Waldnymphe verkleideten Hexe, der ich nachjagte und vor der ich entsetzt floh? Was war das Los meiner ersten Verführerin, die mich hinter sich tief in das Spinnennetz dieses Labyrinths lockte, bis ich mich zu ihrem Versteck durchschlug, in dem sie mir plötzlich ihr Gesicht zeigte, das sich auf den ersten Blick in etwas Monströses verwandelte: das Gesicht eines getöteten Fuchses, ein bösartig lauerndes, aber auch unglückliches, herzzerreißendes Gesicht?

Wahrscheinlich war Tante Greta, als sie, angetan mit einem glamourösen Rüschenkleid, ihrem Schmelztiegel entstieg, völlig entsetzt, mich nicht auf dem Schemel vor der Anprobekabine vorzufinden, wo sie mich zum

Warten postiert hatte. Bestimmt war sie zutiefst erschrocken, und ihr Gesicht wurde rot und röter, bis es einen fast violetten Ton annahm: Was ist mit dem Jungen passiert? Er war doch sonst fast immer ein verantwortungsbewußter und gehorsamer Junge, ein sehr vorsichtiger Junge, eigentlich gar kein Draufgänger und auch nicht gerade der Mutigste?

Vermutlich versuchte Tante Greta zunächst, mich aus eigener Kraft zu finden: Vielleicht nahm sie an, der Junge habe gewartet und gewartet, bis es ihm langweilig wurde, und spiele jetzt Verstecken mit ihr, um sie für ihr langes Verschwinden zu bestrafen. Vielleicht hat der Bengel sich hier hinter den Regalen versteckt? Nein? Oder hier zwischen den Mänteln? Oder steht er da und starrt die nur spärlich bekleideten weiblichen Wachspuppen an? Oder beobachtet er vielleicht die Straßenpassanten durchs Schaufenster? Oder hat der Junge einfach selbständig eine Toilette gesucht und gefunden? Oder einen Hahn, um Wasser zu trinken? Ein vernünftiges Kind, ziemlich verläßlich, keine Frage, allerdings ein wenig zerstreut und verwirrt, versinkt in alle möglichen Tagträume, verstrickt sich jedesmal von neuem in allerlei Phantasiegeschichten, die ich ihm erzähle oder die er sich selbst erzählt. Vielleicht ist er doch allein auf die Straße gelaufen? Hat vielleicht gedacht, ich hätte ihn vergessen, und sucht jetzt verzweifelt den Heimweg? Und was, wenn ein fremder Mann aufgetaucht ist, ihn an die Hand genommen und ihm alle möglichen Wunderdinge versprochen hat? Und was, wenn der Junge sich hat locken lassen? Und mitgegangen ist? Mit einem fremden Mann?

Mit wachsender Angst wurde Tante Greta nicht mehr rot, sondern, im Gegenteil, ganz blaß und begann zu zittern, als hätte sie Schüttelfrost. Schließlich ist sie dann sicherlich laut geworden und in Tränen ausgebrochen, und alle im Laden, Angestellte wie Kundinnen, sind ihr sicher zu Hilfe geeilt und haben angefangen, alles zu durchkämmen und mich zu suchen. Vielleicht riefen sie meinen Namen, durchforsteten die Pfade des Labyrinths, fahndeten vergeblich im ganzen Gewirr der Waldwege. Und da es wohl ein arabisches Bekleidungsgeschäft war, wurde vermutlich eine Menge etwas größerer Kinder gerufen und hierhin und dorthin geschickt, um mich in der Umgebung zu suchen, in den Gassen, bei den Zisternen, im nahen Olivenhain, auf dem Hof der Moschee, auf der Ziegenweide am Hang, im Basar.

Hatte man dort Telefon? Hat Tante Greta in Herrn Heinemanns Apotheke Ecke Zefanja-Straße angerufen? Hat sie meine Eltern mit der furchtbaren Nachricht in Angst und Schrecken versetzt oder nicht? Wohl kaum, denn sonst hätten meine Eltern mich immer wieder daran erinnert, hätten mir noch jahrelang, bei jeder kleinsten Ungehorsamkeit, das Trauer- und Verlust-Szenario vorgehalten, das sie – wenn auch nur kurz – wegen dieses verrückten Jungen hätten durchstehen müssen, und wie ihnen die Haare innerhalb von ein, zwei Stunden fast weiß geworden wären.

Ich erinnere mich, daß ich dort in der totalen Finsternis nicht geschrien habe. Keinen Laut habe ich von mir gegeben. Habe nicht an der verschlossenen Tür gerüttelt und nicht mit meinen kleinen Fäusten daran getrommelt: Vielleicht weil ich noch immer vor Angst schlotterte, die Hexe mit dem Gesicht eines getöteten Fuchses könnte weiter meinen Spuren nachschnüffeln. Ich erinnere mich, daß diese Furcht dort, auf dem Grund der Stille des Tintenmeers, langsam in eine seltsame Süße überging. Dort zu sein war fast so, wie sich unter der warmen Winterdecke an Mutter zu kuscheln, während Kälte und Finsternis von draußen ans Fenster wehen. Und ein bißchen wie zu spielen, man sei taub und blind. Und ein bißchen wie frei von allem zu sein. Und zwar ganz und gar.

Ich hoffte, man würde mich nach einer Weile finden und herausholen, aber erst nach einer Weile. Nicht sofort.

Ich hatte dort sogar einen kleinen, festen Gegenstand, eine Art runde Metallschnecke, glatt und angenehm anzufassen, die genau in meine Hand paßte, so daß meine Finger sich freudig und genußvoll darum schlossen, sie betasteten, streichelten, leicht drückten und wieder lockerließen und manchmal – nur ein Stück – das Ende des schmalen, elastischen Insassen herauszupften, der sich darin verbarg, ähnlich einem Schneckenkopf, der einen Moment neugierig hervorschaut, sich hin und her dreht und sofort wieder im Schutz seines Gehäuses verschwindet.

Es war ein Schnappmetermaß, ein schmales und flexibles Metallband, aufgerollt in einer Metallhülse. Ich vergnügte mich im Finstern ziemlich lange mit dieser Stahlschnecke, zog sie heraus, lang und länger, und ließ abrupt wieder los, worauf sie wie der Blitz in ihr Gehäuse zurückschnellte, bis die kleine Dose sie ganz und gar in ihren Bauch gesogen, in gesamter Länge aufgenommen hatte und mit einem letzten kleinen Zucken reagierte, einem klickenden Zittern, das meiner um die Schnecke geschlossenen Faust sehr angenehm war.

Und wieder ziehe ich heraus, lasse los, spanne, und diesmal schicke ich die Stahlschnecke in voller Länge heraus, weit in den Abgrund des finsteren Raums hinein, ertaste mit ihr die Enden der Finsternis, höre das Knacken ihrer zarten Gelenke, je länger sie sich spannt und je weiter ihr Kopf sich von ihrem Gehäuse entfernt. Zum Schluß erlaube ich ihr, nach und nach heimzugehen, lasse ein wenig locker und stoppe sie, lockere noch ein Stückchen und halte wieder an, versuche zu erraten – denn ich sehe nichts, absolut gar nichts –, nach wie vielen weiteren solchen weichen Pack-Packs plötzlich das entschiedene »Tluck« des endgültigen Einschnappens erklingen würde, das das völlige Verschwinden der Schnecke, vom Kopf bis zur Schwanzspitze, signalisiert, ihre Rückkehr in die Gebärmutter, aus der ich sie hatte hervorkommen lassen.

Wie war diese gute Schnecke plötzlich in meine Hände gelangt? Ich erinnere mich nicht mehr: Hatte ich sie unterwegs, als Ritter, auf einem der verschlungenen Wege des Labyrinths erjagt oder sie vielleicht in jener Hundehütte gefunden, nachdem man mich endgültig begraben hatte?

Vermutlich ist Tante Greta nach reiflicher Überlegung zu der Einsicht gelangt, es sei in jeder Hinsicht besser für sie, meinen Eltern nichts zu verraten. Mit Sicherheit sah sie keinen Sinn darin, sie nachträglich zu erschrecken, nachdem alles sowieso gut ausgegangen war. Vielleicht fürchtete sie auch, man könnte sie als Tagesmutter für nicht wirklich zuverlässig halten, und damit hätte sie ja eine bescheidene, aber stetige und dringend benötigte Einnahmequelle verloren.

Zwischen Tante Greta und mir kam niemals die Geschichte von meinem Tod und meiner Wiederauferstehung im arabischen Bekleidungsgeschäft zur Sprache, nicht einmal andeutungsweise. Kein Wort. Noch nicht einmal ein verschwörerisches Augenzwinkern. Vielleicht hoffte sie tatsächlich, die Erinnerung an jenen Morgen würde mit der Zeit verschwimmen, und wir beide würden schließlich meinen, es hätte ihn niemals gegeben, wir hätten nur einen beängstigenden Traum geträumt. Möglicherweise schämte sie sich wegen ihrer ausschweifenden Exkursionen in Damenbekleidungsgeschäfte: Seit jenem Wintermorgen ließ sie mich nicht mehr an ihrem sündigen Tun teilhaben. Vielleicht gelang es ihr sogar, dank meiner, sich von ihrer Kleidersucht zu entwöhnen? Wenige Wochen oder Monate später wurde ich bereits von Tante Greta getrennt und in Frau Pnina Schapiros Kindergarten in der Zefanja-Straße geschickt. Nur die Klavierklänge der Tante Greta hörten wir noch einige Jahre von fern, gegen Abend, beharrlich und einsam aus den übrigen Straßengeräuschen heraus.

Doch dies war kein Traum. Träume verfliegen im Lauf der Zeit und machen anderen Träumen Platz, diese zwergwüchsige Hexe aber, das alte Kind, das Gesicht des getöteten Fuchses, grinst mich immer noch an, mit scharfen Schneidezähnen, unter denen ein Goldzahn ist.

Und nicht nur die Hexe: Auch die Schnecke war da, die ich aus dem Wald mitgebracht hatte, die ich vor Vater und Mutter versteckt hielt und manchmal, wenn ich allein war, hervorzuholen wagte, um unter der Bettdecke mit ihr zu spielen, ihr große Erektionen und blitzartiges Zurückschnellen tief in ihre Höhle zu erlauben.

Ein brauner Mann mit zwei großen Tränensäcken unter den gütigen Augen, ein Mann weder jung noch alt, ein grün-weißes Schneidermaß hing ihm um den Hals und fiel ihm beiderseits über die Brust. Seine Bewegungen wirkten etwas müde. Sein braunes Gesicht war breit, schläfrig, ein schüchternes Lächeln leuchtete einen Moment auf und erlosch gleich wieder unter dem weichen weißen Schnurrbart. Dieser Mann beugte sich über mich und sagte mir etwas auf arabisch, etwas, das ich nicht verstand und doch in meinem Herzen in Worte übersetzte: Hab keine Angst, Junge, du brauchst von nun an keine Angst mehr zu haben.

Ich erinnere mich, daß er, der Mann, der mich befreite, eine eckige, braunrandige Lesebrille trug, die nicht zu einem Verkäufer in einem Damenbekleidungsgeschäft paßte, sondern eher zu einem schwergewichtigen, lebenssatten Schreiner, einem, der summend mit einem erloschenen Zigarettenstummel zwischen den Lippen umherschlurft und dem ein abgeschabter Zollstock aus der Hemdtasche schaut.

Der Mann betrachtete mich einen Moment, nicht durch die Gläser seiner Brille, die ihm ein Stück die Nase heruntergerutscht war, sondern über sie hinweg. Und nachdem er mich eingehend gemustert und noch ein weiteres Lächeln oder den Schatten eines Lächelns hinter seinem gestutzten Schnurrbart versteckt hatte, nickte er zwei- oder dreimal, streckte den Arm aus, nahm meine angstkalte Hand ganz in seine, als würde er ein halberfrorenes Küken wärmen, zog mich aus jener dunklen Schublade heraus und hob mich plötzlich auch hoch und drückte mich ziemlich fest an seine Brust, und da begann ich zu weinen.

Als der Mann meine Tränen sah, drückte er meine Wange fest an seine breite, schlaffe Wange und sagte – seine Stimme war tief, staubig und angenehm, eine Stimme, die mich an einen schattigen Weg zwischen zwei Feldern am frühen Abend erinnerte –, sagte im Hebräisch der Araber zu mir als Frage und Antwort und Abschluß: »Alles gut? Alles gut. In Ordnung.«

Und trug mich auf den Armen in das Büro, das sich tief im Innern des Ladens befand, und dort war die Luft von starkem, scharfem Geruch erfüllt, von Kaffee und von Zigaretten und von Wollstoffen und auch vom Rasierwasser des Mannes, der mich gefunden hatte, anders als Vaters Geruch, viel schärfer und voller, ein Geruch, von dem ich wünschte, mein Vater hätte ihn auch. Der Mann, der mich gefunden hatte, sprach mit den Anwesenden noch ein paar Worte auf arabisch, denn in dem Büro standen und saßen Menschen zwischen uns und Tante Greta, die in einer Ecke weinte, und er sagte auch einen Satz zu Tante Greta, die stark errötete, und mit einer langen, langsamen und verantwortungsvollen Bewegung, wie ein Arzt, der abzutasten versucht, wo es genau weh tut, nahm er mich dann und übergab mich den Armen der weinenden Tante.

Obwohl ich nicht so gern in ihre Arme wollte. Noch nicht. Ich wollte noch etwas an der Brust des Mannes bleiben, der mich gerettet hatte.

Danach redete man dort noch eine Weile, die anderen, nicht mein Mann, mein Mann sprach nicht mehr, sondern strich mir nur über die Wange, klopfte mir zweimal auf die Schulter und ging. Wer weiß, wie er hieß? Und ob er noch am Leben ist? In seinem Haus? Oder in Staub und Armut, in einem der Flüchtlingslager?

Danach fuhren wir mit dem Bus der Linie 3a nach Hause. Tante Greta wusch ihr Gesicht und auch meines, damit man nicht sah, daß wir geweint hatten. Sie gab mir eine Scheibe Honigbrot, ein Schälchen gekochten Reis und ein Glas lauwarme Milch und als Nachtisch zwei Marzipanwürfel. Dann zog sie mich aus, legte mich in ihr Bett und überschüttete mich mit Liebkosungen und Schnalzern, die in klebrigen Küssen endeten, deckte mich zu und sagte, schlaf, schlaf ein bißchen, mein liebes Kind. Vielleicht wollte sie damit die Spuren verwischen, vielleicht hoffte sie, ich würde einschlafen und nach dem Aufwachen aus dem Mittagsschlaf meinen, alles wäre nur ein Traum gewesen, und es nicht meinen Eltern erzählen, und falls doch, könnte sie ja lächelnd sagen, ich würde mittags immer ganze Geschichten zusammenträumen, die wirklich einmal jemand in einem Buch aufschreiben müsse, einem Buch mit schönen bunten Bildern, damit alle Kinder ihre Freude daran hätten.

Aber ich schlief nicht ihr zuliebe ein, sondern lag still unter der Decke und spielte mit meiner Metallschnecke.

Meinen Eltern erzählte ich nie etwas, weder von der Hexe noch vom Grund des Tintenmeers und auch nicht von dem Mann, der mich gerettet hatte: Ich wollte nicht, daß sie die Schnecke beschlagnahmten. Ich wußte auch nicht, wie ich ihnen erklären sollte, wo ich sie gefunden hatte. Sollte ich ihnen etwa sagen, ich hätte sie als Andenken aus meinem Traum mitgenommen? Und wenn ich ihnen die Wahrheit erzählte, würden sie doch furchtbar böse sein auf Tante Greta und auch auf mich: Wie bitte?! Eure Majestät?! Ein Dieb?! Hat Euer Ehren den Verstand verloren?! Und sie würden mich auf der Stelle dorthin zurückbringen und mich zwingen, meine Schnecke zurückzugeben und um Verzeihung zu bitten. Und darauf würde die Strafe folgen.

Am Nachmittag holte Vater mich bei Tante Greta ab. Bei seinem Eintreffen sagte er, wie es seine Art war: »Eure Exzellenz sehen mir heute ein wenig blaß aus? Hatten Euer Ehren einen schweren Tag? Sind Seine Schiffe, Gott behüte, auf hoher See untergegangen? Oder sind Seine Paläste dem Feind und Widersacher in die Hände gefallen?«

Ich gab keine Antwort, obwohl ich ihn hätte kränken können: Ich hätte ihm zum Beispiel verraten können, daß ich außer ihm seit heute morgen noch einen Vater hatte. Einen arabischen.

Während er mir die Schuhe anzog, scherzte er ein wenig mit Tante Greta, getreu seiner Gewohnheit, Frauen mit Wortspielen zu umwerben. Oder getreu seiner Gewohnheit, unaufhörlich zu schwatzen, um nicht auch nur für einen Moment Schweigen aufkommen zu lassen. Sein ganzes Leben lang fürchtete mein Vater jedes Schweigen. Immer fühlte er sich für den Fortgang des Gesprächs verantwortlich, immer fühlte er sich schuldig, wenn das Gespräch auch nur für einen Moment erstarb. Daher reimte er für Tante Greta so oder ähnlich:

»Keine Sünde ist's, wahrlich und konkret, wenn man redet mit der Gret und auf einen Flirt ausgeht.«

Vielleicht ging er sogar soweit, zu ihr zu sagen:

»Greta Gatt, Greta Gatt, längst mein Herz ergriffen hat.«

Tante Greta errötete prompt, und weil sie sich ihres Errötens schämte, wurde sie mal wieder doppelt rot, Hals und Wangen wurden violett wie eine Aubergine, aber trotzdem brachte sie stammelnd heraus: »Nu, aber wirklich, ich bitte Sie, Herr Dr. Klausner«, doch ihre Schenkel nickten ihm leicht zu, als würden sie auch für ihn gern eine kleine Pirouette drehen.

Am selben Abend nahm Vater mich mit auf eine lange und ausführliche Tour durch die Reste der Inkakultur: Begeistert und wissensdurstig überwanden wir gemeinsam Zeiten und Berge, überquerten Flüsse und Steppen auf den Weiten des großen deutschen Atlanten. Mit eigenen Augen sahen wir die geheimnisvollen Städte und die Ruinen der Tempel und Paläste in der Enzyklopädie und auch auf den Seiten eines polnischen Buches mit Bildern. Den ganzen Abend saß Mutter im Sessel und las, mit untergeschlagenen Beinen. Im Petroleumofen brannte leise eine tiefblaue Flamme.

Und alle paar Minuten wurde die Stille im Zimmer unterstrichen durch drei oder vier weiche Murmellaute der Luftblasen in den Ofenadern.

32

Der Garten war kein richtiger Garten, sondern ein nicht sehr großes Rechteck festgetretener Erde, so hart wie Beton: Nicht einmal Disteln wuchsen auf ihr. Der Schatten der Betonmauer fiel zu jeder Tageszeit darauf, wie in einem Gefängnishof. Und auch der Schatten der hohen Zypressen, die jenseits der Mauer, auf dem Hof der Lembergs, standen. In einer Ecke kämpfte mit zusammengebissenen Zähnen ein verkrüppelter Pfefferbaum ums Überleben. Ich liebte es, seine Blätter zwischen den Fingern zu rollen und ihren erregenden Duft zu atmen. Diesem Pfefferbaum gegenüber, an der Mauer, stand ein Granatapfelbaum oder auch Granatapfelstrauch, ein verbittertes Überbleibsel aus den Zeiten, in denen Kerem Avraham noch ein Obstgarten und kein Wohnviertel gewesen war, und dieser Strauch setzte trotz allem jedes Jahr hartnäckig neue Blüten an. Wir Kinder warteten nicht auf die Granatäpfel, sondern pflückten erbarmungslos die unreifen Knospen, die wie kleine Vasen aussahen. In jede von ihnen bohrten wir einen fast fingerlangen Stab und machten so Pfeifen daraus, wie die Briten und einige wohlhabende Männer im Viertel, die die Briten imitieren wollten, sie rauchten. In jeder Blütensaison eröffneten wir in der Hofecke einen Pfeifenladen. Wegen der Farbe der Knospen sah es manchmal aus, als würde in jeder unserer Pfeifen ein rotes Fünkchen glimmen.

Von der Landwirtschaft begeisterte Gäste, Mala und Staszek Rudnicki aus der Chancellor-Straße, schenkten mir einmal drei Papiertüten mit Radieschen-, Tomaten- und Gurkensamen. Vater schlug daraufhin vor, ein

Gemüsebeet anzulegen: »Werden wir Landwirte!« begeisterte er sich. »Wir beide gründen hier einen kleinen Kibbuz auf dem Stück hinter dem Granatapfelbaum und erzeugen mit eigenen Händen Brot!«
Keine Familie in der Amos-Straße besaß Spaten, Hacke oder Harke. Solche Dinge waren den neuen, sonnengebräunten Juden vorbehalten, die hinter den Bergen und in weiter Ferne lebten – in den landwirtschaftlichen Siedlungen, in den Kibbuzim, in Galiläa, in der Scharon-Ebene und in den fruchtbaren Tälern. Mit fast leeren Händen also gingen Vater und ich daran, die Wüste zu erobern und einen Gemüsegarten anzulegen.

Früh am Schabbatmorgen, als Mutter und die ganze Nachbarschaft noch tief schlummerten, schlichen wir zwei uns nach draußen, angetan mit weißen Trägerhemden, kurzen Khakihosen und Hüten, wie man sie im Kibbuz trug, mager, schmalbrüstig, Städter bis in die dünnen Fingerspitzen, die Haut so weiß wie Papier, aber wohlgeschützt durch eine dicke Cremeschicht, die wir uns gegenseitig auf die Schultern geschmiert hatten. (Diese Creme hieß »Velveta« und diente dazu, alle üblen Streiche der Frühlingssonne von vornherein zu vereiteln.)

Vater ging voran, in hohen Schuhen, bewaffnet mit Hammer, Schraubenzieher, einer Küchengabel, einer Rolle Bindfaden und einem leeren Jutesack sowie dem Brieföffner von seinem Schreibtisch. Ich folgte ihm, hellauf begeistert und aufgeregt, voll landwirtschaftlichen Frohsinns, in den Händen eine Wasserflasche, zwei Gläser und einen kleinen Kasten, der Heftpflaster, ein Fläschchen Jod mit einem Stäbchen zum Auftragen, ein Stück Mull und einen Verband enthielt, Erste Hilfe für einen Unglücksfall.

Zunächst hantierte Vater feierlich mit dem Brieföffner, bückte sich und zog vier Striche in die Erde. Damit steckte er ein für allemal unser Feld ab, etwa zwei auf zwei Meter, nur wenig größer als die Weltkarte, die bei uns an der Flurwand zwischen den beiden Zimmertüren hing. Danach mußte ich mich niederknien und mit beiden Händen einen spitzen Stock festhalten, den er »Pflock« nannte. Er beabsichtigte, je einen Pflock in die vier Ecken des Beetes zu treiben und es mit ausgespannten Bindfäden einzuzäunen. Aber die festgestampfte Erde, hart wie eine Zementplatte, leistete gleichmütigen Widerstand gegen Vaters Hammerschläge und weigerte sich, die Pflöcke aufzunehmen. Also legte er den Hammer nieder, nahm mit einem märtyrerhaften Gesichtsausdruck die Brille ab, deponierte sie behutsam auf der Küchenfensterbank und kehrte in die Arena zurück, nahm wieder den Hammer und schlug, schweißüberströmt, mit doppelter

Wucht zu, wobei er ohne seine Brille ein- oder zweimal beinahe meine Finger zerschmettert hätte, die den zusehends flacher werdenden Pflock für ihn hielten.

Mit erheblicher Mühe gelang es uns schließlich, die äußere Erdkruste aufzubrechen und etwas unter die Oberfläche vorzudringen. Die Pflöcke staken etwa einen halben Finger breit in der Erde, und von dort ging es nicht weiter, sie gebärdeten sich störrisch wie widerspenstiges Vieh, das mit keinen Hieben der Welt von der Stelle zu bewegen ist. Sie wollten keinen Millimeter tiefer. Deshalb mußten wir jeden Pflock mit zwei, drei großen Steinen stützen und auch beim Spannen des Bindfadens etwas Kompromißbereitschaft zeigen, denn jedes allzustarke Anspannen hätte die kaum steckenden Pflöcke wieder herausgerissen. So wurde das Stück Boden vierseitig mit schlaffem Bindfaden eingezäunt. Zwar hatte jeder dieser Stränge ein behäbiges Hängebäuchlein, aber es war uns doch gelungen, aus dem Nichts eine neue Wesenheit auf Erden zu schaffen: Von hier bis da war fortan internes Gebiet, unser Gemüsegarten, und alles außerhalb davon war externes Territorium, die ganze übrige Welt.

»Das wär's«, sagte Vater bescheiden und nickte vier- oder fünfmal, als sei er sehr zufrieden mit sich selbst und bestätige die Gültigkeit seines Handelns.

Und ich sprach ihm nach, unwillkürlich sein Nicken imitierend: »Das wär's.«

Damit verkündete Vater eine kleine Pause. Ich sollte mir den Schweiß abwischen, Wasser trinken, mich auf die Stufe setzen und ein wenig ausruhen. Er selbst nahm nicht neben mir Platz, sondern setzte seine Brille wieder auf, blieb an unserem Bindfadengeviert stehen, begutachtete die bisherigen Fortschritte, überdachte sie, überlegte die weitere Taktik, analysierte unsere Fehler, zog die Konsequenzen daraus und wies mich an, fürs erste die Pflöcke samt Bindfäden wieder zu entfernen und sie ordentlich an die Wand zu legen: Es sei doch eigentlich besser, zuerst das Beet umzugraben und erst danach wieder die Grenzen abzustecken, sonst würden uns die Bindfäden beim Umgraben stören. Des weiteren wurde beschlossen, vier oder fünf Eimer Wasser auf das Stück Boden zu gießen und rund zwanzig Minuten abzuwarten, bis das Wasser eingedrungen sei und den Eisenpanzer etwas aufgeweicht habe, und erst dann den Sturmangriff erneut zu wagen.

Bis Mittag kämpfte Vater heroisch und mit fast leeren Händen gegen das Bollwerk der steinharten Erde an: Gebeugt, mit schmerzendem Rücken, schweißüberströmt, nach Luft ringend wie ein Ertrinkender, wobei die unbebrillten Augen mir bloß und verzweifelt aussahen, schlug er wieder und wieder auf den hartnäckigen Boden ein. Doch der Hammer war zu leicht: ein Haushaltshammer, ein ausgesprochen ziviles Handwerkszeug, nicht dafür gedacht, Festungsmauern zu schleifen, sondern nur geeignet, Nüsse zu knacken oder einen kleinen Nagel in die Küchentür zu schlagen. Wieder und wieder schwang Vater sein kümmerliches Hämmerchen, als würde er sich mit der Schleuder auf Goliaths Panzer stürzen oder mit einer Bratpfanne die Mauern Trojas rammen. Die gegabelte Seite des Hammers, die zum Ausziehen von Nägeln gedacht war, diente ihm als Hacke, Gabel und Spaten in einem.

Bald bildeten sich große Blasen an seinen weichen Handballen, aber Vater biß die Zähne zusammen und ignorierte sie, ignorierte sie auch noch, als sie aufsprangen und sich in offene Wunden verwandelten. Selbst an seinen Gelehrtenfingern, an ihren zarten, weichen Seiten, entstanden Blasen, vor denen zu kapitulieren er nicht bereit war: Wieder und wieder schwang er den Hammer, ließ ihn niedersausen, schlug und stieß und rammte und schwang ihn erneut, und während er dergestalt gegen die Naturgewalten und die urzeitliche Ödnis ankämpfte, beschworen seine Lippen die widerspenstige Erde mit energischen Formeln, die er auf griechisch und in Latein und vielleicht auf amharisch oder in einer der altslawischen Mundarten oder auf Sanskrit vor sich hin flüsterte.

Bis er sich den Hammer einmal mit voller Wucht auf die Schuhspitze knallte und vor Schmerz stöhnte und sich auf die Unterlippe biß und einen Moment ausruhte und »in der Tat« oder »eindeutig« sagte, um sich selbst für seine Unvorsichtigkeit zu rügen. Danach wischte er sich den Schweiß ab, trank etwas Wasser, fuhr mit dem Taschentuch über den Flaschenhals und bestand darauf, daß ich ebenfalls etwas trank, kehrte dann wild entschlossen, aber hinkend auf den Kampfplatz zurück und nahm heldenhaft seine hartnäckigen Hammerschläge wieder auf. Ließ nicht locker.

Bis die festgestampfte Erde endlich Erbarmen mit Vater hatte oder vielleicht tatsächlich, erstaunt ob seiner Hingabe, dahinschmolz und längs wie quer aufzureißen begann. In diese Risse bohrte Vater eilig die Schraubenzieherspitze, als fürchtete er, die störrische Scholle könnte sich, in raschem Sinneswandel, erneut zur harten Decke schließen. Er stocherte also in ihren Wunden, vertiefte und verbreiterte sie und begann, mit den bloßen

Fingern, die vor lauter Anstrengung weiß wurden und zitterten, Klumpen um Klumpen herauszureißen und einen nach dem anderen vor seine Füße zu werfen, die Bäuche nach oben, wie erlegte Drachen. Abgerissene Wurzelenden ragten aus diesen Brocken, wanden sich hierhin und dorthin, entstellt wie aus lebendigem Fleisch gerissene Sehnenstränge.

Meine Aufgabe war es, die Nachhut der Sturmtruppe zu bilden, nämlich mit der Spitze des Brieföffners die groben Klumpen, die Vater überwältigt hatte, aufzubrechen, die Wurzelenden herauszuschälen und in einem Sack einzusammeln, die Steine und den Kies herauszuklauben, jeden Klumpen aufzulockern und zu Körnchen zu zerbröseln und zum Schluß die Küchengabel als Rechen oder als Egge einzusetzen und damit den Schopf der losen Erde zu kämmen.

Danach war es Zeit zum Düngen. Rinder- oder Hühnermist hatten wir nicht, und der Kot der Tauben auf dem Dach kam nicht in Frage wegen der Infektionsgefahr. Vater hatte daher einen Topf mit Essensresten über Nacht aufbewahrt. Es war eine trübe Brühe aus Graupenwasser, Obst- und Gemüseschalen, schlammigem Kaffeesatz, auf dem gebrauchte Teeblätter klebten, Brei- und Borschtschresten, Überbleibseln von gekochtem Gemüse, Fischschuppen, versengtem Bratfett, sauer gewordener Milch und allerlei fettigen Flüssigkeiten und undefinierbaren Küchenabfällen, ein paar Klumpen und Klümpchen zweifelhafter Herkunft schwammen ziemlich widerlich obenauf, alles in allem eine Art dicke verdorbene Suppe.

»Das soll unserem ausgelaugten Boden Nährstoffe zuführen«, erläuterte mir Vater, während wir nebeneinander in verschwitzten Trägerhemden auf der Stufe ausruhten, uns wie zwei echte Werktätige fühlten und mit den Khakimützen etwas Luft in die entflammten Gesichter fächelten. »Wir müssen eindeutig die Erde mit all dem düngen, was sich nach und nach von Küchenabfällen in Kompost verwandeln wird, der reich an organischen Substanzen ist, um unseren Pflanzen so die Nährstoffe zukommen zu lassen, ohne die hier nur dürftiges und kränkliches Gemüse sprießen würde.«

Bestimmt erriet Vater die Horrorgedanken, die mir durch den Kopf gingen, denn sogleich fügte er beruhigend hinzu: »Und du mußt nicht irrtümlich befürchten, wir könnten mit den Pflanzen, die hier wachsen werden, auch das mitessen, was dir jetzt vielleicht als ekelhafter Abfall vorkommt. Nein, nein und wieder nein! Auf keinen Fall! Dünger ist kein Unrat, sondern ein verborgener Schatz – Generationen um Generationen von Bauern und Landarbeitern haben intuitiv diese geheimnisvolle Wahrheit erfaßt! Tolstoj persönlich spricht an irgendeiner Stelle von der mystischen Alchemie, die sich unablässig im Schoß der Erde vollzieht, von der wunderbaren Metamorphose, die Moder und Verwesung in Humus verwandelt, Humus wiederum in Dünger, und Dünger – in Getreide, Gemüse und Früchte, in all die reiche Ernte aus Feld und Garten.«

Während wir dann erneut die vier Pflöcke in die vier Ecken des Beetes schlugen und vorsichtig die Bindfäden dazwischen spannten, erklärte Vater mir sehr genau, einfach und präzise der Reihe nach: Fäulnis und Verwesung. Dünger. Organisch. Alchemie. Metamorphose. Erträge. Tolstoj. Mysterium.

Als Mutter herauskam, um uns vorzuwarnen, daß das Mittagessen in einer halben Stunde fertig sein werde, war die Aktion zur Eroberung der Wüste bereits abgeschlossen. Unser neues Beet erstreckte sich von Pflock zu Pflock und von Bindfaden zu Bindfaden, von allen Seiten umgeben von ausgetrocknetem Boden, doch von diesem abgehoben durch die dunkelbraune Färbung und durch die gepflegte, lockere, kultivierte Erde. Geharkt und geeggt, wie makellos gekämmt, lag unser Gemüsebeet da, bearbeitet, eingesät, gedüngt und gewässert, aufgeteilt in drei gleich große Wellenkämme oder längliche Hügel, einen für Tomaten, einen für Gurken und einen für Radieschen. Und wie vorläufige Namensschilder, die man am Kopfende eines frischen Grabes in die Erde steckt, auf das noch kein Stein gesetzt ist, rammten wir am Kopf jeden Hügels kleine Stangen ein, über die wir die leeren Samentütchen stülpten. So hatten wir vorläufig wenigstens, bis das Gemüse selbst gedeihen würde, einen bunten Bildergarten: das von Leben strotzende Bild einer knallroten Tomate, über deren Wange zwei, drei klare Tautropfen perlten; das Bild knackiger Gurken, die verlockend grün schimmerten; das Appetit machende Bild eines gewaschenen und vor lauter Gesundheit jubilierenden, in Rot-Weiß-Grün funkelnden Bundes Radieschen.

Nach dem Düngen und Säen begossen wir wieder und wieder behutsam jeden der schwangeren Hügel mit einer improvisierten Gießkanne, bestehend aus einer Wasserflasche und einem kleinen Küchensieb, das im bürgerlichen Leben die Aufgabe hatte, in der Teekanne Teeblätter aufzunehmen, die mit kochendem Wasser überbrüht wurden.

Vater sagte: »Morgen für Morgen und Abend für Abend werden wir von nun an also unser Gemüsebeet gießen, nicht zu viel und nicht zu wenig, und du wirst zweifellos allmorgendlich, gleich nach dem Aufstehen, hinausrennen und nachsehen, ob schon etwas keimt, denn in ein paar Tagen werden winzige Hälmchen sich aufrichten und die Erdkrümel von den Köpfen schütteln, genau wie ein vorwitziger Junge mit einer schwungvollen Kopfbewegung seine Mütze abwirft. Jeder Halm und jeder Setzling, so meinten unsere Weisen, hat seinen eigenen Schutzengel, der hinter ihm steht, ihm auf das Haupt schlägt und befiehlt: Wachse!«

Und weiter sagte Vater: »Jetzt mögen Euer verschwitzte und verstaubte Ehren bitte die Güte haben, aus dem Schrank saubere Unterwäsche, Hemd und Hose zu holen und sich ins Badezimmer zu begeben, und Eure Hoheit mögen bitte daran denken, sich auch an den bewußten Stellen gut einzuseifen. Nur daß Er mir nicht, wie gewöhnlich, dort im Wasser einschläft, denn auch ich, Euer demütiger Diener, warte geduldig, an die Reihe zu kommen.«

Im Badezimmer zog ich mich bis auf die Unterhose aus und kletterte dann barfuß auf die Toilettenschüssel und schaute durch das Fensterchen nach draußen: Vielleicht sieht man schon etwas? Einen ersten Keimling? Ein grünes Zipfelchen? Und sei es auch nur so winzig wie ein Stecknadelkopf?

Und beim Spähen durch das Badezimmerfensterchen sah ich meinen Vater noch zwei, drei Minuten vor unserem neuen Gärtchen stehen, demütig und bescheiden, und dabei glücklich wie ein Künstler, der neben seinem neuesten Werk posiert, müde, lahm von seinem Hammerschlag auf die Zehen – und doch stolz wie ein Eroberer weiter Landstriche.

Ein unermüdlicher Redner war mein Vater, schier überquellend vor Zitaten und Sprichwörtern, immer freudig bereit, zu erklären und zu erläutern, begierig darauf, dich augenblicklich an der ganzen Bandbreite seines Wissens teilhaben zu lassen und dir großzügig und maßlos die Schätze seiner Bildung und die Fundgruben seines Gedächtnisses in all ihrer Fülle aufzutun: Hast du einmal über die augenfällige Verbindung nachgedacht, die die hebräische Sprache durch identische Buchstaben, wenn auch andere Reihenfolge in den Wortstämmen, zwischen »entwurzeln« und »zerreißen« herstellt? Zwischen »von Steinen säubern« und »wegräumen«? Zwischen »umgraben« und »abwesend sein«? Zwischen »pflanzen« und »abreißen«? Zwischen »Erde«, »Röte«, »Mensch«, »Blut« und »Stille«? So brach aus ihm ein mächtiger Strom von Anspielungen und Verbindungen hervor, von Verweisen und Witzen, Wortspielen und Doppelsinnigkeiten, ganze Wälder von Fakten und Analogien, Berge über Berge von Auslegungen und Widerlegungen und Spitzfindigkeiten, in dem verzweifelten Bemühen, alle Anwesenden zu unterhalten oder zu amüsieren oder Freude zu verbreiten oder sogar ein wenig närrisch zu sein, da war er nicht auf seine Ehre bedacht, Hauptsache, es trat kein Schweigen ein. Nicht auch nur für einen Augenblick.

Eine schmale, angespannte Gestalt im durchgeschwitzten Trägerhemd und in überweiten kurzen Khakihosen, die ihm fast bis an die knochigen Knie reichten, die dünnen, bleichen Arme und Beine schwarz behaart. Vater hatte Ähnlichkeit mit einem verdatterten Talmudstudenten, den man unversehens aus dem Dämmerlicht des Lehrhauses geholt, in die Khakikluft eines Pioniers gesteckt und erbarmungslos ans blendende Mittagsblau befördert hatte. Sein unschlüssiges Lächeln hing flehentlich an dir, als würde er dich am Ärmel zupfen und dich inständig bitten, ihn ein wenig zu mögen. Seine braunen Augen blickten dich leicht zerstreut oder sogar erschrocken durch seine runde Brille an: als wäre ihm in ebendiesem Moment plötzlich eingefallen, daß er etwas vergessen hatte, gerade das ihm Wichtigste und Dringendste, etwas Ernstes und Entscheidendes, das er auf keinen Fall hätte vergessen dürfen.

Aber was hatte er vergessen? Es fällt ihm einfach nicht ein. Verzeihung, vielleicht weißt du zufällig, was ich vergessen habe? Etwas Wichtiges? Etwas, das keinen Aufschub duldet? Würdest du mich bitte daran erinnern, was es war? Wenn ich denn Gnade in deinen Augen gefunden habe?

In den nächsten Tagen lief ich alle zwei, drei Stunden zu unserem Gemüsebeet, voller fieberhafter Ungeduld schaute ich nach, ob sich erste Anzeichen des Keimens zeigten, wenigstens irgendwelche leichten Regungen in der lockeren Erde. Wieder und wieder goß ich das kleine Beet, so daß die Hügel sich in einen Schlammpfuhl verwandelten. Morgen für Morgen sprang ich aus dem Bett und rannte barfuß, im Schlafanzug, nach draußen, um festzustellen, ob in den Nachtstunden das ersehnte Wunder eingetreten war. Und tatsächlich, nach einigen Tagen sah ich frühmorgens, daß die Radieschen allen voran eine dichte Menge winziger Periskope hinausgeschoben hatten.

Vor lauter Freude goß ich sie schleunigst noch und noch.

Und ich stellte dort eine Vogelscheuche auf, angetan mit einem alten Unterrock von Mutter, und als Kopf hatte sie eine leere Konservendose, der ich Mund, Schnauzbart und schräg in die Stirn fallendes schwarzes Haar aufgemalt hatte, wie bei Hitler, und Augen, von denen das eine etwas schief geraten war, so daß es zu zwinkern oder hohnerfüllt zu schauen schien.

Ein, zwei Tage später schauten auch die Gurken hervor, aber was sie und auch die Radieschen erblickten, mußte sie wohl derart beleidigt oder entsetzt haben, daß sie ihren Schritt bereuten, erblaßten, sich über Nacht wie in tiefer Verneigung beugten, die winzigen Köpfchen bis auf den Boden hängen ließen und schließlich verschrumpelten, verdorrten und ergrauten, bis sie kaum mehr als bedauernswerte dünne Strohhalme waren. Die Tomaten wiederum keimten gar nicht erst: Sie hatten die im Hof herrschenden Bedingungen geprüft und nach reiflicher Überlegung beschlossen, auf uns zu verzichten. Vielleicht war unser Hof von vornherein völlig ungeeignet, da er kellerartig von allen Seiten mit hohen Mauern umgeben und durch die Schatten der großen Zypressen verdunkelt war: Kein einziger Sonnenstrahl fiel dort herein. Und vielleicht hatten wir es mit dem Gießen tatsächlich etwas übertrieben. Oder mit dem Düngen. Vielleicht hatte meine Hitler-Vogelscheuche, von der die Vögel sich überhaupt nicht beeindrucken ließen, die kleinen Keime zu Tode erschreckt. So erstarb denn der Versuch, in Jerusalem einen kleinen Kibbuz zu gründen und uns eines Tages von unserer Hände Werk zu ernähren.

»Und daraus«, sagte Vater traurig, »daraus folgt der schwerwiegende, aber unvermeidliche Schluß, daß wir in der Tat etwas falsch gemacht haben, uns ganz und gar in etwas geirrt haben. Und daher obliegt uns jetzt eindeutig die Pflicht, kompromißlos und unermüdlich herauszufinden, wo und wie wir uns geirrt haben: Haben wir mit dem Düngen übertrieben? Oder mit dem Gießen? Oder haben wir einen wichtigen Schritt ausgelassen? Schließlich sind wir ja keine Landwirte aus altem Bauerngeschlecht, sondern nur Laien, nur unerfahrene Kavaliere, die die Erde umwerben und noch nicht in allen Geheimnissen des richtigen Maßes bewandert sind.«

Noch am selben Tag brachte er bei seiner Rückkehr von der Arbeit in der Nationalbibliothek auf dem Skopusberg zwei dicke Bände über Gartenbau und Gemüsezucht mit (einer von ihnen auf deutsch) und studierte sie sorgfältig. Doch bald verlagerte sich sein Interesse wieder auf ganz andere Themen und Bücher: den Untergang einiger kleiner Balkansprachen, den Einfluß der mittelalterlichen Ritterdichtung auf die Entstehung der Novelle, griechische Worte in der Mischna, die Entschlüsselung ugaritischer Texte.

Doch eines Morgens, als er mit seiner etwas abgeschabten schwarzen Aktentasche zur Arbeit ging, sah er mich mit Tränen in den Augen über die siechen Pflänzchen gebeugt, ganz versunken in einen letzten verzweifelten Versuch, sie mit Hilfe von Nasen- oder Ohrentropfen zu retten, die ich unerlaubterweise aus dem Medikamentenschrank im Badezimmer genommen hatte und nun auf die welken Stengel träufelte, ein Tröpfchen für jeden Keim. Da hatte Vater Mitleid mit mir. Er hob mich auf und umarmte mich, setzte mich aber sehr rasch wieder hinunter. Verlegen war er, verschämt, beinahe ratlos. Vor seinem Weggehen, das einem fluchtartigen Verlassen des Gefechtsfeldes gleichkam, sah ich ihn noch drei- oder viermal nicken und hörte, wie er versonnen, zu sich, nicht zu mir, die Worte murmelte: »Wir werden versuchen, was sich noch machen läßt.«

In der Ibn-Gabirol-Straße in Rechavia stand damals ein Gebäude, das »Haus der Pionierinnen« hieß oder vielleicht auch »Landgut der Arbeiterinnen« oder so ähnlich. Hinter diesem Gebäude erstreckte sich ein kleines landwirtschaftliches Schutzgebiet, eine Art Kommune, eine Frauenfarm, 1000 bis 1500 Quadratmeter Obstbäume, Gemüsegarten, Hühnerställe, Bienenzucht. Anfang der fünfziger Jahre sollte auf diesem Gelände das berühmte kleine Fertighaus, die Residenz von Staatspräsident Jizchak Ben-Zvi errichtet werden.

Zu diesem Versuchsgut ging Vater nach der Arbeit. Bestimmt erzählte er dort der Leiterin Rachel Jana'it oder einer ihrer Mitarbeiterinnen die ganze Geschichte unseres landwirtschaftlichen Mißerfolgs, erbat Rat und Anleitung und fuhr schließlich, mit einmal Umsteigen, mit dem Bus nach Hause, in den Händen einen kleinen Holzkasten, in dessen Erde zwanzig oder dreißig frische Setzlinge steckten. Er schmuggelte seine Beute in die Wohnung, versteckte sie vorerst hinter dem Wäschekorb oder unter dem Küchenschrank, wartete, bis ich eingeschlafen war, und stahl sich dann heimlich und leise hinaus, bewaffnet mit Taschenlampe, Schraubenzieher, seinem heroischen Hammer und seinem Brieföffner.

Als ich morgens aufgestanden war, sprach Vater mich in sachlich nüchternem Ton an, als wollte er mich erinnern, meinen Schnürsenkel zu binden oder einen Knopf zu schließen. Ohne von der Zeitung aufzublicken, sagte er: »Gut. Mir scheint, deine Arznei gestern hat unseren kranken Pflanzen doch ein wenig geholfen. Geht, Eure Exzellenz, und werft selbst einen Blick darauf, vielleicht sieht man tatsächlich ein leichtes Anzeichen beginnender Erholung? Oder scheint es mir nur so, daß es dort Anzeichen der Erholung gibt? Prüft gütigst und kehrt bitte zu mir zurück, um mir Eure Meinung kundzutun, dann werden wir klären, ob wir die Lage mehr oder weniger gleich beurteilen.«

Meine winzigen Keimlinge, von denen gestern nur noch kümmerliche, vergilbte Strohhalme übrig gewesen waren, hatten sich plötzlich, über Nacht, wie durch Hexerei, in kräftige, aufrechte, saftstrotzende Setzlinge verwandelt, strahlend vor Gesundheit und üppigem Grün. Ich stand völlig sprachlos davor, völlig überwältigt von der Wunderkraft von zehn, zwanzig Nasen- oder Ohrentropfen!

Bei genauerem Hinschauen stellte sich heraus, daß das Wunder sogar noch größer war, als es mir auf den ersten Blick erschienen war: Die Radieschenstengel waren über Nacht ins Gurkenbeet gehüpft. Im Radieschenbeet siedelten nun Setzlinge, die ich überhaupt nicht kannte, vielleicht Auberginen. Oder Karotten. Und das Wunderbarste: In der linken Reihe, wo wir die Tomatensamen versenkt hatten, die gar nicht angegangen waren, der Reihe, bei der mir jeder Zaubertropfen sinnlos erschienen war, wuchsen jetzt trotzdem drei oder vier junge Sträucher mit orangefarbenen Knospen zwischen den oberen Blättern.

Eine Woche später befiel die Krankheit erneut unseren Garten, begann das Siechtum von neuem. Die Setzlinge ließen die Köpfe hängen, verblichen, wurden wieder kränklich und ausgemergelt wie verfolgte Juden aus der Diaspora, ihre Blätter fielen ab, die Halme welkten und vergilbten, und diesmal halfen weder Nasen- noch Ohrentropfen: Unser Gemüsebeet verdorrte und starb ab. Zwei oder drei Wochen lang hielten sich noch vergeblich die vier Pflöcke, durch verstaubte Bindfäden miteinander verbunden, zwei oder drei Wochen später fielen auch sie. Nur meine Hitler-Vogelscheuche blühte noch einige Zeit. Vater tröstete sich mit der Erforschung der Ursprünge der litauischen Romanze oder der Geburt des Romans aus den Liedern der Troubadoure. Und ich breitete über den ganzen staubigen Hof Galaxien voll seltsamer Sterne, Monde, Sonnen, Kometen und Planeten und startete zu einer abenteuerreichen und gefahrvollen Expedition von Stern zu Stern: Vielleicht würde ich auf einem von ihnen Lebenszeichen entdecken?

33

Früher Sommerabend. Am Ende der ersten Klasse oder vielleicht am Anfang der zweiten Klasse oder in dem Sommer dazwischen. Ich bin allein im Hof. Alle sind weggegangen ohne mich, Danusch und Elik und Uri und Lolik und Etan und Ami, sind solche Dinger zwischen den Bäumen am Hang im Tel-Arsa-Wäldchen suchen gegangen, und mich haben sie nicht in die Bande der Schwarzen Hand aufgenommen, weil ich sie nicht aufblasen wollte. Danusch hatte so eines zwischen den Bäumen gefunden, voll übelriechendem Klebkram, der angetrocknet war, hatte es unter dem Hahn ausgespült, und jeder, der sich nicht traut, das Ding aufzublasen, ist nicht wert, in die Schwarze Hand aufgenommen zu werden, und wer nicht den Mut hat, es überzuziehen und ein bißchen hineinzupinkeln wie ein englischer Soldat, kommt für die Schwarze Hand als Mitglied überhaupt nicht in Frage. Danusch hatte erklärt, wie das funktioniert. Englische Soldaten nehmen jede Nacht junge Frauen mit in das Wäldchen von Tel Arsa, und dort, im Finstern, läuft das so: Zuerst küßt man sie lange auf den Mund. Dann berührt man sie an allen möglichen Stellen am Körper, auch unter ihren Kleidern. Danach zieht er ihr und sich die Unterhose aus und streift sich so eins über und legt sich auf sie und so, und am Ende näßt er. Und das Ding da hat man erfunden, damit sie nicht ganz naß wird von ihm. So geht das jede Nacht im Wäldchen von Tel Arsa, und so geht das jede Nacht bei allen, sogar der Mann der Lehrerin Sussman macht das nachts mit ihr. Sogar eure Eltern. Auch deine. Auch deine. Alle. Und das macht alle möglichen angenehmen Dinge in deinem Körper, und das stärkt dir auch die Muskeln, und das reinigt dir auch das ganze Blut.

Alle sind weggegangen ohne mich, und auch die Eltern sind nicht zu Hause. Ich liege auf dem Rücken am Ende des Hofes hinter den Wäscheleinen und betrachte die Reste des Tages. Der Boden ist hart und kühl. Ich denke darüber nach, aber nicht bis zu Ende, daß alles, was hart ist, und alles, was kalt ist, für immer hart und kalt bleibt, während alles, was weich ist, und alles, was warm ist, nur vorläufig weich und warm ist. Denn alles muß doch am Ende auf die Seite von Hart und Kalt übergehen, wo man sich nicht bewegt, nicht denkt, nicht fühlt, nicht erwärmt. In alle Ewigkeit. Liege auf dem Rücken, und die Finger finden irgendein Steinchen und stecken es in den Mund, Staub und Kalk und noch etwas, was irgendwie salzig schmeckt, aber nicht wirklich salzig. Die Zunge tastet alle möglichen kleinen Erhebungen und Mulden, als wäre auch dieser Kiesel eine Welt wie unsere und hätte Berge und Täler. Und wenn sich nun herausstellen würde, daß unsere Erdkugel, unser ganzes Universum, alles in allem nur ein Kieselstein auf dem Boden auf dem Hof von Riesen ist? Was wäre, wenn im nächsten Moment irgendein riesengroßer Junge, bei dem man sich überhaupt nicht vorstellen kann, wie riesig er ist, dessen Freunde ihn aber auch verhöhnt haben und ohne ihn weggegangen sind, wenn dieser riesengroße Junge nun einfach unser gesamtes Universum mit zwei Fingern nehmen und in den Mund stecken und auch anfangen würde, uns so mit der Zunge zu betasten? Und auch er denken würde, daß dieser Stein in seinem Mund vielleicht eigentlich ein ganzes Universum ist, mit Milchstraßen und Sonnen und Kometen und mit Kindern und Katzen und mit Wäsche auf der Leine? Und wer weiß, vielleicht ist auch das Universum jenes riesengroßen Jungen, des Jungen, für den wir nur ein Kieselstein in seinem Mund sind, vielleicht ist auch sein Universum alles in allem nicht mehr als ein kleiner Stein auf dem Boden im Hof bei einem noch riesigeren Jungen, ebenso wie auch er und sein Universum, und so geht es weiter und weiter, wie bei einer russischen Puppe, ein Universum in einem Kiesel in einem Universum in einem Kiesel, und dies in beide Richtungen, in die größer und in die kleiner werdende? Jedes Universum ein Körnchen und jedes Körnchen ein Universum? Bis sich von alldem dein Kopf dreht, und unterdessen betastet die Zunge dieses Steinchen wie ein Bonbon, und jetzt hat auch die Zunge selbst ein ganz klein wenig Kreidegeschmack. Danusch und Elik und Uri und Lolik und Ami und der Rest der Schwarzen Hand werden doch in sechzig Jahren schon tot sein, und danach werden auch alle, die sich noch an sie erinnern, sterben und danach auch alle, die sich an die erinnern, die sich an die erinnern, die sich an die erinnern. Ihre Knochen werden zu Stein, wie der Stein jetzt im Mund: Vielleicht ist auch der Stein in meinem Mund Kinder, die vor Trillionen Jahren gestorben sind? Die ebenfalls solche Dinger im Wäldchen suchen gegangen sind, und dort war auch so einer, den sie verhöhnten, weil er nicht den Mut hatte, aufzublasen und überzustreifen? Und auch den haben sie in seinem Hof allein gelassen, und auch er hat auf dem Rücken gelegen und auch so einen Stein in seinen Mund gesteckt, der einmal ein Junge gewesen ist, und dieser Junge war auch einmal ein Stein. Der Kopf dreht sich. Und unterdessen bekommt dieser Stein ein wenig Leben und ist nicht mehr so hart und kalt, wird schon feucht und warm und fängt sogar an, sich in deinem Mund zu bewegen und sanft das Kitzeln zurückzugeben, das er von deiner Zungenspitze bekommt.

Hinter den Zypressen hinter der Mauer bei Lembergs hat plötzlich jemand elektrisches Licht angeschaltet, aber von hier, im Liegen, sieht man nicht, wer bei ihnen im Zimmer ist, Frau Lemberg oder Schula oder Eva, wer da Licht angemacht hat, aber man sieht den gelben Schein, der dort rausquillt wie Klebstoff, so dickflüssig, daß er kaum rinnt, kaum von der Stelle kommt vor lauter Dickflüssigkeit und sich nur mühsam einen trägen Weg bahnt, so wie sich eben zähe Flüssigkeiten einen Weg bahnen, gelb und trüb und langsam, zieht sich wie dickes Motoröl durch den Abend, der jetzt schon ein wenig blaugrau ist, und der Wind kommt und leckt an ihm einen Augenblick. Und fünfundfünfzig Jahre später, während ich dasitze und jenen Abend in einem Heft auf dem Gartentisch in Arad schreibe, kommt wieder genau dieser Abendwind, und aus den Fenstern der Nachbarn rinnt auch hier, auch diesen Abend gelblich-dickflüssiges elektrisches Licht, träge wie zähes Schmieröl, ist schon bekannt, altbekannt, so als gäbe es keine Überraschungen mehr. Aber es gibt sie doch: Der Abend des Steines im Mund auf dem Hof in Jerusalem ist ja nicht nach Arad gekommen, um dich an Vergessenes zu erinnern oder dein Herz sehnsuchtsvoll zusammenzuziehen, sondern gerade umgekehrt: Jener Abend zieht auf, um sich auf diesen Abend zu stürzen. Es ist ungefähr so wie mit einer Frau, die du schon vor langer Zeit kennengelernt hast, die schon nicht mehr attraktiv und auch schon nicht mehr unattraktiv ist, die bei jeder Begegnung mehr oder weniger dieselben paar abgenutzten Worte zu sagen hat und dich immer, wenn ihr zusammentrefft, anlächelt oder dir höchstens einmal, wie gewöhnlich, leicht gegen die Brust klopft, nur jetzt, nur diesmal macht sie es nicht, streckt vielmehr auf einmal die Hand aus und packt dich am Hemd, nicht im guten, sondern mit all ihren Krallen, gierig und verzweifelt, ihre Augen fest zugedrückt, ihr Gesicht verzerrt wie im Schmerz, sie beharrt auf dem Ihren, will, muß, und sie wird nicht lockerlassen, und es ist ihr schon egal, was mit dir ist, und was du durchmachst, schert sie nicht, ob du willst oder nicht willst, was geht sie das an, sie muß jetzt, kann jetzt nicht mehr, sie langt jetzt hin und verhakt sich in dir wie eine Harpune und fängt an zu ziehen und zieht und reißt dich, aber nicht sie fängt ja zu ziehen an, sie schlägt nur die Krallen ein, und du bist es, der zieht und schreibt, zieht und schreibt wie ein Delphin, dem die Harpunenspitze schon im Fleisch steckt und der mit aller Kraft daran zieht, um zu fliehen, mit aller Kraft die Harpune nach sich zieht und dadurch auch die Leine, die an der Harpune befestigt ist, und auch die Kanone, an der die Leine befestigt ist, und auch das Boot seiner Verfolger, an dem die Kanone festgeschraubt ist, der zieht und rudert, zieht, um zu entkommen, zieht und sich im Wasser herumwirft, zieht und in die schwarze Tiefe abtaucht, zieht und schreibt und weiterzieht, und wenn er nur einmal noch mit aller Macht seiner Verzweiflung ziehen würde, käme er vielleicht frei von dem, was ihm im Fleisch steckt, was dich beißt und durchbohrt und nicht lockerläßt, du ziehst und ziehst, und es beißt sich nur weiter in deinem Fleisch fest, und je mehr du ziehst, desto mehr verhakt es sich, und du wirst doch niemals Schmerz mit Schmerz vergelten können bei diesem Unheil, das immer tiefer dringt, immer mehr verwundet, weil es dich gefangenhält und du der Gefangene bist, es der Harpunenschütze und du der Delphin, es der Gebende und du der Nehmende, es ist der Abend, der damals in Jerusalem war, und du bist an dem Abend, der jetzt in Arad ist. Es ist deine Eltern, die gestorben sind, und du ziehst und schreibst.

Alle sind weggegangen ohne mich in das Wäldchen von Tel Arsa, weil ich mich nicht getraut habe, das Ding aufzublasen, und ich liege auf dem Rücken am Ende des Hofes hinter den Wäscheleinen. Sehe, wie das Tageslicht immer weiter zurückweicht. Gleich ist es Nacht.

Einmal sah ich aus meiner Ali-Baba-Höhle, die ich zwischen Schrank und Wand hatte, daß Großmutter, Mutters Mutter, die aus der mit Teerpappe gedeckten Baracke am Ende von Kiriat Motzkin nach Jerusalem gekommen war, furchtbar wütend auf meine Mutter wurde, mit dem Bügeleisen vor ihr herumfuchtelte und ihr mit funkelnden Augen schreckliche Dinge auf russisch oder polnisch, vermischt mit Jiddisch, an den Kopf warf. Beide ahnten nicht, daß ich dort mit angehaltenem Atem kauerte und alles sah und hörte. Mutter erwiderte kein Wort auf die donnernden

Verwünschungen ihrer Mutter, sondern saß auf dem harten Stuhl ohne Lehne in der Zimmerecke, ganz aufrecht saß sie da, die Knie zusammengepreßt, beide Hände reglos auf den Knien, und auch ihre Augen waren auf die Knie gerichtet, als würde alles von ihren Knien abhängen. Wie ein gemaßregeltes kleines Mädchen saß Mutter da, und als ihre Mutter eine giftige Frage nach der anderen auf sie abschoß, alle durchtränkt mit Zischlauten, antwortete Mutter kein Wort, starrte nur noch konzentrierter mit gesenkten Augen auf ihre Knie. Ihr fortgesetztes Schweigen brachte Großmutter noch mehr in Rage, und plötzlich – als hätte sie völlig den Verstand verloren, ihre Augen funkelten, ihre Züge bekamen etwas Wölfisches vor lauter Wut, weißlicher Schaum trat in die Mundwinkel, und ihre geöffneten Lippen entblößten ihre gefletschten Zähne – schleuderte Großmutter mit aller Wucht das glühende Bügeleisen an die Wand, als wollte sie es zertrümmern, trat das Bügelbrett um und stürmte türknallend aus dem Zimmer, so daß sämtliche Fensterscheiben und die Vase und die Tassen ringsum aufschraken und schepperten.

Und meine Mutter, die nicht wußte, daß ich zuschaute, stand plötzlich von ihrem Stuhl auf und fing an, sich selbst zu bestrafen, schlug sich auf beide Wangen, riß sich an den Haaren, packte einen Bügel und schlug sich damit auf Kopf und Rücken, bis ihr Tränen kamen, und auch ich in meiner Höhle zwischen Wand und Schrank begann leise zu weinen und biß mich wieder und wieder in beide Hände, bis sie schmerzende Biß-Uhren aufwiesen. An jenem Abend aßen wir alle süßen gefilten Fisch, den Großmutter aus der Baracke mit der Teerpappe am Ortsrand von Kiriat Motzkin mitgebracht hatte, Fisch mit süßem Gallert und süß gekochten Karotten, und alle unterhielten sich mit allen über Spekulanten und über den Schwarzmarkt, über die Gewerkschaftsbaufirma Solel Bone und über die Privatinitiative und über die Textilfabrik Ata, und zum Nachtisch gab es Kompott, das meine Großmutter, Mutters Mutter, ebenfalls zubereitet hatte und das auch so süß und klebrig wie Sirup geraten war. Meine andere Großmutter, die aus Odessa, Großmutter Schlomit, aß höflich das Kompott auf, wischte sich die Lippen mit einer weißen Papierserviette ab, entnahm ihrer reichverzierten Ledertasche Lippenstift und einen runden, goldschimmernden Taschenspiegel, zog sich die Lippen nach und hielt es für geboten zu bemerken, während sie behutsam die rote Hundeerektion ihrer Lippenstiftspitze in die Hülse zurückzog: »Was soll ich euch sagen? Süßere Delikatessen als diese habe ich im Leben noch nicht gekostet.

Der Herr der Welt scheint Wolhynien sehr, sehr zu lieben, und deshalb hat er es ganz in Honig getaucht. Sogar der Zucker ist bei euch viel, viel süßer als bei uns, und das Salz ist bei euch süß, und der Pfeffer, und sogar der Senf schmeckt in Wolhynien nach Marmelade, und sogar der Meerrettich und der Essig und der Knoblauch und das Bitterkraut, alles ist dort bei euch so süß, daß man wahrlich den Todesengel höchstpersönlich damit versüßen kann.«

Sagte es und verstummte mit einem Schlag, als würde sie aus Angst vor dem Zorn des Todesengels erzittern, dessen Namen sie so leichtsinnig ausgesprochen hatte.

Woraufhin meine andere Großmutter, die Mutter meiner Mutter, ein zartes Lächeln aufsetzte, weder streitlustig noch schadenfroh, sondern nun gerade ein wohlwollendes Lächeln, so rein und unschuldig wie Engelsgesang, und auf die Behauptung, ihre Speisen seien süß genug, um damit den Essig und das Bitterkraut, ja sogar den Todesengel zu versüßen, antwortete Großmutter Itta der Großmutter Schlomit mit vier melodischen Worten: »Aber nicht dich, Gegenschwiegermutter!«

Die anderen sind noch nicht aus dem Wäldchen von Tel Arsa zurück, und ich liege noch immer auf dem Rücken auf dem Boden, der jetzt vielleicht schon nicht mehr so hart und kalt ist. Das Abendlicht wird immer kühler und immer grauer über den Zypressenspitzen. Als würde jemand immer mehr nachgeben dort in den ehrfurchtgebietenden Höhen über den Wipfeln und über den Dächern und über allem, was hier in den Straßen und auf den Hinterhöfen und in den Küchen vorgeht, hoch, hoch über den Gerüchen von Staub, Kohl und Müll, hoch über dem Vogelgezwitscher, so weit der Himmel von der Erde ist, über den wehklagenden Gebetsklängen, die in Fetzen von der Synagoge am unteren Ende der Straße herüberwehen.

Erhaben und durchsichtig und gleichgültig wölbt es sich jetzt mehr und mehr über den Wasserbehältern und über der Wäsche, die hier auf jedem Dach hängt, und über dem Gerümpel und über den Straßenkatzen und über allerlei Sehnsüchten und über all den Blechverschlägen in den Höfen und über den Intrigen und den Rühreiern und den Lügen und den Wäschewannen und den Aufrufen, die Mitglieder der Untergrundgruppen an die Wände geklebt haben, und dem Borschtsch und der Ödnis verdorrter Gärten und den paar Obstbäumen, die noch von der Zeit übriggeblieben sind, als hier einmal ein Obstgarten war, und jetzt, eben jetzt breitet es sich mehr und mehr aus und macht Abendfrieden, gleichmäßig und durchsichtig, macht Frieden in den Höhen über den Mülltonnen und über den stolpernden, anrührenden Klavierklängen, wieder und wieder müht sich dort ein unhübsches Mädchen, Menuchale Stich, Menuchale, die wir Nemuchale, Kleinwüchslein, genannt haben, bemüht sich vergebens wieder und wieder, eine einfache Tonleiter zu erklimmen, stolpert wieder und wieder, immer an derselben Stelle, stolpert und stolpert und versucht erneut hochzuklettern. Und ein Vogel antwortet ihr wieder und wieder mit den ersten fünf Tönen von Beethovens »Für Elise«. Ein leerer weiter Himmel von Horizont zu Horizont am Ende eines heißen Sommertags. Es gibt drei Federwolken und zwei dunkle Vögel. Die Sonne ist schon hinter den Mauern des Schneller-Lagers untergegangen, aber der Himmel hat auf die Sonne noch nicht verzichtet, sondern sie mit seinen Krallen festgehalten, bis es ihm gelang, die Schleppe ihres Farbenmantels abzureißen, und nun probiert er seine Beute an, benutzt zwei, drei Federwolken als Schneiderpuppen, hüllt sich in Licht wie in ein Gewand, zieht es wieder aus und probiert, wie ihm Halsketten aus grünlichen Leuchtstrahlen stehen und wie ein buntes Hemd aus orangefarbenen Funken mit blauvioletter Aureole und wie ein paar zerbrechliche, erzitternde Silberstreifen, die sich über die ganze Länge winden, gleich den brechenden Linien, die ein flinker Schwarm Fische unter Wasser zeichnet. Und es gibt auch einige violettrosa und limonengrüne Funkensplitter, und da legt er statt dessen einen rotschimmernden Umhang an, dem ganze Ströme mattroten Glanzes entfließen, und ein, zwei Minuten später hüllt er sich in eine andere Robe in der Farbe nackten Fleisches, und da ist dieses Fleisch plötzlich zerstochen und verwundet, befleckt von drei, vier starken Blutungen, und seine dunklen Säume werden bereits zusehends zwischen die schwarzen Samtfalten eingerollt, und jetzt ist es nicht mehr Höhe über Höhe, sondern Tiefe über Tiefe über Tiefe, wie ein finsteres Tal reißt klaffend der Himmel auf, als wäre er nicht droben und der auf dem Rücken Liegende unter ihm, sondern umgekehrt, der ganze Himmel ein Abgrund, und der auf dem Rücken Liegende würde nicht mehr liegen, sondern schweben, würde eingesogen und rasant stürzen, fiele wie ein Stein in den samtigen Grund. Du wirst diesen Abend nie vergessen: Bist gerade einmal sechs Jahre alt oder höchstens sechseinhalb, aber zum ersten Mal in deinem kleinen Leben eröffnet sich dir etwas höchst Mächtiges und Beängstigendes, etwas Ernstes und Strenges und Einschüchterndes, etwas, das sich von Unendlichkeit zu Unendlichkeit spannt, und es kommt über dich riesig und stumm, dringt in dich ein und öffnet dich plötzlich ganz und gar, öffnet dich so, daß auch du einen Moment lang weiter und tiefer als du selbst bist, und eine Stimme, die nicht deine Stimme ist, aber vielleicht die Stimme, die du in dreißig oder vierzig Jahren haben wirst, eine Stimme, bei der es weder Lachen noch Leichtsinn gibt, gebietet dir, nicht eine Einzelheit dieses Abends je zu vergessen: Erinnere dich an seine Gerüche und bewahre sie, erinnere dich an seine Erscheinung und an sein Licht, erinnere dich an seine Vögel, die Klavierklänge, die Krähenrufe und alle Fremdheiten des Himmels, die sich von Horizont zu Horizont vor deinen Augen ereigneten, alles dir zu Ehren, alles nur für die Augen des Gemeinten. Und daß du niemals Danusch vergißt, Ami und Lolik und auch nicht die Mädchen mit den Soldaten im Wäldchen und nicht, was deine eine Großmutter zur anderen gesagt hat, und nicht den süßen Fisch, der, tot und gewürzt, im Karottensud schwamm. Vergiß niemals die Unebenheiten des feuchten Steins, bei dem es nun schon über ein halbes Jahrhundert her ist, daß er in deinem Mund war, aber ein grauer Geschmack, nach Kreide und ein wenig nach Kalk und ein wenig nach Salz, noch nachhallt, als riefe er noch auf deiner Zungenspitze. Und daß du all diese Gedanken an jenen Stein nie vergißt, ein Universum im Universum im Universum. Daß du diesen Kreisel der Zeit in der Zeit in der Zeit erinnerst und auch das ganze Himmelsheer, das kurz nach Sonnenuntergang alle Farbtöne des Lichts anprobierte, mischte und verwundete, Purpur und Blaßblau und Limonengrün und Gold und Dunkelrot und Karmesin und Scharlachrot und Hellblau und Blaßrot mit starkem Blutvergießen, und über all das senkte sich langsam ein mattes, tiefes Blaugrau, dessen Farbe wie die Farbe der Stille war, und sein Geruch war der Geruch der Klavierklänge, immer aufs neue vergeblich wiederkehrend, kletternd und stolpernd, kletternd und stolpernd auf einer zerbrochenen Leiter, und ein einzelner Vogel antwortet ihm mit den fünf Anfangstönen von »Für Elise«: Ti-da-di-da-di.

34

Mein Vater hatte eine Schwäche fürs Erhabene, während meine Mutter von Sehnsucht und Verzicht und Verlangen bis zur Selbstaufgabe in Bann geschlagen wurde. Mein Vater verehrte glühend Abraham Lincoln, Louis Pasteur und Churchills Reden, »Blut, Schweiß und Tränen«, »noch nie hatten so viele so wenigen so viel zu verdanken«, »wir werden an den Küsten kämpfen«. Meine Mutter hielt es fein lächelnd mit Rachels Versen: »Nicht sang ich dir, mein Land, nicht pries ich deinen Namen mit tapfren Heldentaten ... einen Pfad nur bahnten meine Füße ...« Mein Vater konnte plötzlich an der Spüle loslegen und pathetisch, ohne jede Vorwarnung, anfangen zu deklamieren: »... Und im Land wird erstehen ein neues Geschlecht, seiner eisernen Fesseln entbunden, wird es erschauen das Licht!« Und manchmal auch: »... Jotapata, Massada, Betar gefangen, werden kühn alten Glanz wiedererlangen! Hebräer – auch in Armut ein Fürstensohn, ob Knecht, ob Wanderer, geboren für den Königsthron, sein ist die Krone Davids!« Und wenn der Geist auf ihm ruhte, schmetterte Vater in schrillen Tönen, die Tote aufzuwecken vermochten: »O mein Land, mein Heimatland, kahles Felsgebirg!« Bis Mutter ihn daran erinnern mußte, daß die Nachbarn Lemberg und auch die Nachbarn Bichowski und Rosendorf bestimmt mit größtem Entzücken seinem Vortrag lauschten, worauf Vater abrupt verstummte, sich in Grund und Boden schämte und peinlich berührt lächelte, so als wäre er soeben beim Bonbonklauen erwischt worden.

Meine Mutter wiederum verbrachte die Abendstunden mit Vorliebe in der Ecke des als Sofa verkleideten Betts, ihre nackten Füße untergeschlagen, den Kopf über das Buch auf ihren Knien gebeugt, wanderte sie stundenlang über die Pfade laubraschelnder Herbstgärten in den Erzählungen von Turgenjew, Tschechow, Iwaszkiewicz, André Maurois und Gnessin.

Beide hatte es aus den Gefilden des 19. Jahrhunderts nach Jerusalem verschlagen: Mein Vater war mit einer gehörigen Portion theatralischer Nationalromantik aufgewachsen, einer kampffreudigen Romantik – Völkerfrühling, Sturm und Drang –, über deren hochaufragende Marzipangipfel sich etwas von der virilen Ekstase Nietzsches verströmte, wie ein Champagnererguß. Meine Mutter dagegen lebte nach dem anderen romantischen Kodex, dem introvertierten, melancholischen Menü stiller Einsamkeit, gewürzt mit den Leiden gefühlvoller Seelen und gebrochener Herzen, getränkt mit dem matten Herbsthauch der Dekadenz und des Fin de siècle.

Kerem Avraham mit seinen Hausierern, Ladenbesitzern und jiddischen Galanteriewarenhändlern, seinen psalmodierenden Frommen, seinen im Abseits lebenden Kleinbürgern und wunderlichen Weltverbesserern war weder für sie noch für ihn der passende Ort. Im Haus hing all die Jahre der verhaltene Traum, in ein kultivierteres Viertel umzuziehen, nach Bet Hakerem zum Beispiel oder nach Kiriat Schmuel oder vielleicht sogar nach Talpiot oder Rechavia: nicht sofort, sondern eines Tages, in der Zukunft, wenn es möglich sein würde, wenn wir etwas gespart hätten, wenn der Junge größer wäre, wenn Vater akademisch Fuß gefaßt hätte, Mutter eine feste Anstellung als Lehrerin gefunden hätte, wenn die Lage besser würde, das Land entwickelter wäre, wenn die Engländer abzögen, wenn der hebräische Staat entstünde, wenn man wüßte, was hier würde, wenn wir es endlich etwas leichter hätten.

»Dort im Land, das den Vätern so kostbar«, sangen meine Eltern in ihrer Jugendzeit, sie in Rowno und er in Odessa und Wilna, und so sangen auch Tausende anderer junger Zionisten in Osteuropa in den ersten Jahrzehnten des 20. Jahrhunderts: »Dort im Land, das den Vätern so kostbar, werden alle Hoffnungen wirklich. Dort laßt uns leben, dort laßt uns schaffen, ein Leben in Reinheit, ein Leben in Freiheit.«

Aber was waren all diese Hoffnungen? Welches Leben in Reinheit und Freiheit hofften meine Eltern hier zu finden?

Vielleicht hofften sie vage, im wiedererstehenden Land Israel etwas weniger jüdische Spießbürgerlichkeit und mehr moderne, europäische Gepflogenheiten vorzufinden, weniger groben Materialismus und mehr Idealismus, weniger fieberhafte Redseligkeit und mehr Besonnenheit und ruhige Gelassenheit.

Meine Mutter träumte vielleicht von einem Leben im Land Israel in einer landwirtschaftlichen Siedlung, als empfindsame, gebildete Lehrerin, die in ihrer Freizeit Gedichte und vielleicht auch schleierumwobene Erzählungen schreiben würde. Mir scheint, sie hoffte, hier verwandte Seelen zu finden, Beziehungen zu feinsinnigen Künstlern anzuknüpfen, die von Offenherzigkeit und wahren Gefühlen geprägt waren – und dadurch endlich der lauten Dominanz ihrer Mutter zu entrinnen und sich ein für allemal aus der Enge des puritanischen Miefs, der Geschmacklosigkeit und den

Niederungen des Materialismus zu befreien, die dort grassierten, wo sie herkam.

Mein Vater dagegen sah sich, eines kommenden Tages, als innovativen Forscher und Gelehrten hier in Jerusalem, als kühnen Pionier bei der Erneuerung des hebräischen Geistes, als würdigen Nachfolger von Professor Joseph Klausner, als couragierten Offizier im geistigen Heer der Söhne des Lichts, die heldenhaft gegen die Söhne der Finsternis kämpfen, als ebenbürtigen Sproß der langen und ruhmreichen Gelehrtendynastie, die mit dem kinderlosen Onkel Joseph begann und von dem ihm wie ein Sohn ergebenen Neffen fortgeführt werden würde. Wie sein berühmter Onkel beherrschte mein Vater sechzehn oder siebzehn Sprachen, er hatte an der Wilnaer und Jerusalemer Universität studiert, und mit knapp fünfzig Jahren promovierte er an der Londoner Universität mit einer Doktorarbeit über J. L. Perez. Zwar hatten Nachbarn und Fremde ihn bereits all die Jahre fast immer mit »Herr Doktor« oder »verzeihen Sie bitte, Herr Dr. Klausner« angesprochen, aber erst mit rund fünfzig Jahren wurde er wirklich Doktor, dazu noch einer aus London. Darüber hinaus hatte er sich, vorwiegend als Autodidakt, viele weitere Wissensgebiete erschlossen: Alte und Neue Geschichte, Literaturgeschichte, Hebräische Linguistik und Allgemeine Philologie, Bibelwissenschaft und Archäologie, Jüdische und etwas Allgemeine Philosophie, Literatur des Mittelalters, Slawistik, Romanistik und Geschichte der Renaissance. Er war bereit und bestens gerüstet, Assistent, Dozent, Professor, Institutsleiter, Gelehrter von Weltruf und bahnbrechender Forscher zu werden und letzten Endes ebenfalls jeden Schabbat am Kopf des Tisches zu sitzen, um genau wie sein verehrter Onkel vor den geneigten Ohren seiner staunenden Anhänger und Verehrer einen Monolog nach dem anderen zu halten.

Aber man wollte ihn nicht. Kein Mensch hier hatte Bedarf für ihn und seine sieben Berge von Wissen: vielleicht weil sein Onkel Bedenken hatte, was all seine Widersacher an der Universität wohl sagen mochten, wenn er unverfroren seinen Neffen als rechte Hand und Nachfolger einsetzen würde; vielleicht weil andere Kandidaten besser waren als Vater; vielleicht weil Vater niemals seine Ellbogen einzusetzen wußte; und vielleicht aus keinem dieser Gründe, sondern einfach, weil es damals im ganzen Land nur eine einzige relativ kleine Universität gab, an der lediglich eine Handvoll Studenten in einem bescheidenen Institut für Hebräische Literatur studierten, zu einer Zeit, in der geflohene Dozenten sich zu Dutzenden um jede halbe Assistentenstelle rissen, alle ausgestattet mit akademischen Würden von angesehenen Universitäten, alle hungrig und verzweifelt, alle bewandert in allen Weisheiten der Welt.

Dieser Treplew mußte sich daher also die meiste Zeit seines Lebens mühsam als kleiner Bibliothekar in der Zeitungsabteilung der Nationalbibliothek durchschlagen und nachts mit letzten Kräften seine Bücher über die Geschichte der Novelle und die Geschichte der Weltliteratur schreiben, während seine Möwe alle Tage in der kellerartigen Wohnung saß, kochte, wusch und putzte, sich um das kränkliche Kind kümmerte, und – wenn sie keine Romane las – mit einem Glas kalt werdendem Tee in der Hand am Fenster stand.* Und wenn sich die Gelegenheit bot, hier und dort Nachhilfestunden gab.

Ich war das einzige Kind, und beide luden die gesamte Last ihrer Enttäuschungen auf meine kleinen Schultern: Zunächst einmal mußte ich gut essen, viel schlafen und mich gründlich waschen, ohne jegliche Kompromisse, denn so stiegen meine Aussichten, zur allgemeinen Freude heranzuwachsen und endlich etwas von dem zu verwirklichen, was meinen Eltern in ihrer Jugend verheißen worden war. Sie erwarteten von mir, daß ich noch vor dem Schulalter lesen und schreiben lernte. Beide wetteiferten darum, wer die besseren Lockmittel und Bestechungsversuche aufbrachte, damit ich die Buchstaben lernte (die mich auch ohne Verlockungen und Bestechungen faszinierten und sich mir wie von selbst entschlüsselten). Und als ich, mit fünf Jahren, zu lesen anfing, sorgten sie beide dafür, daß ich schmackhaftes, aber auch nährstoffreiches Lesefutter mit hohem kulturellem Vitamingehalt bekam.

Häufig bezogen sie mich in Gespräche über Themen ein, die man in anderen Häusern sicher nicht mit kleinen Kindern diskutierte. Mutter überhäufte mich zwar mit Geschichten von Zauberern, Nachtzwergen, Dämonen und verhexten Katen tief im Wald, redete mit mir aber auch ernsthaft über Verbrechen, Gefühle, das Leben und Leiden genialer Künstler, über Geisteskrankheiten und das Seelenleben der Tiere. (»Wenn du nur gut hinschaust, kannst du bei jedem Menschen eine auffallende Eigenschaft wahrnehmen, durch die er einem bestimmten Tier ähnelt: einer Katze oder einem Bär oder einem Fuchs oder einem Schwein. Auch an Gesichtszügen

---

* Treplew und »Möwe«: Figuren aus Anton Tschechows Schauspiel *Die Möwe* (1896).

und am Körperbau erkennt man bei jedem Menschen das Tier, das ihm nahesteht.«) Vater wiederum weihte mich in die Geheimnisse des Sonnensystems und des Blutkreislaufs ein, erklärte mir das britische »Weißbuch«, die Evolution, Herzls erstaunliche Lebensgeschichte, die Abenteuer Don Quichottes, die Geschichte der Schrift und des Buchdrucks und auch die Grundlagen des Zionismus. (»In der Diaspora hatten die Juden ein schweres Leben, hier im Land Israel haben wir es noch nicht leicht, aber bald wird der hebräische Staat entstehen, und alles wird gut und voller neuer Kraft sein. Die ganze Welt wird noch staunen über das, was das jüdische Volk hier erschafft.«)

Meine Eltern und Großeltern, Freunde der Familie, wohlmeinende Nachbarn, allerlei aufgeputzte Tanten, die einen mit ihren Umarmungen fast erdrückten und mit triefenden Küssen überschütteten – sie alle bewunderten unaufhörlich jedes Wort, das ich äußerte: Der Junge ist erstaunlich klug, der Junge ist originell, der Junge ist sensibel, der Junge ist so etwas Besonderes, der Junge ist seinem Alter weit voraus, der Junge ist ein Denker, der Junge versteht alles, der Junge hat die Augen eines Künstlers.

Ich wiederum war so entzückt über ihr Entzücken, daß ich zwangsläufig in Entzücken über mich selbst verfiel: Sie waren ja Erwachsene, das heißt allwissende Geschöpfe, die immer recht haben, und sie alle sagen doch immer wieder, daß ich so klug sei, also bin ich so klug. Sie sagen, ich sei so interessant, und auch darin stimme ich ihnen natürlich gern zu. Und ich sei ein empfindsames und kreatives Kind und ein bißchen dies und ein bißchen das (beides in Fremdwörtern ausgedrückt), und dabei ein originelles und gut entwickeltes und dermaßen verständiges und logisch denkendes Kind, und auch so süß und so weiter.

Da ich die Erwachsenenwelt und die herrschende Ordnung verehrte und weder Geschwister noch Freunde hatte, die den Kult um meine Person etwas relativiert hätten, mußte ich bescheiden, aber überzeugt der allgemeinen Meinung der Erwachsenen über mich beipflichten.

So wurde ich denn, unbewußt, mit vier oder fünf Jahren ein kleiner eingebildeter Wicht, auf den beide Eltern und die gesamte Erwachsenenwelt große Hoffnungen setzten und dessen Hochmut sie großzügig förderten.

An Winterabenden unterhielten wir drei uns manchmal nach dem Abendessen noch am Küchentisch. Wir redeten mit gedämpften Stimmen, weil die Küche eng und niedrig wie ein Verlies war, und ohne einander je ins Wort zu fallen (Vater sah darin eine Vorbedingung jeden Gesprächs). Wir unterhielten uns, zum Beispiel, darüber, wie ein Blinder oder auch ein Wesen von einem anderen Stern unsere Welt wahrnehmen könnte. Vielleicht ähnelten wir ja im Prinzip alle, recht besehen, einem blinden Außerirdischen? Wir sprachen über die Kinder in China und Indien, über die Kinder der Beduinen und der arabischen Fellachen, über die Kinder in den Ghettos, über die Kinder der illegalen Einwanderer und auch über die Kibbuzkinder, die nicht ihren Eltern gehörten, sondern in meinem Alter bereits selbstverantwortlich lebten, reihum ihre Zimmer putzten und eigenständig, durch Abstimmung, beschlossen, wann abends das Licht gelöscht wurde und alle schlafen gingen.

Fahlgelbes elektrisches Licht brannte auch tagsüber in der engen Küche. Draußen auf der Straße, die sich immer schon vor acht Uhr abends leerte – sei es wegen einer Ausgangssperre, die die Briten verhängten, sei es aus Gewohnheit –, pfiff in Winternächten ein hungriger Wind. Er rüttelte an den Deckeln der Mülleimer vor den Häusern, ängstigte die schwarzen Zypressen und die Straßenhunde und testete mit schwarzen Fingern die Aufhängungen der blechernen Waschwannen an den Balkongeländern. Gelegentlich rollte der Widerhall eines fernen Schusses oder einer dumpfen Explosion aus der dichten Dunkelheit zu uns herüber.

Nach dem Abendessen traten wir alle drei in einer Reihe an, wie zum Appell, Vater, dann Mutter und dann ich, die Gesichter zur Wand, die wegen des Spirituskochers und des Petroleumbrenners verrußt war, die Rücken zum Raum: Vater beugte sich über die Spüle, wusch jedes Stück Geschirr einzeln unter dem Hahn – abspülen, einseifen, nachspülen – und plazierte es behutsam auf den Abtropfständer, von dem Mutter die tropfenden Teller und feuchten Gläser nahm, um sie abzutrocknen und an ihren Platz zu stellen. Ich war für das Abtrocknen der Gabeln, Löffel und Teelöffel verantwortlich, einschließlich Sortieren und Einordnen in die Schublade. Etwa vom sechsten Lebensjahr an durfte ich auch die Tafelmesser abtrocknen, aber auf gar keinen Fall das Brotmesser und die Gemüse- und Fleischmesser.

Es genügte ihnen nicht, daß ich klug und vernünftig und logisch und gut und empfindsam und kreativ und ein Denker mit verträumten Künstleraugen war. Darüber hinaus ernannte man mich auch noch zum Seher, Wahrsager, Familienorakel: Bekanntlich waren kleine Kinder ja der Natur noch am nächsten, dem magischen Schoß der Schöpfung, noch nicht durch Lügen verdorben oder vom Kosten-Nutzen-Denken vergiftet.

Also mußte ich auch die Rolle der Pythia von Delphi oder die Figur des heiligen Narren verkörpern. Während ich auf den schwindsüchtigen Granatapfelbaum im Hof kletterte oder von Mauer zu Mauer rannte, ohne auf die Plattenritzen zu treten, riefen sie mich herein, um ihnen und ihren Gästen ein Zeichen von droben zu verkünden und dadurch Entscheidungshilfe zu leisten: Sollte man oder sollte man nicht die Freunde im Kibbuz Kiriat Anavim besuchen, sollte oder sollte man nicht einen runden braunen Tisch mit vier Stühlen (auf zehn Raten) kaufen, sollte oder sollte man nicht die Überlebenden der Shoah den morschen Schiffen der illegalen Einwanderung anvertrauen, sollte oder sollte man nicht das Ehepaar Rudnicki am Freitag abend zum Essen einladen?

Meine Aufgabe bestand darin, einen vertrackten, nebulösen Spruch von mir zu geben, der nicht meinem Alter entsprach, einen kryptischen Satz, basierend auf Gedankenfetzen, die ich von Erwachsenen aufgeschnappt und dann gut gemischt und durchgerührt hatte, etwas, das sich so oder anders verstehen ließ, allen möglichen Deutungen und Deutungen der Deutungen offenstand. Wenn möglich, sollte meine Weisheit auch einen rätselhaften Vergleich enthalten, und besonders empfahl es sich, daß die Wendung »im Leben« darin vorkam. Etwa so: »Jede Reise gleicht dem Öffnen einer Schublade.« »Im Leben gibt es Morgen und Abend, Sommer und Winter.« »Kleine Verzichte leisten ist wie nicht auf kleine Lebewesen treten.«

Meine Eltern gerieten ganz aus dem Häuschen ob solcher Sätze, nahmen sie mit glänzenden Augen auf: »Hast aus dem Munde der Kinder und Säuglinge dir Sieg gegründet«. Sie drehten und wendeten meine gemurmelten, rätselhaften Worte, siebzig Gesichter hat die Tora, und entdeckten darin die Essenz der unschuldigen, tiefen, unbewußten Weisheit der Natur selbst.

Mutter umarmte mich nach derlei schönen Sprüchen, die ich in Anwesenheit überraschter Verwandter oder baß erstaunter Bekannter stets wiederholen oder in ähnlicher Weise nachbilden mußte. Bald lernte ich, solche unergründlichen Weisheiten serienweise zu produzieren, auf Bestellung und jeweils dem Geschmack der begeisterten Abnehmer angepaßt. Und so gewann ich jeder Weissagung drei Vergnügen ab. Erstes Vergnügen: zu sehen, wie mein ganzes Publikum begierig an meinen Lippen hing, bebend vor Spannung dem Spruch meines Mundes harrte und gleich darauf in einer Fülle sich widersprechender Auslegungen versank. Zweites Vergnügen: das schwindelerregende Glücksgefühl, das mir aus meiner salomonischen Weisheit erwuchs, meiner Position als höchster schiedsrichterlicher Instanz bei Streitigkeiten unter Erwachsenen. (»Hast du nicht gehört, was er uns über das Geheimnis der kleinen Verzichte gesagt hat? Bleibst du immer noch stur bei deinem Entschluß, morgen nicht nach Kiriat Anavim zu fahren?«) Aber mein drittes Vergnügen war das geheimste und köstlichste: meine Großzügigkeit. Es gab nichts in der Welt, das ich mehr genoß als die Wonnen des Schenkens. Ihnen, den Erwachsenen, fehlte etwas, und nur ich war imstande, ihren Mangel zu beheben. Sie dürsteten, und ich schenkte reichlich aus. Sie waren bedürftig, und ich gab ihnen, was sie benötigten. Wie gut, daß ich ihnen geboren wurde! Was würden sie nur ohne mich tun?

35

Eigentlich war ich ein sehr umgängliches Kind: gehorsam, fleißig und vollkommen im Einklang mit der bestehenden Gesellschaftsordnung (Mutter und ich unterstehen Vater, Vater ist Staub unter Onkel Josephs Füßen, und Onkel Joseph selbst akzeptiert – trotz seiner entgegengesetzten Auffassungen – wie alle die Autorität Ben Gurions und der zionistischen Institutionen). Außerdem gierte ich unermüdlich nach dem Lob der Erwachsenen, dem meiner Eltern ebenso wie dem der Gäste, Tanten, Nachbarn und Bekannten.

Trotzdem drehte sich eine der beliebtesten Inszenierungen im Familienrepertoire, eine Komödie mit festem Ablauf, um ein Vergehen, das ein eindringliches, klärendes Gespräch und danach eine eindrucksvolle Strafe erforderte. Der Strafe folgten unweigerlich Reue, Besserungsgelöbnis, Vergebung und halber oder überwiegender Straferlaß – und zum Abschluß eine erschütternde, tränenreiche Versöhnungsszene, begleitet von Umarmungen des wechselseitigen Verzeihens.

Eines Tages streue ich, aus Liebe zur Wissenschaft, beispielsweise schwarzen Pfeffer in Mutters Kaffee.

Mutter trinkt einen Schluck. Ringt um Atem. Spuckt den Kaffee in die Serviette. Tränen schießen ihr in die Augen. Schon bereue ich bitter, schweige aber – ich weiß sehr gut, der nächste Auftritt gehört Vater.

Vater, in seiner Rolle als unparteiischer Ermittler, beugt sich vor und probiert vorsichtig Mutters Kaffee, befeuchtet sich damit vielleicht auch nur ein wenig die Lippen. Sofort diagnostiziert er: »Also, jemand war so gütig, dir den Kaffee ein wenig zu würzen. Jemand hat und war etwas gepfeffert. Ich fürchte, es handelt sich um die Tat einer hochstehenden Persönlichkeit.«

Stille. Höchst sittsam führe ich einen und noch einen Löffel Grießbrei vom Teller zum Mund, tupfe mir die Lippen mit der Serviette ab, halte kurz inne und esse weitere zwei, drei Löffel, sachte, sachte. In aufrechter Haltung. Wie eine Personifikation der höfischen Benimmregeln. Meinen Brei werde ich heute ganz aufessen. Als wahrer Musterknabe. Bis der Teller glänzt.

Vater fährt unterdessen, wie in Gedanken versunken, mit seinen Darlegungen fort, als skizziere er die Grundprinzipien chemischer Phänomene. Er schaut mich nicht an. Spricht nur mit Mutter. Oder mit sich selbst: »Es hätte hier ja auch ein Unglück geschehen können! Bekanntlich gibt es nicht wenige Mischungen zweier Substanzen, die jede für sich genommen vollkommen harmlos und durchaus zum Verzehr geeignet sind, in ihrer Verbindung jedoch, Gott behüte, das Leben eines jeden, der davon probiert, gefährden können! Wer heute in den Kaffee das gemischt hat, was er gemischt hat, hätte eindeutig auch irgendwelche anderen Zusätze untermischen können. Und dann? Vergiftung. Krankenhaus. Vielleicht sogar Lebensgefahr.«

Totenstille breitet sich in der Küche aus. Als wäre das Unglück schon eingetreten.

Mutter schiebt unwillkürlich, mit dem Handrücken, den Giftkelch ein Stück von sich weg.

»Und dann?!« fügt Vater nachdenklich hinzu und nickt ein paarmal, als würde er ganz genau wissen, was hier beinahe passiert wäre, hielte sich aber zurück, nach reiflicher Überlegung, das Grauen beim Namen zu nennen.

Stille.

»Ich schlage daher vor, daß derjenige, der diesen Streich vollführt hat – gewiß ohne böse Absicht, gewiß nur als mißlungenen Scherz –, jetzt Charakter beweist und sofort aufsteht. Damit wir alle sehen, daß wir – wenn wir schon einen derart leichtsinnigen Nichtsnutz unter uns haben – doch wenigstens keinen Feigling im Hause haben! Wenigstens keinen Menschen ohne jeden Anstand und bar jeder Selbstachtung!«

Stille.

Ich bin an der Reihe.

Ich stehe also auf und sage in erwachsenem Ton und genau in Vaters Duktus: »Das war ich. Es tut mir leid. Das war eindeutig und zweifelsfrei Unfug. Fortan wird das nicht mehr vorkommen.«

»Sicher?«

»Auf keinen Fall.«

»Auf das Ehrenwort eines Menschen mit Selbstachtung?«

»Auf das Ehrenwort eines Menschen mit Selbstachtung.«

»Geständnis, Reue und Gelöbnis – diese drei wirken strafmildernd. Wir werden uns diesmal damit begnügen, daß du nun gütigst trinkst. Ja. Jetzt. Bitte.«

»Was, diesen Kaffee? Mit dem schwarzen Pfeffer drin?«

»Ja, genau.«

»Was, den soll ich trinken?«

»Bitteschön.«

Aber nach dem ersten zögernden Schluck greift Mutter ein. Sie rät, es damit genug sein zu lassen: Nicht übertreiben. Der Junge hat doch so einen empfindlichen Magen. Und seine Lektion hat er doch sicher schon gelernt.

Vater hört den Kompromißvorschlag gar nicht. Oder tut so, als hätte er ihn nicht gehört. Er fragt: »Wie findet Eure Exzellenz diesen Trunk? Köstlich wie himmlisches Manna? Nein?«

Ich verziehe verzweifelt das Gesicht, der Übelkeit nahe. Meine Züge drücken Leiden, Reue, herzzerreißende Traurigkeit aus.

Vater entscheidet: »Nun gut. Genug. Lassen wir es für diesmal dabei bewenden. Eure Hoheit haben schon zweimal ›und er sah, daß es gut war‹ gesagt. Laßt uns also einen Schlußstrich unter das ziehen, was war und nicht wiederkehren wird. Und vielleicht betonen wir diesen Strich sogar mittels eines Stückchens Schokolade, um den schlechten Geschmack von vorher zu vertreiben. Danach könnten wir uns dann, wenn du möchtest, zu zweit an den Schreibtisch setzen und neue Briefmarken sortieren? Einverstanden?«

Jeder von uns liebte seine feste Rolle in dieser Komödie: Vater liebte es, den streng ahndenden Rachegott zu geben, eine Art häuslichen Herrschergott, der Zornesfunken sprüht und furchtbaren Donner grollt, aber auch barmherzig und gnädig, langmütig und reich an Gnade ist.

Gelegentlich jedoch überflutete ihn eine Welle echten blinden Zorns, keine theatralische Wut (vor allem, wenn ich etwas angestellt hatte, wodurch ich mich selbst in Gefahr gebracht hatte). Dann ohrfeigte er mich erstaunlich fachmännisch zwei-, dreimal, ohne jedes Vorspiel.

Einige Male, nach Experimenten mit elektrischem Strom oder dem Erklimmen eines hohen Astes, befahl er mir sogar, die Hose herunterzulassen und den Hintern hinzuhalten (bei ihm hieß es ausnahmslos: »das Gesäß, bitte!«), und dann schwang er erbarmungslos seinen Gürtel und zog mir sechs, sieben brennende, hautzerfetzende und herzbeklemmende Hiebe über.

Aber meistens äußerte sich Vaters Ärger nicht in Pogromen, sondern kleidete sich in das ätzend sarkastische Gewand übertriebener Höflichkeit: »Eure Hoheit haben heute abend wieder geruht, uns den ganzen Flur reichlich mit Straßenschlamm einzudecken. Allem Anschein nach ist es unter der Würde Eurer Hoheit, die Schuhe am Eingang auszuziehen, wie wir niederes Volk es an allen Regentagen geflissentlich tun. Doch diesmal, fürchte ich, werden Seine erhabene Hoheit gezwungen sein, sich ein wenig von Seinem Thron herabzubegeben und mit Seinen eigenen zarten Händen diese Seine königlichen Tritte aufzuwischen. Übrigens heißt ›Tritte‹ unter anderem ›die Spuren eines Fußes‹. Und danach mögen Seine Exzellenz sich gütigst für eine Stunde allein im Dunkeln im Badezimmer einschließen, um ausreichend Muße zu haben, über Seine Taten nachzudenken, Rechenschaft vor sich selbst abzulegen und auch Seine künftigen Wege wohl zu überdenken.«

Sofort legte Mutter Berufung gegen das Strafmaß ein: »Eine halbe Stunde wird genügen. Und nicht im Dunkeln. Was ist denn mit dir los? Möchtest du ihm auch noch verbieten zu atmen?«

Vater sagte darauf: »Zum Wohl Seiner Exzellenz springt Ihm immer und bedingungslos ein begeisterter Verteidiger bei.«

Und Mutter: »Gäbe es hier nur auch Strafen für flachen Humor –« Aber diesen oder einen ähnlichen Satz hat sie niemals beendet.

Eine Viertelstunde später wurde es Zeit für die Schlußszene: Vater entließ mich persönlich aus dem Badezimmer, breitete die Arme zu einer ra-

schen, verlegenen Umarmung aus und murmelte eine Art Entschuldigung:
»Ich weiß ja natürlich sehr wohl, daß dein Schlammverteilen eindeutig nicht aus Absicht geschehen ist, sondern nur aus eindeutiger Zerstreutheit. Und du deinerseits weißt natürlich sehr wohl, daß wir dich nur zu deinem eigenen Besten bestraft haben: damit du nicht so ein zerstreuter Professor wirst, wenn du groß bist.«

Ich schaute ihm direkt in die unschuldigen, beinahe ein wenig verlegenen braunen Augen und versprach ihm, fortan immer, immer aufzupassen und die Schuhe an der Tür auszuziehen. Mehr noch: Meine feste Rolle in dem Stück verlangte an diesem Punkt, mit einsichtiger, erwachsener Miene und mit Wendungen, die ich geradewegs Vaters Arsenal entnahm, zu sagen, daß ich natürlich eindeutig einsähe, daß die Strafen ausschließlich zu meinem Besten dienten. Mein Standardtext enthielt sogar eine Sentenz an Mutter, mit der Bitte, sie möge nicht so schnell Mitleid mit mir haben, ich akzeptiere eindeutig das Gesetz, die Konsequenzen meiner Handlungen zu tragen, und sei zweifellos bereits fähig, die verdiente Strafe zu ertragen. Sogar zwei Stunden im Badezimmer. Sogar im Finstern. Macht mir nichts aus.

Und es machte mir tatsächlich nichts aus, denn zwischen der Strafeinsamkeit in dem von außen abgeschlossenen Badezimmer und meiner regulären Einsamkeit in meinem Zimmer oder auf dem Hof oder im Kindergarten bestand kaum ein Unterschied: Die meiste Zeit meiner Kindheit war ich ein Einzelgänger, ohne Geschwister und fast ohne Freunde.

Eine Handvoll Zahnstocher, zwei Stück Seife, drei Zahnbürsten und eine halb ausgedrückte Zahnpastatube, dazu eine Haarbürste, fünf Haarklammern von Mutter und das Etui mit Vaters Rasierzeug, dann noch der Schemel, das Aspirinröhrchen, die Pflasterspule und die Rolle Toilettenpapier, all das reichte mir vollauf für einen ganzen Tag der Kriege, Expeditionen, gigantischen Bauvorhaben und großartigen Abenteuer, bei denen ich wechselweise Meine Hoheit und Sklave Meiner Hoheit, Jäger und Gejagter, Richter und Angeklagter, Wahrsager und Matrose war, oder ein Ingenieur, der Panama- und Suezkanäle durch schwieriges Gebirgsgelände vorantreibt, um alle Meere und Seen im engen Badezimmer miteinander zu verbinden und von einem Ende der Welt zum anderen Handelsschiffe, U-Boote, Zerstörer, Piratenschiffe und Walfangkutter auszusenden oder auch die Schiffe der Entdecker entlegener Kontinente und Inseln, auf die kein Mensch je einen Fuß gesetzt hatte.

Selbst wenn man mich zu Dunkelhaft verurteilte, erschrak ich nicht: Ich klappte im Finstern den Toilettendeckel zu, setzte mich darauf und unternahm alle meine Kriege und Expeditionen mit leeren Händen. Ohne Seifenstücke und Kämme und Haarklammern und ohne mich vom Fleck zu rühren. Ich schloß die Augen und machte mir im Kopf soviel Licht, wie ich nur wollte. Ließ die ganze Finsternis draußen.

Fast könnte man sagen, daß ich diese Einzelhaft liebte. »Wer aber nicht in Gemeinschaft leben kann oder ihrer nicht bedarf«, zitierte Vater Aristoteles, »ist entweder ein wildes Tier oder Gott.« Und ich hatte stundenlang Vergnügen daran, sowohl als auch zu sein. Was macht das schon.

Wann immer Vater mich spöttisch Euer Ehren oder Eure Exzellenz nannte, war ich nicht beleidigt. Im Gegenteil: Im stillen stimmte ich ihm zu. Ich machte mir diese Titel zu eigen. Schwieg jedoch. Ließ mir mein Vergnügen nicht anmerken – wie ein des Landes verbannter König, der sich heimlich wieder über die Grenze und in seine Stadt gestohlen hat und nun, als einfacher Mann verkleidet, durch die Straßen spaziert. Gelegentlich erkennt mich, in der Schlange an der Bushaltestelle oder in der Volksmenge auf dem Platz, plötzlich ein verblüffter Untertan, verbeugt sich tief und nennt mich Eure Majestät, aber ich ignoriere Verbeugung und Anrede. Gebe keinerlei Zeichen. Vielleicht verhielt ich mich deshalb so, weil Mutter mir beigebracht hatte, wahre Könige und Fürsten seien daran zu erkennen, daß sie ihre Titel hintanstellten und sehr wohl wüßten, daß echter Adel darin besteht, dem einfachen Volk mit Demut zu begegnen, so wie ein ganz gewöhnlicher Mensch.

Ja, und nicht nur wie ein ganz gewöhnlicher Mensch, sondern wie ein umgänglicher Mensch, ein gütiger Herrscher, der sich bemüht, immer zuvorkommend und seinen Untertanen zu Diensten zu sein: Es gefällt ihnen offenbar, mir Kleidung und Schuhe anzuziehen? Bitteschön: Ich strecke ihnen mit Freuden meine vier Gliedmaßen hin. Einige Zeit später ändern sie unvermittelt ihre Vorliebe? Nun möchten sie, daß ich mich allein, ohne ihre Hilfe anziehe? Voller Freude fädele ich mich eben mit eigener Kraft in meine Sachen, freue mich an ihrem gerührten Strahlen, vertue mich manchmal mit den Knöpfen und bitte richtig süß, mir beim Schnüren der Schuhe zu helfen.

Sie wetteifern ja beinahe um das Privileg, vor dem kleinen König niederzuknien, um ihm die Schnürsenkel zu binden, weil er die Untertanen mit einer Umarmung zu belohnen pflegt. Kein Kind weiß wie er, ihnen glanzvoll und höflich für ihre Dienste zu danken. Einmal verspricht er sogar seinen Eltern (die einander vor lauter Glück und Stolz mit verschleierten Augen anblicken, ihn beide still gerührt streicheln), er werde später einmal, wenn sie schon sehr alt wären wie der Nachbar, Herr Lemberg, zu ihnen kommen, um ihnen beim Zuknöpfen und Zubinden zu helfen. Für all diese Gütigkeiten, die sie ihm dauernd erwiesen.

Es gefällt ihnen, mir das Haar zu bürsten? Oder mir zu erklären, wie der Mond seine Bahn zieht? Mir beizubringen, bis hundert zu zählen? Mir einen Pullover über den anderen zu ziehen? Oder mir gar jeden Tag einen Löffel voll ekligem Lebertran einzuflößen? Mit Freuden lasse ich sie alles mit mir machen, was ihnen in den Sinn kommt, sollen sie sich doch an mir freuen, wie immer sie möchten, und ich wiederum habe meinen Genuß an dem ständigen Vergnügen, das meine kleine Existenz ihnen bereitet. Der Lebertran beispielsweise verursacht mir Übelkeit, nur mit Mühe bringe ich es fertig, nicht schon zu erbrechen, ehe meine Lippen sich noch dem widerlichen Naß nähern, aber gerade deswegen ist es mir angenehm, den Ekel zu unterdrücken und den ganzen Löffel Lebertran auf einmal hinunterzuschlucken, ihnen sogar noch dafür zu danken, daß sie alles tun, damit ich gesund und stark werde. Und gleichzeitig genieße ich ihre Verblüffung: Es ist doch völlig klar, daß das kein gewöhnliches Kind ist! Dieses Kind ist doch so etwas Besonderes!

So rutschte denn die Bezeichnung »gewöhnliches Kind« für mich auf die unterste, verächtlichste Stufe: dann schon lieber ein Straßenköter sein, ein Krüppel oder Schwachsinniger, selbst ein Mädchen, aber bloß um Himmels willen kein »gewöhnlicher Junge«, sondern immer und um jeden Preis »so etwas Besonderes!« oder »ein wirklich ungewöhnlicher Junge!« bleiben.

Da ich keine Geschwister hatte und meine Eltern sich seit meiner frühesten Kindheit darum rissen, die Rolle der Fangemeinde zu spielen, blieb mir nichts anderes übrig, als die Bühne zu betreten, sie in voller Länge und Breite auszufüllen und das gesamte Publikum in Bann zu ziehen. Und so war ich denn, seit meinem dritten oder vierten Lebensjahr, wenn nicht schon früher, eine Ein-Kind-Show. Ein Schauspiel ohne Pausen. Ein einsamer Bühnenstar, der ständig improvisieren muß, faszinieren, verblüffen und sein Publikum ununterbrochen unterhalten. Von morgens bis abends allen die Schau stehlen. Da besuchen wir zum Beispiel am Schabbatmorgen Mala und Staszek Rudnicki in der Chancellor-, Ecke Hanevi'im-Straße. Unterwegs wird mir erneut eingeschärft, ich dürfe auf keinen Fall, aber wirklich auf gar keinen Fall vergessen, daß Onkel Staszek und Tante Mala keine Kinder hätten und sehr traurig seien, daß sie keine Kinder hätten. Deshalb solle ich mir Mühe geben, ihnen Freude zu machen, aber daß es mir um Himmels willen nicht einfiele, sie zum Beispiel zu fragen, wann sie denn endlich ein Baby haben würden. Überhaupt solle ich mich dort mustergültig benehmen: Dieser Onkel und diese Tante hätten schon seit langem eine gute Meinung von mir, eine sehr, sehr gute Meinung, also solle ich dort bloß nichts tun, aber wirklich und wahrhaftig gar nichts, das ihre gute Meinung von mir beeinträchtigen könnte.

Kinder hatten Tante Mala und Onkel Staszek zwar nicht, dafür aber zwei träge, fette Perserkatzen mit dickem Fell und blauen Augen, die Chopin und Schopenhauer hießen. (Und, während wir noch die langansteigende Chancellor-Straße hinaufgehen, werden mir zwei kurze Erklärungen gegeben, Chopin von Mutter, Schopenhauer von Vater.) Diese beiden Katzen schliefen die meiste Zeit ineinandergerollt in der Sofaecke oder auf einem Sitzkissen, das »Puff« hieß, als wären sie zwei Winterschlaf haltende Eisbären. Und in dem Käfig, der in der Ecke über dem schwarzen Klavier hing, lebte bei den Rudnickis eine alte, fast kahle Vogeldame, die auf einem Auge blind war. Manchmal nannten die Rudnickis sie Alma, manchmal auch Mirabelle. Um ihre Einsamkeit zu lindern, hatten sie noch einen Vogel in den Käfig gesetzt, einen Vogel, den Tante Mala aus einem angemalten Kiefernzapfen gemacht hatte, auf Streichholzbeinen und mit einem tiefroten Zahnstocher als Schnabel. Diesem neuen Vogel hatten sie mit echten Federn verzierte Papierflügel angeklebt: Vielleicht waren diese Federn Alma-Mirabelle ausgefallen oder aus den Flügeln gerissen worden, und man hatte sie Türkis und Purpurrot gefärbt.

Onkel Staszek sitzt da und raucht. Eine Braue, die linke, ist immer etwas hochgezogen, als würde sie Zweifel anmelden: Ist es wirklich so? Hast du nicht leicht übertrieben? Und ein Schneidezahn fehlt ihm, wie einem jugendlichen Raufbold. Meine Mutter sagt fast nichts. Tante Mala, das blonde Haar zu zwei Zöpfen geflochten, die ihr mal anmutig über die Schultern fallen, mal kranzförmig um den Kopf geschlungen sind, bietet meinen Eltern ein Glas Tee und Apfelkuchen an. Sie schält die Äpfel in einer perfekten Spirale, die sich wie eine Telefonschnur um sich selber dreht. Beide, Staszek und Mala, hatten einmal davon geträumt, Landarbeiter zu werden. Zwei, drei Jahre lebten sie in einem Kibbuz und ein, zwei weitere Jahre versuchten sie ihr Glück in einem Moschav, einer landwirtschaftlichen Kooperative, bis sich herausstellte, daß Mala gegen die meisten Feldpflanzen allergisch ist und Onkel Staszek gegen die Sonne (oder, in seinen Worten, die Sonne höchstselbst ist allergisch auf ihn). Daher arbeitet Onkel Staszek als Beamter im Jerusalemer Hauptpostamt, und Tante Mala assistiert an den ungeraden Wochentagen einem bekannten Zahnarzt.

Als sie uns ein Glas Tee anbietet, strahlt Vater und scherzt mit ihr, immer: »Rabbi Hona hat schon im Talmud gesagt: Was alles der Hausherr sagt, befolge, nur nicht: geh! Und ich meine – nur nicht Tee! Aber da das Angebot nicht vom Hausherrn, sondern von der Hausherrin kommt, werden wir natürlich, Gott behüte, nicht ablehnen!« Und auf den Apfelkuchen hin sagt er: »Mala, Mala, dein Gebäck, ist der höchste Lebenszweck!«

Mutter schlägt vor: »Arie, genug.«

Und für mich hat Tante Mala – unter der Bedingung, daß ich, wie ein großer Junge, ein dickes Stück Kuchen ganz aufesse – eine Riesenüberraschung: selbstgemachte Kirschbrause. Zwar ist die Brause etwas bläschenarm (die Sodawasserflasche ist wohl von droben bestraft worden, weil sie zu lange barhäuptig dagestanden hat), aber dafür ist diese hausgemachte Brause reich an rotem Sirup und deshalb zuckersüß wie Nektar.

Ich esse also manierlich den Apfelkuchen (gar nicht schlecht), streng darauf bedacht, mit geschlossenem Mund zu kauen, nur die Gabel zu benutzen und mir nicht die Finger zu beschmutzen, der verschiedenen Gefahren bewußt, Flecke zu machen, Krümel zu verstreuen oder den Mund zu voll zu nehmen, spieße jeden Bissen Kuchen mit den Gabelzinken auf und führe ihn höchst umsichtig durch die Luft, als rechnete ich mit feindlichen Kampfflugzeugen, die meine Transportmaschine auf dem Weg vom Teller zum Mund abfangen könnten. Ich kaue langsam, mit geschlossenem Mund, schlucke diskret, ohne mir die Lippen zu lecken. Unterwegs ernte ich die bewundernden Blicke der Rudnickis und den Stolz meiner Eltern und hefte sie an die Brust meiner Fliegeruniform. Und erhalte zum Schluß tatsächlich den versprochenen großen Preis: ein Glas hausgemachte Kirschbrause, bläschenarm, aber sehr, sehr sirupreich.

So reich an Sirup, daß es wirklich und wahrhaftig absolut und total unmöglich ist, sie zu trinken. Nicht einen einzigen Schluck. Nicht einen einzigen Tropfen. Sie schmeckt noch grauenhafter als Mutters Pfefferkaffee: ekelhaft und zähflüssig wie dicker Hustensirup.

Ich führe also den Leidenskelch an den Mund, tue so, als würde ich trinken, und als Tante Mala mich anblickt – im Verein mit dem übrigen Publikum, das meines Spruches harrt –, versichere ich auf der Stelle (in Vaters Ton und Wortwahl), ihre beiden Kreationen, der Apfelkuchen und der Siruptrank, seien beide »eindeutig sehr ausgezeichnet«.

Tante Mala strahlt über das ganze Gesicht: »Es ist noch mehr da! Noch viel mehr! Ich schenke dir sofort noch ein Glas ein! Ich habe einen ganzen Krug voll vorbereitet!«

Vater und Mutter blicken mich stumm und liebevoll an. In meinen geistigen Ohren höre ich ihren tosenden Applaus, und in meinen geistigen Hüften verbeuge ich mich tief vor meinem Publikum.

Aber was tut man jetzt? Zunächst muß ich sie ablenken, um Zeit zu gewinnen. Muß einen kleinen Geistesblitz loslassen, etwas Tiefgründiges, das nicht meinem Alter entspricht, etwas, das ihnen gefallen wird: »Alles, was so schmackhaft im Leben ist, sollte man am besten in kleinen Schlukken trinken.«

Besonders nützte mir, wie immer, die Wendung »im Leben«. Die Pythia von Delphi hatte wieder gesprochen. Die klare, unschuldige Stimme der Natur selbst war aus meinem Mund gedrungen: Euer Leben langsam genießen. In mäßigen, bedächtigen Schlucken.

Auf diese Weise, mit einem einzigen dithyrambischen Satz, ist es mir gelungen, sie abzulenken. Damit sie nicht merken, daß ich noch nichts von ihrem Tischlerleim getrunken habe. Vorerst, solange sie alle noch auf seelischem Höhenflug sind, ruht das Schreckensglas auf dem Boden neben mir, denn man soll das Leben ja in kleinen Schlucken genießen.

Ich, für mein Teil, bin ganz in Gedanken versunken, die Ellbogen auf die Knie gestützt, die Hände unterm Kinn: Verkörpere vor ihren Augen präzise die Skulptur des kleinen Sohns des Denkers, dessen Foto man mir einmal in einem Bildband oder einer Enzyklopädie gezeigt hat. Nach ein, zwei Augenblicken wenden sie ihre Aufmerksamkeit von mir ab, sei es, weil es ungehörig ist, mich anzustarren, während mein Geist in höheren Sphären schwebt, sei es, weil weitere Gäste eingetroffen sind und das Gespräch sich belebt hat und auf die illegale Einwanderung, die Politik der Zurückhaltung und den Hochkommissar übergegangen ist.

Ich nutze also die günstige Gelegenheit, schleiche mich ungesehen mit dem Giftkelch in den Vorraum und halte ihn einem der beiden Katzenzwillinge unter die Nase, dem Komponisten oder dem Philosophen, ich weiß es nicht. Der kleine, fette Eisbär zuckt zurück, blinzelt gekränkt, schnüffelt kurz, läßt seine Schnurrbarthaare leicht erzittern, nein danke, auf keinen Fall, und zieht sich gelangweilt Richtung Küche zurück. Sein Bruder, dieses beleibte Geschöpf, schlägt nicht einmal die Augen auf, als ich ihm den Trunk anbiete, rümpft nur kurz die Nase, als wollte er sagen, nu, also wirklich, und zuckt ein rosiges Ohr. Als wollte er eine Fliege verscheuchen.

Könnte man diese Todesdroge eventuell in den Wassernapf am Käfig der blinden, kahlen Alma-Mirabelle und ihres Partners, des geflügelten Zapfens, schütten? Ich wäge die Vor- und Nachteile gegeneinander ab: Der Zapfen könnte mich vielleicht noch verpfeifen, während der Philodendron mich bestimmt nicht verraten wird, auch nicht unter grausamem Folterverhör. Meine Wahl fällt daher auf die Topfpflanze und nicht auf das Vogelpaar (das genau wie Tante Mala und Onkel Staszek kinderlos ist und das man daher auch auf gar keinen Fall fragen darf, wann sie endlich ein Ei legen).

Nach einer Weile bemerkt Tante Mala mein leeres Glas. Augenblicklich stellt sich heraus, daß ich sie wirklich, aber wirklich und wahrhaftig, damit glücklich gemacht habe, daß ich ihre Brause genossen habe. Ich lächle und sage wie ein Erwachsener und auch in dem Tonfall eines Erwachsenen: »Danke, Tante Mala, vielen Dank, sie war einfach köstlich.« Worauf sie mir, ohne zu fragen oder eine Bestätigung abzuwarten, schnell das Glas von neuem füllt und mich wieder daran erinnert, daß auch das nicht der Rest sei, denn sie habe einen ganzen Krug voll vorbereitet. Vielleicht sei ihre Brause wirklich nicht sehr spritzig, aber doch wirklich süß wie Schokolade? Nicht wahr?

Ich pflichte ihr bei, danke ihr noch einmal und warte erneut auf eine günstige Gelegenheit, stehle mich wieder ungesehen davon, wie ein Untergrundkämpfer auf dem Weg zu den stark befestigten Radaranlagen der britischen Besatzungsmacht, und vergifte ihnen auch den Kaktus im zweiten Blumentopf.

Doch im selben Moment überkommt mich urplötzlich ein durchdringendes Gefühl der Versuchung – wie ein kaum unterdrückbares Niesen, wie ein wilder Lachanfall mitten im Unterricht –, eine jähe Lust, ein Bekenntnis abzulegen: aufzustehen und laut zu verkünden, ihre Brause stinke derart, daß sogar ihre Katzen und Vögel sich davor ekelten, und ich hätte sie in ihre beiden Blumentöpfe gekippt, und jetzt würden ihre Pflanzen eingehen.

Und dafür bestraft zu werden und die Strafe wie ein Held zu ertragen. Ohne Reue.

Natürlich werde ich das nicht tun: Mein Verlangen, sie zu bezaubern, ist viel stärker als die Lust, sie zu entsetzen. Ich bin einer von unseren seligen Weisen, nicht Dschingis Khan.

Auf dem Heimweg blickt Mutter mir in die Augen und sagt mit einem verschwörerischen Lächeln: »Daß du nicht denkst, ich hätte es nicht gesehen. Ich habe alles gesehen.«

Und ich, unschuldig und allem Bösen abhold, während mein Verbrecherherz wie ein erschrockener Hase in der Brust zittert: »Du hast alles gesehen? Was denn?«

»Ich habe gesehen, daß du dich schrecklich gelangweilt hast. Aber du hast es durchgestanden, und damit hast du mir Freude gemacht.«

Vater sagte: »Der Junge hat sich heute wirklich mustergültig benommen, aber dafür hat er ja auch reiche Belohnung erhalten, sowohl Kuchen als auch zwei Glas Brause, die wir ihm nie kaufen, obwohl er immer darum bittet, denn wer weiß, ob die Gläser am Kiosk wirklich sauber sind? Oder nur scheinbar sauber?«

Und Mutter: »Ich bin mir nicht ganz sicher, daß dieses Getränk dir wirklich so gut geschmeckt hat, aber ich habe gemerkt, daß du es, um Tante Mala nicht zu kränken, restlos ausgetrunken hast, und wir sind daher wirklich stolz auf dich.«

»Deine Mutter«, sagte Vater, »kann dir direkt ins Herz schauen. Das heißt, sie weiß nicht nur sofort, was du gesagt und getan hast, sondern auch das, von dem du meinst, keiner wüßte es. Aber es ist nicht immer leicht, Tag und Nacht mit jemandem zusammenzuleben, der dir direkt ins Herz schauen kann.«

»Und als Tante Mala dir noch ein Glas Brause angeboten hat«, fuhr Mutter fort, »habe ich gemerkt, daß du ihr gedankt und wieder alles ausgetrunken hast, um ihr Freude zu machen. Nicht viele Kinder in deinem Alter, ja überhaupt nur wenige Menschen sind zu solchem Zartgefühl fähig.«

In diesem Moment hätte ich beinahe gestanden, daß nicht ich, sondern die Topfpflanzen der Rudnickis zu solchem Zartgefühl fähig waren und sie diese Schmiere bis zum letzten Tropfen ausgetrunken hatten.

Aber wie konnte ich all die Ehrenzeichen, die man mir soeben an die Brust geheftet hatte, abreißen und meiner Mutter vor die Füße werfen? Wie konnte ich meinen unschuldigen Eltern weh tun? Gerade hatte ich ja von Mutter gelernt, wenn man zwischen Lüge und Kränkung wählen müsse, solle man nicht der Wahrheit, sondern dem Zartgefühl den Vorzug geben. Bei der Wahl zwischen Freude machen und die Wahrheit sagen, zwischen nicht weh tun und nicht lügen, ist immer die Großzügigkeit über Ehrlichkeit und Gerechtigkeit zu stellen. Wenn du so handelst, wirst du hoch über der verschwitzten, staubigen Masse stehen und dafür auch die prächtigste aller Auszeichnungen erhalten: Ein sehr besonderer Junge. Ein wirklich ungewöhnlicher Junge.

Vater faßte wieder einmal alles zusammen und erläuterte es uns auf seine bedächtige Art: »Das Wort *chassuch* in dem Ausdruck *chassuch-banim*, kinderlos, hängt tatsächlich mit dem Wort *choschech*, Finsternis, zusammen, *ssin* und *schin* – derselbe Buchstabe, nur links oder rechts punktiert. Und vielleicht lautete die ursprüngliche Bedeutung: Abwesenheit, Fehlen von Kindern oder Fehlen von Licht. Außerdem sind *chossech* mit *ssamech* geschrieben, sparen, und *chossech* mit *ssin* geschrieben, erspare, doch fast gleich: ›Wer die Rute spart, haßt seinen Sohn‹, so heißt es in den Sprüchen Salomos, und ich stimme diesem Vers eindeutig zu. Übrigens besteht hier vielleicht auch Raum, an eine mögliche, ziemlich spannende Verbindung zu denken zwischen *chaschach* und *schachach*, finster werden und vergessen, *chaschecha* und *schichecha*, der Finsternis und dem Vergessen. Was nun dein *gasos*, deine Brause, betrifft, so ist dieses Wort doch geradewegs aus der französischen Sprache zu uns gekommen, von *gazeuse*. Und der *iztrubal*, der Zapfen, ist nichts anderes als die im Hebräischen der Mischna auftretende Version des griechischen Wortes *strobilos*, das ›Kreisel‹ bedeutet. Dieses *strobilos* ist von *strobos* abgeleitet, das im Griechischen ›Sich-im-Kreis-Drehen‹ bedeutet, und von dieser Wurzel kommen auch *strophé* – ursprünglich die schnelle Tanzwendung des Chors und das dazu vorgetragene Chorlied – und *katastrophé* – Umkehr, Wendung, ›sein Schicksal hat sich gewendet‹. Ich habe vorgestern einen Lieferwagen gesehen, der bei der Fahrt den Skopusberg hinauf umkippte: Die Insassen wurden verletzt, und die Räder drehten sich noch weiter leer in der Luft, das heißt – sowohl *strobos* als auch Katastrophe. Sobald wir nach

Hause kommen, möchte Euer Ehren in diesem Sinne bitte geruhen, alle Spielsachen, die vor unserem Weggang auf der Matte liegengeblieben sind, einzusammeln und jedes einzelne Teil an Ort und Stelle zu räumen.«

36

Alles, was meine Eltern in ihrem Leben nicht erreicht hatten, luden sie auf meine Schultern. Im Jahr 1950, am Abend des Tages, an dem Hannah und Michael (in meinem Roman *Mein Michael*) einander zufällig auf der Treppe des Terra-Sancta-Gebäudes begegnet waren, trafen sich die beiden wieder im Café Atara in der Ben-Jehuda-Straße in Jerusalem. Hannah ermuntert den schüchternen Michael, von sich zu erzählen, aber dieser erzählt ihr von seinem verwitweten Vater:

> ... sein Vater setzte große Hoffnungen in ihn. Er wollte nicht einsehen, daß sein Sohn ein gewöhnlicher junger Mann war. Er pflegte zum Beispiel voller Ehrfurcht die Aufsätze zu lesen, die Michael für sein Geologiestudium anfertigte, um sie dann in wohlgesetzter Rede mit Sätzen wie »Das ist sehr wissenschaftlich. Sehr gründlich« zu kommentieren. Seines Vaters größter Wunsch war es, daß Michael einmal Professor in Jerusalem würde, denn sein Großvater väterlicherseits hatte Naturwissenschaften am hebräischen Lehrerseminar in Grodno gelehrt. Er war sehr angesehen gewesen. Es wäre schön, dachte Michaels Vater, wenn sich diese Tradition von einer Generation zur anderen fortsetzen ließe.
> [Und Hannah sagt:]
> »Eine Familie ist kein Staffellauf, in dem ein Beruf wie ein Staffelholz weitergegeben wird.«

Viele Jahre lang gab mein Vater die Hoffnung nicht auf, man würde ihm eines Tages doch noch Onkel Josephs Robe um die Schultern legen, die er zu gegebener Zeit vielleicht mir weitervererben könnte, wenn ich der Familientradition folgen und ebenfalls ein Gelehrter werden würde. Sollte ihm jedoch die Robe versagt bleiben – wegen der Tyrannei des Broterwerbs, die ihn zeit seines Lebens an eine öde Bürotätigkeit fesselte und ihm nur die Nachtstunden für seine Forschungen ließ –, wäre sie vielleicht seinem einzigen Sohn vergönnt?

Meine Mutter hingegen, so scheint mir, wollte, daß ich einmal das zum Ausdruck bringe, was ihr nicht auszudrücken gegeben gewesen war.

In späteren Jahren erinnerten sie mich wieder und wieder im Beisein all ihrer Gäste, vor den Sarchis und den Rudnickis und den Chananis und den Bar-Jitzhars und den Abramskys, mit einem stolzen Schmunzeln daran, daß ich schon als Fünfjähriger, vielleicht zwei, drei Wochen, nachdem ich die Buchstaben gelernt hatte, eines von Vaters Karteikärtchen genommen, darauf in Druckbuchstaben »Amos Klausner, Schriftsteller« geschrieben und mittels einer Heftzwecke an der Tür meines Zimmerchens befestigt hatte.

Noch ehe ich lesen konnte, lernte ich, wie Bücher entstehen: Ich stahl mich hinter Vaters Rücken, stellte mich auf die Zehenspitzen und schaute ihm über die Schulter, wenn er vorgebeugt am Schreibtisch saß – sein müder Kopf schien im gelben Lichtkegel der Tischlampe zu schweben – und sich langsam und mühevoll durch das steile trockene Flußbett zwischen zwei hochgetürmten Bücherbergen in der Mitte des Schreibtisches hindurcharbeitete, unterwegs Detail um Detail aus den Bänden, die aufgeschlagen vor ihm lagen, aufsammelte, gründlich im Licht prüfte, klärte, klassifizierte, auf kleinen Karteikärtchen registrierte und einordnete, jedes Detail an seine passende Stelle, als fädele er Edelsteine zu einer Kette auf.

Eigentlich arbeite ich ungefähr wie er. Arbeite wie ein Uhrmacher oder Goldschmied alter Schule: Ein Auge zugekniffen, ins andere eine röhrenförmige Uhrmacherlupe geklemmt, eine feine Pinzette in den Fingern, vor mir auf dem Tisch keine Karteikärtchen, sondern viele kleine Zettel, auf denen ich mir verschiedene Wörter notiert habe, Verben, Adjektive, Adverbien und auch Versatzstücke von Sätzen, Wortfetzen, Beschreibungsscherben und alle möglichen experimentellen Verbindungen. Von Zeit zu Zeit greife ich mit der feinen Pinzette eines dieser Teilchen, dieser winzigen Textmoleküle, hebe es äußerst vorsichtig gegen das Licht und prüfe es eingehend, drehe es hin und her, beuge mich darüber, um ein wenig zu schmirgeln oder zu schleifen, hebe es wieder prüfend gegen das Licht, schleife noch ein Haarbreit und lehne mich dann vor, um das Wort oder die Wendung an ihren Ort im Gefüge einzusetzen. Und halte inne. Betrachte es von oben und von der Seite. Bin aber immer noch nicht ganz zufrieden, ziehe das eben eingesetzte Teilchen wieder heraus und ersetze es durch ein anderes oder versuche das vorige Wort in eine andere Nische desselben Satzes zu plazieren, hole es erneut heraus, feile noch ein klein wenig und versuche erneut, das gewählte Wort einzusetzen, vielleicht in einem etwas anderen Winkel? Oder in etwas anderer Anordnung? Eventuell am Satzende? Oder am Anfang des folgenden Satzes? Oder sollte man es vielleicht lieber abtrennen und hier einen eigenständigen Satz von nur einem Wort bilden?

Stehe auf. Gehe im Zimmer umher. Kehre an den Tisch zurück. Studiere die Sache noch ein paar Minuten oder länger, streiche den ganzen Satz oder reiße das Blatt raus, zerfetze es in kleine Stückchen. Verzweifle. Verfluche mich laut und verfluche die ganze Schreiberei und auch die Sprache an sich, fange aber trotzdem schon wieder an, alles von neuem zusammenzufügen.

Einen Roman schreiben, habe ich einmal gesagt, ist ungefähr so wie das Gebirge von Edom aus Legosteinen zu errichten. Oder wie ganz Paris, mit allen Gebäuden, Plätzen und Boulevards, bis zur letzten Parkbank, aus ganzen und halben Streichhölzern nachzubauen.

Um einen Roman von achtzigtausend Worten zu schreiben, mußt du unterwegs etwa eine Viertelmillion Entscheidungen treffen: nicht nur Entscheidungen über den Handlungsverlauf, wer leben wird und wer sterben, wer lieben und wer betrügen, wer reich oder verrückt werden wird, wie die Figuren heißen und aussehen werden, welche Gewohnheiten und Beschäftigungen sie haben werden, wie die Kapitel eingeteilt werden und wie der Titel des Buches lauten soll (das sind die leichtesten und gröbsten Entscheidungen); nicht nur, wo erzählen und wo unterdrücken, was vorher und was nachher bringen, was besonders betonen und was nur andeutungsweise offenbaren (auch das sind ziemlich grobe Entscheidungen), sondern vor allem mußt du Abertausende von Feinentscheidungen treffen, zum Beispiel, ob dort, im dritten Satz, gegen Ende dieses Absatzes da, blau oder bläulich stehen soll? Oder vielleicht sollte es blaßblau heißen? Oder himmelblau? Eventuell dunkelblau? Oder eigentlich vielleicht doch eher blaugrau? Und sollte man dieses Blaugrau nun gleich an den Satzanfang stellen? Oder lieber weiter ans Ende? Oder in die Mitte? Und vielleicht ist es eigentlich ein ganz kurzer Satz für sich, mit einem Punkt davor und einem Punkt und neuer Zeile danach? Oder wäre es nicht doch besser, daß dieses Blaugrau im reißenden Strom des vielgliedrigen, gewundenen Relativsatzes mitgerissen wird? Oder vielleicht wäre es überhaupt am besten, dort einfach das Wort »Abendlicht« hinzuschreiben und dieses Abendlicht mit keinerlei Blaugrau oder staubigem Azur anzumalen?

Von frühester Kindheit an war ich eigentlich das Opfer einer gründlichen und anhaltenden Gehirnwäsche: Onkel Josephs Büchertempel in Talpiot, Vaters Bücherfron in unserer Wohnung in Kerem Avraham, Mutters Bücherzuflucht, Großvater Alexanders Gedichte, die Romane, die unser Nachbar, Herr Sarchi, verfaßte, die Kärtchen und die Wortspiele meines Vaters, die duftende Umarmung Scha'ul Tschernichowskis und die Rosinen von Herrn Agnon, der mehrere Schatten auf einmal wirft.

Aber in Wahrheit verleugnete ich untergründig völlig das Kärtchen, das ich mir an die Tür geheftet hatte. Jahrelang träumte ich insgeheim davon, eines Tages, wenn ich groß wäre, all diese Bücherlabyrinthe zu verlassen und Feuerwehrmann zu werden. Das Feuer und das Wasser, die Uniform, die Heldenhaftigkeit und der silberglitzernde Helm, das Sirenengeheul und die Blinklichter, die Bewunderung der Mädchen und die Panik auf der Straße, der rote Löschwagen, der blitzschnell wie ein gezücktes Schwert dahinsaust und die Welt zweiteilt, mit seinem Katastrophenalarm jedes Herz erschreckt, während er in voller Fahrt dahindonnert, Grauen verbreitet und die Passanten reihenweise mit zitternden Knien und stockenden Herzen hinter sich läßt. Und auch die Leitern und Schläuche, die ausgefahren und ausgerollt werden, sich länger und länger recken und strecken, bis zu ihrer vollen Ausdehnung. Und die Widerspiegelung der lodernden Flammen, wie vergossenes Blut, auf den Metallflächen der roten Feuerwehrwagen. Und schließlich – der Höhepunkt – das Mädchen oder die Frau, ohnmächtig von ihrem unerschrockenen Retter auf Händen getragen: die Momente der Todesverachtung, das Versengen von Haut, Wimpern und Haar, das Inferno des erstickenden Rauchs. Und gleich danach: der Ruhm, die von Tränenströmen überquellende Liebe schwindliger Frauen, die aus lauter Verehrung und Dankbarkeit vor dir dahinschmelzen, und besonders die schönste von allen, diejenige, die du kühn mit eigenen Armen aus den Flammen gerettet hast.

Aber wer war diejenige, die ich fast all die Jahre meiner Kindheit im Geist wieder und wieder aus der Feuersbrunst rettete und deren Liebe ich dafür erntete? Vielleicht sollte man die Frage nicht so stellen, sondern so: Welche entsetzliche unglaubliche Voraussicht signalisierte dem hochmütigen Herzen eines närrischen, phantasierenden Jungen, deutete ihm an, ohne ihm alles bis zum Ende zu offenbaren, ohne ihm die geringste Chance einzuräumen, noch rechtzeitig den verschleierten Hinweis zu entschlüsseln, was in einer Winternacht mit seiner Mutter passieren sollte?

Denn schon als Fünfjähriger versetzte ich mich in der Phantasie wieder und wieder in einen unerschrockenen, kaltblütigen Feuerwehrmann, der – prächtig anzuschauen in Uniform und Helm – als einziger entschlossen in die wütenden Flammen springt und, unter Einsatz seines Lebens, die schon Ohnmächtige aus der Feuersbrunst rettet (während sein schwächlicher, aus Worten bestehender Vater nur erschrocken und hilflos dabeisteht und entsetzt ins Feuer starrt).

Und so, in eigener Sicht das feuergehärtete Heldentum des neuen Hebräers in Reinkultur verkörpernd (genau wie sein Vater es ihm vorgezeichnet hat), stürmt der Junge vorwärts und rettet ihr Leben, und mit diesem Rettungsakt entreißt er seine Mutter ein für allemal der Herrschaft des Vaters und stellt sie unter seinen Schutz.

Aber aus welchen finsteren Fäden hatte ich mir diese ödipale Phantasie weben können, die mich jahrelang nicht losließ? War vielleicht auf irgendeine Weise, wie ferner Brandgeruch, diese Frau, Irina, Ira, in meine Feuerwehr- und Rettungsphantasie eingesickert? Ira Steletzkaja? Jene Ingenieursgattin aus Rowno, deren Mann sie Nacht für Nacht im Kartenspiel verlor? Die unglückliche Ira Steletzkaja, die, nachdem sie sich in den Kutschersohn Anton verliebt und ihre Kinder verloren hatte, schließlich eines Tages einen Kanister Petroleum nahm, ihn in seiner mit Teerpappe gedeckten Kate ausschüttete und sich darin verbrannte? Aber all das war ja fünfzehn Jahre vor meiner Geburt geschehen. In einem Land, das ich nie gesehen hatte. Und meine Mutter war doch bestimmt nicht so verrückt gewesen, einem kleinen Jungen von vier oder fünf Jahren eine derartig grauenvolle Geschichte zu erzählen?

Wenn Vater nicht zu Hause war, ich am Küchentisch Linsen verlas und Mutter mit dem Rücken zu mir an der Arbeitsfläche stand, Gemüse putzte, Orangen auspreßte oder Fleischbällchen rollte, erzählte sie mir allerlei sonderbare und manchmal auch furchterregende Geschichten. Vielleicht hatte genauso wie ich der kleine Peer, der verwaiste Sohn des Jon Gynt und Enkel des Rasmus Gynt, lange stürmische Schneeabende mit seiner mittellosen, verwitweten Mutter Aase allein zu Hause gesessen und ihre mystischen, fast irrsinnigen Geschichten aufgesogen, vom Soria-Moria-Schloß jenseits des Fjords, vom Brautraub, von Trollen im Bergreich und grünen Teufelstöchtern, vom Knopfgießer und auch von dem schrecklichen Großen Krummen.

Die Küche selbst war eng und niedrig wie ein Verlies, der Boden eingesunken, die Wände waren verrußt von Petroleumbrennern und Spirituskocher. Neben den Petroleumbrennern lagen bei uns zwei Streichholzschachteln: eine mit neuen Hölzchen und eine für die gebrauchten, die man aus Gründen der Sparsamkeit dazu benutzte, um Feuer unter einem anderen Petroleumbrenner zu machen oder von einem der Petroleumbrenner zum Spirituskocher zu übertragen.

Seltsam waren die Geschichten meiner Mutter, furchterregend, aber herzergreifend, voll von Höhlen und Türmen, von verlassenen Dörfern und zerstörten Brücken, die mitten über dem Abgrund endeten. Sie hatten keine Ähnlichkeit mit den Geschichten, die damals in anderen Häusern erzählt wurden. Waren anders als die Geschichten der übrigen Erwachsenen. Waren anders als die Geschichten, die ich meinen Kindern erzählt habe, und anders als die, die ich jetzt meinen Enkeln erzähle. Mutters Geschichten bewegten sich im Kreis und waren wie in Nebel gehüllt: Sie begannen nicht am Anfang und gingen nicht gut aus, flackerten vielmehr im Halbdunkel auf, drehten sich um sich selbst, tauchten einen Moment aus den Nebeln auf, verblüfften dich, jagten dir einen Schauder über den Rücken und verschwanden dann wieder in der Finsternis, bevor du erkennen konntest, was vor deinen Augen vorbeigehuscht war. So war Mutters Geschichte über den uralten Allelujew, so ihre Geschichte von Tanitschka und ihren drei Männern, den Schmiede-Brüdern, einer von der Hand des anderen getötet, so war ihre Geschichte vom Bär, der ein totes Kind adoptierte, vom Höhlengeist, der sich in die Förstersfrau verliebte, vom Geist des Fuhrmanns Nikita, der von den Toten zurückkehrte, um die Tochter des Mörders zu bezaubern und zu verführen.

Ihre Geschichten waren immer voll von Preiselbeeren und Waldbeeren und Himbeeren und Heidelbeeren, von Morcheln, Pilzen und Gundelreben. Ohne Rücksicht auf mein zartes Alter nahm Mutter mich mit an Orte, die kaum je ein Kinderfuß betreten hatte, und unterwegs breitete sie mir ein herrliches Sprachpanorama aus, als würde sie mich in ihren Armen hoch und höher heben und mich schwindelerregende Schätze von Worten erblicken lassen: Ihre Felder waren sonnenüberflutet oder taugetränkt, der Wald war bei ihr Urwald oder Dickicht, die Bäume ragten hoch auf, die Auen grünten, das Gebirge, ein Urgestein, türmte sich, die Schlösser und Festungen waren mächtig, die Kirchtürme ragten in der Ferne auf, die Ebenen schlummerten, die Täler hießen Schluchten, und in den Schluchten plätscherten bei ihr unaufhörlich Flüsse und Bäche und Quellen und Wasserläufe und Wildwasser.

Meine Mutter führte ein einsames Leben, die meiste Zeit im Haus zurückgezogen. Abgesehen von ihren Freundinnen Lilenka, Estherke und Fania Weissmann, die ebenfalls vom Rownoer Tarbut-Gymnasium nach Jerusalem gekommen waren, fand meine Mutter nichts Anziehendes oder Interessantes an dieser Stadt: Die heiligen Stätten und die Fülle berühmter archäologischer Ausgrabungen mochte sie nicht. Die Synagogen und die Lehrhäuser, die Kirchen, die Klöster und die Moscheen erschienen ihr alle mehr oder weniger ähnlich, ermüdend und vom säuerlichen Körpergeruch frommer Männer erfüllt, die sich zu selten wuschen. Sogar durch Weihrauchschwaden hindurch witterte ihre empfindliche Nase angewidert den Geruch ungewaschener Körper.

Auch mein Vater hatte nicht viel für Religion übrig. Die Geistlichen aller Konfessionen erschienen ihm etwas suspekt und ignorant, sie schürten in seiner Sicht uralten Haß, verbreiteten Ängste, hielten verlogene Predigten, vergossen Krokodilstränen und handelten mit gefälschten Devotionalien, vermeintlichen Reliquien und allerlei Aberglauben und Vorurteilen. Irgendwie hatte er all diese »Glaubensdiener«, die von der Religion lebten, im Verdacht, zuckersüße Schwindler zu sein. Er zitierte gern Heinrich Heines Ausspruch über den Rabbiner und den Mönch, die alle beide stänken (in Vaters abgeschwächter Version: »Keiner von beiden verbreitet Wohlgeruch! Und erst recht nicht der Mufti Hadsch Amin, der Nazifreund!«). Andererseits glaubte mein Vater zuweilen an die nebulöse Vorsehung von einem »Regenten der Nation« oder »Fels Israels«, an die Wunder des »schöpferischen jüdischen Genius« und setzte Hoffnungen auf die rettenden und erneuernden Kräfte der Kunst: »Die Priester der Schönheit und der Künstler Pinsel«, zitierte er ergriffen Zeilen aus Tschernichowskis Sonettenreigen: »Die Priester der Schönheit und der Künstler Pinsel, die der Dichtung und der Anmut ihr Geheimnis entringen, werden der Welt durch Lied und Klang Erlösung bringen!« In seiner Überzeugung waren Künstler den anderen Menschen überlegen, scharfäugiger, charakterfester und allem Häßlichen abhold. Wieso einige von ihnen sich dennoch von Stalin oder gar von Hitler hatten verblenden lassen, war ein Problem, das ihn irritierte und traurig stimmte. Häufig debattierte er mit sich selbst über diese Frage: Künstler, die dem Bann von Tyrannen verfallen waren und sich in den

Dienst von Unterdrückung und Bosheit gestellt hatten, waren in seinen Augen nicht mehr wert, »Priester der Schönheit« genannt zu werden. Manchmal versuchte er sich die Sache damit zu erklären, daß der Teufel, wie in Goethes *Faust*, ihnen ihre Seelen abgekauft habe.

Die zionistische Leidenschaft der Erbauer neuer Wohnviertel und Straßen und der »Erlöser des Bodens« versetzte meinen Vater in leichten Rausch, ließ meine Mutter jedoch unberührt. Die Zeitung legte sie meistens nach einem flüchtigen Blick auf die Schlagzeilen beiseite. Die Politik hielt sie für eine reine Katastrophe. Klatsch langweilte sie. Kamen Gäste zu uns oder besuchten wir auf ein Glas Tee Onkel Joseph und Tante Zippora in Talpiot, die Sarchis, Abramskys, Rudnickis, Herrn Agnon, die Chananis oder Chana und Chaim Toren, nahm meine Mutter kaum an der Unterhaltung teil. Allerdings verleitete sie allein durch ihre Anwesenheit die Männer dazu, mit aller Kraft zu reden und zu reden, während sie selbst schwieg und die Sprechenden leicht lächelnd anblickte, als wollte sie herausfinden, warum eigentlich Herr Sarchi gerade diese Meinung vertrat und Herr Chanani die kraß entgegengesetzte. Würde die Diskussion sich irgendwie ändern, wenn Herr Chanani und Herr Sarchi plötzlich die Standpunkte tauschten, fortan jeweils leidenschaftlich die Meinung des anderen verteidigten und ihre vorherige Anschauung mit aller Macht angriffen?

Kleidung, Gegenstände, Frisuren und Möbel interessierten meine Mutter nur als Hinweise auf das innere Wesen ihrer Mitmenschen. In jedem Haus, das wir betraten, sogar in Warteräumen von Behörden, saß meine Mutter immer kerzengerade, mit geraden Knien, in einer Ecke, verschränkte die Arme über der Brust, wie die gehorsame Schülerin eines altmodischen Pensionats für Adelstöchter, und musterte gründlich, ohne Hast, Gardinen, Polster, Bilder an der Wand, Bücher, Geschirr und den Zierat auf dem Bord: wie ein Detektiv, der beharrlich Einzelheiten sammelt, von denen einige, in ihrer Kombination, vielleicht etwas verraten.

Die Geheimnisse anderer reizten und fesselten sie, aber nicht auf der Ebene des Klatsches – wer hinter wem her ist und wer mit wem geht und wer sich was gekauft hat –, sondern als würde sie unaufhörlich über die genaue Einfügung von Steinen in ein kompliziertes Mosaik oder über die Zusammensetzung eines vielteiligen Puzzles nachdenken. Sie lauschte aufmerksam den Gesprächen, musterte dabei jedoch, während ein leichtes, nachsichtiges Lächeln ihr unwillkürlich um die Lippen spielte, ständig den Sprecher oder die Sprecherin, beobachtete die Lippen, das Mienenspiel, was die Hände taten, was der Körper preisgab und was er zu verbergen suchte, wohin die Augen schweiften, wann sich die Sitzhaltung ein wenig änderte und ob die Füße in den Schuhen ruhig oder nervös waren. Sie selbst beteiligte sich nur wenig und selten am Gespräch. Aber wenn sie ihr Schweigen brach und ein oder zwei Sätze sagte, war das Gespräch meist nicht mehr dasselbe wie zuvor.

Oder vielleicht war es nicht so, sondern so: In jener Zeit war Frauen bei Gesprächen überwiegend die Zuhörerrolle zugedacht. Machte eine Frau plötzlich den Mund auf und sagte ein oder zwei Sätze, erregte sie damit einige Verwunderung.

Hier und da gab meine Mutter Privatstunden. Gelegentlich besuchte sie einen Vortrag oder eine Lesung. Die meiste Zeit blieb sie zu Hause. Saß nicht herum, sondern arbeitete schwer, arbeitete schweigend und effizient. Nie hörte ich sie bei der Hausarbeit vor sich hinsummen oder murren. Sie kochte, buk, wusch Wäsche, verstaute die Einkäufe, bügelte und putzte und räumte auf und faltete und spülte und schnitzelte und brühte. Aber wenn die Wohnung tadellos aufgeräumt war, das Geschirr in der Küche gespült und die Wäsche sauber auf Kante gefaltet in den Schränken, dann zog sich meine Mutter in ihre Ecke zurück und las. Entspannt, sanft und langsam atmend, saß sie auf dem Sofa und las. Hatte die bloßen Füße untergeschlagen und las. War ganz dem Buch, das auf ihren Knien ruhte, zugewandt und las. Saß mit vorgebeugtem Rücken, geneigtem Hals, hängenden Schultern, ihr ganzer Oberkörper einer halben Mondsichel gleichend, und las. Ihr Gesicht, zur Hälfte hinter dem Vorhang ihrer schwarzen Haare verborgen, über die Seite geneigt und las.

Sie las jeden Abend, während ich auf dem Hof spielte und Vater an seinem Tisch saß und auf engbeschriebenen Kärtchen seine Studien verfaßte, sie las nach dem Abendessen und Geschirrspülen, las, wenn Vater und ich gemeinsam an seinem Schreibtisch saßen, mein schräg gehaltener Kopf leicht seine Schulter berührte und wir Briefmarken sortierten und mit Hilfe des Kataloges ins Album klebten, las, nachdem ich schlafen gegangen und Vater zu seinen Kärtchen zurückgekehrt war, las auch, nachdem man die Läden geschlossen und das Sofa in das darin verborgene Doppelbett verwandelt hatte, las auch noch, nachdem das Deckenlicht gelöscht war, Vater die Brille abgenommen und ihr den Rücken zugekehrt hatte, las weiter, während er bereits den Schlaf des Gerechten schlief, der ganz darauf vertraut, daß es bald gut werden würde, sie las und las. Sie litt zunehmend unter Schlaflosigkeit, weshalb verschiedene Ärzte ihr in ihrem letzten Lebensjahr starke Tabletten sowie alle möglichen erprobten Säfte und Lösungen verschrieben und ihr auch zwei Wochen Ruhe in einer Pension in Safed oder im Erholungsheim der Krankenkasse in Arsa bei Motza empfahlen.

Zu diesem Zweck lieh Vater etwas Geld bei seinen Eltern, versprach, sich allein um Kind und Haushalt zu kümmern, und Mutter fuhr tatsächlich in das Erholungsheim nach Arsa. Aber auch dort hörte sie nicht auf zu lesen, ganz im Gegenteil, sie las fast Tag und Nacht. Vom Morgen bis zum Abend saß sie auf einem Liegestuhl im Kiefernhain am Hang und las, und am Abend las sie auf der beleuchteten Veranda, während die übrigen Gäste tanzten oder Karten spielten oder an allen möglichen Gruppenaktivitäten teilnahmen. Und nachts ging sie in den kleinen Aufenthaltsraum neben der Rezeption hinunter, saß dort auf der Bank und las die halbe Nacht, um ihre Zimmergenossin nicht beim Schlafen zu stören: las Maupassant und Tschechow, las Tolstoj und Gnessin und Balzac und Flaubert und Dickens und Chamisso und Thomas Mann und Iwaszkiewicz und Hamsun und Kleist und Moravia und Hesse und Mauriac und Agnon und Turgenjew und auch Somerset Maugham und Stefan Zweig und André Maurois, hob während ihrer gesamten Ruhetage kaum je die Augen von den Büchern. Zu uns nach Jerusalem zurückgekehrt, wirkte sie müde und blaß, hatte dunkle Schatten unter den Augen, als hätte sie dort jede Nacht durchgefeiert. Und als Vater und ich hören wollten, wie ihr der Urlaub gefallen habe, lächelte sie und antwortete: »Darüber habe ich nicht nachgedacht.«

Einmal, ich war sieben oder acht Jahre alt, sagte mir Mutter, als wir beide auf der vorletzten Bank im Jerusalemer Stadtbus saßen, unterwegs zum Arzt oder zum Kinderschuhgeschäft, es stimme zwar, daß Bücher sich im Lauf der Jahre verändern könnten, genauso wie Menschen sich mit der Zeit veränderten, aber der Unterschied liege darin, daß Menschen dich letztlich fast alle im Stich ließen, sobald sie keinen Nutzen oder keine Freude oder kein Interesse oder einfach keinen Gefallen mehr an dir fänden, während Bücher dich niemals im Leben im Stich ließen. Du würdest sie natürlich gelegentlich beiseite legen, manche sogar viele Jahre oder auch für immer. Aber sie, die Bücher, würden dir auch dann, auch wenn du ihnen untreu geworden warst, niemals endgültig den Rücken kehren:

Ganz still und bescheiden würden sie auf dem Regal auf dich warten, sogar jahrzehntelang würden sie warten, ohne zu klagen. Bis du eines Nachts plötzlich eines von ihnen brauchtest, und sei es um drei Uhr früh, und sei es auch ein Buch, das du Jahr um Jahr vernachlässigt, ja fast aus dem Gedächtnis gelöscht hattest, es wird dich nicht enttäuschen, sondern vom Regal herunterkommen und in dem Moment bei dir sein, in dem du es brauchst. Es wird nicht mit dir abrechnen, keine Ausflüchte erfinden und sich nicht fragen, ob es sich für es lohnt, ob du es verdienst oder ob du noch zu ihm paßt, sondern wird einfach sofort kommen, wenn du es bittest zu kommen. Wird dich nie im Stich lassen.

Als Blume ins Alter kam, wo Erziehung am Platze ist, ließ sie ihr Vater bei sich sitzen und las Bücher mit ihr. Chajim Nacht sagte: »Ich weiß wohl, Tochter, daß ich dir keine Reichtümer und keinen Besitz vererbe, aber ich werde dich lehren, Bücher zu lesen. Wenn eines Menschen Welt sich ihm verfinstert und er ein Buch liest, so findet er eine andere Welt.« Blume lernte leicht. Noch ehe sie die Buchstaben richtig beherrschte, konnte sie schon Märchen, Geschichten und Schauspiele lesen.*

Wie hieß das erste Buch, das ich eigenständig las? Vater hatte mir jenes Buch so viele Male vor dem Einschlafen vorgelesen, daß ich es wahrscheinlich schließlich Wort für Wort auswendig kannte, und als Vater mir einmal nicht vorlesen konnte, nahm ich dieses Buch mit ins Bett und sagte es mir in ganzer Länge auf, vom ersten bis zum letzten Wort, tat dabei so, als würde ich lesen, machte es wie Vater und blätterte genau zwischen den zwei Wörtern um, zwischen denen auch er jeden Abend umgeblättert hatte.

Am nächsten Tag bat ich Vater, beim Vorlesen den Finger zur Hilfe zu nehmen, und verfolgte aufmerksam die Wanderung des Fingers bei der Lektüre, und nachdem wir dies fünf-, sechsmal so gemacht hatten, konnte ich einige Tage später schon jedes Wort an seiner Form und aufgrund seines Platzes in der Zeile erkennen.

Nun war der Moment gekommen, beide über die Maßen zu verblüffen: An einem Schabbatmorgen erschien ich, noch im Schlafanzug, in der Küche, legte kommentarlos das Buch aufgeschlagen zwischen die beiden auf

---

* S. J. Agnon, *Eine einfache Geschichte*, aus dem Hebräischen von Karl Steinschneider, Frankfurt am Main 1998, S. 25.

den Tisch, ließ meinen Finger vorangleiten, der mir Wort um Wort aufzeigte, und sagte jedes Wort in dem Moment, in dem mein Finger darauf deutete. Meine Eltern, schwindlig vor Stolz, fielen prompt darauf herein, merkten gar nicht den großen Betrug, sondern waren beide felsenfest davon überzeugt, dieser besondere Junge habe sich doch tatsächlich selbst das Lesen beigebracht.

Ich brachte es mir auch wirklich bei. Ich entdeckte zum Beispiel, daß man in dem Wort UHU zwei Tragkörbe und einen Träger sieht, in dem Wort TIP Hammer, Nagel und eine stehende Trompete. EI war ein Bücherregal, dem man eine Tür angesetzt hatte, RAD ein Wanderer, der an ein Haus kam und einen großen Flitzbogen dahinter fand. DOCH war eine Reihe von Käfigen, zwei geschlossen, einer offen, und die Leiter zum Entkommen. So konnte ich ganze Zeilen und sogar Seiten lesen.

Nach zwei oder drei weiteren Wochen begann ich mich mit den Buchstaben selbst anzufreunden: Das F in Flagge sieht tatsächlich aus wie eine wehende Flagge am Mast. Das S in dem Wort WURST ist der Haken, an dem die Würste hängen, die man gern ESSEN möchte, was auf den WURM, der genauso anfängt wie WURST, kaum zutrifft. VATER und MUTTER sind am Ende, in den drei letzten Buchstaben, gleich, aber VATER breitet erst die Arme aus, und dann grätscht er die Beine, damit ich unten durchkriechen kann, und MUTTER steht fest da und macht mir MUT.

Das allererste Buch, das mir in Erinnerung ist, war eine Bildergeschichte von einem großen, dicken Bären, höchst zufrieden mit sich selbst, einem trägen und schläfrigen Bären, der eine gewisse Ähnlichkeit mit unserem Herrn Abramsky hatte, einem Bären, der sehr, sehr gern unerlaubt Honig schleckte. Und eigentlich nicht nur schleckte, sondern wirklich im Übermaß fraß. Das Buch hatte ein schlimmes und ein sehr schlimmes Ende, und erst nach dem schlimmen und dem sehr schlimmen Ende kam endlich das gute Ende: Den trägen, schläfrigen Bären stechen sehr viele wütende Bienen und, damit nicht genug, er wird für seine Gier auch noch mit Zahnweh bestraft. Seine Backe sieht auf dem Bild geschwollen aus wie ein kleiner Hügel, und um sein ganzes grenzenlos unglückliches Gesicht, das mir das kleine Herz zerriß, hatte man ihm einen schneeweißen Verband gewickelt, der in einem dicken Knoten auf dem Kopf dieses Nimmersatts endet, genau in der Mitte zwischen seinen Ohren. Und die Lehre stand dort in fetten roten Buchstaben geschrieben: »ZU VIEL HONIG TUT NICHT GUT!«

In Vaters Welt existierte kein Leid, für das es letztlich nicht ein glückliches Ende geben würde: Die Juden hatten ein schlimmes und bitteres Los in der Diaspora? Aber nun würde ja bald der hebräische Staat gegründet werden, und alles würde sich zum Guten wenden. Der Bleistiftspitzer ist nicht aufzufinden? Morgen kaufen wir einen neuen und besseren. Heute tut uns ein wenig der Bauch weh? Bis zur Hochzeit wird's vergehen. Und der gestochene, schmerzgeplagte Bär, dessen Augen so unglücklich schauten, daß sich auch meine Augen mit Tränen füllten? Nun, auf der nächsten Seite ist er ja wieder gesund und glücklich und von nun an auch lobenswert fleißig, denn er hat seine Lektion gut gelernt: Mit den Bienen hat der Bär schon einen Friedenspakt zu beiderseitigem Nutzen geschlossen, und es gab darin sogar einen Paragraphen, der ihm eine feste Honigzuteilung gewährt, Honig in Maßen, aber bis in alle Ewigkeit.

Und deshalb sieht der Bär auf der letzten Seite heiter und liebenswürdig aus, steht da und baut sich ein Haus, als hätte er sich nach all seinen wilden Ausschweifungen nun für ein bürgerlicheres Leben entschieden, um sich endlich in den Mittelstand einzureihen. Der Bär auf dem letzten Bild ähnelte etwas Vater, wenn er guter Laune war: Es sah aus, als würde dieser gemütliche Bär uns gleich, im nächsten Moment, einen Reim zum besten geben oder ein Wortspiel, oder er würde mich vielleicht sogar (»nur im Scherz!«) mit »Euer Hochwohlehren« anreden.

All das stand mehr oder weniger dort geschrieben, in Form einer einzigen Zeile auf der letzten Seite, und vielleicht war das wirklich die erste Zeile in meinem Leben, die ich gelesen habe, nicht nach dem Schriftbild der Wörter, sondern Buchstabe für Buchstabe, wie es sich gehört, und von nun an war jeder Buchstabe kein Bild mehr, sondern ein nur ihm eigener Laut: »BÄR, MEIN BÄR, FREUT SICH SEHR! BÄR, MEIN BÄR, IST VOLLER FREUD!«

Doch die Freude wurde nach ein, zwei Wochen zur Sucht: Auch mit aller Macht gelang es meinen Eltern nicht, mich von den Büchern loszureißen. Von morgens bis abends und auch danach.

Sie waren es, die mich gedrängt hatten, Lesen zu lernen. Sie waren die Zauberlehrlinge, ich war das Wasser, das sich nicht aufhalten ließ. Wie Wasser die Meerestiefe bedecken. Ich war der Golem von Prag, dem niemand den Zettel, den man ihm unter die Zunge gelegt hatte, herausziehen konnte: Ah, nu, komm mal bitte, Fania, und schau dir das an, dein Sohn sitzt wieder einmal fast nackt mitten im Flur auf dem Boden und liest. Der Junge versteckt sich unterm Tisch und liest. Das verrückte Kind hat sich wieder im Badezimmer eingeschlossen, sitzt auf der Toilettenschüssel und liest, falls er nicht schon reingefallen und mit Buch und Haaren untergegangen ist. Der Junge hat sich schlafend gestellt und hat eigentlich nur darauf gelauert, daß ich ihn allein lasse, und nachdem ich draußen war, hat er ein paar Minuten abgewartet und dann unerlaubterweise das Licht angeschaltet, und jetzt sitzt er anscheinend mit dem Rücken an die Tür gelehnt, damit du und ich nicht rein können, und rate mal, was er dort tut? Dieser Junge liest schon fließend, sogar ohne Vokalisierung. Willst du wirklich wissen, was er macht? Nun denn, jetzt behauptet er, er würde einfach dasitzen und warten, bis ich einen Teil der Zeitung durchgelesen habe. Von nun an haben wir hier noch einen weiteren Zeitungsleser par excellence. Dieser Junge verläßt den ganzen Schabbat nicht das Bett, außer vielleicht, um mal zur Toilette zu gehen. Und auch dorthin schleppt er das Buch mit. Von morgens bis abends liegt er da und frißt alles wahllos in sich hinein, Geschichten von Ascher Barasch und Gerschon Schofman, einen Roman von Pearl S. Buck über China, *Das Buch der Legenden*, die Weltreisen Marco Polos, die Abenteuer von Magellan und Vasco da Gama, einen Ratgeber für alte Menschen, die an Grippe erkrankt sind, das Stadtteilblatt von Bet Hakerem, *Die Davidischen Könige*, *Das Tagebuch der Unruhen von 1929*, Broschüren über die ländliche Siedlungstätigkeit, alte Nummern der Arbeiterinnenzeitung. Demnächst wird er auch noch anfangen, Einbände zu futtern und Druckerschwärze zu trinken. Wir müssen eindeutig eingreifen. Müssen dem ein Ende machen: Das wird langsam ziemlich seltsam und vielleicht sogar etwas besorgniserregend.

37

Das Haus unten in der Secharja-Straße hatte vier Wohnungen. Die Wohnung des Ehepaars Nachliëli lag im ersten Stock auf der rückwärtigen Seite. Die Fenster gingen auf einen verwahrlosten Hinterhof, der teils gepflastert, teils jeden Winter von allerlei Wildpflanzen überwuchert war, die sich mit den ersten sommerlichen Wüstenwinden in Dornenfallen verwandelten. Außerdem beherbergte der Hof schlaffe Wäscheleinen, Mülltonnen, Spuren abgebrannter Lagerfeuer, eine alte Kiste, einen Blechverschlag, Reste einer wackligen Laubhütte und eine blaublühende Passionsblumenhecke.

In der Wohnung selbst gab es Küche, Badezimmer, Eingangsflur, zwei Zimmer und acht oder neun Katzen. Das erste Zimmer diente Isabella und ihrem Ehemann nachmittags als Wohnzimmer, und das zweite, noch engere Zimmer diente den beiden und der ganzen Katzenschar nachts als Schlafzimmer. Jeden Morgen standen die Nachliëlis früh auf, drängten sämtliche Möbel im Flur zusammen und trugen aus dem Flur in jedes der beiden Zimmer drei, vier kleine Schultische und drei, vier Bänke, die für jeweils zwei Kinder bestimmt waren. Dadurch verwandelte sich ihre Wohnung täglich von acht Uhr morgens bis zwölf Uhr mittags in eine Privatschule namens »Heimat des Kindes«.

Zwei Klassenzimmer und zwei Lehrerinnen gab es in der Heimat des Kindes, acht Schüler in der ersten und noch einmal sechs in der zweiten Klasse, soviel wie die enge Wohnung aufnehmen konnte. Die Lehrerin Isabella Nachliëli war Eigentümerin der Schule und wirkte dort als Direktorin, Schatzmeisterin, Lehrplanbeauftragte, Feldwebel, Schulschwester, Hausmeisterin, Putzfrau und Klassenlehrerin der ersten Klasse in allen Fächern. Wir nannten sie Mora-Isabella (das Wort *morá*, Lehrerin, betonten wir immer aschkenasisch, auf der ersten Silbe, und verbanden es mit dem Namen zu einem durchgehenden Wort).

Sie war eine ausladende Frau um die Vierzig, laut und fröhlich, mit einer behaarten Warze, die wie eine verirrte Kakerlake auf ihrer Oberlippe wirkte. Sie war leicht reizbar und sentimental, zugleich resolut und voll derber Herzlichkeit. In ihren einfachen, weiten Baumwollkleidern mit den vielen Taschen und den aufgedruckten weißen Kringeln hatte Mora-Isabella Ähnlichkeit mit einer erfahrenen Heiratsvermittlerin aus einem jüdischen Schtetl, einer gewieften Vertreterin ihres Fachs mit dicken Armen und scharfen Augen, die dich mit einem einzigen eindringlichen Blick und drei bis vier scheinbar harmlosen, doch listigen Fragen einzuschätzen wußte, äußerlich und innerlich. In ein, zwei Minuten hatte sie dich restlos entschlüsselt, dein Wesen erkannt und deine verborgensten Geheimnisse enträtselt. Während sie dich auf ihre Herz und Nieren erforschende Art prüfte und einordnete, stöberten und wühlten ihre roten, wie enthäutet wirkenden Hände bereits ruhelos in ihren zahlreichen Taschen, als würde sie augenblicklich aus einer dieser Taschen eine passende Braut ziehen, die genau all deinen Bedürfnissen entsprach, oder eine Haarbürste oder ein Fläschchen Nasentropfen oder wenigstens ein sauberes Taschentuch, um damit einen peinlichen grünen Popel von deiner Nasenspitze zu entfernen.

Mora-Isabella war auch Katzenhirtin: Herden von Katzen folgten ihr verehrungsvoll auf Schritt und Tritt, liefen ihr zwischen den Beinen herum, schmiegten sich an ihren Rocksaum, störten sie beim Gehen, bekamen Fußtritte ab, ohne sich beirren zu lassen, brachten sie vor lauter Hingabe und Hörigkeit fast zum Stolpern. Die Katzen kletterten mit ausgefahrenen Krallen an ihrem Kleid hoch, graue, weiße, gefleckte, rothaarige, gestreifte, schwarze und getigerte, hockten ihr auf den breiten Schultern, rollten sich in ihrem Bücherkorb zusammen, brüteten auf ihren Schuhen, balgten sich unter verzweifeltem Jaulen um das Privileg, auf ihrem Schoß zu sitzen. Bei jeder Schulstunde waren mehr Katzen als Schüler im Klassenzimmer, alle in tiefer Ehrfurcht verstummt, um den Unterricht nicht zu stören, alle folgsam wie Hunde, alle wohlerzogen und höflich wie Pensionatsschülerinnen aus gutem Hause, sie saßen auf ihrem Tisch, auf ihrem Schoß, auf unseren kleinen Knien, auf unseren Ranzen, auf dem Fensterbrett und auf der Kiste für Turngerät, Malutensilien und Materialien für den Werkunterricht.

Manchmal rügte Mora-Isabella sie oder erteilte ihnen Befehle. Mit erhobenem Zeigefinger drohte sie dieser oder jener von ihnen, ihr die Ohren abzupflücken oder den Schwanz auszureißen, wenn sie nicht augenblicklich ihr Verhalten bessere. Die Katzen gehorchten ihr immer, sofort, bedingungslos und ohne jede Widerrede. »Schäm dich was, Serubavel!« donnerte sie plötzlich los. Auf der Stelle kam der Bedauernswerte aus dem Katzenknäuel, das auf der Matte vor dem Tisch der Lehrerin lagerte, und tappte davon, niedergeschlagen, beschämt, den Bauch fast am Boden, den Schwanz zwischen den Beinen, die Ohren zurückgelegt, suchte sich allein und gemaßregelt seinen Weg in die Zimmerecke. Aller Augen – von Kindern und Katzen gleichermaßen – starrten auf ihn und sahen seine ganze Schmach. So entfernte sich der Angeklagte, gewissermaßen auf dem Bauch kriechend, in die Ecke, tief bedrückt, blamiert, seiner Nichtigkeit eingedenk, schämte sich seiner Sünden und bereute sie bitterlich, hoffte vielleicht bis zum letzten Augenblick beklommen auf das Wunder einer Begnadigung, die – wenn überhaupt – erst im Moment völliger Verzweiflung kommen würde.

Aus der Zimmerecke schickte uns der Ärmste ein süßes, mitleiderregendes Blinzeln, einen schuldbewußten und aus tiefstem Leid flehenden Blick, als wollte er sagen: Wer bin ich schon.

»Du Ausgeburt der Gosse!« warf Mora-Isabella mit einer Gleichgültigkeit hin, die jenseits von Verachtung war, und vergab ihm dann mit einem Wink: »Gut. Na ja. Komm zurück. Nur merk dir gut, wenn du auch nur noch ein einziges Mal –«

Diesen Satz brauchte sie nicht zu Ende zu sprechen, denn der Missetäter, der begnadigt worden war, tänzelte schon in charmantem Werben auf sie zu, als hätte er sich geschworen, sie diesmal restlos zu bezaubern, konnte sein Glück kaum fassen, den Schwanz steil erhoben, die Ohren vorgestreckt, schwebte und hüpfte auf weichen Samtpfoten auf uns zu, der geheimnisvollen Macht seiner Niedlichkeit durchaus bewußt, die er nun als Herzensbrecher einsetzte, die Barthaare sauber geputzt, das Fell glänzend und leicht gesträubt und in den funkelnden Augen flimmerte ein Funken Scheinheiligkeit und Verschlagenheit, als zwinkere er uns zu, während er noch schwor, fortan der tugendhafteste und frömmste Kater der Welt zu sein.

Mora-Isabellas Katzen waren zu einem produktiven Leben erzogen worden, und tatsächlich waren sie nützliche Katzen: Sie hatte ihnen beigebracht, ihr einen Bleistift, ein Stück Kreide oder ein paar Strümpfe aus dem Schrank zu holen, unter den Möbeln einen entsprungenen Teelöffel hervorzubefördern, der sich vergeblich dort zu verstecken gesucht hatte, am Fenster zu sitzen und ein erkennendes Miauen von sich zu geben, wenn ein Bekannter auf das Haus zukam, und ein warnendes Miauen beim Erscheinen eines Fremden. (Die meisten dieser Wunderdinge hatten wir nicht mit eigenen Augen gesehen, aber wir glaubten ihr. Und wir hätten ihr auch geglaubt, wenn sie uns erzählt hätte, ihre Katzen würden Kreuzworträtsel lösen.)

Nachliëli, Mora-Isabellas kleinen Ehemann, bekamen wir kaum je zu Gesicht. Meist ging er noch vor unserem Eintreffen zur Arbeit, und wenn er doch einmal zu Hause war, mußte er sich während der Unterrichtsstunden in der Küche aufhalten und dort leise seine Pflichten verrichten. Hätten nicht er und wir Erlaubnis von höchster Stelle erhalten, gelegentlich die Toilette aufzusuchen, hätten wir niemals entdeckt, daß Herr Nachliëli überhaupt bloß Getzel war, der blasse junge Kassierer vom Genossenschaftsladen. Er war fast zwanzig Jahre jünger als seine Frau: Die beiden hätten mit Leichtigkeit als Mutter und Sohn durchgehen können.

Tatsächlich war er zwei-, dreimal gezwungen – oder wagemutig genug –, sie während des Unterrichts zu rufen, sei es, weil ihm die Frikadellen angebrannt waren, sei es, weil er sich verbrüht hatte. Er nannte sie nicht Isabella, sondern Mutter, ebenso wie es bestimmt ihr ganzer Katzenschwarm tat. Sie wiederum nannte ihren jugendlichen Ehemann bei irgendeinem Namen aus der Vogelwelt, Sänger oder Spatz oder Fink oder vielleicht Bülbül. Nur nicht Nachliëli: Bachstelze.

Im Umkreis einer halben Kindergehstunde von unserem Haus lagen zwei Grundschulen, die eine zu sozialistisch, die andere zu religiös: Auf dem Dach der »Berl-Katznelson-Schule für Arbeiterkinder« am Nordende der Haturim-Straße wehte neben der Nationalflagge auch die rote Fahne der Arbeiterklasse. Dort feierte man mit Paraden und Festakten den 1. Mai. Der Direktor wurde von Lehrern wie Schülern mit »Genosse« angeredet. Die Lehrer trugen im Sommer kurze Khakihosen und offene Sandalen. Im Gemüsegarten auf dem Hof bereitete man die Schüler auf ein Leben in der Landwirtschaft und ihre Selbstverwirklichung im Arbeitersiedlungswerk vor. In Werkstätten lernten sie produktive Handwerksberufe: Schreiner, Schlosser, Mechaniker, Baueisenhersteller und auch etwas Unklares, aber Verlockendes, das »Feinmechanik« hieß.

Im Klassenzimmer durften die Schüler sitzen, wo sie wollten, sogar Jungen neben Mädchen. Fast alle trugen dort die Blauhemden der sozialistischen Jugendbewegungen, mit rotem oder mit weißem Schnürband am Ausschnitt. Die Jungen gingen in kurzen Hosen, die bis zum Schritt aufgekrempelt waren, während die Hosen der Mädchen, ebenfalls schamlos kurz, mittels Gummizug an den Beinen hafteten. Die Schüler redeten ihre Lehrer ausnahmslos mit dem Vornamen an. Sie lernten dort Rechnen und Heimatkunde und Hebräische Literatur und Geschichte, aber auch Fächer wie Geschichte des Jischuw, der Siedlungs- und der Arbeiterbewegung, Grundsätze des Arbeitersiedlungswerks, Entwicklungsstadien des Klassenkampfs. Und sie schmetterten alle möglichen Arbeiterhymnen, von der »Internationale« bis zu »Laßt uns alle Pioniere und Pionierinnen sein« oder »Das Blauhemd ist kostbarer als alle Juwelen«.

Die Bibel wurde hier unterrichtet als eine Sammlung von Aufsätzen über aktuelle Ereignisse: Die Propheten kämpfen für den Fortschritt und soziale Gerechtigkeit und das Wohlergehen der Armen, während die Könige und Priester alle Übel der bestehenden Gesellschaftsordnung verkörpern. Der junge Hirte David war ein kühner Guerillakämpfer im Dienst

Eine Geschichte von Liebe und Finsternis

der nationalen Befreiungsbewegung unter dem Joch der Philister, aber im Alter verwandelte sich ebendieser David in einen imperialistisch-kolonialistischen König, der Länder eroberte, Völker unterdrückte, ja sogar das Lamm des armen Mannes raubte und schamlos den Schweiß der Werktätigen ausbeutete.

Vierhundert Meter von dieser roten Arbeiterschule entfernt, in der Parallelstraße, befand sich die national-religiöse Tachkemoni-Schule, eine Gründung der Misrachi-Bewegung, die ausschließlich von Jungen besucht wurde, die im Klassenzimmer immer eine Kopfbedeckung trugen. Die meisten Schüler stammten aus armen Familien, abgesehen von einigen Söhnen der alteingesessenen sefardischen Jerusalemer Aristokratie, die beim Ansturm der energischeren Aschkenasim an den Rand gedrängt worden war. Die Schüler wurden nur mit dem Familiennamen angeredet, Boso, Valero, Danon, Cordovero, Saragosti, Alfasi, und die Lehrer hießen Herr Neimann, Herr Alkalai, Herr Michaeli, Herr Avissar, Herr Benvenisti und Herr Ofir. Der Direktor hieß geehrter Herr Direktor. Allmorgendlich begann die erste Unterrichtsstunde hier mit dem Morgengebet für Kinder. Dem folgte eine Unterweisung in der Tora mit Raschi-Kommentar, Stunden, in denen die Schüler die *Sprüche der Väter* und andere rabbinische Weisheiten lernten, Talmud, Aggada und Halacha, Lektionen zur Geschichte der jüdischen Liturgie und zu allen möglichen Mitzwot und guten Taten, zu Abschnitten aus dem *Schulchan Aruch* und den Gebetbüchern für die verschiedenen Feiertage, zur Geschichte der jüdischen Diaspora und zu den Viten großer jüdischer Religionsgelehrter aller Zeiten, dazu ein paar Legenden mit hoher Moral und guter Lehre, etwas von den maßgebenden rabbinischen Autoritäten, eine Spur Jehuda Halevi und eine Spur Bialik, und zwischen alldem hier und da auch mal hebräische Grammatik, Rechnen, Englisch, Singen, Weltgeschichte und ein kleiner Seitenblick in die Erdkunde. Die Lehrer trugen auch an Sommertagen Jacketts, und der geehrte Herr Direktor Ilan erschien immer im dreiteiligen Anzug.

Meine Mutter hatte mich schon als Erstkläßler auf die Schule für Arbeiterkinder schicken wollen, sei es, weil ihr die strengreligiöse Trennung zwischen Jungen und Mädchen nicht zusagte, sei es, weil ihr die alte Tachkemoni-Schule in den massiven Steingebäuden, die noch aus der Türkenzeit stammten, diasporahaft und altmodisch und deprimierend vorkam im Vergleich zum Arbeiterschulhaus mit seinen großen Fenstern, lichtdurchfluteten Klassenzimmern und den blühenden Gemüsebeeten im Hof, durchweht von jugendlichem Frohsinn und Schwung. Vielleicht erinnerte diese Schule sie irgendwie an das Tarbut-Gymnasium in Rowno.

Mein Vater machte sich nicht wenige Gedanken über diese Frage: Am liebsten wäre es ihm gewesen, wenn ich mit den Professorenkindern in Rechavia oder wenigstens mit den Kindern der Ärzte, Lehrer und Beamten, die in Bet Hakerem wohnten, in die Schule gegangen wäre, aber es waren unruhige Zeiten mit gelegentlichen Schußwechseln, und Rechavia wie auch Bet Hakerem waren von unserem Haus in Kerem Avraham nur per Bus mit einmal Umsteigen zu erreichen. Tachkemoni war dem laizistisch-nationalen Herzen meines Vaters und seinem aufgeklärten, skeptischen Geist fremd. Die Schule für Arbeiterkinder hingegen war in seinen Augen ein trüber Quell sozialistischer Indoktrination und proletarischer Gehirnwäsche. Also blieb ihm nichts anderes übrig, als zwischen der schwarzen Gefahr und der roten Gefahr abzuwägen und das kleinere der beiden Übel zu wählen.

Nach längeren Überlegungen neigte mein Vater, im Gegensatz zu meiner Mutter, dazu, mich auf die Tachkemoni-Schule zu schicken: Er meinte, es stünde nicht zu befürchten, daß sie mich dort in ein frommes Kind verwandeln würden, denn das Ende der Religion sei sowieso nah, der Fortschritt dränge sie schnell beiseite, und selbst wenn es ihnen dort gelingen würde, für eine Weile einen kleinen Klerikalen aus mir zu machen, so würde ich doch bald ins Leben hinausgehen und all diesen archaischen Staub abschütteln, auch die religiöse Gesetzestreue würde bestimmt keine bleibenden Spuren bei mir hinterlassen, ebenso wie in wenigen Jahren die religiösen Juden überhaupt, mit all ihren Synagogen, aus der Welt verschwinden würden, so daß alsbald nur noch eine verschwommene folkloristische Erinnerung an sie bliebe.

Dagegen barg die Arbeiterschule, nach Meinung meines Vaters, eine ernste Gefahr: Die rote Flut schwillt doch immer mehr in unserem Lande an, überschwemmt jetzt die ganze Welt, und die sozialistische Indoktrination ist ein Abgrund, aus dem es kein Entrinnen gibt. Wenn wir den Jungen dorthin schicken, werden sie ihn augenblicklich einer Gehirnwäsche unterziehen und ihm den Kopf mit marxistischem Stroh vollstopfen und im Handumdrehen einen Bolschewiken aus ihm machen, einen kleinen Soldaten Stalins, werden ihn in einen ihrer Kibbuzim abgleiten lassen, und von dort führt kein Weg zurück. (»Alle, die zu ihr kommen, kehren nicht zurück«, zitierte er aus den Sprüchen Salomos.) Aber der Weg von unserem Haus zur Tachkemoni-Schule wie auch zur Schule für Arbeiterkinder führte am Schneller-Lager vorbei. Von den mit Sandsäcken befestigten Mauern des Militärstützpunkts schossen manchmal britische Soldaten aus Nervosität, aus Judenhaß oder vielleicht auch nur im Suff auf Passanten. Einmal eröffneten sie das Maschinengewehrfeuer und erschossen den Esel des Milchmanns, weil sie fürchteten, die Milchkannen könnten mit Sprengstoff gefüllt sein, wie es beim Anschlag auf das King David Hotel der Fall gewesen war. Ein- oder zweimal überfuhren britische Fahrer mit ihren Jeeps auch Fußgänger, die nicht schnell genug die Straße freimachten.

Es war die Zeit nach dem Zweiten Weltkrieg, die Zeit des Untergrunds und der Terrorakte, der Sprengung der britischen Kommandanturen, der Sprengsätze, die Etzel-Leute im Keller des King David Hotels gelegt hatten, der Angriffe auf das Hauptquartier des britischen Geheimdienstes in der Mamilla-Straße und auf Militär- und Polizeieinrichtungen.

Meine Eltern beschlossen daher, die frustrierende Wahl zwischen finsterem Mittelalter und stalinistischer Falle, zwischen Tachkemoni-Schule und der Schule für Arbeiterkinder, für zwei Jahre aufzuschieben und mich vorerst, für die erste und zweite Klasse, in die Heimat des Kindes unter Leitung der Frau Lehrerin Isabella Nachliëli zu schicken. Der große Vorteil dieser katzenreichen Privatschule lag darin, daß sie sich in Rufweite von unserem Haus befand: Du gehst aus dem Hof nach links, kommst an der Tür von Familie Lemberg und an Herrn Austers Lebensmittelladen vorbei, überquerst vorsichtig die Amos-Straße vor dem Balkon der Familie Sahavi, gehst noch etwa dreißig Meter die Secharja-Straße runter, überquerst sie vorsichtig – und bist da: vor der üppig mit Passionsblumen überwucherten Mauer, und eine grauweiße Katze, die gerade Wachdienst hat, kündigt miauend dein Eintreffen vom Fenster aus an. Zweiundzwanzig Stufen, und schon hängst du deine Feldflasche an den Haken am Eingang der kleinsten Schule Jerusalems: zwei Klassenräume, zwei Lehrerinnen, rund ein Dutzend Schüler und neun Katzen.

38

Nachdem ich die erste Klasse absolviert hatte, gelangte ich plötzlich aus der feurigen Hand der Katzenhirtin Mora-Isabella in die kühlen, ruhigen Hände der Mora-Zelda der zweiten Klasse. (Auch sie immer auf der ersten Silbe betont, aber ohne irgendwelche Katzen. Und ein blaugrau schimmerndes Licht schien sie ganz und gar einzuhüllen und zog mich sofort in seinen Bann.)

Mora-Zelda sprach so leise, daß es, wollten wir sie verstehen, nicht genügte, still zu sein, man mußte sich über den Tisch vorlehnen. So saßen wir denn unablässig vorgelehnt, von morgens bis mittags, weil wir kein Wort versäumen wollten: Alles, was Mora-Zelda sagte, war faszinierend und etwas unvorhersehbar. Als lernten wir bei ihr eine neue Sprache, dem Hebräischen nicht fern, aber doch anders und herzergreifend: Die Berge nannte sie manchmal Bergeshöhen, die Sterne: Himmelslichter. Der Abgrund war eine mächtige Tiefe, und Bäume bezeichnete sie zuweilen als Wipfel, aber meist nannte sie jeden Baum bei seinem Namen. Wenn du im Unterricht etwas sagtest, was ihr gefiel, zeigte Mora-Zelda auf dich und erklärte leise: Schaut bitte alle her, hier ist ein lichtüberflutetes Kind. Versank ein Mädchen in Tagträume, erklärte Mora-Zelda uns, ebenso wie kein Mensch schuld an seiner Schlaflosigkeit sei, dürfe man Noa auch nicht die Wachlosigkeit vorwerfen, die sie zuweilen befiele.

Spott, jegliche Art Spott, bezeichnete Mora-Zelda als Gift, die Lüge war ein Fallen oder Zerbrechen. Faulheit nannte sie Blei und Klatsch die Augen des Fleisches. Stolz hieß bei ihr Flügelversenger, und ein Verzicht, auch ein ganz kleiner, wie der Verzicht auf einen Radiergummi oder auf das Austeilen der Malblätter, obwohl man eigentlich an der Reihe war, hieß bei ihr Funke. Zwei, drei Wochen vor dem Purimfest, unserem absoluten Lieblingsfest, verkündete sie plötzlich: Und vielleicht wird es dieses Jahr gar kein Purim geben. Vielleicht wird es gelöscht, bevor es hierherkommt.

Gelöscht? Das Fest? Große Panik befiel uns: nicht nur die Angst, Purim zu versäumen, sondern das finstere Grauen vor jenen ungeheuren, verborgenen Mächten, Mächten, von deren Existenz man uns bis dahin nichts erzählt hatte, Mächten, die nach Belieben Feste anzuzünden und zu löschen vermochten, als seien sie nichts anderes als Streichhölzer.

Mora-Zelda ging nicht ins Detail, sie deutete uns nur an, daß das Löschen oder Nichtlöschen des Festes im wesentlichen von ihr abhänge: Sie selbst stehe irgendwie mit den unsichtbaren Mächten in Verbindung, die zwischen Feiertag und Nichtfeiertag, zwischen Heiligem und Profanem trennen. Und deshalb, sagten wir untereinander, sollten wir, wenn wir das Purimfest nicht gelöscht haben wollten, uns lieber besonders anstrengen, sollten zumindest das wenige tun, das in unseren Kräften stand, damit Mora-Zelda uns gewogen wäre. Denn nichts Geringes, sagte Mora-Zelda, nichts Geringes sei gering in den Augen dessen, der gar nichts habe.

Ich erinnere mich an ihre Augen: Augen, die ihr Geheimnis nicht preisgaben, lebhaft und warm, aber nicht fröhlich. Jüdische Augen, die leicht tatarisch anmuteten.

Manchmal unterbrach sie den Unterricht, schickte uns zum Spielen auf den Hof, beließ jedoch zwei Auserwählte im Klassenzimmer, die sie für würdig befunden hatte, weiterzuunterrichten. Die auf den Hof Verbannten freuten sich keineswegs über die Freistunde, sondern beneideten die Auserkorenen.

Und manchmal war die Zeit um, Mora-Isabellas Klasse längst heimgeschickt worden, die befreite Katzenschar über die ganze Wohnung, die Treppen und den Hof ausgeschwärmt, und nur wir verharrten selbstvergessen im Bann von Mora-Zeldas Geschichten, über unsere Tische vorgelehnt, um ja kein Wort zu verpassen, bis eine der besorgten Mütter, die Schürze über den Rock gebunden, ankam, in der Tür stehenblieb, die Hände in die Hüften stemmte und erst ungeduldig, dann verblüfft und schließlich neugierig wartete, als sei nun auch diese Mutter wieder zum staunenden Kind geworden, das mit uns allen gespannt zuhörte, um sich ja nicht entgehen zu lassen, was am Ende der Geschichte mit der verlorenen Wolke werden würde, der ungeliebten Wolke, deren Gewand sich in den Strahlen des goldenen Sterns verfangen hatte.

Verkündetest du im Klassenzimmer, du wolltest allen etwas erzählen, und sei es mitten in einem anderen Thema, hob dich Mora-Zelda sofort hoch und setzte dich auf ihren Tisch, aufs Lehrerpult, während sie an deiner Stelle auf der kleinen Bank Platz nahm. Damit beförderte sie dich durch einen wunderbaren Sprung zum Lehrer, unter der Bedingung, daß du etwas Sinnvolles erzähltest oder eine interessante Behauptung aufstelltest. Solange es dir gelang, sie zu interessieren oder die Klasse, durftest du im Sattel sitzenbleiben. Wenn du aber Unsinn redetest oder einfach nur Aufmerksamkeit erregen wolltest, ohne daß du wirklich etwas zu erzählen hattest, dann erklärte Mora-Zelda in ihrem kühlsten und ruhigsten Ton, der weder Lachen noch Leichtsinn zuließ: »Aber das ist doch töricht.«

Oder: »Genug herumgealbert.«

Oder auch: »Es reicht. Damit erweist du dich doch deiner selbst nicht würdig.«

Beschämt und mit hängendem Kopf kehrtest du dann an deinen Platz zurück.

Schnell lernten wir alle, uns in acht zu nehmen: Ein Wort ist wie in Stein gemeißelt. Manchmal schweigt man besser. Es hat keinen Sinn, hohle Worte zu machen. Versuche nie, im Mittelpunkt zu stehen, wenn du nichts zu bieten hast. Es ist angenehm und sogar berauschend, aus der Menge herauszuragen und am Lehrertisch zu sitzen, aber man kann schnell und schmerzhaft tief fallen. Banalität und Spitzfindigkeit bringen Schmach. Jede öffentliche Rede will gut vorbereitet sein. Überlege dir immer gründlich, ob nicht Schweigen besser ist: Wer schweigt, blamiert sich nicht.

Sie war meine erste Liebe: eine unverheiratete Frau um die Dreißig, Mora-Zelda, Frau Schneerson. Ich war noch keine acht Jahre alt, doch sie zog mich ganz und gar in ihren Bann und setzte ein Metronom in meinem Innern in Gang, das bis dahin nicht geschlagen hatte und von da an bis heute nicht mehr ausgesetzt hat.

Morgens in meinem Bett beim Aufwachen sah ich sie vor mir, bevor ich noch die Augen aufschlug. Ich beeilte mich mit dem Anziehen und Frühstücken, nur schnell fertig werden und Reißverschluß hoch und alles zuknöpfen und Ranzen schnappen, um endlich geradewegs zu ihr zu laufen. Mir brummte der Kopf vor lauter Anstrengung, jeden Tag neue, schöne und sinnvolle Worte für sie auszudenken, die ich an sie richten wollte, um ihren Blick zum Leuchten zu bringen, so daß sie dieses Mal auf mich deutete und sagte: Hier haben wir heute morgen ein lichtüberflutetes Kind unter uns.

Schwindlig vor Liebe saß ich allmorgendlich in ihrem Klassenzimmer. Oder ganz rußig vor Eifersucht. Unaufhörlich versuchte ich herauszuspüren, wie ich ihre Gunst erwerben könnte. Und schmiedete Pläne, wie ich den Zauber der anderen ausschalten könnte. Wie eine Barriere zwischen ihnen und ihr zu errichten wäre.

Eine Geschichte von Liebe und Finsternis 2251

Mittags kehrte ich von der Schule heim, legte mich aufs Bett und phantasierte, wie es wäre: nur sie und ich.

Ich liebte die Farbe ihrer Stimme, den Hauch ihres Lächelns und das Rascheln ihrer Kleider (langärmelig, meist braun, dunkelblau oder grau, und darauf eine einfache elfenbeinfarbige Kette oder ein Seidentuch in ruhigen Tönen). Am Ende des Tages machte ich die Augen zu, zog mir die Decke über den Kopf und nahm sie mit mir mit. Im Traum umarmte ich sie, und sie küßte mich beinahe auf die Stirn. Strahlendes Licht umfing sie und fiel auch auf mich, damit ich ein lichtüberfluteter Junge würde.

Ich wußte bereits, was Liebe ist: Ich hatte ja schon eine Menge Bücher verschlungen, Kinder- und Jugendbücher und auch Bücher, die als ungeeignet für mich galten. Wie jedes Kind seine Mutter und seinen Vater liebt, so verliebt sich jeder, wenn er etwas größer ist, in jemanden aus einer anderen Familie, jemanden Fremden, und mit einem Schlag, so als hätte man in einer Höhle im Wäldchen von Tel Arsa einen Goldschatz gefunden, verändert sich das Leben des Verliebten. Und ich wußte aus Büchern, daß man bei Liebe, wie bei Krankheit, weder ißt noch schläft. Und tatsächlich aß ich kaum, aber nachts schlief ich sehr tief, und auch tagsüber wartete ich darauf, daß es dunkel würde und ich schlafen gehen könnte. Dieser Schlaf paßte nicht zu den Liebessymptomen, die in den Büchern geschildert wurden, und ich war nicht ganz sicher, ob ich wie die Erwachsenen verliebt war, denn dann hätte ich schließlich unter Schlaflosigkeit leiden müssen, oder ob meine Verliebtheit doch noch die eines Kindes war.

Und ich wußte aus Büchern und aus Filmen, die wir im Edison-Kino gesehen hatten, und wußte auch so, aus der Luft, daß hinter der Verliebtheit, auf ihrer Kehrseite, wie hinter dem Bergzug Moabs, den wir vom Skopusberg aus sahen, sich noch eine andere Landschaft erstreckt, eine ganz andere, ziemlich beängstigende Landschaft, die man von hier aus gar nicht sieht, und vielleicht ist es gut, daß man sie nicht sieht. Dort nistet etwas, etwas Pelziges, Beschämendes, etwas, das im Finstern bleiben muß. Und zu dem Bild gehörte, das ich so sehr zu vergessen suchte (aber in einem Detail, das ich nicht richtig hatte erkennen können, mir auch in Erinnerung rufen wollte), zu jenem Foto, das der italienische Gefangene mir damals durch den Stacheldrahtzaun gezeigt hatte, wonach ich, kaum daß ich noch etwas gesehen hatte, geflüchtet war. Und es gehörte auch zu Kleidungsstücken, die Frauen haben, aber wir Jungen nicht und die Mädchen in unserer Klasse auch noch nicht. Im Finstern lebt und regt sich dort noch etwas, rumort, und es ist feucht und voller Haare, etwas, von dem ich einerseits viel besser gar nichts wissen sollte, doch andererseits, wenn ich nichts davon weiß, zeigt das doch, daß meine ganze Verliebtheit nichts als die eines Kindes ist.

Kindliche Verliebtheit ist etwas anderes, sie schmerzt nicht und beschämt nicht, so wie Joavi die Noa liebt oder wie Ben-Ami die Noa oder sogar wie Noa den Bruder von Avner. Aber bei mir ist es ja kein Mädchen aus der Klasse und kein Mädchen aus dem Viertel, die altersmäßig zu mir passen würde oder nur ein wenig älter, wie die große Schwester von Joëser. Bei mir ist es Verliebtheit in eine Frau. Und es ist noch viel schlimmer, weil sie Lehrerin ist. Die Klassenlehrerin. Und es gibt niemanden auf der Welt, den ich hier hätte um Rat fragen können, ohne eine Ladung Spott abzubekommen. Spott heißt bei ihr Gift. Und Lüge heißt bei ihr Fallen oder Zerbrechen. Enttäuschung nennt sie Schmerz oder Schmerz der Träumenden. Stolz ist ein Flügelversenger. Und ausgerechnet Scham heißt bei ihr Ebenbild Gottes.

Und ich? Auf den sie manchmal in der Klasse deutet und lichtüberflutetes Kind nennt, und der ich nun, ihretwegen, finsternisüberflutet bin?

Und mit einem Schlag wollte ich nicht mehr in die Heimat des Kindes gehen. Ich wollte eine richtige Schule, mit Klassenzimmern, Klingel und Hof, nicht eine Wohnung von Bachstelzen mit Strömen von Katzen, wollte eine Schule, in der nicht überall Katzenhaare sind, die sogar auf der Toilette unter deiner Kleidung auf der Haut kleben bleiben, ohne diesen ständigen Geruch nach alter Katzenpisse, die unter einem Möbelstück getrocknet ist. Eine richtige Schule, deren Direktorin nicht ankommt und dir plötzlich einen festgetrockneten Popel unter der Nase wegputzt, und deren Mann nicht Kassierer im Genossenschaftsladen ist, und in der man mich nicht lichtüberflutet nennt. Eine Schule ohne Verliebtheiten und all das.

Und tatsächlich, nach einem Streit zwischen meinen Eltern, einem Streit im Flüsterton, auf russisch, so einem Titschtichtschawoini-Streit, in dem mein Vater offenbar siegte, wurde beschlossen, mich nach Abschluß der zweiten und letzten Klasse der Heimat des Kindes, nach den großen Ferien, in die dritte Klasse der Tachkemoni-Schule zu schicken, nicht in die Schule für Arbeiterkinder. Wenn schon zwischen zwei Übeln zu wählen war, dann lieber das schwarze als das rote.

Aber zwischen Tachkemoni und mir erstreckte sich noch ein ganzer Sommer der Liebe.

»Was, du rennst schon wieder zu Mora-Zelda? Morgens um halb acht? Hast du denn keine Freunde in deinem Alter?«

»Aber sie hat mich eingeladen. Sie hat gesagt, ich soll kommen, wann ich will, sogar jeden Morgen.«

»Schön, daß sie das gesagt hat. Aber bitte sag einmal selbst: Findest du es nicht ein wenig unnatürlich, daß ein achtjähriger Junge dermaßen am Rockzipfel seiner Lehrerin hängt? Seiner früheren Lehrerin, genau genommen? Tagtäglich? Um sieben Uhr morgens? Noch dazu in den großen Ferien? Findest du das nicht etwas übertrieben? Ist das nicht ein wenig unhöflich? Überleg mal bitte! Auf logische Weise!«

Ich trat von einem Fuß auf den anderen, wartete ungeduldig das Ende der Predigt ab und quetschte hervor: »Gut! Ich überleg mir's! Auf logische Weise!« Das rief ich schon im Rennen, schon von Adlerschwingen in den Hof ihrer Erdgeschoßwohnung in der Zefanja-Straße getragen, gegenüber der Haltestelle der Buslinie 3a, neben Frau Chassias Kindergarten, hinter dem Milchmann, Herrn Langermann, mit seinen großen Blechkannen, die von den Höhen Galiläas und den sonnenüberfluteten Ebenen geradewegs in unsere tristen Gassen kamen, direkt von den »Feldern im fruchtbaren Tal, die dir den Gruß entbieten in der Nacht« – »erwarte uns, mein Land, in den weiten Kornfeldern«, »Tau von drunten, Mond überall, von Bet Alfa bis Nahalal«.

Aber der Mond war hier: Mora-Zelda war der Mond. Dort bei ihnen, in den fruchtbaren Tälern und in der Scharon-Ebene, dort erstreckten sich die Gefilde der Sonne, das bewunderte Reich der Starken und Sonnengebräunten. Nicht hier. Hier in der Zefanja-Straße hielten sich selbst an einem Sommermorgen ein paar Mondnachtschatten.

Allmorgendlich fand ich mich schon vor acht Uhr vor ihrem Fenster ein, das Haar mit etwas Wasser glattgekämmt, das saubere Hemd ordentlich in den Hosenbund gesteckt, ohne heraushängende Zipfel. Ich half ihr mit Freuden bei all ihren morgendlichen Aufgaben: lief für sie zum Gemüsehändler und zum Lebensmittelladen, fegte den Hof, goß die Geranien, hängte Wäsche auf die Leine oder nahm trockene Wäsche ab, fischte für sie einen Brief aus dem Briefkasten, dessen Schloß eingerostet war. Sie bot mir ein Glas Wasser an, das bei ihr nicht einfach Wasser, sondern »lebendiges Wasser« hieß. Das Brötchen wurde bei ihr zum Gebäck. Die Hoferde war Erdenstaub. Der leichte Westwind hieß Meeresbrise, und den Ostwind nannte sie *kadim*, nach dem biblischen Wort für Osten. Und wenn diese Winde in die Kiefernnadeln fuhren, bewegten sie nicht nur die Nadeln, sondern tauchten plätschernd in sie ein.

Nachdem die wenigen Hausarbeiten erledigt waren, holten wir uns zwei Korbschemel aus der Wohnung und setzten uns in den Hinterhof unter Mora-Zeldas Fenster, die Gesichter nach Norden, mit Blick auf die Polizeischule und das arabische Dorf Schuafat. Wir reisten, ohne uns von der Stelle zu bewegen. Als landkartenkundiges Kind wußte ich, daß hinter der Moschee Nebi Samwil auf dem fernen, hohen Gebirgskamm am Horizont das Bet-Choron-Tal verborgen lag, und wußte, daß sich dahinter das Land Benjamin und das Land Efraim, Samaria, erstreckten, und danach kamen die Höhenzüge des Gilboa und danach die fruchtbaren Täler, der Berg Tabor und Galiläa. Ich hatte diese Orte nie besucht. Ein- oder zweimal im Jahr fuhren wir für die Feiertage nach Tel Aviv, zweimal war ich in der mit Teerpappe gedeckten Baracke von Großmutter-Mama und Großvater-Papa am Rand von Kiriat Motzkin bei Haifa gewesen, einmal in Bat Jam, und sonst hatte ich nichts gesehen. Bestimmt nicht die wunderbaren Orte, die Mora-Zelda mir mit Worten vor Augen stellte: den Charod-Bach, die Berge von Safed und die Ufer des Kinneret.

In dem Sommer, der auf unseren Sommer folgte, wurde Jerusalem von den Höhenzügen, die wir jeden Morgen betrachteten, bombardiert. Beim Dorf Bet Ichsa und auf dem Berg von Nebi Samwil gingen die britischen Artilleriegeschütze, die nun der Arabischen Legion dienten, in Stellung und feuerten Tausende von Geschossen auf die belagerte und ausgehungerte Stadt. Und viele Jahre später füllten sich all die Hügel vor uns mit dichtstehenden Wohnblöcken: Ramot Eschkol, Ramot Alon, Ma'alot Dafna, Givat Hatachmoschet, Givat Hamivtar und Hagiva Hazerfatit, und all die Hügel »fließen über«, wie der Prophet sagt. Aber im Sommer 1947 waren sie alle noch verlassene karstige Hänge, mit hellen Gesteinsflecken und dunklen Büschen übersät. Hier und da blieb das Auge an einer einzelnen betagten und hartnäckigen Kiefer hängen, gebeugt von den heftigen Winterstürmen, die ihr den Rücken für immer gekrümmt hatten.

Sie las mir vor, was sie an jenem Morgen vielleicht ohnehin hatte lesen wollen: chassidische Geschichten, rabbinische Legenden, leicht obskure Erzählungen über heilige Kabbalisten, denen es gelungen war, Buchstaben zu kombinieren und Zeichen und Wunder zu wirken. Zuweilen, wenn diese Kabbalisten nicht höchste Vorsicht walten ließen, führte ihr Bemühen, ihre eigenen Seelen oder die der Armen und Unterdrückten oder die des ganzen Volkes Israel zu erretten, zu furchtbaren Katastrophen, immer aufgrund irgendeines Irrtums bei den Kombinationen der Buchstaben oder eines einzigen Grans Unreinheit, das sich in die heiligen Formeln der geistigen Ausrichtung eingeschlichen hatte.

Auf meine Fragen gab sie mir seltsame, unvorhersehbare Antworten, die mir manchmal wild erschienen und in erschreckender Weise Vaters Grundfesten der Logik erschütterten.

Manchmal überraschte sie mich aber auch umgekehrt mit einer einfachen, vorhersehbaren Antwort, die jedoch sättigte wie Schwarzbrot. Auch das Vorhersehbare klang bei ihr unvorhersehbar. Und ich liebte sie und war von ihr fasziniert, weil fast alles, was sie tat und sagte, etwas aufregend Fremdes und etwas Beängstigendes an sich hatte: Wie die Armen im Geiste beispielsweise, von denen sie mir sagte, sie gehörten zu Jesus von Nazareth, aber auch unter uns hier in Jerusalem gebe es viele Arme im Geiste, und das nicht unbedingt in dem Sinn, in dem es »jener Mann« gemeint habe. Oder die »stummen Seelen«, die in Bialiks Gedicht »Mein Teil sei mit euch« vorkommen und eigentlich nichts anderes seien als die verborgenen 36 Gerechten, um derentwillen die Welt Bestand hat. Und ein andermal las sie mir Bialiks Gedicht über seinen Vater vor, eine reine Seele, dessen Leben vom Schmutz des Wirtshauses umgeben war, doch von Schmutz und Unreinheit ganz unberührt blieb. Nur seinen Sohn, den Dichter, hätten sie berührt, und wie sie ihn berührt haben, das schreibe Bialik selbst in den ersten beiden Zeilen des Gedichts »Mein Vater«, zwei Zeilen, in denen er nur von sich und seiner Unreinheit spricht, noch bevor er anfängt, uns von seinem Vater zu erzählen. Und sie fand es merkwürdig, daß die Gelehrten übersehen hatten, daß das Gedicht über die lautere Gestalt des Vaters gerade mit einem solch bitteren Bekenntnis über die Unreinheit im Leben des Sohnes beginnt.

Oder hat sie es vielleicht nicht so gesagt? Schließlich habe ich nicht mit Heft und Bleistift dagesessen, habe nicht alles notiert, was sie mir sagte. Und seither sind über fünfzig Jahre vergangen. Vieles, was ich in jenem Sommer von Zelda hörte, überstieg mein Begriffsvermögen. Aber von Tag zu Tag legte sie die Latte ein Stück höher. Ich erinnere mich zum Beispiel, daß sie mir von Bialik erzählte. Von seiner Kindheit, von seinen Enttäuschungen und auch von seinem schlechten Leben erzählte sie. Auch

Dinge, die meinem Alter nicht angemessen waren. Und unter anderen Gedichten las sie mir das Gedicht »Mein Vater« vor und sprach von den Zyklen der Reinheit und Unreinheit.

Aber was genau hat sie gesagt?

Jetzt in meinem Zimmer in Arad, an einem Sommertag Ende Juni 2001, versuche ich es zu rekonstruieren, oder vielmehr nicht zu rekonstruieren, sondern aus der Versenkung hervorzuzaubern, fast aus dem Nichts zu schaffen: wie jene Paläontologen im Naturkundemuseum, die einen ganzen Dinosaurier anhand von zwei, drei Knochen nachbauen.

Ich liebte die Art, wie Mora-Zelda ein Wort an das andere fügte: Zuweilen stellte sie ein gewöhnliches, alltägliches Wort neben ein anderes, ebenfalls geläufiges, abgedroschenes Wort, und da, in ihrer plötzlichen Verbindung, allein durch das Nebeneinanderstellen zweier völlig gewöhnlicher Worte, die üblicherweise nicht beieinanderstehen, sprang gewissermaßen ein elektrischer Funke über und beflügelte meinen für Wortwunder empfänglichen Geist. Hier ein paar unzusammenhängende Zeilen aus ihrem Gedicht »In der alten Blindenschule«:

Warum erschrak ich vor der Verachtung der Berge ...
Meine Seele, sie kommt wie ein Vogel
aus dem Land der Frucht, die sie nicht gekostet ...
Daß der nächtliche Garten sein dem weichen Dunkel gegebenes
                                                        Gelübde gebrochen ...
Zum ersten Mal denke ich
an eine Nacht, in der Sterne und Sternzeichen nur ein Gerücht ...

Und weiter, aus demselben Gedicht, eine ganze Strophe, die letzte:

    Wann werde ich verstehen, daß ihre Finsternis
    voller Zeichen ist,
    daß ich nichts weiß von den Fahrten ihrer Seele
    zum Wunderbaren, zum Tiefen, zum Leuchtenden,
    zum Unmöglichen.

Zelda war in jenem Sommer noch eine unverheiratete Frau, aber manchmal tauchte ein Mann im Hof auf, in meinen Augen nicht mehr jung und, nach seinem Äußeren zu urteilen, religiös. Wenn er zwischen uns trat, zerriß er unwissentlich die vielen unsichtbaren Morgengespinste, die zwischen ihr und mir entstanden waren. Zwar schenkte er mir manchmal ein Kopfnicken mit der Andeutung eines Lächelns, doch dann kehrte er mir den Rücken zu und fing ein Gespräch mit Mora-Zelda an, das sieben Jahre dauerte oder siebenundsiebzig. Endlos. Und auf jiddisch, damit ich kein Wort verstand. Zwei-, dreimal gelang es ihm sogar, ihr ein schallendes Lachen zu entlocken, ein mädchenhaftes Lachen, zu dem ich sie nie hatte bringen können. Nicht einmal in meinen nächtlichen Träumen. Und ich in meiner ganzen Jämmerlichkeit stellte mir unterdessen, in allen Einzelheiten, die Betonmischmaschine vor Augen, die seit einigen Tagen unten in der Malachi-Straße stand und sie mit ohrenbetäubendem Lärm erfüllte: In den Bauch dieser Mischmaschine würde ich frühmorgens die Leiche ihres komischen Verehrers werfen, nachdem ich ihn um Mitternacht ermordet hätte.

Ich war ein Wörterkind. Ein unablässiger, unermüdlicher Redner. Noch ehe ich morgens die Augen aufschlug, begann ich bereits meinen Vortrag, der fast ohne Pause bis zum abendlichen Lichtausmachen und noch weiter bis in den Schlaf fortdauerte.

Aber ich hatte keine Zuhörer. Für die Kinder meines Alters klang alles, was ich sagte, wie Suaheli oder Tschuktschenisch, und die Erwachsenen hielten ja, genau wie ich, von morgens bis abends Vorträge, obwohl ihnen keiner zuhörte. Man hörte einander nicht zu im Jerusalem jener Zeit. Vielleicht hörte man sich selber nicht einmal wirklich zu (ausgenommen der gute Großvater Alexander, der aufmerksam zuzuhören wußte und die Früchte seines Zuhörens auch sehr genoß, aber er lauschte ja nur Frauen, nicht mir).

So gab es weit und breit niemanden, der mir Gehör schenkte. Und wenn sich doch einmal jemand fand, war er es nach drei, vier Minuten leid, tat jedoch aus Höflichkeit so, als lauschte er weiter, und heuchelte gelegentlich sogar Vergnügen.

Nur Mora-Zelda hörte mir zu: und das nicht wie eine gutmütige Tante, die aus Mitleid ihr erfahrenes Ohr müde einem fieberhaften, unter Hochdruck stehenden Jungen leiht, der jeden Augenblick überzukochen droht. Nein, sie lauschte mir ernst und bedächtig, als erführe sie von mir Dinge, die ihr angenehm waren oder ihre Neugier erregten.

Mehr noch: Mora-Zelda zollte mir dadurch Respekt, daß sie mich, wenn ich reden sollte, behutsam anfeuerte, Reisig ins Feuer nachlegte, aber sobald sie genug hatte, auch ohne Zögern sagte: »Vorerst habe ich genug. Nun hör bitte auf zu reden.«

Andere hörten nach drei Minuten nicht mehr zu, ließen mich aber reden und reden, solange ich wollte, sogar eine geschlagene Stunde, und dachten unterdessen über anderes nach, taten nur so, als lauschten sie.

All das war nach Abschluß der zweiten Klasse in der Heimat des Kindes, bevor ich auf die Tachkemoni-Schule überwechselte. Ich war acht Jahre alt und bereits gewohnt, Zeitungen, Broschüren und allerlei Zeitschriften zu lesen, zuzüglich der hundert oder zweihundert Bücher, die ich bis dahin verschlungen hatte (fast alles, was mir in die Hände fiel, und beinahe wahllos: Ich durchkämmte Vaters Bibliothek, verbiß mich in jedes Buch, das in modernem Hebräisch abgefaßt war, und versuchte es in meiner Ecke durchzukauen).

Ich schrieb auch Gedichte: über hebräische Brigaden, über Untergrundkämpfer, über Josua, den Sohn Nuns, und auch über einen zertretenen Käfer und die Traurigkeit des Herbstes. Diese Gedichte brachte ich morgens Mora-Zelda, die behutsam mit ihnen umging, als sei sie sich ihrer Verantwortung sehr bewußt. Was sie zu jedem Gedicht gesagt hat, daran erinnere ich mich nicht. Auch jene Gedichte habe ich vergessen.

Aber ich habe nicht vergessen, was sie mir über Gedichte und Stimmen sagte, nicht über Stimmen von droben, die zur Seele des Dichters sprechen, sondern darüber, daß verschiedene Worte die Stimme unterschiedlich klingen lassen: »Säuseln« zum Beispiel ist ein wisperndes Wort, »Schrillen« ein kreischendes. Das Wort »Brüllen« klingt dick und tief, das Wort »Klingeln« zart, das Wort »Rauschen« rauschend. Und so weiter. Sie hatte ein ganzes Repertoire an Worten und deren Klängen. Und ich verlange dem Gedächtnis hier mehr ab, als es aus sich herausholen kann.

Vielleicht hörte ich auch dies von Mora-Zelda in dem Sommer, in dem wir einander nahe waren: Wenn du einen Baum zeichnest, zeichne nur ein paar Blätter. Du mußt nicht jedes Blatt zeichnen. Und bei einem Menschen nicht jedes Haar. Aber darin war sie nicht konsequent. Einmal sagte sie, hier oder dort scheine ihr, hätte ich etwas zu viel geschrieben, und ein andermal sagte sie, hier hätte es vielleicht etwas mehr sein dürfen. Aber wie läßt sich das wissen? Bis zum heutigen Tag suche ich eine Antwort.

len zu schreiben und tat es nicht. Dachte daran, ihr mein Buch zu schikken und tat es nicht: Woher sollte ich wissen, ob sie immer noch in der Zefanja-Straße wohnte oder umgezogen war? Und außerdem hatte ich *Mein Michael* ja geschrieben, um einen Schlußstrich unter Jerusalem zu ziehen, nicht um wieder Verbindungen dorthin aufzunehmen.

In den Gedichten des Bandes *Muße* entdeckte ich Mora-Zeldas Familienangehörige und begegnete auch einigen unserer Nachbarn. Später erschienen die Gedichtbände *Der unsichtbare Karmel* und *Weder Berg, noch Feuer*, die ihr die Liebe von Tausenden Lesern sowie den Brenner-Preis und den Bialik-Preis und großen Ruhm einbrachten, den sie, Mora-Zelda, eine kinderlose Frau, anscheinend kaum zur Kenntnis nahm.

Ganz Jerusalem saß zu Hause und schrieb, in den Jahren meiner Kindheit, in den letzten Jahren der britischen Mandatszeit: Kaum einer hatte damals ein Radio. Keiner hatte Fernsehen, Videogerät, CD-Player, Internet oder E-Mail, kaum einer Telefon. Aber jeder besaß Heft und Bleistift.

Die ganze Stadt war ab acht Uhr abends geschlossen, wegen der britischen Ausgangssperre, und wenn es einmal keine Ausgangssperre gab, schottete Jerusalem sich freiwillig ab, und nur der Wind und die Straßenkatzen und die Lichtpfützen der Laternen regten sich draußen. Und auch sie verschwanden und ließen sich vom Schatten verschlucken, sobald ein britischer Jeep mit Scheinwerfer und Maschinengewehr auf Patrouille vorbeifuhr. Die Nächte waren viel länger, als sie es heutzutage sind, weil die Erde sich langsamer um ihre Achse drehte. Es gab nur dürftig scheinendes elektrisches Licht, weil alle arm waren und an Glühbirnen und an Beleuchtung sparten. Zuweilen fiel der Strom stunden- oder tagelang aus, und das Leben floß langsam im Schein rußiger Petroleumlampen weiter. Oder bei Kerzenschein. Auch die Winterregen waren viel stärker, als sie es heute sind, und mit ihnen trommelten Sturmwinde und der Widerhall der Donner und Blitze mit Fäusten an die verriegelten Fensterläden.

Abend für Abend hatten wir ein Ritual des Verschließens: Vater ging hinaus, um die Läden zuzumachen (denn nur von außen ließen sie sich schließen). Heldenhaft stürzte er sich hinaus in Regen und Finsternis und die unbekannten Gefahren der Nacht, wie einst die behaarten Männer aus der Neandertalerzeit, die mutig aus der warmen Höhle schlüpften, um Beute zu machen oder Frauen und Kinder zu schützen. Oder wie der Fischer in *Der alte Mann und das Meer* begab sich Vater allein hinaus, trotzte den tosenden Naturgewalten, stülpte sich einen umgedrehten Sack über den Kopf und hechtete ins Ungewisse.

Allabendlich, nach Vaters Rückkehr vom Fensterladeneinsatz, schloß er von innen die Tür ab und verriegelte sie (in den Türrahmen war bei uns auf beiden Seiten je ein Eisenhaken eingelassen, und durch diese schob Vater eine flache Eisenstange, die die Tür gegen Gewalttäter und Feinde verbarrikadierte). Die dicken Steinmauern schützten uns vor allem Übel, ebenso wie die eisernen Fensterläden und der dunkle Berg direkt hinter unserer Rückwand, der mit seinem ganzen Gewicht über unser Wohl wachte wie ein riesiger, schweigsamer Ringer. Die ganze Außenwelt wurde ausgeschlossen, und drinnen in unserer befestigten Zelle waren nur wir drei und der Ofen und die vom Boden bis zur Decke mit Büchern bedeckten Wände. So wurde die ganze Wohnung Nacht für Nacht versiegelt und versank langsam, wie ein Unterseeboot mit geschlossenen Schotten, unter die Oberfläche des Winters. Denn in unserer unmittelbaren Nähe war die Welt abrupt zu Ende: Verließ man linkerhand den Hof, ging zweihundert Meter bis ans Ende der Amos-Straße und dann wieder links, waren es noch dreihundert Meter bis zum letzten Haus der Zefanja-Straße, und dort endeten die Straße und die Stadt und die Welt. Danach kamen nur noch leere Geröllhänge in der dichten Finsternis, Felsspalten, Höhlen, kahle Berge, Schluchten und steinerne, von Regen und Finsternis gepeitschte Dörfer: Lifta, Schuafat, Bet Ichsa, Bet Hanina, Nebi Samwil.

Abend für Abend saßen also alle Einwohner Jerusalems ebenso wie wir in ihren Häusern eingeschlossen und schrieben: die Professoren in Rechavia und die Gelehrten in Talpiot und die Weisen in Bet Hakerem und die Forscher in Kiriat Schmuel und die Dichter und die Schriftsteller und die Ideologen und die Rabbiner und die Revolutionäre und die Endzeitpropheten und die Denker. Wenn sie keine Bücher schrieben, schrieben sie Aufsätze. Schrieben sie keine Aufsätze, reimten sie Verse oder verfaßten allerlei Pamphlete und Broschüren. Und wenn sie keine illegalen Aufrufe gegen die englische Herrschaft verfaßten, schrieben sie Leserbriefe an die Zeitungen. Oder einander Briefe. Ganz Jerusalem saß Abend für Abend über Papier gebeugt, korrigierte und radierte, schrieb und feilte: Onkel Joseph und Herr Agnon einander gegenüber, zu beiden Seiten des Sträßchens in Talpiot. Großvater Alexander und Mora-Zelda. Herr Sarchi und Herr Abramsky und Professor Buber und Professor Scholem und Professor Bergmann und Herr Toren und Herr Netanjahu und Herr Woislawski und vielleicht auch meine Mutter. Mein Vater erforschte und erschloß Motive, die aus dem Sanskrit in das litauische Nationalepos eingegangen waren. Oder homerische Einflüsse bei der Entstehung weißrussischer Dichtung. Als fahre er aus unserem kleinen Unterseeboot ein Periskop aus und spähe von hier auf Danzig oder die Slowakei. Und genauso auch der Nachbar zur Rechten, Herr Lemberg, der sich hinsetzte und seine Memoiren auf jiddisch verfaßte, und vermutlich schrieben auch die Nachbarn Bichowski zur Linken allabendlich, und die Nachbarn Rosendorf einen Stock über uns und die Nachbarn Stich gegenüber. Nur der Berg, der Nachbar hinter unserer Rückwand, schwieg die ganze Zeit und schrieb keine einzige Zeile.

Bücher waren der dünne Lebensnerv, der unser Unterseeboot mit der Außenwelt verband. Ringsumher umgaben uns Berge, Höhlen, Wüsten, Briten, Araber, Untergrundkämpfer, Maschinengewehrsalven bei Nacht, Explosionen, Hinterhalte, Festnahmen, Hausdurchsuchungen und erstickte Ängste vor dem, was uns in naher Zukunft bevorstand. Zwischen alldem schlängelte sich irgendwo der dünne Lebensnerv in die wirkliche Welt: In der wirklichen Welt gab es Seen und Wälder, Katen, Weiden und Auen und auch ein Schloß mit Türmen, Giebeln und Gesimsen. Und dort war auch das Foyer, voll Gold, Samt und Kristall, hell erleuchtet von zahllosen Lichtern wie der Strahlenglanz aller sieben Himmel.

In jenen Jahren hoffte ich, wie gesagt, wenn ich groß wäre, ein Buch zu werden.

Kein Schriftsteller, sondern ein Buch. Und das – vor lauter Angst.

Denn nach und nach wurde allen klar, allen, deren Verwandte nicht ins Land gekommen waren, daß die Deutschen sie ermordet hatten. In Jerusalem herrschte Furcht, die die Menschen mit aller Macht tief im Innern zu vergraben suchten. Rommels Panzer hatten ja beinahe die Grenzen des Landes Israel erreicht. Italienische Kampfflugzeuge hatten während des Krieges Tel Aviv und Haifa bombardiert. Und wer weiß, was die Briten uns vor ihrem Abzug noch antaten. Und nach ihrem Abzug würden doch Horden blutdürstiger Araber, Millionen entflammter Muslime losziehen und uns in kürzester Zeit alle abschlachten. Würden kein Kind am Leben lassen.

Natürlich bemühten sich die Erwachsenen sehr, in Anwesenheit der Kinder all diese Schrecken nicht anzusprechen. Zumindest nicht auf hebräisch. Aber manchmal rutschte ihnen ein Wort heraus. Oder jemand schrie im Schlaf. Die Wohnungen waren alle klein und eng wie Käfige. Am Abend nach dem Lichtausmachen hörte ich sie über einem Glas Tee mit Keksen Marke Frumin in der Küche flüstern und bekam mit: Chełmno, Nazis, Wilna, Partisanen, Aktionen, Todeslager, Todeszüge, Onkel David und Tante Malka und auch der kleine Daniel, mein Cousin, mein Altersgenosse.

Irgendwie sickerte die Angst ein: Kinder deines Alters werden nicht immer groß. Oft kommt man und bringt sie noch in der Wiege um. Oder im Kindergarten. In der Nechemja-Straße hatte ein Buchbinder einen Nervenzusammenbruch erlitten, war auf den Balkon hinausgelaufen und hatte geschrien: Juden, Hilfe, macht schnell, bald werden sie uns alle verbrennen. Die Luft war angstgeladen. Und ich hatte vielleicht schon begriffen, wie leicht es ist, Menschen zu töten.

Zwar ließen sich auch Bücher leicht verbrennen, aber wenn ich groß und ein Buch wäre, dann würde es doch entschieden eine Chance geben, daß ein einzelnes Exemplar trotz allem überlebte, wenn nicht hier, dann in einem anderen Land, in irgendeiner Stadt, in irgendeiner abgelegenen Bibliothek, in irgendeiner gottverlassenen Regalecke: Ich sah ja mit eigenen Augen, wie Bücher sich verbergen konnten, einfach im Dunkel des Staubs zwischen dichtstehenden Bänden versanken, unter Haufen von Heften und Zeitschriften schlüpften, ein dunkles Versteck hinter anderen Büchern fanden –

39

An die dreißig Jahre später, 1976, lud man mich ein, zwei Monate in Jerusalem zu wohnen und einige Gastvorlesungen an der Hebräischen Universität zu halten. Die Universität stellte mir ein Einzimmerappartement auf dem Skopusberg zur Verfügung, und dort schrieb ich allmorgendlich an der Erzählung *Herr Levi*. Diese Geschichte spielt in der Zefanja-Straße gegen Ende der britischen Mandatszeit, und deshalb suchte ich diese und die umliegenden Straßen auf, um nachzusehen, was sich seither verändert hatte: Die Privatschule Heimat des Kindes war längst geschlossen worden. In den Höfen lagen Schrott und Gerümpel. Die Obstbäume waren abgestorben. Die Lehrer, die Beamten, die Übersetzer, die Kassierer, die Buchbinder, die hausgemachten Philosophen und die Leserbriefschreiber waren fast alle verschwunden, und das Viertel hatte sich im Lauf der Jahre mit armen ultraorthodoxen Einwohnern gefüllt. Die Namen beinahe all unserer Nachbarn waren von den Briefkästen verschwunden. Nur Frau Stich, die behinderte Mutter von Menuchale Stich, dem Mädchen, das wir Nemuchale, Kleinwüchslein, genannt hatten, sah ich einmal von weitem auf einem Schemel in der Ecke eines verwahrlosten Hofes bei den Mülltonnen sitzen und dösen. An jeder Wand prangten schrille Aufrufe, die ihre mageren Fäuste schwangen und Sündern allerlei unnatürliche Todesarten androhten. »Die Schranken der Keuschheit sind gesprengt.« »Ein großer Bruch hat uns gespalten.« »Rührt meinen Messias nicht an.« »Der Stein in der Mauer wird aufschreien über die schlimme Verordnung.« »Der Himmel bewahre uns vor der furchtbaren Schandtat, wie sie in Israel noch nie ihresgleichen hatte.« Und so weiter.

Dreißig Jahre hatte ich meine Lehrerin aus der zweiten Klasse der Privatschule Heimat des Kindes nicht gesehen, und nun stand ich plötzlich vor ihrer Haustür. Anstelle des Milchladens von Herrn Langermann, der uns Milch aus schweren, runden Blechkannen verkauft hatte, war vorn ein ultraorthodoxes Geschäft eröffnet worden, das allerlei Kurzwaren, Stoffe, Knöpfe, Ösen, Reißverschlüsse und Gardinenvolants feilbot. Bestimmt lebte auch Mora-Zelda nicht mehr hier?

Aber unter den verbeulten Briefkästen fand sich noch der ihre, ebender Briefkasten, aus dem ich als Kind die Post gefischt hatte, weil das Schloß eingerostet war und sich nicht mehr öffnen ließ. Nun war der Briefkasten aufgebrochen: Irgend jemand, vermutlich ein Mann, vermutlich jemand, der ungeduldiger war als Mora-Zelda und ich, hatte ein für allemal das Türchen aufgestemmt. Auch die Aufschrift hatte sich geändert: An Stelle von »Zelda Schneerson« stand jetzt »Schneerson Mischkowski«, ohne Zelda, aber auch ohne Bindestrich und ohne »und«. Was sollte ich tun, wenn ihr Mann die Tür aufmachte? Was könnte ich ihm eigentlich sagen? Oder ihr?

Beinahe hätte ich auf dem Absatz kehrtgemacht und die Flucht ergriffen, wie ein überraschter Galan in einer Filmkomödie (ich wußte gar nicht, daß sie geheiratet hatte, wußte nicht, daß sie verwitwet war, überlegte mir nicht, daß ich ihre Wohnung als Achtjähriger verlassen hatte und nun mit siebenunddreißig Jahren zurückkehrte, älter als sie bei meinem Weggang gewesen war).

Auch diesmal war es, wie damals, ziemlich früh am Morgen. Bestimmt wäre es richtig gewesen, sie vor dem Besuch anzurufen. Oder ein paar Zeilen zu schreiben. Vielleicht war sie böse auf mich? Hatte mir meinen Weggang nicht verziehen? Das langjährige Schweigen? Die Tatsache, daß ich ihr weder zum Erscheinen ihrer Bücher noch zu ihren Literaturpreisen gratuliert hatte? Womöglich grollte sie mir, wie einige andere alte Jerusalemer, daß ich mit *Mein Michael* vielleicht in den Brunnen gespuckt habe, aus dem ich einst getrunken? Und wenn sie sich bis zur Unkenntlichkeit verändert hatte? Wenn sie nun eine ganz andere Frau war, nach neunundzwanzig Jahren?

ICH LIESS MEINE SÜSSE
Ich ließ meine Süße, werde jedoch nicht eilen
zum Honig der Weissager.
Ich ließ meine Süße, und mein Haus ist anders, anders,
doch auch jetzt
ist Gesprächsklang darinnen zu hören,
werden Feste darinnen begangen
im Innern seines Inneren.
Ich wurde nicht zum pfeifenden Wind im Raum.
Also gehe ich, jene zarte Blume zu gießen
müde nach Wasser
kreist das Herz auf seiner dunklen Bahn
und kehrt zurück zu Gott.

An die zehn Minuten stand ich vor der Tür, ging auf den Hof, rauchte ein oder zwei Zigaretten, faßte an die Wäscheleinen, von denen ich einst ihre keuschen braunen und grauen Röcke gepflückt hatte. Machte die gesprungene Fliese ausfindig, die ich einmal selbst zerbrochen hatte bei dem Versuch, Nüsse mit einem Stein aufzuklopfen. Und blickte über die roten Dächer hinüber zu den verlassenen Hügeln in nördlicher Richtung. Doch jetzt sah man keine verlassenen Hügel mehr, sondern dicht gedrängt Wohnblocks über Wohnblocks.

Aber was sollte ich zur Begrüßung sagen? Schalom, liebe Mora-Zelda? Ich hoffe, ich störe nicht? Mein Name ist, hm, so und so? Schalom, Frau Schneerson-Mischkowski? Ich war einmal Ihr Schüler, vielleicht erinnern Sie sich noch? Verzeihung, nur für ein paar Minuten? Ihre Gedichte gefallen mir? Sie sehen immer noch großartig aus? Nein, ich bin nicht gekommen, um Sie zu interviewen?

Natürlich erinnerte ich mich nicht mehr daran, wie dunkel die kleinen Jerusalemer Erdgeschoßwohnungen sogar an einem Sommermorgen sind. Finsternis öffnete mir die Tür, eine Finsternis voll brauner Gerüche. Und aus dem Finsteren heraus sagte mir die frische Stimme, die ich in Erinnerung hatte, die Stimme eines selbstsicheren jungen Mädchens, das Worte liebt: »Komm, Amos, komm herein.«

Und gleich danach: »Du möchtest sicher, daß wir uns in den Hof setzen?«

Und danach: »Bei dir darf man nur sehr wenig Sirup in die kalte Limonade geben.«

Und danach: »Ich muß mich berichtigen: Früher mochtest du Limonade mit sehr wenig Sirup. Aber vielleicht hat sich das mittlerweile gewandelt?«

Auch jenen Morgen und unser Gespräch rekonstruiere ich natürlich aus dem Gedächtnis – als versuchte ich, eine Ruine aufgrund von sieben, acht aufeinandergebliebenen Steinen zu rekonstruieren. Aber unter den wenigen Bausteinen, die genau wie vorher waren, weder rekonstruiert noch erfunden, waren auch diese Worte: »Ich muß mich berichtigen ... Aber vielleicht hat sich das mittlerweile gewandelt?« Genau so sprach Zelda zu mir an jenem Sommermorgen Ende Juni 1976, neunundzwanzig Jahre nach unserem Honigsommer. Und noch fünfundzwanzig Jahre vor dem Sommermorgen, an dem ich dies schreibe. (In meinem Zimmer in Arad, in ein Heft voller Streichungen, am 30. Juli 2001: Es ist also ein Erinnern an einen Besuch, der seinerzeit ebenfalls dazu gedacht war, Erinnerungen zu wecken oder in alten Wunden zu stochern. Dabei gleicht meine Erinnerungsarbeit ein wenig der Tätigkeit dessen, der ein Gebäude aus Trümmern wiederzuerbauen sucht, das seinerzeit selbst aus Trümmern errichtet worden war.)

»Ich muß mich berichtigen«, sagte Mora-Zelda, »vielleicht hat sich das mittlerweile gewandelt?«

Und sie hätte das ja auch anders formulieren können, hätte zum Beispiel sagen können: Vielleicht magst du jetzt keine Limonade mehr? Oder: Vielleicht trinkst du sie nun gern mit viel Sirup? Oder hätte auch ganz einfach fragen können: Was möchtest du trinken?

Sie war ein präziser Mensch: Sie wollte gleich, mit Freuden und ohne jeden Anflug von Groll, unsere gemeinsame Vergangenheit auferstehen lassen (Limonade, nur wenig Sirup), doch sie wollte sie aufleben lassen, ohne daß die Vergangenheit die Gegenwart unterwarf (»aber vielleicht hat sich das mittlerweile gewandelt?« – mit Fragezeichen. Dadurch ließ sie mir die Wahl, bürdete mir aber auch die Verantwortung für den weiteren Verlauf des Besuches auf. Denn schließlich hatte ich ihn initiiert.)

Ich sagte (bestimmt nicht ohne ein Lächeln): »Danke. Sehr gern würde ich Limonade wie früher trinken.«

Sie sagte: »Das hatte ich mir auch gedacht, aber ich hielt es für richtig zu fragen.«

Danach tranken wir beide kalte Limonade (an Stelle des Eiskastens stand nun ein kleiner elektrischer Kühlschrank da, ein altes, leicht ramponiertes Modell). Wir tauschten ein paar Erinnerungen aus. Sie hatte tatsächlich mein Buch gelesen und ich ihres, aber gerade darüber gingen wir mit fünf, sechs Sätzen hinweg, wie man rasch ein unsicheres Wegstück zurücklegt.

Wir sprachen über das Schicksal des Ehepaars Isabella und Getzel Nachlieëli. Über andere gemeinsame Bekannte. Über die Veränderungen im Viertel Kerem Avraham. Auch meine Eltern und auch ihren Mann, der rund fünf Jahre vor meinem Besuch gestorben war, streiften wir fast im Laufschritt und kehrten dann zur Gehgeschwindigkeit zurück und unterhielten uns weiter über Agnon und vielleicht auch über Thomas Wolfe (*Schau heimwärts, Engel* war etwa um diese Zeit ins Hebräische übersetzt worden, aber vielleicht hatten wir es beide auf englisch gelesen). Als sich meine Augen an das Halbdunkel im Zimmer gewöhnt hatten, staunte ich zu sehen, wie wenig sich die Wohnung verändert hatte. Die triste braune Anrichte mit ihrer verblaßten Politur hockte in ihrer Ecke wie ein alter Haushund. Hinter den Glasscheiben schlummerten die Tassen des Teeservices. Auf der Anrichte standen Fotografien von Zeldas Eltern, die jünger als sie aussahen, und auch das Foto eines bärtigen Mannes, von dem ich annahm, daß es ihr Ehemann war, aber trotzdem fragte ich, wer das sei. Als ich fragte, leuchteten ihre Augen plötzlich auf, blitzten vor mädchenhaftem Schalk, sie lachte mich an, als hätten wir beide eben jetzt insgeheim einen Streich ausgeheckt, riß sich dann aber zusammen und sagte nur: »Das ist Chaim.«

Der runde braune Tisch schien über die Jahre geschrumpft zu sein. Im

Bücherschrank standen alte Gebetsbücher mit abgegriffenen schwarzen Einbänden und ein paar neue heilige Bücher, hoch, prächtig in Leder gebunden und mit Goldlettern, dazu die Geschichte der sefardischen Dichtung von Schirmann und zahlreiche Lyrikbände und Romane der modernen hebräischen Literatur, einschließlich einer langen Reihe kleiner Bändchen der Serie Bibliothek des Volkes. Dieser Bücherschrank war mir in meiner Kindheit haushoch vorgekommen und war nun auf Schulterhöhe zusammengeschrumpft. Hier und da, auf den Regalen, auf der Anrichte und auch auf einem Bord am Kopfende des Sofas standen silbrige Schabbatkerzenständer, verschiedene Chanukkaleuchter, kleine Ziergegenstände aus Olivenholz oder Kupfer, dazu ein trauriger Blumentopf auf der Kommode und ein oder zwei weitere auf der Fensterbank. Über allem lag Halbdunkel, mit braunen Düften erfüllt. Es war eindeutig das Zimmer einer religiösen Frau, nicht asketisch, sondern voll Selbstbeherrschung und in sich gekehrt und irgendwie auch bedrückend: Ja, es hatte sich mittlerweile etwas gewandelt, wie sie gesagt hatte. Nicht weil sie älter geworden war. Auch nicht weil sie beliebt und berühmt geworden war, sondern vielleicht, weil sie ernster geworden war.

Dabei war sie doch immer schon ein präziser, gewissenhafter und von Ernsthaftigkeit erfüllter Mensch gewesen. Es ist schwer zu erklären.

Nach jenem Besuch habe ich sie nicht wieder aufgesucht. Ich hörte, daß sie schließlich in eine andere Gegend umgezogen war. Hörte, daß sie im Lauf der Jahre ein paar Herzensfreundinnen hatte, die erheblich jünger waren als sie, sogar jünger als ich. Hörte, daß sie an einer unheilbaren Krankheit litt, an der sie an einem Schabbatvorabend im Jahr 1984 unter furchtbaren Qualen starb. Aber ich bin nicht wieder zu ihr zurückgekehrt, schrieb ihr keinen Brief, schickte ihr keines meiner Bücher und sah sie nicht wieder, abgesehen von gelegentlichen Fotos in den Literaturbeilagen sowie noch einmal, an ihrem Todestag, weniger als eine halbe Minute, gegen Ende der Fernsehnachrichten.

Als ich aufstand, um mich zu verabschieden, stellte sich heraus, daß die Zimmerdecke mit den Jahren niedriger geworden war, ich berührte sie fast mit dem Kopf.

Die Jahre hatten sie kaum verändert. Sie war nicht häßlich geworden, nicht dick, nicht faltig. Ihre Augen leuchteten während unseres Gesprächs noch hier und da auf, schienen einen Strahl auszusenden, der in mein Innerstes eindrang, all seine verborgenen Winkel durchdrang. Und doch hatte sich mittlerweile etwas gewandelt. Als wäre Mora-Zelda im Lauf der Jahrzehnte, in denen ich sie nicht gesehen hatte, ihrer altmodischen Wohnung ein wenig ähnlicher geworden.

Wie ein silberner Kerzenständer war sie, wie ein matt leuchtender Kerzenständer im dunklen Raum. Und ich möchte hier so präzise wie nur möglich sein: Bei jener letzten Begegnung war Zelda für mich die Kerze und auch der Kerzenständer und auch der dunkle Raum. So schrieb ich über sie in dem Buch *Allein das Meer*:

WAS ICH WOLLTE, WAS ICH WUSSTE
An ihr Zimmer kann ich mich erinnern.
Die Zefanja-Straße. Hintereingang.
Aufgedrehter Junge, acht Jahre und drei Monate.
Ein Wörterkind. Auf Freiersfüßen.

»Nein, mein Zimmer braucht nicht«, schrieb sie,
»Sonnenaufgang oder -untergang. Genug,
daß ihm die Sonne ihr Tablett voll Gold bringt
und der Mond das seine voller Silber.« Ich erinnere mich.

Sie gab mir Trauben, einen Apfel,
in den Sommerferien '47.
Ich lag ausgestreckt auf Binsenmatten,
Flunkerkind. Verliebt.

Ich schnitt ihr Blumen
aus Papier und Blüten. Einen Rock
hatte sie, braun, genau wie sie,
einen Jasminduft, eine Glocke.
Eine Frau mit leiser Stimme. Ich berührte
ihren Kleidsaum. Reiner Zufall.
Was ich wollte, wußte ich nicht,
was ich wußte, tut bis heute weh.

40

Jeden Morgen, kurz vor oder kurz nach Sonnenaufgang, gehe ich hinaus, um nachzusehen, was es in der Wüste Neues gibt. Die Wüste beginnt hier in Arad am Ende unserer Straße. Von den Bergen Edoms weht ein östlicher Morgenwind herüber und verursacht hier und da kleine Sandwirbel, die sich erfolglos vom Boden zu erheben suchen. Jeder von ihnen zappelt ein wenig, verzerrt sich, verliert seine Kreiselform und erlischt. Die Berge selbst sind noch im Dunst verborgen, der vom Toten Meer aufsteigt und den Sonnenaufgang und den Gebirgszug mit einem grauen Schleier verhüllt, als wäre es jetzt nicht Sommer, sondern schon Herbst. Aber es ist nur vermeintlich Herbst: In zwei, drei Stunden wird es hier wieder heiß und trocken sein. Wie gestern. Wie vorgestern. Wie vor einer Woche und vor einem Monat.

Vorerst hält sich die nächtliche Kühle. Ein angenehmer Duft nach taugetränkter Erde ist in der Luft, vermischt mit leichtem Schwefelgeruch und dem Geruch von Ziegenmist, Disteln und verlöschten Lagerfeuern. Das ist der Geruch des Landes Israel seit uralten Zeiten. Ich gehe ins Wadi hinunter und folge einem ziemlich steilen Schlängelpfad bis an den Rand des Felsvorsprungs, von dem sich mir der Blick auf das Tote Meer auftut, neunhundert Meter unter mir, rund fünfundzwanzig Kilometer entfernt von hier. Der Schatten der östlichen Berge fällt auf das Wasser und verleiht dem Meer den Farbton alten Kupfers. Hier und da gelingt es einer scharfen Lichtnadel, einen Moment die Wolken zu durchbohren und das Meer zu berühren. Das Meer wirft dann sofort ein blendendes Aufleuchten zurück, als tobte in ihm ein Unterwasserblitzgewitter.

Von hier bis dort erstrecken sich leere Hänge aus Kreidegestein, durchzogen von schwarzen Felsen. Und zwischen diesen Felsen, genau am Horizont auf der Anhöhe vor mir, drei schwarze Ziegen und zwischen ihnen eine unbewegliche menschliche Gestalt, von Kopf bis Fuß in Schwarz gehüllt: Eine Beduinenfrau? Und steht ein Hund neben ihr? Und nun sind sie alle plötzlich jenseits der Kammlinie verschwunden, die Frau, die Ziegen und der Hund. Das graue Licht stellt jede Bewegung in Zweifel. Unterdessen beginnen andere Hunde in der Ferne zu bellen. Ein Stück weiter, zwischen den Felsbrocken am Wegrand, liegt eine verrostete Hülse einer Granate. Wie ist die hierher geraten? Vielleicht ist hier in einer der Nächte eine Schmugglerkarawane auf Kamelen durch das Wadi gezogen, auf dem Weg aus dem Sinai zum südlichen HebronGebirge, und einer der Schmuggler hat diese Hülse verloren. Oder nicht verloren, sondern weggeworfen, nachdem er sich gefragt hatte, was er eigentlich damit anfangen solle.

Jetzt kann man die ganze Tiefe der Wüstenstille hören. Nicht die Stille vor dem Sturm und nicht die Stille danach, sondern eine Stille, die eine andere, noch tiefere Stille überdeckt. Drei, vier Minuten stehe ich da und atme die Stille ein wie einen Geruch. Und dann mache ich kehrt und gehe zurück. Steige aus dem Wadi wieder zum Ende der Straße hinauf und diskutiere mit einem Rudel wütender Hunde, die mich von jedem Garten aus anbellen. Vielleicht scheint es ihnen, ich drohte, die Wüste in die Stadt zu tragen.

Im Geäst des ersten Baumes im Garten vom ersten Haus ist ein ganzes Spatzenparlament in eine lautstarke Debatte vertieft, alle fallen einander kreischend ins Wort, es scheint, diese Spatzen zwitschern nicht, sondern brüllen geradezu: Als wären der Rückzug der Nacht und der Anbruch des Tages noch nie dagewesene, ernste Entwicklungen, die eine Notstandssitzung erforderten.

Weiter oben in der Straße wird ein altes Auto angelassen, erleidet einen heiseren, röchelnden Hustenanfall, wie ein starker Raucher. Der Zeitungsjunge versucht sich vergeblich bei einem unnachgiebigen Hund einzuschmeicheln. Ein untersetzter, sonnengebräunter Nachbar, ein kräftiger, drahtiger Mann mit einem dichten Wald weißer Haare auf der nackten Brust, ein ehemaliger Oberst, seine viereckige Gestalt erinnert mich an einen Metallkasten, steht in blauen Trainingshosen da und gießt mit einem Gartenschlauch die Rosenbeete vor seinem Haus.

»Die Rosen sehen wunderbar aus. Guten Morgen, Herr Shmulevitz.«

»Was ist so gut an diesem Morgen?« faucht er mich an. »Was denn, hat Schimon Peres endlich aufgehört, Arafat den ganzen Staat zu verhökern?«

Und als ich anmerke, daß manche es anders sehen, fügt er bitter hinzu: »Eine Shoah hat uns anscheinend nicht gereicht, um die Lehre daraus zu ziehen. Nennt ihr diese Katastrophe wirklich Frieden? Vom Sudetenland, haben Sie davon überhaupt einmal was gehört? Von München? Von Chamberlain? Nein?«

Darauf wüßte ich zwar eine ausführliche und fundierte Antwort, aber aus dem Vorrat an Stille, den ich zuvor, im Wadi, gehortet habe, hole ich die Worte: »Gestern abend gegen acht Uhr hat man bei euch die Mondscheinsonate auf dem Klavier gespielt. Ich bin hier vorbeigekommen und bin sogar ein paar Minuten stehengeblieben, um zuzuhören. War das Ihre Tochter? Sie hat wunderbar gespielt. Bitte richten Sie ihr das aus.«

Er lenkt den Strahl auf das nächste Beet und lächelt mich an wie ein schüchterner Schuljunge, der unverhofft in geheimer Abstimmung zum Klassensprecher gewählt worden ist: »Das war nicht die Tochter«, sagt er, »die Tochter ist nach Prag gefahren. Es war ihre Tochter. Meine Enkelin. Daniela. Sie ist Dritte beim Nachwuchswettbewerb des gesamten Süddistrikts geworden. Obwohl dort ausnahmslos alle gesagt haben, sie hätte mindestens den zweiten Platz verdient gehabt. Sie schreibt auch sehr schöne Gedichte. Solche gefühlvollen Gedichte. Hätten Sie vielleicht einmal ein wenig Zeit, einen Blick darauf zu werfen? Vielleicht könnten Sie ihr etwas Mut zusprechen? Oder die Gedichte vielleicht sogar einer Zeitung zur Veröffentlichung geben? Von Ihnen wird man sie doch bestimmt annehmen?«

Ich verspreche Herrn Shmulevitz, Danielas Gedichte bei Gelegenheit zu lesen. Sehr gern. Gewiß doch. Warum nicht. Nichts zu danken.

Insgeheim verbuche ich dieses Versprechen als einen kleinen Beitrag meinerseits zur Unterstützung des Friedens. Zurück in meinem Arbeitszimmer, eine Tasse Kaffee in der Hand und die Morgenzeitung auf dem Sofa ausgebreitet, stehe ich noch rund zehn Minuten am Fenster. Höre in den Radionachrichten von einem siebzehnjährigen arabischen Mädchen, das durch eine Gewehrsalve in die Brust schwer verletzt worden war, nachdem sie versucht hatte, einen israelischen Soldaten an der Straßensperre bei Bethlehem zu erstechen. Das Morgenlicht, das zuvor in einen grauen Schleier gehüllt war, erhitzt sich nun und hat sich in scharfes, kompromißloses Azur verwandelt.

Vor meinem Fenster liegt ein kleiner Garten: ein paar Büsche, eine Kletterpflanze, ein schwächlicher Zitronenbaum, von dem ich noch nicht weiß, ob er leben oder sterben wird, seine Krone ist bläßlich, der Stamm gekrümmt wie ein Arm, den jemand mit Gewalt nach hinten biegt. Das Wort *mit'akel*, gekrümmt, erinnert mich an einen der typischen Sätze meines Vaters: »Im Hebräischen, mußt du wissen, ist alles, was mit den Buchstaben *'ajin* und *kuf* anfängt, fast ausnahmslos eine üble Sache. Achte einmal darauf: Es trifft zu auf die hebräischen Wörter für krumm und stur,

Bedrängnis und Umschweife und Stachel, gewunden, Opferung Isaaks, verbogen, unfruchtbar, Skorpion, und auch Ihr selbst, Eure Hoheit, habt sicherlich bemerkt, daß die Anfangsbuchstaben Eures Namens, Amos Klausner, *'ajin* und *kuf* lauten, sei es nun Zufall oder nicht.«

Vielleicht sollte ich heute einen Aufsatz für die Zeitung *Jediot Acharonot* schreiben, in dem ich Herrn Shmulevitz zu erklären versuche, daß wir Israel nicht schwächen, sondern stärken, wenn wir die besetzten Gebiete aufgeben? Ihm erkläre, daß es nicht richtig ist, überall wieder und wieder nur Shoah, Hitler und München zu erkennen?

Herr Shmulevitz hat mir einmal erzählt, an einem jener langen Sommerabende, an denen dir scheint, das Abendlicht werde nie verlöschen – wir beide saßen mit Trägerhemd und Sandalen auf seiner Gartenmauer –, wie er als Zwölfjähriger mit seinen Eltern, seinen drei Schwestern und der Großmutter nach Majdanek verschleppt worden war und nur er allein überlebte. Er wollte mir nicht erzählen, wie er gerettet wurde. Versprach mir, es vielleicht ein andermal zu tun. Aber bei anderen Malen versuchte er mir die Augen zu öffnen, damit ich nicht an den Frieden glauben sollte, damit ich aufhörte, naiv zu sein, damit es mir endlich in den Kopf ginge, daß deren einzige Absicht es sei, uns alle abzuschlachten, und daß all ihr Friedensgerede eine Falle sei oder ein Schlafmittel, bei dem die ganze Welt helfe, es herzustellen und uns zu verabreichen, um uns einzulullen. Genau wie damals.

Ich beschließe, den Aufsatz zu vertagen. Ein unfertiges Kapitel dieses Buches hier erwartet mich auf meinem Tisch in einem Wust vollgekritzelter Entwürfe, zerknüllter Zettel und angefangener Seiten, in denen vieles durchgestrichen ist. Es ist das Kapitel über die Lehrerin Isabella Nachliëli aus der Schule Heimat des Kindes mit ihrem ganzen Katzenheer. Ich werde da auf einiges verzichten müssen, ein paar Katzengeschichten und auch einige Episoden über Getzel Nachliëli, den Kassierer, streichen müssen. Es waren zwar ziemlich amüsante Begebenheiten, aber sie tragen nichts zum Fortgang der Geschichte bei. Beitragen? Fortgang? Ich weiß doch gar nicht, was zum Fortgang der Geschichte beitragen könnte, weil ich noch keine Ahnung habe, wohin diese Geschichte überhaupt strebt. Und warum braucht sie eigentlich Beiträge? Oder einen Fortgang?

Inzwischen sind die Sieben-Uhr-Nachrichten schon vorbei, und ich habe hier bereits die zweite Tasse Kaffee getrunken und stehe immer noch da und schaue aus dem Fenster. Ein kleiner Vogel, ein wunderschöner türkisfarbener Honigsauger, beäugt mich einen Moment lang aus dem Geäst des Zitronenbaums: wippt, hüpft, springt von einem Ast auf einen dünnen Zweig, kokettiert vor mir mit dem vollen Glanz seines Gefieders im Licht- und Schattenspiel. Sein Köpfchen ist fast lila, der Hals metallblau, über der Brust hat er eine Art feine gelbe Weste. »Sei gegrüßt, kleiner Vogel, bei deiner Rückkehr.« Woran wolltest du mich heute morgen erinnern? An das Ehepaar Isabella und Getzel Nachliëli? An Bialiks »Es fiel ein kleiner Zweig und schlummert auf dem Zaun«? An meine Mutter, die einst Stunden am Fenster stand, ein Glas erkaltenden Tee in der Hand, das Gesicht dem Granatapfelstrauch und den Rücken dem Zimmer zugewandt? Aber genug. Ich muß an die Arbeit. Muß jetzt den Rest der Stille nutzen, die ich heute morgen vor Sonnenaufgang im Wadi gehortet habe.

Um elf Uhr fahre ich mit dem Auto kurz ins Stadtzentrum, um zur Post, auf die Bank, in die Kassenklinik und in den Schreibwarenladen zu gehen. Tropische Sonne versengt die Straßen mit ihren schütteren, verstaubten Bäumen. Das Wüstenlicht glüht nun und traktiert dich schon so, daß die Augen sich von selbst in zwei schmale Panzersehschlitze verwandeln.

Eine kleine Schlange steht vor dem Bankautomaten und noch eine vor dem Zeitungskiosk. In Tel Aviv, in den Sommerferien 1950 oder 1951, zeigte mir mein Cousin Jigal in der Nähe von Tante Chajas und Onkel Zvis Wohnung am Nordende der Ben-Jehuda-Straße den Kiosk von David Ben Gurions Bruder, zu dem jeder einfach hingehen und nach Belieben mit diesem Bruder von Ben Gurion reden konnte, der ihm tatsächlich recht ähnlich sah. Man durfte ihm sogar Fragen stellen. Zum Beispiel: Wie geht es Ihnen, Herr Gruen? Was kostet eine Schokoladenwaffel, Herr Gruen? Gibt es bald wieder Krieg, Herr Gruen? Nur nach seinem Bruder darfst du ihn nicht fragen. Punktum. Er mag es einfach nicht, daß man ihn über seinen Bruder ausfragt.

Ich war sehr neidisch auf die Tel Aviver. Wir in Kerem Avraham hatten keine berühmten Menschen und auch keine Brüder von berühmten Menschen. Nur die kleinen Propheten waren in den Namen unserer Straßen präsent: Amos, Ovadja, Zefanja, Haggai, Secharja, Nachum, Malachi, Joel, Habakuk, Hosea, Micha und Jona. Sie alle.

Ein russischer Einwanderer steht an einer Ecke des Platzes im Zentrum von Arad. Vor ihm auf dem Bürgersteig liegt sein Geigenkasten, aufgeklappt für Münzen. Die Melodie ist leise, zu Herzen gehend, erinnert an Tannenwälder und Bäche und Katen und Weiden und Auen, die wiederum die Geschichten meiner Mutter wachrufen, bei denen wir beide, sie und ich, in unserer verrußten Küchenecke saßen und Linsen verlasen oder Erbsen schälten.

Aber hier auf dem Platz im Zentrum von Arad läßt das Wüstenlicht die Gespenster verdorren und zerstreut jede Erinnerung an Tannenwälder und herbstliche Nebelschleier. Dieser musizierende Mann mit seiner grauen Mähne und dem dicken weißen Schnurrbart erinnert mich ein wenig an Albert Einstein und ein wenig auch an Professor Schmuel Hugo Bergmann, der meine Mutter auf dem Skopusberg in Philosophie unterrichtete, und bei dem auch ich 1961 noch das Glück hatte, auf dem Givat-Ram-Campus unvergeßliche Vorlesungen über die Geschichte der dialogischen Philosophie von Kierkegaard bis Martin Buber zu hören.

Zwei junge Frauen, vielleicht nordafrikanischer Herkunft, die eine ist sehr schlank und trägt ein halbdurchsichtiges Oberteil und einen roten Rock, die andere einen Hosenanzug mit einer Vielzahl von Riemen und Schnallen. Sie bleiben vor dem Geiger stehen. Lauschen ein, zwei Minuten seinem Spiel. Er spielt mit geschlossenen Augen, öffnet sie nicht. Die Frauen tuscheln miteinander, ziehen ihre Portemonnaies heraus und legen je eine Schekelmünze in den Kasten.

Die schlanke Frau, die Oberlippe ein wenig zur Nase hochgezogen, sagt: »Aber woher willst du denn wissen, daß sie wirklich echte Juden sind? Die Hälfte der Russen, die herkommen, heißt es, sind nichts als Gojim, die uns als Mitfahrgelegenheit benutzen, bloß um schnell aus Rußland rauszukommen und hier auch noch Einwandererhilfe zu kassieren.«

Ihre Freundin sagt: »Was macht das denn, soll doch kommen, wer will, sogar auf den Bürgersteigen musizieren, Jude, Russe, Druse, Georgier, was schert's dich? Ihre Kinder werden dann schon Israelis sein, Reservedienst leisten, Steak in Fladenbrot mit Essiggemüse essen, eine Hypothek für die Wohnung aufnehmen und den ganzen Tag lang nur nörgeln.«

Die Rotberockte hält dagegen: »Aber, was ist denn mit dir los, Sarit, wenn man hier alle, die wollen, bei uns reinlassen würde, einfach so, auch die Fremdarbeiter und auch die Araber aus Gaza und den Gebieten, wer wär denn dann überhaupt –«

Doch die weitere Diskussion entfernt sich von mir in Richtung Parkplatz des Einkaufszentrums. Ich rufe mir in Erinnerung, daß ich heute noch kaum weitergekommen bin und dieser Morgen nicht mehr sehr jung ist. Wieder in meinem Arbeitszimmer. Die Hitze nimmt zu, und staubiger Wind bringt die Wüste herein. Ich schließe Fenster, Läden und Gardinen, verschließe jede Ritze, genau wie meine Tagesmutter Greta Gatt, die auch Klavierlehrerin war, immer jede Ritze abschottete und ihre Wohnung in ein Unterseeboot verwandelte.

Arabische Arbeiter haben dieses Zimmer vor nicht allzu vielen Jahren gebaut: Haben Fliesen gelegt und sie mit der Wasserwaage ausgerichtet. Haben Fenster- und Türrahmen eingesetzt. Und in den Wänden Wasser- und Abflußrohre, Stromleitungen und Telefonanschluß verlegt. Ein beleibter Schreiner, ein Opernliebhaber, hat mir Schränke gezimmert und Bücherregale an den Wänden angebracht. Ein Unternehmer, der Ende der fünfziger Jahre aus Rumänien eingewandert war, hatte schon früher von weither eine große Lastwagenfuhre fruchtbare Gartenerde geholt und damit, als verbinde man eine Wunde, die Schicht aus Kalk, Kreide, Feuerstein und Salz bedeckt, die diese Hügel seit jeher überzieht. In diese gute Erde hat mein Vorgänger Sträucher, Bäume und Rasen gepflanzt, die ich zu hegen suche, aber ohne übertriebene Liebe, damit hier in meinem Garten nicht das passiert, was mein Vater und ich in unserem mit so viel guten Absichten überhäuften Garten erlebt hatten.

Ein paar Dutzend Pioniere, darunter einige, die die Wüste liebten oder die Einsamkeit suchten, und auch ein paar junge Paare, haben sich Anfang der sechziger Jahre in diesem Wüstenstädtchen angesiedelt: Bergarbeiter, Steinhauer, Berufsoffiziere und Angestellte der Industrieunternehmen. Lova Eliav und eine Handvoll weiterer zionistisch inspirierter Städtebauer planten, skizzierten und errichteten auch umgehend diese Kleinstadt mitsamt ihren Straßen, Plätzen, Alleen und Gärten, nicht weit vom Toten Meer, an einer entlegenen Stelle, zu der damals, Anfang der sechziger Jahre, keine Straße, keine Wasserleitung und kein Stromdraht führte, an der kein Baum wuchs und an der es nichts gab, keine Gebäude, keine Zelte, keine Anzeichen von Leben. Sogar die Beduinensiedlungen ringsum sind fast alle erst nach dem Bau von Arad entstanden. Enthusiastisch waren die Pioniere, die die Stadt gründeten, ungeduldig, voller Phrasen, laut. Ohne Zögern schworen sie, »hier das Ödland zu erobern und die Wüste zu bezwingen«. (Wie mein Vater vor mir, kann auch ich nicht der Versuchung widerstehen, gleich im Wörterbuch nachzusehen, welche Verbindung zwischen Wörtern bestehen, die im Hebräischen allesamt ein und dieselbe

Stammwurzel haben: Was verbindet eigentlich »bezwingen« mit »Wüste«? Was verbindet sie beide mit »Sache« und »Wort«? Mit »Rede«? Mit »Teppich«? Und vielleicht auch mit »Bienen«?)

Jemand fährt jetzt mit einem kleinen roten Wagen am Haus vorbei, hält vor dem Briefkasten an der Straßenecke und pflückt die Briefe heraus, die ich gestern eingesteckt habe. Jemand anderes kommt, um den Bordstein einzuzementieren, der am Bürgersteig gegenüber umgekippt ist. Ich muß einen Weg finden, ihnen allen zu danken, allen, so wie ein Bar-Mizwa-Junge am Ende seiner Predigt in der Synagoge allen dankt, die ihn so weit gebracht haben: Tante Sonia, Großvater Alexander, Greta Gatt, Mora-Zelda, dem arabischen Mann mit den großen Tränensäcken, der mich aus dem dunklen Loch befreit hat, in dem ich in jenem Bekleidungsgeschäft eingeschlossen war, meinen Eltern, Herrn Sarchi, den Nachbarn Lemberg, den italienischen Kriegsgefangenen, Großmutter Schlomit, der Mikrobenbekämpferin, Mora-Isabella und ihren Katzen, Herrn Agnon, den Rudnickis, Großvater-Papa, dem Fuhrmann aus Kiriat Motzkin, Scha'ul Tschernichowski, Tante Lilenka Bar-Samcha, meiner Frau, meinen Kindern, meinen Enkeln, und auch den Baumeistern, Fliesenlegern und Elektrikern, die dieses Haus gebaut haben, dem Schreiner, dem Zeitungsjungen, dem Mann in dem roten Postauto und dem Mann, der an der Ecke des Platzes Geige spielt und mich ein wenig an Einstein und an Bergmann erinnert, der Beduinenfrau und den drei Ziegen, die ich heute am frühen Morgen gesehen oder auch nur zu sehen gemeint habe, Onkel Joseph mit seinem Leitspruch »Judentum und Humanismus«, meinem Nachbarn Shmulevitz, der sich vor einer neuen Shoah fürchtet, seiner Enkelin Daniela, die gestern die Mondscheinsonate auf dem Klavier gespielt hat, dem Minister Schimon Peres, der gestern erneut zu Gesprächen mit Arafat gefahren ist, in der Hoffnung, trotz allem eine Kompromißformel zu finden, dem Honigsauger, der manchmal den Zitronenbaum vor meinem Fenster aufsucht. Und auch dem Zitronenbaum selbst. Und insbesondere der Stille der Wüste kurz vor Sonnenaufgang, einer Stille, in der noch und noch Stille und wieder Stille eingehüllt ist. Das war mein dritter Kaffee heute morgen. Genug. Ich stelle die leere Tasse auf die Tischecke, achte darauf, dabei auch nicht das leiseste Geräusch zu machen, um nicht die Stille zu verletzen, die sich noch nicht zerstreut hat. Jetzt werde ich mich hinsetzen und schreiben.

41

Bis zu jenem Morgen hatte ich solch ein Haus noch nie gesehen.

Es war von einer dicken Steinmauer umgeben, die einen dämmrigen Garten verbarg, der sich wiederum mit Weinstöcken und Obstbäumen selbst überschattete. Meine staunenden Augen schweiften durch die Reihen, auf der Suche nach dem Baum des Lebens und dem Baum der Erkenntnis. Vor dem Haus gab es eine Zisterne und ringsum einen großen Vorplatz, mit polierten roten Steinplatten gepflastert, die von feinen blauen Adern durchzogen waren. Eine Ecke des Platzes war von einer dichten Weinlaube überschattet. Ein paar Steinbänke mit einem niedrigen breiten Steintisch verlockten dazu, in dieser Laube zu verweilen, sich im Schatten der Reben niederzulassen und dem Summen der Sommerbienen, dem Zwitschern der Vögel in den Bäumen und dem Plätschern des Springbrunnens zu lauschen: Denn am Ende der Laube befand sich ein kleines wassergefülltes Zierbecken in Form eines fünfzackigen Sterns, ebenfalls aus Stein gebaut und innen mit blauen Kacheln ausgelegt, die arabische Inschriften trugen. Inmitten des Beckens sprudelte leise eine Fontäne. Goldfischschwärme schwebten langsam durch die Lichtungen im Dickicht der Wasserrosen.

Von dem Vorplatz gingen wir drei, überwältigt, wohlerzogen und demütig, die behauenen Steinstufen zu einer großen Veranda hinauf, die auf die Nordmauern der Altstadt mit ihren Türmen und Kuppeln blickte. Auf der Veranda standen hier und da Holzstühle mit Kissen und Fußschemeln und dazwischen ein paar Mosaiktischchen. Auch hier, wie in der Weinlaube, war man versucht, sich im Anblick der Mauern und Hügel niederzulassen, im Schatten der Bäume zu dösen oder friedvoll das Schweigen der Berge und der Steine in sich aufzunehmen.

Aber wir hielten uns weder im Obstgarten noch in der Laube oder auf der Aussichtsveranda auf, sondern zogen behutsam die Klingelschnur neben der zweiflügeligen mahagonifarbenen Eingangstür, reich verziert mit allerlei schmiedeeisernen Reliefs in Form von Granatäpfeln, Trauben, Ranken und symmetrischen Blumengirlanden. Bevor die Tür aufging, wandte Onkel Staszek sich noch einmal zu uns und legte erneut den Finger an die Lippen, als gäbe er Tante Mala und mir ein letztes Warnsignal: Manieren! Zurückhaltung! Diplomatie!

Entlang allen vier Wänden des großen, kühlen Empfangsraums standen weiche Sofas dicht an dicht. Die Möbel waren mit geschnitzten Blätter-, Knospen- und Blumenmustern verziert, als sollten sie hier im Innern des Hauses den umliegenden Obstgarten repräsentieren. Die Sofas hatten rot und himmelblau gestreifte Überwürfe. Auf jedem von ihnen drängte sich eine Vielzahl bunt bestickter Kissen mit Spitzenbesatz. Den Boden bedeckten üppige Teppiche, einer mit geknüpften Paradiesvögeln inmitten paradiesischer Zweige. Vor jedem Sofa standen niedrige Tische, an Stelle einer Platte war jedes Tischgestell mit einem großen runden Messingtablett versehen. Auch diese Tabletts waren reich verziert, nicht mit Blumen und Früchten, sondern mit einer Fülle abstrakter, ineinander verschlungener Formen, die an die Windungen arabischer Buchstaben erinnerten, vielleicht waren es tatsächlich kunstvoll stilisierte arabische Inschriften.

Zu beiden Seiten des Raumes führten sechs oder acht Türen in innere Räume. Die Wände waren mit bestickten Teppichen behängt. Dazwischen und darüber schaute die Wandbemalung hervor, wiederum mit Blumendekor, diesmal rötlich, fliederfarben und blaßgrün. Hier und da, unter der hohen Decke, hingen alte Waffen: Damaszenerschwerter, ein Krummsäbel, Dolche und Lanzen, Pistolen, langläufige Gewehre und Doppelflinten. Gegenüber der Eingangstür, flankiert von einem weinrot gepolsterten Sofa zur Rechten und einem zitronenfarben gepolsterten Sofa zur Linken, stand eine riesige verschnörkelte braune Anrichte im barocken Stil, die wie ein kleiner Palast aussah, mit zahlreichen Glasfenstern, und dahinter eine Fülle an Porzellantassen, Kristallschalen, Silber- und Kupferbechern sowie zahllose Ziergegenstände aus Hebron- oder Sidonglas.

In einer tiefen Wandnische zwischen zwei Fenstern nistete eine mit Perlmutt besetzte grüne Vase, aus der mehrere bunte Pfauenfedern ragten. Andere Wandnischen beherbergten große Kupferkannen sowie Glas- und Tonschalen. Vier Ventilatoren hingen von der hohen Decke, brummten ununterbrochen wie Hornissen und wälzten die von Zigarettenrauch geschwängerte Luft um. In der Mitte zwischen diesen vier Ventilatoren sproß ein riesiger, prächtiger Messingleuchter in Form eines dichten, reichverzweigten Baumes, dessen zahlreiche Äste, Zweige und Triebe in glitzernden Kristalltropfen und einer Fülle strahlender Glühbirnen erblühten, die auch jetzt alle brannten, obwohl die großen Fenster das Licht des sommerlichen Schabbatmorgens einließen. Der obere, bogenförmige Teil dieser Fenster war mit Buntglas versehen, das symmetrische Kleeblattmotive aufwies, und jedes von ihnen färbte das Tageslicht anders: Rot. Grün. Gold. Lila.

An zwei Wänden, einander gegenüber, schwebten zwei Vogelkäfige an Haken. In jedem Käfig lebte ein würdevolles Papageienpaar mit farbenprächtig schillerndem Gefieder in Orange, Türkis, Gelb, Blaßgrün und Himmelblau. Von Zeit zu Zeit rief einer dieser Papageien mit tiefer, heiserer Stimme wie der eines alten Rauchers: »*Tfaddal! S'il vous plaît! Enjoy!*« Und vom anderen Ende des Raums, aus dem Käfig gegenüber, ertönte umgehend ein einschmeichelnder Sopran und antwortete liebenswürdig: »*Oh, how very very sweet! How lovely!*«

Über den Tür- und Fensterrahmen wurde das Blumenmuster der Wände von Suren oder Versen in verschnörkelter arabischer Schrift in Grün unterbrochen. Und zwischen den Wandteppichen prangten Portraits der Familienväter: glattrasierte Effendis, pausbäckig, korpulent, einen roten Fez mit schwarzer Troddel auf dem Kopf, eingezwängt in schwere hellblaue Anzüge, auf denen Goldketten im Bogen über den ganzen Bauch baumelten und in den Westentaschen verschwanden. Auf anderen Bildern waren ihre Vorfahren zu sehen, herrische, grimmige, schnurrbärtige Männer, würdevoll und ehrfurchtgebietend, in bestickte Abajes gehüllt, die blütenweißen Kefijes von schwarzen Akals gehalten. Und es gab auch zwei, drei Reiterbilder, wilde, finstere, bärtige Männer auf edlen Pferden, mit flatternden Kefijes, die ihnen im stürmischen Galopp fast vom Kopf zu fliegen schienen, und sogar die Mähnen der Pferde wehten wellenförmig nach hinten, lange Dolche steckten diesen Reitern im Hüftgurt, und sie hatten Krummsäbel an ihrer Hüfte oder hielten sie gezückt in ihren Händen.

Durch die Fenster dieses Empfangsraums, tiefe Fenster, die nach Norden und Osten gingen, fiel der Blick auf den Höhenzug des Skopus- und des Ölbergs, ein Kieferngehölz, karstige Felshänge, den Ofel und das festungsartige Auguste-Viktoria-Krankenhaus mit seinem Turm, auf dessen Spitze, wie eine kaiserliche Pickelhaube, ein preußischer grauer Turmhelm thronte. Ein Stück links vom Auguste-Viktoria-Krankenhaus stand ein Bau mit schmalen Fenstern und Kuppel: die Bastion der Nationalbibliothek, der Arbeitsplatz meines Vaters, dicht umringt von den übrigen Gebäuden der Hebräischen Universität und dem Hadassa-Krankenhaus. Unterhalb der Kammlinie sah man von hier aus einige Steinhütten über die Berghänge verstreut, kleine Schaf- und Ziegenherden zwischen Dornsträuchern und kargem Fels und hier und da vereinzelte alte Olivenbäume, von denen man meinen konnte, sie hätten bereits vor Urzeiten die Pflanzenwelt verlassen und seien in das Reich der unbelebten Materie eingekehrt.

Im Sommer 1947 waren meine Eltern zu Bekannten nach Netanja gefahren und hatten mich für das Wochenende der Obhut von Mala und Staszek und Chopin und Schopenhauer Rudnicki anvertraut. (»Daß du dich dort benimmst! Mustergültig, hörst du! Und daß du Tante Mala in der Küche hilfst und Onkel Staszek nicht störst, sondern dich beschäftigst, nimm ein Buch und lies, damit sie gar nicht merken, daß du da bist, und laß sie am Schabbat morgen ausschlafen! Pures Gold sollst du bei ihnen sein! Was du eindeutig sein kannst, wenn du willst!«)

Der Schriftsteller Chaim Hasas hatte Onkel Staszek einmal dazu verurteilt, seinen polnischen Namen, »der nach Pogrom riecht«, durch einen hebräischen Namen zu ersetzen, und ihn auch tatsächlich überredet, den Vornamen Staw, Herbst, anzunehmen, der vom Klang her an Staszek erinnert, aber einen Hauch des Hohelieds in sich hat. Und so standen sie beide auch in Tante Malas Handschrift auf einem Zettel an der Wohnungstür:

> Malka und Staw Rudnicki
> Bitte nicht anklopfen
> während der üblichen Ruhestunden.

Onkel Staszek war ein untersetzter, stämmiger, lockiger Mann mit kräftigen Schultern, mit behaarten Nasenlöchern wie dunkle Höhlen und buschigen Augenbrauen, von denen eine immer hochgezogen war, wie zweifelnd oder leicht spöttisch. Ein Schneidezahn war ihm abhanden gekommen, was ihm einen lausbübischen Zug verlieh, vor allem wenn er grinste. Er arbeitete in der Abteilung für Einschreiben im Jerusalemer Hauptpostamt, und in seiner Freizeit sammelte er, auf kleinen Karteikarten, Material zur Lebensgeschichte des mittelalterlichen hebräischen Dichters Immanuel Ben Salomo Romi.

Der Ustas Nadschib Mamduch al-Silwani aus dem Viertel Scheich Dscharrach im Nordosten der Stadt war ein reicher Kaufmann und auch der örtliche Repräsentant einiger französischer Großfirmen, deren Geschäftsbeziehungen bis nach Alexandria und Beirut reichten und sich von dort auch nach Haifa, Nablus und Jerusalem verzweigten. Am Anfang des Sommers nun war ein hoher Scheck spurlos verschwunden, oder vielleicht war es auch eine teure Besitzurkunde oder ein Aktienpaket. Ein Verdacht fiel auf Edward Silwani, den ältesten Sohn und Partner von Ustas Nadschib in der Firma Silwani und Söhne. Der junge Mann wurde, so erzählte man sich bei uns, vom Assistenten des britischen Geheimdienstchefs höchstpersönlich verhört und danach zu weiteren Ermittlungen in die Haifaer Haftanstalt überstellt. Nachdem Ustas Nadschib auf verschiedenen Wegen vergeblich versucht hatte, die Entlassung seines Sohnes zu erwirken, hatte er sich in seiner Verzweiflung an den für das Postwesen zuständigen Mr. Kenneth Orwell Knox-Guildford persönlich mit der inständigen Bitte gewandt, doch erneut den verlorenen Umschlag zu suchen, den er, wie er schwor, im letzten Winter eigenhändig aufgegeben habe, er und nicht sein Sohn, und zwar als Einschreiben.

Doch Annahmezettel und Bestätigung seien ihm unglücklicherweise abhanden gekommen. Verschwunden. Als hätte der Teufel selbst sie verschluckt.

Mr. Kenneth Orwell Knox-Guildford wiederum hatte, nachdem er Ustas Nadschib seines Mitgefühls versichert und ihm auch mit aufrichtigem Bedauern die geringen Erfolgsaussichten einer solchen Nachprüfung dargelegt hatte, Staszek Rudnicki trotzdem beauftragt, so weit wie möglich nachzuforschen, was aus einem vor Monaten aufgegebenen Einschreibbrief geworden war, ob er nun real existiert hatte oder nicht, verlorengegangen war oder nicht, ein Brief, von dem keine Spur mehr vorhanden war, weder beim Absender noch im entsprechenden Posteinlieferungsverzeichnis.

Onkel Staszek jedoch war nicht faul, sondern stöberte, eruierte, verglich genau und ermittelte schließlich, daß nicht nur der Eintrag über den bewußten Brief aus dem Posteinlieferungsverzeichnis verschwunden, sondern das ganze Blatt vorsichtig herausgerissen worden war. Wie nie gewesen. Sofort schöpfte Staszek Verdacht, er forschte nach und stellte fest, welcher Beamte am Aufgabetag am Schalter für Einschreiben gesessen hatte, befragte auch andere Beamte, bis er herausfand, wann das fehlende Blatt aus dem Buch herausgetrennt worden war, und von da war es nicht mehr weit bis zum Geständnis des Beschuldigten. (Der Mann hatte den Umschlag gegen das Lampenlicht gehalten, seinen Inhalt durch das durchscheinende Papier für einen großen Geldschein gehalten und war der Versuchung erlegen.)

So wurde der Fund seinem Besitzer zurückerstattet, der junge Edward al-Silwani umgehend aus der Haft entlassen, und die Ehre der bedeutenden Firma Silwani und Söhne war wiederhergestellt. Ihr Name prangte erneut makellos rein auf dem erlesenen Briefpapier, und der teure Herr Staw wurde nun zum Dank in allen Ehren eingeladen, doch mit seiner Gattin bitte zum Morgenkaffee zu kommen, der am Samstag vormittag in der Villa Silwani in Scheich Dscharrach gereicht werde. Und was den lieben Jungen betreffe (der Sohn ihrer Freunde, der sich bei ihnen aufhalte, ohne daß sie jemanden hätten, dem sie ihn am Schabbat morgen anvertrauen könnten) – aber selbstverständlich, gar keine Frage, auch er solle am Samstag vormittag mit ihnen kommen. Die ganze Familie al-Silwani warte ungeduldig darauf, dem ehrlichen und tüchtigen Herrn Staw ihren Dank und ihre Hochachtung auszusprechen.

Am Schabbat, nach dem Frühstück, kurz bevor wir uns auf den Weg machten, zog ich daher meine besten Sachen an, Festtagskleidung, die Vater und Mutter eigens für diesen Besuch bei Tante Mala deponiert hatten. (»Der Araber achtet sehr auf Äußerlichkeiten!« hatte Vater betont.) Ein blütenweißes, gebügeltes Hemd, die Ärmel so adrett und präzise aufgekrempelt, als wären sie aus weißer Pappe geschnitten, dunkelblaue Hosen, die in zwei resoluten Aufschlägen endeten und scharfe Bügelfalten aufwiesen, sowie einen strengen schwarzen Ledergürtel, dessen polierte Metallschnalle merkwürdigerweise den Doppeladler aufwies, das Wappentier des zaristischen Rußland. Meine Füße steckten in Sandalen, die Onkel Staszek mir frühmorgens mit derselben Bürste und der gleichen schwarzen Schuhcreme geputzt hatte, mit denen er auch seine und Tante Malas gute Schuhe auf Hochglanz gebracht hatte.

Trotz der Augusthitze trug Onkel Staszek den Anzug aus dunkelblauem Wollstoff (es war sein einziger) und das schneeweiße Seidenhemd, die rund fünfzehn Jahre zuvor mit ihm aus seinem Elternhaus in Lodz eingewandert waren, dazu die einfarbige Seidenkrawatte in Tiefblau, die er auch bei seiner Hochzeit umgebunden hatte. Tante Mala wiederum quälte sich eine Dreiviertelstunde vor dem Spiegel, begutachtete sich im Abendkleid, verwarf es, probierte einen dunklen Faltenrock mit heller Baumwollbluse, verwarf auch das, probierte, wie ihr das mädchenhafte Frühlingskleid, das sie erst kürzlich in dem Laden Ma'ayan Stub gekauft hatte, stand, kombinierte es mit Brosche und Seidentuch, mit Perlenkette ohne Brosche und ohne Seidentuch, mit Kette und einer anderen Brosche, aber ohne Seidentuch, und mit und ohne Tropfenohrringe.

Doch auf einmal hielt sie das luftige Frühlingskleid mit dem Stickmuster am Hals für zu leichtsinnig, zu folkloristisch für diesen Anlaß und kehrte zu dem Abendkleid zurück, mit dem sie die Runde der Anproben und der Zweifel begonnen hatte. In ihrer Not wandte Tante Mala sich an Onkel Staszek und sogar an mich und beschwor uns, ihr die Wahrheit und nichts als die Wahrheit zu sagen, und sei sie auch schmerzlich: Sei sie nicht zu aufgeputzt in diesem Kleid? Sei es nicht zu theatralisch für einen informellen Besuch an einem Sommermorgen? Stünde es nicht in krassem Gegensatz zu ihrer Frisur? Und wenn ihr euch schon die Frisur anschaut, was meint ihr dazu? Aber wirklich und wahrhaftig? Die Zöpfe um den Kopf schlingen oder nicht? Sie vielleicht lieber öffnen und die Haare offen über die Schultern fallen lassen? Und wenn ja, wohin sollte das Haar dann besser fallen, auf diese Schulter oder auf diese?

Schließlich entschied sie sich schweren Herzens für einen glatten braunen Rock und eine langärmelige Bluse, die sie mit einer hübschen Anstecknadel in Türkis schmückte. Dazu trug sie ein Paar Tropfenohrringe von der durchscheinend bläulichen Farbe ihrer schönen Augen. Und die Zöpfe öffnete sie. Ließ ihr Haar frei über beide Schultern fallen.

Unterwegs erklärte mir Onkel Staw, den kompakten Leib in seinen schweren Herbstanzug gezwängt, einige Tatsachen des Lebens, die sich aus den historischen Unterschieden zwischen Kulturen ergäben: Die Familie al-Silwani, sagte er, ist zwar unverkennbar eine respektable europäische Familie, deren Söhne erstklassige Schulen in Beirut oder Liverpool besucht haben und deren Angehörige alle fließend westliche Sprachen sprechen. Auch wir unsererseits sind eindeutig europäische Menschen, allerdings wohl europäisch in etwas anderem Sinn. Bei uns zum Beispiel zählt die äußere Erscheinung eines Menschen überhaupt nicht, sondern allein sein Innenleben, das Geistige und das Seelische. Sogar ein weltberühmtes Genie wie Tolstoj zögerte nicht, sein Leben lang in bäuerlicher Kleidung herumzulaufen, und ein großer Revolutionär wie Lenin tat bürgerliche Kleidung meist verächtlich ab und ging lieber in Lederjacke und einfacher Arbeitermütze.

Aber unser Besuch in der Villa Silwani ähnele weder Lenin, der zu den Arbeitern ging, noch Tolstoj, der sich unter das einfache Volk begab. Hier handele es sich um einen Sonderfall, eine Ausnahme. Man müsse wissen, sagte Onkel Staszek, daß unsere arabischen Nachbarn, die Wohlhabenderen und Gebildeteren, also jene, die sich im allgemeinen eher an der westeuropäischen Kultur orientierten, uns, die neuen Juden, irrtümlich für ein lautes Sammelsurium ungehobelter Habenichtse hielten, ohne gute Erziehung und entsprechend unkultiviert. Sogar einige unserer Führungspersönlichkeiten erschienen in ihren Augen offenbar in negativem Licht, wegen ihrer einfachen Kleidung und ihrer überaus schlichten und direkten Umgangsformen. So hatte Onkel Staszek bei seiner Arbeit im Postamt des öfteren, sowohl am Schalter als auch hinter den Kulissen, beobachtet, daß der neue hebräische Stil – Sandalen und Khakihosen, aufgekrempelte Hemdsärmel und offene Kragen –, der bei uns als Ausdruck demokratischer Pioniergesinnung und egalitärer Grundhaltung gelte, sich in britischen und vor allem arabischen Augen häufig als Ungehobeltheit oder hochmütiges Bettlertum darstelle, als Respektlosigkeit gegenüber den Mitmenschen und Verachtung des Staatsdienstes. Nun beruhe dieser Eindruck natürlich auf einem fundamentalen Irrtum, und es brauche nicht eigens wiederholt zu werden, daß wir für ein einfaches Leben einträten, für die Idee der Genügsamkeit, und keineswegs durch Äußerlichkeiten imponieren wollten. Aber in Fällen wie diesen, das heißt bei unserem Besuch in der Villa einer bekannten, hochangesehenen Familie oder bei ähnlichen Anlässen, sollten wir uns so verhalten, als handelten wir in diplomatischer Mission. Deshalb müßten wir sehr auf unser Äußeres, auf unser Benehmen und auf unsere Sprache achten.

Von Kindern und sogar noch von Jugendlichen werde bei solchen Gelegenheiten erwartet, daß sie sich keinesfalls in die Unterhaltung der Erwachsenen einmischten, betonte Onkel Staszek. Würden sie angesprochen – und nur dann –, hätten sie höflich und so knapp wie möglich zu antworten. Würden Erfrischungen angeboten, solle das Kind bitte nur solche Dinge wählen, die nicht krümeln oder kleckern könnten. Und werde der Teller ein zweites Mal gereicht, müsse das Kind sehr höflich ablehnen, auch wenn die Süßigkeiten noch so verlockend aussähen. Und während der gesamten Dauer des Besuchs solle das Kind bitte aufrecht dasitzen und keine großen Augen machen und vor allem auf gar keinen Fall und unter keinen Umständen Grimassen schneiden. Ungebührliches Benehmen, noch dazu im Kreis dieser arabischen Gesellschaft, die bekanntlich äußerst empfindlich reagiere, leicht verletzlich sei, ja sogar dazu neige, Kränkungen nachzutragen und sich dafür zu rächen – negative Verhaltensweisen bei einem solchen Anlaß also kämen nicht nur einer dreisten Unhöflichkeit und einem Vertrauensbruch gleich, sondern würden auch der

Verständigung und dem Dialog zwischen den beiden Nachbarvölkern schaden, seien Öl in die Flammen des Hasses zu einer Zeit, in der es tagtäglich besorgniserregende Reden über die Gefahr eines blutigen Krieges zwischen den beiden Völkern gebe.

Kurzum, sagte Onkel Staszek, sehr viele Dinge, auch solche, die vielleicht noch viel zu schwer für die Schultern eines Achtjährigen sind, hängen heute morgen auch von dir ab, von deiner Verständigkeit und deinem gebührlichen Verhalten. Und übrigens auch du, meine liebe Malenka, auch du solltest dort lieber nicht reden, sag einfach gar nichts, abgesehen von den unerläßlichen Höflichkeiten. Bekanntlich ist es in der Tradition unserer Nachbarn, genau wie in der unserer Vorfahren, ganz und gar nicht üblich, daß eine Frau in Anwesenheit von Männern plötzlich den Mund aufmacht. Deshalb wirst du gut daran tun, meine Liebe, für dieses Mal deine natürliche Vornehmheit und deine weibliche Anmut für dich sprechen zu lassen.

Um zehn Uhr morgens verließ also diese kleine diplomatische Delegation, herausgeputzt und wohlinstruiert, die Eineinhalbzimmerwohnung der Rudnickis Chancellor-, Ecke Hanevi'im-Straße, genau über dem Blumengeschäft »Blühender Garten«, ließ Chopin und Schopenhauer, die malade Alma-Mirabelle und den bunten Kiefernzapfen zurück und machte sich auf den Weg zur Villa Silwani im Norden des Viertels Scheich Dscharrach, an der Straße zum Skopusberg.

Gleich zu Anfang unseres Weges kamen wir am Thabor-Haus vorbei, einst das Heim des exzentrischen deutschen Architekten Conrad Schick, eines gläubigen Christen und Jerusalem-Freundes. Über der Tür des Thabor-Hauses hatte Conrad Schick einen kleinen Turmerker erbaut, um den ich allerlei Geschichten von Ritterburgen und Königstöchtern spann. Von dort gingen wir weiter die Hanevi'im-Straße hinunter bis zum Italienischen Hospital mit seinem Zinnenturm und Ziegeldach im Stil florentinischer Paläste.

Am Italienischen Hospital bogen wir schweigend nach Norden in die St.-George-Straße ein, umgingen das ultraorthodoxe Viertel Mea Schearim und drangen tief in die Welt der Zypressen, Mauern, Gitter, Gesimse und Steinmauern des fremden Jerusalem ein, das ich kaum kannte, das äthiopische, das arabische, das der Pilger, das osmanische, das missionarische, das deutsche, das griechische, das ränkevolle, das armenische, das amerikanische, das klösterliche, das italienische, das russische, das dicht mit Kiefern bestandene Jerusalem, beängstigend und faszinierend mit seinen Glocken und geflügelten Zauberdingen, die dir wegen ihrer Fremdheit verboten sind, eine verschleierte Stadt voll gefährlicher Geheimnisse, reich an Kreuzen, Türmen, Moscheen und Mysterien, ehrwürdig und still, durch ihre Straßen huschen wie dunkle Schatten Geistliche fremder Religionen in schwarzen Kutten oder Soutanen, Mönche und Nonnen und Kadis und Muezzine und Würdenträger und Pilger und Frauenschleier und Mönchskapuzen.

Es war ein Schabbatmorgen im Sommer 1947, wenige Monate vor dem Ausbruch blutiger Zusammenstöße in Jerusalem, knapp ein Jahr vor dem Abzug der Briten, vor Belagerung, Artilleriebeschuß, Wassermangel und Teilung der Stadt. An dem Schabbat, an dem wir zum Haus der Familie al-Silwani in Scheich Dscharrach gingen, lag noch eine schwere Ruhe über all diesen nordöstlichen Vierteln. Aber in dieser Ruhe spürte man bereits einen feinen Hauch Ungeduld, eine kaum greifbare Spur verhaltener Feindseligkeit: Was wollen hier plötzlich drei Juden, ein Mann, eine Frau und ein Kind, woher sind die denn aufgetaucht? Und wenn ihr schon aus irgendeinem Grund hierhergekommen seid, in diesen Teil der Stadt, solltet ihr euch besser nicht länger als unbedingt nötig hier aufhalten. Diese Straßen rasch passieren. Solange noch –

An die fünfzehn oder zwanzig Gäste und Familienangehörige waren bei unserem Eintreffen bereits im Empfangsraum versammelt, schienen im Zigarettenrauch zu schweben. Die meisten saßen auf den Sofas rings an den vier Wänden, einige standen in Grüppchen in den Saalecken. Dazu zählten Herr Cardigan und auch Herr Kenneth Orwell Knox-Guildford, der Postdirektor und Onkel Staszeks oberster Vorgesetzter, der sich mit einigen anderen Herren unterhielt und Onkel Staszek durch leichtes Anheben seines Glases von weitem begrüßte. Die meisten Türen, die vom Empfangsraum in die hinteren Räume führten, waren geschlossen. Nur durch eine, die halb geöffnet war, konnte ich drei Mädchen ungefähr in meinem Alter sehen, die sich in langen Kleidern auf einer kleinen Bank zusammendrängten, zu den Gästen schauten und miteinander tuschelten.

Ustas Nadschib Mamduch al-Silwani, der Hausherr, stellte uns einige Familienmitglieder und einige der anderen Gäste vor, Männer und Frauen, darunter zwei ältliche englische Ladys in grauen Schneiderkostümen, einen älteren französischen Gelehrten und einen griechischen Popen mit eckigem Krausbart und Priestergewand. Jedem einzelnen gegenüber rühmte er jeweils auf englisch, gelegentlich auch auf französisch, seinen Gast und schilderte in zwei, drei Sätzen, wie es dem teuren Herrn Staw gelungen sei, einen großen Kummer abzuwenden, der mehrere düstere Wochen lang über der Familie Silwani geschwebt habe.

Wir wiederum schüttelten Hände, verbeugten uns, lächelten, nickten grüßend und murmelten: »*How nice*«, »*Enchanté*« und »*Good to meet you*«. Wir überreichten der Familie Silwani auch ein bescheidenes symbolisches Geschenk: einen Fotoband über das Kibbuz-Leben mit Bildern aus dem Speisesaal, Fotos von Pionieren auf dem Feld und im Kuhstall, von nackten Kindern, die glücklich im Wasser der Sprinkler planschen, und von einem alten arabischen Fellachen, der dasteht und erstaunt seinen Esel am Halfter hält, während ein riesiger Traktor in einer Staubwolke an ihm vorbeifährt. Alle Fotos waren mit erklärenden Texten auf hebräisch und englisch versehen.

Ustas al-Silwani sah diesen Band kurz durch, lächelte höflich, nickte zwei-, dreimal, als habe er die Absicht der Fotografen erkannt, dankte seinen Gästen für das Geschenk und legte es in eine Wandnische oder auf eine der Fensterbänke. Die Papageiendame mit der hohen Stimme trällerte plötzlich in ihrem Käfig: »*Who will be my destiny? Who will be my prince?*« Und vom anderen Ende des Raums antwortete ihr der heisere Papagei: »*Kalamat, ya scheich! Kalamat, ya scheich! Kalamat!*« Unsinn, mein Herr! Unsinn, mein Herr! Unsinn!

Zwei gekreuzte glänzende Säbel hingen in der Ecke, in der wir dann Platz nahmen, über unseren Köpfen an der Wand. Ich versuchte vergeblich, zu erraten, wer hier Gast war und wer zur Gastgeberfamilie gehörte. Die Männer waren meist zwischen fünfzig und sechzig, doch einer war ein richtiger Greis, er trug einen abgewetzten braunen Anzug, dessen Ärmelenden ein wenig ausgefranst waren. Seine faltigen Wangen waren eingefallen, und sein weißer Schnurrbart war vom Tabak ganz gelb geworden, ebenso wie die rissigen Maurerhände. Er hatte große Ähnlichkeit mit einigen der Portraits, die in vergoldeten Rahmen an den Wänden hingen. War er der Großvater der Familie? Oder vielleicht sogar der Urgroßvater? Links von Ustas al-Silwani tauchte nämlich noch ein Greis auf, sehnig, die Gestalt groß und krumm, wie ein abgebrochener Baumstumpf, der braune Schädel von borstigen grauen Stoppeln bedeckt. Er war nachlässig gekleidet: Das gestreifte Hemd war nur zur Hälfte zugeknöpft, und die Hose wirkte übergroß. Mir fiel der uralte Allelujew aus der Geschichte meiner Mutter ein, der in seiner Kate einen noch älteren Greis pflegte. Dann gab es dort noch ein paar Jugendliche in schneeweißer Tenniskleidung sowie zwei dickbäuchige Männer, ungefähr Mitte vierzig, die nebeneinander saßen und wie alternde Zwillinge aussahen, beide hatten schläfrig die Augen halb geschlossen, der eine ließ eine Bernsteinkette durch die Finger gleiten, während sein Bruder hingebungsvoll rauchte und seinen Teil zu dem grauen Zigarettenqualm beitrug, der den Raum immer dichter vernebelte. Außer den beiden englischen Ladys saßen noch einige andere Frauen auf den Sofas, und weitere gingen im Raum umher, sorgsam bedacht, nicht mit den krawattentragenden Dienern zu kollidieren, die Tabletts mit kühlen Getränken, Süßigkeiten, Teegläsern und Kaffeetäßchen trugen. Welche der Frauen die Dame des Hauses war, ließ sich schwer sagen: Einige von ihnen verhielten sich so, als seien sie hier zu Hause. Eine große Frau in einem geblümten Seidenkleid von der Farbe der Vase, in der die Pfauenfedern sprossen, die fleischigen Arme klimperten bei jeder Bewegung vor lauter Silberreifen und Armbändern, redete im Stehen angeregt auf ein paar junge Herren in Tenniskleidung ein. Eine andere Dame, in einem üppig mit Früchten bedruckten Baumwollkleid, das ihre breiten Hüften und dicken Schenkel noch betonte, reichte dem Gastgeber die Hand zum Kuß und revanchierte sich umgehend mit drei Wangenküssen, rechts, links und wieder rechts. Außerdem gab es eine alte Matrone mit grauem Lippenbärtchen und breiten, haarigen Nasenlöchern sowie ein paar reizende, schlanke junge Mädchen mit rotlackierten Fingernägeln, die unaufhörlich flüsterten und tuschelten, sorgfältig frisiert und in sportlichen Röcken. Wie es schien, waren Staszek Rudnicki in seinem ministerialen dunklen Wollanzug, der rund fünfzehn Jahre vor diesem Sommer mit ihm aus Lodz ins Land Israel eingewandert war, und seine Frau Mala mit ihrem braunen Rock, ihrer langärmeligen Bluse und ihren Tropfenohrringen die beiden am prächtigsten herausstaffierten Menschen im Saal (abgesehen von den Dienern). Sogar der Postdirektor, Mr. Knox-Guildford, war im einfachen hellblauen Hemd erschienen, ohne Jackett oder Krawatte. Aus seinem Käfig am Ende des Saals rief plötzlich der Papagei mit der alten Raucherstimme: »*Mais oui, mais oui, chère Mademoiselle, mais oui, absolument, naturellement.*« Aus ihrem Käfig an der Gegenwand erwiderte ihm augenblicklich die verwöhnte Sopranistin: »*Bass! Bass! Bass min fadlak! Uskut! Bass wachalass!«* Genug! Genug! Genug bitte! Still! Genug und fertig!

Aus der Rauchwolke tauchten alle Augenblicke Diener in Schwarz-Weiß-Rot auf und versuchten mich nacheinander mit Glas- und Keramikschalen voller Mandeln, Walnüssen, Erdnüssen, gerösteten Kürbis- und Wassermelonenkernen, mit Tabletts voller warmem Gebäck, Früchten, Wassermelonenstückchen, Kaffeetäßchen, Teegläschen und hohen beschlagenen Gläsern Obstsaft oder Grenadine auf Eis sowie mit Schälchen von hellem Pudding, der nach Zimt duftete und mit Mandelsplittern bestreut war, zu verführen. Aber ich begnügte mich mit zwei Keksen und einem Glas Saft und lehnte alle weiteren Köstlichkeiten höflich dankend, aber bestimmt ab. Keinen Moment wurde ich schwach, keinen Moment vergaß ich die Pflichten, die sich aus meiner Position als jungem Diplomaten zu Gast unter dem Dach einer wichtigen Großmacht ergaben, die mich mißtrauisch beobachtete.

Herr Silwani blieb bei uns stehen und plauderte ein paar Minuten auf englisch mit Tante Mala und Onkel Staszek, scherzte, war zuvorkommend, machte der Tante vielleicht sogar ein Kompliment wegen ihrer Tropfenohrringe. Als er sich dann entschuldigte und dabei war, sich anderen Gäste zuzuwenden, zögerte er kurz, wandte sich plötzlich an mich und sagte mit freundlichem Lächeln in tastendem Hebräisch: »Mein Herr, falls Sie in den Garten hinausgehen möchten: Es sind ein paar Kinder im Garten.«

Außer Vater, der mich gern »Eure Hoheit« nannte, hatte kein Mensch mich je mit »mein Herr« angeredet. Einen erhebenden Moment lang war ich in meinen Augen tatsächlich ein junger hebräischer Herr, der nicht hinter den nichtjüdischen jungen Herren, die draußen im Garten umherstreiften, zurückstand. Wenn endlich der freie hebräische Staat gegründet würde, zitierte Vater gern sehnsüchtig die Worte Jabotinskys, würde auch unser Volk sich der Völkerfamilie anschließen können, »wie ein Löwe, der sich zu Löwen gesellt«.

Wie ein Löwe, der sich zu Löwen gesellt, verließ ich also den in Zigarettenrauch schwimmenden Raum. Ich blickte von der großen Veranda auf das Panorama der Mauern, Türme und Kuppeln. Danach ging ich langsam und feierlich, der immensen nationalen Bedeutung bewußt, die behauenen Steinstufen hinunter und schritt auf die Weinlaube zu und weiter, tief hinein in den Obstgarten.

42

Dort in der Weinlaube war eine Gruppe von fünf, sechs etwa fünfzehnjährigen Mädchen. Ich machte einen großen Bogen um sie. Danach liefen ein paar laute Jungen an mir vorbei. Zwischen den Bäumen spazierte ein junges Paar, in eine flüsternde Unterhaltung vertieft, aber ohne einander zu berühren. Am Ende des Gartens, nicht weit von der Mauerecke, hatte jemand rings um den rauhen Stamm eines dicken Maulbeerbaums ein Sitzbrett angebracht, eine Art Holzbank ohne Beine, und darauf saß ein blasses Mädchen mit einem schlanken Hals, schwarzen Haaren und Wimpern, und der gerade Pony ihres Pagenschnitts fiel ihr in die Stirn, die mir vor Neugier und Fröhlichkeit von innen her zu leuchten schien. Sie trug eine cremefarbene Bluse und darüber ein langes ärmelloses dunkelblaues Kleid mit breiten Schulterträgern. Auf dem Blusenrevers hatte sie eine Elfenbeinbrosche, die mich an die Halsbrosche meiner Großmutter Schlomit erinnerte.

Auf den ersten Blick war mir dieses Mädchen gleichaltrig vorgekommen, aber nach der leichten Wölbung, die sich unter ihrem Kleid abzeichnete, und auch nach dem unkindlichen Blick, neugierig, aber zugleich warnend, der meinem begegnete (blitzschnell, denn sofort flohen meine Augen in eine andere Richtung), schien sie nicht mehr gleichaltrig, sondern etwa zwei bis drei Jahre älter als ich zu sein, vielleicht elf oder zwölf. Trotzdem konnte ich gerade noch sehen, daß ihre Augenbrauen etwas breit und zusammengewachsen waren und dadurch einen Kontrast zu ihren feinen Gesichtszügen bildeten. Und zu Füßen des Mädchens kniete ein kleiner Junge, etwa drei Jahre alt, ein kleiner Lockenkopf, vielleicht ihr Bruder, und war eifrig damit beschäftigt, abgefallene Blätter einzusammeln und sie zu einem Kreis anzuordnen.

Beherzt und in einem Atemzug offerierte ich dem Mädchen nahezu ein Viertel meines fremdsprachlichen Wortschatzes, den ich hier und da aufgeschnappt hatte: nicht so sehr wie ein Löwe, der sich zu Löwen gesellt, sondern eher wie die höflichen Papageien oben in der Eingangshalle. Unwillkürlich verbeugte ich mich sogar leicht vor ihr, in dem glühenden Wunsch, Kontakt aufzunehmen – und damit Vorurteile auszuräumen und die Versöhnung zwischen unseren beiden Völkern ein Stück voranzutreiben: »Sabach al-cher, Miss. Ana ismi Amos. Wa-inti, ya bint? Votre nom, *s'il vous plaît, Mademoiselle? Please your name kindly?«* Guten Morgen, Miss. Ich heiße Amos. Und du, Mädchen?

Sie musterte mich, ohne zu lächeln. Ihre zusammengewachsenen Augenbrauen verliehen ihr einen strengen Zug. Sie nickte ein paarmal, als sei sie zu einer Schlußfolgerung gelangt, habe sich eine Meinung gebildet, beende damit die Überlegungen und bestätige die Ergebnisse. Ihr dunkelblaues Kleid reichte ihr bis über die Knie, aber in dem schmalen Streifen zwischen Kleidersaum und Schleifenschuhen sah ich einen Moment die glatte, gebräunte Haut ihrer bereits fraulichen Waden, ich errötete, und meine Augen flüchteten wieder, nunmehr zu ihrem kleinen Bruder, der meinen Blick ruhig erwiderte, furchtlos, aber ebenfalls ohne zu lächeln. Und auf einmal sah er ihr sehr ähnlich mit seinem dunklen, ruhigen Gesicht.

Alles, was ich von meinen Eltern gehört hatte und von Nachbarn und von Lehrerinnen und von Onkel Joseph und von sonstigen Onkeln und Tanten oder auch nur vom Hörensagen kannte, kam mir in diesem Moment wieder in den Sinn. Alles, was an Wochenenden oder an Sommerabenden in unserem Hof über vielen Gläsern Tee besprochen worden war: die steigende Spannung zwischen Arabern und Juden, das Mißtrauen und die Feindseligkeit als die faule Frucht britischer Intrigen und der Hetzkampagnen islamischer Fanatiker, die uns in grausigem Licht darstellten, um in den Herzen der Araber tödlichen Haß gegen uns zu entfachen. Unsere Aufgabe ist es, hatte Herr Rosendorf einmal gesagt, das Mißtrauen zu zerstreuen und ihnen zu erklären, daß wir in Wirklichkeit positive und sogar nette Menschen sind. Kurz gesagt, Sendungsbewußtsein verlieh mir den Mut, das fremde Mädchen auf diese Weise anzusprechen, in dem Versuch, ein Gespräch mit ihr anzuknüpfen: Ich wollte ihr in wenigen, aber überzeugenden Worten darlegen, wie lauter unsere Absichten waren, wie widerwärtig die Machenschaften, Streit zwischen unseren beiden Völkern zu stiften, und wie gut es für die ganze arabische Gemeinschaft – in Gestalt dieses feinlippigen Mädchens – wäre, mit dem zuvorkommenden und freundlichen hebräischen Volk gesellschaftlichen Umgang zu pflegen – repräsentiert von mir, dem eloquenten Botschafter von achteinhalb Jahren. Beinahe achteinhalb.

Doch ich hatte mir überhaupt nicht überlegt, was ich danach tun sollte, nachdem ich bereits im Eröffnungssatz einen Gutteil meines fremdsprachigen Wortschatzes verbraucht hatte. Wie sollte ich diesem unwissenden Mädchen die Augen öffnen, damit sie ein für allemal verstünde, wie berechtigt unsere Rückkehr nach Zion war? Mittels Pantomime? Mit Tanzschritten? Wie sollte ich ihr ohne Worte unser Anrecht auf das Land einsichtig machen? Wie ihr einschlägige Verse übersetzen: »O mein Land, mein Heimatland«? Und: »Dort werden sich in Glück und Fülle laben, der Sohn des Arabers, der Sohn des Nazareners und mein eigener Sohn, denn meine Fahne, die Fahne der Reinheit und Ehrlichkeit, wird läutern meines Jordans beide Ufer«? Kurz, ich war wie jener Tor, der irgendwo gelernt hatte, auf dem Schachbrett den Königsbauern zwei Felder vorzurükken, was er deshalb auch zügig und ohne Zaudern tat, danach aber keinen blassen Schimmer mehr hatte: weder davon, wie die Figuren hießen, noch wie man damit zog und wohin oder warum.

Verloren.

Aber das Mädchen antwortete mir, und zwar auf hebräisch, ohne mich anzublicken, die Handflächen rechts und links auf die Bank gestützt, die Augen auf ihren Bruder gerichtet, der sorgfältig ein Steinchen nach dem anderen in die Mitte jedes Blattes in seinem Kreis legte: »Ich heiße Aischa. Und der Kleine ist mein Bruder Awwad.«

Und sie sagte auch: »Bist du das Kind der Gäste von der Post?«

Ich erklärte ihr, daß ich keineswegs das Kind der Gäste von der Post sei, sondern der Sohn von Freunden von ihnen, und mein Vater sei ein ziemlich wichtiger Gelehrter, ein Ustas, und der Onkel meines Vaters sei ein noch wichtigerer Gelehrter, sogar einer von Weltruf, und daß ihr ehrenwerter Vater, Herr Silwani, mir höchstpersönlich vorgeschlagen habe, in den Garten zu gehen und mit den Kindern des Hauses zu sprechen.

Aischa berichtigte mich und sagte, Ustas Nadschib sei nicht ihr Vater, sondern ein Onkel ihrer Mutter. Sie und ihre Familie wohnten nicht hier in Scheich Dscharrach, sondern in Talbieh, und sie selbst habe seit drei Jahren Klavierunterricht bei einer Lehrerin in Rechavia, und von ihrer Lehrerin und den Mitschülerinnen habe sie ein wenig Hebräisch gelernt. Sie finde die hebräische Sprache sehr schön, und auch Rechavia sei sehr schön. Ordentlich. Ruhig.

Auch Talbieh ist ruhig und ordentlich, beeilte ich mich, ihr Kompliment mit einem Kompliment meinerseits zu erwidern. Vielleicht sei sie einverstanden, daß wir uns ein wenig unterhielten?

Unterhalten wir uns nicht schon? Ein kleines Lächeln flackerte einen winzigen Augenblick um ihre Lippen. Sie zog mit beiden Händen ihren Rocksaum gerade und schlug die Beine andersherum übereinander: kurz ihre Knie, sie waren schon die einer Frau, und gleich darauf das Glattziehen des Kleides. Ihr Blick richtete sich jetzt links von mir auf die Stelle, an der die Gartenmauer uns durch die Bäume hindurch anschaute.

Ich setzte also eine repräsentative Miene auf und äußerte die Meinung, daß es im Land Israel genug Raum für beide Völker gäbe, wenn diese nur die Vernunft hätten, in Frieden und gegenseitiger Hochachtung miteinander zu leben. Unversehens, vor lauter Verlegenheit oder Hochmut, sprach ich nicht mein Hebräisch mit ihr, sondern das meines Vaters und seiner Besucher. Feierlich. Geschliffen. Wie ein Esel in Ballkleid und Stöckelschuhen, irgendwie überzeugt, daß man Araber und Mädchen nur auf diese Weise ansprechen könne. (Ich hatte zwar fast nie Gelegenheit gehabt, mit Mädchen oder mit Arabern zu sprechen, aber ich dachte mir, daß in beiden Fällen besonderes Feingefühl angebracht sei: Man müsse gewissermaßen wie auf Zehenspitzen sprechen.)

Wie sich herausstellte, reichten ihre Hebräischkenntnisse wohl nicht so weit, oder vielleicht wichen ihre Ansichten auch von meinen ab. Statt auf meine Herausforderung einzugehen, rückte sie lieber etwas ab: Ihr großer Bruder, sagte sie, studiere in der Stadt London, um Solicitor und auch Barrister zu werden, was auf hebräisch so etwas wie *orek-din*, Rechtsdeserteur, sei?

Orech-din, Rechtsanwalt, verbesserte ich sie und fragte, immer noch ganz geschwollen vor lauter Repräsentationswillen, was sie denn einmal zu studieren gedenke, wenn sie groß sei?

Sie blickte mir einen Moment gerade in die Augen, und in diesem Moment wurde ich nicht rot, sondern blaß. Wendete sofort die Augen ab und schlug sie hastig nieder, zu ihrem ernsten kleinen Bruder Awwad, der mittlerweile bereits vier präzise Laubringe am Fuß des Maulbeerbaums ausgelegt hatte.

Und du?

Gut, schau mal, sagte ich, immer noch vor ihr stehend, mir die schwitzenden Hände beidseitig an der Hose abreibend, gut, schau, also bei mir ist das so –

Auch du wirst einmal Rechtsanwalt. So wie du redest.

Was bringt dich denn auf diesen Gedanken?

Und ich, sagte sie, statt meine Frage zu beantworten, ich werde ein Buch schreiben.

Du? Was für ein Buch wirst du schreiben?
Gedichte.
Gedichte?
Auf französisch und englisch.
Du schreibst Gedichte?
Und auch auf arabisch schreibe sie Gedichte, aber die würde sie niemandem zeigen. Hebräisch sei auch eine sehr schöne Sprache. Würden auch Gedichte auf hebräisch geschrieben?

Entsetzt über ihre Frage, schier rasend und anschwellend vor Kränkung und Sendungsbewußtsein, legte ich augenblicklich los und deklamierte in höchster Erregung einen ganzen Schwall Verse: Tschernichowski. Levin Kipnis. Rachel. Seew Jabotinsky. Und auch ein Gedicht von mir. Alles, was mir in den Sinn kam. Aufgeregt, heftig gestikulierend, mit erhobener Stimme und in aufwallender Leidenschaft, grimassierend und mit geschlossenen Augen. Sogar ihr kleiner Bruder Awwad hob den Lockenkopf und starrte mich mit seinen braunen Lammaugen verwundert, neugierig und leicht besorgt an, und plötzlich deklamierte auch er in reinem Hebräisch: Einen Moment! Nein Moment! Und Aischa sagte nicht etwa, es reicht, sondern fragte mich unvermittelt, ob ich auch auf Bäume klettern könne? Nein?

Ganz aufgewühlt und schon etwas verliebt in sie, aber auch bebend vor nationalem Repräsentationswillen, darauf brennend, ihr jeden erdenklichen Wunsch zu erfüllen, verwandelte ich mich im Handumdrehen von Seew Jabotinsky in Tarzan. Ich streifte die Sandalen ab, die Onkel Staszek mir am Morgen geputzt hatte, bis das Leder glänzte wie ein schwarzer Diamant, achtete nicht auf meine gebügelte Festtagskleidung, sondern hing mit einem Satz bereits an einem niedrigen Ast, schlang die nackten Beine um den knorrigen Stamm und kletterte, ohne auch nur einen Moment zu zögern, tief in das Laub des Maulbeerbaums hinauf, vom ersten Ast zum darüberliegenden und von dort weiter, hoch und höher, bis zu den höchsten Zweigen, kümmerte mich nicht um Kratzer, ignorierte Prellungen, Schrammen und Maulbeerflecken, hangelte mich höher als der Mauerrand, höher als die anderen Bäume, aus dem Schatten hinaus, zur Spitze des Maulbeerbaums, bis ich bäuchlings auf einem schrägen, ziemlich nachgiebigen, federnden Ast klebte, der sich unter mir zu Boden bog, und plötzlich, tastend, fand ich dort eine rostige Eisenkette, ein rundes Gewicht war am Ende dieser Kette befestigt, eine ziemlich schwere Eisenkugel, ebenfalls verrostet, weiß der Teufel, was das für eine Vorrichtung sein sollte und wie sie im Maulbeerbaum gesprosst war. Der kleine Awwad warf mir einen nachdenklichen, skeptischen Blick zu und rief mir erneut zu: Einen Moment! Nein Moment!

Anscheinend waren das die einzigen hebräischen Worte, die er irgendwo aufgeschnappt und nicht vergessen hatte.

Mit der einen Hand hielt ich mich gut an meinem ächzenden Ast fest, und mit der anderen schwang ich, unter wildem Kampfgeschrei, die Kette und ließ die daran hängende Eisenkugel schnell kreisen, als präsentierte ich der jungen Frau unter mir eine seltene Erstlingsfrucht. Sechzig Generationen lang, so hatten wir gelernt, hatten sie uns als armseliges Volk betrachtet, als ein Volk gebeugter Talmudstudenten, als schwächliche Nachtmotten, die panisch vor jedem Schatten flüchteten, als *aulad al maut*, Söhne des Todes, und nun trat hier endlich das Muskeljudentum auf den Plan, die neue hebräische Jugend erstrahlt in voller Kraft, und alle Sehenden erzittern vor ihrem Brüllen: wie ein Löwe, der sich zu Löwen gesellt.

Doch der kühne und furchteinflößende Baumlöwe, den ich in seelischem Höhenflug für Aischa und ihren Bruder gab, ahnte überhaupt nichts vom nahenden Verhängnis: Er war ein blinder, tauber und törichter Löwe. Augen hatte er und sah doch nicht. Ohren hatte er und hörte nicht. Schwang nur weiter und weiter die Kette, rittlings auf seinem schwankenden Zweig, durchschnitt die Luft mit immer rascherem Kreisen des fliegenden Eisenapfels, wie er es im Kino bei verwegenen Cowboys gesehen hatte, die im wilden Galopp ihr Lasso schwangen und damit Ringe über Ringe in der Luft beschrieben.

Er sah und hörte und ahnte und achtete nicht, dieser begeisterte Hüter seines Bruders, dieser fliegende Löwe, obwohl alles dort schon der Katastrophe geweiht war, schon alles auf das grauenhafte Geschehen zusteuerte. Der rostige Eisenklotz am Ende der rostigen Kette, deren Kreisbahnen sich von Mal zu Mal weiter spannten, drohte ihm den Arm auszukugeln. Seine Arroganz. Seine Dummheit. Das Gift der anschwellenden Männlichkeit. Der prahlerische Nationalrausch. Der Ast, auf dem er lagerte und von dem aus er sein Paradestück vorführte, dieser weiche Ast, schrie unter seiner Last schon zum Himmel. Und das feine, kluge Mädchen mit den dicken schwarzen Augenbrauen, dieses Dichtermädchen, blickte zu ihm nach oben mit einem nachsichtigen kleinen Lächeln, kein Lächeln der Bewunderung oder der Anerkennung für den neuen hebräischen Menschen, den Sproß des Landes Israel, sondern ein Ausdruck milden Spotts, ein nachsichtig-amüsiertes Lächeln, als wollte sie sagen: Aber das ist ja gar nichts, alles, was du da machst, das ist wirklich gar nichts, solche und ähnliche und viel bessere Leistungen als diese haben wir schon in Hülle und Fülle gesehen, damit kannst du uns nicht beeindrucken. Wenn du mich wirklich und wahrhaftig einmal in Staunen versetzen möchtest, wirst du dich sieben- oder siebenundsiebzigmal mehr anstrengen müssen.

(Und aus den Tiefen irgendeines düsteren Brunnens flackerte vielleicht eben jetzt und nur für einen Moment die Erinnerung an den Urwald in dem Damenbekleidungsgeschäft auf, das Abbild des urzeitlichen Dschungels, in dessen finsterer Tiefe er einmal einem kleinen Mädchen nachgejagt war, und wo sich ihm, als er sie endlich eingeholt hatte, Entsetzliches zeigte.)

Und auch ihr Bruder war noch da, am Fuß des Maulbeerbaums, er hatte seine präzisen, mysteriösen Blätterkreise vollendet und hüpfte nun, lockenköpfig, ernst, besorgt und niedlich, in seinen kurzen Hosen und roten Schuhen einem weißen Schmetterling nach, doch plötzlich rief man von oben, aus den Höhen des Maulbeerbaums, panisch brüllend seinen Namen, Awwad, Awwad, flieh, und er konnte vielleicht gerade noch seine runden Augen auf den Wipfel richten und vielleicht auch noch den rostigen Eisenapfel sehen, der sich auf einmal vom Kettenende losgerissen hatte und wie eine Kanonenkugel direkt auf ihn zusauste, dunkler und dunkler, größer und größer wurde, direkt auf die Augen des Kleinen zusteuerte und bestimmt im nächsten Moment seinen Schädel zerschmettert hätte, wäre er nicht um zwei, drei Zentimeter danebengegangen, an der Nase des Kindes vorbeigeflogen und mit dumpfer Wucht aufgeschlagen, wobei er den kleinen Fuß traf und zertrümmerte, durch den winzigen roten Schuh hindurch, diesen Puppenschuh, der im Nu blutüberströmt war, so daß die Schnürsenkel rot vor Blut wurden und das Blut durch die Sohlennähte und über den oberen Rand quoll. Da erhob sich ein einziger, dünner, durchdringender, langer, herzzerreißender Schmerzensschrei über die Baumwipfel des Gartens, und danach zitterte dein ganzer Körper wie bei einem eisigen Schüttelfrost, und alles rundherum erstarrte mit einem Schlag, als hätte man dich in einen Eisberg eingeschlossen.

Ich erinnere mich nicht mehr an das Gesicht des ohnmächtigen Jungen, den seine Schwester auf den Armen forttrug, erinnere mich nicht mehr, ob auch sie geschrien, um Hilfe gerufen, mit mir gesprochen hat, erinnere mich nicht, wann und wie ich vom Baum hinunterkletterte oder nicht hinunterkletterte, sondern zusammen mit dem unter mir berstenden Ast abstürzte, erinnere mich nicht, wer mir die Platzwunde am Kinn verbunden hat, aus der ein dicker Blutstrom auf mein Festtagshemd geflossen war (noch heute habe ich eine Narbe am Kinn), erinnere mich kaum, was zwischen dem Aufschrei des verletzten Kindes und den schneeweißen Laken gegen Abend passierte, als ich immer noch am ganzen Leib zitterte und wie ein Embryo zusammengerollt, mit ein paar Nähstichen am Kinn in Onkel Staszeks und Tante Malas Doppelbett lag.

Aber erinnere mich bis heute an den Blick ihrer Augen, wie zwei glühende, mich verbrennende Kohlen, unter dem Trauerrahmen ihrer zusammengewachsenen schwarzen Brauen: Abscheu und Verzweiflung und Entsetzen und brennenden Haß schleuderte ihr Blick mir entgegen, und unter dem Abscheu und Haß lag in ihren Augen auch so ein trauriges Nicken, als gebe sie sich recht, als sage sie sich: Ich hätte doch gleich vom ersten Augenblick an wissen können, noch ehe du den Mund aufmachtest, hätte ich merken müssen, hätte ich mich vor dir in acht nehmen müssen, man konnte es doch schon von weitem wahrnehmen. Wie ein übler Gestank.

Und ich erinnere mich, verschwommen, an einen kleinen, behaarten Mann mit buschigem Schnurrbart und einer goldenen Uhr mit sehr breitem Armband, vielleicht war es einer der Gäste, vielleicht ein Sohn des Gastgebers, der mich grob von dort wegschleppte, mich an meinem zerrissenen Hemd, fast im Laufschritt, mitschleifte. Und unterwegs sah ich noch von weitem, wie ein tobender Mann an der Zisterne inmitten des gepflasterten Vorplatzes dastand und Aischa verprügelte. Nicht mit Fäusten, nicht mit Ohrfeigen, sondern mit schweren, weit ausholenden, schnellen Handbewegungen verprügelte er sie grausam, schlug sie auf Kopf, Rücken, Schultern und quer übers Gesicht, nicht wie man ein Kind bestraft, sondern wie man seine brennende Wut an einem Pferd ausläßt. Oder an einem störrischen Kamel.

Bestimmt hatten meine Eltern und auch Staszek und Mala die Absicht, sich nach dem Befinden des kleinen Awwad und der Schwere seiner Verletzung zu erkundigen. Bestimmt wollten sie einen Weg finden, ihrem Bedauern und ihrer Scham Ausdruck zu geben. Vielleicht erwogen sie eine angemessene Entschädigung. Vielleicht war es ihnen wichtig, unsere Gastgeber mit eigenen Augen davon zu überzeugen, daß auch unsere Seite nicht ungeschoren davongekommen war, sondern eine Kinnverletzung erlitten hatte, die sogar mit zwei, drei Stichen hatte genäht werden müssen. Möglicherweise haben meine Eltern und die Rudnickis sogar einen weiteren Besuch geplant, einen Versöhnungsbesuch in der Villa des Ustas al-Silwani, bei dem sie dem verletzten Kleinen Gaben und Geschenke mitbringen würden, während ich mich, kleinlaut und reumütig, auf der Schwelle niederwerfen oder Sack und Asche tragen müßte, um der ganzen Familie al-Silwani im besonderen und dem ganzen arabischen Volk im allgemeinen zu zeigen, wie sehr wir bedauerten und uns schämten, dabei auch zu nobel seien, um Rechtfertigungen und mildernde Umstände zu suchen, vielmehr aufrichtig genug, um die volle Last der Scham auf unsere Schultern zu nehmen, die volle Last der Reue und der Schuld.

Aber während sie noch beratschlagten, Zeitpunkt und Vorgehensweise diskutierten, vielleicht auch Onkel Staszek baten, er möge seinen Vorgesetzten, Herrn Knox-Guildford, einschalten, damit er einmal bei den al-Silwanis vorfühle und die Stimmung auf jener Seite auslote, wie stark dort noch der Zorn brenne und wie man ihn beschwichtigen könne, welchen Wert und Nutzen ein eventueller Entschuldigungsbesuch hätte und wie man dort unseren Wunsch aufnehmen würde, das Krumme wieder geradezubiegen – während sie noch Vorbereitungen trafen und Erkundigungen einholten, kamen die Hohen Feiertage. Und noch vor den Feiertagen, am 1. September 1947, legte die für Palästina zuständige UNO-Untersuchungskommission ihre Empfehlungen der Vollversammlung vor.

Und in Jerusalem schien sich, obwohl noch keinerlei Unruhen ausbrachen, plötzlich ein verborgener Muskel zu spannen. Es war nun nicht mehr ratsam, daß wir uns in jene Viertel begaben.

Vater rief daher tapfer in der Firma Silwani und Söhne an, die sich im unteren Teil der Princess-Mary-Straße befand, stellte sich auf englisch und auch auf französisch vor und bat, auf englisch und auf französisch, mit Herrn al-Silwani senior verbunden zu werden. Ein junger Sekretär antwortete mit kühler Höflichkeit, bat Vater auf englisch und auch auf französisch, bitte ein oder zwei Minuten zu warten, kehrte an den Apparat zurück und sagte, er, der Sekretär, sei bevollmächtigt, eine Nachricht für Herrn Silwani entgegenzunehmen. Vater diktierte diesem jungen Sekretär also, auf französisch und auch auf englisch, eine kurze Botschaft bezüglich unserer Gefühle, unserer Bitte um Verzeihung, unserer Sorge um das Wohlbefinden des teuren Kindes, unserer Bereitschaft, alle erforderlichen Heilungskosten zu tragen, und auch unseres aufrichtigen Wunsches, baldmöglichst ein klärendes Treffen abzuhalten und die Sache wieder ins Lot zu bringen. (Vaters Englisch und Französisch hatten einen deutlichen russischen Beiklang. Das Wort *the* hörte sich bei ihm wie *dsee* an, und aus *locomotive* wurde bei ihm unweigerlich *lokomozif*.)

Antwort von Familie Silwani erhielten wir nicht, weder direkt noch über Herrn Knox-Guildford, den Vorgesetzten von Staszek Rudnicki. Hat mein Vater auf anderem Wege zu eruieren versucht, wie schlimm die Verletzung des kleinen Awwad war? Was Aischa über mich erzählt hatte und was nicht? Wenn Vater tatsächlich etwas in Erfahrung gebracht hat – mir hat man nichts davon gesagt. Bis zu Mutters Tod und auch danach, bis zu seinem Todestag, haben mein Vater und ich nie über jenen Schabbat gesprochen. Auch nicht beiläufig. Selbst viel später, rund fünf Jahre nach dem Sechstagekrieg, bei der Totengedenkfeier für Mala Rudnicki, als der unglückliche Staszek in seinem Rollstuhl die halbe Nacht redete und redete und alle möglichen schönen und auch schlimmen Erinnerungen beschwor, wurde jener Schabbat in der Villa Silwani mit keinem Wort erwähnt.

Und einmal, 1967, nach der Eroberung Ost-Jerusalems, bin ich allein dort hingegangen, ziemlich früh morgens an einem Schabbat im Sommer, auf demselben Weg, den wir drei an jenem Schabbat genommen hatten. Ein neues Eisentor war in die Mauern eingelassen worden, und davor parkte ein schwarzglänzender deutscher Wagen, innen mit grauen Stoffgardinen verhängt. Oben auf der Mauer, die den Garten umgab, staken Glassplitter, die ich nicht in Erinnerung hatte. Hinter ihnen funkelte das Grün der Baumwipfel. Die Flagge eines wichtigen Konsulats wehte auf dem Dach, und neben dem neuen Eisentor hing ein blankes Messingschild, das in lateinischen und in arabischen Lettern den Namen des vertretenen Staates sowie dessen Wappen trug. Ein Wachmann in Zivil kam näher und blickte mich fragend an. Ich murmelte etwas und ging weiter Richtung Skopusberg.

Die Wunde an meinem Kinn verheilte nach einigen Tagen. Frau Dr. Hollaender, die Kinderärztin der Kassenklinik in der Amos-Straße, zog behutsam die Fäden, mit denen mein Kinn an jenem Schabbat in der Station des Roten Davidsterns genäht worden war.

Und vom Tag des Fadenziehens an fiel bei uns der Vorhang über diesen ganzen Vorfall. Auch Tante Mala und Onkel Staszek schlossen sich dem Verschweigen und Stillschweigen an. Kein einziges Wort. Nicht über Scheich Dscharrach, nicht über kleine arabische Kinder, nicht über Eisenketten und nicht über Obstgärten und nicht über Maulbeerbäume und nicht über Narben am Kinn. Tabu. Wie nie gewesen. Nie geschehen. Nur Mutter rebellierte nach ihrer Art gegen die Mauern der Zensur. Einmal, an unserem Platz am Küchentisch, meinem und ihrem, und zu unserer Zeit, meiner und ihrer, während Vater außer Haus war, erzählte sie mir ein indisches Märchen:

Es waren einmal, vor vielen, vielen Jahren, zwei Mönche, die sich allerlei Gebote und asketische Übungen auferlegten. Unter anderem gelobten sie, ganz Indien, von einem Ende bis zum anderen, zu Fuß zu durchqueren. Auch völliges Stillschweigen gelobten sie: Kein einziges Wort sollte ihnen in den Jahren ihrer Wanderung entschlüpfen, nicht einmal im Schlaf. Aber einmal, als sie an einem Flußufer entlanggingen, hörten die beiden eine ertrinkende Frau aus dem Strom um Hilfe rufen. Wortlos sprang der jüngere der beiden ins Wasser, trug die Frau auf seinem Rücken ans Ufer, legte sie ohne ein Wort in den Sand, und die beiden Asketen setzten ihren Weg in völligem Stillschweigen fort. Doch dann, ein halbes oder ganzes Jahr später, fragte der Jüngere plötzlich seinen Gefährten: Sag mir, meinst du, ich hätte damit gesündigt, daß ich jene Frau auf dem Rücken getragen habe? Und sein Gefährte antwortete ihm mit einer Gegenfrage: Was, trägst du sie immer noch auf dem Rücken?

Vater indes nahm seine Forschungsarbeiten wieder auf. Er vertiefte sich damals in die Literaturen des alten Orient, Akkad und Sumer, Babylonien und Assyrien, die Funde aus den uralten Archiven in Tel el-Amarna und in Hattuscha, die legendäre Bibliothek des Königs Assurbanipal, den die Griechen Sardanapal nannten, das Gilgamesch-Epos und den Adapa-Mythos. Bücher und Lexika stapelten sich auf seinem Tisch, umringt von einem ganzen Heer an Zetteln und Karteikärtchen. Wieder versuchte er Mutter und mich mit einem seiner Standardwitze zu unterhalten: Wenn du deine Weisheit aus einem Buch geklaut hast, bist du ein Plagiator. Hast du sie aber aus fünf Büchern genommen, bist du kein Dieb, sondern ein

Gelehrter, und wenn du dir gar die Mühe gemacht hast, aus fünfzig Büchern zu klauen, giltst du als ein hervorragender Gelehrter.

Von Tag zu Tag stärker spannte sich unter der Haut Jerusalems ein unsichtbarer Muskel. Wilde Gerüchte kursierten in unseren Vierteln, ließen einem das Blut in den Adern gerinnen. Manche erzählten, die Regierung in London werde demnächst das Militär aus dem Land abziehen, um den Armeen der Staaten der Arabischen Liga, die nichts anderes seien als ein britischer Arm in der Abaje, zu ermöglichen, die Juden zu unterwerfen, das Land zu erobern und dann die Briten durch die Hintertür wieder einzulassen, nachdem die Juden verschwunden wären. Jerusalem werde bald die Hauptstadt König Abdullahs von Transjordanien sein, so meinten einige der Strategen in Herrn Austers Lebensmittelladen, und uns, die jüdischen Einwohner, werde man alle mit Schiffen in Flüchtlingslager nach Zypern bringen. Oder vielleicht werde man uns über die DP-Camps auf der Insel Mauritius und auf den Seychellen verteilen.

Andere ließen ihre Zuhörer unumwunden wissen, die hebräischen Untergrundgruppen und auch die Hagana hätten mit ihren blutigen Anschlägen gegen die englische Mandatsmacht, besonders durch den Sprengstoffanschlag auf das britische Hauptquartier im King David Hotel, Unheil über uns gebracht: Kein Imperium der Welt hätte derart demütigende Provokationen mit Schweigen übergangen, und tatsächlich hätten die Briten bereits beschlossen, uns mit einem grausamen Blutbad zu bestrafen. Wir hätten uns durch die unüberlegten Torheiten unserer fanatischen Zionistenführer bei der britischen Nation dermaßen verhaßt gemacht, daß London beschlossen habe, den Arabern freie Hand zu lassen, uns alle abzuschlachten. Bis jetzt verhinderten die britischen Truppen noch ein allgemeines Massaker seitens der arabischen Völker. Doch nun würden sie sich zurückziehen, und wir – unser Blut über unser Haupt.

Wieder andere wußten zu berichten, allerlei Juden mit Beziehungen – reiche Leute in Rechavia, Bauunternehmer und Großhändler mit guten Verbindungen zu britischen Regierungskreisen, hochrangige Amtsträger bei der Mandatsverwaltung – hätten bereits einen Wink erhalten, das Land sobald wie möglich zu verlassen oder zumindest ihre Angehörigen in Sicherheit zu bringen. Man sprach von der einen oder anderen Familie, die schon nach Amerika übersiedelt sei, und von diesen und jenen Funktionären und auch noch von Soundso und Soundso, gerade solchen, die immer so geschwollen dahergeredet hätten, nun aber über Nacht Jerusalem verlassen hätten und mit ihren Familien nach Tel Aviv gezogen seien. Bestimmt wüßten sie schon etwas von dem, das wir uns hier noch gar nicht vorstellen könnten. Oder nur in unseren Alpträumen.

Und manche wußten von Trupps junger Araber zu berichten, die nachts mit Pinsel und Farbtopf unsere Straßen durchstreiften und jetzt schon die jüdischen Häuser kennzeichneten und unter sich aufteilten. Es hieß, bewaffnete arabische Banden, Männer des Jerusalemer Großmuftis, kontrollierten bereits praktisch alle Bergkämme rings um die Stadt, und die Briten schauten weg. Man erzählte, Truppen der transjordanischen Arabischen Legion unter dem Oberbefehl des britischen Offiziers Sir John Glubb oder auch Glubb Pascha hätten bereits gewisse Schlüsselstellungen im ganzen Land eingenommen, um die Juden zu unterwerfen, ehe sie auch nur die Köpfe heben könnten. Und gegenüber dem Kibbuz Ramat Rachel würden sich schon die Kämpfer der Muslimbruderschaft eingraben, denen die Briten stillschweigend erlaubt hätten, mit ihren Waffen aus Ägypten anzurücken und sich in den Jerusalemer Bergen zu verschanzen. Manche äußerten die Hoffnung, nach dem Abzug der Briten werde der amerikanische Präsident Truman eingreifen: Im Handumdrehen werde er Truppen entsenden, zwei riesige amerikanische Flugzeugträger seien schon in sizilianischen Gewässern gesichtet worden, mit Kurs nach Osten. Auf keinen Fall werde Präsident Truman es zulassen, daß hier eine zweite Shoah über das jüdische Volk hereinbricht, kaum drei Jahre nach der Shoah der sechs Millionen: Die wohlhabenden und einflußreichen amerikanischen Juden würden ihn unter Druck setzen. Würden nicht tatenlos zusehen.

Manche glaubten, das Gewissen der zivilisierten Welt oder die progressive öffentliche Meinung oder die internationale Arbeiterklasse oder die verbreiteten Schuldgefühle wegen des bitteren Schicksals der wenigen überlebenden Juden würde sich einmütig gegen den »anglo-arabischen Plan zu unserer Vernichtung« wenden. Zumindest, ermutigten sich einige unserer Nachbarn und Bekannten bei den ersten Anzeichen dieses seltsamen und bedrohlichen Herbstes, zumindest könnte man sich vielleicht damit trösten, daß die Araber uns hier zwar nicht haben wollten, die Völker Europas ihrerseits jedoch ganz und gar nicht daran interessiert seien, uns in Massen in ihre Länder zurückkehren zu sehen. Und da die europäischen Völker erheblich mächtiger seien als die Araber, bestünde trotz allem irgendeine Chance, daß man uns hierbleiben ließe. Daß man die Araber zwingen würde, zu schlucken, was Europa ausspeien wolle.

So oder so prophezeiten fast alle Krieg. Die Untergrundsender spielten, über Kurzwelle, befeuernde Lieder ab: »In den Bergen, in den Bergen ist unser Licht erstrahlt, wir werden den Gipfel erklimmen. Das Gestern lassen wir zurück, doch weit ist der Weg ins Morgen...« Und auch: »Man erstürmt nicht des Gipfels Höh ohne ein Grab am Hang!« »Von Metulla bis zum Negev, vom Meer bis zur Wüste, ein jeder Junge ans Gewehr und ein jedes Mädchen auf den Posten!« »Den Frieden des Pfluges brachten dir deine jungen Männer, heute bringen sie dir Frieden mit dem Gewehr!« Öl, Kerzen, Zucker, Milchpulver und Mehl waren nahezu aus Herrn Austers Ladenregalen verschwunden: Die Leute begannen, Lebensmittel für das Kommende zu horten. Auch Mutter füllte den Küchenschrank mit Mehl, Matzemehl, Zwieback, Haferflocken, Konserven, Öl und Oliven und Zucker. Vater kaufte zwei versiegelte Petroleumkanister und verstaute sie unter dem Waschbecken im Badezimmer.

Immer noch ging Vater tagtäglich, wie gewohnt, um halb acht aus dem Haus und fuhr mit dem Neuner-Bus von der Ge'ula-Straße aus, durch Mea Schearim und das Viertel Scheich Dscharrach, unweit der Villa Silwani, zur Nationalbibliothek auf dem Skopusberg. Kurz vor fünf Uhr nachmittags kehrte er von der Arbeit zurück, mit Büchern und Heften in der abgewetzten Aktentasche und weiteren Büchern und Heften unter dem Arm. Aber Mutter bat ihn, sich im Bus nicht ans Fenster zu setzen, und fügte ein paar Worte auf russisch hinzu. Auch unsere regelmäßigen Schabbatwanderungen zu Onkel Joseph und Tante Zippora unterließen wir vorerst.

Mit nicht einmal neun Jahren war ich schon ein leidenschaftlicher Zeitungsleser. Ein begieriger Nachrichtenkonsument. Ein debattierfreudiger Kommentator. Ein militärpolitischer Experte, dessen Meinung bei den Kindern des Viertels ziemlich viel galt. Ein Stratege der Streichhölzer, Knöpfe und Dominosteine auf der Strohmatte. Ich bewegte Truppen, führte taktische Flankenangriffe, paktierte mit dieser oder jener Macht, sammelte scharfsinnige Argumente, die selbst das eisigste britische Herz für unsere Sache gewinnen müßten, und arbeitete Reden aus, die die Araber nicht nur zu Einsicht und völliger Aussöhnung und zur Bitte um Verzeihung bringen würden, sondern sogar geeignet wären, ihnen Tränen des Mitgefühls für unsere Leiden in die Augen zu treiben und ihre tiefe Bewunderung für unsere Noblesse und moralische Größe zu erregen.

Ich verhandelte in jenen Tagen stolz, aber sachlich mit Downing Street, mit dem Weißen Haus, mit dem Papst in Rom, mit Stalin und mit den arabischen Herrschern. »Hebräischer Staat! Freie Einwanderung!« skandierten Vertreter des organisierten Jischuw enthusiastisch bei Demonstrationen und Volksversammlungen, zu denen Vater mich ein- oder zweimal mitnahm, nachdem Mutter ihr Einverständnis dazu gegeben hatte. Und die arabischen Massen wiederum brüllten jeden Freitag nach Verlassen der Moscheen bei ihren haßerfüllten Umzügen: »*Idbah al jahud!*« »Schlachtet die Juden ab!« Oder auch: »*Falastin hi arduna wa al jahud – kilabuna!*« »Palästina ist unser Land, und die Juden – unsere Hunde!« Hätte man mir nur Gelegenheit gegeben, ohne Mühe hätte ich ihnen mit einfacher Logik beweisen können, daß unsere Parolen und Forderungen nichts enthielten, was sie, Gott behüte, hätte verletzen können, während die Parolen, die die aufgehetzten arabischen Massen brüllten, sehr unschön und unzivilisiert waren und die Brüllenden eigentlich in ein ziemlich beschämendes Licht rückten. Damals war ich kein Kind mehr, sondern ein Bündel selbstgerechter Argumente. Ein kleiner Chauvinist im Fell des Friedensapostels. Ein scheinheiliger, glattzüngiger Nationalist. Ein neunjähriger zionistischer Propagandist: Wir sind die Guten, wir sind im Recht, wir sind die unschuldigen Opfer, wir sind David gegen Goliath, wir sind ein Lamm unter siebzig Wölfen, und sie – sie alle, Engländer, Araber und die übrigen Gojim, sind die siebzig Wölfe, die ganze schlechte, heuchlerische und immer nach unserem Blut dürstende Welt – Schimpf und Schande über sie!

Nachdem die britische Regierung ihre Absicht erklärt hatte, ihre Herrschaft in Palästina zu beenden und ihr Mandat an die Vereinten Nationen zurückzugeben, ernannte die UNO eine Sonderkommission für Palästina (UNSCOP) mit dem Auftrag, die Lage in Palästina wie auch die Situation der Hunderttausenden von entwurzelten Juden zu untersuchen, die seit zwei und mehr Jahren in Flüchtlingslagern in Europa saßen, Überlebende des nationalsozialistischen Massenmordes.

Anfang September 1947 veröffentlichte die Kommission ihre Ergebnisse, mit der Empfehlung, das britische Mandat über Palästina frühestmöglich zu beenden. Statt dessen sollte das Land in zwei Staaten aufgeteilt werden – einen arabischen und einen jüdischen. Die den beiden Staaten zugesprochenen Territorien waren nahezu gleich groß. Der komplizierte, gewundene Grenzverlauf entsprach ungefähr der demographischen Verteilung der beiden Bevölkerungsgruppen. Beide Staaten sollten durch eine

Wirtschaftsunion mit gemeinsamer Währung und so weiter verbunden bleiben. Jerusalem sollte eine separate neutrale Einheit bilden und einer internationalen Treuhandverwaltung unter Leitung eines UN-Gouverneurs unterstellt werden.

Diese Empfehlungen der Kommission wurden der Vollversammlung zugeleitet und warteten auf deren Bestätigung, die eine Zweidrittelmehrheit erforderte. Die Juden waren, wenn auch zähneknirschend, bereit, diesen Teilungsplan zu akzeptieren: Das ihnen zugedachte Gebiet enthielt weder das jüdische Jerusalem noch Ober- und Westgaliläa, und fünfundsiebzig Prozent des den Juden zugeteilten Staatsgebiets war unfruchtbares Wüstenland. Dagegen erklärten die arabisch-palästinensische Führung sowie alle Staaten der Arabischen Liga sofort, daß sie zu keinem wie auch immer gearteten Kompromiß bereit seien und daß sie beabsichtigten, »die Durchführung dieser Empfehlungen mit Gewalt zu unterbinden und jedes zionistische Staatswesen, das auch nur auf einem Fußbreit arabischen Bodens entstehen sollte, in Blut zu ertränken«. In den Augen der Araber war das ganze Land seit Jahrhunderten arabischer Boden, bis die Briten gekommen waren und Massen von Fremden dazu ermuntert hatten, das ganze Land zu besiedeln, Hügel zu planieren, uralte Olivenhaine zu roden, listig Boden um Boden von korrupten Eigentümern zu erwerben und die Bauern, die ihn seit Generationen bestellten, davonzujagen. Wenn man sie nicht hinderte, würden diese wendigen, schlauen jüdischen Kolonialisten das ganze Land schlucken, die Spuren seiner arabischen Vergangenheit auslöschen, es mit ihren europäischen Kolonien voll roter Ziegeldächer überziehen, es allenthalben mit Hochmut und zügellosen Sitten überschwemmen und alsbald auch die islamischen Heiligtümer unter ihre Kontrolle bringen und unmittelbar danach die arabischen Nachbarländer ins Visier nehmen. Mit ihren ausgeklügelten Machenschaften, ihrer technologischen Überlegenheit und der Unterstützung des britischen Imperialismus würden sie hier im Nu genau das anrichten, was die Weißen in Amerika, in Australien und andernorts den Ureinwohnern angetan hätten. Ließe man sie hier einen Staat gründen, und wäre er noch so klein, würden sie ihn sicherlich als Brückenkopf benutzen, um wie die Heuschrecken in Millionen hier einzuschwärmen, sich auf Berge und Täler stürzen, den arabischen Charakter dieser alten Landstriche zunichte machen und sich alles einverleiben, bevor die Araber aus ihrem Schlummer erwacht wären.

Mitte Oktober 1947 drohte der britische Hochkommissar, Sir Alan

Cunningham, verschwommen David Ben Gurion, damals Vorsitzender der Jewish Agency: »Wenn es zu Unruhen kommt«, erklärte der britische Landesherr bedauernd, »dann werden wir Ihnen wohl kaum helfen können, ja, wir werden Sie nicht verteidigen.«*

Vater sagte: »Herzl war ein Prophet, er hat es vorhergesehen. Auf dem Ersten Zionistischen Kongreß in Basel 1897 sagte Herzl, in fünf, höchstens jedoch in fünfzig Jahren, werde der Judenstaat im Land Israel entstehen. Und nun sind genau fünfzig Jahre vergangen, und der Staat steht tatsächlich vor der Tür.«

Mutter sagte: »Er steht nicht. Es gibt keine Tür. Es gibt einen Abgrund.«

Darauf rügte Vater sie, eine Rüge, die sich wie ein Peitschenhieb anhörte, aber auf russisch, damit ich es nicht verstand.

Und ich, in fröhlichem Übermut, den ich nicht verbergen konnte: »Bald gibt's Krieg in Jerusalem! Und wir werden alle besiegen!«

Aber manchmal, allein im Hof gegen Abend oder früh am Schabbatmorgen, wenn meine Eltern noch schliefen und das ganze Viertel noch schlief, erstarrte ich plötzlich, von bohrender Angst durchzuckt, weil das Bild Aischas, die das ohnmächtige Kind aufhebt und schweigend auf den Armen trägt, mich plötzlich an ein herzerschütterndes christliches Gemälde erinnerte, das Vater mir einmal gezeigt und flüsternd erklärt hatte, als wir eine Kirche besichtigten.

Dann fielen mir die Olivenbäume ein, die man durch die Fenster jenes Hauses sah, Olivenbäume, die schon vor Urzeiten die Pflanzenwelt verlassen hatten und ins Reich der unbelebten Materie eingegangen waren.

Einen Moment, nein Moment, einnein einnein.

Im November begann schon eine unsichtbare Trennwand Jerusalem zu teilen. Noch fuhren die Linienbusse von hier nach dort und zurück, noch sah man gelegentlich in unserer Straße Obsthändler aus den nahe gelegenen arabischen Dörfern, mit Feigen, Mandeln, Kaktusfeigen, aber hier und da übersiedelten jüdische Familien aus den arabischen Vierteln bereits in den Westen der Stadt, und auch einige arabische Familien zogen vom Westteil in den Süden oder Osten.

Nur in Gedanken konnte ich manchmal noch die nordöstliche Verlänge-

* Dov Joseph, *Die Belagerung von Jerusalem 1948*, ins Deutsche übertragen von G. Danehl, Frankfurt am Main 1962, S. 37.

rung der St.-George-Straße entlanggehen und mit staunend aufgerissenen Augen das andere Jerusalem betrachten: Eine Stadt alter Zypressen, die nicht grün, sondern schwarz waren, Wohnviertel voll steinerner Mauern, vergitterter Fensterchen, Gesimsen und halbdunkler Wände, das fremde, leise, ehrwürdige und verschleierte Jerusalem, die äthiopische, muslimische, osmanische Stadt, die Stadt der Pilger, die Stadt der Missionare, eine fremde, abweisende Stadt, die Stadt der Kreuzritter, die Stadt der Templer, die griechische, armenische, italienische, ränkeschmiedende, anglikanische, russisch-orthodoxe, klösterliche, koptische, katholische, lutherische, schottische, sunnitische, schiitische, sufische, alawitische Stadt, überflutet von Glockengeläut und dem heulenden Ruf der Muezzins, kiefernbestanden, beängstigend und anziehend mit all ihren verhüllten Reizen, mit dem Gewirr dunkler Gassen, die uns verboten und uns feindlich gesinnt waren, eine geheimnisumwitterte, übelwollende, unheilschwangere Stadt.

Sämtliche Mitglieder der Familie al-Silwani, so erfuhr ich nach dem Sechstagekrieg, hatten bereits in den fünfziger und frühen sechziger Jahren das jordanische Jerusalem verlassen. Manche waren in die Schweiz oder nach Kanada emigriert, andere hatten sich in den Golfstaaten niedergelassen, einige waren nach London gezogen, wieder andere nach Südamerika.

Und ihre Papageien? »*Who will be my destiny? Who will be my prince?*«

Und Aischa? Und ihr hinkender Bruder? Wo auf der Welt spielt sie jetzt Klavier, wenn sie noch eines hat, wenn sie nicht alt und fahl geworden ist zwischen den hitze- und staubgeplagten Hütten eines Flüchtlingslagers, in dem das Abwasser die sandigen Gassen hinunterfließt?

Und wer sind die jüdischen Glückspilze, die jetzt in dem Haus wohnen, das einst Aischas Familie gehörte, in Talbieh, das ganz und gar aus blaßblauem und rosa Stein erbaut ist, mit vielen geschwungenen Bögen?

Nicht wegen des nahenden Krieges, sondern aus einem anderen, unklaren Grund durchfuhr es mich manchmal im Innersten in jenem Herbst des Jahres 1947, vor lauter wehem Sehnen, vermischt mit tiefer Scham, dem sicheren Wissen bevorstehender Strafe und auch einem vagen Schmerz: Es war eine verbotene Sehnsucht, eine Sehnsucht durchtränkt mit Schuld und Kummer, nach den Labyrinthen jenes Obstgartens. Nach der Zisterne, die mit einer grünen Metallplatte abgedeckt war, nach dem fünfeckigen Zierbecken mit seinen himmelblauen Kacheln und dem Gold seiner

Fische, die einen Moment im Sonnenlicht glitzerten und gleich wieder im Dickicht der Wasserrosen verschwanden. Nach den weichen Kissen mit fein gewellten Spitzen. Nach den üppigen Teppichen mit den eingewebten Paradiesvögeln in paradiesischem Gezweig. Nach den Kleeblättern im Fensterglas, Blatt für Blatt mit eigenem Licht, ein Blatt rot, ein Blatt grün, ein Blatt golden, ein Blatt lila.

Und auch nach dem Papagei, dessen Stimme wie das Krächzen eines alten Rauchers klang: »*Mais oui, mais oui, chère Mademoiselle*«, und nach seiner Partnerin mit der Sopranstimme, die ihm glockenhell antwortete: »*Tfaddal! S'il vous plaît! Enjoy!*«

Ich war doch einmal dort gewesen, in jenem Obstgarten, ehe ich schmählich daraus vertrieben wurde, ich hatte ihn doch einmal mit Fingerspitzen berührt –

»*Bass. Bass. Bass min fadlak. Uskut.*« »Genug. Genug. Genug bitte. Still.«

Frühmorgens erwachte ich beim Duft des ersten Morgenlichts und sah durch die Ritzen des geschlossenen Eisenladens den Granatapfelbaum in unserem Hof. Dort, im Versteck jenes Granatapfelbaums, wiederholte jeden Morgen ein unsichtbarer Vogel präzise und mit leuchtender Fröhlichkeit die ersten fünf Töne der Melodie »Für Elise«.

So ein redseliger Dummkopf, so ein lauter kleiner Dummkopf: Statt auf sie zuzugehen, wie der neue hebräische Mensch auf das edle arabische Volk oder wie ein Löwe, der sich zu Löwen gesellt, hätte ich doch vielleicht einfach auf sie zugehen können wie ein Junge auf ein Mädchen? Oder nicht?

43

»Nun schau dir an, wie dieser Kinderstratege wieder einmal unsere ganze Wohnung erobert hat: Im Flur kommt man überhaupt nicht mehr durch, alles voll mit Festungsmauern und Türmen aus Bauklötzen, Gefechtsständen aus Dominosteinen, Minen aus Kronkorken und Grenzlinien aus Mikadostäben. In seinem Zimmer sind Knopfgefechte von Wand zu Wand im Gange. Wir dürfen dort nicht rein, das ist militärisches Sperrgebiet. Befehl ist Befehl. Und sogar in unserem Zimmer hat er schon Gabeln und Messer über den ganzen Boden verstreut, die bestimmt ebenfalls eine Art Maginot-Linie oder Flottenverbände oder Panzer markieren. Demnächst werden wir beide ausziehen und im Hof kampieren müssen. Oder mitten auf der Straße. Aber kaum war die Zeitung da, hat dein Sohn alles stehen- und liegenlassen, hat offenbar eine allgemeine Feuerpause ausgerufen, sich auf das Sofa gelegt und sich in die Zeitung vertieft. Hat sie vollständig gelesen, womöglich sogar die Anzeigen. Jetzt spannt er eine Schnur von seinem Hauptquartier hinter dem Kleiderschrank durch die ganze Wohnung bis nach Tel Aviv, das sich bei ihm anscheinend auf dem Badewannenrand befindet. Und wenn ich mich nicht irre, wird er in einer Minute über diese Leitung mit Ben Gurion sprechen. Wie gestern. Wird Ben Gurion erklären, was in diesem Stadium zu tun ist und wovor wir uns in acht nehmen müssen. Vielleicht hat er sogar Ben Gurion schon Befehle erteilt.«

In einer der unteren Schubladen hier in meinem Arbeitszimmer in Arad fand ich gestern abend eine abgegriffene Kartonmappe mit allerlei Notizen, die ich mir für die Erzählungen des Bandes *Sehnsucht*, vor über fünfundzwanzig Jahren, gemacht hatte. Unter anderem enthalten sie das eine oder andere, was ich 1974 oder 1975 in der Tel Aviver Bibliothek aus Zeitungen vom September 1947 exzerpiert habe. Und so rufen mir, an einem Sommermorgen des Jahres 2001 in Arad, wie ein Spiegelbild im Spiegelbild, meine siebenundzwanzig Jahre alten Notizen ins Gedächtnis, was der »Kinderstratege« am 9. September 1947 in der Zeitung gelesen hat:

Eine hebräische Verkehrspolizei hat mit Genehmigung des englischen Gouverneurs in Tel Aviv ihren Dienst aufgenommen. Sie zählt acht Polizisten, die in zwei Schichten arbeiten. Ein arabisches Mädchen von dreizehn Jahren muß sich wegen des Tragens eines Gewehrs im Dorf Hawara, Bezirk Nablus, vor dem Militärgericht verantworten. Die Passagiere der »Exodus« werden gegen ihren Willen nach Hamburg zurückgeschickt und erklären, sie würden sich der vorgesehenen Zwangslandung mit allen Kräften widersetzen. Vierzehn Gestapo-Angehörige sind in der Stadt Lübeck zum Tode verurteilt worden. Herr Schlomo Chmelnik aus Rechovot ist von Mitgliedern einer extremistischen Untergrundgruppe entführt und schwer verprügelt worden, aber wieder nach Hause zurückgekehrt. Das Rundfunkorchester von Kol Jeruschalajim, Stimme Jerusalems, spielt unter der Leitung von Chanan Schlesinger. Mahatma Gandhi fastet bereits den zweiten Tag. Die Sängerin Edis de Philippe kann diese Woche nicht in Jerusalem auftreten, und auch das Kameri-Theater ist gezwungen, die Aufführung *Mitnehmen kannst du's doch nicht* zu verschieben. Andererseits wurde vorgestern in Jerusalem das Kolonnadengebäude in der Jaffa-Straße feierlich eröffnet, in dem sich unter anderem die Geschäfte von Mikolinski und Freimann & Bein sowie Dr. Scholl's Fußpflege befinden. Nach den Worten des arabischen Führers Musa Alami werden die Araber niemals einer Teilung des Landes zustimmen, schon König Salomo habe ja entschieden, daß die Frau, die der Teilung widersprach, die wahre Mutter sei, und die Juden müßten dieses Gleichnis schließlich kennen und verstehen. Demgegenüber erklärte Golda Meyerson, Mitglied der Exekutive der Jewish Agency, die Juden würden sehr wohl um die Zugehörigkeit Jerusalems zum hebräischen Staat kämpfen, da das Land Israel und Jerusalem in unseren Herzen Synonyme seien.

Und ein paar Tage später stand in der Zeitung:

In den späten Nachtstunden hat ein Araber zwei junge jüdische Frauen in unmittelbarer Nähe des Cafés Bernadija, zwischen Bet Hakerem und Bait Wagan, tätlich angegriffen. Eines der Mädchen konnte flüchten, die andere schrie um Hilfe, bis es Nachbarn hörten, die dann auch die Flucht des Tatverdächtigen vereiteln konnten. Wie die Untersuchung durch Inspektor O'Connor ergab, arbeitet der Mann bei der Rundfunkgesellschaft und ist entfernt mit der einflußreichen Nashashibi-Familie verwandt. Trotzdem wurde wegen der Schwere des ihm vorgeworfenen Verbrechens eine Freilassung gegen Kaution abgelehnt. Der Festgenommene brachte zu seiner Verteidigung vor, er sei in angetrunkenem Zustand aus dem Café gekommen und habe gemeint, die zwei jungen Mädchen wären nackt im Dunkeln herumgetanzt.

Und an einem anderen Tag im September 1947:

Lieutenant Colonel Adderley, der Vorsitzende des Militärgerichtshofs, hat den Prozeß gegen Schlomo Mansur Schalom geleitet, der der Verbreitung subversiver Aufrufe für überführt erklärt, aber als geistesgestört eingestuft worden ist. Der Bewährungshelfer, Herr Gardewicz, beantragte mit eindringlichen Worten, den Angeklagten nicht in eine Irrenanstalt zu überstellen, da dort die akute Gefahr einer Verschlechterung seines Zustands bestehe, sondern ihn vorerst in einer privaten Anstalt abzuschirmen, damit die Fanatiker seine geistige Beschränktheit nicht für ihre verbrecherischen Ziele ausnutzen könnten. Lieutenant Colonel Adderley entschied mit dem größten Bedauern, daß er Herrn Gardewicz' dringendem Gesuch nicht stattzugeben vermöge, da dies seinen Zuständigkeitsbereich überschreite. Er sei vielmehr verpflichtet, den bedauernswerten Angeklagten in Untersuchungshaft zu behalten, bis der Hochkommissar im Namen der Krone entscheiden werde, ob hier besondere Milde oder gar eine Begnadigung am Platze sei. Im Radio wird Cilla Leibowitz kürzere Klavierstücke spielen, nach den Nachrichten folgt ein Kommentar von Herrn Gurdus, und zum Abschluß wird Bracha Zefira Volkslieder vortragen.

Am Abend erklärte Vater seinen Freunden, die auf ein Glas Tee gekommen waren, spätestens seit Mitte des 18. Jahrhunderts, lange vor der Herausbildung des modernen Zionismus und ohne jeden Zusammenhang damit, hätten die Juden bereits die eindeutige Mehrheit der Jerusalemer Bevölkerung gebildet. Anfang des 20. Jahrhunderts, noch vor den zionistischen Einwanderungswellen, sei Jerusalem, unter türkisch-osmanischer Herrschaft, schon die bevölkerungsreichste Stadt des Landes gewesen: 55 000 Einwohner habe sie gezählt, davon rund 35 000 Juden. Und jetzt, im Herbst 1947, lebten in Jerusalem rund 100 000 Juden und 65 000 Nichtjuden: muslimische und christliche Araber, Armenier, Griechen, Briten und Angehörige vieler anderer Nationalitäten.

Aber im Norden, Osten und Süden der Stadt breiteten sich große arabische Viertel aus, darunter Scheich Dscharrach, die Amerikanische Kolonie, das muslimische und das christliche Viertel der Altstadt, die Deutsche Kolonie, die Griechische Kolonie sowie die Viertel Katamon, Baka und Abu Tor. Auf den umliegenden Bergzügen lagen arabische Kleinstädte: Ramallah und El-Bireh, Bet Dschallah und Bethlehem, und zahlreiche arabische Dörfer: El-Asariya, Silwan, Abu Dis, A-Tur, Issawija, Kalandia, Bir Naballah, Nebi Samwil, Biddu, Schuafat, Lifta, Bet Hanina, Bet Ichsa, Kolonia, Scheich Badr, Deir Jassin, wo im April 1948 über hundert Einwohner von Angehörigen der Etzel und Lechi niedergemetzelt worden waren, Suba, En Kerem, Bet Masmil, Malha, Bet Safafa, Um Tuba und Sur Baher.

Rings um die Stadt, im Norden, Süden, Osten und Westen, erstreckten sich arabische Gebiete. Nur wenige hebräische Siedlungen fanden sich hier und da in der Umgebung: Atarot und Newe Ja'akov im Norden, Kalia und Bet Ha'arava am Toten Meer im Osten, Ramat Rachel und Gusch Ezion im Süden sowie Motza, Kiriat Anavim und Ma'ale Hachamischa im Westen. Im Krieg von 1948 fielen die meisten dieser hebräischen Siedlungen, ebenso wie das jüdische Viertel der Jerusalemer Altstadt, der Arabischen Legion in die Hände. Alle jüdischen Siedlungen, die die Araber im Unabhängigkeitskrieg eroberten, wurden ausnahmslos dem Erdboden gleichgemacht, ihre jüdischen Einwohner ermordet oder gefangengenommen, sofern sie nicht fliehen konnten. Keinem von ihnen gestatteten die arabischen Streitkräfte nach dem Krieg die Rückkehr in ihre alten Wohnorte. Die Araber nahmen in jenem Krieg in den von ihnen eroberten Gebieten eine noch gründlichere »ethnische Säuberung« vor als die Juden in den arabischen Gebieten: Hunderttausende von Arabern verließen das israelische Staatsgebiet durch Flucht oder Vertreibung, aber über hunderttausend blieben in ihren Orten. Demgegenüber verblieben in der Westbank und im Gazastreifen während der jordanischen beziehungsweise ägyptischen Herrschaft überhaupt keine Juden. Kein einziger. Die Ortschaften wurden ausgelöscht und die Synagogen und Friedhöfe dem Erdboden gleichgemacht.

Im Leben des einzelnen wie im Leben ganzer Völker brechen die schlimmsten Konflikte oft zwischen zwei Verfolgten auf. Es ist ein sentimentales Wunschdenken, daß sich die Verfolgten und Unterdrückten solidarisieren und geeint auf die Barrikaden gehen, um gemeinsam gegen ihren grausamen Unterdrücker zu kämpfen. In Wirklichkeit werden zwei Kinder eines mißhandelnden Vaters nicht unbedingt Bündnispartner, und nicht immer bringt das gemeinsame Schicksal die beiden einander näher. Nicht selten sieht der eine im anderen nicht einen Schicksalsgenossen, sondern die grauenerregende Fratze ihres gemeinsamen Verfolgers.

Vielleicht ist dies auch der Fall bei dem rund hundertjährigen Konflikt zwischen Arabern und Juden: Europa, das die Araber durch Imperialismus, Kolonialismus, Ausbeutung und Unterdrückung erniedrigte, ist dasselbe Europa, das auch die Juden verfolgte und unterdrückte und schließlich die Deutschen gewähren ließ oder sogar unterstützte, als sie darangingen, die Juden aus allen Teilen des Kontinents zu verschleppen und fast vollständig zu ermorden. Doch die Araber sehen in uns nicht das halb hysterische Häuflein Überlebender, sondern einen neuen überheblichen Ableger des technologisch überlegenen, ausbeuterischen kolonialistischen Europa, das listigerweise – diesmal in zionistischem Gewand – in den Orient zurückgekehrt ist, um erneut auszubeuten, zu enteignen und zu unterdrücken. Und wir wiederum sehen in ihnen nicht Opfer gleich uns, nicht Brüder in der Not, sondern pogromlüsterne Kosaken, blutdürstige Antisemiten, maskierte Nazis, als wären unsere europäischen Verfolger hier im Land Israel erneut aufgetaucht, hätten sich Kefijes um den Kopf geschlungen und Schnurrbärte wachsen lassen, wären aber immer noch jene, die seit seit eh und je nach jüdischem Blut dürsten und uns aus purem Vergnügen die Kehle durchschneiden.

Im September, Oktober und November 1947 war man sich bei uns in Kerem Avraham noch nicht recht einig, ob es wünschenswert sei, daß die Vollversammlung der Vereinten Nationen das Mehrheitsvotum der UNSCOP bestätige, oder ob man nicht doch lieber hoffen solle, daß die Briten uns nicht »einsam und schutzlos in einem Meer von Arabern« unserem Schicksal überließen. Viele hofften, daß nun bald der freie hebräische Staat entstehen würde, die von den Briten verhängten Einwanderungsbeschränkungen aufgehoben würden und die Hunderttausende von jüdischen Überlebenden, die seit Hitlers Sturz in DP-Camps in Europa und in britischen Internierungslagern auf Zypern dahinvegetierten, endlich in das Land kommen könnten, das die meisten von ihnen als ihr einziges Zuhause betrachteten. Trotzdem, gewissermaßen hinter dem Rücken dieser Hoffnungen, fürchteten sie (flüsternd), die Araber des Landes könnten sich erheben und, unterstützt von den Armeen der Staaten der Arabischen Liga, mit Leichtigkeit die sechshunderttausend Juden niedermetzeln, sobald die Briten abgezogen wären.

Im Lebensmittelladen, auf der Straße, in der Apotheke sprach man über die bevorstehende Erlösung, über Schertok und Kaplan, die bestimmt bald Minister der hebräischen Regierung sein würden, die Ben Gurion in Haifa oder Tel Aviv bilden würde, und sprach, im Flüsterton, über ruhmvolle jüdische Generäle, die bereits aus der Diaspora – aus der Roten Armee, aus der amerikanischen Luftwaffe und sogar aus der britischen Marine – herbeigerufen worden seien, um den Befehl über die hebräische Armee zu übernehmen, die am Ende der britischen Herrschaft entstehen werde.

Aber insgeheim, zu Hause, unter der Bettdecke, bei ausgeschaltetem

Licht, flüsterte man: Wer weiß? Vielleicht werden die Briten das Land doch nicht räumen? Vielleicht haben sie gar nicht die Absicht abzuziehen, und die ganze Geschichte ist nichts als ein raffinierter Schachzug des perfiden Albion, mit dem Ziel, dafür zu sorgen, daß die Juden selbst, angesichts ihrer drohenden Vernichtung, die Briten ersuchen werden, sie nicht ihrem bitteren Schicksal zu überlassen? Und dann könnte London, im Gegenzug für die weiterbestehende britische Schutzherrschaft, die Juden auffordern, alle terroristischen Aktivitäten aufzugeben, die illegal gehorteten Waffen abzuliefern und die Mitglieder der Untergrundgruppen dem britischen Geheimdienst auszuliefern? Vielleicht werden die Briten es sich im allerletzten Moment doch noch anders überlegen und uns nicht an die arabischen Messer liefern? Vielleicht werden sie wenigstens hier in Jerusalem eine Militäreinheit belassen, die uns vor einem arabischen Pogrom schützen könnte? Und vielleicht werden sich Ben Gurion und seine Genossen dort im sorglosen Tel Aviv, das nicht von Arabern umringt ist, im letzten Augenblick doch noch eines Besseren besinnen und auf das Abenteuer eines hebräischen Staates verzichten zugunsten eines bescheideneren Kompromisses mit der arabischen Welt und den muslimischen Massen? Oder vielleicht entsendet die UNO tatsächlich rechtzeitig Truppen aus neutralen Staaten, um die Briten hier abzulösen und – wenn nicht das ganze Heilige Land – so doch wenigstens die Heilige Stadt vor einem Blutbad zu schützen?

Asam Pascha, der Generalsekretär der Arabischen Liga, drohte den Juden, wenn sie es tatsächlich wagen sollten, »ein zionistisches Staatswesen zu gründen, das auch nur auf einem Fußbreit arabischen Bodens entsteht«, daß sie dann »in ihrem eigenen Blut ertränkt« würden und der Nahe Osten Zeuge von Greueln würde, »neben denen selbst die Greueltaten der mongolischen Eroberer verblassen«. Der irakische Premierminister, Musachim al-Bajaji, rief die Juden Palästinas auf, »ihre Sachen zu packen und rechtzeitig das Weite zu suchen«, denn die Araber hätten bereits geschworen, nach ihrem Sieg nur die Juden am Leben zu lassen, die bereits vor 1917 in Palästina gelebt hätten, und auch diese »dürften sich nur dann unter die Fittiche des Islam ducken und unter seiner Fahne geduldet werden, wenn sie ein für allemal vom zionistischen Gift abließen und wieder eine Religionsgemeinschaft bildeten, die ihren Platz kenne – unter dem Patronat des Islam und in Einklang mit den Gesetzen und Sitten des Islam«.

Die Juden, erklärte ein Prediger in der großen Moschee von Jaffa, sind gar kein Volk und auch nicht wirklich eine Religionsgemeinschaft. Es ist ja allgemein bekannt, daß Allah selbst, der Langmütige und Barmherzige, sie verabscheut und sie deshalb dazu verdammt hat, in allen Ländern ihrer Verbannung auf ewig verflucht und verhaßt zu sein. Unheilbar verstockt sind die Juden: Der Prophet Mohammed hat ihnen die Hand gereicht – und sie haben ihn angespien, Issa (Jesus) hat ihnen die Hand gereicht – und sie haben ihn ermordet. Sogar die Propheten ihrer eigenen verächtlichen Religion pflegten sie zu steinigen. Nicht umsonst haben alle Völker Europas beschlossen, sie ein für allemal loszuwerden, und jetzt hegt Europa den üblen Plan, sie bei uns abzuladen, aber wir Araber werden es den europäischen Völkern nicht erlauben, ihren Dreck bei uns loszuwerden. Wir Araber werden mit unseren Schwertern diesen Satansplan vereiteln, die heilige palästinensische Erde in einen Abladeplatz für allen Abschaum der Welt zu verwandeln.

Und der Mann aus Tante Gretas Damenbekleidungsgeschäft? Der barmherzige arabische Mann, der mich aus der finsteren Falle rettete und mich auf seinen Armen trug, als ich erst vier oder fünf Jahre alt war, der Mann mit den großen Tränensäcken unter den freundlichen Augen, mit seinem einlullenden braunen Geruch, mit dem grün-weißen Zentimetermaß um den Hals, das ihm links und rechts auf die Brust herabhing, mit den angenehmen weißen Stoppeln auf der warmen Wange, jener schläfrige, herzliche Mann, dem ganz kurz ein verschämtes Lächeln über die Lippen huschte, das sich sofort wieder unter dem weichen, grauen Schnurrbart versteckte? Mit der viereckigen, braunrandigen Lesebrille, die ihm auf der Nasenspitze saß, der aussah wie ein gutherziger alter Schreiner, wie ein Geppetto, der Mann, der langsam, mit müden Beinen umherschlurfte und, als er mich aus meinem Verlies herausholte, mit seiner rauchigen Stimme, die ich mein Leben lang in sehnlicher Erinnerung behalten werde, sagte: »Genug, Kind, alles ist gut, Kind, alles ist gut.« Was, auch er? »Wetzt jetzt seinen krummen Dolch, schärft die Klinge und hat vor, uns alle abzuschlachten«? Auch er wird sich mitten in der Nacht, ein langes, krummes Messer zwischen den Zähnen, in die Amos-Straße schleichen, um mir und meinen Eltern die Kehle durchzuschneiden und »uns alle in Blut zu ertränken«?

> Erwache, Wind, erwache,
> Schön sind die Nächte in Kanaan
> Dem Heulen des syrischen Schakals
> Antwortet die ägyptische Hyäne
> Abd el-Kader, Spears und Khoury
> Mischen Gift und Galle
> –
> Im stürmischen Frühjahrswind
> Jagen Wolken am Himmel
> Jung, bewaffnet, kampfbereit
> Feuert Tel Aviv heute nacht.
> Manara wacht auf der Höhe
> Der Hula-See flammt auf wie ein Auge ...*

Aber das jüdische Jerusalem war weder jung noch bewaffnet und auch nicht kampfbereit, sondern eine Tschechowsche Kleinstadt: verschreckt, konfus, überschwemmt von Klatsch und Gerüchten, ratlos, benommen vor Angst und Verwirrung. Am 20. April 1948 vermerkte David Ben Gurion in seinem Tagebuch, nach einem Gespräch mit David Schaltiel, dem Oberkommandierenden der Hagana in Jerusalem, seinen Eindruck vom jüdischen Jerusalem:

> Das Element in Jerusalem: 20% Normale, 20% Privilegierte (Universität usw.), 60% Wunderliche (provinziell, dunkles Mittelalter etc.).**

(Schwer zu sagen, ob Ben Gurion gelächelt hat oder nicht, als er diese Zeilen in sein Tagebuch schrieb. Wie dem auch sei, Kerem Avraham gehörte weder in die erste noch in die zweite Kategorie.)

Beim Gemüsehändler bemerkte unsere Nachbarin Frau Lemberg: »Aber ich glaube denen nicht mehr. Keinem traue ich mehr. Das ist alles bloß eine einzige große Intrige.«

Frau Rosendorf sagte: »So darf man auf keinen Fall reden. Verzeihung. Verzeihen Sie mir bitte, daß ich Sie zurechtweise: Solche Reden verderben

---

* Nathan Alterman, »Die Nächte in Kanaan«, in: *Die siebte Kolumne* [hebr.], Bd. 1, Tel Aviv 1949/50, S. 364.
** David Ben Gurion, *Kriegstagebuch 1948/49* [hebr.], hg. von Gershon Rivlin und Dr. Elchanan Oren, Bd. 1, 1983, S. 359.

nur die Moral des ganzen Volkes. Was glauben Sie denn? Daß unsere Jungs bereit sind, für Sie in den Krieg zu ziehen, ihr junges Leben für Sie aufs Spiel zu setzen, wenn Sie behaupten, es sei alles nur eine Intrige?«

Der Gemüsehändler, Herr Babajof, sagte: »Ich beneide die Araber nicht. Es gibt da Juden aus Amerika, die schicken uns bald ein paar Atombomben von dort.«

Meine Mutter sagte: »Diese Zwiebeln sehen nicht so gut aus. Und die Gurken auch nicht.«

Und Frau Lemberg (die immer leicht nach harten Eiern, Schweiß und säuerlicher Seife roch): »Es ist alles nur eine einzige große Intrige, sage ich euch! Theater! Eine Komödie! Ben Gurion hat doch heimlich schon längst zugestimmt, ganz Jerusalem an den Großmufti zu verkaufen, an die bewaffneten Banden und König Abdullah, und dafür haben die Engländer und die Araber sich vielleicht bereitgefunden, ihm seine Kibbuzim und Nahalal und Tel Aviv zu lassen. Das ist das einzige, was denen wichtig ist! Und was aus uns wird, ob sie uns hier alle abschlachten oder verbrennen, das ist denen dort doch völlig egal. Jerusalem, das kann für die ruhig vor die Hunde gehen, damit sie hinterher bei sich im Staat, den sie errichten wollen, ein paar weniger Revisionisten und ein paar weniger Ultraorthodoxe und auch ein paar weniger von der Intelligenz haben.«

Die anderen Frauen versuchten sie hastig zum Schweigen zu bringen: Was ist denn mit Ihnen los! Frau Lemberg! *Scha! Bist du meschigge? Es stejt do a kind! A farstandikes kind!*

Das verständige Kind, der kleine Stratege wiederum tat den Mund auf und deklamierte, was er von seinem Vater oder Großvater gehört hatte: »Wenn die Briten nach Hause gehen, werden Hagana, Etzel und Lechi sich sicher zusammenschließen und den Feind besiegen.«

Und der unsichtbare Vogel im Granatapfelbaum wiederum, der Vogel Elise, blieb bei seiner Meinung. Unbeirrt: »Ti-da-di-da-di.« Und wieder und wieder: »Ti-da-di-da-di.« Und nach kurzer Bedenkzeit: »Ti-da-di-da-di!!«

44

Im September und Oktober 1947 füllten sich die Zeitungen mit Mutmaßungen, Analysen, Hypothesen und Prognosen: Würde man den Teilungsplan in der Vollversammlung zur Abstimmung bringen oder nicht? Würden die arabischen Bemühungen, die Empfehlungen abzuändern oder die Abstimmung zu verhindern, von Erfolg gekrönt sein oder nicht? Und wenn es zur Abstimmung käme – wie sollte dann eine Zweidrittelmehrheit zusammenkommen?

Abend für Abend blieb Vater nach dem Abendessen zwischen Mutter und mir am Küchentisch sitzen und verteilte, nachdem die Wachstuchdecke abgewischt war, ein paar Kärtchen darauf und begann im fahlgelben Licht der schwachen Küchenlampe mit dem Bleistift unsere Chancen auf einen Abstimmungssieg auszurechnen. Von Abend zu Abend wurde seine Stimmung schlechter. All seine Berechnungen deuteten auf eine sichere und vernichtende Niederlage.

»Das ganze Dutzend arabischer und muslimischer Staaten wird sich natürlich gegen uns zusammentun. Und die katholische Kirche übt bestimmt schon Druck auf die katholischen Staaten aus, daß sie gegen uns stimmen, denn ein Judenstaat widerspricht den Glaubensgrundsätzen der Kirche, und der Vatikan ist beim Fädenziehen hinter den Kulissen ein konkurrenzloser Meister. Auf diese Weise werden wir vermutlich alle zwanzig Stimmen der lateinamerikanischen Staaten verlieren! Und Stalin wird zweifellos all seinen Vasallenstaaten im kommunistischen Block befehlen, sich bei der Abstimmung nach seiner harten antizionistischen Haltung zu richten, und damit wären mindestens zwölf weitere Stimmen gegen uns. Ganz zu schweigen von England, das allenthalben gegen uns agiert, besonders in seinen Dominions, Kanada und Australien, Neuseeland und Südafrika, sie alle werden sich zusammentun, um jede Aussicht auf einen hebräischen Staat zu vereiteln. Und Frankreich? Und die Länder in seinem Gefolge? Frankreich wird es doch auf keinen Fall wagen, seine Millionen Muslime in Tunesien, Algerien und Marokko gegen sich aufzubringen. Griechenland wiederum unterhält ja weitverzweigte Handelsbeziehungen mit der ganzen arabischen Welt sowie zu den großen griechischen Gemeinden in den arabischen Staaten. Und Amerika? Ist Amerikas Zustimmung zum Teilungsplan denn definitiv? Was passiert, wenn die Lobbyarbeit der

riesigen Ölgesellschaften und die Machenschaften unserer Feinde im State Department Früchte tragen und Präsident Trumans couragierte Gewissensentscheidung plötzlich rückgängig machen?«
Wieder und wieder rechnete Vater das Stimmenverhältnis in der Vollversammlung nach. Abend für Abend versuchte er erneut, das böse Urteil zu zerreißen, irgendeine halsbrecherische Koalition zusammenzubasteln: aus Staaten, die sich zumeist an Amerika ausrichteten, und solchen, die vielleicht die eine oder andere Rechnung mit den Arabern zu begleichen hatten, und einigen anständigen kleinen Staaten wie Dänemark oder Holland, Ländern, die Zeugen der grauenhaften Judenvernichtung geworden waren und jetzt möglicherweise doch den Mut aufbrächten, ihrem Gewissen zu folgen und sich nicht dem Diktat des Erdöls zu beugen?

Sitzt jetzt wohl auch in der Villa Silwani in Scheich Dscharrach (etwa vierzig Fußminuten von hier) die ganze Familie am Küchentisch um ein Blatt Papier und stellt die gleichen Berechnungen an, nur umgekehrt? Fürchten auch sie, genau wie wir, was sein wird, wie wird Griechenland abstimmen, nagen am Bleistiftende, wie wird die endgültige Haltung der skandinavischen Länder aussehen? Gibt es auch bei ihnen Optimisten und Pessimisten, Zyniker und Schwarzseher? Zittern auch sie dort Abend für Abend, stellen sich vor, daß wir Ränke schmieden, manipulieren und listig Fäden ziehen? Fragen auch sie sich alle, was hier werden wird? Was der nächste Tag bringt? Haben sie dort genauso Angst vor uns wie wir vor ihnen?

Und Aischa? Und ihre Eltern? Vielleicht sitzen sie jetzt, sie und die ganze Familie, in Talbieh in einem Raum voll schnurrbärtiger Männer und imposanter Frauen mit erzürnten Gesichtern und über der Nasenwurzel zusammengewachsenen Augenbrauen rings um Schüsseln voll kandierter Orangenschalen, tuscheln untereinander und planen, »uns in Blut zu ertränken«? Spielt Aischa manchmal noch Melodien, die sie bei ihrer jüdischen Klavierlehrerin gelernt hat? Oder ist ihr das jetzt schon strikt untersagt?

Oder vielleicht stehen sie eben jetzt schweigend um das Bett ihres Kleinen. Awwad. Denn man hat ihm den Fuß amputiert. Wegen mir. Oder er hat eine Blutvergiftung und liegt im Sterben. Wegen mir. Seine verwunderten, neugierigen, unschuldigen Welpenaugen sind jetzt geschlossen. Zusammengekniffen vor Schmerz. Sein schmales Gesicht ist blaß wie Eis.

Seine Stirn gefurcht vor Qual. Seine schönen Locken ruhen auf dem weißen Kissen. Einen Moment, nein Moment. Er stöhnt und zittert vor Schmerzen. Oder weint leise und dünn. Wie ein Baby. Der kleine Einnein. Und seine Schwester sitzt am Kopfende und haßt mich, weil es meine Schuld ist, alles meine Schuld ist, es meine Schuld ist, daß man sie geschlagen hat, mit dem Handrücken, brutal und ausdauernd hat man sie verprügelt, wieder und wieder, noch und noch hat man sie geschlagen, auf den Rücken, auf den Kopf, auf die schmalen Schultern, nicht wie man manchmal ein Mädchen schlägt, das etwas Unrechtes getan hat, sondern wie man ein widerspenstiges Pferd schlägt. Es ist meine Schuld.

Großvater Alexander und Großmutter Schlomit kamen an jenen Abenden im September und Oktober 1947 manchmal zu uns, um mit uns zusammenzusitzen und an Vaters Zahlenspielen teilzunehmen. Ebenso Chana und Chaim Toren oder die Rudnickis, Tante Mala und Onkel Staszek, oder die Abramskys oder die Nachbarn Rosendorf und die Nachbarn Tosia und Gustav Krochmal. Herr Krochmal hatte eine winzige Ladennische unten in der Ge'ula-Straße, wo er den ganzen Tag mit Lederschürze und Hornbrille saß und Puppen reparierte:

Kunstvolles Heilen mit Garantie aus Danzig. Doktor für Spielzeug

Einmal, als ich etwa fünf Jahre alt war, reparierte mir Onkel Gustav umsonst, in seiner winzigen Werkstatt, meine rothaarige Puppenballerina, Zilli, deren sommersprossige Nase abgebrochen war. Mit Spezialklebstoff und Meisterhand heilte Herr Krochmal sie mir so gut, daß man die Narbe kaum sah.

Herr Krochmal glaubte an den Dialog mit unseren arabischen Nachbarn. Nach seiner Ansicht täten die Bewohner des Viertels Kerem Avraham gut daran, eine kleine, aber respektable Abordnung zusammenzustellen und zu den Scheichs und sonstigen Würdenträgern der umliegenden Stadtviertel und Dörfer zu entsenden, um mit ihnen zu sprechen: Hier hätten doch immer gute nachbarliche Beziehungen bestanden, und auch wenn das ganze Land jetzt verrückt spiele, so sei doch kein logischer Grund vorhanden, warum auch hier, im Nordwesten Jerusalems, wo es weder Konflikte noch Feindseligkeiten zwischen den beiden Seiten gebe –

Könnte er selbst nur ein wenig Arabisch oder Englisch, würde er selbst, Gustav Krochmal, der seit vielen Jahren unterschiedslos arabische Spielzeuge genauso wie jüdische heile – würde er persönlich seinen Spazierstock nehmen und das freie Feld zwischen ihnen und uns überqueren und an ihre Türen klopfen und ihnen in einfachen Worten, von Haus zu Haus, erklären –
Sergeant Wilk, der schöne Onkel Dudek, der wie ein englischer Colonel im Film aussah und damals auch tatsächlich als Polizist bei den Briten in Jerusalem diente, kam eines Abends zu uns, brachte mir eine Packung Katzenzungen Marke CD mit und blieb eine Weile, trank eine Tasse Kaffee, mit Zichorie versetzt, aß zwei Kekse und machte mich ganz schwindlig in seiner schmucken schwarzen Uniform mit Silberknöpfen, dem ledernen Riemen quer über der Brust und der schwarzen Pistole, die in der schimmernden Ledertasche an seiner Hüfte steckte, wie ein mächtiger Löwe, der in seiner Höhle döst (nur der imponierende Griff schaute aus der Tasche hervor und ließ mich insgeheim, wann immer ich hinsah, erzittern). Onkel Dudek saß etwa eine Viertelstunde bei uns, und erst nach dringenden Bitten seitens meiner Eltern und ihrer Gäste war er schließlich bereit, uns zwei, drei nebulöse Andeutungen über das wenige zu machen, was er aus den vagen Bemerkungen wohlinformierter hoher britischer Polizeioffiziere entnommen hatte: »Schade um all eure Rechnerei und um all eure Mutmaßungen. Es wird keine Teilung geben. Es werden hier keine zwei Staaten entstehen, denn der ganze Negev wird in britischen Händen bleiben, damit sie ihre Stützpunkte in Suez schützen können, und die Briten werden auch Haifa behalten, die Stadt und den Hafen, desgleichen die großen Flugplätze in Lod, Ekron und Ramat David und ihre ausgedehnten Truppenlager in Sarafand. Alles übrige, auch Jerusalem, bekommen die Araber, weil die Amerikaner wollen, daß sie im Gegenzug den Juden so ein Eckchen überlassen, zwischen Tel Aviv und Hadera. In dieser Enklave wird man den Juden gestatten, einen autonomen Kanton einzurichten, eine Art jüdischen Vatikanstaat, und dort dürfen wir dann nach und nach bis zu hunderttausend, allerhöchstens hundertfünfzigtausend jüdische Flüchtlinge aus den DP-Camps aufnehmen. Falls nötig, werden ein paar Tausend Marineinfanteristen von der sechsten amerikanischen Flotte, von ihren riesigen Flugzeugträgern, diese jüdische Enklave schützen, weil man nicht glaubt, daß die Juden sich unter diesen Umständen selbst verteidigen können.«

»Aber das wäre ja ein Ghetto!« schrie Herr Abramsky in furchtbarem Ton. »Ein Siedlungsrayon! Ein Pferch! Ein Verlies!«

Gustav Krochmal wiederum lächelte und schlug liebenswürdig vor: »Dann wäre es doch schon viel besser, die Amerikaner nähmen diese Liliputei, die sie uns zwischen Tel Aviv und Hadera zugedacht haben, und überließen uns dafür ganz einfach gütigst ihre zwei Flugzeugträger: Das wäre viel bequemer und sicherer für uns und nicht ganz so beengt.«

Mala Rudnicki hingegen bestürmte den Polizisten, flehte ihn an, als ginge es um unser Leben: »Und Galiläa? Galiläa, lieber Dudek? Und die fruchtbaren Täler? Selbst die nicht? Warum kann man uns nicht wenigstens die lassen? Warum uns auch das letzte Lämmchen des armen Mannes nehmen?«

Vater bemerkte traurig: »Es gibt kein letztes Lämmchen des armen Mannes, Mala, das stimmt nicht. Er besaß nur ein einziges Lämmchen, und auch das haben sie ihm geraubt.«

Nach kurzem Schweigen polterte Großvater Alexander wütend los, knallrot angelaufen, als werde er gleich überkochen: »Hat völlig recht, dieser niederträchtige Hetzer von der Moschee in Jaffa! Recht hat er! Wir sind wirklich nur Dreck! Nu, was: Das ist das Ende! *Chwatit*! Es reicht! Haben sehr, sehr recht, all die Antisemiten der Welt. Chmielnicki hatte recht. Petljura hatte recht. Und auch Hitler! Nu, was. Auf uns liegt doch tatsächlich ein Fluch! Gott haßt uns wirklich! Und ich«, stöhnte Großvater, flammend rot, sprühte dabei Speicheltröpfchen in alle Richtungen, schlug mit der Faust auf den Tisch, daß die Teelöffel in den Teegläsern klirrten, »und ich, ich, nu, was, *tebe skasal*, laß es dir gesagt sein, genauso wie er, Gott, uns haßt – so hasse ich ihn zurück! Ich hasse Gott! Soll er endlich sterben! Der Widersacher aus Berlin ist schon verbrannt, aber dort droben sitzt noch ein Hitler! Ein noch viel schlimmerer! Nu, was! Sitzt da und lacht uns aus, der Schurke!«

Großmutter Schlomit packte ihn am Arm und befahl: »Sissja! Es reicht! *Schto ty gawarisch! Genug! Iber genug!*« Was redest du denn daher! Genug! Mehr als genug!

Man beruhigte ihn irgendwie. Schenkte ihm einen Kognak ein und legte ihm ein paar Kekse hin.

Wobei Onkel Dudek, Sergeant Wilk, wohl der Ansicht war, daß solche Reden, wie Großvater sie eben in seiner wütenden Verzweiflung herausgebrüllt hatte, besser nicht in Anwesenheit der Polizei gehalten werden sollten. Daher erhob er sich, setzte seine herrliche Polizistenmütze mit dem achtunggebietenden Schirm auf, korrigierte den Sitz der Pistolentasche auf seiner linken Hüfte ein wenig und beschloß, schon an der Tür, uns Aussicht auf Begnadigung zu gewähren, einen Lichtstrahl, als würde er Mitleid mit uns empfinden und trotz allem erwägen, unserem Einspruch stattzugeben, zumindest in gewissem Umfang: »Aber es gibt einen Offizier, einen Iren, wirklich ein Typ für sich, der sagt immer, die Juden hätten weit mehr Verstand als die ganze übrige Welt zusammen, und sie würden letztlich immer auf die Füße fallen. Das sagt er. Es fragt sich bloß, auf wessen Füße werden sie fallen? Gute Nacht allerseits. Ich möchte nur sehr bitten, nichts von dem weiterzusagen, was ich euch erzählt habe, weil das ist vertraulich.« (Sein Leben lang, auch noch im Alter, auch nach sechzig Jahren in Jerusalem, sagte Onkel Dudek »weil ich bin da«, »weil das ist verboten«. Das änderten keine drei Generationen passionierter Sprachverbesserer, die ihm beibringen wollten zu sagen, »weil ich da bin«, »weil das verboten ist«, das änderten auch nicht seine Jahre als hoher israelischer Polizeioffizier und schließlich Polizeikommandant von Jerusalem sowie danach als Stellvertretender Generaldirektor im Tourismusministerium. Er blieb sein Leben lang beharrlich: »Weil ich bin ein sturer Jude!«)

45

Während des Abendessens erklärte Vater, bei der Vollversammlung der Vereinten Nationen, die am 29. November in Lake Success bei New York zusammentreten werde, sei eine Mehrheit von mindestens zwei Dritteln der Stimmen erforderlich, damit die Empfehlung der UNSCOP angenommen würde, auf dem britischen Mandatsgebiet zwei Staaten, einen jüdischen und einen arabischen, zu errichten. Die Staaten des muslimischen Blocks würden, gemeinsam mit den Briten, alles in ihren Kräften Stehende unternehmen, um das Zustandekommen einer solchen Mehrheit zu verhindern. Nach ihrem Willen sollte das ganze Land ein arabischer Staat unter britischem Patronat werden, so wie andere arabische Staaten, darunter Ägypten, Transjordanien und der Irak, de facto unter britischer Schutzherrschaft stünden. Dagegen setze sich Präsident Truman, im Widerspruch zu seinem Außenministerium, für die Annahme des Teilungsplans ein.

Stalins Sowjetunion hatte sich überraschend den Vereinigten Staaten angeschlossen und unterstützte jetzt ebenfalls die Gründung eines Staates für die Juden neben einem Staat für die Araber: Möglicherweise sah Stalin voraus, daß der Teilungsbeschluß einen langjährigen und blutigen Konflikt in der Region nach sich ziehen würde, einen Konflikt, der es ihm ermöglichen würde, im britischen Einflußgebiet im Nahen Osten Fuß zu fassen, in unmittelbarer Nähe der Erdölfelder und des Suezkanals. Verschlungene Großmachtüberlegungen verquickten sich miteinander und kreuzten sich offenbar mit religiösen Gelüsten: Der Vatikan hoffte, entscheidenden Einfluß in Jerusalem zu gewinnen, das laut dem Teilungsplan internationaler Verwaltung unterstellt werden sollte, das heißt: weder muslimischer noch jüdischer Oberhoheit. Moralische und sentimentale Erwägungen gingen mit eigensüchtigen und zynischen Erwägungen einher: Einige europäische Regierungen begrüßten die Möglichkeit, das jüdische Volk für den Verlust eines Drittels seiner Söhne und Töchter durch deutsche Mörderhand sowie für die generationenlangen Verfolgungen wenigstens etwas zu entschädigen. Allerdings verachteten diese wohlmeinenden Staaten auch nicht die Aussicht, die Hunderttausende entwurzelter und mittelloser osteuropäischer Juden, die seit Deutschlands Niederlage vielerorts in Flüchtlingslagern vegetierten, auf diese Weise umleiten zu können, fernab von ihrem eigenen Staatsgebiet und fernab von Europa.

Bis zum tatsächlichen Abstimmungszeitpunkt war schwer vorauszusehen, wie das Ergebnis ausfallen würde: Druck- und Lockmittel, Drohungen und Intrigen, sogar Bestechung wurden eingesetzt, um die Abstimmung dreier oder vierer kleiner Republiken in Lateinamerika und im Fernen Osten in die eine oder andere Richtung zu beeinflussen, Staaten, deren Stimmen für den Ausgang entscheidend sein konnten. Die chilenische Regierung, ursprünglich gewillt, den Teilungsplan zu unterstützen, gab schließlich arabischem Druck nach und beauftragte ihren UNO-Vertreter, dagegen zu votieren. Haiti erklärte seine Absicht, mit nein zu stimmen. Die griechische Regierung neigte zur Stimmenthaltung, beschloß jedoch ebenfalls im letzten Moment, sich der arabischen Seite anzuschließen. Der philippinische Delegierte wollte sich nicht festlegen. Paraguay zögerte, und sein UNO-Vertreter, Dr. César Acosta, klagte, er erhalte keine klaren Anweisungen von seiner Regierung. In Siam fand ein Umsturz statt, und die neue Regierung rief ihre UNO-Abordnung zurück, ohne eine andere zu entsenden. Liberia wiederum versprach seine Unterstützung. Haiti änderte seine Meinung, unter amerikanischem Druck, und beschloß, mit ja zu stimmen.* Bei uns hingegen, in der Amos-Straße, in Herrn Austers Lebensmittelladen oder im Zeitungs- und Schreibwarengeschäft von Herrn Kaleko, wußte man von einem schönen arabischen Diplomaten zu berichten, der das Herz der Vertreterin eines kleinen Staates erobert und sie dazu bewegt hatte, gegen den Teilungsplan zu stimmen, obwohl die Regierung ihres Landes den Juden ihre Unterstützung zugesagt hatte.»Aber auf der Stelle«, erzählte fröhlich Herr Kolodny von der Druckerei Kolodny,»auf der Stelle hat man einen wendigen Juden losgeschickt, damit er hinläuft und dem Mann der verliebten Diplomatin alles erzählt, und hat eine wendige Jüdin losgeschickt, um der Frau des Don Juan vom Diplomatischen Corps alles zu erzählen, und falls auch das nichts fruchten sollte – haben sie noch etwas für die beiden vorbereitet ...« (und hier wechselte das Gespräch ins Jiddische, damit ich nichts verstehen sollte).

Am Schabbat vormittag, hieß es, würden alle Delegierten der Vollversammlung an einem Ort namens Lake Success zusammenkommen und über unser Schicksal entscheiden:»Wem Leben und wem Untergang beschieden ist!« sagte Herr Abramsky. Frau Tosia Krochmal holte unterdessen die Verlängerungsschnur der elektrischen Nähmaschine aus der Puppenklinik ihres Mannes, damit die Lembergs ihr schweres schwarzes Rundfunkgerät hinaustragen und auf den Balkontisch stellen konnten. (Es war das einzige Radiogerät in der Amos-Straße, wenn nicht das einzige in ganz Kerem Avraham.) Dort, auf dem Balkon der Lembergs, würde man das Gerät auf volle Lautstärke drehen, und wir alle würden uns versammeln – bei den Lembergs, im Hof, auf der Straße, auf dem Balkon der Wohnung über ihnen und den Balkonen gegenüber, und so könnte die ganze Straße die»laufende Sendung« mithören (so nannte man damals auf hebräisch die Direktübertragung), damit wir erführen, wie die Entscheidung ausfiele und was die Zukunft für uns bereithielte (»wenn es nach diesem Schabbat überhaupt noch eine Zukunft gibt«).

»Lake Success«, sagte Vater,»bedeutet übersetzt ›See des Erfolgs‹, das heißt, es ist das Gegenteil von dem Tränenmeer, das für Bialik das Schicksal unseres Volkes symbolisiert. Und Eurer Hoheit«, fügte er hinzu,»wer-

* Jorge Garcia-Granados, *The Birth of Israel. The Drama As I Saw It*, New York 1948, S. 266f.

den wir diesmal entschieden erlauben, an dem Ereignis teilzunehmen, im Rahmen der neuen Position von Eurer Hoheit als Zeitungsleser par excellence und als militärischer und politischer Kommentator.«
Mutter sagte: »Ja, aber mit Pullover. Es ist schon kalt.«

Doch am Schabbat morgen stellten wir fest, daß die schicksalsentscheidende Beratung, die in Lake Success für nachmittags anberaumt war, bei uns erst am Schabbatausgang beginnen würde, wegen des Zeitunterschieds zwischen New York und Jerusalem. Oder vielleicht auch, weil Jerusalem ein so entlegener Ort war, fernab der großen Welt, hinter den Bergen und in weiter Ferne, so daß alles, was in der großen Welt geschah, zu uns immer nur als schwacher Widerhall drang, als blasses Echo eines Echos, und selbst das immer mit erheblicher Verspätung. Die Abstimmung, so rechnete man bei uns aus, würde nach Jerusalemer Zeit erst sehr spät stattfinden, kurz vor Mitternacht, zu einer Uhrzeit, an der dieser Junge längst im Bett sein müsse, denn auch morgen müsse man ja aufstehen und zur Schule gehen.

Zwischen Vater und Mutter gab es daher einen schnellen Wortwechsel, eine kurze Verhandlung in tschepschenischem Polnisch oder tschanichatschujischem Russisch, an deren Ende Mutter sagte: »Vielleicht solltest du heute abend tatsächlich wie gewohnt schlafen gehen, und Vater und ich setzen uns auf den Hof, nahe an den Zaun, um die Sendung von Familie Lembergs Balkon mitzuhören, und wenn das Ergebnis gut ausfällt, wecken wir dich selbst um Mitternacht und erzählen es dir. Das versprechen wir.«

Nach Mitternacht, gegen Ende der Abstimmung, wachte ich auf. Mein Bett stand unter dem Fenster, das zur Straße hinausging, und ich brauchte mich nur aufzusetzen, mich hinzuknien und durch die Ladenritzen zu spähen. Ich erschrak: Wie in einem Angsttraum standen eng gedrängt, schweigend und reglos im gelblichen Schein der Straßenlaterne Massen aufrechter Schatten in unserem Hof, in den Nachbarhöfen, auf den Bürgersteigen, auf der Straße, wie eine riesige, stumme Gespensterversammlung im fahlen Licht, auf allen Balkonen, Hunderte von Männern und Frauen, die nicht einen einzigen Ton von sich gaben, Nachbarn, Bekannte und Fremde, einige in Schlafanzügen, andere mit Jackett und Krawatte, hier und da sah ich Männer mit Hüten oder Schirmmützen, barhäuptige Frauen und Frauen mit Morgenrock und Kopftuch, manche hatten schläfrige Kinder auf die Schultern genommen, und am Rand der Menge saß

Eine Geschichte von Liebe und Finsternis

eine alte Frau auf einem Schemel oder ein hochbetagter Mann, den man mit seinem Stuhl auf die Straße hinausgetragen hatte.

Diese ganze große Menge wirkte wie versteinert in der beängstigenden Nachtstille, als wären es gar keine wirklichen Menschen, sondern Hunderte von dunklen Schattenrissen vor dem Hintergrund der flimmernden Finsternis. Als wären alle im Stehen gestorben. Kein Wort, kein Husten, kein Schrittgeräusch. Keine Mücke summte dort. Nur die tiefe, rauhe Stimme des amerikanischen Sprechers drang aus dem voll aufgedrehten Radio und ließ die Nachtluft erzittern, oder vielleicht war es die Stimme des Brasilianers Oswaldo Aranha, des Präsidenten der Vollversammlung. Einen nach dem anderen rief er die Namen der letzten Staaten in der Liste auf, nach dem englischen Alphabet, und donnerte die Antwort der betreffenden Delegierten sofort in sein Mikrofon: United Kingdom: abstains. Union of Soviet Socialist Republics: yes. United States: yes. Uruguay: yes. Venezuela: yes. Yemen: no. Yugoslavia: abstains.

Damit verstummte die Stimme mit einem Schlag. Und abrupt senkte sich außerirdische Stille herab und ließ die ganze Szene erstarren, ein schreckerfülltes, unheilschwangeres Schweigen trat ein, das Schweigen einer riesigen, den Atem anhaltenden Menschenmenge, wie ich es sonst niemals gehört habe, nicht vor dieser Nacht und nicht nach dieser Nacht.

Bis die tiefe, etwas heisere Stimme aus dem Rundfunkgerät erneut die Luft erzittern ließ und in trocken-rauhem, aber auch freudigem Ton zusammenfaßte: Dreiunddreißig Jastimmen. Dreizehn Neinstimmen. Zehn Enthaltungen, und ein Staat ist der Versammlung ferngeblieben. Der Vorschlag ist angenommen.

Und damit ging seine Stimme in einem Brüllen unter, das aus dem Radio brach, über den freudetrunkenen Tribünen im Saal in Lake Success aufbrandete, und nach weiteren zwei, drei Sekunden der Verblüffung, der dürstend geöffneten Lippen und weit aufgerissenen Augen, brüllte mit einem Schlag auch unsere entlegene Straße am Rand von Kerem Avraham im Norden Jerusalems, in einem ersten furchtbaren Schrei, der die Finsternis, die Häuser und die Bäume zerriß, sich selbst durchbohrte, kein Schrei der Freude, ganz anders als das Brüllen der Massen im Stadion, als das Aufbrausen der Begeisterung irgendwelcher euphorischer Menschenmengen, vielleicht ein Angst- und Entsetzensschrei, ein unheilschwangerer Aufschrei, ein Schrei, der Steine erschütterte und das Blut in den Adern gefrieren ließ, als hätte sich für alle bereits Getöteten und alle, die noch getötet werden würden, in diesem einen Augenblick ein Fenster zum Aufschreien geöffnet, das gleich wieder zuschlug, und schon im nächsten Moment lösten diesen ersten Schrei des Grauens laute Freudenrufe ab, ein wildes Gewirr von heiseren Schreien und »Das Volk Israel lebt«, und jemand versuchte, die Nationalhymne anzustimmen, und dazu Frauengekreisch und Händeklatschen und »Hier im Land, das den Vätern so kostbar«, und die ganze Menge begann sich langsam, langsam um sich selbst zu drehen, als würde sie von einer riesigen Mischmaschine durchgerührt, und es gab kein Erlaubt und Verboten mehr, ich sprang in die Hose, ignorierte jedoch Hemd und Pullover, schoß mit einem Satz zur Tür hinaus, und die Hände irgendeines Nachbarn oder Fremden hoben mich hoch, damit ich nicht zertrampelt würde, und reichten mich weiter, von Hand zu Hand zu Hand, bis ich auf den Schultern meines Vaters landete, an unserem Hoftor: Mein Vater und meine Mutter standen dort eng umschlungen, aneinandergeschmiegt wie zwei verlorene Kinder im Wald, so wie ich sie sonst nie gesehen habe, nicht vor dieser Nacht und nicht nach dieser Nacht, und ich war einen Moment mitten zwischen ihnen in der Umarmung und gleich darauf wieder auf Vaters Schultern, und er, mein hochgebildeter, wohlerzogener Vater stand dort und schrie aus voller Brust, nicht Worte, nicht Wortspiele, keine zionistischen Parolen und keine Jubelrufe, sondern einen langen, nackten Schrei wie vor der Erfindung der Worte.

Aber andere sangen dort bereits, die ganze Menschenmenge sang, »Glaub mir, es kommt der Tag« oder »Hier im Land, das den Vätern so kostbar« oder »Zion, meine Geliebte« oder »In den Bergen, in den Bergen ist unser Licht erstrahlt« oder »Von Metulla bis zum Negev«, aber mein Vater, der nicht singen konnte, vielleicht nicht einmal die Texte dieser Lieder kannte, mein Vater blieb nicht still, sondern schrie aus voller Lunge sein langes Aaaahhhh, und als ihm die Luft ausging, holte er erneut Atem, wie ein Ertrinkender, und schrie weiter, dieser Mann, der ein berühmter Professor werden wollte und dessen auch würdig war, jetzt aber ganz und gar nur Aaaahhhh war. Und ich sah verblüfft, wie Mutters Hand ihm über den verschwitzten Kopf und über den Nacken strich, und sofort spürte ich ihre Hand auch auf meinem Kopf und auf meinem Rücken, denn vielleicht hatte auch ich unwillkürlich den Mund aufgemacht, um meinem Vater schreien zu helfen, und meine Mutter streichelte wieder und wieder uns beide, vielleicht, um uns zu beruhigen, oder vielleicht auch nicht, um uns zu beruhigen, vielleicht aus dem tiefen Wunsch heraus, an seinem und meinem Schrei teilzuhaben, an dem der ganzen Straße und dem des ganzen Viertels und dem der ganzen Stadt und dem des ganzen Landes wollte diesmal vielleicht auch meine traurige Mutter Anteil nehmen. (Nein, es handelte sich eindeutig nicht um die ganze Stadt, sondern nur um alle jüdischen Viertel, denn Scheich Dscharrach und Katamon und Baka und Talbieh hörten uns doch in jener Nacht bestimmt und hüllten sich in Schweigen, das sehr dem angstvollen Schweigen ähnelte, das auf allen jüdischen Vierteln gelastet hatte, ehe das Abstimmungsergebnis bekanntgegeben worden war. Im Hause Silwani in Scheich Dscharrach und in Aischas Zuhause in Talbieh und im Haus des Mannes aus dem Damenbekleidungsgeschäft, des geliebten Geppetto mit den schweren Tränensäcken unter den mitfühlenden Augen, dort freuten sie sich nicht in jener Nacht. Sie hörten die Jubelrufe aus den Straßen der Juden, standen vielleicht am Fenster und blickten auf die paar Freudenfeuerwerkskörper, die das Himmelsdunkel zerrissen, preßten die Lippen zusammen und schwiegen. Sogar die Papageien schwiegen. Und es schwieg der Springbrunnen im Gartenbekken. Obwohl weder Katamon noch Talbieh noch Baka wußten, nicht wissen konnten, daß sie fünf Monate später unversehrt, aber leer in jüdische Hände übergehen sollten und sich in all den rötlichen Steinhäusern mit den Bogenfenstern und den Villen mit den vielen Gesimsen und Bögen neue Bewohner einrichten würden.)

Und danach gab es in der Amos-Straße und in ganz Kerem Avraham und in allen jüdischen Stadtvierteln Tanz und Tränen, und die ersten Fahnen und Spruchbänder tauchten auf, und Autos hupten laut. »Traget gen Zion Fahne und Banner« und »Hier im Land, das den Vätern so kostbar«, und aus allen Synagogen drang Schofarblasen, und Torarollen wurden aus ihren Schreinen gehoben und in die Kreise der Tanzenden hinausgetragen, »Gott wird Galiläa wiedererbauen« und »Schaut und seht, wie groß ist dieser Tag« erklangen, und noch später, lange nach Mitternacht, öffnete plötzlich Herrn Austers Lebensmittelladen, und alle Kioske machten auf, in der Zefanja- und in der Ge'ula- und in der Chancellor- und in der Jaffa- und in der King-George-Straße, und die Bars in der ganzen Stadt öffneten und verteilten bis zum Morgengrauen umsonst Erfrischungsgetränke, Süßigkeiten, Backwaren und auch Alkoholisches, und von Hand zu Hand und von Mund zu Mund gingen die Flaschen mit Saft, Bier und Wein, und Fremde umarmten einander auf der Straße und küßten einander mit Tränen in den Augen, und verblüffte englische Polizisten wurden ebenfalls in die Tanzrunden gezerrt und mit Bierdosen und süßen Likören erweicht, und begeistert Feiernde erklommen Panzerwagen der britischen Armee und hißten darauf Flaggen des Staates, der noch gar nicht entstanden war, der aber nach der Entscheidung heute nacht dort, in Lake Success, würde entstehen dürfen. Und entstehen sollte er auch einhundertsiebenundsechzig Tage und Nächte später, am Freitag, dem 14. Mai 1948, aber einer aus jedem Hundert der jüdischen Bevölkerung, einer aus jedem Hundert von Männern, Frauen, Alten, Kindern und Babys, einer aus jedem Hundert der Tanzenden, Feiernden, Trinkenden und Freudentränen Vergießenden, ein ganzes Prozent des jene Nacht auf den Straßen jubelnden und lärmenden Volks, würde sterben in dem Krieg, den die Araber knapp sieben Stunden nach der Entscheidung der Vollversammlung in Lake Success begannen. Und nach Abzug der britischen Streitkräfte sollten ihnen die Truppen der Arabischen Liga zu Hilfe kommen, Infanterie, Panzer, Artillerie, Kampfflugzeuge und Bomber, von Süden und von Osten und von Norden sollten die Invasionstruppen aus fünf arabischen Staaten ins Land einfallen, in der Absicht, diesem Staat innerhalb von ein oder zwei Tagen nach seiner Ausrufung ein Ende zu machen.

Aber Vater sagte zu mir, als wir dort, in der Nacht des 29. November 1947, ich auf seinen Schultern, zwischen den Kreisen der Jubelnden und Tanzenden dahintrieben, nicht als Aufforderung an mich sagte er dies, sondern als ein Wissender, der zur unverrückbaren Tatsache erklärt, was er weiß: Schau dir das an, mein Junge, schau dir das sehr gut an, mein Sohn, mit sieben Augen schau dir bitte all dies an, denn diese Nacht, Kind, wirst du bis an dein Lebensende nicht vergessen, und von dieser Nacht wirst du noch deinen Kindern, Enkeln und Urenkeln erzählen, wenn wir schon lange nicht mehr da sind.

Gegen Morgen, zu einer Zeit, zu der ein Kind unter allen Umständen längst in seinem Bett schlafen sollte, vielleicht um drei oder vier Uhr, kroch ich angezogen im Dunkeln unter meine Decke. Und etwas später hob Vaters Hand im Dunkeln meine Bettdecke hoch, nicht um mit mir zu schimpfen, weil ich angezogen im Bett lag, sondern um zu mir zu kommen und sich neben mich zu legen, auch er in seiner Straßenkleidung, die schweißgetränkt vom Treiben in der dichten Menge war, genau wie meine (und dabei galt bei uns doch ein ehernes Gesetz: Niemals, in keinem Fall und unter keinen Umständen, schlüpft man in Tageskleidern zwischen die Laken). Vater lag ein paar Minuten neben mir und schwieg, obwohl er ja normalerweise jedes Schweigen verabscheute und eilig verscheuchte. Aber diesmal störte er das Schweigen zwischen uns nicht, sondern nahm daran teil und blieb still, nur seine Hand streichelte leicht meinen Kopf. Als hätte Vater sich in diesem Dunkel in Mutter verwandelt.

Dann erzählte er mir flüsternd, ohne mich auch nur ein einziges Mal »Eure Hoheit« oder »Euer Ehren« zu nennen, was ihm und seinem Bruder David Straßenjungen in Odessa angetan hatten und was ihm gojische Jungs im polnischen Gymnasium in Wilna angetan hatten, und auch die Mädchen hätten mitgemacht, und als am nächsten Tag sein Vater, Großvater Alexander, in die Schule gekommen sei, um sich zu beschweren, hätten ihm die Rowdys nicht etwa die zerrissene Hose wiedergegeben, sondern seien vor seinen Augen auch über seinen Vater, den Großvater, hergefallen, hätten ihn mit Gewalt aufs Pflaster geworfen und auch ihm mitten auf dem Schulhof die Hose ausgezogen, und die Mädchen hätten gelacht und unflätig dahergeredet, die Juden seien alle so und so, und die Lehrer hätten zugesehen und nichts gesagt oder vielleicht sogar mitgelacht.

Und noch immer im Ton der Dunkelheit, während seine Hand weiter durch mein Haar irrte (denn er war das Streicheln nicht gewohnt), sagte mir mein Vater unter meiner Bettdecke gegen Morgen, früh am 30. November 1947: »Bestimmt werden auch dir noch öfter irgendwelche Rowdys auf der Straße oder in der Schule zusetzen. Möglicherweise werden sie das deshalb tun, weil du mir ein bißchen ähnlich bist. Aber von jetzt an, von dem Augenblick, in dem wir unseren eigenen Staat haben werden, von nun an werden dir Rowdys niemals mehr deswegen zusetzen, weil du Jude bist und weil die Juden so und so sind. Das – nicht. Niemals. Von dieser Nacht an ist hier Schluß damit. Schluß für immer.«

Und ich streckte schläfrig die Hand aus, um sein Gesicht zu berühren, etwas unterhalb seiner hohen Stirn, und statt der Brille spürten meine Finger plötzlich Tränen. Kein einziges Mal in meinem Leben, nicht vor dieser Nacht und nicht nach dieser Nacht, nicht einmal beim Tod meiner Mutter, habe ich meinen Vater weinen gesehen. Und eigentlich auch in jener Nacht nicht: Es war dunkel im Zimmer. Nur meine linke Hand hat es gesehen.

Rund drei Stunden später, um sieben Uhr morgens, als wir und wahrscheinlich auch die ganze Straße und das ganze Viertel noch schliefen, wurde in Scheich Dscharrach auf einen jüdischen Krankenwagen geschossen, der von der Innenstadt zum Hadassa-Krankenhaus auf dem Skopusberg unterwegs war. Im ganzen Land griffen Araber jüdische Busse an, töteten und verwundeten Fahrgäste und feuerten mit leichten Waffen und mit Maschinengewehren auf abgelegene Vororte und isolierte Siedlungen. Das Hohe Arabische Komitee unter der Leitung von Dschamal al-Husseini rief einen Generalstreik in allen arabischen Ortschaften aus und schickte die Massen auf die Straßen und in die Moscheen, wo die geistlichen Führer zum Dschihad gegen die Juden aufriefen. Hunderte bewaffnete Araber marschierten zwei Tage später aus der Altstadt, sangen blutrünstige Lieder, brüllten Koranverse, schrien »*idbah al jahud*«, »schlachtet die Juden ab«, und schossen in die Luft. Die englische Polizei gab ihnen Geleitschutz, und ein britischer Panzerwagen fuhr, so hieß es, an der Spitze der Menge, die in das jüdische Geschäftszentrum im Ostteil der Mamilla-Straße einbrach, es plünderte und das ganze Viertel in Brand steckte. Vierzig Läden brannten vollständig aus. Britische Polizisten und Soldaten errichteten unten in der Princess-Mary-Straße Straßensperren und hinderten Hagana-Kräfte daran, den im Geschäftsviertel eingeschlossenen Juden zu Hilfe zu kommen, sie konfiszierten sogar die Waffen der Hagana-Leute und verhafteten sechzehn von ihnen. Am nächsten Tag brannten Etzel-Leute zur Vergeltung das Kino Rex nieder, das wohl in arabischem Besitz war.

In der ersten Woche der Unruhen kamen zwanzig Juden ums Leben. Am Ende der zweiten Woche waren im ganzen Land rund zweihundert Juden und Araber getötet worden. Von Anfang Dezember 1947 bis März 1948 lag die Initiative bei den arabischen Kräften. Die Juden in Jerusalem und im ganzen Land mußten sich fast ausschließlich mit passivem Selbstschutz begnügen, da die Briten alle Versuche der Hagana, zu Gegenoffensiven überzugehen, vereitelten, ihre Leute verhafteten und ihre Waffen beschlagnahmten. Halbreguläre lokale arabische Kräfte und mit ihnen Hunderte von bewaffneten Freiwilligen aus den arabischen Nachbarstaaten und an die zweihundert britische Soldaten, die zu den Arabern übergelaufen waren, um an ihrer Seite zu kämpfen, sperrten die Landstraßen ab und zerlegten die jüdischen Gegenden in ein zerstückeltes Mosaik belagerter Ortschaften und Siedlungsblöcke, die man nur durch Konvois mit Lebensmitteln, Benzin und Munition versorgen konnte.

Während die Briten weiterhin die Regierungsverantwortung innehatten und sie im wesentlichen dazu benutzten, die Araber in ihrem Kampf zu unterstützen und den Juden die Hände zu binden, wurde das jüdische Jerusalem schrittweise von den übrigen Landesteilen abgeschnitten. Die einzige Verbindungsstraße nach Tel Aviv wurde von arabischen Kräften gesperrt, und nur gelegentlich konnten sich Konvois mit Lebensmitteln und Versorgungsgütern, unter schweren Verlusten, von der Küstenebene nach Jerusalem durchschlagen. Ende Dezember 1947 herrschte in den jüdischen Stadtteilen Jerusalems de facto schon der Belagerungszustand. Reguläre irakische Truppen, denen die britische Regierung den Zugang zu den Pumpanlagen in Rosch Ha'ain ermöglicht hatte, sprengten sie, worauf das jüdische Jerusalem ohne Wasserzufuhr war und auf Zisternen und Reservoirs angewiesen war. Isolierte jüdische Gebiete, wie das jüdische Viertel der Altstadt, Jemin Mosche, Mekor Chaim und Ramat Rachel erlebten eine Belagerung innerhalb der Belagerung, da sie nunmehr von den anderen Stadtteilen abgeschnitten waren. Ein von der Jewish Agency eingesetztes »Notkomitee« sorgte für Lebensmittelzuteilung und schickte Tankwagen, die zwischen zwei Beschießungen durch die Straßen fuhren und alle zwei, drei Tage einen Eimer Wasser pro Kopf zuteilten. Brot, Gemüse, Zucker, Milch, Eier und alle übrigen Lebensmittel wurden streng rationiert und gegen Lebensmittelkarten an die Familien abgegeben, bis sie ganz ausgingen und wir statt dessen manchmal nur etwas Milchpulver, trockenen Zwieback und merkwürdig riechendes Eipulver erhielten. Medikamente und Verbandsmaterial waren fast aufgebraucht. Verwundete wurden manchmal ohne Narkose operiert. Die Stromversorgung brach zusammen, und da Petroleum kaum zu bekommen war, lebten wir monatelang im Dunkeln. Oder bei Kerzenschein.

Unsere enge kellerartige Wohnung verwandelte sich in eine Art Bunker für die Bewohner der Stockwerke über uns, in einen Unterschlupf, der relativen Schutz vor Artilleriebeschuß und Feuersalven bot. Alle Fensterscheiben wurden herausgenommen, statt dessen verbarrikadierten wir die Fenster mit Sandsäcken. Ständiges Höhlendunkel herrschte bei uns, Tag und Nacht, vom März bis August oder September 1948. In dieser stickigen Dunkelheit und in der muffigen Luft, die nicht abziehen konnte, drängten sich bei uns, auf Matratzen und auf Strohmatten lagernd, bis zu zwanzig oder fünfundzwanzig Menschen – Nachbarn, Fremde, Bekannte, Flüchtlinge aus Frontvierteln, darunter zwei uralte Frauen, die den ganzen Tag im Flur auf dem Boden saßen und vor sich hinstarrten, und ein halbverrückter alter Mann, der sich für den Propheten Jeremia hielt, ununterbrochen die Zerstörung Jerusalems beklagte und uns allen arabische Gaskammern bei Ramallah verkündete, »in denen man schon begonnen hat, zweitausendeinhundert Juden pro Tag zu vergasen«. Bei uns fanden sich auch Großvater Alexander und Großmutter Schlomit ein, sogar Großvater Alexanders älterer Bruder, Onkel Joseph – Professor Klausner – höchstpersönlich, zusammen mit seiner Schwägerin Chaja Elizedek (Tante Zippora war 1946 gestorben): Sie hatten im letzten Moment aus dem umzingelten Talpiot fliehen können und bei uns Obdach gefunden. Sie beide lagerten, in Kleidung und Schuhen, mal dösend, mal wach – wegen der Dunkelheit konnte man kaum zwischen Tag und Nacht unterscheiden –, auf dem Boden unserer winzigen Küche, die als der am wenigsten turbulente Platz der Wohnung galt. (Auch Herr Agnon, so erzählte man, war mit seiner Frau aus Talpiot evakuiert worden und bei Freunden in Rechavia untergekommen.)

Onkel Joseph beklagte mit seiner dünnen, etwas weinerlichen Stimme das Schicksal seiner Bibliothek und seiner wertvollen Manuskripte, die in Talpiot zurückgeblieben waren, und wer weiß, ob er sie wiedersehen würde. Indes war Chaja Elizedeks einziger Sohn Ariel zur Verteidigung des Viertels Talpiot eingezogen worden, und lange Zeit wußten wir nicht, ob er am Leben oder tot, verwundet oder gefangen war.*

Das Ehepaar Mjudownik, dessen Sohn Grischa irgendwo in der Palmach diente, war aus seinem Haus an der Frontlinie im Viertel Bet Israel geflohen und hatte sich ebenfalls in unserer Wohnung niedergelassen, drängte sich mit ein paar anderen Familien in dem kleinen Zimmer, das vor dem Krieg meines gewesen war. Ich betrachtete Herrn Mjudownik mit fast atemloser Ehrfurcht, denn ich erfuhr, daß er wirklich und wahrhaftig der Verfasser des grünlichen Buches war, nach dem wir in der Tachkemoni-Schule lernten: *Rechnen für Schüler der 3. Klasse* von Matitjahu Mjudownik. Eines Morgens verließ Herr Mjudownik das Haus, um Besorgungen zu machen, kam aber am Abend nicht zurück. Auch nicht am nächsten Morgen. Daher ging seine Frau zur städtischen Leichenhalle,

---

* Über seine Erlebnisse während des Unabhängigkeitskriegs in Jerusalem schrieb Ariel Elizedek, ein Cousin meines Vaters, das Buch *Wenn das Schwert dürstet. Eine Geschichte aus dem Jerusalem-Krieg* [hebr.], Jerusalem 1950.

sah sich dort eine Weile um und kehrte froh und erleichtert zurück, da sie ihren Mann nicht unter den Toten gefunden hatte.

Als Herr Mjudownik auch am nächsten Tag nicht zu uns zurückkehrte, fing Vater nach alter Gewohnheit an zu witzeln und zu scherzen, um das Schweigen zu vertreiben und den Kummer zu zerstreuen: Unser lieber Matja hat bestimmt eine kämpferische Schönheit im Khakirock gefunden und küßt jetzt die Waffen mit ihr, meinte er. (Hier versuchte sich mein Vater an einem kleinen Wortspiel, das auf der Ähnlichkeit der hebräischen Worte *neschika*, Kuß, und *neschek*, Waffe, basierte.)
Als er jedoch eine Viertelstunde lang vergeblich herumgealbert hatte, wurde Vater auf einen Schlag ernst und ging nun ebenfalls in die städtische Leichenhalle, und dort erkannte er, an seinen eigenen Socken, die er Herrn Matitjahu Mjudownik geliehen hatte, die von einem Artilleriegeschoß zerfetzte Leiche, an der auch Frau Mjudownik bestimmt vorbeigegangen war, ohne sie wiederzuerkennen, denn vom Gesicht war nichts mehr übrig.

Mutter, Vater und ich nächtigten in den Monaten der Belagerung auf einer Matratze am Ende des Flurs, wo die ganze Nacht ununterbrochen Reihen von Toilettenbesuchern über uns hinwegstiegen. Die Toilette selbst stank infernalisch, weil es kein Wasser für die Spülung gab und weil das Fensterchen mit Sandsäcken verbarrikadiert war. Alle paar Minuten, bei jedem Geschoßeinschlag, bebte der ganze Berg, und mit ihm erbebte auch das Haus. Ich schrak manchmal von grauenerregenden Schreien auf, jedesmal, wenn ein Schläfer auf einer der Matratzen in der Wohnung von Alpträumen gepeinigt wurde.
Am 1. Februar explodierte eine Autobombe vor dem Verlagshaus der englischsprachigen jüdischen Zeitung *Palestine Post*. Das Gebäude wurde völlig zerstört, und der Verdacht fiel auf britische Polizisten, die die arabischen Attacken unterstützten. Am 10. Februar konnten die Verteidiger des Viertels Jemin Mosche einen Großangriff halbregulärer arabischer Einheiten abwehren. Am Sonntag, den 22. Februar, morgens um zehn nach sechs, brachte eine Organisation, die sich »Britische Faschistenarmee« nannte, drei mit Dynamit beladene Lastwagen in der Ben-Jehuda-Straße, im Zentrum des jüdischen Jerusalem zur Explosion. Sechsstöckige Gebäude zerfielen zu Staub, und ein erheblicher Teil der Straße verwandelte sich in Schutthaufen. Zweiundfünfzig jüdische Anwohner kamen in ihren Häusern ums Leben, und an die hundertfünfzig wurden verletzt.

Noch am selben Tag ging mein kurzsichtiger Vater zur Kommandantur der Volkswache, die in einer Seitengasse der Zefanja-Straße eingerichtet worden war, und meldete sich als Freiwilliger. Er mußte zugeben, daß seine bisherigen militärischen Erfahrungen sich auf das Verfassen einiger illegaler Aufrufe für den Untergrund in englischer Sprache beschränkten (»Schande über das perfide Albion!« »Weg mit der nazi-britischen Unterdrückung!« und ähnliches mehr).

Am 11. März fuhr die wohlbekannte Limousine des amerikanischen Generalkonsuls in Jerusalem, am Steuer der arabische Fahrer des Konsulats, auf den Hof der Jewish Agency, der Zentrale der jüdischen Führungsinstitutionen für Jerusalem und für das ganze Land. Bei der Explosion des Wagens wurde ein Teil des Gebäudes zerstört, und es gab Dutzende Tote und Verletzte. In der dritten Märzwoche scheiterten die Bemühungen, Konvois mit Lebensmitteln und Versorgungsgütern aus der Küstenebene nach Jerusalem zu bringen: Die Belagerung war verstärkt worden, und die Stadt stand kurz vor Hunger, Durst und dem Ausbruch von Seuchen.

Schon Mitte Dezember 1947 wurden die Schulen in unseren Stadtteilen geschlossen. Uns Dritt- und Viertkläßler des Viertels, aus der Tachkemoni- und der Arbeiterschule, versammelte man eines Morgens in einer leeren Wohnung in der Malachi-Straße. Ein braungebrannter, lässiger junger Mann in Khakikleidung, der Matossian-Zigaretten rauchte und sich uns nur mit seinem Decknamen, Garibaldi, vorstellte, sprach etwa zwanzig Minuten tiefernst zu uns, mit einer trockenen Sachlichkeit, die wir bisher nur bei Gesprächen der Erwachsenen erlebt hatten. Garibaldi trug uns auf, in alle Höfe und Schuppen auszuschwirren und leere Säcke (»später füllen wir sie mit Sand«) und leere Flaschen zu sammeln (»es gibt jemanden, der sie mit Cocktails abzufüllen weiß, die dem Feind besonders schmecken werden«).

Weiter brachte man uns bei, auf leeren Grundstücken und vernachlässigten Hinterhöfen ein Wildkraut zu suchen, das von uns allen nur mit seinem arabischen Namen *chubese* genannt wurde: Diese *chubese* erleichterte etwas die Hungersnot. Die Mütter kochten oder brieten das Kraut und verarbeiteten es zu allerlei Bratlingen oder Breis, die die Farbe von Spinat hatten, aber noch schrecklicher schmeckten. Außerdem wurde ein turnusmäßiger Wachdienst eingerichtet: Zu allen Tagesstunden sollten zwei von uns Kindern auf einem geeigneten Dach in der Ovadja-Straße über die Mauern des britischen Militärlagers im Schneller-Komplex spähen, und von Zeit zu Zeit sollte ein Melder zur Hauptquartierswohnung in der Malachi-Straße laufen und Garibaldi oder einem seiner Adjutanten berichten, was die Tommys dort trieben und ob man dort schon erste Vorbereitungen für den Abzug erkennen könne.

Die größeren Kinder, die Fünft- und Sechstkläßler, lehrte Garibaldi, Botschaften zwischen den Stützpunkten der Hagana am Ende der Zefanja-Straße und an der Ecke zum Bucharenviertel hin- und herzutragen. Mutter beschwor mich, »wahre Reife zu beweisen und auf diese kindischen Spiele zu verzichten«, aber ich konnte nicht auf sie hören. Vor allem an der Leergutfront zeichnete ich mich aus: Innerhalb einer einzigen Woche gelang es mir, einhundertsechsundvierzig leere Flaschen zu sammeln und sie, in Kisten und Säcken versteckt, zum Hauptquartier zu schaffen. Garibaldi persönlich klopfte mir auf den Rücken und warf mir einen anerkennenden Blick zu. Ich notiere hier genau die Worte, die er damals zu mir sagte, während er sich seine Brusthaare im Hemdausschnitt kratzte: »Sehr schön. Von dir werden wir vielleicht noch einmal hören.« Wort für Wort. Dreiundfünfzig Jahre sind seither vergangen, und bis heute habe ich sie nicht vergessen.

46

Viele Jahre später fand ich heraus, daß eine Frau, die ich als Kind kannte, Zerta Abramsky, die Ehefrau von Jacob David Abramsky (beide waren oft bei uns zu Gast), damals ein Tagebuch geführt hatte. Verschwommen erinnere ich mich, daß auch meine Mutter manchmal während der Bombardements in der Flurecke auf dem Boden saß, ein offenes Heft über einem geschlossenen Buch auf den Knien, und schrieb. Sie ignorierte das Knallen der explodierenden Geschosse und Granaten und die Maschinengewehrsalven, war taub für den Lärm der zwanzig Schutzsuchenden, die sich den ganzen Tag in unserem dunklen, stinkenden Unterseeboot drängten und stritten, sie schrieb in ihr Heft, ohne auf die gemurmelten Untergangsprophezeiungen des Propheten Jeremia und Onkel Josephs Klagelitanei und das eindringliche, kleinkindliche Weinen einer alten Frau zu achten, deren stumme Tochter ihr vor unseren Augen die nassen Windeln wechselte. Was meine Mutter damals geschrieben hat, werde ich nie wissen: Keines ihrer Hefte ist mir je in die Hände gekommen. Vielleicht hat sie sie vor ihrem Selbstmord alle verbrannt. Ich besitze kein einziges ganzes Blatt in ihrer Handschrift.

In Zerta Abramskys Tagebuch finde ich unter anderem geschrieben:

24. 2. 1948
Ich bin müde ... müde ... ein Lager von Habseligkeiten der Getöteten und Verwundeten ... Kaum jemand kommt, um diese Sachen abzuholen: Es gibt keinen, der sie abholen kommen wird. Ihre Eigentümer sind tot oder liegen verwundet in den Krankenhäusern. Es fand sich hier einer ein, der an Kopf und Arm verwundet war, aber gehen konnte. Seine Frau war getötet worden. Er fand ihre Kleider und Bilder und einige Stücke Stoff ... Und diese Dinge, die mit viel Liebe und Lebensfreude gekauft worden waren, liegen nun hier im Keller herum ... Und es kam ein junger Mann, G., um seine Sachen zu suchen. Sein Vater und seine Mutter, seine zwei Brüder und seine Schwester hatte er bei dem Sprengstoffanschlag in der Ben-Jehuda-Straße verloren, und er selbst wurde nur deshalb gerettet, weil er jene Nacht nicht zu Hause geschlafen hatte, da er auf seinem Wachtposten stand ... Übrigens: Nicht die Sachen interessierten ihn in erster Linie, sondern die Fotos. Unter den Hunderten von Fotos ..., die in den Trümmern aufgefunden worden waren, versuchte er Familienfotos zu entdecken ...

14. 4. 1948
Heute morgen wurde bekanntgegeben ..., für den Coupon der Petroleumkarte (der Karte des Familienoberhaupts) werde in bestimmten Geschäften ein Viertel Huhn pro Familie abgegeben. Einige Nachbarn baten mich, auch ihre Ration mitzubringen, wenn ich schon anstand, da sie arbeiten müßten und nicht anstehen könnten. Mein Sohn Joni wollte mir einen Platz in der Schlange sichern, bevor er zur Schule ging, aber ich sagte ihm, ich würde selbst gehen. Ich schickte Ja'ir in den Kindergarten und lief zum Laden in der Ge'ula-Straße. Ich kam um Viertel vor acht an und fand eine Schlange vor, ungefähr sechshundert Menschen.
Es heißt, viele seien schon um drei oder vier Uhr nachts gekommen, denn bereits am Vortag habe sich das Gerücht von der Hühnerfleischzu-

teilung herumgesprochen. Ich hatte keinerlei Lust, mich dort einzureihen, aber ich hatte ja den Nachbarn versprochen, ihnen ihre Ration mitzubringen, und es war mir unangenehm, ohne diese heimzukehren. So beschloß ich, »anzustehen« wie all die anderen.
Und während ich stand, erfuhr ich, daß ein »Gerücht«, das seit gestern in Jerusalem zirkulierte, bestätigt worden war: Hundert Juden sind gestern in Scheich Dscharrach bei lebendigem Leib verbrannt, und zwar in dem Konvoi, unterwegs zum Hadassa-Krankenhaus und zur Universität. Hundert Menschen, darunter große Wissenschaftler und Gelehrte, Ärzte und Krankenschwestern, Arbeiter und Studenten, Büroangestellte und Patienten.
Es ist schwer zu glauben. In Jerusalem sind so viele Juden, und sie konnten diese hundert Menschen nicht aus der Todesfalle retten, und all das in einem Kilometer Entfernung... Es heißt, die Engländer hätten die Rettung nicht zugelassen. Wozu dieses Viertel Huhn, wenn vor deinen Augen solche Katastrophen stattfinden? Und doch stehen die Menschen geduldig an. Und die ganze Zeit hörst du nur: »Die Kinder sind abgemagert... Seit Monaten haben sie kein Fleisch gehabt... Milch gibt es nicht, Gemüse gibt es nicht...« Es ist schwer, sechs Stunden anzustehen, aber es lohnt sich: Es wird Suppe für die Kinder geben... Was in Scheich Dscharrach passiert ist, ist schrecklich, aber wer weiß, was uns alle noch in Jerusalem erwartet... Wer tot ist, ist tot, und wer lebt, lebt weiter... Die Schlange kommt langsam voran. Die »Glücklichen« gehen nach Hause, das Viertel Huhn für die Familie ans Herz gedrückt... Zum Schluß sah man den Trauerzug... Um zwei Uhr mittags bekam auch ich meine Ration und die meiner Nachbarn und ging heim.*

Mein Vater hätte laut Weisung mit dem bewußten Konvoi am 13. April 1948 zum belagerten Skopusberg hinauffahren sollen, ebendem Konvoi, in dem siebenundsiebzig Ärzte und Krankenschwestern, Professoren und Studenten ermordet und bei lebendigem Leib verbrannt waren: Er hatte von der Volkswache, möglicherweise auf Ersuchen seiner Vorgesetzten in

---

* Zerta Abramsky, »Aus dem Tagebuch einer Frau während der Belagerung Jerusalems 1948«, in: *Briefe von Jacob David Abramsky* [hebr.], hg. u. mit Anmerkungen versehen von Shula Abramsky, Tel Aviv 1991, S. 288f.

der Nationalbibliothek, den Auftrag erhalten, bestimmte Abteilungen der Kellerräume und Magazine der Nationalbibliothek abzusperren, da der Skopusberg zusehends von den übrigen Stadtteilen abgeschnitten war. Doch am Abend zuvor stieg seine Temperatur auf vierzig Grad, und der Arzt verordnete ihm strikte Bettruhe. (Kurzsichtig und schwächlich wie er war, trübten sich seine Augen bei erhöhter Temperatur fast bis zur Blindheit, und er bekam Gleichgewichtsstörungen.)

Wenige Tage nachdem Leute von Etzel und Lechi das arabische Dorf Deir Jassin westlich von Jerusalem erobert und viele seiner Einwohner massakriert hatten, attackierten bewaffnete Araber den Konvoi, der morgens um halb zehn, unterwegs zum Skopusberg, das Viertel Scheich Dscharrach durchquerte. Der britische Kolonialminister Arthur Creech-Jones höchstpersönlich hatte den Vertretern der Jewish Agency zugesichert, solange die britischen Sicherheitskräfte noch in Jerusalem seien, würden sie garantieren, daß die Absprache über die regelmäßigen Konvois zum Krankenhaus und zur Universität eingehalten werde. (Das Hadassa-Krankenhaus versorgte nicht nur die jüdische Bevölkerung, sondern alle Einwohner Jerusalems.)

Der Konvoi bestand aus zwei Krankenwagen und drei Bussen, deren Fenster mit Metallplatten gegen Heckenschützen gepanzert waren, einigen Lastwagen mit Versorgungsgütern und Medikamenten und zwei kleinen Begleitfahrzeugen. Kurz vor Scheich Dscharrach stand ein britischer Polizeioffizier und gab dem Konvoi, wie üblich, das Zeichen, daß der Weg frei und gesichert sei. Inmitten des arabischen Stadtteils, fast vor der Villa des Großmuftis Chadsch Amin al-Husseini, dem nazifreundlichen exilierten Führer der Araber Palästinas, etwa hundertfünfzig Meter von der Villa Silwani entfernt, fuhr das erste Fahrzeug auf eine Mine. Sofort danach ging ein Feuerhagel, einschließlich Handgranaten und Molotow-Cocktails, von beiden Straßenseiten auf den Konvoi nieder. Das Feuer dauerte den ganzen Morgen an.

Der Angriff ereignete sich keine zweihundert Meter von dem britischen Militärposten entfernt, der den Weg zum Krankenhaus sichern sollte. Stundenlang standen die britischen Soldaten da und schauten der Attacke zu, ohne einen Finger zu rühren. (Sind auch Ustas Nadschib und seine Familie hinausgegangen, um dem Gemetzel zuzusehen? Oder haben sie sich in den gepolsterten Holzstühlen auf ihrer Vorderveranda zurückgelehnt? Oder vielleicht in der Weinlaube? Bei hohen, vor Kühle angelaufenen Limonadengläsern?) Um 9.45 Uhr fuhr dort, ohne auch nur einen Moment anzuhalten, General Gordon H. A. MacMillan, der Oberbefehlshaber der britischen Streitkräfte in Palästina, mit seinem Wagen vorbei. (Später behauptete er unverfroren, er habe gemeint, der Angriff sei bereits beendet gewesen.)

Um 13 Uhr und erneut eine Stunde später fuhren, ebenfalls ohne anzuhalten, britische Militärfahrzeuge vorbei. Als der Verbindungsoffizier der Jewish Agency beim britischen Hauptquartier um Erlaubnis anfragte, Hagana-Kräfte zu entsenden, um die Verwundeten und Sterbenden zu evakuieren, erhielt er den Bescheid, die britische Armee sei »Herr der Lage« und das Hauptquartier untersage der Hagana einzugreifen. Trotzdem versuchten Rettungskräfte der Hagana, dem eingeschlossenen Konvoi zu Hilfe zu kommen, sowohl vom Stadtzentrum als auch vom Skopusberg her. Doch man hinderte sie daran, sich der Stelle zu nähern. Um 13.45 Uhr rief der Präsident der Hebräischen Universität, Professor Judah Leib Magnes, General MacMillan an und bat ihn verzweifelt um Hilfe. Die Antwort lautete, die Armee versuche, den Ort zu erreichen, aber es fänden dort schwere Gefechte statt.

Von Gefecht konnte keine Rede sein. Um 15 Uhr wurden die beiden Busse in Brand gesteckt, und fast alle Insassen, meist schon verwundet oder im Sterben liegend, verbrannten bei lebendigem Leib.

Unter den siebenundsiebzig Getöteten waren der Direktor des Hadassa-Krankenhauses, Professor Chaim Yassky, die Professoren Leonid Doljansky und Moshe Ben-David, die zu den Gründern der medizinischen Fakultät in Jerusalem gehörten, der Physiker Dr. Günther Wolfsohn, Professor Enzo Bonaventura, der Leiter der Abteilung für Psychologie, Dr. Abraham Chaim Freimann, ein Experte für jüdisches Recht, und der Philologe Dr. Benjamin Klar.

Später veröffentlichte das Hohe Arabische Komitee eine offizielle Verlautbarung, in der das Massaker als Heldentat »unter dem Befehl eines irakischen Offiziers« bezeichnet wurde. Diese Verlautbarung tadelte die Briten für ihr Eingreifen in letzter Minute und enthielt sogar die Feststellung: »Hätte die britische Armee nicht eingegriffen, wäre kein einziger jüdischer Passagier mit dem Leben davongekommen.«* Nur durch einen Zufall, dank seines hohen Fiebers und vielleicht auch, weil meine Mutter seine pa-

---

* Nach Dov Joseph, *Die Belagerung von Jerusalem 1948*, S. 97f.

triotische Begeisterung gelegentlich zu zügeln wußte, ist mein Vater nicht mit den übrigen Mitgliedern jenes Konvois verbrannt.

Kurz nach dem Massaker an dem Konvoi zum Skopusberg startete die Hagana erstmals große Offensiven im ganzen Land und drohte, auch gegen die abziehenden britischen Streitkräfte mit Waffengewalt vorzugehen, falls sie es wagen sollten, einzugreifen. Die Straße von der Küstenebene nach Jerusalem wurde durch einen Großangriff freigekämpft, war dann wieder blockiert, wurde wieder geöffnet, und schließlich begann die Belagerung des jüdischen Jerusalems erneut nach dem Vormarsch regulärer arabischer Truppen. Von Anfang April bis Mitte Mai eroberten die Hagana-Truppen arabische Städte und Städte mit gemischter Bevölkerung, Haifa, Jaffa, Tiberias und Safed, sowie Dutzende arabische Dörfer im Norden und Süden. Hunderttausende Araber verloren in diesen Wochen ihre Häuser. Viele von ihnen flohen, aber viele wurden auch gewaltsam vertrieben. Manche sind bis zum heutigen Tage Flüchtlinge.

Im belagerten Jerusalem gab es damals wahrscheinlich kaum jemanden, der das Schicksal der palästinensischen Flüchtlinge bedauerte. Das jüdische Viertel der Altstadt, das jahrtausendelang von Juden bewohnt gewesen war (abgesehen von einer kurzen Unterbrechung im 12. Jahrhundert, nachdem die Kreuzfahrer sie samt und sonders niedergemetzelt oder vertrieben hatten), wurde von der Arabischen Legion eingenommen, alle Gebäude wurden geplündert und zerstört und die Einwohner getötet, vertrieben oder gefangengenommen. Die Ortschaften des Siedlungsblocks Gusch Ezion wurden ebenfalls erobert und ausgelöscht, ihre jüdischen Einwohner niedergemetzelt oder gefangengenommen. Die jüdischen Einwohner von Atarot, Newe Ja'akov, Kalia und Bet Ha'arava wurden nach einem arabischen Vorstoß evakuiert, die Ortschaften danach zerstört. Hunderttausend Einwohner des jüdischen Jerusalem fürchteten ein ähnliches Los. Als der Rundfunksender »Stimme des Verteidigers« von der Flucht der arabischen Einwohner aus Talbieh und Katamon berichtete, habe ich, soweit ich mich erinnere, kein Mitleid mit Aischa und ihrem Bruder gehabt. Ich verschob nur zusammen mit Vater unsere Zündholzgrenzen auf dem Jerusalemer Stadtplan ein wenig: Die Monate des Hungers und der Angst und der Bombardements hatten mich abgestumpft. Wohin ist Aischa gegangen? Und ihr kleiner Bruder? Nach Nablus? Nach Damaskus? Nach London? Oder ins Flüchtlingslager Deheischa? Wenn sie noch lebt, ist Aischa heute um die fünfundsechzig Jahre alt. Und ihr kleiner Bruder, dem ich vielleicht den Fuß zerschmettert habe, wird auch bald sechzig sein. Vielleicht könnte man jetzt den Versuch unternehmen, sie zu finden, das Schicksal aller Zweige der Familie Silwani erforschen, in London, in Südamerika, in Australien?

Einmal angenommen, ich würde Aischa irgendwo auf der Welt ausfindig machen. Oder den, der einmal der süße kleine »Einnein« gewesen ist. Wie sollte ich mich dann vorstellen? Was sollte ich sagen? Was erklären? Was anbieten?

Erinnern sie sich noch? Und wenn ja, woran? Oder haben die Schrekken, die sie seither erleben mußten, bei beiden längst die Erinnerung an den prahlerischen Baumnarr ausgelöscht?

Es war ja nicht nur meine Schuld. Nicht alles. Ich habe doch nur geredet und geredet und geredet. Aischa ist auch schuld. Aischa war es doch, die mich gefragt hat, ob ich klettern kann. Wenn sie mich nicht angestiftet hätte, wäre ich doch nicht plötzlich auf den Baum geklettert, und ihr Bruder –

Aussichtslos. Nicht wiedergutzumachen.

Bei der Volkswache in der Zefanja-Straße vertraute man Vater ein sehr altes Gewehr an und verpflichtete ihn zu nächtlichen Patrouillengängen durch die Straßen von Kerem Avraham. Es war ein schweres schwarzes Gewehr mit einem abgegriffenen Kolben, in den alle möglichen Schriftzeichen und fremde Wörter eingeritzt waren, die Vater eifrig zu entziffern versuchte, noch bevor er daranging, sich mit der Waffe selbst vertraut zu machen: Vielleicht war es ein italienisches Gewehr aus dem Ersten Weltkrieg, vielleicht ein altmodischer amerikanischer Karabiner. Vater fingerte hier und dort herum, zog und drückte erfolglos, legte das Gewehr schließlich neben sich auf den Boden und ging daran, das Magazin zu prüfen. Dabei errang er auf der Stelle einen schwindelerregenden Erfolg: Es gelang ihm, die Patronen aus dem Magazin zu holen. Mit der Linken hob er die Patronen hoch, mit der Rechten das leere Magazin, fuchtelte damit frohlockend zu mir kleiner Gestalt an der Tür hinüber und machte irgendwelche Witze über die Engstirnigkeit von jenen, die versucht hätten, Napoleon Bonaparte zu entmutigen.

Aber als er die Patronen wieder ins Magazin zurückschieben wollte, verwandelte sich sein Triumph in eine vollständige Niederlage: Die Patronen, die einmal die Luft der Freiheit geatmet hatten, lehnten es entschieden ab, sich wieder in ihr enges Gefängnis zwängen zu lassen. Da halfen weder seine Listen noch seine Verführungskünste. Vater versuchte sie so und andersherum einzuführen, versuchte es sanft und versuchte es mit der ganzen Kraft seiner zarten Gelehrtenfinger, versuchte auch abwechselnd eine Patrone mit der Spitze nach oben, eine mit der Spitze nach unten einzulegen – alles vergebens.

Doch Vater schimpfte und fluchte nicht, sondern versuchte sowohl die Patronen als auch das Magazin zu beschwören, indem er mit pathosgeladener Stimme Gedichte deklamierte: einige berühmte Zeilen polnischer Lyrik, Verse von Ovid, Puschkin und Lermontow, Liebesgedichte der mittelalterlichen hebräischen Dichter Spaniens, alles in Originalsprache, alles mit russischem Akzent, alles ohne Erfolg. Bis er dann schließlich in seinem glühenden Zorn Magazin und Patronen aus dem Stegreif mit homerischen Versen in Altgriechisch überschüttete, gefolgt von Abschnitten des Nibelungenliedes auf deutsch, Chaucer in englisch und vielleicht auch etwas von den Kalevala-Gesängen in Scha'ul Tschernichowskis hebräischer Übersetzung und etwas aus dem Gilgamesch-Epos und was sonst nicht noch alles, in jeder erdenklichen Sprache. Alles vergebens.

Niedergeschlagen trottete er daher zurück zur Kommandantur der Volkswache in der Zefanja-Straße, in der einen Hand das schwere Gewehr, in der anderen die wertvollen Patronen in einem bestickten Stoffsäckchen, das ursprünglich als Brotbeutel gedacht war, und in der Hosentasche steckte das leere Magazin (das er glücklicherweise nicht vergessen hatte).

Dort auf der Kommandantur hatte man Mitleid mit ihm und zeigte ihm, wie sich die Patronen im Handumdrehen ins Magazin einlegen ließen, aber seine Waffe und seine Munition gab man ihm nicht mehr zurück. Nicht an jenem Tag und nicht an den folgenden. Niemals. Statt dessen gab man ihm eine Taschenlampe, eine Trillerpfeife und eine eindrucksvolle Armbinde mit der Aufschrift »Volkswache«. Damit kam Vater also nach Hause, erläuterte mir – überbordend vor Fröhlichkeit – die Bedeutung von »Volkswache«, blinkte und blinkte mit der Taschenlampe, pfiff und pfiff auf seiner Trillerpfeife, bis Mutter ihn sanft an der Schulter berührte und sagte: Nun ist es genug, Arie? Bitte?

Um Mitternacht von Freitag, dem 14. Mai 1948, auf Samstag, den 15. Mai 1948, nach Ablauf der dreißigjährigen britischen Mandatszeit, entstand der Staat, den David Ben Gurion einige Stunden zuvor in Tel Aviv ausgerufen hatte. Nach einer Unterbrechung von rund tausendneunhundert Jahren, sagte Onkel Joseph, übernehmen hier Juden wieder die Herrschaft.

Aber um eine Minute nach Mitternacht fielen, ohne Kriegserklärung, Infanterie-, Artillerie- und Panzertruppen der arabischen Armeen ins Land ein: Ägypten von Süden, Transjordanien und Irak von Osten, Libanon und Syrien von Norden. Am Schabbat morgen bombardierten ägyptische Flugzeuge Tel Aviv. Die Arabische Legion, die halbbritische Armee des Königreichs Transjordanien, reguläre irakische Truppen sowie bewaffnete muslimische Freiwilligenverbände aus mehreren Staaten waren von den Engländern eingeladen worden, Schlüsselstellungen im ganzen Land zu besetzen, noch vor dem formellen Ablauf des britischen Mandats.

Der Ring um uns herum zog sich zu: Die Arabische Legion eroberte das jüdische Viertel der Altstadt, riegelte mit starken Kräften die Straße nach Tel Aviv und zur Küstenebene ab, bemächtigte sich der arabischen Stadtteile, brachte ihre Artillerie auf den Bergzügen rings um Jerusalem in Stellung und begann mit massivem Beschuß, um der zermürbten, ausgehungerten Zivilbevölkerung hohe Verluste zuzufügen, deren Moral zu untergraben und sie zur Kapitulation zu bewegen. König Abdullah, Londons Protegé, sah sich schon als König von Jerusalem. Die Geschützbatterien der Arabischen Legion standen unter dem Kommando britischer Artillerieoffiziere.

Zur gleichen Zeit stießen die Truppen der ägyptischen Armee bis an die südlichen Randbezirke Jerusalems vor und attackierten den Kibbuz Ramat Rachel, der längere Zeit hart umkämpft war. Ägyptische Flugzeuge warfen Brandbomben über Jerusalem ab und zerstörten unter anderem das Altenheim im Viertel Romema, nicht weit von uns. Ägyptische Geschütze nahmen nun gemeinsam mit den transjordanischen die Zivilbevölkerung unter Beschuß: Von einem Hügel nahe des Mar-Elias-Klosters bombardierten die Ägypter Jerusalem mit 105-mm-Geschossen. Granaten gingen im Zweiminutentakt auf die jüdischen Viertel nieder, und die Straßen der Stadt wurden mit ununterbrochenem Maschinengewehrfeuer überzogen. Greta Gatt, meine klavierspielende Tagesmutter, die immer nach feuchter Wolle und Wäscheseife roch, Tante Greta, die mich in Damenbekleidungsgeschäfte mitgeschleppt und für die mein Vater gern seine albernen Reime gedichtet hatte, trat eines Morgens auf ihre Veranda, um Wäsche aufzuhängen. Die Kugel eines jordanischen Heckenschützen drang ihr, so erzählte man, ins Ohr ein und trat durchs Auge wieder aus. Zippora Janai, Piri, die schüchterne Freundin meiner Mutter, die in der Zefanja-Straße wohnte, ging einmal kurz hinunter, um Eimer und Putzlappen aus dem Hof zu holen, und wurde auf der Stelle von einer Granate getötet.

Und ich hatte eine kleine Schildkröte. In den Pessachtagen 1947, etwa ein halbes Jahr vor dem Ausbruch der Kämpfe, nahm Vater an einer Exkursion der Hebräischen Universität zu den Resten der antiken Stadt Gerasa in Transjordanien teil. Frühmorgens ging er weg, mit Proviantbeutel und einer echten Feldflasche, die er sich stolz an den Gürtel hängte. Und am Abend kam er zurück, ganz erfüllt von dem erlebnisreichen Ausflug und dem grandiosen Anblick des römischen Amphitheaters, und mir brachte er eine kleine Schildkröte mit, die er »am Fuß eines staunenerregenden römischen Steinbogens« gefunden hatte.

Obwohl Vater vielleicht nicht einmal genau wußte, was Humor ist, liebte er sein Leben lang heiß und innig Scherze und Wortspiele, und wenn es einmal vorkam, daß einer seiner Witze ein schwaches Lächeln auslöste, strahlte er vor bescheidenem Stolz augenblicklich über das ganze Gesicht. So kam es, daß er der kleinen Schildkröte, die er mir mitgebracht hatte, den witzigen Namen Abdullah-Gerschon gab, zu Ehren des Königs von Transjordanien und zu Ehren der Stadt Gerasa (im Hebräischen: Gerasch). Jedesmal, wenn uns jemand besuchte, verkündete Vater feierlich den vollen Namen der Schildkröte, wie ein Zeremonienmeister, der den Eintritt eines Fürsten oder eines Botschafters ankündigt, und war dann sehr erstaunt, daß keiner der Gäste sich vor Lachen kugelte. Deshalb sah er sich genötigt, ihnen zu erklären, was es mit dem Namen auf sich hatte, warum Abdullah und warum Gerschon: Vielleicht hoffte er, wer den Witz vor der Erklärung nicht goutiert hatte, werde nach ihr in schallendes Gelächter ausbrechen. Manchmal gab er vor lauter Begeisterung oder Zerstreutheit die ganze Nummer auch vor Gästen, die schon mehrmals von ihm erklärt bekommen hatten, wo hier die Pointe lag, und bestens wußten, warum Abdullah und warum Gerschon.

Aber ich liebte diese kleine Schildkröte sehr, die sich angewöhnte, jeden Morgen in mein Versteck unter dem Granatapfelstrauch zu schlüpfen und mir frische Salatblätter und Gurkenschalen aus der Hand zu fressen, keine Angst vor mir hatte, nicht den Kopf unter den Panzer einzog und beim Fressen komische Kopfbewegungen machte, als bejahe sie nickend alles

Gesagte. Sie ähnelte einem kahlköpfigen Professor aus Rechavia, der dir ebenfalls heftigst zunickte, bis du zu reden aufhörtest, worauf die Zustimmung zumeist in Spott umschlug und der Professor, während er dir noch vehement zunickte, deine Ansichten schon zerfetzte.

Mit einem Finger streichelte ich meiner Schildkröte beim Fressen den Kopf, erstaunt über die Ähnlichkeit zwischen ihren Nasenlöchern und Ohrenöffnungen. Nur im stillen, nur hinter Vaters Rücken, nannte ich sie nicht Abdullah-Gerschon: Ich nannte sie Mimi. Insgeheim.

In der Zeit der Bombenangriffe gab es keine Gurken und keine Salatblätter mehr, und ich durfte auch nicht auf den Hof hinausgehen, und doch machte ich manchmal die Tür auf und warf Mimi Reste von dem, was wir aßen, auf den Hof. Manchmal sah ich sie von weitem, und manchmal blieb sie mehrere Tage verschwunden.

An dem Tag, an dem Greta Gatt und Piri Janai, die Freundin meiner Mutter, getötet wurden, wurde auch meine Schildkröte Mimi getötet: Ein Granatsplitter landete auf unserem Hof und teilte sie in zwei Stücke. Als ich Vater unter Tränen bat, wenigstens ein Grab unter dem Granatapfelstrauch graben, sie dort selbst beisetzen und ihr ein Grabmal errichten zu dürfen, um ihrer zu gedenken, erklärte mir Vater, das ginge nicht, vor allem aus hygienischen Gründen. Er selbst, so sagte er, habe die Überreste bereits entsorgt. Er wollte mir auf keinen Fall verraten, wohin er sie gebracht hatte, hielt es aber für angebracht, mir in diesem Zusammenhang zu erläutern, was das Wort »Ironie« bedeute: Hier zum Beispiel unser Abdullah-Gerschon war ein Neueinwanderer aus dem Königreich Transjordanien, und der Splitter, der seinem Leben ein Ende gesetzt hat, stammte ausgerechnet von einer Granate, die höchst ironischerweise von den Geschützen des transjordanischen Königs Abdullah abgefeuert worden war.

In jener Nacht konnte ich nicht einschlafen. Ich lag auf unserer Matratze am äußersten Ende des Flurs, umgeben von Schnarchen und Gemurmel und dem abgehackten Wimmern alter Menschen, dem Chor der etwa zwanzig unruhig schlafenden Fremden auf dem Boden unserer Wohnung, deren Fenster mit Sandsäcken verbarrikadiert waren. Schwitzend lag ich dort, zwischen Mutter und Vater, in der flimmernden Finsternis (nur eine Kerze flackerte noch im Badezimmer), in der stickigen Luft, und plötzlich meinte ich, schemenhaft eine Schildkröte im Finstern zu sehen, nicht Mimi, nicht meine kleine Schildkröte, der ich gern mit einem Finger den

Kopf gestreichelt hatte (denn eine Katze oder ein Hund kommt überhaupt nicht in Frage! Auf keinen Fall! Vergiß es!), sondern eine grauenerregende Schildkröte war das, eine monströse Riesenschildkröte. Schmutzig, bluttriefend, zermalmt, ruderte sie mit allen vier Gliedmaßen durch die Luft, die scharfen Krallen ausgefahren, hämisch feixend über all den im Flur Schlafenden. Ihr Gesicht war grausig entstellt, zerfetzt von einer Kugel, die durch ein Auge eingedrungen und durch eine Stelle wieder ausgetreten war, an der doch auch Schildkröten eine Art winziges Ohr ohne Ohrmuschel haben.

Vielleicht habe ich versucht, Vater zu wecken. Vater wachte nicht auf: Er schlief, reglos auf dem Rücken liegend, und atmete tief und regelmäßig wie ein sattes Baby. Aber Mutter nahm meinen Kopf und drückte ihn an ihre Brust. Wie wir alle, schlief auch sie während der Belagerungszeit in ihren Kleidern, und ihre Blusenknöpfe taten mir an der Wange ein bißchen weh. Mutter umarmte mich fest, versuchte jedoch nicht, mich zu trösten, sondern schluchzte mit, unterdrückt, damit man uns nicht hörte, wieder und wieder flüsterte sie tonlos: Piri. Piroschka. Piri. Und ich streichelte ihr übers Haar, streichelte ihre Wangen und küßte sie, als sei ich der Erwachsene und sie mein Kind, und flüsterte ihr zu: Genug, Mutter, Mutter, genug, ich bin doch bei dir.

Danach tuschelten wir noch ein wenig, sie und ich. Unter Tränen. Und noch später, nachdem auch die schwach flackernde Kerze am Ende des Flurs erloschen war und nur noch das Pfeifen der Geschosse das Dunkel zerriß und bei jedem Einschlag der ganze Berg jenseits unserer Wand erbebte, da lag nicht mehr mein Kopf auf ihrer Brust, sondern Mutters tränenfeuchter Kopf auf meiner. In jener Nacht begriff ich zum ersten Mal, daß auch ich sterben würde. Weil jeder irgendwann stirbt. Und nichts auf der Welt, auch nicht Mutter, würde mich retten können. Und ich würde sie nicht retten können. Mimi hatte einen Panzer gehabt, und bei jedem Anzeichen von Gefahr hatte sie sich immer vollständig darunter zusammengezogen, Arme, Beine und Kopf, tief unter diesen Panzer. Der sie nicht rettete.

Im September, an einem Schabbatmorgen, während einer Feuerpause, kamen Großvater und Großmutter, die Abramskys und vielleicht noch andere Bekannte zu uns. Sie tranken Tee draußen auf dem Hof, sprachen über die Siege der israelischen Armee und über die schreckliche Gefahr, die vom Friedensplan des schwedischen UNO-Vermittlers, Graf Bernadotte, ausgehe, ein böses Spiel, hinter dem zweifellos die Briten steckten, mit dem Ziel, unseren jungen Staat zu vernichten. Jemand hatte aus Tel Aviv eine neue Münze mitgebracht, viel zu groß und ziemlich häßlich, aber es war die erste israelische Münze, die bei uns auftauchte, und sie ging unter großer Erregung von Hand zu Hand: Es war eine Fünfundzwanzig-Prutot-Münze, mit einem Traubenbüschel-Motiv, von dem Vater sagte, es sei genau von einer israelitischen Münze aus der Zeit des Zweiten Tempels übernommen worden, und über dem Traubenbüschel war klar und deutlich die hebräische Inschrift zu lesen: ISRAEL. Sicherheitshalber erschien der Name Israel auf der Münze nicht nur auf hebräisch, sondern auch in lateinischer und arabischer Schrift: damit man es sehe und achte.

Frau Zerta Abramsky sagte: »Wäre es nur unseren seligen Eltern und deren Eltern und allen Generationen vergönnt gewesen, diese Münze zu sehen und zu betasten. Jüdisches Geld –.« Ihre Stimme erstickte.

Herr Abramsky sagte: »Ja, es gehört sich wirklich, den Segen für alles Neue darüber zu sprechen. Gelobt seist du, Ewiger, unser Gott, König der Welt, der du uns hast Leben und Erhaltung gegeben und uns hast diese Zeit erreichen lassen.«

Und Großvater Alexander, mein eleganter, genußfreudiger Großvater, der Liebling der Frauen, sagte gar nichts, führte nur die übergroße Nickelmünze an die Lippen und küßte sie zweimal zärtlich, und seine Augen füllten sich mit Tränen, und dann trennte er sich von ihr und gab sie weiter. In diesem Moment erschreckte das Sirenengeheul eines Krankenwagens, der Richtung Zefanja-Straße raste, die Anwohner, und zehn Minuten später heulte erneut die Sirene der Ambulanz auf dem Weg zurück, und vielleicht nahm Vater den Vorfall zum Anlaß, irgendeinen schwachen Witz zu reißen über das Widderhorn des Messias oder etwas ähnliches. Danach saß man weiter zusammen und unterhielt sich, trank vielleicht noch ein Glas Tee, und eine halbe Stunde später verabschiedeten sich die Abramskys, wünschten uns alles Gute, Herr Abramsky mit seiner Vorliebe für feierliche Floskeln überschüttete uns im Weggehen sicherlich noch mit einigen hochtrabenden Sprüchen. Und als sie an der Tür standen, kam ein Nachbar und bat sie taktvoll in eine Ecke des Hofes, und dann liefen sie ihm so schnell nach, daß Tante Zerta ihre Handtasche bei uns vergaß. Eine Viertelstunde später tauchten entsetzt die Nachbarn Lemberg bei uns auf, um uns zu erzählen, daß Jonathan Abramsky, der zwölfjährige Joni, während seine Eltern noch bei uns saßen, in der Nechemja-Straße auf dem Hof gespielt hatte, wo ein jordanischer Scharfschütze ihn von der Polizeischule aus mit einem Schuß mitten in die Stirn traf. Danach lag der Junge noch fünf Minuten im Sterben, mußte sich übergeben, und als der Krankenwagen eintraf, war er schon nicht mehr am Leben.

In Zerta Abramskys Tagebuch fand ich folgendes geschrieben:

23. 9. 48
Am 18. September, Schabbat morgen um Viertel nach zehn, ist mein Joni getötet worden, Joni, mein Kind, mein ganzes Leben ... Ein arabischer Scharfschütze hat ihn getroffen, meinen Engel, er hat nur »Mutter« gesagt, lief noch wenige Schritte (er, mein wunderbarer, reiner Junge stand neben dem Haus) und fiel nieder ... Ich habe sein letztes Wort nicht gehört und seiner Stimme, die mich rief, nicht geantwortet. Bei meiner Rückkehr war er, mein Lieber, mein Süßer, schon nicht mehr am Leben. Ich sah ihn in der Leichenkammer. Er war so wunderschön, es schien, als würde er schlafen. Ich umarmte und küßte ihn. Unter seinen Kopf hatte man einen Stein gelegt. Der Stein bewegte sich, und sein Kopf, das Haupt eines himmlischen Cherubs, bewegte sich ein wenig. Mein Herz sagte: Er ist nicht tot, mein Sohn. Schau, da regt er sich ... Seine Augen waren halb geschlossen. Und danach kamen »sie« – die Leute, die in der Leichenkammer arbeiten – und fingen an, mich zu beschimpfen, grob zurechtzuweisen und zu stören: Ich hätte kein Recht, ihn zu umarmen und zu küssen ... Ich ging.
Doch ein paar Stunden später kehrte ich zurück. Es war schon »Ausgangssperre« (man fahndete nach den Mördern Bernadottes). Auf Schritt und Tritt hielten mich Polizisten an ... fragten mich nach meiner Erlaubnis, zur Zeit der Ausgangssperre draußen herumzulaufen. Er, mein getöteter Sohn, war meine einzige Erlaubnis. Die Polizisten ließen mich in die Leichenkammer eintreten. Ich hatte ein Kissen mitgebracht. Den Stein schob ich beiseite: Ich konnte es nicht ertragen, seinen lieben, wunderbaren Kopf auf einem Stein ruhen zu sehen. Dann kamen wieder »sie« und versuchten wieder, mich fortzujagen. Sie sagten, ich solle nicht wagen, ihn anzurühren. Ich gehorchte nicht. Ich fuhr fort, ihn zu umarmen und zu küssen, meinen Schatz. Sie drohten, die Tür abzuschließen und mich bei ihm zu lassen, bei der Essenz meines

ganzen Lebens. Nur das wollte ich. Da änderten sie ihre Meinung und drohten, die Soldaten zu rufen. Ich hatte keine Angst vor ihnen ... Ein zweites Mal verließ ich die Leichenkammer. Vor dem Weggehen umarmte und küßte ich ihn. Am nächsten Morgen kam ich wieder zu ihm, zu meinem Kind ... Wieder umarmte und küßte ich ihn, wieder betete ich zu Gott um Rache, Rache für meinen kleinen Jungen, und wieder wurde ich davongejagt ... Und als ich noch einmal kam, war mein wunderbarer Sohn, mein Engel, schon in einem geschlossenen Kasten, doch ich erinnere mich an sein Gesicht, erinnere ihn ganz und gar, erinnere mich an alles, an alles erinnere ich mich.*

47

Zwei finnische Missionarinnen lebten in einer kleinen Einzimmerwohnung am Ende der Haturim-Straße im Viertel Mekor Baruch, Aili Havas und Rauha Moisio. Tante Aili und Tante Rauha. Selbst über den Gemüsemangel sprachen die beiden in erhabenem biblischen Hebräisch, denn ein anderes Hebräisch kannten sie nicht. Klopfte ich bei ihnen an die Tür, um höflich überflüssige Holzstücke fürs Lagerfeuer an Lag ba-Omer zu erbitten, sagte Tante Aili freundlich lächelnd, während sie mir eine alte Kiste reichte: »Und Rauch und Glanz von Feuerflammen des Nachts.« Waren die beiden bei uns zu einem Glas Tee zu Gast, während ich mich vehement gegen den Löffel Lebertran wehrte, bemerkte Tante Rauha: »Und es beben vor mir die Fische des Meeres.«

Manchmal besuchten wir sie zu dritt in ihrer asketischen Stube, die Ähnlichkeit mit dem Zimmer eines Mädchenpensionats aus dem 19. Jahrhundert hatte: Zwei einfache Eisenbetten standen dort einander gegenüber, zu beiden Seiten eines rechteckigen Holztisches mit blauer Baumwolldecke und drei ungepolsterten Stühlen um ihn herum. Am Kopfende jedes der beiden gleichen Betten stand ein Schränkchen mit je einer Leselampe, einem Wasserglas und einigen schwarz gebundenen heiligen Büchern. Zwei identische Paar Hausschuhe schauten unter den Betten hervor. In der Mitte des Tisches stand immer eine Vase mit einem Strauß getrockneter Blumen. Ein Kruzifix, aus Olivenholz geschnitzt, hing zwi-

---

* Zerta Abramsky, »Aus dem Tagebuch einer Frau während der Belagerung Jerusalems 1948«, in: *Briefe von Jacob David Abramsky*, S. 310f.

schen den beiden Betten an der Wand. Und an den Fußenden ihrer Betten hatten sie Kleidertruhen aus massivem, glänzendem Holz, wie man es in Jerusalem sonst nicht sah, und Mutter sagte, das sei Eichenholz und ermunterte mich, es mit den Fingerspitzen zu berühren und die Hand darüber gleiten zu lassen. Mutter bestand immer darauf, daß es nicht genüge, die Namen der Dinge zu kennen, sondern man solle sich mit ihnen auch durch Schnuppern vertraut machen, durch leichtes Berühren mit der Zungenspitze, durch Betasten, solle die Wärme und Glätte der Dinge kennenlernen, ihren Geruch, ihre Rauheit und Härte, die Klänge, die sie machten, wenn du mit dem Finger auf sie klopftest, all das, was Mutter »Erwidern« und »Widersetzen« nannte. Jedes Ding, so sagte sie, jedes Kleidungsteil, jedes Möbelstück, jedes Eßgerät, jeder Gegenstand, hat unterschiedliche Grade des Erwiderns und des Widersetzens, und diese Grade sind keine festen, sondern können sich verändern – je nach der Jahreszeit und nach der Tages- oder der Nachtzeit, abhängig vom Anfassenden oder Schnuppernden, von Licht und Schatten und auch von verborgenen Neigungen, die wir nicht enträtseln können. Nicht zufällig, sagte sie, heißt jeder Gegenstand im Hebräischen *chefez*, was auch »wollen« oder »begehren« bedeuten kann. Nicht nur wollen wir oder wollen wir nicht dieses oder jenes Ding. Auch in den Gegenständen und Pflanzen ist ein Wollen oder Nichtwollen, nicht unsererseits, sondern ihrerseits, und nur wer es versteht, zu fühlen und zu lauschen, zu schmecken und zu schnuppern, ohne Verlangen, der kann manchmal auch etwas davon wahrnehmen.

Darauf bemerkte Vater scherzhaft: »Unsere Mutter übertrifft sogar den König Salomo. Von ihm erzählt der Midrasch, er habe die Sprache jedes Tiers und Vogels gekannt, und siehe da, unsere Mutter ist sogar in den Sprachen des Handtuchs, des Topfes und der Bürste bewandert.«

Und fügte, strahlend vor heiterem Spott, hinzu: »Sie bringt durch ihre Berührung tatsächlich die Bäume und die Steine zum Sprechen: Berühre die Berge, daß sie dampfen, heißt es im Psalm.«

Tante Rauha sagte: »Wie der Prophet Joel sprach: An selbigem Tage werden die Berge Most träufeln, und die Hügel werden Milch strömen. Und wie es im neunundzwanzigsten Psalm heißt: Die Stimme des Ewigen läßt die Zedern hüpfen wie Kälber.«

Vater sagte: »Aber aus dem Mund eines Menschen, der kein Dichter ist, können Sprüche dieser Art etwas, wie soll man sagen, etwas schöntuerisch wirken? Als versuchte jemand mit Gewalt, sehr tiefgründig zu klingen? Sehr mystisch zu klingen? Sehr hylozoistisch? Als versuchte er, Zedern wie Kälber hüpfen zu lassen? Gleich werde ich die Bedeutung dieser schwierigen Wörter erklären, mystisch und hylozoistisch. Dahinter verbirgt sich der eindeutige Wille, der vielleicht nicht besonders gesund ist, der Wunsch, die Wirklichkeit zu vernebeln, das Licht der Vernunft zu dämpfen, alle Definitionen zu verwischen und voneinander geschiedene Bereiche zu vermengen.«

Mutter sagte: »Arie?«

Und Vater, versöhnlich (denn er machte sich zwar gern ein wenig über sie lustig, sogar ein Funken spöttischer Freude blitzte manchmal auf, aber noch lieber mochte er alles zurücknehmen, sich entschuldigen und nichts als guten Willen ausstrahlen. Genau wie sein Vater, wie Großvater Alexander): »Nu, genug, Fanitschka. Schluß. Ich habe doch nur ein wenig gescherzt?«

Während der Belagerung Jerusalems blieben die beiden Missionarinnen in der Stadt: Sie hatten ein starkes Sendungsbewußtsein. Gewissermaßen der Erlöser selbst hatte ihnen aufgetragen, den Belagerten Mut zu machen und als freiwillige Helferinnen im Scha'are-Zedek-Krankenhaus die Verwundeten zu pflegen. Sie waren der Überzeugung, jeder Christenmensch müsse das, was Hitler den Juden angetan hatte, mit Taten, nicht mit Reden zu sühnen versuchen. Die Gründung des Staates Israel erschien ihnen als Fingerzeig Gottes. Tante Rauha sagte in ihrer biblischen Sprache und mit ihrem finnischen Akzent, der zu sonderbaren Betonungen am Wortende neigte: »Das ist wie die Erscheinung des Regenbogens im Gewölk nach der Sintflut.« Und Tante Aili fügte mit einem winzigen Lächeln, nicht mehr als einem leichten Zucken der Mundwinkel, hinzu: »Und der Herr bedachte sich wegen des Unheils – es soll nicht geschehen, sprach der Herr.«

Zwischen den Bombardements machten die beiden, in festen Schuhen, mit Kopftüchern, in unserem Viertel die Runde, schleppten eine bauchige Tasche aus grauem Sackleinen und verteilten daraus an alle, die es anzunehmen bereit waren, Gläser mit sauren Gurken, halbe Zwiebeln, kleine Seifenstücke, Wollsocken, einen Rettich oder ein wenig schwarzen Pfeffer. Wer weiß, wie all diese Schätze in ihre Hände gelangten. Unter den Orthodoxen wiesen manche die Geschenke der Missionarinnen angewidert zurück, jagten die beiden verächtlich von ihrer Schwelle, und manche nahmen die Gabe zwar entgegen, spuckten aber, kaum daß Tante Aili und Tante Rauha ihnen den Rücken gekehrt hatten, auf den Boden, den die Füße der Missionarinnen betreten hatten. Die beiden waren nicht beleidigt. Immer führten sie trostspendende Prophetenworte im Mund, die sich in ihrem merkwürdigen finnischen Tonfall für uns fremd und sonderbar anhörten, knirschend wie schwere Schuhe, die auf Kies treten: »Und schirmen werde ich diese Stadt, um sie zu retten«, »es wird kein Feind und Verderber hinfort mehr einziehen in die Tore dieser Stadt«, »wie lieblich sind auf den Bergen die Tritte des Heilboten, der Frieden verkündet«, »nicht mehr ziehet fortan der Verderber durch dich«, »du fürchte nicht, mein Knecht Jakob, spricht der Herr, denn ich bin mit dir. Wenn ich Vernichtung übe an allen Völkern, dahin ich dich verstoßen ...«

Manchmal erbot sich eine von ihnen, für uns in der langen Schlange nach Wasser anzustehen, das uns an den ungeraden Werktagen in Tankwagen gebracht wurde, ein halber Eimer pro Familie, falls nicht Granatsplitter den Tankbehälter durchlöchert hatten, bevor er unsere Straße erreichte. Und gelegentlich suchte eine von ihnen unsere winzige Kellerwohnung auf, deren Fenster mit Sandsäcken verbarrikadiert waren, und verteilte an die während der Belagerung bei uns Hausenden je eine halbe Tablette »Vitaminmischung«. Kinder erhielten eine ganze Tablette. Woher bekamen die beiden Missionarinnen ihre Wundergaben? Wo füllten sie ihre tiefe graue Sackleinentasche? Die einen sagten dies, die anderen das, und manche warnten mich, von ihnen irgend etwas anzunehmen, denn sie hätten nichts anderes im Sinn, als »unsere Not auszunutzen und Seelen für ihren Jesus zu fangen«.

Einmal nahm ich meinen Mut zusammen und fragte Tante Aili, obwohl ich die Antwort wußte, wer Jesus gewesen sei. Ihre Mundwinkel zitterten ein wenig, als sie mir zögernd erwiderte, er sei nicht »gewesen«, sondern er sei da, und er liebe uns alle, und besonders liebe er diejenigen, die ihn verachteten und seiner spotteten, und wenn ich mein Herz mit Liebe füllte, würde er kommen und in meinem Herzen wohnen, mir sowohl Leiden als auch unermeßliches Glück bringen, und aus den Leiden würde das Glück aufscheinen.

So seltsam und widersprüchlich schienen mir diese Worte, daß ich nun auch Vater fragen mußte. Vater nahm mich an der Hand und führte mich zur Matratze auf dem Küchenboden, Onkel Josephs Zufluchtsecke, und bat den berühmten Verfasser des Buches *Jesus von Nazareth*, mir zu erklären, wer und was Jesus war.

Onkel Joseph saß erschöpft, trübsinnig und blaß auf der Ecke seiner Matratze, den Rücken an die rußige Wand gelehnt und die Brille auf die Stirn hochgeschoben. Seine Antwort lautete ganz anders als die von Tante Aili: In seiner Sicht war Jesus von Nazareth »einer der hervorragendsten Juden aller Zeiten, ein Mann von wunderbarer Moral, der die Hartherzigen verabscheute und darum kämpfte, dem Judentum seine ursprüngliche Schlichtheit wiederzugeben und es den Händen aller möglichen spitzfindigen Rabbis zu entwinden«.

Ich wußte nicht, wer die Hartherzigen und wer die Spitzfindigen waren. Wußte auch nicht, wie ich Onkel Josephs Jesus, den Jesus, der verabscheute, kämpfte und entwand, in Einklang bringen sollte mit Tante Ailis Jesus, der weder verabscheute noch kämpfte oder entwand, sondern gerade umgekehrt die Sünder besonders liebte und die, die seiner spotteten.

In einem alten Ordner fand ich einen Brief, den mir Tante Rauha 1979, in ihrem und Tante Ailis Namen, aus Helsinki geschickt hatte. Der Brief ist auf hebräisch geschrieben, und unter anderem heißt es darin:

... Auch wir haben uns gefreut, daß ihr beim Grand Prix Eurovision de la Chanson gewonnen habt. Und wie ist das Lied?
Die Gläubigen hier waren sehr froh, daß sie aus Israel sangen: Halleluja! Es gibt kein passenderes Lied ... Ich konnte auch den Film *Holocaust* sehen, der Tränen und Gewissensbisse bei den Ländern ausgelöst hat, die bis zu solchem Grad ohne Ende, ohne jeden Sinn verfolgt haben. Die christlichen Völker müssen sehr Verzeihung von den Juden erbitten. Dein Vater sagte einmal, er könne nicht verstehen, wieso der Herr solche furchtbaren Dinge hat zulassen können ... Ich habe ihm immer gesagt, das Geheimnis des Herrn ist droben. Jesus leidet mit dem Volk Israel bei all seinem Leid. Die Gläubigen müssen auch ihren Teil von Jesu Leiden tragen, den er ihnen zu leiden gelassen hat ... Die Sühne des Erlösers am Kreuz sühnt trotzdem alle Sünden der Welt, der ganzen Menschheit. Aber man kann das mit dem Verstand nie verstehen ... Es gab Nazis, die Gewissensbisse bekamen und vor ihrem Tod reuig umgekehrt sind. Aber ihre reuige Umkehr macht die Juden, die getötet wurden, nicht wieder lebendig. Wir bedürfen alle täglich der Sühne

und Gnade. Jesus sagt: Fürchtet euch nicht vor denen, die den Leib töten, denn sie vermögen nicht, die Seele zu töten. Dieser Brief ist von mir und auch von Tante Aili. Ich habe einen harten Schlag auf den Rücken bekommen vor sechs Wochen, als ich im Autobus drinnen gefallen bin, und Tante Aili sieht nicht so gut. In Liebe, Rauha Moisio.

Und als ich einmal nach Helsinki kam, weil eines meiner Bücher ins Finnische übersetzt worden war, tauchten die beiden plötzlich in der Cafeteria des Hotels auf, beide einheitlich mit dunklen Tüchern um Kopf und Schultern, wie zwei alte Bäuerinnen. Tante Rauha ging am Stock und hielt sanft die Hand von Tante Aili, die schon fast blind war, stützte sie und zog sie behutsam an einen Seitentisch. Beide bestanden auf ihrem Recht, mich auf beide Wangen zu küssen und zu segnen. Nur mit Mühe erlaubten sie mir, für jede ein Glas Tee zu bestellen, »aber nichts dazu, bitte!«

Tante Aili lächelte ein wenig, kein richtiges Lächeln, sondern nur ein leichtes Beben der Mundwinkel, wollte etwas sagen, überlegte es sich anders und legte die rechte Faust in die linke Hand, als wickele sie ein Baby, wiegte ein paarmal wie bedauernd den Kopf und sagte schließlich: »Gelobt sei Gott in der Höhe, daß es uns vergönnt ist, dich hier in unserem Land zu sehen, doch verstehe ich nicht, warum es deinen teuren Eltern nicht vergönnt ist, unter den Lebenden zu weilen? Aber wer bin ich, daß ich es verstünde? Der Herr weiß die Antwort. Uns bleibt nur das Staunen. Bitte, vielleicht erlaubst du mir, Verzeihung, dein liebes Gesicht ein wenig zu betasten? Es ist nur, weil meine Augen schon erloschen sind.«

Tante Rauha sagte über meinen Vater: »Sein Andenken sei gesegnet, er war der allerbeste der Menschen! Einen edelen Geist hatte er! Einen so menschlichen Geist!« Und über meine Mutter sagte sie: »Eine leidvolle Seele, Frieden sei mit ihr. Voll großer Leiden, denn sie sah in das Herz der Menschen. Und was sie sah, war nicht so leicht zu ertragen für sie. Der Prophet Jeremia sagt: Verstockt ist das Herz vor Allem und krank, wer mag es erkennen?«

Draußen, in Helsinki, fiel leichter Regen, mit ein paar Schneeflocken vermischt. Die Wolken hingen niedrig, und es war trüb, und die Schneeflocken, die schon tauten, bevor sie noch den Erdboden erreichten, waren nicht weiß, sondern grau. Die beiden alten Frauen trugen fast identische dunkle Kleider und dicke braune Strümpfe, wie zwei Schülerinnen eines keuschen Pensionats. Und beide rochen, als ich sie küßte, nach einfacher Seife und ein wenig nach Schwarzbrot und nächtlichem Schlaf. Ein kleiner Monteur eilte an uns vorbei, eine ganze Batterie Schreiber und Bleistifte steckten in seiner Overalltasche. Aus einer Tasche, die zwischen den Tischbeinen stand, holte Tante Rauha ein kleines Päckchen, in braunes Papier eingeschlagen, und überreichte es mir. Und auf einmal erkannte ich die Tasche: Es war dieselbe bauchige Tasche aus grauem Sackleinen, aus der sie während der Belagerung Jerusalems, dreißig Jahre vor diesem Besuch in Helsinki, kleine Seifenstücke, Wollsocken, Zwieback, Streichhölzer, Kerzen, Rettiche oder eine kostbare Packung Milchpulver hervorgeholt und uns geschenkt hatten.

Ich öffnete das Päckchen und fand dort neben der Bibel, die in Jerusalem auf hebräisch und finnisch gedruckt worden war, und neben einer winzigen Spieluhr aus bemaltem Holz mit kupfernem Deckel, auch eine Fülle getrockneter Wildblumen: merkwürdige finnische Blumen, die selbst im Tod noch wunderschön waren, Blumen, deren Namen ich nicht kannte und wie ich sie bis zu diesem Morgen noch nie gesehen hatte.

»Gar sehr liebten wir sie«, sagte Tante Aili, und ihre nicht mehr sehenden Augen suchten meine Augen, »gar sehr liebten wir dein teures Elternpaar. Nicht leicht war ihr Leben auf Erden, und nicht zu jeder Zeit erwiesen sie Gnade einer dem anderen. Manchmal war sehr schwerer Schatten zwischen ihnen. Aber jetzt, da sie endlich unter dem Schirm des Höchsten sitzen, geborgen unter den Fittichen des Herrn, jetzt gibt es zwischen deinen Eltern bestimmt nur Gnade und Wahrhaftigkeit, wie zwei unschuldige Kinder, die keinen sündigen Gedanken kannten, nur Licht und Liebe und Barmherzigkeit zwischen ihnen alle Tage, seine Linke unter ihrem Haupte, und ihre Rechte herzt ihn, und schon längst ist von ihnen gewichen aller Schatten.«

Ich wiederum hatte vorgehabt, den beiden Tanten zwei Exemplare meines Buchs, übersetzt in ihre Sprache, zu schenken, aber Tante Rauha verweigerte die Annahme: Ein hebräisches Buch, sagte sie, ein Buch über die Stadt Jerusalem, das in der Stadt Jerusalem geschrieben wurde, müssen wir auf hebräisch lesen und in keiner anderen Sprache! Und außerdem, sagte sie mit einem entschuldigenden Lächeln, kann Tante Aili ja wirklich nichts mehr lesen, weil der Herr ihr restliches Augenlicht zu sich genommen hat. Nur ich lese ihr noch vor, morgens und abends, aus dem Alten und dem Neuen Testament und aus unserem Gebetbuch und aus den Büchern der Heiligen, obwohl auch meine Augen schon dunkeln, und bald werden wir beide zwei Blindäugige sein.

Und wenn ich ihr nicht vorlese und Tante Aili mir nicht zuhört, dann sitzen wir beide am Fenster und blicken hinaus auf Bäume und Vögel, Schnee und Wind, Morgen und Abend, Tageslicht und Nachtlicht, und wir beide danken mit großer Demut dem gütigen und freundlichen Herrn für all seine Gnade und seine Wunder: Sein Wille geschehe im Himmel wie auf Erden. Auch du siehst vielleicht manchmal, in deinen Mußestunden, wie sehr der Himmel und die Erde, die Bäume und die Steine, die Felder und die Wälder allesamt voll großer Wunder sind? Allesamt leuchten und strahlen und Zeugnis ablegen von der Größe des Wunders der Gnade?

48

Und im Winter 1948 auf 1949 endete jener Krieg. Israel und die Nachbarstaaten unterzeichneten bilaterale Waffenstillstandsabkommen, zunächst Ägypten, danach Transjordanien und schließlich Syrien und Libanon. Der Irak zog seine Truppen ab, ohne ein Dokument zu unterschreiben. Trotz dieser Abkommen erklärten alle arabischen Staaten, sie verfolgten weiterhin die Absicht, eines Tages eine »zweite Runde« des Krieges einzuleiten, um dem Staat ein Ende zu setzen, den sie, die Araber, nicht anzuerkennen bereit seien und dessen pure Existenz sie als andauernden Aggressionsakt betrachteten. Sie nannten ihn *a daula al mas'uma*, der sogenannte Staat.

In Jerusalem trafen sich mehrmals der transjordanische Kommandeur Abdullah al-Tall und der israelische Kommandeur Moshe Dayan, um die Demarkationslinie zwischen den beiden Teilen der Stadt festzulegen und eine Vereinbarung über die Durchfahrt der Konvois zur Universität auf dem Skopusberg zu treffen, die als israelische Enklave im transjordanisch kontrollierten Gebiet verblieb. Hohe Betonmauern wurden entlang der Grenze hochgezogen, um Straßen abzuriegeln, die das israelische und das arabische Jerusalem verbanden. Hier und da stellte man hohe Wellblechwände auf, um Passanten im Westteil Schutz vor den Scharfschützen auf den Dächern des Ostteils zu gewähren. Ein Befestigungsgürtel mit Stacheldraht, Minenfeldern, Gefechtsständen und Wachposten durchzog die ganze Stadt und riegelte den israelischen Teil nach Norden, Osten und Süden ab. Allein der Westen blieb offen, und nur eine kurvenreiche Straße verband Jerusalem mit Tel Aviv und den übrigen Teilen des neuen Staates. Doch selbst ein Abschnitt dieser einzigen Landstraße blieb in den Händen der Arabischen Legion, so daß dort eine Umgehungsstraße gebaut werden mußte, neben der auch gleich eine neue Wasserleitung verlegt wurde, um die teilweise zerstörte Leitung aus der Mandatszeit und die Pumpstationen, die unter arabischer Kontrolle verblieben waren, zu ersetzen. Dieses Umgehungsstück hieß »Burma-Straße«. Ein oder zwei Jahre später entstand eine neue, nunmehr asphaltierte Umgehungsstraße, die man »Straße des Heldentums« nannte.

Fast alles in dem jungen Staat wurde in jenen Tagen nach den im Kampf Gefallenen benannt. Oder erhielt Namen, die mit Heldentum, Gefechten, der illegalen Einwanderung zu britischen Zeiten oder dem zionistischen Aufbauwerk zu tun hatten. Die Israelis waren sehr stolz auf ihren Sieg und völlig überzeugt von der Gerechtigkeit ihrer Sache und ihrer moralischen Überlegenheit. In jenen Tagen dachte man nicht viel an das Los der Hunderttausenden von palästinensischen Flüchtlingen und Entwurzelten, die aus ihren von israelischen Streitkräften eroberten Städten und Dörfern geflohen oder aus ihnen vertrieben worden waren.

Es hieß bei uns, Krieg sei natürlich eine schlimme, bittere und leidvolle Angelegenheit, aber wer hätte die Araber denn gebeten, damit anzufangen? Wir hätten doch schließlich den von der Vollversammlung der Vereinten Nationen bestätigten Teilungsplan akzeptiert, während die Araber jeden Kompromiß abgelehnt hätten und uns alle hätten abschlachten wollen. Außerdem wisse man ja, daß jeder Krieg Opfer fordere, und in ganz Europa seien doch noch Millionen von Flüchtlingen aus dem Zweiten Weltkrieg auf Wanderschaft, ganze Bevölkerungen seien entwurzelt und andere an ihrer Stelle angesiedelt worden. Pakistan und Indien, gerade unabhängig gewordene Staaten, hatten Millionen Bürger untereinander ausgetauscht, ebenso wie Griechenland und die Türkei. Und wir hatten das jüdische Viertel in der Jerusalemer Altstadt verloren und Gusch Ezion und Kfar Darom und Atarot und Kalia und Newe Ja'akov, genau wie sie Jaffa und Ramla und Lifta und Malha und En Kerem verloren hatten. An Stelle der Hunderttausenden von Arabern, die ihre Wohngebiete verlassen hatten, waren Hunderttausende verfolgte jüdische Flüchtlinge aus arabischen Ländern gekommen. Man achtete sorgsam darauf, das Wort »Vertreibung« nicht zu verwenden. Das Massaker in Deir Jassin schrieb man »verantwortungslosen Extremisten« zu.

Ein Betonvorhang war heruntergegangen und trennte uns von Scheich Dscharrach und den übrigen arabischen Vierteln Jerusalems. Von unserem Dach aus konnte ich sie sehen, die Minarette von Schuafat, Biddu und Ramallah, den einsamen Turm hoch auf dem Bergzug Nebi Samwil, die Polizeischule (von der aus ein jordanischer Scharfschütze Joni Abramsky beim Spielen auf dem Hof erschossen hatte), den Skopusberg, der praktisch abgeschnitten war, den Ölberg, der sich in den Händen der Arabischen Legion befand, und die Dächer von Scheich Dscharrach und der Amerikanischen Kolonie. Zuweilen meinte ich, dort zwischen den dichten Baumkronen eine Dachecke der Villa Silwani zu erkennen. Ich glaubte, das Los ihrer Bewohner sei weit besser als unseres: Sie hatte man nicht monatelang mit Granaten beschossen, nicht hungern und dursten lassen, nicht gezwungen, auf Matratzen in stinkenden Kellern zu nächtigen. Und doch redete ich im stillen oft mit ihnen. Genau wie der Puppendoktor, Herr Gustav Krochmal aus der Ge'ula-Straße, sehnte auch ich mich danach, Schabbatkleidung anzuziehen und an der Spitze einer Friedens- und Versöhnungsdelegation zu ihnen hinüberzugehen, ihnen die Berechtigung unseres Handelns darzulegen, sie um Entschuldigung zu bitten und ihre Entschuldigung anzunehmen, dort kandierte Orangen zu knabbern, unseren Versöhnungswillen und Seelengröße zu demonstrieren und einen Friedens- und Freundschaftsvertrag, beruhend auf gegenseitiger Achtung, mit ihnen zu schließen und vielleicht auch Aischa, ihren Bruder und die ganze Familie Silwani zu überzeugen, daß jener Unfall nicht gänzlich meine Schuld gewesen war, nicht nur meine Schuld.

Manchmal, gegen Morgen, weckten uns Maschinengewehrsalven von der Waffenstillstandslinie, etwa anderthalb Kilometer von unserem Haus entfernt, oder der durchdringende Ruf des Muezzins jenseits der neuen Grenzen: Wie ein haarsträubendes Klagelied wehten die heulenden Töne seines Gebets herüber und rissen uns aus dem Schlaf.

Unsere Wohnung hatte sich von allen Unterschlupfsuchenden geleert: Die Nachbarn Rosendorf waren in ihre Wohnung, einen Stock über uns, zurückgekehrt. Die vor sich hin stierende Greisin und ihre Tochter hatten ihre Lagerstatt in einen Jutesack verstaut und waren verschwunden. Gegangen war auch Gitta Mjudownik, die Witwe von Matitjahu Mjudownik, dem Verfasser des Schulbuchs *Rechnen für Schüler der 3. Klasse*, ebendem Mann, dessen zerfetzte Leiche Vater in der Leichenkammer an den Socken erkannt hatte, die er ihm am Morgen seines Todestags geliehen hatte. Und Onkel Joseph kehrte mit seiner Schwägerin Chaja Elizedek nach Talpiot ins Klausnersche Haus zurück, über dessen Tür die Worte »Judentum und Humanismus« standen. Sie mußten das Haus, das im Krieg beschädigt worden war, renovieren lassen. Wochenlang klagte der alte Professor wehmütig über seine Tausende von Büchern, die man aus den Regalen gerissen und auf den Boden geworfen oder zur Verbarrikadierung und als Kugelschutz an den zu Schießständen umfunktionierten Fenstern des Klausnerschen Hauses benutzt hatte. Auch der verlorene Sohn Ariel Elizedek tauchte nach dem Krieg heil und gesund wieder auf, debattierte aber dauernd und beschimpfte despektierlich und wortreich diesen erbärmlichen Ben Gurion, der die Altstadt und den Tempelberg hätte befreien können, aber nicht befreit habe, alle Araber in die arabischen Länder hätte abschieben können, aber nicht abgeschoben habe, und das alles, weil der pazifistische Sozialismus und der vegetarische Tolstojanismus sein Herz und die Herzen seiner roten Genossen, denen unser teurer Staat in die Hände gefallen sei, abgestumpft hätten. Schon bald, glaubte er, würden wir eine neue Führung bekommen, aufrecht und patriotisch, und unsere Armee würde lospreschen, um endlich alle Teile unseres Heimatlands vom Joch des arabischen Eroberers zu befreien.

Aber die meisten Jerusalemer hatten keinerlei Verlangen nach einem weiteren Krieg und beschäftigten sich weder mit dem Schicksal der Klagemauer noch mit sehnsüchtigen Gedanken an das Rachel-Grab, die hinter dem Betonvorhang und Minenfeldern verschwunden waren. Die übel zugerichtete Stadt leckte ihre Wunden. Lange, triste Schlangen standen während des ganzen Winters und auch noch im folgenden Frühling und Sommer vor den Lebensmittelgeschäften, Gemüseständen und Metzgerläden. Es kamen die Zeiten der Notwirtschaft: Schlangen bildeten sich hinter den Karren des Eisbarrenhändlers und des Petroleumverkäufers. Lebensmittel wurden nach Lebensmittelkartencoupons ausgegeben. Eier und ein wenig Hühnerfleisch standen nur Kindern und Kranken mit ärztlichem Attest zu. Milch war streng rationiert. Obst und Gemüse bekam man in Jerusalem kaum zu Gesicht. Öl, Zucker, Graupen und Mehl tauchten nur alle zwei Wochen oder einmal im Monat auf. Wollte man ein einfaches Kleidungsstück, ein Paar Schuhe, ein Möbelstück kaufen, mußte man wiederum wertvolle Coupons aus dem dahinschwindenden Kartenheft opfern. Die Schuhe waren aus Lederersatz und die Sohlen so dünn wie Papier. Die Möbel hießen »Möbel für alle« und waren von armseliger Qualität. Statt Kaffee trank man *Ersatzkaffee* oder Zichorie. Milch- und Eierpulver ersetzten echte Milch und Eier. Und wir aßen tagein, tagaus tiefgefrorenes Fischfilet, dessen Geschmack uns allen immer verhaßter wurde, bergeweise gefrorenes Fischfilet, das die neue Regierung zu einem Gnadenpreis aus den Überschüssen der norwegischen Fischereiflotte erwarb.

Sogar die Reise von Jerusalem nach Tel Aviv und in die übrigen Landesteile war in den ersten Nachkriegsmonaten nur mit behördlichen Sondergenehmigungen möglich. Aber allerlei wendige Ellbogentypen, jene, die ein wenig Geld übrig hatten, den Weg zum Schwarzmarkt kannten oder über Beziehungen zu den neuen Regierungsstellen verfügten, litten kaum Mangel. Und die ganz Resoluten bemächtigten sich schnell der Häuser und der Wohnungen in den wohlhabenden arabischen Vierteln, deren Einwohner geflohen oder vertrieben worden waren, oder auch in den Sperrgebieten, in denen bis zum Krieg die Familien der britischen Militärs und Beamten gewohnt hatten: Katamon, Talbieh, Baka, Abu Tor und die Deutsche Kolonie. Die Behausungen der ärmeren Araber wiederum, in Musrara, in Lifta, in Malha, wurden von mittellosen Juden besetzt, die aus arabischen Ländern geflohen waren. Große Übergangslager entstanden in Talpiot, im Allenby-Lager und in Bet Masmil, Reihen von Wellblechhütten, ohne Elektrizität, ohne Kanalisation und ohne fließendes Wasser. Im Winter verwandelte sich der Boden zwischen den Wellblechhütten in zähen Morast, und die Kälte drang in Mark und Bein. Rechnungsprüfer aus dem Irak, Goldschmiede aus dem Jemen, Hausierer und Ladenbesitzer aus Marokko und Uhrmacher aus Bukarest wurden in diese Hütten gepfercht und für geringen Lohn mit staatlich finanzierten Erd- und Aufforstungsarbeiten an den Hängen der Jerusalemer Berge beschäftigt.

Vergangen und vorbei waren die »heroischen Jahre«, die Jahre des Weltkriegs, die Jahre des Völkermords an den Juden in Europa, die Jahre der Partisanen und der Rekrutierungen zur britischen Armee und zur Jüdischen Brigade, die die Briten im Krieg gegen die Nazis aufstellten, vorbei die Zeiten des Kampfes gegen die Briten, der Untergrundorganisationen, der illegalen Einwanderung, der Gründung neuer Ortschaften über Nacht durch Errichtung von »Mauer und Turm«, vorbei die Zeiten des Krieges auf Leben und Tod gegen die Palästinenser und gegen die regulären Armeen von fünf arabischen Staaten.

Jetzt, nach den »erhabenen Jahren«, folgte für uns »der Morgen danach«: trist, trübsinnig, klamm, geizig und kleinlich. Es waren die Jahre der stumpfen Rasierklingen Marke Okava und der faden Zahnpasta Marke Shenhav, der stinkenden Knesset-Zigaretten und des Gebrülls der Sportreporter Nechemja Ben-Avraham und Alexander Alexandroni in Kol Israel, des Lebertrans und der Lebensmittelcouponhefte, der Quizsendungen mit Schmulik Rosen und der politischen Kommentare von Mosche Medsini, der Hebraisierung der Familiennamen, der Lebensmittelrationierung, der Arbeitsbeschaffungsmaßnahmen und der langen Schlangen vor den Lebensmittelgeschäften, die Jahre der »Luftschränke« in den Küchen, der billigen Sardinen und des Büchsenfleisches Marke Inkoda, der israelisch-jordanischen Waffenstillstandskommission und der arabischen Infiltranten, die sich über die Waffenstillstandslinie einschlichen, der Theater Ohel und Habima, der Unterhaltungsgruppen Do-re-mi und Chisbatron, der jiddischen Kabarettisten Djigan und Schumacher, des Mandelbaumtors und der Vergeltungsaktionen, die Zeit, in der man Kindern die Haare mit Petroleum wusch, um die Läuse abzutöten, die Jahre von »Hilfe fürs Übergangslager« und »verlassenem Besitz«, von »Verteidigungsfonds« und »Niemandsland« und »unser Blut wird nicht länger ungestraft vergossen werden«.

Und ich ging wieder jeden Morgen in die religiöse Knabenschule Tachkemoni in der Tachkemoni-Straße. Armeleutekinder lernten dort, Handwerker-, Arbeiter- und Händlersöhne aus Familien, die acht bis zehn Kinder großzogen. Einige waren immer hungrig auf mein Schulbrot, einige hatten geschorene Köpfe, und alle trugen wir schwarze Baretts schräg auf dem Kopf. Sie pflegten mich an den Trinkhähnen im Schulhof abzupassen und mich mit Wasser zu bespritzen, weil sie sofort herausgefunden hatten, daß ich das einzige Einzelkind war, der Schwächste von allen, leicht zu kränken und bei jedem Schubs oder jeder Beschimpfung gleich beleidigt. Wenn sie sich selbst übertrafen und neue Torturen für mich ausdachten, stand ich manchmal heftig atmend im Kreis meiner grinsenden Peiniger, malträtiert, staubbedeckt, ein Lämmchen unter siebzig Wölfen, und fing, zu ihrer Verblüffung, plötzlich an, auf mich selbst einzuschlagen, mich hysterisch zu kratzen und mir mit aller Macht in den Arm zu beißen, bis an der Bißstelle eine Art blutige Uhr auftrat. So wie meine Mutter es zwei- oder dreimal vor meinen Augen getan hatte, wenn sie alles überhaupt nicht mehr aushielt.

Aber manchmal dachte ich mir für sie allerlei spannende Fortsetzungsgeschichten mit atemberaubender Handlung im Stil der Abenteuerfilme aus, die wir uns im Edison-Kino ansahen. Bei meinen selbsterfundenen Geschichten kombinierte ich unbekümmert Tarzan mit Flash Gordon, Nick Carter mit Sherlock Holmes, die Indianer- und Cowboywelt Karl Mays oder Mayne Reids mit Ben Hur, den Geheimnissen des Weltalls oder den New Yorker Gangsterbanden. Ich zog die Geschichten in die Länge, erzählte ihnen jede Pause ein Stück weiter, wie Scheherazade, die mit Hilfe ihrer Geschichten die Urteilsvollstreckung aufschob, spann die Handlung aus und unterbrach sie immer im spannendsten Moment, genau dann, wenn es schien, daß der Held wirklich und wahrhaftig hoffnungslos verloren war, und die Fortsetzung (die ich mir noch gar nicht ausgedacht hatte) verschob ich erbarmungslos auf den nächsten Tag.

So wandelte ich denn in den Pausen auf dem Hof der Tachkemoni-Schule wie einst Rabbi Nachman, der mit der Herde seiner begierig lauschenden Schüler ins freie Feld hinauszuziehen pflegte, ging mal hierhin, mal dorthin, dicht umringt von einer Schar Zuhörer, die sich kein Wort entgehen lassen wollten. Darunter waren zuweilen auch meine größten Peiniger, die ich – durchdrungen von unendlicher Großmut – näher heranwinkte, gerade sie in den innersten Kreis bat und manchmal gegenüber diesem oder jenem von ihnen sogar eine wertvolle Andeutung machte hinsichtlich einer möglichen Wende der Geschichte oder eines haarsträubenden Ereignisses, von denen in den morgigen Abschnitten zu erzählen sein werde, und so den Betreffenden zu einer umworbenen Persönlichkeit kürte, die nach Belieben die rare Information durchsickern lassen oder für sich behalten konnte.

Meine ersten Geschichten wimmelten von Höhlen, Labyrinthen, Katakomben, Urwäldern, Meerestiefen, Kerkern und Schlachtfeldern, sie waren bevölkert von Ungeheuern, mutigen Polizisten und furchtlosen Kämpfern, steckten voll tückischer Pläne und schrecklichem Verrat, aber auch bewundernswertem ritterlichen Großmut, unermeßlicher Hingabe und gefühlvollen Gesten des Verzichts oder der Vergebung, vereint zu barocken Handlungsabläufen. Unter den Männergestalten meiner frühen Werke gab es, soweit ich mich erinnere, Helden und Schurken. Und es gab nicht wenige Schurken, die den Weg der reuigen Umkehr einschlugen und ihre Sünden durch todesmutige Taten oder sogar im Heldentod sühnten. Weiter gab es blutdürstige Sadisten und allerlei gemeine Betrüger und niederträchtige Verräter, aber es gab auch Meister der Demut, die ihr Leben lächelnd hingaben. Die Frauengestalten hingegen waren bei mir immer und ausnahmslos nobel: Sie litten, schenkten aber reiche Liebe. Quälten sich und verziehen. Wurden gepeinigt oder gar erniedrigt, blieben aber immer stolz und rein. Sie zahlten den vollen Preis für die Verrücktheiten des männlichen Geschlechts, vergaben jedoch und waren trotzdem voll Anmut, Gnade und Barmherzigkeit. Alle.

Überspannte ich jedoch den Bogen oder spannte ich ihn nicht genug, so wurde – nach ein paar Kapiteln oder am Ende der Geschichte, gerade in dem Augenblick, wenn das Böse besiegt war und die Seelengröße endlich belohnt wurde – der arme Scheherazad wieder und wieder in die Löwengrube geworfen und bekam Keile und Hiebe ab, die sich gewaschen hatten: Warum er denn niemals auch nur einen Moment den Mund halten könne?

Die Tachkemoni-Schule war eine reine Jungenschule. Auch die Lehrer waren ausschließlich Männer. Außer der Schulschwester sah man bei uns keine Frau. Die Mutigen kletterten manchmal auf die Mauer der Lämel-Mädchenschule, um mit Voyeursblick zu erkunden, wie das Leben hinter dem eisernen Vorhang ablief: Mädchen in langen blauen Röcke und Blusen mit kurzen, aber aufgebauschten Ärmeln schlenderten, so erzählte man bei uns, dort in den Pausen paarweise über den Hof, spielten Himmel und Hölle, flochten sich gegenseitig Zöpfe und bespritzten einander manchmal sogar an den Trinkhähnen mit Wasser, genau wie wir.

Außer mir hatten fast alle Jungen in der Tachkemoni-Schule große Schwestern, Schwägerinnen, Cousinen, und so war ich der allerletzte, der durch Hörensagen erfuhr, was Mädchen haben und wir nicht, und umgekehrt, und was die großen Brüder im Dunkeln mit ihren Freundinnen treiben.

Bei uns zu Hause fiel darüber kein einziges Wort. Niemals. Es sei denn, es vergaß sich ein Gast und fing an, über die Bohème zu witzeln oder über das Ehepaar Bar-Jitzhar-Itzelewitz, das es mit der Einhaltung des biblischen Fruchtbarkeitsgebots besonders genau nehme, worauf alle ihn sofort entrüstet zum Schweigen brachten: *Schto s toboj?! Widisch maltschik rjadom s nami!* Was ist denn mit dir los?! Siehst du nicht, daß der Junge dabei ist!

Der Junge war zwar dabei, verstand aber gar nichts. Wenn seine Klassenkameraden ihm die arabischen Bezeichnungen dessen, was Mädchen haben, an den Kopf warfen, wenn sie sich zusammendrängten und das Foto einer nur spärlich bekleideten Frau von Hand zu Hand gehen ließen, wenn einer von ihnen einen Kugelschreiber mitbrachte, in dem ein Mädchen im Tennisdreß steckte, sobald man aber den Stift umdrehte, waren plötzlich all ihre Tenniskleider verflogen, dann wieherten alle heiser, stießen einander in die Rippen, bemühten sich mit aller Kraft, wie ihre großen Brüder zu klingen. Nur mich befiel dann großes Entsetzen: als zeichne sich in der Ferne, am Horizont, immer deutlicher ein unbestimmbares Unheil ab. Es war noch nicht hier, betraf mich noch nicht, kam aber schon gespenstisch und grauenerregend näher wie ein großer Waldbrand auf den Kämmen der Hügel ringsumher. Keiner würde heil davonkommen. Nichts würde mehr so sein wie zuvor.

Tuschelten die anderen in den Pausen erregt schnaufend irgend etwas von Gina, der trüben Tasse aus der Kinneret-Gasse, die im Wäldchen von Tel Arsa jeden ranlasse, der mit einem halben Pfund in der Hand ankomme, oder von der dicken Witwe aus dem Haushaltswarenladen, die ein paar Jungs von der achten Klasse in den Schuppen hinter ihrem Laden mitnahm und den Rock hob und ihnen zeigte, was sie hat, und ihnen im Gegenzug dafür beim Wichsen zuschaute, packte mich eine herzzerfressende Trauer, als lauere ein schreckliches Grauen allen Menschen auf, Männern wie Frauen, ein grausames, aber geduldiges Grauen, das keine Eile hat. Langsam, langsam kommt dieses Grauen angekrochen, spinnt sein durchsichtiges, schleimiges Netz um mich herum, und vielleicht bin auch ich, ohne es zu wissen, schon davon infiziert?

Als wir in der sechsten oder siebten Klasse waren, betrat unvermutet die Schulschwester unser Klassenzimmer, eine barsche martialische Frau. Allein mit achtunddreißig verdatterten Jungen konfrontiert, stand sie heldenhaft eine Doppelstunde durch und enthüllte uns alle Tatsachen des Lebens. Unerschrocken beschrieb sie Organe und ihre Funktionen, skizzierte mit bunter Kreide an der Tafel den Verlauf jeder einzelnen Röhre. Sie ersparte uns nichts: Samenfäden, Eizellen, Drüsen, Scheide und Eierstöcke. Danach kam das Schauerstück: Sie entsetzte uns mit erschütternden Schilderungen der beiden Ungeheuer, die am Eingang lauerten, dem Frankenstein und dem Werwolf des Geschlechtslebens – der Gefahr der Schwangerschaft und der Gefahr der Ansteckung.

Verstört und beklommen schlichen wir nach diesem Vortrag hinaus in die Welt, die mir plötzlich wie ein riesiges Minenfeld oder wie ein verseuchter Planet vorkam. Das Kind, das ich damals war, hatte wohl mehr oder weniger mitbekommen, was wo reingesteckt werden sollte und was dazu bestimmt war, was aufzunehmen, konnte aber ganz und gar nicht begreifen, warum ein vernünftiger Mensch, egal ob Mann oder Frau, sich überhaupt in diese Drachenlabyrinthe würde verirren wollen. Die couragierte Schwester, die uns alles, wirklich alles – von Hormonen bis zu Hygieneregeln – unverzagt dargelegt hatte, hatte vergessen zu erwähnen, und sei es auch nur mit der leisesten Andeutung, daß all diese verwickelten und gefährlichen Abläufe manchmal auch mit irgendeinem Vergnügen verbunden sind. Davon sagte sie uns kein Wort. Vielleicht wollte sie unsere Unschuld schützen. Oder vielleicht wußte sie es selbst nicht.

Unsere Lehrer an der Tachkemoni-Schule trugen meist etwas abgewetzte dunkelgraue oder braune Anzüge oder in die Jahre gekommene Jacketts, und wir hatten ihnen mit Respekt und Ehrfurcht zu begegnen: Herr Monson und Herr Avissar und Herr Neimann senior und Herr Neimann junior und Herr Alkalai und Herr Duvschani und Herr Ofir und Herr Michaeli und der Direktor, Herr Ilan, »der allein herrschte mit Macht«, stets im dreiteiligen Anzug, und der Bruder des Direktors, ebenfalls Herr Ilan, aber nur im zweiteiligen Anzug.

Betrat einer von ihnen das Klassenzimmer, standen wir ihm zu Ehren auf und setzten uns erst wieder auf den gnädigen Wink hin, daß wir des Sitzens für würdig befunden waren. Wir redeten die Lehrer mit *mori*, mein Lehrer, und immer in der dritten Person Singular an: »Mein Lehrer, Er hat mir gesagt, ich soll eine Entschuldigung von den Eltern bringen, aber meine Eltern sind nach Haifa gefahren. Vielleicht erlaubt Er, daß ich bitte die Entschuldigung am Sonntag bringe?« Oder: »Mein Lehrer, Verzeihung, meint Er nicht, daß er hier ein wenig übertreibt?« (Der zweite »er« im Satz war natürlich nicht der Lehrer – niemand von uns hätte gewagt, einen Lehrer der Übertreibung zu bezichtigen –, sondern bloß der Prophet Jeremia oder der Dichter Bialik, den wir gerade durchgenommen hatten.)

Was uns betraf, die Schüler, so wurden unsere Vornamen völlig gelöscht, sobald wir die Schwelle der Tachkemoni-Schule überschritten: Unsere Lehrer nannten uns immer nur Boso, Saragosti, Valero, Ribatzky, Alfasi, Klausner, Hadschadsch, Schleifer, De La Mar, Danon, Ben-Na'im, Cordovero oder Axelrod.

Über ein großes Repertoire an Strafen verfügten sie, die Lehrer der Tachkemoni-Schule: Ohrfeigen, Schläge mit dem Lineal auf die ausgestreckten Fingerkuppen, Schütteln im Nacken, Verbannung auf den Hof, Einbestellung der Eltern, Eintrag im Klassenbuch, zwanzigmaliges Abschreiben eines Bibelabschnitts oder die Niederschrift von »Man darf während des Unterrichts nicht schwätzen« oder »Hausaufgaben sind pünktlich anzufertigen« in fünfhundert identischen Zeilen. Wessen Handschrift nicht ordentlich genug war, der mußte zu Hause seitenweise Text »in Schönschrift« oder »in einer Handschrift so sauber wie ein lauterer Bergbach« abschreiben. Wer mit ungeschnittenen Fingernägeln oder ungewaschenen Ohren oder schwärzlichem Hemdkragen erwischt wurde, wurde nach Hause geschickt, doch erst nachdem er sich vor die Klasse gestellt und vor aller Ohren laut und klar deklamiert hatte: »Ich bin ein schmutziges Kind, wasch ich mich nicht, land ich geschwind in der Mülltonne, in der Mülltonne drin!«

Jeden Morgen begann die erste Stunde in der Tachkemoni-Schule mit dem Singen des Morgengebets für Kinder:

Ich danke dir, König, Lebender und immer Bestehender, daß du mir in Barmherzigkeit meine Seele wiedergegeben hast, groß ist deine Treue.

Danach trillerten wir alle mit schrillen, aber hingebungsvollen Stimmen:

Der Herr der Welt, er hat regiert, eh' ein Gebild geschaffen war ... Und nachdem das All aufhören wird, wird er allein, der Ehrfurchtbare, regieren ...

Erst dann, nach diesen Gesängen und dem (verkürzten) Morgengebet, forderten unsere Lehrer uns auf, Bücher und Hefte aufzuschlagen und die Bleistifte zu zücken, worauf sie meistens sogleich mit einem langen, öden Diktat anfingen, das bis zum Läuten der Freiheitsglocke und manchmal auch noch etwas darüber hinaus dauerte. Zu Hause mußten wir Bibelabschnitte, ganze Gedichte und auch Sprüche unserer Weisen auswendig lernen. Noch heute kann man mich mitten in der Nacht wecken und von mir die Antwort des Propheten an Rabschake, den Gesandten des Königs von Aschur, hören: »Es spottet dein, es lacht dein die Jungfrau, Tochter Zion; hinter dir her schüttelt das Haupt die Tochter Jeruschalajim. Wen hast du gelästert und gehöhnt, und wider wen die Stimme erhoben ... so tue ich meinen Stachel durch deine Nase, und mein Gebiß in deine Lippen, und führe dich zurück auf dem Wege, auf welchem du gekommen bist.« Oder die Sprüche der Väter: »Auf drei Dingen steht die Welt ... Sprich wenig und tue viel ... Ich habe nichts Besseres für den Körper gefunden als Schweigen ... Wisse, was über dir ... Trenne dich nicht von der Gemeinde, vertraue nicht auf dich bis zu deinem Todestage, beurteile deinen Nächsten nicht, bis du an seine Stelle gekommen bist ... Und wo keine Männer sind, bemühe dich, ein Mann zu sein«.

In der Tachkemoni-Schule lernte ich Hebräisch: als sei ein Bohrer auf die reiche Erzader gestoßen, die ich bereits in Mora-Zeldas Klassenzimmer und Hof erstmals angezapft hatte. Mein Herz gehörte den feierlichen Wendungen, den fast vergessenen Worten, dem ungewöhnlichen Satzbau, den entlegenen Gefilden im Dickicht des Sprachwaldes, die jahrhundertelang kaum je ein menschlicher Fuß betreten hatte, der geschliffenen Schönheit der hebräischen Sprache: »Und es war am Morgen, siehe, da war es Lea«, oder »eh' ein Gebild geschaffen war«, »unbeschnitten am Herzen«, »das Maß der Leiden« und auch: »Wärme dich an dem Feuer der Weisen, aber nimm dich vor ihren Kohlen in acht, daß du dich nicht verbrennst, denn ihr Biß ist gleich eines Fuchses Biß, ihr Stich gleich einem Skorpionstich ... und all ihre Worte gleich glühenden Kohlen.«

Hier an der Tachkemoni-Schule lernte ich den Pentateuch mit Raschis scharfsinnigem, leichtflügligem Kommentar. Hier nahm ich die Weisheit der Rabbinen, Aggada und Halacha, Gebete, liturgische Dichtung, Auslegungen und Auslegungen der Auslegungen auf, gewann einen Einblick in Gebetbuch, Feiertagsliturgien und den *Schulchan Aruch*. Hier traf ich auch Bekannte aus meinem Elternhaus, wie die Hasmonäerkriege und den Bar-Kochba-Aufstand, die Diasporageschichte, die Viten großer Rabbiner und Toragelehrter und chassidische Erzählungen mit Moral und Lehre in gefälliger Verpackung. Und dazu noch etwas von den rabbinischen Autoritäten und etwas aus der mittelalterlichen hebräischen Dichtung in Spanien und ein wenig Bialik, und gelegentlich, in Herrn Ofirs Musikstunden, wehte auch einmal ein Lied der Pioniere in Galiläa und im Jesreel-Tal herein, das sich in der Tachkemoni-Schule ausnahm wie ein Kamel im verschneiten Sibirien.

Herr Avissar, der Erdkundelehrer, nahm uns mit auf Reisen voller Abenteuer, nach Galiläa und in den Negev, nach Transjordanien und nach Mesopotamien, zu den Pyramiden und zu den hängenden Gärten Babylons: alles auf großen Landkarten und manchmal auch mit Hilfe von Bildern einer altersschwachen Laterna magica. Herr Neimann, Neimann junior, ließ den donnernden Zorn der Propheten auf uns niedergehen, wie glühende Lava, tauchte uns jedoch gleich danach in die reinen Wasser tröstender Prophezeiungen. Herr Monson hämmerte uns mit eisernen Nägeln den für alle Ewigkeit unabänderlichen Unterschied ein zwischen *I do, I did, I have done, I have been doing, I would have done, I should have done and I should have been doing.* »Sogar der englische König höchstpersönlich!« donnerte Herr Monson wie der zornige Herrgott am Berge Sinai, »sogar Churchill! Shakespeare! Gary Cooper! Sie alle befolgen ohne Wenn und Aber diese Sprachgesetze, und nur du, werter Herr, Mister Abulafia?! Stehst du über dem Gesetz?! Über Churchill stehst du?! Über Shakespeare?! Über dem König von England?! *Shame on you! Disgrace!* Das heißt, bitte gut aufgepaßt, die ganze Klasse mal gut aufgepaßt, und schreibt es ordentlich in eure Hefte, damit wir uns auf keinen Fall vertun: *It is a shame, but you, the Right Honourable Master Abulafia, you are a disgrace!!!*«

Aber mein Lieblingslehrer war Herr Michaeli, Mordechai Michaeli, dessen zarte Hände immer parfümiert waren wie die einer Tänzerin, mit einem Gesichtsausdruck, der ein wenig verlegen wirkte, als würde er sich für etwas sein Leben lang schämen. Herr Michaeli pflegte sich hinzusetzen, den Hut abzunehmen, ihn vor sich auf das Pult zu legen, sein Käppchen zurechtzurücken und statt uns nun gewaltsam Tora einzutrichtern, verbrachte er ganze Stunden damit, uns Legenden und Geschichten zu erzählen: Er gelangte von unseren Weisen zu ukrainischen Volksmärchen, tauchte danach plötzlich in die Sagen der griechischen Mythologie ein, in Beduinenmärchen und witzige jiddische Geschichten voller Übertreibungen und verzweigte sich immer weiter, bis hin zu den Märchen von den Gebrüdern Grimm und Hans Christian Andersen und zu seinen eigenen Geschichten, die er, genau wie ich, beim Erzählen erfand.

Die meisten Schüler der Klasse nutzten die Gutmütigkeit und Zerstreutheit des sanften Herrn Michaeli aus und schlummerten friedlich die ganze Stunde über, den Kopf auf die Arme gelegt. Zuweilen wanderten Zettel hin und her, und manche warfen einander sogar Papierbälle von Bank zu Bank zu. Herr Michaeli bemerkte es nicht, oder er bemerkte es, und es war ihm egal.

Und auch mir war es egal: Er richtete seine müden, gütigen Augen auf mich und erzählte seine Geschichten nur mir. Oder den dreien oder vieren unter uns, die an seinen Lippen hingen. Als erschüfen seine Lippen vor unseren Augen ganze Welten und alles, was darinnen ist, und wir dürften daran teilnehmen.

49

Und wieder versammelten sich an Sommerabenden Nachbarn und Freunde in unserem kleinen Hof und unterhielten sich bei Tee und Kuchen über Politik und Kultur: Mala und Staszek Rudnicki, Chaim und Chana Toren, das Ehepaar Krochmal, das seine winzige Ladennische in der Ge'ula-Straße wiedereröffnet hatte und erneut zerbrochene Puppen reparierte und bei kahl gewordenen Teddybären neue Haare sprießen ließ. Fast immer stießen auch Zerta und Jacob David Abramsky dazu. (Beide waren in den letzten Monaten, seit der Tötung ihres Sohnes Joni, stark ergraut. Herr Abramsky war noch redseliger als zuvor, Zerta dagegen sehr still geworden.) Manchmal besuchten uns auch Großvater Alexander und Großmutter Schlomit, Vaters Eltern, elegant wie immer, umhüllt von Odessaer Selbstwertgefühl. Großvater Alexander tat gelegentlich die Reden seines Sohns mit einem energischen »nu, was« und einer verächtlichen Handbewegung ab, brachte aber niemals den Mut auf, Großmutter bei irgend etwas zu widersprechen. Großmutter verpaßte mir zwei feuchte Küsse auf die Wangen, worauf sie sich sofort mit einer Papierserviette ihre Lippen und mit einer zweiten Serviette meine Wangen abwischte, rümpfte ein wenig die Nase über die Erfrischungen, die Mutter reichte, oder über die Servietten, die nicht so, sondern so gefaltet gehörten, und auch über das Jakkett ihres Sohnes, das sie zu auffällig fand, ein typischer Fall orientalischer Geschmacklosigkeit: »Aber wirklich, das ist doch derartig billig, Lonja! Wo hast du diesen Fetzen denn gefunden? In Jaffa? Bei den Arabern?« Und ohne meine Mutter auch nur eines Blickes zu würdigen, fügte Großmutter bekümmert hinzu: »Nur in den kleinsten Schtetls, wo Kultur kaum mehr als ein Gerücht war, hat man vielleicht so etwas manchmal getragen!«

Man saß im Kreis um den schwarzen Teewagen, der in den Hof hinausgerollt worden war und als Gartentisch fungierte, lobte einhellig den kühlen Abendwind, analysierte bei Tee und Kuchen Stalins heimtückische Schachzüge und Präsident Trumans Standfestigkeit, tauschte sich über den Niedergang des britischen Imperiums und über die Teilung Indiens aus, und dann wendete das Gespräch sich der Politik des jungen Staates Israel zu, und die Gemüter erhitzten sich ein wenig: Staszek Rudnicki wurde laut, und Herr Abramsky verspottete ihn mit ausgreifenden Handbewegungen und geschliffenem Bibelhebräisch. Staszek Rudnicki war ein glühender Befürworter der Kibbuzim und des Arbeitersiedlungswerks und meinte, der Staat müsse die Einwanderer direkt von den Schiffen dorthin schicken, ob sie wollten oder nicht, damit man sie ein für allemal von der Diasporamentalität und den Verfolgungskomplexen kuriere, denn dort bei der Arbeit in Feld und Flur werde der neue hebräische Mensch entstehen.

Mein Vater entrüstete sich über die bolschewistische Tyrannei der Gewerkschaftsfunktionäre, die einen ohne rotes Parteibuch nicht arbeiten ließen. Herr Gustav Krochmal argumentierte vorsichtig, daß Ben Gurion, trotz all seiner Unzulänglichkeiten, dennoch der Held unserer Generation sei: Der Herr der Geschichte selbst habe uns Ben Gurion zu einer Zeit geschickt, in der kleingeistige Funktionäre vielleicht vor der Größe des Risikos zurückgeschreckt wären und die Sternstunde für die Staatsgründung verpaßt hätten. »Es war unsere Jugend!« schrie Großvater Alexander mit mächtiger Stimme. »Unsere wunderbare Jugend hat uns den Sieg und das Wunder beschert! Kein Ben Gurion! Die Jugend!« Dabei neigte Großvater sich mir zu und schenkte mir zerstreut zwei, drei Streicheleinheiten, als belohne er die Jugend für den gewonnenen Krieg.

Die Frauen beteiligten sich fast gar nicht am Gespräch. Damals pflegte man Frauen für ihr »wunderbares Zuhören« zu loben sowie für die Erfrischungen und die angenehme Atmosphäre, aber nicht für das, was sie zum Gespräch beitrugen. Mala Rudnicki beispielsweise nickte wohlgefällig, wenn Staszek redete, und schüttelte ablehnend den Kopf, wenn ihm jemand widersprach. Zerta Abramsky umklammerte mit den Händen ihre Schultern, als sei es ihr kalt. Seit Jonis Tod saß Zerta sogar an warmen Abenden mit leicht zurückgelegtem Kopf da, als blicke sie auf die Spitzen der Zypressen im Nachbarhof, und umfaßte mit beiden Händen ihre Schultern. Großmutter Schlomit, eine willensstarke und rechthaberische Frau, urteilte gelegentlich in ihrer dumpfen Altstimme: »Sehr, sehr richtig!« Oder: »Es ist sogar noch viel schlimmer, als du sagst, Staszek, viel schlimmer ist es!« Und gelegentlich sagte sie: »Nein! Was reden Sie denn, Herr Abramsky! Das darf doch einfach nicht wahr sein!«

Nur meine Mutter störte manchmal diese Ordnung. Wenn eine kurze Pause eintrat, machte sie zuweilen eine Bemerkung, die beim ersten Hören nicht zur Sache zu gehören, ja geradezu peinlich unpassend zu sein schien, doch eine Minute später stellte sich heraus, daß nun der Kern des ganzen Gesprächs behutsam verlagert worden war, ohne das Thema zu wechseln und ohne dem Vorredner zu widersprechen, sondern eher so, als habe sie eine Tür in der Rückwand des Gesprächs geöffnet, einer Wand, bei der es bis dahin schien, als gäbe es in ihr keine Tür.

Nachdem sie ihre Bemerkung gemacht hatte und verstummt war, lächelte sie freundlich und blickte weder die Gäste noch Vater triumphierend an, sondern mich. Nach der Äußerung meiner Mutter war es manchmal so, als habe das ganze Gespräch sein Gewicht gewissermaßen von einem Bein aufs andere verlagert. Kurz darauf – das feine Lächeln, das etwas zu bezweifeln und etwas anderes zu entschlüsseln schien, spielte noch um ihre Lippen – stand sie auf und fragte jeden Gast: Noch ein Glas Tee? Mit wenig oder viel Extrakt? Und vielleicht noch ein Stückchen Kuchen?

In den Augen des Kindes, das ich war, wirkte die kurze Einmischung meiner Mutter in die Männerunterhaltung etwas beunruhigend, vielleicht weil ich bei den Gesprächsteilnehmern eine leichte Verlegenheit spürte, ein winziges Zurückzucken, als flackere bei ihnen einen Moment die vage Befürchtung auf, sie könnten unbeabsichtigt etwas gesagt oder getan haben, über das sich meine Mutter lustig mache, obwohl keiner von ihnen wußte, was es eigentlich gewesen sein könnte. Vielleicht war es ihre introvertierte Schönheit, die diese gehemmten Männer immer aufs neue verlegen machte und sie befürchten ließ, sie gefielen ihr vielleicht nicht, sie fände sie vielleicht etwas abstoßend.

Bei den Frauen dagegen erzeugte die Einmischung meiner Mutter eine seltsame Mischung aus Sorge und Hoffnung, daß sie doch einmal straucheln würde, und vielleicht auch aus einem Hauch Schadenfreude über die Verlegenheit der Männer.

Herr Toren, der Schriftsteller und Funktionär Chaim Toren, konnte beispielsweise sagen: »Es weiß doch jeder, daß man einen Staat nicht wie einen Lebensmittelladen führen kann oder wie einen Gemeinderat in irgendeinem entlegenen Schtetl.«

Vater sagte: »Es ist vielleicht noch zu früh, um ein Urteil zu fällen, lieber Chaim, aber jeder, der Augen im Kopf hat, hat manchmal in unserem jungen Staat Grund zu eindeutiger Enttäuschung.«

Herr Krochmal, der Puppendoktor, fügte schüchtern hinzu: »Außerdem bessern sie auch den Bürgersteig nicht aus. Zwei Briefe haben wir schon an den werten Herrn Bürgermeister geschrieben, aber keinerlei Antwort darauf erhalten. Das ist nicht etwa gegen Herrn Klausner gerichtet, bewahre, sondern im selben Geist und in dieselbe Richtung gesagt.«

Vater scherzte in einem Hebräisch, das schon damals ein wenig antiquiert wirkte: »In unserem Staat ist alles pechschwarz – außer den Straßen.«

Herr Abramsky wiederum zitierte: »Blut reichte an Blut, sagte der Prophet Hosea, darum trauert das Land. Der überlebende Rest des jüdischen Volkes ist hergekommen, um hier das Königreich Davids und Salomos wieder zu errichten, den Grundstein für den dritten Tempel zu legen, und nun sind wir alle in die schwitzigen Hände von selbstzufriedenen, kleingläubigen, kleinkarierten Kibbuzschatzmeistern gefallen und sonstigen rotgesichtigen Funktionären mit unbeschnittenen Herzen, deren Welt so eng ist wie die einer Ameise. Allesamt widerspenstige Herrschaften, eine Ganovenbande, teilen Stück für Stück das winzige Bißchen Heimaterde, das die Nationen uns überlassen haben, unter sich in Bezirke auf. Von denen, ebendenen hat doch der Prophet Ezechiel gesprochen, als er sagte: Beim Jammergeschrei deiner Steuermänner werden die Bezirke erbeben.«

Und Mutter mit ihrem Lächeln, das ihr fast unmerklich um die Lippen schwebte: »Vielleicht werden sie, wenn sie das Land vollständig unter sich aufgeteilt haben, anfangen, die Bürgersteige auszubessern? Und bessern dann auch den Bürgersteig vor Herrn Krochmals Laden aus?«

Jetzt, fünfzig Jahre nach ihrem Tod, meine ich, aus ihrer Stimme, die dies oder ähnliches sagte, eine spannungsvolle Mischung aus Nüchternheit, Skepsis, feinem, scharfem Sarkasmus und ständiger Traurigkeit herauszuhören.

In jenen Jahren nagte bereits etwas an ihr. Eine gewisse Langsamkeit schlich sich in ihre Bewegungen ein – oder nicht Langsamkeit, sondern eher etwas wie leichte Zerstreutheit. Sie gab keine Privatstunden mehr in Literatur und Geschichte. Manchmal überarbeitete sie, gegen geringes Honorar, einen wissenschaftlichen Aufsatz, den einer der Professoren aus

Rechavia in holprigem deutschgefärbten Hebräisch verfaßt hatte, sprachlich und stilistisch und machte ihn druckreif. Noch immer erledigte sie Tag für Tag flink und geschickt alle Arbeiten im Haushalt: Bis zum Mittag kochte, briet und buk sie und kaufte ein und schnitt klein und rührte und wischte und putzte und scheuerte und wusch und hängte auf und bügelte und faltete, bis die ganze Wohnung glänzte, und nachmittags saß sie auf ihrem Stuhl und las.

Eigenartig war ihre Haltung beim Lesen: Das Buch lag immer auf ihren Knien, Rücken und Nacken beugten sich darüber. Wie ein schüchternes kleines Mädchen, das die Augen verschämt auf die Knie richtet, wirkte meine Mutter, wenn sie so dasaß und las. Oft stand sie am Fenster und schaute lange auf unsere ruhige Straße hinaus. Oder sie streifte die Schuhe ab und legte sich angezogen auf das Bett, die offenen Augen auf einen bestimmten Punkt an der Zimmerdecke gerichtet. Manchmal stand sie abrupt auf, wechselte fieberhaft die Hauskleidung gegen Straßenkleidung, versprach mir, in einer Viertelstunde zurück zu sein, zog sich den Rock gerade, richtete, ohne in den Spiegel zu schauen, ein wenig die Frisur, schlang ihre einfache Basttasche über die Schulter und ging rasch auf die Straße hinaus, als fürchtete sie, etwas zu versäumen. Wenn ich mitkommen wollte, wenn ich fragte, wohin sie denn ginge, antwortete Mutter: »Ich muß eine Weile mit mir allein sein. Sei du das auch.« Und noch einmal: »Ich bin in einer Viertelstunde zurück.«

Immer hielt sie Wort: Sie kam nach kurzer Zeit zurück, mit einem sanften Leuchten in den Augen und geröteten Wangen, als wäre es draußen sehr kalt gewesen. Als wäre sie die ganze Strecke gerannt. Als hätte sie unterwegs etwas Schwindelerregendes erlebt. Schön war sie bei ihrer Rückkehr, noch schöner als bei ihrem Weggang.

Einmal folgte ich ihr, ohne daß sie es merkte. Ich hielt einen gewissen Abstand, drückte mich an Mauern und Hecken, wie ich es von Sherlock Holmes und aus Filmen gelernt hatte. Es war nicht sehr kalt, und meine Mutter rannte nicht, ging aber schnellen Schrittes: als fürchtete sie, zu spät zu kommen. Am Ende der Zefanja-Straße bog sie rechts ab und ging, mit den weißen Schuhen rhythmisch auf den Asphalt trommelnd, bis zur Malachi-Straße. Dort hielt sie am Briefkasten inne und zögerte einen Moment. Der kleine Detektiv, der sie beschattete, gelangte daher zu dem Schluß, sie ginge aus dem Haus, um heimlich Briefe zu verschicken, und schon war ich ganz entflammt vor Neugier, und ein leichter Angstschauder überlief mich. Aber meine Mutter warf keinen Brief ein. Einen Augenblick blieb sie am Briefkasten stehen, in Gedanken versunken, dann faßte sie sich plötzlich an die Stirn und trat den Rückweg an. (Noch viele Jahre später stand dort, in einen Betonsockel eingelassen, dieser rote Briefkasten mit den Lettern GR, zu Ehren des englischen Königs George V.) Ich schoß in einen Hof, durch den ich eine Abkürzung zu einem anderen Hof nehmen konnte, und kam ein oder zwei Minuten vor ihr zu Hause an. Sie atmete schnell, die Farbe ihrer Wangen war so, als wäre sie durch Schnee gelaufen, und in ihren durchdringenden braunen Augen glitzerten Funken von Ausgelassenheit und Zuneigung. In diesem Moment hatte sie große Ähnlichkeit mit ihrem Vater, Großvater-Papa. Sie nahm meinen Kopf, drückte ihn leicht an ihren Bauch und sagte zu mir: »Von all meinen Kindern habe ich gerade dich am meisten lieb. Vielleicht sagst du mir endlich, was an dir ist, daß ich gerade dich so liebe?«

Und auch: »Vor allem deine Unschuld. Noch nie im Leben bin ich einer solchen Unschuld begegnet. Sogar, wenn du einmal lange Jahre gelebt und alle möglichen Erfahrungen gemacht haben wirst, wird sich diese Unschuld nicht von dir lösen. Niemals. Du wirst immer unschuldig bleiben.«

Und auch: »Es gibt Frauen, die nehmen sich die Unschuldigen als leichte Beute, und es gibt andere, und zu denen gehöre ich, die lieben gerade die Unschuldigen und verspüren den Drang, schützende Schwingen über sie zu breiten.«

Und auch: »Ich denke, wenn du einmal groß bist, wirst du so ein enthusiastisches Hündchen sein, ein lauter Schwätzer wie dein Vater, aber auch ein stiller Mensch, erfüllt und verschlossen wie ein Brunnen in einem entvölkerten Dorf. Wie ich. Man kann beides sein. Ja. Ich glaube, das geht. Sollen wir jetzt Geschichtenerfinden spielen? Du ein Kapitel und ich ein Kapitel? Möchtest du, daß ich anfange? Es war einmal ein Dorf, aus dem alle Einwohner weggegangen waren. Sogar die Hunde und die Katzen. Sogar die Vögel hatten es verlassen. So stand das Dorf jahrein, jahraus still und verlassen da. Regen und Wind deckten die Strohdächer ab, Hagel und Schnee ließen die Wände der Katen rissig werden, die Gemüsegärten verdorrten, und nur die Bäume und Sträucher wuchsen weiter, und da keiner sie zurückschnitt, wucherten sie immer dichter und dichter. Eines Abends im Herbst gelangte ein verirrter Wanderer in das verlassene Dorf. Er klopfte zögernd an die Tür der ersten Kate, und da ... Möchtest du hier weitermachen?«

Etwa zu jener Zeit, im Winter 1949 auf 1950, zwei Jahre vor ihrem Tod, begannen häufige Kopfschmerzattacken ihr zuzusetzen. Oft erkrankte sie an Grippe oder Angina, und auch nach der Genesung hörten die Migränen nicht auf. Sie rückte ihren Stuhl an das Fenster und saß dort stundenlang, in einen blauen Flanellmorgenrock gehüllt, und schaute in den Regen hinaus. Ihr Buch ruhte offen und umgedreht auf ihren Knien, sie las nicht, sondern trommelte mit den Fingern auf den Buchrücken: Ein, zwei Stunden saß sie aufrecht auf ihrem Stuhl, schaute in den Regen oder vielleicht auf irgendeinen nassen Vogel und hörte nicht einen Augenblick auf, mit allen zehn Fingern auf den Buchdeckel zu trommeln und zu trommeln. Als würde sie Klavier spielen und immer wieder dieselbe Etüde wiederholen.

Nach und nach mußte sie die Arbeit im Haushalt einschränken: Noch besaß sie die Kraft, jedes Ding an seinen Platz zu tun, alles aufzuräumen, jeden Schnipsel Papier und jeden Krümel zu beseitigen. Noch fegte sie allmorgendlich die Fliesen der kleinen Wohnung und wischte alle zwei bis drei Tage den Boden. Aber sie kochte keine komplizierten Mahlzeiten mehr, sondern begnügte sich mit einfachen Gerichten: Pellkartoffeln, Spiegeleier, Rohkost. Und manchmal Hühnersuppe mit ein paar Stückchen Huhn. Oder Reis mit Thunfisch aus der Dose. Fast nie klagte sie über die stechenden Kopfschmerzen, die sie befielen und manchmal mehrere Tage lang andauerten. Vater war es, der mir von den Migränen meiner Mutter erzählte. Leise berichtete er mir davon, als sie nicht zugegen war, gewissermaßen in einem Gespräch von Mann zu Mann. Er legte mir den Arm um die Schultern und nahm mir das Versprechen ab, künftig leiser zu sein, wenn Mutter zu Hause war. Nicht zu schreien und keinen Lärm zu machen. Vor allem mußte ich ihm versprechen, auf gar keinen Fall Türen, Fenster oder Läden zuzuknallen. Mich sehr, sehr in acht zu nehmen, keine Blechsachen oder Topfdeckel fallen zu lassen. Und innerhalb der Wohnung auch nicht in die Hände zu klatschen.

Ich gab mein Versprechen und hielt es. Er nannte mich einen vernünftigen Sohn, und ein- oder zweimal nannte er mich sogar »junger Mann«.

Mutter lächelte mir liebevoll zu, aber es war ein Lächeln ohne Lächeln. In jenem Winter vermehrten sich die winzigen Falten in ihren Augenwinkeln.

Gäste besuchten uns kaum noch. Lilenka, Lilja Kalisch, ebendie Lehrerin Lea Bar-Samcha, die zwei nützliche Bücher über die Seele des Kindes verfaßt hatte, kam alle paar Tage, setzte sich zu meiner Mutter, und die beiden unterhielten sich auf russisch oder polnisch. Mir scheint, sie haben über ihre Heimatstadt Rowno gesprochen und über ihre Freundinnen und ihre Lehrer, die die Deutschen dort im Sossenki-Wald ermordet hatten. Denn hin und wieder tauchte in ihren Gesprächen der Name von Issachar Reis auf, dem charismatischen Direktor, in den alle Schülerinnen am Tarbut-Gymnasium verliebt waren, und die Namen anderer Lehrer – Buslik, Berkowski, Fanka Seidmann – und auch die Namen von Straßen und Parks aus den Tagen ihrer Kindheit.

Großmutter Schlomit schaute manchmal vorbei, inspizierte den Eisschrank und den Vorratsschrank in der Küche, verzog das Gesicht und tuschelte eine Weile mit Vater am Ende des Flurs, an der Tür zum Badezimmer. Danach schaute Großmutter in das Zimmer, in dem Mutter saß, und fragte in süßlichem Ton: »Brauchst du etwas, meine Liebe?«

»Nein, danke.«

»Warum legst du dich denn nicht ein wenig hin?«

»Es ist gut so. Danke.«

»Ist es nicht etwas kalt hier? Soll ich den Ofen anmachen?«

»Nein, danke. Mir ist nicht kalt. Danke.«

»Und der Arzt? Wann war er da?«

»Ich brauche keinen Arzt.«

»Wirklich? Und wieso weißt du so genau, daß du keinen brauchst?«

Vater sagte zaghaft etwas auf russisch zu seiner Mutter und entschuldigte sich dann sofort bei beiden.

Großmutter fuhr ihn an: »Ruhe, Lonja. Misch dich nicht ein. Ich spreche jetzt mit ihr, nicht mit dir. Was für ein Beispiel gibst du denn dem Jungen, ich bitte dich?«

Der Junge schaute, daß er aus dem Zimmer kam, hörte aber doch einmal, was Großmutter Vater zuflüsterte, als er sie zur Tür begleitete: »Ja. Eine Komödiantin. Als hätte sie den Mond vom Himmel verdient. Und du hör auf, mit mir zu debattieren. Man könnte meinen, nur sie hätte es schwer hier. Man könnte meinen, außer ihr würden alle hier Honig schlecken. Und mach ihr das Fenster auf. Man erstickt ja schier.«

Dann wurde doch ein Arzt gerufen. Und einige Zeit später erneut. Mutter wurde in der Kassenklinik gründlich untersucht und auch für zwei, drei Tage in das provisorische Hadassa-Krankenhaus am Davidka-Platz eingeliefert. Man untersuchte sie, fand aber nichts. Etwa zwei Wochen nachdem sie blaß und mit hängenden Schultern aus dem Krankenhaus zurückgekommen war, wurde unser Arzt wieder gerufen. Und einmal sogar mitten in der Nacht, und ich erwachte von seiner angenehmen Stimme, so voll und herb wie Tischlerleim, als er mit Vater im Flur scherzte. Am Kopf des Sofas, das nachts ausgezogen und in ein schmales Doppelbett verwandelt wurde, standen an Mutters Seite bald allerlei Gläschen und Schachteln mit Vitaminen und Palgin-Tabletten und einer Tablettensorte, die A. P. C. hieß, und weitere Medikamente in Fläschchen. Mutter weigerte sich, im Bett zu bleiben. Stundenlang saß sie ruhig auf ihrem Stuhl am Fenster, und manchmal schien es, als wäre sie bester Laune. Mit Vater sprach sie in jenem Winter besonders warm und zärtlich, als sei er der Kranke und als erschrecke er bei jedem lauten Geräusch. Immer öfter sprach sie mit ihm wie mit einem kleinen Jungen, in süßem Ton, mit Kosenamen, vielleicht verdrehte sie für ihn sogar ein wenig die Wortendungen, wie man es bei einem Kleinkind tut. Mit mir dagegen sprach Mutter damals wie mit einem Eingeweihten. »Bitte sei mir nicht böse, Amos«, sagte sie etwa, und ihr Blick durchbohrte meine Seele, »sei mir nicht böse, ich habe gerade keine einfache Zeit, du siehst ja, wie sehr ich mich bemühe, daß alles wieder in Ordnung kommt.«

Ich stand früh auf und fegte an ihrer Stelle die Wohnung, noch bevor ich zur Schule ging. Zweimal die Woche wischte ich mit einem in Seifenwasser getauchten Lappen den Boden auf und danach noch einmal mit trockenem Lappen. Ich lernte, mir jeden Abend selbst Salat zu schnippeln, Brot zu schneiden und ein Spiegelei zu machen, denn Mutter litt meist unter leichter Abendübelkeit.

Vater wiederum, in dem ausgerechnet jetzt, scheinbar grundlos, eine neue, bisher unterdrückte Fröhlichkeit sprudelte, bemühte sich sehr, diese niemandem zu zeigen. Er summte viel vor sich hin, lachte oft unvermittelt auf, und einmal, als er mich nicht bemerkte, sah ich, wie er auf dem Hof hüpfte und sprang, als hätte er plötzlich einen Stich abbekommen. Er ging abends oft weg und kehrte erst zurück, wenn ich schon eingeschlafen war. Er müsse weggehen, sagte er, weil in meinem Zimmer um neun Uhr abends das Licht ausgeschaltet würde und Mutter im Elternzimmer das elektrische Licht nicht ertragen könnte. Den ganzen Abend, Abend für Abend, saß sie allein im Finstern auf ihrem Stuhl am Fenster. Er versuchte, bei ihr zu sitzen, neben ihr, in völliger Stille, als nähme er teil an ihrem Leid, aber sein heiteres, ungeduldiges Gemüt ließ ihn nicht länger als drei, vier Minuten reglos ausharren.

50

Zuerst hatte Vater sich abends in die Küche zurückgezogen, um dort zu lesen oder seine Bücher und Kärtchen auf dem wackligen Küchentisch mit der Wachstuchdecke auszubreiten und zu arbeiten. Aber die Küche war eng und niedrig und bedrückte ihn wie eine Kerkerzelle. Er war ein geselliger Mensch, er liebte Diskussionen und Witzeleien, liebte Licht, und wenn er gezwungen war, Abend für Abend einsam und allein in der tristen Küche zu sitzen, ohne Spitzfindigkeiten und ohne eine Debatte über Geschichte oder Politik, legte sich ein Schleier kindlichen Schmollens über seine Augen.

Mutter lachte unvermittelt auf und sagte zu ihm: »Geh. Geh ein bißchen draußen spielen.«

Und fügte hinzu: »Nur paß gut auf. Es gibt solche und solche. Nicht alle Frauen sind so gutherzig und ehrlich wie du.«

»*Schto ty panimajesch?!*« brauste Vater auf. »*Ty ne normalnaja? Widisch maltschik!!*« Was meinst du?! Stimmt etwas nicht mit dir? Der Junge ist dabei!!

Mutter sagte: »Verzeihung.«

Immer bat er Mutter um Erlaubnis, ehe er das Haus verließ. Immer ging er erst, nachdem er alles Nötige im Haushalt erledigt hatte. Er verstaute die Einkäufe, spülte Geschirr, hängte Wäsche auf oder nahm sie von der Leine. Erst danach putzte er seine Schuhe zweimal, besprengte sein Gesicht mit dem neuen Rasierwasser, das er sich gekauft hatte, wechselte das Hemd, wählte sorgfältig eine schöne Krawatte aus und beugte sich dann, das Jackett über dem Arm, zu Mutter und fragte: »Hast du wirklich nichts dagegen, wenn ich mich mit Freunden treffe? Um über die politische Lage zu sprechen? Oder über die Arbeit? Wirklich nicht?«

Mutter hatte nie etwas dagegen. Sie weigerte sich nur entschieden, hinzuhören, wenn er ihr sagen wollte, wohin er diesen Abend ginge.

»Nur, wenn du zurückkommst, Arie, versuch bitte leise zu sein.«

»Ich werde leise sein.«

»Auf Wiedersehen. Nun geh schon.«

»Macht es dir wirklich nichts aus? Es wird nicht spät werden.«

»Es macht mir wirklich nichts aus. Und komm wieder, wann du möchtest.«

»Brauchst du noch irgend etwas?«
»Danke. Ich brauche nichts. Amos wird nach mir sehen.«
»Es wird nicht spät werden.«
Und nach kurzem, zögerndem Schweigen: »Also gut? Ist es in Ordnung? Ich gehe dann? Auf Wiedersehen. Gute Besserung. Vielleicht versuchst du doch, im Bett einzuschlafen und nicht auf dem Stuhl?«
»Ich werde es versuchen.«
»Also gute Nacht. Auf Wiedersehen. Wenn ich wiederkomme, gar nicht spät, verspreche ich, vollkommen leise zu sein.«
»Nun geh schon.«
Er packte das Jackett, rückte die Krawatte zurecht und ging, summte vor sich hin im Hof, wenn er an meinem Fenster vorbeikam, mit warmer Stimme, aber haarsträubend falsch: »So weit, so weit ist der Weg und gewunden der Pfad, ich bin auf dem Weg, aber du bist so fern, der Mond sogar scheint mir näher...« Oder: »Was sagen deine Augen, Augen, Augen, ohne es ganz zu sagen?«

Die Migränen führten zu Schlaflosigkeit. Der Arzt verschrieb ihr alle möglichen Schlaf- und Beruhigungstabletten, aber nichts half. Aus Angst vor dem Bett verbrachte sie die Nächte auf dem Stuhl, in eine Decke gehüllt, ein Kissen unter dem Kopf, ein zweites Kissen über dem Gesicht, und vielleicht versuchte sie, auf diese Weise Schlaf zu finden. Jedes Geräusch schreckte sie auf: das Jaulen rolliger Kater, ferne Schüsse aus der Richtung von Scheich Dscharrach oder Issawija, der klagende Ruf des Muezzins gegen Morgen hoch von einer Moschee im arabischen Jerusalem, jenseits der Grenze. Schaltete Vater alle Lampen aus, fürchtete sie sich vor der Dunkelheit. Ließ er im Flur Licht brennen, verschlimmerte der Lichtschein ihre Migräne. Er kam gewöhnlich kurz vor Mitternacht zurück, gutgelaunt und schuldbewußt, und fand sie wach auf ihrem Stuhl sitzen und mit trockenen Augen auf das dunkle Fenster schauen. Er bot ihr Tee oder heiße Milch an, bat sie inständig, ins Bett zu gehen und es dort mit dem Einschlafen zu versuchen, war bereit, ihr das Bett zu überlassen und selbst auf dem Stuhl zu schlafen, vielleicht würde sie so endlich Schlaf finden. Vor lauter Schuldgefühlen ging er manchmal sogar vor ihr auf die Knie und zog ihr warme Wollsocken an, damit sie keine kalten Füße bekäme.

Mitten in der Nacht zurückgekehrt, duschte er sich gründlich, summte fröhlich und hemmungslos falsch die Melodie von »Hab' im Garten ein

Brünnlein fein«, ertappte sich dabei und verstummte sofort, tief beschämt, zog sich stumm und betreten aus, zog seinen gestreiften Schlafanzug an, bot meiner Mutter schüchtern erneut ein Glas Tee oder Milch oder Saft an und versuchte sie vielleicht noch einmal sanft zu überreden, sich an seiner Seite oder an seiner Stelle ins Bett zu legen. Und bestürmte sie, die schlechten Gedanken zu verscheuchen und an schöne Dinge zu denken. Während er sich hinlegte und gut zudeckte, schlug er ihr allerlei Schönes vor, woran sie denken könnte, und vor lauter angenehmen Gedanken schlief er darüber selbst ein wie ein Baby. Aber ich nehme an, er ist aus Verantwortungsgefühl jede Nacht zwei-, dreimal aufgewacht, um nachzusehen, wie es der Kranken auf dem Stuhl am Fenster ging, hat ihr ein Medikament und ein Glas Wasser angeboten, die Decke zurechtgezogen und ist wieder eingeschlafen.

Am Ende des Winters aß sie kaum noch etwas. Manchmal tauchte sie einen trockenen Zwieback in ein Glas Tee und sagte, das genüge ihr. Ihr sei ein wenig übel, und sie habe keinerlei Appetit. Mach dir keine Sorgen, Arie, ich bewege mich ja fast gar nicht. Wenn ich essen würde, wäre ich bald so dick wie meine Mutter. Mach dir keine Sorgen.

Zu mir sagte Vater bekümmert:»Mutter ist krank, und die Ärzte finden nicht heraus, was sie hat. Ich wollte andere Ärzte zu Rate ziehen, aber sie läßt es einfach nicht zu.«

Und einmal sagte er zu mir:»Deine Mutter straft sich selbst. Nur um mich zu bestrafen.«

Großvater Alexander sagte:»Nu, was. Launen. Melancholie. Caprice. Das ist ein Zeichen, daß das Herz noch jung ist.«

Tante Lilenka sagte zu mir:»Sicher ist es auch für dich nicht leicht. Du bist ein vernünftiger und empfindsamer Junge, und deine Mutter sagt mir, du wärest ein Sonnenstrahl in ihrem Leben. Und du bist ja auch wirklich ein Sonnenstrahl. Nicht so einer, der in kindlichem Egoismus in einer solchen Situation fähig wäre, draußen Blumen zu pflücken, ohne zu merken, daß er damit alles nur noch schlimmer macht. Egal. Ich habe eben mit mir gesprochen, nicht mit dir. Du bist ein einsames Kind, jetzt vielleicht noch einsamer als je. Also, wann immer du das Bedürfnis hast, mit mir von Herz zu Herz zu sprechen, zögere nicht. Bitte denk daran, daß Lilja nicht nur Mutters Freundin ist, sondern, wenn du es nur erlaubst, auch eine gute Freundin von dir? Eine Freundin, die dich nicht so betrachtet, wie Erwachsene auf Kinder herabsehen, sondern wie eine verwandte Seele?«

Vielleicht begriff ich, daß Tante Lilja mit den Worten »draußen Blumen pflücken« meinen Vater meinte, der manchmal abends Bekannte besuchte, obwohl ich nicht verstand, welche Blumen, ihrer Meinung nach, wohl in der beengten Wohnung der Rudnickis blühen sollten, bei dem kahlen Vogel und dem Zapfenvogel und der ganzen Herde Basttiere hinter Glas in der Anrichte? Oder bei den Abramskys, die wegen Geldmangel in einer armseligen und heruntergekommenen Wohnung lebten, die sie in ihrer Trauer um ihren Sohn kaum noch aufräumten und putzten? Oder vielleicht erahnte ich, daß es sich bei den Blumen, von denen Tante Lilja sprach, um etwas handelte, das nicht sein durfte, und wollte es deshalb nicht verstehen, wollte es nicht mit dem doppelten Schuhputzen und dem neuen Rasierwasser in Verbindung bringen.

Das Gedächtnis spielt mir einen Streich. Ich erinnere mich jetzt an etwas, das ich gleich, nachdem es geschehen war, vergessen hatte. Und woran ich mich im Alter von etwa sechzehn Jahren wieder erinnerte und es danach erneut vergaß. Und heute morgen erinnere ich mich wieder, nicht an das Ereignis selbst, sondern an die vorige Erinnerung daran, die ebenfalls über vierzig Jahre zurückliegt: als würde sich ein alter Mond in einer Fensterscheibe spiegeln und von ihr das Abbild auf einen See fallen und aus diesem Wasser das Gedächtnis nun nicht das längst verblichene Spiegelbild fischen, sondern nur noch dessen weiße Gebeine.

Da ist es: Jetzt hier in Arad, an einem Herbsttag um halb sieben morgens, sehe ich plötzlich völlig scharf mich und meinen Freund Lolik am Mittag eines bewölkten Wintertages im Jahr 1950 oder 1951 die Jaffa-Straße am Zionsplatz entlanggehen, und Lolik versetzt mir plötzlich einen leichten Stoß in die Rippen und flüstert: Schau mal, ist das da drinnen nicht dein Vater? Laß uns schnell abhauen, bevor er uns dabei erwischt, daß wir Avissars Stunde schwänzen! Und tatsächlich flüchteten wir von dort, aber im Weglaufen sah ich durch die Scheibe meinen Vater im Café Sichel sitzen, an einem Tisch am Frontfenster, lachend die Hand einer jungen Frau, die ein Armband trug und mit dem Rücken zum Fenster saß, an die Lippen drücken, und ich floh von dort und auch vor Lolik, und bis heute habe ich noch nicht ganz aufgehört zu fliehen.

Großvater Alexander küßt immer jeder Frau die Hand, und Vater manchmal auch, aber außerdem hat er ihre Hand ja bloß genommen und so umgebogen, um auf ihre Armbanduhr zu schauen und sie mit seiner zu vergleichen, immer macht er das, fast bei jedem tut er das, Uhren sind sein Steckenpferd. Das war das einzige Mal, daß ich eine Stunde geschwänzt habe, nie habe ich sonst eine Stunde geschwänzt, und diesmal bloß deshalb, um den ausgebrannten ägyptischen Panzer anzuschauen, den man nahe des Migrasch Harussim aufgestellt hatte, und nie mehr werde ich eine Stunde schwänzen. Niemals.

Ich haßte ihn. Ungefähr zwei Tage lang. Vor lauter Scham. Und nach zwei Tagen haßte ich dann Mutter, mit all ihren Migränen und all dem Theater und diesem Sitzstreik, den sie auf dem Stuhl am Fenster abhielt, nur sie ist doch schuld, weil sie selbst ihn dazu gedrängt hat, anderswo Zeichen von Leben zu suchen. Danach haßte ich mich selber, weil ich mich, wie der Fuchs und die Katze in *Pinocchio*, von Lolik hatte verführen lassen, Herrn Avissars Stunde zu schwänzen: Warum habe ich keine Charakterstärke? Warum kann jeder mich mit Leichtigkeit beeinflussen? Und nach einer weiteren Woche ungefähr hatte ich schon alles vollständig vergessen und dachte nicht mehr an das, was ich durch die Fensterscheibe des Café Sichel gesehen hatte – bis zu jener Nacht im Kibbuz Hulda, als ich etwa sechzehn Jahre alt war. Ich vergaß das Café Sichel, ebenso wie ich vollständig und für immer, wie nie gewesen, den Morgen vergaß, an dem ich früher aus der Schule nach Hause kam und Mutter in ihrem Flanellmorgenrock fand, nicht auf ihrem Stuhl am Fenster, sondern auf dem Hof, im Liegestuhl, unter dem winterkahlen Granatapfelbaum. Still und ruhig saß sie da, und um ihre Lippen schwebte etwas, das einem Lächeln ähnlich sah, aber kein Lächeln war. Das Buch lag wie gewöhnlich aufgeschlagen, mit dem Rücken nach oben, auf ihren Knien, und es regnete und regnete, und vielleicht war dieser kalte Regen schon ein oder zwei Stunden unablässig auf sie niedergefallen, denn als ich sie hochzog und ins Haus zerrte, war sie durchnäßt und eiskalt wie ein nasser Vogel, der nie mehr fliegen wird. Ich brachte Mutter ins Badezimmer und holte ihr trockene Kleidung aus dem Schrank und rügte sie wie ein Erwachsener und erteilte ihr Anweisungen durch die Badezimmertür, und sie antwortete mir nicht, hörte aber auf mich und tat alles, was ich ihr sagte, bloß dieses Lächeln, das gar kein Lächeln war, verschwand nicht. Vater erzählte ich nichts, weil Mutters Augen mich baten, es geheimzuhalten. Und nur Tante Lilja sagte ich ungefähr folgendes: »Du irrst dich, Tante Lilja. Schriftsteller oder Dichter werde ich nie im Leben, und auch kein Gelehrter, auf keinen Fall, denn ich habe überhaupt keine Gefühle. Gefühle ekeln mich an. Ich werde Landwirt. Ich werde im Kibbuz leben. Oder vielleicht werde ich einmal Hundevergifter. Mit einer Spritze voll Arsen.«

Im Frühling ging es ihr besser. Am Morgen von Tu-bi-Schwat, dem Neujahrsfest der Bäume, dem Tag, an dem Chaim Weizmann, der Präsident des vorläufigen Staatsrats, in Jerusalem die Sitzung der konstituierenden Versammlung eröffnete, die zur ersten Knesset wurde, zog Mutter ihr blaues Kleid an und schlug Vater und mir vor, einen kleinen Spaziergang ins Wäldchen von Tel Arsa zu machen. Aufrecht und schön schien sie mir in diesem Kleid, und als wir aus unserem büchergefüllten Keller in die helle Frühlingssonne hinaustraten, leuchtete wieder warme Zuneigung in ihren Augen. Vater hakte sich bei ihr ein, und ich rannte ein Stück voraus, wie ein Hündchen, damit sie sich unterhalten könnten oder einfach vor lauter Fröhlichkeit.

Mutter hatte für unterwegs Käsebrote mit Tomatenscheiben und Ei und roten Paprikastreifen und Anchovis gemacht, und Vater hatte eine Thermosflasche mit selbstgepreßtem, lauwarmem Orangensaft gefüllt. Als wir im Wäldchen angekommen waren, breiteten wir eine kleine Plane auf den Boden, streckten uns darauf aus und atmeten den Duft der regensatten Kiefern. Zwischen den Bäumen des Wäldchens schimmerten Felshügel, die tiefgrünen Flaum angesetzt hatten. Jenseits der Grenzlinie sah man die Häuser des arabischen Dorfes Schuafat, und fern am Horizont schlank und hoch die Moschee von Nebi Samwil. Die Verwandtschaft im Hebräischen zwischen dem Wort »Wäldchen« und den Worten »still« und »leise« sowie zwischen diesen und den Worten »pflügen« und »Industrie« animierte Vater, eine Weile über den Zauber der Sprache zu referieren. Mutter steuerte ihm gutgelaunt Ausdrücke bei, die, wenn man Buchstaben vertauschte, ebenfalls mit dem Wort »Wäldchen« zusammenhingen: Speiche, Wolkenbildung, Geräusch, Morgenanbruch, schwarz, Bewunderer und beutegierig.

Danach erzählte sie uns von einem ukrainischen Nachbarn, einem gewandten und schönen jungen Mann, der genau voraussagen konnte, an welchem Morgen sich die ersten Roggenkeime zeigen und an welchem Morgen die ersten Rüben aus der Erde hervorbrechen würden. Dieser junge Mann, Stephan, auch Stepascha oder Stjopa genannt – die gojischen Mädchen waren ganz verrückt nach ihm, aber er verliebte sich bis zum

Wahnsinn in eine der jüdischen Lehrerinnen am Tarbut-Gymnasium und versuchte sich aus lauter Liebe einmal sogar im reißenden Fluß zu ertränken, aber da er ein ausgezeichneter Schwimmer war, ertrank er nicht, sondern wurde zu einem der Landgüter am Flußufer abgetrieben, wo ihn die Gutsherrin verführte und ihm nach einigen Monaten ein Wirtshaus kaufte, in dem er vielleicht noch heute sitzt, und bestimmt ist er grob und häßlich geworden vor lauter Suff und Unzucht.

Vater unterließ es diesmal, sie zum Schweigen zu bringen, als sie das Wort »Unzucht« gebrauchte, fauchte nicht einmal »*widisch maltschik*«. Er legte seinen Kopf auf ihr Knie, streckte sich auf der Plane aus und kaute zerstreut an einem Grashalm. Und ich machte es wie er: streckte mich auf der Plane aus, legte meinen Kopf auf Mutters anderes Knie, kaute an einem Grashalm und füllte meine Lungen mit der lauen, berauschenden Luft voll frischer Düfte und frühlingstrunkenem Insektengesumm, einer lieblichen Luft, vom Regen reingewaschen und von den Winterstürmen geläutert. Wie schön wäre es, hier die Zeit anzuhalten und dieses Buch zu beenden, etwa zwei Jahre vor ihrem Tod, mit diesem Tu-bi-Schwat-Bild von uns dreien im Wäldchen von Tel Arsa: Meine Mutter in ihrem blauen Kleid, ein rotes Seidentuch anmutig über den Ausschnitt geschlungen, sitzt aufrecht und schön da, den Rücken an einen Baumstamm gelehnt, den Kopf meines Vaters auf dem einen Knie, meinen Kopf auf dem anderen, und sie streicht uns mit ihrer kühlen Hand über Gesicht und Haar. Und Vögel über Vögel jubilieren über uns in frisch gewaschenen Kiefernwipfeln.

Es ging ihr sehr viel besser in jenem Frühling. Sie saß nun nicht mehr Tage und Nächte lang auf ihrem Stuhl am Fenster, schreckte nicht mehr vor elektrischem Licht zurück, zuckte nicht mehr bei jedem Geräusch zusammen. Vernachlässigte nicht länger die Arbeiten im Haushalt und verzichtete nicht auf ihre geliebten Lesestunden. Die Migräneanfälle wurden seltener. Auch ihr Appetit kehrte fast ganz zurück. Und es genügten ihr wieder fünf Minuten vor dem Spiegel, ein wenig Lippenstift, ein Hauch Puder und Lidschatten, Haarbürste und noch zwei Minuten stilsichere Wahl an der Kleiderschranktür, um in unser aller Augen geheimnisvoll und schön und strahlend auszusehen. Wieder tauchte die feste Diskussionsrunde bei uns auf, das Ehepaar Bar-Jitzhar (Itzelewitz) und das Ehepaar Abramsky, orthodoxe Revisionisten, die die Mapai-Regierung mit

Eine Geschichte von Liebe und Finsternis   2389

Leib und Seele haßten, sowie Chana und Chaim Toren und die Rudnickis und auch Tosia und Gustav Krochmal, die aus Danzig gekommen waren und eine Puppenklinik in der Ge'ula-Straße hatten. Manchmal warfen die Männer meiner Mutter einen schnellen, verschämten Blick zu und senkten hastig wieder die Augen.

Und wieder gingen wir jeden Freitagabend zu Großmutter Schlomit und Großvater Alexander, um die Schabbatkerzen anzuzünden und an ihrem runden Tisch gefilte Fisch oder gefüllte und zugenähte Hühnerhälse zu essen. Am Schabbatmorgen besuchten wir manchmal die Rudnickis, und nach dem Mittagessen durchquerten wir fast jeden Schabbat Jerusalem der Länge nach, von Nord nach Süd, um zu Onkel Josephs Haus in Talpiot zu pilgern.

Einmal, beim Abendessen, erzählte Mutter uns plötzlich von einer Leselampe, einer Stehlampe, die in ihrem Zimmer in Prag neben dem Sessel gestanden hatte. Vater machte daraufhin am nächsten Tag auf dem Rückweg von der Arbeit in zwei Möbelgeschäften in der King-George- und in der Jaffa-Straße sowie in einem Elektrogeschäft in der Ben-Jehuda-Straße halt, verglich, kehrte in den ersten Laden zurück und brachte ihr die allerschönste Stehlampe mit. Fast ein Viertel seines Monatsgehalts hatte Vater für dieses Geschenk ausgegeben. Mutter küßte ihn und mich auf die Stirn und versprach mit ihrem sonderbaren Lächeln, unsere neue Lampe würde uns beiden noch lange nach ihrem Weggang leuchten. Vater, siegestrunken, hörte diese Worte nicht, weil er nie richtig zuhörte und weil seine überschäumende Wortenergie ihn schon weitertrug zu dem alten semitischen Wortstamm *NUR*, Licht, und zu seiner aramäischen Form *menarta* und dem arabischen Äquivalent *manar*.

Und ich hörte, aber verstand nicht. Oder verstand, aber begriff nicht.

Danach setzten die Regenfälle wieder ein. Erneut bat Vater nach neun Uhr abends, nachdem ich ins Bett geschickt worden war, Mutter manchmal um Erlaubnis, aus dem Haus gehen zu dürfen, »um ein wenig Menschen zu treffen«. Er versprach ihr, lautlos und nicht zu spät zurückzukehren, brachte ihr ein Glas lauwarme Milch und ging mit seinen blitzblank geputzten Schuhen, ein weißes Taschentuchdreieck in der Jackettasche, wie sein Vater, und einer Schleppe aus Rasierwasserduft. Wenn er unter meinem Fenster vorbeikam, hörte ich ihn mit einem Klick den Regenschirm aufspannen und kreuzfalsch vor sich hinsummen: »Eine zarte Hand hatte sie, kein Mensch wagte sie zu berü-hü-ren«, oder: »Augen hatte sie wie der Stern des Nordens und ein Herz wie die Glut der Wüstenwi-in-de...«

Aber Mutter und ich überlisteten ihn hinter seinem Rücken: Obwohl er immer sehr streng war und es mit der Zeit des Lichtausmachens bei mir höchst genau nahm, »um Punkt neun Uhr und keine Sekunde später«, warteten wir, Mutter und ich, bis seine Schritte auf der nassen Straße verhallt waren, und dann sprang ich sofort aus dem Bett und rannte zu ihr, um noch und noch Geschichten zu hören. Sie saß auf ihrem Stuhl in dem Zimmer, dessen sämtliche Wände und halbe Fußbodenfläche mit Reihen über Reihen und Stapeln über Stapeln von Büchern bedeckt waren, und ich lagerte im Schlafanzug zu ihren Füßen auf der Matte, lehnte den Kopf an ihr warmes Bein, schloß die Augen und lauschte. Kein Licht brannte in unserer Wohnung außer der neuen Stehlampe neben Mutters Stuhl. Regen und Wind schlugen an die Läden. Manchmal rollten dumpfe Kolonnen niedriger Donnerschläge über Jerusalem. Vater war schon seiner Wege gegangen und hatte mir Mutter mit ihren Geschichten überlassen. Einmal erzählte sie mir von der leerstehenden Wohnung über ihrem Zimmer in Prag, als sie dort noch Studentin war. Seit zwei Jahren wohnte kein Mensch darin, außer, so erzählten Nachbarinnen im Flüsterton, den Geistern zweier toter Mädchen. Ein großer Brand war einmal in dieser Wohnung ausgebrochen, und die beiden kleinen Mädchen, Emilia und Jana, hatte man nicht mehr aus den Flammen retten können. Nach dem Unglück waren die Eltern der Mädchen nach Übersee ausgewandert. Die ausgebrannte, verrußte Wohnung wurde abgeschlossen und die Fensterläden verriegelt, die Wohnung wurde weder renoviert noch vermietet. Manchmal, so tuschelten die Nachbarinnen, hörte man von dort Lachen und gedämpfte Schritte. Zuweilen drangen mitten in der Nacht Weinen und Schreien heraus. Ich habe so etwas nicht gehört, sagte Mutter, aber manchmal war ich fast sicher, daß nachts dort ein Wasserhahn aufgedreht und ein Möbelstück verrückt wurde. Das Tappen nackter Füße ging von Zimmer zu Zimmer. Vielleicht benutzte bloß jemand nachts die verlassene Wohnung zu geheimen Liebesakten oder anderen, dunkleren Zwecken. Wenn du einmal groß bist, wirst du merken, daß fast alles, was das Ohr nachts hört, auf mehr als eine Weise gedeutet werden kann. Und eigentlich nicht nur bei Nacht und nicht nur das Ohr: Auch was die Augen sehen, und sogar das, was sie bei vollem Tageslicht sehen, kann man fast immer auf alle möglichen Weisen verstehen.

In anderen Nächten erzählte mir Mutter von Eurydike und dem Hades und Orpheus. Erzählte von der verwaisten achtjährigen Tochter eines bekannten Nazis und brutalen Mörders, den die Alliierten nach dem Krieg in Nürnberg hingerichtet hatten und dessen kleine Tochter später in eine Anstalt für straffällige Kinder kam, nur weil sie sein Foto mit Blumen geschmückt hatte. Erzählte von einem jungen Holzhändler aus einem Dorf bei Rowno, der sich in einer Sturmnacht im Wald verlaufen hatte und verschwunden war, und sechs Jahre später hatte jemand sich mitten in der Nacht bei der Witwe eingeschlichen und ihr die schon zerbröselnden Schuhe des Händlers ans Bett gestellt. Erzählte von dem alten Tolstoj, der am Ende seines Lebens sein Haus verlassen und die Augen schließlich im Bahnwärterhäuschen einer entlegenen Bahnstation namens Astapowo geschlossen hatte.

Wie Peer Gynt und seine Mutter Aase waren meine Mutter und ich in jenen Winternächten:

> Oh, wir waren im Elend vereint.
> [...]
> Und daheim saßen ich und Klein Peer indessen.
> Wir wußten uns keinen Rat als Vergessen;
> [...]
> Ach, ja! so brauchten die Fabeln wir
> Von Prinzen und Trollen und manchem Getier.
> Und Brautraub dazu. Doch, sag mir, wer denkt,
> Daß der Teufelsspuk sich in ihm festhängt?*

Oft spielten Mutter und ich in jenen Nächten wieder Geschichtenerzählen: Sie fing eine Geschichte an, ich fuhr fort, danach ging der Handlungsfaden erneut zu ihr über, dann wieder zu mir und so weiter. Vater kam kurz vor oder kurz nach Mitternacht zurück, und sobald wir seine Schritte draußen hörten, löschten wir sofort das Licht, sprangen schnell in unsere Betten wie zwei ungehorsame Kinder und taten so, als schliefen wir den Schlaf der Gerechten. Im Halbschlaf hörte ich ihn in der engen Wohnung umhertappen, sich ausziehen, etwas Milch trinken, ins Badezimmer gehen, den Wasserhahn öffnen und schließen, die Toilettenspülung betätigen, wieder den Hahn auf- und zudrehen, halblaut ein altes Liebeslied summen, noch einmal die Milch herausholen und ein paar Schluck trin-

* Henrik Ibsen, *Peer Gynt*, aus dem Norwegischen von Hermann Stock, Stuttgart 2000, S. 30.

ken und barfuß ins Bücherzimmer schleichen, zu dem Sofa, das zum Doppelbett ausgezogen worden war, wo er sich neben Mutter, die so tat, als schliefe sie, ausstreckte und sein Summen verschluckte, nur im Innern lautlos noch zwei, drei Minuten weitersummte und dann einschlief und die ganze Nacht bis sechs Uhr schlummerte wie ein Baby. Um sechs stand er als erster auf, rasierte sich, zog sich an, band Mutters Schürze um und preßte für Mutter und mich Orangensaft aus, den er im heißen Wasserbad ein wenig erwärmte, um jedem von uns ein Glas lauwarmen Saft ans Bett zu bringen, denn kalter Saft hätte uns ja eine Erkältung einbringen können.

Und in einer jener Nächte litt Mutter erneut unter Schlaflosigkeit. Es ging ihr schlecht im Sofabett, neben Vater, der süß schlummerte, während seine Brille ruhig auf dem Bord neben ihm schlief. Sie stand also auf, setzte sich diesmal jedoch nicht auf ihren Stuhl am Fenster und auch nicht in die triste Küche, sondern kam barfuß in mein Zimmer, hob die Bettdecke, legte sich neben mich und umarmte und küßte mich, bis ich aufwachte. Als ich aufgewacht war, fragte sie mich leise, direkt ins Ohr, ob ich einverstanden sei, daß wir diese Nacht ein bißchen miteinander flüsterten? Nur wir zwei? Und verzeih bitte, daß ich dich geweckt habe, aber ich habe es sehr nötig, mit dir zu flüstern. Und gerade dieses Mal hörte ich in der Finsternis aus ihrer Stimme ein Lächeln heraus, das wirklich ein Lächeln und nicht nur ein Schatten eines Lächelns war.

Als Zeus erfuhr, daß es Prometheus gelungen war, für die Menschen einen Funken von dem Feuer zu stehlen, das er, Zeus, ihnen zur Strafe verweigert hatte, platzte er fast vor Wut und Zorn. Kaum je hatten die Götter ihren König so wütend gesehen. Tagelang ließ er seine Donner rollen, und keiner wagte, ihm nahe zu kommen. In seiner Wut beschloß der zornglühende Göttervater, allen Menschen ein großes Unheil zu bringen, getarnt als wunderbares Geschenk. Er gebot also dem Gott der Schmiede, Hephaistos, aus Ton und Wasser eine wunderschöne Frauengestalt zu formen. Die Göttin Athene lehrte diese Frauengestalt nähen und weben und schmückte sie mit wunderbaren Gewändern. Die Göttin Aphrodite verlieh ihr zauberhafte Anmut, die allen Männern die Augen blendete und ihre Leidenschaft entflammte. Und Hermes, der Gott der Händler und Diebe, lehrte sie lügen, ohne mit der Wimper zu zucken, Herzen zu verführen und irrezuleiten. Der Name dieser

Schönen lautete Pandora, das heißt: die mit allen Gaben Ausgestattete. Und diese Pandora ließ der rachedurstige Zeus Prometheus' törichtem Bruder als Geschenk zukommen. Vergeblich warnte Prometheus seinen Bruder, sich vor den Geschenken der Götter zu hüten. Der Bruder erblickte diese Schönheitskönigin und entflammte für Pandora, die ihm zur Frau gegeben worden war und ihm als Mitgift auch noch eine Büchse voller Geschenke von allen Göttern des Olymps mitgebracht hatte. Eines Tages hob Pandora den Deckel des Geschenkkastens, und hervor quollen die Krankheiten, die Einsamkeit, das Unrecht, die Grausamkeit und der Tod. So kamen all die Leiden, die wir rings um uns sehen, in die Welt. Wenn du noch nicht eingeschlafen bist, will ich dir noch sagen, daß die Leiden nach meiner Ansicht schon vorher da waren. Es gab die Leiden des Prometheus und des Zeus und die Leiden von Pandora selber, ganz zu schweigen von einfachen Leuten wie uns. Nicht die Leiden sind aus der Büchse der Pandora gekommen, sondern umgekehrt: Die Büchse der Pandora hat man vor lauter Leid erfunden. Vor lauter Leid hat man sie auch geöffnet. Morgen nach der Schule gehst du zum Haareschneiden? Schau nur, wie lang sie schon sind.

51

Hin und wieder nahmen meine Eltern mich mit, wenn sie »in die Stadt« gingen, das heißt in die King-George- oder die Ben-Jehuda-Straße, in eines von drei oder vier renommierten Cafés, die vielleicht etwas an die Kaffeehäuser mitteleuropäischer Städte zwischen den Weltkriegen erinnerten. Diese Cafés boten ihren Gästen hebräische und ausländische Tageszeitungen, auf lange Stangen gezogen, sowie eine Auswahl an Wochen- und Monatsmagazinen in mehreren Sprachen. Unter den Kronleuchtern aus Messing und Kristall hing ein gedämpftes, europäisch anmutendes Gemurmel im Raum, durchzogen von blaugrauen Zigarettenrauchschwaden und dem Duft anderer Welten, in denen das Leben in heiteren Bahnen verlief, ein friedvolles Leben der Lektüre und Geselligkeit.

An den Tischen saßen gepflegte Damen und respektable Herren, die sich leise unterhielten. Kellner und Kellnerinnen in schneeweißen Jacken, eine gebügelte und gefaltete Serviette über dem Arm, schwebten zwischen den Tischen umher und servierten den Gästen heißen Kaffee, auf dessen

Wellen ein reinweißer, lockiger Sahneengel schwamm, oder Ceylon-Tee, dessen Extrakt separat in kleinen Porzellankännchen gereicht wurde, dazu Likörpralinen, Hefeteile, Apfelstrudel mit Sahne, Schokoladentorte mit Vanilleglasur, Gläser voll heißem Punsch an Winterabenden und auch Gläschen mit Likör oder Kognak. (In den Jahren 1949 und 1950 gab es nur Ersatzkaffee, und auch die Schokolade und die Sahne waren vermutlich aus Ersatzstoffen.)

In diesen Cafés trafen meine Eltern gelegentlich mit einem anderen Kreis von Bekannten zusammen, völlig verschieden von den Zirkeln puppenkurierender Nachbarn wie dem Ehepaar Krochmal und debattierfreudiger kleiner Postbeamter wie Staszek Rudnicki. Hier trafen wir sehr bekannte Persönlichkeiten, etwa Dr. Pfeffermann, Vaters Vorgesetzten in der Zeitungsabteilung der Nationalbibliothek, oder den Verleger Joshua Chachik, der hin und wieder geschäftlich aus Tel Aviv nach Jerusalem kam, oder auch vielversprechende junge Philologen oder Historiker im Alter meiner Eltern, denen die Tore der Universität offenstanden, sowie junge Gelehrte, darunter Assistenten von Professoren, deren Zukunft gesichert schien. Manchmal hatten meine Eltern sogar das Glück, hier mit zwei, drei Jerusalemer Schriftstellern zusammenzukommen, mit denen bekannt zu sein Vater für eine große Ehre hielt: Dov Kimchi, Schraga Kadari, Jizchak Schenhar, Jehuda Ja'ari. Heute sind diese Schriftsteller fast vergessen, und auch die meisten ihrer Leser leben nicht mehr, aber damals war das ganze Land ihres Ruhmes voll, und ihre Namen waren in aller Munde.

Vor diesen Treffen wusch mein Vater sich die Haare, putzte seine Schuhe einmal und noch einmal, bis sie wie schwarze Brillanten funkelten, befestigte seine erlesene grau-weiß gestreifte Krawatte mit einer hübschen Krawattennadel und erklärte mir wieder und wieder die Benimmregeln und die mir obliegende Pflicht, knapp und mit gutgewählten Worten zu antworten, wenn ich gefragt würde. Gelegentlich schob Vater vor diesen Kaffeehausbesuchen zusätzlich zu seiner morgendlichen Rasur noch eine besondere Nachmittagsrasur ein. Und Mutter legte fürs Café ihre orangerote Korallenkette an, die wunderbar zu ihrem olivbraunen Teint paßte und ihrer introvertierten Schönheit eine exotische Note verlieh, als wäre sie eine Italienerin oder Griechin.

Die bekannten Gelehrten und Schriftsteller waren beeindruckt von Vaters Scharfsinn und Kenntnissen. Sie wußten, sie konnten immer auf sein umfassendes Wissen vertrauen, selbst dort, wo ihre Lexika und sonstigen Nachschlagewerke mit ihrer Weisheit am Ende waren. Aber so gern sie auch die Hilfe meines Vaters in Anspruch nahmen und seine Belesenheit ausnutzten – mehr noch genossen sie ganz offensichtlich die Gesellschaft meiner Mutter: Ihre konzentrierte, inspirierte Aufmerksamkeit regte sie zu unermüdlichem wortmächtigen Reden an. Etwas an ihrer nachdenklichen Präsenz, ihren unvorhersehbaren Fragen, ihren Blicken, ihren Bemerkungen, die zuweilen ein anderes, überraschendes Licht auf das Gesprächsthema warfen, veranlaßten sie, geradezu rauschhaft zu reden und zu reden – über ihre Arbeit, ihre Schaffenskrisen, ihre Absichten und ihre Erfolge. Von Zeit zu Zeit ließ meine Mutter ein passendes Zitat aus den Werken des Sprechenden selbst einfließen, verwies etwa auf eine gewisse Verwandtschaft zu Tolstojs Ideen oder entdeckte in dem Gesagten einen stoischen Aspekt oder bemerkte mit leichtem Kopfneigen – ihre Stimme nahm in diesem Moment den Ton dunklen Weins an –, hier meine sie, bei dem Schriftsteller, der mit uns am Kaffeehaustisch saß, einen fast skandinavischen Unterton herauszuhören, einen Nachhall von Hamsun und Strindberg, vielleicht sogar einen fernen Widerhall der Schriften des großen Mystikers Emanuel Swedenborg. Danach verfiel meine Mutter erneut in Schweigen und aufmerksames Zuhören, wurde wieder ganz und gar feines, klares Aufnahmegefäß, während die Sprechenden sie verzückt mit allem überschütteten, was ihnen in den Sinn kam, und um ihre Aufmerksamkeit wetteiferten.

Jahre später, als ich einen oder zwei von ihnen zufällig traf, sagten sie mir, meine Mutter sei eine bezaubernde Frau gewesen, eine wahrhaft inspirierte Leserin, eine Leserin, wie jeder Schriftsteller sie sich in der Einsamkeit seines Schreibtisches in den Nächten zermürbenden Schreibens erträume. Schade, daß sie selbst nichts Geschriebenes hinterlassen habe. Wer weiß, sagten sie, es wäre doch möglich, daß wir durch ihren vorzeitigen Tod eine begnadete Schriftstellerin verloren haben – und das zu einer Zeit, da man die schreibenden Frauen in der hebräischen Literatur an den Fingern einer Hand abzählen konnte.

Trafen diese Prominenten meinen Vater in der Bibliothek oder auf der Straße, unterhielten sie sich ein paar Minuten mit ihm über den Brief, den der Erziehungsminister Ben-Zion Dinur an die Universitätsleitung geschrieben hatte, über Salman Schneur, der auf seine alten Tage ein zweiter Walt Whitman zu werden versuche, oder über die Frage, wer nach Professor Klausners Emeritierung wohl seinen Lehrstuhl übernehmen werde. Danach klopften sie ihm auf die Schulter und sagten mit leuchtenden Augen und strahlendem Gesicht: Grüßen Sie bitte sehr herzlich Ihre Gattin, eine wirklich wunderbare Frau, so kultiviert und von so erlesenem Geschmack! So künstlerisch!

Voll Sympathie und Zuneigung klopften sie ihm auf die Schulter, aber in ihrem Innern beneideten sie ihn vielleicht um seine Frau und wunderten sich auch über sie: Was gefiel ihr eigentlich an ihm, an diesem pedantischen Mann – sicherlich äußerst kenntnisreich, fleißig und anständig und, relativ betrachtet, beinahe schon ein bedeutender Forscher, aber, unter uns gesagt, doch eher ein Scholastiker, ein ausgesprochen unmusischer Mensch?

Mir fielen bei diesen Kaffeehausgesprächen besondere Aufgaben zu: Erstens mußte ich höflich und verständig, genau wie ein Erwachsener, schwierige Fragen beantworten, wie zum Beispiel, wie alt ich sei? Und in welcher Klasse? Und ob ich tatsächlich Briefmarken und Glanzbildchen sammele? Und was man uns jetzt in Erdkunde beibringe? Und was im Hebräischunterricht? Und ob ich ein braver Junge sei? Und ob ich schon Bücher von Dov Kimchi gelesen hätte (oder von Ja'ari oder Kadari oder Even-Sahav oder Schenhar)? Und meine Lehrer – ob ich sie alle sehr gern hätte? Und manchmal auch: Hätte ich denn schon angefangen, mich für junge Damen zu interessieren? Noch nicht? Und wenn ich einmal groß wäre – würde ich dann vielleicht auch Professor? Oder vielleicht ein Pionier? Oder ein General in der israelischen Armee? (Insgeheim gelangte ich damals zu der Auffassung, Schriftsteller seien etwas gekünstelte und vielleicht auch ein wenig lächerliche Gestalten.)

Zweitens durfte ich nicht stören.

Nicht existent sein. Unsichtbar.

Ihre Kaffeehausgespräche dauerten jedesmal mindestens siebzig Stunden am Stück, und ich mußte diese ganze Ewigkeit über noch leiser sein als der Ventilator, der sich summend an der Decke drehte.

Die Strafe für Vertrauensbruch in Gegenwart Fremder konnte strenger Hausarrest sein, abzubüßen tagtäglich sofort nach der Rückkehr aus der Schule, und zwar für die Dauer von zwei Wochen, oder Aufhebung der Erlaubnis, mit Freunden zu spielen, oder Entzug des Rechts, vor dem Einschlafen ein Buch zu lesen, für die nächsten zwanzig Nächte.

Eine Geschichte von Liebe und Finsternis

Der große Preis für hundert Stunden Einsamkeit hingegen war Eis. Oder sogar Mais.

Eis erhielt ich fast nie, weil es nicht gut für den Hals ist und Erkältungen verursacht. Mais wiederum, der an der Straßenecke aus einem großen dampfenden Kessel auf einem Spirituskocher verkauft wurde, wohlduftende heiße Maiskolben, die der unrasierte Mann für dich in ein grünes Blatt wickelte und mit grobem Salz bestreute, die durfte ich fast nie essen, weil der unrasierte Mann eindeutig ungewaschen aussah. Und das Wasser in seinem Kessel bestimmt von Mikroben wimmelte. »Aber wenn Eure Hoheit diesmal im Café Atara mustergültiges Verhalten an den Tag legt, über jeden Tadel erhaben, dann erhält Eure Hoheit auf unserem Heimweg ausnahmsweise die Erlaubnis, zwischen Mais und Eis zu wählen, nach Belieben, in freier Wahl!«

So waren denn bei den endlosen Kaffeehausgesprächen meiner Eltern mit ihren Freunden – über Politik und Geschichte, Philosophie und Literatur, Professorenstreitigkeiten an der Universität und Redakteurs- oder Verlegerintrigen, Gesprächen, deren Inhalt ich nicht verstehen konnte – vielleicht Einsamkeit und Langeweile daran schuld, daß ich nach und nach zu einem kleinen Spion wurde.

Das heißt, ich dachte mir ein geheimes Spiel aus, das ich stundenlang spielen konnte, ohne mich zu regen, ohne einen Ton von mir zu geben, ohne jegliche Hilfsmittel, sogar ohne Papier und Bleistift. Ich beobachtete die fremden Menschen im Café und versuchte anhand ihrer Kleidung und Gesten, anhand der Zeitung, die sie lasen, und den Dingen, die sie bestellten, zu erraten, wer jeder von ihnen war, woher er kam, was er im allgemeinen tat, was er getan hatte, bevor er ins Café gekommen war, und wohin er von hier aus ging. Vom Gesichtsausdruck versuchte ich abzulesen, woran diese Frau, die zweimal vor sich hin gelächelt hatte, wohl dachte, welchen Erinnerungen der schlanke junge Mann mit Schiebermütze nachhing, der kein Auge von der Tür ließ und jedesmal enttäuscht schaute, wenn ein neuer Gast eintrat, und wie die, auf die er wartete, wohl aussah. Ich spitzte die Ohren und schnappte Gesprächsfetzen auf, beugte mich vor und spähte angestrengt, um herauszufinden, wer was las, wer es eilig hatte, wegzukommen, und wer gemütlich sitzen blieb.

Und ich erfand für sie, die Kaffeehausbesucher, aufgrund weniger und ungesicherter äußerer Merkmale verschlungene und aufregende Lebensgeschichten: Diese Frau da mit den zusammengekniffenen Lippen und dem tiefen Ausschnitt, die in einer dicken Qualmwolke allein am Ecktisch sitzt und raucht, ist innerhalb einer knappen Stunde, nach der großen Wanduhr über der Theke, schon dreimal aufgestanden, in der Damentoilette verschwunden und wieder zu ihrer leeren Tasse zurückgekehrt, zündet in ihrer braunen Zigarettenspitze eine Zigarette nach der anderen an und wirft ab und zu einen Blick auf den sonnengebräunten Mann, der am Tisch vor der Garderobe sitzt. Einmal ist sie sogar aufgestanden und zu dem Mann hingegangen, hat sich niedergebeugt, ein paar Worte zu ihm gesagt, die er nur mit leichtem Nicken beantwortete, und nun sitzt sie wieder da und raucht. Wie zahlreich sind die Möglichkeiten, die darin verborgen liegen! Wie betörend reichhaltig ist das Kaleidoskop der Plots und Geschichten, die man aus diesen Splittern zusammensetzen kann! Oder vielleicht hat sie ihn bloß gebeten, ihr die Zeitung *Haboker* weiterzugeben, nachdem er sie ausgelesen hätte?

Meine Augen versuchen vergeblich, dem Umriß des üppigen Busens der Frau am Ecktisch zu entrinnen, aber wenn ich sie schließe, kommt der Busen näher, ich kann seine Wärme fühlen, er umhüllt beinahe mein Gesicht. Meine Knie beginnen zu zittern. Diese Frau wartet auf ihren Liebhaber, der sie treffen wollte und es dann vergessen hat. Deshalb sitzt sie so da und raucht verzweifelt eine Zigarette nach der anderen, trinkt eine Tasse schwarzen Kaffee nach der anderen, um die Tränen in ihrer Kehle hinunterzuspülen. Von Zeit zu Zeit verschwindet sie in der Damentoilette, um die Tränenspuren mit Puder zu überdecken. Und dem Mann am Tisch vor der Garderobe hat der Kellner eben ein Glas Likör serviert, um den Kummer über seine Frau zu lindern, die ihm mit einem jungen Liebhaber durchgebrannt ist. Vielleicht befinden sich die beiden, der Liebhaber und die flüchtige Gattin, in diesem Moment auf einem Liebesschiff, tanzen engumschlungen im Mondschein, der sich in den Ozeanwellen spiegelt, feiern an Deck den Kapitänsball, verträumte Musik wie im Edison-Kino umhüllt ihren Tanz, und sie sind auf dem Weg zu einem der kühnen und verruchten Vergnügungsorte: St. Moritz, San Marino, San Francisco, Sao Paulo, Sanssouci.

Von hier aus webe ich mein Spinnennetz weiter: Der junge Liebhaber, den ich mir als den stolzen männlichen Matrosen vorstellte, der auf den Nelson-Zigarettenschachteln abgebildet war, ist kein anderer als der Mann, der sich heute abend hier mit der rauchenden Frau verabredet hatte, nun aber tausend Meilen weit entfernt ist. Vergebens wartet sie auf ihn.« Sind auch Sie, mein Herr, einsam und sich selbst überlassen worden? Sind auch Sie, gleich mir, ganz allein auf der Welt?« So, im Sprachstil des Omanut-Verlags und der Kinderbücher von Zvi Liebermann-Livne, hat die Frau bestimmt den Mann am Tisch vor der Garderobe angesprochen, als sie vor einer Minute zu ihm trat und sich zu ihm beugte, worauf er mit einem Nikken antwortete. Bald werden diese beiden Verlassenen aufstehen und gemeinsam das Café verlassen, und draußen auf der Straße werden sie sich unterhaken, ohne auch nur ein einziges weiteres Wort wechseln zu müssen. Wohin werden die beiden gehen?

Meine Phantasie zeichnet Alleen und Parks, eine mondscheinüberflutete Bank, einen Pfad zu einem kleinen, mauerumstandenen Haus, Kerzenlicht, geschlossene Fensterläden, Musik – und von da an wird die Geschichte so süß und furchtbar, daß ich sie mir nicht weitererzählen, nicht mehr ertragen kann, und so beeile ich mich, mich mit aller Macht von der Geschichte dieses Paares zu lösen, das kein Paar war. Statt dessen hefte ich den Blick auf zwei nicht mehr junge Herren, die am Nebentisch Schach spielen und deutsch gefärbtes Hebräisch sprechen. Der eine nukkelt an einer erloschenen Pfeife aus rotem Holz, streichelt und liebkost sie mit den Fingern, der andere wischt sich von Zeit zu Zeit mit einem karierten Taschentuch unsichtbaren Schweiß von der hohen Stirn. Eine Kellnerin tritt plötzlich an den Tisch und flüstert dem Herrn mit der Pfeife etwas ins Ohr, worauf er in deutsch klingendem Hebräisch seinen Freund und auch die Kellnerin um Verzeihung bittet, und zum Telefon neben der Durchreiche geht. Danach legt er den Hörer auf, bleibt einen Moment zerstreut, verwirrt stehen, kehrt dann, hilflos und verloren wirkend, an den Tisch zurück, bittet seinen Schachpartner anscheinend erneut um Verzeihung und erklärt ihm etwas, diesmal auf deutsch, legt hastig ein paar Münzen auf den Tisch und wendet sich zum Gehen, aber sein Freund wird zornig und versucht fast gewaltsam, ihm die Münzen wieder in die Tasche zu stopfen, wogegen der andere sich wehrt, und auf einmal fliegen die Münzen klimpernd unter mehrere Tische, und die beiden Herren lassen das Gerangel sein und beginnen auf allen vieren, die Münzen aufzulesen.

Zu spät: Denn ich habe bereits entschieden, daß die beiden Vettern sind, die einzigen Überlebenden ihrer von den Deutschen ermordeten Familie. Und ich habe die Geschichte mit einer Riesenerbschaft und einem wunderlichen Testament angereichert, dem zufolge der Gewinner der

Schachpartie zwei Drittel der Erbschaftssumme erhalten wird und der Verlierer sich mit einem Drittel begnügen muß. Danach füge ich der Geschichte noch ein Waisenmädchen in meinem Alter hinzu, das mit der Jugend-Alija in einen Kibbuz oder ein Kinderheim geschickt worden war, und diese Waise nun, sie und nicht die Schachvettern, ist die wahre Erbin. In diesem Stadium der Geschichte trete ich auf den Plan: in der Rolle des ritterlichen Beschützers des Waisenmädchens, der die sagenhafte Erbschaft den unwürdigen Anwärtern entwindet und sie der rechtmäßigen Erbin überreicht, nicht umsonst, sondern für Liebe. Aber als ich bei der Liebe angelangt bin, gehen mir wieder die Augen zu, und ich habe das dringende Bedürfnis, auch diese Geschichte abzubrechen und den Gästen an einem anderen Tisch nachzuspionieren. Oder der hinkenden Kellnerin mit den tiefschwarzen Augen. Und so hat wahrscheinlich mein Schriftstellerleben angefangen: in Kaffeehäusern. In Erwartung von Eis oder Mais.

Bis zum heutigen Tag stehle ich so. Vornehmlich bei Fremden. Vornehmlich an belebten öffentlichen Orten. Beim Warten in der Klinik zum Beispiel. Oder beim Warten auf Ämtern, auf Bahnhöfen oder Flughäfen. Manchmal auch beim Autofahren, im Stau, beim Herüberspähen zu den Insassen in Nachbarwagen: Ich spähe und erfinde Geschichten. Erfinde, spähe und erfinde weiter. Woher kommt sie dort, nach ihrer Kleidung, nach ihrem Gesichtsausdruck, nach der Art, wie sie ihr Make-up auffrischt, zu urteilen? Wie sieht ihr Zimmer aus? Wie ist ihr Mann? Oder der dort drüben, der Mann mit den langen Koteletten, die längst aus der Mode gekommen sind, der sein Mobiltelefon in der Linken hält und mit der Rechten schneidende Gebärden, Ausrufezeichen, Notsignale in die Luft schreibt? Warum will er morgen nach London fliegen? In welche Art von Geschäften ist er verstrickt? Wer erwartet ihn dort? Wie sehen seine Eltern aus? Und woher stammen sie? Wie war er als Kind? Und wie wird er den Abend oder die Nacht verbringen, nachdem er in London gelandet ist? (Heute bleibe ich nicht mehr entsetzt vor den Schlafzimmertüren stehen, sondern schwebe sehend, doch unsichtbar mit hinein.)

Wenn Fremde meinen forschenden Blick bemerken, lächele ich ihnen abwesend, wie entschuldigend, zu und löse meine Augen von ihnen: Ich will ja niemand in Verlegenheit bringen. Ich fürchte mich sehr davor, beim verstohlenen Beobachten erwischt zu werden, meinen Opfern eine Erklärung abgeben zu müssen. Aber nach ein oder zwei Minuten brauche ich die Gelegenheitshelden meiner Geschichten ohnehin nicht mehr ins Visier zu nehmen: Ich habe ja schon genug gesehen. Ein kurzer Moment, und sie sind von meiner unsichtbaren Paparazzi-Kamera eingefangen.

Im Laden zum Beispiel, in der Schlange an der Kasse: Vor mir steht eine eher kleine Frau, Mitte Vierzig, füllig – und sehr anziehend, denn etwas an ihrer Haltung, in ihrem Gesichtsausdruck deutet darauf hin, daß sie schon alles ausprobiert hat, über nichts schockiert ist und daß selbst das Bizarrste bei ihr kein Entsetzen, sondern nur ein gewisses Maß an amüsierter Neugier auslöst. Und hinter mir steht ein junger Soldat um die Zwanzig, starrt mit ausgehungerten Augen auf diese wissende Frau. Ich trete daher einen halben Schritt zur Seite, um ihm nicht die Sicht zu versperren, bereite den beiden ein Zimmer mit einem Teppich aus dickem Samt vor, schließe für sie die Läden, bleibe innen an der Tür dieses Zimmers stehen, und schon ist die Vorstellung in vollem Gang, mit allen Einzelheiten, einschließlich seiner schamhaften Fieberhaftigkeit und ihrer mitfühlenden Großherzigkeit. Bis die Kassiererin mich laut aufwecken muß: Ja bitte? Mit einem Akzent, der nicht typisch russisch ist, sondern vielleicht aus einer der asiatischen Republiken stammt? Und schon bin ich in Samarkand, im schönen Buchara: Kamele mit zwei Höckern, Moscheen aus rötlichem Stein mit runden Gebetshallen, überwölbt von sinnlichen Kuppeln und ausgelegt mit weichen Teppichen, begleiten mich auf dem Weg hinaus, mit meiner Einkaufstasche in der Hand.

Nach dem Wehrdienst, 1961, schickte mich der Kibbuz Hulda für zwei Studienjahre an die Hebräische Universität. Ich studierte Literatur, weil der Kibbuz dringend einen Lehrer für Hebräische Literatur an seiner Oberschule benötigte, und Philosophie studierte ich, weil ich es unbedingt wollte. Jeden Sonntag, von sechzehn bis achtzehn Uhr, versammelten sich rund hundert Studenten im großen Saal des Meiser-Gebäudes, um Professor Schmuel Hugo Bergmanns Vorlesung zum Thema »Die dialogische Philosophie von Kierkegaard bis Martin Buber« zu hören. Schon meine Mutter hatte bei Professor Bergmann Philosophie studiert, in den dreißiger Jahren auf dem Skopusberg, noch ehe sie meinen Vater heiratete, und sie erinnerte sich an ihn mit Zuneigung und Wärme. 1961 war der alte Bergmann bereits Professor emeritus, aber wir waren gefesselt von seiner klaren, durchdringenden Klugheit. Mich faszinierte allein schon der Gedanke, daß der Mann, der da vor uns stand, mit Kafka zur Schule gegangen war und zwei Jahre lang – so hatte er uns erzählt – auf dem Gymnasium in Prag mit ihm auf derselben Bank gesessen hatte, bis Max Brod kam und seinen Platz neben Kafka einnahm.

In jenem Winter lud Bergmann fünf oder sechs seiner Studenten, die er mehr mochte als die anderen oder die ihn mehr interessierten als die anderen, dazu ein, zwei Stunden nach seiner Vorlesung zu ihm nach Hause zu kommen. Jeden Sonntag um acht Uhr abends fuhr ich daher mit der Buslinie 5 vom neuen Campus in Givat Ram zu Professor Bergmanns bescheidener Wohnung in Rechavia. Ein angenehmer, leichter Geruch von alten Büchern, frischem Brot und Geranien hing immer im Raum. Wir setzten uns auf das Sofa oder auf den Boden zu Füßen unseres großen Lehrers, dem Jugendfreund von Kafka und Martin Buber und dem Verfasser philosophischer Werke, die uns mit der Geschichte der Erkenntnistheorie und den Prinzipien der Logik vertraut machten, und harrten schweigend seiner Worte. Noch im Alter war Schmuel Hugo Bergmann ein stattlicher Mann. Mit der weißen Mähne, den ironischen Lachfalten in den Augenwinkeln, dem durchdringenden Blick – skeptisch und zugleich auch unschuldig wie der Blick eines neugierigen Kindes – hatte Bergmann große Ähnlichkeit mit dem alten Einstein auf Fotografien. Mit seinem deutsch-tschechischen Akzent bewegte er sich in der hebräischen Sprache nicht, als wäre er in ihr zu Hause, sondern mit einer Art heiteren Feierlichkeit, wie ein glücklicher Freier, den die Geliebte endlich erhört hat und der sich nun selbst übertreffen muß, um ihr zu beweisen, daß sie sich in ihm nicht geirrt hat.

Fast das einzige Thema, das unseren Lehrer bei diesen Zusammenkünften beschäftigte, war die Unsterblichkeit der Seele oder die Möglichkeit, so es sie denn gab, eines Weiterlebens nach dem Tod. Darüber sprach er zu uns an den Sonntagabenden jenes Winters, während der Regen an die Fensterscheiben prasselte und der Wind im Garten heulte. Zuweilen fragte er uns nach unserer Meinung und hörte sehr aufmerksam zu, gar nicht wie ein geduldiger Lehrer, der über die Schritte seiner Schüler wacht, sondern wie jemand, dem man ein höchst kompliziertes Musikstück vorspielt und der nun aus all den vielen Tönen einen einzigen, bestimmten, leisen Ton heraushören und feststellen soll, ob er nicht falsch klingt.

»Gar nichts«, so sagte er uns an einem dieser Abende, und ich habe nichts davon vergessen, so wenig vergessen, daß mir scheint, ich könnte das Gesagte fast Wort für Wort wiedergeben, »gar nichts geht verloren. Niemals. Das Wort ›verloren‹ an sich würde ja bereits implizieren, daß das

Universum vermeintlich endlich ist und man sich daraus davonmachen könne. Aber gaaar nichts« (er dehnte mit voller Absicht das Wort »gar«), »gaaar nichts wird jemals das Universum verlassen. Und auch nicht hineinkommen. Kein einziges Staubkorn wird verlorengehen oder hinzukommen. Die Materie verwandelt sich in Energie und die Energie in Materie, die Atome verbinden und trennen sich wieder, alles ändert und verwandelt sich, aber gaaar nichts kann sich in nichts auflösen. Auch nicht das winzigste Härchen, das vielleicht an der Schwanzspitze eines Virus wächst. Der Begriff des Unendlichen ist tatsächlich völlig offen, offen bis ins Unendliche, aber gleichzeitig auch hermetisch geschlossen und versiegelt: Nichts kommt raus, nichts kommt rein.«

Pause. Ein listig-kindliches Lächeln breitete sich wie das Licht der aufgehenden Sonne über den Runzellandschaften seines ausdrucksvollen, faszinierenden Gesichts aus: »Warum also dann, vielleicht könnte mir das jemand erklären, warum behauptet man dann steif und fest, die einzige und alleinige Ausnahme von dieser Regel, das einzige, das dazu bestimmt ist, zum Teufel zu gehen, sich in nichts aufzulösen, das einzige, das in dem ganzen großen Universum, in dem kein Atom sich in nichts auflösen kann, das einzige, das dem völligen Vergehen anheimgestellt ist, sei ausgerechnet meine armselige Seele? Was denn, jedes Staubkorn und jeder Tropfen Wasser soll ewig bestehen, wenn auch in veränderter Form, alles – außer meiner Seele?«

»Die Seele«, murmelte da ein schlaues junges Genie in der Zimmerecke, »die hat ja noch keiner je gesehen.«

»Nein«, stimmte Bergmann sofort zu, »auch die physikalischen und mathematischen Gesetze trifft man nicht in den Kaffeehäusern. Auch nicht die Weisheit und die Torheit, auch nicht die Leidenschaft und auch nicht die Angst. Noch keiner hat eine kleine Probe von Freude oder Sehnsucht in ein Reagenzglas getan. Aber wer, mein junger Freund, wer spricht denn jetzt mit Ihnen? Sind es Bergmanns Körpersäfte, die zu Ihnen sprechen? Ist es seine Milz? Vielleicht ist es zufällig Bergmanns Dickdarm, der da mit Ihnen philosophiert? Und wer, wenn Sie mir die Frage verzeihen, wer hat in diesem Moment Ihre Lippen etwas unangenehm lächeln lassen? Nicht Ihre Seele? Ihre Knorpel? Ihre Magensäfte?«

Und ein andermal sagte er: »Was erwartet uns nach dem Tod? Keeein Mensch weiß das. Zumindest nicht in einer Erkenntnisform, die einem Beweis standhielte oder nur überzeugend wäre. Wenn ich heute abend erzählen wollte, daß ich manchmal die Stimmen der Toten höre und ihre Stimmen mir klarer und verständlicher sind als die meisten Stimmen der Lebenden, dürften Sie sofort mit vollem Recht sagen, dieser Alte ist bereits närrisch geworden. Ein wenig verrückt geworden vor lauter Erschrecken über die Nähe des Todes. Deshalb werde ich Ihnen nichts von irgendwelchen Stimmen erzählen, sondern Ihnen heute abend gerade einen mathematischen Satz sagen: Da keeein Mensch weiß, ob es jenseits unseres Todes etwas gibt oder ob es nichts gibt, läßt sich aus dieser totalen Unkenntnis der Schluß ziehen, daß die Wahrscheinlichkeit, daß es dort etwas gibt, haargenau so groß ist wie die Wahrscheinlichkeit, daß es dort nichts gibt. Fünfzig Prozent fürs Vergehen und fünfzig Prozent fürs Weiterbestehen. Für einen Juden wie mich, einen Juden aus Mitteleuropa und aus der Generation der nationalsozialistischen Shoah, ist das als statistische Überlebenschance ganz und gar nicht schlecht.«

Auch Gershom Scholem, Freund und Rivale Bergmanns, war in jenen Jahren fasziniert oder vielleicht auch gequält von der Frage des Lebens nach dem Tod. An dem Morgen, an dem im Radio Scholems Tod bekanntgegeben wurde, schrieb ich:

Gershom Scholem ist heute nacht gestorben. Und jetzt weiß er es.

Auch Bergmann weiß es schon. Auch Kafka. Und meine Mutter und mein Vater. Und ihre Bekannten und Freunde und die meisten Männer und Frauen aus jenen Kaffeehäusern, diejenigen, die ich benutzt habe, um mir Geschichten zu erzählen, und die, die bereits vergessen sind, sie alle wissen es jetzt schon. Eines Tages werden auch wir es wissen. Und in der Zwischenzeit fahren wir fort, hier verschiedene Einzelheiten zu sammeln. Für alle Fälle.

52

Ich war ein glühend nationalistisches Kind, als ich die vierte und fünfte Klasse der Tachkemoni-Schule besuchte. Ich verfaßte einen historischen Fortsetzungsroman mit dem Titel *Das Ende des Königreichs Juda*, mehrere Gedichte über die Makkabäer und über Bar Kochba sowie ein paar nationale Lobgesänge, die Großvater Alexanders glühend patriotischen Versen ähnelten und der Hymne des Betar und den übrigen Nationalliedern von

Seew Jabotinsky nachzueifern versuchten:»...Trag Feuer, Brand zu legen, nichts spricht dagegen! Denn Rast ist Morast, gib hin Blut und Leben, verborg'nen Glanz anzustreben!...«Ich war auch vom Lied der jüdischen Partisanen und der Widerstandskämpfer im Ghetto beeinflußt:»...Und wo von uns ein Blutstropfen gefallen ist, wird sprießen unsere Kraft und unser Mut...«Und von den Gedichten Scha'ul Tschernichowskis, die Vater uns mit bebendem Pathos vorlas:»...Eine Melodie von Feuer und Blut! Erklimme den Berg und ramme Pflöcke in das Land, alles, was du siehst – sei dein!« Am meisten begeisterte mich das Gedicht »Unbekannte Soldaten« des Lechi-Befehlshabers Abraham Stern, genannt Jair. Allein in meinem Bett, nach dem Lichtausmachen, sagte ich es mit Pathos, aber im Flüsterton auf: »Unbekannte Soldaten ohne Uniform sind wir, Grauen und Todesschatten um uns her, alle sind aufgerufen fürs Leben, aus unseren Reihen kann nur der Tod befreien ... An roten Tagen von Gewalt und Blut, in schwarzen Nächten von Verzweiflung werden wir in Stadt und Dorf unser Banner hissen, Verteidigung und Eroberung ist das Gebot!...«

Die Stürme von Blut, Boden, Feuer und Eisen versetzten mich in einen wahren Rausch. Wieder und wieder stellte ich mir meinen Heldentod auf dem Schlachtfeld vor, den Kummer und den Stolz meiner Eltern. Aber zugleich – nachdem ich in heroischem Kampf gefallen war und nachdem ich unter Tränen die erhebenden Nachrufe genossen hatte, die Ben Gurion, Begin und Uri Zvi Greenberg in seltener Einmütigkeit bei meiner Beerdigung hielten, nachdem ich mich selbst betrauert und das marmorne Ehrenmal und die meinem Gedenken gewidmeten Loblieder tief ergriffen gewürdigt hatte – erstand ich immer gesund und munter und durchtränkt von Selbstbewunderung von meinem zeitlich begrenzten Tod wieder auf und ernannte mich umgehend zum Oberbefehlshaber der israelischen Armee und führte meine Legionen ins Feld, um mit Blut und Feuer all das zu befreien, was der diasporaverhaftete Wurm Jakob den Händen des Feindes und Widersachers nicht zu entwinden gewagt hatte.

Menachem Begin, der legendäre Befehlshaber der Untergrundorganisation Etzel, war mein größtes Kindheitsidol in jenen Jahren. Schon vorher, im letzten Jahr des britischen Mandats, hatte der anonyme Befehlshaber des Untergrunds meine Phantasie stürmisch beflügelt: Ich malte mir in Gedanken seine von biblischem Glorienschein umgebene Gestalt aus. Ich stellte mir sein geheimes Hauptquartier in einer der wildesten Schluchten der judäischen Wüste vor. Barfuß, in Leder gegürtet, flammensprühend wie der Prophet Elia in den Felsklüften des Karmels, erteilt er von dort, von einer entlegenen Höhle, seine Befehle mittels unschuldig aussehender Jungen. Nacht für Nacht reicht der lange Arm des Untergrundkommandeurs bis ins Herz der britischen Besatzung, jagt mit Dynamit Hauptquartiere und Militäreinrichtungen in die Luft, durchbricht Mauern und sprengt Waffenlager und ergießt seinen Zorn über die Bollwerke des Feindes, der in Aufrufen, die mein Vater verfaßte, »der anglo-nazistische Unterdrücker« hieß oder auch »Amalek« oder »das perfide Albion«. (Demgegenüber sagte meine Mutter einmal über die Briten: »Amalek hin, Amalek her, wer weiß, ob wir uns nicht bald noch nach ihnen sehnen werden.«)

Nach der Staatsgründung kam der Oberbefehlshaber der hebräischen Untergrundtruppen endlich aus seinem Versteck hervor, und sein Bild erschien eines Tages in der Zeitung, versehen mit seinem Namen: nichts Heroisches wie Ari Ben Schimschon, Löwe Sohn Simsons, oder Ivrijahu Ben Kedumim, Hebräer, Sohn der Vorzeit, sondern: Menachem – der Tröstende – Begin. Ich war geschockt: Der Name Menachem Begin paßte vielleicht zu einem jiddisch sprechenden Galanteriewarenhändler aus der Zefanja-Straße oder einem Perückenmacher und Korsettnäher mit Goldzahn in der Ge'ula-Straße. Überdies entpuppte sich mein Jugendheld auf diesen Zeitungsfotos zu meiner Enttäuschung als ein zerbrechlicher, schmächtiger Mann mit einer großen Brille im blassen Gesicht, und nur der Schnurrbart zeugte von seinen geheimen Heldentaten. Doch ein paar Monate später war auch dieser Schnurrbart verflogen und verschwunden. Begins Gestalt, Stimme, Akzent und Diktion erinnerten mich weder an die stürmischen Eroberer Kanaans noch an Juda den Makkabäer, sondern an das Aussehen und Gebaren meiner schwächlichen Lehrer in der Tachkemoni-Schule, die ebenfalls schäumende und brodelnde Menschen waren in ihrem nationalen Eifer oder ihrem glühenden Gerechtigkeitsfanatismus, hinter deren Heroismus sich jedoch hin und wieder selbstgerechte Gereiztheit und verborgene Griesgrämigkeit zeigte.

Und eines Tages, und zwar ausgerechnet dank Menachem Begin, verlor ich mit einem Schlag die Lust, »Blut und Leben hinzugeben, um verborg'nen Glanz anzustreben«, und war auch nicht mehr der Auffassung, »Rast ist Morast«. Einige Zeit später gelangte ich sogar zur gegenteiligen Überzeugung.

Alle paar Wochen versammelte sich halb Jerusalem am Schabbatmorgen um elf Uhr, um Menachem Begins flammende Reden bei den Versammlungen der Cherut-Partei im Jerusalemer Edison-Saal, dem damals größten Saal der Stadt, zu hören. An der Fassade kündigten Plakate eine bevorstehende Aufführung der israelischen Oper unter Leitung des Dirigenten Fordhaus Ben Zisi an. Großvater warf sich zur Feier der Kundgebung in seinen eleganten schwarzen Anzug mit himmelblauer Satinkrawatte. Ein weißes Taschentuchdreieck schaute ihm aus der Jackettasche wie eine Schneeflocke. Wenn wir etwa eine halbe Stunde vor Beginn der Veranstaltung den Saal betraten, grüßte Großvater mit seinem Hut hierhin und dorthin und verbeugte sich sogar leicht vor seinen Bekannten. Und ich, feierlich, ordentlich gekämmt, in weißem Hemd und geputzten Schuhen, schritt neben Großvater zur zweiten oder dritten Reihe, den reservierten Ehrenplätzen für Persönlichkeiten wie Großvater Alexander, Jerusalemer Parteiratsmitgliedern der Cherut-Partei – einer Gründung des Irgun Zwa'i Le'umi, kurz Irgun oder Etzel. Großvater und ich setzten uns zwischen Professor Joseph Joel Rivlin und Herrn Eliahu Meridor oder zwischen Dr. Israel Scheib-Eldad und Herrn Hanoch Kala'i oder neben Herrn Eisik Remba, den Chefredakteur der Zeitung *Cherut*.

Der Saal war immer übervoll von Irgun-Anhängern und Verehrern des legendären Menachem Begin, fast alles Männer, darunter die Väter vieler meiner Klassenkameraden aus der Tachkemoni-Schule. Aber man konnte eine feine, unsichtbare Linie bemerken, welche die drei, vier vorderen Reihen, die für die honorige Intelligenzschicht reserviert waren – Betar-Veteranen, Aktivisten der Revisionistenbewegung, ehemalige Irgun-Befehlshaber, fast alle aus Polen, Litauen, Weißrußland und der Ukraine stammend –, von den Sefardim, Bucharen, Jemeniten, Kurden und Syrern trennte, die den Rest des Saals füllten. Diese erregte Menschenmenge drängte sich auf den Emporen, in den Gängen, an den Wänden und sogar im Foyer und draußen auf der Straße vor dem Edison-Saal. In den vorderen Reihen schwang man nationalrevolutionäre Reden, getränkt mit Ruhm- und Sieggelüsten, zitierte Nietzsche und Mazzini, doch es herrschte eine kleinbürgerliche Atmosphäre ausgesprochener Wohlanständigkeit: Anzüge, Hüte und Krawatten, höfliches Gebaren und verschnörkelte Salonsitten, die schon damals, Anfang der fünfziger Jahre, einen leichten Geruch nach Mottenkugeln und Moder verströmten.

Hinter diesem »inneren Kreis« schäumte und brodelte ein ganzes Meer begeisterter Verehrer: Voll gläubiger Hingabe drängten sich dort Handwerker und Gemüsehändler und Arbeiter, darunter viele Kippaträger, die geradewegs vom Schabbatmorgengottesdienst in der Synagoge gekommen waren, um ihrem Helden Menachem Begin zu lauschen, hart arbeitende Juden in ärmlicher Kleidung, bebend vor Gerechtigkeitsverlangen, warmherzig und hitzköpfig, begeisterungsfähig und beifallsfreudig.

Zu Beginn der Versammlung sang man Betar-Lieder und zum Schluß die Hymne der Bewegung und die Nationalhymne. Die Bühne war geschmückt mit einem Meer israelischer Flaggen, einem riesigen Foto von Jabotinsky und zwei schnurgeraden Reihen von Betar-Jungen in ihren prächtigen Uniformen und schwarzen Krawatten – wie sehr verlangte es mich, groß und einer von ihnen zu sein – und Spruchbändern, die mein Herz höher schlagen ließen, wie: »Jotapata, Massada, Betar!« »Vergesse ich dich, Jerusalem – so verdorre meine Rechte!« und »In Blut und Feuer ist Judäa gefallen – in Blut und Feuer wird Judäa wiedererstehen!«

Nach zwei, drei »Aufwärmreden« seitens der Jerusalemer Parteispitzen leerte sich mit einem Mal die Bühne, alle am Präsidiumstisch Sitzenden begaben sich auf Plätze im Saal, und auch die Betar-Jugend trat zackig ab. Tiefe, religiöse Stille senkte sich über den Edison-Saal, wie leiser Flügelschlag. Alle Augen galten der leeren Bühne, alle Herzen schlugen angespannt. Eine lange Minute dauerte diese erwartungsvolle Stille, dann erbebte etwas hinter der Bühne, eine schmale Lücke teilte den schweren Samtvorhang, und ein kleiner, magerer Mann ging sanften Schrittes auf das Mikrofon zu, stand dort demütig vor der Menge, den Kopf scheinbar schüchtern gesenkt. Erst nach einigen Sekunden des Staunens regte sich der erste, noch zögernde Applaus: als würde das Volk kaum seinen Augen trauen, als stellten die Anwesenden jedesmal wieder verblüfft fest, daß Begin kein flammensprühender Riese aus dem Titanenreich war, sondern ein schmaler, zerbrechlicher Mann. Doch dann brach der Beifall los, und in den hinteren Reihen verwandelten sich die Beifallsrufe prompt in ein Getöse von Sympathiebekundungen, das Begins Rede fast durchweg begleitete.

Ein paar Sekunden stand der Mann reglos da, den Kopf gesenkt, die Schultern hängend, als wollte er wortlos sagen: »Ich bin zu gering, um diese Verehrung zu verdienen« oder: »Meine Seele neigt sich bis zur Erde unter der Last eurer Liebe.« Dann breitete er die Arme aus, als wollte er die Massen segnen, lächelte verlegen, bat um Ruhe und begann mit zögernder Stimme, wie ein Schauspielschüler, den das Lampenfieber übermannt: »Einen guten und gesegneten Schabbat jedem und jeder von euch, meine Brüder und Schwestern, Kinder meines Volkes, Kinder unserer heiligen, ewigen Stadt Jerusalem.« Und verstummte. Und bemerkte dann leise, in großer Traurigkeit, wie ein Trauernder: »Brüder und Schwestern! Schwere Tage sind es für unseren teuren jungen Staat. Unvergleichlich schwer. Schreckliche Tage für uns alle.«

Nach und nach überwand er seine Traurigkeit, als würde er sich erholen, Kräfte sammeln, und fuhr fort, immer noch leise, aber nun barg diese leise Stimme bereits eine verhaltene innere Kraft in sich, als würde er hinter dem Schleier der leisen Stimme eine selbstbeherrschte, doch äußerst ernste Warnung verstecken: »Wieder knirschen unsere Feinde im Finstern mit den Zähnen und wollen Rache an uns nehmen für ihre schmähliche Niederlage, die wir ihnen auf dem Schlachtfeld zugefügt haben. Die Großmächte führen erneut Böses im Schilde. Das ist nichts Neues. In jedem Zeitalter erheben sich viele gegen uns, um uns zu vernichten. Aber wir, meine Brüder und Schwestern, auch diesmal werden wir erstarken und obsiegen. So wie wir sie immer wieder besiegt haben. Mit Mut und Hingabe werden wir alles überwinden. Mit erhobenem Kopf. Niemals, niemals wird es ihnen vergönnt sein, diese Nation auf Knien zu sehen. Niemals! Bis in die letzte Generation!«

Bei den Worten »niemals, niemals« schwoll die Stimme zu einem durchdringenden, in schmerzerfülltem Tremolo erbebenden Aufschrei an. Und die Menge jubelte ihm nun nicht zu, sondern brüllte vor Wut und Schmerz.

»Der Ewige Israels«, sagte der Redner ruhig und bestimmt, als sei er eben jetzt von einer Lagebesprechung im Generalstab des Ewigen Israels zurückgekehrt, »der Fels Israels wird sich wieder mächtig erheben und die bösen Pläne unserer Feinde vereiteln und zu-nich-te machen!«

Jetzt brandete eine Woge der Liebe und Dankbarkeit in der Menge auf und veranlaßte sie, »Be-gin! Be-gin!« zu skandieren. Auch ich sprang auf und brüllte seinen Namen mit aller Macht meiner Stimme, die gerade im Stimmbruch war.

»Unter einer Bedingung«, sagte der Redner streng, fast grollend, mit erhobener Hand, und verstummte, als würde er über die Art dieser Bedingung nachdenken, als zweifelte er, ob es angebracht sei, sie der Menge mitzuteilen. Totenstille breitete sich im Saal aus. »Unter der einen, einzigen, notwendigen, lebenswichtigen und schicksalhaften Bedingung«, und wieder verstummte er. Sein Kopf senkte sich. Als würde ihn die ungeheure Last der Bedingung niederzwingen. Die Menge harrte so angespannt, daß ich die an der hohen Saaldecke rotierenden Ventilatoren summen hören konnte.

»Unter der Bedingung, daß unsere Führung, meine Brüder und Schwestern, eine nationale Führung ist und kein Haufen verängstigter Ghettojuden, die sich vor ihrem eigenen Schatten fürchten! Unter der Bedingung, daß die schwache und schwächende Regierung Ben Gurion, die besiegte und defätistische, die sich ohne Unterlaß erniedrigende und Erniedrigung suchende Regierung Ben Gurion umgehend einer stolzen und kühnen hebräischen Regierung Platz macht, einer Notstandsregierung, die es versteht, all unsere Feinde in Angst und Schrecken zu versetzen, genau wie unsere glorreiche Armee, die Armee Israels, deren Name allein schon genügt, um sämtliche Feinde Israels vor Furcht erzittern zu lassen!«

An diesem Punkt tobte der Saal, geriet außer sich. Die Worte »die schwache und schwächende Regierung Ben Gurion« hatten an allen Ekken und Enden Ströme von Haß und Verachtung hervorgerufen. Von einer Empore herunter schrie jemand mit heiserer Stimme: »Tod den Verrätern!« Und in einer anderen Ecke skandierte ein aufgepeitschter Haufen im Chor: »Be-gin, Be-gin wollen wir, Ben Gurion, ab mit dir!«

Aber der Redner gebot ihnen Schweigen und erklärte langsam, sachte, sachte, im Ton eines gestrengen Schullehrers, der seine Schüler zurechtweist: »Nein, meine Brüder und Schwestern. Nicht so. Nicht mit Geschrei und nicht mit Gewalt, sondern in ruhiger und würdiger demokratischer Abstimmung. Nicht mit den Schwindler- und Rowdymethoden dieser Roten, sondern auf dem Wege der Ehre und des Anstands, den unser bahnbrechender Vorkämpfer Seew Jabotinsky uns vorgezeichnet hat. Nicht mit Bruderhaß und nicht mit lautem Auftrumpfen, sondern mit kalter Verachtung werden wir sie bald ab nach Hause schicken. All jene Verhökerer unserer Heimaterde und Stalinhörigen. Die feisten Kibbuzfunktionäre und all die hochmütigen und überheblichen Despoten der bolschewistischen Histadrut, all die kleinen Ganoven zusammen mit den großen Dieben. Ab nach Hause mit ihnen! Sie tönen doch den ganzen Tag vollmundig von körperlicher Arbeit und dem Trockenlegen der Sümpfe? Schön. Sehr schön. Wir werden sie also mit aller Hochachtung losschicken, um ein bißchen körperliche Arbeit zu verrichten. Die haben ja schon längst vergessen, was Arbeit ist! Es wird interessant sein, zu sehen, wer von denen überhaupt fähig ist, eine Hacke in die Hand zu nehmen! Wir, meine Brüder und Schwestern, werden die größten Trockenleger von Sümpfen sein – bald, meine Brüder und Schwestern, sehr bald schon, Geduld, nur noch ein wenig Geduld – und wir werden ein für allemal den Sumpf dieser verrotteten Mapai-Regierung trockenlegen! Ein für allemal werden wir ihn trockenlegen, meine Brüder und Schwestern! Unwiderruflich werden wir ihn trockenlegen! Und jetzt wiederholt bitte alle wie ein Mann, laut und deutlich dieses Gelöbnis: Ein für allemal! Ein für allemal!! Ein für allemal!!! Unwiderruflich! Unwiderruflich!! Unwiderruflich!!!«

Die Menge geriet außer Rand und Band. Und ich mit. Als hätten wir uns alle in Zellen ein und desselben wutschäumenden Riesenkörpers verwandelt, kochend vor lauter Entrüstung.

Und an diesem Punkt kam mein Fall, erfolgte meine Vertreibung aus dem Paradies: Herr Begin sprach nun über den bevorstehenden Krieg und über das Wettrüsten, das im ganzen Nahen Osten in vollem Gange sei. Doch wie alle Vertreter seiner Generation, quer durch alle Parteien, verwendete Herr Begin für den Begriff »Waffen« nicht den im modernen Hebräisch üblichen Begriff *kle neschek*, sondern den alten Begriff *kle sajin*, und *sajin* ist auch der derbe Slangausdruck für das männliche Glied. Aufrüsten, *lesajen, lehisdajen*, bedeutet so auch »ficken«, »es miteinander treiben«. Die Grenze verlief, mehr oder weniger, zwischen den im Lande Geborenen, die jünger als fünfundzwanzig waren, und denen, die älter waren oder die hebräische Sprache aus Büchern gelernt hatten.

Herr Begin nahm zwei, drei Schluck Wasser aus seinem Glas, musterte das Publikum, nickte einige Male, als würde er sich selber beipflichten oder Klage führen, und legte dann in erbittert beschuldigendem Ton los, wie ein zorniger Ankläger, der eine Serie nicht zu erschütternder, schlagender Argumente ins Feld führt:

»Präsident Eisenhower treibt es mit Nassers Regime!
Bulganin treibt es mit Nasser!
Guy Mollet und Anthony Eden treiben es mit Nasser!!
Die ganze Welt treibt es Tag und Nacht mit unseren arabischen Feinden!!!«

Pause. Die Stimme des Redners füllte sich mit Abscheu und Verachtung: »Und wer treibt es mit der Regierung Ben Gurion?«

Betretene Stille senkte sich über den ganzen Saal. Aber Herr Begin spürte sie nicht. Er hob die Stimme und trompetete: »Wäre ich jetzt Regierungschef – so würden alle, alle es mit uns treiben!! Al-le-samt!!!«
Schwaches, zögerliches Klatschen flackerte hier und da unter den älteren Aschkenasim vorn im Saal auf, während die übrige Menge bis nach ganz hinten anscheinend zögerte, ihren Ohren nicht traute oder vielleicht leicht geschockt war. In dieser verlegenen Stille, die einen Augenblick lang im ganzen Saal herrschte, gab es nur ein Kind, ein national eingestelltes Kind um die zwölf Jahre, ein bis an die Haarwurzeln politisches Kind, ein glühender junger Begin-Anhänger in weißem Hemd und spiegelblank geputzten Schuhen, der sich nicht mehr beherrschen konnte und plötzlich in Lachen ausbrach.

Dieses Kind versuchte mit aller Gewalt das Lachen zu unterdrücken, hätte auf der Stelle sterben mögen vor Scham, aber dieses panische, hysterische Lachen ließ sich nicht unterdrücken, war übermächtig. Es war ein würgendes, tränenüberflutetes Lachen, ein heiseres, teils in schrilles Quietschen umschlagendes Lachen, ein Lachen, nahe am Schluchzen und ersticktem Röcheln.

Von allen Seiten richteten sich bestürzte und entsetzte Blicke auf diesen Jungen. Und in allen Ecken wurden zahllose Finger auf zahllose Münder gelegt, die »schschsch« und »pssst« machten. Schande! Schmach und Schande! Und von allen Seiten schimpften wichtige Persönlichkeiten böse auf den vor Entsetzen erstarrten Großvater Alexander ein. Weit hinten im Saal meinte der Junge noch ein anarchisches Lachen zu hören als Antwort auf seines und danach noch eines. Aber diese Lacher brachen, wenn überhaupt, in den entlegenen Außenbezirken des Volkes aus, während sein eigener Ausbruch die ehrwürdige dritte Reihe überschwemmte, in der die Betar-Veteranen und die Cherut-Würdenträger saßen, alles bekannte und hochgeschätzte Leute.

Und nun hatte auch der Redner ihn bemerkt und seine Rede unterbrochen und wartete geduldig, mit einem nachsichtigen, taktvollen Lächeln, bis Großvater Alexander, hochrot angelaufen, verwirrt und wutschäumend, wie jemand, dessen ganze Welt gerade zusammenbricht, den Jungen am Ohrläppchen packte, ihn gewaltsam hochzog und vor den Augen der ganzen dritten Reihe und der ganzen riesigen Menge von Jerusalemer Heimatliebenden am Ohrläppchen fortzerrte, verzweifelt schimpfend, fort- und hinauszerrte. (Vielleicht war er, Großvater Alexander, ja genau so,

am Ohrläppchen, von der furchteinflößenden Großmutter Schlomit zum Haus des Rabbiners in New York gezerrt worden, nachdem er, bereits mit ihr verlobt, an Bord des Schiffes unterwegs nach Amerika, sich plötzlich in eine andere verliebt hatte.)
Und als wir drei den Saal verlassen hatten, der wutschnaubende Zerrer, der lach- und tränenerstickte Gezerrte und das arme Ohr, das schon knallrot geworden war, holte Großvater aus und versetzte mir eine schallende Ohrfeige auf die rechte Wange, und danach hob er die andere Hand und schlug mir mit der vollen Wucht seines glühenden Hasses gegen die politische Linke auf die linke Wange, und da er der Rechten angehörte, wollte er nicht, daß die Linke das letzte Wort hatte, und versetzte mir so eine weitere Ohrfeige auf die rechte Wange, nicht schwächlich und versöhnlich und diasporaverhaftet im Geiste des Wurmes Jakob, sondern kühn, falkenhaft, nationalstolz, wütend und mit Glanz und Gloria.

Jotapata, Massada, Betar gefangen, werden vielleicht tatsächlich kühn alten Glanz wiedererlangen – aber ohne mich. Und die Cherut- und die Likud-Partei haben an jenem Morgen jemanden verloren, der im Lauf der Jahre eventuell einer ihrer weniger wichtigen Kronprinzen hätte werden können, ein fiebriger Redner, vielleicht ein rhetorisch begabter Knessetabgeordneter oder vielleicht sogar ein Vizeminister ohne Geschäftsbereich.

Nie mehr im Leben habe ich mich erregt und jubelnd unter eine ekstatische Menschenmenge gemischt, nie wieder war ich ein blindes und glückliches Molekül in einem übermenschlichen Körper. Im Gegenteil: Ich habe eine Massenphobie entwickelt, eine spezifische Angst, die mich vor jedem Gedränge fliehen läßt. Der Satz »Rast ist Morast« erscheint mir seither als Symptom einer verbreiteten gefährlichen Krankheit. Bei der Wortverbindung »Blut und Feuer« schmecke ich Blut und rieche den Geruch versengten Menschenfleisches. Wie in den weiten Ebenen des nördlichen Sinai im Sechstagekrieg und wie zwischen den ausgebrannten Panzern auf den Golanhöhen im Jom-Kippur-Krieg.

Das autobiographische Buch von Professor Klausner, Onkel Joseph, auf dem vieles von dem fußt, was ich hier über die Familiengeschichte der Klausners erzählt habe, trägt den Titel *Mein Weg zu Auferstehung und Erlösung*. An jenem Schabbat, an dem der gutherzige Großvater Alexander, Onkel Josephs Bruder, mich am Ohrläppchen hinauszerrte und dabei wutentbrannte Laute hervorstieß, die an entsetztes oder irrsinniges Schluchzen erinnerten, hat offenbar meine Flucht vor Auferstehung und Erlösung begonnen. Noch heute bin ich auf der Flucht davor.

Doch nicht nur davor bin ich geflüchtet. Die erstickende Kelleratmosphäre zwischen meiner Mutter und meinem Vater und zwischen ihnen beiden und den vielen, vielen Büchern, die Ambitionen, die unterdrückten und verleugneten Sehnsüchte nach Rowno und nach Wilna, nach einem Europa, das sich bei uns in einem schwarzen Teewagen und schneeweißen Batistservietten verkörperte, die Last des Unerfüllten in seinem Leben und die Wunde ihres gescheiterten Lebens, Niederlagen, bei denen mir wortlos die Aufgabe übertragen worden war, sie eines Tages in Siege zu verwandeln – all das belastete mich so sehr, daß ich fliehen wollte. In anderen Zeiten verließen junge Menschen ihre Elternhäuser und zogen los, um in Eilat oder in der Sinaiwüste sich zu finden oder sich zu verlieren. Später fuhren sie nach New York und Paris und noch später in die Ashrams Indiens oder in die Dschungel Südamerikas oder ins Himalajagebirge (wohin das Einzelkind Rico in meinem Buch *Allein das Meer* nach dem Tod seiner Mutter flüchtet). Aber Anfang der fünfziger Jahre war der Gegenpol zum beklemmenden Elternhaus der Kibbuz. Dort, fern von Jerusalem, hinter den Bergen und in weiter Ferne, in Galiläa, in der Scharon-Ebene, im Negev und in den fruchtbaren Tälern wuchs – so dachten wir damals in Jerusalem – ein neuer, entschlossener Stamm von Pionierinnen und Pionieren heran, stark, ernsthaft, aber nicht kompliziert, wortkarg, verschwiegen, fähig, sich bis zur Selbstaufgabe dem wirbelnden Tanz hinzugeben, aber auch geschaffen für Einsamkeit und Nachdenklichkeit, für das Leben in Feld und Zelt: kräftige junge Männer und junge Frauen, zu jeder harten Arbeit bereit, aber mit feinem Gespür und voller verhaltenem Gefühl. Ich wollte wie sie sein, um nicht wie mein Vater zu sein und nicht wie meine Mutter und nicht wie all die trostlosen gelehrten Flüchtlinge, die das jüdische Jerusalem bevölkerten. Tatsächlich trat ich bald den Pfadfindern bei, deren Mitglieder damals nach dem Schulabschluß Mitglieder der Kämpfenden Pionierjugend, Nachal, werden wollten, um nach dem Motto »für Arbeit, Verteidigung und Kibbuz« zu leben. Vater war nicht glücklich darüber, aber da er wahrhaft liberal sein wollte, begnügte er sich damit, traurig zu bemerken: »Die Pfadfinderbewegung. Gut. In Ordnung. Auch recht. Warum nicht. Aber der Kibbuz? Der Kibbuz ist etwas für einfache und kräftige Menschen, und du bist weder kräftig noch einfach. Du bist solch ein begabter Junge. Ein Individualist. Es ist doch besser, du dienst unserem teuren Staat, wenn du einmal groß bist, mit deinen Begabungen und nicht mit deinen Muskeln, die nicht besonders entwickelt sind.«

Mutter war da schon fern. Hatte sich schon von uns abgewendet.

Und ich stimmte Vater zu. Deshalb zwang ich mich von da an, doppelt so viel zu essen und meine schlaffen Muskeln durch Dauerlauf und Turnübungen zu stärken.

Drei, vier Jahre später, als meine Mutter bereits tot war und mein Vater zum zweiten Mal geheiratet hatte, schon im Kibbuz Hulda, an einem Schabbat morgen um halb fünf, erzählte ich Efraim Avnery von Begins »Aufrüsten«. Wir waren damals in aller Frühe zum Arbeitseinsatz bei der Apfelernte aufgestanden. Ich war fünfzehn oder sechzehn. Efraim Avnery war Mitte Vierzig, ebenso wie die übrigen Gründer von Hulda, aber er und seine Genossen hießen bei uns – und nannten sich untereinander auch so – bereits »die Alten«.

Efraim hörte sich die Geschichte an, lächelte, hatte offenbar aber im ersten Moment Mühe, zu erfassen, wo die Pointe lag, denn auch er gehörte zu der Generation, für die jenes Wort nur mit Panzern und Kanonen zu tun hatte. Eine Minute später sagte er: »Ach ja, ich habe begriffen, Begin hat Waffenbeschaffung gemeint, und du hattest den Slangausdruck im Sinn. Das klingt tatsächlich ein wenig komisch. Aber hör mal, junger Freund (wir beide standen nahe beieinander und pflückten, auf zwei Leitern, zu beiden Seiten desselben Baums, doch das Laub behinderte die Sicht, so daß wir einander nicht sehen konnten), dir ist anscheinend die Hauptsache entgangen. Das, was so lächerlich bei denen ist, bei Begin und seiner ganzen lärmenden Gefolgschaft, ist nicht ihre Verwendung des Wortes *lesajen* oder *lehisdajen*, sondern ihr Wortgebrauch im allgemeinen. Für sie gibt es nur ›diasporahaft-unterwürfig‹ einerseits und ›hebräisch-männlich‹ andererseits. Und sie merken gar nicht, wie diasporaverhaftet diese Unterscheidung selber ist. Wie sehr ihre ganze kindische Vernarrtheit in Militär und Paraden und hohle Kraftdemonstration und Waffen direkt aus dem Ghetto kommt.«

Danach fuhr Efraim zu meiner großen Verblüffung fort: »Im Grunde genommen ist er ein guter Mann, dieser Begin. Ein Demagoge ersten Ranges, aber kein Faschist und auch kein Kriegstreiber. Ganz und gar nicht. Im Gegenteil: ein ziemlich weicher Mensch. Tausendmal weicher als Ben Gurion. Ben Gurion ist aus Stein, und Menachem Begin – aus Pappe.

Und er ist ja so altmodisch, dieser Begin. So anachronistisch. Ein abtrünniger Talmudschüler, der nun glaubt, wenn wir Juden jetzt einfach aus vollem Hals zu schreien anfangen, wir seien nicht mehr solche Juden wie früher, keine Opferlämmer mehr, überhaupt nicht mehr blaß und schwächlich, sondern gerade umgekehrt, wir seien jetzt gefährlich, wir seien jetzt schreckliche Wölfe – wenn wir nur so schrien, dann würden all die echten Raubtiere augenblicklich vor uns erschrecken und uns alles geben, was wir wollen: Wir könnten das ganze Land als unser Erbteil übernehmen, uns alle heiligen Stätten aneignen, Transjordanien schlucken und dafür noch die Ehre und Hochachtung der gesamten aufgeklärten Welt einheimsen. Begin und seine Leute reden von morgens bis abends von Macht, doch sie haben nicht auch nur die leiseste Ahnung davon, was Macht eigentlich ist, wie sie beschaffen ist, welche Schwächen sie hat. Macht hat auch eine höchst gefährliche Seite für den, der sie innehat. Stalin, der Schurke, hat einmal gesagt, Religion sei Opium fürs Volk? Na denn hör mal bitte: Ich kleiner Mann sage dir, Macht ist Opium für die Herrschenden. Und nicht nur für die Herrschenden. Macht ist Opium für die ganze Menschheit. Macht ist die Versuchung des Satans, würde ich sagen, wenn ich nur an die Existenz des Satans glauben würde. Und eigentlich glaube ich ein bißchen an ihn. Na denn, wo waren wir stehengeblieben?« (»Na denn« war eine sprachliche Eigenart Efraims und seiner aus Galizien stammenden Freunde.) »Wir waren bei Begin und deinem großen Lachanfall. Du, mein junger Freund, hast an jenem Tag aus dem falschen Grund gelacht. Du hast gelacht, weil ein Wort sich so und auch so auslegen läßt. Na denn. Soll mir recht sein. Aber weißt du, worüber du dort wirklich hättest lachen sollen? So lachen, daß sich die Balken gebogen hätten? Ich sage dir, worüber. Nicht über jenes ›Aufrüsten‹ hättest du lachen sollen, sondern darüber, daß Menachem Begin anscheinend tatsächlich davon überzeugt ist, daß – wenn er nur Regierungschef wäre – dann augenblicklich alle, die ganze Welt, die arabische Seite verlassen und auf seine Seite überlaufen würden. Warum? Warum sollten sie das tun? Weswegen? Wegen seiner schönen Augen? Wegen seiner aufgedonnerten Sprache? Im ehrfürchtigen Gedenken an Jabotinsky vielleicht? Du hättest dort wirklich schallend lachen sollen, denn haargenau solche Politik haben bei uns im Schtetl all die Nichtstuer gemacht. Hinterm Ofen im Lehrhaus haben sie den ganzen Tag so scharfsinnige Politik gemacht. Haben mit ihren Fingern gefuchtelt wie Talmudisten und genau gewußt, was zu tun ist: ›Als erstes schicken wir eine Delegazje zum Zaren Nikolaj, eine wichtige Abordnung, die sehr schön mit ihm sprechen wird und dem Zaren verspricht, ihm zu verschaffen das, was Rußland will am allermeisten, einen Ausgang zum Mittelmeer. Danach bitten wir den Zaren, daß er deswegen einlegt ein gutes Wort für uns bei seinem Freund, dem Kaiser Wilhelm, daß unser Zar beeinflußt diesen Kaiser, damit er anweist seinen guten Freund, den türkischen Sultan, den Juden auf der Stelle und ohne Diskussionen und Ausflüchte auszuhändigen ganz Palästina vom Euphrat bis zum Nil. Erst nachher, nachdem wir uns so ein für allemal verschafft haben werden die vollständige Erlösung, können wir entscheiden nach Herzenslust, ob es dieser Ponje (so nannte man bei uns den Zaren Nikolaj) überhaupt verdient, daß wir halten unser Versprechen und ihm genehmigen einen Ausgang zum Mittelmeer oder nicht.‹ Wenn du dort fertig bist, na denn komm und laß uns jetzt beide die Säcke in den Behälter entleeren und zum nächsten Baum gehen. Und unterwegs klären wir mal bei Alek oder bei Aljoschka, ob sie daran gedacht haben, einen Krug Wasser herzubringen, oder ob auch wir beide uns mit einer Beschwerde an den Zaren Nikolaj wenden müssen.«

Ein oder zwei Jahre später wurden Schüler der zehnten Klasse in Hulda bereits zur Nachtwache eingeteilt: Bei den Übungen der paramilitärischen Jugendorganisation Gadna hatten wir den Umgang mit Waffen gelernt. Es waren die Nächte der arabischen Fedajin und der israelischen Vergeltungsschläge vor dem Sinaifeldzug von 1956. Fast jede Nacht griffen die Fedajin einen Moschav, einen Kibbuz oder städtische Außenbezirke an, sprengten Häuser samt Insassen in die Luft, schossen oder warfen Handgranaten in die Fenster von Wohnungen und legten bei ihrem Rückzug Minen.

Ich hatte alle zehn Tage Wachdienst entlang des Kibbuzzauns, nur fünf Kilometer von der israelisch-jordanischen Waffenstillstandslinie in Latrun entfernt. Zu jeder vollen Stunde stahl ich mich, weisungswidrig, für ein paar Minuten in das leere Klubhaus, um die Nachrichten im Radio zu hören. Die heroisch-selbstgerechte Rhetorik einer Gesellschaft im Belagerungszustand beherrschte diese Rundfunksendungen ebenso wie unsere Kibbuzerziehung: »Wir wanden einen Kranz um Sichel und Schwert.« »Hoch ein Lied auf einen Zug unbekannter Soldaten.« »Nehmt, o nehmt, ihr Berge Efraims, ein neues junges Opfer an.« »Noch wetzt der Feind seine Klinge am Tor.« Kein Mensch verwendete damals das Wort »Palästinenser«: Sie hießen »Terroristen« oder »Fedajin« oder »der Feind« oder »rachedurstige arabische Flüchtlinge«.

In einer Winternacht hatte ich mit Efraim Avnery Wache. Mit Stiefeln, in abgewetzte kurze Militärjacken und kratzige Wollmützen eingemummt, stapften wir beide durch den Morast am Zaun, hinter den Lagerhäusern und dem Kuhstall. Der scharfe Geruch gärender Orangenschalen, die als Futter dienten, mischte sich mit anderen Gerüchen aus der Landwirtschaft: Kuhmist, feuchtes Stroh, warmer Dunst aus dem Schafstall und Federstaub aus dem Hühnerstall. Ich fragte Efraim, ob er jemals in die Situation gekommen sei, im Unabhängigkeitskrieg oder während der Unruhen in den dreißiger Jahren, auf einen dieser Mörder zu schießen und ihn zu töten.

Efraims Gesicht konnte ich in der Dunkelheit nicht sehen, doch in seiner Stimme hörte ich irgendeine subversive Ironie, eine seltsame, sarkastische Trauer, als er mir nach kurzem nachdenklichen Schweigen antwortete: »Mörder? Aber was erwartest du denn von ihnen? Für sie sind wir Fremde aus dem Weltall, die in ihr Land eingefallen sind, nach und nach haben wir Teile davon unter unsere Kontrolle gebracht, und während wir ihnen noch versicherten, wir seien eigentlich gekommen, um ihnen Gutes in Hülle und Fülle zu bringen, sie von der Ringelflechte und der Körnerkrankheit zu heilen, sie von Rückständigkeit, Unwissenheit und dem Joch feudalistischer Unterdrückung zu befreien, haben wir uns listig immer mehr von ihrem Grund und Boden angeeignet. Na denn, was hattest du dir gedacht? Daß sie uns für unsere Gefälligkeiten danken? Daß sie uns mit Trommeln und Zimbeln willkommen heißen? Daß sie uns hochachtungsvoll die Schlüssel fürs ganze Land überreichen, nur weil unsere Vorfahren hier irgendwann einmal gelebt haben? Wen wundert es, daß sie gegen uns die Waffen erhoben haben? Und jetzt, nachdem wir sie besiegt haben und Hunderttausende von ihnen in Flüchtlingslagern leben – was denn, erwartest du etwa von ihnen, daß sie sich mit uns freuen und uns alles Gute wünschen?«

Ich war platt. Obwohl ich die Rhetorik der Cherut-Partei und der Familie Klausner schon weit hinter mir gelassen hatte, war ich doch immer noch ein linientreues Produkt der zionistischen Erziehung. Efraims nächtliche Worte erschreckten mich sehr, und sie erzürnten mich auch. Damals erschien ein solcher Gedanke wie Verrat. Vor lauter Schreck und Staunen entgegnete ich Efraim Avnery stichelnd: »Warum läufst du denn dann mit einer Waffe hier rum? Warum verläßt du nicht das Land? Oder nimmst deine Waffe, läufst über und kämpfst auf ihrer Seite?«

Im Dunkeln hörte ich förmlich sein trauriges Lächeln: »Auf ihrer Seite? Aber auf ihrer Seite will man mich nicht. Nirgendwo auf der Welt wollen sie mich. Niemand auf der Welt will mich haben. Das ist es doch. In allen Staaten gibt's anscheinend zu viele von meiner Sorte. Nur deshalb bin ich hier. Nur deshalb trage ich eine Waffe, damit man mich nicht auch noch hier verjagt. Aber das Wort ›Mörder‹ benutze ich nicht für Araber, die ihre Dörfer verloren haben. Zumindest nicht leichtfertig. Für Nazis – ja. Für Stalin – auch ja. Und für alle möglichen Leute, die anderer Leute Länder rauben.«

»Aber aus deinen Worten muß man schließen, daß auch wir hier anderer Leute Länder rauben? Haben wir vor zweitausend Jahren etwa nicht hier gelebt? Sind wir nicht mit Gewalt von hier vertrieben worden?«

»Das ist so«, sagte Efraim, »es ist ganz einfach: Wenn nicht hier – wo dann ist das Land des jüdischen Volkes? Unter dem Meer? Auf dem Mond? Oder steht nur dem jüdischen Volk, unter allen Völkern der Erde, als einzigem kein eigenes kleines Heimatland zu?«

»Und das, was wir ihnen weggenommen haben?«

»Na denn hast du wohl vergessen, daß sie 1948 zufällig versucht haben, uns alle umzubringen? Da gab's 1948 einen furchtbaren Krieg, und sie haben es eigentlich so hingestellt: entweder sie oder wir, und wir haben gesiegt und ihnen etwas abgenommen. Das ist kein Grund, stolz zu sein! Aber wenn sie uns 1948 besiegt hätten, gäbe es noch weniger Anlaß zum Stolz: Keinen einzigen Juden hätten sie am Leben gelassen. Und tatsächlich lebt heute auf ihrem gesamten Gebiet kein einziger Jude. Aber das ist die Sache: Da wir ihnen 1948 abgenommen haben, was wir ihnen abgenommen haben, haben wir jetzt schon etwas. Und da wir jetzt schon etwas haben, dürfen wir ihnen nicht noch mehr abnehmen. Fertig. Und das ist der ganze Unterschied zwischen mir und deinem Herrn Begin: Wenn wir ihnen eines Tages noch mehr abnähmen, jetzt, wo wir schon was haben, dann wäre das eine sehr große Sünde.«

»Und wenn im nächsten Moment hier Fedajin auftauchen?«

»Wenn sie auftauchen«, seufzte Efraim, »na denn müßten wir uns hier sofort flach auf den Bauch werfen, in den Matsch, und schießen. Und wir würden auch alles daransetzen, besser und schneller als sie zu schießen. Aber nicht weil sie ein Volk von Mördern sind, würden wir auf sie schießen, sondern aus dem einfachen Grund, weil auch wir ein Recht auf Leben haben, und aus dem einfachen Grund, weil auch wir Anrecht auf ein eigenes Land haben. Nicht nur sie. Und jetzt komme ich mir deinetwegen schon vor wie Ben Gurion. Wenn du mich einen Augenblick entschuldigst, dann geh ich jetzt kurz in den Kuhstall und rauche in Ruhe eine Zigarette, und du hältst in der Zwischenzeit Wache. Wach du bitte für uns beide.«

53

Wenige Jahre nach diesem nächtlichen Gespräch, acht, neun Jahre nach dem Morgen, an dem Menachem Begin und sein politisches Lager mich im Edison-Saal einbüßten, traf ich David Ben Gurion. Er war damals Ministerpräsident und zugleich Verteidigungsminister, viele hielten ihn für »den Einen seiner Generation«, den Staatsgründer, den triumphalen Sieger des Unabhängigkeitskriegs und des Sinaifeldzugs. Seine Gegner haßten ihn glühend und spotteten über den Personenkult, der sich zunehmend um ihn herum ausbreitete. Seine Anhänger hingegen sahen damals schon in ihm den »Vater der Nation«: eine Art wunderbare Kombination aus König David, Juda Makkabäus, George Washington, Garibaldi, einem jüdischen Churchill und sogar dem Messias des allmächtigen Gottes.

Ben Gurion selbst verstand sich nicht nur als Staatsmann, sondern auch – vielleicht sogar vorrangig – als Denker und geistigen Leitstern: Er hatte sich selbst Altgriechisch beigebracht, um Plato im Original lesen zu können, hatte auch Hegel und Marx studiert, sich mit Buddhismus und fernöstlichen Philosophien beschäftigt und sich in Spinozas Denken so vertieft, daß er sich selbst als Spinozisten betrachtete. (Der Philosoph Isaiah Berlin, ein messerscharfer Geist, den Ben Gurion jedesmal als Begleitung mobilisierte, wenn er – schon als israelischer Ministerpräsident – die großen Oxforder Buchhandlungen nach Philosophiebüchern absuchte, sagte einmal zu mir: »Ben Gurion überschlug sich in dem Wunsch, als Intellektueller gesehen zu werden. Dieser Wunsch speiste sich aus zwei Irrtümern. Erstens war Ben Gurion der irrigen Überzeugung, Chaim Weizmann sei ein Intellektueller. Und zweitens hielt er auch Jabotinsky irrtümlich für einen Intellektuellen.« So spießte Isaiah Berlin erbarmungslos gleich drei ehrwürdige Vögel auf einen einzigen spitzen Pfeil.)

Gelegentlich füllten lange theoretische Abhandlungen des Ministerpräsidenten Ben Gurion über philosophische Fragen die Wochenendbeilagen des *Davar*. Eines Tages, im Januar 1961, stellte er in einem Beitrag die Behauptung auf, Gleichheit zwischen den Menschen gebe es nicht und könne es nicht geben, wohl aber ein gewisses Maß an Partnerschaftlichkeit.

Ich, der ich mich bereits als Verteidiger der Kibbuz-Werte betrachtete, verfaßte eine kurze Replik, in der ich – ehrfürchtig und respektvoll – behauptete, der Genosse Ben Gurion irre sich hier.* Als meine Stellungnahme in der Zeitung erschien, löste das großen Ärger im Kibbuz Hulda aus. Die Genossen waren wütend über meine Dreistigkeit: »Wie kannst du es wagen, Ben Gurion zu widersprechen?«

Doch nur vier Tage später taten sich mir die Pforten des Himmels auf: Der Vater der Nation hatte sich einen Moment aus seinen Höhen herabbegeben und sich die Mühe gemacht, eine lange und höfliche Antwort auf meinen Beitrag zu schreiben, einen Essay, der sich über beachtlich viele Spalten erstreckte und darauf abzielte, die Vorstellungen des »Einen seiner Generation« gegen die Einwände des »Ysop, der herauswächst an der Mauer«, zu verteidigen.**

Dieselben Kibbuz-Genossen, die mich erst gestern oder vorgestern ob meiner Dreistigkeit am liebsten in eine Umerziehungsanstalt gesteckt hätten, strahlten jetzt vor Glück und beeilten sich, mich mit Handschlag und Schulterklopfen zu beglückwünschen: »Jetzt bist du ein gemachter Mann! Du bist schon in die Ewigkeit eingegangen! Dein Name wird eines Tages im Register von Ben Gurions Gesammelten Werken stehen! Und auch der Name von Kibbuz Hulda kommt mit rein, dank dir!«

Aber die Ära der Wunder hatte damit gerade erst begonnen.

Ein, zwei Tage später traf telefonisch eine Nachricht ein.

Nicht bei mir – wir hatten noch kein Telefon in unseren kleinen Zimmern –, vielmehr im Kibbuzsekretariat. Bella P., eine altgediente Genossin, die zu diesem Zeitpunkt im Büro saß, eilte zu mir – kreidebleich, flatternd wie ein Fetzen Papier, entgeistert, als wäre ihr der Götterwagen in einer Feuersäule erschienen – und teilte mir mit ersterbenden Lippen mit, das Sekretariat des Ministerpräsidenten und Verteidigungsministers bitte mich hiermit, morgen früh, um Punkt 6.30 Uhr, im Büro des Verteidigungsministers in Tel Aviv zu erscheinen, zwecks einer persönlichen Un-

---

* David Ben Gurion, »Betrachtungen«, in: *Davar*, 27. 1. 1961; Amos Oz, »Partnerschaftlichkeit ist kein Ersatz für Gleichheit«, in: *Davar*, 20. 2. 1961.
** David Ben Gurion, »Weitere Betrachtungen«, in: *Davar*, 24. 2. 1961.

terredung mit dem Ministerpräsidenten und Verteidigungsminister, auf persönliche Einladung David Ben Gurions. Die Worte »Ministerpräsident und Verteidigungsminister« sprach Bella P. aus, als hätte sie »der Heilige, gelobt sei er« gesagt.

Nun war es an mir zu erbleichen: Erstens war ich noch in Uniform, ich war ein regulärer Wehrdienstleistender, Oberfeldwebel in der israelischen Armee, und fürchtete, ich könnte dadurch, daß ich in der Presse eine ideologische Debatte mit dem Oberbefehlshaber der Streitkräfte angefangen hatte, vielleicht irgendeine Verordnung oder ein Gesetz übertreten haben. Zweitens besaß ich außer den schweren genagelten Militärstiefeln nur Sandalen. Wie sollte ich beim Ministerpräsidenten und Verteidigungsminister erscheinen? In Sandalen? Drittens war es nahezu unmöglich, um halb sieben morgens in Tel Aviv zu sein: Der erste Bus von Kibbuz Hulda nach Tel Aviv fuhr um sieben Uhr und kam, im günstigsten Fall, erst um halb neun im Busbahnhof an.

Deshalb betete ich jene ganze Nacht im stillen, es möge sich ein Unglück ereignen: ein Krieg, ein Erdbeben, ein Herzanfall, bei ihm oder bei mir, egal.

Und um halb fünf putzte ich zum dritten Mal die genagelten Militärstiefel, zog sie an und verschnürte sie gut. In einer gebügelten, zivilen Khakihose mit weißem Hemd, Pullover und kurzer Militärjacke ging ich zur Landstraße. Durch ein Wunder gelang es mir, ein Auto anzuhalten und verschüchtert das Büro zu erreichen, das nicht in dem monströsen, antennenbestückten Gebäude des Verteidigungsministeriums untergebracht war, sondern überraschenderweise im Hinterhof, in einem kleinen idyllischen Landhaus im bayrischen Stil mit zwei bescheidenen Stockwerken und rotem Ziegeldach, ganz und gar überrankt von einer grünen Kletterpflanze, das im 19. Jahrhundert von deutschen Templern erbaut worden war, die eine landwirtschaftliche Siedlung in den Dünen nördlich von Jaffa gegründet hatten und beim Ausbruch des Zweiten Weltkriegs von den Briten des Landes verwiesen worden waren.

Der freundliche Sekretär achtete nicht weiter auf mein Zittern und meine erstickte Stimme, sondern instruierte mich mit fast intimer Wärme, als verschwöre er sich mit mir hinter dem Rücken der Gottheit im Nebenzimmer: »Der Alte«, begann der Sekretär mit dem verbreiteten, volkstümlichen Spitznamen, den Ben Gurion schon in seinen Fünfzigern erhalten hatte, »der Alte, Sie werden gewiß verstehen, neigt, wie soll man sagen, seit einiger Zeit leicht dazu, sich zu langen philosophischen Gesprächen hinreißen zu lassen. Aber seine Zeit ist, wie Sie sich sicherlich vorstellen können, kostbarer als Gold. Er leitet immer noch fast alle Staatsgeschäfte selbst, angefangen von Kriegsvorbereitungen und unseren Beziehungen zu den Großmächten bis hin zum Poststreik. Sie werden, natürlich, so taktvoll sein, sich nach zwanzig Minuten höflich zurückzuziehen, damit wir noch irgendwie seinen Terminplan für den restlichen Tag retten können.«

Auf der ganzen Welt hätte ich nichts lieber getan, als mich »höflich zurückzuziehen«, und das nicht erst nach zwanzig Minuten, sondern sofort. Noch im selben Augenblick. Allein schon der Gedanke, der Allmächtige persönlich, leibhaftig, er und kein Engel, er und kein Sendbote, sei hier, weile tatsächlich hinter dieser grauen Tür und ich würde ihm im nächsten Augenblick in die Hände fallen, ließ mich fast ohnmächtig werden vor Ehrfurcht und heiliger Scheu.

So daß dem Sekretär offenbar nichts anderes übrigblieb, als mich behutsam vorwärtszuschieben, mit beiden Händen, hinein, ins Allerheiligste.

Die Tür schloß sich hinter mir, und ich stand wie gelähmt da, mit schlotternden Knien, den Rücken an die Tür gelehnt, durch die ich eben eingelassen worden war. König Davids Büro war ein gewöhnlicher, überraschend spartanischer Raum, kaum größer als ein bescheidenes Wohnzimmer im Kibbuz. Mir gegenüber befand sich ein Fenster mit einer bäuerlichen Gardine, das etwas Außenlicht zum Schein der einfachen Glühbirne beisteuerte. Zwei metallene Büroschränke mit Schubladen flankierten das Fenster. Ein großer Schreibtisch stand mitten im Zimmer, nahm fast ein Viertel seiner Fläche ein, mit einer Glasplatte, auf der sich Bücher, Hefte, Zeitungen, Zeitschriften sowie Papiere und Akten, teils aufgeschlagen, teils geschlossen, zu drei, vier hohen Stapeln türmten. Zwei metallene Behördenstühle standen vor und hinter dem Schreibtisch, jene grauen Stühle, die man damals in jedem staatlichen oder militärischen Büro sah, und immer war auf ihrer Unterseite der Aufdruck »Eigentum des Staates Israel«. Weitere Stühle gab es nicht im Zimmer. Über eine ganze Wand, vom Boden bis zur Decke, von einer Ecke bis zur anderen, spannte sich eine riesige Landkarte des gesamten Mittelmeer- und Nahostraums, von der Straße von Gibraltar bis zum Persischen Golf. Israel, so klein wie eine Briefmarke, war auf dieser weiträumigen Karte durch eine dicke Umrandungslinie hervorgehoben. Und drei überquellende Bücherregale nahmen die Gegenwand ein, wie für den Fall, daß jemand hier plötzlich einen Anfall von Lesewut bekommen könnte, der keinerlei Aufschub duldete.

Zwischen den Wänden dieses spartanischen Büros ging mit schnellen kleinen Schritten, die Arme auf dem Rücken verschränkt, die Augen zu Boden gerichtet, den großen Kopf geneigt und energisch vorgeschoben, ein Mann auf und ab, der genau wie Ben Gurion aussah, aber auf keinen Fall Ben Gurion sein konnte: Jedes Kind im Land, schon im Kindergarten, wußte damals sogar im Schlaf, wie Ben Gurion aussah. Aber da es noch kein Fernsehen gab, meinte ich selbstverständlich, der Vater der Nation sei ein Riese, dessen Haupt in die Wolken rage. Und dieses Double nun war ein kleiner, untersetzter und rundlicher Mann, keine ein Meter sechzig groß.

Ich war verblüfft. Fast gekränkt.

Doch in der ungestörten Stille, die zwei oder drei ewig lange Minuten im Zimmer herrschte, war ich, immer noch ängstlich den Rücken an die Tür gepreßt, völlig gebannt von der eigenartigen, hypnotisierenden Gegenwart dieses starken und kompakten kleinen Mannes, teils unbeugsamer Bergbauerngroßvater, teils uralter, energischer Zwerg, der da rastlos auf und ab ging, die Hände auf dem Rücken, den Kopf vorgereckt, als würde er unsichtbare Wände einrammen, gedankenversunken, fern, ohne auch nur im geringsten anzudeuten, daß er bemerkt hatte, daß jemand, etwas, ein fliegendes Sandkorn, ein bläßliches, bebendes Mauerkräutchen, soeben in sein Büro geworfen worden war. Ungefähr fünfundsiebzig war Ben Gurion damals und ich etwas über zwanzig.

Er hatte eine silbrige Prophetenmähne, die wie ein Amphitheater seine Glatze umgab. Unterhalb der mächtigen Stirn ragten dicke, buschige weiße Brauen hervor, und darunter durchbohrten kleine blaugraue Augen mit messerscharfem Blick die Luft. Seine Nase war breit, dick und derb, eine vollkommen schamlose, geradezu pornographische Nase, wie die Nasen der Juden auf antisemitischen Karikaturen. Dagegen waren die Lippen schmal wie eine Schnur, eingesogen, aber der Kieferknochen schien mir energisch vorzuspringen wie eine Faust, der Kiefer eines alten Seebären. Die Gesichtshaut war rauh und rot, als wäre da gar keine Haut mehr, sondern rohes Fleisch. Unter dem kurzen Hals saßen breite, starke Schultern. Die Brust war massiv. Der offene Hemdkragen entblößte eine Handbreit behaarte Brust. Sein Bauch, der sich unverschämt vorwölbte wie der Rücken eines Walfisches, wirkte stramm und fest, als wäre er aus Beton. Aber all diese Herrscherpracht endete, zu meiner Verblüffung, in einem Paar von Zwergenbeinen, Beinen, die man, wäre es nicht pietätlos, fast ein wenig lächerlich hätte nennen können. Ich bemühte mich, so wenig wie möglich zu atmen. Vielleicht beneidete ich in diesem Moment Kafkas Gregor Samsa, dem es gelungen war, sich in ein Insekt zu verwandeln. Das Blut wich aus allen meinen Extremitäten und versteckte sich in meiner Leber.

Die ersten Worte, die die Stille im Raum durchschnitten, erklangen in der durchdringenden blechernen Stimme, die wir damals alle fast täglich im Radio hörten. Sogar in unseren Träumen hörten wir sie. Der Allmächtige warf mir einen grimmigen Blick zu und sagte: »Nu! Warum setzen Sie sich nicht?! Setzen Sie sich doch!«

Blitzschnell setzte ich mich auf den Stuhl vor seinem Schreibtisch. Stockgerade saß ich dort. Aber nur auf der äußersten Stuhlkante. Anlehnen kam nicht in Frage.

Stille. Der Vater der Nation ging weiter im Zimmer auf und ab, mit kleinen Schritten, aber schnell und kraftvoll, wie ein Löwe im Käfig oder als wäre er wild entschlossen, keineswegs zu spät zu kommen.

Nach einer halben Ewigkeit sagte er unvermittelt: »Spinoza!«

Und verstummte. Und als er von mir weg zum Fenster gegangen war, machte er mit einem Schwung kehrt und bemerkte: »Haben Sie Spinoza gelesen? Haben Sie. Aber vielleicht nicht verstanden? Wenige verstehen Spinoza. Sehr wenige.«

Damit legte er los, ohne sein Auf- und Abwandern zwischen Fenster und Tür einzustellen, und begann mir einen längeren Morgenvortrag über Spinozas Denken zu halten.

Mitten im Vortrag tat sich die Tür zögerlich einen Spalt auf: Der Sekretär, demütig, niedriger als Gras, steckte den Kopf herein, lächelte, versuchte etwas zu murmeln, aber das Brüllen eines verwundeten Löwen traf ihn: »Geh weg! Geh! Stör nicht! Siehst du nicht, daß ich hier eines der interessantesten Gespräche seit langem führe? Also geh schon!«

Der Eindringling verschwand im Handumdrehen.

Und ich hatte bisher noch kein Wort herausgebracht. Keinen einzigen Ton.

Aber Ben Gurion genoß es sichtlich, noch vor sieben Uhr morgens über Spinoza zu referieren. Und tatsächlich tat er das ungerührt noch ein paar Minuten.

Plötzlich verstummte er mitten im Satz. Blieb genau hinter mir stehen. Fast konnte ich seinen Atem in meinem schreckgelähmten Nacken spüren. Aber ich wagte nicht, mich umzudrehen. Stocksteif und versteinert saß ich da, die rechtwinklig geknickten Beine aneinandergepreßt, die Schenkel in rechtem Winkel zu meinem angespannten Rücken.

Ohne den leisesten Anflug eines Fragezeichens in seiner Stimme sagte Ben Gurion scharf: »Sie haben kein Frühstück gehabt!«

Er wartete keine Antwort ab. Ich sagte keinen Ton.

Mit einem Schlag tauchte Ben Gurion unversehens hinter dem Schreibtisch ab, versank wie ein großer Stein im Wasser. Nicht einmal die Spitze seiner silbrigen Mähne war mehr zu sehen.

Und einen Augenblick später tauchte er wieder auf, zwei Gläser in der einen Hand, eine Flasche Paz-Saft (eine Art billiges gefärbtes Wasser) in der anderen. Er schenkte im Stehen erst sich, dann mir energisch ein Glas ein und erklärte: »Trinken Sie schon!«

Ich trank das Glas aus. Auf der Stelle. In einem Zug, ohne abzusetzen. Bis zum letzten Tropfen.

Währenddessen nahm Ben Gurion zwei, drei lange, hörbare Schlucke, wie ein durstiger Bauer, und setzte seinen Spinoza-Vortrag fort.

»Als Spinozist sage ich Ihnen ohne den Schatten eines Zweifels, daß sich der ganze Kern der Lehre Spinozas so zusammenfassen läßt: Immer bewahre der Mensch Gelassenheit! Niemals verliere er seinen Gleichmut! Alles übrige sind Auslegungen, Spitzfindigkeiten und Paraphrasen. Gelassenheit! Gleichmut in jeder Lage! Und alles andere ist nur Firlefanz.« (Ben Gurions eigentümliche Intonation schliff die hebräischen Pluralendungen »im« zu einem stark betonten »m« ab, so daß das Ende des Wortes fast zu einem kleinen Brüllen anschwoll.)

Hier mußte ich zu Spinozas Ehrenrettung einschreiten. Man konnte nicht länger schweigen, ohne den von mir über alles geschätzten Philosophen zu verraten. Ich nahm also all meinen Mut zusammen, zwinkerte ein wenig und wagte dann wie durch ein Wunder, in Gegenwart des Herrn der Erde und alles, was darinnen ist, den Mund aufzutun und leise zu piepsen: »Gelassenheit und Gleichmut, das gibt es tatsächlich bei Spinoza, aber vielleicht ist es nicht ganz genau zu sagen, daß darin die Essenz der Lehre Spinozas besteht? Es gibt bei ihm doch auch –«

Und nun regnete es Feuer und Schwefel und glühende Lava direkt aus dem Schlund des brodelnden Vulkans auf mich herab: »Mein ganzes Leben bin ich Spinozist gewesen! Von Jugend an bin ich Spinozist! Gelassenheit! Gleichmut! Das ist die Essenz der Essenz aller Ideen Spinozas! Ihr innerster Kern! Seelenruhe! Im Guten wie im Schlechten, bei Sieg und bei Niederlage verliere der Mensch nie seine Seelenruhe! Punktummm!«

Seine zwei starken Fäuste, die Fäuste eines alten Holzfällers, landeten jäh und wild, in überbordendem Zorn, auf der Glasplatte des Schreibtischs, so daß die beiden Gläser hochsprangen und angstvoll schepperten: »Niemals verliere der Mensch die Fassung«, ging es auf mich nieder wie das Donnerwetter beim Jüngsten Gericht, »niemals! Und wenn Sie das nicht einsehen – dann verdienen Sie den Namen Spinozist nicht!«

Und damit war sein Zorn mit einem Schlag verraucht. Er hellte auf.

Er setzte sich auf den Stuhl, mir gegenüber, und breitete die Arme auf dem Schreibtisch aus, als wolle er alles, was sich auf der Glasplatte angesammelt hatte, spontan ans Herz drücken. Ein angenehmes, herzerwärmendes Leuchten strahlte aus ihm, als er auf einmal freudig und arglos lächelte, und es war, als lächelten nicht nur sein Gesicht und seine Augen, sondern als würde sich sein ganzer wie zur Faust geballter Leib entspannen und mitlächeln, als würde das ganze Zimmer lächeln und beinahe auch Spinoza selbst. Ben Gurions Augen, die im Nu von graubewölkt zu klarem Himmelblau gewechselt hatten, musterten mich von oben bis unten, ohne sich um irgendwelche Anstandsregeln zu bekümmern, prüften mich so gründlich, als taste er mich mit Fingern ab. Er hatte etwas Quecksilbriges, Rastloses, Ungebändigtes an sich. Seine Argumente waren wie Faustschläge. Doch wenn er plötzlich ohne jede Vorwarnung zu strahlen begann, verwandelte sich der Mann augenblicklich vom nachtragenden Rachegott in einen liebenswerten Großvater, der vor Gesundheit und Zufriedenheit leuchtete. Dann ging eine verlockende Wärme von ihm aus, und für einen Moment zeigte sich seine herzliche Wesensart, die eines fröhlichen, spitzbübischen Kindes, eines von unermüdlicher Neugier erfüllten Jungen: »Und Sie? Sie schreiben doch Gedichte? Nein?«

Sagte es und zwinkerte mir verschmitzt zu. Als sei es ihm gelungen, mir eine nette, kleine Falle zu stellen. Als habe er damit das Spiel gewonnen.

Wieder war ich verblüfft: Bisher hatte ich ja nur zwei, drei schlechte Gedichte in kleinen Vierteljahresschriften der Kibbuzbewegung veröffentlicht (Hefte, die hoffentlich mitsamt meinen armseligen Versen längst zu Staub zerfallen sind).

Aber Ben Gurion war anscheinend einmal auf diese Gedichte gestoßen.

Er hatte, wie es hieß, die Angewohnheit, alles Gedruckte durchzusehen: Monatsschriften für Gartenbau und Wohnkultur, Mitteilungsblätter der Schachliebhaber und der Naturfreunde, agrartechnische Studien, Zeitschriften für Statistik. Seine Neugier war grenzenlos.

Und er besaß offenbar auch ein absolutes Gedächtnis: Was er einmal gesehen hatte, das vergaß er nicht mehr.

Ich stammelte etwas.

Aber der Ministerpräsident und Verteidigungsminister hörte nicht mehr hin. Sein rastloser Geist war schon weitergestürmt. Jetzt, nachdem er ein für allemal, mit einem zerschmetternden Schlag, erläutert hatte, was an Spinozas Lehre unergründet gewesen war, begann er mit ungeheurer Glut über andere Themen zu sprechen: über den nachlassenden Pioniergeist bei unserer Jugend, über die neue hebräische Dichtung, die sich in allen möglichen poetisierenden Experimenten gefalle, statt die Augen aufzutun und das Wunder zu besingen, das sich hier tagtäglich vor unseren Augen abspiele: Die Wiedergeburt des Volkes! Die Erneuerung unserer Sprache! Die Wiederbelebung der Negevwüste!

Und auf einmal, wieder ohne jede Vorwarnung, mitten im sprudelnden Monolog, beinahe mitten im Satz, hatte er plötzlich genug.

Er schoß also, wie eine Kanonenkugel, vom Stuhl auf, ließ auch mich aufstehen, und während er mich zur Tür drängte – mich regelrecht mit seinen beiden kräftigen Händen hinausschob, genau wie sein Sekretär mich eine Dreiviertelstunde zuvor hatte hineinschieben müssen –, sagte Ben Gurion, mitten beim Abschieben, mit großer Freundlichkeit und Wärme: »Gut, sich zu unterhalten. Sehr gut. Und was haben Sie in der letzten Zeit gelesen? Was liest die Jugend heutzutage? Schauen Sie doch bitte jedesmal bei mir herein, wenn Sie in die Stadt kommen. Kommen Sie einfach vorbei, nur keine Angst!«

Und während er mich, samt meinen genagelten Militärstiefeln und meinem weißen Schabbathemd, vor die Tür bugsierte, rief er weiter fröhlich: »Kommen Sie! Kommen Sie jederzeit! Meine Tür steht Ihnen offen!«

Über vierzig Jahre sind seit jener Spinoza-Matinee in Ben Gurions spartanischem Büro vergangen. Seither hatte ich manche Gelegenheit, mit namhaften Menschen zusammenzutreffen, darunter auch politische Führer und faszinierende Persönlichkeiten, gelegentlich sogar solche mit großem persönlichen Charme. Aber kein Mensch hat mich je so durch seine physische Präsenz und seine elektrisierende Willenskraft beeindruckt. In Ben Gurion war, zumindest an jenem Morgen, eine hypnotisierende Energie.

Isaiah Berlin hatte recht mit seiner unerbittlichen Feststellung: Ben Gurion war, trotz Plato und Spinoza, kein Intellektueller. Weit davon entfernt. Er war, scheint mir, ein visionärer Bauer. Etwas Archaisches war an ihm. Etwas aus einer anderen Epoche. Eine fast biblisch anmutende seelische Schlichtheit. Und eine Willenskraft wie ein Laserstrahl. Bereits während seiner Kindheit und Jugend in der ostpolnischen Kleinstadt Plonsk war Ben Gurion anscheinend zu zwei einfachen Überzeugungen gelangt: daß die Juden im Land Israel ihre Heimat wiedererrichten müßten und daß er der richtige Mann sei, sie dabei zu führen. Sein Leben lang rückte er niemals von diesen beiden Kindheitsentscheidungen ab. Alles ordnete er ihnen unter.

Er war ein redlicher und schonungsloser Mensch, und wie die meisten Visionäre hielt er sich nicht mit der Frage auf, wieviel all das kosten würde. Oder vielleicht hielt er einen Moment inne, entschied dann jedoch sofort: Koste es, was es wolle.

Während meiner ganzen Kindheit bei den Klausners und all den Linkenhassern, die bei uns in Kerem Avraham lebten, hatte man mir eingebleut, alle Sorgen und Nöte des Volkes rührten von Ben Gurion her. In der Umgebung, in der ich aufwuchs, war er der »Bösewicht«. Die Verkörperung aller Übel der Linksregierung.

Und als ich erwachsen war, kritisierte ich Ben Gurion aus der anderen Richtung, aus der linken Position heraus. Wie viele gebildete Israelis meiner Generation sah ich in ihm eine fast despotische Persönlichkeit, und sein Vorgehen mit harter Hand gegen die Araber im Unabhängigkeitskrieg und bei den Vergeltungsaktionen war mir zuwider. Erst in den letzten Jahren habe ich angefangen, mehr über ihn zu lesen, und beginne zu zweifeln: Vielleicht war ich im Unrecht.

Es gibt diese und jene Aspekte.

Und plötzlich, während ich die Worte »harte Hand« schreibe, sehe ich von neuem, ganz deutlich, nahezu greifbar, wie Ben Gurions Hand das Glas mit billigem Saft hält, den er erst sich, dann mir eingeschenkt hatte. Auch das dickwandige Glas war billig. Sehr kurz und dick waren seine starken Finger, die das Glas mit großer Kraft umklammerten, als wäre es eine Handgranate. Und ich erschrak: In jenem Moment befürchtete ich, falls ich versehentlich auch nur ein Wort sagen sollte, das seinen Zorn erregen würde, Ben Gurion augenblicklich ausholen und mir mit einem Schwung den ganzen Inhalt des Glases ins Gesicht schütten würde. Oder das Glas an die Wand schleudern. Oder plötzlich die Finger zusammenpressen und es in der Hand zerdrücken. So eisern hielt er jenes Glas gepackt. Bis er sich plötzlich aufhellte und mir verriet, daß er von meinen Versuchen, Gedichte zu schreiben, wußte, und lächelte, vergnügt über mein blankes Entsetzen. Und einen kurzen Moment glich er fast einem fröhlichen, gutmütigen Clown, dem ein kleines Kunststück gelungen ist und der sich schon überlegt: Was nun?

54

Im Herbst, gegen Ende des Jahres 1951, verschlechterte sich der Zustand meiner Mutter aufs neue. Die Migräneanfälle kehrten zurück und damit auch die Schlaflosigkeit. Wieder saß sie alle Tage auf dem Stuhl am Fenster und zählte die Vögel oder die Wolken. Auch in den Nächten saß sie dort, und ihre Augen waren weit geöffnet.

Vater und ich teilten die Arbeiten im Haushalt unter uns auf. Ich putzte das Gemüse, er schnitt es klein zu Salat. Er schnitt Brot, ich bestrich es mit Margarine und Marmelade oder belegte es mit Käse. Ich fegte und putzte den Boden und wischte Staub, Vater trug den Müll hinaus und holte alle zwei, drei Tage einen Drittel Eisblock für den Eisschrank. Ich kaufte im Lebensmittelladen und beim Gemüsehändler ein, Vater übernahm die Besorgungen beim Metzger und in der Apotheke. Jeder notierte, wenn notwendig, weitere Dinge auf dem Einkaufszettel, den wir auf einem Karteikärtchen von Vaters Schreibtisch angelegt und an einem kleinen Nagel am Rahmen der Küchentür aufgehängt hatten, und was bereits eingekauft war, strichen wir durch. Jede Woche am Samstagabend begannen wir dann einen neuen Einkaufszettel:

> Tomaten. Gurken. Zwiebeln. Kartoffeln. Radieschen.
> Brot. Eier. Käse. Marmelade. Zucker.
> Erkundigen, ob es schon Clementinen gibt und wann
> Orangen anfangen.
> Streichhölzer. Öl. Kerzen für Stromausfälle.
> Spülmittel. Wäscheseife. Shenhav-Zahnpasta.

> Petroleum.
> 40-Watt-Birne. Bügeleisen zur Reparatur bringen. Batterien.
> Neuer Gummiring für den Badezimmerhahn. Und den
> Hahn nachsehen lassen, weil er nicht ganz schließt.
> Sauermilch. Margarine. Oliven.
> Wollsocken für Mutter kaufen.

In dieser Zeit wurde meine Handschrift der meines Vaters immer ähnlicher, so daß man kaum noch unterscheiden konnte, wer »Petroleum« notiert und wer »neuer Putzlappen für den Boden« hinzugefügt hatte. Bis heute erinnert meine Handschrift an seine: Sie ist energisch, nicht immer leserlich, aber immer kraftvoll und scharf und verweist auf den starken Druck beim Aufsetzen des Stifts – ganz anders als Mutters runde, kleine Perlenbuchstaben, die sich ein wenig nach hinten lehnten, präzise und schön anzusehen, mit leichter, disziplinierter Hand geschrieben, so vollkommen und ebenmäßig wie ihre Zähne.

Wir waren einander damals sehr nahe, Vater und ich: wie zwei Bahrenträger, die gemeinsam ihre Verwundete einen Steilhang hinauftragen. Wir brachten ihr ein Glas Wasser und achteten darauf, daß sie rechtzeitig die Beruhigungsmittel nahm, die zwei Ärzte ihr separat verschrieben hatten. Auch dafür hatten wir eines von Vaters Kärtchen, auf das wir die Namen der Medikamente und die jeweiligen Einnahmezeiten notierten, das Medikament, das sie genommen hatte, abhakten und das, was sie verweigert oder aber genommen und wieder von sich gegeben hatte, mit einem kleinen »x« markierten. Meistens schluckte sie sie folgsam, sogar bei Übelkeit. Manchmal bemühte sie sich, uns den Anflug eines Lächelns zu schenken, das noch schmerzlicher war als ihre Blässe oder die dunklen Halbmonde unter ihren Augen, weil es ein hohles Lächeln war. Als fände es ohne sie statt. Und manchmal bedeutete sie uns, wir sollten unsere Köpfe zu ihr neigen, und sie streichelte sie sanft, in einer regelmäßigen, kreisenden Bewegung. Lange streichelte sie uns beide. Bis Vater behutsam ihre Hand wegnahm und sie ihr in den Schoß legte. Und ich tat es ihm nach.

Jeden Abend, beim Abendessen, hielten Vater und ich in der Küche eine Art Stabssitzung, faßten die Ereignisse des Tages zusammen und planten den nächsten. Ich erzählte ihm kurz, was in der Schule gewesen war, und er erzählte mir von seiner Arbeit in der Nationalbibliothek oder berichtete mir von einem neuen wissenschaftlichen Aufsatz, den er rechtzeitig für das nächste Heft von *Tarbiz* oder *Mezuda* abzuschließen versuchte.

Wir unterhielten uns über Politik, über die Ermordung König Abdullahs, über Begin und Ben Gurion. Wie Gleichberechtigte sprachen wir miteinander. Und mein Herz füllte sich mit Liebe für diesen müden Mann, der in vollem Ernst erklärte: »Zwischen dir und mir bestehen also eindeutig noch erhebliche Meinungsunterschiede. Vorerst müssen wir daher jeder bei seiner Meinung bleiben.«

Danach besprachen wir die Haushaltsangelegenheiten, notierten auf eines von Vaters Kärtchen, was wir noch erledigen mußten, und strichen durch, was bereits erledigt war. Sogar in Geldfragen beriet Vater sich zuweilen mit mir: Noch zwei Wochen bis zur Gehaltszahlung, und so und so viel haben wir schon ausgegeben. Abend für Abend fragte er mich, was mit meinen Hausaufgaben sei, und ich übergab ihm, zum Vergleichen und Prüfen, die Aufgabenliste von der Schule und meine Hefte mit den Hausaufgaben. Manchmal warf er einen Blick hinein und bemerkte etwas, weil er fast über jedes Thema mehr wußte als meine Lehrer und sogar als die Lehrbuchverfasser. Meist sagte er: »Man braucht bei dir nicht nachzuschauen. Ich verlasse mich eindeutig auf dich und vertraue dir völlig.«

Leiser Stolz und tiefe Dankbarkeit erfüllten mich nach solchen Worten. Und manchmal stieg auch Mitleid in mir auf.

Mit ihm. Nicht mit Mutter. Mit ihr hatte ich überhaupt kein Mitleid in jenen Tagen. Sie bedeutete nur eine lange Reihe täglicher Pflichten und Zwänge. Und Verlegenheit und Scham und Kummer: Denn man mußte irgendwie den Freunden erklären, warum sie nie zu mir kommen durften, mußte den Nachbarn im Lebensmittelladen Antwort geben, die mich mit zuckersüßer Stimme ausfragten, warum man sie denn gar nicht mehr sehe? Was mit ihr los sei? Sogar den Onkeln und Tanten, sogar Großvater und Großmutter sagten Vater und ich nicht die ganze Wahrheit. Wir milderten sie ab. Sprachen von einer schweren Grippe, auch als sie längst keine Grippe mehr hatte. Wir sagten: Migränen, und sagten auch: besonders empfindlich gegen Tageslicht. Und manchmal sagten wir: Sie ist auch sehr müde. Vater und ich bemühten uns, die Wahrheit zu sagen, aber nicht die ganze Wahrheit.

Die ganze Wahrheit kannten wir nicht. Aber wir wußten, ohne uns abzusprechen und ohne unsere Versionen einander anzugleichen, daß wir beide keinem Menschen alles sagten, was wir wußten, sondern der Außenwelt immer nur ein oder zwei Fakten offenbarten. Nie sprachen wir, Vater und ich, miteinander über Mutters Zustand. Wir sprachen nur über die

Aufgaben des kommenden Tages, über die Arbeitsverteilung im Alltag und im Haushalt. Kein einziges Mal sprachen wir darüber, was ihr fehle, abgesehen von Vaters häufigem Seufzer: »Diese Ärzte, nichts wissen sie. Gar nichts.« Auch nach ihrem Tod sprachen wir nicht darüber. Vom Todestag meiner Mutter bis zum Todestag meines Vaters, fast zwanzig Jahre nach ihr, haben er und ich kein einziges Mal über sie gesprochen. Kein einziges Wort. Als hätte sie nie gelebt. Als wäre ihr Leben nur ein zensiertes Blatt, das aus einer sowjetischen Enzyklopädie herausgerissen worden war. Oder als wäre ich, wie Athene, direkt dem Haupt des Zeus entsprungen. Eine Art umgekehrter Jesus war ich: Ein jungfräulicher Mann hatte mich aus einem durchsichtigen Geist geboren. Und jeden Morgen, beim ersten Tageslicht, erwachte ich von der Stimme eines Vogels in den Granatapfelbaumzweigen draußen im Hof. Dieser Vogel begrüßte den anbrechenden Tag mit den ersten fünf Tönen von Beethovens »Für Elise«: »Ti-da-di-da-di!« Und gleich wieder, mit noch größerer Bewunderung: »Ti-da-di-da-di!!« Und ich unter der Bettdecke ergänzte gefühlvoll: »–Da-di-da-da!« Im stillen hieß dieser Vogel bei mir Elise.

Vater tat mir damals leid. Als wäre er, völlig unschuldig, das Opfer einer fortgesetzten Mißhandlung. Als würde Mutter ihn absichtlich quälen. Er war sehr müde und traurig, bemühte sich jedoch die ganze Zeit, wie es seine Art war, ununterbrochen redselige Fröhlichkeit zu verbreiten. Unter seinen Augen, genau wie unter Mutters Augen, traten dunkle Halbmonde auf.

Häufig verließ er seinen Arbeitsplatz in der Nationalbibliothek mitten am Tag, um sie zu Untersuchungen zu begleiten. Was untersuchte man in jenen Monaten nicht alles bei ihr: Herz und Lunge und Hirnströme, Verdauung und Hormone, Nerven und Frauenleiden und Kreislauf. Vergebens. Vater scheute keine Kosten, bestellte verschiedene Ärzte, suchte mit ihr Koryphäen auf, war damals vielleicht sogar gezwungen, Geld von seinen Eltern zu leihen, obwohl ihm Schulden zuwider waren – und erst recht die große Begierigkeit seiner Mutter, Großmutter Schlomit, »im Bilde zu sein« und sein Eheleben wieder in Ordnung zu bringen.

Jeden Morgen stand Vater vor Tagesanbruch auf, um die Küche aufzuräumen, Wäsche zu sortieren, Saft auszupressen und ihn Mutter und mir lauwarm zu servieren, damit wir etwas kräftiger würden, fand vor seinem Weggang zur Arbeit auch noch Zeit, hastig drei, vier Briefe von Redakteuren und Gelehrten zu beantworten. Danach rannte er zum Bus, ein leeres Einkaufsnetz zusammengefaltet in der abgewetzten Aktentasche, um rechtzeitig zum Terra-Sancta-Gebäude zu kommen, in das die Zeitungsabteilung der Nationalbibliothek verlegt worden war, nachdem der Campus auf dem Skopusberg im Unabhängigkeitskrieg von den übrigen Teilen der Stadt abgeschnitten worden war.

Um fünf Uhr nachmittags kam er zurück, hatte unterwegs im Lebensmittelladen, beim Elektriker oder beim Apotheker haltgemacht, und eilte zu Mutter, um nachzusehen, ob es ihr besser ging, immer in der Hoffnung, sie sei während seiner Abwesenheit vielleicht ein wenig eingedöst. Teelöffelweise versuchte er sie mit Kartoffelbrei oder weichgekochtem Reis zu füttern, deren Zubereitung wir irgendwie gelernt hatten. Danach schloß er die Zimmertür von innen ab, half ihr, die Kleidung zu wechseln, und versuchte, mit ihr zu sprechen. Vielleicht bemühte er sich auch, sie ein wenig mit Scherzen aufzuheitern, die er in der Zeitung gelesen oder aus der Bibliothek mitgebracht hatte. Und vor Anbruch der Dunkelheit rannte er los, um weitere Einkäufe zu tätigen, räumte hier und da auf, studierte im Stehen die Beipackzettel neuer Medikamente und versuchte Mutter in ein Gespräch über die Zukunft des Balkans zu verwickeln.

Danach kam er in mein Zimmer, um mir zu helfen, das Bett frisch zu beziehen oder für den Winter Mottenkugeln im Kleiderschrank auszulegen, summte dabei kriminell falsch irgendein sentimentales Lied oder verwickelte nunmehr mich in eine Diskussion über die Zukunft des Balkans.

Gegen Abend schaute manchmal Tante Lilenka bei uns vorbei, Tante Lilja, Tante Lea Kalisch-Bar-Samcha, Mutters beste Freundin und ehemalige Klassenkameradin im Tarbut-Gymnasium in Rowno. Diejenige, die zwei Bücher über die Seele des Kindes verfaßt hatte.

Tante Lilja brachte etwas Obst und Pflaumenkuchen mit. Vater servierte Tee und Kekse und ihren Pflaumenkuchen, während ich das mitgebrachte Obst wusch und es ihnen mit Tellern und Schälmessern brachte. Dann gingen wir hinaus und ließen die beiden allein. Ein, zwei Stunden saß Tante Lilja bei geschlossener Tür mit meiner Mutter im Zimmer, und wenn sie herauskam, waren ihre Augen rot. Doch Mutter sah ruhig und gelassen aus wie immer. Vater unterdrückte die leichte Aversion, die diese Frau bei ihm weckte, und lud Tante Lilja sehr höflich zum Abendessen ein. Warum nicht? Laß uns dich doch ein wenig verwöhnen? Auch Fania würde sich bestimmt freuen. Aber sie entschuldigte sich immer erschrocken, als hätte man ihr die Beteiligung an einer unziemlichen Sache angetragen: Sie wolle um Himmels willen keine Umstände bereiten, und außerdem erwarte man sie zu Hause und werde sich dort bestimmt bald Sorgen machen.

Gelegentlich kamen die Großeltern, gekleidet und aufgeputzt wie zu einem Fest. Großmutter, mit hohen Absätzen, schwarzem Samtkleid und Perlenkette, inspizierte zuerst die Küche, ehe sie sich zu meiner Mutter setzte. Dann stöberte sie in den Medikamentenschachteln, prüfte den Inhalt der kleinen Fläschchen, zerrte Vater zu sich, um die Innenseite seines Hemdkragens zu mustern, verzog angeekelt das Gesicht, nachdem sie den Zustand meiner Fingernägel untersucht hatte, und hielt es für angebracht, bedauernd zu erwähnen, daß die Wissenschaft heutzutage schon wisse, daß die meisten Krankheiten, fast alle, seelischen, nicht körperlichen Ursprungs seien. Großvater Alexander indes, immer herzgewinnend und lebhaft wie ein munterer Welpe, küßte meiner Mutter die Hand und rühmte ihre Schönheit, »sogar zur Zeit der Krankheit, und erst recht – wenn du wieder ganz gesund bist, morgen schon, wenn nicht noch heute abend. Nu, was! Du blühst ja schon auf! Wirklich bezaubernd! *Krassawiza*! Eine Schönheit!«

Abends achtete Vater immer noch kompromißlos darauf, daß das Licht in meinem Zimmer um Punkt neun Uhr gelöscht wurde. Und ging auf Zehenspitzen ins andere Zimmer, das Bücher-, Wohn-, Arbeits- und Schlafzimmer, legte meiner Mutter ein Wolltuch um die Schultern, weil der Herbst bereits vor der Tür stand und die Nächte kalt wurden, setzte sich neben sie, nahm ihre kühle Hand in seine immer warme Hand und bemühte sich, sie wenigstens zu einem leichten Gespräch zu bewegen. Wie der Prinz im Märchen versuchte mein müder Vater, die schlafende Schönheit aufzuwecken. Aber selbst wenn er sie vielleicht küßte, sie aufzuwecken gelang ihm nicht: Der Apfelbann wollte nicht weichen. Entweder war sein Kuß nicht richtig. Oder sie wartete in ihren Träumen nicht auf einen bebrillten Vielredner, der in allen sieben Weisheiten bewandert war, unablässig witzelte und sich um die Zukunft des Balkans sorgte, sondern auf irgendeinen gänzlich anderen Prinzen.

Er saß im Finstern neben ihr, weil sie in jener Zeit kein Licht ertragen konnte. Jeden Morgen, bevor er zur Arbeit und ich zur Schule ging, mußten wir alle Fensterläden schließen und alle Vorhänge zuziehen, als wäre meine Mutter nun die schreckenerregende und unglückliche, auf dem Dachboden eingesperrte Frau in *Jane Eyre*. Umgeben von Finsternis und Schweigen saß Vater da und hielt reglos Mutters Hand. Oder vielleicht umschloß er ihre beiden Hände mit seinen Händen.

Aber er war nicht fähig, länger als drei oder vier Minuten reglos zu sitzen, nicht neben meiner kranken Mutter und nirgendwo sonst, außer an seinem Schreibtisch bei seinen Kärtchen: Er war ein lebenssprühender und aktiver Mann, immer in Bewegung, immer mit etwas beschäftigt, immer redselig.

Wenn Vater die Finsternis und die Stille nicht mehr ertragen konnte, zog er mit seinen Büchern und Kärtchen in die Küche, räumte eine Ecke auf der Wachstuchdecke frei und arbeitete ein wenig. Bald jedoch lähmte die verrußte Küchenkammer seine Hände. Ein- oder zweimal in der Woche stand er daher auf, seufzte, wechselte die Kleidung, kämmte sich, putzte gründlich die Zähne, legte etwas Rasierwasser auf und schaute vorsichtig in mein Zimmer, um nachzusehen, ob ich eingeschlafen war (ihm zuliebe stellte ich mich immer schlafend). Danach ging er zu Mutter, sagte etwas zu ihr, versprach ihr etwas, sie hielt ihn sicherlich nicht zurück, im Gegenteil, strich ihm über den Kopf und sagte, geh, Arie, geh ein bißchen draußen spielen, nicht alle Frauen sind dort so erstarrt wie ich.

Beim Weggehen, im Anzug, den Humphrey-Bogart-Hut auf dem Kopf und einen Schirm für alle Fälle über dem Arm, kam Vater im Hof unter meinem Fenster vorbei und summte grauenvoll falsch und mit deutlich aschkenasischer Betonung vor sich hin: »Und dein Schoß mir Nest und Zuflucht flehender, verirrter Pein« oder: »Deine zwei Augen wie zwei Tauben, der Klang deiner Stimme wie Glo-o-ckenklang!«

Ich wußte nicht, wohin er ging, und wußte es doch, ohne es zu wissen, wollte es nicht wissen und verzieh meinem Vater gleichwohl. Hoffte, es würde ihm dort ein wenig gutgehen. Wollte mir auf keinen Fall vorstellen, was da war, an seinem »Dort«, aber was ich mir auf keinen Fall vorstellen wollte, kam nachts zu mir, wirbelte mich völlig auf und ließ mich nicht schlafen. Ich war ein Junge von zwölf Jahren. Der Körper entwickelte sich bereits zu einem unerbittlichen Widersacher.

Zuweilen schien es mir, Mutter würde, nachdem sich das Haus morgens geleert hatte, doch ins Bett gehen und während der Tagesstunden schlafen.

Und manchmal stand sie auf und ging in der Wohnung umher – immer barfuß, da halfen weder Vaters Bitten noch die Hausschuhe, die er ihr hinhielt: Hin und her, hin und her ging meine Mutter durch den Flur, der uns in der Kriegszeit als Bunker gedient hatte und nun stapelweise Bücher beherbergte und wegen der großen Landkarten an der Wand Vater und mir als Lagebesprechungs- und Kommandoraum diente, von dem aus wir zu zweit die Sicherheit des Staates Israel und die Verteidigung der freien Welt überwachten.

Auch tagsüber war es vollkommen finster in diesem Flur, wenn man kein elektrisches Licht anschaltete. In dieser Finsternis ging meine Mutter barfuß auf und ab, in völliger Gleichmäßigkeit, eine halbe oder ganze Stunde lang, so wie Häftlinge auf dem Gefängnishof ihre Runden drehen. Und zuweilen begann sie zu singen, als konkurriere sie mit Vater, aber viel weniger falsch. Ihre Singstimme war dunkel und warm, wie Glühwein in einer Winternacht. Nicht auf hebräisch sang sie, sondern in süß klingendem Russisch. Oder in verträumtem Polnisch. Manchmal sang sie auch ein Lied auf jiddisch, wie tränenunterdrückt.

An den Abenden, an denen Vater außer Haus war, kam er immer, wie versprochen, kurz vor Mitternacht zurück. Ich konnte hören, wie er sich bis auf die Unterwäsche auszog, sich ein Glas Tee aufbrühte, in der Küche auf den Schemel setzte und leise vor sich hin summte, während er einen Keks in seinen süßen Tee tauchte. Danach duschte er kalt (denn Warmwasser setzte voraus, daß man den Boiler eine Dreiviertelstunde vorher mit Holzscheiten anheizte, auf die man ein wenig Petroleum sprühen mußte). Danach schlich er auf Zehenspitzen in mein Zimmer, um nachzusehen, ob ich schlief, und meine Decke zurechtzuziehen. Erst nach alldem tappte er, auch auf Zehenspitzen, in ihr und sein Zimmer. Manchmal hörte ich ihre leisen Stimmen, seine und Mutters, bis ich endlich einschlief. Und manchmal war es dort völlig still, als gäbe es keine lebende Seele.

Vater begann langsam den Verdacht zu hegen, daß er selbst, durch seine Anwesenheit im Doppelbett, die Schlaflosigkeit meiner Mutter verursache. Ein paarmal bestand er darauf, daß sie sich auf das Sofa legte, das jeden Abend zum Doppelbett wurde, und er selbst auf ihrem Stuhl schlief. (In meiner Kindheit nannten wir dieses Sofa »das bellende Sofa«, weil es beim Aufklappen wie das Maul eines wütenden Hundes klaffte.) Vater flehte sie an und erklärte ihr, so sei es wirklich für alle besser, er auf dem Stuhl und sie im Bett, er könne doch ohnehin überall schlafen, wie ein

Holzklotz, »sogar auf einer glühenden Pfanne«. Im Gegenteil, sein Schlaf auf dem Stuhl, in dem Wissen, daß sie im Bett Schlaf gefunden habe, würde tausendmal süßer sein als sein Schlaf im Bett, in dem Wissen, daß sie Stunde für Stunde wach auf dem Stuhl sitze.

Und eines Nachts, kurz vor Mitternacht, ging leise meine Zimmertür auf, und die Gestalt meines Vaters beugte sich im Finstern über mich. Wie immer stellte ich mich schnell schlafend. Statt meine Decke zurechtzuziehen, hob er sie an und legte sich neben mich ins Bett. Wie damals. Wie in der Nacht des 29. November, nach der Abstimmung über die Gründung des Staates, als meine Hand seine Tränen gesehen hatte. Ich erschrak zutiefst und beeilte mich sehr, die Knie anzuziehen und eng an den Bauch zu pressen, damit er nicht merkte, auf keinen Fall bemerkte, was mich nicht hatte schlafen lassen: Wenn er es merkte, würde ich auf der Stelle sterben. So sehr stockte mir das Blut, als Vater plötzlich unter meine Decke kam, so sehr fürchtete ich, beim Häßlichen ertappt zu werden, daß eine lange Weile verging, bis ich irgendwie begriff, wie in einem Alptraum, daß die Gestalt, die in mein Bett geschlüpft war, nicht Vater war.

Sie zog uns beiden die Decke über den Kopf, umarmte mich und flüsterte: Wach nicht auf.

Und am Morgen war sie nicht mehr da. Und in der folgenden Nacht kam sie wieder zum Schlafen in mein Zimmer, aber diesmal hatte sie eine der beiden Matratzen des »bellenden Sofas« mitgeschleift und übernachtete auf dem Boden vor meinem Bett. In der nächsten Nacht bestand ich mit allem Nachdruck darauf, wobei ich nach besten Kräften Vaters bestimmtes Auftreten imitierte, daß sie in meinem Bett schlief und ich auf der Matratze, zu ihren Füßen.

Als spielten wir zu dritt das Spiel der »musikalischen Stühle«, »die Reise nach Jerusalem«. Als hätten wir drei es für den Hausgebrauch zu einem Spiel namens »musikalische Betten« weiterentwickelt. Erste Runde, normal: Meine Eltern sind beide im Doppelbett und ich in meinem Bett. Zweite Runde: Mutter auf ihrem Stuhl, Vater im Doppelbett und ich in meinem Bett. In der dritten Runde sind Mutter und ich beide im Einzelbett und Vater allein im Doppelbett. In der vierten Runde ist Vater auch allein im Doppelbett, ich bin wieder allein in meinem Bett, und Mutter liegt auf der Matratze, zu meinen Füßen. Danach kommt der Tausch zwischen ihr und mir, sie kommt rauf, ich gehe runter, und Vater bleibt an seinem Platz.

Aber damit sind wir noch nicht fertig.

Denn ein paar Nächte später, als ich in meinem Zimmer auf der Matratze, zu Füßen meiner Mutter, schlief, erschreckte sie mich mitten in der Nacht mit abgehackten Lauten, die wie Husten klangen, aber nicht ganz. Dann wurde sie wieder ruhig, und ich schlief wieder ein. Und wieder ein oder zwei Nächte später erwachte ich erneut von ihrem Husten, das kein Husten war. Ich stand mit verklebten Augen auf, überquerte, in meine Decke gehüllt, wie ein Schlafwandler den Flur, legte mich neben Vater ins Doppelbett und schlief auf der Stelle ein. Und so auch in den folgenden Nächten.

Bis fast an ihr Lebensende schlief Mutter fortan in meinem Zimmer und in meinem Bett, und ich schlief bei Vater. Nach ein paar Tagen wurden auch all die Medikamentenschachteln und Arzneimittelfläschchen, die Beruhigungs- und Schlaftabletten und die Pillen gegen Migräne an den neuen Ort gebracht.

Kein Wort sprachen wir über die neue Ordnung. Nicht sie, nicht ich und nicht er. Als sei es von selbst so gekommen.

War es ja auch. Ohne jede Familienentscheidung. Ohne ein Wort.

Und in der vorletzten Woche nächtigte Mutter dann nicht mehr in meinem Bett, sondern kehrte auf ihren Stuhl vor dem Fenster zurück, doch dieser Stuhl wurde von unserem Zimmer – meinem und Vaters – in mein Zimmer gebracht, das ihr Zimmer geworden war.

Auch als alles vorüber war, wollte ich nicht in dieses Zimmer zurückgehen. Ich wollte bei Vater bleiben. Und als ich schließlich doch in mein altes Zimmer zurückkehrte, konnte ich dort nicht einschlafen: Als sei sie noch da, lächele vor sich hin, ohne zu lächeln, huste, ohne zu husten. Oder als habe sie mir die Schlafstörungen vererbt, die sie bis zuletzt verfolgt hatten und nun mich verfolgen würden. So grauenhaft war die Nacht, in der ich zum Schlafen in mein Bett zurückgekehrt war, daß Vater in den folgenden Nächten eine der beiden Matratzen des »bellenden Sofas« heranschleifen und in meinem Zimmer übernachten mußte. Eine, vielleicht auch zwei Wochen lang schlief Vater nachts zu meinen Füßen. Danach kehrte er an seinen Platz zurück, und sie oder ihre Schlaflosigkeit folgte ihm.

Als hätte ein großer Meeresstrudel uns drei mitgerissen, schleuderte uns hin und her, brächte uns einander näher und ferner, schüttelte und wirbelte uns, bis schließlich jeder von uns an ein Ufer, das nicht seines war, geworfen wurde. Und vor lauter Müdigkeit fand sich jeder schweigend mit der Ortsveränderung ab. Denn wir waren sehr müde. Nicht nur in Mutters und Vaters Gesicht, sondern auch unter meinen Augen fand ich in jenen Wochen dunkle Halbmonde, wenn ich in den Spiegel sah.

Wir waren in jenen Herbsttagen aneinandergekettet wie drei Verurteilte in einer Zelle. Und gleichzeitig war doch jeder für sich allein: Denn was konnten sie und er über die Widerwärtigkeit meiner Nächte wissen? Über die grausame Häßlichkeit des Körpers? Wie konnten meine Eltern wissen, daß ich mich wieder und wieder selbst warnte, zähneknirschend vor Scham: Wenn du damit nicht aufhörst, wenn du das heute nacht nicht einstellst, dann schlucke ich Mutters sämtliche Pillen, so wahr ich lebe, und so wird dies ein Ende haben.

Nichts ahnten meine Eltern. Tausend Lichtjahre lagen zwischen ihnen und mir. Nicht Lichtjahre. Tausend Jahre der Finsternis.

Doch was wußte ich von dem, was sie durchmachten?

Und was wußten sie beide einer vom anderen? Was wußte mein Vater von ihrer Qual? Was verstand meine Mutter von seinem Leid?

Tausend Jahre der Finsternis zwischen jedem und jedem. Sogar zwischen drei Verurteilten in einer Zelle. Und sogar damals, in Tel Arsa, an jenem Schabbat morgen, als Mutter an einen Baum gelehnt saß und Vater und ich unsere Köpfe auf ihre Knie legten, auf jedem Knie ein Kopf, und Mutter uns beide streichelte, sogar in jenem Augenblick, der mir der kostbarste aller Momente meiner ganzen Kindheit ist, trennten uns tausend Jahre der Finsternis.

55

In meiner Jabotinsky-Ausgabe standen nach seinen Gedichten, nach »Mit Blut und Schweiß wird uns erstehen ein Stamm«, nach »Zwei Gestade hat der Jordan« und nach »Vom Tag, da ich aufgerufen ward zum Wunder von Betar, Zion und Sinai«, auch seine melodiösen Übersetzungen von Gedichten der Weltliteratur, darunter »Der Rabe« und »Annabel Lee« von Edgar Allan Poe und das zu Herzen gehende »Herbstlied« von Paul Verlaine.

Sehr bald konnte ich all diese Gedichte auswendig und war wie berauscht von der Macht edler romantischer Leiden und der abgrundtiefen makabren Trauer, die diese Werke umhüllten.

Neben den kämpferischen, patriotischen Versen, die ich in das elegante schwarze Heft, ein Geschenk von Onkel Joseph, schrieb, begann ich auch Weltschmerzgedichte voll Sturm und Wald und Meer zu verfassen. Und auch ein paar Liebesgedichte, noch bevor ich irgend etwas wußte. Oder nicht bevor ich wußte, sondern während ich noch vergeblich versuchte, die Wildwestfilme, in denen am Ende derjenige, der die meisten Indianer getötet hatte, als Preis das schöne Mädchen bekommt, mit den tränenreichen Gelöbnissen Annabel Lees und ihres Gefährten und ihrer Liebe über den Tod hinaus in Einklang zu bringen. Das fiel mir schwer, und noch viel schwieriger war es, all dies irgendwie mit dem Labyrinth von Scheiden, Eizellen und Eileitern der Schulschwester zu vereinen. Und mit meinen nächtlichen Häßlichkeiten, die mich so erbarmungslos quälten, daß ich sterben wollte. Oder wieder so werden, wie ich gewesen war, bevor ich unversehens in die Hände einer Bande hohnlachender Nachthexen gefallen war: Nacht für Nacht beschloß ich, sie ein für allemal zu ermorden, und Nacht für Nacht enthüllten diese Scheherazaden meinen verblüfften Augen derart wilde Szenen, daß ich den ganzen Tag lang schon ungeduldig auf mein nächtliches Lager wartete. Und manchmal konnte ich es nicht abwarten und schloß mich auf der stinkigen Toilette im Schulhof oder in unserem Badezimmer ein und kam zwei, drei Minuten später wieder heraus – schlappschwänzig, schändlich, ein verächtlicher, elender Waschlappen.

Liebe zu Mädchen und alles, was damit zusammenhing, stellte sich mir als Katastrophe dar, als grausige Falle, aus der es kein Entrinnen gab: Zuerst wurde man traumschwebend in einen zauberhaften Kristallpalast eingesogen, und am Ende erwachte man in einer dreckigen Jauchegrube.

Ich nahm Hals über Kopf Zuflucht in der Festung der geistigen Normalität der Phantasie-, Abenteuer- und Kriegsbücher: Jules Verne, Karl May, James Fenimore Cooper, Mayne Reid, *Sherlock Holmes, Die drei Musketiere, Die Abenteuer des Kapitän Hatteras, Montezumas Tochter, Der Gefangene von Zenda, Mit Feuer und Schwert,* De Amicis' *Herz, Die Schatzinsel, 20 000 Meilen unter den Meeren, Durch Wüste und Wildnis, Das Gold von Caxamalca, Die geheimnisvolle Insel, Der Graf von Monte Christo, Der letzte Mohikaner, Die Kinder des Kapitäns Grant,* die Tiefen Schwarzafrikas, Grenadiere und Indianer, Gangster und Kavalleristen, Viehdiebe und Räuber, Cowboys und Piraten, die Inseln des Archipelagos, Horden blutdürstiger Eingeborener mit Federschmuck und Kriegsbemalung, markerschütternde Kampfrufe, Hexereien, Drachenritter und Sarazenenritter mit Krummsäbeln, Ungeheuer, Zauberer, Kaiser und Schwindler, Schreckgespenster und vor allem kleine blasse Jungen, die zu Großem ausersehen waren, sobald es ihnen gelang, ihre eigene Mickrigkeit zu überwinden. Ich wollte wie sie sein und wollte auch so schreiben können wie diejenigen, die sie schrieben. Vielleicht unterschied ich damals noch nicht zwischen Schreiben und Siegen.

Michael Strogoff im *Kurier des Zaren* von Jules Verne hat mir etwas eröffnet, was mich bis heute begleitet. Der russische Zar hat ihn in geheimer Mission ausgesandt, um den eingeschlossenen russischen Truppen im fernen Sibirien eine lebenswichtige Botschaft zu überbringen. Unterwegs muß der Kurier von Tataren beherrschte Landstriche durchqueren. Michael Strogoff wird von Tatarenwachen gefaßt und zu deren Führer, dem großen Khan, gebracht, der befiehlt, ihn mit einer weißglühenden Säbelklinge zu blenden, damit er seine Reise nach Sibirien nicht fortsetzen könne. Zwar hat Strogoff die schicksalsentscheidende Botschaft auswendig gelernt, aber wie soll er sich, ohne etwas zu sehen, bis nach Sibirien durchschlagen? Doch auch nachdem das glühende Eisen seine Augen verbrannt hat, tastet sich der treue Kurier blind weiter nach Osten voran, bis der Leser an einem wichtigen Punkt der Handlung merkt, daß er das Augenlicht gar nicht verloren hat: Die Hitze der weißglühenden Säbelklinge, die man ganz nahe vor seine Augen gehalten hatte, war durch die Tränen abgekühlt worden! Denn im entscheidenden Moment hatte Michael Strogoff an seine geliebten Angehörigen gedacht, die er nie mehr würde sehen können. Und dabei hatten sich seine Augen mit Tränen gefüllt, und seine Tränen waren es, die die Klinge kühlten und sein Augenlicht retteten und auch seine schicksalhafte Mission, die tatsächlich von Erfolg gekrönt ist und seinem Heimatland zum Sieg über all seine Feinde verhilft.

Strogoffs Tränen hatten also ihn und ganz Rußland gerettet. Aber für Männer waren bei uns Tränen doch streng verboten! Waren beschämend! Weinen war nur etwas für Frauen und Kinder. Schon mit fünf Jahren schämte ich mich, wenn ich weinte, und mit acht oder neun lernte ich, die Tränen zu unterdrücken, um mich auf die Aufnahme in den Männerorden vorzubereiten. Deshalb war ich in der Nacht des 29. November so erschüttert, als meine linke Hand im Dunkeln auf die feuchte Wange meines Vaters gestoßen war. Und deswegen hatte ich auch nie darüber gesprochen, weder mit Vater noch mit sonst einer Menschenseele. Und da kam nun Michael Strogoff, ein furchtloser Held, ein Mann aus Eisen, der jede Strapaze und Folterqual durchzustehen vermag, und dennoch kennt er, als er an seine Lieben denkt, keinerlei Zurückhaltung: Er weint. Nicht aus Angst und nicht vor Schmerz weint Michael Strogoff, sondern wegen der Macht seiner Gefühle.

Ja mehr noch: Durch seinen Tränenausbruch wird Strogoff nicht zu einem elenden Jammerlappen und auch nicht zu einer Frau oder einem gebrochenen Mann, sondern dieses Weinen ist sowohl für den Schriftsteller Jules Verne als auch für den Leser akzeptabel. Und nicht genug damit, daß Männertränen auf einmal akzeptabel sind, sie retten sogar den Weinenden und ganz Rußland. Also hatte dieser Mann, der männlichste aller Männer, all seine Feinde dank seiner »weiblichen Seite« besiegt, die im entscheidenden Moment aus den Tiefen seiner Seele hervorgetreten war, und diese »weibliche Seite« hatte die »männliche Seite« weder verdrängt noch geschwächt (wie man uns damals eintrichterte), sondern, im Gegenteil, sie ergänzt und sich mit ihr versöhnt. Vielleicht gab es also einen ehrbaren Ausweg, eine nicht schändliche Befreiung von der mich damals quälenden Wahl zwischen Gefühl und Männlichkeit? (Nach einem weiteren Dutzend Jahren begeisterte sich auch Hannah in *Mein Michael* für die Gestalt des Michael Strogoff.)

Und da war auch Kapitän Nemo aus *20 000 Meilen unter den Meeren*, dieser stolze und mutige indische Mann, der die Grausamkeit ausbeuterischer Regime und die Unterdrückung ganzer Völker und einzelner durch herzlose Tyrannen und egoistische Mächte verabscheute. Er empfand eine nahezu Edward Saidsche Abneigung, wenn nicht gar einen Frantz Fanonschen Haß gegenüber der hochmütigen Arroganz der westlichen Welt. Deshalb beschloß er, sich von allen abzusondern und eine eigene kleine utopische Welt unter den Meeren zu schaffen.

Und dafür war ich empfänglich, damit berührte er wohl die zionistische Saite in mir: Die Welt verfolgte uns ohne Unterlaß und tat uns immer nur unrecht. Deshalb hatten wir uns erhoben und waren fortgegangen, um eine kleine selbständige Luftblase für uns zu schaffen und in ihr ein Leben in Reinheit und Freiheit zu führen, fern der Grausamkeit unserer Verfolger. Aber, genau wie Kapitän Nemo, würden auch wir nicht länger hilflose Opfer sein, sondern dank unseres genialen Schöpfergeistes unsere »Nautilus« mit account hocheffizienten Todesstrahlen ausrüsten. Kein Mensch auf Erden würde es noch zu wagen versuchen, uns etwas anzutun. Unser langer Arm würde im Fall des Falles bis ans Ende der Welt reichen.

In *Die geheimnisvolle Insel* gelang es einem Häuflein Schiffbrüchiger, aus dem Nichts eine kleine Zivilisation auf einer öden und leeren Insel zu begründen. Diese Geretteten waren alle Europäer, alle Männer, alle vernünftig, großzügig und guten Willens, alle technikgläubig, alle mutig und einfallsreich. Genau so, nach ihrem Ebenbild, wollte man im 19. Jahrhundert die Zukunft sehen: männlich, von gesundem Menschenverstand erfüllt, aufgeklärt und fähig, jedes Problem kraft Vernunft und nach den Regeln des neuen Fortschrittsglaubens zu lösen. (Die Grausamkeit, die Triebhaftigkeit und das Böse wurden offenbar auf eine andere, spätere Insel verbannt: auf die Jungeninsel in William Goldings *Herr der Fliegen*.)

Kraft ihres Fleißes, ihres gesunden Menschenverstandes und ihres enthusiastischen Pioniergeistes vermochten die Schiffbrüchigen, zu überleben und sogar mit bloßen Händen eine blühende Kolonie auf der dürren Insel aus dem Boden zu stampfen. Damit erfreuten sie mein Herz, das ganz erfüllt war von dem zionistischen Pionierethos, das mein Vater mir eingepflanzt hatte: ein säkulares, rationalistisches, idealistisches, militantes, optimistisches und fortschrittsgerichtetes Ethos.

Doch gleichzeitig, in Momenten, in denen eine Naturkatastrophe unaufhaltsam auf die Pioniere der geheimnisvollen Insel zukam, in Situationen, in denen sie mit dem Rücken zur Wand standen und all ihr Verstand ihnen nichts mehr nutzte, in diesen Schicksalsmomenten, griff immer eine mysteriöse Hand von oben in das Geschehen ein, irgendeine wunderbare, allmächtige Vorsehung, die sie in wahrhaft allerletzter Minute vor dem völligen Untergang bewahrte. »Gibt es Gerechtigkeit – so erscheine sie gleich«, hat Bialik geschrieben. In *Die geheimnisvolle Insel* gab es Gerechtigkeit, und sie erschien sofort, schnell wie der Blitz, in dem Augenblick, in dem es keine Hoffnung mehr zu geben schien.

Und genau das war ja das andere Ethos, das Vaters vernunftbestimmten Ansichten diametral zuwiderlief: Das war die Logik der Nachtgeschichten meiner Mutter, der Dämonen- und Wundergeschichten, der Geschichte von dem uralten Greis, der einem noch urälteren Greis in seiner Kate Obhut gewährt, Geschichten vom Bösen, vom Mysteriösen und von der Gnade, von der Büchse der Pandora, die nach allem Unheil doch noch die Hoffnung birgt, die auf dem Grund jeder Verzweiflung ruht. Dieser Art war auch die wundersame Logik der chassidischen Geschichten, die Mora-Zelda mir zu erschließen begann und mit denen der vor Legenden überquellende Lehrer Mordechai Michaeli an der Tachkemoni-Schule da weitermachte, wo sie aufgehört hatte.

Es war, als hätte hier, in *Die geheimnisvolle Insel*, endlich eine Versöhnung zwischen den ersten beiden widersprüchlichen Fenstern stattgefunden, durch die sich mir die Welt zu Beginn meines Lebens aufgetan hatte: Vaters rationales und optimistisches Fenster und ihm gegenüber Mutters Fenster, durch das triste Landschaften zu sehen waren und seltsame übernatürliche Mächte, Mächte des Bösen und auch Mächte der Barmherzigkeit und der Gnade.

Am Ende von *Die geheimnisvolle Insel* stellt sich heraus, daß die Hand der himmlischen Vorsehung, die wieder und wieder eingegriffen und »das zionistische Aufbauwerk« der Schiffbrüchigen immer dann gerettet hatte, wenn es von Vernichtung bedroht war, in Wirklichkeit die diskrete Hand Kapitän Nemos gewesen war, eben des finster blickenden Kapitäns aus *20 000 Meilen unter den Meeren*. Aber das tat der Freude an der Harmonie, die dieses Buch mir schenkte, keinerlei Abbruch, beeinträchtigte nicht die Aufhebung des ständigen Widerspruchs zwischen meiner kindlich-zionistischen Begeisterung und meiner ebenfalls kindlichen Begeisterung für das Übernatürliche.

Als hätten meine Mutter und mein Vater sich ausgesöhnt und lebten endlich zusammen in vollkommener Harmonie. Zwar nicht hier in Jerusalem, sondern auf irgendeiner öden Insel, aber doch imstande, sich miteinander zu versöhnen.

Der gutherzige Herr Marcus, der einen Buchladen mit Antiquariat und Leihbücherei unten in der Jona-Straße, fast Ecke Ge'ula-Straße hatte, erlaubte mir endlich, tagtäglich ein Buch auszuleihen. Zuweilen auch zweimal am Tag. Anfangs glaubte er mir nicht, daß ich tatsächlich alles gelesen hatte, und prüfte mich jedesmal, wenn ich ihm ein Buch wenige Stunden nach dem Ausleihen zurückbrachte, mit allerlei listigen Fangfragen über dessen Inhalt. Nach und nach verwandelte sich sein Mißtrauen jedoch in Bewunderung und schließlich in Hingabe. Er war überzeugt, mit einem derart phänomenalen Gedächtnis und einem derartigen Lesetempo würde ich, zumal, wenn ich noch die wichtigsten Kultursprachen erlernte, eines Tages vielleicht der ideale Privatsekretär für einen unserer großen Staatsführer: Wer weiß, vielleicht würde man mich im Lauf der Jahre sogar zum Sekretär von Ben Gurion ernennen? Oder von Moshe Sharett? Deshalb beschloß Herr Marcus, daß es sich entschieden lohne, langfristig in mich zu investieren: »Wirf hin dein Brot über die Wasser, denn auf die Länge der

Zeit wirst du es wiederfinden.« Wer weiß? Vielleicht bräuchte er eines Tages einmal irgendeine Genehmigung oder wäre auf den kurzen Dienstweg angewiesen oder bräuchte ein wenig Öl für die Räder der Verlagsgeschäfte, in die er einzusteigen gedachte, und dann könnten freundschaftliche Beziehungen zum Privatsekretär von einem der ganz Hohen ja Gold wert sein.

Herr Marcus zeigte meine volle Leserkarte manchmal besonders stolz einigen ausgewählten Kunden, als rühme er sich der Früchte seiner Investition: Seht nur, was wir hier haben! Einen Bücherwurm! Ein Phänomen! Ein Junge, der nicht einzelne Bücher verschlingt, sondern jeden Monat ganze Regale!

Auf diese Weise erhielt ich von Herrn Marcus die Sondererlaubnis, mich in seiner Bücherei wie zu Hause zu fühlen: vier Bücher auf einmal auszuleihen, um an zwei aufeinanderfolgenden Feiertagen nicht zu darben. Oder – vorsichtig! – in druckfrischen Büchern zu blättern, die zum Verkauf, nicht zur Ausleihe bestimmt waren. Und auch in Bücher hineinzuschauen, die nicht für mein Alter gedacht waren, wie die Romane von Somerset Maugham, O'Henry, Stefan Zweig und sogar dem gepfefferten Maupassant.

An Wintertagen rannte ich im Dunkeln, bei Sturm und strömendem Regen los, um Herrn Marcus' Bücherei noch vor Ladenschluß um achtzehn Uhr zu erreichen. Es war damals sehr kalt in Jerusalem, eine beißende Kälte, hungrige Eisbären kamen aus Sibirien herunter und streunten bei uns in Kerem Avraham in diesen Nächten Ende Dezember durch die Straßen. Und weil ich ohne Jacke loslief, wurde mein Pullover naß und roch den ganzen Abend niederdrückend nach juckender, feuchter Wolle.

Nicht selten kam es vor, daß ich ohne einen Krümel Lesestoff dasaß an jenen langen, leeren Schabbattagen, an denen ich bereits um zehn Uhr morgens alle aus der Bücherei Marcus mitgebrachte Munition verschossen hatte. Vor lauter Heißhunger nahm ich dann aus Vaters Bücherregalen alles, was mir in die Hände fiel: *Till Eulenspiegel* in der Übersetzung von Avraham Schlonski und *Tausendundeine Nacht* in der Übersetzung von Joseph Joel Rivlin und die Bücher von Israel Sarchi und Bücher von Mendele Mojcher Sforim und Scholem Alejchem und Kafka und Berdyczewski und Gedichte von Rachel und auch Balzac und Hamsun und Jigal Mossenson und Mordechai Seew Feierberg und Nathan Schacham und Gnessin und Brenner und Hasas und die Bücher des Herrn Agnon. Fast nichts verstand ich, außer vielleicht dem, was ich durch Vaters Brille sah, das heißt: daß das jüdische Schtetl in der Diaspora armselig und verachtenswert und auch lächerlich gewesen war. In meinem närrischen Herzen erschien mir dessen bitteres Ende nicht sehr überraschend.

Die meisten Werke der Weltliteratur erwarb Vater in der Originalsprache, deshalb konnte ich nicht einmal einen Blick hineinwerfen. Aber fast alles, was auf hebräisch geschrieben war, habe ich – wenn nicht wirklich gelesen – so zumindest beschnuppert. Ich habe jeden Stein umgedreht.

Natürlich las ich auch *Davar Lejeladim*, die Kinderzeitung des *Davar*, und die damals beliebten Kinderbücher – die Gedichte von Lea Goldberg und von Fania Bergstein, *Die Kinderinsel* von Mira Lobe und alle Geschichten von Nachum Gutman: Das Afrika von *Lobengulu* und das Paris von *Beatrice* sowie auch das von Dünen, Orangenhainen und Meer umgebene Tel Aviv waren die ersten Vergnügungsreiseziele meines Lebens. Der Unterschied zwischen Jerusalem und dem mit der großen weiten Welt verbundenen Tel Aviv erschien mir wie der Unterschied zwischen unserem Leben hier, einem Winterleben in Schwarzweißtönen, und einem Sommerleben voll Licht und Farbe.

Besonders eroberte das Buch *Auf den Ruinen* von Zvi Liebermann-Livne meine Phantasie. Ich habe es wieder und wieder gelesen: Es war einmal ein entlegenes jüdisches Dorf zur Zeit des Zweiten Tempels, ein sorgloses Dorf, versteckt zwischen Bergen, Hügeln und Weinbergen. Eines Tages kamen römische Legionäre, metzelten alle Einwohner nieder – Männer, Frauen und Greise –, plünderten das Dorf, steckten die Häuser in Brand und zogen weiter. Aber noch vor dem Massaker war es den Dorfbewohnern gelungen, ihre kleineren Kinder – diejenigen, die noch keine zwölf Jahre alt waren und noch nicht bei der Verteidigung des Dorfes mitwirken konnten –, in einer Höhle in den Bergen zu verstecken.

Als das Zerstörungswerk vorüber war, kamen die Kinder aus der Höhle heraus, sahen die Verwüstung, verzweifelten jedoch nicht, sondern beschlossen bei einer Versammlung, die Ähnlichkeit mit einer Kibbuzgeneralversammlung hatte, das Leben müsse weitergehen und das Dorf wieder aufgebaut werden. Sie wählten also Ausschüsse, an denen auch die Mädchen teilnahmen, denn diese Kinder waren nicht nur mutig und fleißig, sondern auch bewundernswert fortschrittlich und aufgeklärt. Nach und nach, mit Ameisenfleiß, gelang es ihnen, die versprengten Reste der Rinder-, Schaf- und Ziegenherden einzufangen, die Kuh- und Schafställe wieder aufzubauen, die zerstörten Häuser wieder bewohnbar zu machen, die Arbeit in Feld und Flur wieder aufzunehmen und eine mustergültige Kindergemeinde zu gründen, eine Art idyllischer Kibbuz: eine Robinson-Crusoe-Gemeinschaft ohne einen Freitag.

Kein Schatten verdunkelte das gleichberechtigte Gemeinschaftsleben dieser Traumkinder: keine Machtkämpfe und keine Rivalitäten und kein Neid, keine Häßlichkeiten der Sexualität und keine Geister der toten Eltern. Es war genau das positive Gegenteil von dem, was William Goldings Kindern in *Der Herr der Fliegen* widerfahren war. Zvi Livne wollte den Kindern Israels bestimmt eine mitreißende zionistische Allegorie schenken: Da, die Wüstengeneration ist ausgelöscht, und an ihre Stelle rückt die Generation im Lande, eine starke und heldenhafte Generation, »seiner eisernen Fesseln entbunden«, eine Generation, die aus eigener Kraft »von der Shoah zum Heldentum« und aus der Finsternis zu großem Licht aufsteigt. In meiner Jerusalemer Version, einem Fortsetzungsband zu *Auf den Ruinen*, den ich im Geist verfaßte, begnügten sich die Kinder nicht mit Melken, Olivenpflücken und Weinlese. Sie entdeckten dort einen Waffenschatz oder – noch besser – erfanden und produzierten aus eigener Kraft Maschinengewehre, Mörser und Panzerwagen. Oder der Palmach gelang es, ihnen auf Schmuggelpfaden diese Waffen hundert Generationen rückwärts zukommen zu lassen, geradewegs in die ausgestreckten Arme der Kinder von *Auf den Ruinen*. Derart gerüstet, brachen Zvi Livnes und meine Kinder eilig auf und schafften es, gerade noch im allerletzten Moment am Fuß der Massadafestung einzutreffen: Mit betäubendem Feuerhagel, mit langen, präzisen Schußsalven und tödlichem Mörserfeuer fielen sie den römischen Legionen in den Rücken – ebenden Legionären, die die Eltern der Kinder umgebracht hatten und nun bereits die Rampe zur Bergfestung emporstiegen. Und so, genau in dem Augenblick, in dem Eleasar Ben Jair sich dem Ende seiner unvergeßlichen Abschiedsrede näherte, genau als die letzten Verteidiger Massadas schon fast dabei waren, sich in ihre Schwerter zu stürzen, um nicht in römische Gefangenschaft zu geraten, erstürmten ich und meine Jungen den Berggipfel, retteten sie vor dem Tod und unser Volk vor der Schmach der Niederlage.

Danach trugen wir den Krieg auf den Boden des Feindes: Wir brachten unsere Granatwerfer auf den sieben Hügeln Roms in Stellung, sprengten den Titusbogen in tausend Stücke und zwangen den Kaiser in die Knie.

Und vielleicht verbarg sich hier noch eine geheime, kranke süße Lust, an die Zvi Livne gewiß nicht gedacht hatte, als er dieses so positive und didaktische Buch schrieb: eine ödipale Lust. Eine dunkle süße Lust. Denn die Kinder hier hatten ihre Eltern begraben. Alle. Kein einziger Erwachsener war übriggeblieben. Kein Vater, keine Mutter, kein Lehrer, kein Nachbar, kein Onkel, kein Großvater, keine Großmutter. Kein Herr Krochmal, kein Onkel Joseph, keine Mala und kein Staszek Rudnicki, keine Abramskys, keine Bar-Jitzhars, keine Tante Lilja, kein Begin und kein Ben Gurion. Damit erfüllte sich, auf wundersame Weise, ein wohlgetarnter Wunschtraum des zionistischen Ethos, aber auch des Kindes, das ich war: daß sie endlich alle tot sein sollen. Denn sie sind ja so diasporaverhaftet. So bedrückend. Sie sind die Wüstengeneration. Immer voller Einwände und Befehle, nie lassen sie einem Luft zum Atmen. Erst wenn sie gestorben sind, können wir ihnen endlich zeigen, wie wir alles, alles allein machen können: Alles, was wir nach ihrem Willen tun sollen, genau das, was sie von uns erwarten, werden wir hier alles richtig schön verwirklichen. Wir werden pflügen und mähen und bauen und kämpfen und siegen – aber ohne sie: weil das neue hebräische Volk sich von ihnen lösen muß. Weil alles hier mit der Absicht geschaffen worden ist, nur jung und gesund und kräftig zu sein, und sie sind doch alt und gebrochen, und alles ist bei ihnen kompliziert und alles etwas abstoßend und mehr als nur ein bißchen lächerlich.

Die ganze Wüstengeneration hatte sich in *Auf den Ruinen* also in Luft aufgelöst und glückliche, leichtfüßige Waisen hinterlassen, frei wie ein Vogelschwarm am klaren, blauen Himmel. Kein Mensch war mehr da, der den ganzen Tag mit seinem Diasporaakzent nervte, blumige Floskeln von sich gab, einem verstaubte Höflichkeitsregeln aufzwang und das Leben mit allen möglichen Depressionen, Kränkungen, Geboten und Ambitionen trübte. Keiner von ihnen hatte überlebt, um uns den ganzen langen Tag Moral zu predigen: Dies ist erlaubt, das ist verboten, jenes ist häßlich. Nur wir. Allein auf der Welt.

Im Tod aller Erwachsenen lag ein eindringlicher geheimer Zauber verborgen. Und tatsächlich, im Alter von vierzehneinhalb Jahren, rund zwei Jahre nach dem Tod meiner Mutter, erhob ich mich und brachte Vater um, brachte ganz Jerusalem um, änderte meinen Namen und zog allein in den Kibbuz Hulda, um dort auf den Ruinen zu leben.

56

Ich brachte ihn besonders dadurch um, daß ich meinen Namen änderte. Viele Jahre lang hatte er im großen Schatten seines gelehrten Onkels gestanden, »eines Mannes von Weltruhm« (eine Bezeichnung, die Vater in andächtigem Ton aussprach). Viele Jahre lang hatte Jehuda Arie Klausner davon geträumt, in die Fußstapfen von Professor Joseph Gedalja Klausner zu treten, dem Verfasser der Bände *Jesus von Nazareth, Von Jesus zu Paulus, Geschichte des Zweiten Tempels, Geschichte der Neuhebräischen Literatur* und *Wenn eine Nation für ihre Freiheit kämpft*. Vielleicht hatte mein Vater sogar davon geträumt, eines Tages die Nachfolge des kinderlosen Professors anzutreten und seinen Lehrstuhl zu erben. Deshalb lernte mein Vater nicht weniger Sprachen als sein Onkel. Deshalb saß er nachts gebeugt am Schreibtisch und türmte Zettelhaufen um sich. Und als er die Hoffnung, eines Tages ebenfalls ein berühmter Professor zu werden, langsam aufzugeben begann, wünschte er sich vielleicht im stillen, die Fackel würde an mich übergehen und ihm würde es noch vergönnt sein, dies zu erleben.

Scherzhaft verglich mein Vater sich manchmal mit jenem unbedeutenden Mendelssohn, dem Bankier Abraham Mendelssohn, den das Schicksal dazu bestimmt hatte, der Sohn des berühmten Philosophen Moses Mendelssohn und der Vater des großen Komponisten Felix Mendelssohn-Bartholdy zu sein. (»Erst war ich der Sohn meines Vaters und später der Vater meines Sohnes«, hatte dieser Abraham Mendelssohn einmal über sich selbst gespottet.)

Wie zum Spaß, als mache er sich vor lauter verhaltener Zuneigung über mich lustig, nannte mein Vater mich von klein auf hartnäckig immer: Euer Ehren, Eure Hoheit, Eure Exzellenz. Erst viele Jahre später, in der Nacht nach dem Morgen seines Todes, kam mir plötzlich in den Sinn, daß sich hinter dieser nervenden, etwas lästigen Standardwitzelei vielleicht seine eigenen enttäuschten Träume vom Ruhm verbargen und auch die wehmütige Notwendigkeit, sich mit seiner Mittelmäßigkeit abzufinden, und der versteckte Wunsch, mir die Aufgabe zu übertragen, zu gegebener Zeit, in seinem Namen, die Ziele zu erreichen, die ihm versagt geblieben waren.

In ihrer Einsamkeit und Schwermut erzählte Mutter mir in der Küche Wunder- und Schauer- und Gespenstergeschichten, ähnlich vielleicht den

Märchen, die die Witwe Aase dem jungen Peer Gynt in Winternächten erzählt hatte. Dabei war mein Vater, auf seine Art, nicht weniger Jon Gynt, Peers Vater, als meine Mutter Aase war:

> Peer Gynt, du aus Großem gekommen,
> Zu Großem noch steigst du empor!*

»Der Kibbuz«, sagte Vater traurig, »der Kibbuz ist vielleicht eine Erscheinung, die man nicht unterschätzen sollte, aber er braucht körperlich kräftige Menschen von durchschnittlichem Geistesniveau, und du weißt, daß du eindeutig nicht durchschnittlich bist. Ich will, behüte, den Kibbuz keinesfall rundweg ablehnen, die Kibbuzim haben entschieden Verdienste im Leben des Staates, aber du wirst dich dort nicht entwickeln können. Deshalb kann ich dem leider nicht zustimmen. Auf keinen Fall. Fertig, aus. Ende der Diskussion.«

Seit Mutters Tod und seit seiner Wiederverheiratung ungefähr ein Jahr später sprachen er und ich fast nur über die nötigen Alltagsdinge. Oder über Politik. Über neue wissenschaftliche Entdeckungen und über Wertvorstellungen und Weltanschauungen. (Wir lebten schon in der neuen Wohnung, in der Ben-Maimon-Allee 28 in Rechavia, dem Viertel, nach dem mein Vater sich all die Jahre gesehnt hatte.) Meine Pubertätsnöte, seine neue Ehe, seine Gefühle, meine Gefühle, die letzten Lebenstage meiner Mutter, ihr Tod und ihre Abwesenheit – über all das wechselten wir kein einziges Wort. Niemals. Manchmal gerieten wir aneinander, mit einer eigenartig höflichen, aber spannungsgeladenen gegenseitigen Feindseligkeit: über Bialik, über Napoleon, über den Sozialismus, der mich zu faszinieren begann, während Vater ihn als »rote Epidemie« betrachtete, und einmal zankten wir uns fürchterlich über Kafka. Die meiste Zeit verhielten wir uns jedoch wie zwei Mieter, die sich eine kleine Wohnung teilen: Bitte, das Bad ist frei. Margarine und Toilettenpapier sind ausgegangen. Ist es nicht ein wenig kühl? Hast du etwas dagegen, wenn ich den Ofen anmache?

Als ich anfing, für die Wochenenden und die Feiertage nach Tel Aviv zu fahren, zu Chaja und Sonia, den Schwestern meiner Mutter, oder nach Kiriat Motzkin zu Großvater-Papa, gab Vater mir das Fahrgeld und noch et-

---

* Ibsen, *Peer Gynt*, S. 35.

was dazu, »damit du dort niemanden um Geld bitten mußt«. »Und vergiß nicht, dort zu sagen, daß du jetzt nichts Gebratenes essen darfst.« Oder er sagte: »Denk bitte daran, dort zu fragen, ob sie dort daran interessiert sind, daß ich dir beim nächsten Mal einen Umschlag mit Dingen aus ihrer Schublade mitgebe.« Das Wort »ihre« oder »sie« lag über Mutters Gedenken wie eine Steinplatte ohne Inschrift. Die Worte »dort« oder »sie dort« bedeuteten den Abbruch jeglicher Beziehungen zwischen ihm und der ganzen Familie meiner Mutter, Beziehungen, die nie wieder angeknüpft wurden: Sie sahen ihn als Schuldigen. Seine Beziehungen zu anderen Frauen, so vermuteten die Schwestern meiner Mutter in Tel Aviv, hätten ihr das Leben verdunkelt. Und auch all die Nächte, die er am Schreibtisch gesessen hatte, den Rücken ihr, das Herz seinen Studien und Kärtchen zugewandt. Mein Vater war über diese Anschuldigung erschüttert und zutiefst von ihr getroffen. Meine Fahrten nach Tel Aviv und Haifa beurteilte er in etwa so, wie die arabischen Staaten in jenen Jahren, der Ära des Boykotts und der Nichtanerkennung, die Besuche neutraler Persönlichkeiten auf israelischem Staatsgebiet beurteilten: Wir können Sie nicht aufhalten, fahren Sie, wohin Sie wollen, aber bitte nennen Sie in unserer Anwesenheit jenen Ort nicht beim Namen, und erzählen Sie uns danach bloß nichts von ihnen. Weder Gutes noch Schlechtes. Und ihnen auch nichts von uns. Denn wir wollen nichts hören und nichts wissen. Und überhaupt sollten Sie sich dort sehr, sehr in acht nehmen, damit sie Ihnen keinen unerwünschten Stempel in den Paß drücken.

Rund drei Monate nach dem Selbstmord meiner Mutter war der Tag meiner Bar Mizwa. Eine Feier gab es nicht. Man begnügte sich damit, daß ich am Schabbatmorgen in der Tachkemoni-Synagoge zum Lesen der Tora gerufen wurde und den Wochenabschnitt murmelte. Die ganze Familie Mussman kam aus Tel Aviv und auch aus Kiriat Motzkin, nahm aber in der Synagoge so fern wie möglich von den Klausners Platz. Kein Wort wurde zwischen den zwei Lagern gewechselt. Nur Zvi und Buma, die Ehemänner meiner Tanten, ließen sich zu einem leichten, kaum wahrnehmbaren Kopfnicken herab. Und ich rannte wie ein überdrehter Welpe zwischen den beiden Territorien hin und her, spielte mit aller Kraft den munteren und fröhlichen Jungen, plauderte ungebremst hüben und drüben, machte Vater nach, der sein Leben lang Schweigen haßte und sich zu seiner Beendigung verpflichtet fühlte.

Nur Großvater Alexander überquerte ohne Zögern den Eisernen Vorhang, gab meiner Großmutter aus Kiriat Motzkin und Mutters zwei Schwestern nach russischer Sitte je drei Wangenküsse, links, rechts, links, drückte mich an seine Seite und sagte glücksstrahlend: »Nu, was? *Maladjez*, was für ein Prachtjunge, nicht? Und auch sehr begabt! Sehr, sehr begabt! Sehr!«

Einige Zeit nach Vaters Wiederverheiratung ging es im Unterricht mit mir so steil bergab, daß der Schulverweis drohte (im Jahr nach dem Tod meiner Mutter war ich von der Tachkemoni-Schule auf das Gymnasium in Rechavia übergewechselt). Vater war gekränkt und verblüfft und überzog mich mit Strafen. Immer stärker wurde sein Verdacht, dies sei vielleicht mein privater Guerillakrieg, der nicht aufhören werde, bis er meiner Übersiedlung in den Kibbuz notgedrungen zustimmen würde. Er schlug zurück: Jedesmal, wenn ich die Küche betrat, stand Vater auf und verließ sie wortlos. Aber an einem Freitag sprang er über seinen Schatten und begleitete mich zum alten Egged-Busbahnhof in der Mitte der Jaffa-Straße. Bevor ich in den Bus nach Tel Aviv stieg, sagte er plötzlich: »Wenn es dir recht ist, dann sei so gut und frag sie dort bitte, was sie von deinen Kibbuzplänen halten. Natürlich verpflichtet uns ihre Meinung dort in keiner Weise und interessiert uns auch nicht so sehr, aber diesmal hätte ich nichts dagegen, zu hören, wie sie dort diese Möglichkeit beurteilen.«

Schon vor dem Tod meiner Mutter, vom Beginn ihrer Krankheit an und vielleicht sogar noch früher, hatten meine Tel Aviver Tanten meinen Vater für einen egoistischen und etwas tyrannischen Mann gehalten: Sie waren überzeugt, ich müßte seit Mutters Tod unter seinem drückenden Joch stöhnen, und nach seiner erneuten Heirat würde auch die Stiefmutter mich mißhandeln. Wie um meine Tanten zu ärgern, war ich bestrebt, ihnen immer wieder großartige Dinge von Vater und seiner Frau zu erzählen, wie hingebungsvoll sie sich um mich kümmerten und sich mit allen Mitteln bemühten, daß es mir an nichts fehle. Meine Tanten wollten kein Wort davon hören: Sie wunderten sich über mich, wurden ärgerlich, reagierten gekränkt, als würde ich versuchen, ihnen gegenüber das ägyptische Regime Gamal Abd el-Nassers zu rühmen oder die Taten der Fedajin zu verteidigen. Beide schnitten mir sofort das Wort ab, sobald ich zu einer Lobrede auf Vater ansetzte.

Tante Chaja sagte: »Genug. Hör auf. Du tust mir weh damit. Sie unterziehen dich da offenbar einer gründlichen Gehirnwäsche.«

Und Tante Sonia rügte mich zwar nicht jedesmal, wenn ich in ihrem Haus ein gutes Wort über Vater oder seine Frau zu sagen versuchte, brach aber sofort in Tränen aus.

Unter ihrem prüfenden Blick sprach die Realität für sich selbst: Spindeldürr und schwindsüchtig kam ich ihnen vor und blaß und nervös und nicht ordentlich gewaschen. Gewiß vernachlässigten sie mich dort, wenn nicht noch etwas viel Schlimmeres als Vernachlässigung im Spiel war. Und was ist diese Wunde da an der Wange? Haben sie dich dort nicht zum Arzt geschickt? Und dieser sich auflösende Pullover, ist das der einzige, den du hast? Wann haben sie dir denn das letzte Mal neue Unterwäsche gekauft? Und das Geld für die Rückfahrt? Das haben sie dir bestimmt zu geben vergessen? Nein? Warum bist du so stur? Warum dürfen wir dir nicht ein paar Pfund in die Tasche stecken? Zur Sicherheit?

Aus dem Rucksack, den ich mir für die Wochenendfahrt nach Tel Aviv gepackt hatte, zogen die Tanten sofort nach meiner Ankunft Hemd, Schlafanzug, Socken und Unterwäsche, ja sogar das Reservetaschentuch, machten dabei »tsts« und verdammten alles zur Wäsche, zum Kochen oder zu zwei Stunden Auslüften an der Leine auf dem Balkon und zum Bügeln, manchmal sogar zur kompromißlosen Vernichtung: als beugten sie einer Seuchengefahr vor oder schickten all meine Kleider und Sachen zu einem Umerziehungslehrgang. Ich wurde immer als erstes unter die Dusche und als zweites eine halbe Stunde zum Sonnen auf den Balkon geschickt: Du bist ja weiß wie die Wand. Ißt du ein paar Trauben? Oder einen Apfel? Und ein wenig rohe Möhren? Danach gehen wir dir neue Unterwäsche kaufen. Oder ein menschliches Hemd. Oder Socken. Beide versuchten mich zu mästen, mit Hühnerleber, mit Lebertran, mit Obstsäften und mit viel frischem Gemüse. Als wäre ich geradewegs hinter den Ghettomauern hervor zu ihnen gekommen.

Zu meiner Übersiedlung in einen Kibbuz befragt, erklärte Tante Chaja sofort: »Eindeutig ja. Es ist wünschenswert, daß du ein wenig von ihnen wegkommst. Im Kibbuz wirst du groß und stark und nach und nach auch gesund werden.«

Und Tante Sonia legte mir den Arm um die Schulter und schlug bekümmert vor: »Versuch, im Kibbuz zu leben, ja, und falls du dich, Gott behüte, auch dort so unglücklich fühlst, dann ziehst du einfach zu uns?«

Gegen Ende der neunten Klasse (der sogenannten »fünften« des Gymnasiums Rechavia) trat ich bei den Pfadfindern aus und ging auch kaum noch zur Schule. Den ganzen Tag lag ich, in Unterhemd und Unterhose, allein in meinem Zimmer auf dem Rücken, verschlang ein Buch nach dem anderen und vertilgte dabei Berge von Süßigkeiten, fast das einzige, was ich damals aß. Ich war bis über beide Ohren verliebt, tränenerstickt und völlig chancenlos verliebt in eine der Prinzessinnen meiner Klasse: Nicht eine bittersüße Jugendliebe wie in den Büchern, die ich las, in denen beschrieben wurde, wie die Seele zwar vor lauter Liebe schmerzt, aber auch über sich selbst hinauswächst und erblüht. Nicht so, sondern als hätte man mir mit einer Eisenstange auf den Kopf geschlagen, und – damit nicht genug – quälte auch der Körper mich ausgerechnet jetzt Tag und Nacht mit seinen unersättlichen Häßlichkeiten. Ich wollte frei werden, wollte mich ein für allemal von diesen beiden Feinden befreien, vom Leib und auch von der Seele. Ich wollte eine Wolke sein. Ein Stein auf dem Mond.

Jeden Abend rappelte ich mich von meinem Lager auf und lief zwei, drei Stunden durch die Straßen oder über das Ödland außerhalb der Stadt. Und manchmal zog es mich gerade zu den Stacheldrahtzäunen und Minenfeldern, die die Stadt teilten, und einmal war ich auf ein Stück Niemandsland geraten und trat im Finstern versehentlich auf eine leere Dose, die plötzlich lospolterte wie eine herabstürzende Steinlawine, und sofort fielen ganz nah zwei Schüsse im Finstern, und ich floh, lief weg, kehrte aber trotzdem am nächsten Tag und an den folgenden Tagen an den Rand des Niemandslands zurück, als wäre ich allem überdrüssig. Auch in die versteckten Wadis stieg ich hinab, in Ecken, von denen ich kein einziges Licht der Jerusalemer Häuser mehr sehen konnte, ringsum nur der Schatten der Berge und ein Meer von Sternen und der Duft von Feigen- und Olivenbäumen und durstiger Sommererde. Ich kam abends um zehn, um elf, um Mitternacht nach Hause, weigerte mich, zu erzählen, wo ich gewesen war, ignorierte die Lichtlöschzeiten, obwohl Vater sie bereits von neun auf zehn Uhr abends verschoben hatte, ignorierte all seine Vorhaltungen, reagierte nicht auf seine angestrengten Versuche, das Schweigen zwischen uns durch seine abgedroschenen Späßchen zu überbrücken: »Und wo, wenn wir nur untertänigst fragen dürfen, haben Eure Hoheit bis beinahe Mitternacht geweilt? Vielleicht hatten Euer Ehren ein Rendezvous? Mit einer schönen jungen Dame? Oder waren Eure Exzellenz womöglich zu einem Lustgelage im Palast der Königin von Saba geladen?«

Mein Schweigen ängstigte ihn sogar noch mehr als die Dornen, die sich in meiner Kleidung verhakt hatten, oder meine Schulverweigerung. Als Vater merkte, daß sein Zorn und seine Strafen nichts fruchteten, ging er zu kleinmütigen Sticheleien über und brummelte kopfschüttelnd: »Eure Hoheit will es so? Dann soll es eben so sein.« Oder: »Als ich in deinem Alter war, hatte ich das Gymnasium schon fast abgeschlossen. Kein leichtes Erholungsgymnasium wie euers! Ein klassisches Gymnasium! Mit eiserner Militärdisziplin! Mit Altgriechisch und Latein! Ich las schon Euripides und Ovid und Seneca im Original! Und was tust du? Liegst zwölf Stunden lang auf dem Rücken und liest Schund? Die Wochenzeitung *Haolam Hasé*? Comics? Eine Schande ist das! Ekelhaftes Zeug, nur für den Abschaum der Menschheit gedacht! Der Großneffe von Professor Klausner wird eines Tages noch als Nichtsnutz enden? Als Rowdy?«

Zum Schluß verwandelte sich sein Sarkasmus in Traurigkeit. Am Frühstückstisch sah Vater mich einen Moment mit traurigen braunen Hundeaugen an, und schon wich sein Blick meinem aus und vergrub sich tief hinter seiner Zeitung. Als wäre er es, der vom rechten Weg abgekommen war und sich schämen mußte.

Schließlich unterbreitete mir Vater, schweren Herzens, einen Kompromißvorschlag: Freunde im Kibbuz Sde Nechemja, im nordöstlichen Galiläa, seien bereit, mich während der Sommermonate als Gast aufzunehmen, damit ich dort in der Landwirtschaft arbeiten und das Zusammenleben mit Gleichaltrigen bei der Gemeinschaftsunterbringung ausprobieren könne. Um zu sehen, ob es etwas für mich sei. Oder nicht. Für den Fall, daß mir diese Sommererfahrung eindeutig genügte, müßte ich mich von vornherein verpflichten, am Ende des Sommers ins Gymnasium zurückzukehren und das Lernen mit dem gebührenden Ernst anzugehen. Wäre ich aber am Ende der großen Ferien immer noch nicht wieder zur Vernunft gekommen, würden wir zwei uns wieder zusammensetzen, ein wirkliches Gespräch zwischen Erwachsenen miteinander führen und versuchen, eine Lösung zu finden, die für uns beide akzeptabel wäre.

Onkel Joseph höchstpersönlich, der alte Professor, den die Cherut-Partei als Kandidaten für das Amt des israelischen Staatspräsidenten gegen den Kandidaten der Mitte und der Linken, Chaim Weizmann, aufgestellt hatte, hörte von meiner bedauerlichen Absicht, in den Kibbuz zu gehen, und war entsetzt: Die Kibbuzim waren in seinen Augen eine Bedrohung für den Geist der Nation, wenn nicht gar Zweigstellen Stalins. Onkel Joseph bestellte mich also zu einem Gespräch unter vier Augen, nicht im Rahmen der Schabbatwallfahrten, sondern, zum ersten Mal in meinem Leben, an einem Werktag. Ich bereitete mich mit klopfendem Herzen auf diese Unterredung vor, notierte mir sogar drei, vier Stichworte auf einen Zettel. Ich beabsichtigte, Onkel Joseph an das zu erinnern, was er selbst immer auf seine Fahnen geschrieben hatte: Gegen den Strom schwimmen. Standfestes Beharren des einzelnen auf der eigenen Gewissensentscheidung, und sei es gegen starken Gegenwind von seiten derer, die einem am nächsten stehen. Aber Onkel Joseph war gezwungen, seine Einladung im letzten Moment abzusagen, wegen irgendeiner unvorgesehenen Angelegenheit, die keinen Aufschub duldete.

So stand ich, ohne seinen Reisesegen, am ersten Morgen der großen Ferien um fünf Uhr auf, um zum Busbahnhof in der Jaffa-Straße zu gehen. Vater war eine halbe Stunde vor mir aufgestanden. Als mein Wecker klingelte, hatte er mir für unterwegs bereits Proviant vorbereitet, dicke Brote, sorgfältig in Pergamentpapier eingewickelt, zwei mit Schnittkäse und Tomate und zwei mit Tomate und Eierscheiben, und auch geschälte Gurken und einen Apfel und ein Stück Wurst und eine Flasche Wasser, fest zugedreht, damit sie unterwegs nicht auslief. Beim Brotschneiden hatte er sich mit dem scharfen Messer in den Finger geschnitten, er blutete, und bevor wir uns verabschiedeten, verband ich ihm noch seine Wunde. An der Tür umarmte er mich einmal zögernd und gleich darauf noch einmal fest, senkte dann den Kopf und sagte: »Wenn ich dich in der letzten Zeit vielleicht in irgendeiner Weise gekränkt haben sollte, bitte ich dich um Verzeihung. Auch ich habe eindeutig keine leichte Zeit.«

Und plötzlich überlegte er es sich anders, band hastig eine Krawatte um, zog ein Jackett an und begleitete mich zum Busbahnhof. Den ganzen Weg, durch die leeren Straßen Jerusalems vor Sonnenaufgang, trugen wir gemeinsam den Seesack, der meine gesamte Habe enthielt. Den ganzen Weg über scherzte Vater und sprudelte über vor Witzen und Wortspielen. Verwies auf die chassidischen Ursprünge des Wortes »Kibbuz« und auf die interessante Parallele zwischen dem Kibbuzideal und dem Gedanken der *koinonia*, Gemeinschaft, einem Begriff, der aus dem antiken Griechenland stamme und auf *koinos* zurückgehe, was »allgemein« bedeute. Und übrigens, davon, von *koinonia*, ist das Wort *knunia* für »Verschwörung« zu uns ins Hebräische gekommen, und vielleicht besteht da auch eine Verbindung zum Begriff »Kanon«. Als ich in den Bus nach Haifa stieg, stieg Vater mit ein, diskutierte mit mir über den richtigen Sitzplatz und verabschiedete sich dann, wobei er offenbar vor lauter Zerstreutheit vergaß, daß dies nicht eine meiner Wochenendfahrten zu den Tanten nach Tel Aviv war, denn er wünschte mir einen schönen Schabbat, obwohl es ein Montag war. Ehe er ausstieg, witzelte er mit dem Fahrer und bat ihn, besonders vorsichtig zu fahren, denn diesmal habe er wirklich einen wertvollen Schatz zu befördern. Danach ging er sich eine Zeitung kaufen, blieb dann am Abfahrtssteg stehen, suchte mich mit den Augen und winkte traurig dem falschen Bus auf Wiedersehen.

57

Am Ende jenes Sommers änderte ich meinen Namen und zog mit meinem Seesack von Sde Nechemja nach Hulda, zunächst als Internatsschüler an der dortigen Oberschule (die man vor lauter Bescheidenheit als »Aufbaustufe« bezeichnete). Nach Abschluß der Schule, vor Antritt des Wehrdienstes, wurde ich Kibbuzmitglied. Hulda war von 1954 bis 1985 mein Zuhause.

Mein Vater hatte etwa ein Jahr nach dem Tod meiner Mutter wieder geheiratet und zog dann ein Jahr später, nachdem ich in den Kibbuz gegangen war, mit seiner Frau nach London. Fünf Jahre lebte mein Vater in London, wo meine Schwester Marganita und mein Bruder David zur Welt kamen, wo mein Vater endlich – unter ungeheuren Mühen – das Autofahren lernte und wo er an der Londoner Universität seine Dissertation über J. L. Perez abschloß und einreichte. Von Zeit zu Zeit schrieben wir einander Postkarten. Von Zeit zu Zeit schickte mein Vater mir Sonderdrucke seiner Aufsätze. Gelegentlich sandte er mir Bücher und auch kleine Gegenstände, die mich sanft daran erinnern sollten, welches meine wahre Bestimmung sei: zum Beispiel Stifte und Füllfederhalter, hübsche Hefte und einen dekorativen Brieföffner.

Jeden Sommer kam er allein »auf Heimaturlaub« nach Israel, um festzustellen, wie es mir wirklich ging, ob das Kibbuzleben mir tatsächlich zusagte und um bei der Gelegenheit auch nach der Wohnung und seiner Bibliothek zu sehen. In einem detaillierten Brief teilte mir mein Vater zu Sommeranfang 1956, etwa zwei Jahre nach unserem Abschied, mit:

Am Mittwoch nächster Woche beabsichtige ich, wenn es Dir keine Umstände macht, Dich in Hulda zu besuchen. Ich habe mich erkundigt und herausgefunden, daß täglich um zwölf Uhr mittags ein Bus vom Busbahnhof in Tel Aviv abfährt und etwa um zwanzig nach eins in Hulda ankommt. Und dies sind meine Fragen: 1. Könntest Du mich bitte an der Bushaltestelle abholen? (Aber wenn das schwierig für Dich ist, wenn Du beschäftigt bist usw., kann ich eindeutig auch mühelos erfragen, wo Deine Unterkunft ist, und zu Dir kommen, ohne daß Du mich eigens abholst.) 2. Sollte ich besser in Tel Aviv eine Kleinigkeit zu mir nehmen, ehe ich in den Bus steige, oder wäre es möglich, daß wir nach meiner Ankunft im Kibbuz gemeinsam essen? Natürlich nur unter der Bedingung, daß es Dir keine Umstände bereitet. 3. Meine Erkundigungen haben ergeben, daß es in den Nachmittagsstunden nur einen einzigen Bus von Hulda zurück nach Rechovot gibt, von wo ich mit einem zweiten Bus nach Tel Aviv und mit einem dritten Bus nach Jerusalem gelangen könnte. In diesem Fall hätten wir allerdings nur rund zweieinhalb Stunden zur Verfügung: Reicht uns das? 4. Oder könnte ich, statt dessen, vielleicht über Nacht bleiben und am nächsten Tag den Bus nehmen, der um sieben Uhr morgens von Hulda abfährt? Dies nur für den Fall, daß drei Bedingungen erfüllt sind: a) daß es Dir keine Mühe macht, ein Lager für mich zu finden (ein ganz einfaches Bett oder auch eine Matratze würde mir genügen), b) daß man es im Kibbuz nicht scheel ansehen würde, und c) daß Dir selbst ein solch relativ langer Besuch recht ist. Bitte gib mir umgehend Bescheid, so oder so. 5. Was muß ich mitbringen, außer persönlichen Dingen? (Handtuch? Bettwäsche? Ich war ja noch nie in einem Kibbuz zu Gast!) Natürlich werde ich Dir die (nicht sehr großen) Neuigkeiten berichten, wenn wir uns wiedersehen. Und auch von meinen Plänen, wenn Du daran interessiert bist. Und Du erzählst mir, wenn Du möchtest, ein wenig von Deinen Plänen. Ich hoffe, Du bist bei guter Gesundheit und auch bei guter Laune. (Zwischen diesen beiden Dingen besteht eindeutig ein Zusammenhang!) Und alles Weitere – sehr bald, mündlich? In Liebe, Dein Vater.

An jenem Mittwoch war der Unterricht um ein Uhr beendet, und ich wurde auf meine Bitte hin von den zwei Stunden Arbeit befreit, zu denen wir nach der Schule verpflichtet waren (ich arbeitete damals im Hühnerstall). Trotzdem machte ich mich vom Klassenzimmer auf, zog staubige blaue Arbeitskleidung und die schweren Arbeitsschuhe an, rannte zum Traktorschuppen, nahm die unter dem Sitzkissen versteckten Schlüssel des Massey-Ferguson, ließ rasch den Motor an und kam, zwei Minuten nach Ankunft des Busses aus Tel Aviv, in einer Staubwolke an der Haltestelle angebraust. Mein Vater, den ich über ein Jahr nicht gesehen hatte, stand da und wartete, die Hand vor den Augen zum Schutz gegen die Sonne, hielt gespannt Ausschau, woher Hilfe kommen würde. Er trug – zu meiner großen Verblüffung – Khakihosen, ein kurzärmeliges hellblaues Hemd und auf dem Kopf einen runden Stoffhut, wie man ihn im Kibbuz trug, keine Spur von Jackett und Krawatte. Von weitem sah er fast wie einer unserer »Alten« aus. Bestimmt hatte er sich mit Bedacht so angezogen, als Geste des Respekts gegenüber einer Kultur, die, wenn sie auch nicht seinem Geist und seinen Prinzipien entsprechend handelte, doch seine Achtung genoß. In der einen Hand hielt er seine abgewetzte Aktentasche und in der anderen ein Taschentuch, mit dem er sich die Stirn abwischte. Ich sauste mit dem Traktor auf ihn zu, bremste knapp vor seiner Nase, lehnte mich zu ihm hinunter, die eine Hand am Lenkrad, die andere lässig auf dem Kotflügel ruhend, und sagte: Schalom. Er schaute zu mir hoch, wegen der Vergrößerung durch die Brille wirkten seine Augen wie die eines verängstigten Kindes, und erwiderte eilig meinen Gruß, obwohl er mich immer noch nicht ganz erkannte. Oder mich erkannte, aber ganz verschreckt war.

Einen Moment später sagte er: »Bist du das?«

Und nach einem weiteren Moment: »Du bist so groß geworden. So gesund.«

Und schließlich, wieder zu sich gekommen: »Du wirst mir erlauben, dich darauf hinzuweisen, daß das nicht ganz vorsichtig war, diese Raserei: Du hättest mich überfahren können.«

Ich bat ihn, dort zu warten, im Schatten, nicht in der Sonne, und brachte den Massey-Ferguson zurück: Sein kurzer Auftritt in diesem Schauspiel war beendet. Dann nahm ich meinen Vater mit in den Speisesaal, wobei uns plötzlich bewußt wurde, daß ich inzwischen so groß war wie er, was uns beide ein wenig verlegen machte und Vater zu Scherzen animierte. Er betastete neugierig meine Muskeln, als überlege er, ob er mich kaufen solle, und witzelte über meine braungebrannte Haut im Vergleich zu seiner weißen: »Sambo, der Negerjunge! Ein richtiger Jemenite!«

Im Speisesaal waren die meisten Tische schon abgeräumt, nur einer war noch gedeckt. Ich brachte Vater gekochtes Huhn mit Karotten und Kartoffeln und auch Hühnersuppe mit reiskornförmigen Nudeln. Er aß sehr vorsichtig, beachtete peinlich genau alle Benimmregeln und übersah meine – absichtlich bäuerlich laute – Eßweise. Als wir zum Abschluß Tee aus Plastiktassen tranken, knüpfte Vater ein höfliches Gespräch mit Zvi Butnik an, einem der Alteingesessenen Huldas, der mit uns am Tisch saß. Vater achtete sehr darauf, nicht ein Thema zu berühren, das ideologisch strittig sein könnte. Er erkundigte sich, aus welchem Land Zvi eingewandert war, und als Zvi antwortete, er stamme aus Rumänien, leuchtete Vaters Gesicht auf, und er fing an, Rumänisch zu sprechen, das Zvi aus dem Mund meines Vaters aber irgendwie schwer verstand. Danach kam Vater auf die Schönheit der Landschaft der judäischen Ebene zu sprechen und auch auf die biblische Prophetin Hulda und auf das Huldator, das es im Tempel gegeben hatte, Themen, von denen er meinte, sie seien über jede Kontroverse erhaben. Aber bevor wir uns von Zvi verabschiedeten, konnte Vater sich doch nicht zurückhalten zu fragen, wie man denn mit seinem Sohn zufrieden sei? Ob er sich hier eingelebt habe? Zvi Butnik, der überhaupt keine Ahnung hatte, ob und wie ich mich in Hulda eingelebt hatte, sagte: »Was für eine Frage? Sehr gut!«

Und Vater antwortete: »Und dafür bin ich Ihnen allen hier wirklich sehr dankbar.«

Als wir den Speisesaal verließen, nahm er keine Rücksicht auf meine Gefühle und sagte zu Zvi, wie jemand, der seinen Hund nach einem Aufenthalt in einer Hundepension abholt: »Als ich ihn euch übergeben habe, war er in einer etwas schlechten Verfassung, in mehrfacher Hinsicht, doch jetzt, scheint mir, ist sein Zustand gar nicht schlecht.«

Er mußte mir auf einen allumfassenden Rundgang durch Hulda folgen. Ich fragte ihn gar nicht erst, ob er sich nicht lieber ausgeruht hätte. Erkundigte mich nicht, ob er eine kalte Dusche nehmen oder auf die Toilette gehen wolle. Wie der Oberfeldwebel in einem Rekrutenlager scheuchte ich meinen armen Vater – hochrot im Gesicht, keuchend und sich unaufhörlich mit dem Taschentuch den Schweiß von der Stirn wischend – vom Schaf- über den Hühner- zum Kuhstall und von dort zur Schreinerei und zur Schlosserei und zum Olivensilo auf dem Hügel, und die ganze Zeit über referierte ich ihm unablässig die Grundsätze des Kibbuz, der Agrarwirtschaft, die Vorzüge des Sozialismus und den Beitrag der Kibbuzim zu Israels militärischen Siegen. Keine Einzelheit ersparte ich ihm. War ganz und gar durchdrungen von einer Art rechtfertigendem didaktischen Feuer. Ich ließ ihn gar nicht zu Wort kommen. Schmetterte seine Versuche ab, hier und da eine Frage einzuschieben: Ich redete und redete und redete.

Von den Kinderhäusern schleifte ich ihn, der beinahe am Ende seiner Kräfte angelangt war, zum Wohnbereich der Alteingesessenen und weiter zur Besichtigung der Sanitätsstation und der Schulzimmer, bis wir schließlich zum Kulturhaus und in die Bibliothek kamen, wo wir Sheftel, den Bibliothekar, trafen, den Vater von Nily, die ein paar Jahre später meine Frau werden sollte. Der gutherzige, freundliche Sheftel saß in seiner blauen Arbeitskleidung an der Schreibmaschine, summte ein chassidisches Ja-babam vor sich hin und tippte mit zwei Fingern einen Text auf eine Wachsmatrize. Wie ein verendender Fisch, der im letzten Moment durch ein Wunder ins Wasser zurückgelangt ist, erwachte mein vor Hitze und Staub ausgedörrter Vater, der schon der Ohnmacht nahe gewesen war, vor lauter Mist- und Heugeruch. Der Anblick der Bücher und des Bibliothekars weckte im Nu seine Lebensgeister, und schon begann er auch, seine Ansichten als Experte zum besten zu geben.

Etwa zehn Minuten fachsimpelten die beiden Bibliothekare, die künftig einmal Gegenschwiegerväter werden sollten. Danach wurde Sheftel wieder von seiner Schüchternheit übermannt, und Vater ließ ihn in Ruhe und ging daran, alle Systeme und Winkel der Bibliothek zu inspizieren: wie ein reger Militärattaché, der mit professionellem Blick die Manöver einer fremden Truppe verfolgt.

Danach spazierten Vater und ich noch etwas herum. Wir bekamen Kaffee und Kuchen bei Hanka und Oser Hulda'i, die sich bereit erklärt hatten, in meinen Jugendjahren meine Kibbuzfamilie zu sein. Hier demonstrierte Vater seine umfassende Kenntnis der polnischen Literatur, und nachdem er einen Augenblick vor ihrem Bücherregal gestanden und die Titel überflogen hatte, unterhielt er sich sogar angeregt auf polnisch mit ihnen, zitierte Julian Tuwim, worauf Hanka ihm mit einem Zitat von Słowacki antwortete, erwähnte Mickiewicz, worauf man mit Iwaszkiewicz konterte, brachte den Namen Reymont ins Spiel und erhielt Wyspian'ski retour. Wie auf Zehenspitzen sprach Vater mit den Leuten im Kibbuz: als nähme er sich in acht, daß ihm bloß nicht versehentlich etwas Verheerendes herausrutschte, das nicht wiedergutzumachende Folgen nach sich ziehen könnte. Behutsam redete er mit ihnen, als sei ihr Sozialismus eine unheilbare Krankheit und die von ihr befallenen Geschöpfe seien völlig ahnungslos, wüßten nicht, wie hoffnungslos ihr Zustand ist, weshalb er, als unterrichteter auswärtiger Besucher, sich sehr zurückhalten müsse, um ja nicht ungewollt irgend etwas zu sagen, das ihnen den Ernst ihrer Lage vor Augen führt.

Deshalb achtete er darauf, in der Gegenwart von Mitgliedern Huldas seine Bewunderung über das, was er gesehen hatte, zum Ausdruck zu bringen, zeigte höfliches Interesse, stellte einige Fragen (»Wie ist die Ertragslage bei euch? Was macht die Viehwirtschaft?«) und äußerte erneut Bewunderung. Er überschüttete sie nicht mit den Strömen und Bächen seines Wissens und gab fast keine Wortspiele zum besten. Er hielt sich zurück. Vielleicht fürchtete er, mir zu schaden.

Aber gegen Abend wurde Vater von einer Art Traurigkeit erfaßt. Als seien ihm die Scherze ausgegangen, als sei die Quelle seiner Anekdoten versiegt. Auf seine Bitte hin setzten wir uns auf eine schattige Bank hinter dem Kulturhaus und betrachteten gemeinsam den Sonnenuntergang. Bei einsetzender Abenddämmerung verstummte er, und wir beide saßen still nebeneinander. Mein braungebrannter Arm, der schon hellen Flaum angesetzt hatte, lag auf der Rückenlehne der Bank, nahe dem blassen, schwarzbehaarten Arm meines Vaters. Diesmal nannte Vater mich weder »Eure Hoheit« noch »Eure Exzellenz« und benahm sich auch nicht so, als sei er verpflichtet, jedes Schweigen zu vertreiben. Vater kam mir so verlegen und traurig vor, daß ich beinahe seine Schulter berührt hätte. Aber ich berührte sie nicht. Ich dachte, er wollte mir etwas sagen, etwas Wichtiges und auch Dringendes, wüßte aber nicht, wie er beginnen sollte. Zum ersten Mal im Leben schien mir mein Vater Angst vor mir zu haben. Ich wollte ihm helfen, vielleicht sogar an seiner Stelle das Gespräch beginnen, aber ich war so gehemmt wie er.

Schließlich sagte er plötzlich: »Also so.«
Und ich sagte ihm nach: »So.«
Und wieder verstummten wir. Mir fiel plötzlich der Gemüsegarten ein, den wir, er und ich, in der betonharten Erde unseres Hofes in Kerem Avraham anzulegen versucht hatten. Ich erinnerte mich an den Brieföffner und den kleinen Hammer, die ihm als Gartengerät gedient hatten. An die Setzlinge, die er aus dem »Haus der Pionierinnen« oder »Landgut der Arbeite-

rinnen« mitgebracht und dann nachts hinter meinem Rücken eingepflanzt hatte, um mich über den Mißerfolg unserer Beete hinwegzutrösten.

Vater hatte mir zwei seiner Bücher mitgebracht. Auf das Titelblatt von *Die Novelle in der hebräischen Literatur* hatte er mir die Widmung geschrieben: »Dem Sohn bei der Hühnerschar – von Vater dem Bibliothekar (der er einmal war).« Und *Die Geschichte der Weltliteratur* hatte er mir mit Worten gewidmet, in denen sich vielleicht Tadel und Enttäuschung verbargen: »Für meinen Sohn Amos, in der Hoffnung, daß er einen Platz in unserer Literatur einnehmen wird.«

In der Nacht schliefen wir, Vater und ich, in einem freien Kinderhauszimmer, das zwei Jugendbetten und einen Holzkasten mit Vorhang für die Kleider enthielt. Wir zogen uns beide im Dunkeln aus, und im Dunkeln unterhielten wir uns noch an die zehn Minuten: über die Nato und über den Kalten Krieg. Danach wünschten wir uns gegenseitig eine gute Nacht und drehten einander den Rücken zu, und genau wie ich konnte vielleicht auch Vater schwer einschlafen. Seine Atemzüge klangen mir angestrengt, als bekomme er nicht richtig Luft oder als atme er durch den Mund, mit zusammengebissenen Zähnen. Seit dem Tod meiner Mutter hatten er und ich nicht mehr zusammen in einem Raum geschlafen: seit ihren letzten Tagen, in denen sie in mein Zimmer übersiedelt war und ich mich zu ihm geflüchtet hatte, um neben ihm im Doppelbett zu schlafen, und seit den ersten Nächten nach ihrem Tod, den Nächten, in denen Vater auf einer Matratze in meinem Zimmer hatte schlafen müssen, weil ich so verängstigt war.

Auch diesmal gab es einen beängstigenden Augenblick: Um zwei oder drei Uhr schreckte ich entsetzt hoch, weil ich im Mondlicht plötzlich meinte, Vaters Bett sei leer und er selbst habe sich leise einen Stuhl geholt, und auf diesem Stuhl sitze er die ganze Nacht am Fenster, reglos, mit offenen Augen, stumm, schaue den Mond an oder zähle die vorbeiziehenden Wolken. Das Blut stockte mir in den Adern.

Aber Vater schlief tief und friedlich in dem Bett, das ich ihm gerichtet hatte, und was mich hatte glauben lassen, er sitze mit offenen Augen stumm auf dem Stuhl und schaue den Mond an, war weder Vater noch ein Geist, sondern der Stapel seiner Kleider, die Khakihose und das schlichte hellblaue Hemd, die er mit großer Aufmerksamkeit gewählt hatte, damit es nicht aussähe, als würde er auf die Kibbuzmitglieder herabschauen. Um ja nicht ihre Gefühle zu verletzen.

Anfang der sechziger Jahre kehrte Vater mit seiner Frau und seinen Kindern aus London nach Jerusalem zurück. Sie zogen ins Viertel Bet Hakerem. Wieder ging Vater jeden Tag zur Arbeit in die Nationalbibliothek, nicht mehr in die Zeitungsabteilung, sondern in das bibliographische Institut, das damals gerade gegründet worden war. Jetzt, da er endlich den Doktortitel der Universität London besaß und auch eine hübsche, dezente Visitenkarte, die das bezeugte, versuchte er erneut, einen Lehrauftrag zu erhalten, wenn nicht an der Hebräischen Universität in Jerusalem, der Bastion des verstorbenen Onkels, dann vielleicht wenigstens an einer der neuen Universitäten: In Tel Aviv? In Haifa? In Beer Scheva? Sogar an der religiösen Bar-Ilan-Universität versuchte er einmal sein Glück, obwohl er sich als bekennenden Antiklerikalen betrachtete.

Vergeblich.

Er war über fünfzig, zu alt, um Assistent oder Dozent zu werden, besaß nicht genug Ansehen in Gelehrtenkreisen, um eine feste akademische Stelle zu erhalten. Nirgendwo wollte man ihn haben. In jenen Jahren schwand auch Professor Joseph Klausners Ansehen rapide dahin. Onkel Josephs berühmte Forschungsarbeiten über die hebräische Literatur galten in den sechziger Jahren bereits alle als veraltet und sogar als ein wenig naiv. In seiner Erzählung *Auf Allzeit* schreibt Agnon:

> Gegen zwanzig Arbeitsjahre Adiel Amses hatten der Ausforschung von Gumlidathas Geheimnissen gegolten, das eine große Gemeinde, Stolz ganzer Gaue gewesen war, ehe die Garde der Goten es anfiel, es zu Aschenhaufen einäscherte und die Anwohner andauernder Abhängigkeit auslieferte ... all die Jahre, die er sich mit seiner Arbeit abgegeben hatte, hatte er sich bei den Gelehrten an der Universität nicht blicken lassen und nicht bei ihren Frauen und ihren Töchtern; und als er nun kam, sie um eine Gunst anzugehen, da sprühte kalte Wut aus ihren Augen, so daß die Brillengläser davon glitzerten, und sie sprachen etwa so zu ihm: »Herr, wer sind Sie eigentlich? Wir kennen Sie nicht!« Er ließ die Schultern hängen und ging voller Enttäuschung fort. Immerhin war das nicht an ihm verloren, denn er lernte daraus, daß, wenn es ihm um ihre Anerkennung getan war, er die Annäherung an sie nötig hatte; nur wußte er nicht: Wie nähert man sich ihnen an?*

---

* S. J. Agnon, *Auf Allzeit*, aus dem Hebräischen von Karl Steinschneider, in: S. J. Agnon, *Im Herzen der Meere*, Zürich 1966, S. 375-413, Zitat S. 377f.

Vater lernte nie, wie man sich annähert, obwohl er sich sein Leben lang mit aller Kraft darum bemühte: durch Scherze und Spitzfindigkeiten, durch seine ständige Bereitschaft, ohne Wenn und Aber jede Arbeit zu übernehmen, durch Demonstration seiner Kenntnisse und durch Wortspiele. Er konnte nicht schmeicheln, verstand es nicht, sich einflußreichen akademischen Zirkeln oder akademischen »chassidischen Höfen« anzuschließen, wurde niemandes Waffenträger und schrieb keine Hymnen, es sei denn auf Verstorbene.

Schließlich fand er sich wohl mit seinem Schicksal ab. Noch weitere zehn Jahre saß Vater tagtäglich demütig in einem fensterlosen Zimmer im bibliographischen Institut im neuen Gebäude der Nationalbibliothek auf dem Givat-Ram-Campus und hortete Fußnoten. Von der Arbeit zurückgekehrt, setzte er sich an seinen Schreibtisch und verfaßte Beiträge für die *Hebräische Enzyklopädie*, die damals im Entstehen war, vorwiegend zur polnischen und litauischen Literatur. Nach und nach verwandelte er Kapitel seiner Doktorarbeit über J. L. Perez zu einzelnen Aufsätzen, die er in *Jad Lakoré* oder *Kiriat Sefer* veröffentlichte, und ein- oder zweimal wurden seine Aufsätze sogar in französischer Sprache publiziert. Unter den Sonderdrucken, die ich hier in meinem Haus in Arad aufbewahre, fand ich Aufsätze über Scha'ul Tschernichowski (»Der Dichter in seiner Heimat«), über Immanuel Ben Salomo Romi, über *Daphnis und Chloe* von Longus und auch einen Aufsatz mit dem Titel »Studien über Mendele«. Diesen widmete Vater:

> Dem Andenken meiner mit Feingefühl und Urteilskraft
> begnadeten Frau, die am 8. Tewet 5712 von mir gegangen ist.

Im Jahr 1960, wenige Tage bevor Nily und ich heirateten, erlitt mein Vater den ersten Herzinfarkt. Deshalb konnte er nicht an unserer Hochzeit teilnehmen, die in Hulda stattfand, unter einem Traubaldachin, der von vier Heugabeln gehalten wurde. (In Hulda war es Tradition, den Baldachin über zwei Gewehre und zwei Heugabeln zu spannen, um die Verbindung von Arbeit, Verteidigung und Kibbuz zu versinnbildlichen. Nily und ich verursachten einen ziemlichen Skandal, weil wir uns weigerten, im Schatten von Gewehren zu heiraten. In der Kibbuzversammlung nannte Salman P. mich »Schöngeist«, und Zvi K. fragte verächtlich, ob man mir auch in meiner Militäreinheit erlaubt hätte, mit einer Heugabel oder einem Besen bewaffnet auf Patrouille zu gehen?)

Zwei oder drei Wochen nach der Hochzeit hatte Vater sich von dem Infarkt erholt, aber sein Gesicht war nun grau und müde. Mitte der sechziger Jahre begann seine Munterkeit langsam zu erlöschen. Er stand immer noch frühmorgens schwungvoll und tatendurstig auf, doch nachmittags sank ihm der Kopf schon vor Müdigkeit auf die Brust, und früh am Abend legte er sich zur Ruhe. Später war seine ganze Energie bereits mittags verbraucht. Und am Ende blieben ihm nur noch die zwei, drei ersten Morgenstunden, danach wurde er grau und erlosch.

Noch immer liebte er Witze und Wortspiele, noch immer erklärte er einem freudig, daß das hebräische Wort *beres*, Wasserhahn, wahrscheinlich von dem griechischen Wort *vrisi*, das »Quelle« bedeute, zu uns gekommen sei, erklärte wieder einmal, daß unser *machssan*, Lagerraum, wie auch das in den europäischen Sprachen verbreitete »Magazin« von dem arabischen Wort *machsan* kämen, einem Ort, an dem man verschiedene Dinge speichere, während der eigentliche Ursprung dieses Wortes in der semitischen Wurzel *CH-S-N* liege, die ja für »stark« oder »kräftig« stehe. Was nun das Wort *balagan*, Durcheinander, angehe, das irrtümlich bei vielen als eindeutig russisches Wort gelte, verhalte es sich in Wahrheit so, daß es persischen Ursprungs sei, abgeleitet von dem Wort *balkon*, einer bescheidenen Veranda, auf die man bunt durcheinander alle möglichen unnützen Lumpen warf, ein auch in den meisten europäischen Sprachen heimisch gewordenes Wort.

Immer öfter wiederholte er sich: Trotz seines sonst scharfen Erinnerungsvermögens erzählte er zuweilen denselben »Scherz« zweimal während eines Gesprächs oder erklärte etwas, was er direkt zuvor schon ein- oder zweimal erklärt hatte. Müde und in sich gekehrt war er, und manchmal konnte er sich schwer konzentrieren. Als 1968 mein Buch *Mein Michael* erschien, las er einige Tage darin und rief mich danach in Hulda an, um mir zu sagen: »Es gibt da ein paar recht überzeugende Schilderungen, aber im großen und ganzen fehlt da ein Funke einer inspirierenden Vision, es fehlt ein zentraler Gedanke.« Und als ich ihm den Sonderdruck meiner Erzählung *Späte Liebe* schickte, schrieb er mir einen Brief, in dem er seiner Freude Ausdruck verlieh,

... daß Eure Töchter so wohlgeraten sind, und vor allem – daß wir uns bald sehen werden ... Was die Erzählung betrifft: Nicht schlecht. Obwohl – abgesehen von der Hauptfigur sind all die anderen, nach meiner bescheidenen Meinung, nichts als papierne Karikaturen, aber die Hauptfigur, bei all ihrer Widerwärtigkeit und Lächerlichkeit, lebt. Ein paar Anmerkungen: 1. S. 15: »der ganze mächtige Fluß der Galaxien«. Galaxie, aus dem Griechischen – *gala* (= Milch), und daher – »Milchstraße«. Besser im Singular! Es besteht, meiner Meinung nach, kein Grund für die Pluralform. 2. S. 15 (und anderswo) »Ljuba Kaganow*ska*« – das ist die *polnische* Form. Auf russisch – Kaganow*skaja*! 3. Auf S. 23 steht Wjaschma. Muß heißen: Wjasma (nicht mit sch!).

Und so weiter, den ganzen Brief hindurch, bis zur Anmerkung Nr. 23, nach der nur noch etwa ein halber Zentimeter am unteren Rand des Blatts frei war, der gerade eben dazu reichte, mit »Gruß von uns allen – Vater« zu schließen.

Aber einige Jahre später verriet mir Chaim Toren: »Dein Vater ist über das ganze Gesicht strahlend in den Räumen der Nationalbibliothek herumgelaufen und hat uns allen gezeigt, was Gershon Shaked über *Dort, wo die Schakale heulen* geschrieben hat und wie Avraham Sha'anan *Ein anderer Ort* lobte, und einmal hat er mir auch verärgert erzählt, wie blind Professor Kurzweil sei, weil er *Mein Michael* kritisiert habe. Ich glaube, er hat sogar eigens Agnon angerufen, um sich bei ihm über diese Rezension von Kurzweil zu beklagen. Dein Vater war auf seine Weise stolz auf dich, obwohl er gewiß zu verlegen war, um es dir zu sagen, und vielleicht auch fürchtete, es könnte dir zu Kopf steigen.«

In seinem letzten Lebensjahr ließ er die Schultern hängen. Er wurde von Wutanfällen gepackt, bei denen er jedem in seiner Nähe Vorwürfe und Beschuldigungen entgegenschleuderte und türenknallend in seinem Arbeitszimmer verschwand. Aber fünf oder zehn Minuten später kam er wieder heraus und entschuldigte sich für seinen Ausbruch, schob ihn auf seine angegriffene Gesundheit, auf seine Müdigkeit, auf seine Nervosität und bat verlegen, man möge ihm verzeihen, was er in seinem Zorn so ungerechter- und ungerechtfertigterweise gesagt habe. Die Worte »gerecht« und »gerechtfertigt« waren für ihn nicht weniger gebräuchlich als »entschieden«, »in der Tat«, »zweifellos«, »eindeutig« und »in bestimmter Hinsicht«.

Damals, während Vaters Krankheit, war Großvater Alexander mit seinen neunzig Jahren im Vollbesitz seiner Gesundheit und in seiner romantischen Blütezeit. Rosig im Gesicht wie ein Baby, frisch wie ein junger Bräutigam, stürmte er den ganzen Tag hierhin und dorthin und trompetete:

»Nu, was!« Oder: »Diese *paskudnjaks, schuliks,* Schurken, Nichtsnutze!« Oder: »Nu, *dawaj,* los marsch! *Charascho,* gut! Genug schon!« Frauen umgaben ihn zuhauf. Oft nahm er, bereits am Vormittag, »einen kleinen Kognak«, und sofort wurde sein rosiges Gesicht rosenrot wie die Morgenröte. Wenn Großvater und Vater zusammen auf dem Hof standen und sich unterhielten oder auf dem Bürgersteig vor dem Haus auf und ab gingen und diskutierten, wirkte Großvater Alexander, zumindest in seinem Gebaren, um einiges jünger als sein Sohn. Großvater sollte seinen älteren Sohn David und seinen ersten Enkel Daniel Klausner, die in Wilna von den Deutschen ermordet worden waren, um vierzig Jahre überleben, seine Frau um zwanzig Jahre und seinen jüngeren Sohn um sieben Jahre.

Eines Tages, am 11. Oktober 1970, rund vier Monate nach seinem sechzigsten Geburtstag, stand Vater wie gewöhnlich frühmorgens auf, lange vor allen anderen im Haus, rasierte sich, legte etwas Rasierwasser auf, befeuchtete das Haar ein wenig, bevor er es zurückbürstete, aß ein Brötchen mit Butter und trank zwei Gläser Tee, las die Zeitung und seufzte ein paarmal, warf einen Blick auf seinen Terminkalender, der immer offen auf seinem Schreibtisch lag, damit man alles bereits Erledigte durchstreichen konnte, band eine Krawatte um, zog ein Jackett an, machte sich eine kleine Einkaufsliste und fuhr mit dem Wagen eine Ecke weiter, zum Denia-Platz an der Kreuzung Herzl-Boulevard und Bet-Hakerem-Straße, um einige Schreibutensilien in dem kleinen Kellerladen einzukaufen, in dem er immer alles erwarb, was ihm auf dem Schreibtisch fehlte. Er parkte und verschloß den Wagen, ging die fünf oder sechs Stufen hinunter, stellte sich an, ließ sogar einer älteren Dame höflich den Vortritt, kaufte alles, was auf seinem Zettel stand und scherzte mit der Ladeninhaberin darüber, daß das Wort »Klammern« sowohl Substantiv als auch eine Verbform sein könne, sagte ihr noch etwas über die Versäumnisse der Stadtverwaltung, zahlte, zählte das Wechselgeld, nahm seine Einkaufstüte, dankte freundlich der Ladeninhaberin und bat sie, nicht zu vergessen, ihrem lieben Ehemann Grüße auszurichten, verabschiedete sich und wünschte ihr einen guten und erfolgreichen Tag, grüßte noch zwei Fremde, die hinter ihm warteten, drehte sich um, ging zur Tür, fiel um und starb auf der Stelle an einem Herzanfall. Seinen Körper hatte mein Vater der Wissenschaft vermacht, und seinen Schreibtisch habe ich geerbt. An ihm werden diese Seiten geschrieben, nicht unter Tränen, denn mein Vater war grundsätzlich gegen Tränen – und auf jeden Fall gegen Tränen von Männern.

Auf seinem Terminkalender, für seinen Todestag, fand ich folgenden Eintrag: »Schreibwarenladen: 1. Briefblock 2. Spiralheft 3. Umschläge 4. Büroklammern 5. nach Aktendeckeln fragen«. All das, einschließlich der Aktendeckel, befand sich in der Einkaufstüte, die seine Finger noch umklammerten. Als ich eine oder anderthalb Stunden später in das Haus meines Vaters in Jerusalem kam, nahm ich also seinen Bleistift und strich diese Liste mit zwei sich kreuzenden Linien durch, so wie Vater immer alles bereits Erledigte im Kalender sofort ausgestrichen hatte.

58

Als ich im Alter von fünfzehn Jahren das Haus verließ und in den Kibbuz zog, notierte ich mir auf einem Zettel ein paar feste Vorsätze, an denen ich mich unbedingt bewähren wollte, eine Prüfung, die ich bestehen mußte: Wenn es mir wirklich gelingen sollte, ein völlig neues Leben anzufangen, mußte ich es zunächst schaffen, innerhalb von zwei Wochen so sonnengebräunt zu werden, daß ich wie einer von ihnen aussah, mußte das Tagträumen ein für allemal einstellen, meinen Familiennamen ändern, zwei- oder dreimal am Tag kalt duschen, vollständig und kompromißlos mit jenen nächtlichen Häßlichkeiten aufhören, durfte keine Gedichte mehr schreiben, nicht mehr den ganzen Tag ohne Ende reden und nicht mehr allen alle möglichen Geschichten erzählen, sondern mußte in meinem neuen Zuhause als sehr schweigsamer Mensch auftreten.

Danach vernichtete ich den Zettel. In den ersten vier oder fünf Tagen schaffte ich es tatsächlich, das häßliche nächtliche Tun und das Schwatzen zu unterlassen. Wenn man mich zum Beispiel fragte, ob mir eine Decke genüge oder ob mir im Klassenzimmer der Platz in der Ecke am Fenster recht sei, antwortete ich mit einem Kopfnicken, ohne eine einzige Silbe. Auf die Frage, ob ich mich ein wenig für Politik interessiere und am Zeitungslesezirkel teilnehmen wolle, antwortete ich: Hm. Wenn man mich nach meinem früheren Leben in Jerusalem fragte, antwortete ich mit weniger als zehn Worten, und auch diese zögerte ich absichtlich ein paar Sekunden hinaus, scheinbar in Gedanken versunken, bevor ich zu antworten begann: damit man hier wußte, daß ich ein verschlossener, verschwiegener Mensch war mit einer eigenen inneren Welt. Auch hinsichtlich der kalten Duschen erzielte ich Erfolge, wenngleich ich mich nur mit Heldenmut dazu durchringen konnte, mich in der Gemeinschaftsdusche der Jungen nackt auszuziehen. Auch das Schreiben, so schien es in den ersten Wochen, vermochte ich mir offenbar endlich abzugewöhnen.

Nicht jedoch das Lesen.

Nach Arbeit und Unterricht gingen die Kibbuzkinder tagtäglich für eine Weile in die Häuser ihrer Eltern. Die Internatsschüler verbrachten die Zeit im Klubraum oder auf dem Basketballplatz. Jeden Abend gab es verschiedene Gruppenaktivitäten: Tanzen, zum Beispiel, oder Singabende, vor denen ich mich drückte, um mich ja nicht lächerlich zu machen. Wenn alle verschwunden waren, legte ich mich allein, halbnackt zum Braunwerden, auf den Rasen vor unserem Haus und las ein Buch, bis es dunkel wurde. (Ich hütete mich vor dem leeren Zimmer und vor dem Herumliegen im Bett, denn dort lauerte das Häßliche auf mich und drohte, seinen ganzen Harem von Scheherazaden auf mich loszulassen.)

Ein- oder zweimal in der Woche prüfte ich gegen Abend, beim Hemdanziehen vor dem Spiegel, wie meine Sonnenbräune vorankam, faßte Mut und ging zum Wohnbereich der Alteingesessenen, auf ein Glas Saft und ein Stück Kuchen bei Hanka und Oser Hulda'i, die sich bereit erklärt hatten, meine Pflegeeltern im Kibbuz zu sein. Dieses Lehrerehepaar, beide stammten aus der polnischen Stadt Lodz, kümmerte sich jahrelang um das Schul- und Kulturleben in Hulda. Hanka, die an der Grundschule unterrichtete, war eine stämmige und energische Frau, immer angespannt wie eine Sprungfeder und umgeben von einer starken Aura von Hingabe und Zigarettenqualm. Sie hatte die gesamte Organisation von Festen und Feiertagen, Hochzeiten und Abschlußfeiern übernommen, führte bei Bühnenaufführungen Regie und förderte die Entstehung einer ländlich-proletarischen Tradition. Diese Tradition, so war Hanka Hulda'is Vision, sollte die Wohlgerüche des Hohenliedes mit dem von Oliven und Johannisbrot getränkten Hebräertum biblischer Landarbeiter verschmelzen und dieses wiederum mit chassidischen Melodien aus Osteuropa und den rauhen, aber herzlichen Sitten polnischer Bauern und sonstiger Naturkinder, die ihre Unschuld, ihre Seelenreinheit und ihre mystische Lebensfreude geradewegs aus dem Knut Hamsunschen *Segen der Erde*, der Erde unter ihren nackten Füßen sogen.

Oser Hulda'i, den alle Oiser nannten, der Direktor der gymnasialen »Aufbaustufe«, war ein kristalliner, drahtiger Mann, die jüdischen Gesichtszüge von Leid und ironischer Klugheit gefurcht. Manchmal blinkte zwischen diesen Furchen kurz ein kindlich frecher Funke auf, ein Fünkchen anarchischer Unbändigkeit. Er war ein magerer, knochiger Mann von kleiner Statur, mit fesselnden stahlblauen Augen und einer hypnotisierenden Präsenz. Er verfügte über eine mitreißende Redegabe und radioaktiven Sarkasmus. Er konnte strahlende Zuneigung an den Tag legen, die jeden vollkommen dahinschmelzen ließ, war aber auch zu vulkanhaften Zornausbrüchen fähig, bei denen jeder, der ihnen zum Opfer gefallen war, nie das Gottesgerichtsgrauen vergessen wird, das Oiser um sich zu verbreiten wußte.

Er war scharfsinnig und gelehrt wie ein litauischer Talmudist, dabei aber auch ekstatisch und dithyrambisch wie ein chassidischer Maggid, der plötzlich fest die Augen schließen und voll Inbrunst in wirbelnden Tanz ausbrechen kann, getragen vom Ja-ba-bam chassidischer Weisen, wie von Sinnen, fast bis zum Abstreifen aller Fesseln der körperlichen Welt. Zu anderen Zeiten oder an anderen Orten wäre Oiser Hulda'i vielleicht ein verehrter chassidischer Rebbe geworden, ein charismatischer »Wundertäter«, umgeben von einem »Hof« begeisterter, von ihm in Bann geschlagener Chassidim. Er hätte es sehr weit bringen können, wenn er sich für die Politikerlaufbahn entschieden hätte, wäre ein Volkstribun geworden, der im Vorübergehen einen brodelnden Schwall impulsiver Verehrung und nicht weniger impulsiver Aversion hinterläßt. Aber Oiser Hulda'i hatte sich für ein Leben als Kibbuznik und Schuldirektor entschieden. Er war ein harter Mensch, kompromißlos prinzipientreu, der Auseinandersetzungen genoß und manchmal auch herrschsüchtig und despotisch sein konnte. Er unterrichtete bei uns – mit der gleichen Detailkenntnis und fast erotischer Leidenschaft wie ein Maggid, einer der chassidischen Wanderprediger, die einst von Schtetl zu Schtetl zogen – Bibelkunde, Biologie, Barockmusik, Renaissancekunst, rabbinische Weisheiten, Grundzüge sozialistischen Denkens, Vogelkunde, Pflanzenbestimmung, Blockflöte und Themen wie »Napoleons Stellung in der Geschichte und seine Darstellung in der europäischen Literatur und Kunst des 19. Jahrhunderts«.

Klopfenden Herzens betrat ich den Eineinhalbzimmerbungalow mit kleiner Vorderveranda in der Nordecke des Alteingesessenenbereichs, gegenüber der Zypressenallee. Reproduktionen von Modigliani und Paul Klee sowie eine präzise, fast japanisch anmutende Zeichnung eines blühenden

Mandelbaumzweigs schmückten die Wände. Ein kleiner Tisch duckte sich bescheiden zwischen zwei schlichte Sessel, und auf ihm stand, in einer hohen Vase, fast immer ein geschmackvolles Arrangement aus frischen Zweigen. An den Fenstern hingen helle bäuerliche Gardinen, handbestickt mit einem Muster, das tatsächlich einen leicht orientalischen Einschlag hatte, wenn auch leicht abgewandelt, ähnlich wie bei den volkstümlichen Liedern, die deutsch-jüdische Komponisten hier in dem Verlangen verfaßten, den arabischen oder biblischen Orient in ihre Werke aufzunehmen.

Wenn er nicht gerade auf dem Weg vor dem Haus auf und ab ging, die Arme hinter dem Rücken verschränkt, das vorgereckte Kinn die Luft durchpflügend, saß Oiser Hulda'i in seiner Ecke, rauchte, summte sein Ja-ba-bam und las. Oder rahmte irgendein Bild. Oder lernte, mit sich vor- und zurückwiegendem Oberkörper, eine Seite Talmud. Oder begutachtete irgendeine Blüte unter seinem Vergrößerungsglas und blätterte dabei im Pflanzenbestimmungsbuch, während Hanka energisch und resolut im Zimmer hin und her marschierte, eine Decke geradezog, einen Aschenbecher leerte und spülte, die Ecke des Bettüberwurfs flickte oder Dekorationen aus Buntpapier schnitt. Dolly begrüßte mich mit zwei, drei Bellauten, bevor Oiser sie mit Donnerhall zur Ruhe brachte: »Schande, Dolly! Schimpf und Schande! Wen bellst du denn da an?! Gegen wen wagst du deine Stimme zu erheben?!« Oder manchmal auch: »Ich bitte dich! Dolly! Ich bin schockiert! Schockiert und beschämt deinetwegen!! Wie konntest du nur?! Wieso hat deine Stimme nicht gebebt?! Du machst dir doch nur selbst Schande mit einem solchen Benehmen!«

Die Hündin schrumpfte förmlich unter dieser Lawine prophetischen Zorns, schnurrte zusammen wie ein Ballon, aus dem die Luft entwich, und suchte mit letzter Kraft einen Ort zum Tragen ihrer Schande, bis ihre Schande sie tief unters Bett trug.

Hanka Hulda'i dagegen strahlte mich an und sagte, als wende sie sich an ein unsichtbares Publikum: »Schaut her! Seht nur, wer da zu uns kommt! Eine Tasse Kaffee? Und Kuchen dazu? Oder vielleicht etwas Obst?« Kaum hatte sie diese Möglichkeiten erwähnt, landeten schon, wie auf einen Wink mit dem Zauberstab, Kaffee, Kuchen und Obstschale auf dem Tisch. Zaghaft, aber auch mit einer warmen inneren Freude trank ich sittsam eine Tasse Kaffee, kostete eine Frucht oder zwei, bloß nicht übertreiben, und diskutierte eine Viertelstunde mit Hanka und Oiser dringende Angelegenheiten, wie beispielsweise die Todesstrafe oder ob der

Mensch an sich von Geburt an gut ist und nur die Gesellschaft ihn korrumpiert? Oder ob, umgekehrt, die Triebe im Grunde von Geburt an böse sind und nur durch Erziehung unter bestimmten Umständen eventuell ein wenig veredelt werden können? Die Worte »Korrumpierung«, »Veredelung«, »Charakter«, »Werte« und »Vervollkommnung« schwirrten häufig durch den geschmackvoll eingerichteten Raum mit seinen weißen Bücherregalen, die sich so sehr von den Regalen in meinem Jerusalemer Elternhaus unterschieden, weil hier Bilder, kleine Skulpturen, eine Fossiliensammlung, Collagen aus gepreßten Feldblumen, gepflegte Topfpflanzen und eine Grammophonecke mit zahlreichen Schallplatten die Bücherreihen unterbrachen.

Gelegentlich wurden die Gespräche über Veredelung und Korrumpierung, Werte, Befreiung und Unterdrückung vom Wimmern einer Geige oder vom Fiepen einer Blockflöte begleitet: Der lockige Schai stand dort, mit dem Rücken zu uns, und flötete. Oder Ron geigte leise vor sich hin, der schmale Ronni, den seine Mutter immer »der Kleine« nannte und den du lieber gar nicht erst anzusprechen versuchtest, nicht einmal mit »na, wie geht's«, weil er immer tief in seiner freundlichen Schüchternheit eingegraben war und nur gelegentlich dir zu Ehren kurz so etwas verlauten ließ wie »okay« oder, etwas länger, »kein Problem«. Beinahe wie die Hündin Dolly, die sich vor dem Donnerwetter ihres Herrn unters Bett verkroch, bis die Luft wieder rein war. (Und 1998 wurde Ron Hulda'i Bürgermeister von Tel Aviv.)

Und manchmal kam ich dorthin, und alle drei Hulda'i-Jungs, Oiser, Schai und Ron, saßen beisammen auf dem Rasen oder auf den Verandastufen, wie eine Klezmer-Gruppe aus dem Schtetl, und wühlten die Abendluft mit langgezogenen, eindringlichen Flötenklängen auf, die eine angenehme Sehnsucht in mir weckten, gemischt mit bohrender Traurigkeit – über meine Nichtigkeit, mein Anderssein, darüber, daß keine Sonnenbräune der Welt mich je wirklich zu einem von ihnen machen würde. Immer, immer würde ich ein Bettler an ihrem Tisch sein. Ein Außenseiter. Ein ruheloses Jerusalemer Nichts, wenn nicht einfach ein armseliger Hochstapler. (Einen Restbestand dieser Gefühle habe ich an Asarja Gitlin in meinem Buch *Der perfekte Frieden* weitergegeben.)

Bei Einbruch der Dunkelheit ging ich mit meinem Buch ins Kulturhaus, das Herzl-Haus, am Rand des Kibbuz. Im Herzl-Haus gab es einen Zeitungsraum, in dem allabendlich einige alte Junggesellen des Kibbuz zusammenkamen. Sie saßen dort und verschlangen der Reihe nach die Zeitungen und Wochenschriften und fielen in erbitterten politischen Debatten übereinander her, die nicht wenig an die Diskussionen in Kerem Avraham erinnerten, an Staszek Rudnicki und Herrn Abramsky und Herrn Krochmal und Herrn Bar-Jitzhar und Herrn Lemberg. (Die »alten Junggesellen« waren bei meiner Ankunft in Hulda etwa Anfang bis Mitte Vierzig.)

Hinter dem Zeitungsklub gab es noch einen weiteren Raum, fast immer völlig verlassen, das sogenannte »Studierzimmer«. Es wurde gelegentlich für Ausschußsitzungen oder Arbeitskreise benutzt, aber abends setzte kaum je einer einen Fuß dort hinein. Verstaubt und öde standen dort hinter Glas im Bücherschrank reihenweise die müden Jahrgangsbände mit den Heften von *Hapo'el Haza'ir*, Der junge Arbeiter, und *Davar Hapo'elet*, Wort der Arbeiterin, und *Hasadé*, Das Feld, und *Orlogin*, Die Standuhr, und auch des *Davar*.

Hierher kam ich jeden Abend, um fast bis Mitternacht ein Buch zu lesen, bis mir die Augen zufielen. Und hier fing ich, ohne daß es jemand sah, auch wieder zu schreiben an, beschämt, mit einem trüben Gefühl von Minderwertigkeit und Selbstverachtung: Schließlich war ich ja nicht aus Jerusalem in den Kibbuz übersiedelt, um Gedichte und Geschichten zu schreiben, sondern um hier neu geboren zu werden, die Berge von Worten hinter mir zu lassen, sonnengebräunt bis ins Mark zu werden und mich in einen Landarbeiter und Bauern zu verwandeln.

Doch in Hulda wurde mir schnell klar, daß selbst die bäuerlichsten Bauern hier bei Nacht Bücher lasen und den ganzen Tag darüber diskutierten. Sie pflückten Oliven und polemisierten dabei wütend über Tolstoj, Plechanow und Bakunin, über die permanente Revolution im Gegensatz zur Revolution in einem Land, über Gustav Landauers Sozialismus und über das ewige Spannungsverhältnis zwischen Gleichheit und Freiheit sowie zwischen diesen beiden und dem Wunsch nach Brüderlichkeit. Sie sortierten Eier im Hühnerstall und verhandelten dabei, wie man den alten israelitischen Festen ihren bäuerlichen Charakter wiedergeben könnte. Sie schnitten Rebstöcke zurück und stritten sich über moderne Kunst.

Einige von ihnen verfaßten gelegentlich auch kleinere Artikel, ohne daß ihr Eifer für die Landwirtschaft darunter gelitten oder ihre Vorliebe für körperliche Arbeit Schaden genommen hätte. Sie schrieben meist über dieselben Themen, über die sie hier den ganzen Tag lang diskutierten, doch in ihren Aufsätzen, die alle zwei Wochen im Lokalblatt veröffentlicht wurden, erlaubten sie sich nicht selten auch poetisch zu werden, zwischen schlagendem Argument und doppelt schlagendem Gegenargument.

Genau wie zu Hause.

Und ich hatte doch der Welt der Gelehrsamkeit und Debatten, aus der ich stammte, ein für allemal den Rücken kehren wollen, und nun war ich direkt aus dem Regen in die Traufe geraten: »Gleichwie ein Mann fliehet vor dem Löwen, und es trifft ihn der Bär.« Sicherlich, hier waren die Debattierenden viel braungebrannter als die Tischrunde bei Onkel Joseph und Tante Zippora, trugen Schirmmützen, Arbeitskleidung und schwere Schuhe. Und sie sprachen kein blumiges Hebräisch mit russischem Akzent, sondern ein humorvolles Hebräisch, gewürzt mit galizischem oder bessarabischem Jiddisch.

Genau wie Herr Marcus, der Inhaber der Buchhandlung in der Jona-Straße, der auch eine Leihbücherei angeschlossen war, erbarmte sich Bibliothekar Sheftel meines unersättlichen Lesehungers. Er erlaubte mir, nach Herzenslust auszuleihen, ungeachtet der Bibliotheksordnung, die er selbst verfaßt, in klaren Lettern auf der Schreibmaschine des Kibbuz getippt und an einigen gut sichtbaren Stellen in seinem Reich aufgehängt hatte, dessen staubiger Geruch nach altem Leim und Seegras mich anlockte wie die Marmelade die Wespe.

Was habe ich in jenen Jahren in Hulda nicht alles gelesen: Kafka und Jigal Mossenson, Camus und Tolstoj und Mosche Schamir und Tschechow und Nathan Schacham und Brenner und Faulkner und Pablo Neruda und Chaim Guri und Nathan Alterman und Amir Gilboa und Lea Goldberg und Schlonski und O. Hillel und Yishar und Turgenjew und Thomas Mann und Jakob Wassermann und Hemingway und *Ich, Claudius, Kaiser und Gott* und Winston Churchills Erinnerungen und Bernard Lewis über die Araber und den Islam und Isaac Deutscher über die Sowjetunion und Pearl S. Buck und Protokolle der Nürnberger Prozesse und Trotzkis *Mein Leben* und Stefan Zweig und israelische Siedlungsgeschichte und die Quellen der skandinavischen Saga und Mark Twain und Knut Hamsun und griechische Mythologie und *Ich zähmte die Wölfin* und Uri Avnery. Alles. Außer den Büchern, die zu lesen Sheftel mir nicht erlaubte, da half kein Betteln: *Die Nackten und die Toten* zum Beispiel. (Mir scheint, selbst nach meiner Hochzeit zögerte Sheftel, ob es nicht gefährlich sei, mich Norman Mailer und Henry Miller lesen zu lassen.)

Erich Maria Remarques Roman *Arc de Triomphe* beginnt mit der Schilderung einer einsamen Frau, die allein im Dunkeln am Geländer einer menschenleeren Brücke lehnt und noch einen kurzen Moment zögert, bevor sie sich in den Fluß stürzen wird, um ihrem Leben ein Ende zu setzen. Aber im allerletzten Augenblick kommt ein wildfremder Mann vorbei, bleibt stehen, spricht mit ihr, packt sie entschlossen am Arm und rettet ihr so das Leben und wird auch noch mit einer heißen Liebesnacht belohnt. Und so stellte es mir meine Phantasie vor Augen: Genauso würde auch ich der Liebe begegnen. Sie würde allein in einer Sturmnacht am Geländer einer verlassenen Brücke stehen, und ich würde im letzten Moment auftauchen, um sie vor sich selbst zu retten und einen Drachen für sie zu töten, der nun kein Drache aus Fleisch und Blut mehr war, wie die Drachen, die ich in meiner Kindheit zu Dutzenden abgeschlachtet hatte, sondern ein innerer Drache, der nichts anderes war als die Verzweiflung selbst.

Ich würde für meine Liebste diesen inneren Drachen töten, und sie würde mich dafür belohnen. Hier geriet meine Phantasie dann auf eine Bahn, die so süß und furchtbar war, daß es meine Kräfte überstieg. Noch kam es mir nicht in den Sinn, daß diese verzweifelte Frau am Brückengeländer keine andere war als, wieder und wieder, meine tote Mutter. Sie und ihre Verzweiflung. Sie und ihr Drache.

Oder *Wem die Stunde schlägt* von Ernest Hemingway: Vier- oder fünfmal las ich in jenen Jahren diesen Roman, bevölkert von schicksalhaften Frauen und schweigsamen Männern mit entschlossener Miene, hinter deren rauhem Äußeren sich aber eine empfindsame Seele verbarg. Ich träumte, eines Tages auch so wie sie zu werden: ein schroffer, kraftvoller Mann mit der Figur eines Stierkämpfers und einem Gesicht voll Verachtung und Trauer, vielleicht ein wenig wie Hemingway auf dem Foto. Und wenn ich es nicht fertigbrächte, eines Tages so wie diese Männer zu werden, dann würde es mir vielleicht wenigstens gelingen, über Männer dieses Schlags zu schreiben: über tollkühne Männer, die imstande sind, verächtlich zu grinsen oder, wenn es nötig ist, mit harter Faust irgendeinem arroganten Kerl einen vernichtenden Kinnhaken zu versetzen, die genau wissen, was man an der Bar bestellt und wie man mit einer Frau, einem Gegner oder einem Waffenbruder spricht, die mit dem Revolver umzugehen verstehen und beim Liebesspiel Wunder vollbringen. Auch über edle Frauen, verführerisch und verletzlich, aber völlig unerreichbar, rätselhafte, geheimnisvolle

Frauen, die ihre Gunst großzügig und hemmungslos verschenken – aber nur an auserwählte Männer, die verächtlich grinsen, Whiskey trinken, Faustschläge austeilen und so weiter.

Auch die Kinofilme, die jeden Mittwoch im Saal des Herzl-Hauses oder auf einem weißen Tuch draußen auf dem Rasen vor dem Speisesaal gezeigt wurden, erbrachten den schlagenden Beweis, daß die große weite Welt überwiegend von Männern und Frauen im Stil Hemingways bevölkert war. Oder im Stil Knut Hamsuns. Und dasselbe folgte auch aus den Erzählungen der Soldaten des Kibbuz, Trägern der roten Baretts, die direkt von den Vergeltungsaktionen der Einheit 101 auf Wochenendurlaub nach Hause kamen, kräftig und prächtig in ihren Fallschirmjägeruniformen, mit Uzis bewaffnet, geheimnisumwittert, »in Staub gehüllt, in Waffen und in schweren Schuhen« und geradezu triefend vom Tau der hebräischen Jugend.

Ich war nahe daran, endgültig am Schreiben zu verzweifeln: Um wie Remarque oder wie Hemingway zu schreiben, mußte man sich doch aufmachen und in die wirkliche Welt hinausziehen, an Orte, wo die Männer so männlich sind wie eine Faust und die Frauen so zärtlich wie die Nacht und Brücken breite Flüsse überspannen und abends die Lichter der Bars blinken, in denen sich das echte Leben abspielt. Wer nicht das Leben jener Welten gekostet hatte, konnte nicht einmal eine halbe einstweilige Lizenz zum Schreiben von Erzählungen und Romanen bekommen. Der Platz des wahren Schriftstellers war eindeutig nicht hier, sondern dort, in der großen weiten Welt. Bevor ich nicht an einem wahren Ort gelebt hatte, bestand nicht die geringste Aussicht, daß ich über irgend etwas schreiben könnte.

Ein wahrer Ort: Paris, Madrid, New York, Monte Carlo, die Wüsten Afrikas oder die Wälder Skandinaviens. Zur Not konnte man vielleicht auch über eine malerische Provinzstadt in Rußland oder sogar über ein jüdisches Schtetl in Galizien schreiben. Aber hier? Im Kibbuz? Was gab es denn hier schon? Hühner- und Kuhställe? Kinderhäuser? Ausschüsse und Arbeitspläne und die Ausgabestelle für Dinge des täglichen Bedarfs? Müde Männer und Frauen, die jeden Morgen früh zur Arbeit aufstehen, diskutieren, duschen, Tee trinken, noch ein wenig im Bett lesen und, völlig erschöpft, noch vor zehn Uhr einschlafen? Auch in Kerem Avraham, wo ich herkam, schien es mir nichts zu geben, worüber man hätte schreiben können: Was war da schon, außer blassen Menschen mit einem grauen, etwas verschlissenen Leben? Ungefähr so wie hier in Hulda? Sogar den Unabhängigkeitskrieg hatte ich doch verpaßt. Ich war zu spät geboren und hatte nichts als ein paar armselige Krümel davon abbekommen: Sandsäcke füllen, leere Flaschen sammeln und mit Zetteln von der Kommandantur der Volkswache zum Spähposten auf dem Dach der Familie Slonimsky und zurück zur Volkswache rennen.

Sicherlich, in der Kibbuzbibliothek hatte ich auch zwei, drei männliche Schriftsteller entdeckt, denen es gelungen war, nahezu Hemingwaysche Geschichten über das Kibbuzleben zu schreiben: Nathan Schacham, Jigal Mossenson, Mosche Schamir. Doch sie gehörten zu der Generation, der es noch vergönnt gewesen war, illegale Einwanderer und Waffen zu schmuggeln, britische Hauptquartiere zu sprengen und arabische Armeen zurückzuschlagen. Ihre Geschichten schienen mir von Kognakhauch und Zigarettenqualm und Munitionsgeruch umhüllt zu sein. Und alle lebten sie in Tel Aviv, das zumindest mit der wirklichen Welt verbunden war, eine Stadt mit Cafés voller junger Künstler vor einem Glas bitteren Wein, eine Stadt mit Kabaretts und Skandalen und Theatern und einem Bohèmeleben voll verbotener Liebschaften, voll brennender Leidenschaft. Nicht wie Jerusalem und Hulda.

Wer hatte in Hulda jemals Kognak gesehen? Wer hatte hier wohl je von kühnen Frauen und hehrer Liebe gehört?

Um so zu schreiben wie diese männlichen Schriftsteller, müßte ich erst einmal nach London oder Mailand gelangen. Aber wie? Einfache Landarbeiter aus den Kibbuzim machen sich doch nicht auf und fahren nach London oder Mailand, um dort Inspiration für ihr Schaffen zu suchen. Damit überhaupt die Chance bestand, nach Paris oder Rom zu gelangen, müßte ich erst einmal berühmt sein, das heißt, ein erfolgreiches Buch schreiben wie einer dieser Schriftsteller. Aber um das erfolgreiche Buch zu schreiben, müßte ich erst in London oder New York gelebt haben: ein Teufelskreis.

Sherwood Anderson war es, der mich aus diesem Teufelskreis befreite. Er »löste mir die schreibende Hand«. Mein Leben lang werde ich ihm dafür dankbar sein.

Im September 1959 erschien in der Reihe Bibliothek des Volkes beim Verlag Am Oved Andersons *Winesburg, Ohio* in der hebräischen Übersetzung von Aharon Amir. Bevor ich dieses Buch gelesen hatte, wußte ich nicht, daß es ein Winesburg auf der Welt gab, und von Ohio hatte ich nie gehört. Allenfalls war mir Ohio vielleicht verschwommen aus *Tom Sawyer* und *Huckleberry Finn* in Erinnerung. Und nun kam dieses schmale Buch und wühlte mich völlig auf, bis auf die Knochen. Eine ganze Sommernacht, bis morgens um halb vier Uhr, wanderte ich auf den Wegen des Kibbuz auf und ab, in fiebriger Aufregung, berauscht, sprach laut mit mir selbst, zitterte wie ein Verliebter, sang und sprang und weinte vor Furcht und Freude und Überschwang: Das ist es.

Am Ende jener Nacht, um halb vier, zog ich Arbeitskleidung und Stiefel an und rannte zu dem Schuppen, von dem wir mit dem Traktor auf das Feldstück namens Mansura fuhren, um in den Baumwollfeldern Unkraut zu jäten, schnappte mir eine Hacke vom Stapel und stürmte bis Mittag die Reihen entlang, überholte die gesamte Schar der Jätenden, als seien mir Flügel gewachsen, schwindlig vor Glück, rannte und hackte und jubelte, rannte und hackte, hielt Reden für mich und die Hügel und den Wind, hackte und gelobte, rannte entflammt und tränenüberströmt.

Winesburg, Ohio besteht aus einer Folge von Geschichten und Episoden, bei der sich eine aus der anderen entwickelt und die hauptsächlich dadurch verbunden sind, daß sie alle in ein und derselben entlegenen, armseligen, gottverlassenen Kleinstadt spielen. Unbedeutende Leute bevölkern dieses Buch: ein alter Schreiner, ein verträumter Jüngling, ein Besitzer eines kleinen Hotels, ein Zimmermädchen. Die Geschichten hängen auch dadurch miteinander zusammen, daß die Figuren sich von einer in die nächste bewegen: Die Hauptfiguren einer Geschichte tauchen in anderen Geschichten als Nebenfiguren, im Hintergrund, wieder auf.

Die Ereignisse, um die sich die Geschichten von *Winesburg, Ohio* drehen, sind alle geringfügig und alltäglich, aus örtlichem Klatsch oder bescheidenen, unerfüllten Träumen zusammengesetzt: Ein alter Schreiner und ein alter Schriftsteller unterhalten sich über die Erhöhung eines Bettes, und ein verträumter junger Mann namens George Willard, der als Reporter bei der Lokalzeitung angefangen hat, lauscht dieser Unterhaltung und macht sich seine Gedanken. Und es gibt dort einen wunderlichen alten Mann namens Biddlebaum, der Wing Biddlebaum genannt wird. Und eine schlanke, dunkle junge Frau, die unerklärlicherweise einen gewissen Doktor Reefy geheiratet hatte, aber ein Jahr später gestorben war. Und den Bäcker Abner Groff und auch Doktor Parcival,»eine massige Erscheinung. Sein schlaffer Mund war durch einen gelben Schnurrbart verdeckt.

Stets trug er eine schmutzige weiße Weste, in deren Taschen eine Anzahl Brasilstumpen steckten«. Und weitere solche Gestalten, Typen, von denen ich bis zu dieser Nacht gedacht hatte, sie hätten in der Literatur überhaupt nichts zu suchen, außer vielleicht irgendwo im Hintergrund, die beim Leser allerhöchstens kurz ein mitleidiges Lächeln hervorriefen. Und nun standen in *Winesburg, Ohio* im Mittelpunkt jeder Geschichte Begebenheiten und Menschen, von denen ich sicher gewesen war, sie seien der Literatur einfach nicht würdig, erfüllten nicht annähernd deren minimalste Aufnahmebedingungen. Die Frauen bei Sherwood Anderson waren überhaupt nicht kühn und auch nicht geheimnisvoll und verführerisch. Die Männer waren weder draufgängerisch noch nachdenklich, noch schweigsam und auch nicht in Rauch und männliche Schwermut gehüllt.

So gaben mir Sherwood Andersons Geschichten das zurück, was ich von mir geworfen hatte, als ich Jerusalem verließ, ja, eigentlich nicht das, was ich von mir geworfen hatte, sondern den Boden, über den ich die ganze Kindheit über gegangen war, ohne daß ich mir ein einziges Mal die Mühe gemacht hatte, mich zu bücken und ihn zu berühren. Die Verschlissenheit, die das Leben meiner Eltern umgeben hatte. Der schwache Geruch nach Mehlkleister vermischt mit dem von Salzhering, der immer das Ehepaar Krochmal begleitete, die Spielzeugflicker und Puppenleimer. Mora-Zeldas braune, dämmerige Wohnung mit der abblätternden Kommode. Die Wohnung von Herrn Sarchi, dem herzkranken Schriftsteller, dessen Frau Esther immer unter Migräne litt. Die verrußte Küche von Zerta Abramsky und die zwei Vögel, die Staszek und Mala Rudnicki in einem Käfig hielten, der alte kahle Vogel und der aus einem Zapfen gebastelte Vogel. Mora-Isabella Nachliëlis Katzenschwarm und Getzel, Mora-Isabellas Mann, der Kassierer aus dem Genossenschaftsladen mit dem klaffenden Mund. Und auch Stach, Großmutter Schlomits trübseliger alter Hund mit den melancholischen Knopfaugen, in den sie Mottenkugeln stopften, aus Angst vor Ungeziefer, und den sie grausam schlugen, um den Staub auszuklopfen, bis sie eines Tages seiner überdrüssig waren, ihn in ein Stück alte Zeitung wickelten und in den Mülleimer warfen.

Ich verstand, wo ich herkam: von einem trübseligen Knäuel aus Trauer und Vortäuschung, aus Sehnsucht und Lächerlichkeit und Armseligkeit und provinzieller Wichtigtuerei, aus sentimentaler Erziehung und anachronistischen Idealen und unterdrückten Ängsten und Hilflosigkeit und Resignation – Resignation der säuerlichen, häuslichen Art. Von Orten, wo kleine Lügner sich als gefährliche Terroristen und heroische Freiheitskämpfer aufspielten, wo sich verhärmte Buchbinder universale Erlösungsformeln erdachten, wo Zahnärzte unter dem Siegel der Verschwiegenheit allen Nachbarn von ihrem langen persönlichen Briefwechsel mit Stalin erzählten, wo Klavierlehrerinnen und Kindergärtnerinnen und Hausfrauen sich in ersticktem Verlangen nach einem Künstlerleben voll stürmischer Gefühle nachts unter Tränen auf ihrem Lager wälzten, wo obsessive Schreiber noch und noch erregte Leserbriefe an den *Davar* schickten, wo alternde Bäcker in ihren Träumen Maimonides oder den Baal Schem Tow sahen, wo strikte und selbstgerechte Gewerkschaftsfunktionäre alle übrigen Bewohner des Viertels durch die Parteibrille der Mapai beäugten, wo Genossenschaftsladen- und Kinokassierer Nacht für Nacht Gedichte und Pamphlete verfaßten.

Auch hier, im Kibbuz Hulda, lebte ein Melker, der Experte für die Geschichte der anarchistischen Bewegung in Rußland war, und wir hatten einen Lehrer, der einmal auf Platz 84 der Kandidatenliste der Mapai für die zweite Knesset gestanden hatte, und eine schöne Schneiderin, die klassische Musik liebte und allabendlich die Landschaften ihres bessarabischen Geburtsdorfes malte, so wie sie es von vor dessen Zerstörung in Erinnerung hatte. Und es gab auch einen alternden Junggesellen, der gern allein im Abendwind auf der Bank saß und kleine Mädchen anstarrte, und es gab einen Lieferwagenfahrer mit klangvoller Tenorstimme, der insgeheim von einem Opernleben träumte, und zwei glühende Ideologen, die sich seit rund fünfundzwanzig Jahren in schriftlicher und mündlicher Form gegenseitig verhöhnten und verspotteten, und eine Frau, die in ihrer Jugend in Polen die Schönste ihrer Klasse gewesen war und sogar einmal vor der Stummfilmkamera gestanden hatte, nun aber tagein, tagaus mit fleckiger Schürze auf einem groben Schemel hinter dem Wirtschaftsschuppen saß, fett, rotgesichtig und vernachlässigt, den ganzen Tag Riesenhaufen von Gemüse putzte und sich von Zeit zu Zeit mit dem Schürzenzipfel das Gesicht abwischte: Tränen oder Schweiß oder beides.

Winesburg, Ohio lehrte mich, wie die Welt nach Tschechow aussieht, noch bevor ich Tschechow selbst entdeckt hatte. Nicht mehr die Welt von Dostojewski und Kafka und Knut Hamsun und auch nicht von Hemingway und Jigal Mossenson. Keine geheimnisvollen Frauen auf Brücken mehr und keine Männer mit hochgeschlagenen Kragen in verqualmten Bars.

Dieses bescheidene Buch wirkte auf mich wie eine umgekehrte kopernikanische Wende: Kopernikus hatte entdeckt, daß unsere Erde gar nicht der Mittelpunkt des Universums ist, sondern nur ein Planet unter anderen im Sonnensystem. Und Sherwood Anderson öffnete mir die Augen für das Beschreibenswerte um mich herum. Dank seiner begriff ich auf einmal, daß die geschriebene Welt nicht von Mailand und London abhängig ist, sondern immer um die schreibende Hand am Ort ihres Schreibens kreist: Hier bist du – hier ist der Mittelpunkt des Universums.

Und so suchte ich mir einen Ecktisch im verlassenen Studierzimmer hinter dem Zeitungsraum im Erdgeschoß des Kulturhauses am Ende des Kibbuz. Dort schlug ich jeden Abend ein braunes Schulheft auf, das den Aufdruck »Für alle« und »40 Blatt« trug. Neben dieses Heft legte ich einen Kugelschreiber Marke Globus und einen Bleistift mit Radiergummi am Ende, auf dem die Worte »Zentrale Versorgungsläden Ltd.« standen, und stellte eine beigefarbene Plastiktasse mit Leitungswasser dazu.

Und hier ist der Mittelpunkt des Universums.

Im Zeitungsraum, hinter der dünnen Wand, diskutieren Moische Kalker, Aljoschka und Alek wütend die Rede von Moshe Dayan, in der er »einen Stein geworfen hatte in das Fenster im fünften Stock« des Tel Aviver Gewerkschaftshauses, in dem das Zentrale Komitee tagte: drei nicht gerade schöne und nicht mehr junge Männer, die im steten Singsang von Talmudschülern heftig debattieren. Alek, ein fleißiger und energischer Mann, bemüht sich immer, die Rolle des »Kumpels, der ohne Umschweife Klartext mit dir redet«, zu verkörpern. Er ist verheiratet mit einer nicht gesunden Frau namens Soschka, verbringt die Abendstunden aber überwiegend im Kreis der Junggesellen. Vergeblich versucht er jetzt, zwischen Aljoschka und Moische Kalker einen Satz einzuschieben: »Einen Moment, ihr habt beide nicht ganz recht«, oder: »Laßt mich, laßt mich euch bitte nur eine Sekunde etwas sagen, das alle Meinungsverschiedenheiten beseitigen wird.«

Aljoschka und Moische Kalker sind beide alleinstehend, und beide sind in fast jeder Sache verschiedener Meinung, abends aber dennoch nahezu unzertrennlich: Immer essen sie gemeinsam im Speisesaal, gehen anschließend gemeinsam spazieren und begeben sich gemeinsam in den Zeitungsraum. Aljoschka ist schüchtern wie ein kleiner Junge, ein freundlicher, bescheidener, wohlmeinender Mann mit rundem Gesicht, seine Augen sind immer verlegen zu Boden gerichtet, als sei sein Leben an sich schon eine schmähliche und schändliche Angelegenheit. Doch beim Debattieren kommt es vor, daß dieser Aljoschka mit einem Schlag hitzig wird, derartig in Rage gerät, daß er Funken zu sprühen beginnt und die Augen ihm fast aus den Höhlen quellen. Sein kindliches, gütiges Gesicht zeigt in der Hitze der Auseinandersetzung jedoch keinen wütenden Ausdruck, sondern er sieht erschrocken und beleidigt aus, als fühle er sich durch seine eigenen Anschauungen gedemütigt.

Moische Kalker, der Elektriker, dagegen ist ein schmaler Mann voll bitterem Sarkasmus. Während des Debattierens verzieht er das Gesicht und zwinkert dir beinahe anzüglich zu, ganz selbstzufriedene Boshaftigkeit, lächelt dich an und zwinkert dir erneut mit mephistophelischer Lust am Bösen zu, als hätte er alle Tage danach gesucht und nun endlich gefunden, wo genau sich bei dir der Sumpf versteckt, den du bisher geschickt vor den Augen der Welt zu verbergen gewußt hast, aber nicht länger vor seinen Augen verbergen können wirst, die all deine Tarnungen durchschauen und nun ihr Vergnügen haben an dem Sumpf, der da in deinem Innern zum Vorschein kommt: Schließlich halten sie dich alle für einen ehrbaren und redlichen Menschen, für eine positive Erscheinung, aber die abscheuliche Wahrheit kennen wir zwei, du und ich, ja bestens, auch wenn es dir die meiste Zeit gelingt, sie unter siebenundsiebzig Schleiern zu verbergen. Alles liegt offen für mich da, mein Freund, alles, einschließlich deines schmutzigen Innenlebens, alles durchschaue ich, und alles bereitet mir nichts als Vergnügen.

Alek versucht mit sanfter Zunge die Flammen des Streits zwischen Aljoschka und Moische Kalker zu löschen, aber da verbünden sich die beiden Gegner augenblicklich gegen ihn und weisen ihn unisono zurecht, weil er, Alek, nach ihrer Meinung nicht einmal annähernd begreift, worum es überhaupt geht.

Aljoschka sagt: »Entschuldige mal, Alek, aber du betest anscheinend einfach nicht nach demselben Gebetbuch wie wir.«

Moische Kalker sagt: »Wenn alle Tscholent essen, singst du, Alek, auf einmal die ›Hatikwa‹, und wenn gerade Tischa be-Aw anbricht, feierst du Purim.«

Alek ist eingeschnappt, steht auf, um zu gehen, aber die beiden Junggesellen bestehen, wie gewöhnlich, darauf, ihn bis vor seine Haustür zu begleiten und die Debatte noch ein wenig fortzusetzen, und er wird sie, wie immer, hereinbitten, warum nicht, Soschka wird sich sehr freuen, und

wir alle trinken noch einen Tee, aber sie werden dankend ablehnen. Immer werden sie ablehnen. Schon jahrelang lädt er die beiden nach dem Beisammensein im Zeitungsraum auf ein Glas Tee in sein Haus ein, kommt kurz mit herein, wir trinken ein Glas Tee, warum nicht, Soschka wird sich sehr freuen, aber all die Jahre lehnen die beiden immer dankend ab. Bis einmal –
Da, so werde ich Geschichten schreiben.

Und weil es draußen schon Nacht ist und sehr nah am Zaun hungrige Schakale heulen, werde ich auch sie in die Geschichte hineinnehmen. Warum nicht. Sollen sie doch ein wenig unter den Fenstern heulen. Und den Nachtwächter, der bei einer der Vergeltungsaktionen seinen Sohn verloren hat. Und die klatschsüchtige Witwe, die hinter ihrem Rücken bei uns »die schwarze Witwe« genannt wurde. Und die bellenden Hunde und die Bewegung der Zypressen, die jetzt im Finstern leicht im Wind erzittern und bei ihrem Erzittern mir einen Moment wie eine Reihe leise betender Menschen erscheinen.

Das ist der Schatz, den mir Sherwood Anderson gegeben hat. Und einmal konnte ich ihm sogar ein oder zwei Cent zurückzahlen: Dort, in Amerika, hat man diesen wunderbaren Sherwood Anderson, den Freund und Zeitgenossen William Faulkners, schon fast ganz vergessen. Nur hier und da fristen seine Bücher noch ein Schattendasein in den Anglistikfakultäten. Doch vor einigen Jahren erhielt ich einen Brief vom Norton Verlag: Man wolle eine Sammlung von Sherwood Andersons Geschichten unter dem Titel *Death in the Woods and Other Stories* neu herausgeben, und da man gehört habe, daß ich zu seinen Bewunderern zähle, sei ich vielleicht bereit, ein paar verkaufsfördernde Zeilen zu verfassen, die der Verlag auf den Umschlag drucken könne?

Wie, sagen wir, ein Stehgeiger, an den man sich plötzlich mit der Bitte wendet, seinen Namen verwenden zu dürfen, um für Bachs Musik neue Hörer zu gewinnen.

59

Und es gab im Kibbuz Hulda eine Kindergärtnerin oder Lehrerin für Erstkläßler, ich werde sie Orna nennen, eine angestellte Lehrerin, Mitte Dreißig, die bei uns in einem der langgestreckten alten Blocks wohnte, im letzten Zimmer. Jeden Donnerstag fuhr sie zu ihrem Mann und kam Sonntag früh zur Arbeit nach Hulda zurück. Einmal lud sie mich sowie zwei Mädchen aus meiner Klasse abends in ihr Zimmer ein, um über Altermans Gedichtzyklus *Sterne draußen* zu sprechen und Mendelssohns Konzert für Violine und Orchester und Schuberts Oktett mit ihr zu hören. Der Plattenspieler stand auf einem Korbschemel in einer Ecke des Zimmers, in dem sonst noch ein Bett, ein Tisch, zwei Stühle waren sowie ein elektrischer Kaffeekocher, ein offener Kleiderschrank mit geblümtem Vorhang und eine leere Granathülse, die als Vase diente und aus der ein Strauß lila Disteln hervorsproß.

An die Zimmerwände hatte Orna zwei Reproduktionen von Gauguin gehängt – füllige, träge, halbnackte Tahitianerinnen – sowie ein paar Bleistiftskizzen, von ihr selbst gezeichnet und eigenhändig gerahmt. Vielleicht beeinflußt durch die Gauguin-Gemälde, hatte auch Orna nackte, üppige Frauengestalten in liegender oder sitzender Position gezeichnet. All diese Frauen, die Frauen Gauguins und die Frauen Ornas, sahen satt und entspannt aus, wie nach dem Vergnügen. Und gleichzeitig schien es, aufgrund ihrer lockeren Haltung, als wären sie bereit, noch eine Menge Vergnügen dem zu schenken, der noch nicht genug hatte.

Auf dem Bücherbord am Kopfende von Ornas Bett fand ich das Büchlein der *Rubaijat* von Omar Chajjam und *Die Pest* von Camus, und daneben standen *Peer Gynt* und Hemingway und Kafka sowie Gedichtbände von Alterman und Rachel und Schlonski und Lea Goldberg und Chaim Guri und Nathan Jonathan und Serubavel Gilead und Erzählungen von Yishar und *Der Weg eines Mannes* von Jigal Mossenson und *Gedichte am Morgen, am Morgen* von Amir Gilboa und *Das Mittagsland* von O. Hillel, und auch *Die Gabe des Liebenden* von Rabindranath Tagore. (Einige Wochen später kaufte ich Orna, von meinem kleinen Taschengeld, Tagores *Leuchtkäfer*, auf dessen Titelblatt ich ihr eine seelenvolle Widmung schrieb, in der auch das Wort »tiefbewegt« vorkam.)

Orna hatte grüne Augen, einen schlanken Hals, eine melodisch-zärtliche Stimme und schmale Hände mit zarten Fingern, aber ihre Brüste waren voll und fest und ihre Schenkel kräftig. Meist sah sie ernst und besonnen aus, doch das veränderte sich mit einem Schlag, wenn sie lächelte: Sie hatte ein gewinnendes Lächeln, ein beinahe freches Lächeln, das einem leichten Augenzwinkern glich, als hätte sie dich völlig durchschaut, sähe jedes Geheimnis und vergäbe dir. Ihre Achselhöhlen waren rasiert, aber nicht gleichmäßig, als hätte sie die eine mit ihrem Zeichenstift schraffiert. Wenn sie stand, verlagerte Orna fast immer das Gewicht auf das linke Bein und hob dadurch unwillkürlich leicht den rechten Schenkel. Sie liebte es, über Kunst und Inspiration zu sprechen, und fand in mir einen hingebungsvollen Zuhörer.

Ein paar Tage später faßte ich Mut, nahm den Gedichtband *Grashalme* von Walt Whitman in der Übersetzung von Schimon Halkin (von dem ich Orna am ersten Abend erzählt hatte), ging wieder zu ihr und klopfte abends an ihre Zimmertür – diesmal allein. Zehn Jahre früher war ich so die Zefanja-Straße entlanggerannt, zu Mora-Zeldas Haus. Orna trug ein langes Kleid, vorn mit einer Reihe großer Knöpfe geschlossen. Das Kleid war cremefarben, aber das elektrische Licht, durch den orangefarbenen Lampenschirm gefiltert, verlieh ihm einen rötlichen Ton. Als Orna zwischen mir und der Lampe stand, zeichneten sich die Umrisse ihrer Schenkel und die Linien ihres Höschens durch den Kleiderstoff ab. Auf ihren Plattenspieler legte sie diesmal *Peer Gynt* von Grieg. Sie setzte sich neben mich auf das mit einem orientalischen Überwurf bedeckte Bett und erläuterte mir, welche Gefühle jeder Satz des Werkes ausdrücke. Ich wiederum las ihr aus *Grashalme* vor und stellte hochtrabende Spekulationen an über den Einfluß, den Walt Whitman auf O. Hillels Gedichte ausgeübt haben mochte. Orna schälte mir Mandarinen, gab mir kaltes Wasser aus einem mit einem Stück Batist abgedeckten Tonkrug, legte mir dann die Hand aufs Knie, um mir zu bedeuten, für einen Moment mit dem Reden aufzuhören, und las mir ein düsteres Gedicht von Uri Zvi Greenberg vor, aber nicht aus dem Band *Die Flußstraßen*, aus dem mein Vater so gern stürmisch deklamierte, sondern aus einem mir unbekannten Büchlein, das einen merkwürdigen Titel hatte: *Anakreon am Pol der Traurigkeit*. Danach bat sie mich, ihr etwas über mich zu erzählen, und ich wußte nicht, was, und redete eine Menge konfuses Zeug über die Idee der Schönheit, bis Orna mir die Hand in den Nacken legte und sagte, laß uns jetzt ein wenig still sein. Um halb elf stand ich auf, verabschiedete mich und ging, trieb mich im Sternenschein zwischen den Scheunen und Hühnerställen herum, überglücklich, denn Orna hatte mich eingeladen, abends wiederzukommen, übermorgen, sogar morgen.

Nach ein, zwei Wochen kursierte schon ein Gerücht im Kibbuz, und manche nannten mich bereits »Ornas neues Stierkalb«. Sie hatte bei uns einige Verehrer oder Gesprächspartner, aber keiner von ihnen war nur knapp sechzehn, und keiner von ihnen konnte ihr, wie ich, Gedichte von Nathan Alterman und Lea Goldberg auswendig vortragen. Ein- oder zweimal stand einer ihrer Verehrer im Dunkeln zwischen den Eukalyptusbäumen vor dem Haus und wartete darauf, daß ich ihr Zimmer verließ. Und ich, von Eifersucht geplagt, blieb draußen im Schatten der Hecke stehen und konnte noch sehen, wie er das Zimmer betrat, in dem Orna mir eben erst starken arabischen Kaffee gekocht und mich »ungewöhnlich« genannt, ja mir sogar erlaubt hatte, eine Zigarette mit ihr zu rauchen, obwohl ich nur ein redseliger Junge aus der 11. Klasse war. Wohl eine Viertelstunde stand ich dort, ein Schatten zwischen Schatten, bis sie das Licht löschten.

Einmal, in jenem Herbst, kam ich gegen acht Uhr abends zu Ornas Zimmer, doch sie war nicht da. Da aber das dunkle orangene Licht ihrer Lampe durch die zugezogenen Vorhänge fiel und die Tür nicht abgeschlossen war, ging ich hinein und legte mich auf die Strohmatte, um auf sie zu warten. Lange wartete ich, bis die Stimmen der Männer und Frauen auf den Terrassen verklangen und dafür die Stimmen der Nacht stärker wurden, das Heulen der Schakale und das Bellen der Hunde und das ferne Muhen der Kühe und das Klicken der Sprinkler und die Chöre der Frösche und Grillen. Zwei Nachtfalter verfingen sich zwischen der Glühbirne und dem orangeroten Schirm. Die Disteln in der Granathülsenvase warfen zerfledderte Schatten auf die Fliesen und die Matte. Die Gauguin-Frauen an den Wänden und die Aktskizzen, die Orna mit ihrem Bleistift gezeichnet hatte, weckten in mir plötzlich eine verschwommene Vorstellung davon, wie ihr Körper nackt unter der Dusche aussehen könnte oder auf diesem Bett nachts, nach meinem Weggang, nicht allein, sondern mit Joav oder mit Mendi, obwohl sie irgendwo einen Ehemann hatte, der Berufsoffizier war.

Im Liegen schlug ich den Vorhang vor ihrem Kleiderschrank zurück und sah weiße und farbige Unterwäsche und ein pfirsichfarbenes, fast durchsichtiges Nylonnachthemd. Immer noch auf dem Rücken auf der Matte liegend, versuchten meine Finger, diesen Pfirsich zu ertasten, und die andere Hand mußte nach der Wölbung in meiner Hose greifen, und meine Augen schlossen sich, und ich wußte, daß ich aufhören muß, unbedingt, aber nicht gleich, nur noch ein wenig, und schließlich, wirklich im letzten Moment hörte ich auf und, ohne die Finger vom Pfirsich und die Hand von der Wölbung zu nehmen, schlug ich die Augen auf und sah, daß Orna eingetreten war, ohne daß ich es bemerkt hatte, barfuß dastand und mich vom Rand der Matte ansah, das Gewicht auf das linke Bein verlagert, so daß ihre rechte Hüfte etwas erhöht war, die eine Hand stützte sich auf diese Hüfte, und mit der anderen streichelte sie ihre Schulter unter dem offenen Haar. So stand sie da und schaute mich an, mit ihrem warmen, frechen Lächeln, und ihre grünen Augen lachten mir zu, als wollten sie sagen, ich weiß, ich weiß, daß du jetzt sicher schrecklich gern auf der Stelle sterben würdest, und ich weiß, daß du weniger erschrocken wärst, wenn jetzt hier ein Mörder stünde und seine Maschinenpistole auf dich richten würde, und ich weiß, daß du dich jetzt meinetwegen ungeheuer elend fühlst, aber warum eigentlich? Schau mich an, ich bin doch überhaupt nicht erschrocken über das, was ich sah, als ich ins Zimmer kam, also hör auf, dich elend zu fühlen.

Vor lauter Entsetzen und Verzweiflung schloß ich die Augen und stellte mich schlafend, damit Orna vielleicht glauben würde, es sei gar nichts gewesen, und wenn, dann nur im Traum, und wenn nur im Traum, dann war ich zwar eindeutig schuldig und widerlich, aber viel weniger widerlich, als wenn ich es im Wachen getan hätte.

Orna sagte: Ich habe dich gestört. Und dabei lachte sie nicht, sondern sagte: Verzeihung, es tut mir leid. Sie beschrieb plötzlich mit den Hüften eine Art Tanzbewegung und sagte fröhlich, nein, sie bedaure es eigentlich nicht, es habe ihr Freude bereitet, mir zuzuschauen, denn mein Gesicht sei in jenen Momenten schmerzlich und zugleich erleuchtet gewesen. Danach sagte sie nichts mehr, sondern fing an, ihr Kleid aufzuknöpfen, vom obersten Knopf bis zur Taille, und stand vor mir, so daß ich sie sehen und weitermachen könnte. Aber wie? Ich kniff die Augen fest zu, dann blinzelte ich, und dann schaute ich sie an, und ihr freudiges Lächeln bat mich, keine Angst zu haben, was ist denn dabei, du darfst, und auch ihre starken Brüste baten mich irgendwie, und danach kniete sie sich rechts neben mich auf die Matte und nahm meine Hand von der Hosenwölbung und legte statt dessen ihre Hand darauf, und danach öffnete, löste und befreite sie, und ein scharfer Funkenschwall, wie ein dichter Meteoritenregen, durchschoß meinen ganzen Körper, und wieder schloß ich die Augen, aber nicht bevor ich gesehen hatte, daß sie alles abstreifte und sich niederbeugte, und dann kam sie über mich und nahm meine beiden Hände und führte sie, hier und hier, und ihre Lippen berührten meine Stirn und berührten meine geschlossenen Augen, und dann griff sie nach unten und versenkte mich, ganz und gar, und im Nu rollten tief in meinem Leib ein paar weiche Donner, und gleich darauf zuckte ein durchdringender Blitz, und wegen der dünnen Wände mußte Orna mir den Mund fest zuhalten, und als sie dachte, es sei nicht mehr notwendig und ihre Finger lockerte, damit ich atmen konnte, mußte sie mir schnell wieder gewaltsam die Lippen versiegeln, denn ich hatte noch nicht genug. Und noch später kicherte sie und streichelte mich wie einen kleinen Jungen und küßte mich wieder auf die Stirn und hüllte meinen Kopf in ihr Haar, und ich begann, mit Tränen in den Augen, ihr schüchterne Dankesküsse zu geben, auf ihr Gesicht, auf ihr Haar, auf ihre Handrücken, und ich wollte etwas sagen, aber sie ließ mich nicht und legte mir wieder die Hand auf den Mund, bis ich auf das Reden verzichtete.

Nach ein, zwei Stunden weckte sie mich, und mein Körper wollte noch mehr von ihr, was mich mit tiefer Scham erfüllte, aber sie geizte nicht, sondern flüsterte mir wie lächelnd zu, komm nimm, und flüsterte, was für ein kleiner Wilder, und ihre Beine waren goldenbraun, und auf den Schenkeln hatte sie einen feinen goldenen Flaum, und nachdem sie wieder mit der Hand die Fontäne meiner Schreie erstickt hatte, ließ sie mich aufstehen und half mir beim Anziehen und gab mir kaltes Wasser aus ihrem Tonkrug zu trinken, der mit einem Stück weißem Batiststoff abgedeckt war, und streichelte meinen Kopf und drückte ihn an ihre Brust und gab mir noch einen letzten Kuß, ausgerechnet auf die Nasenspitze, und schickte mich hinaus in die kühle dichte Stille der Herbstnacht um drei Uhr früh. Aber als ich am nächsten Tag zu ihr kam, um sie um Verzeihung zu bitten oder mit der Hoffnung auf eine Wiederholung des Wunders, sagte sie: Schau sich das einer an, er ist kreidebleich, was ist dir denn passiert, komm, trink ein Glas Wasser. Und bat mich, mich zu setzen, und sagte mir etwa folgendes: Schau, es ist kein Unglück passiert, aber von nun an möchte ich, daß alles wieder so ist, wie es vor gestern abend war, in Ordnung?

Es fiel mir schwer, ihren Wunsch zu erfüllen, und bestimmt spürte Orna das auch. So ergrauten unsere Lyrikabende bei Schubert, Grieg und Brahms vom Plattenspieler, und nach ein oder zwei weiteren Versuchen hörten sie auf, und nur ihr Lächeln ruhte von fern auf meinem Gesicht, wenn wir einander begegneten, und es war ein Lächeln voll Fröhlichkeit, Stolz und Zuneigung: nicht wie eine edle Spenderin, die ihren Günstling freundlich begrüßt, sondern wie eine Malerin, die eines ihrer Gemälde betrachtet und, obwohl sie sich mittlerweile bereits anderen Bildern zugewandt hat, zufrieden ist über ihr vollendetes Werk, sich mit Stolz daran erinnert und sich freut, es wieder einmal von weitem zu sehen.

Und seither geht es mir gut mit Frauen. Wie Großvater Alexander. Und obwohl ich im Lauf der Jahre ein wenig dazugelernt und mich manchmal auch verbrannt habe, scheinen mir noch heute, wie an jenem Abend in Ornas Zimmer, alle Schlüssel zur Lust im Besitz von Frauen. Den Ausdruck »sie schenkte ihm ihre Gunst« finde ich richtiger und treffender als andere Wendungen. Die Gunst von Frauen löst bei mir, außer Begehren und Bewunderung, auch eine Woge kindlicher Dankbarkeit aus, den Wunsch, mich zu verneigen: Ich bin zu gering, um all diese Wunder zu verdienen. Auch für einen einzigen Tautropfen schon würde ich dir doch voller Staunen und Verehrung danken – und wie erst für dies weite Meer. Und immer fühle ich mich wie der arme Bettler an der Tür: Eine Frau ist doch immer mächtiger als ich, und nur in ihrer Hand ist es, freigebig zu schenken oder nicht zu schenken.

Und vielleicht ist da auch vager Neid auf die weibliche Sexualität, die so viel reichhaltiger, zarter und vielschichtiger ist, wie die Geige im Vergleich zur Trommel. Oder eine nachklingende frühe Erinnerung aus meinen ersten Lebenstagen: Mutterbrust gegenüber Messer. Als ich zur Welt kam, erwartete mich doch gleich an der Schwelle eine Frau, der ich eben erst starken Schmerz verursacht hatte, doch sie vergalt es mir mit gnädiger Zärtlichkeit, vergalt Böses mit Gutem, und reichte mir die Brust. Das Männergeschlecht dagegen lauerte mir gleich am Eingang auf, das Beschneidungsmesser in der Hand.

Orna war eine Frau von Mitte Dreißig, mehr als doppelt so alt wie ich in jener Nacht. Und es war, als streue sie einen ganzen Strom von Purpur, Karmesin und Azur und eine Fülle von Perlen vor ein kleines Schwein, das gar nicht wußte, was es damit anfangen sollte, und nur schnappte und verschlang, ohne zu kauen, und beinahe erstickt wäre an solchem Überfluß. Ein paar Monate später gab sie die Arbeit im Kibbuz auf. Ich wußte nicht, wo sie hingezogen war. Nach Jahren erfuhr ich, daß sie geschieden und wieder verheiratet war und einige Zeit eine Kolumne in einer Frauenzeitschrift gehabt hatte. Und auf einmal, vor nicht allzu langer Zeit, in Amerika, nach einem Vortrag und vor einem Empfang, strahlte mich mitten aus dem engen Kreis von Fragern und Diskutierenden plötzlich Orna an, mit grünen Augen und nur wenig älter als damals in meiner Jugendzeit, in einem hellen, mit einer Knopfreihe versehenen Kleid, ihre Augen leuchteten mir entgegen mit ihrem alle Geheimnisse kennenden Blick, ihrem verführerischen, tröstenden, barmherzigen Lächeln, dem Lächeln jener Nacht, und ich, wie im Zauberbann, brach mitten im Satz ab, steuerte auf sie zu, drängte alle, die im Weg standen, beiseite, ging hastig um die alte Frau herum, deren Rollstuhl Orna vor sich herschob, und packte und umarmte sie und sagte zweimal ihren Namen und küßte sie auf die Lippen. Sie löste sich sanft aus der Umarmung und, ohne aufzuhören, mich mit ihrem verschwenderischen Lächeln zu beschenken, das mich wie einen Jungen erröten ließ, deutete sie auf den Rollstuhl und sagte auf englisch: Das ist Orna. Ich bin nur die Tochter. Leider spricht meine Mutter nicht mehr. Und erkennt die Leute auch nicht mehr so recht.

60

Etwa eine Woche vor ihrem Tod ging es Mutter plötzlich viel besser. Neue Schlaftabletten, die der neue Arzt ihr verschrieben hatte, wirkten über Nacht Wunder. Gegen Abend nahm Mutter zwei von diesen Tabletten, schlief dann um halb acht angezogen auf meinem Bett ein, das ihr Bett geworden war, schlief fast vierundzwanzig Stunden, bis zum nächsten Nachmittag um fünf, stand auf, wusch sich, trank etwas Tee und schluckte gegen Abend wohl wieder eine oder zwei von den neuen Tabletten, denn auch diesmal schlief sie wieder um halb acht ein und schlief durch bis zum Morgen, und am Morgen, als Vater aufstand, um sich zu rasieren und zwei Gläser Orangensaft auszupressen und anzuwärmen, stand auch Mutter auf, zog den Morgenrock an, kämmte sich, band die Schürze um und machte uns beiden ein richtiges Frühstück, so wie vor ihrer Erkrankung, ein beidseitig gebratenes Spiegelei und Salat und Dickmilch und ein Tablett mit Brot, das Mutter viel dünner schneiden konnte als Vater, dessen Scheiben ich liebevoll »Holzklötze« nannte.

Nun saßen wir wieder zu dritt um sieben Uhr morgens auf den Korbschemeln um den Küchentisch mit der geblümten Wachstuchdecke, und Mutter erzählte uns eine Geschichte von einem reichen Pelzhändler in ihrer Stadt, in Rowno, einem mit allen Wassern gewaschenen Juden, zu dem von weither Käufer kamen, sogar aus Paris und Rom, wegen seiner seltenen Silberfuchspelze, Pelze, die glitzerten wie Rauhreif in einer Mondnacht. Doch eines Tages wurde der Händler überzeugter Vegetarier. Er übertrug seinem Schwiegervater und Geschäftspartner den ganzen weitverzweigten Pelzhandel. Einige Zeit später baute er sich eine kleine Kate im Wald, verließ sein Haus und wohnte fortan in der Kate, weil er von Herzen traurig war über die Tausende von Füchsen, die die Jäger in seinem Auftrag für die Pelzherstellung getötet hatten. Am Ende war der Mann völlig verschwunden. Und wenn meine Schwestern und ich uns gegenseitig angst machen wollten, sagte Mutter, legten wir uns alle drei im Dunkeln auf den Teppich und begannen reihum zu beschreiben, wie der Mann, der einmal ein reicher Pelzhändler gewesen war, jetzt nackt in den Wäldern umherläuft, vielleicht sogar Tollwut hat und aus dem Unterholz haarsträubendes Fuchsgeheul ausstößt und wie jeder, dessen Los es ist, dem Fuchsmenschen im Wald zu begegnen, auf der Stelle vor Grauen ganz weiße Haare bekommt.

Vater, der solche Geschichten gar nicht mochte, verzog das Gesicht und fragte: »Entschuldige, was soll das denn sein? Eine Allegorie? Aberglaube? Oder einfach ein unergründliches Ammenmärchen?« Aber weil er sich über die Besserung in Mutters Zustand sehr freute, winkte er mit der Hand ab und sagte: »Soll sein.«

Mutter trieb uns zur Eile an, damit wir nicht zu spät kämen, er zur Arbeit und ich zur Schule. An der Haustür, als Vater seine Überschuhe anzog und ich mit den Stiefeln kämpfte, stieß ich plötzlich ein langgezogenes Fuchsgeheul aus, so markerschütternd, daß Vater entsetzt hochfuhr und, nachdem er sich wieder beruhigt hatte, zu einer Ohrfeige ausholte. Aber Mutter trat zwischen ihn und mich, drückte mich an sich und beruhigte mich und ihn und sagte lächelnd zu uns beiden: »Das ist alles nur meinetwegen. Verzeiht mir.« Das war das letzte Mal, das sie mich umarmte.

Gegen halb acht gingen wir, Vater und ich, redeten kein Wort miteinander, weil Vater mir noch böse war wegen des tollwütigen Fuchsgeheuls. An unserem Hoftor ging er nach links, Richtung Terra-Sancta-Gebäude, und ich ging nach rechts, Richtung Tachkemoni-Schule.

Als ich an jenem Tag von der Schule nach Hause kam, trug Mutter den hellen Rock mit den zwei Knopfreihen und ihren marineblauen Wollpullover. Schön und mädchenhaft war sie. Sie sah so gut aus, als wäre ihre ganze Krankheit über Nacht von ihr genommen worden. Sie sagte, ich solle meinen Schulranzen abstellen, aber den Mantel anbehalten, und auch sie zog ihren Mantel an, denn sie hatte eine Überraschung für mich: »Heute essen wir nicht zu Hause. Heute habe ich beschlossen, die zwei Männer meines Lebens zum Mittagessen ins Restaurant einzuladen. Aber dein Vater weiß noch nichts davon. Wir überraschen ihn. Laß uns zwei etwas durch die Stadt laufen, und dann gehen wir zum Terra-Sancta-Gebäude und holen ihn da mit Gewalt heraus, wie man eine blinzelnde Motte aus ihrem Bücherstaub herausholt, und dann gehen wir drei zusammen essen, wo, verrate ich dir noch nicht, damit auch du etwas gespannt bist.«

Ich erkannte meine Mutter kaum wieder: Ihre Stimme war nicht wie sonst, sondern laut und feierlich, als deklamiere sie eine Rolle bei einer Schulaufführung. Eine Stimme, die sich mit Licht und Wärme füllte bei »laß uns zwei etwas durch die Stadt laufen«, aber leicht bebte bei den Worten »blinzelnde Motte« und »Bücherstaub«, eine Stimme, die, nur einen Augenblick lang, eine unbestimmte Angst in mir hervorrief. Doch im Nu wich die Angst der Freude über die Überraschung, über Mutters fröhliche Stimmung, über ihre erfreuliche Rückkehr zu uns.

Fast nie aßen meine Eltern im Restaurant, wenn wir uns auch des öfteren mit ihren Freunden in den Cafés der Jaffa- oder der King-George-Straße trafen.

Einmal, im Jahr 1950 oder 1951, als wir drei bei den Tanten in Tel Aviv zu Gast waren, sprang Vater am letzten Tag unseres Besuchs, kurz vor unserer Rückkehr nach Jerusalem, über seinen Schatten, bezeichnete sich plötzlich als »Baron Rothschild für einen Tag« und lud alle – beide Schwestern meiner Mutter und ihre Ehemänner und den jeweiligen einzigen Sohn – zum Mittagessen ein im Restaurant Hamoseg, in der Ben-Jehuda-, Ecke Bograshov-Straße. Man deckte uns dort einen Tisch für neun Personen. Vater saß am Kopf, zwischen seinen beiden Schwägerinnen, und regelte die Sitzordnung so, daß keine der Schwestern neben ihrem Mann und keines von uns Kindern zwischen seinen Eltern saß – als sei er diesmal wild entschlossen, die Karten völlig neu zu mischen. Onkel Zvi und Onkel Buma, leicht mißtrauisch, da sie nicht verstanden, was der Gastgeber im Schilde führte, wollten partout kein Glas Bier mit Vater trinken, weil sie das nicht gewohnt waren, und fühlten sich etwas unwohl. Daher verzichteten sie darauf, das Wort zu ergreifen, und überließen die Bühne ganz meinem Vater. Er wiederum hatte offenbar das Gefühl, die Schriftrollen vom Toten Meer seien sicherlich für alle Tischgenossen das aktuellste und aufregendste Thema. Deshalb referierte er nun während der Suppe und des Hauptgangs ausführlich über die Bedeutung dieser Schriftrollen, die in einigen Höhlen nahe Qumran in der judäischen Wüste gefunden worden waren, und über die Aussicht, daß noch und noch solche mit Gold nicht aufzuwiegenden Schätze irgendwo in den Schluchten der Wüste ihrer Entdeckung harrten. Bis Mutter, die zwischen Onkel Zvi und Onkel Buma saß, sanft bemerkte: »Vielleicht ist es für diesmal genug, Arie?«

Vater verstand und hörte damit auf, und von da an bis zum Ende der Mahlzeit verzweigte sich die Unterhaltung in einige Ortsgespräche. Mein älterer Cousin Jigal erbat und erhielt die Erlaubnis, mit meinem jüngeren Cousin Efraim an den nahe gelegenen Strand zu gehen. Ein paar Minuten später verzichtete auch ich auf die Gesellschaft der Erwachsenen und verließ das Restaurant Hamoseg, um den Strand zu suchen.

Aber wer hätte gedacht, daß gerade Mutter plötzlich die Initiative zu einem Restaurantbesuch ergreifen würde? Mutter, die doch seit einiger Zeit beinahe Tag und Nacht reglos auf ihrem Stuhl saß und aus dem Fenster starrte? Mutter, der ich erst vor ein paar Tagen mein Zimmer geräumt hatte und vor deren Schweigen ich über Nacht zu Vater ins Sofadoppelbett geflohen war? So schön und elegant sah sie an jenem Morgen in Jerusalem aus in dem marineblauen Wollpullover, dem hellen Rock, den Nylonstrümpfen mit Naht und den hochhackigen Schuhen, daß fremde Männer sich nach ihr umsahen, als wir durch die Straßen gingen. Den Mantel trug sie zusammengefaltet über dem einen Arm, und mit dem anderen hakte sie sich bei mir unter: »Du bist heute mein Kavalier.«

Und als übernehme sie auch die Rolle, die Vater gewöhnlich spielte, fügte sie hinzu: »Ein Kavalier ist ein Ritter. *Cheval* bedeutet Pferd auf französisch, und *chevalier* – Reiter, Ritter.«

Und dann sagte sie: »Nicht wenige Frauen fühlen sich von tyrannischen Männern angezogen. Wie Falter von einer Flamme. Und manche Frauen brauchen weniger einen Helden oder stürmischen Liebhaber, sondern mehr als alles andere einen Freund. Und du, erinnere dich daran, wenn du einmal groß bist: Von den Frauen, die Tyrannen lieben, halte dich fern, und von denen, die einen Freund suchen, versuche möglichst nicht diejenigen zu wählen, die einen Freund brauchen, weil sie sich innerlich ein wenig leer fühlen, sondern diejenigen, die auch Freude daran haben, dein Leben reicher zu machen. Und merk dir, daß Freundschaft zwischen Frau und Mann etwas sehr viel Kostbareres und Selteneres ist als Liebe: Liebe ist eigentlich eine ziemlich deftige und sogar plumpe Angelegenheit im Vergleich zu Freundschaft. Freundschaft enthält Feingefühl, Aufmerksamkeit und Großzügigkeit und ein feines Gespür für das richtige Maß.«

»Gut«, sagte ich. Denn ich wünschte mir, daß sie nun aufhörte, über Dinge zu sprechen, die mich nicht betrafen, und wir über anderes sprechen würden. Seit ein paar Wochen hatten wir gar nicht mehr gesprochen, und diese Minuten unterwegs, die nur ihr und mir gehörten, waren mir zum Vergeuden zu schade. Als wir uns dem Stadtzentrum näherten, hakte sie sich erneut bei mir unter, lächelte und fragte unvermittelt: »Was würdest du von einem kleinen Bruder halten? Oder von einer kleinen Schwester?«

Und ohne die Antwort abzuwarten, sagte sie in einer Art von belustigter Traurigkeit, nein, nicht belustigte Traurigkeit, sondern eine Traurigkeit, die in ein Lächeln gehüllt war, das ich nicht sah, sondern nur in ihrer Stimme hörte, als sie sagte: »Eines Tages, wenn du einmal heiratest und eine Familie hast, dann nimm dir, ich bitte dich sehr darum, auf keinen Fall ein Beispiel am Eheleben von deinem Vater und mir.«

Diese Worte von ihr rekonstruiere ich jetzt nicht aus der Erinnerung, wie ich es ein paar Zeilen weiter oben mit ihren Sätzen über Liebe und Freundschaft getan habe. Denn an diese Bitte, daß ich mir auf keinen Fall ein Beispiel am Eheleben meiner Eltern nehmen solle, erinnere ich mich genau so, wie sie mir gesagt worden ist, Wort für Wort. Und auch an ihre lächelnde Stimme erinnere ich mich genau. Wir waren in der King-George-Straße, meine Mutter und ich, gingen Arm in Arm an dem Gebäude vorbei, das den Namen Talitha Kumi trägt, auf dem Weg zum Terra-Sancta-Gebäude, um Vater von der Arbeit wegzuholen. Es war mittags um halb zwei. Ein kalter Wind, vermischt mit scharfen Regentropfen,

Eine Geschichte von Liebe und Finsternis

wehte von Westen her. Wegen dieses Windes klappten die Passanten auf der Straße ihre Schirme zu, damit sie sich nicht umstülpten. Wir hatten unseren gar nicht erst aufzuspannen versucht. Arm in Arm gingen Mutter und ich im Regen, vorbei an Talitha Kumi und am Frumin-Gebäude, dem provisorischen Sitz der Knesset, und dann am Bet Hama'alot. Das war zu Beginn der ersten Woche im Januar des Jahres 1952. Fünf oder vier Tage vor ihrem Tod.

Als der Regen stärker wurde, schlug Mutter vor, immer noch mit einem fast amüsierten Unterton in der Stimme: »Wollen wir uns kurz in ein Café setzen? Vater wird schon nicht weglaufen.«

Etwa eine halbe Stunde saßen wir in einem jeckischen Kaffeehaus am Anfang von Rechavia, in der Keren-Kajemet-Straße, ganz in der Nähe der Jewish Agency, in der sich damals auch der Amtssitz des Ministerpräsidenten befand. Bis es aufhörte zu regnen. In der Zwischenzeit zog Mutter eine Puderdose mit kleinem runden Spiegel und einen Kamm aus der Handtasche und brachte Frisur und Gesicht in Ordnung. Ganz unterschiedliche Gefühle erfüllten mich: Stolz über ihre Schönheit und Freude über ihre Genesung und ein Gefühl von Verantwortung dafür, sie um jeden Preis vor einem Schatten zu bewahren, dessen Existenz ich vielleicht nur ahnte. Und nicht einmal ahnte, sondern, allerhöchstens, als eine Art leichtes, seltsames Unbehagen wahrnahm und zugleich auch nicht wahrnahm. In der Weise, wie ein Kind manchmal, ohne zu begreifen, Dinge wahrnimmt, die es nicht begreifen kann, sie aber bemerkt und erschrickt, ohne zu wissen, um was es sich handelt: »Bist du in Ordnung, Mutter?«

Sie bestellte sich einen starken schwarzen Kaffee, und für mich einen »Kaffee verkehrt«, einen Milchkaffee, obwohl man mir sonst nie erlaubte, »Kaffee-ist-nichts-für-Kinder« zu trinken, und sie bestellte mir auch Schokoladeneis, obgleich bei uns jeder ganz genau wußte, daß Eis Halsentzündung verursacht, noch dazu an einem kalten Wintertag. Und dann auch noch vor dem Mittagessen. Vor lauter Verantwortungsbewußtsein sah ich mich genötigt, nur zwei, drei Löffel von dem Eis zu essen und meine Mutter ab und an zu fragen, ob ihr nicht etwas kalt sei? Ob sie nicht müde sei? Nicht schwindlig? Du bist doch gerade erst wieder gesund geworden. Und paß gut auf, Mutter, denn am Eingang zur Toilette ist es dunkel, und es gibt zwei Stufen. Stolz, Ernst und Sorge erfüllten mich, als würde sie, während sie und ich noch in diesem Kaffeehaus saßen, das hilflose Mädchen spielen, das einen großzügigen Freund braucht, und ich wäre ihr Kavalier. Oder vielleicht ihr Vater: »Bist du in Ordnung, Mutter?«

Als wir beim Terra-Sancta-Gebäude angekommen waren, fragten wir nach der Zeitungsabteilung und gingen die Treppen zum dritten Stock hinauf. (An einem Wintertag wie diesem stolperte Hannah in *Mein Michael* auf ebendiesen Treppen und verstauchte sich vielleicht den Knöchel, und der Student Michael Gonen packte sie am Ellbogen und sagte, das Wort »Knöchel« habe ihm schon immer gefallen. Vielleicht gingen meine Mutter und ich auf diesen Treppen an Michael und Hannah vorbei, ohne sie zu bemerken. Dreizehn Jahre lagen zwischen dem Wintertag von meiner Mutter und mir im Terra-Sancta-Gebäude und dem Winter, in dem ich das Buch *Mein Michael* zu schreiben begann.)

Beim Betreten der Zeitungsabteilung stießen wir zunächst auf den Abteilungsleiter, den feinfühligen, gutherzigen Dr. Pfeffermann, der von dem Papierstapel auf seinem Schreibtisch aufschaute und uns lächelnd mit beiden Händen winkte, kommt, kommt, tretet ein. Auch Vater sahen wir. Von hinten. Und einen langen Augenblick erkannten wir ihn nicht, weil er einen grauen Bibliothekarskittel übergezogen hatte, um seine Kleidung vor dem Bücherstaub zu schützen. Er stand auf der obersten Trittfläche einer kleinen Leiter, mit dem Rücken zu uns, und widmete seine ganze Aufmerksamkeit großen Pappordnern, die er einzeln aus einem hohen Regal zog, dann in ihnen blätterte und sie wieder zurückstellte, einen Ordner nach dem anderen, da er offenbar nicht fand, was er suchte.

Diese ganze Zeit über sagte der gute Dr. Pfeffermann keine Silbe, sondern lehnte sich gemütlich auf dem Stuhl hinter seinem großen Schreibtisch zurück, und nur sein freundliches Lächeln wurde immer breiter, offenbar belustigt, und auch zwei, drei andere Angestellte der Zeitungsabteilung unterbrachen ihre Arbeit und schauten mit einem Lächeln erst uns und dann Vaters Rücken an, ohne etwas zu sagen, als spielten sie Dr. Pfeffermanns Spiel mit und warteten mit amüsierter Neugier ab, wann der Mann endlich seine Gäste bemerken würde, die in der Tür standen und geduldig seinen Rücken anschauen, wobei die Hand der schönen Frau auf der Schulter des Jungen ruhte.

Von seinem Platz auf der obersten Leiterstufe wandte Vater sich an den Abteilungsleiter mit den Worten: »Entschuldigen Sie, Dr. Pfeffermann, hier ist, wie mir scheint –«, und bemerkte plötzlich das breite Schmunzeln des Direktors, erschrak vielleicht ein wenig, weil er nicht verstand, womit er das Schmunzeln ausgelöst hatte, doch Dr. Pfeffermanns Augen lenkten Vaters bebrillten Blick vom Schreibtisch zur Tür, und als er uns beide sah, schien er zu erblassen. Er stellte den großen Pappordner mit beiden Händen an seinen Platz auf dem obersten Regal zurück, kletterte vorsichtig die Leiter hinunter, blickte nach links und rechts, sah, daß alle Angestellten lächelten, und als bliebe ihm nichts anderes übrig, lächelte er nun ebenfalls und sagte zu uns: »Was für eine Überraschung! Was für eine große Überraschung!« Und in leiserem Ton fragte er, ob alles in Ordnung sei oder ob, Gott behüte, etwas passiert sei?

Sein Gesicht sah angespannt und besorgt aus, wie das eines Jungen, der sich mitten in einem Kußspiel auf einer Party umdreht und seine Eltern ernst in der Tür stehen sieht, und wer weiß, wie lange sie bereits stumm so dastehen und zuschauen und was sie schon mitbekommen haben.

Zuerst wollte Vater uns unwillkürlich, vor lauter Verlegenheit, mit beiden Händen behutsam von der Tür auf den Gang hinausdrängen und blickte sich um und sagte zu der ganzen Zeitungsabteilung und speziell zu Dr. Pfeffermann: »Entschuldigen Sie mich ein paar Minuten?«

Doch nach einem Moment überlegte er es sich anders – hörte auf, uns hinauszudrängen, zog uns vielmehr hinein, an den Schreibtisch des Abteilungsleiters, wollte uns beide ihm vorstellen, erinnerte sich dann aber und sagte: »Dr. Pfeffermann, Sie kennen ja meine Frau und meinen Sohn.« Und darauf drehte er uns beide um und präsentierte uns, ganz förmlich, den übrigen Mitarbeitern der Zeitungsabteilung mit den Worten: »Darf ich vorstellen, das ist meine Frau Fania, und dies ist mein Sohn Amos. Schüler. Zwölfeinhalb Jahre alt.«

Als wir drei dann auf den Korridor hinausgingen, fragte Vater ängstlich und ein wenig vorwurfsvoll: »Was ist los? Ist mit meinen Eltern alles in Ordnung? Und mit deinen Eltern? Alles in Ordnung?«

Mutter beruhigte ihn. Aber die Idee, zusammen im Restaurant zu essen, stimmte ihn etwas besorgt: Heute hat doch keiner Geburtstag. Er zögerte, setzte zum Sprechen an, ließ es, und sagte einen Moment später: »Ja, doch. Entschieden. Warum nicht. Wir gehen deine Genesung feiern, Fania, oder zumindest die eindeutige Besserung, die buchstäblich über Nacht eingetreten ist. Ja. Wir müssen eindeutig feiern.«

Aber als er dies sagte, sah er nicht aus, als sei ihm nach Feiern zumute, sondern wirkte besorgt.

Dann hellte sich Vaters Miene jedoch plötzlich auf, er wurde froh und begeistert, faßte uns beide um die Schultern, erbat und erhielt von Dr. Pfeffermann die Erlaubnis, seinen Arbeitstag ein wenig zu verkürzen, verabschiedete sich von seinen Kollegen, zog den grauen Bibliothekarskittel aus und lud uns zu einem umfassenden Rundgang durch einige Bibliotheksabteilungen ein, einschließlich Untergeschoß und der Abteilung für Handschriften, sogar das neue Fotokopiergerät zeigte und erklärte er uns ausführlich, wobei er uns stolz jedem vorstellte, dem wir unterwegs begegneten, ganz aufgeregt wie ein Schuljunge, der seine berühmten Eltern seinen Lehrern präsentiert.

Es war ein angenehmes, etwas abgelegenes und fast leeres Restaurant in einer der Gassen zwischen Ben-Jehuda- und Schamai- oder Hillel-Straße. Der Regen setzte in dem Moment wieder ein, als wir es betraten, und Vater sagte, auch das halte er für ein gutes Zeichen, als habe der Regen innegehalten und abgewartet, bis wir das Restaurant erreichten, als sei der Himmel uns heute freundlich gesinnt.

Und sofort berichtigte er sich: »Das heißt, so würde ich sagen, wenn ich an Zeichen glaubte oder meinte, der Himmel würde sich für uns interessieren. Aber der Himmel ist gleichgültig. Abgesehen vom Homo sapiens ist das ganze Universum gleichgültig. Und eigentlich sind auch die meisten Menschen gleichgültig. Gleichgültigkeit ist in meinen Augen entschieden das bezeichnendste Merkmal der gesamten Wirklichkeit.«

Und verbesserte sich erneut: »Und überhaupt, wie konnte ich nur sagen, der Himmel sei uns heute freundlich gesinnt, wenn er tatsächlich grau und düster ist und uns eindeutig mit Regen überschüttet?«

Mutter sagte: »Nein. Ihr beide bestellt zuerst, denn ich bin heute die Gastgeberin. Und ich würde mich besonders freuen, wenn ihr euch die teuersten Gerichte auf der Karte aussucht.«

Aber die Speisekarte war – den Jahren des Mangels entsprechend – bescheiden. Vater und ich bestellten Gemüsesuppe und Hühnerfrikadellen mit Kartoffelpüree. Wie ein Mitverschwörer verheimlichte ich Vater, daß man mir auf dem Weg zum Terra-Sancta-Gebäude zum ersten Mal in meinem Leben erlaubt hatte, Kaffee zu probieren. Und mir erlaubt hatte, Schokoladeneis zu essen, noch vor dem Mittagessen und trotz des Wintertags.

Mutter starrte lange auf die Speisekarte, legte sie aufgeklappt, aber mit dem Rücken nach oben auf den Tisch, und erst nachdem Vater sie mehrmals erinnert hatte, bestellte sie schließlich eine Portion Reis. Vater entschuldigte sich freundlich bei der Kellnerin und erklärte ihr, daß Mutter noch nicht ganz genesen sei. Während Vater und ich dann mit Appetit unser Essen verspeisten, probierte Mutter ihren Reis, als müsse sie sich dazu zwingen: Sie stocherte ein wenig darin herum, ließ es sein und bestellte eine Tasse starken schwarzen Kaffee.

»Bist du in Ordnung, Mutter?«

Die Kellnerin kam wieder, brachte Mutter eine Tasse Kaffee und Vater ein Glas Tee, und vor mich stellte sie als Nachtisch eine Schale zitternden gelben Pudding. In diesem Moment zog Vater ungeduldig das Portemonnaie aus der Innentasche seines Jacketts. Aber Mutter bestand auf ihrem Willen: Steck es bitte wieder ein. Heute seid ihr meine Gäste. Und Vater gehorchte, allerdings nicht ohne einen etwas gezwungenen Witz über die geheimen Ölquellen, die sie offenbar geerbt habe und von denen bestimmt ihr neuer Reichtum und ihre Verschwendungssucht herrührten. Wir warteten darauf, daß der Regen nachließ. Vater und ich saßen mit dem Gesicht zur Küche, und Mutter, uns gegenüber, schaute über unsere Schultern hinweg in den hartnäckigen Regen im Fenster zur Straße. Worüber wir gesprochen haben, weiß ich nicht mehr, aber es ist anzunehmen, daß Vater jedes Schweigen hastig zu vertreiben suchte. Vielleicht hielt er uns einen Vortrag über die Haltung der christlichen Kirche zum jüdischen Volk oder gab uns einen Überblick über die Geschichte des erbitterten Streits, der Mitte des 18. Jahrhunderts zwischen Rabbiner Jacob Emden und den Anhängern Sabbatai Zwis ausgebrochen war, besonders jedoch zwischen Rabbiner Emden und Rabbiner Jonathan Eybeschütz, der des Hangs zum Sabbatianismus verdächtigt wurde.

Außer uns saßen in dieser regnerischen Nachmittagsstunde noch zwei ältere Damen im Restaurant, die sich leise und wohlerzogen auf deutsch unterhielten. Sie sahen einander ähnlich mit ihrem drahtigen grauen Haar und den vogelartigen Gesichtern, die bei beiden noch durch markante Adamsäpfel betont wurden. Die Ältere der beiden wirkte wie achtzig oder älter, und auf den zweiten Blick nahm ich an, sie könnte die Mutter der ihr gegenübersitzenden Frau sein. Und weiter entschied ich insgeheim, daß Mutter wie Tochter verwitwet seien und zusammenlebten, weil sie sonst keine Seele mehr auf der Welt hatten. Ich nannte sie in Gedanken Frau Gertrud und Frau Magda und versuchte mir im Geist ihre blitzsaubere, kleine Wohnung auszumalen, vielleicht ganz hier in der Nähe, vielleicht gegenüber vom Hotel Eden.

Plötzlich hob die eine Frau, Magda, die weniger alte, ihre Stimme und warf der Alten, die ihr gegenübersaß, ein einziges deutsches Wort an den Kopf. Mit einem giftigen, durchdringenden wütenden Schrei tat sie das, wie ein Raubvogel, der sich auf seine Beute stürzt, und im gleichen Moment griff sie ihre Tasse und schleuderte sie an die Wand.

In den tief eingegrabenen Wangenrunzeln der älteren Frau, derjenigen, die ich Gertrud genannt hatte, rannen Tränen. Sie weinte lautlos und ohne das Gesicht zu verziehen. Die Kellnerin bückte sich, um die Scherben vom Boden aufzusammeln: Sammelte alles auf und ging. Kein einziges Wort wurde nach dem Schrei mehr gesprochen. Die beiden Frauen saßen einander weiterhin gegenüber, ohne eine Silbe von sich zu geben, beide sehr mager, beide mit drahtigem krausen grauen Haar, das hoch auf der Stirn ansetzte, wie bei Männern mit beginnender Glatze. Die alte Witwe weinte weiter stumm und ohne das Gesicht zu verziehen, die Tränen flossen auf ihr spitzes Kinn und fielen, wie in einer Tropfsteinhöhle, dann eine nach der anderen in ihren Schoß. Sie versuchte nicht einmal, sie zu unterdrücken oder sie abzuwischen, obwohl ihre Tochter ihr schweigend und mit grimmigem Gesicht ein gebügeltes weißes Taschentuch reichte. Wenn sie denn ihre Tochter war. Die Alte saß da, ihre Hand blieb ausgestreckt auf dem Tisch liegen, mit dem gebügelten Taschentuch darauf. Sehr lange blieb diese ganze Szene unverändert, als seien die beiden, Mutter und Tochter, ein altes, leicht verblaßtes braunes Foto in irgendeinem verstaubten Album.

Und ich fragte plötzlich: »Bist du in Ordnung, Mutter?«

Fragte, weil Mutter, alle Anstandsregeln ignorierend, ihren Stuhl ein wenig umgedreht hatte und den Blick nicht von den beiden Frauen löste. In diesem Moment kam es mir vor, als ob das Gesicht meiner Mutter erneut sehr blaß wurde, so wie es während ihrer Krankheit gewesen war. Nach einer Weile bat Mutter uns beide um Verzeihung, sie sei etwas müde und würde jetzt gern nach Hause gehen und sich ein wenig hinlegen. Vater nickte, stand sofort auf, erkundigte sich bei der Kellnerin, wo es in der Nähe ein Telefon gebe, und ging ein Taxi bestellen. Beim Verlassen des Lokals mußte Mutter sich ein wenig auf Vaters Arm und Schulter stützen, und ich hielt ihnen die Tür auf und warnte vor der Stufe, und auch die Taxitür öffnete ich ihnen. Nachdem Mutter hinten Platz genommen hatte, ging Vater einen Moment ins Restaurant zurück, um zu zahlen. Mutter saß sehr aufrecht im Taxi, und ihre braunen Augen waren weit offen. Zu weit.

Am Abend wurde der neue Arzt gerufen, und nachdem er gegangen war, bestellte Vater auch den alten Arzt. Sie waren sich einig: Beide empfahlen völlige Ruhe. Vater brachte Mutter also in mein Bett, das ihr Bett geworden war, holte ihr ein Glas lauwarme Milch mit Honig und bat sie inständig, wenigstens drei, vier Schluck zu ihren neuen Schlaftabletten zu nehmen, und fragte, wieviel Licht er ihr lassen solle. Eine Viertelstunde später wurde ich ausgesandt, um durch die Türritze hineinzuspähen, und ich sah, daß Mutter eingeschlafen war. Sie schlief bis zum nächsten Morgen und erwachte wieder früh und stand auf, um Vater und mir bei den morgendlichen Verrichtungen zu helfen. Wieder machte sie uns ein beidseitig gebratenes Spiegelei, während ich den Tisch deckte und Vater verschiedene Gemüse sehr fein für den Salat schnitt. Als es für uns Zeit wurde, zu gehen, Vater zum Terra-Sancta-Gebäude und ich zur Tachkemoni-Schule, beschloß Mutter plötzlich, ebenfalls das Haus zu verlassen und mich zur Schule zu begleiten, denn in der Nähe der Tachkemoni-Schule wohnte ihre gute Freundin Lilenka, Lilja Bar-Samcha.

Später erfuhren wir, daß meine Mutter Lilenka nicht zu Hause angetroffen hatte und deshalb zur Wohnung einer anderen Freundin gegangen war, Fania Weissmann, eine weitere ehemalige Schülerin des Tarbut-Gymnasiums in Rowno. Und von Fania Weissmann war sie kurz vor Mittag zum Busbahnhof in der Jaffa-Straße gegangen und in den Bus nach Tel Aviv gestiegen, um ihre Schwestern zu besuchen, oder vielleicht hatte sie in Tel Aviv auch nur umsteigen wollen, um nach Haifa und Kiriat Motzkin, zur Baracke ihrer Eltern, weiterzufahren. Doch als meine Mutter im Tel Aviver Busbahnhof ankam, änderte sie anscheinend ihre Pläne, trank einen schwarzen Kaffee im Café und kehrte gegen Abend nach Jerusalem zurück.

Zu Hause angekommen, klagte sie über große Müdigkeit. Und schluckte wieder zwei oder drei ihrer neuen Tabletten. Oder vielleicht versuchte sie diesmal, ihre alten Tabletten einzunehmen. Aber in dieser Nacht konnte sie nicht einschlafen, die Migräne bereitete ihr wieder Schmerzen, und sie verbrachte die ganze Nacht, vollständig angezogen, auf dem Stuhl am Fenster. Um zwei Uhr morgens beschloß Mutter zu bügeln. Sie machte Licht in meinem Zimmer, das ihr Zimmer geworden war, stellte das Bügelbrett auf und holte sich eine Flasche voll Wasser, um die Wäsche einzusprengen, die sie nun stundenlang bügelte, bis der Morgen anbrach. Als ihr die Kleidungsstücke ausgingen, holte sie alle Bettwäsche aus dem

Schrank und bügelte sie noch einmal. Und als auch diese gebügelt war, stellte sie sich hin und bügelte sogar den Bettüberwurf in meinem Zimmer, doch vor lauter Müdigkeit oder Schwäche versengte sie ihn, und Vater wachte vom Brandgeruch auf und weckte auch mich, und verblüfft sahen wir beide, daß Mutter tatsächlich jeden Socken und jedes Taschentuch und jede Serviette und jede Tischdecke gebügelt hatte. Den angesengten Bettüberwurf löschten wir schnell mit Wasser im Bad, und Mutter setzten wir zu zweit auf ihren Stuhl, und dann gingen Vater und ich auf die Knie und zogen ihr die Schuhe aus, Vater den einen und ich den anderen. Danach bat Vater mich, für ein paar Minuten das Zimmer zu verlassen und die Tür hinter mir zu schließen. Ich machte die Tür zu, lauschte aber von außen an der geschlossenen Tür, weil ich mir Sorgen um sie machte. Ich wollte hören. Ungefähr eine halbe Stunde sprachen sie auf russisch miteinander. Dann bat Vater mich, ein paar Minuten auf Mutter aufzupassen, ging zur Apotheke und kaufte irgendein Medikament oder irgendeinen Sirup und rief auch von der Apotheke aus im Büro von Onkel Zvi an, der im Zahalon-Krankenhaus in Jaffa arbeitete, und am Arbeitsplatz von Onkel Buma in der Kassenklinik Zamenhof in Tel Aviv. Nach diesen Telefongesprächen kamen Vater und Mutter überein, daß sie noch an diesem Donnerstag morgen zu einer ihrer Schwestern nach Tel Aviv fahren solle, um sich auszuruhen und etwas andere Luft oder Atmosphäre um sich zu haben. Sie könne dort bis Sonntag oder sogar bis Montag morgen bleiben, denn für Montag nachmittag hatte Lilja Bar-Samcha ihr einen Untersuchungstermin im Hadassa-Krankenhaus in der Hanevi'im-Straße vereinbaren können, für eine Untersuchung, auf die wir ohne Tante Lilenkas gute Beziehungen mehrere Monate hätten warten müssen.

Und weil Mutter sich schwach fühlte und über Schwindel klagte, wollte Vater sie diesmal nicht allein nach Tel Aviv fahren lassen, sondern bestand darauf, daß er mitkommen und sie bis zu Tante Chaja und Onkel Zvi begleiten und vielleicht sogar über Nacht dort bleiben würde, und am nächsten Morgen, am Freitag, würde er mit dem ersten Bus nach Jerusalem zurückkehren, so daß er wenigstens noch ein paar Stunden zur Arbeit gehen könne. Er hörte nicht auf Mutters Proteste, die erklärte, es sei wirklich nicht notwendig, daß er mitkomme, schade um seinen Arbeitstag, sie sei doch noch in der Lage, allein den Bus nach Tel Aviv zu nehmen und das Haus ihrer Schwester zu finden. Sie würde schon nicht verlorengehen.

Aber Vater hörte nicht auf sie. Grau und hartnäckig war er diesmal und beharrte mit allem Nachdruck auf seinem Beschluß. Ich versprach ihm, gleich nach der Schule, ohne jeglichen Zwischenaufenthalt, direkt zu Großmutter Schlomit und Großvater Alexander in die Prag-Gasse zu gehen, ihnen zu erklären, was passiert war, und bis zu Vaters Rückkehr am nächsten Tag bei ihnen zu bleiben. Und ich sollte Großvater und Großmutter auf keinen Fall zur Last fallen, sondern nach dem Essen schön beim Abräumen des Geschirrs helfen und ihnen auch anbieten, den Müll hinauszubringen. Und dort alle Hausaufgaben machen: nichts auf Schabbat verschieben. Er nannte mich »vernünftiger Junge« und vielleicht sogar »junger Mann«. Und von draußen gesellte sich in diesem Moment der Vogel Elise zu uns und schmetterte drei- oder viermal, mit klarer, strahlender Fröhlichkeit, seine Beethovensche Morgenfanfare: »Ti-da-di-da-di ...« Mit besonderem Staunen sang Elise das, in Ehrfurcht und Dankbarkeit und Hochgefühl, als habe bis zu diesem Augenblick noch nie die Nacht geendet. Als sei dieser Morgen der allererste Morgen des Universums und sein Licht ein Wunderlicht, wie es noch niemals hervorgebrochen sei, alle Weiten der Finsternis zu durchqueren.

61

Ich war fünfzehn bei meiner Ankunft in Hulda, zweieinhalb Jahre nach dem Tod meiner Mutter: ein Bleichgesicht unter Sonnengebräunten, eine halbe Portion zwischen riesigen, vierschrötigen Burschen, ein unermüdlicher Redner unter Wortkargen, ein Reimeschmied unter Landarbeitern. Alle Jungen und Mädchen in meiner neuen Klasse waren samt und sonders gesunde Seelen in gesunden Körpern – und nur ich war eine verträumte Seele in einem beinahe durchsichtigen Körper. Schlimmer noch: Zwei-, dreimal ertappten sie mich, als ich mit Papier und Wasserfarben in einer abgelegenen Ecke des Kibbuz saß und Aquarelle zu malen versuchte oder mich in dem Studierzimmer hinter dem Zeitungsraum verkroch und schrieb und wieder ausradierte. Rasch verbreitete sich in Hulda nach McCarthy-Art das Gerücht, ich hätte etwas mit der Cherut-Partei zu tun, sei in einer Revisionistenfamilie aufgewachsen. Irgendwie stand ich im Verdacht, dunkle Beziehungen zu dem verhaßten Demagogen Menachem Begin, dem Erzfeind der Arbeiterbewegung, zu unterhalten. Kurz: sowohl verkorkste Erziehung als auch rettungslos verhunzte Gene.

Es half mir nichts, daß ich als glühender Rebell gegen die Welt meines Vaters und seiner Familie nach Hulda gekommen war. Man rechnete es mir nicht positiv an, daß ich mich von der Cherut-Partei abgewandt hatte, gab mir keine Pluspunkte für mein unbändiges Gelächter bei Begins Rede im Edison-Saal. Der mutige Junge aus dem Märchen von des Kaisers neuen Kleidern wurde hier in Hulda nun gerade verdächtigt, im Dienst des betrügerischen Schneiders zu stehen.

Vergebens versuchte ich, mich bei der Feldarbeit hervorzutun und die Schule zu vernachlässigen. Vergebens brutzelte ich in der Sonne wie ein rohes Steak, in dem Bemühen, so braun wie die anderen zu werden. Vergebens entpuppte ich mich im politischen Arbeitskreis als der sozialistischste Sozialist Huldas, wenn nicht der gesamten Arbeiterklasse. Es half alles nichts: Für sie war ich eine Art Außerirdischer, fremd und befremdlich, und deshalb hörten meine Klassenkameraden nicht auf, mich unablässig erbarmungslos zu triezen, damit ich endgültig meine Absonderlichkeiten ablegen und ein normaler Mensch werden würde. Einmal schickten sie mich mitten in der Nacht ohne Taschenlampe in den Kuhstall, um nachzusehen und zu melden, ob dort eine brünstige Kuh dringend der Gunst des Bullen bedürfe, und ein andermal wurde ich in den Bauernhof der Kinder geschickt, um im Entenkäfig Männlein und Weiblein zu scheiden: damit ich ja nicht vergaß, woher ich kam, und ja nicht verkannte, wohin ich gelangt war.

Ich wiederum ertrug alles in Demut, denn ich wußte, daß der Prozeß, Jerusalem aus mir herauszubekommen, die Wehen meiner Neugeburt, zu Recht mit Leiden verbunden waren. Ich akzeptierte die Schikanen und Demütigungen nicht deshalb, weil ich an einem Minderwertigkeitskomplex gelitten hätte, sondern weil ich minderwertig war: Sie, die stämmigen, von Staub und Sonne gegerbten Jungen, und die schlanken, stolz schreitenden Mädchen waren das Salz des Landes, die Herren des Landes. Schön wie Himmelssöhne, schön wie die Nächte Kanaans, »wir erbauen unser Land, unser Heimatland, Pioniere und Pionierinnen laßt uns sein allesamt«.

Allesamt – außer mir.

Ich konnte noch so braungebrannt sein, es täuschte keinen. Alle wußten sehr wohl – und auch ich wußte es –, daß ich, selbst als meine Haut endlich dunkelbraun schimmerte, doch innerlich blaß geblieben war. So märtyrerhaft ich auch meine letzten Kräfte aufbot, bis ich irgendwie lernte, Bewässerungsleitungen auf den Feldern zu verlegen, einen Traktor zu fahren oder mit dem alten tschechischen Gewehr auf dem Schießstand der Gadna nicht danebenzuschießen – ich konnte nicht aus meiner Haut. Durch alle Tarnnetze, die ich mir überwarf, schaute dieser schwächliche Stadtjunge hervor, der sentimentale Schöngeist und unermüdliche Redner, der phantasierte und dauernd alle möglichen seltsamen Geschichten erfand, die nicht wahr und nicht wirklich waren und hier auch keinen interessierten.

Sie hingegen, die jungen Kibbuzniks, kamen mir – alle – großartig vor: diese hochgewachsenen Jungen, die fähig waren, auch mit dem linken Fuß aus zwanzig Meter Entfernung ein Tor zu schießen, einem Huhn, ohne mit der Wimper zu zucken, den Hals umzudrehen oder nachts ins Vorratslager einzubrechen, um Leckerbissen für das Lagerfeuer zu klauen, und diese kühnen Mädchen, die dreißig Kilometer am Tag mit einem Rucksack von dreißig Kilo auf dem Rücken marschieren konnten und danach noch Energie genug hatten, bis spät in die Nacht hinein zu tanzen, daß die blauen Röcke im Kreis hochwirbelten, als sei die Schwerkraft ihnen zu Ehren außer Kraft gesetzt worden. Und nach all diesen Tänzen saßen diese Mädchen noch bis gegen Morgen mit uns im Kreis und sangen uns unter dem Sternenhimmel sehnsüchtige, zutiefst herzergreifende Lieder vor, zwei- oder dreistimmig, Rücken an Rücken gelehnt, sangen sie und strahlten dabei einen unschuldigen und mitreißenden Glanz aus – mitreißend gerade, weil er so unschuldig, himmlisch und rein war wie Engelsgesang.

Ja: Ich kannte meinen Platz. Überhebe nicht dein Herz. Strebe nicht hoch hinaus. Geh nicht auf das aus, was für Größere und Bessere bestimmt ist. Sicherlich, alle Menschen sind von Geburt an gleich, das ist ja der Grundsatz, auf dem das ganze Kibbuzleben ruht. Aber auf dem Feld der Liebe herrschen die Naturgewalten, nicht der Gleichberechtigungsausschuß. Auf dem Feld der Liebe gebührt bekanntlich nur den Zedern die Siegesfakkel. Nicht dem Ysop an der Mauer.

Aber bekanntlich darf sogar die Katze den König anschauen. Und so schaute ich sie denn den ganzen Tag an, und auch nachts in meinem Bett, nachdem ich die Augen geschlossen hatte, hörte ich nicht auf, sie anzuschauen, diese Jungen »von schöner Tolle und Gestalt«. Und vor allem schaute ich die Mädchen an. Was heißt schauen – ich starrte sie mit fiebrigen Augen an. Sogar im Schlaf himmelte ich sie mit sehnsüchtigen und

Eine Geschichte von Liebe und Finsternis

verzweifelten Kalbsaugen an. Doch ohne falsche Hoffnungen: Ich wußte, sie waren nicht für mich bestimmt. Sie, die Kibbuzsöhne waren der Hirsch Israel, und ich – der Wurm Jakob. Sie, die Kibbuztöchter, waren die Gazellen und die Hindinnen auf dem Felde, und ich – der verstoßene Schakal, der hinter dem Zaun heult. Und in ihrer Mitte – der Klöppel in der Glocke – Nily.

Jede von ihnen war schön wie die Sonne. Alle. Aber Nily – um sie herum vibrierte immer strahlende Freude. Nily sang im Gehen, ging die Wege entlang, über den Rasen, durch das Wäldchen, zwischen den Blumenbeeten – ging und sang. Und auch, wenn sie ging und nicht sang, schien es mir, als singe sie. Was hat sie, fragte ich mich manchmal im tiefen Leid meiner sechzehn Jahre, was singt sie denn dauernd? Was ist schon so gut an dieser Welt? Da es doch heißt, »von schlimmen Schicksals Leiden, einem Leben in Mangel und Not, von ungewissem Gestern und einem Morgen ohne Vision ...« Kann man da überhaupt solche Lebensfreude ausstrahlen? Solch leuchtende Fröhlichkeit? Ein so heiteres Strahlen? Hat sie denn noch gar nichts gehört von »Nehmt, o nehmt, ihr Berge Efraims, ein neues junges Opfer an ... wie du werden auch wir unser Leben dem Volke hingeben ...«? Weiß Nily denn nichts davon? Hat sie keine Ahnung davon, »daß wir verloren alles, was teuer war und niemals wiederkehrt ...«?

Es war ein Wunder. Es ärgerte mich beinahe, aber es bezauberte mich auch: wie ein Glühwürmchen.

Rings um den Kibbuz Hulda herrschte tiefe Finsternis. Jede Nacht tat sich ein schwarzer Abgrund auf, zwei Meter hinter den gelblichen Lichtkegeln der Zaunscheinwerfer bis hin zu allen Enden der Nacht, bis zu den fernsten Sternen am Himmel. Hinter dem Stacheldrahtzaun lagen offene Felder und ausgestorbene Obstplantagen in der Dunkelheit, Hügel ohne eine lebende Seele, verlassene Haine im nächtlichen Wind, Ruinen arabischer Dörfer – nicht wie heute, da man von Hulda in alle Richtungen Lichter sieht. In den fünfziger Jahren war noch alles völlig leer ringsum. Und durch diese große Leere schlichen in der Finsternis der Nacht die Eindringlinge, die Fedajin. Und in dieser großen Leere befanden sich auch das Wäldchen auf dem Hügel, der Olivenhain, die Obstplantagen, und zwischen ihnen streunten im Finstern sabbernde Schakale, deren irrsinniges, haarsträubendes Heulen gegen Morgen in unseren Schlaf eindrang und uns das Blut in den Adern erstarren ließ.

Sogar innerhalb des eingezäunten und bewachten Kibbuzgeländes gab es in den Nächten nicht viel Licht. Hier und da goß eine müde Laterne eine schwache Lichtpfütze aus, und danach herrschte wieder dichtes Dunkel bis zur nächsten Laterne. Zwischen den Hühner- und den Kuhställen patrouillierten eingemummte Nachtwächter, und alle halbe oder ganze Stunde legte die Wächterin im Säuglingshaus ihr Strickzeug nieder und machte einen Rundgang zu den Kinderhäusern und zurück. Wir mußten Abend für Abend etwas Lautes veranstalten, um nicht der Leere und Traurigkeit zu verfallen. Jeden Abend versammelten wir uns, um gemeinsam etwas Lärmendes zu tun, etwas fast Wildes, bis Mitternacht oder später, damit die Finsternis nicht in unsere Zimmer und in unsere Knochen kroch und unsere Seelen auslöschte. Wir sangen, schrien, stopften uns voll, debattierten, fluchten, tratschten, alberten – alles, um die Finsternis, die Stille und das Schakalgeheul zu vertreiben. Damals gab es kein Fernsehen, kein Videogerät, keine Stereoanlage, kein Internet und keine Computerspiele, auch keine Diskotheken und keine Pubs und keine Diskomusik. Ein Film wurde nur einmal in der Woche, am Mittwoch, im Herzl-Haus oder draußen auf dem Rasen vorgeführt.

Abend für Abend mußten wir zusammenkommen und versuchen, ein wenig Licht und Fröhlichkeit für uns zu produzieren.

Unter den älteren Kibbuzmitgliedern, denjenigen, die wir »die Alten« nannten, obwohl die meisten gerade erst die Vierzig überschritten hatten, waren einige, deren inneres Licht bereits versiegte, infolge all der Pflichten und Verpflichtungen und Enttäuschungen und schweren Arbeit und Sitzungen und Ausschüsse und Ernteeinsätze und Beratungen und turnusmäßigen Dienste und Seminartage und Sondereinsätze zum Unkrautjäten, vor lauter Kulturinitiativen und aufreibender Alltagsroutine. Nicht wenige von ihnen waren bereits ausgebrannt. Um halb oder dreiviertel zehn gingen, eines nach dem anderen, die Lichter aus, die aus den Fenstern der kleinen Wohnungen der Alteingesessenen nach draußen fielen: Am nächsten Morgen hieß es wieder um halb fünf Uhr aufstehen: zur Obsternte, zum morgendlichen Melken, zur Feldarbeit oder zur Arbeit in der Gemeinschaftsküche. In jenen Nächten war Licht ein seltenes und kostbares Gut in Hulda.

Und Nily war ein Glühwürmchen. Was heißt Glühwürmchen? Ein Generator. Ein ganzes Kraftwerk.

Nily strahlte eine verschwenderische, ungehemmt und unbegrenzt sprühende Lebensfreude aus, eine Freude ohne Grund und Anlaß, es mußte gar nichts passieren, damit sie vor jubilierender Fröhlichkeit übersprudelte. Natürlich sah ich sie oft auch einmal einen kurzen Moment traurig, sah sie weinen, wenn man ihr tatsächlich oder vermeintlich unrecht getan oder sie gekränkt hatte. Oder sie schluchzte ungeniert laut bei einem traurigen Film oder vergoß Tränen über einer herzzerreißenden Romanseite. Aber ihre Traurigkeit stand gewissermaßen immer in der festen Umklammerung einer Lebensfreude, die so beständig und stark war wie sprudelnde Thermalquellen, denen kein Schnee und kein Eis je etwas anhaben können, weil ihre Wärme direkt aus dem innersten Kern der Erde rührt.

Vielleicht hatte sie das von zu Hause, von ihren Eltern: Riva, Nilys Mutter, konnte im Kopf Musik hören, auch dann, wenn keinerlei Musik in ihrer Umgebung erklang. Und Sheftel, der Bibliothekar, lief in seinem grauen Trägerhemd im Kibbuz herum und sang, arbeitete im Garten und sang, schleppte schwere Säcke auf dem Rücken und sang, und wenn er zu dir sagte, »alles wird gut«, dann glaubte er wirklich daran, voll und ganz, ohne jeden Zweifel und uneingeschränkt: Mach dir keine Sorgen. Alles wird gut. Bald.

Als einer von draußen, mit fünfzehn, sechzehn, betrachtete ich Nilys strahlende Freude, wie man den Vollmond anschaut – fern, unerreichbar, aber faszinierend und beglückend.

Selbstverständlich: nur von weitem. Ich war nur ein einfacher Sterblicher. Solchen Glanz durften ich und meinesgleichen nur anschauen, sonst nichts. In den letzten beiden Schuljahren und danach, während des Militärdienstes, hatte ich eine Freundin außerhalb Huldas, und Nily hatte eine funkelnde Kette von Prinzen und Freiern um sich, und um diese herum gab es einen zweiten Kreis von völlig von ihr Verzauberten und einen dritten Kreis von bescheidenen, stummen Verehrern und einen vierten Kreis von Bewunderern aus der Ferne, und im fünften oder sechsten Kreis war auch ich, der Ysop an der Mauer, das kleine Unkraut, das hin und wieder plötzlich ein verschwenderischer Strahl streifte – nicht ahnend, was diese flüchtige Berührung für eine Wirkung hatte.

Als ich in dem verlassenen Hinterzimmer des Kulturhauses in Hulda erwischt wurde, wie ich Gedichte kritzelte, war bereits allen klar, daß aus mir nichts Vernünftiges werden würde. Trotzdem beschloß man, nachdem man mich ertappt hatte, aus dem Bitteren noch etwas Süßes zu gewinnen, und übertrug mir die Aufgabe, passende Verse für alle möglichen Anlässe zu verfassen: für Feste und Feiern, Hochzeiten und Feiertage – und bei Bedarf auch Nachrufe und Beiträge für Gedenkschriften. Andererseits gelang es mir, die gefühlvollen Gedichte vor ihnen zu verstecken (tief in einer alten Matratze), doch manchmal konnte ich mich nicht beherrschen und zeigte Nily das eine oder andere.

Warum gerade Nily?

Vielleicht wollte ich prüfen, was von meinen Liedern der Finsternis zu nichts zerfallen würde, sobald sie dem Sonnenlicht ausgesetzt wären, und was vielleicht doch bestehen könnte. Bis heute ist Nily meine erste Leserin. Und wenn sie in einer ersten Fassung etwas Unrichtiges findet, sagt sie: Das funktioniert einfach nicht. Streich das. Setz dich hin und schreib es um. Oder: Genug. Das kennen wir. Das hast du schon einmal geschrieben. Muß nicht wiederholt werden. Aber wenn ihr etwas gefällt, blickt Nily von den Blättern auf und schaut mich an, und das Zimmer wird größer. Und wenn etwas traurig geraten ist, sagt sie: Mir sind die Tränen gekommen bei diesem Abschnitt. Und wenn es lustig geraten ist, sagt sie das nicht, sondern bricht in helles Lachen aus. Nach ihr lesen meine Töchter und liest mein Sohn, alle drei haben ein scharfes Auge und ein gutes Ohr. Eine Weile später lesen auch ein paar Freunde und nach ihnen die Buchkäufer, und danach kommen die Literaturexperten, die Gelehrten, die Kritiker und die Exekutionskommandos. Aber dann bin ich schon woanders.

In jenen Jahren gehörte Nily zum Salz des Landes, und ich strebte nicht hoch hinaus: Wenn es einmal vorkommt, daß die Prinzessin, vom Schwarm ihrer Verehrer umringt, an der Hütte eines Leibeigenen vorbeizieht, dann schaut er höchstens einen Moment zu ihr auf, ist geblendet und segnet den Tag, da ihm solches widerfuhr. Deshalb war es eine gewaltige Sensation in Hulda und sogar in den umliegenden Ortschaften, als sich eines Tages herausstellte, daß das Licht der Sonne plötzlich die dunkle Seite des Mondes überflutete. An jenem Tag legten die Kühe in Hulda Eier, die Schafseuter gaben Wein, und die Eukalyptusbäume ließen Milch und Honig fließen. Hinter dem Schafstall tauchten Eisbären auf, der Kaiser von Japan wurde bei der Wäscherei gesichtet, wo er im Gehen die Schriften A. D. Gordons deklamierte, und »an selbigem Tage werden die Berge Most träufeln, und die Hügel werden Milch strömen«. Siebenundsiebzig Stunden stand die Sonne über den Zypressenwipfeln und wollte nicht untergehen. Und ich ging in die leere Jungendusche, schloß die Tür gut ab, stellte mich vor den Spiegel und fragte laut, Spieglein, Spieglein an der Wand, sag mir, wie kann dies sein? Womit habe ich das überhaupt verdient?

62

Achtunddreißig Jahre war meine Mutter bei ihrem Tod. In meinem heutigen Alter könnte ich schon ihr Vater sein.

Nach ihrer Beerdigung blieben Vater und ich einige Tage zu Hause. Er ging nicht zur Arbeit, und ich ging nicht zur Schule. Die Wohnungstür war den ganzen Tag offen. Von morgens an kamen Nachbarn, Bekannte und Verwandte zu uns. Nachbarinnen stellten Erfrischungsgetränke sowie Kaffee, Tee und Gebäck für alle Besucher bereit. Hin und wieder wurde ich zu ihnen eingeladen, um etwas Warmes zu essen. Ich probierte höflich einen Löffel Suppe, kaute eine halbe Frikadelle und lief dann eilig zu Vater zurück. Ich wollte nicht, daß er allein blieb. Obwohl er nicht allein war: Von morgens früh bis um zehn oder halb elf abends wimmelte unsere Wohnung von Beileidsbesuchern. Die Nachbarinnen hatten in der Umgebung Stühle gesammelt und sie im Bücherzimmer rings an den Wänden im Kreis aufgestellt. Auf dem Bett meiner Eltern türmten sich den ganzen Tag fremde Mäntel.

Großvater und Großmutter wurden die meisten Stunden des Tages ins andere Zimmer verbannt, auf Vaters Wunsch, weil ihre Anwesenheit ihn belastete: Großvater Alexander brach ab und an plötzlich in lautes russisches Weinen aus, und Großmutter Schlomit lief unaufhörlich zwischen Gästen und Küche hin und her, riß den Leuten fast mit Gewalt die Tassen und Kuchenteller aus den Händen, wusch sie sorgfältig mit Geschirrspülmittel, spülte sie gründlich, trocknete sie ab und stellte sie in den Schrank zurück und lief wieder ins Wohnzimmer. Jeder nicht umgehend gespülte Teelöffel galt Großmutter Schlomit als boshafter Agent der Mächte, die das Unheil über uns gebracht hatten.

Dort, im anderen Zimmer, saßen meine Großeltern mit einigen Beileidsbesuchern, die bereits hinreichend lange bei meinem Vater und mir gesessen hatten, es aber trotzdem für angebracht hielten, noch ein wenig zu bleiben. Großvater Alexander, der seine Schwiegertochter sehr geliebt hatte und immer wegen ihrer Traurigkeit besorgt gewesen war, ging im Zimmer auf und ab, nickte unaufhörlich mit dem Kopf, wie in wütender Ironie, und brach hin und wieder plötzlich in lautes Heulen aus: »Wie das?! Wie das?! Schön! Jung! Und so begabt! Begnadet! Wie das?! Erklärt mir, wie das?!«

Und danach blieb er in der Ecke stehen, allen den Rücken zugekehrt, schluchzte laut, was sich wie Schluckauf anhörte, und seine Schultern zitterten stark.

Großmutter wies ihn zurecht: »Sissja! Hör bitte auf damit! Genug. Lonja und der Junge können es nicht ertragen, daß du dich so benimmst. Hör schon auf! Beherrsch dich! Wirklich! Nimm dir an Lonja und dem Jungen ein Beispiel, wie man sich benimmt! Wirklich!«

Großvater gehorchte sofort, setzte sich hin und schlug die Hände vors Gesicht. Aber eine Viertelstunde später drang aus seinem Herzen erneut ein verzweifeltes Aufheulen: »So jung! So schön! Schön wie ein Engel! So jung! So begabt! Wie das?! Erklärt mir doch, wie das?!«

Es kamen die Freundinnen meiner Mutter: Lilja Bar-Samcha und Rochele Engel und Estherke Weiner und Fania Weissmann und noch ein oder zwei Frauen, Jugendfreundinnen aus den Jahren am Tarbut-Gymnasium. Sie tranken Tee und redeten über ihre Schulzeit. Ließen Erinnerungen an die Jugend meiner Mutter aufleben, an den hinreißenden Direktor Issachar Reis, in den alle Mädchen heimlich verliebt gewesen waren, und an sein Eheleben, das nicht so gelungen gewesen war. Auch über andere Lehrer sprachen sie. An diesem Punkt hielt Tante Lilenka inne und fragte Vater feinfühlig, ob diese Gespräche, ihre gemeinsamen Erinnerungen, die Anekdoten, ihm nicht weh täten? Ob sie nicht besser das Thema wechseln sollten?

Aber Vater, der den ganzen Tag müde und unrasiert auf dem Stuhl saß, auf dem Mutter ihre schlaflosen Nächte verbracht hatte, schüttelte nur gleichgültig den Kopf.

Tante Lilja, Frau Dr. Lea Bar-Samcha, bestand darauf, daß sie und ich unter vier Augen miteinander sprechen müßten, obwohl ich diesem Gespräch höflich auszuweichen versuchte. Da im anderen Zimmer Großmutter und Großvater und noch ein paar weitere Verwandte meines Vaters saßen und die Küche von gutherzigen Nachbarinnen besetzt war und auch

Großmutter Schlomit dort unaufhörlich aus und ein ging, um jedes Tellerchen und jeden Teelöffel unverzüglich zu schrubben, nahm Tante Lilja mich an der Hand, führte mich in das Badezimmer und schloß die Tür hinter uns ab. Seltsam und sogar abstoßend war es für mich, sich mit dieser Frau in ein von innen verschlossenes Badezimmer zurückzuziehen. Nur in meinen häßlichen Phantasien geriet ich in solche Prüfungen. Aber Tante Lilja sah mich freundlich an, setzte sich auf den geschlossenen Toilettendeckel und ließ mich ihr gegenüber auf dem Badewannenrand Platz nehmen. Sie sah mich ein oder zwei Minuten schweigend an, voller Mitleid, Tränen traten ihr in die Augen, dann sprach sie ein paar Minuten weder über meine Mutter noch über das Gymnasium in Rowno, sondern über die große Kraft der Kunst und über die Verbindung zwischen der Kunst und dem Innenleben der Seele. Ich schrumpfte bei diesen Reden förmlich ein wenig in meinen Schuhen zusammen.

Danach schlug Tante Lilja einen anderen Ton an und sprach mit mir über meine neue Erwachsenenverantwortung, fortan auf meinen Vater aufzupassen, ein wenig Licht in das Dunkel seines Lebens zu bringen und ihm wenigstens etwas Freude zu machen, zum Beispiel – durch hervorragende Schulleistungen. Dann kam sie auf mich und meine Gefühle zu sprechen: Sie müsse wissen, was ich in dem Moment gedacht hätte, in dem ich von dem Unglück erfuhr? Was hätte ich in jenem Augenblick gefühlt? Und was fühle ich jetzt? Und um mir zu helfen, begann Tante Lilja mir nun eine Reihe verschiedener Gefühle aufzuzählen, als fordere sie mich auf, die zutreffenden anzukreuzen oder die unzutreffenden zu streichen: Trauer? Angst? Sorge? Sehnsucht? Vielleicht ein wenig Wut? Entsetzen? Oder Schuld? Denn du hast doch bestimmt schon einmal gehört oder gelesen, daß in solchen Fällen manchmal auch Schuldgefühle auftreten? Nein? Und was ist mit ungläubigem Staunen? Schmerz? Oder einer gewissen Weigerung, die neue Realität anzuerkennen?

Ich bat höflich um Verzeihung und stand auf, um hinauszugehen. Einen Moment lang fürchtete ich, Tante Lilenka könnte den Badezimmerschlüssel nach dem Abschließen in die Tasche gesteckt haben, und nun dürfte ich erst raus, nachdem ich ihre sämtlichen Fragen eine nach der anderen beantwortet hätte. Aber der Schlüssel steckte im Schlüsselloch. Beim Hinausgehen hörte ich noch ihre besorgte Stimme im Rücken: »Vielleicht ist es für dich wirklich noch etwas zu früh für dieses Gespräch. Aber denk bitte daran: Sobald du bereit dafür bist, zögere keinen Augenblick, komm zu mir, und wir sprechen. Ich glaube, Fania, deine arme Mutter, hätte es sich sehr gewünscht, daß zwischen uns weiterhin eine tiefe Verbindung besteht.«

Ich flüchtete.

Im Wohnzimmer saßen jetzt drei oder vier hohe Jerusalemer Repräsentanten der Cherut-Partei, stadtbekannte Persönlichkeiten. Sie und ihre Gattinnen hatten sich vorher in einem Café getroffen und waren dann gemeinsam, als kleine Abordnung, zu uns gekommen, um uns ihr Beileid zu bekunden. Im voraus hatten sie vereinbart, meinen Vater möglichst durch ein politisches Gespräch abzulenken: Damals stand in der Knesset das Reparationsabkommen zur Debatte, das Ministerpräsident David Ben Gurion mit dem deutschen Bundeskanzler Konrad Adenauer vereinbart hatte. Die Cherut-Partei hielt dieses Abkommen für eine blanke Abscheulichkeit, eine Entweihung des Andenkens an die Nazi-Opfer und einen unauslöschlichen Schandfleck auf dem Gewissen des jungen Staates. Einige in der Trostdelegation vertraten die Meinung, es sei unsere Pflicht, dieses Abkommen um jeden Preis zu vereiteln, auch wenn dabei Blut fließen würde.

Vater beteiligte sich kaum am Gespräch, nickte nur zwei-, dreimal, aber ich fing Feuer und wagte sogar, den Jerusalemer Größen ein paar Sätze zu sagen, und damit befreite ich mich etwas von der beklemmenden Unterredung im Badezimmer: Tante Liljas Worte hatten in meinen Ohren geklungen wie quietschende Kreide auf einer Tafel. Noch Jahre später verzerrte sich mein Gesicht unwillkürlich, sobald mir jenes Badezimmergespräch einfiel. Bis heute ist jede Erinnerung daran für mich wie der Biß in eine verdorbene Frucht.

Danach gingen die Führer der Cherut-Ortsgruppe ins andere Zimmer, um auch Großvater Alexander mit ihrer Empörung über das Reparationsabkommen zu trösten. Und ich ging ebenfalls ins andere Zimmer, denn ich wollte weiter an der Debatte über den Umsturzplan teilnehmen, der darauf abzielte, das Schandabkommen mit unseren Mördern zu vereiteln und auch endlich das rote Regime Ben Gurions zu stürzen. Und ich folgte ihnen auch deshalb ins andere Zimmer, weil Tante Lilja aus dem Bad gekommen war und Vater vorschlug, eine ausgezeichnete Beruhigungspille zu schlucken, die sie mitgebracht hatte, und nach deren Einnahme er sich mit einem Schlag sehr viel besser fühlen würde. Aber Vater verzog das Gesicht und lehnte ab. Und diesmal vergaß er sogar, ihr zu danken.

Es kamen das Ehepaar Toren und die Lembergs und die Rosendorfs und die Bar-Jitzhars, es kamen Getzel und Isabella Nachliëli von der Schule Heimat des Kindes und noch weitere Bekannte und Nachbarn aus Kerem Avraham, es kam Onkel Dudek, der Polizeichef, mit seiner netten Frau Tosia, Dr. Pfeffermann kam mit den Mitarbeitern der Zeitungsabteilung, und es kamen andere Bibliothekare aus allen Abteilungen der Nationalbibliothek. Es kamen Staszek und Mala Rudnicki und einige Gelehrte und Literaten und ein paar Buchhändler und Herr Joshua Chachik, Vaters Tel Aviver Verleger. Sogar Onkel Joseph, Professor Klausner, betrat eines Abends ganz erschüttert und bestürzt unsere Wohnung, vergoß an Vaters Schulter eine stille Greisenträne und murmelte: »Wehe um die, die wir verloren haben und die nicht vergessen werden!« Es kamen unsere Kaffeehausbekannten, es kamen die Jerusalemer Schriftsteller Jehuda Ja'ari und Schraga Kadari und Dov Kimchi und Jizchak Schenhar, es kamen Professor Halkin und seine Frau und auch Professor Baneth, der Orientalist, und Professor Fritz Baer, der Experte für die Geschichte der Juden im christlichen Spanien. Und mit ihnen kamen drei oder vier jüngere Dozenten und Assistenten, deren Stern gerade am Universitätshimmel aufging. Es kamen auch zwei meiner Lehrer von der Tachkemoni-Schule und ein paar Klassenkameraden und die Krochmals – Tosia und Gustav Krochmal, dessen Werkstatt für Spielzeugreparatur jetzt in »Puppenklinik« umbenannt war. Es kamen Zerta und Jacob David Abramsky, deren ältester Sohn Jonathan am Ende des Unabhängigkeitskriegs von einem jordanischen Scharfschützen erschossen worden war. Die Kugel des Scharfschützen hatte den zwölfjährigen Joni in die Stirn getroffen, als er am Schabbat morgen auf dem Hof spielte. Genau zu seiner Todesstunde hatten seine Eltern bei uns gesessen, Tee getrunken und Kuchen gegessen, und als der Ambulanzwagen mit heulender Sirene an unserem Haus vorbeigefahren war, um Joni abzuholen, und einige Minuten später zurück auf dem Weg zum Krankenhaus, hatte meine Mutter beim Heulen der Sirene bemerkt, wir alle würden den ganzen Tag allerlei Pläne machen, und da, da gebe es jemanden, der uns im Finstern auslache, uns mit all unseren Plänen. Und Zerta Abramsky hatte gesagt, stimmt, so ist das Leben, und doch werden die Menschen weiterhin Pläne schmieden, denn sonst greift die Verzweiflung um sich. Zehn Minuten später war ein Nachbar gekommen und hatte die Abramskys taktvoll zu sich gerufen und hatte ihnen weniger als die Wahrheit erzählt, und sie waren so eilig hinter ihm her gehastet, daß

Tante Zerta ihre Handtasche mit dem Portemonnaie und allen Papieren bei uns vergaß. Als wir am nächsten Tag für einen Beileidsbesuch zu ihnen kamen, gab Vater, nachdem er sie und auch Herrn Abramsky umarmt hatte, ihr schweigend die Handtasche zurück. Jetzt umarmten die beiden unter Tränen Vater und mich, hatten aber keine Handtasche mitgebracht.

Vater unterdrückte die Tränen. Zumindest in meiner Gegenwart weinte er kein einziges Mal. Seit jeher hatte Vater die Überzeugung vertreten, Tränen seien etwas für Frauen, aber nicht für Männer. Den ganzen Tag saß er auf dem Stuhl, der Mutters Stuhl gewesen war, von Tag zu Tag wurde sein Gesicht schwärzer von den harten Bartstoppeln der Trauerzeit. Seine Gäste begrüßte er mit einem Kopfnicken, und mit einem Kopfnicken verabschiedete er sich auch von ihnen, wenn sie gingen. Er sprach fast überhaupt nicht in jenen Tagen, als sei er seit dem Tod meiner Mutter mit einem Schlag von seiner Gewohnheit kuriert, jedes Schweigen sofort zu beenden. Jetzt saß er die ganze Zeit still da und ließ andere reden, über meine Mutter, über Literatur, über die politische Lage. Ich bemühte mich, möglichst einen Sitzplatz ihm gegenüber zu finden, ich ließ ihn fast den ganzen Tag über nicht aus den Augen. Und er klopfte mir, wenn ich an seinem Stuhl vorbeiging, müde ein- oder zweimal leicht auf Arm oder Rücken. Abgesehen davon sprachen wir nicht miteinander.

Die Eltern meiner Mutter und ihre Schwestern kamen nicht nach Jerusalem, weder in der Trauerwoche noch danach: Sie trauerten gesondert, unter sich, in Tante Chajas Wohnung in Tel Aviv, weil sie meinem Vater die Schuld an dem gaben, was passiert war, und seinen Anblick nicht ertragen konnten. Sogar bei der Beerdigung, so erzählte man mir, waren sie getrennt voneinander gegangen, Vater mit seinen Eltern, Mutters Schwestern mit ihren Eltern, und während der ganzen Trauerfeier und Beerdigung wurde kein einziges Wort zwischen den beiden Lagern gewechselt.

Ich war nicht anwesend bei der Beerdigung meiner Mutter: Tante Lilja, Lea Kalisch-Bar-Samcha, die bei uns als Expertin für Gefühle im allgemeinen und für Kindererziehung im besonderen galt, fürchtete die nachteiligen Folgen der Beerdigung für die Seele des Kindes. Fortan setzten die Mussmans keinen Fuß mehr in unsere Wohnung in Jerusalem, und Vater ging nicht zu ihnen und versuchte nicht, die Verbindung wieder herzustellen, weil er zutiefst getroffen war von den gegen ihn gerichteten schlimmen Verdächtigungen. Jahrelang pendelte ich zwischen den beiden Lagern hin und her. In den ersten Wochen überbrachte ich sogar indirekte Botschaften bezüglich der persönlichen Gegenstände meiner Mutter, und zwei- oder dreimal überbrachte ich die Gegenstände selbst. In den folgenden Jahren befragten die Tanten mich vorsichtig über den Alltag bei uns zu Hause, über den Gesundheitszustand von Vater und den Großeltern, über Vaters neue Frau und auch über die materielle Situation, schnitten aber unweigerlich meine Antworten mit den Worten ab: Ich bin nicht daran interessiert, mehr zu hören. Oder: Genug. Was wir gehört haben, reicht völlig.

Auch Vater wollte hin und wieder von mir erfahren, wie es den Tanten und ihren Familien und meinen Großeltern in Kiriat Motzkin ging. Aber zwei Minuten nachdem ich zur Antwort angesetzt hatte, winkte er mit schmerzerfülltem Gesicht ab und bat mich aufzuhören. Nicht ins Detail zu gehen. Als Großmutter Schlomit 1958 gestorben war, baten mich die beiden Tanten und auch Großvater und Großmutter mütterlicherseits, Großvater Alexander bitte ihr Beileid zu übermitteln, denn er war nach Ansicht der Mussmans als einziger unter den ganzen Klausners mit einem warmen Herzen gesegnet. Und als ich fünfzehn Jahre später Großvater Alexander vom Tod meines anderen Großvaters berichtete, rang er die Hände, legte sie dann an die Ohren, hob die Stimme und sagte wütend, nicht traurig: »*Bosche moj!* Mein Gott! Er war doch noch ein junger Mensch! Ein einfacher Mensch, aber interessant! Tief! Sag du dort allen, daß mein Herz um ihn weint! Genau in diesen Worten sag es dort bitte: Alexander Klausners Herz weint über den unzeitigen Tod des teuren Herrn Herz Mussman!«

Auch nach Ablauf der Trauertage, als das Haus sich endlich leerte und Vater und ich die Tür hinter uns schlossen und nur er und ich blieben, sprachen wir kaum miteinander. Nur über die notwendigsten Dinge: Die Küchentür klemmt. Heute ist keine Post gekommen. Das Badezimmer ist frei, aber das Toilettenpapier ist ausgegangen. Wir mieden auch einer die Augen des anderen. Als schämten wir uns sehr über irgend etwas, das wir beide getan hatten, aber besser nicht hätten tun sollen, und worüber man sich wenigstens lieber still für sich geschämt hätte, ohne einen Komplizen, der all das über dich weiß, was du über ihn weißt.

Über meine Mutter sprachen wir niemals. Nicht ein einziges Wort. Auch nicht über uns. Auch nicht über Themen, die auch nur irgendwie mit Gefühlen zu tun hatten. Wir sprachen über den Kalten Krieg. Über die Ermordung König Abdullahs und die Bedrohung einer bevorstehenden »zweiten Runde« der kriegerischen Auseinandersetzungen. Vater erklärte mir eingehend den Unterschied zwischen Symbol und Parabel und Allegorie und zwischen Sage und Legende. Auch die Unterschiede zwischen Liberalismus und Sozialdemokratie erläuterte er mir klar und präzise. Und jeden Morgen, sogar an diesen neblig grauen, feuchten Januarmorgen, erklang draußen, beim ersten Morgenlicht, in den nassen, kahlen Zweigen immer das sehnsüchtige Zwitschern des frierenden Vogels Elise: »Ti-da-di-da-di...« Aber in den Tiefen dieses Winters wiederholte Elise es nicht mehrere Male, wie im Sommer, sondern sagte ihren Spruch nur einmal. Und verstummte. Über meine Mutter habe ich mein Leben lang fast nie gesprochen, bis jetzt, bis zum Schreiben dieser Seiten. Nicht mit meinem Vater, nicht mit meiner Frau, nicht mit meinen Kindern und mit keinem anderen Menschen. Nach dem Tod meines Vaters habe ich auch von ihm kaum je gesprochen. Als wäre ich ein Findelkind.

In den ersten Wochen nach dem Unglück verkam die Wohnung vollständig. Weder Vater noch ich entfernten die Essensreste von der Wachstuchdecke in der Küche, wir rührten das Geschirr nicht an, das wir in das trübe Wasser in der Spüle versenkten, bis wir kein sauberes mehr hatten, so daß wir genötigt waren, zwei Teller, zwei Gabeln und zwei Messer aus der ekligen Brühe zu fischen, sie unter dem Wasserhahn abzuspülen und nach Gebrauch wieder zu dem bereits übel riechenden Geschirrberg zu stellen. Auch der Mülleimer quoll über und stank, denn keiner von uns wollte ihn ausleeren. Unsere Kleidung verstreuten wir über alle Stühle der Wohnung, und wenn wir einen Stuhl brauchten, kippten wir einfach alles auf den Boden, was sich auf ihm befand. Papiere, Bücher, Obstschalen, Papierschnipsel, benutzte Taschentücher und Stapel von vergilbten Zeitungen bedeckten den Boden. Graue Staubflusen wirbelten durch die ganze Wohnung. Selbst als die Toilettenschüssel halbverstopft war, rührten wir beide keinen Finger. Wäscheberge quollen vom Badezimmer aus auf den Flur, wo sie bereits von einer Unzahl leerer Flaschen, Kartons, gebrauchter Umschläge und alter Lebensmittelverpackungen erwartet wurden. (So ähnlich schilderte ich Fimas Wohnung in *Der dritte Zustand*.)

Und doch herrschte bei allem Tohuwabohu in unserem schweigenden Haus tiefe gegenseitige Rücksichtnahme. Vater verzichtete endlich auf eine feste Schlafenszeit für mich und ließ mich selbst entscheiden, wann ich das Licht löschen wollte. Ich wiederum machte mir, wenn ich aus der Schule in die leere und vernachlässigte Wohnung zurückkehrte, eine einfache Mahlzeit: ein hartgekochtes Ei, Käse, Brot, Salat und Sardinen oder Thunfisch aus der Dose. Und ich machte auch Vater zwei Scheiben Brot mit Tomatenscheiben und hartem Ei, aber meist hatte er schon vorher in der Cafeteria des Terra-Sancta-Gebäudes etwas gegessen.

Trotz des Schweigens und der Scham waren Vater und ich uns in dieser Zeit sehr nah, so nah wie im Winter zuvor, ein Jahr und einen Monat vor dem Unglück, als Mutters Zustand sich verschlechterte und er und ich wie zwei Bahrenträger waren, die ihre Verwundete gemeinsam einen steilen Hang hinauftragen.

Jetzt trugen wir uns gegenseitig.

In jenen Winterwochen öffneten wir nie ein Fenster. Als wollten wir auf den Geruch der Wohnung nicht verzichten. Als fühlten wir uns wohl mit den Gerüchen des anderen, sogar als die Gerüche immer dichter und stärker wurden. Unter Vaters Augen erschienen dunkle Halbmonde wie jene, die Mutter in den schlaflosen Zeiten gehabt hatte. Ich schreckte nachts hoch und schlich barfuß zu seinem Zimmer, um nachzusehen, ob er nicht wie sie wach auf dem Stuhl saß und traurig aus dem Fenster starrte. Vater saß nachts nicht auf dem Stuhl am Fenster, starrte nicht auf die Wolkenfetzen oder in den Mond. Er kaufte sich ein kleines grünäugiges Rundfunkgerät Marke Philips, stellte es ans Kopfende seines Bettes, lag im Finstern und hörte sich alles an. Um Mitternacht, wenn Kol Israel, Die Stimme Israels, Sendeschluß hatte und ein langer, weher Pfeifton erklang, setzte Vater sich auf und suchte auf der Skala BBC London.

Eines Tages, gegen Abend, erschien plötzlich Großmutter Schlomit mit zwei Behältern voll warmem Essen, das sie für uns gekocht hatte. Schon als ich die Tür öffnete, erstarrte sie wegen des Anblicks, der sich ihren Augen bot, oder wegen des Gestanks, der ihre Nase attackierte. Fast ohne ein Wort zu sagen, machte sie auf dem Absatz kehrt und floh, als würde sie um ihr Leben rennen. Aber schon am nächsten Morgen um sieben Uhr kam sie wieder zurück, diesmal mit zwei Putzfrauen und einem ganzen Arsenal von Putz- und Desinfektionsmitteln gewappnet. Sie selbst errichtete ihre Kommandozentrale auf einer Bank im Hof vor der Wohnungstür und befehligte von dort die Aufräumschlacht, die drei Tage dauerte.

Auf diese Weise kehrte das Haus wieder zu seiner Ordnung zurück, und fortan vernachlässigten Vater und ich die Haushaltspflichten nicht mehr. Eine der Putzfrauen kam nun zweimal die Woche zu uns. Die Wohnung wurde regelmäßig gelüftet und geputzt, und zwei, drei Monate später beschlossen wir sogar, sie neu streichen zu lassen.

Doch seit jenen Chaoswochen leide ich an zwanghafter Ordnungssucht, die bis heute allen um mich herum das Leben verbittert: Jeder Fetzen Papier, der nicht an seinem Ort liegt, jede nicht zusammengefaltete Zeitung und jede ungespülte Tasse bedrohen meine Gemütsruhe, wenn nicht sogar meinen Geisteszustand. Wie ein KGB-Kommissar oder wie das Monster Frankenstein oder vielleicht sogar in Anlehnung an die Reinlichkeits- und Ordnungssucht meiner Großmutter Schlomit durchkämme ich bis heute alle paar Stunden das Haus, schnappe jeden bedauernswerten Gegenstand, der von mir unglücklicherweise wo auch immer angetroffen wird und verbanne ihn grausam ins hinterste Sibirien, lasse jeden Brief oder Prospekt, den jemand einen Moment hingelegt hat, weil er ans Telefon gerufen wurde, auf Nimmerwiedersehen in einer gottverlassenen Schublade verschwinden, leere jede Kaffeetasse, die eines meiner Opfer kurz zum Abkühlen hat stehenlassen, in den Ausguß, halte sie unter fließendes Wasser und stelle sie umgekehrt in die Spülmaschine, kassiere erbarmungslos alle sichtbar deponierten Schlüssel, Brillen, Zettel, Medikamente oder Keksteller, deren Besitzer ihnen arglos auch nur einen Moment den Rücken gekehrt hat: Alles fällt augenblicklich den mahlenden Kiefern des Monsters anheim, das alles zermalmt und verschluckt, damit endlich Ordnung in dieses chaotische Haus einkehrt. Damit dieses Haus auch nicht nur entfernt daran erinnert, wie Vaters und meine Wohnung in den Tagen ausgesehen hat, als er und ich schweigend übereingekommen waren, daß es uns wohl dabei war, in der Asche zu sitzen und uns mit einer Tonscherbe zu schaben, nur damit sie es weiß.

Einige Zeit später fiel Vater wutentbrannt über Mutters Schubladen und ihre Seite im Kleiderschrank her: Seinem Zorn entgingen nur die Dinge, die die Schwestern und Eltern meiner Mutter, über mich, als Andenken erbeten hatten und die ich auch tatsächlich, in einem mit grobem Bindfaden verschnürten Karton, bei einer meiner nächsten Fahrten nach Tel Aviv mitnahm. Alles andere – Kleider, Röcke, Schuhe, Unterwäsche, Hefte, Strümpfe, Kopftücher, Schals und sogar Umschläge voller Kinderfotos – stopfte Vater in blickdichte Säcke, die er aus der Nationalbibliothek mitgebracht hatte. Und ich lief wie ein Welpe von Zimmer zu Zimmer hinter ihm her und sah seinem vehementen Tun zu, weder helfend noch hindernd. Stumm beobachtete ich Vater, wie er wütend Mutters Nachttischschublade herauszog – sie enthielt zwei, drei schlichte Schmuckstücke, ein paar Hefte, Medikamentenpackungen, ein Buch, ein Taschentuch, eine Schlafmaske und ein paar kleine Münzen –, sie umkippte und alles in einen seiner Säcke schüttete. Kein Wort sagte ich. Und die Puderdose und die Haarbürste meiner Mutter und ihr Waschzeug und ihre Zahnbürste. Alles. Stumm und entsetzt lehnte ich am Türrahmen und schaute Vater zu, der mit einem schrillen Ratsch ihren blauen Morgenrock im Badezimmer vom Haken riß und auch ihn erbarmungslos in einen Sack stopfte. Vielleicht hatten so die christlichen Nachbarn dagestanden, hatten stumm und entgeistert gestarrt und vor lauter widersprüchlichen Gefühlen nicht gewußt, was sie fühlen, als man kam, um ihre jüdischen Nachbarn gewaltsam wegzuschleppen und sie alle in die Transportwaggons zu pferchen. Wohin Vater diese Säcke hat verschwinden lassen, ob er alles für die Armen in den Übergangslagern und die Opfer der winterlichen Überschwemmungen gespendet hat, darüber hat er mir nie ein Wort gesagt. Bis zum Abend war keine Spur mehr von ihr übrig. Erst rund ein Jahr später, als die neue Frau meines Vaters in die Wohnung einzog, kam eine Packung mit sechs einfachen Haarklammern zum Vorschein, die sich irgendwie hatte retten und ein ganzes Jahr lang in dem Raum zwischen Schublade und Nachtschrankwand verstecken können. Vater verzog den Mund und warf auch sie in den Mülleimer.

Ein paar Wochen nach dem Anmarsch der Putzfrauen und der Reinigung der Wohnung gingen Vater und ich langsam wieder dazu über, abends in der Küche eine Art Besprechung abzuhalten: Ich fing an und erzählte ihm, in aller Kürze, von den Schulerlebnissen. Vater erzählte mir von einem interessanten Gespräch, das er an diesem Tag geführt hatte, im Stehen zwischen den Bücherregalen, mit Professor Goitein oder Dr. Rotenstreich. Wir sprachen über die politische Lage, über Begin und Ben Gurion und über den Staatsstreich der »jungen Offiziere« unter General Nagib in Ägypten. Wir hefteten in der Küche auch wieder ein Kärtchen an den Türpfosten, auf das wir mit unseren – jetzt schon weniger ähnlichen – Handschriften notierten, was wir beim Lebensmittelladen und beim Gemüsehändler einkaufen mußten und daß wir beide am Montag nachmittag zum Friseur gehen mußten oder daß ein kleines Geschenk für Tante Lilenka zur Feier ihres neuerworbenen Diploms oder für Großmutter Schlomit zum Geburtstag, dessen Ordinalzahl immer ein wohlgehütetes Geheimnis blieb, besorgt werden sollte.

Nach ein paar weiteren Monaten nahm mein Vater wieder seine Gewohnheit auf, seine Schuhe zu putzen, bis sie Funken sprühten, wenn elektrisches Licht darauf fiel, sich um sieben Uhr abends zu rasieren, ein gestärktes Hemd anzuziehen, eine seiner Seidenkrawatten umzubinden, sein schwarzes Haar etwas anzufeuchten, ehe er es zurückbürstete, sich mit Rasierwasser zu besprühen und auszugehen, um »ein wenig mit Freunden diskutieren« oder »zu einer Beratung in Arbeitsdingen«.

Ich blieb dann allein zu Hause, las, spann Träume oder schrieb, strich aus und schrieb. Oder ich verließ die Wohnung, um durch die Wadis zu laufen und im Finstern aus der Nähe zu prüfen, in welchem Zustand sich die Zäune des Niemandslands und die Minenfelder entlang der Waffenstillstandslinie befanden, die Jerusalem zwischen Israel und dem Königreich Jordanien aufteilte. Ich ging durch die Finsternis und summte mit geschlossenen Lippen: Ti-da-di-da-di. Nun sehnte ich mich nicht mehr danach, »zu sterben oder den Berg zu erobern«. Ich wollte, daß alles aufhörte. Oder zumindest wollte ich ein für allemal von zu Hause weggehen, Jerusalem verlassen und im Kibbuz leben: sämtliche Bücher und Gefühle zurücklassen und ein einfaches Landleben führen, ein Leben der Brüderlichkeit und der körperlichen Arbeit.

63

Meine Mutter beendete ihr Leben in der Wohnung ihrer Schwester in der Ben-Jehuda-Straße in Tel Aviv, in der Nacht von Schabbat auf Sonntag, den 6. Januar 1952, den 8. Tewet 5712. Damals tobte in Israel ein geradezu hysterischer Streit über die Frage, ob der Staat Israel von Deutschland Reparationen für das Vermögen von Juden, die während der Hitler-Zeit ermordet worden waren, fordern und annehmen dürfe oder nicht. Einige teilten David Ben Gurions Standpunkt, man dürfe nicht zulassen, daß die Mörder die Ermordeten auch noch beerbten, und hielten es entschieden für richtig, daß der Gegenwert des von den Deutschen geraubten jüdi-

Eine Geschichte von Liebe und Finsternis

schen Vermögens dem israelischen Staat zurückerstattet und diesem dadurch ermöglicht würde, die Überlebenden des Völkermords zu integrieren. Andere wiederum, mit dem Oppositionsführer Menachem Begin an der Spitze, erklärten voller Schmerz und Wut, dies sei ein moralisches Verbrechen und eine Entweihung des Andenkens der Ermordeten, wenn der Staat der Opfer den Deutschen leichte Absolution für schmutziges Geld verkaufe.

Im ganzen Land regnete es in jenem Winter, dem Winter 1951/52, fast pausenlos mit aller Heftigkeit. Der Ajalon-Fluß, Wadi Musrara, trat über die Ufer und überflutete das Montefiore-Viertel in Tel Aviv und drohte, auch weitere Stadtteile unter Wasser zu setzen. Die schweren Überschwemmungen verursachten verheerende Schäden in den aus Zelten, Wellblechverschlägen und mit Segeltuch umspannten Hütten bestehenden Übergangslagern, in denen sich damals Hunderttausende von jüdischen Flüchtlingen, die völlig mittellos aus den arabischen Ländern geflohen waren, aber auch Abertausende Hitler-Überlebende aus Osteuropa und den Balkanstaaten zusammendrängten. Die Wassermassen hatten einige Übergangslager derart überflutet, daß sie völlig abgeschnitten waren und Hunger- und Seuchengefahr bestand. Der Staat Israel war damals weniger als vier Jahre alt und hatte gut eine Million Einwohner. Fast ein Drittel von ihnen waren mittellose Flüchtlinge. Wegen der hohen Ausgaben für die Landesverteidigung und für die Integration der Einwanderer sowie wegen der ausufernden Bürokratie und schwerfälligen Verwaltung leerte sich die Staatskasse, und die öffentlichen Erziehungs-, Gesundheits- und Wohlfahrtseinrichtungen standen vor dem Zusammenbruch. Am Anfang jener Woche war David Horowitz, der Generaldirektor des Finanzministeriums, in die Vereinigten Staaten gereist, in der Hoffnung, innerhalb von ein oder zwei Tagen einen kurzfristigen Kredit in Höhe von zehn Millionen Dollar zu organisieren, um die Katastrophe abzuwenden. Über all das sprachen Vater und ich nach seiner Rückkehr aus Tel Aviv. Am Donnerstag hatte er Mutter zu Tante Chaja und Onkel Zvi gebracht, war über Nacht bei ihr geblieben, und nach seiner Rückkehr am Freitag hörte er von Großmutter Schlomit und Großvater Alexander, ich hätte mir anscheinend eine Erkältung eingefangen, aber trotzdem darauf bestanden, morgens aufzustehen und in die Schule zu gehen. Großmutter schlug vor, Vater und ich sollten über Schabbat bei ihnen bleiben: Wir beide sähen so aus, als sei bei uns irgendein Virus im Anzug. Aber wir zogen es vor, nach Hause zu gehen. Auf dem Heimweg von der großelterlichen Wohnung in der Prag-Gasse berichtete Vater mir ernsthaft, wie zwischen Erwachsenen, die Stimmung meiner Mutter habe sich bei Tante Chaja sofort gebessert: Am Donnerstag abend waren sie alle vier, Zvi und Chaja und Mutter und Vater, in ein kleines Café gegangen, zwei Schritte von Chajas und Zvis Wohnung entfernt, in der Dizengoff-, Ecke Jabotinsky-Straße. Sie hatten nur kurz bleiben wollen, doch dann hatten sie bis zur Schließung dort gesessen und über Leute und Bücher gesprochen. Zvi hatte allerlei interessante Geschichten aus dem Krankenhausleben erzählt, und Mutter hatte gut ausgesehen und sich am Gespräch beteiligt und nachts auch mehrere Stunden geschlafen, erst in den frühen Morgenstunden war sie wach geworden und hatte sich in die Küche gesetzt, um die Schlafenden nicht zu stören. Früh am Morgen, als Vater sich von ihr verabschiedete, um nach Jerusalem zurückzufahren und noch ein paar Stunden in der Zeitungsabteilung zu arbeiten, hatte Mutter ihm versichert, man brauche sich keine Sorgen um sie zu machen, das Schlimmste liege schon hinter ihr, und er solle bitte gut auf den Jungen aufpassen: Gestern, als sie nach Tel Aviv aufgebrochen seien, sei es ihr so vorgekommen, als beginne der Junge eine Erkältung auszubrüten.

Vater sagte: »Deine Mutter hatte eindeutig recht hinsichtlich der Erkältung, und ich hoffe, sie hatte auch recht damit, daß das Schlimmste schon hinter ihr liegt.«

Ich sagte: »Ich habe nur noch ein paar Hausaufgaben zu machen. Wenn ich damit fertig bin, hast du vielleicht Zeit, daß wir neue Briefmarken ins Album kleben?«

An jenem Schabbat regnete es fast den ganzen Tag. Es regnete und regnete. Hörte nicht auf zu regnen. Vater und ich verbrachten einige Stunden über unsere Briefmarkensammlung gebeugt, und mein Kopf berührte manchmal zufällig seinen Kopf. Wir verglichen jede Marke mit ihrem Ebenbild in dem dicken britischen Katalog, und Vater fand für jede neue Briefmarke den richtigen Platz im Album, sei es in einer Serie, die bei uns schon vertreten war, sei es auf einer neuen Seite. Mittags legten wir beide uns ein wenig hin, er bei sich und ich wieder in meinem Zimmer, in dem Bett, das in den letzten Tagen das Krankenbett meiner Mutter geworden war. Danach waren Vater und ich bei Großvater und Großmutter eingeladen, um dort gefilte Fisch in goldgelbem Sud, umringt von einer ganzen Batterie gekochter Karottenscheiben, zu essen. Aber da wir beide bereits Schnupfen und Husten hatten und da der Regen draußen noch immer herunterprasselte, beschlossen Vater und ich, daß es besser sei, zu Hause zu bleiben. Die Wolken hingen so tief, daß wir schon um vier Uhr das elektrische Licht anmachen mußten. Vater setzte sich an seinen Schreibtisch und arbeitete zwei bis drei Stunden an einem Aufsatz, bei dem er den Abgabetermin bereits zweimal nach hinten verschoben hatte. Seine Brille ein Stück die Nase hinuntergerutscht, beugte er sich über seine Bücher und Kärtchen. Während er arbeitete, lagerte ich auf der Matte zu seinen Füßen und las ein Buch. Gegen Abend spielten wir Dame: Einmal gewann Vater, einmal ich, und einmal beendeten wir die Partie unentschieden. Schwer zu wissen, ob Vater absichtlich diese Ergebnisse herbeiführte oder ob es nur zufällig so kam. Dann aßen wir etwas Leichtes und tranken heißen Tee und nahmen beide aus Mutters Medikamentenpackungen zwei Palgin- oder A. P. C.-Tabletten, um die Erkältung zu bekämpfen. Danach ging ich schlafen, und wir wachten beide um sechs Uhr auf, und um sieben Uhr morgens kam Zippi, die Tochter des Apothekers, um uns mitzuteilen, man habe eben aus Tel Aviv angerufen und werde in zehn Minuten wieder anrufen und bitte Herrn Klausner, sofort zur Apotheke zu kommen, und ihr Vater habe gesagt, sie solle bitte ausrichten, es sei recht dringend.

Tante Chaja erzählte mir, am Freitag habe Onkel Zvi, der Verwaltungsdirektor des Zahalon-Krankenhauses war, einen Facharzt aus dem Krankenhaus kommen lassen, der sich bereit gefunden hatte, nach seiner Arbeitszeit noch zu ihnen nach Hause zu kommen. Dieser Facharzt hatte meine Mutter gründlich untersucht, hatte sich Zeit genommen, mit ihr zu sprechen und sie zu untersuchen, und schließlich befunden, sie sei müde, angespannt und in keiner guten Verfassung. Außer Schlaflosigkeit habe er bei ihr nichts Besonderes festgestellt. Oft sei die Seele der schlimmste Feind des Körpers: lasse den Körper nicht leben, erlaube ihm nicht, zu genießen, wenn er Genuß wolle, und lasse ihn nicht ruhen, wenn er nach Ruhe lechze. Könnten wir die Seele mit einem kleinen Eingriff herausoperieren, ungefähr so wie die Mandeln oder den Blinddarm, könnten wir alle tausend Jahre in Zufriedenheit und guter Gesundheit leben. Die Untersuchung, die am folgenden Montag im Jerusalemer Hadassa-Krankenhaus für sie angesetzt war, erschien diesem Facharzt beinahe überflüssig, obwohl sie auch nichts schaden könne. Er jedenfalls empfehle ihr völlige

Ruhe, die Vermeidung jeglicher Aufregung. Für besonders wichtig hielt er es, daß die Patientin täglich ein, zwei Stunden spazierengehe, sie könne sich ja warm anziehen, einen Schirm mitnehmen und einfach so durch die Straßen laufen und Schaufenster anschauen oder nicht Schaufenster, sondern schöne junge Männer, egal, die Hauptsache sei die Bewegung an der frischen Luft. Außerdem verschrieb der Arzt ihr neue starke Schlaftabletten, die offenbar noch neuer und stärker waren als die neuen Schlaftabletten, die der neue Arzt aus Jerusalem ihr verschrieben hatte. Onkel Zvi lief los, um ihr diese Tabletten aus der Apotheke in der Bograshov-Straße zu holen, die Notdienst hatte, denn es war schon Freitag nachmittag und alle anderen Apotheken hatten wegen Schabbat bereits geschlossen.

Am Freitag abend kamen Tante Sonia und Onkel Buma und brachten einen mehrteiligen blechernen Essensbehälter mit, der Suppe und Kompott als Nachtisch für alle enthielt. Die drei Schwestern drängten sich etwa eine Stunde in Chajas kleiner Küche und bereiteten das Abendessen zu. Tante Sonia schlug meiner Mutter vor, doch zu ihr in die Weisel-Straße zu ziehen, um Chaja ein wenig zu entlasten. Aber Tante Chaja wollte nichts davon hören und rügte ihre kleine Schwester sogar ein wenig, allein schon wegen dieses merkwürdigen Vorschlags. Tante Sonia war leicht gekränkt wegen dieser Rüge, sagte aber kein Wort. Beim Schabbatabendessen war die Atmosphäre wegen Sonias Gekränktheit etwas getrübt. Mutter übernahm wohl die Aufgabe, die normalerweise Vater zufiel, und bemühte sich, das Gespräch bis zum Ende des Abends irgendwie in Gang zu halten. Am Ende des Abends klagte meine Mutter über Müdigkeit und bat Zvi und Chaja um Verzeihung dafür, daß sie diesmal nicht die Kraft habe, ihnen beim Abräumen und Geschirrspülen zu helfen. Sie nahm die neuen Pillen, die der Tel Aviver Facharzt ihr verschrieben hatte, und vielleicht schluckte sie zur Sicherheit auch noch einige von den anderen neuen Tabletten, jene, die ihr der Jerusalemer Experte verschrieben hatte. Um zehn Uhr schlief sie tief ein, wachte aber nach zwei Stunden wieder auf, ging in die Küche, machte sich starken schwarzen Kaffee und saß den Rest der Nacht auf einem Küchenschemel. Am Vorabend des Unabhängigkeitskriegs hatte in dem Zimmer, in dem meine Mutter zu Gast war, der oberste Nachrichtenoffizier der Hagana zur Miete gewohnt, Yigael Yadin, der bei der Staatsgründung General, stellvertretender Generalstabschef und oberster Einsatzleiter der neugebildeten israelischen Armee wurde, aber weiterhin das Zimmer gemietet hatte. Die Küche, in der meine Mutter diese ganze Nacht und auch die vorige gesessen hatte, war also eine historische Küche, weil während des Krieges dort öfter schicksalsentscheidende, den Kampfverlauf bestimmende Beratungen abgehalten worden waren. Man kann nicht wissen, ob meine Mutter in jener Nacht zwischen der einen Tasse starken schwarzen Kaffee und der nächsten Tasse starken schwarzen Kaffee daran gedacht hat. Und wenn sie es tat, ist zweifelhaft, ob es sie denn überhaupt interessierte.

Am Schabbat morgen sagte sie zu Chaja und Zvi, sie wolle die Empfehlung des Facharztes befolgen und ein wenig durch die Straßen gehen und sich, auf ärztliche Verordnung, schöne junge Männer anschauen. Sie lieh sich von ihrer Schwester einen Schirm und gefütterte Stiefel und machte sich auf zu einem Spaziergang im Regen. Bestimmt waren nicht viele Menschen auf der Straße an jenem regnerischen und windigen Schabbat vormittag in Nord Tel Aviv. Am Morgen des 5. Januar 1952 wurde in der Stadt eine Temperatur von fünf oder sechs Grad gemessen. Um acht oder halb neun verließ meine Mutter die Wohnung ihrer Schwester in der Ben-Jehuda-Straße 175. Vielleicht überquerte sie die Straße und ging linker Hand, nordwärts, in Richtung Nordau-Allee. Schaufenster bekam sie dort kaum zu Gesicht, außer dem dunklen Fenster des Tnuva-Milchladens, an dessen Scheibe von innen mit vier braunen Klebstreifen ein grünliches Plakat befestigt war, auf dem man ein molliges, vergnügtes Landmädchen sah, inmitten von blühenden Wiesen und Auen, und über ihrem Kopf verkündete, auf klarblauem Himmel, eine fröhliche Inschrift: »Milch am Morgen, Milch bei Nacht immer Lebensfreude macht.« In jenem Winter gab es zwischen den Gebäuden in der Ben-Jehuda-Straße noch viele unbebaute Grundstücke, Reste von Sanddünen, überwuchert von abgestorbenen Disteln und Meerzwiebeln, an denen dicht an dicht viele winzige weiße Schnecken klebten, und übersät mit Gerümpel und durchweichtem Müll. Meine Mutter sah die Reihen weißgetünchter Häuser, die drei oder vier Jahre nach ihrem Bau bereits Spuren des Verschleißes aufwiesen: abblätternde Farbe, moderzerfressenen, grünschimmeligen Putz, im salzigen Seewind rostende Eisengeländer, mit Latten und Sperrholzplatten abgedichtete Balkone wie in einem Auffanglager für Flüchtlinge, aus den Angeln fallende Schilder, Bäume, die mangels eines liebenden Herzens in den Vorgärten dahinsiechten, wacklige Schuppen, aus gebrauchten Sperrholzplatten, Wellblech und Planen notdürftig zwischen den Häusern errichtet. Reihen von Mülltonnen, von denen einige von Straßenkatzen umgeworfen worden waren und ihren Inhalt auf die grauen Betonplatten ergossen hatten. Wäscheleinen, die sich von einem Balkon zum Balkon gegenüber spannten. Hier und da wirbelten an diesen Leinen regennasse weiße und farbige Wäschestücke hilflos flatternd im starken Wind. Sehr müde war meine Mutter an jenem Morgen, und der Kopf war ihr bestimmt schwer vom Schlafmangel und vom Hunger und von dem vielen schwarzen Kaffee und den Pillen. Deshalb waren ihre Schritte langsam wie die Schritte einer Schlafwandlerin. Vielleicht ist meine Mutter von der Ben-Jehuda-Straße, noch vor der Nordau-Allee, rechts in die Jefé-Nof-Gasse eingebogen, in der es trotz ihres Namens, Schöne Aussicht, keinerlei schöne Aussicht gab, sondern nur niedrige, aus Betonblöcken errichtete Häuser mit rostigen Eisengeländern, und diese Gasse führte sie in die Motzkin-Allee, die gar keine Allee war, sondern eine kurze, breite und leere Straße, nur teilweise bebaut und ein Stück lang noch gar nicht asphaltiert oder gepflastert, und von der Motzkin-Allee trugen ihre müden Füße sie in die Tahon-Straße und von da zur Dizengoff-Straße, und dort begann ein starker, stechender Regen auf sie niederzuprasseln, aber sie erinnerte sich nicht den Schirm, der über ihrem Arm hing, sondern ging mit unbedecktem Kopf weiter im Regen, ihre hübsche Handtasche am Riemen über die Schulter geschlungen, überquerte die Dizengoff-Straße und ging weiter, wohin ihre Füße sie führten, vielleicht in die Zangwill-Straße und von da in die Zangwill-Gasse, und nun war sie wirklich verloren, hatte nicht den Schatten einer Ahnung mehr, wie sie zum Haus ihrer Schwester zurückkommen sollte, wußte auch nicht, wozu sie zurückkommen sollte oder warum sie weggegangen war, wenn nicht, um die Anordnung des Facharztes zu befolgen, der ihr verordnet hatte, durch die Straßen Tel Avivs zu laufen und schöne junge Männer anzuschauen. Aber es waren keine schönen jungen Männer an jenem regnerischen Schabbat morgen zu sehen, nicht in der Zangwill-Straße und nicht in der Zangwill-Gasse und auch nicht in der Sokolow-Straße, von der sie in die Basel-Straße gelangte, und nicht in der Basel-Straße und auch sonst nirgendwo. Vielleicht dachte sie in diesem Augenblick an den großen Obstgarten hinter ihrem Elternhaus in Rowno. Oder an Ira Steletzkaja, die Ingenieursfrau, die sich dort im Feuer verbrannt hatte, in der verlassenen Kate von Anton, dem Sohn des Kutschers Philip. Oder vielleicht an das Tarbut-Gymnasium und an die Landschaft mit Fluß und Wald. Oder an die Gassen der Prager Altstadt und an ihre Zeit an der dortigen Universität und auch an denjenigen, von dem meine Mutter anscheinend niemals erzählt hat, weder uns noch ihren Schwestern und auch nicht ihrer guten Freundin Lilenka. Hier und da hastete ein Passant im Laufschritt an ihr vorbei, flüchtete vor dem Regen. Hier und da lief ihr eine Katze über den Weg, der meine Mutter vielleicht nachrief, um sie etwas zu fragen, Meinungen oder Gefühle mit ihr auszutauschen, sie um einen einfachen Katzenrat zu bitten, aber jede Katze, an die sie sich wandte, floh erschrocken vor ihr, als könne sie bei ihr schon von weitem riechen, daß ihr Urteil besiegelt war.

Gegen Mittag kehrte sie in die Wohnung ihrer Schwester zurück, und dort erschrak man über ihren Anblick, weil sie ganz verfroren und durchnäßt war und weil sie sich halb scherzhaft darüber beklagte, daß es in den Straßen Tel Avivs keine schönen jungen Männer gäbe: Hätte sie nur ein paar gefunden, hätte sie vielleicht versucht, sie zu verführen. Die Männer schauten sie doch immer begehrlich an, und bald, bald gäbe es nichts mehr zu begehren. Ihre Schwester Chaja ließ schnell eine heiße Wanne einlaufen, und meine Mutter nahm ein Bad, weigerte sich jedoch, auch nur einen Bissen zu sich zu nehmen, weil Essen ihr Übelkeit verursache, schlief zwei, drei Stunden und zog sich gegen Abend wieder an, hüllte sich in den noch nassen Regenmantel, schlüpfte in die ebenfalls noch von ihrem Morgenspaziergang feuchten Stiefel und verließ wieder das Haus, um – wie es der Arzt ihr verordnet hatte – schöne junge Männer in den Tel Aviver Straßen zu suchen. Und diesmal, am frühen Abend, waren die Straßen nicht mehr so leer, weil der Regen etwas nachgelassen hatte, und meine Mutter wanderte nicht ziellos umher, sondern fand ihren Weg zur Dizengoff-Straße, Ecke Keren-Kajemet-Allee und von dort weiter die Dizengoff-Straße entlang, Ecke Gordon- und Ecke Frischmann-Straße, ihre hübsche schwarze Handtasche am Riemen über die Schulter geschlungen, und sie sah die schönen Schaufenster und die Cafés und warf einen Blick auf das, was in Tel Aviv als Bohèmeleben galt, aber alles kam ihr verbraucht vor, wie aus zweiter Hand, wie die Nachahmung einer Nachahmung von etwas, das sie sogar in seiner Originalfassung schon für erbärmlich und elend gehalten hatte. Alles erschien ihr so, als verdiene und benötige es Mitgefühl, aber ihr Mitgefühl war verbraucht. Sie kehrte bald zurück, weigerte sich wieder, etwas zu essen, trank eine Tasse schwarzen Kaffee und danach noch eine und setzte sich hin mit einem Buch, das mit dem Rücken nach oben auf ihre Füße herabrutschte, als ihr die Augen zufielen, und etwa zehn Minuten lang meinten Onkel Zvi und Tante Chaja, von ihrem Stuhl her leichte, unregelmäßige Schnarchlaute zu hören. Danach wachte sie auf und sagte, sie müsse sich ausruhen, sie habe das Gefühl, daß der Facharzt sehr recht gehabt habe mit seiner Verordnung, täglich mehrere Stunden durch die Straßen der Stadt zu laufen, und sie habe das Gefühl, sie werde diese Nacht früh einschlafen und sicher endlich sehr tief schlafen können. Schon um halb neun machte ihre Schwester ihr wieder das Bett, bezog es neu und legte ihr sogar eine Wärmflasche unter die Daunendecke, denn die Nächte waren sehr kalt, und genau zu diesem Zeitpunkt setzte der Regen draußen wieder ein und schlug hart an die Jalousien. Meine Mutter entschied sich, diese Nacht in ihren Kleidern zu schlafen, und um sicherzugehen, daß sie nicht wieder zu einer Leidensnacht in der Küche erwachen würde, schenkte sie sich ein Glas Tee aus der Thermosflasche ein, die ihre Schwester ihr ans Bett gestellt hatte, und wartete, daß er ein wenig abkühlte, und als er abgekühlt war, schluckte sie mit diesem Tee ihre Schlaftabletten. Wäre ich dort bei ihr gewesen in jenem Zimmer zum Hinterhof in Chajas und Zvis Wohnung, zu jener Stunde, um halb neun oder Viertel vor neun an jenem Schabbatausgang, hätte ich ihr bestimmt mit aller Kraft zu erklären versucht, warum sie das nicht tun dürfe. Und wenn es mir nicht gelungen wäre, es ihr zu erklären, hätte ich alles getan, um ihr Mitleid zu erregen, daß sie sich ihres einzigen Sohnes erbarme. Ich hätte geweint und gefleht, ohne jegliche Scham, hätte ihre Beine umklammert, und vielleicht hätte ich mich auch ohnmächtig gestellt oder mich geschlagen und gekratzt bis aufs Blut, wie ich es sie in Momenten der Verzweiflung hatte tun sehen. Oder ich wäre wie ein Mörder über sie hergefallen, ohne Zögern hätte ich eine Vase gepackt und sie auf ihrem Kopf zertrümmert. Oder hätte sie mit dem Bügeleisen geschlagen, das auf einem Regal in der Zimmerecke stand. Oder hätte ihre Schwäche ausgenutzt und mich auf sie geworfen, ihr die Hände hinter dem Rücken gefesselt und ihr all ihre Pillen weggenommen, all ihre Tabletten, Dragees, Lösungen, Essenzen und Sirups, und hätte sie allesamt vernichtet. Aber sie haben mich nicht dort sein lassen. Nicht einmal zur Beerdigung haben sie mich gehen lassen. Meine Mutter schlief ein und schlief diesmal ohne irgendwelche Alpträume und ohne Schlafstörungen, und gegen Morgen erbrach sie sich und schlief wieder ein, in ihren Kleidern, und weil Zvi und Chaja Verdacht zu schöpfen begannen, wurde kurz vor Sonnenaufgang ein Krankenwagen bestellt, und zwei Bahrenträger trugen sie behutsam hinaus, als wollten sie ihren Schlaf nicht stören, und auch im Krankenhaus wollte sie auf niemanden hören, und obwohl man auf diese und jene Weise versuchte, ihren guten Schlaf zu stören, schenkte sie ihnen keine Beachtung, auch nicht dem Facharzt, von dem sie gelernt hatte, daß die Seele die furchtbarste Feindin des Körpers sei, und sie erwachte nicht mehr an jenem Morgen, auch dann nicht, als der Tag aufleuchtete und zwischen den Fikusbäumen im Krankenhauspark der Vogel Elise sie verwundert rief, immer aufs neue rief und rief, vergebens rief und es doch wieder und wieder versuchte und es noch immer versucht, manchmal.

Arad, Dezember 2001

Anhang

Ulla Berkéwicz
Nachwort

Als ich 1987 zum ersten Mal gemeinsam mit Siegfried Unseld in Israel war, brauchten wir acht Stunden, um vom einen Ende der Ben-Jehuda-Straße in Tel Aviv zum anderen zu kommen. Die Ben Jehuda war die Straße der Jeckes, der deutschen Emigranten, und wir wunderten uns nur wenig, als der Antiquar der Buchhandlung Landsberger »Guten Tag, Herr Unseld« sagte. Wir erfuhren, daß er, 1939 emigriert, täglich deutsche Zeitungen las, saßen bei ihm, hörten seine Überlebensgeschichte und hörten die Geschichte der Buchhändlerin und die des Melonenverkäufers und die der Apothekerin, und als wir nach vielen Stunden schließlich an einem Zeitungsstand stehenblieben, weil dort die letzte Nummer des *Spiegel* lag, und Siegfried Unseld mit dem alten Zeitungshändler, der nebenbei eine ansehnliche deutsche Leihbibliothek unterhielt, ins Gespräch kam und dieser anhub, seine Überlebensgeschichte zu erzählen, streikte ich, weil ich Hunger und Durst hatte. Also gingen wir über die Straße und fanden hundert Meter weiter ein Café. Siegfried Unseld brachte drei Gläser Tee, stellte eines wortlos vor mich auf den Tisch, ging mit den beiden andern quer über die befahrene Ben Jehuda zurück zu dem Zeitungshändler, blieb dort zwei weitere Stunden und erzählte mir den Rest des Tages, was der Zeitungshändler ihm erzählt hatte.

Alle Geschichten der Ben Jehuda sind Überlebensgeschichten, und die, die sie erzählen, überleben ihr Überleben und werden die Geschichten, die sie erzählen, nicht los.

Amos Oz' *Geschichte von Liebe und Finsternis* handelt von den Geschichten derer, die überlebt haben und noch überleben werden. Es ist die Geschichte seiner Kindheit und Jugend im Jerusalem der vierziger und fünfziger Jahre, der Jahre vor und nach der Gründung des Staates Israel. Er erzählt die Geschichte seiner Eltern und Großeltern aus Osteuropa, aus Odessa, Wilna, Rowno, wo jüdische Menschen von einem Ort träumten, an dem sie ohne Angst leben könnten, ohne Pogrome und Demütigungen, in Würde und Selbstbestimmung.

Er erzählt vom zionistischen Traum, von Hoffnungen und Enttäuschungen, von der unerwiderten Liebe zu Europa, von seiner Mutter, die ihr Leben jenseits ihrer europäischen Welt nicht erträgt und es sich nimmt, als er zwölf Jahre alt ist, und er erzählt davon, wie er seine Jerusalemer Kindheit hinter sich läßt, um in einen Kibbuz zu gehen, wo aus Amos Klausner Amos Oz wird.

Amos Oz, für viele ein Inbild des Israeli, Kibbuznik, Kämpfer für den Frieden im Nahen Osten, erzählt mit der Kunst jener »Einfachheit«, von der die Schriftgelehrten sagten, daß sie einfacher sei als der wörtliche Sinn, das direkte Verstehen, daß sie durch die Deutung hindurchgehe, um über sie hinauszugehen.

Er erzählt, als ob er den fehlenden Buchstaben des hebräischen Alphabets kenne, von dem es im *Sefer ha-tmuna* heißt, daß er erst in Zukunft entdeckt würde, mit seinem Klang neue Wörter und Welten hervorbringe und es vermöchte, Unterdrückung und Haß in Freiheit und Liebe zu verwandeln.

Das Leben der Menschen in Kerem Avraham, jenem Jerusalemer Viertel, in dem Amos Oz aufwuchs, war bedroht, gefährdet. Angst vor den Arabern, Angst vor den Deutschen, Angst vor Gewalt, Pogrom, Massaker, Krieg, Angst, daß die Verwandten, die nicht in Palästina angekommen sind, grade in Europa ermordet werden, Angst, die vergraben wird, um weiterzuleben.

»Unser Viertel, Kerem Avraham, gehörte Tschechow«, heißt es bei Amos Oz. »Jahre später, als ich Tschechow (in hebräischer Übersetzung) las, war ich überzeugt, er sei einer von uns [...] Wir waren von Russen unterschiedlicher Provenienz umgeben [...] Einige der Tolstojaner schienen geradewegs aus einem Roman von Dostojewski entstiegen: gepeinigt, redselig, von unterdrückten Leidenschaften und Ideen verzehrt. Aber alle, Tolstojaner wie Dostojewskianer, ja, alle im Viertel Kerem Avraham arbeiteten eigentlich bei Tschechow. [...] All das war Tschechow – auch das Gefühl des Lebens im Abseits: Es gibt auf der Welt Orte, an denen sich das wahre Leben abspielt, weit weg von hier, im Europa vor Hitler.«

Amos Oz' Jerusalem war ein Ort von Europäern, die sich in der Levante verloren fühlten, die alle europäischen Sprachen beherrschten, europäische Dichter rezitierten, an Europas Moral glaubten, die ihre Heimat Europa hatten verlassen müssen und in Israel keine neue Heimat fanden. Eine Melodie liegt unter dieser ganzen Erzählung, das Lied einer enttäuschten Liebe, der Liebe der europäischen Juden zu Europa.

Israel war und ist durch die Lebenswege derer, die es begründet haben, untrennbar mit der europäischen Geschichte verbunden. Die Geschichten des großen israelischen Erzählers Amos Oz handeln von unsern Geschichten, seine Geschichten sind auch unsre Geschichte.

Martin Ebel
»Zwei oder drei Dinge, die wir tun können«

Über Amos Oz

I.

Den Nahost-Konflikt könne man auf zwei Arten lösen, hat Amos Oz einmal gesagt: nach der Weise Shakespeares oder der Tschechows. Bei der Shakespeare-Lösung bleiben lauter Leichen auf der Bühne zurück. Bei der Lösung à la Tschechow leben alle weiter; unzufrieden zwar, desillusioniert, gar verbittert, aber sie leben. Sein ganzes politisch aktives Leben hat sich Oz bemüht – und er tut dies immer noch –, auf ein Tschechow-Finale hinzuwirken, das eben kein Ende mit Schrecken bedeutet, sondern daß das Stück weitergehen kann, auf erträgliche Weise, für alle. Nun ist Amos Oz nicht der Strippenzieher im Schnürboden, der die Weltgeschichte an diesem heißen Ort in die richtige Richtung führen könnte. Er ist engagierter Bürger Israels, ein prominenter Bürger allerdings, dessen Stimme weithin gehört wird, der intellektuelle und moralische Autorität besitzt und auch im Lager der Gegner akzeptiert wird: seiner lauteren Absichten wegen, seiner Ehrlichkeit und seines Interesses an einem wirklichen Ausgleich.

Amos Oz hat sich selbst einmal als »Fachmann für vergleichenden Fanatismus« bezeichnet (denselben Ehrentitel trägt auch die Figur des Alexander in *Black Box*). Das heißt, er ist sich bewußt, daß er es auf beiden Seiten mit Extremisten zu tun hat, die alles haben und nichts dafür geben wollen. Aber auch die Vertreter der Extrempositionen sollte man zu verstehen suchen. Ein Kompromiß – und eine Lösung dieses Konflikts kann nur ein Kompromiß sein – setzt die genaue Kenntnis der Motive und Erfahrungen der Gegner voraus, auch der fanatischsten. Extremisten sind nicht aus purer Laune Extremisten. Sie haben eine Geschichte, und sie haben, ihrer Meinung nach, gute Gründe, auf die sie sich stützen. Wer diese Gründe nicht genau genug erforscht, hat wenig Aussichten, eine Aufweichung der harten Positionen, eine Verschiebung der Extreme in die Mitte zu erreichen.

Die besondere Schwierigkeit, den Nahostkonflikt zu entschärfen und ihn womöglich einer friedlichen Lösung zuzuführen, liegt ja darin, daß die beiden Konfliktparteien, die Israelis wie die Palästinenser, dasselbe Land beanspruchen und sich dabei auf juristische wie historische Argumente stützen können. Die Israelis berufen sich auf die verbürgte Anwesenheit des jüdischen Volkes auf jenem Boden, der heute völkerrechtlich zum Staat Israel gehört (sowie an etlichen »heiligen« Orten, die im Westjordanland liegen). Sie berufen sich weiter moralisch auf den Holocaust mit seinen sechs Millionen ermordeten Juden und die diesem vorausgehenden jahrhundertelangen und blutigen Verfolgungen in den europäischen Ländern, die die Errichtung eines Schutzraumes notwendig machten. Sie berufen sich schließlich auf das Versprechen Großbritanniens, eine »Heimstatt« zu bekommen, und auf den von der UN 1947 verabschiedeten Teilungsplan, der diesem Land international anerkannte Grenzen geben sollte. In *Eine Geschichte von Liebe und Finsternis* erinnert sich Amos Oz eindrucksvoll an den Tag, an dem die entscheidende Abstimmung im Radio übertragen wurde und der Teilungsplan eine Mehrheit fand. Die Israelis stimmten dem Plan zu, die arabischen Staaten lehnten ihn ab und versuchten, das »zionistische Gebilde« militärisch aus der Welt zu schaffen.

Der erste israelisch-arabische Krieg 1947-49 schaffte neue Fakten; die Israelis beendeten ihn mit Landgewinnen, die ihr Gebiet arrondierten; dabei wurden Hunderttausende arabischer Einwohner vertrieben. Eine Vielzahl Juden verließen die arabischen Länder, in denen sie bisher gelebt hatten. Sie wurden in den jungen Staat integriert, während die heimatlosen Palästinenser in Flüchtlingslagern blieben. Fortan gab es ein Flüchtlingsproblem, zu dem nach dem Sechstagekrieg 1967 noch ein Besatzungsproblem kam: Nachdem Israel die Armeen von Ägypten, Syrien und Jordanien besiegt hatte, beherrschte es plötzlich die Sinai-Halbinsel, das Westjordanland und die Golan-Höhen mit der dort lebenden arabischen Bevölkerung. Wieder waren durch Krieg neue Tatsachen geschaffen worden, die den Konflikt veränderten.

Israel, das als belagerte Wagenburg begonnen hatte, war plötzlich eine Besatzungsmacht. Das Land, das überhaupt nur durch einen UN-Beschluß entstanden war, verstieß nun gegen etliche UN-Resolutionen, die den Rückzug in die Grenzen von 1967 verlangten. Der Rechtsstandpunkt der Palästinenser hat nicht nur diese Resolutionen für sich, sondern auch das Selbstbestimmungsrecht der Völker. Gerade Israel mit seiner Verfolgungsgeschichte kann den Palästinensern das Recht auf einen eigenen Staat schlecht verweigern.

Was einem möglichen Kompromiß entgegensteht – und Kompromisse sind einige Male in Sicht gewesen, manchmal nur in letzter Minute und an Kleinigkeiten scheiternd –, ist Sicherheitsdenken und Angst, Mißtrauen und Verletztheit. Auf beiden Seiten. Und es sind die Extremisten auf beiden Seiten, die immer wieder Annäherungen torpediert haben. In Israel sind es diejenigen, die mit Berufung auf die Bibel das »ganze Palästina« fordern, inklusive der »West Bank«, und die dort lebenden Araber am liebsten umsiedeln möchten (Michel Sommo in *Black Box* vertritt so einen Standpunkt). Es sind die politisch extremen Siedler, die mitten in palästinensischem Gebiet ihre Wohnfestungen errichten, geduldet oder unterstützt von Israels Institutionen, ein ständig schmerzender Stachel im Fleisch der gesamten arabischen Welt.

Auf der anderen Seite sind es Gruppen wie Hamas, die vom Iran und von Syrien unterstützt werden und Israel immer noch das Existenzrecht bestreiten – das lange genug die gesamte Arabische Liga sich anzuerkennen geweigert hatte. Und es sind die Selbstmordattentäter, die es auf zivile Opfer abgesehen haben; zivile Opfer, wie sie auch bei sogenannten Vergeltungsschlägen der Israelis zu beklagen sind, wie kürzlich wieder im Gaza-Krieg.

Zwei Parteien, die dasselbe beanspruchen, sich auf gutes Recht berufen, von Fanatikern in beiden Reihen angetrieben: keine guten Voraussetzungen für eine Lösung. Ein »Fachmann für vergleichenden Fanatismus« ist da nicht falsch. Und Amos Oz hat sich schon jetzt um einen Kompromiß verdient gemacht, auch wenn der erst in vielen Jahren erreicht werden sollte.

Er hat mit seinen *Gesprächen mit israelischen Soldaten* dem Siegestaumel von 1967 eine Portion Nüchternheit entgegengesetzt. Er hat in *Im Lande Israel* (1983) den Reichtum an divergierenden Milieus und Ansichten in der israelischen Gesellschaft aufgezeigt. Er hat bei der Gründung der Friedensbewegung *Schalom Achschaw* (*Frieden jetzt*) mitgewirkt, einer Organisation, die zum einen den eigenen Politikern Beine machen wollte und zum anderen sich den Palästinensern als Gesprächspartner anbot. Amos Oz hat selbst zahlreiche solche ›Gespräche mit dem Feind‹ geführt, er hat in vielen Reden, Essays, Zeitungsartikeln und Interventionen Stellung bezogen, wenn sich die Politik in die falsche, die extremistische und friedensfeindliche Richtung bewegte. Er vertritt gebetsmühlenartig den Standpunkt, daß es auf pragmatische Lösungen ankomme, auf kleine Schritte, auf Vertrauensbildung.

All dies – eine These, die im folgenden zu belegen sein wird – ist auf dem Feld gewachsen, auf dem Amos Oz sich hauptsächlich bewegt: dem der Literatur. Als Romancier verfügt er über Fähigkeiten, die sich auch in der Auseinandersetzung um politische Fragen nutzbringend einsetzen lassen. Amos Oz, der Friedensaktivist, der Werber um Ausgleich und Verständigung, der politische Denker, kann brauchen, was er als Schriftsteller gelernt hat. Das heißt natürlich nicht, daß sein literarisches Werk bloß als Sprungbrett zu betrachten sei oder als Vorschule zu Wichtigerem. Das Werk hat für sich Bestand, es ist zu Recht international anerkannt (in 37 Sprachen kann man ihn lesen), von unbestrittener ästhetischer Qualität, vielfach preisgekrönt, und »nobelisabel« ist sein Autor längst auch. Aber der Friedensaktivist Oz ist vom Romancier nicht zu trennen. Der eine wirbt für das Verständnis des »feindlichen« Standpunktes, der andere schlüpft in die Haut der unterschiedlichsten Figuren, konfrontiert sie miteinander und stürzt den Leser in die unweigerliche Verwirrung, die einen ereilt, wenn »jeder recht hat«. Die Romane behandeln den Nahost-Konflikt nicht direkt; aber indem sie die konfliktreiche Gesellschaft Israels beschreiben, kommen all die Fragen zur Sprache, die auch im Verhältnis zwischen den verfeindeten Völkern anstehen.

II.

Amos Oz ist ein »Sabre«, wie man die im Land geborenen Israelis nennt. Er kam am 4. Mai 1939 als Amos Klausner in Jerusalem zur Welt. Seine Eltern, Arie Klausner und Fania Mußmann, haben sich 1935 oder 1936 als Studenten an der Hebräischen Universität kennengelernt, als beide erst kurze Zeit im Land sind. »Ich bin das Kind von Leuten, die aus Europa rausgeworfen wurden, obwohl sie es geliebt und vielleicht sogar dazu beigetragen haben, daß die Vorstellung eines vereinten multikulturellen Europa entstehen konnte.« Kaum ein Israeli ohne europäische Wurzeln, ohne eine familienhistorische, psychische, ja fast physische Verbindung zur europäischen Verfolgungsgeschichte. Auch Amos Oz nicht.

Im autobiographischen Roman *Eine Geschichte von Liebe und Finsternis* geht er seinen europäischen Wurzeln nach: indem er die Erzählungen der Eltern und der (manchmal auskunftsfreudigeren) Tanten detailliert, teils in langen Passagen wörtlich wiedergibt. Der folgende biographische Abriß folgt weitgehend der Darstellung im Roman – der nur deshalb so heißt, weil da, wo die Quellen fehlen, die Phantasie des Romanciers tätig werden muß.

Die Familie des Vaters läßt sich bis ins 18. Jahrhundert zurückverfolgen, zu einem Rabbi Süsskind, in einem anderen Strang bis ins 14. Jahrhundert, zu einem Rabbi Avraham Klausner. Während diese beiden Namen im Nebel der Vergangenheit nur schemenhaft auftauchen, gewinnt die Großelterngeneration, die Amos Oz noch selbst erlebt hat, Kontur. Großvater Alexander Klausner, ein mäßig erfolgreicher Geschäftsmann aus Odessa, der Gedichte schrieb und den Frauen nachstellte, floh 1921 mit seiner Familie vor dem Bürgerkrieg nach Wilna und wanderte, als der Antisemitismus dort unerträglich wurde und alle Wunschländer ihn abgelehnt hatten, nach Palästina aus, wo er sich als Kleider- und Strumpfimporteur durchschlug.

Mit ihm kam seine Frau, Großmutter Schlomit, die in Odessa einen literarischen Salon betrieben hatte, in dem auch Chaim Nachman Bialik und Shaul Tschernichowski verkehrten, wichtige Erneuerer der hebräischen Literatur. Sie stellte bei der Ankunft in Palästina fest: »Dieses Land ist voller Bakterien« und ließ sich hinfort dreimal am Tag ein heißes Bad bereiten – das letzte wurde ihr zum Verhängnis; sie starb in der Badewanne. Mit ihm kam auch der Sohn Arie, Amos' Vater; zurück in Wilna blieb der andere Sohn David mit seiner Frau Malka und dem kleinen Sohn Daniel (also Amos' Onkel, Tante und Cousin); sie wurden von den Deutschen ermordet.

Wie er den Antisemitismus als Kind in Wilna erlebt habe, wollte Amos einmal vom Vater wissen. Dieser entgegnete nur: »Du kannst das unmöglich verstehen« und weigerte sich, darüber zu reden. Erst Jahre später erzählte er ihm, daß litauische Schulkameraden ihn verprügelt und ihm die Hose ausgezogen hatten. Als sein Vater sich am folgenden Tag in der Schule beschweren wollte, erhielt er nicht etwa Genugtuung, sondern ihm widerfuhr das gleiche, ohne daß irgend jemand eingegriffen hätte. Das Trauma der völligen Schutzlosigkeit, Vorgriff auf das Kommende.

Imponierendste, wenn auch ambivalente Gestalt der väterlichen Familie ist Großonkel Joseph Klausner, eine eindrucksvolle Gelehrtenfigur: Seine Bibliothek umfaßt 25 000 Bände, er liest 15 Sprachen und spricht etliche davon. Seine Bücher sind berühmt, vor allem das über Jesus als Juden, der gar keine neue Religion habe begründen wollen; Klausner ist Professor an der Hebräischen Universität und hat mehrere neue Wörter in die (immer noch unfertige) hebräische Sprache eingeführt. 1949 kandidierte er für die Rechten für das Amt des Staatspräsidenten gegen Chaim Weizmann, unterlag aber. Am Wochenende besuchte Amos Oz' Familie diese Berühmtheit regelmäßig; *Eine Geschichte von Liebe und Finsternis* schildert und ironisiert die dann fälligen endlosen und rechthaberischen Reden des großen, aber verbohrten Gelehrten.

Auch die Großeltern mütterlicherseits hat Amos Oz noch kennengelernt. Sie kamen aus Rowno, einer mal polnischen, mal russischen Stadt, die heute zur Ukraine gehört und Ort eines der schlimmsten Massaker an Juden war: Am 8. und 9. November 1941 brachten Hitlers Mörder 23 000 Menschen um, darunter etliche Schulfreundinnen von Amos Oz' Mutter. Deren Familie war da schon nach Palästina eingewandert. Der Vater Naftali, der sich vom Fuhrmann zum Fabrikbesitzer hochgearbeitet hatte, überstand sogar die russische Revolution; seine Arbeiter setzten sich dermaßen für ihn ein, daß er Mühlendirektor bleiben durfte. In Palästina begann er wieder dort, wo er angefangen hatte, als Fuhrmann, und offensichtlich mit enormer Befriedigung. Ein Lebenskünstler. Dennoch kommt von dieser Familienseite unverkennbar eine gewisse psychische Belastung her: Die Ehe der Großeltern, die »65 verbissene Jahre« dauerte, war schlecht. Die drei Töchter Chaja, Sonia und Fania haßten ihre Mutter, aber auch untereinander vertrugen sie sich nicht; Sonia und Chaja sprachen 30 Jahre lang nicht miteinander.

Mehr als 700 Seiten, ein ganzes dickes autobiographisches Werk, braucht Amos Oz, um sich dem Selbstmord seiner Mutter literarisch anzunähern; erst auf den letzten Seiten schaut er ihm ins Auge, schildert, wie vermutlich die letzten Tage und Stunden verlaufen sind. Zuvor hat er mit niemandem darüber gesprochen; nicht mit dem Vater, der mit ihm allein blieb, nicht mit seiner Frau und nicht mit seinen Kindern. Erst mit einem Abstand von 50 Jahren war er in der Lage, sich einem Ereignis zu stellen, das man als ein Lebenstrauma bezeichnen muß.

Eine eindeutige Antwort auf die Frage nach dem Warum ist auch nach 700 Seiten nicht zu finden. Aber es gibt Ansätze. Die Mutter und ihre

Schwestern waren in Rowno als »höhere Töchter« groß geworden; die Atmosphäre, in der sie aufwuchsen, bezeichnet Oz selbst etwas abschätzig als »modrig-romantisch«, »ein zäher polnisch-russischer Gefühlsnebel«, »allerlei trügerische Sumpflichter«. Dort sei die Mutter dem Leben entfremdet und ihr der Tod als etwas Verführerisches vorgeführt worden. Dazu kam dann der mühevolle, ärmliche, demütigende Alltag in Palästina. »Was sie nicht ertragen konnte, war, so scheint mir, das sich in Schäbigkeit verlierende Leben.« Sie trauerte dem verlorenen Wohlstand nach.

Ihr Mann wiederum, Amos' Vater Arie, mußte mit ansehen, daß seine eigenen Hoffnungen sich nicht erfüllten. »Kein Mensch hier hatte Bedarf für ihn und seine sieben Berge von Wissen.« Arie war ein Stubengelehrter, las und sprach ähnlich wie sein berühmter Onkel Joseph zahlreiche Sprachen. Gerade diese Verwandtschaft wurde ihm möglicherweise zum Verhängnis; aus Angst vor etwaigen Nepotismusvorwürfen blockierte Joseph Klausner eine Universitätskarriere seines Neffen. Der fand schließlich eine Anstellung in der Nationalbibliothek, wo er unterfordert und unterbezahlt war.

Diese beiden desillusionierten Menschen lebten nun mit ihrem einzigen Sohn in einer 30-Quadratmeter-Kellerwohnung im Jerusalemer Stadtteil Kerem Avraham, einer Gegend, die von vielen Juden aus Osteuropa bewohnt wurde, oft Intellektuelle, mit denen man in regem Austausch war. Ein Nachbar, Autor erfolgreicher Unterhaltungsromane, leistete Amos' Vater einmal einen regelrechten Liebesdienst: Als dessen *Geschichte der hebräischen Novelle* erschien und keiner sie haben wollte, kaufte dieser Nachbar heimlich alle vier Exemplare, die in der Buchhandlung des Viertels vorhanden waren, und bereitete dem nichtsahnenden Vater damit eine ungeheure Freude.

Die Atmosphäre in Amos Klausners Elternhaus muß zugleich anregend und beklemmend gewesen sein. Anregend, weil sie Amos die Welt der Wörter erschloß, beklemmend, weil sich beide Eltern im Leben gescheitert fühlten und ihre Frustrationen auf den Sohn übertrugen: »Beide luden die gesamte Last ihrer Enttäuschungen auf meine kleinen Schultern.« Psychologen mit dem Spezialgebiet »Neurotische Kleinfamilie« finden in dem autobiographischen Bericht reichhaltiges Material. Interessanter als diese Klassifizierung ist natürlich, was in Amos Oz' Familie spezifisch war und ihn auf seinem Weg zum Schriftsteller beeinflußte. Spezifisch war gewiß eine Form der Uneigentlichkeit im Umgang. Man spielte Komödie.

»Zwei oder drei Dinge, die wir tun können« 2547

Entweder gab Amos, »ein zwanghaft höfliches Kind«, den braven, begabten Sohn, das Jung-Genie, das man auch Verwandten und Freunden präsentieren konnte, oder aber es gab das Stück »Vergehen, Geständnis und Bestrafung«, in dem jeder seine festgelegte Rolle spielte. Über das, was jeden von ihnen bewegte, wurde dagegen nicht geredet. Der Vater war ein vorsichtiger, höflicher, umständlicher Gelehrter, der mit Witzen und Wortspielen (über die niemand lachte) seine Umgebung für sich einzunehmen versuchte. Die Mutter kam aus ihrer depressiven Stimmung nie mehr heraus. Das Erlebnis dauerhafter Einsamkeit bei bedrückender Nähe – Oz beschreibt die Familiensituation als »Gefängnis«, in dem er und seine Eltern »aneinandergekettet waren wie die drei Verurteilten in einer Zelle« – muß die prägendste Kindheitserfahrung gewesen sein.

»Keiner weiß irgend etwas vom anderen. Nicht einmal vom unmittelbaren Nachbarn. Nicht einmal von dem Menschen, mit dem du verheiratet bist. Auch nicht von deinen Eltern oder von deinem Kind. Nichts. Und auch nicht jeder von sich selbst.« Es liegen »tausend Jahre der Finsternis zwischen jedem und jedem«: furchtbare Sätze der Mutter, die sie dem Sohn einimpfte. Die Empfindung der Einsamkeit, der Fremdheit und Sprachlosigkeit und der Versuch ihrer Überwindung – in der Liebe, in der Gruppe, in der Literatur –, das sind zentrale Themen von Oz' Romanwerk.

Als sich die Mutter am 6. Januar 1952 das Leben nahm, nach einem jahrelangen Martyrium aus Migräne, Schlaflosigkeit, Depression und Tablettenkonsum, war Amos zwölfeinhalb Jahre alt. Nach ihrem Tod sprachen Vater und Sohn nie mehr von der Mutter. Deren Familie gab dem Vater und seinen angeblichen oder wirklichen »Frauengeschichten« die Schuld; sie boykottierte ihn fortan, nur Amos besuchte seine Tanten regelmäßig (sie sollten ihm später die meisten Informationen über die Familiengeschichte liefern).

Immerhin zwei Jahre hält der Heranwachsende die surrealistische Situation eines Zweimännerhaushaltes aus, in dem nur über Unwichtiges geredet wird; mit vierzehneinhalb setzt er dann seinen Wunsch durch, in einen Kibbuz zu gehen. Er möchte mit seiner Vergangenheit brechen und ein neuer Mensch werden, also genau das individuell vollziehen, was die Juden Palästinas und Israels als Volk in einem großen Experiment demonstrieren wollten: die Metamorphose eines historisch gewachsenen Sozialcharakters. Schluß mit dem bleichen, unterwürfigen, in alten Büchern wühlenden und lebensfernen Ghettojuden; der Israeli der Zukunft ist stark, bodenständig, arbeitet mit seinen Händen, lebt in natürlicher Gemeinschaft mit Gleichgesinnten und überwindet nicht nur die spezifischen Behinderungen, die Religion, Tradition und Umgebung den Ghettojuden auferlegen, sondern den Egoismus und Materialismus des modernen westlichen Menschen überhaupt.

Als Amos Oz in den Kibbuz Hulda in Nordisrael zog, wo von 1954 bis 1986 seine Heimat sein würde, merkte er trotz aller Bemühung, ein »neuer Mensch« zu werden, ein sonnengegerbter Israeli wie vom Propagandaplakat, was an »altem Menschen« noch in ihm steckte und was er auf keinen Fall aufgeben wollte: die Welt der Wörter.

»Ich war ein Wörterkind«, schreibt der Autor, und in einer aufschlußreichen Passage in seinem autobiographischen Roman heißt es weiter: »Geschwister hatte ich keine, Spiele und Spielzeug konnten meine Eltern sich kaum erlauben, mir zu kaufen, und Fernsehen und Computer gab es noch nicht. Meine ganze Kindheit verbrachte ich im Jerusalemer Viertel Kerem Avraham, aber ich lebte nicht dort, sondern am Rand des Waldes, bei den Katen und Schornsteinen, den Auen und dem Schnee in den Geschichten meiner Mutter und in den Bilderbüchern, die sich auf dem niedrigen Schemel neben meinem Bett stapelten: ›Ich im Osten und mein Herz am Ende des Westens‹ oder ›im fernen Norden‹, wie es in jenen Büchern hieß. Unaufhörlich verirrte ich mich taumelnd in virtuellen Wäldern, in Wäldern aus Worten, Katen aus Worten, Auen aus Worten. Die Realität der Worte verdrängte die hitzeglühenden Höfe, die schiefen Wellblechverschläge, die man an die Steinhäuser angebaut hatte, die Balkone voller Waschwannen und Wäscheleinen. Was mich umgab, galt nichts. Alles, was etwas galt, bestand aus Worten.

Auch in der Amos-Straße gab es alte Nachbarn, aber wenn sie an unserem Haus vorbeigingen, langsam und schmerzgeplagt, waren sie nichts als eine blasse, plumpe, ziemlich dürftige Kopie der schaudererregenden Gestalt des hochbetagten, uralten, steinalten Greises Allelujew in Mutters Geschichten. Ebenso wie das Wäldchen von Tel Arsa nur eine recht armselige, dilettantische Nachahmung der undurchdringlichen und ewigen Wälder war. Auch die Linsen, die Mutter kochte, waren nur ein blasser und enttäuschender Abklatsch der Pilze und mannigfaltigen Waldbeeren ihrer Geschichten. Die gesamte Wirklichkeit war nichts als ein vergebliches Bemühen, ein platter, verfehlter Versuch, die Welt der Worte nachzuahmen.«

Alles, scheint es, war so angelegt, daß das »Wörterkind« zum Schriftsteller werden mußte. Die Juden sind ohnehin traditionell ein Volk der Schrift, ihrer Auslegung und Fortschreibung. Jerusalem war in jenen Jahren voller schriftverrückter Emigranten aus Europa. Kerem Avraham war »das Viertel Tschechows«, in dem man ständig auf Gelehrte, Autoren, Philosophen traf. Amos Klausners Eltern waren ebenfalls Wortmenschen im höchsten Grade. Die Mutter benutzte die Worte zum Geschichtenerzählen und -erfinden; als Sprungbrett aus der elenden Realität in andere, phantastische Wirklichkeiten. Den Vater interessierte die genaue Wortbedeutung, -herkunft und -verwandtschaft; daraus baute er seine eigenen, nicht weniger schwindelerregenden Welten. Er schrieb nachts an gelehrten Werken, die Mutter erzählte tagsüber traumhafte Geschichten. Wie hätte sich der kleine Amos alldem entziehen können? Schon der Fünfjährige schreibt auf eine vom Schreibtisch des Vaters genommene Karteikarte: »Amos Klausner, Schriftsteller«. Ein »geschichtsbesessener Junge« sei er gewesen, erinnert er sich. Mit der Mutter erzählt er Kettengeschichten: Einer fängt an, der andere setzt sie fort und so weiter.

In der Schule wird er gemobbt als schwächster und am wenigsten dem Pionierideal entprechender Junge; seine Verteidigungsstrategie ist äußerst originell: Er erzählt seinen Klassenkameraden in den Pausen spannende Fortsetzungsgeschichten, bezieht auch seine schlimmsten Peiniger mit ein, beteiligt sie am Fortgang der Handlung. Und wie eine Pointe wirkt es, daß er, der Sohn eines Bibliothekars, die Tochter eines Bibliothekars heiraten wird. Der Eintritt in den Kibbuz erscheint da zunächst wie ein absoluter Bruch. Aber dann die dialektische Volte: Der Versuch, sich selbst und den Verstrickungen einer lebensfernen und buchfixierten Kleinfamilie zu entkommen und ein anderer zu werden, führt in seinem Fall dazu, sich besser kennenzulernen, das Eigene aus dem Übernommenen herauszuschälen und es mit dem Neuen zu einem harmonischen und produktiven Dritten zu verschmelzen. Amos Oz wird Schriftsteller – im Kibbuz.

III.

Aus seiner Kindheit hat Amos Oz schwere Belastungen mitgenommen, aber auch das Medium, sie zu überwinden: die Literatur. Dazu die Themen Einsamkeit und Kommunikationslosigkeit, das sprachlose Nebeneinander von miteinander aufs innigste verbundenen Menschen, ein Komplex, der in seinem Werk eine bedeutende Rolle spielen wird. Im Kibbuz kommen neue Erfahrungen dazu, mit anderen und mit sich selbst, neue Themen wie Individuum und Gemeinschaft, Utopie und Realität; der Wunsch, Schriftsteller zu werden, und schließlich auch der Stoff für das Schreiben: der gewöhnliche Alltag der Menschen, die ihn umgeben.

Die Kibbuz-Bewegung ist hundert Jahre alt, 1910 wurde die erste Siedlung gegründet. Heute gibt es etwa 270 Kibbuzim in Israel. 1948 war jeder zwölfte Israeli ein Kibbuznik, heute ist das nicht einmal jeder dreißigste. Die politische, moralische und ideologische Bedeutung dieser Siedlungsform ging jedoch, zumindest vor der Staatsgründung und in den Jahrzehnten danach, weit über die bloße Zahl hinaus. Kibbuz-Mitglieder hatten großen Einfluß in den Parteien, saßen im Parlament; Minister und Ministerpräsidenten besuchten regelmäßig ausgewählte Kibbuzim und diskutierten dort ihre Politik (wie es sich etwa im Roman *Der perfekte Frieden* niederschlägt). Der erste Ministerpräsident Ben Gurion zog sich im Alter in einen Kibbuz zurück. Die Kibbuz-Bewegung lieferte dem entstehenden Staat ein Ideal, das realisierbar schien, das in der Praxis zu betrachten und zu bewohnen war. Dieses bestand nicht nur in der erfolgreichen landwirtschaftlichen Betätigung der »Kopfmenschen«, sondern auch in einer neuen Form von Gemeinschaft. Damit sollte nicht nur der Ghettojude, sondern der »alte Adam« überhaupt überwunden werden.

Einem Ideal nachstreben, sich in bestimmten Bereichen ihm anzunähern: Das führt leicht zu Überheblichkeit; und wenn man der israelischen Selbstdarstellung manchmal vorwirft, sie stelle die Eigenen immer als die Besseren dar (was andererseits bei der Außenwelt leicht zu der Reaktion führt, von Israel auch immer mehr zu verlangen als von seinen Gegnern), so gilt dies verstärkt für die Kibbuzim. Deren Ausstrahlung auf die Jugend Europas und der USA war eine Zeitlang enorm, es gehörte in den siebziger Jahren in bestimmten Kreisen zum guten Ton, seine Sommerferien oder auch mehr in Galiläa als Erntehelfer zu verbringen. Das Wunschbild des israelischen Menschen kulminierte also im Kibbuznik, dieser idealen Verbindung von Verteidigungsbereitschaft (viele Kibbuzim wurden an strategisch wichtigen Orten gegründet) und Friedfertigkeit, aus individueller Stärke und Gemeinschaftssinn, aus Naturverbundenheit und Aufgeschlossenheit gegenüber neuester Technik. Die Kibbuzim sahen sich als Speerspitze des Zionismus, als Elite des werdenden, dann des existierenden Staates.

Dieses Ideal hat selbstverständlich so nie existiert; die Kibbuz-Bewegung war immer vielfältig, allein was die ideologische Prägung angeht, von ganz links bis weit nach rechts, und das praktische Leben im Kibbuz hat sich in den letzten Jahrzehnten erheblich gewandelt. Die rigiden Vorschriften der Gründerzeit waren deren Bedingungen geschuldet: große materielle Armut, Kampf mit unzulänglichen Mitteln gegen eine feindliche Natur und menschliche Feinde, noch kein existierender Staat. Je wohlhabender, je besser ausgestattet die Kibbuzim jedoch waren, desto größer wurde das Bedürfnis ihrer Mitglieder nach mehr Selbstbestimmung. Daß es mal heftige Grundsatzdebatten gab über die Frage, ob ein Kibbuz-Mitglied einen eigenen Teekessel haben dürfe, kann man sich heute kaum mehr vorstellen.

In der Zeit jedoch, die Amos Oz' Kibbuz-Romane *Ein anderer Ort* und *Der perfekte Frieden* behandeln, gab es kein individuelles Eigentum. Die Kibbuz-Mitglieder erhielten für ihre Arbeit keinen Lohn, sondern nahmen die Dienstleistungen der Siedlung kostenfrei in Anspruch: Wohnung und Essen, Wäscherei und Kinderbetreuung. Die Kinder wohnten nicht bei ihren Eltern, sondern in einem Kinderhaus, wo sie gemeinsam erzogen wurden. Entscheidungen, die die Gemeinschaft betrafen – also eigentlich alle –, wurden demokratisch getroffen; Ämter im Kibbuz wurden nach Wahl vergeben, Amtsinhaber regelmäßig ausgewechselt. Frauen und Männer waren gleichberechtigt, nicht nur auf dem Papier, sondern auch in der Praxis; dies war möglich, weil alle »frauenspezifischen« Tätigkeiten (Kindererziehung, Waschen, Kochen etc.) ans Kollektiv abgegeben und von allen Mitgliedern in Form von »Diensten« ausgeübt wurden.

Amos Klausner vollzog mit dem Eintritt in den Kibbuz Hulda 1954, zwei Jahre nach dem Tod seiner Mutter, auch einen symbolischen Bruch: Er änderte seinen Nachnamen in »Oz«, das hebräische Wort für Kraft. Nicht ohne Ironie schildert er in seinem autobiographischen Roman, wie er dem Ideal des sonnengebräunten Kraftmenschen nahezukommen versuchte, nur zum Teil mit Erfolg allerdings. Die Gene lassen sich nicht besiegen, auch nicht täuschen. Auf alles, meint Oz in der Rückschau, konnte er verzichten, nur auf das Lesen nicht. Zu seinem Erstaunen merkte er bald, daß sich körperliche Arbeit und geistige Interessen nicht ausschließen mußten. Es gab in Hulda eine Bibliothek, dessen Bibliothekar – er sollte später sein Schwiegervater werden – ihn großzügig mit Lesestoff versorgte; außerdem ein Kulturhaus mit einem Zeitungsraum, in dem sich junge Kibbuzniks zum Diskutieren trafen, und daneben ein sogenanntes »Studierzimmer« mit Büchern, wo der junge Amos las, bis ihm die Augen zufielen. »Und hier fing ich, ohne daß es jemand sah, auch wieder zu schreiben an, beschämt, mit einem trüben Gefühl von Minderwertigkeit und Selbstverachtung: Schließlich war ich ja nicht aus Jerusalem in den Kibbuz übersiedelt, um Gedichte und Geschichten zu schreiben, sondern um hier neu geboren zu werden, die Berge von Worten hinter mir zu lassen, sonnengebräunt bis ins Mark zu werden und mich in einen Landarbeiter und Bauern zu verwandeln. Doch in Hulda wurde mir schnell klar, daß selbst die bäuerlichsten Bauern hier bei Nacht Bücher lasen und den ganzen Tag darüber diskutierten. Sie pflückten Oliven und polemisierten dabei wütend über Tolstoj, Plechanow und Bakunin, über die permanente Revolution im Gegensatz zur Revolution in einem Land, über Gustav Landauers Sozialismus und über das ewige Spannungsverhältnis zwischen Gleichheit und Freiheit sowie zwischen diesen beiden und dem Wunsch nach Brüderlichkeit. Sie sortierten Eier im Hühnerstall und verhandelten dabei, wie man den alten israelitischen Festen ihren bäuerlichen Charakter wiedergeben könnte. Sie schnitten Rebstöcke zurück und stritten sich über moderne Kunst.«

Der Kibbuz machte Amos Oz wieder zu einem Wörtermenschen und nahm ihm das schlechte Gewissen: Denn das Lesen und Schreiben spielte sich nicht mehr in der Abgeschlossenheit des Familiendreiecks ab, sondern mitten im »neuen Leben«. Das war also möglich. Und es war sogar möglich, den Kibbuz zum Stoff zu machen, sich in der Literatur also nicht ausschließlich, wie es die Mutter getan hatte, an »andere Orte« zu versetzen, sondern sich mit dem zu befassen, was vor den eigenen Augen lag. Realismus statt Eskapismus. Der Autor, von dem er diese Erkenntnis bezog, war der Amerikaner Sherwood Anderson, dessen Erzählsammlung *Winesburg, Ohio* er 1959 in Hulda in die Hände bekam. Plötzlich begriff er: So kann man auch schreiben, über normale Menschen und normalen Alltag, und gerade dies ist »literaturwürdig«. Dank Sherwood Anderson, schreibt Amos Oz, »begriff ich, daß die geschriebene Welt nicht von Mailand und London abhängig ist, sondern immer um die schreibende Hand am Ort ihres Schreibens kreist: Hier bist du – hier ist der Mittelpunkt des Universums.«

Dem Kibbuz Hulda, dem Ort seiner Schriftstellerwerdung, ist Amos Oz lange treu geblieben. Dort ging er zur Schule, dort heiratete er 1960 Nily, die Tochter des Bibliothekars, von dort aus schickte man ihn nach dem Militärdienst 1960 bis 1963 zum Studieren nach Jerusalem; dort unterrichtete er an der Kibbuz-Oberschule, dort lebte er noch, als er schon ein bekannter Schriftsteller war. Erst 1986 verließ er Hulda und zog nach Arad, des Wüstenklimas wegen: sein Sohn ist Asthmatiker.

IV.

Der Mittelpunkt des Universums in den Romanen *Ein anderer Ort* (1966; der Titel der ersten Übersetzung ins Deutsche lautete *Keiner bleibt allein*) und *Der perfekte Frieden* (1982) ist ein fiktiver Kibbuz. Für Oz ist der Kibbuz ein besonderer, weil exemplarischer Ort. Hier werden die Konflikte zwischen den Interessen des Einzelnen und des Kollektivs durchgespielt, hier muß sich das Ideal am Alltag messen lassen, und hier zeigt sich an der ungeheuren Vielgestaltigkeit der Typen und Charaktere, daß die Welt, durch die Augen eines jeden gesehen, jeweils eine andere ist.

»Im Norden des Landes, in einem mit blühenden Dörfern gesprenkelten grünen Tal, liegt ein Kibbuz namens Mezudat Ram. Darin leben Menschen, die eifrig die Welt verbessern wollen und die menschlichen Schwächen dadurch bekämpfen, daß die Gemeinde als ganze gegen ihre Schwächen vorgeht und jeder Einzelne gegen die leichten Anfechtungen seiner eigenen Seele zu Felde zieht. Gegen seine Triebe, um einen drastischeren Ausdruck zu gebrauchen. Man kann nicht behaupten, daß dieser Krieg einem siegreichen Ende nahe wäre. Aber man kann auch nicht sagen, daß hier eine Niederlage erlitten sei, wie die Gegner der Kibbuzidee nachzuweisen suchen. Solch ein Krieg kann niemals beendet sein.«

In der Tat wird der fiktive Kibbuz des ersten Romans *Ein anderer Ort* heftig von den »Trieben« gebeutelt. Ruven Charisch, Lehrer und Kibbuz-Dichter, ist von seiner Frau Eva verlassen worden, die mit einem Geschäftsmann nach Deutschland gegangen ist, dem Land der Mörder. Ruven beginnt eine Liebesbeziehung mit Bronka, der Frau des bibeltreuen Lastwagenfahrers Esra Berger. Dieser wiederum verfällt der jungen Noga, Ruvens Tochter; sie erwartet ein Kind von ihm. Dieser doppelte Ehebruch skandalisiert den Kibbuz und führt beinahe zum Ausschluß Nogas. Zur Befriedung trägt ausgerechnet der Besuch von Esras Bruder aus Frankfurt bei, eine undurchschaubare, halb mythische, halb mephistophelische Gestalt.

Bronka kehrt schließlich zu Esra zurück, Noga zu ihrem Jugendfreund Rami Rimon, der sogar das fremde Kind zu akzeptieren bereit ist, und Ruven stirbt bei einem Angriff der Syrer. Eine Nebenrolle spielt ein Junge namens Ido Sohar, der immer etwas am Rande steht und Gedichte liest; in ihm hat sich Amos Oz selbst porträtiert. »Dieser Junge hat nichts mit unserer Geschichte zu tun, aber unsere Augen ruhen auch auf ihm.« Das letzte Wort des Romans, das den Kibbuz schweren Krisen und harscher Kritik aussetzt und sie durch Diskussion und Einsicht überstehen läßt, lautet »Liebe«.

Amos Oz' Romanerstling positioniert sich gegen einen bestimmten Typus von Kibbuz-Romanen in den 50er und 60er Jahren, in denen positive Helden sich gegen Gefahren von außen bewähren. Diese Romane praktizierten eine Art »zionistischen Realismus«, letztlich Propaganda in literarischem Gewand. Dieser polemische Aspekt ist noch in der Ironie zu erkennen, mit der Oz' Roman einsetzt: Wie ein Fremdenführer nimmt der Erzähler den Leser in Empfang und geleitet ihn über das Gelände, stets darauf verweisend, daß er es hier mit einem »perfekten und herzerfreuenden Dorf« zu tun habe. Weniger propagandistisch als idealistisch ist die Schulstunde, die Ruven Charisch gibt: Da wird von einem »Blutsbündnis mit der Erde« geredet (eine für deutsche Ohren heikle Metaphorik) und der neue israelische Heldentypus gepriesen, der das »unfruchtbare Heldentum der Märtyrer« ablösen solle. Auch Charisch hat seine Familie im Holocaust verloren, dem furchtbaren Endpunkt der Verfolgungsgeschichte; mit der Gründung Israels und der Kibbuzim, quasi lauter Israels in konzentrierter Essenz, werde ein neues Kapitel der Geschichte aufgeschlagen. »Erez Israel muß das Gegenteil vom Ghetto sein«. Ein wichtiger Hinweis gilt in dieser Schulstunde noch den Arabern. »Die Araber sind doch Menschen wie wir«, heißt es, und »Nicht der Araber ist unser Feind, der Haß ist es.«

Ein zu hohes Ideal kann zu viel Zwanghaftem führen, und dieses wiederum vorzuführen und durch Ironie aufzulösen ist einer der Hauptaspekte in diesem Roman. Dem ideologischen Gegensatz »Ghettojude – Kibbuzheld« stellt der Autor einen anderen, essentielleren Gegensatz gegenüber: Wort – Leben. Das »Wort« steht dabei für das Ideal, das unerreichbar, also auch unmenschlich ist; das Leben steht für den Menschen mit seinen guten und schlechten Seiten, seinen Idealen und Fehlern. Die schwangere Tochter Noga muß ihrem Vater, dem Dichter des Ideals, erklären, ». . . daß

Menschen nun mal Menschen sind. Du zum Beispiel. Sei du selbst. Zwing dich nicht, Worte zu sein. Man kann nie und nimmer Worte sein.« An anderer Stelle sagt sie: »So ist die Welt. Nicht aus Worten gebaut. Häßlich.« Aber lebendig. Und die Menschen, wie sie sind, sind eben die einzigen, die es gibt – alle anderen sind bloß Papier, Worte eben. »Es muß nicht immer alles gut sein. Wer leidet, lebt« – das sagt wiederum Noga, die Trägerin und stille Verkünderin der »Romanweisheit« in diesem Fall.

Nach und nach kommt der Kibbuz – eine Art kollektiver Held, bestehend aus den Führungskräften und dem »Klatsch«, der hier die Funktion des Chores übernimmt – zu dem Schluß, daß es dem Geist der Siedlung widerspräche, Noga oder Ruven Charisch wegen eines moralischen Verstoßes aus dem Kibbuz auszuschließen. Ganz ohne Ausschluß geht es aber offenbar nicht, denn am Ende muß Esras Bruder, der Eindringling aus Frankfurt, gehen – trotz seines günstigen Einflusses auf die Entwicklung. Der klassische Sündenbock; Amos Oz achtet darauf, daß sein Roman nicht allzu schönfärberisch endet. Überhaupt fehlen die kritischen Seitenhiebe auf Kleingeisterei und Konformismus nicht, die sich in Mezudat Ram ausgebreitet haben; kommt es zu Fällen von Rowdytum unter der Jugend, schreibt man sie dem »giftigen Wind aus der Großstadt« zu. Daß »unser Leben langsam in den Bahnen der guten Routine verläuft«, wie eine Person sagt, ist zwar verständlich nach den Gefahren der vergangenen Jahre, stellt aber auch eine Bedrohung dar: innere Aushöhlung, Verlust des idealistischen Gemeinschaftsgedankens zugunsten der Pflege eines hohlen, leeren Idealismus, der nur noch in Form von Propaganda besteht.

Gegenüber dem leichthändigen, ironischen und spielerischen Ton des Debütromans klingt *Der perfekte Frieden* (1982) skeptischer und düsterer. In diesem Roman widmet sich Amos Oz erneut dem Kibbuz-Komplex. Er spielt zwischen 1965 und 1967, im »Zwischenkriegswinter«, wieder in einer fiktiven Siedlung, »Granot«, in Galiläa. Der Roman besteht aus zwei Teilen und zwei Handlungssträngen; er weist eine Integrations- und eine Ausbruchsgeschichte auf. Erstere hat Asarja Gitler zum Zentrum, eine merkwürdige Gestalt, die bei Regenwetter im Kibbuz auftaucht und beim Sekretär um Aufnahme bittet. Da er Traktoren reparieren kann, darf er trotz seines unpassenden Benehmens vorerst bleiben. Von Anfang an ist klar, daß er eigentlich überhaupt nicht in den Kibbuz paßt. Vom Verhalten her – er benimmt sich wie ein geprügelter Hund, wirbt übertrieben um die Gunst eines jeden, prahlt dann, ebenso übertrieben, mit seinen Leistungen und Fähigkeiten, vor allem aber schwätzt er ununterbrochen – entspricht er dem typischen Ghetto-Juden, einem Typus, der ja gerade überwunden werden soll. Die Bereitschaft, ihn aufzunehmen, ist im Kibbuz nicht sehr groß. Allerdings gelingt es Asarja, sich gewissermaßen in den Haushalt von Jonathan und Rimona einzuschleichen; sie führen schließlich so etwas wie eine Ehe zu dritt, was den Kibbuz-Klatsch gehörig anheizt. Asarjas »Einstieg« entspricht Jonathans »Ausstieg«: Vom ersten Satz des Romans an wissen wir, daß er Granot verlassen und ein anderes, ein eigenes Leben führen will. Akzeptiert er Asarja als Liebhaber seiner Frau, weil er in ihm eine Art Nachfolger sieht, Rimona versorgt haben will? Wie auch immer: Jedenfalls setzt Jonathan im zweiten Teil des Romans seinen Entschluß durch; er verschwindet eines Nachts aus dem Kibbuz und reist in den Süden des Landes. Dort, so plant er, wird er über die (in der Wüste kaum gesicherte) Grenze nach Jordanien und dort im Kugelhagel mit dem Feind sterben.

Während seines nächtlichen Marsches in der Wüste geht ihm aber auf, daß sich hinter seinem Todeswunsch ein starkes, bisher verdrängtes Schuldgefühl verbirgt: Er hatte vor Jahren von Rimona eine Abtreibung verlangt, eine spätere Schwangerschaft hatte mit dem Tod des Kindes geendet, und seither war Rimona »erstarrt zur Statue«. Die Begegnung mit einem alten Pionier, der mit einem Lastwagen durch die Wüste fährt, bringt ihn ins Leben zurück: »Kriech auf dem Bauch und leb! Werd verrückt vor Leid, aber leb!«, brüllt der ihn an. Jonathan kehrt nach Granot zurück und übernimmt dort, als sei nichts geschehen, wieder seine Aufgaben.

Individualismus und Gemeinschaftsgefühl werden in *Der perfekte Frieden* scharf gegeneinandergestellt und zugleich mit einem Generationenkonflikt verbunden. Die Zeit ist vorangeschritten, die Gründergeneration tritt allmählich ab. Mit bitteren Gedanken: Für den Kibbuzsekretär Jolek (Jonathans Vater) sind die jungen Kibbuzmitglieder allesamt »Skythen und Tataren«, kulturlos und egoistisch. »Selbstverwirklichung« ist ein Schimpfwort für ihn. Jonathan dagegen sucht genau das, ohne zu wissen, was er eigentlich darunter versteht. Anstelle der Diaspora-Intelligenz, die Granot und andere Kibbuzim gegründet hatte, sieht Jolek nur noch starke Dummköpfe heranwachsen, wie er in einem bitteren Brief an den Parteikameraden (und Premierminister) Levi Eschkol schreibt.

Zwischen den beiden Positionen stehen skeptische Mittlerfiguren wie der künftige Sekretär Srulik und der Autor selbst, der den Kibbuz nicht mehr gegen sein lebensfernes Ideal in Schutz nehmen muß wie im Debütroman, sondern als Ort entwirft, wo jeder seinen Platz findet, auch der kurioseste, verrückteste, abweichendste Charakter. In Granot herrscht gerade nicht der »perfekte Frieden«; den gibt es vielmehr nur in einem fernen Irgendwo, »an dem Ort, an dem der Horizont sanft auf dem Ackerboden aufsetzt. Dort endet alles vollkommen gut, im perfekten Frieden.« Dieser utopische Ort, den Jonathan im Traum sieht, ist also nicht von dieser Welt. In dieser Welt, im Mikrokosmos des Kibbuz, muß man dagegen einen »unmöglichen« Menschen wie Asarja Gitlin integrieren (in dessen unendlichem Wortschwall karikiert sich Amos Oz selbst, wie er früher war). Daß Integration nicht Assimilation bedeutet; daß Asarja so bleiben kann, wie er ist; daß es ungewöhnliche Lebensformen gibt wie die »ménage à trois«, die Asarja, Rimona und Jonathan ausprobieren: Das bedeutet für den Kibbuz einen schmerzlichen, aber möglichen Lernprozeß.

Wichtig ist für die Kibbuzniks allerdings vor allem, daß der alte Elan nicht völlig erschlaffen, daß »das müde Herz« nicht »kühl« werden darf. Völlige Ruhe wäre der Tod – aber das Leben sorgt ja für genug Aufregungen. Äußere Bedrohungen fehlen wie im Debütroman auch hier nicht; Granot liegt an der Nordgrenze, nachts schleichen sich immer wieder Fedajin an; von Geheimplänen und Vergeltungsaktionen ist die Rede. Auch der Schatten der europäischen Verfolgungsgeschichte liegt über diesem Ort; dazu kommt – und das ist neu – ein deutlicher Verweis auf die Opfer auf der anderen Seite: Neben Granot liegt ein zerstörtes arabisches Dorf, dessen Bewohner im Unabhängigkeitskrieg vertrieben wurden.

In diesem Kontext ist die reale, pragmatische Gemeinschaft des Kibbuz das Beste, was der Mensch erwarten kann. »Hier ist kein einziger was Besseres als du«, hier wird auch der Außenseiter akzeptiert. Hier herrscht Spinozas Geist, der Freiheit als Einsicht in die Notwendigkeit definiert hat. Daß jeder tun könne, was er will, gibt es nur im Traum, ebenso vollkommene Gerechtigkeit (deshalb wird auch viel geträumt in diesem Roman, wie so oft bei Amos Oz). Wenn aber wirkliche Menschen wachen Sinnes zusammenleben, gilt nur eine Moral: »Du sollst keinen Schmerz bereiten.« Und so schließt der Roman mit einem Fazit, das eines Candide würdig ist – bloß vom Individuellen ins Gemeinschaftliche ausgeweitet: »Die Erde ist gleichgültig ... Die Grausamkeit sitzt in uns allen. Jeder mordet ein bißchen ... Der Schmerz ist eine Tatsache. Aber trotz alledem ist mir klar, daß wir hier zwei, drei Dinge tun können und damit auch tun müssen.«

V.

In den drei Romanen *Mein Michael* (1968), *Eine Frau erkennen* (1989) und *Der dritte Zustand* (1991) erzählt Amos Oz aus der Perspektive einer einzigen Figur. In *Mein Michael* ist es eine Ich-Erzählerin, die 30jährige Hannah, die sich von ihrem Mann trennt und auf zehn Jahre Ehe zurückblickt; in *Eine Frau erkennen* muß Joel, ein 47jähriger ehemaliger Mossad-Agent, mit dem Tod seiner Frau Ivria fertig werden; hier wird seine Entwicklung aus der Sicht eines guten Beobachters dargestellt, unterbrochen von Rückblicken; »Der dritte Zustand« schließlich hat Fima zum Zentrum, einen 54jährigen Intellektuellen, der einen chaotischen und unproduktiven Alltag schlecht und recht bewältigt; Amos Oz nähert sich dieser Figur fast von innen an, schafft zugleich aber auch Distanz durch Humor und Ironie. Es ist der amüsanteste Roman in seinem ganzen (bisherigen) Œuvre. Nicht nur die Helden werden reifer (sie entsprechen im Alter etwa ihrem Autor), auch Amos Oz gewinnt in der Gestaltung der Figuren und dem Umgang mit der Perspektive an Flexibilität hinzu. Bestimmend ist bei allen drei Büchern der Konflikt von Selbst- und Außeneinschätzung sowie der sich durch alle Romane ziehende Gegensatz von Individuum und Gemeinschaft, Egoismus und Solidarität.

Mein Michael ist der einzige Roman von Amos Oz mit einer Erzählerin. Er war der erste Bestseller des jungen Staates Israel und zugleich eine Provokation: In den Träumen der jungen, in ihrer Ehe unbefriedigten Hannah taucht immer wieder ein arabisches Zwillingspärchen auf, mit dem sich Bilder von Sexualität und Gewalt verbinden.

Hannah und Michael haben sich in der Jerusalemer Universität kennengelernt. Die bald geschlossene Ehe steht im Zeichen großer materieller Beschränktheit (die erzählte Zeit dauert von 1950 bis 1960). Michael studiert Geologie, schreibt dann seine Doktorarbeit und arbeitet Tag und Nacht. Hannah gibt ihr Studium der Literaturwissenschaft auf und hält sich überwiegend zu Hause auf. Sie bekommt ein Kind, nimmt eine Halbtagsstelle in einem Kindergarten an, dann in einem Ministerium. Yoram, ein halbwüchsiger Nachbarsjunge, verliebt sich in sie, was sie sich eine Weile halbherzig gefallen läßt. Ihre innere Leere läßt sich bald nicht mehr überdecken; sie verfällt in apathische Phasen, unterbrochen von Anfällen wilder Verschwendungssucht. Michael will ihr alles recht machen, was sie aber nur noch aggressiver macht. »Ich liebte seine Selbstbeherrschung; ich wollte sie zerstören.« Eine Eifersuchtsszene wegen einer Freundin, die Michaels Arbeit abtippen soll, ist der fast zufällige und willkürliche Anlaß, Schluß zu machen: »Ich habe aufgegeben.«

Mit der Figur der Hannah entsteht eine eindrucksvolle Studie einer Frau, der das Leben nicht gelingen will. Sie trägt zweifellos viele Züge von Amos Oz' Mutter. Warum Hannah am Leben und an der Ehe scheitert, läßt Oz bewußt offen. Auch wenn sie die Ich-Erzählerin ist, begreifen wir sie so wenig, wie ihr Mann Michael sie begreift – und wie sie sich selbst begreift. Man kann hier nur – psychologisch – vermuten bzw. – literarisch – interpretieren. Auffällig ist von Anfang an die große Höflichkeit, mit der die beiden Liebenden, dann Verheirateten miteinander umgehen. Übertriebene Höflichkeit innerhalb des engsten Familienkreises ist bei Oz immer ein Zeichen für mangelnde Innigkeit und Vertrautheit. In seiner eigenen Kleinfamilie ging man höflich miteinander um, genauer: man ging sich höflich aus dem Weg. Hier im Roman reagiert Michael rücksichtsvoll auf alle Eskapaden, Capricen und Szenen seiner Frau, die damit vielleicht nur eins provozieren will: daß er selbst sich ebenfalls mal gehen läßt, aus der Haut fährt. Aber die Häute bleiben angelegt und trennen sie wie Rüstungen.

Unabhängig von ihrer Ehe sind Hannahs Sehnsüchte und Wünsche konturlos und ungerichtet. Sie fühlt sich »am falschen Ort« (wie viele von Amos Oz' Helden), ohne zu wissen, was den richtigen Ort auszeichnen müßte. Bei nichts von dem, was sie tut, ist sie ganz bei der Sache. Von ihrer Umgebung nimmt sie wenig wahr; ganz auf sich fixiert, ist sie unfähig, ihren Mitmenschen Gefühle zuzugestehen: »Ich frage mich, warum einem die Leiden anderer Leute wie eine Operettenhandlung vorkommen«, heißt ein Schlüsselsatz des Romans. Vielleicht hat sie es mit dem überaus pragmatischen Michael auch besonders schwer: »Die Menschen leben nicht für irgend etwas. Sie leben, Punkt.« Das ist eine ebenso trübsinnige Haltung wie Hannahs egoistisches Wegdriften ins Traumreich.

Die große Qualität dieses Romans besteht nicht zuletzt darin, daß der Autor nicht urteilt, schon gar nicht verurteilt, sondern Hannah ganz allein das Wort läßt – bis zum besonders provokativen Schluß: In einer letzten Traumszene sendet sie ihr arabisches Zwillingspärchen aus, einen Wasserturm in die Luft zu sprengen. Die selbstzerstörerische Tendenz dieser Heldin führt zu einer Zerstörungswut, die ihr eigenes Volk mit einbezieht.

Amos Oz ist eben, bei aller »Vernünftigkeit«, kein Autor der stillen Genügsamkeit. Er vergißt nie, welche antagonistischen Kräfte in einem Menschen angelegt sind.

Auch *Eine Frau erkennen* ist ein Eheroman, aber er weitet sich aus zum Familien- und Gruppenroman und weist so zurück auf die Kibbuzromane wie auch voraus auf die beiden Romane *Black Box* und *Nenn die Nacht nicht Nacht*, in denen erneut die Gemeinschaftsbildung im Mittelpunkt steht. Joel, der Mossad-Agent, »Bewerter und Einkäufer abstrakter Ware«, ist ein Eigenbrötler aus Profession – und aus einer déformation professionelle: Er prüft jede Äußerung auf einen versteckten Nebensinn, sucht hinter jedem Verhalten nach verborgenen Motiven und lies sogar, in einer irrwitzig komischen Szene, die Gebrauchsanweisung einer Mikrowelle viermal, ehe er merkt, daß er sie ja nicht, wie eine Agentenanweisung, auswendig lernen und dann verbrennen muß.

Joels Familie – Vater, Mutter Ivria und die Tochter Netta – gleicht vordergründig der aus *Mein Michael* (und der Familie Klausner). »Vater, Mutter und Tochter achteten stets peinlich darauf, einander nicht zu stören.« Sie nehmen sogar getrennte Mahlzeiten ein. Obwohl Ivria Joels »einzige Liebe« ist, scheint es auch hier mehr Rücksichtnahme als Nähe zu geben. Netta leidet unter epileptischen Anfällen, die ihre Mutter jedoch konsequent leugnet. Dann stirbt Ivria an einem Stromschlag; Gerüchte, sie habe den Tod mit ihrem Liebhaber gefunden, nimmt Joel nicht zur Kenntnis. Er quittiert den Dienst und versucht, sich ohne Frau und ohne Arbeit neu einzurichten. Sein Ziel: Das Leben, in dem derartiges geschehen kann, zu verstehen. »Ich möchte einfach zu Hause sitzen und nichts tun«, sagt er seinem »Patron«, als der ihn noch einmal für einen Auftrag gewinnen will. »Für ein paar Monate. Oder Jahre. Oder für immer. Bis ich mitkriege, was vor sich geht. Und was es gibt.«

Da man aber nicht immer nur dasitzen und warten kann, bis einen die Erkenntnis überkommt, ergibt sich auch für Joel eine Art Alltag. Zum einen leben neben Netta noch seine Mutter und seine Schwiegermutter bei ihm. Er gewinnt einen neuen Freund, den etwas aufdringlichen Wohnungsmakler Arik Krantz. Seine amerikanischen Nachbarn, das Geschwisterpaar Ralph und Annemarie, laden ihn wiederholt ein; er beginnt eine Affäre mit Annemarie, die von Ralph nicht nur geduldet, sondern geradezu betrieben wird. Er beschäftigt sich mit Gartenarbeiten. Und neben diesen Tätigkeiten wachsen ihm nach und nach Einsichten zu. Etwa die,

»daß es eine Ordnung gibt und daß du sie nicht entschlüsseln wirst«. Oder die, daß der Mensch etwas »Krummes« hat, »das sich nicht gerade biegen läßt«. Er erlebt einen »magischen Moment«, in dem Innen und Außen nicht mehr zu trennen sind, »ein Gefühl von Meer in seinem Hirn«.

Nach und nach schält sich ein neuer Joel aus der alten Haut. An die Stelle der Familie treten neue Bindungen. Netta zieht mit Krantz' Sohn Dubi zusammen, die beiden Großmütter nehmen sich ein eigenes Apartment. Aber Joel bleibt mitnichten allein. Er richtet sich mit Annemarie und Ralph eine Art Patchwork-Familie ein, zu der noch Arik Krantz gehört und – beinahe – auch der schwerkranke Vater eines Kollegen, der bei einem Auftrag umgekommen ist (bei ebendem Auftrag, den Joel abgelehnt hat). Und eine neue Aufgabe hat er auch: Einige Tage in der Woche arbeitet er, wie sein Freund Arik, als Hilfspfleger im Krankenhaus. Die Suche nach tieferer, umfassender Erkenntnis gibt sich; er hat begriffen, daß es nur wenige dieser »magischen Momente« im Leben gibt. Viel wichtiger, nein das »allerbefriedigendste« ist »gebraucht werden und gute Arbeit leisten«. So die Moral des Buches, das wie viele Bücher von Amos Oz auch ein Erziehungsroman ist.

Der dritte Zustand bezeichnet schon im Titel den magischen Moment, der auch Fima geschenkt wird, der Hauptfigur dieses Romans. Für Fima ist es eine Erfahrung des Lichts, das ihn an einem Morgen »gänzlich über- und durchflutete«. Dritten Zustand nennt er diese Erfahrung, weil sie weder dem Schlaf noch dem Wachsein gleicht, gekennzeichnet durch ein Ineinandergehen von Außen und Innen, »ein Licht, das gleichermaßen von den Bergen und von ihm ausging«. »Es gibt auf der Welt nichts Tragischeres, als diesen dritten Zustand zu verpassen, dachte er. Schuld an diesem Verpassen sind das Nachrichtenhören im Radio, die diversen Erledigungen, hohle Begierden und das Jagen nach Eitlem und Geringem. All die Leiden, sagte sich Fima, alle Schalheit und Absurdität erwachsen nur daraus, daß man den dritten Zustand verfehlt.« Solche Momente, hat ja schon Joel im eben betrachteten Roman begriffen, werden dem Menschen nur ausnahmsweise geschenkt; sie können Orientierungspunkte sein, wie Sternbilder, die den Blick aus dem Alltag auf etwas Höheres lenken; aber sie helfen nicht unbedingt bei der Bewältigung des Lebens.

Ebendamit hat Fima seine Schwierigkeiten. Die »diversen Erledigungen« halten ihn ständig auf Trab und hindern ihn daran, etwas Sinnvolles und Kontinuierliches zu tun. Fima ist 54 und hat eine hoffnungsvolle

Zukunft hinter sich. Er galt während des Studiums als Jung-Genie, hat sich danach aber heillos und hoffnungslos verzettelt. Nun verbringt er seine Zeit mit der Lektüre von Zeitungsartikeln zur politischen Situation, mit dem Verfassen von gelegentlichen Kolumnen, mit Telefonaten und tausend überflüssigen Aktionen. Halbtags arbeitet er als Faktotum in einer gynäkologischen Praxis. Sein ständiger missionarischer Drang, seine zwanghafte Art, andere von seinen Ansichten über die Lösung aller großen Weltprobleme zu überzeugen, kontrastiert aufs schönste mit seiner Unfähigkeit, irgendein eigenes Problem zu lösen. Fima ist eine Art hektischer Oblomow, die freundliche Karikatur eines Intellektuellen, praktisch nutzlos, aber liebenswert. Auch sein Liebesleben ist chaotisch, und auch hier hat er eine glorreiche Zukunft hinter sich: mystischer Bezugspunkt ist eine Griechenlandreise, auf der er mit drei israelischen Studentinnen arkadische Freuden erlebt haben muß. Eine der drei, die bodenständige Jael, hat er geheiratet, lebt aber schon lange wieder getrennt von ihr. Daneben unterhält er flüchtige Liebschaften, unter anderem auch mit Patientinnen der Praxis, in der er arbeitet.

Fima paßt gut zur übertourten israelischen Gesellschaft, der das große Projekt abhanden gekommen ist, die Idee, den »besseren Staat« zu gründen, und die sich in alltäglichen Konflikten zerreibt. Die Folgen des Sieges 1967, der aus dem kleinen, ums Überleben kämpfenden Land eine Besatzungsmacht gemacht hat, treten immer deutlicher hervor. »Die Gebiete haben uns völlig versaut«, schimpft ein Taxifahrer.

Mit Fima ist Oz ein Held gelungen, zu dem bei aller Sympathie leicht Distanz zu halten ist. Der ganze Roman ist in einem hellen, leichten, ironischen Ton gehalten, und aus Fimas Redseligkeit – sie erinnert an Asarja Gitlin in *Der andere Ort*, aber auch an den redseligen jungen Amos Klausner – schlägt der Autor immer wieder komische Funken. Schon auf einer der ersten Seiten läßt sich Fima großspurig über die Zukunft des Staates aus – und kämpft zugleich mit dem Reißverschluß. Mit dieser »Mischung aus Scharfsinn und Zerstreutheit, Trauer und Begeisterung, Feinsinn und Hilflosigkeit, Tiefe und Torheit« ist Oz eine unvergleichliche, eine in seinem ganzen Werk einzigartige Gestalt gelungen. Eine »Erziehung« wird ihm nicht zuteil, auch keine »Heilung«, aber wenigstens eine Perspektive. Am Ende des Romans erbt Fima die Kosmetikfabrik seines Vaters und nimmt sich fest vor, ein anderer Mensch zu werden, jetzt, wo er Verantwortung trägt. Ob Fima den Schritt vom Ich zum Wir schaffen wird? Amos Oz läßt es offen.

VI.

In den beiden Romanen *Black Box* (1987) und *Nenn die Nacht nicht Nacht* (1994) wird die Frage des Einzelnen in der Gemeinschaft wiederaufgenommen. Beides sind multiperspektivische Romane, die nicht einen einzelnen Helden in den Mittelpunkt stellen, sondern mehrere, und die mit verschiedenen Blickwinkeln arbeiten.

Thema von *Black Box* ist der Fanatismus – worunter zu verstehen ist, daß jemand seine eigenen Überzeugungen absolut setzt. Fanatismus und innere Isolation gehen deshalb Hand in Hand. »Jeder Mensch – ein Planet für sich. Unzugänglich« heißt es einmal, was an den oben zitierten Ausspruch von Amos Oz' Mutter erinnert. Kein Zugang zum anderen bedeutet auch: Seine Motive sind unbegreiflich, er bleibt eine »Black Box«. Formal setzt Amos Oz diese Monadenhaftigkeit des Menschen hier um als Briefroman. Eine Form, die weniger anachronistisch wirkt, wenn man bedenkt, daß die Handlung im Jahr 1976 angesiedelt ist, als es noch keine E-Mail und keine Handys gab.

Black Box besteht ausschließlich aus Briefen, die zwischen einem halben Dutzend Menschen gewechselt werden. Es sind dies Ilana, eine der vielen labilen, der Mutter nachgebildeten Frauengestalten in Oz' Werk; ihr geschiedener Mann Alexander Gideon, ein prominenter Wissenschaftler, Autor eines Buches über »vergleichenden Fanatismus«. Dann Michel Sommo, Ilanas zweiter Mann, ein orthodoxer Jude nordafrikanischer Herkunft, intelligent und guten Willens, aber ideologisch verhärtet und äußerst selbstgerecht. Nebenrollen spielen Ilanas »normale« Schwester und Alexanders Anwalt Sackheim. Auslöser der Handlung ist aber Boas, der Sohn Ilanas und Alexanders. Sein Verschwinden löst hektische Bemühungen und eine lebhafte Korrespondenz aus. Boas ist ein ungebärdiger Bursche, halb Naturkind und -philosoph, halb Hooligan. Die Stationen seines Weges lauten Kibbuz – Landwirtschaftsschule – Großmarkt – Touristenboot in Sharmel-Sheik – Kirjat Arba (eine Siedlung der Groß-Israel-Bewegung nahe Hebron). Schließlich nistet er sich auf einem verlassenen Bauernhof ein, der Alexander gehört, und gründet dort eine Art Kommune. »Wien kleiner Kibbuz«, schreibt er in seiner unvollkommenen Orthographie, »sogar noch meer weil hier keiner dem andern reinredet.«

Um Boas, der halb wie ein Hippie, halb wie eine Jesusfigur erscheint, scharen sich mehrere Mädchen, ihm alle in freier Liebe ergeben; sie bebauen die Erde, machen Musik und lassen es sich gutgehen. Auch Ilana und Alexander finden sich ein. Alexander hat Krebs im letzten Stadium und wird von Ilana gepflegt. Michel Sommo, in Jerusalem geblieben, schäumt vor Wut über diese Nähe, andrerseits hat er längst neue Interessen. Ging es ihm anfangs darum, möglichst viel Geld von Alexander für orthodoxe Einrichtungen herauszuholen – das dieser aus nicht ganz ersichtlichen Gründen bereit war zu zahlen, vielleicht aus Schuldgefühlen gegenüber der Frau, die er verlassen hatte –, so kommt er mit dem Geld auf den Geschmack. Unterstützt vom Anwalt Sackheim, will er das Geld nicht mehr idealistisch, sondern lieber renditebewußt anlegen und eine geplante politische Karriere finanzieren. Alexander frohlockt: Ist es ihm doch gelungen, den selbstgerechten Ideologen mit dem schnöden Mammon zu korrumpieren.

Mit der Figur des Michel Sommo hat Oz einen ungewöhnlichen Fanatiker geschaffen, einen sanften, wohlmeinenden, seine Frau liebenden und sich intensiv um seinen schwierigen Stiefsohn kümmernden Menschen, jeglicher Gewalt abhold – aber doch einen Fanatiker, der außer seiner eigenen Überzeugung nichts gelten läßt. »Dein Fehler«, schreibt ihm Boas, »ist daß alle haarscharf wie du sein müssen und wer das nicht ist der ist für dich überhaupt kein Mensch.« Das ist haarscharf getroffen; für den Fanatiker gibt es nur Gleichgesinnte, potentiell Missionierbare oder Hoffnungslose; und die letzteren, die Araber, sollen Israel und die besetzten Gebiete langfristig verlassen; immerhin will Michel sie nicht vertreiben, sondern auskaufen. Michel stellt sich nicht nur durch seine ungeheure Selbstgefälligkeit gegenüber dem Leser bloß – seine Briefe sind tatsächlich schwer zu ertragen; der Autor setzt ihn auch dem unbestechlichen, weil unverbildeten Blick von Boas aus. Und schließlich entlarvt er ihn, indem er ihn höchst anfällig macht für weltliche Güter: Geld und Macht. Seine asketischen Ideale halten einer einfachen Versuchung nicht stand.

Der sanfte Fanatiker wird also regelrecht exorziert in diesem Roman, der den Fanatismus noch auf eine andere, diskursiv-theoretische Weise bekämpft. Dies findet hauptsächlich in den Briefen des »Experten« Alexander statt sowie in dessen »Kärtchen«, Notizzetteln zu weiteren Untersuchungen. Alexander macht darauf eine einfache Rechnung auf: Fanatiker sind übermäßig gläubige Menschen, und ihr übermäßiger Glaube resultiert aus einem Mangel an Glauben an sich selbst. Wer den Glauben an sich verloren hat, muß an die Erlösung glauben und alles tun, damit auch andere diesen Glauben teilen. Vom gläubigen Menschen zum Fanatiker führt also, nach Alexander, ein gerader Weg. Vom Gläubigen – und vom Ideologen und vom Weltverbesserer ebenfalls, ja von jedem Utopisten, der seine Utopie gewaltsam zu realisieren versucht. Die Weltverbesserer haben ihre Seele dem Satan des Fanatismus verkauft, lautet die Quintessenz von Alexanders Studie, und man darf vermuten, daß Amos Oz diese Position teilt.

Was hält er dagegen? Die »Kommune« des Natur- und Instinktkindes Boas zum einen. Sie ist ein entfernter Nachkomme von Rabelais' Abbaye de Thélème mit ihrem Grundsatz »Tu, was du willst«. Auch in Boas' Reich gibt es Zehn Gebote, Ilana zitiert sie in einem Brief an Alexander; sie laufen auf Toleranz und Lässigkeit hinaus (»X. Immer frei und lässig.«). Aber Boas' Kommune ist keine ausgearbeitete Utopie; das würde dem anti-utopischen Charakter dieses Romans (und der anti-utopischen Überzeugung des Autors) zuwiderlaufen. Es ist ein Ansatz, ein Intermezzo, eine offene Zwischenphase. Boas wird weiterziehen, Alexander wird sterben, Ilana wird – wer weiß.

Den eigentlichen Widerpart zu den Ideologen und Theokratikern spielt der Romancier selber. Indem er die Briefe zusammenführt, in denen jeweils nur einer spricht, ergibt sich eine Stimmenvielfalt, mal miß-, mal wohltönend, aber eben vielstimmig; jeder Wahrheitsanspruch wird durch die Nebenstimmen aufgehoben. Die Wahrheit ist vielfältig und unerschöpflich, und der ideale Ort, sie zu artikulieren, ist der Roman, diese antifanatische Gattung schlechthin.

Auch in *Nenn die Nacht nicht Nacht*, dem letzten Roman vor der Autobiographie, geht es um eine junge Gemeinschaft und den Platz des Einzelnen darin. Es geht aber auch um eine Ehe, die anders als in *Mein Michael* nicht scheitert, sondern vielmehr eine Vertiefung erfährt.

Theo und Noa sind ein reiferes Paar, auch ein älteres (wie bei vielen Autoren altern die Helden auch bei Amos Oz mit ihrem Schöpfer). Der Raumplaner Theo ist um die 60, die Lehrerin Noa etwa 45. Es gibt eine hübsche Szene, in der die beiden Kleider kaufen; Noa gebärdet sich kapriziös, Theo bekommt immer Unrecht, außerdem nimmt sie (wieder einmal!) an seiner »ständigen Rücksichtnahme« Anstoß. Aber Noa ist keine labile Frau. Sie hat »den Herzrhythmus des Lebens« und einen perfekten Blick für Menschen und ihre Qualitäten. Theo dagegen hat Erfahrung;

zehn Jahre hat er nach einem Karriereknick in Südamerika verbracht und von dort einen anderen Blick auf die Dinge bekommen, auch auf seine Heimat Israel, und dieser Blick sieht nichts Angenehmes: »ein stickiges Kalkül von Sendungsbewußtsein, Arroganz und Armseligkeit«. Der Roman spielt in der fiktiven Kleinstadt Tel Kedar am Rand der Wüste, unverkennbar Arad nachgebildet, Amos Oz' Wohnort seit 1986. Der Enthusiasmus der Gründerzeit ist verflogen; man lebt ruhig vor sich hin – was in Israel, man darf es nicht vergessen, auch eine fast utopische Qualität hat –, sehnt sich manchmal nach dem schnellen und lauten Leben, das in Tel Aviv tobt, holt sich aber auch hin und wieder das Leben in die Provinz, in Gestalt von Wissenschaftlern oder Künstlern, die in Tel Kedar auftreten.

Auslöser der Handlung ist hier der Tod des 17jährigen Immanuel Orvieto bei einem Drogenunfall. Er war ein Schüler Noas, und sie hat jetzt das Gefühl, auf diesen Tod reagieren zu müssen. Immanuels Vater, der in Nigeria Waffengeschäfte organisiert, bietet an, eine große Summe für die Einrichtung eines Drogentherapiezentrums zu stiften. Es bildet sich ein vierköpfiges Komitee, dem auch Noa angehört. Ein Haus wird ins Auge gefaßt und gekauft; aber dann häufen sich die Schwierigkeiten. Es gibt zu viele Gegner des Projekts, und allmählich stellt sich auch die Frage nach seinem Sinn: Tel Kedar hat kein Drogenproblem. Soll man die Junkies aus Tel Aviv herkarren? Daß sich das Projekt zerschlägt, wird von den Beteiligten aber nicht als Niederlage empfunden, sondern nur als eine von zwei Möglichkeiten des Ausgangs; es wird etwas anderes kommen.

In vielen kleinen Szenen zeigt Oz, wie sich Menschen zusammenfinden und -raufen, wie sich die unterschiedlichsten Charaktere und Interessen ergänzen können. Der Geschäftsmann Muki Peleg will Noa bloß ins Bett kriegen; aber dieses Interesse ist eine mächtige Kraft, die man für die gemeinsame Sache nutzen kann. Oder der mürrische Lubmir, ein alter Querulant und Prinzipienreiter: Auch mit solchen Menschen muß und kann man arbeiten. Das Gute, heißt es einmal, soll man nicht aus »Gefühlsgründen« tun, sondern »wie der überlastete Polizist: aus einer Mischung aus Barmherzigkeit und Nüchternheit«.

Gebrochene Perspektiven, Vielfältigkeit des Blicks: Das finden wir auch in diesem Roman wieder. Theo und Noa erhalten abwechselnd das Wort, mal in der Ich-Form, mal in der dritten Person. Aber auch jenseits ihrer unterschiedlichen Sichtweise ist alles in diesem Roman mehrfach deutbar. Tel Kedar kann als Traum eines ruhigen, zurückgezogenen Lebens gelten, aber auch als muffige Kleinstadt, als Wüstenvariante der Tschechowschen Provinz, oder aber als der Ort der Konzentration, wo man sich ohne die Zerstreuungen der Großstadt dem Wesentlichen widmen kann. Der erlahmte Elan der Gründerjahre könnte auch als nüchternes Sich-Einfinden in die Normalität erscheinen; das Scheitern ist auch ein Einsehen. Der Sprung ins Ungewisse, Neue, das Streben nach dem Ideal, der Blick zum Gipfel ist notwendig, aber fast notwendiger noch ist der Umgang mit dem Alltag, mit den Mühen der Ebene. Und für diese Mühen, für das Unspektakuläre des Daseins, das Sich-Arrangieren, das Finden gemeinsamer Nenner und lebbarer Kompromisse: Dafür ist Amos Oz der Spezialist.

VII.

Zwei bestimmende soziale Erfahrungen hat Amos Oz in seinem Leben gemacht: die Kleinfamilie und den Kibbuz. Beide Erfahrungen spiegeln sich in seinem Romanwerk. *Mein Michael* rekonstruiert das kleinfamiliäre Dreieck, aus der Perspektive der labilen, lebensuntüchtigen Mutter, und läßt es scheitern. Die Kibbuz-Romane *Ein anderer Ort* und *Der perfekte Frieden* (sowie einige Erzählungen und der noch nicht übersetzte Roman *Berühr das Wasser, berühr den Wind*) zeigen die Spannung von individuellem Freiheitsdrang und dem Wunsch, eine funktionierende Gemeinschaft zu schaffen. Anders als die Kibbuz-Propaganda-Literatur schildert Oz das Gemeinschaftsleben ironisch und kritisch, wenn auch mit umfassender Sympathie. Er plädiert unbedingt dafür, auch schwierige Individuen zu integrieren – nicht sie zu assimilieren, sondern sie so anzunehmen, wie sie sind, und ihre Eigenheiten als bereichernd zu begreifen. »Auch eine kaputte Uhr geht zweimal am Tag richtig«, heißt es einmal.

Auch die anderen hier behandelten Romane sind vom Gegensatz Individualismus – Gemeinschaftsgeist bestimmt, wobei das Interesse des Autors immer der Frage gilt, wie man eine überindividuelle (und, notabene, überfamiliäre!) Lebensform schaffen kann, in der das Individuum nicht in seiner Einzigartigkeit beschnitten wird, dieses Individuum andrerseits seine Kräfte der Gemeinschaft nutzbringend zur Verfügung stellen kann. Diese Gemeinschaft kann institutionell geregelt sein – wie der Kibbuz –, es kann aber auch eine freie Gruppe sein: die Hippie-Kommune um Boas in *Black Box*, die Patchwork-Familie um Joel in *Eine Frau erkennen*, die Wüstenkleinstadt mit ihrer Bürgerinitiative in *Nenn die Nacht nicht Nacht*. Sogar der ich-bezogene Fima in *Der dritte Zustand* bekommt eine Aufgabe, die sein eigenes Ich übersteigt.

Dieses dialektische Verhältnis von Individual- und Gruppeninteressen, das in die (labile, dynamische) Synthese des »integrativen Kollektivs« mündet, findet seine ästhetische Entsprechung in einer Romanform, die auf Polyphonie und Multiperspektivismus aufgebaut ist. Der Roman ist die antifanatische Form par excellence; er ist eine Schule des Perspektivismus, der Toleranz, des Sich-an-die-Stelle-des-anderen-Setzens. Amos Oz liebt die Suada, viele seiner Figuren läßt er seitenlange Reden halten; aber er nimmt diese »Arien« in den Chor der anderen Stimmen auf. Jede einzelne Stimme gehört dazu, aber keine dominiert den Klang.

Das klingt utopisch; aber ein Utopist ist Amos Oz gerade nicht. Utopien sind ihm verdächtig, sie sind ihm zu nah an den starren Weltbildern der Fanatiker. Utopien existieren in seinem Werk nur in Form punktueller Visionen, die als einzelne, epiphanieartige Erlebnisse ohne Konsequenzen für das wirkliche Leben bleiben. Wenn sich Himmel und Erde berühren, wenn Außen und Innen ineinanderfließen – dann sind das Momente der Ekstase, die der Einzelne als Geschenk entgegennehmen kann, die aber niemals als Grundlage eines Lebens mit anderen dienen können. Der »dritte Zustand« ist eine seltene Ausnahme; die Utopie des Fanatikers ist abschreckend. Amos Oz entwirft eine Welt, in der die Interessen gegeneinander abgewogen werden und Gegensätze ausgehalten werden müssen, in der der Alltag bewältigt werden muß. Wenn all dies gelingt, ist das schon eine ganze Menge. Die Sehnsucht nach Vollkommenheit, die seine Personen antreibt (und plagt), ist die individuelle Entsprechung des Vollkommenheitsideals, das auch den Staatsgründern Israels vorgeschwebt hat. Ein solches Ideal ist nicht lebbar, es kann sogar schädlich sein, wenn es zur Verkrampfung führt und zur Blindheit gegenüber eigenen Schwächen. Der Sehnsucht nach Vollkommenheit stellt Amos Oz in seinen Romanen ein Plädoyer für das Unvollkommene entgegen. Den Alltag bewältigen, das bedeutet: sich an die Stelle meiner Mitmenschen versetzen können, das Eigene mit dem Gemeinsamen in Einklang bringen, Konflikte mit Kompromissen lösen. Es gibt immer »zwei oder drei Dinge, die wir tun können«. *Wenn* wir sie tun, ist schon eine Menge gewonnen. Diese aus innerisraelischen Verhältnissen gewonnene Einsicht läßt sich, auch wenn Araber in Oz' Werk nahezu inexistent sind, auf den Umgang zwischen Israelis und Palästinensern anwenden. Denn auch für den Nahost-Konflikt ist die Lösung Tschechows besser als die Lösung Shakespeares.

Nachweise

Die Anordnung der Romane folgt der Chronologie der Erstveröffentlichungen.

Ein anderer Ort (*Makom acher* © Amos Oz 1966) © der deutschen Übersetzung Suhrkamp Verlag Frankfurt am Main 2001

Mein Michael (*My Michael*: © Amos Oz 1968) © der deutschen Übersetzung Suhrkamp Verlag Frankfurt am Main 1989

Der perfekte Frieden (*Menuhah nekhonah*: © Amos Oz 1982) © der deutschen Übersetzung Insel Verlag Frankfurt am Main 1987

Black Box (*Black Box*: © Amos Oz 1987) © der deutschen Übersetzung Insel Verlag Frankfurt am Main 1989

Eine Frau erkennen (*Lada'at ischa*: © Amos Oz 1989) © der deutschen Übersetzung Insel Verlag Frankfurt am Main 1991

Der dritte Zustand (*Ha mazaw ha schlischi*: © Amos Oz 1991) © der deutschen Übersetzung Insel Verlag Frankfurt am Main 1992

Nenn die Nacht nicht Nacht (*Al tagidi laila*: © Amos Oz 1994) © der deutschen Übersetzung Suhrkamp Verlag Frankfurt am Main 1995

Eine Geschichte von Liebe und Finsternis (*Ssipur al ahava we-choschech*: © Amos Oz 2002) © der deutschen Übersetzung Suhrkamp Verlag Frankfurt am Main 2004